LANGENSCHEIDTS
TASCHENWÖRTERBÜCHER

LANGENSCHEIDTS TASCHENWÖRTERBUCH ENGLISCH

Erster Teil

Englisch-Deutsch

Von

HELMUT WILLMANN

Vollständige Neubearbeitung

LANGENSCHEIDT

BERLIN · MÜNCHEN · WIEN · ZÜRICH · NEW YORK

Inhaltsverzeichnis

Vollständige Neubearbeitung 1990

Auflage:	*22.*	*21.*			*Letzte Zahlen*
Jahr:	*1997*	*96*	*95*	*94*	*maßgeblich*

Druck: Graph. Betriebe Langenscheidt, Berchtesgaden/Obb.
Printed in Germany · ISBN 3-468-10122-8

Vorwort

Dies ist eine vollständige Neubearbeitung von „Langenscheidts Taschenwörterbuch Englisch-Deutsch“ für die neunziger Jahre. Seit Generationen – die erste Auflage erschien 1884 – ist das englische Taschenwörterbuch für den Sprachenlernenden ein Begriff: Die Äußerung „Ich habe einen Langenscheidt“ bedeutete häufig, daß man dieses Standardwörterbuch sein eigen nannte.

In regelmäßigen Abständen wurde das englische Taschenwörterbuch neu bearbeitet. Nach einer Überarbeitung und erweiterten Neuausgabe in den achtziger Jahren erfuhr das Werk jetzt in der „lexikographischen Werkstatt“ des Verlags eine völlige inhaltliche Neubearbeitung und formale Umgestaltung. Es trägt damit den Bedürfnissen der Benutzer von heute noch besser Rechnung.

Durch neue Schriftarten wurde das Taschenwörterbuch übersichtlicher und damit noch benutzerfreundlicher. Die Stichwörter, jetzt in gleichmäßig starken (serifenlosen) Buchstaben wiedergegeben, lassen sich dadurch leichter auffinden. Die Wendungen – Anwendungsbeispiele, idiomatische Redensarten, Kollokationen – werden durch eine neue „halbfette“ Schrift stärker hervorgehoben. Da es sich hierbei um eine halbfette Kursivschrift (Schrägschrift) handelt, wirkt sie bei der Stichwortsuche nicht störend.

Auch durch die Neugestaltung der Stichwortartikel mit der stärkeren Verwendung von römischen und arabischen Ziffern zur Gliederung der Haupt- und Nebenbedeutungen haben die Wörterbuchseiten an Übersichtlichkeit gewonnen.

Zum Inhalt: Jede Zeile des bisherigen Taschenwörterbuchs wurde sorgfältig überprüft und auf veraltendes Wortgut „abgeklopft“. Damit ist sichergestellt, daß die vorliegende Neubearbeitung die Sprache von heute spricht.

Das große Angebot an Neuwörtern zählte schon immer zu

den Stärken des englischen Taschenwörterbuchs. Mit großer Sorgfalt wurde daher wiederum die Auswahl der neu aufzunehmenden Wörter vorgenommen. Neben dem allgemeinsprachlichen und fachsprachlichen modernen Wortschatz wurde vor allem der Bereich der Umgangssprache und des Slangs bei den Neuaufnahmen berücksichtigt. Als Beispiele seien genannt: *ghetto blaster*, *junk food*, *happy hour*, *bonk*, *gender-bender*, *freebie*.

Die Angabe der Silbentrennungsmöglichkeiten in den englischen Stichwörtern wurde – da oft sehr hilfreich – beibehalten. Die Lautschrift entspricht jetzt dem neuen *English Pronouncing Dictionary* von 1988 (*Fourteenth Edition. With Revisions and Supplement*).

Der Bearbeiter des vorliegenden Taschenwörterbuchs, Helmut Willmann, kompilierte auch „Langenscheidts Großwörterbuch Englisch-Deutsch“ (1. Auflage 1985); somit konnten langjährige lexikographische Erfahrungen genutzt werden.

Great dictionaries don't change – they mature: Unter Beibehaltung der bewährten Grundstruktur bietet diese Neubearbeitung die englische Sprache von heute plus ein deutliches Mehr an Übersichtlichkeit. Wir hoffen, daß das englische Taschenwörterbuch damit das beliebte handliche Nachschlagewerk für die englische Sprache bleiben wird.

LANGENSCHEIDT

Preface

This edition of Langenscheidt's "English-German Pocket Dictionary" has been completely revised for the nineties. For generations – the original edition appeared in 1884 – this dictionary has been part of the vocabulary of language students: when someone said they had a "Langenscheidt", it was usually this standard work they were referring to.

The English-German Pocket Dictionary is regularly revised. After being updated and expanded in the eighties, the dictionary has now undergone a complete revision as well as a formal overhaul in Langenscheidt's "lexicographical workshop", taking careful account of the needs of today's user.

The introduction of new typefaces has made the dictionary even clearer and thus more user-friendly. The headwords now appear in sans serif letters, which makes them easier to find. Phrases – example sentences, idioms, collocations – are emphasized by a new boldface type, which, as it is an italic face, cannot be confused with the boldface of the headwords.

Another feature that adds to the clarity of presentation is the restructuring of the individual entries making more use of Roman and Arabic numerals to separate the main meanings from subsidiary meanings.

As part of the updating process, every entry of the previous edition has been carefully examined and any obsolescent vocabulary "rooted out", thus guaranteeing that the present revised edition truly reflects the language of today.

One of the English Pocket Dictionary's strengths has always been its large number of new words. Great care has therefore again been taken to ensure that alongside general vocabulary and modern technical terms, a particularly large number of new colloquialisms and slang should be taken up.

The syllabification of the English words – which has proved so useful – has of course been retained, while the phonetics are now based on the new *English Pronouncing Dictionary* from 1988 (*Fourteenth Edition. With Revisions and Supplement*).

The editor responsible for the present dictionary, Helmut Willmann, also compiled Langenscheidt's "Großwörterbuch Englisch-Deutsch" (1st edition 1985). Thus we have been able to draw on his long experience as a lexicographer.

Great dictionaries don't change – they mature. While preserving its time-honoured basic structure, this revised edition offers today's English together with an even more user-friendly layout. We trust that the English Pocket Dictionary will therefore continue to be the popular reference work for the English language.

LANGENSCHEIDT

Hinweise für den Benutzer

Guide for the User

1. Englisches Stichwort. 1.1 Das Wörterverzeichnis ist alphabetisch geordnet und verzeichnet auch die unregelmäßigen Formen an ihrer alphabetischen Stelle.

1.2 Der in den Stichwörtern auf Mitte stehende Punkt bzw. der Betonungsakzent zeigt an, wo das englische Wort getrennt werden kann:

cul·ti·vate ..., ˌcul·tiˈva·tion

1.3 Fällt bei einem mit Bindestrich zu schreibenden englischen Stichwort der Bindestrich auf das Zeilenende, so wird er am Anfang der folgenden Zeile wiederholt.

1.4 Um die Wiederholung des Stichworts zu vermeiden, wird die Tilde (**~**, ~) verwandt. **1.41** Folgen einem ausgerückten Stichwort weitere Zusammensetzungen mit diesem, so wird es durch die halbfette Tilde (**~**) ersetzt:

af·ter ... ˈ~·birth (= afterbirth) ...

1.42 Die magere Tilde (~) ersetzt in Anwendungsbeispielen das unmittelbar vorangehende halbfette Stichwort, das auch selbst mit einer halbfetten Tilde gebildet sein kann:

dis·tance ... ***at a*** ~ = at a distance
day ... ˈ~·light ... ~ ***saving time*** = daylight saving time.

1.5 Wenn sich der Anfangsbuchstabe eines Stichworts ändert (klein zu groß oder umgekehrt), steht statt der Tilde ♀ bzw. ♀:

state ... ♀ ***Department*** = State Department.

2. Aussprache. 2.1 Die Aussprache des englischen Stichworts steht in eckigen Klammern und wird durch die Symbole der International Phonetic Association wiedergegeben. (Siehe Seite 13, 14).

2.2 Aus Gründen der Platzersparnis wird in der Lautschriftklammer oft die Tilde (~) verwandt. Sie ersetzt den Teil der Lautschrift, der sich gegenüber der vorhergehenden Vollumschrift nicht verändert:

1. English Headwords. 1.1 The alphabetical order of the headwords has been observed throughout, including the irregular forms.

1.2 Centred dots or stress marks within a headword indicate syllabification,

e.g. **cul·ti·vate ..., ˌcul·tiˈva·tion**

1.3 In hyphenated compounds a hyphen coinciding with the end of a line is repeated at the beginning of the next.

1.4 The tilde (**~**, ~) represents the repetition of a headword. **1.41** In compounds the tilde in bold type (**~**) replaces the catchword,

e.g. **af·ter ... ˈ~·birth** (= afterbirth) ...

1.42 The simple tilde (~) replaces the headword immediately preceding (which itself may contain a tilde in bold type),

e.g **dis·tance ...** ***at a*** ~ = at a distance
day ... ˈ~·light ... ~ ***saving time*** = daylight saving time.

1.5 When the initial letter changes from small to capital or vice versa, the usual tilde is replaced by ♀ or ♀,

e.g. **state ...** ♀ ***Department*** = State Department.

2. Pronunciation. 2.1 The pronunciation of English headwords is given in square brackets by means of the symbols of the International Phonetic Association. (See pp. 13, 14).

2.2 To save space the tilde (~) has been made use of in many places within the phonetic transcription. It replaces any part of the preceding complete transcription which remains unchanged,

gym·na·si·um [dʒɪm'neɪzjəm] ... **gym·nast** ['~næst] ...

2.3 Stichwörter mit einer der auf S. 15 umschriebenen Endungen erhalten keine Aussprachebezeichnung, es sei denn, sie seien ausgerückt. Zum Betonungsakzent siehe S. 14.

3. Sachgebiet. Das Sachgebiet, dem ein englisches Stichwort oder einige seiner Bedeutungen angehören, wird durch bildliche Zeichen, Abkürzungen oder ausgeschriebene Hinweise kenntlich gemacht. Steht die bildliche oder abgekürzte Sachgebietsbezeichnung unmittelbar hinter der Lautschriftklammer, bezieht sie sich auf alle folgenden Übersetzungen. Steht sie innerhalb des Artikels vor einer Übersetzung, so gilt sie nur für diese.

4. Sprachebene. Die Kennzeichnung der Sprachebene durch Abkürzungen wie F, *sl.* etc. bezieht sich auf das englische Stichwort. Die deutsche Übersetzung wurde möglichst so gewählt, daß sie auf der gleichen Sprachebene wie das Stichwort liegt.

5. Grammatische Hinweise.

5.1 Eine Liste der unregelmäßigen Verben befindet sich im Anhang auf S. 686.

5.2 Der Hinweis (*irr*) bei einem Verb zeigt an, daß es unregelmäßig konjugiert wird und daß seine Stammformen in dieser Liste aufgeführt sind.

5.3 Hinweise wie (*irr* ***fall***) zeigen an, daß das Stichwort ebenso konjugiert wird wie das in der Liste der unregelmäßigen Verben aufgeführte Grundverb ***fall***.

5.4 Erscheint ein Substantiv mit unregelmäßigem Plural als letzter Bestandteil einer Zusammensetzung, so zeigt ein Hinweis wie (*irr* ***man***), daß die unregelmäßige Pluralform an derjenigen Stelle zu finden ist, an der der letzte Bestandteil der Zusammensetzung als Stichwort verzeichnet ist:

fore·man (*irr* ***man***).

5.5 Das Zeichen □ bei einem Adjektiv bedeutet, daß das Adverb regelmäßig, d. h. durch Anhängung von ...ly oder durch Verwandlung von ...le in ...ly oder ...y in ...ily gebildet wird.

e.g. **gym·na·si·um** [dʒɪm'neɪzjəm] ... **gym·nast** ['~næst] ...

2.3 Headwords having one of the suffixes transcribed on p. 15 are given without transcription, unless they figure as catchwords. For their stress marks see p. 14.

3. Subject Labels. The field of knowledge from which an English headword or some of its meanings are taken is indicated by figurative or abbreviated labels or other labels written out in full. A figurative or abbreviated label placed immediately after the phonetic transcription of a headword refers to all translations. A label preceding an individual translation refers to this only.

4. Usage Label. The indication of the level of usage by abbreviations such as F, *sl.* etc refers to the English headword. Wherever possible the same level of usage between headword and translation has been aimed at.

5. Grammatical References.

5.1 In the appendix p. 686 you will find a list of irregular verbs.

5.2 (*irr*) following a verb refers to this list, where you will find the principal parts of this particular verb.

5.3 A reference such as (*irr* ***fall***) indicates that the compound verb is conjugated exactly like the primary verb ***fall*** as given in the list of irregular verbs.

5.4 When the last element of a compound is a noun with an irregular plural, a reference such as (*irr* ***man***) indicates that the plural form is given under the separate headword (in this case ***man***):

fore·man (*irr* ***man***).

5.5 An adjective marked with □ takes the regular adverbial form, i.e. by affixing ...ly to the adjective or by changing ...le into ...ly or ...y into ...ily.

5.6 Der Hinweis (**~ally**) bei einem Adjektiv bedeutet, daß das Adverb durch Anhängung von ...ally gebildet wird.

5.7 Bei Adjektiven, die auf ...ic und ...ical enden können, wird die Adverbbildung so gekennzeichnet:
ge·o·met·ric, ge·o·met·ri·cal □,
d. h. geometrically ist das Adverb zu beiden Adjektivformen.

6. Deutsche Übersetzung.
6.1 Vor der Übersetzung stehen (kursiv) Dativ- und Akkusativobjekte von Verben. Hinter der Übersetzung kann (kursiv und in Klammern) ein Subjekt verzeichnet sein:

a·ban·don ... 2. *Hoffnung etc* aufgeben, *Suche etc a.* einstellen ...
a·bate ... abklingen (*Begeisterung, Lärm, Schmerz etc*) ...
ab·ject ... bitter (*Armut etc*) ...

6.2 Wird das englische Stichwort (Verb, Adjektiv oder Substantiv) von bestimmten Präpositionen regiert, so werden diese mit den deutschen Entsprechungen, der jeweiligen Bedeutung zugeordnet, angegeben:
place ... 10. (***with***) *Auftrag* erteilen (*dat*), vergeben (an *acc*), *Bestellung* aufgeben (bei) ...
pose ... 3. ... *Bedrohung, Gefahr etc* darstellen (***for, to*** für) ...

6.3 Bei deutschen Präpositionen, die den Dativ und den Akkusativ regieren können, wird der Fall in Klammern angegeben:
en·ter ... eindringen in (*acc*) ...

7. Anwendungsbeispiele und ihre Übersetzungen stehen unmittelbar hinter der Übersetzung des Stichworts. Die Übersetzung ist gelegentlich weggelassen, wenn sie sich aus den Bedeutungen der einzelnen Wörter von selbst ergibt:
gain ... 4. zunehmen an (*dat*): **~ *speed*** schneller werden; ...
a·board ... 1. ⚓, ✈ an Bord (*gen*): ***go ~***; ...

5.6 (**~ally**) means that an adverb is formed by affixing ...ally to the adjective.

5.7 When there is only one adverb for adjectives ending in both ...ic and ...ical, this is indicated in the following way:
ge·o·met·ric, ge·o·met·ri·cal □,
i.e. geometrically is the adverb of both adjectives.

6. Translations
6.1 The direct and indirect objects of verbs are printed in italics before the translation. Where necessary the subject of an adjective or verb is indicated in italics and in brackets after the translation,
e.g. **a·ban·don ... 2.** *Hoffnung etc* aufgeben, *Suche etc a.* einstellen ...
a·bate ... abklingen (*Begeisterung, Lärm, Schmerz etc*) ...
ab·ject ... bitter (*Armut etc*) ...

6.2 Prepositions governing an English catchword (verb, adjective, noun) are given in both languages,
e.g. **place ... 10.** (***with***) *Auftrag* erteilen (*dat*), vergeben (an *acc*), *Bestellung* aufgeben (bei) ...
pose ... 3. ... *Bedrohung, Gefahr etc* darstellen (***for, to*** für) ...

6.3 Where a German preposition may govern the dative or the accusative case, the case is given in brackets,
e.g. **en·ter ...** eindringen in (*acc*) ...

7. Illustrative phrases and their translations follow the translation of the headword. When the translation can easily be gathered from the meanings of the separate words, it has occasionally been omitted, e.g.
gain ... 4. zunehmen an (*dat*): **~ *speed*** schneller werden; ...
a·board ... 1. ⚓, ✈ an Bord (*gen*): ***go ~***; ...

8. Bildliche Zeichen — Symbols

~, 2, ~, 2	→ 1.4—1.5, 2.2.
F	familiär, *familiar*; Umgangssprache, *colloquial language*.
V	vulgär, *vulgar*.
⚘	Pflanzenkunde, *botany*.
⚙	Technik, *technology*.
⚒	Bergbau, *mining*.
⚔	militärisch, *military term*.
⚓	Schiffahrt, *nautical term*.
☤	Wirtschaft, *economic term*.
□	→ 5.5.
🚂	Eisenbahn, *railway*.
✈	Luftfahrt, *aviation*.
📯	Postwesen, *postal affairs*.
♪	Musik, *musical term*.
△	Architektur, *architecture*.
⚡	Elektrotechnik, *electrical engineering*; Elektronik, *electronics*.
⚖	Rechtswissenschaft, *jurisprudence*.
∡	Mathematik, *mathematics*.
⚒	Landwirtschaft, *agriculture*.
⚗	Chemie, *chemistry*.
⚕	Medizin, *medicine*.

9. Abkürzungen — Abbreviations

a.	*also*, auch.
abbr.	*abbreviation*, Abkürzung.
acc	*accusative*, Akkusativ.
adj	*adjective*, Adjektiv, Eigenschaftswort.
adv	*adverb*, Adverb, Umstandswort.
allg.	allgemein, *generally*.
Am.	(*originally or chiefly*) *American English*, (ursprünglich oder hauptsächlich) amerikanisches Englisch.
amer.	amerikanisch, *American*.
anat.	*anatomy*, Anatomie, Körperbaulehre.
antiq.	*antiquity*, Antike.
ast.	*astronomy*, Astronomie; *astrology*, Astrologie.
attr	*attributive*, attributiv, beifügend.
Bibl.	*biblical*, biblisch.
biol.	*biology*, Biologie.
Br.	*British English*, britisches Englisch.
b.s.	*bad sense*, in schlechtem Sinne.
bsd.	besonders, *especially*.
cj	*conjunction*, Konjunktion, Bindewort.
coll.	*collectively*, als Sammelwort.
comp	*comparative*, Komparativ, Höherstufe.
contp.	*contemptuously*, verächtlich.
dat	*dative*, Dativ.
eccl.	*ecclesiastical*, kirchlich.
e-e	eine, *a* (*an*).
e-m	einem, *to a* (*an*).
e-n	einen, *a* (*an*).
engS.	in engerem Sinne, *more strictly taken*.
e-r	einer, *of a* (*an*), *to a* (*an*).
e-s	eines, *of a* (*an*).
et.	etwas, *something*.
etc	*etcetera*, usw.
euphem.	*euphemistic*, euphemistisch, verhüllend.
f	*feminine*, weiblich.
fenc.	*fencing*, Fechten.
fig.	*figuratively*, bildlich, im übertragenen Sinn.
fr.	französisch, *French*.
gastr.	*gastronomy*, Kochkunst.
GB	*Great Britain*, Großbritannien.
gen	*genitive*, Genitiv.
geogr.	*geography*, Geographie, Erdkunde.
geol.	*geology*, Geologie.
ger	*gerund*, Gerundium.
Ggs.	Gegensatz, *antonym*.
hist.	*history*, Geschichte; *historical*, inhaltlich veraltet.
humor.	*humorous*, humorvoll.
hunt.	*hunting*, Jagd.
ichth.	*ichthyology*, Fischkunde.
impers	*impersonal*, unpersönlich.
inf	*infinitive*, Infinitiv, Nennform.
int	*interjection*, Interjektion, Ausruf.
ir.	irisch, *Irish*.
iro.	*ironically*, ironisch.
irr	*irregular*, unregelmäßig (→

Hinweise für den Benutzer 5.2–5.3).

j-d jemand, *someone*.
j-m jemandem, *to someone*.
j-n jemanden, *someone*.
j-s jemandes, *of someone*.
ling. *linguistics*, Sprachwissenschaft.
m *masculine*, männlich.
m-e meine, *my*.
metall. *metallurgy*, Hüttenkunde.
meteor. *meteorology*, Wetterkunde.
min. *mineralogy*, Gesteinskunde.
m-m meinem, *to my*.
m-n meinen, *my*.
mot. *motoring*, Kraftfahrwesen.
mount. *mountaineering*, Bergsteigen.
m-r meiner, *of* or *to my*.
m-s meines, *of my*.
mst meistens, *mostly*, *usually*.
myth. *mythology*, Mythologie.
n *neuter*, sächlich.
neg *negative*, verneinend.
nom *nominative*, Nominativ.
npr *proper name*, Eigenname.
obs. *obsolete*, (begrifflich) veraltet.
od. oder, *or*.
opt. *optics*, Optik.
orn. *ornithology*, Vogelkunde.
o.s. *oneself*, sich.
paint. *painting*, Malerei.
parl. *parliamentary term*, parlamentarischer Ausdruck.
part *particle*, Partikel.
ped. *pedagogy*, Schulwesen.
pharm. *pharmacy*, Arzneimittelwesen.
phls. *philosophy*, Philosophie.
phot. *photography*, Fotografie.
phys. *physics*, Physik.
physiol. *physiology*, Physiologie.
pl *plural*, Plural, Mehrzahl.
poet. *poetic*, dichterisch.
pol. *politics*, Politik.
pp *past participle*, Partizip Perfekt, Mittelwort der Vergangenheit.
pred *predicative*, prädikativ, als Aussage gebraucht.
pres *present*, Präsens, Gegenwart.
pres p *present participle*, Partizip Präsens, Mittelwort der Gegenwart.
pret *preterite*, Präteritum, 1. Vergangenheit.
pron *pronoun*, Pronomen, Fürwort.
prp *preposition*, Präposition, Verhältniswort.
psych. *psychology*, Psychologie.
reflex *reflexive*, reflexiv, rückbezüglich.
rhet. *rhetoric*, Rhetorik, Redekunst.
s *substantive*, Substantiv, Hauptwort.
schott. schottisch, *Scottish*.
s-e seine, *his*, *one's*.
sg *singular*, Singular, Einzahl.
sl. *slang*, Slang.
s-m seinem, *to his*, *to one's*.
s-n seinen, *his*, *one's*.
s.o. *someone*, jemand.
sociol. *sociology*, Soziologie.
s-r seiner, *of his*, *of one's*, *to his*, *to one's*.
s-s seines, *of his*, *of one's*.
s.th. *something*, etwas.
sup *superlative*, Superlativ, Höchststufe.
surv. *surveying*, Landvermessung.
tel. *telegraphy*, Telegrafie.
teleph. *telephony*, Fernsprechwesen.
thea. *theatre*, Theater.
TM *trademark*, Warenzeichen.
TV *television*, Fernsehen.
typ. *typography*, Buchdruck.
u. und, *and*.
univ. *university*, Hochschulwesen.
USA *United States*, Vereinigte Staaten.
v/aux *auxiliary verb*, Hilfszeitwort.
vet. *veterinary medicine*, Tiermedizin.
v/i *intransitive verb*, intransitives Verb, nichtzielendes Zeitwort.
v/impers *impersonal verb*, unpersönliches Zeitwort.
v/t *transitive verb*, transitives Verb, zielendes Zeitwort.
weitS. in weiterem Sinne, *more widely taken*.
z. B. zum Beispiel, *for instance*.
zo. *zoology*, Zoologie.
zs.-, *Zs.-* zusammen, *together*.
Zssg(*n*) Zusammensetzung(en), *compound word*(*s*).

Erklärung der phonetischen Zeichen

[ʌ]	much [mʌtʃ], come [kʌm]	kurzes *a* wie in *Matsch*, *Kamm*, aber dunkler
[ɑ:]	after ['ɑ:ftə], park [pɑ:k]	langes *a*, etwa wie in *Bahn*
[æ]	flat [flæt], madam ['mædəm]	mehr zum *a* hin als *ä* in *Wäsche*
[ə]	after ['ɑ:ftə], arrival [ə'raɪvl]	wie das End-*e* in *Berge*, *mache*, *bitte*
[e]	let [let], men [men]	*ä* wie in *hätte*, *Mäntel*
[ɜ:]	first [fɜ:st], learn [lɜ:n]	etwa wie *ir* in *flirten*, aber offener
[ɪ]	in [ɪn], city ['sɪtɪ]	kurzes *i* wie in *Mitte*, *billig*
[i:]	see [si:], evening ['i:vnɪŋ]	langes *i* wie in *nie*, *lieben*
[ɒ]	shop [ʃɒp], job [dʒɒb]	wie *o* in *Gott*, aber offener
[ɔ:]	morning ['mɔ:nɪŋ], course [kɔ:s]	wie in *Lord*, aber ohne *r*
[ʊ]	good [gʊd], look [lʊk]	kurzes *u* wie in *Mutter*
[u:]	too [tu:], shoot [ʃu:t]	langes *u* wie in *Schuh*, aber offener
[aɪ]	my [maɪ], night [naɪt]	etwa wie in *Mai*, *Neid*
[aʊ]	now [naʊ], about [ə'baʊt]	etwa wie in *blau*, *Couch*
[əʊ]	home [həʊm], know [nəʊ]	von [ə] zu [ʊ] gleiten
[eə]	air [eə], square [skweə]	wie *är* in *Bär*, aber kein *r* sprechen
[eɪ]	eight [eɪt], stay [steɪ]	klingt wie *äi*
[ɪə]	near [nɪə], here [hɪə]	von [ɪ] zu [ə] gleiten
[ɔɪ]	join [dʒɔɪn], choice [tʃɔɪs]	etwa wie *eu* in *neu*
[ʊə]	you're [jʊə], tour [tʊə]	wie *ur* in *Kur*, aber kein *r* sprechen
[j]	yes [jes], tube [tju:b]	wie *j* in *jetzt*
[w]	way [weɪ], one [wʌn], quick [kwɪk]	mit gerundeten Lippen ähnlich wie [u:] gebildet. Kein deutsches *w*!
[ŋ]	thing [θɪŋ], English ['ɪŋglɪʃ]	wie *ng* in *Ding*
[r]	room [ru:m], hurry ['hʌrɪ]	Zunge liegt, zurückgebogen, am Gaumen auf. Nicht gerollt und nicht im Rachen gebildet!
[s]	see [si:], famous ['feɪməs]	stimmloses *s* wie in *lassen*, *Liste*
[z]	zero ['zɪərəʊ], is [ɪz], runs [rʌnz]	stimmhaftes *s* wie in *lesen*, *Linsen*
[ʃ]	shop [ʃɒp], fish [fɪʃ]	wie *sch* in *Scholle*, *Fisch*
[tʃ]	cheap [tʃi:p], much [mʌtʃ]	wie *tsch* in *tschüs*, *Matsch*
[ʒ]	television ['telɪˌvɪʒn]	stimmhaftes *sch* wie in *Genie*, *Etage*
[dʒ]	just [dʒʌst], bridge [brɪdʒ]	wie in *Job*, *Gin*
[θ]	thanks [θæŋks], both [bəʊθ]	wie *ß* in *Faß*, aber gelispelt
[ð]	that [ðæt], with [wɪð]	wie *s* in *Sense*, aber gelispelt
[v]	very ['verɪ], over ['əʊvə]	etwa wie deutsches *w*, Oberzähne auf Oberkante der Unterlippe
[x]	loch [lɒx], ugh [ʌx]	wie *ch* in *ach*
[:]	bedeutet, daß der vorhergehende Vokal lang zu sprechen ist.	

Lautsymbole der nichtanglisierten Stichwörter

In nichtanglisierten Stichwörtern, d. h. in Fremdwörtern, die noch nicht als eingebürgert empfunden werden, werden gelegentlich einige Lautsymbole der französischen Sprache verwandt, um die nichtenglische Lautung zu kennzeichnen. Die nachstehende Liste gibt einen Überblick über diese Symbole:

[ɑ̃] ein nasaliertes, offenes a wie im französischen Wort *enfant*.
[ɛ̃] ein nasaliertes, offenes ä wie im französischen Wort *fin*.
[ɔ̃] ein nasaliertes, offenes o wie im französischen Wort *bonbon*.

Betonungsakzente

Die **Betonung** der englischen Wörter wird durch das Zeichen ˈ für den Hauptakzent bzw. ˌ für den Nebenakzent vor der zu betonenden Silbe angegeben:

on·ion [ˈʌnjən] – **dis·loy·al** [ˌdɪsˈlɔɪəl]

Bei zusammengesetzten Stichwörtern, deren Bestandteile als selbständige Stichwörter mit Ausspracheangabe im Wörterbuch erscheinen, und bei Stichwörtern, die eine der in der nachstehenden Liste der „Endsilben ohne Lautschrift" verzeichneten Endungen aufweisen, werden die Betonungsakzente im Stichwort selbst gegeben. Die Betonung erfolgt auch im Stichwort, wenn nur ein Teil der Lautschrift angegeben wird und die Betonung nicht auf der ersten Silbe des durch eine Tilde ersetzten Lautschriftteils liegt, z. B.

adˈministrator [~treɪtə].

Liegt diese aber auf der ersten Silbe oder in dem angegebenen Lautschriftteil, dann stehen die Betonungsakzente nicht im Stichwort, sondern nur innerhalb der Lautschriftklammern, z. B.

accurate [ˈ~rət] – **bureaucracy** [~ˈrɒkrəsɪ].

Und hier noch ein wichtiger Hinweis: Das in Wörterbüchern angegebene Betonungsmuster der isoliert stehenden Stichwörter kann selbstverständlich ganz erheblich von jenem in einem bestimmten Satzzusammenhang einer lebendigen Sprache abweichen. Ein ganz einfaches Beispiel: [ˌɪndɪˈpendənt] in „he's very independent for his age", aber [ˈɪndɪˌpendənt] in „an independent judgment".

Endsilben ohne Lautschrift

Um Raum zu sparen, werden die häufigsten Endungen der englischen Stichwörter hier einmal mit Lautschrift aufgelistet. Sie erscheinen im Wörterverzeichnis in der Regel ohne Umschrift (sofern keine Ausnahmen vorliegen). Die nachstehenden Endungen sind auch dann nicht umschrieben, wenn ihnen ein Konsonant vorausgeht, der in der Lautschrift des vorhergehenden Wortes nicht gegeben war, im Englischen und Deutschen aber dasselbe Lautzeichen aufweist, z. B. -**t**ation, -**r**ing.

-ability [-ə'bɪlətɪ]
-able [-əbl]
-age [-ɪdʒ]
-al [-əl]
-ally [-əlɪ]
-an [-ən]
-ance [-əns]
-ancy [-ənsɪ]
-ant [-ənt]
-ar [-ə]
-ary [-ərɪ]
-ation [-eɪʃn]
-cious [-ʃəs]
-cy [-sɪ]
-dom [-dəm]
-ed [-d; -t; -ɪd]*
-edness [-dnɪs; -tnis; -ɪdnɪs]*
-ee [-iː]
-en [-n]
-ence [-əns]
-ency [-ənsɪ]
-ent [-ənt]
-er [-ə]
-ery [-ərɪ]
-ess [-ɪs]
-fication [-fɪ'keɪʃn]
-ial [-jəl; -ɪəl]
-ian [-jən; -ɪən]
-ible [-əbl]
-ic(s) [-ɪk(s)]
-ical [-ɪkl]
-ily [-ɪlɪ; -əlɪ]
-iness [-ɪnɪs]
-ing [-ɪŋ]
-ish [-ɪʃ]
-ism [-ɪzəm]
-ist [-ɪst]
-istic [-ɪstɪk]
-ite [-aɪt]
-ity [-ətɪ; -ɪtɪ]
-ive [-ɪv]
-ization [-aɪ'zeɪʃn]
-ize [-aɪz]
-izing [-aɪzɪŋ]
-less [-lɪs]
-ly [-lɪ]
-ment(s) [-mənt(s)]
-ness [-nɪs]
-oid [-ɔɪd]
-o(u)r [-ə]
-ous [-əs]
-ry [-rɪ]
-ship [-ʃɪp]
-ssion [-ʃn]
-sive [-sɪv]
-ties [-tɪz]
-tion [-ʃn]
-tional [-ʃənl]
-tious [-ʃəs]
-trous [-trəs]
-try [-trɪ]
-y [-ɪ]

* [-d] nach Vokalen und stimmhaften Konsonanten;
[-t] nach stimmlosen Konsonanten;
[-id] nach auslautendem d und t.

Die Aussprache des amerikanischen Englisch

Einige Worte noch zur amerikanischen Aussprache:

Amerikaner sprechen viele Wörter anders aus als die Briten. In diesem Wörterbuch haben wir uns allerdings auf die britische Aussprache beschränkt, wie Sie sie auch in Ihren Lehrbüchern finden. Ein paar Regeln für die Abweichungen in der amerikanischen Aussprache wollen wir Ihnen hier aber doch geben.

Die Aussprache des amerikanischen Englisch weicht hauptsächlich in folgenden Punkten von der britischen ab:

1. ɑː wird zu (gedehntem) æ(ː) in Wörtern wie *ask* [æ(ː)sk = ɑːsk], *castle* ['kæ(ː)sl = 'kɑːsl], *grass* [græ(ː)s = grɑːs], *past* [pæ(ː)st = pɑːst] etc.; ebenso in *branch* [bræ(ː)ntʃ = brɑːntʃ], *can't* [kæ(ː)nt = kɑːnt], *dance* [dæ(ː)ns = dɑːns] etc.
2. ɒ wird zu dem helleren ɑ in Wörtern wie *common* ['kɑmən = 'kɒmən], *not* [nɑt = nɒt], *on* [ɑn = ɒn], *rock* [rɑk = rɒk], *bond* [bɑnd = bɒnd] und vielen anderen.
3. juː wird zu uː, z. B. *due* [duː = djuː], *duke* [duːk = djuːk], *new* [nuː = njuː].
4. r zwischen vorhergehendem Vokal und folgendem Konsonanten wird stimmhaft gesprochen, indem die Zungenspitze gegen den harten Gaumen zurückgezogen wird, z. B. *clerk* [klɜːrk = klɑːk], *hard* [hɑːrd = hɑːd]; ebenso im Auslaut, z. B. *far* [fɑːr = fɑː], *her* [hɜːr = hɜː].
5. Anlautendes p, t, k in unbetonter Silbe (nach betonter Silbe) wird zu b, d, g abgeschwächt, z. B. in *property*, *water*, *second*.
6. Der Unterschied zwischen stark- und schwachbetonten Silben ist viel weniger ausgeprägt; längere Wörter haben einen deutlichen Nebenton, z. B. *dictionary* ['dɪkʃəˌnerɪ = 'dɪkʃənrɪ], *ceremony* ['serəˌməʊnɪ = 'serɪmənɪ], *inventory* ['ɪnvənˌtɔːrɪ = 'ɪnvəntrɪ], *secretary* ['sekrəˌterɪ = 'sekrətrɪ].
7. Vor, oft auch nach nasalen Konsonanten (m, n, ŋ) sind Vokale und Diphthonge nasal gefärbt, z. B. *stand*, *time*, *small*.

Das englische Alphabet

a [eɪ], b [biː], c [siː], d [diː], e [iː], f [ef], g [dʒiː], h [eɪtʃ], i [aɪ], j [dʒeɪ], k [keɪ], l [el], m [em], n [en], o [əʊ], p [piː], q [kjuː], r [ɑː], s [es], t [tiː], u [juː], v [viː], w ['dʌbljuː], x [eks], y [waɪ], z [zed].

A

A [eɪ] *s*: ***from A to Z*** F von A bis Z.

a [ə], *vor vokalischem Anlaut* **an** [ən] *adj od. Artikel* **1.** ein(e): ***he is a doctor*** er ist Arzt. **2.** der-, die-, dasselbe: ***they are of an age*** sie sind gleichaltrig. **3.** per, pro, je: ***twice a week*** zweimal wöchentlich *od.* in der Woche.

a·back [ə'bæk] *adv*: ***taken ~*** überrascht, verblüfft; bestürzt.

a·ban·don [ə'bændən] *v/t* **1.** *Frau etc* verlassen. **2.** *Hoffnung etc* aufgeben, *Suche etc a.* einstellen, (*Sport*) *Spiel* abbrechen.

a·base [ə'beɪs] *v/t* erniedrigen, demütigen. **a'base·ment** *s* Erniedrigung *f*, Demütigung *f*.

a·bashed [ə'bæʃt] *adj* beschämt, verlegen: ***feel ~*** sich schämen.

a·bate [ə'beɪt] *v/i* abklingen (*Begeisterung, Lärm, Schmerz etc*), (*a. Sturm etc*) sich legen.

ab·at·toir ['æbətwɑː] *s* Schlachthaus *n*, -hof *m*.

ab·bess ['æbes] *s* Äbtissin *f*. **ab·bey** ['æbɪ] *s* Abtei *f*. **ab·bot** ['æbət] *s* Abt *m*.

ab·bre·vi·ate [ə'briːvɪeɪt] *v/t* (ab-, ver)kürzen: ***~d form*** Kurzform *f*. **ab,bre·vi'a·tion** *s* (Ab-, Ver)Kürzung *f*.

ABC [,eɪbiː'siː] *s* **1.** *Am. oft pl* Abc *n*, Alphabet *n*: **(*as*) *easy as ~*** kinderleicht; ***~ weapons*** *pl* ⚔ ABC-Waffen *pl*. **2.** *fig*. Abc *n*, Anfangsgründe *pl*.

ab·di·cate ['æbdɪkeɪt] **I** *v/i* abdanken. **II** *v/t Amt* niederlegen: ***~ the throne*** abdanken. **,ab·di'ca·tion** *s* Abdankung *f*.

ab·do·men ['æbdəmen] *s anat*. Unterleib *m*. **ab·dom·i·nal** [æb'dɒmɪnl] *adj* Unterleibs...

ab·duct [əb'dʌkt] *v/t* entführen. **ab·duc·tion** [æb'dʌkʃn] *s* Entführung *f*.

ab·er·ra·tion [,æbə'reɪʃn] *s* **1.** Abweichung *f*, *ast., biol., phys. a.* Aberration *f*. **2.** geistige Verwirrung.

a·bet [ə'bet] → ***aid*** 3.

a·bey·ance [ə'beɪəns] *s*: ***fall into ~*** außer Gebrauch kommen.

ab·hor [əb'hɔː] *v/t* verabscheuen. **ab·hor·rence** [əb'hɒrəns] *s* Abscheu *m, f* (**of** vor *dat*). **ab'hor·rent** *adj* □ **1.** zuwider, verhaßt (**to** *dat*): ***it is ~ to me*** es widerstrebt mir zutiefst (***to do*** zu tun). **2.** abstoßend.

a·bide [ə'baɪd] **I** *v/i*: ***~ by*** sich halten an (*acc*); *Folgen* tragen. **II** *v/t* ertragen, aushalten: ***I cannot ~ him*** ich kann ihn nicht ausstehen.

a·bil·i·ty [ə'bɪlətɪ] *s* Fähigkeit *f*: ***~ to pay*** Zahlungsfähigkeit; ***to the best of one's ~*** nach besten Kräften.

ab·ject ['æbdʒekt] *adj* □ **1.** bitter (*Armut etc*), (*a. Verzweiflung etc*) tiefst. **2.** demütig, unterwürfig.

ab·jure [əb'dʒʊə] *v/t* abschwören (*dat*).

a·blaze [ə'bleɪz] *adv u. adj* **1. *be ~*** in Flammen stehen. **2.** *fig*. ***be ~ with light*** im Lichterglanz erstrahlen; ***his eyes were ~ with anger*** s-e Augen funkelten vor Zorn; ***his face was ~ with excitement*** sein Gesicht glühte vor Aufregung.

a·ble ['eɪbl] *adj* □ fähig, tüchtig, geschickt: ***be ~ to*** imstande *od.* in der Lage sein zu, können; ***~ to pay*** zahlungsfähig. **~-bod·ied** [,~'bɒdɪd] *adj* körperlich leistungsfähig, kräftig: ***~ seaman*** ⚓ Vollmatrose *m*.

ab·ne·ga·tion [,æbnɪ'geɪʃn] *s* Selbstverleugnung *f*.

ab·nor·mal [æb'nɔːml] *adj* □ anormal, *bsd.* ⚕ abnorm.

a·board [ə'bɔːd] *adv u. prp* **1.** ⚓, ✈ an Bord (*gen*): ***go ~; all ~!*** ⚓ alle Mann an Bord!; 🚂 alles einsteigen! **2.** in (*ein od. e-m Verkehrsmittel*): ***~ a bus.***

a·bode [ə'bəʊd] *s a.* ***place of ~*** ⚖ Wohnsitz *m*: ***of*** (*od.* ***with***) ***no fixed ~*** ohne festen Wohnsitz.

a·bol·ish [ə'bɒlɪʃ] *v/t* abschaffen, *Gesetz etc a.* aufheben. **a'bol·ish·ment, ab·o·li·tion** [,æbəʊ'lɪʃn] *s* Abschaffung *f*, Aufhebung *f*.

'A-bomb *s* Atombombe *f*.

a·bom·i·na·ble [ə'bɒmɪnəbl] *adj* □ abscheulich, scheußlich: ***~ snowman***

Schneemensch *m.* **a'bom·i·nate** [˷neɪt] *v/t* verabscheuen. **a͵bom·i'na·tion** *s* **1.** Abscheu *m, f* (***of*** vor *dat*). **2.** Scheußlichkeit *f.*

ab·o·rig·i·nal [͵æbə'rɪdʒənl] **I** *adj* □ eingeboren, einheimisch, Ur... **II** *s* Ureinwohner *m, pl a.* Urbevölkerung *f.* **͵ab·o'rig·i·ne** [˷dʒənɪ] → ***aboriginal*** II.

a·bort [ə'bɔːt] **I** *v/t* **1.** ⚕ *Schwangerschaft* abbrechen; *Kind* abtreiben. **2.** *Raumflug etc* abbrechen. **II** *v/i* **3.** e-e Fehlgeburt haben. **4.** *fig.* fehlschlagen, scheitern. **a'bor·tion** *s* **1.** ⚕ Fehlgeburt *f;* Schwangerschaftsabbruch *m,* Abtreibung *f:* ***have an ˷*** abtreiben (lassen). **2.** *fig.* Fehlschlag *m.* **a'bor·tive** [˷tɪv] *adj* □ erfolglos, fehlgeschlagen: ***prove ˷*** sich als Fehlschlag erweisen.

a·bound [ə'baʊnd] *v/i* **1.** reichlich vorhanden sein. **2.** Überfluß haben, reich sein (***in*** an *dat*). **3.** voll sein, wimmeln (***with*** von).

a·bout [ə'baʊt] **I** *prp* **1.** um (... herum). **2.** herum in (*dat*): ***wander ˷ the streets*** in den Straßen herumwandern. **3.** bei, auf (*dat*), an (*dat*): ***I had no money ˷ me*** ich hatte kein Geld bei mir. **4.** um, gegen: ***˷ noon*** um die Mittagszeit, gegen Mittag. **5.** über (*acc*): ***talk ˷ business*** über Geschäfte reden. **6.** im Begriff, dabei: ***he was ˷ to go out*** er wollte gerade weggehen. **7.** F beschäftigt mit: ***what are you ˷?*** was macht ihr da? **II** *adv* **8.** herum, umher: ***all ˷*** überall. **9.** ungefähr, etwa: ***it's ˷ right*** F es kommt so ungefähr hin. **10.** ***be*** (***up and***) ***˷*** auf den Beinen sein. **11.** in der Nähe, da: ***there was no one ˷.***

a·bove [ə'bʌv] **I** *prp* **1.** über (*dat od. acc*), oberhalb. **2.** über (*dat od. acc*), mehr als: ***˷ all*** vor allem; ***be ˷ s.o.*** j-m überlegen sein; ***it is ˷ me*** es ist mir zu hoch. **II** *adv* **3.** (dr)oben: ***from ˷*** von oben. **4.** darüber (hinaus). **III** *adj* **5.** *a.* ***˷-mentioned*** obig, obenerwähnt. **IV** *s* **6.** *das* Obige, *das* Obenerwähnte. **a͵bove'board** *adv u. adj* ehrlich, offen.

ab·rade [ə'breɪd] *v/t* **1.** abschaben, -reiben, *Reifen* abfahren. **2.** *Haut etc* abschürfen.

ab·ra·sion [ə'breɪʒn] *s* **1.** Abschaben *n,* -reiben *n.* **2.** (Haut)Abschürfung *f.* **ab'ra·sive** [˷sɪv] *s* ⚙ Schleifmittel *n.*

ab·re·act [͵æbrɪ'ækt] *v/t psych.* abreagieren.

a·breast [ə'brest] *adv:* ***three ˷*** zu dritt nebeneinander; ***keep ˷ of*** *fig.* Schritt halten mit; ***keep ˷ of the times*** auf dem laufenden bleiben.

a·bridge [ə'brɪdʒ] *v/t Buch, Rede etc* kürzen. **a'bridg(e)·ment** *s* **1.** Kürzung *f.* **2.** Kurzfassung *f.*

a·broad [ə'brɔːd] *adv* **1.** im *od.* ins Ausland: ***from ˷*** aus dem Ausland; ***trip ˷*** Auslandsreise *f.* **2.** überall(hin): ***spread ˷*** (sich) verbreiten; ***a rumo***(***u***)***r is ˷*** es geht das Gerücht (um); ***get ˷*** ruchbar werden.

ab·ro·gate ['æbrəʊgeɪt] *v/t Vertrag etc* außer Kraft setzen, *Gesetz etc a.* aufheben. **͵ab·ro'ga·tion** *s* Außerkraftsetzung *f,* Aufhebung *f.*

ab·rupt [ə'brʌpt] *adj* □ **1.** kurz (angebunden), schroff. **2.** plötzlich, abrupt: ***come to an ˷ stop*** plötzlich *od.* mit e-m Ruck anhalten.

ab·scess ['æbsɪs] *s* ⚕ Abszeß *m.*

ab·scond [əb'skɒnd] *v/i* sich heimlich davonmachen; flüchten (***from*** vor *dat*).

ab·sence ['æbsəns] *s* **1.** Abwesenheit *f:* ***˷ of mind*** → ***absent-mindedness.*** **2.** Fernbleiben *n* (***from*** von). **3.** (***of***) Fehlen *n* (*gen od.* von), Mangel *m* (an *dat*): ***in the ˷ of*** in Ermangelung (*gen*).

ab·sent I *adj* ['æbsənt] **1.** abwesend: ***be ˷*** fehlen (***from school*** in der Schule; ***from work*** am Arbeitsplatz). **2.** fehlend. **3.**a) (geistes)abwesend (*Blick etc*), b) → ***absent-minded.*** **II** *v/t* [æb'sent] **4.** ***˷ o.s.*** (***from***) fernbleiben (*dat od.* von); sich entfernen (von, aus). **ab·sen·tee** [͵æbsən'tiː] *s* Abwesende *m, f:* ***˷ ballot*** *bsd. Am.* Briefwahl *f;* ***˷ voter*** *bsd. Am.* Briefwähler(in). **͵ab·sen'tee·ism** *s* häufiges *od.* längeres (unentschuldigtes) Fehlen (*am Arbeitsplatz, in der Schule*).

͵ab·sent|-'mind·ed *adj* □ geistesabwesend, zerstreut. **͵˷-'mind·ed·ness** *s* Geistesabwesenheit *f,* Zerstreutheit *f.*

ab·so·lute ['æbsəluːt] *adj* □ absolut (*a.* ⚖, *ling., phys.*): a) unumschränkt (*Herrscher*), b) vollkommen, völlig, c) ⚗ rein, unvermischt. **͵ab·so'lu·tion** *s* Lossprechung *f; eccl.* Absolution *f.* **'ab·so·lut·ism** *s phls., pol.* Absolutismus *m.*

ab·solve [əb'zɒlv] *v/t* frei-, lossprechen (***of*** von *Sünde*); entbinden (***from*** von *Verpflichtung etc*); *eccl.* die Absolution erteilen (*dat*).

ab·sorb [əb'sɔːb] *v/t* **1.** absorbieren, auf-, einsaugen, *a. fig. Wissen etc* aufnehmen. **2.** *fig.* ganz in Anspruch nehmen; fesseln: ***~ed in*** vertieft in (*acc*). **3.** *Stoß etc* dämpfen. **ab'sorb·ent** *adj* absorbierend: ***~ cotton*** ⚕ *Am.* (Verband-) Watte *f.*

ab·stain [əb'steɪn] *v/i* sich enthalten (***from*** *gen*): ***~*** (***from voting***) sich der Stimme enthalten.

ab·ste·mi·ous [æb'stiːmjəs] *adj* □ **1.** enthaltsam; mäßig. **2.** bescheiden, kärglich (*Mahlzeit*).

ab·sten·tion [əb'stenʃn] *s*: ***~*** (***from voting***) (Stimm)Enthaltung *f.*

ab·sti·nence ['æbstɪnəns] *s* Abstinenz *f*, Enthaltsamkeit *f.* **'ab·sti·nent** *adj* □ abstinent, enthaltsam.

ab·stract I *adj* □ ['æbstrækt] **1.** abstrakt (*a.* ✗, *paint. etc*): a) theoretisch, b) schwerverständlich. **II** *s* [~] **2.** *das* Abstrakte: ***in the ~*** rein theoretisch (betrachtet), an u. für sich. **3.** *a.* ***~ noun*** *ling.* Abstraktum *n*, Begriffswort *n.* **4.** Auszug *m*, Abriß *m.* **III** *v/t* [æb'strækt] **5.** abstrahieren. **6.** entwenden. **7.** e-n Auszug machen von. **ab'stract·ed** *adj* □ *fig.* zerstreut. **ab·strac·tion** [æb'strækʃn] *s* **1.** Abstraktion *f.* **2.** Entwendung *f.* **3.** *fig.* Zerstreutheit *f.*

ab·struse [æb'struːs] *adj* □ abstrus, schwerverständlich.

ab·surd [əb'sɜːd] *adj* □ **1.** absurd, widersinnig. **2.** unsinnig, albern, lächerlich.

a·bun·dance [ə'bʌndəns] *s* (***of***) Überfluß *m* (an *dat*), Fülle *f* (von): ***in ~*** in Hülle u. Fülle. **a'bun·dant** *adj* **1.** reichlich (vorhanden). **2.** ***~ in*** reich an (*dat*).

a·buse I *s* [ə'bjuːs] **1.** Mißbrauch *m*: ***~ of drugs*** Drogenmißbrauch. **2.** Beschimpfungen *pl*: → ***term*** 3. **II** *v/t* [~z] **3.** mißbrauchen. **4.** beschimpfen. **a'bu·sive** [~sɪv] *adj* □ beleidigend: ***~ language*** Beleidigungen *pl*, Beschimpfungen *pl.*

a·but [ə'bʌt] *v/i* (an)grenzen (***on*** an *acc*). **a'but·ment** *s* ⚠ Strebe-, Stützpfeiler *m.*

a·bys·mal [ə'bɪzml] *adj* □ miserabel.

a·byss [ə'bɪs] *s* Abgrund *m* (*a. fig.*).

a·ca·cia [ə'keɪʃə] *s* ♣ Akazie *f.*

ac·a·dem·ic [ˌækə'demɪk] **I** *adj* (***~ally***) **1.** akademisch: a) Universitäts...: ***~ freedom*** akademische Freiheit; ***~ year*** Studienjahr *n*, b) (rein) theoretisch: ***~ question*** akademische Frage. **2.** gelehrt, wissenschaftlich. **II** *s* **3.** Universitätslehrer(in).

a·cad·e·my [ə'kædəmɪ] *s* Akademie *f*: ***~ of music*** Musikhochschule *f.*

ac·cede [æk'siːd] *v/i* (***to***) **1.** *e-m Vorschlag etc* beipflichten, zustimmen. **2.** *Amt* antreten, *Macht* übernehmen, *Thron* besteigen.

ac·cel·er·ate [ək'seləreɪt] **I** *v/t* beschleunigen. **II** *v/i* schneller werden, *mot. a.* Gas geben. **ac͵cel·er'a·tion** *s* Beschleunigung *f*: ***~ lane*** *mot.* Beschleunigungsspur *f*, -streifen *m.* **ac'cel·er·a·tor** *s mot.* Gaspedal *n.*

ac·cent I *s* ['æksent] Akzent *m*: a) *ling.* Ton *m*, Betonung *f*, b) *ling.* Betonungs-, Tonzeichen *n*, c) Tonfall *m*, (*lokale etc*) Aussprache, d) *fig.* Nachdruck *m*: ***the ~ is on*** der Akzent liegt auf (*dat*). **II** *v/t* [æk'sent] → ***accentuate.***

ac·cen·tu·ate [æk'sentjʊeɪt] *v/t* akzentuieren, betonen (*a. fig.*). **ac͵cen·tu'a·tion** *s* Akzentuierung *f*, Betonung *f.*

ac·cept [ək'sept] *v/t* **1.** an-, entgegennehmen. **2.** *j-n, et.* akzeptieren: a) *et.*, ✝ *Wechsel* annehmen, b) *et.* hinnehmen, sich abfinden mit. **3.** *Verantwortung etc* auf sich nehmen. **4.** aufnehmen (***into*** in *acc*). **ac'cept·a·ble** *adj* □ **1.** akzeptabel, annehmbar (***to*** für). **2.** angenehm, willkommen. **ac'cept·ance** *s* **1.** Annahme *f.* **2.** Akzeptierung *f*; Hinnahme *f*: ***win ~*** Anerkennung finden. **3.** Aufnahme *f.* **4.** ✝ Akzept *n.* **ac'cept·ed** *adj* allgemein anerkannt, üblich.

ac·cess ['ækses] *s* **1.** Zugang *m* (***to*** zu) (*a. fig.*): ***~ road*** Zufahrts- *od.* Zubringerstraße *f.* **2.** *fig.* Zutritt *m* (***to*** bei, zu): ***easy of ~*** zugänglich (*Person*). **3.** *Computer*: Zugriff *m* (***to*** auf *acc*).

ac·ces·sa·ry → ***accessory*** 2.

ac·ces·si·ble [ək'sesəbl] *adj* □ **1.** (leicht) zugänglich (***to*** für *od. dat*) (*a. fig.*). **2.** um-, zugänglich (*Person*). **3.** empfänglich (***to*** für). **ac·ces·sion** [æk'seʃn] *s* **1.** Antritt *m* (***to*** *e-s Amts*): ***~ to power*** Machtübernahme *f*; ***~ to the throne***

Thronbesteigung *f.* **2.** (Neu)Anschaffung *f* (***to*** für). **3.** Zustimmung *f* (***to*** zu).
ac·ces·so·ry [ək'sesərɪ] *s* **1.** Zubehörteil *n*, (*Mode*) Accessoire *n*, *pl a.* Zubehör *n.* **2.** ⚖ Mitschuldige *m, f* (***to*** an *dat*).
ac·ci·dence ['æksɪdəns] *s ling.* Formenlehre *f.*
ac·ci·dent ['æksɪdənt] *s* **1.** ***by ~*** zufällig. **2.** Unfall *m*, Unglück(sfall *m*) *n*, (*in Kernkraftwerk*) Störfall *m*: ***have*** (*od.* ***meet with***) ***an ~*** e-n Unfall haben, verunglücken; ***be killed in an ~*** bei e-m Unfall ums Leben kommen, tödlich verunglücken; ***~ insurance*** Unfallversicherung *f*; ***~-prone*** unfallgefährdet. **ac·ci·den·tal** [ˌæksɪ'dentl] *adj* □ **1.** zufällig. **2.** versehentlich. **3.** Unfall...
ac·claim [ə'kleɪm] **I** *v/t* **1.** feiern (***as*** als). **2.** ***~ s.o. king*** j-n zum König ausrufen. **II** *s* **3.** hohes Lob.
ac·cla·ma·tion [ˌæklə'meɪʃn] *s* **1.** lauter Beifall. **2.** hohes Lob. **3.** ***by ~*** *pol.* durch Zuruf *od.* Akklamation.
ac·cli·mate [ə'klaɪmət] → ***acclimatize.*** **ac·cli·ma·tion** [ˌæklaɪ'meɪʃn] → ***acclimatization.***
ac·cli·ma·ti·za·tion [əˌklaɪmətaɪ'zeɪʃn] *s* Akklimatisierung *f.* **ac'cli·ma·tize** *v/t u. v/i* (***to***) (sich) akklimatisieren (an *acc*), (sich) eingewöhnen (in *dat*) (*beide a. fig.*).
ac·cliv·i·ty [ə'klɪvətɪ] *s* Steigung *f.*
ac·com·mo·date [ə'kɒmədeɪt] *v/t* **1.** (***to***) anpassen (*dat od.* an *acc*); in Einklang bringen (mit). **2.** *j-m* aushelfen (***with*** mit). **3.** unterbringen. **4.** Platz haben für, fassen. **ac'com·mo·dat·ing** *adj* □ gefällig, entgegenkommend. **acˌcom·mo'da·tion** *s* **1.** Anpassung *f* (***to*** an *acc*). **2.** Gefälligkeit *f.* **3.** *Am. mst pl* Unterkunft *f*, -bringung *f*; Einrichtung(en *pl*) *f*: ***sanitary ~.***
ac·com·pa·ni·ment [ə'kʌmpənɪmənt] *s* ♪ Begleitung *f.* **ac'com·pa·nist** *s* ♪ Begleiter(in). **ac'com·pa·ny** *v/t* begleiten (*a.* ♪).
ac·com·plice [ə'kʌmplɪs] *s* Komplice *m.*
ac·com·plish [ə'kʌmplɪʃ] *v/t* erreichen; leisten. **ac'com·plished** *adj* fähig, tüchtig. **ac'com·plish·ment** *s* Fähigkeit *f*, Fertigkeit *f.*
ac·cord [ə'kɔːd] **I** *v/t* **1.** gewähren, *Empfang* bereiten. **II** *v/i* **2.** übereinstimmen (***with*** mit). **III** *s* **3.** Übereinstimmung *f*: ***be in ~*** → 2; ***with one ~*** einstimmig. **4.** ***of one's own ~*** aus freien Stücken, von selbst. **ac'cord·ance** *s*: ***in ~ with*** entsprechend (*dat*), gemäß (*dat*). **ac'cord·ing:** ***~ to*** *prp* laut; nach. **ac'cord·ing·ly** *adv* **1.** (dem)entsprechend. **2.** also, folglich.
ac·cor·di·on [ə'kɔːdjən] *s* ♪ Akkordeon *n*, Ziehharmonika *f.*
ac·cost [ə'kɒst] *v/t Frau* (in eindeutiger Absicht) ansprechen; *j-n* anpöbeln.
ac·count [ə'kaʊnt] **I** *v/t* **1.** ansehen als, halten für. **II** *v/i* **2.** ***~*** (***to s.o.***) ***for*** (j-m) Rechenschaft ablegen über (*acc*). **3.** ***~ for*** (sich) *et.* erklären, *et.* begründen: ***there's no ~ing for tastes*** über Geschmack läßt sich nicht streiten. **4.** ***~ for*** der Grund sein für. **III** *s* **5.** ✝ Konto *n* (***with*** bei): ***for ~ only*** nur zur Verrechnung; ***on one's own ~*** *fig.* auf eigene Faust; auf eigene Gefahr; ***settle*** (*od.* ***square***) ***~s with*** *fig.* abrechnen mit. **6.** Rechenschaft(sbericht *m*) *f*: ***bring*** (*od.* ***call***) ***to ~*** zur Rechenschaft ziehen; ***give*** (***an***) ***~ of*** Rechenschaft ablegen über (*acc*); ***give a good*** (***bad***) ***~ of o.s.*** sich von s-r guten (schlechten) Seite zeigen; gut (schlecht) abschneiden. **7.** Bericht *m*, Darstellung *f*: ***by all ~s*** nach allem, was man hört; ***give an ~ of*** Bericht erstatten über (*acc*). **8.** ***of great*** (***no***) ***~*** von großer (ohne) Bedeutung; ***on ~ of*** um ... willen, wegen; ***on my ~*** meinetwegen; ***on no ~*** auf keinen Fall; ***leave out of ~*** außer acht lassen; ***take into ~, take ~ of*** in Betracht ziehen, berücksichtigen. **9.** ***put*** (*od.* ***turn***) ***to*** (***good***) ***~*** (aus)nutzen, Kapital schlagen aus. **ac'count·a·ble** *adj* verantwortlich (***to*** *dat*; ***for*** für): ***hold s.o. ~*** j-n verantwortlich machen. **ac'count·ant** *s* **1.** Buchhalter(in). **2.** Buchprüfer(in). **3.** *Br.* Steuerberater(in).
ac·cred·it [ə'kredɪt] *v/t Botschafter etc* akkreditieren (***to*** bei).
ac·crue [ə'kruː] *v/i* **1.** erwachsen (***to*** *dat*; ***from*** aus). **2.** anwachsen: ***~d interest*** aufgelaufene Zinsen *pl.*
ac·cu·mu·late [ə'kjuːmjʊleɪt] *v/t u. v/i* (sich) ansammeln *od.* anhäufen. **acˌcu·mu'la·tion** *s* Anhäufung *f*, Ansammlung *f.* **ac'cu·mu·la·tor** *s* ⚡ Akkumulator *m.*
ac·cu·ra·cy ['ækjʊrəsɪ] *s* Genauigkeit *f.*

ac·cu·rate ['~rət] *adj* □ genau: ***be ~*** genau gehen (*Uhr*).

ac·cu·sa·tion [ˌækjuː'zeɪʃn] *s* **1.** ⚖ Anklage *f*: ***bring an ~ (of murder) against*** (Mord)Anklage erheben gegen. **2.** An-, Beschuldigung *f*. **3.** Vorwurf *m*.

ac·cu·sa·tive [ə'kjuːzətɪv] *s a.* ***~ case*** *ling*. Akkusativ *m*, 4. Fall *m*.

ac·cuse [ə'kjuːz] *v/t* **1.** ⚖ anklagen (***of*** *gen od.* wegen). **2.** beschuldigen (***of*** *gen*): ***~ s.o. of doing s.th.*** j-n beschuldigen, et. getan zu haben. **3.** ***~ s.o. of s.th.*** j-m et. zum Vorwurf machen. **ac'cused** *s*: ***the ~*** ⚖ der *od.* die Angeklagte, die Angeklagten *pl*. **ac'cus·ing** *adj* □ anklagend, vorwurfsvoll.

ac·cus·tom [ə'kʌstəm] *v/t* gewöhnen (***to*** an *acc*): ***be ~ed to doing s.th.*** (es) gewöhnt *od.* gewohnt sein, et. zu tun; ***get ~ed to*** sich gewöhnen an (*acc*). **ac'cus·tomed** *adj* gewohnt: ***~ seat*** Stammplatz *m*.

ace [eɪs] **I** *s* **1.** As *n* (*Spielkarte*; *a. Tennis etc*); Eins *f* (*auf Würfeln*): ***have an ~ in the hole*** (*od.* ***up one's sleeve***) *fig*. (noch) e-n Trumpf in der Hand haben. **2.** ***he came within an ~ of losing*** er hätte um ein Haar verloren. **3.** F As *n*, Kanone *f* (***at*** in *dat*). **II** *adj* **4.** F ***~ skier*** Spitzenskiläufer(in); ***~ reporter*** Starreporter(in); ***be ~*** Spitze sein.

ac·e·tate ['æsɪteɪt] *s* ⚗ Acetat *n*. **a·ce·tic** [ə'siːtɪk] *adj* essigsauer: ***~ acid*** Essigsäure *f*. **a·cet·y·lene** [ə'setɪliːn] *s* Acetylen *n*.

ache [eɪk] **I** *v/i* **1.** schmerzen, weh tun: ***I am aching all over*** mir tut alles weh. **2.** sich sehnen (***for*** nach), darauf brennen (***to do*** zu tun). **II** *s* **3.** *anhaltender* Schmerz: ***he has ~s and pains all over*** ihm tut alles weh.

a·chieve [ə'tʃiːv] *v/t Ziel* erreichen, *Erfolg* erzielen. **a'chieve·ment** *s* Leistung *f*: ***~ test*** Leistungstest *n*.

A·chil·les| heel [ə'kɪliːz] *s fig*. Achillesferse *f*. **~ ten·don** *s anat*. Achillessehne *f*.

ac·id ['æsɪd] **I** *adj* **1.** sauer: ***~ drops*** *pl* saure Drops *pl*. **2.** *fig*. bissig. **3.** ⚗ säurehaltig, Säure...: ***~ rain*** saurer Regen. **II** *s* **4.** ⚗ Säure *f*. **5.** *sl*. Acid *n* (*LSD*).

ac·knowl·edge [ək'nɒlɪdʒ] *v/t* **1.** anerkennen. **2.** zugeben: ***~ having done s.th.*** zugeben, et. getan zu haben. **3.** *Brief, Empfang etc* bestätigen. **ac'knowl·edg(e)·ment** *s* **1.** Anerkennung *f*: ***in ~ of*** in Anerkennung (*gen*). **2.** (Empfangs)Bestätigung *f*.

ac·me ['ækmɪ] *s fig*. Gipfel *m*, Höhepunkt *m*.

ac·ne ['æknɪ] *s* ⚕ Akne *f*.

a·corn ['eɪkɔːn] *s* ♀ Eichel *f*.

a·cous·tic [ə'kuːstɪk] **I** *adj* (***~ally***) akustisch, Gehör...: ***~ nerve*** *anat*. Gehörnerv *m*. **II** *s pl* Akustik *f* (*e-s Raums*).

ac·quaint [ə'kweɪnt] *v/t* bekannt *od.* vertraut machen (***with*** mit): ***be ~ed with*** *j-n, et.* kennen; ***we are ~ed*** wir kennen uns; ***become ~ed with*** *j-n, et.* kennenlernen. **ac'quaint·ance** *s* **1.** Bekanntschaft *f* (***with*** mit): ***make s.o.'s ~*** j-n kennenlernen, j-s Bekanntschaft machen. **2.** Kenntnis *f* (***with*** von *od. gen*). **3.** Bekannte *m, f*.

ac·qui·esce [ˌækwɪ'es] *v/i* (zögernd) einwilligen (***in*** in *acc*).

ac·quire [ə'kwaɪə] *v/t* erwerben (*a. fig.*), sich *Wissen etc* aneignen.

ac·qui·si·tion [ˌækwɪ'zɪʃn] *s* **1.** Erwerb *m*. **2.** Anschaffung *f*, Errungenschaft *f*.

ac·quis·i·tive [ə'kwɪzɪtɪv] *adj* □ habgierig. **ac'quis·i·tive·ness** *s* Habgier *f*.

ac·quit [ə'kwɪt] *v/t* **1.** ⚖ freisprechen (***of*** von). **2.** ***~ o.s. well*** s-e Sache gut machen. **ac'quit·tal** *s* ⚖ Freispruch *m*.

a·cre ['eɪkə] *s* Acre *m* (*4047 qm*).

ac·rid ['ækrɪd] *adj* □ scharf, beißend (*beide a. fig.*).

ac·ri·mo·ni·ous [ˌækrɪməʊnjəs] *adj* □ *fig*. bitter; scharf, beißend; erbittert (geführt) (*Diskussion etc*). **ac·ri·mo·ny** ['ækrɪmənɪ] *s fig*. Bitterkeit *f*; Schärfe *f*.

ac·ro·bat ['ækrəbæt] *s* Akrobat(in). **ˌac·ro'bat·ic I** *adj* (***~ally***) akrobatisch. **II** *s pl* (*a. sg konstruiert*) Akrobatik *f* (*a. fig.*): ***mental ~s*** Gedankenakrobatik.

a·cross [ə'krɒs] **I** *prp* **1.** (quer) über (*acc*); (quer) durch, mitten durch: ***run ~ the road*** über die Straße laufen; ***swim ~ a river*** e-n Fluß durchschwimmen. **2.** jenseits (*gen*): ***he lives ~ the street*** er wohnt auf der gegenüberliegenden Straßenseite. **II** *adv* **3.** (quer) hinüber *od.* herüber; (quer) durch; im Durchmesser: ***go ~*** hinübergehen; ***saw ~*** durchsägen; ***a lake three miles ~*** ein 3 Meilen breiter See. **4.** drüben, auf der anderen Seite. **5.** waag(e)recht (*in Kreuzworträtseln*).

a͵cross-the-ˈboard *adj* linear (*Steuersenkung etc*).

act [ækt] **I** *s* **1.** (⚖ *a.* Straf)Tat *f*, Handlung *f*, Akt *m*: ***an ~ of God*** höhere Gewalt; ***catch in the*** (***very***) ***~*** auf frischer Tat ertappen; ***catch s.o. in the ~ of doing s.th.*** j-n (dabei) ertappen, als er et. tut. **2.** ♀ (***of Parliament,*** *Am.* ***of Congress***) Gesetz *n*. **3.** *thea.* Aufzug *m*, Akt *m*. **4.** (Programm)Nummer *f*; *fig.* F Tour *f*: ***put on an ~*** Theater spielen. **II** *v/t* **5.** *thea. etc Rolle* spielen, *j-n a.* darstellen, *Stück a.* aufführen: ***~ the fool*** *fig.* sich wie ein Narr benehmen; den Dummen spielen. **III** *v/i* **6.** (Theater) spielen, *fig.* Theater spielen. **7.** handeln; tätig sein: ***~ as*** amtieren *od.* fungieren *od.* dienen als; ***~ for s.o.*** j-n vertreten; ***~ on*** sich richten nach. **8.** sich verhalten *od.* benehmen (***towards*** *j-m* gegenüber): ***~ up*** F Theater machen; angeben; verrückt spielen (*Gerät etc*). **9.** (ein)wirken (***on*** auf *acc*). **ˈact·ing I** *adj* stellvertretend, amtierend, geschäftsführend. **II** *s thea. etc* Spiel *n*; Schauspielerei *f*.

ac·tion [ˈækʃn] *s* **1.** Handlung *f* (*a. thea. etc*), Tat *f*: ***man of ~*** Mann *m* der Tat; ***put into ~*** in die Tat umsetzen; ***take ~*** handeln. **2.** *Film etc*: Action *f*: ***~ film.*** **3.** *bsd* ⚙ Funktionieren *n*: ***~ of the heart*** *physiol.* Herztätigkeit *f*. **4.** (Ein)Wirkung *f* (***on*** auf *acc*). **5.** ⚖ Klage *f*, Prozeß *m*: ***bring an ~ against*** verklagen. **6.** ⚔ Gefecht *n*, Einsatz *m*: ***killed in ~*** gefallen. ***~* re·play** *s Sport, TV*: *Br.* (*bsd.* Zeitlupen)Wiederholung *f* (*e-r Spielszene*).

ac·ti·vate [ˈæktɪveɪt] *v/t* **1.** *Alarm etc* auslösen. **2.** *bsd.* ⚗ aktivieren.

ac·tive [ˈæktɪv] **I** *adj* ☐ **1.** *allg.* aktiv, (*Vulkan a.*) tätig, (*Phantasie*) lebhaft. **2.** *ling.* aktivisch: ***~ voice*** → 3. **II** *s* **3.** *ling.* Aktiv *n*, Tatform *f*. **acˈtiv·i·ty** *s* **1.** Aktivität *f*. **2.** *mst pl* Aktivität *f*, Betätigung *f*.

ac·tor [ˈæktə] *s* Schauspieler *m*. **ac·tress** [ˈæktrɪs] *s* Schauspielerin *f*.

ac·tu·al [ˈæktʃʊəl] *adj* wirklich, tatsächlich; eigentlich. **ˈac·tu·al·ly** *adv* **1.** → ***actual.*** **2.** sogar.

ac·tu·ate [ˈæktjʊeɪt] *v/t*: ***be ~d by*** *fig.* getrieben werden von.

a·cu·men [ˈækjʊmən] *s* Scharfsinn *m*.

ac·u·pres·sure [ˈækjʊ͵preʃə] *s* ⚕ Akupressur *f*. **ac·u·punc·ture** [ˈækjʊ͵pʌŋktʃə] ⚕ **I** *s* Akupunktur *f*. **II** *v/t* akupunktieren.

a·cute [əˈkjuːt] *adj* ☐ **1.** ⅔ spitz (*Winkel*). **2.** scharf (*Gehör etc*). **3.** scharfsinnig. **4.** akut (*Krankheit*). **5.** stark (*Schmerzen*), erheblich (*Mangel etc*).

ad [æd] F → ***advertisement.***

Ad·am [ˈædəm] *npr.*: ***I don't know him from ~*** F ich hab' keine Ahnung, wer er ist; ***~'s apple*** *anat.* Adamsapfel *m*.

ad·a·mant [ˈædəmənt] *adj* unnachgiebig: ***be ~ that s.o. should do s.th.*** darauf bestehen, daß j-d et. tut.

a·dapt [əˈdæpt] **I** *v/t* **1.** anpassen (***to*** *dat*): ***~ o.s*** → 3. **2.** *Text* bearbeiten (***for*** für). **II** *v/i* **3.** (***to***) sich anpassen (*dat*); sich gewöhnen (an *acc*). **aˈdapt·a·ble** *adj* anpassungsfähig. **a·dap·ta·tion** [͵ædæpˈteɪʃn] *s* **1.** Anpassung *f* (***to*** an *acc*). **2.** Bearbeitung *f*. **a·dap·ter, a·dap·tor** [əˈdæptə] *s* ⚡ Adapter *m*.

add [æd] **I** *v/t* **1.** hinzuzählen, -rechnen (***to*** zu). **2.** hinzufügen (***to*** *dat od.* zu; ***that*** daß): → ***fuel.*** **3.** ***~ up*** (*od.* ***together***) addieren, zs.-zählen. **4.** ✝ *etc* aufschlagen (***to*** auf *acc*): ***~ 5% to the price.*** **II** *v/i* **5.** ***~ to*** hinzukommen *od.* beitragen zu, vermehren. **6.** ***~ up*** ⅔ aufgehen, stimmen; *fig.* e-n Sinn ergeben. **7.** ***~ up to*** sich belaufen auf (*acc*), betragen; *fig.* hinauslaufen auf (*acc*), bedeuten. **ˈad·ded** *adj* zusätzlich.

ad·den·dum [əˈdendəm] *pl* **-da** [~də] *s* Zusatz *m*, Nachtrag *m*.

ad·der [ˈædə] *s zo.* Natter *f*.

ad·dict [ˈædɪkt] *s* (*Drogen-, Fernseh- etc*) Süchtige *m, f*, (*Fußball- etc*)Fanatiker *m*, (*Film- etc*)Narr *m*. **ad·dict·ed** [əˈdɪktɪd] *adj*: ***be ~ to ...*** ...süchtig sein. **adˈdic·tion** *s* Sucht *f*, (*Zustand a.*) Süchtigkeit *f*: ***~ to alcohol*** Alkoholsucht. **adˈdic·tive** *adj* suchterzeugend: ***be ~*** süchtig machen; ***~ drug*** Suchtmittel *n*.

add·ing ma·chine [ˈædɪŋ] *s* Addier-, Additionsmaschine *f*.

ad·di·tion [əˈdɪʃn] *s* **1.** Hinzufügung *f*, Zusatz *m*: ***in ~*** noch dazu, außerdem; ***in ~ to*** außer (*dat*), zusätzlich zu. **2.** Vermehrung *f* (**to** *gen*): ***an ~ to the family*** Familienzuwachs *m*. **3.** ⚗ Addition *f*: ***~ sign*** Pluszeichen *n*. **ad'di·tion·al** [~ʃənl] *adj* □ zusätzlich, Zusatz...

ad·di·tive ['ædıtıv] *s* Zusatz *m* (*a.* ⚗).

ad·dress [ə'dres] **I** *v/t* **1.** *Worte etc* richten (**to** an *acc*), *j-n* anreden *od.* ansprechen (**as** als), *Brief etc* adressieren (**to** an *acc*). **2.** e-e Ansprache halten an (*acc*). **II** *s* **3.** Anrede *f*. **4.** Ansprache *f*, Rede *f*. **5.** Adresse *f*, Anschrift *f*. **ad·dress·ee** [ˌædre'siː] *s* Adressat(in), Empfänger(in).

ad·duce [ə'djuːs] *v/t Grund* anführen, *Beweis* erbringen.

ad·e·noids ['ædınɔıdz] *s pl* ⚕ Polypen *pl*.

ad·ept ['ædept] **I** *adj* erfahren, geschickt (***at, in*** in *dat*). **II** *s* Meister *m*, Experte *m* (***at, in*** in *dat*).

ad·e·qua·cy ['ædıkwəsı] *s* Angemessenheit *f*. **ad·e·quate** ['~kwət] *adj* □ **1.** angemessen (**to** *dat*). **2.** ausreichend: ***be ~ for*** reichen für.

ad·here [əd'hıə] *v/i* **1.** (an)kleben, (-)haften (**to** an *dat*). **2.** *fig.* (**to**) festhalten (an *dat*), bleiben (bei). **ad'her·ence** *s* **1.** (An)Kleben *n*, (-)Haften *n*. **2.** *fig.* Festhalten *n*. **ad'her·ent I** *adj* (an)klebend, (-)haftend. **II** *s* Anhänger(in).

ad·he·sion [əd'hiːʒn] *s* **1.** → ***adherence.*** **2.** *phys.*, ⚙ Adhäsion *f*, Haftvermögen *n*.

ad·he·sive [əd'hiːsıv] **I** *adj* □ (an)haftend, klebend, Haft..., Kleb(e)...: ***~ plaster*** Heftpflaster *n*; ***~ tape*** Klebstreifen *m*; *Am.* Heftpflaster *n*. **II** *s* Klebstoff *m*.

ad·ja·cent [ə'dʒeısənt] *adj* □ **1.** angrenzend, -stoßend (**to** an *acc*). **2.** *bsd.* ⚗, ⚙ Nachbar..., Neben...

ad·jec·ti·val [ˌædʒek'taıvl] *adj* □ *ling.* adjektivisch. **ad·jec·tive** ['ædʒıktıv] *s* Adjektiv *n*, Eigenschaftswort *n*.

ad·join [ə'dʒɔın] **I** *v/t* (an)stoßen *od.* (-)grenzen an (*acc*). **II** *v/i* aneinandergrenzen, nebeneinander liegen. **ad'join·ing** *adj* angrenzend, -stoßend, Nachbar..., Neben...

ad·journ [ə'dʒɜːn] **I** *v/t* verschieben, -tagen (***till, until*** auf *acc*; **for** um). **II** *v/i* sich vertagen. **ad'journ·ment** *s* Vertagung *f*, -schiebung *f*.

ad·judge [ə'dʒʌdʒ] *v/t* **1.** ⚖ *e-e Sache* (gerichtlich) entscheiden; *j-n* für (*schuldig etc*) erklären. **2.** ⚖, *Sport*: zusprechen, -erkennen (**to** *dat*).

ad·ju·di·cate [ə'dʒuːdıkeıt] → ***adjudge.***

ad·junct ['ædʒʌŋkt] *s* **1.** Zusatz *m* (**to** zu). **2.** *ling.* Attribut *n*, Beifügung *f*.

ad·ju·ra·tion [ˌædʒʊə'reıʃn] *s* Beschwörung *f*. **ad·jure** [ə'dʒʊə] *v/t* beschwören (***to do*** zu tun).

ad·just [ə'dʒʌst] *v/t* **1.** (**to**) anpassen, -gleichen (*dat od.* an *acc*), abstimmen (auf *acc*). **2.** in Ordnung bringen, regeln. **3.** ⚙ (ein)stellen, regulieren, *Gewehr etc* justieren, *Uhr* stellen. **ad'just·a·ble** *adj* ⚙ ein-, verstellbar, regulierbar. **ad'just·ment** *s* **1.** Anpassung *f*, -gleichung *f*. **2.** Regelung *f*. **3.** ⚙ Einstellung *f*, Regulierung *f*; Einstellvorrichtung *f*.

ad·ju·tant ['ædʒʊtənt] *s* ⚔ Adjutant *m*.

ad-lib [ˌæd'lıb] *v/t u. v/i* F improvisieren.

ad·man ['ædmæn] *s* (*irr* ***man***) F **1.** Werbetexter *m* für Zeitungsanzeigen. **2.** Anzeigenvertreter *m*. **ad·mass** ['ædmæs] *s* F **1.** Konsumbeeinflussung *f*. **2.** werbungsmanipulierte Gesellschaft.

ad·min·is·ter [əd'mınıstə] *v/t* **1.** verwalten, *Amt etc* ausüben. **2.** *Arznei*, *Schlag* verabreichen, *Sakrament* spenden, *Tadel* erteilen (**to** *dat*): ***~ justice*** Recht sprechen. **adˌmin·is'tra·tion** *s* **1.** Verwaltung *f* Ausübung *f*. **2.** Verabreichung *f*, Spendung *f*, Erteilung *f*: ***~ of justice*** Rechtsprechung *f*. **3.** *pol. bsd. Am.* Regierung *f*, Amtsdauer *f* (*e-s Präsidenten etc*). **ad'min·is·tra·tive** [~trətıv] *adj* Verwaltungs... **ad'min·is·tra·tor** [~treıtə] *s* **1.** Verwalter *m*. **2.** Verwaltungsbeamte *m*.

ad·mi·ra·ble ['ædmərəbl] *adj* □ bewundernswert, großartig.

ad·mi·ral ['ædmərəl] *s* Admiral *m*.

ad·mi·ra·tion [ˌædmə'reıʃn] *s* Bewunderung *f* (***for*** für): ***she was the ~ of all*** sie wurde von allen bewundert.

ad·mire [əd'maıə] *v/t* **1.** bewundern (***for*** wegen). **2.** verehren. **ad'mir·er** *s* **1.** Bewunderer *m*. **2.** Verehrer(in).

ad·mis·si·ble [əd'mısəbl] *adj* zulässig, statthaft. **ad'mis·sion** *s* **1.** Einlaß *m* (*a.* ⚙); Ein-, Zutritt *m*; Aufnahme *f*: ***~ free*** Eintritt frei; ***~ ticket*** Eintrittskarte *f*. **2.** Eintritt(sgeld *n*) *m*. **3.** Zulassung *f*. **4.** Eingeständnis *n*: ***by*** (*od.* ***on***) ***his own ~*** wie er selbst zugab; ***~ of guilt*** Schuldeingeständnis. **5.** Zugeständnis *n.* **6.** ⚙ (*Luft- etc*)Zufuhr *f.*

ad·mit [əd'mɪt] **I** *v/t* **1.** *j-n* einlassen. **2.** (***into, to***) *j-n* aufnehmen (in *acc od. dat*), zulassen (zu): → ***bar*** 9. **3.** zulassen, gestatten. **4.** anerkennen, gelten lassen. **5.** zugeben, (ein)gestehen: **~ *doing s.th.*** zugeben, et. getan zu haben. **6.** zugeben, einräumen (***that*** daß). **7.** Platz haben für, fassen. **8.** ⚙ einlassen, zuführen. **II** *v/i* **9.** **~ *of*** → 3: ***it ~s of no excuse*** es läßt sich nicht entschuldigen. **10.** **~ *to*** → 5. **ad'mit·tance** *s* Ein-, Zutritt *m*: ***no ~*** (***except on business***) Zutritt (für Unbefugte) verboten. **ad'mit·ted·ly** *adv* zugegeben(ermaßen).

ad·mix·ture [æd'mɪkstʃə] *s* Beimischung *f*, Zusatz *m.*

ad·mon·ish [əd'mɒnɪʃ] *v/t* **1.** warnen (***of, against*** vor *dat*). **2.** ermahnen (***for*** wegen). **ad·mo·ni·tion** [ˌædməʊ'nɪʃn] *s* **1.** Warnung *f.* **2.** Ermahnung *f.*

a·do [ə'duː] *s* Getue *n*: ***much ~ about nothing*** viel Lärm um nichts; ***without more*** (*od.* ***further***) **~** ohne weitere Umstände.

ad·o·les·cence [ˌædəʊ'lesns] *s* jugendliches Alter. **ˌad·o'les·cent I** *adj* jugendlich, heranwachsend. **II** *s* Jugendliche *m, f.*

a·dopt [ə'dɒpt] *v/t* **1.** adoptieren: ***~ed child*** Adoptivkind *n*; ***~ed country*** Wahlheimat *f.* **2.** *fig.* annehmen, sich zu eigen machen, *Handlungsweise* wählen, *Haltung* einnehmen. **a'dop·tion** *s* **1.** Adoption *f*: ***give up for ~*** zur Adoption freigeben. **2.** Annahme *f.* **a'dop·tive** *adj* Adoptiv...: **~ *child*** (***parents***); **~ *country*** Wahlheimat *f.*

a·dor·a·ble [ə'dɔːrəbl] *adj* □ allerliebst, entzückend. **ad·o·ra·tion** [ˌædə'reɪʃn] *s* Anbetung *f*, Verehrung *f.* **a·dore** [ə'dɔː] *v/t* anbeten, verehren (*beide a. fig.*); F *et.* entzückend *od.* hinreißend finden.

a·dorn [ə'dɔːn] *v/t* **1.** schmücken, (ver)zieren (*beide a. fig.*). **2.** *fig.* Glanz verleihen (*dat*). **a'dorn·ment** *s* Schmuck *m*, Verzierung *f.*

a·dren·al·in(e) [ə'drenəlɪn] *s* **1.** ⚗, *physiol.* Adrenalin *n.* **2.** *fig.* Aufputschmittel *n.*

a·droit [ə'drɔɪt] *adj* □ geschickt, gewandt (***at, in*** in *dat*). **a'droit·ness** *s* Geschicklichkeit *f*, Gewandtheit *f.*

ad·u·late ['ædjʊleɪt] *v/t* *j-m* schmeicheln. **ˌad·u'la·tion** *s* Schmeichelei *f.* **'ad·u·la·tor** *s* Schmeichler *m.* **'ad·u·la·to·ry** *adj* schmeichlerisch.

a·dult ['ædʌlt] **I** *adj* **1.** erwachsen. **2.** (nur) für Erwachsene (*Film etc*). **II** *s* **3.** Erwachsene *m, f*: **~ *education*** Erwachsenenbildung *f.*

a·dul·ter·ate [ə'dʌltəreɪt] *v/t* *Nahrungsmittel* verfälschen, *Wein* panschen. **aˌdul·ter'a·tion** *s* Verfälschung *f.* **a·dul·ter·er** [ə'dʌltərə] *s* Ehebrecher *m.* **a'dul·ter·ess** *s* Ehebrecherin *f.* **a'dul·ter·ous** *adj* □ ehebrecherisch. **a'dul·ter·y** *s* Ehebruch *m.*

ad·um·brate ['ædʌmbreɪt] *v/t* vorausahnen lassen, hindeuten auf (*acc*).

ad·vance [əd'vɑːns] **I** *v/t* **1.** vorrücken, -schieben, *Fuß* vorsetzen. **2.** *Zeitpunkt* vorverlegen. **3.** *Argument etc* vorbringen, geltend machen. **4.** *Projekt etc* fördern. **5.** *j-n* befördern, *Stellung etc* verbessern. **6.** *Preis* erhöhen. **7.** *Wachstum etc* beschleunigen. **8.** im voraus liefern; *Geld* vorauszahlen, vorschießen. **II** *v/i* **9.** vordringen, -rücken (*a. Zeit*). **10.** zunehmen (***in*** an *dat*): **~ *in age*** älter werden. **11.** vorankommen, Fortschritte machen. **12.** *im Rang* aufrükken, befördert werden. **13.** (an)steigen (*Preise*). **III** *s* **14.** Vorrücken *n.* **15.** Beförderung *f*, (*beruflicher etc*) Aufstieg. **16.** Fortschritt *m*, Verbesserung *f.* **17.** Vorsprung *m*: ***in ~*** vorn; im voraus; ***in ~ of*** vor (*dat*); ***be in ~*** e-n Vorsprung haben (***of*** vor *dat*); ***paid in ~*** vorausbezahlt. **18.** Vorschuß *m*, Vorauszahlung *f.* **19.** (Preis)Erhöhung *f.* **IV** *adj* **20.** Vor(aus)...: **~ *booking*** Vor(aus)bestellung *f*; *thea. etc* Vorverkauf *m*; **~ *payment*** Vorauszahlung *f.* **ad'vanced** *adj* **1.** vorgerückt (*Alter, Stunde*): ***be ~ in years*** in fortgeschrittenem Alter sein. **2.** fortgeschritten: **~ *English*** Englisch für Fortgeschrittene. **3.** fortschrittlich. **ad'vance·ment** *s* Fortschritt *m*, Verbesserung *f.*

ad·van·tage [əd'vɑːntɪdʒ] *s* Vorteil *m* (*a. Sport*): ***to ~*** günstig, vorteilhaft; ***gain an ~ over s.o.*** sich j-m gegenüber e-n Vorteil verschaffen; ***have an ~ over s.o.*** j-m gegenüber im Vorteil sein; ***have the ~*** (***over s.o.***) (j-m gegenüber) den Vorteil haben (***of being*** zu sein); ***take ~ of*** *j-n, et.* ausnutzen; ***~ law*** (*od.* ***rule***) Vorteilsregel *f.* **ad·van·ta·geous** [ˌædvən'teɪdʒəs] *adj* □ vorteilhaft, günstig.

Ad·vent ['ædvənt] *s eccl.* Advent *m.*

ad·ven·ture [əd'ventʃə] *s* Abenteuer *n*: ***~ holiday*** (*bsd. Am.* ***vacation***) Abenteuerurlaub *m*; ***~ playground*** *Br.* Abenteuerspielplatz *m.* **ad'ven·tur·er** *s* Abenteurer *m.* **ad'ven·tur·ess** *s* Abenteu(r)erin *f.* **ad'ven·tur·ous** *adj* □ **1.** abenteuerlich. **2.** abenteuerlustig.

ad·verb ['ædvɜːb] *s ling.* Adverb *n*, Umstandswort *n.* **ad·ver·bi·al** [əd'vɜːbjəl] *adj* □ adverbial: ***~ phrase*** Adverbiale *n*, Adverbialbestimmung *f.*

ad·ver·sar·y ['ædvəsərɪ] *s* Gegner(in). **ad·verse** ['~vɜːs] *adj* □ **1.** widrig. **2.** ungünstig, nachteilig (***to*** für): ***~ balance of trade*** passive Handelsbilanz. **ad·ver·si·ty** [əd'vɜːsətɪ] *s* **1.** Not *f*, Unglück *n.* **2.** Mißgeschick *n.*

ad·vert ['ædvɜːt] *s Br.* F *für* ***advertisement.***

ad·ver·tise ['ædvətaɪz] **I** *v/t* **1.** ankündigen. **2.** Reklame machen für, werben für. **3.** *contp.* ausposaunen, an die große Glocke hängen. **II** *v/i* **4.** inserieren, annoncieren: ***~ for*** durch Inserat suchen. **5.** Reklame machen, Werbung treiben. **ad·ver·tise·ment** [əd'vɜːtɪsmənt] *s* **1.** Inserat *n*, Annonce *f.* **2.** → ***advertising*** I. **'ad·ver·tis·ing I** *s* Werbung *f*, Reklame *f.* **II** *adj* Werbe..., Reklame...: ***~ agency*** Werbeagentur *f*; ***~ campaign*** (*od.* ***drive***) Werbekampagne *f*; ***~ manager*** Werbeleiter *m*; ***~ medium*** Werbeträger *m.*

ad·vice [əd'vaɪs] *s* **1.** Rat(schlag) *m*; Ratschläge *pl*: ***a piece*** (*od.* ***bit***) ***of ~*** ein Ratschlag; ***at*** (*od.* ***on***) ***s.o.'s ~*** auf j-s Rat hin; ***take my ~ and ...*** hör auf mich u. ...; ***take medical ~*** e-n Arzt zu Rate ziehen. **2.** ⚕ Avis *m, n*: ***letter of ~*** Benachrichtigungsschreiben *n.*

ad·vis·a·ble [əd'vaɪzəbl] *adj* ratsam. **ad'vise** *v/t* **1.** *j-m* raten *od.* empfehlen (***to do*** zu tun), *j-n* beraten: ***~ against*** *j-m* abraten von; ***be well ~d*** gut beraten sein, gut daran tun (***to do*** zu tun). **2.** *et.* empfehlen, raten zu. **3.** ⚕ avisieren (***s.o. of s.th.*** j-m et.). **ad'vis·ed·ly** [~ɪdlɪ] *adv* mit Überlegung. **ad'vis·er** *s* Berater(in), Ratgeber(in). **ad'vi·so·ry** [~ərɪ] *adj* beratend.

ad·vo·ca·cy ['ædvəkəsɪ] *s* (***of***) Eintreten *n* (für), Befürwortung *f* (*gen*). **ad·vo·cate I** *s* ['~kət] Verfechter *m*, Befürworter *m.* **II** *v/t* ['~keɪt] befürworten, eintreten für.

ae·gis ['iːdʒɪs] *s* Schirmherrschaft *f*: ***under the ~ of.***

aer·ate ['eɪəreɪt] *v/t* **1.** lüften. **2.** mit Kohlensäure anreichern.

aer·i·al ['eərɪəl] **I** *adj* Luft...: ***~ cableway*** Seilschwebebahn *f*; ***~ camera*** Luftkamera *f*; ***~ view*** Luftbild *n.* **II** *s bsd. Br.* Antenne *f.*

aer·o·drome ['eərədrəʊm] *s Br.* Flugplatz *m.* ˌ**aer·o·dy'nam·ic** *phys.* **I** *adj* (***~ally***) aerodynamisch. **II** *s pl* (*sg konstruiert*) Aerodynamik *f.* **aer·o·gram** ['~græm] *s* **1.** Funkspruch *m.* **2.** Aerogramm *n*, Luftpostleichtbrief *m.* ˌ**aer·o'nau·ti·cal** *adj* □ aeronautisch: ***~ engineering*** Flugzeugbau *m.* ˌ**aer·o'nau·tics** *s* Aeronautik *f*, Luftfahrtkunde *f.* **'aer·o·plane** *s bsd. Br.* Flugzeug *n.* **'aer·o·space I** *s* **1.** Weltraum *m.* **II** *adj* **2.** Raumfahrt...: ***~ industry*** (***medicine***). **3.** (Welt)Raum...: ***~ research*** (***vehicle***).

aes·thete ['iːsθiːt] *s* Ästhet *m.* **aes·thet·ic, aes·thet·i·cal** [iːs'θetɪk(l)] *adj* □ ästhetisch. **aes'thet·ics** *s pl* (*sg konstruiert*) Ästhetik *f.*

a·far [ə'fɑː] *adv*: ***from ~*** von weit her, aus weiter Ferne.

af·fa·bil·i·ty [ˌæfə'bɪlətɪ] *s* Leutseligkeit *f.* **'af·fa·ble** *adj* □ leutselig.

af·fair [ə'feə] *s* **1.** Angelegenheit *f*, Sache *f*: → ***foreign*** 1. **2.** F Ding *n.* **3.** Affäre *f*: a) Ereignis *n*, b) Skandal *m*, c) Verhältnis *n.*

af·fect[1] [ə'fekt] *v/t* **1.** e-e Vorliebe haben für. **2.** vortäuschen: ***he ~ed not to understand*** er tat so, als ob er nicht verstehe.

af·fect[2] [~] *v/t* **1.** beeinflussen, in Mitleidenschaft ziehen. **2.** ⚕ angreifen, befallen. **3.** bewegen, rühren: ***be deeply ~ed.***

af·fec·ta·tion [ˌæfek'teɪʃn] *s* **1.** Vorliebe *f* (***of*** für). **2.** Verstellung *f.*

af·fec·tion [ə'fekʃn] *s* **1.** *oft pl* Liebe *f*, Zuneigung *f* (***for, towards*** zu); Gefühl *n*: ***play on s.o.'s ~s*** mit j-s Gefühlen spielen. **2.** Gemütsbewegung *f.* **af'fec·tion·ate** [~kʃnət] *adj* □ liebevoll, herzlich: ***yours ~ly*** Dein Dich liebender (*Briefschluß*).

af·fi·da·vit [ˌæfɪ'deɪvɪt] *s* ⚖ *schriftliche* eidliche Erklärung.

af·fil·i·ate [ə'fɪlɪeɪt] **I** *v/t* **1.** *als Mitglied* aufnehmen. **2.** angliedern (***to*** *dat od.* an *acc*): ***~d company*** ✝ Tochtergesellschaft *f.* **II** *v/i* **3.** sich anschließen (***with*** *dat od.* an *acc*). **afˌfil·i'a·tion** *s* **1.** Aufnahme *f.* **2.** Angliederung *f.*

af·fin·i·ty [ə'fɪnətɪ] *s* **1.** Verschwägerung *f.* **2.** (geistige) Verwandtschaft. **3.** ⚗ Affinität *f.* **4.** Neigung *f* (***for, to*** zu).

af·firm [ə'fɜːm] *v/t* **1.** versichern; beteuern. **2.** bekräftigen, ⚖ *Urteil* bestätigen. **3.** ⚖ an Eides Statt versichern. **af·fir·ma·tion** [ˌæfə'meɪʃn] *s* **1.** Versicherung *f*; Beteuerung *f.* **2.** Bekräftigung *f*, Bestätigung *f.* **3.** ⚖ Versicherung *f* an Eides Statt. **af·firm·a·tive** [ə'fɜːmətɪv] **I** *adj* bejahend, zustimmend. **II** *s*: ***answer in the ~*** bejahen.

af·fix I *v/t* [ə'fɪks] **1.** (***to***) befestigen, anbringen (an *dat*), anheften, -kleben (an *acc*). **2.** (***to***) *Unterschrift* setzen (unter *acc*). **II** *s* ['æfɪks] **3.** *ling.* Affix *n.*

af·flict [ə'flɪkt] *v/t* plagen, heimsuchen: ***~ed with*** geplagt von, leidend an (*dat*). **af'flic·tion** *s* **1.** Kummer *m.* **2.** Gebrechen *n*; *pl* Beschwerden *pl*: ***~s of old age*** Altersbeschwerden. **3.** Not *f*, Elend *n.*

af·flu·ence ['æflʊəns] *s* **1.** Überfluß *m.* **2.** Reichtum *m*, Wohlstand *m.* **'af·flu·ent I** *adj* □ wohlhabend, reich (***in*** an *dat*): ***~ society*** Wohlstandsgesellschaft *f.* **II** *s* Nebenfluß *m.*

af·flux ['æflʌks] *s* Zufluß *m.*

af·ford [ə'fɔːd] *v/t* **1.** sich leisten: ***we can't ~ it*** wir können es uns nicht leisten. **2.** aufbringen, *Zeit* erübrigen. **3.** *Schutz etc* gewähren, bieten, *Freude* machen. **af'ford·a·ble** *adj* **1.** erschwinglich (*Preis*). **2.** finanziell möglich *od.* tragbar.

af·for·est [æ'fɒrɪst] *v/t* aufforsten. **afˌfor·est'a·tion** *s* Aufforstung *f.*

af·front [ə'frʌnt] **I** *v/t* beleidigen. **II** *s* Beleidigung *f.*

a·fi·cio·na·do [əˌfɪsjə'nɑːdəʊ] *pl* **-dos** *s* Fan *m*, Liebhaber *m.*

a·field [ə'fiːld] *adv* in der *od.* die Ferne.

a·fire [ə'faɪə] *adv u. adj* in Flammen: ***be ~*** in Flammen stehen; *fig.* glühen (***with*** vor *dat*); ***set ~*** in Brand stecken, anzünden; ***all ~*** *fig.* Feuer u. Flamme.

a·flame [ə'fleɪm] → ***afire.***

a·float [ə'fləʊt] *adv u. adj* **1.** flott, schwimmend: ***keep ~*** (sich) über Wasser halten (*a. fig.*); ***set ~*** ⚓ flottmachen. **2.** in Umlauf (*Gerücht etc*): ***set ~*** in Umlauf bringen; ***there is a rumo(u)r ~ that*** es geht das Gerücht (um), daß. **3.** im Gange: ***set ~*** in Gang setzen. **4.** überschwemmt: ***be ~*** unter Wasser stehen.

a·foot [ə'fʊt] → ***afloat*** 3.

aˌfore|'men·tioned [əˌfɔː~], **~·said** [ə'fɔː~] *adj* obenerwähnt. **~·thought** [ə'fɔː~] *adj*: → ***malice*** 3.

a·fraid [ə'freɪd] *adj*: ***be ~ of*** sich fürchten *od.* Angst haben vor (*dat*); ***be ~ to do*** sich fürchten *od.* scheuen zu tun; ***I'm ~ I must go*** leider muß ich jetzt gehen.

a·fresh [ə'freʃ] *adv* von neuem.

Af·ri·can ['æfrɪkən] **I** *adj* afrikanisch. **II** *s* Afrikaner(in).

af·ter ['ɑːftə] **I** *adv* **1.** nach-, hinterher, darauf: ***for months ~*** noch monatelang; ***during the weeks ~*** in den (nach)folgenden Wochen; ***shortly ~*** kurz danach. **II** *prp* **2.** hinter (*dat*) (... her), nach: ***be ~*** hersein hinter. **3.** *zeitlich* nach: ***~ a week; day ~ day*** Tag für Tag; ***the month ~ next*** der übernächste Monat; ***~ all*** schließlich, im Grunde; immerhin, dennoch; (also) doch. **4.** nach, gemäß: ***named ~ his father*** nach s-m Vater genannt. **III** *adj* **5.** später: ***in ~ years.*** **6.** ⚓ Achter... **IV** *cj* **7.** nachdem. **'~·birth** *s* ⚕ Nachgeburt *f.* **'~·care** *s* **1.** ⚕ Nachbehandlung *f*, -sorge *f.* **2.** ⚖ Resozialisierungshilfe *f.* **'~-ˌdin·ner** *adj*: ***~ speech*** Tischrede *f*; ***~ walk*** Verdauungsspaziergang *m.* **'~·efˌfect** *s* ⚕ Nachwirkung *f* (*a. fig.*). **'~·glow** *s* Abendrot *n.* **'~·life** *s* **1.** Leben *n* nach dem Tode. **2.** (zu)künftiges Leben. **~·math** ['~mæθ] *s* Folgen *pl*, Nachwirkungen *pl.* **ˌ~'noon I** *s* Nachmittag *m*: ***in the ~*** am Nachmittag; ***this ~*** heute nachmittag; ***good ~!*** guten Tag! **II** *adj* Nachmittags... **'~·play** *s sexuelles* Nachspiel.

af·ters ['ɑːftəz] *s pl* (*sg konstruiert*) *Br.* F

Nachtisch *m*: **for ~** als *od.* zum Nachtisch.

'af·ter|-sales ser·vice *s* Kundendienst *m*. **'~·taste** *s* Nachgeschmack *m* (*a. fig.*). **'~-thought** *s* nachträglicher Einfall. **'~,treat·ment** *s* ⚕, ⚙ Nachbehandlung *f*. **~·wards** ['~wədz] *adv* später, nachher, hinterher.

a·gain [ə'gen] *adv* **1.** wieder: ***~ and ~*** immer wieder; → ***now*** 1, ***time*** 4. **2.** schon wieder: ***that fool ~!*** **3.** außerdem, ferner. **4.** noch einmal: → ***much*** 1. **5.** and(e)rerseits.

a·gainst [ə'genst] *prp* **1.** gegen: ***be ~ s.th.*** gegen et. sein; e-r Sache zuwiderlaufen. **2.** gegenüber (*dat*): (***over***) ***~ the town hall*** gegenüber dem Rathaus; ***my rights ~ the landlord*** m-e Rechte gegenüber dem Vermieter. **3.** an (*dat od. acc*), gegen: ***~ the wall.*** **4.** *a.* ***as ~*** verglichen mit, im Vergleich zu.

a·gape [ə'geɪp] *adv u. adj* mit (vor Staunen *etc*) offenem Mund.

ag·ate ['ægət] *s min.* Achat *m*.

age [eɪdʒ] **I** *s* **1.** (Lebens)Alter *n*: ***at the ~ of*** im Alter von; *I have a daughter* ***your ~*** in Ihrem Alter; ***when I was your ~*** als ich so alt war wie du; ***ten years of ~*** zehn Jahre alt; ***what is his ~?, what ~ is he?*** wie alt ist er?; ***be your ~!*** sei kein Kindskopf! **2.** Reife *f*: (***come***) ***of ~*** mündig *od.* volljährig (werden); ***under ~*** minderjährig, unmündig. **3.** vorgeschriebenes Alter (*für ein Amt etc*): ***be over ~*** die Altersgrenze überschritten haben. **4.** Zeit(alter *n*) *f*: ***in our ~*** in unserer Zeit. **5.** *a.* ***old ~*** (hohes) Alter: ***~ before beauty!*** *humor.* Alter vor Schönheit! **6.** *oft pl* F Ewigkeit *f*: *I haven't seen him* ***for ~s*** seit e-r Ewigkeit. **II** *v/t* **7.** alt machen (*Kleid etc*); um Jahre älter machen (*Sorgen etc*). **III** *v/i* **8.** alt werden, altern. **~ brack·et** → ***age group.***

aged[1] [eɪdʒd] *adj* im Alter von ..., ...jährig, ... Jahre alt: ***~ twenty.***

a·ged[2] ['eɪdʒɪd] *adj* alt, betagt, bejahrt.

age| group *s* Altersgruppe *f*, -klasse *f*. **'~·less** *adj* **1.** nicht alternd, ewig jung. **2.** zeitlos. **~ lim·it** *s* Altersgrenze *f*.

a·gen·cy ['eɪdʒənsɪ] *s* **1.** (*Handels-, Nachrichten- etc*)Agentur *f*; (Handels)Vertretung *f*. **2.** *bsd. Am.* Geschäfts-, Dienststelle *f*; Amt *n*, Behörde *f*. **3.** Mittel *n*: ***by*** (*od.* ***through***) ***the ~ of*** mit Hilfe von (*od. gen*).

a·gen·da [ə'dʒendə] *s* Tagesordnung *f*: ***be on the ~*** auf der Tagesordnung stehen.

a·gent ['eɪdʒənt] *s* **1.** *biol., phys. etc* Agens *n*, Wirkstoff *m*, Mittel *n*. **2.** ⚚ Agent *m* (*a. pol.*), Vertreter *m*; (*Grundstücks- etc*)Makler *m*.

ag·glom·er·ate [ə'glɒməreɪt] *v/t u. v/i* (sich) zs.-ballen; (sich) (an)häufen; **ag,glom·er'a·tion** *s* Zs.-ballung *f*; Anhäufung *f*.

ag·glu·ti·nate [ə'gluːtɪneɪt] *v/t* **1.** zs.-kleben. **2.** *biol., ling.* agglutinieren. **ag,glu·ti'na·tion** *s* **1.** Zs.-kleben *n*. **2.** zs.-klebende Masse, Klumpen *m*. **3.** *biol., ling.* Agglutination *f*.

ag·gra·vate ['ægrəveɪt] *v/t* **1.** verschlimmern. **2.** F (ver)ärgern. **'ag·gra·vat·ing** *adj* **1.** verschlimmernd. **2.** F ärgerlich. **,ag·gra'va·tion** *s* **1.** Verschlimmerung *f*. **2.** F Ärger *m*.

ag·gre·gate I *adj* ['ægrɪgət] **1.** gesamt, Gesamt...: ***~ amount*** → 5. **II** *v/t* ['~geɪt] **2.** anhäufen, -sammeln. **3.** sich (insgesamt) belaufen auf (*acc*). **III** *s* ['~gət] **4.** Anhäufung *f*, -sammlung *f*. **5.** Gesamtbetrag *m*, -summe *f*: ***in the ~*** insgesamt, alles in allem. **6.** ⚙ *etc* Aggregat *n*. **ag·gre·ga·tion** [,~'geɪʃn] *s* (An)Häufung *f*, Ansammlung *f*.

ag·gres·sion [ə'greʃn] *s bsd.* ⚔ Angriff *m*, Aggression *f* (*a. psych.*). **ag·gres·sive** [ə'gresɪv] *adj* aggressiv. **ag'gres·sive·ness** *s* Aggressivität *f*. **ag'gres·sor** *s bsd.* ⚔ Angreifer *m*.

ag·grieve [ə'griːv] *v/t* **1.** betrüben, -drücken. **2.** kränken.

ag·gro ['ægrəʊ] *s Br. sl.* Aggressivität *f*.

a·ghast [ə'gɑːst] *adv u. adj* entgeistert, entsetzt, bestürzt (***at*** über *acc*).

ag·ile ['ædʒaɪl] *adj* □ beweglich, wendig: ***have an ~ mind*** geistig beweglich sein. **a·gil·i·ty** [ə'dʒɪlətɪ] *s* Beweglichkeit *f*, Wendigkeit *f*.

ag·i·tate ['ædʒɪteɪt] **I** *v/t* **1.** schütteln, (um)rühren. **2.** aufregen, -wühlen. **3.** aufwiegeln, -hetzen. **II** *v/i* **4.** agitieren, hetzen (***against*** gegen); Propaganda machen (***for*** für). **,ag·i'ta·tion** *s* **1.** Aufregung *f*. **2.** Agitation *f*. **'ag·i·ta·tor** *s* Agitator *m*, Hetzer *m*.

a·glow [ə'gləʊ] *adv u. adj* glühend.

a·go [ə'gəʊ] *adv* vor: ***a year ~*** vor e-m Jahr; ***long ~*** vor langer Zeit; ***not long ~*** (erst) vor kurzem.

a·gog [ə'gɒg] *adv u. adj* erpicht; gespannt (***for*** auf *acc*): ***all ~*** ganz aus dem Häuschen; ***be ~ to do s.th.*** es kaum mehr erwarten können, et. zu tun.

ag·o·nize ['ægənaɪz] *v/i* **1.** mit dem Tode ringen. **2.** sich abquälen, verzweifelt ringen (***over*** mit). **'ag·o·niz·ing** *adj* □ qualvoll. **ag·o·ny** ['~nɪ] *s* **1.** Qual *f*: ***be in an ~ of doubt*** von Zweifeln gequält werden; ***~ aunt*** F Kummerkastentante *f*; ***~ column*** F Seufzerspalte *f* (*Zeitung*). **2.** Todeskampf *m*.

a·grar·i·an [ə'greərɪən] *adj* landwirtschaftlich, Agrar...: ***~ reform*** Bodenreform *f*.

a·gree [ə'griː] **I** *v/t* **1.** vereinbaren (***to do*** zu tun; ***that*** daß): ***~d!*** einverstanden!, abgemacht!; ***~ to differ*** sich auf verschiedene Standpunkte einigen. **2.** *bsd. Br.* sich einigen auf (*acc*); *Streit* beilegen. **II** *v/i* **3.** (***on, about***) einig werden (über *acc*), sich einigen (auf *acc*), vereinbaren (*acc*). **4.** (***to***) zustimmen (*dat*), einverstanden sein (mit). **5.** sich einig sein, gleicher Meinung sein (***with*** wie). **6.** (***with***) übereinstimmen (mit), entsprechen (*dat*). **7.** bekommen (***with*** *dat*) (*Speise etc*). **a·gree·a·ble** [ə'grɪəbl] *adj* □ **1.** angenehm (***to*** *dat od.* für): ***agreeably surprised*** angenehm überrascht. **2.** liebenswürdig. **3.** einverstanden (***to*** mit). **a'gree·a·ble·ness** *s* Liebenswürdigkeit *f*; **a'greed** *adj*: ***be ~*** sich einig sein, gleicher Meinung sein. **a·gree·ment** [ə'griːmənt] *s* **1.** Vereinbarung *f*; *bsd. pol.* Abkommen *n*; Einigung *f*: ***come to an ~*** sich einigen. **2.** Einigkeit *f*. **3.** Übereinstimmung *f*.

ag·ri·cul·tur·al [ˌægrɪ'kʌltʃərəl] *adj* □ landwirtschaftlich: ***~ prices*** *pl* Agrarpreise *pl*. **ag·ri·cul·ture** ['~tʃə] *s* Landwirtschaft *f*.

a·ground [ə'graʊnd] *adv u. adj* ⚓ gestrandet: ***run ~*** auflaufen, stranden; *Schiff* auf Grund setzen; ***be ~*** aufgelaufen sein; *fig.* auf dem trock(e)nen sitzen.

ah [ɑː] *int* ah!, ach!

a·ha [ɑː'hɑː] **I** *int* aha! **II** *adj*: ***~ experience*** *psych.* Aha-Erlebnis *n*.

a·head [ə'hed] *adv u. adj* **1.** vorn, nach vorn zu. **2.** voraus, vorwärts: ***~ of*** vor (*dat*), voraus (*dat*).

a·hoy [ə'hɔɪ] *int* ⚓ ahoi!

aid [eɪd] **I** *v/t* **1.** unterstützen, *j-m* helfen (***in*** bei). **2.** *Verdauung etc* fördern. **II** *v/i* **3.** ***he was accused of ~ing and abetting*** er wurde wegen Beihilfe angeklagt. **III** *s* **4.** Hilfe *f* (***to*** für), Unterstützung *f*: ***by*** (*od.* ***with***) (***the***) ***~ of*** mit Hilfe von (*od. gen*); ***in ~ of*** zugunsten von (*od. gen*); ***come to s.o.'s ~*** j-m zu Hilfe kommen. **5.** Hilfsmittel *n*, -gerät *n*.

AIDS [eɪdz] *s* ⚕ AIDS *n* (***acquired immune deficiency syndrome***).

ail [eɪl] *v/i* kränklich sein, kränkeln (*beide a. fig. Wirtschaft etc*).

ai·ler·on ['eɪlərɒn] *s* ✈ Querruder *n*.

ail·ing ['eɪlɪŋ] *adj* kränkelnd, kränklich (*beide a. fig. Wirtschaft etc*). **'ail·ment** *s* Leiden *n*.

aim [eɪm] **I** *v/i* **1.** zielen (***at*** auf *acc*, nach). **2.** beabsichtigen, bezwecken (***at*** *acc*): ***~ to do s.th.*** vorhaben, et. zu tun. **3.** streben (***at*** nach). **4.** abzielen, anspielen (***at*** auf *acc*). **II** *v/t* **5.** *Waffe* richten (***at*** auf *acc*). **6.** (***at***) *Bemerkung etc* richten (gegen); *Bestrebungen* richten (auf *acc*). **III** *s* **7.** Ziel *n*: ***take ~*** → 1. **8.** *fig.* Ziel *n*; Absicht *f*. **'aim·less** *adj* □ ziellos.

ain't [eɪnt] F *für* ***are not, am not, is not, have not, has not.***

air[1] [eə] **I** *s* **1.** Luft *f*: ***by ~*** auf dem Luftweg; ***in the open ~*** im Freien; ***be in the ~*** im Umlauf sein (*Gerücht etc*); in der Schwebe sein (*Frage etc*); ***take the ~*** frische Luft schöpfen; → ***light***[2] 1, ***thin*** 1. **2.** *Rundfunk, TV*: Äther *m*: ***on the ~*** im Rundfunk *od.* Fernsehen; ***be on the ~*** senden (*Sender*); gesendet werden (*Programm*); im Rundfunk zu hören *od.* im Fernsehen zu sehen sein (*Person*). **3.** Miene *f*, Aussehen *n*: ***an ~ of importance*** e-e gewichtige Miene. **4.** *mst pl* Getue *n*: ***~s and graces*** affektiertes Getue; ***put on ~s, give o.s. ~s*** vornehm tun. **II** *v/t* **5.** lüften. **6.** *Wäsche* zum Trocknen aufhängen. **7.** *et.* an die Öffentlichkeit *od.* zur Sprache bringen.

air[2] [~] *s* ♪ Lied *n*, Melodie *f*.

air| bag *s mot.* Luftsack *m*. **~ base** *s* Luftstützpunkt *m*. **~ bath** *s* Luftbad *n*. **'~·borne** *adj* **1.** im Flugzeug befördert: ***~ radar*** Bordradar *m, n*; ***~ troops*** *pl* ⚔ Luftlandetruppen *pl*. **2.** ***be ~*** sich in der

Luft befinden, fliegen. ~ **brake** *s* ⚙ Druckluftbremse *f*. '~**·bus** *s* ✈ Airbus *m*. ~ **car·go** *s* Luftfracht *f*. '~**-con,di·tioned** *adj* mit Klimaanlage, klimatisiert. ~ **con·di·tion·ing** *s* **1.** Klimatisierung *f*. **2.** Klimaanlage *f*. '~**-cooled** *adj* luftgekühlt. '~**·craft** *s* Flugzeug *n*; *coll.* Flugzeuge *pl*: ~ ***carrier*** Flugzeugträger *m*. ~ **crash** *s* Flugzeugabsturz *m*. ~ **cush·ion** *s* Luftkissen *n*. '~**·drop** *v/t* mit dem Fallschirm abwerfen; ⚔ *Fallschirmjäger etc* absetzen. '~**·field** *s* Flugplatz *m*. ~ **force** *s* Luftwaffe *f*. ~ **freight** *s* **1.** Luftfracht *f*. **2.** Luftfrachtgebühr *f*. ~ **gun** *s* Luftgewehr *n*. ~ **host·ess** *s* Stewardeß *f*.

air·ing ['eərɪŋ] *s* **1.** Lüftung *f*: ***give s.th. an*** ~ et. lüften; ***the room needs an*** ~ das Zimmer muß (durch)gelüftet werden. **2.** Spaziergang *m*: ***take an*** ~ frische Luft schöpfen. **3.** ***give s.th. an*** ~ → ***air***[1] 7.

air| jack·et *s* Schwimmweste *f*. '~**·less** *adj* **1.** luftlos. **2.** stickig. ~ **let·ter** *s* Luftpost(leicht)brief *m*. '~**·lift** *s* Luftbrücke *f*. '~**·line** *s* Fluggesellschaft *f*. '~,**lin·er** *s* Verkehrsflugzeug *n*. '~**·mail I** *s* Luftpost *f*. **II** *v/t* per Luftpost schicken. ~ **pas·sen·ger** *s* Fluggast *m*. ~ **pho·to·graph** *s* Luftbild *n*. ~ **pi·rate** *s* Luftpirat(in). '~**· plane** *s Am.* Flugzeug *n*. ~ **pock·et** *s* ✈ Luftloch *n*. ~ **pol·lu·tion** *s* Luftverschmutzung *f*. '~**·port** *s* Flughafen *m*, -platz *m*. ~ **pres·sure** *s* Luftdruck *m*. '~**·proof** *adj* luftdicht. ~ **pump** *s* Luftpumpe *f*. ~ **raid** *s* ⚔ Luftangriff *m*. '~**-raid** *adj*: ~ ***precautions*** *pl* Luftschutz *m*; ~ ***shelter*** Luftschutzbunker *m*, -raum *m*. ~ **shaft** *s* Luftschacht *m*. '~**·ship** *s* Luftschiff *n*. '~**·sick** *adj* luftkrank. '~**·space** *s* Luftraum *m*. '~**·strip** *s* (behelfsmäßige) Start- u. Landebahn. ~ **ter·mi·nal** *s* **1.** Flughafenabfertigungsgebäude *n*. **2.** *Br.* Endstation *f* der Zubringerlinie zum u. vom Flughafen. ~ **tick·et** *s* Flugticket *n*, -schein *m*. '~**·tight** *adj* **1.** luftdicht. **2.** *fig.* hieb- u. stichfest (*Argument etc*). ~ **traf·fic** *s* Flug-, Luftverkehr *m*. '~-,**traf·fic** *adj*: ~ ***control*** Flugsicherung *f*; ~ ***controller*** Fluglotse *m*. '~**·way** *s* ✈ Luftstraße *f*. '~,**wor·thy** *adj* ✈ flugtüchtig.

air·y ['eərɪ] *adj* □ **1.** Luft... **2.** luftig. **3.** graziös, anmutig. **4.** lebhaft, munter. **5.** verstiegen, überspannt. **6.** vornehmtuerisch. **7.** lässig, ungezwungen.

aisle [aɪl] *s* **1.** ⩓ Seitenschiff *n*. **2.** Gang *m* (*zwischen Bänken etc*).

a·jar [ə'dʒɑː] *adv u. adj* angelehnt (*Tür etc*).

a·kim·bo [ə'kɪmbəʊ] *adv u. adj*: ***with arms*** ~ die Arme in die Seite gestemmt.

a·kin [ə'kɪn] *adj* **1.** verwandt (***to*** mit). **2.** *fig.* verwandt, ähnlich (***to*** *dat*): ***be*** ~ sich ähneln; ähneln (***to*** *dat*).

al·a·bas·ter [,ælə'bɑːstə] *s* Alabaster *m*.

a·lac·ri·ty [ə'lækrətɪ] *s* Bereitwilligkeit *f*, Eifer *m*.

a·larm [ə'lɑːm] **I** *s* **1.** Alarm *m*: ***give*** (*od.* ***raise, sound***) ***the*** ~ Alarm geben; *fig.* Alarm schlagen. **2.** Weckvorrichtung *f* (*e-s Weckers*): ~ (***clock***) Wecker *m*. **3.** Alarmvorrichtung *f*, -anlage *f*. **4.** Angst *f*, Unruhe *f*. **II** *v/t* **5.** alarmieren. **6.** ängstigen, beunruhigen. **a'larm·ist** *s* Bangemacher *m*.

a·las [ə'læs] *int* ach!, leider!

Al·ba·ni·an [æl'beɪnjən] **I** *adj* albanisch. **II** *s* Albanier(in).

al·ba·tross ['ælbətrɒs] *s orn.* Albatros *m*, Sturmvogel *m*.

al·bi·no [æl'biːnəʊ] *pl* **-nos** *s biol.* Albino *m*.

al·bum ['ælbəm] *s* Album *n* (*a. Langspielplatte*).

al·bu·men ['ælbjʊmɪn] *s biol.* Eiweiß *n*.

al·che·my ['ælkəmɪ] *s hist.* Alchimie *f*.

al·co·hol ['ælkəhɒl] *s* Alkohol *m*. ,**al·co'hol·ic I** *adj* (~***ally***) alkoholisch. **II** *s* Alkoholiker(in): ***&s Anonymous*** *die* Anonymen Alkoholiker. '**al·co·hol·ism** *s* Alkoholismus *m*.

al·cove ['ælkəʊv] *s* **1.** Alkoven *m*, Nische *f*. **2.** *bsd. poet.* (Garten)Laube *f*.

al·der ['ɔːldə] *s* ⚘ Erle *f*.

al·der·man ['ɔːldəmən] *s* (*irr* ***man***) Ratsherr *m*, Stadtrat *m*.

ale [eɪl] *s* Ale *n* (*helles, obergäriges Bier*).

a·lert [ə'lɜːt] **I** *adj* □ **1.** auf der Hut (***to*** vor *dat*), wachsam. **2.** munter, flink. **3.** aufgeweckt, (hell)wach: ***be*** ~ ***to*** sich *e-r Sache* bewußt sein. **II** *s* **4.** ⚔ (Alarm)Bereitschaft *f*: ***be on the*** ~ in Alarmbereitschaft sein; *fig.* auf der Hut sein. **5.** *bsd.* ✈ Alarm(signal *n*) *m*. **III** *v/t* **6.** alarmieren, ⚔ *a.* in Alarmzustand versetzen. **7.** *fig.* aufrütteln: ~

s.o. to s.th. j-m et. (deutlich) zum Bewußtsein bringen.

al·fres·co [æl'freskəʊ] *adj u. adv* im Freien: **~ *lunch***; ***lunch* ~.**

al·ga ['ælgə] *pl* **-gae** ['~dʒi:] *s* ♆ Alge *f.*

al·ge·bra ['ældʒɪbrə] *s* ⩚ Algebra *f.* **al·ge·bra·ic** [ˌ~'breɪɪk] *adj* (**~*ally***) algebraisch.

a·li·as ['eɪlɪəs] **I** *adv* alias. **II** *s* Deck-, ⚖ *a.* Falschname *m.*

al·i·bi ['ælɪbaɪ] *s* ⚖ Alibi *n*, *fig.* F *a.* Ausrede *f*, Entschuldigung *f*: ***give s.o. an* ~** j-m ein Alibi geben.

al·ien ['eɪljən] **I** *adj* **1.** ausländisch. **2.** außerirdisch. **3.** *fig.* fremd (***to*** *dat*): ***that is* ~ *to his nature*** das ist ihm wesensfremd. **II** *s* **4.** Ausländer(in). **5.** außerirdisches Wesen. **al·ien·ate** ['~eɪt] *v/t* **1.** ⚖ veräußern. **2.** befremden; entfremden (***from*** *dat*). ˌ**al·ien'a·tion** *s* **1.** ⚖ Veräußerung *f.* **2.** Entfremdung *f.*

a·light[1] [ə'laɪt] *adv u. adj* in Flammen: ***be* ~** in Flammen stehen; *fig.* strahlen (***with*** vor *dat*); ***set* ~** in Brand stecken, anzünden.

a·light[2] [~] *v/i* (*a. irr*) **1.** (***from***) aussteigen (aus), absteigen (von *Fahrrad etc*), absitzen (von *Pferd*). **2.** (***on***) (sanft) fallen (auf *acc*) (*Schnee*), sich niederlassen (auf *dat od. acc*) (*Vogel*). **3.** ✈ niedergehen, landen (*a. allg.*): **~ *on one's feet*** auf die Füße fallen.

a·lign [ə'laɪn] **I** *v/t* **1.** in e-e (gerade) Linie bringen, ⚙ (aus)fluchten. **2.** ausrichten (***with*** nach). **3.** **~ *o.s. with*** *fig.* sich anschließen (*dat od.* an *acc*). **II** *v/i* **4.** sich ausrichten (***with*** nach). **a'lign·ment** *s* Ausrichtung *f*: ***in* ~ *with*** in 'einer Linie mit, *fig. a.* in Übereinstimmung mit.

a·like [ə'laɪk] **I** *adj* gleich; ähnlich (***to*** *dat*). **II** *adv* gleich, ebenso, in gleicher Weise; ähnlich: ***treat* ~** gleich behandeln.

al·i·men·ta·ry [ˌælɪ'mentərɪ] *adj* **1.** Nahrungs... **2.** Ernährungs..., Speise...: **~ *canal*** Verdauungskanal *m.*

al·i·mo·ny ['ælɪmənɪ] *s* ⚖ Unterhalt(szahlung *f*) *m.*

a·live [ə'laɪv] *adj* **1.** lebend, lebendig, am Leben: *his grandparents* ***are still* ~** leben noch; ***be burnt* ~** bei lebendigem Leib verbrennen. **2.** in voller Kraft *od.* Wirksamkeit: ***keep* ~** aufrechterhalten. **3.** lebendig, lebhaft: **~ *and kicking*** F gesund u. munter; ***look* ~!** F mach fix! **4.** ***be* ~ *to*** sich *e-r Sache* bewußt sein. **5.** ***be* ~ *with*** wimmeln von.

al·ka·li ['ælkəlaɪ] *s* ⚗ Alkali *n*, Laugensalz *n.* **al·ka·line** ['~laɪn] *adj* alkalisch.

all [ɔ:l] **I** *adj* **1.** all, gesamt, ganz: **~ *day*** (***long***) den ganzen Tag (hindurch); **~ *the time*** die ganze Zeit. **2.** jeder, jede, jedes, alle *pl*: ***at* ~ *hours*** zu jeder Stunde. **II** *adv* **3.** ganz, gänzlich: **~ *the better*** um so besser; **~ *in*** F total fertig *od.* erledigt; **~ *over*** überall; ***that is John* ~ *over*** das ist typisch John; **~ *right*** schon gut; in Ordnung; ***it's* ~ *right for you to talk!*** F du hast gut reden!; **~ *round*** rings- *od.* rundherum; ***it's* ~ *up with him*** mit ihm ist's aus; → ***there*** 1. **III** *pron* **4.** alles: **~ *in* ~** alles in allem; **~ *of it*** alles, das Ganze; **~ *of us*** wir alle; → ***above*** 2, ***after*** 3. **IV** *s* **5.** ***his* ~** sein Hab u. Gut; sein ein u. alles.

ˌ**all-A'mer·i·can** *adj* **1.** rein *od.* typisch amerikanisch. **2.** die ganzen USA vertretend.

al·lay [ə'leɪ] *v/t* beschwichtigen; *Schmerzen etc* mildern, lindern.

al·le·ga·tion [ˌælɪ'geɪʃn] *s* Behauptung *f.* **al·lege** [ə'ledʒ] *v/t* behaupten. **al'leged** *adj* angeblich.

al·le·giance [ə'li:dʒəns] *s* Treue *f*, Loyalität *f.*

al·le·gor·ic, al·le·gor·i·cal [ˌælɪ'gɒrɪk(l)] *adj* ☐ allegorisch. **al·le·go·ry** ['~gərɪ] *s* Allegorie *f.*

al·le·lu·ia [ˌælɪ'lu:jə] *s* Halleluja *n.*

al·ler·gic [ə'lɜ:dʒɪk] *adj* (**~*ally***) allergisch (***to*** gegen) (*a. fig.* F). **al·ler·gy** ['ælədʒɪ] *s* ⚕ Allergie *f.*

al·le·vi·ate [ə'li:vɪeɪt] *v/t* mildern, lindern. **al**ˌ**le·vi'a·tion** *s* Milderung *f*, Linderung *f.*

al·ley ['ælɪ] *s* **1.** Gasse *f*: → ***blind alley***. **2.** *Bowling*: Bahn *f*: ***that's down*** (*od.* ***up***) ***my* ~** F das ist et. für mich.

All Fools' Day *s* der 1. April.

al·li·ance [ə'laɪəns] *s* **1.** Verbindung *f.* **2.** Bund *m*, Bündnis *n*: ***form an* ~** ein Bündnis schließen. **3.** Verschwägerung *f*; *weitS.* Verwandtschaft *f.* **al·lied** [ə'laɪd; *attr.* 'ælaɪd] *adj* **1.** verbündet. **2.** *fig.* verwandt (***to*** mit). **Al·lies** ['ælaɪz] *s pl hist. die* Alliierten *pl.*

al·li·ga·tor ['ælɪgeɪtə] *s zo.* Alligator *m.*

ˌ**all-'in** *adj* Gesamt..., Pauschal...

al·lit·er·a·tion [əˌlɪtəˈreɪʃn] *s* Alliteration *f*.

al·lo·cate [ˈæləʊkeɪt] *v/t* zuteilen, zuweisen (**to** *dat*). ˌ**al·loˈca·tion** *s* Zuteilung *f*, Zuweisung *f*.

al·lop·a·thy [əˈlɒpəθɪ] *s* ⚕ Allopathie *f*.

al·lot [əˈlɒt] *v/t* **1.** zuteilen, zuweisen (**to** *dat*). **2.** *Geld etc* bestimmen (**to, for** für). **alˈlot·ment** *s* **1.** Zuteilung *f*, Zuweisung *f*. **2.** Parzelle *f*: ~ (**garden**) *bsd. Br.* Schrebergarten *m*.

ˌ**all-ˈout** *adj* F **1.** total: ~ **effort** äußerste Anstrengung. **2.** *Am.* kompromißlos, radikal.

al·low [əˈlaʊ] **I** *v/t* **1.** erlauben, gestatten; bewilligen, gewähren: **be ~ed to do s.th.** et. tun dürfen; **we are ~ed ...** uns stehen ... zu. **2.** *Summe* geben. **3.** zugeben; anerkennen, gelten lassen. **II** *v/i* **4.** ~ **of** erlauben, gestatten: **it ~s of no excuse** es läßt sich nicht entschuldigen. **5.** ~ **for** in Betracht ziehen, berücksichtigen (*acc*). **alˈlow·a·ble** *adj* □ erlaubt, zulässig. **alˈlow·ance** *s* **1.** Erlaubnis *f*; Bewilligung *f*. **2.** Anerkennung *f*. **3.** Zuschuß *m*, Beihilfe *f*; Taschengeld *n*. **4.** ⚕ Nachlaß *m*, Rabatt *m*: ~ **for cash** Skonto *n*. **5.** Nachsicht *f*: **make ~(s) for** → **allow** 5. **6.** ⚡, ⚙ Toleranz *f*.

al·loy ⚙ **I** *s* [ˈælɔɪ] Legierung *f*. **II** *v/t* [əˈlɔɪ] legieren.

ˈ**all**|-ˌ**pur·pose** *adj* Allzweck..., Universal... ˌ~-ˈ**round** *adj* vielseitig, Allround...

All| **Saints' Day** *s eccl.* Allerheiligen *n*. ~ **Souls' Day** *s eccl.* Allerseelen *n*.

ˈ**all-ˌtime** *adj* bisher unerreicht, beispiellos: ~ **high** Höchstleistung *f*, -stand *m*; ~ **low** Tiefststand *m*.

al·lude [əˈluːd] *v/i* anspielen (**to** auf *acc*).

al·lure [əˈljʊə] *v/t* **1.** (an-, ver)locken. **2.** anziehen, verzaubern. **alˈlure·ment** *s* **1.** Verlockung *f*. **2.** Anziehungskraft *f*, Zauber *m*. **alˈlur·ing** *adj* □ (ver)lockend, verführerisch.

al·lu·sion [əˈluːʒn] *s* Anspielung *f* (**to** auf *acc*).

al·lu·vi·al [əˈluːvjəl] *adj geol.* angeschwemmt, Schwemm...

ˈ**all-ˌweath·er** *adj* Allwetter...

al·ly [əˈlaɪ] **I** *v/t* verbinden, -einigen (**to, with** mit): ~ **o.s.** → II; → **allied. II** *v/i* sich vereinigen *od.* verbünden (**to, with** mit). **III** *s* [ˈælaɪ] Verbündete *m,f*, Bundesgenosse *m*: → **Allies.**

al·ma·nac [ˈɔːlmənæk] *s* Almanach *m*, Kalender *m*.

al·might·y [ɔːlˈmaɪtɪ] *adj* allmächtig: **the** ♀ der Allmächtige.

al·mond [ˈɑːmənd] *s* ♀ Mandel *f*.

al·most [ˈɔːlməʊst] *adv* fast, beinahe.

alms [ɑːmz] *s* **1.** (*mst pl konstruiert*) Almosen *n*. **2.** *eccl. Br.* Kollekte *f*.

al·oe [ˈæləʊ] *s* ♀ Aloe *f*.

a·lone [əˈləʊn] **I** *adj* allein: → **leave**¹ 2, **let**¹ 1. **II** *adv* allein, bloß, nur.

a·long [əˈlɒŋ] **I** *prp* **1.** entlang (*dat od. acc*), längs (*gen, a. dat*), an (*dat*) ... vorbei: ~ **the river** am *od.* den Fluß entlang, entlang dem Fluß. **II** *adv* **2.** vorwärts, weiter: → **get along,** *etc.* **3.** ~ **with** zs. mit: → **take along,** *etc.* **4.** F da: **I'll be ~ shortly** ich bin gleich da.

aˌlongˈside I *adv* **1.** ⚓ längsseits. **2.** Seite an Seite. **II** *prp* **3.** neben (*dat od. acc*).

a·loof [əˈluːf] **I** *adv* fern, abseits: **hold** (*od.* **keep**) (**o.s.**) ~, **stand** ~ sich fernhalten (**from** von), für sich bleiben. **II** *adj* reserviert, zurückhaltend.

a·loud [əˈlaʊd] *adv* laut, mit lauter Stimme.

al·pha·bet [ˈælfəbet] *s* Alphabet *n*.

ˌ**al·phaˈbet·ic**, ˌ**al·phaˈbet·i·cal** *adj* □ alphabetisch: **in ~ order** in alphabetischer Reihenfolge, alphabetisch (an)geordnet.

Al·pine [ˈælpaɪn] *adj* **1.** Alpen... **2.** alpin, (Hoch)Gebirgs...

al·read·y [ɔːlˈredɪ] *adv* bereits, schon.

al·right [ˌɔːlˈraɪt] *Br.* F *u. Am. für* **all right** (→ **all** 3).

Al·sa·tian [ælˈseɪʃən] **I** *adj* **1.** elsässisch. **II** *s* **2.** Elsässer(in). **3.** *a.* ~ **dog** deutscher Schäferhund.

al·so [ˈɔːlsəʊ] *adv* auch, ebenfalls. ˈ~-**ran** *s* **1.** *Sport: Teilnehmer an e-m Rennen, der sich nicht plazieren kann*: **she was an ~** sie kam unter ‚ferner liefen' ein. **2.** F Versager *m*, Niete *f*.

al·tar [ˈɔːltə] *s eccl.* Altar *m*. ~ **boy** *s* Ministrant *m*.

al·ter [ˈɔːltə] **I** *v/t* (ver-, ab-, um)ändern. **II** *v/i* sich (ver)ändern. ˈ**al·ter·a·ble** *adj* □ veränderlich. ˌ**al·terˈa·tion** *s* Änderung *f* (**to** an *dat*), Ver-, Ab-, Umänderung *f*.

al·ter·ca·tion [ˌɔːltəˈkeɪʃn] *s* heftige Auseinandersetzung.

al·ter·nate I *adj* [ɔːlˈtɜːnət] **1.** abwechselnd: ***on ~ days*** jeden zweiten Tag. **II** *v/t* [ˈɔːltəneɪt] **2.** abwechseln lassen. **3.** *miteinander* vertauschen. **4.** ⚡, ⚙ (periodisch) verändern. **III** *v/i* [ˈɔːltəneɪt] **5.** abwechseln. **alˈter·nate·ly** *adv* abwechselnd, wechselweise. **ˈal·ter·nat·ing** *adj* abwechselnd, Wechsel...: ***~ current*** ⚡ Wechselstrom *m*. **al·ter·na·tion** [ˌɔːltəˈneɪʃn] *s* Abwechslung *f*, Wechsel *m*. **al·ter·na·tive** [ɔːlˈtɜːnətɪv] **I** *adj* **1.** alternativ, Ersatz...: ***~ airport*** Ausweichflughafen *m*; ***~ society*** alternative Gesellschaft. **2.** ander(er, e, es) (*von zweien*). **II** *s* **3.** Alternative *f* (***to*** zu): ***have no*** (***other***) ***~*** keine andere Möglichkeit *od.* Wahl haben (***but to*** als zu).

al·though [ɔːlˈðəʊ] *cj* obwohl, obgleich.

al·tim·e·ter [ˈæltɪmiːtə] *s phys.* Höhenmesser *m*.

al·ti·tude [ˈæltɪtjuːd] *s ast.*, ✈, ⛰ Höhe *f*: ***at an ~ of*** in e-r Höhe von; ***~ of the sun*** Sonnenstand *m*.

al·to [ˈæltəʊ] *pl* **-tos** *s* ♪ Alt(stimme *f*) *m*; Altistin *f*.

al·to·geth·er [ˌɔːltəˈgeðə] **I** *adv* **1.** insgesamt. **2.** ganz (u. gar), völlig. **3.** im ganzen genommen. **II** *s* **4.** ***in the ~*** *humor.* im Adams- *od.* Evaskostüm.

al·tru·ism [ˈæltrʊɪzəm] *s* Altruismus *m*, Selbstlosigkeit *f*. **ˈal·tru·ist** *s* Altruist(in). **ˌal·truˈis·tic** *adj* (***~ally***) altruistisch, selbstlos.

al·u·min·i·um [ˌæljʊˈmɪnɪəm], *Am.* **a·lu·mi·num** [əˈluːmənəm] *s* ⚗ Aluminium *n*.

a·lum·na [əˈlʌmnə] *pl* **-nae** [~niː] *s Am.* ehemalige Schülerin *od.* Studentin. **aˈlum·nus** [~nəs] *pl* **-ni** [~naɪ] *s Am.* ehemaliger Schüler *od.* Student.

al·ways [ˈɔːlweɪz] *adv* immer, stets: ***as ~*** wie immer.

am [æm] *ich* bin.

a·mal·gam [əˈmælgəm] *s* **1.** ⚗, ⚙ Amalgam *n*. **2.** *fig.* Mischung *f*. **aˈmal·gam·ate** [~meɪt] *v/t u. v/i* **1.** ⚗, ⚙ (sich) amalgamieren, *a. fig.* (sich) vereinigen, verschmelzen. **2.** *fig.* (sich) zs.-schließen, ⚕ *a.* fusionieren. **aˌmal·gamˈa·tion** *s* **1.** ⚗, ⚙ Amalgamieren *n*, *a. fig.* Vereinigung *f*, Verschmelzung *f*. **2.** *fig.* Zs.-schluß *m*, ⚕ *a.* Fusion *f*.

a·mass [əˈmæs] *v/t* an-, aufhäufen.

am·a·teur [ˈæmətə] *s* Amateur *m*: a) (Kunst- *etc*)Liebhaber(in): ***~ painter*** Sonntagsmaler(in), b) Amateursportler(in): ***~ boxer*** Amateurboxer *m*, c) Nichtfachmann *m*, *contp.* Dilettant(in): ***~ detective*** Amateurdetektiv *m*. **am·a·teur·ish** [ˌ~ˈtɜːrɪʃ] *adj* □ amateurhaft, dilettantisch.

a·maze [əˈmeɪz] *v/t* in (Er)Staunen setzen, verblüffen. **aˈmazed** *adj* □ erstaunt, verblüfft (***at*** über *acc*). **aˈmaze·ment** *s* (Er)Staunen *n*, Verblüffung *f*: ***in ~*** staunend, verblüfft; ***to my ~*** zu m-m Erstaunen, zu m-r Verblüffung. **aˈmaz·ing** *adj* □ erstaunlich, verblüffend.

Am·a·zon [ˈæməzən] *s* **1.** *antiq.* Amazone *f*. **2.** *a.* ♀ *fig.* Amazone *f*, Mannweib *n*.

am·bas·sa·dor [æmˈbæsədə] *s pol.* Botschafter *m* (***to*** in *dat*). **amˈbas·sa·dress** [~drɪs] *s* Botschafterin *f*.

am·ber [ˈæmbə] **I** *s* **1.** *min.* Bernstein *m*. **2.** *Br.* Gelb(licht) *n*, gelbes Licht (*Verkehrsampel*): ***at ~*** bei Gelb; ***the lights were at ~*** die Ampel stand auf Gelb. **II** *adj* **3.** Bernstein... **4.** bernsteinfarben. **5.** ***the lights were ~*** *Br.* die Ampel stand auf Gelb.

am·bi·dex·trous [ˌæmbɪˈdekstrəs] *adj* □ **1.** beidhändig. **2.** *fig.* doppelzüngig, falsch.

am·bi·gu·i·ty [ˌæmbɪˈgjuːətɪ] *s* Zweideutigkeit *f* (*a. Äußerung*), Mehr-, Vieldeutigkeit *f*. **amˈbig·u·ous** [~gjʊəs] *adj* □ zwei-, mehr-, vieldeutig.

am·bi·tion [æmˈbɪʃn] *s* Ehrgeiz *m*. **amˈbi·tious** *adj* □ ehrgeizig (*a. Plan etc*): ***be ~ to do s.th.*** den Ehrgeiz haben, et. zu tun; ***be ~ for s.o.*** große Dinge mit j-m vorhaben.

am·bi·va·lent [æmˈbɪvələnt] *adj bsd. psych.* ambivalent, doppelwertig.

am·ble [ˈæmbl] **I** *v/i* **1.** im Paßgang gehen *od.* reiten. **2.** *fig.* schlendern. **II** *s* **3.** Paßgang *m*. **4.** *fig.* gemächlicher Gang.

am·bu·lance [ˈæmbjʊləns] *s* Kranken-, Sanitätswagen *m*.

am·bush [ˈæmbʊʃ] **I** *s* Hinterhalt *m*: ***lay an ~*** e-n Hinterhalt legen; ***lie*** (*od.* ***wait***) ***in ~*** → III. **II** *v/t* aus dem Hinterhalt überfallen; auflauern (*dat*). **III** *v/i* im Hinterhalt liegen.

a·me·ba *Am.* → ***amoeba.***

a·mel·io·rate [əˈmiːljəreɪt] **I** *v/t* verbessern, ⸗ (a)meliorieren. **II** *v/i* besser werden. **aˌmel·ioˈra·tion** *s* Verbesserung *f*, ⸗ (A)Melioration *f*.

a·men [ˌɑːˈmen] **I** *int* amen! **II** *s* Amen *n*.

a·me·na·ble [əˈmiːnəbl] *adj* □ (***to***) **1.** zugänglich (*dat*). **2.** verantwortlich (*dat*); unterworfen (*dat*).

a·mend [əˈmend] *v/t* **1.** verbessern. **2.** *parl. Gesetz* abändern, ergänzen. **aˈmend·ment** *s* **1.** Verbesserung *f*. **2.** *parl.* Abänderungs-, Ergänzungsantrag *m*; *Am.* Zusatzartikel *m* zur Verfassung. **aˈmends** *s pl* (*mst sg konstruiert*) (Schaden)Ersatz *m*: ***make ~*** Schadenersatz leisten, es wiedergutmachen; ***make ~ to s.o. for s.th.*** j-n für et. entschädigen.

a·men·i·ty [əˈmiːnətɪ] *s* **1.** *oft pl* Liebenswürdigkeit *f*, Höflichkeit *f*: ***his ~ of temper*** sein angenehmes Wesen. **2.** schöne Lage (*e-s Hauses etc*); *oft pl* Annehmlichkeit(en *pl*) *f*; *pl* (natürliche) Vorzüge *pl od.* Reize *pl* (*e-r Person*, *e-s Ortes etc*).

A·mer·i·can [əˈmerɪkən] **I** *adj* amerikanisch: ***~ Dream*** *der* amerikanische Traum; ***~ Indian*** (*bes.* nordamer.) Indianer(in). **II** *s* Amerikaner(in). **Aˈmer·i·can·ism** *s* Amerikanismus *m*. **Aˌmer·i·can·iˈza·tion** *s* Amerikanisierung *f*. **Aˈmer·i·can·ize** *v/t u. v/i* (sich) amerikanisieren.

am·e·thyst [ˈæmɪθɪst] *s min.* Amethyst *m*.

a·mi·a·bil·i·ty [ˌeɪmjəˈbɪlətɪ] *s* Liebenswürdigkeit *f*. **ˈa·mi·a·ble** *adj* □ liebenswürdig, freundlich.

am·i·ca·ble [ˈæmɪkəbl] *adj* freund(schaft)lich, friedlich, *a.* ⚖ gütlich. **ˈam·i·ca·bly** *adv* in Güte, gütlich: ***part ~*** im guten auseinandergehen.

a·mid(st) [əˈmɪd(st)] *prp* inmitten (*gen*), (mitten) in *od.* unter (*dat od. acc*).

a·miss [əˈmɪs] *adj u. adv* verkehrt, falsch: ***take ~*** übelnehmen; ***there is s.th. ~ with*** et. stimmt nicht mit; ***it would not be ~*** es würde nicht schaden (***for s.o. to do s.th.*** wenn j-d et. täte).

am·i·ty [ˈæmətɪ] *s* Freundschaft *f*, gutes Einvernehmen.

am·me·ter [ˈæmɪtə] *s* ⚡ Amperemeter *n*.

am·mo·ni·a [əˈməʊnjə] *s* ⚗ Ammoniak *n*: ***liquid ~*** Salmiakgeist *m*.

am·mu·ni·tion [ˌæmjʊˈnɪʃn] *s* ⚔ Munition *f*: ***~ dump*** Munitionslager *n*.

am·ne·sia [æmˈniːzjə] *s* ⚕ Amnesie *f*, Gedächtnisschwund *m*.

am·nes·ty [ˈæmnəstɪ] **I** *s* Amnestie *f*. **II** *v/t* amnestieren, begnadigen.

a·moe·ba [əˈmiːbə] *s zo.* Amöbe *f*.

a·mok [əˈmɒk] → ***amuck.***

a·mong(st) [əˈmʌŋ(st)] *prp* (mitten) unter (*dat od. acc*), zwischen (*dat od. acc*), bei: ***from ~*** aus ... hervor; ***be ~*** gehören zu; ***~ other things*** unter anderem; ***they had two pounds ~ them*** sie hatten zusammen zwei Pfund.

a·mor·al [ˌeɪˈmɒrəl] *adj* □ amoralisch.

am·o·rous [ˈæmərəs] *adj* □ **1.** verliebt (***of*** in *acc*). **2.** Liebes...: ***~ song.***

a·mor·phous [əˈmɔːfəs] *adj* □ form-, gestaltlos.

am·or·ti·za·tion [əˌmɔːtɪˈzeɪʃn] *s* Amortisation *f*, Tilgung *f*, Abschreibung *f*. **amˈor·tize** [~taɪz] *v/t* amortisieren: a) *Schuld* tilgen, b) *Anlagewerte* abschreiben.

a·mount [əˈmaʊnt] **I** *v/i* **1.** (***to***) sich belaufen (auf *acc*), betragen (*acc*). **2.** *fig.* (***to***) hinauslaufen (auf *acc*), bedeuten (*acc*). **II** *s* **3.** Betrag *m*, Summe *f*; Höhe *f* (*e-r Summe*): ***to the ~ of*** in Höhe von; bis zum Betrag von. **4.** Menge *f*.

a·mour-pro·pre [ˌæmʊəˈprɒprə] *s* Eigenliebe *f*.

amp [æmp] F → ***ampere, amplifier.***

am·pere [ˈæmpeə] *s* Ampere *n*.

am·phet·a·mine [æmˈfetəmiːn] *s* ⚗ Amphetamin *n*.

am·phib·i·an [æmˈfɪbɪən] **I** *adj* **1.** → ***amphibious.*** **II** *s* **2.** *zo* Amphibie *f*, Lurch *m*. **3.** Amphibienfahrzeug *n*. **amˈphib·i·ous** *adj zo.*, ⚙ amphibisch, Amphibien...

am·phi·the·a·ter, *bsd. Br.* **am·phi·the·a·tre** [ˈæmfɪˌθɪətə] *s* Amphitheater *n*.

am·ple [ˈæmpl] *adj* □ **1.** weit, groß, geräumig. **2.** weitläufig, -gehend, ausführlich. **3.** reich(lich), beträchtlich. **4.** stattlich (*Figur etc*).

am·pli·fi·ca·tion [ˌæmplɪfɪˈkeɪʃn] *s* **1.** Erweiterung *f*, Vergrößerung *f*, Ausdehnung *f*. **2.** nähere Ausführung *od.* Erläuterung; Weitschweifigkeit *f*. **3.** ⚡, *phys.* Verstärkung *f*. **am·pli·fi·er** [ˈ~faɪə] *s* ⚡, *phys.* Verstärker *m*.

'am·pli·fy I *v/t* **1.** erweitern, vergrößern, ausdehnen. **2.** näher ausführen *od.* erläutern. **3.** ⚡, *phys.* verstärken. **II** *v/i* **4.** sich weitläufig auslassen (**on** über *acc*). **am·pli·tude** ['~tju:d] *s* **1.** Weite *f*, Umfang *m* (*a. fig.*). **2.** Fülle *f*, Reichtum *m*. **3.** ⚡, *phys.* Amplitude *f*, Schwingungsweite *f*.

am·poule ['æmpu:l] *s* ⚕ Ampulle *f*.

am·pu·tate ['æmpjʊteɪt] *v/t* ⚕ amputieren, abnehmen. **ˌam·pu'ta·tion** *s* Amputation *f*, Abnahme *f*.

a·muck [ə'mʌk] *adv*: ***run*** **~** Amok laufen.

am·u·let ['æmjʊlɪt] *s* Amulett *n*.

a·muse [ə'mju:z] *v/t* amüsieren; unterhalten; Spaß machen (*dat*): ***be*** **~*d*** sich freuen (***at, by*** über *acc*). **a'muse·ment** *s* Unterhaltung *f*; Zeitvertreib *m*: ***for*** **~** zum Vergnügen; **~ *arcade*** *Br.* Spielsalon *m*; **~ *park*** Vergnügungspark *m*. **a'mus·ing** *adj* □ amüsant; unterhaltsam.

an [ən] → ***a.***

a·nach·ro·nism [ə'nækrənɪzəm] *s* Anachronismus *m*.

an·a·con·da [ˌænə'kɒndə] *s zo.* Anakonda *f*, Riesenschlange *f*.

a·nae·mi·a [ə'ni:mjə] *s bsd. Br.* ⚕ Anämie *f*, Blutarmut *f*. **a'nae·mic** *adj bsd. Br.* anämisch, blutarm.

an·aes·the·si·a [ˌænɪs'θi:zjə] *s bsd. Br.* ⚕ Anästhesie *f*, Narkose *f*, Betäubung *f*.

an·aes·thet·ic [ˌ~'θetɪk] *bsd. Br.* **I** *adj* (**~*ally***) betäubend, Narkose... **II** *s* Betäubungsmittel *n*. **an·aes·the·tist** [æ'ni:sθətɪst] *s bsd. Br.* Anästhesist *m*, Narkosearzt *m*. **an'aes·the·tize** *v/t bsd. Br.* betäuben, narkotisieren.

an·a·log·ic, an·a·log·i·cal [ˌænə'lɒdʒɪk(l)], **a·nal·o·gous** [ə'næləgəs] *adj* □ analog, entsprechend (***to, with*** *dat*). **a'nal·o·gy** [~dʒɪ] *s* Analogie *f*, Entsprechung *f*: ***on the*** **~ *of, by*** **~ *with*** analog, gemäß, entsprechend (*dat*).

an·a·lyse ['ænəlaɪz] *v/t* analysieren: a) ⚗ *etc* zerlegen, b) gründlich untersuchen, c) *ling.* zergliedern, d) ⚖ auflösen. **a·nal·y·sis** [ə'næləsɪs] *pl* **-ses** [~si:z] *s* **1.** Analyse *f*, Zerlegung *f*, gründliche Untersuchung, Zergliederung *f*, Auflösung *f*. **2.** ⚖ Analysis *f*. **3.** Psychoanalyse *f*. **an·a·lyst** ['ænəlɪst] *s* **1.** Analytiker *m*: ***public*** **~** (behördlicher) Lebensmittelchemiker. **2.** Psychoanalytiker *m*. **an·a·lyt·ic, an·a·lyt·i·cal** [ˌænə'lɪtɪk(l)] *adj* □ **1.** analytisch. **2.** psychoanalytisch.

an·ar·chic, an·ar·chi·cal [æ'nɑ:kɪk(l)] *adj* □ anarchisch. **an·arch·ism** ['ænəkɪzəm] *s* Anarchismus *m*. **'an·arch·ist I** *s* Anarchist(in). **II** *adj* anarchistisch. **'an·arch·y** *s* Anarchie *f*.

a·nath·e·ma [ə'næθəmə] *s* **1.** *eccl.* Bannfluch *m*, Kirchenbann *m*. **2. *be an*** **~ *to s.o.*** *fig.* j-m verhaßt *od.* ein Greuel sein. **a'nath·e·ma·tize** *v/t* in den Bann tun, mit dem Kirchenbann belegen.

an·a·tom·i·cal [ˌænə'tɒmɪkl] *adj* □ anatomisch. **a·nat·o·mize** [ə'nætəmaɪz] *v/t* ⚕ sezieren, *fig. a.* zergliedern. **a'nat·o·my** *s* **1.** ⚕ Anatomie *f*. **2.** *fig.* Zergliederung *f*, Analyse *f*.

an·ces·tor ['ænsestə] *s* Vorfahr *m*, Ahn(herr) *m*: **~ *cult*** Ahnenkult *m*. **an·ces·tral** [~'sestrəl] *adj* angestammt, Ahnen...: **~ *home*** Stammsitz *m*. **an·ces·tress** ['ænsestrɪs] *s* Ahnfrau *f*, Ahne *f*. **'an·ces·try** *s* **1.** (*bsd.* vornehme) Abstammung. **2.** Vorfahren *pl*, Ahnen(reihe *f*) *pl*: **~ *research*** Ahnenforschung *f*.

an·chor ['æŋkə] **I** *s* **1.** ⚓ Anker *m*: ***cast*** (*od.* ***drop***) **~** → 5a; ***lie*** (*od.* ***ride***) ***at*** **~** → 5b; → ***weigh*** 3. **2.** *Rundfunk*, *TV*: *Am.* Moderator *m*, Moderatorin *f* (*e-r Nachrichtensendung*); Diskussionsleiter(in). **II** *v/t* **3.** ⚓, ⚙ verankern (*a. fig.*). **4.** *Rundfunk*, *TV*: *Am. Nachrichtensendung* moderieren; *Diskussion* leiten. **III** *v/i* **5.** ⚓ ankern: a) vor Anker gehen, b) vor Anker liegen. **'an·chor·age** *s* **1.** Ankerplatz *m*. **2.** *a.* **~ *dues*** *pl* Anker-, Liegegebühr *f*.

an·chor|·man ['æŋkəmən] *s* (*irr* ***man***), **'~ˌwom·an** *s* (*irr* ***woman***) → ***anchor*** 2.

an·cho·vy ['æntʃəvɪ] *s ichth.* An(s)chovis *f*, Sardelle *f*.

an·cient ['eɪnʃənt] **I** *adj* **1.** alt, aus alter Zeit. **2.** uralt. **3.** altertümlich. **II** *s* **4. *the*** **~*s*** *pl* die Alten *pl* (*Griechen u. Römer*).

an·cil·lar·y [æn'sɪlərɪ] *adj* untergeordnet (***to*** *dat*), Zusatz..., Neben...: **~ *industries*** *pl* Zulieferbetriebe *pl*.

and [ænd] *cj* und: ***better*** **~ *better*** immer besser; ***thousands*** **~ *thousands*** Tausende u. aber Tausende; ***there are books*** **~ *books*** es gibt gute u. schlechte Bücher; ***for miles*** **~ *miles*** viele Meilen weit; ***he ran ~ ran*** er lief immer weiter; ***bread ~ butter*** Butterbrot *n*; ***try ~ come*** versuche zu kommen; → ***nice*** 4.

an·ec·do·tal [ˌænek'dəʊtl] *adj* anekdotenhaft, anekdotisch. **an·ec·dote** ['ænɪkdəʊt] *s* Anekdote *f*.

a·ne·mi·a, *etc Am.* → ***anaemia,*** *etc.*

an·e·mom·e·ter [ˌænɪ'mɒmɪtə] *s phys.* Windmesser *m*.

a·nem·o·ne [ə'nemənɪ] *s* ⚘ Anemone *f*.

an·es·the·si·a, *etc Am.* → ***anaesthesia,*** *etc.*

a·new [ə'njuː] *adv* **1.** von neuem, noch einmal. **2.** neu.

an·gel ['eɪndʒəl] *s* Engel *m* (*a. fig.*): ***you are an ~*** du bist ein Schatz. **an·gel·ic, an·gel·i·cal** [æn'dʒelɪk(l)] *adj* □ engelhaft, Engels...

an·ger ['æŋgə] **I** *s* Zorn *m*, Ärger *m*, Wut *f* (***at*** über *acc*). **II** *v/t* erzürnen, (ver)ärgern.

an·gi·na (pec·to·ris) [æn'dʒaɪnə ('pektərɪs)] *s* ⚕ Angina *f* pectoris.

an·gle[1] ['æŋgl] **I** *s* **1.** *bsd.* ⩓ Winkel *m*: ***at an ~*** schräg; ***at right ~s to*** im rechten Winkel zu. **2.** Ecke *f*. **3.** *fig.* Standpunkt *m*. **4.** *fig.* Seite *f*, Aspekt *m*. **II** *v/t* **5.** ab-, umbiegen. **6.** *Bericht etc* färben.

an·gle[2] [~] *v/i* angeln: ***~ for*** *fig.* aussein auf (*acc*); → ***compliment*** 1.

an·gle| i·ron *s* ⚙ Winkeleisen *n*. **'~-park** *v/t u. v/i mot.* schräg parken.

an·gler ['æŋglə] *s* Angler(in).

An·gles ['æŋglz] *s pl hist.* Angeln *pl*.

An·gli·can ['æŋglɪkən] *eccl.* **I** *adj* anglikanisch. **II** *s* Anglikaner(in).

An·gli·cism ['æŋglɪsɪzəm] *s ling.* Anglizismus *m*.

An·glo|-A·mer·i·can [ˌæŋgləʊə'merɪkən] **I** *s* Angloamerikaner(in). **II** *adj* angloamerikanisch. **ˌ~-'Sax·on I** *s* Angelsachse *m*. **II** *adj* angelsächsisch.

an·go·ra [æŋ'gɔːrə] *s a.* ***~ cat*** *zo.* Angorakatze *f*. ***~ wool*** *s* Angorawolle *f*.

an·gry ['æŋgrɪ] *adj* □ (***at, about***) ärgerlich (auf, über *acc*), verärgert (über *acc*), böse (auf *j-n*, über *et.*; ***with*** mit *j-m*).

an·guish ['æŋgwɪʃ] *s* Qual *f*, Pein *f*: ***be in ~*** Ängste ausstehen.

an·gu·lar ['æŋgjʊlə] *adj* □ **1.** wink(e)lig, Winkel...: ***~ point*** ⩓ Scheitelpunkt *m*. **2.** knochig. **3.** *fig.* steif: a) linkisch, b) formell.

an·i·line ['ænɪliːn] *s* ⚗ Anilin *n*.

an·i·mal ['ænɪml] **I** *s* Tier *n*. **II** *adj* animalisch, tierisch. ***~ food*** *s* **1.** Fleischnahrung *f*. **2.** Tierfutter *n*. ***~ lov·er*** *s* Tierfreund(in). **'~-ˌlov·ing** *adj* tierliebend. ***~ shel·ter*** *s Am.* Tierheim *n*. ***~ spir·its*** *s pl* Lebenskraft *f*, -geister *pl*.

an·i·mate I *v/t* ['ænɪmeɪt] **1.** beleben, mit Leben erfüllen. **2.** anregen, aufmuntern. **II** *adj* ['~mət] **3.** belebt, lebend. **4.** lebhaft, munter. **an·i·mat·ed** ['~meɪtɪd] *adj* **1.** lebendig: ***~ cartoon*** Zeichentrickfilm *m*. **2.** → ***animate*** 4. **an·i·ma·tion** [ˌ~'meɪʃn] *s* Lebhaftigkeit *f*, Munterkeit *f*.

an·i·mos·i·ty [ˌænɪ'mɒsətɪ] *s* Feindseligkeit *f* (***against, toward[s]*** gegen[über]; ***between*** zwischen *dat*).

an·ise ['ænɪs] *s* ⚘ Anis *m*. **an·i·seed** ['~siːd] *s* Anis(samen) *m*.

an·kle ['æŋkl] *s anat.* (Fuß)Knöchel *m*. **ˌ~-'deep** *adj* knöcheltief. ***~ sock*** *s Br.* Söckchen *n*.

an·klet ['æŋklɪt] *s* **1.** Fußring *m*. **2.** *Am.* Söckchen *n*.

an·nals ['ænlz] *s pl* **1.** Annalen *pl*, Jahrbücher *pl*. **2.** (Jahres)Bericht *m*.

an·neal [ə'niːl] *v/t* **1.** *metall.* ausglühen, *a. Kunststoffe* tempern. **2.** *Keramik*: einbrennen. **3.** *fig.* härten, stählen.

an·nex I *v/t* [ə'neks] **1.** (***to***) beifügen (*dat*), anhängen (an *acc*). **2.** *Gebiet* annektieren, sich einverleiben. **II** *s* ['æneks] **3.** Anhang *m*, Zusatz *m*. **4.** Anbau *m*, Nebengebäude *n*. **ˌan·nex'a·tion** *s* Annektierung *f*, Einverleibung *f* (***to*** in *acc*).

an·ni·hi·late [ə'naɪəleɪt] *v/t* vernichten. **anˌni·hi'la·tion** *s* Vernichtung *f*.

an·ni·ver·sa·ry [ˌænɪ'vɜːsərɪ] *s* Jahrestag *m*.

an·no·tate ['ænəʊteɪt] *v/t* mit Anmerkungen versehen; kommentieren. **ˌan·no'ta·tion** *s* Anmerkung *f*; Kommentar *m*.

an·nounce [ə'naʊns] *v/t* **1.** ankündigen. **2.** bekanntgeben, verkünden, *Geburt etc* anzeigen. **3.** *Rundfunk, TV*: ansagen; *über Lautsprecher* durchsagen. **an'nounce·ment** *s* **1.** Ankündigung *f*. **2.** Bekanntgabe *f*, (*Geburts- etc*)Anzeige *f*. **3.** *Rundfunk, TV*: Ansage *f*; (Lautsprecher)Durchsage *f*. **an'nounc·er** *s Rundfunk, TV*: Ansager(in).

an·noy [ə'nɔɪ] *v/t* **1.** ärgern: ***be ~ed*** sich ärgern (***at s.th.*** über et.; ***with s.o.*** über j-n). **2.** belästigen, stören. **an'noy·ance** *s* **1.** Ärger *m.* **2.** Belästigung *f*, Störung *f.* **an'noy·ing** *adj* □ **1.** ärgerlich. **2.** lästig, störend.

an·nu·al ['ænjʊəl] **I** *adj* □ **1.** jährlich, Jahres...: ***~ ring*** ⚘ Jahresring *m.* **2.** *a.* ⚘ einjährig. **II** *s* **3.** jährlich erscheinende Veröffentlichung. **4.** ⚘ einjährige Pflanze.

an·nu·i·ty [ə'njuːɪtɪ] *s* (Jahres-, Leib-) Rente *f.*

an·nul [ə'nʌl] *v/t* annullieren, *Gesetz, Ehe etc* aufheben, für ungültig erklären, *Vorschrift etc* abschaffen.

an·nu·lar ['ænjʊlə] *adj* □ ringförmig, Ring...

an·nul·ment [ə'nʌlmənt] *s* Annullierung *f*, Aufhebung *f*, Ungültigkeitserklärung *f*, Abschaffung *f.*

An·nun·ci·a·tion (Day) [əˌnʌnsɪ'eɪʃn] *s eccl.* Mariä Verkündigung *f.*

an·ode ['ænəʊd] *s* ⚡ Anode *f*, positiver Pol.

an·o·dyne ['ænəʊdaɪn] *adj u. s* ⚕ schmerzstillend(es Mittel).

a·noint [ə'nɔɪnt] *v/t bsd. eccl.* salben.

a·nom·a·lous [ə'nɒmələs] *adj* □ **1.** anomal. **2.** ungewöhnlich. **a'nom·a·ly** *s* Anomalie *f.*

an·o·nym·i·ty [ˌænə'nɪmətɪ] *s* Anonymität *f.* **a·non·y·mous** [ə'nɒnɪməs] *adj* □ anonym.

a·no·rak ['ænəræk] *s* Anorak *m.*

an·oth·er [ə'nʌðə] *adj u. pron* **1.** ein anderer, e-e andere, ein anderes: ***~ thing*** etwas anderes; ***one after ~*** e-r nach dem andern; → ***one*** 6. **2.** noch ein(er, e, es), ein zweiter *od.* weiterer, e-e zweite *od.* weitere, ein zweites *od.* weiteres: ***~ ten years*** noch *od.* weitere zehn Jahre; ***tell me ~!*** F das kannst du deiner Großmutter erzählen!

an·swer ['ɑːnsə] **I** *s* **1.** Antwort *f* (*a. fig. Reaktion*) (***to*** auf *acc*): ***in ~ to*** in Beantwortung (*gen*); auf (*acc*) hin; als Antwort auf. **2.** Lösung *f* (***to*** *e-s Problems*). **II** *v/i* **3.** antworten (***to*** auf *acc*): ***~ back*** freche Antworten geben; widersprechen; sich (*mit Worten etc*) verteidigen *od.* wehren. **4.** ***~ to*** → 10 u. 11. **5.** (***to s.o.***) sich (j-m gegenüber) verantworten, (j-m) Rechenschaft ablegen (***for*** für). **6.** verantwortlich sein, haften (***for*** für). **7.** ***~ to*** hören auf (*e-n Namen*). **III** *v/t* **8.** *j-m* antworten: ***~ s.o. back*** j-m freche Antworten geben; j-m widersprechen; sich gegen j-n (*mit Worten etc*) verteidigen *od.* wehren. **9.** antworten auf (*acc*), beantworten. **10.** *fig.* reagieren auf (*acc*): a) eingehen auf: ***~ the bell*** (*od.* ***door***) (*auf das Läuten od. Klopfen*) die Tür öffnen, aufmachen; ***~ the telephone*** ans Telefon gehen, b) ⚙ *dem Steuer etc* gehorchen, c) *e-m Befehl etc* Folge leisten, gehorchen, d) *Wunsch etc* erfüllen, *Gebet* erhören, e) sich auf *e-e Anzeige* hin melden *od.* bewerben. **11.** *e-r Beschreibung* entsprechen. **12.** sich *j-m* gegenüber verantworten, *j-m* Rechenschaft ablegen (***for*** für). **'an·swer·a·ble** *adj* **1.** verantwortlich (***to*** *dat*; ***for*** für). **2.** zu beantworten(d).

ant [ænt] *s zo.* Ameise *f.*

an·tag·o·nism [æn'tægənɪzəm] *s* Feindschaft *f* (***between*** zwischen *dat*). **an'tag·o·nist** *s* Feind(in). **anˌtag·o'nis·tic** *adj* (***~ally***) feindlich (***to*** gegen). **an'tag·o·nize** *v/t* **1.** bekämpfen. **2.** sich *j-n* zum Feind machen.

ant·arc·tic [æn'tɑːktɪk] **I** *adj* antarktisch: ***♀ Circle*** südlicher Polarkreis. **II** *s* ♀ Antarktis *f.*

ant bear *s zo.* Ameisenbär *m.*

an·te·ced·ent [ˌæntɪ'siːdənt] **I** *adj* **1.** (***to***) vorhergehend (*dat*), früher (als). **II** *s* **2.** *pl* Vorgeschichte *f*: ***his ~s*** sein Vorleben; s-e Abstammung. **3.** *ling.* Bezugswort *n.*

an·te·cham·ber ['æntɪˌtʃeɪmbə] *s* Vorzimmer *n.*

an·te·date [ˌæntɪ'deɪt] *v/t Brief etc* zurückdatieren.

an·te·di·lu·vi·an [ˌæntɪdaɪ'luːvjən] *adj* vorsintflutlich (*a. fig.*).

an·te·lope ['æntɪləʊp] *s zo.* Antilope *f.*

an·te me·rid·i·em [ˌæntɪmə'rɪdɪəm] *adv* vormittags (*abbr.* **a.m.**): ***3 a.m.*** 3 Uhr morgens.

an·te·na·tal [ˌæntɪ'neɪtl] **I** *adj* □ vor der Geburt: ***~ examination*** Mutterschaftsvorsorgeuntersuchung *f*; ***~ exercises*** *pl* Schwangerschaftsgymnastik *f.* **II** *s* F Mutterschaftsvorsorgeuntersuchung *f.*

an·ten·na [æn'tenə] *s* **1.** *pl* **-nae** [~niː] *zo.* Fühler *m.* **2.** *pl* **-nas** *bsd. Am.* Antenne *f.*

an·te·ri·or [æn'tɪərɪə] *adj* **1.** (**to**) vorhergehend (*dat*), früher (als). **2.** vorder.
an·te·room ['æntɪrʊm] *s* Vorzimmer *n*.
an·them ['ænθəm] *s* Hymne *f*.
'ant·hill *s* Ameisenhaufen *m*.
an·thol·o·gy [æn'θɒlədʒɪ] *s* Anthologie *f*, (*bsd*. Gedicht)Sammlung *f*.
an·thra·cite ['ænθrəsaɪt] *s min*. Anthrazit *m*, Glanzkohle *f*.
an·thro·poid ['ænθrəʊpɔɪd] *zo*. **I** *adj* menschenähnlich. **II** *s* Menschenaffe *m*.
an·thro·po·log·i·cal [ˌænθrəpə'lɒdʒɪkl] *adj* □ anthropologisch. **an·thro·pol·o·gist** [ˌ~'pɒlədʒɪst] *s* Anthropologe *m*. **an·thro·pol·o·gy** [ˌ~'pɒlədʒɪ] *s* Anthropologie *f*, Menschenkunde *f*.
an·ti... ['æntɪ] *in Zssgn* Gegen..., gegen... eingestellt, anti..., Anti...
ˌan·ti'air·craft *adj* ⚔ Flugabwehr...: **~ gun** Flakgeschütz *n*.
an·ti·bi·ot·ic [ˌæntɪbaɪ'ɒtɪk] *s* ⚕ Antibiotikum *n*.
'an·tiˌbod·y *s* ⚕ Antikörper *m*, Abwehrstoff *m*.
'An·ti·christ *s eccl*. Antichrist *m*.
an·tic·i·pate [æn'tɪsɪpeɪt] *v/t* **1.** voraussehen, (-)ahnen. **2.** erwarten, erhoffen. **3.** vorwegnehmen. **4.** *j-m*, *e-m Wunsch etc* zuvorkommen. **5.** ⚖ vor Fälligkeit bezahlen *od*. einlösen. **anˌtic·i'pa·tion** *s* **1.** (Vor)Ahnung *f*. **2.** Erwartung *f*, Hoffnung *f*: **in ~ of** in Erwartung (*gen*). **3.** Vorwegnahme *f*: **in ~** im voraus. **an'tic·i·pa·to·ry** [~peɪtərɪ] *adj* □ vorwegnehmend.
ˌan·ti'cler·i·cal *adj* □ antiklerikal, kirchenfeindlich.
ˌan·ti'cli·max *s* **1.** *rhet*. Antiklimax *f*. **2.** *fig*. enttäuschendes Abfallen; Enttäuschung *f*.
ˌan·ti'clock·wise *adj u. adv* entgegen dem *od*. gegen den Uhrzeigersinn.
ˌan·ti·cor'ro·sive *adj* **1.** korrosionsverhütend: **~ agent** Rostschutzmittel *n*. **2.** rostfest.
ˌan·ti'cy·clone *s meteor*. Hoch(druckgebiet) *n*.
ˌan·ti'daz·zle *adj* Blendschutz...: **~ switch** Abblendschalter *m*.
an·ti·dote ['æntɪdəʊt] *s* Gegengift *n*, -mittel *n* (*a. fig*.) (**against, for, to** gegen).
ˌan·ti'fas·cist I *s* Antifaschist(in). **II** *adj* antifaschistisch.
'an·ti·freeze *s* Frostschutzmittel *n*.
'an·tiˌhe·ro *s* Antiheld *m*.
ˌan·ti'knock 🚗, *mot*. **I** *adj* klopffest. **II** *s* Antiklopfmittel *n*.
an·tip·a·thy [æn'tɪpəθɪ] *s* Antipathie *f*, Abneigung *f* (**against, to, towards** gegen).
an·tip·o·des [æn'tɪpədiːz] *s pl* **1.** *die* diametral gegenüberliegenden Teile *pl* der Erde. **2.** (*a. sg konstruiert*) *das* (genaue) Gegenteil.
ˌan·ti·pol'lu·tion *adj* umweltschützend: **~ device** Abgasentgiftungsanlage *f*.
an·ti·quar·i·an [ˌæntɪ'kweərɪən] **I** *adj* **1.** antiquarisch. **2. ~ bookseller** Antiquar *m*; **~ bookshop** (*bsd. Am*. **bookstore**) Antiquariat *n*. **II** *s* **3.** → **antiquary** 1.
an·ti·quar·y ['~kwərɪ] *s* **1.** Altertumskenner(in), -forscher(in). **2.** Antiquitätensammler(in); -händler(in). **an·ti·quat·ed** ['~kweɪtɪd] *adj* antiquiert, veraltet.
an·tique [æn'tiːk] **I** *adj* **1.** antik, alt. **2.** F → **antiquated. II** *s* **3.** Antiquität *f*: **~ dealer** Antiquitätenhändler(in); **~ shop** (*bsd. Am*. **store**) Antiquitätenladen *m*. **an·tiq·ui·ty** [~'tɪkwətɪ] *s* **1.** Altertum *n*. **2.** *die* Antike. **3.** *pl* Altertümer *pl*.
ˌan·ti'rust *adj* Rostschutz...
ˌan·ti-'Sem·ite *s* Antisemit(in). **ˌan·ti-Se'mit·ic** *adj* antisemitisch. **an·ti-Sem·i·tism** [ˌ~'semɪtɪzəm] *s* Antisemitismus *m*.
ˌan·ti'sep·tic ⚕ **I** *adj* □ antiseptisch. **II** *s* Antiseptikum *n*.
ˌan·ti'so·cial *adj* **1.** asozial, gesellschaftsfeindlich. **2.** ungesellig.
an·tith·e·sis [æn'tɪθɪsɪs] *pl* **-ses** [~siːz] *s* Antithese *f*, Gegensatz *m*. **an·ti·thet·ic, an·ti·thet·i·cal** [ˌ~'θetɪk(l)] *adj* □ gegensätzlich.
ant·ler ['æntlə] *s* **1.** (Geweih)Sprosse *f*. **2.** *pl* Geweih *n*.
an·to·nym ['æntəʊnɪm] *s ling*. Antonym *n*.
a·nus ['eɪnəs] *s anat*. After *m*.
an·vil ['ænvɪl] *s* Amboß *m* (*a. anat*.).
anx·i·e·ty [æŋ'zaɪətɪ] *s* **1.** Angst *f*, Sorge *f* (**about, for** wegen, um). **2.** ⚕, *psych*. Beklemmung *f*: **~ dream** Angsttraum *m*. **3.** (starkes) Verlangen (**for** nach).
anx·ious ['æŋkʃəs] *adj* □ **1.** ängstlich; besorgt (**about, for** wegen, um). **2.** *fig*.

(*for, to inf*) begierig (auf *acc*, zu *inf*), (ängstlich) bedacht (auf *acc*, darauf zu *inf*), bestrebt (zu *inf*): ***I am very ~ to see him*** mir liegt (sehr) viel daran, ihn zu sehen.

an·y ['enɪ] **I** *adj* **1.** (*fragend, verneinend*) (irgend)ein(e), einige *pl*, etwas: ***not ~*** kein. **2.** (*bejahend*) jeder, jede, jedes (beliebige): ***at ~ time*** jederzeit; → ***case², rate*** 2. **II** *adv* **3.** irgend(wie), (noch) etwas: ***~ more?*** noch (etwas) mehr? **'~ˌbod·y** *pron* **1.** (irgend) jemand, irgendeine(r). **2.** jeder(mann): ***~ who*** jeder, der; wer; ***hardly ~*** kaum j-d, fast niemand; ***not ~*** niemand, keiner. **'~·how** *adv* **1.** irgendwie. **2.** jedenfalls. **'~·one** → ***anybody***. **'~·thing** *pron* **1.** (irgend) etwas: ***not ~*** (gar *od.* überhaupt) nichts; ***not for ~*** um keinen Preis; ***take ~ you like*** nimm, was du willst. **2.** alles: ***~ but*** alles andere als. **'~·way** → ***anyhow***. **'~·where** *adv* **1.** irgendwo(hin): ***not ~*** nirgendwo(hin); ***hardly ~*** fast nirgends. **2.** überall.

a·or·ta [eɪ'ɔːtə] *s anat.* Aorta *f*, Hauptschlagader *f*.

a·part [ə'pɑːt] *adv* **1.** einzeln, für sich: ***live ~*** getrennt leben; → ***take apart, tell*** 4. **2.** beiseite: → ***joking*** II.

a·part·heid [ə'pɑːtheɪt] *s pol.* Apartheid *f*.

a·part·ment [ə'pɑːtmənt] *s* **1.** *bsd. Am.* Wohnung *f*. **2.** *mst pl* Gemach *n*. **~ ho·tel** *s* Appartementhotel *n*. **~ house** *s Am.* Wohnhaus *n*.

ap·a·thet·ic [ˌæpə'θetɪk] *adj* (***~ally***) apathisch, teilnahmslos, gleichgültig. **'ap·a·thy** *s* Apathie *f*, Teilnahmslosigkeit *f*, Gleichgültigkeit *f* (***to*** gegenüber).

ape [eɪp] **I** *s zo.* (*bsd.* Menschen)Affe *m*. **II** *v/t* nachäffen.

a·pe·ri·ent [ə'pɪərɪənt] ⚕, *pharm.* **I** *s* Abführmittel *n*. **II** *adj* abführend.

ap·er·ture ['æpəˌtjʊə] *s* **1.** Öffnung *f*. **2.** *phot.* Blende *f*.

a·pex ['eɪpeks] *pl* **'a·pex·es, ap·i·ces** ['eɪpɪsiːz] *s* **1.** (*Kegel-, Lungen- etc-*) Spitze *f*. **2.** *fig.* Gipfel *m*, Höhepunkt *m*.

aph·o·rism ['æfərɪzəm] *s* Aphorismus *m*.

ap·i·ces ['eɪpɪsiːz] *pl von* ***apex***.

a·piece [ə'piːs] *adv* pro Stück; pro Kopf *od.* Person.

ap·ish ['eɪpɪʃ] *adj* □ äffisch.

a·poc·a·lypse [ə'pɒkəlɪps] *s* Enthüllung *f*, Offenbarung *f*.

a·pol·o·gize [ə'pɒlədʒaɪz] *v/i* sich entschuldigen (***for*** wegen; ***to*** bei). **a'pol·o·gy** *s* **1.** Entschuldigung *f*: ***in ~ for*** zur *od.* als Entschuldigung für; ***make*** (*od.* ***offer***) ***s.o. an ~*** sich bei j-m entschuldigen (***for*** für). **2.** F minderwertiger Ersatz (***for*** für): ***an ~ for a meal*** ein armseliges Essen.

ap·o·plec·tic [ˌæpəʊ'plektɪk] *adj*: ***~ stroke*** (*od.* ***fit***) → ***apoplexy***. **ap·o·plex·y** ['~pleksɪ] *s* ⚕ Schlaganfall *m*, Gehirnschlag *m*.

a·pos·tle [ə'pɒsl] *s eccl.* Apostel *m*.

a·pos·tro·phe [ə'pɒstrəfɪ] *s ling.* Apostroph *m*, Auslassungszeichen *n*. **a'pos·tro·phize** *v/t* apostrophieren.

ap·pal [ə'pɔːl] *v/t* erschrecken, entsetzen: ***be ~led*** entsetzt sein (***at*** über *acc*). **ap'pal·ling** *adj* □ erschreckend, entsetzlich.

ap·pa·ra·tus [ˌæpə'reɪtəs] *pl* **-tus, -tus·es** *s* Apparat *m*, Gerät *n*, Vorrichtung *f*.

ap·par·el [ə'pærəl] *s* Kleidung *f*.

ap·par·ent [ə'pærənt] *adj* □ **1.** augenscheinlich, offenbar, -sichtlich: ***be ~ from*** hervorgehen aus; ***with no ~ reason*** ohne ersichtlichen Grund. **2.** anscheinend; scheinbar.

ap·pa·ri·tion [ˌæpə'rɪʃn] *s* Erscheinung *f*, Gespenst *n*, Geist *m*.

ap·peal [ə'piːl] **I** *v/i* **1.** ⚖ Berufung *od.* Revision einlegen, *a. allg.* Einspruch erheben, Beschwerde einlegen (***against***, ⚖ *mst* ***from*** gegen; ***to*** bei). **2.** appellieren, sich wenden (***to*** an *acc*). **3.** sich berufen (***to*** auf *acc*). **4.** (***to***) Anklang finden (bei), gefallen, zusagen (*dat*), reizen (*acc*). **5.** ***~ to*** *j-n* dringend bitten (***for*** um). **II** *s* **6.** ⚖ Berufung *f*, Revision *f*: ***file*** (*od.* ***lodge***) ***an ~*** → 1. **7.** Appell *m* (***to*** an *acc*). **8.** Berufung *f* (***to*** auf *acc*). **9.** dringende Bitte (***to*** an *acc*; ***for*** um). **10.** (***to***) Anziehung(skraft) *f*, Zugkraft *f*, Wirkung *f* (auf *acc*), Anklang *m* (bei). **ap'peal·ing** *adj* □ **1.** bittend, flehend. **2.** reizvoll, gefällig, ansprechend.

ap·pear [ə'pɪə] *v/i* **1.** erscheinen (*a. vor Gericht*), (*von Büchern etc a.*) herauskommen: ***~ in public*** sich in der Öffentlichkeit zeigen; ***~ on television*** im

Fernsehen auftreten. **2.** scheinen, aussehen, *j-m* vorkommen: ***it ~s to me*** *you are right* mir scheint; ***he ~ed calm*** er war äußerlich ruhig. **ap'pear·ance** *s* **1.** Erscheinen *n*: ***public ~*** Auftreten *n* in der Öffentlichkeit; ***make an ~ on television*** im Fernsehen auftreten. **2.** (äußere) Erscheinung, Aussehen *n*, *das* Äußere: ***have an unhealthy ~*** ungesund aussehen. **3.** *mst pl* (An)Schein *m*: ***to all ~(s)*** allem Anschein nach; ***there is every ~ that*** es hat ganz den Anschein, als ob; ***~s are deceptive*** der Schein trügt; ***keep up*** (*od.* ***save***) ***~s*** den Schein wahren.

ap·pease [ə'pi:z] *v/t* besänftigen, beschwichtigen; *Durst etc* stillen, *Neugier* befriedigen. **ap'pease·ment** *s* Besänftigung *f*, Beschwichtigung *f*: (***policy of***) ***~*** Beschwichtigungspolitik *f*.

ap·pend [ə'pend] *v/t* (***to***) **1.** befestigen, anbringen (an *dat*), anheften (an *acc*). **2.** bei-, hinzufügen (*dat*). **ap'pend·age** *s* Anhang *m*; Anhängsel *n*. **ap·pen·dec·to·my** [ˌæpen'dektəmɪ] *s* ⚕ Blinddarmoperation *f*. **ap·pen·di·ci·tis** [əˌpendɪ'saɪtɪs] *s* ⚕ Blinddarmentzündung *f*. **ap·pen·dix** [ə'pendɪks] *pl* **-dix·es, -di·ces** [~dɪsi:z] *s* **1.** Anhang *m* (*e-s Buchs*). **2.** (***vermiform***) ***~*** *anat.* Wurmfortsatz *m*, Blinddarm *m*.

ap·per·tain [ˌæpə'teɪn] *v/i* gehören (***to*** zu).

ap·pe·tite ['æpɪtaɪt] *s* **1.** Appetit *m* (***for*** auf *acc*): ***give s.o. an ~*** j-m Appetit machen; ***have an ~*** Appetit haben; ***take away*** (*od.* ***spoil***) ***s.o.'s ~*** j-m den Appetit nehmen *od.* verderben. **2.** (***for***) Verlangen *n* (nach), Lust *f* (zu). **ap·pe·tiz·er** ['~taɪzə] *s* appetitanregendes Mittel *od.* Getränk *od.* Gericht. **'ap·pe·tiz·ing** *adj* □ appetitanregend; appetitlich, lecker (*beide a. fig.*).

ap·plaud [ə'plɔ:d] *v/i u. v/t* applaudieren (*dat*), Beifall spenden (*dat*). **ap·plause** [ə'plɔ:z] *s* Applaus *m*, Beifall *m*.

ap·ple ['æpl] *s* Apfel *m*: ***~ of discord*** *fig.* Zankapfel *m*; ***the ~ of s.o.'s eye*** *fig.* j-s Liebling. **'~·cart** *s* Apfelkarren *m*: ***upset s.o.'s ~*** *fig.* j-s Pläne über den Haufen werfen. **'~·jack** *s Am.* Apfelschnaps *m*. **~ pie** *s* gedeckter Apfelkuchen. **'~-pie or·der** *s*: ***in ~*** F in Butter, in bester Ordnung. **'~-ˌpol·ish** *v/i Am.* F radfahren. **~ pol·ish·er** *s Am.* F Radfahrer *m*, Speichellecker *m*. **ˌ~'sauce** *s* **1.** Apfelmus *n*. **2.** *Am. sl.* Schmus *m*; Quatsch *m*. **~ tree** *s* Apfelbaum *m*.

ap·pli·ance [ə'plaɪəns] *s* Gerät *n*; *engS.* (elektrisches) Haushaltsgerät.

ap·pli·ca·ble ['æplɪkəbl] *adj* □ (***to***) anwendbar (auf *acc*), passend (für): ***be ~*** (***to***) → ***apply*** 4; ***not ~*** (*in Formularen*) nicht zutreffend. **'ap·pli·cant** *s* Bewerber(in) (***for*** um); Antragsteller(in). **ˌap·pli'ca·tion** *s* **1.** (***to***) Anwendung *f* (auf *acc*); Anwendbarkeit *f* (auf *acc*): ***have no ~*** (***to***) nicht zutreffen (auf *acc*), in keinem Zs.-hang stehen (mit). **2.** (***for***) Gesuch *n* (um), Antrag *m* (auf *acc*): ***on ~*** auf Ersuchen *od.* Verlangen *od.* Wunsch. **3.** Bewerbung *f* (***for*** um): (***letter of***) ***~*** Bewerbungsschreiben *n*.

ap·plied [ə'plaɪd] *adj* angewandt: ***~ linguistics*** (***psychology,*** *etc*).

ap·ply [ə'plaɪ] **I** *v/t* **1.** (***to***) auflegen, -tragen (auf *acc*), anbringen (an, auf *dat*). **2.** (***to***) verwenden (auf *acc*, für); anwenden (auf *acc*); betätigen: ***~ the brakes*** bremsen. **3.** ***~ one's mind to*** sich beschäftigen mit; ***~ o.s. to*** sich widmen (*dat*). **II** *v/i* **4.** (***to***) zutreffen (auf *acc*), gelten (für). **5.** (***for***) beantragen (*acc*), nachsuchen (um). **6.** sich bewerben (***for*** um).

ap·point [ə'pɔɪnt] *v/t* **1.** ernennen *od.* berufen zu: ***~ s.o. one's heir*** j-n als Erben einsetzen. **2.** festsetzen, bestimmen. **3.** ausstatten, einrichten (***with*** mit). **ap'point·ment** *s* **1.** Ernennung *f*, Berufung *f*. **2.** Amt *n*, Stellung *f*: ***hold an ~*** e-e Stelle innehaben. **3.** Festsetzung *f*, Bestimmung *f*. **4.** Verabredung *f*, (*geschäftlich, beim Arzt etc*) Termin *m*: ***by ~*** nach Verabredung; ***make an ~*** e-e Verabredung treffen, e-n Termin ausmachen; ***~ book*** Terminkalender *m*. **5.** *mst pl* Ausstattung *f*, Einrichtung *f*.

ap·por·tion [ə'pɔ:ʃn] *v/t* **1.** zuteilen (***to*** *dat*). **2.** (proportional *od.* gerecht) verteilen; *Kosten* umlegen.

ap·po·site ['æpəʊzɪt] *adj* □ passend, angemessen, (*Antwort etc*) treffend.

ap·po·si·tion [ˌæpəʊ'zɪʃn] *s* Beifügung *f*, *ling. a.* Apposition *f*.

ap·prais·al [ə'preɪzl] *s* (Ab)Schätzung *f*, Taxierung *f*. **ap'praise** *v/t* (ab)schätzen, taxieren: ***~d value*** Schätzwert *m*.

ap·pre·ci·a·ble [əˈpriːʃəbl] *adj* □ merklich, spürbar. **apˈpre·ci·ate** [~ʃɪeɪt] **I** *v/t* **1.** (hoch)schätzen, würdigen, zu schätzen *od.* zu würdigen wissen. **2.** Gefallen finden an (*dat*); Sinn haben für. **3.** dankbar sein für. **4.** (richtig) beurteilen *od.* einschätzen. **II** *v/i* **5.** im Wert steigen. **apˌpre·ciˈa·tion** *s* **1.** Würdigung *f.* **2.** Sinn *m* (***of, for*** für). **3.** Dankbarkeit *f* (***of*** für). **4.** (richtige) Beurteilung. **ap·pre·ci·a·tive** [əˈpriːʃjətɪv] *adj* □ würdigend: ***be ~ of*** → ***appreciate*** I.

ap·pre·hend [ˌæprɪˈhend] *v/t* **1.** festnehmen, verhaften. **2.** *fig.* begreifen, erfassen. **3.** *fig.* (be)fürchten. **ˌap·preˈhen·sion** *s* **1.** Festnahme *f*, Verhaftung *f.* **2.** *fig.* Begreifen *n*, Erfassen *n*; Fassungskraft *f.* **3.** *fig.* Besorgnis *f*, *oft pl* Befürchtung *f.* **ˌap·preˈhen·sive** *adj* □ besorgt (***for*** um; ***that*** daß): ***be ~*** Bedenken hegen.

ap·pren·tice [əˈprentɪs] **I** *s* Auszubildende *m, f*, Lehrling *m.* **II** *v/t* in die Lehre geben (***to*** bei, zu): ***be ~d to*** in der Lehre sein bei. **apˈpren·tice·ship** *s* Lehrzeit *f*; Lehre *f.*

ap·pro [ˈæprəʊ] *s*: ***on ~*** ✝ F zur Ansicht, zur Probe.

ap·proach [əˈprəʊtʃ] **I** *v/i* **1.** sich nähern, (heran)nahen. **II** *v/t* **2.** sich nähern (*dat*). **3.** *fig.* nahekommen (*dat*), (fast) erreichen. **4.** herangehen an (*acc*), *Aufgabe etc* anpacken. **5.** an *j-n* herantreten, sich an *j-n* wenden; *bsd. b.s.* sich an *j-n* heranmachen. **III** *s* **6.** (Heran)Nahen *n*, Annäherung *f* (*a. fig.* ***to*** an *acc*), ✈ Anflug *m.* **7.** Zugang *m*: ***~ (road)*** Zufahrtsstraße *f.* **8.** *fig.* (***to***) erster Schritt (zu), (erster) Versuch (*gen*). **9.** Herantreten *n* (***to*** an *acc*), *mst pl* Annäherungsversuch *m*: ***make ~es to*** → ***approach*** 5. **10.** Methode *f*, Verfahren *n*; Einstellung *f* (***to*** zu); Behandlung *f* (***to*** *e-s Themas etc*). **apˈproach·a·ble** *adj* zugänglich (*a. fig.*).

ap·pro·ba·tion [ˌæprəʊˈbeɪʃn] *s* (amtliche) Billigung, Genehmigung *f.*

ap·pro·pri·ate I *adj* [əˈprəʊprɪət] **1.** (***to, for***) passend (zu), geeignet (für, zu). **II** *v/t* [~eɪt] **2.** *bsd. parl. Geld* bewilligen, bereitstellen. **3.** sich *et.* aneignen. **apˌpro·priˈa·tion** [~prɪˈeɪʃn] *s* **1.** Bewilligung *f*, Bereitstellung *f.* **2.** Aneignung *f.*

ap·prov·al [əˈpruːvl] *s* **1.** Billigung *f*, Genehmigung *f*: ***on ~*** ✝ zur Ansicht, zur Probe. **2.** Anerkennung *f*, Beifall *m*: ***meet with ~*** Beifall finden. **apˈprove I** *v/t* billigen, genehmigen. **II** *v/i* (***of***) billigen, genehmigen (*acc*), einverstanden sein (mit), zustimmen (*dat*).

ap·prox·i·mate I *adj* [əˈprɒksɪmət] □ annähernd, ungefähr: ***~ value*** Näherungswert *m.* **II** *v/t* [~meɪt] sich (*e-m Wert etc*) nähern. **III** *v/i* [~meɪt] sich nähern (***to*** *dat*). **apˌprox·iˈma·tion** [~ˈmeɪʃn] *s* Annäherung *f* (***to*** an *acc*).

ap·pur·te·nance [əˈpɜːtɪnəns] *s mst pl* Zubehör *n*, Ausrüstung *f.*

a·pri·cot [ˈeɪprɪkɒt] *s* Aprikose *f.*

A·pril [ˈeɪprəl] *s* April *m*: ***in ~*** im April; ***make an ~ fool of s.o.*** j-n in den April schicken.

a·pron [ˈeɪprən] *s* **1.** Schürze *f.* **2.** ✈ (Hallen)Vorfeld *n.* **3.** *thea.* Vorbühne *f.* **~ strings** *s pl* Schürzenbänder *pl*: ***be tied to one's mother's (wife's) ~*** *fig.* an Mutters Schürzenzipfel hängen (unter dem Pantoffel stehen).

apt [æpt] *adj* □ **1.** passend, geeignet. **2.** treffend (*Bemerkung etc*). **3.** neigend, geneigt (***to do*** zu tun): ***he is ~ to believe it*** er wird es wahrscheinlich glauben; ***~ to be overlooked*** leicht zu übersehen. **4.** (***at***) geschickt (in *dat*), begabt (für). **ap·ti·tude** [ˈ~tɪtjuːd] *s* **1.** (***for***) Begabung *f* (für), Geschick *n* (in *dat*): ***~ test*** Eignungsprüfung *f.* **2.** Neigung *f*, Hang *m* (***for*** zu). **3.** Auffassungsgabe *f.*

aq·ua·ma·rine [ˌækwəməˈriːn] *s* **1.** *min.* Aquamarin *m.* **2.** Aquamarinblau *n.*

aq·ua·plan·ing [ˈækwəˌpleɪnɪŋ] *s mot.* Aquaplaning *n.*

aq·ua·relle [ˌækwəˈrel] *s* **1.** Aquarell *n.* **2.** Aquarellmalerei *f.* **ˌaq·uaˈrel·list** *s* Aquarellmaler(in).

a·quar·i·um [əˈkweərɪəm] *pl* **-i·ums, -i·a** [~ɪə] *s* Aquarium *n.*

A·quar·i·us [əˈkweərɪəs] *s ast.* Wassermann *m*: ***be (an) ~*** Wassermann sein.

a·quat·ic [əˈkwætɪk] *adj* Wasser...: ***~ plants***; ***~ sports*** *pl* Wassersport *m.*

aq·ue·duct [ˈækwɪdʌkt] *s* Aquädukt *m, a. n.*

a·que·ous [ˈeɪkwɪəs] *adj* wäßrig, wässerig.

aq·ui·cul·ture [ˈækwɪkʌltʃə] *s* Hydrokultur *f.*

aq·ui·line ['ækwɪlaɪn] *adj* Adler..., *weitS. a.* gebogen: **~ nose** Adlernase *f.*

Ar·ab ['ærəb] **I** *s* **1.** Araber(in). **2.** *zo.* Araber *m* (*Pferd*). **II** *adj* **3.** arabisch. **ar·a·besque** [ˌ~'besk] *s* Arabeske *f.* **A·ra·bi·an** [ə'reɪbjən] **I** *adj* arabisch: ***The ~ Nights*** Tausendundeine Nacht. **II** *s* → ***Arab*** I. **Ar·a·bic** ['ærəbɪk] **I** *adj* arabisch: **~ numeral** arabische Ziffer. **II** *s ling.* Arabisch *n.*

ar·a·ble ['ærəbl] *adj* pflügbar, anbaufähig: **~ land** Ackerland *n.*

ar·bi·ter ['ɑːbɪtə] *s* **1.** Schiedsrichter *m.* **2.** Gebieter *m* (**of** über *acc*): ***be the ~ of fashion*** die Mode bestimmen *od.* diktieren. **'ar·bi·trar·y** *adj* □ willkürlich: a) beliebig (*a.* ⚖), b) eigenmächtig. **ar·bi·trate** ['~treɪt] **I** *v/t* (als Schiedsrichter) entscheiden, schlichten. **II** *v/i* als Schiedsrichter fungieren. **ˌar·bi'tra·tion** *s* **1.** Schieds(gerichts)verfahren *n.* **2.** Schiedsspruch *m*; Schlichtung *f*: ***court of ~*** Schiedsgericht *n.*

ar·bo(u)r ['ɑːbə] *s* Laube *f.*

arc [ɑːk] *s* Bogen *m*, ⚖ *a.* Arkus *m*, ⚡ *a.* Lichtbogen.

ar·cade [ɑː'keɪd] *s* Arkade *f*, Bogen-, Laubengang *m.*

arch[1] [ɑːtʃ] **I** *s* **1.** ⚠ Bogen *m.* **2.** ⚠ überwölbter Gang, Gewölbe *n.* **3.** Bogen *m*, Wölbung *f*: **~ support** Senkfußeinlage *f.* **II** *v/t* **4.** *a.* **~ over** überwölben. **5.** wölben, krümmen: ***~ one's back*** e-n Buckel machen (*bsd. Katze*). **III** *v/i* **6.** sich wölben.

arch[2] [~] *adj* □ schalkhaft, schelmisch, spitzbübisch.

arch[3] [~] *adj* Erz...

ar·chae·o·log·i·cal [ˌɑːkɪə'lɒdʒɪkl] *adj* □ *bsd. Br.* archäologisch. **ar·chae·ol·o·gist** [ˌ~'ɒlədʒɪst] *s bsd. Br.* Archäologe *m.* **ˌar·chae'ol·o·gy** *s bsd. Br.* Archäologie *f.*

ar·cha·ic [ɑː'keɪɪk] *adj* (**~ally**) archaisch: a) altertümlich, b) *ling.* veraltet.

arch·an·gel ['ɑːkˌeɪndʒəl] *s* Erzengel *m.*

ˌarch'bish·op *s* Erzbischof *m.* **ˌarch'bish·op·ric** [~rɪk] *s* Erzbistum *n.*

ˌarch'duch·ess *s* Erzherzogin *f.* **ˌarch'duch·y** *s* Erzherzogtum *n.* **ˌarch'duke** *s* Erzherzog *m.*

ar·che·o·log·i·cal, *etc Am.* → ***archaeological,*** *etc.*

arch·er ['ɑːtʃə] *s* **1.** Bogenschütze *m.* **2.** ♐ *ast.* Schütze *m*: ***be (an)*** ♐ Schütze sein. **'arch·er·y** *s* Bogenschießen *n.*

ar·che·type ['ɑːkɪtaɪp] *s* Archetyp(us) *m*, Urform *f.*

ar·chi·pel·a·go [ˌɑːkɪ'pelɪgəʊ] *pl* **-go(e)s** *s* Archipel *m*, Inselgruppe *f.*

ar·chi·tect ['ɑːkɪtekt] *s* **1.** Architekt(in). **2.** *fig.* Urheber(in), Schöpfer(in). **ˌar·chi'tec·tu·ral** [~tʃərəl] *adj* □ architektonisch, Bau..., baulich. **'ar·chi·tec·ture** *s* Architektur *f*, *a.* Baustil *m.*

ar·chive ['ɑːkaɪv] *s mst pl* Archiv *n.* **ar·chi·vist** ['ɑːkɪvɪst] *s* Archivar(in).

'arch·way *s* ⚠ **1.** Bogengang *m.* **2.** Bogen *m* (*über e-m Tor etc*).

arc·tic ['ɑːktɪk] **I** *adj* arktisch, nördlich, Polar...: ♐ ***Circle*** nördlicher Polarkreis; ♐ ***Ocean*** Nördliches Eismeer. **II** *s* Arktis *f.*

ar·dent ['ɑːdənt] *adj* □ *fig.* **1.** heiß, feurig, glühend. **2.** leidenschaftlich, heftig. **3.** eifrig, begeistert. **ar·do(u)r** ['ɑːdə] *s* **1.** Leidenschaft *f*, Glut *f*, Feuer *n.* **2.** Eifer *m*, Begeisterung *f.*

ar·du·ous ['ɑːdjʊəs] *adj* □ schwierig, mühsam, anstrengend.

are [ɑː] *du* bist, *wir* (*od. sie od. Sie*) sind, *ihr* seid.

a·re·a ['eərɪə] *s* **1.** (Boden-, Grund)Fläche *f.* **2.** Gebiet *n* (*a. fig.*), Gegend *f*: ***~ code*** *teleph. Am.* Vorwahl(nummer) *f.* **3.** *fig.* Bereich *m.*

a·re·na [ə'riːnə] *s* Arena *f*, *fig. a.* Schauplatz *m.*

aren't [ɑːnt] F *für* ***are not.***

Ar·gen·tine ['ɑːdʒəntaɪn], **Ar·gen·tin·e·an** [ˌ~'tɪnɪən] **I** *adj* argentinisch. **II** *s* Argentinier(in).

ar·gu·a·ble ['ɑːgjʊəbl] *adj* □ **1.** zweifelhaft, fraglich. **2.** ***it is ~ that*** man kann durchaus die Meinung vertreten, daß.

ar·gue ['ɑːgjuː] **I** *v/i* **1.** argumentieren: **~ for** eintreten für; sprechen für (*Sache*); **~ against** Einwände machen gegen; sprechen gegen (*Sache*). **2.** streiten (**with** mit; **about** über *acc*): ***don't ~!*** keine Widerrede! **II** *v/t* **3.** erörtern, diskutieren. **4.** behaupten (**that** daß). **5.** *j-n* überreden (**into** zu): ***~ s.o. out of s.th.*** j-n von et. abbringen.

ar·gu·ment ['ɑːgjʊmənt] *s* **1.** Argument *n.* **2.** Erörterung *f*, Diskussion *f.* **3.** Streitfrage *f.* **4.** Wortwechsel *m*, Auseinandersetzung *f.* **ar·gu·men·ta·tion**

[ˌ~menˈteɪʃn] *s* **1.** Argumentation *f*, Beweisführung *f*. **2.** → ***argument*** 2.
ar·gu·men·ta·tive [ˌ~ˈmentətɪv] *adj* □ **1.** streitlustig. **2.** strittig, umstritten.
a·ri·a [ˈɑːrɪə] *s* ♪ Arie *f*.
ar·id [ˈærɪd] *adj* dürr, trocken (*a. fig.*). **aˈrid·i·ty** *s* Dürre *f*, Trockenheit *f*.
Ar·ies [ˈeəriːz] *s ast.* Widder *m*: ***be*** (***an***) ~ Widder sein.
a·rise [əˈraɪz] *v/i* (*irr*) **1.** (***from, out of***) entstehen, hervorgehen (aus), herrühren, stammen (von). **2.** entstehen, sich erheben, auftauchen. **a·ris·en** [əˈrɪzn] *pp von* ***arise***.
ar·is·toc·ra·cy [ˌærɪˈstɒkrəsɪ] *s* Aristokratie *f*. **a·ris·to·crat** [ˈ~təkræt] *s* Aristokrat(in). **ˌa·ris·toˈcrat·ic, ˌa·ris·toˈcrat·i·cal** *adj* □ aristokratisch.
a·rith·me·tic [əˈrɪθmətɪk] *s* Arithmetik *f*, Rechnen *n*.
ar·ith·met·ic, ar·ith·met·i·cal [ˌærɪθˈmetɪk(l)] *adj* □ arithmetisch, Rechen...
ark [ɑːk] *s*: ***Noah's*** ~ *Bibl.* die Arche Noah.
arm¹ [ɑːm] *s* **1.** Arm *m* (*a.* ⚙ *u. fig.*): ***with open ~s*** mit offenen Armen; ***within ~'s reach*** in Reichweite; ***the ~ of the law*** der Arm des Gesetzes; ***keep s.o. at ~'s length*** sich j-n vom Leibe halten; ***take s.o. in one's ~s*** j-n in die Arme nehmen. **2.** Fluß-, Meeresarm *m*. **3.** Ast *m*. **4.** Arm-, Seitenlehne *f* (*e-s Stuhls etc*). **5.** Ärmel *m*.
arm² [~] **I** *s* **1.** *mst pl* Waffe *f* (*a. fig.*): ***up in ~s*** kampfbereit; *fig.* in hellem Zorn (***about, over*** wegen); ***take up ~s*** zu den Waffen greifen; ***~s control*** Rüstungskontrolle *f*; ***~s dealer*** Waffenhändler *m*; ***~s race*** Wettrüsten *n*, Rüstungswettlauf *m*. **2.** ⚔ Waffen-, Truppengattung *f*. **3.** *pl* Wappen(schild) *n*. **II** *v/t* **4.** bewaffnen. **5.** ~ ***o.s.*** *fig.* sich wappnen (***with*** mit).
ar·ma·da [ɑːˈmɑːdə] *s* (*hist.* ♎) Armada *f*.
ar·ma·ment [ˈɑːməmənt] *s* **1.** Kriegsstärke *f*. **2.** Bewaffnung *f*. **3.** Rüstung *f*: ~ ***race*** Wettrüsten *n*, Rüstungswettlauf *m*. **ar·ma·ture** [ˈ~ˌtjʊə] *s* ⚡ Anker *m*.
ˈarm·chair *s* Lehnstuhl *m*: ~ ***politician*** Stammtischpolitiker *m*.
armed [ɑːmd] *adj* bewaffnet (***to the teeth*** bis an die Zähne): ~ ***conflict*** bewaffnete Auseinandersetzung; ~ ***forces*** *pl* Streitkräfte *pl*; ~ ***robbery*** bewaffneter Raubüberfall.
...-armed [ɑːmd] ...armig, mit ... Armen.
arm·ful [ˈɑːmfʊl] *s* Armvoll *m*.
ar·mi·stice [ˈɑːmɪstɪs] *s* Waffenstillstand *m*.
ar·mor, *etc Am.* → ***armour,*** *etc.*
ar·mo·ri·al [ɑːˈmɔːrɪəl] *adj* Wappen...
ar·mour [ˈɑːmə] *bsd. Br.* **I** *s* **1.** Rüstung *f*, Panzer *m* (*a. zo.*). **2.** ⚔ Panzer(fahrzeuge) *pl*; Panzertruppen *pl*. **II** *v/t* **3.** panzern: ***~ed car*** ⚔ Panzerkampfwagen *m*; gepanzertes Fahrzeug (*für Geldtransporte etc*). **ˈ~-clad, ˈ~-ˌplat·ed** *adj bsd. Br.* gepanzert, Panzer...
ar·mour·y [ˈɑːmərɪ] *s bsd. Br.* Waffenfabrik *f*.
ˈarm|·pit *s* Achselhöhle *f*. **ˈ~·rest** *s* Armlehne *f*.
ar·my [ˈɑːmɪ] *s* Armee *f*, Heer *n* (*a. fig.*): ***be in the ~*** beim Militär sein; ***join the ~*** Soldat werden.
a·ro·ma [əˈrəʊmə] *s* Aroma *n*. **ar·o·mat·ic** [ˌærəʊˈmætɪk] *adj* (***~ally***) aromatisch.
a·rose [əˈrəʊz] *pret von* ***arise***.
a·round [əˈraʊnd] **I** *adv* **1.** (rings)herum, überall(hin), nach *od.* auf allen Seiten. **2.** umher, (in der Gegend) herum: ***look*** ~ sich umsehen; zurückschauen. **3.** F in der Nähe, da. **II** *prp* **4.** um (... herum), rund um. **5.** in (*dat*) ... herum. **6.** F ungefähr, etwa. **7.** F (nahe) bei.
a·rouse [əˈraʊz] *v/t* **1.** (auf)wecken. **2.** *fig.* auf-, wachrütteln, *Gefühle etc* wachrufen, erregen.
ar·range [əˈreɪndʒ] **I** *v/t* **1.** (an)ordnen, aufstellen; *Angelegenheiten* ordnen, regeln. **2.** festsetzen, -legen. **3.** in die Wege leiten, arrangieren. **4.** verabreden, vereinbaren. **5.** *Streit* schlichten, beilegen. **6.** ♪ arrangieren, *a. thea. etc* bearbeiten. **II** *v/i* **7.** sich verständigen (***with*** mit; ***about*** über *acc*). **8.** Vorkehrungen treffen (***for, about*** für; ***to*** *inf* zu *inf*): ~ ***for s.th. to be there*** dafür sorgen, daß et. da ist. **arˈrange·ment** *s* **1.** (An)Ordnung *f*. **2.** Festsetzung *f*. **3.** Verabredung *f*, Vereinbarung *f*: ***make an*** ~ e-e Verabredung treffen (***with*** mit). **4.** Schlichtung *f*, Beilegung *f*. **5.** ♪ Arrangement *n*, *a. thea. etc* Bearbeitung *f*. **6.** *pl* Vorkehrungen *pl*: ***make ~s*** Vorkehrungen treffen.

ar·ray [ə'reɪ] **I** *v/t* **1.** *Truppen etc* aufstellen. **2.** (***o.s.*** sich) kleiden, (heraus)putzen. **II** *s* **3.** ⚔ Schlachtordnung *f.* **4.** *fig.* Phalanx *f*, (stattliche) Reihe. **5.** Kleidung *f*, Staat *m.*

ar·rear [ə'rɪə] *s mst pl* Rückstand *m*, -stände *pl*: ***~s of rent*** rückständige Miete; ***~s of work*** Arbeitsrückstände; ***be in ~s*** im Rückstand *od.* Verzug sein (***for, in*** mit).

ar·rest [ə'rest] **I** *s* **1.** Verhaftung *f*, Festnahme *f*; Haft *f*: ***be under ~*** verhaftet sein; in Haft sein; → ***warrant*** 2. **II** *v/t* **2.** an-, aufhalten, hemmen. **3.** *Aufmerksamkeit etc* fesseln. **4.** verhaften, festnehmen.

ar·riv·al [ə'raɪvl] *s* **1.** Ankunft *f*: ***'~s'*** *pl* ‚Ankunft' (*Fahrplan etc*). **2.** Erscheinen *n*, Auftauchen *n*. **3.** Ankömmling *m*: ***new ~*** Neuankömmling, F *a.* Familienzuwachs *m.* **ar·rive** [ə'raɪv] *v/i* **1.** (an)kommen, eintreffen. **2.** erscheinen, auftauchen. **3.** *fig.* (***at***) erreichen (*acc*), kommen *od.* gelangen (zu).

ar·ro·gance ['ærəgəns] *s* Arroganz *f*, Überheblichkeit *f.* **'ar·ro·gant** *adj* □ arrogant, überheblich.

ar·row ['ærəʊ] *s* Pfeil *m.* **'~·head** *s* Pfeilspitze *f.*

arse [ɑːs] *s Br.* V Arsch *m* (*a. fig. contp.*). **'~·hole** *s Br.* V Arschloch *n* (*a. fig. contp.*).

ar·se·nal ['ɑːsənl] *s* **1.** Arsenal *n* (*a. fig.*). **2.** Waffen-, Munitionsfabrik *f.*

ar·se·nic ['ɑːsnɪk] *s* ⚗ Arsen *n.*

ar·son ['ɑːsn] *s* ⚖ Brandstiftung *f.*

art [ɑːt] **I** *s* **1.** (*bsd.* bildende) Kunst: ***work of ~*** Kunstwerk *n*; → ***fine***[1] 1. **2.** Kunst(fertigkeit) *f*: ***the ~ of cooking*** die hohe Schule des Kochens; ***~s and crafts*** *pl* Kunstgewerbe *n.* **3.** *pl univ.* Geisteswissenschaften *pl*: ***Faculty of 2s***, *Am.* ***2s Department*** philosophische Fakultät; → ***bachelor*** 2, ***master*** 5. **4.** *mst pl* Kniff *m*, Trick *m.* **II** *adj* **5.** Kunst...: ***~ critic***; ***~ gallery*** Gemäldegalerie *f.*

ar·te·ri·al [ɑː'tɪərɪəl] *adj* **1.** *anat.* arteriell, Arterien... **2.** ***~ road***, *Am. a.* ***~ highway*** Hauptverkehrsstraße *f.*

ar·te·ri·o·scle·ro·sis [ɑːˌtɪərɪəʊsklɪə'rəʊsɪs] *s* ⚕ Arteriosklerose *f*, Arterienverkalkung *f.* **ar·ter·y** ['ɑːtərɪ] *s* **1.** *anat.* Arterie *f*, Schlagader *f.* **2.** *fig.* (Haupt)Verkehrsader *f.*

ar·te·sian well [ɑː'tiːzjən] *s* Artesischer Brunnen *m.*

art·ful ['ɑːtfʊl] *adj* □ schlau, listig.

ar·thrit·ic [ɑː'θrɪtɪk] *adj* ⚕ arthritisch. **ar·thri·tis** [ɑː'θraɪtɪs] *s* Arthritis *f*, Gelenkentzündung *f.*

ar·ti·choke ['ɑːtɪtʃəʊk] *s* ♣ Artischocke *f.*

ar·ti·cle ['ɑːtɪkl] **I** *s* **1.** (*Zeitungs- etc*)Artikel *m.* **2.** Artikel *m*, Gegenstand *m.* **3.** *ling.* Artikel *m*, Geschlechtswort *n.* **4.** Artikel *m*, Paragraph *m*, Abschnitt *m* (*e-s Gesetzes etc*); Punkt *m*, Klausel *f* (*e-s Vertrags etc*): ***~s*** *pl* ***of apprenticeship*** Lehrvertrag *m*; ***~s*** *pl* ***of association*** (*Am.* ***incorporation***) Satzung *f* (*e-r Aktiengesellschaft*). **II** *v/t* **5.** in die Lehre geben (***to*** bei, zu): ***be ~d to*** in der Lehre sein bei.

ar·tic·u·late I *v/t* [ɑː'tɪkjʊleɪt] **1.** artikulieren, deutlich (aus)sprechen. **2.** äußern; zur Sprache bringen. **3.** ⚙ durch Gelenke verbinden. **II** *adj* [~lət] □ **4.** deutlich ausgesprochen, verständlich (*Wörter etc*). **5.** fähig, sich klar auszudrücken. **ar'tic·u·lat·ed** [~leɪtɪd] *adj* ⚙ Gelenk...: ***~ lorry*** *mot. Br.* Sattelschlepper *m.* **arˌtic·u'la·tion** *s* **1.** Artikulation *f*, deutliche Aussprache. **2.** ⚙ Gelenk(verbindung *f*) *n.*

ar·ti·fice ['ɑːtɪfɪs] *s* **1.** List *f.* **2.** Kunstgriff *m*, Kniff *m.* **ar·ti·fi·cial** [ˌ~'fɪʃl] *adj* □ Kunst..., künstlich: ***~ flower*** (***insemination, respiration***, *etc*) künstliche Blume (Befruchtung, Beatmung *etc*); ***~ person*** juristische Person; ***~ silk*** Kunstseide *f*; ***~ tears*** *pl* falsche Tränen *pl.*

ar·til·ler·y [ɑː'tɪlərɪ] *s* Artillerie *f.* **ar'til·ler·y·man** [~mən] *s* (*irr* ***man***) Artillerist *m.*

ar·ti·san [ˌɑːtɪ'zæn] *s* (Kunst)Handwerker *m.*

art·ist ['ɑːtɪst], **ar·tiste** [ɑː'tiːst] *s* Künstler(in), *weitS. a.* Könner(in). **ar·tis·tic, ar·tis·ti·cal** [ɑː'tɪstɪk(l)] *adj* □ **1.** künstlerisch, Künstler..., Kunst... **2.** kunstverständig.

art·less ['ɑːtlɪs] *adj* □ **1.** aufrichtig, arglos. **2.** naiv.

art·y ['ɑːtɪ] *adj* F künstlerisch aufgemacht. **ˌ~(-and)-'craft·y** *adj* F gewollt künstlerisch.

Ar•y•an ['eərɪən] **I** *adj* arisch. **II** *s* Arier(in).

as [æz] **I** *adv* **1.** (eben-, gerade)so: *I ran ~ **fast ~ I could*** so schnell ich konnte; ***just ~ good*** ebenso gut; ***twice ~ large*** zweimal so groß; ***~ well*** ebenfalls, auch; → ***much*** 2. **2.** wie (z. B.): ***statesmen, ~ Churchill.*** **II** *cj* **3.** (so) wie: ***~ follows*** wie folgt; ***~ requested*** wunschgemäß; ***~ ... ~*** (eben)so ... wie; **(~) *soft ~ butter*** butterweich; **(~) *happy ~ can be*** überglücklich; ***~ far ~ I know*** soviel ich weiß; ***~ it were*** sozusagen, gleichsam; → ***good*** 5, ***long***[1]7, ***soon, though*** 3, ***word*** 1. **4.** als, während: ***~ he entered*** als er eintrat, bei s-m Eintritt. **5.** da, weil: ***~ you are sorry, I'll forgive you.*** **6.** ***~ for*** (*od.* ***to***) was ... (an)betrifft; ***~ from*** (*vor Zeitangaben*) von ... an, ab; → ***against*** 4, ***per*** 3, ***yet*** 2. **III** *pron* **7.** was, wie: ***~ he himself admits.*** **IV** *prp* **8.** als: ***appear ~ Hamlet*** als Hamlet auftreten.

as•bes•tos [æs'bestɒs] *s* Asbest *m.*

as•cend [ə'send] **I** *v/i* **1.** (auf)steigen. **2.** ansteigen. **II** *v/t* **3.** *a. fig. den Thron* besteigen. **as'cend•an•cy** *s* Übergewicht *n*, Überlegenheit *f* (***over*** über *acc*). **as'cend•ant I** *s* **1.** *ast.* Aszendent *m*, Aufgangspunkt *m*: ***in the ~*** *fig.* im Aufstieg *od.* Kommen. **II** *adj* **2.** (auf)steigend. **3.** überlegen (***over*** *dat*). **as'cend•en•cy, as'cend•ent** → ***ascendancy, ascendant.***

as•cen•sion [ə'senʃn] *s* **1.** Aufsteigen *n.* **2.** ***the*** ♀ Christi Himmelfahrt *f*; ♀ ***Day*** Himmelfahrtstag *m.*

as•cent [ə'sent] *s* **1.** Aufstieg *m.* **2.** Besteigung *f.* **3.** Steigung *f*, Gefälle *n.*

as•cer•tain [ˌæsə'teɪn] *v/t* ermitteln, feststellen, in Erfahrung bringen. **ˌas•cer'tain•a•ble** *adj* feststellbar. **ˌas•cer'tain•ment** *s* Ermittlung *f*, Feststellung *f.*

as•cet•ic [ə'setɪk] **I** *adj* (***~ally***) asketisch. **II** *s* Asket(in). **as'cet•i•cism** [~tɪsɪzəm] *s* Askese *f.*

as•cor•bic ac•id [ə'skɔːbɪk] *s* ⚗ Ascorbinsäure *f*, Vitamin *n* C.

as•crib•a•ble [ə'skraɪbəbl] *adj* zuzuschreiben(d). **as'cribe** *v/t* (***to***) **1.** zurückführen (auf *acc*), zuschreiben (*dat*). **2.** zuschreiben, beimessen (*dat*).

a•sep•tic [ˌeɪ'septɪk] *adj* (***~ally***) aseptisch, keimfrei.

a•sex•u•al [ˌeɪ'sekʃʊəl] *adj* □ *biol.* geschlechtslos.

ash[1] [æʃ] *s* **1.** ♣ Esche *f.* **2.** Eschenholz *n.*

ash[2] [~] *s* **1.** *mst pl* Asche *f*: ***burn to*** (*od.* ***lay in***) ***~es*** einäschern, niederbrennen. **2.** *pl* Asche *f*, (sterbliche) Überreste *pl.*

a•shamed [ə'ʃeɪmd] *adj* beschämt: ***be*** (*od.* ***feel***) ***~ of*** sich *e-r Sache od. j-s* schämen; ***be ~ of o.s.*** sich schämen; ***be*** (*od.* ***feel***) ***~ to do*** (*od.* ***of doing***) ***s.th.*** sich schämen, et. zu tun.

ash| bin, ~ can *s Am.* **1.** Abfall-, Mülleimer *m.* **2.** Abfall-, Mülltonne *f.*

ash•en[1] ['æʃn] *adj* eschen, aus Eschenholz.

ash•en[2] [~] *adj* **1.** Aschen... **2.** aschfarben. **3.** aschgrau, -fahl.

a•shore [ə'ʃɔː] *adv u. adj* am *od.* ans Ufer: ***go ~*** an Land gehen.

'ash|•pan *s* Asche(n)kasten *m.* **'~•tray** *s* Aschenbecher *m.* ♀ **Wednes•day** *s* Aschermittwoch *m.*

ash•y ['æʃɪ] *adj* **1.** Aschen... **2.** mit Asche bedeckt. **3.** → ***ashen***[2] 2, 3.

A•sian ['eɪʃn], **A•si•at•ic** [ˌeɪʃɪ'ætɪk] **I** *adj* asiatisch. **II** *s* Asiat(in).

a•side [ə'saɪd] **I** *adv* **1.** beiseite, auf die Seite: ***step ~*** zur Seite treten. **2.** ***~ from*** *bsd. Am.* abgesehen von. **II** *s* **3.** *thea.* Aparte *n.*

as•i•nine ['æsɪnaɪn] *adj* **1.** Esels... **2.** *fig.* eselhaft, dumm.

ask [ɑːsk] **I** *v/t* **1.** *j-n* fragen. **2.** *j-n* fragen nach, sich bei *j-m* nach *et.* erkundigen: ***~ s.o. the way; ~ s.o. a question*** j-m e-e Frage stellen, j-n et. fragen. **3.** bitten um, *et.* erbitten: ***~ advice;*** → ***favo(u)r*** 4. **4.** *j-n* bitten, fragen (***for*** um): ***~ s.o. for advice.*** **5.** einladen; bitten: ***~ s.o. to dinner*** j-n zum Essen einladen; ***~ s.o. in*** j-n hereinbitten; ***~ s.o. out*** j-n ausführen. **6.** verlangen, fordern (***of*** von): ***~ a high price for s.th.; that is ~ing too much*** das ist zuviel verlangt. **II** *v/i* **7.** fragen, sich erkundigen (***for, about, after*** nach): ***~ for s.o.*** *a.* j-n *od.* nach j-m verlangen, j-n zu sprechen wünschen; ***~ around*** herumfragen, sich umhören. **8.** bitten (***for*** um): ***he ~ed for it*** (*od.* ***trouble***) F er wollte es ja so haben.

a•skance [ə'skæns] *adv*: ***look ~ at s.o.*** j-n von der Seite ansehen; *fig.* j-n schief *od.* mißtrauisch ansehen.

a•skew [ə'skjuː] *adv* **1.** schief: ***go ~*** *fig.*

schiefgehen. **2.** ***look ~ at s.o.*** j-n verächtlich ansehen.

ask·ing ['ɑːskɪŋ] *s* Fragen *n*, Bitten *n*: ***to be had for the ~*** umsonst *od.* leicht zu haben sein.

a·slant [ə'slɑːnt] **I** *adv u. adj* schräg, quer. **II** *prp* quer über (*acc*) *od.* durch.

a·sleep [ə'sliːp] *adv u. adj* schlafend, (*Fuß etc*) eingeschlafen: ***be ~*** schlafen; ***drop*** (*od.* ***fall***) ***~*** einschlafen.

as·par·a·gus [ə'spærəgəs] *s* ♀ Spargel *m*: ***~ tips*** *pl* Spargelspitzen *pl.*

as·pect ['æspekt] *s* **1.** Aussehen *n*, Erscheinung *f.* **2.** Aspekt *m* (*a. ling.*), Seite *f*, Gesichtspunkt *m.* **3.** Beziehung *f*, Hinsicht *f.*

as·pen ['æspən] *s* ♀ Espe *f*: ***tremble like an ~ leaf*** wie Espenlaub zittern.

as·per·i·ty [æ'sperətɪ] *s* **1.** Rauheit *f* (*a. fig.*), Unebenheit *f.* **2.** *fig.* Schärfe *f*, Schroffheit *f.*

as·perse [ə'spɜːs] *v/t* verleumden. **as'per·sion** *s* Verleumdung *f*: ***cast ~s on*** verleumden.

as·phalt ['æsfælt] **I** *s* Asphalt *m.* **II** *v/t* asphaltieren.

as·phyx·i·a [əs'fɪksɪə] *s* ⚕ Erstickung(stod *m*) *f.* **as'phyx·i·ate** [~eɪt] *v/t u. v/i* ersticken: ***be ~d*** ersticken. **as͵phyx·i'a·tion** *s* Erstickung *f.*

as·pic ['æspɪk] *s* Aspik *m*, Gelee *n.*

as·pir·ant [ə'spaɪərənt] *s* (***to, after, for***) Bewerber(in) (um *acc*), Anwärter(in) (auf *acc*). **as·pi·ra·tion** [͵æspə'reɪʃn] *s* Streben *n*, Bestrebung *f* (***for, after*** nach). **as·pire** [ə'spaɪə] *v/i* streben, trachten (***to, after*** nach): ***~ to*** (*od.* ***after***) ***s.th.*** *a.* et. erstreben.

as·pi·rin ['æspərɪn] *s pharm.* Aspirin *n.*

as·pir·ing [ə'spaɪərɪŋ] *adj* □ **1.** ehrgeizig, strebsam. **2.** auf-, emporstrebend.

ass[1] [æs] *s zo.* Esel *m* (*a. fig.*): ***make an ~ of o.s.*** sich lächerlich machen *od.* blamieren.

ass[2] [~], **'~·hole** *Am.* V → ***arse, arsehole.***

as·sail [ə'seɪl] *v/t* **1.** angreifen. **2.** *fig.* bestürmen (***with*** mit *Fragen etc*): ***~ed by fear*** von Furcht gepackt. **3.** *Aufgabe etc* in Angriff nehmen. **as'sail·a·ble** *adj* angreifbar. **as'sail·ant** *s* Angreifer *m.*

as·sas·sin [ə'sæsɪn] *s* (*bsd.* politischer) Mörder, Attentäter *m.* **as'sas·si·nate** [~neɪt] *v/t bsd. pol.* ermorden: ***be ~d*** e-m Attentat zum Opfer fallen. **as͵sas·si'na·tion** *s* (***of***) (*bsd.* politischer) Mord, Ermordung *f* (*gen*), Attentat *n* (auf *acc*).

as·sault [ə'sɔːlt] **I** *s* **1.** Angriff *m* (***on*** auf *acc*) (*a. fig.*). **2.** ⚔ Sturm *m*: ***take by ~*** im Sturm nehmen, erstürmen. **3.** *a.* ***~ and battery*** ⚖ tätliche Beleidigung: ***criminal*** (*od.* ***indecent***) ***~*** unzüchtige Handlung (*unter Gewaltandrohung od. -anwendung*). **II** *v/t* **4.** angreifen (*a. fig.*). **5.** ⚔ stürmen. **6.** ⚖ tätlich beleidigen. **7.** *euphem.* vergewaltigen.

as·say [ə'seɪ] **I** *s* **1.** Prüfung *f*, Untersuchung *f.* **II** *v/t* **2.** *Metall etc* prüfen, untersuchen. **3.** *fig.* versuchen, probieren.

as·sem·blage [ə'semblɪdʒ] *s* **1.** Ansammlung *f.* **2.** Versammlung *f.* **3.** ⚙ Montage *f.* **as'sem·ble I** *v/t* **1.** versammeln. **2.** ⚙ montieren, zs.-setzen. **II** *v/i* **3.** sich versammeln. **as'sem·bler** *s* ⚙ Monteur *m.* **as'sem·bly** *s* **1.** Versammlung *f.* **2.** ⚙ Montage *f*: ***~ line*** Fließband *n*; ***~ shop*** Montagehalle *f.*

as·sent [ə'sent] **I** *v/i* (***to***) **1.** zustimmen, beipflichten (*dat*). **2.** billigen, genehmigen (*acc*). **II** *s* **3.** Zustimmung *f*, Beipflichtung *f*: ***by common ~*** mit allgemeiner Zustimmung. **4.** Billigung *f*, Genehmigung *f.*

as·sert [ə'sɜːt] *v/t* **1.** behaupten, erklären. **2.** *Anspruch etc* geltend machen, bestehen auf (*dat*). **3.** ***~ o.s.*** sich behaupten *od.* durchsetzen; sich zu viel anmaßen. **as'ser·tion** *s* **1.** Behauptung *f*, Erklärung *f*: ***make an ~*** e-e Behauptung aufstellen. **2.** Geltendmachung *f.* **as'ser·tive** *adj* □ **1.** ausdrücklich. **2.** anmaßend.

as·sess [ə'ses] *v/t* **1.** *Geldstrafe etc* festsetzen. **2.** *Einkommen etc* (zur Steuer) veranlagen (***at*** mit). **3.** *fig.* ab-, einschätzen, (be)werten. **as'sess·ment** *s* **1.** Festsetzung *f.* **2.** (Steuer)Veranlagung *f.* **3.** Steuer(betrag *m*) *f.* **4.** *fig.* Ab-, Einschätzung *f*, (Be)Wertung *f*: ***what is your ~ of ...?*** wie beurteilen Sie ... (*acc*)?

as·set ['æset] *s* **1.** ⚕ Aktivposten *m*; *pl* Aktiva *pl*: ***~s and liabilities*** Aktiva u. Passiva. **2.** *pl* ⚖ Vermögen(smasse *f*) *n*; Konkursmasse *f.* **3.** *fig.* Vorzug *m*,

Plus *n*; Gewinn *m* (***to*** für): ***be a great ~*** viel wert sein.

as·si·du·i·ty [ˌæsɪ'dju:ətɪ] *s* Fleiß *m*, Eifer *m*. **as·sid·u·ous** [ə'sɪdjʊəs] *adj* □ fleißig, eifrig.

as·sign [ə'saɪn] *v/t* **1.** *Aufgabe etc* zu-, anweisen, zuteilen (***to*** *dat*). **2.** (***to***) *j-n* bestimmen, einteilen (zu, für *e-e Aufgabe etc*), beauftragen (mit). **3.** *Zeitpunkt etc* bestimmen, festsetzen. **4.** *et.* zuschreiben (***to*** *dat*). **5.** ⚖ abtreten, übertragen (***to*** *dat*). **as'sign·ment** *s* **1.** Zu-, Anweisung *f* (***to*** an *acc*). **2.** Bestimmung *f*, Festsetzung *f*. **3.** Aufgabe *f*, Arbeit *f* (*beide a. ped.*), Auftrag *m*. **4.** ⚖ Abtretung *f*, Übertragung *f* (***to*** an *acc*).

as·sim·i·late [ə'sɪmɪleɪt] **I** *v/t* **1.** assimilieren: a) angleichen (*a. ling.*), anpassen (***to, with*** *dat*, an *acc*), b) *biol.* (sich) *Nahrung* einverleiben, c) *sociol.* aufnehmen. **II** *v/i* **2.** sich angleichen *od.* anpassen (***to, with*** *dat*). **3.** *biol., sociol.* sich assimilieren. **asˌsim·i'la·tion** *s* Assimilation *f*: a) Angleichung *f*, Anpassung *f* (***to*** an *acc*), b) *biol.* Einverleibung *f*.

as·sist [ə'sɪst] **I** *v/t* **1.** *j-m* helfen, beistehen, *j-n* unterstützen: ***~ s.o. in doing s.th.*** j-m (dabei) helfen, et. zu tun. **II** *v/i* **2.** mithelfen, Hilfe leisten (***in*** bei). **3.** (***at***) beiwohnen (*dat*), teilnehmen (an *dat*). **as'sist·ance** *s* Hilfe *f*, Beistand *m*, Unterstützung *f*: ***come to s.o.'s ~*** j-m zu Hilfe kommen. **as'sist·ant I** *adj* **1.** stellvertretend: ***~ editor*** Redaktionsassistent *m*; ***~ professor*** *univ. Am.* (*etwa*) Lehrbeauftragte *m, f*. **II** *s* **2.** Assistent(in), Mitarbeiter(in). **3.** Angestellte *m, f*: (***shop***) ***~*** *Br.* Verkäufer(in).

as·so·ci·ate [ə'səʊʃɪeɪt] **I** *v/t* **1.** vereinigen, -binden, zs.-schließen (***with*** mit): ***~ o.s. with*** *a.* sich *e-r Partei, j-s Ansichten etc* anschließen. **2.** *bsd. psych.* assoziieren, (gedanklich) verbinden (***with*** mit). **II** *v/i* **3.** sich vereinigen *etc*, → 1. **4.** verkehren (***with*** mit). **III** *adj* [~ʃɪət] **5.** verwandt (***with*** mit). **6.** beigeordnet, Mit...: ***~ editor*** Mitherausgeber *m*. **7.** außerordentlich (*Mitglied*). **IV** *s* [~ʃɪət] **8.** ☤ Teilhaber *m*, Gesellschafter *m*. **9.** Gefährte *m*, Genosse *m*. **10.** außerordentliches Mitglied. **as·so·ci·a·tion** [əˌsəʊsɪ'eɪʃn] *s* **1.** Vereinigung *f*, -bindung *f*, Zs.-schluß *m*: ***in ~ with*** zusammen mit. **2.** Verein(igung *f*) *m*. **3.** ☤ Genossenschaft *f*, (Handels)Gesellschaft *f*, Verband *m*: ***~ football*** *Br.* Fußball *m*. **4.** Umgang *m*, Verkehr *m*. **5.** *psych.* (Ideen-, Gedanken)Assoziation *f*, Gedankenverbindung *f*.

as·sort·ed [ə'sɔ:tɪd] *adj* **1.** sortiert, geordnet. **2.** zs.-gestellt, gemischt, verschiedenartig. **as'sort·ment** *s bsd.* ☤ (***of***) Sortiment *n* (von), Auswahl *f* (an *dat*).

as·sume [ə'sju:m] *v/t* **1.** annehmen, voraussetzen: ***assuming that*** angenommen *od.* vorausgesetzt, daß. **2.** *Amt, Verantwortung etc* übernehmen. **3.** *Eigenschaft, Gestalt etc* annehmen. **4.** sich *Recht etc* anmaßen. **as'sum·ing** *adj* □ anmaßend. **as·sump·tion** [ə'sʌmpʃn] *s* **1.** Annahme *f*, Voraussetzung *f*: ***on the ~ that*** in der Annahme *od.* unter der Voraussetzung, daß. **2.** Übernahme *f*. **3.** Anmaßung *f*. **4.** ♀ (***Day***) *eccl.* Mariä Himmelfahrt *f*.

as·sur·ance [ə'ʃɔ:rəns] *s* **1.** Ver-, Zusicherung *f*. **2.** *bsd. Br.* (Lebens)Versicherung *f*. **3.** Sicherheit *f*, Gewißheit *f*. **4.** Selbstsicherheit *f*; *b.s.* Dreistigkeit *f*.

as·sure [ə'ʃɔ:] *v/t* **1.** *j-m* versichern (***that*** daß): ***~ s.o. of s.th.*** j-m et. zusichern. **2.** sichern, sicherstellen, bürgen für. **3.** überzeugen (***of*** von): ***~ o.s.*** *a.* sich vergewissern (***of*** *gen*). **4.** beruhigen. **5.** *bsd. Br. Leben* versichern: ***~ one's life with*** e-e Lebensversicherung abschließen bei. **as'sured I** *adj* **1.** (***of***) überzeugt (von), sicher (*gen*): ***you can rest ~ that*** Sie können sicher sein *od.* sich darauf verlassen, daß. **2.** gesichert. **3.** selbstsicher; *b.s.* dreist. **II** *s* **4.** *bsd. Br.* Versicherte *m, f*. **as'sur·ed·ly** [~rɪdlɪ] *adv* ganz gewiß.

as·ter ['æstə] *s* ⚘ Aster *f*.

as·ter·isk ['æstərɪsk] *s typ.* Sternchen *n*.

a·stern [ə'stɜ:n] *adv* ⚓ achtern.

asth·ma ['æsmə] *s* ⚕ Asthma *n*. **asth·mat·ic** [~'mætɪk] **I** *adj* (***~ally***) asthmatisch: ***~ attack*** Asthmaanfall *m*; ***be ~*** Asthma haben. **II** *s* Asthmatiker(in).

a·stig·ma·tism [ə'stɪgmətɪzəm] *s* ⚕, *phys.* Astigmatismus *m*.

as·ton·ish [ə'stɒnɪʃ] *v/t* in Erstaunen setzen: ***be ~ed*** erstaunt *od.* überrascht sein (***at*** über *acc*; ***to*** *inf* zu *inf*), sich wundern (***at*** über *acc*). **as'ton·ish·ing**

adj □ erstaunlich. **as'ton·ish·ment** *s* (Er)Staunen *n*, Verwunderung *f*: ***to one's ~*** zu s-r Verwunderung.

as·tound [ə'staʊnd], **as·tound·ing** → ***astonish, astonishing.***

a·stray [ə'streɪ] *adv*: ***go ~*** vom Weg abkommen; *fig.* auf Abwege geraten; ***lead ~*** *fig.* irreführen.

as·trin·gent [ə'strɪndʒənt] **I** *adj* □ **1.** ⚕ adstringierend, zs.-ziehend. **2.** *fig.* streng, hart. **II** *s* **3.** ⚕ Adstringens *n*.

as·trol·o·ger [ə'strɒlədʒə] *s* Astrologe *m*. **as·tro·log·i·cal** [ˌæstrə'lɒdʒɪkl] *adj* □ astrologisch. **as·trol·o·gy** [ə'strɒlədʒɪ] *s* Astrologie *f*.

as·tro·naut ['æstrənɔːt] *s* Astronaut *m*. **'as·tro·naut·ess** *s* Astronautin *f*. **ˌas·tro'nau·tics** *s pl* (*mst sg konstruiert*) Astronautik *f*, Raumfahrt *f*.

as·tron·o·mer [ə'strɒnəmə] *s* Astronom *m*. **as·tro·nom·i·cal** [ˌæstrə'nɒmɪkl] *adj* □ astronomisch. **as·tron·o·my** [ə'strɒnəmɪ] *s* Astronomie *f*.

as·tute [ə'stjuːt] *adj* □ **1.** scharfsinnig. **2.** schlau, gerissen. **as'tute·ness** *s* **1.** Scharfsinn *m*. **2.** Schlauheit *f*.

a·sun·der [ə'sʌndə] *adv* auseinander, entzwei.

a·sy·lum [ə'saɪləm] *s* **1.** Asyl *n*: a) Zufluchtsort *m*, b) *fig.* Zuflucht *f*. **2.** (politisches) Asyl: ***ask for ~*** um Asyl bitten *od.* nachsuchen; ***give s.o. ~*** j-m Asyl gewähren; ***~ seeker*** Asylant(in), Asylbewerber(in).

a·sym·met·ric [ˌeɪsɪ'metrɪk], **ˌa·sym'met·ri·cal** *adj* □ asymmetrisch, ungleichmäßig. **a·sym·me·try** [ˌeɪ'sɪmətrɪ] *s* Asymmetrie *f*, Ungleichmäßigkeit *f*.

at [æt] *prp* **1.** (*Ort*) in (*dat*), an (*dat*), bei, auf (*dat*): ***~ a ball*** auf e-m Ball; ***~ the baker's*** beim Bäcker; ***~ the door*** an der Tür. **2.** (*Richtung*) auf (*acc*), nach, gegen, zu: ***he threw a stone ~ the door*** er warf e-n Stein gegen die Tür. **3.** (*Beschäftigung*) bei, beschäftigt mit, in (*dat*): ***he is still ~ it*** er ist noch dabei *od.* damit beschäftigt. **4.** (*Art u. Weise, Zustand*) in (*dat*), bei, zu, unter (*dat*): ***~ all*** überhaupt; ***not ~ all*** überhaupt *od.* gar nicht; ***not ~ all!*** F nichts zu danken!; ***nothing ~ all*** überhaupt *od.* gar nichts; ***no doubts ~ all*** keinerlei Zweifel. **5.** (*Preis, Wert etc*) für, um: ***~ 6 dollars.*** **6.** (*Zeit, Alter*) um, bei: ***~ 21*** mit 21 (Jahren); ***~ 3 o'clock*** um 3 Uhr; ***~ his death*** bei s-m Tod.

ate [et] *pret von* ***eat.***

a·the·ism ['eɪθɪɪzəm] *s* Atheismus *m*. **'a·the·ist** *s* Atheist(in). **ˌa·the'is·tic, ˌa·the'is·ti·cal** *adj* □ atheistisch.

ath·lete ['æθliːt] *s* **1.** Athlet *m*: a) Sportler *m*, b) Kraftmensch *m*. **2.** *Br.* Leichtathlet *m*. **ath·let·ic** [æθ'letɪk] **I** *adj* (***~ally***) **1.** athletisch: a) Sport...: ***~ field*** Sportplatz *m*, b) von athletischem Körperbau. **2.** *Br.* leichtathletisch. **II** *s pl* **3.** (*a. sg konstruiert*) Sport *m*. **4.** (*mst sg konstruiert*) *Br.* Leichtathletik *f*.

at-home [ət'həʊm] *s zwangloser* Empfang: ***give an ~.***

a·thwart [ə'θwɔːt] **I** *adv* quer. **II** *prp* (quer) über (*acc*) *od.* durch.

At·lan·tic [ət'læntɪk] *adj* atlantisch.

at·las ['ætləs] *s* Atlas *m* (*Buch*).

at·mos·phere ['ætməˌsfɪə] *s* Atmosphäre *f* (*a. fig.*). **at·mos·pher·ic** [ˌ~'ferɪk] **I** *adj* (***~ally***) atmosphärisch. **II** *s pl* atmosphärische Störungen *pl.*

at·oll ['ætɒl] *s* Atoll *n*.

at·om ['ætəm] *s phys.* Atom *n* (*a. fig.*): ***not an ~ of truth*** kein Körnchen Wahrheit; ***~ bomb*** Atombombe *f*. **a·tom·ic** [ə'tɒmɪk] *adj* (***~ally***) atomar, Atom...: ***~ age*** Atomzeitalter *n*; ***~ bomb*** Atombombe *f*; ***~ energy*** Atomenergie *f*; ***~ nucleus*** Atomkern *m*; ***~ pile*** Atomreaktor *m*; ***~ power*** Atomkraft *f*; ***~ research*** Atomforschung *f*; ***~-powered*** mit Atomkraft betrieben, Atom...; ***~ power plant*** Atomkraftwerk *n*; ***~ waste*** Atommüll *m*; ***~ weight*** Atomgewicht *n*. **at·om·ize** ['ætəʊmaɪz] *v/t* **1.** atomisieren. **2.** *Flüssigkeit* zerstäuben. **'at·om·iz·er** *s* Zerstäuber *m* (*Gerät*).

a·tone [ə'təʊn] *v/i*: ***~ for*** büßen für *et.*, *et.* sühnen. **a'tone·ment** *s* Buße *f*, Sühne *f*.

a·top [ə'tɒp] **I** *adv* oben(auf). **II** *prp a.* ***~ of*** (oben) auf (*dat*).

a·tro·cious [ə'trəʊʃəs] *adj* □ scheußlich, gräßlich (*beide a.* F). **a·troc·i·ty** [ə'trɒsətɪ] *s* **1.** Scheußlichkeit *f*, Gräßlichkeit *f*. **2.** Greueltat *f*.

at·ro·phy ['ætrəfɪ] ⚕ **I** *s* Atrophie *f*, Verkümmerung *f* (*a. fig.*). **II** *v/i* verkümmern (*a. fig.*).

at·tach [ə'tætʃ] **I** *v/t* **1.** (***to***) befestigen, anbringen (an *dat*), anheften, ankleben (an *acc*). **2.** (**to**) *fig. Sinn etc* verbinden (*mit*); *Wert, Wichtigkeit etc* beimessen (*dat*); *magische Kräfte etc* zuschreiben (*dat*); *Bedingungen* knüpfen (an *acc*). **3.** *fig.* **~ o.s.** sich anschließen (**to** *dat od.* an *acc*): **be ~ed to s.o.** an j-m hängen. **4.** *fig.* (**to**) zuteilen (*dat*), ⚔ *a.* abkommandieren (zu). **5.** ⚖ *j-n* verhaften; *et.* beschlagnahmen; pfänden. **II** *v/i* **6.** (**to**) anhaften (*dat*), verknüpft *od.* verbunden sein mit.

at·ta·ché [əˈtæʃeɪ] *s* Attaché *m*: **~ case** Aktentasche *f*, -koffer *m*.

at·tach·ment [əˈtætʃmənt] *s* **1.** Befestigung *f*. **2.** Anhängsel *n*, Beiwerk *n*; ⚙ Zusatzgerät *n*. **3.** *fig.* (**to**) Anhänglichkeit *f* (an *acc*); Bindung *f* (an *acc*). **4.** ⚖ Verhaftung *f*; Beschlagnahme *f*; Pfändung *f*.

at·tack [əˈtæk] **I** *v/t* **1.** (*a. v/i*) *allg.* angreifen. **2.** *fig. Arbeit etc* in Angriff nehmen, über *e-e Mahlzeit etc* herfallen. **II** *s* **3.** Angriff *m*. **4.** ⚕ Anfall *m*. **atˈtack·er** *s* Angreifer *m*.

at·tain [əˈteɪn] *v/t* (*u. v/i* **~ to**) *Ziel etc* erreichen, erlangen. **atˈtain·a·ble** *adj* erreichbar. **atˈtain·ment** *s* **1.** Erreichung *f*, Erlangung *f*. **2.** *pl* Kenntnisse *pl*, Fertigkeiten *pl*.

at·tempt [əˈtempt] **I** *v/t* **1.** versuchen (**to do, doing** zu tun): **~ed suicide** Selbstmordversuch *m*. **2.** sich machen *od.* wagen an (*acc*), in Angriff nehmen. **II** *v/i* **3.** Versuch *m* (**to do, doing** zu tun): **~ at explanation** Erklärungsversuch; **~s** *pl* **at resuscitation** ⚕ Wiederbelebungsversuche *pl*. **4.** Anschlag *m*: **an ~ on s.o.'s life** ein Mordanschlag *od.* Attentat auf j-n.

at·tend [əˈtend] **I** *v/t* **1.** *Kranke* pflegen; (ärztlich) behandeln. **2.** *fig.* begleiten: **~ed with** (*od.* **by**) verbunden mit. **3.** teilnehmen an (*dat*), *Schule, Versammlung etc* besuchen. **II** *v/i* **4.** (**to**) beachten (*acc*), achten auf (*acc*). **5.** (**to**) sich kümmern (um); erledigen (*acc*). **6. ~ to** *j-n* (*im Laden*) bedienen: **are you being ~ed to?** werden Sie schon bedient? **7.** anwesend sein; erscheinen. **8. ~ on** *j-n* bedienen. **atˈtend·ance** *s* **1.** Dienst *m*, Bereitschaft *f*: **physician in ~** diensthabender Arzt; **hours** *pl* **of ~** Dienststunden *pl*. **2.** Pflege *f* (**on** *gen*), Dienstleistung *f*: **be in ~ on → attend** 1. **3.** Anwesenheit *f*, Erscheinen *n*: **~ list** (*od.* **record**) Anwesenheitsliste *f*. **4.** Besucher *pl*, Teilnehmer *pl*; Besuch(erzahl *f*) *m*, Beteiligung *f*. **atˈtend·ant I** *adj* **1.** begleitend. **2.** *fig.* verbunden (**on** mit): **~ circumstances** *pl* Begleitumstände *pl*. **3.** anwesend. **II** *s* **4.** Begleiter(in). **5.** Aufseher(in). **6.** *pl* Dienerschaft *f*.

at·ten·tion [əˈtenʃn] *s* **1.** Aufmerksamkeit *f* (*a. fig.*): **attract ~** Aufmerksamkeit erregen; **call** (*od.* **draw**) **~ to** die Aufmerksamkeit lenken auf (*acc*), aufmerksam machen auf (*acc*); **pay ~ to** Beachtung schenken (*dat*), achtgeben auf (*acc*); (**for the**) **~ of** zu Händen von (*od. gen*). **2. give** (**prompt**) **~ to s.th.** et. (rasch) erledigen. **3. ~!** ⚔ Achtung!; stillgestanden! **atˈten·tive** *adj* ☐ aufmerksam (**to** auf *acc*; *fig.* gegen).

at·ten·u·ate [əˈtenjʊeɪt] *v/t* **1.** *bsd.* ⚗ verdünnen. **2.** *fig.* vermindern, (ab)schwächen.

at·test [əˈtest] *v/t* **1.** beglaubigen, bescheinigen. **2.** zeugen von, bestätigen. **at·tes·ta·tion** [ˌæteˈsteɪʃn] *s* **1.** Beglaubigung *f*, Bescheinigung *f*. **2.** Zeugnis *n*.

at·tic [ˈætɪk] *s* Dachgeschoß *n*; Dachstube *f*, -kammer *f*.

at·tire [əˈtaɪə] **I** *v/t* (be)kleiden. **II** *s* Kleidung *f*, Gewand *n*.

at·ti·tude [ˈætɪtjuːd] *s* **1.** (Körper)Haltung *f*, Stellung *f*. **2.** *fig.* Haltung *f*: a) Verhalten *n*, b) Einstellung *f* (**to, toward**[**s**] zu, gegenüber): **what is your ~ to ...?** wie stehen Sie zu ...?

at·tor·ney [əˈtɜːnɪ] *s* ⚖ **1.** *bsd. Am.* **~** (**at law**) (Rechts)Anwalt *m*; **~** (**in fact**) Bevollmächtigte *m*. **2.** (**power of**) **~** Vollmacht *f*; **~ gen·er·al** *pl* **~s gen·er·al, ~ gen·er·als** *s* ⚖ **1.** *Br.* erster Kronanwalt. **2.** *Am.* Justizminister *m*.

at·tract [əˈtrækt] *v/t* **1.** *phys.* anziehen (*a. fig.*). **2.** *fig. j-n* anlocken, reizen, *j-s Interesse, Blicke etc* auf sich ziehen: **be ~ed to** sich hingezogen fühlen zu; → **attention** 1. **atˈtrac·tion** [~kʃn] *s* **1.** *phys.* Anziehung(skraft) *f*. **2.** *fig.* a) Anziehungskraft *f*, Reiz *m*: **have little ~ for** wenig anziehend sein für, b) Attraktion *f*, *thea. etc* Zugnummer *f*. **atˈtrac·tive** *adj* ☐ **1.** *phys.* anziehend: **~ force** (*od.* **power**) Anziehungskraft *f*. **2.** *fig.* attraktiv: a) anziehend, reizvoll,

b) einnehmend (*Äußeres etc*), c) zugkräftig (*Angebot etc*).

at·trib·ute I *v/t* [ə'trɪbju:t] **1.** zuschreiben (***to*** *dat*). **2.** zurückführen (***to*** auf *acc*). **II** *s* ['ætrɪbju:t] **3.** Attribut *n* (*a. ling.*): a) Eigenschaft *f*, Merkmal *n*, b) (Kenn)Zeichen *n*. **at·trib·u·tive** [ə'trɪbjʊtɪv] *ling*. **I** *adj* □ attributiv. **II** *s* Attribut *n*.

at·tri·tion [ə'trɪʃn] *s* **1.** Abnutzung *f*, Verschleiß *m* (*beide a. fig.*). **2.** *fig*. Zermürbung *f*.

au·burn ['ɔ:bən] *adj* kastanienbraun (*Haar*).

auc·tion ['ɔ:kʃn] **I** *s* Auktion *f*, Versteigerung *f*: ***sell*** (***buy***) ***by*** (*Am.* ***at***) ~ versteigern (ersteigern); ***sale by*** (*Am.* ***at***) ~, ~ ***sale*** Versteigerung *f*. **II** *v/t mst* ~ ***off*** versteigern. **auc·tion·eer** [ˌɔ:kʃə'nɪə] *s* Auktionator *m*, Versteigerer *m*: ~***s*** *pl* Auktionshaus *n*.

au·da·cious [ɔ:'deɪʃəs] *adj* □ **1.** kühn, verwegen. **2.** dreist, unverfroren. **au·dac·i·ty** [ɔ:'dæsətɪ] *s* **1.** Kühnheit *f*, Verwegenheit *f*. **2.** Dreistigkeit *f*, Unverfrorenheit *f*.

au·di·ble ['ɔ:dəbl] *adj* □ hörbar, vernehmlich.

au·di·ence ['ɔ:djəns] *s* **1.** Audienz *f* (***of, with*** bei). **2.** Publikum *n*: a) Zuhörer(schaft *f*) *pl*, b) Zuschauer *pl*, c) Besucher *pl*, d) Leser(kreis *m*) *pl*.

au·di·o|·phile ['ɔ:dɪəʊfaɪl] *s* Hi-Fi-Fan *m*. **'~ˌtyp·ist** *s* Phonotypistin *f*. **ˌ~'vis·u·al I** *adj* □ audiovisuell: ~ ***aids*** → II. **II** *s pl* audiovisuelle Unterrichtsmittel *pl*.

au·dit ['ɔ:dɪt] ✝ **I** *s* Buch-, Rechnungsprüfung *f*. **II** *v/t* prüfen.

au·di·tion [ɔ:'dɪʃn] **I** *s* **1.** *physiol*. Hörvermögen *n*, Gehör *n*. **2.** ♪, *thea*. Vorspiel(en) *n*; Vorsingen *n*; Vorsprechen *n*; Anhörprobe *f*. **II** *v/t u. v/i* **3.** ♪, *thea*. vorspielen *od*. vorsingen *od*. vorsprechen (lassen).

au·di·tor ['ɔ:dɪtə] *s* **1.** ✝ Buch-, Rechnungsprüfer *m*. **2.** *univ. Am*. Gasthörer(in).

au·di·to·ri·um [ˌɔ:dɪ'tɔ:rɪəm] *pl* **-ri·ums, -ri·a** [~ə] *s* **1.** Auditorium *n*, Zuhörer-, Zuschauerraum *m*. **2.** *Am*. Vortragssaal *m*, Konzerthalle *f*.

aug·ment [ɔ:g'ment] **I** *v/t* vermehren, steigern, *Gehalt etc* aufbessern. **II** *v/i* sich vermehren, zunehmen. **ˌaug·men'ta·tion** *s* Vermehrung *f*, Zunahme *f*; Aufbesserung *f*.

au·gur ['ɔ:gə] **I** *v/t* vorher-, weissagen. **II** *v/i*: ~ ***well*** (***ill***) ein gutes (schlechtes) Zeichen sein (***for*** für). **au·gu·ry** ['ɔ:gjʊrɪ] *s* Vorzeichen *n*.

Au·gust ['ɔ:gəst] *s* August *m*: ***in*** ~ im August.

auld lang syne [ˌɔ:ldlæŋ'saɪn] *schott*. die gute alte Zeit.

aunt [ɑ:nt] *s* Tante *f*.

au·pair [ˌəʊ'peə] *Br*. **I** *s a*. ~ ***girl*** Au-pair-Mädchen *n*. **II** *adv* als Au-pair-Mädchen: ***work*** ~. **III** *v/i* als Au-pair-Mädchen arbeiten.

au·ra ['ɔ:rə] *s fig*. Aura *f*.

au·ral ['ɔ:rəl] *adj* **1.** Ohren...: ~ ***surgeon*** Ohrenarzt *m*. **2.** akustisch, Hör...

au·re·ole ['ɔ:rɪəʊl] *s ast*. Aureole *f*, Hof *m*.

au·ri·cle ['ɔ:rɪkl] *s anat*. **1.** Ohrmuschel *f*. **2.** Herzvorhof *m*. **au·ric·u·lar** [ɔ:'rɪkjʊlə] *adj* Ohren...: ~ ***confession*** *eccl*. Ohrenbeichte *f*; ~ ***witness*** Ohrenzeuge *m*.

aus·cul·ta·tion [ˌɔ:skəl'teɪʃn] *s* ⚕ Abhorchen *n*.

aus·pic·es ['ɔ:spɪsɪz] *s pl*: ***under the*** ~ ***of*** unter der Schirmherrschaft von (*od. gen*). **aus·pi·cious** [ɔ:'spɪʃəs] *adj* □ günstig: a) vielversprechend, b) glücklich: ***be*** ~ unter e-m günstigen Stern stehen.

Aus·sie ['ɒzɪ] F **I** *s* Australier(in). **II** *adj* australisch.

aus·tere [ɒ'stɪə] *adj* □ **1.** streng, ernst. **2.** enthaltsam; dürftig, karg. **3.** herb, rau, hart. **4.** nüchtern, schmucklos. **aus·ter·i·ty** [ɒ'sterətɪ] **I** *s* **1.** Strenge *f*, Ernst *m*. **2.** Enthaltsamkeit *f*; Dürftigkeit *f*. **3.** Herbheit *f*, Rauheit *f*. **4.** Nüchternheit *f*, Schmucklosigkeit *f*. **II** *adj* **5.** ✝, *pol*. Spar...: ~ ***budget***; ~ ***program***(***me***).

Aus·tra·lian [ɒ'streɪljən] **I** *adj* australisch. **II** *s* Australier(in).

Aus·tri·an ['ɒstrɪən] **I** *adj* österreichisch. **II** *s* Österreicher(in).

au·tar·kic [ɔ:'tɑ:kɪk] *adj* ✝ autark. **au·tar·ky** ['~kɪ] *s* Autarkie *f*.

au·then·tic [ɔ:'θentɪk] *adj* (~***ally***) **1.** authentisch: a) echt, verbürgt, b) original, urschriftlich. **2.** ⚖ gültig, rechtskräftig. **au'then·ti·cate** [~keɪt] *v/t* **1.** beglaubigen. **2.** als echt erweisen, verbürgen. **au͵then·ti'ca·tion** *s* Beglaubigung *f.* **͵au·then'tic·i·ty** [~sətı] *s* **1.** Authentizität *f*, Echtheit *f.* **2.** ⚖ Gültigkeit *f*, Rechtskräftigkeit *f.*

au·thor ['ɔ:θə] *s* **1.** Urheber(in). **2.** Autor(in), Verfasser(in), *a. allg.* Schriftsteller(in). **'au·thor·ess** *s* Autorin *f*, Verfasserin *f*, *a. allg.* Schriftstellerin *f.*

au·thor·i·tar·i·an [ɔ:͵θɒrı'teərıən] *adj* autoritär.

au'thor·i·ta·tive [~tətıv] *adj* □ **1.** gebieterisch, herrisch. **2.** autoritativ, maßgebend, -geblich. **au'thor·i·ty** *s* **1.** Autorität *f*, (Amts)Gewalt *f.* **2.** Autorität *f*, Ansehen *n* (***with*** bei), Einfluß *m* (***over*** auf *acc*). **3.** Vollmacht *f*: **~ *to sign*** Unterschriftsvollmacht *f*; ***without*** **~** unbefugt, unberechtigt. **4.** Quelle *f*, Beleg *m*: ***on good*** **~** aus glaubwürdiger Quelle. **5.** Autorität *f*, Kapazität *f* (***on*** in *e-r Sache*, auf *e-m Gebiet*). **6.** *mst pl* Behörde(n *pl*) *f.*

au·thor·i·za·tion [͵ɔ:θəraı'zeıʃn] *s* **1.** Ermächtigung *f*, Bevollmächtigung *f*, Befugnis *f.* **2.** Genehmigung *f.* **'au·thor·ize** *v/t* **1.** autorisieren, ermächtigen, bevollmächtigen: **~*d to sign*** unterschriftsbevollmächtigt. **2.** billigen, genehmigen.

au·thor·ship ['ɔ:θəʃıp] *s* **1.** Urheberschaft *f.* **2.** Autorschaft *f.*

au·to ['ɔ:təʊ] *pl* **-tos** *s Am.* F Auto *n.*

au·to... ['ɔ:təʊ] auto..., selbst..., Auto..., Selbst...

'au·to͵bi·o'graph·ic, 'au·to͵bi·o'graph·i·cal *adj* □ autobiographisch. **͵au·to·bi'og·ra·phy** *s* Autobiographie *f.*

au·to·cade ['ɔ:təʊkeıd] *Am.* → ***motorcade.***

'au·to͵chang·er *s* Plattenwechsler *m.*

au·toc·ra·cy [ɔ:'tɒkrəsı] *s pol.* Autokratie *f.* **au·to·crat** ['ɔ:təʊkræt] *s* Autokrat *m*: a) *pol.* diktatorischer Alleinherrscher, b) selbstherrlicher Mensch. **͵au·to'crat·ic, ͵au·to'crat·i·cal** *adj* □ autokratisch: a) *pol.* unumschränkt, b) selbstherrlich.

au·to·di·dact ['ɔ:təʊdı͵dækt] *s* Autodidakt(in). **͵au·to·di'dac·tic** *adj* autodidaktisch.

au·to·gen·ic [͵ɔ:təʊ'dʒenık] *adj* ⚕ autogen: **~ *training.***

au·to·graph ['ɔ:təgrɑ:f] **I** *s* Autogramm *n*: ***sign*** **~*s*** Autogramme geben. **II** *adj* Autogramm...: **~ *album*** (***hunter,*** *etc*). **III** *v/t* sein Autogramm schreiben in (*acc*) *od.* auf (*acc*), *Buch etc* signieren.

au·to·mat ['ɔ:təʊmæt] *s* **1.** *bsd. Am.* Automatenrestaurant *n.* **2.** (Verkaufs)Automat *m.* **au·to·mate** ['ɔ:təmeıt] *v/t* automatisieren. **au·to·mat·ic** [͵ɔ:tə'mætık] **I** *adj* (**~*ally***) **1.** automatisch: **~ *choke*** *mot.* Startautomatik *f.* **II** *s* **2.** ⚙ Automat *m.* **3.** Selbstladepistole *f*, -gewehr *n.* **4.** Auto *n* mit Automatik. **au·to·ma·tion** [͵ɔ:tə'meıʃn] *s* **1.** Automation *f.* **2.** Automatisierung *f.* **au·tom·a·tize** [ɔ:'tɒmətaız] *v/t* automatisieren. **au'tom·a·ton** [~tən] *pl* **-ta** [~tə], **-tons** *s* Automat *m*, Roboter *m* (*a. fig.*).

au·to·mo·bile ['ɔ:təməʊbi:l] *s* Auto(mobil) *n.* **au·to·mo·tive** [͵ɔ:tə'məʊtıv] *adj* **1.** selbstfahrend, mit Eigenantrieb. **2.** Auto(mobil)..., Kraftfahrzeug...

au·ton·o·mous [ɔ:'tɒnəməs] *adj* autonom. **au'ton·o·my** *s* Autonomie *f.*

'au·to͵pi·lot *s* ✈ Autopilot *m*, automatische Steuerungsanlage.

au·top·sy ['ɔ:təpsı] *s* ⚕ Autopsie *f.*

au·tumn ['ɔ:təm] **I** *s* Herbst *m* (*a. fig.*): ***the*** **~** ***of life***; ***in*** (***the***) **~** im Herbst. **II** *adj* Herbst... **au·tum·nal** [ɔ:'tʌmnəl] *adj* □ herbstlich, Herbst...

aux·il·ia·ry [ɔ:g'zıljərı] **I** *adj* **1.** Hilfs..., ⚙ *a.* Zusatz...: **~ *verb*** → 3. **II** *s* **2.** Helfer(in), Hilfskraft *f.* **3.** *ling.* Hilfsverb *n*, -zeitwort *n.*

a·vail [ə'veıl] **I** *v/t*: **~ *o.s. of*** sich *e-r Sache* bedienen, sich *et.* zunutze machen. **II** *v/i* nützen. **III** *s* Nutzen *m*: ***of no*** **~** nutzlos; ***to no*** **~** vergeblich. **a͵vail·a'bil·i·ty** *s* Verfügbarkeit *f.* **a'vail·a·ble** *adj* □ **1.** verfügbar, vorhanden: ***make*** **~** zur Verfügung stellen. **2.** ✝ lieferbar, vorrätig, erhältlich: ***no longer*** **~** nicht mehr lieferbar, vergriffen; → ***prescription.*** **3.** erreichbar, abkömmlich.

av·a·lanche ['ævəlɑ:ntʃ] *s* **1.** Lawine *f.* **2.** *fig.* Flut *f*: ***an*** **~** ***of letters.***

av·a·rice ['ævərıs] *s* Habsucht *f*, Habgier *f.* **͵av·a'ri·cious** *adj* □ habsüchtig, habgierig.

a·venge [ə'vendʒ] *v/t* rächen: **~ *o.s., be*** **~*d*** sich rächen (***on*** an *dat*; ***for*** für). **a'veng·er** *s* Rächer(in).

av·e·nue ['ævənju:] *s* **1.** Allee *f.* **2.** Hauptstraße *f.* **3.** *fig.* Weg *m* (***to*** zu).

av·er·age ['ævərɪdʒ] **I** *s* **1.** Durchschnitt *m*: ***be above*** (***the***) ~ über dem Durchschnitt liegen; ***be below*** (***the***) ~ unter dem Durchschnitt liegen; ***on*** (***an*** *od.* ***the***) ~ durchschnittlich, im Durchschnitt. **2.** ⚓, ⚖ Havarie *f*, Seeschaden *m*. **II** *adj* **3.** durchschnittlich, Durchschnitts... **III** *v/t* **4.** *a.* ~ ***out*** den Durchschnitt ermitteln *od.* nehmen von (*od. gen*). **5.** ✝ anteil(s)mäßig aufteilen (***among*** unter *dat*). **6.** durchschnittlich betragen *od.* haben *od.* leisten *etc.* **IV** *v/i* **7.** ~ ***out at*** → 6.

a·verse [ə'vɜːs] *adj* □ abgeneigt (***to,*** *bsd. Br. a.* ***from*** *dat*). **a'ver·sion** *s* **1.** Abneigung *f*, Aversion *f* (***to, for, from*** gegen). **2.** ... ***is my*** ~ ... ist mir ein Greuel.

a·vert [ə'vɜːt] *v/t* abwenden (*a. fig.*).

a·vi·a·tion [ˌeɪvɪ'eɪʃn] *s* Luftfahrt *f*.

av·id ['ævɪd] *adj* □ gierig (***for,*** *a.* ***of*** nach): ~ ***for fame*** ruhmsüchtig. **a·vid·i·ty** [ə'vɪdətɪ] *s* Gier *f*.

a·void [ə'vɔɪd] *v/t* (ver)meiden, ausweichen (*dat*), aus dem Wege gehen (*dat*), *Pflicht etc* umgehen, *e-r Gefahr* entgehen: ~ ***s.o.*** j-n meiden; ~ ***doing s.th.*** es vermeiden, et. zu tun. **a'void·a·ble** *adj* vermeidbar; **a'void·ance** *s* (Ver)Meiden *n*, Umgehung *f*: ***in*** ~ ***of*** um zu vermeiden.

av·oir·du·pois [ˌævədə'pɔɪz] *s a.* ~ ***weight*** ✝ Handelsgewicht *n* (= *16 Unzen*).

a·vow [ə'vaʊ] *v/t* bekennen, (ein)gestehen. **a'vow·al** *s* Bekenntnis *n*, (Ein)Geständnis *n*. **a'vowed** *adj* erklärt (*Gegner, Prinzip etc*). **a'vow·ed·ly** [~ɪdlɪ] *adv* eingestandenermaßen.

a·wait [ə'weɪt] *v/t* erwarten (*a. fig.*).

a·wake [ə'weɪk] **I** *v/t* (*irr*) **1.** (auf)wekken. **2.** *fig.* auf-, wachrütteln (***from*** aus): ~ ***s.o. to s.th.*** j-m et. zum Bewußtsein bringen. **II** *v/i* (*irr*) **3.** auf-, erwachen. **4.** ~ ***to s.th.*** *fig.* sich e-r Sache bewußt werden. **III** *adj* **5.** wach: ***wide*** ~ hellwach, *fig. a.* aufgeweckt: ***be*** ~ ***to s.th.*** *fig.* sich e-r Sache bewußt sein. **a'wak·en** → ***awake*** 1–4. **a'wak·en·ing** *s* Erwachen *n*: ***a rude*** ~ *fig.* ein unsanftes *od.* böses Erwachen.

a·ward [ə'wɔːd] **I** *v/t* **1.** zuerkennen, zusprechen, *Preis etc a.* verleihen. **II** *s* **2.** Urteil *n*, *bsd.* Schiedsspruch *m*. **3.** Auszeichnung *f*, Preis *m*. **4.** (*Preis- etc-*) Verleihung *f*. **5.** *univ.* Stipendium *n*.

a·ware [ə'weə] *adj*: ***be*** ~ ***of s.th.*** et. wissen *od.* kennen, sich e-r Sache bewußt sein; ***become*** ~ ***of s.th.*** et. merken; ***make s.o.*** ~ ***of s.th.*** j-m et. bewußt machen. **a'ware·ness** *s* Bewußtsein *n*, Kenntnis *f*.

a·way [ə'weɪ] **I** *adv u. adj* **1.** weg, fort (***from*** von): ***go*** ~ weg-, fortgehen. **2.** (weit) entfernt *od.* weg: ***six miles*** ~ sechs Meilen entfernt. **3.** fort, abwesend, verreist: ~ ***on business*** geschäftlich unterwegs. **4.** d(a)rauflos, immer weiter (→ *Verben*). **II** *adj* **5.** *Sport*: Auswärts...: ~ ***match.***

awe [ɔː] **I** *s* (Ehr)Furcht *f*, Scheu *f*: ***hold*** *s.o.* ***in*** ~ → II; ***stand in*** ~ ***of*** e-e (heilige) Scheu *od.* gewaltigen Respekt haben vor (*dat*). **II** *v/t j-m* (Ehr)Furcht *od.* großen Respekt einflößen. **'~-inˌspir·ing** *adj* ehrfurchtgebietend.

awe·some ['ɔːsəm] *adj* □ **1.** furchteinflößend. **2.** ehrfurchtgebietend.

'awe-struck *adj* von Ehrfurcht ergriffen.

aw·ful ['ɔːfʊl] *adj* furchtbar, schrecklich (*beide a.* F). **'aw·ful·ly** *adv* F furchtbar, schrecklich: ~ ***nice*** furchtbar *od.* riesig nett; ***thanks*** ~***!*** tausend Dank!

awk·ward ['ɔːkwəd] *adj* □ **1.** ungeschickt, unbeholfen, linkisch: ***be*** ~ ***with*** ungeschickt umgehen mit. **2.** verlegen (*a. Schweigen etc*): ***feel*** ~ verlegen sein. **3.** peinlich, unangenehm. **4.** unhandlich, sperrig. **5.** unangenehm, schwierig: ***an*** ~ ***customer*** F ein unangenehmer Zeitgenosse. **6.** ungünstig (*Zeitpunkt etc*).

awl [ɔːl] *s* ⚙ Ahle *f*, Pfriem *m*.

awn·ing ['ɔːnɪŋ] *s* **1.** Plane *f*. **2.** Markise *f*. **3.** ⚓ Sonnensegel *n*. **4.** Vorzelt *n*.

a·woke [ə'wəʊk] *pret u. pp von* **awake.** **a'wok·en** *pp von* **awake.**

a·wry [ə'raɪ] *adv u. adj* schief: ***go*** ~ *fig.* schiefgehen.

ax(e) [æks] **I** *s* Axt *f*, Beil *n*: ***have an*** ~ ***to grind*** *fig.* eigennützige Zwecke verfolgen; ***get the*** ~ F rausfliegen, entlassen werden. **II** *v/t* F *Ausgaben etc* rücksichtslos kürzen *od.* (zs-)streichen; *Beamte, Dienststellen* abbauen, *Leute* feuern, entlassen.

ax·es ['æksiːz] *pl von* **axis.**

ax·i·om ['æksɪəm] *s* Axiom *n*, Grundsatz *m*.

ax·is ['æksɪs] *pl* **ax·es** ['~siːz] *s* ⚒ *etc* Achse *f* (*a. pol.*).
ax·le ['æksl] *s* ⚙ (Rad)Achse *f*, Welle *f*.
ay(e) [aɪ] *s parl.* Jastimme *f*: ***the ~s have it*** die Mehrheit ist dafür.
a·zal·ea [ə'zeɪljə] *s* ♣ Azalee *f*.
az·ure ['æʒə] **I** *adj* himmelblau. **II** *s* Himmelblau *n*.

B

baa [bɑː] *v/i* blöken.
Bab·bitt ['bæbət] *s Am.* selbstzufriedener Spießer.
bab·ble ['bæbl] **I** *v/i* **1.** *a. v/t* stammeln. **2.** *a. v/t* plappern, schwatzen: **~ (*out*)** ausplaudern. **3.** plätschern. **II** *s* **4.** Geplapper *n*, Geschwätz *n*. **5.** Geplätscher *n*.
babe [beɪb] *s* **1.** Baby *n*: → ***innocent*** b. **2.** *bsd. Am. sl.* Puppe *f* (*Mädchen*).
ba·bel ['beɪbl] *s* Wirrwarr *m*, Durcheinander *n*; Stimmengewirr *n*.
ba·boon [bə'buːn] *s zo.* Pavian *m*.
ba·by ['beɪbɪ] **I** *s* **1.** Baby *n*, Säugling *m*: ***be left holding the ~*** F der Dumme sein; ***that's your ~*** *sl.* das ist dein Bier *od.* d-e Sache. **2.** Benjamin *m* (*der Familie etc*). **3.** *contp.* Kindskopf *m*; Heulsuse *f*. **4.** *sl.* Puppe (*Mädchen*); Schatz *m*, Liebling *m*. **II** *adj* **5.** Baby..., Säuglings... **6.** Klein... **III** *v/t* **7.** verhätscheln. **~ boom** *s* Babyboom *m*. **~ car** *s* Kleinwagen *m*. **~ car·riage** *s Am.* Kinderwagen *m*.
ba·by·hood ['beɪbɪhʊd] *s* Säuglingsalter *n*. **'ba·by·ish** *adj* **1.** kindisch. **2.** kindlich.
'ba·by|-ˌmind·er *s Br.* Tagesmutter *f*. **'~-sit** *v/i* (*irr* ***sit***) babysitten. **'~-ˌsit·ter** *s* Babysitter(in). **~ talk** *s* kindlich(tuend)es Gebabbel.
bach·e·lor ['bætʃələ] *s* **1.** Junggeselle *m*: **~ *girl*** Junggesellin *f*. **2.** *univ.* Bakkalaureus *m*: **♀ *of Arts*** (***Science***) Bakkalaureus der philosophischen Fakultät (der Naturwissenschaften). **bach·e·lor·ette** [ˌ~'ret] *s* Junggesellin *f*. **bach·e·lor·hood** ['~hʊd] *s* **1.** Junggesellenstand *m*. **2.** *univ.* Bakkalaureat *n*.
ba·cil·lus [bə'sɪləs] *pl* **-li** [~laɪ] *s* ✱ Bazillus *m*.
back [bæk] **I** *s* **1.** *anat.*, *zo.* Rücken *m*: ***at the ~ of*** hinter (*dat*); hinten in (*dat*); ***be at the ~ of s.th.*** *fig.* hinter et. stecken; ***behind s.o.'s ~*** *fig.* hinter j-s Rücken; **~ *to ~*** Rücken an Rücken; ***be on one's ~*** bettlägerig sein; ***break s.o's ~*** j-m das Kreuz brechen (*a. fig.*); ***break the ~ of s.th.*** *fig.* das Schwierigste e-r Sache hinter sich bringen; ***have one's ~ to the wall*** *fig.* mit dem Rücken zur Wand stehen; ***put*** (*od.* ***get***) ***s.o.'s ~ up*** *fig.* j-n auf die Palme bringen; ***put one's ~ into s.th.*** *fig.* sich in e-e Sache hineinknien; ***turn one's ~ on*** den Rücken zuwenden (*dat*); *fig.* den Rücken kehren (*dat*). **2.** Hinter-, Rückseite *f*, (*Buch-, Hand- etc*) Rücken *m*, (Rück)Lehne *f* (*e-s Stuhls*), linke Seite (*e-s Stoffs*). **3.** hinterer *od.* rückwärtiger Teil: **~ *of the head*** Hinterkopf *m*; ***in the ~ of the car*** auf dem Rücksitz *od.* im Fond des Autos. **4.** Rückenteil *m* (*e-s Kleidungsstücks*): ***have one's pullover on ~ to front*** den Pullover verkehrt herum anhaben. **5.** *Sport*: Verteidiger *m*. **II** *adj* **6.** rückwärtig, Hinter...: **~ *entrance*. 7.** fern, abgelegen: **~ *country*** Hinterland *n*. **8.** rückständig (*Zahlung*). **9.** alt, zurückliegend (*Zeitung etc*). **III** *adv* **10.** zurück, rückwärts: **~ *and forth*** hin u. her, vor u. zurück; ***move ~*** zurückgehen. **11.** (wieder) zurück: ***he is ~*** (***again***) er ist wieder da. **12.** zurück, vorher: ***20 years ~*** vor 20 Jahren; **~ *in 1900*** (noch *od.* schon) im Jahre 1900. **13.** F zurück, im Rückstand: ***be ~ in one's rent*** mit der Miete im Rückstand sein. **IV** *v/t* **14.** *a.* **~ *up*** unterstützen, *j-m* den Rücken stärken, ✝ *Währung etc* stützen. **15.** *a.* **~ *up*** zurückbewegen, rückwärts fahren *od.* laufen lassen: **~ *the car out of the***

garage den Wagen rückwärts aus der Garage fahren. **16.** wetten *od.* setzen auf (*acc*). **V** *v/i* **17.** *oft* ~ ***up*** sich rückwärts bewegen, zurückgehen *od.* -fahren, *mot. a.* zurückstoßen: ~ ***out*** (***of***) rückwärts herausfahren (aus). **18.** ~ ***out*** (***of***) zurücktreten *od.* abspringen (von), aussteigen (aus).

'back|·ache *s* Rückenschmerzen *pl.* ~ **al·ley** *s Am.* finsteres Seitengäßchen. **ˌ~'bench·er** *s parl. Br.* Hinterbänkler *m.* **'~·bite** *v/t* (*irr* ***bite***) lästern über *j-n.* **'~·bone** *s* Rückgrat *n* (*a. fig.*), Wirbelsäule *f*: ***to the*** ~ *fig.* bis auf die Knochen, durch u. durch. **'~ˌbreak·ing** *adj* zermürbend, mörderisch. **'~·chat** *s* freche Antwort(en *pl*). ~ **cloth** *s thea. bsd. Br.* Prospekt *m.* **'~·date** *v/t* (zu)rückdatieren. ~ **door** *s* Hintertür *f*; *fig.* Hintertürchen *n.* **'~-door** *adj* geheim, heimlich. **'~·drop** *s thea.* Prospekt *m*: ***be the*** ~ ***for*** *fig.* den Hintergrund (*gen*) bilden.

back·er ['bækə] *s* Unterstützer(in), Helfer(in); Geldgeber(in).

ˌback|'fire I *v/i* **1.** ⚙ früh-, fehlzünden. **2.** *fig.* fehlschlagen, ins Auge gehen. **II** *s* **3.** ⚙ Früh-, Fehlzündung *f.* ~ **for·ma·tion** *s ling.* Rückbildung *f.* **'~ˌgam·mon** *s* Backgammon *n* (*Spiel*). **'~·ground** *s* **1.** Hintergrund *m* (*a. fig.*): ***against the*** ~ ***of*** vor dem Hintergrund (*gen*); ***keep in the*** ~ im Hintergrund bleiben; ~ ***music*** musikalische Untermalung, Hintergrundsmusik *f.* **2.** *fig.* Hintergrund *m*, Umstände *pl*; Umwelt *f*, Milieu *n*; Werdegang *m*; Erfahrung *f*, Wissen *n*: ~ ***information*** Hintergrundinformationen *pl*; ***educational*** ~ Vorbildung *f.* **'~·hand I** *s Sport*: Rückhand(schlag *m*) *f.* **II** *adj* → ***backhanded.*** **'~ˌhand·ed** *adj* **1.** *Sport*: Rückhand... **2.** indirekt (*Zensur etc*). **3.** unredlich (*Methode etc*). **4.** zweifelhaft (*Kompliment etc*).

back·ing ['bækɪŋ] *s* Unterstützung *f.*

'back|·lash *s* (heftige) Reaktion (***to*** auf *acc*). **'~·log** *s* (*Arbeits-, Auftrags- etc*)Rückstand *m*; Überhang *m* (***of*** an *dat*): ~ ***demand*** Nachholbedarf *m.* ~ **num·ber** *s* **1.** alte Nummer (*e-r Zeitung etc*). **2.** F rückständige Person *od.* Sache. **'~·pack** *s bsd. Am.* Rucksack *m.* **'~ˌpack·ing** *s bsd. Am.* Rucksacktourismus *m.* **ˌ~'ped·al** *v/i pret u. pp* **-aled,** *bsd. Br.* **-alled 1.** rückwärts treten (*Radfahrer*). **2.** *fig.* e-n Rückzieher machen. ~ **seat** *s* Rücksitz *m*: ***take a*** ~ F in den Hintergrund treten (***to*** gegenüber). **'~-seat driv·er** *s* F Besserwisser(in). **ˌ~'side** *s* **1.** Kehr-, Rückseite *f.* **2.** F Hintern *m.* **ˌ~'slide** *v/i* (*irr* ***slide***) rückfällig werden. **'~·stage** *adj u. adv thea.* hinter den Kulissen (*a. fig.*). **'~·stair** → ***backstairs*** II. **ˌ~'stairs I** *s pl* **1.** Hintertreppe *f.* **II** *adj* **2.** ~ ***gossip*** (*od.* ***talk***) (bösartige) Anspielungen *pl* (***about*** auf *acc*). **3.** ~ ***influence*** Protektion *f.* ~ **street** *s* Seitenstraße *f.* **'~-street** *adj* heimlich: ~ ***abortion*** illegale Abtreibung; ~ ***abortionist*** Engelmacher(in). **'~·stroke** *s* Rückenschwimmen *n.* ~ **talk** *s bsd. Am.* F freche Antwort(en *pl*). **'~·track** *v/i* **1.** denselben Weg zurückgehen. **2.** *fig.* sich zurückziehen (***from*** von), e-n Rückzieher machen; e-e Kehrtwendung machen. **'~·up** *s* **1.** Unterstützung *f.* **2.** *mot. Am.* (Rück)Stau *m.* **3.** *fig.* Rückzieher *m* (***on*** hinsichtlich). **4.** ⚙ Ersatzgerät *n.*

back·ward ['bækwəd] **I** *adj* **1.** rückwärts gerichtet, Rückwärts...: ~ ***flow*** Rückfluß *m*; ***a*** ~ ***glance*** ein Blick zurück *od.* nach hinten. **2.** *in der Entwicklung etc* zurück(geblieben). **3.** rückständig: ***be*** ~ ***in one's work*** mit s-r Arbeit in Rückstand liegen. **II** *adv* **4.** rückwärts, zurück: ~ ***and forward*** hin u. her, vor u. zurück. **back·wards** ['~dz] → ***backward*** II.

'back|·wash *s* **1.** Rückströmung *f*, ⚓ *a.* Kielwasser *n.* **2.** *fig.* Aus-, Nachwirkung(en *pl*) *f.* **'~ˌwa·ter** *s* **1.** → ***backwash*** 1. **2.** Stauwasser *n.* **3.** *fig.* Ort *m od.* Zustand *m* der Rückständigkeit u. Stagnation. **'~·woods** *s pl* **1.** unerschlossenes Waldgebiet. **2.** *contp.* Provinz *f.* **~·woods·man** ['~mən] *s* (*irr* ***man***) *contp.* Hinterwäldler *m.* **ˌ~'yard** *s* **1.** *Br.* Hinterhof *m.* **2.** *Am.* Garten *m* hinter dem Haus.

ba·con ['beɪkən] *s* Frühstücks-, Schinkenspeck *m*: ***bring home the*** ~ F die Brötchen verdienen; Erfolg haben; ***save one's*** ~ *Br.* F mit heiler Haut davonkommen.

bac·te·ri·al [bæk'tɪərɪəl] *adj* ☐ bakteriell. **bac·te·ri·o·log·i·cal** [bækˌtɪərɪə-

'lɒdʒɪkl] *adj* □ bakteriologisch, Bakterien... **bac·te·ri·ol·o·gist** [~ˌtɪərɪ'ɒlədʒɪst] *s* Bakteriologe *m.* **bac'te·ri·um** [~rɪəm] *pl* **-ri·a** [~rɪə] *s* Bakterie *f.*

bad [bæd] **I** *adj comp* **worse** [wɜːs] *sup* **worst** [wɜːst] (□ → ***badly***) **1.** *allg.* schlecht: a) fehler-, mangelhaft (*Qualität, Zustand etc*): ***not*** ~ nicht schlecht *od.* übel; ~ ***trip*** *sl.* Bad Trip *m* (*Drogenrausch mit Angstzuständen*), b) ungünstig (*Nachricht etc*), c) schädlich, ungesund (***for*** für): ~ ***for one's health*** ungesund, d) verdorben (*Nahrungsmittel*): ***go*** ~ schlecht werden, verderben, e) angegriffen (*Gesundheit*), f) widerlich (*Geruch*), g) schwach (***at*** in *e-m Fach*). **2.** böse: a) schlimm, schwer (*Verbrechen, Erkältung etc*), b) ungezogen (*Junge etc*). **3.** unanständig, unflätig, (*Wort a.*) häßlich: ~ ***language*** unanständige Ausdrücke *pl*; beleidigende Äußerungen *pl.* **4.** ungedeckt (*Scheck*), ungültig (*Münze etc*): ~ ***debts*** *pl* ✝ zweifelhafte Forderungen *pl.* **5.** unangenehm, ärgerlich: ***that's too*** ~ das ist (doch) zu dumm. **6.** unwohl, krank: ***she is*** (*od.* ***feels***) ***very*** ~ ***today*** es geht ihr heute sehr schlecht; ***he felt*** ~ ***at*** (*od.* ***about***) ***it*** er war (sehr) deprimiert darüber. **II** *s* **7.** *das* Schlechte: ***go from*** ~ ***to worse*** immer schlimmer werden; ***go to the*** ~ auf die schiefe Bahn geraten; ***be in the*** ~ ***with*** F schlecht angeschrieben sein bei. **8.** ✝ Defizit *n*: ***be £100 to the*** ~ ein Defizit *od.* e-n Verlust von 100 Pfund haben. **III** *adv* **9.** F → ***badly.***

bade [bæd] *pret u. pp von* **bid.**

badge [bædʒ] *s* **1.** (⚔ Rang)Abzeichen *n.* **2.** *fig.* Kennzeichen *n.*

badg·er ['bædʒə] **I** *s zo.* Dachs *m.* **II** *v/t* plagen, *j-m* zusetzen (***for*** wegen).

bad·ly ['bædlɪ] *adv* **1.** schlecht, schlimm: ***he is*** ~ ***off*** es geht ihm sehr schlecht; ***do*** ~ schlecht fahren (***in*** bei, mit). **2.** dringend, sehr: ~ ***needed*** dringend nötig. **3.** schwer: ~ ***wounded.***

bad·min·ton ['bædmɪntən] *s* Federball(spiel *n*) *m*, *Sport*: Badminton *n.*

ˌ**bad-'tem·pered** *adj* schlechtgelaunt.

baf·fle ['bæfl] *v/t* **1.** verwirren, -blüffen: ***be*** ~***d*** *a.* vor e-m Rätsel stehen. **2.** *Plan etc* durchkreuzen, vereiteln: ***it*** ~***s*** (***all***) ***description*** es spottet jeder Beschreibung.

bag [bæg] **I** *s* **1.** Sack *m*; Beutel *m*; Tasche *f*; Tüte *f*: ~ ***and baggage*** mit Sack u. Pack; ~***s of*** F jede Menge (*Geld etc*). **2.** *hunt.* (Jagd)Beute *f*, Strecke *f.* **3.** (***pair of***) ~***s*** *pl bsd. Br.* F Hose *f.* **II** *v/t* **4.** in e-n Sack *etc* stecken; in Beutel verpacken *od.* abfüllen. **5.** *hunt.* zur Strekke bringen. **6.** F klauen, stehlen. **III** *v/i* **7.** *a.* ~ ***out*** sich bauschen.

bag·a·telle [ˌbægə'tel] *s* Bagatelle *f.*

bag·gage ['bægɪdʒ] *s bsd. Am.* (Reise)Gepäck *n.* ~ **al·low·ance** *s* ✈ *bsd. Am.* Freigepäck *n.* ~ **car** *s* 🚃 *Am.* Gepäckwagen *m.* ~ **check** *s bsd. Am.* Gepäckschein *m.* ~ **in·sur·ance** *s bsd. Am.* Reisegepäckversicherung *f.* ~ **lock·er** *s bsd. Am.* Gepäckschließfach *n.* ~ **re·claim** *s* ✈ *bsd. Am.* Gepäckausgabe *f.*

bag·gy ['bægɪ] *adj* **1.** bauschig. **2.** ausgebeult (*Hose*).

'**bag**|ˌ**pip·er** *s* Dudelsackpfeifer *m.* '~**pipes** *s pl* ♪ Dudelsack *m.* '~ˌ**snatch·er** *s* Handtaschenräuber *m.*

bah [bɑː] *int contp.* bah!

bail[1] [beɪl] ⚖ **I** *s* **1.** Bürge(n *pl*) *m.* **2.** (Haft)Kaution *f*, Sicherheitsleistung *f*: ***be out on*** ~ gegen Kaution auf freiem Fuß sein; ***go*** (*od.* ***stand***) ~ ***for s.o.*** für j-n Kaution stellen. **II** *v/t* **3.** ~ ***s.o. out*** j-s Freilassung gegen Kaution erwirken.

bail[2] [~] **I** *v/t mst* ~ ***out*** *Wasser, Boot etc* ausschöpfen. **II** *v/i*: ~ ***out*** ✈ aussteigen (*a.* F *fig.* ***of*** aus), (mit dem Fallschirm) abspringen.

bail[3] [~] *s* Henkel *m* (*e-s Eimers etc*).

bail·iff ['beɪlɪf] *s Br.* **1.** ⚖ Gerichtsvollzieher *m.* **2.** (Guts)Verwalter *m.*

bait [beɪt] **I** *s* **1.** Köder *m* (*a. fig.*): ***rise to*** (*od.* ***swallow, take***) ***the*** ~ anbeißen (*a. fig.*). **II** *v/t* **2.** mit e-m Köder versehen. **3.** *fig.* ködern. **4.** *hunt.* (mit Hunden) hetzen. **5.** *fig.* quälen, peinigen.

bake [beɪk] **I** *v/t* **1.** backen: ~***d beans*** *pl* Baked Beans *pl* (*in Tomatensoße gekochte Bohnen*); ~***d potatoes*** *pl ungeschälte, im Ofen gebackene Kartoffeln.* **2.** dörren, härten; *Ziegel* brennen; *Lack* einbrennen. **II** *v/i* **3.** backen, *mst fig.* (*in der Sonne*) braten. **4.** zs.- *od.* festbacken. '**bak·er** *s* Bäcker *m*: ***at the*** ~***'s*** beim Bäcker; ~***'s dozen*** dreizehn. '**bak·er·y** *s* Bäckerei *f*; ˌ**bak·ing-'hot** *adj* glühendheiß (*Tag etc*).

bak·ing pow·der *s* Backpulver *n*.

bal·ance ['bæləns] **I** *s* **1.** Waage *f*. **2.** Gleichgewicht *n*: a) Balance *f*, b) *a*. **~ of mind** Fassung *f*: **in the ~** *fig*. in der Schwebe; **hold the ~** *fig*. das Zünglein an der Waage bilden; **keep one's ~** das Gleichgewicht halten; *fig*. sich nicht aus der Fassung bringen lassen; **lose one's ~** das Gleichgewicht *od*. (*fig*.) die Fassung verlieren; **strike a ~ between ... and** *fig*. e-n Mittelweg finden zwischen (*dat*) ... u.; **throw s.o. off (his) ~** *fig*. j-n aus der Fassung bringen; **~ of power** *pol*. Gleichgewicht der Kräfte. **3.** *bsd*. *fig*. (**to**) Gegengewicht *n* (zu), Ausgleich *m* (für). **4.** ⚕ Bilanz *f*; Saldo *m*, Guthaben *n*; Restbetrag *m*: **~ of payments** Zahlungsbilanz; **~ of trade** Handelsbilanz; **on ~** *fig*. alles in allem. **II** *v/t* **5.** *fig*. ab-, erwägen. **6.** (**o.s.** sich) im Gleichgewicht halten; balancieren. **7.** ins Gleichgewicht bringen, ausbalancieren. **8.** ⚕ *Konten*, *Rechnungen* ausgleichen, saldieren. **III** *v/i* **9.** sich im Gleichgewicht halten (*a*. *fig*.); balancieren. **10.** ⚕ sich ausgleichen. **'bal·anced** *adj fig*. ausgewogen, -geglichen.

bal·ance| sheet *s* ⚕ Bilanz *f*. **~ wheel** *s* ⚙ Unruh *f* (*e-r Uhr*).

bal·anc·ing ['bælənsɪŋ] *adj* Balance..., Balancier...: **~ act** Balanceakt *m* (*a*. *fig*.); **~ pole** Balancierstange *f*.

bal·co·ny ['bælkənɪ] *s* Balkon *m*, *thea*. *a*. zweiter Rang.

bald [bɔːld] *adj* □ **1.** kahl: **go ~** e-e Glatze bekommen, kahl werden. **2.** (völlig) abgefahren (*Reifen*).

bal·der·dash ['bɔːldədæʃ] *s* Quatsch *m*, Unsinn *m*.

'bald|·head *s* Kahl-, Glatzkopf *m*; **ˌ~'head·ed** *adj* kahl-, glatzköpfig.

bale[1] [beɪl] **I** *s* ⚕ Ballen *m*: **in ~s** ballenweise. **II** *v/t* in Ballen verpacken.

bale[2] [~] → **bail**[2].

balk [bɔːk] *v/i* **1.** stocken, stutzen. **2.** scheuen (**at** vor *dat*) (*Pferd*). **3.** (**at**) sich sträuben (gegen); zurückschrecken (vor *dat*).

ball[1] [bɔːl] **I** *s* **1.** Ball *m*; Kugel *f*; Knäuel *m*, *n*: **be on the ~** F auf Draht sein; **the ~ is with you** (*od*. **in your court**) du bist an der Reihe *od*. am Zug; **have the ~ at one's feet** *Br*. s-e große Chance haben; **keep the ~ rolling** das Gespräch *od*. die Sache in Gang halten; **play ~** F mitmachen, spuren; **set** (*od*. **start**) **the ~ rolling** den Stein ins Rollen bringen. **2.** *anat*. **~ of the eye** Augapfel *m*; **~ of the foot** Fußballen *m*; **~ of the thumb** Handballen *m*. **3.** *pl* V Eier *pl* (*Hoden*). **II** *v/t u*. *v/i* **4.** (sich) zs.-ballen.

ball[2] [~] *s* Ball *m* (*Tanzveranstaltung*): **have a ~** *bsd*. *Am*. F sich köstlich amüsieren.

bal·lad ['bæləd] *s* Ballade *f*.

ˌball-and-'sock·et *adj*: **~ joint** *anat*., ⚙ Kugelgelenk *n*.

bal·last ['bæləst] *bsd*. ✈, ⚓ **I** *s* Ballast *m*. **II** *v/t* mit Ballast beladen.

ball| bear·ing *s* ⚙ Kugellager *n*. **~ boy** *s* *Sport*: Balljunge *f*.

bal·let ['bæleɪ] *s* Ballett *n*. **~ danc·er** *s* Balletttänzer(in).

bal·lis·tics [bə'lɪstɪks] *s pl* (*meist sg konstruiert*) ⚔, *phys*. Ballistik *f*.

bal·loon [bə'luːn] **I** *s* **1.** (Frei-, Fessel-, Luft)Ballon *m*. **2.** Sprech-, Denkblase *f*. **II** *v/i* **3.** sich (auf)blähen. **bal'loon·ist** *s* Ballonfahrer(in).

bal·lot ['bælət] **I** *s* **1.** Stimmzettel *m*. **2.** Gesamtzahl *f* der abgegebenen Stimmen: **large ~** hohe Wahlbeteiligung. **3.** (*bsd*. geheime) Wahl *od*. Abstimmung: **have** (*od*. **hold, take**) **a ~** abstimmen (**on** über *acc*). **4.** Wahlgang *m*. **II** *v/i* **5.** (**for**) stimmen (für), (*bsd*. in geheimer Wahl) wählen (*acc*). **~ box** *s* Wahlurne *f*. **~ card, ~ pa·per** *s* Stimmzettel *m*.

'ball|·point (pen) *s* Kugelschreiber *m*. **'~·room** *s* Ball-, Tanzsaal *m*.

bal·ly·hoo [ˌbælɪ'huː] *s* F **1.** Wirbel *m*, Tamtam *n*, Getue *n* (**about** um). **2.** marktschreierische Reklame.

balm [bɑːm] *s* Balsam (*a*. *fig*.). **'balm·y** *adj* □ **1.** balsamisch. **2.** lind, mild (*Wetter*). **3.** *bsd*. *Am*. *sl*. bekloppt, verrückt: **go ~** überschnappen.

ba·lo·ney → **boloney**.

bal·us·trade [ˌbælə'streɪd] *s* Balustrade *f*.

bam·boo [bæm'buː] *s* Bambus *m*.

bam·boo·zle [bæm'buːzl] *v/t* F **1.** betrügen (**out of** um), übers Ohr hauen: **~ s.o. into doing s.th.** j-n so einwickeln, daß er et. tut. **2.** irremachen, verwirren.

ban ['bæn] **I** *v/t* **1.** verbieten: **~ s.o. from speaking** j-m Rede- *od*. Sprechverbot erteilen. **2.** *Sport*: sperren. **II** *s* **3.** (amtliches) Verbot (***on*** *gen*), Sperre *f* (*a. Sport*): ***import ~*** Einfuhrverbot, -sperre.

ba·nal [bəˈnɑːl] *adj* □ banal, abgedroschen.

ba·nan·a [bəˈnɑːnə] *s* **1.** ♀ Banane *f*. **2.** *sl.* ***be ~s*** bekloppt *od.* verrückt sein; ***go ~s*** überschnappen. **~ re·pub·lic** *s* Bananenrepublik *f*.

band¹ [bænd] **I** *s* **1.** Schar *f*, Gruppe *f*; *b.s.* (*bsd. Räuber*)Bande *f*. **2.** (Musik)Kapelle *f*, (*Jazz-, Rock- etc*)Band *f*: ***big ~*** Big Band. **II** *v/i* **3.** *mst* ***~ together*** sich zs.-tun, *b.s.* sich zs.-rotten.

band² [~] **I** *s* **1.** Band *n*; Gurt *m*; (*Hosen- etc*)Bund *m*; Bauchbinde *f* (*e-r Zigarre*); *andersfarbiger od. -artiger* Streifen. **2.** *Radio*: (Frequenz)Band *n*. **3.** Ring *m*. **4.** ⚙ Treibriemen *m*; Band *n*. **II** *v/t* **5.** mit e-m Band zs.-binden.

band·age [ˈbændɪdʒ] **I** *s* ⚕ Bandage *f*; Binde *f*; Verband *m*. **II** *v/t* bandagieren; verbinden.

ˈband-aid *s Am.* Heftpflaster *n*.

ban·dit [ˈbændɪt] *s* Bandit *m*.

ˈband|ˌlead·er *s* ♪ Bandleader *m*. **ˈ~ˌmas·ter** *s* ♪ Kapellmeister *m*. **ˈ~ˌwag(g)on** *s* Wagen *m* mit e-r Musikkapelle: ***climb*** (*od.* ***get, jump***) ***on the ~*** *fig.* zur erfolgreichen Partei umschwenken.

ban·dy¹ [ˈbændɪ] *v/t* **1.** sich *e-n Ball etc* zuwerfen. **2.** sich *Geschichten etc* erzählen. **3.** sich *Beleidigungen etc* an den Kopf werfen, sich (gegenseitig) *Komplimente, Vorwürfe* machen: ***~ blows*** sich schlagen; ***~ words*** sich streiten. **4.** *a.* ***~ about*** (*od.* ***around***) *Gerücht etc* in Umlauf setzen; weitererzählen: ***he has his name bandied about*** sein Name fällt dauernd (***in connection with*** in Zs.-hang mit); *b.s.* er ist ins Gerede gekommen.

ban·dy² [~] *adj* **1.** krumm, nach außen gebogen: ***~ legs*** *pl* Säbelbeine *pl*, O-Beine *pl*. **2.** → ***bandy-legged.*** **ˈ~-legged** *adj* säbelbeinig, O-beinig.

bang [bæŋ] **I** *s* **1.** heftiger *od.* schallender Schlag. **2.** Bums *m*, Krach *m*, Knall *m*: ***shut*** *the door* ***with a ~*** zuschlagen, zuknallen. **3.** *sl.* Schuß *m* (*Heroin etc*). **II** *v/t* **4.** knallen mit, *Tür etc* zuschlagen, zuknallen: ***~ one's fist on the table*** mit der Faust auf den Tisch schlagen; ***~ one's head*** sich den Kopf anschlagen (***against, on*** an *dat*); ***~ sense into s.o.*** *fig.* j-m Vernunft einhämmern. **5.** V bumsen. **III** *v/i* **6.** knallen: a) krachen, b) zuschlagen (*Tür etc*), c) schießen: ***~ away*** drauflosknallen; ***~ into*** stoßen *od.* prallen gegen *od.* an (*acc*); *fig.* F zufällig treffen. **7.** *sl.* sich e-n Schuß (*Heroin etc*) setzen *od.* drücken. **8.** V bumsen. **IV** *adv* **9.** mit lautem Knall: ***go ~*** explodieren. **10.** peng; genau: ***~ in the eye*** peng ins Auge. **V** *int* **11.** peng!, bum(s)! **ˈbang·er** *s Br.* **1.** Feuerwerks-, Knallkörper *m*. **2.** F (alter) Klapperkasten (*Auto*). **3.** F (Brat)Wurst *f*, Würstchen *n*.

ˈbang-up *adj bsd. Am.* F prima.

ban·ish [ˈbænɪʃ] *v/t* **1.** verbannen (*a. fig.*), ausweisen (***from*** aus). **2.** *Sorgen etc* verscheuchen, -treiben. **ˈban·ish·ment** *s* Verbannung *f*, Ausweisung *f*.

ban·is·ters [ˈbænɪstəz] *s pl* Treppengeländer *n*.

ban·jo [ˈbændʒəʊ] *pl* **-jo(e)s** *s* ♪ Banjo *n*.

bank¹ [bæŋk] **I** *s* **1.** ✝ Bank *f*. **2.** Bank *f* (*bei Glücksspielen*): ***break*** (***be*** *od.* ***keep***) ***the ~*** die Bank sprengen (halten). **3.** (*Blut-, Daten- etc*)Bank *f*. **II** *v/i* **4.** ein Bankkonto haben (***with*** bei). **5.** die Bank halten (*bei Glücksspielen*). **6.** ***~ on*** bauen *od.* sich verlassen auf (*acc*). **III** *v/t* **7.** *Geld* bei e-r Bank einzahlen, auf die Bank bringen.

bank² [~] **I** *s* **1.** (Erd)Wall *m*; Böschung *f*; Überhöhung *f* (*e-r Straße etc in Kurven*). **2.** (*Fluß- etc*)Ufer *n*. **3.** (*Sand-*) Bank *f*. **4.** Zs.-ballung *f*: ***~ of clouds*** Wolkenbank *f*; ***~ of snow*** Schneewall *m*, -wächte *f*. **II** *v/t* **5.** mit e-m Wall umgeben. **6.** *Straße etc* (*in der Kurve*) überhöhen. **7.** ***~ up*** aufhäufen, zs.-ballen. **III** *v/i* **8.** *a.* ***~ up*** sich aufhäufen, sich zs.-ballen. **9.** überhöht sein (*Straße, Kurve*).

bank·a·ble [ˈbæŋkəbl] *adj fig.* zuverlässig, verläßlich.

bank| ac·count *s* Bankkonto *n*. **~ bill** *Am.* → ***bank note.*** **ˈ~·book** *s* Sparbuch *n*. **~ card** *s* Scheckkarte *f*. **~ clerk** *s* Bankangestellte *m, f*.

bank·er [ˈbæŋkə] *s* **1.** ✝ Bankier *m*. **2.** Bankhalter *m* (*bei Glücksspielen*).

bank| hold·up *s* Banküberfall *m*. **~ hol·i·day** *s Br.* Bankfeiertag *m*.

bank·ing ['bæŋkɪŋ] ✝ **I** *s* Bankwesen *n*. **II** *adj* Bank...: **~ *hours*** *pl* Öffnungszeiten *pl* (*e-r Bank*).
bank| man·ag·er *s* Bankdirektor *m*. **~ note** *s* Banknote *f*, Geldschein *m*. **~ raid** *s* Banküberfall *m*, -raub *m*. **~ raid·er** *s* Bankräuber *m*. **~ rate** *s* ✝ Diskontsatz *m*. **~ rob·ber** *s* Bankräuber *m*. **~ rob·ber·y** *s* Bankraub *m*, -überfall *m*.
bank·rupt ['bæŋkrʌpt] ⚖ **I** *s* **1.** Konkurs-, Gemeinschuldner *m*: ***~'s estate*** (*od*. ***property***) Konkursmasse *f*. **2.** (*betrügerischer*) Bankrotteur. **II** *adj* **3.** bankrott: ***go ~*** in Konkurs gehen, Bankrott machen; ***declare o.s. ~*** Konkurs anmelden. **bank·rupt·cy** ['~rəptsɪ] *s* ⚖ Bankrott *m*, Konkurs *m*.
ban·ner ['bænə] **I** *s* **1.** Standarte *f*; Banner *n*. **2.** Spruchband *n*, Transparent *n*. **3.** *a*. **~ *headline*** Balkenüberschrift *f*, breite Schlagzeile. **II** *adj* **4.** *Am*. hervorragend.
banns [bænz] *s pl eccl*. Aufgebot *n*: ***have one's ~ called*** das Aufgebot bestellen.
ban·quet ['bæŋkwɪt] **I** *s* Bankett *n*, Festessen *n*. **II** *v/i* tafeln.
ban·tam·weight ['bæntəmweɪt] (*Sport*) **I** *s* Bantamgewicht(ler *m*) *n*. **II** *adj* Bantamgewichts...
ban·ter ['bæntə] **I** *v/t u. v/i* necken. **II** *s* Neckerei *f*.
bap·tism ['bæptɪzəm] *s eccl*. Taufe *f*. **bap·tis·mal** [~'tɪzml] *adj* Tauf...: **~ *font*** Taufbecken *n*. **'Bap·tist** *s* Baptist(in). **bap·tize** [~'taɪz] *v/t* taufen.
bar [bɑː] **I** *s* **1.** Stange *f*, Stab *m*: ***~s*** *pl* Gitter *n*; ***behind ~s*** *fig*. hinter Schloß u. Riegel. **2.** Riegel *m*. **3.** Schranke *f*, Sperre *f*; *fig*. Hindernis *n* (***to*** für). **4.** Riegel *m*, Stange *f*: ***a ~ of soap*** ein Riegel *od*. Stück Seife; ***a ~ of chocolate*** ein Riegel (*weitS*. e-e Tafel) Schokolade. **5.** (*Gold- etc*)Barren *m*. **6.** (dicker) Strich. **7.** ♪ Taktstrich *m*; *ein* Takt *m*. **8.** ⚖ (Gerichts)Schranke *f*: ***prisoner at the ~*** Angeklagte *m, f*. **9.** ⚖ Anwaltsberuf *m*; *coll*. Anwaltschaft *f*, *Br*. Stand *m* der ***barristers***: ***be admitted*** (*Br*. ***called***) ***to the ~*** als Anwalt (*Br*. ***barrister***) zugelassen werden; ***read for the ~*** *Br*. Jura studieren. **10.** (Tor-, Quer-, Sprung)Latte *f*. **11.** Bar *f*; Lokal *n*, Imbißstube *f*; Bar *f*, Theke *f*. **II** *v/t* **12.** verriegeln. **13.** *a*. **~ *up*** vergittern. **14.** *a*. **~ *in*** einsperren: **~ *out*** aussperren. **15.** hemmen; (***from***) hindern (an *dat*), abhalten (von). **III** *prp* **16.** außer, abgesehen von: **~ *none*** (alle) ohne Ausnahme.
barb [bɑːb] *s* **1.** Widerhaken *m*; Stachel *m*. **2.** *fig*. Spitze *f*.
bar·bar·i·an [bɑː'beərɪən] **I** *s* Barbar(in). **II** *adj* barbarisch. **bar·bar·ic** [~'bærɪk] *adj* (**~*ally***) barbarisch. **bar·ba·rism** ['~bərɪzəm] *s* **1.** Barbarismus *m*, Sprachwidrigkeit *f*. **2.** Barbarei *f*. **bar·bar·i·ty** [~'bærətɪ] *s* Barbarei *f*. **bar·ba·rize** ['~bəraɪz] *v/t* barbarisieren. **'bar·ba·rous** *adj* □ barbarisch.
bar·be·cue ['bɑːbɪkjuː] **I** *v/t* auf dem Rost *od*. am Spieß braten, grillen. **II** *s* Barbecue *n*: a) Grillfest *n*, b) Bratrost *m*, Grill *m*, c) *auf dem Rost od. Grill gebratenes Fleisch*.
barbed [bɑːbd] *adj* **1.** mit Widerhaken *od*. Stacheln: **~ *wire*** Stacheldraht *m*. **2.** *fig*. spitz (*Bemerkung etc*).
bar·ber ['bɑːbə] *s* (Herren)Friseur *m*: **~('s) *shop*** Friseurgeschäft *n*.
bar·bi·tu·rate [bɑː'bɪtjʊrət] *s* ⚕ *etc* Barbiturat *n*.
bare [beə] **I** *adj* (□ → ***barely***) **1.** nackt: a) entblößt: ***on one's ~ feet*** barfuß; ***in one's ~ skin*** nackt, b) kahl (*Wand etc*), c) *fig*. ungeschminkt: **~ *facts*** *pl* nackte Tatsachen *pl*. **2.** *fig*. unverhüllt: **~ *nonsense*** blanker Unsinn; ***lay ~*** → II. **3.** **~ *of*** arm an (*dat*); ohne, ...los. **4.** knapp (*Mehrheit etc*): ***earn a ~ living*** knapp das Nötigste zum Leben verdienen. **5.** bloß: ***the ~ thought*** allein *od*. schon der Gedanke. **II** *v/t* **6.** entblößen, *weitS*. *Zähne* zeigen. **7.** *fig*. enthüllen, bloßlegen. **'~back(ed)** *adj u. adv* ungesattelt, ohne Sattel. **'~faced** *adj* unverschämt, schamlos. **'~foot, ˌ~'foot·ed** *adj u. adv* barfuß, -füßig. **ˌ~'head·ed** *adj u. adv* barhäuptig.
bare·ly ['beəlɪ] *adv* **1.** kaum, knapp. **2.** ärmlich, spärlich.
bar·gain ['bɑːgɪn] **I** *s* **1.** Handel *m*, Geschäft *n* (*a. fig*.): ***it's a ~!*** abgemacht!; ***into the ~*** noch dazu, obendrein; ***make the best of a bad ~*** sich so gut wie möglich aus der Affäre ziehen; ***strike a ~*** ein Geschäft abschließen; → ***drive*** 12. **2.** vorteilhaftes Geschäft, Gelegenheitskauf *m*. **II** *v/i* **3.** handeln, feilschen

(***for*** um). **4.** verhandeln (***for*** über *acc*): **~ *on*** vereinbaren (*acc*). **5.** (***for***) rechnen (mit), gefaßt sein (auf *acc*). **III** *v/t* **6.** aushandeln. **~ base·ment** *s* Niedrigpreisabteilung *f* im Tiefgeschoß (*e-s Kaufhauses*). **~ count·er** *s* Wühltisch *m*. **~ price** *s* Gelegenheits-, Sonderpreis *m*. **~ sale** *s* **1.** Verkauf *m* zu herabgesetzten Preisen. **2.** Ausverkauf *m*.

barge [bɑːdʒ] **I** *s* **1.** Last-, Schleppkahn *m*. **II** *v/i* **2.** sich schwerfällig bewegen. **3.** F (***into***) stoßen, prallen, bumsen (gegen, an *acc*). **4. ~ *in*(*to*)** F hereinplatzen (in *acc*); sich einmischen (in *acc*).

bar·i·tone ['bærɪtəʊn] *s* ♪ Bariton *m*.

bark¹ [bɑːk] **I** *s* **1.** (Baum)Rinde *f*, Borke *f*. **II** *v/t* **2.** abrinden. **3.** sich *die Knie etc* auf-, abschürfen: **~ *one's knees.***

bark² [~] **I** *v/i* bellen (*a.* F *husten*): ***~ at s.o.*** j-n anbellen; *fig.* j-n anschnauzen; ***~ing dogs never bite*** Hunde, die bellen, beißen nicht; ***~ up the wrong tree*** F auf dem Holzweg sein; an der falschen Adresse sein. **II** *s* Bellen (*a.* F *Husten*): ***his ~ is worse than his bite*** er bellt nur(, aber beißt nicht).

'bar,keep·er *s* Barkeeper *m*: a) Barbesitzer *m*, b) Barmann *m*, -mixer *m*.

bar·ley ['bɑːlɪ] *s* ♀ Gerste *f*.

'bar|·maid *s bsd. Br.* Bardame *f*. **~·man** ['~mən] *s* (*irr* ***man***) Barmann *m*, -keeper *m*, -mixer *m*.

barm·y ['bɑːmɪ] *adj sl.* bekloppt, verrückt: ***go ~*** überschnappen.

barn [bɑːn] *s* **1.** Scheune *f*. **2.** (Vieh-) Stall *m*.

ba·rom·e·ter [bə'rɒmɪtə] *s* Barometer *n* (*a. fig.*).

bar·on ['bærən] *s* **1.** Baron *m*. **2.** (Industrie- *etc*)Baron *m*, Magnat *m*. **'bar·on·ess** *s* Baronin *f*. **bar·on·et** ['~nɪt] *s* Baronet *m*.

ba·roque [bə'rɒk] **I** *adj* barock. **II** *s* Barock *n*, *m*.

bar·racks ['bærəks] *s pl* (*meist sg konstruiert*) **1.** Kaserne *f*. **2.** *contp.* Mietskaserne *f*.

bar·rage ['bærɑːʒ] *s* **1.** (Stau)Damm *m*, Talsperre *f*. **2.** ⚔ Sperrfeuer *n*. **3.** *fig.* Hagel *m*, Schwall *m*.

bar·rel ['bærəl] **I** *s* **1.** Faß *n*, (*Rohölmaß mst*) Barrel *n*: ***~s*** (*od.* ***a ~***) ***of*** F ein Haufen (*Geld etc*). **2.** (Gewehr)Lauf *m*, (Geschütz)Rohr *n*. **II** *v/t pret u. pp* **-reled,** *bsd. Br.* **-relled 3.** in Fässer füllen: ***~(l)ed beer*** Faßbier *n*. **~ or·gan** *s* ♪ Drehorgel *f*, Leierkasten *m*.

bar·ren ['bærən] *adj* □ **1.** unfruchtbar (*Lebewesen, Land etc*). **2.** *geistig* unproduktiv. **3. ~ *of*** arm an (*dat*), ...los. **4.** nutzlos, ✝ tot (*Kapital*).

bar·rette [bæ'ret] *s Am.* Haarspange *f*.

bar·ri·cade [ˌbærɪ'keɪd] **I** *s* Barrikade *f*: ***go to*** (*od.* ***mount***) ***the ~s*** *fig.* auf die Barrikaden gehen *od.* steigen. **II** *v/t* verbarrikadieren.

bar·ri·er ['bærɪə] *s* **1.** Schranke *f*, Barriere *f*, Sperre *f*. **2.** Schlag-, Grenzbaum *m*. **3.** *phys.* (*Schall*)Grenze *f*. **4.** *fig.* Hindernis *n* (***to*** für). **~ cream** *s* Schutzcreme *f*.

bar·ring ['bɑːrɪŋ] *prp* ausgenommen, abgesehen von: ***~ a miracle*** falls *od.* wenn kein Wunder geschieht.

bar·ris·ter ['bærɪstə] *s* ⚖ **1.** *Br.* Barrister *m* (*vor höheren Gerichten plädierender Anwalt*). **2.** *Am. allg.* Rechtsanwalt *m*.

bar·row ['bærəʊ] *s* (Hand-, Schub)Karre(n *m*) *f*.

'bar,tend·er *bsd. Am.* → ***barman.***

bar·ter ['bɑːtə] **I** *v/t* (ein)tauschen (***against, for*** gegen). **II** *v/i* verhandeln (***for*** über *acc*). **III** *s* Tausch(handel *m*, -geschäft *n*) *m*.

ba·salt ['bæsɔːlt] *s geol.* Basalt *m*.

base¹ [beɪs] *adj* □ **1.** gemein, niederträchtig. **2.** minderwertig, (*Metall*) unedel.

base² [~] **I** *s* **1.** *a. fig.* Basis *f*, Grundlage *f*, Fundament *n* (*a.* ⚠). **2.** Grundstoff *m*, Hauptbestandteil *m*. **3.** *fig.* Ausgangspunkt *m*, -basis *f*. **4.** ⚔ Standort *m*; Basis *f*, Stützpunkt *m*. **5.** *Baseball*: Mal *n*. **II** *v/t* **6.** stützen, gründen (***on*** auf *acc*): ***be ~d on*** beruhen *od.* basieren auf (*dat*).

'base|·ball *s Sport*: Baseball(spiel *n*) *m*. **'~·board** *s Am.* Fuß(boden)-, Scheuerleiste *f*. **'~·less** *adj* □ grundlos. **~ line** *s* Grundlinie *f*.

base·ment ['beɪsmənt] *s* Kellergeschoß *n*.

base·ness ['beɪsnɪs] *s* **1.** Gemeinheit *f*, Niedertracht *f*. **2.** Minderwertigkeit *f*.

ba·ses ['beɪsiːz] *pl von* ***basis.***

bash [bæʃ] F **I** *v/t* **1.** heftig schlagen, *j-n* verprügeln: **~ *in*** einschlagen. **II** *s* **2.** heftiger Schlag: ***give s.o. a ~*** (***on the***

nose) *j-m* ein Ding (auf die Nase) verpassen. **3.** Versuch *m*: ***have a ~ at s.th.*** es mit et. probieren.

bash·ful ['bæʃfʊl] *adj* □ scheu, schüchtern.

bas·ic ['beɪsɪk] **I** *adj* grundlegend, Grund...: ***~ fact*** grundlegende Tatsache; ***~ fee*** (***law, salary,*** *etc*) Grundgebühr *f* (-gesetz *n*, -gehalt *n etc*). **II** *s pl* Grundlagen *pl*. '**bas·i·cal·ly** *adv* **1.** im Grunde. **2.** im wesentlichen.

ba·sil·i·ca [bə'zɪlɪkə] *s* ⚠ Basilika *f*.

ba·sin ['beɪsn] *s allg*. Becken *n* (*a. geol. etc*); *engS*. Schale *f*, Schüssel *f*.

ba·sis ['beɪsɪs] *pl* **-ses** ['~siːz] *s* **1.** ⚔ Basis *f*, Stützpunkt *m*. **2.** *fig*. Basis *f*, Grundlage *f*: ***on the ~ of*** auf der Basis von (*od. gen*); ***~ of discussion*** Diskussionsgrundlage; ***take as a ~*** zugrunde legen.

bask [bɑːsk] *v/i* sich sonnen (*a. fig.*): ***~ in the sun*** ein Sonnenbad nehmen.

bas·ket ['bɑːskɪt] *s* Korb *m*. '**~·ball** *s Sport*: Basketball(spiel *n*) *m*.

bass [beɪs] *s* ♪ Baß(stimme *f*) *m*; Bassist *m*.

bas·soon [bə'suːn] *s* ♪ Fagott *n*.

bas·tard ['bɑːstəd] **I** *s* **1.** Bastard *m* (*a. biol.*). **2.** *sl*. Scheißkerl *m*; *allg*. Kerl *m*: ***poor ~*** armes Schwein; ***a ~ of a headache*** verfluchte Kopfschmerzen *pl*. **II** *adj* **3.** unehelich. **4.** *biol*. Bastard...

baste[1] [beɪst] *v/t Braten* mit Fett begießen.

baste[2] [~] *v/t* verprügeln.

baste[3] [~] *v/t* (an)heften.

bas·tion ['bæstɪən] *s* ⚔ Bastion *f*.

bat[1] [bæt] *s zo*. Fledermaus *f*: (***as***) ***blind as a ~*** stockblind; ***have ~s in the belfry*** F e-n Vogel haben.

bat[2] [~] **I** *s* **1.** *Baseball, Kricket*: Schlagholz *n*, Schläger *m*: ***off one's own ~*** *fig*. selbständig; auf eigene Faust. **2.** *Br*. F Tempo *n*: ***at a fair ~*** mit e-m ganz schönen Zahn. **3.** *Am. sl*. Sauferei *f*: ***go on a ~*** e-e Sauftour machen. **II** *v/i* **4.** *Baseball, Kricket*: am Schlagen sein.

bat[3] [~] *v/t*: ***without ~ting an eyelid*** ohne mit der Wimper zu zucken.

batch [bætʃ] *s* Stapel *m*, Stoß *m*.

bat·ed ['beɪtɪd] *adj*: ***with ~ breath*** mit angehaltenem Atem, gespannt.

bath [bɑːθ] **I** *pl* **baths** ['~ðz] *s* **1.** (Wannen)Bad *n*: ***have*** (*od.* ***take***) ***a ~*** ein Bad nehmen, baden. **2.** Badewanne *f*. **3.** Bad(ezimmer) *n*. **4.** *mst pl* Bad *n*: a) Badeanstalt *f*, b) Badeort *m*. **5.** ⚗, *phot*. Bad *n*. **II** *v/t* **6.** *Br. Kind etc* baden. **III** *v/i* **7.** *Br*. baden, ein Bad nehmen.

bathe [beɪð] **I** *v/t* **1.** *Wunde etc, bsd. Am. a. Kind etc* baden. **2.** ***~d in sunlight*** (***sweat, tears***) *fig*. sonnenüberflutet (schweißgebadet, tränenüberströmt). **II** *v/i* **3.** *bsd. Am*. baden, ein Bad nehmen. **4.** baden, schwimmen. **III** *s* **5.** Bad *n* (*im Freien*): ***have*** (*od.* ***take***) ***a ~*** → 4.

bath·ing ['beɪðɪŋ] **I** *s* Baden *n*. **II** *adj* Bade...: ***~ accident*** (***cap, costume*** *od.* ***dress*** *od.* ***suit, trunks***) Badeunfall *m* (-mütze *f od.* -kappe *f*, -anzug *m*, -hose *f*).

'**bath|·robe** *s* **1.** Bademantel *m*. **2.** *Am*. Morgen-, Schlafrock *m*. **~·room** ['~rʊm] *s* **1.** Badezimmer *n*. **2.** *Am*. Toilette *f*. **~ tow·el** *s* Badetuch *n*. '**~·tub** *s* Badewanne *f*.

ba·tik [bə'tiːk] *s* Batik(druck) *m*.

ba·tiste [bæ'tiːst] *s* Batist *m*.

ba·ton ['bætən] *s* **1.** (Amts-, Kommando)Stab *m*. **2.** ♪ Taktstock *m*. **3.** *Leichtathletik*: (Staffel)Stab *m*. **4.** Schlagstock *m*, Gummiknüppel *m* (*der Polizei*).

bats·man ['bætsmən] *s* (*irr* ***man***) *Kricket*: Schläger *m*, Schlagmann *m*.

bat·tal·ion [bə'tæljən] *s* ⚔ Bataillon *n*.

bat·ten[1] ['bætn] **I** *s* Latte *f*, Leiste *f*. **II** *v/t*: ***~ down the hatches*** ⚓ die Luken schalken; *fig*. alles dichtmachen.

bat·ten[2] [~] *v/i mst fig*. dick u. fett werden (***on*** auf Kosten *gen*).

bat·ter[1] ['bætə] **I** *v/t* **1.** wiederholt heftig schlagen; *Frau, Kind etc* (wiederholt) mißhandeln: ***~ down*** (*od.* ***in***) einschlagen; ***~ed wives' refuge*** Frauenhaus *n*. **2.** abnutzen. **3.** (arg) lädieren *od*. zerbeulen, *a. fig*. arg in Mitleidenschaft ziehen. **II** *v/i* **4.** wiederholt heftig schlagen *od*. stoßen (***against*** gegen; ***at*** an *acc*): ***~*** (***away***) ***at the door*** gegen die Tür hämmern. **III** *s* **5.** *gastr*. Eierkuchenteig *m*.

bat·ter[2] [~] *s Baseball, Kricket*: Schläger *m*, Schlagmann *m*.

bat·ter·y ['bætərɪ] *s* **1.** ⚡ Batterie *f*. **2.** Batterie *f*, Reihe *f*, Satz *m*. **3.** ✓ Legebatterie *f*. **4.** ⚖ Tätlichkeit *f*; Körperverletzung *f*. **~hen** *s* ✓ Batteriehenne *f*. **'~ˌop·er·at·ed** *adj* batteriebetrieben, Batterie...

bat·tle ['bætl] **I** *s* **1.** ⚔ Schlacht *f* (**of** bei). **2.** *fig*. Kampf *m* (**for** um). **II** *v/i* **3.** *bsd. fig*. kämpfen: **~ for breath** um Atem ringen. **'~-ax(e)** *s* **1.** ⚔ *hist*. Streitaxt *f*. **2.** F alter Drachen. **'~·field, '~·ground** *s* ⚔ Schlachtfeld *n*: **~ country** kriegführendes Land. **'~·ship** *s* Schlachtschiff *n*.

bat·tue [bæ'tuː] *s* Treibjagd *f*.

bat·ty ['bætɪ] *adj sl*. bekloppt, verrückt.

baulk → ***balk***.

baux·ite ['bɔːksaɪt] *s min*. Bauxit *m*.

Ba·var·i·an [bə'veərɪən] **I** *adj* bay(e)risch. **II** *s* Bayer(in).

bawd·y ['bɔːdɪ] *adj* unflätig, obszön.

bawl [bɔːl] **I** *v/i* schreien, brüllen: ***~ at s.o.*** j-n anbrüllen; ***~ for help*** um Hilfe schreien. **II** *v/t oft* ***~ out*** (heraus)schreien, (-)brüllen.

bay[1] [beɪ] *s* Bai *f*, Bucht *f*.

bay[2] [~] *s* ⚠ Erker *m*.

bay[3] [~] *s* ♧ Lorbeer(baum) *m*.

bay[4] [~] **I** *v/i* bellen: ***~ at s.o.*** j-n anbellen; *fig*. j-n anschreien. **II** *s* Gebell *n*: ***be*** (*od*. ***stand***) ***at ~*** gestellt sein (*Wild*); *fig*. in die Enge getrieben sein; ***bring to ~*** *Wild* stellen; *fig*. in die Enge treiben; ***hold*** (*od*. ***keep***) ***at ~*** *j-n* in Schach halten; *Krankheit etc* von sich fernhalten; *Feuer, Seuche etc* unter Kontrolle halten.

bay·o·net ['beɪənɪt] *s* ⚔ Bajonett *n*, Seitengewehr *n*.

bay win·dow *s* **1.** Erkerfenster *n*. **2.** *Am. humor*. Vorbau *m* (*Bauch*).

ba·zaar [bə'zɑː] *s* (*a*. Wohltätigkeits)Basar *m*.

be [biː] (*irr*) **I** *v/aux* **1.** *Zustand*: sein: ***he is gone*** er ist weg. **2.** *Passiv*: werden: ***I was cheated*** ich wurde betrogen. **3.** sollen, müssen, dürfen, können: ***he is to be pitied*** er ist zu bedauern; ***it is not to be seen*** es ist nicht zu sehen; ***it was not to be*** es sollte nicht sein. **4.** *Verlaufsform*: ***he is reading*** er liest (gerade); ***he was watching TV when the telephone rang*** er sah gerade fern, als das Telefon läutete. **5.** *nahe Zukunft*: ***I am leaving tomorrow*** ich reise morgen ab; → ***go*** 27. **6.** *Kopula*: sein: ***he is my father*.** **II** *v/i* **7.** sein, der Fall sein: ***how is it that ...?*** wie kommt es, daß ...?; ***it is I*** (F ***me***) ich bin es. **8.** sein, bestehen: ***to be or not to be: that is the question*** Sein oder Nichtsein, das ist hier die Frage. **9.** sein, stattfinden (*Versammlung etc*); gehen, fahren (*Bus etc*). **10.** sein, sich befinden: ***have you ever been to London?*** sind Sie schon einmal in London gewesen?; ***has anyone been?*** F ist j-d dagewesen? **11.** (*beruflich*) werden: ***I'll be an engineer*** ich werde einmal Ingenieur. **12.** gehören: ***this book is mine*.** **13.** sein, stammen (***from*** aus). **14.** kosten: ***how much are these gloves?*** **15.** dauern (*Veranstaltung etc*).

beach [biːtʃ] **I** *s* Strand *m*: ***on the ~*** am Strand. **II** *v/t Schiff* auf den Strand setzen *od*. ziehen. **~ ball** *s* Wasserball *m*. **~ bug·gy** *s mot*. Strandbuggy *m*. **~ tow·el** *s* Bade-, Strandlaken *n*. **'~·wear** *s* Strandkleidung *f*.

bea·con ['biːkən] *s* **1.** Leucht-, Signalfeuer *n*. **2.** → ***Belisha beacon***.

bead [biːd] **I** *s* **1.** (*Glas-, Schweiß-, Tau- etc*)Perle *f*. **2.** *pl eccl*. Rosenkranz *m*: ***say*** (*od*. ***tell***) ***one's ~s*** den Rosenkranz beten. **II** *v/t* **3.** mit Perlen besetzen. **III** *v/i* **4.** perlen.

beak [biːk] *s* **1.** *orn*. Schnabel *m*. **2.** ⚙ Tülle *f*. **beaked** *adj* **1.** schnabelförmig. **2.** vorspringend, spitz.

beak·er ['biːkə] *s* Becher *m*.

beam [biːm] **I** *s* **1.** Balken *m*. **2.** Strahl *m*, ⚡, *phys. a*. Bündel *n*: ***~ of rays*** Strahlenbündel; ***~ of hope*** Hoffnungsstrahl. **3.** Peil-, Leit-, Richtstrahl *m*: ***be off*** (***the***) ***~*** ✈, ⚓ vom Kurs abgekommen sein; F auf dem Holzweg sein; ***be on*** (***the***) ***~*** ✈, ⚓ auf Kurs sein; F auf dem richtigen Weg sein. **4.** strahlendes Lächeln. **II** *v/t* **5.** ausstrahlen (*a. phys. u. Rundfunk, TV*). **III** *v/i* **6.** strahlen (*a. fig.* ***with*** vor *dat*): ***~ing with joy*** freudestrahlend. **ˌ~-'ends** *s pl*: ***be on one's ~*** *fig*. auf dem letzten Loch pfeifen.

bean [biːn] *s* **1.** ♧ Bohne *f*: ***be full of ~s*** F aufgekratzt sein; voller Leben(skraft) stecken; ***spill the ~s*** F alles ausplaudern. **2.** *Am. sl*. Birne *f* (*Kopf*).

bear[1] [beə] **I** *s* **1.** *zo*. Bär *m*. **2.** *fig*. Brummbär *m*; Tolpatsch *m*. **3.** ✝ Baissespekulant *m*. **II** *v/i* **4.** ✝ auf Baisse spekulieren.

bear[2] [~] (*irr*) **I** *v/t* **1.** *Last, a. fig. Datum,*

Verantwortung, *Verlust etc* tragen: → ***fruit*** 2a, ***interest*** 6, ***resemblance***, *etc*. **2.** zur Welt bringen, gebären. **3.** *Gefühl* hegen: → ***grudge*** 3. **4.** *Gehorsam etc* leisten: → ***company*** 1. **5.** ertragen, aushalten, -stehen: → ***comparison*** 1. **II** *v/i* **6.** tragen, halten (*Balken*, *Eis etc*). **7.** (***on***) sich beziehen (auf *acc*), betreffen (*acc*): → ***pressure***. **8.** ~ (***to the***) ***left*** sich links halten.

Verbindungen mit Adverbien:

~ a·way *v/t* **1.** forttragen. **2.** *Sieg etc* davontragen. **~ down I** *v/t* überwinden, -wältigen, *Widerstand* brechen. **II** *v/i* (***on***) sich (schnell) nähern (*dat*); sich stürzen (auf *acc*); *fig*. lasten (auf *dat*), bedrücken (*acc*); *e-r Sache* zu Leibe gehen. **~ in** *v/t*: ***it was borne in on him*** es wurde ihm klar (***that*** daß). **~ out** *v/t* bekräftigen, bestätigen; *j-m* recht geben. **~ up I** *v/t* **1.** ermutigen. **II** *v/i* **2.** (***against***, ***under***) sich behaupten (gegen), (tapfer) ertragen (*acc*). **3.** *Br*. Mut fassen, (wieder) fröhlich werden: ***~!*** Kopf hoch!

bear·a·ble ['beərəbl] *adj* □ erträglich.

beard [bɪəd] **I** *s* Bart *m*: ***laugh in one's ~*** sich ins Fäustchen lachen. **II** *v/t*: ***~ the lion in his den*** *fig*. sich in die Höhle des Löwen wagen. **'beard·ed** *adj* bärtig. **'beard·less** *adj* bartlos.

bear·er ['beərə] *s* **1.** Träger(in). **2.** Überbringer(in) (*a*. ⚕ *e-s Schecks etc*). **3.** ⚕ Inhaber(in) (*e-s Wertpapiers*).

bear·ing ['beərɪŋ] *s* **1.** Ertragen *n*: ***beyond*** (*od*. ***past***) ~ unerträglich. **2.** Betragen *n*, Verhalten *n*. **3.** (Körper)Haltung *f*. **4.** (***on***) Beziehung *f* (zu), Bezug *m* (auf *acc*). **5.** ✈, ⚓ Lage *f*, Position *f*; (*a*. Funk)Peilung *f*, *a*. *fig*. Orientierung *f*: ***take one's ~s*** e-e Peilung vornehmen; sich orientieren; ***lose one's ~(s)*** die Orientierung verlieren; ***find*** (*od*. ***get***) ***one's ~s*** sich zurechtfinden. **6.** ⚙ (*Achsen-*, *Kugel- etc*)Lager *n*.

bear·ish ['beərɪʃ] *adj* **1.** bärenhaft. **2.** *fig*. brummig; tolpatschig. **3.** ⚕ flau; Baisse...

bear| paw *s Am*. Radkralle *f*, Parkriegel *m*. **'~·skin** *s* Bärenfell *n*.

beast [biːst] *s* **1.** (*a*. wildes) Tier: ***~ of burden*** Lasttier; ***~ of prey*** Raubtier. **2.** *fig*. Bestie *f*; F Biest *n*, Ekel *n*. **'beast·ly** *adj* **1.** *fig*. tierisch. **2.** F ekelhaft, gemein; scheußlich.

beat [biːt] **I** *s* **1.** (*Herz-*, *Trommel- etc*)Schlag *m*. **2.** ♪ Takt *m*; (*Jazz*) Beat *m*; Beat(musik *f*) *m*: ***in ~*** im Takt; ***out of ~***, ***off*** (***the***) ~ aus dem Takt. **3.** Runde *f*, Revier *n* (*e-s Schutzmanns etc*): ***be on one's ~*** s-e *od*. die Runde machen; ***that is out of my ~*** *fig*. das schlägt nicht in mein Fach. **II** *adj* **4.** F wie erschlagen, fix u. fertig. **5.** ♪ Beat...: ***~ group*** (***music***, *etc*). **III** *v/t* (*irr*) **6.** schlagen, (ver)prügeln. **7.** a) schlagen; *Teppich etc* (aus)klopfen; *Metall* hämmern *od*. schmieden, b) → ***beat up*** 3. **8.** *Weg* treten, sich bahnen: ***~ it*** F abhauen, verduften. **9.** *j-n* schlagen, besiegen (***at*** in *dat*); *et*. übertreffen, -bieten: ***that ~s all*** (*od*. ***everything***)***!*** das ist doch die Höhe! **10.** verblüffen: ***that ~s me*** das ist mir zu hoch. **IV** *v/i* **11.** schlagen: ***~ at*** (*od*. ***on***) ***the door*** gegen die Tür hämmern.

Verbindungen mit Adverbien:

beat| back *v/t Gegner* zurückschlagen. **~ down I** *v/t* **1.** *Aufstand etc* niederschlagen. **2.** *Preis* drücken, *a*. *j-n* herunterhandeln (***to*** auf *acc*). **II** *v/i* **3.** herunterbrennen (***on*** auf *acc*) (*Sonne*); herunter-, niederprasseln (***on*** auf *acc*) (*Regen*). **~ off** *v/t Angriff*, *Gegner* zurückschlagen. **~ in** *v/t Tür* einschlagen. **~ out** *v/t Feuer* ausschlagen. **~ up** *v/t* **1.** aufrütteln (*a*. *fig*.). **2.** *j-n* zs.-schlagen. **3.** *Eier etc* (zu Schaum *od*. Schnee) schlagen.

beat·en ['biːtn] **I** *pp von* **beat**. **II** *adj* **1.** ⚙ gehämmert: ***~ gold*** Blattgold *n*. **2.** vielbegangen (*Weg*): ***off the ~ track*** ungewohnt, ungewöhnlich. **'beat·er** *s* **1.** ⚙ Stampfe *f*; Stößel *m*; Klopfer *m*. **2.** *gastr*. Schneebesen *m*. **'beat·ing** *s* Prügel *pl*; *fig*. Niederlage *f*: ***give s.o. a sound ~*** j-m e-e tüchtige Tracht Prügel verabreichen; j-m e-e böse Schlappe zufügen.

beat·nik ['biːtnɪk] *s* Beatnik *m*.

beau·ti·cian [bjuː'tɪʃn] *s* Kosmetiker(in).

beau·ti·ful ['bjuːtəfʊl] *adj* □ schön: ***the ~ people*** *pl* die Schickeria.

beau·ti·fy ['bjuːtɪfaɪ] *v/t* verschönern.

beau·ty ['bjuːtɪ] *s* **1.** Schönheit *f* (*a*. *Frau*). **2.** F das Schön(st)e. **3.** F Gedicht *n*, Prachtstück *n* (**of** von). **~ com·pe·ti·tion, ~ con·test** *s* Schönheitswettbewerb *m*. **~ farm** *s* Schönheitsfarm *f*. **~ par·lo(u)r** *s* Schönheitssalon *m*. **~ patch** → ***beauty spot*** 1. **~ queen** *s* Schönheitskönigin *f*. **~ sa·lon,** *Am.* **~ shop** → ***beauty parlo(u)r***. **~ sleep** *s* F Schlaf *m* vor Mitternacht. **~ spot** *s* **1.** Schönheitspflästerchen *n*. **2.** schönes Fleckchen Erde.

bea·ver ['biːvə] *s zo.* Biber *m*.

be·came [bɪ'keɪm] *pret von* **become.**

be·cause [bɪ'kɒz] **I** *cj* weil, da. **II** *prp*: **~ *of*** wegen (*gen*).

beck [bek] *s*: ***be at s.o.'s ~ and call*** j-m auf den leisesten Wink gehorchen, nach j-s Pfeife tanzen. **beck·on** ['~ən] *v/t j-m* (zu)winken, *j-m* ein Zeichen geben.

be·come [bɪ'kʌm] (*irr*) **I** *v/i* **1.** werden: ***what has become of him?*** was ist aus ihm geworden? **II** *v/t* **2.** sich ziemen für. **3.** *j-m* stehen, passen zu.

be'com·ing *adj* □ **1.** passend, kleidsam: ***be very ~ to s.o.*** j-m sehr gut stehen. **2.** schicklich, geziemend.

bed [bed] **I** *s* **1.** (*a. Fluß- etc*)Bett *n*: ***go to ~*** ins Bett gehen (***with*** mit); ***keep one's ~*** das Bett hüten; ***make the ~*** das Bett machen; ***as you make your ~ so you must lie on it*** wie man sich bettet, so liegt man; ***put to ~*** ins Bett bringen; ***take to one's ~*** sich (krank) ins Bett legen; ***~ and breakfast*** Zimmer *n* mit Frühstück. **2.** (Garten)Beet *n*. **3.** ⚙ Bett(ung *f*) *n*, Unterlage *f*. **II** *v/t* **4.** ins Bett bringen. **5. *~ out*** auspflanzen, -setzen.

be·daub [bɪ'dɔːb] *v/t* beschmieren: ***~ed with clay*** lehmbeschmiert.

'bed|·bug *s zo.* Wanze *f*. **'~·clothes** *s pl* Bettwäsche *f*. **'~ˌcov·er** *s* Bettdecke *f*.

bed·ding ['bedɪŋ] *s* Bettzeug *n*.

be·deck [bɪ'dek] *v/t* schmücken.

be·dev·il [bɪ'devl] *v/t pret u. pp* **-iled,** *bsd. Br.* **-illed** durcheinanderbringen, verwirren.

bed·lam ['bedləm] *s fig.* Tollhaus *n*.

bed| lin·en *s* Bettwäsche *f*. **'~·pan** *s* Stechbecken *n*, Bettpfanne *f*, -schüssel *f*. **'~·post** *s* Bettpfosten *m*: → ***between*** 2.

be·drag·gled [bɪ'drægld] *adj* **1.** durchnäßt; verdreckt. **2.** *fig.* heruntergekommen (*Haus etc*); ungepflegt (*Erscheinung etc*).

bed| rest *s* Bettruhe *f*. **'~ˌrid·den** *adj* bettlägerig. **'~·rock** *s geol.* Grund-, Muttergestein *n*: ***get down to the ~ of a matter*** *fig.* e-r Sache auf den Grund gehen. **~·room** ['~rʊm] *s* Schlafzimmer *n*: ***~ suburb*** (*od.* ***town***) Schlafstadt *f*. **'~·side** *s*: ***at the ~*** am Bett; ***have a good ~ manner*** gut mit Kranken umgehen können; ***~ lamp*** Nachttischlampe *f*; ***~ rug*** Bettvorleger *m*; ***~ table*** Nachttisch(chen *n*) *m*. **'~-sit, ˌ~-'sit·ter, ˌ~-'sit·ting room** *s Br.* **1.** möbliertes Zimmer. **2.** Einzimmerapartment *n*. **'~·sore** *s* ⚕ wundgelegene Stelle: ***get ~s*** sich durch- *od.* wundliegen. **'~·space** *s* Bettenzahl *f*, -kapazität *f* (*in Klinik, Hotel etc*). **'~·spread** *s* Tagesdecke *f*. **'~·stead** *s* Bettgestell *n*. **'~·tick** *s* Inlett *n*. **'~·time** *s* Schlafenszeit *n*: ***~ reading*** Bettlektüre *f*; ***~ story*** Gutenachtgeschichte *f*.

bee [biː] *s zo.* Biene *f*: (**as**) ***busy as a ~*** bienenfleißig; ***have a ~ in one's bonnet*** F e-n Fimmel *od.* Tick haben.

beech [biːtʃ] *s* ♣ Buche *f*. **'~·nut** *s* Buchecker *f*.

beef [biːf] **I** *s* **1.** Rindfleisch *n*. **2.** F (Muskel)Kraft *f*. **3.** *sl.* Meckerei *f*, Nörgelei *f*. **II** *v/i* **4.** *sl.* meckern, nörgeln (***about*** über *acc*). **~·bur·ger** ['~ˌbɜːgə] *s gastr.* Hamburger *m*. **'~ˌeat·er** *s Br.* Beefeater *m*, Tower-Wächter *m*. **ˌ~'steak** *s* Beefsteak *n*. **~ tea** *s* (Rind)Fleischbrühe *f*, Bouillon *f*.

beef·y ['biːfɪ] *adj* F bullig.

'bee·line *s*: ***make a ~ for*** schnurstracks zu- *od.* losgehen auf (*acc*).

been [biːn] *pp von* **be.**

beer [bɪə] *s* Bier *n*: → ***small*** I. **~ gar·den** *s* Biergarten *m*.

beer·y ['bɪərɪ] *adj* **1.** bierselig. **2.** nach Bier riechend: ***~ breath*** Bierfahne *f*.

'bees·wax *s* Bienenwachs *n*.

beet [biːt] *s* ♣ Runkelrübe *f*, *Am. a.* rote Bete *od.* Rübe.

bee·tle ['biːtl] *s zo.* Käfer *m*.

be·fore [bɪ'fɔː] **I** *adv* **1.** *räumlich*: vorn, voran: ***go ~*** vorangehen. **2.** *zeitlich*: vorher, zuvor: ***the year ~*** das vorhergehende Jahr. **II** *prp* **3.** *räumlich*: vor (*acc od. dat*): ***~ my eyes*** vor m-n Augen. **4.** vor (*dat*), in Gegenwart von (*od. gen*): ~

witnesses vor Zeugen. **5.** *zeitlich*: vor (*dat*): ***the week ~ last*** vorletzte Woche; ***~ long*** in Kürze, bald. **6.** *Reihenfolge, Rang*: voraus, vor (*acc od. dat*): ***be ~ the others*** den anderen voraus sein. **III** *cj* **7.** bevor, ehe: ***not ~*** erst als *od.* wenn. **be'fore·hand** *adv* **1.** zu'vor, (im) voraus: ***know s.th. ~*** et. im voraus wissen. **2.** zuvor, früher. **3.** zu früh, verfrüht.

be·friend [bɪ'frend] *v/t j-m* behilflich sein; sich *j-s* annehmen.

beg [beg] **I** *v/t* **1.** *et.* erbitten (***of s.o.*** von j-m): ***~ leave*** (***of s.o.***) (j-n) um Erlaubnis bitten; → ***pardon*** 3. **2.** erbetteln, betteln um. **3.** *j-n* bitten (***to do*** zu tun). **II** *v/i* **4.** betteln: ***go ~ging*** betteln gehen; *fig.* keinen Interessenten *od.* Abnehmer finden. **5.** (dringend) bitten (***for*** um; ***of s.o.*** j-n). **6.** sich erlauben *od.* gestatten (***to do*** zu tun).

be·gan [bɪ'gæn] *pret von* ***begin.***

be·get [bɪ'get] *v/t* (*irr*) **1.** *Kind* zeugen. **2.** *fig.* erzeugen.

beg·gar ['begə] **I** *s* **1.** Bettler(in). **2.** F Kerl *m*: ***lucky ~*** Glückspilz *m*. **II** *v/t* **3.** an den Bettelstab bringen. **4.** ***~ description*** sich nicht mit Worten beschreiben lassen; jeder Beschreibung spotten. **'beg·gar·ly** *adj* **1.** bettelarm. **2.** *fig.* armselig, kümmerlich. **'beg·gar·y** *s* Bettelarmut *f*.

be·gin [bɪ'gɪn] *v/t u. v/i* (*irr*) beginnen, anfangen: ***to ~ with*** zunächst (einmal); erstens (einmal); ***~ on s.th.*** et. in Angriff nehmen; ***~*** (***on***) ***a new bottle*** e-e neue Flasche anbrechen. **be'gin·ner** *s* Anfänger(in): ***~'s luck*** Anfängerglück *n*. **be'gin·ning** *s* **1.** Beginn *m*, Anfang *m*: ***at*** (*od.* ***in***) ***the ~*** am Anfang; ***from the ~*** (ganz) von Anfang an. **2.** *pl* (erste) Anfänge *pl*.

be·go·ni·a [bɪ'gəʊnjə] *s* ♀ Begonie *f*.

be·got [bɪ'gɒt] *pret von* ***beget.*** **be'got·ten** [~tn] *pp von* ***beget.***

be·grudge [bɪ'grʌdʒ] *v/t* **1.** ***~ s.o. s.th.*** j-m et. mißgönnen. **2.** ***~ doing s.th.*** et. nur widerwillig tun.

be·guile [bɪ'gaɪl] *v/t* **1.** betrügen (***of, out of*** um), täuschen. **2.** verleiten (***into doing*** zu tun). **3.** sich *die Zeit* (angenehm) vertreiben (***by, with*** mit).

be·gun [bɪ'gʌn] *pp von* ***begin.***

be·half [bɪ'hɑːf] *s*: ***on*** (*Am. a.* ***in***) ***~ of*** zugunsten von (*od. gen*), für; im Namen *od.* Auftrag von (*od. gen*), für.

be·have [bɪ'heɪv] **I** *v/i* **1.** sich (gut) benehmen. **2.** sich verhalten *od.* benehmen (***to, towards*** gegen, gegenüber). **3.** sich verhalten (*Sache*), arbeiten, funktionieren (*Maschine etc*). **II** *v/t* **4.** ***~ o.s.*** → 1: ***~ yourself!*** benimm dich! **be'hav·io(u)r** [~jə] *s* Benehmen *n*, Betragen *n*, Verhalten *n*: ***be on one's best ~*** sich von s-r besten Seite zeigen; ***put s.o. on his best ~*** j-m einschärfen, sich gut zu benehmen; ***~ pattern*** *psych.* Verhaltensmuster *n*. **be'hav·io(u)r·al** *adj psych.* Verhaltens...: ***~ disturbance*** Verhaltensstörung *f*. **be'hav·io(u)r·ism** *s psych.* Behaviorismus *m*.

be·head [bɪ'hed] *v/t* enthaupten.

be·hind [bɪ'haɪnd] **I** *prp* **1.** *räumlich u. zeitlich*: hinter (*acc od. dat*): ***get s.th. ~ one*** et. hinter sich bringen. **2.** *Reihenfolge, Rang*: hinter (*acc od. dat*): ***be ~ s.o.*** j-m nachstehen (***in*** in *dat*). **II** *adv* **3.** hinten, dahinter: ***walk ~*** hinterhergehen. **4.** nach hinten: ***look ~*** zurückblicken. **III** *adj* **5.** im Rückstand *od.* Verzug (***in, with*** mit). **IV** *s* **6.** F Hintern *m*. **be'hind·hand** *adv u. adj* **1.** im Rückstand *od.* Verzug (***with*** mit). **2.** rückständig.

beige [beɪʒ] *adj* beige.

be·ing ['biːɪŋ] *s* **1.** (Da)Sein *n*, Existenz *f*: ***in ~*** existierend, wirklich (vorhanden); ***call into ~*** ins Leben rufen; ***come into being*** entstehen. **2.** *j-s* Wesen *n*, Natur *f*. **3.** (Lebe)Wesen *n*, Geschöpf *n*.

be·la·bo(u)r [bɪ'leɪbə] *v/t mit Worten* bearbeiten, *j-m* zusetzen.

be·lat·ed [bɪ'leɪtɪd] *adj* verspätet: ***~ best wishes*** nachträglich herzlichen Glückwunsch.

belch [beltʃ] **I** *v/i* **1.** aufstoßen, rülpsen. **2.** quellen (***from*** aus) (*Rauch etc*). **II** *v/t* **3.** *a.* ***~ out*** (*od.* ***forth***) *Feuer, Rauch etc* speien, *a. fig. Beleidigungen etc* ausstoßen. **III** *s* **4.** Aufstoßen *n*, Rülpsen *n*; Rülpser *m*. **5.** *fig.* (Rauch-, Flammen-*etc*)Stoß *m*. **6.** *fig.* Schwall *m* (*von Beleidigungen etc*).

bel·fry ['belfrɪ] *s* Glockenstuhl *m*; Glockenturm *m*: → ***bat***[1].

Bel·gian ['beldʒən] **I** *adj* belgisch. **II** *s* Belgier(in).

be·lie [bɪ'laɪ] *v/t* **1.** *j-n, et.* Lügen strafen. **2.** hinwegtäuschen über (*acc*). **3.** *Hoff-*

nung etc enttäuschen, *e-r Sache* nicht entsprechen.

be·lief [bɪ'li:f] *s* **1.** Glaube *m* (***in*** an *acc*): ***beyond ~*** unglaublich. **2.** Vertrauen *n* (***in*** auf *e-e Sache*, zu *j-m*). **3.** Anschauung *f*, Überzeugung *f*: ***to the best of my ~*** nach bestem Wissen u. Gewissen.

be·liev·a·ble [bɪ'li:vəbl] *adj* **1.** glaubhaft. **2.** glaubwürdig.

be·lieve [bɪ'li:v] **I** *v/i* **1.** glauben (***in*** an *acc*). **2.** (***in***) vertrauen (auf *acc*), Vertrauen haben (zu). **3.** viel halten (***in*** von): ***not to ~in doing s.th.*** nichts *od.* nicht viel davon halten, et. zu tun. **II** *v/t* **4.** glauben: ***~ it or not!*** ob Sie es glauben oder nicht!; ***would you ~ it!*** ist das denn die Möglichkeit!; ***he is ~d to be rich*** man hält ihn für reich; → ***reason*** 1. **5.** glauben (*dat*). **be'liev·er** *s* Gläubige *m, f*: ***be a great ~ in*** fest glauben an (*acc*); viel halten von.

Be·li·sha bea·con [bɪ'li:ʃə] *s Br.* Blinklicht *n* (*an Fußgängerüberwegen*).

be·lit·tle [bɪ'lɪtl] *v/t* **1.** herabsetzen, schmälern. **2.** verharmlosen, bagatellisieren.

bell [bel] **I** *s* **1.** Glocke *f*, Klingel *f*, Schelle *f*: ***that rings a ~*** F das kommt mir bekannt vor, das erinnert mich an et. **2.** Glockenzeichen *n*, Läuten *n*, Klingeln *n*: → ***answer*** 10. **3.** *teleph.* Wecker *m*. **4.** Taucherglocke *f*. **II** *v/t* **5.** ***~ the cat*** *fig.* der Katze die Schelle umhängen. **'~·boy** *s bsd. Am.* (Hotel)Page *m*. **'~ˌflow·er** *s* ⚘ Glockenblume *f*. **'~·hop** *s Am.* (Hotel)Page *m*.

bel·li·cose ['belɪkəʊs] *adj* □ **1.** kriegslustig, kriegerisch. **2.** → ***belligerent*** 3.

bel·lied ['belɪd] *adj* bauchig.

bel·lig·er·ent [bɪ'lɪdʒərənt] **I** *adj* □ **1.** → ***bellicose*** 1. **2.** kriegführend. **3.** *fig.* streitlustig, aggressiv. **II** *s* **4.** kriegführendes Land.

bel·low ['beləʊ] **I** *v/i* **1.** brüllen (***with*** vor *dat*). **2.** grölen. **II** *v/t a.* ***~ out*** **3.** *Befehl etc* brüllen. **4.** *Lied etc* grölen. **III** *s* **5.** Brüllen *n*. **6.** Grölen *n*.

bel·lows ['beləʊz] *s pl* (*a. sg konstruiert*) Blasebalg *m*.

bell| push *s* Klingelknopf *m*. **'~ˌweth·er** *s* Leithammel *m* (*a. fig.*).

bel·ly ['belɪ] **I** *s* **1.** Bauch *m* (*a. e-s Schiffs etc*). **2.** Magen *m*. **II** *v/i u. v/t* **3.** *a.* ***~ out*** (an)schwellen (lassen). **'~·ache I** *s* F Bauchweh *n*. **II** *v/i sl.* meckern, nörgeln (***about*** über *acc*). **~ but·ton** *s* F Bauchknöpfchen *n*. **~ danc·er** *s* Bauchtänzerin *f*.

bel·ly·ful ['belɪfʊl] *s* F **1.** ***have a ~ of*** sich den Bauch vollschlagen mit. **2.** ***have had a*** (*od.* ***one's***) ***~ of*** die Nase voll haben von.

bel·ly land·ing *s* ✈ Bauchlandung *f*.

be·long [bɪ'lɒŋ] *v/i* **1.** gehören (***to*** *dat*). **2.** gehören (***to*** zu; ***in*** in *acc*). **3.** angehören (***to*** *dat*). **be'long·ings** *s pl* Habseligkeiten *pl*, Habe *f*; F Angehörige *pl*.

be·lov·ed [bɪ'lʌvd; -vɪd] **I** *adj* (innig) geliebt. **II** *s* Geliebte *m, f*.

be·low [bɪ'ləʊ] **I** *adv* **1.** unten. **2.** hinunter, nach unten. **II** *prp* **3.** unter (*acc od. dat*), unterhalb (*gen*): ***~ s.o.*** unter j-s Rang, Würde *etc*.

belt [belt] **I** *s* **1.** Gürtel *m*: ***hit below the ~*** (*Boxen*) tief schlagen, *j-m* e-n Tiefschlag versetzen; → ***tighten*** 1. **2.** (Sicherheits)Gurt *m*. **3.** Gürtel *m*, Gebiet *n*, Zone *f*. **4.** ⚙ (Treib)Riemen *m*. **II** *v/t* **5.** ***~ on*** an-, umschnallen. **6.** *a.* ***~ out*** *Lied etc* schmettern. **III** *v/i* **7.** ***~ up*** *mot. etc* sich anschnallen. **8.** *bsd. mot.* F rasen. **9.** ***~ up!*** *sl.* halt die Schnauze!

be·moan [bɪ'məʊn] *v/t* betrauern, beklagen.

be·mused [bɪ'mju:zd] *adj* **1.** verwirrt. **2.** gedankenverloren.

bench [bentʃ] *s* **1.** (Sitz)Bank *f*. **2.** Werkbank *f*, -tisch *m*.

bend [bend] **I** *s* **1.** Biegung *f*, Krümmung *f*, (*e-r Straße a.*) Kurve *f*: ***drive s.o. round the ~*** *Br.* F j-n verrückt machen. **II** *v/t* (*irr*) **2.** biegen, krümmen: ***~ out of shape*** verbiegen. **3.** *Kopf* neigen, *Knie* beugen. **4.** *Bogen*, *Feder etc* spannen. **5.** ⚖ *Recht* beugen. **6.** *Blicke*, *Gedanken etc* richten, *Anstrengungen etc* konzentrieren (***on, to*** auf *acc*). **III** *v/i* (*irr*) **7.** sich biegen *od.* krümmen; e-e Biegung machen (*Fluß*), (*Straße a.*) e-e Kurve machen. **8.** *a.* ***~ down*** sich bücken; sich nach unten biegen; sich verbeugen (***to, before*** vor *dat*).

be·neath [bɪ'ni:θ] **I** *adv* **1.** unten. **2.** darunter. **II** *prp* **3.** unter (*acc od. dat*), unterhalb (*gen*): ***~ him*** (*od.* ***his dignity***) unter s-r Würde; → ***contempt*** 1.

ben·e·dic·tion [ˌbenɪ'dɪkʃn] *s eccl.* **1.** Segen *m*. **2.** Segnung *f*.

ben·e·fac·tion [ˌbenɪˈfækʃn] *s* **1.** Wohltat *f*. **2.** wohltätige Gabe. **ben·e·fac·tor** [ˈ~tə] *s* Wohltäter *m*. **ben·e·fac·tress** [ˈ~trɪs] *s* Wohltäterin *f*.

be·nef·i·cence [bɪˈnefɪsns] *s* Wohltätigkeit *f*. **beˈnef·i·cent** *adj* □ wohltätig.

ben·e·fi·cial [ˌbenɪˈfɪʃl] *adj* □ (**to**) nützlich, zuträglich (*dat*), vorteilhaft, günstig (für).

ben·e·fit [ˈbenɪfɪt] **I** *s* **1.** Vorteil *m*, Nutzen *m*, Gewinn *m*: ***be of ~ to*** nützen (*dat*); ***for the ~ of*** zugunsten (*gen*); ***derive*** (*od.* ***get***) **~** (***from***) → 5; → ***reap*. 2.** (*Arbeitslosen- etc*)Unterstützung *f*; (*Kranken- etc*)Geld *n*; (*Sozial-, Versicherungs- etc*)Leistung *f*. **3.** Wohltätigkeitsveranstaltung *f*. **II** *v/t pret u. pp* **-ed,** *bsd. Am.* **-ted 4.** nützen (*dat*), fördern (*acc*), im Interesse (*gen*) sein *od.* liegen. **III** *v/i* **5.** (***by, from***) Vorteil haben (von, durch), Nutzen ziehen (aus).

be·nev·o·lence [bɪˈnevələns] *s* **1.** Wohltätigkeit *f*. **2.** Wohlwollen *n*. **3.** Wohltat *f*. **beˈnev·o·lent** *adj* □ **1.** wohltätig. **2.** wohlwollend.

be·nign [bɪˈnaɪn] *adj* □ **1.** gütig, freundlich. **2.** mild: ***~ climate*. 3.** ⚕ gutartig: ***~ tumo(u)r*.**

bent [bent] **I** *pret u. pp von* ***bend*.** **II** *adj* **1.** entschlossen (***on doing*** zu tun); erpicht (***on*** auf *acc*), darauf aus (***on doing*** zu tun). **III** *s* **2.** Neigung *f*, Hang *m* (***for*** zu): ***to the top of one's ~*** nach Herzenslust. **3.** Veranlagung *f*: ***have a ~ for art*** künstlerisch veranlagt sein; ***~ for languages*** Sprachbegabung *f*.

be·numbed [bɪˈnʌmd] *adj* **1.** gefühllos, starr (***with cold*** vor Kälte). **2.** *fig.* gelähmt.

ben·zene [ˈbenziːn] *s* ⚗ Benzol *n*.

ben·zine [ˈbenziːn] *s* ⚗ Leichtbenzin *n*.

be·queath [bɪˈkwiːð] *v/t* hinterlassen, vermachen (***s.th. to s.o.*** j-m et.). **be·quest** [bɪˈkwest] *s* Vermächtnis *n*.

be·rate [bɪˈreɪt] *v/t* auszanken (***about, for*** wegen).

be·reave [bɪˈriːv] *v/t* (*a. irr*) berauben (***of*** *gen*): ***~ s.o. of speech*** j-m die Sprache rauben; ***the ~d*** der *od.* die Hinterbliebene, die Hinterbliebenen *pl*. **beˈreave·ment** *s* **1.** schmerzlicher Verlust (*durch Tod*). **2.** Trauerfall *m*.

be·reft [bɪˈreft] **I** *pret u. pp von* ***bereave*.** **II** *adj mst fig.* beraubt (***of*** *gen*): ***~ of all hope*.**

ber·ry [ˈberɪ] *s* ⚘ Beere *f*.

ber·serk [bəˈzɜːk] *adj*: ***go ~*** wild werden; Amok laufen.

berth [bɜːθ] **I** *s* **1.** ⚓ Liege-, Ankerplatz *m*. **2.** ⚓ Koje *f*. **3.** 🚃 (Schlafwagen)Bett *n*. **4.** ***give a wide ~ to*** e-n großen Bogen machen um. **5.** F Stellung *f*, Pöstchen *n*: ***he's got a good ~*.** **II** *v/i* **6.** ⚓ festmachen, anlegen.

be·seech [bɪˈsiːtʃ] *v/t* (*a. irr*) **1.** *j-n* anflehen (***for*** um; ***to do*** zu tun). **2.** *et.* erflehen (***of*** von). **beˈseech·ing** *adj* flehend. **beˈseech·ing·ly** *adv* flehentlich.

be·set·ting [bɪˈsetɪŋ] *adj* hartnäckig: ***~ sin*** Gewohnheitslaster *n*.

be·side [bɪˈsaɪd] *prp* **1.** neben (*acc od. dat*). **2.** außerhalb: → ***point*** 11. **3.** ***be ~ o.s.*** außer sich sein (***with*** vor *dat*). **beˈsides** [~dz] **I** *adv* außerdem. **II** *prp* außer, neben (*dat*).

be·siege [bɪˈsiːdʒ] *v/t* **1.** ⚔ belagern (*a. fig.*). **2.** *fig.* bestürmen, bedrängen (***with*** mit).

be·sought [bɪˈsɔːt] *pret u. pp von* ***beseech*.**

be·spec·ta·cled [bɪˈspektəkld] *adj* bebrillt.

be·spoke [bɪˈspəʊk] *adj Br.* Maß...: ***~ tailor*** Maßschneider *m*.

best [best] **I** (*sup von* ***good***) *adj* **1.** best. **2.** größt, meist: ***the ~ part of*** der größte Teil (*gen*). **II** (*sup von* ***well***[2]) *adv* **3.** am besten: ***the ~-hated man*** der meistgehaßte Mann; ***as ~ they could*** so gut sie konnten; ***you had ~ go*** es wäre das beste, wenn Sie gingen. **III** *s* **4.** *der, die, das* Beste: ***at ~*** bestenfalls, höchstens; ***do one's ~*** sein möglichstes tun; ***have*** (*od.* ***get***) ***the ~ of*** übertreffen; F übers Ohr hauen; ***make the ~ of*** sich zufriedengeben mit; sich abfinden mit; voll ausnutzen; das beste machen aus; ***all the ~!*** alles Gute!; → ***ability, belief*** 3, *etc.*

bes·tial [ˈbestjəl] *adj* □ tierisch, *fig. a.* bestialisch, viehisch. **bes·ti·al·i·ty** [ˌ~tɪˈælətɪ] *s* **1.** Bestialität *f* (*a. fig.*). **2.** Sodomie *f*.

be·stir [bɪˈstɜː] *v/t*: ***~ o.s. to do s.th.*** sich dazu aufraffen, et. zu tun.

best man *s* (*irr* ***man***) *Freund des Bräuti-*

gams, der bei der Ausrichtung der Hochzeit e-e wichtige Rolle spielt.

be·stow [bɪ'stəʊ] *v/t Preis, Titel* verleihen (**on** *dat*). **be'stow·al** *s* Verleihung *f*.

best| sell·er *s* **1.** Bestseller *m*. **2.** Bestsellerautor *m*. **'~-,sell·ing** *adj*: **~ novel** Bestseller *m*; **~ author** Bestsellerautor *m*.

bet [bet] **I** *s* **1.** Wette *f*; Wetteinsatz *m*: **have** (*od.* **make**) **a ~** e-e Wette abschließen *od.* eingehen (**on** auf *acc*). **2. my ~ is that** ich würde sagen, daß; **it's a safe ~ that** es steht so gut wie fest, daß. **3. your best ~ is to take the car** F du nimmst am besten den Wagen. **II** *v/t* (*a. irr*) **4.** *Geld* wetten, setzen (**on** auf *acc*): **I'll ~ you £10 that** ich wette mit dir (um) 10 Pfund, daß; **you can ~ your boots** (*od.* **bottom dollar, shirt**) **that** F du kannst Gift darauf nehmen, daß. **5. ~** (**s.o.**) **that** *fig.* (mit j-m) wetten, daß. **III** *v/i* (*a. irr*) **6.** wetten, setzen (**on** auf *acc*): **you ~!** F das kann man wohl sagen.

be·tray [bɪ'treɪ] *v/t* verraten (**to** *dat od.* an *acc*) (*a. fig.*). **be'tray·al** *s* Verrat *m*.

bet·ter[1] ['betə] **I** (*comp von* **good**) *adj* besser: **I am ~** es geht mir (*gesundheitlich*) besser; **get ~** besser werden; sich erholen. **II** *s das* Bessere: **for ~ for worse** in Freud u. Leid (*Trauformel*); was auch (immer) geschieht; **get the ~ of** *j-n* besiegen, ausstechen; *et.* überwinden. **III** (*comp von* **well**[2]) *adv* besser: **~ off** besser daran; (*finanziell*) bessergestellt; **think ~ of it** es sich anders überlegen; **you had ~ go** es wäre besser, du gingest; **you had ~ not!** laß das lieber sein!; → **know** 6, **like**[2] I. **IV** *v/t Beziehungen, Rekord etc* verbessern: **~ o.s.** sich (*finanziell*) verbessern; sich weiterbilden. **V** *v/i* besser werden.

bet·ter[2] [~] *s* Wetter(in).

bet·ter·ment ['betəmənt] *s* **1.** (Ver)Besserung *f*. **2.** ⚖ Wertsteigerung *f*, -zuwachs *m*.

bet·ting ['betɪŋ] *s* Wetten *n*: **~ office** (*Br.* **shop**) Wettbüro *n*.

be·tween [bɪ'twiːn] **I** *prp* **1.** *räumlich u. zeitlich*: zwischen (*dat od. acc*): → **devil** 1, **stool** 1. **2.** unter (*dat od. acc*): **~ you and me** (**and the bedpost** *od.* **gatepost** *od.* **lamppost** F) unter uns *od.* im Vertrauen (gesagt); **we had ten pounds ~ us** wir hatten zusammen zehn Pfund. **II** *adv* **3.** dazwischen: **the space ~** der Zwischenraum; **in ~** dazwischen.

bev·el ['bevl] **I** *s* Schräge *f*, Abschrägung *f*. **II** *v/t pret u. pp* **-eled,** *bsd. Br.* **-elled** abschrägen. **III** *adj* abgeschrägt, schräg.

bev·er·age ['bevərɪdʒ] *s* Getränk *n*.

bev·y ['bevɪ] *s orn.* Schwarm *m*, Schar *f*.

be·wail [bɪ'weɪl] *v/t* beklagen.

be·ware [bɪ'weə] *v/i* sich hüten, sich in acht nehmen (**of** vor *dat*): **~ of the dog!** Vorsicht, bissiger Hund!; **~ of pickpockets!** vor Taschendieben wird gewarnt!

be·wil·der [bɪ'wɪldə] *v/t* irremachen, verwirren. **be'wil·der·ment** *s* Verwirrung *f*.

be·witch [bɪ'wɪtʃ] *v/t* bezaubern, behexen.

be·yond [bɪ'jɒnd] **I** *adv* **1.** darüber hinaus. **II** *prp* **2.** jenseits. **3.** über ... (*acc*) hinaus: **that is ~ me** F das ist mir zu hoch, das geht über m-n Verstand; → **belief** 1, **endurance** 1, **measure** 2, **word** 1, *etc.*

bi... [baɪ] zwei...

,bi'an·nu·al *adj* zweimal jährlich vorkommend *od.* erscheinend. **,bi'an·nu·al·ly** *adv* zweimal im Jahr.

bi·as ['baɪəs] **I** *s* **1.** (**towards**) Neigung *f*, Hang *m* (zu); Vorliebe *f* (für). **2.** Vorurteil *n*, ⚖ Befangenheit *f*: **free from ~** unvoreingenommen. **II** *adj u. adv* **3.** schräg. **III** *v/t pret u. pp* **-as(s)ed 4.** (*mst ungünstig*) beeinflussen, *j-n* einnehmen (**against** gegen). **'bi·as(s)ed** *adj* voreingenommen, ⚖ befangen.

bib [bɪb] *s* **1.** Lätzchen *n*. **2.** Schürzenlatz *m*.

Bi·ble ['baɪbl] *s* Bibel *f*. **bib·li·cal** ['bɪblɪkl] *adj* □ biblisch, Bibel...

bib·li·o·graph·ic, bib·li·o·graph·i·cal [,bɪblɪəʊ'græfɪk(l)] *adj* □ bibliographisch. **bib·li·og·ra·phy** [,~'ɒgrəfɪ] *s* Bibliographie *f*. **bib·li·o·phile** ['~əʊfaɪl] *s* Bücherfreund *m*, Bibliophile *m*.

bi'car·bon·ate *s* ⚗ Bikarbonat *n*: **~ of soda** Natriumbikarbonat.

bi·ceps ['baɪseps] *pl* **-ceps(·es)** *s anat.* Bizeps *m*.

bick·er ['bɪkə] **I** *v/i* sich zanken *od.* streiten (**about, over** um). **II** *s* Zank *m*, Streit *m*. **'bick·er·ing** *s* Gezänk *n*.

bi·cy·cle ['baɪsɪkl] **I** *s* Fahrrad *n.* **II** *v/i* radfahren; mit dem Rad fahren.

bid [bɪd] **I** *s* **1.** ✝ Gebot *n* (*bei Versteigerungen*); ✝ Angebot *n* (*bei Ausschreibungen*); ✝ *Am.* Kostenvoranschlag *m*; *fig.* Bewerbung *f* (**for** um), Versuch *m* (**to do** zu tun): ***highest ~*** Meistgebot *n*; ***make a ~ for*** sich bemühen um; ***~ for power*** Griff *m* nach der Macht. **II** *v/t* (*irr*) **2.** ✝ *bei Versteigerungen* bieten. **3.** *j-m e-n guten Morgen etc* wünschen: ***~ s.o. good morning***; ***~ farewell*** Lebewohl sagen. **III** *v/i* (*irr*) **4.** ✝ *bei Versteigerungen* bieten; ✝ *Am.* e-n Kostenvoranschlag machen; *fig.* sich bemühen (**for** um): ***~ for power*** nach der Macht greifen. **'bid·den** *pp von **bid.*** **'bid·der** *s* ✝ Bieter *m* (*bei Versteigerungen*): ***highest ~*** Meistbietende *m, f.* **'bid·ding** *s* ✝ Gebot *n* (*bei Versteigerungen*).

bide [baɪd] *v/t* (*a. irr*): ***~ one's time*** den rechten Augenblick abwarten *od.* abpassen.

bi·en·ni·al [baɪ'enɪəl] *adj* □ **1.** zweijährlich. **2.** zweijährig.

bier [bɪə] *s* (Toten)Bahre *f.*

bi·fur·cate ['baɪfəkeɪt] **I** *v/i* sich gabeln. **II** *adj* gegabelt, gabelförmig. **ˌbi·fur'ca·tion** *s* Gabelung *f.*

big [bɪg] **I** *adj* **1.** *allg.* groß: a) dick, stark: ***the ~gest party*** die stärkste Partei; ***earn ~ money*** F das große Geld verdienen, b) breit, weit: ***the coat is too ~ for me*** der Mantel ist mir zu groß; ***get too ~ for one's boots*** (*od.* ***breeches,*** *bsd. Am.* ***pants***) F größenwahnsinnig werden, c) hoch: ***~ trees,*** d) Mords...: ***~ rascal*** Erzgauner *m*; ***~ eater*** starker Esser, e) erwachsen, f) wichtig, bedeutend: → ***shot*** 3. **2.** ausgiebig, reichlich: ***~ meal.*** **3.** F aufgeblasen, eingebildet: ***have ~ ideas*** große Rosinen im Kopf haben; ***~ talk*** große Töne *pl.* **4.** ***that's very ~ of you*** das ist sehr großzügig *od.* nobel von Ihnen. **5.** ***be ~ on*** F stehen auf (*acc*). **II** *adv* **6.** F mächtig, mordsmäßig. **7.** F großspurig: ***talk ~*** große Töne spucken.

big·a·mist ['bɪgəmɪst] *s* Bigamist(in). **'big·a·my** *s* Bigamie *f*, Doppelehe *f.*

big| bang *s Kosmologie*: Urknall *m.* **'~-ˌcir·cu'la·tion** *adj* auflagenstark (*Zeitung*). **'~·mouth** *s* F Großmaul *n.*

big·ness ['bɪgnɪs] *s* Größe *f.*

big·ot ['bɪgət] *s* **1.** selbstgerechte *od.* intolerante Person. **2.** Frömmler(in). **'big·ot·ed** *adj* **1.** selbstgerecht, intolerant. **2.** bigott, frömmlerisch. **'big·ot·ry** *s* **1.** Selbstgerechtigkeit *f*, Intoleranz *f.* **2.** Bigotterie *f*, Frömmelei *f.*

'big·wig *s* F großes *od.* hohes Tier.

bike [baɪk] F **I** *s* Rad *n* (*Fahrrad*); Maschine *f* (*Motorrad*). **II** *v/i* radeln, Motorrad fahren; mit dem Motorrad fahren.

ˌbi'lat·er·al *adj* bilateral, zweiseitig.

bil·ber·ry ['bɪlbərɪ] *s* ♀ Blau-, Heidelbeere *f.*

bile [baɪl] *s* **1.** *physiol.* Galle *f.* **2.** *fig.* Gereiztheit *f*; Reizbarkeit *f.* **'~·stone** *s physiol.* Gallenstein *m.*

bilge [bɪldʒ] *s* **1.** ⚓ Kielraum *m.* **2.** F Quatsch *m*, Mist *m.*

bi'lin·gual *adj* □ zweisprachig.

bil·ious ['bɪljəs] *adj* □ **1.** ⚕ gallig; Gallen...: ***~ attack*** Gallenkolik *f.* **2.** *fig.* gereizt; reizbar.

bill[1] [bɪl] **I** *s zo.* Schnabel *m.* **II** *v/i a.* ***~ and coo*** (miteinander) turteln.

bill[2] [~] **I** *s* **1.** *pol.* (Gesetzes)Vorlage *f*, Gesetzentwurf *m.* **2.** ⚖ (An)Klageschrift *f.* **3.** *a.* ***~ of exchange*** ✝ Wechsel *m.* **4.** Rechnung *f*: ***waiter, the ~, please*** (Herr) Ober, bitte zahlen! **5.** Liste *f*, Aufstellung *f*: ***~ of fare*** Speise(n)karte *f.* **6.** Bescheinigung *f*: ***~ of delivery*** ✝ Lieferschein *m.* **7.** Plakat *n.* **8.** *thea. etc* Programm(zettel *m*) *n*; *weitS.* Programm *n*: ***be on the ~*** auftreten; → ***top***[1] 12. **9.** *Am.* Banknote *f*, (Geld)Schein *m.* **II** *v/t* **10.** *j-m* e-e Rechnung ausstellen *od.* schicken: ***~ s.o. for s.th.*** j-m et. in Rechnung stellen. **11.** (durch Plakate) ankündigen *od.* bekanntgeben.

'bill·board *s bsd. Am.* **1.** Reklametafel *f.* **2.** *Film, TV*: Vorspann *m.*

bil·let ['bɪlɪt] **I** *s* **1.** ⚔ (Privat)Quartier *n.* **2.** Unterkunft *f.* **II** *v/t* **3.** ⚔ einquartieren (**with, on** bei). **4.** unterbringen. **III** *v/i* **5.** ⚔ einquartiert sein. **6.** (*bsd.* vorübergehend) wohnen.

'bill·fold *s Am.* Scheintasche *f*; Brieftasche *f.*

bil·liard ['bɪljəd] **I** *s pl* (*mst sg konstruiert*) Billard(spiel) *n.* **II** *adj* Billard...: ***~ ball*** (***table***); ***~ cue*** Queue *f.*

bil·lion ['bɪljən] *s* **1.** Milliarde *f.* **2.** *Br. obs.* Billion *f.*

bil·low ['bɪləʊ] **I** *s* **1.** Woge *f.* **2.** (*Nebel-, Rauch*)Schwaden *m.* **II** *v/i* **3.** wogen. **4.** *a.* ~ ***out*** sich bauschen *od.* blähen (*Segel, Vorhänge etc*). **III** *v/t* **5.** bauschen, blähen. '**bil·low·y** *adj* **1.** wogend. **2.** in Schwaden ziehend. **3.** gebauscht, gebläht.

'**bill**|ˌ**post·er,** '~ˌ**stick·er** *s* Plakatkleber *m.*

bil·ly ['bɪlɪ] *s Am.* (Polizei)Knüppel *m.* ~ **goat** *s* Ziegenbock *m.*

ˌ**bi'month·ly** *adj u. adv* zweimonatlich.

bin [bɪn] *s* Behälter *m.*

bi·na·ry ['baɪnərɪ] *adj* ⩘, ⚙ *etc* binär, Binär...

bind [baɪnd] **I** *v/t* (*irr*) **1.** binden (***to*** an *acc*): ~ ***together*** zs.-binden; ~ ***up*** aneinander-, zs.-binden; *Wunde* verbinden. **2.** *Saum* einfassen. **3.** ⚗ *etc* (mit e-m Bindemittel) binden. **4.** *Buch* (ein)binden. **5.** *fig.* (*a. vertraglich*) binden, verpflichten (***to s.th.*** zu et.; ***to do*** zu tun). **II** *v/i* (*irr*) **6.** ⚗ *etc* binden. **7.** fest *od.* hart werden. **8.** *fig.* binden(d sein). **III** *s* **9.** ***be in a*** ~ F in Schwulitäten sein. '**bind·er** *s* **1.** (*Buch- etc*)Binder(in). **2.** (*Akten- etc*)Deckel *m*, Umschlag *m.* **3.** ⚗ *etc* Bindemittel *n.* '**bind·ing I** *adj* □ **1.** *fig.* bindend, verbindlich (***on*** für): ***legally*** ~ rechtsverbindlich; ***not*** ~ unverbindlich. **II** *s* **2.** (Buch)Einband *m.* **3.** Einfassung *f*, Borte *f.* **4.** (*Ski*)Bindung *f.* **5.** → ***binder*** 3.

binge [bɪndʒ] *s* F Sauf- *od.* Freßgelage *n*: ***go*** (***out***) ***on a*** ~ e-e Sauf- *od.* Freßtour machen; ***go on a buying*** (*od.* ***shopping, spending***) ~ wie verrückt einkaufen.

bin·go ['bɪŋgəʊ] *s* Bingo *n* (*ein Glücksspiel*).

bin·oc·u·lars [bɪ'nɒkjʊləz] *s pl* (***a pair of*** ein) Fernglas *n.*

bi·o·chem·i·cal [ˌbaɪəʊ'kemɪkl] *adj* □ biochemisch. ˌ**bi·o'chem·ist** *s* Biochemiker(in). ˌ**bi·o'chem·is·try** *s* Biochemie *f.*

bi·o·graph·ic, bi·o·graph·i·cal [ˌbaɪəʊ'græfɪk(l)] *adj* □ biographisch. **bi·og·ra·phy** [~'ɒgrəfɪ] *s* Biographie *f.*

bi·o·log·i·cal [ˌbaɪəʊ'lɒdʒɪkl] *adj* □ biologisch. **bi·ol·o·gist** [~'ɒlədʒɪst] *s* Biologe *m.* **bi'ol·o·gy** *s* Biologie *f.*

bi·par·ti·san [ˌbaɪpɑːtɪ'zæn] *adj pol.* Zweiparteien...

birch [bɜːtʃ] *s* ♣ Birke *f.*

bird [bɜːd] *s* **1.** Vogel *m*: ~ ***of passage*** Zugvogel (*a. fig.*); ~ ***of prey*** Raubvogel; ***a*** ~ ***in the hand is worth two in the bush*** besser ein Spatz in der Hand als e-e Taube auf dem Dach; ***tell a child about the*** ~***s and the bees*** ein Kind aufklären; ***that's*** (***strictly***) ***for the*** ~***s*** F das ist für die Katz; das taugt nichts; ***give s.o. the*** ~ j-n auspfeifen *od.* ausbuhen; → ***early*** 4, ***feather*** I, ***fly***[1] 2, ***kill*** 1. **2.** F Kerl *m*: ***queer*** ~ komischer Kauz. '~**·cage** *s* Vogelkäfig *m.* '~**·house** *s* Nistkasten *m.*

bird·ie ['bɜːdɪ] *s* Vögelchen.

bird| **sanc·tu·a·ry** *s* Vogelschutzgebiet *n.* '~**·seed** *s* Vogelfutter *n.*

'**bird's**|**-eye** *adj*: ~ ***view*** (Blick *m* aus der) Vogelschau; *fig.* allgemeiner Überblick (***of*** über *acc*); ~ ***perspective*** Vogelperspektive *f.* ~ **nest** *s* Vogelnest *n.*

bird strike *s* ✈ Vogelschlag *m.*

bi·ro ['baɪərəʊ] *pl* **-ros** (*TM*) *s Br.* Kugelschreiber *m.*

birth [bɜːθ] *s* **1.** Geburt *f*: ***at*** ~ bei der Geburt; ***from*** (*od.* ***since***) (***one's***) ~ von Geburt an; ***give*** ~ ***to*** gebären, zur Welt bringen; *fig.* hervorbringen, -rufen. **2.** Abstammung *f*, Herkunft *f*: ***he's a man of*** (***good***) ~ er stammt aus gutem Hause; ***she's English by*** ~ sie ist gebürtige Engländerin. **3.** Ursprung *m*, Entstehung *f.* ~ **cer·tif·i·cate** *s* Geburtsurkunde *f.* ~ **con·trol** *s* Geburtenregelung *f*, -kontrolle *f.* '~**·day I** *s* Geburtstag *m*: ***when is your*** ~***?*** wann hast du Geburtstag?; ***happy*** ~***!*** alles Gute *od.* herzlichen Glückwunsch zum Geburtstag! **II** *adj* Geburtstags...: ~ ***party*** (***present,*** *etc*); ~ ***honours*** *pl* Titelverleihungen *pl* anläßlich des Geburtstags des Königs *od.* der Königin; ***in one's*** ~ ***suit*** im Adams- *od.* Evaskostüm. '~**·mark** *s* Muttermal *n.* ~ **pill** *s* ⚕ Antibabypille *f.* '~**·place** *s* Geburtsort *m.* '~**·rate** *s* Geburtenziffer *f*: ***falling*** ~ Geburtenrückgang *m.*

bis·cuit ['bɪskɪt] *s* **1.** *Br.* Keks *m, n.* **2.** *Am.* kleines weiches Brötchen.

bi·sect [baɪ'sekt] *v/t* **1.** in zwei Teile (zer)schneiden. **2.** ⩘ halbieren. ˌ**bi'sec·tion** *s* ⩘ Halbierung *f.*

ˌ**biˈsex·u·al** *adj* □ bisexuell.

bish·op [ˈbɪʃəp] *s* **1.** *eccl.* Bischof *m.* **2.** *Schach*: Läufer *m.* **bish·op·ric** [ˈ~rɪk] *s eccl.* Bistum *n.*

bit[1] [bɪt] *s* **1.** Gebiß *n* (*am Pferdezaum*): ***take the ~ between one's teeth*** durchgehen (*Pferd*); *fig.* störrisch werden; *fig.* sich reinknien. **2.** ⚙ Backe *f*, Maul *n* (*e-r Zange etc*); (*Schlüssel*)Bart *m.* **3.** Mundstück *n* (*e-r Tabakspfeife etc*).

bit[2] [~] *s* **1.** Bissen *m*, Happen *m.* **2.** Stück(chen) *n* (*a. fig.*): ***fall to ~s*** entzweigehen, zerbrechen; ***a ~*** ein bißchen; ziemlich; ***not a ~*** überhaupt nicht; ***a ~ of a coward*** ziemlich feig; ***a ~ of a fool*** ein bißchen dumm; ***~ by ~*** Stück für Stück, nach u. nach; ***do one's ~*** s-e Pflicht (u. Schuldigkeit) tun; s-n Beitrag leisten. **3.** F Augenblick *m*, Moment *m*: ***after a ~*** nach e-m Weilchen. **4.** F kleine Münze.

bit[3] [~] *s Computer*: Bit *n.*

bit[4] [~] *pret von* ***bite.***

bitch [bɪtʃ] *s* **1.** *zo.* Hündin *f.* **2.** *sl.* Schlampe *f*; Miststück *n*: → ***son*** 1.

bite [baɪt] **I** *v/t* (*irr*) **1.** beißen: ***~ back*** sich *e-e Äußerung etc* verkneifen; ***~ off*** abbeißen; ***~ off more than one can chew*** F sich zuviel zumuten; ***~ the dust*** (*Am. a.* ***ground***) F ins Gras beißen; ***~ one's nails*** an den Nägeln kauen; *fig.* nervös sein; → ***lip*** 1, ***tongue*** 1. **2.** beißen, stechen (*Insekt*). **II** *v/i* (*irr*) **3.** (zu)beißen: ***~ into*** (hinein)beißen in (*acc*). **4.** anbeißen (*a. fig.*), schnappen (***at*** nach) (*Fisch*). **5.** beißen, stechen (*Insekt*). **6.** beißen (*Rauch, Gewürz etc*). **7.** fassen, greifen (*Rad, Schraube etc*). **8.** *fig.* beißend *od.* verletzend sein. **9.** sich (*bsd.* negativ) auswirken (*Maßnahme*). **III** *s* **10.** Biß *m*, (*e-s Insekts a.*) Stich *m.* **11.** Biß(wunde *f*) *m.* **12.** Bissen *m*, Happen *m* (*a. weitS. Imbiß, Nahrung*). **13.** Fassen *n*, Greifen *n* (*von Rädern, Schrauben etc*): ***s.th. has lost its ~*** *fig.* et. greift *od.* zieht nicht mehr. **14.** Schärfe *f* (*a. fig.*).

bit·ing [ˈbaɪtɪŋ] *adj* beißend (*Rauch etc*), schneidend (*Wind, Kälte etc*) (*beide a. Worte etc*).

bit·ten [ˈbɪtn] **I** *pp von* ***bite.*** **II** *adj*: ***once ~ twice shy*** (ein) gebranntes Kind scheut das Feuer.

bit·ter [ˈbɪtə] **I** *adj* □ **1.** bitter (*a. fig.*): ***to the ~ end*** bis zum bitteren Ende; ***weep ~ly*** bitterlich weinen. **2.** *fig.* scharf, heftig (*Kritik etc*). **3.** *fig.* erbittert (*Feinde etc*); verbittert (***about*** wegen). **II** *adv* **4.** ***~ cold*** bitterkalt. **III** *s* **5.** Bitterkeit *f.* **6.** *fig. das* Bittere. **7.** *Br. stark gehopftes* (*Faß*)*Bier.* **8.** *mst pl* Magenbitter *m.*

bit·ter·ness [ˈbɪtənɪs] *s* **1.** Bitterkeit *f* (*a. fig.*). **2.** *fig.* Verbitterung *f.*

bi·tu·men [ˈbɪtjʊmɪn] *s min.* Bitumen *n.*

bi·tu·mi·nous [bɪˈtjuːmɪnəs] *adj*: ***~ coal*** Steinkohle *f.*

biz [bɪz] F *für* ***business.***

bi·zarre [bɪˈzɑː] *adj* bizarr.

blab [blæb] **I** *v/t* **1.** *oft* ***~ out*** ausplaudern. **II** *v/i* **2.** schwatzen. **3.** *fig.* plaudern.

black [blæk] **I** *adj* **1.** *allg.* schwarz (*a. fig.*): ***~ coffee***; ***~ humo(u)r***; ***~ man*** Schwarze *m*; ***~ in the face*** dunkelrot im Gesicht (*vor Aufregung etc*); ***beat s.o. ~ and blue*** j-n grün u. blau schlagen; ***look ~ at s.o., give s.o. a ~ look*** j-n (böse) anfunkeln; ***he's not so*** (*od.* ***as***) ***~ as he's painted*** er ist besser als sein Ruf. **2.** ✝ *bsd. Br.* boykottiert. **II** *s* **3.** Schwarz *n*: ***dressed in ~*** schwarz *od.* in Schwarz gekleidet; ***be in*** (*od.* ***wear***) ***~*** Trauer tragen. **4.** *oft* ♀ Schwarze *m, f.* **5.** ***be in the ~*** ✝ mit Gewinn arbeiten; aus den roten Zahlen heraussein. **III** *v/t* **6.** → ***blacken*** I. **7.** ✝ *bsd. Br.* boykottieren. **8.** ***~ out*** abdunkeln, *a.* ⚔ verdunkeln. **9.** ***~ out*** *Nachrichten etc* unterdrücken. **IV** *v/i* **10.** schwarz werden. **11.** ***~ out*** ein Blackout haben. **12.** ***~ out*** bewußtlos werden.

black| and white *pl* **black and whites** *s* **1.** ***in ~*** schwarz auf weiß, schriftlich. **2.** Schwarzweißbild *n.* **3.** ***depict s.th. in ~*** *fig.* et. schwarzweißmalen. ˌ**~-and-ˈwhite** *adj* **1.** schriftlich. **2.** Schwarzweiß...: ***~ television***; ***~ depiction*** Schwarzweißmalerei *f.* ˈ**~·ball** *v/t* stimmen gegen. **~·ber·ry** [ˈ~bərɪ] *s* ♀ Brombeere *f.* ˈ**~·bird** *s orn.* Amsel *f.* ˈ**~·board** *s* (Schul-, Wand)Tafel *f.* **~ box** *s* ✈ F Flugschreiber *m.*

black·en [ˈblækən] **I** *v/t* **1.** schwarz machen, schwärzen. **2.** *fig.* ***~ s.o.'s character*** j-n verunglimpfen; ***~ s.o.'s name*** (*od.* ***reputation***) j-n schlechtmachen. **II** *v/i* **3.** schwarz werden.

black| eye *s* blaues Auge, Veilchen *n*: ***give s.o. a ~*** j-m ein blaues Auge schlagen. **~·guard** ['blægɑ:d] *s* Schuft *m*, Lump *m*. **~ ice** *s* Glatteis *n*.

black·ish ['blækɪʃ] *adj* schwärzlich.

'black|·jack *s* **1.** Siebzehnundvier *n*. **2.** *bsd. Am.* Totschläger *m* (*Waffe*). **~ lead** [led] *s min.* Graphit *m*. **'~·leg** *s bsd. Br.* Streikbrecher *m*. **ˌ~·'let·ter day** *s* schwarzer Tag, Unglückstag *m*. **'~·list I** *s* schwarze Liste. **II** *v/t* auf die schwarze Liste setzen. **~ mag·ic** *s* Schwarze Magie. **'~·mail I** *s* Erpressung *f*. **II** *v/t j-n* erpressen (***over*** mit). **'~ˌmail·er** *s* Erpresser(in). ♀ **Ma·ri·a** [mə'raɪə] *s* F grüne Minna. **~ mar·ket** *s* schwarzer Markt, Schwarzmarkt *m*. **~ mar·ket·eer** [ˌmɑ:kə'tɪə] *s* Schwarzhändler(in). **~ mass** *s* Schwarze Messe.

black·ness ['blæknɪs] *s* Schwärze *f*.

'black|·out *s* **1.** ⚔, ✈, *thea. etc* Blackout *n, m*. **2.** ✈ Ohnmacht *f*, Bewußtlosigkeit *f*. **3.** (*bsd.* Nachrichten)Sperre *f*: ***draw a ~ over*** e-e Nachrichtensperre verhängen über (*acc*). **~ pud·ding** *s* Blutwurst *f*. **~ sheep** *s* (*irr* ***sheep***) *fig.* schwarzes Schaf.

blad·der ['blædə] *s anat.* Blase *f*.

blade [bleɪd] *s* **1.** ♀ Halm *m*: **~ *of grass*** Grashalm. **2.** ⚙ Blatt *n* (*e-r Säge*, *e-s Ruders etc*). **3.** ⚙ Flügel *m* (*e-s Propellers*); Schaufel *f* (*e-r Turbine etc*). **4.** ⚙ Klinge *f* (*e-s Messers etc*).

blah [blɑ:], *a.* **ˌblah'blah** *s* F Blabla *n*, Geschwafel *n*.

blame [bleɪm] **I** *v/t* **1.** tadeln (***for*** wegen). **2. ~ *s.o. for s.th.*, ~ *s.th. on s.o.*** j-n verantwortlich machen für et., j-m die Schuld geben an et.; ***he is to ~ for it*** er ist daran schuld; ***he has only himself to ~*** er hat es sich selbst zuzuschreiben. **II** *s* **3.** Tadel *m*. **4.** Schuld *f*, Verantwortung *f*: ***lay*** (*od.* ***put, cast***) ***the ~ on s.o.*** j-m die Schuld geben; ***bear*** (*od.* ***take***) ***the ~*** die Schuld auf sich nehmen. **'blame·less** *adj* □ **1.** untadelig. **2.** schuldlos (***of*** an *acc*).

blanch [blɑ:ntʃ] **I** *v/t* **1.** bleichen. **2.** *gastr.* blanchieren. **3.** erbleichen lassen. **II** *v/i* **4.** erbleichen, bleich werden (***with*** vor *dat*).

blanc·mange [blə'mɒndʒ] *s* Pudding *m*.

blan·dish ['blændɪʃ] *v/t j-m* schmeicheln, schöntun. **'blan·dish·ment** *s mst pl* Schmeichelei *f*.

blank [blæŋk] **I** *adj* □ **1.** leer, unbeschrieben: ***leave ~*** frei lassen. **2.** ✝, ⚖ Blanko...: **~ *check*** (*Br.* ***cheque***) Blankoscheck *m*, Scheckformular *n*; **~ *signature*** Blankounterschrift *f*. **3.** inhaltslos, unausgefüllt (*Leben etc*); ausdruckslos (*Gesicht etc*). **4.** verdutzt, verblüfft; verständnislos. **5. ~ *cartridge*** → 9. **II** *s* **6.** freier Raum, Lücke *f*. **7.** unbeschriebenes Blatt (*a. fig.*); Formular *n*, Vordruck *m*. **8.** *Lotterie*: Niete *f*: ***draw a ~*** e-e Niete ziehen, *fig. a.* kein Glück haben. **9.** ⚔ Platzpatrone *f*.

blan·ket ['blæŋkɪt] **I** *s* (*engS.* Bett)Decke *f*: **~ *of snow*** (***clouds***) Schnee-(Wolken)decke; → ***wet*** 1. **II** *v/t* zudecken: ***~ed in*** (*od.* ***with***) ***fog*** in Nebel eingehüllt. **III** *adj* umfassend, Gesamt..., Pauschal...

blare [bleə] **I** *v/i* schmettern (*Trompete*); brüllen, plärren (*Radio etc*). **II** *s* Schmettern *n*; Brüllen *n*, Plärren *n*.

blar·ney ['blɑ:nɪ] **I** *s* Schmeichelei *f*. **II** *v/t u. v/i* (*j-m*) schmeicheln.

bla·sé ['blɑ:zeɪ] *adj* gleichgültig.

blas·pheme [blæs'fi:m] **I** *v/t* **1.** *Gott etc* lästern. **2.** *allg.* schmähen. **II** *v/i* **3.** Gott lästern: **~ *against*** → I. **blas'phem·er** *s* (Gottes)Lästerer *m*. **blas·phe·mous** ['~fəməs] *adj* □ blasphemisch, (gottes)lästerlich. **'blas·phe·my** *s* **1.** Blasphemie *f*, (Gottes)Lästerung *f*. **2.** *allg.* Schmähung *f*.

blast [blɑ:st] **I** *s* **1.** Windstoß *m*. **2.** (***at***) ***full ~*** ⚙ *u. fig.* auf Hochtouren (*laufen od. arbeiten*). **3.** Explosion *f*, Detonation *f*; Druckwelle *f*. **4.** Sprengung *f*; Sprengladung *f*. **II** *v/t* **5.** sprengen. **6.** *fig.* zunichte machen, vereiteln. **7. ~ *off*** (***into space***) in den Weltraum schießen. **8.** *sl.* verfluchen: ***~ed*** verdammt, verflucht; ***~ed idiot*** Vollidiot *m*; **~ *it*** (***all***)***!*** verdammt (nochmal)!; **~ *him!*** der Teufel soll ihn holen! **~ fur·nace** *s* ⚙ Hochofen *m*. **'~·off** *s* Start *m* (*e-r Rakete*).

bla·tant ['bleɪtənt] *adj* □ **1.** lärmend, laut. **2.** marktschreierisch; aufdringlich. **3.** offenkundig, eklatant.

blath·er ['blæðə] **I** *v/i* quatschen. **II** *s* Gequatsche *n*.

blaze [bleɪz] **I** *s* **1.** (lodernde) Flamme: ***be in a ~*** in hellen Flammen stehen. **2.** Glanz *m* (*a. fig.*): **~ *of colo***(***u***)***rs*** Farbenpracht *f*. **3.** *fig.* plötzlicher Ausbruch: **~ of anger** Wutanfall *m.* **4.** F **go to ~s!** scher dich zum Teufel!; **like ~s** wie verrückt; **what the ~s ...?** was zum Teufel ...? **II** *v/i* **5.** lodern: **~ up** aufflammen, -lodern, *fig. a.* entbrennen. **6.** *a. fig.* leuchten, glühen (**with** vor *dat*). **III** *v/t* **7.** *a.* **~ abroad** verkünden, *contp.* ausposaunen. **'blaz·er** *s* Blazer *m*, Klub-, Sportjacke *f.* **'blaz·ing** *adj* **1.** glühend. **2.** auffällig, schreiend, (*Farben a.*) grell.

bla·zon ['bleɪzn] **I** *s* Wappen *n.* **II** *v/t mst* **~ abroad** → **blaze** 7.

bleach [bliːtʃ] **I** *v/t* bleichen. **II** *s* Bleichmittel *n.*

bleak [bliːk] *adj* □ **1.** kahl, öde. **2.** ungeschützt, windig. **3.** *fig.* trost-, freudlos (*Dasein etc*), trüb, düster (*Aussichten etc*).

blear·y ['blɪərɪ] *adj* **1.** verschwommen. **2.** trüb (*Augen*). **'~-eyed** *adj* **1.** mit trüben Augen. **2.** *fig.* kurzsichtig.

bleat [bliːt] **I** *v/i* blöken (*Schaf*), meckern (*Ziege*). **II** *v/t et.* in weinerlichem Ton sagen. **III** *s* Blöken *n*, Meckern *n.*

bled [bled] *pret u. pp von* **bleed.**

bleed [bliːd] (*irr*) **I** *v/i* **1.** bluten: **~ to death** verbluten. **II** *v/t* **2.** ⚕ zur Ader lassen. **3.** F schröpfen: **~ s.o. for s.th.** j-m et. abknöpfen. **4.** ⚙ *Bremsen* entlüften. **'bleed·er** *s* ⚕ Bluter *m*: **~'s disease** Bluterkrankheit *f.* **'bleed·ing I** *s* **1.** Blutung *f*: **~ of the nose** Nasenbluten *n.* **2.** ⚕ Aderlaß *m.* **II** *adj u. adv* **3.** *sl.* verdammt, verflucht.

bleep [bliːp] **I** *s* **1.** Piepton *m.* **2.** F Piepser *m* (*Funkrufempfänger*). **II** *v/i* **3.** piepen. **III** *v/t* **4.** *j-n* anpiepsen. **'bleep·er** → **bleep** 2.

blem·ish ['blemɪʃ] **I** *v/t* verunstalten; *fig.* beflecken. **II** *s* Fehler *m*, Mangel *m*; *fig.* Makel *m.*

blend [blend] **I** *v/t* **1.** vermengen, (ver-) mischen; e-e (*Tee- etc*)Mischung zs.-stellen aus, *Wein* verschneiden. **II** *v/i* **2.** (**with**) sich vermischen (mit), gut passen (zu). **3.** verschmelzen, ineinander übergehen (*Farben, Klänge, Kulturen etc*): **~ into** sich vereinigen zu. **III** *s* **4.** Mischung *f*; Verschnitt *m.*

bless [bles] *v/t* (*a. irr*) **1.** segnen (*a. fig.*): **be ~ed with** gesegnet sein mit; **~ me!, ~ my soul!** F du m-e Güte!; (**God**) **~ you!** Gesundheit! **2. ~ o.s.** sich glücklich schätzen. **3. ~ him!** *euphem.* der Teufel soll ihn holen! **bless·ed** ['blesɪd] *adj* **1.** gesegnet, selig: **the** ♀ **Virgin** die heilige Jungfrau. **2.** *euphem.* verwünscht, verflixt: **not a ~ soul** keine Menschenseele. **'bless·ed·ness** *s* Seligkeit *f.* **'blessing** *s* Segen *m* (*a. fig.* **to** für): **it turned out to be a ~ in disguise** es stellte sich im nachhinein als Segen heraus.

blest [blest] *pret u. pp von* **bless.**

bleth·er ['bleðə] → **blather.**

blew [bluː] *pret von* **blow**[1].

blight [blaɪt] **I** *s* **1.** ♀ Mehltau *m.* **2.** *fig.* schädlicher Einfluß. **II** *v/t* **3.** *fig.* zunichte machen, zerstören. **'blight·er** *s Br.* F Kerl *m*: **lucky ~** Glückspilz *m*; **poor ~** armer Hund.

bli·mey ['blaɪmɪ] *int bsd. Br. sl.* Mensch Meier! (*überrascht*); verdammt!

blind [blaɪnd] **I** *adj* **1.** blind (*a. fig.* **to** gegenüber; **with** vor *dat*): **~ in one eye** auf e-m Auge blind; **turn a ~ eye** ein Auge zudrücken (**to** bei). **2.** unübersichtlich (*Kurve etc*). **II** *adv* **3. ~ drunk** F sternhagelvoll. **III** *v/t* **4.** blenden (*a. fig.*); blind machen (*a. fig.* **to** für, gegen). **IV** *s* **5.** Rolladen *m*; Rouleau *n*; *bsd. Br.* Markise *f*; → **Venetian. ~ al·ley** *s* Sackgasse *f* (*a. fig.*): **lead up a ~** in e-e Sackgasse führen. **~ flight** *s* ✈ Blindflug *m.* **'~·fold I** *adj* mit verbundenen Augen. **II** *adv fig.* blindlings. **III** *v/t j-m* die Augen verbinden. **IV** *s* Augenbinde *f.* **ˌ~·man's 'buff** *s* Blindekuh(spiel *n*) *f.*

blind·ness ['blaɪndnɪs] *s* Blindheit *f* (*a. fig.*).

blind| spot *s* **1.** *mot.* toter Winkel (*im Rückspiegel*). **2.** *fig.* schwacher Punkt. **'~·worm** *s zo.* Blindschleiche *f.*

blink [blɪŋk] **I** *v/i* **1.** blinzeln, zwinkern: **~ at** a) *j-m* zublinzeln, b) *fig.* sich maßlos wundern über (*acc*), c) → 4. **2.** flimmern; blinken. **II** *v/t* **3. ~ one's eyes** (mit den Augen) zwinkern. **4.** *a.* **~ away** *fig.* ignorieren. **III** *s* **5.** Blinzeln *n.* **'blink·er** *s* Blinklicht *n*; *mot.* Blinker *m.* **'blink·ing** *adj u. adv Br.* F verdammt.

bliss [blɪs] *s* (Glück)Seligkeit *f.* **bliss·ful** ['~fʊl] *adj* □ (glück)selig.

blis·ter ['blɪstə] **I** *s* ⚕, ⚙ Blase *f.* **II** *v/t* Blasen hervorrufen auf (*dat*). **III** *v/i* Blasen ziehen *od.* ⚙ werfen.

blith·er·ing ['blɪðərɪŋ] *adj Br.* F verdammt: ~ ***idiot*** Vollidiot *m.*
blitz [blɪts] ⚔ **I** *s* **1.** heftiger Luftangriff. **2.** Blitzkrieg *m.* **II** *v/t* **3.** schwer bombardieren: ~***ed*** zerbombt.
bliz·zard ['blɪzəd] *s* Blizzard *m*, Schneesturm *m.*
bloat·ed ['bləʊtɪd] *adj* aufgeblasen (*a. fig. Person*), aufgebläht (*a. fig. Budget etc*), aufgedunsen (*Gesicht etc*).
bloat·er ['bləʊtə] *s gastr.* Bückling *m.*
blob [blɒb] *s* Klecks *m.*
bloc [blɒk] *s* ✝, *pol.* Block *m.*
block [blɒk] **I** *s* **1.** (*a. Motor- etc*)Block *m*, Klotz *m*; Baustein *m*, (Bau)Klötzchen *n* (*für Kinder*). **2.** (*Schreib-, Notiz*)Block *m.* **3.** *bsd. Am.* (Häuser)Block *m*: ~ (***of flats***) *Br.* Wohnhaus *n.* **4.** *fig.* Block *m*, Gruppe *f.* **II** *v/t* **5.** *a.* ~ ***up*** (ab-, ver)sperren, blockieren, verstopfen. **6.** ✝ *Konto* sperren: ~***ed account*** Sperrkonto *n.*
block·ade [blɒ'keɪd] **I** *s* Blockade *f.* **II** *v/t* blockieren.
'**block|·head** *s* Dummkopf *m.* '~**·house** *s* Blockhaus *n.* ~ **let·ters** *s pl* Blockschrift *f.*
bloke [bləʊk] *s bsd. Br.* F Kerl *m.*
blond [blɒnd] *adj* **1.** blond (*Haar*), hell (*Haut*). **2.** blond(haarig). **blonde** [blɒnd] **I** *s* Blondine *f.* **II** *adj* → ***blond.***
blood [blʌd] *s* **1.** Blut *n* (*a. fig.*): ***his ~ froze*** das Blut erstarrte ihm in den Adern; ***related by ~*** blutsverwandt; → ***cold*** 1, ***sweat*** 2. **2.** Geblüt *n*, Abstammung *f.* ~ **al·co·hol** *s* ⚕ Blutalkohol *m.* ˌ~**-and-'thun·der** *adj*: ~ ***novel*** Reißer *m.* ~ **bank** *s* ⚕ Blutbank *f.* '~**·bath** *s* Blutbad *n.* ~ **clot** *s* ⚕ Blutgerinnsel *n.* '~ˌ**cur·dling** *adj* grauenhaft. ~ **do·nor** *s* ⚕ Blutspender(in). ~ **group** *s* Blutgruppe *f.* '~**·hound** *s* Bluthund *m.*
blood·less ['blʌdlɪs] *adj* □ **1.** blutlos, -leer (*a. fig.*). **2.** unblutig (*Kampf etc*).
blood| or·ange *s* Blutorange *f.* ~ **poi·son·ing** *s* ⚕ Blutvergiftung *f.* ~ **pres·sure** *s* ⚕ Blutdruck *m.* ~ **pud·ding** *s* Blutwurst *f.* ~ **re·la·tion,** ~ **rel·a·tive** *s* Blutsverwandte *m, f.* ~ **re·venge** *s* Blutrache *f.* ~ **sam·ple** *s* ⚕ Blutprobe *f.* '~**·shed** *s* Blutvergießen *n.* '~**·shot** *adj* blutunterlaufen. '~**·stained** *adj* blutbefleckt. '~ˌ**suck·er** *s zo.* Blutsauger *m* (*a. fig.*). ~ **sug·ar** *s physiol.* Blutzucker *m.* '~ˌ**thirst·y** *adj* blutdürstig. ~ **trans·fu·sion** *s* ⚕ Bluttransfusion *f*, -übertragung *f.* ~ **ves·sel** *s anat.* Blutgefäß *n.*
blood·y ['blʌdɪ] **I** *adj* **1.** blutig. **2.** *Br. sl.* verdammt, verflucht: ~ ***fool*** Vollidiot *m*; ***not a ~ soul*** kein Schwanz. **II** *adv* **3.** *Br. sl.* → 2: ~ ***awful*** saumäßig.
bloom [blu:m] **I** *s* → ***blossom*** I. **II** *v/i* blühen (*a. fig.*).
bloom·er ['blu:mə] *s bsd. Br.* F grober Fehler, Schnitzer *m.*
bloom·ing ['blu:mɪŋ] *adj* **1.** blühend (*a. fig.*). **2.** (*a. adv*) F verflixt.
blos·som ['blɒsəm] **I** *s* **1.** Blüte *f*: ***be in full ~*** in voller Blüte stehen. **2.** *fig.* Blüte (-zeit) *f.* **II** *v/i* **3.** blühen (*a. fig.*): ~ (***out***) erblühen (***into*** zu).
blot [blɒt] **I** *s* **1.** Klecks *m.* **2.** *fig.* Makel *m.* **II** *v/t* **3.** beklecksen. **4.** *fig.* beflecken. **5.** *Familie, Erinnerungen etc* auslöschen. **6.** *mit Löschpapier* (ab)löschen.
blotch [blɒtʃ] → ***blot*** 1–3.
blot·ter ['blɒtə] *s Am.* Kladde *f.*
blot·ting pa·per ['blɒtɪŋ] *s* Löschpapier *n.*
blot·to ['blɒtəʊ] *adj sl.* (stink)besoffen.
blouse [blaʊz] *s* Bluse *f.*
blow[1] [bləʊ] **I** *s* **1.** Blasen *n*, Wehen *n.* **2.** Luftzug *m.* **3.** Blasen *n*: ~ ***on a whistle*** Pfiff *m*; ***give one's nose a ~*** sich schneuzen. **II** *v/i* (*irr*) **4.** blasen, wehen. **5.** ertönen (*Pfiff etc*). **6.** keuchen, schnaufen. **7.** explodieren; platzen (*Reifen*); ⚡ durchbrennen (*Sicherung*). **III** *v/t* (*irr*) **8.** blasen, wehen. **9.** *Suppe etc* blasen, *Feuer* anfachen. **10.** (auf-, aus)blasen: ~ ***bubbles*** Seifenblasen machen; ~ ***glass*** Glas blasen; ~ ***one's nose*** sich schneuzen. **11.** ~ ***one's lid*** (*od.* ***top, stack***) F an die Decke gehen. **12.** *sl. Geld* verpulvern (***on*** für); *Chance* vergeben.
Verbindungen mit Adverbien:
blow| a·way *v/t* fort-, wegblasen. ~ **down** *v/t* um-, herunterwehen. ~ **in** *v/i* F hereinschneien (*Besucher*). ~ **off** → ***blow away.*** ~ **out** *v/t* **1.** *Licht etc* ausblasen. **2.** ~ ***one's brains*** F sich e-e Kugel durch den Kopf jagen. ~ **up I** *v/t* **1.** (in die Luft) sprengen. **2.** aufblasen, -pumpen. **3.** *phot.* vergrößern; *fig.* aufbauschen (***into*** zu). **4.** F *j-n* anschnauzen. **II** *v/i* **5.** in die Luft fliegen; explodieren (*a. fig.* F): ~ ***at*** → 4. **6.** losbre-

chen (*Sturm etc*), ausbrechen (*Streit etc*).

blow² [~] *s* (*a.* Schicksals)Schlag *m*, Stoß *m*: ***at one*** (*od.* ***a [single]***) ~ mit 'einem Schlag; ***come to ~s*** handgreiflich werden.

'blow|-dry *v/t* **1.** *j-m die Haare* fönen: ~ ***s.o.'s hair.*** **2.** *j-m* die Haare fönen: ~ ***s.o.*** ~ **dry·er** *s* Haartrockner *m*.

blow·er ['bləʊə] *s* ⚙ Gebläse *n*.

'blow|·fly *s zo.* Schmeißfliege *f*. **'~·gun** *s* ⚙ Spritzpistole *f*. **'~·lamp** *s* ⚙ Lötlampe *f*.

blown [bləʊn] *pp von* ***blow¹***.

'blow|·out *s mot.* Reifenpanne *f*. **'~·torch** *s* ⚙ Lötlampe *f*. **'~·up** *s* **1.** Explosion *f* (*a. fig.* F). **2.** F Krach *m*, Streit *m*. **3.** *phot.* Vergrößerung *f*.

blow·y ['bləʊɪ] *adj* windig.

blowz·y ['blaʊzɪ] *adj* schlampig (*bsd. Frau*).

blub·ber ['blʌbə] *v/i* flennen, plärren.

bludg·eon ['blʌdʒən] **I** *s* **1.** Knüppel *m*. **II** *v/t* **2.** niederknüppeln. **3.** ~ ***s.o. into doing s.th.*** j-n zwingen, et. zu tun.

blue [bluː] **I** *adj* **1.** blau: → ***moon*** I. **2.** F melancholisch, traurig. **3.** unanständig, schlüpfrig: ~ ***jokes***; ~ ***film*** Pornofilm *m*. **4.** F schrecklich: ~ ***fear*** Heidenangst *f*; → ***funk*** I, ***murder*** 1. **II** *s* **5.** Blau *n*: ***dressed in ~*** blau *od.* in Blau gekleidet; ***out of the ~*** *fig.* aus heiterem Himmel. **6.** *pl* (*a. sg konstruiert*) F Melancholie *f*: ***have*** (*od.* ***be in***) ***the ~s*** den Moralischen haben. **7.** → ***blues***. **III** *v/t* **8.** blau färben. **~·ber·ry** ['~bərɪ] *s* ⚘ Blau-, Heidelbeere *f*. **,~-'blood·ed** *adj* blaublütig, adlig. **'~,bot·tle** *s* **1.** *zo.* Schmeißfliege *f*. **2.** ⚘ Kornblume *f*. ~ **jeans** *s pl* Blue jeans *pl*. ~ **pen·cil** *s* **1.** Blaustift *m*. **2.** *fig.* Rotstift *m*, Zensur *f*. **,~-'pen·cil** *v/t pret u. pp* **-ciled,** *bsd. Br.* **-cilled** zensieren. **'~·print I** *s* **1.** *phot.* Blaupause *f*. **2.** *fig.* Plan *m*, Entwurf *m*: ~ ***stage*** Planungsstadium *n*. **II** *v/t* **3.** e-e Blaupause machen von. **4.** planen, entwerfen.

blues [bluːz] *s pl* **1.** → ***blue*** 6. **2.** (*a. sg konstruiert*) ♪ Blues *m*.

'blue,stock·ing *s bsd. contp.* Blaustrumpf *m*.

bluff [blʌf] **I** *v/t u. v/i* bluffen. **II** *s* Bluff *m*. **'bluff·er** *s* Bluffer *m*.

blu·ish ['bluːɪʃ] *adj* bläulich.

blun·der ['blʌndə] **I** *s* **1.** (grober) Fehler. **II** *v/i* **2.** e-n (groben) Fehler machen. **3.** pfuschen, stümpern. **4.** stolpern, tappen (***into*** in *acc*) (*beide a. fig.*). **III** *v/t* **5.** verpfuschen, verpatzen. **'blun·der·er** *s* Pfuscher *m*, Stümper *m*. **'blun·der·ing** *adj* stümperhaft.

blunt [blʌnt] **I** *adj* **1.** stumpf. **2.** *fig.* abgestumpft (***to*** gegen). **3.** *fig.* ungehobelt. **4.** *fig.* offen, schonungslos. **II** *v/t* **5.** stumpf machen, abstumpfen (*a. fig.* ***to*** gegen). **'blunt·ly** *adv fig.* frei heraus: ***to put it*** ~ um es ganz offen zu sagen; ***refuse*** ~ glatt ablehnen.

blur [blɜː] **I** *v/t* **1.** verwischen: a) *Schrift etc* verschmieren, b) *a. fig.* undeutlich *od.* verschwommen machen. **2.** *phot.* verwackeln. **3.** *Sinne etc* trüben. **II** *v/i* **4.** verschwimmen (*a. Eindruck etc*). **5.** *fig.* sich verwischen (*Unterschiede etc*).

blurt [blɜːt] *v/t*: ~ ***out*** herausplatzen mit.

blush [blʌʃ] **I** *v/i* erröten, rot werden (***at*** bei): ~ ***for*** (*od.* ***with***) ***shame*** schamrot werden. **II** *s* Erröten *n*, (Scham)Röte *f*. **'blush·er** *s* Rouge *n*.

boar [bɔː] *s zo.* Eber *m*, (*Wildschwein*) Keiler *m*.

board [bɔːd] **I** *s* **1.** Brett *n*, Diele *f*, Planke *f*. **2.** (*Anschlag-*, *Schach- etc*)Brett *n*; (Wand)Tafel *f*: → ***sweep*** 4. **3.** *pl thea.* Bretter *pl*, Bühne *f*: ***tread*** (*od.* ***walk***) ***the ~s*** auf den Brettern stehen. **4.** Kost *f*, Verpflegung *f*: ~ ***and lodging*** Kost u. Logis, Wohnung u. Verpflegung. **5.** Ausschuß *m*, Kommission *f*; Amt *n*, Behörde *f*: ~ ***of examiners*** Prüfungskommission; ♀ ***of Trade*** *Br.* Handelsministerium *n*, *Am.* Handelskammer *f*. **6.** ***on*** ~ an Bord (*e-s Schiffs*, *Flugzeugs*); im Zug *od.* Bus; ***on*** ~ (***a***) ***ship*** an Bord e-s Schiffs; ***go on*** ~ an Bord gehen; einsteigen. **7.** Pappe *f*: (***bound***) ***in ~s*** kartoniert. **II** *v/t* **8.** dielen, täfeln, verschalen. **9.** an Bord (*e-s Schiffs od. Flugzeugs*) gehen, ⚓, ⚔ entern; einsteigen in (*e-n Zug od. Bus*). **'board·er** *s* **1.** Kostgänger(in); Pensionsgast *m*. **2.** *Br.* Internatsschüler(in).

board game *s* Brettspiel *n*.

board·ing ['bɔːdɪŋ] *s* Dielenbelag *m*, Täfelung *f*, Verschalung *f*. ~ **card** *s* ✈ Bordkarte *f*. **'~·house** *s* Pension *f*, Fremdenheim *n*. ~ **pass** *s* ✈ Bordkarte *f*. ~ **school** *s* Internat *n*, Pensionat *n*.

board room *s* Sitzungssaal *m*.

boast [bəʊst] **I** *s* **1.** Prahlerei *f*. **2.** Stolz *m* (*Gegenstand des Stolzes*). **II** *v/i* **3.** prahlen (***of, about*** mit). **III** *v/t* **4.** sich des Besitzes (*gen*) rühmen (können), aufzuweisen haben. '**boast·er** *s* Prahler(in). **boast·ful** ['~fʊl] *adj* □ prahlerisch.

boat [bəʊt] **I** *s* **1.** Boot *n*; Schiff *n*: ***be in the same ~*** *fig*. im selben Boot sitzen; ***burn one's ~s*** (***behind one***) *fig*. alle Brücken hinter sich abbrechen; ***take to the ~s*** ⚓ in die (Rettungs)Boote gehen; → ***miss***[2] 1, ***rock***[2] 2. **2.** (*bsd.* Soßen)Schüssel *f*. **II** *v/i* **3.** Boot fahren: ***go ~ing*** e-e Bootsfahrt machen. '**~·house** *s* Bootshaus *n*.

boat·ing ['bəʊtɪŋ] *s* **1.** Bootfahren *n*. **2.** Bootsfahrt *f*.

boat| race *s* Bootrennen *n*. **~·swain** ['bəʊsn] *s* ⚓ Bootsmann *m*. **~ train** *s* Zug *m* mit Schiffsanschluß.

bob [bɒb] **I** *s* **1.** Knicks *m*. **2.** *Sport*: Bob *m*. **II** *v/t* **3.** *Haare etc* kurz schneiden, stutzen. **III** *v/i* **4.** sich auf u. ab bewegen: ***~ up*** (plötzlich) auftauchen (*a. fig*.). **5.** knicksen (***at, before, to*** vor *dat*).

bob·bin ['bɒbɪn] *s* Spule *f* (*a.* ⚡).

bob·by ['bɒbɪ] *s Br.* F Bobby *m* (*Polizist*). **~ pin** *s bsd. Am.* Haarklammer *f*, -klemme *f*.

'**bob|·sled,** '**~·sleigh** *s Sport*: Bob *m*.

bode[1] [bəʊd] *v/i*: ***~ ill*** Unheil verkünden; ***~ well*** Gutes versprechen.

bode[2] [~] *pret von* ***bide.***

bod·ice ['bɒdɪs] *s* **1.** Mieder *n*. **2.** Oberteil *n* (*e-s Kleids etc*).

bod·i·ly ['bɒdɪlɪ] **I** *adj* **1.** körperlich: ***~ harm*** (*od.* ***injury***) ⚖ Körperverletzung *f*; ***~ needs*** (*od.* ***wants***) *pl* leibliche Bedürfnisse *pl*. **II** *adv* **2.** leibhaftig. **3.** als Ganzes; geschlossen.

bod·y ['bɒdɪ] *s* **1.** Körper *m*, Leib *m*, *engS.* Rumpf *m*. **2.** *oft* ***dead ~*** Leiche *f*. **3.** ⚓, ✈ Rumpf *m*; *mot.* Karosserie *f*. **4.** Gesamtheit *f*: ***in a ~*** geschlossen, wie ein Mann. ***~ of laws*** Gesetz(es)sammlung *f*. **5.** Körper(schaft *f*) *m*, Gruppe *f*, Gremium *n*: → ***diplomatic, governing*** 2. **6.** *fig*. Kern *m*, *das* Wesentliche. **7.** Hauptteil *m*, Text(teil) *m* (*e-s Briefs etc*). **8.** *phys. etc* Körper *m*: → ***celestial, heavenly.*** **9.** *fig*. Körper *m*, Gehalt *m* (*von Wein*), (Klang)Fülle *f*. **~ build·ing** *s* Bodybuilding *n*. '**~·guard** *s* **1.** Leibwächter *m*. **2.** Leibgarde *f*, -wache *f*. **~ lan·guage** *s* Körpersprache *f*. **~ o·do(u)r** *s* (*bsd. unangenehmer*) Körpergeruch. **~ search** *s* Leibesvisitation *f*. '**~·work** *s mot.* Karosserie *f*.

bog [bɒg] **I** *s* Sumpf *m*, Morast *m* (*beide a. fig*.). **II** *v/t*: ***~ down*** *fig*. zum Stocken bringen; ***get ~ged*** (***down***) → III. **III** *v/i* sich festfahren, steckenbleiben (*beide a. fig*.).

bo·gey → ***bogy.***

bog·gle ['bɒgl] *v/i* fassungslos sein: ***imagination*** (*od.* ***the mind***) ***~s at the thought*** es wird e-m schwindlig bei dem Gedanken.

bog·gy ['bɒgɪ] *adj* sumpfig, morastig.

bo·gie → ***bogy.***

bo·gus ['bəʊgəs] *adj* **1.** falsch, unecht. **2.** Schwindel..., Schein...

bo·gy ['bəʊgɪ] *s* Kobold *m*; (Schreck-)Gespenst *n* (*a. fig*.).

boil[1] [bɔɪl] *s* ⚕ Geschwür *n*, Furunkel *m*, *n*.

boil[2] [~] **I** *s* Kochen *n*, Sieden *n*: ***bring to the ~*** zum Kochen bringen. **II** *v/i* kochen (*a. fig.* ***with*** vor *dat*), sieden: → ***kettle, pot*** 1. **III** *v/t* kochen (lassen).

Verbindungen mit Adverbien:

boil| a·way I *v/i* **1.** kochen, sieden. **2.** verdampfen. **3.** *fig*. abkühlen (*Interesse etc*). **II** *v/t* **4.** verdampfen lassen. **~ down I** *v/t* **1.** einkochen lassen. **2.** *fig*. zs.-fassen (***to a few sentences*** in ein paar Sätzen). **II** *v/i* **3.** einkochen. **4.** ***~ to*** *fig*. hinauslaufen auf (*acc*). **~ o·ver** *v/i* **1.** überkochen, -laufen. **2.** *fig*. vor Wut kochen. **3.** *fig*. *Situation etc*: außer Kontrolle geraten; sich auswachsen (***into*** zu).

boil·er ['bɔɪlə] *s* **1.** ⚙ Dampfkessel *m*. **2.** Boiler *m*, Heißwasserspeicher *m*. **3.** Suppenhuhn *n*. **~ suit** *s* Overall *m*.

boil·ing ['bɔɪlɪŋ] **I** *adj* siedend, kochend. **II** *adv*: ***~ hot*** kochendheiß. **~ point** *s* Siedepunkt *m* (*a. fig*.): ***reach ~*** den Siedepunkt erreichen.

bois·ter·ous ['bɔɪstərəs] *adj* □ **1.** stürmisch (*Meer, Wetter etc*). **2.** lärmend, laut. **3.** ausgelassen, wild (*Person, Party etc*).

bold [bəʊld] *adj* □ **1.** kühn: a) mutig, unerschrocken, b) gewagt, c) fortschrittlich. **2.** dreist, frech: ***make ~ to***

sich erdreisten *od.* es wagen zu. **3.** scharf hervortretend: ***in ~ outline*** in deutlichen Umrissen.

bole [bəʊl] *s* Baumstamm *m.*

bo·lo·ney [bəˈləʊnɪ] *s sl.* Quatsch *m.*

bol·ster [ˈbəʊlstə] **I** *s* **1.** Keilkissen *n*; Nackenrolle *f.* **2.** Polster *n*, Kissen *n*, Unterlage *f* (*a.* ⚙). **II** *v/t* **3.** (aus)polstern. **4.** *mst* ***~ up*** *fig.* unterstützen.

bolt¹ [bəʊlt] **I** *s* **1.** Bolzen *m*: ***he has shot his ~*** *fig.* er hat sein Pulver verschossen. **2.** Blitz(strahl) *m*: ***a ~ from the blue*** *fig.* ein Blitz aus heiterem Himmel. **3.** ⚙ Riegel *m.* **4.** ⚙ (Schrauben)Bolzen, Schraube *f* (mit Mutter): ***~ nut*** Schraubenmutter *f.* **5.** plötzlicher Satz *od.* Sprung: ***he made a ~ for the door*** er machte e-n Satz zur Tür. **II** *adv* **6.** ***~ upright*** bolzen-, kerzengerade. **III** *v/i* **7.** durchbrennen, ausreißen. **8.** durchgehen (*Pferd*). **IV** *v/t* **9.** ver-, zuriegeln. **10.** *oft* ***~ down*** *Essen* hinunterschlingen, *Getränk* hinunterstürzen.

bolt² [~] *v/t Mehl* sieben.

bomb [bɒm] **I** *s* Bombe *f.* **II** *v/t* bombardieren: ***~ed out*** ausgebombt. **~ a·lert** *s* Bombenalarm *m.*

bom·bard [bɒmˈbɑːd] *v/t* bombardieren (*a. fig.* ***with*** mit). **bomˈbard·ment** *s* Bombardement *n*, Bombardierung *f.*

bom·bast [ˈbɒmbæst] *s* Bombast *m*, Schwulst *m.* **bomˈbas·tic** *adj* (***~ally***) bombastisch, schwülstig.

bombed [bɒmbd] *adj sl.* **1.** besoffen. **2.** high (*im Drogenrausch*).

bomb·er [ˈbɒmə] *s* **1.** ✈ Bomber *m.* **2.** Bombenleger *m.*

ˈbomb|·proof I *adj* bombensicher: ***~ shelter*** → II. **II** *s* Bunker *m.* **ˈ~·shell** *s*: ***be a ~*** wie e-e Bombe einschlagen. **~ threat** *s* Bombendrohung *f.*

bo·nan·za [bəʊˈnænzə] **I** *s fig.* Goldgrube *f.* **II** *adj* sehr einträglich.

bond [bɒnd] **I** *s* **1.** *pl fig.* Bande *pl*: ***the ~s of love.*** **2.** Bund *m*, Verbindung *f.* **3.** ✝ Zollverschluß *m*: ***in ~*** unter Zollverschluß. **4.** ✝ Schuldverschreibung *f*, Obligation *f.* **II** *v/t* **5.** ✝ unter Zollverschluß legen: ***~ed warehouse*** Zollspeicher *m.* **ˈ~ˌhold·er** *s* ✝ Obligationsinhaber *m.*

bone [bəʊn] **I** *s* **1.** Knochen *m*, *pl a.* Gebeine *pl*: ***make no ~s about*** (*od.* ***of***) nicht viel Federlesens machen mit; ***feel s.th. in one's ~s*** et. in den Knochen *od.* instinktiv spüren; ***have a ~ to pick with s.o.*** mit j-m ein Hühnchen zu rupfen haben; ***chilled*** (*od.* ***frozen***) ***to the ~*** völlig durchgefroren; → ***contention*** 1. **2.** (Fisch)Gräte *f.* **II** *v/t* **3.** entbeinen; *Fisch* entgräten. **III** *v/i* **4.** ***~ up on s.th.*** F et. pauken *od.* büffeln. **ˌ~ˈdry** *adj* knochentrocken. **ˈ~·head** *s* F Holzkopf *m.* **ˌ~ˈla·zy** *adj* stinkfaul. **ˈ~ˌshak·er** *s* F Klapperkasten *m* (*Bus etc*).

bon·fire [ˈbɒnˌfaɪə] *s* **1.** Freudenfeuer *n.* **2.** Feuer *n* im Freien (*zum Unkrautverbrennen etc*).

bonk [bɒŋk] *v/t u. v/i sl.* bumsen.

bon·kers [ˈbɒŋkəz] *adj sl.* übergeschnappt: ***go ~*** überschnappen.

bon·net [ˈbɒnɪt] *s* **1.** ⚙ (Schutz)Kappe *f*, Haube *f.* **2.** *mot. Br.* Motorhaube *f.*

bo·nus [ˈbəʊnəs] *s* **1.** ✝ Bonus *m*, Prämie *f.* **2.** Gratifikation *f.* **3.** ✝ *bsd. Br.* Extradividende *f.*

bon·y [ˈbəʊnɪ] *adj* **1.** (stark-, grob)knochig. **2.** voll(er) Knochen; voll(er) Gräten (*Fisch*). **3.** knochendürr.

boo [buː] **I** *int* buh! **II** *s* Buh(ruf *m*) *n.* **III** *v/i* buhen. **IV** *v/t* ausbuhen.

boob [buːb] *sl.* **I** *s* **1.** Blödmann *m*, Idiot *m.* **2.** *Br.* Schnitzer *m.* **II** *v/i* **3.** *Br.* e-n Schnitzer machen.

boo·by [ˈbuːbɪ] *s* **1.** Trottel *m*, Dummkopf *m.* **2.** *Sport etc*: Letzte *m, f*, Schlechteste *m, f.* **~ hatch** *s Am. sl.* Klapsmühle *f.* **~ prize** *s Sport etc*: *Scherzpreis für den Letzten od. Schlechtesten.* **~ trap** *s* **1.** versteckte Sprengladung; Auto *etc*, in dem e-e Sprengladung versteckt ist. **2.** grober Scherz (*bsd. über halbgeöffneter Tür angebrachter Wassereimer*).

book [bʊk] **I** *s* **1.** Buch *n*: ***the*** 𝔅 die Bibel; ***a closed ~*** *fig.* ein Buch mit sieben Siegeln (***to*** für); ***an open ~*** *fig.* ein offenes *od.* aufgeschlagenes Buch (***to*** für); ***be at one's ~s*** über s-n Büchern sitzen; ***speak*** (*od.* ***talk***) ***like a ~*** geschraubt *od.* gestelzt reden; → ***suit*** 5. **2.** ✝ Geschäftsbuch *n*: ***be deep in s.o.'s ~s*** bei j-m tief in der Kreide stehen. **3.** Liste *f*, Verzeichnis *n*: ***be on the ~s*** auf der (Mitglieder- *etc*)Liste stehen. **4.** Notizbuch *n*, -block *m*; (Schreib-, Schul)Heft *n*: ***be in s.o.'s good*** (***bad***) ***~s*** bei j-m gut (schlecht) angeschrieben sein. **5.**

Heft(chen) *n*: ~ ***of stamps*** (***tickets***) Marken-(Fahrschein)heft(chen); ~ ***of matches*** Streichholzbriefchen *n*. **II** *v/t* **6.** ♆ (ver)buchen; *Auftrag* notieren. **7.** aufschreiben, *Sport*: *a.* verwarnen. **8.** verpflichten, engagieren. **9.** *Zimmer etc* bestellen, *Reise etc* buchen, *Eintritts-*, *Fahrkarte* lösen: ~***ed up*** ausgebucht (*Künstler*, *Hotel*, *Veranstaltung*). **10.** *Gepäck* aufgeben (***to*** nach). **III** *v/i* **11.** *Br. a.* ~ ***up*** e-e (Fahr- *etc*)Karte lösen (***to, for*** nach): ~ ***through*** durchlösen (***to*** bis, nach). **12.** sich (*für e-e Fahrt etc*) vormerken lassen, e-n Platz *etc* bestellen, buchen. **13.** ~ ***in*** *bsd. Br.* sich (*im Hotel*) eintragen: ~ ***in at*** absteigen in (*dat*).

book·a·ble ['bʊkəbl] *adj* im Vorverkauf erhältlich.

'**book**|ˌ**bind·er** *s* Buchbinder *m*. '~**·case** *s* Bücherschrank *m*. ~ **club** *s* Buchgemeinschaft *f*. ~ **end** *s* Bücherstütze *f*.

book·ie ['bʊkɪ] *s* F Buchmacher *m*.

book·ing ['bʊkɪŋ] *s* Buchung *f*, (Vor)Bestellung *f*: ***make a*** (***firm***) ~ (fest) buchen. ~ **clerk** *s* Fahrkartenverkäufer *m*. ~ **of·fice** *s* **1.** (Fahrkarten)Schalter *m*. **2.** (Theater- *etc*)Kasse *f*, Vorverkaufsstelle *f*.

book·ish ['bʊkɪʃ] *adj* **1.** belesen. **2.** papieren (*Stil*).

'**book**|ˌ**keep·er** *s* ♆ Buchhalter(in). '~ˌ**keep·ing** *s* ♆ Buchhaltung *f*, -führung *f*. '~ˌ**mak·er** *s* Buchmacher *m*. '~**·mark,** '~ˌ**mark·er** *s* Lesezeichen *n*. ~**·mo·bile** ['~məʊˌbiːl] *s Am.* Wanderbücherei *f*. '~ˌ**sell·er** *s* Buchhändler(in). '~**·shop** *s* Buchhandlung *f*. '~**·stall** *s* **1.** Bücherstand *m*. **2.** *bsd. Br.* Zeitungskiosk *m*, -stand *m*. '~**·store** *s bsd. Am.* Buchhandlung *f*. '~**·worm** *s zo.* Bücherwurm *m* (*a. fig.*).

boom[1] [buːm] **I** *v/i* dröhnen (*Stimme etc*), donnern (*Geschütz etc*), brausen (*Wellen etc*). **II** *s* Dröhnen, Donner *m*, Brausen *n*.

boom[2] [~] *s* **1.** ⚓ Baum *m*, Spiere *f*. **2.** ⚙ (*Kran*)Ausleger *m*. **3.** *Film*, *TV*: (*Mikrophon*)Galgen *m*.

boom[3] [~] ♆ **I** *s* Boom *m*: a) Hochkonjunktur *f*, b) *Börse*: Hausse *f*, c) (plötzlicher) Aufschwung. **II** *v/i* e-n Boom erleben.

boom·er·ang ['buːməræŋ] **I** *s* Bumerang *m* (*a. fig.*). **II** *v/i fig.* sich als Bumerang erweisen (***on*** für).

boon [buːn] *s fig.* Segen *m* (***to*** für).

boor [bʊə] *s* ungehobelter Kerl. **boorish** ['bʊərɪʃ] *adj* □ ungehobelt. '**boorish·ness** *s* ungehobeltes Benehmen *od.* Wesen.

boost [buːst] **I** *v/t* **1.** F *Preise* in die Höhe treiben. **2.** F Auftrieb geben (*dat*), *Produktion etc* ankurbeln, *Moral* heben. **3.** ⚙ *Druck* erhöhen; ⚡ *Spannung* verstärken. **II** *s* **4.** F Auftrieb *m*. **5.** ⚙ Erhöhung *f*; ⚡ Verstärkung *f*. '**boost·er** *s* **1.** *a.* ~ ***shot*** ⚕ Wiederholungsimpfung *f*. **2.** Zündstufe *f* (*e-r Rakete*): ~ ***rocket*** Startrakete *f*.

boot[1] [buːt] **I** *s* **1.** Stiefel *m*: ***the*** ~ ***is on the other foot*** (*od.* ***leg***) der Fall liegt umgekehrt; → ***bet*** 4, ***lick*** 1. **2.** F (Fuß)Tritt *m*: ***give s.o. a*** ~ → 4; ***get the*** ~ rausgeschmissen (*entlassen*) werden. **3.** *mot. Br.* Kofferraum *m*. **II** *v/t* **4.** F *j-m* e-n (Fuß)Tritt geben: ~ (***out***) rausschmeißen (*entlassen*).

boot[2] [~] *s*: ***to*** ~ obendrein, noch dazu.

'**boot·black** *s* Schuhputzer *m*.

booth [buːð] *s* **1.** (Markt-, Schau)Bude *f*, (Messe)Stand *m*. **2.** (Telefon)Zelle *f*; (Wahl)Kabine *f*, (-)zelle *f*.

'**boot**|**·lace** *s* Schnürsenkel *m*. '~**·lick** *v/t u. v/i* F (vor *j-m*) kriechen. '~ˌ**lick·er** *s* F Kriecher *m*.

boots [buːts] *pl* **boots** *s Br.* Hausdiener *m* (*im Hotel*).

boo·ty ['buːtɪ] *s* (*fig. a.* Aus)Beute *f*.

booze [buːz] F **I** *v/i* saufen. **II** *s* Zeug *n* (*alkoholisches Getränk*); Sauferei *f*; (*Br. a.* ~***-up***) Sauftour *f*; (*Br. a.* ~***-up***) Besäufnis *n*. '**booz·er** *s* F **1.** Säufer(in). **2.** Kneipe *f*. '**booz·y** *adj* F versoffen.

bor·der ['bɔːdə] **I** *s* **1.** Rand *m*. **2.** Einfassung *f*, Saum *m*, Umrandung *f*. **3.** (Gebiets-, Landes)Grenze *f*: ~ ***incident*** Grenzzwischenfall *m*. **II** *v/t* **4.** einfassen. **5.** begrenzen, grenzen an (*acc*). **III** *v/i* **6.** grenzen (***on*** an *acc*) (*a. fig.*). '**bor·der·er** *s* Grenzbewohner *m*.

'**bor·der**|**·land** *s* Grenzgebiet *n*. '~**·line I** *s* **1.** Grenzlinie *f*. **2.** *fig.* Grenze *f*. **II** *adj* **3.** *fig.* Grenz...: ~ ***case*** Grenzfall *m*.

bore[1] [bɔː] **I** *s* Bohrung *f*: a) Bohrloch *n*, b) ⚙ Kaliber *n*. **II** *v/t* (*bsd.* aus)bohren. **III** *v/i* bohren (***for*** nach).

bore[2] [~] **I** *s* **1.** langweilige Sache; *bsd.*

Br. lästige Sache. **2.** Langweiler *m*; *bsd. Br.* lästiger Kerl. **II** *v/t* **3.** *j-n* langweilen; *bsd. Br. j-m* lästig sein: ***be ~d*** sich langweilen; ***be ~d stiff*** F sich zu Tode langweilen.

bore[3] [~] *pret von* **bear**[2].

bore·dom ['bɔːdəm] *s* **1.** Lang(e)weile *f.* **2.** Langweiligkeit *f.*

bor·er ['bɔːrə] *s* ⚙ Bohrer *m.*

bo·ric ac·id ['bɔːrɪk] *s* ⚗ Borsäure *f.*

bor·ing ['bɔːrɪŋ] *adj* langweilig.

born [bɔːn] **I** *pp von* **bear**[2] 2. **II** *adj* geboren (*a. fig.*): ***a ~ poet.***

borne [bɔːn] *pp von* **bear**[2].

bo·ron ['bɔːrɒn] *s* ⚗ Bor *n.*

bor·ough ['bʌrə] *s* **1.** *Br.* Stadt *f* (*mit Selbstverwaltung*); (*a.* **parliamentary ~**) Stadt *f od.* städtischer Wahlbezirk mit eigener Vertretung im Parlament; Stadtteil *m* (*von Groß-London*). **2.** *Am.* Stadtbezirk *m* (*in New York*).

bor·row ['bɒrəʊ] **I** *v/t* **1.** (sich) *et.* (aus)borgen *od.* leihen (***from*** von). **2.** *fig.* entlehnen (***from*** von): ***~ed word*** Lehnwort *n.* **II** *v/i* **3.** ⚕ Kredit aufnehmen. '**bor·row·er** *s* **1.** Entleiher(in). **2.** ⚕ Kreditnehmer(in).

bosh [bɒʃ] *s* F Blödsinn *m*, Quatsch *m.*

bos·om ['bʊzəm] *s* **1.** Busen *m* (*a. fig.*): ***~ friend*** Busenfreund(in). **2.** *fig.* Schoß *m*: ***in the ~ of one's family.***

boss[1] [bɒs] *s* Buckel *m*, Knauf *m.*

boss[2] [~] F **I** *s* Boß *m*, Chef *m.* **II** *v/t*: **~ about** (*od.* **around**) herumkommandieren.

boss·y ['bɒsɪ] *adj* F herrisch.

bo·tan·i·cal [bə'tænɪkl] *adj* □ botanisch: ***~ garden(s pl)*** botanischer Garten.

bot·a·nist ['bɒtənɪst] *s* Botaniker(in). '**bot·a·ny** *s* Botanik *f.*

botch [bɒtʃ] **I** *s* Pfusch(arbeit *f*) *m*: ***make a ~ of*** → II. **II** *v/t* verpfuschen. **III** *v/i* pfuschen. '**botch·er** *s* Pfuscher *m.*

both [bəʊθ] **I** *adj u. pron* beide(s): ***~ my brothers*** m-e beiden Brüder; ***~ of them*** alle beide; → **sex** 1. **II** *adv od. cj*: ***~ ... and*** sowohl ... als (auch).

both·er ['bɒðə] **I** *s* Belästigung *f*, Störung *f.* **II** *v/t* belästigen, stören: ***don't ~ me!*** laß mich in Ruhe!; ***I can't be ~ed*** ich habe keine Lust (***to do*** zu tun). **III** *v/i* (**about**) sich kümmern (um); sich aufregen (über *acc*).

bot·tle ['bɒtl] **I** *s* Flasche *f*: → ***hit*** 7. **II** *v/t* in Flaschen abfüllen: ***~d beer*** Flaschenbier *n*; ***~ up*** *Gefühle etc* unterdrücken; ***~d-up*** aufgestaut. '**~·neck** *s* Flaschenhals *m*, Engpaß *m* (*e-r Straße*) (*a. fig.*). **~ o·pen·er** *s* Flaschenöffner *m.* **~ post** *s* Flaschenpost *f.*

bot·tom ['bɒtəm] **I** *s* **1.** Boden *m* (*e-s Gefäßes etc*), Fuß *m* (*e-s Bergs etc*), Sohle *f* (*e-s Tals etc*), Unterseite *f*: ***at the ~ of the street*** am Ende der Straße; ***from the ~ of one's heart*** aus tiefstem Herzen; ***~s up!*** F ex! **2.** Boden *m*, Grund *m*: ***~ of the sea*** Meeresboden, -grund. **3.** Grund(lage *f*) *m*: ***be at the ~ of*** der Grund sein für, hinter *e-r Sache* stecken; ***get to the ~ of s.th.*** e-r Sache auf den Grund gehen *od.* kommen; ***knock the ~ out of s.th.*** et. gründlich widerlegen. **4.** (Stuhl)Sitz *m.* **5.** F Popo *m.* **II** *adj* **6.** unterst: ***~ line*** letzte Zeile; → **bet** 4, **rung**[2]. '**bot·tom·less** *adj* □ *fig.* unergründlich; unerschöpflich.

bough [baʊ] *s* Ast *m*, Zweig *m.*

bought [bɔːt] *pret u. pp von* **buy.**

bouil·lon ['buːjɔ̃ːŋ] *s* Fleischbrühe *f*, Bouillon *f.*

bou·le·vard ['buːləvɑːd] *s* Boulevard *m.*

bounce [baʊns] **I** *s* **1.** Elastizität *f.* **2.** Sprung *m*, Satz *m.* **3.** F Schwung *m*, Schmiß *m.* **4.** F Rausschmiß *m* (*a. Entlassung*): ***give s.o. the ~*** → 6; ***get the ~*** rausgeschmissen werden. **II** *v/t* **5.** *Ball etc* aufprallen *od.* aufspringen lassen. **6.** F *j-n* rausschmeißen (*a. entlassen*). **III** *v/i* **7.** aufprallen, -springen (*Ball etc*): ***~ off*** abprallen (von). **8.** federn, elastisch sein (*Gummi etc*); springen (*Ball*). **9.** a) springen, hüpfen (***over*** über *acc*), b) stürmen, stürzen (***into*** in *acc*). **10.** F platzen (*Scheck*). '**bounc·er** *s* F **1.** Rausschmeißer *m.* **2.** ungedeckter Scheck. '**bounc·ing** *adj* stramm (*Baby etc*).

bound[1] [baʊnd] **I** *pret u. pp von* **bind.** **II** *adj*: ***be ~ to do s.th.*** (zwangsläufig) et. tun müssen; ***he was ~ to be late*** er mußte ja zu spät kommen.

bound[2] [~] *adj* unterwegs (***for*** nach): ***where are you ~ for?*** wohin reisen *od.* gehen Sie?

bound[3] [~] **I** *s mst pl* Grenze *f*, *fig. a.* Schranke *f*: ***keep within ~s*** in (vernünftigen) Grenzen halten; ***beyond all ~s*** maß-, grenzenlos; ***the park is out of ~s***

(***to***) das Betreten des Parks ist (für *od. dat*) verboten; ***within the ~s of possibility*** im Bereich des Möglichen. **II** *v/t* begrenzen.

bound[4] [~] **I** *s* → ***bounce*** 2. **II** *v/i* → ***bounce*** 7, 9 a.

bound·a·ry ['baʊndərɪ] *s* Grenze *f*.

boun·den ['baʊndən] *adj*: ***my ~ duty*** meine Pflicht u. Schuldigkeit.

bound·less ['baʊndlɪs] *adj* □ grenzenlos (*a. fig.*).

boun·te·ous ['baʊntɪəs], **boun·ti·ful** ['~tɪfʊl] *adj* □ **1.** freigebig (***of*** mit). **2.** reichlich.

boun·ty ['baʊntɪ] *s* **1.** Freigebigkeit *f*. **2.** großzügige Spende. **3.** Prämie *f*: a) Belohnung *f*, b) ✝ Zuschuß *m* (***on*** auf *acc*, für).

bou·quet [bʊ'keɪ] *s* Bukett *n*: a) (Blumen)Strauß *m*, b) Blume *f* (*von Wein*).

bour·bon ['bɜːbən] Bourbon *m* (*amerikanischer Maiswhisky*).

bout [baʊt] *s* **1.** *fenc*. Gefecht *n*; (*Box-, Ring*)Kampf *m*. **2.** ⚕ Anfall *m*: ***~ of rheumatism*** Rheumaanfall.

bou·tique [buː'tiːk] *s* Boutique *f*.

bo·vine ['bəʊvaɪn] *adj* (*a. geistig*) träge, schwerfällig.

bov·ver ['bɒvə] *Br. sl.* **I** *s* Straßenkämpfe *pl* (*bsd. unter Rockerbanden*): ***~ boots*** *pl schwere Stiefel, mit denen Rocker aufeinander eintreten*; ***~ boy*** Rocker *m*. **II** *v/i* sich Straßenkämpfe liefern (***with*** mit).

bow[1] [baʊ] **I** *s* Verbeugung *f*. **II** *v/t* beugen, *Kopf* neigen. **III** *v/i* sich verbeugen (***to*** vor *dat*): ***have a ~ing acquaintance with s.o.*** j-n flüchtig kennen.

bow[2] [~] *s* ⚓ Bug *m*.

bow[3] [bəʊ] *s* **1.** (Schieß)Bogen *m*: → ***string*** 3 a. **2.** ♪ (*Violin- etc*)Bogen *m*. **3.** Knoten *m*, Schleife *f*.

bowd·ler·ize ['baʊdləraɪz] *v/t Text* von anstößigen Stellen reinigen.

bow·el ['baʊəl] *s anat.* Darm *m*, *pl a.* Eingeweide *pl*. **~ move·ment** *s physiol.* Stuhl(gang) *m*.

bowl[1] [bəʊl] *s* **1.** Schüssel *f*; (*Obst- etc*)Schale *f*; (*Zucker*)Dose *f*; Napf *m* (*für Tiere etc*). **2.** (*Wasch*)Becken *n*. **3.** (*Pfeifen*)Kopf *m*.

bowl[2] [~] **I** *s* **1.** (*Bowling-, Kegel*)Kugel *f*. **2.** Wurf *m*. **II** *v/t* **3.** ***~ over*** umwerfen, *fig. a. j-m* die Sprache verschlagen.

bow|·legged ['bəʊlegd] *adj* O-beinig. **~ legs** *s pl* O-Beine *pl*.

bowl·er ['bəʊlə] *s* **1.** Bowlingspieler(in); Kegler(in). **2.** *a.* ***~ hat*** *bsd. Br.* Bowler *m*, Melone *f*.

bowl·ing ['bəʊlɪŋ] *s* Bowling *n*; Kegeln *n*. **~ al·ley** *s* Bowling-, Kegelbahn *f*.

bow|·man ['bəʊmən] *s* (*irr* ***man***) Bogenschütze *m*. **~·sprit** ['~sprɪt] *s* ⚓ Bugspriet *n*. **'~·string** *s* Bogensehne *f*. **~ tie** *s* (Frack)Schleife *f*, Fliege *f*.

bow-wow I *int* [ˌbaʊ'waʊ] wauwau! **II** *s* ['baʊwaʊ] *Kindersprache*: Wauwau *m* (*Hund*).

box[1] [bɒks] **I** *s* **1.** Kasten *m*, Kiste *f*. **2.** Schachtel *f*: ***~ of chocolates*** Bonbonniere *f*. **3.** Büchse *f*, Dose *f*, Kästchen *n*. **4.** Behälter *m*. **5.** ⚙ Gehäuse *n*. **6.** Briefkasten *m*; Postfach *n*. **7.** (Wahl)Urne *f*. **8.** *Br.* (Telefon)Zelle *f*. **9.** → ***Christmas box***. **10.** → ***box junction***. **11.** *thea. etc* Loge *f*. **12.** ⚖ Zeugenstand *m*; Geschworenenbank *f*. **13.** Box *f*: a) *Pferdestand*, b) *abgeteilter Einstellplatz in e-r Großgarage*. **14.** → ***box number***. **15.** F Kasten *m* (*Fernseher*); Fernsehen *n*: ***on the ~*** im Fernsehen. **II** *v/t* **16.** *oft* ***~ in*** (*od.* ***up***) in Schachteln *etc* packen, ver-, einpacken; *parkendes Fahrzeug* einklemmen. **17.** *oft* ***~ up*** einschließen, -sperren.

box[2] [~] **I** *s* **1.** ***~ on the ear*** Ohrfeige *f*. **II** *v/t* **2.** ***~ s.o.'s ears*** j-n ohrfeigen. **3.** *Sport*: boxen mit *od.* gegen. **III** *v/i* **4.** boxen.

box·er ['bɒksə] *s Sport*: Boxer *m* (*a. zo.*).

box·ing ['bɒksɪŋ] *s* Boxen *n*, Boxsport *m*. **~ bout** *s* Boxkampf *m*. **♀ Day** *s Br.* der 2. Weihnachtsfeiertag. **~ gloves** *s pl* Boxhandschuhe *pl*. **~ match** *s* Boxkampf *m*.

box| junc·tion *s Br. gelbmarkierte Kreuzung, in die bei stehendem Verkehr nicht eingefahren werden darf*. **~ num·ber** *s* Chiffre(nummer) *f*. **~ of·fice** *s thea. etc* **1.** Kasse *f*. **2.** ***be a good ~*** ein Kassenerfolg *od.* -schlager sein. **'~-ˌof·fice** *adj*: ***~ success*** *thea. etc* Kassenerfolg *m*, -schlager *m*.

boy [bɔɪ] *s* Junge *m* (*a.* F *Sohn*), Knabe *m*.

boy·cott ['bɔɪkɒt] **I** *v/t* boykottieren. **II** *s* Boykott *m*.

'boy·friend *s* Freund *m* (*e-s Mädchens*).

boy·hood ['bɔɪhʊd] *s* Knabenjahre *pl*, Jugend(zeit) *f*.

boy·ish ['bɔɪɪʃ] *adj* □ **1.** jungenhaft: ***his ~ laughter.*** **2.** knabenhaft: ***her ~ movements.*** **3.** Jungen...: ***~ games.***

boy scout *s* Pfadfinder *m*.

bra [brɑː] *s* F BH *m* (*Büstenhalter*).

brace [breɪs] **I** *s* **1.** ⚙ Strebe *f*, △ *a.* Stützbalken *m*. **2.** *pl Br.* Hosenträger *pl*. **3.** *mst pl* ⚕ (Zahn)Klammer *f*, (-)Spange *f*. **4.** (*pl* **brace**) Paar *n*. **II** *v/t* **5.** ⚙ verstreben. **6.** *fig.* (*a. v/i*) erfrischen; kräftigen, stärken. **7.** ***~ o.s. for*** *fig.* sich gefaßt machen auf (*acc*).

brace·let ['breɪslɪt] *s* Armband *n*.

brack·et ['brækɪt] **I** *s* **1.** ⚙ Träger *m*, Stütze *f*. **2.** ⚒, *typ.* Klammer *f*: ***in ~s; round*** (***square***) ***~s*** runde (eckige) Klammern. **3.** (*Alters-, Steuer*)Klasse *f*, (*Einkommens- etc*)Gruppe *f*, (-)Stufe *f*. **II** *v/t* **4.** einklammern.

brag [bræg] **I** *s* **1.** Prahlerei *f*. **2.** Prahler *m*. **II** *v/i* **3.** prahlen (***about, of*** mit).

brag·gart ['brægət] **I** *s* Prahler *m*. **II** *adj* prahlerisch.

braid [breɪd] **I** *v/t* **1.** *Haar, Bänder* flechten. **2.** mit Litze *od.* Borte besetzen. **II** *s* **3.** Zopf *m*. **4.** Borde *f*, Litze *f*, *bsd.* ⚔ Tresse *f*.

braille [breɪl] *s* Blindenschrift *f*.

brain [breɪn] *s* **1.** *anat.* Gehirn *n*. **2.** *oft pl fig.* F Köpfchen *n*, Grips *m*, Verstand *m*: ***cudgel*** (*od.* ***rack***) ***one's ~s*** sich das Hirn zermartern, sich den Kopf zerbrechen; → ***blow out*** 2. **'~·case** *s anat.* Hirnschale *f*, Schädeldecke *f*. **~ child** *s* (*irr* ***child***) F Geistesprodukt *n*. **~ death** *s* ⚕ Hirntod *n*. **~ drain** *s* Brain-Drain *m* (*Abwanderung von Wissenschaftlern ins Ausland*). **'~·fag** *s* geistige Erschöpfung.

brain·less ['breɪnlɪs] *adj* □ hirn-, geistlos.

'brain|·pan → ***braincase.*** **'~·storm** *s* F **1.** ***have a ~*** *Br.* geistig weggetreten sein. **2.** *Am.* a) hirnverbrannte Idee, b) → ***brain wave.*** **'~ˌstorm·ing** *s* Brainstorming *n* (*Sammeln von spontanen Einfällen zur Lösung e-s Problems*).

brains trust [breɪnz] *s Br.* **1.** Teilnehmer *pl* an e-r Podiumsdiskussion. **2.** → ***brain trust.***

'brain|ˌteas·er → ***brain twister.*** **~ trust** *s Am.* Brain-Trust *m* (*bsd. politische od. wirtschaftliche Beratergruppe*). **~ twist·er** *s* F harte Nuß. **'~·wash** *v/t j-n* e-r Gehirnwäsche unterziehen. **'~ˌwash·ing** *s* Gehirnwäsche *f*. **~ wave** *s* F Geistesblitz *m*, tolle Idee. **'~ˌwork·er** *s* Geistes-, Kopfarbeiter *m*.

brain·y ['breɪnɪ] *adj* F gescheit (*a. Vorschlag etc*).

braise [breɪz] *v/t gastr.* schmoren.

brake [breɪk] **I** *s* ⚙ Bremse *f*. **II** *v/t u. v/i* bremsen. **~ flu·id** *s* Bremsflüssigkeit *f*. **~ lin·ing** *s* Bremsbelag *m*. **~ ped·al** *s* Bremspedal *n*.

brak·ing dis·tance ['breɪkɪŋ] *s* Bremsweg *m*.

bram·ble ['bræmbl] *s* ⚘ *bsd. Br.* Brombeerstrauch *m*; Brombeere *f*.

branch [brɑːntʃ] **I** *s* **1.** Ast *m*, Zweig *m*. **2.** *fig.* Zweig *m*, Linie *f* (*e-r Familie*). **3.** *fig.* Zweig *m*, Sparte *f* (*e-r Wissenschaft etc*); ⚚ Branche *f*. **4.** ⚚ Filiale *f*. **5.** → ***branch line*** 1. **6.** *geogr.* Arm *m* (*e-s Gewässers*); *Am.* Nebenfluß *m*. **II** *v/i* **7.** *oft* ***~ off*** (*od.* ***out***) sich verzweigen *od.* verästeln; abzweigen *od.* sich gabeln (*Straße etc*). **~ line** *s* **1.** 🚂 Neben-, Zweiglinie *f*. **2.** Seitenlinie *f* (*e-r Familie*). **~ man·ag·er** *s* Filialleiter *m*. **~ of·fice** *s* ⚚ Filiale *f*.

brand [brænd] **I** *s* **1.** ⚚ (Handels-, Schutz)Marke *f*, Warenzeichen *n*; Markenname *m*; Sorte *f*, Klasse *f* (*e-r Ware*). **2.** *fig.* Sorte *f*, Art *f*. **3.** Brandmal *n*, -zeichen *n*. **II** *v/t* **4.** mit e-m Warenzeichen *etc* versehen: ***~ed goods*** *pl* Markenartikel *pl*. **5.** *fig.* unauslöschlich einprägen (***on s.o.'s mind*** j-m).

bran·dish ['brændɪʃ] *v/t* (*bsd.* drohend) schwingen.

ˌbrand-'new *adj* (funkel)nagelneu.

bran·dy ['brændɪ] *s* **1.** Weinbrand *m*, Kognak *m*, Brandy *m*. **2.** Obstwasser *n*: ***plum ~*** Zwetschgenwasser *n*.

bran-new [ˌbræn'njuː] → ***brand-new.***

brash [bræʃ] *adj* □ **1.** ungestüm; draufgängerisch; unüberlegt; taktlos, ungezogen; frech, unverfroren. **2.** aufdringlich, laut (*Musik etc*); grell, schreiend (*Farben*).

brass [brɑːs] *s* **1.** Messing *n*. **2.** ***the ~*** ♪ das Blech (*im Orchester*), die Blechbläser *pl*. **3.** *Br.* F Knete *f* (*Geld*). **4.** F Frechheit *f*, Unverschämtheit *f*. **~ band** *s* Blaskapelle *f*.

bras·sière ['bræsıə] *s* Büstenhalter *m.*

brass tacks *s pl*: ***get down to ~*** F zur Sache *od.* auf den Kern der Sache kommen.

bras·sy ['brɑːsı] *adj* □ **1.** messingartig *od.* -farben. **2.** blechern (*Klang*). **3.** F frech, unverschämt. **4.** unangenehm laut.

brat [bræt] *s contp.* Balg *m, n,* Gör *n.*

brave [breıv] **I** *adj* □ tapfer, mutig. **II** *v/t* die Stirn bieten, trotzen (*dat*): ***~ it out*** es (tapfer) durchstehen. **'brav·er·y** *s* Tapferkeit *f,* Mut *m.*

bra·vo [ˌbrɑː'vəʊ] **I** *int* bravo! **II** *pl* **-vos** *s* Bravo(ruf *m*) *n.*

brawl [brɔːl] **I** *v/i* **1.** e-e laute Auseinandersetzung haben. **2.** raufen, sich schlagen. **3.** tosen, rauschen (*Fluß etc*). **II** *s* **4.** laute Auseinandersetzung. **5.** Rauferei *f,* Schlägerei *f.* **6.** Tosen *n,* Rauschen *n.*

brawn [brɔːn] *s* **1.** Muskeln *pl.* **2.** Muskelkraft *f.* **3.** *gastr. Br.* (Schweine)Sülze *f.* **'brawn·y** *adj* muskulös.

bray [breı] **I** *v/i* **1.** schreien (*Esel, a. Person*): ***~ at s.o.*** j-n anschreien. **2.** schmettern (*Trompete*). **3.** lärmen, tosen (*Verkehr etc*). **II** *s* **4.** Schrei *m.* **5.** Schmettern *n.* **6.** Lärmen *n,* Tosen *n.*

bra·zen ['breızn] **I** *adj* □ **1.** Messing... **2.** metallisch (*Klang*). **3.** *fig.* unverschämt, unverfroren. **II** *v/t* **4.** ***~ it out*** sich mit großer Unverfrorenheit behaupten. **'~·faced** → ***brazen*** 3.

breach [briːtʃ] **I** *s* **1.** *fig.* Bruch *m,* Verletzung *f*: ***~ of confidence*** Vertrauensbruch; ***~ of contract*** ⚖ Vertragsbruch; ***~ of the peace*** ⚖ öffentliche Ruhestörung; → ***duty*** 1, ***promise*** 1. **2.** ⚔ Bresche *f* (*a. fig.*): ***fill*** (*od.* ***step into***) ***the ~*** in die Bresche springen (***for*** für). **II** *v/t* **3.** ⚔ e-e Bresche schlagen in (*acc*).

bread [bred] **I** *s* **1.** Brot *n* (*a. Lebensunterhalt*): ***~ and butter*** Butterbrot; ***earn*** (*od.* ***make***) ***one's ~*** sein Brot verdienen; ***know which side one's ~ is buttered*** (***on***) F s-n Vorteil (er)kennen; ***take the ~ out of s.o.'s mouth*** j-n brotlos machen. **2.** *sl.* Knete *f* (*Geld*). **II** *v/t* **3.** *gastr.* panieren. **'~ˌbas·ket** *s* **1.** Brotkorb *m.* **2.** *sl.* Magen *m.* **~ bin** *s* Brotkasten *m.* **~ crumb** *s* Brotkrume *f,* -krümel *m*: **~s** *pl* Paniermehl *n.* **'~-crumb** → ***bread*** 3.

breadth [bretθ] *s* Breite *f*: ***ten yards in ~*** 10 Yards breit; ***what ~ is it?*** wie breit ist es?

'breadˌwin·ner *s* Ernährer *m,* (Geld-)Verdiener *m* (*e-r Familie*).

break [breık] **I** *s* **1.** Bruch(stelle *f*) *m.* **2.** *fig.* Bruch *m* (***from, with*** mit; ***between*** zwischen *dat*): ***make a ~ from*** brechen mit. **3.** Pause *f,* Unterbrechung *f*: ***without a ~*** ununterbrochen; ***take a ~ for a cigarette*** e-e Zigarettenpause machen. **4.** (plötzlicher) Wechsel, Umschwung *m*: ***~ in the weather*** Wetterumschlag *m*; ***at ~ of day*** bei Tagesanbruch. **5.** F ***bad ~*** Pech *n*; ***lucky ~*** Dusel *m,* Schwein *n.* **6.** F Chance *f*: ***give s.o. a ~.*** **II** *v/t* (*irr*) **7.** (ab-, auf-, durch-, zer)brechen; *Schallmauer* durchbrechen: ***~ one's arm*** sich den Arm brechen; ***~ s.o.'s resistance*** j-s Widerstand brechen; → ***heart*** 1, ***ice*** 1. **8.** zerschlagen, -trümmern, kaputtmachen: → ***bank***[1] 2. **9.** ***~ s.o. of s.th.*** j-m et. abgewöhnen. **10.** *Speise, Ware, Geldschein* anbrechen; *Geldschein* kleinmachen, wechseln. **11.** a) *Tiere* zähmen, abrichten, *Pferd* zureiten, *a. j-n* gewöhnen (***to*** an *acc*), b) → ***break in*** 3 b, c. **12.** *Gesetz, Vertrag etc* brechen. **13.** ***~ the bad news gently to s.o.*** j-m die schlechte Nachricht schonend beibringen. **14.** *Code etc* knacken, entschlüsseln. **III** *v/i* (*irr*) **15.** brechen (*a. fig. Widerstand etc*): ***~ into*** einbrechen in (*ein Haus etc*); ***~ with*** brechen mit (*j-m, e-r Tradition etc*). **16.** (zer)brechen, (-)reißen, kaputtgehen. **17.** umschlagen (*Wetter*); anbrechen (*Tag*). **18.** *fig.* ausbrechen (***into*** in *Tränen etc*).

Verbindungen mit Adverbien:

break| a·way I *v/t* **1.** ab-, losbrechen (***from*** von). **II** *v/i* **2.** ab-, losbrechen (***from*** von). **3.** *fig.* sich lossagen *od.* trennen (***from*** von). **~ down I** *v/t* **1.** ein-, niederreißen, *Haus* abbrechen, abreißen. **2.** *Maschine* zerlegen. **3.** *fig.* aufgliedern, -schlüsseln. **II** *v/i* **4.** zs.-brechen (*a. fig.*). **5.** versagen (*Maschine, Stimme etc*), kaputtgehen, *mot.* e-e Panne haben. **6.** scheitern (*Ehe, Verhandlungen etc*). **~ in I** *v/i* **1.** einbrechen, -dringen: ***~ on*** bei *j-m* hereinplatzen; sich in *e-e Unterhaltung etc* einmischen. **II** *v/t* **2.** einschlagen, *Tür* aufbrechen. **3.** a) → ***break*** 10 a, b) *Auto etc* einfahren, *Schuhe* einlaufen, c) *j-n* einarbeiten, anlernen. ~ **off I** *v/t* **1.** → ***break away*** 1. **2.** *Rede, Verhandlungen etc* abbrechen, *Verlobung* (auf)lösen: ***break it off*** sich entloben. **II** *v/i* **3.** → ***break away*** 2. ~ **out** *v/i* ausbrechen (*Gefangener, Krieg etc*): ~ ***in laughter*** (***tears***) in Gelächter (Tränen) ausbrechen; ***he broke out in a cold sweat*** ihm brach der Angstschweiß aus. ~ **through I** *v/t* **1.** durchbrechen. **II** *v/i* **2.** durchbrechen, (*Sonne a.*) hervorkommen. **3.** *fig.* den Durchbruch schaffen. ~ **up I** *v/t* **1.** *Straße, Eis etc* aufbrechen. **2.** *Sitzung etc* aufheben, *Versammlung, Haushalt etc* auflösen. **II** *v/i* **3.** aufbrechen (*Straße, Eis etc*). **4.** aufgehoben werden (*Sitzung etc*), sich auflösen (*Versammlung*). **5.** zerbrechen, auseinandergehen (*Ehe etc*); sich trennen (*Ehepaar etc*).

break·a·ble ['breɪkəbl] *adj* zerbrechlich. **'break·age** *s* Bruch(stelle *f*) *m*.

'break|·a·way *s* Trennung *f* (***from*** von). **'~·down** *s* **1.** Zs.-bruch *m* (*a. fig.*): ***nervous*** ~ Nervenzusammenbruch. **2.** *mot.* Panne *f*: ~ ***service*** *Br.* Pannen-, Straßendienst *m*; ~ ***van*** *Br.* Abschleppwagen *m*. **~·fast** ['brekfəst] **I** *s* Frühstück *n*: ***have*** ~ → II; ~ ***television*** Frühstücksfernsehen *n*. **II** *v/i* frühstücken. **'~·in** *s* **1.** ⚖ Einbruch *m*. **2.** Abrichten *n*, Einfahren *n etc* (→ ***break*** 10 a, ***break in*** 2 b, c). **'~·neck** *adj* halsbrecherisch (*Geschwindigkeit*). **'~·out** *s* Ausbruch *m* (*aus dem Gefängnis etc*). **'~·through** *s* ⚔ Durchbruch *m* (*a. fig.*). **'~·up** *s* Aufhebung *f* (*e-r Sitzung etc*), Auflösung *f* (*e-r Versammlung, e-s Haushalts etc*).

breast [brest] **I** *s* Brust *f* (*a. gastr.*): ***make a clean ~ of s.th.*** sich et. von der Seele reden. **II** *v/t*: ~ ***the tape*** (*Sport*) das Zielband durchreißen, *weitS.* durchs Ziel gehen. **'~·bone** *s anat.* Brustbein *n*. **'~·feed** *v/t u. v/i* (*irr* ***feed***) stillen. **'~·pin** *s* Brosche *f*, Anstecknadel *f*. **~·pock·et** *s* Brusttasche *f*. **'~·stroke** *s Sport*: Brustschwimmen *n*.

breath [breθ] *s* **1.** Atem(zug) *m*: ***bad*** ~ Mundgeruch *m*; ***in the same*** ~ im gleichen Atemzug; ***under*** (*od.* ***below***) ***one's*** ~ im Flüsterton, leise; ***be out of*** ~ außer Atem sein; ***get one's ~ back*** wieder zu Atem kommen; ***waste one's*** ~ in den Wind reden. **2.** *fig.* Hauch *m*, Spur *f*. **3.** *a.* ~ ***of air*** Lufthauch *m*, Lüftchen *n*.

breath·a·lys·er ['breθəlaɪzə] *s mot.* Alkoholtestgerät *n*, Röhrchen *n*.

breathe [bri:ð] **I** *v/i* **1.** atmen: ~ ***in*** (***out***) ein-(aus)atmen. **II** *v/t* **2.** atmen: ~ ***in*** (***out***) ein-(aus)atmen; → ***sigh*** II. **3.** flüstern, hauchen. **'breath·er** *s* F Atem-, Verschnaufpause *f*: ***have*** (*od.* ***take***) ***a*** ~ verschnaufen. **'breath·ing** *s* Atmen *n*, Atmung *f*: ~ ***space*** Atem-, Verschnaufpause *f*.

breath·less ['breθlɪs] *adj* □ atemlos (*a. fig.*).

'breath|ˌtak·ing *adj* □ atemberaubend. ~ **test** *s mot. Br.* Alkoholtest *m*.

bred [bred] *pret u. pp von* ***breed.***

breech·es ['brɪtʃɪz] *s pl* (***a pair of*** e-e) Kniebund-, Reithose *f*.

breed [bri:d] **I** *v/t* (*irr*) **1.** *Tiere, Pflanzen* züchten. **2.** *fig.* hervorrufen, verursachen. **II** *v/i* (*irr*) **3.** sich fortpflanzen *od.* vermehren. **III** *s* **4.** Rasse *f*, Zucht *f*. **5.** Art *f*, (*Menschen*)Schlag *m*. **'breed·er** *s* **1.** Züchter(in). **2.** Zuchttier *n*. **3.** *phys.* Brüter *m*: ~ ***reactor*** Brutreaktor *m*. **'breed·ing** *s* **1.** Fortpflanzung *f*. **2.** Züchtung *f*, Zucht *f*. **3.** Ausbildung *f*, Erziehung *f*. **4.** (gutes) Benehmen, (gute) Manieren *pl*.

breeze [bri:z] **I** *s* Brise *f*. **II** *v/i* F schweben (*Person*): ~ ***in*** hereingeweht kommen. **'breez·y** *adj* □ **1.** luftig, windig. **2.** heiter, unbeschwert.

breth·ren ['breðrən] *pl von* ***brother*** 2.

bre·vi·ar·y ['bri:vjərɪ] *s eccl.* Brevier *n*.

brev·i·ty ['brevətɪ] *s* Kürze *f*.

brew [bru:] **I** *v/t* **1.** *Bier* brauen, *Tee etc a.* zubereiten. **2.** *fig.* aushecken, -brüten. **II** *v/i* **3.** *fig.* sich zs.-brauen, im Anzug sein (*Gewitter, Unheil*). **III** *s* **4.** Gebräu *n*. **'brew·er** *s* Brauer *m*. **'brew·er·y** *s* Brauerei *f*.

brib·a·ble ['braɪbəbl] *adj* bestechlich. **bribe I** *v/t* bestechen. **II** *s* Bestechungsgeld *n*, -geschenk *n*: ***accept*** (*od.* ***take***) **~s** sich bestechen lassen. **'brib·er·y** *s* Bestechung *f*: ***open to*** ~ bestechlich.

bric-a-brac ['brɪkəbræk] *s* Nippsachen *pl*.

brick [brɪk] **I** *s* **1.** Ziegel(stein) *m*, Backstein *m*: ***drop a*** ~ *Br.* F ins Fettnäpfchen treten. **2.** *Br.* Baustein *m*, (Bau)Klötzchen *n* (*für Kinder*): **box of ~s** Baukasten *m*. **3.** F Pfundskerl *m*, feiner Kerl. **II** *v/t* **4.** **~ up** (*od.* **in**) zumauern. **'~,lay·er** *s* Maurer *m*.

brid·al ['braɪdl] *adj* Braut...: **~ dress** Braut-, Hochzeitskleid *n*; **~ ceremony** Hochzeitsfeier *f*.

bride [braɪd] *s* Braut *f*: **give away the ~** die Braut zum Altar führen. **~·groom** ['~grʊm] *s* Bräutigam *m*.

brides·maid ['braɪdzmeɪd] *s* Brautjungfer *f*.

bridge[1] [brɪdʒ] **I** *s* **1.** (⚓ *a.* Kommando)Brücke *f*: **burn one's ~s** (**behind one**) *fig.* alle Brücken hinter sich abbrechen. **2.** **~ of the nose** *anat.* Nasenrücken *m*. **II** *v/t* **3.** e-e Brücke schlagen über (*acc*). **4.** *oft* **~ over** ⚡ überbrücken (*a. fig.*).

bridge[2] [~] *s* Bridge *n* (*Kartenspiel*).

'bridge·head *s* ⚔ Brückenkopf *m*.

bri·dle '[braɪdl] **I** *s* **1.** Zaum(zeug *n*) *m*; Zügel *m*. **II** *v/t* **2.** (auf)zäumen. **3.** zügeln, im Zaum halten (*beide a. fig.*). **III** *v/i* **4.** *oft* **~ up** den Kopf zurückwerfen.

brief [bri:f] **I** *adj* □ **1.** kurz: **be ~!** fasse dich kurz! **2.** kurz angebunden (**with** mit). **3.** knapp (*Bikini etc*). **II** *s* **4.** **in ~** kurz(um). **5.** ⚖ *Br.* schriftliche Beauftragung u. Information (*des Barristers durch den Solicitor*) zur Vertretung des Falles vor Gericht, *weitS.* Mandat *n*: **abandon** (*od.* **give up**) **one's ~** sein Mandat niederlegen; **hold a ~ for** *j-n od. j-s* Sache vor Gericht vertreten; *fig.* sich einsetzen für. **6.** *pl* → **briefs.** **II** *v/t* **7.** *j-n* instruieren, *j-m* genaue Anweisungen geben. **8.** ⚖ *Br. Barrister* mit der Vertretung des Falles betrauen; *Anwalt* über den Sachverhalt informieren. **'~·case** *s* Aktentasche *f*.

brief·ness ['bri:fnɪs] *s* Kürze *f*.

briefs [bri:fs] *s pl* (**a pair of** ein) Slip *m* (*kurze Unterhose*).

bri·gade [brɪ'geɪd] *s* ⚔ Brigade *f*.

bright [braɪt] *adj* □ **1.** hell, glänzend, leuchtend, strahlend. **2.** heiter (*Wetter etc*). **3.** gescheit, hell. **4.** günstig, vielversprechend (*Aussichten*). **'bright·en** **I** *v/t oft* **~ up** **1.** hell(er) machen, auf-, erhellen (*a. fig.*). **2.** *j-n* fröhlich stimmen, aufheitern. **II** *v/i* **3.** *oft* **~ up** sich aufhellen (*Gesicht, Wetter etc*), aufleuchten (*Augen*). **'bright·ness** *s* **1.** Helligkeit *f* (*a. TV*), Glanz *m*. **2.** Heiterkeit *f*. **3.** Gescheitheit *f*.

bril·liance ['brɪljəns], **'bril·lian·cy** *s* **1.** Leuchten *n*, Glanz *m*, Helligkeit *f*. **2.** *fig.* Brillanz *f*. **'bril·liant** **I** *adj* □ **1.** leuchtend, glänzend, hell. **2.** *fig.* brillant. **II** *s* **3.** Brillant *m*.

brim [brɪm] **I** *s* **1.** Rand *m* (*bsd. e-s Gefäßes*): **full to the ~** randvoll. **2.** (Hut-)Krempe *f*. **II** *v/i* **3.** voll sein: **~ over** übervoll sein (**with** von) (*a. fig.*); überfließen (**with** von) (*a. fig.*). **,brim'ful(l)** *adj* randvoll.

brine [braɪn] **I** *s* **1.** Sole *f*; Lake *f*. **2.** Salzwasser *n*. **II** *v/t* **3.** (ein)salzen.

bring [brɪŋ] *v/t* (*irr*) **1.** (mit-, her)bringen: **what ~s you here?** was führt Sie zu mir?; → **bacon, home** 9, **light**[1] 1e. **2.** *Gewinn etc* (ein)bringen. **3.** nach sich ziehen, bewirken. **4.** *j-n* dazu bringen *od.* bewegen (**to do** zu tun): **I can't ~ myself to do it** ich kann mich nicht dazu durchringen(, es zu tun).

Verbindungen mit Adverbien:

bring| a·bout *v/t* **1.** zustande bringen. **2.** bewirken, verursachen. **~ a·long** *v/t* mitbringen. **~ back** *v/t* **1.** zurückbringen. **2.** *Erinnerungen* wachrufen (**of** an *acc*); Erinnerungen wachrufen an (*acc*). **3.** **~ to life** *j-n* wieder zu(m) Bewußtsein bringen; (*a.* **~ to health**) *j-n* wieder gesund machen. **~ down** *v/t* **1.** herunterbringen. **2.** *Regierung etc* zu Fall bringen, stürzen. **3.** *Preis etc* herabsetzen. **4.** **~ the house** *thea. etc* F stürmischen Beifall auslösen; Lachstürme entfesseln. **~ forth** *v/t* hervorbringen. **~ for·ward** *v/t* **1.** *Entschuldigung etc* vorbringen. **2.** ✝ *Betrag* übertragen. **3.** *Versammlung etc* vorverlegen (**to** auf *acc*); *Uhr* vorstellen (**one hour** um e-e Stunde). **~ in** *v/t* **1.** hereinbringen. **2.** *Kapital, Gesetzesvorlage etc* einbringen. **3.** → **verdict.** **~ off** *v/t* zustande bringen. **~ on** *v/t* **1.** *bsd. Krankheit* verursachen. **2.** in Gang bringen. **~ out** *v/t allg., a. Buch, Auto etc* herausbringen. **~ o·ver** *v/t* **1.** herüberbringen. **2.** → **bring round** 3. **~ round** *v/t* **1.** her-, vorbeibringen. **2.** a) *Ohnmächtigen* wieder zu sich bringen, b) *Kranken* wieder auf die Beine bringen. **3.** *j-n* umstimmen, herumkriegen. **~ through** *v/t* *Kranken* durchbringen. **~ to** → **bring**

round 2 a. ~ **up** *v/t* **1.** heraufbringen. **2.** *Kind* auf-, großziehen; erziehen: ~ ***s.o. up to do s.th.*** j-n dazu erziehen, et. zu tun. **3.** *et.* (er)brechen. **4.** zum Stillstand *od.* Halten bringen.

bring·er ['brɪŋə] *s* Überbringer(in).

brink [brɪŋk] *s* Rand *m* (*a. fig.*): ***be on the ~ of war*** am Rande e-s Krieges stehen; ***bring s.o. to the ~ of ruin*** j-n an den Rand des Ruins bringen. **~·man·ship** ['~mənʃɪp] *s* Politik *f* des äußersten Risikos.

brin·y ['braɪnɪ] *adj* salzig.

bri·quet(te) [brɪ'ket] *s* Brikett *n.*

brisk [brɪsk] *adj* □ **1.** flott. **2.** lebhaft, munter. **3.** frisch (*Luft etc*).

bris·ket ['brɪskɪt] *s gastr.* Brust(stück *n*) *f.*

bris·tle ['brɪsl] **I** *s* **1.** Borste *f*; (Bart)Stoppel *f.* **II** *v/i* **2.** *a.* ~ ***up*** sich sträuben. **3.** *a.* ~ ***up*** zornig werden. **4.** strotzen, wimmeln (***with*** von). '**bris·tly** *adj* **1.** borstig; stopp(e)lig: ~ ***beard*** Stoppelbart *m.* **2.** *fig.* kratzbürstig.

Brit·ish ['brɪtɪʃ] **I** *adj* britisch. **II** *s*: ***the ~*** *pl* die Briten *pl.* '**Brit·ish·er** *s Am.* Brite *m*, Britin *f.*

Brit·on ['brɪtn] *s* Brite *m*, Britin *f.*

brit·tle ['brɪtl] *adj* **1.** spröde, zerbrechlich. **2.** brüchig (*Metall etc*) (*a. fig.*).

broach [brəʊtʃ] *v/t* **1.** *Faß* anstechen. **2.** *Thema* anschneiden.

broad [brɔːd] *adj* (□ → ***broadly***) **1.** breit. **2.** weit, ausgedehnt. **3.** → ***daylight.*** **4.** weitreichend, -gehend: ***in the ~est sense*** im weitesten Sinne. **5.** → ***broad-minded.*** **6.** derb; anstößig, schlüpfrig. **7.** klar, deutlich: → ***hint*** 1. **8.** allgemein: ***in ~ outline*** in großen Zügen, in groben Umrissen. **9.** breit, stark (*Akzent*). '**~·cast I** *v/t* (*a. irr*) **1.** *Nachricht* verbreiten, *contp.* ausposaunen. **2.** im Rundfunk *od.* Fernsehen bringen; übertragen. **II** *v/i* (*a. irr*) **3.** im Rundfunk *od.* Fernsehen auftreten. **4.** senden. **III** *s* **5.** *Rundfunk, TV*: Sendung *f*; Übertragung *f.* '**~·cast·er** *s* Rundfunk-, Fernsehsprecher(in). '**~·cast·ing I** *s* **1.** → ***broadcast*** 5. **2.** Sendebetrieb *m.* **3.** Rundfunk *m*, Fernsehen *n.* **II** *adj* **4.** Rundfunk..., Fernsehen...: ~ ***station*** Sender *m.*

broad·en ['brɔːdn] **I** *v/t* verbreitern: ~ ***one's horizons*** (*od.* ***mind***) s-n Horizont erweitern. **II** *v/i a.* ~ ***out*** sich verbreitern (***into*** zu), sich erweitern (*a. fig.*).

broad| jump *s Leichtathletik*: *Am.* Weitsprung *m.* ~ **jump·er** *s Am.* Weitspringer(in).

broad·ly ['brɔːdlɪ] *adv* **1.** *a.* ~ ***speaking*** allgemein (gesprochen). **2.** in großen Zügen.

ˌ**broad|-'mind·ed** *adj* □ großzügig, tolerant. '**~·side** *s* ⚓ Breitseite *f* (*a. fig.*).

bro·cade [brəʊ'keɪd] *s* Brokat *m.*

bro·chure ['brəʊʃə] *s* Broschüre *f.*

brogue [brəʊg] *s* derber Straßenschuh.

broil¹ [brɔɪl] **I** *v/t* **1.** (auf dem Rost) braten, grillen. **2.** ***get ~ed*** vor Hitze fast umkommen. **II** *v/i* **3.** ***be ~ing in the sun*** in der Sonne schmoren. **4.** vor Wut kochen.

broil² [~] *s* laute Auseinandersetzung.

broil·ing ['brɔɪlɪŋ] **I** *adj* glühendheiß: ***a ~ day.*** **II** *adv*: ~ ***hot*** glühend heiß.

broke¹ [brəʊk] *pret von* ***break.***

broke² [~] *adj* F pleite (*a.* ✝), abgebrannt: ***go*** ~ pleite gehen.

bro·ken ['brəʊkən] **I** *pp von* ***break.*** **II** *adj* **1.** zerbrochen, entzwei, kaputt. **2.** gebrochen (*a. fig.*): ***a ~ leg*** (***promise,*** *etc*). **3.** unterbrochen, gestört: ~ ***sleep.*** **4.** (*seelisch od. körperlich*) gebrochen. **5.** zerrüttet: ~ ***marriage***; ~ ***health***; ~ ***home*** zerrüttete Familienverhältnisse *pl.* **6.** *ling.* gebrochen: ***speak ~ English*** gebrochen Englisch sprechen.

bro·ker ['brəʊkə] *s* **1.** ✝ Makler *m.* **2.** Vermittler *m.* '**bro·ker·age** *s* Maklergebühr *f.*

brol·ly ['brɒlɪ] *s Br.* F (Regen)Schirm *m.*

bro·mide ['brəʊmaɪd] *s* **1.** ⚗ Bromid *n.* **2.** *fig.* Gemeinplatz *m.* **bro·mine** ['~miːn] *s* ⚗ Brom *n.*

bron·chi ['brɒŋkaɪ] *s pl anat.* Bronchien *pl.* **bron·chi·al** ['~kjəl] *adj anat.*, ⚕ Bronchial... **bron·chi·tis** [~'kaɪtɪs] *s* ⚕ Bronchitis *f.*

bronze [brɒnz] **I** *s* **1.** Bronze *f.* **II** *adj* **2.** bronzefarben. **3.** Bronze...: ⁂ ***Age*** Bronzezeit *f*; ~ ***medal*** Bronzemedaille *f*; ~ ***medal(l)ist*** Bronzemedaillengewinner(in).

brooch [brəʊtʃ] *s* Brosche *f.*

brood [bruːd] **I** *s* Brut *f* (*a. fig. contp.*). **II** *v/t* ausbrüten (*a. fig.*). **III** *v/i* brüten (*a. fig.* ***on, over, about*** über *dat*). **IV** *adj*

Brut...: *~ hen.* **'brood·er** *s* Brutapparat *m*, -kasten *m*.
brook [brʊk] *s* Bach *m*.
broom [bru:m] *s* Besen *m*: ***a new ~ sweeps clean*** neue Besen kehren gut. **'~·stick** *s* Besenstiel *m*.
broth [brɒθ] *s* (Kraft-, Fleisch)Brühe *f*.
broth·el ['brɒθl] *s* Bordell *n*.
broth·er ['brʌðə] *s* **1.** Bruder *m*: ***~s** pl **and sisters*** *pl* Geschwister *pl*; ***Smith** ℒs* ✝ Gebrüder Smith. **2.** *eccl. pl **brethren*** Bruder *m*. **broth·er·hood** ['~hʊd] *s eccl.* Bruderschaft *f*.
'broth·er-in-law *pl* **'broth·ers-in-law** *s* Schwager *m*.
broth·er·ly ['brʌðəlɪ] *adj* brüderlich.
brought [brɔ:t] *pret u. pp von **bring**.*
brow [braʊ] *s* **1.** (Augen)Braue *f*. **2.** Stirn *f*. **3.** Miene *f*, Gesichtsausdruck *m*. **'~·beat** *v/t* (*irr **beat***) einschüchtern.
brown [braʊn] **I** *adj* braun: ***~ bread*** Misch-; Vollkorn-; Schwarzbrot *n*; ***~ coal*** Braunkohle *f*; ***~ paper*** Packpapier *n*; → ***study*** 1. **II** *s* Braun *n*: ***dressed in ~*** braun *od.* in Braun gekleidet. **III** *v/t Haut etc* bräunen, *Fleisch etc* (an)bräunen. **IV** *v/i* braun werden. **brown·ie** ['~nɪ] *s* Heinzelmännchen *n*. **'brown·ish** *adj* bräunlich.
browse [braʊz] *v/i* **1.** grasen, weiden. **2.** *a.* ***~ around*** sich umsehen: ***~ through a book*** in e-m Buch schmökern *od.* blättern; ***~ in*** (*od.* ***around***) ***a shop*** (*bsd. Am.* ***store***) sich (unverbindlich) in e-m Laden umsehen.
bruise [bru:z] **I** *v/t* **1.** sich *e-n Körperteil* quetschen; *Früchte* anstoßen. **II** *v/i* **2.** e-e Quetschung *od.* e-n blauen Fleck bekommen. **III** *s* **3.** Quetschung *f*, blauer Fleck. **4.** Druckstelle *f* (*auf Früchten*).
brunch [brʌntʃ] *s* F Brunch *n* (*spätes reichliches Frühstück*).
bru·nette [bru:'net] **I** *s* Brünette *f*. **II** *adj* brünett.
brunt [brʌnt] *s*: ***bear the ~*** *fig.* die Hauptlast tragen.
brush[1] [brʌʃ] **I** *s* **1.** Bürste *f*. **2.** Pinsel *m*: → ***tar*** II. **3.** ***give s.th. a ~*** et. ab- *od.* ausbürsten. **4.** ⚔ Scharmützel *n* (*a. fig.*): ***have a ~ with s.o.*** mit j-m aneinandergeraten. **II** *v/t* **5.** bürsten: ***brush one's teeth*** sich die Zähne putzen; ***~ aside*** (*od.* ***away***) zur Seite schieben, wegschieben; *fig.* (mit e-r Handbewegung) abtun, wegwischen; ***~ away*** (*od.* ***off***) wegbürsten; ***~ down*** abbürsten; ***~ off*** *sl. j-n* abwimmeln; *j-m* e-e Abfuhr erteilen; ***~ up*** *Kenntnisse* aufpolieren, -frischen. **6.** streifen, leicht berühren. **III** *v/i* **7.** ***~ past s.o.*** j-n streifen *od.* leicht berühren; an j-m vorbeihuschen; an j-m (gerade noch) vorbeikommen.
brush[2] [~], *a.* **'~·wood** *s* Gestrüpp *n*, Unterholz *n*.
brusque [bru:sk] *adj* □ brüsk, barsch, schroff.
Brus·sels sprouts [ˌbrʌsl'spraʊts] *s pl* ❦ Rosenkohl *m*.
bru·tal ['bru:tl] *adj* □ brutal. **bru·tal·i·ty** [~'tælətɪ] *s* Brutalität *f*. **bru·tal·ize** ['~təlaɪz] *v/t* **1.** brutalisieren. **2.** brutal behandeln. **brute** [bru:t] **I** *s* **1.** Vieh *n*, *fig. a.* Untier *n*, Scheusal *n*. **II** *adj* **2.** brutal: ***~ force*** (*od.* ***strength***) rohe Gewalt. **3.** hirnlos, dumm. **'brut·ish** *adj* □ → ***brute*** II.
bub·ble ['bʌbl] **I** *s* **1.** (*Luft- etc*)Blase *f*: ***~ bath*** Schaumbad *n*; ***~ gum*** Bubble-gum *m*, Ballon-, Knallkaugummi *m*. **2.** *fig.* Seifenblase *f*. **II** *v/i* **3.** sprudeln, brodeln (*kochendes Wasser etc*); sprudeln, perlen (*Sekt etc*); in Blasen aufsteigen (*Gas*): ***~ over*** übersprudeln (*a. fig.* ***with*** vor *dat*). **'bub·bly I** *adj* **1.** sprudelnd. **2.** *fig.* temperamentvoll. **II** *s* **3.** *bsd. Br.* F Schampus *m*.
buck[1] [bʌk] **I** *s* **1.** *zo.* Bock *m*, *engS.* Rehbock, *allg.* Männchen *n*. **2.** ***pass the ~*** F den Schwarzen Peter weitergeben; ***pass the ~ to s.o.*** F j-m den Schwarzen Peter zuschieben. **II** *v/i* **3.** bocken (*Pferd etc*). **4.** ***~ up*** F aufleben; sich ranhalten: ***~ up!*** Kopf hoch! **III** *v/t* **5.** ***~ up*** F *j-n* aufmuntern; *j-m* Dampf machen.
buck[2] [~] *s Am. sl.* Dollar *m*.
buck·et ['bʌkɪt] **I** *s* Eimer *m*, Kübel *m*: ***kick the ~*** F den Löffel weglegen (*sterben*). **II** *v/t* schöpfen: ***~ out*** ausschöpfen. **III** *v/i*: ***it's*** (*od.* ***the rain's***) ***~ing*** (***down***) *Br.* F es gießt wie aus *od.* mit Kübeln. **buck·et·ful** ['~fʊl] *s ein* Eimer(voll) *m*.
buck·et seat *s mot.* Schalensitz *m*.
buck·le ['bʌkl] **I** *s* **1.** Schnalle *f*, Spange *f*. **II** *v/t* **2.** *a.* ***~ up*** zu-, festschnallen: ***~ on*** anschnallen. **III** *v/i* **3.** ***~ up*** *mot.*, ✈ sich

anschnallen. **4.** **~ *down*** F sich dahinterklemmen: **~ *down to a task*** sich hinter e-e Aufgabe klemmen.

'buck·skin *s* Wildleder *n*.

bud [bʌd] **I** *s* Knospe *f*: ***be in ~*** knospen; ***nip in the ~*** *fig*. im Keim ersticken. **II** *v/i* knospen: ***~ding lawyer*** angehender Jurist.

Bud·dhism ['bʊdɪzəm] *s* Buddhismus *m*.

'Bud·dhist I *s* Buddhist *m*. **II** *adj* buddhistisch.

bud·dy ['bʌdɪ] *s bsd. Am.* F Kumpel *m*, Spezi *m*.

budge [bʌdʒ] *mst neg* **I** *v/i* sich (von der Stelle) rühren: **~ *from*** *fig*. von *et*. abrücken. **II** *v/t* (vom Fleck) bewegen: **~ *from*** *fig*. *j-n* abbringen von.

bud·ger·i·gar ['bʌdʒərɪgɑː] *s orn*. Wellensittich *m*.

budg·et ['bʌdʒɪt] *s* Budget *n*, Etat *m*: ***for the low ~*** für den schmalen Geldbeutel; ***~-conscious*** preisbewußt; ***~(-priced)*** preisgünstig. **'budg·et·a·ry** *adj* Budget..., Etat...

bud·gie ['bʌdʒɪ] F → ***budgerigar***.

buff [bʌf] *s* F **1.** ***in the ~*** im Adams- *od*. Evaskostüm. **2.** *in Zssgn* ...fan *m*; ...experte *m*.

buf·fa·lo ['bʌfələʊ] *pl* **-lo(e)s** *s zo*. Büffel *m*.

buff·er ['bʌfə] *s* ⚙ Stoßdämpfer *m*; Puffer *m* (*a. fig*.); Prellbock *m* (*a. fig*.). **~ state** *s pol*. Pufferstaat *m*. **~ zone** *s* ⚔ Pufferzone *f*.

buf·fet[1] ['bʌfɪt] **I** *s* **1.** (Faust)Schlag *m*; Ohrfeige *f*. **II** *v/t* **2.** *j-m* e-n (Faust-) Schlag versetzen; *j-m* e-e Ohrfeige geben. **3.** ankämpfen gegen.

buf·fet[2] *s* **1.** ['bʌfɪt] Büfett *n*, Anrichte *f*. **2.** ['bʊfeɪ] Büfett *n*, Theke *f*.

buf·foon [bə'fuːn] *s* Possenreißer *m*, Hanswurst *m* (*a. fig. contp*.).

bug [bʌg] **I** *s* **1.** *zo*. Wanze *f* (*a*. F *Minispion*); *bsd. Am. allg*. Insekt *n*. **2.** F Bazillus *m*, *fig. a*. Fieber *n*: ***he got bitten by*** (*od*. ***he's got***) ***the ~*** ihn hat's gepackt. **3.** ⚙ F Defekt *m*, *pl* Mucken *pl*. **II** *v/t* **4.** *Am*. F *j-n* wütend machen; *j-m* auf den Wecker fallen. **5.** F Wanzen anbringen in (*dat*). **'~·bear** *s* (Schreck-) Gespenst *n*.

bug·ger ['bʌgə] V **I** *s* Scheißkerl *m*; *allg*. Kerl *m*: ***poor ~*** armes Schwein. **II** *v/t*: **~ *up*** versauen: ***~ed up*** im Arsch. **III** *v/i*: **~ off** *Br*. (*mst imp*) sich verpissen.

bug·gy[1] ['bʌgɪ] *adj* verwanzt.

bug·gy[2] [~] *s mot*. Buggy *m* (*geländegängiges Freizeitauto*).

bu·gle ['bjuːgl] *s* (Wald-, Jagd)Horn *n*; ⚔ Signalhorn *n*: **~ *call*** Hornsignal *n*.

'bu·gler *s* Hornist *m*.

build [bɪld] **I** *v/t* (*irr*) **1.** bauen: a) errichten, b) herstellen: **~ *in*(*to*)** einbauen (in *acc*). **2.** **~ *up*** *Gelände* bebauen. **3.** **~ *up*** *Geschäft etc* aufbauen: **~ *up a reputation*** sich e-n Namen machen. **4.** **~ *up*** *j-n* (*in der Presse etc*) aufbauen. **5.** **~ *one's hope on*** s-e Hoffnung setzen auf (*acc*). **II** *v/i* (*irr*) **6.** bauen: ***be ~ing*** im Bau sein. **7.** *fig*. bauen (***on*** auf *acc*). **III** *s* **8.** Körperbau *m*, Statur *f*. **'build·er** *s* **1.** Erbauer *m*. **2.** Bauunternehmer *m*. **'build·ing I** *s* **1.** Bauwesen *n*. **2.** Gebäude *n*, Bau(werk *n*) *m*. **II** *adj* **3.** Bau...: **~ *contractor*** → ***builder*** 2; **~ *freeze*** Baustopp *m*; **~ *industry*** Baugewerbe *n*, -wirtschaft *f*; **~ *site*** Baustelle *f*; **~ *society*** *Br*. Bausparkasse *f*.

built [bɪlt] *pret u. pp von* ***build***. **ˌ~-'in** *adj* eingebaut, Einbau... **ˌ~-'up** *adj*: **~ *area*** bebautes Gelände *od*. Gebiet; (*Verkehr*) geschlossene Ortschaft.

bulb [bʌlb] *s* **1.** ⚘ Knolle *f*, Zwiebel *f*. **2.** ⚡ Glühbirne *f*. **'bulb·ous** *adj* □ knollenförmig: **~ *nose*** Knollennase *f*.

Bul·gar·i·an [bʌl'geərɪən] **I** *s* **1.** Bulgare *m*, Bulgarin *f*. **2.** *ling*. Bulgarisch *n*. **II** *adj* **3.** bulgarisch.

bulge [bʌldʒ] **I** *s* **1.** (Aus)Bauchung *f*, Ausbuchtung *f*. **2.** *fig*. (rapide) Zunahme. **II** *v/i* **3.** *a*. **~ *out*** sich (aus)bauchen, hervorquellen (*a. Augen*). **III** *v/t* **4.** *Backen* aufblähen. **5.** *Taschen etc* vollstopfen (***with*** mit).

bulk [bʌlk] *s* **1.** Umfang *m*, Größe *f*, Masse *f*. **2.** Großteil *m*, Mehrheit *f*. **3.** ***in ~*** ⚕ lose, unverpackt; en gros. **'bulk·y** *adj* **1.** massig. **2.** unhandlich, sperrig: **~ *refuse*** (*od*. ***waste***) Sperrmüll *m*.

bull [bʊl] **I** *s* **1.** *zo*. Bulle *m*, (Zucht)Stier *m*: ***take the ~ by the horns*** *fig*. den Stier bei den Hörnern packen; ***like a ~ in a china shop*** wie ein Elefant im Porzellanladen; → ***shoot*** 5a. **2.** ⚕ Haussespekulant *m*. **II** *v/i* **3.** ⚕ auf Hausse spekulieren. **'~·dog** *s zo*. Bulldogge *f*. **'~·doze** *v/t* **1.** planieren. **2.** F einschüchtern;

zwingen (***into doing*** zu tun). **'~·doz·er** *s* ⚙ Bulldozer *m*, Planierraupe *f*.

bul·let ['bʊlɪt] *s* (*Gewehr-, Pistolen*)Kugel *f*.

bul·le·tin ['bʊlətɪn] *s* **1.** Bulletin *n*: a) Tagesbericht *m*, b) ⚕ Krankenbericht *m*, c) offizielle Bekanntmachung: ~ ***board*** *Am*. Schwarzes Brett. **2.** Mitteilungsblatt *n*.

'bul·let|·proof *adj* kugelsicher: ~ ***glass*** Panzerglas *n*. ~ **wound** *s* Schußwunde *f*, -verletzung *f*.

'bull|·fight *s* Stierkampf *m*. **'~ˌfight·er** *s* Stierkämpfer *m*.

bul·lion ['bʊljən] *s* (*Gold-, Silber*)Barren *m*.

bull·ish ['bʊlɪʃ] *adj* ✝ Hausse...

bull·ock ['bʊlək] *s zo*. Ochse *m*.

'bull·ring *s* Stierkampfarena *f*.

bull's-eye ['bʊlzaɪ] *s* **1.** ⚠, ⚓ Bullauge *n*. **2.** Zentrum *n*, *das* Schwarze (*e-r Zielscheibe*): ***hit the*** ~ ins Schwarze treffen (*a. fig*.).

'bull|·shit *s* V Scheiß *m*: ***talk*** ~ Scheiß reden. ~ **ter·ri·er** *s zo*. Bullterrier *m*.

bul·ly ['bʊlɪ] **I** *s* brutaler *od*. tyrannischer Kerl. **II** *v/t* tyrannisieren, schikanieren: ~ ***about*** (*od*. ***around***) *j-n* herumkommandieren. **III** *adj u. int* F prima:~ ***for you!*** na und?; *iro*. gratuliere!

bul·wark ['bʊlwək) *s* Bollwerk *n*.

bum[1] [bʌm] *s bsd. Br*. F Hintern *m*.

bum[2] [~] *bsd. Am*. F **I** *s* **1.** Gammler *m*; Tippelbruder *m*. **2.** Schnorrer *m*, Nassauer *m*. **3.** Saukerl *m*. **II** *v/i* **4.** *mst* ~ ***about*** (*od*. ***around***) herumgammeln. **5.** schnorren, nassauern (***off*** bei). **6.** tippeln (***through*** durch). **III** *adj* **7.** mies; kaputt.

bum·ble·bee ['bʌmblbi:] *s zo*. Hummel *f*.

bump [bʌmp] **I** *v/t* **1.** (heftig) stoßen. **2.** mit *et*. rennen (***against*** gegen), *et*. rammen, auf *ein Auto* auffahren. **3.** ~ ***off*** F umlegen (*umbringen*). **II** *v/i* **4.** (***against, into***) stoßen, prallen (gegen, an *acc*), zs.-stoßen (mit): ~ ***into*** *fig*. *j-n* zufällig treffen. **5.** rumpeln, holpern (*Fahrzeug*). **III** *s* **6.** heftiger Ruck *od*. Stoß. **7.** Beule *f*. **8.** Unebenheit *f*.

bump·er[1] ['bʌmpə] **I** *s* et. Riesiges. **II** *adj* riesig: ~ ***crop*** Rekordernte *f*.

bump·er[2] [~] *s* **1.** *mot*. Stoßstange *f*. **2.** 🚂 *etc Am*. Puffer *m*.

bump·er| car *s* (Auto)Skooter *m*. ~ **stick·er** *s* Autoaufkleber *m*.

bump·kin ['bʌmpkɪn] *s a*. ***country*** ~ *contp*. Bauer *m*, Provinzler *m*.

bump| start *s Br*. Anschieben *n*. **'~-start** *v/t Br*. *Auto* anschieben.

bump·tious ['bʌmpʃəs] *adj* □ F aufgeblasen, wichtigtuerisch.

bump·y ['bʌmpɪ] *adj* □ **1.** holp(e)rig, uneben. **2.** unruhig (*Flug*).

bun [bʌn] *s* **1.** süßes Brötchen: ***she has a ~ in the oven*** F bei ihr ist was unterwegs. **2.** (Haar)Knoten *m*.

bunch [bʌntʃ] **I** *s* **1.** Bündel *n*, Bund *n*: ~ ***of flowers*** Blumenstrauß *m*; ~ ***of grapes*** Weintraube *f*; ~ ***of keys*** Schlüsselbund *m*, *n*. **2.** F Verein *m*, Haufen *m*. **II** *v/t* **3.** *a*. ~ ***up*** bündeln. **III** *v/i* **4.** *oft* ~ ***up*** (*od*. ***together***) Grüppchen *od*. Haufen bilden.

bun·combe *bsd. Am*. → ***bunkum***.

bun·dle ['bʌndl] **I** *s* **1.** Bündel *n*, Bund *n*. **2.** F (*Energie-, Nerven- etc*)Bündel *n*. **II** *v/t* **3.** *oft* ~ ***up*** bündeln. **4.** stopfen (***into*** in *acc*). **5.** *mst* ~ ***off*** eilig *od*. ohne viel Federlesens fortschaffen. **III** *v/i* **6.** *mst* ~ ***off*** sich packen *od*. eilig davonmachen.

bung [bʌŋ] **I** *s* **1.** a) Spund(zapfen) *m*, b) → ***bunghole***. **II** *v/t* **2.** *Faß* verspunden. **3.** *mst* ~ ***up*** F *Öffnung etc* verstopfen: ***my nose is ~ed up*** m-e Nase ist zu.

bun·ga·low ['bʌŋgələʊ] *s* Bungalow *m*.

'bung·hole *s* Spundloch *n*.

bun·gle ['bʌŋgl] **I** *v/i* pfuschen. **II** *v/t* verpfuschen. **III** *s* Pfusch(arbeit *f*) *m*. **'bun·gler** *s* Pfuscher(in). **'bun·gling** *adj* □ stümperhaft.

bunk[1] [bʌŋk] *s* ⚓ Koje *f*.

bunk[2] [~] F → ***bunkum***.

bunk[3] [~] *s*: ***do a*** ~ *Br*. F verduften, türmen.

bunk bed *s* Etagenbett *n*.

bunk·er ['bʌŋkə] *s* ⚓, ⚔ Bunker *m*.

bun·kum ['bʌŋkəm] *s* Blödsinn *m*, Gewäsch *n*.

bun·ny ['bʌnɪ] *s* Häschen *n* (*a*. F *attraktives Mädchen*).

buoy [bɔɪ] **I** *s* **1.** ⚓ Boje *f*, Bake *f*. **2.** Rettungsring *m*. **II** *v/t* **3.** *mst* ~ ***up*** *fig*. Auftrieb geben (*dat*).

buoy·an·cy ['bɔɪənsɪ] *s* **1.** *phys*. Schwimm-, Tragkraft *f*. **2.** ✈ Auftrieb *m*. **3.** *fig*. Spannkraft *f*; Schwung *m*.

'buoy·ant *adj* **1.** federnd (*Schritt*). **2.** schwungvoll.

bur [bɜː] *s* ♣ Klette *f* (*a. fig.*).

bur·den[1] ['bɜːdn] **I** *s* Last *f*, *fig. a.* Bürde *f*: **~ of proof** ⚖ Beweislast; **be a ~ to** (*od.* **on**) **s.o.** j-m zur Last fallen. **II** *v/t* belasten (*a. fig.*): **~ s.o. with s.th.** j-m et. aufbürden.

bur·den[2] [~] *s* **1.** Kehrreim *m*, Refrain *m*. **2.** Hauptgedanke *m*.

bur·den·some ['bɜːdnsəm] *adj* lästig, beschwerlich.

bu·reau ['bjʊərəʊ] *pl* **-reaus, -reaux** ['~rəʊz] *s* **1.** *Br.* Schreibtisch *m*, -pult *n*. **2.** *Am.* (*bsd.* Spiegel)Kommode *f*. **3.** Büro *n*. **4.** Auskunfts- *od.* Vermittlungsstelle *f*. **bu·reauc·ra·cy** [~'rɒkrəsɪ] *s* Bürokratie *f*. **bu·reau·crat** ['~kræt] *s* Bürokrat *m*. ˌ**bu·reau'crat·ic** *adj* (**~ally**) bürokratisch. **bu·reauc·ra·tize** [~'rɒkrətaɪz] *v/t* bürokratisieren.

burg·er ['bɜːgə] *s gastr. bsd. Am.* F Hamburger *m*.

bur·glar ['bɜːglə] *s* Einbrecher *m*: **we had ~s** bei uns wurde eingebrochen; **~ alarm** Alarmanlage *f*. **bur·glar·ize** ['~raɪz] *Am.* → **burgle.**

'bur·glar·proof *adj* einbruch(s)sicher.

bur·gla·ry ['bɜːglərɪ] *s* Einbruch *m*.

bur·gle ['bɜːgl] *v/t u. v/i* einbrechen (in *acc od. dat*): **he was ~d** bei ihm wurde eingebrochen.

bur·i·al ['berɪəl] *s* Begräbnis *n*, Beerdigung *f*. **~ ground** *s* Friedhof *m*. **~ place** *s* Grabstätte *f*. **~ ser·vice** *s* Trauerfeier *f*.

bur·lesque [bɜː'lesk] **I** *adj* burlesk, possenhaft. **II** *s* Burleske *f*, Posse *f*.

bur·ly ['bɜːlɪ] *adj* stämmig.

burn [bɜːn] **I** *s* **1.** verbrannte Stelle. **2.** ⚕ Verbrennung *f*, Brandwunde *f*. **II** *v/i* (*a. irr*) **3.** *allg.* brennen (*Feuer*, *Licht*, *Haus*, *Wunde etc*): **~ down** ab-, niederbrennen. **4.** *fig.* brennen (**with** vor *dat*): **~ing with anger** wutentbrannt; **be ~ing to do s.th.** darauf brennen, et. zu tun. **5.** ver-, anbrennen (*Speise etc*). **III** *v/t* (*a. irr*) **6.** verbrennen: **~ down** ab-, niederbrennen; **his house was ~t** sein Haus brannte ab; **be ~t to death** verbrennen; → **boat** 1, **bridge** 1, **candle. 7.** verbrennen, -sengen, *Speise* anbrennen (lassen): **~ one's fingers** sich die Finger verbrennen (*a. fig.*); **~ a hole in** ein Loch brennen in (*acc*). **8.** *Ziegel*, *Porzellan etc* brennen. **'burn·er** *s* Brenner *m* (*Person u. Gerät*). **'burn·ing** *adj* brennend (*a. fig.*): **take a ~ interest in** brennend interessiert sein an (*dat*); **~ sensation** ⚕ Brennen *n*.

bur·nish ['bɜːnɪʃ] *v/t* polieren.

burnt [bɜːnt] **I** *pret u. pp von* **burn. II** *adj*: **~ almonds** *pl* gebrannte Mandeln *pl*.

burp [bɜːp] F **I** *v/i* rülpsen, aufstoßen, (*Baby*) ein Bäuerchen machen. **II** *s* Rülpser *m*, Bäuerchen *n*.

burr → **bur.**

bur·row ['bʌrəʊ] **I** *s* (*Fuchs- etc*)Bau *m*. **II** *v/i* (**into**) sich eingraben (in *acc*); *fig.* sich vertiefen (in *acc*).

burst [bɜːst] **I** *v/i* (*irr*) **1.** bersten (*Eis etc*), (zer)platzen (*Luftballon etc*): **~ (open)** aufplatzen (*Wunde etc*), aufspringen (*Tür etc*); → **seam** 1. **2.** explodieren. **3.** *fig.* ausbrechen (**into** in *acc*): **~ into laughter** (**tears**) in Gelächter (Tränen) ausbrechen; **~ into flame**(**s**) in Flammen aufgehen. **4.** **~ out** *fig.* herausplatzen. **5.** **~ with** zum Bersten voll sein von; *fig.* strotzen vor (*dat*) *od.* von; *fig.* platzen vor (*dat*). **6.** **~ in** (**out**) herein-(hinaus)stürmen; **~ into sight** (*od.* **view**) plötzlich sichtbar werden. **II** *v/t* (*irr*) **7.** (auf)sprengen, zum Platzen bringen: **~ open** aufbrechen; **the car ~ a tire** (*bsd. Br.* **tyre**) ein Reifen am Wagen platzte. **III** *s* **8.** Bersten *n*, Platzen *n*. **9.** Explosion *f*. **10.** *fig.* Ausbruch *m*: **~ of applause** Beifallssturm *m*; **~ of laughter** Lachsalve *f*. **11.** *a.* **~ of fire** Feuerstoß *m*, Salve *f*.

bur·y ['berɪ] *v/t* **1.** begraben: a) beerdigen, b) verschütten, c) *Streit etc* vergessen: **~ o.s. in** sich vertiefen in (*acc*); **buried in thought**(**s**) gedankenversunken. **2.** ver-, eingraben, ⚡, ⚙ in die Erde verlegen: → **hatchet.**

bus [bʌs] *pl* **-(s)es** *s* (Omni-, Auto)Bus: → **miss**[2] 1.

bush[1] [bʊʃ] *s* **1.** Busch *m*, Strauch *m*: **beat about** (*od.* **around**) **the ~** *fig.* wie die Katze um den heißen Brei herumgehen, um die Sache herumreden. **2.** Gebüsch *n*. **3.** Busch *m*; Waldland *n*.

bush[2] [~] *s* ⚙ Buchse *f*.

bush·el ['bʊʃl] *s* Bushel *m*, Scheffel *m* (*Br. 36, 37 l*, *Am. 35, 24 l*): → **light**[1] 1d.

bush·y ['bʊʃɪ] *adj* □ buschig.

busi·ness ['bɪznɪs] *s* **1.** Geschäft *n*, Beruf *m*, Tätigkeit *f*: ***on ~*** geschäftlich, beruflich. **2.** ⚚ Geschäft(sgang *m*) *n*: ***how is ~?*** wie gehen die Geschäfte? **3.** ⚚ Geschäft *n*, Unternehmen *n*. **4.** Arbeit *f*, Beschäftigung *f*: ***~ before pleasure*** erst die Arbeit, dann das Vergnügen; → ***mix*** 2. **5.** Sache *f*, Aufgabe *f*: ***make it one's ~ to do s.th.*** es sich zur Aufgabe machen, et. zu tun. **6.** Angelegenheit *f*, Sache *f*: ***get down to ~*** zur Sache kommen; ***that's none of your ~*** das geht Sie nichts an; ***send s.o. about his ~*** j-m heimleuchten; → ***mean***[3] 1, ***mind*** 8. **7.** Anlaß *m*, Berechtigung *f*: ***have no ~ doing*** (*od.* ***to do***) ***s.th.*** kein Recht haben, et. zu tun. **8.** Geschäft *n* (*Notdurft*): ***do one's ~*** sein Geschäft erledigen *od.* machen. **~ ad·dress** *s* Geschäftsadresse *f*. **~ hours** *s pl* Geschäftsstunden *pl*, -zeit *f*: ***after ~*** nach Geschäftsschluß. **~ let·ter** *s* Geschäftsbrief *m*. **'~·like** *adj* sachlich, nüchtern. **'~·man** *s* (*irr* ***man***) Geschäftsmann *m*. **~ se·cret** *s* Betriebs-, Geschäftsgeheimnis *n*. **~ trip** *s* Geschäftsreise *f*. **'~ˌwom·an** *s* (*irr* ***woman***) Geschäftsfrau *f*. **~ year** *s* ⚚ Geschäftsjahr *n*.

bus·ker ['bʌskə] *s Br.* Straßenmusikant(in); -sänger(in).

bus|·man ['bʌsmən] *s* (*irr* ***man***) (Omni)Busfahrer *m*: ***~'s holiday*** Urlaub, der mit der üblichen Berufsarbeit verbracht wird. **~ ser·vice** *s* Busverbindung *f*. **~ stop** *s* Bushaltestelle *f*.

bust[1] [bʌst] *s* Büste *f*.

bust[2] [~] F **I** *v/i* (*a. irr*) **1.** kaputtgehen. **2.** pleite gehen. **II** *v/t* (*a. irr*) **3.** kaputtmachen. **III** *s* **4.** Pleite *f*, *a. weitS.* Reinfall *m*. **5.** Sauferei *f*; Sauftour *f*: ***go on a ~*** e-e Sauftour machen. **IV** *adj* **6.** kaputt. **7.** pleite: ***go ~*** → 2.

bus·tle ['bʌsl] **I** *v/i* **1.** *a.* ***~ about*** (*od.* ***around***) geschäftig hin u. her eilen. **2.** sich beeilen; eilen, hasten. **3.** ***the streets were bustling with life*** auf den Straßen herrschte geschäftiges Treiben. **II** *v/t* **4.** *a.* ***~ up*** antreiben, hetzen. **III** *s* **5.** Geschäftigkeit *f*; geschäftiges Treiben. **'bus·tler** *s* geschäftiger Mensch. **'bus·tling** *adj* **1.** geschäftig. **2.** belebt (*Straße etc*).

bus·y ['bɪzɪ] **I** *adj* □ **1.** beschäftigt: ***be ~ doing s.th.*** damit beschäftigt sein, et. zu tun. **2.** geschäftig, fleißig: ***get ~!*** an die Arbeit!; → ***bee***. **3.** *Straße etc*: belebt; verkehrsreich. **4.** arbeitsreich (*Tag etc*). **5.** übereifrig, aufdringlich. **6.** *teleph. bsd. Am.* besetzt: ***~ signal*** Besetztzeichen *n*. **II** *v/t* **7.** (***o.s.*** sich) beschäftigen (***with*** mit): ***~ o.s. doing s.th.*** sich damit beschäftigen, et. zu tun. **'~ˌbod·y** *s j-d, der sich in alles einmischt*.

bus·y·ness ['bɪzɪnɪs] *s* Geschäftigkeit *f*.

but [bʌt] **I** *cj* **1.** aber, jedoch: ***~ then*** (***again***) and(e)rerseits. **2.** sondern: ***not only ... ~ also*** nicht nur ..., sondern auch. **3.** als, außer: ***~ for*** ohne; ***~ for my parents*** wenn m-e Eltern nicht (gewesen) wären. **II** *prp* **4.** außer: ***nothing ~*** nichts als, nur; ***the last ~ one*** (***two***) der vorletzte (drittletzte); → ***anything*** 2. **5.** ***all ~*** fast, beinahe. **III** *s* **6.** ***no ~s about it*** kein Aber; → ***if*** 4.

bu·tane ['bju:teɪn] *s* ⚗ Butan *n*.

butch·er ['bʊtʃə] **I** *s* **1.** Fleischer *m*, Metzger *m*: ***at the ~'s*** beim Fleischer. **II** *v/t* **2.** schlachten. **3.** abschlachten, niedermetzeln. **'butch·er·y** *s* **1.** Fleischer-, Metzgerhandwerk *n*. **2.** Gemetzel *n*.

but·ler ['bʌtlə] *s* Butler *m*.

butt [bʌt] **I** *s* **1.** (*Gewehr- etc*)Kolben *m*. **2.** (*Zigarren-*, *Zigaretten-*, *Kerzen-*) Stummel *m*, (*Zigaretten*)Kippe *f*. **3.** *fig.* Zielscheibe *f*. **4.** Kopfstoß *m*; Stoß mit den Hörnern. **II** *v/t* **5.** *j-m* e-n Kopfstoß *od.* e-n Stoß mit den Hörnern versetzen. **6.** *Zigarre*, *Zigarette* ausdrücken. **III** *v/i* **7.** ***~ in*** F sich einmischen: ***~ in on***, ***~ into*** sich einmischen in (*acc*).

but·ter ['bʌtə] **I** *s* **1.** Butter *f*: ***he looks as if ~ would not melt in his mouth*** er sieht aus, als könnte er nicht bis drei zählen *od.* als könnte er kein Wässerchen trüben. **II** *v/t* **2.** mit Butter bestreichen. **3.** ***~ up*** F *j-m* schöntun, *j-m* Honig ums Maul schmieren. **~ dish** *s* Butterdose *f*, -schale *f*. **'~ˌfin·gered** *adj* F tolpatschig. **'~ˌfin·gers** *pl* **-ˌfin·gers** *s* F Tolpatsch *m*. **'~·fly** *s* **1.** *zo.* Schmetterling *m*: ***have butterflies in one's stomach*** F ein flaues Gefühl in der Magengegend haben. **2.** *a.* ***~ stroke*** (*Schwimmen*) Schmetterlingsstil *m*. **'~·milk** *s* Buttermilch *f*.

but·tock ['bʌtək] *s anat.* Gesäßbacke *f*: ***~s*** *pl* Gesäß *n*.

but·ton ['bʌtn] **I** *s* **1.** (*Kleider-*, *a. Klingel- etc*)Knopf *m.* **2.** (Ansteck)Plakette *f*, Abzeichen *n.* **3.** *pl* (*sg konstruiert*) *bsd. Br.* F Hotelpage *m.* **II** *v/t* **4.** *mst* **~ up** zuknöpfen: **~ed up** F zugeknöpft, zurückhaltend. **III** *v/i* **5.** *hinten etc* geknöpft werden. '**~·hole** *s* **1.** Knopfloch *n.* **2.** *bsd. Br.* Blume *f* im Knopfloch.

but·tress ['bʌtrɪs] **I** *s* **1.** ⚠ Strebe-, Stützpfeiler *m.* **2.** *fig.* Stütze *f.* **II** *v/t a.* **~ up 3.** stützen. **4.** *fig.* (unter)stützen.

bux·om ['bʌksəm] *adj* drall.

buy [baɪ] **I** *s* **1.** F Kauf *m*: ***a good ~***. **II** *v/t* (*irr*) **2.** (ein)kaufen (***of, from*** von; ***at*** bei): ***~ s.th. from s.o.*** j-m et. abkaufen. **3.** *Fahrkarte etc* lösen. **4.** *fig. Sieg etc* erkaufen (***with*** mit): ***dearly bought*** teuer erkauft. **5.** *j-n* kaufen, bestechen. **6.** *bsd. Am.* F *et.* glauben: ***I won't ~ that!*** das kauf' ich dir *etc* nicht ab!
Verbindungen mit Adverbien:

buy| back *v/t* zurückkaufen. **~ in** *v/t* sich eindecken mit. **~ off** → ***buy*** 5. **~ out** *v/t Teilhaber etc* abfinden, auszahlen. **~ up** *v/t* aufkaufen.

buy·er ['baɪə] *s* Käufer(in).

buzz [bʌz] **I** *v/i* summen, surren, schwirren: ***~ off*** F (*mst imp*) abschwirren, abhauen; ***~ for*** → II a. **II** *v/t* a) *j-n* mit dem Summer rufen, b) *teleph.* F *j-n* anrufen. **III** *s* Summen *n*, Surren *n*, Schwirren: ***give*** *s.o.* ***a ~*** → II.

buz·zard ['bʌzəd] *s orn.* Bussard *m.*

buzz·er ['bʌzə] *s* ⚡ Summer *m.*

'**buzz·word** *s* Modewort *n.*

by [baɪ] **I** *prp* **1.** *örtlich*: (nahe *od.* dicht) bei *od.* an (*dat*), neben (*dat*): ***side ~ side*** Seite an Seite. **2.** vorbei *od.* vorüber an (*dat*), an (*dat*) ... entlang. **3.** *Verkehrsmittel*: per, mit: → ***air***[1] 1, *etc.* **4.** *zeitlich*: bis um *od.* spätestens: ***be here ~ 4.30*** sei um 4 Uhr 30 hier; → ***now*** 1. **5.** *Tageszeit*: während, bei: → ***day*** 1, *etc.* **6.** nach, ...weise: ***sold by the yard*** yardweise verkauft; → ***hour*** 1, *etc.* **7.** nach, gemäß: ***it is ten ~ my watch*** nach *od.* auf m-r Uhr ist es zehn. **8.** von: → ***nature*** 2, ***trade*** 4. **9.** *Urheberschaft*: von, durch: ***a play ~ Shaw*** ein Stück von Shaw; → ***oneself*** 1. **10.** mit Hilfe von, mit, durch: ***~ listening*** durch Zuhören; → ***force*** 1, 3, 4. **11.** *Größenverhältnisse*: um: (***too***) ***short ~ an inch*** um e-n Zoll zu kurz. **12.** ⩕ a) mal: ***3 ~ 4; the size is 9 feet ~ 6*** die Größe ist 9 auf 6 (*od.* 9 x 6) Fuß; → ***multiply*** 2, b) durch: ***6 ~ 2;*** → ***divide*** 4, 6. **13.** an (*dat*), bei: → ***root***[1], *etc.* **II** *adv* **14.** nahe: ***~ and large*** im großen u. ganzen; ***~ and ~*** bald, demnächst; nach u. nach; → ***close*** 9, ***hard*** 13. **15.** vorbei, vorüber: → ***go by***, *etc.* **16.** beiseite: → ***put by***, *etc.*

by(e)... Neben..., Seiten...

bye [baɪ] → ***bye-bye*** II.

bye-bye I *s* ['baɪbaɪ]: ***go to ~(s)*** in die Heia gehen; einschlafen. **II** *int* [ˌbaɪ'baɪ] F Wiedersehen!, Tschüs!; *teleph.* Wiederhören!

'**by|-efˌfect** *s* Nebenwirkung *f.* '**~-eˌlec·tion** *s* Nachwahl *f.* '**~·gone I** *adj* vergangen. **II** *s*: ***let ~s be ~s*** laß(t) das Vergangene ruhen. '**~·law** *s bsd. Br.* Ortsstatut *n*, städtische Verordnung. '**~·name** *s* Beiname *m.* '**~·pass** *s* **1.** Umleitung *f*, Umgehungsstraße *f.* **2.** ⚕ Bypass *m*: ***~ operation*** Bypassoperation *f.* '**~-ˌprod·uct** *s* Nebenprodukt *n* (*a. fig.*). '**~·road** *s* Seiten-, Nebenstraße *f.* '**~ˌstand·er** *s* Umstehende *m, f*, Zuschauer(in). '**~·street** → ***byroad.***

byte [baɪt] *s Computer*: Byte *n*, Binärwort *n.*

'**by|·way** → ***byroad.*** '**~·word** *s* Inbegriff *m* (***for*** *gen*): ***be a ~ for*** stehen für, gleichbedeutend sein mit.

C

cab [kæb] *s* **1.** Taxi *n*, Taxe *f*. **2.** 🚂 Führerstand *m*; Fahrerhaus *n* (*e-s Lastkraftwagens*), (*a. e-s Krans*) Führerhaus *n*.

cab·a·ret ['kæbəreɪ] *s a.* ~ ***show*** Varietédarbietungen *pl* (*in e-m Restaurant od. Nachtklub*).

cab·bage ['kæbɪdʒ] *s* ♣ Kohl *m*.

cab·bie, cab·by ['kæbɪ] *s bsd. Am.* F Taxifahrer(in).

'cab,driv·er *s bsd. Am.* Taxifahrer(in).

cab·in ['kæbɪn] *s* **1.** Häuschen *n*, Hütte *f*. **2.** ⚓ Kabine *f*, Kajüte *f*. **3.** ✈ Kabine *f* (*a. e-r Seilbahn etc*). ~ **class** *s* ⚓ Kabinen-, Kajütsklasse *f*. ~ **cruis·er** *s* ⚓ Kabinenkreuzer *m*.

cab·i·net ['kæbɪnɪt] *s* **1.** *oft* ♀ *pol.* Kabinett *n*. **2.** Vitrine *f*. **3.** (*Büro-, Kartei- etc*)Schrank *m*. **4.** (*Radio- etc*)Gehäuse *n*.

ca·ble ['keɪbl] **I** *s* **1.** Kabel *n* (*a.* ⚡), (Draht)Seil *n*. **2.** → ***cablegram.*** **II** *v/t* **3.** *TV*: *Gegend etc* verkabeln. **4.** *j-m et.* telegrafieren; *j-n* telegrafisch benachrichtigen. **5.** *j-m Geld* telegrafisch an- *od.* überweisen. **III** *v/i* **6.** telegrafieren. ~ **ad·dress** *s* Telegrammadresse *f*. ~ **car** *s Seilbahn*: Kabine *f*; Wagen *m*.

ca·ble·gram ['keɪblgræm] *s* (Übersee-)Telegramm *n*.

ca·ble tel·e·vi·sion *s* Kabelfernsehen *n*.

cab·man ['kæbmən] *s* (*irr* ***man***) Taxifahrer *m*.

ca·boo·dle [kə'bu:dl] *s*: ***the whole*** ~ F die ganze Chose.

ca·boose [kə'bu:s] *s* ⚓ Kombüse *f*.

cab| rank, '~·stand *s bsd. Am.* Taxistand *m*.

cache [kæʃ] **I** *s* Versteck *n*, geheimes Lager. **II** *v/t* verstecken.

cack·le ['kækl] **I** *v/i* gackern (*Huhn*), schnattern (*Gans*), *fig. a.* gackernd lachen. **II** *s* Gegacker *n*, Geschnatter *n*, *fig. a.* gackerndes Lachen.

ca·coph·o·ny [kæ'kɒfənɪ] *s* ♪ Kakophonie *f*, Mißklang *m*.

cac·tus ['kæktəs] *pl* **-ti** ['~taɪ], **-tus·es** *s* ♣ Kaktus *m*.

ca·das·tre [kə'dæstə] *s* Grundbuch *n*.

ca·dav·er·ous [kə'dævərəs] *adj* □ leichenblaß.

cad·die ['kædɪ] *s Golf*: Caddie *m* (*Schlägerträger*).

cad·dy ['kædɪ] *s* (*bsd.* Tee)Büchse *f*, (-)Dose *f*.

ca·dence ['keɪdəns] *s* **1.** (Vers-, Sprech-)Rhythmus *m*. **2.** ♪ Kadenz *f*.

ca·det [kə'det] *s* **1.** ⚔ Kadett *m*. **2.** (*Polizei- etc*)Schüler *m*: ~ ***nurse*** Schwesternschülerin *f*.

cadge [kædʒ] *v/t u. v/i* schnorren (***from*** bei). **'cadg·er** *s* Schnorrer(in).

cad·mi·um ['kædmɪəm] *s* ⚗ Cadmium *n*.

cad·re ['kɑ:də] *s* ✝, ⚔, *pol.* Kader *m*.

Cae·sar·e·an, *a.* **c~** [si:'zeərɪən] **I** *adj*: ~ ***section*** → II. **II** *s* ⚕ Kaiserschnitt *m*.

cae·su·ra [sɪ'zjʊərə] *s* Zäsur *f*.

ca·fé ['kæfeɪ] *s* **1.** Café *n*. **2.** Restaurant *n*. **3.** *Am.* Kneipe *f*; Nachtklub *m*.

caf·e·te·ri·a [,kæfɪ'tɪərɪə] *s* Cafeteria *f*, Selbstbedienungsrestaurant *n*, *a.* Kantine *f*, *univ.* Mensa *f*.

caf·feine ['kæfi:n] *s* ⚗ Koffein *n*.

cage [keɪdʒ] **I** *s* **1.** Käfig *m*. **2.** Kabine *f* (*e-s Aufzugs*); ⚒ Förderkorb *m*. **II** *v/t* **3.** in e-n Käfig sperren, einsperren.

cage·y ['keɪdʒɪ] *adj* □ F **1.** verschlossen. **2.** vorsichtig. **3.** *Am.* gerissen, schlau.

ca·jole [kə'dʒəʊl] *v/t* **1.** *j-m* schmeicheln. **2.** *j-n* beschwatzen (***into doing*** zu tun): ~ ***s.o. out of s.th.*** j-m et. ausreden; ~ ***s.th. out of s.o.*** j-m et. abbetteln.

cake [keɪk] **I** *s* **1.** Kuchen *m*, Torte *f*: ***go*** (*od.* ***sell***) ***like hot*** **~*s*** weggehen wie die warmen Semmeln; ***take the*** ~ F den Vogel abschießen; ***you can't have your*** ~ ***and eat it*** du kannst nur eines von beiden tun *od.* haben; → ***piece*** 1. **2.** Tafel *f Schokolade*, Riegel *m Seife*. **II** *v/i* **3.** klumpen.

ca·lam·i·tous [kə'læmɪtəs] *adj* □ verheerend, katastrophal. **ca'lam·i·ty** *s* **1.** Katastrophe *f*: ***in the*** ~ bei der Katastrophe; ~ ***of nature*** Naturkatastrophe; ~ ***howler*** *bsd. Am.* Schwarzseher(in), Panikmacher(in). **2.** Elend *n*, Misere *f*.

cal·cif·er·ous [kæl'sɪfərəs] *adj* kalkhaltig. **cal·ci·fy** ['~faı] *v/t u. v/i* verkalken. **cal·ci·um** ['~sıəm] *s* ⚗ Kalzium *n*.

cal·cu·la·ble ['kælkjʊləbl] *adj* ☐ **1.** berechen-, kalkulierbar: **~ risk** kalkulierbares Risiko. **2.** verläßlich. **cal·cu·late** ['~leıt] **I** *v/t* **1.** be-, ausrechnen: **~ that** damit rechnen, daß. **2.** *Preise, Entfernung etc* kalkulieren, *Chancen etc* abwägen. **3.** *Am.* F vermuten, glauben (**that** daß). **II** *v/i* **4. ~ on** rechnen mit *od.* auf (*acc*), zählen *od.* sich verlassen auf (*acc*). **cal·cu·lat·ed** *adj* **1.** gewollt, beabsichtigt, (*Indiskretion*) gezielt, (*Beleidigung*) bewußt, (*Risiko*) kalkuliert. **2.** gedacht, bestimmt (**for** für; **to do** zu tun): **it was ~ to impress** es sollte Eindruck machen. '**cal·cu·lat·ing** *adj* ☐ **1.** (kühl) überlegend; berechnend. **2.** Rechen...: **~ machine.** ˌ**cal·cu'la·tion** *s* **1.** Berechnung *f* (*a. fig.*), Ausrechnung *f*: **be out in one's ~** sich verrechnet haben. **2.** Kalkulation *f*: **~ of profits** ✝ Gewinnkalkulation. **3.** Überlegung *f*: **after much ~** nach reiflicher Überlegung. '**cal·cu·la·tor** *s* Rechner *m* (*Gerät*). **cal·cu·lus** ['~ləs] *pl* **-li** ['~laı], **-lus·es** *s* ⚕ Rechnungsart *f*, (*Differential- etc*)Rechnung *f*: **~ of probabilities** Wahrscheinlichkeitsrechnung.

cal·en·dar ['kælındə] *s* **1.** (*engS.* Termin)Kalender *m*, *fig. a.* Zeitrechnung *f*. **2.** Liste *f*, Register *n*.

cal·ends ['kælındz] *s pl*: **on the Greek ~** am St. Nimmerleinstag.

calf[1] [kɑːf] *pl* **calves** [kɑːvz] *s* **1.** Kalb *n*. **2.** Kalb(s)leder *n*.

calf[2] [~] *pl* **calves** [~] *s anat.* Wade *f*.

calf| love *s* F jugendliche Schwärmerei. '**~·skin** → **calf**[1] 2.

cal·i·ber *Am.* → **calibre. cal·i·brate** ['kælıbreıt] *v/t* ⚙ kalibrieren, eichen. **cal·i·bre** ['~bə] *s* Kaliber *n*, *fig. a.* Format *n* (*e-s Menschen*).

call [kɔːl] **I** *s* **1.** Ruf *m* (**for** nach): **~ for help** Hilferuf; **within ~** in Rufweite. **2.** *teleph.* Anruf *m*: **give s.o. a ~** j-n anrufen; **make a ~** telefonieren. **3.** (Lock)Ruf *m* (*e-s Tiers*). **4.** *fig.* Ruf *m* (*der Natur etc*). **5.** Berufung *f* (**to** auf *e-n Lehrstuhl*, an *e-e Universität*, in *ein Amt*). **6.** Aufruf *m*: **make a ~ for s.th.** zu et. aufrufen. **7.** *thea.* Herausruf *m*, Vorhang *m*. **8.** (kurzer) Besuch (**on s.o., at s.o.'s** [**house**] bei j-m): **make** (*od.* **pay**) **a ~ on s.o.** j-n besuchen, j-m e-n Besuch abstatten. **9.** ✝ Zahlungsaufforderung *f*; Abruf *m*, Kündigung *f* (*von Geldern*). **II** *v/t* **10.** *j-n* (herbei)rufen, *Arzt etc* kommen lassen: → **attention** 1, **being** 1. **11.** zu *e-m Streik etc* aufrufen. **12.** *Versammlung etc* einberufen. **13.** *j-n* wecken. **14.** *teleph.* anrufen. **15.** *j-n* berufen (**to** → 5). **16.** *j-n, et.* nennen: **be ~ed** heißen; → **spade**[1]. **17.** nennen, bezeichnen (als): **what do you ~ this?** wie nennt man *od.* heißt das? **18.** nennen, finden, halten für: **I ~ that stupid. 19.** *j-n et.* schimpfen: **he ~ed me a fool. III** *v/i* **20.** rufen (*a. fig. Pflicht etc*): **~ for** um *Hilfe* rufen; nach *j-m, et.* rufen; *fig.* erfordern. **21.** e-n (kurzen) Besuch machen (**on s.o., at s.o.'s** [**house**] bei j-m): **call on s.o.** j-n besuchen, j-m e-n Besuch abstatten; **~ for** *et.* anfordern; *j-n, et.* abholen. **22. ~ on** sich wenden an (*acc*) (**for s.th.** um et., wegen e-r Sache); *j-n* bitten (**to do** zu tun). **23. ~ at** ⚓ anlegen in (*dat*), *Hafen* anlaufen; 🚂 halten in (*dat*); ✈ *Flughafen* anfliegen. **24.** anrufen, telefonieren.

Verbindungen mit Adverbien:

call| a·way *v/t* **1.** wegrufen (**from** von). **2.** *Gedanken etc* ablenken (**from** von). **~ back I** *v/t* **1.** *a. teleph.* zurückrufen. **2.** *defekte Autos etc* (in die Werkstatt) zurückrufen. **II** *v/i* **3.** *a. teleph.* zurückrufen. **4.** noch einmal vorbeikommen. **~ down** *v/t* **1.** *Segen etc* herabflehen, -rufen. **2.** sich *j-s Zorn* zuziehen. **3.** *Am.* F zs.-stauchen (**for** wegen). **~ forth** *v/t* hervorrufen, auslösen, *Fähigkeiten etc* wachrufen, wecken. **~ in I** *v/t* **1.** hinein-, hereinrufen. **2.** *Arzt etc* (hin)zuziehen, zu Rate ziehen. **3.** *Schulden* einfordern, *Forderungen etc* einziehen. **II** *v/i* **4.** (kurz) vorbeischauen (**on s.o., at s.o.'s** [**house**] bei j-m). **~ off** *v/i* **1.** *j-n* (von s-m Posten) abberufen. **2.** *Streik etc* absagen; abbrechen. **~ out I** *v/t* **1.** ausrufen, *Namen etc* aufrufen. **2.** *Polizei etc* aufbieten; alarmieren. **3.** *Fähigkeiten etc* wachrufen, wecken. **4.** zum Streik aufrufen. **II** *v/i* **5.** rufen (**for** um *Hilfe*). **~ o·ver** *v/t Namen, Liste etc* verlesen. **~ up** *v/t* **1.** *teleph.* anrufen. **2.** *Erinnerungen etc* wachrufen, wecken. **3.** ⚔ einberufen.

'**call|·back** *s* Rückruf(aktion *f*) *m*. **~ box** *s Br*. Telefonzelle *f*.

call·er ['kɔːlə] *s* **1.** Rufer(in). **2.** *teleph*. Anrufer(in). **3.** Besucher(in). **4.** Abholer(in).

call| girl *s* Callgirl *n*. '**~-in** *Am*. → ***phone-in***.

call·ing ['kɔːlɪŋ] *s* **1.** Beruf *m*: ***what is his ~?*** was ist er von Beruf? **2.** *bsd. eccl*. Berufung *f*: ***have a ~ to do s.th.*** sich berufen fühlen, et. zu tun. **~ card** *s Am*. Visitenkarte *f*.

cal·lis·then·ics [ˌkælɪs'θenɪks] *s pl* Gymnastik *f*, Freiübungen *pl*.

cal·los·i·ty [kæ'lɒsətɪ] *s* **1.** Schwiele *f*. **2.** *fig*. Gefühllosigkeit *f*. '**cal·lous** *adj* □ **1.** schwielig. **2.** *fig*. abgestumpft, gefühllos (***to*** gegenüber).

'**call-up** *s* ⚔ Einberufung *f*.

cal·lus ['kæləs] *s* Schwiele *f*.

calm [kɑːm] **I** *s* **1.** Stille *f*, Ruhe *f* (*a. fig.*): ***the ~ before the storm***; **~** (***of mind***) Gelassenheit *f*, Gemütsruhe. **2.** Windstille *f*. **II** *adj* □ **3.** still, ruhig. **4.** windstill. **5.** *fig*. ruhig, gelassen. **III** *v/t* **6.** *oft* ***~ down*** beruhigen, besänftigen. **IV** *v/i oft* ***~ down*** **7.** sich beruhigen. **8.** sich legen (*Sturm, Zorn etc*).

cal·o·rie ['kælərɪ] *s* Kalorie *f*. '**~-ˌcon·scious** *adj* □ kalorienbewußt.

ca·lum·ni·ate [kə'lʌmnɪeɪt] *v/t* verleumden. **ca'lum·ni·a·tor** *s* Verleumder(in). **ca'lum·ni·ous** *adj* □ verleumderisch. **cal·um·ny** ['kæləmnɪ] *s* Verleumdung *f*.

calve [kɑːv] *v/i* kalben.

calves [kɑːvz] *pl von* ***calf*** [1] *u.* [2].

ca·lyp·so [kə'lɪpsəʊ] *pl* **-sos** *s* ♪ Calypso *m*.

cam [kæm] *s* ⚙ Nocken *m*.

cam·ber ['kæmbə] **I** *v/t u. v/i* **1.** (sich) wölben. **II** *s* **2.** (leichte) Wölbung. **3.** *mot*. Sturz *m*.

came [keɪm] *pret von* ***come***.

cam·el ['kæml] *s zo*. Kamel *n*.

cam·el's| hair ['kæmlz] *s* Kamelhaar(stoff *m*) *n*. '**~-hair** *adj* Kamelhaar...

cam·er·a ['kæmərə] *s* **1.** (*a. Film-, Fernseh*)Kamera *f*, Fotoapparat *m*. **2.** ***in ~*** ⚖ unter Ausschluß der Öffentlichkeit; *fig*. geheim. '**~·man** *s* (*irr* ***man***) **1.** Kameramann *m*. **2.** Pressefotograf *m*. '**~-shy** *adj* kamerascheu.

cam·i·on ['kæmɪən] *s* Last(kraft)wagen *m*.

cam·o·mile ['kæməmaɪl] *s* ♣ Kamille *f*: ***~ tea*** Kamillentee *m*.

cam·ou·flage ['kæməflɑːʒ] **I** *s* ⚔, *zo*. Tarnung *f*, *fig. a.* Verschleierung *f*. **II** *v/t* ⚔ tarnen, *fig. a.* verschleiern.

camp[1] [kæmp] **I** *s* **1.** (*Zelt- etc*)Lager *n* (*fig. a. Partei*): **~ bed** (*Am. a.* **cot**) Feldbett *n*; Campingliege *f*; ***~ chair*** Klapp-, Campingstuhl *m*. **II** *v/i* **2.** sein Lager aufschlagen, kampieren. **3.** *oft* ***~ out*** zelten, campen.

camp[2] [~] F **I** *adj* **1.** künstlich, gewollt; aufgemotzt, *thea. etc a.* überzogen. **2.** tuntenhaft. **II** *v/i* **3.** sich tuntenhaft benehmen. **III** *v/t* **4.** ***~ it up*** a) → 3, b) die Sache aufmotzen, *thea. etc a.* überziehen.

cam·paign [kæm'peɪn] **I** *s* **1.** ⚔ Feldzug *m*, *fig. a.* Kampagne *f*. **2.** *pol*. Wahlkampf *m*: ***~ pledge*** (*od.* ***promise***) Wahlversprechen *n*. **II** *v/i* **3.** ⚔ an e-m Feldzug teilnehmen. **4.** *fig*. kämpfen (***for*** für; ***against*** gegen). **cam'paign·er** *s* **1.** ⚔ Feldzugteilnehmer *m*: ***old ~*** Veteran *m*; *fig*. alter Praktikus. **2.** *fig*. Kämpfer *m*.

camp·er ['kæmpə] *s* **1.** Zeltler(in), Camper(in). **2.** *Am*. Wohnanhänger *m*, -wagen *m*; Wohnmobil *n*.

'**camp|ˌfire** *s* Lagerfeuer *n*. '**~·ground** *s* **1.** Lagerplatz *m*. **2.** Zelt-, Campingplatz *m*.

cam·phor ['kæmfə] *s* ⚗ Kampfer *m*: ***~ ball*** Mottenkugel *f*.

camp·ing ['kæmpɪŋ] *s* Camping *n*, Zelten *n*: ***~ ground*** (*od.* ***site***) → ***campground***.

'**camp·site** → ***campground***.

cam·pus ['kæmpəs] *s* Campus *m* (*Gesamtanlage e-r Universität, e-s College od. e-r Schule*).

'**cam·shaft** *s* ⚙ Nockenwelle *f*.

can[1] [kæn] *v/aux* (*irr*) *ich* kann *etc*.

can[2] [~] **I** *s* **1.** (Blech)Kanne *f*: ***have to carry the ~*** F den Kopf hinhalten müssen (***for*** für). **2.** (Blech-, Konserven-) Dose *f*, (-)Büchse *f*: ***~ opener*** Dosen-, Büchsenöffner *m*. **3.** Kanister *m*. **4.** *Am*. Müll-, Abfalleimer *m*; Müll-, Abfalltonne *f*. **II** *v/t* **5.** einmachen, -dosen: → ***canned*** 1. **6.** F (auf Band *etc*) aufnehmen: → ***canned*** 2.

Ca·na·di·an [kəˈneɪdjən] **I** *adj* kanadisch. **II** *s* Kanadier(in).

ca·nal [kəˈnæl] *s* Kanal *m*, *anat. a.* Gang *m*, Röhre *f*. **ca·nal·i·za·tion** [ˌkænəlaɪˈzeɪʃn] *s* Kanalisation *f*, Kanalisierung *f*. **ˈca·nal·ize** *v/t* kanalisieren.

can·a·pé [ˈkænəpeɪ] *s gastr.* Appetit-, Cocktailhappen *m*.

ca·nard [kæˈnɑːd] *s* (Zeitungs)Ente *f*, Falschmeldung *f*.

ca·nar·y [kəˈneərɪ] *s* Kanarienvogel *m*.

can·cel [ˈkænsl] **I** *v/t pret u. pp* **-celed,** *bsd. Br.* **-celled 1.** (durch-, aus)streichen. **2.** *Erlaubnis etc* widerrufen, *Beschluß etc* rückgängig machen, *Abonnement etc* kündigen, *Auftrag etc* stornieren. **3.** *Verabredung etc* absagen, *Veranstaltung etc* ausfallen lassen. **4.** *Briefmarke*, *Fahrschein* entwerten. **5.** ℞ kürzen. **6.** *a.* ~ ***out*** ausgleichen, kompensieren. **II** *v/i* **7.** ℞ sich kürzen lassen. **8.** *a.* ~ ***out*** sich (gegenseitig) aufheben. **can·cel·(l)a·tion** [ˌ~səˈleɪʃn] *s* **1.** Streichung *f*. **2.** Widerrufung *f*, Rückgängigmachung *f*, Kündigung *f*, Stornierung *f*. **3.** Absage *f*. **4.** Entwertung *f*. **5.** ℞ Kürzung *f*.

can·cer [ˈkænsə] **I** *s* **1.** ⚕ Krebs *m*. **2.** *fig.* Krebsgeschwür *n*. **3.** ♋ *astr.* Krebs *m*. **II** *adj* **4.** Krebs...: ~ ***cells*** (***research***, *etc*). **ˈcan·cer·ous** *adj* ⚕ krebsbefallen; Krebs...; krebsartig.

can·de·la·bra [ˌkændɪˈlɑːbrə] *s* **1.** *pl* **-bras** → ***candelabrum***. **2.** *pl von* ***candelabrum***. **ˌcan·deˈla·brum** [~brəm] *pl* **-bra** [~brə], **-brums** *s* Kandelaber *m*, Armleuchter *m*.

can·did [ˈkændɪd] *adj* □ **1.** offen, aufrichtig. **2.** unvoreingenommen. **3.** *phot.* ungestellt: ~ ***camera*** versteckte Kamera; ~ ***picture*** Schnappschuß *m*.

can·di·da·cy [ˈkændɪdəsɪ] *s bsd. Am.* Kandidatur *f*, Bewerbung *f*, Anwartschaft *f*. **can·di·date** [ˈ~dət] *s* (***for***) Kandidat(in) (für), Anwärter(in) (auf *acc*), Bewerber(in) (um). **can·di·da·ture** [ˈ~tʃə] *bsd. Br.* → ***candidacy***.

can·died [ˈkændɪd] *adj* **1.** kandiert. **2.** *fig.* honigsüß, schmeichlerisch.

can·dle [ˈkændl] *s* Kerze *f*: ***burn the ~ at both ends*** Raubbau mit s-r Gesundheit treiben; ***not to be fit*** (*od.* ***able***) ***to hold a ~ to*** *j-m* nicht das Wasser reichen können; ***the game is not worth the ~*** die Sache ist nicht der Mühe wert. **ˈ~·light** *s* Kerzenlicht *n*: ***by ~*** bei Kerzenlicht; ~ ***dinner*** Essen *n* bei Kerzenlicht.

Can·dle·mas [ˈkændlməs] *s eccl.* (Mariä) Lichtmeß *f*.

ˈcan·dle·stick *s* Kerzenleuchter *m*, -ständer *m*.

can·do(u)r [ˈkændə] *s* **1.** Offenheit *f*, Aufrichtigkeit *f*. **2.** Unvoreingenommenheit *f*.

can·dy [ˈkændɪ] **I** *s* **1.** Kandis(zucker) *m*. **2.** *bsd. Am.* Süßigkeiten *pl*: (***hard***) ~ Bonbon *m*, *n*. **II** *v/t* **3.** kandieren. **ˈ~·floss** *s Br.* Zuckerwatte *f*.

cane [keɪn] **I** *s* **1.** Spazierstock *m*. **2.** (Rohr)Stock *m*. **3.** (*Bambus-*, *Zucker-*, *Schilf*)Rohr *n*. **II** *v/t* **4.** (mit dem Stock) züchtigen. ~ **sug·ar** *s* Rohrzucker *m*.

ca·nine [ˈkeɪnaɪn] **I** *adj* **1.** Hunde..., Hunds... **2.** *contp.* hündisch: ~ ***devotion*** hündische Ergebenheit. **II** *s* **3.** *a.* ~ ***tooth*** Eckzahn *m*.

can·is·ter [ˈkænɪstə] *s* Blechbüchse *f*, -dose *f*.

can·ker [ˈkæŋkə] *s* **1.** ⚕ Soor *m*; Lippengeschwür *n*. **2.** ♣ Baumkrebs *m*. **3.** *fig.* Krebsgeschwür *n*.

can·na·bis [ˈkænəbɪs] *s* Cannabis *m*: a) ♣ Hanf *m*, b) Haschisch *n*.

canned [kænd] *adj* **1.** Dosen..., Büchsen...: ~ ***fruit*** Obstkonserven *pl*; ~ ***meat*** Büchsenfleisch *n*. **2.** F ~ ***music*** Musik *f* aus der Konserve; ~ ***program***(***me***) (*Rundfunk*, *TV*) Programmkonserve *f*. **3.** *sl.* blau, betrunken.

can·ni·bal [ˈkænɪbl] *s* Kannibale *m*, Menschenfresser *m*. **can·ni·bal·ism** [ˈ~bəlɪzəm] *s* Kannibalismus *m*. **ˌcan·ni·balˈis·tic** *adj* (**~*ally***) kannibalisch. **ˈcan·ni·bal·ize** *v/t Auto etc* ausschlachten.

can·non [ˈkænən] *pl* **-non(s)** *s* ⚔ (✈ Bord)Kanone *f*, (-)Geschütz *n*. **can·non·ade** [ˌ~ˈneɪd] *s* ⚔ Kanonade *f*.

ˈcan·non|·ball *s* Kanonenkugel *f*. ~ **fod·der** *s* Kanonenfutter *n*.

can·not [ˈkænɒt] kann *etc* nicht.

can·ny [ˈkænɪ] *adj* □ schlau, gerissen.

ca·noe [kəˈnuː] **I** *s* Kanu *n*, Paddelboot *n*: ***paddle one's own ~*** *fig.* auf eigenen Beinen *od.* Füßen stehen. **II** *v/i* paddeln.

can·on [ˈkænən] *s* **1.** Kanon *m* (*a. eccl.*),

Regel *f.* **2.** Grundsatz *m.* **3.** ♪ Kanon *m.*
can·on·i·za·tion [ˌ~naɪ'zeɪʃn] *s eccl.* Heiligsprechung *f.* **'can·on·ize** *v/t* heiligsprechen.
can·on law *s* Kirchenrecht *n.*
ca·noo·dle [kə'nuːdl] *v/i sl.* knutschen, schmusen (***with*** mit).
can·o·py ['kænəpɪ] *s* **1.** Baldachin *m* (*a.* ⚠). **2.** ⚠ Vordach *n.* **3.** ✈ Kabinenhaube *f.*
cant[1] [kænt] **I** *s* **1.** Schrägung *f.* **2.** Neigung *f.* **II** *v/t* **3.** kanten, kippen: ***~ over*** umkippen. **4.** ⚙ abschrägen. **III** *v/i* **5.** *a.* ***~ over*** umkippen.
cant[2] [~] **I** *s* **1.** Jargon *m.* **2.** Kauderwelsch *n.* **3.** (leere) Phrase(n *pl*). **II** *v/i* **4.** Jargon reden. **5.** Phrasen dreschen.
can't [kɑːnt] F → ***cannot.***
can·tan·ker·ous [kæn'tæŋkərəs] *adj* □ giftig, streitsüchtig.
can·teen [kæn'tiːn] *s* **1.** *bsd. Br.* Kan'tine *f.* **2.** ⚔ Feldflasche *f*; Kochgeschirr *n.* **3.** Erfrischungsstand *m.* **4.** Besteckkasten *m*; Besteck *n.*
can·ter ['kæntə] **I** *s* Kanter *m*: ***win at a ~*** *fig.* mühelos siegen. **II** *v/i* kantern.
can·ti·le·ver ['kæntɪliːvə] *s* **1.** ⚠ Konsole *f.* **2.** ⚙ Ausleger *m.*
can·vas ['kænvəs] *s* **1.** Segeltuch *n.* **2.** Zeltleinwand *f.* **3.** *paint.* Leinwand *f.*
can·vass ['kænvəs] **I** *v/t* **1.** eingehend erörtern *od.* prüfen. **2.** *pol.* um *Stimmen* werben. **3.** ✝ *Geschäftsbezirk* bereisen; *Aufträge* hereinholen, *Abonnenten, Inserate* sammeln. **II** *v/i* **4.** *pol.* e-n Wahlfeldzug veranstalten. **5.** ✝ werben (***for*** um, für), e-n Werbefeldzug durchführen. **III** *s* **6.** eingehende Erörterung *od.* Prüfung. **7.** *pol.* Wahlfeldzug *m.* **8.** ✝ Werbefeldzug *m.* **'can·vass·er** *s* **1.** *pol.* Stimmenwerber *m.* **2.** ✝ Handelsvertreter *m.*
can·yon ['kænjən] *s* Cañon *m.*
caou·tchouc ['kaʊtʃʊk] *s* Kautschuk *m.*
cap [kæp] **I** *s* **1.** Mütze *f*, Kappe *f*, Haube *f*: ***~ in hand*** demütig, unterwürfig; ***set one's ~ at*** (*od.* ***for***) ***s.o.*** F j-n zu angeln suchen (*Frau*). **2.** ⚙ (Schutz-, Verschluß)Kappe *f*, (Abdeck-, Schutz-) Haube *f*; Deckel *m.* **II** *v/t* **3.** *Flasche etc* verschließen. **4.** krönen: a) oben liegen auf (*dat*), b) *fig.* abschließen. **5.** *fig.* übertreffen, -trumpfen: ***~ everything*** allem die Krone aufsetzen, alles übertreffen; ***to ~ it all*** als Krönung des Ganzen.
ca·pa·bil·i·ty [ˌkeɪpə'bɪlətɪ] *s* **1.** Fähigkeit *f* (***of*** zu). **2.** *a. pl* Befähigung *f*, Begabung *f.* **ca·pa·ble** ['~bl] *adj* □ **1.** fähig, tüchtig. **2.** fähig (***of*** zu *od. gen*; ***of doing*** zu tun), imstande (***of doing*** zu tun). **3.** ***be ~ of s.th.*** et. zulassen: ***~ of being divided*** teilbar.
ca·pa·cious [kə'peɪʃəs] *adj* □ **1.** geräumig (*Saal, Tasche etc*), groß (*Flasche, Topf etc*). **2.** aufnahmefähig (*Verstand*). **ca·pac·i·tate** [kə'pæsɪteɪt] *v/t* befähigen. **ca'pac·i·tor** [~tə] *s* ⚡ Kondensator *m.* **ca'pac·i·ty** **I** *s* **1.** (Raum)Inhalt *m*; Fassungsvermögen *n*, Kapazität *f* (*a.* ⚡): ***filled to ~*** ganz voll, *thea. etc* ausverkauft; → ***measure*** 1. **2.** (*a.* ⚡, ⚙ Leistungs)Fähigkeit *f.* **3.** *fig.* Auffassungsgabe *f*: ***that is beyond his ~*** das ist zu hoch für ihn. **4.** Eigenschaft *f*, Stellung *f*: ***in his ~ as*** in s-r Eigenschaft als. **II** *adj* **5.** Höchst..., maximal. **6.** ***~ audience*** *thea. etc* ausverkauftes Haus.
cape[1] [keɪp] *s* Kap *n*, Vorgebirge *n.*
cape[2] [~] *s* Cape *n*, Umhang *m.*
ca·per[1] ['keɪpə] *s* Kaper *f*: ***~ sauce*** Kapernsoße *f.*
ca·per[2] [~] **I** *s* Kapriole *f*: a) Freuden-, Luftsprung *m*: ***cut ~s*** → II, b) übermütiger Streich. **II** *v/i* Freuden- *od.* Luftsprünge machen; herumtollen, -hüpfen.
cap·il·lar·y [kə'pɪlərɪ] **I** *adj* haarförmig, -fein: ***~ vessel*** → II. **II** *s anat.* Kapillargefäß *n.*
cap·i·tal[1] ['kæpɪtl] *s* ⚠ Kapitell *n.*
cap·i·tal[2] [~] **I** *s* **1.** Hauptstadt *f.* **2.** Großbuchstabe *f.* **3.** ✝ Kapital *n*: ***make ~*** (***out***) ***of*** → ***capitalize*** 3. **II** *adj* **4.** Kapital...: ***~ crime*** Kapitalverbrechen *n*; ***~ error*** Kapitalfehler *m*; ***~ punishment*** Todesstrafe *f.* **5.** Haupt..., wichtigst: ***~ city*** → 1. **6.** großartig: ***a ~ fellow*** ein Prachtkerl. **7.** ***~ letter*** → 2; ***~ B*** großes B.
cap·i·tal| as·sets *s pl* ✝ Kapitalvermögen *n*; (*Bilanz*) Anlagevermögen *n.* **~ flight** *s* Kapitalflucht *f.* **~ goods** *s pl* Investitionsgüter *pl.* **'~-inˌten·sive** *adj* □ kapitalintensiv. **~ in·vest·ment** *s* Kapitalanlage *f.*
cap·i·tal·ism ['kæpɪtəlɪzəm] *s* Kapitalis-

mus *m.* '**cap·i·tal·ist I** *s* Kapitalist *m.* **II** *adj* kapitalistisch. ˌ**cap·i·tal'is·tic** *adj* (**~ally**) kapitalistisch. '**cap·i·tal·ize I** *v/t* **1.** ⚕ kapitalisieren. **2.** groß schreiben. **II** *v/i* **3.** **~ on** Kapital schlagen aus.
cap·i·tal mar·ket *s* ⚕ Kapitalmarkt *m.*
Cap·i·tol ['kæpɪtl] *s* Kapitol *n* (*Kongreßhaus in Washington*).
ca·pit·u·late [kə'pɪtʃʊleɪt] *v/i* ⚔ kapitulieren (**to** vor *dat*) (*a. fig.*). **caˌpit·u'la·tion** *s* Kapitulation *f.*
ca·price [kə'priːs] *s* **1.** Laune *f.* **2.** Launenhaftigkeit *f.* **ca·pri·cious** [kə'prɪʃəs] *adj* □ launenhaft, launisch, kapriziös.
Cap·ri·corn ['kæprɪkɔːn] *s ast.* Steinbock *m.*
cap·size [kæp'saɪz] **I** *v/i* kentern. **II** *v/t* zum Kentern bringen.
cap·sule ['kæpsjuːl] *s allg.* Kapsel *f.*
cap·tain ['kæptɪn] **I** *s* **1.** (An)Führer *m*: **~ of industry** Industriekapitän *m.* **2.** ⚔ Hauptmann *m.* **3.** ⚓ (✈ Flug)Kapitän *m.* **4.** *Sport*: (Mannschafts)Kapitän *m*, Mannschaftsführer *m.* **II** *v/t* **5.** Kapitän (*gen*) sein, *Schiff a.* befehligen.
cap·tion ['kæpʃn] *s* **1.** Überschrift *f.* **2.** Bildunterschrift *f*, -text *m*; (*Film*) Untertitel *m.*
cap·tious ['kæpʃəs] *adj* □ kritt(e)lig, spitzfindig.
cap·ti·vate ['kæptɪveɪt] *v/t fig.* gefangennehmen, fesseln. '**cap·tive I** *adj* gefangen (*a. fig.* **to** von), in Gefangenschaft: **hold ~** gefangenhalten (*a. fig.*); **take ~** gefangennehmen (*a. fig.*); **~ balloon** Fesselballon *m.* **II** *s* Gefangene *m, f* (*a. fig.* **to, of** *gen*).
cap·ture ['kæptʃə] **I** *v/t* **1.** fangen, gefangennehmen. **2.** ⚔ erobern (*a. fig.*); erbeuten. **3.** ⚓ kapern, aufbringen. **4.** *Stimmung* einfangen. **II** *s* **5.** Gefangennahme *f.* **6.** ⚔ Eroberung *f* (*a. fig.*); Erbeutung *f.* **7.** ⚓ Kapern *n*, Aufbringen *n*; Beute *f*, Prise *f.*
car [kɑː] *s* **1.** Auto *n*, Wagen *m*: **by ~** mit dem Auto. **2.** 🚃 *Am. allg.* Wagen *m*, Waggon *m*, *Br.* (*nur in Zssgn*) Personenwagen *m*: → **dining car,** *etc.* **3.** (*Straßenbahn- etc*)Wagen *m*; Gondel *f* (*e-s Ballons etc*); Kabine *f* (*e-s Aufzugs*).
ca·rafe [kə'ræf] *s* Karaffe *f.*
car·a·mel ['kærəmel] *s* **1.** Karamel *m.* **2.** Karamelle *f* (*Bonbon*).
car·at ['kærət] *s* Karat *n*: **18-~ gold** 18karätiges Gold.
car·a·van ['kærəvæn] *s* **1.** Karawane *f.* **2.** Wohnwagen *m* (*von Schaustellern etc*); *Br.* Caravan *m*, Wohnwagen *m*, -anhänger *m*: **~ site** (*od.* **park**) Platz *m* für Wohnwagen. '**car·a·van·(n)er** *s Br.* Caravaner *m.*
car·a·way ['kærəweɪ] *s* ♣ Kümmel *m* (*a. Gewürz*).
car·bide ['kɑːbaɪd] *s* ⚗ Karbid *n.*
car·bine ['kɑːbaɪn] *s* Karabiner *m.*
car·bo·hy·drate [ˌkɑːbəʊ'haɪdreɪt] *s* ⚗ Kohle(n)hydrat *n.*
car bomb *s* Autobombe *f.*
car·bon ['kɑːbən] *s* **1.** ⚗ Kohlenstoff *m*: **~ dioxide** Kohlendioxyd *n*; **~ monoxide** Kohlenmonoxyd *n.* **2.** a) *a.* **~ paper** Kohlepapier *n*, b) *a.* **~ copy** Durchschlag *m.* **car·bon·ate** ['~bənɪt] *s* ⚗ Karbonat *n*, kohlensaures Salz. **car·bon·at·ed** ['~bəneɪtɪd] *adj* kohlensäurehaltig. **car·bon·ic** [~'bɒnɪk] *adj* ⚗ kohlenstoffhaltig: **~ acid** Kohlensäure *f.* '**car·bon·ize** *v/t u. v/i* verkohlen.
car·bu·ret·(t)er, car·bu·ret·(t)or [ˌkɑːbə'retə] *s mot.* Vergaser *m.*
car·case, car·cass ['kɑːkəs] *s* **1.** Kadaver *m*, *contp.* Leiche *f.* **2.** *humor.* Leichnam *m* (*Körper*). **3.** Rumpf *m* (*e-s ausgeweideten Tiers*): **~ meat** frisches (*Ggs. konserviertes*) Fleisch. **4.** Gerippe *n*, Skelett *n* (*e-s Schiffs etc*).
car| cem·e·ter·y *s* Autofriedhof *m.* **~ chase** *s* Verfolgungsjagd *f* im Auto.
car·ci·no·gen·ic [ˌkɑːsɪnəʊ'dʒenɪk] *adj* ⚕ karzinogen, krebserzeugend. **car·ci·no·ma** [ˌ~'nəʊmə] *pl* **-ma·ta** [~mətə], **-mas** *s* Karzinom *n*, Krebsgeschwulst *f.*
card [kɑːd] *s* **1.** (*Spiel-, Post-, Visiten- etc*)Karte *f*: **house of ~s** Kartenhaus *n* (*a. fig.*); **have a ~ up one's sleeve** *fig.* (noch) e-n Trumpf in der Hand haben; **at ~s** beim Kartenspiel; → **stack** 6. **2.** *pl* (Arbeits)Papiere *pl*: **get one's ~s** entlassen werden. '**~·board** *s* Karton *m*, Pappe *f*: **~ box** Pappschachtel *f*, -karton *m.* **~ game** *s* Kartenspiel *n.*
car·di·ac ['kɑːdɪæk] **I** *adj* ⚕, *anat., physiol.* Herz...: **~ arrest** Herzstillstand *m*; **~ pacemaker** Herzschrittmacher *m.* **II** *s pharm.* Herzmittel *n.*
car·di·gan ['kɑːdɪgən] *s* Strickjacke *f.*

car·di·nal ['kɑːdɪnl] **I** *adj* □ **1.** hauptsächlich, Haupt...: **~ *number*** → 4. **2.** scharlachrot. **II** *s* **3.** *eccl.* Kardinal *m.* **4.** Kardinal-, Grundzahl *f.*

'**card**|ˌ**sharp·er** *s* Falschspieler *m.* **~ trick** *s* Kartenkunststück *n.*

care [keə] **I** *s* **1.** Kummer *m*, Sorge *f*: ***be free from ~(s)*** keine Sorgen haben. **2.** Sorgfalt *f*, Vorsicht *f*: ***have a ~!*** *Br.* F paß (doch) auf!; ***take ~*** vorsichtig sein, aufpassen; sich Mühe geben; darauf achten, nicht vergessen (***to do*** zu tun; ***that*** daß); ***take ~!*** F mach's gut! **3.** Obhut *f*, Fürsorge *f*, Betreuung *f*: ***~ and custody*** ⚖ Sorgerecht *n*; ***take ~ of*** aufpassen auf (*acc.*). **4.** (*Körper- etc*)Pflege *f.* **II** *v/i u. v/t* **5.** sich sorgen (***about*** über *acc*, um): ***I couldn't ~ less*** das ist mir völlig egal. **6. *~ for*** sorgen für, sich kümmern um, betreuen. **7.** (***for***) Interesse haben (an *dat*), (*j-n, et.*) gern mögen: ***I don't ~ for*** ich mache mir nichts aus. **8. *I don't ~ if*** ich habe nichts dagegen *od.* es macht mir nichts aus, wenn; ***I don't ~ if I do!*** F von mir aus!

ca·reer [kə'rɪə] *s* **1.** Karriere *f*, Laufbahn *f*: ***enter upon a ~*** e-e Laufbahn einschlagen; ***make a ~ for o.s.*** Karriere machen. **2.** Beruf *m*: ***~ diplomat*** Berufsdiplomat *m*; ***~ girl*** (*od.* ***woman***) Karrierefrau *f.* **ca·reer·ist** [kə'rɪərɪst] *s* Karrieremacher *m.*

'**care·free** sorgenfrei.

care·ful ['keəfʊl] *adj* □ **1.** vorsichtig, achtsam: ***be ~!*** paß auf!, gib acht!; ***be ~ to do*** darauf achten *od.* nicht vergessen zu tun. **2.** sorgfältig, gründlich. **3.** sorgsam, bedacht (***of, for, about*** auf *acc*): ***be ~ with*** *Br.* sparsam umgehen mit. '**care·ful·ness** *s* **1.** Vorsicht *f.* **2.** Sorgfalt *f*, Gründlichkeit *f.*

care·less ['keəlɪs] *adj* □ **1.** nachlässig. **2.** unüberlegt. **3. *be ~ of*** nicht achten auf (*acc*), unachtsam umgehen mit. **4.** unvorsichtig, leichtsinnig. **5.** sorglos. '**care·less·ness** *s* **1.** Nachlässigkeit *f.* **2.** Unüberlegtheit *f.* **3.** Unvorsichtigkeit *f*, Leichtsinn *m.* **4.** Sorglosigkeit *f.*

ca·ress [kə'res] **I** *s* Liebkosung *f.* **II** *v/t* liebkosen, streicheln.

'**care**|ˌ**tak·er I** *s* Hausmeister *m*; (Haus- *etc*)Verwalter *m.* **II** *adj* Interims...: ***~ government*** geschäftsführende Regierung. '**~·worn** *adj* abgehärmt.

'**car**|**·fare** *s Am.* Fahrgeld *n* (*für Bus etc*). **~ fer·ry** *s* Autofähre *f.*

car·go ['kɑːgəʊ] **I** *pl* **-go(e)s** *s* Ladung *f*, Fracht *f.* **II** *adj* Fracht...; Transport...

car·i·ca·ture ['kærɪkəˌtjʊə] **I** *s* Karikatur *f* (*a. fig.*). **II** *v/t* karikieren. '**car·i·caˌtur·ist** *s* Karikaturist *m.*

car·i·es ['keəriːz] *s* ⚕ Karies *f*: a) Knochenfraß *m*, b) Zahnfäule *f.*

car·il·lon ['kærɪljən] *s* (Turm)Glockenspiel *n.*

car·i·ous ['keərɪəs] *adj* ⚕ kariös, von Karies befallen.

car| **jack** *s* ⚙ Wagenheber *m.* '**~·load** *s* **1.** Wagenladung *f.* **2.** 🚃 *Am.* Waggonladung *f.*

car·mine ['kɑːmaɪn] *adj* karminrot.

car·nage ['kɑːnɪdʒ] *s* Blutbad *n*, Gemetzel *n.*

car·nal ['kɑːnl] *adj* □ fleischlich, sinnlich.

car·na·tion [kɑː'neɪʃn] *s* ⚘ Nelke *f.*

car·ni·val ['kɑːnɪvl] *s* **1.** Karneval *m*, Fasching *m.* **2.** Volksfest *n.*

car·ni·vore ['kɑːnɪvɔː] *s zo.*, ⚘ Fleischfresser *m.* **car·niv·o·rous** [~'nɪvərəs] *adj* □ fleischfressend.

car·ol ['kærəl] **I** *s* Weihnachtslied *n.* **II** *v/i pret u. pp* **-oled**, *bsd. Br.* **-olled** Weihnachtslieder singen.

ca·rot·id [kə'rɒtɪd] *s anat.* Halsschlagader *f.*

car·ou·sel [ˌkærə'sel] *s bsd. Am.* Karussell *n.*

car own·er *s* Autobesitzer(in).

carp[1] [kɑːp] *s ichth.* Karpfen *m.*

carp[2] [~] *v/i* (herum)nörgeln, (-)kritteln (***at*** an *dat*).

car| **park** *s bsd. Br.* **1.** Parkplatz *m.* **2.** Parkhaus *n.* **~ pas·sen·ger** *s* Autoinsasse *m.*

car·pen·ter ['kɑːpəntə] **I** *s* Zimmermann *m*, (Bau)Tischler *m*: ***~'s bench*** Hobelbank *f.* **II** *v/t u. v/i* zimmern.

car·pet ['kɑːpɪt] **I** *s* **1.** Teppich *m* (*a. fig.*): ***sweep*** (*od.* ***brush***) ***under the ~*** *Br. fig. et.* unter den Teppich kehren. **II** *v/t* **2.** mit e-m Teppich auslegen. **3.** *bsd. Br.* F *j-n* zs.-stauchen. '**~·bag** *s* Reisetasche *f.*

car·pet·ing ['kɑːpɪtɪŋ] *s* **1.** Teppichstoff *m*, -material *n.* **2.** *coll.* Teppiche *pl.*

car·pet| **square** *s* Teppichfliese *f.* **~**

sweep·er *s* Teppichkehrmaschine *f*. **~ tile** *s* Teppichfliese *f*.

car| pool *s* **1.** Fahrbereitschaft *f*, Fuhrpark *m*. **2.** Fahrgemeinschaft *f*. **'~·port** *s* Einstellplatz *m* (*im Freien*).

car·riage ['kærɪdʒ] *s* **1.** Wagen *m*, Kutsche *f*. **2.** 🚂 *Br*. (Personen)Wagen *m*. **3.** Beförderung *f*, Transport *m*. **4.** ✝ Transport-, Beförderungskosten *pl*, Fracht(gebühr) *f*: **~ *free*** (*od*. ***paid***) frachtfrei. **5.** ⚙ Wagen *m* (*e-r Schreibmaschine etc*); Schlitten *m* (*e-r Werkzeugmaschine*). **6.** (Körper)Haltung *f*: **~ *of head*** Kopfhaltung *f*. **'~·way** *s* Fahrbahn *f*.

car·ri·er ['kærɪə] *s* **1.** Überbringer *m*, Bote *m*. **2.** Spediteur *m*. **3.** ⚕ Keimträger *m*, (Krankheits)Überträger *m*. **4.** Gepäckträger *m* (*am Fahrrad*); *mot*. Dachgepäckträger *m*. **5.** Transportbehälter *m*. **6.** Flugzeugträger *m*. **7.** → ***carrier pigeon***. **~ bag** *s Br*. Einkaufsbeutel *m*, -tasche *f*. **~ pi·geon** *s* Brieftaube *f*.

car·ri·on ['kærɪən] **I** *s* Aas *n*. **II** *adj* aasfressend, Aas...

car·rot ['kærət] *s* **1.** ⚘ Karotte *f*, Mohrrübe *f*. **2.** F a) *pl* rotes Haar, b) Rotkopf *m*. **'car·rot·y** *adj* **1.** gelbrot. **2.** rothaarig.

car·ry ['kærɪ] **I** *v/t* **1.** tragen. **2.** bringen, tragen, befördern: → ***coal***. **3.** *Nachricht etc* (über)bringen; *Bericht etc* bringen (*Medien*). **4.** mitführen, mit *od*. bei sich tragen: **~ *s.th. in one's head*** *fig*. et. im Kopf haben. **5.** *fig*. (an sich *od*. zum Inhalt) haben: **~ *conviction*** überzeugen(d sein *od*. klingen); **~ *weight*** Gewicht *od*. Bedeutung haben (***with*** bei). **6.** *fig*. nach sich ziehen, zur Folge haben: **~ *interest*** Zinsen tragen. **7.** *fig*. treiben: **~ *s.th. too far*** (*od*. ***to excess***) et. übertreiben *od*. zu weit treiben. **8.** *fig*. erreichen, durchsetzen; *parl*. *Antrag etc* durchbringen: ***be carried*** durchgehen. **9.** a) → ***carry off*** 3, b) siegreich hervorgehen aus (*e-r Wahl etc*): → ***day*** 2. **10.** *Mineralien etc* führen. **11.** ✝ *Ware* führen. **II** *v/i* **12.** *weit* tragen, reichen (*Stimme*, *Schußwaffe etc*).

Verbindungen mit Adverbien:

car·ry| a·bout *v/t* herumtragen: **~ *with one*** mit sich herumtragen, *Paß etc* bei sich haben. **~ a·way** *v/t* **1.** weg-, forttragen. **2.** wegreißen (*Sturm etc*), (*Flut etc a.*) wegspülen. **3.** *fig*. mitreißen. **~ for·ward** *v/t* ✝ *Summe*, *Saldo* vor-, übertragen. **~ off** *v/t* **1.** weg-, forttragen. **2.** wegraffen (*Krankheit*). **3.** *Preis etc* erringen, gewinnen. **~ on I** *v/t* **1.** fortführen, -setzen. **2.** *Geschäft* betreiben. **II** *v/i* **3.** weitermachen (***with*** mit). **4.** F e-e Szene machen (***about*** wegen). **~ out** *v/t Plan etc* aus-, durchführen, *Drohung* wahrmachen. **~ o·ver** → ***carry forward***. **~ through** *v/t* aus-, durchführen.

car·ry|·all *s bsd. Am*. Reisetasche *f*. **'~·cot** *s Br*. (Baby)Tragetasche *f*. **'~-on** ✈ **I** *s* Bordcase *n*, *m*. **II** *adj*: **~ *baggage*** (*bsd. Br*. ***luggage***) Bordgepäck *n*. **'~·out** → ***takeaway***.

'car|·sick *adj*: ***she gets easily ~*** ihr wird beim Autofahren leicht übel *od*. schlecht. **~ sick·ness** *s* Übelkeit *f* beim Autofahren. **~ stick·er** *s* Autoaufkleber *m*.

cart [kɑːt] *s* **1.** Karren *m*: ***put the ~ before the horse*** *fig*. das Pferd beim Schwanz aufzäumen. **2.** (Hand)Wagen *m*.

car·tel [kɑː'tel] *s* ✝ Kartell *n*.

car·ti·lage ['kɑːtɪlɪdʒ] *s anat*. Knorpel *m*.

'cart·load *s* Fuhre *f*.

car·tog·ra·pher [kɑː'tɒgrəfə] *s* Kartograph(in). **car'tog·ra·phy** *s* Kartographie *f*.

car·ton ['kɑːtən] *s* (Papp)Karton *m*, (-)Schachtel *f*; Tüte *f* (*Milch*); Stange *f* (*Zigaretten*).

car·toon [kɑː'tuːn] *s* **1.** Cartoon *m*, *n*, Karikatur *f*. **2.** Zeichentrickfilm *m*. **3.** Cartoon *m*, *n*, Bilderfortsetzungsgeschichte *f*. **car'toon·ist** *s* Cartoonist *m*, Karikaturist *m*.

car·tridge ['kɑːtrɪdʒ] *s* **1.** ⚔ Patrone *f*. **2.** *phot*. (Film)Patrone *f*, (-)Kassette *f*. **3.** Tonabnehmer *m* (*e-s Plattenspielers*). **4.** Patrone *f* (*e-s Füllhalters*). **~ case** *s* Patronenhülse *f*.

'cart·wheel *s* **1.** Wagenrad *n*. **2.** *Sport*: Rad *n*: ***turn ~s*** radschlagen. **3.** *Am*. F Silberdollar *m*.

carve [kɑːv] *v/t* **1.** (*in*) *Holz* schnitzen, (*in*) *Stein* meißeln: **~ *out of stone*** aus Stein meißeln *od*. hauen; **~ *one's name on a tree*** s-n Namen in e-n Baum schnitzen. **2.** (mit Schnitzereien) verzieren. **3.** *Fleisch etc* zerlegen, tranchieren. **'carv·er** *s* **1.** (Holz)Schnitzer *m*, Bildhauer *m*. **2.** Tranchiermesser *n*: (***pair of***) ***~s*** *pl* Tranchierbesteck *n*. **'carv·ing** *s* **1.** Schnitzen *n*, Meißeln *n*. **2.** Schnitzerei *f*. **3.** Tranchieren *n*: ***~ knife*** Tranchiermesser *n*.

car wash *s* **1.** Autowäsche *f*. **2.** Waschanlage *f*, -straße *f*.

cas·cade [kæ'skeɪd] *s* Kaskade *f*, (*bsd. mehrstufiger*) Wasserfall.

case[1] [keɪs] **I** *s* **1.** Kiste *f*, Kasten *m*. **2.** *allg.* Behälter *m*: a) Schachtel *f*, b) (*Brillen- etc*)Etui *n*, (-)Futteral *n*, c) (*Schreib- etc*)Mappe *f*, d) (*Kissen*)Bezug *m*, Überzug *m*. **3.** ⚙ Verkleidung *f*, Mantel *m*. **II** *v/t* **4.** in ein Futteral *etc* stecken. **5.** ⚙ verkleiden, ummanteln.

case[2] [~] *s* Fall *m* (*a.* ⚡, ⚖): ***it is a ~ of*** es handelt sich um; ***in any ~*** auf jeden Fall, jedenfalls; ***in no ~*** auf keinen Fall, keinesfalls; ***in ~*** (***that***) falls; ***in ~ of*** im Falle von (*od. gen*); ***in ~ of need*** nötigenfalls, im Notfall.

'case|·book *s* ⚕ Patientenbuch *n*. **'~ˌhard·ened** *adj fig.* hartgesotten. **~ his·to·ry** *s* **1.** *bsd.* ⚖ Vorgeschichte *f* (*e-s Falls*). **2.** ⚕ Krankengeschichte *f*.

case·ment ['keɪsmənt] *s* Fensterflügel *m*: **~** (***window***) Flügelfenster *n*.

case stud·y *s sociol.* Fallstudie *f*.

cash [kæʃ] **I** *s* **1.** (Bar)Geld *n*. **2.** ✝ Barzahlung *f*, Kasse *f*: ***for ~, ~ down*** gegen bar *od.* Barzahlung; ***in ~*** bar; ***~ in advance*** gegen Vorauszahlung; ***~ with order*** zahlbar bei Bestellung; ***be in*** (***out of***) **~** (nicht) bei Kasse sein; ***short of ~*** knapp bei Kasse; → ***delivery*** 1. **II** *v/t a.* ***~ in*** **3.** *Scheck etc* einlösen. **4.** zu Geld machen. **III** *v/i* **5.** ***~ in on*** F profitieren von; ausnutzen. **~ and car·ry** *s econ.* Cash-and-carry-Geschäft *n*. **~ cheque** *s* ✝ *Br.* Barscheck *m*. **~ desk** *s* Kasse *f* (*im Warenhaus etc*). **~ dis·count** *s* ✝ Barzahlungsrabatt *m*. **~ dis·pens·er** *s bsd. Br.* Geldautomat *m*.

cash·ier [kæ'ʃɪə] *s* Kassierer(in): ***~'s desk*** (*od.* ***office***) Kasse *f*.

cash·less ['kæʃlɪs] *adj* bargeldlos.

cash ma·chine *s bsd. Am.* Geldautomat *m*.

cash·mere [kæʃ'mɪə] *s* Kaschmir(wolle *f*) *m*.

cash| pay·ment *s* Barzahlung *f*. **~ price** *s* Bar(zahlungs)preis *m*. **~ vouch·er** *s* Kassenbeleg *m*, -zettel *m*.

cas·ing ['keɪsɪŋ] *s* **1.** → ***case[1]*** 3. **2.** (*Fenster-, Tür*)Futter *n*. **3.** (*Wurst*)Haut *f*.

ca·si·no [kə'siːnəʊ] *pl* **-nos** *s* Kasino *n*.

cask [kɑːsk] *s* Faß *n*.

cas·ket ['kɑːskɪt] *s* **1.** Schatulle *f*, Kästchen *n*. **2.** *bsd. Am.* Sarg *m*.

cas·se·role ['kæsərəʊl] *s* Kasserolle *f*.

cas·sette [kə'set] *s* (*Film- etc*)Kassette *f*. **~ deck** *s* Kassettendeck *n*. **~ ra·di·o** *s* Radiorecorder *m*. **~ re·cord·er** *s* Kassettenrecorder *m*.

cas·sock ['kæsək] *s eccl.* Soutane *f*.

cast [kɑːst] **I** *s* **1.** Wurf *m*. **2.** *thea. etc* Besetzung *f*: a) Rollenverteilung *f*, b) Ensemble *n*. **3.** Schattierung *f*, Anflug *m* (*a. fig.*). **4.** ⚙ Guß(form *f*) *m*; Abdruck *m*. **5.** ⚕ Gips(verband) *m*. **6.** Typ *m*, Gattung *f*. **II** *v/t* (*irr*) **7.** werfen: → ***die[2]*** 1, ***doubt*** 5, ***light[1]*** 1, ***spell[3]*** 2. **8.** *Angel, Netz etc* auswerfen. **9.** *zo. Haut, Gehörn* abwerfen. **10.** *Stimmzettel, Stimme* abgeben: → ***vote*** 2. **11.** *Blick* werfen (***at, on*** auf *acc*); *Schatten etc* werfen (***on*** auf *acc*). **12.** ⚙ *Metall, Statue etc* gießen, formen. **13.** *thea. etc Stück etc* besetzen; *Rollen* verteilen (***to*** an *acc*). **III** *v/i* (*irr*) **14.** sich werfen (*Holz*).

Verbindungen mit Adverbien:

cast| a·bout, ~ a·round *v/i*: ***~ for*** suchen (nach), *fig. a.* sich umsehen nach. **~ a·side** *v/t* **1.** *Möbel etc* ausrangieren, *Kleidung a.* ablegen. **2.** *Gewohnheit etc* ablegen, *Freund etc* fallenlassen. **~ a·way** *v/t* wegwerfen. **~ down** *v/t* **1.** entmutigen: ***be ~*** niedergeschlagen *od.* deprimiert sein. **2.** *Augen* niederschlagen. **~ off** *v/t* **1.** *Kleidung* ablegen, ausrangieren. **2.** *Freund etc* fallenlassen. **~ out** *v/t* verstoßen, vertreiben (***from*** aus), *Dämonen etc* austreiben. **~ up** *v/t* **1.** *Augen* aufschlagen. **2.** zs.-zählen, ausrechnen.

'cast·a·way I *s* et. Ausrangiertes, *bsd.* abgelegtes Kleidungsstück. **II** *adj* ausrangiert (*Möbel etc*), (*Kleidung a.*) abgelegt.

caste [kɑːst] *s* **1.** Kaste *f*. **2.** gesellschaftliche Stellung, Ansehen *n*.

cas·ter → ***castor***.

cas·ti·gate ['kæstɪgeɪt] *v/t* **1.** züchtigen.

2. scharf kritisieren. ˌ**cas·ti'ga·tion** *s* **1.** Züchtigung *f.* **2.** scharfe Kritik (**of** an *dat*).

cast·ing ['kɑstɪŋ] **I** *s* **1.** ⚙ Guß(stück *n*) *m.* **2.** → **cast** 2a. **II** *adj* **3.** Wurf... **4.** entscheidend (*Stimme*).

cast| i·ron *s* ⚙ Gußeisen *n.* ˌ**~-'i·ron** *adj* **1.** gußeisern. **2.** *fig.* eisern (*Wille, Konstitution*), hieb- u. stichfest (*Alibi*).

cas·tle ['kɑːsl] **I** *s* **1.** Burg *f*; Schloß *n*: ***build ~s in the air*** (*od.* ***in Spain***) *fig.* Luftschlösser bauen. **2.** *Schach*: Turm *m.* **II** *v/i* **3.** *Schach*: rochieren.

cas·tling ['kɑːslɪŋ] *s Schach*: Rochade *f.*

ˌ**cast|-'off** *adj* abgelegt, ausrangiert (*Kleidungsstück*). '**~·off** *s* abgelegtes *od.* ausrangiertes Kleidungsstück.

cas·tor ['kɑːstə] *s* **1.** Laufrolle *f.* **2.** (*Salz- etc*)Streuer *m.* **~ oil** *s* Rizinusöl *n.*

cas·trate [kæ'streɪt] *v/t* kastrieren. **cas'tra·tion** *s* Kastrierung *f*, Kastration *f.*

cast steel *s* ⚙ Gußstahl *m.*

cas·u·al ['kæʒʊəl] *adj* □ **1.** zufällig. **2.** gelegentlich: **~ *customer*** Laufkunde *m*; **~ *labo*(*u*)*rer*** Gelegenheitsarbeiter *m.* **3.** beiläufig (*Bemerkung*); flüchtig (*Blick*). **4.** lässig (*Art etc*). **5.** sportlich, salopp (*Kleidung*): **~ *wear*** Freizeitkleidung *f.*

cas·u·al·ty ['kæʒʊəltɪ] *s* **1.** Unfall *m.* **2.** Verunglückte *m, f*; ⚔ Verwundete *m*, Gefallene *m*: ***casualties*** *pl* Opfer *pl* (*e-r Katastrophe etc*), ⚔ *mst* Verluste *pl.* **3.** *a.* **~ *ward*** (*od.* ***department***) Unfallstation *f.*

cat [kæt] *s* **1.** *zo.* Katze *f*: ***let the ~ out of the bag*** die Katze aus dem Sack lassen; ***play ~ and mouse with*** Katz u. Maus spielen mit; ***it is raining ~s and dogs*** es gießt in Strömen; ***see which way the ~ jumps*** sehen, wie der Hase läuft. **2.** *fig.* Katze *f*, falsches Frauenzimmer: ***old ~*** boshafte Hexe.

cat·a·comb ['kætəkuːm] *s mst pl* Katakombe *f.*

cat·a·logue, *Am. a.* **cat·a·log** ['kætəlɒg] **I** *s* **1.** Katalog *m.* **2.** (*univ. Am.* Vorlesungs)Verzeichnis *n*, (*Preis- etc*)Liste *f.* **II** *v/t* **3.** katalogisieren.

ca·tal·y·sis [kə'tæləsɪs] *s* ⚗ Katalyse *f.* **cat·a·lyst** ['kætəlɪst] *s* Katalysator *m* (*a. fig.*). **cat·a·lyt·ic** [ˌkætə'lɪtɪk] *adj* katalytisch (*a. fig.*): **~ *converter*** *mot.* Katalysator *m.*

ˌ**cat-and-'dog** *adj*: ***lead a ~ life*** wie Hund u. Katze leben.

cat·a·pult ['kætəpʌlt] **I** *s* Katapult *n, m*: **~ *seat*** ✈ Schleudersitz *m.* **II** *v/t* katapultieren.

cat·a·ract ['kætərækt] *s* **1.** Katarakt *m*, Wasserfall *m.* **2.** ⚕ grauer Star.

ca·tarrh [kə'tɑː] *s* ⚕ Katarrh *m.*

ca·tas·tro·phe [kə'tæstrəfɪ] *s* Katastrophe *f.* **cat·a·stroph·ic** [ˌkætə'strɒfɪk] *adj* (**~*ally***) katastrophal.

cat| bur·glar *s* Fassadenkletterer *m.* '**~·call I** *s* Buh(ruf *m*) *n*; Pfiff *m.* **II** *v/i* buhen; pfeifen. **III** *v/t* ausbuhen; -pfeifen.

catch [kætʃ] **I** *s* **1.** Fangen *n.* **2.** Fang *m*, Beute *f* (*beide a. fig.*). **3.** ⚙ Haken *m* (*a. fig.*), (*Tür*)Klinke *f*; Verschluß *m* (*e-r Brosche etc*). **II** *v/t* (*irr*) **4.** *allg.* fangen; *Blick, Flüssigkeit* auffangen, *Tier etc* (ein)fangen: → ***sight*** 2. **5.** kriegen, bekommen, erwischen. **6.** *j-n* einholen. **7.** erwischen, ertappen (***s.o. at s.th.*** j-n bei et.): **~ *s.o. lying*** j-n bei e-r Lüge ertappen; **~ *me*** (***doing that***)! *Br.* F denkste! → ***nap*** 1, ***unawares.*** **8.** *a. fig.* packen, ergreifen, erfassen: → ***hold*** 1. **9.** sich *e-e Krankheit etc* holen, sich *e-e Erkältung etc* zuziehen: **~** (***a***) ***cold*** sich erkälten; **~ *it*** *sl.* sein Fett (ab)kriegen; → ***fire*** 1. **10.** *fig.* **~ *the ear*** ans Ohr dringen; **~ *the eye*** ins Auge fallen; **~ *s.o.'s eye*** (*od.* ***attention***) j-s Aufmerksamkeit auf sich lenken. **11.** verstehen, mitkriegen. **12.** *Gewohnheit, Aussprache* annehmen. **13.** hängenbleiben *od.* sich verfangen mit *et.* (***in*** in *dat*): ***my fingers were caught in the door*** ich klemmte mir die Finger in der Tür. **III** *v/i* (*irr*) **14.** **~ *at*** greifen *od.* schnappen nach, *Gelegenheit* ergreifen. **15.** einschnappen, -rasten (*Schloß etc*); klemmen, festsitzen. **16.** sich verfangen, hängenbleiben (***on*** an *dat*; ***in*** in *dat*). **17.** anspringen (*Motor*).

Verbindungen mit Adverbien:

catch| on *v/i* F **1.** **~ *to s.th.*** et. kapieren. **2.** Anklang finden, einschlagen. **~ out** *v/t* ertappen; überführen. **~ up I** *v/t* **1.** *Br.* einholen (*a. bei der Arbeit*). **2.** ***be caught up in*** vertieft sein in (*acc*); verwickelt sein in (*acc*). **II** *v/i* **3.** aufholen:

*~ **with*** einholen (*a. bei der Arbeit*); *~ **on*** (*od.* ***with***) *Arbeitsrückstand etc* aufholen; *~ **on one's sleep*** Schlaf nachholen.

'catch|·all *s bsd. Am.* **1.** Tasche *f od.* Behälter *m* für alles mögliche. **2.** *fig.* Sammelbezeichnung *f*: *~ **term*** Sammelbegriff *m.* **'~-as-,catch-'can** *s Sport*: Catchen *n*: *~ **wrestler*** Catcher *m.*

catch·er ['kætʃə] *s* Fänger *m*; **'catch·ing** *adj* □ **1.** ⚕ ansteckend (*a. fig. Lachen etc*). **2.** *fig.* anziehend, fesselnd. **3.** → ***catchy*** 1.

catch·ment ['kætʃmənt] *s geol.* Reservoir *n.* **~ a·re·a** *s* **1.** *geol.* Einzugsgebiet *n* (*e-s Flusses*). **2.** *fig.* Einzugsbereich *m*, -gebiet *n* (*e-s Krankenhauses etc*). **~ ba·sin** → ***catchment area*** 1.

'catch|·phrase *s* Schlagwort *n.* **'~·up** *bsd. Am.* → ***ketchup.*** **'~·word** *s* **1.** Stichwort *n* (*im Lexikon etc*; *a. thea.*). **2.** Schlagwort *n.*

catch·y ['kætʃɪ] *adj* **1.** eingängig (*Melodie etc*). **2.** → ***catching*** 2. **3.** Fang...: *~ **question.***

cat·e·chism ['kætəkɪzəm] *s eccl.* Katechismus *m.*

cat·e·gor·i·cal [ˌkætə'gɒrɪkl] *adj* □ kategorisch. **cat·e·go·ry** ['~gərɪ] *s* Kategorie *f*, Klasse *f.*

ca·ter ['keɪtə] *v/i* **1.** Speisen u. Getränke liefern (***for*** für). **2.** sorgen (***for*** für). **3.** *fig.* (***for, to***) befriedigen (*acc*), *bsd. b.s.* Nahrung liefern (*dat*). **'ca·ter·er** *s* Lieferant *m od.* Lieferfirma *f* für Speisen u. Getränke.

cat·er·pil·lar ['kætəpɪlə] *s* **1.** *zo.* Raupe *f.* **2.** (*TM*) ⚙ Raupenfahrzeug *n.*

cat·er·waul ['kætəwɔːl] **I** *v/i* **1.** jaulen (*Katze*). **2.** *fig.* (sich an)keifen. **II** *s* **3.** Jaulen *n.* **4.** *fig.* Keifen *n.*

'cat·gut *s* Darmsaite *f.*

ca·the·dral [kə'θiːdrəl] **I** *s* Dom *m*, Kathedrale *f.* **II** *adj* Dom...

cath·e·ter ['kæθɪtə] *s* ⚕ Katheter *m.*

cath·ode ['kæθəʊd] *s* ⚡ Kathode *f.*

Cath·o·lic ['kæθəlɪk] *eccl.* **I** *adj* katholisch. **II** *s* Katholik(in). **Ca·thol·i·cism** [kə'θɒləsɪzəm] *s* Katholizismus *m.*

cat·kin ['kætkɪn] *s* ⚘ (Blüten)Kätzchen *n.*

'cat|·lick *s* F Katzenwäsche *f*: ***have a ~*** Katzenwäsche machen. **~ lit·ter** *s* Katzenstreu *f.* **'~·nap** *s* Nickerchen *n*: ***have*** (*od.* ***take***) ***a ~*** ein Nickerchen machen.

'cat's-eye *s* ⚙ Katzenauge *n*, Rückstrahler *m*; Leuchtnagel *m.*

cat suit *s* einteiliger Hosenanzug.

cat·tish ['kætɪʃ] *adj* □ **1.** katzenhaft. **2.** *fig.* falsch, boshaft.

cat·tle ['kætl] *s coll.* (*mst pl konstruiert*) (Rind)Vieh *n*: ***ten head of ~*** zehn Stück Vieh, zehn Rinder. **~ breed·ing** *s* Viehzucht *f.*

cat tray *s* Katzenklosett *n.*

cat·ty ['kætɪ] → ***cattish.***

'cat·walk *s* **1.** ⚙ Laufplanke *f*, Steg *m.* **2.** Laufsteg *m* (*bei Modeschauen*).

caught [kɔːt] *pret u. pp von* ***catch.***

caul·dron ['kɔːldrən] *s* großer Kessel.

cau·li·flow·er ['kɒlɪˌflaʊə] *s* ⚘ Blumenkohl *m.*

caus·al ['kɔːzl] *adj* □ ursächlich, kausal: *~ **connection*** → ***causality*** 2; *~ **law*** Kausalgesetz *n.* **cau·sal·i·ty** [~'zælətɪ] *s* **1.** Ursächlichkeit *f*, Kausalität *f*: ***law of ~*** Kausalgesetz *n.* **2.** Kausalzs.-hang *m.*

caus·a·tive ['~zətɪv] *adj* □ verursachend (***of*** *acc*).

cause [kɔːz] **I** *s* **1.** Ursache *f*: *~ **of death*** Todesursache. **2.** Grund *m*, Anlaß *m* (***for*** für): *~ **for complaint*** Grund zur Klage. **3.** Sache *f*: ***make common ~ with*** gemeinsame Sache machen mit. **4.** ⚖ Rechtsstreit *m*; Gegenstand *m* (*e-s Rechtsstreits*): *~ **of action*** Klagegrund *m.* **II** *v/t* **5.** veranlassen. **6.** verursachen, bewirken. **7.** bereiten, zufügen. **'~·less** *adj* □ grundlos, unbegründet.

caus·tic ['kɔːstɪk] **I** *adj* (***~ally***) ⚗ ätzend, *fig. a.* beißend, sarkastisch. **II** *s* Ätzmittel *n.*

cau·ter·ize ['kɔːtəraɪz] *v/t* **1.** ⚕, ⚙ (aus-)brennen, (ver)ätzen. **2.** *fig. Gefühl etc* abstumpfen.

cau·tion ['kɔːʃn] **I** *s* **1.** Vorsicht *f.* **2.** Warnung *f.* **3.** Verwarnung *f.* **II** *v/t* **4.** warnen (***against*** vor *dat*). **5.** verwarnen.

cau·tious ['kɔːʃəs] *v/t* □ **1.** vorsichtig. **2.** achtsam. **3.** verhalten, gedämpft (*Optimismus etc*).

cav·al·cade [ˌkævl'keɪd] *s* Kavalkade *f.*

cav·al·ry ['kævlrɪ] *s* ⚔ a) *bsd. hist.* Kavallerie *f*, b) Panzertruppe(n *pl*) *f.* **~·man** ['~mən] *s* (*irr* ***man***) ⚔ a) *bsd. hist.* Kavallerist *m*, b) Angehörige *m* e-r Panzertruppe.

cave [keɪv] **I** *s* **1.** Höhle *f.* **II** *v/t* **2.** aushöhlen. **3.** *mst* ~ ***in*** eindrücken, zum Einsturz bringen. **III** *v/i mst* ~ ***in*** **4.** einstürzen, -sinken. **5.** F zs.-klappen, schlappmachen; nachgeben (***to*** *dat*), klein beigeben. ~ **dwell·er** *s* Höhlenbewohner(in).

cav·ern ['kævən] *s* (große) Höhle.

cav·i·ar(e) ['kævɪɑː] *s* Kaviar *m*: ~ ***to the general*** *fig*. Kaviar fürs Volk.

cav·il ['kævl] **I** *v/i pret u. pp* **-iled,** *bsd. Br.* **-illed** nörgeln: ~ ***at*** (*od.* ***about***) herumnörgeln an (*dat*). **II** *s* Nörgelei *f*. **'cav·il·(l)er** *s* Nörgler(in).

cav·i·ty ['kævətɪ] *s* **1.** (Aus)Höhlung *f*, Hohlraum *m*. **2.** *anat*. Höhle *f*: ***abdominal*** ~ Bauchhöhle; → ***oral*** 2. **3.** ⚕ Loch *n* (*im Zahn*).

ca·vort [kə'vɔːt] *v/i* F herumhüpfen, -tanzen.

cay·enne [keɪ'en], *a.* ~ **pep·per** ['keɪen] *s* Cayennepfeffer *m*.

cease [siːs] **I** *v/i* aufhören, enden. **II** *v/t* aufhören (***to do, doing*** zu tun): ~ ***fire*** ⚔ das Feuer einstellen; ~ ***payment*** ⚚ die Zahlungen einstellen. **ˌ~-'fire** *s* ⚔ Feuereinstellung *f*; Waffenstillstand *m*. **'~·less** *adj* □ unaufhörlich.

cede [siːd] *v/t* **1.** (***to***) abtreten, abgeben (*dat od.* an *acc*), überlassen (*dat*). **2.** ~ ***a point*** in e-m Punkt nachgeben.

ceil [siːl] *v/t* e-e Decke einziehen in (*acc*). **'ceil·ing** *s* **1.** Decke *f* (*e-s Raums*). **2.** Höchstmaß *n*; ⚚ Höchstgrenze *f* (*von Preisen etc*), Plafond *m* (*e-s Kredits*): ~ ***price*** Höchstpreis *m*. **3.** ✈ Gipfelhöhe *f*; Wolkenhöhe *f*.

cel·e·brate ['selɪbreɪt] **I** *v/t* **1.** *Fest etc* feiern, begehen: → ***occasion*** 3. **2.** *j-n* feiern. **3.** *eccl. Messe etc* zelebrieren. **II** *v/i* **4.** feiern. **'cel·e·brat·ed** *adj* berühmt (***for*** für, wegen). **ˌcel·e'bra·tion** *s* **1.** Feier *f*. **2.** Feiern *n*: ***in*** ~ ***of*** zur Feier (*gen*). **3.** *eccl.* Zelebrieren *n*.

ce·leb·ri·ty [sɪ'lebrətɪ] *s* Berühmtheit *f* (*a. Person*).

cel·er·y ['selərɪ] *s* ♀ Sellerie *m, f*.

ce·les·tial [sɪ'lestjəl] *adj* □ himmlisch, Himmels... (*a. astr.*): ~ ***body*** Himmelskörper *m*.

cel·i·ba·cy ['selɪbəsɪ] *s* Zölibat *n, m*, Ehelosigkeit *f*. **cel·i·bate** ['~bət] **I** *adj* unverheiratet. **II** *s* Unverheiratete *m, f*.

cell [sel] *s allg.* Zelle *f*, ⚡ *a.* Element *n*.

cel·lar ['selə] **I** *s* **1.** Keller *m*. **2.** → ***salt-cellar***. **II** *v/t* **3.** *a.* ~ ***in*** einkellern, -lagern.

cell di·vi·sion *s biol.* Zellteilung *f*.

cel·list ['tʃelɪst] *s* ♪ Cellist(in).

cell nu·cle·us *s* (*mst irr* ***nucleus***) *biol.* Zellkern *m*.

cel·lo ['tʃeləʊ] *pl* **-los** *s* ♪ Cello *n*.

cel·lo·phane ['seləʊfeɪn] *s* Zellophan *n*.

cell ther·a·py *s* ⚕ Zelltherapie *f*.

cel·lu·lar ['seljʊlə] *adj* Zell(en)...: ~ ***therapy*** ⚕ Zelltherapie *f*. **cel·lu·loid** ['~jʊlɔɪd] *s* Zelluloid *n*. **cel·lu·lose** ['~jʊləʊs] *s* Zellulose *f*, Zellstoff *m*.

Celt [kelt] *s* Kelte *m*, Keltin *f*. **'Celt·ic I** *adj* keltisch. **II** *s ling*. Keltisch *n*.

ce·ment [sɪ'ment] **I** *s* **1.** Zement *m*. **2.** Kitt *m*. **II** *v/t* **3.** zementieren, *fig. a.* festigen. **4.** (ver)kitten. ~ **mix·er** *s* Betonmischmaschine *f*.

cem·e·ter·y ['semɪtrɪ] *s* Friedhof *m*.

cen·ser ['sensə] *s eccl.* Weihrauchfaß *n*.

cen·sor ['sensə] **I** *s* Zensor *m*. **II** *v/t* zensieren. **cen·so·ri·ous** [~'sɔːrɪəs] *adj* □ **1.** kritisch, streng. **2.** kritt(e)lig (***of*** gegenüber). **'cen·sor·ship** *s* Zensur *f*: ~ ***of the press*** Pressezensur.

cen·sure ['senʃə] **I** *s* **1.** Tadel *m*, Rüge *f*: ***vote of*** ~ Mißtrauensvotum *n*. **2.** (***of***) Kritik *f* (an *dat*), Mißbilligung *f* (*gen*). **II** *v/t* **3.** tadeln (***for*** wegen). **4.** kritisieren, mißbilligen.

cen·sus ['sensəs] *s* (*bsd.* Volks)Zählung *f*: ***traffic*** ~ Verkehrszählung.

cent [sent] *s Am.* Cent *m*.

cen·te·nar·i·an [ˌsentɪ'neərɪən] **I** *adj* hundertjährig. **II** *s* Hundertjährige *m, f*. **cen·te·nar·y** [sen'tiːnərɪ] **I** *adj* hundertjährig. **II** *s* Hundertjahrfeier *f*, hundertjähriges Jubiläum.

cen·ten·ni·al [sen'tenjəl] **I** *adj* hundertjährig. **II** *s bsd. Am.* → ***centenary*** II.

cen·ter, *etc Am.* → ***centre***, *etc*.

cen·ti|·grade ['sentɪgreɪd] *adj*: ... ***degrees*** ~ ... Grad Celsius; ~ ***thermometer*** Celsiusthermometer *n*. **'~·gram(me)** *s* Zentigramm *n*. **'~ˌme·ter,** *bsd. Br.* **'~ˌme·tre** *s* Zentimeter *m, n*.

cen·tral ['sentrəl] **I** *adj* □ **1.** zentral (gelegen). **2.** Mittel(punkts)... **3.** Haupt..., Zentral...: ~ ***bank*** ⚚ Zentralbank *f*; ~ ***figure*** Schlüssel-, Hauptfigur *f*. **II** *s* **4.** (*Am.* Telefon)Zentrale *f*. **♀ A·mer·i·can** *adj* zentral-, mittelamerikanisch. **♀ Eu·ro·pe·an Time** *s* mitteleuropäische

Zeit. **~ heat·ing** *s* Zentralheizung *f*.

cen·tral·ize ['sentrəlaɪz] *v/t u. v/i* (sich) zentralisieren.

cen·tral| lock·ing *s mot*. Zentralverrieg(e)lung *f*. **~ ner·vous sys·tem** *s physiol*. Zentralnervensystem *n*. **~ re·serve** *s Br*. Mittelstreifen *m* (*e-r Autobahn*). **~ sta·tion** *s* Hauptbahnhof *m*.

cen·tre ['sentə] **I** *s* **1.** Mitte *f*, *a. fig*. Zentrum *n*, Mittelpunkt *m*: ***in*** (*od*. ***at***) ***the ~*** in der Mitte; ***~ of gravity*** *phys*. Schwerpunkt *m*; ***be the ~ of interest*** im Mittelpunkt des Interesses stehen. **2.** *Fußball*: Flanke *f*. **II** *v/t* **3.** *fig*. konzentrieren (***on*** auf *acc*). **4.** ⚙ zentrieren. **III** *v/i* **5.** *fig*. sich konzentrieren (***in, on*** auf *acc*), sich drehen (***round*** um). **6.** *Fußball*: flanken. **~ for·ward** *s Sport*: Mittelstürmer(in).

cen·trif·u·gal [sen'trɪfjʊgl] *adj* □ *phys*. zentrifugal: ***~ force*** Flieh-, Zentrifugalkraft *f*. **cen·tri·fuge** ['~fju:dʒ] *s* ⚙ Zentrifuge *f*.

cen·tu·ry ['sentʃʊrɪ] *s* Jahrhundert *n*.

ce·ram·ic [sɪ'ræmɪk] **I** *adj* **1.** keramisch. **II** *s* **2.** Keramik *f*, *pl a*. keramische Erzeugnisse *pl*. **3.** *pl* (*mst sg konstruiert*) Keramik *f* (*Technik*).

ce·re·al ['sɪərɪəl] **I** *adj* **1.** Getreide... **II** *s* **2.** Getreidepflanze *f*. **3.** Getreide *n*. **4.** Getreideflocken *pl*, Frühstückskost *f* (*aus Getreide*).

cer·e·bel·lum [ˌserɪ'beləm] *s anat*. Kleinhirn *n*.

cer·e·bral ['serɪbrəl] *adj anat*. Gehirn...: ***~ death*** ⚕ Hirntod *m*.

ce·re·brum ['serɪbrəm] *s anat*. Großhirn *n*.

cer·e·mo·ni·al [ˌserɪ'məʊnjəl] **I** *adj* □ **1.** zeremoniell, feierlich. **2.** → ***ceremonious*** 2, 3. **II** *s* **3.** Zeremoniell *n*.

ˌcer·e'mo·ni·ous *adj* □ **1.** feierlich. **2.** förmlich. **3.** rituell. **4.** umständlich.

cer·e·mo·ny ['serɪmənɪ] *s* **1.** Zeremonie *f*, Feier(lichkeit) *f*: ***master of ceremonies*** Zeremonienmeister *m*; *thea. etc bsd. Am*. Conférencier *m*. **2.** Förmlichkeit(en *pl*) *f*: ***without ~*** ohne Umstände; → ***stand on*** 2.

cert [sɜ:t] *s Br*. F sichere Sache: ***it's a dead ~ that*** es ist todsicher, daß.

cer·tain ['sɜ:tn] *adj* **1.** sicher: a) (*mst von Sachen*) bestimmt: ***it is ~ to happen*** es wird mit Sicherheit geschehen; ***for ~*** mit Sicherheit, b) (*mst von Personen*) überzeugt: ***make ~ of*** sich (*gen*) vergewissern; sich *et*. sichern; ***make ~*** (***that***) dafür sorgen, daß, c) zuverlässig. **2.** (ganz) bestimmt: ***a ~ day***. **3.** gewiß: ***a ~ Mr Brown***; ***for ~ reasons*** aus bestimmten Gründen. **'cer·tain·ly** *adv* **1.** sicher, bestimmt. **2.** *Antwort*: aber sicher, natürlich. **'cer·tain·ty** *s* Sicherheit *f*, Bestimmtheit *f*: ***it is a ~ that*** es ist sicher, daß.

cer·tif·i·cate I *s* [sə'tɪfɪkət] **1.** Bescheinigung *f*, Attest *n*: ***~ of*** (***good***) ***conduct*** Führungszeugnis *n*. **2.** *ped*. Zeugnis *n*. **3.** Gutachten *n*. **II** *v/t* [sə'tɪfɪkeɪt] **4.** *et*. bescheinigen. **5.** *j-m* e-e Bescheinigung *od*. ein Zeugnis geben: ***~d*** (amtlich) zugelassen; diplomiert. **cer·ti·fy** ['sɜ:tɪfaɪ] *v/t* **1.** bescheinigen, attestieren: ***this is to ~ that*** hiermit wird bescheinigt, daß. **2.** beglaubigen. **3.** *amtlich* für geisteskrank erklären.

cer·ti·tude ['sɜ:tɪtju:d] *s* Sicherheit *f*, Bestimmtheit *f*.

ces·sa·tion [se'seɪʃn] *s* Aufhören *n*, Einstellung *f*.

ces·sion ['seʃn] *s* Abtretung *f*.

cess|·pit ['sespɪt], **'~·pool** *s* Senkgrube *f*.

chafe [tʃeɪf] **I** *v/t* **1.** warmreiben, frottieren. **2.** auf-, durchreiben, wund reiben. **3.** *fig*. ärgern, reizen. **II** *v/i* **4.** (sich durch)reiben, scheuern. **5.** *fig*. sich ärgern (***at, against*** über *acc*).

chaff [tʃɑ:f] *s* Spreu *f*: → ***wheat***.

cha·grin ['ʃægrɪn] **I** *v/t* verdrießen. **II** *s* Verdruß *m*.

chain [tʃeɪn] **I** *s allg*. Kette *f* (*a. fig*.): ***~ of evidence*** Beweiskette; ***~ of mountains*** Gebirgskette. **II** *v/t* (an)ketten (***to*** an *acc*): ***~*** (***up***) *Hund* an die Kette legen. **~ re·ac·tion** *s phys*. Kettenreaktion *f* (*a. fig*.). **~ smok·er** *s* Kettenraucher(in). **~ store** *s* Kettenladen *m*.

chair [tʃeə] **I** *s* **1.** (*Am*. F elektrischer) Stuhl, Sessel *m*: ***on a ~*** auf e-m Stuhl; ***in a ~*** in e-m Sessel; ***take a ~*** Platz nehmen. **2.** *fig*. Vorsitz *m*: ***be in the ~*** den Vorsitz führen. **3.** *univ*. Lehrstuhl *m* (***of*** für). **II** *v/t* **4.** bestuhlen. **5.** den Vorsitz führen bei: ***~ed by*** unter dem Vorsitz von (*od. gen*). **~ lift** *s* Sessellift *m*.

chair·man ['tʃeəmən] *s* (*irr* ***man***) Vorsitzende *m*. **'chair·man·ship** *s* Vorsitz *m*: ***under the ~ of*** unter dem Vorsitz von (*od. gen*). **'chair,wom·an** *s* (*irr* ***woman***) Vorsitzende *f.*

chal·ice ['tʃælɪs] *s eccl.* (Abendmahls-) Kelch *m.*

chalk [tʃɔ:k] **I** *s* **1.** Kreide *f*: (***as***) ***different*** (*od.* ***like***) ***as ~ and cheese*** verschieden wie Tag u. Nacht. **II** *v/t* **2.** mit Kreide markieren. **3. *~ out*** *Plan etc* entwerfen, skizzieren.

chal·lenge ['tʃælɪndʒ] **I** *s* **1.** Herausforderung *f* (***to*** *gen od.* an *acc*) (*a. fig.*): ***~ cup*** (*bsd. Sport*) Wanderpokal *m.* **2.** (schwierige *od.* reizvolle) Aufgabe. **3.** ⚖ Ablehnung *f.* **II** *v/t* **4.** herausfordern. **5.** ⚖ *Geschworenen, Richter* ablehnen. **6.** *j-n* fordern *od.* reizen (*Aufgabe*). **7.** stark anzweifeln, in Frage stellen. **chal·leng·er** *s bsd. Sport*: Herausforderer *m.* **'chal·leng·ing** *adj* □ **1.** herausfordernd. **2.** schwierig; reizvoll (*Aufgabe*).

cham·ber ['tʃeɪmbə] *s* ⚙, *parl. etc* Kammer *f*: ***~ of commerce*** Handelskammer. **'~·maid** *s* Zimmermädchen *n.* **~ mu·sic** *s* Kammermusik *f.* **~ pot** *s* Nachtgeschirr *n*, -topf *m.*

cha·me·le·on [kə'mi:ljən] *s zo.* Chamäleon *n.*

cham·fer ['tʃæmfə] **I** *s* **1.** △ Auskehlung *f.* **2.** ⚙ Abschrägung *f.* **II** *v/t* **3.** △ auskehlen. **4.** ⚙ abschrägen.

cham·ois ['ʃæmwɑ:] *s* **1.** *zo.* Gemse *f.* **2.** *a.* ***~ leather*** [*mst* 'ʃæmɪ] Sämischleder *n.* **3.** Polier-, Fensterleder *n.*

champ[1] [tʃæmp] *v/i u. v/t* (heftig *od.* geräuschvoll) kauen: ***~ at the bit*** *fig.* ungeduldig sein, es kaum mehr erwarten können (***to do*** zu tun).

champ[2] [~] F → ***champion*** 2.

cham·pagne [ʃæm'peɪn] *s* Champagner *m*; Sekt *m.*

cham·pi·on ['tʃæmpjən] **I** *s* **1.** Verfechter *m*, Fürsprecher *m* (***of*** von *od. gen*). **2.** *Sport*: Meister *m.* **II** *v/t* **3.** verfechten, eintreten für. **'cham·pi·on·ship** *s Sport*: Meisterschaft *f.*

chance [tʃɑ:ns] **I** *s* **1.** Zufall *m*: ***by ~*** zufällig; ***game of ~*** Glücksspiel *n.* **2.** Möglichkeit *f*, Wahrscheinlichkeit *f*: ***the ~s are that*** es besteht Aussicht, daß. **3.** Chance *f*, (günstige) Gelegenheit; Aussicht *f* (***of*** auf *acc*): ***stand a ~*** Aussichten *od.* e-e Chance haben. **4.** Risiko *n*: ***take a ~*** es darauf ankommen lassen, es riskieren (***on*** mit); ***take no ~s*** nichts riskieren (wollen). **II** *v/i* **5. *I ~d to meet her*** ich traf sie zufällig. **6. *~ on*** zufällig begegnen (*dat*) *od.* treffen (*acc*); zufällig stoßen auf (*acc*). **III** *v/t* **7.** riskieren: ***~ missing him*** es riskieren, ihn zu verfehlen; ***~ it*** F es darauf ankommen lassen. **IV** *adj* **8.** zufällig, Zufalls...

chan·cel·lor ['tʃɑ:nsələ] *s pol.* Kanzler *m*: ♀ ***of the Exchequer*** *Br.* Schatzkanzler *m*, Finanzminister *m.*

chanc·y ['tʃɑ:nsɪ] *adj* F riskant.

chan·de·lier [,ʃændə'lɪə] *s* Kronleuchter *m*, Lüster *m.*

change [tʃeɪndʒ] **I** *v/t* **1.** (ver)ändern, verwandeln (***into*** in *acc*): → ***subject*** 1. **2.** wechseln, (ver)tauschen: ***~ one's shirt*** ein anderes Hemd anziehen; ***~ places with s.o.*** mit j-m den Platz tauschen; ***~ trains*** (***planes***) umsteigen; → ***hand*** 1, ***mind*** 4. **3.** *Bettzeug etc* wechseln, *Bett* frisch beziehen, *Baby* wickeln. **4.** *Geld* (um)wechseln (***into*** in *acc*). **5.** ⚙ *Teile* (aus)wechseln, *Öl* wechseln. **6.** *mot.*, ⚙ schalten: ***~ over*** umschalten; *Maschine, a. Industrie etc* umstellen (***to*** auf *acc*); → ***gear*** 1. **II** *v/i* **7.** sich (ver)ändern, wechseln. **8.** sich verwandeln (***to, into*** in *acc*). **9.** übergehen (***to*** zu). **10.** sich umziehen (***for dinner*** zum Abendessen). **11.** 🚂, ✈ umsteigen. **12.** wechseln, umspringen (***from ... to*** von ... auf *acc*) (*Verkehrsampel*). **13.** *mot.*, ⚙ schalten: ***~ up*** (***down***) hinauf- (herunter)schalten; → ***gear*** 1. **III** *s* **14.** (Ver)Änderung *f*, Wechsel *m*, *weitS. a.* Umschwung *m*: ***~ of air*** Luftveränderung; ***~ of life*** *physiol.* Wechseljahre *pl*; ***~ in weather*** Witterungsumschlag *m*; → ***scene*** 1a. **15.** (Aus)Tausch *m.* **16.** *et.* Neues, Abwechslung *f*: ***for a ~*** zur Abwechslung. **17.** Wechselgeld *n*; Kleingeld *n*: ***can you give me ~ for a pound?*** können Sie mir auf ein Pfund herausgeben?; können Sie mir ein Pfund wechseln?; → ***small*** I. **'change·a·ble** *adj* □ unbeständig: a) wankelmütig (*Person*), b) veränderlich (*Wetter*).

chan·nel ['tʃænl] *s* Kanal *m* (*a. fig.*), (*Rundfunk, TV a.*) Programm *n*: ***switch ~s*** umschalten; ***through official ~s*** auf dem Dienst- *od.* Instanzenweg.

chant [tʃɑːnt] **I** *s* **1.** Gesang *m.* **2.** Singsang *m.* **3.** Sprechchor *m.* **II** *v/t* **4.** singen. **5.** herunterleiern. **6.** in Sprechchören rufen.

cha·os [ˈkeɪɒs] *s* Chaos *n.* **chaˈot·ic** *adj* (**~ally**) chaotisch.

chap¹ [tʃæp] **I** *v/t Haut* rissig machen. **II** *v/i* rissig werden, aufspringen. **III** *s* Riß *m.*

chap² [~] *s* F Bursche *m,* Kerl *m.*

chap·el [ˈtʃæpl] *s* Kapelle *f.*

chap·er·on [ˈʃæpərəʊn] **I** *s* **1.** Anstandsdame *f.* **2.** Aufsichts-, Begleitperson *f.* **II** *v/t* **3.** (als Anstandsdame) begleiten. **4.** beaufsichtigen.

chap·fall·en [ˈtʃæpˌfɔːlən] *adj* niedergeschlagen, bedrückt.

chap·lain [ˈtʃæplɪn] *s* Kaplan *m.*

chapped [tʃæpt], **chap·py** [ˈtʃæpɪ] *adj* aufgesprungen, rissig.

chap·ter [ˈtʃæptə] *s* Kapitel *n* (*a. fig.*).

char¹ [tʃɑː] *v/t u. v/i* verkohlen.

char² [~] **I** *s Br.* F → ***charwoman.*** **II** *v/i* putzen: ***go out ~ring*** putzen gehen.

char·ac·ter [ˈkærəktə] **I** *s* **1.** *allg.* Charakter *m.* **2.** Ruf *m,* Leumund *m.* **3.** Eigenschaft *f,* Stellung *f*: ***in one's ~ as*** in s-r Eigenschaft als. **4.** Figur *f,* Gestalt *f* (*e-s Romans etc*), *pl a.* Charaktere *pl.* **5.** Schriftzeichen *n,* Buchstabe *m.* **II** *adj* **6.** Charakter...: ***~ actor*** (***study,*** *etc*); ***~ assassination*** Rufmord *m.* **ˌchar·ac·terˈis·tic I** *adj* (**~ally**) charakteristisch (**of** für). **II** *s* charakteristisches Merkmal. **ˈchar·ac·ter·ize** *v/t* charakterisieren.

char·coal [ˈtʃɑːkəʊl] *s* Holzkohle *f.*

charge [tʃɑːdʒ] **I** *v/t* **1.** *Gewehr etc* laden, *Batterie etc* (auf)laden. **2.** beauftragen (***with*** mit): ***~ s.o. to be careful*** j-m einschärfen, vorsichtig zu sein. **3.** (***with***) *j-m* (*et.*) zur Last legen *od.* vorwerfen, *a.* ⚖ *j-n* (*e-r Sache*) beschuldigen *od.* anklagen. **4.** (***with***) ✝ *j-n* belasten (mit *e-m Betrag*), *j-m* (*et.*) in Rechnung stellen. **5.** berechnen, verlangen, fordern (***for*** für). **6.** ⚔ angreifen; stürmen. **II** *v/i* **7.** ***~ at*** losgehen auf (*acc*). **III** *s* **8.** Ladung *f* (*e-s Gewehrs etc*). **9.** Preis *m*; Forderung *f*; Gebühr *f*; *a. pl* Unkosten *pl,* Spesen *pl*: ***free of ~*** kostenlos, gratis. **10.** Beschuldigung *f,* *a.* ⚖ Anklage(punkt *m*) *f*: ***be on a ~ of murder*** unter Mordanklage stehen. **11.** Verantwortung *f*: ***the person in ~*** der *od.* die Verantwortliche; ***be in ~ of*** verantwortlich sein für, leiten (*acc*); ***be in*** (*od.* ***under***) ***s.o.'s ~*** von j-m betreut werden; ***take ~ of*** die Leitung *od.* Aufsicht (*gen*) übernehmen. **12.** Schützling *m,* Mündel *m, n*; *j-m* anvertraute Sache. **~ ac·count** *s* ✝ **1.** Kundenkreditkonto *n.* **2.** Abzahlungskonto *n* (*bei Teilzahlungen*).

char·gé d'af·faires [ˌʃɑːʒeɪdæˈfeə] *pl* **char·gés d'af·faires** [ˌ~ʒeɪz~] *s* Geschäftsträger *m.*

charg·er [ˈtʃɑːdʒə] *s* ⚡ Ladegerät *n.*

char·is·ma [kəˈrɪzmə] *s* Charisma *n,* Ausstrahlung(skraft) *f.* **char·is·mat·ic** [ˌkærɪzˈmætɪk] *adj* charismatisch.

char·i·ta·ble [ˈtʃærətəbl] *adj* □ **1.** wohltätig, karitativ. **2.** gütig, nachsichtig (***to*** gegenüber). **char·i·ty** [ˈ~tɪ] *s* **1.** Nächstenliebe *f.* **2.** Wohltätigkeit *f.* **3.** Güte *f,* Nachsicht *f.* **4.** Almosen *n,* milde Gabe.

char·la·tan [ˈʃɑːlətən] *s* Scharlatan *m.* **ˈchar·la·tan·ry** *s* Scharlatanerie *f.*

char·ley horse [ˈtʃɑːlɪ] *s Am.* F Muskelkater *m.*

charm [tʃɑːm] **I** *s* **1.** Charme *m,* Zauber *m.* **2.** Zauber(formel *f*; -mittel *n*) *m.* **3.** Talisman *m,* Amulett *n.* **II** *v/t* **4.** bezaubern, entzücken. **5.** verzaubern, *Schlangen* beschwören: ***~ away*** wegzaubern, *Sorgen etc* zerstreuen. **ˈcharm·er** *s* **1.** Zauberer *m,* Zauberin *f.* **2.** reizvolles Geschöpf (*Frau*); Charmeur *m.* **ˈcharm·ing** *adj* □ charmant, bezaubernd.

chart [tʃɑːt] **I** *s* **1.** (*See-, Himmels-, Wetter*)Karte *f.* **2.** Diagramm *n,* Schaubild *n,* Kurve(nblatt *n*) *f.* **3.** *pl* Charts *pl,* Hitliste(n *pl*) *f.* **II** *v/t* **4.** auf e-r Karte *etc* einzeichnen *od.* verzeichnen.

char·ter [ˈtʃɑːtə] **I** *s* **1.** Urkunde *f.* **2.** Konzession *f.* **3.** *pol.* Charta *f.* **4.** Chartern *n.* **II** *v/t* **5.** konzessionieren. **6.** chartern: ***~ed*** Charter... **~ flight** *s* Charterflug *m.*

ˈcharˌwom·an *s* (*irr* ***woman***) Putzfrau *f,* Raumpflegerin *f.*

char·y [ˈtʃeərɪ] *adj* □ **1.** vorsichtig (***in, of*** in *dat,* bei). **2.** sparsam, zurückhaltend (***of*** mit).

chase¹ [tʃeɪs] **I** *v/t* **1.** jagen, Jagd machen auf, (*a. fig. e-m Traum etc*) nachjagen;

F *e-m Mädchen etc* nachlaufen. **2.** *hunt.* hetzen, jagen: **~ *up*** (*od.* ***down***) *mst fig.* aufstöbern. **3.** *a.* **~ *away*** verjagen, -treiben. **II** *v/i* **4. ~ *after s.o.*** j-m nachjagen. **5.** F rasen, rennen. **III** *s* **6.** *hunt.* (Hetz-) Jagd *f*, *fig.a.* Verfolgung(sjagd) *f*: ***give ~ to*** verfolgen (*acc*), nachjagen (*dat*).

chase² [~] *v/t* ziselieren.

chas·er¹ ['tʃeɪsə] *s* Jäger *m*, Verfolger *m*.

chas·er² [~] *s* Ziseleur *m*.

chasm ['kæzəm] *s* **1.** Kluft *f*, Abgrund *m* (*a. fig.*). **2.** Schlucht *f*, Klamm *f*. **3.** Riß *m*, Spalte *f*. **4.** *fig.* Lücke *f*.

chas·sis ['ʃæsɪ] *pl* **-sis** ['~sɪz] *s* ✈, *mot.* Chassis *n*, Fahrgestell *n*.

chaste [tʃeɪst] *adj* □ **1.** keusch, züchtig. **2.** bescheiden, schlicht (*Mahl etc*).

chas·ten ['tʃeɪsn] *v/t* **1.** züchtigen. **2.** *fig.* läutern. **3.** *fig.* ernüchtern, nachdenklich stimmen.

chas·tise [tʃæ'staɪz] *v/t* **1.** züchtigen. **2.** *fig.* geißeln, scharf tadeln.

chas·ti·ty ['tʃæstətɪ] *s* **1.** Keuschheit *f*. **2.** Schlichtheit *f*.

chat [tʃæt] **I** *v/i* plaudern. **II** *v/t* **~ *up*** *Br.* F einreden auf (*acc*); sich ranmachen an (*ein Mädchen etc*), anquatschen. **III** *s* Plauderei *f*: ***have a ~*** plaudern.

chat show *s Br.* Talk-Show *f*.

chat·tels ['tʃætlz] *s pl* ⚖ bewegliches Eigentum: → ***good*** 3.

chat·ter ['tʃætə] **I** *v/i* **1.** schnattern, schwatzen, plappern. **2.** klappern. **II** *s* **3.** Geschnatter *n*, Geplapper *n*. **4.** Klappern *n*. '**~·box** *s* Plaudertasche *f*, Plappermaul *n*.

chat·ty ['tʃætɪ] *adj* □ **1.** geschwätzig, gesprächig. **2.** *fig.* wortreich, ausführlich; im Plauderton (geschrieben).

chauf·feur ['ʃəʊfə] **I** *s* Chauffeur *m*, Fahrer *m*. **II** *v/t* chauffieren, fahren: ***~ed*** mit Chauffeur.

chau·vi ['ʃəʊvɪ] *s* F Chauvi *m*. '**chau·vin·ism** *s* Chauvinismus *m*: ***male ~*** männlicher Chauvinismus. '**chau·vin·ist** *s* Chauvinist *m*: ***male ~*** männlicher Chauvinist; ***male ~ pig*** F a) *contp.* Chauvischwein *n*, b) *humor.* Chauvi *m*. ˌ**chau·vin'ist·ic** *adj* (***~ally***) chauvinistisch.

cheap [tʃiːp] **I** *adj* □ **1.** billig, Billig... **2.** billig, minderwertig. **3.** schäbig, gemein: ***feel ~*** sich schäbig vorkommen. **II** *adv* **4.** billig: ***buy s.th. ~.*** **III** *s* **5.** ***on the ~*** billig. '**cheap·en** *v/t u. v/i* (sich) verbilligen. '**cheap·ness** *s* Billigkeit *f*.

'**cheap·skate** *s* F Knicker *m*, Geizkragen *m*.

cheat ['tʃiːt] **I** *s* **1.** Betrüger(in), Schwindler(in). **2.** Betrug *m*, Schwindel *m*. **II** *v/t* **3.** betrügen (***of, out of*** um). **III** *v/i* **4.** betrügen, schwindeln. **5. ~ *on*** F *s-e Frau etc* betrügen. '**cheat·ing** *adj*: ***~ pack*** Mogelpackung *f*.

check [tʃek] **I** *s* **1.** Schach(stellung *f*) *n*: ***give ~*** Schach bieten; ***hold*** (*od.* ***keep***) ***in ~*** *fig.* in Schach halten. **2.** Hemmnis *n*, Hindernis *n* (***on*** für). **3.** Einhalt *m*: ***give a ~ to*** Einhalt gebieten (*dat*). **4.** Kontrolle *f*, Überprüfung *f*: ***keep a ~ on*** unter Kontrolle halten (*acc*). **5.** *Am.* Häkchen *n* (*auf Liste etc*). **6.** ✝ *Am.* Scheck *m* (***for*** über *acc*). **7.** *bsd. Am.* Kassenzettel *m*, Rechnung *f*. **8.** Kontrollabschnitt *m*, -schein *m*. **9.** *bsd. Am.* Garderobenmarke *f*; Gepäckschein *m*. **10.** Schachbrett-, Karomuster *n*; Karo *n*, Viereck *n*; karierter Stoff. **11.** *Poker etc*: Spielmarke *f*: ***pass*** (*od.* ***hand***) ***in one's ~s*** *Am.* F den Löffel weglegen (*sterben*). **II** *v/t* **12.** Schach bieten (*dat*). **13.** hemmen, hindern. **14.** ⚙ drosseln, bremsen (*a. fig.*). **15.** zurückhalten, zügeln: **~ *o.s.*** sich beherrschen. **16.** checken, kontrollieren, überprüfen (***for*** auf *acc* hin). **17.** *Am. auf Liste etc* abhaken. **18.** *bsd. Am.* (zur Aufbewahrung *od.* in der Garderobe) abgeben; (als Reisegepäck) aufgeben. **19.** *a.* **~ *out*** *Am. Geld* mittels Scheck abheben. **III** *v/i* **20.** (plötzlich) innehalten, stutzen. **21.** *Am.* e-n Scheck ausstellen (***for*** über *acc*).

Verbindungen mit Adverbien:

check| back *v/i* rückfragen (***with*** bei). **~ in** *v/i* **1.** sich (*in e-m Hotel*) anmelden. **2.** einstempeln. **3.** ✈ (*a. v/t*) einchecken. **~ off** → ***check*** 17. **~ out I** *v/t* **1.** → ***check*** 19. **2.** sich erkundigen nach, sich informieren über (*acc*). **II** *v/i* **3.** *aus e-m Hotel* abreisen. **4.** ausstempeln. **~ up** *v/i*: **~ *on et.*** nachprüfen, *et.*, *j-n* überprüfen.

'**check|·back** *s* Rückfrage *f*. '**~·book** *s Am.* Scheckbuch *n*, -heft *n*. **~ card** *s Am.* Scheckkarte *f*.

checked [tʃekt] *adj* kariert: **~ *pattern*** Karomuster *n*.

check·er¹ ['tʃekə] *s* **1.** *Am.* a) (Dame)Stein *m*, b) *pl* (*sg konstruiert*) Dame(spiel *n*) *f*. **2.** Karomuster *n*.

check·er² [~] *s bsd. Am.* **1.** Kassiererin *f* (*bsd. im Supermarkt*). **2.** Garderobenfrau *f*. **3.** 🚂 Angestellte *m, f* in e-r Gepäckaufbewahrung.

'check·er·board *s Am.* Schach-, Damebrett *n*.

check·ered ['tʃekəd] *adj* **1.** kariert. **2.** bunt (*a. fig.*). **3.** *fig.* wechselvoll, bewegt (*Geschichte etc*).

'check-in *s* **1.** Anmeldung *f* (*in e-m Hotel*). **2.** Einstempeln *n*. **3.** ✈ Einchecken *n*: **~ counter** Abfertigungsschalter *m*.

check·ing ac·count ['tʃekɪŋ] *s* † *Am.* Girokonto *n*.

check| list *s* Check-, Kontrolliste *f*. **'~·mate I** *s* (Schach)Matt *n*, Mattstellung *f*. **II** *v/t* (schach)matt setzen (*a. fig.*). **'~-out** *s* **1.** Abreise *f* (*aus e-m Hotel*): **~ (time)** *Zeit, zu der ein Hotelzimmer geräumt sein muß*. **2.** Ausstempeln *n*. **3.** *a.* **~ counter** Kasse *f* (*bsd. im Supermarkt*). **'~·point** *s* Kontrollpunkt *m* (*an der Grenze*). **'~·room** *s bsd. Am.* **1.** 🚂 Gepäckaufbewahrung(sstelle) *f*. **2.** Garderobe(nraum *m*) *f*. **'~·up** *s* **1.** Überprüfung *f*. **2.** ⚕ Check-up *m*, Vorsorgeuntersuchung *f*.

cheek [tʃi:k] **I** *s* **1.** Backe *f* (*a.* ⚙), Wange *f*: **be ~ by jowl** Tuchfühlung haben (**with** mit) (*a. fig.*). **2.** F Frechheit *f*. **II** *v/t* **3.** F frech sein zu. **'~·bone** *s* Backenknochen *m*.

cheek·y ['tʃi:kɪ] *adj* □ F frech (**to** zu).

cheep [tʃi:p] **I** *v/i u. v/t* piepsen. **II** *s* Piepsen *n*; Pieps(er) *m* (*a. fig.*).

cheer [tʃɪə] **I** *s* **1.** Beifall(sruf) *m*, Hoch(ruf *m*) *n*: **give three ~s for s.o.** j-n dreimal hochleben lassen. **2.** Auf-, Ermunterung *f*, Aufheiterung *f*: **words** *pl* **of ~** aufmunternde Worte *pl*; **~s!** → **cheerio. 3.** (gute) Laune: **be of good ~** guter Laune *od.* Dinge sein. **II** *v/t* **4.** Beifall spenden (*dat*), hochleben lassen. **5.** *a.* **~ on** anspornen, anfeuern. **6.** *a.* **~ up** auf-, ermuntern, aufheitern. **III** *v/i* **7.** Beifall spenden, jubeln. **8.** *mst* **~ up** Mut fassen, (wieder) fröhlich werden: **~ up!** Kopf hoch!, laß den Kopf nicht hängen! **cheer·ful** ['~fʊl] *adj* □ **1.** fröhlich (*a. Lied etc*), vergnügt. **2.** freundlich (*Raum, Wetter etc*).

cheer·i·o [ˌtʃɪərɪ'əʊ] *int bsd. Br.* F **1.** mach's gut!, tschüs! **2.** prost!

'cheerˌlead·er *s Sport*: Einpeitscher *m*.

cheer·less ['tʃɪəlɪs] *adj* □ **1.** freudlos. **2.** unfreundlich (*Raum, Wetter etc*).

'cheer·y *adj* □ fröhlich, vergnügt.

cheese [tʃi:z] *s* Käse *m*: **say ~!** *phot.* bitte recht freundlich!; **hard ~!** *sl.* Künstlerpech!; **the ~** *sl.* genau das Richtige. **'~·cake** *s* **1.** *ein* Käsekuchen *m*. **2.** *sl.* Zurschaustellung *f* weiblicher Reize (*bsd. auf Fotografien*). **'~ˌpar·ing I** *s* Knauserei *f*. **II** *adj* knaus(e)rig. **~ spread** *s* Streichkäse *m*.

chees·y ['tʃi:zɪ] *adj* käsig.

chef [ʃef] *s* Küchenchef *m*.

chem·i·cal ['kemɪkl] **I** *adj* □ chemisch: **~ fiber** (*bsd. Br.* **fibre**) Chemie-, Kunstfaser *f*; **~ warfare** chemische Kriegsführung. **II** *s* Chemikalie *f*.

chem·ist ['kemɪst] *s* **1.** Chemiker(in). **2.** *Br.* Apotheker(in); Drogist(in): **~'s shop** Apotheke *f*; Drogerie *f*.

'chem·is·try *s* Chemie *f*.

chem·o·ther·a·py [ˌki:məʊ'θerəpɪ] *s* ⚕ Chemotherapie *f*.

cheque [tʃek] *s* † *Br.* Scheck *m*. **~ ac·count** *s* † *Br.* Girokonto *n*. **'~·book** *s Br.* Scheckbuch *n*, -heft *n*. **~ card** *s* Scheckkarte *f*.

cheq·uer, cheq·uer·board, cheq·uered *bsd. Br.* → **checker¹, checkerboard, checkered.**

cher·ish ['tʃerɪʃ] *v/t* **1.** *j-s Andenken* in Ehren halten. **2.** *Gefühle* hegen. **3.** festhalten an (*dat*).

che·root [ʃə'ru:t] *s* Stumpen *m* (*Zigarre ohne Spitzen*).

cher·ry ['tʃerɪ] **I** *s* ⚘ Kirsche *f*. **II** *adj* kirschrot. **~ bran·dy** *s* Cherry Brandy *m*, Kirschlikör *m*.

cher·ub ['tʃerəb] *pl* **-ubs, -u·bim** ['~əbɪm] *s* **1.** Cherub *m*, Engel *m*. **2.** geflügelter Engelskopf.

chess [tʃes] *s* Schach(spiel) *n*. **'~·board** *s* Schachbrett *n*. **'~·man** *s* (*irr* **man**), **~ piece** *s* Schachfigur *f*.

chest [tʃest] *s* **1.** Kiste *f*, Kasten *m*; Truhe *f*: **~ (of drawers)** Kommode *f*. **2.** *anat.* Brust(kasten *m*) *f*: **get s.th. off one's ~** F sich et. von der Seele reden.

chest·nut ['tʃesnʌt] **I** *s* **1.** ⚘ Kastanie *f*: **pull the ~s out of the fire (for s.o.)** *fig.* (für j-n) die Kastanien aus dem Feuer holen. **2.** F alte *od.* olle Kamelle, alter Witz. **II** *adj* **3.** kastanienbraun.

chest·y ['tʃestı] *adj* F **1.** mit viel Holz vor der Hütte (*vollbusig*). **2.** tiefsitzend (*Husten*).

chev·ron ['ʃevrən] *s* ⚔ Winkel *m* (*Rangabzeichen*).

chew [tʃuː] **I** *v/t* **1.** (zer)kauen: **~ *one's nails*** an den Nägeln kauen; → ***cud*** 1, ***fat*** 3. **II** *v/i* **2.** kauen: **~ *on*** herumkauen auf (*dat*). **3.** nachsinnen, grübeln (***on, over*** über *acc*).

chew·ing gum ['tʃuːıŋ] *s* Kaugummi *m*, *a. n.*

chic [ʃiːk] **I** *s* Schick *m*, Eleganz *f.* **II** *adj* schick, elegant.

chick [tʃık] *s* **1.** Küken *n*, junger Vogel. **2.** F Kleine(s) (*Kind; oft Anrede*). **3.** *sl.* Biene *f*, Puppe *f* (*Mädchen*).

chick·en ['tʃıkın] **I** *s* **1.** Küken *n* (*a.* F *junge Person*), Hühnchen *n*, Hähnchen *n*: ***she's no* ~** F sie ist (auch) nicht mehr die Jüngste. **2.** Huhn *n*. **3.** F Feigling *m*. **II** *adj* **4.** F feig. **III** *v/i* **5.** **~ *out*** F kneifen (***of, on*** vor *dat*). **~ broth** *s* Hühnerbrühe *f*. **~ farm·er** *s* Geflügelzüchter *m*. **~ feed** *s* **1.** Hühnerfutter *n*. **2.** *sl. contp.* ein paar Pfennige *pl*, *a.* Hungerlohn *m*. '**~ˌheart·ed,** '**~ˌliv·ered** *adj* furchtsam, feig. **~ pox** *s* ⚕ Windpocken *pl*.

chic·o·ry ['tʃıkərı] *s* ⚘ Chicorée *f*, *a. m.*

chief [tʃiːf] **I** *s* **1.** (Ober)Haupt *n*, (An)Führer *m*, Chef *m*: **~ *of the department*** Abteilungsleiter *m*; **~ *of state*** Staatschef, -oberhaupt. **2.** Häuptling *m*: **~ *of the tribe*** Stammeshäuptling. **II** *adj* **3.** erst, oberst, Ober..., Haupt...: **~ *designer*** Chefkonstrukteur *m*. **4.** hauptsächlich, wichtigst. '**chief·ly** *adv* hauptsächlich, vor allem.

chif·fon ['ʃıfɒn] *s* Chiffon *m*.

chil·blain ['tʃılbleın] *s* Frostbeule *f*.

child [tʃaıld] *pl* **chil·dren** ['tʃıldrən] *s* Kind *n*: ***from a* ~** von Kindheit an; ***be a good* ~*!*** sei artig *od.* brav!; ***that's* ~*'s play*** *fig.* das ist ein Kinderspiel. '**~·bed** *s*: ***be in* ~** im Wochenbett liegen; **~ *fever*** ⚕ Kindbettfieber *n*. **~ ben·e·fit** *s Br.* Kindergeld *n*. '**~·birth** *s* Geburt *f*, Niederkunft *f*, Entbindung *f*.

child·hood ['tʃaıldhʊd] *s* Kindheit *f*: ***from* ~** von Kindheit an; → ***second*[1]** 1.

child·ish ['tʃaıldıʃ] *adj* □ **1.** kindlich. **2.** kindisch.

child·less ['tʃaıldlıs] *adj* kinderlos.

'**child|·like** *adj* kindlich. **~ mind·er** *s* Tagesmutter *f*. **~ prod·i·gy** *s* Wunderkind *n*. '**~·proof** *adj* kindersicher: **~ *lock*** *mot.* Kindersicherung *f*.

chil·dren ['tʃıldrən] *pl von* ***child*: ~*'s clinic*** Kinderklinik *f*.

chil·e ['tʃılı] *s*, '**chil·i** *pl* **-ies** *s* ⚘ Chili *m* (*a. Cayennepfeffer*): **~ *sauce*** Chili(soße *f*) *m*.

chill [tʃıl] **I** *s* **1.** Kältegefühl *n*, Frösteln *n*. **2.** Kälte *f*, Kühle *f* (*beide a. fig.*): ***take the* ~ *off*** *et.* leicht anwärmen. **3.** Erkältung *f*: ***catch a* ~** sich erkälten. **4.** *fig.* gedrückte Stimmung: ***cast*** (*od.* ***put***) ***a* ~ *on*** (*od.* ***over***) → 8. **II** *adj* **5.** kalt, frostig, kühl (*alle a. fig.*). **III** *v/i* **6.** abkühlen. **IV** *v/t* **7.** *j-n* frösteln lassen; abkühlen (lassen), *Lebensmittel etc* kühlen: **~*ed meat*** Kühlfleisch *n*. **8.** *fig.* abkühlen, dämpfen; entmutigen.

chil·li *pl* **-lies** → ***chile.***

chil·ly ['tʃılı] *adj* → ***chill*** 5: ***feel* ~** frösteln.

chime [tʃaım] **I** *s* **1.** *oft pl* Glockenspiel *n*, (Glocken)Geläute *n*. **2.** (Glocken-)Schlag *m*. **II** *v/i* **3.** läuten; ertönen; schlagen (*Uhr*). **4.** *fig.* harmonieren, übereinstimmen (***with*** mit): **~ *in*** sich (ins Gespräch) einmischen, einfallen (*a.* ♪); **~ *in with*** zustimmen, beipflichten (*dat*); übereinstimmen mit. **III** *v/t* **5.** *Glocken* läuten; *die Stunde* schlagen.

chim·ney ['tʃımnı] *s* Schornstein *m*, Kamin *m*. '**~·piece** *s* Kaminsims *m*, *n*. **~ sweep** *s* Schornsteinfeger(in), Kaminkehrer(in).

chim·pan·zee [ˌtʃımpən'ziː] *s zo.* Schimpanse *m*.

chin [tʃın] **I** *s* Kinn *n*: (***keep your***) **~ *up!*** F Kopf hoch!, halt die Ohren steif! **II** *v/t*: **~ *o.s.*** (***up***), **~ *the bar*** e-n Klimmzug machen. **III** *v/i Am.* F schwatzen, plappern.

chi·na ['tʃaınə] *s* **1.** Porzellan *n*. **2.** (Porzellan)Geschirr *n*. **ℒ·man** ['~mən] *s* (*irr* ***man***) *mst contp.* Chinese *m*. '**ℒ·town** *s* Chinesenviertel *n*. '**~·ware** *s* Porzellan(waren *pl*) *n*.

Chi·nese [ˌtʃaı'niːz] **I** *s* **1.** Chinese *m*, Chinesin *f*: ***the* ~** *pl* die Chinesen *pl*. **2.** *ling.* Chinesisch *n*. **II** *adj* **3.** chinesisch.

chink[1] [tʃıŋk] *s* Riß *m*, Ritze *f*, Spalt *m*, Spalte *f*.

chink² [~] I *v/i u. v/t* klingen *od.* klirren (lassen), klimpern (mit). II *s* Klirren *n*, Klimpern *n*.

'chin·wag F I *s* **1.** Plauderei *f*, Plausch *m*. **2.** Klatsch *m*, Tratsch *m*. II *v/i* **3.** plaudern, plauschen. **4.** klatschen, tratschen.

chip [tʃɪp] I *s* **1.** Splitter *m*, Span *m*, Schnitzel *n, m*: ***be a ~ off the old block*** ganz der Vater sein; ***have a ~ on one's shoulder*** F sich ständig angegriffen fühlen; e-n Komplex haben (***about*** wegen). **2.** angeschlagene Stelle. **3.** *pl Br.* Pommes frites *pl*; *Am.* (Kartoffel-) Chips *pl*. **4.** Chip *m* (*a.* ⚡), Spielmarke *f*. II *v/t* **5.** *a.* ***~ off*** abbrechen. **6.** *Geschirr etc* anschlagen. **7.** ***~ in*** F *im Gespräch* einwerfen. **8.** ***~ in*** F *Geld etc* beisteuern. III *v/i* **9.** *a.* ***~ off*** abbrechen, abbröckeln. **10.** ***~ in*** F dazu beisteuern: ***~ in with*** → 8. **11.** ***~ in*** F sich (*in ein Gespräch*) einmischen. ***~ pan*** *s* Friteuse *f*.

chi·rop·o·dist [kɪ'rɒpədɪst] *s* Fußpfleger(in), Pediküre *f*. **chi'rop·o·dy** *s* Fußpflege *f*, Pediküre *f*.

chi·ro·prac·tor ['kaɪrəʊˌpræktə] *s* ⚕ Chiropraktiker *m*.

chirp [tʃɜːp] I *v/i u. v/t* **1.** zirpen (*Grille etc*); zwitschern, piepsen (*Vogel*) (*alle a. fig. Person etc*). II *s* **2.** Zirpen *n*; Zwitschern *n*, Piepsen *n*. **3.** Piepser *m*. **'chirp·y** *adj* □ F quietschvergnügt.

chir·rup ['tʃɪrəp] → ***chirp***.

chis·el ['tʃɪzl] I *s* **1.** Meißel *m*. II *v/t pret u. pp* **-eled,** *bsd. Br.* **-elled 2.** (aus)meißeln. **3.** *fig.* (stilistisch) ausfeilen. **4.** *sl.* betrügen (***out of*** um); *et.* ergaunern.

chit¹ [tʃɪt] *s*: ***a ~ of a girl*** ein junges Ding; *contp.* ein Fratz.

chit² [~] *s* **1.** vom Gast abgezeichnete Rechnung. **2.** (kurze) Notiz; beschriebener Zettel.

chit·chat ['tʃɪttʃæt] *s* **1.** Plauderei *f*, Plausch *m*. **2.** Klatsch *m*, Tratsch *m*.

chiv·al·rous ['ʃɪvlrəs] *adj* □ **1.** ritterlich, galant. **2.** tapfer; loyal; großzügig. **'chiv·al·ry** *s* **1.** Ritterlichkeit *f*. **2.** *hist.* Rittertum *n*; -stand *m*.

chives [tʃaɪvz] *s pl* ⚘ Schnittlauch *m*.

chlo·ric ['klɔːrɪk] *adj* ⚗ chlorhaltig, Chlor... **chlo·rin·ate** ['~rɪneɪt] *v/t* chloren. **chlo·rine** ['~riːn] *s* ⚗ Chlor *n*.

chlo·ro·form ['klɒrəfɔːm] I *s* ⚗ Chloroform *n*. II *v/t* chloroformieren.

chlo·ro·phyll ['klɒrəfɪl] *s* ⚘ Chlorophyll *n*, Blattgrün *n*.

choc ice [tʃɒk] *s Br.* Eis *n* mit Schokoladeüberzug.

chock [tʃɒk] I *s* Bremsklotz *m*. II *v/t* festkeilen. **ˌ~-a-'block** *adj* vollgestopft (***with*** mit). **ˌ~-'full** *adj* zum Bersten voll (***of*** mit).

choc·o·late ['tʃɒkələt] I *s* **1.** Schokolade *f* (*a. Getränk*). **2.** Praline *f*: ***~s*** *pl* Pralinen *pl*, Konfekt *n*; → ***box¹*** 2. II *adj* **3.** schokolade(n)braun.

choice [tʃɔɪs] I *s* **1.** (*a.* freie) Wahl: ***make a ~*** wählen, e-e Wahl treffen; ***take one's ~*** s-e Wahl treffen, sich et. aussuchen; ***at ~*** nach Belieben; ***have no ~*** keine andere Wahl haben. **2.** (*große*) Auswahl (***of*** an *dat*). **3.** Auslese *f*, *das* Beste. II *adj* **4.** auserlesen, ausgesucht (gut). **5.** *humor.* deftig (*Sprache*): ***~ word*** Kraftausdruck *m*.

choir ['kwaɪə] *s* ♪, ⛪ Chor *m*.

choke [tʃəʊk] I *s* **1.** Würgen *n*. **2.** *mot.* Choke *m*: ***pull out the ~*** den Choke ziehen. II *v/t* **3.** würgen. **4.** erwürgen, erdrosseln, *a. weitS. Feuer* ersticken. **5.** *a.* ***~ back*** (*od.* ***down***) *Bemerkung, Ärger etc* unterdrücken, hinunterschlucken, *Tränen* zurückhalten. **6.** *Motor, Strom* drosseln; F *Motor* abwürgen. **7.** *a.* ***~ off*** *Diskussion etc* abwürgen; *j-s Redefluß* stoppen. **8.** *a.* ***~ up*** verstopfen; vollstopfen. III *v/i* **9.** würgen. **10.** ersticken (***on*** an *dat*). **'chok·ing** *adj* **1.** stickig (*Luft*). **2.** erstickt (*Stimme*). **'chok·y** → ***choking*** 1.

chol·er·a ['kɒlərə] *s* ⚕ Cholera *f*. **'chol·er·ic** *adj* (***~ally***) cholerisch.

cho·les·ter·in [kə'lestərɪn], **cho'les·ter·ol** [~rɒl] *s physiol.* Cholesterin *n*.

choose [tʃuːz] (*irr*) I *v/t* **1.** (aus)wählen, (sich *et.*) aussuchen. **2.** ***~ to do s.th.*** es vorziehen *od.* beschließen, et. zu tun. II *v/i* **3.** wählen: ***there are three versions to ~ from*** es stehen drei Ausführungen zur Auswahl. **'choos·(e)y** *adj* F wählerisch, heikel.

chop¹ [tʃɒp] I *s* **1.** Hieb *m*, Schlag *m*. **2.** *gastr.* Kotelett *n*. II *v/t* **3.** (zer)hacken: ***~ wood*** Holz hacken; ***~ away*** (*od.* ***off***) abhacken; ***~ down*** fällen.

chop² [~] *v/i oft* ***~ about*** (*od.* ***round***) plötzlich umschlagen (*Wind etc*): ***~ and***

change dauernd s-e Meinung *od.* s-e Pläne ändern.
chop·per ['tʃɒpə] *s* **1.** Hackmesser *n*. **2.** F Hubschrauber *m*.
chop·py ['tʃɒpɪ] *adj* **1.** kabbelig (*Meer*). **2.** böig (*Wind*). **3.** *fig*. abgehackt; zusammenhang(s)los.
'chop·stick *s* Eßstäbchen *n*.
cho·ral ['kɔːrəl] *adj* □ Chor..., chorartig: ~ ***society*** Gesangverein *m*. **cho·ral(e)** [kɒ'rɑːl] *s* Cho'ral *m*.
chord¹ [kɔːd] *s* ♪ Saite *f* (*a. fig.*): ***strike the right*** ~ den richtigen Ton treffen; ***does that strike a*** ~**?** erinnert dich das an etwas?
chord² [~] *s* ♪ Akkord *m*.
chore [tʃɔː] *s* **1.** *pl* Hausarbeit *f*: ***do the*** ~***s*** den Haushalt machen. **2.** schwierige *od.* unangenehme Aufgabe.
cho·re·og·ra·pher [ˌkɒrɪ'ɒgrəfə] *s* Choreograph(in). **ˌcho·re'og·ra·phy** *s* Choreographie *f*.
cho·rus ['kɔːrəs] **I** *s* **1.** Chor *m* (*a. fig.*): ~ ***of protest*** Protestgeschrei *n*; ***in*** ~ im Chor. **2.** Tanzgruppe *f* (*bsd. e-r Revue*). **II** *v/t u. v/i* **3.** im Chor singen *od.* sprechen *od.* rufen. ~ **girl** *s* (Revue)Tänzerin *f*.
chose [tʃəʊz] *pret von* **choose. cho·sen** ['~zn] *pp von* **choose.**
chow [tʃaʊ] *s* **1.** *zo.* Chow-Chow *m*. **2.** *sl.* Futter *n*, Essen *n*.
chow·der ['tʃaʊdə] *s gastr. bsd. Am. dicke Suppe aus Meeresfrüchten.*
Christ [kraɪst] **I** *s* Christus *m*: ***before*** ~ vor Christi Geburt. **II** *int sl.* verdammt *od.* Herrgott noch mal!
chris·ten ['krɪsn] *v/t j-n, a. Schiff etc* (auf den Namen ...) taufen. **'chris·ten·ing** *s* Taufe *f*.
Chris·tian ['krɪstʃən] **I** *adj* □ christlich: ~ ***Era*** christliche Zeitrechnung; ~ ***name*** → ***first name.*** **II** *s* Christ(in). **Chris·ti·an·i·ty** [ˌ~tɪ'ænətɪ] *s* **1.** Christenheit *f*. **2.** Christentum *n*. **Chris·tian·ize** ['~jənaɪz] *v/t* christianisieren.
Christ·mas ['krɪsməs] *s* Weihnachten *n u. pl*: ***at*** ~ zu Weihnachten; → ***merry*** 1. ~ **bo·nus** *s* Weihnachtsgratifikation *f*. ~ **box** *s Br.* Geldgeschenk *n* zu Weihnachten (*für Briefträger etc*). ~ **car·ol** *s* Weihnachtslied *n*. ~ **Day** *s* erster Weihnachtsfeiertag. ~ **Eve** *s* Heiliger Abend. ~ **pud·ding** *s* Plumpudding *m*. **'~·tide, '~·time** *s* Weihnachtszeit *f*. ~ **tree** *s* Christ-, Weihnachtsbaum *m*.
chro·mat·ic [krəʊ'mætɪk] *phys.* **I** *adj* (~***ally***) chromatisch, Farben... **II** *s pl* (*sg konstruiert*) Chromatik *f*, Farbenlehre *f*.
chrome [krəʊm] ⚗ **I** *s* Chrom *n*. **II** *v/t a.* ~***-plate*** verchromen.
chro·mi·um ['krəʊmɪəm] *s* ⚗ Chrom *n*. **ˌ~-'plate** *v/t* verchromen.
chro·mo·some ['krəʊməsəʊm] *s biol.* Chromosom *n*.
chron·ic ['krɒnɪk] *adj* (~***ally***) **1.** ständig, (an)dauernd: ~ ***unemployment*** Dauerarbeitslosigkeit *f*. **2.** eingewurzelt; unverbesserlich. **3.** ⚕ chronisch. **4.** *Br.* F scheußlich, miserabel.
chron·i·cle ['krɒnɪkl] **I** *s* Chronik *f*. **II** *v/t* aufzeichnen. **'chron·ic·ler** *s* Chronist *m*.
chron·o·log·i·cal [ˌkrɒnə'lɒdʒɪkl] *adj* □ chronologisch: ***in*** ~ ***order***, ~***ly*** in chronologischer Reihenfolge. **chro·nol·o·gy** [krə'nɒlədʒɪ] *s* **1.** Chronologie *f*, Zeitrechnung *f*. **2.** Zeittafel *f*. **3.** chronologische Aufstellung.
chrys·an·the·mum [krɪ'sænθəməm] *s* ⚘ Chrysantheme *f*.
chub·by ['tʃʌbɪ] *adj* **1.** dicklich, rundlich: ~ ***cheeks*** *pl* Pausbacken *pl*. **2.** pausbäkkig.
chuck¹ [tʃʌk] **I** *s* **1.** F Wurf *m*: ***give s.o. the*** ~ *Br.* j-n rausschmeißen (*entlassen*). **II** *v/t* **2.** F schmeißen, werfen. **3.** F a) Schluß machen mit (*e-r Freundin etc*): ~ ***it!*** laß das!, b) → ***chuck up.*** **4.** ~ ***s.o. under the chin*** j-n *od.* j-m zärtlich unters Kinn fassen.
Verbindungen mit Adverbien:
chuck| a·way *v/t* F **1.** wegschmeißen. **2.** *Geld* verschwenden. **3.** *Gelegenheit etc* verpassen, verschenken. ~ **in** → ***chuck up.*** ~ **out** *v/t* F *j-n* rausschmeißen, *et. Altes etc a.* wegschmeißen. ~ **up** *v/t* F *Job etc* hinschmeißen.
chuck² [~] *s* ⚙ **1.** Spann-, Klemmfutter *n*. **2.** Spannvorrichtung *f*.
chuck·er-out [ˌtʃʌkər'aʊt] *s* F Rausschmeißer *m*.
chuck·le ['tʃʌkl] **I** *v/i* **1.** glucksen: ~ (***to o.s.***) (stillvergnügt) in sich hineinlachen. **2.** glucken (*Henne*). **II** *s* **3.** Glucksen *n*.

chug [tʃʌg] **I** *s* Tuckern *n* (*des Motors*). **II** *v/i* tuckern(d fahren).

chum [tʃʌm] F **I** *s* Kumpel *m*: ***be great ~s*** dicke Freunde sein. **II** *v/i*: ***~ up with s.o.*** enge Freundschaft mit j-m schließen.

chump [tʃʌmp] *s* **1.** Holzklotz *m*. **2.** dikkes Ende (*e-r Hammelkeule etc*). **3.** F Trottel *m*. **4.** *Br. sl.* Birne *f* (*Kopf*): ***be off one's ~*** e-n Vogel haben.

chunk [tʃʌŋk] *s* F (Holz)Klotz *m*; (dikkes) Stück: ***a ~ of bread*** ein Runken. **'chunk·y** *adj* F klobig, klotzig.

church [tʃɜːtʃ] **I** *s* Kirche *f*: ***at*** (*od.* ***in***) ***~*** in der Kirche; ***go to ~*** in die Kirche gehen. **II** *adj* Kirchen..., kirchlich. **'~ˌgo·er** *s* Kirchgänger(in). **~ wed·ding** *s* kirchliche Trauung. **'~·yard** *s* Kirch-, Friedhof *m*.

churl [tʃɜːl] *s* **1.** Flegel *m*. **2.** Geizhals *m*. **'churl·ish** *adj* □ **1.** flegelhaft. **2.** geizig.

churn [tʃɜːn] **I** *s* **1.** Butterfaß *n*, -maschine *f*. **2.** *Br.* Milchkanne *f*. **II** *v/t* **3.** zu Butter verarbeiten. **4.** *a.* **~ up** *Flüssigkeiten* heftig schütteln, *Wellen* aufwühlen, peitschen. **III** *v/i* **5.** buttern. **6.** sich heftig bewegen.

chute [ʃuːt] *s* **1.** Stromschnelle *f*. **2.** Rutsche *f* (*a.* ⚙), Rutschbahn *f*. **3.** Müllschlucker *m*. **4.** F Fallschirm *m*.

chut·ney ['tʃʌtnɪ] *s gastr.* Chutney *n* (*scharf gewürzte Paste aus Früchten*).

ci·ce·ro·ne [ˌtʃɪtʃə'rəʊnɪ] *pl* **-ni** [~niː], **-nes** *s* Cicerone *m*, Fremdenführer *m*.

ci·der ['saɪdə] *s* (*Am.* ***hard ~***) Apfelwein *m*: (***sweet***) ***~*** *Am.* Apfelmost *m*, -saft *m*.

ci·gar [sɪ'gɑː] *s* Zigarre *f*. **~ cut·ter** *s* Zigarrenabschneider *m*.

cig·a·rette, *Am. a.* **cig·a·ret** [ˌsɪgə'ret] *s* Zigarette *f*. **~ case** *s* Zigarettenetui *n*. **~ end** *s* Zigarettenstummel *m*. **~ hold·er** *s* Zigarettenspitze *f*. **~ pa·per** *s* Zigarettenpapier *n*.

cig·a·ril·lo [ˌsɪgə'rɪləʊ] *pl* **-los** *s* Zigarillo *m, n*.

ci·gar light·er *s mot.* Zigarren-, Zigarettenanzünder *m*.

cinch [sɪntʃ] *s sl.* todsichere Sache; Kinderspiel *n*.

cin·der ['sɪndə] *s* **1.** Schlacke *f*: ***burnt to a ~*** verkohlt, verbrannt. **2.** *pl* Asche *f*.

Cin·der·el·la [ˌsɪndə'relə] *s* Aschenbrödel *n*, -puttel *n* (*a. fig.*).

cin·der track *s Sport*: Aschenbahn *f*.

cin·e·cam·er·a ['sɪnɪˌkæmərə] *s* (Schmal)Filmkamera *f*. **'cin·e·film** *s* Schmalfilm *m*.

cin·e·ma ['sɪnəmə] *s* **1.** *bsd. Br.* Kino *n*. **2.** Film(kunst *f*) *m*. **'~ˌgo·er** *s bsd. Br.* Kinobesucher(in).

cin·na·mon ['sɪnəmən] *s* Zimt *m*.

ci·pher ['saɪfə] **I** *s* **1.** ⩘ Null *f* (*Ziffer*). **2.** (arabische) Ziffer, Zahl *f*. **3.** *fig.* Null *f* (*Person*); Nichts *n* (*Sache*). **4.** Chiffre *f*: ***in ~*** chiffriert. **5.** *fig.* Schlüssel *m* (*zu e-r Geheimschrift*). **II** *v/t* **6.** chiffrieren, verschlüsseln.

cir·cle ['sɜːkl] **I** *s* **1.** (*a. Familien-, Freundes- etc*)Kreis *m*: ***go*** (*od.* ***run***) ***round in ~s*** *fig.* sich im Kreis bewegen; → ***vicious circle.*** **2.** *thea.* Rang *m*: ***upper ~*** zweiter Rang; → ***dress circle.*** **3.** *fig.* Kreislauf *m*, Zyklus *m*. **II** *v/t* **4.** umringen. **5.** umkreisen. **6.** einkreisen, umzingeln. **7.** einringeln. **III** *v/i* **8.** kreisen (*a.* ✈), die Runde machen (*a. Pokal etc*).

cir·cuit ['sɜːkɪt] **I** *s* **1.** Umfang *m*, Umkreis *m*. **2.** Runde *f*, Rundreise *f*, -flug *m*: ***make*** (*od.* ***do***) ***the*** (*od.* ***a***) ***~ of*** die Runde *od.* e-e Rundreise machen in (*dat*). **3.** ⚡ Strom-, Schaltkreis *m*; Schaltung *f*, Schaltsystem *n*: → ***closed*** 1, ***integrate*** Ia, ***short circuit.*** **II** *v/t* **4.** umkreisen. **~ break·er** *s* ⚡ Unterbrecher *m* (*a. mot.*). **~ di·a·gram** *s* ⚡ Schaltplan *m*.

cir·cu·i·tous [sə'kjuːɪtəs] *adj* □ **1.** gewunden (*Flußlauf etc*). **2.** *fig.* weitschweifig, umständlich.

cir·cuit train·ing *s Sport*: Zirkel-, Circuittraining *n*.

cir·cu·lar ['sɜːkjʊlə] **I** *adj* □ **1.** (kreis)rund, kreisförmig. **2.** Kreis..., Rund...: ***~ letter*** → 4a; ***~ saw*** ⚙ Kreissäge *f*. **3.** → ***circuitous*** 2. **II** *s* **4.** a) Rundschreiben *n*, -brief *m*, b) Umlauf *m*, c) (Post)Wurfsendung *f*.

cir·cu·late ['sɜːkjʊleɪt] **I** *v/i* zirkulieren: a) kreisen, b) im Umlauf sein, kursieren (*Geld, Nachricht etc*). **II** *v/t* in Umlauf setzen (*a. fig.*), zirkulieren lassen. **'cir·cu·lat·ing** *adj* zirkulierend, kursierend: ***~ library*** Leihbücherei *f*. **ˌcir·cu'la·tion** *s* **1.** (*physiol. a.* Blut)Kreislauf *m*, Zirkulation *f*. **2.** ♆ Umlauf *m*: ***bring*** (*od.* ***put***) ***into ~*** in Umlauf setzen (*a. fig.*); ***withdraw from ~*** aus dem Verkehr ziehen; ***out of ~*** außer Kurs (gesetzt). **3.** Auflage *f* (*e-r Zeitung etc*).

ˌcir·cu'la·to·ry *adj* ⚕, *physiol.* (Blut-) Kreislauf...: **~ *collapse*** Kreislaufkollaps *m*; **~ *disturbances*** *pl* Kreislaufstörungen *pl*; **~ *system*** Kreislauf *m*.

cir·cum·cise ['sɜːkəmsaɪz] *v/t* ⚕, *eccl.* beschneiden. **cir·cum·ci·sion** [ˌ~'sɪʒn] *s* Beschneidung *f*.

cir·cum·fer·ence [sə'kʌmfərəns] *s* ⩘ Umfang *m*.

cir·cum·lo·cu·tion [ˌsɜːkəmlə'kjuːʃn] *s* **1.** Umschreibung *f*. **2.** Umschweife *pl*; Weitschweifigkeit *f*.

cir·cum·nav·i·gate [ˌsɜːkəm'nævɪgeɪt] *v/t* umschiffen, umsegeln. **'cir·cum·ˌnav·i'ga·tion** *s* Umschiffung *f*, Umseg(e)lung *f*: **~ *of the globe*** Weltumseglung.

cir·cum·scribe ['sɜːkəmskraɪb] *v/t* **1.** begrenzen, einschränken. **2.** umschreiben (*a.* ⩘); definieren.

cir·cum·scrip·tion [ˌ~'skrɪpʃn] *s* **1.** Begrenzung *f*, Einschränkung *f*. **2.** Umschreibung *f*. **3.** Umschrift *f* (*e-r Münze etc*).

cir·cum·spect ['sɜːkəmspekt] *adj* ☐ **1.** umsichtig. **2.** vorsichtig. **cir·cum·spec·tion** [ˌ~'spekʃn] *s* **1.** Umsicht *f*. **2.** Vorsicht *f*.

cir·cum·stance ['sɜːkəmstəns] *s* **1.** Umstand *m*. **2.** *mst pl* (Sach)Lage *f*, Umstände *pl*: ***in*** (*od.* ***under***) ***no ~s*** unter keinen Umständen, auf keinen Fall; ***in*** (*od.* ***under***) ***the ~s*** unter diesen Umständen. **3.** *pl* Verhältnisse *pl*: ***live in easy ~s*** in gesicherten Verhältnissen leben. **cir·cum·stan·tial** [ˌ~'stænʃl] *adj* ☐ **1.** umstandsbedingt. **2.** ausführlich. **3.** umständlich. **4. ~ *evidence*** ⚖ Indizienbeweis *m*. **5.** nebensächlich.

cir·cus ['sɜːkəs] *s* **1.** Zirkus *m*. **2.** *Br. runder, von Häusern umschlossener Platz.*

cir·rho·sis [sɪ'rəʊsɪs] *s* ⚕ Zirrhose *f*.

cir·rus ['sɪrəs] *pl* **-ri** ['~raɪ] *s meteor.* Zirrus-, Federwolke *f*.

cis·sy → ***sissy***.

cis·tern ['sɪstən] *s* **1.** Wasserbehälter *m*, (*in Toilette*) Spülkasten *m*. **2.** Zisterne *f*.

cit·a·del ['sɪtədəl] *s* ⚔ Zitadelle *f*.

ci·ta·tion [saɪ'teɪʃn] *s* **1.** Zitieren *n*; Zitat *n*. **2.** ⚖ Vorladung *f*. **3.** ⚔ lobende Erwähnung.

cite [saɪt] *v/t* **1.** zitieren. **2.** ⚖ vorladen. **3.** ⚔ lobend erwähnen.

cit·i·zen ['sɪtɪzn] *s* **1.** Bürger(in). **2.** Städter(in). **3.** Staatsangehörige *m*, *f*. **'cit·i·zen·ship** *s* Staatsangehörigkeit *f*.

cit·ric ac·id ['sɪtrɪk] *s* ⚗ Zitronensäure *f*.

cit·rus ['sɪtrəs] *s* ⚘ Zitrusgewächs *n*. **~ fruit** *s* Zitrusfrucht *f*.

cit·y ['sɪtɪ] *s* (Groß)Stadt *f*: ***the*** **♀** die (Londoner) City. **~ cen·tre** *s Br.* Innenstadt *f*, City *f*. **~ fa·thers** *s pl* Stadtväter *pl*. **~ hall** *s* Rathaus *n*. **~ plan·ning** *s* Stadtplanung *f*. **~ state** *s* Stadtstaat *n*.

civ·ic ['sɪvɪk] **I** *adj* (**~*ally***) **1.** → ***civil*** 2. **2.** städtisch, Stadt... **II** *s pl* (*sg konstruiert*) Staatsbürgerkunde *f*.

civ·il ['sɪvl] *adj* ☐ **1.** staatlich, Staats... **2.** (*a.* staats)bürgerlich, Bürger... **3.** zivil, Zivil... (*Ggs. militärisch, kirchlich etc*): **~ *aviation*** Zivilluftfahrt *f*; **~ *marriage*** standesamtliche Trauung. **4.** höflich. **5.** ⚖ zivilrechtlich: **~ *case*** (*od.* ***suit***) Zivilprozeß *m*. **~ en·gi·neer** *s* Bauingenieur *m*.

ci·vil·ian [sɪ'vɪljən] **I** *s* Zivilist *m*. **II** *adj* zivil, Zivil...

civ·i·li·za·tion [ˌsɪvɪlaɪ'zeɪʃn] *s* Zivilisation *f*, Kultur *f*: ***disease of ~*** ⚕ Zivilisationskrankheit *f*. **'civ·i·lize** *v/t* zivilisieren: **~*d nations*** *pl* Kulturvölker *pl*.

civ·il| law *s* **1.** römisches Recht. **2.** Zivilrecht *n*, bürgerliches Recht. **~ rights** *s pl* bürgerliche Ehrenrechte *pl*, (Staats)Bürgerrechte *pl*: **~ *activist*** Bürgerrechtler(in); **~ *movement*** Bürgerrechtsbewegung *f*. **~ ser·vant** *s* Staatsbeamte *m*. **~ ser·vice** *s* Staatsdienst *m*. **~ war** *s* Bürgerkrieg *m*.

clack [klæk] **I** *v/i* **1.** klappern. **2.** plappern. **II** *s* **3.** Klappern *n*. **4.** Geplapper *n*.

clad [klæd] **I** *pret u. pp von* **clothe. II** *adj* gekleidet.

claim [kleɪm] **I** *v/t* **1.** verlangen, *a. Todesopfer etc* fordern: **~ *back*** zurückfordern. **2.** in Anspruch nehmen, (er)fordern. **3.** behaupten (***s.th.*** et.; ***that*** daß); (von sich) behaupten (***to be*** zu sein), Anspruch erheben auf (*acc*); aufweisen (können), haben; sich bekennen zu (*e-m Terroranschlag etc*). **II** *s* **4.** Forderung *f* (***on, against*** gegen): ***make a ~*** e-e Forderung erheben. **5.** Anrecht *n* (***to*** auf *acc*): **~ *for damages*** Schadenersatzanspruch *m*. **6.** Behauptung *f*. **'claim·ant** *s* **1.** Antragsteller(in): ***rightful*** **~** Anspruchsberechtigte *m,f*. **2.** Anwärter(in) (***to*** auf *acc*).

clair·voy·ance [kleə'vɔɪəns] *s* Hellsehen *n*. **clair'voy·ant I** *adj* hellseherisch. **II** *s* Hellseher(in).

clam [klæm] *s zo*. eßbare Muschel: ***hard*** (*od*. ***round***) **~** Venusmuschel.

clam·ber ['klæmbə] **I** *v/i* (mühsam) klettern. **II** *v/t* erklettern.

clam·my ['klæmɪ] *adj* □ feuchtkalt, klamm.

clam·or·ous ['klæmərəs] *adj* □ **1.** lärmend. **2.** *fig*. lautstark (*Forderungen etc*) **'clam·o(u)r I** *s* **1.** Lärm *m*, Geschrei *n*. **2.** *fig*. lautstarker Protest (***against*** gegen), *fordernder* Schrei (***for*** nach). **II** *v/i* **3.** lärmen, schreien. **4.** *fig*. lautstark protestieren (***against*** gegen), lautstark verlangen (***for*** nach).

clamp [klæmp] **I** *s* ⚙ Klemme *f*, Klammer *f*. **II** *v/t* festklemmen, mit Klammern befestigen. **III** *v/i*: **~ *down*** F scharf vorgehen (***on*** gegen).

clan [klæn] *s* **1.** Clan *m*: a) *schott*. Stamm *m*, b) *allg*. Sippe *f*, Geschlecht *n*. **2.** Gruppe *f*, *bsd*. *contp*. Clique *f*.

clan·des·tine [klæn'destɪn] *adj* □ heimlich, verstohlen.

clang [klæŋ] **I** *v/i* klingen, klirren. **II** *v/t* erklingen lassen. **III** *s* Klang *m*, Geklirr *n*. **'clang·er** *s*: ***drop a*** **~** *Br*. F ins Fettnäpfchen treten. **clang·or·ous** ['klæŋgərəs] *adj* □ klirrend.

clang·o(u)r ['klæŋə] → ***clang*** III.

clank [klæŋk] **I** *v/i u. v/t* klirren *od*. rasseln (mit). **II** *s* Geklirr *n*, Gerassel n.

clap¹ [klæp] **I** *s* **1.** (*a*. Hände-, Beifall)Klatschen *n*. **2.** Klaps *m*. **3.** Krachen *n*: **~ *of thunder*** Donnerschlag *m*. **II** *v/t* **4.** zs.-schlagen: **~ *one's hands*** in die Hände klatschen. **5.** *j-m* Beifall klatschen, applaudieren, *a*. *et*. beklatschen. **6.** *j-m auf die Schulter etc* klopfen. **III** *v/i* **7.** klatschen. **8.** (Beifall) klatschen, applaudieren.

clap² [~] *s* ⚕ *sl*. Tripper *m*.

clap·per ['klæpə] *s* **1.** Klöppel *m* (*e-r Glocke*). **2.** Klapper *f*.

'clap·trap *s* F **1.** Effekthascherei *f*. **2.** Gewäsch *n*.

clar·et ['klærət] *s* roter Bordeaux(wein); *allg*. Rotwein *m*.

clar·i·fi·ca·tion [ˌklærɪfɪ'keɪʃn] *s* **1.** (Auf)Klärung *f*, Klarstellung *f*. **2.** ⚙ (Abwasser)Klärung *f*, Abklärung *f*: **~ *plant*** Kläranlage *f*. **clar·i·fy** ['~faɪ] **I** *v/t* **1.** (auf)klären, klarstellen. **2.** ⚙ (ab)klären. **II** *v/i* **3.** sich (auf)klären, klar werden. **4.** sich (ab)klären.

clar·i·net [ˌklærə'net] *s* ♪ Klarinette *f*. **ˌclar·i'net·(t)ist** *s* Klarinettist *m*.

clar·i·ty ['klærətɪ] *s* Klarheit *f*.

clash [klæʃ] **I** *v/i* **1.** prallen, stoßen (***into*** gegen), (*a*. *feindlich*) zs.-prallen, -stoßen (***with*** mit). **2.** *fig*. (***with***) kollidieren: a) im Widerspruch stehen (zu), unvereinbar sein (mit), b) (zeitlich) zs.-fallen (mit). **3.** nicht zs.-passen (***with*** mit), (*Farben a*.) sich beißen. **II** *s* **4.** (*a*. *feindlicher*) Zs.-prall *od*. -stoß, Kollision *f* (*a*. *fig*.): **~ *of interests*** Interessenkollision. **5.** *fig*. Widerspruch *m*. **6.** (zeitliches) Zs.-fallen.

clasp [klɑːsp] **I** *v/t* **1.** ein-, zuhaken, zu-, festschnallen. **2.** ergreifen, umklammern: **~ *s.o.'s hand*** j-m die Hand drükken; j-s Hand umklammern; **~ *one's hands*** die Hände falten. **II** *s* **3.** Haken *m*, Schnalle *f*; Schloß *n*, Schließe *f* (*e-r Handtasche etc*). **4.** Umklammerung *f*: ***by*** **~ *of hands*** durch Händedruck *od*. Handschlag. **~ knife** *s* (*irr* ***knife***) Klapp-, Taschenmesser *n*.

class [klɑːs] **I** *s* **1.** Klasse *f* (*a*. 🚂, *biol*. *etc*). **2.** (Wert-, Güte)Klasse; *engS*. F Klasse *f* (*Erstklassigkeit*): ***in the same*** **~ *with*** gleichwertig mit; ***in a*** **~ *by o.s.*** (*od*. ***of one's own***) e-e Klasse für sich; ***have*** **~** F (große) Klasse sein. **3.** gesellschaftlicher Rang, soziale Stellung; (Gesellschafts)Klasse *f*, (Bevölkerungs)Schicht *f*. **4.** *ped*. (Schul)Klasse *f*; (Unterrichts)Stunde *f*: ***attend*** **~*es*** am Unterricht teilnehmen. **II** *v/t* **5.** klassifizieren: **~ *with*** gleichstellen mit; **~ *as*** ansehen *od*. betrachten als. **~ con·flict** *s* Klassenkonflikt *m*. **'~-ˌcon·scious** *adj* klassenbewußt. **~ dis·tinc·tion** *s* Klassenunterschied *m*. **'~ˌfel·low** *s* Klassenkamerad(in), Mitschüler(in). **~ ha·tred** *s* Klassenhaß *m*. **~ hour** *s ped*. Unterrichtsstunde *f*.

clas·sic ['klæsɪk] **I** *adj* (**~*ally***) **1.** klassisch, vollendet: **~ *example*** klassisches Beispiel. **2.** klassisch: a) *das klassische Altertum betreffend*, b) *die klassische*

Literatur etc betreffend. **3.** klassisch: a) herkömmlich, b) typisch, c) zeitlos. **II** *s* **4.** Klassiker *m* (*Person u. Werk*). **5.** *pl* Altphilologie *f.* **clas·si·cal** ['~kl] *adj* □ **1.** → ***classic*** I. **2.** klassisch: a) humanistisch (gebildet), b) *die klassische Kunst od. Literatur betreffend*: ~ ***education*** humanistische Bildung; ***the*** ~ ***languages*** die alten Sprachen; ~ ***scholar*** Altphilologe *m.* **3.** klassisch (*Musik*).

clas·si·fi·ca·tion [ˌklæsɪfɪ'keɪʃn] *s* Klassifikation *f*, Klassifizierung *f.* **clas·si·fied** ['~faɪd] *adj* **1.** klassifiziert: ~ ***ad***(***vertisement***) Kleinanzeige *f*; ~ ***directory*** Branchenverzeichnis *n.* **2.** ⚔, *pol.* geheim. **clas·si·fy** ['~faɪ] *v/t* **1.** klassifizieren. **2.** ⚔, *pol.* für geheim erklären.

class|·less ['klɑːslɪs] *adj* klassenlos (*Gesellschaft*). '**~·mate** → ***classfellow.*** **~·room** ['~rʊm] *s* Klassenzimmer *n.* **~ strug·gle,** ~ **war** *s* Klassenkampf *m.*

class·y ['klɑːsɪ] *adj* F Klasse, Klasse...

clat·ter ['klætə] **I** *v/i* **1.** klappern, rasseln. **2.** poltern: ~ ***about*** (*od.* ***around***) herumtrampeln. **II** *v/t* **3.** klappern *od.* rasseln mit. **III** *s* **4.** Geklapper *n*, Gerassel *n.*

clause [klɔːz] *s* **1.** *ling.* Satz(teil) *m.* **2.** ⚖ Klausel *f*; Abschnitt *m*, Absatz *m.*

claus·tro·pho·bi·a [ˌklɔːstrə'fəʊbjə] *s* ⚕ Klaustrophobie *f*, Platzangst *f.*

clav·i·cle ['klævɪkl] *s anat.* Schlüsselbein *n.*

claw [klɔː] **I** *s* **1.** Klaue *f*, Kralle *f* (*beide a.* ⚙ *u. fig.*), Schere *f* (*e-s Krebses etc*). **II** *v/t* **2.** zerkratzen. **3.** umkrallen, packen. **III** *v/i* **4.** kratzen. **5.** reißen, zerren (***at*** an *dat*). **6.** greifen (***at, for*** nach).

clay [kleɪ] *s* Ton *m*, Lehm *m*: ~ ***pigeon*** (*Sport*) Ton-, Wurftaube *f.* **clay·ey** ['~ɪ] *adj* Ton..., Lehm...

clean [kliːn] **I** *adj* □ **1.** rein, sauber: → ***breast*** I, ***heel²*** 1, ***sweep*** 1. **2.** sauber, frisch (gewaschen). **3.** unvermischt, rein. **4.** makellos (*a. fig.*): ~ ***record*** tadellose Vergangenheit. **5.** anständig, sauber: ~ ***living!*** bleib sauber! **6.** glatt (*Schnitt, Bruch*). **7.** *sl.* clean (*nicht mehr drogenabhängig*). **8.** *sl.* sauber (*unbewaffnet*). **II** *adv* **9.** rein, sauber: ***sweep*** ~ rein ausfegen; → ***broom.*** **10.** völlig, total. **III** *v/t* **11.** reinigen, säubern, putzen: ~ ***down*** (*od.* ***up***) gründlich reinigen. ˌ**~-'cut** *adj* klar (umrissen), deutlich.

clean·er ['kliːnə] *s* **1.** *pl* Reinigung(sanstalt) *f*: ***take to the*** **~*s*** zur Reinigung bringen; F *j-n* ausnehmen. **2.** Rein(e)machefrau *f*, (*Fenster- etc*)Putzer *m.* '**clean·ing I** *s*: ***do the*** ~ saubermachen, putzen. **II** *adj* Reinigungs...: ~ ***cloth***; ~ ***woman*** (*od.* ***lady***) Rein(e)machefrau *f.*

clean·li·ness ['klenlɪnɪs] *s* Reinlichkeit *f.* '**clean·ly** *adj* reinlich: a) sauber, b) sauberkeitsliebend.

clean·ness ['kliːnnɪs] *s* Reinheit *f*, Sauberkeit *f.*

cleanse [klenz] *v/t* reinigen, säubern, reinwaschen (***from, of*** von) (*alle a. fig.*). '**cleans·er** *s* Reinigungsmittel *n.*

ˌ**clean-'shav·en** *adj* glattrasiert.

clear [klɪə] **I** *adj* (□ → ***clearly***) **1.** klar, hell. **2.** klar, heiter (*Wetter etc*). **3.** klar, rein, hell (*Stimme etc*). **4.** klar, verständlich, deutlich: ***make s.th.*** ~ (***to s.o.***) (j-m) et. klarmachen; ***make o.s.*** ~ sich klar ausdrücken, sich verständlich machen. **5.** klar, unvermischt: ~ ***soup*** *gastr.* klare Suppe. **6.** deutlich, scharf (*Foto, Umrisse etc*). **7.** klar, offensichtlich: ***a*** ~ ***win*** ein klarer Sieg; ***for no*** ~ ***reason*** ohne ersichtlichen Grund. **8.** klar: a) sicher, b) in Ordnung. **9.** frei (***of*** von) (*a. fig.*): ~ ***of snow*** (***debt***) schneefrei (schuldenfrei); ***a*** ~ ***conscience*** ein reines Gewissen. **10.** ⚕ Netto..., Rein...: ~ ***gain*** (*od.* ***profit***) Reingewinn *m.* **II** *adv* **11.** hell, klar. **12.** klar, deutlich: ***speak*** ~. **13.** los, weg (***of*** von): ***keep*** (*od.* ***steer***) ~ ***of*** sich fernhalten von, meiden; ***get*** ~ ***of*** loskommen von; ***stand*** ~ ***of*** *Tür etc* freihalten. **III** *v/t* **14.** *oft* ~ ***away*** wegräumen (***from*** von), *Geschirr* abräumen. **15.** *Straße etc* freimachen, *Saal etc* räumen. **16.** reinigen, säubern: ~ ***one's throat*** sich räuspern. **17.** frei-, lossprechen (***of*** von), *Gewissen* entlasten, *Namen* reinwaschen. **18.** *Verbrechen etc* (auf)klären. **IV** *v/i* **19.** klar *od.* hell werden. **20.** aufklaren (*Wetter*). **21.** *oft* ~ ***away*** sich verziehen (*Nebel etc*). '**clear·ance** *s* Räumung *f*: ~ ***sale*** Räumungs-, Ausverkauf *m.*

ˌ**clear|-'cut** *adj* **1.** scharfgeschnitten. **2.** *fig.* klar, deutlich. ˌ**~'head·ed** *adj* klardenkend, intelligent.

clear·ly ['klɪəlɪ] *adv* **1.** klar, deutlich. **2.**

offensichtlich. '**clear·ness** *s* **1.** Klarheit *f.* **2.** Reinheit *f.* **3.** Schärfe *f.*

cleav·age ['kli:vɪdʒ] *s* **1.** Spaltung *f.* **2.** Spalt *m.*

cleave [kli:v] (*mst irr*) *v/t* **1.** (zer)spalten. **2.** *Luft, Wasser etc* durchschneiden. **3.** *Weg* bahnen.

clef [klef] *s* ♪ (Noten)Schlüssel *m.*

cleft [kleft] **I** *pret u. pp von* **cleave. II** *s* **1.** Spalt *m*, Spalte *f.* **2.** *fig.* Kluft *f.* **~ pal·ate** *s* ⚕ Wolfsrachen *m.* **~ stick** *s*: ***be in a ~*** in der Klemme sitzen *od.* stecken.

clem·en·cy ['klemənsɪ] *s* Milde *f*, Nachsicht *f.* '**clem·ent** *adj* □ mild (*a. Wetter*), nachsichtig.

clench [klentʃ] *v/t* **1.** zs.-pressen, *Faust* ballen, *Zähne* zs.-beißen. **2.** fest packen *od.* anfassen.

cler·gy ['klɜ:dʒɪ] *s eccl.* Klerus *m*, *die* Geistlichen *pl.* **~·man** ['~mən] *s* (*irr* ***man***) Geistlicher *m.*

cler·i·cal ['klerɪkl] *adj* □ **1.** klerikal, geistlich. **2.** Schreib..., Büro...: ***~ error*** Schreibfehler *m*; ***~ work*** Büroarbeit *f.*

clerk [klɑ:k] *s* **1.** Schriftführer *m*, Sekretär *m.* **2.** (*Büro- etc*)Angestellte *m, f*, (*Bank- etc*)Beamte *m*, (-)Beamtin *f.* **3.** *Am.* Verkäufer(in).

clev·er ['klevə] *adj* □ **1.** clever: a) geschickt, gewandt (***at*** in *dat*), b) gerissen, raffiniert (*a. Gerät etc*): ***~ dick*** *bsd. Br. sl.* Schlaumeier *m.* **2.** gescheit: a) clever, klug, b) geistreich (*Bemerkung etc*). **3.** begabt (***at*** in *dat*, für). '**clev·er·ness** *s* **1.** Cleverness *f.* **2.** Gescheitheit *f.*

cli·ché ['kli:ʃeɪ] *s* Klischee *n*, Gemeinplatz *m.*

click [klɪk] **I** *s* **1.** Klicken *n.* **2.** Einschnappen *n.* **3.** ⚙ Sperrklinke *f*, -vorrichtung *f.* **4.** Schnalzer *m.* **II** *v/i* **5.** klicken. **6.** *mit der Zunge* schnalzen. **7.** zu-, einschnappen: ***~ shut*** ins Schloß fallen. **8.** F einschlagen, Erfolg haben (***with*** bei). **9.** F sofort Gefallen aneinander finden; sich sofort ineinander verknallen. **III** *v/t* **10.** klicken *od.* einschnappen lassen: ***~ one's heels*** die Hacken zs.-schlagen. **11.** ***~ glasses*** anstoßen. **12.** mit *der Zunge* schnalzen.

cli·ent ['klaɪənt] *s* **1.** ⚖ Klient(in), Mandant(in). **2.** Kunde *m*, Kundin *f.* **cli·en·tele** [ˌkli:ən'tel] *s* **1.** ⚖ Klientel *f*, Klienten *pl.* **2.** Kundschaft *f*, Kunden *pl.*

cliff [klɪf] *s* **1.** Klippe *f*, Felsen *m.* **2.** steiler Abhang. '**~ˌhang·er** *s* **1.** spannender Fortsetzungsroman (*der immer im spannendsten Moment aufhört*); (*Rundfunk, TV*) spannender Mehrteiler. **2.** *fig.* spannende Sache.

cli·mac·ter·ic [klaɪ'mæktərɪk] *s physiol.* Wechseljahre *pl.*

cli·mate ['klaɪmɪt] *s* Klima *n*, *fig. a.* Atmosphäre *f.* **cli·mat·ic** [~'mætɪk] *adj* (***~ally***) klimatisch, Klima...

cli·max ['klaɪmæks] **I** *s* Höhepunkt *m*, *physiol. a.* Orgasmus *m.* **II** *v/t* auf den Höhepunkt bringen. **III** *v/i* den Höhepunkt erreichen.

climb [klaɪm] **I** *s* **1.** Aufstieg *m*, Besteigung *f.* **2.** Berg-, Klettertour *f.* **II** *v/i* **3.** klettern: ***~ up*** (***down***) ***a tree*** auf e-n Baum klettern (von e-m Baum herunterklettern). **4.** (auf-, empor)steigen. **5.** (an)steigen (*Straße etc*). **III** *v/t* **6.** er-, besteigen, erklettern, klettern auf (*acc*).

clinch [klɪntʃ] **I** *v/t* **1.** *Spiel etc* entscheiden: ***that ~ed it*** damit war die Sache entschieden. **2.** ⚙ sicher befestigen; (ver)nieten. **3.** *Boxen*: umklammern. **II** *v/i* **4.** *Boxen*: clinchen. **III** *s* **5.** ⚙ Vernietung *f.* **6.** *Boxen*: Clinch *m* (*a. sl. Umarmung*).

cling [klɪŋ] *v/i* (*irr*) **1.** kleben, haften (***to*** an *dat*): ***~ together*** zs.-halten (*a. fig.*). **2.** *a. fig.* (***to***) hängen (an *dat*), anhaften (*dat*). **3.** *a. fig.* (***to***) sich klammern (an *acc*), festhalten (an *dat*). **4.** sich (an-) schmiegen (***to*** an *acc*). **~ film** *s* Frischhaltefolie *f.*

clin·ic ['klɪnɪk] *s* Klinik *f.* **clin·i·cal** ['~kl] *adj* □ klinisch: ***~ death***; ***~ thermometer*** Fieberthermometer *n.*

clink[1] [klɪŋk] **I** *v/i* klingen, klirren. **II** *v/t* klingen *od.* klirren lassen: ***~ glasses*** anstoßen. **III** *s* Klingen *n*, Klirren *n.*

clink[2] [~] *s sl.* Kittchen *n*: ***in ~*** im Knast.

clip[1] [klɪp] **I** *v/t* **1.** (be)schneiden, stutzen (*a. fig.*). **2.** *fig.* kürzen, beschneiden. **3.** *a.* ***~ off*** abschneiden. **4.** *aus der Zeitung* ausschneiden. **5.** *Haare* schneiden. **6.** *Schaf etc* scheren. **7.** *Fahrschein etc* lochen. **8.** *Silben* verschlucken. **9.** F *j-m* e-n Schlag verpassen. **10.** *sl. j-n* erleichtern (***for*** um *Geld*); *j-n* neppen. **II** *s* **11.** Haarschnitt *m.* **12.** Schur *f.*

clip[2] [~] **I** *v/t a.* ***~ on*** anklammern. **II** *s* (Heft-, Büro- *etc*)Klammer *f.*

clip joint *s sl.* Nepplokal *n.*

clip·pers ['klɪpəz] *s pl, a.* **pair of ~** (*Nagel- etc*)Schere *f*, Haarschneidemaschine *f.*

'clip·ping *s* **1.** *bsd. Am.* (Zeitungs)Ausschnitt *m.* **2.** *pl* Schnitzel *pl*, Abfälle *pl.*

clique [kliːk] *s* Clique *f*, Klüngel *m.*

clit·o·ris ['klɪtərɪs] *s anat.* Kitzler *m.*

cloak [kləʊk] **I** *s* (loser) Mantel, Umhang *m*: ***under the ~ of*** *fig.* unter dem Deckmantel der *Freundschaft etc*, im Schutz der *Dunkelheit etc.* **II** *v/t fig.* bemänteln, verhüllen. **~·room** ['~rʊm] *s* **1.** Garderobe *f*: **~ *attendant*** Garderobenfrau *f*; **~ *ticket*** (*bsd. Am.* ***check***) Garderobenmarke *f*, -zettel *m.* **2.** *Br.* Toilette *f.*

clob·ber[1] ['klɒbə] *s Br. sl.* Klamotten *pl*; Plunder *m*, Kram *m.*

clob·ber[2] [~] *v/t sl.* **1.** zs.-schlagen. **2.** *Sport*: überfahren (*hoch besiegen*).

clock [klɒk] **I** *s* **1.** (*Wand-, Turm-, Stand*)Uhr *f*: (***a***)***round the ~*** rund um die Uhr, 24 Stunden (lang); ***five o'~*** 5 Uhr; ***put*** (*od.* ***turn***) ***the ~ back*** *fig.* das Rad der Zeit zurückdrehen. **2.** F Kontroll-, Stoppuhr *f*; Fahrpreisanzeiger *m* (*Taxi*). **II** *v/t* **3.** *bsd. Sport*: (ab)stoppen: **~ (*up*)** *Zeit* erreichen (***for*** über *e-e Distanz*). **III** *v/i* **4.** **~ *in*** (***out***) einstempeln (ausstempeln). **~ card** *s* Stechkarte *f.* **'~·face** *s* Zifferblatt *n.* **~ ra·di·o** *s* Radiowecker *m.* **'~·wise** *adj u. adv* im Uhrzeigersinn. **'~·work** *s* Uhrwerk *n*: ***like ~*** wie am Schnürchen, wie geschmiert.

clod [klɒd] *s* **1.** (Erd)Klumpen *m.* **2.** Trottel *m.*

clog [klɒg] **I** *s* **1.** (Holz)Klotz *m.* **2.** *fig.* Hemmschuh *m*, Klotz *m* am Bein. **3.** Holzschuh *m.* **II** *v/t* **4.** (be)hindern, hemmen. **5.** *a.* **~ *up*** verstopfen. **III** *v/i* **6.** sich verstopfen.

clois·ter ['klɔɪstə] *s* **1.** Kloster *n.* **2.** ⚠ Kreuzgang *m.*

close I *adj* [kləʊs] □ **1.** geschlossen. **2.** verschlossen, verschwiegen. **3.** eng(anliegend). **4.** nah: **~ *fight*** Handgemenge *n*, *weitS.* zähes Ringen; **~ *to tears*** den Tränen nahe. **5.** eng (*Freund*); nah (*Verwandter*). **6.** knapp (*Sieg etc*): → ***shave*** 5. **7.** gespannt (*Aufmerksamkeit*). **8.** gründlich (*Untersuchung etc*). **II** *adv* [kləʊs] **9.** eng, nahe, dicht: **~ *by*** ganz in der Nähe; nahe *od.* dicht bei; **~ *at hand*** nahe bevorstehend; ***come ~ to*** fast ... sein; → ***wind***[1] 1. **III** *s* [kləʊz] **10.** Abschluß *m*: ***come*** (*od.* ***draw***) ***to a ~*** sich dem Ende nähern. **IV** *v/t* [kləʊz] **11.** (ab-, ver-, zu)schließen, zumachen. **12.** *Betrieb etc* schließen; *Straße etc* sperren (***to*** für). **13.** beenden, beschließen. **V** *v/i* [kləʊz] **14.** sich schließen (*a. Wunde etc*). **15.** geschlossen werden. **16.** schließen, zumachen. **17.** enden, aufhören, zu Ende gehen. **18.** schließen (***with the words*** mit den Worten). **19.** sich verringern (*Abstand etc*).
Verbindungen mit Adverbien:
close| down I *v/t* **1.** *Geschäft etc* schließen, *Betrieb* stillegen. **II** *v/i* **2.** schließen, stillgelegt werden. **3.** *fig.* scharf vorgehen (***on*** gegen). **~ in** *v/i* **1.** sich heranarbeiten (***on*** an *acc*). **2.** kürzer werden (*Tage*). **3.** hereinbrechen (*Dunkelheit, Nacht*). **~ up I** *v/t* **1.** → ***close*** 11, 12. **2.** abschließen, beenden. **II** *v/i* **3.** → ***close down*** 2. **4.** aufschließen, -rükken (***on*** zu).

closed [kləʊzd] *adj* **1.** geschlossen: ***behind ~ doors*** hinter verschlossenen Türen; **~ *circuit*** ⚡ geschlossener Stromkreis; → ***book*** 1. **2.** gesperrt (***to*** für).

'close-down *s* Schließung *f*, Stillegung *f.*

closed shop *s* ✝ gewerkschaftspflichtiger Betrieb.

ˌclose|'fist·ed *adj* geizig. **ˌ~-'fit·ting** *adj* enganliegend. **'~-knit** *adj fig.* engverbunden.

close·ness ['kləʊsnɪs] *s* **1.** Nähe *f.* **2.** Knappheit *f.* **3.** Gründlichkeit *f.*

close sea·son *s hunt.* Schonzeit *f.*

clos·et ['klɒzɪt] *s* **1.** (Wand-, Einbau)Schrank *m.* **2.** Klosett *n.*

'close-up *s phot., Film*: Nah-, Großaufnahme *f.*

clos·ing| date ['kləʊzɪŋ] *s* letzter Termin (***for*** für). **~ time** *s* Laden-, Geschäftsschluß *m*; Ende *n* der Schalterstunden; Polizeistunde *f.*

clo·sure ['kləʊʒə] *s* **1.** Schließung *f* (*e-s Betriebs etc*). **2.** ⚙ Verschluß *m.* **3.** Schluß *m*, Beendigung *f* (*e-r Debatte etc*).

clot [klɒt] **I** *s* **1.** Klumpen *m*, Klümpchen *n*: **~ *of blood*** ⚕ Blutgerinnsel *n.* **2.** *Br.* F Trottel *m.* **II** *v/i* **3.** gerinnen. **4.** Klumpen bilden.

cloth [klɒθ] *s* **1.** Tuch *n*, Stoff *m*. **2.** Tuch *n*, Lappen *m*.

clothe [kləʊð] *v/t* (*a. irr*) **1.** (an-, be)kleiden. **2.** einkleiden. **3.** *fig*. umhüllen, einhüllen.

clothes [kləʊðz] *s pl* **1.** Kleider *pl*, Kleidung *f*: ***change one's ~*** sich umziehen. **2.** (*a.* Bett)Wäsche *f*. **~ bas·ket** *s* Wäschekorb *m*. **~ brush** *s* Kleiderbürste *f*. **~ hang·er** *s* Kleiderbügel *m*. **'~·horse** *s* Wäscheständer *m*. **'~·line** *s* Wäscheleine *f*. **~ peg** *s Br.*, **'~·pin** *s Am.* Wäscheklammer *f*. **~ tree** *s* Garderoben-, Kleiderständer *m*.

cloth·ing ['kləʊðɪŋ] *s* Kleidung *f*: ***~ industry*** Bekleidungsindustrie *f*.

cloud [klaʊd] **I** *s* **1.** Wolke *f*: ***~ of dust*** Staubwolke; ***have one's head in the ~s*** *fig.* in höheren Regionen schweben; in Gedanken vertieft sein; ***be on ~ nine*** F im siebten Himmel schweben. **2.** *fig.* Schatten *m*: ***cast a ~ on*** e-n Schatten werfen auf (*acc*). **II** *v/t* **3.** be-, umwölken. **4.** *fig.* verdunkeln, trüben. **III** *v/i a.* ***~ over*** **5.** sich bewölken. **6.** *fig.* sich trüben. **~ bank** *s* Wolkenbank *f*. **'~·burst** *s* Wolkenbruch *m*. **ˌ~-'cuck·oo-land** *s* Wolkenkuckucksheim *n*.

cloud·less ['klaʊdlɪs] *adj* □ **1.** wolkenlos. **2.** *fig.* ungetrübt. **'cloud·y** *adj* □ **1.** wolkig, bewölkt. **2.** *fig.* nebelhaft, unklar.

clout [klaʊt] F **I** *s* **1.** Schlag *m*: ***give s.o. a ~*** j-m e-e runterhauen. **2.** *bsd. pol. Am.* Einfluß *m* (***with*** auf *acc*). **II** *v/t* **3.** schlagen: ***~ s.o. one*** j-m e-e runterhauen.

clove[1] [kləʊv] *s* (Gewürz)Nelke *f*.

clove[2] [~] *s*: ***~ of garlic*** Knoblauchzehe *f*.

clove[3] [~] *pret von* ***cleave***.

clo·ven ['kləʊvn] *pp von* ***cleave***: ***show the ~ foot*** (*od.* ***hoof***) *fig.* sein wahres Gesicht zeigen.

clo·ver ['kləʊvə] *s* ♀ Klee *m*: ***be*** (*od.* ***live***) ***in ~*** wie Gott in Frankreich leben. **'~·leaf** *s* (*irr* ***leaf***) **1.** Kleeblatt *n*. **2.** *a.* ***~ intersection*** *mot.* Kleeblatt *n*.

clown [klaʊn] **I** *s* Clown *m* (*a. fig.*). **II** *v/i a.* ***~ about*** (*od.* ***around***) herumkaspern. **'clown·ish** *adj* □ clownisch.

club [klʌb] **I** *s* **1.** Keule *f*, Knüppel *m*. **2.** *Sport*: Schlagholz *n*; (*Golf*)Schläger *m*. **3.** Klub *m*, Verein *m*: ***join the ~!*** *bsd. Br.* F du auch? **4.** *Spielkarten*: a) *pl* Kreuz *n*, Eichel *f* (*Farbe*), b) Kreuz(karte *f*) *n*. **II** *v/t* **5.** einknüppeln auf (*acc*), (nieder)knüppeln. **6.** sich teilen in (*acc*); *Geld* zs.-legen. **III** *v/i* **7.** *mst* ***~ together*** sich zs.-tun: a) e-n Verein *etc* bilden, b) (Geld) zs.-legen. **~ chair** *s* Klubsessel *m*. **ˌ~'foot** *s* (*irr* ***foot***) ⚕ Klumpfuß *m*. **'~·house** *s* Klub-, Vereinshaus *n*.

cluck [klʌk] *v/i* gackern; glucken.

clue [klu:] **I** *s* **1.** (***to***) Hinweis *m* (auf *acc*), Anhaltspunkt *m* (für), Fingerzeig *m*. **2.** Schlüssel *m* (***to*** zu *e-m Rätsel etc*): ***I haven't a ~*** F ich hab' keinen Schimmer. **II** *v/t* **3.** ***~ in*** *j-m* e-n Hinweis geben. **4.** ***~ up*** informieren (***on, about*** über *acc*): ***all ~d up*** vollkommen im Bild.

clump [klʌmp] **I** *s* **1.** (*Baum-, Häuser*)Gruppe *f*. **2.** (*Holz*)Klotz *m*; (*Erd-etc*)Klumpen *m*. **II** *v/i* **3.** trampeln: ***~ about*** (*od.* ***around***) herumtrampeln. **4.** sich zs.-ballen. **III** *v/t* **5.** zs.-ballen, anhäufen.

clum·si·ness ['klʌmzɪnɪs] *s* Plumpheit *f*. **'clum·sy** *adj* □ plump: a) ungeschickt, unbeholfen, b) schwerfällig, c) taktlos, d) unförmig.

clung [klʌŋ] *pret u. pp von* ***cling***.

clus·ter ['klʌstə] **I** *s* **1.** ♀ Büschel *n*, Traube *f*. **2.** Haufen *m*, Schwarm *m*, Gruppe *f*. **II** *v/i* **3.** e-e Gruppe *od.* Gruppen bilden, sich versammeln *od.* drängen (***round*** um).

clutch [klʌtʃ] **I** *v/t* **1.** packen, (er)greifen. **2.** umklammern. **II** *v/i* **3.** (gierig) greifen (***at*** nach): → ***straw*** 2. **III** *s* **4.** (gieriger) Griff. **5.** *zo.* Klaue *f*, Kralle *f* (*beide a. fig.*): ***in s.o.'s ~es*** in j-s Klauen *od.* Gewalt. **6.** ⚙ Kupplung *f*: ***~ disk*** Kupplungsscheibe *f*; ***~ facing*** (*od.* ***lining***) Kupplungsbelag *m*; ***~ pedal*** Kupplungspedal *n*.

clut·ter ['klʌtə] **I** *v/t* **1.** *a.* ***~ up*** (unordentlich) vollstopfen. **2.** durcheinanderwerfen, herumstreuen. **II** *s* **3.** Wirrwarr *m*, Durcheinander *n*. **4.** Unordnung *f*: ***in a ~*** in Unordnung.

coach [kəʊtʃ] **I** *s* **1.** Kutsche *f*. **2.** 🚃 *Br.* (Personen)Wagen *m*. **3.** *Br.* Reisebus *m*. **4.** Nachhilfe-, Hauslehrer *m*. **5.** *Sport*: Trainer *m*. **II** *v/t* **6.** *j-m* Nachhilfeunterricht geben: ***~ s.o. in s.th.*** j-m et. einpauken. **7.** *Sport*: trainieren. **~·man**

['~mən] *s* (*irr* **man**) Kutscher *m.* '**~·work** *s mot.* Karosserie *f.*

co·ag·u·late [kəʊ'ægjʊleɪt] *v/i u. v/t* gerinnen (lassen). **co,ag·u'la·tion** *s* Gerinnung *f.*

coal [kəʊl] *s* Kohle *f*; *engS.* Steinkohle *f*: ***carry*** (*od.* ***take***) ***~s to Newcastle*** *fig.* Eulen nach Athen tragen; ***haul*** (*od.* ***drag***) ***s.o. over the ~s*** *fig.* j-m die Hölle heiß machen.

co·a·li·tion [ˌkəʊə'lɪʃn] **I** *s* **1.** *pol.* Koalition *f*: ***form a ~*** e-e Koalition eingehen *od.* bilden, koalieren. **2.** Bündnis *n*, Zs.-schluß *m.* **II** *adj* **3.** *pol.* Koalitions...

coal| mine, '~·pit *s* Kohlenbergwerk *n*, -grube *f*, -zeche *f.* **~ pow·er sta·tion** *s* Kohlekraftwerk *n.*

coarse [kɔːs] *adj* □ grob: a) rauh, b) grobkörnig, c) *fig.* ungenau, d) *fig.* derb, ungehobelt.

coast [kəʊst] **I** *s* **1.** Küste *f*: ***the ~ is clear*** *fig.* die Luft ist rein. **II** *v/i* **2.** ⚓ die Küste entlangfahren. **3.** im Leerlauf (*Auto*) *od.* im Freilauf (*Fahrrad*) fahren. **coast·al** ['~tl] *adj* Küsten... '**coast·er** *s* **1.** *Am.* Berg-u.-Tal-Bahn *f* (*im Vergnügungspark*). **2.** *bes. Am.* Untersatz *m* (*für Gläser etc*).

coast guard *s Br.* Küsten(zoll)wache *f.*

coat [kəʊt] **I** *s* **1.** Jacke *f*, Jackett *n.* **2.** Mantel *m*: ***turn one's ~*** *fig.* sein Mäntelchen nach dem Wind hängen. **3.** *zo.* Pelz *m*, Fell *n.* **4.** (*Farb- etc*) Überzug *m*, Anstrich *m*, Schicht *f.* **II** *v/t* **5.** (an)streichen, überstreichen, -ziehen, beschichten. **6.** bedecken, umhüllen, umgeben (***with*** mit). '**coat·ed** *adj* **1.** mit ... überzogen *od.* beschichtet: ***sugar-~*** mit Zuckerüberzug; ***~ tablet*** Dragée *n.* **2.** ⚕ belegt (*Zunge*).

coat| hang·er *s* Kleiderbügel *m.* **~ hook** *s* Kleiderhaken *m.*

coat·ing ['kəʊtɪŋ] *s* **1.** Mantelstoff *m.* **2.** → ***coat*** 4.

coat of arms *s* Wappen(schild *m*, *n*) *n.*

coax [kəʊks] *v/t* überreden, beschwatzen (***to do, into doing*** zu tun): ***~ s.th. out of*** (*od.* ***from***) ***s.o.*** j-m et. abschwatzen.

cob [kɒb] *s* Maiskolben *m.*

co·balt [kəʊ'bɔːlt] *s min.* Kobalt *n*: ***~*** (***blue***) Kobaltblau *n.*

cob·ble[1] ['kɒbl] **I** *s* Kopfstein *m*: ***~s*** *pl* Kopfsteinpflaster *n.* **II** *v/t* mit Kopfsteinen pflastern: ***~d street*** Straße *f* mit Kopfsteinpflaster.

cob·ble[2] [~] *v/t* **1.** *Schuhe* flicken. **2.** *a.* ***~ up*** zs.-pfuschen, zs.-schustern.

cob·bler ['kɒblə] *s* **1.** (Flick)Schuster *m.* **2.** Pfuscher *m.*

'**cob·ble·stone** *s* Kopfstein *m*: ***~ pavement*** Kopfsteinpflaster *n.*

co·bra ['kəʊbrə] *s zo.* Kobra *f.*

'**cob·web** *s* Spinnwebe *f*, Spinnennetz *n.*

co·cain(e) [kəʊ'keɪn] *s* ⚗ Kokain *n.*

cock [kɒk] **I** *s* **1.** *orn.* Hahn *m.* **2.** Männchen *n*, Hahn *m* (*von Vögeln*). **3.** Wetterhahn *m.* **4.** ***~ of the walk*** (*od.* ***roost***) *oft contp.* der Größte. **5.** ⚙ (*Absperr-, Gewehr- etc*)Hahn *m.* **6.** V Schwanz *m* (*Penis*). **II** *v/t* **7.** aufrichten: ***~ one's ears*** die Ohren spitzen; ***~ one's hat*** den Hut schief aufsetzen; → ***snook.***

Cock·aigne [kɒ'keɪn] *s* Schlaraffenland *n.*

ˌcock-and-'bull sto·ry *s* F Ammenmärchen *n.*

cock·a·too [ˌkɒkə'tuː] *s orn.* Kakadu *m.*

'**cock,chaf·er** *s zo.* Maikäfer *m.*

cocked hat [kɒkt] *s* Dreispitz *m*: ***knock*** (*od.* ***beat***) ***into a ~*** *sl. j-n, et.* weit in den Schatten stellen; *Plan etc* völlig über den Haufen werfen.

cock·er[1] ['kɒkə] → ***cocker spaniel.***

cock·er[2] [~] *v/t* verhätscheln, verwöhnen: ***~ up*** aufpäppeln.

cock·er span·iel *s zo.* Cockerspaniel *m.*

'**cock|·eyed** *adj* F **1.** schielend: ***be ~*** schielen. **2.** blau (*betrunken*). '**~·fight,** '**~,fight·ing** *s* Hahnenkampf *m.*

cock·ney ['kɒknɪ] *s* **1.** Cockney *m*, waschechter Londoner. **2.** Cockney(dialekt *m*) *n.* '**cock·ney·ism** *s* Cockneyausdruck *m.*

'**cock|·pit** *s* **1.** ✈, ⚓ Cockpit *n* (*a. e-s Rennwagens*). **2.** Hahnenkampfplatz *m.* '**~·roach** *s zo.* (Küchen)Schabe *f.* **,~'sure** *adj* □ **1.** vollkommen überzeugt (***of, about*** von), ganz sicher. **2.** übertrieben selbstsicher. '**~·tail** *s* Cocktail *m.*

cock·y ['kɒkɪ] *adj* □ F großspurig, anmaßend.

co·co ['kəʊkəʊ] **I** *pl* **-cos** *s* ⚘ Kokospalme *f*; Kokosnuß *f.* **II** *adj* Kokos...: ***~ matting*** Kokosmatte *f.*

co·coa ['kəʊkəʊ] *s* Kakao(pulver *n*) *m.*

co·co·nut ['kəʊkənʌt] *s* Kokosnuß *f*. ~ **palm** *s* ♀ Kokospalme *f*.
co·coon [kə'ku:n] *s zo.* Kokon *m*, Puppe *f* (*der Seidenraupe*).
cod [kɒd] *s ichth.* Kabeljau *m*, Dorsch *m*.
cod·dle ['kɒdl] *v/t* verhätscheln, verzärteln: ~ ***up*** aufpäppeln.
code [kəʊd] **I** *s* **1.** Kodex *m*: a) ⚖ Gesetzbuch *n*, b) Regeln *pl*: ~ ***of hono(u)r*** Ehrenkodex; → ***moral*** 4. **2.** (Telegramm)Schlüssel *m*. **3.** Code *m*; Chiffre *f*; Code *m*, Schlüssel *m*: ~ ***number*** Code-, Kennziffer *f*; ~ ***word*** Code-, Schlüsselwort *n*. **II** *v/t* **4.** verschlüsseln, chiffrieren.
'**cod·fish** → ***cod.***
cod·i·fy ['kəʊdɪfaɪ] *v/t* ⚖ kodifizieren.
'**cod-ˌliv·er oil** *s* Lebertran *m*.
co·ed [ˌkəʊ'ed] *ped.* F **I** *s* **1.** *Am.* Studentin *f od.* Schülerin *f* e-r gemischten Schule. **2.** *Br.* gemischte Schule. **II** *adj* **3.** gemischt.
co·ed·u·ca·tion [ˌkəʊedju:'keɪʃn] *s ped.* Gemeinschaftserziehung *f*. ˌ**co·ed·u'ca·tion·al** [~ʃənl] *adj*: ~ ***school*** gemischte Schule; ~ ***teaching*** → ***coeducation.***
co·ef·fi·cient [ˌkəʊɪ'fɪʃnt] *s* ⅍, *phys.* Koeffizient *m*.
co·erce [kəʊ'ɜ:s] *v/t* **1.** zwingen (***into*** zu). **2.** erzwingen. **co'er·cion** [~ʃn] *s* Zwang *m*: ***by*** ~ → ***coercively.*** **co'er·cive** [~sɪv] *adj* **1.** Zwangs..., zwingend: ~ ***measure*** Zwangsmaßnahme *f*. **2.** überzeugend, zwingend (*Gründe etc*). **co'er·cive·ly** *adv* durch Zwang, zwangsweise.
co·ex·ist [ˌkəʊɪg'zɪst] *v/i* gleichzeitig *od.* nebeneinander bestehen *od.* leben. ˌ**co·ex'ist·ence** *s* Koexistenz *f*: ***peaceful*** ~ *pol.* friedliche Koexistenz. ˌ**co·ex'ist·ent** *adj* gleichzeitig *od.* nebeneinander bestehend.
cof·fee ['kɒfɪ] *s* Kaffee *m*. ~ **bar** *s Br.* Café *n*; Imbißstube *f*. ~ **bean** *s* Kaffeebohne *f*. ~ **break** *s* Kaffeepause *f*. ~ **cup** *s* Kaffeetasse *f*. ~ **grind·er** *s* Kaffeemühle *f*. ~ **grounds** *s pl* Kaffeesatz *m*. '~·**house** *s* Kaffeehaus *n*, Café *n*. ~ **ma·chine** *s* Kaffeeautomat *m*. '~ˌ**mak·er** *s* Kaffeemaschine *f*. ~ **mill** *s* Kaffeemühle *f*. '~·**pot** *s* Kaffeekanne *f*. ~ **set** *s* Kaffeeservice *n*. ~ **shop** *Am.* → ***coffee bar.*** ~ **ta·ble** *s* Couchtisch *m*.
cof·fin ['kɒfɪn] *s* Sarg *m*.
cog [kɒg] *s* ⚙ (Rad)Zahn *m*; Zahnrad *n*: ***be just a ~ in the machine*** (*od.* ***wheel***) *fig.* nur ein Rädchen im Getriebe sein.
co·gent ['kəʊdʒənt] *adj* □ zwingend, überzeugend (*Gründe etc*).
cogged [kɒgd] *adj* ⚙ gezahnt.
cog·i·tate ['kɒdʒɪteɪt] **I** *v/t* nachdenken über (*acc*). **II** *v/i* (nach)denken: ~ ***on*** (*od.* ***about***) → I.
cog·nate ['kɒgneɪt] *adj* **1.** (bluts)verwandt (***with*** mit). **2.** *fig.* (art)verwandt (***with*** mit).
cog·ni·tion [kɒg'nɪʃn] *s* Erkenntnis *f*.
cog·ni·zance ['kɒgnɪzəns] *s* **1.** Kenntnis *f*: ***have*** (***take***) ~ ***of s.th.*** von et. Kenntnis haben (nehmen). **2.** ⚖ Zuständigkeit *f*: ***have*** ~ ***over*** zuständig sein für (*a. weitS.*). '**cog·ni·zant** *adj* unterrichtet (***of*** über *acc od.* von): ***be ~ of s.th.*** *a.* von et. Kenntnis haben.
cog·no·men [kɒg'nəʊmen] *pl* **-mens, -nom·i·na** [~'nɒmɪnə] *s* **1.** Familien-, Zuname *m*. **2.** Spitz-, Beiname *m*.
'**cog·wheel** *s* ⚙ Zahnrad *n*.
co·hab·it [kəʊ'hæbɪt] *v/i* (*unverheiratet*) zs.-leben. ˌ**co·hab·i'ta·tion** *s* Zs.-leben *n*.
co·here [kəʊ'hɪə] *v/i* zs.-hängen (*a. fig.*). **co'her·ence, co'her·en·cy** *s* **1.** Zs.-halt *m* (*a. fig.*). **2.** *phys.* Kohärenz *f*. **3.** *fig.* Zs.-hang *m*. **co'her·ent** *adj* □ **1.** zs.-hängend (*a. fig.*). **2.** *phys.* kohärent.
co·he·sion [kəʊ'hi:ʒn] *s* **1.** Zs.-halt *m* (*a. fig.*). **2.** *phys.* Kohäsion *f*. **co'he·sive** *adj* □ **1.** (fest) zs.-haltend (*a. fig.*). **2.** *phys.* Kohäsions..., Binde...
coil [kɔɪl] **I** *v/t* **1.** *a.* ~ ***up*** aufrollen, (auf)wickeln. **2.** ⚡ wickeln. **II** *v/i* **3.** *a.* ~ ***up*** sich zs.-rollen. **III** *s* **4.** Spirale *f* (*a.* ⚙ *u.* ⚕). **5.** Rolle *f*, Spule *f*.
coin [kɔɪn] **I** *s* Münze *f*: ***pay s.o. back in his own*** (*od.* ***in the same***) ~ *fig.* es j-m mit *od.* in gleicher Münze heimzahlen; ***the other side of the*** ~ *fig.* die Kehrseite der Medaille. **II** *v/t* Münzen, *fig. Wort etc* prägen: ~ ***money*** F Geld wie Heu verdienen. '**coin·age** *s* **1.** Prägen *n*. **2.** *coll.* Münzen *pl*. **3.** *fig.* Prägung *f* (*e-s Worts etc*); Neuprägung *f* (*Wort etc*).
'**coin-box tel·e·phone** *s* Münzfernsprecher *m*.
co·in·cide [ˌkəʊɪn'saɪd] *v/i* **1.** *örtlich od. zeitlich* zs.-treffen, -fallen (***with*** mit). **2.**

übereinstimmen, sich decken (***with*** mit). **co'in·ci·dence** [~sɪdəns] *s* **1.** Zs.-treffen *n*, -fallen *n*. **2.** zufälliges Zs.-treffen, Zufall *m*: ***by mere ~*** rein zufällig. **co'in·ci·dent** *adj* □ **1.** zs.-fallend, -treffend. **2.** übereinstimmend, sich deckend. **co,in·ci'den·tal** *adj* □ **1.** → ***coincident*** 2. **2.** zufällig.

coin|-op ['kɔɪnɒp] *s* F **1.** Waschsalon *m*. **2.** Münztankstelle *f*. '**~-,op·er·at·ed** *adj* mit Münzbetrieb, Münz...

coke¹ [kəʊk] **I** *s* Koks *m*. **II** *v/t u. v/i* verkoken.

coke² [~] *s sl.* Koks *m* (*Kokain*).

co·la ['kəʊlə] *pl von* ***colon¹***.

col·an·der ['kʌləndə] **I** *s* Sieb *n*, Seiher *m*. **II** *v/t* durchseihen, (durch)sieben.

cold [kəʊld] **I** *adj* □ **1.** kalt: (***as***) ***~ as ice*** eiskalt; ***I feel*** (*od.* ***am***) ***~*** mir ist kalt, ich friere; ***in ~ blood*** kaltblütig; ***~ snap*** Kälteeinbruch *m*; ***get ~ feet*** F kalte Füße (*Angst*) bekommen; → ***shoulder*** 1, ***sweat, water*** 1. **2.** *fig.* kalt, kühl: a) frostig, unfreundlich (*Empfang etc*), b) nüchtern, sachlich: ***the ~ facts*** die nackten Tatsachen, c) ruhig, gelassen: ***it left me ~*** es ließ mich kalt. **3.** (gefühls)kalt, frigid. **II** *s* **4.** Kälte *f*: ***be left out in the ~*** *fig.* kaltgestellt sein, ignoriert werden. **5.** ⚕ Erkältung *f*: (***common***) ***~***, ***~*** (***in the head***) Schnupfen *m*; → ***catch*** 9. **,~-'blood·ed** *adj* □ **1.** *zo.* kaltblütig (*a. fig.*). **2.** F kälteempfindlich: ***be ~*** *a.* leicht frieren. **,~'heart·ed** *adj* □ kalt-, hartherzig.

cold·ish ['kəʊldɪʃ] *adj* ziemlich kalt. **'cold·ness** *s* Kälte *f* (*a. fig.*).

cold| room *s* Kühlraum *m*. **,~-'shoul·der** *v/t* F *j-m* die kalte Schulter zeigen, *j-n* kühl *od.* abweisend behandeln. **~ stor·age** *s* Kühlraumlagerung *f*: ***put into ~*** *fig.* auf Eis legen. **~ tur·key** *s sl.* radikale Entziehungskur: ***go ~*** e-e radikale Entziehungskur machen. **~ war** *s pol.* kalter Krieg. **~ wave** *s* **1.** *meteor.* Kältewelle *f*. **2.** Kaltwelle *f* (*Frisur*).

cole·slaw ['kəʊlslɔː] *s* Krautsalat *m*.

col·ic ['kɒlɪk] *s* ⚕ Kolik *f*.

col·lab·o·rate [kə'læbəreɪt] *v/i* **1.** zs.-arbeiten (***with*** mit; ***in, on*** bei), mitarbeiten. **2.** *pol.* kollaborieren. **col,lab·o'ra·tion** *s* **1.** Zs.-arbeit *f*: ***in ~ with*** gemeinsam mit. **2.** *pol.* Kollaboration *f*. **col'lab·o·ra·tor** *s* **1.** Mitarbeiter(in). **2.** *pol.* Kollaborateur *m*.

col·lage ['kɒlɑːʒ] *s Kunst*: Collage *f*.

col·lapse [kə'læps] **I** *v/i* **1.** zs.-brechen, einfallen, -stürzen. **2.** *fig.* zs.-brechen, scheitern. **3.** *moralisch od. physisch* zs.-brechen. **4.** ⚕ e-n Kollaps erleiden. **5.** zs.-legbar sein, sich zs.-klappen lassen. **II** *v/t* **6.** zum Einsturz bringen. **7.** zs.-legen, -klappen. **III** *s* **8.** Einsturz *m*. **9.** *fig.* Zs.-bruch *m*. **10.** ⚕ Kollaps *m*: ***nervous ~*** Nervenzusammenbruch *m*. **col'laps·i·ble** *adj* zs.-klappbar, Klapp...: ***~ chair***.

col·lar ['kɒlə] **I** *s* **1.** Kragen *m*. **2.** (*Hunde- etc*)Halsband *n*. **3.** Hals-, Amts-, Ordenskette *f*. **4.** Kollier *n*: ***~ of pearls*** Perlenkollier. **II** *v/t* **5.** *j-n* beim Kragen packen. **6.** F *j-n* schnappen, verhaften, festnehmen; sich *et.* schnappen; sich *et.* unter den Nagel reißen. '**~·bone** *s anat.* Schlüsselbein *n*.

col·lat·er·al [kɒ'lætərəl] *adj* □ **1.** seitlich, Seiten... **2.** parallel (laufend). **3.** begleitend, Neben...: ***~ circumstances*** *pl* Begleit-, Nebenumstände *pl*.

col·league ['kɒliːg] *s* Kollege *m*, Kollegin *f*.

col·lect [kə'lekt] **I** *v/t* **1.** *Briefmarken etc* sammeln. **2.** (ein)sammeln. **3.** auflesen, -sammeln. **4.** *Fakten etc* sammeln, zs.-tragen. **5.** *j-n, et.* abholen. **6.** *Geld etc* (ein)kassieren. **7.** *Gedanken etc* sammeln: ***~ o.s.*** sich sammeln *od.* fassen. **8.** versammeln. **II** *v/i* **9.** sich (ver)sammeln. **10.** sich ansammeln. **III** *adj* **11.** *Am.* Nachnahme...: ***~ call*** *teleph.* R-Gespräch *n*. **IV** *adv* **12.** *a.* ***~ on delivery*** *Am.* per Nachnahme: ***call ~*** *teleph.* ein R-Gespräch führen. **col'lect·ed** *adj* □ **1.** gesammelt: ***~ works***. **2.** *fig.* gefaßt. **col'lec·tion** *s* **1.** (Ein)Sammeln *n*. **2.** (*Briefmarken- etc*)Sammlung *f*. **3.** Kollekte *f*, (Geld-)Sammlung *f*. **4.** ⚜ Inkasso *n*. **5.** ⚜ (Muster)Kollektion *f*. **6.** Abholung *f*. **7.** *fig.* Fassung *f*, Gefaßtheit *f*. **col'lec·tive** *adj* **1.** gesammelt, zs.-gefaßt. **2.** kollektiv: ***~ agreement*** ⚜ Tarifabkommen *n*; ***~ bargaining*** ⚜ Tarifverhandlungen *pl*; ***~ noun*** Sammelbegriff *m*. **col'lec·tive·ly** *adv* gemeinsam, gemeinschaftlich. **col'lec·tor** *s* **1.** Sammler(in): ***~'s item*** Sammlerstück *n*. **2.** Kassierer *m*. **3.** ⚡ Stromabnehmer *m*.

col·lege ['kɒlɪdʒ] *s* **1.** College *n*: **~ *of education*** *Br.* pädagogische Hochschule. **2.** Akademie *f.* **3.** Kollegium *n* (*a. eccl.*). **col·le·gi·ate** [kə'liːdʒɪət] *adj* College..., akademisch: **~ *dictionary*** Schulwörterbuch *n.*

col·lide [kə'laɪd] *v/i* (***with***) kollidieren (mit): a) zs.-stoßen (mit) (*a. fig.*), b) *fig.* im Widerspruch stehen (zu).

col·lie ['kɒlɪ] *s zo.* Collie *m* (*langhaariger schottischer Schäferhund*).

col·li·sion [kə'lɪʒn] *s* **1.** Kollision *f*, Zs.-stoß *m* (*beide a. fig.*): ***be on a ~ course*** auf Kollisionskurs sein. **2.** *fig.* Widerspruch *m*: ***bring s.o. into ~ with the law*** j-n mit dem Gesetz in Konflikt bringen.

col·lo·qui·al [kə'ləʊkwɪəl] *adj* □ umgangssprachlich: **~ *English*** Umgangsenglisch *n.* **col'lo·qui·al·ism** *s* Ausdruck *m* der Umgangssprache.

col·lu·sion [kə'luːʒn] *s* ⚖ **1.** geheimes Einverständnis. **2.** Verdunk(e)lung *f*: ***risk*** (*od.* ***danger***) ***of ~*** Verdunklungsgefahr *f.*

col·ly·wob·bles ['kɒlɪˌwɒblz] *s pl* (*a. sg konstruiert*): ***have the ~*** F ein flaues Gefühl in der Magengegend haben.

co·lon[1] ['kəʊlən] *pl* **-lons, -la** [~lə] *s anat.* Dickdarm *m.*

co·lon[2] [~] *s ling.* Doppelpunkt *m.*

colo·nel ['kɜːnl] *s* ⚔ Oberst *m.*

co·lo·ni·al [kə'ləʊnjəl] *adj* □ kolonial, Kolonial...: **~ *masters*** *pl* Kolonialherren *pl.* **co'lo·ni·al·ism** *s pol.* Kolonialismus *m.* **col·o·nist** ['kɒlənɪst] *s* Kolonist(in), (An)Siedler(in). **col·o·ni·za·tion** [ˌkɒlənaɪ'zeɪʃn] *s* Kolonisation *f*, Besiedlung *f.* **'col·o·nize I** *v/t* **1.** kolonisieren, besiedeln. **2.** ansiedeln. **II** *v/i* **3.** sich ansiedeln. **4.** e-e Kolonie bilden.

col·on·nade [ˌkɒlə'neɪd] *s* △ Säulengang *m*, Kolonnade *f.*

col·o·ny ['kɒlənɪ] *s* (*a. Ausländer-, Künstler- etc*)Kolonie *f.*

col·or, *etc Am.* → ***colour,*** *etc.*

Col·o·ra·do bee·tle [ˌkɒlə'rɑːdəʊ] *s zo.* Kartoffelkäfer *m.*

co·los·sal [kə'lɒsl] *adj* □ kolossal, riesig, Riesen... (*alle a. fig.* F).

co'los·sus [~səs] *pl* **-si** [~saɪ], **-sus·es** *s* Koloß *m.*

col·our ['kʌlə] *bsd. Br.* **I** *s* **1.** Farbe *f*: ***what ~ is ...?*** welche Farbe hat ...?; ***to paint in bright*** (***glowing, gloomy***) ***~s*** *et.* in rosigen (glühenden, düsteren) Farben schildern; ***local ~*** *fig.* Lokalkolorit *n.* **2.** (*a.* gesunde) Gesichtsfarbe: ***lose*** (***all***) **~** (ganz) blaß werden. **3.** (*bsd.* dunkle) Hautfarbe: ***people*** *pl* ***of ~*** Farbige *pl.* **4.** *fig.* Färbung *f*, Ton *m.* **5.** *pl* ⚔ Fahne *f*: ***call to the ~s*** einberufen; ***pass*** (***fail***) ***an examination with flying ~s*** e-e Prüfung mit Glanz u. Gloria bestehen (mit Pauken u. Trompeten durch e-e Prüfung fallen). **6.** *pl* ⚓ Flagge *f*: ***sail under false ~s*** unter falscher Flagge segeln (*a. fig.*); ***show one's true ~s*** *fig.* sein wahres Gesicht zeigen; Farbe bekennen. **II** *v/t* **7.** färben (*a. fig.*), kolorieren. **III** *v/i* **8.** sich (ver)färben. **9.** *a.* **~ *up*** erröten, rot werden (***with*** vor *dat*). **~ bar** *s* Rassenschranke *f.* **'~-blind** *adj* ⚕ farbenblind.

col·oured ['kʌləd] *adj bsd. Br.* **1.** farbig, bunt (*beide a. fig.*): **~ *pencil*** Bunt-, Farbstift *m.* **2.** farbig: ***a ~ man*** ein Farbiger. **3.** *fig.* gefärbt.

'col·our|·fast *adj bsd. Br.* farbecht. **~ film** *s phot.* Farbfilm *m.*

col·our·ful ['kʌləfʊl] *adj* □ *bsd. Br.* **1.** farbenfreudig, -prächtig. **2.** *fig.* farbig, bunt. **'col·our·ing I** *s* **1.** Färbung *f* (*a. fig.*), Farbgebung *f.* **2.** Gesichtsfarbe *f.* **II** *adj* **3.** Farb...: **~ *matter*** Farbstoff *m*; **~ *book*** Malbuch *n.*

'col·our-inˌten·sive *adj* □ *bsd. Br.* farbintensiv.

col·our·less ['kʌləlɪs] *adj* □ *bsd. Br.* **1.** farblos (*a. fig.*). **2.** *fig.* neutral, unparteiisch.

col·our| line *s bsd. Br.* Rassenschranke *f.* **~ or·gan** *s* Lichtorgel *f.* **~ prob·lem** *s* Rassenproblem *n.* **~ set** *s* Farbfernseher *m.* **~ sup·ple·ment** *s* Farbbeilage *f* (*e-r Zeitung*). **~ tel·e·vi·sion** *s* Farbfernsehen *n.*

colt [kəʊlt] *s* **1.** Fohlen *n.* **2.** *fig.* Grünschnabel *m.*

col·umn ['kɒləm] *s* **1.** △ (*a. Rauch-, Wasser- etc*)Säule *f.* **2.** *typ.* Spalte *f*: ***in double ~s*** zweispaltig. **3.** *Zeitung*: Kolumne *f.* **4.** ⛟, ⚔ Kolonne *f.* **co·lum·nar** [kə'lʌmnə] *adj* **1.** säulenartig, -förmig. **2.** Säulen... **col·um·nist** ['kɒləmnɪst] *s* Kolumnist(in).

co·ma ['kəʊmə] *s* ⚕ Koma *n*: ***be in a ~*** im Koma liegen.

comb [kəʊm] **I** *s* **1.** Kamm *m* (*a. des Hahns, e-r Welle etc*). **II** *v/t* **2.** kämmen: **~ one's hair** (*od.* **o.s.**) sich kämmen. **3.** *fig. Gegend* durchkämmen. **4.** *mst* **~ out** *fig.* sieben, sichten; aussondern, -suchen.
com·bat ['kɒmbæt] **I** *v/t* bekämpfen, kämpfen gegen (*beide a. fig.*). **II** *v/i* kämpfen (**with** mit) (*a. fig.*). **III** *s* Kampf *m*, ⚔ *a.* Gefecht *n.* **IV** *adj* Kampf...
com·bi·na·tion [ˌkɒmbɪ'neɪʃn] *s* **1.** Verbindung *f* (*a.* ⚗), Kombination *f*: **~ lock** Kombinationsschloß *n.* **2.** ⚕ Konzern *m*; Kartell *n*, Ring *m.* **3.** Zs.-schluß *m*, Bündnis *n.* **com·bine** [kəm'baɪn] **I** *v/t* **1.** verbinden (*a.* ⚗), kombinieren: **~ business with pleasure** das Nützliche mit dem Angenehmen verbinden. **2.** in sich vereinigen. **II** *v/i* **3.** sich verbinden (*a.* ⚗). **4.** zs.-wirken: **everything ~d against him** alles verschwor sich gegen ihn. **III** *s* ['kɒmbaɪn] **5.** Verbindung *f.* **6.** *pol.* Interessengemeinschaft *f*; ⚕ *a.* Verband *m*; Konzern *m*; Kartell *n.* **com'bined** [kəm~] *adj* gemeinsam, gemeinschaftlich.
com·bus·ti·ble [kəm'bʌstəbl] **I** *adj* □ **1.** brennbar, (leicht)entzündlich. **2.** *fig.* leichterregbar. **II** *s* **3.** Brennstoff *m*, -material *n.* **com·bus·tion** [~'bʌstʃən] *s* Verbrennung *f* (*a. biol.*, ⚗): **~ engine** ⚙ Verbrennungsmotor *m.*
come [kʌm] **I** *v/i* (*irr*) **1.** kommen (*a. sl. e-n Orgasmus haben*): **s.o. is coming** es kommt j-d; **he came to see us** er besuchte uns. **2.** (dran)kommen, an die Reihe kommen. **3.** kommen, erscheinen: **~ and go** kommen u. gehen; erscheinen u. verschwinden. **4.** kommen, gelangen (**to** zu). **5.** kommen, abstammen (**of, from** von). **6.** kommen, herrühren (**of** von). **7.** kommen, geschehen, sich ereignen: **~ what may** (*od.* **will**) komme, was da wolle; **how ~s it that ...?**, F **how ~ that ...?** wie kommt es, daß ...? **8.** sich erweisen: **it ~s expensive** es kommt teuer. **9.** *vor inf*: dahin *od.* dazu kommen: **~ to know s.o.** j-n kennenlernen; **~ to know s.th.** et. erfahren; **I have ~ to believe that** ich bin zu der Überzeugung gekommen, daß. **10.** *bsd. vor adj*: werden: **~ true** sich bewahrheiten *od.* erfüllen, eintreffen. **11. to ~** (*als adj*) zukünftig, kommend: **for all time to ~** für alle Zukunft. **II** *v/t* (*irr*) **12.** F sich aufspielen als, *j-n, et.* spielen. **III** *int* **13.** na!, komm!: **~, ~!** nicht so wild!, immer langsam!; na komm schon!, auf geht's!
Verbindungen mit Präpositionen:
come| a·cross *v/i* zufällig treffen *od.* finden *od.* sehen, stoßen auf (*acc*). **~ at** *v/i* **1.** erreichen, bekommen, *Wahrheit etc* herausfinden. **2.** losgehen auf (*acc*). **~ for** *v/i* **1.** *et.* abholen kommen, kommen wegen. **2.** losgehen auf (*acc*). **~ in·to** *v/i* **1.** kommen in (*acc*). **2. ~ a fortune** ein Vermögen erben; → **fashion** 1, **own** 5, **use** 5. **~ near** *v/i* **1.** *fig.* nahekommen (*dat*). **2. ~ doing s.th.** et. beinahe tun. **~ off** *v/i* **1.** herunterfallen von. **2. ~ it!** F hör schon auf damit! **~ on** → **come upon.** **~ o·ver** *v/i* überkommen, befallen: **what has ~ you?** was ist mit dir los? **~ through** *v/i Krankheit etc* überstehen, -leben. **~ to** *v/i* **1.** *j-m* (*bsd. durch Erbschaft*) zufallen. **2. when it comes to paying** wenn es ans Bezahlen geht. **3.** sich belaufen auf (*acc*). **~ un·der** *v/i* **1.** unter *ein Gesetz etc* fallen. **2.** geraten unter (*acc*). **~ up·on** *v/i* **1.** → **come over. 2.** → **come across.**
Verbindungen mit Adverbien:
come| a·bout *v/i* geschehen, passieren. **~ a·cross** *v/i* **1.** herüberkommen. **2.** verstanden werden; an-, rüberkommen (*Rede etc*). **3.** F damit herausrücken: **~ with** mit *Informationen* herausrücken; *Geld* herausrücken. **~ a·long** *v/i* **1.** mitkommen, -gehen: **~!** F dalli! **2.** kommen, sich ergeben (*Chance etc*). **~ a·part** *v/i* auseinanderfallen. **~ a·way** *v/i* sich lösen, ab-, losgehen (*Knopf etc*). **~ back** *v/i* **1.** zurückkommen: **~ to s.th.** auf e-e Sache zurückkommen; **it came back to him** es fiel ihm wieder ein. **2.** wieder in Mode kommen. **3.** ein Comeback feiern. **~ by** *v/i* vorbeikommen (*Besucher*). **~ down** *v/i* **1.** herunterkommen, (*Regen, Schnee*) fallen. **2.** (ein)stürzen, (ein)fallen. **3.** *fig.* herunterkommen (*Person*): **she has ~ quite a bit** sie ist ganz schön tief gesunken. **4.** überliefert werden. **5.** F sinken (*Preise*); billiger werden (*Ware*). **6. ~ on** sich stürzen auf (*acc*); *j-m* aufs Dach steigen. **7. ~ with** F *Geld* herausrücken. **8. ~ with** erkranken an (*dat*). **9. ~ to** hinaus-

laufen auf (*acc*). ~ **for·ward** *v/i* sich (freiwillig) melden, sich anbieten. ~ **home** *v/i* **1.** nach Hause kommen, heimkommen. **2.** ~ ***to s.o.*** j-m schmerzlich bewußt werden. ~ **in** *v/i* **1.** hereinkommen: ~*!* herein!; (*Funk*) (bitte) kommen! **2.** eingehen, -treffen (*Nachricht etc*), *Sport*, ⚓ einkommen, 🚂 einlaufen: ~ ***second*** den zweiten Platz belegen. **3.** aufkommen, in Mode kommen. **4.** an die Macht kommen. **5.** sich als *nützlich etc* erweisen: → ***handy*** 4. **6.** Berücksichtigung finden: ***where do I*** ~*?* wo bleibe ich? **7.** ~ ***for*** *Bewunderung etc* erregen, auf *Kritik etc* stoßen. **8.** ~ ***on*** mitmachen bei, sich beteiligen an (*dat*). ~ **off** *v/i* **1.** → ***come away.*** **2.** herunterfallen. **3.** auslaufen (*Stück*), enden (*Ausstellung*). **4.** F stattfinden, über die Bühne gehen. **5.** F abschneiden; erfolgreich verlaufen, glücken. ~ **on** *v/i* **1.** herankommen: ~*!* komm (mit)!; komm her!; los!; F na, na! **2.** an die Reihe kommen. **3.** *thea.* auftreten; aufgeführt werden. ~ **out** *v/i* **1.** herauskommen. **2.** *a.* ~ ***on strike*** *bsd. Br.* streiken. **3.** herauskommen: a) erscheinen (*Buch etc*), b) an den Tag kommen (*Wahrheit etc*). **4.** ausgehen (*Haare, Farbe*), herausgehen (*Fleck etc*). **5.** ausbrechen (*Ausschlag*): ~ ***in a rash*** e-n Ausschlag bekommen. **6.** *phot. etc gut etc* werden (*Bild*); *gut etc* herauskommen (***in*** auf *dat*). **7.** ~ ***with*** F mit *der Wahrheit etc* herausrücken; *Flüche etc* vom Stapel lassen. **8.** ~ ***against*** (***for***) sich aussprechen gegen (für). ~ **o·ver** → ***come across*** 1, 2. ~ **round** *v/i* **1.** vorbeikommen (***to*** bei). **2.** wieder zu sich kommen; sich erholen. ~ **through** *v/i* durchkommen (*Funkspruch, Patient etc*). ~ **to** → ***come round*** 2. ~ **up** *v/i* **1.** heraufkommen. **2.** herankommen: ~***to s.o.*** auf j-n zukommen. **3.** ⚖ zur Verhandlung kommen. **4.** *a.* ~ ***for discussion*** zur Sprache kommen. **5.** ~ ***for*** zur *Abstimmung, Entscheidung* kommen. **6.** aufkommen, Mode werden. **7.** ~***to*** reichen bis an (*acc*) *od.* zu; erreichen (*acc*); *fig.* heranreichen an (*acc*): → ***expectation.*** **8.** ***his supper came up again*** das Abendessen kam ihm wieder hoch. **9.** ~ ***with*** daherkommen mit, auftischen, präsentieren.

come|**-at-a·ble** [ˌkʌm'ætəbl] *adj* F erreichbar, zugänglich. '~**·back** *s* Comeback *n*: ***stage*** (*od.* ***make***) ***a*** ~ ein Comeback feiern.

co·me·di·an [kə'miːdjən] *s* **1.** Komödienschauspieler *m*; Komiker *m* (*a. contp.*). **2.** Spaßvogel *m*, Witzbold *m* (*beide a. contp.*).

'**come·down** *s fig.* **1.** Niedergang *m*, Abstieg *m*. **2.** F Enttäuschung *f*.

com·e·dy ['kɒmədɪ] *s* **1.** Komödie *f* (*a. fig.*), Lustspiel *n*. **2.** Komik *f*.

come·ly ['kʌmlɪ] *adj* attraktiv, schön.

com·er ['kʌmə] *s* Ankömmling *m*.

com·et ['kɒmɪt] *s ast.* Komet *m*.

com·fort ['kʌmfət] **I** *v/t* **1.** trösten. **2.** beruhigen. **II** *s* **3.** Trost *m*: ***cold*** ~ ein schwacher Trost. **4.** Behaglichkeit *f*: ***to live in*** ~ sorgenfrei leben. **5.** *a. pl* Komfort *m*: ***with every modern*** ~ (*od.* ***all modern*** ~***s***) mit allem Komfort; ~ ***station*** *Am.* öffentliche Bedürfnisanstalt. '**com·fort·a·ble** *adj* □ **1.** komfortabel, bequem, behaglich: ***make o.s.*** ~ es sich bequem machen; ***are you*** ~*?* haben Sie es bequem?, sitzen *od.* liegen *etc* Sie bequem?; ***feel*** ~ sich wohl fühlen. **2.** bequem, sorgenfrei (*Leben etc*). **3.** ausreichend, recht gut (*Einkommen etc*): ***to be*** ~ (*od.* ***comfortably off***) einigermaßen wohlhabend sein. '**com·fort·er** *s* **1.** Tröster *m*. **2.** *bsd. Br.* Wollschal *m*. **3.** *Am.* Steppdecke *f*. **4.** *bsd. Br.* Schnuller *m*. '**com·fort·ing** *adj* tröstlich. '**com·fort·less** *adj* **1.** unbequem. **2.** trostlos.

com·fy ['kʌmfɪ] F → ***comfortable*** 1.

com·ic ['kɒmɪk] **I** *adj* (~***ally***) **1.** Komödien..., Lustspiel...: ~ ***actor*** Komödienschauspieler *m*; Komiker *m*; ~ ***opera*** ♪ komische Oper; ~ ***tragedy*** Tragikomödie *f* (*a. fig.*). **2.** komisch, humoristisch: ~ ***paper*** Witzblatt *n*; ~ ***strips*** *pl* Comics *pl*. **3.** → ***comical*** 1. **II** *s* **4.** → ***comedian*** 1. **5.** F Witzblatt *n*: ~***s*** *pl* Comics *pl*. '**com·i·cal** *adj* □ **1.** komisch, ulkig, spaßig. **2.** F komisch, sonderbar.

com·ing ['kʌmɪŋ] **I** *adj* kommend: a) zukünftig: ***the*** ~ ***man*** der kommende Mann, b) nächst: ~ ***week*** nächste Woche. **II** *s* Kommen *n*, Ankunft *f*: ***the*** ~***s and goings*** das Kommen u. Gehen.

com·ma ['kɒmə] *s* Komma *n*, Beistrich *m*.

com·mand [kə'mɑːnd] **I** *v/t* **1.** befehlen

(***s.o. to do*** j-m zu tun). **2.** fordern, verlangen: ~ ***silence*** sich Ruhe erbitten. **3.** ⚔ kommandieren, befehligen. **4.** *Gefühle, Lage etc* beherrschen. **5.** *Vertrauen etc* einflößen: ~ (***s.o.'s***) ***admiration*** (j-m) Bewunderung abnötigen; ~ ***respect*** Achtung gebieten. **6.** zur Verfügung haben, verfügen über (*acc*). **II** *v/i* **7.** befehlen. **8.** ⚔ das Kommando führen, den Befehl haben. **III** *s* **9.** Befehl *m*: ***at s.o.'s*** ~ auf j-s Befehl. **10.** Verfügung *f*: ***be at s.o.'s*** ~ j-m zur Verfügung stehen; ***have at*** ~ → 6. **11.** Beherrschung *f* (*e-r Sprache etc*): ***have*** ~ ***of*** *Fremdsprache etc* beherrschen; ***his*** ~ ***of English*** s-e Englischkenntnisse *pl*. **12.** ⚔ Kommando *n*: a) (Ober)Befehl *m*: ***be in*** ~ → 8; ~ ***module*** (*Raumfahrt*) Kommandokapsel *f*, b) Befehl *m*. **com·man·dant** [ˌkɒmən'dænt] *s* ⚔ Kommandant *m*. **com·mand·er** [kə'mɑːndə] *s* ⚔ Kommandeur *m*, Befehlshaber *m*; Kommandant *m*: ~ ***in chief*** Oberbefehlshaber *m*. **com'mand·ing** *adj* □ **1.** ⚔ kommandierend, befehlshabend. **2.** herrisch, gebieterisch. **3.** *die Gegend* beherrschend. **4.** weit (*Aussicht*). **com'mand·ment** *s* Gebot *n*, Vorschrift *f*: ***the Ten*** **Ⅽs** *Bibl*. die Zehn Gebote. **com'man·do** [~dəʊ] *pl* **-do(e)s** *s* ⚔ Kommando *n*: ~ ***squad*** Kommandotrupp *m*.

com·mem·o·rate [kə'meməreɪt] *v/t* **1.** erinnern an (*acc*). **2.** (ehrend) gedenken (*gen*). **com͵mem·o'ra·tion** *s* Gedenk-, Gedächtnisfeier *f*: ***in*** ~ ***of*** zum Gedenken *od*. Gedächtnis an (*acc*). **com'mem·o·ra·tive** [~rətɪv] *adj* **1.** ***be*** ~ ***of*** erinnern an (*acc*). **2.** Gedenk..., Gedächtnis..., Erinnerungs...: ~ ***issue*** Gedenkausgabe *f* (*Briefmarken etc*); ~ ***plaque*** Gedenktafel *f*.

com·mence [kə'mens] *v/i u. v/t* anfangen, beginnen (***to do, doing*** zu tun). **com'mence·ment** *s* Anfang *m*, Beginn *m*.

com·mend [kə'mend] *v/t* **1.** empfehlen. **2.** loben (***on*** wegen). **3.** anvertrauen (***to*** *dat*). **com'mend·a·ble** *adj* □ **1.** empfehlenswert. **2.** lobenswert, löblich. **com·men·da·tion** [ˌkɒmen'deɪʃn] *s* **1.** Empfehlung *f*. **2.** Lob *n*. **com'men·da·to·ry** [~dətərɪ] *adj* **1.** Empfehlungs...: ~ ***letter*** Empfehlungsbrief *m*, -schreiben *n*. **2.** lobend, anerkennend.

com·men·su·ra·ble [kə'menʃərəbl] *adj* □ vergleichbar (***to, with*** mit). **com'men·su·rate** [~rət] *adj* (***to, with***) im Einklang stehend (mit), entsprechend *od*. angemessen (*dat*).

com·ment ['kɒment] **I** *s* (***on***) Kommentar *m* (zu): a) Bemerkung *f* (zu): ***no*** ~***!*** kein Kommentar!, b) Anmerkung *f* (zu). **II** *v/i*: ~ ***on*** e-n Kommentar abgeben zu, *et*. kommentieren. **III** *v/t* bemerken (***that*** daß). **com·men·ta·tor** ['~mənteɪtə] *s* Kommentator *m*.

com·merce ['kɒmɜːs] *s* Handel *m*.

com·mer·cial [kə'mɜːʃl] **I** *adj* □ **1.** Geschäfts..., Handels...: ~ ***attaché*** Handelsattaché *m*; ~ ***correspondence*** Geschäfts-, Handelskorrespondenz *f*; ~ ***letter*** Geschäftsbrief *m*; ~ ***travel(l)er*** Handlungsreisende *m*. **2.** handelsüblich (*Qualität etc*). **3.** *Rundfunk, TV*: Werbe..., Reklame...: ~ ***broadcasting*** Werbefunk *m*; kommerzieller Rundfunk; ~ ***television*** Werbefernsehen *n*; kommerzielles Fernsehen. **4.** kommerziell: a) auf finanziellen Gewinn abzielend, b) finanziell. **II** *s* **5.** *Rundfunk, TV*: Werbespot *m*; von e-m Sponsor finanzierte Sendung. **com'mer·cial·ize** [~ʃəlaɪz] *v/t* kommerzialisieren, vermarkten.

com·mie ['kɒmɪ] *s* F Kommunist(in).

com·mis·er·ate [kə'mɪzəreɪt] *v/t* (*u. v/i* ~ ***with***) bemitleiden. **com͵mis·er'a·tion** *s* Mitleid *n*.

com·mis·sion [kə'mɪʃn] **I** *s* **1.** Auftrag *m*. **2.** Kommission *f*, Ausschuß *m*: ***be on the*** ~ Mitglied der Kommission sein. **3.** ⚕ a) Kommission *f*: ***on*** ~ in Kommission, b) Provision *f*: ***on*** ~ gegen Provision; ***on a*** ~ ***basis*** auf Provisionsbasis. **4.** Begehung *f*, Verübung *f* (*e-s Verbrechens etc*). **II** *v/t* **5.** beauftragen. **6.** *et*. in Auftrag geben: ~***ed work*** Auftragsarbeit *f*. **com·mis·sion·aire** [kə͵mɪʃə'neə] *s bsd. Br*. (livrierter) Portier (*Theater, Hotel etc*). **com'mis·sion·er** [~ʃnə] *s* Beauftragte *m*.

com·mit [kə'mɪt] *v/t* **1.** anvertrauen, übergeben (***to*** *dat*): ~ ***to paper*** zu Papier bringen. **2.** ⚖ einweisen (***to*** in *acc*). **3.** *Verbrechen etc* begehen, verüben. **4.** (***to***) verpflichten (zu), festlegen (auf *acc*): ~***ted*** engagiert (*Schriftsteller etc*).

com'mit·ment *s* **1.** Übergabe *f.* **2.** → ***committal*** 2. **3.** Begehung *f*, Verübung *f*. **4.** Verpflichtung *f*, Festlegung *f*, (*a. politisches etc*) Engagement: ***without any ~*** ganz unverbindlich. **com'mit·tal** [~tl] *s* **1.** → ***commitment*** 1, 3, 4. **2.** ⚖ Einweisung *f*. **com'mit·tee** [~tı] *s* Komitee *n*, Ausschuß *m*: ***be*** (*od.* ***sit***) ***on a ~*** in e-m Ausschuß sein.

com·mode [kə'məʊd] *s* (Wasch)Kommode *f*. **com'mo·di·ous** [~djəs] *adj* □ geräumig.

com·mod·i·ty [kə'mɒdətı] *s* ✝ Ware *f*, (Handels)Artikel *m*. **~ ex·change** *s* Warenbörse *f*.

com·mo·dore ['kɒmədɔː] *s* ⚓ Kommodore *m*.

com·mon ['kɒmən] **I** *adj* (□ → ***commonly***) **1.** gemeinsam (*a.* ⩚), gemeinschaftlich: ***~ to all*** allen gemeinsam; ***~ room*** Gemeinschaftsraum *m*; → ***cause*** 3, ***denominator***. **2.** allgemein: ***by ~ consent*** mit allgemeiner Zustimmung. **3.** allgemein (bekannt), alltäglich: ***it is ~ knowledge*** (***usage***) es ist allgemein bekannt (üblich); ***~ name*** häufiger Name; ***~ sight*** alltäglicher *od.* vertrauter Anblick. **4.** *bsd. biol.* gemein: ***~ or garden*** F Feld-Wald-u.-Wiesen-...; → ***cold*** 5. **5.** gewöhnlich, ohne Rang: ***the ~ people*** *pl* das einfache Volk; ***~ soldier*** einfacher Soldat. **II** *s* **6.** Gemeinsamkeit *f*: ***in ~*** gemeinsam (***with*** mit). **7.** *das* Gewöhnliche: ***out of the ~*** außergewöhnlich, -ordentlich. **8.** → ***commons***.

'com·mon·er *s* Bürger(liche) *m*.

com·mon law *s* **1.** *Br.* Gewohnheitsrecht *n*. **2.** *das anglo-amerikanische Rechtssystem*.

com·mon·ly ['kɒmənlı] *adv* gewöhnlich, im allgemeinen.

Com·mon| Mar·ket *s* Gemeinsamer Markt. **'2·place I** *s* **1.** Gemeinplatz *m*. **2.** alltägliche Sache. **II** *adj* **3.** alltäglich, abgedroschen. **~ Prayer** *s eccl.* anglikanische Liturgie.

com·mons ['kɒmənz] *s pl* **1. *the*** 2 *parl. Br.* das Unterhaus. **2. *be kept on small ~*** auf schmale Kost gesetzt sein.

com·mon| sense *s* gesunder Menschenverstand. **'~·wealth** *s*: ***the*** 2 (***of Nations***) das Commonwealth.

com·mo·tion [kə'məʊʃn] *s* **1.** Aufregung *f*. **2.** Aufruhr *m*, Tumult *m*.

com·mu·nal ['kɒmjʊnl] *adj* □ **1.** Gemeinde..., Kommunal... **2.** gemeinschaftlich: ***~ aerial*** (*bsd. Am.* ***antenna***) *TV* Gemeinschaftsantenne *f*.

com·mune[1] [kə'mjuːn] *v/i* **1.** sich (vertraulich) unterhalten (***with*** mit): ***~ with o.s.*** mit sich zu Rate gehen. **2.** *bsd. Am.* → ***communicate*** 6.

com·mune[2] ['kɒmjuːn] *s* Gemeinde *f*, Kommune *f* (*a. sociol.*).

com·mu·ni·ca·ble [kə'mjuːnıkəbl *adj* □ **1.** mitteilbar. **2.** ⚕ übertragbar. **com'mu·ni·cate** [~keıt] **I** *v/t* **1.** mitteilen (***to*** *dat*). **2.** ⚕, *phys.* übertragen (***to*** auf *acc*) (*a. fig.*). **II** *v/i* **3.** kommunizieren, sich besprechen, in Verbindung stehen (***with*** mit). **4.** sich in Verbindung setzen (***with*** mit). **5.** miteinander (durch e-e Tür *etc*) verbunden sein: ***communicating door*** Verbindungstür *f*. **6.** *eccl.* das Abendmahl empfangen, kommunizieren. **com,mu·ni'ca·tion** *s* **1.** Mitteilung *f* (***to*** an *acc*): ***~ cord*** 🚂 *Br.* Notbremse *f*. **2.** Übertragung *f*: ***~ of power*** *phys.* Kraftübertragung. **3.** Verbindung *f*: ***be in ~ with*** in Verbindung stehen mit. **4.** *pl bsd.* ⚔ Fernmeldewesen *n*: ***~s satellite*** Nachrichtensatellit *m*; ***~ system*** Fernmeldenetz *n*. **com'mu·ni·ca·tive** [~kətıv] *adj* □ mitteilsam, gesprächig, kommunikativ.

com·mun·ion [kə'mjuːnjən] *s* **1.** (*eccl.* Religions)Gemeinschaft *f*. **2.** 2 *eccl.* Abendmahl *n*, Kommunion *f*: ***go to ~*** zum Abendmahl gehen; ***~ cup*** Abendmahlskelch *m*.

com·mu·ni·qué [kə'mjuːnıkeı] *s* Kommuniqué *n*.

com·mu·nism ['kɒmjʊnızəm] *s* Kommunismus *m*. **'com·mu·nist I** *s* Kommunist(in). **II** *adj* kommunistisch. **,com·mu'nis·tic** *adj* (***~ally***) kommunistisch.

com·mu·ni·ty [kə'mjuːnətı] *s* **1.** Gemeinschaft *f*: ***~ of heirs*** Erbengemeinschaft; ***~ singing*** gemeinsames Singen; ***~ spirit*** Gemeinschaftsgeist *m*. **2.** Gemeinde *f*. **3.** Gemeinsamkeit *f*, gemeinsamer Besitz: ***~ of goods*** (*od.* ***property***) Gütergemeinschaft *f*. **~ cen·ter**, *bsd. Br.* **~ cen·tre** *s* Gemeinschaftszentrum *n*. **~ home** *s Br.* Erziehungsheim *n*.

com·mut·a·ble [kə'mjuːtəbl] *adj* umwandelbar. **com·mu·ta·tion** [,kɒmjuː-

'teɪʃn] *s* **1.** Umwandlung *f.* **2.** Ablösung *f*; Ablöse(summe) *f.* **3.** ⚖ (Straf)Umwandlung *f.* **4.** 🚂, *etc* Pendeln *n*: ~ ***ticket*** *Am.* Dauer-, Zeitkarte *f.* **com·mute** [kə'mju:t] **I** *v/t* **1.** eintauschen (***for*** für). **2.** ⚖ *Strafe* umwandeln (***to, into*** in *acc*). **3.** *Verpflichtung etc* umwandeln (***into*** in *acc*), ablösen (***for, into*** durch). **II** *v/i* **4.** 🚂, *etc* pendeln. **com'mut·er** *s* a) *Am.* Zeitkarteninhaber(in), b) Pendler(in): ~***train*** Pendler-, Nahverkehrszug *m.*

com·pact [kəm'pækt] **I** *adj* □ **1.** kompakt: ~***cassette*** Kompaktkassette *f.* **2.** eng, klein (*Wohnung etc*). **3.** gedrungen (*Gestalt*). **4.** knapp, gedrängt (*Stil etc*). **II** *v/t* **5.** zs.-drängen, fest miteinander verbinden. **III** *s* ['kɒmpækt] **6.** kompakte Masse. **7.** Puderdose *f.* **com'pact·ness** *s* **1.** Kompaktheit *f.* **2.** Knappheit *f*, Gedrängtheit *f.*

com·pan·ion [kəm'pænjən] *s* **1.** Begleiter(in) (*a. fig.*). **2.** Kamerad(in), Genosse *m*, Genossin *f.* **3.** Gesellschafterin *f.* **4.** Gegenstück *n*, Pendant *n.* **5.** Handbuch *n*, Leitfaden *m.* **com'pan·ion·a·ble** *adj* □ umgänglich, gesellig. **com'pan·ion·ship** *s* Begleitung *f*, Gesellschaft *f.*

com·pa·ny ['kʌmpənɪ] *s* **1.** Gesellschaft *f*: ***in*** ~ (***with***) in Gesellschaft *od.* Begleitung (*gen od.* von); ***be in good*** ~ sich in guter Gesellschaft befinden; ***keep*** (*od.* ***bear***) ***s.o.*** ~ j-m Gesellschaft leisten; ***part*** ~ (***with***) sich trennen (von); *fig.* anderer Meinung sein (als) (***on*** in *dat*). **2.** Gesellschaft *f*; Besuch *m*, Gäste *pl*: ***be fond of*** ~ die Geselligkeit lieben; ***present*** ~ ***excepted!*** Anwesende ausgenommen! **3.** Gesellschaft *f*, Umgang *m*: ***keep good*** ~ guten Umgang pflegen; ***keep*** ~ ***with*** verkehren mit. **4.** ✝ Gesellschaft *f*, Firma *f*: ~ ***car*** Firmenwagen *m*; ~***pension*** Betriebsrente *f.* **5.** ⚔ Kompanie *f.* **6.** *thea.* Truppe *f.*

com·pa·ra·ble ['kɒmpərəbl] *adj* □ vergleichbar (***with, to*** mit). **com·par·a·tive** [kəm'pærətɪv] **I** *adj* **1.** vergleichend. **2.** verhältnismäßig, relativ. **3.** ~ ***degree*** → 4. **II** *s* **4.** *ling.* Komparativ *m.* **com'par·a·tive·ly** *adv* verhältnismäßig: a) vergleichsweise, b) ziemlich.

com·pare [~'peə] **I** *v/t* **1.** vergleichen (***with, to*** mit): ~***d with*** (*od.* ***to***) im Vergleich zu, gegenüber (*dat*). **2.** vergleichen, gleichsetzen, -stellen: ***not to be*** ~***d with*** (*od.* ***to***) nicht zu vergleichen mit. **3.** *ling.* steigern. **II** *v/i* **4.** sich vergleichen (lassen): ~ ***favo(u)rably with*** den Vergleich mit ... nicht zu scheuen brauchen. **III** *s* **5.** ***beyond*** (*od.* ***past, without***) ~ unvergleichlich. **com·par·i·son** [~'pærɪsn] *s* **1.** Vergleich *m*: ***by*** ~ vergleichsweise; ***in*** ~ ***with*** im Vergleich mit *od.* zu; ***bear*** (*od.* ***stand***) ~ ***with*** e-n Vergleich aushalten mit; ***without*** ~, ***beyond*** (***all***) ~ unvergleichlich. **2.** *ling.* Steigerung *f.*

com·part·ment [kəm'pɑ:tmənt] *s* **1.** Fach *n.* **2.** 🚂 Abteil *n.*

com·pass ['kʌmpəs] *s* **1.** Kompaß *m.* **2.** *pl*, *a.* ***pair of*** ~***es*** Zirkel *m.*

com·pas·sion [kəm'pæʃn] *s* Mitleid *n*, -gefühl *n*: ***have*** (*od.* ***take***) ~ ***on*** (*od.* ***for***) Mitleid mit *j-m* haben. **com'pas·sion·ate** [~ʃənət] *adj* □ mitleidsvoll, -fühlend.

com·pat·i·ble [kəm'pætəbl] *adj* □ **1.** vereinbar (***with*** mit), miteinander vereinbar. **2.** verträglich: ***be*** ~ (***with***) sich vertragen (mit), passen (zu), zs.-passen.

com·pa·tri·ot [kəm'pætrɪət] *s* Landsmann *m*, -männin *f.*

com·pel [kəm'pel] *v/t* **1.** zwingen: ***be*** ~***led to do*** (*od.* ***into doing***) ***s.th.*** gezwungen sein, et. zu tun, et. tun müssen. **2.** *et.* erzwingen. **3.** *a. Bewunderung etc* abnötigen (***from*** *dat*).

com·pen·di·um [kəm'pendɪəm] *pl* **-ums, -a** [~ə] *s* **1.** Kompendium *n*, Handbuch *n.* **2.** Zs.-fassung *f*, Abriß *m.*

com·pen·sate ['kɒmpenseɪt] **I** *v/t* **1.** kompensieren (*a. psych.*), ausgleichen. **2.** *j-n* entschädigen (***for*** für); *et.* ersetzen, vergüten, für *et.* Ersatz leisten (***to*** *dat*). **3.** *Am. j-n* bezahlen, entlohnen. **II** *v/i* **4.** Ersatz leisten (***for*** für). **5.** ~ ***for*** → 1. ˌ**com·pen'sa·tion** *s* **1.** Kompensation *f*, Ausgleich *m*: ***in*** ~ ***for*** als Ausgleich für. **2.** (Schaden)Ersatz *m*, Entschädigung *f*; Vergütung *f*: ***pay*** ~ Schadenersatz leisten; ***as*** (*od.* ***by way of***) ~ als Ersatz. **3.** *Am.* Bezahlung *f*, Gehalt *n*, Lohn *m.* **4.** *psych.* Kompensation *f*, Ersatzhandlung *f.*

com·père, com·pere ['kɒmpeə] *bsd. Br.* **I** *s* Conférencier *m*, Ansager(in). **II** *v/t* konferieren, ansagen. **III** *v/i* konferieren, als Conférencier fungieren.

com·pete [kəm'piːt] *v/i* **1.** sich (mit)bewerben (*for* um). **2.** ⚕ *u. weitS.* konkurrieren (*with* mit). **3.** wetteifern, sich messen (*with* mit). **4.** *Sport*: (am Wettkampf) teilnehmen; *a. weitS.* kämpfen (*for* um; *against* gegen).

com·pe·tence, com·pe·ten·cy ['kɒmpɪtəns(ɪ)] *s* **1.** Fähigkeit *f*, Tüchtigkeit *f*. **2.** ⚖ Zuständigkeit *f*, Kompetenz *f* (*beide a. weitS.*); Zulässigkeit *f*. **'com·pe·tent** *adj* □ **1.** fähig (*to do* zu tun), tüchtig. **2.** fach-, sachkundig. **3.** gut(gemacht), gekonnt. **4.** ⚖ zuständig, kompetent (*beide a. weitS.*); zulässig (*Beweise, Zeuge*).

com·pe·ti·tion [ˌkɒmpɪ'tɪʃn] *s* **1.** *allg.* Wettbewerb *m* (*for* um). **2.** Konkurrenz *f*: a) ⚕ Wettbewerb *m*, Konkurrenzkampf *m*: *unfair* ~ unlauterer Wettbewerb, b) ⚕ Konkurrenzfirma *f*, -firmen *pl*, c) *weitS.* Gegner *pl*, Rivalen *pl*. **3.** Preisausschreiben *n*. **com·pet·i·tive** [kəm'petətɪv] *adj* □ **1.** konkurrierend. **2.** Wettbewerbs..., Konkurrenz..., ⚕ *a.* konkurrenzfähig. **com'pet·i·tor** [~tɪtə] *s* **1.** Mitbewerber(in) (*for* um). **2.** *bsd.* ⚕ Konkurrent(in). **3.** *bsd. Sport*: Teilnehmer(in).

com·pi·la·tion [ˌkɒmpɪ'leɪʃn] *s* Kompilation *f* (*a. Werk*). **com·pile** [kəm'paɪl] *v/t Verzeichnis etc* kompilieren, zs.-stellen, *Material* zs.-tragen. **com'pil·er** *s* Kompilator *m*.

com·pla·cence, com·pla·cen·cy [kəm'pleɪsns(ɪ)] *s* Selbstzufriedenheit *f*, -gefälligkeit *f*. **com'pla·cent** *adj* □ selbstzufrieden, -gefällig.

com·plain [kəm'pleɪn] *v/i* **1.** sich beklagen *od.* beschweren (*of, about* über *acc*; *to* bei): *~ing letter* Beschwerdebrief *m*. **2.** klagen (*of* über *acc*). **3.** ⚕ reklamieren: *~ about et.* reklamieren *od.* beanstanden. **com'plaint** *s* **1.** Klage *f*, Beschwerde *f*: *make* (*od. lodge*) *a* ~ (*about*) → *complain* 1; *~ book* Beschwerdebuch *n*. **2.** ⚕ Reklamation *f*, Beanstandung *f*. **3.** ⚕ Leiden *n*, *pl a.* Beschwerden *pl*.

com·plai·sance [kəm'pleɪzəns] *s* Gefälligkeit *f*, Entgegenkommen *n*. **com'plai·sant** *adj* □ gefällig, entgegenkommend.

com·ple·ment I *s* ['kɒmplɪmənt] **1.** (*to gen*) Ergänzung *f* (*a. ling.*); Vervollkommnung *f*. **2.** Ergänzungsstück *n*. **II** *v/t* ['~ment] **3.** ergänzen; vervollkommnen. **com·ple·men·ta·ry** [ˌ~'mentərɪ] *adj* □ (sich) ergänzend: *be ~ to s.th.* et. ergänzen; *~ colo(u)rs pl* Komplementärfarben *pl*.

com·plete [kəm'pliːt] **I** *adj* □ **1.** komplett, vollständig. **2.** vollzählig, komplett. **3.** beendet, vollendet. **II** *v/t* **4.** vervollständigen. **5.** vollenden, abschließen. **6.** *fig.* vollenden, vollkommen machen. **7.** *Formular* ausfüllen. **com'plete·ness** *s* Vollständigkeit *f*. **com'ple·tion** *s* **1.** Vervollständigung *f*. **2.** Vollendung *f*: *bring to ~* zum Abschluß bringen. **3.** Ausfüllung *f*.

com·plex ['kɒmpleks] **I** *adj* □ **1.** zs.-gesetzt (*a. ling.*). **2.** komplex, vielschichtig. **II** *s* **3.** Komplex *m*, *das* Ganze. **4.** (*Gebäude- etc*)Komplex *m*. **5.** *psych.* Komplex *m*.

com·plex·ion [kəm'plekʃn] *s* **1.** Gesichtsfarbe *f*, Teint *m*. **2.** *fig.* Aussehen *n*, Anstrich *m*. **3.** *fig.* Couleur *f*, (politische) Richtung.

com·plex·i·ty [kəm'pleksətɪ] *s* **1.** Komplexität *f*, Vielschichtigkeit *f*. **2.** *et.* Komplexes.

com·pli·ance [kəm'plaɪəns] *s* **1.** (*with*) Einwilligung *f* (in *acc*); Befolgung *f* (*gen*): *in ~ with e-r Vorschrift etc* gemäß. **2.** Willfährigkeit *f*. **com'pli·ant** *adj* □ willfährig.

com·pli·cate ['kɒmplɪkeɪt] *v/t* komplizieren. **'com·pli·cat·ed** *adj* □ kompliziert. **ˌcom·pli'ca·tion** *s* **1.** Komplikation *f* (*a.* ⚕). **2.** Kompliziertheit *f*.

com·plic·i·ty [kəm'plɪsətɪ] *s* Mitschuld *f*, Mittäterschaft *f* (*in* an *dat*): *~ in murder* ⚖ Beihilfe *f* zum Mord.

com·pli·ment I *s* ['kɒmplɪmənt] **1.** Kompliment *n*: *angle* (*od. fish*) *for ~s* nach Komplimenten fischen; *pay s.o. a ~* j-m ein Kompliment machen. **2.** Empfehlung *f*, Gruß *m*: *with the ~s of the season* mit den besten Wünschen zum Fest. **II** *v/t* ['~ment] **3.** *j-m* ein Kompliment *od.* Komplimente machen (*on* wegen). **com·pli·men·ta·ry** [ˌ~'mentərɪ] *adj* **1.** höflich, Höflichkeits...: *~ close* Gruß-, Schlußformel *f* (*in Briefen*). **2.** Ehren..., Frei..., Gratis...: *~ ticket* Ehren-, Freikarte *f*.

com·ply [kəm'plaɪ] *v/i* (***with***) einwilligen (***in*** *acc*); (*e-m Wunsch od. Befehl*) nachkommen *od.* Folge leisten, erfüllen (*acc*); (*e-e Abmachung*) befolgen, einhalten: **~ *with the law*** sich an die Gesetze halten.

com·po·nent [kəm'pəʊnənt] **I** *adj* Teil...: **~ *part*** Bestandteil *m.* **II** *s* (Bestand)Teil *m, a.* ⚙, *phys.* Komponente *f.*

com·pose [kəm'pəʊz] **I** *v/t* **1.** zs.-setzen *od.* -stellen: ***be ~d of*** bestehen *od.* sich zs.-setzen aus. **2.** *Satz etc* bilden. **3.** *Gedicht etc* verfassen. **4.** ♪ komponieren. **5.** *Gemälde etc* entwerfen. **6.** *typ.* (ab)setzen. **7.** besänftigen: **~ *o.s.*** sich beruhigen *od.* fassen. **8.** *Streit etc* beilegen, schlichten. **9.** *Gedanken* sammeln. **II** *v/i* **10.** ♪ komponieren. **com'posed** *adj,* **com'pos·ed·ly** [~zɪdlɪ] *adv* ruhig, gelassen. **com'pos·er** *s* **1.** ♪ Komponist *m.* **2.** Verfasser(in). **com·po·site** ['kɒmpəzɪt] *adj* zs.-gesetzt. ˌ**com·po'si·tion** *s* **1.** Zs.-setzung *f.* **2.** Verfassen *n.* **3.** Schrift(stück *n*) *f.* **4.** *ped.* Aufsatz *m.* **5.** Komposition *f:* a) Musikstück *n,* b) (künstlerische) Anordnung *od.* Gestaltung, Aufbau *m.* **6.** Beschaffenheit *f,* Art *f.* **7.** *typ.* Setzen *n,* Satz *m.* **com·pos·i·tor** [kəm'pɒzɪtə] *s* (Schrift-) Setzer *m.* **com·post** ['kɒmpɒst] **I** *s* Kompost *m:* **~ *heap*** Komposthaufen *m.* **II** *v/t* kompostieren. **com·po·sure** [kəm'pəʊʒə] *s* (Gemüts)Ruhe *f,* Fassung *f,* Gelassenheit *f.*

com·pote ['kɒmpɒt] *s* Kompott *n.*

com·pound[1] [kəm'paʊnd] **I** *v/t* **1.** zs.-setzen, (ver)mischen. **2.** zs.-setzen, -stellen. **3.** *Streit* beilegen; *Sache* gütlich *od.* durch Vergleich regeln. **II** *v/i* **4.** sich vergleichen *od.* einigen (***with*** mit; ***for*** über *acc*). **III** *adj* ['kɒmpaʊnd] **5.** zs.-gesetzt: **~ *interest*** ✝ Zinseszinsen *pl;* **~ *word*** → 11. **6.** ⚕ kompliziert (*Bruch*). **7.** ⚡, ⚙ Verbund... **IV** *s* ['kɒmpaʊnd] **8.** Zs.-setzung *f,* Mischung *f.* **9.** Mischung *f,* Masse *f.* **10.** ⚗ Verbindung *f.* **11.** *ling.* Kompositum *n,* zs.-gesetztes Wort.

com·pound[2] ['kɒmpaʊnd] *s* **1.** Lager *n.* **2.** Gefängnishof *m.* **3.** (Tier)Gehege *n.*

com·pre·hend [ˌkɒmprɪ'hend] *v/t* **1.** umfassen, einschließen. **2.** begreifen, verstehen. ˌ**com·pre'hen·si·ble** *adj* begreiflich, verständlich. ˌ**com·pre'hen·si·bly** *adv* verständlicherweise. ˌ**com·pre'hen·sion** *s* **1.** Begriffsvermögen *n,* Verstand *m:* ***past*** **~** unfaßbar, unfaßlich. **2.** (***of***) Begreifen *n* (*gen*), Verständnis *n* (für). ˌ**com·pre'hen·sive I** *adj* □ **1.** umfassend: **~ *school*** → 3. **2.** Begriffs...: **~ *faculty*** Fassungskraft *f,* Begriffsvermögen *n.* **II** *s* **3.** *Br.* Gesamtschule *f.*

com·press I *v/t* [kəm'pres] zs.-drücken, -pressen, *phys.,* ⚙ komprimieren (*a. fig.*), verdichten: **~*ed air*** Preß-, Druckluft *f.* **II** *s* ['kɒmpres] ⚕ Kompresse *f.*

com·pres·sion [kəm'preʃn] *s* **1.** Zs.-drücken *n,* -pressen *n.* **2.** *phys.,* ⚙ Druck *m;* Kompression *f,* Verdichtung *f.* **com'pres·sor** [~sə] *s* ⚙ Kompressor *m.*

com·prise [kəm'praɪz] *v/t* **1.** einschließen, umfassen. **2.** bestehen *od.* sich zs.-setzen aus.

com·pro·mise ['kɒmprəmaɪz] **I** *s* **1.** Kompromiß *m:* ***make a*** **~** e-n Kompromiß schließen; **~ *formula*** Kompromißformel *f;* **~ *settlement*** (*od.* ***solution***) Kompromißlösung *f.* **II** *v/t* **2.** *Ruf, Leben etc* gefährden, aufs Spiel setzen. **3.** bloßstellen, kompromittieren. **III** *v/i* **4.** e-n Kompromiß *od.* (*a. fig. contp.*) Kompromisse schließen.

com·pul·sion [kəm'pʌlʃn] *s* Zwang *m* (*a. psych.*): ***under*** **~** unter Zwang, zwangsweise. **com'pul·sive** [~sɪv] *adj* □ **1.** zwingend, Zwangs... **2.** *psych.* zwanghaft. **com'pul·so·ry** [~sərɪ] *adj* □ **1.** zwangsweise: **~ *auction*** Zwangsversteigerung *f;* **~ *measures*** *pl* Zwangsmaßnahmen *pl.* **2.** obligatorisch, Pflicht...: **~ *education*** allgemeine Schulpflicht; **~ *military service*** allgemeine Wehrpflicht; **~ *subject*** *ped. univ.* Pflichtfach *n.*

com·punc·tion [kəm'pʌŋkʃn] *s* Gewissensbisse *pl;* Reue *f;* Bedenken *pl:* ***without*** **~** *a.* bedenkenlos.

com·pu·ta·tion [ˌkɒmpjuː'teɪʃn] *s* **1.** Berechnung *f.* **2.** Schätzung *f.* **com·pute** [kəm'pjuːt] *v/t* **1.** berechnen. **2.** schätzen, veranschlagen (***at*** auf *acc*). **com'put·er** *s* Computer *m:* **~ *centre*** (*Am.* ***center***) Rechenzentrum *n;* **~*-controlled*** computergesteuert; **~ *language*** Computersprache *f;* **~ *science*** Informatik *f.* **com'put·er·ize** [~təraɪz] **I** *v/t*

Werk etc computerisieren, auf Computer umstellen; *System etc* mit e-m Computer durchführen; computerisieren, mit Hilfe e-s Computers errechnen *od.* zs.-stellen. **II** *v/i* sich auf Computer umstellen.

com·rade ['kɒmreɪd] *s* **1.** Kamerad *m*, Gefährte *m*. **2.** *pol.* (Partei)Genosse *m*. **'com·rade·ship** *s* Kameradschaft *f*.

con¹ [kɒn] **I** *s* **1.** Nein-Stimme *f*. **2.** Gegenargument *n*: → ***pro¹***. **II** *adv* **3.** F dagegen: ***be ~***.

con² [~] *sl.* **I** *adj* betrügerisch: ***~ man*** Betrüger *m*; Hochstapler *m*; ***~ game*** aufgelegter Schwindel; Hochstapelei *f*. **II** *v/t* betrügen (***out of*** um), reinlegen.

con·cat·e·nate [kən'kætɪneɪt] *v/t* verknüpfen. **con,cat·e'na·tion** *s* **1.** Verkettung *f*. **2.** Kette *f*, Reihe *f*.

con·cave ['kɒŋkeɪv] *adj* □ konkav, hohl: ***~ mirror*** Hohlspiegel *m*.

con·ceal [kən'siːl] *v/t* (***from*** vor *dat*) verbergen: a) verstecken, b) geheimhalten, c) verschweigen, verheimlichen. **con'ceal·ment** *s* **1.** Verbergung *f*, Geheimhaltung *f*, Verheimlichung *f*. **2.** Verborgenheit *f*: ***stay in ~*** sich verborgen halten.

con·cede [kən'siːd] *v/t* zugestehen, einräumen: a) gewähren, bewilligen, b) anerkennen (*a.* ***that*** daß). **con'ced·ed·ly** *adv* zugestandenermaßen.

con·ceit [kən'siːt] *s* Einbildung *f*, Dünkel *m*: ***be full of ~*** völlig von sich eingenommen sein. **con'ceit·ed** *adj* □ eingebildet, dünkelhaft.

con·ceiv·a·ble [kən'siːvəbl] *adj* □ denk-, vorstellbar: ***the best plan ~*** der denkbar beste Plan. **con'ceive I** *v/t* **1.** *biol. Kind* empfangen. **2.** begreifen. **3.** sich *et.* vorstellen *od.* denken, sich e-n Begriff *od.* e-e Vorstellung machen von. **4.** ersinnen, ausdenken. **II** *v/i* **5.** *biol.* empfangen, schwanger werden (*Mensch*); aufnehmen, trächtig werden (*Tier*). **6.** ***~ of*** → 3.

con·cen·trate ['kɒnsəntreɪt] **I** *v/t* konzentrieren: a) zs.-ziehen, -ballen, massieren, b) *Gedanken etc* richten (***on*** auf *acc*), c) ⚗ anreichern. **II** *v/i* sich konzentrieren. **III** *s* Konzentrat *n*. **,con·cen'tra·tion** *s* Konzentration *f*: a) Zs.-ziehung *f*, -ballung *f*, Massierung *f*: ***~ camp*** Konzentrationslager *n*, b) gespannte Aufmerksamkeit: ***power of ~*** Konzentrationsfähigkeit *f*, c) ⚗ Anreicherung *f*.

con·cen·tric [kən'sentrɪk] *adj* (***~ally***) konzentrisch.

con·cept ['kɒnsept] *s* **1.** *phls.* Begriff *m*. **2.** Gedanke *m*, Auffassung *f*. **con·cep·tion** [kən'sepʃn] *s* **1.** *biol.* Empfängnis *f*. **2.** Begreifen *n*; Begriffsvermögen *n*; Begriff *m*, Vorstellung *f* (***of*** von); Konzeption *f*, Idee *f*. **3.** Entwurf *m*, Konzept *n*. **con'cep·tu·al** [~tʃʊəl] *adj* begrifflich, Begriffs...

con·cern [kən'sɜːn] **I** *v/t* **1.** angehen: a) betreffen, b) von Wichtigkeit *od.* Interesse sein für. **2.** beunruhigen. **3.** ***~ o.s. with*** sich beschäftigen *od.* befassen mit. **II** *s* **4.** Angelegenheit *f*, Sache *f*: ***that is no ~ of mine*** das geht mich nichts an. **5.** ⚕ Geschäft *n*, Unternehmen *n*. **6.** Unruhe *f*, Sorge *f* (***at, about, for*** wegen, um). **7.** Wichtigkeit *f*: ***a matter of national ~*** ein nationales Anliegen. **8.** Beziehung *f* (***with*** zu): ***have no ~ with*** nichts zu tun haben mit. **9.** (***at, about, for, in, with***) Teilnahme *f* (an *dat*), Rücksicht *f* (auf *acc*), Anteil *m* (an *dat*), Interesse *n* (für). **10.** F Ding *n*, Geschichte *f*. **con'cerned** *adj* **1.** betroffen, betreffend. **2.** (***in***) beteiligt, interessiert (an *dat*); verwickelt (in *acc*). **3.** (***with, in***) befaßt, beschäftigt (mit); handelnd (von). **4.** (***about, at, for***) besorgt (um), beunruhigt (wegen). **con'cern·ing** *prp* betreffend, hinsichtlich, was ... (an)betrifft.

con·cert *s* **1.** ['kɒnsət] ♪ Konzert *n*: ***~ hall*** Konzertsaal *m*; ***~ pianist*** Konzertpianist(in). **2.** ['kɒnsɜːt] ***in ~ with*** in Übereinstimmung *od.* gemeinsam mit. **con·cert·ed** [kən'sɜːtɪd] gemeinsam: ***~ action*** gemeinsames Vorgehen; ⚕, *pol.* konzertierte Aktion. **con·cer·to** [kən'tʃeətəʊ] *pl* **-tos, -ti** [~tɪ] *s* ♪ (Solo)Konzert *n* (*mit Orchesterbegleitung*): ***piano ~*** Klavierkonzert.

con·ces·sion [kən'seʃn] *s* **1.** Konzession *f*, Zugeständnis *n*. **2.** Genehmigung *f*, Bewilligung *f*; (amtliche *od.* staatliche) Konzession.

con·cil·i·ate [kən'sɪlɪeɪt] *v/t* **1.** aus-, versöhnen, versöhnlich stimmen. **2.** *Gunst etc* gewinnen. **3.** in Einklang bringen. **con,cil·i'a·tion** *s* Aus-, Versöhnung *f*: ~

committee Schlichtungsausschuß *m.* **con'cil·i·a·tor** *s* Schlichter *m,* Vermittler *m.* **con'cil·i·a·to·ry** [~ətərɪ] *adj* □ versöhnlich, vermittelnd.

con·cise [kən'saɪs] *adj* □ kurz, knapp, prägnant. **con'cise·ness** *s* Kürze *f,* Prägnanz *f.*

con·clave ['kɒŋkleɪv] *s eccl.* Konklave *n.*

con·clude [kən'klu:d] **I** *v/t* **1.** beenden, (be-, ab)schließen (***with*** mit): ***to be ~d*** Schluß folgt. **2.** *Vertrag etc* abschließen. **3.** *et.* folgern, schließen (***from*** aus): ***~ that*** zu dem Schluß kommen, daß. **II** *v/i* **4.** enden, schließen (***with*** mit). **con'clud·ing** *adj* abschließend, Schluß...

con·clu·sion [kən'klu:ʒn] *s* **1.** (Ab-)Schluß *m,* Ende *n*: ***bring to a ~*** zum Abschluß bringen; ***in ~*** zum Schluß. **2.** Abschluß *m* (*e-s Vertrags etc*). **3.** (Schluß)Folgerung *f*: ***come to*** (*od.* ***arrive at***) ***the ~ that*** zu dem Schluß kommen, daß; ***draw a ~*** e-n Schluß ziehen; ***jump at*** (*od.* ***to***) ***~s, leap to ~s, rush at ~s*** voreilig(e) Schlüsse ziehen. **con'clu·sive** [~sɪv] *adj* □ **1.** → ***concluding.*** **2.** schlüssig (*Beweis*).

con·coct [kən'kɒkt] *v/t* **1.** (zs.-)brauen. **2.** *fig.* aushecken, -brüten. **con'coc·tion** *s* **1.** (Zs.-)Brauen *n.* **2.** Gebräu *n* (*a. contp.*). **3.** *fig.* Ausbrüten *n,* -hecken *n.* **4.** *fig.* Erfindung *f.*

con·course ['kɒŋkɔ:s] *s* **1.** Zs.-treffen *n*; Zs.-fluß *m.* **2.** (Menschen)Auflauf *m,* (-)Menge *f.* **3.** freier Platz (*für Versammlungen etc*); *Am.* Bahnhofshalle *f.*

con·crete I *v/t* **1.** [kən'kri:t] konkretisieren. **2.** ['kɒŋkri:t] betonieren: ***~ over*** zubetonieren. **II** *adj* ['kɒŋkri:t] □ **3.** konkret (*a. ling.,* ♪ *etc*). **4.** betoniert, Beton...: ***~ jungle*** Betonwüste *f*; ***~ mixer*** Betonmischmaschine *f*; ***~ pile*** Betonklotz *m,* -silo *m.* **III** *s* ['kɒŋkri:t] **5.** Beton *m.*

con·cu·bine ['kɒŋkjʊbaɪn] *s* Nebenfrau *f.*

con·cur [kən'kɜ:] *v/i* **1.** zs.-fallen, -treffen. **2.** zs.-wirken. **3.** übereinstimmen (***with*** mit; ***in*** in *dat*): ***~ with s.o.*** *a.* j-m beipflichten. **con·cur·rence** [~'kʌrəns] *s* **1.** Zs.-treffen *n.* **2.** Zs.-wirken *n.* **3.** Übereinstimmung *f.* **con'cur·rent** *adj* □ **1.** zs.-treffend. **2.** zs.-wirkend. **3.** übereinstimmend.

con·cuss [kən'kʌs] *v/t* erschüttern: ***be ~ed*** ⚕ e-e Gehirnerschütterung erleiden. **con'cus·sion** [~ʃn] *s* Erschütterung *f*: ***~*** (***of the brain***) ⚕ Gehirnerschütterung.

con·demn [kən'dem] *v/t* **1.** verdammen, verurteilen. **2.** ⚖ verurteilen (***to death*** zum Tode): ***~ed cell*** Todeszelle. **3.** für unbrauchbar *od.* unbewohnbar *od.* gesundheitsschädlich erklären. **4.** *Kranken* aufgeben. **con·dem·na·tion** [ˌkɒndem'neɪʃn] *s* Verdammung *f,* Verurteilung *f* (*a.* ⚖).

con·den·sa·tion [ˌkɒnden'seɪʃn] *s* **1.** *phys.* Kondensation *f* (*a.* ⚗), Verflüssigung *f*; Kondensat *n,* Kondenswasser *n*: ***~ trail*** ✈ Kondensstreifen *m.* **2.** Zs.-fassung *f.* **con·dense** [kən'dens] **I** *v/t* **1.** *phys. Gase, Dämpfe* kondensieren, verflüssigen. **2.** ⚗ *Milch etc* eindicken, konzentrieren: ***~d milk*** Kondensmilch *f.* **3.** zs.-fassen, gedrängt darstellen. **II** *v/i* **4.** *phys.* kondensieren, sich verflüssigen. **con'dens·er** *s phys.* Kondensator *m* (*a.* ⚡), Verflüssiger *m.*

con·de·scend [ˌkɒndɪ'send] *v/i* **1.** sich herablassen (***to do*** zu tun; ***to*** zu). **2.** herablassend *od.* gönnerhaft sein (***to*** gegen, zu). **ˌcon·de'scend·ing** *adj* □ herablassend, gönnerhaft.

con·di·ment ['kɒndɪmənt] *s* Gewürz *n,* Würze *f.*

con·di·tion [kən'dɪʃn] **I** *s* **1.** Bedingung *f*: ***on ~ that*** unter der Bedingung *od.* vorausgesetzt, daß; ***on no ~*** unter keinen Umständen, keinesfalls; ***make s.th. a ~*** et. zur Bedingung machen. **2.** Verfassung *f*: a) Zustand *m,* Beschaffenheit *f,* b) (körperlicher *od.* Gesundheits)Zustand *m,* (*Sport*) Form *f*: ***out of ~*** in schlechter Verfassung, in schlechtem Zustand; ***the ~ of her health*** ihr Gesundheitszustand. **3.** *pl* Bedingungen *pl,* Verhältnisse *pl*: ***living ~s*** Lebensbedingungen, -verhältnisse; ***weather ~s*** Witterungs-, Wetterverhältnisse. **II** *v/t* **4.** zur Bedingung machen, die Bedingung stellen (***that*** daß). **5.** *j-n* programmieren (***to, for*** auf *acc*). **con'di·tion·al** [~ʃənl] *adj* □ **1.** (***on***) bedingt (durch), abhängig (von): ***be ~ on*** abhängen von; ***make ~ on*** abhängig machen von. **2.** *ling.* Konditional...: ***~ clause*** (*od.* ***sentence***) Konditional-, Bedingungssatz *m.* **con'di·tioned** [-ʃnd] *adj* **1.** (**on**) bedingt (durch), abhängig (von): ***be ~ on*** abhängen von; ***~ response*** (*od.* ***reflex***) *psych.* bedingter Reflex. **2.** beschaffen, geartet.

con·dole [kən'dəʊl] *v/i* sein Beileid ausdrücken, kondolieren (***with s.o. on s.th.*** j-m zu et.). **con'do·lence** *s* Beileid *n*: ***please accept my ~s*** mein herzliches *od.* aufrichtiges Beileid; ***register of ~*** Kondolenzliste *f.*

con·dom ['kɒndəm] *s* Kondom *n, m,* Präservativ *n.*

con·do·min·i·um [ˌkɒndə'mɪnɪəm] *s Am.* Eigentumswohnanlage *f*: ***~ (apartment)*** Eigentumswohnung *f.*

con·done [kən'dəʊn] *v/t* **1.** verzeihen, vergeben: ***she ~d his infidelity*** sie verzieh ihm s-e Untreue. **2.** wettmachen, wiedergutmachen.

con·duce [kən'dju:s] *v/i* (***to, toward***[***s***]) beitragen (zu), dienlich *od.* förderlich sein, dienen (*dat*). **con'du·cive** *adj* dienlich, förderlich (***to*** *dat*).

con·duct I *s* ['kɒndʌkt] **1.** Führung *f,* Leitung *f.* **2.** Betragen *n,* Verhalten *n*: → ***certificate*** 1. **II** *v/t* [kən'dʌkt] **3.** führen, geleiten: ***~ed tour*** Führung *f* (***of*** durch). **4.** *Prozeß, Verhandlungen etc* führen, *Geschäft a.* betreiben, leiten. **5.** ♪ leiten, dirigieren. **6.** ***~ o.s.*** sich betragen *od.* verhalten. **7.** *phys.* leiten. **con·duct·i·ble** [kən'dʌktəbl], **con'duc·tive** *adj phys.* leitfähig. **con'duc·tor** *s* **1.** Führer *m,* Leiter *m.* **2.** (*Bus-, Straßenbahn*)Schaffner *m*; *Am.* Zugbegleiter *m.* **3.** ♪ Dirigent *m.* **4.** *phys.* Leiter *m*; ⚡ *a.* Blitzableiter *m.* **con'duc·tress** *s* Schaffnerin *f.*

cone [kəʊn] **I** *s* **1.** ⚗ *u. fig.* Kegel *m.* **2.** ♣ (*Tannen- etc*)Zapfen *m.* **3.** *kegelförmiger Gegenstand, z. B.* a) Waffeltüte *f* (*für Speiseeis*), b) Pylon(e *f*) *m,* Leitkegel *m.* **II** *v/t* **4.** ***~ off*** mit Leitkegeln absperren.

con·fec·tion [kən'fekʃn] *s* Konfekt *n.* **con'fec·tion·er** *s* Konditor *m.* **con'fec·tion·er·y** *s* **1.** Süßwaren *pl.* **2.** Süßwarengeschäft *n*; Konditorei *f.*

con·fed·er·a·cy [kən'fedərəsɪ] *s* **1.** (Staaten)Bund *m.* **2.** Komplott *n,* Verschwörung *f.* **con'fed·er·ate** [~rət] **I** *adj* verbündet (***with*** mit), Bundes... **II** *s* Verbündete *m,* Bundesgenosse *m.* **III** *v/t u. v/i* [~reɪt] (sich) verbünden *od.* zs.-schließen. **conˌfed·er'a·tion** *s* **1.** Bund *m,* Bündnis *n.* **2.** (Staaten)Bund *m.*

con·fer [kən'fɜ:] **I** *v/t Titel etc* verleihen (***on*** *dat*). **II** *v/i* sich beraten (***with*** mit).

con·fer·ence ['kɒnfərəns] *s* Konferenz *f*: a) Tagung *f,* b) Besprechung *f*: ***be in ~*** in e-r Besprechung sein.

con·fess [kən'fes] **I** *v/t* **1.** bekennen, (ein)gestehen. **2.** zugeben (*a.* ***that*** daß). **3.** *eccl.* beichten; *j-m* die Beichte abnehmen. **II** *v/i* **4.** (***to***) (ein)gestehen (*acc*), sich schuldig bekennen (*gen od.* an *acc*), sich bekennen (zu): ***~ to doing s.th.*** (ein)gestehen, et. getan zu haben; ***he has ~ed*** ⚖ er hat gestanden, er ist geständig. **5.** *eccl.* beichten (***to*** *dat*). **con'fessed** *adj* erklärt. **con'fess·ed·ly** [~ɪdlɪ] *adv* zugestandener-, eingestandenermaßen. **con'fes·sion** [~ʃn] *s* **1.** Geständnis *n* (*a.* ⚖): ***make a full ~*** ein volles Geständnis ablegen. **2.** *eccl.* Beichte *f*: ***go to ~*** zur Beichte gehen; → ***auricular.*** **3.** *eccl.* Konfession *f*: a) Glaubensbekenntnis *n,* b) Glaubensgemeinschaft *f.* **con'fes·sion·al** [~ʃənl] **I** *adj* **1.** konfessionell, Konfessions... **2.** Beicht... **II** *s* **3.** Beichtstuhl *m*: ***secret of the ~*** Beichtgeheimnis *n.* **con'fes·sor** [~sə] *s eccl.* Beichtvater *m.*

con·fet·ti [kən'fetɪ] *s pl* (*sg konstruiert*) Konfetti *n.*

con·fi·dant [ˌkɒnfɪ'dænt] *s* Vertraute *m.* **con·fi·dante** [ˌ~'dænt] *s* Vertraute *f.*

con·fide [kən'faɪd] **I** *v/i* **1.** sich anvertrauen (***in*** *dat*). **2.** vertrauen (***in*** *dat od.* auf *acc*). **II** *v/t* **3.** ***~ s.th. to s.o.*** j-m et. anvertrauen.

con·fi·dence ['kɒnfɪdəns] *s* **1.** (***in***) Vertrauen *n* (auf *acc,* zu), Zutrauen *n* (zu): ***have ~ in*** Vertrauen haben zu; ***take s.o. into one's ~*** j-n ins Vertrauen ziehen; ***in ~*** → ***confidentially***; → ***strict.*** **2.** *a.* ***~ in o.s.*** Selbstvertrauen *n.* **3.** vertrauliche Mitteilung, *pl a.* Vertraulichkeiten *pl.* **~ game** *Am.* → ***confidence trick.*** **~ man** *s* (*irr* ***man***) Betrüger *m*; Hochstapler *m.* **~ trick** *s* aufgelegter Schwindel; Hochstapelei *f.* **~ trick·ster** → ***confidence man.***

con·fi·dent ['kɒnfɪdənt] *adj* □ **1.** (***of; that***) überzeugt (von; daß), sicher (*gen*; daß). **2.** *a.* ***~ in o.s.*** selbstsicher.

con·fi·den·tial [ˌ~'denʃl] *adj* **1.** vertraulich, geheim. **2.** vertraut, Vertrauens...: ***~ clerk*** ✝ Prokurist(in). **ˌcon·fiˈden·tial·ly** [~ʃəlɪ] *adv* vertraulich, im Vertrauen.

con·fine I *s* [ˈkɒnfaɪn] **1.** *mst pl* Grenze *f*, Grenzgebiet *n*, *fig*. Rand *m*, Schwelle *f*. **II** *v/t* [kənˈfaɪn] **2.** begrenzen, be-, einschränken (***to*** auf *acc*). **3.** einschließen, einsperren: ***~d to bed*** ans Bett gefesselt. **4.** ***be ~d*** (***of***) niederkommen (mit), entbunden werden (von). **conˈfine·ment** *s* **1.** Be-, Einschränkung *f*. **2.** Haft *f*: ***solitary ~*** Einzelhaft. **3.** Niederkunft *f*, Entbindung *f*.

con·firm [kənˈfɜːm] *v/t* **1.** bestätigen. **2.** *Entschluß* bekräftigen; *j-n* bestärken (***in*** in *dat*). **3.** *eccl.* konfirmieren; firmen. **con·fir·ma·tion** [ˌkɒnfəˈmeɪʃn] *s* **1.** Bestätigung *f*. **2.** Bekräftigung *f*; Bestärkung *f*. **3.** *eccl.* Konfirmation *f*; Firmung *f*. **conˈfirmed** *adj* **1.** fest (*Gewohnheit etc*). **2.** erklärt, überzeugt: ***~ bachelor*** eingefleischter Junggeselle.

con·fis·cate [ˈkɒnfɪskeɪt] *v/t* beschlagnahmen, konfiszieren. **ˌcon·fisˈca·tion** *s* Beschlagnahme *f*, Konfiszierung *f*.

con·flict I *s* [ˈkɒnflɪkt] *s* Konflikt *m*: a) Zs.-stoß *m*: → ***armed,*** b) Widerstreit *m*: ***come into ~ with*** in Konflikt geraten mit; ***~ of interests*** Interessenkonflikt *m*, -kollision *f*. **II** *v/i* [kənˈflɪkt] (***with***) kollidieren (mit), im Widerspruch *od.* Gegensatz stehen (zu). **conˈflict·ing** *adj* widersprüchlich.

con·form [kənˈfɔːm] **I** *v/t* **1.** anpassen (***to*** *dat od.* an *acc*). **2.** in Einklang bringen (***to*** mit). **II** *v/i* **3.** sich anpassen (***to*** *dat*). **4.** übereinstimmen (***to*** mit). **conˈform·i·ty** *s* **1.** Übereinstimmung *f*: ***be in ~*** übereinstimmen (***with*** mit); ***in ~ with*** in Übereinstimmung mit, gemäß (*dat*). **2.** Anpassung *f* (***to*** an *acc*).

con·found [kənˈfaʊnd] *v/t* **1.** verwechseln, durcheinanderbringen (***with*** mit). **2.** verwirren, durcheinanderbringen. **3.** ***~ it!*** verdammt! **conˈfound·ed** *adj* □ F verdammt.

con·front [kənˈfrʌnt] *v/t* **1.** (*oft feindlich*) gegenübertreten, -stehen (*dat*): ***be ~ed with*** *Schwierigkeiten etc* gegenüberstehen, sich gegenübersehen (*dat*). **2.** sich *e-r Gefahr etc* stellen. **3.** *a.* ⚖ (***with***) konfrontieren (mit), gegenüberstellen (*dat*): ***~ s.o. with s.th.*** j-m et. entgegenhalten. **con·fron·ta·tion** [ˌkɒnfrʌnˈteɪʃn] *s* Konfrontation *f* (*a. pol. etc*).

con·fuse [kənˈfjuːz] *v/t* **1.** verwechseln, durcheinanderbringen (***with*** mit). **2.** verwirren: a) in Unordnung bringen, b) aus der Fassung bringen, verlegen machen. **conˈfused** *adj* **1.** verwirrt: a) konfus, verworren, wirr, b) verlegen, bestürzt. **2.** undeutlich, verworren. **conˈfu·sion** [~ʒn] *s* **1.** Verwechs(e)lung *f*: ***~ of names*** Namensverwechslung. **2.** Verwirrung *f*: a) Durcheinander *n*: ***cause ~*** Verwirrung stiften *od.* anrichten; ***throw everything into ~*** alles durcheinanderbringen, b) Verlegenheit *f*, Bestürzung *f*: ***in ~*** → ***confused*** 1b; ***put to ~*** in Verlegenheit bringen.

con·fu·ta·tion [ˌkɒnfjuːˈteɪʃn] *s* Widerlegung *f*. **con·fute** [kənˈfjuːt] *v/t* widerlegen.

con·geal [kənˈdʒiːl] *v/t u. v/i* gefrieren *od.* gerinnen *od.* erstarren (lassen).

con·gen·ial [kənˈdʒiːnjəl] *adj* □ **1.** gleichartig, (geistes)verwandt (***with*** mit *od. dat*). **2.** sympathisch, angenehm (***to*** *dat*): ***be ~ to s.o.*** j-m zusagen. **3.** zuträglich (***to*** *dat od.* für): ***~ to one's health*** gesund.

con·gen·i·tal [kənˈdʒenɪtl] *adj* angeboren: ***~ defect*** Geburtsfehler *m*. **conˈgen·i·tal·ly** [~təlɪ] *adv* **1.** von Geburt (an). **2.** von Natur (aus).

con·gest·ed [kənˈdʒestɪd] *adj* **1.** verstopft: ***~ streets.*** **2.** überfüllt (***with*** von): ***~ area*** übervölkertes Gebiet, Ballungsgebiet *n*. **conˈges·tion** *s* **1.** Anhäufung *f*: ***~ of population*** Übervölkerung *f*; ***~ of traffic*** Verkehrsstockung *f*, -stauung *f*, -stau *m*. **2.** ⚕ Blutandrang *m* (***of the brain*** zum Gehirn).

con·glom·er·ate I *v/t u. v/i* [kənˈglɒməreɪt] (sich) zs.-ballen (***to*** zu). **II** *adj* [~rət] *fig.* zs.-gewürfelt. **III** *s* [~rət] Konglomerat *n*, zs.-gewürfelte Masse, Gemisch *n*. **conˌglom·erˈa·tion** → ***conglomerate*** III.

con·grats [kənˈgræts] *int bsd. Br.* F gratuliere!

con·grat·u·late [kənˈgrætʃʊleɪt] *v/t j-m* gratulieren, *j-n* beglückwünschen (***on*** zu). **conˌgrat·uˈla·tion** *s* Gratulation *f*, Glückwunsch *m*: ***~s!*** ich gratuliere!, herzlichen Glückwunsch! **conˈgrat·u·la·tor** *s* Gratulant(in). **conˈgrat·u·la-**

to·ry [ˌlətəri] *adj* Glückwunsch...: **~ telegram.**

con·gre·gate ['kɒŋgrɪgeɪt] *v/t u. v/i* (sich) versammeln. ˌ**con·gre'ga·tion** *s* **1.** Versammlung *f.* **2.** (Kirchen)Gemeinde *f.* ˌ**con·gre'ga·tion·al** [ˌʃənl] *adj eccl.* Gemeinde...

con·gress ['kɒŋgres] *s* **1.** Kongreß *m*, Tagung *f.* **2.** ♀ *pol. Am.* der Kongreß. **♀·man** ['ˌmən] *s* (*irr* **man**), '♀ˌ**wom·an** *s* (*irr* **woman**) *pol. Am.* Mitglied *n* des Repräsentantenhauses.

con·gru·ence ['kɒŋgrʊəns] *s* **1.** Übereinstimmung *f.* **2.** ⩓ Kongruenz *f* (*a. fig.*). '**con·gru·ent** *adj* □ **1.** übereinstimmend (**to, with** mit). **2.** ⩓ kongruent (*a. fig.*). **con·gru·i·ty** [ˌ'gru:ətɪ] → **congruence. con·gru·ous** ['ˌgrʊəs] → **congruent.**

con·ic, con·i·cal ['kɒnɪk(l)] *adj* □ konisch, kegelförmig: **conic section** ⩓ Kegelschnitt *m.*

co·ni·fer ['kɒnɪfə] *s* ♀ Nadelbaum *m.* **co·nif·er·ous** [kəʊ'nɪfərəs] *adj* zapfentragend; Nadel...: **~ tree.**

con·jec·tur·al [kən'dʒektʃərəl] *adj* □ mutmaßlich. **con'jec·ture I** *s* Vermutung *f*, Mutmaßung *f*: **be reduced to ~** auf Vermutungen angewiesen sein. **II** *v/t* vermuten, mutmaßen. **III** *v/i* Vermutungen anstellen, mutmaßen (**of, about** über *acc*).

con·ju·gal ['kɒndʒʊgl] *adj* □ ehelich: **~ life** Eheleben *n.* **con·ju·gate** ['ˌgeɪt] *ling.* **I** *v/t* konjugieren, beugen. **II** *v/i* konjugiert *od.* gebeugt werden. ˌ**con·ju'ga·tion** *s ling.* Konjugation *f*, Beugung *f.*

con·junc·tion [kən'dʒʌŋkʃn] *s* **1.** Verbindung *f*: **in ~ with** in Verbindung *od.* zusammen mit. **2.** Zs.-treffen *n* (*von Ereignissen etc*). **3.** *ling.* Konjunktion *f*, Bindewort *n.* **con·junc·ti·va** [ˌkɒndʒʌŋk'taɪvə] *pl* **-vas, -vae** [ˌvi:] *s anat.* Bindehaut *f.* **con·junc·ti·vi·tis** [kənˌdʒʌŋktɪ'vaɪtɪs] *s* ⚕ Bindehautentzündung *f.*

con·jure ['kʌndʒə] **I** *v/t* **1.** [kən'dʒʊə] beschwören (**to do** zu tun). **2.** *Teufel etc* beschwören, anrufen: **~ up** heraufbeschwören (*a. fig.*). **3. ~ away** wegzaubern; **~ up** hervorzaubern (*a. fig.*). **II** *v/i* **4.** zaubern. '**con·jur·er** *s* **1.** Zauberer *m.* **2.** Zauberkünstler *m.* '**con·jur·ing trick** *s* Zauberkunststück *n*, -trick *m.* '**con·jur·or** → **conjurer.**

conk[1] [kɒŋk] *s sl.* Riecher *m* (*Nase*); Birne *f* (*Kopf*).

conk[2] [ˌ] *v/i sl. mst* **~ out 1.** streiken, den Geist aufgeben (*Fernseher etc*), absterben (*Motor*). **2.** a) umkippen (*ohnmächtig werden*), b) *vor Erschöpfung etc* zs.-klappen, c) *a.* **~ off** einpennen. **3.** den Löffel weglegen (*sterben*).

con·nect [kə'nekt] **I** *v/t* **1.** verbinden (**with** mit) (*a. fig.*). **2.** *fig.* in Zs.-hang *od.* Verbindung bringen (**with** mit). **3.** ⚙ (**to**) verbinden (mit), *Wagen etc* anhängen, ankuppeln (an *acc*). **4.** ⚡ (**to**) anschließen (an *acc*), zuschalten (*dat*). **5.** *teleph.* verbinden (**to, with** mit): **~ s.o. further** j-n weiterverbinden. **II** *v/i* **6.** 🚂 *etc* Anschluß haben (**with** an *acc*). **con'nect·ed** *adj* **1.** verbunden. **2.** (logisch) zs.-hängend. **3.** verwandt: **~ by marriage** verschwägert; **be well ~** einflußreiche Verwandte *od.* gute Beziehungen haben. **4.** (**with**) verwickelt (in *acc*), beteiligt (an *dat*). **con'nect·ing** *adj* Verbindungs...: **~ door; ~ flight** Anschlußflug *m*; **~ train** Anschlußzug *m.* **con'nec·tion** *s* **1.** Verbindung *f.* **2.** ⚙ *allg.* Verbindung *f*, Anschluß *m* (*a.* ⚡, 🚂, *teleph. etc*). **3.** Zs.-hang *m*: **in this ~** in diesem Zs.-hang; **in ~ with** in Zs.-hang mit; mit Bezug auf (*acc*). **4.** *pl geschäftliche, gute etc* Beziehungen *od.* Verbindungen *pl*; Bekannten-, Kundenkreis *m.* **con'nec·tive I** *adj* □ verbindend: **~ tissue** *anat.* Bindegewebe *f*; **~ word** →II. **II** *s ling.* Bindewort *n.*

con·nex·ion *bsd. Br.* → **connection.**

con·nois·seur [ˌkɒnə'sɜ:] *s* (*Wein- etc*) Kenner *m.*

con·no·ta·tion [ˌkɒnəʊ'teɪʃn] *s* Nebenbedeutung *f.* **con·note** [kə'nəʊt] *v/t* (zugleich) bedeuten.

con·quer ['kɒŋkə] *v/t* **1.** erobern (*a. fig.*). **2.** besiegen, *fig. a.* bezwingen. '**con·quer·or** *s* Eroberer *m.*

con·quest ['kɒŋkwest] *s* **1.** Eroberung *f* (*a. fig. Person*): **make a ~ of s.o.** j-n erobern. **2.** Besiegung *f*, *fig. a.* Bezwingung *f.*

con·san·guin·e·ous [ˌkɒnsæŋ'gwɪnɪəs] *adj* blutsverwandt. ˌ**con·san'guin·i·ty** *s* Blutsverwandtschaft *f.*

con·science ['kɒnʃəns] *s* Gewissen *n*: **a**

good (***guilty***) ~ ein gutes (schlechtes) Gewissen; ***for ~'s sake*** um das Gewissen zu beruhigen; ***act on ~*** nach s-m Gewissen handeln, s-m Gewissen folgen; ***have s.th. on one's ~*** Gewissensbisse *od.* ein schlechtes Gewissen haben wegen et.

con·sci·en·tious [ˌkɒnʃɪ'enʃəs] *adj* □ **1.** gewissenhaft. **2.** Gewissens...: ***~ objector*** Kriegs-, Wehrdienstverweigerer *m* (*aus Gewissensgründen*). **ˌcon·sci'en·tious·ness** *s* Gewissenhaftigkeit *f.*

con·scious ['kɒnʃəs] *adj* □ **1.** bei Bewußtsein. **2.** ***be ~ of*** sich bewußt sein (*gen*), sich im klaren sein über (*acc*). **3.** bewußt, absichtlich. **'con·scious·ness** *s* Bewußtsein *n*: ***lose ~*** das Bewußtsein verlieren; ***regain ~*** wieder zu sich kommen; ***~-expanding*** bewußtseinserweiternd.

con·script ⚔ **I** *v/t* [kən'skrɪpt] **1.** einziehen, -berufen. **II** *s* ['kɒnskrɪpt] **2.** Wehr(dienst)pflichtige *m.* **3.** Einberufene *m.* **con·scrip·tion** [kən'skrɪpʃn] *s* **1.** Einziehung *f*, -berufung *f.* **2.** Wehrpflicht *f.*

con·se·crate ['kɒnsɪkreɪt] *v/t* **1.** *eccl.* weihen. **2.** weihen, widmen (***to*** *dat*). **ˌcon·se'cra·tion** *s* **1.** *eccl.* Weihe *f*, Weihung *f.* **2.** Hingabe *f* (***to*** an *acc*).

con·sec·u·tive [kən'sekjʊtɪv] *adj* **1.** aufeinanderfolgend: ***for two ~ days*** zwei Tage hintereinander. **2.** (fort)laufend (*Nummer*). **3.** ***~ clause*** *ling.* Konsekutiv-, Folgesatz *m.* **con'sec·u·tive·ly** *adv* **1.** nach-, hintereinander. **2.** (fort)laufend.

con·sen·sus [kən'sensəs] *s a.* ***~ of opinion*** (allgemein) übereinstimmende Meinung, (allgemeine) Übereinstimmung.

con·sent [kən'sent] **I** *v/i* **1.** (***to***) zustimmen (*dat*), einwilligen (in *acc*). **2.** sich bereit erklären (***to do*** zu tun). **II** *s* **3.** (***to***) Zustimmung *f* (zu), Einwilligung *f* (in *acc*): ***with the ~ of*** mit Zustimmung von (*od. gen*); ***with one ~*** einstimmig, -mütig.

con·se·quence ['kɒnsɪkwəns] *s* **1.** Folge *f*, Konsequenz *f*: ***in ~*** folglich, daher; ***in*** (*od.* ***as a***) ***~ of*** infolge von (*od. gen*); ***take the ~s*** die Folgen tragen; ***with the ~ that*** mit dem Ergebnis, daß. **2.** Folgerung *f*, Schluß *m.* **3.** Bedeutung *f*, Wichtigkeit *f*: ***of*** (***no***) ***~*** von (ohne) Bedeutung, (un)bedeutend, (un)wichtig (***to*** für); ***a person of great ~*** e-e bedeutende *od.* einflußreiche Persönlichkeit. **'con·se·quent** *adj* (***on***) folgend (*dat od.* auf *acc*); sich ergebend (aus). **'con·se·quent·ly** *adv* folglich, daher.

con·ser·va·tion [ˌkɒnsə'veɪʃn] *s* **1.** Erhaltung *f*, Bewahrung *f.* **2.** Natur- *od.* Umweltschutz *m*: ***~ area*** Naturschutzgebiet *n.* **3.** Konservieren *n*, Haltbarmachen *n.* **ˌcon·ser'va·tion·ist** *s* Natur- *od.* Umweltschützer(in). **con·serv·a·tive** [kən'sɜːvətɪv] **I** *adj* □ **1.** konservativ (*pol. mst* ♀). **2.** vorsichtig (*Schätzung etc*). **II** *s* **3.** *mst* ♀ *pol.* Konservative *m, f.* **4.** konservativer Mensch. **con'ser·va·toire** [~twɑː] *s* Konservatorium *n*, Musik(hoch)schule *f.* **con'serv·a·to·ry** [~trɪ] *s* **1.** Treib-, Gewächshaus *n*, *bsd.* Wintergarten *m.* **2.** → ***conservatoire.*** **con'serve** **I** *v/t* **1.** erhalten, bewahren. **2.** konservieren, haltbar machen, *Obst etc* einmachen. **II** *s* **3.** *mst pl* Eingemachte *n.*

con·sid·er [kən'sɪdə] **I** *v/t* **1.** nachdenken über (*acc*). **2.** betrachten *od.* ansehen als, halten für: ***~ s.th.*** (***to be***) ***a mistake; be ~ed rich*** als reich gelten. **3.** sich überlegen, erwägen (***doing*** zu tun). **4.** berücksichtigen, in Betracht ziehen. **5.** Rücksicht nehmen auf (*acc*), denken an (*acc*). **6.** finden, meinen, denken (***that*** daß). **II** *v/i* **7.** nachdenken, überlegen. **con'sid·er·a·ble** *adj* □ **1.** beachtlich, beträchtlich. **2.** bedeutend, wichtig (*beide a. Person*). **con'sid·er·ate** [~rət] *adj* □ aufmerksam, rücksichtsvoll (***to, toward***[***s***] gegen): ***be ~ of*** Rücksicht nehmen auf (*acc*). **conˌsid·er'a·tion** [~'reɪʃn] *s* **1.** Erwägung *f*, Überlegung *f*: ***take into ~*** in Erwägung *od.* Betracht ziehen; ***leave out of ~*** ausklammern; ***on*** (*od.* ***under***) ***no ~*** unter keinen Umständen. **2.** Berücksichtigung *f*: ***in ~ of*** in Anbetracht (*gen*). **3.** Rücksicht(nahme) *f* (***for, of*** auf *acc*): ***lack of ~*** Rücksichtslosigkeit *f.* **4.** (zu berücksichtigender) Grund: ***money is no ~*** Geld spielt keine Rolle. **con'sid·er·ing** **I** *prp* in Anbetracht (*gen*). **II** *cj*: ***~ that*** in Anbetracht der Tatsache, daß. **III** *adv* F alles in allem.

con·sign [kən'saɪn] *v/t* **1.** übergeben (***to***

dat). **2.** ⚜ *Waren* übersenden, zusenden (*to dat*). **con·sig·nee** [ˌkɒnsaɪˈniː] *s* ⚜ Empfänger *m*. **con·sign·er** [kənˈsaɪnə] → **consignor. conˈsign·ment** *s* ⚜ **1.** Übersendung *f*, Zusendung *f*: ~ **note** Frachtbrief *m*. **2.** (Waren)Sendung *f*. **conˈsign·or** *s* ⚜ Übersender *m*.

con·sist [kənˈsɪst] *v/i* **1.** ~ **of** bestehen *od*. sich zs.-setzen aus. **2.** ~ **in** bestehen in (*dat*). **conˈsist·ence, conˈsist·en·cy** *s* **1.** Konsistenz *f*, Beschaffenheit *f*, (Grad *m* der) Festigkeit *f od*. Dichtigkeit *f*. **2.** *fig*. Konsequenz *f*, Folgerichtigkeit *f*. **3.** *fig*. Übereinstimmung *f*, Einklang *m*. **conˈsist·ent** *adj* □ **1.** konsistent, fest, dicht. **2.** *fig*. konsequent, folgerichtig. **3.** *fig*. übereinstimmend, vereinbar, in Einklang stehend (**with** mit). **4.** *fig*. beständig (*Leistung etc*).

con·so·la·tion [ˌkɒnsəˈleɪʃn] *s* Trost *m*: ~ **goal** (*Sport*) Ehrentor *n*; ~ **prize** Trostpreis *m*. **con·sol·a·to·ry** [kənˈsɒlətərɪ] *adj* tröstend, tröstlich.

con·sole[1] [ˈkɒnsəʊl] *s* **1.** Konsole *f*: ~ **table** Konsoltischchen *n*. **2.** (Fernseh-, Musik)Truhe *f*, (Radio)Schrank *m*. **3.** ⚡ Schalt-, Steuerpult *n*.

con·sole[2] [kənˈsəʊl] *v/t* trösten: ~ **s.o. for s.th.** j-n über et. hinwegtrösten.

con·sol·i·date [kənˈsɒlɪdeɪt] **I** *v/t* **1.** (ver)stärken, festigen (*beide a. fig*.). **2.** ⚔ *Truppen* zs.-ziehen. **3.** ⚜ *Gesellschaften* zs.-schließen, -legen. **4.** ⚙ verdichten. **II** *v/i* **5.** ⚜ sich zs.-schließen. **6.** ⚙ sich verdichten. **conˌsol·iˈda·tion** *s* **1.** (Ver)Stärkung *f*, Festigung *f*. **2.** ⚔ Zs.-ziehung *f*. **3.** ⚜ Zs.-legung *f*; Zs.-schluß *m*. **4.** ⚙ Verdichtung *f*.

con·som·mé [kənˈsɒmeɪ] *s* Consommé *f* (*klare Kraftbrühe*).

con·so·nant [ˈkɒnsənənt] **I** *adj* □ **1.** gleichlautend. **2.** übereinstimmend (**with** mit). **II** *s* **3.** *ling*. Konsonant *m*.

con·sort [ˈkɒnsɔːt] *s* Gemahl(in): **prince** ~ Prinzgemahl. **conˈsor·ti·um** [~tjəm] *pl* **-ti·a** [~ə] *s* ⚜ Konsortium *n*: ~ **of banks** Bankenkonsortium.

con·spic·u·ous [kənˈspɪkjʊəs] *adj* □ **1.** deutlich sichtbar: **be** ~ *a*. in die Augen fallen. **2.** auffallend, -fällig: **make o.s.** ~ sich auffällig benehmen, auffallen. **3.** bemerkenswert (**for** wegen): **be** ~ **by one's absence** durch Abwesenheit glänzen; **render o.s.** ~ sich hervortun.

con·spir·a·cy [kənˈspɪrəsɪ] *s* Verschwörung *f*. **conˈspir·a·tor** *s* Verschwörer *m*. **con·spire** [~ˈspaɪə] *v/i* **1.** sich verschwören (**against** gegen) (*a. fig*.). **2.** *fig*. zs.-wirken.

con·sta·ble [ˈkʌnstəbl] *s bsd. Br*. Polizist *m*, Wachtmeister *m*. **con·stab·u·lar·y** [kənˈstæbjʊlərɪ] *s bsd. Br*. Polizei *f* (*e-s Bezirks*).

con·stan·cy [ˈkɒnstənsɪ] *s* **1.** Konstanz *f*, Beständigkeit *f*. **2.** Bestand *m*, Dauer *f*. **3.** *fig*. Standhaftigkeit *f*. **ˈcon·stant I** *adj* □ **1.** konstant (*a. phys*., ⩚ *etc*), beständig, gleichbleibend. **2.** (be)ständig, (an)dauernd: ~ **rain** anhaltender Regen. **3.** *fig*. standhaft, beharrlich. **II** *s* **4.** *phys*., ⩚ Konstante *f*.

con·stel·la·tion [ˌkɒnstəˈleɪʃn] *s ast*. Konstellation *f* (*a. fig*.), Sternbild *n*.

con·ster·na·tion [ˌkɒnstəˈneɪʃn] *s* Bestürzung *f*: **in** ~ konsterniert, bestürzt; **to my** ~ zu m-r Bestürzung.

con·sti·pate [ˈkɒnstɪpeɪt] *v/t* ⚕ verstopfen: **be** ~**d** an Verstopfung leiden. **ˌcon·stiˈpa·tion** *s* Verstopfung *f*.

con·stit·u·en·cy [kənˈstɪtjʊənsɪ] *s* **1.** Wählerschaft *f*. **2.** Wahlbezirk *m*, -kreis *m*. **conˈstit·u·ent I** *adj* **1.** e-n (Bestand)Teil bildend: ~ **part** → 4. **2.** *pol*. Wähler..., Wahl...: ~ **body** Wählerschaft *f*. **3.** ~ **assembly** *pol*. verfassunggebende Versammlung. **II** *s* **4.** (wesentlicher) Bestandteil. **5.** *pol*. Wähler(in).

con·sti·tute [ˈkɒnstɪtjuːt] *v/t* **1.** ernennen, einsetzen: ~ **s.o. a judge** j-n als Richter einsetzen *od*. zum Richter ernennen. **2.** *Gesetz* erlassen, in Kraft setzen. **3.** einrichten, gründen, *Ausschuß etc* einsetzen. **4.** ausmachen, bilden, darstellen. **ˌcon·stiˈtu·tion** *s* **1.** Zs.-setzung *f*, (Auf)Bau *m*. **2.** Konstitution *f*, körperliche Veranlagung. **3.** Natur *f*, Wesen *n*: **by** ~ von Natur (aus). **4.** Einrichtung *f*, Gründung *f*, Einsetzung *f*. **5.** *pol*. Verfassung *f*. **ˌcon·stiˈtu·tion·al** [~ʃənl] **I** *adj* □ **1.** ⚕ konstitutionell, anlagebedingt. **2.** *pol*. a) verfassungsgemäß, Verfassungs...: → **monarchy**, b) rechtsstaatlich: ~ **state** Rechtsstaat *m*. **II** *s* **3.** F Gesundheitsspaziergang *m*.

con·strain [kənˈstreɪn] *v/t* **1.** *j-n* zwingen, nötigen: **feel** ~**ed to do s.th.** sich gezwungen fühlen, et. zu tun. **2.** *et.* erzwingen. **con'straint** [~'streɪnt] *s* Zwang *m*, Nötigung *f*: ***under ~*** unter Zwang, gezwungen.

con·struct [kən'strʌkt] *v/t* **1.** errichten, bauen. **2.** ⚙ konstruieren (*a. ling.*, ⩚), bauen. **3.** *fig.* gestalten, ausarbeiten. **con'struc·tion** [~kʃn] *s* **1.** Errichtung *f*, Konstruktion *f* (*a.* ⚙, ⩚, *ling.*): ***under ~*** im Bau (befindlich); ***~ industry*** Baugewerbe *n*, -wirtschaft *f*; ***~ site*** Baustelle *f*. **2.** Bauweise *f*: ***steel ~*** Stahlkonstruktion *f*. **3.** Bau(werk *n*) *m*. **4.** *fig.* Aufbau *m*, Gestaltung *f*. **con'struc·tion·al** [~ʃənl] *adj* Konstruktions..., baulich. **con'struc·tive** *adj* □ **1.** konstruktiv (*a. Kritik*), schöpferisch. **2.** → ***constructional.*** **con'struc·tor** *s* Erbauer *m*; Konstrukteur *m*.

con·strue [kən'struː] *v/t ling.* konstruieren.

con·sul ['kɒnsəl] *s* Konsul *m*: ***~ general*** Generalkonsul *m*. **con·su·lar** ['~sjʊlə] *adj* Konsulats..., Konsular..., konsularisch. **con·su·late** ['~lət] *s* Konsulat *n* (*a. Gebäude*): ***~ general*** Generalkonsulat.

con·sult [kən'sʌlt] **I** *v/t* **1.** um Rat fragen, zu Rate ziehen, konsultieren (***about*** wegen). **2.** in *e-m Buch* nachschlagen *od.* -sehen. **3.** berücksichtigen. **II** *v/i* **4.** (sich) beraten (***about*** über *acc*). **con'sult·ant** *s* **1.** (fachmännischer) Berater. **2.** ⚕ fachärztlicher Berater; Facharzt *m* (*an e-m Krankenhaus*). **con·sul·ta·tion** [ˌkɒnsəl'teɪʃn] *s* Beratung *f*, Konsultation *f*: ***on ~ with*** nach Rücksprache mit; ***~ hour*** Sprechstunde *f*. **con'sult·ing** *adj* beratend: ***~ room*** Sprechzimmer *n*.

con·sume [kən'sjuːm] *v/t* **1.** zerstören, vernichten: ***be ~d by fire*** ein Raub der Flammen werden. **2.** *fig.* verzehren: ***be ~d with hatred*** von Haß verzehrt werden. **3.** auf-, verzehren. **4.** auf-, verbrauchen, konsumieren. **5.** verschwenden, -geuden (***on*** für). **6.** *Aufmerksamkeit etc* in Anspruch nehmen. **con'sum·er** *s* Verbraucher(in), Konsument(in): ***~ goods*** *pl* Konsumgüter *pl*; ***~ protection*** Verbraucherschutz *m*.

con·sum·mate I *v/t* ['kɒnsəmeɪt] **1.** vollenden; *Ehe* vollziehen. **2.** vollkommen machen. **II** *adj* [kən'sʌmɪt] **3.** vollendet, vollkommen. **con·sum·ma·tion** [ˌkɒnsə'meɪʃn] *s* Vollendung *f*; Vollziehung *f*.

con·sump·tion [kən'sʌmpʃn] *s* **1.** Verbrauch *m* (***of*** an *dat*), ⚚ *a.* Konsum *m*. **2.** Verzehr *m*: ***(un)fit for human ~*** für den menschlichen Verzehr (un)geeignet.

con·tact ['kɒntækt] **I** *s* **1.** Kontakt *m* (*a.* ⚡ *u. fig.*), Berührung *f*: ***make ~s*** Verbindungen anknüpfen *od.* herstellen; ***business ~s*** *pl* Geschäftsverbindungen *pl*; ***~ lens*** Haftlinse *f*, -schale *f*, Kontaktlinse *f*, -schale *f*. **2.** ⚕ Kontaktperson *f*. **3.** *a.* ***~ man*** Verbindungs-, Kontaktmann *m*. **II** *v/t* **4.** Kontakt aufnehmen mit, sich in Verbindung setzen mit.

con·ta·gion [kən'teɪdʒən] *s* ⚕ Ansteckung *f* (*durch Berührung*); ansteckende Krankheit. **con'ta·gious** *adj* □ ⚕ ansteckend (*a. fig.*).

con·tain [kən'teɪn] *v/t* **1.** enthalten. **2.** aufnehmen, fassen. **3.** *fig.* zügeln, zurückhalten: ***~ o.s.*** (an) sich halten, sich beherrschen. **con'tain·er** *s* **1.** Behälter *m*, (*Benzin- etc*)Kanister *m*. **2.** ⚚ Container *m*: ***~ ship*** Containerschiff *n*. **con'tain·er·ize** *v/t* **1.** auf Containerbetrieb umstellen. **2.** in Containern transportieren.

con·tam·i·nate [kən'tæmɪneɪt] *v/t* **1.** verunreinigen. **2.** infizieren, vergiften (*beide a. fig.*), (*a.* radioaktiv) verseuchen. **conˌtam·i'na·tion** *s* **1.** Verunreinigung *f*. **2.** Infizierung *f*, Vergiftung *f* (*beide a. fig.*), (*a.* radioaktive) Verseuchung.

con·tem·plate ['kɒntempleɪt] **I** *v/t* **1.** (nachdenklich) betrachten. **2.** nachdenken über (*acc*). **3.** erwägen, beabsichtigen (***doing*** zu tun). **4.** erwarten, rechnen mit. **II** *v/i* **5.** nachdenken (***about, on*** über *acc*). **ˌcon·tem'pla·tion** *s* **1.** (nachdenkliche) Betrachtung. **2.** Nachdenken *n*. **3.** Erwägung *f*: ***be in ~*** erwogen werden. **'con·tem·pla·tive** *adj* □ nachdenklich.

con·tem·po·ra·ne·ous [kənˌtempə'reɪnjəs] *adj* □ gleichzeitig: ***be ~ with*** zeitlich zs.-fallen mit. **con'tem·po·ra·ry I** *adj* □ **1.** zeitgenössisch. **2.** → ***contemporaneous.*** **3.** gleichalt(e)rig. **II** *s* **4.** Zeitgenosse *m*, -genossin *f*. **5.** Altersgenosse *m*, -genossin *f*.

con·tempt [kən'tempt] *s* **1.** Verachtung *f*: **~ *of death*** Todesverachtung; ***feel ~ for, hold in ~*** verachten; ***feel nothing but ~ for*** nur Verachtung übrig haben für; ***beneath ~*** unter aller Kritik; einfach lächerlich. **2.** Mißachtung *f*: **~ (*of court*)** ⚖ Mißachtung des Gerichts. **con'tempt·i·ble** *adj* □ verächtlich, verachtenswert. **con'temp·tu·ous** [~tʃʊəs] *adj* □ verächtlich, geringschätzig: ***be ~ of s.th.*** et. verachten.

con·tend [kən'tend] **I** *v/i* **1.** kämpfen, ringen (***with*** mit; ***for*** um). **2.** *mit Worten* streiten (***about*** über *acc*). **3.** wetteifern, sich bewerben (***for*** um). **II** *v/t* **4.** behaupten (***that*** daß).

con·tent¹ ['kɒntent] *s* **1.** *e-s Buchs etc*: a) Gehalt *m*, Aussage *f*, b) *pl* Inhalt *m* (*a. e-r Tasche etc*): (***table of***) **~*s*** Inhaltsverzeichnis *n*. **2.** ⚗ Gehalt *m* (***of*** an *dat*): ***gold ~*** Goldgehalt.

con·tent² [kən'tent] **I** *adj* zufrieden (***with*** mit): ***have to be ~ with*** sich begnügen müssen mit. **II** *v/t* zufriedenstellen: **~ *o.s. with*** sich zufrieden geben *od.* begnügen mit. **III** *s* Zufriedenheit *f*: → ***heart*** 1. **con'tent·ed** *adj* □ zufrieden (***with*** mit).

con·ten·tion [kən'tenʃn] *s* **1.** Streit *m*, Zank *m*: ***bone of ~*** *fig.* Zankapfel *m*. **2.** Streitpunkt *m*. **3.** Behauptung *f*: ***my ~ is that*** ich behaupte, daß. **con'ten·tious** *adj* □ **1.** streitsüchtig. **2.** umstritten, strittig: **~ *point*** Streitpunkt *m*.

con·tent·ment [kən'tentmənt] *s* Zufriedenheit *f*.

con·test I *s* ['kɒntest] **1.** (Wett)Kampf *m*; Wettbewerb *m* (***for*** um). **II** *v/t* [kən'test] **2.** kämpfen um; sich bewerben um. **3.** bestreiten, *a.* ⚖ anfechten: **~ *s.o.'s right to do s.th.*** j-m das Recht streitig machen, et. zu tun. **III** *v/i* [kən'test] **4.** wetteifern (***with, against*** mit). **con'test·ant** *s* **1.** (Wettkampf-) Teilnehmer(in). **2.** (Mit)Bewerber(in). **con'test·ed** → ***contentious*** 2.

con·text ['kɒntekst] *s* Zs.-hang *m*, Kontext *m*: ***in this ~*** in diesem Zs.-hang; ***out of ~*** aus dem Zs.-hang gerissen.

con·ti·nent ['kɒntɪnənt] *s* **1.** Kontinent *m*, Erdteil *m*. **2. *the*** ♀ *Br.* das (europäische) Festland. **con·ti·nen·tal** [ˌ~'nentl] **I** *adj* **1.** kontinental, Kontinental... **2.** *mst* ♀ *Br.* kontinental(europäisch): **~ *breakfast*** kleines Frühstück; **~ *quilt*** Federbett *n*. **II** *s* **3.** ♀ *Br.* Kontinentaleuropäer(in).

con·tin·gen·cy [kən'tɪndʒənsɪ] *s* **1.** Zufälligkeit *f*. **2.** Möglichkeit *f*, Eventualität *f*: **~ *plan*** Notplan *m*. **con'tin·gent I** *adj* □ **1.** (***on***) abhängig (von), bedingt (durch). **2.** möglich, eventuell. **3.** zufällig. **II** *s* **4.** (⚔ Truppen)Kontingent *n*, Anteil *m*.

con·tin·u·al [kən'tɪnjʊəl] *adj* □ **1.** (an)dauernd, ständig. **2.** immer wiederkehrend, sich wiederholend: ***a ~ knocking*** ein wiederholtes Klopfen. **con'tin·u·ance** → ***continuation***. **conˌtin·u'a·tion** *s* **1.** Fortsetzung *f*. **2.** Fortbestand *m*, -dauer *f*. **con'tin·ue** [~juː] **I** *v/i* **1.** fortfahren, weitermachen. **2.** andauern, anhalten. **3.** (fort)bestehen. **4.** (ver)bleiben: **~ *in office*** im Amt bleiben. **5.** a) **~ *to do,* ~ *doing*** (auch) weiterhin tun: **~ *to sing*** weitersingen, b) **~ *to be,* ~ *being*** weiterhin *od.* noch immer ... sein. **II** *v/t* **6.** fortsetzen, -führen, -fahren mit: ***to be ~d*** Fortsetzung folgt. **7.** beibehalten, erhalten. **con·ti·nu·i·ty** [ˌkɒntɪ'njuːətɪ] *s* **1.** Kontinuität *f*. **2.** *Film*: Drehbuch *n*; *Rundfunk, TV*: Manuskript *n*: **~ *girl*** Scriptgirl *n*. **con·tin·u·ous** [kən'tɪnjʊəs] *adj* □ **1.** ununterbrochen, unaufhörlich. **2.** kontinuierlich: **~ *current*** ⚡ Gleichstrom *m*. **3.** **~ *form*** *ling.* Verlaufsform *m*.

con·tort [kən'tɔːt] **I** *v/t* **1.** *Glieder* verdrehen, verrenken. **2.** *Gesicht* verzerren, -ziehen (***with*** vor *dat*): **~*ed with pain*** schmerzverzerrt. **3.** *fig. Tatsachen etc* verdrehen. **II** *v/i* **4.** sich verzerren *od.* verziehen (***with*** vor *dat*; ***in a grimace*** zu e-r Grimasse). **con'tor·tion** *s* **1.** Verrenkung *f*. **2.** Verzerrung *f*. **3.** *fig.* Verdrehung *f*. **con'tor·tion·ist** *s* **1.** Schlangenmensch *m*. **2.** *a.* ***verbal ~*** Wortverdreher(in).

con·tour ['kɒnˌtʊə] *s* Kontur *f*, Umriß *m*.

con·tra·band ['kɒntrəbænd] *s* **1.** Schmuggelware *f*. **2.** Schmuggel *m*.

con·tra·cep·tion [ˌkɒntrə'sepʃn] *s* ⚕ Empfängnisverhütung *f*. **ˌcon·tra'cep·tive** *adj u. s* empfängnisverhütend(es Mittel).

con·tract I *s* ['kɒntrækt] **1.** Vertrag *m*: **~ *of employment*** Arbeitsvertrag; **~ *of***

sale Kaufvertrag; ***enter into*** (*od.* ***make***) ***a ~*** e-n Vertrag abschließen; ***by ~*** vertraglich; ***be under ~*** unter Vertrag stehen (***with, to*** bei). **II** *v/t* [kən'trækt] **2.** *Muskel etc* zs.-ziehen, *Stirn* runzeln. **3.** *Gewohnheit* annehmen; sich *e-e Krankheit* zuziehen. **4.** *Schulden* machen. **5.** *Verpflichtung* eingehen; *Ehe etc* schließen. **III** *v/i* [kən'trækt] **6.** sich zs.-ziehen. **7.** e-n Vertrag abschließen; sich vertraglich verpflichten (***to do*** zu tun; ***for*** zu): ***~ for s.th.*** et. vertraglich festsetzen. **con'trac·tion** *s* Zs.-ziehung *f*. **con'trac·tor** *s* (*bsd.* Bau)Unternehmer *m*; (Vertrags)Lieferant *m*. **con'trac·tu·al** [~tʃʊəl] *adj* □ vertraglich, Vertrags...

con·tra·dict [ˌkɒntrə'dɪkt] *v/t* **1.** *j-m, e-r Sache* widersprechen, *et.* bestreiten. **2.** widersprechen (*dat*), im Widerspruch stehen zu, unvereinbar sein mit. **ˌcon·tra'dic·tion** *s* **1.** Widerspruch *m*, -rede *f*. **2.** Unvereinbarkeit *f*: ***be in ~ to*** im Widerspruch stehen zu; ***~ in terms*** Widerspruch *m* in sich selbst. **ˌcon·tra'dic·to·ry** *adj* □ **1.** (***to***) widersprechend (*dat*), im Widerspruch stehend (zu), unvereinbar (mit). **2.** sich widersprechend, widersprüchlich.

con·tral·to [kən'træltəʊ] *pl* **-tos** *s* ♪ Alt(stimme *f*) *m*; Altistin *f*.

con·trap·tion [kən'træpʃn] *s* F (komischer) Apparat.

con·tra·ry ['kɒntrərɪ] **I** *adj* **1.** entgegengesetzt (***to*** *dat*). **2.** einander entgegengesetzt, gegensätzlich. **3.** widrig, ungünstig (*Wind, Wetter*). **4.** (***to***) verstoßend (gegen), im Widerspruch (zu). **II** *adv* **5.** im Widerspruch (***to*** zu): ***~ to expectations*** wider Erwarten; ***act ~ to*** zuwiderhandeln (*dat*); → ***law*** 1. **III** *s* **6.** Gegenteil *n*: ***on the ~*** im Gegenteil; ***be the ~ to*** das Gegenteil sein von; ***to the ~*** gegenteilig; ***proof to the ~*** Gegenbeweis *m*.

con·trast I *s* ['kɒntrɑːst] **1.** Kontrast *m* (*a. TV etc*), Gegensatz *m* (***between*** zwischen *dat*): ***form a ~*** e-n Kontrast bilden (***to*** zu); ***by ~ with*** im Vergleich mit; ***in ~ to*** (*od.* ***with***) im Gegensatz zu. **II** *v/t* [kən'trɑːst] **2.** entgegensetzen, gegenüberstellen (***with*** *dat*). **III** *v/i* [kən'trɑːst] **3.** sich abheben, abstechen (***with*** von, gegen): ***~ing colo(u)rs*** *pl* Kontrastfarben *pl*. **4.** e-n Gegensatz bilden, im Gegensatz stehen (***with*** zu).

con·tra·vene [ˌkɒntrə'viːn] *v/t* **1.** zuwiderhandeln (*dat*), *Gesetz* übertreten, verstoßen gegen. **2.** im Widerspruch stehen zu. **con·tra·ven·tion** [ˌ~'venʃn] *s* (***of***) Zuwiderhandlung *f* (gegen), Übertretung *f* (von *od. gen*): ***in ~ to*** entgegen (*dat*).

con·trib·ute [kən'trɪbjuːt] **I** *v/t* **1.** beitragen, -steuern (***to*** zu). **2.** *Artikel etc* beitragen (***to*** zu *e-r Zeitung etc*). **3.** spenden (***to*** für). **4.** ⚕ *Kapital* (*in e-e Firma*) einbringen. **II** *v/i* **5.** (***to***) beitragen, -steuern, e-n Beitrag leisten (zu), mitwirken (an *dat*): ***~ to*** (*od.* ***toward*****[*****s*****]**) ***the expenses*** sich an den Unkosten beteiligen; ***~ to a newspaper*** für e-e Zeitung schreiben. **6.** spenden (***to*** für). **con·tri·bu·tion** [ˌkɒntrɪ'bjuːʃn] *s* **1.** Beitrag *m* (*a. für Zeitung etc*), Beisteuer *f*: ***~ to*** (*od.* ***toward*****[*****s*****]**) ***the expenses*** Unkostenbeitrag. **2.** Spende *f*: ***a small ~, please.*** **3.** ⚕ Einlage *f*. **con·trib·u·tor** [kən'trɪbjʊtə] *s* **1.** Beitragende *m, f*. **2.** Mitarbeiter(in) (***to a newspaper*** bei *od.* an e-r Zeitung). **con'trib·u·to·ry** *adj* beitragend.

con·trite ['kɒntraɪt] *adj* □ zerknirscht, reuevoll. **con·tri·tion** [kən'trɪʃn] *s* Zerknirschung *f*, Reue *f*.

con·triv·ance [kən'traɪvns] *s* **1.** ⚙ Vorrichtung *f*; Gerät *n*, Apparat *m*. **2.** Erfindung *f*. **3.** Erfindungsgabe *f*. **4.** Plan *m*. **5.** Kunstgriff *m*, Kniff *m*. **con'trive** *v/t* **1.** erfinden, sich ausdenken. **2.** *et. Böses* aushecken, *Pläne* schmieden. **3.** zustande bringen; es fertigbringen, es verstehen (***to do*** zu tun).

con·trol [kən'trəʊl] **I** *v/t* **1.** beherrschen, die Herrschaft *od.* Kontrolle haben über (*acc*). **2.** in Schranken halten, (erfolgreich) bekämpfen: ***~ o.s.*** sich beherrschen. **3.** kontrollieren: a) überwachen, beaufsichtigen, b) (nach)prüfen. **4.** leiten, führen, verwalten. **5.** ⚕ *Absatz etc* lenken, *Preise* binden. **6.** ⚡, ⚙ steuern, regeln, regulieren. **II** *s* **7.** (***of, over***) Beherrschung *f* (*gen*), Macht *f*, Gewalt *f*, Kontrolle *f*, Herrschaft *f* (über *acc*): ***bring*** (*od.* ***get***) ***under ~*** unter Kontrolle bringen; ***get out of ~*** außer Kontrolle geraten; ***lose ~ of*** (*od.* ***over***) die Herrschaft *od.* Kontrolle verlieren über (*acc*); ***lose ~ of o.s.*** die (Selbst)Beherrschung verlieren. **8.** Aufsicht *f*, Kontrolle *f* (***of, over*** über *acc*): ***be in ~ of*** *et.* leiten *od.* unter sich haben; ***be under s.o.'s ~*** j-m unterstehen *od.* unterstellt sein. **9.** Leitung *f*, Verwaltung *f*. **10.** *mst pl* ⚙ Steuerung *f*, Steuervorrichtung *f*; Kontroll-, Betätigungshebel *m*: ***be at the ~s*** *fig.* das Sagen haben; an den (Schalt)Hebeln der Macht sitzen. **11.** ⚡, ⚙ Reg(e)lung *f*, Regulierung *f*; Regler *m*. ~ **cen·tre** (*Am.* **cen·ter**) *s* Kontrollzentrum *n*. ~ **desk** *s* **1.** ⚡ Schaltpult *n*. **2.** *Rundfunk*, *TV*: Regiepult *n*.

con·trol·la·ble [kən'trəʊləbl] *adj* **1.** kontrollierbar. **2.** ⚡, ⚙ steuer-, regel-, regulierbar. **con'trol·ler** *s* **1.** Kontrolleur *m*, Aufseher *m*. **2.** ✝ Controller *m* (*Fachmann für Kostenrechnung u. -planung*).

con·trol| le·ver *s* **1.** ⚙ Schalthebel *m*. **2.** → ***control stick***. ~ **room** *s* *Rundfunk*, *TV*: Regieraum *m*. ~ **stick** *s* ✈ Steuerknüppel *m*. ~ **tow·er** *s* ✈ Kontrollturm *m*, Tower *m*.

con·tro·ver·sial [ˌkɒntrə'vɜːʃl] *adj* □ **1.** strittig, umstritten. **2.** polemisch. **3.** streitsüchtig. **con·tro·ver·sy** ['~sɪ] *s* **1.** Kontroverse *f*: ***beyond ~*** unstreitig. **2.** *a.* ***point in ~*** Streitfrage *f*, -punkt *m*.

con·tuse [kən'tjuːz] *v/t* ⚕ sich *et.* quetschen. **con'tu·sion** [~ʒn] *s* Quetschung *f*.

co·nun·drum [kə'nʌndrəm] *s* Scherzfrage *f*, (Scherz)Rätsel *n*.

con·ur·ba·tion [ˌkɒnɜː'beɪʃn] *s* Ballungsraum *m*, -zentrum *n*.

con·va·lesce [ˌkɒnvə'les] *v/i* gesund werden. **ˌcon·va'les·cence** *s* Rekonvaleszenz *f*, Genesung *f*. **ˌcon·va'les·cent I** *adj* rekonvaleszent, genesend. **II** *s* Rekonvaleszent(in), Genesende *m*, *f*.

con·vene [kən'viːn] **I** *v/i* zs.-kommen, sich versammeln. **II** *v/t* versammeln, zs.-rufen, *Versammlung* einberufen.

con·ven·ience [kən'viːnjəns] *s* **1.** Annehmlichkeit *f*, Bequemlichkeit *f*: ***all (modern) ~s*** aller Komfort; ***at your ~*** wenn es Ihnen gerade paßt; ***at your earliest ~*** so bald wie möglich. **2.** *bsd. Br.* Toilette *f*. **con'ven·ient** *adj* □ **1.** bequem, praktisch. **2.** günstig, passend: ***be ~ for s.o.*** j-m passen.

con·vent ['kɒnvənt] *s* (*bsd.* Nonnen)Kloster *n*.

con·ven·tion [kən'venʃn] *s* **1.** Zs.-kunft *f*, Tagung *f*, Versammlung *f*. **2.** a) *pol. Am.* Parteiversammlung *f*, -tag *m*, b) Kongreß *m*: ~ ***centre*** (*Am.* ***center***) Kongreßzentrum *n*. **3.** *bilaterales* Abkommen; *multilaterales* Übereinkommen, Konvention *f*. **4.** (gesellschaftliche) Konvention, Sitte *f*. **con'ven·tion·al** [~ʃənl] *adj* □ **1.** konventionell, herkömmlich (*beide a.* ⚔). **2.** *contp.* schablonenhaft, unoriginell. **3.** konventionell, förmlich.

con·verge [kən'vɜːdʒ] *v/i* zs.-laufen (*Straßen*, *Flüsse*), Ꜳ konvergieren (*a. fig.*), *fig.* sich annähern. **con'ver·gence, con'ver·gen·cy** *s* **1.** Zs.-laufen *n*. **2.** Ꜳ Konvergenz *f* (*a. fig.*). **con'ver·gent** *adj* Ꜳ konvergent, *fig. a.* sich annähernd.

con·ver·sa·tion [ˌkɒnvə'seɪʃn] *s* Konversation *f*, Unterhaltung *f*, Gespräch *n*: ***in ~ with*** im Gespräch mit; ***get into ~ with s.o.*** mit j-m ins Gespräch kommen; ***make ~*** Konversation machen. **ˌcon·ver'sa·tion·al** [~ʃənl] *adj* **1.** gesprächig. **2.** Unterhaltungs..., Gesprächs...: ~ ***English*** Umgangsenglisch *n*; ~ ***tone*** Plauderton *m*. **ˌcon·ver'sa·tion·al·ly** [~ʃnəlɪ] *adv* im Plauderton.

con·verse [kən'vɜːs] *v/i* sich unterhalten (***with*** mit; ***on, about*** über *acc*).

con·ver·sion [kən'vɜːʃn] *s* **1.** Um-, Verwandlung *f* (***into, to*** in *acc*). **2.** Δ, ⚙ Umbau *m* (***into*** zu). **3.** ⚙, *a.* ✝ Umstellung *f* (***to*** auf *acc*). **4.** Ꜳ Umrechnung *f* (***into, to*** in *acc*): ~ ***table*** Umrechnungstabelle *f*. **5.** Bekehrung *f*, *eccl. a.* Konversion *f*, Übertritt *m* (*a. pol. etc*) (***to*** zu).

con·vert I *v/t* [kən'vɜːt] **1.** *allg.*, *a.* ⚗ um-, verwandeln (***into, to*** in *acc*). **2.** Δ, ⚙ umbauen (***into*** zu). **3.** ⚙, *a.* ✝ umstellen (***to*** auf *acc*). **4.** Ꜳ umrechnen (***into, to*** in *acc*). **5.** *eccl. etc* bekehren (***to*** zu). **II** *v/i* [kən'vɜːt] **6.** sich umwandeln *od.* verwandeln (***into, to*** in *acc*). **7.** sich bekehren, *eccl. a.* konvertieren, übertreten (*a. pol. etc*) (***to*** zu). **III** *s* ['kɒnvɜːt] **8.** Bekehrte *m*, *f*, *eccl. a.* Konvertit(in). **con'vert·i·ble I** *adj* □ **1.** um-, verwandelbar. **2.** Ꜳ umrechenbar. **II** *s* **3.** *mot.* Kabriolett *n*.

con·vex [kɒn'veks] *adj* □ konvex: **~ mirror** Konvex-, Wölbspiegel *m.*
con·vey [kən'veɪ] *v/t* **1.** *Waren etc* befördern, transportieren (*beide a.* ⚙). **2.** *Grüße etc* überbringen, -mitteln. **3.** *Ideen etc* mitteilen, vermitteln, *Meinung, Sinn* ausdrücken. **con'vey·ance** *s* **1.** Beförderung *f*, Transport *m.* **2.** Transport-, Verkehrsmittel *n.* **3.** Überbringung *f*, -mittlung *f.* **4.** Mitteilung *f*, Vermittlung *f.* **con'vey·er, con'vey·or** *s a.* **~ belt** ⚙ Förderband *n.*
con·vict I *v/t* [kən'vɪkt] **1.** ⚖ (**of**) überführen, für schuldig erklären (*gen*); verurteilen (wegen). **2.** überzeugen (**of** von). **II** *s* ['kɒnvɪkt] **3.** Verurteilte *m, f.* **4.** Strafgefangene *m, f*, Sträfling *m.* **con'vic·tion** *s* **1.** ⚖ Überführung *f*, Schuldspruch *m*; Verurteilung *f*: → **previous** 1. **2.** Überzeugung *f*: **from ~** aus Überzeugung; → **carry** 5.
con·vince [kən'vɪns] *v/t* überzeugen (**of** von; **that** daß). **con'vinc·ing** *adj* □ überzeugend: **~ proof** schlagender Beweis.
con·voy ['kɒnvɔɪ] **I** *s* **1.** Geleit *n*, Begleitung *f.* **2.** Konvoi *m*: a) ⚔, *a. allg.* (Wagen)Kolonne *f*, b) ⚓ Geleitzug *m.* **II** *v/t* **3.** Geleitschutz geben (*dat*).
con·vulse [kən'vʌls] **I** *v/t* **1.** in Zuckungen versetzen: **be ~d with** → 4. **2.** *Muskeln etc* krampfhaft zs.-ziehen: **~d features** *pl* verzerrte Züge *pl.* **3.** in Lachkrämpfe versetzen. **II** *v/i* **4. ~ with** sich krümmen vor (*Lachen, Schmerzen etc*). **con'vul·sion** *s* **1.** *bsd.* ⚕ Krampf *m*, Zuckung *f*: **nervous ~s** *pl* nervöse Zuckungen *pl.* **2.** *pl* Lachkrampf *m*: **they were in ~s** sie krümmten sich vor Lachen. **con'vul·sive** *adj* □ krampfhaft.
coo [ku:] **I** *v/i* gurren (*a. fig.*). **II** *s* Gurren *n.*
cook [kʊk] **I** *s* **1.** Koch *m*, Köchin *f*: **too many ~s spoil the broth** viele Köche verderben den Brei. **II** *v/t* **2.** kochen. **3.** *a.* **~ up** F *Geschichte etc* erfinden, sich ausdenken. **4.** F *Rechnung etc* frisieren. **III** *v/i* **5.** kochen. **6.** kochen, gekocht werden: **what's ~ing?** F was ist los? **'~·book** *s bsd. Am.* Kochbuch *n.*
cook·er ['kʊkə] *s* Kocher *m*, Kochgerät *n*; *Br.* Herd *m*: **~ hood** *Br.* Abzugshaube *f.* **'cook·er·y** *s* Kochen *n*, Kochkunst *f*: **~ book** *bsd. Br.* Kochbuch *n.*
cook·ie ['~ɪ] *s Am.* (süßer) Keks, Plätzchen *n.* **'cook·ing I** *s* **1.** Kochen *n.* **2.** Küche *f*, Art *f* zu kochen: **Italian ~** die italienische Küche. **II** *adj* **3.** Koch... **'cook·y** → **cookie.**
cool [ku:l] **I** *adj* □ **1.** kühl, frisch: **get ~** sich abkühlen. **2.** *fig.* kühl: a) gelassen, kalt(blütig): **keep ~** e-n kühlen Kopf behalten, sich nicht aufregen; → **cucumber,** b) gleichgültig, c) abweisend. **3.** F glatt: **a ~ thousand pounds** glatte *od.* die Kleinigkeit von tausend Pfund. **4.** *bsd. Am.* F klasse, prima. **II** *s* **5.** Kühle *f*, Frische *f* (*der Luft*). **6.** F (Selbst)Beherrschung *f*: **blow** (*od.* **lose**) **one's ~** hochgehen; **keep one's ~** ruhig bleiben. **III** *v/t* **7.** (ab)kühlen, abkühlen lassen: **~ it!** F immer mit der Ruhe!; reg dich ab! **IV** *v/i* **8.** kühl werden, sich abkühlen: **~ down** F sich abregen. **~ bag** *s* Kühltasche *f.* **~ box** *s* Kühlbox *f.*
cool·er ['ku:lə] *s* **1.** (*Wein- etc*)Kühler *m.* **2.** *sl.* Kittchen *n.*
ˌcool'head·ed *adj* □ besonnen.
cool·ing ['ku:lɪŋ] *adj* **1.** (ab)kühlend. **2.** ⚙ Kühl... **'cool·ness** *s* **1.** Kühle *f* (*a. fig.*). **2.** Kaltblütigkeit *f.*
co-op ['kəʊɒp] *s* F Co-op *m* (*Genossenschaft u. Laden*).
co·op·er·ate [kəʊ'ɒpəreɪt] *v/i* **1.** zs.-arbeiten (**with** mit; **in** bei; **to, toward**[**s**] zu *e-m Zweck*). **2.** (**in**) mitwirken (an *dat*), helfen, behilflich sein (bei). **coˌop·er'a·tion** *s* **1.** Zs.-arbeit *f.* **2.** Mitwirkung *f*, Hilfe *f.* **co'op·er·a·tive** [~rətɪv] **I** *adj* □ **1.** zs.-arbeitend. **2.** mitwirkend. **3.** kooperativ, hilfsbereit. **4.** ✝ Gemeinschafts...; Genossenschafts...: **~ society** → 5; **~ store** → 6. **II** *s* **5.** Co-op *m*: a) Genossenschaft *f*, b) Konsumverein *m.* **6.** Co-op *m*, Konsumladen *m.*
co·or·di·nate I *v/t* [kəʊ'ɔ:dɪneɪt] koordinieren, bei-, gleichordnen, aufeinander abstimmen. **II** *adj* [~dnət] □ koordiniert, bei-, gleichgeordnet. **III** *s* [~dnət] 𝔄 Koordinate *f.* **coˌor·di'na·tion** *s* Koordinierung *f*, Koordination *f*, Bei-, Gleichordnung *f*, Abstimmung *f.*
cop [kɒp] *sl.* **I** *v/t* **1.** erwischen (**at** bei): **~ it** sein Fett (ab)kriegen; → **packet** 3. **II** *s* **2. no great ~, not much ~** *Br.* nicht so toll. **3.** Bulle *m* (*Polizist*).
co·part·ner [ˌkəʊ'pɑ:tnə] *s* Teilhaber *m*,

Mitinhaber *m.* ˌ**co'part·ner·ship** *s* **1.** Teilhaberschaft *f.* **2.** *Br.* Gewinn- *od.* Mitbeteiligung *f* (***of labour*** der Arbeitnehmer).

cope [kəʊp] *v/i* (***with***) gewachsen sein (*dat*), fertig werden (mit).

cop·i·er ['kɒpɪə] *s* Kopiergerät *n*, Kopierer *m.*

co·pi·lot ['kəʊˌpaɪlət] *s* ✈ Kopilot *m.*

co·pi·ous ['kəʊpjəs] *adj* □ **1.** reich(lich), ausgiebig. **2.** wortreich, weitschweifig. **3.** produktiv (*Schriftsteller etc*).

cop·per¹ ['kɒpə] **I** *s* **1.** *min.* Kupfer *n.* **2.** Kupfermünze *f*: **~s** *pl* Kupfergeld *n.* **II** *adj* **3.** kupfern, Kupfer... **4.** kupferrot.

cop·per² [~] *s sl.* Bulle *m* (*Polizist*).

cop·per| ore *s min.* Kupfererz *n.* '**~plate** *s* Kupferstich(platte *f*) *m*: ***like ~*** wie gestochen (*Schrift*). '**~smith** *s* Kupferschmied *m.*

cop·u·la ['kɒpjʊlə] *s ling.* Kopula *f.* **cop·u·late** ['~leɪt] *v/i* kopulieren: a) koitieren, b) *zo.* sich paaren. ˌ**cop·u'la·tion** *s* Kopulation *f*: a) Koitus *m*, b) Paarung *f.*

cop·y ['kɒpɪ] **I** *s* **1.** Kopie *f*, Abschrift *f*: ***fair*** (*od.* ***clean***) **~** Reinschrift *f*; ***rough*** (*od.* ***foul***) **~** Rohentwurf *m*, Konzept *n.* **2.** Durchschlag *m*, -schrift *f.* **3.** *phot.* Abzug *m.* **4.** Nachbildung *f*, Kopie *f.* **5.** *typ.* (Satz)Vorlage *f.* **6.** Exemplar *n* (*e-s Buchs etc*). **7.** (Werbe-, Zeitungs- *etc*)Text *m.* **II** *v/t* **8.** abschreiben (***off, from*** von), e-e Kopie anfertigen von, *Kassette etc* überspielen. **9.** durch-, abpausen; kopieren. **10.** *phot.* e-n Abzug machen von. **11.** nachbilden. **12.** kopieren, nachahmen, -machen. **III** *v/i* **13.** abschreiben (***from*** von). '**~cat** F **I** *s* (*bsd.* sklavischer *od.* gedankenloser) Nachahmer. **II** *v/t* (*bsd.* sklavisch *od.* gedankenlos) nachahmen *od.* -machen. **~ ed·i·tor** *s* Zeitungsredakteur(in); Lektor(in).

cop·y·ing| ma·chine ['kɒpɪɪŋ] *s* Kopiergerät *n.* **~ pa·per** *s* Kopierpapier *n.*

'**cop·y|ˌread·er** *Am.* → ***copy editor.*** '**~·right** ⚖ **I** *s* Urheberrecht *n*, Copyright *n* (***in, on, of, for*** für, von). **II** *v/t* das Urheberrecht erwerben für *od.* von; urheberrechtlich schützen. **III** *adj* urheberrechtlich geschützt. '**~ˌwrit·er** *s* Werbetexter *m.*

cor·al ['kɒrəl] **I** *s* **1.** *zo.* Koralle *f.* **II** *adj* **2.** Korallen... **3.** korallenrot.

cord [kɔːd] **I** *s* **1.** Schnur *f* (*a.* ⚡), Kordel *f*, Strick *m.* **2.** gerippter Stoff, *bsd.* Kordsamt *m.* **II** *v/t* **3.** festbinden; ver-, zuschnüren.

cor·dial ['kɔːdjəl] **I** *adj* □ **1.** herzlich. **2.** ⚕ belebend, stärkend. **II** *s* **3.** ⚕ Stärkungsmittel *n.* **4.** Fruchtsaftgetränk *n.* **5.** Likör *m.* **cor·dial·i·ty** [ˌ~dɪ'ælətɪ] *s* Herzlichkeit *f.*

cor·don ['kɔːdn] **I** *s* Kordon *m*, Posten- *od.* Absperrkette *f.* **II** *v/t a.* **~ *off*** (mit Posten *od.* Seilen) absperren *od.* abriegeln.

cor·du·roy ['kɔːdərɔɪ] *s* **1.** Kordsamt *m.* **2.** *pl*, *a.* ***pair of ~s*** Kord(samt)hose *f.*

core [kɔː] **I** *s* **1.** ⚘ Kerngehäuse *n*; Kern *m.* **2.** *fig.* Kern *m*, *das* Innerste: ***to the ~*** bis ins Innerste; durch u. durch. **II** *v/t* **3.** *Obst* entkernen. **~ time** *s* Kernzeit *f.*

cork [kɔːk] **I** *s* **1.** Kork *m.* **2.** Korken *m*, Pfropfen *m.* **II** *v/t* **3.** *oft* **~ *up*** zu-, verkorken.

'**cork·screw** *s* Korkenzieher *m.*

corn¹ [kɔːn] **I** *s* **1.** Korn *n*, Getreide *n*: *bsd.* a) *Br.* Weizen *m*, b) *schott.*, *ir.* Hafer *m.* **2.** *a.* ***Indian ~*** *Am.* Mais *m.* **II** *v/t* **3.** pökeln: ***~ed beef*** Corned beef *n*, gepökeltes Rindfleisch.

corn² [~] *s* ⚕ Hühnerauge *n*: ***tread on s.o.'s ~s*** *fig.* j-m auf die Hühneraugen treten.

corn| bread *s Am.* Maisbrot *n.* '**~·cob** *s Am.* Maiskolben *m.*

cor·ne·a ['kɔːnɪə] *pl* **-as, -ae** [~iː] *s* Hornhaut *f* (*des Auges*).

cor·ner ['kɔːnə] **I** *s* **1.** Ecke *f*, *bsd. mot.* Kurve *f*: ***take a ~*** → 5; ***turn the ~*** um die Ecke biegen; ***he's turned the ~*** *fig.* er ist über den Berg. **2.** Winkel *m*, Ecke *f*: ***~ of the mouth*** Mundwinkel; ***look at s.o. from the ~ of one's eye*** j-n aus den Augenwinkeln (heraus) ansehen; ***drive*** (*od.* ***force, put***) ***into a ~*** → 4; ***be in a tight ~*** in der Klemme sein *od.* sitzen *od.* stecken. **3.** *Fußball*: Eckball *m*, Ecke *f.* **II** *v/t* **4.** in die Enge treiben. **III** *v/i* **5.** *mot.* e-e Kurve nehmen: **~ *well*** gut in der Kurve liegen, e-e gute Kurvenlage haben. **IV** *adj* **6.** Eck...: **~ *house***; **~ *seat*** Eckplatz *m.* '**cor·nered** *adj in Zssgn* ...eckig.

cor·ner| kick *s Fußball*: Eckstoß *m.*

'**~·stone** *s* **1.** ⚠ Eckstein *m*; Grundstein *m*. **2.** *fig*. Eckpfeiler *m*.
'**corn|·field** *s* **1.** *Br*. Korn-, Getreidefeld *n*. **2.** *Am*. Maisfeld *n*. '**~·flakes** *s pl* Corn-flakes *pl*. '**~·flow·er** *s* ⚘ Kornblume *f*.
Cor·nish ['kɔːnɪʃ] *adj* kornisch, aus Cornwall.
corn pop·py *s* ⚘ Klatschmohn *m*.
corn·y ['kɔːnɪ] *adj sl*. sentimental, schmalzig; kitschig; abgedroschen: ***a ~ joke*** ein Witz mit Bart.
cor·o·nar·y ['kɒrənərɪ] *adj anat*. Koronar...: ***~ vessel*** (Herz)Kranzgefäß *n*.
cor·o·na·tion [ˌkɒrə'neɪʃn] *s* Krönung(sfeier) *f*.
cor·o·ner ['kɒrənə] *s* ⚖ Coroner *m* (*richterlicher Beamter zur Untersuchung der Todesursache in Fällen gewaltsamen od. unnatürlichen Todes*): ***~'s inquest*** *gerichtliches Verfahren zur Untersuchung der Todesursache*.
cor·po·ral[1] ['kɔːpərəl] *s* ⚔ Unteroffizier *m*.
cor·po·ral[2] [~] *adj* □ körperlich, leiblich: ***~ punishment*** körperliche Züchtigung.
cor·po·rate ['kɔːpərət] *adj* □ **1.** a) ⚖ körperschaftlich, Körperschafts...: ***~ body*** → ***corporation*** 1, b) ✝ *Am*. Gesellschafts..., Firmen...: ***~ planning*** Unternehmensplanung *f*. **2.** gemeinsam, kollektiv. **cor·po·ra·tion** [ˌ~'reɪʃn] *s* **1.** ⚖ Körperschaft *f*, juristische Person: ***~ tax*** Körperschaftssteuer *f*. **2.** *a*. ***stock ~*** ✝ *Am*. Kapital- *od*. Aktiengesellschaft *f*. **3.** *Br*. Innung *f*. **4.** *Br*. Stadtverwaltung *f*. **5.** F Schmerbauch *m*.
corps [kɔː] *pl* **corps** [~z] *s* **1.** ⚔ Korps *n*, Truppe *f*. **2.** Korps *n*: → ***diplomatic***.
corpse [kɔːps] *s* Leichnam *m*, Leiche *f*.
cor·pu·lence, cor·pu·len·cy ['kɔːpjʊləns(ɪ)] *s* Beleibtheit *f*, Korpulenz *f*. '**cor·pu·lent** *adj* □ beleibt, korpulent.
Cor·pus Chris·ti [ˌkɔːpəs'krɪstɪ] *s eccl*. Fronleichnam(sfest *n*) *m*.
cor·ral [kə'rɑːl] *bsd*. *Am*. **I** *s* **1.** Pferch *m*. **II** *v/t* **2.** in e-n Pferch treiben. **3.** *fig*. einpferchen, -sperren. **4.** F sich *et*. schnappen.
cor·rect [kə'rekt] **I** *v/t* **1.** korrigieren, verbessern, berichtigen: ***I stand ~ed*** ich nehme alles zurück. **2.** *Mängel etc* abstellen. **3.** zurechtweisen, tadeln; (be)strafen (***for*** wegen). **II** *adj* **4.** korrekt: a) richtig: ***be ~*** stimmen; recht haben, b) einwandfrei (*Benehmen*). **cor'rec·tion** *s* **1.** Korrektur *f*, Verbesserung *f*, Berichtigung *f*. **2.** Zurechtweisung *f*, Tadel *m*; Bestrafung *f*. **cor'rec·tive** *adj* □ korrigierend, verbessernd, berichtigend. **cor'rect·ness** *s* Korrektheit *f*, Richtigkeit *f*.
cor·re·late ['kɒrəleɪt] **I** *v/t* **1.** in Wechselbeziehung bringen (***with*** mit). **2.** in Übereinstimmung bringen (***with*** mit), aufeinander abstimmen. **II** *v/i* **3.** in Wechselbeziehung stehen (***with*** mit), sich aufeinander beziehen. **4.** übereinstimmen (***with*** mit). ˌ**cor·re'la·tion** *s* **1.** Wechselbeziehung *f*. **2.** Übereinstimmung *f*.
cor·re·spond [ˌkɒrɪ'spɒnd] *v/i* **1.** (***to, with***) entsprechen (*dat*), übereinstimmen (mit). **2.** (***to***) entsprechen (*dat*), das Gegenstück sein (von). **3.** korrespondieren, in Briefwechsel stehen (***with*** mit). ˌ**cor·re'spond·ence** *s* **1.** Entsprechung *f*, Übereinstimmung *f*. **2.** Korrespondenz *f*: a) Briefwechsel *m*: ***be in ~ (with)*** → ***correspond*** 3; ***~ course*** Fernkurs *m*; ***~ school*** Fernlehrinstitut *n*, b) Briefe *pl*. ˌ**cor·re'spond·ent I** *s* **1.** Briefpartner(in): ***be a good (bad) ~*** fleißig schreiben (schreibfaul sein). **2.** ✝ (auswärtiger) Geschäftsfreund. **3.** Korrespondent(in), Berichterstatter(in) (*e-r Zeitung etc*): ***foreign ~*** Auslandskorrespondent(in). **II** *adj* □ **4.** entsprechend, gemäß (***to*** *dat*). ˌ**cor·re'spond·ing** → ***correspondent*** 4.
cor·ri·dor ['kɒrɪdɔː] *s* Korridor *m*, Gang *m*. **~ train** *s* D-Zug *m*.
cor·rode [kə'rəʊd] **I** *v/t* **1.** ⚗, ⚙ korrodieren, an-, zerfressen, angreifen. **2.** *fig*. zerfressen, untergraben. **II** *v/i* **3.** korrodieren. **4.** rosten: ***~d*** rostig. **cor'ro·sion** [~ʒn] *s* **1.** ⚗, ⚙ Korrosion *f*. **2.** Rostfraß *m*, -bildung *f*. **3.** *fig*. Untergrabung *f*. **cor'ro·sive** [~sɪv] *adj* □ **1.** ⚗, ⚙ korrodierend, Korrosions... **2.** *fig*. nagend, quälend.
cor·ru·gat·ed ['kɒrʊgeɪtɪd] *adj* gewellt: ***~ cardboard*** Wellpappe *f*; ***~ iron*** (*od*. ***sheet***) Wellblech *n*.
cor·rupt [kə'rʌpt] **I** *adj* □ **1.** (*moralisch*) verdorben. **2.** unredlich, unlauter. **3.**

korrupt: a) bestechlich, b) Bestechungs... **II** *v/t* **4.** (*moralisch*) verderben. **5.** korrumpieren, bestechen. **III** *v/i* **6.** (*moralisch*) verderben, -kommen. **cor'rupt·i·ble** → ***corrupt*** 3a. **cor'rup·tion** *s* **1.** Verdorbenheit *f*. **2.** Unredlichkeit *f*, Unlauterkeit *f*. **3.** Korruption *f*: a) Bestechlichkeit *f*, b) Bestechung *f*. **cor'rup·tive** *adj* verderblich (*Einfluß etc*).

cor·set ['kɔːsɪt] *s a. pl* Korsett *n*.

cosh [kɒʃ] *s Br.* F Totschläger *m* (*Waffe*).

co·sig·na·to·ry [ˌkəʊ'sɪgnətərɪ] *s* Mitunterzeichner(in).

co·sine ['kəʊsaɪn] *s* ⩓ Kosinus *m*.

co·si·ness ['kəʊzɪnɪs] *s* Behaglichkeit *f*, Gemütlichkeit *f*.

cos·met·ic [kɒz'metɪk] **I** *adj* (**~*ally***) kosmetisch (*a. fig.*): **~ *surgery*** Schönheitschirurgie *f*. **II** *s* kosmetisches Mittel. **cos·me·ti·cian** [ˌ~mə'tɪʃn] *s* Kosmetiker(in).

cos·mic ['kɒzmɪk] *adj* □ kosmisch.

cos·mo·naut ['kɒzmənɔːt] *s* (Welt-) Raumfahrer *m*, Kosmonaut *m*.

cos·mo·pol·i·tan [ˌkɒzmə'pɒlɪtən] **I** *adj* kosmopolitisch, weltbürgerlich, *weitS.* weltoffen. **II** *s* Kosmopolit(in), Weltbürger(in).

cos·mos ['kɒzmɒs] *s* Kosmos *m*, Weltall *n*.

cost [kɒst] **I** *s* **1.** Kosten *pl*, Aufwand *m*: **~ *of living*** Lebenshaltungskosten. **2.** Kosten *pl*, Schaden *m*: ***at s.o.'s* ~** auf j-s Kosten; ***at the* ~ *of his health*** auf Kosten s-r Gesundheit. **3.** Opfer *n*, Preis *m*: ***at all* ~*s, at any* ~** um jeden Preis; ***at a heavy* ~** unter schweren Opfern. **4.** ⚕ (Selbst-, Gestehungs)Kosten *pl*: **~ *abatement*** Kostendämpfung *f*; **~ *increase*** Kostensteigerung *f*; **~ *inflation*** Kosteninflation *f*; **~ *price*** Selbstkostenpreis *m*; ***at* ~** zum Selbstkostenpreis. **5.** *pl* ⚖ (Gerichts-, Prozeß)Kosten *pl*: ***with* ~*s*** kostenpflichtig. **II** *v/t* (*irr*) **6.** *Preis* kosten: ***it* ~ *me one pound*** es kostete mich ein Pfund. **7.** kosten, bringen um: ***it* ~ *him his life*** es kostete ihn das Leben. **8.** *et. Unangenehmes* verursachen: ***it* ~ *me a lot of trouble*** es verursachte mir *od.* kostete mich große Mühe. **9.** *pret u. pp* **'cost·ed** ⚕ den Preis *od.* die Kosten kalkulieren von (*od. gen*). **III** *v/i* (*irr*) **10.** ***it* ~ *him dearly*** *bsd. fig.* es kam ihm teuer zu stehen.

co-star ['kəʊstɑː] **I** *v/t*: ***the film* ~*red X*** X spielte in dem Film e-e der Hauptrollen. **II** *v/i*: **~ *with*** die Hauptrolle spielen neben (*dat*).

'cost|-ˌcon·scious *adj* □ kostenbewußt. **'~-ˌcov·er·ing** *adj* □ kostendeckend.

cos·ter(·mon·ger) ['kɒstə(ˌmʌŋgə)] *s Br.* Straßenhändler(in) für Obst, Gemüse *etc*.

cost es·ti·mate *s* Kostenvoranschlag *m*.

cost·ly ['kɒstlɪ] *adj* **1.** kostspielig, teuer. **2.** teuer erkauft (*Sieg etc*). **3.** prächtig.

ˌcost-of-'liv·ing| al·low·ance, ~ bo·nus *s* ⚕ Teuerungszulage *f*. **~ in·dex** *s* (*a. irr **index***) ⚕ Lebenshaltungs(kosten)index *m*.

cos·tume ['kɒstjuːm] *s* **1.** Kostüm *n*, Kleidung *f*, Tracht *f*. **2.** *thea. etc* Kostüm *n*: **~ *ball*** Kostümball *m*; **~ *designer*** Kostümbildner(in); **~ *jewel(le)ry*** Modeschmuck *m*.

co·sy ['kəʊzɪ] **I** *adj* □ behaglich, gemütlich. **II** *s* Wärmer *m*: → ***egg cosy, tea cosy***.

cot [kɒt] *s* **1.** Feldbett *n*. **2.** *Br.* Kinderbett(chen) *n*.

cot·tage ['kɒtɪdʒ] *s* **1.** Cottage *n*, (kleines) Landhaus. **2.** *Am.* Ferienhaus *n*, -häuschen *n*. **3.** *Am.* Wohngebäude *n*, (*e-s Krankenhauses etc*) Einzelgebäude *n*, (*e-s Hotels*) Dependance *f*. **~ cheese** *s* Hüttenkäse *m*. **~ in·dus·try** *s* Heimgewerbe *n*, -industrie *f*.

cot·ton ['kɒtn] **I** *s* **1.** Baumwolle *f*: → ***absorbent***. **II** *adj* **2.** baumwollen, Baumwoll... **III** *v/i* **3.** *Am.* F (***with***) gut auskommen (mit); sich anfreunden (mit). **4.** F **~ *to*** *Am.* sich anfreunden mit (*e-r Idee etc*); **~ *on to*** *et.* kapieren. **~ pad** *s* Wattestäbchen *n*. **~ wool** *s Br.* (Verband)Watte *f*.

couch [kaʊtʃ] **I** *s* Couch *f*, Liege(sofa *n*) *f*. **II** *v/t* abfassen, formulieren; *Gedanken etc* in Worte fassen, ausdrücken.

cou·chette [kuː'ʃet] *s* 🚂 Platz *m* (im Liegewagen).

cough [kɒf] **I** *s* **1.** Husten *m*: ***have a* ~** Husten haben; ***give a* (*slight*) ~** hüsteln, sich räuspern. **2.** Husten *n*. **3.** *mot.* Stottern *n*. **II** *v/i* **4.** husten. **5.** *mot.* stottern, husten (*Motor*). **III** *v/t* **6.** *mst*

~ out, ~ up aushusten: ***~ up blood*** Blut husten. **7. ~ up** *sl.* herausrücken mit (*der Wahrheit etc*); *Geld* herausrücken, ausspucken. **~ drop** *s* Hustenbonbon *m, n.*

cough·ing bout ['kɒfɪŋ] *s* Hustenanfall *m.*

cough| loz·enge → ***cough drop.*** **~ syr·up** *s* Hustensaft *m*, -sirup *m.*

could [kʊd] *v/aux* **1.** *pret von* ***can***[1]. **2.** *konditional, vermutend od. fragend*: könnte *etc*: ***that ~ be right*** das könnte stimmen.

couldn't ['kʊdnt] F *für* ***could not.***

coun·cil ['kaʊnsl] *s* **1.** Rat(sversammlung *f*) *m*: ***be in ~*** zu Rate sitzen; ***family ~*** Familienrat. **2.** Rat *m* (*Körperschaft*); *engS.* Gemeinderat *m*: ***♀ of Europe*** Europarat; ***municipal ~*** Stadtrat. **~ es·tate** *s Br.* soziale Wohnsiedlung (*e-r Gemeinde*). **~ house** *s Br.* gemeindeeigenes Wohnhaus (*mit niedrigen Mieten*).

coun·cil·(l)or ['kaʊnsələ] *s* Ratsmitglied *n*, Stadtrat *m*, -rätin *f.*

coun·sel ['kaʊnsl] **I** *s* **1.** Rat(schlag) *m*: ***take ~ of s.o.*** von j-m (e-n) Rat annehmen. **2.** Beratung *f*: ***hold*** (*od.* ***take***) ***~ with*** sich beraten mit; sich Rat holen bei. **3.** ⚖ *Am.* Rechtsberater *m*, -beistand *m*; *Br.* (Rechts)Anwalt *m*: ***~ for the defence*** Verteidiger *m*; ***~ for the prosecution*** Anklagevertreter *m.* **II** *v/t pret u. pp* **-seled,** *bsd. Br.* **-selled 4.** *j-m* raten, *j-m* e-n Rat geben *od.* erteilen: ***~ s.o. against*** j-m abraten von. **5.** zu *et.* raten: ***~ s.th. to s.o.*** j-m et. raten. **III** *v/i* **6. *~ against*** abraten von. **'coun·sel·(l)or** *s* (*Berufs- etc*)Berater(in).

count[1] ['kaʊnt] **I** *s* **1.** Zählen *n*, (Ab-, Auf-, Aus)Zählung *f*: ***keep ~ of*** *et.* genau zählen; *fig.* die Übersicht behalten über (*acc*); ***lose ~*** sich verzählen; *fig.* die Übersicht verlieren (***of*** über *acc*); ***by this ~*** nach dieser Zählung *od.* Berechnung. **2.** Endzahl *f*, Ergebnis *n.* **3.** ⚖ Anklagepunkt *m*: ***on all ~s*** in allen Anklagepunkten; *fig.* in jeder Hinsicht. **4. *leave out of ~*** unberücksichtigt lassen; ***take no ~ of*** nicht berücksichtigen. **II** *v/t* **5.** (ab-, auf-, aus-, zs.-)zählen, *Wechselgeld* nachzählen. **6.** aus-, berechnen. **7.** zählen bis: ***~ ten.*** **8.** (mit)zählen, mit einrechnen: (***not***) ***~ing the persons present*** die Anwesenden (nicht) mitgerechnet; ***without*** (*od.* ***not***) ***~ing*** abgesehen von. **9.** halten für, betrachten als, zählen (***among*** zu): ***~ o.s. lucky*** (*od.* ***fortunate***) sich glücklich schätzen. **III** *v/i* **10.** zählen (*fig.* ***among*** zu): ***~ up to ten*** bis 10 zählen; ***~ing from today*** von heute an (gerechnet). **11.** (***on***) zählen, sich verlassen (auf *acc*), sicher rechnen (mit). **12.** zählen: a) von Wert sein, ins Gewicht fallen, b) gelten: ***~ for much*** viel gelten *od.* wert sein; ***~ against*** sprechen gegen; sich nachteilig auswirken auf (*acc*).

Verbindungen mit Adverbien:

count| down *v/t* **1.** *Geld* hinzählen. **2.** den Countdown durchführen für, *a. weitS.* letzte (Start)Vorbereitungen treffen für. **~ in** *v/t* → ***count***[1] 8: ***count me in!*** ich bin dabei!, ich mache mit! **~ off** *v/t u. v/i bsd.* ⚔ abzählen. **~ out** *v/t* **1.** *Münzen etc* (langsam) abzählen. **2.** ausschließen, unberücksichtigt lassen: ***count me out!*** ohne mich! **3.** *Boxen, Kinderspiel*: auszählen. **~ o·ver** *v/t* nachzählen. **~ up** *v/t* zs.-zählen.

count[2] [~] *s nichtbritischer* Graf.

count·a·ble ['kaʊntəbl] *adj* zählbar (*a. ling.*).

'count·down *s* Countdown *m, n, a. weitS.* letzte (Start)Vorbereitungen *pl.*

coun·te·nance ['kaʊntənəns] *s* **1.** Gesichtsausdruck *m*, Miene *f*: ***change one's ~*** s-n Gesichtsausdruck ändern. **2.** Fassung *f*, Haltung *f*: ***in ~*** gefaßt; ***keep one's ~*** die Fassung bewahren; ***put s.o. out of ~*** j-n aus der Fassung bringen.

count·er[1] ['kaʊntə] **I** *s* **1.** Ladentisch *m*: ***under the ~*** unter dem Ladentisch *verkaufen etc*; *fig.* unter der Hand, heimlich. **2.** Theke *f.* **3.** (*Bank-, Post*)Schalter *m.* **II** *adj* **4.** rezeptfrei (*Medikament*).

count·er[2] [~] *s* **1.** ⚙ Zähler *m.* **2.** Spielmarke *f*, Jeton *m.*

coun·ter[3] [~] **I** *adv* **1.** in entgegengesetzter Richtung. **2. *~ to*** *fig.* wider (*acc*), zuwider (*dat*), entgegen (*dat*): ***run ~ to*** zuwiderlaufen (*dat*). **II** *adj* **3.** Gegen..., entgegengesetzt. **III** *v/t* **4.** entgegenwirken (*dat*). **IV** *v/i* **5.** *bsd. Sport*: kontern.

coun·ter... [kaʊntə] *in Zssgn* Gegen...

ˌcoun·ter'act *v/t* **1.** entgegenwirken

(*dat*). **2.** *Wirkung* kompensieren, neutralisieren. **ˌcoun·ter'ac·tive** *adj* □ entgegenwirkend, Gegen...

'coun·terˌar·gu·ment *s* Gegenargument *n*.

'coun·ter·atˌtack *s* Gegenangriff *m*.

coun·ter·bal·ance *fig*. **I** *s* ['kaʊntəˌbæləns] Gegengewicht *n* (**to** zu). **II** *v/t* [ˌ~'bæləns] ein Gegengewicht bilden zu, ausgleichen.

'coun·ter·blast *s* heftige Reaktion.

'coun·ter·charge *s* **1.** ⚖ Gegenklage *f*. **2.** ⚔ Gegenangriff *m*.

'coun·ter·check I *s* Gegen-, Nachprüfung *f*. **II** *v/t* gegen-, nachprüfen.

'coun·ter·claim *s* ✝, ⚖Gegenanspruch *m*, -forderung *f*.

ˌcoun·ter'clock·wise *Am*. → ***anticlockwise***.

'coun·terˌdem·on'stra·tion *s* Gegendemonstration *f*.

ˌcoun·ter'es·pi·o·nage *s* Spionageabwehr *f*.

'coun·ter·exˌam·ple *s* Gegenbeispiel *n*.

coun·ter·feit ['kaʊntəfɪt] **I** *adj* **1.** falsch: a) gefälscht: **~ *money*** Falschgeld *n*, b) vorgetäuscht. **II** *s* **2.** Fälschung *f*. **III** *v/t* **3.** *Geld, Unterschrift etc* fälschen. **4.** vortäuschen, simulieren.

'coun·ter·foil *s bsd. Br*. (Kontroll)Abschnitt *m*.

'coun·ter·inˌtel·li·gence *s* Spionageabwehr(dienst *m*) *f*.

coun·ter·mand [ˌkaʊntə'mɑːnd] **I** *v/t* **1.** *Befehl etc* widerrufen, rückgängig machen, ✝ *Auftrag* stornieren: ***until ~ed*** bis auf Widerruf. **2.** *Ware* abbestellen. **II** *s* **3.** Widerrufung *f*, ✝ Stornierung *f*.

'coun·terˌmeas·ure *s* Gegenmaßnahme *f*.

'coun·ter·move *s* Gegenzug *m*.

'coun·ter·ofˌfen·sive *s* ⚔ Gegenoffensive *f*.

'coun·terˌof·fer *s* Gegenangebot *n*.

'coun·terˌor·der *s bsd*. ⚔ Gegenbefehl *m*.

'coun·ter·pane *s* Tagesdecke *f*.

'coun·ter·part *s* **1.** Gegenstück *n* (**to** zu). **2.** Pendant *n*, genaue Entsprechung. **3.** Ebenbild *n* (*Person*).

'coun·ter·point *s* ♪ Kontrapunkt *m*.

'coun·ter·poise *s* Gegengewicht *n* (**to** zu) (*a. fig*.).

ˌcoun·ter·pro'duc·tive *adj* kontraproduktiv: ***be ~*** nicht zum gewünschten Ziel führen, das Gegenteil bewirken.

'coun·ter·proˌpos·al *s* Gegenvorschlag *m*.

'coun·ter·rev·oˌlu·tion *s pol*. Konter-, Gegenrevolution *f*.

'coun·ter·sign *v/t* gegenzeichnen.

'coun·ter·weight *s* Gegengewicht *n* (**to** zu) (*a. fig*.).

count·ess ['kaʊntɪs] *s* Gräfin *f*.

count·less ['kaʊntlɪs] *adj* zahllos, unzählig.

coun·try ['kʌntrɪ] **I** *s* **1.** Gegend *f*, Landschaft *f*: ***flat ~*** Flachland *n*. **2.** Land *n*, Staat *m*: ***in this ~*** hierzulande; ***~ of birth*** Geburtsland. **3.** Land *n* (*Ggs. Stadt*): ***in the ~*** auf dem Lande. **II** *adj* **4.** ländlich, Land... **~ home, ~ house** *s* **1.** Landhaus *n*. **2.** Landsitz *m*. **~·man** ['~mən] *s* (*irr* ***man***) **1.** Landsmann *m*. **2.** Landbewohner *m*; Bauer *m*. **~ mu·sic** *s* Country-music *f*. **~ road** *s* Landstraße *f*. **~ seat** *s* Landsitz *m*. **'~·side** *s* **1.** Landstrich *m*, (ländliche) Gegend. **2.** Landschaft *f*. **ˌ~-'wide** *adj* landesweit. **'~-ˌwom·an** *s* (*irr* ***woman***) **1.** Landsmännin *f*. **2.** Landbewohnerin *f*; Bäuerin *f*.

coun·ty ['kaʊntɪ] *s* **1.** *Br*. Grafschaft *f*. **2.** *Am*. (Land)Kreis *m* (*einzelstaatlicher Verwaltungsbezirk*).

coup [kuː] *s* **1.** Coup *m*: ***make*** (*od*. ***pull off***) ***a ~*** e-n Coup landen. **2.** Staatsstreich *m*, Putsch *m*. **~ d'é·tat** [ˌkuːdeɪ'tɑː] *pl* **coups d'é·tat** [ˌkuːz~] → ***coup*** 2.

cou·pé ['kuːpeɪ] *s mot*. Coupé *n*.

cou·ple ['kʌpl] **I** *s* **1.** Paar *n*: ***a ~ of*** zwei; F ein paar; ***in ~s*** paarweise. **2.** (*Ehe-, Liebes- etc*)Paar *n*. **II** *v/t* **3.** (zs.-)koppeln, verbinden (*a. fig*. **with** mit). **4.** ⚡ koppeln: **~ *back*** rückkoppeln; **~ *out*** auskoppeln.

cou·pon ['kuːpɒn] *s* **1.** Gutschein *m*, Bon *m*; Berechtigungsschein *m*. **2.** Kupon *m*, Bestellzettel *m* (*in Zeitungsinseraten etc*). **3.** *Br*. Tippzettel *m* (*Fußballtoto*).

cour·age ['kʌrɪdʒ] *s* Mut *m*, Tapferkeit *f*: ***lose ~*** den Mut verlieren; ***muster up*** (*od*. ***pluck up, take***) **~** Mut *od*. sich ein Herz fassen. **cou·ra·geous** [kə'reɪdʒəs] *adj* □ mutig, tapfer.

cour·gette [ˌkɔː'ʒet] *s* ⚘ *Br*. Zucchini *f*.

cour·i·er ['kʊrɪə] *s* **1.** Eilbote *m*, (*a. diplomatischer*) Kurier. **2.** Reiseleiter *m*.

course [kɔːs] *s* **1.** ✈, ⚓ Kurs *m* (*a. fig.*): ***change one's ~*** s-n Kurs ändern; ***~ correction*** Kurskorrektur *f.* **2.** *Sport*: (*Renn*)Bahn *f*, (-)Strecke *f*, (*Golf*)Platz *m.* **3.** (*zeitlicher, natürlicher*) (Ver-) Lauf: ***in the ~ of*** im (Ver)Lauf (*gen*); ***in the ~ of time*** im Laufe der Zeit; ***of ~*** natürlich, selbstverständlich; ***the ~ of events*** der Gang der Ereignisse, der Lauf der Dinge; ***take*** (*od.* ***run***) ***its ~*** s-n Lauf nehmen; → ***due*** 6, ***matter*** 3. **4.** Gang *m* (*Speisen*): ***a four-~ meal*** e-e Mahlzeit mit 4 Gängen. **5.** Zyklus *m*, Reihe *f*: ***~ of lectures*** Vortragsreihe. **6.** Kurs *m*, Lehrgang *m*: ***English ~*** Englischkurs; ***~ of study*** *univ.* Kurs; Lehrplan *m.*

court [kɔːt] **I** *s* **1.** Hof *m*: ***in the ~*** auf dem Hof. **2.** *Sport*: (*Tennis- etc*)Platz *m*; (Spiel)Feld *n.* **3.** (*fürstlicher etc*) Hof: ***at ~*** bei Hofe. **4.** ***pay*** (***one's***) ***~ to*** a) → 6, b) *j-m* s-e Aufwartung machen. **5.** ⚖ Gericht *n*: ***in ~*** vor Gericht; ***bring into ~*** vor Gericht bringen; ***come to ~*** vor Gericht *od.* zur Verhandlung kommen; ***go to ~*** vor Gericht gehen; ***out of ~*** außergerichtlich; → ***arbitration*** 2. **II** *v/t* **6.** *e-r Dame* den Hof machen. **7.** ***~ death*** mit s-m Leben spielen; ***~ disaster*** das Schicksal herausfordern. **III** *v/i* **8.** miteinander gehen: ***~ing couple*** Liebespaar *n.* **~ card** *s Kartenspiel*: Bild(karte *f*) *n.*

cour·te·ous [ˈkɜːtjəs] *adj* □ höflich, liebenswürdig.

cour·te·sy [ˈkɜːtɪsɪ] *s* **1.** Höflichkeit *f*, Liebenswürdigkeit *f*: ***by ~*** aus Höflichkeit; ***~ light*** *mot.* Innenbeleuchtung *f.* ***~ visit*** Höflichkeits-, Anstandsbesuch *m.* **2.** Gefälligkeit *f*: ***by ~*** aus Gefälligkeit; ***by ~ of*** mit freundlicher Genehmigung von (*od. gen*).

ˈcourt|·house *s* Gerichtsgebäude *n.* **~ mar·tial** *pl* **court mar·tials, courts mar·tial** *s* Kriegsgericht *n.* **ˌ~-ˈmar·tial** *v/t pret u. pp* **-ˈmar·tialed,** *bsd. Br.* **-ˈmar·tialled** vor ein Kriegsgericht stellen. **~ or·der** *s* ⚖ Gerichtsbeschluß *m*, richterliche Verfügung. **ˈ~·room** *s* Gerichtssaal *m.* **ˈ~·yard** → ***court*** 1.

cous·in [ˈkʌzn] *s* Cousin *m*, Vetter *m*; Cousine *f.*

cov·er [ˈkʌvə] **I** *s* **1.** (*weitS. a. Schnee-, Wolken- etc*)Decke *f.* **2.** Deckel *m.* **3.** (*Buch*)Deckel *m*, Einband *m*; Umschlag-, Titelseite *f*; (Schutz)Umschlag *m*: ***from ~ to ~*** von der ersten bis zur letzten Seite. **4.** Hülle *f*, Futteral *n.* **5.** Überzug *m*, Bezug *m.* **6.** Abdeck-, ⚙ Schutzhaube *f.* **7.** Briefumschlag *m*: ***under separate ~*** mit getrennter Post; ***under plain ~*** in neutralem Umschlag. **8.** ⚔ *u. allg.* Deckung *f* (***from*** vor *dat*): ***take ~*** in Deckung gehen. **9.** Schutz *m* (***from*** vor *dat*): ***get under ~*** sich unterstellen; ***under*** (***the***) ***~ of night*** im Schutze der Nacht. **10.** *fig.* Tarnung *f*: ***under ~ of*** unter dem Deckmantel (*gen*). **11.** Gedeck *n* (*bei Tisch*). **12.** ⚕ a) Deckung *f*, Sicherheit *f*, b) → ***coverage*** 2. **II** *v/t* **13.** be-, zudecken (***with*** mit), *Dach* decken: ***~ed with*** voll von; ***~ed court*** (*Sport*) Hallenplatz *m.* **14.** *Fläche* bedecken, sich über *e-e Fläche, a. e-n Zeitraum* erstrecken. **15.** *Seite etc* vollschreiben. **16.** einwickeln, -schlagen (***in, with*** in *acc*). **17.** verbergen (*a. fig.*): ***~*** (***up***) *fig.* verheimlichen, -tuschen. **18.** decken, schützen (***from, against*** vor *dat*, gegen) (*beide a.* ⚔ *u. fig.*): ***~ o.s.*** *fig.* sich absichern. **19.** ⚕ (ab)decken; versichern. **20.** *Thema* erschöpfend behandeln. **21.** *Presse, Rundfunk etc*: berichten über (*acc*). **22.** *Strecke* zurücklegen. **23.** *Sport*: *Gegenspieler* decken. **24.** *j-n* beschatten. **25.** *zo.* decken. **~ ad·dress** *s* Deckadresse *f.*

cov·er·age [ˈkʌvərɪdʒ] *s* **1.** erschöpfende Behandlung (*e-s Themas*). **2.** ⚕ Versicherungsschutz *m*, (Schadens)Deckung *f.* **3.** *Presse, Rundfunk etc*: Berichterstattung *f* (***of*** über *acc*).

cov·er| charge *s* pro Gedeck berechneter Betrag. **~ girl** *s* Covergirl *n*, Titelblattmädchen *n.*

cov·er·ing [ˈkʌvərɪŋ] *s* **1.** → ***cover*** 4. **2.** (*Fußboden*)Belag *m.* **~ let·ter** *s* Begleitbrief *m*, -schreiben *n.*

cov·er·let [ˈkʌvəlɪt] *s* Tagesdecke *f.*

cov·er sto·ry *s* Titelgeschichte *f.*

cov·ert [ˈkʌvət] *adj* □ heimlich, verborgen.

ˈcov·er-up *s* Vertuschung *f* (***for*** *gen*).

cow¹ [kaʊ] *s* Kuh *f* (*a. fig. contp.*): ***till the ~s come home*** F bis in alle Ewigkeit.

cow² [~] *v/t* einschüchtern.

cow·ard [ˈkaʊəd] *s* Feigling *m.* **cow-**

ard·ice ['~dɪs] *s* Feigheit *f*. '**cow·ard·ly** *adj* feig.

'**cow·boy** *s* Cowboy *m*.

cow·er ['kaʊə] *v/i* **1.** kauern, (zs.-gekauert) hocken. **2.** *a.* ~ **down** sich dukken.

'**cow|·hide** *s* **1.** Kuhhaut *f*. **2.** Rind(s)leder *n*. '~**·house** *s* Kuhstall *m*.

cowl [kaʊl] *s* **1.** Mönchskutte *f*. **2.** Kapuze *f*. **3.** Schornsteinkappe *f*.

'**cow|·pat** *s* Kuhfladen *m*. '~**·pox** *s* ⚕ Kuh-, Impfpocken *pl*. '~**·shed** *s* Kuhstall *m*. '~**·skin** → **cowhide**. '~**·slip** *s* ⚘ **1.** *Br*. Schlüsselblume *f*. **2.** *Am*. Sumpfdotterblume *f*.

cox [kɒks] → **coxswain**. ~**·swain** ['kɒksn] **I** *s* **1.** *Rudern*: Steuermann *m*. **2.** Boot(s)führer *m*. **II** *v/t u. v/i* **3.** steuern.

coy [kɔɪ] *adj* □ **1.** schüchtern, scheu. **2.** neckisch-verschämt.

co·zi·ness, co·zy *Am*. → **cosiness, cosy**.

crab[1] [kræb] *s* **1.** *zo*. Krabbe *f*; Taschenkrebs *m*: **catch a** ~ (*Rudern*) e-n Krebs fangen. **2.** ⚙ Winde *f*; Laufkatze *f*. **3.** → **crab louse**.

crab[2] [~] F **I** *s* **1.** Nörgler(in); Nörgelei *f*. **II** *v/i* **2.** nörgeln. **III** *v/t* **3.** (herum)nörgeln an (*dat*). **4.** *Am*. verpatzen.

crab·bed ['kræbɪd] *adj* □ **1.** mürrisch, verdrießlich. **2.** verworren, unklar. **3.** unleserlich. '**crab·by** → **crabbed** 1.

crab louse *s* (*irr* **louse**) *zo*. Filzlaus *f*.

crack [kræk] **I** *s* **1.** Krach *m*, Knall *m*: **at the** ~ **of dawn** im Morgengrauen, in aller Frühe; **in a** ~ F im Nu; **give s.o. a fair** ~ **of the whip** F j-m e-e faire Chance geben. **2.** F (heftiger) Schlag: **give s.o. a** ~ **on the head** j-m eins auf den Kopf geben. **3.** Sprung *m*, Riß *m*. **4.** Spalt(e *f*) *m*, Ritz(e *f*) *m*: **be open a** ~ e-n Spalt (breit) offenstehen. **5.** F Knacks *m* (*geistiger Defekt*). **6.** *sl*. Versuch *m*: **have a** ~ **at s.th., give s.th. a** ~ es (einmal) mit et. versuchen. **7.** *sl*. a) Witz *m*: **make** ~**s about** Witze machen über (*acc*), b) Seitenhieb *m*, Stichelei *f*. **8.** *Br*. F Crack *m*, As *n* (*bsd. Sportler*). **II** *adj* **9.** F erstklassig, großartig: ~ **shot** Meisterschütze *m*. **III** *v/i* **10.** krachen, knallen. **11.** (zer)springen, (-)platzen, rissig werden, e-n Sprung *od*. Sprünge bekommen. **12.** überschnappen (*Stimme*). **13.** *fig*. (F ~ **up**) zs.-brechen. **14.** **get** ~**ing** F loslegen. **15.** ~ **down on** F scharf vorgehen gegen, durchgreifen bei. **IV** *v/t* **16.** knallen mit (*Peitsche*), knacken mit (*Fingern*): → **joke** 1. **17.** zerbrechen, *Ei* aufschlagen, *e-r Flasche* den Hals brechen. **18.** e-n Sprung machen in (*dat*); sich *e-e Rippe etc* anbrechen. **19.** F a) schlagen, hauen: ~ **s.o. over the head** j-m eins auf den Kopf geben, b) ein-, zerschlagen. **20.** *Nuß*, F *Code*, *Safe etc* knacken. **21.** ~ **up** F hochjubeln. '~**·brained** *adj* F verrückt. '~**·down** *s* F (**on**) scharfes Vorgehen (gegen), Durchgreifen *n* (bei).

cracked [krækt] *adj* **1.** gesprungen, rissig: **be** ~ e-n Sprung haben. **2.** F verrückt.

crack·er ['krækə] *s* **1.** Cracker *m*, Kräkker *m*: a) *ungesüßtes, keksartiges Kleingebäck*, b) Schwärmer *m*, Frosch *m* (*Feuerwerkskörper*), c) Knallbonbon *m, n*. **2.** *pl* Nußknacker *m*. **crack·ers** ['~əz] *adj Br*. F übergeschnappt: **go** ~ überschnappen.

'**crack·jaw I** *adj* zungenbrecherisch. **II** *s* Zungenbrecher *m*.

crack·le ['krækl] **I** *v/i* knistern, prasseln, knattern. **II** *s* Knistern *n*, Prasseln *n*, Knattern *n*.

'**crack|·pot** F **I** *s* Verrückte *m*, Spinner *m*. **II** *adj* verrückt. '~**-up** *s fig*. F Zs.-bruch *m*.

crack·y ['krækɪ] → **cracked**.

cra·dle ['kreɪdl] **I** *s* **1.** Wiege *f* (*a. fig*.): **from the** ~ **to the grave** von der Wiege bis zur Bahre; **from the** ~ von Kindheit *od*. von Kindesbeinen an. **2.** *teleph*. Gabel *f*: **put the receiver in the** ~ den Hörer auf die Gabel legen. **II** *v/t* **3.** wiegen, schaukeln: ~ **to sleep** in den Schlaf wiegen. **4.** (*zärtlich*) halten. **5.** *teleph. Hörer* auflegen.

craft [krɑːft] *s* **1.** (Hand- *od*. Kunst)Fertigkeit *f*, Geschicklichkeit *f*: → **art** 2. **2.** Gewerbe *n*, Beruf *m*, Handwerk *n*. **3.** → **craftiness**. **4.** Boot(e *pl*) *n*, Schiff(e *pl*) *n*; Flugzeug(e *pl*) *n*. '**craft·i·ness** *s* Schlauheit *f*, Verschlagenheit *f*, List *f*.

crafts·man ['krɑːftsmən] *s* (*irr* **man**) Handwerker *m*. '**crafts·man·ship** *s* Kunstfertigkeit *f*, handwerkliches Können.

craft·y ['krɑ:ftɪ] *adj* □ schlau, verschlagen, listig.

crag [kræg] *s* Felsenspitze *f*, Klippe *f*. **crag·ged** ['krægɪd] *adj Am.*, **'crag·gy** *adj* **1.** felsig, schroff. **2.** runz(e)lig, zerfurcht (*Gesicht*); knorrig, rauh (*Person*).

cram [kræm] **I** *v/t* **1.** vollstopfen, *a. fig.* vollpacken (***with*** mit). **2.** (hinein)stopfen, (-)zwängen (***into*** in *acc*). **3.** F a) mit *j-m* pauken *od.* büffeln, b) *mst* ~ ***up*** *Fach* pauken, büffeln. **II** *v/i* **4.** sich vollstopfen. **5.** F pauken, büffeln (***for*** für): ~ ***up on*** → 3b. **III** *s* **6.** F Pauken *n*, Büffeln *n*: ~ ***course*** Paukkurs *m*. **ˌ~-'full** *adj* vollgestopft (***of*** mit), zum Bersten voll.

cram·mer ['kræmə] *s* F **1.** Paukstudio *n*. **2.** Einpauker *m*. **3.** Paukbuch *n*. **4** *j-d, der für e-e Prüfung paukt.*

cramp[1] [kræmp] *s* ⚕ Krampf *m*.

cramp[2] [~] **I** *s* **1.** ⚙ Krampe *f*, Klammer *f*. **II** *v/t* **2.** ⚙ ankrampen, anklammern. **3.** *a.* ~ ***up*** einzwängen, -engen: ***be ~ed for space*** (*od.* ***room***) (zu) wenig Platz haben, räumlich beschränkt sein.

cran·ber·ry ['krænbərɪ] *s* ♀ Preiselbeere *f*.

crane [kreɪn] **I** *s* **1.** *orn.* Kranich *m*. **2.** ⚙ Kran *m*. **II** *v/t* **3.** ~ ***one's neck*** sich den Hals verrenken (***for*** nach), e-n langen Hals machen, den Hals recken. **III** *v/i* **4.** *a.* ~ ***forward*** den Hals recken. ~ **driv·er** *s* Kranführer *m*.

crank [kræŋk] **I** *s* **1.** ⚙ Kurbel *f*. **2.** F wunderlicher Kauz, Spinner *m*; *Am.* Miesepeter *m*. **3.** F fixe Idee, Marotte *f*. **II** *v/t* **4.** *oft* ~ ***up*** ankurbeln. **'~·shaft** *s* ⚙ Kurbelwelle *f*.

crank·y ['kræŋkɪ] *adj* □ F **1.** verschroben, wunderlich. **2.** *Am.* reizbar, schlechtgelaunt. **3.** wack(e)lig, unsicher, baufällig.

cran·nied ['krænɪd] *adj* rissig. **'cran·ny** *s* Riß *m*, Ritze *f*, Spalt *m*: → ***nook.***

crape [kreɪp] *s* **1.** Krepp *m*. **2.** Trauerflor *m*.

crash [kræʃ] **I** *v/t* **1.** zertrümmern, -schmettern. **2.** F uneingeladen kommen zu, hineinplatzen in (*acc*): ~ ***a party;*** ~ ***the gate*** → ***gate-crash.*** **II** *v/i* **3.** (krachend) zerbersten. **4.** krachend einstürzen, zs.-krachen. **5.** *bsd.* ✝ zs.-brechen. **6.** krachen (***against, into*** gegen): ~ ***open*** krachend auffliegen (*Tür*). **7.** stürmen, platzen: ~ ***in***(***to the room***) hereinplatzen. **8.** *mot.* zs.-stoßen, verunglücken; ✈ abstürzen. **III** *s* **9.** Krach(en *n*) *m*. **10.** *bsd.* ✝ Zs.-bruch *m*, (Börsen)Krach *m*. **11.** *mot.* Unfall *m*, Zs.-stoß *m*; ✈ Absturz *m*. ~ **bar·ri·er** *s Br.* Leitplanke *f*. ~ **course** *s* Schnell-, Intensivkurs *m*. ~ **di·et** *s* radikale Schlankheitskur. ~ **hel·met** *s* Sturzhelm *m*.

crash·ing ['kræʃɪŋ] *adj* F fürchterlich.

'crash|-land *v/i* ✈ Bruch *od.* e-e Bruchlandung machen, bruchlanden. ~ **land·ing** *s* ✈ Bruchlandung *f*. ~ **pro·gram**(**me**) *s* Sofortprogramm *n*. ~ **test** *s mot.* Crashtest *m*.

crass [kræs] *adj* □ **1.** grob, kraß (*Fehler etc*). **2.** derb, unfein (*Benehmen etc*).

crate [kreɪt] *s* **1.** (Latten)Kiste *f*. **2.** (*Bier- etc*)Kasten *m*. **3.** *sl.* Kiste *f* (*Auto, Flugzeug*).

cra·ter ['kreɪtə] *s* **1.** *geol.* Krater *m*: ~ ***lake*** Kratersee *m*. **2.** (*Bomben-, Granat*)Trichter *m*.

cra·vat [krə'væt] *s* Halstuch *n*.

crave [kreɪv] **I** *v/t* **1.** *et.* ersehnen. **2.** (inständig) bitten *od.* flehen um. **II** *v/i* **3.** sich sehnen (***for, after*** nach). **4.** ~ ***for*** → 2. **'crav·ing** *s* Sehnsucht *f* (***for*** nach).

crawl [krɔ:l] **I** *v/i* **1.** kriechen: a) krabbeln, b) *fig.* sich dahinschleppen (*Zeit etc*), c) im Schneckentempo gehen *od.* fahren, d) F unterwürfig sein: ~ ***to s.o.*** vor j-m kriechen. **2.** wimmeln (***with*** von). **3.** kribbeln: ***the sight made her flesh ~*** bei dem Anblick bekam sie e-e Gänsehaut. **4.** *Schwimmen*: kraulen. **II** *s* **5.** Kriechen *n*: ***go at a ~*** → 1c. **6.** *Schwimmen*: Kraul(en) *n*, Kraulstil *m*. **'crawl·er** *s* **1.** Kriechtier *n*. **2.** *Br.* F Kriecher(in). **3.** *Schwimmen*: Krauler(in).

cray·fish ['kreɪfɪʃ] *s zo.* **1.** Flußkrebs *m*. **2.** Languste *f*.

cray·on ['kreɪən] **I** *s* **1.** Zeichenkreide *f*. **2.** Zeichen-, Bunt-, Pastellstift *m*: ***blue ~*** Blaustift. **3.** Kreide-, Pastellzeichnung *f*. **II** *v/t* **4.** mit Kreide *etc* zeichnen.

craze [kreɪz] *s* Manie *f*, Verrücktheit *f*: ***be the ~*** große Mode sein; ***the latest ~*** der letzte Schrei. **'cra·zi·ness** *s* Verrücktheit *f*. **'cra·zy** *adj* □ **1.** *a. fig.*

verrückt, wahnsinnig (***with*** vor *dat*): ***drive s.o.*** ~ j-n wahnsinnig machen; ~ ***bone*** *Am*. Musikantenknochen *m*. **2** F (***about***) hingerissen (von), vernarrt in (*acc*); versessen, scharf (auf *acc*), wild, verrückt (nach): ***be ~ to do s.th.*** darauf versessen sein, et. zu tun.

creak [kri:k] **I** *v/i* knarren (*Treppe etc*), quietschen (*Bremsen etc*). **II** *s* Knarren *n*, Quietschen *n*. **'creak·y** *adj* knarrend, quietschend.

cream [kri:m] **I** *s* **1.** Rahm *m*, Sahne *f*. **2.** Creme(speise) *f*. **3.** (*Haut-, Schuh- etc*)Creme *f*. **4.** *fig*. Creme *f*, Auslese *f*, Elite *f*: ***the ~ of the ~*** die Crème de la crème. **II** *v/t* **5.** den Rahm abschöpfen von (*a. fig*.). **6.** zu Schaum schlagen; schaumig rühren. **7.** sich *das Gesicht etc* eincremen: ***~ one's face.*** **III** *adj* **8.** creme(farben). **~ cheese** *s* Rahm-, Vollfettkäse *m*. **'~-ˌcol·o(u)red** → ***cream*** 8. **~ puff** *s* Windbeutel *m*.

crease [kri:s] **I** *s* **1.** Falte *f*. **2.** Bügelfalte *f*. **3.** Knick *m*, *a*. Eselsohr *n*. **II** *v/t* **4.** falten, knicken. **5.** Falten bügeln in (*e-e Hose*). **6.** zerknittern. **III** *v/i* **7.** knittern. **'~-proof, '~-reˌsist·ant** *adj* knitterfrei, -fest.

cre·ate [kri:'eɪt] *v/t* **1.** (er)schaffen. **2.** ins Leben rufen, *Arbeitsplätze* schaffen; hervorrufen, verursachen. **3.** *thea. etc*, *Mode*: kreieren. **4.** *j-n* machen *od*. ernennen zu. **cre'a·tion** *s* **1.** (Er)Schaffung *f*. **2.** Hervorrufung *f*, Verursachung *f*. **3.** ***the*** ♀ *eccl*. die Schöpfung. **4.** *thea. etc*, *Mode*: Kreierung *f*. **5.** (Kunst-, Mode)Schöpfung *f*, (*Mode a.*) Kreation *f*. **6.** Ernennung *f*. **cre'a·tive** *adj* □ schöpferisch, kreativ. **cre'a·tor** *s* Schöpfer *m*, Urheber *m*: ***the*** ♀ *eccl*. der Schöpfer.

crea·ture ['kri:tʃə] *s* **1.** Geschöpf *n*, (Lebe)Wesen *n*, Kreatur *f*: ***dumb ~*** stumme Kreatur; ***good ~*** gute Haut; ***lovely ~*** süßes Geschöpf; ***poor*** (***silly***) ~ armes (dummes) Ding; ***~ of habit*** Gewohnheitstier *n*. **2.** Produkt *n*: ***~ of the imagination*** Phantasieprodukt. **~ com·forts** *s pl* leibliches Wohl.

crèche [kreɪʃ] *s* **1.** (Kinder)Krippe *f*. **2.** *Am*. (Weihnachts)Krippe *f*.

cre·dence ['kri:dəns] *s*: ***give*** (*od*. ***attach***) ***~ to*** Glauben schenken (*dat*).

cre·den·tials [krɪ'denʃlz] *s pl* **1.** Beglaubigungs- *od*. Empfehlungsschreiben *n*. **2.** (Leumunds)Zeugnis *n*. **3.** Ausweis(papiere *pl*) *m*.

cred·i·bil·i·ty [ˌkredə'bɪlətɪ] *s* Glaubwürdigkeit *f*. **'cred·i·ble** *adj* □ glaubwürdig.

cred·it ['kredɪt] **I** *s* **1.** Glaube(n) *m*: ***give ~ to*** Glauben schenken (*dat*). **2.** Ansehen *n*, Achtung *f*: ***be in high ~ with*** in hohem Ansehen stehen bei. **3.** Ehre *f*: ***be a ~ to s.o., be to s.o.'s ~, do s.o. ~*** j-m Ehre machen *od*. einbringen; ***to his ~ it must be said*** zu s-r Ehre muß man sagen; ***~ where ~ is due*** Ehre, wem Ehre gebührt. **4.** Anerkennung *f*, Lob *n*: ***get ~ for*** Anerkennung finden für; ***that's very much to his ~*** das ist sehr anerkennenswert *od*. verdienstvoll von ihm. **5.** Verdienst *n*: ***give s.o.*** (***the***) ***~ for*** j-m *et*. hoch anrechnen; j-m *et*. zutrauen; j-m *et*. zuschreiben. **6.** ⚕ Kredit *m*: ***on ~*** auf Kredit; ***give s.o. ~ for £1,000*** j-m e-n Kredit von 1000 Pfund geben; ***~ card*** Kreditkarte *f*. **7.** ⚕ Guthaben *n*. Kredit(seite *f*) *n*, Haben *n*: ***your ~*** Saldo zu Ihren Gunsten; ***enter*** (*od*. ***place, put***) ***a sum to s.o.'s ~*** j-m e-n Betrag gutschreiben. **II** *v/t* **8.** Glauben schenken (*dat*), glauben (*dat*). **9.** ***~ s.o. with*** j-m *et*. zutrauen; j-m *et*. zuschreiben. **10.** ⚕ *Betrag* zuschreiben (***to s.o.*** j-m). **'cred·it·a·ble** *adj* □ (***to***) ehrenvoll (für), anerkennenswert (von). **'cred·i·tor** *s* ⚕ Gläubiger *m*.

'cred·itˌwor·thy *adj* ⚕ kreditwürdig.

cre·du·li·ty [krɪ'dju:lətɪ] *s* Leichtgläubigkeit *f*. **cred·u·lous** ['kredjʊləs] *adj* □ leichtgläubig.

creed [kri:d] *s* **1.** *eccl*. Glaubensbekenntnis *n*; Glaube *m*, Konfession *f*. **2.** *fig*. Überzeugung *f*, Weltanschauung *f*.

creek [kri:k] *s* **1.** *Am*. Bach *m*. **2.** *bsd. Br*. kleine Bucht. **3.** ***be up the ~*** F in der Klemme sein *od*. sitzen *od*. stecken.

creep [kri:p] **I** *v/i* (*irr*) **1.** kriechen: a) krabbeln, b) *fig*. sich dahinschleppen (*Zeit etc*), c) im Schneckentempo gehen *od*. fahren, d) unterwürfig sein. **2.** schleichen: ***~ in*** (sich) hinein- *od*. hereinschleichen; *fig*. sich einschleichen (*Fehler etc*). **3.** kribbeln: ***the sight made her flesh ~*** bei dem Anblick bekam sie e-e Gänsehaut. **II** *s* **4.** Kriechen *n*, Schleichen *n*: ***go at a ~*** → 1c. **5.** ***the***

sight gave her the ~s F bei dem Anblick bekam sie e-e Gänsehaut. **6.** F Kriecher(in). **'creep·er** *s* **1.** Kriechtier *n.* **2.** Kriech- *od.* Kletterpflanze *f.* **'creep·ing** *adj* □ kriechend: ***~ inflation*** ✝ schleichende Inflation. **'creep·y** *adj* grus(e)lig.

cre·mate [krɪ'meɪt] *v/t bsd. Leichen* verbrennen, einäschern. **cre'ma·tion** *s* Verbrennung *f*, Einäscherung *f*, Feuerbestattung *f.* **crem·a·to·ri·um** [ˌkremə'tɔːrɪəm] *pl* **-ums, -a** [~ə], *bsd. Am.* **cre·ma·to·ry** ['~tərɪ] *s* Krematorium *n.*

crept [krept] *pret u. pp von* ***creep.***

cres·cent ['kresnt] *s* Halbmond *m*, Mondsichel *f.*

cress [kres] *s* ⚘ Kresse *f.*

crest [krest] *s* **1.** *orn.* Büschel *n*, Haube *f*; Kamm *m.* **2.** *zo.* Mähne *f.* **3.** Bergrücken *m*, Kamm *m.* **4.** (*Wellen*)Kamm *m*: ***be riding (along) on the ~ of a wave*** *fig.* im Augenblick ganz oben schwimmen. **5.** *fig.* Gipfel *m*, Scheitelpunkt *m*: ***at the ~ of his fame*** auf dem Gipfel s-s Ruhms. **'~ˌfall·en** *adj fig.* niedergeschlagen, geknickt.

cre·tin ['kretɪn] *s* ⚕ Kretin *m* (*a. fig. contp.*).

cre·vasse [krɪ'væs] *s* **1.** tiefer Spalt *od.* Riß. **2.** Gletscherspalte *f.*

crev·ice ['krevɪs] *s* Riß *m*, Spalt *m*, (Fels)Spalte *f.*

crew[1] [kruː] *s* **1.** (*Arbeits*)Gruppe *f*, (*Bau- etc*)Trupp *m*, (*Arbeiter*)Kolonne *f.* **2.** ⚙ (*Bedienungs*)Mannschaft *f.* **3.** ✈, ⚓ Besatzung *f*; ⚓ *engS.* Mannschaft *f* (*a. Sport*).

crew[2] [~] *pret von* ***crow***[2].

crew cut *s* Bürstenschnitt *m.*

crib [krɪb] **I** *s* **1.** Kinderbettchen *n.* **2.** (Futter)Krippe *f.* **3.** *bsd. Br.* (Weihnachts)Krippe *f.* **4.** F kleiner Diebstahl; Anleihe *f*, Plagiat *n.* **5.** *ped.* F Eselsbrücke *f*, Klatsche *f*; Spickzettel *m.* **II** *v/t u. v/i* **6.** F klauen (*a. fig. plagiieren*). **7.** *ped.* F abschreiben, spicken (***off, from*** von).

crick [krɪk] *s*: ***a ~ in one's neck*** ein steifer Hals.

crick·et[1] ['krɪkɪt] *s zo.* Grille *f.*

crick·et[2] [~] (*Sport*) **I** *s* Kricket *n*: ***not ~*** F nicht fair. **II** *v/i* Kricket spielen. **'crick·et·er** *s* Kricketspieler *m.*

cri·er ['kraɪə] *s* Schreier *m*, Schreihals *m.*

crime [kraɪm] *s* **1.** Verbrechen *n*, *coll. a. pl*: ***~ prevention*** Verbrechensverhütung *f*; ***~ syndicate*** Verbrechersyndikat *n*; ***~ wave*** Welle *f* von Verbrechen. **2.** → ***criminality.*** **3.** F Verbrechen *n*; Jammer *m*, Zumutung *f.*

crim·i·nal ['krɪmɪnl] **I** *adj* **1.** kriminell, verbrecherisch (*beide a. fig.* F): ***~ act*** Straftat *f*, strafbare Handlung; ***~ association*** kriminelle Vereinigung; → ***record***[1] 2. **2.** strafrechtlich, Straf..., Kriminal...: ***~ code*** Strafgesetzbuch *n*; ***~ law*** Strafrecht *n*; ***~ proceedings*** *pl* Strafprozeß *m*, -verfahren *n.* **II** *s* **3.** Verbrecher(in), Kriminelle *m, f.* **crim·i·nal·i·ty** [ˌ~'nælətɪ] *s* Kriminalität *f*, Verbrechertum *n.* **crim·i·nol·o·gy** [ˌ~'nɒlədʒɪ] *s* Kriminologie *f.*

crimp [krɪmp] *v/t* **1.** kräuseln. **2.** falteln, fälteln. **3.** *Haar* wellen, locken.

crim·son ['krɪmzn] *adj* **1.** karmin-, karmesinrot. **2.** puterrot (***from*** vor *dat*).

cringe [krɪndʒ] *v/i* **1.** sich ducken *od.* (zs.-)krümmen: ***~ at*** zurückschrecken vor (*dat*). **2.** *fig.* kriechen, katzbuckeln (***to*** vor *dat*). **'cring·ing** *adj* □ kriecherisch, unterwürfig.

crin·kle ['krɪŋkl] **I** *v/i* **1.** Falten werfen. **2.** knittern. **3.** rascheln, knistern. **II** *v/t* **4.** zerknittern. **III** *s* **5.** Falte *f*, (*im Gesicht*) Fältchen *n.*

crip·ple ['krɪpl] **I** *s* Krüppel *m* (*a. fig.*). **II** *v/t* zum Krüppel machen; lähmen, *fig. a.* lahmlegen.

cri·sis ['kraɪsɪs] *pl* **-ses** ['~siːz] *s* Krise *f* (*a. thea.*, ⚕): ***economic ~*** Wirtschaftskrise; ***~ of confidence*** Vertrauenskrise; ***~ staff*** Krisenstab *m.*

crisp [krɪsp] **I** *adj* □ **1.** knusp(e)rig (*Gebäck etc*). **2.** kraus (*Haar*). **3.** frisch, knackig, fest (*Gemüse*). **4.** forsch, schneidig (*Benehmen etc*). **5.** klar (*Stil etc*). **6.** scharf, frisch (*Luft etc*). **II** *s* **7.** *pl bsd. Br.* (*Kartoffel*)Chips *pl.* **III** *v/t* **8.** knusp(e)rig backen *od.* braten. **IV** *v/i* **9.** knusp(e)rig werden.

criss·cross ['krɪskrɒs] **I** *adj* kreuzweise, Kreuz... **II** *adv* kreuzweise, kreuz u. quer. **III** *s* Gewirr *n.* **IV** *v/t* kreuz u. quer ziehen durch. **V** *v/i* kreuz u. quer (ver)laufen.

cri·te·ri·on [kraɪ'tɪərɪən] *pl* **-ri·a** [~ə], **-ri·ons** *s* Kriterium *n*: a) Maßstab *m*, b) (Unterscheidungs)Merkmal *n.*

crit·ic ['krıtık] *s* Kritiker(in): a) Beurteiler(in), b) Rezensent(in), c) Krittler(in). **crit·i·cal** ['~kl] *adj* □ kritisch: a) anspruchsvoll, b) mißbilligend, tadelnd (*of acc*): ***be ~ of*** et. auszusetzen haben an (*dat*), kritisch gegenüberstehen (*dat*), kritisieren (*acc*), c) entscheidend (*Augenblick etc*), d) gefährlich, bedenklich (*Situation etc*): ***he is in*** (***a***) ***~ condition*** ⚕ sein Zustand ist kritisch. **crit·i·cism** ['~sızəm] *s* Kritik *f*: a) kritische Beurteilung, b) Tadel *m*, Vorwurf *m*: ***open to ~*** anfechtbar; ***above ~*** über jede Kritik *od.* jeden Tadel erhaben, c) → ***critique*** a. **crit·i·cize** ['~saız] *v/t* kritisieren: a) kritisch beurteilen, b) Kritik üben an (*dat*), bekritteln, tadeln: ***~ s.o. for doing s.th.*** j-n kritisieren, weil er et. getan hat, c) besprechen, rezensieren. **cri·tique** [krı'ti:k] *s* Kritik *f*: a) Rezension *f*, Besprechung *f*, b) kritische Untersuchung.

croak [krəʊk] **I** *v/i* **1.** quaken (*Frosch*); krächzen (*Rabe etc, a. Mensch*). **2.** *sl.* abkratzen. **II** *s* **3.** Quaken *n*; Krächzen *n*.

cro·chet ['krəʊʃeı] **I** *s a.* ***~ work*** Häkelarbeit *f*, Häkelei *f*: ***~ hook*** Häkelnadel *f*. **II** *v/t u. v/i* häkeln.

crock[1] [krɒk] *s* irdener Topf *od.* Krug.

crock[2] [~] *s sl.* Wrack *n* (*Person od. Sache*); Klapperkasten *m* (*Auto*).

crock·er·y ['krɒkərı] *s* Steingut *n*, Töpferware *f*.

croc·o·dile ['krɒkədaıl] *s zo.* Krokodil *n*. ***~ tears*** *s pl* Krokodilstränen *pl*.

cro·cus ['krəʊkəs] *s* ⚘ Krokus *m*.

crook [krʊk] **I** *s* **1.** Haken *m*. **2.** Krümmung *f*, Biegung *f*: ***~ of one's arm*** Armbeuge *f*. **3.** F Gauner *m*; Gaunerei *f*: ***on the ~*** auf betrügerische Weise. **II** *v/t u. v/i* **4.** (sich) krümmen *od.* biegen. **crook·ed** ['~ıd] *adj* □ **1.** gekrümmt, gebogen, krumm. **2.** F betrügerisch.

croon [kru:n] *v/t u. v/i* **1.** schmachtend singen. **2.** leise singen *od.* summen. **'croon·er** *s* Schnulzensänger(in).

crop [krɒp] **I** *s* **1.** Ernte *f*: ***~ failure*** Mißernte. **2.** *fig.* Ertrag *m*, Ausbeute *f* (***of*** an *dat*); große Menge, Masse *f*. **3.** kurzer Haarschnitt; kurzgeschnittenes Haar. **II** *v/t* **4.** stutzen, beschneiden. **5.** *Haar* kurz scheren. **III** *v/i* **6.** *mst* ***~ up*** (*od.* ***out***) *fig.* plötzlich auftauchen *od.* eintreten. **'crop·per** *s* F **1.** schwerer Sturz: ***come a ~*** schwer stürzen. **2.** Mißerfolg *m*, Fehlschlag *m*: ***come a ~*** Schiffbruch erleiden.

cro·quet ['krəʊkeı] *s Sport*: Krocket *n*.

cross [krɒs] **I** *s* **1.** *eccl.* Kreuz *n*: ***the*** ♀ das Kreuz (Christi), das Kruzifix. **2.** Kreuz(zeichen) *n*: ***make the sign of the ~*** sich bekreuzigen; ***mark with a ~*** ankreuzen. **3.** *fig.* Kreuz *n*, Leiden *n*: ***bear*** (*od.* ***carry***) ***one's ~*** sein Kreuz tragen. **4.** Querstrich *m*. **5.** *biol.* Kreuzung(sprodukt *n*) *f*. **6.** *fig.* Mittel-, Zwischending *n*. **II** *v/t* **7.** das Kreuzzeichen machen auf (*acc*) *od.* über (*dat*): ***~ o.s.*** sich bekreuzigen. **8.** kreuzen: ***~ one's arms*** die Arme kreuzen *od.* verschränken; *fig.* die Hände in den Schoß legen; ***~ one's legs*** die Beine kreuzen *od.* über(einander)schlagen; → ***finger*** I, ***sword***. **9.** *Grenze, Meer, Straße etc* überqueren: ***~ s.o.'s path*** *fig.* j-m in die Quere kommen. **10.** kreuzen, schneiden. **11.** sich kreuzen mit (*Brief*). **12.** ankreuzen. **13.** *oft* ***~ off*** (*od.* ***out***) aus-, durchstreichen: ***~ off*** *fig.* abschreiben (***as*** als). **14.** *Plan etc* durchkreuzen, vereiteln. **15.** *biol.* kreuzen. **III** *v/i* **16.** sich kreuzen (*a. Briefe*) *od.* schneiden. **17.** *oft* ***~ over*** (***to***) hinübergehen, -fahren (nach), übersetzen (nach). **18.** *biol.* sich kreuzen (lassen). **IV** *adj* **19.** schräg, Schräg... **20.** (***to***) entgegengesetzt (*dat*), im Widerspruch (zu). **21.** F böse (***with*** auf *acc*, mit), mürrisch. **'~·bar** *s Sport*: Tor-, Querlatte *f*. **'~·beam** *s* ⚙ Querträger *m*, -balken *m*. **'~·bones** *s pl* → ***skull***. **'~·breed** *biol.* **I** *s* Mischling *m*, Kreuzung *f*. **II** *v/t* (*irr* ***breed***) kreuzen. **'~·check I** *v/t* von verschiedenen Gesichtspunkten aus überprüfen. **II** *s* Überprüfung *f* von verschiedenen Gesichtspunkten aus. **ˌ~-'coun·try** *adj* Querfeldein..., Gelände..., *mot. a.* geländegängig: ***~ skiing*** Skilanglauf *m*. **'~ˌcur·rent** *s* Gegenströmung *f* (*a. fig.*). **'~-ˌdress·ing** *s* Transvestismus *m*.

crossed [krɒst] *adj* gekreuzt: ***~ cheque*** ✝ *Br.* Verrechnungsscheck *m*.

'cross|-exˌam·i'na·tion *s* ⚖ Kreuzverhör *n*. **ˌ~-ex'am·ine** *v/t* ⚖ ins Kreuzverhör nehmen. **'~-eyed** *adj* schielend: ***be ~*** schielen. **'~-ˌfire** *s* ⚔ Kreuzfeuer *n* (*a. fig.*). **'~-grained** *adj* **1.** quergefasert.

2. *fig.* widerspenstig (*a. Sache*); kratzbürstig.

cross·ing ['krɒsɪŋ] *s* **1.** Überquerung *f*: **~ point** Grenzübergang *m*. **2.** ⚓ Überfahrt *f*: **rough ~** stürmische Überfahrt. **3.** (*Straßen- etc*)Kreuzung *f*. **4.** Straßenübergang *m*; *Br.* Fußgängerüberweg *m*: → **grade** 4, **level** 5. **5.** *biol.* Kreuzung *f*.

'**cross-legged** *adj u. adv* mit gekreuzten *od.* über(einander)geschlagenen Beinen, (*am Boden a.*) im Schneidersitz.

cross·ness ['krɒsnɪs] *s* F Mürrischkeit *f*, schlechte Laune.

'**cross|·patch** *s* F Brummbär *m*. ,**~-'pur·pos·es** *s pl*: **talk at ~** aneinander vorbeireden. **~ ref·er·ence** *s* Kreuz-, Querverweis *m*. '**~·road** *s* **1.** *Am.* Quer- *od.* Seitenstraße *f*. **2.** *pl* (*mst sg konstruiert*) (Straßen)Kreuzung *f*; *fig.* Scheideweg *m*. **~ sec·tion** *s* ⚒, ⚙ *u. fig.* Querschnitt *m* (**of** durch). '**~·walk** *s Am.* Fußgängerüberweg *m*. '**~·ways,** '**~·wise** *adv* quer, kreuzweise. '**~·word** (**puz·zle**) *s* Kreuzworträtsel *n*.

crotch [krɒtʃ] *s* **1.** Gab(e)lung *f*. **2.** Schritt *m* (*der Hose od. des Körpers*).

crotch·et ['krɒtʃɪt] *s* **1.** ♪ *bsd. Br.* Viertelnote *f*. **2.** *fig.* Grille *f*, Marotte *f*. '**crotch·et·y** *adj* **1.** grillenhaft. **2.** F mürrisch.

crouch [kraʊtʃ] **I** *v/i* **1.** *a.* **~ down** sich bücken *od.* ducken. **2.** hocken; kauern. **II** *s* **3.** Hocke *f*: **in a ~** gebückt; in der Hocke.

crou·pi·er ['kruːpɪə] *s* Croupier *m*.

crow¹ [krəʊ] *s* **1.** *orn.* Krähe *f*: **as the ~ flies** (in der) Luftlinie; **eat ~** *bsd. Am.* F zu Kreuze kriechen; **have a ~ to pluck** (*od.* **pull, pick**) **with** F ein Hühnchen zu rupfen haben mit. **2.** → **crowbar.**

crow² [~] **I** *v/i pret* **crowed** *u.* (*für* 1) **crew** [kruː], *pp* **crowed** **1.** krähen (*Hahn*). **2.** (*fröhlich*) krähen. **3.** jubeln, frohlocken (**over** über *acc*). **4.** protzen, prahlen (**over, about** mit). **II** *s* **5.** Krähen *n*. **6.** Jubel(schrei) *m*.

'**crow·bar** *s* ⚙ Brecheisen *n*, -stange *f*.

crowd [kraʊd] **I** *s* **1.** dichte (Menschen)Menge, Masse *f*: **~s** *pl* **of people** Menschenmassen *pl*. **2. the ~** die Masse, das (gemeine) Volk: **one of the ~** ein Mann aus dem Volk; **follow** (*od.* **move with**) **the ~** mit der Masse gehen. **3.** F Gesellschaft *f*, Haufen *m*, Verein *m*. **4.** Ansammlung *f*, Haufen *m*. **II** *v/i* **5.** (zs.-)strömen, sich drängen (**into** in *acc*; **round** um). **III** *v/t* **6.** *Straßen etc* bevölkern. **7.** sich drängen in (*acc od. dat*) *od.* um. **8.** zs.-drängen, -pressen. **9.** hineinpressen, -stopfen (**into** in *acc*). **10.** vollstopfen (**with** mit). '**crowd·ed** *adj* **1.** (**with**) überfüllt (mit), voll (von): **~ street** stark befahrene *od.* verkehrsreiche Straße. **2.** (zs.-)gedrängt. **3.** *fig.* voll ausgefüllt, ereignisreich.

crowd| pull·er *s* Zuschauermagnet *m*. **~ scene** *s Film, TV*: Massenszene *f*.

crown [kraʊn] **I** *s* **1.** Krone *f* (*a. fig.*), (*Sport a.*) (Meister)Titel *m*: **the** ♀ die Krone, der König, die Königin. **2.** Krone *f* (*Währung*). **3.** *Zahnmedizin*: Krone *f*. **4.** *fig.* Krönung *f*, Höhepunkt *m*. **II** *v/t* **5.** *j-n* krönen (**king** zum König): **~ed heads** *pl* gekrönte Häupter *pl*. **6.** *fig.* krönen: a) ehren, auszeichnen, b) schmücken, zieren, c) den Höhepunkt bilden von (*od. gen*): **~ all** allem die Krone aufsetzen (*a. iro.*); **to ~ it all** zu allem Überfluß *od.* Unglück, d) erfolgreich abschließen: **~ed with success** von Erfolg gekrönt. **7.** *Zahn* überkronen. **~ col·o·ny** *s Br.* Kronkolonie *f*.

crown·ing ['kraʊnɪŋ] **I** *adj fig.* krönend. **II** *s* Krönung *f* (*a. fig.*).

crown| jew·els *s pl* Kronjuwelen *pl*. **~ prince** *s* Kronprinz *m* (*a. fig.*). **~ prin·cess** *s* Kronprinzessin *f*. **~ wit·ness** *s* ⚖ *Br.* Belastungszeuge *m*.

'**crow's|-feet** *s pl* Krähenfüße *pl*, Fältchen *pl*. **~ nest** *s* ⚓ Krähennest *n*.

cru·ces ['kruːsiːz] *pl von* **crux.**

cru·cial ['kruːʃl] *adj* □ kritisch, entscheidend (**to, for** für): **~ point** springender Punkt.

cru·ci·fix ['kruːsɪfɪks] *s* Kruzifix *n*. **cru·ci·fix·ion** [,~'fɪkʃn] *s* Kreuzigung *f*. **cru·ci·fy** ['~faɪ] *v/t* kreuzigen.

crude [kruːd] *adj* □ **1.** roh, unver-, unbearbeitet: **~ oil** Rohöl *n*. **2.** *fig.* roh, grob. **3.** *fig.* nackt, ungeschminkt. '**crude·ness, cru·di·ty** ['~dɪtɪ] *s* Roheit (*a. fig.*).

cru·el ['krʊəl] *adj* □ **1.** grausam (**to** zu, gegen). **2.** unmenschlich, unbarmherzig. **3.** schrecklich, mörderisch. '**cru-**

el·ty *s* Grausamkeit *f*: ~ ***to animals*** Tierquälerei *f*.

cru·et ['kru:ɪt] *s* **1.** Essig-, Ölfläschchen *n*. **2.** *a*. ~ ***stand*** Menage *f*, Gewürzständer *m*.

cruise [kru:z] **I** *v/i* **1.** ⚓ kreuzen, e-e Kreuzfahrt *od.* Seereise machen. **2.** ✈, *mot*. mit Reisegeschwindigkeit fliegen *od.* fahren: ***cruising speed*** Reisegeschwindigkeit *f*. **II** *s* **3.** Kreuzfahrt *f*, Seereise *f*. ~ **mis·sile** *s* ⚔ Marschflugkörper *m*.

cruis·er ['kru:zə] *s* **1.** ⚓ a) ⚔ Kreuzer *m* (*a. allg.*), b) Kreuzfahrtschiff *n*. **2.** *Am.* (Funk)Streifenwagen *m*.

crumb [krʌm] **I** *s* **1.** Krume *f*, Krümel *m*, Brösel *m*. **2.** *fig*. Brocken *m*: ***a few ~s of information*** ein paar Informationsbrocken; ~ ***of comfort*** Trostpflaster *n*, -pflästerchen *n*. **II** *v/t* **3.** *gastr*. panieren. **4.** zerkrümeln. **crum·ble** ['~bl] **I** *v/t* **1.** zerkrümeln, -bröckeln. **II** *v/i* **2.** *a*. ~ ***away*** zerbröckeln, -fallen: ~ ***to dust*** (*od.* ***nothing***) *fig*. sich in nichts auflösen. **3.** ✝ abbröckeln (*Kurse*). '**crum·bling,** '**crum·bly** *adj* **1.** krüm(e)lig, bröck(e)lig. **2.** zerbröckelnd, -fallend.

crum·my ['krʌmɪ] *adj sl.* lausig, miserabel.

crum·ple ['krʌmpl] **I** *v/t* **1.** *a*. ~ ***up*** zerknittern, -knüllen. **2.** zerdrücken. **II** *v/i* **3.** knittern. **4.** *a*. ~ ***up*** zs.-brechen (*a. fig.*). **III** *s* **5.** (Knitter)Falte *f*.

crunch [krʌntʃ] **I** *v/t* **1.** knirschend (zer-) kauen. **2.** zermalmen. **II** *v/i* **3.** knirschend kauen. **4.** knirschen. **III** *s* **5.** Knirschen. **6.** ***when it comes to the ~, when the ~ comes*** F wenn es hart auf hart geht.

cru·sade [kru:'seɪd] **I** *s hist*. Kreuzzug *m* (*a. fig.*). **II** *v/i hist*. e-n Kreuzzug unternehmen, *fig*. *a*. zu Felde ziehen (***against*** gegen; ***for*** für). **cru'sad·er** *s* **1.** *hist*. Kreuzfahrer *m*, -ritter *m*. **2.** *fig*. Kämpfer *m*.

crush [krʌʃ] **I** *s* **1.** Gedränge *n*, Gewühl *n*. **2.** *bsd. Br. Getränk aus ausgepreßten Früchten*: ***orange ~***. **3.** ***have a ~ on s.o.*** F in j-n verknallt sein. **II** *v/t* **4.** zerquetschen, -malmen, -drücken: ~ ***out*** *Zigarette etc* ausdrücken. **5.** zerdrücken, -knittern. **6.** ⚙ zerkleinern, -mahlen. **7.** auspressen, -drücken, -quetschen: ~ ***the juice from*** *Zitrone etc* auspressen. **8.** *fig*. nieder-, zerschmettern; *Aufstand etc* niederwerfen, unterdrücken: ***~ing blow*** vernichtender Schlag; ***~ing majority*** erdrückende Mehrheit. **III** *v/i* **9.** zerquetscht werden. **10.** sich drängen (***into*** in *acc*). **11.** (zer)knittern. '**crush·a·ble** *adj* **1.** knitterfest, -frei. **2.** ~ ***zone*** *mot*. Knautschzone *f*.

crush| bar·ri·er *s Br.* Barriere *f*, Absperrung *f*. '**~-re,sist·ant** → ***crushable*** 1.

crust [krʌst] **I** *s* **1.** (Brot)Kruste *f*, (-)Rinde *f*. **2.** Knust *m*, hartes *od.* trockenes Stück Brot. **3.** *geol*. (Erd)Kruste *f*. **4.** ⚕ Kruste *f*, Schorf *m*. **5.** *sl*. Unverschämtheit *f*. **II** *v/i a*. ~ ***over*** **6.** verkrusten. **7.** verharschen: ***~ed snow*** Harsch *m*. '**crust·y** *adj* □ **1.** verkrustet, krustig. **2.** *fig*. barsch.

crutch [krʌtʃ] *s* **1.** Krücke *f*: ***walk on ~es*** auf *od.* an Krücken gehen. **2.** *fig*. Stütze *f*, Hilfe *f*.

crux [krʌks] *pl* '**crux·es, cru·ces** ['kru:si:z] *s* Crux *f*, Schwierigkeit *f*, Haken *m*; schwieriges Problem, harte Nuß.

cry [kraɪ] **I** *s* **1.** Schrei *m*, Ruf *m* (***for*** nach): ~ ***for help*** Hilferuf; ***within*** ~ in Rufweite (***of*** von); ***a far*** (*od.* ***long***) ~ ***from*** *fig*. (himmel)weit entfernt von; et. ganz anderes als. **2.** Geschrei *n*. **3.** Weinen *n*: ***have a good ~*** sich (richtig) ausweinen. **4.** (Schlacht)Ruf *m*, Schlag-, Losungswort *n*. **II** *v/i* **5.** schreien, rufen (***for*** nach): ~ ***for help*** (***vengeance***) um Hilfe rufen (nach Rache schreien). **6.** weinen (***for joy*** vor Freude); heulen, jammern (***over*** wegen, über *acc*; ***for*** um): → ***milk*** I. **III** *v/t* **7.** *et*. schreien, (aus)rufen: → ***wolf*** 1. **8.** *Tränen* weinen: ~ ***o.s. to sleep*** sich in den Schlaf weinen; → ***eye*** 1, ***head*** 8, ***heart*** 1.

Verbindungen mit Adverbien:

cry| down *v/t* **1.** heruntersetzen, -machen. **2.** niederschreien. ~ **off** *v/t u.* (*bsd. Br.*) *v/i* (plötzlich) absagen, zurücktreten (von). ~ **out I** *v/t* ausrufen. **II** *v/i* aufschreien: ~ ***against*** heftig protestieren gegen; ~ (***for***) → ***cry*** 5. ~ **up** *v/t* rühmen: ***he's not all he's cried up to be*** so gut ist er auch wieder nicht.

'**cry,ba·by** *s* Heulsuse *f*.

cry·ing ['kraɪɪŋ] *adj* **1.** (himmel)schreiend: ***it's a ~ shame*** es ist jammerschade *od.* ein Jammer. **2.** dringend (*Bedürfnis etc*).

crypt [krɪpt] *s* ⚠ Krypta *f*. **'cryp·tic** *adj* (**~ally**) **1.** geheim, verborgen. **2.** rätselhaft, dunkel.

crys·tal ['krɪstl] **I** *s* **1.** Kristall *m* (*a.* ⚗, *etc*): **(as) clear as ~** kristallklar; *fig.* sonnenklar. **2.** *a.* **~ glass** Kristall(glas) *n*. **3.** Uhrglas *n*. **II** *adj* **4.** kristallen: a) Kristall..., b) kristallklar. **crys·tal·li·za·tion** [ˌ~təlaɪ'zeɪʃn] *s* Kristallisation *f*, Kristallbildung *f*. **'crys·tal·lize I** *v/t* **1.** kristallisieren. **2.** *fig.* konkrete *od.* feste Form geben (*dat*). **3.** *Früchte* kandieren. **II** *v/i* **4.** kristallisieren. **5.** *fig.* konkrete *od.* feste Form annehmen, sich kristallisieren (**into** zu): **~ out** sich herauskristallisieren.

cub [kʌb] **I** *s* **1.** *zo.* Junge *n* (*des Fuchses, Bären etc*). **2.** *a.* **unlicked ~** grüner Junge. **3.** Anfänger *m*. **II** *v/i* **4.** (Junge) werfen.

cube [kjuːb] **I** *s* **1.** Würfel *m*: **~ sugar** Würfelzucker *m*. **2.** ℞ Kubikzahl *f*, dritte Potenz: **~ root** Kubikwurzel *f*. **II** *v/t* **3.** ℞ zur dritten Potenz erheben. **4.** würfeln, in Würfel schneiden *od.* pressen. **'cu·bic** *adj* (**~ally**) **1.** Kubik..., Raum...: **~ content** Rauminhalt *m*; **~ metre** (*Am.* **meter**) Kubikmeter *m, n*. **2.** würfelförmig, Würfel... **3.** ℞ kubisch: **~ equation** Gleichung *f* dritten Grades.

cu·bi·cle ['kjuːbɪkl] *s* Kabine *f*.

cuck·old ['kʌkəʊld] **I** *s* betrogener Ehemann. **II** *v/t j-m* Hörner aufsetzen.

cuck·oo ['kʊkuː] **I** *s orn.* Kuckuck *m*. **II** *adj* F bekloppt, plemplem. **~ clock** *s* Kuckucksuhr *f*.

cu·cum·ber ['kjuːkʌmbə] *s* Gurke *f*: **(as) cool as a ~** F eiskalt, kühl u. gelassen.

cud [kʌd] *s* **1.** Klumpen *m* wiedergekäuten Futters: **chew the ~** wiederkäuen; *fig.* überlegen, nachdenken. **2.** F Streifen *m* (*Kaugummi*).

cud·dle ['kʌdl] **I** *v/t* **1.** an sich drücken, hätscheln. **2.** schmusen mit. **II** *v/i* **3. ~ up** sich kuscheln *od.* schmiegen (**to** an *acc*): **~ up together** sich aneinanderkuscheln. **4.** schmusen. **III** *s* **5.** enge Umarmung.

cudg·el ['kʌdʒəl] **I** *s* Knüppel *m*: **take up the ~s for s.o.** *fig.* für j-n eintreten. **II** *v/t pret u. pp* **-eled,** *bsd. Br.* **-elled** prügeln: → **brain** 2.

cue[1] [kjuː] **I** *s* **1.** *thea. etc, a. fig.* Stichwort *n*, ♪ Einsatz *m*. **2.** Wink *m*, Fingerzeig *m*: **take the ~ from s.o.** sich nach j-m richten. **II** *v/t* **3.** *a.* **~ in** *thea. etc, a. fig. j-m* das Stichwort geben, ♪ *j-m* den Einsatz geben.

cue[2] [~] *s* Queue *n*, Billardstock *m*.

cuff[1] [kʌf] *s* **1.** (Ärmel-, *Am. a.* Hosen)Aufschlag *m*, Manschette *f* (*a.* ⚙): **~ link** Manschettenknopf *m*; **off the ~** F aus dem Stegreif. **2.** *pl* F Manschetten *pl* (*Handschellen*).

cuff[2] [~] **I** *v/t j-m* e-n Klaps geben. **II** *s* Klaps *m*.

cui·sine [kwɪ'ziːn] → **cooking** 2.

cul-de-sac ['kʌldəsæk] *pl* **cul-de-sacs, culs-de-sac** *s* Sackgasse *f* (*a. fig.*).

cu·li·nar·y ['kʌlɪnərɪ] *adj* □ kulinarisch, Koch...: **~ art** Kochkunst *f*; **~ herbs** *pl* Küchenkräuter *pl*.

cull [kʌl] *v/t* **1.** pflücken. **2.** auslesen, -suchen. **3.** *Minderwertiges* aussortieren.

cul·mi·nate ['kʌlmɪneɪt] *v/i* **1.** *ast.* kulminieren: **culminating point** Kulminations-, *fig. a.* Höhepunkt *m*. **2.** *fig.* den Höhepunkt erreichen; kulminieren, gipfeln (**in** in *dat*). **ˌcul·mi'na·tion** *s* **1.** *ast.* Kulmination *f*. **2.** *fig.* Gipfel *m*, Höhepunkt *m*.

cu·lottes [kjuː'lɒts] *s pl* Hosenrock *m*.

cul·pa·ble ['kʌlpəbl] *adj* □ **1.** tadelnswert, sträflich. **2.** ⚖ strafbar, schuldhaft.

cul·prit ['kʌlprɪt] *s* **1.** ⚖ Angeklagte *m, f*; Täter(in), Schuldige *m, f*. **2.** Missetäter(in).

cult [kʌlt] *s* **1.** *eccl.* Kult(us) *m*. **2.** *fig.* Kult *m*.

cul·ti·vate ['kʌltɪveɪt] *v/t* **1.** *Boden* bebauen, bestellen. **2.** *Pflanzen* züchten, anbauen. **3.** *fig.* entwickeln, ausbilden; verfeinern. **4.** *fig.* kultivieren: a) fördern, b) *Freundschaft etc* pflegen, c) sich widmen (*dat*). **5.** freundschaftlichen Verkehr pflegen mit. **'cul·ti·vat·ed** → **cultured** 2. **ˌcul·ti'va·tion** *s* **1.** Bebauung *f*, Bestellung *f*. **2.** Züchtung *f*, Anbau *m*. **3.** *fig.* Kultivierung *f*: a) Förderung *f*, b) Pflege *f*. **4.** → **culture** 4. **'cul·ti·va·tor** *s* Pflanzer *m*, Züchter *m*.

cul·tur·al ['kʌltʃərəl] *adj* □ kulturell, Kultur...
cul·ture ['kʌltʃə] *s* **1.** → ***cultivation*** 1, 2. **2.** (*Tier*) Züchtung *f*, (-)Zucht *f*. **3.** *biol.* Kultur *f*. **4.** Kultur *f*: a) (Geistes)Bildung *f*, b) Kultiviertheit *f*. **5.** Kultur *f*: a) Kulturkreis *m*, b) Kulturform *f*, -stufe *f*. '**cul·tured** *adj* **1.** gezüchtet: ***~ pearl*** Zuchtperle *f*. **2.** kultiviert, gebildet.
cum·ber·some ['kʌmbəsəm] *adj* □ **1.** lästig, hinderlich. **2.** klobig, unhandlich, sperrig.
cu·mu·la·tive ['kju:mjʊlətɪv] *adj* □ **1.** sich (an)häufend, anwachsend. **2.** ⚕ kumulativ. **cu·mu·lus** ['~ləs] *pl* **-li** ['~laɪ] *s* Haufenwolke *f*.
cun·ning ['kʌnɪŋ] **I** *adj* □ **1.** klug, geschickt; schlau, listig, gerissen. **2.** *Am.* F niedlich, süß; drollig. **II** *s* **3.** Klugheit *f*, Geschicktheit *f*; Schlauheit *f*, List(igkeit) *f*, Gerissenheit *f*.
cunt [kʌnt] *s* V Fotze *f* (*Vagina*).
cup [kʌp] **I** *s* **1.** Tasse *f*: ***that's not my ~ of tea*** *Br.* F das ist nicht mein Fall. **2.** *Sport*: Cup *m*, Pokal *m*: ***~ final*** Pokalendspiel *n*; ***~ tie*** Pokalspiel *n*, -paarung *f*; ***~ winner*** Pokalsieger *m*. **3.** (*Wein- etc*)Becher *m*: ***be fond of the ~*** gern trinken. **4.** *eccl.* Kelch *m*, *fig. a.* Becher *m*. **5.** ⚘ Blüten-, Fruchtbecher *m*. **II** *v/t* **6.** *Hand* hohl machen: ***~ped hand*** hohle Hand. **~·board** ['kʌbəd] *s* (Geschirr-, Speise-, *bsd. Br. a.* Kleider-, Wäsche-) Schrank *m*: ***~ bed*** Schrankbett *n*. **~·ful** ['~fʊl] *s e-e* Tasse(voll).
cu·po·la ['kju:pələ] *s* ⚠ Kuppel *f*.
cup·pa, cup·per ['kʌpə] *s Br.* F Tasse *f* Tee.
cur [kɜ:] *s* **1.** Köter *m*. **2.** *fig.* (Schweine)Hund *m*.
cur·a·ble ['kjʊərəbl] *adj* heilbar.
curb [kɜ:b] **I** *s* **1.** Kandare *f*. **2.** *bsd. Am.* Bord-, Randstein *m*. **II** *v/t* **3.** *Pferd* an die Kandare nehmen. **4.** *fig.* zügeln, im Zaum halten. '**~·stone** → ***curb*** 2.
curd [kɜ:d] *s oft pl* geronnene *od.* dicke Milch, Quark *m*.
cur·dle ['kɜ:dl] **I** *v/t Milch* gerinnen lassen: ***~ s.o.'s blood*** j-m das Blut in den Adern erstarren lassen. **II** *v/i* gerinnen, dick werden (*Milch*): ***the sight made my blood ~*** bei dem Anblick erstarrte mir das Blut in den Adern.
cure [kjʊə] **I** *s* **1.** ⚕ Kur *f*, Heilverfahren *n* (**for** gegen): ***under ~*** in Behandlung. **2.** ⚕ Heilung *f*: ***past ~*** unheilbar krank (*Person*); unheilbar (*Krankheit*); *fig.* hoffnungslos (*Lage etc*). **3.** ⚕ (Heil-) Mittel *n* (**for** gegen) (*a. fig.*). **II** *v/t* **4.** ⚕ *j-n* heilen, kurieren, *fig. a.* abbringen (**of** von); ⚕ *Krankheit* heilen; *fig. Mißstände etc* abstellen. **5.** haltbar machen: a) räuchern, b) trocknen, c) einpökeln, -salzen. **III** *v/i* **6.** Heilung bringen, heilen. '**~-all** *s* Allheilmittel *n*.
cur·few ['kɜ:fju:] *s* ⚔ Ausgangsverbot *n*, -sperre *f*.
cu·ri·o ['kjʊərɪəʊ] *pl* **-os** → ***curiosity*** 2a, c. **cu·ri·os·i·ty** [ˌ~'ɒsətɪ] *s* **1.** Neugier *f*; Wißbegierde *f*. **2.** Kuriosität *f*: a) Rarität *f*, b) Sehenswürdigkeit *f*, c) Kuriosum *n*. '**cu·ri·ous** *adj* □ **1.** neugierig; wißbegierig: ***I am ~ to know if*** ich möchte gern wissen, ob. **2.** kurios, seltsam: ***~ly enough*** merkwürdigerweise. **3.** F komisch, wunderlich.
curl [kɜ:l] **I** *v/t* **1.** *Haar etc* locken; kräuseln. **II** *v/i* **2.** sich locken *od.* kräuseln: ***~ up*** in Ringen hochsteigen (*Rauch*); sich zs.-rollen; ***~ up on the sofa*** es sich auf dem Sofa gemütlich machen. **3.** *Sport*: Curling spielen. **III** *s* **4.** Locke *f*. **5.** (Rauch)Ring *m*. '**curl·er** *s* **1.** *Sport*: Curlingspieler(in). **2.** Lockenwickel *m*, -wickler *m*. '**curl·ing** *s Sport*: Curling *n*: ***~ stone*** Curlingstein *m*. '**curl·y** *adj* gelockt, lockig; gekräuselt, kraus.
cur·rant ['kʌrənt] *s* **1.** Korinthe *f*. **2.** ⚘ Johannisbeere *f*.
cur·ren·cy ['kʌrənsɪ] *s* **1.** Umlauf *m*: ***give ~ to*** *Gerücht etc* in Umlauf setzen. **2.** ⚕ Währung *f*; Zahlungsmittel *pl*: ***foreign ~*** Devisen *pl*; ***~ reform*** Währungsreform *f*. **3.** ⚕, ⚖ Laufzeit *f*. '**cur·rent** **I** *adj* □ **1.** laufend (*Monat*, *Ausgaben etc*): ***~ account*** ⚕ Girokonto *n*. **2.** gegenwärtig, augenblicklich, aktuell: ***~ events*** *pl* Tagesereignisse *pl*. **3.** üblich, gebräuchlich: ***not in ~ use*** nicht allgemein üblich. **II** *s* **4.** Strömung *f*, Strom *m* (*beide a. fig.*): ***against the ~*** gegen den Strom; ***~ of air*** Luftstrom, -zug *m*. **5.** ⚡ Strom *m*: ***~ meter*** Stromzähler *m*.
cur·ric·u·lum [kə'rɪkjələm] *pl* **-la** [~lə], **-lums** *s* Lehr-, Studienplan *m*. **~ vi·tae** ['vi:taɪ] *pl* **-la -** *s* Lebenslauf *m*.
cur·ry[1] ['kʌrɪ] **I** *s* Curry *m*, *n*. **II** *v/t* mit

Curry zubereiten: ***curried*** Curry...

cur·ry² [~] *v/t* **1.** *Pferd* striegeln. **2.** *Leder* zurichten. **3.** ~ ***favo(u)r with s.o.***, ~ ***s.o.'s favo(u)r*** sich bei j-m lieb Kind machen (wollen).

curse [kɜːs] **I** *s* **1.** Fluch *m*: ***there is a ~ on the house, the house is under a ~*** auf dem Haus lastet *od.* liegt ein Fluch. **2.** Fluch(wort *n*) *m*, Verwünschung *f*. **3.** Fluch *m*, Unglück *n* (***to*** für). **II** *v/t* **4.** verfluchen: a) mit e-m Fluch belegen, b) verwünschen, fluchen auf (*acc*) *od.* über (*acc*). **5.** ***be ~ed with*** bestraft *od.* geplagt sein mit. **curs·ed** ['~sɪd] *adj* □ verflucht, F *a.* verdammt.

cur·so·ry ['kɜːsərɪ] *adj* □ flüchtig, oberflächlich.

curt [kɜːt] *adj* □ **1.** kurz(gefaßt), knapp. **2.** (***with***) barsch, schroff (gegen), kurz angebunden (zu).

cur·tail [kɜː'teɪl] *v/t* **1.** (ab-, ver)kürzen. **2.** beschneiden, stutzen. **3.** *fig. Ausgaben etc* kürzen, *Rechte etc* beschneiden, einschränken. **cur'tail·ment** *s* **1.** (Ab-, Ver)Kürzung *f*. **2.** *fig.* Beschneidung *f*, Einschränkung *f*.

cur·tain ['kɜːtn] **I** *s* **1.** Vorhang *m* (*a. thea. u. fig.*), Gardine *f*: ***draw the ~s*** die Vorhänge auf- *od.* zuziehen; ***the ~ rises*** (***falls***) der Vorhang geht auf (fällt); ***lift the ~*** den Schleier lüften. **2.** *thea.* Hervorruf *m*: ***get*** (*od.* ***take***) ***ten ~s*** zehn Vorhänge haben. **II** *v/t* **3.** mit Vorhängen versehen: ***~ off*** mit Vorhängen abteilen *od.* abschließen. **~ call** → ***curtain*** 2. **~ lec·ture** *s* Gardinenpredigt *f*. **~ rais·er** *s* **1.** *thea.* kurzes Vorspiel. **2.** *fig.* Vorspiel *n*, Ouvertüre *f* (***to*** zu).

curt·s(e)y ['kɜːtsɪ] **I** *s* Knicks *m*: ***drop a ~*** (***to***) → II. **II** *v/i* e-n Knicks machen, knicksen (***to*** vor *dat*).

cur·va·ture ['kɜːvətʃə] *s* Krümmung *f*: ***~ of the earth*** Erdkrümmung.

curve [kɜːv] **I** *s* Kurve *f* (*a.* ⩘): a) Krümmung *f*, Biegung *f*, b) (Straßen)Kurve *f*, (-)Biegung *f*, c) Rundung *f* (*pl* F *a. e-r Frau*). **II** *v/t u. v/i* (sich) krümmen *od.* biegen.

cush·ion ['kʊʃn] **I** *s* **1.** Kissen *n*, Polster *n* (*a. fig.*). **2.** ⚙ Puffer *m*, Dämpfer *m*. **II** *v/t* **3.** polstern (*a. fig.*). **4.** *Stoß, Fall etc* dämpfen, *a. fig.* abmildern. **5.** ⚙ abfedern.

cush·y ['kʊʃɪ] *adj* F gemütlich, ruhig (*Job etc*).

cuss [kʌs] *s* F **1.** Fluch *m*. **2.** Kerl *m*: ***queer ~*** komischer Kauz.

cus·tard ['kʌstəd] *s* Vanillesoße *f*.

cus·to·di·an [kʌ'stəʊdjən] *s* **1.** Aufseher *m*, Wächter *m*. **2.** (*Haus- etc*)Verwalter *m*. **3.** ⚖ (Vermögens)Verwalter *m*.

cus·to·dy ['~tədɪ] *s* **1.** Obhut *f*, Schutz *m*: ***in s.o.'s ~*** in j-s Obhut. **2.** Aufsicht *f* (***of*** über *acc*). **3.** ⚖ (*a.* Untersuchungs)Haft *f*: ***take into ~*** verhaften; → ***remand*** I. **4.** ⚖ Sorgerecht *n*.

cus·tom ['kʌstəm] **I** *s* **1.** Brauch *m*, Gewohnheit *f*, Sitte *f*, *pl a.* Brauchtum *n*. **2.** ⚖ Gewohnheitsrecht *n*. **3.** ⚕ Kundschaft *f*: a) Kunden *pl*, b) Kundesein *n*: ***get s.o.'s ~*** j-n als Kunden gewinnen; ***have withdrawn one's ~ from*** nicht mehr (ein)kaufen bei. **4.** *pl* Zoll *m*: ***~s clearance*** Zollabfertigung *f*; ***~s examination*** (*od.* ***inspection***) Zollkontrolle *f*; ***~s officer*** (*od.* ***official***) Zollbeamte *m*. **II** *adj* **5.** → ***custom-made.*** **'cus·tom·ar·y** *adj* üblich, gebräuchlich. **'cus·tom·er** *s* **1.** Kunde *m*, Kundin *f*. **2.** F Kerl *m*, Kunde *m*: → ***queer*** 1.

ˌcus·tom-'made *adj bsd. Am.* maßgefertigt, Maß...

cut [kʌt] **I** *s* **1.** Schnitt *m*; Schnittwunde *f*. **2.** Haarschnitt *m*. **3.** Schnitte *f*, Stück *n* (*bsd. Fleisch*): ***cold ~s*** *pl bsd. Am.* Aufschnitt *m*. **4.** F Anteil *m* (***of, in*** an *dat*). **5.** (Zu)Schnitt *m* (*von Kleidung*). **6.** Schnitt *m*, Schliff *m* (*von Edelsteinen*). **7.** Kürzung *f*, Senkung *f*: ***~ in salary*** Gehaltskürzung. **8.** *Kartenspiel*: Abheben *n*; abgehobene Karte(n *pl*). **II** *adj* **9.** ge-, beschnitten: ***~ flowers*** *pl* Schnittblumen *pl*. **III** *v/t* (*irr*) **10.** (ab-, be-, durch-, zer)schneiden: ***~ one's finger*** sich in den Finger schneiden; ***~ to pieces*** zerstückeln; ***~ one's teeth*** Zähne bekommen, zahnen; ***~ one's teeth in*** (*od.* ***on***) ***s.th.*** *fig.* s-e ersten Erfahrungen mit et. sammeln; → ***throat.*** **11.** *Gras* mähen, *Bäume* fällen, *Holz* hacken. **12.** *Hecke etc* (be)schneiden, stutzen: ***~ s.o.'s hair*** j-m die Haare schneiden. **13.** *Kleid etc* zuschneiden, *et.* zurechtschneiden; *Stein* behauen, *Glas, Edelsteine* schleifen. **14.** *mot. Kurve* schneiden. **15.** a) *Löhne etc* kürzen, *Text etc a.* zs.-streichen (***to*** auf *acc*), b) *Film* schneiden. **16.** *Preise* herabsetzen, senken. **17.** (*auf Tonband*) mitschneiden. **18.** *fig. j-m* weh tun, *j-n* kränken. **19.** F *j-n* schneiden: ~ ***dead*** völlig ignorieren. **20.** *ped. univ.* F *Stunde etc* schwänzen. **21.** *Karten* abheben. **22.** *Tennis etc: Ball* (an)schneiden. **23.** F *Gewinne* teilen. **IV** *v/i* (*irr*) **24.** schneiden (***in, into*** in *acc*): ~ ***into*** *Kuchen etc* abschneiden; einschneiden in (*acc*) (*a. fig.*); ~ ***into s.o.'s time*** j-n Zeit kosten; ~ ***into s.o.'s savings*** ein Loch in j-s Ersparnisse reißen; ~ ***into a conversation*** sich in ein Gespräch einmischen; ***it ~s both ways*** es ist ein zweischneidiges Schwert. **25.** einschneiden (*Kragen etc*). **26.** sich schneiden lassen. **27.** *fig.* weh tun, kränken. **28.** F abhauen. **29.** *Kartenspiel*: abheben. **30.** F die Gewinne teilen.

Verbindungen mit Adverbien:

cut| back I *v/t* **1.** *Hecke etc* beschneiden, stutzen. **2.** → **cut** 15a. **II** *v/i* **3.** *bsd. Am.* (zu)rückblenden (***to*** auf *acc*) (*Film, Roman etc*). **4.** ~ ***on*** *et.* einschränken. ~ **down I** *v/t* **1.** *Bäume* fällen, *Wald* abholzen. **2.** zurechtschneiden, -stutzen (*a. fig.*): → **size** 2. **3.** *Ausgaben* verringern, einschränken. **4.** *j-n* herunterhandeln (***by*** um; ***to*** auf *acc*). **II** *v/i* **5.** → **cut back** 4. ~ **in I** *v/t* **1.** F *j-n* beteiligen (***on*** an *dat*). **II** *v/i* **2.** sich einmischen. **3.** ~ ***on s.o.*** *mot.* j-n schneiden. ~ **off** *v/t* **1.** abschneiden. **2.** *Strom etc* absperren, abdrehen, *Verbindung, Versorgung, Weg etc* abschneiden: ***he had his electricity*** ~ ihm wurde der Strom gesperrt. **3.** *teleph. Teilnehmer* trennen. ~ **out I** *v/t* **1.** (her)ausschneiden. **2.** *Kleid etc* zuschneiden. **3.** ***be ~ for*** wie geschaffen sein für. **4.** *Rivalen* ausstechen, verdrängen. **5.** ***cut it out!*** F hör auf (damit)! **6.** F *j-n* betrügen (***of*** um *s-n Anteil*). **II** *v/i* **7.** *mot.* ausscheren. ~ **un·der** *v/t* ✝ *j-n* unterbieten. ~ **up** *v/t* **1.** zerschneiden. **2.** F verreißen.

'cut|·a·way I *adj* Schnitt...: ~ ***model.*** **II** *s a.* ~ ***coat*** Cut(away) *m.* **'~·back** *s* **1.** Kürzung *f*, Zs.-streichung *f.* **2.** *Film etc: bsd. Am.* Rückblende *f.*

cute [kju:t] *adj* □ F **1.** schlau, clever. **2.** niedlich, süß.

cut·ler·y ['kʌtlərɪ] *s* (Tisch-, Eß)Besteck *n.*

cut·let ['kʌtlɪt] *s* **1.** Schnitzel *n.* **2.** Hacksteak *n.*

'cut|·out *s* **1.** Ausschnitt *m.* **2.** Ausschneidefigur *f.* **ˌ~-'price** *adj Br.*, **ˌ~-'rate** *adj Am.* ✝ ermäßigt, herabgesetzt: ~ ***offer*** Billigangebot *n.*

cut·ter ['kʌtə] *s* **1.** Zuschneider *m*; (*Glas-, Diamant*)Schleifer *m.* **2.** ⚙ Schneidemaschine *f*, -werkzeug *n.* **3.** *Film*: Cutter(in). **4.** ⚓ Kutter *m.*

'cut·throat I *s* Mörder *m*; (professioneller) Killer. **II** *adj* mörderisch, *fig. a.* halsabschneiderisch: ~ ***price*** Wucherpreis *m.*

cut·ting ['kʌtɪŋ] **I** *s* **1.** (Ab-, Aus-, Be-, Zu)Schneiden *n.* **2.** *bsd. Br.* (Zeitungs)Ausschnitt *m.* **3.** *pl* (*Hobel- etc*)Späne *pl*; Abfälle *pl*, Schnitzel *pl.* **II** *adj* **4.** schneidend (*a. fig. Schmerz, Wind*), Schneid(e)..., Schnitt...: ~ ***blowpipe*** (*od.* ***torch***) ⚙ Schneidbrenner *m*; ~ ***edge*** Schneide *f*; ~ ***nippers*** *pl* Kneifzange *f.*

cy·a·nide ['saɪənaɪd] *s*: ~ ***of potash*** ⚗ Zyankali *n.*

cy·ber·net·ics [ˌsaɪbə'netɪks] *s pl* (*sg konstruiert*) Kybernetik *f.*

cyc·la·men ['sɪkləmən] *s* ♣ Alpenveilchen *n.*

cy·cle ['saɪkl] **I** *s* **1.** Zyklus *m*, Kreis(lauf) *m.* **2.** (*Gedicht-, Lieder*)Zyklus *m.* **3.** a) Fahrrad *n*: ~ ***lane*** (*od.* ***path***) Rad(fahr)weg *m*; ~ ***race*** (*Sport*) Radrennen *n*, b) Motorrad *n.* **4.** ⚙ Arbeitsgang *m*; Takt *m*: ***four-~ engine*** Viertaktmotor *m.* **5.** ⚡, *phys.* (Schwingungs)Periode *f.* **II** *v/i* **6.** radfahren, radeln. **'cy·cler** *Am.* → ***cyclist.***

'cy·cle·way *s* Rad(fahr)weg *m.*

cy·clic, cy·cli·cal ['saɪklɪk(l)] *adj* □ **1.** zyklisch. **2.** ✝ konjunkturbedingt, Konjunktur... **cy·cling** ['~klɪŋ] *s* **1.** Radfahren *n*: ~ ***tour*** Radtour *f.* **2.** Radrennsport *m.* **'cy·clist** *s* Rad- *od.* Motorradfahrer(in).

cy·clone ['saɪkləʊn] *s* Zyklon *m*, Wirbelsturm *m.*

cyl·in·der ['sɪlɪndə] *s* ⩓ Zylinder *m*, ⚙ *a.* Walze *f*, Trommel *f.* **cy'lin·dri·cal** [~drɪkl] *adj* □ ⩓ zylindrisch, Zylinder..., ⚙ *a.* walzenförmig.

cyn·ic ['sɪnɪk] **I** *s* Zyniker *m.* **II** *adj* (***~ally***)

zynisch. **cyn·i·cal** ['~kl] → ***cynic*** II. **cyn·i·cism** ['~sızəm] *s* Zynismus *m*, *a.* zynische Bemerkung.
cy·press ['saıprəs] *s* ⚘ Zypresse *f.*
Cyp·ri·ot ['sıprıət], **Cyp·ri·ote** ['~əʊt] **I** *s* Zyprer(in). **II** *adj* zyprisch.
cyst [sıst] *s* ⚕ Zyste *f.*
czar [zɑː] *s hist.* Zar *m.*
Czech [tʃek] **I** *s* **1.** Tscheche *m*, Tschechin *f.* **2.** *ling.* Tschechisch *n.* **II** *adj* **3.** tschechisch.
Czech·o·slo·vak [ˌtʃekəʊ'sləʊvæk] **I** *s* Tschechoslowake *m*, -slowakin *f.* **II** *adj* tschechoslowakisch.

D

'd F *für* ***had, should, would.***
dab¹ [dæb] **I** *v/t* **1.** antippen. **2.** be-, abtupfen (***with*** mit). **3.** *Farbe etc* (leicht) auftragen (***on*** auf *acc*). **II** *s* **4.** Klecks *m*, Spritzer *m.*
dab² [~] *s a.* ***~ hand*** *bsd. Br.* F Könner *m*: ***be a ~ at*** *et.* aus dem Effeff können; ***~ at tennis*** Tennisas *n.*
dab·ble ['dæbl] **I** *v/t* **1.** bespritzen. **II** *v/i* **2.** plan(t)schen. **3.** ***~ at*** (*od.* ***in***) *fig.* sich oberflächlich *od.* aus Liebhaberei *od.* dilettantisch beschäftigen mit: ***~ in politics*** ein bißchen in der Politik mitmischen.
dachs·hund ['dækshʊnd] *s zo.* Dackel *m.*
dad [dæd] *s* F Vati *m*, Papa *m.*
dad·dy ['dædı] → ***dad. ~ long·legs*** *pl* **-dy -legs** *s zo.* F **1.** Schnake *f.* **2.** *Am.* Weberknecht *m.*
daf·fo·dil ['dæfədıl] *s* ⚘ gelbe Narzisse, Osterglocke *f.*
daft [dɑːft] *adj* □ F **1.** doof, dämlich. **2.** ***be ~ about*** verrückt sein nach.
dag·ger ['dægə] *s* Dolch *m*: ***be at ~s drawn*** auf Kriegsfuß stehen (***with*** mit); ***look ~s at s.o.*** j-n mit Blicken durchbohren.
da·go ['deıgəʊ] *pl* **-go(e)s** *s Schimpfwort für Italiener, Spanier u. Portugiesen.*
dahl·ia ['deıljə] *s* ⚘ Dahlie *f.*
dai·ly ['deılı] **I** *adj* **1.** täglich (*a. adv*), Tage(s)....: ***~ help*** → 4; ***~ newspaper*** → 3; ***~ press*** Tagespresse *f*; → ***dozen.*** **2.** alltäglich: ***be a ~ occurrence*** an der Tagesordnung sein. **II** *s* **3.** Tageszeitung *f.* **4.** *Br.* Putzfrau *f* (*die jeden Tag kommt*).
dain·ty ['deıntı] **I** *adj* **1.** zierlich, niedlich, reizend. **2.** wählerisch, verwöhnt (*bsd. im Essen*). **3.** schmackhaft, lecker. **II** *s* **4.** Leckerbissen *m* (*a. fig.*).
dair·y ['deərı] *s* **1.** Molkerei *f.* **2.** Milchgeschäft *n.* ***~ prod·uce*** *s* Molkereiprodukte *pl.*
da·is ['deııs] *s* Podium *n.*
dai·sy ['deızı] *s* ⚘ Gänseblümchen *n*: ***push up the daisies*** *sl.* sich die Radieschen von unten ansehen *od.* betrachten.
dal·ly ['dælı] **I** *v/i* **1.** schäkern: ***~ with*** *a.* spielen mit (*j-s Gefühlen*). **2.** spielen, liebäugeln (***with*** mit *e-r Idee etc*). **3.** *a.* ***~ about*** (*od.* ***around***) herumtrödeln, bummeln. **II** *v/t* **4.** ***~ away*** *Zeit* vertrödeln; *Gelegenheit* verspielen.
dam [dæm] **I** *s* **1.** (Stau)Damm *m*, Talsperre *f.* **2.** Stausee *m.* **II** *v/t* **3.** *a.* ***~ up*** stauen, ab-, eindämmen; *Gefühle* aufstauen: ***~ back*** *Tränen* zurückhalten.
dam·age ['dæmıdʒ] **I** *s* **1.** Schaden *m* (***to*** an *dat*). **2.** *pl* ⚖ Schadenersatz *m*: ***sue for ~s*** auf Schadenersatz verklagen. **3.** ***what's the ~?*** F was kostet es? **II** *v/t* **4.** beschädigen. **5.** *j-m, j-s Ruf etc* schaden.
dam·ask ['dæməsk] *s* Damast *m.*
dame [deım] *s* **1.** ♀ *Br. Ordens- od. Adelstitel.* **2.** *bsd. Am. sl.* Weib *n.*
damn [dæm] **I** *v/t* **1.** *eccl. u. weitS.* verdammen. **2.** verurteilen. **3.** verwerfen, ablehnen. **4.** F ***~ it!, ~ me!*** verflucht!, verdammt!; ***~ you!*** der Teufel soll dich holen!; ***I'll be ~ed if I do that*** ich denk' ja gar nicht daran, das zu tun. **II** *s* **5.** F ***I don't care a ~*** das ist mir völlig egal;

not worth a ~ keinen Pfifferling wert. **III** *int* **6.** F verflucht!, verdammt! **IV** *adj u. adv* **7.** → ***damned*** 2, 4.

dam'na·tion I *s* Verdammung *f*; *eccl.* Verdammnis *f.* **II** *int* → ***damn*** 6.

damned [dæmd] **I** *adj* **1.** verdammt: ***the ~*** *pl eccl.* die Verdammten *pl.* **2.** F verflucht, verdammt: ***~ fool*** Vollidiot *m.* **3.** F *Bekräftigung*: ***a ~ sight better*** viel besser. **II** *adv* **4.** F verdammt: ***~ cold.*** **5.** F *Bekräftigung*: ***he ~ well ought to know it*** das müßte er wahrhaftig wissen.

Dam·o·cles ['dæməkli:z]: ***sword of ~*** Damoklesschwert *n*; ***hang over s.o. like a sword of ~*** über j-m wie ein Damoklesschwert hängen.

damp [dæmp] **I** *adj* □ **1.** feucht, (*Raum etc a.*) klamm: ***~ squib*** *Br.* F Pleite *f*, Reinfall *m.* **II** *s* **2.** Feuchtigkeit *f*: ***~ in the air*** Luftfeuchtigkeit. **3.** *fig.* Dämpfer *m*: ***cast*** (*od.* ***strike***) ***a ~ on*** (*od.* ***over***) *et.* dämpfen *od.* lähmen. **III** *v/t* **4.** an-, befeuchten. **5.** *Begeisterung etc* dämpfen; *j-n* entmutigen. **'damp·en** → ***damp*** III. **'damp·er** *s fig.* Dämpfer *m*: ***cast*** (*od.* ***put, strike***) ***a ~ on*** *et.* dämpfen *od.* lähmen. **'damp·ness** *s* Feuchtigkeit *f.*

dance [dɑ:ns] **I** *v/i* **1.** tanzen: ***~ to*** (*od.* ***after***) ***s.o.'s pipe*** (*od.* ***tune, whistle***) *fig.* nach j-s Pfeife tanzen. **2.** tanzen, hüpfen (***with, for*** vor *dat*). **II** *v/t* **3.** *Tanz* tanzen: ***~ attendance on s.o.*** *fig.* um j-n scharwenzeln. **III** *s* **4.** Tanz *m*: ***lead s.o. a*** (***pretty***) ***~*** *Br.* j-n zum Narren halten. **5.** Tanz(veranstaltung *f*) *m.* **IV** *adj* **6.** Tanz...: ***~ music.*** **'danc·ing I** *s* Tanzen *n.* **II** *adj* Tanz...: ***~ lesson*** Tanzstunde *f*, *pl a.* Tanzunterricht *m*; ***~ master*** Tanzlehrer *m*; ***~ partner*** Tanzpartner(in); ***~ school*** Tanzschule *f.*

dan·de·li·on ['dændılaıən] *s* ♣ Löwenzahn *m.*

dan·der ['dændə] *s* F: ***get s.o.'s ~ up*** j-n auf die Palme bringen; ***get one's ~ up*** auf die Palme gehen.

dan·druff ['dændrʌf] *s* (Kopf-, Haar-) Schuppen *pl.*

dan·dy ['dændı] **I** *s* Dandy *m.* **II** *adj* F prima.

Dane [deın] *s* Däne *m*, Dänin *f.*

dan·ger ['deındʒə] **I** *s* Gefahr *f* (***to*** für): ***~ of infection*** ⚕ Infektionsgefahr; ***be in ~ of one's life*** in Lebensgefahr sein *od.* schweben; ***without ~*** gefahrlos. **II** *adj* Gefahr...: ***~ area*** (*od.* ***zone***) Gefahrenzone *f*, -bereich *m*; ***~ money*** (*od.* ***pay***) Gefahrenzulage *f.* **'dan·ger·ous** *adj* □ gefährlich (***to, for*** für).

dan·gle ['dæŋgl] **I** *v/i* baumeln: ***keep s.o. dangling*** F j-n im unklaren lassen. **II** *v/t* baumeln lassen: ***~ s.th. before s.o.*** *fig.* j-m et. (verlockend) in Aussicht stellen, j-m mit et. winken.

Dan·ish ['deınıʃ] **I** *adj* **1.** dänisch. **II** *s* **2.** *ling.* Dänisch *n.* **3.** ***the ~*** *pl* die Dänen *pl.*

dank [dæŋk] *adj* □ (*unangenehm*) feucht, naß(kalt).

dap·per ['dæpə] *adj* □ **1.** adrett, elegant. **2.** flink, (*a. Benehmen*) gewandt.

dap·ple ['dæpl] *v/t* sprenkeln.

dare [deə] **I** *v/i* es wagen, sich (ge)trauen: ***who ~s wins*** wer wagt, gewinnt; ***how ~ you!*** untersteh dich!; was fällt dir ein!; ***how ~ you say that?*** wie können Sie das sagen?; ***don't*** (***you***) ***~*** (***to***) ***touch it!*** rühr es ja nicht an!; ***I ~ say*** ich glaube wohl; allerdings. **II** *v/t et.* wagen, riskieren. **'~ˌdev·il** *s* Draufgänger *m.*

dar·ing ['deərıŋ] **I** *adj* **1.** wagemutig, kühn. **2.** gewagt, verwegen (*beide a. fig.*). **3.** unverschämt, dreist. **II** *s* **4.** Wagemut *m*, Kühnheit *f.*

dark [dɑ:k] **I** *adj* **1.** dunkel, finster. **2.** dunkel (*Farbe*). **3.** *fig.* düster, trüb (*Aussichten etc*): ***the ~ side of things*** die Schattenseite der Dinge; ***one's ~est hour*** s-e schwärzeste Stunde. **4.** *fig.* düster, finster (*Blick etc*). **5.** finster, böse (*Gedanken etc*). **6.** *fig.* geheim(nisvoll), verborgen: ***keep s.th. ~*** et. geheimhalten. **II** *s* **7.** Dunkel(heit *f*) *n*, Finsternis *f*: ***in the ~*** im Dunkel(n); ***after ~*** nach Einbruch der Dunkelheit. **8.** *fig. das* Ungewisse *od.* Dunkle: ***be in the ~*** im dunkeln tappen; ***keep s.o. in the ~*** j-n im ungewissen lassen (***about*** über *acc*). **≗ Ag·es** *s pl das* (frühe *od.* finstere) Mittelalter. **≗ Con·ti·nent** *s der* dunkle Erdteil, Afrika *n.*

dark·en ['dɑ:kən] **I** *v/t* **1.** verdunkeln, -düstern (*beide a. fig.*). **2.** dunkel *od.* dunkler färben. **II** *v/i* **3.** dunkel werden, sich verdunkeln. **4.** *fig.* sich verdüstern.

dark horse *s* **1.** *Sport*: unbekannte Größe (*Person*). **2.** *pol. Am.* unbeschriebenes Blatt.

dark·ness ['dɑːknɪs] *s* Dunkelheit *f*, Finsternis *f*: ***be in complete ~*** völlig dunkel sein.

'dark|·room *s phot.* Dunkelkammer *f*. **'~·skinned** *adj* dunkelhäutig.

dar·ling ['dɑːlɪŋ] **I** *s* Liebling *m*. **II** *adj* reizend, goldig.

darn¹ [dɑːn] → ***damn*** 4–6.

darn² [~] *v/t* stopfen.

darned [dɑːnd] → ***damned*** 2–5.

dart [dɑːt] **I** *s* **1.** (Wurf)Pfeil *m*. **2.** Satz *m*, Sprung *m*: ***make a ~ for*** losstürzen auf (*acc*). **3.** *pl* (*sg konstruiert*) Darts *n* (*Wurfpfeilspiel*). **II** *v/t* **4.** *Speer* werfen, schleudern, *Pfeil* schießen: ***~ a look at s.o.*** j-m e-n Blick zuwerfen. **III** *v/i* **5.** sausen, flitzen: ***~ at*** losstürzen auf (*acc*). **6.** zucken, schnellen (*Schlange, Zunge etc*), huschen (*Augen, Blick*). **'~·board** *s* Dartsscheibe *f*.

dash [dæʃ] **I** *v/t* **1.** schleudern, schmettern: ***~ to pieces*** zerschmettern. **2.** ***~ down*** (*od.* ***off***) *Getränk* hinunterstürzen; *Aufsatz, Zeichnung etc* schnell hinhauen. **3.** *Hoffnungen etc* zerstören, zunichte machen; *j-n* deprimieren. **II** *v/i* **4.** stürmen: ***~ off*** davonstürzen. **III** *s* **5.** Schlag *m*: ***at one ~*** mit 'einem Schlag (*a. fig.*). **6.** Schuß *m* (*Rum etc*), Prise *f* (*Salz etc*). **7.** *fig.* Anflug *m* (**of** von); Stich *m* (***of green*** ins Grüne). **8.** Gedankenstrich *m*. **9.** ***make a ~ at*** (*od.* ***for***) losstürzen auf (*acc*). **10.** Schwung *m*, Schmiß *m*, Elan *m*. **11.** *Leichtathletik*: Sprint *m*, Kurzstreckenlauf *m*; **'~·board** *s mot.* Armaturen-, ✈ *a.* Instrumentenbrett *n*.

dash·ing ['dæʃɪŋ] *adj* □ schneidig, forsch.

da·ta ['deɪtə] *s pl* **1.** (*oft sg konstruiert*) (*a. technische*) Daten *pl od.* Angaben *pl*: ***~ protection*** Datenschutz *m*. **2.** *Computer*: Daten *pl*: ***~ bank*** Datenbank *f*; ***~ processing*** Datenverarbeitung *f*; ***~ transmission*** Datenübertragung *f*; ***~ typist*** Datentypistin *f*.

date¹ [deɪt] *s* ♆ Dattel *f*.

date² [~] **I** *s* **1.** Datum *n*: a) Tag *m*: ***what is the ~ today?*** der Wievielte ist heute?, welches Datum haben wir heute?, b) Zeit(punkt *m*) *f*: ***of recent ~*** neu(eren Datums), c) Datumsangabe *f*, d) ✝, ⚖ Tag *m*, Termin *m*: ***~ of delivery*** Liefertermin; ***~ of maturity*** Fälligkeitstag. **2.** heutiges Datum, heutiger Tag: ***to ~*** bis heute; ***out of ~*** veraltet, unmodern; ***go out of ~*** veralten; (***up***) ***to ~*** zeitgemäß, modern, auf dem laufenden; ***bring up to ~*** auf den neuesten Stand bringen, modernisieren. **3.** Verabredung *f*, Rendezvous *n*: ***have a ~ with s.o.*** mit j-m verabredet sein; ***make a ~*** sich verabreden. **4.** (Verabredungs)Partner(in): ***who is your ~?*** mit wem bist du verabredet? **II** *v/t* **5.** datieren. **6.** sich verabreden mit; gehen mit. **III** *v/i* **7.** ***~ back to*** a) *a.* ***~ from*** stammen aus, entstanden sein in (*dat*), b) bis in *e-e Zeit* zurückreichen, auf *e-e Zeit* zurückgehen. **8.** veralten. **'dat·ed** *adj* **1.** datiert. **2.** veraltet, überholt. **'date·less** *adj* **1.** undatiert. **2.** zeitlos.

date| line *s geogr.* Datumsgrenze *f*. **~ stamp** *s* Datums-, *a.* Poststempel *m*.

da·tive ['deɪtɪv] *s a.* ***~ case*** *ling.* Dativ *m*, 3. Fall.

daub [dɔːb] **I** *v/t* **1.** be-, verschmieren: ***~ed with oil*** ölverschmiert. **2.** schmieren (**on** auf *acc*). **3.** *contp. Bild* zs.-klecksen. **II** *s* **4.** *paint. contp.* (Farb-)Kleckserei *f*.

daugh·ter ['dɔːtə] *s* Tochter *f*: ***~*** (***company***) ✝ Tochter(gesellschaft) *f*. **'~-in--law** *pl* **'daugh·ters-in-law** *s* Schwiegertochter *f*.

daunt [dɔːnt] *v/t* **1.** einschüchtern, erschrecken. **2.** entmutigen. **'daunt·less** *adj* □ unerschrocken.

dav·en·port ['dævnpɔːt] *s* **1.** kleiner Schreibtisch. **2.** *Am.* (*bsd.* Bett)Couch *f*.

daw·dle ['dɔːdl] **I** *v/i* (herum)trödeln, (-)bummeln. **II** *v/t oft* ***~ away*** *Zeit* vertrödeln. **'daw·dler** *s* Trödler(in), Bummler(in).

dawn [dɔːn] **I** *v/i* **1.** dämmern (*Morgen, Tag*). **2.** ***~ on*** *fig. j-m* dämmern, klarwerden. **3.** *fig.* sich zu entwickeln beginnen, erwachen. **II** *s* **4.** (Morgen)Dämmerung *f*: ***at ~*** bei Tagesanbruch. **5.** *fig.* Beginn *m*.

day [deɪ] *s* **1.** Tag *m* (*Ggs. Nacht*): ***by ~*** bei Tag(e). **2.** Tag *m* (*Zeitraum*): ***~ after ~*** Tag für Tag; ***the ~ after tomorrow,*** *Am.* ***~ after tomorrow*** übermorgen; ***~ in, ~ out*** tagaus, tagein; ***let's call it a ~!***

F Feierabend!, Schluß für heute!; ***carry*** (*od.* ***win***) ***the*** ~ den Sieg davontragen. **3.** (*bestimmter, festgesetzter*) Tag: ~ ***of delivery*** Liefertermin *m.* **4.** *oft pl* (Lebens)Zeit *f,* Zeiten *pl,* Tage *pl*: ***in my young*** ~***s*** in m-n Jugendtagen; ***in those*** ~***s*** damals. **5.** *oft pl* (*beste*) Zeit (*des Lebens*), Glanzzeit *f*: ***he has had his*** ~ s-e beste Zeit ist vorüber; ***those were the*** ~***s!*** das waren noch Zeiten! **'~·break** *s* Tagesanbruch *m*: ***at*** ~ bei Tagesanbruch. **'~·dream I** *s* Tag-, Wachtraum *m.* **II** *v/i* (*a. irr* ***dream***) (mit offenen Augen) träumen. **'~ˌdream·er** *s* Träumer(in). **'~·light** *s* Tageslicht *n*: ***by*** (*od.* ***in***) ~ bei Tag(eslicht); ***in broad*** ~ am hellichten Tag; ***beat*** (*od.* ***knock***) ***the*** (***living***) ~***s out of s.o.*** F j-n fürchterlich verdreschen; ~ **'*saving time*** Sommerzeit *f.* ~ **nurs·er·y** *s* Tagesheim *n,* -stätte *f.* ~ **re·turn (tick·et)** → ***day ticket.*** ~ **shift** *s* Tagschicht *f*: ***be*** (*od.* ***work***) ***on*** ~ Tagschicht haben. ~ **tick·et** *s Br.* Tagesrückfahrkarte *f.* **'~·time** *s*: ***in the*** ~ bei Tag(e). **ˌ~-to-'day** *adj* (tag)täglich.

day| trip *s* Tagesausflug *m.* ~ **trip·per** *s* Tagesausflügler(in).

daze [deɪz] **I** *v/t* benommen machen. **II** *s* Benommenheit *f*: ***in a*** ~ benommen.

daz·zle ['dæzl] **I** *v/t* **1.** blenden (*a. fig.*). **II** *s* **2.** Blenden *n*: ***in a*** ~ geblendet. **3.** blendender Glanz.

dea·con ['diːkən] *s eccl.* Diakon *m.* **dea·con·ess** [ˌ~'nes] *s* Diakonisse *f.*

dead [ded] **I** *adj* (□ → ***deadly*** II) **1.** tot, gestorben: ***shoot*** ~ erschießen; → ***body*** 2. **2.** *fig.* tot: a) leblos: ~ ***matter*** tote Materie, b) ausgestorben: ~ ***language*** tote Sprache, c) überlebt (*Brauch etc*). **3.** gefühllos, abgestorben (*Finger etc*). **4.** *fig.* (***to***) unempfänglich (für); gleichgültig, abgestumpft (gegen). **5.** *bsd.* ✝ flau. **6.** tot (*Kapital, Wissen etc*). **7.** ⚡ tot, stromlos. **8.** erloschen (*Vulkan, Gefühle etc*). **9.** matt, stumpf (*Farben, Blick etc*). **10.** völlig, total: ~ ***certainty*** absolute Gewißheit; ~ ***silence*** Totenstille *f*; → ***cert, earnest*** 4, ***loss*** 1a. **II** *s* **11.** ***the*** ~ *pl* die Toten *pl.* **12.** ***in the*** ~ ***of night*** mitten in der Nacht; ***in the*** ~ ***of winter*** im tiefsten Winter. **III** *adv* **13.** völlig, total: ***be*** ~ ***asleep*** im tiefsten Schlaf liegen; ~ ***drunk*** sinnlos betrunken; ~ ***slow!*** *mot.* Schritt fahren!; ~ ***straight*** schnurgerade; ~ ***tired*** todmüde; → ***set*** 8. **14.** plötzlich, abrupt: ***stop*** ~ (***in one's tracks***) plötzlich *od.* abrupt stehenbleiben. **15.** genau, direkt: ~ ***against*** genau gegenüber von (*od. dat*). **ˌ~-'beat** *adj* F todmüde, völlig kaputt. ~ **cen·tre** (*Am.* **cen·ter**) *s* genaue Mitte.

dead·en ['dedn] *v/t* **1.** *Geräusch* abdämpfen, *a. Schlag etc* (ab)schwächen. **2.** *Schmerz* stillen; *Gefühl* abtöten, abstumpfen (***to*** gegen).

dead| end *s* Sackgasse *f* (*a. fig.*): ***come to a*** ~ in e-e Sackgasse geraten. **'~-end** *adj* **1.** ~ ***street*** Sackgasse *f.* **2.** ohne Aufstiegschancen (*Stellung*). ~ **heat** *s Sport*: totes Rennen. **'~·line** *s* **1.** letzter (Ablieferungs)Termin, Anzeigen-, Redaktionsschluß *m*: ~ ***pressure*** Termindruck *m*; ***meet the*** ~ den Termin einhalten. **2.** Stichtag *m.* **'~·lock I** *s* völliger Stillstand, toter Punkt: ***come to*** (*od.* ***reach***) ***a*** ~ → II. **II** *v/i* sich festfahren, an e-m toten Punkt anlangen (*Verhandlungen etc*). **'~·locked** *adj* festgefahren.

dead·ly ['dedlɪ] **I** *adj* **1.** tödlich; Tod...: ~ ***enemy*** Todfeind *m*; ~ ***fight*** mörderischer Kampf; ~ ***sin*** Todsünde *f.* **2.** totenähnlich: ~ ***pallor*** Leichen-, Todesblässe *f.* **3.** F schrecklich, äußerst. **II** *adv* **4.** totenähnlich: ~ ***pale*** leichen-, totenblaß. **5.** F schrecklich, äußerst: ***be*** ~ ***afraid of*** e-e Sterbensangst haben vor (*dat*); ~ ***dull*** sterbenslangweilig; ~ ***tired*** todmüde.

dead| march *s* ♪ Trauermarsch *m.* ~ **pan** *s* F ausdrucksloses Gesicht. **ˌ~'pan** *adj* F **1.** ausdruckslos (*Gesicht*); mit ausdruckslosem Gesicht (*Person*). **2.** trocken (*Humor*).

deaf [def] **I** *adj* □ **1.** taub (*a. fig.* ***to*** gegen): ~ ***and dumb*** taubstumm; ~ ***in one ear*** auf einem Ohr taub; → ***ear***[1] 1. **2.** schwerhörig. **II** *s* **3.** ***the*** ~ *pl* die Tauben *pl.* ~ **aid** *s* Hörgerät *n.* **ˌ~-and-'dumb** *adj* **1.** taubstumm. **2.** Taubstummen...: ~ ***language.***

deaf·en ['defn] *v/t* taub machen. **'deaf·en·ing** *adj* ohrenbetäubend.

ˌdeaf-'mute I *adj* taubstumm. **II** *s* Taubstumme *m, f.*

deaf·ness ['defnɪs] *s* **1.** Taubheit *f* (*a. fig.* ***to*** gegen). **2.** Schwerhörigkeit *f.*

deal¹ [diːl] **I** *v/i* (*irr*) **1.** ~ ***with*** sich befassen *od.* beschäftigen mit; handeln von, *et.* behandeln *od.* zum Thema haben; *et.* erledigen, mit *et.*, *j-m* fertig werden. **2.** ~ ***with*** ☤ Handel treiben *od.* Geschäfte machen mit. **3.** ~ ***in*** ☤ handeln *od.* Handel treiben mit: ~ ***in paper*** Papier führen. **4.** *sl.* dealen (*mit Drogen handeln*). **5.** *Kartenspiel*: geben. **II** *v/t* **6.** *oft* ~ **out** *et.* aus-, verteilen, *Karten a.* geben. **III** *s* **7.** F Handlungsweise *f*, Verfahren *n.* **8.** F Geschäft *n*, Handel *m*: ***it's a ~!*** abgemacht!; → ***raw*** 6. **9.** Abkommen *n*: ***make a*** ~ ein Abkommen treffen. **10.** *Kartenspiel*: Geben *n*: ***it is my*** ~ ich muß geben.

deal² [~] *s* Menge *f*: ***a great*** ~ sehr viel; ***a good*** ~ e-e ganze Menge, ziemlich viel; ***a ~ worse*** F viel schlechter.

deal·er ['diːlə] *s* **1.** Händler(in): ~ ***in antiques*** Antiquitätenhändler. **2.** *sl.* Dealer *m* (*Drogenhändler*). **3.** *Kartenspiel*: Geber(in). **'deal·ing** *s* **1.** *mst pl* Umgang *m*, Beziehungen *pl*: ***have ~s with*** zu tun haben mit. **2.** ☤ Handel *m* (***in*** in *dat*, mit).

dealt [delt] *pret u. pp von* **deal¹**.

dean [diːn] *s eccl.*, *univ.* Dekan *m.*

dear [dɪə] **I** *adj* **1.** lieb, teuer (***to*** *dat*): 2 ***Sir,*** (*in Briefen*) Sehr geehrter Herr (*Name*); ***run for ~ life*** um sein Leben rennen. **2.** teuer, kostspielig. **II** *adv* **3.** teuer: ***it cost him*** ~ es kam ihm *od.* ihn teuer zu stehen. **III** *s* **4.** Liebste *m, f*, Schatz *m*: ***there's a*** ~ sei (so) lieb. **IV** *int* **5.** (**oh**) ***~!***, ***~ me!*** du liebe Zeit!, ach je! **'dear·ly** *adv* **1.** innig, herzlich. **2.** teuer: → ***buy*** 4. **'dear·ness** *s* hoher Preis.

dearth [dɜːθ] *s* Mangel *m* (**of** an *dat*).

death [deθ] *s* **1.** Tod *m*: ***to*** ~ zu Tode; (**as**) ***sure as*** ~ todsicher; ***catch one's*** ~ sich den Tod holen (*engS. durch Erkältung*); ***put to*** ~ hinrichten. **2.** Todesfall *m.* ~ **ag·o·ny** *s* Todeskampf *m.* **'~·bed** *s* Sterbebett *n.* **'~·blow** *s fig.* Todesstoß *m* (**to** für). ~ **cell** *s* Todeszelle *f.* ~ **du·ty** *s Br.* Erbschaftssteuer *f.*

death·less ['deθlɪs] *adj* □ unsterblich (*Ruhm etc*). **'death·like** *adj* totenähnlich: ~ ***pallor*** Leichen-, Todesblässe *f*; ~ ***stillness*** Totenstille *f.* **'death·ly** → **deadly:** ~ ***silence*** eisiges Schweigen; ~ ***stillness*** Totenstille *f.*

death| mask *s* Totenmaske *f.* ~ **pen·al·ty** *s* Todesstrafe *f.* ~ **rate** *s* Sterblichkeitsziffer *f.*

'death's-head *s* Totenkopf *m* (*Symbol*).

death| threat *s* Morddrohung *f.* ~ **toll** *s* Zahl *f* der Toten: ***the ~ on the roads*** die Zahl der Verkehrstoten. ~ **trap** *s* Todesfalle *f.* ~ **war·rant** *s* **1.** ⚖ Hinrichtungsbefehl *m.* **2.** *fig.* Todesurteil *n* (**of** für): ***sign one's*** ~ sein (eigenes) Todesurteil unterschreiben.

de·ba·cle [deɪ'bɑːkl] *s* Debakel *n*, Zs.-bruch *m.*

de·bar [dɪ'bɑː] *v/t j-n* ausschließen (***from*** von).

de·base [dɪ'beɪs] *v/t* **1.** entwürdigen. **2.** im Wert mindern; *Wert* mindern.

de·bat·a·ble [dɪ'beɪtəbl] *adj* strittig, umstritten. **de'bate I** *v/i* **1.** debattieren, diskutieren (***on, about*** über *acc*). **II** *v/t* **2.** *et.* debattieren, diskutieren. **3.** *et.* erwägen, sich *et.* überlegen. **III** *s* **4.** Debatte *f*, Diskussion *f*: ***be under*** ~ zur Debatte stehen.

de·bauch [dɪ'bɔːtʃ] **I** *v/t sittlich* verderben. **II** *s* Ausschweifung *f*, Orgie *f.* **de'bauch·er·y** [~tʃərɪ] *s* Ausschweifung *f.*

de·ben·ture [dɪ'bentʃə] *s* **1.** Schuldschein *m.* **2.** ☤ a) *Br. a.* ~ ***bond*** Obligation *f*, Schuldverschreibung *f*, b) *Br.* Pfandbrief *m.*

de·bil·i·tate [dɪ'bɪlɪteɪt] *v/t* schwächen, entkräften. **de,bil·i'ta·tion** *s* Schwächung *f*, Entkräftung *f.* **de'bil·i·ty** *s* Schwäche *f*, Kraftlosigkeit *f.*

deb·it ['debɪt] ☤ **I** *s* **1.** Soll *n*: ~ ***and cred***
Soll u. Haben *n.* **2.** Belastung *f*: ***to the***
of zu Lasten von (*od. gen*); ***charge*** (
place) ***a sum to s.o.'s*** ~ j-s Konto
e-r Summe belasten; ~ ***entry***
schrift *f.* **II** *v/t* **3.** *j-n*, *Konto* be
(***with*** mit): ~ ***£100 against s.o.***
count) j-n (j-s Konto) mit £ 1
sten. en,

de·bouch [dɪ'baʊtʃ] *v/i* sich
(ein)münden (***into*** in *acc*) (
de·brief [ˌdiː'briːf] *v/t* sich
lassen von (*e-m Piloten*,
etc). , Schutt

de·bris ['deɪbriː] *s* Trümr
m. **no(u)r** Eh-

debt [det] *s* Schuld *f*: ~ haben, ver-
renschuld; ***be in*** ~ Sch

schuldet sein; ***be in ~ to s.o. for £100*** j-m £ 100 schulden; ***be in s.o.'s ~*** in j-s Schuld stehen; ***be out of ~*** schuldenfrei sein. **'debt·or** *s* Schuldner *m.*

de·bug [ˌdiːˈbʌg] *v/t* **1.** entwanzen (*a.* F *von Minispionen befreien*). **2.** ⚙ F Fehler *e-r Maschine* beheben; (*Computer*) *Programm* austesten.

de·bu·reauc·ra·tize [ˌdiːbjʊəˈrɒkrətaɪz] *v/t* entbürokratisieren.

de·but [ˈdeɪbjuː] *s* Debüt *n*: ***make one's ~*** sein Debüt geben.

deb·u·tant [ˈdebjuːtɑ̃ːŋ] *s* Debütant *m.* **deb·u·tante** [ˈ~tɑːnt] *s* Debütantin *f.*

dec·ade [ˈdekeɪd] *s* Jahrzehnt *n.*

de·ca·dence [ˈdekədəns] *s* Dekadenz *f.* **'de·ca·dent** *adj* dekadent.

de·caf·fein·at·ed [ˌdiːˈkæfɪneɪtɪd] *adj* koffeinfrei (*Kaffee*).

de·cal [ˈdiːkæl] *s bsd. Am.* Abziehbild *n.*

de·camp [dɪˈkæmp] *v/i* F sich aus dem Staub machen.

de·cant [dɪˈkænt] *v/t* **1.** dekantieren. **2.** ab-, umfüllen. **de'cant·er** *s* Karaffe *f.*

de·cap·i·tate [dɪˈkæpɪteɪt] *v/t* enthaupten, köpfen. **deˌcap·i'ta·tion** *s* Enthauptung *f.*

de·car·tel·i·za·tion [ˈdiːˌkɑːtəlaɪˈzeɪʃn] *s* ⚕ Entkartellisierung *f*, Entflechtung *f.* **ˌde'car·tel·ize** *v/t* entkartellisieren, entflechten.

·cath·lete [dɪˈkæθliːt] *s Leichtathletik*: [illegible]hnkämpfer *m.* **de'cath·lon** [~lɒn] *s* [illegible]hnkampf *m.*

[illegible]ay [dɪˈkeɪ] **I** *v/i* **1.** zerfallen (*a. phys.*), [illegible]odern. **2.** verfaulen, -wesen; ka[illegible]*d.* schlecht werden (*Zahn*). **3.** ab[illegible]en, schwinden; schwach *od.* [illegible]s werden. **4.** zugrunde gehen. **5.** [illegible]erwittern. **II** *s* **6.** Zerfall *m* (*a.* [illegible]). Verfaulen *n.* **8.** *geol.* Verwitte-

de·[illegible] [illegible]**'ce[illegible]** [dɪˈsiːs] *s* Ableben *n.* **de-** [illegible] *od.* [illegible] *adj* verstorben. **II** *s*: ***the ~*** der [illegible] *pl.* [illegible]storbene, die Verstorbenen

de·ceit [illegible] **de'ceit[illegible]** *s* Betrug *m*, Täuschung *f.* [illegible] falsch, h[illegible] *[illegible]dj* □ **1.** betrügerisch. **2.** [illegible]stig.

de·ceive [d[illegible]] **I** *v/t* täuschen (*Person*), (*Sache a.*) [illegible]n: ***be ~d*** sich täuschen (lassen); ***be*** [illegible]***n s.o.*** sich in j-m täuschen; ***~ o.s.*** [illegible] et. vormachen. **II** *v/i* täuschen, trügen (*Sache*). **de'ceiv·er** *s* Betrüger(in).

de·cel·er·ate [ˌdiːˈseləreɪt] **I** *v/t* verlangsamen; die Geschwindigkeit herabsetzen von (*od. gen*). **II** *v/i* sich verlangsamen; s-e Geschwindigkeit verringern.

De·cem·ber [dɪˈsembə] *s* Dezember *m*: ***in ~*** im Dezember.

de·cen·cy [ˈdiːsnsɪ] *s* Anstand *m*, *pl a.* Anstandsformen *pl*: ***for ~'s sake*** anstandshalber. **'de·cent** *adj* □ **1.** anständig. **2.** passabel, annehmbar. **3.** F salonfähig (angezogen).

de·cen·tral·i·za·tion [diːˌsentrəlaɪˈzeɪʃn] *s* Dezentralisierung *f.* **de'cen·tral·ize** *v/t* dezentralisieren.

de·cep·tion [dɪˈsepʃn] *s* Täuschung *f.* **de'cep·tive** *adj* □ täuschend, trügerisch: ***be ~*** → ***deceive*** II; → ***appearance*** 3.

de·cide [dɪˈsaɪd] **I** *v/t* **1.** *et.* entscheiden; *et.* bestimmen. **2.** ***~ s.o. to do s.th.*** j-n veranlassen *od.* dazu bringen, et. zu tun. **II** *v/i* **3.** beschließen, sich entscheiden *od.* entschließen (***to do, on doing*** zu tun; ***against doing*** nicht zu tun): ***~ in favo(u)r of*** (*od.* ***on***) (***against***) sich entscheiden für (gegen). **4.** entscheiden, den Ausschlag geben. **de'cid·ed** *adj* □ entschieden, entschlossen. **de'cid·ing** *adj* entscheidend, ausschlaggebend.

de·cid·u·ous [dɪˈsɪdjʊəs] *adj*: ***~ tree*** Laubbaum *m.*

dec·i·mal [ˈdesɪml] **I** *adj* □ **1.** dezimal, Dezimal...: ***go ~*** das Dezimalsystem einführen; ***~ fraction*** → 2; ***~ point*** Komma *n* (*in GB u. USA Punkt*) vor der ersten Dezimalstelle; ***~ system*** Dezimalsystem *n.* **II** *s* **2.** Dezimalbruch *m.* **3.** Dezimalzahl *f.* **dec·i·mal·ize** [ˈ~məlaɪz] *v/t* auf das Dezimalsystem umstellen.

dec·i·mate [ˈdesɪmeɪt] *v/t* dezimieren.

de·ci·pher [dɪˈsaɪfə] *v/t* entziffern.

de·ci·sion [dɪˈsɪʒn] *s* **1.** Entscheidung *f*: ***make*** (*od.* ***take***) ***a ~*** e-e Entscheidung treffen (***on, over*** über *acc*). **2.** Entschluß *m*: ***arrive at*** (*od.* ***come to***) ***a ~*** zu e-m Entschluß kommen. **3.** Entschlußkraft *f*, Entschlossenheit *f.* **de·ci·sive** [dɪˈsaɪsɪv] *adj* □ **1.** → ***deciding***: ***be ~ of*** *et.* entscheiden. **2.** → ***decided.***

deck [dek] **I** *s* **1.** ⚓ Deck *n*: ***on ~*** an Deck; *bsd. Am.* F auf dem Posten. **2.**

Stock(werk *n*) *m*, (*e-s Busses a.*) Deck *n*. **3.** *bsd. Am.* Spiel *n*, Pack *m* (Spiel)Karten. **II** *v/t* **4.** *oft* **~ out** herausputzen; schmücken. **~ chair** *s* Liegestuhl *m*.

de·claim [dɪ'kleɪm] *v/i* **1.** deklamieren, (*v/t a.*) vortragen. **2.** eifern, wettern (***against*** gegen).

dec·la·ra·tion [ˌdeklə'reɪʃn] *s* **1.** Erklärung *f*: a) Aussage *f*: ***make a ~*** e-e Erklärung abgeben; ***~ of intent*** Absichtserklärung, b) Verkündung *f*: ***~ of independence*** Unabhängigkeitserklärung; ***~ of war*** Kriegserklärung. **2.** (Zoll)Deklaration *f*, Zollerklärung *f*. **de·clare** [dɪ'kleə] **I** *v/t* **1.** erklären, verkünden: ***~ open*** für eröffnet erklären; ***~ s.o. the winner*** j-n zum Sieger erklären; → ***war***. **2.** deklarieren: ***have you anything to ~?*** haben Sie et. zu verzollen? **II** *v/i* **3.** sich erklären *od.* entscheiden (***for*** für; ***against*** gegen). **de'clared** *adj* erklärt.

de·clen·sion [dɪ'klenʃn] *s ling.* Deklination *f*.

de·cline [dɪ'klaɪn] **I** *v/i* **1.** sich neigen *od.* senken. **2.** zur Neige *od.* zu Ende gehen. **3.** abnehmen, zurückgehen; fallen, sinken (*Preise*); verfallen. **4.** (höflich) ablehnen. **II** *v/t* **5.** (höflich) ablehnen: ***~ doing*** (*od.* ***to do***) es ablehnen zu tun. **6.** *ling.* deklinieren. **III** *s* **7.** Neigung *f*, Senkung *f*. **8.** Neige *f*: ***be on the ~*** zur Neige gehen; im Niedergang begriffen sein, sinken. **9.** Abnahme *f*, Rückgang *m*: ***~ of*** (*od.* ***in***) ***strength*** Kräfteverfall *m*; ***~ in value*** Wertminderung *f*.

de·cliv·i·tous [dɪ'klɪvɪtəs] *adj* abschüssig. **de'cliv·i·ty** [~vətɪ] *s* **1.** Abschüssigkeit *f*. **2.** (Ab)Hang *m*.

de·clutch [ˌdiː'klʌtʃ] *v/i mot.* auskuppeln.

de·code [ˌdiː'kəʊd] *v/t* entschlüsseln.

dé·colle·tage [ˌdeɪkɒl'tɑːʒ], **dé'colle·té** [~teɪ] *s* Dekolleté *n*.

de·com·pose [ˌdiːkəm'pəʊz] **I** *v/t* **1.** ⚗, *phys.* zerlegen, spalten. **2.** zersetzen. **II** *v/i* **3.** sich auflösen, zerfallen (***into*** in *acc*). **4.** sich zersetzen. **de·com·po·si·tion** [ˌdiːkɒmpə'zɪʃn] *s* **1.** ⚗, *phys.* Zerlegung *f*, Spaltung *f*. **2.** Zersetzung *f*, Zerfall *m*.

de·con·tam·i·nate [ˌdiːkən'tæmɪneɪt] *v/t* entgasen, -seuchen, -strahlen. **'de·con·ˌtam·i'na·tion** *s* Entgasung *f*, -seuchung *f*, -strahlung *f*.

de·con·trol [ˌdiːkən'trəʊl] ✝ **I** *v/t* freigeben, die Zwangsbewirtschaftung aufheben von (*od. gen*). **II** *s* Freigabe *f*, Aufhebung *f* der Zwangsbewirtschaftung.

dé·cor, de·cor ['deɪkɔː] *s* **1.** Ausstattung *f* (*e-s Raums*). **2.** *thea.* Dekor *m*, *n*, Ausstattung *f*, Dekoration *f*.

dec·o·rate ['dekəreɪt] *v/t* **1.** schmücken, verzieren; ausschmücken, dekorieren. **2.** tapezieren; (an)streichen. **3.** dekorieren, (*mit Orden etc*) auszeichnen. **ˌdec·o'ra·tion** *s* **1.** (Aus)Schmückung *f*, Dekorierung *f*. **2.** Schmuck *m*, Dekoration *f*, Verzierung *f*. **3.** Orden *m*, Ehrenzeichen *n*. **dec·o·ra·tive** ['dekərətɪv] *adj* dekorativ, Schmuck...: ***~ plant*** Zierpflanze *f*. **dec·o·ra·tor** ['~reɪtə] *s* **1.** Dekorateur *m*: → ***interior*** 1. **2.** Maler *m* u. Tapezierer *m*.

dec·o·rous ['dekərəs] *adj* □ anständig, schicklich. **de·co·rum** [dɪ'kɔːrəm] *s* Anstand *m*, Schicklichkeit *f*.

de·coy I *s* ['diːkɔɪ] Lockvogel *m*, *fig. a.* Köder *m*. **II** *v/t* [dɪ'kɔɪ] (an)locken, ködern; *fig. a.* verleiten (***into*** zu).

de·crease [diː'kriːs] **I** *v/i* abnehmen, sich vermindern *od.* verringern: ***~ in length*** kürzer werden. **II** *v/t* vermindern, -ringern, herabsetzen. **III** *s* ['diːkriːs] Abnahme *f*, Verminderung *f*, -ringerung *f*: ***be on the ~*** → I; ***~ in value*** Wertminderung *f*.

de·cree [dɪ'kriː] **I** *s* **1.** Dekret *n*, Erlaß *m*, Verfügung *f*. **2.** ⚖ Entscheid *m*, Urteil *n*. **II** *v/t* **3.** verfügen. **~ ni·si** ['naɪsaɪ] *s* ⚖ vorläufiges Scheidungsurteil.

de·crep·it [dɪ'krepɪt] *adj* altersschwach (*Person, Auto etc*).

de·cry [dɪ'kraɪ] *v/t* schlecht-, heruntermachen, herabsetzen.

ded·i·cate ['dedɪkeɪt] *v/t* **1.** *Buch, Leben, Zeit etc* widmen (***to*** *dat*). **2.** *Am.* feierlich eröffnen *od.* einweihen. **'ded·i·cat·ed** *adj* treusorgend (*Vater etc*), einsatzfreudig (*Angestellter etc*), engagiert (*Verfechter etc*). **ˌded·i'ca·tion** *s* **1.** Widmung *f*. **2.** Hingabe *f*. **3.** *Am.* feierliche Eröffnung *od.* Einweihung.

de·duce [dɪ'djuːs] *v/t* **1.** folgern, schließen (***from*** aus). **2.** ab-, herleiten (***from*** von).

de·duct [dɪ'dʌkt] *v/t* (***from***) *Betrag* a) abziehen (von): ***after ~ing charges, charges ~ed*** nach Abzug der Kosten, b) einbehalten (von), c) (von *der Steuer*) absetzen. **de'duct·i·ble** *adj* (*steuerlich*) absetzbar. **de'duc·tion** *s* **1.** Abzug *m*; Einbehaltung *f*; Absetzung *f*. **2.** ⚕ Nachlaß *m*. **3.** (Schluß)Folgerung *f*, Schluß *m*.

deed [diːd] *s* **1.** Tat *f*: ***do a good ~*** e-e gute Tat vollbringen; → ***will***[1] 1, ***word*** 1. **2.** Helden-, Großtat *f*. **3.** ⚖ (Übertragungs)Urkunde *f*.

dee·jay ['diːdʒeɪ] *s* F Diskjockey *m*.

deem [diːm] *v/t* halten *od.* erachten für, betrachten als.

deep [diːp] **I** *adj* □ **1.** tief (*a. fig.*): ***~ breath*** tiefer Atemzug; ***~ disappointment*** schwere *od.* bittere Enttäuschung; ***~ly disappointed*** schwer *od.* bitter enttäuscht; ***~ poverty*** tiefste Armut; ***~ silence*** tiefes *od.* völliges Schweigen; ***~ sleep*** tiefer Schlaf, Tiefschlaf *m*; ***~ voice*** tiefe *od.* dunkle Stimme; ***in ~ water(s)*** in Schwierigkeiten. **2.** schwerverständlich, schwierig: ***that is too ~ for me*** das ist mir zu hoch. **II** *adv* **3.** tief (*a. fig.*): ***~ into the night*** (bis) tief in die Nacht (hinein); ***~ in thought*** tief in Gedanken (versunken); ***~ in winter*** im tiefen Winter; → ***water*** 2. **III** *s* **4.** Tiefe *f*. **5.** ***in the ~ of night*** mitten in der Nacht; ***in the ~ of winter*** im tiefen Winter. **'deep·en** *v/t u. v/i* (sich) vertiefen, *fig. a.* (sich) steigern *od.* verstärken.

'deep|-felt *adj* tiefempfunden. **ˌ~-'freeze I** *s* Tiefkühl-, Gefriergerät *n*. **II** *adj* Tiefkühl..., Gefrier...: ***~ cabinet*** Tiefkühl-, Gefriertruhe *f*. **III** *v/t* (*mst irr* ***freeze***) tiefkühlen, einfrieren: ***deep-frozen food*** Tiefkühlkost *f*. **~ freez·er** → ***deep-freeze*** I. **ˌ~-'fry** *v/t* fritieren. **~ fry·er, '~-ˌfry·ing pan** *s* Friteuse *f*.

deep·ness ['diːpnɪs] *s* Tiefe *f* (*a. fig.*).

ˌdeep|-'root·ed *adj* tief verwurzelt (*a. fig.*). **ˌ~-'sea** *adj* Tiefsee...: ***~ fishing*** Hochseefischerei *f*. **ˌ~-'seat·ed** *adj fig.* tiefsitzend. **'~-set** *adj* tiefliegend (*Augen*).

deer [dɪə] *pl* **deer(s)** *s zo.* Hirsch *m*; Reh *n*.

de-es·ca·late [ˌdiː'eskəleɪt] **I** *v/t* **1.** *Krieg etc* deeskalieren. **2.** *Erwartungen etc* herunterschrauben. **II** *v/i* **3.** deeskalieren. **ˌde-es·ca'la·tion** *s* Deeskalation *f*.

de·face [dɪ'feɪs] *v/t* **1.** entstellen, verunstalten. **2.** aus-, durchstreichen, unleserlich machen.

def·a·ma·tion [ˌdefə'meɪʃn] *s* Verleumdung *f*, Diffamierung *f*. **de·fam·a·to·ry** [dɪ'fæmətərɪ] *adj* □ verleumderisch, diffamierend. **de·fame** [dɪ'feɪm] *v/t* verleumden, diffamieren.

de·fault [dɪ'fɔːlt] **I** *s* **1.** Unterlassung *f*, (Pflicht)Versäumnis *n*. **2.** ⚕ Nichterfüllung *f*, Verzug *m*: ***be in ~*** in Verzug sein (***on*** mit). **3.** ⚖ Nichterscheinen *n* vor Gericht: ***judg(e)ment by ~*** Versäumnisurteil *n*. **4.** *Sport*: Nichtantreten *n*. **5.** ***in ~ of*** in Ermangelung von (*od. gen*), mangels (*gen*). **II** *v/i* **6.** s-n Verpflichtungen nicht nachkommen, ⚕ *a.* im Verzug sein: ***~ on s.th.*** mit et. in Rückstand sein. **7.** ⚖ nicht vor Gericht erscheinen. **8.** *Sport*: nicht antreten. **III** *v/t* **9.** *e-r Verpflichtung* nicht nachkommen, in Verzug geraten mit.

de·feat [dɪ'fiːt] **I** *v/t* **1.** *Gegner* besiegen, schlagen. **2.** *Hoffnung, Plan etc* vereiteln, zunichte machen. **II** *s* **3.** Besiegung *f*. **4.** Niederlage *f*: ***admit ~*** sich geschlagen geben. **5.** Vereit(e)lung *f*.

de·fect I *s* ['diːfekt] **1.** Defekt *m*, Fehler *m*: ***~ in character*** Charakterfehler; ***~ of vision*** Sehfehler. **2.** Mangel *m* (***of*** an *dat*): ***~ of memory*** Gedächtnisschwäche *f*. **II** *v/i* [dɪ'fekt] **3.** abtrünnig werden (***from*** *dat*); übergehen, -laufen (***to*** zu). **de'fec·tion** *s* Überlaufen *n*. **de'fec·tive** *adj* □ **1.** mangelhaft, unzulänglich: ***he is ~ in*** es mangelt ihm an (*dat*). **2.** schadhaft, defekt: ***mentally ~*** schwachsinnig. **de'fec·tor** *s* Überläufer *m*.

de·fence [dɪ'fens] *s Br.* Verteidigung *f* (*a.* ⚔, ⚖, *Sport*), Schutz *m*: ***in ~ of*** zur Verteidigung *od.* zum Schutz von (*od. gen*); ***come to s.o.'s ~*** j-m zu Hilfe kommen; → ***counsel*** 3, ***witness*** 1. **de'fence·less** *adj* □ schutz-, wehrlos.

de·fend [dɪ'fend] *v/t* **1.** (***from, against***) verteidigen (gegen), schützen (vor *dat*, gegen). **2.** *Meinung etc* verteidigen, rechtfertigen. **de'fend·ant** *s* ⚖ Beklagte *m, f*; Angeklagte *m, f*.

de'fend·er *s* **1.** Verteidiger(in). **2.** *Sport*: Abwehrspieler(in).

de·fense, *etc Am.* → ***defence,*** *etc.*

de'fen·sive I *adj* defensiv, Verteidigungs..., Abwehr... **II** *s* Defensive *f*: ***on the ~*** in der Defensive.

de·fer¹ [dɪ'fɜː] *v/t* **1.** auf-, verschieben (***to*** auf *acc*). **2.** hinausschieben, verzögern. **3.** ⚔ *Am.* (vom Wehrdienst) zurückstellen.

de·fer² [~] *v/i* sich fügen (***to*** *dat*). **def·er·ence** ['defərəns] *s* **1.** Ehrerbietung *f*, (Hoch)Achtung *f*: ***in*** (*od.* ***out of***) ***~ to*** aus Achtung vor (*dat*). **2.** Rücksicht(nahme) *f*: ***in*** (*od.* ***out of***) ***~ to*** mit *od.* aus Rücksicht auf (*acc*). **def·er·en·tial** [ˌ~'renʃl] *adj* □ **1.** ehrerbietig. **2.** rücksichtsvoll.

de·fer·ment [dɪ'fɜːmənt] *s* **1.** Aufschub *m*, Verschiebung *f*. **2.** ⚔ *Am.* Zurückstellung *f* (*vom Wehrdienst*).

de·fi·ance [dɪ'faɪəns] *s* **1.** Trotz *m*: ***in ~ of*** ungeachtet, trotz (*gen*), *e-m Gebot etc* zuwider, *j-m* zum Trotz. **2.** Herausforderung *f*. **de'fi·ant** *adj* □ **1.** trotzig. **2.** herausfordernd.

de·fi·cien·cy [dɪ'fɪʃnsɪ] *s* **1.** (***of***) Mangel *m* (an *dat*), Fehlen *n* (von): ***~ of blood*** Blutarmut *f*; ***~ disease*** ⚕ Mangelkrankheit *f*. **2.** → ***deficit.*** **de'fi·cient** *adj* □ unzureichend, mangelhaft, ungenügend: ***be ~ in*** Mangel leiden an (*dat*); ***he is ~ in*** ihm fehlt es an (*dat*).

def·i·cit ['defɪsɪt] *s* Defizit *n*, Fehlbetrag *m*.

de·file [dɪ'faɪl] *v/t* beschmutzen, besudeln (*beide a. fig.*).

de·fine [dɪ'faɪn] *v/t* **1.** definieren: a) *Wort etc* erklären, b) *Begriff etc* bestimmen. **2.** abgrenzen. **3.** ***~ itself against*** sich scharf *od.* deutlich abheben von *od.* gegen. **def·i·nite** ['definɪt] *adj* **1.** bestimmt (*a. ling.*). **2.** endgültig, definitiv. **'def·i·nite·ly** *adv* → ***definite***: ***~ not!*** ganz bestimmt nicht! **ˌdef·i'ni·tion** *s* Definition *f*: a) Erklärung *f*, b) Bestimmung *f*. **de·fin·i·tive** [dɪ'fɪnɪtɪv] *adj* □ **1.** → ***definite*** 2. **2.** maßgeblich.

de·flate [dɪ'fleɪt] *v/t* **1.** (die) Luft ablassen aus. **2.** ♰ deflationieren. **de'fla·tion** *s* ♰ Deflation *f*.

de·flect [dɪ'flekt] **I** *v/t* ablenken (***from*** von). **II** *v/i* abweichen (***from*** von) (*a. fig.*). **de'flec·tion** *s* **1.** Ablenkung *f*. **2.** Abweichung *f*.

de·fo·li·ate [ˌdiː'fəʊlɪeɪt] *v/t* entblättern, -lauben.

de·for·est [ˌdiː'fɒrɪst] *v/t* abholzen.

de·form [dɪ'fɔːm] *v/t* **1.** deformieren, verformen (*beide a. phys.*, ⚙). **2.** verunstalten, entstellen: ***~ed by anger*** wutverzerrt (*Gesicht*). **de·for·ma·tion** [ˌdiːfɔː'meɪʃn] *s* **1.** Deformierung *f*, Verformung *f*. **2.** Verunstaltung *f*, Entstellung *f*. **de·form·i·ty** [dɪ'fɔːmətɪ] *s* **1.** Entstelltheit *f*. **2.** Mißbildung *f*.

de·fraud [dɪ'frɔːd] *v/t* betrügen (***of*** um).

de·fray [dɪ'freɪ] *v/t* *Kosten* tragen, bestreiten.

de·frost [ˌdiː'frɒst] **I** *v/t* von Eis befreien, *Windschutzscheibe etc* entfrosten, *Kühlschrank etc* abtauen, *Tiefkühlkost etc* auftauen. **II** *v/i* ab-, auftauen.

deft [deft] *adj* □ gewandt, geschickt.

de·fuse [ˌdiː'fjuːz] *v/t* *Bombe*, *Lage etc* entschärfen.

de·fy [dɪ'faɪ] *v/t* **1.** trotzen (*dat*); sich widersetzen (*dat*): ***~ description*** unbeschreiblich sein, jeder Beschreibung spotten. **2.** herausfordern.

de·gen·er·ate I *v/i* [dɪ'dʒenəreɪt] degenerieren, entarten (***into*** zu). **II** *adj* [~rət] degeneriert, entartet. **deˌgen·er'a·tion** [~'reɪʃn] *s* Degeneration *f*, Entartung *f*.

deg·ra·da·tion [ˌdegrə'deɪʃn] *s* **1.** Degradierung *f*. **2.** Erniedrigung *f*. **de·grade** [dɪ'greɪd] *v/t* **1.** degradieren. **2.** erniedrigen (***into, to*** zu).

de·gree [dɪ'griː] *s* **1.** Grad *m*, Stufe *f*: ***by ~s*** allmählich, nach u. nach; ***by slow ~s*** ganz allmählich; ***to some*** (*od.* ***a certain***) ***~*** ziemlich, bis zu e-m gewissen Grade; ***to a high ~*** in hohem Maße; ***~ of comparison*** *ling.* Steigerungsstufe *f*; ***~ of priority*** Dringlichkeitsstufe *f*. **2.** ⅍, ⚙, *ast.*, *geogr. etc* Grad *m*: ***~ of latitude*** (***longitude***) Breiten-(Längen)grad. **3.** *univ.* Grad *m*: ***take one's ~*** e-n akademischen Grad erwerben; → ***doctor*** 2.

de·hu·man·ize [ˌdiː'hjuːmənaɪz] *v/t* entmenschlichen.

de·hy·drate [ˌdiː'haɪdreɪt] *v/t* das Wasser entziehen (*dat*): ***~d vegetables*** *pl* Trockengemüse *n*.

de·ice [ˌdiː'aɪs] *v/t* enteisen.

deign [deɪn] **I** *v/i* sich herablassen, geruhen (***to do*** zu tun). **II** *v/t* sich herablassen zu.

de·i·ty ['di:ɪtɪ] *s* Gottheit *f*.

de·ject·ed [dɪ'dʒektɪd] *adj* □ niedergeschlagen.

de'jec·tion *s* Niedergeschlagenheit *f*.

de·lay [dɪ'leɪ] **I** *v/t* **1.** a) ver-, auf-, hinausschieben: ***~ doing s.th.*** es verschieben, et. zu tun, b) verzögern, -schleppen: ***be ~ed*** sich verzögern. **2.** aufhalten: ***be ~ed*** (***for two hours***) 🚂, *etc* (zwei Stunden) Verspätung haben. **II** *v/i* **3.** zögern. **4.** Zeit zu gewinnen suchen. **III** *s* **5.** Verschiebung *f*, Aufschub *m*; Verzögerung *f*, Verschleppung *f*: ***without ~*** unverzüglich. **6.** 🚂, *etc* Verspätung *f*. **de'lay·ing** *adj*: ***~ tactics*** *pl* Hinhalte-, Verzögerungstaktik *f*.

de·lec·ta·ble [dɪ'lektəbl] *adj* □ köstlich (*bsd. Speise*). **de·lec·ta·tion** [ˌdi:lek'teɪʃn] *s* Vergnügen *n*: ***for the ~ of*** zum Ergötzen (*gen*).

del·e·gate I *s* ['delɪgət] **1.** Delegierte *m*, *f*, bevollmächtigter Vertreter. **II** *v/t* ['~geɪt] **2.** abordnen, delegieren. **3.** *Vollmachten etc* übertragen (***to*** *dat*). **del·e·ga·tion** [ˌ~'geɪʃn] *s* **1.** Übertragung *f*. **2.** Abordnung *f*, Delegation *f*.

de·lete [dɪ'li:t] **I** *v/t* (aus)streichen. **II** *v/i*: ***~ where inapplicable*** Nichtzutreffendes bitte streichen. **de·le·tion** [dɪ'li:ʃn] *s* Streichung *f*.

de·lib·er·ate I *adj* [dɪ'lɪbərət] □ **1.** überlegt. **2.** bewußt, absichtlich, vorsätzlich. **3.** bedächtig, besonnen. **II** *v/t* [~reɪt] **4.** überlegen, erwägen. **III** *v/i* [~reɪt] **5.** nachdenken (***on*** über *acc*), überlegen. **6.** beratschlagen, sich beraten (***on*** über *acc*). **deˌlib·er'a·tion** [~'reɪʃn] *s* **1.** Überlegung *f*. **2.** Beratung *f*. **3.** Bedächtigkeit *f*.

del·i·ca·cy ['delɪkəsɪ] *s* **1.** Zartheit *f*. **2.** Fein-, Zartgefühl *n*, Takt *m*. **3.** Empfindlichkeit *f*. **4.** ***of great ~*** sehr heikel. **5.** Delikatesse *f*, Leckerbissen *m*. **del·i·cate** ['~kət] *adj* □ **1.** zart: a) fein (*Farben etc*), b) zierlich (*Figur etc*), c) zerbrechlich: ***of*** (*od.* ***in***) ***~ health*** von zarter Gesundheit, d) sanft, leise: ***~ hint*** zarter Wink. **2.** delikat, heikel (*Frage etc*). **3.** fein, empfindlich (*Instrument etc*). **4.** feinfühlig, zartfühlend, taktvoll. **5.** delikat, schmackhaft. **del·i·ca·tes·sen** [ˌdelɪkə'tesn] *s pl* **1.** Delikatessen *pl*, Feinkost *f*. **2.** (*sg konstruiert*) Feinkostgeschäft *n*.

de·li·cious [dɪ'lɪʃəs] *adj* □ köstlich.

de·light [dɪ'laɪt] **I** *s* Vergnügen *n*, Entzücken *n*: ***to my ~*** zu m-r Freude; ***take ~ in*** → III. **II** *v/t* erfreuen, entzücken. **III** *v/i*: ***~ in*** (große) Freude haben an (*dat*), sich ein Vergnügen machen aus. **de'light·ful** [~fʊl] *adj* □ entzückend, herrlich.

de·lim·it [di:'lɪmɪt], **de'lim·i·tate** [~teɪt] *v/t* abgrenzen.

de·lin·e·ate [dɪ'lɪnɪeɪt] *v/t* **1.** skizzieren, entwerfen. **2.** beschreiben, schildern.

de·lin·quen·cy [dɪ'lɪŋkwənsɪ] *s* Kriminalität *f*: → ***juvenile*** I. **de'lin·quent I** *adj* straffällig. **II** *s* Delinquent(in), Straffällige *m*, *f*: → ***juvenile*** I.

de·lir·i·ous [dɪ'lɪrɪəs] *adj* □ **1.** ⚕ im Delirium, phantasierend. **2.** *fig.* rasend (***with*** vor *dat*): ***~ with joy*** in e-m Freudentaumel; ***~ly happy*** vor Glück außer sich. **de'lir·i·um** [~əm] *pl* **-i·ums, -i·a** [~ɪə] *s* **1.** ⚕ Delirium *n*: ***~ tremens*** ['tri:menz] Delirium tremens, Säuferwahn(sinn) *m*. **2.** *fig.* Taumel *m*: ***~ of joy*** Freudentaumel.

de·liv·er [dɪ'lɪvə] *v/t* **1.** *a.* ***~ up*** (*od.* ***over***) übergeben, ausliefern: ***~ o.s. up to s.o.*** sich j-m stellen *od.* ergeben. **2.** *Waren* liefern; *Brief etc* zustellen; *Nachricht etc* bestellen. **3.** *Rede etc* halten (***to*** vor *dat*). **4.** befreien, erlösen (***from*** von, aus). **5.** ***be ~ed*** ⚕ entbinden: ***be ~ed of*** entbunden werden von. **de'liv·er·y** *s* **1.** ⚜ Lieferung *f*: ***on ~*** bei Lieferung *od.* Empfang; ***cash*** (*Am.* ***collect***) ***on ~*** per Nachnahme; ***~ note*** Lieferschein *m*. **2.** 📯 Zustellung *f*: ***~ charge*** Zustellgebühr *f*. **3.** Halten *n* (*e-r Rede*); Vortrag(sweise *f*) *m*. **4.** ⚕ Entbindung *f*: ***~ room*** Kreißsaal *m*.

de·louse [ˌdi:'laʊs] *v/t* entlausen.

del·ta ['deltə] *s* (Fluß)Delta *n*.

de·lude [dɪ'lu:d] *v/t* **1.** täuschen, irreführen: ***~ o.s.*** sich et. vormachen. **2.** verleiten (***into*** zu).

del·uge ['delju:dʒ] **I** *s* **1.** Überschwemmung *f*: ***the*** 𝔇 *Bibl.* die Sintflut. **2.** *fig.* Flut *f*, (Un)Menge *f*. **II** *v/t* **3.** überschwemmen, -fluten (*beide a. fig.* ***with*** mit).

de·lu·sion [dɪ'lu:ʒn] *s* **1.** Täuschung *f*, Irreführung *f*. **2.** Wahn *m* (*a. psych.*):

be under the ~ that in dem Wahn leben, daß; ***~s** pl **of grandeur*** Größenwahn. **de'lu·sive** [~sıv] *adj* □ **1.** täuschend, irreführend. **2.** Wahn...

de luxe [də'lʌks] *adj* Luxus..., De-Luxe-...

delve [delv] *v/i* angestrengt suchen (***for*** nach): ***~ into*** sich vertiefen in (*acc*); erforschen.

dem·a·gog·ic [ˌdemə'gɒgık] *adj* (***~ally***) demagogisch. **dem·a·gogue** ['~gɒg] *s* Demagoge *m*. **'dem·a·gog·y** *s* Demagogie *f*.

de·mand [dı'mɑːnd] **I** *v/t* **1.** fordern, verlangen (***of, from*** von). **2.** (*fordernd*) fragen nach. **3.** *fig*. erfordern, verlangen. **II** *s* **4.** Forderung *f* (***for*** nach): ***on ~*** auf Verlangen; ***make ~s on s.o.*** Forderungen an j-n stellen. **5.** (***on***) Anforderung *f* (an *acc*), Beanspruchung *f* (*gen*): ***make great ~s on*** stark in Anspruch nehmen (*acc*), große Anforderungen stellen an (*acc*). **6.** ⚕ *u. allg*. (***for***) Nachfrage *f* (nach), Bedarf *m* (an *dat*): ***be in great ~*** sehr gefragt sein. **de'mand·ing** *adj* anspruchsvoll.

de·mar·cate ['diːmɑːkeıt] *v/t* abgrenzen (***from*** gegen, von) (*a. fig*.). **ˌde·mar'ca·tion** *s* Abgrenzung *f*: ***~ line*** Grenz-, *pol*. Demarkationslinie *f*; *fig*. Trennungslinie *f*, -strich *m*.

dem·i... [demı] *in Zssgn* Halb..., halb...

'dem·i·god *s* Halbgott *m* (*a. fig*.).

'dem·i·john *s* große Korbflasche.

de·mil·i·ta·rize [ˌdiː'mılıtəraız] *v/t* entmilitarisieren.

de·mist [ˌdiː'mıst] *v/t Windschutzscheibe* freimachen. **ˌde'mist·er** *s mot*. Gebläse *n*.

dem·o ['deməʊ] *pl* **-os** *s* F Demo *f* (*Demonstration*).

de·mo·bi·lize [ˌdiː'məʊbılaız] *v/t* demobilisieren.

de·moc·ra·cy [dı'mɒkrəsı] *s* Demokratie *f*. **dem·o·crat,** *pol. Am*. ♀ ['deməkræt] *s* Demokrat(in). **ˌdem·o'crat·ic,** *pol. Am*. ♀ *adj* (***~ally***) demokratisch.

de·mog·ra·phy [diː'mɒgrəfı] *s* Demographie *f*.

de·mol·ish [dı'mɒlıʃ] *v/t* **1.** ab-, ein-, niederreißen, abbrechen. **2.** *fig*. zerstören. **3.** F *Essen* verdrücken. **dem·o·li·tion** [ˌdemə'lıʃn] *s* **1.** Niederreißen *n*, Abbruch *m*. **2.** *fig*. Zerstörung *f*.

de·mon ['diːmən] *s* **1.** Dämon *m*. **2.** ***~ for work*** Arbeitsfanatiker *m*. **de·mo·ni·ac** [dı'məʊnıæk], **de·mon·ic** [diː'mɒnık] *adj* (***~ally***) dämonisch.

dem·on·strate ['demənstreıt] **I** *v/t* **1.** demonstrieren: a) beweisen, b) darlegen, veranschaulichen, zeigen. **2.** *Auto etc* vorführen. **II** *v/i* **3.** *pol. etc* demonstrieren. **ˌdem·on'stra·tion** *s* **1.** Demonstrierung *f*, Veranschaulichung *f*. **2.** Vorführung *f*: ***~ car*** Vorführwagen *m*. **3.** Demonstration *f*, Kundgebung *f*. **de·mon·stra·tive** [dı'mɒnstrətıv] *adj* □ **1.** anschaulich: ***be ~ of → demonstrate*** 1. **2.** ***be ~*** s-e Gefühle (offen) zeigen. **3.** demonstrativ, betont. **4.** ***~ pronoun*** *ling*. Demonstrativpronomen *n*, hinweisendes Fürwort.

dem·on·stra·tor ['demənstreıtə] *s* **1.** Vorführer(in), Propagandist(in). **2.** Demonstrant(in).

de·mor·al·ize [dı'mɒrəlaız] *v/t* demoralisieren.

de·mo·ti·vate [ˌdiː'məʊtıveıt] *v/t* demotivieren.

den [den] *s* **1.** *zo*. Höhle *f* (*a. fig*.): ***~ of vice*** Lasterhöhle. **2.** F Bude *f*.

de·na·tion·al·ize [ˌdiː'næʃnəlaız] *v/t* ⚕ reprivatisieren, entstaatlichen.

de·na·ture [ˌdiː'neıtʃə] *v/t* ⚗ denaturieren.

de·ni·al [dı'naıəl] *s* **1.** Ablehnung *f*. **2.** (Ab)Leugnung *f*: ***official ~*** Dementi *n*.

den·im ['denım] *s* **1.** Köper *m*. **2.** *pl* Jeans *pl*.

de·nom·i·nate [dı'nɒmıneıt] *v/t* nennen, bezeichnen als. **deˌnom·i'na·tion** *s* **1.** Bezeichnung *f*. **2.** *eccl*. Konfession *f*, Bekenntnis *n*. **3.** ⚕ Nennwert *m*. **deˌnom·i'na·tion·al** [~'neıʃənl] *adj* □ konfessionell, Konfessions... **de'nom·i·na·tor** *s* & Nenner *m*: ***common ~*** gemeinsamer Nenner (*a. fig*.); ***reduce to a common ~*** auf e-n gemeinsamen Nenner bringen.

de·note [dı'nəʊt] *v/t* **1.** bedeuten, anzeigen. **2.** kenn-, bezeichnen.

de·nounce [dı'naʊns] *v/t* **1.** (öffentlich) anprangern. **2.** *j-n* anzeigen, *contp*. denunzieren (***to*** bei). **3.** *Vertrag* kündigen.

dense [dens] *adj* □ **1.** *allg*. dicht: ***~ly populated*** dichtbevölkert. **2.** *fig*. beschränkt, begriffsstutzig. **'dense·ness**

s **1.** → ***density.*** **2.** *fig.* Beschränktheit *f*, Begriffsstutzigkeit *f*. **'den·si·ty** *s* Dichte *f*, Dichtheit *f*: **~ *of population*** Bevölkerungsdichte; **~ *of traffic*** Verkehrsdichte.

dent [dent] **I** *s* Beule *f*, Delle *f*, Einbeulung *f*: ***make a ~ in*** *fig.* ein Loch reißen in (*Ersparnisse etc*); *j-s Ruf etc* schaden, *j-s Stolz etc* verletzen. **II** *v/t* ein-, verbeulen.

den·tal ['dentl] *adj* **1.** Zahn...: **~ *hygiene*** Zahnpflege *f*; **~ *plaque*** Zahnbelag *m*; **~ *surgeon*** → ***dentist***; **~ *treatment*** Zahnbehandlung *f*. **2.** Zahnarzt...: **~ *assistant*** Zahnarzthelferin *f*. **'den·tist** *s* Zahnarzt *m*, -ärztin *f*. **'den·tist·ry** *s* Zahnmedizin *f*. **den·ture** ['~tʃə] *s mst pl* (Zahn)Prothese *f*.

de·nude [dɪ'njuːd] *v/t* (***of***) entblößen (von *od. gen*); *fig.* berauben (*gen*).

de·nun·ci·a·tion [dɪˌnʌnsɪ'eɪʃn] *s* **1.** (öffentliche) Anprangerung. **2.** Anzeige *f*, *contp.* Denunziation *f*. **3.** Kündigung *f* (***of*** *e-s Vertrags*).

de·ny [dɪ'naɪ] *v/t* **1.** ab-, bestreiten, dementieren, (ab)leugnen: ***it cannot be denied, there is no ~ing*** (***the fact***) es läßt sich nicht bestreiten, es ist nicht zu leugnen (***that*** daß). **2.** *Bitte etc* ablehnen, *j-m et.* abschlagen, verweigern. **3.** *Glauben*, *j-n etc* verleugnen.

de·o·dor·ant [diː'əʊdərənt] **I** *s* De(s)odorant *n*, Deo *n*. **II** *adj* de(s)odorierend. **de'o·dor·ize** *v/t* de(s)odorieren.

de·part [dɪ'pɑːt] *v/i* **1.** abreisen, abfahren (***for*** nach). **2.** 🚂, *etc* abfahren, ✈ abfliegen. **3.** abweichen (***from*** von *e-r Regel, der Wahrheit etc*). **de'part·ed I** *adj* verstorben. **II** *s*: ***the ~*** der *od.* die Verstorbene, die Verstorbenen *pl*. **de'part·ment** *s* **1.** Fach *n*, Gebiet *n*. **2.** Abteilung *f*, *univ. a.* Fachbereich *m*: **~ *store*** Kauf-, Warenhaus *n*. **3.** *pol.* Ministerium *n*: **♀ *of Defense*** *Am.* Verteidigungsministerium; **♀ *of the Interior*** *Am.* Innenministerium; **♀ *of State*** *Am.* Außenministerium. **de·part·ment·al** [ˌdiːpɑːt'mentl] *adj* Abteilungs... **de·par·ture** [dɪ'pɑːtʃə] *s* **1.** Abreise *f*. **2.** 🚂, *etc* Abfahrt *f*, ✈ Abflug *m*: **~*s*** *pl* ‚Abfahrt' (*Fahrplan etc*); **~ *lounge*** Abflughalle *f*. **3.** Abweichen *n*.

de·pend [dɪ'pend] *v/i* **1.** sich verlassen (***on*** auf *acc*). **2.** (***on***) abhängen, abhängig sein (von): a) angewiesen sein (auf *acc*), b) ankommen (auf *acc*): ***that ~s*** das kommt darauf an, je nachdem; ***~ing on whether*** je nachdem, ob. **de'pend·a·ble** *adj* □ verläßlich, zuverlässig. **de·pen·dance** *Am.* → ***dependence.*** **de'pen·dant I** *s* (Familien)Angehörige *m, f*. **II** *adj Am.* → ***dependent*** I. **de'pen·dence** *s* **1.** Vertrauen *n* (***on*** auf *acc*). **2.** (***on***) Abhängigkeit *f* (von), Angewiesensein *n* (auf *acc*). **de'pen·dent I** *adj* (***on***) abhängig (von): a) angewiesen (auf *acc*), b) bedingt (durch): **~ *on weather conditions*** wetter-, witterungsbedingt. **II** *s bsd. Am.* → ***dependant*** I.

de·pict [dɪ'pɪkt] *v/t* **1.** (bildlich) darstellen. **2.** schildern, beschreiben.

de·pil·a·to·ry [dɪ'pɪlətərɪ] *s* Enthaarungsmittel *n*.

de·plete [dɪ'pliːt] *v/t* **1.** leeren. **2.** *fig.* Raubbau treiben mit, *Kräfte, Vorräte etc* erschöpfen, *Bestand etc* dezimieren.

de·plor·a·ble [dɪ'plɔːrəbl] *adj* □ **1.** bedauerlich, bedauerns-, beklagenswert. **2.** erbärmlich, kläglich. **de'plore** *v/t* bedauern, beklagen.

de·ploy [dɪ'plɔɪ] *v/t* **1.** ⚔ *u. allg.* verteilen, einsetzen. **2.** ⚔ *Truppen* stationieren, *Raketen etc a.* aufstellen.

de·pop·u·late [ˌdiː'pɒpjʊleɪt] *v/t u. v/i* (sich) entvölkern.

de·port [dɪ'pɔːt] *v/t* **1.** des Landes verweisen, ausweisen, *Ausländer a.* abschieben. **2.** deportieren. **de·por·ta·tion** [ˌdiːpɔː'teɪʃn] *s* **1.** Ausweisung *f*, Abschiebung *f*. **2.** Deportation *f*.

de·pose [dɪ'pəʊz] **I** *v/t* **1.** *j-n* absetzen: **~ *s.o. from office*** j-n s-s Amtes entheben. **2.** ⚖ eidlich bezeugen *od.* erklären. **II** *v/i* **3.** **~ *to*** → 2.

de·pos·it [dɪ'pɒzɪt] **I** *v/t* **1.** absetzen, abstellen. **2.** ⚗, *geol.* ablagern, absetzen. **3.** deponieren, hinterlegen. **4.** ✝ *Betrag* anzahlen. **II** *v/i* **5.** ⚗ sich absetzen *od.* ablagern. **III** *s* **6.** ⚗ Ablagerung *f*, *geol. a.* (*Erz- etc*)Lager *n*. **7.** Deponierung *f*, Hinterlegung *f*. **8.** ✝ Anzahlung *f*: ***make*** (*od.* ***pay***) ***a ~*** e-e Anzahlung leisten (***on*** für). **~ ac·count** *s bsd. Br.* Sparkonto *n*.

dep·o·si·tion [ˌdepə'zɪʃn] *s* **1.** Absetzung *f*. **2.** ⚗, *geol.* Ablagerung *f*. **3.** ⚖ eidliche Aussage.

de·pot *s* **1.** ['depəʊ] Depot *n* (*a.* ⚔, ⚕). **2.** ['di:pəʊ] *Am.* Bahnhof *m.*

de·prave [dɪ'preɪv] *v/t moralisch* verderben. **de·prav·i·ty** [dɪ'prævətɪ] *s* Verderbtheit *f.*

dep·re·cate ['deprɪkeɪt] *v/t* **1.** mißbilligen. **2.** → ***depreciate*** 2. **'dep·re·cat·ing** *adj* □ **1.** mißbilligend. **2.** entschuldigend. **ˌdep·re'ca·tion** *s* Mißbilligung *f.* **dep·re·ca·to·ry** ['~kətərɪ] → ***deprecating.***

de·pre·ci·ate [dɪ'pri:ʃɪeɪt] **I** *v/t* **1.** geringschätzen, verachten. **2.** herabsetzen, herunterwürdigen. **3.** *im Preis od. Wert* herabsetzen; *Währung* abwerten. **II** *v/i* **4.** an Wert verlieren. **de'pre·ci·at·ing** *adj* □ geringschätzig, verächtlich. **deˌpre·ci'a·tion** *s* **1.** Geringschätzung *f*, Verachtung *f.* **2.** Herabsetzung *f.* **3.** ⚚ Wertminderung *f*; Abwertung *f.*

dep·re·da·tion [ˌdeprɪ'deɪʃn] *s* Verwüstung *f.*

de·press [dɪ'pres] *v/t* **1.** *Pedal, Taste etc* (nieder)drücken. **2.** *j-n* deprimieren, bedrücken. **3.** *Preis, Stimmung etc* drücken. **de'pres·sant** *s* ⚕ Beruhigungsmittel *n.* **de'pressed** *adj* **1.** deprimiert, niedergeschlagen, bedrückt. **2.** gedrückt. **3.** ⚚ flau (*Markt etc*), notleidend (*Industrie*). **4.** **~ *area*** Notstandsgebiet *n.* **de·pres·sion** [dɪ'preʃn] *s* **1.** Depression *f*, Niedergeschlagenheit *f.* **2.** Senkung *f*, Vertiefung *f*; *geol.* Landsenke *f.* **3.** ⚚ Depression *f*, Flaute *f.* **4.** *meteor.* Tief(druckgebiet) *n.*

dep·ri·va·tion [ˌdeprɪ'veɪʃn] *s* **1.** Beraubung *f*, Entzug *m.* **2.** (empfindlicher) Verlust. **de·prive** [dɪ'praɪv] *v/t* (***of s.th.***) *j-n od. et.* (e-r Sache) berauben, *j-m* (et.) entziehen *od.* nehmen: ***be ~d of s.th.*** et. entbehren (müssen). **de'prived** *adj* benachteiligt.

depth [depθ] **I** *s* Tiefe *f* (*a. fig.*): ***at a ~ of*** in e-r Tiefe von; ***five feet in ~*** fünf Fuß tief; ***in ~*** bis in alle Einzelheiten, eingehend; ***in the ~(s) of winter*** im tiefsten Winter; ***be out of one's ~*** nicht mehr stehen können; *fig.* ratlos *od.* unsicher sein, schwimmen; ***get out of one's ~*** den Boden unter den Füßen verlieren (*a. fig.*); **~** (***of field*** *od.* ***focus***) *phot.* Tiefenschärfe *f.* **II** *adj psych. etc* Tiefen...: **~ *psychology.***

dep·u·tize ['depjʊtaɪz] **I** *v/t* (als Vertreter) ernennen. **II** *v/i*: **~ *for*** *j-n* vertreten. **'dep·u·ty I** *s* **1.** (Stell)Vertreter(in). **2.** *parl.* Abgeordnete *m, f.* **3.** *a.* **~ *sheriff*** *Am.* Hilfssheriff *m.* **II** *adj* **4.** stellvertretend, Vize...

de·rail [dɪ'reɪl] **I** *v/t* entgleisen lassen: ***be ~ed*** → II. **II** *v/i* entgleisen.

de·range [dɪ'reɪndʒ] *v/t* in Unordnung bringen, durcheinanderbringen. **de'ranged** *adj* **1.** in Unordnung, durcheinander. **2.** *a.* ***mentally ~*** geistesgestört. **de'range·ment** *s* **1.** Unordnung *f.* **2.** *a.* ***mental ~*** Geistesgestörtheit *f.*

der·by ['dɑ:bɪ] *s* **1.** *Sport*: Derby *n*: → ***local*** 1. **2.** *a.* **~ *hat*** *Am.* Bowler *m*, Melone *f.*

der·e·lict ['derəlɪkt] *adj* heruntergekommen, baufällig.

de·ride [dɪ'raɪd] *v/t* verhöhnen, -spotten.

de·ri·sion [dɪ'rɪʒn] *s* Hohn *m*, Spott *m.* **de·ri·sive** [dɪ'raɪsɪv] *adj* □, **de'ri·so·ry** [~sərɪ] *adj* **1.** höhnisch, spöttisch: **~ *laughter*** Hohngelächter *n.* **2.** *fig.* lächerlich.

der·i·va·tion [ˌderɪ'veɪʃn] *s* **1.** Ab-, Herleitung *f.* **2.** Herkunft *f*, Abstammung *f.* **de·riv·a·tive** [dɪ'rɪvətɪv] **I** *adj* □ abgeleitet. **II** *s et.* Ab- *od.* Hergeleitetes, *a. ling.* Ableitung *f.* **de·rive** [dɪ'raɪv] **I** *v/t* **1.** herleiten (***from*** von): ***be ~d*** (***from***), **~ *itself*** (***from***) → 4. **2.** *Nutzen* ziehen, *Gewinn* schöpfen (***from*** aus): **~ *pleasure from*** Freude finden *od.* haben an (*dat*). **3.** *ling.*, ⚗, *etc* ableiten. **II** *v/i* **4.** (***from***) abstammen (von); sich ab- *od.* herleiten (von).

der·ma·tol·o·gist [ˌdɜ:mə'tɒlədʒɪst] *s* Dermatologe *m*, Hautarzt *m.* **ˌder·ma'tol·o·gy** *s* Dermatologie *f.*

de·rog·a·to·ry [dɪ'rɒgətərɪ] *adj* □ **1.** (***from, to***) nachteilig (für), abträglich (*dat*). **2.** abfällig, geringschätzig.

der·rick ['derɪk] *s* **1.** Derrick-, Mastenkran *m.* **2.** Bohrturm *m.*

de·scale [ˌdi:'skeɪl] *v/t Boiler etc* entkalken.

de·scend [dɪ'send] **I** *v/i* **1.** herunter-, hinuntersteigen, -gehen, -kommen, -fahren, -fallen. **2.** ✈ niedergehen; (mit dem Fallschirm) abspringen. **3.** abfallen (*Straße etc*). **4.** abstammen, herkommen (***from*** von *j-m*, aus *e-r Familie*). **5.** (***to***) übergehen, sich vererben (auf *acc*), zufallen (*dat*). **6.** (***on***) herfallen (über *acc*), sich stürzen (auf *acc*), *a. fig.* überfallen (*acc*) (*Besuch etc*). **7.** *ast.* sinken. **II** *v/t* **8.** *Treppe etc* herunter-, hinuntersteigen, -gehen. **9.** ***be ~ed (from)*** → 4. **de'scend·ant** *s* Nachkomme *m*, Abkömmling *m*.

de·scent [dɪ'sent] *s* **1.** Herunter-, Hinuntersteigen *n*, -gehen *n*, -fahren *n*. **2.** ✈ Niedergehen *n*; (Fallschirm)Absprung *m*. **3.** Abfallen *n*, Gefälle *n*. **4.** Abstammung *f*, Herkunft *f*: ***of French ~*** französischer Herkunft. **5.** Vererbung *f* (***to*** auf *acc*). **6.** Überfall *m* (***on*** auf *acc*) (*a. fig.*).

de·scribe [dɪ'skraɪb] *v/t* **1.** beschreiben, schildern (***s.th. to s.o.*** j-m et.). **2.** bezeichnen (***as*** als).

de·scrip·tion [dɪ'skrɪpʃn] *s* **1.** Beschreibung *f* (*a.* ⚙), Schilderung *f*: ***beyond ~*** unbeschreiblich; → ***beggar*** 4. **2.** Art *f*, Sorte *f*. **de'scrip·tive** *adj* □ **1.** beschreibend. **2.** anschaulich.

des·e·crate ['desɪkreɪt] *v/t* entweihen.

de·seg·re·gate [ˌdiː'segrɪgeɪt] *v/t* die Rassentrennung aufheben in (*dat*). **ˌde·seg·re'ga·tion** *s* Aufhebung *f* der Rassentrennung (***of*** in *dat*).

de·sen·si·tize [ˌdiː'sensɪtaɪz] *v/t* ⚕ unempfindlich *od.* immun machen (***to*** gegen).

de·sert[1] [dɪ'zɜːt] **I** *v/t* verlassen, im Stich lassen; ⚖ *Ehegatten* (böswillig) verlassen. **II** *v/i* ⚔ desertieren.

de·sert[2] [~] *s mst pl* verdienter Lohn (*a. iro. Strafe*).

des·ert[3] ['dezət] **I** *s* Wüste *f*. **II** *adj* Wüsten...

de·sert·ed [dɪ'zɜːtɪd] *adj* **1.** verlassen, unbewohnt (*Insel etc*), (wie) ausgestorben, menschenleer (*Straßen etc*). **2.** verlassen, einsam (*Person*). **de'sert·er** *s* ⚔ Deserteur *m*. **de'ser·tion** *s* **1.** (*a.* ⚖ böswilliges) Verlassen. **2.** ⚔ Desertion *f*, Fahnenflucht *f*.

de·serve [dɪ'zɜːv] *v/t* verdienen, verdient haben. **de'serv·ed·ly** [~ɪdlɪ] *adv* verdientermaßen. **de'serv·ing** *adj* verdienstvoll.

des·ic·cat·ed ['desɪkeɪtɪd] *adj*: ***~ fruit*** Dörrobst *n*; ***~ milk*** Trockenmilch *f*.

de·sign [dɪ'zaɪn] **I** *v/t* **1.** entwerfen, ⚙ konstruieren. **2.** gestalten, anlegen. **3.** ausdenken, ersinnen. **4.** bestimmen, vorsehen (***for*** für; ***as*** als): ***~ed to do s.th.*** dafür bestimmt, et. zu tun. **II** *v/i* **5.** Entwürfe machen (***for*** für). **III** *s* **6.** Design *n*, Entwurf *m*, (⚙ Konstruktions)Zeichnung *f*. **7.** Design *n*, Muster *n*. **8.** Gestaltung *f*. **9.** (*a.* böse) Absicht: ***by ~*** mit Absicht; ***have ~s on*** (*od.* ***against***) et. im Schilde führen gegen, *a. humor.* e-n Anschlag vorhaben auf (*acc*).

des·ig·nate ['dezɪgneɪt] **I** *v/t* **1.** *et.* bestimmen, festlegen. **2.** *j-n* designieren, bestimmen (***to, for*** für *ein Amt etc*, zu *e-m Amtsträger etc*). **3.** *et.* bestimmen, vorsehen (***for*** für). **II** *adj* **4.** *nachgestellt*: designiert.

de·sign·ed·ly [dɪ'zaɪnɪdlɪ] *adv* absichtlich. **de'sign·er** *s* Designer(in); ⚙ Konstrukteur *m*; (*Mode*)Schöpfer(in).

de·sir·a·ble [dɪ'zaɪərəbl] *adj* □ **1.** wünschenswert, erwünscht. **2.** begehrenswert. **de·sire** [dɪ'zaɪə] **I** *v/t* **1.** wünschen: ***if ~d*** auf Wunsch; ***leave much (nothing) to be ~d*** viel (nichts) zu wünschen übriglassen. **2.** begehren. **II** *s* **3.** Wunsch *m*: ***at his ~*** auf s-n Wunsch. **4.** Verlangen *n*, Begierde *f* (***for*** nach): ***~ for knowledge*** Wissensdurst *m*. **de·sir·ous** [dɪ'zaɪərəs] *adj*: ***be ~ to know s.th.*** et. (sehr) gern wissen wollen.

de·sist [dɪ'zɪst] *v/i* Abstand nehmen (***from*** von).

desk [desk] **I** *s* **1.** Schreibtisch *m*. **2.** (*Schreib-, Noten- etc*)Pult *n*. **3.** Kasse *f* (*im Restaurant etc*). **4.** Empfang *m*, Rezeption *f* (*im Hotel*): ***~ clerk*** *Am.* Empfangschef *m*, -dame *f*. **II** *adj* **5.** Schreibtisch...; Büro... **'~·top** *adj*: ***~ computer*** Tischcomputer *m*.

des·o·late ['desələt] *adj* □ **1.** einsam, verlassen. **2.** trostlos. **des·o·la·tion** [ˌ~'leɪʃn] *s* **1.** Einsamkeit *f*, Verlassenheit *f*. **2.** Trostlosigkeit *f*.

de·spair [dɪ'speə] **I** *v/i* verzweifeln (***of*** an *dat*). **II** *s* Verzweiflung *f* (***at*** über *acc*): ***a look of ~*** ein verzweifelter Blick; ***drive s.o. to ~, be the ~ of s.o.*** j-n zur Verzweiflung bringen. **de'spair·ing** *adj* □ verzweifelt.

des·patch → ***dispatch***.

des·per·ate ['despərət] *adj* □ **1.** verzweifelt (*Mensch, Anstrengung, Lage etc*): ***~ deed*** Verzweiflungstat *f*; ***be ~ for s.th.*** et. dringend nötig haben; ***be ~ to do s.th.*** et. unbedingt tun wollen; →

strait. **2.** F hoffnungslos, schrecklich.
des·per·a·tion [ˌ~'reɪʃn] *s* Verzweiflung *f*: ***in ~*** verzweifelt; ***drive s.o. to ~*** j-n zur Verzweiflung bringen.
des·pi·ca·ble [dɪ'spɪkəbl] *adj* □ verachtenswert, verabscheuungswürdig.
de·spise [dɪ'spaɪz] *v/t* verachten, *Speise etc a.* verschmähen: ***not to be ~d*** nicht zu verachten.
de·spite [dɪ'spaɪt] *prp* trotz (*gen od. dat*).
de·spond·ent [dɪ'spɒndənt] *adj* □ mutlos, verzagt.
des·pot ['despɒt] *s* Despot *m*. **des'pot·ic** *adj* (***~ally***) despotisch. **des·pot·ism** ['~pətɪzəm] *s* Despotismus *m*.
des·sert [dɪ'zɜːt] **I** *s* Dessert *n*, Nachtisch *m*. **II** *adj* Dessert...: ***~ wine.*** **des'sert·spoon** *s* Dessertlöffel *m*.
des·ti·na·tion [ˌdestɪ'neɪʃn] *s* **1.** Bestimmungsort *m*; Reiseziel *n*: ***country of ~*** Bestimmungsland *n*. **2.** Bestimmung *f*, (End)Zweck *m*, Ziel *n*. **des·tine** ['~tɪn] *v/t* bestimmen, vorsehen (***for*** für): ***~d for*** unterwegs nach (*Schiff etc*); ***be ~d to*** (*inf*) dazu bestimmt *od.* dafür vorgesehen sein zu (*inf*); ***he was ~d to*** (*inf*) er sollte (*früh sterben etc*). **'des·ti·ny** *s* Schicksal *n*: ***he met his ~*** sein Schicksal ereilte ihn.
des·ti·tute ['destɪtjuːt] *adj* **1.** mittellos, (völlig) verarmt. **2.** (***of***) bar (*gen*), ohne (*acc*). **ˌdes·ti'tu·tion** *s* **1.** Mittellosigkeit *f*, (völlige) Armut. **2.** (völliger) Mangel (***of*** an *dat*).
de·stroy [dɪ'strɔɪ] *v/t* **1.** zerstören, *a. Insekten etc* vernichten. **2.** *Tier* töten, einschläfern. **3.** *j-n, j-s Ruf, Gesundheit etc* ruinieren, *Hoffnungen etc* zunichte machen, zerstören. **de'stroy·er** *s* **1.** Zerstörer(in), Vernichter(in). **2.** ⚓, ⚔ Zerstörer *m*.
de·struc·tion [dɪ'strʌkʃn] *s* **1.** Zerstörung *f*, Vernichtung *f*. **2.** Tötung *f*, Einschläferung *f*. **de'struc·tive** *adj* □ **1.** zerstörend, vernichtend. **2.** schädlich, verderblich: ***~ to health*** gesundheitsschädlich. **3.** destruktiv (*Kritik*). **de'struc·tive·ness** *s* zerstörende *od.* vernichtende Wirkung.
des·ul·to·ry ['desəltərɪ] *adj* □ **1.** unzusammenhängend. **2.** oberflächlich.
de·tach [dɪ'tætʃ] *v/t* (ab-, los)trennen, (los)lösen, *a.* ⚙ abnehmen (***from*** von). **de'tached** *adj* □ **1.** (ab)getrennt: ***become ~*** sich (los)lösen. **2.** einzeln, frei-, alleinstehend: ***~ house*** Einzelhaus *n*. **3.** separat, gesondert. **4.** *fig.* unvoreingenommen; uninteressiert (***about*** an *dat*); distanziert. **de'tach·ment** *s* **1.** (Ab-)Trennung *f*, (Los)Lösung *f*. **2.** *fig.* Unvoreingenommenheit *f*; Distanz *f*.
de·tail ['diːteɪl] **I** *s* **1.** Detail *n*, Einzelheit *f*: ***~s*** *pl* Näheres *n*; (***down***) ***to the smallest ~*** bis ins kleinste Detail; ***in ~*** ausführlich, in allen Einzelheiten; ***go into ~*** ins einzelne gehen, auf Einzelheiten eingehen. **II** *v/t* **2.** ausführlich berichten; einzeln aufzählen *od.* -führen. **3.** ⚔ abkommandieren (***for*** zu). **'de·tailed** *adj* detailliert, ausführlich, eingehend.
de·tain [dɪ'teɪn] *v/t* **1.** *j-n* aufhalten. **2.** *a.* ***~ in custody*** ⚖ in (Untersuchungs-)Haft behalten. **3.** *ped.* nachsitzen lassen.
de·tect [dɪ'tekt] *v/t* **1.** entdecken, (heraus)finden, ermitteln. **2.** wahrnehmen. **3.** *Verbrechen etc* aufdecken. **de'tec·tion** *s* **1.** Entdeckung *f*, Ermittlung *f*. **2.** Wahrnehmung *f*. **3.** Aufdeckung *f*. **de'tec·tive I** *adj* Detektiv...: ***~ story*** (*od.* ***novel***) Kriminalroman *m*. **II** *s* Detektiv *m*, Kriminalbeamte *m*. **de'tec·tor** *s* ⚡ Detektor *m*.
dé·tente [deɪ'tɑ̃ːnt] *s pol.* Entspannung *f*.
de·ten·tion [dɪ'tenʃn] *s* **1.** ⚖ Haft *f*: ***~*** (***pending trial***) Untersuchungshaft. **2.** *ped.* Nachsitzen *n*: ***keep in ~*** → ***detain*** 3.
de·ter [dɪ'tɜː] *v/t* abschrecken (***from*** von).
de·ter·gent [dɪ'tɜːdʒənt] *s* Reinigungs-, Wasch-, Geschirrspülmittel *n*.
de·te·ri·o·rate [dɪ'tɪərɪəreɪt] **I** *v/i* sich verschlechtern, schlechter werden, (*Material*) verderben. **II** *v/t* verschlechtern. **deˌte·ri·o'ra·tion** *s* Verschlechterung *f*.
de·ter·mi·na·ble [dɪ'tɜːmɪnəbl] *adj* □ bestimmbar. **de'ter·mi·nant I** *adj* **1.** bestimmend, entscheidend. **II** *s* **2.** entscheidender Faktor (***in*** bei). **3.** *biol.*, 𝔄 Determinante *f*. **de'ter·mi·nate** [~nət] *adj* □ bestimmt, festgelegt. **deˌter·mi'na·tion** [~'neɪʃn] *s* **1.** Entschluß *m*. **2.** Bestimmung *f*, Festsetzung *f*. **3.** Feststellung *f*, Ermittlung *f*. **4.** Bestimmtheit *f*, Entschlossenheit *f*. **de'ter·mine I** *v/t* **1.** *Streitfrage etc* ent-

scheiden. **2.** *et.* beschließen (*a.* ***to do*** zu tun), *Zeitpunkt etc* bestimmen, festsetzen. **3.** feststellen, ermitteln, bestimmen. **4.** *j-n* bestimmen, veranlassen (***to do*** zu tun). **II** *v/i* **5.** (***on***) sich entscheiden (für), sich entschließen (zu). **de'ter·mined** *adj* □ entschlossen.

de·ter·rence [dɪ'terəns] *s* Abschreckung *f*. **de'ter·rent I** *adj* abschreckend, Abschreckungs... **II** *s* Abschreckungsmittel *n* (***to*** für).

de·test [dɪ'test] *v/t* verabscheuen, hassen: ***~ having to do s.th.*** es hassen, et. tun zu müssen. **de'test·a·ble** *adj* □ abscheulich. **ˌde·tes'ta·tion** [ˌdiː~] *s* (***of***) Verabscheuung *f* (*gen*), Abscheu *m* (vor *dat*, gegen).

de·throne [dɪ'θrəʊn] *v/t* entthronen (*a. fig.*).

det·o·nate ['detəneɪt] **I** *v/t* zünden. **II** *v/i* detonieren, explodieren. **ˌdet·o'na·tion** *s* Detonation *f*, Explosion *f*; Zündung *f*. **'det·o·na·tor** *s* Zünd-, Sprengkapsel *f*.

de·tour ['diːˌtʊə] **I** *s* **1.** Umweg *m*: ***make a ~*** → 3. **2.** Umleitung *f*. **II** *v/i* **3.** e-n Umweg machen. **III** *v/t* **4.** e-n Umweg machen um. **5.** *Verkehr etc* umleiten.

de·tract [dɪ'trækt] **I** *v/t Aufmerksamkeit etc* ablenken (***from*** von). **II** *v/i* (***from***) Abbruch tun (*dat*), herabsetzen, schmälern (*acc*).

det·ri·ment ['detrɪmənt] *s* Nachteil *m*, Schaden *m* (***to*** für): ***to the ~ of*** zum Nachteil *od.* Schaden (*gen*). **det·ri·men·tal** [ˌ~'mentl] *adj* □ nachteilig, schädlich (***to*** für).

de·tri·tus [dɪ'traɪtəs] *s geol.* Geröll *n*, Schutt *m*.

deuce [djuːs] *s* **1.** *Kartenspiel*, *Würfeln*: Zwei *f*. **2.** *Tennis*: Einstand *m*. **3.** F Teufel *m*: ***who*** (***what***) ***the ~?*** wer (was) zum Teufel?

de·val·u·ate [ˌdiː'væljʊeɪt] *v/t* ✝ abwerten (***against*** gegenüber). **ˌde·val·u'a·tion** *s* Abwertung *f*. **ˌde'val·ue** [~juː] → ***devaluate.***

dev·as·tate ['devəsteɪt] *v/t* verwüsten, -nichten. **'dev·as·tat·ing** *adj* □ **1.** verheerend, vernichtend (*a. Kritik etc*). **2.** F toll, phantastisch. **3.** F umwerfend (*Humor etc*). **ˌdev·as'ta·tion** *s* Verwüstung *f*.

de·vel·op [dɪ'veləp] **I** *v/t* **1.** *phot. u. fig. allg.* entwickeln. **2.** *Krankheit*, *Fieber* bekommen. **3.** *Naturschätze*, *Bauland* erschließen, *Altstadt etc* sanieren. **II** *v/i* **4.** sich entwickeln (***from*** aus; ***into*** zu). **de'vel·op·er** *s* **1.** *phot.* Entwickler *m* (*a. Flüssigkeit*). **2.** ***late ~*** *bsd. ped.* Spätentwickler *m*. **3.** (Stadt)Planer *m*. **de'vel·op·ing** *adj* Entwicklungs...: ***~ country.*** **de'vel·op·ment** *s* **1.** Entwicklung *f*: ***~ aid*** ✝ Entwicklungshilfe *f*; ***~ country*** ✝ Entwicklungsland *n*. **2.** Erschließung *f*, Sanierung *f*.

de·vi·ate ['diːvɪeɪt] *v/i* abweichen (***from*** von). **ˌde·vi'a·tion** *s* Abweichung *f*. **ˌde·vi'a·tion·ist** [~ʃənɪst] *s pol.* Abweichler(in).

de·vice [dɪ'vaɪs] *s* **1.** Vorrichtung *f*, Gerät *n*. **2.** Einfall *m*; Kunstgriff *m*, Trick *m*: ***leave s.o. to his own ~s*** j-n sich selbst überlassen.

dev·il ['devl] **I** *s* **1.** Teufel *m*: ***poor ~*** armer Teufel *od.* Schlucker; ***be between the ~ and the deep blue sea*** sich zwischen zwei Feuern befinden, in e-r bösen Zwickmühle sein *od.* sitzen; ***like the ~*** F wie der Teufel, wie verrückt; ***go to the ~*** F vor die Hunde gehen; ***go to the ~!*** scher dich zum Teufel!; ***speak*** (*od.* ***talk***) ***of the ~!*** wenn man vom Teufel spricht!; ***who*** (***what***) ***the ~?*** F wer (was) zum Teufel? **2.** *a.* ***~ of a fellow*** F Teufelskerl *m*. **II** *v/t pret u. pp* **-iled**, *bsd. Br.* **-illed 3.** F schikanieren, piesacken. **'dev·il·ish** *adj* □ **1.** teuflisch. **2.** (*a. adv*) F verteufelt, höllisch.

ˌdev·il-may-'care *adj* leichtsinnig.

dev·il·ry ['devlrɪ] *s* **1.** Teufelei *f*. **2.** Übermut *m*.

de·vi·ous ['diːvjəs] *adj* □ **1.** abwegig, falsch. **2.** gewunden (*a. fig.*): ***~ route*** Umweg *m*. **3.** verschlagen, unaufrichtig: ***by ~ means*** auf krummen Wegen.

de·vise [dɪ'vaɪz] *v/t* (sich) ausdenken, ersinnen.

de·void [dɪ'vɔɪd] *adj*: ***~ of*** ohne (*acc*), bar (*gen*), ...los.

dev·o·lu·tion [ˌdiːvə'luːʃn] *s* **1.** Übertragung *f*. **2.** *pol.* Dezentralisierung *f*.

de·volve [dɪ'vɒlv] **I** *v/t Rechte etc* übertragen (***on*** *dat od.* auf *acc*). **II** *v/i* (***on, to***) übergehen (auf *acc*), zufallen (*dat*).

de·vote [dɪ'vəʊt] *v/t Zeit etc* widmen (***to*** *dat*): ***~ o.s. to*** sich *j-m* widmen, sich *e-r*

Sache widmen *od.* verschreiben. **de'vot·ed** *adj* □ hingebungsvoll: a) aufopfernd, b) anhänglich, c) eifrig, begeistert. **dev·o·tee** [ˌdevəʊ'tiː] *s* begeisterter Anhänger; glühender Verehrer *od.* Verfechter. **de·vo·tion** [dɪ'vəʊʃn] *s* **1.** Hingabe *f*: a) Aufopferung *f*, b) Anhänglichkeit *f*. **2.** Frömmigkeit *f*: **~s** *pl* Gebet *n*, Andacht *f*.

de·vour [dɪ'vaʊə] *v/t* **1.** *Essen, fig. Buch etc* verschlingen. **2.** *fig. j-n* verzehren (*Leidenschaft etc*).

de·vout [dɪ'vaʊt] *adj* □ **1.** fromm. **2.** innig. **3.** herzlich.

dew [djuː] *s* Tau *m*. **'~·drop** *s* **1.** Tautropfen *m*. **2.** *Br. humor.* Nasentropfen *m*.

dew·y ['djuːɪ] *adj* □ taufeucht, *a. fig.* taufrisch. **'~-eyed** *adj* blauäugig, naiv.

dex·ter·i·ty [dek'sterətɪ] *s* Gewandtheit *f*, Geschicklichkeit *f*. **dex·ter·ous** ['~stərəs] *adj* □ gewandt, geschickt.

dex·trose ['dekstrəʊs] *s* Traubenzucker *m*.

dex·trous ['dekstrəs] → ***dexterous.***

di·a·be·tes [ˌdaɪə'biːtiːz] *s* ⚕ Diabetes *m*, Zuckerkrankheit *f*: ***suffer from ~*** Zukker haben. **di·a·bet·ic** [ˌ~'betɪk] **I** *adj* diabetisch: a) zuckerkrank, b) Diabetes...: ***~ chocolate*** Diabetikerschokolade *f*. **II** *s* Diabetiker(in).

di·a·bol·ic, di·a·bol·i·cal [ˌdaɪə'bɒlɪk(l)] *adj* □ **1.** diabolisch, teuflisch. **2.** F scheußlich, widerlich.

di·a·dem ['daɪədem] *s* Diadem *n*.

di·ag·nose ['daɪəgnəʊz] *v/t* ⚕ diagnostizieren (**as** als) (*a. fig.*). **ˌdi·ag'no·sis** [~sɪs] *pl* **-ses** [~siːz] *s* Diagnose *f* (*a. fig.*): ***give*** (*od.* ***make***) ***a ~*** e-e Diagnose stellen.

di·ag·o·nal [daɪ'ægənl] **I** *adj* □ diagonal. **II** *s* ⟁ Diagonale *f*.

di·a·gram ['daɪəgræm] *s* Diagramm *n*, graphische Darstellung.

di·al ['daɪəl] **I** *s* **1.** *a.* ***~ plate*** Zifferblatt *n* (*Uhr*). **2.** *a.* ***~ plate*** ⚙ Skala *f*, Skalenscheibe *f*. **3.** *teleph.* Wählscheibe *f*. **4.** *Br. sl.* Visage *f* (*Gesicht*). **II** *v/t pret u. pp* **-aled,** *bsd. Br.* **-alled 5.** *teleph. Nummer* wählen, *Stadt* anwählen. **III** *v/i* **6.** *teleph.* wählen: ***~ direct*** durchwählen (***to*** nach).

di·a·lect ['daɪəlekt] *s* Dialekt *m*, Mundart *f*. **ˌdi·a'lec·tal** *adj* □ Dialekt..., mundartlich.

di·al·ling| code ['daɪəlɪŋ] *s teleph. Br.* Vorwahl(nummer) *f*. **~ tone** *s teleph. Br.* Wählton *m*, -zeichen *n*.

di·a·logue, *Am. a.* **di·a·log** ['daɪəlɒg] *s* Dialog *m*.

di·al tone *Am.* → ***dialling tone.***

di·am·e·ter [daɪ'æmɪtə] *s* Durchmesser *m*: ***be ... in ~*** e-n Durchmesser von ... haben.

di·a·met·ri·cal [ˌdaɪə'metrɪkl] *adj* □ **1.** diametrisch. **2.** *fig.* diametral, genau entgegengesetzt.

di·a·mond ['daɪəmənd] *s* **1.** *min.* Diamant *m*: → ***rough*** 4. **2.** ⟁ Raute *f*, Rhombus *m*. **3.** *Kartenspiel*: a) *pl* Karo *n* (*Farbe*), b) Karo(karte *f*) *n*. **~ cut·ter** *s* Diamantschleifer *m*. **~ wed·ding** *s* diamantene Hochzeit.

di·a·per ['daɪəpə] *s Am.* Windel *f*.

di·a·phragm ['daɪəfræm] *s* **1.** *anat.* Zwerchfell *n*. **2.** *teleph. etc* Membran(e) *f*. **3.** *opt. phot.* Blende *f*.

di·ar·rh(o)e·a [ˌdaɪə'rɪə] *s* ⚕ Durchfall *m*.

di·a·ry ['daɪərɪ] *s* **1.** Tagebuch *n*. **2.** Notizbuch *n*, Taschenkalender *m*. **3.** Terminkalender *m*.

dice [daɪs] **I** *s* **1.** *pl von* **die²**. **2.** *pl* **dice** → ***die²***. **II** *v/t* **3.** *gastr.* in Würfel schneiden. **4.** mit *j-m* würfeln *od.* knobeln (***for*** um). **III** *v/i* **5.** würfeln, knobeln (***for*** um): ***~ with death*** mit s-m Leben spielen. **~ cup** *s* Würfel-, Knobelbecher *m*.

dic·ey ['daɪsɪ] *adj* F prekär, heikel (*Situation etc*).

dick [dɪk] *s* **1.** *bsd. Br. sl.* Kerl *m*: → ***clever*** 1. **2.** *bsd. Am. sl.* Schnüffler *m* (*Detektiv*).

dick·ens ['dɪkɪnz] *s* F Teufel *m*: ***who*** (***what***) ***the ~?*** wer (was) zum Teufel?

dick·er ['dɪkə] *v/i* feilschen, schachern (***with*** mit; ***for*** um).

dick·(e)y ['dɪkɪ] *adj* F schwach (*Herz*), wack(e)lig (*Leiter etc*).

dic·tate [dɪk'teɪt] **I** *v/t* (**to** *dat*) **1.** *Brief etc* diktieren. **2.** diktieren: a) vorschreiben, b) aufzwingen. **II** *v/i* **3.** ***~ to s.o.*** j-m Vorschriften machen. **III** *s* ['dɪkteɪt] **4.** Gebot *n*, Diktat *n*. **dic'ta·tion** *s* Diktat *n*. **dic'ta·tor** *s* Diktator *m*. **dic·ta·to·ri·al** [ˌ~tə'tɔːrɪəl] *adj* □ diktatorisch. **dic'ta·tor·ship** *s* Diktatur *f*.

dic·tion ['dɪkʃn] *s* Diktion *f*, Ausdrucksweise *f*, Sprache *f*.

dic·tion·ar·y ['dɪkʃənrɪ] *s* Wörterbuch *n*.
did [dɪd] *pret von* **do.**
di·dac·tic [dɪ'dæktɪk] *adj* (**~ally**) didaktisch.
did·dle ['dɪdl] *v/t* F betrügen (**out of** um), übers Ohr hauen.
didn't ['dɪdnt] F = **did not.**
die[1] [daɪ] **I** *v/i* (*pres p* **dying**) **1.** sterben (**of** an *dat*): **~ of hunger** (**thirst**) verhungern (verdursten); **never say ~!** nur nicht nach- *od.* aufgeben! **2.** eingehen (*Pflanze*, *Tier*), verenden (*Tier*). **3. be dying** (**for**; **to do**) sich sehnen (nach; danach, zu tun), brennen (auf *acc*; darauf, zu tun). **II** *v/t* **4.** *e-s Todes* sterben: → **natural** 1, **violent** 2.
Verbindungen mit Adverbien:
die| a·way *v/i* sich legen (*Wind*), verhallen, -klingen (*Ton*). **~ down** *v/i* **1.** → **die away. 2.** sich legen (*Aufregung etc*). **~ out** *v/i* aussterben (*a. fig.*).
die[2] [~] *pl* **dice** [daɪs] *s* Würfel *m* (*a. gastr. etc*): **the ~ is cast** *fig.* die Würfel sind gefallen.
die·sel ['di:zl] **I** *s* Diesel *m* (*Motor*, *Fahrzeug*, *Kraftstoff*). **II** *adj* Diesel...
di·et ['daɪət] **I** *s* **1.** Nahrung *f*, Ernährung *f*, Kost *f*. **2.** ⚕ Diät *f*: **be** (**put**) **on a ~** auf Diät gesetzt sein, diät leben (müssen). **II** *v/t* **3.** *j-n* auf Diät setzen: **~ o.s.** → 4. **III** *v/i* **4.** Diät halten, diät leben.
dif·fer ['dɪfə] *v/i* **1.** sich unterscheiden, verschieden sein (**from** von). **2.** auseinandergehen (*Meinungen*). **3.** (**from, with**) nicht übereinstimmen (mit), anderer Meinung sein (als): → **agree** 1. **4.** sich nicht einig sein (**on, about, over** über *acc*). **dif·fer·ence** ['dɪfrəns] *s* **1.** Unterschied *m*: a) Unterscheidung *f*: **make no ~ between** keinen Unterschied machen zwischen (*dat*); **make no ~** nichts ausmachen (**to** *dat*), b) Verschiedenheit *f*: **~ of opinion** Meinungsverschiedenheit, c) Differenz *f* (*a.* ⅍): **~ in price, price ~** Preisunterschied; → **split** 2. **2.** Differenz *f*, Meinungsverschiedenheit *f*. **3.** Besonderheit *f*: **with a ~** (von) ganz besonderer Art, mit Pfiff. **'dif·fer·ent** *adj* □ **1.** verschieden(artig). **2.** (**from**) verschieden (von), anders (als): **he is ~** er ist anders. **dif·fer·en·tial** [ˌdɪfə'renʃl] **I** *adj* □ **1.** unterschiedlich. **2.** ⅍, ⚙, *etc* Differential...: **~ calculus** Differentialrechnung *f*; **~ gear** → 4. **II** *s* **3.** ⅍ Differential *n*. **4.** ⚙ Differential-, Ausgleichsgetriebe *n*. **ˌdif·fer'en·ti·ate** [~ʃɪeɪt] **I** *v/t* **1.** unterscheiden (**from** von); voneinander unterscheiden. **II** *v/i* **2.** sich unterscheiden (**from** von). **3.** differenzieren, unterscheiden (**between** zwischen *dat*). **ˌdif·fer·en·ti'a·tion** *s* Differenzierung *f*, Unterscheidung *f*.
dif·fi·cult ['dɪfɪkəlt] *adj* schwierig (*a. Person*), schwer: **it was quite ~ for me to** *inf* es fiel mir schwer, zu *inf*. **'dif·fi·cul·ty** *s* **1.** Schwierigkeit *f*: a) Mühe *f*: **with ~** mühsam, (nur) schwer; **have ~** (**in**) **doing s.th.** Mühe haben, et. zu tun, b) schwierige Sache, c) Hindernis *n*, Widerstand *m*: **make** (*od.* **raise**) **difficulties** Schwierigkeiten machen. **2.** *oft pl* (*a.* Geld)Schwierigkeiten *pl*, Verlegenheit *f*.
dif·fi·dence ['dɪfɪdəns] *s* Schüchternheit *f*, Mangel *m* an Selbstvertrauen. **'dif·fi·dent** *adj* □ schüchtern, ohne Selbstvertrauen: **be ~ about doing s.th.** et. nur zögernd *od.* zaghaft tun.
dif·fuse I *v/t u. v/i* [dɪ'fju:z] **1.** *bsd. fig.* (sich) verbreiten: **a widely ~d opinion** e-e weitverbreitete Meinung. **2.** ⚗, *phys.* (sich) zerstreuen. **II** *adj* [~s] **3.** diffus: a) weitschweifig, langatmig (*Stil*, *Autor*), b) unklar, ungeordnet (*Gedanken etc*), c) ⚗, *phys.* zerstreut: **~ light** diffuses Licht, Streulicht *n*. **dif'fu·sion** [~ʒn] *s* **1.** *bsd. fig.* Verbreitung *f*. **2.** ⚗, *phys.* (Zer)Streuung *f*.
dig [dɪg] **I** *s* **1.** Puff *m*, Stoß *m*: **~ in the ribs** Rippenstoß *m*. **2.** *fig.* (Seiten)Hieb *m* (**at** auf *acc*). **3.** *pl Br.* F Bude *f*. **II** *v/t* (*irr*) **4.** *Loch etc* graben: **~** (**up**) umgraben; **~** (**up** *od.* **out**) ausgraben (*a. fig.*); → **grave**[2]. **5.** *j-m* e-n Stoß geben: **~ s.o. in the ribs** j-m e-n Rippenstoß geben. **6.** F kapieren. **7.** F stehen *od.* abfahren auf (*acc*). **III** *v/i* **8.** (**for**) graben (nach); *fig.* forschen (nach). **9. ~ in**(**to**) F reinhauen (in *e-n Kuchen etc*). **10.** *Br.* F s-e Bude haben, wohnen.
di·gest [dɪ'dʒest] **I** *v/t* verdauen (*a. fig.*). **II** *v/i* sich verdauen lassen: **~ well** leicht verdaulich sein. **III** *s* ['daɪdʒest] (**of**) Auslese *f* (*a. Zeitschrift*), Auswahl *f* (aus); Abriß *m* (*gen*). **di·gest·i·ble** [dɪ'dʒestəbl] *adj* verdaulich. **di'ges·tion** *s* Verdauung *f* (*a. fig.*). **di'ges·tive**

I *adj* □ **1.** verdauungsfördernd. **2.** Verdauungs...: **~ *system*** Verdauungsapparat *m*; **~ *tract*** Verdauungstrakt *m*. **II** *s* **3.** ⚕ verdauungsförderndes Mittel.

dig·ger ['dɪgə] *s* **1.** (*bsd.* Gold)Gräber *m*; Erdarbeiter *m*. **2.** Grabgerät *n*, -maschine *f*.

dig·it ['dɪdʒɪt] *s* **1.** *anat. zo.* Finger *m*, Zehe *f*. **2.** ⅍ Ziffer *f*; Stelle *f*. **dig·i·tal** ['~tl] *adj* **1.** Finger...: **~ *telephone*** Tastentelefon *n*. **2.** Digital...: **~ *clock*** (***watch***); **~ *computer*** Digitalrechner *m*.

dig·ni·fied ['dɪgnɪfaɪd] *adj* würdevoll, würdig. **dig·ni·fy** ['~faɪ] *v/t* Würde verleihen (*dat*).

dig·ni·tar·y ['dɪgnɪtərɪ] *s* Würdenträger(in). **'dig·ni·ty** *s* **1.** Rang *m*, (hohe) Stellung. **2.** Würde *f*: → ***beneath*** 3.

di·gress [daɪ'gres] *v/i* abschweifen (***from*** von; ***into*** in *acc*). **di'gres·sion** *s* Abschweifung *f*.

dike[1] [daɪk] **I** *s* **1.** Deich *m*, Damm *m*. **2.** Graben *m*. **II** *v/t* **3.** eindämmen, -deichen.

dike[2] [~] *s sl.* Lesbe *f* (*Lesbierin*).

di·lap·i·dat·ed [dɪ'læpɪdeɪtɪd] *adj* verfallen, baufällig (*Haus etc*), klapp(e)rig (*Auto etc*).

di·late [daɪ'leɪt] **I** *v/t u. v/i* (sich) ausdehnen *od.* (-)weiten *od.* erweitern: ***with ~d eyes*** mit aufgerissenen Augen; ***his eyes ~d with terror*** s-e Augen weiteten sich vor Entsetzen. **II** *v/i*: **~ *on*** *fig.* sich (ausführlich) verbreiten *od.* auslassen über (*acc*).

dil·a·to·ry ['dɪlətərɪ] *adj* □ **1.** verzögernd, hinhaltend: **~ *tactics*** *pl* Verzögerungs-, Verschleppungs-, Hinhaltetaktik *f*. **2.** langsam: ***be ~ in doing s.th.*** sich mit et. Zeit lassen.

di·lem·ma [dɪ'lemə] *s* Dilemma *n*, Klemme *f*: ***be on the horns of a ~*** in e-r Zwickmühle sein *od.* sitzen.

dil·et·tante [ˌdɪlɪ'tæntɪ] *mst contp.* **I** *pl* **-ti** [~tiː], **-tes** Dilettant(in). **II** *adj* dilettantisch.

dil·i·gence ['dɪlɪdʒəns] *s* **1.** Fleiß *m*. **2.** Sorgfalt *f*. **'dil·i·gent** *adj* □ **1.** fleißig. **2.** sorgfältig, gewissenhaft.

dill [dɪl] *s* ⚘ Dill *m*.

dil·ly·dal·ly ['dɪlɪdælɪ] *v/i* F (herum)trödeln.

di·lute [daɪ'ljuːt] **I** *v/t* **1.** verdünnen. **2.** *fig.* verwässern, abschwächen. **II** *adj* **3.** verdünnt. **4.** *fig.* verwässert, abgeschwächt. **di'lu·tion** *s* **1.** Verdünnung *f*. **2.** *fig.* Verwässerung *f*, Abschwächung *f*.

dim [dɪm] **I** *adj* □ **1.** (halb)dunkel, düster (*a. fig.*): → ***view*** 4. **2.** undeutlich, verschwommen, schwach. **3.** schwach, trüb (*Licht*): ***~ly lit*** schwacherleuchtet. **4.** matt (*Farbe*). **5.** *fig.* schwer von Begriff. **II** *v/t* **6.** verdunkeln, -düstern. **7.** trüben (*a. fig.*). **8.** *a.* **~ *out*** *Licht* abblenden: **~ *the headlights*** *mot. Am.* abblenden. **III** *v/i* **9.** sich verdunkeln *od.* -düstern. **10.** undeutlich werden. **11.** sich trüben (*a. fig.*).

dime [daɪm] *s Am.* Zehncentstück *n*: **~ *novel*** Groschenroman *m*.

di·men·sion [dɪ'menʃn] *s* Dimension *f* (*a.* ⅍): a) Ausdehnung *f*, Maß *n*, Abmessung *f*, b) *pl oft fig.* Ausmaß *n*, Umfang *m*. **di'men·sion·al** [~ʃənl] *adj* □ *in Zssgn*: ...dimensional.

di·min·ish [dɪ'mɪnɪʃ] *v/t u. v/i* (sich) vermindern *od.* verringern: **~ *in numbers*** weniger werden; **~ *in value*** an Wert verlieren. **dim·i·nu·tion** [ˌdɪmɪ'njuːʃn] *s* Verminderung *f*, Verringerung *f*. **di'min·u·tive** [~jʊtɪv] **I** *adj* **1.** klein, winzig. **2.** *ling.* Diminutiv..., Verkleinerungs... **II** *s* **3.** *ling.* Diminutiv *n*, Verkleinerungsform *f od.* -silbe *f*.

dim·mer ['dɪmə] *s* **1.** Dimmer *m* (*Helligkeitsregler*). **2.** *pl mot. Am.* Abblend- *od.* Standlicht *n*. **'dim·ness** *s* **1.** Dunkelheit *f*, Düsterkeit *f*. **2.** Undeutlichkeit *f*. **3.** Mattheit *f*.

dim·ple ['dɪmpl] *s* Grübchen *n*.

din [dɪn] **I** *s* Lärm *m*, Getöse *n*: ***kick up*** (*od.* ***make***) ***a ~*** Krach machen. **II** *v/t*: **~ *s.th. into s.o.*** j-m et. einhämmern. **III** *v/i* lärmen, (*Motoren etc*) dröhnen (***in s.o.'s ears*** j-m in den Ohren).

dine [daɪn] **I** *v/i* speisen, essen (***off, on*** *acc*): **~ *in*** (***out***) zu Hause (auswärts) essen. **II** *v/t* bewirten. **'din·er** *s* **1.** Speisende *m, f*. **2.** Gast *m* (*im Restaurant*). **3.** 🚃 Speisewagen *m*. **4.** *Am.* Eß-, Speiselokal *n*. **di·nette** [daɪ'net] *s* Eßecke *f*.

din·ghy ['dɪŋgɪ] *s* **1.** ⚓ Ding(h)i *n*; Beiboot *n*. **2.** Schlauchboot *n*.

din·gy ['dɪndʒɪ] *adj* □ schmutzig, schmudd(e)lig.

din·ing| car ['daɪnɪŋ] *s* 🚃 Speisewagen

m. ~ **room** *s* Speise-, Eßzimmer *n.* ~ **ta·ble** *s* Eßtisch *m.*

dink·y ['dɪŋkɪ] *adj* F **1.** *Br.* niedlich. **2.** *Am.* klein, unbedeutend.

din·ner ['dɪnə] *s* **1.** (Mittag-, Abend-) Essen *n* (*Hauptmahlzeit*): ***after*** ~ nach dem Essen, nach Tisch; ***at*** ~ bei Tisch. **2.** Diner *n*, Festessen *n*: ***at a*** ~ auf *od.* bei e-m Diner. ~ **coat** *s bsd. Am.*, ~ **jack·et** *s* Smoking *m.* ~ **par·ty** *s* Diner *n*, Abendgesellschaft *f.* ~ **ser·vice,** ~ **set** *s* Speiseservice *n*, Tafelgeschirr *n.* ~ **ta·ble** *s* Eßtisch *m.* '~**·time** *s* Essens-, Tischzeit *f.*

di·no·saur ['daɪnəʊsɔː] *s zo.* Dinosaurier *m.*

di·o·cese ['daɪəsɪs] *s eccl.* Diözese *f.*

di·ode ['daɪəʊd] *s* ⚡ Diode *f.*

di·ox·ide [daɪ'ɒksaɪd] *s* ⚗ Dioxyd *n.*

dip [dɪp] **I** *v/t* **1.** (ein)tauchen (***in, into*** in *acc*): ~ ***one's hand into one's pocket*** in die Tasche greifen. **2.** ~ ***the headlights*** *mot. bsd. Br.* abblenden. **II** *v/i* **3.** unter-, eintauchen. **4.** ~ ***into*** a) sich flüchtig befassen mit, e-n Blick werfen in (*ein Buch etc*), b) *Reserven etc* angreifen: ~ ***into one's pocket*** (*od.* ***purse***) *fig.* tief in die Tasche greifen. **III** *s* **5.** (Unter-, Ein)Tauchen *n.* **6.** kurzes Bad: ***have a*** ~ mal schnell ins Wasser springen.

diph·the·ri·a [dɪf'θɪərɪə] *s* ⚕ Diphtherie *f.*

diph·thong ['dɪfθɒŋ] Diphthong *m*, Doppelvokal *m.*

di·plo·ma [dɪ'pləʊmə] *s* Diplom *n.*

di·plo·ma·cy [dɪ'pləʊməsɪ] *s pol.* Diplomatie *f* (*a. fig.*). **dip·lo·mat** ['dɪpləmæt] *s* Diplomat *m.* ˌ**dip·lo'mat·ic** *adj* (~***ally***) diplomatisch: ~ ***corps*** (*a.* ***body***) diplomatisches Korps; ~ ***relations*** *pl* diplomatische Beziehungen *pl.*

'**dip·stick** *s* (*Öl- etc*)Meßstab *m.*

dire ['daɪə] *adj* **1.** gräßlich, schrecklich. **2.** äußerst, höchst: ***be in*** ~ ***need of s.th.*** et. ganz dringend brauchen; → ***strait.***

di·rect [dɪ'rekt] **I** *v/t* **1.** *Aufmerksamkeit etc* richten, lenken (***to, toward***[***s***] auf *acc*): ~ ***away*** *j-n, et.* ablenken (***from*** von). **2.** *Betrieb etc* führen, leiten; Regie führen bei (*e-m Film od. Stück*): ~***ed by*** unter der Regie von. **3.** *Worte* richten, *Brief etc* adressieren, richten (***to*** an *acc*). **4.** anweisen, beauftragen, *j-m* Anweisungen geben (***to do*** zu tun). **5.** anordnen, verfügen: ~ ***s.th. to be done*** anordnen, daß et. geschieht. **6.** (***to***) *j-m* den Weg zeigen (zu, nach); *fig. j-n* verweisen (an *acc*). **II** *adj* □ **7.** direkt, gerade. **8.** direkt, unmittelbar: ~ ***current*** ⚡ Gleichstrom *m*; ~ ***flight*** Direktflug *m*; ~ ***train*** durchgehender Zug. **9.** direkt, genau: ***the*** ~ ***contrary*** das genaue Gegenteil. **10.** *ling.* ~ ***speech*** (*bsd. Am.* ***discourse***) direkte Rede; ~ ***object*** direktes Objekt, Akkusativobjekt *n.* **III** *adv* **11.** direkt, unmittelbar: → ***dial*** 6. **di'rec·tion** *s* **1.** Richtung *f*: ***in the*** ~ ***of*** in Richtung auf (*acc*) *od.* nach; ***from*** (***in***) ***all*** ~***s*** aus (nach) allen Richtungen *od.* Seiten; ***sense of*** ~ Orts-, Orientierungssinn *m*; ~ ***indicator*** *mot.* (Fahrt)Richtungsanzeiger *m*, Blinker *m.* **2.** Führung *f*, Leitung *f*; (*Film etc*) Regie *f.* **3.** Anweisung *f*, Anleitung *f*: ~***s*** *pl* ***for use*** Gebrauchsanweisung. **4.** Anweisung *f*, Anordnung *f*: ***by*** (*od.* ***at***) ~ ***of*** auf Anweisung von (*od. gen*). **di'rec·tion·al** [~ʃənl] *adj* **1.** Richtungs... **2.** ⚡ Peil...; Richt...: ~ ***aerial*** (*bsd. Am.* ***antenna***) Richtantenne *f.*

di'rec·tive *s* Direktive *f*, Anweisung *f.*

di'rec·tor *s* **1.** Direktor *m* (*a.* ✝), Leiter *m*: ~***'s secretary*** Chefsekretärin *f*; ~***-general*** Generaldirektor. **2.** *Film etc*: Regisseur *m.* **di'rec·to·rate** [~rət] *s* **1.** Direktorat *n*, Direktor-, Direktorenposten *m.* **2.** Direktorium *n.* **di'rec·tor·ship** → ***directorate*** 1. **di'rec·to·ry** *s* Adreßbuch *n*; Telefonbuch *n*; Branchenverzeichnis *n.* **di'rec·tress** *s* Direktorin *f*, Leiterin *f.*

dirt [dɜːt] *s* Schmutz *m* (*a. fig.*), Dreck *m*: ***fling*** (*od.* ***throw***) ~ ***at s.o.*** *fig.* j-n mit Schmutz bewerfen; ***treat s.o. like*** ~ j-n wie (den letzten) Dreck behandeln. ˌ~-'**cheap** *adj u. adv* F spottbillig. ~ **road** *s Am.* unbefestigte Straße.

dirt·y ['dɜːtɪ] **I** *adj* □ **1.** schmutzig (*a. fig.*), dreckig: ~ ***look*** böser Blick; ~ ***mind*** schmutzige Gedanken *pl*; schmutzige Phantasie; ~ ***word*** Reizwort *n*; ~ ***work*** Dreck(s)arbeit *f* (*a. fig.*); → ***linen*** 2. **2.** gemein, niederträchtig: → ***trick*** 1. **3.** schlecht, *bsd.* ⚓ stürmisch (*Wetter*). **II** *v/t* **4.** beschmutzen (*a. fig.*): ~ ***one's hands*** sich die Hände schmutzig machen (*a. fig.*). **III** *v/i* **5.** schmutzig werden, schmutzen.

dis·a·bil·i·ty [ˌdɪsə'bɪlətɪ] *s* **1.** Unvermögen *n*, Unfähigkeit *f*. **2.** Arbeits-, Erwerbsunfähigkeit *f*, Invalidität *f*: **~ *benefit*** Invaliditätsrente *f*. **3.** ⚕ Gebrechen *n*.

dis·a·ble [dɪs'eɪbl] *v/t* **1.** unfähig machen, außerstand setzen (***from doing*** zu tun). **2.** unbrauchbar *od.* untauglich machen (***for*** für, zu). **3.** arbeits- *od.* erwerbsunfähig machen. **dis'a·bled** *adj* **1.** arbeits-, erwerbsunfähig, invalid. **2.** kriegsversehrt. **3.** (*körperlich od. geistig*) behindert. **dis'a·ble·ment** *s* **1.** → ***disability*** 2. **2.** (*körperliche od. geistige*) Behinderung.

dis·ad·van·tage [ˌdɪsəd'vɑːntɪdʒ] **I** *s* Nachteil *m* (***to*** für): ***to s.o.'s ~*** zu j-s Nachteil *od.* Schaden; ***be at a ~*** im Nachteil *od.* benachteiligt sein; ***put at a ~*** → II; ***sell at a ~*** mit Verlust verkaufen. **II** *v/t* benachteiligen. **dis·ad·van·ta·geous** [ˌ~ædvɑːn'teɪdʒəs] *adj* □ nachteilig, ungünstig, unvorteilhaft (***to*** für).

dis·af·fect·ed [ˌdɪsə'fektɪd] *adj* □ unzufrieden (***to, toward[s]*** mit), verdrossen. **ˌdis·af'fec·tion** *s* Unzufriedenheit *f*, (*a.* Staats)Verdrossenheit *f*.

dis·a·gree [ˌdɪsə'griː] *v/i* **1.** (***with***) nicht übereinstimmen (mit), im Widerspruch stehen (zu, mit). **2.** (***with***) anderer Meinung sein (als), nicht zustimmen (*dat*). **3.** (sich) streiten (***on, about*** über *acc*). **4.** nicht einverstanden sein (***with*** mit). **5.** nicht bekommen (***with*** *dat*) (*Essen*). **dis·a·gree·a·ble** [ˌ~'grɪəbl] *adj* □ unangenehm. **ˌdis·a'gree·ment** *s* **1.** Unstimmigkeit *f*, Verschiedenheit *f*: ***be in ~ (with)*** → ***disagree*** 1. **2.** Widerspruch *m* (***between*** zwischen *dat*). **3.** Meinungsverschiedenheit *f* (***over, on*** über *acc*).

dis·al·low [ˌdɪsə'laʊ] *v/t* nicht anerkennen, nicht gelten lassen.

dis·ap·pear [ˌdɪsə'pɪə] *v/i* verschwinden (***from*** von, aus): → ***thin*** 1. **ˌdis·ap'pear·ance** *s* Verschwinden *n*.

dis·ap·point [ˌdɪsə'pɔɪnt] *v/t j-n* enttäuschen, *j-s Hoffnungen etc a.* zunichte machen: ***be ~ed*** enttäuscht sein (***in, at*** *s.th.* von, über *acc*; ***in, with*** *s.o.* von). **ˌdis·ap'point·ment** *s* Enttäuschung *f*.

dis·ap·prov·al [ˌdɪsə'pruːvl] *s* (***of***) Mißbilligung *f* (*gen*), Mißfallen *n* (über *acc*): ***in ~*** mißbilligend. **ˌdis·ap'prove I** *v/t* mißbilligen. **II** *v/i* dagegen sein: ***~ of*** → I.

dis·arm [dɪs'ɑːm] **I** *v/t* entwaffnen (*a. fig.*). **II** *v/i* ⚔, *pol.* abrüsten. **dis'ar·ma·ment** *s* **1.** Entwaffnung *f*. **2.** ⚔, *pol.* Abrüstung *f*. **dis'arm·ing** *adj* □ *fig.* entwaffnend.

dis·ar·range [ˌdɪsə'reɪndʒ] *v/t* in Unordnung bringen, durcheinanderbringen (*beide a. fig.*).

dis·ar·ray [ˌdɪsə'reɪ] **I** *v/t* in Unordnung bringen (*a. fig.*). **II** *s* Unordnung *f* (*a. fig.*).

dis·as·sem·ble [ˌdɪsə'sembl] *v/t* auseinandernehmen, zerlegen, demontieren. **ˌdis·as'sem·bly** *s* **1.** Zerlegung *f*, Demontage *f*. **2.** zerlegter Zustand.

dis·as·ter [dɪ'zɑːstə] *s* **1.** Unglück *n* (***to*** für). **2.** Unglück *n*, Katastrophe *f*: ***~ area*** Katastrophengebiet *n*. **dis'as·trous** *adj* □ katastrophal, verheerend.

dis·be·lief [ˌdɪsbɪ'liːf] *s* **1.** Unglaube *m*. **2.** Zweifel *m* (***in*** an *dat*). **dis·be·lieve** [ˌ~'liːv] **I** *v/t et.* nicht glauben, bezweifeln; *j-m* nicht glauben. **II** *v/i* nicht glauben (***in*** an *dat*). **ˌdis·be'liev·er** *s* Ungläubige *m, f* (*a. eccl.*).

dis·bur·den [dɪs'bɜːdn] *v/t* entlasten (***of, from*** von): ***~ one's mind*** sein Herz ausschütten *od.* erleichtern.

dis·burse [dɪs'bɜːs] *v/t* **1.** *Geld* aus(be)zahlen. **2.** *Geld* auslegen, verauslagen.

disc, *etc* → ***disk,*** *etc.*

dis·card I *v/t* [dɪ'skɑːd] **1.** *Spielkarten* ablegen, *Kleidung etc a.* ausrangieren, *Gewohnheit etc a.* aufgeben. **2.** *Freund etc* fallenlassen. **II** *s* ['dɪskɑːd] **3.** abgelegte Karte(n *pl*). **4.** *et.* Abgelegtes.

dis·cern [dɪ'sɜːn] *v/t* wahrnehmen, erkennen. **dis'cern·ing** *adj* □ scharfsichtig, kritisch (urteilend). **dis'cern·ment** *s* **1.** Wahrnehmen *n*, Erkennen *n*. **2.** Scharfblick *m*.

dis·charge [dɪs'tʃɑːdʒ] **I** *v/t* **1.** ausladen: a) *Schiff etc* entladen, b) *Ladung* löschen, c) *Passagiere* ausschiffen. **2.** *Gewehr, Geschoß etc* abfeuern, abschießen. **3.** ***~ itself*** → 9. **4.** ausströmen, -stoßen; ⚕, *physiol.* absondern: ***~ matter*** eitern. **5.** *Angestellten, Patienten, Strafgefangenen etc* entlassen (***from*** aus). **6.** ⚖ freisprechen (***of*** von). **7.** befreien, entbinden (***of, from*** von; ***from***

doing s.th. davon, et. zu tun). **8.** *Verpflichtungen etc* erfüllen, nachkommen (*dat*). **II** *v/i* **9.** sich ergießen, münden (***into*** in *acc*). **10.** ⚕ eitern. **11.** ⚡ sich entladen. **III** *s* ['~tʃɑːdʒ] **12.** Entladung *f*; Löschung *f*. **13.** Abfeuern *n*. **14.** ⚕, *physiol*. Absonderung *f*. **15.** Entlassung *f*. **16.** ⚖ Freisprechung *f*. **17.** Befreiung *f*, Entbindung *f*. **18.** Erfüllung *f*.

dis·ci ['dɪskaɪ] *pl von* ***discus.***

dis·ci·ple [dɪ'saɪpl] *s Bibl*. Jünger *m*, *fig*. *a*. Schüler *m*.

dis·ci·pli·na·ry ['dɪsɪplɪnərɪ] *adj* disziplinarisch, Disziplinar... **'dis·ci·pline I** *s* **1.** Disziplin *f*: ***keep ~*** Disziplin halten. **2.** Disziplin *f*, Wissenschaftszweig *m*. **II** *v/t* **3.** disziplinieren, an Disziplin gewöhnen: ***badly ~d*** disziplinlos, undiszipliniert.

dis·claim [dɪs'kleɪm] *v/t* **1.** ab-, bestreiten. **2.** jede Verantwortung ablehnen für; *Verantwortung* ablehnen. **3.** widerrufen, dementieren. **4.** ⚖ verzichten *od*. keinen Anspruch erheben auf (*acc*), *Erbschaft* ausschlagen. **dis'claim·er** *s* **1.** Widerruf *m*, Dementi *n*. **2.** (***of***) Verzicht *m* (auf *acc*), Ausschlagung *f* (*gen*).

dis·close [dɪs'kləʊz] *v/t* **1.** bekanntgeben, -machen. **2.** enthüllen, aufdecken. **3.** zeigen, verraten. **dis'clo·sure** [~ʒə] *s* **1.** Bekanntgabe *f*. **2.** Enthüllung *f*.

dis·co ['dɪskəʊ] *pl* **-cos** *s* F Disko *f* (*Diskothek*).

dis·col·o(u)r [dɪs'kʌlə] *v/t u. v/i* (sich) verfärben.

dis·com·fit [dɪs'kʌmfɪt] *v/t* aus der Fassung bringen, verwirren; in Verlegenheit bringen. **dis'com·fi·ture** [~tʃə] *s* Verwirrung *f*; Verlegenheit *f*.

dis·com·fort [dɪs'kʌmfət] *s* **1.** Unannehmlichkeit *f*, Verdruß *m*. **2.** Unbehagen *n*.

dis·con·cert [ˌdɪskən'sɜːt] *v/t* **1.** aus der Fassung bringen, verwirren. **2.** beunruhigen.

dis·con·nect [ˌdɪskə'nekt] *v/t* **1.** trennen (***from*** von) (*a. teleph. Teilnehmer*). **2.** ⚡ *Gerät, Stecker etc* ausstecken. **3.** *Gas, Strom, Telefon* abstellen: ***we have been ~ed*** uns ist das Gas *etc* abgestellt worden. **ˌdis·con'nect·ed** *adj* □ zs.-hang(s)los.

dis·con·so·late [dɪs'kɒnsələt] *adj* □ untröstlich (***about, at*** über *acc*).

dis·con·tent [ˌdɪskən'tent] **I** *adj* → ***discontented.*** **II** *s* Unzufriedenheit *f*. **ˌdis·con'tent·ed** *adj* □ unzufrieden (***with*** mit).

dis·con·tin·ue [ˌdɪskən'tɪnjuː] *v/t* **1.** unterbrechen. **2.** einstellen (*a*. ⚖); *Gewohnheit etc* aufgeben; *Beziehungen* abbrechen; *Zeitung etc* abbestellen. **3.** aufhören (***doing*** zu tun). **ˌdis·con'tin·u·ous** [~jʊəs] *adj* □ **1.** unterbrochen. **2.** zs.-hang(s)los.

dis·cord ['dɪskɔːd] *s* **1.** Uneinigkeit *f*. **2.** Zwietracht *f*, Zwist *m*: → ***apple.*** **3.** ♪ Mißklang *m* (*a. fig*.), Dissonanz *f*. **dis'cord·ant** *adj* □ **1.** sich widersprechend. **2.** ♪ mißtönend (*a. weitS. u. fig*.).

dis·co·theque ['dɪskəʊtek] *s* Diskothek *f*.

dis·count ['dɪskaʊnt] **I** *s* **1.** ✝ Preisnachlaß *m*, Rabatt *m*, Skonto *m*, *n* (***on*** auf *acc*). **2.** ✝ Diskont *m*: **~** (***rate***) Diskontsatz *m*. **3.** ✝ Abzug *m* (*vom Nominalwert*): ***at a ~*** unter Pari; *fig*. nicht geschätzt *od*. gefragt; ***sell at a ~*** mit Verlust verkaufen. **II** *v/t* **4.** ✝ abziehen, abrechnen; e-n Abzug gewähren auf (*acc*). **5.** ✝ *Wechsel* diskontieren. **6.** *Geschichte etc* mit Vorsicht *od*. Vorbehalt aufnehmen.

dis·cour·age [dɪ'skʌrɪdʒ] *v/t* **1.** entmutigen. **2.** abschrecken, abhalten, *j-m* abraten (***from*** von). **dis'cour·age·ment** *s* **1.** Entmutigung *f*. **2.** Abschreckung *f*.

dis·course I *s* ['dɪskɔːs] **1.** Unterhaltung *f*, Gespräch *n*. **2.** Vortrag *m*. **II** *v/i* [dɪ'skɔːs] **3.** sich unterhalten (***on*** über *acc*). **4.** e-n Vortrag halten (***on*** über *acc*).

dis·cour·te·ous [dɪs'kɜːtjəs] *adj* □ unhöflich. **dis'cour·te·sy** [~tɪsɪ] *s* Unhöflichkeit *f*.

dis·cov·er [dɪ'skʌvə] *v/t* entdecken, *fig*. *a*. ausfindig machen, (heraus)finden. **dis'cov·er·er** *s* Entdecker(in). **dis'cov·er·y** *s* Entdeckung *f*.

dis·cred·it [dɪs'kredɪt] **I** *v/t* **1.** in Verruf *od*. Mißkredit bringen (***with*** bei). **2.** anzweifeln, keinen Glauben schenken (*dat*). **II** *s* **3.** Mißkredit *m*: ***bring into ~, bring ~ on*** → 1. **4.** Zweifel *m*.

dis·creet [dɪ'skriːt] *adj* □ **1.** umsichtig, besonnen. **2.** diskret: a) taktvoll, b) verschwiegen, c) dezent, unaufdringlich.

dis·crep·an·cy [dɪ'skrepənsɪ] *s* Diskrepanz *f*, Widerspruch *m*.
dis·crete [dɪ'skriːt] *adj* □ getrennt, einzeln.
dis·cre·tion [dɪ'skreʃn] *s* **1.** Ermessen *n*, Gutdünken *n*: ***at ~*** nach Belieben; ***it is at*** (*od.* ***within***) ***your ~*** es steht Ihnen frei; ***leave s.th. to s.o.'s ~*** j-m et. anheimstellen. **2.** Umsicht *f*, Besonnenheit *f*. **3.** Diskretion *f*.
dis·crim·i·nate [dɪ'skrɪmɪneɪt] **I** *v/i* (scharf) unterscheiden, e-n Unterschied machen (***between*** zwischen *dat*): ***~ between*** unterschiedlich behandeln (*acc*); ***~ against*** *j-n* benachteiligen, diskriminieren. **II** *v/t* (scharf) unterscheiden (***from*** von). **dis'crim·i·nat·ing** *adj* □ scharfsinnig, urteilsfähig. **dis͵crim·i'na·tion** *s* **1.** unterschiedliche Behandlung; Diskriminierung *f*: ***~ against s.o.*** Benachteiligung *f* e-r Person. **2.** Scharfsinn *m*, Urteilsfähigkeit *f*. **dis'crim·i·na·tive** [~nətɪv], **dis'crim·i·na·to·ry** [~nətərɪ] *adj* diskriminierend.
dis·cur·sive [dɪ'skɜːsɪv] *adj* □ weitschweifig.
dis·cus ['dɪskəs] *pl* **-cus·es, -ci** ['~kaɪ] *s* *Leichtathletik*: a) Diskus *m*: ***~ throw*** → b; ***~ thrower*** Diskuswerfer(in), b) Diskuswerfen *n*.
dis·cuss [dɪ'skʌs] *v/t* diskutieren, besprechen, erörtern. **dis'cus·sion** *s* Diskussion *f*, Besprechung *f*, Erörterung *f*: ***be under ~*** zur Diskussion stehen; ***matter for ~*** Diskussionsgegenstand *m*.
dis·dain [dɪs'deɪn] **I** *v/t* verachten, geringschätzen. **II** *s* Verachtung *f*, Geringschätzung *f*. **dis'dain·ful** [~fʊl] *adj* □ verächtlich, geringschätzig: ***be ~ of*** (*od.* ***toward***[***s***]) → ***disdain*** I.
dis·ease [dɪ'ziːz] *s* Krankheit *f* (*a. fig.*). **dis'eased** *adj* krank.
dis·em·bark [͵dɪsɪm'bɑːk] **I** *v/t* ✈, ⚓ *Passagiere* von Bord gehen lassen, ⚓ *a.* ausschiffen, *Waren* ausladen. **II** *v/i* ✈, ⚓ von Bord gehen, ⚓ *a.* sich ausschiffen. **͵dis·em·bar'ka·tion** [~em~] *s* Ausschiffung *f*, -ladung *f*.
dis·en·chant [͵dɪsɪn'tʃɑːnt] *v/t* desillusionieren, ernüchtern.
dis·en·gage [͵dɪsɪn'geɪdʒ] **I** *v/t* **1.** los-, freimachen, befreien (***from*** von). **2.** ⚙ loskuppeln: ***~ the clutch*** auskuppeln; ***~ the gears*** in den Leergang schalten. **II** *v/i* **3.** sich freimachen, loskommen (***from*** von). **͵dis·en'gaged** *adj* **1.** frei, unbeschäftigt. **2.** ungebunden. **͵dis·en'gage·ment** *s* **1.** Befreiung *f*. **2.** Ungebundenheit *f*. **3.** Muße(stunden *pl*) *f*.
dis·en·tan·gle [͵dɪsɪn'tæŋgl] **I** *v/t* **1.** entwirren, -flechten (*beide a. fig.*). **2.** befreien (***from*** von, aus). **II** *v/i* **3.** sich befreien.
dis·e·qui·lib·ri·um [͵dɪsekwɪ'lɪbrɪəm] *s bsd.* ✝ Ungleichgewicht *n*.
dis·fa·vo(u)r [͵dɪs'feɪvə] *s* **1.** Mißbilligung *f*, -fallen *n*. **2.** Ungnade *f*: ***be in*** (***fall into***) ***~*** in Ungnade stehen (fallen) (***with*** bei).
dis·fig·ure [dɪs'fɪgə] *v/t* entstellen, verunstalten (***with*** durch).
dis·gorge [dɪs'gɔːdʒ] **I** *v/t* **1.** *Essen* ausspeien, *Lava* speien. **2.** (widerwillig) wieder herausgeben. **II** *v/i* **3.** sich ergießen, fließen (***into*** in *acc*).
dis·grace [dɪs'greɪs] **I** *s* **1.** Schande *f* (***to*** für): ***bring ~ on*** → 3. **2.** → ***disfavo(u)r*** 2. **II** *v/t* **3.** Schande bringen über (*acc*). **dis'grace·ful** [~fʊl] *adj* □ schändlich.
dis·grun·tled [dɪs'grʌntld] *adj* verärgert, -stimmt (***at*** über *acc*).
dis·guise [dɪs'gaɪz] **I** *v/t* **1.** (***o.s.*** sich) verkleiden *od.* maskieren (***as*** als). **2.** *Handschrift*, *Stimme* verstellen. **3.** *Absichten*, *Fakten etc* verschleiern, *Gefühle etc* verbergen. **II** *s* **4.** Verkleidung *f*: ***in ~*** verkleidet, maskiert; *fig.* verkappt; ***in the ~ of*** verkleidet als; → ***blessing***. **5.** Verstellung *f*. **6.** Verschleierung *f*: ***make no ~ of*** kein Hehl machen aus.
dis·gust [dɪs'gʌst] **I** *v/t* **1.** anekeln, anwidern: ***be ~ed with*** (*od.* ***at, by***) Ekel empfinden über (*acc*). **2.** empören, entrüsten: ***be ~ed with*** empört *od.* entrüstet sein über (*acc*). **II** *s* **3.** Ekel *m* (***at, for*** vor *dat*). **dis'gust·ing** *adj* □ ekelhaft, widerlich.
dish [dɪʃ] **I** *s* **1.** flache Schüssel; (Servier)Platte *f*; *pl* Geschirr *n*: ***wash*** (*od.* ***do***) ***the ~es*** abspülen. **2.** Gericht *n*, Speise *f*. **II** *v/t* **3.** *oft* ***~ up*** *Speisen* anrichten; auftragen. **4.** *oft* ***~ up*** F *Geschichte etc* auftischen. **5.** ***~ out*** F austeilen.
dis·har·mo·ny [͵dɪs'hɑːmənɪ] *s* Disharmonie *f*.
'dish·cloth *s* Geschirrtuch *n*.
dis·heart·en [dɪs'hɑːtn] *v/t* entmutigen.

di·shev·el(l)ed [dɪ'ʃevld] *adj* **1.** zerzaust (*Haar*). **2.** unordentlich, ungepflegt.

dis·hon·est [dɪs'ɒnɪst] *adj* □ unehrlich, unredlich. **dis'hon·es·ty** *s* Unredlichkeit *f*: a) Unehrlichkeit *f*, b) unredliche Handlung.

dis·hon·o(u)r [dɪs'ɒnə] **I** *s* **1.** Unehre *f*, Schande *f* (**to** für). **II** *v/t* **2.** entehren. **3.** ✝ *Wechsel etc* nicht honorieren *od.* einlösen. **dis'hon·o(u)r·a·ble** *adj* □ schändlich, unehrenhaft.

'dish|·rag *s Br.*, **~ tow·el** *s bsd. Am.* Geschirrtuch *n.* **'~ˌwash·er** *s* **1.** Tellerwäscher(in), Spüler(in). **2.** Geschirrspülmaschine *f*, -spüler *m.* **'~ˌwa·ter** *s* Abwasch-, Spülwasser *n.*

dish·y ['dɪʃɪ] *adj bsd. Br.* F dufte, toll (*Person*).

dis·il·lu·sion [ˌdɪsɪ'luːʒn] **I** *s* Ernüchterung *f*, Desillusion *f.* **II** *v/t* ernüchtern, desillusionieren. **ˌdis·il'lu·sion·ment** → ***disillusion*** I.

dis·in·cli·na·tion [ˌdɪsɪnklɪ'neɪʃn] *s* Abneigung *f* (**for** gegen; **to do** zu tun). **dis·in·clined** [ˌ~'klaɪnd] *adj* abgeneigt.

dis·in·fect [ˌdɪsɪn'fekt] *v/t* desinfizieren. **ˌdis·in'fect·ant** *s* Desinfektionsmittel *n.* **ˌdis·in'fec·tion** *s* Desinfektion *f*, Desinfizierung *f.*

dis·in·gen·u·ous [ˌdɪsɪn'dʒenjʊəs] *adj* □ unaufrichtig.

dis·in·her·it [ˌdɪsɪn'herɪt] *v/t* enterben.

dis·in·te·grate [dɪs'ɪntɪgreɪt] **I** *v/t* **1.** auflösen, *fig. a.* zersetzen. **II** *v/i* **2.** sich auflösen (*a. fig.*). **3.** ver-, zerfallen (*a. fig.*). **4.** *geol.* verwittern. **disˌin·te'gra·tion** *s* **1.** Auflösung *f.* **2.** Zerfall *m.* **3.** *geol.* Verwitterung *f.*

dis·in·ter·est·ed [dɪs'ɪntrəstɪd] *adj* □ **1.** uneigennützig. **2.** objektiv. **3.** un-, desinteressiert (**in** an *dat*).

dis·joint·ed [dɪs'dʒɔɪntɪd] *adj* □ zs.-hang(s)los.

disk [dɪsk] *s* **1.** *allg.* Scheibe *f.* **2.** (Schall)Platte *f.* **~ brake** *s* ⚙ Scheibenbremse *f.*

disk·ette [dɪ'sket] *s Computer*: Diskette *f.*

disk jock·ey *s* Diskjockey *m.*

dis·like [dɪs'laɪk] **I** *v/t* nicht leiden können, nicht mögen: **~ *doing s.th.*** et. nicht gern *od.* (nur) ungern tun; ***get o.s. ~d*** sich unbeliebt machen. **II** *s* Abneigung *f*, Widerwille *m* (***of, for*** gegen): ***take a ~ to*** e-e Abneigung fassen gegen.

dis·lo·cate ['dɪsləʊkeɪt] *v/t* **1.** verrücken. **2.** ⚕ sich *den Arm etc* ver- *od.* ausrenken. **ˌdis·lo'ca·tion** *s* **1.** Verrückung *f.* **2.** ⚕ Verrenkung *f*; Dislokation *f.*

dis·loy·al [ˌdɪs'lɔɪəl] *adj* □ (**to**) untreu (*dat*), treulos (gegen). **ˌdis'loy·al·ty** *s* Untreue *f*, Treulosigkeit *f.*

dis·mal ['dɪzməl] **I** *adj* □ düster, trüb, trostlos, bedrückend. **II** *s*: ***be in the ~s*** F Trübsal blasen.

dis·man·tle [dɪs'mæntl] *v/t* **1.** demontieren, abbauen; *Gebäude* abbrechen; ⚓ abwracken. **2.** zerlegen, auseinandernehmen.

dis·may [dɪs'meɪ] **I** *v/t* erschrecken, bestürzen. **II** *s* Schreck(en) *m*, Bestürzung *f*: ***in*** (*od.* ***with***) **~** bestürzt; ***to one's ~*** zu s-r Bestürzung.

dis·mem·ber [dɪs'membə] *v/t* **1.** zerstükkeln; *bsd.* ⚕ zergliedern. **2.** *Land etc* zersplittern, aufteilen.

dis·miss [dɪs'mɪs] *v/t* **1.** entlassen, gehen lassen. **2.** entlassen (***from*** aus *e-m Amt etc*). **3.** *Thema etc* fallenlassen; *Frage etc* abtun (**as** als). **4.** *a.* ⚖ abweisen. **dis'miss·al** *s* **1.** Entlassung *f.* **2.** *a.* ⚖ Abweisung *f.*

dis·mount [ˌdɪs'maʊnt] **I** *v/i* **1.** absteigen, absitzen (***from*** von). **II** *v/t* **2.** *Reiter* abwerfen. **3.** abmontieren.

dis·o·be·di·ence [ˌdɪsə'biːdjəns] *s* Ungehorsam *m.* **ˌdis·o'be·di·ent** *adj* □ ungehorsam (**to** gegen[über]). **dis·o·bey** [ˌ~'beɪ] **I** *v/t* **1.** *j-m* nicht gehorchen. **2.** *Gesetz etc* nicht befolgen, mißachten. **II** *v/i* **3.** nicht gehorchen, ungehorsam sein.

dis·o·blige [ˌdɪsə'blaɪdʒ] *v/t* ungefällig sein gegen. **ˌdis·o'blig·ing** *adj* □ ungefällig, unfreundlich.

dis·or·der [dɪs'ɔːdə] **I** *s* **1.** Unordnung *f*, Durcheinander *n*: ***in ~*** durcheinander; ***throw into ~*** → 4. **2.** Aufruhr *m*, Unruhen *pl.* **3.** ⚕ Störung *f*: ***mental ~*** Geistesstörung. **II** *v/t* **4.** in Unordnung bringen, durcheinanderbringen. **dis'or·dered** *adj* **1.** unordentlich, durcheinander. **2.** ⚕ gestört. **dis'or·der·ly** *adj* **1.** unordentlich. **2.** schlampig, (*a. Leben etc*) liederlich. **3.** ⚖ ordnungswidrig.

dis·or·gan·ize [dɪs'ɔːgənaɪz] → ***disorder*** 4.

dis·own [dɪs'əʊn] *v/t* **1.** nichts zu tun haben wollen mit, ablehnen. **2.** ableugnen.

dis·par·age [dɪ'spærɪdʒ] *v/t* **1.** herabsetzen, verächtlich machen. **2.** verachten, geringschätzen. **dis'par·age·ment** *s* **1.** Herabsetzung *f*, Verächtlichmachung *f*. **2.** Verachtung *f*, Geringschätzung *f*. **dis'par·ag·ing** *adj* □ herabsetzend, verächtlich, geringschätzig.

dis·pa·rate ['dɪspərət] *adj* □ ungleich(artig), (grund)verschieden. **dis·par·i·ty** [dɪ'spærətɪ] *s* Verschiedenheit *f*: **~ in** (*od.* **of**) **age** (zu großer) Altersunterschied.

dis·pas·sion·ate [dɪ'spæʃnət] *adj* □ leidenschaftslos, kühl, sachlich.

dis·patch [dɪ'spætʃ] **I** *v/t* **1.** (ab)senden, (ab)schicken, *Telegramm* aufgeben. **2.** rasch erledigen. **3.** ins Jenseits befördern, töten. **4.** F wegputzen, schnell aufessen. **II** *s* **5.** Absendung *f*, Versand *m*: **~ by rail** Bahnversand. **6.** rasche Erledigung. **7.** Tötung *f*. **~ box, ~ case** *s bsd. Br.* Aktenkoffer *m*.

dis·pel [dɪ'spel] *v/t Menge etc, a. fig. Befürchtungen etc* zerstreuen, *Nebel* zerteilen.

dis·pen·sa·ble [dɪ'spensəbl] *adj* □ entbehrlich. **dis'pen·sa·ry** *s* Werks-, Krankenhausapotheke *f*. **dis·pen·sa·tion** [ˌ~'seɪʃn] *s* **1.** Aus-, Verteilung *f*. **2.** Zuteilung *f*, Gabe *f*. **3.** (göttliche) Fügung. **4.** Verzicht *m* (**with** auf *acc*).

dis·pense [dɪ'spens] **I** *v/t* **1.** aus-, verteilen; *Sakrament* spenden: **~ justice** Recht sprechen. **2.** *Arzneien* dispensieren, zubereiten u. abgeben. **3.** befreien, entbinden (**from** von). **II** *v/i* **4.** **~ with** verzichten auf (*acc*); überflüssig machen (*acc*). **dis'pens·er** *s* **1.** Aus-, Verteiler *m*. **2.** ⚙ Spender *m*, (*für Klebestreifen etc a.*) Abroller *m*, (*Briefmarken- etc*)Automat *m*. **dis'pens·ing** *adj*: **~ chemist** *Br.* Apotheker *m*.

dis·per·sal [dɪ'spɜːsl] *s* **1.** Zerstreuung *f* (*a. fig.*). **2.** Verbreitung *f*. **dis'perse** **I** *v/t* **1.** verstreuen (**over** über *acc*). **2.** → **dispel**. **3.** *Nachrichten etc* verbreiten. **4.** ⚗, *phys.* dispergieren, zerstreuen. **II** *v/i* **5.** sich zerstreuen (*Menge*). **6.** sich verteilen. **dis'per·sion** *s* **1.** → **dispersal**. **2.** ⚗, *phys.* Dispersion *f*, (Zer-)Streuung *f*.

dis·pir·it·ed [dɪ'spɪrɪtɪd] *adj* mutlos, niedergeschlagen.

dis·place [dɪs'pleɪs] *v/t* **1.** versetzen, -rücken, -schieben. **2.** verdrängen (*a.* ⚓, *phys.*, *Sport*). **3.** *j-n* ablösen (**as** als). **4.** *j-n* verschleppen: **~d person** Verschleppte *m, f*, Zwangsumsiedler(in). **dis'place·ment** *s* **1.** Versetzung *f*, -schiebung *f*. **2.** Verdrängung *f*. **3.** Ablösung *f*. **4.** Verschleppung *f*.

dis·play [dɪ'spleɪ] **I** *v/t* **1.** *Aktivität etc* zeigen, entfalten, an den Tag legen. **2.** *Waren* auslegen, -stellen. **3.** zur Schau stellen, hervorkehren. **II** *s* **4.** Entfaltung *f*. **5.** Ausstellung *f*: **be on ~** ausgestellt sein. **6.** Display *n*: a) (Sichtbild)Anzeige *f*, b) *a.* **~ unit** Sichtbildgerät *n*. **III** *adj* **7.** Ausstellungs..., Schau...: **~ cabinet** (*od.* **case**) Schaukasten *m*, Vitrine *f*; **~ window** Auslage(n)-, Schaufenster *n*.

dis·please [dɪs'pliːz] *v/t* **1.** *j-m* mißfallen: **be ~d at** (*od.* **with**) unzufrieden sein mit. **2.** *j-n* ärgern, verstimmen. **dis'pleas·ing** *adj* □ unangenehm. **dis·pleas·ure** [~'pleʒə] *s* Mißfallen *n* (**at** über *acc*).

dis·pos·a·ble [dɪ'spəʊsəbl] *adj* **1.** (frei) verfügbar. **2.** Einweg..., Wegwerf... **dis'pos·al** *s* **1.** Erledigung *f*. **2.** Beseitigung *f*. **3.** Übergabe *f*, -tragung *f*: **~ (by sale)** Veräußerung *f*, Verkauf *m*. **4.** Verfügung(srecht *n*) *f* (**of** über *acc*): **be at s.o.'s ~** j-m zur Verfügung stehen; **place** (*od.* **put**) **s.th. at s.o.'s ~** j-m et. zur Verfügung stellen; **have the ~ of** verfügen (können) über (*acc*).

dis'pose **I** *v/t* **1.** anordnen, aufstellen. **2.** geneigt machen, bewegen (**to** zu; **to do** zu tun). **II** *v/i* **3.** **~ of** (frei) verfügen über (*acc*); (endgültig) erledigen; wegschaffen, beseitigen; verkaufen, veräußern; übergeben, -tragen. **dis'posed** *adj* **1.** **be well ~ to(ward[s])** *j-m* wohlgesinnt sein, *j-m* wohlwollen; *e-m Plan etc* wohlwollend gegenüberstehen; → **ill-disposed**. **2.** geneigt (**to do** zu tun): **feel ~ to do s.th.** et. tun wollen. **dis·po·si·tion** [ˌ~pə'zɪʃn] *s* **1.** Disposition *f*, Veranlagung *f*; Art *f*. **2.** Neigung *f*, Hang *m* (**to** zu); ⚕ Anfälligkeit *f* (**to** für): **have a ~ to** neigen zu; anfällig sein für. **3.** → **disposal** 4.

dis·pos·sess [ˌdɪspə'zes] *v/t* enteignen.

dis·pro·por·tion·ate [ˌdɪsprəˈpɔːʃnət] *adj* □ unverhältnismäßig (groß *od.* klein); unangemessen; übertrieben: ***be ~ to*** in keinem Verhältnis stehen zu.

dis·prove [ˌdɪsˈpruːv] *v/t* widerlegen.

dis·pu·ta·ble [dɪˈspjuːtəbl] *adj* □ strittig. ˌ**dis·puˈta·tion** *s* **1.** Disput *m.* **2.** Disputation *f.* ˌ**dis·puˈta·tious** *adj* □ streitsüchtig. **disˈpute I** *v/i* **1.** streiten (***on, about*** über *acc*). **II** *v/t* **2.** streiten über (*acc*). **3.** in Zweifel ziehen, bezweifeln: ***~d*** umstritten. **4.** kämpfen um. **5.** (an)kämpfen gegen. **III** *s* **6.** Disput *m*: ***in*** (*od.* ***under***) ***~*** umstritten; ***beyond*** (*od.* ***past, without***) ***~*** fraglos, unbestritten.

dis·qual·i·fi·ca·tion [dɪsˌkwɒlɪfɪˈkeɪʃn] *s* **1.** Disqualifikation *f*, Disqualifizierung *f.* **2.** Untauglichkeit *f* (***for*** für). **disˈqual·i·fy** *v/t* **1.** disqualifizieren. **2.** untauglich machen (***for*** für). **3.** für untauglich erklären.

dis·qui·et [dɪsˈkwaɪət] **I** *v/t* beunruhigen. **II** *s* Unruhe *f*, Besorgnis *f.* **disˈqui·et·ing** *adj* □ beunruhigend, besorgniserregend.

dis·re·gard [ˌdɪsrɪˈgɑːd] **I** *v/t* **1.** nicht beachten, ignorieren. **2.** mißachten. **II** *s* **3.** Nichtbeachtung *f*, Ignorierung *f* (***of, for*** *gen*). **4.** Mißachtung *f* (***of, for*** *gen*).

dis·re·pair [ˌdɪsrɪˈpeə] *s* Baufälligkeit *f*: ***be in*** (***a state of***) ***~*** baufällig sein; ***fall into ~*** baufällig werden.

dis·rep·u·ta·ble [dɪsˈrepjʊtəbl] *adj* □ verrufen. **dis·re·pute** [ˌ~rɪˈpjuːt] *s* schlechter Ruf: ***be in ~*** verrufen sein; ***bring*** (***fall, sink***) ***into ~*** in Verruf bringen (kommen).

dis·re·spect [ˌdɪsrɪˈspekt] *s* Respektlosigkeit *f.* ˌ**dis·reˈspect·ful** [~fʊl] *adj* □ respektlos (***to*** gegenüber).

dis·rupt [dɪsˈrʌpt] *v/t* **1.** auseinanderreißen, (zer)spalten. **2.** *Gespräch, Verkehr etc* unterbrechen. **3.** *Land etc* zerrütten; *Koalition etc* sprengen. **disˈrup·tion** *s* **1.** Spaltung *f.* **2.** Unterbrechung *f.* **3.** Zerrüttung *f*; Sprengung *f.*

dis·sat·is·fac·tion [ˈdɪsˌsætɪsˈfækʃn] *s* Unzufriedenheit *f.* ˈ**disˌsat·isˈfac·to·ry** [~tərɪ] *adj* unbefriedigend (***to*** für). ˌ**disˈsat·is·fied** [~faɪd] *adj* unzufrieden (***at, with*** mit).

dis·sect [dɪˈsekt] *v/t* **1.** ⚕ sezieren. **2.** *fig.* zergliedern.

dis·sem·ble [dɪˈsembl] *v/t* verbergen, -hehlen, sich *et.* nicht anmerken lassen.

dis·sem·i·nate [dɪˈsemɪneɪt] *v/t* **1.** ausstreuen. **2.** *fig.* verbreiten. **disˌsem·iˈna·tion** *s* **1.** Ausstreuung *f.* **2.** *fig.* Verbreitung *f.*

dis·sen·sion [dɪˈsenʃn] *s* Meinungsverschiedenheit(en *pl*) *f.*

dis·sent [dɪˈsent] **I** *v/i* **1.** (***from***) anderer Meinung sein (als), nicht übereinstimmen (mit). **2.** *eccl.* von der Staatskirche abweichen. **II** *s* **3.** Meinungsverschiedenheit *f.* **disˈsent·er** *s* **1.** Andersdenkende *m, f.* **2.** *eccl.* Dissident *m*; Dissenter *m.*

dis·ser·ta·tion [ˌdɪsəˈteɪʃn] *s* **1.** (wissenschaftliche) Abhandlung. **2.** *univ.* Diplomarbeit *f.*

dis·ser·vice [ˌdɪsˈsɜːvɪs] *s*: ***do s.o. a ~*** j-m e-n schlechten Dienst erweisen.

dis·si·dent [ˈdɪsɪdənt] **I** *adj* **1.** (***from***) andersdenkend (als), abweichend (von). **II** *s* **2.** Andersdenkende *m, f.* **3.** *eccl.* Dissident(in), *pol. a.* Regime-, Systemkritiker(in).

dis·sim·i·lar [ˌdɪˈsɪmɪlə] *adj* □ (***to, from***) verschieden (von), unähnlich (*dat*). **dis·sim·i·lar·i·ty** [ˌ~ˈlærətɪ] *s* Verschiedenheit *f*, Unähnlichkeit *f.*

dis·sim·u·late [dɪˈsɪmjʊleɪt] → ***dissemble.***

dis·si·pate [ˈdɪsɪpeɪt] **I** *v/t* **1.** zerstreuen (*a. fig.*); *Nebel* zerteilen. **2.** *Kräfte* verzetteln, -geuden; *Vermögen etc* durchbringen, verschwenden. **II** *v/i* **3.** sich zerstreuen (*a. fig.*); sich zerteilen. ˈ**dis·si·pat·ed** *adj* □ ausschweifend: a) zügellos (*Leben*), b) leichtlebig (*Person*). ˌ**dis·siˈpa·tion** *s* **1.** Zerstreuung *f* (*a. fig.*); Zerteilung *f.* **2.** Vergeudung *f.* **3.** Ausschweifung *f*: ***a life of ~*** ein ausschweifendes *od.* zügelloses Leben.

dis·so·ci·ate [dɪˈsəʊʃɪeɪt] *v/t* **1.** trennen (***from*** von). **2.** ***~ o.s.*** sich distanzieren, abrücken (***from*** von). **disˌso·ciˈa·tion** [~sɪˈeɪʃn] *s* Trennung *f.*

dis·so·lute [ˈdɪsəluːt] → ***dissipated.***

dis·so·lu·tion [ˌdɪsəˈluːʃn] *s* **1.** Auflösung *f* (*a. fig.*). **2.** ⚖ Annullierung *f*, Aufhebung *f.*

dis·solve [dɪˈzɒlv] **I** *v/t* **1.** auflösen (*a. fig.*): ***~ in the mouth*** *Tablette etc* im Mund zergehen lassen; ***~d in tears*** in Tränen aufgelöst. **2.** ⚖ annullieren, aufheben. **II** *v/i* **3.** sich auflösen (*a. fig.*): ~ ***in the mouth*** im Mund zergehen; ~ ***in(to) tears*** in Tränen zerfließen.

dis·so·nance ['dɪsənəns] *s* Dissonanz *f*: a) ♪ Mißklang *m* (*a. fig.*), b) *fig.* Unstimmigkeit *f*. '**dis·so·nant** *adj* □ **1.** ♪ dissonant. **2.** mißtönend. **3.** *fig.* unstimmig.

dis·suade [dɪ'sweɪd] *v/t* **1.** *j-m* abraten (***from*** von; ***from doing*** [davon,] *et.* zu tun). **2.** abbringen (***from*** von; ***from doing*** davon, *et.* zu tun). **3.** abraten von.

dis·tance ['dɪstəns] **I** *s* **1.** Entfernung *f*: ***at a*** ~ in einiger Entfernung; von weitem, von fern; ***from a*** ~ aus einiger Entfernung; ***keep one's*** ~ Abstand halten (***from*** von); *fig.* Distanz wahren. **2.** Ferne *f*: ***from (in) the*** ~ aus (in) der Ferne. **3.** Strecke: a) Entfernung *f*: ***go the*** ~ *fig.* durchhalten, über die Runden kommen, b) *Sport*: Distanz *f*: ~ ***runner*** (*Leichtathletik*) Langstreckenläufer(in), Langstreckler(in). **4.** (*a. zeitlicher*) Abstand: ***at this*** ~ ***of*** (*od.* ***in***) ***time*** nach all dieser Zeit. **II** *v/t* **5.** überholen, (weit) hinter sich lassen, (*Sport a.*) distanzieren. **6.** *fig.* überflügeln, -treffen. **7.** ~ ***o.s.*** sich distanzieren (***from*** von). '**dis·tant** *adj* □ **1.** entfernt (*a. fig.*). **2.** fern (*a. zeitlich*), Fern...: ~ ***heating*** Fernheizung *f*. **3.** (weit) voneinander entfernt. **4.** *fig.* distanziert.

dis·taste [ˌdɪs'teɪst] *s* **1.** Ekel *m* (***for*** vor *dat*). **2.** *fig.* Widerwille *m*, Abneigung *f* (***for*** gegen). **dis'taste·ful** [~fʊl] *adj* □ **1.** ekelerregend. **2.** *fig.* unangenehm: ***be*** ~ ***to*** *j-m* zuwider sein.

dis·tend [dɪ'stend] **I** *v/t* **1.** (aus)dehnen. **2.** *Bauch etc* aufblähen. **II** *v/i* **3.** sich (aus)dehnen. **4.** sich aufblähen. **5.** sich weiten (***with*** vor *dat*) (*Augen*).

dis·til(l) [dɪ'stɪl] *v/t* **1.** ⚗ destillieren: ~ ***out*** herausdestillieren (***from*** aus) (*a. fig.*). **2.** *Branntwein* brennen (***from*** aus). **dis·til·la·tion** [ˌ~'leɪʃn] *s* **1.** ⚗ Destillation *f*. **2.** ⚗ Destillat *n*. **3.** Brennen *n*. **dis'till·er·y** *s* (Branntwein)Brennerei *f*.

dis·tinct [dɪ'stɪŋkt] *adj* □ **1.** verschieden (***from*** von): ***as*** ~ ***from*** im Unterschied zu. **2.** ausgeprägt, klar, deutlich. **dis'tinc·tion** *s* **1.** Unterscheidung *f*. **2.** Unterschied *m*: ***in*** ~ ***from*** im Unterschied zu; ***draw*** (*od.* ***make***) ***a*** ~ ***between*** e-n Unterschied machen zwischen (*dat*). **3.** Auszeichnung *f*, Ehrung *f*. **4.** (hoher) Rang: ***of*** ~ von Rang (u. Namen). **dis'tinc·tive** *adj* □ **1.** Unterscheidungs... **2.** kennzeichnend (***of*** für): → ***mark***² 3.

dis·tin·guish [dɪ'stɪŋgwɪʃ] **I** *v/t* **1.** unterscheiden (***from*** von), auseinanderhalten. **2.** wahrnehmen, erkennen. **3.** kennzeichnen: ~***ing mark*** Kennzeichen *n*. **4.** ~ ***o.s.*** sich auszeichnen (*a. iro.*). **II** *v/i* **5.** unterscheiden, e-n Unterschied machen (***between*** zwischen *dat*). **dis'tin·guished** *adj* **1.** hervorragend, ausgezeichnet. **2.** vornehm.

dis·tort [dɪ'stɔːt] *v/t* **1.** verdrehen. **2.** *Gesicht etc* verzerren: ~***ed with*** (*od.* ***by***) ***pain*** schmerzverzerrt. **3.** *Tatsachen etc* verdrehen, entstellen, verzerren. **dis'tor·tion** *s* **1.** Verdrehung *f*. **2.** Verzerrung *f*. **3.** Entstellung *f*.

dis·tract [dɪ'strækt] *v/t Aufmerksamkeit, Person etc* ablenken (***from*** von). **dis'tract·ed** *adj* □ **1.** beunruhigt, besorgt. **2.** (***with, by***) außer sich (vor *dat*); wahnsinnig (vor *dat*). **dis'trac·tion** *s* **1.** Ablenkung *f*. **2.** *oft pl* Zerstreuung *f*, Ablenkung *f*. **3.** Wahnsinn *m*: ***drive s.o. to*** ~ j-n zur Raserei *od.* zum Wahnsinn treiben.

dis·traught [dɪ'strɔːt] → ***distracted.***

dis·tress [dɪ'stres] **I** *s* **1.** Leid *n*, Kummer *m*, Sorge *f*. **2.** Not *f*, Elend *n*. **3.** Notlage *f*, -stand *m*. **4.** ⚓ Seenot *f*: ***in*** ~ in Seenot; ~ ***call*** SOS-Ruf *m*. **II** *v/t* **5.** mit Sorge erfüllen. **dis'tressed** *adj* **1.** besorgt (***about*** um). **2.** notleidend: ~ ***area*** *Br.* Notstandsgebiet *n*. **dis'tress·ing** *adj* □ besorgniserregend.

dis·trib·ute [dɪ'strɪbjuːt] *v/t* **1.** ver-, austeilen (***among*** unter *dat od. acc*; ***to*** an *acc*). **2.** zuteilen (***to*** *dat*). **3.** ⚕ *Waren* vertreiben, absetzen; *Filme* verleihen; *Dividende, Gewinn* ausschütten. ˌ**dis·tri'bu·tion** *s* **1.** Ver-, Austeilung *f*: ~ ***of seats*** *parl.* Sitzverteilung. **2.** Zuteilung *f*; Gabe *f*, Spende *f*. **3.** ⚕ Vertrieb *m*, Absatz *m*; Verleih *m*; Ausschüttung *f*. **dis'trib·u·tor** *s* **1.** Verteiler *m* (*a.* ⚙). **2.** ⚕ Großhändler *m*; Generalvertreter *m*; *pl* (Film)Verleih *m*.

dis·trict ['dɪstrɪkt] *s* **1.** Distrikt *m*, (Verwaltungs)Bezirk *m*, Kreis *m*. **2.** (Stadt-)

Bezirk *m*, (-)Viertel *n*. **3.** Gegend *f*, Gebiet *n*.

dis·trust [dɪsˈtrʌst] **I** *s* Mißtrauen *n*: ***with ~*** mißtrauisch. **II** *v/t* mißtrauen (*dat*). **disˈtrust·ful** [~fʊl] *adj* □ mißtrauisch (***of*** gegen).

dis·turb [dɪˈstɜːb] *v/t u. v/i allg.* stören. **disˈturb·ance** *s* **1.** Störung *f* (*a.* ⚙ *etc*). **2.** *politische etc* Unruhe; Ruhestörung *f*: ***cause*** (*od.* ***create***) ***a ~*** für Unruhe sorgen; ruhestörenden Lärm machen. **disˈturb·er** *s* **1.** Störer(in), Störenfried *m*. **2.** Unruhestifter(in).

dis·u·nite [ˌdɪsjuːˈnaɪt] *v/t u. v/i* (sich) trennen *od.* entzweien. **ˌdisˈu·ni·ty** [~nətɪ] *s* Uneinigkeit *f*, Zwietracht *f*.

dis·use [ˌdɪsˈjuːs] *s*: ***fall into ~*** ungebräuchlich werden. **ˌdisˈused** [~zd] *adj* nicht mehr benutzt (*Maschine etc*), stillgelegt (*Bergwerk etc*), leerstehend (*Haus*).

ditch [dɪtʃ] **I** *s* **1.** Graben *m*. **II** *v/t* **2.** Gräben ziehen durch *od.* in (*dat*). **3.** *Fahrzeug* in den Straßengraben fahren. **4.** *sl. Wagen etc* stehenlassen; *j-m* entwischen; *dem Freund etc* den Laufpaß geben; *et.* wegschmeißen; *Am. die Schule* schwänzen.

dith·er [ˈdɪðə] **I** *v/i* **1.** (*bsd.* vor Kälte) zittern. **2.** schwanken, sich nicht entscheiden können (***between*** zwischen *dat*). **3.** aufgeregt sein. **II** *s* **4.** Schwanken *n*. **5.** Aufregung *f*: ***throw into a ~*** in Aufregung versetzen; ***be all of a ~, be in a ~***, *bsd. Br.* F ***have the ~s*** aufgeregt sein.

di·ur·nal [daɪˈɜːnl] *adj* □ täglich (wiederkehrend).

di·va·gate [ˈdaɪvəgeɪt] *v/i* abschweifen (***from*** von), nicht bei der Sache bleiben.

di·van [dɪˈvæn] *s* Diwan *m*: ***~*** (***bed***) Bettcouch *f*.

dive [daɪv] **I** *v/i* **1.** tauchen (***for*** nach; ***into*** in *acc*). **2.** (unter)tauchen (*a. U-Boot*). **3.** e-n Hecht- *od.* Kopfsprung machen; (*Wasserspringen*) springen; (*bsd. Sport*) sich werfen, hechten (***for the ball*** nach dem Ball): ***~ for cover*** sich in Deckung werfen. **4.** ✈ e-n Sturzflug machen. **II** *s* **5.** (Unter)Tauchen *n*, ⚓ *a.* Unterwasser-, Tauchfahrt *f*. **6.** Kopfsprung *m*, Hechtsprung *m* (*a. des Tormanns etc*); (*Wasserspringen*) Sprung *m*: ***make a ~ for*** hechten nach; ***make a ~ for cover*** sich in Deckung werfen. **7.** ✈ Sturzflug *m*. **8.** F Spelunke *f*. **ˈdiv·er** *s* **1.** Taucher(in). **2.** *Sport*: Wasserspringer(in).

di·verge [daɪˈvɜːdʒ] *v/i* **1.** divergieren (*a.* ⩘, *phys.*), auseinandergehen, -laufen. **2.** abweichen (***from*** von); voneinander abweichen. **diˈver·gent** *adj* □ **1.** divergierend (*a.* ⩘, *phys.*). **2.** abweichend (***from*** von).

di·verse [daɪˈvɜːs] *adj* □ verschieden, ungleich, andersartig. **diˌver·si·fiˈca·tion** [~fɪˈkeɪʃn] *s* **1.** abwechslungsreiche Gestaltung. **2.** *a.* ***~ of risk*** Risikoverteilung *f*. **3.** ✝ Diversifikation *f*, Diversifizierung *f*. **diˈver·si·fy** [~faɪ] *v/t* **1.** abwechslungsreich gestalten. **2.** *Risiko* verteilen. **3.** ✝ *Unternehmen* diversifizieren. **diˈver·sion** [~ʃn] *s* **1.** Ablenkung *f*. **2.** Zerstreuung *f*, Zeitvertreib *m*. **3.** *Br.* (Verkehrs)Umleitung *f*. **diˈver·si·ty** [~sətɪ] *s* Verschiedenheit *f*, Ungleichheit *f*. **diˈvert** *v/t* **1.** ablenken, abwenden (***from*** von), lenken (***to*** auf *acc*). **2.** *Br. Verkehr* umleiten. **3.** zerstreuen, unterhalten (***with*** mit, durch).

di·vide [dɪˈvaɪd] **I** *v/t* **1.** teilen (***s.th. with s.o.*** et. mit j-m): ***~ in halves*** halbieren. **2.** (zer)teilen, spalten, *fig. a.* entzweien: ***opinion is ~d*** die Meinungen sind geteilt (***on*** über *acc*). **3.** ver-, austeilen (***among, between*** unter *dat od. acc*). **4.** ⩘ dividieren, teilen (***by*** durch): ***20 ~d by 5 is 4*** 20 (geteilt) durch 5 ist 4; ***~ 5 into 20*** 20 durch 5 teilen. **II** *v/i* **5.** sich aufteilen, zerfallen (***into*** in *acc*). **6.** ⩘ sich dividieren *od.* teilen lassen (***by*** durch). **div·i·dend** [ˈdɪvɪdend] *s* **1.** ⩘ Dividend *m*. **2.** ✝ Dividende *f*. **di·vid·ers** [dɪˈvaɪdəz] *s pl*, *a.* ***pair of ~*** Stechzirkel *m*. **diˈvid·ing** *adj* Trennungs...

div·i·na·tion [ˌdɪvɪˈneɪʃn] *s* Weissagung *f*.

di·vine [dɪˈvaɪn] **I** *adj* □ **1.** göttlich (*a. fig.* F), Gottes... **II** *v/t* **2.** weissagen. **3.** mit der Wünschelrute suchen (nach). **diˈvin·er** *s* **1.** Wahrsager(in). **2.** (Wünschel)Rutengänger(in).

div·ing [ˈdaɪvɪŋ] *s* **1.** Tauchen *n*. **2.** *Sport*: Wasserspringen *n*. **~ bell** *s* Taucherglocke *f*. **~ board** *s* Sprungbrett *n*. **~ hel·met** *s* Taucherhelm *m*. **~ suit** *s* Taucheranzug *m*. **~ tow·er** *s* Sprungturm *m*.

di·vin·ing rod [dɪ'vaɪnɪŋ] *s* Wünschelrute *f*.

di·vin·i·ty [dɪ'vɪnətɪ] *s* **1.** Göttlichkeit *f*. **2.** Gottheit *f*. **3.** Theologie *f*.

di·vis·i·ble [dɪ'vɪzəbl] *adj* □ teilbar (⩚ **by** durch). **di'vi·sion** [~ʒn] *s* **1.** (Ver-, Aus)Teilung *f*: **~ of labo(u)r** Arbeitsteilung. **2.** Zerteilung *f*, Spaltung *f*, *fig. a.* Entzweiung *f*. **3.** ⩚ Division *f*: **~ sign** Teilungszeichen *n*. **4.** *parl. Br.* (Abstimmung *f* durch) Hammelsprung *m*. **5.** Abteilung *f*. **6.** ⚔ Division *f*. **7.** *Sport*: Liga *f*. **di·vi·sor** [dɪ'vaɪzə] *s* ⩚ Divisor *m*, Teiler *m*.

di·vorce [dɪ'vɔːs] **I** *s* **1.** ⚖ (Ehe)Scheidung *f*: **get** (*od.* **obtain**) **a ~** geschieden werden, sich scheiden lassen (**from** von). **2.** *fig.* (völlige) Trennung (**from** von; **between** zwischen *dat*). **II** *v/t* **3.** ⚖ *j-n*, *Ehe* scheiden: **~ s.o.** j-s Ehe scheiden; **he has ~d his wife** er hat sich (von s-r Frau) scheiden lassen. **4.** *fig.* (völlig) trennen (**from** von).

diz·zi·ness ['dɪzɪnɪs] *s* Schwindel(anfall) *m*. **'diz·zy I** *adj* □ **1.** schwind(e)lig. **2.** schwindelnd, schwindelerregend; schwindelnd hoch. **II** *v/t* **3.** schwind(e)lig machen.

do¹ [duː] (*irr*) **I** *v/t* **1.** tun, machen; ausführen, *Arbeiten* verrichten; anfertigen, herstellen: **~ one's best** sein Bestes tun, sich alle Mühe geben. **2.** *j-m et.* tun, zufügen, erweisen: → **disservice, favo(u)r** 4, *etc*. **3.** *Speisen* zubereiten. **4.** *Zimmer* aufräumen, machen. **5.** (her)richten: → **face** 1, **hair**. **6.** zurücklegen, schaffen: **the car does 100 m.p.h.** der Wagen fährt 160 km/h. **7.** F besichtigen, die Sehenswürdigkeiten besichtigen von (*od. gen*). **8.** F betrügen (**out of** um), übers Ohr hauen. **9.** F *Strafe* abbrummen: → **time** 1. **II** *v/i* **10.** handeln, sich verhalten. **11.** weiter-, vorankommen: **~ well** gut abschneiden (**in** bei, in *dat*); s-e Sache gut machen. **12.** sich befinden: **~ well** gesund sein; in guten Verhältnissen leben; sich gut erholen; **how ~ you ~?** guten Tag! (*bei Vorstellung*). **13.** genügen, reichen (**for** für). **III** *v/t u. v/i* **14.** (*Ersatzverb zur Vermeidung von Wiederholungen*; *mst unübersetzt*) **you know it as well as I ~** du weißt es so gut wie ich; **I take a bath. So ~ I** Ich nehme ein Bad. Ich auch; **he works hard, doesn't he?** er arbeitet viel, nicht wahr?; **Did he buy it? He did** Kaufte er es? Ja(wohl); **He sold his car. Did he?** Er verkaufte sein Auto. Wirklich?, So? **IV** *v/aux* **15.** *in Fragesätzen*: **~ you know him?** kennst du ihn? **16.** *in verneinten Sätzen*: **I ~ not believe it** ich glaube es nicht. **17.** *zur Verstärkung*: **I did like it** mir gefiel es wirklich.

Verbindungen mit Präpositionen:

do| by *v/i* behandeln, handeln an (*dat*). **~ for** *v/i* F **1.** erledigen, ruinieren. **2.** *j-m* den Haushalt führen; putzen bei *od.* für. **3.** → **do¹** 13. **~ with** *v/t u. v/i* **1. I can't do anything with him** (**it**) ich kann nichts mit ihm (damit) anfangen; **I won't have anything to ~ it** ich will nichts damit zu tun *od.* schaffen haben; **it has nothing to ~ you** es hat nichts mit dir zu tun. **2.** auskommen *od.* sich begnügen mit. **3.** F **he could ~ the money** er kann das Geld (sehr gut) brauchen; **I could ~ a glass of beer** ich könnte ein Glas Bier vertragen. **~ with·out** *v/i* **1.** auskommen *od.* sich behelfen ohne. **2.** verzichten auf (*acc*).

Verbindungen mit Adverbien:

do| a·way with *v/i* **1.** beseitigen: a) wegschaffen, b) abschaffen. **2.** *Geld* durchbringen. **3.** umbringen, töten. **~ down** *v/t Br.* F **1.** heruntermachen, schlechtmachen. **2.** → **do in** 2. **~ in** *v/t* F **1.** erledigen: a) erschöpfen: **I'm done in** ich bin geschafft, b) zugrunde richten, ruinieren, c) um die Ecke bringen, umbringen. **2.** reinlegen, übers Ohr hauen. **~ up** *v/t* **1.** zs.-schnüren; *Päckchen etc* zurechtmachen, verschnüren; einpakken; *Kleid*, *Reißverschluß etc* zumachen: **do s.o. up** j-m das Kleid *etc* zumachen. **2. do o.s. up** sich zurechtmachen; → **face** 1.

do² [~] *pl* **dos, do's** [duːz] *s* **1.** *sl.* Schwindel *m*, Gaunerei *f*. **2. fair ~s!** F sei nicht unfair!; gleiches Recht für alle. **3. ~s and don'ts** F Gebote u. Verbote, (Spiel)Regeln.

doc [dɒk] F → **doctor** 1.

doc·ile ['dəʊsaɪl] *adj* □ **1.** fügsam, gefügig. **2.** gelehrig. **do·cil·i·ty** [~'sɪlətɪ] *s* **1.** Fügsamkeit *f*. **2.** Gelehrigkeit *f*.

dock¹ [dɒk] **I** *s* **1.** Dock *n*. **2.** Hafenbekken *n*, Anlegeplatz *m*. **3.** Kai *m*, Pier *m*.

4. *pl* Docks *pl*, Hafenanlagen *pl*. **II** *v/t* **5.** *Schiff* (ein)docken. **6.** *Raumschiffe* koppeln. **III** *v/i* **7.** docken. **8.** im Hafen *od.* am Kai anlegen. **9.** andocken (*Raumschiff*).

dock² [~] *v/t* **1.** *Schwanz* stutzen; *e-m Tier* den Schwanz stutzen. **2.** *j-s Lohn etc* kürzen: ~ ***£5 off*** (*od.* ***from***) ***s.o.'s wages*** j-s Lohn um 5 Pfund kürzen.

dock³ [~] *s* ⚖ Anklagebank *f*: ***be in the ~*** auf der Anklagebank sitzen.

dock·er ['dɒkə] *s* Dock-, Hafenarbeiter *m*, Schauermann *m*.

'**dock·yard** *s* Werft *f*.

doc·tor ['dɒktə] **I** *s* **1.** Doktor *m*, Arzt *m*, (*Anrede*) Herr Doktor: ***be under the ~*** F in Behandlung sein (***for*** wegen); ***~'s certificate*** ärztliches Attest. **2.** *univ*. Doktor *m*: ♀ ***of Divinity*** (***Laws, Medicine***) Doktor der Theologie (Rechte, Medizin); ***~'s degree*** Doktortitel *m*; ***take one's ~'s degree*** promovieren. **II** *v/t* **3.** (ärztlich) behandeln, verarzten. **4.** zs.-flicken, (notdürftig) ausbessern. **5.** *a.* ~ ***up*** F *Wein etc* (ver)panschen, *Abrechnung etc* frisieren. '**doc·tor·al** *adj*: ~ ***thesis*** → ***thesis*** 2. **doc·tor·ate** ['~rət] *s* Doktorwürde *f*, -titel *m*.

doc·tri·naire [ˌdɒktrɪ'neə] *adj* doktrinär.

doc·trine ['~trɪn] *s* Doktrin *f*: a) Lehre *f*, b) *bsd. pol.* Grundsatz *m*: ***party ~*** Parteiprogramm *n*.

doc·u·ment I *s* ['dɒkjʊmənt] Dokument *n*: a) Urkunde *f*, b) amtliches Schriftstück, *pl* Akten *pl*. **II** *v/t* ['~ment] dokumentieren, dokumentarisch *od.* urkundlich belegen. **doc·u·men·ta·ry** [ˌ~'mentərɪ] **I** *adj* □ **1.** dokumentarisch, urkundlich. **2.** Dokumentar...: ~ ***film*** → 3; ~ ***novel*** Tatsachenroman *m*. **II** *s* **3.** Dokumentar-, Tatsachenfilm *m*. ˌ**doc·u·men'ta·tion** *s* Dokumentation *f*.

dod·der ['dɒdə] *v/i* F **1.** (*bsd. vor Altersschwäche*) zittern. **2.** wack(e)lig gehen. '**dod·der·er** *s* F Tattergreis *m*. '**dod·der·ing,** '**dod·der·y** *adj* F tatterig.

dodge [dɒdʒ] **I** *v/i* **1.** (rasch) zur Seite springen, ausweichen. **2.** Ausflüchte machen; sich drücken. **II** *v/t* **3.** ausweichen (*dat*). **4.** sich drücken vor (*dat*). **III** *s* **5.** Sprung *m* zur Seite. **6.** Kniff *m*, Trick *m*. **dodg·em (car)** ['dɒdʒəm] *s* (Auto)Skooter *m*. '**dodg·er** *s* **1.** geriebener Kerl. **2.** Gauner *m*, Schwindler *m*. **3.** Drückeberger *m*. '**dodg·y** *adj* F **1.** verschlagen, gerieben. **2.** *Br.* unsicher: a) wack(e)lig, b) riskant.

doe [dəʊ] *s zo.* (Reh)Geiß *f*.

do·er ['du:ə] *s* Tatmensch *m*, Macher *m*.

does [dʌz] *er, sie, es* tut (→ **do¹**).

'**doe·skin** *s* Rehleder *n*.

doesn't ['dʌznt] F = ***does not*** (→ **do¹**).

dog [dɒg] **I** *s* **1.** Hund *m*; *engS.* Rüde *m*: ~ ***in the manger*** *j-d, der anderen et. mißgönnt, womit er selbst gar nichts anfangen kann*; ~ ***does not eat*** ~ e-e Krähe hackt der anderen kein Auge aus; ***go to the ~s*** vor die Hunde gehen; ***lead a ~'s life*** ein Hundeleben führen; ***let sleeping ~s lie*** schlafende Hunde soll man nicht wecken. **2.** *contp.* Schuft *m*: ***dirty ~*** Mistkerl *m*. **3.** F Kerl *m*: ***lazy ~*** fauler Hund; ***lucky ~*** Glückspilz *m*. **4.** ***the ~s*** *pl Br.* F das Windhundrennen. **II** *v/t* **5.** *j-n* verfolgen (*a. Pech etc*). ~ **bis·cuit** *s* Hundekuchen *m*. ˌ~-'**cheap** *adj u. adv* spottbillig. ~ **col·lar** *s* **1.** Hundehalsband *n*. **2.** F steifer, hoher Kragen (*e-s Geistlichen*). ~ **days** *s pl* Hundstage *pl*. '~-ˌ**ear** *s* Eselsohr *n* (*in Buch etc*). '~-ˌ**eared** *adj* mit Eselohren.

dog·ged ['dɒgɪd] *adj* □ verbissen, hartnäckig.

dog·gie ['dɒgɪ] → ***doggy***. '**dog·gish** *adj* □ **1.** hundeartig, Hunde... **2.** bissig; mürrisch. **dog·go** ['dɒgəʊ] *adv*: ***lie ~*** *sl.* sich mäuschenstill verhalten; sich versteckt halten. '**dog·gy** *s* Hündchen *n*, (*Kindersprache*) Wauwau *m*: ~ ***bag*** *Beutel für Essensreste, die aus e-m Restaurant mit nach Hause genommen werden*.

dog·ma ['dɒgmə] *pl* **-mas, -ma·ta** ['~mətə] *s* Dogma *n*, Glaubens- *od.* Grund- *od.* (*contp.* starrer) Lehrsatz. **dog·mat·ic** [~'mætɪk] *adj* (***~ally***) dogmatisch.

ˌ**dog|-'poor** *adj* F bettelarm. ˌ~-'**tired** *adj* hundemüde.

doi·ly ['dɔɪlɪ] *s* (Zier)Deckchen *n*.

do·ing ['du:ɪŋ] *s* **1.** Tun *n*: ***it was your ~*** du hast es getan, das war dein Werk. **2.** *pl* Taten *pl*, Tätigkeit *f*, Begebenheiten *pl*, Vorfälle *pl*; Treiben *n*. **3.** *pl* (*sg konstruiert*) *Br.* F Dingsbums *n*.

ˌ**do-it-your'self I** *s* Heimwerken *n*. **II** *adj* Heimwerker...: ~ ***kit*** Heimwerkerausrüstung *f*; Bausatz *m* (*für Radio etc*); ~ ***movement*** Do-it-yourself-Bewegung *f*. ˌ**do-it-your'self·er** *s* Heimwerker *m*.

dol·drums ['dɒldrəmz] *s pl*: ***be in the ~*** deprimiert *od.* niedergeschlagen sein, Trübsal blasen.

dole [dəʊl] **I** *s* **1.** milde Gabe. **2.** *a.* ~ ***money*** *Br.* F Stempelgeld *n*: ***be*** (*od.* ***go***) ***on the ~*** stempeln gehen. **II** *v/t* **3.** ~ ***out*** sparsam ver- *od*- austeilen.

dole·ful ['dəʊlfʊl] *adj* □ traurig, (*Gesicht etc a.*) trübselig.

doll [dɒl] **I** *s* Puppe *f* (*a.* F *hübsches, aber dummes Mädchen*): ~***'s house*** *Br.* Puppenhaus *n*; ~***'s pram*** *bsd. Br.* F Puppenwagen *m*. **II** *v/t*: ~ ***o.s. up*** → III. **III** *v/i*: ~ ***up*** F sich feinmachen, sich in Schale werfen.

dol·lar ['dɒlə] *s* Dollar *m*.

doll| bug·gy *s Am.* F, ~ **car·riage** *s Am.* Puppenwagen *m*. '~**·house** *s Am.* Puppenhaus *n*.

dol·lop ['dɒləp] *s* F **1.** Klumpen *m*. **2.** Schlag *m* (*Essensportion*); *Am.* Schuß *m* (*Alkohol etc, a. fig. Ironie etc*).

doll·y ['dɒlɪ] *s* **1.** *Kindersprache*: Püppchen *n*. **2.** *Film, TV*: Kamerawagen *m*. **3.** *a.* ~ ***bird*** *bsd. Br.* F Püppchen *n* (*hübsches, aber dummes Mädchen*).

dol·phin ['dɒlfɪn] *s zo.* Delphin *m*.

dolt [dəʊlt] *s* Dummkopf *m*, Tölpel *m*.

do·main [dəʊ'meɪn] *s* Domäne *f*, *fig. a.* Gebiet *n*, Bereich *m*.

dome [dəʊm] *s* ⚠ Kuppel *f*.

do·mes·tic [dəʊ'mestɪk] **I** *adj* (~***ally***) **1.** häuslich, Haus(halts)...: ~ ***appliance*** Haushaltsgerät *n*; ~ ***science*** *ped.* Hauswirtschaftslehre *f*; ~ ***servant*** (*od.* ***help***) → 6. **2.** häuslich (veranlagt). **3.** Haus...: ~ ***animal.*** **4.** inländisch, Inlands...: ~ ***flight*** Inlandsflug *m*; ~ ***products*** → 7; ~ ***trade*** Binnenhandel *m*. **5.** inner, Innen..., innenpolitisch: ~ ***policy*** Innenpolitik *f*. **II** *s* **6.** Hausangestellte *m, f, pl a.* (Dienst)Personal *n*. **7.** *pl* ⚕ Landesprodukte *pl*, inländische Erzeugnisse *pl*. **do'mes·ti·cate** [~keɪt] *v/t* **1.** an häusliches Leben gewöhnen. **2.** *Tier* zähmen.

dom·i·cile ['dɒmɪsaɪl] **I** *s* **1.** (⚖ ständiger) Wohnsitz. **2.** ⚕ Sitz *m* (*e-r Gesellschaft*); Zahlungsort *m* (*für e-n Wechsel*). **II** *v/t* **3.** ansässig *od.* wohnhaft machen. **4.** ⚕ *Wechsel* domizilieren.

'**dom·i·ciled** *adj* ansässig, wohnhaft.

dom·i·nance ['dɒmɪnəns] *s* **1.** (Vor-)Herrschaft *f*. **2.** Macht *f*, Einfluß *m*.

'**dom·i·nant** **I** *adj* □ **1.** dominierend, (vor)herrschend. **2.** beherrschend: a) bestimmend, tonangebend, b) emporragend, weithin sichtbar. **II** *s* **3.** ♪ Dominante *f*. **dom·i·nate** ['~neɪt] **I** *v/t* beherrschen (*a. fig.*): a) herrschen über (*acc*), b) emporragen über (*acc*), c) dominieren *od.* (vor)herrschen in (*dat*). **II** *v/i* dominieren, vorherrschen: ~ ***over*** herrschen über (*acc*). ˌ**dom·i'na·tion** *s* (Vor)Herrschaft *f*. **dom·i·neer** [ˌ~'nɪə] *v/i* **1.** (***over***) despotisch herrschen (über *acc*). **2.** anmaßend sein *od.* auftreten. ˌ**dom·i'neer·ing** *adj* □ **1.** tyrannisch, despotisch. **2.** anmaßend.

do·min·ion [də'mɪnjən] *s* **1.** (Ober)Herrschaft *f*; Regierungsgewalt *f*. **2.** (Herrschafts)Gebiet *n*. **3.** *oft* ♀ *obs.* Dominion *n* (*im Commonwealth*).

dom·i·no ['dɒmɪnəʊ] *pl* **-no(e)s** *s* a) *pl* (*mst sg konstruiert*) Domino(spiel) *n*, b) Dominostein *m*.

don [dɒn] *v/t et.* anziehen, *Hut* aufsetzen.

do·nate [dəʊ'neɪt] *v/t* schenken (*a.* ⚖), *a. Blut etc* spenden (***to s.o.*** j-m). **do'na·tion** *s* Schenkung *f*, Spende *f*.

done [dʌn] **I** *pp* ***von do***[1]. **II** *adj* **1.** getan: ***it isn't ~*** (*od.* ***the ~ thing***) so et. tut man nicht, das gehört sich nicht. **2.** erledigt: ***get*** *s.th.* ~ erledigen (lassen). **3.** *gastr.* gar: ***well ~*** durchgebraten. **4.** F fertig: ***have ~ with*** fertig sein mit (*a. fig.*); nichts mehr zu tun haben wollen mit; nicht mehr brauchen. **5.** ~**!** abgemacht!

don·key ['dɒŋkɪ] *s zo.* Esel *m* (*a. fig. contp.*): ~***'s years*** *Br.* F e-e Ewigkeit. '~**·work** *s* F Dreck(s)arbeit *f*.

do·nor ['dəʊnə] *s* Schenker(in) (*a.* ⚖), (*a. Blut- etc*)Spender(in): ~**('s)** ***card*** Organspenderausweis *m*.

don't [dəʊnt] F **I** = ***do not*** (→ ***do***[1]). **II** *s pl* → ***do***[2] 3.

doo·dle ['du:dl] **I** *s* Gekritzel *n*, gedankenlos hingekritzelte Figur(en *pl*). **II** *v/i* Männchen malen.

doom [du:m] **I** *s* Schicksal *n*, Geschick *n*, Verhängnis *n*: ***he met his ~*** sein Schicksal ereilte ihn. **II** *v/t* verurteilen, verdammen (*beide a. fig.*): ~***ed to failure*** (*od.* ***to fail***) zum Scheitern verurteilt.

dooms·day ['du:mzdeɪ] *s* Jüngstes Gericht, Jüngster Tag.

door [dɔ:] *s* **1.** Tür *f*: ***from ~ to ~*** von Haus zu Haus; ***out of ~s*** ins Freie, hinaus; im Freien, draußen; ***two ~s down the street*** zwei Häuser weiter; ***bang*** (*od.* ***close, shut***) ***the ~ on*** *j-n* abweisen; *et.* unmöglich machen; ***lay s.th. at s.o.'s ~*** j-m et. zur Last legen; ***show s.o. the ~*** j-m die Tür weisen. **2.** Tor *n*, Pforte *f* (**to** zu) (*beide a. fig.*). **'~·bell** *s* Türklingel *f*, -glocke *f*: ***ring the ~*** (an der Tür) klingeln *od.* läuten. **~ chain** *s* Sicherheitskette *f*. **'~·frame** *s* Türrahmen *m*. **~ han·dle** *s* Türgriff *m*, -klinke *f*. **'~ˌkeep·er** *s* Pförtner *m*. **'~ˌknock·er** *s* Türklopfer *m*. **'~·man** *s* (*irr* ***man***) (livrierter) Portier. **~ mat** *s* (Fuß)Abtreter *m*. **'~·plate** *s* Türschild *n*. **'~·post** *s* Türpfosten *m*. **'~·step** *s* Türstufe *f*: **at** (*od.* **on**) **s.o.'s ~** vor j-s Tür (*a. fig.*). **ˌ~-to-'~** *adj* von Haus zu Haus; *Verkauf* an der Haustür: ***~ collection*** Haussammlung *f*; ***~ salesman*** Hausierer *m*; Vertreter *m*. **'~·way** *s* **1.** Türöffnung *f*. **2.** *fig.* Weg *m* (**to** zu). **'~·yard** *s* *Am.* Vorgarten *m*.

dope [dəʊp] **I** *s* **1.** F Stoff *m* (*Rauschgift*). **2.** a) *Sport*: Dopingmittel *n*, b) Betäubungsmittel *n*. **3.** *sl.* Trottel *m*. **4.** *sl.* a) *oft* ***inside ~*** (vertrauliche) Informationen *pl*, Geheimtip(s *pl*) *m*, b) *allg.* Information(en *pl*) *f*, Material *n*. **II** *v/t* **5.** F *j-m* Stoff geben. **6.** a) *Sport*: dopen, b) *Getränk etc* präparieren, ein Betäubungsmittel untermischen (*dat*). **~ ad·dict, ~ fiend** *s* F Rauschgiftsüchtige *m, f*. **~ test** *s* *Sport*: Dopingkontrolle *f*.

dope·y ['dəʊpɪ] *adj* F **1.** benommen, benebelt. **2.** dämlich, doof.

dorm [dɔ:m] F → ***dormitory.***

dor·mant ['dɔ:mənt] *adj* **1.** schlafend. **2.** *fig.* ruhend, (*a. Vulkan*) untätig. **3.** *fig.* schlummernd, verborgen, latent: ***lie ~*** schlummern.

dor·mer ['dɔ:mə] *s* a) (Dach)Gaupe *f*, (-)Gaube *f*, b) *a.* ***~ window*** stehendes Dachfenster.

dor·mi·to·ry ['dɔ:mətrɪ] *s* **1.** Schlafsaal *m*. **2.** (*bsd.* Studenten)Wohnheim *n*. **~ sub·urb, ~ town** *s* Schlafstadt *f*.

dor·sal ['dɔ:sl] *adj* Rücken...: ***~ fin*** Rükkenflosse *f*.

dos·age ['dəʊsɪdʒ] *s* **1.** Dosierung *f*. **2.** → ***dose*** 1. **dose** [dəʊs] **I** *s* **1.** ⚕ Dosis *f* (*a. fig.*). **II** *v/t* **2.** *Arznei etc* dosieren. **3.** *j-m* Arznei geben.

doss [dɒs] *bsd. Br. sl.* **I** *s* **1.** Schlafplatz *m*. **2.** Schlaf *m*. **3.** Penne *f*. **II** *v/i* **4.** *oft* ***~ down*** pennen. **'doss·er** *s bsd. Br. sl.* **1.** Pennbruder *m*. **2.** Penne *f*.

'doss·house *s bsd. Br. sl.* Penne *f*.

dos·si·er ['dɒsɪeɪ] *s* Dossier *n*, Akten *pl*: ***keep a ~ on*** ein Dossier angelegt haben über (*acc*).

dot [dɒt] **I** *s* **1.** Punkt *m*, Pünktchen *n*; Tupfen *m*: ***on the ~*** F auf die Sekunde pünktlich; ***at 8 o'clock on the ~*** F Punkt 8 Uhr; → ***year.*** **II** *v/t* **2.** punktieren, pünkteln: ***sign on the ~ted line*** unterschreiben; (formell *od.* bedingungslos) zustimmen. **3.** sprenkeln, übersäen (***with*** mit).

dot·age ['dəʊtɪdʒ] *s* **1.** Senilität *f*: ***be in one's ~*** kindisch *od.* senil sein. **2.** Vernarrtheit *f* (***on*** in *acc*). **dote** [dəʊt] *v/i* vernarrt sein (**on** in *acc*). **'dot·ing** *adj* □ **1.** vernarrt (**on** in *acc*). **2.** kindisch, senil.

dou·ble ['dʌbl] **I** *adj* □ **1.** doppelt, Doppel..., zweifach: ***~ bottom*** doppelter Boden; ***~ murder*** Doppelmord *m*. **2.** Doppel..., verdoppelt, verstärkt: ***~ beer*** Starkbier *n*. **3.** Doppel... (*für 2 bestimmt*): ***~ bed*** Doppelbett *n*; ***~ room*** Doppel-, Zweibettzimmer *n*. **4.** zweideutig. **II** *adv* **5.** doppelt: ***~ as long*** noch einmal so lang. **6.** doppelt, zweifach: ***play*** (**at**) ***~ or quit***(**s**) alles riskieren *od.* aufs Spiel setzen; **see ~** doppelt sehen. **III** *s* **7.** *das* Doppelte *od.* Zweifache. **8.** Doppel *n*, Duplikat *n*. **9.** Doppelgänger(in). **10.** *Film*, *TV*: Double *n*. **11.** *mst pl Tennis etc*: Doppel *n*: ***a ~s match*** ein Doppel; ***men's ~s*** Herrendoppel. **IV** *v/t* **12.** verdoppeln. **13.** *oft* ***~ up*** *Papier etc* kniffen, falten, *Bettdecke etc* um-, zurückschlagen; zs.-falten, -legen. **14.** ⚓ umsegeln, umschiffen. **15.** *Film*, *TV*: *j-n* doubeln. **V** *v/i* **16.** sich verdoppeln. **17.** sich (zs.-)falten (lassen): ***~ up with*** sich krümmen vor (*dat*). **18.** plötzlich kehrtmachen; e-n Haken schlagen. **'~-ˌbar·rel(l)ed** *adj* **1.** doppelläufig: ***~ gun*** Doppelflinte *f*, Zwilling *m*. **2.** zweifach: ***~ name*** Doppelname *m*. **3.** zweideutig. **~ bend** *s* S-Kurve *f*. **ˌ~-'breast·ed** *adj* zweireihig (*Anzug*).

~ check *s* genaue Nachprüfung. **ˌ~-ˈcheck** *v/t u. v/i* genau nachprüfen. **~ chin** *s* Doppelkinn *n.* **~ cross** *s* F doppeltes *od.* falsches Spiel. **ˌ~-ˈcross** *v/t* F ein doppeltes *od.* falsches Spiel treiben mit. **ˌ~-ˈdeal·er** *s* Betrüger *m.* **ˌ~-ˈdeal·ing I** *adj* betrügerisch. **II** *s* Betrug *m.* **ˌ~-ˈdeck·er** *s* **1.** Doppeldecker *m* (*Autobus, Flugzeug etc*). **2.** F Etagenbett *n*; Doppelsandwich *n.* **~ Dutch** *s* F Kauderwelsch *n.* **ˌ~-ˈedged** *adj* **1.** zweischneidig (*a. fig.*). **2.** *fig.* zweideutig. **ˈ~-faced** *adj* heuchlerisch, unaufrichtig. **~ fea·ture** *s* Doppelprogramm *n* (*2 Spielfilme in jeder Vorstellung*). **~ life** *s* (*irr* **life**) Doppelleben *n.* **ˌ~-ˈpark** *v/t u. v/i mot.* in zweiter Reihe parken. **ˌ~-ˈquick I** *s* → ***double time*** 1. **II** *adj*: ***in ~ time*** → III. **III** *adv* F im Eiltempo, fix. **~ stand·ard** *s*: ***apply ~s*** mit zweierlei Maß messen. **~ talk** *s* hinhaltendes *od.* nichtssagendes Gerede; doppelzüngiges Gerede; Augen(aus)wischerei *f.* **~ time** *s* **1.** ⚔ *Am.* Schnellschritt *m*: ***in ~*** F im Eiltempo, fix. **2.** doppelter Lohn (*für Feiertagsarbeit etc*).

doubt [daʊt] **I** *v/i* **1.** zweifeln (***of*** an *e-r Sache*). **2.** Bedenken haben. **II** *v/t* **3.** bezweifeln (*a.* ***that*** daß), anzweifeln. **4.** mißtrauen (*dat*). **III** *s* **5.** Zweifel *m* (***of*** an *dat*; ***about*** hinsichtlich): ***no*** (*od.* ***without, beyond***) ***~*** zweifellos, fraglos; ***be in ~*** Zweifel haben (***about*** an *dat*); ungewiß sein; unschlüssig sein; ***cast*** (*od.* ***throw***) ***~ on*** *et.* in Zweifel ziehen; ***if*** (*od.* ***when***) ***in ~*** im Zweifelsfall; ***leave no ~s about*** keinen Zweifel lassen an (*dat*). **ˈdoubt·er** *s* Zweifler(in). **doubt·ful** [ˈ~fʊl] *adj* □ **1.** *allg.* zweifelhaft. **2.** ***be ~ of*** (*od.* ***about***) zweifeln an (*dat*), im Zweifel sein über (*acc*). **ˈdoubt·less** *adv* zweifellos, sicherlich.

dough [dəʊ] *s* **1.** Teig *m.* **2.** *bsd. Am. sl.* Kohlen *pl* (*Geld*). **ˈ~·nut** *s* Krapfen *m*, Berliner (Pfannkuchen).

dough·y [ˈdəʊɪ] *adj* **1.** teigig. **2.** *fig.* teigig, wächsern (*Gesicht*).

dour [dʊə] *adj* **1.** mürrisch. **2.** hart, streng. **3.** hartnäckig, halsstarrig.

douse [daʊs] *v/t* **1.** ins Wasser tauchen, eintauchen, *Wäsche etc* einweichen; Wasser schütten über (*acc*). **2.** F *Licht* ausmachen.

dove [dʌv] *s* **1.** *orn.* Taube *f*: ***~ of peace*** *fig.* Friedenstaube *f.* **2.** *pol.* Taube *f* (*gemäßigter Politiker*).

dow·dy [ˈdaʊdɪ] *adj* □ nachlässig gekleidet; unelegant; unmodern.

dow·el [ˈdaʊəl] *s* ⚙ Dübel *m.*

down[1] [daʊn] **I** *adv* **1.** nach unten, her-, hinunter, abwärts, (*in Kreuzworträtseln*) senkrecht. **2.** ***go ~ to the country*** (*von London*) aufs Land fahren. **3.** ***~ with ...!*** nieder mit ...! **4.** (dr)unten: ***~ there*** dort unten; ***~ under*** F in *od.* nach Australien *od.* Neuseeland (→ ***down under***). **5.** untergegangen (*Sonne etc*). **6.** gefallen (*Preise, Thermometer etc*): ***~ by 10 degrees*** um 10 Grad gefallen. **7.** niedergeschlagen, down: → ***mouth*** 1. **8.** bettlägerig: ***be ~ with influenza*** mit Grippe im Bett liegen. **9.** ***they were 2 points*** (***goals***) ***~*** (*Sport*) sie lagen 2 Punkte (Tore) zurück. **II** *adj* **10.** nach unten (gerichtet), Abwärts... **11.** von London abfahrend *od.* kommend: ***~ platform*** Abfahrtsbahnsteig *m* (*in London*). **III** *prp* **12.** her-, hinunter: ***~ the river*** flußabwärts. **IV** *s* **13.** ***have a ~ on*** F *j-n* auf dem Kieker haben. **V** *v/t* **14.** zu Fall bringen (*a. Sport u. fig.*). **15.** niederlegen: ***~ tools*** die Arbeit niederlegen. **16.** *Flugzeug* abschießen. **17.** F *Getränk* runterkippen.

down[2] [~] *s* **1.** *orn.* Daunen *pl*: ***~ quilt*** Daunendecke *f.* **2.** (*a.* Bart)Flaum *m.*

ˈdown|·cast *adj* niedergeschlagen: a) gesenkt (*Blick*), b) deprimiert. **ˈ~·fall** *s* **1.** *fig.* Sturz *m.* **2.** starker Regenguß, Platzregen *m*, *a.* starker Schneefall. **ˈ~·grade** *v/t* **1.** niedriger einstufen. **2.** degradieren. **ˌ~ˈheart·ed** *adj* □ niedergeschlagen, entmutigt. **ˌ~ˈhill I** *adv* **1.** abwärts, bergab (*beide a. fig.*), den Berg hinunter: ***he is going ~*** es geht bergab mit ihm; ***the rest was ~*** (***all the way***) alles andere ging wie von selbst. **II** *adj* **2.** abschüssig. **3.** *Skisport*: Abfahrts...: ***~ race*** Abfahrtslauf *m.* **~ pay·ment** *s* **1.** Barzahlung *f.* **2.** Anzahlung *f.* **ˈ~·pour** *s* Platzregen *m.* **ˈ~·right** *adj u. adv* völlig, absolut, ausgesprochen: ***a ~ lie*** e-e glatte Lüge. **ˌ~ˈstairs I** *adv* **1.** die Treppe her- *od.* hinunter, nach unten. **2.** unten, in e-m unteren Stockwerk. **3.** e-e Treppe tiefer. **II** *adj* [ˈ~steəz] **4.** im unteren Stockwerk (gelegen), unter. **ˌ~ˈstream** *adv* flußab(wärts). ˌ~-to-'**earth** *adj* realistisch. ~**·town** *Am.* **I** *adv* [ˌ~'taʊn] im *od.* ins Geschäftsviertel. **II** *adj* ['~taʊn] im Geschäftsviertel (gelegen *od.* tätig): ***in ~ Los Angeles*** in der Innenstadt von Los Angeles. **III** *s* ['~taʊn] Geschäftsviertel *n*, Innenstadt *f*, City *f*. '~ˌ**trod·den** *adj* unterdrückt. ~ **un·der** *s* F Australien *n*; Neuseeland *n*.

down·ward ['daʊnwəd] **I** *adv* **1.** nach unten: ***face ~*** mit dem Gesicht nach unten. **2.** *fig.* abwärts, bergab: ***he went ~ in life*** es ging bergab mit ihm. **3.** ***from ... ~*** (*zeitlich*) von ... ab, seit. **II** *adj* **4.** Abwärts..., (*Preise*) sinkend. **down·wards** ['~wədz] → ***downward*** I.

down·y ['daʊnɪ] *adj* **1.** Daunen... **2.** flaumig.

dow·ry ['daʊərɪ] *s* Mitgift *f*, Aussteuer *f*.

dowse[1] → ***douse.***

dowse[2] [daʊz] *v/i* mit der Wünschelrute (Wasser *etc*) suchen. '**dows·er** *s* (Wünschel)Rutengänger *m*. '**dows·ing rod** *s* Wünschelrute *f*.

doy·en [dɔɪ'en] *s* **1.** Rangälteste *m*. **2.** Doyen *m*. **3.** Nestor *m*.

doze [dəʊz] **I** *v/i* dösen, ein Nickerchen machen *od.* halten: ***~ off*** einnicken, -dösen. **II** *s* Nickerchen *n*: ***have a ~*** → I.

doz·en ['dʌzn] *s* Dutzend *n*: ***~s of times*** F x-mal; ***do one's daily ~*** Früh- *od.* Morgengymnastik machen; ***talk nineteen*** (*od.* ***twenty, forty***) ***to the ~*** *Br.* wie ein Wasserfall reden; → ***baker.***

doz·y ['dəʊzɪ] *adj* □ **1.** schläfrig, verschlafen, dösig. **2.** *Br.* F schwer von Begriff.

drab [dræb] *adj* **1.** graubraun. **2.** *fig.* trist: a) grau (*Stadt etc*), b) düster (*Farben etc*), c) langweilig (*Abend etc*), d) freudlos (*Dasein etc*).

Dra·co·ni·an [drə'kəʊnjən] *adj* drakonisch.

draft [drɑːft] **I** *s* **1.** Entwurf *m*. **2.** (Luft-*etc*)Zug *m*: ***feel the draught*** *Br.* F den Wind im Gesicht spüren. **3.** ***make a ~ on*** Geld abheben von; *fig.* in Anspruch nehmen. **4.** ✝ Tratte *f*, Wechsel *m*. **5.** ⚔ *Am.* Einberufung *f*, Einziehung *f*. **6.** → ***draught*** I. **II** *v/t* **7.** entwerfen, *Schriftstück* aufsetzen. **8.** ⚔ *Am.* einziehen (***into*** zu), einberufen.

drafts·man ['drɑːftsmən] *s* (*irr* ***man***) **1.** *j-d, der et. entwirft od. aufsetzt.* **2.** ⚙ (Konstruktions)Zeichner *m*.

draft·y ['drɑːftɪ] *adj* zugig.

drag [dræg] **I** *s* **1.** Schleppen *n*, Zerren *n*. **2.** Hemmschuh *m* (*a. fig.* ***on*** für). **3.** F a) *et.* Langweiliges *od.* Lästiges: ***be a ~*** langweilig sein; ***what a ~!*** so ein Mist!, b) Langweiler *m*; lästiger Kerl. **4.** *Am.* F Einfluß *m*: ***use one's ~*** s-e Beziehungen spielen lassen. **5.** F Zug *m* (***at, on*** an *e-r Zigarette etc*): ***give me a ~*** laß mich mal ziehen. **6.** F (*von Männern, bsd. von Transvestiten, getragene*) Frauenkleidung. **II** *v/t* **7.** schleppen, zerren, schleifen, ziehen: → ***mire, mud*** 2. **8.** ***~ one's feet*** a) schlurfen, b) *a.* ***~ one's heels*** *fig.* sich Zeit lassen (***over, in, about*** mit, bei). **9.** *fig.* hineinziehen (***into*** in *acc*). **10.** F *j-n* langweilen; *j-m* lästig sein. **III** *v/i* **11.** (am Boden) schleppen *od.* schleifen. **12.** → ***drag behind.*** **13.** zerren (***at*** an *dat*). **14.** F ziehen (***at, on*** an *e-r Zigarette etc*).

Verbindungen mit Adverbien:

drag| a·long I *v/t* wegschleppen, -zerren. **II** *v/i* sich dahinschleppen. ~ **a·way** *v/t* → ***drag along*** I: ***drag o.s. away from*** *fig.* sich losreißen von. ~ **be·hind** *v/i* zurückbleiben, nachhinken. ~ **down** *v/t* **1.** herunter-, hinunterziehen; *fig.* in den Schmutz ziehen. **2.** *fig.* zermürben (*Krankheit etc*); entmutigen. ~ **in** *v/t* **1.** herein-, hineinziehen. **2.** *fig.* (mit) hineinziehen. ~ **off** *v/t* → ***drag along*** I: ***drag s.o. off to a party*** F j-n auf e-e Party schleppen. ~ **on I** *v/t* weiterschleppen. **II** *v/i fig.* sich dahinschleppen; sich in die Länge ziehen: ***the speech dragged on for two hours*** die Rede zog sich über zwei Stunden hin. ~ **out** *v/t* **1.** heraus-, hinausziehen. **2.** *fig.* hinausziehen, in die Länge ziehen. ~ **up** *v/t* **1.** hochziehen. **2.** F *Kind* lieblos aufziehen. **3.** F *Skandal etc* ausgraben.

dra·gée [dræ'ʒeɪ] *s* Dragée *n* (*a. pharm.*).

'**drag|·lift** *s* Schlepplift *m*. '~**·net** *s* **1.** Schleppnetz *n*: ***~ operation*** Schleppnetzfahndung *f*. **2.** *fig.* Netz *n* (*der Polizei etc*).

drag·on ['drægən] *s* Drache *m*. '~**·fly** *s zo.* Libelle *f*.

drain [dreɪn] **I** *v/t* **1.** *a.* ***~ off*** (*od.* ***away***) *Flüssigkeit* abfließen lassen: ***~ off*** abtropfen lassen; *Gemüse* abgießen. **2.** ⚕ *Eiter etc* drainieren. **3.** austrinken, leeren: → ***dreg*** 1. **4.** *Land* entwässern. **5.** *Gebäude etc* kanalisieren. **6.** *j-n, Vorräte etc* erschöpfen. **II** *v/i* **7.** ~ ***off*** (*od.* ***away***) abfließen, ablaufen. **8.** leerlaufen. **9.** abtropfen. **10.** *a.* ~ ***away*** *fig.* dahinschwinden. **III** *s* **11.** → ***drainage*** 1–3. **12.** Abzugskanal *m*, Entwässerungsgraben *m*. **13.** *pl* Kanalisation *f*. **14.** *fig.* Abfluß *m*. **15.** *fig.* Belastung *f* (***on*** *gen*). **'drain·age** *s* **1.** Ableitung *f*. **2.** Abfließen *n*, Ablaufen *n*. **3.** Entwässerung *f*. **4.** Kanalisation *f*. **5.** ⚕ Drainage *f*.

'drain·pipe *s* **1.** Abflußrohr *n*: ~ ***trousers*** → 3. **2.** Fallrohr *n* (*der Dachrinne*). **3.** *pl*, *a.* ***pair of ~s*** F Röhrenhose(n *pl*) *f*.

drake [dreɪk] *s orn.* Enterich *m*, Erpel *m*.

dram [dræm] *s* F Schluck *m* (*Alkohol*): ***be fond of a*** ~ gern einen trinken.

dra·ma ['drɑːmə] *s* Drama *n* (*a. fig.*): ~ ***critic*** Theaterkritiker(in); ~ ***school*** Schauspielschule *f*. **dra·mat·ic** [drə'mætɪk] **I** *adj* (~***ally***) **1.** dramatisch (*a.* ♪ *u. fig.*), Schauspiel..., Theater...: ~ ***critic*** Theaterkritiker(in). **2.** *fig.* drastisch (*Beispiel, Veränderungen etc*); aufsehenerregend (*Rede etc*). **II** *s pl* **3.** (*a. sg konstruiert*) Dramaturgie *f*. **4.** theatralisches Getue.

dram·a·tis per·so·nae [ˌdrɑːmətɪspɜː'səʊnaɪ] *s pl* Personen *pl* der Handlung.

dram·a·tist ['dræmətɪst] *s* Dramatiker *m*. **dram·a·tize** ['~taɪz] *v/t* dramatisieren: a) für die Bühne bearbeiten, b) *fig.* aufbauschen, (*a. v/i*) übertreiben.

drank [dræŋk] *pret von* ***drink***.

drape [dreɪp] *v/t* **1.** drapieren (***with*** mit): a) (mit Stoff) behängen, b) in (dekorative) Falten legen. **2.** *Mantel etc* hängen (***over*** über *acc*). **'drap·er** *s Br.* Textilkaufmann *m*. **'drap·er·y** *s* **1.** Textilien *pl*. **2.** *bsd. Am.* Vorhänge *pl*, Vorhangstoffe *pl*.

dras·tic ['dræstɪk] *adj* (~***ally***) drastisch.

draught [drɑːft] **I** *s* **1.** Zug *m*, Schluck *m*: ***at a*** ~ in einem Zug. **2.** ***beer on*** ~, ~ ***beer*** Bier *n* vom Faß, Faßbier. **3.** *Br.* a) *pl* (*sg konstruiert*) Dame(spiel *n*) *f*, b) → ***draughtsman*** 1. **4.** a) *bsd. Br. für* ***draft*** 2, b) *selten bsd. Br. für* ***draft*** 1, 4. **II** *v/t* **5.** *selten bsd. Br. für* ***draft*** 7. **'~·board** *s Br.* Damebrett *n*.

draughts·man *s* (*irr* ***man***) **1.** ['drɑːftsmæn] *Br.* Damestein *m*. **2.** ['drɑːftsmən] *selten bsd. Br. für* ***draftsman***.

draught·y ['drɑːftɪ] *bsd. Br. für* ***drafty***.

draw [drɔː] **I** *s* **1.** Ziehen *n*; Zug *m* (*a. an der Pfeife etc*). **2.** Ziehung *f*, Verlosung *f*. **3.** *fig.* Zugkraft *f*. **4.** *fig.* Attraktion *f* (*a. Person*), Zugstück *n*. **5.** *Sport*: Unentschieden *n*: ***end in a*** ~ unentschieden ausgehen. **II** *v/t* (*irr*) **6.** *Waffe, Zahn etc, fig. Schluß etc* ziehen; *Vorhänge* auf- *od.* zuziehen; *Bogen* spannen: ~ ***s.o. into*** *fig.* j-n hineinziehen in (*acc*). **7.** bringen (***on*** über *acc*): ~ ***s.o's anger on o.s.*** sich j-s Zorn zuziehen. **8.** *Atem* holen: ~ ***a sigh*** aufseufzen. **9.** *Tee* ziehen lassen. **10.** auslosen. **11.** *fig.* anziehen: ***feel ~n to***(***ward***[***s***]) ***s.o.*** sich zu j-m hingezogen fühlen. **12.** *Linie, Grenze etc, fig. Vergleich etc* ziehen. **13.** zeichnen. **14.** *Schriftstück* abfassen, aufsetzen; *Scheck* ausstellen, *Wechsel a.* ziehen (***on*** auf *acc*). **15.** *Geld* abheben (***from*** von); *Rente etc* beziehen. **16.** entlocken (***from*** *dat*): ~ ***applause*** Beifall hervorrufen; ~ (***information from***) ***s.o.*** j-n aushorchen. **17.** entnehmen (***from*** *dat*): ~ ***consolation from*** Trost schöpfen aus; ~ ***inspiration from*** sich Anregung holen von *od.* bei *od.* durch. **III** *v/i* (*irr*) **18.** ziehen (*a. Tee, Kamin etc*). **19.** (***to***) sich nähern (*dat*), herankommen (an *acc*): → ***end*** 8. **20.** (***on***) in Anspruch nehmen (*acc*), Gebrauch machen (*von*), (*Vorräte etc*) angreifen. **21.** *Sport*: unentschieden kämpfen *od.* spielen (***with*** gegen), sich unentschieden trennen. **22.** losen (***for*** um).

Verbindungen mit Adverbien:

draw| a·part I *v/t* auseinanderziehen. **II** *v/i* sich entfernen (***from*** von), sich voneinander entfernen, *fig. a.* sich auseinanderleben. ~ **a·side** *v/t j-n* beiseite nehmen. ~ **a·way I** *v/t* **1.** wegziehen. **2.** *j-s Aufmerksamkeit* ablenken. **II** *v/i* **3.** sich entfernen; (*Sport*) sich lösen (***from*** von). ~ **down** *v/t* **1.** herabziehen, *Jalousien* herunterlassen. **2.** → ***draw*** 7. ~ **in I** *v/t* **1.** *Luft* einziehen. **2.** *fig. j-n* (mit) hineinziehen. **II** *v/i* **3.** einfahren (*Zug*), vorfahren (*Wagen etc*). **4.** zu Ende gehen (*Tag*); abnehmen, kürzer werden (*Tage*). ~ **off** *v/t Handschuhe etc* ausziehen. ~ **on** *v/t Handschuhe etc* anziehen. ~ **out I** *v/t* **1.** herausziehen. **2.** *fig. Aus-*

sage *etc* herausholen (***of, from*** aus); *j-n* aushorchen. **3.** *fig.* hinausziehen, in die Länge ziehen. **II** *v/i* **4.** länger werden (*Tage*). **~ up I** *v/t* **1.** aufrichten. **2.** *Schriftstück* abfassen, aufsetzen. **II** *v/i* **3.** (an)halten (*Wagen etc*). **4.** vorfahren (***to*** vor *dat*).

'draw|·back *s* Nachteil *m* (***to*** für). **'~·bridge** *s* Zugbrücke *f.*

draw·ee [drɔː'iː] *s* ✝ Bezogene *m.*

draw·er [*1, 2*: drɔː; *3, 4*: 'drɔːə] *s* **1.** Schublade *f*, -fach *n.* **2.** *pl, a.* ***pair of ~s*** Unterhose *f.* **3.** Zeichner *m.* **4.** ✝ Aussteller *m.*

draw·ing ['drɔːɪŋ] *s* **1.** Zeichnen *n.* **2.** Zeichnung *f.* **~ block** *s* Zeichenblock *m.* **~ board** *s* Reiß-, Zeichenbrett *n*: ***go back to the ~*** *fig.* noch einmal von vorne anfangen. **~ pin** *s Br.* Reißzwekke *f*, -nagel *m.* **~ room** *s* Gesellschaftszimmer *n*, Salon *m.*

drawl [drɔːl] **I** *v/t u. v/i* gedehnt *od.* schleppend sprechen. **II** *s* gedehntes Sprechen.

drawn [drɔːn] **I** *pp von* ***draw.*** **II** *adj Sport*: unentschieden: ***~ game*** Unentschieden *n.*

dread [dred] **I** *v/t et., j-n* sehr fürchten, sich fürchten (***to do, doing*** zu tun), (große) Angst haben *od.* sich fürchten vor (*dat*). **II** *s* (große) Angst, Furcht *f* (***of*** vor *dat*). **dread·ful** ['~fʊl] **I** *adj* □ furchtbar, schrecklich (*beide a. fig.* F). **II** *s* → ***penny dreadful.***

dream [driːm] **I** *s* **1.** Traum *m*: ***have a ~ about*** träumen von; ***pleasant ~s!*** träum was Schönes! **2.** *fig.* Traum *m*: a) Wunschtraum *m*: ***that's beyond my wildest ~s*** das übertrifft m-e kühnsten Träume, b) Ideal *n*: ***a ~ of a hat*** ein Gedicht von e-m Hut; ***a perfect ~*** traumhaft schön. **II** *v/i* (*a. irr*) **3.** träumen (***of, about*** von) (*a. fig.*): ***~ of doing s.th.*** davon träumen, et. zu tun; daran denken, et. zu tun. **III** *v/t* (*a. irr*) **4.** träumen (*a. fig.*): ***~ away*** verträumen; ***~ up*** F sich ausdenken *od.* einfallen lassen. **'dream·er** *s* Träumer(in) (*a. fig.*).

dream read·er *s* Traumdeuter(in).

dreamt [dremt] *pret u. pp von* ***dream.***

dream·y ['driːmɪ] *adj* □ **1.** verträumt (*a. Augen*), träumerisch. **2.** dunkel, verschwommen (*Erinnerung*). **3.** zum Träumen: ***~ music.***

drear·y ['drɪərɪ] *adj* □ **1.** trübselig (*Ort etc*). **2.** trüb (*Tag etc*). **3.** langweilig (*Person, Arbeit etc*).

dredge[1] [dredʒ] ⚙ **I** *s* Bagger *m.* **II** *v/t* ausbaggern.

dredge[2] [~] *v/t* **1.** bestreuen (***with*** mit). **2.** *Mehl etc* streuen (***over*** über *acc*).

dredg·er[1] ['dredʒə] *s* ⚙ Bagger *m.*

dredg·er[2] [~] *s* Streubüchse *f*, Streuer *m.*

dreg [dreg] *s mst pl* **1.** (Boden)Satz *m*: ***drain to the ~s*** bis auf den letzten Tropfen *od.* bis zur Neige leeren. **2.** *fig.* Abschaum *m.*

drench [drentʃ] *v/t* durchnässen: ***~ed in tears*** in Tränen aufgelöst; → ***skin*** 1.

dress [dres] **I** *s* **1.** Kleidung *f.* **2.** (Damen)Kleid *n.* **II** *v/t* **3.** an-, bekleiden, anziehen: ***~ o.s., get ~ed*** sich anziehen; → ***kill*** 9. **4.** einkleiden. **5.** schmücken, dekorieren. **6.** zurechtmachen, (her-) richten, *bsd. Speisen* zubereiten; *Salat* anmachen; *Haar* frisieren. **7.** ⚕ *Wunde etc* verbinden. **III** *v/i* **8.** sich anziehen: ***~ well*** (***badly***) *weitS.* sich geschmackvoll (geschmacklos) kleiden.

Verbindungen mit Adverbien:

dress| down I *v/t* F *j-m* e-e Standpauke halten, *j-m* aufs Dach steigen. **II** *v/i* sich unauffällig kleiden. **~ up I** *v/t* **1.** feinmachen; herausputzen. **2.** *Fakten etc* verpacken (***in*** in *acc*); beschönigen; ausschmücken (***with*** mit). **II** *v/i* **3.** sich feinmachen; sich herausputzen. **4.** sich kostümieren *od.* verkleiden (***as*** als).

dress| cir·cle *s thea. etc* erster Rang. **~ coat** *s* Frack *m.*

dress·er ['dresə] *s* **1.** *thea.* Garderobiere *f.* **2.** ***be a fashionable ~*** immer modisch gekleidet sein. **3.** Küchen-, Geschirrschrank *m.* **4.** → ***dressing table.***

dress·ing ['dresɪŋ] *s* **1.** Ankleiden *n.* **2.** Zubereitung *f.* **3.** Dressing *n* (*Salatsoße*). **4.** ⚕ Verband *m.* **ˌ~-'down** *s* F Standpauke *f*: ***give s.o. a ~*** → ***dress down*** I; ***get a ~*** eins aufs Dach bekommen. **~ gown** *s* Morgenmantel *m*, (*für Damen a.*) Morgenrock *m.* **~ room** *s* Ankleidezimmer *n*; (Künstler)Garderobe *f*; (*Sport*) (Umkleide)Kabine *f.* **~ ta·ble** *s* Toilettentisch *m*, Frisierkommode *f.*

'dress|ˌmak·er *s* (*bsd.* Damen)Schneider(in). **~ re·hears·al** *s thea.* Generalprobe *f* (*a. fig.*); Kostümprobe *f.* **~ shirt**

s Frackhemd *n*. **~ suit** *s* Abend-, Gesellschaftsanzug *m*.

dress·y ['dresɪ] *adj* □ F **1.** geschniegelt, aufgetakelt. **2.** elegant, schick.

drew [druː] *pret von* ***draw.***

drib·ble ['drɪbl] **I** *v/i* **1.** tröpfeln: ***~ away*** *fig*. allmählich zu Ende gehen (*Geld etc*). **2.** sabbern, geifern. **3.** *Sport*: dribbeln: ***~ past*** *j-n* umdribbeln. **II** *v/t* **4.** tröpfeln lassen, träufeln. **III** *s* **5.** → ***drib(b)let.*** **6.** *Sport*: Dribbling *n*.

drib·(b)let ['drɪblɪt] *s* kleine Menge *od*. Summe: ***in*** (*od*. ***by***) ***~s*** in kleinen Mengen *od*. Raten.

dribs and drabs [drɪbz] *s pl*: ***in ~*** F kleckerweise.

dried [draɪd] *adj* Dörr..., getrocknet: ***~ fruit*** Dörrobst *n*; ***~ milk*** Trockenmilch *f*.

dri·er ['draɪə] *s* Trockenapparat *m*, Trockner *m*.

drift [drɪft] **I** *s* **1.** Treiben *n*; *fig*. (Sich-)Treibenlassen *n*, Ziellosigkeit *f*. **2.** ✈, ⚓ Abtrift *f*. **3.** *fig*. Strömung *f*, Tendenz *f*; Absicht *f*; Gedankengang *m*. **4.** (*Schnee*)Verwehung *f*, (*Schnee-*, *Sand-*) Wehe *f*. **II** *v/i* **5.** getrieben werden, treiben (*a. fig*. ***into*** in *e-n Krieg etc*): ***let things ~*** den Dingen ihren Lauf lassen. **6.** *fig*. sich (willenlos) treiben lassen. **7.** sich häufen (*Sand*, *Schnee*). **III** *v/t* **8.** (dahin)treiben. **'drift·er** *s* ziellos herumwandernder Mensch.

drift| ice *s* Treibeis *n*. **'~·wood** *s* Treibholz *n*.

drill¹ [drɪl] **I** *s* **1.** ⚙ Bohrer *m*. **2.** ⚔ Drill *m* (*a. fig*.); Exerzieren *n*. **II** *v/t* **3.** *Loch* bohren (***in*** in *acc*). **4.** ⚔ drillen (*a. fig*. ***in*** in *dat*). **5.** ***~ s.th. into s.o.*** j-m et. eindrillen *od*. einpauken. **III** *v/i* **6.** bohren (***for*** nach).

drill² [~] *s* Drillich *m*.

drink [drɪŋk] **I** *s* **1.** Getränk *n*; *coll*. Getränke *pl*. **2.** das Trinken, der Alkohol: ***take to ~*** sich das Trinken angewöhnen. **3.** Schluck *m*. **II** *v/t* (*irr*) **4.** trinken, (*Tier a*.) saufen: ***~ away*** *Geld etc* vertrinken; *Sorgen etc* im Alkohol ertränken; ***~ down*** *j-n* unter den Tisch trinken; ***~ in*** *fig*. (gierig) in sich aufnehmen, verschlingen; ***~ off*** (*od*. ***up***) austrinken; → ***table.*** **5.** trinken *od*. anstoßen auf (*acc*): → ***health*** 3. **III** *v/i* (*irr*) **6.** trinken, *weitS. a*. (ein) Trinker sein, (*Tier a*.) saufen: ***~ off*** (*od*. ***up***) austrinken. **7.** trinken, anstoßen (***to*** auf *acc*): ***~ to s.o.*** j-m zuprosten *od*. zutrinken; → ***health*** 3. **'drink·a·ble** *adj* trinkbar, Trink... **'drink·er** *s* **1.** Trinkende *m*, *f*. **2.** Trinker(in).

drink·ing ['drɪŋkɪŋ] **I** *s* Trinken *n*. **II** *adj* Trink...: ***~ song*** (***water***, *etc*); ***~ straw*** Trinkhalm *m*.

drip [drɪp] **I** *v/i* **1.** tropfen (*a. Hahn etc*), tröpfeln. **2.** triefen (***with*** von, vor *dat*) (*a. fig*.). **II** *v/t* **3.** tropfen *od*. tröpfeln lassen. **4.** ***~ sweat*** vor Schweiß triefen. **III** *s* **5.** → ***dripping*** 1. **6.** ⚕ Tropf(infusion *f*) *m*: ***be on the ~*** am Tropf hängen. **7.** F Nulpe *f*; Flasche *f*. **,~-'dry I** *adj* bügelfrei. **II** *v/t* tropfnaß aufhängen.

drip·ping ['drɪpɪŋ] **I** *s* **1.** Tropfen *n* (*a. Geräusch*), Tröpfeln *n*. **2.** (abtropfendes) Bratenfett. **II** *adj* **3.** tropfend (*a. Hahn etc*), tröpfelnd. **4.** triefend (***with*** von, vor *dat*) (*a. fig*.). **5.** triefend (naß), tropf-, triefnaß. **III** *adv* **6.** ***~ wet*** → 5.

drive [draɪv] **I** *s* **1.** Fahrt *f*; *engS*. Aus-, Spazierfahrt *f*: ***an hour's ~*** e-e Autostunde. **2.** Fahrweg *m*; Zufahrt(sstraße) *f*; (private) Auffahrt. **3.** *Golf*, *Tennis*: Drive *m*, Treibschlag *m*. **4.** *fig*. Kampagne *f*, Feldzug *m*. **5.** *fig*. Schwung *m*, Elan *m*. **6.** *psych*. Trieb *m*. **7.** ⚙ Antrieb *m*. **8.** *mot*. (*Links- etc*) Steuerung *f*. **II** *v/t* (*irr*) **9.** treiben (*a. fig*.); *Nagel etc* schlagen, *Pfahl* rammen (***into*** in *acc*): ***~ s.th. into s.o.*** j-m et. einbleuen; → ***bend*** 1, ***corner*** 2, ***home*** 9, ***wall*** 1, *etc*. **10.** *j-n* veranlassen (***to***, ***into*** zu; ***to do*** zu tun), dazu bringen (***to do*** zu tun): ***driven by hunger*** vom Hunger getrieben. **11.** *Auto etc* lenken, steuern, fahren; (im Auto *etc*) fahren, befördern, bringen (***to*** nach). **12.** ⚙ (an)treiben. **13.** zielbewußt durchführen: ***~ a hard bargain*** hart verhandeln; überzogene Forderungen stellen. **III** *v/i* (*irr*) **14.** treiben, getrieben werden. **15.** jagen, stürmen. **16.** (Auto) fahren: ***~ into a wall*** gegen e-e Mauer fahren. **17.** *fig*. abzielen (***at*** auf *acc*): ***what is he driving at?*** worauf will er hinaus?

Verbindungen mit Adverbien:

drive| a·way *v/t a. fig. Sorgen etc* vertreiben, -jagen; *Bedenken etc* zerstreuen. **~ in** *v/t Nagel etc* einschlagen, *Pfahl* einrammen. **~ up I** *v/t Preise etc* in die Höhe treiben. **II** *v/i* (**to**) vorfahren (vor *dat*); heranfahren (an *acc*).

'drive-in I *adj* Auto...: ~ ***cinema*** (*Am.* ***motion-picture theater***) → IIa; ~ ***restaurant*** → IIb; ~ ***window*** → IIc. **II** *s* a) Autokino *n*, Drive-in-Kino *n*, b) Drive-in-Restaurant *n*, c) Autoschalter *m*, Drive-in-Schalter *m* (*e-r Bank*).

driv·el ['drɪvl] **I** *v/i pret u. pp* **-eled,** *bsd. Br.* **-elled 1.** sabbern, geifern. **2.** faseln. **II** *s* **3.** Geifer *m*. **4.** Gefasel *n*.

driv·en ['drɪvn] *pp von* ***drive.***

driv·er ['draɪvə] *s* (*Auto- etc*)Fahrer *m*; (*Kran- etc, Br. Lokomotiv*)Führer *m*. **~'s cab** *s* Führerhaus *n* (*e-s Lastwagens od. Krans*), 🚂 *Br.* Führerstand *m*. **~'s li·cense** *s Am.* Führerschein *m*.

'drive·way *s* Zufahrt(sstraße) *f*; (private) Auffahrt.

driv·ing ['draɪvɪŋ] **I** *adj* **1.** (an)treibend: ~ ***force*** treibende Kraft. **2.** ⚙ Treib..., Antriebs... **II** *s* **3.** Autofahren *n*. **4.** *mot.* Fahrweise *f*, -stil *m*. ~ **in·struc·tor** *s* Fahrlehrer(in). ~ **les·son** *s* Fahrstunde *f*: ***take ~s*** Fahrunterricht nehmen, den Führerschein machen. ~ **li·cence** *s Br.* Führerschein *m*. ~ **mir·ror** *s mot.* Rückspiegel *m*. ~ **school** *s* Fahrschule *f*. ~ **test** *s* Fahrprüfung *f*: ***take one's ~*** die Fahrprüfung *od.* den Führerschein machen.

driz·zle ['drɪzl] **I** *v/impers* nieseln. **II** *s* Sprüh-, Nieselregen *m*.

droll [drəʊl] *adj* □ drollig, spaßig.

drom·e·dar·y ['drɒmədərɪ] *s zo.* Dromedar *n*.

drone[1] [drəʊn] *s zo.* Drohne *f*, *fig. a.* Schmarotzer *m*.

drone[2] [~] **I** *v/i* brummen, summen. **II** *v/t* her(unter)leiern. **III** *s* Brummen *n*, Summen *n*.

drool [dru:l] **I** *v/i* **1.** → ***drivel*** I. **2.** ~ ***over*** (*od.* ***about***) sich begeistern für, vernarrt sein in (*acc*). **II** *s* **3.** → ***drivel*** II.

droop [dru:p] **I** *v/i* **1.** (schlaff) herabhängen *od.* -sinken. **2.** ermatten, erschlaffen (***from, with*** vor *dat*). **3.** sinken (*Mut etc*), erlahmen (*Interesse etc*). **4.** den Kopf hängenlassen (*a. Blume*). **II** *v/t* **5.** (schlaff) herabhängen lassen. **6.** *Kopf* hängenlassen. **III** *s* **7.** Herabhängen *n*.

drop [drɒp] **I** *s* **1.** Tropfen *m*: ***a ~ in the bucket*** (*od.* ***ocean***) *fig.* ein Tropfen auf den heißen Stein; ***empty to the last ~*** bis auf den letzten Tropfen leeren; ***he has had a ~ too much*** er hat e-n über den Durst getrunken. **2.** Bonbon *m*, *n*: ***fruit ~*** Drops *m*. **3.** Fall(tiefe *f*) *m*: ***a ~ of ten yards*** ein Fall aus 10 Yards Höhe. **4.** *fig.* (Ab)Fall *m*, Sturz *m*: ~ ***in prices*** ✝ Preissturz; ~ ***in*** (***the***) ***temperature*** Temperatursturz, -abfall. **5.** Falltür *f*. **6.** *bsd. Am.* (*Brief- etc*)Einwurf *m*. **II** *v/i* **7.** (herab)tropfen, herabtröpfeln. **8.** (herunter)fallen. ***let s.th. ~*** et. fallen lassen. **9.** sinken, fallen (*beide a. Preise etc*): ~ ***into a chair*** sich in e-n Sessel fallen lassen. **10.** a) (ohnmächtig) zu Boden sinken, umfallen: ***be fit*** (*od.* ***ready***) ***to ~*** (***with fatigue***) zum Umfallen müde sein, b) *a.* ~ ***dead*** tot umfallen: ~ ***dead!*** *sl.* geh zum Teufel! **11.** leiser werden (*Stimme*); sich legen (*Wind*). **III** *v/t* **12.** tropfen *od.* tröpfeln lassen. **13.** fallen lassen: ~ ***everything*** alles liegen- u. stehenlassen. **14.** (hinein)werfen (***into*** in *acc*). **15.** *Bemerkung* fallenlassen: ~ ***s.o. a line*** (*od.* ***note***) j-m ein paar Zeilen schreiben. **16.** *j-n, Absicht etc* fallenlassen. **17.** *Tätigkeit* aufgeben, aufhören mit: ~ ***it!*** hör auf damit! **18.** *Last, a. Passagiere* absetzen. **19.** *Buchstaben etc* auslassen: → ***H*** 1. **20.** *Sport*: *Punkt etc* abgeben (***to*** gegen). **21.** *Augen, a. Stimme* senken (***to a whisper*** zu e-m Flüstern).

Verbindungen mit Adverbien:

drop| a·way *v/i* immer weniger werden. ~ **back,** ~ **be·hind** *v/i* **1.** zurückfallen. **2.** sich zurückfallen lassen. ~ **in** *v/i* **1.** hereinkommen (*a. fig. Aufträge etc*). **2.** (kurz) hereinschauen (***on*** bei). ~ **off I** *v/i* **1.** zurückgehen (*Umsatz etc*), nachlassen (*Interesse etc*). **2.** einschlafen; -nicken. **II** *v/t* **3.** → ***drop*** 18. ~ **out** *v/i* **1.** aussteigen (***of*** aus *Politik etc*). **2.** die Schule *od.* das Studium abbrechen.

drop·let ['drɒplɪt] *s* Tröpfchen *n*.

'drop·out *s* **1.** Aussteiger *m* (*aus der Gesellschaft*). **2.** (Schul-, Studien)Abbrecher *m*.

drop·pings ['drɒpɪŋz] *s pl* (Tier)Kot *m*.

drop·sy ['drɒpsɪ] *s* ⚕ Wassersucht.

drought [draʊt] *s* Trockenheit *f*, Dürre(periode) *f*.

drove[1] [drəʊv] *pret von* ***drive.***

drove[2] [~] *s* Schar *f* (*Menschen*): ***in ~s*** in

(großen *od.* hellen) Scharen, scharenweise.

drown [draʊn] **I** *v/i* **1.** ertrinken. **II** *v/t* **2.** ertränken: ***be drowned*** → 1; **~ *one's sorrows*** s-e Sorgen im Alkohol ertränken. **3.** überschwemmen: ***be ~ed in tears*** in Tränen schwimmen *od.* zerfließen. **4.** *a.* **~ *out*** *bsd. Stimme* übertönen.

drowse [draʊz] **I** *v/i* **1.** dösen: **~ *off*** eindösen. **II** *v/t* **2.** schläfrig machen. **3.** **~ *away*** *Zeit* verdösen. **III** *s* **4.** Dösen *n.* **'drows·y** *adj* □ **1.** schläfrig; verschlafen. **2.** einschläfernd. **3.** *fig.* verschlafen, -träumt.

drudge [drʌdʒ] **I** *s* **1.** *fig.* Kuli *m*, Last-, Packesel *m*; Arbeitstier *n.* **2.** → ***drudgery.*** **II** *v/i* **3.** sich (ab)placken *od.* (ab)schinden. **'drudg·er·y** *s* (stumpfsinnige) Plackerei *od.* Schinderei.

drug [drʌg] **I** *s* **1.** Arzneimittel *n*, Medikament *n.* **2.** Droge *f* (*a. fig.*), Rauschgift *n*: ***be on*** (***off***) **~*s*** rauschgift- *od.* drogensüchtig (clean) sein. **3.** Betäubungsmittel *n* (*a. fig.*). **4.** **~ *on*** (*Am. a.* ***in***) ***the market*** ✝ schwerverkäufliche Ware, (*im Laden a.*) Ladenhüter *m.* **II** *v/t* **5.** *j-m* Medikamente geben. **6.** *j-n* unter Drogen setzen. **7.** ein Betäubungsmittel beimischen (*dat*). **8.** betäuben (*a. fig.*): **~*ged with sleep*** schlaftrunken. **~ a·buse** *s* **1.** Drogenmißbrauch *m.* **2.** Medikamentenmißbrauch *m.* **~ ad·dict** *s* **1.** Drogen-, Rauschgiftsüchtige *m, f.* **2.** Medikamentensüchtige *m, f.* **'~-ad,dict·ed** *adj* **1.** drogen-, rauschgiftsüchtig. **2.** medikamentensüchtig. **~ ad·dic·tion** *s* **1.** Drogen-, Rauschgiftsucht *f.* **2.** Medikamentensucht *f.* **~ clin·ic** *s* Drogenklinik *f.* **~ deal·er** *s* Drogen-, Rauschgifthändler *m.* **~ de·pend·ence** *s* **1.** Drogenabhängigkeit *f.* **2.** Medikamentenabhängigkeit *f.*

drug·gist ['drʌgɪst] *s Am.* Inhaber(in) e-s Drugstores.

'drug,push·er *s* F Pusher *m* (*Rauschgifthändler*). **~ scene** *s* Drogenszene *f.*

drug·ster ['drʌgstə] → ***drug addict*** 1.

'drug·store *s Am.* Drugstore *m.*

drum [drʌm] **I** *s* **1.** ♪ Trommel *f* (*a.* ⚡, ⚙): **~*s*** *pl* Schlagzeug *n.* **2.** Trommeln *n* (*a. weitS. des Regens etc*). **3.** *anat.* Mittelohr *n*; Trommelfell *n.* **II** *v/t* **4.** *Rhythmus* trommeln: **~ *s.th. into s.o.*** *fig.* j-m et. einhämmern. **5.** trommeln auf (*acc*); trommeln mit (***on*** auf *acc*). **6.** **~ *up*** *fig.* zs.-trommeln, (an)werben; *Aufträge etc* hereinholen; sich *et.* ausdenken. **III** *v/i* **7.** *a. weitS.* trommeln (***at*** an *acc*; ***on*** auf *acc*). **'~·beat** *s* Trommelschlag *m.* **~ brake** *s* ⚙ Trommelbremse *f.* **'~,fire** *s* Trommelfeuer *n.* **'~·head** *s* ♪, *a. anat.* Trommelfell *n.*

drum·mer ['drʌmə] *s* ♪ Trommler *m*; Schlagzeuger *m.*

'drum·stick *s* **1.** Trommelstock *m*, -schlegel *m.* **2.** Unterschenkel *m* (*von zubereitetem Geflügel*).

drunk [drʌŋk] **I** *pp von* ***drink.*** **II** *adj pred* **1.** betrunken: ***get* ~** sich betrinken; (***as***) **~ *as a lord*** F total blau. **2.** *fig.* berauscht (***with*** von): **~ *with joy*** freudetrunken. **III** *s* **3.** a) Betrunkene *m, f*, b) → ***drunkard.*** **drunk·ard** ['~əd] *s* (Gewohnheits)Trinker(in), Säufer(in). **'drunk·en** *adj attr* **1.** betrunken: ***a* ~ *man*** ein Betrunkener; **~ *driving*** Trunkenheit *f* am Steuer; → ***stupor.*** **2.** Sauf...: **~ *party.*** **'drunk·en·ness** *s* **1.** Betrunkenheit *f.* **2.** Trunksucht *f.*

dry [draɪ] **I** *adj* □ **1.** *allg.* trocken (*a. fig. Humor etc*): ***rub* ~** trockenreiben. **2.** F durstig. **3.** durstig machend (*Arbeit*). **4.** trocken (*ohne Aufstrich*). **5.** trocken, langweilig: (***as***) **~ *as dust*** F stinklangweilig. **6.** trocken, herb (*Wein etc*). **7.** F trocken, weg vom Alkohol. **II** *v/t* **8.** trocknen. **9.** **~ *o.s.*** (***one's hands***) sich (sich die Hände) abtrocknen (***on*** an *dat*). **10.** *oft* **~ *up*** *Geschirr* abtrocknen. **11.** *Obst etc* dörren. **III** *v/i* **12.** trocknen, trocken werden. **13.** **~ *up*** ein-, aus-, vertrocknen; F die Klappe halten; F steckenbleiben (*Schauspieler etc*). **~ bat·ter·y** *s* ⚡ Trockenbatterie *f.* **~ cell** *s* ⚡ Trockenelement *n.* **,~-'clean** *v/t* chemisch reinigen. **~ clean·er('s)** *s* chemische Reinigung(sanstalt). **~ clean·ing** *s* chemische Reinigung.

dry·er → ***drier.***

dry| goods *s pl* ✝ Textilien *pl.* **~ ice** *s* ⚗ Trockeneis *n.*

dry·ness ['draɪnɪs] *s* Trockenheit *f.*

dry nurse *s* Säuglingsschwester *f.*

du·al ['dju:əl] *adj* □ doppelt, zweifach: **~ *carriageway*** *mot. Br.* Schnellstraße *f.*

dub[1] [dʌb] *v/t* nennen, *j-m* den (Spitz-) Namen ... geben.

dub² [~] *v/t Film* synchronisieren.

du·bi·ous ['dju:bjəs] *adj* □ **1.** zweifelhaft: a) unklar, zweideutig, b) ungewiß, unbestimmt, c) fragwürdig, dubios: ~ ***pleasure*** zweifelhaftes Vergnügen, d) unzuverlässig. **2.** unschlüssig, schwankend; unsicher, im Zweifel (***of, about*** über *acc*).

du·cal ['dju:kl] *adj* □ herzoglich, Herzogs...

duch·ess ['dʌtʃɪs] *s* Herzogin *f.*

duch·y ['dʌtʃɪ] *s* Herzogtum *n.*

duck¹ [dʌk] *s* **1.** *orn.* Ente *f*: ***look like a dying*** ~ (***in a thunderstorm***) F dumm aus der Wäsche schauen. **2.** *Br.* F Schatz *m.*

duck² [~] **I** *v/i* **1.** (rasch) (unter)tauchen. **2.** *a. fig.* sich ducken (***to*** vor *dat*). **3.** ~ ***out*** F verduften; *fig.* sich drücken (***of*** vor *dat*). **II** *v/t* **4.** (unter)tauchen. **5.** *Kopf* ducken, einziehen. **6.** F sich drükken vor (*dat*).

duct [dʌkt] *s* **1.** ⚙ Röhre *f*, Rohr *n*, Leitung *f.* **2.** *anat.* Gang *m*, Kanal *m.*

duc·tile ['dʌktaɪl] *adj* □ **1.** *phys.*, ⚙ dehn-, streckbar. **2.** *fig.* fügsam.

dud [dʌd] *s* F **1.** ⚔ Blindgänger *m* (*a. fig.*). **2.** Niete *f*, Versager *m.* **3.** ungedeckter Scheck.

dude [dju:d] *s Am.* F **1.** Dandy *m.* **2.** Stadtmensch *m.*

due [dju:] **I** *adj* (□ → ***duly***) **1.** ☦ fällig: ***fall*** (*od.* ***become***) ~ fällig werden; ***when*** ~ bei Fälligkeit; ~ ***date*** Fälligkeitstermin *m.* **2.** *zeitlich* fällig: ***the train is*** ~ ***at*** ... der Zug soll um ... ankommen. **3.** ***be*** ~ ***to*** zuzuschreiben sein (*dat*), zurückzuführen sein auf (*acc*): ***it is*** ~ ***to him*** es ist ihm zu verdanken. **4.** gebührend, geziemend: ***be*** ~ ***to s.o.*** j-m gebühren *od.* zukommen; → ***credit*** 3, ***hono***(***u***)***r*** 4. **5.** gebührend, angemessen: ***after*** ~ ***consideration*** nach reiflicher Überlegung. **6.** passend, richtig: ***in*** ~ ***course*** zur rechten *od.* gegebenen Zeit; ***in*** ~ ***time*** rechtzeitig, termingerecht; ***in*** ~ ***form*** ordnungsgemäß, vorschriftsmäßig. **7.** ~ ***to*** wegen (*gen*), infolge *od.* auf Grund (*gen od.* von). **II** *s* **8.** *das* Gebührende: ***give s.o. his*** ~ j-m Gerechtigkeit widerfahren lassen. **9.** *pl* Gebühren *pl.*

du·el ['dju:əl] **I** *s* Duell *n* (*a. fig.*). **II** *v/i pret u. pp* **-eled,** *bsd. Br.* **-elled** sich duellieren.

du·et [dju:'et] *s* ♪ **1.** Duett *n.* **2.** Duo *n*

duff·er ['dʌfə] *s* F (alter) Trottel.

dug [dʌg] *pret u. pp von* ***dig.*** '~**·out** *s* **1.** ⚔ Unterstand *m.* **2.** Einbaum *m.*

du·i ['dju:i:] *pl von* ***duo.***

duke [dju:k] *s* Herzog *m.*

dull [dʌl] **I** *adj* □ **1.** schwer von Begriff dumm. **2.** schwerfällig, träge. **3.** teilnahmslos. **4.** langweilig, fad(e). **5.** ☦ flau, schleppend. **6.** stumpf (*Klinge etc*). **7.** matt, glanzlos (*Augen, Farben*). **8.** dumpf (*Klang, Schmerz etc*). **II** *v/t* **9.** abstumpfen. **10.** (ab)schwächen. **11.** mildern, dämpfen. **12.** *Schmerz* betäuben. **dull·ard** ['~əd] *s* Dummkopf *m.* '**dul**(**l**)**·ness** *s* **1.** Dummheit *f.* **2.** Trägheit *f.* **3.** Teilnahmslosigkeit *f.* **4.** Langweiligkeit *f.* **5.** ☦ Flaute *f.* **6.** Stumpfheit *f.* **7.** Mattheit *f.* **8.** Dumpfheit *f.*

du·ly ['dju:lɪ] *adv* **1.** ordnungsgemäß. **2.** rechtzeitig.

dumb [dʌm] *adj* □ **1.** stumm (*a. fig.*): ***strike s.o.*** ~ j-m die Sprache verschlagen *od.* rauben; (***struck***) ~ sprachlos (***with*** vor *dat*); ***the*** ~ ***masses*** *pl* die stumme Masse. **2.** *bsd. Am.* F doof, dumm. '~**·bell** *s* **1.** *Sport*: Hantel *f.* **2.** *bsd. Am. sl.* Trottel *m.* ~'**found** *v/t* verblüffen. ~'**found·ed** *adj* verblüfft, sprachlos. ~ **show** *s* Pantomime *f.* ˌ~'**wait·er** *s* **1.** stummer Diener, Serviertisch *m.* **2.** Speisenaufzug *m.*

dum·found, *etc* → ***dumbfound,*** *etc.*

dum·my ['dʌmɪ] **I** *s* **1.** Attrappe *f*, ☦ *a.* Leer-, Schaupackung *f.* **2.** Kleider-, Schaufensterpuppe *f.* **3.** ☦, ⚖ Strohmann *m.* **4.** *Br.* Schnuller *m.* **II** *adj* **5.** Schein...

dump [dʌmp] **I** *v/t* **1.** (hin)plumpsen *od.* (-)fallen lassen, hinwerfen. **2.** *Schutt etc* auskippen, abladen; *Karren etc* (um-) kippen, entladen. **3.** ☦ zu Dumpingpreisen verkaufen. **II** *v/i* **4.** plumpsen. **5.** (s-n) Schutt abladen. **III** *s* **6.** a) Schutt-, Abfallhaufen *m*, b) (Schutt-, Müll)Abladeplatz *m*, Müllkippe *f*, -halde *f.* '**dump·er** (**truck**) *s mot.* Dumper *m*, Kipper *m.* '**dump·ing** *s* **1.** (Schutt)Abladen *n*: ~ ***ground*** → ***dump*** 6b. **2.** ☦ Dumping *n.*

dump·ling ['dʌmplɪŋ] *s* **1.** Knödel *m*, Kloß *m.* **2.** F Dickerchen *n.*

dumps [dʌmps] *s pl*: (***down***) ***in the*** ~ F down, niedergeschlagen.

dump truck → ***dumper*** (***truck***).

dun [dʌn] *v/t bsd. Schuldner* mahnen.

dune [dju:n] *s* Düne *f*. ~ **bug·gy** *s mot.* Strandbuggy *m*.

dung [dʌŋ] *s* Mist *m*, Dung *m*.

dun·ga·rees [ˌdʌŋgə'ri:z] *s pl* Arbeitsanzug *m*: (***pair of***) ~ Arbeitshose *f*.

dun·geon ['dʌndʒən] *s* Verlies *n*.

'**dung·hill** *s* Misthaufen *m*.

dunk [dʌŋk] *v/t Brot etc* eintunken, stippen.

du·o ['dju:əʊ] *pl* **-os, du·i** ['~i:] → ***duet.***

du·o·de·num [ˌdju:əʊ'di:nəm] *pl* **-na** [~nə], **-nums** *s anat.* Zwölffingerdarm *m*.

dupe [dju:p] **I** *s* Betrogene *m, f*. **II** *v/t* betrügen.

du·plex ['dju:pleks] **I** *adj* doppelt, Doppel..., zweifach: ~ ***apartment*** → IIa; ~ ***house*** → IIb. **II** *s Am.* a) Maison(n)ette *f*, b) Doppel-, Zweifamilienhaus *n*.

du·pli·cate ['dju:plɪkət] **I** *adj* **1.** doppelt, Doppel..., zweifach. **2.** genau gleich *od.* entsprechend: ~ ***key*** → 5. **II** *s* **3.** Duplikat *n*, Ab-, Zweitschrift *f*, Kopie *f*: ***in*** ~ in zweifacher Ausfertigung. **4.** (genau gleiches) Seitenstück, Kopie *f*. **5.** Zweit- *od.* Nachschlüssel *m*. **III** *v/t* ['~keɪt] **6.** ein Duplikat anfertigen von, kopieren, vervielfältigen. **7.** *Experiment etc* (beliebig) wiederholen. **du·pli·ca·tor** ['~keɪtə] *s* Vervielfältigungsapparat *m*.

du·ra·bil·i·ty [ˌdjʊərə'bɪlətɪ] *s* a) Haltbarkeit *f*, b) Dauerhaftigkeit *f*. '**du·ra·ble I** *adj* □ a) haltbar, ✝ langlebig: ~ ***goods*** → II, b) dauerhaft. **II** *s pl* ✝ Gebrauchsgüter *pl*. **du·ra·tion** [~'reɪʃn] *s* Dauer *f*: ***for the*** ~ ***of*** für die Dauer von (*od. gen*).

du·ress [djʊə'res] *s* Zwang *m* (*a.* ⚖).

du·ring ['djʊərɪŋ] *prp* während.

dusk [dʌsk] *s* (Abend)Dämmerung *f*: ***at*** ~ bei Einbruch der Dunkelheit. '**dusk·y** *adj* □ dämmerig, düster (*a. fig.*).

dust [dʌst] **I** *s* **1.** Staub *m*: ***throw*** (*od.* ***cast***) ~ ***in s.o.'s eyes*** *fig.* j-m Sand in die Augen streuen; ***raise a*** ~ a) e-e Staubwolke aufwirbeln, b) *a.* ***kick up a*** ~ *fig.* viel Staub aufwirbeln; ***the*** ~ ***has settled*** die Aufregung hat sich gelegt, die Wogen haben sich geglättet; → ***bite*** 1, ***kiss*** 2. **II** *v/t* **2.** abstauben. **3.** bestreuen, bestäuben. **III** *v/i* **4.** Staub wischen. **5.** staubig werden, verstauben. '~**·bin** *s Br.* Abfall-, Mülleimer *m*; Abfall-, Mülltonne *f*: ~ ***man*** Müllmann *m*. '~**·cart** *s Br.* Müllwagen *m*. ~ **cov·er** *s* Schutzumschlag *m*.

dust·er ['dʌstə] *s* Staubtuch *n*.

dust| **jack·et** → ***dust cover.*** ~**·man** ['~mən] *s* (*irr* ***man***) *Br.* Müllmann *m*. ~ **storm** *s* Staubsturm *m*. ~ **trap** *s* Staubfänger *m*. '~**·up** *s* F **1.** Krach *m*. **2.** handgreifliche Auseinandersetzung.

dust·y ['dʌstɪ] *adj* staubig: ***not so*** ~ *Br.* F gar nicht so übel.

Dutch [dʌtʃ] **I** *adj* **1.** holländisch, niederländisch. **II** *adv* **2.** ***go*** ~ getrennte Kasse machen. **III** *s* **3.** *ling.* Holländisch *n*, Niederländisch *n*. **4.** ***the*** ~ *pl* die Holländer *pl*, die Niederländer *pl*. ~ **courage** *s* F angetrunkener Mut. ~**·man** ['~mən] *s* (*irr* ***man***) Holländer *m*, Niederländer *m*. '~ˌ**wom·an** *s* (*irr* ***woman***) Holländerin *f*, Niederländerin *f*.

du·te·ous ['dju:tjəs] → ***dutiful.*** **du·ti·a·ble** ['~tjəbl] *adj* zollpflichtig. **du·ti·ful** ['~tɪfʊl] *adj* □ pflichtgetreu, -bewußt.

du·ty ['dju:tɪ] **I** *s* **1.** Pflicht *f*: a) Schuldigkeit *f* (***to, toward***[***s***] gegen[über]), b) Aufgabe *f*: ***do one's*** ~ s-e Pflicht tun; ***breach of*** ~ Pflichtverletzung *f*. **2.** Dienst *m*: ***be on*** ~ Dienst haben, im Dienst sein; ***be off*** ~ nicht im Dienst sein, dienstfrei haben; ***do*** ~ ***for*** benutzt werden *od.* dienen als; *j-n* vertreten. **3.** ✝ Zoll *m*. **II** *adj* **4.** ~ ***call*** Höflichkeits-, Pflichtbesuch *m*. **5.** ~ ***chemist*** *Br.* dienstbereite Apotheke; ~ ***doctor*** Bereitschaftsarzt *m*; ~ ***officer*** ⚔ Offizier *m* vom Dienst; ~ ***roster*** Dienstplan *m*. ˌ~-'**free I** *adj u. adv* zollfrei: ~ ***shop*** Duty-free-Shop *m*. **II** *s pl* F zollfreie Ware(n *pl*).

dwarf [dwɔ:f] **I** *pl* **dwarfs, dwarves** [~vz] *s* Zwerg(in) (*a. fig.*). **II** *adj* zwergenhaft, *bsd.* ⚘, *zo.* Zwerg... **III** *v/t* klein erscheinen lassen; *fig.* in den Schatten stellen. '**dwarf·ish** *adj* □ zwergenhaft.

dwarves [dwɔ:vz] *pl von* ***dwarf.***

dwell [dwel] *v/i* (*mst irr*) **1.** wohnen, leben. **2.** ~ ***on*** *fig.* (im Geiste) verweilen bei. '**dwell·er** *s mst in Zssgn* Bewohner(in). '**dwell·ing** *s* Wohnung *f*: ~ ***house*** Wohnhaus *n*.

dwelt [dwelt] *pret u. pp von* ***dwell.***

dwin·dle ['dwɪndl] *v/i* abnehmen, schwinden.

dye [daɪ] **I** *s* **1.** Farbstoff *m.* **2.** Färbung *f*: ***of the deepest*** (*od.* ***blackest***) **~** *fig.* von der übelsten Sorte. **II** *v/t* **3.** färben.

ˌdyed-in-the-ˈwool *adj* eingefleischt, ... durch u. durch.

ˈdye·works *s pl* (*oft sg konstruiert*) Färberei *f*.

dy·ing ['daɪɪŋ] *adj* **1.** sterbend: ***be*** **~** im Sterben liegen. **2.** Sterbe...: **~ *hour*** Todesstunde *f*; **~ *wish*** letzter Wunsch.

dyke → ***dike***[1] *u.* [2].

dy·nam·ic [daɪ'næmɪk] **I** *adj* (**~*ally***) dynamisch (*a. fig.*). **II** *s pl* (*sg konstruiert*) Dynamik *f* (*a. fig.*).

dy·na·mite ['daɪnəmaɪt] **I** *s* Dynamit *n.* **II** *v/t* (*mit Dynamit*) sprengen.

dy·na·mo ['daɪnəməʊ] *pl* **-mos** *s* ⚡ Dynamo *m.*

dy·nas·ty ['dɪnəstɪ] *s* Dynastie *f*.

dys·en·ter·y ['dɪsntrɪ] *s* ⚕ Ruhr *f*.

dys·func·tion [dɪs'fʌŋkʃn] *s* ⚕ Funktionsstörung *f*.

E

each [iːtʃ] **I** *adj* jede(r, -s): **~ *one*** jede(r) einzelne. **II** *pron*: **~ *of us*** jede(r) von uns; **~ *other*** einander, sich. **III** *adv* je, pro Person *od.* Stück.

ea·ger ['iːgə] *adj* □ **1.** eifrig: **~ *beaver*** F Übereifrige *m, f.* **2.** (***for***) begierig (nach), erpicht, gespannt (auf *acc*): ***be*** **~ *to do s.th.*** darauf brennen, et. zu tun. **3.** gespannt (*Aufmerksamkeit, Blick etc*). **ˈea·ger·ness** *s* **1.** Eifer *m.* **2.** Begierde *f*.

ea·gle ['iːgl] *s orn.* Adler *m.*

ear[1] [ɪə] *s* **1.** *anat.* Ohr *n*: ***be all*** **~*s*** ganz Ohr sein; ***be up to the*** (*od.* ***one's***) **~*s in debt*** (***work***) bis über die Ohren in Schulden (Arbeit) sitzen *od.* stecken; ***fall on deaf*** **~*s*** auf taube Ohren stoßen; ***have*** (*od.* ***keep***) ***an*** (*od.* ***one's***) **~ *to the ground*** die Ohren offenhalten; ***turn a deaf*** **~ *to*** die Ohren verschließen vor (*dat*); → ***flea, prick*** 7, ***thick*** 1, ***wet*** 1. **2.** *fig.* Gehör *n*, Ohr *n*: ***play by*** **~** nach dem Gehör spielen; *fig.* improvisieren.

ear[2] [~] *s* (Getreide)Ähre *f*.

ear|·ache ['ɪəreɪk] *s* Ohrenschmerzen *pl.* **~·drum** ['ɪədrʌm] *s anat.* Trommelfell *n.*

earl [ɜːl] *s britischer* Graf.

ˈear·lobe *s anat.* Ohrläppchen *n.*

ear·ly ['ɜːlɪ] **I** *adv* **1.** früh(zeitig): ***as*** **~ *as May*** schon im Mai. **2.** bald: ***as*** **~ *as possible*** so bald wie möglich. **3.** zu früh; früher. **II** *adj* **4.** früh(zeitig): **~ *riser***, *humor.* **~ *bird*** Frühaufsteher(in); ***the*** **~ *bird catches the worm*** Morgenstunde hat Gold im Munde; ***Thursday is*** **~ *closing*** am Donnerstag schließen die Geschäfte früher; ***in his*** **~ *days*** in s-r Jugend; ***at an*** **~ *hour*** zu früher Stunde; **~ *warning system*** ⚔ Frühwarnsystem *n*; ***at the*** (***very***) ***earliest*** (aller-) frühestens; → ***convenience*** 1. **5.** vorzeitig: ***his*** **~ *death*** sein früher Tod. **6.** zu früh: ***be*** **~** zu früh (daran) sein. **7.** anfänglich, Früh...: **~ *Christian*** frühchristlich. **8.** baldig.

ˈear|·mark **I** *s* **1.** Ohrmarke *f* (*e-s Haustiers*). **2.** *fig.* Kennzeichen *n.* **II** *v/t* **3.** kennzeichnen. **4.** *bsd.* ✝ bestimmen, vorsehen (***for*** für): **~*ed*** zweckbestimmt, -gebunden (*Mittel*). **ˈ~·muff** *s* Ohrenschützer *m.*

earn [ɜːn] *v/t* **1.** *Geld etc* verdienen: → ***living*** 6. **2.** *Zinsen etc* einbringen. **3.** *fig. j-m et.* einbringen, -tragen.

ear·nest ['ɜːnɪst] **I** *adj* □ **1.** ernst. **2.** ernst-, gewissenhaft. **3.** ernstlich. **II** *s* **4.** ***in*** **~** im Ernst; ***in good*** (*od.* ***dead, perfect***) **~** in vollem Ernst; ***are you in*** **~?** ist das dein Ernst?; ***be in*** **~ *about*** es ernst meinen mit.

earn·ings ['ɜːnɪŋz] *s pl* Verdienst *m*, Einkommen *n.*

ˈear|·phones *s pl*, *a.* ***pair of*** **~** Kopfhörer *m.* **ˈ~·piece** *s teleph.* Hörmuschel *f*. **ˈ~-ˌpierc·ing** → ***earsplitting***. **ˈ~·plug** *s*

Wattepfropf *m.* '**~·ring** *s* Ohrring *m.* '**~·shot** *s*: ***within*** (***out of***) **~** in (außer) Hörweite. '**~,split·ting** *adj* ohrenbetäubend.

earth [ɜ:θ] **I** *s* **1.** Erde *f*: a) *a.* ♀ Erdball *m*, b) Welt *f*: ***on ~*** auf Erden; ***what*** (***why***) ***on ~?*** warum (was) in aller Welt? **2.** Erde *f*, (Erd)Boden *m*: ***come back*** (*od.* ***down***) ***to ~*** *fig.* auf den Boden der Wirklichkeit zurückkehren. **3.** (Fuchs- *etc*)Bau *m*. **4.** ⚡ *bsd. Br.* Erde *f*, Erdung *f*: **~ *cable*** Massekabel *n*. **II** *v/t* **5.** ⚡ *bsd. Br.* erden. '**earth·en** *adj* irden. '**earth·en·ware** *s* Steingut(geschirr) *n.* '**earth·ly** *adj* **1.** irdisch, weltlich. **2.** F ***there's no ~ reason*** es gibt nicht den geringsten Grund; ***of no ~ use*** völlig unnütz; ***not to have an ~*** (***chance***) nicht die geringste Chance haben.

'**earth|·quake** *s* Erdbeben *n*. '**~·quake-proof** *adj* erdbebensicher. '**~,shak·ing,** '**~,shat·ter·ing** *adj fig.* welterschütternd. **~ sta·tion** *s Raumfahrt*: Bodenstation *f*. **~ trem·or** *s* leichtes Erdbeben. '**~·worm** *s zo.* Regenwurm *m*.

earth·y ['ɜ:θɪ] *adj* **1.** erdig, Erd... **2.** weltlich *od.* materiell (eingestellt). **3.** derb (*Humor etc*).

'**ear|·wax** *s physiol.* Ohrenschmalz *n.* '**~·wig** *s zo.* Ohrwurm *m.* ,**~'wit·ness** *s* Ohrenzeuge *m*.

ease [i:z] **I** *s* **1.** Bequemlichkeit *f*, Behaglichkeit *f*. **2.** *a.* **~ *of mind*** (Gemüts)Ruhe *f*, Ausgeglichenheit *f*: ***at*** (***one's***) **~** ruhig, entspannt; unbefangen; ***be*** (*od.* ***feel***) ***at ~*** sich wohl fühlen; ***ill at ~*** unruhig; befangen; ***be*** (*od.* ***feel***) ***ill at ~*** sich (in s-r Haut) nicht wohl fühlen. **3.** Sorglosigkeit *f*: ***live at ~*** in guten Verhältnissen leben. **4.** Leichtigkeit *f*, Mühelosigkeit *f*: ***with ~*** leicht, mühelos. **5.** Erleichterung *f*, Befreiung *f*: ***give s.o. ~*** j-m Erleichterung verschaffen. **II** *v/t* **6.** erleichtern, beruhigen: **~ *one's mind*** sich erleichtern. **7.** *Schmerzen* lindern. **III** *v/i* **8.** *mst* **~ *off*** (*od.* ***up***) nachlassen, sich abschwächen; sich entspannen (*Lage*); (bei der Arbeit) kürzertreten; weniger streng sein (***on*** zu).

ea·sel ['i:zl] *s paint.* Staffelei *f*.

eas·i·ly ['i:zɪlɪ] *adv* **1.** leicht, mühelos. **2.** ohne Zweifel; mit Abstand, bei weitem.

east [i:st] **I** *s* **1.** Osten *m*: ***in the ~ of*** im Osten von (*od. gen*); ***to the ~ of*** → 5. **2.** *a.* ♀ Osten, östlicher Landesteil: ***the*** ♀ *Br.* Ostengland *n*; *Am.* die Oststaaten *pl*; *pol.* der Osten; der Orient. **II** *adj* **3.** Ost..., östlich. **III** *adv* **4.** ostwärts, nach Osten. **5.** **~ *of*** östlich von (*od. gen*). '**~·bound** *adj* nach Osten gehend *od.* fahrend.

East·er ['i:stə] **I** *s* Ostern *n od. pl*, Osterfest *n*: ***at ~*** zu Ostern; ***happy ~*** frohe Ostern! **II** *adj* Oster...: **~ *egg***; **~ *Sunday*** (*od.* ***Day***) Ostersonntag *m*.

east·er·ly ['i:stəlɪ] **I** *adj* östlich, Ost... **II** *adv* von *od.* nach Osten. **east·ern** ['~tən] *adj* östlich, Ost... '**east·ern·er** *s* **1.** Bewohner(in) des Ostens (*e-s Landes*). **2.** ♀ *Am.* Oststaatler(in). **east·ern·most** ['~məʊst] *adj* östlichst.

east·ward ['i:stwəd] *adj u. adv* östlich, ostwärts, nach Osten: ***in an ~ direction*** in östlicher Richtung, Richtung Osten. **east·wards** ['~z] *adv* → ***eastward.***

eas·y ['i:zɪ] **I** *adj* (□ → ***easily***) **1.** leicht, mühelos: ***it is ~ for him to talk*** er hat gut reden. **2.** leicht, einfach (***for*** für): **~ *money*** leichtverdientes Geld. **3.** bequem, angenehm: ***live in ~ circumstances,*** F ***be on ~ street*** in guten Verhältnissen leben. **4.** gemächlich, gemütlich (*Tempo, Spaziergang etc*): → ***stage*** 2. **5.** günstig, erträglich, (*Strafe*) leicht: ***on ~ terms*** auf Raten. **6.** leichtfertig; locker, frei (*Moral etc*). **7.** ungezwungen, natürlich: ***be free and ~*** sich ganz ungezwungen benehmen. **II** *adv* **8.** leicht, bequem: ***go ~, take it ~*** sich Zeit lassen; sich nicht aufregen; ***take it ~!*** immer mit der Ruhe!; keine Bange!; ***go ~ on*** *j-n, et.* sachte anfassen; schonend *od.* sparsam umgehen mit; ***easier said than done*** leichter gesagt als getan; **~ *come,* ~ *go*** wie gewonnen, so zerronnen. **~ chair** *s* Sessel *m*. '**~,go·ing** *adj* **1.** gelassen. **2.** unbeschwert.

eat [i:t] **I** *s* **1.** *pl* F Fressalien *pl*. **II** *v/t* (*irr*) **2.** essen (*Mensch*), fressen (*Tier*): **~ *one's words*** alles(, was man gesagt hat,) zurücknehmen; ***what's ~ing him?*** F was hat er denn?; **~ *up*** aufessen, -fressen; *Reserven etc* völlig aufbrauchen; ***be ~en up with*** *fig.* sich verzehren vor (*dat*), zerfressen werden von; → ***cake*** 1, ***dog*** 1, ***hat, humble*** Ia. **3.** zerfressen: ***~en by worms*** wurmstichig. **4.** *Loch* fressen (***into*** in *acc*). **III** *v/i* (*irr*) **5.** essen (*Mensch*), fressen (*Tier*): **~ *out*** auswärts essen, essen gehen. **6. ~ *into*** sich (hin)einfressen in (*acc*); *Reserven etc* angreifen. **'eat·a·ble I** *adj* eß-, genießbar. **II** *s pl* Eßwaren *pl*. **eat·en** ['i:tn] *pp von* ***eat***. **'eat·er** *s* Esser(in) (*Mensch*), Fresser *m* (*Tier*): → ***big*** 1d, ***small*** I. **'eat·ing I** *s* Essen *n*. **II** *adj* Eß...: **~ *apple*** Eß-, Speiseapfel *m*.

eau de Co·logne [ˌəʊdəkə'ləʊn] *s* Kölnischwasser *n*.

eaves [i:vz] *s pl* Traufe *f*. **'~·drop** *v/i* (heimlich) lauschen *od.* horchen: **~ *on*** belauschen. **'~ˌdrop·per** *s* Lauscher(in), Horcher(in).

ebb [eb] **I** *s* **1.** *a.* **~ *tide*** Ebbe *f*. **2.** *fig.* Tiefstand *m*: ***be at a low ~*** auf e-m Tiefpunkt angelangt sein. **II** *v/i* **3.** zurückgehen (*a. fig.*). **4.** *a.* **~ *away*** *fig.* abnehmen, verebben.

eb·on·y ['ebənɪ] *s* Ebenholz *n*.

e·bul·li·ent [ɪ'bʌljənt] *adj* □ *fig.* sprudelnd, überschäumend (***with*** von); überschwenglich.

ec·cen·tric [ɪk'sentrɪk] **I** *adj* (**~*ally***) ⚒, ⚙ exzentrisch, *fig. a.* überspannt. **II** *s* Exzentriker(in). **ec·cen·tric·i·ty** [ˌeksen'trɪsətɪ] *s* ⚒, ⚙ Exzentrizität *f*, *fig. a.* Überspanntheit *f*.

ec·cle·si·as·ti·cal [ɪˌkli:zɪ'æstɪkl] *adj* □ kirchlich: **~ *law*** Kirchenrecht *n*.

ech·e·lon ['eʃəlɒn] ⚓, ⚔ **I** *s* Staffelung *f*: ***in ~*** staffelförmig. **II** *v/t* staffeln.

ech·o ['ekəʊ] **I** *pl* **-oes** *s* **1.** Echo *n*, Widerhall *m* (*beide a. fig.*). **II** *v/i* **2.** widerhallen (***with*** von). **3.** nach-, widerhallen, zurückgeworfen werden (*Ton*). **III** *v/t* **4.** *a.* **~ *back*** *Ton* zurückwerfen. **5.** *Worte* nachbeten; *j-m* alles nachbeten. **~ sound·er** *s* ⚓ Echolot *n*.

é·clat ['eɪklɑ:] *s* **1.** durchschlagender Erfolg. **2.** (allgemeiner) Beifall.

e·clipse [ɪ'klɪps] **I** *s* **1.** *ast.* (*Sonnen-, Mond*)Finsternis *f*. **2.** *fig.* Niedergang *m*: ***be in ~*** im Sinken sein; in der Versenkung verschwunden sein. **II** *v/t* **3.** *ast.* verfinstern. **4.** *fig.* in den Schatten stellen: ***be ~d by*** verblassen neben (*dat*).

e·co·cide ['i:kəʊsaɪd] *s* Umweltzerstörung *f*. **e·co·cri·sis** ['i:kəʊˌkraɪsɪs] *s* (*irr* ***crisis***) Umweltkrise *f*.

e·co·log·i·cal [ˌi:kə'lɒdʒɪkl] *adj* □ ökologisch, Umwelt...: **~ *balance*** ökologisches Gleichgewicht; **~*ly beneficial*** (***harmful***) umweltfreundlich (umweltfeindlich). **e·col·o·gist** [i:'kɒlədʒɪst] *s* Ökologe *m*. **e'col·o·gy** *s* Ökologie *f*.

e·co·nom·ic [ˌi:kə'nɒmɪk] **I** *adj* (**~*ally***) **1.** (staats-, volks)wirtschaftlich, Wirtschafts...: **~ *aid*** Wirtschaftshilfe *f*. **2.** rentabel, wirtschaftlich. **II** *s pl* (*sg konstruiert*) **3.** Volkswirtschaft(slehre) *f*. **ˌe·co'nom·i·cal** [~kl] *adj* □ **1.** wirtschaftlich, sparsam, (*Person a.*) haushälterisch: ***be ~ with*** → ***economize*** I. **2.** Spar... **3.** → ***economic*** I. **e·con·o·mist** [ɪ'kɒnəmɪst] *s* Volkswirt(schaftler) *m*. **e'con·o·mize I** *v/t* sparsam umgehen *od.* wirtschaften mit, haushalten mit. **II** *v/i* sparsam wirtschaften: **~ *on*** → I. **e'con·o·my I** *s* **1.** Wirtschaftlichkeit *f*, Sparsamkeit *f*. **2.** Sparmaßnahme *f*; Einsparung *f*. **3.** Wirtschaft(ssystem *n*) *f*. **II** *adj* **4.** Spar...: **~ *class*** ✈ Economyklasse *f*; **~ *drive*** Sparmaßnahmen *pl*; **~ *price*** günstiger *od.* niedriger Preis.

e·co·sys·tem ['i:kəʊˌsɪstəm] *s* Ökosystem *n*.

ec·sta·size ['ekstəsaɪz] **I** *v/t* in Ekstase versetzen. **II** *v/i* in Ekstase geraten. **'ec·sta·sy** *s* Ekstase *f*: ***be in an ~*** außer sich sein (***of*** vor *dat*); ***in an ~ of joy*** in e-m Freudentaumel; ***go into ecstasies over*** in Verzückung geraten über (*acc*). **ec·stat·ic** [ɪk'stætɪk] *adj* (**~*ally***) ekstatisch, verzückt.

e·cu·men·i·cal [ˌi:kju:'menɪkl] *adj* □ ökumenisch.

ec·ze·ma ['eksɪmə] *s* ⚕ Ekzem *n*.

ed·dy ['edɪ] **I** *s* Wirbel *m*, Strudel *m*. **II** *v/i* wirbeln.

edge [edʒ] **I** *s* **1.** Schneide *f*; Schärfe *f*: ***have no ~*** stumpf sein, nicht schneiden; ***take the ~ off*** *Klinge* stumpf machen; *fig. e-r Sache* die Schärfe nehmen. **2.** Ecke *f*, scharfe Kante. **3.** (äußerster) Rand, Saum *m*; ***on the ~ of*** *fig.* kurz vor (*dat*); ***be on the ~ of despair*** am Rande der Verzweiflung sein; ***be on the ~ of doing s.th.*** im Begriff sein, et. zu tun. **4.** Kante *f*, Schmalseite *f*: ***set*** (***up***) ***on ~*** hochkant stellen; ***on ~*** nervös; gereizt; ***set s.o.'s teeth on ~*** j-n nervös machen. **5.** F Vorteil *m*: ***give s.o. an ~*** j-m e-n Vorteil verschaffen; ***have the ~ on s.o.***

j-m über sein. **II** *v/t* **6.** schärfen. **7.** umsäumen, einfassen. **8.** schieben, drängen: *~ **on*** antreiben, drängen. **III** *v/i* **9.** sich schieben *od.* drängen. **edged** *adj* **1.** scharf. **2.** *in Zssgn* ...schneidig; ...kantig.

'edge|·ways, ~·wise ['~waɪz] *adv* hochkant: ***I could hardly get a word in ~*** *fig.* ich bin kaum zu Wort gekommen.

edg·y ['edʒɪ] *adj* □ nervös; gereizt.

ed·i·ble ['edɪbl] **I** *adj* eß-, genießbar: ***~ oil*** Speiseöl *n.* **II** *s pl* Eßwaren *pl.*

e·dict ['iːdɪkt] *s* Erlaß *m*, *hist.* Edikt *n.*

ed·i·fice ['edɪfɪs] *s* Gebäude *n* (*a. fig.*).

ed·i·fy ['~faɪ] *v/t fig.* erbauen. **'ed·i·fy·ing** *adj* □ erbaulich.

ed·it ['edɪt] *v/t* **1.** *Texte etc* a) herausgeben, b) redigieren. **2.** *Film* schneiden. **3.** *Zeitung etc* als Herausgeber leiten. **e·di·tion** [ɪ'dɪʃn] *s* **1.** Ausgabe *f*: ***first ~*** Erstausgabe; ***morning ~*** Morgenausgabe (*Zeitung*). **2.** Auflage *f.* **ed·i·tor** ['edɪtə] *s* **1.** *a.* ***~ in chief*** Herausgeber(in) (*e-s Buchs etc*). **2.** *Zeitung*: a) *a.* ***~ in chief*** Chefredakteur(in): → ***letter*** 2, b) Redakteur(in): ***the ~s*** *pl* die Redaktion. **3.** *Film*, *TV*: Cutter(in). **ed·i·to·ri·al** [ˌ~'tɔːrɪəl] **I** *adj* □ redaktionell, Redaktions...: ***~ department*** Redaktion *f*; → ***staff*** 1. **II** *s* Leitartikel *m.*

ed·u·cate ['edʒʊkeɪt] *v/t* **1.** erziehen, (aus)bilden: ***he was ~d at*** er besuchte die (Hoch)Schule in (*dat*). **2.** *weitS.* (***to***) erziehen (zu); gewöhnen (an *acc*). **'ed·u·cat·ed** *adj* **1.** gebildet. **2.** ***~ guess*** mehr als e-e bloße Vermutung. **ˌed·u'ca·tion** *s* **1.** Erziehung *f*, (Aus)Bildung *f*: → ***compulsory*** 2, ***university*** II. **2.** Bildung(sstand *m*) *f*: → ***general*** 2. **3.** Bildungs-, Schulwesen *n.* **4.** Pädagogik *f.* **ˌed·u·'ca·tion·al** [~ʃənl] *adj* □ **1.** a) pädagogisch, Unterrichts...: ***~ film*** Lehrfilm *m*; ***~ television*** Schulfernsehen *n*, b) lehrreich (*Erfahrung etc*), c) pädagogisch wertvoll (*Spielzeug*). **2.** Bildungs...: ***~ level*** (*od.* ***standard***) Bildungsniveau *n.*

eel [iːl] *s ichth.* Aal *m*: (***as***) ***slippery as an ~*** *fig.* aalglatt.

ee·rie, ee·ry ['ɪərɪ] *adj* □ unheimlich, (*Schrei etc*) schaurig.

ef·face [ɪ'feɪs] *v/t* wegwischen, -reiben, *a. fig.* (aus)löschen.

ef·fect [ɪ'fekt] **I** *s* **1.** Wirkung *f* (***on*** auf *acc*): a) Erfolg *m*: ***of no ~, without ~*** erfolg-, wirkungslos, b) Auswirkung *f*, c) Effekt *m*, Eindruck *m*: ***have an ~ on*** wirken auf (*acc*), e-n Eindruck hinterlassen bei. **2.** Inhalt *m*, Sinn *m*: ***a letter to the ~ that*** ein Brief des Inhalts, daß; ***inform s.o. to that ~*** j-n entsprechend informieren. **3.** (Rechts)Wirksamkeit *f*, (-)Kraft *f*: ***be in ~*** in Kraft sein; ***take ~, come*** (*od.* ***go***) ***into ~*** in Kraft treten; ***with ~ from*** mit Wirkung vom. **4.** ***carry into ~, give ~ to*** verwirklichen, ausführen; ***in ~*** in Wirklichkeit, tatsächlich. **5.** ⚙ (Nutz)Leistung *f.* **6.** *pl* ⚕ Effekten *pl*; Vermögen(swerte *pl*) *n.* **II** *v/t* **7.** bewirken. **8.** ausführen, tätigen. **ef'fec·tive** *adj* □ **1.** wirksam, erfolgreich. **2.** eindrucks-, wirkungs-, effektvoll. **3.** (rechts)wirksam, rechtskräftig: ***be ~*** in Kraft sein; ***become ~*** in Kraft treten; ***~ from*** (*od.* ***as of***) mit Wirkung vom. **4.** tatsächlich, effektiv: ***~ salary*** Effektivgehalt *n.* **ef'fec·tive·ness** *s* Wirksamkeit *f.* **ef'fec·tu·al** [~tʃʊəl] *adj* □ **1.** wirksam. **2.** → ***effective*** 3. **ef'fec·tu·ate** [~tjʊeɪt] *v/t* bewirken.

ef·fem·i·nate [ɪ'femɪnət] *adj* □ **1.** weibisch, unmännlich. **2.** verweichlicht, weichlich.

ef·fer·vesce [ˌefə'ves] *v/i* **1.** sprudeln, schäumen, moussieren. **2.** *fig.* (über-) sprudeln, überschäumen (***with*** vor *dat*). **ˌef·fer'ves·cent** [~snt] *adj* □ **1.** sprudelnd, schäumend, moussierend: ***~ powder*** Brausepulver *n.* **2.** *fig.* (über-) sprudelnd, überschäumend.

ef·fi·ca·cious [ˌefɪ'keɪʃəs] *adj* □ wirksam. **ef·fi·ca·cy** ['~kəsɪ] *s* Wirksamkeit *f.*

ef·fi·cien·cy [ɪ'fɪʃənsɪ] *s* Effizienz *f*: a) Tüchtigkeit *f*, (Leistungs)Fähigkeit *f*: ***~ rating*** Leistungsbewertung *f*; → ***principle*** 1, b) rationelle Arbeitsweise, Wirtschaftlichkeit *f*: ***~ expert*** ⚕ Rationalisierungsfachmann *m.* **ef'fi·cient** *adj* □ effizient: a) tüchtig, (leistungs-) fähig, b) rationell, wirtschaftlich.

ef·fi·gy ['efɪdʒɪ] *s* **1.** Steinplastik *f*; Bildnis *n* (*auf e-r Münze*). **2.** *Puppe od. bildhafte Darstellung e-r verhaßten Person*: ***burn*** (***hang***) ***s.o. in ~*** j-n symbolisch verbrennen (hängen).

ef·fort ['efət] *s* Anstrengung *f*: a) Bemühung *f*, b) Mühe *f*: ***make an ~*** sich bemühen *od.* anstrengen; ***make every ~*** sich alle Mühe geben; ***spare no ~*** keine Mühe scheuen; ***without ~*** mühelos; ***~ of will*** Willensanstrengung. **'ef·fort·less** *adj* □ mühelos.

ef·fron·ter·y [ɪ'frʌntərɪ] *s* Frechheit *f*, Unverschämtheit *f*: ***have the ~*** die Unverschämtheit haben *od.* besitzen (***to do*** zu tun).

ef·fu·sive [ɪ'fjuːsɪv] *adj* □ überschwenglich.

egg¹ [eg] *s* Ei *n*: ***in the ~*** *fig.* im Anfangsstadium, im Entstehen; (***as***) ***sure as ~s is*** (*od.* ***are***) ***~s*** F so sicher wie das Amen in der Kirche, todsicher; → ***like¹*** 4.

egg² [~] *v/t mst **~ on*** anstacheln, antreiben.

'egg|,beat·er *s* Schneebesen *m*. **~ co·sy** (*Am.* **co·zy**) *s* Eierwärmer *m*. **'~·cup** *s* Eierbecher *m*. **'~·head** *s* F Eierkopf *m* (*Intellektueller*). **'~-shaped** *adj* eiförmig. **'~·shell** *s* Eierschale *f*. **~ tim·er** *s* Eieruhr *f*. **~ whisk** *s* Schneebesen *m*. **~ white** *s* Eiweiß *n*.

e·go ['egəʊ] *pl* **-gos** *s phls., psych.* Ich *n*, Ego *n*; *weitS.* Selbst(wert)gefühl *n*: ***boost s.o.'s ~, give s.o. an ~ boost*** F j-s Selbstwertgefühl (an)heben. **e·go·cen·tric** [,~'sentrɪk] **I** *adj* (***~ally***) egozentrisch. **II** *s* Egozentriker(in). **'e·go·ism** *s* Egoismus *m*. **'e·go·ist** *s* Egoist(in). **,e·go'is·tic, ,e·go'is·ti·cal** [~kl] *adj* □ egoistisch. **e·go·tism** ['~tɪzəm] *s* **1.** Egotismus *m*, Geltungsbedürfnis *n*, Selbstgefälligkeit *f*. **2.** → ***egoism***. **'e·go·tist** *s* **1.** Egotist(in). **2.** → ***egoist***. **,e·go'tis·tic, ,e·go'tis·ti·cal** [~kl] *adj* □ **1.** egotistisch, geltungsbedürftig, selbstgefällig. **2.** → ***egoistic***.

e·go trip *s* F Egotrip *m* (*Akt geistiger Selbstbefriedigung*): ***be off on an ~*** auf e-m Egotrip sein.

E·gyp·tian [ɪ'dʒɪpʃn] **I** *adj* ägyptisch. **II** *s* Ägypter(in).

ei·der ['aɪdə] *s* **1.** → ***eider duck***. **2.** → ***eiderdown*** 1. **'~·down** *s* **1.** *coll.* Eiderdaunen *pl*. **2.** Daunendecke *f*. **~ duck** *s orn.* Eiderente *f*.

eight [eɪt] **I** *adj* **1.** acht: ***~-hour day*** Achtstundentag *m*. **II** *s* **2.** Acht *f*: ***~ of hearts*** Herzacht. **3.** *Rudern*: Achter *m* (*Boot, Mannschaft*). **eight·een** [,eɪ'tiːn] *adj* achtzehn. **,eight'eenth** [~θ] *adj* achtzehnt. **eight·fold** ['~fəʊld] **I** *adj* achtfach. **II** *adv* achtfach, um das Achtfache: ***increase ~*** (sich) verachtfachen. **eighth** [eɪtθ] **I** *adj* **1.** achte(r, -s). **II** *s* **2.** *der, die, das* Achte: ***the ~ of May*** der 8. Mai. **3.** Achtel *n*. **'eighth·ly** *adv* achtens.

eight·i·eth ['~ɪəθ] *adj* achtzigst.

'eight-time *adj* achtmalig.

eight·y ['eɪtɪ] **I** *adj* achtzig. **II** *s* Achtzig *f*: ***be in one's eighties*** in den Achtzigern sein; ***in the eighties*** in den achtziger Jahren (*e-s Jahrhunderts*).

ei·ther ['aɪðə] **I** *adj* **1.** jede(r, -s) (*von zweien*): ***on ~ side*** auf beiden Seiten. **2.** irgendein (*von zweien*): ***~ way*** auf die e-e od. die andere Art. **II** *pron* **3.** irgendein (*von zweien*): ***I haven't seen ~*** ich habe beide nicht gesehen, ich habe keinen (von beiden) gesehen. **4.** beides: ***~ is possible***. **III** *cj* **5.** ***~ ... or*** entweder ... oder. **6.** *neg.*: ***~ ... or*** weder ... noch: ***it isn't enough ~ for you or for me*** es reicht weder für mich noch für dich. **IV** *adj* **7.** ***not ~*** auch nicht.

e·jac·u·late [ɪ'dʒækjʊleɪt] **I** *v/t* **1.** *physiol. Samen* ausstoßen. **2.** *Worte etc* aus-, hervorstoßen. **II** *v/i* **3.** *physiol.* ejakulieren, e-n Samenerguß haben. **e,jac·u'la·tion** *s* **1.** *physiol.* Ejakulation *f*, Samenerguß *m*. **2.** Ausruf *m*; Stoßseufzer *m*.

e·ject [ɪ'dʒekt] **I** *v/t* **1.** (***from***) *j-n* hinauswerfen (aus); vertreiben (aus, von). **2.** entlassen, entfernen (***from*** aus *e-m Amt*). **3.** ⚙ ausstoßen, -werfen. **II** *v/i* **4.** ✈ den Schleudersitz betätigen. **e'jec·tion** *s* **1.** Vertreibung *f*. **2.** Entfernung *f*. **3.** ⚙ Ausstoßen *n*, -werfen *n*: ***~ seat*** ✈ Schleudersitz *m*. **e'jec·tor** *s* ⚙ Auswerfer *m*: ***~ seat*** ✈ Schleudersitz *m*.

eke [iːk] *v/t*: ***~ out*** *Flüssigkeit, Vorräte etc* strecken; *Einkommen* aufbessern (***with*** mit): ***~ out a living*** sich (mühsam) durchschlagen.

e·lab·o·rate I *adj* [ɪ'læbərət] **1.** sorgfältig *od.* kunstvoll gearbeitet *od.* ausgeführt. **2.** (wohl)durchdacht. **3.** umständlich. **II** *v/t* [~reɪt] **4.** sorgfältig ausarbeiten. **5.** *Theorie etc* entwickeln. **III** *v/i* [~reɪt] **6.** nähere Angaben machen: ***~ on*** näher eingehen auf (*acc*).

e·lapse [ɪ'læps] *v/i* vergehen, -streichen (*Zeit*), ablaufen (*Frist*).

e·las·tic [ɪ'læstɪk] I *adj* (**~ally**) **1.** *allg.* elastisch (*a. fig.*): **~ conscience** weites Gewissen; **~ word** dehnbarer Begriff. **2.** Gummi...: **~ band** Gummiring *m*, -band *n*, (Dichtungs)Gummi *m*; **~ stocking** Gummistrumpf *m*. II *s* **3.** *bsd. Am.* Gummiring *m*, -band *n*, (Dichtungs)Gummi *m*. **e·las·tic·i·ty** [ˌelæ'stɪsətɪ] *s allg.* Elastizität *f* (*a. fig.*).

e·lat·ed [ɪ'leɪtɪd] *adj* □ begeistert (**at** von), in Hochstimmung. **e'la·tion** *s* Begeisterung *f*, Hochstimmung *f*.

el·bow ['elbəʊ] I *s* **1.** Ell(en)bogen *m*: **at one's ~** in Reichweite; *bsd. fig.* an s-r Seite; **out at ~(s)** schäbig, abgetragen (*Kleidung*); schäbig gekleidet; *Am.* knapp bei Kasse. **2.** (scharfe) Biegung *od.* Krümmung. **3.** (Rohr)Krümmer *m*, Kniestück *n*. II *v/t* **4.** *mit dem Ellbogen* stoßen, drängen (*a. fig.*): **~ out** hinausdrängen; **~ one's way through** sich e-n Weg bahnen durch. **~ grease** *s humor.* **1.** Armschmalz *n* (*Kraft*). **2.** Schufterei *f*. **~·room** ['~rʊm] *s* **1.** Ellbogenfreiheit *f*. **2.** *fig.* Bewegungsfreiheit *f*, Spielraum *m*.

eld·er[1] ['eldə] I *adj* **1.** älter (*Bruder, Schwester etc*). **2. ~ statesman** *Staatsmann im Ruhestand, der die politischen Führer inoffiziell berät*; *weitS.* großer alter Mann (*e-r Berufsgruppe etc*). II *s* **3. my ~s** Leute, die älter sind als ich.

el·der[2] [~] *s* ⚘ Holunder *m*. **'~ˌber·ry** *s* Holunderbeere *f*.

eld·er·ly ['eldəlɪ] *adj* ältlich, älter.

eld·est ['eldɪst] *adj* ältest (*Bruder, Schwester etc*).

e·lect [ɪ'lekt] I *v/t j-n* wählen ([**as, to be**] **president** zum Präsidenten). II *adj* (*nachgestellt*) designiert, zukünftig. **e'lec·tion** I *s* Wahl *f*: → **stand for** 4. II *adj* Wahl...: **~ campaign** Wahlkampf *m*. **eˌlec·tion'eer** [~ʃə'nɪə] *v/i* Wahlkampf betreiben: **~ for** Wahlpropaganda treiben für. **eˌlec·tion'eer·ing** *s* Wahlkampf *m*; -propaganda *f*. **e'lec·tive** I *adj* **1.** gewählt, Wahl... **2.** wahlberechtigt. **3.** *ped., univ. bsd. Am.* fakultativ: **~ subject** → 4. II *s* **4.** *ped. univ. bsd. Am.* Wahlfach *n*. **e'lec·tor** *s* Wähler(in); *Am.* Wahlmann *m*. **e'lec·tor·al** *adj* Wähler..., Wahl...: **~ college** *Am.* Wahlmänner *pl*. **e'lec·to·rate** [~tərət] *s* Wähler(schaft *f*) *pl*.

e·lec·tric [ɪ'lektrɪk] *adj* (**~ally**) **1.** a) elektrisch: **~ chair** elektrischer Stuhl; **~ cushion** Heizkissen *n*; **~ shock** Stromschlag *m*; ⚕ *etc* Elektroschock *m*; **~ torch** *bsd. Br.* Taschenlampe *f*, b) Elektro..., c) Elektrizitäts..., d) elektrotechnisch. **2.** *fig.* elektrisierend (*Wirkung etc*); spannungsgeladen (*Atmosphäre*). **e'lec·tri·cal** [~kl] *adj* □ → **electric**: **~ engineer** Elektroingenieur *m*; -techniker *m*; **~ engineering** Elektrotechnik *f*.

e·lec·tri·cian [ˌɪlek'trɪʃn] *s* Elektrotechniker *m*, Elektriker *m*. **ˌe·lec'tric·i·ty** [~sətɪ] *s* Elektrizität *f*; Strom *m*. **e'lec·tri·fy** [~faɪ] *v/t* **1.** elektrisieren (*a. fig.*). **2.** elektrifizieren.

e·lec·tro·car·di·o·gram [ɪˌlektrəʊ'kɑːdɪəʊgræm] *s* ⚕ Elektrokardiogramm *n*.

e·lec·tro·cute [ɪ'lektrəkjuːt] *v/t* **1.** auf dem elektrischen Stuhl hinrichten. **2. be ~d** e-n tödlichen Stromschlag erhalten. **eˌlec·tro'cu·tion** *s* Hinrichtung *f* auf dem elektrischen Stuhl.

e·lec·trode [ɪ'lektrəʊd] *s* ⚡ Elektrode *f*.

e·lec·tron [ɪ'lektrɒn] *phys.* I *s* Elektron *n*. II *adj* Elektronen...: **~ microscope**. **ˌe·lec'tron·ic** I *adj* (**~ally**) elektronisch: **~ data processing** elektronische Datenverarbeitung; **~ flash** *phot.* Elektronenblitz *m*. II *s pl* (*sg konstruiert*) Elektronik *f*.

e·lec·tro·plate [ɪ'lektrəʊpleɪt] *v/t* galvanisieren. **eˌlec·tro'ther·a·py** *s* ⚕ Elektrotherapie *f*.

el·e·gance ['elɪgəns] *s* Eleganz *f*. **'el·e·gant** *adj* □ elegant.

el·e·ment ['elɪmənt] *s* **1.** *allg.* Element *n*. **2.** *pl* Anfangsgründe *pl*. **3.** grundlegender Umstand, wesentlicher Faktor: **~ of uncertainty** Unsicherheitsfaktor; **~ of surprise** Überraschungselement *n*. **4.** *fig.* Körnchen *n*, Fünkchen *n* (*Wahrheit etc*). **5.** (Lebens)Element *n*: **be in one's ~** in s-m Element sein; **be out of one's ~** sich fehl am Platz fühlen. **6.** *pl* Elemente *pl*, Naturkräfte *pl*. **el·e·men·tal** [ˌ~'mentl] *adj* □ **1.** elementar: a) ursprünglich, natürlich, b) urgewaltig, c) wesentlich, grundlegend. **2.** Elementar..., Ur... **3.** → **elementary** 2, 3. **ˌel·e'men·ta·ry** *adj* □ **1.** → **elemental** 1, 2. **2.** elementar, Einführungs...: **~ school** *Am.* Grundschule *f*. **3.** ⚗, ⚘, *phys.* Elementar...: **~ *particle*** Elementarteilchen *n.*

el·e·phant ['elɪfənt] *s zo.* Elefant *m.* **el·e·phan·tine** [ˌ~'fæntaɪn] *adj* **1.** elefantenartig: ***an ~ memory*** ein Gedächtnis wie ein Elefant. **2.** plump, schwerfällig.

el·e·vate ['elɪveɪt] *v/t* **1.** (hoch-, auf)heben. **2.** *j-n* erheben (***to peerage*** in den Adelsstand), befördern (***to*** zu). **'el·e·vat·ed** *adj* **1.** erhöht: **~ *railway*** (*Am.* ***railroad***) Hochbahn *f.* **2.** gehoben (*Position*, *Stil etc*), erhaben (*Gedanken*). **3.** übersteigert (*Meinung etc*). **ˌel·e'va·tion** *s* **1.** (Boden)Erhebung *f*, (An-)Höhe *f.* **2.** Erhebung *f*, Beförderung *f.* **3.** ⚠, ⚒ Aufriß *m.* **'el·e·va·tor** *s Am.* Aufzug *m*, Fahrstuhl *m*: **~ *shaft*** Aufzugschacht *m.*

e·lev·en [ɪ'levn] **I** *adj* elf. **II** *s* Elf *f* (*a. Sport*). **e'lev·en·ses** [~zɪz] *s pl Br.* F zweites Frühstück. **e'lev·enth** [~θ] *adj* elft: ***at the ~ hour*** *fig.* in letzter Minute.

elf *pl* **elves** [elvz] *s* **1.** Elf *m*, Elfe *f.* **2.** Kobold *m.* **'elf·ish** *adj* □ **1.** elfenhaft. **2.** koboldhaft, schelmisch.

e·lic·it [ɪ'lɪsɪt] *v/t* **1.** (***from***) *et.* entlocken (*dat*); *Wahrheit etc* herausholen, -locken (aus). **2.** *Applaus*, *Gelächter etc* hervorrufen.

el·i·gi·bil·i·ty [ˌelɪdʒə'bɪlətɪ] *s* **1.** Eignung *f.* **2.** Berechtigung *f.* **3.** Wählbarkeit *f.* **'el·i·gi·ble** *adj* □ (***for***) in Frage kommend (für): a) geeignet, annehmbar (für): **~ *bachelor*** begehrter Junggeselle, b) berechtigt, befähigt (zu), qualifiziert (für): ***be ~ for*** Anspruch haben auf (*acc*); **~ *to vote*** wahlberechtigt, c) teilnahmeberechtigt (an *dat*), (*Sport a.*) start- *od.* spielberechtigt (für), d) wählbar (für).

e·lim·i·nate [ɪ'lɪmɪneɪt] *v/t* **1.** beseitigen, entfernen, eliminieren (***from*** aus). **2.** ⚗, *physiol.* ausscheiden. **3.** *Gegner* ausschalten: ***be ~d*** (*Sport*) ausscheiden. **eˌlim·i'na·tion** *s* **1.** Beseitigung *f*, Eliminierung *f.* **2.** ⚗, *physiol.* Ausscheidung *f* (*a. Sport*): **~ *contest*** Ausscheidungswettbewerb *m.* **3.** Ausschaltung *f.*

e·lite, *Br. a.* **é·lite** [eɪ'liːt] *s* Elite *f.*

e·lix·ir [ɪ'lɪksə] *s* Elixier *n.*

elk [elk] *s zo.* Elch *m.*

el·lipse [ɪ'lɪps] *s* ⚒ Ellipse *f.* **el'lip·sis** [~sɪs] *pl* **-ses** [~siːz] *s ling.* Ellipse *f.* **el'lip·tic, el'lip·ti·cal** [~kl] *adj* □ ⚒, *ling.* elliptisch.

elm [elm] *s* ♀ Ulme *f*, Rüster *f.*

el·o·cu·tion [ˌelə'kjuːʃn] *s* **1.** Vortrag(sweise *f*) *m.* **2.** Vortrags-, Redekunst *f.* **3.** Sprechtechnik *f.*

e·lon·gate ['iːlɒŋgeɪt] *v/t* (*u. v/i* sich) verlängern. **ˌe·lon'ga·tion** *s* Verlängerung *f.*

e·lope [ɪ'ləʊp] *v/i* **1.** (mit s-m *od.* s-r Geliebten) ausreißen *od.* durchbrennen. **2.** sich davonmachen.

el·o·quence ['eləkwəns] *s* Beredsamkeit *f*, Redegewandtheit *f.* **'el·o·quent** *adj* □ beredt, redegewandt.

else [els] *adv* **1.** (*in Fragen u. Verneinungen*) sonst, weiter, außerdem: ***anything ~?*** sonst noch etwas?; ***what ~ can we do?*** was können wir sonst noch tun?; ***no one ~*** sonst *od.* weiter niemand. **2.** ander: ***that's s.th. ~*** das ist et. anderes; ***everybody ~*** alle anderen; ***s.o. ~*** j-d anders. **3.** *mst* ***or ~*** sonst, andernfalls. **ˌ~'where** *adv* **1.** sonst-, anderswo. **2.** anderswohin.

e·lu·ci·date [ɪ'luːsɪdeɪt] *v/t Text*, *Gründe etc* erklären, *Geheimnis etc* aufklären.

e·lu·sive [ɪ'luːsɪv] *adj* □ **1.** schwerfaßbar (*Dieb etc*), ausweichend (*Antwort*). **2.** schwer(er)faßbar *od.* -bestimmbar. **3.** unzuverlässig, schlecht (*Gedächtnis*).

elves [elvz] *pl von* ***elf.***

e·ma·ci·at·ed [ɪ'meɪʃɪeɪtɪd] *adj* abgemagert, ausgemergelt.

em·a·nate ['eməneɪt] **I** *v/i* **1.** ausströmen (*Gas etc*), ausstrahlen (*Licht*) (***from*** von). **2.** stammen, ausgehen (***from*** von). **II** *v/t* **3.** ausströmen, -strahlen (*beide a. fig.*).

e·man·ci·pate [ɪ'mænsɪpeɪt] *v/t* emanzipieren, selbständig *od.* unabhängig machen (***from*** von). **e'man·ci·pat·ed** *adj* emanzipiert (*Frau etc*), mündig (*Bürger*). **eˌman·ci'pa·tion** *s* Emanzipation *f.*

em·balm [ɪm'bɑːm] *v/t* (ein)balsamieren.

em·bank [ɪm'bæŋk] *v/t* eindämmen, -deichen. **em'bank·ment** *s* **1.** Eindämmung *f*, -deichung *f.* **2.** (Erd)Damm *m.* **3.** (Bahn-, Straßen)Damm *m.*

em·bar·go [em'bɑːgəʊ] **I** *pl* **-goes** *s* **1.** ⚓ Embargo *n*: ***lay*** (*od.* ***place, put***) ***an ~ on***

→ 3. **2.** ☤ a) Handelssperre *f*, -verbot *n*, b) *a. allg.* Sperre *f*, Verbot *n* (***on*** auf *dat od. acc*): ~ ***on imports*** Einfuhrsperre. **II** *v/t* **3.** ein Embargo verhängen über (*acc*).

em·bark [ɪm'bɑːk] **I** *v/t* **1.** ✈, ⚓ *Passagiere* an Bord nehmen, ⚓ *a.* einschiffen, *Waren a.* verladen (***for*** nach). **II** *v/i* **2.** ✈, ⚓ an Bord gehen, ⚓ *a.* sich einschiffen (***for*** nach). **3.** anfangen, unternehmen (***on*** *acc*). **em·bar·ka·tion** [ˌembɑː'keɪʃn] *s* Einschiffung *f*, Verladung *f*.

em·bar·rass [ɪm'bærəs] *v/t* in (*a.* Geld)Verlegenheit bringen, verlegen machen. **em'bar·rassed** *adj* **1.** verlegen. **2.** in Geldverlegenheit. **em'bar·rass·ing** *adj* □ unangenehm, peinlich (***to*** *dat*). **em'bar·rass·ment** *s* (*a.* Geld)Verlegenheit *f*: ***be an*** ~ ***to*** *j-n* in Verlegenheit bringen; *j-m* peinlich sein.

em·bas·sy ['embəsɪ] *s pol.* Botschaft *f*.

em·bed [ɪm'bed] *v/t* **1.** (ein)betten (***in*** in *acc*): ~***ded in concrete*** einbetoniert. **2.** verankern (***in*** in *acc od. dat*) (*a. fig.*).

em·bel·lish [ɪm'belɪʃ] *v/t* **1.** verschöne(r)n, (aus)schmücken. **2.** *Erzählung etc* ausschmücken, *Wahrheit* beschönigen.

em·ber ['embə] *s* **1.** glühendes Stück Holz *od.* Kohle. **2.** *pl* Glut(asche) *f*.

em·bez·zle [ɪm'bezl] *v/t* veruntreuen, unterschlagen. **em'bez·zle·ment** *s* Veruntreuung *f*, Unterschlagung *f*. **em'bez·zler** *s* Veruntreuer(in).

em·bit·ter [ɪm'bɪtə] *v/t* **1.** *j-n* verbittern. **2.** *Lage etc* (noch) verschlimmern.

em·blem ['embləm] *s* **1.** Emblem *n*, Symbol *n*: ***national*** ~ Hoheitszeichen *n*. **2.** Kennzeichen *n*.

em·bod·y [ɪm'bɒdɪ] *v/t* **1.** verkörpern: a) konkrete Form geben (*dat*), b) personifizieren. **2.** umfassen, (in sich) vereinigen: ***be embodied in*** enthalten *od.* vereinigt sein in (*dat*).

em·bo·lism ['embəlɪzəm] *s* ⚕ Embolie *f*.

em·brace [ɪm'breɪs] **I** *v/t* **1.** umarmen. **2.** *fig.* einschließen, umfassen. **3.** *Beruf*, *Gelegenheit* ergreifen; *Angebot*, *Religion etc* annehmen. **II** *v/i* **4.** sich umarmen. **III** *s* **5.** Umarmung *f*.

em·broi·der [ɪm'brɔɪdə] **I** *v/t* **1.** *Muster* sticken; *Stoff* besticken. **2.** *Bericht etc* ausschmücken. **II** *v/i* **3.** sticken. **em'broi·der·y** *s* **1.** Sticken *n*: ~ ***needle*** Sticknadel *f*. **2.** Stickerei(arbeit) *f*: ***do*** ~ sticken. **3.** *fig.* Ausschmückung *f*.

em·bry·o ['embrɪəʊ] *pl* **-os** *s biol.* Embryo *m*: ***in*** ~ *fig.* im Entstehen *od.* Werden. **em·bry·on·ic** [ˌ~'ɒnɪk] *adj* **1.** *biol.* embryonal. **2.** *fig.* (noch) unentwickelt.

em·cee [ˌem'siː] *bsd. Am.* F **I** *s* Conférencier *m*. **II** *v/t u. v/i* als Conférencier leiten (fungieren).

e·mend [ɪ'mend] *v/t bsd. Texte* verbessern, korrigieren.

em·er·ald ['emərəld] **I** *s min.* Smaragd *m*. **II** *adj* smaragdgrün.

e·merge [ɪ'mɜːdʒ] *v/i* **1.** auftauchen (*a. fig.*). **2.** hervorkommen (***from behind*** hinter *den Wolken etc*). **3.** sich herausstellen *od.* ergeben (*Tatsache*). **e·mer·gence** [iː'm~] *s* Auftauchen *n* (*a. fig.*).

e·mer·gen·cy [ɪ'mɜːdʒənsɪ] *s plötzliche* Notlage, kritische Lage: ***in an*** ~, ***in case of*** ~ im Ernst- *od.* Notfall; ***state of*** ~ Notstand *m*, *pol. a.* Ausnahmezustand *m*. ~ **call** *s teleph.* Notruf *m*. ~ **door,** ~ **ex·it** *s* Notausgang *m*. ~ **land·ing** *s* ✈ Notlandung *f*: ***make an*** ~ notlanden. ~ **meet·ing** *s* Dringlichkeitssitzung *f*. ~ **num·ber** *s teleph.* Notruf(nummer *f*) *m*. ~ **op·er·a·tion** *s* ⚕ Notoperation *f*. ~ **ra·tion** *s* eiserne Ration. ~ **stop** *s mot.* Vollbremsung *f*: ***do*** (*od.* ***make***) ***an*** ~ e-e Vollbremsung machen.

e·mer·gent [iː'mɜːdʒənt] *adj* □ **1.** auftauchend (*a. fig.*). **2.** *fig.* (jung u.) aufstrebend: ~ ***countries*** *pl* Schwellenländer *pl*.

em·er·y ['emərɪ] *adj* Schmirgel...: ~ ***paper***.

e·met·ic [ɪ'metɪk] *s* Brechmittel *n*.

em·i·grant ['emɪgrənt] *s* Auswanderer *m*, *bsd. pol.* Emigrant(in). **em·i·grate** ['~greɪt] *v/i* auswandern, *bsd. pol.* emigrieren (***from*** aus, von; ***to*** nach). ˌ**em·i'gra·tion** *s* Auswanderung *f*, *bsd. pol.* Emigration *f*.

em·i·nence ['emɪnəns] *s* **1.** (An)Höhe *f*. **2.** Berühmtheit *f*: ***reach*** (*od.* ***win***) ~ Bedeutung erlangen (***as*** als). **3.** *eccl.* Eminenz *f*. **'em·i·nent** *adj* **1.** hervorragend, berühmt. **2.** bedeutend. **3.** überragend, außergewöhnlich. **'em·i·nent·ly** *adv* in hohem Maße, überaus.

e·mis·sion [ɪ'mɪʃn] *s* **1.** Ausstoß *m*, -strahlung *f*, Aus-, Verströmen *n*. **2.** ✝ Ausgabe *f*, Emission *f*.

e·mit [ɪ'mɪt] *v/t* **1.** *Lava, Rauch* ausstoßen, *Licht, Wärme* ausstrahlen, *Gas, Wärme* aus-, verströmen. **2.** *Ton, Meinung* von sich geben; *Schrei, Fluch etc* ausstoßen. **3.** *Banknoten* ausgeben, *Wertpapiere a.* emittieren.

e·mo·tion [ɪ'məʊʃn] *s* **1.** Emotion *f*, Gefühl *n*. **2.** Erregung *f*. **3.** Rührung *f*, Ergriffenheit *f*. **e'mo·tion·al** [~ʃənl] *adj* □ **1.** emotional, emotionell: a) gefühlsmäßig, -bedingt, b) gefühlsbetont, empfindsam, c) Gemüts..., seelisch: ~ ***balance*** inneres *od.* seelisches Gleichgewicht. **2.** gefühlvoll, rührselig. **e'mo·tion·al·ize** [~ʃənlaɪz] *v/t* emotionalisieren. **e'mo·tion·less** *adj* gefühllos. **e'mo·tive** [~tɪv] *adj* **1.** gefühlvoll. **2.** gefühlsbetont: ~ ***term*** (*od.* ***word***) emotionsgeladenes Wort; Reizwort *n*.

em·pa·thy ['empəθɪ] *s* Einfühlung(svermögen *n*) *f*: ***feel ~ for*** sich hineinversetzen in (*acc*).

em·per·or ['empərə] *s* Kaiser *m*.

em·pha·sis ['emfəsɪs] *pl* **-ses** [~siːz] *s ling*. Betonung *f*, *fig. a.* Schwerpunkt *m*; Nachdruck *m*: ***lay*** (*od.* ***place, put***) ~ ***on*** → ***emphasize; with*** ~ nachdrücklich, mit Nachdruck. **em·pha·size** ['~saɪz] *v/t* (nachdrücklich) betonen, Nachdruck legen auf (*acc*), hervorheben, unterstreichen. **em·phat·ic** [ɪm'fætɪk] *adj* (***~ally***) nachdrücklich; eindringlich.

em·pire ['empaɪə] *s* **1.** Reich *n*, Imperium *n* (*beide a.* ✝ *u. fig.*). **2.** Kaiserreich *n*.

em·pir·i·cal [em'pɪrɪkl] *adj* □ empirisch, Erfahrungs...

em·ploy [ɪm'plɔɪ] **I** *v/t* **1.** *j-n* beschäftigen (***as*** als); an-, einstellen. **2.** *Gewalt etc* anwenden, gebrauchen. **3.** (***in***) *Energie etc* widmen (*dat*), *Zeit* verbringen (mit): ***be ~ed in doing s.th.*** damit beschäftigt sein, et. zu tun. **II** *s* **4.** Dienst(e *pl*) *m*, Beschäftigung(sverhältnis *n*) *f*: ***in s.o.'s ~*** bei j-m beschäftigt. **em·ploy·ee** [ˌemplɔɪ'iː] *s* Arbeitnehmer(in), Angestellte *m, f*, Arbeiter(in): ***the ~s*** *pl* die Belegschaft. **em·ploy·er** [ɪm'plɔɪə] *s* Arbeitgeber(in); Unternehmer(in). **em'ploy·ment** *s* **1.** Beschäftigung *f*, Arbeit *f*, (An)Stellung *f*: ***full ~*** Vollbeschäftigung; ***~ agency*** *Br.* Stellenvermittlung(sbüro *n*) *f*; ***~ contract*** Arbeitsvertrag *m*; ***~ market*** Arbeits-, Stellenmarkt *m*; ***~ service agency*** *Br.* Arbeitsamt *n*. **2.** An-, Einstellung *f*.

em·pow·er [ɪm'paʊə] *v/t* bevollmächtigen, ermächtigen (***to do*** zu tun).

em·press ['emprɪs] *s* Kaiserin *f*.

emp·ti·ness ['emptɪnɪs] *s* Leere *f* (*a. fig.*). **'emp·ty I** *adj* □ **1.** *allg.* leer (*a. fig. Versprechungen, Worte etc*), (*Haus etc a.*) leerstehend: ***feel ~*** sich (innerlich) leer fühlen; F Kohldampf schieben; ***stand ~*** leerstehen; ***~ of*** ohne; ***~ of meaning*** nichtssagend; → ***stomach*** 1. **II** *v/t* **2.** leeren (***into*** in *acc*), *Fach etc a.* ausräumen, *Glas etc a.* austrinken. **3.** *Haus etc* räumen. **III** *v/i* **4.** sich leeren. **5.** sich ergießen, münden (***into*** in *acc*). **IV** *s* **6.** *pl* Leergut *n*. **ˌ~-'hand·ed** *adj* mit leeren Händen, unverrichteterdinge.

em·u·late ['emjʊleɪt] *v/t* **1.** wetteifern mit. **2.** nacheifern (*dat*), es gleichtun wollen (*dat*).

e·mul·sion [ɪ'mʌlʃn] *s* ⚗, *etc* Emulsion *f*.

en·a·ble [ɪ'neɪbl] *v/t* **1.** *j-n* berechtigen, ermächtigen (***to do*** zu tun). **2.** *j-n* befähigen, es *j-m* möglich machen (***to do*** zu tun). **3.** *et.* möglich machen, ermöglichen: ***~ s.th. to be done*** es ermöglichen, daß et. getan wird.

en·act [ɪ'nækt] *v/t* **1.** ⚖ *Gesetz* erlassen; verfügen, -ordnen. **2.** *thea. etc Stück* aufführen; *Person, Rolle* darstellen, spielen. **en'act·ment** *s* Verfügung *f*, -ordnung *f*.

en·am·el [ɪ'næml] **I** *s* **1.** Email(le *f*) *n*. **2.** Glasur *f*. **3.** *anat.* Zahnschmelz *m*. **II** *v/t pret u. pp* **-eled,** *bsd. Br.* **-elled 4.** emaillieren. **5.** glasieren.

en·am·o(u)r [ɪ'næmə] *v/t*: ***be ~ed of*** (*od.* ***with***) verliebt sein in (*acc*); *fig.* gefesselt *od.* verzaubert sein von.

en·case [ɪn'keɪs] *v/t*: ***~d in*** gehüllt in (*acc*), umhüllt von.

en·chant [ɪn'tʃɑːnt] *v/t* **1.** verzaubern. **2.** *fig.* bezaubern, entzücken: ***be ~ed*** entzückt sein (***by, with*** von). **en'chant·er** *s* Zauberer *m*. **en'chant·ing** *adj* □ bezaubernd, entzückend. **en'chant·ment** *s* **1.** Verzauberung *f*. **2.** Zauber *m* (*a.*

fig.). **3.** Zauberei *f.* **en'chant·ress** *s* **1.** Zauberin *f.* **2.** *fig.* bezaubernde Frau.

en·ci·pher [ɪn'saɪfə] → ***encode.***

en·cir·cle [ɪn'sɜːkl] *v/t* **1.** umgeben: ***~d by*** (*od.* ***with***) umgeben von. **2.** umfassen. **3.** einkreisen, umzingeln, ⚔ *a.* einkesseln. **en'cir·cle·ment** *s* Einkreisung *f*, Umzing(e)lung *f*, ⚔ *a.* Einkesselung *f.*

en·close [ɪn'kləʊz] *v/t* **1.** (***in***) einschließen (in *acc od. dat*), umgeben (mit). **2.** umringen. **3.** *mit der Hand etc* umfassen. **4.** beilegen, -fügen (***in, with*** *dat*): ***~d please find*** in der Anlage erhalten Sie. **en'clo·sure** [~ʒə] *s* Anlage *f* (*zu e-m Brief etc*).

en·code [en'kəʊd] *v/t Text* verschlüsseln, chiffrieren.

en·com·pass [ɪn'kʌmpəs] *v/t* **1.** umgeben (***with*** mit). **2.** *fig.* umfassen.

en·core I *int* [ɒŋ'kɔː] **1.** da capo!; Zugabe! **II** *s* ['ɒŋkɔː] **2.** Dakapo(ruf *m*) *n.* **3.** Wiederholung *f* (*e-r Arie etc*); Zugabe *f.* **III** *v/t* ['ɒŋkɔː] **4.** die Wiederholung (*gen*) verlangen *od.* erzwingen; von *j-m* e-e Zugabe verlangen *od.* erzwingen.

en·coun·ter [ɪn'kaʊntə] **I** *v/t* **1.** *j-m, e-r Sache* begegnen, *j-n* treffen, auf *j-n, Widerstand etc* stoßen. **2.** mit *j-m* (*feindlich*) zs.-stoßen. **II** *v/i* **3.** sich begegnen *od.* treffen. **III** *s* **4.** Begegnung *f* (***of, with*** mit). **5.** *feindlicher* Zs.-stoß *m.*

en·cour·age [ɪn'kʌrɪdʒ] *v/t* **1.** *j-n* ermutigen, ermuntern (***to*** zu), *j-m* Mut machen. **2.** *j-n* unterstützen, bestärken (***in*** in *dat*). **3.** *et.* fördern, unterstützen. **en'cour·age·ment** *s* **1.** Ermutigung *f*, Ermunterung *f.* **2.** Unterstützung *f*, Bestärkung *f.* **3.** Förderung *f.*

en·croach [ɪn'krəʊtʃ] *v/i* **1.** (***on***) eingreifen (in *j-s Besitz od. Recht*), unberechtigt eindringen (in *acc*), sich Übergriffe leisten (in, auf *acc*). **2.** über Gebühr in Anspruch nehmen, mißbrauchen (***on*** *acc*). **en'croach·ment** *s* Ein-, Übergriff *m.*

en·crust → ***incrust.***

en·cum·ber [ɪn'kʌmbə] *v/t Grundstück etc* belasten: ***~ed with mortgages*** hypothekarisch belastet. **en'cum·brance** *s* Belastung *f.*

en·cy·clo·p(a)e·di·a [enˌsaɪkləʊ'piːdjə] *s* Enzyklopädie *f.* **enˌcy·clo'p(a)e·dic** *adj* (***~ally***) enzyklopädisch.

end [end] **I** *v/t* **1.** beenden, zu Ende bringen *od.* führen. **2.** a) *a.* ***~ up*** *et.* ab-, beschließen (***with*** mit), b) *den Rest s-r Tage* zu-, verbringen, *s-e Tage* beschließen. **II** *v/i* **3.** enden, aufhören. **4.** *a.* ***~ up*** enden, ausgehen: ***~ happily*** gut ausgehen; ***~ in disaster*** (*od.* ***a fiasco***) mit e-m Fiasko enden. **5.** ***~ up*** a) enden, landen (***in prison*** im Gefängnis), b) enden (***as*** als). **III** *s* **6.** (*örtlich*) Ende *n*: ***go off*** (***at***) ***the deep ~*** F hochgehen, wütend werden; ***make*** (***both***) ***~s meet*** durchkommen, finanziell über die Runden kommen. **7.** Ende *n*, Rest *m*: → ***thick*** 1, ***thin*** 1. **8.** (*zeitlich*) Ende *n*: ***in the ~*** am Ende, schließlich; ***at the ~ of May*** Ende Mai; ***without ~*** unaufhörlich; ***come*** (*od.* ***draw***) ***to an ~*** zu Ende gehen; ***make an ~ of, put an ~ to*** *e-r Sache* ein Ende setzen. **9.** Tod *m*, Ende *n.* **10.** *oft pl* Absicht *f*, (End)Zweck *m*, Ziel *n*: ***the ~ justifies*** (*od.* ***sanctifies***) ***the means*** der Zweck heiligt die Mittel; ***to this ~*** zu diesem Zweck; ***to no ~*** vergebens.

en·dan·ger [ɪn'deɪnʒə] *v/t* gefährden.

end con·sum·er *s* ⚕ End-, Letztverbraucher *m.*

en·dear·ing [ɪn'dɪərɪŋ] *adj* □ **1.** gewinnend (*Lächeln etc*). **2.** liebenswert (*Eigenschaft etc*). **en'dear·ment** *s*: (***term of***) ***~*** Kosename *m*, -wort *n*; ***words*** *pl* ***of ~, ~s*** *pl* liebe *od.* zärtliche Worte *pl.*

en·deav·o(u)r [ɪn'devə] **I** *v/t* bemüht *od.* bestrebt sein (***to do*** zu tun). **II** *s* Bemühung *f*, Bestrebung *f*: ***make every ~*** sich nach Kräften bemühen.

end·ing ['endɪŋ] *s* **1.** Ende *n*, Schluß *m*: ***happy ~*** Happy-End *n.* **2.** *ling.* Endung *f.*

en·dive ['endɪv] *s* ⚘ (Winter)Endivie *f.*

end·less ['endlɪs] *adj* □ *allg.* endlos.

en·dorse [ɪn'dɔːs] *v/t* **1.** *Erklärung etc* vermerken (***on*** auf *dat*); *bsd. Br.* e-e Strafe vermerken auf (*e-m Führerschein*). **2.** ⚕ *Scheck etc* indossieren, girieren. **3.** *Plan etc* billigen.

en·dor·see [ˌendɔː'siː] *s* ⚕ Indossat *m.*

en·dorse·ment [ɪn'dɔːsmənt] *s* **1.** Vermerk *m*; *bsd. Br.* Strafvermerk *m* (*auf e-m Führerschein*). **2.** ⚕ Indossament *n*,

Giro *n.* **3.** Billigung *f.* **en'dors·er** *s* ♱ Indossant *m.*

en·dow [ɪn'daʊ] *v/t* **1.** e-e Stiftung machen (*dat*). **2.** *et.* stiften: **~ s.o. with s.th.** j-m et. stiften. **3.** *fig.* ausstatten (**with** mit). **en'dow·ment** *s* **1.** Stiftung *f.* **2.** Begabung *f,* Talent *n.*

end prod·uct *s* **1.** ♱, ⚙ Endprodukt *n.* **2.** *fig.* (End)Produkt *n.*

en·dur·a·ble [ɪn'djʊərəbl] *adj* □ erträglich. **en'dur·ance I** *s* **1.** Standhaftigkeit *f,* Ausdauer *f;* Aushalten *n,* Ertragen *n:* **beyond** (*od.* **past**) **~** unerträglich. **2.** ⚙ Dauerleistung *f.* **II** *adj* **3.** Dauer...: **~ test** ⚙ Belastungsprobe *f.* **en'dure I** *v/i* **1.** andauern, Bestand haben. **2.** durchhalten. **II** *v/t* **3.** aushalten, ertragen, erdulden. **4.** *neg.* ausstehen, leiden.

end us·er → ***end consumer.***

en·e·ma ['enɪmə] *pl* **-mas, -ma·ta** [~mətə] *s* ⚕ Klistier *n,* Einlauf *m:* ***give s.o. an ~*** j-m e-n Einlauf machen.

en·e·my ['enəmɪ] **I** *s* ⚔ Feind *m, weitS. a.* Gegner *m* (**of, to** *gen*): ***~ to reform*** Reformgegner; ***make an ~ of s.o.*** sich j-n zum Feind machen. **II** *adj* feindlich, Feind(es)...

en·er·get·ic [ˌenə'dʒetɪk] *adj* (***~ally***) energisch. **'en·er·gy** *s* Energie *f* (*a. phys.*): ***~-saving*** energiesparend.

en·er·vate ['enɜːveɪt] *v/t* entkräften, schwächen (*a. fig.*); entnerven.

en·fee·ble [ɪn'fiːbl] *v/t* entkräften, schwächen (*a. fig.*).

en·fold [ɪn'fəʊld] *v/t* **1.** einhüllen (**in** in *acc*), umhüllen (**with** mit) (*beide a. fig.*). **2.** umfassen: ***~ s.o. in one's arms*** j-n in die Arme schließen.

en·force [ɪn'fɔːs] *v/t* **1.** *Argument,* ♱, ⚖ *Forderung* geltend machen; *e-r Sache* Geltung verschaffen, *Gesetz etc* durchführen; *Urteil* vollstrecken. **2.** durchsetzen, erzwingen: **~ *s.th. on s.o.*** et. von j-m erzwingen; j-m et. aufzwingen. **en'force·ment** *s* **1.** ♱, ⚖ Geltendmachung *f;* ⚖ Vollstreckung *f.* **2.** Durchsetzung *f,* Erzwingung *f.*

en·fran·chise [ɪn'fræntʃaɪz] *v/t* das Wahlrecht verleihen (*dat*).

en·gage [ɪn'geɪdʒ] **I** *v/t* **1.** (**o.s.** sich) verpflichten (***to do*** zu tun). **2.** ***become*** (*od.* ***get***) ***~d*** sich verloben (***to*** mit). **3.** *j-n* ein-, anstellen, *Künstler etc* engagieren (***as*** als). **4.** *fig. j-n* in Anspruch nehmen, *j-s Aufmerksamkeit a.* auf sich ziehen. **5.** ⚙ einrasten lassen, *Kupplung etc* einrücken, *Gang* einlegen. **II** *v/i* **6.** sich verpflichten (***to do*** zu tun). **7.** ***~ in*** sich einlassen auf (*acc*) *od.* in (*acc*); sich beschäftigen mit. **8.** ⚙ einrasten. **en'gaged** *adj* **1.** *a.* ***~ to be married*** verlobt: ***~ to*** verlobt mit. **2.** beschäftigt (***in, on*** mit): ***be ~ in doing s.th.*** damit beschäftigt sein, et. zu tun. **3.** in Anspruch genommen: ***my time is fully ~*** ich bin zeitlich voll ausgelastet. **4.** *teleph. Br.* besetzt: ***~ tone*** Besetztton *m,* -zeichen *n.* **en'gage·ment** *s* **1.** Verpflichtung *f:* ***without ~*** unverbindlich, ♱ *a.* freibleibend. **2.** Verabredung *f:* ***have an ~*** verabredet sein. **3.** Verlobung *f* (***to*** mit): ***~ ring*** Verlobungsring *m.* **4.** (An)Stellung *f, thea. etc* Engagement *n.* **en'ga·ging** *adj* □ einnehmend (*Wesen etc*), gewinnend (*Lächeln etc*).

en·gen·der [ɪn'dʒendə] *v/t Neid etc* erzeugen, hervorrufen (***in*** bei).

en·gine ['endʒɪn] *s* **1.** Motor *m.* **2.** 🚂 Lokomotive *f.* **~ block** *s* Motorblock *m.* **~ driv·er** *s* 🚂 Lokomotivführer *m.*

en·gi·neer [ˌendʒɪ'nɪə] **I** *s* **1.** Ingenieur *m;* Techniker *m;* Mechaniker *m.* **2.** 🚂 *Am.* Lokomotivführer *m.* **II** *v/t* **3.** *fig.* (geschickt) in die Wege leiten, organisieren. **ˌen·gi'neer·ing** *s allg.* Technik *f, engS.* Ingenieurwesen *n,* (*a.* ***mechanical ~***) Maschinen- u. Gerätebau *m.*

Eng·lish ['ɪŋglɪʃ] **I** *adj* **1.** englisch. **II** *s* **2.** ***the ~*** *pl* die Engländer *pl.* **3.** *ling.* Englisch *n;* ***in ~*** auf englisch; ***in plain ~*** unverblümt; auf gut deutsch; ***Queen's*** (*od.* ***King's***) ***~*** hochsprachliches Englisch. ***~·man*** ['~mən] *s* (*irr* ***man***) Engländer *m.* **'~ˌwom·an** *s* (*irr* ***woman***) Engländerin *f.*

en·grave [ɪn'greɪv] *v/t* (***on***) (in *Metall, Stein etc*) (ein)gravieren, (-)meißeln, (in *Holz*) einschnitzen: ***it is ~d on*** (*od.* ***in***) ***his memory*** (*od.* ***mind***) es hat sich ihm tief *od.* unauslöschlich eingeprägt. **en'grav·er** *s* Graveur *m:* ***~ on copper*** Kupferstecher *m.* **en'grav·ing** *s* **1.** Gravieren *n.* **2.** Gravierung *f,* (*Kupfer-, Stahl*)Stich *m,* (*Holz*)Schnitt *m.*

en·gross [ɪn'grəʊs] *v/t j-s Aufmerksamkeit etc* in Anspruch nehmen, *Macht, Unterhaltung etc* an sich reißen.

en'grossed *adj* (***in***) (voll) in Anspruch genommen (von), vertieft, versunken (in *acc*).

en·gulf [ɪn'gʌlf] *v/t* verschlingen (*a. fig.*).

en·hance [ɪn'hɑːns] *v/t Wert etc* erhöhen, steigern, heben.

e·nig·ma [ɪ'nɪgmə] *s fig.* Rätsel *n*. **en·ig·mat·ic** [ˌenɪg'mætɪk] *adj* (***~ally***) rätselhaft.

en·joy [ɪn'dʒɔɪ] *v/t* **1.** Vergnügen *od.* Gefallen finden *od.* Freude haben an (*dat*): ***~ doing s.th.*** daran Vergnügen finden, et. zu tun; ***I ~ dancing*** ich tanze gern, Tanzen macht mir Spaß; ***did you ~ the play?*** hat dir das Stück gefallen?; ***~ o.s.*** sich amüsieren *od.* gut unterhalten; ***~ yourself!*** viel Spaß! **2.** genießen, sich *et.* schmecken lassen. **3.** sich *e-s Besitzes* erfreuen, *j-s Vertrauen etc* genießen: ***~ good health*** sich e-r guten Gesundheit erfreuen. **en'joy·a·ble** *adj* □ angenehm, erfreulich. **en'joy·ment** *s* **1.** Vergnügen *n*, Freude *f* (***of*** an *dat*). **2.** Genuß *m*: ***be in the ~ of*** → ***enjoy*** 3.

en·large [ɪn'lɑːdʒ] **I** *v/t* **1.** vergrößern (*a. phot.*), *Kenntnisse etc a.* erweitern, *Einfluß etc a.* ausdehnen. **II** *v/i* **2.** sich vergrößern *od.* erweitern *od.* ausdehnen. **3.** sich verbreiten *od.* (weitläufig) auslassen (***on*** über *acc*). **en'large·ment** *s* Vergrößerung *f* (*a. phot.*).

en·light·en [ɪn'laɪtn] *v/t* aufklären, belehren (***on, as to*** über *acc*). **en'light·en·ment** *s* Aufklärung *f*.

en·list [ɪn'lɪst] **I** *v/t* **1.** *Soldaten* anwerben, *Rekruten* einstellen. **2.** *fig.* heranziehen, *j-s Dienste* in Anspruch nehmen. **II** *v/i* **3.** ⚔ Soldat werden, sich (freiwillig) melden (***to*** zu). **4.** (***in***) mitwirken (bei), sich beteiligen (an *dat*).

en·liv·en [ɪn'laɪvn] *v/t* beleben, in Schwung bringen.

en·mesh [ɪn'meʃ] *v/t*: ***be ~ed in one's own lies*** sich in s-n eigenen Lügen verstrickt *od.* verfangen haben.

en·mi·ty ['enmətɪ] *s* Feindschaft *f*: ***be at ~ with*** verfeindet sein mit.

e·nor·mous [ɪ'nɔːməs] *adj* □ enorm, ungeheuer, gewaltig.

e·nough [ɪ'nʌf] **I** *adj* ausreichend, genug: ***be ~*** (aus)reichen, genügen. **II** *s*: ***I have had ~, thank you*** danke, ich bin satt!; ***~ of that!*** genug davon!, Schluß damit! **III** *adv* genug, genügend: ***be kind*** (*od.* ***good***) ***~ to do this for me*** sei so freundlich *od.* gut u. erledige das für mich; ***curiously*** (*od.* ***strangely***) ***~*** merkwürdigerweise.

en·quire, en·quir·y → ***inquire, inquiry.***

en·rage [ɪn'reɪdʒ] *v/t* wütend machen. **en'raged** *adj* wütend, aufgebracht (***at, by*** über *acc*).

en·rap·ture [ɪn'ræptʃə] *v/t* hinreißen, entzücken. **en'rap·tured** *adj* hingerissen, entzückt (***at, by*** von).

en·rich [ɪn'rɪtʃ] *v/t* **1.** bereichern (*a. fig.*). **2.** ⚗, *etc* anreichern.

en·rol(l) [ɪn'rəʊl] **I** *v/t* **1.** *j-n, j-s Namen* einschreiben, -tragen (***in*** in *dat od. acc*), *univ. j-n* immatrikulieren: ***~ o.s.*** → 3. **2.** *j-n* aufnehmen (***in*** in *e-n Verein etc*): ***~ o.s. in*** → 4. **II** *v/i* **3.** sich einschreiben (lassen), *univ.* sich immatrikulieren: ***~ for a course*** e-n Kurs belegen. **4.** ***~ in*** beitreten (*dat*). **en'rol(l)·ment** *s* **1.** Einschreibung *f*, -tragung *f*, *univ.* Immatrikulation *f*. **2.** (Gesamt)Zahl *f* der Eingetragenen *od. univ.* Immatrikulierten.

en route [ɑ̃ːn'ruːt] *adv* unterwegs (***for*** nach).

en·sem·ble [ɑ̃ːn'sɑ̃ːmbl] *s* **1.** *das* Ganze, Gesamteindruck *m*. **2.** ♪, *thea.*, *Mode*: Ensemble *n*.

en·sign ['ensaɪn] *s* ⚓ (*bsd.* National-) Flagge *f*.

en·slave [ɪn'sleɪv] *v/t* zum Sklaven machen (*a. fig.*), versklaven.

en·snare [ɪn'sneə] *v/t* **1.** *in e-r Schlinge* fangen. **2.** *fig.* bestricken, umgarnen.

en·sue [ɪn'sjuː] *v/i* **1.** (darauf-, nach)folgen: ***the ensuing years*** die (darauf)folgenden Jahre. **2.** folgen, sich ergeben (***from*** aus).

en·sure [ɪn'ʃɔː] *v/t* **1.** (***against, from***) sichern (vor *dat*, gegen), schützen (vor *dat*). **2.** sicherstellen, garantieren (***s.th.*** et.; ***that*** daß; ***s.o. being*** daß j-d ist). **3.** sorgen für *et.*: ***~ that*** dafür sorgen, daß.

en·tail [ɪn'teɪl] *v/t* mit sich bringen, zur Folge haben, nach sich ziehen, *Kosten etc* verursachen, erfordern.

en·tan·gle [ɪn'tæŋgl] *v/t* **1.** *Haare, Garn etc* verwirren, -filzen. **2.** (***o.s.*** sich) verwickeln, -heddern (***in*** in *dat*). **3.** *fig.* verwickeln, -stricken (***in*** in *acc*).

en·ter ['entə] **I** *v/t* **1.** (hinein-, herein)gehen, (-)kommen, (-)treten in (*acc*), eintreten, -steigen in (*acc*), betreten; einreisen in (*acc*); ⚓, 🚂 einlaufen, -fahren in (*acc*); eindringen in (*acc*): ***it ~ed my mind*** es kam mir in den Sinn. **2.** *fig.* eintreten in (*acc*), beitreten (*dat*). **3.** *Namen etc* eintragen, -schreiben, *j-n* aufnehmen, zulassen: ***~ one's name*** (*od.* ***o.s.***) → 7a. **4.** *Sport*: melden, nennen (***for*** für): ***~ o.s.*** → 7b. **5.** *Vorschlag etc* einreichen, -bringen: ***~ a protest*** Protest erheben *od.* einlegen. **II** *v/i* **6.** eintreten, herein-, hineinkommen, -gehen; *thea.* auftreten: ♀ ***Hamlet*** Hamlet tritt auf. **7.** a) sich eintragen *od.* -schreiben *od.* anmelden (***for*** für), b) (*Sport*) melden, nennen (***for*** für).

Verbindungen mit Präpositionen:

en·ter| in·to *v/i* **1.** → ***enter*** 1, 2. **2.** anfangen, beginnen; sich einlassen auf (*acc*); eingehen auf (*acc*): ***~ into correspondence with*** in Briefwechsel treten mit. **3.** *Verpflichtung*, *Partnerschaft etc* eingehen. **~ on** *v/i* **1.** *Thema* anschneiden; sich in *ein Gespräch etc* einlassen. **2.** *Amt*, *Erbschaft* antreten; *Laufbahn* einschlagen; in *ein neues Stadium etc* treten.

en·ter·i·tis [ˌentəˈraɪtɪs] *s* ⚕ Darmkatarrh *m*.

en·ter·prise [ˈentəpraɪz] *s* **1.** Unternehmen *n*, -nehmung *f*. **2.** ✝ Unternehmen *n*, Betrieb *m*; Unternehmertum *n*. **3.** Unternehmungsgeist *m*. **ˈen·ter·pris·ing** *adj* □ unternehmungslustig.

en·ter·tain [ˌentəˈteɪn] *v/t* **1.** (angenehm) unterhalten. **2.** bewirten. **3.** *Furcht*, *Hoffnung etc* hegen. **4.** *Vorschlag etc* in Betracht *od.* Erwägung ziehen: ***~ an idea*** sich mit e-m Gedanken tragen. **ˌen·terˈtain·er** *s* Entertainer(in). **ˌen·terˈtain·ing** *adj* □ unterhaltend, -haltsam. **ˌen·terˈtain·ment** *s* **1.** Unterhaltung *f*: ***much*** (*od.* ***greatly***) ***to his ~*** sehr zu s-r Belustigung. **2.** (*öffentliche*) Unterhaltung, (*professionell dargebotene a.*) Entertainment *n*: ***~ industry*** Unterhaltungsindustrie *f*; ***~ tax*** Vergnügungssteuer *f*.

en·thral(l) [ɪnˈθrɔːl] *v/t fig.* bezaubern, fesseln.

en·thuse [ɪnˈθjuːz] *v/i* F (***about, over***) begeistert sein (von), schwärmen (von, für).

en·thu·si·asm [ɪnˈθjuːzɪæzəm] *s* Enthusiasmus *m*, Begeisterung *f* (***for*** für; ***about*** über *acc*). **enˈthu·si·ast** [~æst] *s* Enthusiast(in). **enˌthu·siˈas·tic** *adj* (***~ally***) begeistert (***about, over*** von), enthusiastisch.

en·tice [ɪnˈtaɪs] *v/t* **1.** locken (***into*** in *acc*): ***~ away*** weglocken (***from*** von); ✝ abwerben; ***~ s.o.'s girlfriend away*** j-m die Freundin abspenstig machen. **2.** verlocken, -leiten, -führen (***into*** zu *et.*): ***~ s.o. to do*** (*od.* ***into doing***) ***s.th.*** j-n dazu verleiten, et. zu tun. **enˈtice·ment** *s* **1.** (Ver)Lockung *f*, (An)Reiz *m*. **2.** Verführung *f*, -leitung *f*. **enˈtic·ing** *adj* □ verlockend, -führerisch.

en·tire [ɪnˈtaɪə] *adj* **1.** ganz: a) vollzählig, -ständig, b) gesamt, Gesamt..., c) unversehrt, unbeschädigt. **2.** *fig.* voll, uneingeschränkt (*Vertrauen etc*): ***be in ~ agreement with*** voll u. ganz *od.* völlig übereinstimmen mit. **enˈtire·ly** *adv* völlig, gänzlich. **enˈtire·ty** *s*: ***in its ~*** in s-r Gesamtheit, als (ein) Ganzes.

en·ti·tle [ɪnˈtaɪtl] *v/t* **1.** *Buch etc* betiteln: ***~d ...*** mit dem Titel ... **2.** *j-n* berechtigen (***to*** zu): ***be ~d to*** ein Anrecht *od.* (e-n) Anspruch haben auf (*acc*); ***be ~d to do s.th.*** (dazu) berechtigt sein *od.* das Recht haben, et. zu tun; ***~d to vote*** wahl-, stimmberechtigt.

en·ti·ty [ˈentətɪ] *s* **1.** Einheit *f*. **2.** ⚖ Rechtspersönlichkeit *f*: ***legal ~*** juristische Person.

en·trails [ˈentreɪlz] *s pl anat.* Eingeweide *pl*.

en·trance[1] [ˈentrəns] *s* **1.** Eintreten *n*, -tritt *m*; ⚓, 🚂 Einlaufen *n*, -fahrt *f*. **2.** Ein-, Zugang *m* (***to*** zu); Zufahrt *f*: ***~ hall*** (Eingangs-, Vor)Halle *f*, (Haus-)Flur *m*. **3.** *fig.* Antritt *m* (***on an inheritance*** e-r Erbschaft): ***~ on an office*** Amtsantritt *m*. **4.** Einlaß *m*, Ein-, Zutritt *m*: ***~ fee*** Eintritt(sgeld *n*); Aufnahmegebühr *f*; ***no ~!*** Zutritt verboten! **5.** *thea.* Auftritt *m*: ***make one's ~*** auftreten.

en·trance[2] [ɪnˈtrɑːns] *v/t* entzücken, hinreißen: ***~d*** entzückt, hingerissen (***at, by*** von).

en·trant [ˈentrənt] *s* **1.** (Berufs)Anfänger(in) (***to*** in *dat*). **2.** neues Mitglied. **3.** *Sport*: Teilnehmer(in) (*a. allg. an e-m Wettbewerb*).

en·treat [ɪnˈtriːt] *v/t* **1.** inständig *od.* dringend bitten, anflehen (***for*** um). **2.**

et. erflehen (***of*** von). **en'treat·ing** *adj* □ flehentlich. **en'treat·y** *s* dringende Bitte: ***at s.o.'s ~*** auf j-s Bitte (hin).

en·trée ['ɒntreɪ] *s* **1.** *bsd. fig.* Zutritt *m* (***into*** zu). **2.** *gastr.* Zwischen-, *Am.* Hauptgericht *n.*

en·trench [ɪn'trentʃ] *v/t* ⚔ (***o.s.*** sich) verschanzen (***behind*** hinter *dat*) (*a. fig.*). **en'trenched** *adj fig.* eingewurzelt.

en·tre·pre·neur [ˌɒntrəprə'nɜː] *s* ☤ Unternehmer *m.*

en·trust [ɪn'trʌst] *v/t* **1.** *et.* anvertrauen (***to s.o.*** j-m). **2.** *j-n* betrauen (***with*** mit).

en·try ['entrɪ] *s* **1.** → ***entrance***¹ 1. **2.** Einreise *f,* Zuzug *m*: ***~ visa*** Einreisevisum *n.* **3.** → ***entrance***¹ 5. **4.** Beitritt *m* (***into*** zu). **5.** Einlaß *m,* Zutritt *m*: ***gain*** (*od.* ***obtain***) ***~*** Einlaß finden; ***force an ~ into, make a forcible ~ into*** gewaltsam eindringen in (*acc*); ***no ~!*** Zutritt verboten. **6.** Zu-, Eingang(stür *f*) *m,* Einfahrt(stor *n*) *f*; (Eingangs-, Vor)Halle *f,* (Haus)Flur *m.* **7.** Eintrag(ung *f*) *m,* ☤ *a.* Buchung *f*; Stichwort *n* (*im Lexikon etc*). **8.** *Sport*: a) Nennung *f,* Meldung *f,* b) → ***entrant*** 3. **'~·phone** *s* Türsprechanlage *f.*

en·twine [ɪn'twaɪn] *v/t* winden, schlingen (***[a]round*** um), umwinden (***with*** mit).

e·nu·mer·ate [ɪ'njuːməreɪt] *v/t* aufzählen. **eˌnu·mer'a·tion** *s* Aufzählung *f.*

e·nun·ci·ate [ɪ'nʌnsɪeɪt] **I** *v/t* **1.** ausdrükken, -sprechen. **2.** formulieren. **3.** (*bsd.* deutlich) aussprechen. **II** *v/i* **4.** ***~ clearly*** e-e deutliche Aussprache haben, deutlich sprechen.

en·vel·op [ɪn'veləp] *v/t* **1.** einschlagen, -wickeln, (ein)hüllen (***in*** in *acc*). **2.** *fig.* ver-, einhüllen: ***~ed in mystery*** geheimnisumhüllt. **en·ve·lope** ['envələʊp] *s* **1.** Hülle *f,* Umschlag *m.* **2.** Briefumschlag *m,* Kuvert *n.*

en·vi·a·ble ['envɪəbl] *adj* □ beneidenswert. **'en·vi·er** *s* Neider(in). **'en·vi·ous** *adj* □ neidisch (***of*** auf *acc*).

en·vi·ron·ment [ɪn'vaɪərənmənt] *s* **1.** Umgebung *f, sociol. a.* Milieu *n.* **2.** Umwelt *f.* **enˌvi·ron'men·tal** [~'mentl] *adj* □ **1.** *sociol.* Milieu... **2.** Umwelt...: ***~ pollution*** Umweltverschmutzung *f*; ***~ protection*** Umweltschutz *m*; ***~ly beneficial*** (***harmful***) umweltfreundlich (-feindlich). **enˌvi·ron'men·tal·ist** [~təlɪst] *s* Umweltschützer(in). **en'vi·rons** *s pl* Umgebung *f* (*e-s Ortes etc*).

en·vis·age [ɪn'vɪzɪdʒ] *v/t* **1.** gedenken (***doing*** zu tun), in Aussicht nehmen, ins Auge fassen. **2.** sich *et.* vorstellen.

en·vi·sion [ɪn'vɪʒn] → **envisage** 2.

en·voy ['envɔɪ] *s* **1.** *pol.* Gesandte *m.* **2.** Abgesandte *m,* Bevollmächtigte *m.*

en·vy ['envɪ] **I** *s* **1.** Neid *m* (***of*** auf *acc*). **2.** Gegenstand *m* des Neides: ***his car is the ~ of everybody*** alle beneiden ihn um s-n Wagen. **II** *v/t* **3.** *j-n* beneiden (***s.th.*** um etwas).

en·zyme ['enzaɪm] *s Biochemie*: Enzym *n.*

e·phem·er·al [ɪ'femərəl] *adj* □ flüchtig, kurzlebig.

ep·ic ['epɪk] **I** *adj* (***~ally***) **1.** episch. **2.** heldenhaft. **II** *s* **3.** Epos *n.*

ep·i·cure ['epɪˌkjʊə] *s* **1.** Epikureer *m,* Genußmensch *m.* **2.** Feinschmecker *m.*

ep·i·dem·ic [ˌepɪ'demɪk] ⚕ **I** *adj* (***~ally***) epidemisch (*a. fig.*). **II** *s* Epidemie *f,* Seuche *f* (*beide a. fig.*).

ep·i·der·mis [ˌepɪ'dɜːmɪs] *s anat.* Oberhaut *f.*

ep·i·gram ['epɪgræm] *s* Epigramm *n.*

ep·i·lep·sy ['epɪlepsɪ] *s* ⚕ Epilepsie *f.* **ˌep·i'lep·tic I** *adj* (***~ally***) epileptisch: ***~ fit*** epileptischer Anfall. **II** *s* Epileptiker(in).

ep·i·logue ['epɪlɒg] *s* Epilog *m*: a) Nachwort *n* (*e-s Buchs etc*), b) *fig.* Nachspiel *n,* Ausklang *m.*

E·piph·a·ny [ɪ'pɪfənɪ] *s eccl.* Dreikönigsfest *n.*

e·pis·co·pal [ɪ'pɪskəpl] *adj* □ bischöflich, Bischofs... **e'pis·co·pate** [~kəʊpət] *s* Episkopat *m, n,* Bistum *n.*

ep·i·sode ['epɪsəʊd] *s* **1.** Episode *f.* **2.** *Rundfunk, TV etc*: Folge *f.* **ep·i·sod·ic** [~'sɒdɪk] *adj* (***~ally***) **1.** episodisch. **2.** episodenhaft.

e·pis·tle [ɪ'pɪsl] *s eccl.* Epistel *f.*

ep·i·taph ['epɪtɑːf] *s* Grabschrift *f.*

ep·i·thet ['epɪθet] *s* **1.** Beiwort *n,* Attribut *n.* **2.** Beiname *m.*

e·pit·o·me [ɪ'pɪtəmɪ] *s* **1.** Auszug *m,* Abriß *m*; kurze Darstellung: ***in ~*** auszugsweise; in gedrängter Form. **2.** *fig.* Verkörperung *f,* Inbegriff *m.* **e'pit·o·mize** *v/t* verkörpern.

ep·och ['i:pɒk] *s* Epoche *f*. **'~-ˌmak·ing** *adj* epochemachend.

eq·ua·bil·i·ty [ˌekwə'bɪlətɪ] *s* **1.** Gleichförmigkeit *f*. **2.** Ausgeglichenheit *f*, Gleichmut *m*. **'eq·ua·ble** *adj* □ **1.** gleich(förmig). **2.** ausgeglichen (*a. Klima*), gleichmütig.

e·qual ['i:kwəl] **I** *adj* (□ → ***equally***) **1.** gleich: ***be ~ to*** gleichen, gleich sein (*dat*); entsprechen, gleichkommen (*dat*); ***~ opportunities*** *pl* Chancengleichheit *f*; ***~ rights*** *pl* ***for women*** Gleichberechtigung *f* der Frau; ***~ in size, of ~ size*** (von) gleicher Größe, gleich groß. **2.** ***be ~ to*** *e-r Aufgabe etc* gewachsen sein. **3.** ebenbürtig (***to*** *dat*), gleichwertig: ***be on ~ terms*** (***with***) auf gleicher Stufe stehen (mit); gleichberechtigt sein (*dat*). **II** *s* **4.** Gleichgestellte *m*, *f*: ***your ~s*** *pl* deinesgleichen; ***~s*** *pl* ***in age*** Altersgenossen *pl*; ***he has no*** (*od.* ***is without***) ***~*** er hat nicht *od.* sucht seinesgleichen. **III** *v/t pret u. pp* **-qualed,** *bsd. Br.* **-qualled 5.** (*dat*) gleichen, gleichkommen (***in*** an *dat*). **6.** *Sport*: *Rekord* einstellen. **e·qual·i·ty** [ɪ'kwɒlətɪ] *s* Gleichheit *f*: ***~*** (***of rights***) Gleichberechtigung *f*; ***~ of opportunity*** (*od.* ***opportunities***) Chancengleichheit. **e·qual·i·za·tion** [ˌi:kwəlaɪ'zeɪʃn] *s* Gleichstellung *f*. **'e·qual·ize I** *v/t* **1.** gleichmachen, -setzen, -stellen. **2.** ausgleichen. **II** *v/i* **3.** *Sport*: ausgleichen. **'e·qual·iz·er** *s* *Sport*: Ausgleich(stor *n*) *m*. **'e·qual·ly** *adv* gleich (*groß etc*).

e·qua·nim·i·ty [ˌekwə'nɪmətɪ] *s* Ausgeglichenheit *f*, Gleichmut *m*.

e·quate [ɪ'kweɪt] *v/t* **1.** gleichsetzen, -stellen (***to, with*** *dat*). **2.** als gleich(wertig) ansehen *od.* behandeln. **e'qua·tion** [~ʒn] *s* **1.** ⩘ Gleichung *f*. **2.** Gleichsetzung *f*, -stellung *f*. **e'qua·tor** [~tə] *s* Äquator *m*. **e·qua·to·ri·al** [ˌekwə'tɔ:rɪəl] *adj* äquatorial, Äquator...

e·ques·tri·an [ɪ'kwestrɪən] **I** *adj* Reit(er)-...: ***~ sports*** *pl* Reit-, Pferdesport *m*; ***~ statue*** Reiterstatue *f*; -standbild *n*. **II** *s* (*a.* Kunst)Reiter(in).

e·qui·dis·tant [ˌi:kwɪ'dɪstənt] *adj* □ gleich weit entfernt. **e·qui·lat·er·al** [ˌ~'lætərəl] *adj* □ *bsd.* ⩘ gleichseitig.

e·qui·lib·ri·um [ˌi:kwɪ'lɪbrɪəm] *pl* **-ri·ums, -ri·a** [~rɪə] *s* Gleichgewicht *n* (*a. fig.*).

e·qui·nox ['i:kwɪnɒks] *s* Tagundnachtgleiche *f*.

e·quip [ɪ'kwɪp] *v/t* **1.** ausrüsten, -statten (***with*** mit), *Krankenhaus etc* einrichten. **2.** *fig. j-m* das (geistige *od.* nötige) Rüstzeug geben (***for*** für): ***be well ~ped for*** das nötige Rüstzeug haben für. **e'quip·ment** *s* **1.** a) Ausrüstung *f*, -stattung *f*, b) *mst pl* Ausrüstung(sgegenstände *pl*) *f*, c) ⚙ Einrichtung *f*, Maschine(n *pl*) *f*. **2.** *fig.* (geistiges *od.* nötiges) Rüstzeug.

e·qui·poise ['ekwɪpɔɪz] **I** *s* **1.** Gleichgewicht *n* (*a. fig.*). **2.** *mst fig.* Gegengewicht *n* (***to*** zu). **II** *v/t* **3.** im Gleichgewicht halten (*a. fig.*). **4.** *mst fig.* ein Gegengewicht bilden zu.

eq·ui·ta·ble ['ekwɪtəbl] *adj* □ gerecht, (recht u.) billig. **eq·ui·ty** ['ekwətɪ] *s* **1.** Gerechtigkeit *f*, Billigkeit *f*. **2.** *a.* ***~ law*** ⚖ (*ungeschriebenes*) Billigkeitsrecht.

e·quiv·a·lence [ɪ'kwɪvələns] *s* Gleichwertigkeit *f*, ⚗ *etc a.* Äquivalenz *f*. **e'quiv·a·lent I** *adj* □ **1.** gleichbedeutend (***to*** mit). **2.** gleichwertig, ⚗ *etc a.* äquivalent: ***be ~ to*** gleichkommen, entsprechen (*dat*). **II** *s* **3.** (***of***) Äquivalent *n* (für), (genaue) Entsprechung (zu).

e·quiv·o·cal [ɪ'kwɪvəkl] *adj* □ **1.** zweideutig, doppelsinnig. **2.** unbestimmt, ungewiß, fraglich. **3.** fragwürdig.

e·ra ['ɪərə] *s* Ära *f*, Zeitalter *n*.

e·rad·i·cate [ɪ'rædɪkeɪt] *v/t* ausrotten (*a. fig.*). **eˌrad·i'ca·tion** *s* Ausrottung *f*.

e·rase [ɪ'reɪz] *v/t* **1.** *Schrift etc* ausstreichen, -radieren, löschen (***from*** von); *Tonband*(*aufnahme*) *etc*, *ped. Am. a. Tafel* löschen. **2.** *fig.* (aus)löschen (***from*** aus). **e'ras·er** *s* Radiergummi *m*; *ped. Am.* Tafelwischer *m*. **e'ra·sure** [~ʒə] *s* **1.** Ausradieren *n*; Löschen *n*. **2.** ausradierte *od.* gelöschte Stelle.

e·rect [ɪ'rekt] **I** *v/t* **1.** aufrichten. **2.** *Gebäude etc* errichten; *Maschine etc* aufstellen. **II** *adj* □ **3.** aufgerichtet, aufrecht: ***with head ~*** erhobenen Hauptes. **4.** *physiol.* erigiert. **e'rec·tion** *s* **1.** Errichtung *f*; Aufstellung *f*. **2.** Bau *m*, Gebäude *n*. **3.** *physiol.* Erektion *f*.

er·e·mite ['erɪmaɪt] *s* Eremit *m*, Einsiedler *m*.

er·mine ['ɜ:mɪn] *s* *zo.* Hermelin *n*.

e·rode [ɪ'rəʊd] *v/t* **1.** an-, zer-, wegfressen. **2.** *geol.* erodieren. **3.** *fig.* aushöhlen, untergraben.

e·rog·e·nous [ɪ'rɒdʒɪnəs] *adj physiol.* erogen: **~ zone.**

e·ro·sion [ɪ'rəʊʒn] *s* **1.** *geol.* Erosion *f.* **2.** *fig.* Aushöhlung *f.*

e·rot·ic [ɪ'rɒtɪk] *adj* (**~ally**) erotisch. **e'rot·i·cism** [~sɪzəm], *bsd. Am.* **er·o·tism** ['erətɪzəm] *s* Erotik *f.*

err [ɜː] *v/i* (sich) irren: ***to ~ is human*** Irren ist menschlich.

er·rand ['erənd] *s* Botengang *m*, Besorgung *f*: ***go on*** (*od.* ***run***) ***an ~*** e-n Botengang *od.* e-e Besorgung machen. **~ boy** *s* Laufbursche *f.*

er·ra·ta [e'rɑːtə] *pl von* ***erratum.***

er·rat·ic [ɪ'rætɪk] *adj* (**~ally**) sprunghaft, unberechenbar.

er·ra·tum [e'rɑːtəm] *pl* **-ta** [~tə] *s* **1.** Druckfehler *m.* **2.** *pl* Errata *pl*, Druckfehlerverzeichnis *n.*

er·ro·ne·ous [ɪ'rəʊnjəs] *adj* irrig, falsch: ***~ belief*** Irrglaube(n) *m.* **er'ro·ne·ous·ly** *adv* irrtümlicher-, fälschlicherweise.

er·ror ['erə] *s* Irrtum *m*, Fehler *m*, Versehen *n*: ***in ~*** irrtümlicherweise; ***be in ~*** im Irrtum sein, sich im Irrtum befinden; ***~ of judg(e)ment*** falsche Beurteilung; ***~s excepted*** ✝ Irrtümer vorbehalten.

e·rupt [ɪ'rʌpt] *v/i* ausbrechen (*Ausschlag, Streit, Vulkan etc*): ***~ in*** (*od.* ***with***) ***anger*** e-n Wutanfall bekommen. **e'rup·tion** *s* **1.** Ausbruch *m*: ***angry ~*** Wutausbruch. **2.** ⚕ Ausschlag *m.*

es·ca·late ['eskəleɪt] **I** *v/t* **1.** *Krieg etc* eskalieren. **2.** *Erwartungen etc* höherschrauben. **II** *v/i* **3.** eskalieren. **4.** steigen, in die Höhe gehen (*Preise etc*). **ˌes·ca'la·tion** *s* Eskalation *f.* **'es·ca·la·tor** *s* Rolltreppe *f.*

es·ca·lope [e'skælɒp] *s gastr.* (*bsd.* Wiener) Schnitzel *n.*

es·ca·pade [ˌeskə'peɪd] *s* Eskapade *f.*

es·cape [ɪ'skeɪp] **I** *v/t* **1.** *j-m* entfliehen, -kommen; *e-r Sache* entgehen: ***I cannot ~ the impression that*** ich kann mich des Eindrucks nicht erwehren, daß; → ***notice*** 1. **2.** *fig. j-m* entgehen, übersehen *od.* nicht verstanden werden von. **3.** *dem Gedächtnis* entfallen: ***his name ~s me*** sein Name ist mir entfallen. **4.** *j-m* entschlüpfen, -fahren (*Fluch etc*). **II** *v/i* **5.** (ent)fliehen, entkommen (***from*** aus, *dat*). **6.** sich retten (***from*** vor *dat*), davonkommen (***with a fright*** mit dem Schrecken; ***with one's life*** mit dem Leben). **7.** ausfließen (*Flüssigkeit*); entweichen, ausströmen (***from*** aus) (*Gas etc*). **III** *s* **8.** Entkommen *n*, Flucht *f*: ***have a narrow*** (*od.* ***near***) ***~*** mit knapper Not davonkommen *od.* entkommen; ***that was a narrow ~!*** das war knapp! **9.** Entweichen *n*, Ausströmen *n.* **~ chute** *s* ✈ Notrutsche *f.*

es·cort I *s* ['eskɔːt] **1.** ⚔ Eskorte *f*, Begleitmannschaft *f.* **2.** ✈, ⚓ Geleit(schutz *m*) *n*; ⚓ Geleitschiff *n.* **3.** Geleit *n*, Schutz *m*; Gefolge *n*, Begleitung *f*; Begleiter(in). **II** *v/t* [ɪ'skɔːt] **4.** ⚔ eskortieren. **5.** ✈, ⚓ *j-m* Geleitschutz geben. **6.** geleiten; begleiten.

Es·ki·mo ['eskɪməʊ] *pl* **-mos** *s* Eskimo *m.*

e·soph·a·gus *Am.* → ***oesophagus.***

es·o·ter·ic [ˌesəʊ'terɪk] *adj* (**~ally**) esoterisch.

es·pe·cial [ɪ'speʃl] *adj* besonder. **es'pe·cial·ly** [~ʃəlɪ] *adv* besonders, hauptsächlich.

Es·per·an·to [ˌespə'ræntəʊ] *s* Esperanto *n.*

es·pi·o·nage ['espɪənɑːʒ] *s* Spionage *f.*

es·pla·nade [ˌesplə'neɪd] *s* **1.** (*bsd.* Strand-, Ufer)Promenade *f.* **2.** Esplanade *f.*

es·pres·so [e'spresəʊ] *pl* **-sos** *s* **1.** Espresso *m.* **2.** Espressomaschine *f.* **~ bar** *s* Espresso *n.*

Es·quire [ɪ'skwaɪə]: ***John Smith, Esq.*** *bsd. Br.* (*auf Briefen*) Herrn John Smith.

es·say ['eseɪ] *s* Essay *m, n, a. ped.* Aufsatz *m.* **'es·say·ist** *s* Essayist(in).

es·sence ['esns] *s* **1.** *das* Wesen(tliche), Kern *m* (*e-r Sache*): ***in ~*** im wesentlichen. **2.** Essenz *f*, Extrakt *m.*

es·sen·tial [ɪ'senʃl] **I** *adj* (□ → ***essentially***) **1.** wesentlich: a) grundlegend, b) unentbehrlich, unbedingt erforderlich (***to*** für): **~** (***to life***) lebensnotwendig, -wichtig. **2.** ⚗ ätherisch: ***~ oil.*** **II** *s mst pl* **3.** *das* Wesentliche, Hauptsache *f.* **4.** (wesentliche) Voraussetzung (***to*** für). **es'sen·tial·ly** [~ʃəlɪ] *adv* im wesentlichen.

es·tab·lish [ɪ'stæblɪʃ] *v/t* **1.** ein-, errichten, *Konto* eröffnen, *Gesetz etc* einführen, erlassen, *Rekord, Theorie* aufstellen, *Ausschuß etc* bilden, einsetzen, *Verbindung* herstellen, *diplomatische Beziehungen etc* aufnehmen. **2. ~ o.s.** ✝ sich (*a. beruflich*) etablieren *od.* niederlassen. **3.** *Ruhm etc* begründen: **~ one's reputation as** sich e-n Namen machen als. **4.** *Ansicht, Forderung etc* durchsetzen, *Ordnung* schaffen. **5.** be-, nachweisen. **es'tab·lished** *adj* **1.** bestehend. **2.** feststehend, unzweifelhaft. **3. ♀ Church** Staatskirche *f.* **es'tab·lish·ment** *s* **1.** Ein-, Errichtung *f,* Einführung *f,* Aufstellung *f,* Bildung *f,* Herstellung *f,* Aufnahme *f.* **2. the ♀** das Establishment. **3.** ✝ Unternehmen *n,* Firma *f;* Niederlassung *f.* **4.** Anstalt *f,* (öffentliches) Institut.

es·tate [ɪ'steɪt] *s* **1.** *sociol.* Stand *m.* **2.** ⚖ Besitz(tum *n*) *m;* (Erb-, Konkurs)Masse *f,* Nachlaß *m;* → **real** 3. **3.** Landsitz *m,* Gut *n.* **4.** *Br.* (Wohn)Siedlung *f;* Industriegebiet *n.* **~ a·gent** *s Br.* **1.** Grundstücksverwalter *m.* **2.** Grundstücks-, Immobilienmakler *m.* **~ car** *s Br.* Kombiwagen *m.*

es·teem [ɪ'stiːm] **I** *v/t* **1.** achten, (hoch-) schätzen. **2.** erachten *od.* ansehen als, *et.* halten für. **II** *s* **3.** Achtung *f* (**for, of** vor *dat*): **hold in (high) ~** → 1.

es·thete, *etc. Am.* → **aesthete,** *etc.*

es·ti·ma·ble ['estɪməbl] *adj* ☐ **1.** achtens-, schätzenswert. **2.** (ab)schätzbar.

es·ti·mate ['estɪmeɪt] **I** *v/t* **1.** (ab-, ein)schätzen, veranschlagen (**at** auf *acc*): **~d value** Schätzwert *m;* **an ~d 200 people** schätzungsweise 200 Leute. **2.** beurteilen, bewerten. **II** *v/i* **3.** schätzen. **4.** e-n Kostenvoranschlag machen (**for** für). **III** *s* ['~mət] **5.** Schätzung *f,* Veranschlagung *f,* Kostenvoranschlag *m:* **rough ~** grober Überschlag; **at a rough ~** grob geschätzt. **6.** Beurteilung *f,* Bewertung *f.* **es·ti·ma·tion** [ˌ~'meɪʃn] *s* **1.** Meinung *f:* **in my ~** nach m-r Ansicht. **2.** Achtung *f,* Wertschätzung *f.*

es·trange [ɪ'streɪndʒ] *v/t j-n* entfremden (**from** *dat*): **become ~d** sich entfremden (**from** *dat*); sich auseinanderleben. **es'trange·ment** *s* Entfremdung *f.*

es·tro·gen *Am.* → **oestrogen.**

es·tu·ar·y ['estjʊərɪ] *s* **1.** (*den Gezeiten ausgesetzte*) Flußmündung. **2.** Meeresbucht *f,* -arm *m.*

et cet·er·a [ɪt'setərə] et cetera, und so weiter.

etch [etʃ] *v/t* **1.** ätzen. **2.** in Kupfer stechen; radieren: **be ~ed on** (*od.* **in**) **s.o.'s memory** sich j-s Gedächtnis (unauslöschlich) eingeprägt haben. **'etch·ing** *s* Kupferstich *m;* Radierung *f.*

e·ter·nal [ɪ'tɜːnl] *adj* ☐ **1.** ewig. **2.** ewig, unaufhörlich. **e'ter·nal·ize** [~nəlaɪz] *v/t* verewigen. **e'ter·ni·ty** *s* Ewigkeit *f* (*a. fig.*).

e·ther ['iːθə] *s* ⚗ Äther *m.* **e·the·re·al** [ɪ'θɪərɪəl] *adj* ätherisch (*a. fig.*).

eth·i·cal ['eθɪkl] *adj* ☐ **1.** ethisch. **2.** *pharm.* rezeptpflichtig. **'eth·ics** *s pl* **1.** (*sg konstruiert*) Ethik *f.* **2.** (*Berufs- etc*)Ethos *n.*

eth·nic ['eθnɪk] *adj* (**~ally**) ethnisch: **~ group** Volksgruppe *f.*

eth·yl ['eθɪl] *s* ⚗ Äthyl *n.*

et·i·quette ['etɪket] *s* Etikette *f,* Anstands-, Verhaltensregeln *pl.*

et·y·mo·log·i·cal [ˌetɪmə'lɒdʒɪkl] *adj* ☐ etymologisch. **et·y·mol·o·gy** [ˌ~'mɒlədʒɪ] *s* Etymologie *f.*

eu·ca·lyp·tus [ˌjuːkə'lɪptəs] *pl* **-ti** [~taɪ], **-tus·es** *s* ⚘ Eukalyptus *m.*

eu·lo·gy ['juːlədʒɪ] *s* **1.** Lob(preisung *f*) *n.* **2.** Lobrede *f,* -schrift *f* (**on** auf *acc*).

eu·nuch ['juːnək] *s* Eunuch *m.*

eu·phe·mism ['juːfəmɪzəm] *s* Euphemismus *m.* ˌ**eu·phe'mis·tic** *adj* (**~ally**) euphemistisch, beschönigend, verhüllend.

eu·phor·ia [juː'fɔːrɪə] *s* Euphorie *f.* **eu·phor·ic** [~'fɒrɪk] *adj* (**~ally**) euphorisch.

Eu·ro·cheque ['jʊərəʊtʃek] *s Br.* Euroscheck *m.*

Eu·ro·pe·an [ˌjʊərə'piːən] **I** *adj* europäisch: **~ (Economic) Community** Europäische (Wirtschafts)Gemeinschaft; **~ champion** (*Sport*) Europameister(in); **~ championship** (*Sport*) Europameisterschaft *f.* **II** *s* Europäer(in).

Eu·ro·vi·sion ['jʊərəʊˌvɪʒn] *TV* **I** *s* Eurovision *f.* **II** *adj* Eurovisions...

eu·tha·na·si·a [ˌjuːθə'neɪzjə] *s* Sterbehilfe *f:* **active (passive) ~.**

e·vac·u·ate [ɪ'vækjʊeɪt] *v/t Personen* evakuieren; *Gebiet etc* evakuieren, *a. Haus etc* räumen. **eˌvac·u'a·tion** *s*

Evakuierung *f*; Räumung *f*. **e,vac·u'ee** [~ju:'i:] *s* Evakuierte *m, f*.

e·vade [ɪ'veɪd] *v/t* **1.** *e-m Schlag etc* ausweichen. **2.** sich *e-r Pflicht etc* entziehen, *et.* umgehen, vermeiden, *Steuern* hinterziehen: ~ **(*answering*) *a question*** e-r Frage ausweichen.

e·val·u·ate [ɪ'væljʊeɪt] *v/t* **1.** *Wert etc* schätzen, *Schaden etc* festsetzen (***at*** auf *acc*). **2.** abschätzen, bewerten. **e,val·u'a·tion** *s* **1.** Schätzung *f*, Festsetzung *f*. **2.** Abschätzung *f*, Bewertung *f*.

e·vap·o·rate [ɪ'væpəreɪt] **I** *v/t* **1.** verdampfen *od.* verdunsten lassen. **2.** eindampfen: **~*d milk*** Kondensmilch *f*. **II** *v/i* **3.** verdampfen, verdunsten. **4.** *fig.* sich verflüchtigen, verfliegen. **e,vap·o'ra·tion** *s* Verdampfung *f*, Verdunstung *f*.

e·va·sion [ɪ'veɪʒn] *s* **1.** Umgehung *f*, Vermeidung *f*, (*Steuer*)Hinterziehung *f*. **2.** Ausflucht *f*, Ausrede *f*. **e'va·sive** [~sɪv] *adj* □ **1.** ausweichend (*Antwort*): ***be*** ~ ausweichen. **2.** schwer feststell- *od.* faßbar.

eve [i:v] *s* **1.** *mst* ♀ Vorabend *m*, -tag *m* (*e-s Festes*). **2.** *fig.* Vorabend *m*: ***on the*** ~ ***of*** am Vorabend von (*od. gen*), kurz *od.* unmittelbar vor (*dat*).

e·ven[1] ['i:vn] *adv* **1.** sogar, selbst: ***not*** ~ ***he*** nicht einmal er; ~ ***if*** selbst wenn; ~ ***though*** obwohl; ~ ***as a child he was ...*** schon als Kind war er ... **2.** noch: ~ ***better*** (sogar) noch besser.

e·ven[2] [~] **I** *adj* **1.** eben, flach, gerade. **2.** auf *od.* in gleicher Höhe (***with*** mit). **3.** waag(e)recht. **4.** *fig.* ausgeglichen: ***of an*** ~ ***temper*** ausgeglichen; ~ ***voice*** ruhige Stimme. **5.** gleichmäßig (*Atmen etc*). **6.** ✝ ausgeglichen (*a. Sport*): ***be*** ~ ***with*** quitt sein mit (*a. fig.*). **7.** gleich, identisch. **8.** gerade (*Zahl*). **II** *v/t* **9.** *a.* ~ ***out*** (ein)ebnen, glätten; ausgleichen; (gleichmäßig) verteilen. **10.** ~ ***up*** *Rechnung* aus-, begleichen: ~ ***things up*** sich revanchieren. **III** *v/i* **11.** *a.* ~ ***out*** eben werden (*Gelände*); sich ausgleichen; sich (gleichmäßig) verteilen.

eve·ning ['i:vnɪŋ] *s* Abend *m*: ***in the*** ~ abends, am Abend; ***on the*** ~ ***of*** am Abend (*gen*); ***last*** (***this, tomorrow***) ~ gestern (heute, morgen) abend. ~ **class·es** *s pl ped.* Abendunterricht *m*. ~ **dress** *s* **1.** Abendkleid *n*. **2.** Frack *m*; Smoking *m*. ~ **pa·per** *s* Abendzeitung *f*. ~ **star** *s ast.* Abendstern *m*.

e·ven·ness ['i:vnnɪs] *s* **1.** Ausgeglichenheit *f*. **2.** Gleichmäßigkeit *f*.

e·vent [ɪ'vent] *s* **1.** Fall *m*: ***at all*** **~*s*** auf alle Fälle; ***in any*** ~ in jedem Fall; ***in the*** ~ ***of*** im Falle (*gen*). **2.** Ereignis *n*: ***before the*** ~ vorher, im voraus; ***after the*** ~ hinterher, im nachhinein. **3.** *Sport*: Disziplin *f*; Wettbewerb *m*.

,e·ven-'tem·pered *adj* ausgeglichen.

e·vent·ful [ɪ'ventfʊl] *adj* □ ereignisreich.

e·ven·tu·al·i·ty [ɪ,ventʃʊ'ælətɪ] *s* Möglichkeit *f*, Eventualität *f*. **e'ven·tu·al·ly** [~əlɪ] *adv* schließlich.

ev·er ['evə] *adv* **1.** immer (wieder), ständig: ~ ***after***(***wards***) (*od.* ***since***) seit der Zeit, seitdem; ***Yours*** ~, ***...*** Viele Grüße, Dein(e) *od.* Ihr(e) ... (*Briefschluß*); → ***forever.*** **2.** immer (*vor comp*): ~ ***larger.*** **3.** je(mals): ***have you*** ~ ***been to London?*** bist du schon einmal in London gewesen?; ***hardly*** (*od.* ***seldom if***) ~ fast nie. **4.** ~ ***so*** *bsd. Br.* F sehr, noch so: ~ ***so simple*** ganz einfach; ~ ***so many*** unendlich viele; ***thank you*** ~ ***so much*** tausend Dank! **5.** F denn, überhaupt: ***what*** ~ ***does he want?*** was will er denn überhaupt? **'~·green** *s* **1.** ⚘ immergrüne Pflanze. **2.** ♪ Evergreen *m, n*. **,~'last·ing** *adj* □ **1.** ewig. **2.** *fig.* unaufhörlich. **3.** unverwüstlich, unbegrenzt haltbar. **,~'more** *adj*: (***for***) ~ für immer.

ev·er·y ['evrɪ] *adv* **1.** jede(r, -s): ~ ***day*** jeden Tag, alle Tage; → ***now*** 1, ***other*** 4, ***second***[1] 1. **2.** jede(r, -s) (einzelne *od.* erdenkliche): ***her*** ~ ***wish*** jeder ihrer *od.* alle ihre Wünsche; ~ ***bit as much*** F ganz genau so viel; ***have*** ~ ***reason*** allen Grund haben. **'~,bo·dy** → ***everyone.*** **'~·day** *adj* **1.** (all)täglich. **2.** Alltags... **3.** gewöhnlich, Durchschnitts... **'~·one** *pron* jeder(mann): ***in*** **~*'s mouth*** in aller Munde; ***to*** **~*'s amazement*** zum allgemeinen Erstaunen. **'~·thing** *pron* **1.** alles (***that*** was). **2.** F die Hauptsache, alles (***to*** für). **3.** ***and*** ~ F und so. **'~·where** *adv* überall(hin): ~ ***he goes*** wo er auch hingeht.

ev·i·dence ['evɪdəns] *s* **1.** ⚖ Beweis(stück *n*, -material *n*) *m*, Beweise *pl*: ***for lack of*** ~ mangels Beweisen. **2.** ⚖ (Zeugen)Aussage *f*: ***give*** ~ aussagen (***for*** für; ***against*** gegen); ***give*** ~ ***of***

aussagen über (*acc*); *fig.* zeugen von; ***turn queen's*** (*od.* ***king's,*** *Am.* ***state's***) ~ als Kronzeuge auftreten. **3.** (An)Zeichen *n*, Spur *f* (***of*** von *od. gen*).
ev·i·dent *adj* □ augenscheinlich, offensichtlich.

e·vil ['i:vl] **I** *adj* □ übel, böse, schlimm: ~ ***day*** Unglückstag *m*; ~ ***eye*** *der* böse Blick. **II** *s* Übel *n*, *das* Böse: ***do*** ~ Böses tun; ***the lesser*** ~ das kleinere Übel. **,~'do·er** *s* Übeltäter(in). **,~'mind·ed** *adj* □ bösartig.

e·voc·a·tive [ɪ'vɒkətɪv] *adj*: ***be*** ~ ***of*** erinnern an (*acc*).

e·voke [ɪ'vəʊk] *v/t* **1.** *Geister* beschwören, herbeirufen. **2.** *Bewunderung etc* hervorrufen; *Erinnerungen* wachrufen, wecken.

ev·o·lu·tion [,i:və'lu:ʃn] *s* **1.** Entfaltung *f*, -wicklung *f*: ***the*** ~ ***of events*** die Entwicklung (der Dinge). **2.** *biol.* Evolution *f*.

e·volve [ɪ'vɒlv] *v/t u. v/i* (sich) entfalten *od.* -wickeln (***into*** zu).

ex[1] [eks] *prp* ✝ ab: ~ ***works*** ab Werk.

ex[2] [~] *s* F Verflossene *m, f.*

ex- [eks] *in Zssgn*: Ex..., ehemalig.

ex·ac·er·bate [ɪg'zæsəbeɪt] *v/t* **1.** *j-n* verärgern. **2.** *Krankheit, Schmerzen* verschlimmern, *Situation* verschärfen.

ex·act [ɪg'zækt] **I** *adj* (□ → ***exactly***) **1.** exakt, genau. **2.** genau, tatsächlich. **3.** methodisch, gewissenhaft (*Person*). **II** *v/t* **4.** *Gehorsam, Geld etc* fordern, verlangen (***from*** von). **5.** *Zahlung* eintreiben, -fordern (***from*** von). **ex'act·ing** *adj* □ **1.** streng, genau. **2.** aufreibend, anstrengend. **3.** anspruchsvoll: ***be*** ~ hohe Anforderungen stellen. **ex'act·i·tude** [~tɪtju:d] → ***exactness.*** **ex'act·ly** *adv* **1.** → ***exact.*** **2.** *als Antwort*: ganz recht, genau: ***not*** ~ nicht ganz *od.* direkt. **3.** *wo, wann etc* eigentlich. **ex'act·ness** *s* **1.** Exaktheit *f*, Genauigkeit *f*. **2.** Gewissenhaftigkeit *f*.

ex·ag·ger·ate [ɪg'zædʒəreɪt] *v/t u. v/i* übertreiben. **ex,ag·ger'a·tion** *s* Übertreibung *f*.

ex·alt [ɪg'zɔ:lt] *v/t* **1.** *im Rang etc* erheben, erhöhen (***to*** zu). **2.** (lob)preisen: ~ ***to the skies*** in den Himmel heben. **ex·al·ta·tion** [,egzɔ:l'teɪʃn] *s* **1.** Erhebung *f*, Erhöhung *f*. **2.** Begeisterung *f*: ***fill with*** ~ in Begeisterung versetzen.
ex·alt·ed [ɪg'zɔ:ltɪd] *adj* **1.** hoch (*Rang, Ideal etc*). **2.** begeistert. **3.** F übertrieben hoch (*Meinung etc*).

ex·am [ɪg'zæm] F → ***examination*** 2.

ex·am·i·na·tion [ɪg,zæmɪ'neɪʃn] *s* **1.** Untersuchung *f* (*a.* ⚕), Prüfung *f*: ***on*** ~ bei näherer Prüfung; ***be under*** ~ untersucht *od.* geprüft werden. **2.** *ped. etc* Prüfung *f*, *bsd. univ.* Examen *n*: ~ ***paper*** schriftliche Prüfung; Prüfungsarbeit *f*. **3.** ⚖ Vernehmung *f*; Verhör *n*. **ex'am·ine** *v/t* **1.** untersuchen (*a.* ⚕), prüfen (***for*** auf *acc*). **2.** *ped. etc* prüfen (***in*** in *dat*; ***on*** über *acc*). **3.** ⚖ vernehmen; verhören. **ex,am·i'nee** *s ped. etc* Prüfling *m*, (Prüfungs-, *bsd. univ.* Examens)Kandidat(in). **ex'am·in·er** *s ped. etc* Prüfer(in).

ex·am·ple [ɪg'zɑ:mpl] *s* **1.** Beispiel *n* (***of*** für): ***for*** ~ zum Beispiel; ***without*** ~ beispiellos. **2.** Vorbild *n*, Beispiel *n*: ***set a good*** ~ ein gutes Beispiel geben, mit gutem Beispiel vorangehen; ***take*** ~ ***by, take as an*** ~ sich ein Beispiel nehmen an (*dat*); → ***hold up*** 2. **3.** (warnendes) Beispiel: ***make an*** ~ (***of s.o.***) (an j-m) ein Exempel statuieren; ***let this be an*** ~ ***to you*** laß dir das e-e Warnung sein.

ex·as·per·ate [ɪg'zæspəreɪt] *v/t* aufbringen (***against*** gegen), wütend machen. **ex'as·per·at·ed** *adj* wütend, aufgebracht (***at, by*** über *acc*). **ex,as·per'a·tion** *s* Wut *f*: ***in*** ~ wütend, aufgebracht.

ex·ca·vate ['ekskəveɪt] *v/t* **1.** aushöhlen. **2.** ausgraben, -baggern. **,ex·ca'va·tion** *s* **1.** Aushöhlung *f*. **2.** Ausgrabung *f*. **'ex·ca·va·tor** *s* Bagger *m*.

ex·ceed [ɪk'si:d] *v/t* **1.** *Tempolimit etc* überschreiten. **2.** hinausgehen über (*acc*): ~ ***the limit*** den Rahmen sprengen. **3.** *et., j-n* übertreffen (***in*** an *dat*). **ex'ceed·ing·ly** *adv* überaus, äußerst: ~ ***kind*** überfreundlich.

ex·cel [ɪk'sel] **I** *v/t* übertreffen (***o.s.*** sich selbst). **II** *v/i* sich auszeichnen *od.* hervortun (***in, at*** in *dat*; ***as*** als). **ex·cel·lence** ['eksələns] *s* **1.** Vorzüglichkeit *f*. **2.** *pl* Vorzüge *pl*. **'Ex·cel·len·cy** *s* Exzellenz *f* (*Titel*). **'ex·cel·lent** *adj* □ ausgezeichnet, hervorragend, vorzüglich.

ex·cept [ɪk'sept] **I** *v/t* **1.** ausnehmen, -schließen (***from*** von): ***present company*** ~***ed*** Anwesende ausgenommen; ***no-***

body ~ed ohne Ausnahme. **2.** sich *et.* vorbehalten: → ***error.*** **II** *prp* **3.** ausgenommen, außer, mit Ausnahme von (*od. gen*): ***~ for*** abgesehen von, bis auf (*acc*). **III** *cj* **4.** außer: ***~ that*** außer, daß. **ex'cept·ing** *prp* → ***except*** 3. **ex'cep·tion** *s* **1.** Ausnahme *f* (***to the rule*** von der Regel): ***by way of ~*** ausnahmsweise; ***without ~*** ohne Ausnahme, ausnahmslos; ***make an ~*** (***in s.o.'s case***) (bei j-m *od.* in j-s Fall) e-e Ausnahme machen. **2.** Einwand *m* (***to*** gegen): ***take ~ to*** Einwendungen machen gegen; Anstoß nehmen an (*dat*). **ex'cep·tion·al** [~ʃənl] *adj* **1.** Ausnahme..., Sonder... **2.** außer-, ungewöhnlich. **ex'cep·tion·al·ly** [~ʃnəlɪ] *adv* **1.** außergewöhnlich. **2.** ausnahmsweise.

ex·cerpt ['eksɜːpt] *s* Exzerpt *n*, Auszug *m* (***from*** aus).

ex·cess [ɪk'ses] **I** *s* **1.** Übermaß *n*, -fluß *m* (***of*** an *dat*): ***in ~ of*** mehr als, über (*acc*) (... hinaus); ***to ~*** übermäßig; → ***carry*** 7. **2.** *pl* Exzesse *pl*: a) Ausschweifungen *pl*, b) Ausschreitungen *pl*. **3.** Überschuß *m*. **II** *adj* **4.** überschüssig, Über...: ***~ baggage*** (*bsd. Br.* ***luggage***) ✈ Übergepäck *n*; ***~ fare*** (Fahrpreis)Zuschlag *m*; ***~ postage*** Nachporto *n*, -gebühr *f*. **ex'cess·ive** *adj* □ übermäßig, -trieben.

ex·change [ɪks'tʃeɪndʒ] **I** *v/t* **1.** (***for***) aus-, umtauschen (gegen), vertauschen (mit). **2.** eintauschen, *Geld a.* (um-) wechseln (***for*** gegen). **3.** *Blicke, die Plätze etc* tauschen, *Blicke* wechseln, *Gedanken, Gefangene etc* austauschen: ***~ blows*** aufeinander einschlagen; ***~ words*** e-n Wortwechsel haben. **4.** ⚙ auswechseln. **II** *s* **5.** (Aus-, Um)Tausch *m*: ***in ~*** als Ersatz, dafür; ***in ~ for*** (im Austausch) gegen, (als Entgelt) für; ***~ of letters*** Brief-, Schriftwechsel *m*; ***~ of shots*** Schußwechsel *m*; ***~ of views*** Gedanken-, Meinungsaustausch. **6.** ☤ (Um)Wechseln: ***rate of ~, ~ rate*** Wechselkurs *m*; → ***bill***[2] 3, ***foreign*** 1. **7.** ☤ Börse *f*. **8.** *a.* ***~ office*** Wechselstube *f*. **9.** (Fernsprech)Amt *n*, Vermittlung *f*. **ex'change·a·ble** *adj* **1.** aus-, umtauschbar (***for*** gegen). **2.** Tausch...

Ex·cheq·uer [ɪks'tʃekə] *s Br.* Finanzministerium *n*: → ***chancellor.***

ex·cit·a·ble [ɪk'saɪtəbl] *adj* reizbar, (leicht) erregbar. **ex'cite** *v/t* **1.** *j-n* er-, aufregen: ***get ~d*** sich aufregen (***over*** über *acc*). **2.** *j-n* (an-, auf)reizen, aufstacheln. **3.** *Interesse etc* erregen, (er-) wecken, *Appetit, Phantasie* anregen. **ex'cit·ed** *adj* □ erregt, aufgeregt. **ex'cite·ment** *s* Er-, Aufregung *f*. **ex'cit·ing** *adj* □ er-, aufregend, spannend.

ex·claim [ɪk'skleɪm] **I** *v/i* (auf)schreien. **II** *v/t et.* (aus)rufen.

ex·cla·ma·tion [ˌekskla'meɪʃn] *s* Ausruf *m*, (Auf)Schrei *m*: ***~ of pain*** Schmerzensschrei; ***~ mark*** (*Am. a.* ***point***) Ausrufe-, Ausrufungszeichen *n*.

ex·clude [ɪk'skluːd] *v/t j-n, Möglichkeit etc* ausschließen (***from*** von, aus). **ex'clud·ing** *prp* ausgenommen, nicht inbegriffen.

ex·clu·sion [ɪk'skluːʒn] *s* Ausschluß *m* (***from*** von, aus): ***to the ~ of*** unter Ausschluß von (*od. gen*). **ex'clu·sive I** *adj* **1.** ausschließend: ***~ of*** ausschließlich, abgesehen von, ohne; ***be ~ of s.th.*** et. ausschließen; ***be mutually ~*** einander ausschließen. **2.** ausschließlich, Allein...; Exklusiv... **3.** exklusiv. **II** *s* **4.** Exklusivbericht *m*.

ex·com·mu·ni·cate [ˌekskə'mjuːnɪkeɪt] *v/t eccl.* exkommunizieren. **'ex·com·ˌmu·ni'ca·tion** *s* Exkommunikation *f*.

ex·cre·ment ['ekskrɪmənt] *s* Kot *m*, Exkremente *pl*.

ex·crete [ɪk'skriːt] *v/t* absondern, ausscheiden. **ex'cre·tion** *s* Absonderung *f*, Ausscheidung *f*.

ex·cru·ci·at·ing [ɪk'skruːʃɪeɪtɪŋ] *adj* □ qualvoll (***to*** für).

ex·cur·sion [ɪk'skɜːʃn] *s* Ausflug *m*, *fig. a.* Abstecher *m* (***into politics*** in die Politik): ***go on an ~*** e-n Ausflug machen. **ex'cur·sion·ist** *s* Ausflügler(in).

ex·cus·a·ble [ɪk'skjuːzəbl] *adj* □ entschuldbar, verzeihlich. **ex·cuse I** *v/t* [ɪk'skjuːz] **1.** *j-n, et.* entschuldigen, *j-m, et.* verzeihen: ***~ me*** entschuldigen Sie!, Verzeihung!; ***~ me for being late, ~ my being late*** entschuldige mein Zuspätkommen; ***~ o.s.*** sich entschuldigen. **2.** für *et.* e-e Entschuldigung finden: ***I cannot ~ his conduct*** ich kann sein Verhalten nicht gutheißen. **3.** ***~ s.o. from s.th.*** j-n von et. befreien, j-m et. erlassen: ***he begs to be ~d*** er läßt sich entschuldigen. **II** *s* [ɪk'skju:s] **4.** Entschuldigung *f*: ***offer*** (*od.* ***make***) ***an ~*** sich entschuldigen; ***in ~ of*** als Entschuldigung für. **5.** Entschuldigung(sgrund *m*) *f*, Rechtfertigung *f*: ***without*** (***good***) ***~*** unentschuldigt. **6.** Ausrede *f*, -flucht *f*.

ex·di·rec·to·ry [ˌeksdɪ'rektərɪ] *adj*: ***~ number*** *teleph. Br.* Geheimnummer *f*.

ex·e·cute ['eksɪkju:t] *v/t* **1.** *Auftrag, Plan etc* aus-, durchführen, *Vertrag* erfüllen. **2.** ♪ vortragen, spielen. **3.** ⚖ *Urteil* vollziehen, -strecken; *j-n* hinrichten (***for*** wegen). ˌ**ex·e'cu·tion** *s* **1.** Aus-, Durchführung *f*, Erfüllung *f*: ***carry*** (*od.* ***put***) ***into ~*** → ***execute*** 1. **2.** ♪ Vortrag *m*, Spiel *n*. **3.** ⚖ Vollziehung *f*, -streckung *f*; Hinrichtung *f*. ˌ**ex·e'cu·tion·er** *s* Henker *m*, Scharfrichter *m*. **ex·ec·u·tive** [ɪg'zekjʊtɪv] **I** *adj* □ **1.** ausübend, vollziehend, *pol.* Exekutiv...: ***~ power*** (*od.* ***authority***) → 3. **2.** ✝ geschäftsführend, leitend: ***~ board*** Vorstand *m*; ***~ post*** (*od.* ***position***) leitende Stellung; ***~ staff*** leitende Angestellte *pl*. **II** *s* **3.** *pol.* Exekutive *f*. **4.** *a.* ***senior ~*** ✝ leitender Angestellter.

ex·em·pla·ry [ɪg'zemplərɪ] *adj* □ **1.** exemplarisch: a) beispiel-, musterhaft, b) warnend, abschreckend. **2.** typisch, Muster...

ex·em·pli·fy [ɪg'zemplɪfaɪ] *v/t* veranschaulichen: a) durch Beispiele erläutern, b) als Beispiel dienen für.

ex·empt [ɪg'zempt] **I** *v/t j-n* befreien (***from*** von *Steuern, Verpflichtungen etc*), freistellen (***from military service*** vom Wehrdienst): ***~ed amount*** ✝ (Steuer)Freibetrag *m*. **II** *adj* befreit, ausgenommen (***from*** von): ***~ from taxation*** steuerfrei. **ex'emp·tion** *s* Befreiung *f*, Freistellung *f*: ***~ from taxes*** Steuerfreiheit *f*.

ex·er·cise ['eksəsaɪz] **I** *s* **1.** Ausübung *f*, Geltendmachung *f*. **2.** (*körperliche od. geistige*) Übung, (körperliche) Bewegung: ***do one's ~s*** Gymnastik machen; ***take ~*** sich Bewegung machen; ***~ bicycle*** Zimmerfahrrad *n*; ***~ therapy*** ⚕ Bewegungstherapie *f*. **3.** *mst pl* ⚔ Übung *f*, Manöver *n*. **4.** Übung(sarbeit) *f*, Schulaufgabe *f*: ***~ book*** Schul-, Schreibheft *n*. **5.** ♪ Übung(sstück *n*) *f*. **II** *v/t* **6.** *Amt, Recht, Macht etc* ausüben, *Einfluß, Macht etc* geltend machen. **7.** *Körper, Geist* üben, trainieren. **8.** *Geduld etc* üben. **III** *v/i* **9.** sich Bewegung machen. **10.** *Sport etc*: üben, trainieren. **11.** ⚔ exerzieren. '**ex·er·cis·er** *s* Trainingsgerät *n*.

ex·ert [ɪg'zɜ:t] *v/t* **1.** *Druck, Einfluß etc* ausüben (***on*** auf *acc*), *Autorität* geltend machen. **2.** ***~ o.s.*** sich bemühen (***for*** um; ***to do*** zu tun), sich anstrengen. **ex'er·tion** *s* **1.** Ausübung *f*, Geltendmachung *f*. **2.** Anstrengung *f*.

ex·e·unt ['eksɪʌnt] *thea. Bühnenanweisung*: (sie gehen) ab: ***~ omnes*** alle ab.

ex·ha·la·tion [ˌekshə'leɪʃn] *s* **1.** Ausatmen *n*. **2.** Verströmen *n*. **3.** Gas *n*; Rauch *m*. **ex·hale** [~'heɪl] *v/t* **1.** (*a. v/i*) ausatmen. **2.** *Gas, Geruch etc* verströmen, *Rauch* ausstoßen.

ex·haust [ɪg'zɔ:st] **I** *v/t* erschöpfen: a) *Vorräte* ver-, aufbrauchen, b) *j-n* ermüden, entkräften, c) *j-s Kräfte* strapazieren: ***~ s.o.'s patience*** j-s Geduld erschöpfen, d) *Thema* erschöpfend ab- *od.* behandeln: ***~ all possibilities*** alle Möglichkeiten ausschöpfen. **II** *s* ⚙ a) *a.* ***~ fumes*** *pl* Auspuff-, Abgase *pl*, b) Auspuff *m*: ***~ pipe*** Auspuffrohr *n*. **ex'haust·ed** *adj* **1.** verbraucht, erschöpft, aufgebraucht (*Vorräte*), vergriffen (*Auflage*). **2.** erschöpft, entkräftet. **ex'haust·ing** *adj* erschöpfend, strapaziös. **ex'haus·tion** *s* Erschöpfung *f*: a) völliger Verbrauch, b) Entkräftung *f*. **ex'haus·tive** *adj* □ *fig.* erschöpfend.

ex·hib·it [ɪg'zɪbɪt] **I** *v/t* **1.** *Bilder etc* ausstellen. **2.** *fig.* zeigen, an den Tag legen; zur Schau stellen. **II** *v/i* **3.** ausstellen (***at a fair*** auf e-r Messe). **III** *s* **4.** Ausstellungsstück *n*, Exponat *n*. **5.** ⚖ Beweisstück *n*. **ex·hi·bi·tion** [ˌeksɪ'bɪʃn] *s* **1.** Ausstellung *f*: ***be on ~*** ausgestellt *od.* zu sehen sein; ***make an ~ of o.s.*** sich lächerlich *od.* zum Gespött machen. **2.** *fig.* Zurschaustellung *f*. **3.** *univ. Br.* Stipendium *n*. ˌ**ex·hi'bi·tion·ism** *s psych. u. fig.* Exhibitionismus *m*. ˌ**ex·hi'bi·tion·ist** *psych. u. fig.* **I** *s* Exhibitionist *m*. **II** *adj* exhibitionistisch. **ex·hib·i·tor** [ɪg'zɪbɪtə] *s* Aussteller *m*.

ex·hort [ɪg'zɔ:t] *v/t* ermahnen (***to*** zu; ***to do*** zu tun). **ex·hor·ta·tion** [ˌegzɔ:'teɪʃn] *s* Ermahnung *f*.

ex·hu·ma·tion [ˌekshjuːˈmeɪʃn] *s* Exhumierung *f*. **exˈhume** *v/t Leiche* exhumieren.

ex·i·gence, ex·i·gen·cy [ˈeksɪdʒəns(-ɪ)] *s* **1.** Dringlichkeit *f*. **2.** Not(lage) *f*. **3.** *mst pl* Erfordernis *n*. **ˈex·i·gent** *adj* **1.** dringend, drängend. **2.** anspruchsvoll.

ex·ig·u·ous [egˈzɪgjʊəs] *adj* □ dürftig.

ex·ile [ˈeksaɪl] **I** *s* **1.** Exil *n*; Verbannung *f*: ***go into ~*** ins Exil gehen; ***live in ~*** im Exil *od.* in der Verbannung leben; ***send into ~*** → 3; ***government in ~*** Exilregierung *f*. **2.** im Exil Lebende *m, f*; Verbannte *m, f*. **II** *v/t* **3.** ins Exil schicken; verbannen (***from*** aus), in die Verbannung schicken.

ex·ist [ɪgˈzɪst] *v/i* **1.** existieren, vorkommen: ***do such things ~?*** gibt es so etwas?; ***right to ~*** Existenzberechtigung *f*. **2.** existieren, leben (***on*** von). **3.** existieren, bestehen. **exˈist·ence** *s* **1.** Existenz *f*, Vorkommen *n*: ***call into ~*** ins Leben rufen; ***come into ~*** entstehen; ***be in ~*** → ***exist*** 3; ***remain in ~*** weiterbestehen. **2.** Existenz *f*, Leben *n*, Dasein *n*. **3.** Existenz *f*, Bestand *m*. **exˈist·ent** *adj* **1.** existierend, bestehend, vorhanden. **2.** gegenwärtig, augenblicklich. **ex·is·ten·tial·ism** [ˌegzɪˈstenʃəlɪzəm] *s phls.* Existentialismus *m*.

ex·it [ˈeksɪt] **I** *s* **1.** Ausgang *m*. **2.** *thea.* Abgang *m*. **3.** (Autobahn)Ausfahrt *f*. **4.** Ausreise *f*: ***~ visa*** Ausreisevisum *n*. **II** *v/i* **5.** *thea. Bühnenanweisung*: (er, sie, es geht) ab: ***~ Macbeth*** Macbeth ab.

ex·o·dus [ˈeksədəs] *s* Ab-, Auswanderung *f*: ***rural ~*** Landflucht *f*.

ex·on·er·ate [ɪgˈzɒnəreɪt] *v/t* **1.** *Angeklagten etc* entlasten (***from*** von). **2.** *j-n* befreien, entbinden (***from*** von *e-r Pflicht etc*). **exˌon·erˈa·tion** *s* **1.** Entlastung *f*. **2.** Befreiung *f*, Entbindung *f*.

ex·or·bi·tance [ɪgˈzɔːbɪtəns] *s* Unverschämtheit *f*, Maßlosigkeit *f*. **exˈor·bi·tant** *adj* □ unverschämt: a) astronomisch: ***~ price*** Phantasiepreis *m*, b) übertrieben, maßlos (*Forderung etc*).

ex·or·cism [ˈeksɔːsɪzəm] *s* Exorzismus *m*, Geisterbeschwörung *f*, Teufelsaustreibung *f*. **ˈex·or·cist** *s* Exorzist *m*, Geisterbeschwörer *m*, Teufelsaustreiber *m*. **ex·or·cize** [ˈ~saɪz] *v/t* **1.** *böse Geister* austreiben, beschwören. **2.** *j-n, e-n Ort* von bösen Geistern befreien, *j-m* den Teufel austreiben.

ex·ot·ic [ɪgˈzɒtɪk] *adj* (***~ally***) exotisch (*a. fig.*).

ex·pand [ɪkˈspænd] **I** *v/t* **1.** ausbreiten, -spannen. **2.** ✝, *phys. etc, a. fig.* ausdehnen, -weiten, erweitern. **II** *v/i* **3.** ✝, *phys. etc, a. fig.* sich ausdehnen *od.* erweitern, ✝ *a.* expandieren. **4.** *fig.* (*vor Stolz etc*) aufblühen; aus sich herausgehen. **5.** *fig.* sich auslassen *od.* verbreiten (***on*** über *acc*). **exˈpand·er** *s Sport*: Expander *m*. **ex·panse** [~ˈspæns] *s* weite Fläche, Weite *f*. **exˈpan·sion** *s* **1.** Ausbreitung *f*. **2.** ✝, *phys. etc, a. fig.* Ausdehnung *f*, -weitung *f*, Erweiterung *f*; *pol.* Expansion *f*. **exˈpan·sive** *adj* □ **1.** ausdehnungsfähig. **2.** ausgedehnt, weit. **3.** *fig.* mitteilsam.

ex·pa·tri·ate [eksˈpætrɪeɪt] **I** *v/t* ausbürgern. **II** *adj* [~ət] ausgebürgert. **III** *s* [~ət] Ausgebürgerte *m, f*. **exˌpa·triˈa·tion** *s* Ausbürgerung *f*.

ex·pect [ɪkˈspekt] **I** *v/t* **1.** *j-n, et.* erwarten: ***~ s.o. to do s.th.*** erwarten, daß j-d et. tut; ***~ s.th. of*** (*od.* ***from***) ***s.o.*** et. von j-m erwarten. **2.** F vermuten, glauben: ***I ~ so*** ich nehme es an. **II** *v/i* **3.** ***be ~ing*** F in anderen Umständen sein. **exˈpec·tan·cy** *s* Erwartung *f*: ***look of ~*** erwartungsvoller Blick. **exˈpec·tant** *adj* □ **1.** ***~ mother*** werdende Mutter. **2.** erwartungsvoll. **ex·pec·ta·tion** [ˌekspekˈteɪʃn] *s* Erwartung *f*: ***in ~ of*** in Erwartung (*gen*); ***beyond*** (***all***) ***~(s)*** über Erwarten; ***against all*** (*od.* ***contrary to*** [***all***]) ***~(s)*** wider Erwarten; ***come up to ~s*** den Erwartungen entsprechen; ***fall short of s.o.'s ~s*** hinter j-s Erwartungen zurückbleiben; ***~ of life*** Lebenserwartung.

ex·pe·di·ence, ex·pe·di·en·cy [ɪkˈspiːdjəns(ɪ)] *s* **1.** Zweckdienlichkeit *f*, Nützlichkeit *f*. **2.** Eigennutz *m*. **exˈpe·di·ent** **I** *adj* **1.** ratsam, angebracht. **2.** zweckdienlich, -mäßig, nützlich. **3.** eigennützig. **II** *s* **4.** (Hilfs)Mittel *n*, (Not)Behelf *m*. **exˈpe·di·ent·ly** *adv* zweckmäßigerweise.

ex·pe·dite [ˈekspɪdaɪt] *v/t* beschleunigen. **ex·pe·di·tion** [ˌ~ˈdɪʃn] *s* **1.** Expedition *f*: ***on an ~*** auf e-r Expedition. **2.** Eile *f*, Schnelligkeit *f*. **ˌex·peˈdi·tious** *adj* □ schnell, rasch, prompt.

ex·pel [ɪkˈspel] *v/t* (***from***) **1.** vertreiben

(aus). **2.** ausweisen (aus), verweisen (*des Landes*). **3.** ausschließen (aus, von).

ex·pen·di·ture [ɪk'spendɪtʃə] *s* **1.** Aufwand *m*, Verbrauch *m* (**of** an *dat*). **2.** Ausgaben *pl*, (Kosten)Aufwand *m*.

ex·pense [ɪk'spens] *s* **1.** → ***expenditure*** 2: ***at s.o.'s ~*** auf j-s Kosten (*a. fig.*); ***spare no ~*** keine Kosten scheuen. **2.** *pl* Unkosten *pl*, Spesen *pl*: ***travel(l)ing ~s*** Reisespesen; ***~ account*** Spesenkonto *n*. **ex'pen·sive** *adj* □ teuer, kostspielig.

ex·pe·ri·ence [ɪk'spɪərɪəns] **I** *s* **1.** Erfahrung *f*: a) (Lebens)Praxis *f*: ***by*** (*od.* ***from***) ***~*** aus Erfahrung; ***in my ~*** nach m-r Erfahrung, b) Fach-, Sachkenntnis *f*; Routine *f*. **2.** Erlebnis *n*. **II** *v/t* **3.** erfahren: a) kennenlernen, b) erleben, c) *Schmerzen*, *Verluste etc* erleiden, *et.* durchmachen, *Vergnügen etc* empfinden. **ex'pe·ri·enced** *adj* erfahren, routiniert.

ex·per·i·ment I *s* [ɪk'sperɪmənt] Experiment *n*, Versuch *m* (**on** an *dat*; **with** mit): ***~ on animals*** Tierversuch. **II** *v/i* [~ment] experimentieren, Versuche anstellen (**on** an *dat*; **with** mit). **ex·per·i·men·tal** [ekˌsperɪ'mentl] *adj* □ experimentell, Versuchs...: ***~ animal*** Versuchstier *n*. **exˌper·i·men'ta·tion** *s* Experimentieren *n*. **ex'per·i·ment·er** *s* Experimentator *m*.

ex·pert ['ekspɜːt] **I** *adj* **1.** (**at, in** in *dat*) erfahren; geschickt: ***be ~ at*** Erfahrung haben in. **2.** fachmännisch, fach-, sachkundig: ***~ knowledge*** Fach-, Sachkenntnis *f*; ***~ opinion*** Gutachten *n*. **II** *s* **3.** (**at, in** in *dat*; **on** auf dem Gebiet *gen*) Fachmann *m*, Experte *m*; Sachverständige *m*, Gutachter *m*: ***~ on disarmament*** Abrüstungsexperte. **ex·per·tise** [~'tiːz] *s* **1.** Expertise *f*, Gutachten *n*. **2.** Fach-, Sachkenntnis *f*.

ex·pi·ate ['ekspɪeɪt] *v/t* sühnen, (ab)büßen. **ˌex·pi'a·tion** *s* Sühne *f*, Buße *f*.

ex·pi·ra·tion [ˌekspɪ'reɪʃn] *s* **1.** Ablauf *m*, Erlöschen *n*, Ende *n*: ***at*** (*od.* ***on***) ***the ~ of*** nach Ablauf (*gen*). **2.** Verfall *m*: ***~ date*** Verfallstag *m*, -datum *n*. **3.** ☤ Fälligwerden *n*. **ex·pire** [ɪk'spaɪə] *v/i* **1.** ablaufen (*Frist*, *Paß etc*), erlöschen (*Konzession*, *Patent etc*), enden. **2.** ungültig werden, verfallen. **3.** ☤ fällig werden. **ex'pi·ry** → ***expiration*** 1.

ex·plain [ɪk'spleɪn] *v/t* erklären: a) erläutern (***s.th. to s.o.*** j-m et.), b) begründen, rechtfertigen: ***~ s.th. away*** e-e einleuchtende Erklärung für et. finden; sich aus et. herausreden; ***~ o.s.*** sich erklären; sich rechtfertigen.

ex·pla·na·tion [ˌeksplə'neɪʃn] *s* Erklärung *f* (**for, of** für *od. gen*): a) Erläuterung *f*: ***in ~ of*** als Erklärung für, b) Begründung *f*, Rechtfertigung *f*. **ex·plan·a·to·ry** [ɪk'splænətərɪ] *adj* □ erklärend, erläuternd.

ex·ple·tive [ɪk'spliːtɪv] *s* **1.** *ling*. Füllwort *n*. **2.** Fluch *m*; Kraftausdruck *m*.

ex·pli·ca·ble [ɪk'splɪkəbl] *adj* erklärbar, erklärlich.

ex·plic·it [ɪk'splɪsɪt] *adj* □ **1.** ausdrücklich, deutlich. **2.** ausführlich. **3.** offen, deutlich (**about, on** in bezug auf *acc*): (***sexually***) ***~*** freizügig (*Film etc*).

ex·plode [ɪk'spləʊd] **I** *v/t* **1.** zur Explosion bringen; (in die Luft) sprengen. **2.** *Gerüchten etc* den Boden entziehen, *Theorie etc* widerlegen, *Mythos etc* zerstören. **II** *v/i* **3.** explodieren; in die Luft fliegen. **4.** *fig*. ausbrechen (***into, with*** in *acc*), platzen (***with, in*** vor *dat*). **5.** *fig*. sprunghaft ansteigen, sich explosionsartig vermehren (*bsd. Bevölkerung*).

ex·ploit I *s* ['eksplɔɪt] **1.** (Helden)Tat *f*. **2.** Großtat *f*, große Leistung. **II** *v/t* [ɪk'splɔɪt] **3.** *et.* auswerten, *Patent etc* (*kommerziell*) verwerten, *Erzvorkommen etc* ausbeuten, abbauen; *b.s. j-n*, *et.* ausbeuten. **ˌex·ploi'ta·tion** [ˌeks~] *s* Auswertung *f*, Verwertung *f*, Ausbeutung *f*, Abbau *m*.

ex·plo·ra·tion [ˌeksplə'reɪʃn] *s* **1.** Erforschung *f*. **2.** Untersuchung *f*. **ex·plor·a·to·ry** [ek'splɒrətərɪ] *adj* Forschungs...: ***~ talks*** *pl* Sondierungsgespräche *pl*. **ex·plore** [ɪk'splɔː] *v/t* **1.** *Land* erforschen. **2.** erforschen, untersuchen, sondieren. **ex'plor·er** *s* Forscher(in), Forschungsreisende *m, f*.

ex·plo·sion [ɪk'spləʊʒn] *s* **1.** Explosion *f*; Sprengung *f*. **2.** *fig*. Widerlegung *f*, Zerstörung *f*. **3.** *fig*. Ausbruch *m*: ***~ of loud laughter*** Lachsalve *f*. **4.** *fig*. sprunghafter Anstieg, (*Bevölkerungs*)Explosion *f*. **ex'plo·sive** [~sɪv] **I** *adj* □ **1.** explosiv (*a. fig.*), Spreng...: ***~ problem*** brisantes Problem. **2.** *fig*. aufbrausend (*Temperament*). **II** *s* **3.** Sprengstoff *m*.

ex·po·nent [ɪk'spəʊnənt] *s* **1.** ⩕ Exponent *m*, Hochzahl *f*. **2.** Vertreter(in); Verfechter(in).

ex·port I *v/t u. v/i* [ɪk'spɔːt] **1.** exportieren, ausführen: **~ing country** Ausfuhrland *n*; **~ing firm** Exportfirma *f*. **II** *s* ['ekspɔːt] **2.** Export *m*, Ausfuhr *f*. **3.** *pl* (Gesamt)Export *m*, (-)Ausfuhr *f*; Exportgüter *pl*, Ausfuhrware *f*. **III** *adj* ['eks~] **4.** Export..., Ausfuhr...: **~ trade** Exportgeschäft *n*, Ausfuhrhandel *m*. **ex'port·er** [ɪk'sp~] *s* Exporteur *m*.

ex·pose [ɪk'spəʊz] *v/t* **1.** *Kind* aussetzen. **2.** *Waren* ausstellen (**for sale** zum Verkauf). **3.** **~ to** *fig. dem Wetter, e-r Gefahr etc* aussetzen, *der Lächerlichkeit etc* preisgeben: **~ o.s.** sich exponieren; **~ o.s. to ridicule** sich zum Gespött (der Leute) machen. **4.** *fig. j-n* bloßstellen; *j-n* entlarven, *Spion a.* enttarnen; *et.* aufdecken, entlarven, enthüllen. **5.** entblößen. **6.** *phot.* belichten. **ex'posed** *adj* ungeschützt (*Haus, Lage etc*), (*a. fig. Stellung etc*) exponiert.

ex·po·si·tion [ˌekspəʊ'zɪʃn] *s* **1.** Ausstellung *f*. **2.** Exposition *f* (*e-s Dramas*). **ex·po·sure** [ɪk'spəʊʒə] *s* **1.** (Kindes-) Aussetzung *f*. **2.** *fig.* Aussetzen *n*, Preisgabe *f* (**to** *dat*). **3.** *fig.* Ausgesetztsein *n* (**to** *dat*): **die of ~** an Unterkühlung sterben. **4.** Bloßstellung *f*; Entlarvung *f*, Enttarnung *f*; Aufdeckung *f*, Enthüllung *f*. **5.** Entblößung *f*. **6.** ungeschützte *od.* exponierte Lage. **7.** *phot.* a) Belichtung *f*: **~ meter** Belichtungsmesser *m*, b) Aufnahme *f*. **8.** Lage *f* (*e-s Gebäudes*): **southern ~** Südlage.

ex·pound [ɪk'spaʊnd] *v/t* erklären, erläutern, *Theorie etc* entwickeln (**to s.o.** j-m).

ex·press [ɪk'spres] **I** *v/t* **1.** ausdrücken, äußern: **~ the hope that** der Hoffnung Ausdruck geben, daß; **~ o.s.** sich äußern; sich ausdrücken. **2.** bezeichnen, bedeuten. **3.** *Br.* durch Eilboten *od.* als Eilgut schicken. **II** *adj* ☐ **4.** ausdrücklich. **5.** Expreß..., Schnell...: **~ letter** *Br.* Eilbrief *m*; **~ train** → 9. **III** *adv* **6.** eigens. **7.** *Br.* durch Eilboten, als Eilgut. **IV** *s* **8.** *Br.* Eilbote *m*; -beförderung *f*. **9.** D-Zug *m*, Schnellzug *m*. **ex·pres·sion** [ɪk'spreʃn] *s* **1.** Ausdruck *m*, Äußerung *f*: **find ~ in** sich ausdrücken *od.* äußern in (*dat*); **give ~ to** *e-r Sache* Ausdruck verleihen; **beyond** (*od.* **past**) **~** unsagbar. **2.** Ausdruck *m*, Redensart *f*. **3.** (Gesichts)Ausdruck *m*. **4.** Ausdruck(skraft *f*) *m*. **ex'pres·sion·ism** *s Kunst*: Expressionismus *m*. **ex'pres·sion·ist** (*Kunst*) **I** *s* Expressionist(in). **II** *adj* expressionistisch. **ex'pres·sion·less** *adj* ausdruckslos. **ex'pres·sive** *adj* ☐ **1. be ~ of** *et.* ausdrücken. **2.** ausdrucksvoll. **ex'press·way** *s bsd Am.* Schnellstraße *f*.

ex·pro·pri·ate [eks'prəʊprɪeɪt] *v/t* ⚖ enteignen. **ex,pro·pri'a·tion** *s* Enteignung *f*.

ex·pul·sion [ɪk'spʌlʃn] *s* (**from**) **1.** Vertreibung *f* (aus). **2.** Ausweisung *f* (aus). **3.** Ausschluß *m* (aus, von).

ex·qui·site ['ekskwɪzɪt] *adj* ☐ **1.** exquisit, köstlich, erlesen. **2.** gepflegt, erlesen (*Wein etc*). **3.** äußerst fein (*Gehör etc*). **4.** heftig (*Schmerz*), groß (*Vergnügen*).

ex-ser·vice·man [ˌeks'sɜːvɪsmən] *s* (*irr* **man**) ⚔ *bsd. Br.* Veteran *m*.

ex·tant [ek'stænt] *adj* noch vorhanden *od.* bestehend.

ex·tem·po·ra·ne·ous [ekˌstempə'reɪnjəs], **ex·tem·po·rar·y** [ɪk'stempərərɪ] *adj* ☐ improvisiert, aus dem Stegreif, Stegreif... **ex·tem·po·re** [ek'stempərɪ] *adj u. adv* improvisiert, aus dem Stegreif. **ex·tem·po·rize** [ɪk'stempəraɪz] *v/t* aus dem Stegreif darbieten *od.* vortragen, (*a. v/i*) improvisieren.

ex·tend [ɪk'stend] **I** *v/t* **1.** (aus)dehnen, (-)weiten. **2.** *Betrieb etc* vergrößern, erweitern, ausbauen. **3.** *Hand etc* ausstrecken. **4.** *Besuch, Macht, Vorsprung etc* ausdehnen (**to** auf *acc*), *Frist, Paß etc* verlängern, ✝ *a.* prolongieren, *Angebot etc* aufrechterhalten. **5.** **~ o.s.** sich völlig ausgeben. **II** *v/i* **6.** sich ausdehnen *od.* erstrecken (**over** über *acc*; **to** bis zu); hinausgehen (**beyond** über *acc*).

ex·ten·sion [ɪk'stenʃn] *s* **1.** Ausdehnung *f* (*a. fig.*: **to** auf *acc*). **2.** Vergrößerung *f*, Erweiterung *f*. **3.** (Frist)Verlängerung *f*, ✝ *a.* Prolongation *f*. **4.** ⚠ Erweiterung *f*, Anbau *m*. **5.** *teleph.* Nebenanschluß *m*, Apparat *m*. **~ ca·ble** *s* ⚡ *bsd. Br.* Verlängerungsschnur *f*. **~ cord** *Am.* → **extension cable.** **~ lad·der** *s* Ausziehleiter *f*. **~ lead** → **extension cable.**

ex·ten·sive [ɪk'stensɪv] *adj* ☐ **1.** ausgedehnt (*a. fig.*). **2.** *fig.* umfassend; eingehend; beträchtlich.

ex·tent [ɪk'stent] *s* **1.** Ausdehnung *f.* **2.** *fig.* Umfang *m*, (Aus)Maß *n*, Grad *m*: ***to a large ~*** in hohem Maße, weitgehend; ***to some*** (*od.* ***a certain***) ***~*** bis zu e-m gewissen Grade; ***to such an ~ that*** so sehr, daß.

ex·ten·u·ate [ɪk'stenjʊeɪt] *v/t* abschwächen, mildern: ***extenuating circumstances*** *pl* ⚖ mildernde Umstände *pl.* **exˌten·u'a·tion** *s* Abschwächung *f*, Milderung *f.*

ex·te·ri·or [ɪk'stɪərɪə] **I** *adj* □ **1.** äußer, Außen... **II** *s* **2.** *das* Äußere: a) Außenseite *f*, b) äußere Erscheinung (*e-r Person*). **3.** *Film*, *TV*: Außenaufnahme *f.*

ex·ter·mi·nate [ɪk'stɜːmɪneɪt] *v/t* ausrotten (*a. fig.*), vernichten, *Ungeziefer*, *Unkraut etc a.* vertilgen. **exˌter·mi'na·tion** *s* Ausrottung *f*, Vernichtung *f*, Vertilgung *f.*

ex·ter·nal [ɪk'stɜːnl] **I** *adj* □ äußer, äußerlich, Außen...: ***for ~ use*** ⚕ zum äußerlichen Gebrauch; ***~ to*** außerhalb (*gen*). **II** *s pl* Äußerlichkeiten *pl.*

ex·ter·ri·to·ri·al ['eksˌterɪ'tɔːrɪəl] *adj* □ exterritorial.

ex·tinct [ɪk'stɪŋkt] *adj* **1.** erloschen (*Vulkan*) (*a. fig.*). **2.** ausgestorben (*Pflanze*, *Tier etc*), untergegangen (*Reich etc*): ***become ~*** aussterben. **ex'tinc·tion** *s* **1.** Erlöschen *n.* **2.** Aussterben *n*, Untergang *m.*

ex·tin·guish [ɪk'stɪŋgwɪʃ] *v/t* **1.** *Feuer*, *Licht* (aus)löschen, *Zigarette* ausmachen. **2.** *Leben*, *Gefühl* auslöschen, ersticken, *Hoffnungen*, *Pläne etc* zunichte machen. **3.** *Schuld* tilgen. **ex'tin·guish·er** *s* (*Feuer*)Löscher *m.*

ex·tol [ɪk'stəʊl] *v/t* (lob)preisen, rühmen: → ***sky.***

ex·tort [ɪk'stɔːt] *v/t Geld*, *Geständnis etc* erpressen (***from*** von). **ex'tor·tion** *s* **1.** Erpressung *f.* **2.** Wucher *m.* **ex'tor·tion·ate** [~ʃnət] *adj* □ **1.** erpresserisch. **2.** Wucher...: ***~ price.*** **ex'tor·tion·er, ex'tor·tion·ist** *s* **1.** Erpresser *m.* **2.** Wucherer *m.*

ex·tra ['ekstrə] **I** *adj* **1.** zusätzlich, Extra..., Sonder...: ***be ~*** gesondert berechnet werden; ***~ charge*** Zuschlag *m*; ***~ charges*** *pl* Nebenkosten *pl*; ***~ pay*** Zulage *f*; ***if you pay an ~ two pounds*** wenn Sie noch zwei Pfund dazulegen. **2.** besonder. **II** *adv* **3.** extra, besonders: ***charge ~ for*** *et.* gesondert berechnen. **III** *s* **4.** Sonderleistung *f*; *bsd. mot.* Extra *n*, *pl a.* Sonderausstattung *f*; Zuschlag *m*: ***be an ~*** gesondert berechnet werden. **5.** Extrablatt *n*, -ausgabe *f.* **6.** *Film*: Statist(in).

ex·tract I *v/t* [ɪk'strækt] **1.** herausziehen, -holen (***from*** aus). **2.** *Zahn*, ℞ *Wurzel* ziehen. **3.** *fig.* (***from***) *Geld*, *Geständnis etc* herausholen (aus), entlocken (*dat*). **II** *s* ['ekstrækt] **4.** ⚗, *gastr.* Extrakt *m*, (***from*** aus *e-m Buch etc a.*) Auszug *m.* **ex'trac·tion** *s* **1.** ⚕, ℞ Ziehen *n.* **2.** Herkunft *f*, Abstammung *f.*

ex·tra·cur·ric·u·lar [ˌekstrəkə'rɪkjələ] *adj* **1.** *ped. univ.* außerhalb des Stunden- *od.* Lehrplans. **2.** außerplanmäßig.

ex·tra·dite ['ekstrədaɪt] *v/t Verbrecher* ausliefern. **ex·tra·di·tion** [ˌ~'dɪʃn] *s* Auslieferung *f.*

ˌex·tra'mar·i·tal *adj* außerehelich.

ex·tra·ne·ous [ɪk'streɪnjəs] *adj* **1.** fremd (***to*** *dat*): ***~ to reality*** realitätsfremd. **2.** nicht dazugehörig: ***be ~ to*** nicht gehören zu.

ex·traor·di·nar·y [ɪk'strɔːdnrɪ] *adj* □ **1.** außerordentlich, -gewöhnlich. **2.** ungewöhnlich, seltsam.

ˌex·tra|'sen·so·ry *adj*: ***~ perception*** außersinnliche Wahrnehmung. **ˌ~·ter'res·tri·al** *adj* außerirdisch. **'~ˌter·ri'to·ri·al** *adj* □ exterritorial. **~ time** *s Sport*: Verlängerung *f*: ***after ~*** nach Verlängerung; ***the game went into ~*** das Spiel ging in die Verlängerung.

ex·trav·a·gance [ɪk'strævəgəns] *s* **1.** Verschwendung(ssucht) *f.* **2.** Übertriebenheit *f*, Extravaganz *f.* **3.** Ausschweifung *f*, Zügellosigkeit *f.* **ex'trav·a·gant** *adj* □ **1.** verschwenderisch. **2.** übertrieben, -spannt, extravagant. **3.** ausschweifend, zügellos.

ex·treme [ɪk'striːm] **I** *adj* (□ → ***extremely***) **1.** äußerst, extrem. **2.** äußerst, höchst: ***~ necessity*** zwingende Notwendigkeit; ***~ penalty*** Höchststrafe *f.* **3.** extrem, radikal. **II** *s* **4.** äußerstes Ende: ***at the other ~*** am entgegengesetzten Ende. **5.** *das* Äußerste, Extrem *n*: ***in the ~*** extrem, höchst; ***go to ~s*** vor nichts zurückschrecken. **ex'treme·ly**

adv äußerst, höchst. **ex'trem·ism** *s bsd. pol.* Extre'mismus *m.* **ex'trem·ist** *bsd. pol.* **I** *s* Extremist(in). **II** *adj* extremistisch. **ex·trem·i·ty** [ɪk'streməti] *s* **1.** äußerstes Ende. **2.** *das* Äußerste: ***drive s.o. to extremities*** j-n bis zum Äußersten treiben. **3.** ***be reduced to extremities*** in größter Not sein. **4.** *mst pl* Gliedmaße *f*, Extremität *f*.

ex·tri·cate ['ekstrɪkeɪt] *v/t* (***from***) herausziehen (aus), befreien (aus, von).

ex·tro·vert ['ekstrəʊvɜːt] *adj psych.* extra-, extrovertiert.

ex·u·ber·ance [ɪg'zjuːbərəns] *s* **1.** (***of***) Fülle *f* (von *od. gen*), Reichtum *m* (an *dat*). **2.** *fig.* Überschwang *m.* **ex'u·ber·ant** *adj* □ **1.** üppig, (über)reich. **2.** *fig.* überschwenglich; (-)sprudelnd.

ex·ude [ɪg'zjuːd] *v/t* **1.** ausschwitzen, absondern. **2.** *Duft, Charme etc* verströmen.

ex·ult [ɪg'zʌlt] *v/i* frohlocken, jubeln (***at, over, in*** über *acc*). **ex'ult·ant** *adj* □ frohlockend, jubelnd. **ex·ul·ta·tion** [ˌegzʌl'teɪʃn] *s* Frohlocken *n*, Jubel *m.*

eye [aɪ] **I** *s* **1.** Auge *n*: ***before*** (*od.* ***under***) ***s.o.'s ~s*** vor j-s Augen; ***all ~s*** gespannt *warten etc*; ***be up to the ~s in work*** bis über die Ohren in Arbeit sitzen *od.* stecken; ***cry one's ~s out*** sich die Augen ausweinen; → ***peel*** I, ***skin*** 5. **2.** *fig.* Blick *m*, Auge(nmerk) *n*: ***have an ~ for*** Sinn *od.* ein (offenes) Auge *od.* e-n Blick haben für; → ***catch*** 10. **3.** *fig.* Ansicht *f*: ***in my ~s*** in m-n Augen, m-r Ansicht nach. **4.** (*Nadel*)Öhr *n*; Öse *f*. **5.** ❦ Auge *n*. **II** *v/t* **6.** betrachten; mustern. **'~·ball** *s anat.* Augapfel *m.* **'~·black** *s* Wimperntusche *f*. **'~·brow** *s* (Augen-) Braue *f*: ***raise one's ~s*** (*od.* ***an ~***) die Stirn runzeln (***at*** über *acc*). **'~-ˌcatch·er** *s* Blickfang *m.* **~ con·tact** *s* Blickkontakt *m.* **~·ful** ['~fʊl] *s*: ***get an ~*** F was zu sehen bekommen. **'~ˌglass·es** *s pl, a.* ***pair of ~*** *bsd. Am.* Brille *f*. **'~·lash** *s* Augenwimper *f*. **~ lev·el** *s*: ***on ~*** in Augenhöhe. **'~·lid** *s* Augenlid *n*: → ***bat***[3]. **~ lin·er** *s* Eyeliner *m.* **~ o·pen·er** *s*: ***be an ~ to*** (*od.* ***for***) ***s.o.*** F j-m die Augen öffnen. **~ shad·ow** *s* Lidschatten *m.* **'~·shot** *s* Sicht-, Sehweite *f*: (***with***)***in*** (***beyond, out of***) **~** in (außer) Sichtweite. **'~·sight** *s* Sehkraft *f*: ***good*** (***poor***) **~** gute (schlechte) Augen *pl.* **'~·sore** *s et.* Unschönes, Schandfleck *m.* **'~·strain** *s* Überanstrengung *f* der Augen. **ˌ~'wit·ness I** *s* Augenzeuge *m* (***to*** *gen*): **~ *account*** Augenzeugenbericht *m.* **II** *v/t* Augenzeuge sein *od.* werden von (*od. gen*).

F

fa·ble ['feɪbl] *s* **1.** Fabel *f*; Sage *f*. **2.** *fig.* Märchen *n.* **fa·bled** ['~bld] *adj* sagenhaft (*a. fig.*).

fab·ric ['fæbrɪk] *s* **1.** Gewebe *n*, Stoff *m.* **2.** *fig.* Gefüge *n*, Struktur *f*. **fab·ri·cate** ['~keɪt] *v/t* **1.** fabrizieren (*a. fig.*), herstellen. **2.** *fig.* erfinden. **ˌfab·ri'ca·tion** *s* **1.** Fabrikation *f*, Herstellung *f*. **2.** *fig.* Erfindung *f*, Märchen *n.*

fab·u·lous ['fæbjʊləs] *adj* □ sagenhaft (*a. fig.*).

fa·çade, fa·cade [fə'sɑːd] *s* ⚠ Fassade *f* (*a. fig.*).

face [feɪs] **I** *s* **1.** Gesicht *n*: ***in*** (***the***) **~ *of*** angesichts; trotz; **~ *to* ~ *with*** Auge in Auge mit; ***do*** (***up***) ***one's ~*** sich schminken; ***say s.th. to s.o's ~*** j-m et. ins Gesicht sagen; → ***stare*** II. **2.** Gesicht(sausdruck *m*) *n*, Miene *f*: ***make*** (*od.* ***pull***) ***a ~*** ein Gesicht machen *od.* schneiden; ***have the ~ to*** *inf* die Stirn haben *od.* so unverfroren sein zu *inf*; → ***straight*** 1. **3.** *das* Äußere: ***on the ~ of it*** oberflächlich (betrachtet). **4.** Ansehen *n*: ***save one's ~*** das Gesicht wahren; ***lose ~*** das Gesicht verlieren. **5.** Bildseite *f* (*e-r Spielkarte*). **6.** Zifferblatt *n.* **7.** → ***façade.*** **II** *v/t* **8.** ansehen, *j-m* ins Gesicht sehen. **9.** gegenüberstehen, -liegen, -sitzen (*dat*); nach *Osten etc* blicken *od.* liegen

(*Raum etc*). **10.** *j-m*, *e-r Sache* mutig entgegentreten *od.* begegnen, sich stellen: → ***music*** 1. **11.** *oft* ***be ~d with*** sich *e-r Gefahr etc* gegenübersehen, gegenüberstehen: ***be ~d with ruin*** vor dem Ruin stehen. **III** *v/i* **12.** sich wenden: ***~ about*** kehrtmachen; ***~ away*** sich abwenden. **13.** blicken, liegen (***to, toward***[**s**] nach; ***south*** nach Süden). **14.** ***~ up to*** → 10. **~ card** *s Kartenspiel*: Bild(karte *f*) *n*. **'~·cloth** *s* Waschlappen *m*. **~ cream** *s* Gesichtscreme *f*. **'~-ˌlift(·ing)** *s* Facelifting *n*, Gesichtsstraffung *f*: ***have a ~*** sich das Gesicht liften lassen.

fa·ce·tious [fə'siːʃəs] *adj* □ witzig, spaßig.

face val·ue *s* ✝ Nenn-, Nominalwert *m*: ***take s.th. at*** (***its***) ***~*** *fig.* et. unbesehen glauben; et. für bare Münze nehmen.

fa·cial ['feɪʃl] *adj* Gesichts...

fa·cil·i·tate [fə'sɪlɪteɪt] *v/t* erleichtern. **fa'cil·i·ty** *s* **1.** Leichtigkeit *f*. **2.** (günstige) Gelegenheit, Möglichkeit *f* (***for*** für). **3.** *pl* Einrichtungen *pl*, Anlagen *pl*. **4.** *pl* Erleichterungen *pl*, Vergünstigungen *pl*.

fac·sim·i·le [fæk'sɪmɪlɪ] *s* Faksimile *n*.

fact [fækt] *s* Tatsache *f*, Faktum *n*: ***be founded on ~*** auf Tatsachen beruhen; ***know s.th. for a ~*** et. (ganz) sicher wissen; ***tell s.o. the ~s of life*** j-n (*sexuell*) aufklären; → ***matter*** 3. **'~-ˌfind·ing** *adj* Untersuchungs...

fac·tion ['fækʃn] *s bsd. pol.* Splittergruppe *f*.

fac·ti·tious [fæk'tɪʃəs] *adj* □ künstlich, (*Freundlichkeit etc a.*) gekünstelt.

fac·tor ['fæktə] *s* Faktor *m*.

fac·to·ry ['fæktərɪ] *s* Fabrik *f*. **~ hand, ~ work·er** *s* Fabrikarbeiter(in).

fac·to·tum [fæk'təʊtəm] *s* Faktotum *n*, Mädchen *n* für alles.

fac·tu·al ['fæktʃʊəl] *adj* □ **1.** Tatsachen...: ***~ report.*** **2.** sachlich.

fac·ul·ty ['fækltɪ] *s* **1.** Fähigkeit *f*, Vermögen *n*: ***~ of hearing*** Hörvermögen; (***mental***) ***faculties*** *pl* Geisteskräfte *pl*; ***be in possession of one's faculties*** im (Voll)Besitz s-r Kräfte sein. **2.** Gabe *f*, Talent *n*. **3.** *univ.* Fakultät *f*.

fad [fæd] *s* Mode(erscheinung, -torheit) *f*; (vorübergehende) Laune.

fade [feɪd] **I** *v/i* **1.** (ver)welken. **2.** verschießen, -blassen (*Farbe etc*). **3.** *a.* ***~ away*** sich auflösen (*Menge*), ⚘ immer schwächer werden (*Person*), verklingen (*Lied etc*), verblassen (*Erinnerung*), verrauchen (*Zorn etc*), zerrinnen (*Hoffnungen*). **4.** *Radio*: schwinden (*Ton, Sender*). **5.** nachlassen (*Bremsen*), (*Sportler a.*) abbauen. **6.** *a.* ***~ out*** (*Film, Rundfunk, TV*) aus- *od.* abgeblendet werden (*Ton, Bild*): ***~ in*** (*od.* ***up***) auf- *od.* eingeblendet werden. **II** *v/t* **7.** (ver)welken lassen. **8.** *Farbe etc* ausbleichen. **9.** *a.* ***~ out*** *Ton, Bild* aus- *od.* abblenden: ***~ in*** (*od.* ***up***) auf- *od.* einblenden. **'fad·ed** *adj* verwelkt, welk.

fae·ces ['fiːsiːz] *s pl* Fäkalien *pl*, Kot *m*.

fag[1] [fæg] *s* F Glimmstengel *m*.

fag[2] [~] F **I** *v/i* sich abarbeiten *od.* (ab)schinden (***at*** mit). **II** *v/t a.* ***~ out*** ermüden, fertigmachen. **III** *s* Schinderei *f*.

fag[3] [~] → ***faggot***[2].

fag end *s* **1.** letzter *od.* schäbiger Rest. **2.** *Br.* F Kippe *f* (*Zigarettenstummel*).

fag·got[1], *bsd. Am.* **fag·ot** ['fægət] *s gastr.* Frikadelle *f* (*bsd. aus Schweineleber*).

fag·got[2] [~] *s bsd. Am. sl.* Schwule *m*. **'fag·got·y** *adj bsd. Am. sl.* schwul.

Fahr·en·heit ['færənhaɪt]: ***10° ~*** zehn Grad Fahrenheit.

fail [feɪl] **I** *v/i* **1.** versagen (*a. Stimme, Motor etc*); keinen Erfolg haben; *ped.* durchfallen (***in*** in *dat*); ✝ Bankrott machen: ***he ~ed in his attempt*** sein Versuch schlug fehl. **2.** mißlingen, fehlschlagen, scheitern: ***if everything else ~s*** wenn alle Stricke reißen. **3.** nachlassen, schwinden (*Kräfte etc*); ausgehen, zu Ende gehen (*Vorräte etc*); abnehmen, schwächer werden (*Sehkraft etc*). **4.** ***~ to*** *inf* es unterlassen *od.* versäumen zu *inf*: ***~ to do s.th.*** *a.* et. nicht tun; ***I ~ to see*** ich sehe nicht ein. **II** *v/t* **5.** *j-m* versagen: ***his courage ~ed him*** ihm sank der Mut; ***words ~ me*** mir fehlen die Worte (***to*** *inf* zu *inf*). **6.** *j-n* im Stich lassen. **7.** *ped. j-n* durchfallen lassen; durchfallen in (*e-r Prüfung*). **III** *s* **8.** ***without ~*** mit Sicherheit, ganz bestimmt.

'fail·ing *prp* in Ermang(e)lung (*gen*): ***~ this*** andernfalls.

'fail-safe *adj* störungs-, *a. fig.* pannensicher.

fail·ure ['feɪljə] *s* **1.** Versagen *n*. **2.** Unterlassung *f*, Versäumnis *f*: **~ *to pay*** Nichtzahlung *f*. **3.** Fehlschlag(en *n*) *m*, Mißerfolg *m*. **4.** *ped.* Durchfallen *n* (***in*** in *dat*). **5.** ✝ Bankrott *m*. **6.** Versager *m* (*Person*, *Sache*).

faint [feɪnt] **I** *adj* □ schwach, matt (*Person*, *Farbe etc*; *a. fig.*): ***I haven't the ~est idea*** ich habe nicht die leiseste Ahnung. **II** *s* Ohnmacht *f*: ***in a ~*** ohnmächtig. **III** *v/i* ohnmächtig werden, in Ohnmacht fallen (***with, from*** vor *dat*). **ˌ~-'heart·ed** *adj* □ zaghaft, furchtsam.

fair¹ [feə] **I** *adj* (□ → ***fairly***) **1.** schön, hübsch: → ***sex*** 1. **2.** hell (*Haut*, *Haar*, *Teint*), blond (*Haar*), zart (*Teint*, *Haut*); hellhäutig. **3.** klar, heiter (*Himmel*), schön, trocken (*Wetter*, *Tag*). **4.** sauber: → ***copy*** 1. **5.** reell (*Chance*). **6.** gerecht, fair: → ***play*** 2. **II** *adv* **7.** anständig, fair: ***play ~*** fair spielen, *a. fig.* sich an die Spielregeln halten. **8.** direkt, genau: **~ *in the face*** mitten ins Gesicht.

fair² [~] *s* **1.** Jahrmarkt *m*; Volksfest *n*. **2.** Messe *f*. **'~·ground** *s* **1.** Rummelplatz *m*. **2.** Messegelände *n*.

fair·ly ['feəlɪ] *adv* **1.** gerecht(erweise). **2.** ziemlich. **'fair·ness** *s* Gerechtigkeit *f*, Anständigkeit *f*, Fairneß *f*: ***in ~ to him*** um ihm Gerechtigkeit widerfahren zu lassen.

'fair|·way *s* **1.** ⚓ Fahrwasser *n*, -rinne *f*. **2.** *Golf*: Fairway *n*. **'~-ˌweath·er** *adj*: **~ *friend*** Freund *m* nur in guten Zeiten.

fair·y ['feərɪ] *s* **1.** Fee *f*. **2.** *sl.* Schwule *m*. **~ sto·ry, ~ tale** *s* Märchen *n* (*a. fig.*).

faith [feɪθ] *s* **1.** (***in***) Glaube(n) *m* (an *acc*) (*a. eccl.*), Vertrauen *n* (auf *acc*, zu): ***have ~ in*** *e-r Sache* Glauben schenken, an *et.* glauben; zu *j-m* Vertrauen haben. **2.** Redlichkeit *f*: ***in good ~*** in gutem Glauben, gutgläubig (*beide a.* ⚖). **~·ful** ['~fʊl] *adj* □ **1.** treu (***to*** *dat*): ***Yours ~ly*** Hochachtungsvoll (*Briefschluß*). **2.** wahrheits- *od.* wortgetreu. **3.** *eccl.* gläubig.

faith heal·ing *s* Gesundbeten *n*.

faith·less ['feɪθlɪs] *adj* □ **1.** treulos (***to*** gegenüber). **2.** *eccl.* ungläubig.

fake [feɪk] **I** *v/t* **1.** *a.* **~ *up*** *Bilanz etc* frisieren. **2.** *Paß etc* fälschen. **3.** *Interesse etc* vortäuschen, *Krankheit a.* simulieren. **II** *s* **4.** Fälschung *f*. **5.** Schwindel *m*. **6.** Schwindler *m*; Simulant *m*.

fa·kir ['feɪˌkɪə] *s* Fakir *m*.

fal·con ['fɔːlkən] *s orn.* Falke *m*.

fall [fɔːl] **I** *s* **1.** Fall *m*, Sturz *m*: ***have a*** (***bad*** *od.* ***heavy***) **~** (schwer) stürzen. **2.** *bsd. Am.* Herbst *m*: ***in*** (***the***) **~** im Herbst. **3.** (*Regen-*, *Schnee*)Fall *m*. **4.** *fig.* Fallen *n*, Sinken *n*: **~ *in temperature*** Temperatursturz *m*. **5.** Gefälle *n* (*des Geländes*). **6.** Fall *m* (*e-r Stadt etc*). **7.** Einbruch *m* (*der Nacht etc*). **8.** *mst pl* Wasserfall *m*. **II** *v/i* (*irr*) **9.** (um-, herunter-, hinunter)fallen; (ab)stürzen; (ab-) fallen (*Blätter*): ***he fell to his death*** er stürzte tödlich ab. **10.** *a.* **~ *apart*** zerfallen. **11.** *fig.* fallen: a) (*im Krieg*) umkommen, b) erobert werden (*Stadt*), c) gestürzt werden (*Regierung*). **12.** *fig.* fallen, sinken (*Preise*, *Temperatur etc*): ***his face fell*** er machte ein langes Gesicht. **13.** abfallen (*Gelände etc*). **14.** hereinbrechen (*Nacht etc*). **15.** *krank*, *fällig etc* werden.

Verbindungen mit Präpositionen:

fall| be·hind *v/i* zurückbleiben hinter (*dat*), zurückfallen hinter (*acc*) (*beide a. fig.*). **~ down** *v/i die Treppe etc* hinunterfallen. **~ for** *v/i* **1.** hereinfallen auf (*acc*). **2.** F sich verknallen in (*acc*). **~ in·to** *v/i* **1.** kommen *od.* geraten in (*acc*): **~ *difficulties***; → ***line¹*** 11, ***trap*** 2. **2.** sich *et.* angewöhnen: **~ *a habit*** e-e Gewohnheit annehmen. **3.** fallen in (*ein Gebiet od. Fach*). **~ on** *v/i* **1.** fallen auf (*acc*) (*a. zeitlich*): ***his glance fell on me; Christmas falls on a Monday this year***; → ***ear¹*** 1. **2.** herfallen über (*acc*). **3.** *j-m* zufallen (***to do*** zu tun). **~ out of** *v/i* sich *et.* abgewöhnen: **~ *a habit*** e-e Gewohnheit ablegen. **~ o·ver** *v/i*: **~ *o.s. to do s.th.*** F sich fast umbringen, et. zu tun. **~ to** *v/i* **1.** beginnen mit: **~ *doing s.th.*** sich daranmachen, et. zu tun. **2.** → ***fall on*** 3. **~ un·der** *v/i* unter *ein Gesetz etc* fallen.

Verbindungen mit Adverbien:

fall| a·bout *v/i*: **~** (***laughing*** *od.* ***with laughter***) F sich (vor Lachen) kugeln. **~ a·way** → ***fall off***. **~ back** *v/i* **1.** zurückweichen. **2.** **~ *on*** zurückgreifen auf (*acc*). **~ be·hind** *v/i* zurückbleiben, -fallen (*beide a. fig.*): **~ *with*** (*od.* ***on***) in Rückstand *od.* Verzug geraten mit. **~**

down *v/i* **1.** umfallen, einstürzen. **2.** F (***on***) enttäuschen, versagen (bei); Pech haben (mit). **~ in** *v/i* **1.** einfallen, -stürzen. **2.** **~ *with*** beipflichten, zustimmen (*dat*); sich anpassen (*dat*); entsprechen (*dat*). **~ off** *v/i* **1.** zurückgehen (*Geschäfte, Zuschauerzahlen etc*), nachlassen (*Begeisterung etc*). **2.** (***from***) abfallen (von), abtrünnig werden (*dat*). **~ out** *v/i* **1.** *gut etc* ausfallen, -gehen. **2.** sich ereignen, geschehen. **3.** (sich) streiten (***with*** mit; ***over*** über *acc*). **~ o·ver** *v/i* hinfallen (*Person*), umfallen (*Vase etc*): ***~ backwards to do s.th.*** F sich fast umbringen, et. zu tun. **~ through** *v/i* **1.** durchfallen (*a. fig.*). **2.** mißglücken, ins Wasser fallen. **~ to** *v/i* reinhauen, (tüchtig) zugreifen (*beim Essen*).

fal·la·cious [fəˈleɪʃəs] *adj* □ **1.** trügerisch, irreführend. **2.** irrig, falsch.

fal·la·cy [ˈfæləsɪ] *s* Trugschluß *m*, Irrtum *m*.

fall·en [ˈfɔːlən] **I** *pp von* ***fall.*** **II** *adj* gefallen (*a. Mädchen*).

fall guy *s bsd. Am.* F **1.** Opfer *n* (*e-s Betrügers*); Gimpel *m* (*leichtgläubiger Mensch*). **2.** Sündenbock *m*.

fal·li·ble [ˈfæləbl] *adj* □ fehlbar.

fall·ing star [ˈfɔːlɪŋ] *s* Sternschnuppe *f*.

ˈfall·out Fallout *m*, radioaktiver Niederschlag.

fal·low [ˈfæləʊ] *adj* ⸕ brach(liegend) (*a. fig.*): ***lie ~*** brachliegen.

false [fɔːls] **I** *adj* □ *allg.* falsch: ***~ alarm*** falscher *od.* blinder Alarm (*a. fig.*); ***~ bottom*** doppelter Boden; ***~ key*** Dietrich *m*, Nachschlüssel *m*; ***~ teeth*** *pl* (*künstliches*) Gebiß; → ***pretence*** 2. **II** *adv*: ***play s.o. ~*** ein falsches Spiel mit j-m treiben. **false·hood** [ˈ~hʊd] *s* **1.** Unwahrheit *f*. **2.** Falschheit *f*. **ˈfalse·ness** *s allg.* Falschheit *f*.

fal·si·fi·ca·tion [ˌfɔːlsɪfɪˈkeɪʃn] *s* (Ver-) Fälschung *f*. **fal·si·fy** [ˈ~faɪ] *v/t* **1.** fälschen. **2.** verfälschen, falsch darstellen *od.* wiedergeben. **3.** widerlegen. **fal·si·ty** [ˈ~ətɪ] → ***falsehood.***

fal·ter [ˈfɔːltə] **I** *v/i* schwanken: a) taumeln, b) zögern, zaudern, c) stocken (*a. Stimme*). **II** *v/t et.* stammeln.

fame [feɪm] *s* Ruhm *m*. **famed** *adj* berühmt (***for*** für, wegen).

fa·mil·iar [fəˈmɪljə] **I** *adj* □ **1.** vertraut, bekannt, geläufig (***to*** *dat*): ***a ~ sight*** ein gewohnter Anblick. **2.** vertraut, bekannt (***with*** mit): ***be ~ with*** *a.* sich auskennen in (*dat*); ***make o.s. ~ with*** sich vertraut machen mit. **3.** a) vertraulich, ungezwungen (*Ton etc*), b) plump-vertraulich, aufdringlich. **4.** vertraut, eng (*Freund etc*): ***be on ~ terms with*** auf vertrautem Fuß stehen mit. **II** *s* **5.** Vertraute *m, f*. **faˌmil·iˈar·i·ty** [~lɪˈærətɪ] *s* **1.** Vertrautheit *f*. **2.** a) Vertraulichkeit *f*, b) *oft pl* plumpe Vertraulichkeit, Aufdringlichkeit *f*. **faˈmil·iar·ize** [~jəraɪz] *v/t* vertraut *od.* bekannt machen (***with*** mit).

fam·i·ly [ˈfæməlɪ] **I** *s* Familie *f*, *fig. a.* Herkunft *f*: ***a ~ of four*** e-e vierköpfige Familie; ***of good ~*** aus gutem Haus; → ***run*** 11. **II** *adj* Familien...: ***~ allowance*** Kindergeld *n*; ***~ doctor*** Hausarzt *m*; ***~ man*** Familienvater *m*; häuslicher Mensch; ***~ name*** → ***surname***; ***~ planning*** Familienplanung *f*; ***~ problems*** *pl* familiäre Probleme *pl*; ***~ tree*** Stammbaum *m*.

fam·ine [ˈfæmɪn] *s* Hungersnot *f*.

fa·mous [ˈfeɪməs] *adj* □ berühmt (***for*** wegen, für).

fan¹ [fæn] **I** *s* **1.** Fächer *m*. **2.** Ventilator *m*: ***~ belt*** ⚙ Keilriemen *m*. **II** *v/t* **3.** *j-m* Luft zufächeln. **4.** anfachen, *fig. a.* entfachen, -flammen. **III** *v/i* **5.** *oft* ***~ out*** sich fächerförmig ausbreiten; ausschwärmen.

fan² [~] *s* (*Sport- etc*)Fan *m*: ***~ club*** Fanklub *m*; ***~ mail*** Verehrerpost *f*.

fa·nat·ic [fəˈnætɪk] **I** *s* Fanatiker(in). **II** *adj* (***~ally***) fanatisch. **faˈnat·i·cism** [~sɪzəm] *s* Fanatismus *m*.

fan·ci·er [ˈfænsɪə] *s* (*Tier-, Blumen- etc-*) Liebhaber(in) *od.* (-)Züchter(in).

fan·ci·ful [ˈfænsɪfʊl] *adj* □ **1.** phantasiereich. **2.** phantastisch, wirklichkeitsfremd.

fan·cy [ˈfænsɪ] **I** *s* **1.** Phantasie *f*; Einbildung *f*: → ***tickle*** I. **2.** Idee *f*, plötzlicher Einfall. **3.** Laune *f*, Grille *f*. **4.** (***for***) Neigung *f* (zu), Vorliebe *f* (für), Gefallen *n* (an *dat*): ***have a ~ for*** gern haben; Lust haben auf (*acc*); ***take a ~ to*** (*od.* ***for***) Gefallen finden an (*dat*), sympathisch finden. **II** *adj* **5.** Phantasie..., phantastisch: ***~ name*** Phantasiename *m*; ***~ price*** Liebhaberpreis *m*. **6.** phantasie-, kunstvoll. **III** *v/t* **7.** sich *j-n*, *et.*

vorstellen: ~ ***that!*** stell dir vor!, denk nur!; sieh mal einer an! **8.** annehmen, glauben. **9.** ~ ***o.s.*** sich einbilden (***to be*** zu sein), sich halten ([***as***] für): ~ ***o.s.*** (***very important***) sich sehr wichtig vorkommen. **10.** gern haben *od.* mögen. **11.** Lust haben (auf *acc*; ***doing*** zu tun). **12.** *Tiere, Pflanzen* (aus Liebhaberei) züchten. ~ **ball** *s* Kostümfest *n*, Maskenball *m.* ~ **dress** *s* (Masken)Kostüm *n.* **'~-dress** *adj*: ~ ***ball*** → ***fancy ball.*** **ˌ~-'free** *adj* frei u. ungebunden. ~ **goods** *s pl* **1.** Modeartikel *pl.* **2.** kleine Geschenkartikel *pl*; Nippes *pl.*

fan·fare ['fænfeə] *s* **1.** ♪ Fanfare *f*, Tusch *m.* **2.** *fig. contp.* Trara *n*, Tamtam *n.*

fang [fæŋ] *s* Reiß-, Fangzahn *m*, Fang *m* (*e-s Raubtiers etc*), Hauer *m* (*e-s Ebers*), Giftzahn *m* (*e-r Schlange*).

fan·ta·sia [fæn'teɪzjə] *s* ♪ Fantasie *f.* **fan·tas·tic** [~'tæstɪk] *adj* (***~ally***) phantastisch: a) unwirklich, b) absurd, c) F toll. **fan·ta·sy** ['fæntəsɪ] *s* Phantasie *f*: a) Einbildungskraft *f*, b) Phantasievorstellung *f*, c) Tag-, Wachtraum *m.*

far [fɑː] **I** *adj* **1.** fern, (weit)entfernt, weit: → ***cry*** 1. **2.** (*vom Sprecher aus*) entfernter: ***at the ~ end*** am anderen Ende. **II** *adv* **3.** fern, weit: ~ ***away*** (*od.* ***off***) weit weg *od.* entfernt; ***as ~ as*** soweit *od.* soviel (wie); bis (nach); ***so ~ so good*** so weit, so gut. **4.** *fig.* (***from***) weit entfernt (von), alles andere (als): ~ ***from completed*** noch lange *od.* längst nicht fertig. **5.** ~ ***into*** weit *od.* tief in (*acc*): ~ ***into the night*** bis spät *od.* tief in die Nacht (hinein). **6.** *a.* ***by ~*** weit(aus), bei weitem, wesentlich. **'~·a·way** → ***far*** 1.

farce [fɑːs] *s thea.* Farce *f* (*a. fig.*), Posse *f*, Schwank *m.* **far·ci·cal** ['~sɪkl] *adj* □ **1.** farcen-, possenhaft. **2.** *fig.* absurd, lächerlich.

fare [feə] **I** *s* **1.** Fahrpreis *m*, -geld *n*; Flugpreis *m*: ***what's the ~?*** was kostet die Fahrt *od.* der Flug?; ***any more ~s, please?*** noch j-d zugestiegen?; ~ ***dodger*** (*od.* ***evader***) Schwarzfahrer(in); ~ ***stage*** *Br.* Fahrpreiszone *f*, Teilstrecke *f.* **2.** Fahrgast *m* (*bsd. e-s Taxis*). **3.** Kost *f* (*a. fig.*), Nahrung *f.* **II** *v/i* **4.** (er)gehen: ***how did you ~?*** wie ist es dir ergangen?; ***he ~d ill, it ~d ill with him*** es erging ihm schlecht. **ˌ~'well I** *int* leb(t) wohl. **II** *s* Lebewohl *n*, Abschied(sgruß) *m*: ***make one's ~s*** sich verabschieden. **III** *adj* Abschieds...

ˌfar-'fetched *adj fig.* weithergeholt, an den Haaren herbeigezogen.

farm [fɑːm] **I** *s* **1.** (*a. Geflügel- etc*)Farm *f*, Bauernhof *m.* **II** *v/t* **2.** *Land* bebauen, bewirtschaften. **3.** *Geflügel etc* züchten. **4.** ~ ***out*** ✝ *Arbeit* vergeben (***to*** an *acc*). **III** *v/i* **5.** Landwirtschaft betreiben. **'farm·er** *s* **1.** Bauer *m*, Landwirt *m*, Farmer *m.* **2.** (*Geflügel- etc*)Züchter *m.* **'farm·house** *s* Bauernhaus *n.*

farm·ing ['fɑːmɪŋ] *s* **1.** Landwirtschaft *f.* **2.** (*Geflügel- etc*)Zucht *f.*

ˌfar|-'off → ***far*** 1. **ˌ~-'out** *adj sl.* **1.** toll, super. **2.** exzentrisch. **ˌ~-'reach·ing** *adj* weitreichend, *fig. a.* folgenschwer. **ˌ~-'see·ing** *adj fig.* weitblickend, umsichtig. **ˌ~'sight·ed** *adj* **1.** → ***farseeing.*** **2.** ⚕ weitsichtig.

fart [fɑːt] V **I** *s* **1.** Furz *m.* **2.** *fig.* Arschloch *n.* **II** *v/i* **3.** furzen.

far·ther ['fɑːðə] **I** *adj* **1.** *comp von* ***far.*** **2.** weiter weg liegend, entfernter. **3.** → ***further*** 5. **II** *adv* **4.** weiter: ***so far and no ~*** bis hierher u. nicht weiter. **5.** → ***further*** 2, 3. **far·thest** ['~ðɪst] **I** *adj* **1.** *sup von* ***far.*** **2.** weitest, entferntest. **3.** → ***furthest*** 2. **II** *adv* **4.** am weitesten *od.* entferntesten. **5.** → ***further*** 4.

fas·ci·nate ['fæsɪneɪt] *v/t* faszinieren. **ˌfas·ci'na·tion** *s* Faszination *f.*

fas·cism, *oft* ♀ ['fæʃɪzəm] *s pol.* Faschismus *m.* **'fas·cist,** *a.* ♀ **I** *s* Faschist(in). **II** *adj* faschistisch.

fash·ion ['fæʃn] **I** *s* **1.** Mode *f*: ***come into ~*** in Mode kommen, modern werden; ***go out of ~*** aus der Mode kommen, unmodern werden; ~ ***parade*** (*od.* ***show***) Mode(n)schau *f.* **2.** Art *f* u. Weise *f*, Stil *m*: ***after*** (*od.* ***in***) ***a ~*** schlecht u. recht, so lala. **II** *v/t* **3.** formen, gestalten. **'fash·ion·a·ble** *adj* □ **1.** modisch, elegant. **2.** a) in Mode: ***be very ~*** große Mode sein (***to do*** zu tun), b) Mode...: ~ ***complaint*** Modekrankheit *f.*

fast¹ [fɑːst] **I** *adj* **1.** schnell: ~ ***train*** Schnell-, D-Zug *m*; ***my watch is*** (***ten minutes***) ~ m-e Uhr geht (10 Minuten) vor. **2.** *phot.* hochempfindlich (*Film*); lichtstark (*Objektiv*). **II** *adv* **3.** schnell.

fast² [~] **I** *adj* **1.** fest: ***make ~*** festmachen; ~ ***friends*** *pl* unzertrennliche Freunde *pl.* **2.** widerstandsfähig (***to*** gegen): **~ *colo(u)r*** (wasch)echte Farbe; **~ *to light*** lichtecht. **II** *adv* **3.** fest: ***be ~ asleep*** fest *od.* tief schlafen; ***play ~ and loose with*** Schindluder treiben mit.

fast[3] [~] **I** *v/i* **1.** fasten. **II** *s* **2.** Fasten *n.* **3.** Fastenzeit *f*: **~ (*day*)** Fastentag *m.*

'fast|·back *s mot.* (Wagen *m* mit) Fließheck *n.* **~ breed·er, ˌ~-'breed·er re·ac·tor** *s phys.* schneller Brüter.

fas·ten ['fɑːsn] **I** *v/t* **1.** befestigen, festmachen (***to, on*** an *acc*): → ***seat belt.*** **2.** *a.* **~ *up*** (ab-, ver)schließen, *Jacke etc* zuknöpfen, *Paket etc* zu-, verschnüren: **~ *s.o. down to*** F j-n festnageln auf (*acc*). **3. ~ *on*** *fig. Blick, Aufmerksamkeit etc* richten auf (*acc*); *j-m e-e Straftat etc* in die Schuhe schieben, anhängen. **II** *v/i* **4.** sich festmachen *od.* schließen lassen.

'fas·ten·er *s* Verschluß *m.*

'fast-food re·stau·rant Schnellimbiß *m*, -gaststätte *f.*

fas·tid·i·ous [fə'stɪdɪəs] *adj* □ anspruchsvoll, wählerisch, heikel (***about*** in *dat*).

fast·ness ['fɑːstnɪs] *s* Widerstandsfähigkeit *f* (***to*** gegen), Echtheit *f* (*von Farben*).

fat [fæt] **I** *adj* □ **1.** dick (*a. fig. Bankkonto etc*), *contp.* fett. **2.** fett(ig), fetthaltig. **II** *s* **3.** Fett *n*: ***the ~ is in the fire*** der Teufel ist los; ***chew the ~*** F quatschen, plaudern; ***live on*** (*od.* ***off***) ***the ~ of the land*** in Saus u. Braus *od.* wie Gott in Frankreich leben.

fa·tal ['feɪtl] *adj* □ **1.** tödlich. **2.** fatal, verhängnisvoll (***to*** für). **fa·tal·ism** ['~təlɪzəm] *s* Fatalismus *m.* **'fa·ta·list** *s* Fatalist(in). **ˌfa·tal'is·tic** *adj* (**~*ally***) fatalistisch. **fa·tal·i·ty** [fə'tælətɪ] *s* **1.** Verhängnis *n.* **2.** tödlicher Unfall; (Todes)Opfer *n.*

fate [feɪt] *s* **1.** Schicksal *n*: ***he met his ~*** das Schicksal ereilte ihn; (***as***) ***sure as ~ is ~*** garantiert, mit Sicherheit; →***tempt*** 2. **2.** Verhängnis *n*, Verderben *n.* **'fat·ed** *adj* **1. *he was ~ to*** *inf* es war ihm (vom Schicksal) bestimmt zu *inf.* **2.** → ***fateful*** 2. **fate·ful** ['~fʊl] *adj* □ **1.** verhängnisvoll. **2.** schicksalhaft, Schicksals...

fa·ther ['fɑːðə] **I** *s* **1.** Vater *m*, *fig. a.* Begründer *m*: ***like ~ like son*** der Apfel fällt nicht weit vom Stamm; ***ℒ's Day*** Vatertag *m.* **2.** *pl* Ahnen *pl*, Vorfahren *pl*, Väter *pl.* **3.** *eccl.* a) Pater *m*, b) ***the Holy ℒ*** der Heilige Vater. **II** *v/t* **4.** *et.* ins Leben rufen. **5. ~ *s.th. on s.o.*** j-m die Schuld für et. zuschreiben. **ℒ Christ·mas** *s bsd. Br.* der Weihnachtsmann. **~ fig·ure** *s psych.* Vaterfigur *f.*

fa·ther·hood ['fɑːðəhʊd] *s* Vaterschaft *f.*

'fa·ther|-in-law *pl* **'fa·thers-in-law** *s* Schwiegervater *m.* **'~·land** *s* Vaterland *n.*

fa·ther·less ['fɑːðəlɪs] *adj* vaterlos. **'fa·ther·ly** *adj* väterlich.

fath·om ['fæðəm] *v/t* ⚓ ausloten, *fig. a.* ergründen. **'fath·om·less** *adj* □ unergründlich (*a. fig.*).

fa·tigue [fə'tiːg] **I** *s* **1.** Ermüdung *f* (*a.* ⚙). **2.** *pl* Strapazen *pl.* **II** *v/t u. v/i* **3.** ermüden (*a.* ⚙).

fat·less ['fætlɪs] *adj* fettlos. **'fat·ness** *s* Dicke *f*, *contp.* Fettheit *f.* **fat·ten** ['~tn] **I** *v/t* **1.** *a.* **~ *up*** dick *od. contp.* fett machen. **2.** *Tier*, F *a. j-n* mästen. **II** *v/i* **3.** dick *od. contp.* fett werden. **'fat·ty I** *adj* fettig, Fett... **II** *s* F Dickerchen *n.*

fa·tu·i·ty [fə'tjuːətɪ] *s* Albernheit *f.* **fat·u·ous** ['fætjʊəs] *adj* □ albern.

fau·cet ['fɔːsɪt] *s Am.* (Wasser)Hahn *m.*

fault [fɔːlt] *s* **1.** Schuld *f*, Verschulden *n*: ***it is my ~*** es ist m-e Schuld; ***be at ~*** schuld sein. **2.** Fehler *m* (*a. Tennis etc*): ***find ~ with*** et. auszusetzen haben an (*dat*); ***be at ~*** sich irren. **3.** ⚙ Defekt *m.* **'~ˌfind·er** *s* Nörgler(in), Kritt(e)ler(in). **'~ˌfind·ing I** *s* Nörgelei *f*, Krittelei *f.* **II** *adj* nörglerisch, kritt(e)lig.

fault·less ['fɔːltlɪs] *adj* □ fehlerfrei, -los. **'fault·y** *adj* □ fehlerhaft, ⚙ *a.* defekt, (*Argumentation etc a.*) falsch.

fau·na ['fɔːnə] *pl* **-nas, -nae** ['~niː] *s* Fauna *f*, Tierwelt *f.*

fa·vo(u)r ['feɪvə] **I** *v/t* **1.** begünstigen: a) favorisieren, bevorzugen, b) günstig sein für, fördern, c) unterstützen, für *et.* sein. **2.** *bsd. Sport*: favorisieren, zum Favoriten erklären. **II** *s* **3.** Gunst *f*, Wohlwollen *n*: ***in ~ of*** zugunsten von (*od. gen*); ***in my ~*** zu m-n Gunsten; ***be in ~ of*** für *et.* sein; ***be in*** (***out of***) ***s.o.'s ~, be in*** (***out of***) **~ *with s.o.*** bei j-m gut (schlecht) angeschrieben sein. **4.** Gefallen *m*, Gefälligkeit *f*: ***ask s.o. a ~*** (*od.* ***a ~ of s.o.***) j-n um e-n Gefallen bitten; ***do s.o. a ~*** j-m e-n Gefallen tun. **'fa-**

vo(u)r·a·ble *adj* □ günstig: a) vorteilhaft (***to, for*** für), b) positiv, zustimmend (*Antwort etc*). **'fa·vo(u)red** *adj* **1.** begünstigt. **2.** bevorzugt, Lieblings... **3.** *bsd. Sport*: favorisiert. **fa·vo(u)r·ite** ['~rɪt] **I** *s* **1.** Liebling *m, contp.* Günstling *m.* **2.** *bsd. Sport*: Favorit(in). **II** *adj* **3.** Lieblings...: ~ ***dish*** Lieblingsgericht *n,* Leibspeise *f.* **'fa·vo(u)r·it·ism** *s* Günstlings-, Vetternwirtschaft *f.*

fawn [fɔːn] *v/i*: ~ ***on*** *fig.* katzbuckeln vor (*dat*). **'fawn·ing** *adj* □ kriecherisch.

fax [fæks] *v/t* faxen.

fear [fɪə] **I** *s* **1.** Furcht *f,* Angst *f* (***of*** vor *dat*; ***that*** daß): ***for*** ~ ***that*** aus Furcht, daß; ***be in*** ~ (***of s.o.***) sich (vor j-m) fürchten, (vor j-m) Angst haben. **2.** Befürchtung *f,* Sorge *f*: ***for*** ~ ***of hurting him*** um ihn nicht zu verletzen. **3.** Ehrfurcht *f* (***of*** vor *dat*): ~ ***of God*** Gottesfurcht *f.* **II** *v/t* **4.** fürchten, sich fürchten *od.* Angst haben vor (*dat*). **5.** *das Schlimmste etc* (be)fürchten. **6.** *Gott* fürchten. **III** *v/i* **7.** ~ ***for*** fürchten um. **fear·ful** ['~fʊl] *adj* □ **1.** furchtbar, fürchterlich (*beide a. fig.* F). **2.** ***be*** ~ in (großer) Sorge sein, sich ängstigen (***of, for*** um; ***that*** daß). **3.** furchtsam, angsterfüllt: ***be*** ~ ***of*** → ***fear*** 4. **'fear·less** *adj* □ furchtlos: ***be*** ~ ***of*** sich nicht fürchten *od.* keine Angst haben vor (*dat*).

fea·si·bil·i·ty [ˌfiːzə'bɪlətɪ] *s* Machbarkeit *f,* Durchführbarkeit *f.* **'fea·si·ble** *adj* □ machbar, (*Plan etc*) durchführbar.

feast [fiːst] **I** *s* **1.** *eccl.* Fest *n,* Feiertag *m.* **2.** Festessen *n,* -mahl *n.* **3.** *fig.* (Hoch-) Genuß *m*: ~ ***for the eyes*** Augenweide *f.* **II** *v/t* **4.** festlich bewirten (***on*** mit). **5.** ergötzen (***on*** mit): ~ ***one's eyes on*** s-e Augen weiden an (*dat*). **III** *v/i* **6.** sich gütlich tun (***on*** an *dat*). **7.** sich weiden (***on*** an *dat*).

feat [fiːt] *s* **1.** Helden-, Großtat *f.* **2.** Kunst-, Meisterstück *n*; Kraftakt *m.* **3.** (*technische etc*) Großtat, große Leistung.

feath·er ['feðə] **I** *s* Feder *f, pl* Gefieder *n*: ***birds of a*** ~ Leute vom gleichen Schlag; ***birds of a*** ~ ***flock together*** gleich u. gleich gesellt sich gern; ***that is a*** ~ ***in his cap*** darauf kann er stolz sein; → ***light***² 1. **II** *v/t* mit Federn polstern *od.* schmücken, *Pfeil* fiedern: ~ ***one's nest*** *fig.* sein(e) Schäfchen ins trockene bringen. ~ **bed** *s* Matratze *f* mit Feder- *od.* Daunenfüllung. **'~·bed** *v/t j-n* verhätscheln. **'~·brained** *adj* **1.** hohlköpfig. **2.** leichtsinnig. **'~·weight I** *s* **1.** *Sport*: Federgewicht(ler *m*) *n.* **2.** Leichtgewicht *n* (*Person*). **II** *adj* **3.** *Sport*: Federgewichts... **4.** leichtgewichtig.

fea·ture ['fiːtʃə] **I** *s* **1.** (Gesichts)Zug *m.* **2.** Merkmal *n,* Charakteristikum *n.* **3.** (Haupt)Attraktion *f.* **4.** a) *a.* ~ ***program(me)*** (*Rundfunk, TV*) Feature *n,* b) *a.* ~ ***article*** (*od.* ***story***) (*Zeitung*) Feature *n,* c) *a.* ~ ***film*** Feature *n,* Haupt-, Spielfilm *m.* **II** *v/t* **5.** als (Haupt-) Attraktion zeigen *od.* bringen, groß herausbringen *od.* -stellen. **6.** in der Hauptrolle zeigen: ***a film featuring X*** ein Film mit X in der Hauptrolle. **7.** sich auszeichnen durch.

fe·brile ['fiːbraɪl] *adj* ⚕ fieb(e)rig, fieberhaft, Fieber...

Feb·ru·ar·y ['februərɪ] *s* Februar *m*: ***in*** ~ im Februar.

fe·ces *bsd. Am.* → ***faeces.***

fed [fed] *pret u. pp von* ***feed.***

fed·er·al, *mst* ♀ ['fedərəl] *adj pol.* Bundes...: ♀ ***Bureau of Investigation*** *Am.* Bundeskriminalpolizei *f.* **'fed·er·al·ism,** *mst* '♀ *s pol.* Föderalismus *m.* **'fed·er·al·ist I** *adj* föderalistisch. **II** *s mst* '♀ Föderalist *m.* **ˌfed·er'a·tion** *s* **1.** *pol.* Bundesstaat *m*; Föderation *f,* Staatenbund *m.* **2.** (*Sport- etc*)Verband *m.*

fee [fiː] *s* (*Anwalts- etc*)Honorar *n,* (*Mitglieds- etc*)Beitrag *m,* (*Eintritts- etc-*) Geld *n,* (*Aufnahme- etc*)Gebühr *f.*

fee·ble ['fiːbl] *adj* □ schwach (*a. fig.*). **ˌ~-'mind·ed** *adj* □ schwachsinnig, geistesschwach.

fee·ble·ness ['fiːblnɪs] *s* Schwäche *f.*

feed [fiːd] **I** *v/t* (*irr*) **1.** *Tier, Kind* füttern (***on, with*** mit): ***be fed up with*** F die Nase voll haben von, *et.* satt haben. **2.** *Familie etc* ernähren, unterhalten. **3.** ⚙ *Maschine* speisen, beschicken, *a. j-n* versorgen (***with*** mit): ~ ***s.th. into a computer*** et. in e-n Computer eingeben *od.* einspeisen. **4.** ~ ***back*** a) ⚡, *Kybernetik*: rückkoppeln, b) *Informationen etc* zurückleiten (***to*** an *acc*). **5.** *Gefühl* nähren. **II** *v/i* (*irr*) **6.** fressen (*Tier*); F futtern (*Mensch*). **7.** sich ernähren, leben (***on*** von). **III** *s* **8.** Füttern *n,* Fütterung *f.* **9.** F Mahlzeit *f.* **'~·back** *s* **1.** ⚡,

Kybernetik: Feedback *n*, Rückkopp(e)-lung *f*. **2.** a) *Rundfunk*, *TV*: Feedback *n*, b) Zurückleitung *f* (*von Informationen*) (***to*** an *acc*).

feed·er ['fi:də] *s* **1. *a heavy ~*** ein starker Fresser (*Tier*) *od.* F Esser (*Mensch*). **2.** → ***feeding bottle*. 3.** *Br.* Lätzchen *n*. **~ road** *s* Zubringerstraße *f*.

feed·ing ['fi:dɪŋ] *s* Füttern *n*, Fütterung *f*. **~ bot·tle** *s* (Säuglings-, Saug)Flasche *f*.

feel [fi:l] **I** *v/t* (*irr*) **1.** (an-, be)fühlen: ***~ one's way*** sich tasten (***through*** durch). **2.** fühlen, (ver)spüren: ***make itself felt*** spürbar werden, sich bemerkbar machen. **3.** *Freude etc* empfinden. **4.** a) finden, glauben (***that*** daß), b) halten für: ***I ~ it*** (***to be***) ***my duty*** ich halte es für m-e Pflicht. **II** *v/i* (*irr*) **5.** fühlen (***whether, if*** ob; ***how*** wie): ***~ for*** tasten nach. **6.** sich fühlen: ***~ ill; ~ up to s.th.*** sich e-r Sache gewachsen fühlen; ***~ like*** (***doing***) ***s.th.*** Lust haben zu e-r *od.* auf e-e Sache (et. zu tun); → ***cold*** 1, ***warm*** 1. **7. *how do you ~ about it?*** was meinst du dazu? **8.** sich *weich etc* anfühlen. **III** *s* **9.** *klebriges etc* Gefühl. **10. *be soft to the ~, have a soft ~*** sich weich anfühlen. **'feel·er** *s zo.* Fühler *m* (*a. fig.*): ***put out ~s*** (*od.* ***a ~***) s-e Fühler ausstrecken. **'feel·ing** *s* Gefühl *n*: a) Gefühlssinn *m*, b) (Gefühls)Eindruck *m*: ***have a ~ that*** das Gefühl haben, daß, c) Empfindung *f*: ***~s*** *pl* ***of guilt*** Schuldgefühle *pl*, d) Feingefühl *n*: ***have a ~ for*** Gefühl haben für.

feet [fi:t] *pl von* ***foot.***

feign [feɪn] **I** *v/t Interesse etc* vortäuschen, *Krankheit a.* simulieren: ***~ death*** (*od.* ***to be dead***) sich totstellen. **II** *v/i* sich verstellen, simulieren.

feint [feɪnt] *s Sport*: Finte *f* (*a. fig.*).

fell[1] [fel] *pret von* ***fall.***

fell[2] [~] *v/t* **1.** *Baum* fällen. **2.** *Gegner etc* fällen, niederstrecken.

fel·loe ['feləʊ] *s* ⚙ Felge *f*.

fel·low ['feləʊ] **I** *s* **1.** Gefährte *m*, Gefährtin *f*, Genosse *m*, Genossin *f*, Kamerad(in). **2.** Mitmensch *m*, Zeitgenosse *m*. **3.** F Kerl *m*: ***old ~*** alter Knabe; ***a ~*** man. **II** *adj* **4.** Mit...: ***~ being*** Mitmensch *m*; ***~ citizen*** Mitbürger *m*; ***~ countryman*** Landsmann *m*; ***~ feeling*** Mitgefühl *n*; Zs.-gehörigkeitsgefühl *n*; ***~ student*** Studienkollege *m*, Kommilitone *m*; ***~ travel(l)er*** Mitreisende *m*; *pol.* Mitläufer *m*. **'fel·low·ship** *s* **1.** Kameradschaft *f*. **2.** Gesellschaft *f*, Gruppe *f*.

felt[1] [felt] *pret u. pp von* ***feel.***

felt[2] [~] **I** *s* Filz *m*. **II** *adj* Filz... **~ tip, '~-tip(ped) pen** *s* Filzschreiber *m*, -stift *m*.

fe·male ['fi:meɪl] **I** *s* **1.** *contp.* Weib(sbild) *n*. **2.** *zo.* Weibchen *n*. **II** *adj* **3.** weiblich: ***~ dog*** Hündin *f*; ***~ screw*** Schraubenmutter *f*. **4.** Frauen...

fem·i·nine ['femɪnɪn] *adj* □ **1.** weiblich (*a. ling.*), Frauen... **2.** fraulich. **3.** weibisch, feminin. **ˌfem·i'nin·i·ty** *s* **1.** Weiblichkeit *f*. **2.** Fraulichkeit *f*. **3.** weibische *od.* feminine Art. **'fem·i·nism** *s* Feminismus *m*, Frauenrechtsbewegung *f*. **'fem·i·nist I** *s* Feminist(in), Frauenrechtler(in). **II** *adj* feministisch.

fe·mur ['fi:mə] *pl* **-murs, fem·o·ra** ['femərə] *s anat.* Oberschenkel(knochen) *m*.

fen [fen] *s* Fenn *n*, Sumpf-, Marschland *n*.

fence [fens] **I** *s* **1.** Zaun *m*: ***sit on the ~*** sich neutral verhalten; unentschlossen sein. **2.** *sl.* Hehler *m*. **II** *v/t* **3.** *a.* ***~ in*** einzäunen: ***~ off*** abzäunen. **III** *v/i* **4.** *Sport*: fechten. **'fenc·er** *s Sport*: Fechter(in). **'fenc·ing I** *s* **1.** Zaun *m*, Einzäunung *f*. **2.** *Sport*: Fechten *n*. **3.** *sl.* Hehlerei *f*. **II** *adj* **4.** *Sport*: Fecht...: ***~ master*** Fechtmeister *m*.

fend [fend] **I** *v/t oft* ***~ off*** *Angreifer*, *Fragen etc* abwehren. **II** *v/i*: ***~ for o.s.*** für sich selbst sorgen. **'fend·er** *s mot. Am.* Kotflügel *m*.

fen·nel ['fenl] *s* ♀ Fenchel *m*.

fer·ment [fə'ment] **I** *v/t* **1.** ⚗ in Gärung bringen (*a. fig.*), gären lassen, vergären; *fig.* in Wallung bringen. **II** *v/i* **2.** ⚗ gären, in Gärung sein (*beide a. fig.*). **III** *s* ['fɜ:ment] **3.** ⚗ Gärstoff *m*, Ferment *n*. **4.** a) ⚗ Gärung *f* (*a. fig.*), b) *fig.* innere Unruhe, Aufruhr *m*. **fer·men·ta·tion** [ˌfɜ:men'teɪʃn] *s* **1.** ⚗ Gärung *f* (*a. fig.*), Gärungsprozeß *m*. **2.** → ***ferment*** 4b.

fern [fɜ:n] *s* ♀ Farn(kraut *n*) *m*.

fe·ro·cious [fə'rəʊʃəs] *adj* □ **1.** wild (*Tier etc*). **2.** wild, grimmig (*Blick etc*), grausam (*Strafe etc*), heftig, scharf (*Auseinandersetzung*).

fer·ret ['ferɪt] **I** *s zo.* Frettchen *n.* **II** *v/t mst* **~ out** *et.* aufspüren, -stöbern, *Wahrheit* herausfinden, hinter *ein Geheimnis* kommen. **III** *v/i mst* **~ about** (*od.* **around**) herumstöbern (**among** in *dat*; **for** nach).

fer·rous ['ferəs] *adj* eisenhaltig, Eisen...

fer·ry ['ferɪ] **I** *s* **1.** Fähre *f*, Fährschiff *n*, -boot *n.* **2.** Fährdienst *m*, -betrieb *m.* **II** *v/t* **3.** (in e-r Fähre) übersetzen. **'~·boat** → **ferry** 1. **~·man** ['~mən] *s* (*irr* **man**) Fährmann *m.* **~ ser·vice** → **ferry** 2.

fer·tile ['fɜːtaɪl] *adj* □ fruchtbar, *fig. a.* produktiv, schöpferisch. **fer·til·i·ty** [fə'tɪlətɪ] *s* Fruchtbarkeit *f*, *fig. a.* Produktivität *f.* **fer·ti·li·za·tion** [ˌfɜːtɪlaɪ'zeɪʃn] *s* **1.** Befruchtung *f* (*a. fig.*). **2.** Düngung *f.* **'fer·ti·lize** *v/t* **1.** befruchten (*a. fig.*). **2.** düngen. **'fer·ti·liz·er** *s* (*bsd.* Kunst)Dünger *m.*

fer·vent ['fɜːvənt], **fer·vid** ['~vɪd] *adj* □ glühend, leidenschaftlich (*Haß*, *Verehrer etc*), inbrünstig (*Gebet*, *Verlangen etc*). **'fer·vo(u)r** *s* Leidenschaft *f*, Inbrunst *f.*

fes·ter ['festə] *v/i* **1.** eitern. **2. ~ in s.o.'s mind** an j-m nagen *od.* fressen.

fes·ti·val ['festəvl] *s* **1.** Fest(tag *m*) *n.* **2.** Festival *n*, Festspiele *pl.* **fes·tive** ['~tɪv] *adj* □ festlich, Fest...: **~ season** Fest-, *bsd.* Weihnachtszeit *f.* **fes'tiv·i·ty** *s oft pl* Festlichkeit *f.*

fes·toon [fe'stuːn] **I** *s* Girlande *f.* **II** *v/t* mit Girlanden schmücken.

fetch [fetʃ] *v/t* **1.** (herbei)holen, (her)bringen: (**go and**) **~ a doctor** e-n Arzt holen. **2.** *Seufzer etc* ausstoßen. **3.** *Preis etc* erzielen, einbringen. **4.** F *j-m e-n Schlag od. Tritt* versetzen: **~ s.o. one** j-m e-e langen *od.* kleben. **'fetch·ing** *adj* F bezaubernd: a) reizend, entzückend (*Kleid etc*), b) gewinnend, einnehmend (*Lächeln etc*).

fet·id ['fetɪd] *adj* □ stinkend.

fe·tish ['fetɪʃ] *s* Fetisch *m* (*a. psych.*). **'fe·tish·ism** *s* Fetischismus *m.* **'fe·tish·ist** *s* Fetischist(in).

fet·ter ['fetə] **I** *s* **1.** Fußfessel *f.* **2.** *pl fig.* Fesseln *pl.* **II** *v/t* **3.** *j-m* Fußfesseln anlegen. **4.** *fig.* behindern.

fet·tle ['fetl] *s*: **in fine** (*od.* **good**) **~** (gut) in Form.

fe·tus ['fiːtəs] *s* ⚕ Fötus *m.*

feud [fjuːd] **I** *s* Fehde *f* (*a. fig.*): **be at ~** (**with**) → II. **II** *v/i* sich befehden, in Fehde liegen (**with** mit) (*beide a. fig.*). **feu·dal** ['fjuːdl] *adj* □ Feudal..., Lehns... **feu·dal·ism** ['~dəlɪzəm] *s* Feudalismus *m*, Feudal-, Lehnssystem *n.*

fe·ver ['fiːvə] *s* ⚕ Fieber *n* (*a. fig.*): **have a ~** Fieber haben; **~ blister** Fieberbläschen *n*; **~ heat** Fieberhitze *f*; *fig.* fieberhafte Auf- *od.* Erregung; **be in a ~** (**of excitement**) in fieberhafter Aufregung sein, vor Aufregung fiebern. **'fe·ver·ish** *adj* □ **1.** ⚕ a) fieberkrank: **be ~** Fieber haben, b) fieb(e)rig, Fieber...: **~ cold** fiebrige Erkältung. **2.** *fig.* fieberhaft: **be ~ with excitement** vor Aufregung fiebern.

few [fjuː] *adj u. pron* **1.** wenige: **some ~** einige wenige. **2. a ~** einige, ein paar: **a good ~, quite a ~** ziemlich viele, e-e ganze Menge; **every ~ days** alle paar Tage.

fi·an·cé [fɪ'ɑ̃ːŋseɪ] *s* Verlobte *m.* **fi·an·cée** [fɪ'ɑ̃ːŋseɪ] *s* Verlobte *f.*

fi·as·co [fɪ'æskəʊ] *pl* **-cos** *s* Fiasko *n.*

fib [fɪb] F **I** *s* Flunkerei *f*, Schwindelei *f.* **II** *v/i* flunkern, schwindeln. **'fib·ber** *s* F Flunkerer *m*, Schwindler *m.*

fi·ber, *bsd. Br.* **fi·bre** ['faɪbə] *s* **1.** *biol.*, ⚙ Faser *f.* **2.** *fig.* Charakter *m*; Kraft *f*: **moral ~** Charakterstärke *f.* **'~·glass** *s* ⚙ Fiberglas *n.*

fib·u·la ['fɪbjʊlə] *s anat.* Wadenbein *n.*

fick·le ['fɪkl] *adj* launenhaft, launisch, unbeständig (*Wetter*), (*Person a.*) wankelmütig.

fic·tion ['fɪkʃn] *s* **1.** (freie) Erfindung, Fiktion *f.* **2.** *coll.* Prosa-, Romanliteratur *f.* **fic·tion·al** ['~ʃənl] *adj* erdichtet, erfunden.

fic·ti·tious [fɪk'tɪʃəs] *adj* □ (frei) erfunden, fiktiv.

fid·dle ['fɪdl] F **I** *s* **1.** ♪ Fiedel *f*, Geige *f*: **play first** (**second**) **~** *fig.* die erste (zweite) Geige spielen; (**as**) **fit as a ~** kerngesund. **II** *v/i* **2.** *a.* **~ away** fiedeln, geigen. **3. ~ about** (*od.* **around**) herumtrödeln. **4.** *a.* **~ about** (*od.* **around**) (**with**) herumfummeln (an *dat*), spielen (mit). **III** *v/t* **5.** fiedeln. **6.** *Br.* frisieren, manipulieren. **'fid·dler** *s* F **1.** Fiedler *m*, Geiger *m.* **2.** *Br.* Schwindler *m*, Betrüger *m.* **'fid·dling** *adj* F läppisch, geringfügig.

fi·del·i·ty [fɪ'delətɪ] *s* **1.** Treue *f* (*to* gegenüber, zu). **2.** Genauigkeit *f* (*a. e-r Übersetzung*). **3.** ⚡ Klangtreue *f*.

fidg·et ['fɪdʒɪt] **I** *s* **1.** *oft pl* nervöse Unruhe, Zappelei *f*: ***give s.o. the ~s*** → 3; ***have the ~s*** → 4. **2.** Zappelphilipp *m*. **II** *v/t* **3.** *j-n* nervös *od.* zapp(e)lig machen. **III** *v/i* **4.** (herum)zappeln, unruhig *od.* nervös sein. **'fidg·et·y** *adj* zapp(e)lig, nervös.

fi·du·ci·ar·y [fɪ'djuːʃjərɪ] ⚖ **I** *s* Treuhänder *m*. **II** *adj* treuhänderisch, Treuhand...

field [fiːld] **I** *s* **1.** ⚒ Feld *n* (*a.* ⚔, *phys. etc*): ***in the ~*** auf dem Feld; ***~ of vision*** Blick-, Gesichtsfeld; *fig.* Gesichtskreis *m*, Horizont *m*. **2.** *fig.* Bereich *m*, (Fach-, Sach)Gebiet *n*: ***in his ~*** auf s-m Gebiet, in s-m Fach; ***~ of application*** Anwendungsbereich. **3.** *Sport*: Spielfeld *n*, -fläche *f*; Feld *n* (*Läufer etc*). **II** *v/t* **4.** *Sport*: *Spieler* aufs Feld schicken, bringen; *Kandidaten etc* ins Rennen schicken. **~ day** *s*: ***have a ~*** riesigen Spaß haben (***with*** mit); s-n großen Tag haben. **~ e·vents** *s pl Leichtathletik*: Sprung- u. Wurfdisziplinen *pl*. **~ glass·es** *s pl*, *a.* ***pair of ~*** Feldstecher *m*. **~ hock·ey** *s Sport*: *bsd. Am.* (Feld)Hockey *n*. **~ mar·shal** *s* ⚔ Feldmarschall *m*. **'~·work** *s* **1.** praktische (wissenschaftliche) Arbeit, (*Archäologie etc a.*) Arbeit *f* im Gelände. **2.** *Markt-, Meinungsforschung*: Feldarbeit *f*. **~ work·er** *s Markt-, Meinungsforschung*: Befrager(in), Interviewer(in).

fiend [fiːnd] *s* **1.** Satan *m*, Teufel *m*, *fig. a.* Unhold *m*. **2.** F (*Frischluft- etc*)Fanatiker *m*. **'fiend·ish** *adj* □ **1.** teuflisch, unmenschlich. **2.** F verteufelt, höllisch.

fierce [fɪəs] *adj* □ **1.** wild (*Tier etc*). **2.** böse, grimmig (*Gesicht etc*), wild (*Blick, Haß etc*). **3.** scharf (*Rede, Wettbewerb etc*); heftig (*Angriff, Schmerz etc*). **'fierce·ness** *s* **1.** Wildheit *f*. **2.** Schärfe *f*; Heftigkeit *f*.

fi·er·y ['faɪərɪ] *adj* □ **1.** brennend, glühend. **2.** feurig, hitzig (*Person, Temperament*). **3.** feurig, scharf (*Gewürz etc*). **4.** leidenschaftlich (*Rede, Affäre etc*).

fif·teen [ˌfɪf'tiːn] *adj* fünfzehn. **ˌfif'teenth** [~θ] *adj* fünfzehnt. **fifth** [fɪfθ] **I** *adj* **1.** fünft: ***~ column*** *pol.* Fünfte Kolonne; ***~ wheel*** *fig.* fünftes Rad am Wagen. **II** *s* **2.** *der, die, das* Fünfte: ***the ~ of May*** der 5. Mai. **3.** Fünftel *n*. **'fifth·ly** *adv* fünftens. **fif·ti·eth** ['~ɪəθ] *adj* fünfzigst.

fif·ty ['fɪftɪ] **I** *adj* fünfzig. **II** *s* Fünfzig *f*: ***be in one's fifties*** in den Fünfzigern sein; ***in the fifties*** in den fünfziger Jahren (*e-s Jahrhunderts*). **ˌ~-'fif·ty** *adj u. adv* F fifty-fifty: ***go ~*** (***with***) halbe-halbe machen (mit).

fig [fɪg] *s* ♀ Feige *f*: ***I don't care a ~*** F das ist mir völlig egal.

fight [faɪt] **I** *s* **1.** Kampf *m* (***for*** um; ***against*** gegen) (*a. fig.*): ***put up a good ~*** sich tapfer schlagen. **2.** a) *Boxen*: Kampf *m*, b) Rauferei *f*, Schlägerei *f*: ***have a ~*** (***with***) → 7. **3.** Kampf(es)lust *f*: ***show ~*** sich zur Wehr setzen. **II** *v/t* (*irr*) **4.** *j-n, et.* bekämpfen. **5.** kämpfen gegen *od.* mit: ***~ back*** (*od.* ***down***) *Enttäuschung, Tränen etc* unterdrücken; ***~ off*** *j-n, et.* abwehren. **III** *v/i* (*irr*) **6.** kämpfen (***for*** um; ***against*** gegen): ***~ back*** sich zur Wehr setzen *od.* wehren, zurückschlagen; → ***shy*** 2. **7.** sich raufen *od.* schlagen *od.* prügeln (***with*** mit). **'fight·er** *s* **1.** Kämpfer *m*. **2.** *Sport*: Boxer *m*. **3.** Schläger *m*, Raufbold *m*. **4.** *a.* ***~ plane*** ✈, ⚔ Jagdflugzeug *n*. **'fight·ing** **I** *s* Kampf *m*, Kämpfe *pl*. **II** *adj* Kampf...: ***~ chance*** reelle Chance (*wenn man sich anstrengt*); ***~ spirit*** Kampfgeist *m*.

fig·ment ['fɪgmənt] *s oft* ***~ of the imagination*** reine Erfindung.

fig tree *s* Feigenbaum *m*.

fig·u·ra·tive ['fɪgərətɪv] *adj* □ bildlich, übertragen.

fig·ure ['fɪgə] **I** *s* **1.** Zahl *f*, Ziffer *f*: ***run into three ~s*** in die Hunderte gehen; ***five-~ income*** fünfstelliges Einkommen. **2.** Summe *f*, Preis *m*: ***at a high*** (***low***) ***~*** teuer (billig). **3.** Figur *f* (*a. Sport etc*), Gestalt *f*. **4.** *fig.* Figur *f*, Persönlichkeit *f*: ***~ of fun*** komische Figur, *contp.* Witzfigur; ***cut*** (*od.* ***make***) ***a poor ~*** e-e traurige Figur abgeben. **5.** *a.* ***~ of speech*** (Rede-, Sprach)Figur *f*. **II** *v/t* **6.** *oft* ***~ to o.s.*** sich *et.* vorstellen *od.* ausmalen. **7.** ***~ out*** F ausrechnen; ausknobeln, rauskriegen; kapieren. **8.** *Am.* F meinen, glauben. **III** *v/i* **9.** erscheinen, auftauchen, vorkommen. **10.** ***~ on*** *bsd. Am.* F rechnen mit; sich verlassen auf (*acc*). '**~·head** *s* ⚓ Galionsfigur *f*, *fig. a.* Aushängeschild *n*. **~ skat·ing** *s* *Sport*: Eiskunstlauf *m*.

filch [fıltʃ] *v/t* klauen, stibitzen.

file[1] [faıl] **I** *s* **1.** (Akten- *etc*)Ordner *m*. **2.** a) Akte *f*: ***keep*** (*od.* ***have***) ***a ~ on*** e-e Akte führen über (*acc*); ***~ number*** Aktenzeichen *n*, b) Akten *pl*, Ablage *f*: ***on ~*** bei den Akten. **3.** Reihe *f*: → ***Indian file, single file.*** **II** *v/t* **4.** *a.* ***~ away*** *Briefe etc* ablegen, zu den Akten nehmen. **5.** *Antrag etc* einreichen, *Forderung* anmelden.

file[2] [~] **I** *s* **1.** ⚙ Feile *f*. **II** *v/t* **2.** (zu)feilen, sich *die Nägel* feilen: ***~ away*** (*od.* ***down***) abfeilen. **3.** *fig. Stil etc* (zurecht)feilen.

fil·i·al ['fıljəl] *adj* Kindes...

fil·i·bus·ter ['fılıbʌstə] *parl. bsd. Am.* **I** *s* Obstruktion *f*; Obstruktionspolitiker *m*. **II** *v/i* Obstruktion treiben.

fil·i·gree ['fılıgri:] *s* Filigran(arbeit *f*) *n*.

fil·ing cab·i·net ['faılıŋ] *s* Aktenschrank *m*.

fil·ings ['faılıŋz] *s pl* Feilspäne *pl*.

fill [fıl] **I** *s* **1.** ***eat one's ~*** sich satt essen; ***have had one's ~ of*** von *et.*, *j-m* genug haben, *et.*, *j-n* satt haben. **2.** Füllung *f*. **II** *v/t* **3.** (an-, aus-, voll)füllen; *Pfeife* stopfen; *Zahn* füllen, plombieren. **4.** erfüllen (***with*** mit) (*a. fig.*): ***~ed with envy*** neiderfüllt. **5.** *Posten*, *Amt* besetzen; ausfüllen, bekleiden: ***~ s.o.'s place*** j-s Stelle einnehmen, j-n ersetzen. **6.** *Auftrag*, *Bestellung* ausführen; *Rezept* ausfertigen. **III** *v/i* **7.** sich füllen.

Verbindungen mit Adverbien:

fill| in I *v/t* **1.** *Loch etc* auf-, ausfüllen. **2.** *Br. Formulare etc* ausfüllen. **3.** *Namen etc* einsetzen; *Fehlendes* ergänzen. **4.** F *j-n* informieren (***on*** über *acc*). **II** *v/i* **5.** einspringen (***for*** für). **~ out I** *v/t* **1.** *bsd. Am.* → ***fill in*** 2. **2.** *Bericht etc* abrunden. **II** *v/i* **3.** fülliger werden (*Figur*), (*Person a.*) zunehmen, (*Gesicht etc*) runder *od.* voller werden. **~ up I** *v/t* **1.** vollfüllen. **2.** → ***fill in*** 1, 2. **II** *v/i* **3.** → ***fill*** 7.

fill·er ['fılə] *s* **1.** Trichter *m*. **2.** *Zeitungswesen etc*: Füller *m*, Füllsel *n*. **3.** *ling.* Füllwort *n*.

fil·let ['fılıt] *s gastr.* Filet *n*. **~ steak** *s* Filetsteak *n*.

fill·ing ['fılıŋ] **I** *s* **1.** Füllung *f*, Füllmasse *f*. **2.** *Zahnmedizin*: Füllung *f*, Plombe *f*. **II** *adj* **3.** sättigend. **~ sta·tion** *s* Tankstelle *f*.

fil·lip ['fılıp] *s* **1.** Schnalzer *m*, Schnipser *m* (*mit den Fingern*). **2.** *fig.* Ansporn *m*, Auftrieb *m*.

film [fılm] **I** *s* **1.** Film *m* (*a. phot.*). **2.** (hauch)dünne Schicht, Film *m*; (Plastik)Folie *f*. **II** *adj* **3.** Film... **III** *v/t* **4.** *Roman etc* verfilmen; *Szene etc* filmen.

fil·ter ['fıltə] **I** *s* **1.** Filter *m*, ⚙ *etc mst n*. **II** *v/t* **2.** filtern. **III** *v/i* **3.** durchsickern (***through*** durch). **4.** ***~ out*** grüppchenweise *od.* e-r nach dem anderen herauskommen (***of*** aus). **5.** ***~ out*** (*od.* ***through***) *fig.* durchsickern (*Nachricht etc*). **6.** *mot. Br.* die Spur wechseln; sich einordnen (***to the left*** links). **~ tip** *s* **1.** Filter *m*. **2.** Filterzigarette *f*. '**~-tipped** *adj* Filter...: ***~ cigarette.***

filth [fılθ] *s* **1.** Schmutz *m* (*a. fig.*), Dreck *m*. **2.** unflätige Sprache *od.* Ausdrücke *pl*. '**filth·y** *adj* □ **1.** schmutzig (*a. fig.*), dreckig. **2.** *fig.* unflätig. **3.** *bsd. Br.* F ekelhaft, scheußlich: ***~ weather*** Sauwetter *n*.

fin [fın] *s* **1.** *ichth.* Flosse *f*. **2.** Schwimmflosse *f*.

fi·nal ['faınl] **I** *adj* (□ → ***finally***) **1.** letzt; End..., Schluß...: ***~ examination*** (Ab-) Schlußprüfung *f*; ***~ whistle*** (*Sport*) Schluß-, Abpfiff *m*. **2.** endgültig. **II** *s* **3.** *Sport*: Finale *n*. **4.** *mst pl bsd. univ.* (Ab)Schlußexamen *n*, -prüfung *f*. **5.** F Spätausgabe *f* (*e-r Zeitung*). **fi·na·le** [fı'nɑ:lı] *s* ♪, *thea.* Finale *n*. **fi·nal·ist** ['faınəlıst] *s Sport*: Finalist(in). **fi·nal·i·ty** [~'nælətı] *s* **1.** Endgültigkeit *f*. **2.** Entschiedenheit *f*. **fi·nal·ize** ['~nəlaız] *v/t* **1.** be-, vollenden, abschließen. **2.** endgültige Form geben (*dat*). '**fi·nal·ly** *adv* **1.** endlich, schließlich, zuletzt. **2.** zum (Ab)Schluß. **3.** endgültig.

fi·nance [faı'næns] **I** *s* **1.** Finanz(wesen *n*) *f*: ***~ company*** Finanzierungsgesellschaft *f*. **2.** *pl* Finanzen *pl*. **II** *v/t* **3.** finanzieren. **fi'nan·cial** [~ʃl] *adj* □ finanziell, Finanz..., Geld...: ***~ year*** *Br.* Geschäftsjahr *n*. **fin'an·cier** [~sıə] *s* Finanzier *m*.

finch [fıntʃ] *s orn.* Fink *m*.

find [faınd] **I** *s* **1.** Fund *m*. **II** *v/t* (*irr*) **2.** *allg.* finden. **3.** bemerken, feststellen, (heraus)finden. **4.** ⚖ für *schuldig* erklären *od.* befinden. **5.** ***~ out*** *et.* herausfinden; *j-n* ertappen; *j-n*, *et.* durchschauen. **III** *v/i* (*irr*) **6.** ~ ***out*** es herausfinden. **7.** ~ ***against*** (***for***) ***the defendant*** ⚖ den Angeklagten verurteilen (freisprechen). **'find·er** *s* Finder(in): ~***'s reward*** Finderlohn *m*. **'find·ing** *s* **1.** *mst pl* Befund *m* (*a.* ⚕). **2.** ⚖ Feststellung *f* (*des Gerichts*), (*der Geschworenen a.*) Spruch *m*.

fine[1] [faɪn] **I** *adj* □ **1.** *allg.* fein: ~ ***arts*** *pl die* schönen Künste *pl*; ***one*** ~ ***day*** e-s schönen Tages. **2.** großartig, ausgezeichnet. **3.** F fein, schön: ***that's all very*** ~ ***but*** das ist ja alles gut u. schön, aber. **II** *adv* **4.** F sehr gut, bestens: ***that will suit me*** ~ das paßt mir ausgezeichnet.

fine[2] [~] **I** *s* Geldstrafe *f*, Bußgeld *n*. **II** *v/t* mit e-r Geldstrafe belegen, zu e-r Geldstrafe verurteilen: ***he was*** ~***d £50*** er mußte 50 Pfund Strafe bezahlen, er wurde zu e-r Geldstrafe von 50 Pfund verurteilt.

fine·ness ['faɪnnɪs] *s allg.* Feinheit *f*.

fi·nesse [fɪ'nes] *s* **1.** Finesse *f*. **2.** Raffinesse *f*, Schlauheit *f*.

fin·ger ['fɪŋgə] **I** *s* Finger *m*: ***first*** (***second, third***) ~ Zeige- (Mittel-, Ring)finger; ***fourth*** (*od.* ***little***) ~ kleiner Finger; ***have a*** (*od.* ***one's***) ~ ***in the pie*** die Hand im Spiel haben; ***keep one's*** ~***s crossed for s.o.*** j-m die Daumen drükken *od.* halten; ***not to lift*** (*od.* ***raise, stir***) ***a*** ~ keinen Finger rühren; → ***burn*** 7, ***twist*** 2. **II** *v/t* betasten, befühlen; herumfingern an (*dat*), spielen mit. **III** *v/i* herumfingern (***at*** an *dat*), spielen (***with*** mit). ~ **al·pha·bet** *s* Fingeralphabet *n*. **'~·mark** *s* Fingerabdruck *m* (*Schmutzfleck*). **'~·nail** *s* Fingernagel *m*. **'~·print I** *s* Fingerabdruck *m*: ***take s.o.'s*** ~***s*** → II. **II** *v/t j-m* Fingerabdrükke abnehmen, von *j-m* Fingerabdrücke abnehmen, von *j-m* Fingerabdrücke machen. **'~·tip** *s* Fingerspitze *f*: ***have at one's*** ~***s*** *Kenntnisse* parat haben; *et.* aus dem Effeff beherrschen.

fin·ick·y ['fɪnɪkɪ] *adj* **1.** pedantisch. **2.** wählerisch (***about*** in *dat*). **3.** geziert, affektiert.

fin·ish ['fɪnɪʃ] **I** *v/t* **1.** beenden, aufhören mit: ~ ***reading*** aufhören zu lesen. **2.** *a.* ~ ***off*** vollenden, zu Ende führen, erledigen, *Buch etc* auslesen. **3.** *a.* ~ ***off*** (*od.* ***up***) *Vorräte* aufbrauchen; aufessen, austrinken. **4.** *a.* ~ ***off*** *j-n* erledigen, fertigmachen. **5.** *a.* ~ ***off*** (*od.* ***up***) vervollkommnen, den letzten Schliff geben (*dat*). **II** *v/i* **6.** *a.* ~ ***off*** (*od.* ***up***) enden, aufhören (***with*** mit): ***have you*** ~***ed?*** bist du fertig? **7.** enden, zu Ende gehen. **8.** ~ ***with*** mit *j-m*, *et.* Schluß machen, *et.* aufgeben: ***I am*** ~***ed with him*** ich bin mit ihm fertig. **9.** ~ ***third*** (*Sport*) Dritter werden; *allg.* als dritter fertig sein. **III** *s* **10.** Ende *n*, Schluß *m*. **11.** *Sport*: Endspurt *m*, Finish *n*; Ziel *n*. **12.** Vollendung *f*; letzter Schliff. **'fin·ished** *adj* **1.** beendet, fertig: ~ ***goods*** (*od.* ***products***) *pl* Fertigwaren *pl*. **2.** *fig.* vollendet, vollkommen. **'fin·ish·ing** *adj* abschließend: ~ ***line*** (*Sport*) Ziellinie *f*; → ***touch*** 4.

fink [fɪŋk] *s bsd. Am. sl.* **1.** Streikbrecher *m*. **2.** Spitzel *m*.

Finn [fɪn] *s* Finne *m*, Finnin *f*. **'Finn·ish I** *adj* finnisch. **II** *s ling.* Finnisch *n*.

fiord [fjɔːd] *s geogr.* Fjord *m*.

fir [fɜː] *s* ♣ Tanne *f*; Fichte *f*. ~ **cone** *s* Tannenzapfen *m*.

fire ['faɪə] **I** *s* **1.** Feuer *n* (*a.* ⚔ *u. fig.*), Brand *m*: ***be on*** ~ in Flammen stehen, brennen; ***come under*** ~ unter Beschuß geraten (*a. fig.*); ***catch*** (*od.* ***take***) ~ Feuer fangen, in Brand geraten; ***play with*** ~ *fig.* mit dem Feuer spielen; ***set on*** ~, ***set*** ~ ***to*** → 2; → ***chestnut*** 1, ***Thames***. **II** *v/t* **2.** anzünden, in Brand stecken. **3.** *Kessel* heizen, *Ofen* (be)feuern, beheizen. **4.** *j-n*, *j-s Gefühle* entflammen, *j-s Phantasie* beflügeln. **5.** *a.* ~ ***off*** *Schußwaffe* abfeuern, abschießen; *Schuß* (ab)feuern, abgeben (***at, on*** auf *acc*). **6.** F feuern, rausschmeißen. **III** *v/i* **7.** feuern, schießen (***at*** auf *acc*). **8.** zünden (*Motor*). ~ **a·larm** *s* **1.** Feueralarm *m*. **2.** Feuermelder *m*. **'~·arm** *s* Feuer-, Schußwaffe *f*. **'~·ball** *s* Feuerball *m*. ~ **bri·gade** *s Br.* Feuerwehr *f*. **'~·bug** *s* Feuerteufel *m*. ~ **de·part·ment** *s Am.* Feuerwehr *f*. **'~-ˌeat·er** *s* **1.** Feuerschlucker *m*, -fresser *m*. **2.** *fig.* aggressiver Mensch. ~ **en·gine** *s* Löschfahrzeug *n*. ~ **es·cape** *s* **1.** Feuerleiter *f*, -treppe *f*. **2.** *Br.* Feuerwehrleiter *f*. ~ **ex·tin·guish·er** *s* Feuerlöscher *m*. ~ **fight·er** *s* Feuerwehrmann *m*. ~ **house** *s Am.* Feuerwache *f*. ~ **hy·drant** *s Br.*

Hydrant *m.* **~·man** ['~mən] *s* (*irr* **man**) **1.** Feuerwehrmann *m*, *pl a.* Löschtrupp *m.* **2.** Heizer *m.* **'~·place** *s* (offener) Kamin. **'~·plug** *s Am.* Hydrant *m.* **~ pre·ven·tion** *s* Brandverhütung *f.* **'~·proof** *adj* feuerfest, -sicher. **~ rais·er** *s Br.* Brandstifter(in). **~ rais·ing** *s Br.* Brandstiftung *f.* **~ ser·vice** *s Br.* Feuerwehr *f.* **'~·side** *s* **1.** (offener) Kamin: ***by the ~*** am Kamin. **2.** *fig.* häuslicher Herd, Daheim *n.* **~ sta·tion** *s* Feuerwache *f.* **'~,wa·ter** *s* F Feuerwasser *n.* **'~·wood** *s* Brennholz *n.* **'~·work** *s* **1.** Feuerwerkskörper *m.* **2.** *pl* Feuerwerk *n* (*a. fig.*: *a. sg konstruiert*).

fir·ing ['faɪərɪŋ] *s* **1.** Heizen *n.* **2.** (Ab)Feuern *n*, (Ab)Schießen *n.* **~ line** *s* ⚔ Feuer-, Frontlinie *f*: ***be in*** (*Am.* ***on***) ***the ~*** *fig.* an vorderster Front stehen; in der Schußlinie stehen. **~ par·ty, ~ squad** *s* Exekutionskommando *n.*

firm[1] [fɜːm] **I** *adj* □ fest: a) hart, *gastr.* steif, b) standhaft, c) sicher (*Beweise etc*), d) *bsd.* ✝, ⚖ bindend. **II** *adv*: ***stand ~*** *fig.* festbleiben, hart bleiben.

firm[2] [~] *s* Firma *f.*

fir·ma·ment ['fɜːməmənt] *s* Firmament *n.*

firm·ness ['fɜːmnɪs] *s* Festigkeit *f.*

first [fɜːst] **I** *adj* (□ → ***firstly***) **1.** erst: ***at ~ hand*** aus erster Hand; → ***offender***, ***place*** 6, ***sight*** 2, ***thing*** 2, ***view*** 1. **2.** *fig.* erst, best: → ***fiddle*** 1. **II** *adv* **3.** zuerst: ***go ~*** vorangehen. **4.** (zu)erst (einmal). **5.** als erst(er, e, es), an erster Stelle: ***~ come, ~ served*** wer zuerst kommt, mahlt zuerst; ***~ of all*** vor allen Dingen, zu allererst. **III** *s* **6.** *der*, *die*, *das* Erste *od.* (*fig.*) Beste: ***the ~ of May*** der 1. Mai; ***at ~*** (zu)erst, anfangs; ***from the*** (***very***) ***~*** von (allem) Anfang an. **7.** *mot.* erster Gang. **~ aid** *s* Erste Hilfe: ***give*** (*od.* ***render***) ***s.o. ~*** j-m Erste Hilfe leisten. **,~-'aid** *adj*: **~ *box*** (*od.* ***kit***) Verband(s)kasten *m*; ***~ post*** (*od.* ***station***) Unfallstation *f.* **'~-born** *adj* erstgeboren. **,~-'class I** *adj* **1.** erstklassig, -rangig. **2.** 🚂 *etc* erster Klasse. **II** *adv* **3.** 🚂 *etc* erste(r) Klasse. **'~-day cov·er** *s Philatelie*: Ersttagsbrief *m.* **,~-de'gree** *adj Verbrennungen* ersten Grades. **,~-'hand** *adj u. adv* aus erster Hand.

first·ly ['fɜːstlɪ] *adv* erstens.

first| name *s* Vorname *m*: ***what is his ~?*** wie heißt er mit Vornamen? **~ night** *s* Premiere *f*, Uraufführung *f.* **,~-'rate** → ***first-class*** 1. **'~-time** *adj*: ***~ voter*** Erstwähler(in).

firth [fɜːθ] *s* Meeresarm *m*, Förde *f.*

fis·cal ['fɪskl] *adj* □ fiskalisch, Finanz...: ***~ year*** *Am.* Geschäftsjahr *n.*

fish [fɪʃ] **I** *pl* **fish,** (*bsd. Fischarten*) **'fish·es** *s* **1.** Fisch *m*: ***drink like a ~*** F saufen wie ein Loch; ***have other ~ to fry*** F Wichtigeres zu tun haben; ***queer ~*** F komischer Kauz; → ***kettle.*** **2.** ♓**es** *pl ast.* Fische *pl.* **II** *v/t* **3.** fischen, angeln. **4.** *fig.* fischen (***from, out of*** aus): ***~ out*** herausholen. **III** *v/i* **5.** fischen (*a. fig.*: ***for*** nach), angeln: → ***trouble*** 4. **~ and chips** *s Br.* paniertes Fischfilet mit Pommes frites. **~ ball** *s gastr.* Fischfrikadelle *f.* **'~·bone** *s* Gräte *f.* **~ cake** → ***fish ball.***

fish·er·man ['fɪʃəmən] *s* (*irr* **man**) Fischer *m*, Angler *m.*

fish·er·y ['fɪʃərɪ] *s* **1.** Fischerei *f*, Fischfang *m.* **2.** Fischgründe *pl*, Fanggebiet *n.*

fish| fin·ger *s gastr. Br.* Fischstäbchen *n.* **'~·hook** *s* Angelhaken *m.*

fish·ing ['fɪʃɪŋ] *s* **1.** Fischen *n*, Angeln *n.* **2.** → ***fishery*** 1. **~ boat** *s* Fischerboot *n.* **~ grounds** *s pl* → ***fishery*** 2. **~ line** *s* Angelschnur *f.* **~ net** *s* Fisch(er)netz *n.* **~ rod** *s* Angelrute *f.* **~ tack·le** *s* Angelgerät(e *pl*) *n.* **~ vil·lage** *s* Fischerdorf *n.*

'fish|,mon·ger *s bsd. Br.* Fischhändler(in). **~ stick** *Am.* → ***fish finger.***

fis·sile ['fɪsaɪl] *adj* spaltbar. **fis·sion** ['fɪʃn] *s* **1.** Spaltung *f* (*a. fig.*). **2.** *biol.* (Zell)Teilung *f.* **fis·sure** ['fɪʃə] *s* Spalt(e *f*) *m*, Riß *m* (*a. fig.*), Ritz(e *f*) *m.*

fist [fɪst] *s* Faust *f.*

fis·tu·la ['fɪstjʊlə] *pl* **-las, -lae** ['~liː] *s* ⚕ Fistel *f.*

fit[1] [fɪt] **I** *adj* □ **1.** passend, geeignet; fähig, tauglich: ***~ for service*** *bsd.* ⚔ dienstfähig, (-)tauglich; ***~ to drink*** trinkbar; ***~ to eat*** eß-, genießbar; ***~ to drive*** fahrtüchtig; → ***consumption*** 2, ***drop*** 10a. **2.** angemessen, angebracht: ***see*** (*od.* ***think***) ***~*** es für richtig *od.* angebracht halten (***to do*** zu tun). **3.** schicklich, geziemend. **4.** fit, (gut) in Form: ***keep ~*** sich fit halten; → ***fiddle*** 1. **II** *s* **5.** Paßform *f*, Sitz *m*: ***be a perfect ~*** genau passen, tadellos sitzen; ***be a tight ~*** sehr eng sein. **III** *v/t* **6.** passend machen (***for*** für), anpassen (***to*** *dat*). **7.** *a.* **~ *up*** ausrüsten, -statten, einrichten (***with*** mit). **8.** *j-m* passen, sitzen (*Kleid etc*). **9.** zutreffen auf (*acc*) (*Beschreibung etc*), passen zu (*Name etc*). **10.** ⚙ einpassen, -bauen (***into*** in *acc*); anbringen (***to*** an *dat*): **~** (***up***) montieren, installieren. **11.** **~ *in*** *j-m* e-n Termin geben, *j-n, et.* einschieben. **IV** *v/i* **12.** passen, sitzen (*Kleid etc*).

fit² [~] *s* **1.** ⚕ Anfall *m*, Ausbruch *m*: **~ *of coughing*** Hustenanfall; **~ *of anger*** (*od.* F ***temper***) Wutanfall, Zornausbruch; **~ *of laughter*** Lachkrampf *m*; ***give s.o. a ~*** F j-m e-n Schock verpassen; j-n auf die Palme bringen. **2.** *fig.* (plötzliche) Anwandlung *od.* Laune: ***by*** (*od.* ***in***) **~*s*** (***and starts***) stoß-, ruckweise; dann u. wann, sporadisch.

fit·ful ['fɪtfʊl] *adj* □ **1.** unruhig (*Schlaf etc*). **2.** sprung-, launenhaft. **'fit·ness** *s* **1.** Eignung *f*; Fähigkeit *f*, Tauglichkeit *f*: **~ *to drive*** Fahrtüchtigkeit *f*; **~ *test*** Eignungsprüfung *f*. **2.** Fitneß *f*, (gute) Form: **~ *test*** Fitneßtest *m*; **~ *trail*** *Am.* Trimmpfad *m*. **'fit·ted** *adj* **1.** zugeschnitten: **~ *carpet*** Spannteppich *m*, Teppichboden *m*. **2.** Einbau...: **~ *kitchen*.** **'fit·ter** *s* ⚙ Monteur *m*, Installateur *m*. **'fit·ting I** *adj* **1.** passend, geeignet. **2.** schicklich. **II** *s* **3.** ⚙ Montage *f*, Installation *f*. **4.** Zubehörteil *n*, *pl* Ausstattung *f*, Einrichtung *f*.

five [faɪv] **I** *adj* fünf: **~*-day week*** Fünftagewoche *f*. **II** *s* Fünf *f*: **~ *of hearts*** Herzfünf. **five·fold** ['~fəʊld] **I** *adj* fünffach. **II** *adv* fünffach, um das Fünffache: ***increase*** **~** (sich) verfünffachen. **'fiv·er** *s* F *Br.* Fünfpfundschein *m*, *Am.* Fünfdollarschein *m*.

'five-time *adj* fünfmalig.

fix [fɪks] **I** *v/t* **1.** befestigen, festmachen, anbringen (***to*** an *dat*). **2.** *Preis etc* festsetzen, -legen (***at*** auf *acc*): **~** (***up***) *Termin etc* festsetzen. **3.** *Blick, Aufmerksamkeit etc* richten, heften (***on*** auf *acc*). **4.** fixieren, anstarren. **5.** *j-s Aufmerksamkeit etc* fesseln. **6.** *Schuld etc* zuschieben (***on*** *dat*). **7.** reparieren. **8.** *bsd. Am. et.* zurechtmachen, *Essen* zubereiten: **~ *one's face*** sich schminken; **~ *one's hair*** sich frisieren. **9.** F *Wettkampf etc* manipulieren; *j-n* schmieren. **II** *v/i* **10.** sich entscheiden *od.* entschließen (***on*** für, zu). **11.** *sl.* fixen. **III** *s* **12.** F Klemme *f*: ***be in a ~*** in der Klemme sein *od.* sitzen *od.* stecken. **13.** F abgekartete Sache, Schiebung *f*; Bestechung *f*. **14.** *sl.* Fix *m*: ***give o.s. a ~*** sich e-n Schuß setzen. **fix·ate** ['~eɪt] *v/t*: ***be ~d on*** *psych.* fixiert sein an *od.* auf (*acc*). **fix'a·tion** *s psych.* (*Mutter- etc*)Bindung *f*, (-)Fixierung *f*.

fixed [fɪkst] *adj* (□ → ***fixedly***) **1.** ⚙ fest, Fest... **2.** unverwandt, starr (*Blick*). **3.** fest, unveränderlich: **~ *cost*** Fixkosten *pl*; **~ *idea*** *psych.* fixe Idee; **~ *star*** *ast.* Fixstern *m*. **ˌ~-'in·ter·est(-ˌbear·ing)** *adj* ✝ festverzinslich.

fix·ed·ly ['fɪksɪdlɪ] *adv* starr, unverwandt.

fix·ing ['fɪksɪŋ] *s* **1.** Reparatur *f*. **2.** *pl bsd. Am.* Geräte *pl*; Zubehör *n*; *gastr.* Beilagen *pl*. **fix·ture** ['~tʃə] *s* **1.** Inventarstück *n*: ***lighting ~*** Beleuchtungskörper *m*. **2.** *bsd. Sport*: *bsd. Br.* (Termin *m* für e-e) Veranstaltung.

fizz [fɪz] **I** *v/i* **1.** zischen. **2.** sprudeln, moussieren (*Getränk*). **3.** *fig.* sprühen (***with*** vor *dat*). **II** *s* **4.** Zischen *n*. **5.** Sprudeln *n*, Moussieren *n*. **6.** Sprudel *m*; Fizz *m*. **7.** F Schampus *m*. **fiz·zle** ['fɪzl] **I** *v/i* **1.** → ***fizz*** I. **2.** *a.* **~ *out*** *fig.* verpuffen, im Sand verlaufen. **II** *s* **3.** → ***fizz*** 4, 5. **4.** F Pleite *f*, Mißerfolg *m*.

flab·ber·gast ['flæbəgɑːst] *v/t* F verblüffen: ***be ~ed*** platt sein.

flab·by ['flæbɪ] *adj* □ **1.** schlaff (*Muskeln etc*). **2.** schwammig (*Person etc*). **3.** *fig.* schwach (*Charakter etc*).

flac·cid ['flæksɪd] → ***flabby*** 1.

flag¹ [flæg] **I** *s* **1.** Fahne *f*, Flagge *f*: ***be*** (***like***) ***a red ~ to a bull to s.o.*** *Am.* F wie ein rotes Tuch für j-n sein *od.* auf j-n wirken; ***keep the ~ flying*** *fig.* die Fahne hochhalten; ***show the ~*** *fig.* Flagge zeigen; sich sehen lassen *od.* zeigen. **II** *v/t* **2.** beflaggen. **3.** **~ *down*** *Fahrzeug* anhalten, *Taxi* herbeiwinken.

flag² [~] **I** *s* (Stein)Platte *f*, Fliese *f*. **II** *v/t* mit (Stein)Platten *od.* Fliesen belegen, fliesen.

flag³ [~] *v/i* **1.** schlaff herabhängen. **2.** *fig.* nachlassen, erlahmen (*Interesse etc*).

'flag·pole → ***flagstaff.***

fla·grant ['fleɪgrənt] *adj* □ **1.** schamlos, schändlich. **2.** eklatant, kraß.

'flag·staff *s* Fahnenstange *f*, Fahnen-, Flaggenmast *m*.

flair [fleə] *s* **1.** Veranlagung *f*: ***have a ~ for art*** künstlerisch veranlagt sein. **2.** (feines) Gespür (***for*** für).

flake [fleɪk] **I** *s* (*Schnee- etc*)Flocke *f*; (Haut)Schuppe *f*. **II** *v/i* a) *mst* ***~ off*** abblättern, b) schuppen. **'flak·y** *adj* **1.** flockig; schuppig. **2.** blätt(e)rig: ***~ pastry*** Blätterteig *m*.

flam·boy·ant [flæm'bɔɪənt] *adj* □ **1.** extravagant. **2.** grell, leuchtend. **3.** pompös, bombastisch.

flame [fleɪm] **I** *s* **1.** Flamme *f*: ***be in ~s*** in Flammen stehen; ***an old ~ of mine*** F e-e alte Flamme von mir. **2.** *fig*. Feuer *n*, Glut *f*. **II** *v/i* **3.** lodern: ***~ up*** auflodern; in Flammen aufgehen; *fig*. aufbrausen. **'flam·ing** *adj* **1.** lodernd, brennend. **2.** *fig*. flammend, feurig. **3.** *Br*. F verdammt.

flam·ma·ble ['flæməbl] → ***inflammable***.

flan [flæn] *s* Obst-, Käsekuchen *m*.

flange [flændʒ] *s* ⚙ **1.** Flansch *m*. **2.** Spurkranz *m* (*e-s Rads*).

flank [flæŋk] **I** *s* **1.** Flanke *f*, Weiche *f* (*e-s Tiers*); Seite *f* (*e-s Menschen, Gebäudes etc*). **2.** ⚔ Flanke *f*, Flügel *m* (*beide a. Sport*). **II** *v/t* **3.** flankieren (*a.* ⚔).

flan·nel ['flænl] *s* **1.** Flanell *m*. **2.** *pl*, *a.* ***pair of ~s*** Flanellhose *f*. **3.** *Br*. Waschlappen *m*. **4.** *Br*. F Schmus *m*.

flap [flæp] **I** *s* **1.** Flattern *n*, (Flügel)Schlag *m*. **2.** Schlag *m*, Klaps *m*. **3.** Klappe *f* (*e-r Tasche etc*). **4.** ***be in a ~*** F in heller Aufregung sein. **II** *v/t* **5.** mit *den Flügeln etc* schlagen. **III** *v/i* **6.** flattern. **7.** F in heller Aufregung sein; in helle Aufregung geraten. **'~·jack** *s bsd. Am*. Pfannkuchen *m*.

flare [fleə] **I** *s* **1.** Flackern *n*, Lodern *n*, Leuchten *n*. **2.** Leuchtfeuer *n*; Licht-, Feuersignal *n*. **3.** → ***flare-up***. **II** *v/i* **4.** flackern (*Kerze etc*), (*Feuer etc a.*) lodern, (*Licht*) leuchten: ***~ up*** aufflammen, -flackern, -lodern (*alle a. fig.*); *fig*. aufbrausen; ***~ up at s.o.*** j-n anfahren. **,~-'up** *s* **1.** Aufflammen *n*, -flackern *n*, -lodern *n* (*alle a fig.*). **2.** *fig*. Ausbruch *m*: ***~ of fury*** Wutausbruch.

flash [flæʃ] **I** *s* **1.** Aufblitzen *n*, -leuchten *n*, Blitz *m*: ***a ~ of lightning*** ein Blitz; ***~ of wit*** Geistesblitz; ***give s.o. a ~*** *mot*. j-n anblinken. **2.** Stichflamme *f*: ***~ in the pan*** *fig*. Eintagsfliege *f*; Strohfeuer *n*. **3.** Augenblick *m*: ***in a ~*** im Nu, sofort. **4.** *Rundfunk etc*: Kurzmeldung *f*. **II** *v/t* **5.** aufleuchten *od.* (auf)blitzen lassen. **III** *v/i* **6.** aufflammen, (auf)blitzen; zucken (*Blitz*). **7.** rasen, flitzen: ***it ~ed into*** (*od.* ***across, through***) ***my mind that*** plötzlich schoß es mir durch den Kopf, daß. **8.** ***~ back*** (*in e-m Film etc*) zurückblenden (***to*** auf *acc*). **'~·back** *s Film etc*: Rückblende *f*. **~ bulb** *s phot*. Blitz(licht)lampe *f*. **~ cube** *s phot*. Blitzwürfel *m*.

flash·er ['flæʃə] *s* **1.** *mot*. Blinker *m*. **2.** *Br*. F Exhibitionist *m*.

'flash·light *s* **1.** *phot*. Blitzlicht *n*: ***~ photograph*** Blitzlichtaufnahme *f*. **2.** *bsd. Am*. Taschenlampe *f*.

flash·y ['flæʃɪ] *adj* □ **1.** prunkvoll, protzig. **2.** auffallend. **3.** aufbrausend (*Temperament*).

flask [flɑːsk] *s* **1.** Taschenflasche *f*. **2.** Thermosflasche *f*.

flat¹ [flæt] **I** *s* **1.** Fläche *f*, Ebene *f*. **2.** flache Seite: ***~ of the hand*** Handfläche *f*. **3.** Flachland *n*, Niederung *f*. **4.** *mot. bsd. Am*. Reifenpanne *f*. **II** *adj* □ **5.** flach, eben, Flach... **6.** flach, offen (*Hand*). **7.** *mot*. platt (*Reifen*). **8.** entschieden, kategorisch: ***and that's ~*** u. damit basta! **9.** einheitlich, Einheits...; Pauschal... **III** *adv* **10.** ***fall ~*** der Länge nach hinfallen; *fig*. F danebengehen, mißglücken; durchfallen (*Theaterstück etc*). **11.** ♪ zu tief: ***sing ~***. **12.** ***in five minutes ~*** F in sage u. schreibe fünf Minuten. **13.** ***~ broke*** F total abgebrannt *od.* pleite.

flat² [~] *s bsd. Br*. Wohnung *f*: → ***block*** 3.

'flat|·foot *s* (*irr* ***foot***) **1.** *mst pl* ⚕ Plattfuß *m*. **2.** *pl a.* **-foots** *sl*. Bulle *m* (*Polizist*). **,~'foot·ed** *adj* **1.** ⚕ plattfüßig: ***be ~*** Plattfüße haben. **2.** F entschieden.

flat·let ['flætlɪt] *s bsd. Br*. Kleinwohnung *f*. **'flat·ness** *s* Flachheit *f*. **flat·ten** ['~tn] **I** *v/t* **1.** (ein)ebnen. **2.** ✈, ⚙ abflachen; ⚙ ausbeulen. **II** *v/i* **3.** *a.* ***~ out*** flach(er) werden.

flat·ter ['flætə] *v/t j-m* schmeicheln (*a. fig. Bild etc*): ***be ~ed*** sich geschmeichelt fühlen (***at, by*** durch). **'flat·ter·er** *s* Schmeichler(in). **'flat·ter·ing** *adj* □ **1.** schmeichlerisch. **2.** schmeichelhaft (***to***

für). '**flat·ter·y** *s* Schmeichelei(en *pl*) *f*: → ***obtain*** I.

flat·u·lence ['flætjʊləns] *s* ⚕ Blähung(en *pl*) *f*: ***cause*** (*od.* ***produce***) ~ blähen.

flaunt [flɔːnt] *v/t* zur Schau stellen, protzen mit.

flau·tist ['flɔːtɪst] *s* ♪ Flötist(in).

fla·vo(u)r ['fleɪvə] **I** *s* **1.** Geschmack *m*, Aroma *n*. **2.** *fig.* Beigeschmack *m*. **II** *v/t* **3.** würzen (*a. fig.*). '**fla·vo(u)r·ing** *s* Würze *f*, Aroma *n* (*beide a. fig.*).

flaw [flɔː] *s* **1.** (⚙ Material-, ⚖ Form-) Fehler *m*, ⚙ *a.* Defekt *m*. **2.** *fig.* schwache Stelle. '**flaw·less** *adj* □ einwandfrei, tadellos.

flax [flæks] *s* ⚘ Flachs *m*. '**flax·en** *adj* **1.** Flachs... **2.** flachsen, flachsfarben.

flay [fleɪ] *v/t Tier* abhäuten: ~ ***s.o. alive*** F kein gutes Haar an j-m lassen, j-m gehörig s-e Meinung sagen.

flea [fliː] *s zo.* Floh *m*: ***send s.o. away with a ~ in his ear*** F j-m heimleuchten. '~·**bite** *s* **1.** Flohbiß *m*. **2.** *fig.* Bagatelle *f*. ~ **cir·cus** *s* Flohzirkus *m*. ~ **mar·ket** *s* Flohmarkt *m*.

fled [fled] *pret u. pp von* ***flee.***

fledged [fledʒd] *adj* flügge. **fledg(e)·ling** ['~lɪŋ] *s* **1.** eben flügge gewordener Vogel. **2.** *fig.* Grünschnabel *m*.

flee [fliː] (*irr*) **I** *v/i* fliehen, flüchten (***from*** vor *dat*; aus). **II** *v/t* fliehen vor (*dat*) *od.* aus.

fleece [fliːs] **I** *s* **1.** Vlies *n*, *bsd.* Schaffell *n*. **II** *v/t* **2.** *Schaf etc* scheren. **3.** F *j-n* schröpfen (***of*** um), ausnehmen.

fleet[1] [fliːt] *s* **1.** ⚓ Flotte *f*. **2.** ~ ***of cars*** Wagenpark *m*.

fleet[2] [~] *adj* □ schnell, flink.

fleet·ing ['fliːtɪŋ] *adj* □ flüchtig, vergänglich.

Fleet Street *s das Londoner Presseviertel*; *fig.* die (Londoner) Presse.

flesh [fleʃ] *s* **1.** Fleisch *n*: ***put on ~*** zunehmen; ***lose ~*** abmagern, abnehmen; → ***creep*** 3. **2.** Körper *m*, Leib *m*: ***my own ~ and blood*** mein eigen Fleisch u. Blut; ***in the ~*** leibhaftig, höchstpersönlich; in natura, in Wirklichkeit. **3.** (Frucht-) Fleisch *n*. '~-ˌ**col·o(u)red** *adj* fleischfarben. '~-ˌ**eat·ing** *adj* ⚘, *zo.* fleischfressend. ~ **wound** *s* ⚕ Fleischwunde *f*.

flew [fluː] *pret von* ***fly***[1].

flex [fleks] **I** *v/t bsd. anat.* biegen, beugen. **II** *s* ⚡ *bsd. Br.* (Anschluß-, Verlängerungs)Kabel *n*, (-)Schnur *f*. '**flex·i·ble** *adj* □ flexibel: a) elastisch, b) *fig.* anpassungsfähig, beweglich.

flex·i·time ['fleksɪtaɪm] *s Br.* gleitende Arbeitszeit: ***be on ~*** gleitende Arbeitszeit haben.

flick [flɪk] **I** *s* **1.** Klaps *m*. **2.** Knall *m*, Schnalzer *m*. **3.** Schnipser *m*. **II** *v/t* **4.** *j-m* e-n Klaps geben. **5.** schnalzen mit (*Fingern*), (*mit Peitsche a.*) knallen mit. **6.** schnippen, schnipsen: ~ ***away*** (*od.* ***off***) wegschnippen.

flick·er ['flɪkə] **I** *s* **1.** Flackern *n*. **2.** *TV* Flimmern *n*. **II** *v/i* **3.** flackern. **4.** flimmern (*Fernsehbild*).

flick knife *s* (*irr* ***knife***) *Br.* Schnappmesser *n*.

flight[1] [flaɪt] *s* **1.** (*a. Gedanken- etc*)Flug *m*: ***in ~*** im Flug. **2.** Schwarm *m* (*Vögel*): ***in the first ~*** *fig.* in vorderster Front. **3.** *a.* ~ ***of stairs*** Treppe *f*.

flight[2] [~] *s* Flucht *f*: ***in his ~*** auf s-r Flucht; ***put to ~*** in die Flucht schlagen; ***take*** (***to***) ~ die Flucht ergreifen; ~ ***of capital*** ⚜ Kapitalflucht.

flight| **en·gi·neer** *s* Bordingenieur *m*. ~ **re·cord·er** *s* Flug(daten)schreiber *m*.

flight·y ['flaɪtɪ] *adj* □ flatterhaft.

flim·sy ['flɪmzɪ] **I** *adj* □ **1.** dünn, zart. **2.** *fig.* fadenscheinig (*Ausrede*). **II** *s* **3.** Durchschlagpapier *n*.

flinch [flɪntʃ] *v/i* **1.** zurückschrecken (***from, at*** vor *dat*). **2.** (zurück)zucken, zs.-fahren: ***without ~ing*** ohne mit der Wimper zu zucken.

fling [flɪŋ] **I** *s* **1.** Wurf *m*: (***at***) ***full ~*** mit voller Wucht. **2.** ***have one's*** (*od.* ***a***) ~ sich austoben. **3.** F Versuch *m*: ***have*** (*od.* ***take***) ***a ~ at*** es versuchen *od.* probieren mit. **II** *v/t* (*irr*) **4.** werfen, schleudern (***at*** nach): ~ ***open*** (***to***) *Tür etc* aufreißen (zuschlagen); ~ ***away*** wegwerfen; ~ ***o.s.*** sich stürzen (***at s.o.*** auf j-n; ***into s.th.*** in *od.* auf e-e Sache).

flint [flɪnt] *s* Feuerstein *m*.

flip [flɪp] **I** *v/t* **1.** → ***flick*** 6. **2.** *a.* ~ ***over*** *Pfannkuchen, Schallplatte etc* wenden, umdrehen. **II** *v/i* **3.** *a.* ~ ***out*** *bsd. Am. sl.* ausflippen, durchdrehen (***for, over*** bei). **III** *s* **4.** Schnipser *m*. **5.** Flip *m* (*Getränk*). '~·**flop** *s* Zehensandale *f*.

flip·pant ['flɪpənt] *adj* □ respektlos, schnodd(e)rig.

flip·per ['flɪpə] *s* **1.** *zo.* Flosse *f.* **2.** Schwimmflosse *f.*
flip side *s* B-Seite *f* (*e-r Single*).
flirt [flɜːt] **I** *v/i* flirten, *fig. a.* spielen, liebäugeln (***with*** mit). **II** *s*: ***be a ~*** gern flirten. **flir'ta·tion** *s* Flirt *m*, *fig. a.* Spielen *n*, Liebäugeln *n.* **flir'ta·tious** *adj* □ kokett.
flit [flɪt] *v/i* flitzen, huschen.
float [fləʊt] **I** *v/i* **1.** (auf dem Wasser) schwimmen, (im Wasser) treiben. **2.** ⚓ flott sein *od.* werden. **3.** schweben, ziehen. **4.** *a.* ☤ in Umlauf sein. **II** *v/t* **5.** schwimmen *od.* treiben lassen. **6.** ⚓ flottmachen. **7.** ☤ *Wertpapiere etc* in Umlauf bringen; *Anleihe* auflegen; *Gesellschaft* gründen. **8.** ☤ *Währung* floaten, den Wechselkurs (*gen*) freigeben. **9.** *Gerücht etc* in Umlauf setzen. **III** *s* **10.** flacher Plattformwagen, *bsd.* Festwagen *m.* **'float·er** *s pol.* Wechselwähler(in). **'float·ing I** *adj* **1.** treibend, schwimmend: ***~ ice*** Treibeis *n.* **2.** ☤ umlaufend (*Geld etc*); frei konvertierbar (*Währung*). **3.** ***~ voter*** → ***floater.***
flock [flɒk] **I** *s* **1.** Herde *f* (*bsd. Schafe od. Ziegen*); Schwarm *m* (*Vögel*). **2.** Menge *f*, Haufen *m*: ***come in ~s*** in (hellen) Scharen herbeiströmen. **3.** *eccl.* Herde *f*, Gemeinde *f.* **II** *v/i* **4.** *fig.* strömen: ***~ together*** zs.-strömen.
floe [fləʊ] *s* **1.** Treibeis *n.* **2.** Eisscholle *f.*
flog [flɒg] *v/t* **1.** prügeln, schlagen: ***~ a dead horse*** *fig.* offene Türen einrennen; s-e Zeit verschwenden. **2.** auspeitschen. **3.** *Br.* F verkloppen, -scheuern. **'flog·ging** *s* **1.** Tracht *f* Prügel. **2.** ⚖ Prügelstrafe *f.*
flood [flʌd] **I** *s* **1.** *a.* ***~ tide*** Flut *f.* **2.** Überschwemmung *f* (*a. fig.*), Hochwasser *n.* **3.** *fig.* Flut *f*, Strom *m*, Schwall *m*: ***~ of tears*** Tränenstrom. **II** *v/t* **4.** überschwemmen, -fluten (*beide a. fig.* ***with*** mit). **5.** unter Wasser setzen. **6.** *Fluß etc* anschwellen *od.* über die Ufer treten lassen. **III** *v/i* **7.** fluten, strömen, sich ergießen (*alle a. fig.*). **8.** anschwellen; über die Ufer treten. **'~·light I** *s* Scheinwerfer-, Flutlicht *n*: ***by ~*** unter Flutlicht. **II** *v/t* (*irr* ***light***[1]) (mit Scheinwerfern) beleuchten *od.* anstrahlen: ***floodlit match*** (*Sport*) Flutlichtspiel *n.*
floor [flɔː] **I** *s* **1.** (Fuß)Boden *m*: → ***wipe*** II. **2.** Tanzfläche *f*: ***take the ~*** auf die Tanzfläche gehen. **3.** Stock(werk *n*) *m*, Geschoß *n.* **4.** *parl.* Sitzungs-, Plenarsaal *m*: ***take the ~*** das Wort ergreifen. **II** *v/t* **5.** e-n (Fuß)Boden legen in (*dat*). **6.** zu Boden schlagen, (*Boxen a.*) auf die Bretter schicken. **7.** F a) *j-n* umhauen, *j-m* die Sprache verschlagen: ***~ed*** platt, sprachlos, b) *j-n* schaffen (*Problem etc*). **'~·board** *s* Diele *f.* **~ ex·er·cis·es** *s pl Sport*: Bodenturnen *n.*
floor·ing ['flɔːrɪŋ] *s* (Fuß)Bodenbelag *m.*
floor| lamp *s* Stehlampe *f.* **~ lead·er** *s parl. Am.* Fraktionsführer *m.* **~ show** *s* Varietévorstellung *f* (*in Nachtclub etc*). **~ wait·er** *s* Etagenkellner *m.* **~ vase** *s* Bodenvase *f.*
floo·zy ['fluːzɪ] *s sl.* Flittchen *n.*
flop [flɒp] **I** *v/i* **1.** plumpsen; sich plumpsen lassen (***into*** in *acc*). **2.** F durchfallen (*Prüfling, Theaterstück etc*); *allg.* e-e Pleite *od.* ein Reinfall sein. **II** *s* **3.** Plumps *m.* **4.** F a) *thea. etc* Flop *m*, Durchfall *m*, b) Reinfall *m*, Pleite *f*, c) Versager *m.* **'flop·py** *adj* □ **1.** schlaff, schlott(e)rig. **2.** ***~ disk*** (*Computer*) Diskette *f.*
flo·ra ['flɔːrə] *pl* **-ras, -rae** ['-riː] *s* ✿ Flora *f*, Pflanzenwelt *f.* **'flo·ral** *adj* Blumen..., Blüten...: ***~ pattern*** Blumenmuster *n.*
flor·id ['flɒrɪd] *adj* □ **1.** blühend (*Gesichtsfarbe, Gesundheit*). **2.** blumig (*Stil*).
flo·rist ['flɒrɪst] *s* **1.** Blumenhändler(in). **2.** Blumenzüchter(in).
flot·sam ['flɒtsəm] *s a.* ***~ and jetsam*** ⚓ Treibgut *n*: ***~ and jetsam*** Strandgut *n* (*a. fig.*), Wrackgut *n.*
flounce [flaʊns] *v/i* erregt stürmen *od.* stürzen.
floun·der[1] ['flaʊndə] *s ichth.* Flunder *f.*
floun·der[2] [~] *v/i* **1.** zappeln; strampeln. **2.** *fig.* sich verhaspeln, ins Schwimmen kommen.
flour ['flaʊə] **I** *s* Mehl *n.* **II** *v/t* mit Mehl bestreuen.
flour·ish ['flʌrɪʃ] **I** *v/i* **1.** gedeihen, *fig. a.* blühen, florieren. **2.** auf der Höhe s-r Macht *od.* s-s Ruhms stehen; s-e Blütezeit haben. **II** *v/t* **3.** *Fahne etc* schwenken. **III** *s* **4.** ♪ Tusch *m.* **5.** Schnörkel *m.*
flout [flaʊt] *v/t Befehl etc* mißachten.
flow [fləʊ] **I** *v/i* **1.** fließen, strömen (*beide a. fig.*): ***~ freely*** in Strömen fließen

(*Sekt etc*); **~ over its banks** über die Ufer treten. **2.** lose herabhängen. **II** *s* **3.** Fluß *m*, Strom *m* (*beide a. fig.*): **~ of information** Informationsfluß; **~ of tears** Tränenstrom *m*; **~ of traffic** Verkehrsfluß, -strom. **~ chart, ~ di·a·gram** *s* Flußdiagramm *n*.

flow·er ['flaʊə] **I** *s* **1.** Blume *f*. **2.** Blüte(zeit) *f* (*a. fig.*): **be in ~** in Blüte stehen, blühen. **II** *v/i* **3.** blühen, *fig. a.* in höchster Blüte stehen. **~ bed** *s* Blumenbeet *n*.

flow·ered ['flaʊəd] *adj* **1.** geblümt. **2.** *in Zssgn* ...blütig; ...blühend.

flow·er pot *s* Blumentopf *m*.

flow·er·y ['flaʊərɪ] *adj* **1.** blumen-, blütenreich. **2.** geblümt. **3.** *fig.* blumig (*Stil*).

flown [fləʊn] *pp von* **fly**[1].

flu [flu:] *s* ⚕ F Grippe *f*: **he's got (the) ~** er hat Grippe.

fluc·tu·ate ['flʌktʃʊeɪt] *v/i* schwanken (**between** zwischen *dat*) (*a. fig.*), fluktuieren. ˌ**fluc·tu'a·tion** *s* Schwankung *f*, Fluktuation *f*: **~ in prices** ✝ Preisschwankung.

flu·en·cy ['flu:ənsɪ] *s* **1.** Flüssigkeit *f* (*des Stils etc*). **2.** (Rede)Gewandtheit *f*. '**flu·ent** *adj* □ **1.** fließend: **speak ~ German, be ~ in German** fließend Deutsch sprechen. **2.** flüssig (*Stil etc*). **3.** gewandt (*Redner etc*).

fluff [flʌf] **I** *s* **1.** Staubflocke *f*, Fussel(n *pl*) *f*. **2.** Flaum *m* (*a. erster Bartwuchs*). **3.** *thea. etc* F Patzer *m*. **II** *v/t* **4.** *thea. etc* F verpatzen: **~ one's lines** steckenbleiben. '**fluff·y** *adj* □ flaumig.

flu·id ['flu:ɪd] **I** *s* Flüssigkeit *f*. **II** *adj* □ flüssig (*a. Stil etc*).

fluke [flu:k] *s* F Dusel *m*: **by a ~** mit Dusel.

flung [flʌŋ] *pret u. pp von* **fling.**

flunk [flʌŋk] *ped. bsd. Am.* F **I** *v/t* **1.** *Schüler* durchrasseln lassen. **2.** durchrasseln in (*dat*). **II** *v/i* durchrasseln.

flu·o·res·cent [flɔ:'resnt] *adj* ⚗, *phys.* fluoreszierend, Leucht(stoff)...

flur·ry ['flʌrɪ] **I** *s* **1.** Windstoß *m*. **2.** (*Regen-, Schnee*)Schauer *m*. **3.** *fig.* Hagel *m*, Wirbel *m*: **~ of blows** Schlaghagel. **4.** *fig.* Aufregung *f*, Unruhe *f*: **in a ~** aufgeregt, unruhig. **II** *v/t* **5.** aufregen, beunruhigen.

flush [flʌʃ] **I** *s* **1.** Erröten *n*; Röte *f*. **2.** (Wasser)Schwall *m*, Strom *m*. **II** *v/t* **3.** *a.* **~ out** (aus)spülen: **~ down** hinunterspülen; **~ the toilet** spülen. **III** *v/i* **4.** *a.* **~ up** erröten, rot werden. **5.** spülen (*Toilette[nbenutzer]*).

flus·ter ['flʌstə] **I** *v/t* nervös machen, durcheinanderbringen. **II** *v/i* nervös werden. **III** *s* Nervosität *f*: **get in a ~** nervös werden; **all in a ~** ganz durcheinander.

flute [flu:t] ♪ **I** *s* Flöte *f*. **II** *v/i* flöten, Flöte spielen. **III** *v/t* flöten, auf der Flöte spielen. '**flut·ist** *s bsd. Am.* Flötist(in).

flut·ter ['flʌtə] **I** *v/i* **1.** flattern (*a.* ⚕ *Herz, Puls*). **II** *v/t* **2.** wedeln mit. **3.** → **fluster** I. **III** *s* **4.** Flattern *n* (*a.* ⚕). **5.** → **fluster** III.

flux [flʌks] *s* **1.** Fließen *n*, Fluß *m*. **2.** ⚕ Ausfluß *m*. **3. in (a state of) ~** *fig.* im Fluß, in Bewegung.

fly[1] [flaɪ] **I** *s* **1.** Hosenschlitz *m*. **II** *v/i* (*irr*) **2.** fliegen: **the bird is flown** *fig.* der Vogel ist ausgeflogen; **~ open** auffliegen (*Tür etc*). **3.** fliegen, stieben (*Funken etc*): → **spark** I. **4.** stürmen, stürzen: **~ at s.o.** auf j-n losgehen; → **temper** 3. **5.** (ver)fliegen (*Zeit*). **6.** flattern, wehen. **III** *v/t* **7.** fliegen lassen: → **kite. 8.** ✈ *Flugzeug, j-n, et., Strecke* fliegen; *Ozean etc* überfliegen; mit *e-r Fluggesellschaft* fliegen: **~ in (out)** ein-(aus)fliegen. **9.** *Fahne* hissen, wehen lassen.

fly[2] [~] *s zo.* Fliege *f*: **a ~ in the ointment** *fig.* ein Haar in der Suppe; **he would not hurt** (*od.* **harm**) **a ~** er tut keiner Fliege et. zuleide.

fly·ing ['flaɪɪŋ] **I** *adj* **1.** fliegend, Flug...: **~ saucer** fliegende Untertasse; **~ squad** *Br.* Überfallkommando *n*; **~ start** (*Sport*) fliegender Start; → **colour** 5. **2.** kurz, flüchtig (*Eindruck etc*): **~ visit** Stippvisite *f*, Blitzbesuch *m*. **II** *s* **3.** Fliegen *n*.

'**fly**|ˌ**o·ver** *s Br.* (Straßen-, Eisenbahn-) Überführung *f*. **~ sheet** *s* Flugblatt *n*, Reklamezettel *m*. '**~**ˌ**swat·ter** → **swatter.** '**~·weight** (*Sport*) **I** *s* Fliegengewicht(ler *m*) *n*. **II** *adj* Fliegengewichts...

foal [fəʊl] *s zo.* Fohlen *n*, Füllen *n*: **in** (*od.* **with**) **~** trächtig.

foam [fəʊm] **I** *s* Schaum *m*. **II** *v/i* schäumen (*a. fig.* **with rage** vor Wut).

~ rub·ber *s* Schaumgummi *m*, *n*.

foam·y ['fəʊmɪ] *adj* schäumend, schaumig.

fob [fɒb] *v/t* **1.** **~ *s.th. off on s.o.*** j-m et. andrehen *od.* aufhängen. **2.** **~ *s.o. off*** j-n abspeisen *od.* abwimmeln (***with*** mit).

fo·cal ['fəʊkl] *adj* ⚕, ⚙, *phys.* im Brennpunkt stehend (*a. fig.*), Brenn(-punkt)...: **~ *point*** Brennpunkt *m* (*a. fig.*). **fo·cus** ['~kəs] **I** *pl* **-cus·es, -ci** ['~saɪ] *s* **1.** ⚕, ⚙, *phys.* Brenn-, *fig. a.* Mittelpunkt *m*; *opt.*, *phot.* Scharfeinstellung *f*: ***in*** **~** scharf; *fig.* klar u. richtig; ***out of*** **~** unscharf, verschwommen (*a. fig.*); ***be the*** **~** ***of attention*** im Mittelpunkt des Interesses stehen; ***bring into*** **~** a) → 2, b) *fig.* in den Brennpunkt rücken. **II** *v/t pret u. pp* **-cus(s)ed 2.** *phys.* im Brennpunkt vereinigen, *Strahlen* bündeln; *opt.*, *phot.* scharf einstellen. **3.** *fig.* konzentrieren, richten (***on*** auf *acc*). **III** *v/i* **4.** *fig.* sich konzentrieren *od.* richten (***on*** auf *acc*).

fod·der ['fɒdə] *s* (Trocken)Futter *n*.

fog [fɒg] **I** *s* (dichter) Nebel. **II** *v/t* in Nebel hüllen, einnebeln. **III** *v/i a.* **~ *up*** (sich) beschlagen (*Glas*). **~ bank** *s* Nebelbank *m*.

fo·gey → ***fogy***.

fog·gy ['fɒgɪ] *adj* □ **1.** neb(e)lig: **~ *day*** Nebeltag *m*. **2.** *fig.* nebelhaft: ***I haven't got the foggiest*** (***idea***) F ich hab' keinen blassen Schimmer.

'fog|·horn *s* Nebelhorn *n*. **~ lamp, ~ light** *s mot.* Nebelscheinwerfer *m*, -lampe *f*.

fo·gy ['fəʊgɪ] *s mst* ***old*** **~** verknöcherter (alter) Kerl.

foi·ble ['fɔɪbl] *s fig.* **1.** (kleine) Schwäche. **2.** (vorübergehende) Laune.

foil[1] [fɔɪl] *v/t Plan etc* vereiteln, durchkreuzen, *j-m* e-n Strich durch die Rechnung machen.

foil[2] [~] *s* **1.** (Metall)Folie *f*. **2.** *fig.* Hintergrund *m* (***to*** für).

foil[3] [~] *s fenc.* Florett *n*.

foist [fɔɪst] *v/t*: **~ *s.th.*** (***off***) ***on s.o.*** j-m et. andrehen *od.* aufhängen; **~ *o.s.*** (*od.* ***one's company***) ***on s.o.*** sich j-m aufdrängen.

fold [fəʊld] **I** *v/t* **1.** *Tuch*, *Hände* falten, *Arme* verschränken, kreuzen. **2.** *oft* **~ *up*** zs.-legen, -falten; zs.-klappen: **~ *away*** zs.-klappen (u. verstauen). **3.** einwickeln, -schlagen (***in*** in *acc*): **~ *s.o. in one's arms*** j-n in die Arme nehmen *od.* schließen. **II** *v/i* **4.** sich (zs.-)falten *od.* zs.-legen *od.* zs.-klappen (lassen). **5.** *mst* **~ *up*** F zs.-brechen (***with*** vor *dat*); ✝ eingehen. **III** *s* **6.** (*anat.* Haut-, *geol.* Boden)Falte *f*. **'fold·er** *s* **1.** Faltprospekt *m*, -blatt *n*, Broschüre *f*. **2.** Aktendeckel *m*, Mappe *f*. **3.** Schnellhefter *m*. **'fold·ing** *adj* zs.-legbar, -faltbar; zs.-klappbar: **~ *bed*** Klappbett *n*; **~ *bicycle*** Klapprad *n*; **~ *boat*** Faltboot *n*; **~ *chair*** Klappstuhl *m*; **~ *door*(*s pl*)** Falttür *f*; **~ *table*** Klapptisch *m*; **~ *umbrella*** Taschenschirm *m*.

fo·li·age ['fəʊlɪɪdʒ] *s* Laub(werk) *n*, Blätter(werk *n*) *pl*: **~ *plant*** Blattpflanze *f*.

folk [fəʊk] **I** *s pl* **1.** *a.* ***folks*** Leute *pl*. **2.** (*nur* ***folks***) F *m-e etc* Leute *od.* Verwandten *od.* Angehörigen *pl*; (*bsd. als Anrede*) Leute *pl*, Herrschaften *pl*. **II** *adj* **3.** Volks...: **~ *dance*** (***etymology, music****, etc*).

fol·low ['fɒləʊ] **I** *v/t* **1.** folgen (*dat*): a) nachfolgen (*dat*), sich anschließen (*dat*), b) (*zeitlich*) folgen auf (*acc*), nachfolgen (*dat*), c) *Ratschlag etc* befolgen, sich richten nach, d) *Mode etc* mitmachen, e) folgen können (*dat*), verstehen. **2.** *Ziel*, *Zweck* verfolgen: **~ *up*** *e-r Sache* nachgehen; *Sache* weiterverfolgen. **3.** *e-r Beschäftigung etc* nachgehen, *Beruf* ausüben. **II** *v/i* **4.** (*zeitlich od. räumlich*) (nach)folgen: ***letter to*** **~** Brief folgt; ***as*** **~*s*** wie folgt, folgendermaßen; → ***footstep*** 2. **5.** *mst impers* folgen, sich ergeben (***from*** aus): ***it*** **~*s from this*** hieraus folgt (***that*** daß). **'fol·low·er** *s* Anhänger(in): **~*s*** *pl* → ***following*** 1. **'fol·low·ing I** *s* **1.** Gefolge *n*, Anhang *m*; Anhänger(schaft *f*) *pl*, Gefolgschaft *f*. **2.** *das* Folgende; *die* Folgenden *pl*. **II** *adj* **3.** folgend: **~ *wind*** Rückenwind *m*. **III** *prp* **4.** im Anschluß an (*acc*).

'fol·low-up *s* **1.** Weiterverfolgen *n* (*e-r Sache*). **2.** ⚕ Nachbehandlung *f*.

fol·ly ['fɒlɪ] *s* Torheit *f*.

fond [fɒnd] *adj* □ **1.** ***be*** **~** ***of*** mögen, gern haben: ***be*** **~** ***of doing s.th.*** et. gern tun. **2.** zärtlich, liebevoll. **3.** allzu nachsichtig (*Mutter etc*).

fon·dle ['fɒndl] *v/t* (liebevoll) streicheln.

fond·ness ['fɒndnɪs] *s* **1.** Zärtlichkeit *f*.

2. Zuneigung *f* (***of*** zu). **3.** Vorliebe *f* (***for*** für).

font [fɒnt] *s eccl.* Taufstein *m*, -becken *n.*

food [fuːd] *s* **1.** Nahrung *f* (*a. fig.*), Essen *n*, Verpflegung *f*: ***~ for thought*** (*od.* ***reflection***) Stoff *m* zum Nachdenken. **2.** Nahrungs-, Lebensmittel *pl.* **~ poi·son·ing** *s* ⚕ Lebensmittelvergiftung *f.* **'~·stuff** → ***food*** 2.

fool [fuːl] **I** *s* **1.** Narr *m*, Närrin *f*, Dummkopf *m*: ***make a ~ of*** → 2; ***make a ~ of o.s.*** sich lächerlich machen; ***I am a ~ to him*** gegen ihn bin ich ein Waisenknabe. **II** *v/t* **2.** zum Narren halten. **3.** betrügen (***out of*** um); verleiten (***into doing*** zu tun). **4.** ***~ away*** *Zeit*, *Geld etc* vergeuden. **III** *v/i* **5.** *a.* ***~ about*** (*od.* ***around***) Unsinn machen, herumalbern. **6.** *oft* ***~ about*** (*od.* ***around***) spielen (***with*** mit); sich herumtreiben; herumtrödeln. **'fool·er·y** *s* Torheit *f.*

'fool,har·dy *adj* □ tollkühn, verwegen.

fool·ish ['fuːlɪʃ] *adj* □ dumm, töricht.

'fool·proof *adj* **1.** ⚙ betriebssicher. **2.** todsicher (*Plan etc*). **3.** narren-, idiotensicher (*Gerät etc*).

foot [fʊt] **I** *pl* **feet** [fiːt] *s* **1.** Fuß *m*: ***on ~*** zu Fuß; ***be on ~*** im Gange sein; ***set on ~*** in die Wege leiten, in Gang bringen; ***be on one's feet*** (***again***) (wieder) auf den Beinen sein; ***put one's ~ in it*** ins Fettnäpfchen treten; → ***sweep*** 6. **2.** (*pl a.* ***foot***) Fuß *m* (= *0,3048 m*). **3.** Fuß *m* (*e-s Berges*, *Strumpfes etc*), Fußende *n* (*e-s Bettes etc*): ***at the ~ of*** am Fuß (*gen*), unten an (*dat*). **II** *v/t* **4.** ***~ it*** F zu Fuß gehen. **5.** *Rechnung* bezahlen. **,~-and-'mouth dis·ease** *s vet.* Maul- u. Klauenseuche *f.* **'~·ball** (*Sport*) **I** *s* **1.** *Br.* Fußball(spiel *n*) *m*; *Am.* Football(spiel *n*) *m.* **2.** *Br.* Fußball *m*; *Am.* Football-Ball *m.* **II** *adj* **3.** *Br.* Fußball...; *Am.* Football...: ***~ pools*** *pl* Fußballtoto *n*, *m.* **'~·bridge** *s* Fußgängerbrücke *f.* **'~·fall** *s* Schritt *m*, Tritt *m* (*Geräusch*). **'~·hills** *s pl* Vorgebirge *n.* **'~·hold** *s* Stand *m*: ***safe ~*** fester Stand, sicherer Halt; ***gain*** (*od.* ***get***) ***a ~*** *fig.* (festen) Fuß fassen (***in*** in *dat*; ***as*** als).

foot·ing ['fʊtɪŋ] *s* **1.** Stand *m*: ***lose*** (*od.* ***miss***) ***one's ~*** den Halt verlieren. **2.** *fig.* Basis *f*, Grundlage *f*: ***place on a*** (*od.* ***the same***) ***~*** gleichstellen (***with*** *dat*); ***be on a friendly ~*** auf freundschaftlichem Fuße stehen (***with*** mit).

'foot·lights *s pl thea.* **1.** Rampenlicht(er *pl*) *n.* **2.** *fig. die* Bühne, *das* Theater.

foot·ling ['fuːtlɪŋ] *adj* F läppisch (*Sache*), (*a. Person*) albern.

'foot|·loose *adj* frei, ungebunden: ***~ and fancy-free*** frei u. ungebunden. **'~·note I** *s* Fußnote *f* (***to*** zu). **II** *v/t* mit Fußnoten versehen. **~ pas·sen·ger** *s Am.* Fußgänger(in). **'~·path** *s* **1.** (Fuß)Pfad *m*, (-)Weg *m.* **2.** *bsd. Br.* Bürgersteig *m.* **'~·print** *s* Fußabdruck *m.*

foot·sie ['fʊtsɪ] *s*: ***play ~*** F füßeln (***with*** mit).

'foot|·slog *v/i* F latschen. **'~·sore** *adj* fußwund, *bsd.* ⚔ fußkrank. **~ spray** *s* Fußspray *m*, *n.* **'~·step** *s* **1.** Tritt *m*, Schritt *m.* **2.** Fußstapfe *f*: ***follow in s.o.'s ~s*** *fig.* in j-s Fußstapfen treten. **'~·wear** *s* Schuhwerk *n.* **'~·work** *s Sport*: Beinarbeit *f.*

for [fɔː] **I** *prp* **1.** für: a) zugunsten von: ***a gift ~ him*** ein Geschenk für ihn, b) (mit der Absicht) zu: ***come ~ dinner*** zum Essen kommen, c) (*passend od. geeignet*) für; (*bestimmt*) für, zu: ***tools*** *pl* ***~ cutting*** Schneidewerkzeuge *pl*; ***the right man ~ the job*** der richtige Mann für diesen Posten, d) (*als Belohnung od. Entgelt*) für, e) (*als Strafe etc*) wegen, f) in Anbetracht (*gen*), im Hinblick auf (*acc*): ***he is tall ~ his age*** er ist groß für sein Alter, g) (*Begabung*, *Neigung*) für, (*Hang*) zu, h) (*zeitlich*) auf (*acc*), für die Dauer von, seit: ***~ hours*** stundenlang; ***he has been here ~ a week*** er ist schon seit e-r Woche hier, i) an Stelle von (*od. gen*), (an)statt; in Vertretung *od.* im Namen von (*od. gen*). **2.** (*Wunsch*, *Ziel*) nach, auf (*acc*). **3.** (*Mittel*) gegen. **4.** dank, wegen: ***if it wasn't ~ him*** wenn er nicht wäre, ohne ihn. **5.** (*Strecke*) weit: ***run ~ a mile*** e-e Meile (weit) laufen. **6.** nach: ***the train ~ London.*** **7.** trotz: ***~ all that*** trotz alledem. **8.** was ... betrifft: ***as ~ me*** was mich betrifft *od.* anbelangt; ***~ all I know*** soviel ich weiß. **9.** *nach adj u. vor inf*: ***it is impossible ~ me to come*** ich kann unmöglich kommen. **10.** *mit s od. pron u. inf*: ***it is time ~ you to go home*** es ist Zeit für dich heimzugehen; ***it is ~ you to decide*** die Entscheidung liegt bei Ihnen. **II** *cj* **11.** denn, weil.

fo·ra ['fɔːrə] *pl von* **forum.**

for·ay ['fɒreɪ] *s* **1.** Beute-, Raubzug *m.* **2.** *bsd.* ⚔ Ein-, Überfall *m.*

for·bad(e) [fə'bæd] *pret von* **forbid.**

for·bear → **forebear.**

for·bid [fə'bɪd] (*irr*) **I** *v/t* **1.** verbieten, untersagen: **~ s.o. the house** j-m das Haus verbieten. **2.** ausschließen, unmöglich machen. **II** *v/i* **3. God** (*od.* **heaven**) **~!** Gott behüte *od.* bewahre! **for'bid·den** [~dn] *pp von* **forbid. for'bid·ding** *adj* □ **1.** abstoßend, abschreckend. **2.** bedrohlich.

force [fɔːs] **I** *s* **1.** Stärke *f*, Kraft *f*, Wucht *f* (*a. fig.*): **~ of gravity** *phys.* Schwerkraft; **by ~ of** kraft, vermittels; **by ~ of arms** mit Waffengewalt; **join ~es** sich zs.-tun (**with** mit). **2.** *fig.* Kraft *f*: **~s** *pl* **of nature** Naturkräfte *pl*, -gewalten *pl.* **3.** Gewalt *f*: **by ~** gewaltsam. **4.** Zwang *m* (*a.* ⚖): **by ~** zwangsweise. **5.** (Rechts)Kraft *f*, (-)Gültigkeit *f*: **come** (**put**) **into ~** in Kraft treten (setzen). **6.** Einfluß *m*, Wirkung *f*: **~ of habit** Macht *f* der Gewohnheit. **7.** *pl*, *a.* **armed ~es** ⚔ Streitkräfte *pl.* **II** *v/t* **8.** *j-n* zwingen, nötigen (**to do** zu tun). **9.** *et.* erzwingen, durchsetzen. **10.** zwängen, drängen: **~ one's way** sich (durch)drängen (**through** durch). **11. ~ s.th. on s.o.** j-m et. aufzwingen *od.* -drängen; **~ o.s. on s.o.** sich j-m aufdrängen; → **throat. 12.** *a.* **~ up** *Preise* in die Höhe treiben. **13.** *Tempo* beschleunigen, forcieren. **14.** *a.* **~ open** *Tür etc* aufbrechen. **forced** *adj* **1.** erzwungen, Zwangs...: **~ landing** ✈ Notlandung *f.* **2.** gezwungen, gequält. **forc·ed·ly** ['~ɪdlɪ] *adv* **1.** → **forced** 2. **2.** gezwungenermaßen.

'force-feed *v/t* (*irr* **feed**) zwangsernähren.

force·ful ['fɔːsfʊl] *adj* □ **1.** energisch, kraftvoll (*Person*). **2.** eindrucksvoll, -dringlich (*Rede etc*). **3.** zwingend, überzeugend (*Argument etc*).

for·ceps ['fɔːseps] *pl* **-ceps, -ci·pes** ['~sɪpiːz] *s* **1.** ⚕, *zo.* Zange *f*: **~ delivery** Zangengeburt *f.* **2.** Pinzette *f.*

for·ci·ble ['fɔːsəbl] *adj* □ **1.** gewaltsam; zwangsweise. **2.** → **forceful.**

for·ci·pes ['fɔːsɪpiːz] *pl von* **forceps.**

ford [fɔːd] **I** *s* Furt *f.* **II** *v/t* durchwaten.

fore [fɔː] **I** *adj* **1.** vorder, Vorder... **2.** früher. **II** *adv* **3.** ⚓ vorn. **III** *s* **4.** Vorderteil *m*, -seite *f*, Front *f*: **come to the ~** *fig.* sich hervortun. **'~·arm** *s* Unterarm *m.* **'~·bear** *s mst pl* Vorfahr *m*, Ahn *m.* **~'bode** *v/t* **1.** *Schlimmes* ahnen, voraussehen. **2.** ein (böses) Vorzeichen *od.* Omen sein für. **~'bod·ing** *s* **1.** (*böse*) (Vor)Ahnung. **2.** (böses) Vorzeichen *od.* Omen. **'~·cast I** *v/t pret u. pp* **-cast(·ed) 1.** voraussagen, vorhersehen. **2.** *Wetter etc* vorhersagen. **II** *s* **3.** Voraussage *f.* **4.** (Wetter)Vorhersage *f.* **'~ˌfa·ther** *s* Ahn *m*, Vorfahr *m.* **'~ˌfin·ger** *s* Zeigefinger *m.* **'~·front** *s* vorderste Reihe (*a. fig.*). **~'go** *v/t u. v/i* (*irr* **go**) vorangehen (*dat*), (*zeitlich a.*) vorhergehen (*dat*). **'~·gone** *adj*: **~ conclusion** ausgemachte Sache; **be a ~ conclusion** *a.* von vornherein feststehen. **'~·ground** *s* Vordergrund *m* (*a. fig.*). **'~·hand** (*Sport*) **I** *s* Vorhand(schlag *m*) *f.* **II** *adj* Vorhand... **~·head** ['fɒrɪd] *s* Stirn *f.*

for·eign ['fɒrən] *adj* **1.** fremd, ausländisch, Auslands...: **~ affairs** *pl* Außenpolitik *f*, auswärtige Angelegenheiten *pl*; **~ currency** (*od.* **exchange**) ✝ Devisen *pl*; **~ language** Fremdsprache *f*; **♀ Office** *pol. Br.* Außenministerium *n*; **~ policy** Außenpolitik *f*; **♀ Secretary** *pol. Br.* Außenminister *m*; **~ trade** Außenhandel *m*; **~ word** Fremdwort *n*; **~ worker** Gastarbeiter *m*; → **correspondent** 3. **2.** fremd (**to** *dat*): **this is ~ to his nature** das ist ihm wesensfremd; **~ body** (*od.* **matter**) ⚕ Fremdkörper *m.* **'for·eign·er** *s* Ausländer(in).

ˌfore|'knowl·edge *s* Vorherwissen *n*, vorherige Kenntnis. **~·man** ['~mən] *s* (*irr* **man**) **1.** Vorarbeiter *m*, (*am Bau*) Polier *m.* **2.** ⚖ Obmann *m* (*der Geschworenen*). **'~·most I** *adj* **1.** vorderst, erst. **2.** *fig.* herausragendst. **II** *adv* **3.** zuerst. **'~·name** *s* Vorname *m.*

fo·ren·sic [fə'rensɪk] *adj* Gerichts...: **~ medicine.**

'fore|·play *s* (*sexuelles*) Vorspiel. **'~ˌrun·ner** *s fig.* **1.** Vorläufer *m.* **2.** Vorbote *m*; (erstes) Anzeichen. **~'see** *v/t* (*irr* **see**[1]) vorher-, voraussehen. **~'see·a·ble** *adj*: **in the ~ future** in absehbarer Zeit. **~'shad·ow** *v/t* ahnen lassen, andeuten. **'~·sight** *s* Weitblick *m*; (weise) Voraussicht. **'~·skin** *s anat.* Vorhaut *f.*

for·est ['fɒrɪst] *s* (*a. fig. Antennen-etc*)Wald *m*; Forst *m*.
fore·stall [fɔː'stɔːl] *v/t* **1.** *j-m, e-r Sache* zuvorkommen. **2.** *Einwand etc* vorwegnehmen.
for·est·er ['fɒrɪstə] *s* Förster *m*. **'for·est·ry** *s* Forstwirtschaft *f*.
'fore|·taste *s* Vorgeschmack *m* (**of** von). **~'tell** *v/t* (*irr* **tell**) vorher-, voraussagen: **~ *s.o.'s future*** j-m die Zukunft vorhersagen.
for·ev·er, *Br. a.* **for ev·er** [fə'revə] *adv* **1.** für *od.* auf immer. **2.** ständig, (an)dauernd.
fore|'warn *v/t* vorher warnen (**of** vor *dat*). **'~,wom·an** *s* (*irr* **woman**) Vorarbeiterin *f*. **'~·word** *s* Vorwort *n* (**to** zu).
for·feit ['fɔːfɪt] **I** *s pl* (*sg konstruiert*) Pfänderspiel *n*: ***play* ~*s*** ein Pfänderspiel machen. **II** *v/t* verwirken, verlustig gehen (*gen*); einbüßen. **III** *adj* verwirkt, verfallen. **for·fei·ture** ['~tʃə] *s* Verlust *m*; Einbuße *f*.
forge[1] [fɔːdʒ] *v/t* fälschen.
forge[2] [~] *v/i mst* **~ *ahead*** sich (mühsam) vorankämpfen: **~ *ahead*** *fig.* allmählich Fortschritte machen.
forg·er ['fɔːdʒə] *s* Fälscher *m*. **'forg·er·y** *s* Fälschen *n*; Fälschung *f*: **~ *of a document*** ⚖ Urkundenfälschung.
for·get [fə'get] (*irr*) **I** *v/t* **1.** *allg.* vergessen: ***I* ~ *his name*** sein Name fällt mir im Moment nicht ein. **2. ~ *o.s.*** sich vergessen; (nur) an andere denken. **II** *v/i* **3.** *a.* **~ *about it*** es vergessen. **for'get·ful** [~fʊl] *adj* □ vergeßlich.
for'get-me-not *s* ⚘ Vergißmeinnicht *n*.
for·give [fə'gɪv] *v/t* (*irr* **give**) **1.** *j-m et.* verzeihen, -geben. **2.** *j-m e-e Schuld etc* erlassen. **for'giv·ing** *adj* □ **1.** versöhnlich. **2.** verzeihend.
for·go [fɔː'gəʊ] *v/t* (*irr* **go**) verzichten auf (*acc*).
for·got [fə'gɒt] *pret u. pp von* **forget. for'got·ten** [~tn] *pp von* **forget.**
fork [fɔːk] **I** *s* **1.** Gabel *f*. **2.** Gab(e)lung *f*, Abzweigung *f*. **II** *v/t* **3. ~ *out*** (*od.* **up**) F *Geld* herausrücken, lockermachen. **III** *v/i* **4.** sich gabeln (*Fluß*), (*Straße a.*) abzweigen. **forked** *adj* gegabelt, (*Zunge*) gespalten.
'fork·lift (truck) *s* ⚙ Gabel-, Hubstapler *m*.
for·lorn [fə'lɔːn] *adj* **1.** verlassen, einsam. **2.** verzweifelt (*Versuch*): **~ *hope*** aussichtsloses *od.* verzweifeltes Unternehmen.
form [fɔːm] **I** *s* **1.** Form *f*, Gestalt *f*: ***take* ~** Form *od.* Gestalt annehmen (*a. fig.*); ***in the* ~ *of*** in Form von (*od. gen*); ***in tablet* ~** in Tablettenform. **2.** ⚙ Form *f*, Schablone *f*. **3.** Form *f*, Art *f*: **~ *of government*** Regierungsform; → **due** 6. **4.** *a.* ***printed* ~** Formular *n*, Vordruck *m*: **~ *letter*** Schemabrief *m*. **5.** Form *f* (*a. ling.*), Fassung *f* (*e-s Textes etc*). **6. *good*** (***bad***) **~** guter (schlechter) Ton: ***it is good*** (***bad***) **~** es gehört sich (nicht). **7.** Formalität *f*: → ***matter*** 3. **8.** Verfassung *f*: ***in*** (***out of, off one's***) **~** (nicht) in Form. **9.** *bsd. Br.* (Schul)Klasse *f*: **~ *master*** (***mistress***) Klassenlehrer(in). **II** *v/t* **10.** formen, gestalten (***into*** zu; ***after, on*** nach), *Regierung etc* bilden, *Gesellschaft* gründen. **11.** *Charakter etc* formen, bilden. **12.** sich *e-e Meinung* bilden. **III** *v/i* **13.** Form *od.* Gestalt annehmen (*a. fig.*).
for·mal ['fɔːml] *adj* (□ → ***formally***) **1.** förmlich, formell: **~ *call*** Höflichkeitsbesuch *m*; **~ *dress*** Gesellschaftskleidung *f*. **2.** formal, formell: **~ *defect*** ⚖ Formfehler *m*. **for·mal·ism** ['~məlɪzəm] *s* Formalismus *m*. **for·mal·i·ty** [~'mælətɪ] *s* **1.** Förmlichkeit *f*. **2.** Formalität *f*, Formsache *f*. **for·mal·ize** ['~məlaɪz] *v/t* **1.** formalisieren. **2.** e-e feste Form geben (*dat*). **'for·mal·ly** *adv* formell, in aller Form.
for·mat ['fɔːmæt] *s typ.* Aufmachung *f*; Format *n*.
for·ma·tion [fɔː'meɪʃn] *s* **1.** Formung *f*, Gestaltung *f*. **2.** ✈, ⚔, *geol.*, *Sport*: Formation *f*. **form·a·tive** ['~mətɪv] *adj* formend, gestaltend: **~ *years*** *pl* Entwicklungsjahre *pl*.
for·mer ['fɔːmə] *adj* **1.** früher, vorig; ehemalig: ***in* ~ *times*** früher. **2.** ersterwähnt, -genannt: ***the* ~, *the latter*** ersterer, letzterer. **'for·mer·ly** *adv* früher, ehemals.
for·mi·da·ble ['fɔːmɪdəbl] *adj* □ **1.** furchterregend. **2.** gefährlich (*Gegner etc*), gewaltig, riesig (*Schulden etc*), schwierig (*Frage etc*).
form·less ['fɔːmlɪs] *adj* □ formlos.
for·mu·la ['fɔːmjʊlə] *pl* **-las, -lae** ['~liː] *s* **1.** ⚗, *mot. etc* Formel *f* (*a. fig.*). **2.**

pharm. Rezept *n* (*zur Anfertigung*). **for·mu·late** ['⁓leɪt] *v/t* formulieren. ˌ**for·mu'la·tion** *s* Formulierung *f.*

for·sake [fə'seɪk] *v/t* (*irr*) **1.** *j-n* verlassen, im Stich lassen. **2.** *et.* aufgeben. **for'sak·en** *pp von* ***forsake.*** **for·sook** [fə'sʊk] *pret von* ***forsake.***

for·swear [fɔː'sweə] *v/t* (*irr* ***swear***) **1.** unter Eid verneinen. **2.** abschwören (*dat*). **3.** ***⁓ o.s.*** e-n Meineid leisten.

fort [fɔːt] *s* ⚔ Fort *n*: ***hold the ⁓*** *fig.* die Stellung halten.

for·te ['fɔːteɪ] *s j-s* Stärke *f*, starke Seite.

forth [fɔːθ] *adv* **1.** weiter, fort: ***and so ⁓*** und so weiter. **2.** (her)vor. ˌ**⁓'com·ing** *adj* **1.** bevorstehend, kommend. **2.** in Kürze erscheinend (*Buch*) *od.* anlaufend (*Film*).

for·ti·eth ['fɔːtɪəθ] *adj* vierzigst.

for·ti·fi·ca·tion [ˌfɔːtɪfɪ'keɪʃn] *s* **1.** ⚔ Befestigung *f*: ***⁓s*** *pl* Festungswerk *n*. **2.** Verstärkung *f*; Anreicherung *f*. **3.** *fig.* Untermauerung *f*. **for·ti·fy** ['⁓faɪ] *v/t* **1.** ⚔ befestigen. **2.** *Wein etc* verstärken; *Nahrungsmittel* anreichern. **3.** *Theorie etc* untermauern (***with*** mit).

for·ti·tude ['fɔːtɪtjuːd] *s* (innere) Kraft *od.* Stärke.

fort·night ['fɔːtnaɪt] *s bsd. Br.* vierzehn Tage: ***in a ⁓*** in 14 Tagen. '**fortˌnight·ly** *bsd. Br.* **I** *adj* vierzehntägig, halbmonatlich. **II** *adv* vierzehntäglich, alle 14 Tage.

for·tress ['fɔːtrɪs] *s* ⚔ Festung *f.*

for·tu·i·tous [fɔː'tjuːɪtəs] *adj* ☐ zufällig.

for·tu·nate ['fɔːtʃnət] *adj* glücklich: ***be ⁓*** Glück haben; ***be ⁓ in having s.th., be ⁓ enough to have s.th.*** das Glück haben, et. zu besitzen. '**for·tu·nate·ly** *adv* glücklicherweise, zum Glück: ***⁓ for me*** zu m-m Glück.

for·tune ['fɔːtʃuːn] *s* **1.** Vermögen *n*: ***come into a ⁓*** ein Vermögen erben; ***make a ⁓*** ein Vermögen verdienen; ***marry a ⁓*** e-e gute Partie machen, reich heiraten. **2.** (glücklicher) Zufall, Glück(sfall *m*) *n*. **3.** Geschick *n*, Schicksal *n*: ***good ⁓*** Glück *n*; ***bad*** (*od.* ***ill***) ***⁓*** Unglück *n*; ***tell ⁓s*** wahrsagen; ***read s.o.'s ⁓*** j-m die Karten legen; j-m aus der Hand lesen. **4.** *oft* 2 Fortuna *f*, das Glück, die Glücksgöttin. **⁓ hunt·er** ['⁓tʃən] *s* Mitgiftjäger *m*. **⁓ tell·er** ['⁓tʃən] *s* Wahrsager(in).

for·ty ['fɔːtɪ] **I** *adj* vierzig: ***have ⁓ winks*** F ein Nickerchen machen. **II** *s* Vierzig *f*: ***be in one's forties*** in den Vierzigern sein; ***in the forties*** in den vierziger Jahren (*e-s Jahrhunderts*).

fo·rum ['fɔːrəm] *pl* **-rums, -ra** ['⁓rə] *s* Forum *n* (*a. fig.*).

for·ward ['fɔːwəd] **I** *adv* **1.** nach vorn, vorwärts. **II** *adj* ☐ **2.** Vorwärts...: ***⁓ planning*** Vorausplanung *f*. **3.** fortschrittlich. **4.** vorlaut, dreist. **III** *s* **5.** *Sport*: Stürmer *m*: ***⁓ line*** Sturmreihe *f*. **IV** *v/t* **6.** fördern, begünstigen. **7.** (ver)senden, schicken; befördern; *Brief etc* nachsenden. '**for·ward·er** *s* Spediteur *m*.

'**for·ward·ing** *s* Versand *m*; Beförderung *f*; Nachsendung *f*: ***⁓ address*** Nachsendeadresse *f*; ***⁓ agent*** Spediteur *m*.

'**for·ward-ˌlook·ing** *adj* vorausschauend, fortschrittlich.

for·wards ['fɔːwədz] → ***forward*** I.

fos·sil ['fɒsl] *geol.* **I** *s* Fossil *n* (*a. fig.* F), Versteinerung *f*. **II** *adj* fossil (*a. fig.* F), versteinert.

fos·ter ['fɒstə] **I** *v/t* **1.** *Kind* in Pflege haben *od.* nehmen; *bsd. Br.* in Pflege geben (***with*** bei). **2.** *Gefühle, Plan etc* hegen. **II** *adj* **3.** Pflege...: ***⁓ mother.***

fought [fɔːt] *pret u. pp von* ***fight.***

foul [faʊl] **I** *adj* ☐ **1.** stinkend, widerlich. **2.** verpestet, schlecht (*Luft*); verdorben, faul (*Lebensmittel etc*). **3.** schmutzig, verschmutzt. **4.** schlecht, stürmisch (*Wetter*). **5.** *fig.* schmutzig, zotig. **6.** *Sport*: regelwidrig. **II** *adv* **7.** ***fall ⁓ of*** ⚓ kollidieren mit, *a. fig.* zs.-stoßen mit: ***fall ⁓ of the law*** mit dem Gesetz in Konflikt geraten. **III** *s* **8.** *Sport*: Foul *n*: ***commit a ⁓ on*** ein Foul begehen an (*dat*). **IV** *v/t* **9.** *a.* ***⁓ up*** beschmutzen (*a. fig.*), verschmutzen: ***⁓ one's*** (***own***) ***nest*** das eigene Nest beschmutzen. **10.** *Sport*: foulen. **11.** ***⁓ up*** F verpatzen, -sauen. **⁓-mouthed** ['⁓maʊðd] *adj* unflätig.

found[1] [faʊnd] *pret u. pp von* ***find.***

found[2] [⁓] *v/t* **1.** (be)gründen, *Schule etc* stiften. **2.** gründen, stützen (***on*** auf *acc*): ***be ⁓ed on*** sich gründen auf (*acc*), beruhen auf (*dat*).

found[3] [⁓] *v/t* ⚙ gießen.

foun·da·tion [faʊn'deɪʃn] *s* **1.** △ Fundament *n*: ***lay the ⁓***(***s***) ***of*** *fig.* den

Grund(stock) legen zu. **2.** Gründung *f.* **3.** Stiftung *f.* **4.** Grundlage *f*, Basis *f.* **~ stone** *s* **1.** ⚠ Grundstein *m* (*a. fig.*). **2.** → ***foundation*** 4.

found·er¹ ['faʊndə] *s* (Be)Gründer(in), Stifter(in): **~ *member*** Gründungsmitglied *n.*

found·er² [~] *s* ⚙ Gießer *m.*

found·er³ *v/i* scheitern, (*Koalition etc a.*) zerbrechen, (*Ehe etc a.*) in die Brüche gehen.

found·ry ['faʊndrɪ] *s* ⚙ Gießerei *f.*

foun·tain ['faʊntɪn] *s* **1.** Quelle *f* (*a. fig.*). **2.** Fontäne *f*: a) (*Wasser- etc*)Strahl *m*, b) Springbrunnen *m.* **3.** Trinkbrunnen *m.* **~ pen** *s* Füll(feder)halter *m.*

four [fɔː] **I** *adj* **1.** vier. **II** *s* **2.** Vier *f*: **~ *of hearts*** Herzvier; ***on all ~s*** auf allen vieren. **3.** *Rudern*: Vierer *m.* **four·fold** ['~fəʊld] **I** *adj* vierfach. **II** *adv* vierfach, um das Vierfache: ***increase ~*** (sich) vervierfachen.

ˌ**four**|**-'hand·ed** *adj* □ ♪ vierhändig. '**~-leaf clo·ver** *s* ❀ vierblätt(e)riges Kleeblatt. '**~-legged** *adj* vierbeinig. '**~-ˌlet·ter word** *s* unanständiges Wort. **~ star** *s mot. Br.* F Super *n* (*Benzin*). '**~-star** *adj*: **~ *petrol*** *mot. Br.* Superbenzin *n.*

four·teen [ˌfɔː'tiːn] *adj* vierzehn. ˌ**four'teenth** [~θ] *adj* vierzehnt. **fourth** [fɔːθ] **I** *adj* **1.** viert. **II** *s* **2.** *der, die, das* Vierte: ***the ~ of May*** der 4. Mai. **3.** Viertel *n.* '**fourth·ly** *adv* viertens.

'**four-time** *adj* viermalig.

fowl [faʊl] *s coll.* Geflügel *n.*

fox [fɒks] **I** *s* **1.** *zo.* Fuchs *m.* **2.** *oft* ***sly old ~*** gerissener *od.* verschlagener Kerl. **II** *v/t* **3.** verblüffen. **4.** täuschen, reinlegen. **~ hunt(·ing)** *s* Fuchsjagd *f.* **~ ter·ri·er** *s zo.* Foxterrier *m.* '**~·trot** *s* ♪ Foxtrott *m.*

fox·y ['fɒksɪ] *adj* □ gerissen, verschlagen.

foy·er ['fɔɪeɪ] *s* Foyer *n.*

fra·cas ['frækɑː] *pl* **-cas** [-kɑːz], *Am.* **-cas·es** ['freɪkəsɪz] *s* Aufruhr *m*, Tumult *m.*

frac·tion ['frækʃn] *s* **1.** 𝔄 Bruch *m*: **~ *bar*** (*od.* ***line, stroke***) Bruchstrich *m.* **2.** Bruchteil *m.* **frac·tion·al** ['~ʃənl] *adj* □ **1.** 𝔄 Bruch... **2.** *fig.* minimal, geringfügig.

frac·tious ['frækʃəs] *adj* □ mürrisch, reizbar.

frac·ture ['fræktʃə] **I** *s* Bruch *m*, ⚕ *a.* Fraktur *f.* **II** *v/t* (zer)brechen: **~ *one's arm*** sich den Arm brechen; ***~d skull*** ⚕ Schädelbruch *m*; ***speak ~d English*** *fig.* gebrochen Englisch sprechen. **III** *v/i* (zer)brechen.

frag·ile ['frædʒaɪl] *adj* □ **1.** zerbrechlich (*a. fig.*). **2.** schwach, zart (*Gesundheit*); gebrechlich (*Person*). **fra·gil·i·ty** [frə'dʒɪlətɪ] *s* **1.** Zerbrechlichkeit *f.* **2.** Zartheit *f*; Gebrechlichkeit *f.*

frag·ment ['frægmənt] *s* **1.** *literarisches etc* Fragment. **2.** Bruchstück *n*, -teil *m.* '**frag·men·ta·ry** *adj* □ fragmentarisch, bruchstückhaft.

fra·grance ['freɪgrəns] *s* Wohlgeruch *m*, Duft *m.* '**fra·grant** *adj* □ wohlriechend, duftend.

frail [freɪl] *adj* □ zart, schwach (*Gesundheit, Stimme etc*); gebrechlich (*Person*); (*charakterlich od. moralisch*) schwach. '**frail·ty** *s* Zartheit *f*; Gebrechlichkeit *f*; Schwäche *f.*

frame [freɪm] **I** *s* **1.** (*Bilder- etc*)Rahmen *m.* **2.** (*Brillen- etc*)Gestell *n.* **3.** *fig.* Rahmen *m*: ***within the ~ of*** im Rahmen (*gen*). **4.** *bsd.* **~ *of mind*** (Gemüts)Verfassung *f*, (-)Zustand *m.* **II** *v/t* **5.** *Bild etc* (ein)rahmen; *fig.* umrahmen. **6.** *Plan* schmieden, *Politik etc* abstecken. **7.** *a.* **~ *up*** F *Sache* drehen, schaukeln, *Spiel* (vorher) absprechen; *j-m* et. anhängen. **III** *v/i* **8.** sich entwickeln. '**~-up** *s* F **1.** Komplott *n*, Intrige *f.* **2.** abgekartetes Spiel, Schwindel *m.* '**~·work** → ***frame*** 3.

franc [fræŋk] *s* Franc *m*; Franken *m.*

fran·chise ['fræntʃaɪz] *s* **1.** *pol.* Wahlrecht *n.* **2.** ⚚ *bsd. Am.* Konzession *f.*

Fran·co- ['fræŋkəʊ] *in Zssgn* französisch, franko...

frank [fræŋk] **I** *adj* □ offen(herzig), aufrichtig, frei(mütig): ***to be ~, ~ly*** (***speaking***) offen gestanden *od.* gesagt; ***be ~ with s.o.*** ehrlich zu j-m sein. **II** *v/t* ✉ frankieren, (*maschinell a.*) freistempeln: ***~ing machine*** Frankiermaschine *f*, Freistempler *m.*

frank·furt·er ['fræŋkfɜːtə] *s* Frankfurter (Würstchen *n*) *f.*

frank·in·cense ['fræŋkɪnˌsens] *s* Weihrauch *m.*

frank·ness ['fræŋknɪs] *s* Offenheit *f*, Freimütigkeit *f.*

fran·tic ['fræntɪk] *adj* (**~ally**) **1.** außer sich, rasend (**with** vor *dat*). **2.** verzweifelt. **3.** hektisch.

fra·ter·nal [frə'tɜ:nl] *adj* □ brüderlich. **fra'ter·ni·ty** *s* **1.** Brüderlichkeit *f.* **2.** Vereinigung *f*, Zunft *f*: **the medical ~** die Ärzteschaft. **3.** *Am.* (Studenten-)Verbindung *f.* **frat·er·ni·za·tion** [ˌfrætənaɪ'zeɪʃn] *s* Verbrüderung *f.* **'frat·er·nize** *v/i* sich verbrüdern.

fraud [frɔ:d] *s* **1.** ⚖ Betrug *m* (**on** an *dat*); arglistige Täuschung: **obtain by ~** sich *et.* erschleichen. **2.** Schwindel *m* (*a. Sache*). **3.** F Betrüger *m*, Schwindler *m.* **fraud·u·lence** ['~jʊləns] *s* Betrügerei *f.* **'fraud·u·lent** *adj* □ betrügerisch.

fray[1] [freɪ] **I** *v/t a.* **~ out** ausfransen, durchscheuern: **~ed nerves** *pl* verschlissene *od.* strapazierte Nerven *pl.* **II** *v/i a.* **~ out** ausfransen, sich durchscheuern.

fray[2] [~] *s* Rauferei *f*, Schlägerei *f.*

freak [fri:k] **I** *s* **1.** Mißgeburt *f*, Monstrosität *f.* **2.** Grille *f*, Laune *f.* **3.** *sl.* ...freak *m*, ...fanatiker *m.* **4.** *sl.* Freak *m*, irrer Typ. **II** *v/i* **5. ~ out** *sl. allg.* ausflippen (**for, over** bei).

freck·le ['frekl] *s* Sommersprosse *f.* **freck·led** ['~ld] *adj* sommersprossig.

free [fri:] **I** *adj* □ **1.** frei: a) unabhängig, b) selbständig, c) ungebunden, d) ungehindert, e) uneingeschränkt, f) in Freiheit (befindlich): **he is ~ to go** es steht ihm frei zu gehen; **give s.o. a ~ hand** j-m freie Hand lassen; → **set** 13, **will**[1] 1. **2.** frei: a) unbeschäftigt, b) ohne Verpflichtungen, c) unbesetzt. **3.** frei (*nicht wörtlich od. an Regeln gebunden*): **~ translation; ~ skating** (*Eis-, Rollkunstlauf*) Kür(laufen *n*) *f.* **4.** (**from, of**) frei (von), ohne (*acc*): **~ from error** fehlerfrei. **5.** frei, befreit (**from, of** von): **~ from pain** schmerzfrei; **~ of debt** schuldenfrei; → **charge** 9. **6.** ungezwungen, natürlich: → **easy** 7. **7.** offen(herzig), freimütig; unverblümt; dreist; plump-vertraulich: **make ~ with** sich Freiheiten herausnehmen gegen *j-n*; sich (ungeniert) gütlich tun an *e-r Sache.* **8.** frei, kostenlos, unentgeltlich: **~ copy** Freiexemplar *n*; **for ~** F umsonst. **9.** freigebig: **be ~ with** großzügig sein *od.* umgehen mit. **II** *adv* **10.** *allg.* frei. **III** *v/t* **11.** befreien (**from** von, aus) (*a. fig.*). **12.** freilassen.

free·bee, free·bie ['fri:bi:] *s sl. et., was es gratis gibt, z. B.* Freikarte *f.*

'freeˌboot·er *s* Freibeuter *m.*

free·dom ['fri:dəm] *s* **1.** Freiheit *f*: **~ of the press** Pressefreiheit. **2.** Freisein *n*: **~ from pain** Schmerzfreiheit *f.*

free| en·ter·prise *s* freies Unternehmertum. **~ fall** *s* ✈, *phys.* freier Fall. **ˌ~-'hand·ed** *adj* □ freigebig, großzügig. **~ kick** *s Fußball*: Freistoß *m*: (**in**)**direct ~**. **'~·lance I** *s* Freiberufler *m*, Freischaffende *m*; freier Mitarbeiter. **II** *adj* frei(beruflich tätig), freischaffend. **III** *adv* freiberuflich: **work ~** → IV. **IV** *v/i* freiberuflich arbeiten (**for** für). **'~ˌlanc·er** → **freelance** I. **'~·load** *v/i Am.* F schnorren (**off, of** bei), nassauern. **'~ˌload·er** *s Am.* F Schnorrer *m*, Nassauer *m.* **~ mar·ket e·con·o·my** *s* freie Marktwirtschaft. **~ port** *s* Freihafen *m.* **ˌ~-'spo·ken** *adj* □ freimütig, offen. **~ state** *s* Freistaat *m.* **'~·style** (*Sport*) **I** *s* Freistil *m.* **II** *adj* Freistil... **~ trade** *s* Freihandel *m.* **ˌ~-'trade a·re·a** *s* Freihandelszone *f.*

freeze [fri:z] **I** *v/i* (*irr*) **1.** *impers* frieren: **it is freezing hard** es herrscht starker Frost. **2.** frieren: **~ to death** erfrieren; **I am freezing** mir ist eiskalt. **3.** (ge)frieren, zu Eis werden; → **blood** 1. **4.** *a.* **~ up** (*od.* **over**) zufrieren (*See etc*), vereisen (*Windschutzscheibe etc*): **~ (up)** einfrieren (*Türschloß etc*); **~ to** fest- *od.* anfrieren an (*dat*). **5.** *fig.* erstarren. **II** *v/t* (*irr*) **6.** zum Gefrieren bringen. **7.** *Fleisch etc* einfrieren, tiefkühlen. **8.** ⚕ vereisen. **9.** ✝ *Preise etc, pol. diplomatische Beziehungen* einfrieren. **III** *s* **10.** Frost(periode *f*) *m.* **11.** ✝, *pol.* Einfrieren *n*: **~ on wages** Lohnstopp *m.* **'freez·er** *s* a) Tiefkühl-, Gefriergerät *n*, b) Gefrierfach *n* (*e-s Kühlschranks*). **'freez·ing** *adj* **1.** Gefrier..., Kälte...: **~ compartment** → **freezer** b; **~ point** Gefrierpunkt *m.* **2.** eisig kalt, eiskalt.

freight [freɪt] **I** *s* **1.** Fracht(gebühr) *f.* **2.** ⚓ (*Am. a.* ✈, *mot.*) Fracht *f*, Ladung *f.* **II** *v/t* **3.** *Schiff, Am. a. Güterwagen etc* befrachten, beladen. **4.** *Güter* verfrachten. **~ car** *s* 🚂 *Am.* Güterwagen *m.*

freight·er ['freɪtə] *s* Frachter *m*, Frachtschiff *n*; Transportflugzeug *n.*

freight train *s Am.* Güterzug *m.*

French [frentʃ] I *adj* **1.** französisch: ~ ***beans*** *pl* ⚘ *bsd. Br.* grüne Bohnen *pl*; ~ ***fried potatoes,*** F ~ ***fries*** *pl bsd. Am.* Pommes frites *pl*; ~ ***kiss*** Zungenkuß *m*; ***take*** ~ ***leave*** sich (auf) französisch empfehlen; ~ ***letter*** *Br.* F Pariser *m* (*Kondom*); ~ ***window(s*** *pl*) Terrassen-, Balkontür *f.* **II** *s* **2.** ***the*** ~ *pl* die Franzosen *pl.* **3.** *ling.* Französisch *n*: ***in*** ~ auf französisch. ~**·man** ['~mən] *s* (*irr* ***man***) Franzose *m.* '~ˌ**wom·an** *s* (*irr* ***woman***) Französin *f.*

fre·net·ic [frə'netɪk] *adj* (~***ally***) **1.** a) ausgelassen, b) → ***frenzied*** 2. **2.** → ***frenzied*** 3.

fren·zied ['frenzɪd] *adj* **1.** außer sich, rasend (***with*** vor *dat*). **2.** frenetisch (*Geschrei etc*), (*Beifall a.*) rasend. **3.** wild, hektisch. '**fren·zy** *s* **1.** helle Aufregung. **2.** wildes *od.* hektisches Treiben. **3.** Wahnsinn *m*, Raserei *f.*

fre·quen·cy ['fri:kwənsɪ] *s* **1.** Häufigkeit *f.* **2.** ⚡, *phys.* Frequenz *f.* **fre·quent I** *adj* ['fri:kwənt] häufig. **II** *v/t* [frɪ'kwent] häufig besuchen.

fres·co ['freskəʊ] *pl* **-co(e)s** *s* Fresko(gemälde) *n.*

fresh [freʃ] **I** *adj* □ **1.** *allg.* frisch: ~ ***butter*** ungesalzene Butter; ~ ***meat*** Frischfleisch *n*; ~ ***shirt*** sauberes Hemd. **2.** neu: → ***ground***[2] 1, ***start*** 9. **3.** grün, unerfahren: ***be*** ~ ***to*** noch keine Erfahrung haben in (*dat*). **4.** F frech (***with*** zu): ***don't get*** ~ ***with me!*** werd bloß nicht pampig! **II** *adv* **5.** frisch: ~ ***from the oven*** ofenfrisch; ~ ***from the press*** druckfrisch; ~***-laid eggs*** *pl* frisch gelegte Eier *pl.* '**fresh·en I** *v/t* **1.** *mst* ~ ***up*** erfrischen: ~ ***o.s.*** (***up***) sich frisch machen. **2.** ~ ***s.o.*** (***up***) j-m nachgießen *od.* -schenken. **II** *v/i mst* ~ ***up*** **3.** sich frisch machen. **4.** auffrischen (*Wind*). '**fresher** *Br.* F → ***freshman.***

fresh·man ['freʃmən] *s* (*irr* ***man***) Student(in) im ersten Jahr.

fresh·ness ['freʃnɪs] *s* Frische *f.*

fret [fret] **I** *v/t* **1.** *j-m* Sorgen machen. **2.** *j-n* ärgern, reizen. **3.** abscheuern, abnutzen; reiben *od.* scheuern an (*dat*): ~ ***s.o.'s nerves*** an j-s Nerven zerren. **II** *v/i* **4.** sich Sorgen machen (***about, at, for, over*** wegen). **5.** sich ärgern (***about, at, for, over*** über *acc*): ~ ***and fume*** vor Wut schäumen. **6.** sich abscheuern *od.* abnutzen. **III** *s* **7.** ***be in a*** ~ → 4, 5. **fret·ful** ['~fʊl] *adj* □ verärgert, gereizt.

Freud·i·an ['frɔɪdɪən] *adj* Freudsch: ~ ***slip*** Freudsche Fehlleistung.

fri·a·ble ['fraɪəbl] *adj* bröck(e)lig, krümelig.

fric·as·see ['frɪkəsi:] *s gastr.* Frikassee *n*: ~ ***of chicken*** Hühnerfrikassee.

fric·tion ['frɪkʃn] *s* **1.** ⚙, *phys.* Reibung *f.* **2.** *fig.* Reiberei(en *pl*) *f.* **fric·tion·al** ['~ʃənl] *adj* ⚙, *phys.* Reibungs...

Fri·day ['fraɪdɪ] *s* Freitag *m*: ***on*** ~ (am) Freitag; ***on*** ~***s*** freitags.

fridge [frɪdʒ] *s bsd. Br.* F Kühlschrank *m.* ˌ~**-'freez·er** *s bsd. Br.* F Kühl- u. Gefrierkombination *f.*

friend [frend] *s* **1.** Freund(in): ***be*** ~***s with*** befreundet sein mit; ***make*** ~***s with*** sich anfreunden mit; ***make*** ~***s again*** sich wieder vertragen. **2.** Bekannte *m, f.* '**friend·li·ness** *s* Freundlichkeit *f.* '**friend·ly I** *adj* **1.** freundlich (*a. fig. Zimmer etc*). **2.** freundschaftlich: ~ ***game*** (*od.* ***match***) (*Sport*) Freundschaftsspiel *n*; → ***term*** 5. **3.** befreundet (***with*** mit). **II** *s* **4.** *Sport*: F Freundschaftsspiel *n.* '**friend·ship** *s* Freundschaft *f.*

frieze [fri:z] *s* ⚠ Fries *m.*

frig·ate ['frɪgət] *s* ⚓ Fregatte *f.*

frige → ***fridge.***

fright [fraɪt] *s* **1.** Schreck(en) *m*: ***get*** (*od.* ***have***) ***a*** ~ e-n Schreck bekommen, erschrecken; ***get off with a*** ~ mit dem Schrecken davonkommen; ***give s.o. a*** ~ j-m e-n Schrecken einjagen, j-n erschrecken. **2.** ***look a*** ~ F verboten *od.* zum Abschießen aussehen. '**fright·en I** *v/t* **1.** *j-n* erschrecken (***to death*** zu Tode); *j-m* Angst einjagen: ***be*** ~***ed*** erschrecken (***at, by, of*** vor *dat*); Angst haben (***of*** vor *dat*). **2.** *mst* ~ ***away*** (*od.* ***off***) vertreiben, -scheuchen. **II** *v/i* **3.** ~ ***easily*** leicht erschrecken, schreckhaft sein. **fright·ful** ['~fʊl] *adj* □ schrecklich, fürchterlich (*beide a.* F).

frig·id ['frɪdʒɪd] *adj* □ **1.** kalt, frostig, eisig (*alle a. fig.*). **2.** *psych.* frigid. **fri'gid·i·ty** *s* **1.** Kälte *f*, Frostigkeit *f* (*beide a. fig.*). **2.** *psych.* Frigidität *f.*

frill [frɪl] *s* **1.** Krause *f*, Rüsche *f.* **2.** *pl* Verzierungen *pl*, Kinkerlitzchen *pl.*

fringe [frɪndʒ] **I** *s* **1.** Franse *f*, Besatz *m.* **2.** Rand *m*, Einfassung *f*, Umrandung *f.* **II** *v/t* **3.** mit Fransen besetzen. **4.** umsäumen. **~ ben·e·fits** *s pl* ✝ (Gehalts-, Lohn)Nebenleistungen *pl.* **~ group** *s sociol.* Randgruppe *f.*

frisk [frɪsk] **I** *v/i* herumtollen. **II** *v/t* F *j-n* filzen, durchsuchen. **'frisk·y** *adj* ☐ **1.** lebhaft, munter. **2.** ausgelassen.

frit·ter ['frɪtə] *v/t mst* **~ away** *Geld, Gelegenheit* vertun, *Zeit a.* vertrödeln, *Geld, Kräfte* vergeuden.

fri·vol·i·ty [frɪ'vɒlətɪ] *s* Frivolität *f*: a) Leichtsinnigkeit *f*, -fertigkeit *f*, Oberflächlichkeit *f*, b) leichtfertige Rede *od.* Handlung. **friv·o·lous** ['~ələs] *adj* ☐ **1.** frivol, leichtfertig, -sinnig. **2.** nicht ernst zu nehmen(d).

friz·zy ['frɪzɪ] *adj* gekräuselt, kraus: **~ *hair*** Kraushaar *n.*

fro [frəʊ] *adv*: → ***to.***

frock [frɒk] *s* **1.** (Mönchs)Kutte *f.* **2.** (Kinder-, Arbeits)Kittel *m.* **3.** Kleid *n.*

frog [frɒg] *s zo.* Frosch *m*: ***have a ~ in the*** (*od.* ***one's***) ***throat*** *fig.* e-n Frosch im Hals haben. **~·man** ['~mən] *s* (*irr* ***man***) Froschmann *m*, ⚔ *a.* Kampfschwimmer *m.*

frol·ic ['frɒlɪk] *v/i pret u. pp* **-icked** *a.* **~ *about*** (*od.* ***around***) herumtoben, -tollen. **frol·ic·some** ['~səm] *adj* ☐ ausgelassen, übermütig.

from [frɒm] *prp* **1.** von, aus, von ... aus *od.* her: ***he took it ~ me*** er nahm es mir weg; **~ *what he said*** nach dem, was er sagte. **2.** von (... an), seit: **~ *2 to 4 o'clock*** von 2 bis 4 Uhr; **~ *day to day*** von Tag zu Tag. **3.** von ... an: **~ *£5*** von 5 Pfund an (aufwärts). **4.** (weg *od.* entfernt) von. **5.** von (*Wandlung*): **~ *dishwasher to millionaire*** vom Tellerwäscher zum Millionär. **6.** von (*Unterscheidung*): ***he does not know black ~ white*** er kann Schwarz u. Weiß nicht auseinanderhalten. **7.** von (*Geben etc*): ***a letter ~ his son.*** **8.** aus, vor (*dat*), an (*dat*) (*Grund*): ***he died ~ fatigue*** er starb vor Erschöpfung.

front [frʌnt] **I** *s* **1.** *allg.* Voder-, Stirnseite *f*, Front *f*: ***at the ~*** auf der Vorderseite, vorn. **2.** ⚠ (Vorder)Front *f*, Fassade *f* (*a. fig.* F): ***maintain a ~*** den Schein wahren. **3.** ⚔ Front *f*: ***to the ~*** an die Front; ***on all ~s*** an allen Fronten (*a. fig.*). **4.** Vordergrund *m*: ***in ~*** an der *od.* die Spitze, vorn; ***in ~ of*** vor (*dat*); ***to the ~*** nach vorn. **5.** *fig.* Bereich *m*, Sektor *m*: ***on the educational ~*** auf dem Erziehungssektor. **6.** *fig.* Frechheit *f*, Unverschämtheit *f*: ***have the ~ to do s.th.*** die Stirn haben, et. zu tun. **7.** *meteor.* Front *f.* **II** *adj* **8.** Front..., Vorder...: **~ *entrance*** Vordereingang *m*; **~ *row*** vorder(st)e Reihe; **~ *tooth*** Vorderzahn *m.* **III** *v/t* **9.** gegenüberstehen, -liegen: ***the windows ~ the street*** die Fenster gehen auf die Straße (hinaus). **IV** *v/i* **10.** **~ *on*** (*od.* ***to, toward***[***s***]) → 9. **'front·age** *s* ⚠ (Vorder)Front *f.* **'fron·tal** *adj* **1.** Frontal... **2.** *anat.*, ⚙ Stirn...

ˌfront|'bench·er *s parl. Br.* führendes Fraktionsmitglied. **~ door** *s* Haus-, Vordertür *f*: ***by*** (*od.* ***through***) ***the ~*** *fig.* direkt, ohne Umschweife; legal.

fron·tier ['frʌnˌtɪə] **I** *s* Grenze *f* (*a. fig.*). **II** *adj* Grenz...: **~ *town.***

front| line *s* ⚔ Front(linie) *f*: ***be in the ~*** an vorderster Front stehen (*a. fig.*). **~ page** *s* erste Seite, Titelseite *f* (*e-r Zeitung*): ***hit the ~s*** Schlagzeilen machen. **'~-page** *adj* wichtig, aktuell: **~ *news.*** **~ pas·sen·ger** *s mot.* Beifahrer(in). **'~-ˌpas·sen·ger seat** *s mot.* Beifahrersitz *m.* **~ rank** *s*: ***be in the ~*** *fig.* zur Spitze gehören *od.* zählen. **'~-seat pas·sen·ger** *s mot.* Beifahrer(in). **'~-wheel drive** *s* ⚙ Vorderrad-, Frontantrieb *m.*

frost [frɒst] **I** *s* **1.** Frost *m.* **2.** Reif *m.* **II** *v/t* **3.** mit Reif überziehen. **4.** ⚙ *Glas* mattieren: **~*ed glass*** Matt-, Milchglas *n.* **5.** *gastr. bsd. Am.* glasieren, mit Zuckerguß überziehen; mit (Puder)Zucker bestreuen. **'~·bite** *s* Erfrierung *f.* **'~-ˌbit·ten** [~tn] *adj* erfroren.

frost·ing ['frɒstɪŋ] *s gastr. bsd. Am.* Zuckerguß *m*, Glasur *f.* **'frost·y** *adj* ☐ **1.** eisig, frostig (*beide a. fig.*). **2.** mit Reif bedeckt. **3.** (eis)grau: **~ *hair.***

froth [frɒθ] **I** *s* Schaum *m.* **II** *v/t a.* **~ *up*** zum Schäumen bringen; zu Schaum schlagen. **III** *v/i* schäumen. **'froth·y** *adj* ☐ **1.** schaumig; schäumend. **2.** *fig.* seicht.

frown [fraʊn] **I** *v/i* die Stirn runzeln (***at*** über *acc*) (*a. fig.*): **~ *on*** *et.* mißbilligen. **II** *s* Stirnrunzeln *n*: ***with a ~*** stirnrunzelnd.

frowst [fraʊst] *s bsd. Br.* F Mief *m*: ***there's a ~ in here*** hier mieft es.

'**frowst·y** *adj bsd. Br.* F miefig, vermieft.

frowz·y ['fraʊzɪ] *adj* **1.** schlampig, ungepflegt. **2.** muffig.

froze [frəʊz] *pret von* **freeze.** '**fro·zen I** *pp von* **freeze. II** *adj* Gefrier...: **~ meat; ~ food** Tiefkühlkost *f.*

fru·gal ['fruːgl] *adj* □ **1.** sparsam: a) haushälterisch (**of** mit, in *dat*), b) wirtschaftlich (*Auto etc*). **2.** genügsam, bescheiden. **3.** einfach, bescheiden (*Mahlzeit*).

fruit [fruːt] *s* **1.** Frucht *f.* **2.** *coll.* a) Früchte *pl*: **bear ~** Früchte tragen (*a. fig.*), b) Obst *n.* **3.** *mst pl fig.* Früchte *pl.* '**~·cake** *s* englischer Kuchen. **~ cock·tail** *s* Frucht-, Früchtecocktail *m.*

fruit·er·er ['fruːtərə] *s bsd. Br.* Obsthändler *m.* **fruit·ful** ['~fʊl] *adj* □ **1.** fruchtbar (*a. fig.*). **2.** *fig.* erfolgreich.

fru·i·tion [fruː'ɪʃn] *s*: **bring to ~** verwirklichen; **come to ~** sich verwirklichen; Früchte tragen.

fruit knife *s* (*irr* **knife**) Obstmesser *n.*

fruit·less ['fruːtlɪs] *adj* □ **1.** unfruchtbar. **2.** *fig.* frucht-, erfolglos.

fruit| ma·chine *s Br.* (Geld)Spielautomat *m.* **~ sal·ad** *s* Obstsalat *m.* **~ tree** *s* Obstbaum *m.*

fruit·y ['fruːtɪ] *adj* **1.** fruchtartig. **2.** fruchtig (*Wein*). **3.** *Br.* F saftig, gepfeffert (*Witz etc*). **4.** *Am.* F schmalzig: **~ song** Schnulze *f.*

frump [frʌmp] *s*: **old ~** alte Schachtel.

frus·trate [frʌ'streɪt] *v/t* **1.** *Plan etc* vereiteln, durchkreuzen; *Hoffnungen* zunichte machen. **2.** *j-n* frustrieren. **frus'tra·tion** *s* **1.** Vereit(e)lung *f*, Durchkreuzung *f.* **2.** Frustration *f* (*a. psych.*).

fry[1] [fraɪ] *v/t u. v/i* braten: **fried eggs** *pl* Spiegeleier *pl*; **fried potatoes** *pl* Bratkartoffeln *pl.*

fry[2] [~] *s*: **small ~** ein kleiner Fisch, kleine Fische *pl* (*Person*[*en*]).

fry·ing pan ['fraɪɪŋ] *s* Bratpfanne *f*: **jump** (*od.* **leap**) **out of the ~ into the fire** *fig.* vom Regen in die Traufe kommen.

fuck [fʌk] *v/t u. v/i* V ficken, vögeln: **~ off!** verpiß dich! '**fuck·ing** *adj* V Scheiß..., verflucht.

fud·dled ['fʌdld] *adj* F **1.** benebelt. **2.** verwirrt, durcheinander.

fuel [fjʊəl] *s* Brennstoff *m*: a) Heiz-, Brennmaterial *n*, b) *mot. etc* Treib-, Kraftstoff *m*: **~ ga(u)ge** Benzinuhr *f*; **~ injection engine** Einspritzmotor *m*; **add ~ to the fire** (*od.* **flames**) *fig.* Öl ins Feuer gießen.

fug [fʌg], '**fug·gy** → **frowst, frowsty.**

fu·gi·tive ['fjuːdʒətɪv] **I** *s* a) Flüchtige *m*, b) *pol. etc* Flüchtling *m*, c) Ausreißer *m*. **II** *adj* flüchtig: a) entflohen, b) *fig.* vergänglich.

ful·fil, *Am. a.* **ful·fill** [fʊl'fɪl] *v/t Bedingung, Versprechen etc* erfüllen, *Befehl etc* ausführen: **~ o.s.** sich (selbst) verwirklichen; **be fulfilled** sich erfüllen. **ful'fil(l)·ment** *s* Erfüllung *f*, Ausführung *f.*

full [fʊl] **I** *adj* (□ → **fully**) **1.** *allg.* voll: **~ of** voll von, voller; → **stomach** 1. **2.** voll, ganz: **a ~ hour** e-e volle *od.* geschlagene Stunde. **3.** voll (*Gesicht*), vollschlank (*Figur*). **4.** voll, besetzt: **~ (up)** (voll) besetzt (*Bus etc*); **house ~!** *thea.* ausverkauft! **5.** *fig.* (ganz) erfüllt (**of** von): **~ of o.s.** (ganz) von sich eingenommen. **6.** reichlich (*Mahlzeit*). **7.** voll, unbeschränkt: **~ power** Vollmacht *f*; **have ~ power to do s.th.** bevollmächtigt sein, et. zu tun. **8.** voll(berechtigt): **~ member** Vollmitglied *n.* **9.** *a.* **~ up** F voll, satt. **II** *adv* **10.** völlig, ganz: **know ~ well that** ganz genau wissen, daß. **11. ~ out** mit Vollgas *fahren*, auf Hochtouren *arbeiten.* **III** *s* **12. in ~** vollständig, ganz: **spell** (*od.* **write**) **in ~** ausschreiben; **to the ~** vollständig, bis ins letzte *od.* kleinste.

full| age *s*: **of ~** ⚖ mündig, volljährig. '**~·back** *s Fußball*: (Außen)Verteidiger *m.* ˌ**~-'blood·ed** *adj* **1.** vollblütig, Vollblut... (*beide a. fig.*). **2.** eindringlich (*Argument etc*). ˌ**~-'blown** *adj* **1.** ⚘ ganz aufgeblüht. **2.** voll entwickelt, ausgereift (*Idee etc*). **3.** ausgemacht (*Skandal etc*). ˌ**~-'fledged** *bsd. Am.* → **fully fledged.** ˌ**~-'grown** *adj* ausgewachsen. ˌ**~-'length** *adj* **1.** in voller Größe, lebensgroß. **2.** abendfüllend (*Film*); ausgewachsen (*Roman*). **~ moon** *s* Vollmond *m*: **at ~** bei Vollmond.

full·ness ['fʊlnɪs] *s* (♪ Klang)Fülle *f*: **feeling of ~** Völlegefühl *n.*

'**full|-page** *adj* ganzseitig. '**~-scale** *adj* **1.** in Originalgröße, im Maßstab 1:1. **2.** *fig.* großangelegt, Groß... **~ stop** *s ling.* Punkt *m.* '**~-time I** *adj* ganztägig,

Ganztags... **II** *adv* ganztags: ***work ~.***

ful·ly ['fʊlɪ] *adv* voll, völlig, ganz: ***~ automatic*** vollautomatisch; ***~ two hours*** volle *od.* geschlagene zwei Stunden. **~ fledged** *adj* **1.** flügge (*Vogel*). **2.** *fig.* richtig.

ful·mi·nate ['fʌlmɪneɪt] *v/i* donnern, wettern (***against, at*** gegen).

ful·ness *bsd. Am.* → ***fullness.***

ful·some ['fʊlsəm] *adj* □ übertrieben; überschwenglich (*Lob etc*).

fum·ble ['fʌmbl] **I** *v/i a.* ***~ about*** (*od.* ***around***) herumtappen, -tasten; (herum)fummeln (***at*** an *dat*); ungeschickt umgehen (***with*** mit); tastend suchen (***for, after*** nach): ***~ in one's pockets*** in s-n Taschen (herum)wühlen; ***~ for words*** nach Worten suchen. **II** *v/t* verpatzen. '**fum·bler** *s* Patzer(in).

fume [fju:m] **I** *s* **1.** *oft pl* Dampf *m*, Rauch *m*. **II** *v/i* **2.** dampfen, rauchen. **3.** *fig.* wütend *od.* aufgebracht sein (***at*** über *acc*).

fu·mi·gate ['fju:mɪgeɪt] *v/t* ausräuchern.

fun [fʌn] *s* Spaß *m*: ***for ~*** aus *od.* zum Spaß; ***in ~*** im *od.* zum Scherz; ***make ~ of*** sich lustig machen über (*acc*); → ***poke*** 4.

func·tion ['fʌŋkʃn] **I** *s* **1.** *allg.* Funktion *f*: ***out of ~*** ⚙ außer Betrieb. **II** *v/i* **2.** ***~ as*** tätig sein *od.* fungieren als; dienen als (*Sache*). **3.** ⚙ *etc* funktionieren. '**func·tion·al** *adj* □ **1.** *allg.* funktionell, Funktions...: ***~ disorder*** ⚕ Funktionsstörung *f*. **2.** zweckbetont, -mäßig, praktisch. '**func·tion·ar·y** *s bsd. pol.* Funktionär *m*.

fund [fʌnd] *s* **1.** ✝ Kapital *n*, Vermögen *n*; Fonds *m*. **2.** *pl* ✝ (Geld)Mittel *pl*: ***no ~s*** (*Scheck*) keine Deckung; ***be in*** (***out of***) ***~s*** (nicht) bei Kasse sein, zahlungs(un)fähig sein. **3.** *fig.* Vorrat *m* (***of*** an *dat*).

fun·da·men·tal [ˌfʌndə'mentl] **I** *adj* (□ → ***fundamentally***) **1.** grundlegend, wesentlich, fundamental (***to*** für). **2.** grundsätzlich, elementar. **3.** Grund..., Fundamental...: ***~ research*** Grundlagenforschung *f*. **II** *s* **4.** Grundlage *f*, -prinzip *n*, -begriff *m*. ˌ**fun·da**'**men·tal·ly** *adv* im Grunde, im wesentlichen.

fu·ner·al ['fju:nərəl] **I** *s* Begräbnis *n*, Beerdigung *f*: ***that's your ~*** F das ist dein Problem. **II** *adj* Begräbnis...: ***~ march*** ♪ Trauermarsch *m*; ***~ parlo(u)r*** Leichenhalle *f*; ***~ service*** Trauergottesdienst *m*.

'**fun·fair** *s bsd. Br.* Vergnügungspark *m*, Rummelplatz *m*.

fun·gus ['fʌŋgəs] *pl* **-gi** ['~gaɪ], **-gus·es** *s* ⚘ Pilz *m*, Schwamm *m*.

fu·nic·u·lar (**rail·way**) [fju:'nɪkjʊlə] *s* (Draht)Seilbahn *f*.

funk [fʌŋk] F **I** *s* Schiß *m*, Bammel *m*: ***be in a blue ~ of*** e-n mächtigen Schiß *od.* Bammel haben vor (*dat*). **II** *v/t* kneifen *od.* sich drücken vor (*dat*).

fun·nel ['fʌnl] *s* **1.** Trichter *m*. **2.** ⚓, 🚂 Schornstein *m*.

fun·nies ['fʌnɪz] *s pl bsd. Am.* F *Zeitung*: Comics *pl*; Comic-Teil *m*.

fun·ny ['fʌnɪ] *adj* □ komisch: a) spaßig, lustig, b) sonderbar, merkwürdig. **~ bone** *s anat.* Musikantenknochen *m*.

fur [fɜ:] *s* **1.** Pelz *m*, Fell *n*: ***make the ~ fly*** *fig.* Stunk machen (*Person*), (*a. Sache*) für helle Aufregung sorgen. **2.** a) Pelzfutter *n*, -besatz *m*: ***~ collar*** Pelzkragen *m*, b) *a.* ***~ coat*** Pelzmantel *m*.

fur·bish ['fɜ:bɪʃ] *v/t* **1.** polieren, blank reiben. **2.** *oft* ***~ up*** herrichten, *Gebäude etc a.* renovieren; *fig. Kenntnisse* auffrischen.

fu·ri·ous ['fjʊərɪəs] *adj* □ **1.** wütend, zornig (***with*** *s.o.* auf, über *acc*; ***at*** *s.th.* über *acc*). **2.** wild, heftig (*Kampf etc*).

furl [fɜ:l] *v/t Fahne, Transparent etc* auf-, einrollen, *Schirm* zs.-rollen.

fur·nace ['fɜ:nɪs] *s* ⚙ (Schmelz-, Hoch-) Ofen *m*.

fur·nish ['fɜ:nɪʃ] *v/t* **1.** versorgen, ausrüsten, -statten (***with*** mit): ***~ s.o. with s.th.*** *a.* j-n mit et. beliefern. **2.** *Informationen etc* liefern: ***~ proof*** den Beweis liefern *od.* erbringen. **3.** *Wohnung etc* einrichten, möblieren: ***~ed room*** möbliertes Zimmer. '**fur·nish·ings** *s pl* Einrichtung *f*, Mobiliar *n*.

fur·ni·ture ['fɜ:nɪtʃə] *s* Möbel *pl*: ***piece of ~*** Möbelstück *n*; → ***stick***[1] 4.

furred [fɜ:d] *adj* **1.** Pelz... **2.** mit Pelz besetzt. **3.** ⚕ belegt (*Zunge*).

fur·row ['fʌrəʊ] **I** *s* **1.** (Acker)Furche *f*. **2.** Runzel *f*, Furche *f*. **II** *v/t* **3.** *Land* furchen; *Wasser* durchfurchen. **4.** *Gesicht, Stirn* furchen, runzeln.

fur·ther ['fɜ:ðə] **I** *adv* **1.** *comp von* ***far.*** **2.** *fig.* mehr, weiter. **3.** *fig.* ferner, weiterhin. **4.** → ***farther*** 4. **II** *adj* **5.** *fig.* weiter: ***~ education*** *Br.* Fort-, Weiterbildung *f*; ***anything ~?*** (sonst) noch etwas? **6.** → ***farther*** 2. **III** *v/t* **7.** fördern, unterstützen. **ˌfur·ther'more** → ***further*** 3. **'fur·ther·most** *adj fig.* äußerst. **fur·thest** ['~ðɪst] **I** *adj* **1.** *sup von* ***far.*** **2.** *fig.* weitest, meist: ***at*** (***the***) ***~*** höchstens. **3.** → ***farthest*** 2. **II** *adv* **4.** *fig.* am weitesten, am meisten. **5.** → ***farthest*** 4.

fur·tive ['fɜːtɪv] *adj* □ heimlich, (*Blick a.*) verstohlen.

fu·ry ['fjʊərɪ] *s* Wut *f*, Zorn *m*: ***for ~*** vor lauter Wut; ***fly into a ~*** wütend *od.* zornig werden.

fuse [fjuːz] **I** *s* **1.** Zünder *m*. **2.** ⚡ Sicherung *f*: ***~ box*** Sicherungskasten *m*. **II** *v/t* **3.** *phys.*, ⚙ schmelzen. **4.** *fig.* verschmelzen, ✝, *pol. a.* fusionieren. **III** *v/i* **5.** ⚙ schmelzen. **6.** *fig.* verschmelzen, ✝, *pol. a.* fusionieren.

fu·se·lage ['fjuːzəlɑːʒ] *s* (Flugzeug-) Rumpf *m*.

fu·sion ['fjuːʒn] *s* **1.** *phys.*, ⚙ Schmelzen *n*. **2.** *biol.*, *opt.*, *phys.* Fusion *f*: ***~ bomb*** Wasserstoffbombe *f*. **3.** *fig.* Verschmelzung *f*, ✝, *pol. a.* Fusion *f*.

fuss [fʌs] **I** *s* **1.** (unnötige) Aufregung: ***get into a ~*** → 3. **2.** Wirbel *m*, Theater *n*: ***make a ~*** → 4. **II** *v/i* **3.** sich (unnötig) aufregen (***about*** über *acc*): ***don't ~!*** nur keine Aufregung. **4.** viel Wirbel machen (***about, over*** um). **5.** ***~ about*** (*od.* ***around***) herumfuhrwerken. **'~ˌbudg·et** *s Am.* F, **'~·pot** *s* F Kleinlichkeitskrämer *m*. **fuss·y** ['fʌsɪ] *adj* □ **1.** (unnötig) aufgeregt. **2.** kleinlich, pedantisch. **3.** heikel, wählerisch (***about*** in *dat*).

fust·y ['fʌstɪ] *adj* □ **1.** mod(e)rig, muffig. **2.** *fig.* verstaubt, -altet; rückständig.

fu·tile ['fjuːtaɪl] *adj* □ **1.** nutzlos, vergeblich. **2.** unbedeutend, geringfügig. **fu·til·i·ty** [~'tɪlətɪ] *s* **1.** Nutzlosigkeit *f*. **2.** Geringfügigkeit *f*.

fu·ture ['fjuːtʃə] **I** *s* **1.** Zukunft *f*: ***in ~*** in Zukunft. **2.** *ling.* Futur *n*, Zukunft *f*. **II** *adj* **3.** (zu)künftig, Zukunfts... **4.** *ling.* futurisch: ***~ perfect*** Futurum *n* exaktum, zweites Futur; ***~ tense*** → 2.

fuze *bsd. Am.* → ***fuse.***

fuzz¹ [fʌz] *s* feiner Flaum.

fuzz² [~] *s sl.* Bulle *m* (*Polizist*): ***the ~*** *coll.* die Bullen.

fuzz·y ['fʌzɪ] *adj* □ **1.** flaumig. **2.** kraus, wuschelig. **3.** unscharf, verschwommen.

G

gab [gæb] *s* F Gequassel *n*, Gequatsche *n*: ***have the gift of the ~*** (*Am.* ***of ~***) ein flottes Mundwerk haben.

gab·ble ['gæbl] **I** *v/i* **1.** *a.* ***~ away*** brabbeln. **2.** schnattern (*Gänse*). **II** *v/t* **3.** *Gebet etc* herunterleiern, -rasseln. **4.** *et.* brabbeln. **III** *s* **5.** Gebrabbel *n*. **6.** Geschnatter *n*.

gab·er·dine [ˌgæbə'diːn] *s* Gabardine *m*.

ga·ble ['geɪbl] *s* Giebel *m*: ***~ window*** Giebelfenster *n*. **'ga·bled** *adj* Giebel...

gad [gæd] *v/i*: ***~ about*** (*od.* ***around***) (viel) unterwegs sein (in *dat*); (viel) herumkommen (in *dat*); sich herumtreiben (in *dat*).

gadg·et ['gædʒɪt] *s* ⚙ F Apparat *m*, Gerät *n*; *oft contp.* technische Spielerei.

Gael·ic ['geɪlɪk] **I** *s ling.* Gälisch *n*. **II** *adj* gälisch: ***~ coffee*** Irish coffee *m*.

gaff [gæf] *s sl.*: ***blow the ~*** alles verraten, plaudern; ***blow the ~ on s.th.*** et. ausplaudern.

gaffe [gæf] *s* Fauxpas *m*, *bsd.* taktlose Bemerkung.

gag [gæg] **I** *v/t* **1.** knebeln (*a. fig.*). **2.** *fig.* mundtot machen. **II** *s* **3.** Knebel *m* (*a. fig.*). **4.** F Gag *m*.

ga·ga ['gɑːgɑː] *adj sl.* verkalkt, -trottelt; plemplem.

gage *Am.* → ***gauge.***

gag·gle ['gægl] **I** *v/i* **1.** schnattern (*Gänse*) (*a. fig.*). **II** *s* **2.** Geschnatter *n* (*a. fig.*). **3.** Gänseherde *f*; F schnatternde Schar.

gai·e·ty ['geɪətɪ] *s* **1.** Fröhlichkeit *f.* **2.** *oft pl* Vergnügung *f.*

gain [geɪn] **I** *v/t* **1.** *Zeit, j-s Vertrauen etc* gewinnen: → **ground²** 2, **upper** I. **2.** erreichen, erwerben, *Erfahrungen* sammeln: → **advantage. 3.** *j-m et.* einbringen, -tragen. **4.** zunehmen an (*dat*): **~ speed** schneller werden; **he ~ed 10 pounds** er nahm 10 Pfund zu; → **weight** 1. **5.** vorgehen (um) (*Uhr*). **II** *v/i* **6.** Einfluß *od.* Boden gewinnen. **7.** zunehmen (**in** an *dat*). **8.** vorgehen (**by two minutes** zwei Minuten) (*Uhr*). **III** *s* **9.** Gewinn (**to** für) (*a.* ✝). **10.** Zunahme *f* (**in** an *dat*): **~ in weight** Gewichtszunahme. **gain·ful** ['~fʊl] *adj* □ einträglich, gewinnbringend: **~ employment** Erwerbstätigkeit *f*; **~ly employed** erwerbstätig. **'gain·ings** *s pl* Gewinn(e *pl*) *m.*

gait [geɪt] *s* **1.** Gang(art *f*) *m.* **2.** Gangart *f* (*des Pferdes*).

gal [gæl] *s* F Mädchen *n.*

ga·la ['gɑːlə] **I** *adj* **1.** festlich, Gala... **II** *s* **2.** Festlichkeit *f.* **3.** Gala(veranstaltung) *f.*

ga·lac·tic [gə'læktɪk] *adj ast.* Milchstraßen..., galaktisch.

gal·ax·y ['gæləksɪ] *s ast.* Milchstraße *f.*

gale [geɪl] *s* Sturm *m* (*a. fig.* F): **a ~ of laughter** e-e Lachsalve, stürmisches Gelächter.

gall¹ [gɔːl] **I** *s* **1.** wund geriebene *od.* gescheuerte Stelle. **II** *v/t* **2.** wund reiben *od.* scheuern. **3.** *fig.* (ver)ärgern.

gall² [~] *s* **1.** Bitterkeit *f*, Erbitterung *f.* **2.** F Frechheit *f.*

gal·lant ['gælənt] *adj* □ **1.** tapfer. **2.** prächtig, stattlich. **3.** galant. **'gal·lant·ry** *s* **1.** Tapferkeit *f.* **2.** Galanterie *f.*

gall blad·der *s anat.* Gallenblase *f.*

gal·ler·y ['gælərɪ] *s* **1.** ⚠ Galerie *f*, Empore *f* (*in Kirchen*). **2.** *thea.* Galerie *f* (*a. Publikum*): **play to the ~** für die Galerie spielen (*a. weitS.*). **3.** (*Gemälde- etc-*) Galerie *f.*

gal·ley ['gælɪ] *s* **1.** ⚓ *hist.* Galeere *f.* **2.** ⚓ Kombüse *f.*

Gal·li·cism ['gælɪsɪzəm] *s ling.* Gallizismus *m.*

gal·lon ['gælən] *s* Gallone *f* (*GB*: *4,55 l*, *USA*: *3,79 l*).

gal·lop ['gæləp] **I** *v/i* galoppieren (*a. Pferd*), (im) Galopp reiten: **~ing inflation** ✝ galoppierende Inflation. **II** *s* Galopp *m*: **at a ~** im Galopp.

gal·lows ['gæləʊz] *pl* **-lows·es, -lows** *s* Galgen *m.* **~ bird** *s* F Galgenvogel *m.* **~ hu·mo(u)r** *s* Galgenhumor *m.*

'gall·stone *s* ⚕ Gallenstein *m.*

Gal·lup poll ['gæləp] *s* Meinungsumfrage *f.*

ga·lore [gə'lɔː] *adv* F in rauhen Mengen: **money ~** Geld wie Heu.

ga·lumph [gə'lʌmf] *v/i* F stampfen, stapfen.

gal·va·nize ['gælvənaɪz] *v/t* **1.** ⚙ galvanisieren. **2.** *fig.* elektrisieren.

gam·ble ['gæmbl] **I** *v/i* (um Geld) spielen: **~ with s.th.** *fig.* mit et. spielen, et. aufs Spiel setzen. **II** *v/t mst* **~ away** verspielen (*a. fig.*). **III** *s* Hasardspiel *n* (*a. fig.*), Glücksspiel *n.* **'gam·bler** *s* **1.** (Glücks)Spieler *m.* **2.** *fig.* Hasardeur *m.* **'gam·bling** *adj* Spiel...: **~ casino; ~ den** Spielhölle *f.*

gam·bol ['gæmbl] **I** *v/i pret u. pp* **-boled,** *bsd.Br.* **-bolled** (herum)tanzen, (-)hüpfen, Freuden- *od.* Luftsprünge machen. **II** *s* Freuden-, Luftsprung *m.*

game [geɪm] **I** *s* **1.** (*Karten-, Ball- etc-*) Spiel *n*: **play the ~** sich an die Spielregeln halten (*a. fig.*); → **chance** 1, **skill** 1. **2.** (*einzelnes*) *Spiel*: **a ~ of chess** e-e Partie Schach. **3.** *fig.* Spiel *n*, Plan *m*: **the ~ is up** das Spiel ist aus; **play a double ~** ein doppeltes Spiel treiben; **beat s.o. at his own ~** j-n mit s-n eigenen Waffen schlagen. **4.** F Branche *f*: **be in the advertising ~** in Werbung machen. **5.** *pl ped.* Sport *m.* **6.** Wild(bret) *n.* **II** *adj* □ **7.** mutig. **8.** a) aufgelegt (**for** zu): **be ~ to do s.th.** dazu aufgelegt sein, et. zu tun, b) bereit (**for** zu; **to do** zu tun). **'~ˌkeep·er** *s bsd. Br.* Wildhüter *m.* **~ park** *s* Wildpark *m.* **~ pre·serve** *s* Wildgehege *n.*

gam·ma rays ['gæmə] *s pl phys.* Gammastrahlen *pl.*

gam·mon ['gæmən] *s* schwachgepökelter *od.* -geräucherter Schinken.

gamp [gæmp] *s Br.* F (*bsd.* großer) Regenschirm.

gam·ut ['gæmət] *s* **1.** ♪ Tonleiter *f.* **2.** *fig.* Skala *f.*

gan·der ['gændə] *s* Gänserich *m.*

gang [gæŋ] **I** *s* **1.** (Arbeiter)Kolonne *f*, (-)Trupp *m.* **2.** Gang *f*, Bande *f.* **3.** Clique *f* (*a. contp.*). **4.** *contp.* Horde *f*. **II** *v/i* **5.** *mst* **~ up** sich zs.-tun, *bsd. contp.* sich zs.-rotten: **~ up against** (*od.* **on**) sich verbünden *od.* verschwören gegen.

gan·grene ['gæŋgri:n] *s* ⚕ Brand *m*.

gang·ster ['gæŋstə] *s* Gangster *m*, Verbrecher *m*.

'gang·way *s* **1.** Durchgang *m*, Passage *f*. **2.** ⚓, ✈ Gangway *f*. **3.** *Br. thea. etc* (Zwischen)Gang *m*.

gaol [dʒeɪl], *etc bsd. Br.* → **jail,** *etc.*

gap [gæp] *s* **1.** Lücke *f* (*a. fig.*): **fill in a ~ in one's education** e-e Bildungslücke schließen. **2.** *fig.* Kluft *f*.

gape [geɪp] **I** *v/i* **1.** den Mund aufreißen (*vor Staunen etc*). **2.** (mit offenem Mund) gaffen *od.* glotzen: **~ at s.o.** j-n angaffen *od.* anglotzen. **II** *s* **3.** Gaffen *n*, Glotzen *n*. **4.** gähnender Abgrund. **'gap·ing** *adj* □ **1.** gaffend, glotzend. **2.** klaffend (*Wunde*), gähnend (*Abgrund*).

ga·rage ['gærɑ:dʒ] **I** *s* **1.** Garage *f*. **2.** Reparaturwerkstätte *f* (u. Tankstelle *f*). **II** *v/t* **3.** *Auto* in die Garage fahren.

gar·bage ['gɑ:bɪdʒ] *s* **1.** *bsd. Am.* Abfall *m*, Müll *m*: **~ can** Abfall-, Mülleimer *m*; Abfall-, Mülltonne *f*; **~ chute** Müllschlucker *m*; **~ collection** Müllabfuhr *f*; **~ collector** (*od.* **man**) Müllmann *m*; **~ truck** Müllwagen *m*. **2.** *fig.* Schund *m*; Unfug *m*.

gar·ble ['gɑ:bl] *v/t Text etc* durcheinanderbringen; (*durch Auslassungen etc*) verfälschen.

gar·den ['gɑ:dn] **I** *s* **1.** Garten *m*. **2.** *oft pl* Garten(anlagen *pl*) *m*: → **botanical, zoological. II** *adj* **3.** Garten...: **~ center** (*bsd. Br.* **centre**) Gartencenter *n*; **~ city** *Br.* Gartenstadt *f*; **~ party** Gartenfest *n*, -party *f*; **lead s.o. up the ~ path** j-n hinters Licht führen; **~ suburb** *Br.* Gartenvorstadt *f*. **III** *v/i* **4.** im Garten arbeiten. **'gar·den·er** *s* Gärtner(in). **'gar·den·ing** *s* Gartenarbeit *f*.

gar·gan·tu·an [gɑ:'gæntjʊən] *adj* riesig, gewaltig.

gar·gle ['gɑ:gl] **I** *v/t* **1.** gurgeln mit. **II** *v/i* **2.** gurgeln (**with** mit). **III** *s* **3.** Gurgeln *n*: **have a ~** gurgeln. **4.** Gurgelmittel *n*.

gar·ish ['geərɪʃ] *adj* □ grell (*Licht*), (*Farben a.*) schreiend, (*Parfüm*) aufdringlich.

gar·land ['gɑ:lənd] **I** *s* Girlande *f*, (*a. Sieges*)Kranz *m*. **II** *v/t* bekränzen.

gar·lic ['gɑ:lɪk] *s* ♀ Knoblauch *m*.

gar·ment ['gɑ:mənt] *s* Kleidungsstück *n*, *pl a.* Kleidung *f*.

gar·net ['gɑ:nɪt] *s min.* Granat *m*.

gar·nish ['gɑ:nɪʃ] **I** *v/t* **1.** (**with** mit) schmücken, verzieren; *fig.* ausschmücken. **2.** *gastr.* garnieren (**with** mit). **II** *s* **3.** Verzierung *f*; *fig.* Ausschmückung *f*. **4.** *gastr.* Garnierung *f*.

gar·ret ['gærət] *s* Dachkammer *f*.

gar·ri·son ['gærɪsn] ⚔ **I** *s* **1.** Garnison *f*: **~ town** Garnison(s)stadt *f*. **II** *v/t* **2.** *Ort* mit e-r Garnison belegen. **3.** *Truppen* in Garnison legen.

gar·ru·li·ty [gæ'ru:lətɪ] *s* Geschwätzigkeit *f*. **gar·ru·lous** ['gærələs] *adj* □ geschwätzig.

gar·ter ['gɑ:tə] *s* Strumpfband *n*; Sockenhalter *m*; *Am.* Strumpfhalter *m*, Straps *m*.

gas [gæs] **I** *pl* **-(s)es 1.** Gas *n*. **2.** F a) *Am.* Benzin *n*, Sprit *m*, b) **step on the ~** Gas geben, auf die Tube drücken (*beide a. fig.*). **3.** F Gewäsch *n*, Blech *n*. **II** *v/t* **4.** vergasen: **be ~sed** *a.* e-e Gasvergiftung erleiden. **III** *v/i* **5.** F faseln. **'~·bag** *s* F Quatscher(in). **~ cham·ber** *s* Gaskammer *f*. **~ cook·er** *s* Gasherd *m*.

gas·e·ous ['gæsjəs] *adj* **1.** gasförmig. **2.** Gas...

gas ex·plo·sion *s* Gasexplosion *f*.

gash [gæʃ] **I** *s* klaffende Wunde, tiefer Riß *od.* Schnitt. **II** *v/t j-m* e-e klaffende Wunde beibringen, *Haut* aufreißen, -schlitzen.

gas heat·ing *s* Gasheizung *f*.

gas·ket ['gæskɪt] *s* ⚙ Dichtung(smanschette) *f*.

'gas|·man *s* (*irr* **man**) Gasmann *m*, -ableser *m*. **~ mask** *s* Gasmaske *f*. **~ me·ter** *s* Gasuhr *f*, -zähler *m*.

gas·o·lene, gas·o·line ['gæsəʊli:n] *s Am.* Benzin *n*: **~ attendant** Tankwart *m*; **~ bomb** Molotowcocktail *m*; **~ station** Tankstelle *f*.

gasp [gɑ:sp] **I** *v/i* **1.** keuchen, schwer atmen: **~ for breath** nach Luft schnappen. **2.** den Atem anhalten (**with, in** vor *dat*): **make s.o. ~** j-m den Atem nehmen *od.* verschlagen. **II** *v/t* **3.** *mst* **~ out** *Worte* keuchen, (keuchend) hervorstoßen. **III** *s* **4.** Keuchen *n*, schweres Atmen: **be at one's last ~** in den letzten

Zügen liegen; ***to the last ~*** bis zum letzten Atemzug.

gas| sta·tion *s Am.* F Tankstelle *f.* **~ stove** *s* Gasofen *m*, -herd *m.*

gas·sy ['gæsı] *adj* **1.** gasartig. **2.** kohlensäurehaltig. **3.** F geschwätzig.

gas·tric ['gæstrık] *adj* ⚕, *physiol.* Magen...: ***~ acid*** Magensäure *f*; ***~ ulcer*** Magengeschwür *n.* **gas·tri·tis** [gæ'straıtıs] *s* ⚕ Gastritis *f*, Magenschleimhautentzündung *f.*

gas·tro·nom·ic [ˌgæstrə'nɒmık] *adj* (***~ally***) gastronomisch, feinschmeckerisch. **gas·tron·o·my** [~'strɒnəmı] *s* **1.** Gastronomie *f* (*feine Kochkunst*). **2.** *fig.* Küche *f*: ***the Italian ~.***

'gas·works *s pl* (*mst sg konstruiert*) Gaswerk *n.*

gate [geıt] *s* **1.** Tor *n* (*a. Skisport*), Pforte *f.* **2.** *fig.* Tor *n*, Zugang *m* (***to*** zu). **3.** 🚂 Sperre *f*, Schranke *f*; ✈ Flugsteig *m.* **4.** *Sport*: a) Zuschauer(zahl *f*) *pl*, b) (Gesamt)Einnahmen *pl.* **'~-crash** *v/i u. v/t* F uneingeladen kommen (zu); sich ohne zu bezahlen hineinschmuggeln (in *acc*). **'~·house** *s* Pförtnerhaus *n.* **'~ˌkeep·er** *s* **1.** Pförtner *m.* **2.** Bahn-, Schrankenwärter *m.* **'~-leg(ged) ta·ble** *s* Klapptisch *m.* **~·man** ['~mən] *s* (*irr* ***man***) *bsd. Am.* → ***gatekeeper.*** **~ mon·ey** → ***gate*** 4b. **'~·post** *s* Torpfosten *m*: → ***between*** 2. **'~·way** *s* **1.** Torweg *m*, Einfahrt *f.* **2.** → ***gate*** 2.

gath·er ['gæðə] **I** *v/t* **1.** *Reichtümer, Erfahrungen etc* sammeln, *Informationen* einholen, -ziehen. **2.** *Personen* versammeln. **3.** erwerben, gewinnen: ***~ dust*** verstauben; ***~ speed*** schneller werden. **4.** *a.* ***~ up*** auflesen, (*vom Boden*) aufheben. **5.** *Blumen etc* pflücken. **6.** *fig.* folgen, schließen (***from*** aus). **II** *v/i* **7.** sich (ver)sammeln *od.* scharen (***round s.o.*** um j-n). **8.** sich (an)sammeln. **'gath·er·ing** *s* (Menschen)Ansammlung *f*; Versammlung *f*, Zs.-kunft *f.*

gauche [gəʊʃ] *adj* □ **1.** linkisch. **2.** taktlos.

gaud·y ['gɔːdı] *adj* □ auffällig bunt, (*Farben*) grell, schreiend, (*Einrichtung etc*) protzig.

gauge [geıdʒ] **I** *v/t* **1.** (ab-, aus)messen. **2.** ⚙ eichen. **3.** *fig.* (ab)schätzen, beurteilen. **II** *s* **4.** ⚙ Eichmaß *n.* **5.** *fig.* Maßstab *m*, Norm *f* (***of*** für). **6.** ⚙ Meßgerät *n*, Lehre *f.* **7.** ⚙ Stärke *f*, Dicke *f* (*bsd. von Blech od. Draht*). **8.** 🚂 Spur(weite) *f.*

gaunt [gɔːnt] *adj* □ hager; ausgemergelt, -gezehrt.

gaunt·let[1] ['gɔːntlıt] *s fig.* Fehdehandschuh *m*: ***fling*** (*od.* ***throw***) ***down the ~*** (***to s.o.***) (j-m) den Fehdehandschuh hinwerfen, (j-n) herausfordern; ***pick*** (*od.* ***take***) ***up the ~*** den Fehdehandschuh aufnehmen, die Herausforderung annehmen.

gaunt·let[2] [~]: ***run the ~*** Spießruten laufen (*a. fig.*).

gauze [gɔːz] *s* Gaze *f*, ⚕ *a.* (Verband[s])Mull *m*: ***~ bandage*** Mullbinde *f.* **'gauz·y** *adj* □ gazeartig, hauchdünn.

gave [geıv] *pret von* ***give.***

gav·el ['gævl] *s* Hammer *m* (*e-s Auktionators, Vorsitzenden etc*).

gawk [gɔːk] *v/i* glotzen: ***~ at*** glotzen auf (*acc*), anglotzen.

gay [geı] **I** *adj* □ **1.** lustig, fröhlich. **2.** bunt, (farben)prächtig; fröhlich, lebhaft (*Farben*). **3.** lebenslustig. **4.** F schwul (*homosexuell*); Schwulen... **II** *s* **5.** F Schwule *m.*

gaze [geız] **I** *v/i* starren: ***~ at*** starren auf (*acc*), anstarren. **II** *s* starrer Blick, Starren *n.*

ga·zette [gə'zet] *s Br.* Amtsblatt *n*, Staatsanzeiger *m.*

gear [gıə] **I** *s* **1.** *mot.* a) Gang *m*: ***change*** (*bsd. Am.* ***shift***) ***~(s)*** schalten; ***change*** (*bsd. Am.* ***shift***) ***into second ~*** den zweiten Gang einlegen, in den zweiten Gang schalten, b) *pl* Getriebe *n.* **2.** Vorrichtung *f*, Gerät *n.* **3.** F Kleidung *f*, Aufzug *m.* **II** *v/t* **4.** ***~ up*** (***down***) *fig.* steigern (drosseln). **5.** *fig.* (***to, for***) anpassen (*dat od.* an *acc*), abstimmen (auf *acc*). **'~·box** *s mot.* Getriebe *n.* **~ change** *s mot. Br.* (Gang)Schaltung *f.* **~ le·ver** *s mot. Br.* Schalthebel *m.* **'~·shift** *s mot. Am.* **1.** (Gang)Schaltung *f.* **2.** *a.* ***~ lever*** Schalthebel *m.* **'~·wheel** *s* ⚙ Getriebe-, Zahnrad *n.*

gee [dʒiː] *int Am.* F na so was!, Mann!

geese [giːs] *pl von* ***goose.***

Gei·ger count·er ['gaıgə] *s phys.* Geigerzähler *m.*

gei·sha ['geıʃə] *pl* **-sha(s)** *s* Geisha *f.*

gel·a·tin ['dʒelətın], **gel·a·tine** [ˌ~'tiːn] *s* **1.** Gelatine *f.* **2.** Gallerte *f.* **ge·lat·i-**

nous [dʒə'lætɪnəs] *adj* □ gallertartig.
geld [geld] *v/t* (*a. irr*) *Tier*, *bsd. Hengst* kastrieren, verschneiden. **'geld·ing** *s* kastriertes Tier, *bsd.* Wallach *m.*
gelt [gelt] *pret u. pp von* **geld.**
gem [dʒem] *s* **1.** Edelstein *m.* **2.** *fig.* Perle *f*, Juwel *n* (*beide a. Person*), Prachtstück *n.*
Gem·i·ni ['dʒemɪnaɪ] *s pl* (*mst sg konstruiert*) *ast.* Zwillinge *pl.*
gen·der ['dʒendə] *s ling.* Genus *n*, Geschlecht *n*: ***what ~ is ...?*** welches Genus hat ...? **'~-ˌbend·er** *s sl.* Transvestit *m.*
gene [dʒi:n] *s biol.* Gen *n*, Erbfaktor *m.*
gen·e·a·log·i·cal [ˌdʒi:njə'lɒdʒɪkl] *adj* □ genealogisch: ***~ tree*** Stammbaum *m.* **gen·e·al·o·gy** [ˌdʒi:nɪ'ælədʒɪ] *s* Genealogie *f.*
gen·er·a ['dʒenərə] *pl von* **genus.**
gen·er·al ['dʒenərəl] **I** *adj* (□ → ***generally***) **1.** allgemein (gebräuchlich *od.* verbreitet), üblich, gängig: ***as a ~ rule*** meistens, üblicherweise. **2.** allgemein, generell: ***~ education*** (*od.* ***knowledge***) Allgemeinbildung *f*; ***the ~ public*** die breite Öffentlichkeit; ***~ term*** Allgemeinbegriff *m.* **3.** allgemein (*nicht spezialisiert*): ***the ~ reader*** der Durchschnittsleser. **4.** allgemein (gehalten); ungefähr: ***a ~ idea*** e-e ungefähre Vorstellung. **5.** Haupt..., General...: ***~ manager*** Generaldirektor *m.* **II** *s* **6.** ⚔ General *m.* **7.** ***in ~*** im allgemeinen, im großen u. ganzen. **~ e·lec·tion** *s* Parlamentswahlen *pl.*
gen·er·al·i·ty [ˌdʒenə'rælətɪ] *s* **1.** *mst pl* allgemeine Redensart, Gemeinplatz *m.* **2.** Allgemeingültigkeit *f.*
gen·er·al·ize ['dʒenərəlaɪz] *v/t* verallgemeinern.
gen·er·al·ly ['dʒenərəlɪ] *adv a.* ***~ speaking*** im allgemeinen, allgemein.
gen·er·al| prac·ti·tion·er *s* praktischer Arzt. **~ staff** *s* ⚔ Generalstab *m.* **~ strike** *s* ⚒ Generalstreik *m.*
gen·er·ate ['dʒenəreɪt] *v/t* **1.** *Elektrizität etc* erzeugen. **2.** *biol.* zeugen. **3.** *fig.* bewirken, erzeugen, verursachen. **ˌgen·er'a·tion** *s* **1.** Generation *f* (*a.* ⚙ *etc*). **2.** Erzeugung *f.* **3.** *biol.* Zeugung *f*, Fortpflanzung *f.* **ˌgen·er'a·tion·al** [~ʃənl] *adj* Generations...: ***~ conflict*** (*od.* ***clash***) Generationskonflikt *m.* **gen·er·a·tive** ['~rətɪv] *adj biol.* Zeugungs..., Fortpflanzungs...: ***~ power*** Zeugungskraft *f.* **gen·er·a·tor** ['~reɪtə] *s* ⚡ Generator *m.*
ge·ner·ic [dʒɪ'nerɪk] *adj*: ***~ term*** (*od.* ***name***) *biol.* Gattungsname *m*; *allg.* Oberbegriff *m.*
gen·er·os·i·ty [ˌdʒenə'rɒsətɪ] *s* Großzügigkeit *f*, Freigebigkeit *f.* **'gen·er·ous** *adj* □ **1.** großzügig, freigebig. **2.** reichlich, üppig.
gen·e·sis ['dʒenəsɪs] *pl* **-e·ses** ['~si:z] *s* Entstehung *f.*
ge·net·ic [dʒɪ'netɪk] **I** *adj* (***~ally***) genetisch: ***~ engineering*** Gentechnologie *f*; ***~ factor*** Erbfaktor *m.* **II** *s pl* (*sg konstruiert*) Genetik *f*, Vererbungslehre *f.*
gen·ial ['dʒi:njəl] *adj* □ freundlich (*a. fig. Klima etc*). **ge·ni·al·i·ty** [ˌ~nɪ'ælətɪ] *s* Freundlichkeit *f.*
gen·i·tals ['dʒenɪtlz] *s pl* Genitalien *pl*, Geschlechtsteile *pl.*
gen·i·tive ['dʒenɪtɪv] *s a.* ***~ case*** *ling.* Genitiv *m*, zweiter Fall.
gen·ius ['dʒi:njəs] *s* **1.** Genie *n*: a) genialer Mensch, b) Genialität *f.* **2.** (natürliche) Begabung: ***have a ~ for languages*** sprachbegabt sein.
gen·o·cide ['dʒenəʊsaɪd] *s* Völkermord *m.*
genre ['ʒɑ̃:ŋrə] *s* Genre *n*, Gattung *f.* **~ paint·ing** *s* Genremalerei *f.*
gent [dʒent] *s* **1.** F *od. humor. für* ***gentleman***: ***~s' hairdresser*** Herrenfriseur *m.* **2.** *pl* (*sg konstruiert*) *Br.* F Herrenklo *n.*
gen·teel [dʒen'ti:l] *adj* □ **1.** vornehm. **2.** vornehm tuend, affektiert.
gen·tle ['dʒentl] *adj* □ **1.** freundlich, liebenswürdig. **2.** sanft, zart: ***~ hint*** zarter Wink; → ***sex*** 1. **'~·folk(s)** *s pl* vornehme *od.* feine Leute *pl.*
gen·tle·man ['dʒentlmən] *s* (*irr* ***man***) **1.** Gentleman *m*: ***~'s*** (*od.* ***gentlemen's***) ***agreement*** Gentleman's *od.* Gentlemen's Agreement *n.* **2.** Herr *m*: ***gentlemen*** (*Anrede*) m-e Herren; (*in Briefen*) Sehr geehrte Herren. **'gen·tle·man-like, 'gen·tle·man·ly** *adj* gentlemanlike.
gen·tle·ness ['dʒentlnɪs] *s* **1.** Freundlichkeit *f*, Liebenswürdigkeit *f.* **2.** Sanftheit *f*, Zartheit *f.*
gen·try ['dʒentrɪ] *s* **1.** Oberschicht *f.* **2.** *Br.* niederer Adel.
gen·u·ine ['dʒenjʊɪn] *adj* □ **1.** echt: a)

authentisch (*Unterschrift etc*), b) ernsthaft (*Angebot etc*), c) aufrichtig (*Mitgefühl etc*). **2.** natürlich, ungekünstelt (*Lachen, Person*).

ge·nus ['dʒiːnəs] *pl* **gen·er·a** ['dʒenərə] *s* ♀, *zo.* Gattung *f.*

ge·og·ra·pher [dʒɪ'ɒgrəfə] *s* Geograph(in). **ge·o·graph·ic, ge·o·graph·i·cal** [~ə'græfɪk(l)] *adj* □ geographisch. **ge·og·ra·phy** [~'ɒgrəfɪ] *s* Geographie *f*, Erdkunde *f.*

ge·o·log·ic, ge·o·log·i·cal [ˌdʒɪəʊ'lɒdʒɪk(l)] *adj* □ geologisch. **ge·ol·o·gist** [~'ɒlədʒɪst] *s* Geologe *m.* **ge'ol·o·gy** *s* Geologie *f.*

ge·o·met·ric, ge·o·met·ri·cal [ˌdʒɪəʊ'metrɪk(l)] *adj* □ geometrisch. **ge·om·e·try** [~'ɒmətrɪ] *s* Geometrie *f.*

ge·ra·ni·um [dʒɪ'reɪnjəm] *s* ♀ Geranie *f.*

ger·i·at·rics [ˌdʒerɪ'ætrɪks] *s pl* (*sg konstruiert*) ⚕ Geriatrie *f*, Altersheilkunde *f.*

germ [dʒɜːm] *s* **1.** *biol.*, ♀ Keim *m* (*a. fig.*): ***in*** **~** im Keim, im Werden. **2.** ⚕ Bazillus *m*, Bakterie *f*, (Krankheits)Erreger *m.*

Ger·man ['dʒɜːmən] **I** *adj* **1.** deutsch: **~ *measles*** *pl* (*sg konstruiert*) ⚕ Röteln *pl.* **II** *s* **2.** Deutsche *m, f.* **3.** *ling.* Deutsch *n*: ***in*** **~** auf deutsch.

ger·mane [dʒɜː'meɪn] *adj*: **~ *to*** gehörig zu, betreffend (*acc*).

Ger·man·ic [dʒɜː'mænɪk] *adj* germanisch. **Ger·man·ism** ['~mənɪzəm] *s ling.* Germanismus *m.*

'germ·free *adj* ⚕ keimfrei.

ger·mi·nate ['dʒɜːmɪneɪt] *v/i u. v/t* keimen (lassen) (*a. fig.*).

germ war·fare *s* ⚔ bakteriologische Kriegführung.

ger·on·tol·o·gy [ˌdʒerɒn'tɒlədʒɪ] *s* ⚕ Gerontologie *f*, Alternsforschung *f.*

ger·und ['dʒerənd] *s ling.* Gerundium *n.*

ges·ta·tion [dʒe'steɪʃn] *s* Schwangerschaft *f*; *zo.* Trächtigkeit *f*: **~ *period*** Trag(e)zeit *f.*

ges·tic·u·late [dʒe'stɪkjʊleɪt] *v/i* gestikulieren. **gesˌtic·u'la·tion** *s* Gestikulation *f.*

ges·ture ['dʒestʃə] *s* Geste *f* (*a. fig.*), Gebärde *f.*

get [get] (*irr*) **I** *v/t* **1.** bekommen, erhalten. **2.** sich *et.* verschaffen *od.* besorgen: **~ *s.th. for s.o.*** j-m et. besorgen. **3.** erringen, erwerben, sich *Wissen etc* aneignen. **4.** erwischen; (*a. telefonisch*) erreichen. **5.** holen. **6.** schaffen, bringen. **7.** machen: **~ *s.th. ready*** et. fertigmachen. **8.** (*mit pp*) lassen: **~ *one's hair cut*** sich die Haare schneiden lassen. **9.** *j-n* dazu bringen (***to do*** zu tun): **~ *s.o. to speak*** j-n zum Sprechen bringen. **10.** **~ *going*** *Maschine etc, fig. Verhandlungen etc* in Gang bringen; *fig.* Schwung bringen in (*acc*). **11.** ***have got*** haben: ***have got to*** müssen. **12.** F kapieren, (*a. akustisch*) verstehen: ***don't*** **~ *me wrong*** versteh mich nicht falsch. **II** *v/i* **13.** kommen, gelangen: **~ *home*** nach Hause kommen. **14.** dahin kommen (***to do*** zu tun): **~ *to know s.th.*** et. erfahren *od.* kennenlernen. **15.** (*mit pp od. adj*) werden: **~ *tired*** müde werden, ermüden. **16.** beginnen, anfangen (***doing*** zu tun): **~ *going*** in Gang kommen (*Maschine etc, fig. Verhandlungen etc*); *fig.* in Schwung kommen.

Verbindungen mit Präpositionen:

get| at *v/i* **1.** herankommen an (*acc*), erreichen. **2.** an *j-n* herankommen, *j-m* beikommen. **3.** ***what is he getting at?*** worauf will er hinaus? **~ off** *v/i* absteigen von; aussteigen aus. **~ o·ver** *v/i* hinwegkommen über (*acc*), *fig. a.* sich erholen von. **~ through** *v/i* **1.** kommen durch (*e-e Prüfung etc*). **2.** *Geld* durchbringen. **~ to** *v/i* **1.** kommen nach, erreichen. **2.** **~ *talking about*** zu sprechen kommen auf (*acc*).

Verbindungen mit Adverbien:

get| a·bout *v/i* **1.** herumkommen. **2.** sich herumsprechen *od.* verbreiten (*Gerücht etc*). **~ a·cross I** *v/t* **1.** verständlich machen; *Idee etc* an den Mann bringen. **II** *v/i* **2.** ankommen; sich verständlich machen. **3.** ankommen, einschlagen; klarwerden (***to s.o.*** j-m). **~ a·long** *v/i* **1.** vorwärts-, weiterkommen (*a. fig.*). **2.** auskommen, sich vertragen (***with*** mit *j-m*). **3.** zurechtkommen (***with*** mit *et.*). **~ a·round** *v/i* **1.** → ***get about.*** **2.** → ***get round*** II. **~ a·way** *v/i* **1.** loskommen, sich losmachen. **2.** entkommen, -wischen: **~ *with*** davonkommen mit. **~ back I** *v/t* **1.** zurückbekommen: ***get one's own back*** F sich rächen; ***get one's own back on s.o.*** → 3; → ***breath*** 1. **II** *v/i* **2.** zurückkommen. **3.** **~ *at s.o.*** F sich an j-m rächen, es j-m heimzahlen. ~ **be·hind** *v/i* in Rückstand kommen (***with*** mit). ~ **by** *v/i* **1.** aus-, durchkommen (***on*** mit). **2.** gerade noch annehmbar sein (*Arbeit etc*), gerade noch ausreichen (*Kenntnisse*). ~ **down I** *v/t* **1.** *Essen etc* runterkriegen. **II** *v/i* **2.** aus-, absteigen. **3.** ~ ***to*** sich machen an (*acc*): → ***brass tacks, business*** 6. ~ **in I** *v/t* **1.** *Bemerkung etc* anbringen. **2.** *Spezialisten etc* (hin)zuziehen. **II** *v/i* **3.** hinein-, hereinkommen. **4.** einsteigen. **5.** ~ ***on*** F mitmachen bei. ~ **off** *v/i* **1.** (***from***) absteigen (von), aussteigen (aus). **2.** davonkommen (***with*** mit). ~ **on** *v/i* **1.** vorwärts-, vorankommen (*a. fig.*): ***he is getting on for sixty*** er geht auf die Sechzig zu; ***it is getting on for 5 o'clock*** es geht auf 5 Uhr (zu). **2.** → ***get along*** 2, 3. ~ **out I** *v/t* **1.** herausbekommen (*a. fig.*). **2.** *Worte etc* herausbringen. **II** *v/i* **3.** aussteigen. **4.** *fig.* durchsickern, herauskommen (*Geheimnis etc*). ~ **o·ver** *v/t* hinter sich bringen. ~ **round I** *v/t j-n* herumkriegen. **II** *v/i* dazu kommen (***to doing*** zu tun). ~ **through I** *v/t* **1.** durchbringen, -bekommen (*a. fig.*). **2.** → ***get over.*** **II** *v/i* **3.** durchkommen (*a. fig.*). ~ **to·geth·er I** *v/t* **1.** *Menschen etc* zs.-bringen. **2.** zs.-tragen. **II** *v/i* **3.** zs.-kommen. ~ **up I** *v/t* **1.** *j-n* herausputzen. **2.** *Buch etc* ausstatten, *Waren* (hübsch) aufmachen. **II** *v/i* **3.** aufstehen, (*von e-m Stuhl etc a.*) sich erheben.

get|-at-a·ble [get'ætəbl] *adj* F **1.** erreichbar (*Ort, Sache*). **2.** zugänglich (*Ort, Person*). **'~·a·way** *s* Flucht *f*: ~ ***car*** Fluchtauto *n*. **'~-to,geth·er** *s* F (zwanglose) Zs.-kunft: ***have a*** ~ sich treffen, zs.-kommen. **'~·up** *s* F Aufmachung *f*: a) Ausstattung *f*, b) Aufzug *m* (*Kleidung*).

gey·ser *s* **1.** ['gaɪzə] Geysir *m*. **2.** ['giːzə] *Br.* Durchlauferhitzer *m*.

ghast·ly ['gɑːstlɪ] **I** *adj* **1.** gräßlich, entsetzlich (*beide a. fig.* F). **2.** gespenstisch. **II** *adv* **3.** ~ ***pale*** totenblaß.

gher·kin ['gɜːkɪn] *s* Gewürz-, Essiggurke *f*.

ghet·to ['getəʊ] *pl* **-to(e)s** *s* G(h)etto *n*. ~ **blast·er** *s sl.* Ghetto-Blaster *m* (*tragbarer Stereo-Kassettenrecorder*). ~ **dwell·er** *s* G(h)ettobewohner(in).

ghost [gəʊst] *s* **1.** Geist *m*, Gespenst *n*. **2.** ***give up the*** ~ den Geist aufgeben. **3.** *fig.* Spur *f*. **'ghost·ly** *adj* geister-, gespensterhaft.

ghost| sto·ry *s* Geister-, Gespenstergeschichte *f*. ~ **town** *s* Geisterstadt *f*. ~ **train** *s* Geisterbahn *f*: ***go on the*** ~ Geisterbahn fahren. ~ **writ·er** *s* Ghostwriter *m*.

gi·ant ['dʒaɪənt] **I** *s* Riese *m*. **II** *adj* riesig: ~ ***slalom*** (*Skisport*) Riesenslalom *m*.

gib·ber ['dʒɪbə] *v/i* schnattern (*Affen, Personen*). **gib·ber·ish** ['~rɪʃ] *s* Geschnatter *n*.

gibe [dʒaɪb] **I** *v/i*: ~ ***at*** (*od.* ***about***) spotten über (*acc*), verhöhnen, -spotten. **II** *s* höhnische Bemerkung.

gib·lets ['dʒɪblɪts] *s pl* Innereien *pl* (*vom Geflügel*).

gid·di·ness ['gɪdɪnɪs] *s* **1.** Schwindel(gefühl *n*) *m*. **2.** *fig.* Leichtsinn *m*. **'gid·dy** *adj* □ **1.** ***I am*** (*od.* ***feel***) ~ mir ist schwind(e)lig. **2.** schwindelerregend (*a. fig.*). **3.** *fig.* leichtsinnig.

gift [gɪft] **I** *s* **1.** Geschenk *n*: ***I wouldn't have it as a*** ~ das möchte ich nicht (mal) geschenkt; ***at £ 10 it's a*** ~ für 10 Pfund ist es geschenkt. **2.** *fig.* Begabung *f*, Talent *n* (***for, of*** für): ~ ***for languages*** Sprachtalent; → ***gab.*** **II** *adj* **3.** geschenkt, Geschenk...: ***don't look a*** ~ ***horse in the mouth*** e-m geschenkten Gaul schaut man nicht ins Maul. **'gift·ed** *adj* begabt, talentiert.

gi·gan·tic [dʒaɪ'gæntɪk] *adj* (~***ally***) gigantisch, riesig.

gig·gle ['gɪgl] **I** *v/i* kichern. **II** *s* Gekicher *n*.

gild [gɪld] *v/t* (*a. irr*) **1.** vergolden. **2.** *fig.* versüßen; beschönigen: → ***pill*** 1.

gill [gɪl] *s* **1.** *ichth.* Kieme *f*. **2.** ♀ Lamelle *f*.

gilt [gɪlt] **I** *pret u. pp von* **gild. II** *s* Vergoldung *f*: ***take the*** ~ ***off the gingerbread*** *fig.* der Sache den Reiz nehmen. **,~-'edged** *adj* **1.** mit Goldschnitt. **2.** ~ ***securities*** *pl* ✝ mündelsichere (Wert-) Papiere *pl*.

gim·crack ['dʒɪmkræk] *adj* **1.** wertlos; kitschig. **2.** wack(e)lig.

gim·mick ['gɪmɪk] *s* F **1.** → ***gadget.*** **2.** (*bsd.* Reklame)Trick *m*, (-)Dreh *m*.

gin [dʒɪn] *s* Gin *m*.

gin·ger ['dʒɪndʒə] **I** *s* **1.** Ingwer *m*. **2.** F Schmiß *m*, Schwung *m*. **II** *adj* **3.** rötlich- *od.* gelblichbraun. **III** *v/t* **4.** mit Ingwer würzen. **5.** *mst* **~ up** F *j-n* aufmöbeln, -muntern; *et.* ankurbeln, in Schwung bringen. **~ ale** *s* Ginger-ale *n.* **~ beer** *s* Ginger-beer *n*, Ingwerbier *n.* **'~·bread** *s* Leb-, Pfefferkuchen *m* (*mit Ingwergeschmack*): → **gilt** II.

gin·ger·ly ['dʒɪndʒəlɪ] *adj u. adv* **1.** behutsam, vorsichtig. **2.** zimperlich.

gin·gi·vi·tis [ˌdʒɪndʒɪ'vaɪtɪs] *s* ⚕ Zahnfleischentzündung *f.*

gip·sy ['dʒɪpsɪ] *s* Zigeuner(in).

gi·raffe [dʒɪ'rɑ:f] *pl* **-'raffes,** *bsd. coll.* **-'raffe** *s zo.* Giraffe *f.*

gird·er ['gɜ:də] *s* ⚙ Balken *m*, Träger *m.*

gir·dle ['gɜ:dl] *s* **1.** Gürtel *m*, Gurt *m.* **2.** Hüfthalter *m*, -gürtel *m.*

girl [gɜ:l] *s* **1.** Mädchen *n.* **2.** (Dienst-) Mädchen *n.* **'~·friend** *s* Freundin *f* (*e-s Jungen*). **~ guide** *s Br.* Pfadfinderin *f.*

girl·hood ['gɜ:lhʊd] *s* Mädchenjahre *pl*, Jugend(zeit) *f.*

girl·ish ['gɜ:lɪʃ] *adj* □ **1.** mädchenhaft. **2.** Mädchen...: **~ games.**

girl scout *s Am.* Pfadfinderin *f.*

gi·ro ['dʒaɪərəʊ] *s Br.* Postgirodienst *m*: **~ account** Postgirokonto *n*; **~ cheque** Postscheck *m.*

girth [gɜ:θ] *s* **1.** (*a.* Körper)Umfang *m.* **2.** (Sattel-, Pack)Gurt *m.*

gist [dʒɪst] *s das* Wesentliche, Kern *m.*

give [gɪv] (*irr*) **I** *v/t* **1.** geben; schenken; *Blut etc* spenden. **2.** geben, reichen: **~ s.o. one's hand** j-m die Hand geben. **3.** *Auskunft*, *Rat etc* geben, erteilen. **4.** *sein Wort* geben. **5.** *Aufmerksamkeit etc* widmen (**to** *dat*): → **attention** 2. **6.** *sein Leben* hingeben, opfern (**for** für). **7.** geben, gewähren: **~ s.o. until** j-m bis ... Zeit geben *od.* lassen (**to do** zu tun). **8.** *Befehl*, *Auftrag etc* geben, erteilen. **9.** *Hilfe* gewähren, leisten, *Schutz* bieten. **10.** *Grüße etc* übermitteln: **~ him my love** bestelle ihm herzliche Grüße von mir. **11.** *j-m e-n Schlag etc* geben, versetzen. **12.** *j-m e-n Blick* zuwerfen. **13.** *Lebenszeichen etc* von sich geben: **~ a cry** (*od.* **shout**) e-n Schrei ausstoßen, aufschreien; **~ a laugh** auflachen. **14.** *Grund etc* (an)geben. **15.** *Konzert etc* geben, veranstalten, *Theaterstück etc* geben, aufführen, *Vortrag* halten. **16.** *Schmerzen etc* bereiten, verursachen. **17.** *j-m zu tun etc* geben: **I was ~n to understand** man gab mir zu verstehen. **II** *v/i* **18.** geben, spenden (**to** *dat*). **19.** nachgeben (*a. Preise*). **20. what ~s?** *sl.* was gibt's? **21.** führen (**into** in *acc*; **on[to]** auf *acc*, nach) (*Straße etc*); gehen (**on[to]** nach) (*Fenster etc*).

Verbindungen mit Adverbien:

give| a·way *v/t* **1.** her-, weggeben; verschenken: → **bride. 2.** *j-n*, *et.* verraten. **3.** *Chance etc* vertun. **~ back** *v/t* **1.** zurückgeben (*a. fig.*), *Blick* erwidern. **2.** *Schall* zurückwerfen; *Licht etc* reflektieren. **~ in I** *v/t* **1.** *Gesuch etc* einreichen, *Prüfungsarbeit etc* abgeben. **II** *v/i* **2.** (**to**) nachgeben (*dat*); sich anschließen (*dat*). **3.** aufgeben, sich geschlagen geben. **~ off** *v/t Geruch* verbreiten, ausströmen, *Rauch etc* ausstoßen, *Gas*, *Wärme etc* aus-, verströmen. **~ out I** *v/t* **1.** aus-, verteilen. **2.** bekanntgeben. **3. give o.s. out to be s.th.** sich als et. ausgeben. **4.** → **give off. II** *v/i* **5.** zu Ende gehen (*Kräfte*, *Vorräte*). **6.** versagen (*Maschine*, *Nieren etc*). **~ o·ver I** *v/t* **1.** übergeben (**to** *dat*). **2.** *et.* aufgeben: **~ doing s.th.** aufhören, et. zu tun. **3. give o.s. over to** sich hingeben (*dat*). **II** *v/i* **4.** aufhören. **~ up I** *v/t* **1.** aufgeben, aufhören mit: **~ smoking** das Rauchen aufgeben. **2.** *Plan*, *Patienten etc* aufgeben: → **adoption** 1. **3.** *j-n* ausliefern: **give o.s. up** sich stellen (**to** *dat*). **4.** (**to**) *Posten etc* abgeben, abtreten (an *acc*); *Sitzplatz etc* freimachen (für). **5. give o.s. up to** sich hingeben (*dat*); sich widmen (*dat*). **II** *v/i* **6.** → **give in** 3. **7.** resignieren.

ˌgive|-and-'take *s* **1.** beiderseitiges Entgegenkommen *od.* Nachgeben, Kompromiß(bereitschaft *f*) *m.* **2.** Meinungs-, Gedankenaustausch *m.* **'~·a·way I** *s bsd. Am.* Werbegeschenk *n.* **II** *adj*: **~ price** Schleuderpreis *m.*

giv·en ['gɪvn] **I** *pp von* **give. II** *adj* **1.** gegeben: **~ name** *bsd. Am.* → **first name; at the ~ time** zur festgesetzten Zeit; **within a ~ time** innerhalb e-r bestimmten Zeit. **2. be ~ to** neigen zu: **be ~ to doing s.th.** die (An)Gewohnheit haben, et. zu tun. **3.** vorausgesetzt. **4.** in Anbetracht (*gen*): **~ that** in Anbetracht der Tatsache, daß. **'giv·er** *s* Geber(in), Spender(in).

gla·cé ['glæseɪ] *adj* **1.** glasiert; kandiert. **2.** Glacé...

gla·cial ['gleɪsjəl] *adj* □ **1.** eiszeitlich: **~ epoch** (*od.* **era**) Eiszeit *f.* **2.** eisig (*a. fig.*). **gla·cier** ['glæsjə] *s* Gletscher *m.*

glad [glæd] *adj* (□ → **gladly**) **1.** froh, erfreut (**of, about, at** über *acc*): **be ~ of** sich freuen über; **I am ~ to hear** es freut mich zu hören; **I am ~ to go** ich gehe gern. **2.** freudig, froh, erfreulich. **glad·den** ['~dn] *v/t* erfreuen.

glad·i·a·tor ['glædɪeɪtə] *s hist.* Gladiator *m.*

glad·i·o·lus [ˌglædɪ'əʊləs] *pl* **-li** [~laɪ], **-lus·es** *s* ⚘ Gladiole *f.*

glad·ly ['glædlɪ] *adv* mit Freuden, gern. **'glad·ness** *s* Freude *f.*

glam·or·ize ['glæməraɪz] *v/t* verherrlichen, glorifizieren. **'glam·or·ous** *adj* □ bezaubernd (schön). **glam·our** ['~mə] *s* Zauber *m*, (*contp.* falscher) Glanz: **~ girl** Glamourgirl *n*, Film-, Reklameschönheit *f.*

glance [glɑːns] **I** *v/i* **1.** e-n (schnellen) Blick werfen, (rasch *od.* flüchtig) blikken (**at** auf *acc*): **~ over** (*od.* **through**) **a letter** e-n Brief überfliegen; **~ at a problem** ein Problem streifen. **2. ~ off** abprallen (von) (*Kugel etc*), abgleiten (von) (*Messer etc*). **II** *s* **3.** (schneller *od.* flüchtiger) Blick (**at** auf *acc*): **at a ~** auf 'einen Blick; **at first ~** auf den ersten Blick; **take a ~ at** → 1; → **steal** 1.

gland [glænd] *s anat.* Drüse *f.* **glan·du·lar** ['~djʊlə] *adj* Drüsen...

glare [gleə] **I** *v/i* **1.** grell scheinen (*Sonne etc*), grell leuchten (*Scheinwerfer etc*). **2.** wütend starren: **~ at s.o.** j-n wütend anstarren, j-n anfunkeln. **II** *s* **3.** greller Schein, grelles Leuchten. **4.** wütender *od.* funkelnder Blick. **glar·ing** ['~rɪŋ] *adj* □ **1.** grell. **2.** grell, schreiend (*Farben*). **3.** eklatant, kraß (*Fehler*, *Unterschied etc*), (himmel)schreiend (*Unrecht etc*). **4.** wütend, funkelnd (*Blick*).

glass [glɑːs] **I** *s* **1.** Glas *n.* **2.** *coll.* Glas(waren *pl*) *n.* **3.** (Trink)Glas *n*; Glas(gefäß) *n.* **4.** (Fern-, Opern)Glas. **5.** *pl*, *a.* **pair of ~es** Brille *f.* **II** *adj* **6.** Glas...: **~ eye. ~ blow·er** *s* Glasbläser *m.* **~ case** *s* Glaskasten *m*, Vitrine *f.*

glass·ful ['glɑːsfʊl] *s ein* Glasvoll *n.*

'glass|·house *s* **1.** *bsd. Br.* Gewächs-, Glas-, Treibhaus *n.* **2. people who live in ~s should not throw stones** wer (selbst) im Glashaus sitzt, soll nicht mit Steinen werfen. **'~·ware** *s* Glaswaren *pl.*

glass·y ['glɑːsɪ] *adj* □ **1.** gläsern. **2.** glasig (*Augen*).

glau·co·ma [glɔː'kəʊmə] *s* ⚕ grüner Star.

glaze [gleɪz] **I** *v/t* **1.** verglasen: **~ in** einglasen; **~d veranda** Glasveranda *f.* **2.** ⚙, *a. gastr.* glasieren: **~d tile** Kachel *f.* **II** *v/i* **3.** *a.* **~ over** glasig werden (*Augen*). **gla·zier** ['~jə] *s* Glaser *m.* **'glaz·ing** *s* **1.** Verglasung *f.* **2.** ⚙, *a. gastr.* Glasur *f.*

gleam [gliːm] **I** *s* schwacher Schein, Schimmer *m* (*a. fig.*): **~ of hope** Hoffnungsschimmer. **II** *v/i* scheinen, schimmern.

glean [gliːn] *v/t fig.* sammeln, zs.-tragen; herausfinden, in Erfahrung bringen: **~ from** schließen *od.* entnehmen aus. **'glean·ings** *s pl das* Gesammelte.

glee [gliː] *s* **1.** Freude *f.* **2.** Schadenfreude *f.*

glee·ful ['~fʊl] *adj* □ **1.** fröhlich. **2.** schadenfroh.

glib [glɪb] *adj* □ **1.** schlagfertig (*a. Antwort etc*). **2.** oberflächlich.

glide [glaɪd] **I** *v/i* **1.** gleiten. **2.** ✈ gleiten, e-n Gleitflug machen; segelfliegen. **II** *s* **3.** Gleiten *n.* **4.** ✈ Gleitflug *m.* **'glid·er** *s* ✈ a) Segelflugzeug *n*, b) *a.* **~ pilot** Segelflieger(in). **'glid·ing** *s* ✈ Segelfliegen *n.*

glim·mer ['glɪmə] **I** *v/i* **1.** glimmen. **2.** schimmern. **II** *s* **3.** Glimmen *n.* **4.** Schimmer *m* (*a. fig.*): **~ of hope** Hoffnungsschimmer.

glimpse [glɪmps] **I** *s* flüchtiger Blick: **catch** (*od.* **get**) **a ~ of** → III. **II** *v/i* flüchtig blicken (**at** auf *acc*). **III** *v/t* (nur) flüchtig zu sehen bekommen.

glint [glɪnt] **I** *v/i* glänzen, glitzern. **II** *s* Glanz *m*, Glitzern *n.*

glis·ten ['glɪsn] → **glint.**

glit·ter ['glɪtə] **I** *v/i* **1.** glitzern, funkeln, glänzen: **all that ~s is not gold, all is not gold that ~s** es ist nicht alles Gold, was glänzt. **II** *s* **2.** Glitzern *n*, Funkeln *n*, Glanz *m.* **3.** *fig.* Glanz *m*, Pracht *f.* **'glit·ter·ing** *adj* □ **1.** glitzernd, funkelnd, glänzend. **2.** *fig.* glänzend, prächtig.

gloat [gləʊt] *v/i* (***over, at***) sich weiden (an *dat*): a) verzückt betrachten (*acc*), b) sich hämisch *od.* diebisch freuen (über *acc*). **'gloat·ing** *adj* □ hämisch, schadenfroh.

glob·al ['gləʊbl] *adj* □ global: a) weltumspannend, Welt..., b) umfassend, Gesamt...

globe [gləʊb] *s* **1.** Kugel *f.* **2.** Erde *f*, Erdball *m*, -kugel *f.* **3.** *geogr.* Globus *m.* **'~,trot·ter** *s* Globetrotter(in), Weltenbummler(in).

glob·u·lar ['glɒbjʊlə] *adj* □ kugelförmig: ~ ***lightning*** Kugelblitz *m.* **glob·ule** ['~juːl] *s* **1.** Kügelchen *n.* **2.** Tröpfchen *n.*

gloom [gluːm] *s* **1.** Düsterkeit *f.* **2.** *fig.* düstere *od.* gedrückte Stimmung: ***throw a ~ over*** e-n Schatten werfen auf (*acc*). **'gloom·y** *adj* □ **1.** düster (*a. fig.*). **2.** hoffnungslos: ***feel ~ about the future*** schwarzsehen.

glo·ri·fi·ca·tion [ˌglɔːrɪfɪ'keɪʃn] *s* **1.** Verherrlichung *f.* **2.** *eccl.* Lobpreisung *f.* **glo·ri·fied** ['~faɪd] *adj* F besser. **glo·ri·fy** ['~faɪ] *v/t* **1.** verherrlichen, glorifizieren. **2.** *eccl.* lobpreisen. **3.** F aufmotzen. **'glo·ri·ous** *adj* □ **1.** ruhm-, glorreich. **2.** herrlich, prächtig. **3.** *iro.* schön, großartig.

glo·ry ['glɔːrɪ] **I** *s* **1.** Ruhm *m.* **2.** Zier(de) *f*, Stolz *m.* **3.** Herrlichkeit *f*, Glanz *m.* **II** *v/i* **4.** sich freuen, glücklich sein (***in*** über *acc*). **5.** sich sonnen (***in*** in *dat*). **~ hole** *s* F Rumpelkammer *f.*

gloss¹ [glɒs] *s* Glosse *f*, Erläuterung *f*, Anmerkung *f.*

gloss² [~] **I** *s* **1.** Glanz *m.* **2.** *fig.* (äußerer) Glanz. **II** *v/t* **3.** *mst* ***~ over*** beschönigen; vertuschen.

glos·sa·ry ['glɒsərɪ] *s* Glossar *n.*

gloss·y ['glɒsɪ] **I** *adj* □ glänzend: ***be ~*** glänzen; ***~ magazine*** Hochglanzmagazin *n.* **II** *s* F Hochglanzmagazin *n.*

glove [glʌv] *s* Handschuh *m*: ***fit*** (***s.o.***) ***like a ~*** (j-m) wie angegossen passen; *fig.* (zu j-m *od.* auf j-n) ganz genau passen. **~ box, ~ com·part·ment** *s mot.* Handschuhfach *n.* **~ pup·pet** *s* Handpuppe *f.*

glow [gləʊ] **I** *v/i* glühen (*a. fig.* ***with*** vor *dat*). **II** *s* Glühen *n*, Glut *f* (*beide a. fig.*).

glow·er ['glaʊə] *v/i* finster blicken: ***~ at s.o.*** j-n finster anblicken. **'glow·er·ing** *adj* □ finster.

'glow·worm *s zo.* Glühwürmchen *n.*

glu·cose ['gluːkəʊs] *s* ⚗ Glukose *f*, Traubenzucker *m.*

glue [gluː] **I** *s* Leim *m*; Klebstoff *m.* **II** *v/t* leimen, kleben (***on*** auf *acc*; ***to*** an *acc*): ***be ~d to*** *fig.* kleben an (*dat*). **'glue·y** *adj* klebrig.

glum [glʌm] *adj* □ bedrückt, niedergeschlagen.

glut [glʌt] **I** *v/t* **1.** übersättigen (*a. fig.*): ***~ o.s. with*** (*od.* ***on***) sich überessen mit *od.* an (*dat*). **2.** ⚕ *Markt* überschwemmen. **II** *s* **3.** ⚕ Schwemme *f.*

glu·ti·nous ['gluːtɪnəs] *adj* □ klebrig.

glut·ton ['glʌtn] *s* **1.** Vielfraß *m.* **2.** *fig.* Unersättliche *m, f*: ***~ for books*** Leseratte *f*, Bücherwurm *m*; ***~ for work*** Arbeitstier *n.* **'glut·ton·ous** *adj* □ gefräßig, unersättlich (*a. fig.*). **'glut·ton·y** *s* Gefräßigkeit *f*, Unersättlichkeit *f* (*a. fig.*).

glyc·er·in(e) ['glɪsərɪn('~riːn)] *s* ⚗ Glyzerin *n.*

G-man ['dʒiːmæn] *s* (*irr* ***man***) G-man *m*, FBI-Agent *m.*

gnarled [nɑːld] *adj* **1.** knorrig. **2.** schwielig (*Hände*).

gnash [næʃ] *v/t*: ***~ one's teeth*** mit den Zähnen knirschen.

gnat [næt] *s zo. Br.* (Stech)Mücke *f.*

gnaw [nɔː] (*a. irr*) **I** *v/t* **1.** *Loch etc* nagen (***into*** in *acc*). **2.** nagen an (*dat*) (*a. fig.*). **II** *v/i* **3.** nagen (***at*** an *dat*) (*a. fig.*).

gnome [nəʊm] *s* Gnom *m*, Zwerg *m* (*beide a. contp. Mensch*).

go [gəʊ] **I** *s pl* **goes 1.** F Schwung *m*, Schmiß *m.* **2. *be all the ~*** F große Mode sein. **3. *it's a ~!*** F abgemacht! **4.** F Versuch *m*: ***have a ~ at s.th.*** et. probieren; ***at one ~*** auf 'einen Schlag, auf Anhieb. **II** *v/i* (*irr*) **5.** gehen, fahren, reisen (***to*** nach): ***~ on foot*** zu Fuß gehen; ***~ by plane*** (*od.* ***air***) mit dem Flugzeug reisen. **6.** (fort)gehen: ***I must be ~ing*** ich muß gehen *od.* weg. **7.** anfangen: ***~!*** (*Sport*) los! **8.** gehen, führen (***to*** nach) (*Straße etc*). **9.** sich erstrecken, gehen (***to*** bis). **10.** verkehren, fahren (*Bus etc*). **11.** *fig.* gehen: ***let it ~ at that*** laß es dabei bewenden. **12.** gehen, passen (***into*** in *acc*). **13.** (***to***) gehen (an *acc*) (*Preis etc*), zufallen (*dat*) (*Erbe*). **14.** ⚙

gehen, laufen, funktionieren (*alle a. fig.*): ***keep*** (***set***) ***s.th. ~ing*** et. in Gang halten (bringen); → ***get*** 10, 16. **15.** werden: ***~ cold; ~ blind*** erblinden. **16.** (***with***) gehen (mit), sich anschließen (an *acc*): → ***tide*** 2. **17.** sich halten (***by, on*** an *acc*), gehen, sich richten (***on*** nach): ***~ing by her clothes*** ihrer Kleidung nach (zu urteilen). **18.** kursieren, im Umlauf sein (*Gerücht etc*): ***the story ~es*** es heißt, man erzählt sich. **19.** vergehen, -streichen: ***one minute to ~*** noch eine Minute. **20.** gelten (***for*** für): ***it ~es without saying*** es versteht sich von selbst. **21.** verkauft werden (***at, for*** für): → ***cake*** 1. **22.** dazu beitragen *od.* dienen (***to do*** zu tun): ***it ~es to show*** dies zeigt, daran erkennt man. **23.** ausgehen, -fallen (*Entscheidung etc*). **24.** (***with***) harmonieren (mit), passen (zu). **25.** lauten (*Worte etc*). **26.** sterben. **27.** (*im pres p mit inf*) *zum Ausdruck e-r Zukunft, bsd.* a) *e-r Absicht*, b) *et. Unabänderlichen*: ***it is ~ing to rain*** es gibt Regen; ***she is ~ing to have a baby*** sie bekommt ein Kind; ***I am ~ing to tell him*** ich werde *od.* will es ihm sagen. **28.** (*mit ger*) gehen: ***~ swimming*** schwimmen gehen. **29.** (daran)gehen (***to do*** zu tun): ***he went to find her*** er ging sie suchen; ***she went to see him*** sie besuchte ihn. **III** *v/t* (*irr*) **30.** *Weg, Strecke etc* gehen: ***~ it alone*** F es ganz allein machen.

Verbindungen mit Präpositionen:

go| a•bout *v/i* in Angriff nehmen, sich machen an (*acc*). **~ af•ter** *v/i* **1.** nachlaufen (*dat*). **2.** sich bemühen um. **~ a•gainst** *v/i* **1.** *j-m* widerstreben. **2.** *e-m Verbot etc* zuwiderhandeln, sich widersetzen (*dat*). **~ at** *v/i* **1.** losgehen auf (*acc*). **2.** → ***go about.*** **~ be•tween** *v/i* vermitteln zwischen (*dat*). **~ be•yond** *v/i fig.* überschreiten, hinausgehen über (*acc*). **~ by** → ***go*** 17. **~ for** *v/i* **1.** holen (gehen). **2.** *Spaziergang etc* machen. **3.** a) gelten als *od.* für, b) → ***go*** 20. **~ in•to** *v/i* **1.** in *die Politik etc* gehen. **2.** geraten in (*acc*). **3.** (genau) untersuchen *od.* prüfen. **~ off** *v/i* aufgeben: ***have gone off*** *j-n, et.* nicht mehr mögen. **~ on** *v/i* **1.** → ***go*** 17. **2.** → ***strike*** 1. **~ o•ver** *v/i* **1.** → ***go into*** 3. **2.** → ***go through*** 1. **~ through** *v/i* **1.** durchgehen, -nehmen, -sprechen. **2.** → ***go into*** 3. **3.** erleiden, durchmachen; erleben. **~ with** *v/i* **1.** begleiten. **2.** mit *e-m Mädchen etc* gehen. **3.** → ***go*** 24. **~ with•out** *v/i* **1.** auskommen *od.* sich behelfen ohne. **2.** verzichten auf (*acc*).

Verbindungen mit Adverbien:

go| a•bout *v/i* **1.** herumgehen, -fahren, -reisen. **2.** a) → ***go*** 18, b) umgehen (*Grippe etc*). **~ a•head** *v/i* **1.** voran-, vorausgehen (***of s.o.*** j-m): ***~!*** *fig.* nur zu!; ***~ with*** *fig.* weitermachen *od.* fortfahren mit. **2.** vorankommen (*Person, Arbeit*). **~ a•long** *v/i* **1.** weitergehen. **2.** *fig.* weitermachen, fortfahren. **3.** ***~ with*** einverstanden sein mit; *j-m* beipflichten. **~ a•round** *v/i* **1.** → ***go about.*** **2.** → ***go round.*** **~ back** *v/i* **1.** zurückgehen. **2.** (***to***) *fig.* zurückgehen (auf *acc*), zurückreichen (bis). **3.** ***~ on*** *fig. j-n* im Stich lassen; *sein Wort etc* nicht halten; *Entscheidung* rückgängig machen. **~ by** *v/i* vorbeigehen (*a. Chance etc*); vergehen (*Zeit*). **~ down** *v/i* **1.** hinuntergehen. **2.** untergehen, sinken (*Schiff, Sonne etc*). **3.** → ***go back*** 2. **4.** (hinunter)rutschen (*Essen*). **5.** *fig.* (***with***) Anklang finden, ankommen (bei); geschluckt werden (von). **6.** zurückgehen, sinken, fallen (*Fieber, Preise etc*), billiger werden. **7.** ***~ in history*** in die Geschichte eingehen. **8.** sich im Niedergang befinden. **~ in** *v/i* **1.** hineingehen. **2.** verschwinden (*Sonne etc*). **3.** ***~ for*** sich befassen mit, betreiben, *Sport* treiben; mitmachen (bei), sich beteiligen an (*dat*), *Prüfung* machen; sich einsetzen für; sich begeistern für. **~ off** *v/i* **1.** fort-, weggehen. **2.** losgehen (*Gewehr etc*). **3.** verfallen, geraten (***in, into*** in *acc*): ***~ in a fit*** e-n Anfall bekommen. **4.** nachlassen (*Schmerz etc*). **5.** *gut etc* verlaufen. **6.** verderben (*Nahrungsmittel*). **~ on** *v/i* **1.** weitergehen, -fahren. **2.** angehen (*Licht etc*). **3.** weitermachen, fortfahren (***doing*** zu tun; ***with*** mit): ***~ talking*** weiterreden; ***he went on to say*** darauf sagte er. **4.** weitergehen (*Verhältnisse etc*). **5.** vor sich gehen, passieren, vorgehen. **6.** ***it is going on for 5 o'clock*** es geht auf 5 Uhr zu; ***he is going on for 60*** er geht auf die Sechzig zu. **~ out** *v/i* **1.** hinausgehen. **2.** ausgehen. **3.** ausgehen, erlöschen (*Licht, Feuer*). **4.** in den Streik treten, streiken: → ***strike*** 1. ~ **o·ver** *v/i* **1.** hinübergehen (***to*** zu). **2.** *fig.* übergehen (***into*** in *acc*). **3.** *fig.* übergehen, -treten (***from*** von; ***to*** zu). ~ **round** *v/i* **1.** herumgehen (*a. fig.*). **2.** (für alle) (aus)reichen: ***there are enough chairs to*** ~ es sind genügend Stühle da. ~ **through** *v/i* **1.** durchgehen, angenommen werden (*Antrag*). **2.** ~ ***with*** durchführen, zu Ende führen. ~ **to·geth·er** *v/i* **1.** zs.-passen (*Farben etc*). **2.** F miteinander gehen (*Liebespaar*). ~ **up** *v/i* **1.** hinaufgehen. **2.** steigen (*Fieber etc*), (*Preise a.*) anziehen. **3.** ~ ***in flames*** in Flammen aufgehen; ~ ***in smoke*** in Rauch (u. Flammen) aufgehen; *fig.* in Rauch aufgehen, sich in Rauch auflösen.

goad [gəʊd] *v/t a.* ~ ***on*** anstacheln (***to do s.th., into doing s.th.*** dazu, et. zu tun).

'go-a·head F **I** *adj* mit Unternehmungsgeist *od.* Initiative. **II** *s*: ***get the*** ~ grünes Licht bekommen (***on*** für).

goal [gəʊl] *s* **1.** Ziel *n* (*a. fig.*). **2.** *Sport*: (*a. erzieltes*) Tor: ***keep*** ~ im Tor stehen, das Tor hüten. ~ **a·re·a** *s Sport*: Torraum *m*. **'~,get·ter** *s* Torjäger(in).

goal·ie ['gəʊlɪ] F → ***goalkeeper.***

'goal|,keep·er *s Sport*: Torwart *m*, -mann *m*, -frau *f*, -hüter(in). ~ **kick** *s Fußball*: Abstoß *m*. ~ **line** *s Sport*: Torlinie *f*. ~ **post** *s Sport*: Torpfosten *m*.

goat [gəʊt] *s zo.* Ziege *f*: ***act*** (*od.* ***play***) ***the*** (***giddy***) ~ *fig.* herumalbern, -kaspern; ***get s.o.'s*** ~ F j-n auf die Palme bringen. **goat'ee** *s* Spitzbart *m*.

gob·ble ['gɒbl] *v/t mst* ~ ***up*** verschlingen (*a. fig. Buch etc*), hinunterschlingen.

'go-be,tween *s* Vermittler(in): ***act as a*** ~ vermitteln.

gob·lin ['gɒblɪn] *s* Kobold *m*.

go·by ['gəʊbaɪ] *s*: ***give s.o. the*** ~ F j-n schneiden *od.* ignorieren.

'go-cart *s* **1.** *bsd. Am.* Laufstuhl *m* (*für Kinder*). **2.** *bes. Am.* Sportwagen *m* (*für Kinder*). **3.** *Sport*: Go-Kart *m*.

god [gɒd] *s* **1.** Gott *m*, Gottheit *f*. **2.** ♀ *eccl.* Gott *m*: ***so help me*** ♀***!*** so wahr mir Gott helfe!; ***thank*** ♀ Gott sei Dank; → ***act*** 1, ***bless*** 1, ***forbid*** 3, ***sake, willing*** 1. **'~·child** *s* (*irr* ***child***) Patenkind *n*.

god·dess ['gɒdɪs] *s* Göttin *f* (*a. fig.*).

'god|,fa·ther *s* Pate *m*: ***stand*** ~ ***to*** Pate stehen bei (*a. fig.*). **'♀-,fear·ing** *adj* gottesfürchtig. **'~·for,sak·en** *adj contp.* gottverlassen. **'~·less** *adj* □ gottlos. **'~·like** *adj* gottähnlich, göttergleich.

god·ly ['gɒdlɪ] *adj* fromm.

'god|,moth·er *s* Patin *f*. **'~,par·ent** *s* Pate *m*, Patin *f*. **'~·send** *s* Geschenk *n* des Himmels.

,go-'get·ter *s* F Draufgänger *m*.

gog·gle ['gɒgl] **I** *v/i* glotzen: ~ ***at s.o.*** j-n anglotzen. **II** *s pl*, *a.* ***pair of*** ~***s*** Schutzbrille *f*. **'~·box** *s Br.* F Glotze *f*, Glotzkiste *f* (*Fernseher*).

go·ing ['gəʊɪŋ] **I** *s* **1.** Boden-, Straßenzustand *m*, (*Pferderennsport*) Geläuf *n*; Tempo *n*. **II** *adj* **2.** ~ ***concern*** gutgehendes Geschäft. **3.** ~, ~, ***gone!*** (*bei Versteigerungen*) zum ersten, zum zweiten, zum dritten! **,go·ings-'on** *s pl mst b.s.* Treiben *n*, Vorgänge *pl*: ***there were strange*** ~ es passierten merkwürdige Dinge.

goi·ter, *bsd. Br.* **goi·tre** ['gɔɪtə] *s* ⚕ Kropf *m*.

go-kart ['gəʊkɑːt] *s Sport*: Go-Kart *m*.

gold [gəʊld] **I** *s* Gold *n*: → ***glitter*** 1. **II** *adj* golden, Gold... ~ **dig·ger** *s* **1.** Goldgräber *m*. **2.** F *Frau, die nur hinter dem Geld der Männer her ist.*

gold·en ['gəʊldən] *adj* **1.** *mst fig.* golden: ~ ***days*** *pl* glückliche Tage *pl*; ~ ***opportunity*** einmalige Möglichkeit; ~ ***wedding*** goldene Hochzeit. **2.** golden, goldgelb: ~ ***hamster*** *zo.* Goldhamster *m*.

'gold|·fish *s* Goldfisch *m*. ~ **med·al** *s* Goldmedaille *f*. ~ **med·al·(l)ist** *s* Goldmedaillengewinner(in). ~ **mine** *s* Goldgrube *f* (*a. fig.*), -mine *f*, -bergwerk *n*. **,~-'plat·ed** *adj* vergoldet. **'~·smith** *s* Goldschmied(in).

golf [gɒlf] (*Sport*) **I** *s* Golf(spiel) *n*. **II** *v/i* Golf spielen. ~ **ball** *s* **1.** *Sport*: Golfball *m*. **2.** ⚙ Kugel-, Schreibkopf *m* (*der Schreibmaschine*). ~ **club** *s* (*Sport*) **1.** Golfschläger *m*. **2.** Golfclub *m*. ~ **course** *s Sport*: Golfplatz *m*.

golf·er ['gɒlfə] *s Sport*: Golfer(in), Golfspieler(in).

golf links *s pl* (*a. sg konstruiert*) *Sport*: Golfplatz *m*.

Go·li·ath [gəʊ'laɪəθ] *s fig.* Goliath *m*.

gon·do·la ['gɒndələ] *s* Gondel *f*.

gone [gɒn] **I** *pp von* **go. II** *adj* **1.** fort, weg. **2.** F verknallt (***on*** in *acc*). **3.** ***she's***

six months ~ F sie ist im 6. Monat (*schwanger*).

gong [gɒŋ] *s* Gong *m.*

gon·or·rh(o)e·a [ˌgɒnəˈrɪə] *s* ⚕ Tripper *m.*

goo [guː] *s* F **1.** Papp *m*, klebriges Zeug. **2.** Schmalz *m*, sentimentales Zeug.

good [gʊd] **I** *s* **1.** Nutzen *m*, Wert *m*: ***for one's own*** ~ zu s-m eigenen Vorteil; ***what ~ is it?*** wozu soll das gut sein?; ***it is no ~ trying*** es hat keinen Sinn *od.* Zweck, es zu versuchen. **2.** *das* Gute, Gutes *n*: ***do s.o.*** ~ j-m Gutes tun; j-m guttun; ***be up to no*** ~ nichts Gutes im Schilde führen. **3.** *pl* bewegliches Vermögen: ***~s and chattels*** Hab *n* u. Gut *n*; F Siebensachen *pl.* **4.** *pl* ✝ Güter *pl*, Ware(n *pl*) *f*: ***~s lift*** *Br.* Lastenaufzug *m*; ***~s train*** *Br.* Güterzug *m.* **II** *adj* **5.** *allg.* gut: ***as ~ as*** so gut wie, praktisch; ***have a ~ time*** sich (gut) amüsieren; es sich gutgehen lassen. **6.** gut, lieb: ***be so ~ as to fetch it*** sei so gut u. hol es; → ***enough*** III. **7.** gut, geeignet: ***~ for colds*** gut gegen *od.* für Erkältungen; ***~ for one's health*** gesund. **8.** gut, richtig: ***in ~ time*** zur rechten Zeit, (gerade) rechtzeitig; ***all in ~ time*** alles zu s-r Zeit. **9.** gut, reichlich: ***a ~ hour*** e-e gute Stunde; ***a ~ many*** ziemlich viele. **10.** (*vor adj*) *verstärkend*: ***a ~ long time*** sehr lange (*Zeit*); ***~ and ...*** F ganz schön, mordsmäßig; ***~ and tired*** F hundemüde. **11.** gut, triftig (*Grund*). **12.** gut, tüchtig (***at*** in *dat*). ˌ**~ˈby(e) I** *s* Abschiedsgruß *m*: ***wish s.o. ~, say ~ to s.o.*** j-m auf Wiedersehen sagen, sich von j-m verabschieden. **II** *adj* Abschieds...: ***~ kiss.*** **III** *int* auf Wiedersehen!, *teleph.* auf Wiederhören! ˈ**~-for-ˌnoth·ing I** *adj* nichtsnutzig. **II** *s* Taugenichts *m*, Nichtsnutz *m.* ♀ **Fri·day** *s eccl.* Karfreitag *m.* ˌ**~-ˈhu·mo(u)red** *adj* □ **1.** gutgelaunt. **2.** gutmütig. ˌ**~-ˈlook·ing** *adj* gutaussehend. ˌ**~-ˈna·tured** *adj* □ gutmütig.

good·ness [ˈgʊdnɪs] *s* **1.** Güte *f.* **2.** ***thank ~*** Gott sei Dank; ***(my) ~!, ~ gracious!*** du m-e Güte!, du lieber Himmel!; → sake.

ˌ**good|-ˈtem·pered** *adj* □ gutmütig. ˌ**~ˈwill** *s* **1.** gute Absicht, guter Wille: ***~ tour*** *bsd. pol.* Goodwillreise *f*, -tour *f.* **2.** Goodwill *m*: a) guter Ruf (*e-r Institution etc*), b) ✝ ideeller Firmen- *od.* Geschäftswert.

good·y [ˈgʊdɪ] **I** *s* F **1.** Bonbon *m, n*: ***goodies*** *pl* Süßigkeiten *pl.* **2.** *Film, TV etc*: Gute *m*, Held *m.* **3.** Tugendbold *m.* **II** *adj* **4.** F (betont) tugendhaft. **III** *int* **5.** *bsd. Kindersprache*: prima! ˈ**~-ˌgood·y** → ***goody*** 3, 4.

goo·ey [ˈguːɪ] *adj* F **1.** pappig, klebrig. **2.** schmalzig, sentimental: ***~ song*** Schnulze *f.*

goof [guːf] F **I** *s* **1.** Schnitzer *m.* **2.** Trottel *m.* **II** *v/t* **3.** *oft* ***~ up*** vermasseln. **III** *v/i* **4.** Mist bauen. ˈ**goof·y** *adj* F **1.** vertrottelt. **2.** *Br.* vorstehend (*Zähne*).

goose [guːs] *pl* **geese** [giːs] *s* **1.** *orn.* Gans *f*: ***all his geese are swans*** bei ihm ist immer alles besser als bei anderen; ***cook s.o.'s ~*** F j-m alles kaputtmachen. **2.** *fig.* (dumme) Gans. **~·ber·ry** [ˈgʊzbərɪ] *s* **1.** ♀ Stachelbeere *f.* **2.** ***play ~*** *bsd. Br.* das fünfte Rad am Wagen sein. **~ flesh** *s*, **~ pim·ples** *s pl* Gänsehaut *f.*

goos·(e)y [ˈguːsɪ] *adj* **1.** ***get ~*** e-e Gänsehaut bekommen. **2.** dumm.

Gor·di·an [ˈgɔːdjən] *adj*: ***cut the ~ knot*** *fig.* den gordischen Knoten durchhauen.

gore [gɔː] *s* Zwickel *m*, Keil *m.*

gorge [gɔːdʒ] **I** *s* **1.** enge Schlucht. **2.** ***it makes my ~ rise, my ~ rises at it*** mir wird übel davon *od.* dabei; mir kommt die Galle dabei hoch. **II** *v/i* **3.** schlemmen: ***~ on*** (*od.* ***with***) → 5. **III** *v/t* **4.** gierig verschlingen. **5.** ***~ o.s. on*** (*od.* ***with***) sich vollstopfen mit.

gor·geous [ˈgɔːdʒəs] *adj* □ **1.** prächtig, prachtvoll (*beide a. fig.* F). **2.** F großartig, wunderbar.

go·ril·la [gəˈrɪlə] *s zo.* Gorilla *m* (*a. fig.* F *Leibwächter*).

gor·mand·ize [ˈgɔːməndaɪz] *v/i* schlemmen. ˈ**gor·mand·iz·er** *s* Schlemmer(in).

gor·y [ˈgɔːrɪ] *adj* □ blutrünstig.

gosh [gɒʃ] *int* F Mensch!, Mann!

ˌ**go-ˈslow** *s* ✝ *Br.* Bummelstreik *m.*

gos·pel, *mst* ♀ [ˈgɒspl] *s* Evangelium *n* (*a. fig.*): ***gospel truth*** reine Wahrheit.

gos·sa·mer [ˈgɒsəmə] *s* **1.** Altweibersommer *m.* **2.** feine Gaze.

gos·sip [ˈgɒsɪp] **I** *s* **1.** Klatsch *m*, Tratsch *m*: ***~ column*** Klatschspalte *f.* **2.** Plauderei *f*, Schwatz *m*: ***have a ~*** → 5. **3.** Klatschbase *f*, -maul *n*. **II** *v/i* **4.** klatschen, tratschen. **5.** plaudern, schwatzen (***with*** mit; ***about*** über *acc*).

got [gɒt] *pret u. pp von* ***get***.

Goth·ic ['gɒθɪk] **I** *adj* (***~ally***) **1.** gotisch. **2.** ***~ novel*** Schauerroman *m*. **II** *s* **3.** ⚠ Gotik *f*.

got·ten ['gɒtn] *Am. pp von* ***get***.

gou·lash ['guːlæʃ] *s gastr.* Gulasch *n*.

gourd [gʊəd] *s* ⚘ Kürbis *m*.

gour·mand ['gʊəmənd] *s* Schlemmer *m*.

gour·met ['gʊəmeɪ] *s* Feinschmecker *m*.

gout [gaʊt] *s* ⚕ Gicht *f*.

gov·ern ['gʌvn] **I** *v/t* **1.** regieren (*a. ling.*). **2.** leiten, verwalten. **3.** *fig.* bestimmen, regeln: ***be ~ed by*** sich leiten lassen von. **4.** *fig.* zügeln, beherrschen: ***~ o.s.*** (*od.* ***one's temper***) sich beherrschen. **II** *v/i* **5.** regieren. '**gov·ern·ing** *adj* **1.** regierend, Regierungs... **2.** leitend, Vorstands...: ***~ body*** Leitung *f*, Direktion *f*, Vorstand *m*. **3.** *fig.* leitend, bestimmend: ***~ idea*** Leitgedanke *m*. '**gov·ern·ment** *s* **1.** *oft* ♀ Regierung *f*: ***~ spokesman*** Regierungssprecher *m*; → ***exile*** 1. **2.** Regierung(sform) *f*. **3.** Leitung *f*, Verwaltung *f*. **4.** Staat *m*: ***~ monopoly*** Staatsmonopol *n*. **gov·ern·men·tal** [ˌ~'mentl] *adj* **1.** Regierungs... **2.** Staats..., staatlich. **gov·er·nor** ['gʌvənə] *s* **1.** Gouverneur *m*. **2.** Direktor *m*, Leiter *m*. **3.** F *der* Alte: a) alter Herr (*Vater*), b) Chef *m* (*a. Anrede*).

gown [gaʊn] *s* **1.** *mst in Zssgn* Kleid *n*. **2.** ⚖, *eccl.*, *univ.* Talar *m*, Robe *f*.

grab [græb] **I** *v/t* **1.** (hastig *od.* gierig) ergreifen, packen. **2.** *fig.* an sich reißen; *Gelegenheit* beim Schopf ergreifen. **3.** F *Zuhörer etc* packen, fesseln. **II** *v/i* **4.** ***~ at*** (gierig *od.* hastig) greifen nach, schnappen nach. **III** *s* **5.** (hastiger *od.* gieriger) Griff: ***make a ~ at*** → 1, 4. **6.** ***be up for ~s*** F (für jeden) zu haben *od.* zu gewinnen sein.

grace [greɪs] **I** *s* **1.** Anmut *f*, Grazie *f*. **2.** Anstand *m*. **3.** *mst pl* gute Eigenschaft: → ***saving*** 3. **4.** Gunst *f*, Wohlwollen *n*: ***be in s.o.'s good*** (***bad***) ***~s*** in j-s Gunst stehen (bei j-m in Ungnade sein). **5.** (*a. göttliche*) Gnade, Barmherzigkeit *f*. **6.** Tischgebet *n*: ***say ~*** das Tischgebet sprechen. **II** *v/t* **7.** zieren, schmücken. **8.** (be)ehren. **grace·ful** ['~fʊl] *adj* □ **1.** anmutig, graziös. **2.** würde-, taktvoll. '**grace·less** *adj* □ ungraziös.

gra·cious ['greɪʃəs] **I** *adj* □ **1.** wohlwollend. **2.** gnädig, barmherzig (*Gott*). **II** *int* **3.** ***good ~!, ~ me!*** du m-e Güte!, lieber Himmel!

gra·da·tion [grə'deɪʃn] *s* Abstufung *f*.

grade [greɪd] **I** *s* **1.** Grad *m*, Stufe *f*. **2.** ⚔ *bsd. Am.* (Dienst)Grad *m*. **3.** ✝ Qualität *f*, Handelsklasse *f*. **4.** *bsd. Am.* Steigung *f*, Gefälle *n*: ***make the ~*** *fig.* es schaffen, Erfolg haben; ***~ crossing*** schienengleicher (Bahn)Übergang. **5.** *ped. Am.* Klasse *f*; Note *f*, Zensur *f*. **II** *v/t* **6.** sortieren, einteilen. **7.** abstufen, staffeln. ***~ school*** *s Am.* Grundschule *f*.

gra·di·ent ['greɪdjənt] *s* Steigung *f*, Gefälle *n*.

grad·u·al ['grædʒʊəl] *adj* □ allmählich, stufen-, schrittweise: ***~ly*** *a.* nach u. nach.

grad·u·ate I *s* ['grædʒʊət] **1.** *univ.* Hochschulabsolvent(in), Akademiker(in); Graduierte *m, f*. **2.** *Am.* Schulabgänger(in). **II** *adj* ['grædʒʊət] **3.** *univ.* Akademiker...; graduiert. **III** *v/i* ['~jʊeɪt] **4.** *univ.* graduieren. **5.** *ped. Am.* die Abschlußprüfung bestehen (***from*** an *dat*): ***~ from*** *a. Schule* absolvieren. **IV** *v/t* ['~jʊeɪt] **6.** → ***grade*** 7. **grad·u·a·tion** [ˌgrædʒʊ'eɪʃn] *s* **1.** Abstufung *f*, Staffelung *f*. **2.** *univ.* Graduierung *f*. **3.** *ped. Am.* Absolvieren *n* (***from*** *e-r Schule*).

graf·fi·ti [grə'fiːtɪ] *s pl* Wandschmierereien *pl*.

graft[1] [grɑːft] ⚕ **I** *s* Transplantat *n*. **II** *v/t Gewebe* verpflanzen, transplantieren.

graft[2] [~] F **I** *s* **1.** ***hard ~*** Schufterei *f*. **2.** *bsd. Am.* Schmiergelder *pl*. **II** *v/i* **3.** ***~ hard*** schuften. **4.** *bsd. Am.* Schmiergelder zahlen.

grain [greɪn] *s* **1.** ⚘ (Samen-, *bsd.* Getreide)Korn *n*. **2.** *coll.* Getreide *n*, Korn *n*. **3.** (*Sand- etc*)Körnchen *n*, (-)Korn *n*: → ***salt*** 1. **4.** *fig.* Spur *f*: ***not a ~ of hope*** kein Funke Hoffnung. **5.** Maserung *f* (*vom Holz*): ***it goes*** (*od.* ***is***) ***against the ~*** (***with*** [*od.* ***for***] ***me***) *fig.* es geht mir gegen den Strich.

gram [græm] *s* Gramm *n*.

gram·mar ['græmə] *s* Grammatik *f*: ***bad ~*** grammatisch falsch; ***~*** (***book***) Grammatik. **gram·mat·i·cal** [grə'mætɪkl]

adj □ grammatisch, Grammatik...
gramme [græm] *s bsd. Br.* Gramm *n.*
gram·o·phone ['græməfəʊn] *s Br.* Plattenspieler *m.*
grand [grænd] **I** *adj* □ **1.** großartig, grandios, prächtig. **2.** groß, bedeutend, wichtig. **3.** Haupt...: **~ *prize*; ~ *total*** Gesamt-, Endsumme *f.* **4.** F großartig, glänzend. **II** *s* **5.** ♪ Flügel *m.* **6.** *pl* **grand** *Am. sl.* Riese *m* (*$ 1000*).
gran·dad → ***granddad.***
grand|·child ['græntʃaɪld] *s* (*irr **child***) Enkelkind *n.* '**~·dad** *s* F Opa *m* (*a. alter Mann*), Großpapa *m.* '**~ˌdaugh·ter** *s* Enkelin *f.*
gran·deur ['grændʒə] *s* **1.** Pracht *f.* **2.** Größe *f*, Wichtigkeit *f.*
'**grandˌfa·ther** *s* Großvater *m*: **~('s) *clock*** Standuhr *f.*
gran·dil·o·quent [græn'dɪləkwənt] *adj* □ **1.** schwülstig, hochtrabend. **2.** großsprecherisch.
gran·di·ose ['grændɪəʊs] *adj* □ großartig, grandios.
grand|·ma ['grænmɑː] *s* F Oma *f*, Großmama *f.* '**~ˌmoth·er** *s* Großmutter *f.* '**~·pa** *s* F Opa *m*, Großpapa *m.* '**~ˌpar·ents** *s pl* Großeltern *pl.* '**~·son** *s* Enkel *m.* **~·stand** ['grænd~] *s Sport*: Haupttribüne *f.*
gran·ite ['grænɪt] *s geol.* Granit *m.*
gran·ny ['grænɪ] *s* F Oma *f.*
grant [grɑːnt] **I** *v/t* **1.** bewilligen, gewähren. **2.** *Erlaubnis etc* geben, erteilen. **3.** *Bitte etc* erfüllen, *a.* ⚖ *e-m Antrag etc* stattgeben. **4.** ⚖ (*bsd.* formell) übertragen, übereignen. **5.** zugeben, zugestehen: ***I ~ you that*** ich gebe zu, daß; ***take s.th. for ~ed*** et. als erwiesen *od.* gegeben ansehen; et. als selbstverständlich betrachten *od.* hinnehmen. **II** *s* **6.** Bewilligung *f*, Gewährung *f.* **7.** Stipendium *n.* **8.** ⚖ Übertragung *f*, Übereignung *f.*
gran·u·lar ['grænjʊlə] *adj* gekörnt, körnig, granuliert. **gran·u·lat·ed** ['~leɪtɪd] *adj* → ***granular*: ~ *sugar*** Kristallzucker *m.* **gran·ule** ['~juːl] *s* Körnchen *n.*
grape [greɪp] *s* Weintraube *f*, -beere *f.* '**~·fruit** *s* ♀ Grapefruit *f*, Pampelmuse *f.* **~ juice** *s* Traubensaft *m.* **~ sug·ar** *s* Traubenzucker *m.* '**~·vine** *s* **1.** ♀ Weinstock *m.* **2.** ***I heard on the ~ that*** F mir ist zu Ohren gekommen, daß.
graph [græf] **I** *s* **1.** Diagramm *n*, Schaubild *n*, graphische Darstellung. **2.** *bsd.* ⚗ Kurve *f*: **~ *paper*** Millimeterpapier *n.* **II** *v/t* **3.** graphisch darstellen. '**graph·ic** *adj* (**~*ally***) **1.** anschaulich, plastisch. **2.** graphisch: **~ *artist*** Graphiker(in); **~ *arts*** *pl* Graphik *f.*
graph·ite ['græfaɪt] *s min.* Graphit *m.*
graph·ol·o·gist [græ'fɒlədʒɪst] *s* Graphologe *m.* **graph'ol·o·gy** *s* Graphologie *f.*
grap·ple ['græpl] *v/i*: **~ *with*** kämpfen mit, *fig. a.* sich herumschlagen mit.
grasp [grɑːsp] **I** *v/t* **1.** packen, (er)greifen, *Gelegenheit* ergreifen; an sich reißen. **2.** *fig.* verstehen, begreifen. **II** *v/i* **3.** zugreifen, zupacken: **~ *at*** greifen nach (*a. fig.*). **III** *s* **4.** Griff *m.* **5.** Reichweite *f* (*a. fig.*). **6.** *fig.* Verständnis *n*: ***be beyond s.o.'s ~*** über j-s Verstand gehen.
grass [grɑːs] **I** *s* **1.** ♀ Gras *n*: ***hear the ~ grow*** *fig.* das Gras wachsen hören; ***not let the ~ grow under one's feet*** *fig.* keine Zeit verschwenden. **2.** Rasen *m*: ***keep off the ~*** Betreten des Rasens verboten! **3.** *sl.* Gras(s) *n* (*Marihuana*). **4.** *Br. sl.* Spitzel *m.* **II** *v/i* **5.** grasen, weiden. **6.** *Br. sl.* singen (***to*** bei): **~ *on*** *j-n* verpfeifen. **~ blade** *s* Grashalm *m.* '**~ˌhop·per** *s zo.* Heuschrecke *f*, Grashüpfer *m.* **~ roots** *s pl* (*a. sg konstruiert*) **1.** *fig.* Wurzel *f*: ***attack a problem at the ~*** ein Problem an der Wurzel pakken. **2.** *pol.* Basis *f* (*e-r Partei*). **~ snake** *s zo.* Ringelnatter *f.* **~ wid·ow** *s* Strohwitwe *f.* **~ wid·ow·er** *s* Strohwitwer *m.*
grass·y ['grɑːsɪ] *adj* grasbedeckt, Gras...
grate[1] [greɪt] **I** *s* **1.** Gitter *n.* **2.** (Feuer)Rost *m.* **II** *v/t* **3.** vergittern.
grate[2] [~] **I** *v/t* **1.** *Käse etc* reiben, *Gemüse etc a.* raspeln. **2.** knirschen *od.* kratzen *od.* quietschen mit. **3.** *et.* krächzen(d sagen). **II** *v/i* **4.** knirschen; kratzen; quietschen. **5.** *fig.* weh tun (***on s.o.*** j-m): **~ *on s.o.'s ears*** j-m in den Ohren weh tun.
grate·ful ['greɪtfʊl] *adj* □ dankbar (***to s.o. for s.th.*** j-m für et.).
grat·er ['greɪtə] *s* Reibe *f*, Reibeisen *n*, Raspel *f.*
grat·i·fi·ca·tion [ˌgrætɪfɪ'keɪʃn] *s* **1.** Befriedigung *f*, Genugtuung *f* (***at*** über *acc*). **2.** Freude *f*, Genuß *m.* **grat·i·fy**

['~faɪ] *v/t* **1.** *j-n, Verlangen etc* befriedigen. **2.** erfreuen: ***be gratified*** sich freuen (***at*** über *acc*); ***I am gratified to hear*** ich höre mit Befriedigung *od.* Genugtuung. **'grat·i·fy·ing** *adj* □ erfreulich (***to*** für).

grat·ing ['greɪtɪŋ] *s* Gitter(werk) *n.*

gra·tis ['greɪtɪs] **I** *adv* gratis, umsonst. **II** *adj* unentgeltlich, Gratis...

grat·i·tude ['grætɪtjuːd] *s* Dankbarkeit *f*: ***in ~ for*** aus Dankbarkeit für.

gra·tu·i·tous [grə'tjuːɪtəs] *adj* □ **1.** → ***gratis*** II. **2.** freiwillig. **3.** grundlos, unbegründet. **gra'tu·i·ty** *s* **1.** Zuwendung *f*, Gratifikation *f.* **2.** Trinkgeld *n.*

grave[1] [greɪv] *adj* □ ernst (*Angelegenheit, Stimme, Zustand etc*).

grave[2] [~] *s* Grab *n*: ***dig one's own ~*** sich sein eigenes Grab schaufeln; ***turn*** (***over***) ***in one's ~*** sich im Grab (her)umdrehen. **'~ˌdig·ger** *s* Totengräber *m* (*a. fig.*).

grav·el ['grævl] **I** *s* Kies *m.* **II** *v/t pret u. pp* **-eled,** *bsd. Br.* **-elled** mit Kies bestreuen: ***~(l)ed path*** Kiesweg *m.* **~ pit** *s* Kiesgrube *f.*

'grave|·stone *s* Grabstein *m.* **'~·yard** *s* Friedhof *m.*

grav·i·tate ['grævɪteɪt] *v/i*: ***~ toward(s)*** sich hingezogen fühlen zu, neigen zu. **ˌgrav·i'ta·tion** *s phys.* Gravitation *f*, Schwerkraft *f.* **ˌgrav·i'ta·tion·al** *adj phys.* Gravitations...: ***~ force*** Schwerkraft *f*; ***~ pull*** Anziehungskraft *f.*

grav·i·ty ['grævətɪ] *s* **1.** Ernst *m.* **2.** *phys.* Gravitation *f*, Schwerkraft *f*: → ***centre*** 1, ***force*** 1, ***specific*** 1.

gra·vy ['greɪvɪ] *s* **1.** Braten-, Fleischsaft *m.* **2.** (Braten)Soße *f.* **~ boat** *s* Soßenschüssel *f.*

gray, *etc Am.* → ***grey,*** *etc.*

graze[1] [greɪz] *v/i* weiden, grasen.

graze[2] [~] **I** *v/t* **1.** streifen. **2.** ⚕ sich *das Knie etc* (ab-, auf)schürfen *od.* (auf-) schrammen. **II** *s* **3.** ⚕ Abschürfung *f*, Schramme *f.* **4.** *a.* ***grazing shot*** Streifschuß *m.*

grease I *s* [griːs] **1.** (*zerlassenes*) Fett. **2.** ⚙ Schmierfett *n*, Schmiere *f.* **II** *v/t* [griːz] **3.** (ein)fetten, ⚙ (ab)schmieren: ***like ~d lightning*** F wie ein geölter Blitz; → ***palm***[1] 1. **greas·y** ['griːzɪ] *adj* □ fett(ig).

great [greɪt] *adj* (□ → ***greatly***) **1.** groß, beträchtlich: ***a ~ many*** sehr viele. **2.** groß, bedeutend, wichtig. **3.** ausgezeichnet, großartig. **4.** F ***be ~ at*** gut *od.* groß sein in (*dat*); ***be ~ on*** sich begeistern für. **5.** F großartig, herrlich. **ˌ~-'grand·child** *s* (*irr* ***child***) Urenkel(in). **ˌ~-'grandˌdaugh·ter** *s* Urenkelin *f.* **ˌ~-'grandˌfa·ther** *s* Urgroßvater *m.* **ˌ~-'grandˌmoth·er** *s* Urgroßmutter *f.* **ˌ~-'grandˌpar·ents** *s pl* Urgroßeltern *pl.* **ˌ~-'grand·son** *s* Urenkel *m.*

great·ly ['greɪtlɪ] *adv* sehr, überaus. **'great·ness** *s* Größe *f*, Bedeutung *f.*

greed [griːd] *s* **1.** Gier *f* (***for*** nach): ***~ for power*** Machtgier. **2.** Habgier *f*, -sucht *f.* **3.** Gefräßigkeit *f.* **'greed·i·ness** *s* **1.** Gierigkeit *f.* **2.** Gefräßigkeit *f.* **'greed·y** *adj* □ **1.** gierig (***for*** auf *acc*, nach): ***~ for power*** machtgierig. **2.** habgierig, -süchtig. **3.** gefräßig.

Greek [griːk] **I** *s* **1.** Grieche *m*, Griechin *f.* **2.** *ling.* Griechisch *n*: ***that's ~ to me*** *fig.* das sind für mich böhmische Dörfer. **II** *adj* **3.** griechisch.

green [griːn] **I** *adj* □ **1.** grün: ***have ~ fingers*** *fig.* e-e grüne Hand haben; ***the lights are ~*** die Ampel steht auf Grün; ***give s.o. the ~ light*** *fig.* j-m grünes Licht geben (***on, to*** für); ***~ with envy*** grün *od.* gelb vor Neid. **2.** *fig.* grün, unerfahren. **II** *s* **3.** Grün *n*: ***dressed in ~*** grün *od.* in Grün gekleidet; ***at ~*** bei Grün; ***the lights are at ~*** die Ampel steht auf Grün. **4.** *pl* grünes Gemüse. **'~ˌgro·cer** *s bsd. Br.* Obst- u. Gemüsehändler *m.* **'~·horn** *s* F Grünschnabel *m*; Neuling *m.* **'~·house** *s* Gewächs-, Treibhaus *n.*

green·ish ['griːnɪʃ] *adj* grünlich.

Green·wich (**Mean**) **Time** ['grenɪdʒ] *s* Greenwicher Zeit *f.*

greet [griːt] *v/t* **1.** grüßen. **2.** begrüßen, empfangen. **3.** *Nachricht etc* aufnehmen. **'greet·ing** *s* **1.** Gruß *m*, Begrüßung *f.* **2.** *pl* Grüße *pl*; Glückwünsche *pl*: ***~s card*** Glückwunschkarte *f.* **3.** *Am.* Anrede *f* (*im Brief*).

gre·gar·i·ous [grɪ'geərɪəs] *adj* □ **1.** gesellig. **2.** *zo.* in Herden lebend, Herden...

gre·nade [grə'neɪd] *s* ⚔ (*Hand-, Gewehr*)Granate *f.*

grew [gruː] *pret von* ***grow.***

grey [greɪ] *bsd. Br.* **I** *adj* □ **1.** grau: ~

area Grauzone *f*; ~ ***eminence*** graue Eminenz; ~ ***matter*** *anat.* graue Substanz; F Grips *m.* **2.** grau(haarig), ergraut. **3.** *fig.* trüb, düster, grau: ~ ***prospects*** *pl* trübe Aussichten *pl.* **II** *s* **4.** Grau *n*: ***dressed in*** ~ grau *od.* in Grau gekleidet. **III** *v/i* **5.** grau werden, ergrauen: ~***ing*** angegraut, graumeliert (*Haare*). ˌ~-ˈ**haired** *adj* grauhaarig. ˈ~**·hound** *s zo.* Windhund *m.*

grey·ish [ˈgreɪɪʃ] *adj* grau-, gräulich.

grid [grɪd] *s* **1.** Gitter *n*, (Eisen)Rost *m.* **2.** ⚡ *etc* Versorgungsnetz *n.* **3.** *geogr.* Gitter(netz) *n* (*auf Karten*). **4.** Bratrost *m.*

grid·dle [ˈgrɪdl] *s* (rundes) Backblech.

ˈ**gridˌi·ron** *s* Bratrost *m.*

grief [griːf] *s* Gram *m*, Kummer *m*: ***come to*** ~ zu Schaden kommen; fehlschlagen, scheitern.

griev·ance [ˈgriːvns] *s* **1.** Beschwerde(-grund *m*) *f*; Mißstand *m.* **2.** ***nurse a*** ~ ***against*** e-n Groll hegen gegen. **grieve** **I** *v/t* betrüben, bekümmern. **II** *v/i* bekümmert sein, sich grämen (***at, about, over*** über *acc*, wegen): ~ ***for*** trauern um. ˈ**griev·ous** *adj* □ **1.** schmerzlich, bitter. **2.** schwer, schlimm (*Fehler*, *Verlust etc*): ~ ***bodily harm*** ⚖ *Br.* schwere Körperverletzung.

grill [grɪl] **I** *s* **1.** Grill *m.* **2.** Grillen *n.* **3.** Gegrillte *n*: ***a*** ~ ***of meat*** gegrilltes Fleisch. **4.** Grillroom *m.* **II** *v/t* **5.** grillen. **6.** ~ ***o.s.*** → 9. **7.** F *j-n* in die Mangel nehmen (*bsd. Polizei*): ~ ***s.o. about*** j-n ausquetschen über (*acc*). **III** *v/i* **8.** gegrillt werden. **9.** sich (*in der Sonne*) grillen (lassen).

grille [grɪl] *s* **1.** (Schalter-, Sprech)Gitter *n.* **2.** *mot.* (Kühler)Grill *m.*

grill·room [ˈ~rʊm] *s* Grillroom *m.*

grim [grɪm] *adj* □ **1.** grimmig. **2.** erbittert, verbissen. **3.** hart, unerbittlich. **4.** grausig.

gri·mace [grɪˈmeɪs] **I** *s* Grimasse *f.* **II** *v/i* e-e Grimasse *od.* Grimassen schneiden.

grime [graɪm] **I** *s* (dicker) Schmutz *od.* Ruß. **II** *v/t* beschmutzen. ˈ**grim·y** *adj* □ schmutzig, rußig.

grin [grɪn] **I** *v/i* grinsen: ~ ***at s.o.*** j-n angrinsen; ~ ***and bear it*** gute Miene zum bösen Spiel machen. **II** *s* Grinsen *n.*

grind [graɪnd] **I** *v/t* (*irr*) **1.** *Messer etc* schleifen: → ***ax***(***e***) 1. **2.** *a.* ~ ***down*** (zer)mahlen, zerreiben, -kleinern. **3.** *Kaffee etc* mahlen; *Fleisch* durchdrehen. **4.** ~ ***one's teeth*** mit den Zähnen knirschen. **II** *v/i* (*irr*) **5.** knirschen. **6.** F schuften; pauken, büffeln (***for*** für). **III** *s* **7.** Knirschen. **8.** F Schufterei *f*; Pauken *n*, Büffeln *n.* ˈ**grind·er** *s* **1.** (*Messer-etc*)Schleifer *m.* **2.** (*Kaffee*)Mühle *f*; (*Fleisch*)Wolf *m.* **3.** *anat.* Backenzahn *m.*

ˈ**grind·stone** *s* Schleifstein *m*: ***keep*** (*od.* ***have***) ***one's nose to the*** ~ *fig.* schuften.

grip [grɪp] **I** *s* **1.** Griff *m*: ***come*** (*od.* ***get***) ***to*** ~***s with*** aneinandergeraten mit; *fig.* sich auseinandersetzen mit. **2.** *fig.* Herrschaft *f*, Gewalt *f*: ***have*** (*od.* ***keep***) ***a*** ~ ***on*** *et.* in der Gewalt haben, *Zuhörer etc* fesseln. **3.** (Hand)Griff *m* (*e-s Koffers etc*). **II** *v/t* (*Am. a. irr*) **4.** ergreifen, packen. **5.** *fig. j-n* packen (*Furcht etc*), *Zuhörer etc* fesseln.

gripe [graɪp] **I** *v/t* **1.** *Am.* F ärgern. **II** *v/i* **2.** Bauchschmerzen haben. **3.** F (***about***) meckern (über *acc*), nörgeln (an *dat*, über *acc*): ~ ***at*** *j-n* anmeckern. **III** *s* **4.** *mst pl* Bauchschmerzen *pl.*

grip·ping [ˈgrɪpɪŋ] *adj* □ packend, fesselnd.

gript [grɪpt] *Am. pret u. pp von* ***grip.***

gris·ly [ˈgrɪzlɪ] *adj* gräßlich, schrecklich.

grist [grɪst] *s* Mahlgut *n*: ***all is*** ~ ***that comes to his mill*** *fig.* er weiß aus allem Kapital zu schlagen.

gris·tle [ˈgrɪsl] *s* Knorpel *m.* ˈ**gris·tly** *adj* knorp(e)lig.

grit [grɪt] **I** *s* **1.** (grober) Sand, Kies *m.* **2.** Streusand *m.* **3.** *fig.* Mut *m.* **II** *v/t* **4.** *Straße etc* sanden, streuen. **5.** ~ ***one's teeth*** die Zähne zs.-beißen (*a. fig.*).

griz·zle [ˈgrɪzl] *v/i Br.* F **1.** quengeln. **2.** sich beklagen (***about*** über *acc*).

griz·zly [ˈgrɪzlɪ] **I** *adj* grau(haarig). **II** *s a.* ~ ***bear*** *zo.* Grizzly(bär) *m.*

groan [grəʊn] **I** *v/i* **1.** stöhnen, ächzen (***with*** vor *dat*; *fig.* ***under*** unter *dat*). **2.** ächzen, knarren (***under*** unter *dat*) (*Fußboden etc*). **II** *s* **3.** Stöhnen *n*, Ächzen *n.*

groats [grəʊts] *s pl* Hafergrütze *f.*

gro·cer [ˈgrəʊsə] *s* Lebensmittelhändler *m.* ˈ**gro·cer·y** *s* **1.** Lebensmittelgeschäft *n.* **2.** *pl* Lebensmittel *pl.*

grog [grɒg] *s* Grog *m.*

grog·gy ['grɒgɪ] *adj* F **1.** groggy (*a. Boxen*). **2.** wacklig (*Tisch etc*).
groin [grɔɪn] *s anat.* Leiste(ngegend) *f.*
groom [gruːm] **I** *s* **1.** Pferdepfleger *m*, Stallbursche *m.* **2.** Bräutigam *m.* **II** *v/t* **3.** *Pferde* versorgen, pflegen. **4.** *Person, Kleidung* pflegen.
groove [gruːv] **I** *s* **1.** Rinne *f*, Furche *f.* **2.** ⚙ Rille *f* (*a. e-r Schallplatte*), Nut *f.* **3.** *fig.* ausgefahrenes Gleis. **II** *v/t* ⚙ rillen, nuten.
grope [grəʊp] **I** *v/i* tasten (**for** nach): **~ about** (*od.* **around**) herumtappen, -tasten; **~ in the dark** *fig.* im dunkeln tappen. **II** *v/t*: **~ one's way** sich vorwärtstasten.
gross [grəʊs] **I** *adj* □ **1.** Brutto...: **~ national product** Bruttosozialprodukt *n.* **2.** schwer, grob (*Fehler etc*), schreiend (*Ungerechtigkeit*), stark, maßlos (*Übertreibung*): **~ negligence** ⚖ grobe Fahrlässigkeit. **3.** unfein, derb. **4.** dick, feist. **II** *s* **5.** *das* Ganze: **in** (**the**) **~** im ganzen. **6.** *pl* **gross** Gros *n* (*12 Dutzend*). **III** *v/t* **7.** brutto verdienen *od.* einnehmen.
gro·tesque [grəʊ'tesk] *adj* □ grotesk.
grot·to ['grɒtəʊ] *pl* **-to(e)s** *s* Grotte *f.*
grouch [graʊtʃ] F **I** *v/i* (**about**) nörgeln (an *dat*, über *acc*), meckern (über *acc*). **II** *s* Nörgler(in). **'grouch·y** *adj* □ F nörglerisch.
ground¹ [graʊnd] **I** *pret u. pp von* **grind. II** *adj* gemahlen (*Kaffee etc*): **~ meat** Hackfleisch *n.*
ground² [~] **I** *s* **1.** (Erd)Boden *m*, Erde *f*: **above ~** oberirdisch; ⚒ über Tage; **below ~** ⚒ unter Tage; **break new** (*od.* **fresh**) **~** Land urbar machen, *a. fig.* Neuland erschließen; **fall to the ~** zu Boden fallen; *fig.* sich zerschlagen, ins Wasser fallen. **2.** Boden *m*, Gebiet *n* (*a. fig.*): **on German ~** auf deutschem Boden; **gain ~** (an) Boden gewinnen, *fig. a.* um sich fassen. **3.** Grundbesitz *m.* **4.** *oft pl Sport*: Platz *m.* **5.** *fig.* Standpunkt *m*: **hold** (*od.* **stand**) **one's ~** sich *od.* s-n Standpunkt behaupten. **6.** *fig.* (Beweg)Grund *m*: **on the ~(s) of** auf Grund von (*od. gen*); **on ~s of age** aus Altersgründen; **on the ~(s) that** mit der Begründung, daß. **7.** *pl* (Boden)Satz *m.* **8.** ⚡ *Am.* Erde *f*, Erdung *f.* **II** *v/t* **9.** *fig.* gründen, stützen (**on, in** auf *acc*): **~ed in fact** auf Tatsachen beruhend. **10.** ✈ Startverbot erteilen (*dat*). **11.** ⚡ *Am.* erden. **III** *v/i* **12.** ⚓ auflaufen.
'ground|-ˌbreak·ing *adj* bahnbrechend, wegweisend. **~ ca·ble** *s* ⚡ *Am.* Massekabel *n.* **~ crew** *s* ✈ Bodenpersonal *n.* **~ floor** *s* Erdgeschoß *n.* **~ fog** *s* Bodennebel *m.* **~ frost** *s* Bodenfrost *m.*
ground·less ['graʊndlɪs] *adj* □ grundlos, unbegründet.
'ground|·nut *s* ♣ Erdnuß *f.* **~ plan** *s* △ Grundriß *m.* **~ staff** *s* ✈ *Br.* Bodenpersonal *n.* **~ sta·tion** *s Raumfahrt*: Bodenstation *f.* **~ wa·ter** *s* Grundwasser *n.* **'~-ˌwa·ter lev·el** *s* Grundwasserspiegel *m.* **'~·work** *s* △ Fundament *n* (*a. fig.*).
group [gruːp] **I** *s* **1.** Gruppe *f*: **~ of islands** Inselgruppe. **2.** ☤ Gruppe *f*, Konzern *m.* **II** *v/t* **3.** eingruppieren (**into** in *acc*). **4.** zu e-r Gruppe zs.-stellen. **III** *v/i* **5.** sich gruppieren. **~ dy·nam·ics** *s pl* (*sg konstruiert*) *Sozialpsychologie*: Gruppendynamik *f.* **~ sex** *s* Gruppensex *m.* **~ ther·a·py** *s* ⚕, *psych.* Gruppentherapie *f.*
grouse [graʊs] → **grouch** I.
grove [grəʊv] *s* Wäldchen *n*, Gehölz *n.*
grov·el ['grɒvl] *v/i pret u. pp* **-eled,** *bsd. Br.* **-elled: ~ before** (*od.* **to**) **s.o.** *fig.* vor j-m kriechen. **'grov·el·(l)er** *s* Kriecher *m.* **'grov·el·(l)ing** *adj* □ kriecherisch.
grow [grəʊ] (*irr*) **I** *v/i* **1.** wachsen: **~ up** auf-, heranwachsen; **~ out of** a) herauswachsen aus (*e-m Kleidungsstück*), b) *e-r Angewohnheit etc* entwachsen. **2.** *fig.* zunehmen (**in** an *dat*), anwachsen. **3.** *fig.* (*bsd.* allmählich) werden: **~ less** sich vermindern. **II** *v/t* **4.** *Gemüse etc* anbauen, anpflanzen, *Blumen etc* züchten. **5. ~ a beard** sich e-n Bart wachsen lassen. **'grow·er** *s* Pflanzer *m*, Züchter *m*, *in Zssgn* ...bauer *m.*
growl [graʊl] **I** *v/i* **1.** knurren (*Hund*), brummen (*Bär*) (*beide a. Person*): **~ at** *j-n* anknurren. **2.** (g)rollen (*Donner*). **II** *v/t* **3.** *oft* **~ out** *Worte* knurren, brummen. **III** *s* **4.** Knurren *n*, Brummen *n.* **5.** (G)Rollen *n.*
grown [grəʊn] *pp von* **grow. '~-up I** *adj* [*a.* ˌ~'ʌp] **1.** erwachsen. **2.** (nur) für Erwachsene; Erwachsenen... **II** *s* **3.** Erwachsene *m, f.*
growth [grəʊθ] *s* **1.** Wachsen *n*, Wachstum *n.* **2.** Wuchs *m*, Größe *f.* **3.** *fig.*

Zunahme *f*, Anwachsen *n* (**in** *gen*). **4.** Anbau *m*. **5.** ⚕ Gewächs *n*, Wucherung *f*. ~ **in·dus·try** *s* ✝ Wachstumsindustrie *f*. ~ **rate** *s* ✝ Wachstumsrate *f*.

grub [grʌb] **I** *v/i* **1.** graben. **2.** stöbern, wühlen (**among, in** in *dat*; **for** nach). **II** *v/t* **3.** *oft* ~ **up** (*od.* **out**) ausgraben, *fig. a.* aufstöbern. **III** *s* **4.** *zo.* Mode *f*, Larve *f*. **5.** *sl.* Futter *n* (*Essen*).

'**grub·by** *adj* schmudd(e)lig, schmutzig.

grudge [grʌdʒ] **I** *v/t* **1.** mißgönnen (**s.o. s.th.** j-m et.). **2.** ~ ***doing s.th.*** et. nur widerwillig *od.* ungern tun. **II** *s* **3.** Groll *m*: ***bear s.o. a*** ~ e-n Groll auf j-n haben. '**grudg·ing** *adj* □ **1.** mißgünstig. **2.** widerwillig.

gru·el ['grʊəl] *s* Haferschleim *m*. '**gru·el·(l)ing** *adj fig.* aufreibend, zermürbend.

grue·some ['gru:səm] *adj* □ grausig, schauerlich.

gruff [grʌf] *adj* □ **1.** schroff, barsch. **2.** rauh (*Stimme*).

grum·ble ['grʌmbl] **I** *v/i* **1.** murren (***at, about, over*** über *acc*). **2.** → ***growl*** 2. **II** *v/t* **3.** *oft* ~ ***out*** *et.* murren. **III** *s* **4.** Murren. **5.** → ***growl*** 5.

grump·y ['grʌmpɪ] *adj* □ mißmutig, mürrisch.

grunt [grʌnt] **I** *v/i* **1.** grunzen (*Schwein, a. Person*). **2.** murren, brummen (**at** über *acc*). **II** *v/t* **3.** *oft* ~ ***out*** *et.* grunzen, murren, brummen. **III** *s* **4.** Grunzen *n*.

guar·an·tee [ˌgærən'ti:] **I** *s* **1.** Garantie *f* (**on** auf *acc*, für): ***the watch is still under*** ~ auf der Uhr ist noch Garantie; ~ (***card***) Garantiekarte *f*, -schein *m*. **2.** Kaution *f*, Sicherheit *f*. **3.** Bürge *m*, Bürgin *f*, Garant(in). **II** *v/t* **4.** (sich ver)bürgen für, Garantie leisten für. **5.** garantieren. **guar·an·tor** [ˌ~'tɔ:] → ***guarantee*** 3.

guard [gɑ:d] **I** *v/t* **1.** bewachen, wachen über (*acc*); behüten, beschützen (***against, from*** vor *dat*): ***a closely ~ed secret*** ein streng gehütetes Geheimnis. **2.** bewachen, beaufsichtigen. **II** *v/i* **3.** sich hüten *od.* in acht nehmen *od.* schützen (***against*** vor *dat*). **III** *s* **4.** Wache *f*, (Wach)Posten *m*, Wächter *m*; Aufseher *m*, Wärter *m*. **5.** Wache *f*, Bewachung *f*: ***be on*** ~ Wache stehen; ***keep*** ~ ***over*** *et.* bewachen. **6.** 🚂 *Br.* Schaffner *m*; *Am.* Bahnwärter *m*. **7.** Garde *f*: ~ ***of hono(u)r*** Ehrengarde. **8.** *fig.* Wachsamkeit *f*: ***be on*** (***off***) ***one's*** ~ (nicht) auf der Hut sein (***against*** vor *dat*). **9.** *Boxen etc*: Deckung *f*. ~ **dog** *s* Wachhund *m*. ~ **du·ty** *s* Wachdienst *m*: ***be on*** ~ Wache haben.

guard·ed ['gɑ:dɪd] *adj* □ vorsichtig, zurückhaltend, (*Optimismus*) verhalten, gedämpft.

guard·i·an ['gɑ:djən] *s* **1.** Hüter *m*, Wächter *m*: ~ ***angel*** Schutzengel *m*. **2.** ⚖ Vormund *m*. '**guard·i·an·ship** *s* ⚖ Vormundschaft *f* (**of** über *acc*, für): ***be*** (***place***) ***under*** ~ unter Vormundschaft stehen (stellen).

'**guard|·rail** *s* **1.** Handlauf *m*. **2.** *mot.* Leitplanke *f*. ~ **rope** *s* Absperrseil *n*.

guards·man ['gɑ:dzmən] *s* (*irr* **man**) ⚔ Gardist *m*.

gue(r)·ril·la [gə'rɪlə] *s* ⚔ Guerilla *m*: ~ ***war***(***fare***) Gurerillakrieg *m*.

guess [ges] **I** *v/t* **1.** schätzen (**at** auf *acc*). **2.** (er)raten. **3.** ahnen, vermuten. **4.** *bsd. Am.* F glauben, meinen, annehmen. **II** *v/i* **5.** schätzen (***at s.th.*** et.). **6.** raten: ***~ing game*** Ratespiel *n*. **III** *s* **7.** Schätzung *f*, Vermutung *f*: ***at a*** ~ schätzungsweise; ***I'll give you three ~es*** dreimal darfst du raten; → ***educated*** 2, ***rough*** 5, ***wild*** 5. '**~·work** *s* (reine) Vermutung(en *pl*).

guest [gest] **I** *s* Gast *m*. **II** *adj* a) Gast...: ~ ***speaker*** Gastredner *m*, b) Gäste...: ~ ***list***. '**~·house** *s* **1.** Gästehaus *n*. **2.** Pension *f*, Fremdenheim *n*. ~ **room** *s* Gast-, Gäste-, Fremdenzimmer *n*.

guf·faw [gʌ'fɔ:] **I** *s* schallendes Gelächter. **II** *v/i* schallend lachen.

guid·ance ['gaɪdns] *s* **1.** Leitung *f*, Führung *f*. **2.** Anleitung *f*, Unterweisung *f*: ***for your*** ~ zu Ihrer Orientierung. **3.** (*Berufs-, Ehe- etc*)Beratung *f*.

guide [gaɪd] **I** *v/t* **1.** *j-n* führen, *j-m* den Weg zeigen. **2.** *fig.* lenken, leiten. **3.** *et., a. j-n* bestimmen: ***be ~d by*** sich leiten lassen von. **4.** anleiten. **II** *s* **5.** (*Reise-, Berg- etc*)Führer *m*. **6.** (*Reise- etc*)Führer *m* (**to** durch, von) (*Buch*): ~ ***to London*** London-Führer. **7.** (**to**) Leitfaden *m* (*gen*), Einführung *f* (in *acc*), Handbuch *n* (*gen*). '**~·book** → ***guide*** 7.

guid·ed ['gaɪdɪd] *adj* **1.** ~ ***tour*** Führung *f* (**of** durch). **2.** ⚔, ⚙ (fern)gelenkt, (-)gesteuert: ~ ***missile*** Lenkflugkörper *m*.

guide| dog *s* Blindenhund *m.* **'~·lines** *s pl* Richtlinien *pl* (**on** *gen*).

guid·ing ['gaɪdɪŋ] *adj* leitend: ***~ principle*** Leitprinzip *n.*

guild [gɪld] *s* **1.** *hist.* Gilde *f,* Zunft *f.* **2.** Vereinigung *f,* Gesellschaft *f.*

guile [gaɪl] *s* (Arg)List *f,* Tücke *f.* **guile·ful** ['~fʊl] *adj* □ arglistig, tückisch. **'guile·less** *adj* □ arglos.

guil·lo·tine [ˌgɪlə'tiːn] **I** *s* Guillotine *f,* Fallbeil *n.* **II** *v/t* durch die Guillotine *od.* mit dem Fallbeil hinrichten.

guilt [gɪlt] *s* Schuld *f*: ***~ complex*** Schuldkomplex *m.* **'guilt·less** *adj* □ schuldlos, unschuldig (***of*** an *dat*). **'guilt·y** *adj* □ **1.** schuldig (***of*** *gen*): → ***plea*** 2, ***plead*** 2. **2.** schuldbewußt: ***a ~ conscience*** ein schlechtes Gewissen (***about*** wegen).

guin·ea pig ['gɪnɪ] *s* **1.** *zo.* Meerschweinchen *n.* **2.** *fig.* Versuchskaninchen *n.*

guise [gaɪz] *s*: ***in the ~ of*** als ... (verkleidet); ***under*** (*od.* ***in***) ***the ~ of*** *fig.* in der Maske (*gen*), unter dem Deckmantel (*gen*).

gui·tar [gɪ'tɑː] *s* ♪ Gitarre *f.* **gui'tar·ist** *s* Gitarrist(in).

gulch [gʌlʃ] *s bsd. Am.* (Berg)Schlucht *f.*

gulf [gʌlf] *s* **1.** Golf *m,* Meerbusen *m.* **2.** Abgrund *m* (*a. fig.*). **3.** *fig.* Kluft *f.*

gull [gʌl] *s orn.* Möwe *f.*

gul·let ['gʌlɪt] *s* **1.** *anat.* Speiseröhre *f.* **2.** Gurgel *f,* Kehle *f.*

gul·li·ble ['gʌləbl] *adj* □ leichtgläubig.

gul·ly ['gʌlɪ] *s* **1.** (Wasser)Rinne *f.* **2.** ⚙ Gully *m*: **~** (***drain***) Abzugskanal *m.*

gulp [gʌlp] **I** *v/t* **1.** *oft* ***~ down*** *Getränk* hinunterstürzen, *Speise* hinunterschlingen. **2.** *oft* ***~ back*** *Tränen etc* hinunterschlucken, unterdrücken. **II** *s* **3.** (großer) Schluck: ***at one ~*** auf 'einen Zug.

gum¹ [gʌm] *s oft pl anat.* Zahnfleisch *n.*

gum² [~] **I** *s* **1.** Gummi *m, n,* Kautschuk *m.* **2.** Klebstoff *m, bsd.* Gummilösung *f.* **II** *v/t* **3.** gummieren. **4.** (an-, ver)kleben. **'gum·my** *adj* klebrig.

gump·tion ['gʌmpʃn] *s* F **1.** Grips *m.* **2.** Mumm *m,* Schneid *m.*

gun [gʌn] **I** *s* **1.** ⚔ Geschütz *n,* Kanone *f*: ***stand*** (*od.* ***stick***) ***to one's ~s*** F festbleiben, nicht nachgeben. **2.** Gewehr *n*; Pistole *f,* Revolver *m.* **3.** *Sport*: Startpistole *f*; Startschuß *m*: → ***jump*** 9. **4.** *Tankstelle*: Zapfpistole *f.* **II** *v/t* **5.** *a.* ***~ to death*** erschießen: ***~ down*** niederschießen. **~ bat·tle** *s* Feuergefecht *n,* Schießerei *f,* Schußwechsel *m.* **'~·fight** → ***gun battle.*** **~ li·cence** (*Am.* **li·cense**) *s* Waffenschein *m.* **~·man** ['~mən] *s* (*irr* ***man***) **1.** Bewaffnete *m.* **2.** Revolverheld *m.* **'~·point** *s*: ***at ~*** mit vorgehaltener Waffe, mit Waffengewalt. **'~ˌpow·der** *s* Schießpulver *n.* **'~ˌrun·ner** *s* Waffenschmuggler *m.* **'~ˌrun·ning** *s* Waffenschmuggel *m.* **'~·shot** *s* **1.** Schuß *m.* **2.** *a.* ***~ wound*** Schußwunde *f,* -verletzung *f.* **3.** Schußweite *f*: ***within*** (***out of***) **~** in (außer) Schußweite.

gur·gle ['gɜːgl] **I** *v/i* gurgeln: a) gluckern (*Wasser*), b) glucksen (***with*** vor *dat*) (*Person, Stimme*). **II** *s* Gurgeln *n,* Gluckern *n,* Glucksen *n.*

gu·ru ['gʊruː] *s* Guru *m.*

gush [gʌʃ] **I** *v/i* **1.** strömen, schießen (***from*** aus). **2.** F schwärmen (***over*** von). **II** *s* **3.** Schwall *m,* Strom *m* (*beide a. fig.*). **4.** F Schwärmerei *f.* **'gush·er** *s* **1.** F Schwärmer(in). **2.** Springquelle *f* (*Erdöl*). **'gush·ing, 'gush·y** *adj* □ F schwärmerisch.

gus·set ['gʌsɪt] *s Schneiderei*: Zwickel *m,* Keil *m.*

gust [gʌst] *s* **1.** Windstoß *m,* Bö *f.* **2.** *fig.* (Gefühls)Ausbruch *m*: ***~ of anger*** Wutanfall *m.*

gus·to ['gʌstəʊ] *s* Begeisterung *f,* Genuß *m.*

gus·ty ['gʌstɪ] *adj* □ **1.** böig. **2.** stürmisch (*a. fig.*).

gut [gʌt] **I** *s* **1.** *pl bsd. zo.* Eingeweide *pl,* Gedärme *pl*: ***hate s.o.'s ~s*** F j-n hassen wie die Pest. **2.** *anat.* Darm *m.* **3.** *oft pl* F Bauch *m.* **4.** *pl* F Mumm *m,* Schneid *m.* **II** *v/t* **5.** ausweiden, -nehmen. **'gut·less** *adj* F ohne Mumm *od.* Schneid. **'guts·y** *adj* F **1.** mutig. **2.** verfressen.

gut·ter ['gʌtə] **I** *s* **1.** Gosse *f* (*a. fig.*), Rinnstein *m.* **2.** Dachrinne *f.* **II** *v/i* **3.** tropfen (*Kerze*). **~ press** *s* Skandal-, Sensationspresse *f.* **'~·snipe** *s* Gassenkind *n.*

gut·tur·al ['gʌtərəl] **I** *adj* □ Kehl..., guttural (*beide a. ling.*), kehlig. **II** *s ling.* Guttural *m,* Kehllaut *m.*

guy [gaɪ] *s* F Kerl *m,* Typ *m.*

guz·zle ['gʌzl] *v/t* **1.** (*a. v/i*) saufen; fressen. **2.** *oft* ***~ away*** *Geld* verprassen, *bsd.* versaufen.

gym [dʒɪm] F → ***gymnasium; gymnastic:*** ~ ***shoes*** *pl* Turnschuhe *pl*.
gym·na·si·um [dʒɪm'neɪzjəm] *pl* **-si·ums, -si·a** [~zɪə] *s* Turn-, Sporthalle *f*.
gym·nast ['~næst] *s* Turner(in). **gym·'nas·tic I** *adj* (~***ally***) **1.** turnerisch, Turn..., gymnastisch, Gymnastik... **II** *s* **2.** *pl* (*sg konstruiert*) Turnen *n*, Gymnastik *f*. **3.** ***mental*** ~***s*** *pl* Gehirnakrobatik *f*.
gyn·(a)e·co·log·i·cal [ˌgaɪnəkə'lɒdʒɪkl] *adj* □ ⚕ gynäkologisch. **gyn·(a)e·col·o·gist** [ˌ~'kɒlədʒɪst] *s* Gynäkologe *m*, Gynäkologin *f*, Frauenarzt *m*, -ärztin *f*. ˌ**gyn·(a)e'col·o·gy** *s* Gynäkologie *f*.
gyp [dʒɪp] *sl*. **I** *v/t u. v/i* **1.** bescheißen. **II** *s* **2.** Gauner(in). **3.** Beschiß *m*.
gyp·sum ['dʒɪpsəm] *s min*. Gips *m*.
gyp·sy *bsd. Am.* → ***gipsy.***
gy·rate [ˌdʒaɪə'reɪt] *v/i* kreisen, sich (im Kreis) drehen. ˌ**gy'ra·tion** *s* Kreisbewegung *f*, Drehung *f*. **gy·ra·to·ry** ['~rətərɪ] *adj* kreisend, sich (im Kreis) drehend.

H

H [eɪtʃ] *pl* **H's** ['eɪtʃɪz] *s* **1.** ***drop one's H's*** das H nicht aussprechen (*Zeichen der Unbildung*). **2.** *sl*. H [eɪtʃ] *n* (*Heroin*).
ha [hɑː] *int* ha!, ah!
ha·be·as cor·pus [ˌheɪbjəs'kɔːpəs] *s a.* ***writ of*** ~ ⚖ gerichtliche Anordnung e-s Haftprüfungstermins.
hab·er·dash·er ['hæbədæʃə] *s* **1.** *Br.* Kurzwarenhändler *m*. **2.** *Am.* Herrenausstatter *m*. **'hab·er·dash·er·y** *s* **1.** *Br.* Kurzwarengeschäft *n*; Kurzwaren *pl*. **2.** *Am.* Herrenmodengeschäft *n*; Herrenbekleidung *f*.
hab·it ['hæbɪt] *s* **1.** (An)Gewohnheit *f*: ***out of*** (*od.* ***by***) ~ aus Gewohnheit; ***get into*** (***out of***) ***a*** ~ e-e Gewohnheit annehmen (ablegen); ***get into*** (***out of***) ***the*** ~ ***of smoking*** sich das Rauchen angewöhnen (abgewöhnen); ***be in the*** ~ ***of doing s.th.*** die (An)Gewohnheit haben, et. zu tun. **2.** *oft* ~ ***of mind*** Geistesverfassung *f*. **3.** (*bsd.* Ordens)Tracht *f*.
hab·it·a·ble ['hæbɪtəbl] □ bewohnbar.
hab·i·tat ['hæbɪtæt] *s* ♣, *zo*. Standort *m*, Heimat *f*.
ha·bit·u·al [hə'bɪtʃʊəl] *adj* □ **1.** gewohnheitsmäßig, Gewohnheits...: ~ ***criminal*** Gewohnheitsverbrecher *m*. **2.** gewohnt, ständig: ***be*** ~***ly late*** ständig zu spät kommen. **ha'bit·u·ate** [~eɪt] *v/t* (***o.s.*** sich) gewöhnen (***to*** an *acc*): ~ ***o.s. to doing s.th.*** sich daran gewöhnen, et. zu tun.
hack¹ [hæk] **I** *v/t* **1.** (zer)hacken: ~ ***to pieces*** (*od.* ***bits***) in Stücke hacken; *fig. Ruf etc* zerstören. **II** *v/i* **2.** *a.* ~ ***away*** einhauen (auf *acc*). **3.** trocken u. stoßweise husten: ~***ing cough*** → 5. **III** *s* **4.** Hieb *m*. **5.** trockener, stoßweiser Husten.
hack² [~] *Am.* F **I** *s* **1.** Taxi *n*. **II** *v/i* **2.** in e-m Taxi fahren. **3.** ein Taxi fahren.
hack·ie ['hækiː] *s Am.* F Taxifahrer(in).
hack·le ['hækl] *s*: ***get s.o.'s*** ~ ***up*** j-n wütend machen.
hack·neyed ['hæknɪd] *adj* abgedroschen.
had [hæd] *pret u. pp von* ***have.***
had·dock ['hædək] *pl* **-docks,** *bsd. coll.* **-dock** *s ichth*. Schellfisch *m*.
hae·mo·glo·bin [ˌhiːməʊ'gləʊbɪn] *s physiol. bsd. Br.* Hämoglobin *n*.
hae·mo·phile ['hiːməʊfaɪl] *s* ⚕ *bsd. Br.* Bluter *m*. **hae·mo·phil·i·a** [ˌ~'fɪlɪə] *s bsd. Br.* Bluterkrankheit *f*.
haem·or·rhage ['hemərɪdʒ] *s* ⚕ *bsd. Br.* Blutung *f*. **haem·or·rhoids** ['~rɔɪdz] *s pl* ⚕ *bsd. Br.* Hämorrhoiden *pl*.
haft [hɑːft] *s* Griff *m*, Heft *n* (*bsd. e-r Stichwaffe*), Stiel *m* (*e-r Axt*).
hag [hæg] *s* häßliches altes Weib, Hexe *f*.
hag·gard ['hægəd] *adj* □ **1.** wild (*Blick*). **2.** abgehärmt; abgespannt; abgezehrt, hager.
hag·gle ['hægl] *v/i* feilschen, handeln, schachern (***about, over*** um).

hail¹ [heɪl] **I** *s* **1.** Hagel *m* (*a. fig. von Flüchen, Fragen etc*): **~ *of bullets*** Geschoßhagel. **II** *v/i* **2.** *impers* hageln. **3. ~ *down*** *fig.* niederhageln, -prasseln (**on** auf *acc*).
hail² [~] **I** *v/t* **1.** *j-m* zujubeln. **2.** *j-n, Taxi etc* herbeirufen *od.* -winken. **3.** *fig. et.* begrüßen. **II** *s* **4.** (Zu)Ruf *m*: ***within* ~** in Rufweite.
'hail|·stone *s* Hagelkorn *n*, (Hagel-)Schloße *f*. **'~·storm** *s* Hagelschauer *m*.
hair [heə] *s* (*einzelnes*) Haar; *coll.* Haar *n*, Haare *pl*: ***to a* ~** aufs Haar, haargenau; ***do one's* ~** sich die Haare richten, sich frisieren; ***keep your* ~ *on!*** F reg dich ab!; ***let one's* ~ *down*** sich ungezwungen benehmen; aus sich herausgehen; ***split* ~*s*** Haarspalterei treiben; ***tear one's* ~ (*out*)** sich die Haare raufen; ***without turning a* ~** ohne mit der Wimper zu zucken. **~·breadth** ['~bretθ] *s*: ***by a* ~** um Haaresbreite; ***have a* ~ *escape*** mit knapper Not entkommen. **'~·brush** *s* Haarbürste *f*. **'~·cut** *s* Haarschnitt *m*: ***have a* ~** sich die Haare schneiden lassen. **'~·do** *pl* **-dos** *s* F Frisur *f*. **'~ˌdress·er** *s* Friseur *m*, Friseuse *f*. **'~ˌdress·ing** *s* Frisieren *n*: **~ *salon*** Friseur-, Frisiersalon *m*. **'~-ˌdri·er** *s* Haartrockner *m*.
haired [heəd] *adj* **1.** behaart. **2.** *in Zssgn* ...haarig. **'hair·less** *adj* unbehaart, kahl.
'hair|·line *s* **1.** Haaransatz *m*. **2.** *a.* **~ *crack*** ⚙ Haarriß *m*. **'~·piece** *s* Haarteil *n* (*für Frauen*), Toupet *n* (*für Männer*). **'~·pin** *s* **1.** Haarnadel *f*. **2.** *a.* **~ *bend*** Haarnadelkurve *f*. **'~-ˌrais·ing** *adj* haarsträubend. **~ re·stor·er** *s* Haarwuchsmittel *n*. **~ slide** *s Br.* Haarspange *f*. **'~ˌsplit·ting I** *s* Haarspalterei *f*. **II** *adj* haarspalterisch. **~ spray** *s* Haarspray *m, n*. **'~·style** *s* Frisur *f*. **~ styl·ist** *s* Hair-Stylist(in).
hair·y ['heərɪ] *adj* **1.** haarig, behaart. **2.** F haarig, schwierig; gefährlich.
hale [heɪl] *adj* gesund, kräftig, rüstig: **~ *and hearty*** gesund u. munter.
half [hɑːf] **I** *adj* **1.** halb: **~ *a mile*** e-e halbe Meile; ***two pounds and a* ~, *two and a* ~ *pounds*** zweieinhalb Pfund; → ***mind*** 5. **II** *adv* **2.** halb, zur Hälfte: **~ *as long*** halb so lang; **~ *past two*** halb drei. **3.** halb(wegs), fast, nahezu: **~ *dead*** halbtot; ***not* ~ *bad*** F gar nicht übel; ***I* ~ *suspect*** ich vermute fast. **III** *pl* ***halves*** [hɑːvz] *s* **4.** Hälfte *f*: ***cut in*(*to*) *halves*** (*od.* ***in* ~**) halbieren; ***go halves with s.o. in*** (*od.* ***on***) ***s.th.*** et. mit j-m teilen. **5.** *Sport*: a) (Spiel)Hälfte *f*, Halbzeit *f*, b) (*a.* **~ *of the field*** Spielfeld)Hälfte *f*. **ˌ~-'baked** *adj* F nicht durchdacht, unausgegoren (*Plan etc*); grün (*Person*). **'~-breed** *s* Mischling *m*, Halbblut *n*. **~ broth·er** *s* Halbbruder *m*. **~-caste** ['~kɑːst] → ***half-breed***. **~ face** *s paint., phot.* Profil *n*. **ˌ~-'heart·ed** *adj* □ halbherzig. **ˌ~-'mast** *s*: ***fly at* ~** a) *a.* ***put at* ~** auf halbmast setzen, b) auf halbmast wehen. **~ meas·ure** *s* Halbheit *f*, halbe Sache. **~ moon** *s* Halbmond *m*. **~·pen·ny** ['heɪpnɪ] *s* **1.** *pl* **half·pence** ['heɪpəns] halber Penny. **2.** *pl* **'half·pen·nies** Halbpennystück *n*. **ˌ~-'price** *adj u. adv* zum halben Preis. **'~-seas o·ver** *s* F blau, betrunken. **~ sis·ter** *s* Halbschwester *f*. **'~-ˌtim·ber(ed)** *adj* ⚠ Fachwerk... **~ time** *s Sport*: Halbzeit *f* (*Pause*): ***at* ~** bei *od.* zur Halbzeit. **ˌ~-'time I** *adj* **1.** Halbtags...: **~ *job***. **2.** *Sport*: Halbzeit...: **~ *interval*** Halbzeitpause *f*; **~ *score*** Halbzeitstand *m*. **II** *adv* **3.** halbtags: ***work* ~**. **'~-truth** *s* Halbwahrheit *f*. **ˌ~'way I** *adj* **1.** auf halbem Weg *od.* in der Mitte (liegend). **2.** *fig.* halb, teilweise: **~ *measure*** → ***half measure***. **II** *adv* **3.** auf halbem Weg, in der Mitte: ***meet s.o.* ~** *bsd. fig.* j-m auf halbem Weg entgegenkommen. **4.** teilweise, halb(wegs). **'~-wit** *s* Schwachkopf *m*, Trottel *m*. **ˌ~-'year·ly** *adj u. adv* halbjährlich.
hal·i·but ['hælɪbət] *pl* **-buts,** *bsd. coll.* **-but** *s ichth.* Heilbutt *m*.
hal·i·to·sis [ˌhælɪ'təʊsɪs] *s* übler Mundgeruch.
hall [hɔːl] *s* **1.** Halle *f*, Saal *m*. **2.** Diele *f*, Flur *m*. **3.** *univ.* a) *a.* **~ *of residence*** Studentenheim *n*, b) Speisesaal *m*.
hal·le·lu·jah [ˌhælɪ'luːjə] **I** *s* Halleluja *n*. **II** *int* halleluja!
'hall·mark I *s* **1.** *Br.* Feingehaltsstempel *m*. **2.** *fig.* (Kenn)Zeichen *n*, Merkmal *n*. **II** *v/t* **3.** *Br. Gold, Silber* stempeln. **4.** *fig.* kennzeichnen.
hal·lo *bsd. Br.* → **hello.**
hal·low ['hæləʊ] *v/t* heiligen.

hall| por·ter *s bsd. Br.* Hausdiener *m* (*im Hotel*). **'~·stand** *s* Garderoben-, Kleiderständer *m*; (Flur)Garderobe *f*.

hal·lu·ci·nate [hə'lu:sɪneɪt] *v/i* halluzinieren. **hal,lu·ci'na·tion** *s* Halluzination *f*.

ha·lo ['heɪləʊ] *pl* **-lo(e)s** *s* **1.** Heiligenschein *m*. **2.** *ast.* Hof *m*.

hal·o·gen ['hælədʒen] *s* ⚗ Halogen *n*.

halt [hɔ:lt] **I** *s* Halt *m*: ***bring to a ~*** → II; ***come to a ~*** → III. **II** *v/t* anhalten, *a. fig.* zum Stehen *od.* Stillstand bringen. **III** *v/i* anhalten, *a. fig.* zum Stehen *od.* Stillstand kommen.

hal·ter ['hɔ:ltə] *s* **1.** Halfter *m, n*. **2.** Strick *m*, Strang *m* (*zum Hängen*).

halve [hɑ:v] *v/t* halbieren. **halves** [~z] *pl von* **half.**

ham [hæm] *s* **1.** Schinken *m*: ***~ and eggs*** Schinken mit (Spiegel)Ei. **2.** *a.* ***~ actor*** F Schmierenkomödiant *m*. **3.** F Funkamateur *m*, Amateurfunker *m*.

ham·burg·er ['hæmbɜ:gə] *s gastr.* Hamburger *m*.

,ham|-'fist·ed *adj bsd. Br.* F, **'~-,hand·ed** *adj* F tolpatschig, ungeschickt.

ham·let ['hæmlɪt] *s* Weiler *m*, Dörfchen *n*.

ham·mer ['hæmə] **I** *s* **1.** Hammer *m*: ***come*** (*od.* ***go***) ***under the ~*** unter den Hammer kommen; ***go at it ~ and tongs*** F sich mächtig ins Zeug legen; (sich) streiten, daß die Fetzen fliegen. **2.** *Leichtathletik*: Hammer *m*: ***~ throw*** Hammerwerfen *n*; ***~ thrower*** Hammerwerfer *m*. **II** *v/t* **3.** hämmern: ***~ in*** einhämmern; ***~ s.th. into s.o.'s head*** *fig.* j-m et. einhämmern *od.* -bleuen. **III** *v/i* **4.** hämmern (*a. Puls etc*): ***~ at*** einhämmern auf (*acc*).

ham·mock ['hæmək] *s* Hängematte *f*.

ham·per¹ ['hæmpə] *v/t* (be)hindern.

ham·per² [~] *s* **1.** (Deckel)Korb *m*. **2.** Geschenk-, Freßkorb *m*. **3.** *Am.* Wäschekorb *m*.

ham·ster ['hæmstə] *s zo.* Hamster *m*.

'ham·string I *s anat.* Kniesehne *f*. **II** *v/t* (*irr* ***string***) *fig.* vereiteln; lähmen.

hand [hænd] **I** *s* **1.** Hand *f*: ***at ~*** in Reichweite; nahe (bevorstehend); bei der *od.* zur Hand; ***by ~*** mit der Hand, manuell; ***~s down*** spielend, mühelos (*gewinnen etc*); ***~s off!*** Hände weg!; ***~s up!*** Hände hoch!; ***be ~ in glove*** (***with***) ein Herz u. e-e Seele sein (mit); unter 'einer Decke stecken (mit); ***change ~s*** den Besitzer wechseln; ***give*** (*od.* ***lend***) ***a*** (***helping***) ***~*** mit zugreifen, *j-m* helfen (***with*** bei); ***have a ~ in*** s-e Hand im Spiel haben bei, beteiligt sein an (*dat*); ***hold ~s*** Händchen halten; ***not to lift*** (*od.* ***raise***) ***a ~*** keinen Finger rühren; ***live from ~ to mouth*** von der Hand in den Mund leben; ***shake ~s with*** *j-m* die Hand schütteln *od.* geben; → ***tie*** 7a. **2.** *oft pl* Hand *f*, Macht *f*, Gewalt *f*: ***be entirely in s.o.'s ~s*** ganz in j-s Hand sein; ***fall into s.o.'s ~s*** j-m in die Hände fallen. **3.** *pl* Hände *pl*, Obhut *f*: ***in good ~s.*** **4.** Seite *f*: ***on the right ~*** rechts; ***on the one ~ ..., on the other ~*** *fig.* einerseits ..., andererseits. **5.** *oft in Zssgn* Arbeiter *m*. **6.** Fachmann *m*, Routinier *m*: ***an old ~*** ein alter Praktikus *od.* Hase; ***be a good ~ at*** sehr geschickt *od.* geübt sein in (*dat*). **7.** Hand *f*, Quelle *f*: ***at first ~*** aus erster Hand. **8.** Handschrift *f*. **9.** Unterschrift *f*: ***set one's ~ to*** s-e Unterschrift setzen unter (*acc*), unterschreiben. **10.** Applaus *m*, Beifall *m*: ***get a big ~*** stürmischen Beifall bekommen. **11.** (Uhr)Zeiger *m*. **12.** *Kartenspiel*: Spieler *m*; Blatt *n*, Karten *pl*: ***show one's ~*** *fig.* s-e Karten aufdecken. **II** *v/t* **13.** aushändigen, (über)geben, (-)reichen.

Verbindungen mit Adverbien:

hand| a·round *v/t* herumreichen, herumgehen lassen. **~ back** *v/t* zurückgeben. **~ down** *v/t* **1.** hinunter-, herunterreichen, -langen (***from*** von; ***to*** *dat*). **2.** (***to***) *Tradition etc* weitergeben (an *acc*), *Bräuche etc* überliefern (*dat*). **~ in** *v/t* **1.** hinein-, hereinreichen, -langen (***to*** *dat*). **2.** *Prüfungsarbeit etc* abgeben, *Gesuch etc* einreichen (***to*** bei): → ***check*** 11. **~ on** *v/t* **1.** weiterreichen, -geben (***to*** *dat*, an *acc*). **2.** → ***hand down*** 2. **~ out** *v/t* **1.** aus-, verteilen (***to*** an *acc*). **2.** *Ratschläge, Komplimente etc* verteilen. **~ o·ver** *v/t* (***to*** *dat*) **1.** übergeben. **2.** geben, aushändigen. **~ round** → ***hand around.*** **~ up** *v/t* hinauf-, heraufreichen, -langen (***to*** *dat*).

'hand|·bag *s* Handtasche *f*. **~ bag·gage** *s bsd. Am.* Handgepäck *n*. **'~·bill** *s* Handzettel *m*, Flugblatt *n*. **'~·book** *s* **1.** Handbuch *n*. **2.** Reiseführer *m* (***of*** durch, von): ***a ~ of London*** ein London-Führer. ~ **brake** *s* ⚙ Handbremse *f.* ~**·breadth** ['~bretθ] *s* Handbreit *f.* '~**-carved** *adj* handgeschnitzt. ~ **cream** *s* Handcreme *f.* '~**·cuff I** *s mst pl* Handschelle *f.* **II** *v/t j-m* Handschellen anlegen: ~**ed** in Handschellen.

hand·ful ['hændfʊl] *s* **1.** *e-e* Handvoll (*a. fig. Personen*). **2.** F Plage *f* (*Person, Sache*), Nervensäge *f.*

hand gre·nade *s* ⚔ Handgranate *f.*

hand·i·cap ['hændɪkæp] **I** *s* Handikap *s*: a) Vorgabe(rennen *n*, -spiel *n*) *f*, b) *fig.* Behinderung *f*, Nachteil *m* (**to** für): → **mental** 1, **physical** 1. **II** *v/t* behindern, benachteiligen: → **mentally** 1, **physically.**

hand·i·craft ['hændɪkrɑft] *s* **1.** Handfertigkeit *f.* **2.** (*bsd.* Kunst)Handwerk *n.* '**hand·i͵crafts·man** [~mən] *s* (*irr* **man**) (*bsd.* Kunst)Handwerker *m.*

hand·i·work ['hændɪwɜːk] *s* **1.** Handarbeit *f.* **2.** *fig.* Werk *n.*

hand·ker·chief ['hæŋkətʃɪf] *s* Taschentuch *n.*

han·dle ['hændl] **I** *s* **1.** (Hand)Griff *m*; Stiel *m*; Henkel *m*; Klinke *f*, Drücker *m*: **fly off the** ~ F hochgehen, wütend werden. **2.** *fig.* Handhabe *f* (**against** gegen). **II** *v/t* **3.** anfassen, berühren. **4.** hantieren *od.* umgehen mit, *Maschine* bedienen. **5.** *Thema etc* behandeln; *et.* erledigen, durchführen; mit *et.*, *j-m* fertigwerden. **6.** *j-n* behandeln, umgehen mit: → **kid glove. III** *v/i* **7. glass – ~ with care!** Vorsicht, Glas! '~**·bar** *s mst pl* Lenkstange *f.*

hand| lug·gage *s* Handgepäck *n.* ͵~-'**made** *adj* handgearbeitet. ͵~-'**op·er·at·ed** *adj* handbedient, Hand... '~**·out** *s* **1.** Almosen *n*, milde Gabe. **2.** Prospekt *m*, Hand-, Werbezettel *m.* **3.** Handout *n* (*für Pressevertreter etc*). '~**·rail** *s* Handlauf *m.* '~**·set** *s teleph.* Hörer *m.* '~**·shake** *s* Händedruck *m*: **give s.o. a firm** ~ j-m kräftig die Hand schütteln.

hand·some ['hænsəm] *adj* ☐ **1.** gutaussehend (*bsd. Mann*). **2.** beträchtlich, ansehnlich (*Summe etc*). **3.** großzügig, nobel.

'**hand|·stand** *s* Handstand *m*: **do a** ~ e-n Handstand machen. ͵~**-to-'mouth** *adj*: **lead a** ~ **existence** von der Hand in den Mund leben. '~**·work** *s* Handarbeit *f.* '~͵**writ·ing** *s* (Hand)Schrift *f.* '~͵**writ·ten** *adj* handgeschrieben.

hand·y ['hændɪ] *adj* ☐ **1.** zur *od.* bei der Hand: **keep s.th.** ~ et. griffbereit aufbewahren. **2.** geschickt, gewandt. **3.** handlich, praktisch. **4.** nützlich: **come in** ~ sich als nützlich erweisen; (sehr) gelegen kommen. '~**·man** *s* (*irr* **man**) Mädchen *n* für alles, Faktotum *n.*

hang [hæŋ] **I** *s* **1.** Sitz *m* (*e-s Kleids etc*). **2. get the** ~ **of s.th.** F et. rauskriegen *od.* kapieren. **II** *v/t* (*irr*) **3.** (auf)hängen; *Tür etc* einhängen: ~ **on a hook** an e-n Haken hängen. **4.** *pret u. pp* **hanged** *j-n* (auf)hängen: ~ **o.s.** sich erhängen. **5.** *Kopf* hängen lassen *od.* senken. **6.** behängen (**with** mit). **7.** *Tapeten* ankleben. **III** *v/i* (*irr*) **8.** hängen (**by, on** an *dat*): ~ **by a thread** *fig.* an e-m (dünnen *od.* seidenen) Faden hängen; ~ **over** *fig.* hängen *od.* schweben über (*dat*). **9.** ~ **about** (*od.* **around**) herumlungern *od.* sich herumtreiben in (*dat*).

Verbindungen mit Adverbien:

hang| a·bout, ~ **a·round** *v/i* herumlungern, sich herumtreiben. ~ **back** *v/i* zögern (**from doing** zu tun). ~ **down** *v/i* hinunter-, herunterhängen (**from** von). ~ **on** *v/i* **1.** (**to**) sich klammern (an *acc*) (*a. fig.*), festhalten (*acc*). **2.** warten; *teleph.* am Apparat bleiben. **3.** nicht nachlassen (*Krankheit etc*). ~ **out I** *v/t* **1.** (hin-, her)aushängen, *Wäsche* (draußen) aufhängen. **II** *v/i* **2.** heraushängen. **3.** aushängen, ausgehängt sein. ~ **o·ver I** *v/i* andauern, existieren (**from** seit). **II** *v/t*: **be hung over** F e-n Kater haben. ~ **to·geth·er** *v/i* **1.** zs.-halten (*Personen*). **2.** e-n (logischen) Zs.-hang haben, zs.-hängen. ~ **up I** *v/t* **1.** aufhängen. **2.** aufschieben. **3. be hung up on** F e-n Komplex haben wegen; besessen sein von. **II** *v/i* **4.** *teleph.* einhängen, auflegen.

hang·ar ['hæŋə] *s* Hangar *m*, Flugzeughalle *f.*

hang·er ['hæŋə] *s* Kleiderbügel *m*; Schlaufe *f*, Aufhänger *m.*

hang| glid·er *s* (*Sport*) **1.** (Flug)Drachen *m.* **2.** Drachenflieger(in). ~ **glid·ing** *s* Drachenfliegen *n.*

hang·ing ['hæŋɪŋ] **I** *adj* Hänge...: ~ **bridge. II** *s mst pl* Wandbehang *m.*

hang|·man ['hæŋmən] *s* (*irr* **man**) Henker *m*. '**~·nail** *s* ⚕ Nied-, Neidnagel *m*. '**~,o·ver** *s* **1.** Überbleibsel *n*, -rest *m*. **2.** F Katzenjammer *m*, Kater *m* (*beide a. fig.*). '**~·up** *s* F **1.** Komplex *m*. **2.** Problem *n*, Schwierigkeit *f*.

han·ker ['hæŋkə] *v/i* sich sehnen, Verlangen haben (***after, for*** nach): ~ ***to do s.th.*** sich danach sehnen, et. zu tun. '**han·ker·ing** *s* Sehnsucht *f*, Verlangen *n*.

han·kie, han·ky ['hæŋkı] *s* F Taschentuch *n*.

han·ky-pan·ky [ˌhæŋkı'pæŋkı] *s* F **1.** Hokuspokus *m*, fauler Zauber. **2.** Techtelmechtel *n*.

hap·haz·ard [ˌhæp'hæzəd] *adj* □ *u. adv* plan-, wahllos, *adv a.* aufs Geratewohl.

hap·pen ['hæpən] *v/i* **1.** geschehen, sich ereignen, passieren: ***it will not ~ again*** es wird nicht wieder vorkommen. **2.** zufällig geschehen, sich zufällig ergeben: ***it ~ed that*** es traf *od.* ergab sich, daß. **3.** ***if you ~ to see it*** wenn du es zufällig siehst *od.* sehen solltest; ***it ~ed to be cold*** zufällig war es kalt. **4.** ~ ***to*** geschehen *od.* passieren mit (*od. dat*), zustoßen (*dat*), werden aus. **5.** ~ ***on*** zufällig begegnen (*dat*) *od.* treffen (*acc*); zufällig stoßen auf (*acc*). **hap·pen·ing** ['hæpnıŋ] *s* **1.** Ereignis *n*. **2.** *Kunst*: Happening *n*.

hap·pi·ly ['hæpılı] *adv* **1.** glücklich. **2.** glücklicherweise, zum Glück. '**hap·pi·ness** *s* Glück *n*.

hap·py ['hæpı] *adj* (□ → ***happily***) **1.** *allg.* glücklich (***at, about*** über *acc*; ***with*** mit): ***I am ~ to see you*** es freut mich (sehr), Sie zu sehen; → ***birthday*** I, ***Easter*** I, ***new year*** 1. **2.** F beschwipst. **3.** *in Zssgn*: a) ...begeistert: → ***trigger-happy***, b) F ...süchtig. ˌ**~-go-'luck·y** *adj* unbekümmert, sorglos. **~ hour** *s* F *Zeit, in der in Pubs etc alkoholische Getränke verbilligt ausgeschenkt werden.*

har·ass ['hærəs] *v/t* **1.** ständig belästigen (***with*** mit). **2.** aufreiben, zermürben. **3.** schikanieren.

har·bin·ger ['hɑːbındʒə] *fig.* **I** *s* Vorläufer *m*; Vorbote *m*; (erstes) Anzeichen. **II** *v/t* ankündigen.

har·bo(u)r ['hɑːbə] **I** *s* **1.** Hafen *m*. **2.** Zufluchtsort *m*, Unterschlupf *m*. **II** *v/t* **3.** *j-m* Zuflucht *od.* Unterschlupf gewähren. **4.** *Gedanken, Groll etc* hegen.

hard [hɑːd] **I** *adj* **1.** *allg.* hart. **2.** schwer, schwierig: ~ ***work*** harte Arbeit; ~ ***to believe*** kaum zu glauben; ~ ***to please*** schwer zufriedenzustellen; ~ ***to imagine*** schwer vorstellbar. **3.** heftig, stark: ***a ~ blow*** ein harter Schlag, *fig. a.* ein schwerer Schlag. **4.** hart (*Winter*), (*a. Frost*) streng, (*Klima*) rauh. **5.** hart, streng: ***be ~ on s.o.*** j-n hart *od.* ungerecht behandeln; j-m hart zusetzen. **6.** hart, drückend: ~ ***times*** *pl* schwere Zeiten *pl*; ***it is ~ on him*** es ist hart für ihn, es trifft ihn schwer. **7.** hart, nüchtern: ***the ~ facts*** *pl* die nackten Tatsachen *pl*. **8.** hart (*Droge*), (*Getränk a.*) stark. **9.** ~ ***of hearing*** schwerhörig. **10.** ~ ***up*** F in (Geld)Schwierigkeiten; in Verlegenheit (***for*** um). **II** *adv* **11.** hart, fest: ***frozen ~*** hartgefroren. **12.** hart, schwer: ***work ~***; ***brake ~*** scharf bremsen; ***think ~*** scharf nachdenken; ***try ~*** sich große Mühe geben. **13.** nahe, dicht: ~ ***by*** ganz in der Nähe. '**~·back** *s* gebundene Ausgabe. ˌ**~-'boiled** *adj* **1.** hart(gekocht) (*Ei*). **2.** *fig.* hart, unsentimental; nüchtern, sachlich. **~ core** *s* harter Kern (*e-r Bande etc*). '**~-core** *adj* **1.** zum harten Kern gehörend. **2.** hart (*Pornographie*). '**~,cov·er** → ***hardback***. ˌ**~-'earned** *adj* hartverdient.

hard·en ['hɑːdn] **I** *v/t* **1.** härten (*a.* ⚙), hart machen. **2.** *fig.* hart machen, abstumpfen (***to*** gegen): ***~ed*** verstockt, abgebrüht. **3.** *fig.* abhärten (***to*** gegen). **II** *v/i* **4.** erhärten (*a.* ⚙), hart werden. **5.** *fig.* hart werden, abstumpfen (***to*** gegen). **6.** *fig.* sich abhärten (***to*** gegen). **7.** ✝ anziehen (*Preise*).

ˌ**hard|'head·ed** *adj* nüchtern, realistisch. ˌ**~'heart·ed** *adj* □ hartherzig. **~ line** *s* **1.** *bsd. pol.* harter Kurs: ***follow*** (*od.* ***adopt***) ***a ~*** e-n harten Kurs einschlagen. **2.** *pl bsd. Br.* Pech *n* (***on*** für).

hard·ly ['hɑːdlı] *adv* **1.** kaum, fast nicht: ~ ***ever*** fast nie. **2.** (wohl) kaum, schwerlich. **3.** (*zeitlich*) kaum. '**hard·ness** *s* **1.** Härte *f* (*a. fig.*). **2.** Schwierigkeit *f*. '**hard·ship** *s* **1.** Not *f*, Elend *n*. **2.** Härte *f*: ~ ***case*** Härtefall *m*.

hard| shoul·der *s mot. Br.* Standspur *f*. '**~·top** *s mot.* Hardtop *n, m* (*a. Wagen*). '**~·ware** *s* **1.** Metall-, Eisenwaren *pl*; Haushaltswaren *pl*. **2.** *Computer*: Hardware *f*. ˌ**~-'wear·ing** *adj Br.* strapazierfähig. ˌ~-'**work·ing** *adj* fleißig, arbeitsam.

har·dy ['hɑːdɪ] *adj* □ **1.** zäh, ausdauernd, robust; abgehärtet. **2.** ♀ winterfest.

hare [heə] *s zo.* Hase *m*: (**as**) ***mad as a March*** ~ F total verrückt; ***play*** ~ ***and hounds*** e-e Schnitzeljagd machen. '~**·bell** *s* ♀ Glockenblume *f*. '~**·brained** *adj* verrückt. ˌ~'**lip** *s* ⚕ Hasenscharte *f*.

ha·rem ['hɑːriːm] *s* Harem *m* (*a. fig. humor.*).

harm [hɑːm] **I** *s* Schaden *m*: ***there is no*** ~ ***in doing s.th.*** es kann nicht(s) schaden, et. zu tun; ***there is no*** ~ ***in trying*** ein Versuch kann nicht schaden; ***come to*** ~ zu Schaden kommen; ***do s.o.*** ~ j-m schaden *od.* et. antun; → ***bodily*** 1, ***mean***[3] 1. **II** *v/t j-n* verletzen (*a. fig.*), *j-m, j-s Ruf etc* schaden. **harm·ful** ['~fʊl] *adj* □ schädlich (***to*** für): ~ ***to one's health*** gesundheitsschädlich. '**harm·less** *adj* □ *allg.* harmlos.

har·mon·ic [hɑː'mɒnɪk] *adj* (~***ally***) harmonisch. **har'mon·i·ca** [~kə] *s* ♪ Mundharmonika *f*. **har·mo·ni·ous** [~'məʊnjəs] *adj* □ harmonisch. **har·mo·ni·um** [~'məʊnjəm] *s* ♪ Harmonium *n*. **har·mo·nize** ['~mənaɪz] **I** *v/i* harmonieren, zs.-passen, in Einklang sein (***with*** mit). **II** *v/t* harmonisieren, in Einklang bringen (***with*** mit). **har·mo·ny** ['~mənɪ] *s* ♪ Harmonie *f*, *fig. a.* Einklang *m*, Eintracht *f*.

har·ness ['hɑːnɪs] **I** *s* **1.** (*Pferde- etc*)Geschirr *n*: ***die in*** ~ *fig.* in den Sielen sterben. **2.** *mot.* (Sicherheits)Gurt *m*. **II** *v/t* **3.** *Pferd etc* anschirren; anspannen (***to*** an *acc*).

harp [hɑːp] **I** *s* **1.** ♪ Harfe *f*. **II** *v/i* **2.** Harfe spielen. **3.** *fig.* (***on, on about***) herumreiten (auf *dat*), dauernd reden (von). '**harp·er,** '**harp·ist** *s* Harfenist(in).

har·poon [hɑː'puːn] **I** *s* Harpune *f*. **II** *v/t* harpunieren.

harp·si·chord ['hɑːpsɪkɔːd] *s* ♪ Cembalo *n*.

har·row ['hærəʊ] **I** *s* **1.** ⚒ Egge *f*. **II** *v/t* **2.** ⚒ eggen. **3.** *fig.* quälen, peinigen.

harsh [hɑːʃ] *adj* □ rauh (*Stoff, Stimme*); grell (*Farbe*); barsch, schroff (*Art etc*); streng (*Disziplin etc*), hart (*Worte etc*).

har·um-scar·um [ˌheərəm'skeərəm] *adj* unbesonnen, leichtsinnig.

har·vest ['hɑːvɪst] **I** *s* Ernte *f*: a) Erntezeit *f*, b) Ernten *n*, c) (Ernte)Ertrag *m*. **II** *v/t* ernten, *fig. a.* einheimsen. ~ **fes·ti·val** *s* Erntedankfest *n*.

has [hæz] *er, sie, es* hat. '~**-been** *s* F **1.** *et.* Überholtes. **2.** *j-d, der den Höhepunkt s-r Karriere überschritten hat.* **3.** *pl* alte Zeiten *pl*.

hash[1] [hæʃ] **I** *v/t* **1.** *a.* ~ ***up*** *Fleisch* zerhacken, -kleinern. **2.** *a.* ~ ***up*** *fig.* durcheinanderbringen; verpfuschen. **II** *s* **3.** *gastr.* Haschee *n*. **4.** *fig. et.* Aufgewärmtes. **5.** ***make a*** ~ ***of*** → 2.

hash[2] [~] *s* F Hasch *n* (*Haschisch*).

hash·ish ['hæʃiːʃ] *s* Haschisch *n*.

has·sle ['hæsl] F **I** *s* **1.** Krach *m*, (*a.* handgreifliche) Auseinandersetzung. **2.** Mühe *f*: ***it was quite a*** ~ es war ganz schön mühsam (***doing, to do*** zu tun). **II** *v/i* **3.** Krach *od.* e-e (handgreifliche) Auseinandersetzung haben.

haste [heɪst] *s* Hast *f*, Eile *f*: ***make*** ~ sich beeilen; ***more*** ~, ***less speed*** eile mit Weile. **has·ten** ['heɪsn] **I** *v/t j-n* antreiben; *et.* beschleunigen. **II** *v/i* (sich be)eilen, hasten. **hast·y** ['heɪstɪ] *adj* □ **1.** eilig, hastig, (*Abreise*) überstürzt. **2.** voreilig, -schnell, übereilt.

hat [hæt] *s* Hut *m*: ***I'll eat my*** ~ ***if ...*** F ich fresse e-n Besen, wenn ...; ***talk through one's*** ~ F dummes Zeug reden; ~***s off!*** Hut ab!, alle Achtung! (***to*** vor *dat*); → ***cocked hat, old*** 1.

hatch[1] [hætʃ] *s* **1.** ✈, ⚓ Luke *f*, *allg. a.* Bodentür *f*, -öffnung *f*. **2.** Durchreiche *f*.

hatch[2] [~] **I** *v/t* **1.** *a.* ~ ***out*** *Eier, Junge* ausbrüten. **2.** *a.* ~ ***out*** (*od.* ***up***) *Racheplan etc* ausbrüten, -hecken; *Programm etc* entwickeln. **II** *v/i* **3.** brüten. **4.** *a.* ~ ***out*** (*aus dem Ei*) ausschlüpfen. **III** *s* **5.** Brut *f*.

hatch[3] [~] *v/t* schraffieren.

'**hatch·back** *s mot.* (Wagen *m* mit) Hecktür *f*.

hatch·et ['hætʃɪt] *s* Beil *n*: ***bury*** (***take up***) ***the*** ~ *fig.* das Kriegsbeil begraben (ausgraben).

hate [heɪt] **I** *v/t* **1.** hassen: ~***d*** verhaßt. **2.** nicht ausstehen können: → ***gut*** 1. **3.** nicht wollen *od.* mögen: ~ ***doing*** (*od.* ***to do***) ***s.th.*** et. (nur) äußerst ungern tun.

II *s* **4.** Haß *m* (***of, for*** auf *acc*, gegen): ***full of ~*** haßerfüllt. **5.** *et.* Verhaßtes: ***... is my pet ~*** F ... kann ich auf den Tod nicht ausstehen *od.* leiden.

ha·tred ['heɪtrɪd] → ***hate*** 4.

hat·ter ['hætə] *s* Hutmacher *m*: (***as***) ***mad as a ~*** total verrückt.

hat trick *s Sport*: Hattrick *m*.

haugh·ty ['hɔːtɪ] *adj* □ hochmütig, überheblich.

haul [hɔːl] **I** *s* **1.** Ziehen *n*, Zerren *n*; kräftiger Zug. **2.** Fischzug *m*, *fig. a.* Fang *m*, Beute *f*: ***make a big ~*** e-n guten Fang machen. **3.** a) Beförderung *f*, Transport *m*, b) Transportweg *m*. **II** *v/t* **4.** ziehen, zerren: ***~ down*** *Flagge etc* ein-, niederholen; ***~ up*** F sich *j-n* vorknöpfen; *j-n* schleppen (***before*** vor *acc*); → ***coal***. **5.** befördern, transportieren. **III** *v/i* **6.** ***~ away*** ziehen, zerren (***at, on*** an *dat*). '**haul·age** *s* → ***haul*** 3a. '**haul·er,** *bsd. Br.* **haul·i·er** ['~jə] *s* Transportunternehmer *m*.

haulm [hɔːm] *s* Halm *m*, Stengel *m*.

haunch [hɔːntʃ] *s gastr.* Lendenstück *n*, Keule *f*: ***~ of beef*** Rindslende *f*.

haunt [hɔːnt] **I** *v/t* **1.** spuken *od.* umgehen in (*dat*): ***this room is ~ed*** in diesem Zimmer spukt es; ***~ed castle*** Spukschloß *n*. **2.** *fig.* a) verfolgen, quälen: ***~ed look*** gehetzter Blick, b) *j-m* nicht mehr aus dem Kopf gehen, *j-n* nicht mehr loslassen. **3.** häufig besuchen. **II** *s* **4.** häufig besuchter Ort. '**haunt·ing** *adj* □ **1.** quälend. **2.** unvergeßlich: ***~ melody*** (*od.* ***tune***) Ohrwurm *m*.

have [hæv] **I** *v/t* (*irr*) **1.** *allg.* haben: ***~ on*** *Kleidungsstück* anhaben, *Hut* aufhaben; → ***get*** 11. **2.** haben, erleben. **3.** *Kind* bekommen; *zo. Junge* werfen. **4.** behalten: ***may I ~ it?*** **5.** *Gefühle, Verdacht etc* haben, hegen. **6.** erhalten, bekommen: ***~ back*** zurückbekommen. **7.** essen, trinken: → ***breakfast*** I, *etc.* **8.** haben, machen: → ***look*** 1, ***try*** 1, ***walk*** 1, ***wash*** 1. **9.** *a.* ***~ on*** F *j-n* reinlegen. **10.** ***~ on*** *et.* vorhaben. **11.** *vor inf*: müssen: ***I ~ to go now***; → ***get*** 11. **12.** *mit Objekt u. pp*: lassen: ***I had a suit made*** ich ließ mir e-n Anzug machen. **13.** *mit Objekt u. inf*: (veran)lassen: ***I had him sit down*** ich ließ ihn Platz nehmen. **14.** ***I had rather go than stay*** ich möchte lieber gehen als bleiben; ***you had best go*** du tätest am besten daran zu gehen. **II** *v/aux* (*irr*) **15.** haben, (*bei vielen v/i*) sein: ***I have come*** ich bin gekommen. **III** *s* **16.** ***the ~s and the ~-nots*** die Begüterten u. die Habenichtse.

ha·ven ['heɪvn] *s* **1.** *mst fig.* (sicherer) Hafen. **2.** *fig.* Zufluchtsort *m*.

'**have-not** *s mst pl* Habenichts *m*: → ***have*** 16.

hav·oc ['hævək] *s* Verwüstung *f*, Zerstörung *f*: ***cause ~*** schwere Zerstörungen *od.* (*a. fig.*) ein Chaos verursachen; ***play ~ with, make ~ of*** verwüsten, zerstören; *fig.* verheerend wirken auf (*acc*).

haw [hɔː] *v/i* → ***hem***[2] II, ***hum*** 2.

hawk[1] [hɔːk] *s orn.* Falke *m* (*a. pol.*), Habicht *m*.

hawk[2] [~] *v/t* **1.** hausieren mit; auf der Straße verkaufen. **2.** *a.* ***~ about*** (*od.* ***around***) *Gerücht etc* verbreiten. '**hawker** *s* Hausierer(in); Straßenhändler(in).

haw·ser ['hɔːzə] *s* ⚓ Kabeltau *n*, Trosse *f*.

haw·thorn ['hɔːθɔːn] *s* ✿ Weißdorn *m*.

hay [heɪ] *s* Heu *n*: ***make ~ while the sun shines*** *fig.* das Eisen schmieden, solange es heiß ist; ***hit the ~*** *sl.* sich in die Falle *od.* Klappe hauen. ***~ fe·ver*** *s* ⚕ Heuschnupfen *m*. '**~·wire** *adj* F kaputt (*Gerät*); (völlig) durcheinander (*Pläne etc*); übergeschnappt (*Person*): ***go ~*** kaputtgehen; (völlig) durcheinandergeraten; überschnappen.

haz·ard ['hæzəd] **I** *s* **1.** Gefahr *f*, Risiko *n*: ***at all ~s*** unter allen Umständen; ***at the ~ of one's life*** unter Lebensgefahr, unter Einsatz s-s Lebens; ***~ to health*** Gesundheitsrisiko; ***~ warning lights*** *pl mot.* Warnblinkanlage *f*. **2.** Zufall *m*: ***by ~*** durch Zufall, zufällig. **II** *v/t* **3.** riskieren: a) aufs Spiel setzen, b) (zu sagen) wagen, sich *e-e Bemerkung etc* erlauben. '**haz·ard·ous** *adj* □ gewagt, gefährlich, riskant.

haze [heɪz] *s* **1.** Dunst(schleier) *m*. **2.** *fig.* Nebel *m*, Schleier *m*.

ha·zel ['heɪzl] *adj* (hasel)nußbraun. '**~-nut** *s* ✿ Haselnuß *f*.

ha·zy ['heɪzɪ] *adj* □ **1.** dunstig, diesig. **2.** *fig.* verschwommen, nebelhaft (*Vorstellung etc*): ***be rather ~ about*** nur e-e ziemlich verschwommene *od.* vage Vorstellung haben von.

'H-bomb *s* ⚔ H-Bombe *f*, Wasserstoffbombe *f*.

he [hi:] **I** *pron* er: **~ *who*** wer; derjenige, welcher. **II** *s* Er *m*: a) Junge *m*, Mann *m*, b) *zo.* Männchen *n*. **III** *adj in Zssgn zo.* ...männchen *n*: **~*-goat*** Ziegenbock *m*.

head [hed] **I** *v/t* **1.** anführen, an der Spitze stehen von (*od. gen*). **2.** voran-, vorausgehen (*dat*). **3.** (an)führen, leiten: **~*ed by*** unter der Leitung von. **4.** *Fußball*: köpfen. **II** *v/i* **5.** (***for***) gehen, fahren (nach); sich bewegen (auf *acc* ... zu), lossteuern, -gehen (auf *acc*); ⚓ Kurs halten (auf *acc*). **III** *adj* **6.** Kopf... **7.** Chef..., Haupt..., Ober...: **~ *cook*** Chefkoch *m*; **~ *nurse*** Oberschwester *f*. **IV** *s* **8.** Kopf *m*: ***above*** (*od.* ***over***) ***s.o.'s* ~** zu hoch für j-n; ***from* ~ *to foot*** von Kopf bis Fuß; **~ *over heels*** kopfüber (*die Treppe hinunterstürzen*); bis über beide Ohren (*verliebt sein*); ***be* ~ *over heels in debt*** bis über die Ohren in Schulden stecken; ***bury one's* ~ *in the sand*** den Kopf in den Sand stecken; ***cry one's* ~ *off*** F sich die Augen ausweinen; ***go to s.o.'s* ~** j-m in den *od.* zu Kopf steigen (*Alkohol, Erfolg etc*); ***keep one's* ~ *above water*** sich über Wasser halten (*a. fig.*); ***lose one's* ~** den Kopf *od.* die Nerven verlieren; → ***snap*** 5. **9.** (Ober)Haupt *n*: **~ *of the family*** Familienvorstand *m*, -oberhaupt; **~ *of state*** Staatsoberhaupt; → ***crown*** 5. **10.** (An)Führer *m*, Leiter *m*: **~ *of government*** Regierungschef *m*. **11.** Spitze *f*, führende Stellung: ***at the* ~ *of*** an der Spitze (*gen*). **12.** Kopf(ende *n*) *m* (*e-s Bettes etc*); Kopf *m* (*e-s Briefs, Nagels etc*). **13.** Kopf *m*, (einzelne) Person: ***one pound a* ~** ein Pfund pro Kopf *od.* Person. **14.** *pl* Vorderseite *f* (*e-r Münze*): **~*s or tails?*** Wappen od. Zahl?; ***I cannot make* ~ *or tail of it*** ich kann daraus nicht schlau werden. **15.** ⚘ (*Salat- etc*)Kopf *m*. **16.** Schaum(krone *f*) *m* (*vom Bier etc*). **17.** Quelle *f* (*e-s Flusses*). **18.** Überschrift *f*, Titelkopf *m*. **19.** *in Zssgn* F ...süchtige *m, f*. **'~·ache** *s* Kopfschmerz(en *pl*) *m*, -weh *n*: ***be a bit of a* ~ *for s.o., give s.o. a* ~** F j-m Kopfschmerzen *od.* Sorgen machen. **'~·band** *s* Kopf-, Stirnband *n*.

head·er ['hedə] *s* **1.** Kopfsprung *m*. **2.** *Fußball*: Kopfball *m*.

ˌhead|'first → ***headlong***. **'~ˌhunt·er** *s* Kopfjäger *m*.

head·ing ['hedɪŋ] *s* **1.** Überschrift *f*, Titel(zeile *f*) *m*. **2.** Thema *n*, (Gesprächs)Punkt *m*.

'head|·lamp → ***headlight***. **~·land** ['~lənd] *s* Landspitze *f*, -zunge *f*. **'~·light** *s mot. etc* Scheinwerfer *m*: **~ *flasher*** Lichthupe *f*. **'~·line** *s* **1.** Schlagzeile *f*: ***hit the* ~*s*** Schlagzeilen machen. **2.** Überschrift *f*. **'~·long I** *adv* **1.** kopfüber, mit dem Kopf voran. **2.** *fig.* a) Hals über Kopf, b) ungestüm, stürmisch. **II** *adj* **3.** mit dem Kopf voran. **4.** *fig.* a) voreilig, -schnell, b) → 2b. **ˌ~'mas·ter** *s ped.* (Di)Rektor *m*. **ˌ~'mis·tress** *s ped.* (Di)Rektorin *f*. **~ of·fice** *s* Hauptbüro *n*, -sitz *m*, Zentrale *f*. **ˌ~-'on** *adj* **1.** frontal (*a. adv*), Frontal... **2.** *fig.* direkt (*Art etc*). **'~·phones** *s pl* Kopfhörer *m*. **ˌ~'quar·ters** *s pl* (*oft sg konstruiert*) **1.** ⚔ Hauptquartier *n*. **2.** (*Polizei*)Präsidium *n*. **3.** → ***head office***. **'~·rest** *s* Kopfstütze *f*. **'~·set** *s* Kopfhörer *m*. **'~ˌshrink·er** *s sl.* Psychiater *m*. **~ start** *s Sport*: Vorsprung *m* (*a. fig.*): ***have a* ~ *on*** (*od.* ***over***) ***s.o.*** j-m gegenüber im Vorteil sein. **'~·strong** *adj* eigensinnig, halsstarrig. **~ voice** *s* ♪ Kopfstimme *f*. **ˌ~'wait·er** *s* Oberkellner *m*. **'~·way** *s*: ***make* ~** (***with***) (gut) vorankommen (mit), Fortschritte machen (bei). **~ wind** *s* ✈, ⚓ Gegenwind *m*. **'~·work** *s* geistige Arbeit.

head·y ['hedɪ] *adj* □ **1.** → ***headlong*** 4a. **2.** berauschend (*a. fig.*).

heal [hi:l] **I** *v/t* heilen (***of*** von) (*a. fig.*). **II** *v/i oft* **~ *up*** (*od.* ***over***) (zu)heilen. **'heal·ing I** *s* Heilung *f*. **II** *adj* heilsam (*a. fig.*), heilend: **~ *process*** Heil(ungs)prozeß *m*.

health [helθ] *s* **1.** Gesundheit *f*: **~ *certificate*** ärztliches Attest; **~ *club*** Fitneßclub *m*; **~ *food*** Reform- *od.* Biokost *f*; ***on* ~ *grounds*** aus gesundheitlichen Gründen; **~ *hazard*** Gesundheitsrisiko *n*; **~ *insurance*** Krankenversicherung *f*; **~ *resort*** Kurort *m*; **~ *service*** Gesundheitsdienst *m*. **2.** *a.* ***state of* ~** Gesundheitszustand *m*: ***in good*** (***poor***) **~** gesund, bei guter Gesundheit (kränklich, bei schlechter Gesundheit). **3.** Gesundheit *f*, Wohl *n*: ***drink*** (***to***) (*od.* ***propose***) ***s.o.'s*** ~ auf j-s Wohl trinken; ***your*** (***very good***) ~! auf Ihr Wohl! **'health·y** *adj* □ **1.** *allg.* gesund (*a. fig.*). **2.** F gesund, kräftig (*Appetit*).

heap [hiːp] **I** *s* **1.** Haufen *m*: ***in ~s*** haufenweise. **2.** F Haufen *m*, Menge *f*: ***~s of time*** e-e Menge Zeit; ***~s of times*** unzählige Male; ***~s better*** sehr viel besser. **II** *v/t* **3.** häufen: ***~ up*** auf-, *fig. a.* anhäufen. **4.** *fig.* überhäufen (***with*** mit).

hear [hɪə] (*irr*) **I** *v/t* **1.** hören: ***I ~d him laugh***(***ing***) ich hörte ihn lachen; ***make o.s. ~d*** sich Gehör verschaffen. **2.** *et.* hören, erfahren (***about, of*** von, über *acc*). **3.** *j-n* anhören, *j-m* zuhören: ***~ s.o. out*** j-n ausreden lassen. **4.** (an)hören, sich *et.* anhören. **5.** *Bitte etc* erhören. **6.** *Schüler, Gelerntes* abhören. **7.** ⚖ verhören, -nehmen; *Fall* verhandeln. **II** *v/i* **8.** hören: ***~ say*** sagen hören; ***he would not ~ of it*** er wollte davon nichts hören *od.* wissen; ***~! ~!*** bravo!, sehr richtig!, *iro.* hört, hört! **9.** hören, erfahren (***about, of*** von). **heard** [hɜːd] *pret u. pp von* ***hear***. **'hear·ing** *s* **1.** Hören *n*: ***within*** (***out of***) ~ in (außer) Hörweite; ***~ aid*** Hörgerät *n*. **2.** Gehör(sinn *m*) *n*: → ***hard*** 9. **3.** ***gain*** (*od.* ***get***) ***a ~*** sich Gehör verschaffen. **4.** ⚖ Verhör *n*, Vernehmung *f*; Verhandlung *f*. **5.** *bsd. pol.* Hearing *n*, Anhörung *f*.

'hear·say *s*: ***by ~*** vom Hörensagen.

hearse [hɜːs] *s* Leichenwagen *m*.

heart [hɑːt] *s* **1.** *anat.* Herz *n* (*a. fig. Gemüt, Mitgefühl, Empfinden etc*): ***by ~*** auswendig; ***to one's ~'s content*** nach Herzenslust; ***with all one's*** (*od.* ***one's whole***) ~ von ganzem Herzen; ***break s.o.'s ~*** j-m das Herz brechen; ***cry*** (*od.* ***sob***) ***one's ~ out*** sich die Augen ausweinen; ***have no ~*** kein Herz haben, herzlos sein; ***my ~ sank*** ich wurde deprimiert; ***take s.th. to ~*** sich et. zu Herzen nehmen; → ***bottom*** 1, ***stone*** 1. **2.** *fig.* Kern *m*. **3.** *Kartenspiel*: a) *pl* Herz *n* (*Farbe*), b) Herz(karte *f*) *n*. **'~·ache** *s* Kummer *m*, Gram *m*. **~ at·tack** *s* ⚕ Herzanfall *m*; Herzinfarkt *m*. **'~·beat** *s physiol.* Herzschlag *m*. **'~ˌbreak·ing** *adj* □ herzzerreißend. **'~·burn** *s* ⚕ Sodbrennen *n*. **~ con·di·tion** *s* ⚕ Herzleiden *n*.

heart·en ['hɑːtn] *v/t* ermutigen.

heart| fail·ure *s* ⚕ Herzversagen *n*. **'~·felt** *adj* tiefempfunden, aufrichtig.

hearth [hɑːθ] *s* **1.** Kamin *m*. **2.** *a.* ***~ and home*** *fig.* häuslicher Herd, Heim *n*.

heart·i·ly ['hɑːtɪlɪ] *adv* **1.** herzlich, von Herzen. **2.** herzhaft.

heart·less ['hɑːtlɪs] *adj* □ herzlos.

ˌheart|-'lung ma·chine *s* ⚕ Herz-Lungen-Maschine *f*. **~ pace·mak·er** *s* ⚕ Herzschrittmacher *m*. **'~ˌrend·ing** *adj* □ herzzerreißend. **ˌ~-to-'~** *adj* aufrichtig, offen. **~ trans·plant** *s* ⚕ Herzverpflanzung *f*.

heart·y ['hɑːtɪ] *adj* (□ → ***heartily***) **1.** herzlich. **2.** → ***hale***. **3.** herzhaft, kräftig (*Appetit, Mahlzeit etc*).

heat [hiːt] **I** *s* **1.** *allg.* Hitze *f*; *a. phys.* Wärme *f*. **2.** *fig.* Ungestüm *n*; Eifer *m*: ***in the ~ of the moment*** im Eifer *od.* in der Hitze des Gefechts; ***in the ~ of passion*** ⚖ im Affekt. **3.** *Sport*: (Einzel)Lauf *m*: (***preliminary***) ~ Vorlauf. **4.** ***the ~*** *Am. coll.* F die Bullen *pl* (*Polizei*). **5.** *zo.* Läufigkeit *f*: ***in ~*** läufig. **II** *v/t* **6.** *a.* ***~ up*** erhitzen, *Speisen a.* aufwärmen. **7.** heizen. **8.** ***~ up*** *Diskussion etc* anheizen. **III** *v/i* **9.** sich erhitzen (*a. fig.*). **'heat·ed** *adj* **1.** geheizt. **2.** erhitzt, *fig. a.* erregt, hitzig. **'heat·er** *s* Heizgerät *n*, -körper *m*.

heath [hiːθ] *s* **1.** *bsd. Br.* Heide(land *n*) *f*. **2.** ♀ a) Erika *f*, b) → ***heather***.

hea·then ['hiːðn] **I** *s* **1.** Heide *m*, Heidin *f*: ***the ~*** *coll.* die Heiden *pl*. **2.** Barbar *m*. **II** *adj* **3.** heidnisch, Heiden... **4.** unzivilisiert, barbarisch. **hea·then·ish** ['~ənɪʃ] → ***heathen*** II.

heath·er ['heðə] *s* ♀ Heidekraut *n*.

heat·ing ['hiːtɪŋ] **I** *s* Heizung *f*. **II** *adj* Heiz...: ***~ pad*** Heizkissen *n*.

heat| light·ning *s* Wetterleuchten *n*. **'~-proof** *adj* hitzebeständig, -fest. **~ rash** *s* ⚕ Hitzeausschlag *m*. **'~-reˌsist·ant** → ***heatproof***. **'~·stroke** *s* ⚕ Hitzschlag *m*. **~ wave** *s* Hitzewelle *f*.

heave [hiːv] **I** *s* **1.** Hochziehen *n*, -winden *n*. **2.** F Wurf *m*. **3.** Wogen *n*: ***~ of the sea*** ⚓ Seegang *m*. **II** *v/t* (*bsd.* ⚓ *irr*) **4.** (hoch)stemmen, (-)hieven. **5.** hochziehen, -winden, *Anker* lichten. **6.** F schmeißen, werfen. **7.** *Seufzer etc* ausstoßen: → ***sigh*** II. **8.** F auskotzen. **III** *v/i* (*bsd.* ⚓ *irr*) **9.** sich heben u. senken, wogen. **10.** F würgen, Brechreiz haben:

~ (**up**) kotzen. **11.** ~ **to** ⚓ beidrehen.

heav·en ['hevn] *s* **1.** Himmel(reich *n*) *m*: ***move ~ and earth*** *fig*. Himmel u. Hölle in Bewegung setzen; ***in the seventh ~*** (***of delight***) *fig*. im sieb(en)ten Himmel; ***thank ~!*** Gott sei Dank!; ***what in ~ ...?*** was in aller Welt ...?; → ***forbid*** 3, ***sake, stink*** 1. **2.** ♀ Himmel *m*, Gott *m*. '**heav·en·ly** *adj* himmlisch (*a. fig.*): ***~ body*** *ast*. Himmelskörper *m*.

heav·i·ly ['hevılı] *adv* schwer (*a. fig.*): ***~ armed*** schwerbewaffnet; ***suffer ~*** schwere (finanzielle) Verluste erleiden.

heav·y ['hevı] **I** *adj* (□ → ***heavily***) **1.** *allg*. schwer. **2.** schwer (*Sturz, Verluste etc*), stark (*Regen, Trinker, Verkehr etc*), wuchtig (*Schlag*), hoch (*Geldstrafe, Steuern etc*): ***~ current*** ⚡ Starkstrom *m*. **3.** schwer (*Wein etc*), (*Nahrung a.*) schwerverdaulich: ***~ beer*** Starkbier *n*. **4.** drückend, lastend (*Stille etc*). **5.** (***with***) (schwer)beladen (mit); *fig*. überladen, voll (von): ***~ with meaning*** bedeutungsvoll, -schwer. **6.** begriffsstutzig, dumm. **7.** benommen (***with*** von): ***~ with sleep*** schlaftrunken. **8.** ***with a ~ heart*** schweren Herzens. **II** *adv* **9.** ***hang ~*** dahinschleichen (*Zeit*); ***lie ~ on s.o.*** schwer auf j-m lasten. ˌ**~-'du·ty** *adj* **1.** ⚙ Hochleistungs... **2.** strapazierfähig. '**~-weight** (*Sport*) **I** *s* Schwergewicht(ler *m*) *n*. **II** *adj* Schwergewichts...

heck·le ['hekl] *v/t* *Redner* durch Zwischenrufe *od*. -fragen aus dem Konzept bringen *od*. in die Enge treiben. '**heck·ler** *s* Zwischenrufer *m*.

hec·tic ['hektık] *adj* (**~ally**) hektisch (*a.* ⚕).

hec·to·li·ter, *bsd. Br.* **hec·to·li·tre** ['hektəʊˌliːtə] *s* Hektoliter *m, n*.

he'd [hiːd] F *für* ***he had; he would.***

hedge [hedʒ] **I** *s* **1.** Hecke *f*. **2.** *fig*. (Ab)Sicherung *f* (***against*** gegen). **II** *v/t* **3.** *a.* ***~ in*** (*od.* ***round***) mit e-r Hecke einfassen: ***~ off*** mit e-r Hecke abgrenzen *od*. abtrennen. **4.** *fig*. (ab)sichern (***against*** gegen). **III** *v/i* **5.** *fig*. ausweichen, sich nicht festlegen (wollen). '**~·hog** *s zo*. Igel *m*; *Am*. Stachelschwein *n*.

heed [hiːd] **I** *v/t* beachten, Beachtung schenken (*dat*). **II** *s*: ***give*** (*od.* ***pay***) ***~ to, take ~ of*** → I. **heed·ful** ['~fʊl] *adj* □ achtsam: ***be ~ of*** → ***heed*** I. '**heed·less** *adj* □ achtlos, unachtsam: ***be ~ of*** nicht beachten, keine Beachtung schenken (*dat*), *Warnung etc* in den Wind schlagen.

hee-haw [ˌhiː'hɔː] **I** *s* **1.** Iah *n* (*Eselsschrei*). **2.** *fig*. wieherndes Gelächter, Gewieher *n*. **II** *v/i* **3.** iahen. **4.** *fig*. wiehernd lachen, wiehern.

heel[1] [hiːl] *v/i* ⚓ sich auf die Seite legen, krängen.

heel[2] [~] **I** *s* **1.** *anat*. Ferse *f* (*a. vom Strumpf etc*); Absatz *m*, Hacken *m* (*vom Schuh*): ***down at ~*** a) mit schiefen Absätzen, b) *a.* ***out at ~s*** *fig*. heruntergekommen (*Hotel etc*), (*Person a.*) abgerissen; ***on the ~s of*** unmittelbar auf (*acc*), gleich nach; ***follow at s.o.'s ~s, follow s.o. at*** (*od.* ***on***) ***his ~s*** j-m auf den Fersen folgen, sich j-m an die Fersen heften; ***show a clean pair of ~s, take to one's ~s*** die Beine in die Hand *od*. unter den Arm nehmen. **II** *v/t* **2.** Absätze machen auf (*acc*). **3.** *Fußball*: *Ball* mit dem Absatz kicken.

heft·y ['heftı] *adj* □ **1.** schwer. **2.** kräftig, stämmig. **3.** F mächtig, gewaltig (*Schlag etc*), stattlich (*Mehrheit etc*), saftig (*Preise etc*).

he·gem·o·ny [hı'gemənı] *s bsd. pol*. Hegemonie *f*.

height [haıt] *s* **1.** Höhe *f*: ***10 feet in ~*** 10 Fuß hoch. **2.** (Körper)Größe *f*: ***what is your ~?*** wie groß sind Sie? **3.** Anhöhe *f*, Erhebung *f*. **4.** *fig*. Höhe(punkt *m*) *f*, Gipfel *m*: ***at the ~ of one's fame*** auf der Höhe s-s Ruhms; ***at the ~ of summer*** im Hochsommer. '**height·en** **I** *v/t* **1.** erhöhen (*a. fig.*). **2.** *fig*. vergrößern, steigern. **II** *v/i* **3.** *fig*. sich erhöhen, (an)steigen, zunehmen.

hei·nous ['heınəs] *adj* □ abscheulich, scheußlich.

heir [eə] *s* ⚖ Erbe *m* (***to, of*** *gen*): ***~ to the throne*** Thronerbe *m*, -folger *m*; → ***universal*** 1. '**heir·ess** *s* Erbin *f*.

held [held] *pret u. pp von* ***hold.***

hel·i·cop·ter ['helıkɒptə] *s* Hubschrauber *m*.

hel·i·port ['helıpɔːt] *s* Hubschrauberlandeplatz *m*.

he·li·um ['hiːlıəm] *s* ⚗ Helium *n*.

hell [hel] *s* Hölle *f* (*a. fig.*): ***like ~*** F wie verrückt *arbeiten etc*; ***a ~ of a noise*** F ein Höllenlärm; ***what the ~ ...?*** F was zum Teufel ...?; ***give s.o.*** ~ F j-m die Hölle heiß machen; ***go to ~!*** F scher dich zum Teufel!; ***raise*** ~ F e-n Mordskrach schlagen; ***suffer ~ on earth*** die Hölle auf Erden haben.

he'll [hiːl] F *für* ***he will.***

ˌ**hell**|ˈ**bent** *adj* F ganz versessen, wie wild (***on, for*** auf *acc*). ˈ**~·cat** *s* Xanthippe *f.*

hell·ish [ˈhelɪʃ] *adj* □ **1.** höllisch (*a. fig.* F). **2.** F verteufelt, scheußlich.

hel·lo [həˈləʊ] **I** *int* **1.** hallo!, (*überrascht a.*) nanu! **II** *pl* **-los** *s* **2.** Hallo *n.* **3.** Gruß *m*: ***say*** ~ (***to s.o.***) (j-m) guten Tag sagen.

helm [helm] *s* ⚓ Ruder *n* (*a. fig.*), Steuer *n*: ***be at the*** ~ am Ruder *od.* an der Macht sein; ***take the*** ~ das Ruder übernehmen.

helms·man [ˈhelmzmən] *s* (*irr* ***man***) ⚓ Steuermann *m* (*a. fig.*).

help [help] **I** *s* **1.** Hilfe *f*: ***come to s.o.'s*** ~ j-m zu Hilfe kommen. **2.** Abhilfe *f.* **3.** (*bsd.* Haus)Angestellte *f.* **II** *v/t* **4.** *j-m* helfen *od.* behilflich sein (***in*** [*od.* ***with***] bei): ***~ s.o. out*** j-m aushelfen (***with*** mit); → ***god*** 2. **5.** ***~ s.o. to s.th.*** j-m zu et. verhelfen; ***~ o.s.*** sich bedienen, zugreifen. **6.** *mit* **can**: ***I cannot ~ it*** ich kann es nicht ändern; ich kann nichts dafür; ***it cannot be ~ed*** da kann man nichts machen, es ist nicht zu ändern; ***I could not ~ laughing*** ich mußte einfach lachen. **III** *v/i* **7.** helfen: ***~ out*** aushelfen (***with*** mit). ˈ**help·er** *s* Helfer(in). **help·ful** [ˈ~fʊl] *adj* □ **1.** hilfsbereit. **2.** hilfreich. ˈ**help·ing I** *adj* hilfreich: → ***hand*** 1. **II** *s* Portion *f* (*Essen*): ***have*** (*od.* ***take***) ***a second*** ~ sich nachnehmen. ˈ**help·less** *adj* □ hilflos.

hel·ter-skel·ter [ˌheltəˈskeltə] **I** *adv* holterdiepolter, Hals über Kopf. **II** *adj* hastig, überstürzt. **III** *s* (wildes) Durcheinander, (wilde) Hast.

hem[1] [hem] **I** *s* **1.** Saum *m.* **2.** Rand *m*, Einfassung *f.* **II** *v/t* **3.** *Kleid etc* (ein-) säumen. **4.** ***~ in*** a) *a.* ***~ about*** (*od.* ***around***) umranden, einfassen, b) ⚔ einschließen, c) *fig.* einengen.

hem[2] [~] **I** *int* h(e)m! **II** *v/i* sich (*verlegen*) räuspern: ***~ and haw*** herumdrucksen, nicht recht mit der Sprache herauswollen.

ˈ**he-man** *s* (*irr* ***man***) F He-man *m* (*bsd. männlich wirkender Mann*).

hem·i·sphere [ˈhemɪˌsfɪə] *s geogr.* Halbkugel *f*, Hemisphäre *f.*

ˈ**hem·line** *s* Saum *m*: ***~s are going up again*** die Kleider werden wieder kürzer.

he·mo·glo·bin, hem·or·rhoids *etc bsd. Am.* → ***haemoglobin, haemorrhoids*** *etc.*

hemp [hemp] *s* Hanf *m.*

hen [hen] *s orn.* **1.** Henne *f*, Huhn *n.* **2.** (*Vogel*)Weibchen *n.*

hence [hens] *adv* **1.** ***a week*** ~ in e-r Woche. **2.** folglich, daher, deshalb. **3.** hieraus, daraus: ***~ it follows that*** daraus folgt, daß. ˌ**~ˈforth,** ˌ**~ˈfor·ward(s)** *adv* von nun an, fortan.

hench·man [ˈhentʃmən] *s* (*irr* ***man***) *bsd. pol.* Anhänger *m*; *contp.* Handlanger *m.*

hen| **par·ty** *s* F Damengesellschaft *f*, Kaffeeklatsch *m.* ˈ**~·pecked** *adj* unter dem Pantoffel stehend: ~ ***husband*** Pantoffelheld *m.*

hep [hep] → ***hip***[4].

hep·a·ti·tis [ˌhepəˈtaɪtɪs] *s* ⚕ Leberentzündung *f.*

her [hɜː] **I** *personal pron* **1.** sie (*acc von* ***she***): ***I know*** ~. **2.** ihr (*dat von* ***she***): ***I gave ~ the book.*** **3.** F sie (*nom*): ***he's younger than ~; it's*** ~ sie ist es. **II** *possessive pron* **4.** ihr(e). **III** *reflex pron* **5.** sich: ***she looked about*** ~ sie sah sich um.

her·ald [ˈherəld] **I** *s* **1.** *hist.* Herold *m.* **2.** *fig.* Vorbote *m.* **II** *v/t* **3.** ankündigen (*a. fig.*). **he·ral·dic** [heˈrældɪk] *adj* (***~ally***) heraldisch, Wappen... **her·ald·ry** [ˈherəldrɪ] *s* Heraldik *f*, Wappenkunde *f.*

herb [hɜːb] *s* ♣ Kraut *n*; *engS.* Heilkraut; Gewürz-, Küchenkraut. **herb·al** [ˈ~bl] *adj* Kräuter..., Pflanzen... **her·bar·i·um** [~ˈbeərɪəm] *s* Herbarium *n.* **her·biv·o·rous** [~ˈbɪvərəs] *adj* □ *zo.* pflanzenfressend.

herd [hɜːd] **I** *s* **1.** Herde *f*, (*wildlebender Tiere a.*) Rudel *n* (*a. von Menschen*). **2.** *contp.* Herde *f*, Masse *f* (*Menschen*): ***the*** (***common*** *od.* ***vulgar***) ~ die große *od.* breite Masse. **II** *v/i* **3.** *a.* ***~ together*** in Herden leben; sich zs.-drängen (*a. Menschen*). **4.** sich zs.-tun (***with*** mit). **III** *v/t* **5.** *Vieh* hüten. **6.** *Vieh*, *a. Menschen* treiben: ***~ together*** zs.-treiben. ˈ**herd·er** *s bsd. Am.* Hirt *m.*

herd in·stinct *s zo.* Herdeninstinkt *m*, (*a. bei Menschen*) Herdentrieb *m*.

herds·man ['hɜːdzmən] *s* (*irr* **man**) *bsd. Br.* Hirt *m*.

here [hɪə] *adv* hier; (hier)her: ***come ~*** komm her; ***~ and there*** hier u. da, da u. dort; hierhin u. dorthin; ***~'s to you!*** auf dein Wohl!; ***~ you*** (*od.* ***we***) ***are!*** hier (bitte)! (*da hast du es*). **'~·a͵bouts** *adv* hier herum, in dieser Gegend. **͵~'af·ter I** *adv* **1.** nachstehend, im folgenden. **2.** künftig, in Zukunft. **II** *s* **3.** Jenseits *n*. **͵~'by** *adv* hiermit.

he·red·i·ta·ry [hɪ'redɪtərɪ] *adj* □ **1.** (ver)erblich, Erb...: ***~ disease*** Erbkrankheit *f*. **2.** *fig.* althergebracht, Erb...: ***~ enemy*** Erbfeind *m*.

͵here|'in *adv* hierin. **͵~'of** *adv* hiervon.

her·e·sy ['herəsɪ] *s* Ketzerei *f*.

her·e·tic ['herətɪk] *s* Ketzer(in). **he·ret·i·cal** [hɪ'retɪkl] *adj* □ ketzerisch.

͵here|·up'on *adv* hierauf, darauf(hin). **͵~'with** *adv* hiermit.

her·it·a·ble ['herɪtəbl] *adj* □ erblich, vererbbar. **'her·it·age** *s* Erbe *n*.

her·maph·ro·dite [hɜː'mæfrədaɪt] *s biol.* Zwitter *m*.

her·met·ic [hɜː'metɪk] *adj* (**~ally**) hermetisch, ⚙ luftdicht: ***~ally sealed*** luftdicht verschlossen.

her·mit ['hɜːmɪt] *s* Einsiedler *m* (*a. fig.*), Eremit *m*. **'her·mit·age** *s* Einsiedelei *f*.

her·ni·a ['hɜːnjə] *s* ⚕ Bruch *m*.

he·ro ['hɪərəʊ] *pl* **-roes** *s* Held *m*, *thea. etc a.* Hauptperson *f*. **he·ro·ic** [hɪ'rəʊɪk] *adj* (**~ally**) **1.** heroisch, heldenhaft, Helden... **2.** hochtrabend, bombastisch (*Sprache, Stil*).

her·o·in ['herəʊɪn] *s* Heroin *n*.

her·o·ine ['herəʊɪn] *s* Heldin *f*, *thea. etc a.* Hauptperson *f*. **'her·o·ism** *s* Heldentum *n*.

her·on ['herən] *s orn.* Reiher *m*.

her·pes ['hɜːpiːz] *s* ⚕ Herpes *m*.

her·ring ['herɪŋ] *pl* **-rings,** *bsd. coll.* **-ring** *s ichth.* Hering *m*. **'~·bone** *s a.* ***~ design*** (*od.* ***pattern***) Fischgrätenmuster *n*.

hers [hɜːz] *possessive pron*: ***it is ~*** es gehört ihr; ***a friend of ~*** e-e Freundin von ihr; ***my mother and ~*** m-e u. ihre Mutter.

her'self *pron* **1.** *verstärkend*: sie (*nom od. acc*) selbst, ihr (*dat*) selbst: ***she did it ~***, ***she ~ did it*** sie hat es selbst getan. **2.** *reflex* sich: ***she killed ~***. **3.** sich (selbst): ***she wants it for ~***.

he's [hiːz] F *für* ***he is; he has***.

hes·i·tate ['hezɪteɪt] *v/i* **1.** zögern, zaudern, Bedenken haben (***to do*** zu tun), unschlüssig sein (***over*** hinsichtlich). **2.** (*beim Sprechen*) stocken. **͵hes·i'ta·tion** *s* **1.** Zögern *n*, Zaudern *n*, Unschlüssigkeit *f*: ***without*** (***any***) ***~*** ohne zu zögern. **2.** Stocken *n*.

het·er·o·dox ['hetərəʊdɒks] *adj* heterodox, anders-, irrgläubig. **het·er·o·ge·ne·ous** [͵~'dʒiːnjəs] *adj* □ heterogen, ungleichartig, verschiedenartig. **͵het·er·o'sex·u·al I** *adj* □ heterosexuell. **II** *s* Heterosexuelle *m, f*.

het[1] [het] *adj*: ***be ~ up*** F aufgeregt *od.* nervös sein (***about*** wegen).

het[2] [~] F **I** *adj* hetero (*heterosexuell*). **II** *s* Hetero *m, f*.

hew [hjuː] *v/t* (*a. irr*) **1.** hauen, hacken: ***~ down*** umhauen; ***~ off*** abhauen; ***~ up*** zerhauen, -hacken. **2.** *Steine etc* behauen. **hewn** [hjuːn] *pp von* ***hew***.

hex·a·gon ['heksəgən] *s* Sechseck *n*. **hex·ag·o·nal** [~'sægənl] *adj* □ sechseckig.

hey [heɪ] *int* **1.** → ***presto***. **2.** he!

hey·day ['heɪdeɪ] *s* a) Höhepunkt *m*, Gipfel *m*: ***in the ~ of one's power*** auf dem Gipfel der Macht, b) Blüte(zeit) *f*: ***in one's ~*** in s-r Glanzzeit.

hi [haɪ] *int* F hallo!

hi·ber·nate ['haɪbəneɪt] *v/i* überwintern: a) *zo.* Winterschlaf halten, b) den Winter verbringen. **͵hi·ber'na·tion** *s* Überwinterung *f*, Winterschlaf *m*.

hi·bis·cus [hɪ'bɪskəs] *s* ❦ Hibiskus *m*, Eibisch *m*.

hic·cough, hic·cup ['hɪkʌp] **I** *s* **1.** ***have*** (***the***) ***~s*** e-n Schluckauf haben. **2.** *fig.* Panne *f*. **II** *v/i* **3.** hicksen.

hick [hɪk] *bsd. Am.* F **I** *s* Bauer *m*, Provinzler *m*. **II** *adj* Bauern..., provinziell: ***~ town*** (Provinz)Nest *n*, (Bauern-)Kaff *n*.

hick·o·ry ['hɪkərɪ] *s* **1.** ❦ Hickory(baum) *m*. **2.** Hickory(holz) *n*.

hid [hɪd] *pret u. pp von* ***hide***[2]. **'hid·den I** *pp von* ***hide***[2]. **II** *adj* □ geheim, verborgen.

hide[1] [haɪd] **I** *s* **1.** Haut *f*, Fell *n* (*beide a. fig.*): ***save one's own ~*** die eigene Haut retten; ***tan s.o.'s*** ~ F j-m das Fell gerben. **II** *v/t* **2.** abhäuten. **3.** F verprügeln.

hide[2] [~] (*irr*) **I** *v/t* (***from***) verbergen (vor *dat*): a) verstecken (vor *dat*), b) verheimlichen (*dat od.* vor *dat*), c) verhüllen, -decken. **II** *v/i a.* ~ ***out*** (*bsd. Am.* ***up***) sich verbergen *od.* verstecken. ˌ**~-and-ˈseek** *s* Versteckspiel *n*: ***play*** ~ Versteck spielen. ˈ**~·a·way** *s* **1.** Versteck *n.* **2.** Zufluchtsort *m.*

hid·e·ous [ˈhɪdɪəs] *adj* □ abscheulich, scheußlich.

ˈ**hide·out** *s* Versteck *n.*

hid·ing[1] [ˈhaɪdɪŋ] *s* F Tracht *f* Prügel.

hid·ing[2] [~] *s a.* ~ ***place*** Versteck *n*: ***be in*** ~ sich versteckt halten; ***go into*** ~ untertauchen.

hi·er·arch·y [ˈhaɪərɑːkɪ] *s* Hierarchie *f.*

hi·er·o·glyph [ˈhaɪərəʊglɪf] → ***hieroglyphic*** 1, 3. ˌ**hi·er·oˈglyph·ic** *s* **1.** Hieroglyphe *f.* **2.** *pl* (*mst sg konstruiert*) Hieroglyphenschrift *f.* **3.** *pl humor.* Hieroglyphen *pl*, unleserliches Gekritzel.

hi·fi [ˈhaɪfaɪ] F **I** *s* **1.** Hi-Fi *n.* **2.** Hi-Fi-Anlage *f*; -Gerät *n.* **II** *adj* **3.** Hi-Fi-...

hig·gle·dy-pig·gle·dy [ˌhɪgldɪˈpɪgldɪ] F **I** *adv* drunter u. drüber, (wie Kraut u. Rüben) durcheinander. **II** *adj* kunterbunt.

high [haɪ] **I** *adj* (□ → ***highly***) **1.** *allg.* hoch; *engS. a.* hochgelegen: → ***horse.*** **2.** hoch (*Geschwindigkeit, Preise etc*), groß (*Hoffnungen, Lob etc*). **3.** (*rang- od. stellungsmäßig*) hoch: ~ ***society*** High-Society *f.* **4.** fortgeschritten (*Zeit*): ~ ***season*** Hochsaison *f*; ~ ***summer*** Hochsommer *m*; ***it is*** ~ ***time*** es ist höchste Zeit. **5.** hoch, erstklassig (*Qualität etc*). **6.** a) gehoben: → ***spirit*** 4, b) F blau (*betrunken*), c) F high. **7.** F scharf (***on*** auf *acc*). **II** *adv* **8.** hoch: ***aim*** ~ *fig.* sich hohe Ziele setzen *od.* stecken; ***search*** ~ ***and low*** überall suchen. **9.** hoch, mit hohem Einsatz (*spielen*). **III** *s* **10.** (An)Höhe *f*: ***on*** ~ hoch oben, droben; im Himmel. **11.** *meteor.* Hoch *n.* **12.** *fig.* Höchststand *m.* **13.** *Am.* F High-School *f.* ~ **al·tar** *s* Hochaltar *m.* ˌ**~-ˈal·ti·tude** *adj* Höhen... ~ **and dry** *adj*: ***leave s.o.*** ~ j-n im Stich lassen. ~ **and might·y** *adj* F anmaßend, arrogant. ˈ**~·ball** *s Am.* Highball *m* (*Whiskycocktail*). ~ **beam** *s mot. Am.* Fernlicht *n.* ˈ**~·brow** *oft contp.* **I** *s* Intellektuelle *m, f.* **II** *adj* (betont) intellektuell. ˈ**~·chair** *s* (Kinder)Hochstuhl *m.* **ꝏ Church** *s* anglikanische Hochkirche. ˌ**~·cir·cuˈla·tion** *adj* auflagenstark. ˌ**~-ˈclass** *adj* erstklassig. ˌ**~-ˈdu·ty** *adj* ⚙ Hochleistungs... ~ **fi·del·i·ty** *s* High-Fidelity *f.* ˌ**~-fiˈdel·i·ty** *adj* High-Fidelity-... ˈ**~-flown** *adj* **1.** bombastisch, hochtrabend (*Worte etc*). **2.** (allzu) hochgesteckt (*Ziele etc*), (allzu) hochfliegend (*Pläne etc*). ˌ**~-ˈgrade** *adj* **1.** hochwertig. **2.** *a.* ✝ erstklassig. ˌ**~-ˈhand·ed** *adj* □ anmaßend, willkürlich. ˌ**~-ˈheeled** *adj* hochhackig (*Schuhe*). ~ **jump** *s Leichtathletik*: Hochsprung *m.* ~ **jump·er** *s* Hochspringer(in). ˌ**~-ˈlev·el** *adj* hoch (*a. fig.*): ~ ***talks*** *pl* Gespräche *pl* auf höherer Ebene. ˈ**~·light I** *s* Höhe-, Glanzpunkt *m*; *pl* Querschnitt *m* (***of*** durch *e-e Oper etc*). **II** *v/t* hervorheben.

high·ly [ˈhaɪlɪ] *adv* **1.** *fig.* hoch: ~ ***gifted*** hochbegabt; ~ ***interesting*** hochinteressant; ~ ***paid*** hochbezahlt; teuer bezahlt. **2.** lobend, anerkennend: ***think*** ~ ***of*** viel halten von.

High| Mass *s eccl.* Hochamt *n.* ˌ**ꝏ--ˈnecked** *adj* hochgeschlossen (*Kleid*).

high·ness [ˈhaɪnɪs] *s* **1.** *mst fig.* Höhe *f.* **2.** ꝏ Hoheit *f* (*Titel*).

ˌ**high|-ˈpow·er(ed)** *adj* **1.** ⚙ Hochleistungs... **2.** *fig.* dynamisch, energisch. ˌ**~-ˈpres·sure** *adj* ⚙, *meteor.* Hochdruck... ~ **priest** *s eccl.* Hohepriester *m* (*a. fig.*). ˌ**~-ˈqual·i·ty** *adj* hochwertig. ˈ**~-ˌrank·ing** *adj* hochrangig: ~ ***officer*** ⚔ hoher Offizier. ˈ**~·rise** *s* Hochhaus *n.* ~ **school** *s Am.* High-School *f.* ˌ**~-ˈsea** *adj* Hochsee... ˈ**~-ˌsound·ing** *adj* hochtönend, -trabend. ~ **street** *s* Hauptstraße *f.* ~ **tea** *s Br.* frühes Abendessen. **~-tech** [ˌ~ˈtek] *adj* F High-Tech-... ~ **tech·nol·o·gy** *s* Hochtechnologie *f.* ~ **ten·sion** *s* ⚡ Hochspannung *f.* ˌ**~-ˈten·sion** *adj* Hochspannungs... ~ **trea·son** *s* Hochverrat *m.* ~ **wa·ter** *s* Hochwasser *n.* ˈ**~·way** *s* Highway *m*, Haupt(verkehrs)straße *f*: ~ ***code*** *Br.* Straßenverkehrsordnung *f.*

hi·jack [ˈhaɪdʒæk] **I** *v/t* **1.** *Flugzeug* entführen. **2.** *j-n, Geldtransport etc* überfallen. **II** *s* **3.** (Flugzeug)Entführung *f.* **4.** Überfall *m.* ˈ**hi·jack·er** *s* **1.** (Flugzeug)Entführer *m.* **2.** Räuber *m.* **'hi·jack·ing** → ***hijack*** II.

hike [haɪk] **I** *v/i* wandern. **II** *s* Wanderung *f*: ***go on a ~*** e-e Wanderung machen. **'hik·er** *s* Wanderer *m.*

hi·lar·i·ous [hɪ'leərɪəs] *adj* □ **1.** vergnügt, ausgelassen, übermütig. **2.** lustig (*Geschichte etc*). **hi·lar·i·ty** [hɪ'lærətɪ] *s* Vergnügtheit *f*, Ausgelassenheit *f*, Übermütigkeit *f*.

hill [hɪl] *s* Hügel *m*, Anhöhe *f*: (***as***) ***old as the ~s*** uralt, (*Person a.*) steinalt; ***be over the ~*** F s-e besten Jahre *od.* s-e beste Zeit hinter sich haben; *bsd.* ⚕ über den Berg sein. **'~·bil·ly** *s Am. mst contp.* Hillbilly *m*, Hinterwäldler *m.*

hill·ock ['hɪlək] *s* kleiner Hügel.

ˌhill|'side *s* (Ab)Hang *m.* **ˌ~'top** *s* Hügelspitze *f.* **~ walk** *s* Bergwanderung *f.*

hilt [hɪlt] *s* Heft *n*, Griff *m* (*Schwert, Dolch*): (***up***) ***to the ~*** bis ans Heft; *fig.* durch u. durch, ganz u. gar.

him [hɪm] **I** *personal pron* **1.** ihn (*acc von* **he**): ***I know ~.*** **2.** ihm (*dat von* **he**): ***I gave ~ the book.*** **3.** F er (*nom*): ***she's younger than ~***; ***it's ~*** er ist es. **II** *reflex pron* **4.** sich: ***he looked about ~*** er sah sich um.

him'self *pron* **1.** *verstärkend*: er *od.* ihm *od.* ihn selbst: ***he did it ~, he ~ did it*** er hat es selbst getan. **2.** *reflex* sich: ***he killed ~.*** **3.** sich (selbst): ***he wants it for ~.***

hind [haɪnd] *adj* hinter, Hinter...: ***~ wheel*** Hinterrad *n.*

hind·er ['hɪndə] *v/t* **1.** *j-n, et.* aufhalten (***in*** bei); behindern. **2.** (***from***) hindern (an *dat*), abhalten (von).

hind·most ['haɪndməʊst] *sup von* **hind.**

ˌhind'quar·ters *s pl* Hinterhand *f* (*vom Pferd*); Hinterteil *n.*

hin·drance ['hɪndrəns] *s* **1.** Behinderung *f*: ***be a ~ to*** → ***hinder*** 1. **2.** Hindernis *n* (***to*** für).

'hind·sight *s*: ***with ~*** im nachhinein (betrachtet).

Hin·du [ˌhɪn'duː] *eccl.* **I** *s* Hindu *m.* **II** *adj* Hindu... **'Hin·du·ism** *s* Hinduismus *m.*

hinge [hɪndʒ] **I** *s* **1.** *a.* ***~ joint*** ⚙ Scharnier *n*, (Tür)Angel *f.* **2.** *fig.* Angelpunkt *m.* **II** *v/t* **3.** *Tür etc* einhängen. **III** *v/i* **4.** (***on***) *fig.* abhängen (von), ankommen (auf *acc*); sich drehen (um).

hint [hɪnt] **I** *s* **1.** Wink *m*, Andeutung *f*: ***drop a ~*** e-e Andeutung machen; ***broad ~*** Wink mit dem Zaunpfahl. **2.** Fingerzeig *m*, Tip *m* (***on*** für). **3.** Anspielung *f* (***at*** auf *acc*). **4.** Anflug *m*, Spur *f* (***of*** von). **II** *v/t* **5.** andeuten. **III** *v/i* **6.** (***at***) andeuten (*acc*); anspielen (auf *acc*).

hin·ter·land ['hɪntəlænd] *s* **1.** Hinterland *n.* **2.** Umland *n.*

hip¹ [hɪp] *s anat.* Hüfte *f.*

hip² [~] *s* ✿ Hagebutte *f.*

hip³ [~] *int*: ***~, ~, hurrah!*** hipp, hipp, hurra!

hip⁴ [~] *adj sl.* **1.** ***be ~*** alles mitmachen, was gerade in ist. **2.** ***be ~*** auf dem laufenden sein (***to*** über *acc*).

'hip|·bath *s* Sitzbad *n.* **'~·bone** *s anat.* Hüftbein *n*, -knochen *m.* **~ flask** *s* Taschenflasche *f*, Flachmann *m.* **~ joint** *s anat.* Hüftgelenk *n.*

hip·pie ['hɪpɪ] *s* Hippie *m.*

hip pock·et *s* Gesäßtasche *f.*

hip·po·pot·a·mus [ˌhɪpə'pɒtəməs] *pl* **-mus·es, -mi** [~maɪ] *s zo.* Fluß-, Nilpferd *n.*

hip·py → ***hippie.***

hire ['haɪə] **I** *v/t* **1.** *Auto etc* mieten, *Flugzeug etc* chartern: ***~d car*** Leih-, Mietwagen *m*; ***~d plane*** Charterflugzeug *n.* **2.** *a.* ***~ on*** *j-n* ein-, anstellen, ⚓ (an)heuern; *j-n* engagieren; *bsd. b.s.* anheuern: ***~d killer*** gekaufter Mörder, Killer *m.* **3.** *mst* ***~ out*** vermieten. **II** *s* **4.** Miete *f*: ***~ company*** Verleih(firma *f*) *m*; ***on ~*** mietweise; ***for ~*** zu vermieten; (*Taxi*) frei. **5.** Lohn *m*, Entgelt *n.* **~ pur·chase** *s*: ***on ~*** *bsd. Br.* auf Abzahlung *od.* Raten.

his [hɪz] *possessive pron*: ***it is ~*** es gehört ihm; ***a friend of ~*** ein Freund von ihm; ***my mother and ~*** m-e u. s-e Mutter.

hiss [hɪs] **I** *v/i* **1.** zischen, (*Katze*) fauchen: ***~ at*** → 2. **II** *v/t* **2.** auszischen. **3.** *et.* zische(l)n. **III** *s* **4.** Zischen *n*, Fauchen *n.*

his·to·ri·an [hɪ'stɔːrɪən] *s* Historiker *m.* **his·tor·ic** [hɪ'stɒrɪk] *adj* (***~ally***) **1.** historisch, geschichtlich (berühmt *od.* bedeutsam). **2.** → ***historical.*** **his'tor·i·cal** [~kl] *adj* □ **1.** → ***historic*** 1. **2.** historisch: a) geschichtlich (belegt *od.* überliefert), b) Geschichts..., c) geschichtlich(en Inhalts): ***~ novel*** historischer Roman. **his·to·ry** ['~tərɪ] *s* **1.** Geschichte *f*: ***contemporary* ~** Zeitgeschichte; **~ *of art*** Kunstgeschichte; ***go down in* ~** in die Geschichte eingehen; ***make* ~** Geschichte machen. **2.** (Entwicklungs-) Geschichte *f*, Werdegang *m*. **3.** *allg.*, *a.* ⚕ Vorgeschichte *f*: → ***case history.***

hit [hɪt] **I** *s* **1.** Hieb *m* (*a. fig.* ***at*** gegen), Schlag *m*: ***that was a* ~ *at me*** das ging gegen mich. **2.** Treffer *m* (*a. Sport u. fig.*): ***make*** (*od.* ***score***) ***a* ~** e-n Treffer erzielen; *fig.* gut ankommen (***with*** bei). **3.** Hit *m* (*Buch, Schlager etc*): ***it was a big* ~** es hat groß eingeschlagen. **4.** *sl.* Schuß *m* (*Drogeninjektion*): ***give o.s. a* ~** sich e-n Schuß setzen *od.* drücken. **5.** *bsd. Am. sl.* (*von e-m* **hit man** *ausgeführter*) Mord. **II** *v/t* (*irr*) **6.** schlagen. **7.** (*a. fig. seelisch, finanziell etc*) treffen: **~ *the nail on the head*** *fig.* den Nagel auf den Kopf treffen; **~ *the bottle*** F saufen; → ***hay, road, sack***[1] 3. **8.** *mot. etc j-n, et.* anfahren, *et.* rammen: **~ *one's head against*** (*od.* ***on***) sich den Kopf anschlagen an (*dat*), mit dem Kopf stoßen gegen. **9.** *et.* erreichen, schaffen: → ***front page, headline*** 1. **10.** *bsd. fig.* stoßen auf (*acc*), finden. **11.** *a.* **~ *up*** *bsd. Am.* F anhauen, anpumpen (***for*** um). **12.** F ankommen in (*dat*), erreichen. **13.** *bsd. Am. sl. j-n* umlegen (***hit man***). **III** *v/i* (*irr*) **14.** treffen. **15.** schlagen (***at*** nach). **16.** stoßen, schlagen (***against*** gegen; ***on*** auf *acc*). **17.** **~ *on*** → 10.

Verbindungen mit Adverbien:

hit| back *v/i* zurückschlagen (*a. fig.*). **~ off** *v/t*: ***hit it off*** F sich gut vertragen (***with*** mit). **~ out** *v/i* **1.** um sich schlagen: **~ *at s.o.*** auf j-n einschlagen. **2.** *fig.* her-, losziehen (***at, against*** über *acc*).

ˌhit-and-ˈrun *adj*: **~ *accident*** Unfall *m* mit Fahrerflucht; **~ *driver*** (unfall-) flüchtiger Fahrer.

hitch [hɪtʃ] **I** *s* **1.** Ruck *m*, Zug *m*. **2.** Schwierigkeit *f*, Haken *m*: ***without a* ~** glatt, reibungslos. **3.** ***get a* ~** F im Auto mitgenommen werden. **II** *v/t* **4.** rücken, ziehen: **~ *up*** hochziehen. **5.** befestigen, festhaken (***to*** an *acc*): ***get* ~*ed*** F heiraten. **6.** **~ *a ride*** → 3. **III** *v/i* **7.** sich festhaken, hängenbleiben (***on*** an *dat*). **8.** F → ***hitchhike.***

ˈhitch·er F → ***hitchhiker.***

ˈhitch|·hike *v/i* per Anhalter fahren, trampen. **ˈ~ˌhik·er** *s* Anhalter(in), Tramper(in).

hith·er [ˈhɪðə] *adv* hierher. **ˌ~ˈto** *adv* bisher, bis jetzt.

hit| list *s*: ***be on the* ~** *bsd. Am. sl.* auf der Abschußliste stehen (*a. fig.*). **~ man** *s* (*irr* ***man***) *bsd. Am. sl.* Killer *m* (*e-s Verbrechersyndikats*). **~ or miss** *adv* aufs Geratewohl, auf gut Glück. **~ pa·rade** *s* Hitparade *f*. **~ song** *s* Hit *m*.

hive [haɪv] **I** *s* **1.** Bienenkorb *m*, -stock *m*. **2.** Bienenvolk *n*; *fig.* Schwarm *m* (*Menschen*). **II** *v/i* **3.** **~ *off*** *fig.* abschwenken (***from*** von); sich selbständig machen; *bsd. Br.* F sich aus dem Staub machen. **4.** sich zs.-drängen.

hives [haɪvz] *s pl* (*a. sg konstruiert*) ⚕ Nesselausschlag *m*.

hoard [hɔːd] **I** *s* Vorrat *m* (***of*** an *dat*). **II** *v/t a.* **~ *up*** horten, hamstern. **III** *v/i* hamstern, sich Vorräte anlegen.

hoard·ing [ˈhɔːdɪŋ] *s* **1.** Bau-, Bretterzaun *m*. **2.** *Br.* Reklametafel *f*.

hoar·frost [ˌhɔːˈfrɒst] *s* (Rauh)Reif *m*.

hoarse [hɔːs] *adj* □ heiser. **ˈhoarse·ness** *s* Heiserkeit *f*.

hoar·y [ˈhɔːrɪ] *adj* □ **1.** weiß(grau). **2.** (alters)grau.

hoax [həʊks] **I** *s* **1.** (Zeitungs)Ente *f*. **2.** Streich *m*, (übler) Scherz: ***play a* ~ *on s.o.*** j-m e-n Streich spielen, sich mit j-m e-n Scherz erlauben. **II** *v/t* **3.** *j-m* e-n Bären aufbinden.

hob·ble [ˈhɒbl] *v/i* hinken, humpeln.

hob·by [ˈhɒbɪ] *s* Hobby *n*, Steckenpferd *n*. **~ room** *s* Hobbyraum *m*.

hob·gob·lin [ˈhɒbgɒblɪn] *s* Kobold *m*.

hob·nob [ˈhɒbnɒb] *v/i* freundschaftlich verkehren, auf du u. du sein (***with*** mit).

ho·bo [ˈhəʊbəʊ] *pl* **-bo(e)s** *s Am.* Landstreicher *m*, Tippelbruder *m*.

Hob·son's choice [ˈhɒbsnz] *s*: ***it was*** (***a case of***) **~** es gab nur 'eine Möglichkeit; ***he had to take* ~** es blieb ihm keine andere Wahl.

hock[1] [hɒk] *s* weißer Rheinwein.

hock[2] [~] *bsd. Am.* F **I** *s*: ***be in* ~** versetzt sein; Schulden haben (***to*** bei); im Kittchen sein *od.* sitzen; ***put into* ~** → II. **II** *v/t* versetzen, ins Leihhaus tragen.

hock·ey [ˈhɒkɪ] *s Sport*: *bsd. Br.* Hockey *n*; *bsd. Am.* Eishockey *n*.

ho·cus-po·cus [ˌhəʊkəsˈpəʊkəs] *s* Hokuspokus *m*, fauler Zauber.

hodge·podge ['hɒdʒpɒdʒ] → ***hotchpotch.***

hoe [həʊ] **I** *s* Hacke *f.* **II** *v/t Boden* hakken: **~ (*up*)** *Unkraut* aushacken.

hog [hɒg] **I** *s* **1.** (Haus-, Schlacht-) Schwein *n*: ***go the whole ~*** F aufs Ganze gehen. **2.** F rücksichtsloser Kerl; gieriger *od.* gefräßiger Kerl; Schmutzfink *m*, Ferkel *n.* **II** *v/t* **3.** F rücksichtslos an sich reißen: ***~ the road*** *mot.* die ganze Straße für sich brauchen; rücksichtslos fahren.

Hog·ma·nay ['hɒgmənei] *s schott.* Silvester(abend *m*) *m*, *n.*

'hog·wash *s* **1.** Schweinefutter *n.* **2.** *fig.* Spülwasser *n* (*dünner Kaffee etc*). **3.** *fig.* Gewäsch *n*, Geschwätz *n.*

hoi pol·loi [ˌhɔɪ'pɒlɔɪ] *s contp.* breite Masse, Pöbel *m.*

hoist [hɔɪst] **I** *v/t* **1.** hochziehen; *Flagge, Segel* hissen. **II** *s* **2.** Hochziehen *n.* **3.** ⚙ (Lasten)Aufzug *m.*

hoi·ty-toi·ty [ˌhɔɪtɪ'tɔɪtɪ] *adj* hochnäsig, eingebildet.

hold [həʊld] **I** *s* **1.** Griff *m* (*a. Ringen*), Halt *m*: ***catch*** (*od.* ***get, take***) ***~ of s.th.*** et. ergreifen *od.* zu fassen bekommen; ***get ~ of s.o.*** j-n erwischen; ***keep ~ of*** festhalten; ***let go one's ~ of s.th.*** et. loslassen. **2.** Halt *m*, Stütze *f*: ***lose one's ~*** den Halt verlieren. **3.** (***on, over, of***) Gewalt *f*, Macht *f* (über *acc*), Einfluß *m* (auf *acc*): ***have a*** (***firm***) ***~ on s.o.*** j-n in s-r Gewalt haben, j-n beherrschen; ***lose ~ of o.s.*** die Fassung verlieren. **II** *v/t* (*irr*) **4.** (fest)halten. **5.** sich *die Nase, die Ohren* zuhalten: ***~ one's nose*** (***ears***). **6.** *Gewicht etc* tragen, (aus)halten. **7.** (*in e-m Zustand*) halten: ***~ o.s. erect*** sich geradehalten; ***~*** (***o.s.***) ***ready*** (sich) bereithalten. **8.** zurück-, abhalten (***from*** von): ***~ s.o. from doing s.th.*** j-n davon abhalten, et. zu tun; ***there was no ~ing him*** er war nicht zu halten. **9.** *Wahlen, Pressekonferenz etc* abhalten; *Fest etc* veranstalten. **10.** ⚔ *u. fig. Stellung* halten, behaupten: ***~ one's own*** (***with***) sich behaupten (gegen), bestehen (neben). **11.** *Aktien, Rechte etc* besitzen; *Amt etc* bekleiden. **12.** *Platz etc* (inne)haben; *Rekord* halten; *Titel* führen. **13.** fassen: a) enthalten, b) Platz bieten für. **14.** *Bewunderung, Sympathie etc* hegen, haben (***for*** für). **15.** der Ansicht sein (***that*** daß). **16.** halten für: ***I ~ him to be a liar*** ich halte ihn für e-n Lügner. **17.** halten: ***~ responsible*** verantwortlich machen; → ***contempt*** 1, ***esteem*** 3. **18.** *bsd.* ⚖ entscheiden (***that*** daß). **19.** *Publikum, j-s Aufmerksamkeit* fesseln. **20.** ***~ s.th. against s.o.*** j-m et. vorhalten *od.* vorwerfen; j-m et. übelnehmen *od.* nachtragen. **III** *v/i* (*irr*) **21.** halten, nicht (zer)reißen *od.* (zer)brechen. **22.** (sich) festhalten (***by, to*** an *dat*). **23.** *a.* ***~ good*** (weiterhin) gelten, gültig sein *od.* bleiben. **24.** anhalten, andauern.

Verbindungen mit Adverbien:

hold| back I *v/t* **1.** zurückhalten. **2.** → ***hold in*** I. **3.** *fig.* zurückhalten mit, verschweigen. **II** *v/i* **4.** *fig.* sich zurückhalten. **5.** nicht mit der Sprache herausrücken. **~ down** *v/t* **1.** niederhalten, *fig. a.* unterdrücken. **2.** F *Posten* haben; sich in *e-r Stellung etc* halten. **~ in I** *v/t* zügeln, zurückhalten: ***hold o.s. in*** a) → II, b) den Bauch einziehen. **II** *v/i* sich zurückhalten *od.* beherrschen. **~ off I** *v/t* **1.** ab-, fernhalten, abwehren. **2.** *et.* aufschieben, *j-n* hinhalten. **II** *v/i* **3.** sich fernhalten (***from*** von). **4.** zögern; warten (***from*** mit). **5.** ausbleiben (*Regen etc*). **~ on** *v/i* **1.** festhalten (***to*** an *dat*) (*a. fig.*). **2.** sich festhalten (***to*** an *dat*). **3.** aus-, durchhalten. **4.** andauern, anhalten. **5.** *teleph.* am Apparat bleiben. **~ out I** *v/t* **1.** *Hand etc* ausstrecken: ***hold s.th. out to s.o.*** j-m et. hinhalten. **II** *v/i* **2.** reichen (*Vorräte*). **3.** aus-, durchhalten. **~ o·ver** *v/t* **1.** *Sitzung, Entscheidung etc* vertagen, -schieben (***till, until*** auf *acc*). **2.** *Film etc* verlängern (***for*** um). **~ to·geth·er** *v/t u. v/i* zs.-halten (*a. fig.*). **~ up I** *v/t* **1.** hochhalten. **2.** *fig.* hinstellen (***as an example*** als Beispiel). **3.** *j-n, et.* aufhalten; *et.* verzögern: ***be held up*** sich verzögern. **4.** *j-n, Bank etc* überfallen. **II** *v/i* **5.** sich halten (*Preise, Wetter etc*).

'hold·all *s bsd. Br.* Reisetasche *f.*

hold·er ['həʊldə] *s* **1.** *oft in Zssgn* Halter *m*, ⚙ *a.* Halterung *f.* **2.** Inhaber(in).

'hold·ing *s oft pl* Besitz *m* (*an Effekten etc*): ***~ company*** ✝ Holding-, Dachgesellschaft *f.*

'hold·up *s* (bewaffneter) (Raub)Überfall.

hole [həʊl] **I** *s* **1.** Loch *n*: ***be in a ~*** F in der Klemme sein *od.* sitzen *od.* stecken; ***make a ~ in*** *fig.* ein Loch reißen in (*Vorräte*); ***pick*** (*od.* ***knock***) ***~s in*** *fig.* an e-r *Sache* herumkritteln, *Argument etc* zerpflücken; *j-m* am Zeug flicken. **2.** Höhle *f*, Bau *m* (*e-s Tiers*), Loch *n* (*e-r Maus*). **3.** F a) *a.* ***~ in the wall*** Loch *n*, (Bruch)Bude *f*, b) Kaff *n*, Nest *n*. **II** *v/t* **4.** ein Loch *od.* Löcher machen in (*acc*); durchlöchern. **5.** *Golf*: *Ball* einlochen. **III** *v/i* **6.** *oft* ***~ out*** (*Golf*) einlochen.

hol·i·day ['hɒlədeɪ] **I** *s* **1.** Feiertag *m*: → ***public*** 3b. **2.** freier Tag: ***take a ~*** (sich) e-n Tag frei nehmen. **3.** *mst pl bsd.Br.* Ferien *pl*, Urlaub *m*: ***be on ~*** im Urlaub sein, Urlaub machen. **II** *adj* **4.** *bsd. Br.* Ferien..., Urlaubs... **III** *v/i* **5.** *bsd. Br.* Urlaub machen , die Ferien verbringen. **~·mak·er** ['~dɪ,~] *s bsd. Br.* Urlauber(in).

hol·ler ['hɒlə] *v/i u. v/t* F schreien, brüllen: ***~ for help*** um Hilfe schreien; ***~ at*** *j-n* anbrüllen.

hol·low ['hɒləʊ] **I** *s* **1.** (Aus)Höhlung *f*, Hohlraum *m*: ***~ of the hand*** hohle Hand. **II** *adj* □ **2.** hohl: ***beat s.o. ~*** *Br.* F j-n haushoch schlagen; ***feel ~*** Hunger haben. **3.** hohl, dumpf (*Klang*, *Stimme*). **4.** *fig.* hohl, leer; falsch, unaufrichtig: → ***ring²*** 2, 6. **5.** hohl: a) eingefallen (*Wangen*), b) tiefliegend (*Augen*). **III** *adv* **6.** hohl: ***ring ~*** *fig.* hohl klingen (*Versprechen etc*), unglaubwürdig klingen (*Protest etc*). **IV** *v/t* **7.** *oft* ***~ out*** aushöhlen.

hol·ly ['hɒlɪ] *s* ♀ Stechpalme *f*.

hol·o·caust ['hɒləkɔːst] *s* Massenvernichtung *f*, -sterben *n*, (*bsd.* Brand)Katastrophe *f*: ***the*** ♀ *hist.* der Holocaust.

hol·ster ['həʊlstə] *s* (Pistolen)Halfter *f*, *n*.

ho·ly ['həʊlɪ] *adj* heilig, (*Hostie etc*) geweiht. ♀ **Ghost** *s eccl. der* Heilige Geist. ♀ **Scrip·ture** *s eccl. die* Heilige Schrift. ♀ **Spir·it** → ***Holy Ghost.*** **~ ter·ror** *s* F Nervensäge *f*. ♀ **Thurs·day** *s eccl.* Gründonnerstag *m*. **~ wa·ter** *s eccl.* Weihwasser *n*. ♀ **Week** *s eccl.* Karwoche *f*.

hom·age ['hɒmɪdʒ] *s* Huldigung *f*, Reverenz *f*: ***do*** (*od.* ***pay***) ***~ to s.o.*** j-m huldigen, j-m (die *od.* s-e) Reverenz erweisen *od.* bezeigen.

home [həʊm] **I** *s* **1.** Heim *n*: a) Haus *n*, (*eigene*) Wohnung, b) Zuhause *n*, Daheim *n*, c) Elternhaus *n*: ***at ~*** zu Hause, daheim (*beide a. Sport*); ***at ~ in*** *fig.* zu Hause in (*dat*), bewandert in (*dat*); ***make o.s. at ~*** es sich bequem machen; ***away from ~*** abwesend, verreist, (*bsd. Sport*) auswärts; ***his ~ is in London*** er ist in London zu Hause. **2.** Heimat *f* (*a. fig.*): ***at ~ and abroad*** im In- u. Ausland. **3.** Heim *n*: ***~ for the aged*** Alters-, Altenheim. **II** *adj* **4.** häuslich, Heim...: ***~ address*** Privatanschrift *f*; ***~ life*** häusliches Leben, Familienleben *n*. **5.** inländisch, Inlands...: ***~ affairs*** *pl* innere Angelegenheiten *pl*, Innenpolitik *f*; ***~ market*** ✝ Inlands-, Binnenmarkt *m*; ***~ trade*** ✝ Binnenhandel *m*. **6.** Heimat...: ***~ town.*** **7.** *Sport*: Heim...: ***~ match.*** **III** *adv* **8.** heim, nach Hause: ***way ~*** Heimweg *m*; ***that's nothing to write ~ about*** F das ist nichts Besonderes; → ***come home.*** **9.** zu Hause, daheim. **10.** *fig.* ins Ziel: ***bring*** (*od.* ***drive***) ***s.th. ~ to s.o.*** j-m et. klarmachen; ***the thrust went ~*** der Hieb saß. **'~,com·ing** *s* Heimkehr *f*. **~ com·pu·ter** *s* Heimcomputer *m*. **,~'grown** *adj* selbstangebaut (*Obst*), (*Gemüse a.*) selbstgezogen. **'~land** *s* Heimatland *n*.

home·less ['həʊmlɪs] *adj* **1.** heimatlos. **2.** obdachlos: ***be left ~*** heimatlos werden. **'home·like** *adj* wie zu Hause, gemütlich. **'home·ly** *adj* **1.** einfach (*Mahlzeit*, *Leute*). **2.** *Am.* unscheinbar, reizlos.

,home'made *adj* haus-, selbstgemacht, Hausmacher...

homeo... → ***homoeo...***

Home| Of·fice *s Br.* Innenministerium *n*. ♀ **rule** *s pol.* Selbstverwaltung *f*. **~ Sec·re·tar·y** *s Br.* Innenminister *m*. **'♀·sick** *adj*: ***be ~*** Heimweh haben. **'♀·sick·ness** *s* Heimweh *n*. **'♀·spun** *adj* schlicht, einfach. ♀ **truth** *s* unangenehme Wahrheit.

home·ward ['həʊmwəd] **I** *adv* heimwärts, nach Hause. **II** *adj* Heim..., Rück... **'~·wards** → ***homeward*** I.

'home|·work *s* **1.** ✝ Heimarbeit *f*. **2.** *ped.* Hausaufgabe(n *pl*) *f*: ***do one's ~*** s-e Hausaufgaben machen (*a. fig.*). **'~,work·er** *s* ✝ Heimarbeiter (-in).

hom·i·cide ['hɒmɪsaɪd] *s* ⚖ Mord *m*; Totschlag *m*.

ho·mo ['həʊməʊ] *pl* **-mos** *s* F Homo *m* (*Homosexuelle*).

ho·moe·o·path ['həʊmjəʊpæθ] *s* ⚕ Homöopath(in). ˌ**ho·moe·o'path·ic** *adj* (**~ally**) homöopathisch. **ho·moe·op·a·thy** [ˌhəʊmɪ'ɒpəθɪ] *s* Homöopathie *f*.

ho·mo·ge·ne·ous [ˌhɒməʊ'dʒiːnjəs] *adj* □ homogen, gleichartig. **ho·mog·e·nize** [hɒ'mɒdʒənaɪz] *v/t* homogenisieren.

hom·o·graph ['hɒməʊgrɑːf] *s ling*. Homograph *n*. **hom·o·nym** ['~nɪm] *s ling*. Homonym *n*. **hom·o·phone** ['~fəʊn] *s ling*. Homophon *n*.

ho·mo·sex·u·al [ˌhɒməʊ'sekʃʊəl] **I** *adj* □ homosexuell. **II** *s* Homosexuelle *m*, *f*. **ho·mo·sex·u·al·i·ty** [ˌ~ʃʊ'ælətɪ] *s* Homosexualität *f*.

hom·y ['həʊmɪ] *adj* F gemütlich, behaglich.

hon·est ['ɒnɪst] *adj* ehrlich: a) redlich, b) aufrichtig. '**hon·est·ly I** *adv* → ***honest***. **II** *int* F ganz bestimmt!, ehrlich! '**hon·es·ty** *s* Ehrlichkeit *f*: a) Redlichkeit *f*, b) Aufrichtigkeit *f*.

hon·ey ['hʌnɪ] *s* **1.** Honig *m*: (***as***) ***sweet as ~*** honigsüß (*a. fig*.). **2.** *bsd. Am.* F Liebling *m*, Schatz *m*. '**~·bee** *s* Honigbiene *f*. '**~·dew** *s* Honigtau *m*: ***~ melon*** Honigmelone *f*.

hon·eyed ['hʌnɪd] *adj* honigsüß (*a. fig*.).

'**hon·ey|·moon I** *s* Flitterwochen *pl*: ~ (***trip***) Hochzeitsreise *f*. **II** *v/i* in den Flitterwochen sein, s-e Flitterwochen verbringen; s-e Hochzeitsreise machen, auf Hochzeitsreise sein. '**~·moon·er** *s* Flitterwöchner *m*; Hochzeitsreisende *m*, *f*.

honk [hɒŋk] *mot*. **I** *s* Hupsignal *n*. **II** *v/i* hupen.

hon·or, *etc Am.* → ***honour***, *etc*.

hon·or·ar·y ['ɒnərərɪ] *adj* **1.** Ehren... **2.** ehrenamtlich.

hon·our ['ɒnə] *bsd. Br.* **I** *v/t* **1.** ehren. **2.** ehren, auszeichnen: ***~ s.o. with*** j-m *et*. verleihen; j-n beehren mit. **3.** ⚕ *Scheck etc* honorieren, einlösen. **II** *s* **4.** Ehre *f*: (***sense of***) ~ Ehrgefühl *n*; ***~ to whom ~ is due*** Ehre, wem Ehre gebührt; ***guest of ~*** Ehrengast *m*; ***do s.o. ~*** j-m zur Ehre gereichen, j-m Ehre machen; → ***debt***. **5.** Ehrung *f*, Ehre(n *pl*) *f*: ***in s.o.'s ~*** zu j-s Ehren, j-m zu Ehren. **6.** ***Your*** ♀ *bsd.* ⚖ Euer Gnaden. '**hon·our·a·ble** *adj* □ *bsd. Br.* **1.** achtbar, ehrenwert. **2.** ehrenvoll, -haft. **3.** ♀ *der*, *die* Ehrenwerte (*Titel*).

hood [hʊd] *s* **1.** Kapuze *f*. **2.** *mot. Br.* Verdeck *n*; *Am.* (Motor)Haube *f*. **3.** ⚙ (Schutz)Haube *f*.

hood·lum ['huːdləm] *s* F **1.** Rowdy *m*; Schläger *m*. **2.** Ganove *m*; Gangster *m*.

'**hood·wink** *v/t* hinters Licht führen.

hoo·ey ['huːɪ] *s bsd. Am. sl.* Krampf *m*, Quatsch *m*.

hoof [huːf] *pl* **hoofs, hooves** [huːvz] *s zo*. Huf *m*.

hook [hʊk] **I** *s* **1.** Haken *m*: ***by ~ or*** (***by***) ***crook*** unter allen Umständen, mit allen Mitteln; ***on one's own ~*** F auf eigene Faust. **2.** Angelhaken *m*: ***~, line and sinker*** F voll (u. ganz); ***be on the ~*** F in der Patsche sein *od.* sitzen *od.* stecken. **3.** *Boxen*: Haken *m*. **II** *v/t* **4.** an-, ein-, fest-, zuhaken. **5.** angeln (*a. fig*. F): ***~ a husband*** sich e-n Mann angeln. **6.** ***~ it*** F Leine ziehen, verschwinden. **III** *v/i* **7.** sich (zu)haken lassen. **hooked** [hʊkt] *adj* **1.** hakenförmig, Haken... **2.** mit (e-m) Haken (versehen). **3.** F süchtig (***on*** nach) (*a. fig*.): ***~ on TV*** fernsehsüchtig. '**hook·er** *s Am. sl.* Nutte *f*. '**hook·y** *s*: ***play ~*** *bsd. Am.* F (die Schule) schwänzen.

hoo·li·gan ['huːlɪgən] *s* Rowdy *m*. '**hoo·li·gan·ism** *s* Rowdytum *n*.

hoop [huːp] *s allg.* Reif(en) *m*: ***put through the ~***(***s***) *fig.* durch die Mangel drehen, in die Mangel nehmen.

hoo·ray [hʊ'reɪ] → ***hurah***.

hoot [huːt] **I** *v/i* **1.** (*höhnisch*) johlen: ***~ at s.o.*** j-n verhöhnen. **2.** *bsd. Br.* heulen (*Fabriksirene etc*); *mot.* hupen. **II** *v/t* **3.** auszischen, -pfeifen: ***~ down*** niederschreien. **III** *s* **4.** (*höhnischer*, *johlender*) Schrei: ***I don't care a ~*** (*od.* ***two ~s***) F das ist mir völlig egal. **5.** *bsd. Br.* Heulen *n*; *mot.* Hupen *n*. '**hoot·er** *s bsd. Br.* Sirene *f*; *mot.* Hupe *f*.

Hoo·ver ['huːvə] *TM* **I** *s* Staubsauger *m*. **II** *v/t mst* ♀ (staub)saugen, *Teppich etc a.* absaugen: ♀ ***up*** aufsaugen. **III** *v/i mst* ♀ (staub)saugen.

hooves [huːvz] *pl von* ***hoof***.

hop[1] [hɒp] **I** *s* ♣ Hopfen *m*. **II** *v/t Bier* hopfen.

hop² [~] **I** *v/i* **1.** hüpfen: ~ *off Br.* F abschwirren. **2.** F schwofen, tanzen. **II** *v/t* **3.** hüpfen über (*acc*): ~ *it* F abschwirren. **III** *s* **4.** Sprung *m*: ***keep s.o. on the*** ~ F j-n in Trab halten. **5.** F Schwof *m*, Tanz(veranstaltung *f*) *m*.

hope [həʊp] **I** *s* Hoffnung *f* (***of*** auf *acc*): ***past*** (*od.* ***beyond***) (***all***) ~ hoffnungs-, aussichtslos; ***in the*** ~ auf gut Glück; in der Hoffnung (***of getting*** zu bekommen); ***no*** ~ ***of success*** keine Aussicht auf Erfolg; ~***s*** *pl* ***of victory*** Siegeshoffnungen *pl*. **II** *v/i* hoffen (***for*** auf *acc*): ~ ***for the best*** das Beste hoffen; ***I*** ~ ***so*** hoffentlich; ***I*** ~ ***not*** hoffentlich nicht. **III** *v/t* hoffen (***that*** daß). **hope·ful** ['~fʊl] *adj* hoffnungsvoll: ***be*** ~ ***that*** hoffen, daß. '**hope·ful·ly** *adv* **1.** → ***hopeful.*** **2.** hoffentlich. '**hope·less** *adj* □ hoffnungslos.

hop·ping ['hɒpɪŋ] *adv*: ***be*** ~ ***mad*** F e-e Stinkwut (im Bauch) haben.

horde [hɔːd] *s* Horde *f*, (wilder) Haufen.

ho·ri·zon [hə'raɪzn] *s* Horizont *m*: ***appear on the*** ~ am Horizont auftauchen, *fig. a.* sich abzeichnen; → ***broaden*** I. **hor·i·zon·tal** [ˌhɒrɪ'zɒntl] **I** *adj* □ horizontal, waag(e)recht: ~ ***bar*** (*Turnen*) Reck *n*; ~ ***line*** → II. **II** *s* ⩚ Horizontale *f*, Waag(e)rechte *f*.

hor·mone ['hɔːməʊn] *s biol.* Hormon *n*.

horn [hɔːn] **I** *s* **1.** *zo.* Horn *n*, *pl a.* Geweih *n*: ***show one's*** ~***s*** *fig.* die Krallen zeigen; → ***bull*** 1, ***dilemma.*** **2.** *zo.* Fühler *m*, Fühlhorn *n*. **3.** (*Pulver-*, *Trink*)Horn *n*: ~ ***of plenty*** Füllhorn. **4.** Horn *n* (*Substanz*). **5.** ♪ Horn *n*. **6.** *mot.* Hupe *f*. **II** *v/i* **7.** ~ ***in*** *sl.* sich eindrängen *od.* einmischen (***on*** in *acc*).

hor·net ['hɔːnɪt] *s zo.* Hornisse *f*: ***stir up a*** ~***'s nest*** *fig.* in ein Wespennest stechen.

'**horn-rimmed** *adj*: ~ ***spectacles*** *pl* Hornbrille *f*.

horn·y ['hɔːnɪ] *adj* **1.** hornig, schwielig. **2.** aus Horn, Horn...

hor·o·scope ['hɒrəskəʊp] *s* Horoskop *n*: ***cast a*** ~ ein Horoskop stellen.

hor·ren·dous [hɒ'rendəs] → ***horrific.***

hor·ri·ble ['hɒrəbl] *adj* □ schrecklich, furchtbar, scheußlich (*alle a. fig.* F). **hor·rid** ['hɒrɪd] → ***horrible.*** **hor·rif·ic** [hɒ'rɪfɪk] *adj* (~***ally***) schrecklich, entsetzlich. **hor·ri·fy** ['~faɪ] *v/t* entsetzen: ***be horrified at*** (*od.* ***by***) entsetzt sein über (*acc*); ~***ing*** → ***horrible.***

hor·ror ['hɒrə] **I** *s* **1.** Entsetzen *n*: ***to one's*** ~ zu s-m Entsetzen; ***in*** ~ entsetzt. **2.** Abscheu *f*, Horror *m* (***of*** vor *dat*). **3.** Schrecken *m*, Greuel *m*. **4.** F Greuel *m* (*Person od. Sache*). **II** *adj* **5.** Horror...: ~ ***film.*** '~-ˌ**strick·en**, '~-**struck** *adj* von Entsetzen gepackt.

horse [hɔːs] *s* Pferd *n* (*a. Turnen*): ***back the wrong*** ~ *fig.* aufs falsche Pferd setzen; ***eat like a*** ~ wie ein Scheunendrescher essen; ***get*** (*od.* ***come***) ***off one's high*** ~ *fig.* von s-m hohen Roß herunterkommen; ***a*** ~ ***of another*** (*od.* ***a different***) ***colo***(***u***)***r*** *fig.* et. (ganz) anderes; (***straight*** *od.* ***right***) ***from the*** ~***'s mouth*** F aus erster Hand; → ***cart*** 1, ***dark horse, flog*** 1, ***gift*** 3. '~·**back** *s*: ***on*** ~ zu Pferd; ***go on*** ~ reiten. ~ **chest·nut** *s* ♀ Roßkastanie *f*. '~·**hair** *s* Roßhaar *n*. '~·**laugh** *s* wieherndes Gelächter. ~·**man** ['~mən] *s* (*irr* ***man***) (geübter) Reiter. ~ **op·er·a** *s* F Western *m* (*Film*). '~ˌ**pow·er** *s phys.* Pferdestärke *f*. ~ **race** *s Sport*: Pferderennen *n*. '~-ˌ**rad·ish** *s* ♀ Meerrettich *m*. ~ **sense** *s* gesunder Menschenverstand. ~·**shoe** ['hɔːʃʃuː] *s* Hufeisen *n*. ~ **trad·ing** *s bsd. pol.* F Kuhhandel *m*. '~ˌ**wom·an** *s* (*irr* ***woman***) (geübte) Reiterin.

hor·ti·cul·tur·al [ˌhɔːtɪ'kʌltʃərəl] *adj* Garten(bau)...: ~ ***show*** Gartenschau *f*. '**hor·ti·cul·ture** *s* Gartenbau *m*.

ho·san·na [həʊ'zænə] **I** *int* hos(i)anna! **II** *s* Hos(i)anna *n*.

hose¹ [həʊz] *s* (*pl konstruiert*) Strümpfe *pl*, Strumpfwaren *pl*.

hose² [~] **I** *s* Schlauch *m*. **II** *v/t* spritzen: ~ ***down*** abspritzen.

ho·sier·y ['həʊzɪərɪ] *s coll.* Strumpfwaren *pl*.

hos·pice ['hɒspɪs] *s* Sterbeklinik *f*.

hos·pi·ta·ble [hɒ'spɪtəbl] *adj* □ gast(freund)lich (*Person*); gastlich, gastfrei (*Haus etc*).

hos·pi·tal ['hɒspɪtl] *s* Krankenhaus *n*, Klinik *f*: ***in*** (*Am.* ***in the***) ~ im Krankenhaus.

hos·pi·tal·i·ty [ˌhɒspɪ'tælətɪ] *s* Gastfreundschaft *f*, Gastlichkeit *f*.

hos·pi·tal·ize ['hɒspɪtlaɪz] *v/t* ins Krankenhaus einliefern *od.* einweisen.

host¹ [həʊst] **I** *s* **1.** Gastgeber *m*. **2.** *biol.*

Wirt *m* (*Tier od. Pflanze*). **3.** *Rundfunk, TV*: Talkmaster *m*; Showmaster *m*; Moderator *m*. **II** *v/t* **4.** *Rundfunk, TV*: *Sendung* moderieren.

host² [~] *s* Menge *f*, Masse *f*: ***a ~ of questions*** e-e Unmenge Fragen.

Host³ [~] *s eccl.* Hostie *f*.

hos·tage ['hɒstɪdʒ] *s* Geisel *f*: ***take s.o. ~*** j-n als Geisel nehmen.

hos·tel ['hɒstl] *s* **1.** *mst* ***youth ~*** Jugendherberge *f*. **2.** *bsd. Br.* (*Studenten-, Arbeiter- etc*)Wohnheim *n*.

host·ess ['həʊstɪs] *s* **1.** Gastgeberin *f*. **2.** Hostess *f* (*Betreuerin auf Messen etc*). **3.** ✈ Hostess *f*, Stewardeß *f*. **4.** Animier-, Tischdame *f*.

hos·tile ['hɒstaɪl] *adj* □ **1.** feindlich, Feind(es)... **2.** (***to***) feindselig (gegen), feindlich gesinnt (*dat*): ***~ to foreigners*** ausländerfeindlich. **hos·til·i·ty** [hɒ'stɪlətɪ] *s* **1.** Feindschaft *f*, Feindseligkeit *f*: ***~ to foreigners*** Ausländerfeindlichkeit *f*. **2.** *pl* ⚔ Feindseligkeiten *pl*.

hot [hɒt] **I** *adj* □ **1.** *allg.* heiß (*a. fig.*): ***I am ~*** mir ist heiß; ***I went ~ and cold*** es überlief mich heiß u. kalt; ***~ favo(u)rite*** F (*bsd. Sport*) heißer *od.* hoher Favorit; ***~ music*** *sl.* heiße Musik; ***~ tip*** F heißer Tip; ***be in ~ water*** F in Schwulitäten sein. **2.** warm, heiß (*Speisen*): ***~ meal*** warme Mahlzeit; → ***potato***. **3.** scharf (gewürzt). **4.** ***be ~ for*** (*od.* ***on***) F brennen *od.* scharf sein auf (*acc*). **5.** ganz neu *od.* frisch: ***~ from the press*** frisch aus der Presse (*Nachrichten*), soeben erschienen (*Buch etc*); ***~ scent*** (*od.* ***trail***) *hunt.* warme *od.* frische Fährte *od.* Spur (*a. fig.*). **6.** F toll, großartig, (*Nachrichten*) sensationell. **7.** F heiß (*gestohlen, geschmuggelt etc*). **II** *adv* **8.** heiß: ***give it s.o. ~*** (***and strong***) F j-m gründlich einheizen; → ***track*** 1, ***trail*** 7. **III** *v/t* **9.** *mst* ***~ up*** *bsd. Br.* heiß machen, *Speisen a.* warm machen, aufwärmen. **10.** ***~ up*** *fig.* F an-, aufheizen; Schwung bringen in (*acc*); *Auto, Motor* frisieren. **IV** *v/i* **11.** ***~ up*** F sich verschärfen; schwungvoller werden. **~ air** *s* **1.** ⚙ Heißluft *f*. **2.** F heiße Luft, leeres Geschwätz. **ˌ~-'air** *adj* ⚙ Heißluft... **'~·bed** *s* **1.** ⚘ Mist-, Frühbeet *n*. **2.** *fig.* Brutstätte *f*. **ˌ~-'blood·ed** *adj* heißblütig.

hotch·potch ['hɒtʃpɒtʃ] *s* **1.** *gastr.* Eintopf *m*, *bsd.* Gemüsesuppe *f* mit Fleisch. **2.** *fig.* Mischmasch *m*, Durcheinander *n*.

hot dog *s* Hot dog *n, m*.

ho·tel [həʊ'tel] **I** *s* Hotel *n*. **II** *adj* Hotel... **ho·tel·ier** [həʊ'telɪeɪ], **ho'telˌkeep·er** *s* Hotelier *m*.

'hot|·foot F **I** *adv* schleunigst, schnell. **II** *v/i u. v/t*: ***~*** (***it***) rennen. **'~·head** *s* Hitzkopf *m*. **ˌ~-'head·ed** *adj* □ hitzköpfig. **'~·house** *s* Treib-, Gewächshaus *n*. **~ line** *s bsd. pol.* heißer Draht. **~ pants** *s pl* Hot pants *pl*, heiße Höschen *pl*. **'~·plate** *s* **1.** Koch-, Heizplatte *f*. **2.** Warmhalteplatte *f*. **~ rod** *s bsd. Am. sl.* frisierter Wagen. **~ spot** *s* **1.** *bsd. pol.* Unruhe-, Krisenherd *m*. **2.** *bsd. Am.* F *Nachtklub od. Amüsierbetrieb, in dem et. los ist*. **ˌ~-'wa·ter** *adj* Heißwasser...: ***~ bottle*** Wärmflasche *f*.

hound [haʊnd] **I** *s* **1.** Jagdhund *m*. **2.** *contp.* Hund *m*, gemeiner Kerl. **II** *v/t* **3.** (*bsd. mit Hunden, a. fig. j-n*) jagen, verfolgen.

hour ['aʊə] *s* **1.** Stunde *f*: ***by the ~*** stundenweise; ***for ~s*** (***and ~s***) stundenlang; ***on the ~*** (immer) zur vollen Stunde; ***24 ~s a day*** Tag u. Nacht. **2.** (Tages)Zeit *f*, Stunde *f*: ***at all ~s*** zu jeder Zeit, jederzeit; ***at what ~?*** um wieviel Uhr?; → ***early*** 4, ***eleventh*** 1, ***late*** 1, ***small*** I. **3.** Zeitpunkt *m*, Stunde *f*. **4.** Stunde *f*, Tag *m*: ***the man of the ~*** der Mann des Tages. **5.** *pl* (*Arbeits*)Zeit *f*, (*Geschäfts*)Stunden *pl*: ***after ~s*** nach Geschäftsschluß; nach der Polizeistunde; nach der Arbeit; *fig.* zu spät. **~ hand** *s* Stundenzeiger *m*.

hour·ly ['aʊəlɪ] *adj u. adv* stündlich.

house I *s* [haʊs] *pl* **hous·es** ['haʊzɪz] **1.** Haus *n* (*a.* ✝, *parl., thea.*): → ***bring down*** 4, ***card*** 1. **2.** Haus(halt *m*) *n*: ***keep ~*** den Haushalt führen (***for s.o.*** j-m); ***put*** (*od.* ***set***) ***one's ~ in order*** *fig.* s-e Angelegenheiten in Ordnung bringen. **3.** Haus *n*, Geschlecht *n*: ***the* ♀ *of Hanover*** das Haus Hannover. **II** *v/t* [haʊz] **4.** unterbringen; beherbergen (*a. fig. enthalten*). **~ a·gent** *s Br.* Häusermakler *m*. **~ ar·rest** *s* Hausarrest *m*: ***be under ~*** unter Hausarrest stehen. **'~·boat** *s* Hausboot *n*. **'~·bound** *adj fig.* ans Haus gefesselt. **'~ˌbreak·er** *s* Einbrecher *m*. **'~ˌbreak·ing** *s* Einbruch *m*. **'~ˌbro·ken** *adj Am.* stubenrein (*Hund* *etc*, F *a. Witz etc*). **'~·clean** *v/i* Hausputz machen. **'~,clean·ing** *s* Hausputz *m*. **'~·coat** *s* Morgenrock *m*, -mantel *m*. **'~·fly** *s zo*. Stubenfliege *f*.

house·hold ['haʊshəʊld] **I** *s* **1.** Haushalt *m*. **II** *adj* **2.** Haushalts..., häuslich: **~ *remedy*** Hausmittel *n*. **3. ~ *name*** (*od* ***word***) (fester *od*. geläufiger) Begriff. **'house·hold·er** *s* Haushaltsvorstand *m*.

'house|-hunt *v/i* auf Haussuche sein: ***go ~ing*** auf Haussuche gehen. **'~,keep·er** *s* Haushälterin *f*, Wirtschafterin *f*. **'~,keep·ing** *s* Haushaltung *f*, Haushaltsführung *f*: **~ (*money*)** Haushalts-, Wirtschaftsgeld *n*. **'~·maid** *s* Hausangestellte *f*, -mädchen *n*. **2 of Com·mons** *s parl*. Unterhaus *n* (*GB*). **2 of Lords** *s parl*. Oberhaus *n* (*GB*). **2 of Rep·re·sent·a·tives** *s parl*. Repräsentantenhaus *n* (*USA*). **'~-proud** *adj* übertrieben ordentlich (*Hausfrau*). **~ rules** *s pl* Hausordnung *f*. **~ search** *s* ⚖ Haussuchung *f*. **,~-to-'~** *adj* von Haus zu Haus: **~ *collection*** Haussammlung *f*; **~ *salesman*** Hausierer *m*; Vertreter *m*. **'~·top** *s* Dach *n*: ***cry*** (*od*. ***proclaim, shout***) ***from the ~s*** *et*. öffentlich verkünden, *et*. *Vertrauliches* an die große Glocke hängen. **'~-trained** *adj bsd. Br*. stubenrein (*Hund etc*). **'~,warm·ing (par·ty)** *s* Einzugsparty *f* (*im neuen Haus*). **'~·wife** *s* (*irr* ***wife***) Hausfrau *f*. **'~·work** *s* Hausarbeit *f*.

hous·ing ['haʊzɪŋ] *s* **1.** Wohnung *f*: **~ *development*** *bsd. Am*., **~ *estate*** *Br*. Wohnsiedlung *f*; **~ *market*** Wohnungsmarkt *m*; **~ *shortage*** Wohnungsnot *f*. **2.** *coll*. Häuser *pl*. **3.** Wohnen *n*: **~ *conditions*** *pl* Wohnverhältnisse *pl*.

hove [həʊv] *pret u. pp von* ***heave.***

hov·el ['hɒvl] *s contp*. Bruchbude *f*, Loch *n*.

hov·er ['hɒvə] *v/i* **1.** schweben (*a. fig*. ***between*** zwischen *Leben u. Tod etc*). **2.** sich herumtreiben (***about*** in der Nähe von). **3.** *fig*. schwanken (***between*** zwischen *dat*). **'~·craft** *pl* **-craft** *s* Luftkissenfahrzeug *n*.

how [haʊ] *adv* **1.** *fragend*: wie: **~ *are you?*** wie geht es dir?; **~ *is your toothache?*** was machen d-e Zahnschmerzen?; **~ *about ...?*** wie steht *od*. wäre es mit ...?; **~ *do you know?*** woher wissen Sie das?; **~ *much?*** wieviel?; **~ *many?*** wieviel?, wie viele?; → ***be*** 7, ***come*** 7, ***do***[1] 12. **2.** *ausrufend u. relativ*: wie: **~ *absurd!*** wie absurd!; ***he knows ~ to ride*** er kann reiten; ***I know ~ to do it*** ich weiß, wie man es macht; ***and ~!*** F u. ob! **~'ev·er I** *adv* wie auch (immer): **~ *it*** (***may***) ***be*** wie dem auch sei; **~ *you do it*** wie du es auch machst. **II** *cj* jedoch.

howl [haʊl] **I** *v/i* **1.** heulen (*Wölfe, Wind etc*). **2.** brüllen, schreien (***in agony*** vor Schmerzen; ***with laughter*** vor Lachen). **II** *v/t* **3.** brüllen, schreien: **~ *down*** *j-n* niederschreien, -brüllen. **III** *s* **4.** Heulen *n*. **'howl·er** *s* F grober Schnitzer. **'howl·ing** *adj* **1.** heulend. **2.** F Mords...: **~ *success*** Bombenerfolg *m*.

hub [hʌb] *s* **1.** ⚙ (Rad)Nabe *f*. **2.** *fig*. Mittel-, Angelpunkt *m*.

hub·bub ['hʌbʌb] *s* **1.** Stimmengewirr *n*. **2.** Tumult *m*.

'hub·cap *s mot*. Radkappe *f*.

huck·le·ber·ry ['hʌklbərɪ] *s* ⚘ Amer. Heidelbeere *f*.

huck·ster ['hʌkstə] → ***hawker.***

hud·dle ['hʌdl] **I** *v/t* **1.** *mst* **~ *together*** (*od*. ***up***) zs.-werfen, auf e-n Haufen werfen; zs.-drängen: **~ *s.th. into*** *bsd. Br*. et. stopfen in (*acc*). **II** *v/i* **2.** (sich) kauern: **~ *up*** sich zs.-kauern. **3.** *mst* **~ *together*** (*od*. ***up***) sich zs.-drängen. **4. ~ (*up*) *against*** (*od*. ***to***) sich kuscheln *od*. schmiegen an (*acc*). **III** *s* **5.** (wirrer) Haufen; Wirrwarr *m*, Durcheinander *n*. **6. *go into a ~*** F die Köpfe zs.-stekken; sich beraten (***with*** mit).

hue[1] [hju:] *s* **1.** Farbe *f*. **2.** (Farb)Ton *m*, Tönung *f*, *a. fig*. Färbung *f*, Schattierung *f*.

hue[2] [~] *s*: ***raise a ~ and cry against*** lautstark protestieren gegen.

huff [hʌf] **I** *v/i* keuchen, schnaufen. **II** *s*: ***be in a ~*** muffeln; ***go into a ~*** muff(e)lig werden. **'huff·y** *adj* □ **1.** muff(e)lig. **2.** übelnehmerisch.

hug [hʌg] **I** *v/t* **1.** umarmen, (*a.* **~ *to one***) an sich drücken. **2.** *fig*. (zäh) festhalten an (*dat*). **II** *v/i* **3.** sich umarmen. **III** *s* **4.** Umarmung *f*: ***give s.o. a ~*** j-n umarmen.

huge [hju:dʒ] *adj* riesig, riesengroß (*beide a. fig*.). **'huge·ly** *adv* ungeheuer, gewaltig. **'huge·ness** *s* ungeheure *od*. gewaltige Größe.

hulk [hʌlk] *s* Koloß *m*: a) *Gebilde von gewaltigem Ausmaß*, b) klotziges *od.* sperriges *od.* unhandliches Ding, c) ungeschlachter Kerl, schwerfälliger Riese. '**hulk·ing,** '**hulk·y** *adj* **1.** klotzig, sperrig, unhandlich. **2.** ungeschlacht, schwerfällig.

hull¹ [hʌl] **I** *s* ⚘ Schale *f*, Hülse *f*. **II** *v/t* schälen, enthülsen.

hull² [~] *s* ⚓ Rumpf *m*.

hul·la·ba(l)·loo [ˌhʌləbə'luː] *s* Lärm *m*, Getöse *n*.

hul·lo → ***hello.***

hum [hʌm] **I** *v/i* **1.** *allg.* summen: ***my head is ~ming*** mir brummt der Kopf; **~** (***with activity***) F voller Leben *od.* Aktivität sein. **2.** **~ *and haw*** herumdrucksen, nicht recht mit der Sprache herauswollen. **II** *v/t* **3.** *Lied* summen. **III** *s* **4.** Summen *n*.

hu·man ['hjuːmən] **I** *adj* (□ → ***humanly***) menschlich, Menschen...: **~ *being*** Mensch *m*; **~ *chain*** Menschenkette *f*; **~ *dignity*** Menschenwürde *f*; **~ *medicine*** Humanmedizin *f*; **~ *race*** Menschengeschlecht *n*; **~ *rights*** *pl* Menschenrechte *pl*; → ***err.*** **II** *s* Mensch *m*. **hu·mane** [hjuː'meɪn] *adj* □ **1.** human, menschlich. **2.** humanistisch. **hu·man·ism** ['hjuːmənɪzəm] *s* Humanismus *m*. '**hu·man·ist** *s* Humanist(in). ˌ**hu·man'is·tic** *adj* (**~*ally***) humanistisch. **hu·man·i·tar·i·an** [hjuːˌmænɪ'teərɪən] *adj* humanitär, menschenfreundlich. **hu'man·i·ty** *s* **1.** die Menschheit. **2.** Humanität *f*, Menschlichkeit *f*. **3.** *pl* Altphilologie *f*; Geisteswissenschaften *pl*. **hu·man·ize** ['hjuːmənaɪz] *v/t* **1.** humanisieren, humaner *od.* menschenwürdiger gestalten. **2.** vermenschlichen, personifizieren. **hu·man·kind** [ˌ~'kaɪnd] → ***humanity*** 1. '**hu·man·ly** *adv*: ***do everything ~ possible*** alles menschenmögliche *od.* sein menschenmöglichstes tun.

hum·ble ['hʌmbl] **I** *adj* □ bescheiden: a) demütig: ***in my ~ opinion*** m-r unmaßgeblichen Meinung nach; ***eat ~ pie*** *fig.* klein beigeben; → ***self,*** b) anspruchslos, einfach, c) niedrig: ***of ~ birth*** von niederer Geburt. **II** *v/t* demütigen, erniedrigen. '**hum·ble·ness** *s* Bescheidenheit *f*, Demut *f*.

hum·bug ['hʌmbʌg] *s* **1.** Humbug *m*: a) Schwindel *m*, Betrug *m*, b) Unsinn *m*, dummes Zeug. **2.** *Br.* Pfefferminzbonbon *m*, *n*.

hum·ding·er [ˌhʌm'dɪŋə] *s bsd. Am.* F **1.** Mordskerl *m*. **2.** tolles Ding.

hum·drum ['hʌmdrʌm] **I** *adj* **1.** eintönig, langweilig. **II** *s* **2.** Eintönigkeit *f*, Langweiligkeit *f*. **3.** eintönige *od.* langweilige Arbeit; Langweiler *m*.

hu·mid ['hjuːmɪd] *adj* □ feucht. **hu'mid·i·fi·er** [~dɪfaɪə] *s* ⚙ (Luft)Befeuchter *m*. **hu'mid·i·fy** [~faɪ] *v/t* befeuchten. **hu'mid·i·ty** *s* Feuchtigkeit *f*: **~ *of the air*** Luftfeuchtigkeit.

hu·mil·i·ate [hjuː'mɪlɪeɪt] *v/t* demütigen, erniedrigen. **huˌmil·i'a·tion** *s* Demütigung *f*, Erniedrigung *f*.

hum·ming·bird ['hʌmɪŋbɜːd] *s orn.* Kolibri *m*.

hum·mock ['hʌmək] *s* Hügel *m*.

hu·mor *Am.* → **humour.**

hu·mor·ist ['hjuːmərɪst] *s* **1.** Humorist(in). **2.** Spaßvogel *m*. ˌ**hu·mor'is·tic** *adj* (**~*ally***) humoristisch.

hu·mor·ous ['hjuːmərəs] *adj* □ humorvoll, humorig.

hu·mour ['hjuːmə] *bsd. Br.* **I** *s* **1.** Humor *m*: (*a.* ***good***) ***sense of ~*** (Sinn *m* für) Humor. **2.** Komik *f*, *das* Komische. **3.** (Gemüts)Verfassung *f*: ***in a good*** (***bad***) **~** (bei) guter (schlechter) Laune; ***out of ~*** schlecht gelaunt. **II** *v/t* **4.** *j-m* s-n Willen tun *od.* lassen; *j-n*, *et.* hinnehmen. '**hu·mour·less** *adj bsd. Br.* humorlos.

hump [hʌmp] **I** *s* **1.** Buckel *m*, (*e-s Kamels*) Höcker *m*. **2.** (kleiner) Hügel: ***be over the ~*** *fig.* über den Berg sein. **II** *v/t* **3.** **~ *one's back*** e-n Buckel machen. **4.** *bsd. Br.* F auf den Rücken *od.* die Schulter nehmen; tragen. '**~·back** *s* **1.** Buckel *m*. **2.** Buck(e)lige *m*, *f*. '**~·backed** *adj* buck(e)lig.

humph [hʌmf] *int* hm!

Hun [hʌn] *s* **1.** *hist.* Hunne *m*. **2.** F *contp.* Deutsche *m*.

hu·mus ['hjuːməs] *s* Humus *m*.

hunch [hʌntʃ] **I** *s* **1.** → ***hump*** 1. **2.** dickes Stück. **3.** (Vor)Ahnung *f*: ***have a ~ that*** das Gefühl *od.* den Verdacht haben, daß. **II** *v/t* **4.** → ***hump*** 3: **~ *one's shoulders*** die Schultern hochziehen. '**~·back** → ***humpback.*** '**~·backed** → ***humpbacked.***

hun·dred ['hʌndrəd] **I** *adj* **1.** hundert: ***a*** (***one***) ~ (ein)hundert. **II** *s* **2.** Hundert *n*: ***~s of times*** hundertmal; ***~s*** *pl* ***of thousands*** Hunderttausende *pl*. **3.** ₰ Hunderter *m*. **hun·dred·fold** ['~fəʊld] **I** *adj u. adv* hundertfach. **II** *s das* Hundertfache. **hun·dredth** ['~tθ] **I** *adj* **1.** hundertst. **II** *s* **2.** *der, die, das* Hundertste. **3.** Hundertstel *n*: ***a ~ of a second*** e-e Hundertstelsekunde.

hung [hʌŋ] *pret u. pp von* ***hang.***

Hun·gar·i·an [hʌŋ'geərɪən] **I** *adj* **1.** ungarisch. **II** *s* **2.** Ungar(in). **3.** *ling*. Ungarisch *n*.

hun·ger ['hʌŋgə] **I** *s* Hunger *m* (*a. fig.* ***for, after*** nach): ***~ for knowledge*** Wissensdurst *m*. **II** *v/i fig.* hungern (***for, after*** nach). **~ strike** *s* Hungerstreik *m*: ***go on*** (***a***) ~ in den Hungerstreik treten.

hun·gry ['hʌŋgrɪ] *adj* □ hungrig (*a. fig.* ***for*** nach): ***be*** (*od.* ***feel***) (***very***) ~ (sehr) hungrig sein, (großen) Hunger haben; ***go ~*** hungern; ***~ for knowledge*** wissensdurstig.

hunk [hʌŋk] *s* großes Stück.

hunt [hʌnt] **I** *s* **1.** Jagd *f*, Jagen *n*. **2.** *fig.* Jagd *f*: a) Verfolgung *f*, b) Suche *f* (***for, after*** nach): ***be on the ~ for*** auf der Jagd sein nach. **II** *v/t* **3.** (*a. fig. j-n*) jagen, Jagd machen auf (*acc*): ***~ down*** erlegen, zur Strecke bringen (*a. fig.*); ***~ed look*** gehetzter Blick. **4.** verfolgen. **5.** ***~ away*** (*od.* ***off***) wegjagen, vertreiben. **6.** ***~ out*** (*od.* ***up***) heraussuchen; aufstöbern, -spüren. **III** *v/i* **7.** jagen: ***go ~ing*** auf die Jagd gehen; ***~ for*** Jagd machen auf (*acc*) (*a. fig.*). **8.** suchen (***for, after*** nach). **'hunt·er** *s* Jäger *m* (*a. fig.*). **'hunt·ing I** *s* Jagen *n*, Jagd *f*. **II** *adj* Jagd...: ***~ licence*** (*Am.* ***license***) Jagdschein *m*; ***~ season*** Jagdzeit *f*.

hur·dle ['hɜːdl] *s* Hürde *f* (*a. Leichtathletik u. fig.*): ***~ race*** Hürdenlauf *m*. **'hur·dler** *m Leichtathletik*: Hürdenläufer(in).

hur·dy-gur·dy ['hɜːdɪˌgɜːdɪ] *s* Leierkasten *m*.

hurl [hɜːl] *v/t* schleudern: ***~ down*** zu Boden schleudern; ***~ o.s.*** sich stürzen (***on, at*** auf *acc*); ***~ abuse at s.o.*** j-m Beleidigungen ins Gesicht schleudern.

hurl·y-burl·y ['hɜːlɪˌbɜːlɪ] *s* Tumult *m*, Aufruhr *m*.

hur·rah [hʊ'rɑː], **hur·ray** [hʊ'reɪ] **I** *int* hurra! **II** *s* Hurra(ruf *m*) *n*.

hur·ri·cane ['hʌrɪkən] *s* Hurrikan *m*, Wirbelsturm *m*; Orkan *m*, *fig. a.* Sturm *m*: ***rise to a ~*** zum Orkan anschwellen.

hur·ried ['hʌrɪd] *adj* □ eilig, hastig, übereilt.

hur·ry ['hʌrɪ] **I** *s* **1.** Hast *f*, Eile *f*: ***be in a ~*** es eilig haben (***to do*** zu tun), in Eile sein; ***be in no ~*** es nicht eilig haben; ***do s.th. in a ~*** et. eilig *od.* hastig tun; ***there is no ~*** es eilt nicht. **2.** Hetze *f*. **II** *v/t* **3.** schnell *od.* eilig befördern *od.* bringen. **4.** *oft* ***~ up*** *j-n* antreiben, hetzen; *et.* beschleunigen. **III** *v/i* **5.** eilen, hasten: ~ (***up***) sich beeilen; ***~ up!*** (mach) schnell!

hurt [hɜːt] (*irr*) **I** *v/t* **1.** (*a. fig. j-n, j-s Gefühle etc*) verletzen: ***~ one's knee*** sich das *od.* am Knie verletzen; ***feel ~*** gekränkt sein; → ***fly²***. **2.** schmerzen, *j-m* weh tun (*beide a. fig.*). **3.** schaden (*dat*). **II** *v/i* **4.** schmerzen, weh tun (*beide a. fig.*). **hurt·ful** ['~fʊl] *adj* □ **1.** verletzend. **2.** schmerzlich. **3.** schädlich (***to*** für).

hus·band ['hʌzbənd] **I** *s* (Ehe)Mann *m*, Gatte *m*. **II** *v/t* haushalten *od.* sparsam umgehen mit. **'hus·band·ry** *s* Landwirtschaft *f*.

hush [hʌʃ] **I** *int* **1.** still!, pst! **II** *v/t* **2.** zum Schweigen bringen. **3.** *mst* ***~ up*** vertuschen. **III** *v/i* **4.** still werden, verstummen. **IV** *s* **5.** Stille *f*, Schweigen *n*: ***~ money*** Schweigegeld *n*.

husk [hʌsk] **I** *s* ♀ Hülse *f*, Schale *f*, Schote *f*. **II** *v/t* enthülsen, schälen.

husk·y¹ ['hʌskɪ] *adj* □ **1.** heiser, rauh (*Stimme*). **2.** F stämmig, kräftig.

hus·ky² [~] *s zo.* Husky *m*, Eskimohund *m*.

hus·sy ['hʌsɪ] *s* **1.** Fratz *m*, Göre *f*. **2.** Flittchen *n*.

hus·tle ['hʌsl] **I** *v/t* **1.** stoßen, drängen; (an)rempeln. **2.** hetzen, (an)treiben; drängen (***into doing*** zu tun). **3.** (*in aller Eile*) *wohin* bringen *od.* schicken. **4.** sich beeilen mit. **5.** *bsd. Am.* F ergattern; (sich) *et.* ergaunern. **II** *v/i* **6.** sich drängen. **7.** hasten, hetzen. **8.** sich beeilen. **III** *s* **9.** *mst* ***~ and bustle*** Gedränge *n*; Gehetze *n*; Betrieb *m*, Wirbel *m*. **'hus·tler** *s bsd. Am.* F Nutte *f*.

hut [hʌt] *s* Hütte *f*.

hy·a·cinth ['haɪəsɪnθ] *s* ⚘ Hyazinthe *f.*
hy·ae·na → ***hyena.***
hy·brid ['haɪbrɪd] *s biol.* Hybride *f, m,* Kreuzung *f.*
hy·dran·gea [haɪ'dreɪndʒə] *s* ⚘ Hortensie *f.*
hy·drant ['haɪdrənt] *s* Hydrant *m.*
hy·drate ['haɪdreɪt] *s* ⚗ Hydrat *n.*
hy·drau·lic [haɪ'drɔːlɪk] **I** *adj* (**~ally**) *phys.*, ⚙ hydraulisch. **II** *s pl* (*sg konstruiert*) *phys.* Hydraulik *f.*
hy·dro... ['haɪdrəʊ] Wasser...
ˌ**hy·dro**|'**car·bon** *s* ⚗ Kohlenwasserstoff *m.* ˌ**~**'**chlo·ric** *adj*: **~ *acid*** ⚗ Salzsäure *f.* ˌ**~·e**'**lec·tric** *adj*: **~ *power station*** Wasserkraftwerk *n.* '**~·foil** *s* Tragflächen-, Tragflügelboot *n.*
hy·dro·gen ['haɪdrədʒən] *s* ⚗ Wasserstoff *m*: **~ *bomb*** ⚔ Wasserstoffbombe *f.*
ˌ**hy·dro**|'**pho·bi·a** *s* **1.** *psych.* Hydrophobie *f.* **2.** *vet.* Tollwut *f.* '**~·plane** *s* Wasserflugzeug *n.*
hy·e·na [haɪ'iːnə] *s zo.* Hyäne *f* (*a. fig.*).
hy·giene ['haɪdʒiːn] *s* Hygiene *f,* Gesundheitspflege *f.* **hy**'**gien·ic** *adj* (**~ally**) hygienisch.
hy·grom·e·ter [haɪ'grɒmɪtə] *s* Hygrometer *n,* Luftfeuchtigkeitsmesser *m.*
hymn [hɪm] *s* Kirchenlied *n,* Choral *m.* **hym·nal** ['~nəl], '**hymn·book** *s* Gesangbuch *n.*
hy·per... ['haɪpə] hyper..., übermäßig.
hy·per·bo·la [haɪ'pɜːbələ] *pl* **-las, -lae** [~liː] *s* ⩓ Hyperbel *f.* **hy**'**per·bo·le** [~lɪ] *s rhet.* Hyperbel *f,* Übertreibung *f.* **hy·per·bol·ic** [ˌhaɪpə'bɒlɪk] *adj* (**~ally**) ⩓ hyperbolisch, *rhet. a.* übertreibend.
ˌ**hy·per**|'**crit·i·cal** *adj* □ hyperkritisch. '**~**ˌ**mar·ket** *s Br.* Groß-, Verbrauchermarkt *m.* ˌ**~**'**sen·si·tive** *adj* □ hypersensibel, *a.* ⚕ überempfindlich (***to*** gegen). ˌ**~**'**ten·sion** *s* ⚕ erhöhter Blutdruck.
hy·phen ['haɪfn] *s* **1.** Bindestrich *m.* **2.** Trennungszeichen *n.* **hy·phen·ate** ['~fəneɪt] *v/t* **1.** mit Bindestrich schreiben. **2.** trennen.
hyp·no·sis [hɪp'nəʊsɪs] *pl* **-ses** [~siːz] *s* Hypnose *f.* **hyp·not·ic** [~'nɒtɪk] *adj* (**~ally**) hypnotisch. **hyp·no·tist** ['~nətɪst] *s* Hypnotiseur *m.* **hyp·no·tize** ['~taɪz] *v/t* hypnotisieren.
hy·po... ['haɪpəʊ] Unter..., Sub...
hy·po·chon·dri·a [ˌhaɪpəʊ'kɒndrɪə] *s* Hypochondrie *f.* ˌ**hy·po**'**chon·dri·ac** [~drɪæk] **I** *adj* □ hypochondrisch. **II** *s* Hypochonder *m.*
hy·poc·ri·sy [hɪ'pɒkrəsɪ] *s* Heuchelei *f.* **hyp·o·crite** ['hɪpəkrɪt] *s* Heuchler(in). ˌ**hyp·o**'**crit·i·cal** *adj* □ heuchlerisch.
hy·po·der·mic [ˌhaɪpəʊ'dɜːmɪk] ⚕ **I** *adj* (**~ally**) subkutan, unter der *od.* die Haut: **~ *injection*** → II. **II** *s* subkutane Injektion *od.* Einspritzung.
ˌ**hy·po**'**ten·sion** *s* ⚕ zu niedriger Blutdruck.
hy·pot·e·nuse [haɪ'pɒtənjuːz] *s* ⩓ Hypotenuse *f.*
hy·po·ther·mi·a [ˌhaɪpəʊ'θɜːmɪə] *s* ⚕ Unterkühlung *f.*
hy·poth·e·sis [haɪ'pɒθɪsɪs] *pl* **-ses** [~siːz] *s* Hypothese *f.* **hy·po·thet·i·cal** [ˌ~pəʊ'θetɪkl] *adj* □ hypothetisch.
hys·te·ri·a [hɪ'stɪərɪə] *s* Hysterie *f.* **hys·ter·ic** [hɪ'sterɪk] **I** *s* **1.** Hysteriker(in). **2.** *pl* (*mst sg konstruiert*) hysterischer Anfall: ***go*** (***off***) ***into*** **~*s*** hysterisch werden. **II** *adj* **3.** → ***hysterical.*** **hys**'**ter·i·cal** *adj* □ hysterisch.

I

I [aɪ] *pron* ich: ***it is*** **~** ich bin es.
i·bex ['aɪbeks] *pl* '**i·bex·es, ib·i·ces** ['ɪbɪsiːz] *s zo.* Steinbock *m.*
ice [aɪs] **I** *s* **1.** ***be*** (***skating***) ***on thin*** **~** *fig.* sich auf gefährlichem Boden bewegen; ***break the*** **~** *fig.* das Eis brechen; ***cut no*** **~** (***with***) F keinen Eindruck machen (auf *acc*), nicht ziehen (bei); ***put on*** **~** kalt stellen; *fig.* F auf Eis legen. **2.** a) *Am.* Fruchteis *n,* b) *Br.* → ***ice cream.***

3. → ***icing.*** II *v/t* **4.** gefrieren lassen. **5.** *Getränk etc* mit *od.* in Eis kühlen. **6.** *gastr.* glasieren. III *v/i* **7.** gefrieren. **8.** *mst* ~ ***up*** (*od.* ***over***) zufrieren; vereisen. **9.** ~ ***out*** auftauen (*Gewässer*). ♀ **Age** *s geol.* Eiszeit *f.* ~ **ax(e)** *s* Eispickel *m.* ~ **bag** *s* ⚕ Eisbeutel *m.* ~**·berg** ['~bɜːg] *s* Eisberg *m* (*a. fig. Person*): ***the tip of the*** ~ die Spitze des Eisbergs (*a. fig.*). '~**·bound** *adj* eingefroren (*Schiff*); zugefroren (*Hafen*). '~**·box** *s* **1.** Eisfach *n* (*e-s Kühlschranks*). **2.** *Am.* Eis-, Kühlschrank *m.* '~ˌ**break·er** *s* ⚓ Eisbrecher *m.* ~ **buck·et** *s* Eiskübel *m.* ˌ~-'**cold** *adj* eiskalt. ~ **cream** *s* (Speise)Eis *n*, Eiscreme *f*: ***chocolate*** ~ Schokoladeneis. '~**-cream** *adj* Eis...: ~ ***parlo(u)r*** Eisdiele *f.* ~ **cube** *s* Eiswürfel *m.*

iced [aɪst] *adj* **1.** eisgekühlt. **2.** gefroren. **3.** *gastr.* glasiert, mit Zuckerguß.

ice| floe → ***floe.*** ~ **hock·ey** *s Sport*: Eishockey *n.*

Ice·land·er ['aɪsləndə] *s* Isländer(in). **Ice·lan·dic** [~'lændɪk] I *adj* isländisch. II *s ling.* Isländisch *n.*

ice| lol·ly *s Br.* Eis *n* am Stiel. '~**·man** *s* (*irr* ***man***) *Am.* Eismann *m*, -verkäufer *m.* ~ **pack** *s* **1.** Packeis *n.* **2.** ⚕ Eisbeutel *m.* ~ **pail** *s* Eiskübel *m.* ~ **rink** *s* (Kunst)Eisbahn *f.* ~ **wa·ter** *s* Eiswasser *n.*

ich·thy·ol·o·gy [ˌɪkθɪ'ɒlədʒɪ] *s* Fischkunde *f.*

i·ci·cle ['aɪsɪkl] *s* Eiszapfen *m.*

i·ci·ness ['aɪsɪnɪs] *s* eisige Kälte (*a. fig.*).

ic·ing ['aɪsɪŋ] *s gastr.* Glasur *f*, Zuckerguß *m.*

i·con ['aɪkɒn] *s* Ikone *f.*

i·cy ['aɪsɪ] *adj* eisig (*a. fig.*).

I'd [aɪd] F *für* ***I had; I would.***

i·de·a [aɪ'dɪə] *s* **1.** Idee *f*, Vorstellung *f*, Begriff *m*: ***form an*** ~ ***of*** sich *et.* vorstellen, sich e-n Begriff machen von; ***have no*** ~ keine Ahnung haben; ***put*** ~***s into s.o.'s head*** j-m Flausen in den Kopf setzen. **2.** Absicht *f*, Gedanke *m*, Idee *f*: ***the*** ~ ***is ...*** der Zweck der Sache ist, ...; es geht darum, ...; ***the*** ~ ***entered my mind*** mir kam der Gedanke. **3.** ***I have an*** ~ ***that*** ich habe so das Gefühl, daß; es kommt mir (so) vor, als ob.

i·de·al [aɪ'dɪəl] I *adj* (□ → ***ideally***) **1.** ideal. **2.** ideell. II *s* **3.** Ideal *n.* **i'de·al·ism** *s* Idealismus *m.* **i'de·al·ist** *s* Idealist(in). **iˌde·al'is·tic** *adj* (~***ally***) idealistisch. **i'de·al·ize** *v/t u. v/i* idealisieren. **i'de·al·ly** *adv* **1.** → ***ideal*** I. **2.** im Idealfall.

i·den·ti·cal [aɪ'dentɪkl] *adj* □ identisch (***to, with*** mit): ~ ***twins*** *pl* eineiige Zwillinge *pl.*

i·den·ti·fi·ca·tion [aɪˌdentɪfɪ'keɪʃn] *s* **1.** Identifizierung *f*: ~ ***card*** (Personal-) Ausweis *m*; ~ ***papers*** *pl* Ausweispapiere *pl*; ~ ***parade*** ⚖ *Br.* Gegenüberstellung *f.* **2.** Ausweis *m*, Legitimation *f*: ***he didn't have any*** ~ er konnte sich nicht ausweisen. **i'den·ti·fy** [~faɪ] I *v/t* **1.** identifizieren, gleichsetzen (***with*** mit): ~ ***o.s. with*** → 4. **2.** identifizieren, erkennen (***as*** als). **3.** ~ ***o.s.*** sich ausweisen *od.* legitimieren. II *v/i* **4.** ~ ***with*** sich identifizieren mit.

i·den·ti·kit (pic·ture) [aɪ'dentɪkɪt] *s* ⚖ *Br.* Phantombild *n.*

i·den·ti·ty [aɪ'dentətɪ] *s* Identität *f*: a) (völlige) Gleichheit, b) Persönlichkeit *f*: ***prove one's*** ~ → ***identify*** 3; ***loss of*** ~ Identitätsverlust *m*; → ***mistaken*** 2. ~ **card** *s* (Personal)Ausweis *m.* ~ **cri·sis** *s* (*irr* ***crisis***) Identitätskrise *f.* ~ **pa·rade** *s* ⚖ Gegenüberstellung *f.*

i·de·o·log·i·cal [ˌaɪdɪə'lɒdʒɪkl] *adj* □ ideologisch. **i·de·ol·o·gy** [ˌ~'ɒlədʒɪ] *s* Ideologie *f.*

id·i·o·cy ['ɪdɪəsɪ] *s* ⚕ Idiotie *f*, *contp. a.* Blödheit *f.*

id·i·om ['ɪdɪəm] *s ling.* Idiom *n*, idiomatischer Ausdruck, Redewendung *f.* **id·i·o·mat·ic** [ˌ~'mætɪk] *adj* (~***ally***) idiomatisch.

id·i·ot ['ɪdɪət] *s* ⚕ Idiot *m*, *contp. a.* Trottel *m.* **id·i·ot·ic** [ˌ~'ɒtɪk] *adj* (~***ally***) *adj* ⚕ idiotisch, *contp. a.* vertrottelt.

i·dle ['aɪdl] I *adj* □ **1.** untätig, müßig. **2.** ruhig, still: ~ ***hours*** *pl* Mußestunden *pl.* **3.** faul, träge. **4.** ⚙ stillstehend, außer Betrieb; leer laufend, im Leerlauf: ***run*** ~ → 8. **5.** nutz-, sinn-, zwecklos; vergeblich. **6.** leer, hohl: ~ ***gossip*** (*od.* ***talk***) leeres Geschwätz. II *v/i* **7.** faulenzen: ~ ***about*** (*od.* ***around***) herumtrödeln. **8.** ⚙ leer laufen. III *v/t* **9.** *mst* ~ ***away*** *Zeit* vertrödeln. '**i·dler** *s* Müßiggänger(in).

i·dol ['aɪdl] *s* Idol *n* (*a. fig.*); Gottesstatue *f*, Götterbild *n*; *contp.* Götze(nbild *n*) *m*: ***make an*** ~ ***of*** → ***idolize*** b.

i·dol·a·trous [aɪ'dɒlətrəs] *adj* □ **1.**

contp. Götzen... **2.** *fig.* abgöttisch. **i'dol·a·try** *s* **1.** *Anbetung e-r kultisch verehrten Figur od. e-s Götterbildes; contp.* Götzenanbetung *f*, -dienst *m.* **2.** *fig.* Vergötterung *f.* **i·dol·ize** ['aɪdəlaɪz] *v/t* a) abgöttisch verehren, vergöttern, b) idolisieren, zum Idol machen.

i·dyll ['ɪdɪl] *s* Idyll *n.* **i·dyl·lic** [ɪ'dɪlɪk] *adj* (**~ally**) idyllisch.

if [ɪf] **I** *cj* **1.** wenn, falls: ***~ I were you*** wenn ich du wäre; ***as ~*** als wenn *od.* ob; ***~ so*** gegebenenfalls; wenn ja. **2.** wenn auch, aber. **3.** *indirekt fragend*: ob: ***try ~ you can do it; and ~!*** F u. ob! **II** *s* **4.** Wenn *n*: ***without ~s and buts*** ohne Wenn u. Aber.

ig·loo ['ɪglu:] *s* Iglu *m, n.*

ig·nite [ɪg'naɪt] **I** *v/t* **1.** an-, entzünden. **2.** *fig.* entzünden, -flammen. **II** *v/i* **3.** sich entzünden. **4.** *mot.*, ⚙ zünden. **ig·ni·tion** [ɪg'nɪʃn] **I** *s* **1.** An-, Entzünden *n.* **2.** *mot.*, ⚙ Zündung *f.* **II** *adj* **3.** *mot.*, ⚙ Zünd...: ***~ key; ~ coil*** Zündspule *f.*

ig·no·min·i·ous [ˌɪgnəʊ'mɪnɪəs] *adj* □ schändlich, schimpflich. **ig·no·min·y** ['ɪgnəmɪnɪ] *s* **1.** Schande *f.* **2.** Schändlichkeit *f.*

ig·no·ra·mus [ˌɪgnə'reɪməs] *s* Ignorant (-in). **'ig·no·rance** *s* **1.** Unkenntnis *f* (***of*** *gen*), Unwissenheit *f*: ***from*** (*od.* ***through***) **~** aus Unwissenheit. **2.** *contp.* Ignoranz *f.* **'ig·no·rant** *adj* **1.** ***be ~ of s.th.*** et. nicht wissen *od.* kennen, nichts wissen von et. **2.** *contp.* ignorant; ungebildet. **'ig·no·rant·ly** *adv* unwissentlich. **ig·nore** [ɪg'nɔ:] *v/t* ignorieren, nicht beachten, keine Notiz nehmen von.

ill [ɪl] **I** *adj* **1.** *pred* krank: ***be taken*** (*od.* ***fall***) **~** erkranken (***with*** an *dat*), krank werden. **2.** schlecht, schlimm: → ***fortune*** 3, ***luck*** 1, *etc.* **II** *adv* **3.** schlecht: ***speak*** (***think***) ***~ of*** schlecht sprechen (denken) von; → ***ease*** 2. **III** *s* **4.** a) *oft pl* Übel *n*, b) *et.* Übles.

I'll [aɪl] F *für* ***I will.***

ˌill|-ad'vised *adj* **1.** schlecht beraten. **2.** unbesonnen, unklug. **ˌ~-'bred** *adj* **1.** schlechterzogen. **2.** ungezogen. **ˌ~-dis'posed** *adj* übelgesinnt: ***be ~ to*** (***-ward***[***s***]) *j-m* übel gesinnt sein, *j-m* übelwollen; *e-m Plan etc* ablehnend gegenüberstehen.

il·le·gal [ɪ'li:gl] *adj* □ unerlaubt, verboten; illegal, gesetzwidrig, ungesetzlich: ***~ parking*** Falschparken *n.* **il·le·gal·i·ty** [ˌɪli:'gælətɪ] *s* Gesetzwidrigkeit *f*: a) Illegalität *f*, b) gesetzwidrige Handlung.

il·leg·i·ble [ɪ'ledʒəbl] *adj* □ unleserlich.

il·le·git·i·mate [ˌɪlɪ'dʒɪtɪmət] *adj* □ **1.** gesetzwidrig, ungesetzlich. **2.** nicht-, unehelich.

ˌill|-'fat·ed *adj* unglücklich, Unglücks... **ˌ~-'fa·vo(u)red** *adj* □ unschön. **ˌ~-'hu·mo(u)red** *adj* schlecht-, übelgelaunt.

il·lib·er·al [ɪ'lɪbərəl] *adj* □ **1.** knaus(e)rig. **2.** engstirnig. **3.** *pol.* illiberal.

il·lic·it [ɪ'lɪsɪt] *adj* □ unerlaubt, verboten: ***~ trade*** Schwarzhandel *m.*

il·lit·er·a·cy [ɪ'lɪtərəsɪ] *s* **1.** Unbildung *f.* **2.** Analphabetentum *n.* **il'lit·er·ate** [~rət] **I** *adj* □ **1.** ungebildet. **2.** analphabetisch. **II** *s* **3.** Ungebildete *m, f.* **4.** Analphabet(in).

ˌill|-'judged → ***ill-advised*** 2. **ˌ~-'mannered** *adj* □ ungehobelt, ungezogen. **ˌ~-'matched** *adj* schlecht zs.-passend. **ˌ~-'na·tured** *adj* **1.** unfreundlich. **2.** → ***ill-tempered.***

ill·ness ['ɪlnɪs] *s* Krankheit *f.*

il·log·i·cal [ɪ'lɒdʒɪkl] *adj* □ unlogisch.

ˌill|-'tem·pered *adj* schlechtgelaunt, übellaunig. **ˌ~-'timed** *adj* ungelegen, unpassend.

il·lu·mi·nate [ɪ'lu:mɪneɪt] *v/t* **1.** be-, erleuchten, erhellen. **2.** illuminieren, festlich beleuchten. **3.** *fig. et.* aufhellen, erläutern; *j-n* erleuchten. **ilˌlu·mi'na·tion** *s* **1.** Beleuchtung *f.* **2.** Illumination *f*, Festbeleuchtung *f.* **3.** *fig.* Erläuterung *f*; Erleuchtung *f.*

il·lu·sion [ɪ'lu:ʒn] *s* Illusion *f*: a) Sinnestäuschung *f*: → ***optical,*** b) Einbildung *f*: ***be under the ~ that*** sich einbilden, daß; ***have no ~s*** sich keine Illusionen machen (***about*** über *acc*). **il'lu·sive** [~sɪv], **il'lu·so·ry** [~sərɪ] *adj* □ illusorisch.

il·lus·trate ['ɪləstreɪt] *v/t* illustrieren: a) erläutern, veranschaulichen, b) bebildern. **ˌil·lus'tra·tion** *s* Illustration *f*: a) Erläuterung *f*, Veranschaulichung *f*: ***in ~ of*** zur Erläuterung von (*od. gen*); ***by way of ~*** als Beispiel, b) Bebilderung *f*, c) Bild *n*, Abbildung *f.* **il·lus·tra·tive** ['~trətɪv] *adj* □ illustrativ, erläuternd, veranschaulichend. **il·lus·tra·tor** ['~treɪtə] *s* Illustrator *m.*

il·lus·tri·ous [ɪ'lʌstrɪəs] *adj* □ berühmt.
I'm [aɪm] F *für* ***I am.***
im·age ['ɪmɪdʒ] *s* **1.** Bild *n* (*a. TV etc*). **2.** Ab-, Ebenbild *n*: ***he is the very ~ of his father*** er ist s-m Vater wie aus dem Gesicht geschnitten, er ist ganz der Vater; → ***spitting.*** **3.** Image *n*. **4.** bildlicher Ausdruck, Metapher *f*: ***speak in ~s*** in Bildern sprechen.
im·ag·i·na·ble [ɪ'mædʒɪnəbl] *adj* □ vorstellbar: ***the greatest difficulty ~*** die denkbar größte Schwierigkeit. **im'ag·i·na·ry** *adj* imaginär (*a.* ⩚), eingebildet. **im,ag·i'na·tion** [~'neɪʃn] *s* **1.** Phantasie *f*. **2.** Vorstellung *f*, Einbildung *f*: ***pure ~*** reine Einbildung. **im'ag·i·na·tive** [~ətɪv] *adj* □ **1.** phantasie-, einfallsreich. **2.** phantasievoll. **im'ag·ine I** *v/t* **1.** sich *j-n*, *et.* vorstellen: ***I ~ him as a tall man*** ich stelle ihn mir groß vor; ***can you ~ him becoming famous?*** kannst du dir vorstellen, daß er einmal berühmt wird? **2.** sich *et.* einbilden: ***don't ~ that*** bilde dir nur nicht ein, daß. **II** *v/i* **3.** ***just ~!*** *iro.* stell dir vor!, denk dir nur!
im·bal·ance [,ɪm'bæləns] *s* **1.** Unausgewogenheit *f*, Unausgeglichenheit *f*. **2.** *pol. etc* Ungleichgewicht *n*.
im·be·cile ['ɪmbɪsiːl] **I** *adj* idiotisch, vertrottelt. **II** *s* Idiot *m*, Trottel *m*. **im·be·cil·i·ty** [,~'sɪlətɪ] *s* Idiotie *f*, Blödheit *f*.
im·bibe [ɪm'baɪb] *v/t* **1.** *Feuchtigkeit etc* aufsaugen. **2.** *Wissen etc* einsaugen, in sich aufnehmen.
im·bue [ɪm'bjuː] *v/t fig.* erfüllen (***with*** mit): ***~d with hatred*** haßerfüllt.
im·i·tate ['ɪmɪteɪt] *v/t* **1.** nachahmen, -machen, imitieren. **2.** fälschen. **,im·i'ta·tion I** *s* **1.** Nachahmung *f*, Imitation *f*: ***in ~ of*** nach dem Muster von (*od. gen*). **2.** Fälschung *f*. **II** *adj* **3.** unecht, künstlich: ***~ leather*** Kunstleder *n*. **im·i·ta·tive** ['~tətɪv] *adj* □ nachahmend, imitierend: ***be ~ of*** → ***imitate*** 1. **im·i·ta·tor** ['~teɪtə] *s* Nachahmer *m*, Imitator *m*.
im·mac·u·late [ɪ'mækjʊlət] *adj* □ **1.** *fig.* unbefleckt, makellos. **2.** tadel-, fehlerlos.
im·ma·nent ['ɪmənənt] *adj* innewohnend (***in*** *dat*).
im·ma·te·ri·al [,ɪmə'tɪərɪəl] *adj* □ **1.** unkörperlich, unstofflich. **2.** unwesentlich, unerheblich (***to*** für).
im·ma·ture [,ɪmə'tjʊə] *adj* □ unreif, unausgereift (*beide a. fig.*). **,im·ma'tu·ri·ty** *s* Unreife *f*.
im·meas·ur·a·ble [ɪ'meʒərəbl] *adj* □ unermeßlich, grenzenlos.
im·me·di·ate [ɪ'miːdjət] *adj* **1.** (*räumlich, zeitlich*) unmittelbar: ***in the ~ vicinity*** in unmittelbarer Nähe, in der nächsten Umgebung; ***in the ~ future*** in nächster Zukunft. **2.** sofortig, umgehend. **3.** nächst (*Verwandtschaft*): ***my ~ family*** m-e nächsten Angehörigen *pl*. **im'me·di·ate·ly** *adv* **1.** unmittelbar, direkt. **2.** sofort, umgehend.
im·me·mo·ri·al [,ɪmɪ'mɔːrɪəl] *adj*: ***from*** (*od.* ***since***) ***time ~*** seit undenklichen Zeiten.
im·mense [ɪ'mens] *adj* □ riesig, *fig. a.* enorm, immens. **im'men·si·ty** *s* Riesigkeit *f*.
im·merse [ɪ'mɜːs] *v/t* **1.** (ein)tauchen (***in*** in *acc*). **2.** ***~ o.s. in*** *fig.* sich vertiefen in (*acc*): ***~d in*** vertieft in; ***~d in thought*** gedankenversunken. **im'mer·sion** *s* **1.** Eintauchen *n*: ***~ heater*** Tauchsieder *m*. **2.** *fig.* Versunkenheit *f*, Vertiefung *f*.
im·mi·grant ['ɪmɪgrənt] *s* Einwanderer *m*, Einwanderin *f*, Immigrant(in). **im·mi·grate** ['~greɪt] *v/i* einwandern, immigrieren (***into*** in *acc*). **,im·mi'gra·tion** *s* Einwanderung *f*, Immigration *f*.
im·mi·nence ['ɪmɪnəns] *s* nahes Bevorstehen. **'im·mi·nent** *adj* □ **1.** nahe bevorstehend: ***his ~ death*** sein naher Tod. **2.** drohend (*Gefahr etc*).
im·mo·bile [ɪ'məʊbaɪl] *adj* unbeweglich. **im·mo·bil·i·ty** [,~'bɪlətɪ] *s* Unbeweglichkeit *f*. **im'mo·bi·lize** [~bɪlaɪz] *v/t* unbeweglich machen; ⚕ ruhigstellen: ***~d*** bewegungsunfähig.
im·mod·er·ate [ɪ'mɒdərət] *adj* □ unmäßig, maßlos.
im·mod·est [ɪ'mɒdɪst] *adj* □ **1.** unbescheiden. **2.** schamlos.
im·mo·late ['ɪməʊleɪt] *v/t* opfern (*a. fig.*).
im·mor·al [ɪ'mɒrəl] *adj* □ unmoralisch, unsittlich.
im·mor·tal [ɪ'mɔːtl] *adj* □ unsterblich, *fig. a.* unvergänglich. **im·mor·tal·i·ty** [,~'tælətɪ] *s* Unsterblichkeit *f*, *fig. a.* Unvergänglichkeit *f*. **im'mor·tal·ize** [~təlaɪz] *v/t* unsterblich machen, verewigen.

im·mov·a·ble [ɪ'mu:vəbl] *adj* □ **1.** unbeweglich. **2.** *fig.* fest, unerschütterlich; hart, unnachgiebig. **3.** (*zeitlich*) unveränderlich: **~ *feast*** *eccl.* unbeweglicher Feiertag.

im·mune [ɪ'mju:n] *adj* **1.** ⚕ *u. fig.* (***against, from, to***) immun (gegen), unempfänglich (für). **2.** geschützt, gefeit (***against, from, to*** gegen). **3.** befreit, ausgenommen (***from*** von). **im'mu·ni·ty** *s* ⚕, ⚖ *u. fig.* Immunität *f*: ***diplomatic* ~**. **im·mu·nize** ['~naɪz] *v/t* immunisieren, immun machen (***against*** gegen) (*a. fig.*).

im·mu·ta·ble [ɪ'mju:təbl] *adj* □ unveränderlich.

imp [ɪmp] *s* **1.** Kobold *m.* **2.** F Racker *m.*

im·pact ['ɪmpækt] *s* **1.** Zs-, Anprall *m*; Aufprall *m*; ⚔ Auf-, Einschlag *m.* **2.** *fig.* (Ein)Wirkung *f*, (starker) Einfluß (***on*** auf *acc*).

im·pair [ɪm'peə] *v/t* beeinträchtigen.

im·pale [ɪm'peɪl] *v/t* aufspießen (***on*** auf *acc*), durchbohren.

im·pal·pa·ble [ɪm'pælpəbl] *adj* □ **1.** unfühlbar. **2.** äußerst fein. **3.** *fig.* kaum (er)faßbar *od.* greifbar.

im·part [ɪm'pɑ:t] *v/t* (***to*** *dat*) **1.** *Eigenschaft etc* verleihen. **2.** mitteilen; *Kenntnisse etc* vermitteln.

im·par·tial [ɪm'pɑ:ʃl] *adj* □ unparteiisch, unvoreingenommen. **'im,par·ti·'al·i·ty** [~ʃɪ'ælətɪ] *s* Unparteilichkeit *f*, Unvoreingenommenheit *f.*

im·pass·a·ble [ɪm'pɑ:səbl] *adj* □ **1.** unpassierbar. **2.** *bsd. fig.* unüberwindbar (*Hindernis etc*).

im·passe ['æmpɑ:s] *s fig.* Sackgasse *f*: ***reach an* ~** in e-e Sackgasse geraten.

im·pas·sioned [ɪm'pæʃnd] *adj* leidenschaftlich.

im·pas·sive [ɪm'pæsɪv] *adj* □ **1.** teilnahmslos; ungerührt. **2.** gelassen.

im·pa·tience [ɪm'peɪʃns] *s* **1.** Ungeduld *f.* **2.** Unduldsamkeit *f.* **im'pa·tient** *adj* □ **1.** ungeduldig: ***be* ~ *with*** keine Geduld haben mit. **2.** ***be* ~ *for*** *et.* nicht erwarten können; ***be* ~ *to do s.th.*** es nicht erwarten können, et. zu tun. **3.** unduldsam (***of*** gegenüber).

im·peach [ɪm'pi:tʃ] *v/t* **1.** ⚖ anklagen (***for, of, with*** *gen*); *Am. bsd. Präsidenten* unter Amtsanklage stellen. **2.** ⚖ anfechten. **3.** in Frage stellen, in Zweifel ziehen. **im'peach·ment** *s* **1.** ⚖ Anklage *f*; *Am.* Impeachment *n.* **2.** ⚖ Anfechtung *f.* **3.** Infragestellung *f.*

im·pec·ca·ble [ɪm'pekəbl] *adj* □ untadelig, einwandfrei.

im·pede [ɪm'pi:d] *v/t* **1.** *j-n, et.* (be)hindern: **~ *s.o.'s doing s.th.*** j-n daran hindern, et. zu tun. **2.** *et.* erschweren.

im·ped·i·ment [ɪm'pedɪmənt] *s* **1.** Behinderung *f.* **2.** Hindernis *n* (***to*** für). **3.** ⚕ (*bsd.* angeborener) Fehler: → ***speech*** 1.

im·pel [ɪm'pel] *v/t* **1.** antreiben (*a. fig.*). **2.** zwingen: ***I felt* ~*led*** ich sah mich gezwungen *od.* fühlte mich genötigt (***to do*** zu tun).

im·pend·ing [ɪm'pendɪŋ] *adj* **1.** nahe bevorstehend: ***his* ~ *death*** sein naher Tod. **2.** drohend (*Gefahr etc*).

im·pen·e·tra·ble [ɪm'penɪtrəbl] *adj* □ **1.** undurchdringlich (***by*** für) (*a. fig.*). **2.** *fig.* unergründlich, unerforschlich.

im·pen·i·tent [ɪm'penɪtənt] *adj* □ verstockt; *eccl.* unbußfertig.

im·per·a·tive [ɪm'perətɪv] **I** *adj* □ **1.** gebieterisch. **2.** unumgänglich, unbedingt erforderlich. **3.** *ling.* Imperativ..., Befehls...: **~ *mood*** → 4. **II** *s* **4.** *ling.* Imperativ *m*, Befehlsform *f.*

im·per·cep·ti·ble [,ɪmpə'septəbl] *adj* □ **1.** nicht wahrnehmbar, unmerklich. **2.** verschwindend klein.

im·per·fect [ɪm'pɜ:fɪkt] **I** *adj* □ **1.** unvollkommen: a) unvollständig, b) mangel-, fehlerhaft. **2. ~ *tense*** → 3. **II** *s* **3.** *ling.* Imperfekt *n*, unvollendete Vergangenheit. **im·per·fec·tion** [,~pə'fekʃn] *s* **1.** Unvollkommenheit *f.* **2.** Mangel *m*, Fehler *m.*

im·pe·ri·al [ɪm'pɪərɪəl] *adj* □ **1.** kaiserlich, Kaiser... **2.** *Br.* gesetzlich (*Maße u. Gewichte*). **im'pe·ri·al·ism** *s pol.* Imperialismus *m.* **im'pe·ri·al·ist I** *s* Imperialist *m.* **II** *adj* imperialistisch. **im,pe·ri·al'is·tic** *adj* (**~*ally***) imperialistisch.

im·per·il [ɪm'perəl] *v/t* gefährden.

im·pe·ri·ous [ɪm'pɪərɪəs] *adj* □ **1.** gebieterisch. **2.** dringend: **~ *necessity*** zwingende Notwendigkeit.

im·per·ish·a·ble [ɪm'perɪʃəbl] *adj* □ **1.** unverderblich. **2.** *fig.* unvergänglich.

im·per·ma·nent [,ɪm'pɜ:mənənt] *adj* □ vorübergehend, nicht von Dauer.

im·per·me·a·ble [ɪm'pɜ:mjəbl] *adj* □

undurchlässig (***to*** für): ***~ to water*** wasserdicht.

im·per·son·al [ɪm'pɜːsnl] *adj* □ unpersönlich (*a. ling.*).

im·per·son·ate [ɪm'pɜːsəneɪt] *v/t* **1.** *thea. etc* verkörpern, darstellen. **2.** *j-n* imitieren, nachahmen.

im·per·ti·nence [ɪm'pɜːtɪnəns] *s* **1.** Unverschämtheit *f*, Frechheit *f*. **2.** Belanglosigkeit *f*. **im'per·ti·nent** *adj* □ **1.** unverschämt, frech. **2.** belanglos (***to*** für).

im·per·turb·a·ble [ˌɪmpə'tɜːbəbl] *adj* □ unerschütterlich.

im·per·vi·ous [ɪm'pɜːvjəs] *adj* □ **1.** → ***impermeable***. **2.** *fig.* unzugänglich (***to*** für *od. dat*).

im·pet·u·ous [ɪm'petʃʊəs] *adj* □ **1.** heftig, ungestüm. **2.** impulsiv. **3.** übereilt, vorschnell.

im·pe·tus ['ɪmpɪtəs] *s* **1.** *phys.* Triebkraft *f*, Schwung *m* (*a. fig.*). **2.** *fig.* Antrieb *m*, Impuls *m*: ***give an ~ to*** Auftrieb *od.* Schwung verleihen (*dat*).

im·pi·e·ty [ɪm'paɪətɪ] *s* **1.** Gottlosigkeit *f*. **2.** (***to*** gegenüber) Pietätlosigkeit *f*; Respektlosigkeit *f*.

im·pinge [ɪm'pɪndʒ] *v/i* **1.** auftreffen (***on*** auf *acc*). **2.** *fig.* (***on***) sich auswirken (auf *acc*), beeinflussen (*acc*).

im·pi·ous ['ɪmpɪəs] *adj* □ **1.** gottlos. **2.** (***to*** gegenüber) pietätlos; respektlos.

imp·ish ['ɪmpɪʃ] *adj* □ schelmisch, spitzbübisch.

im·plac·a·ble [ɪm'plækəbl] *adj* □ unversöhnlich, unnachgiebig.

im·plant I *v/t* [ɪm'plɑːnt] **1.** ⚕ implantieren, einpflanzen (***in, into*** *dat*). **2.** *fig.* einprägen (***in, into*** *dat*): ***deeply ~ed hatred*** tiefverwurzelter Haß. **II** *s* ['ɪmplɑːnt] **3.** ⚕ Implantat *n*.

im·plau·si·ble [ˌɪm'plɔːzəbl] *adj* □ unglaubwürdig.

im·ple·ment I *s* ['ɪmplɪmənt] Werkzeug *n* (*a. fig.*), Gerät *n*. **II** *v/t* ['~ment] aus-, durchführen. **im·ple·men·ta·tion** [ˌ~men'teɪʃn] *s* Aus-, Durchführung *f*.

im·pli·cate ['ɪmplɪkeɪt] *v/t* **1.** *j-n* verwikkeln, hineinziehen (***in*** in *acc*). **2.** → ***imply*** 1, 3. ˌ**im·pli'ca·tion** *s* **1.** Verwicklung *f*. **2.** Folgerung *f*. **3.** Folge *f*, Auswirkung *f*. **4.** Andeutung *f*.

im·plic·it [ɪm'plɪsɪt] *adj* **1.** → ***implied***. **2.** vorbehalt-, bedingungslos: ***~ faith*** (***obedience***) blinder Glaube (Gehorsam). **im'plic·it·ly** *adv* **1.** stillschweigend. **2.** → ***implicit*** 2.

im·plied [ɪm'plaɪd] *adj* impliziert, (stillschweigend *od.* mit) inbegriffen.

im·plode [ɪm'pləʊd] *v/i phys.* implodieren.

im·plore [ɪm'plɔː] *v/t* **1.** *j-n* anflehen. **2.** *et.* erflehen, flehen um.

im·plo·sion [ɪm'pləʊʒn] *s phys.* Implosion *f*.

im·ply [ɪm'plaɪ] *v/t* **1.** implizieren, (sinngemäß *od.* stillschweigend) beinhalten. **2.** andeuten, zu verstehen geben. **3.** mit sich bringen, zur Folge haben.

im·po·lite [ˌɪmpə'laɪt] *adj* □ unhöflich.

im·pol·i·tic [ɪm'pɒlətɪk] *adj* □ undiplomatisch, unklug.

im·pon·der·a·ble [ɪm'pɒndərəbl] **I** *adj* unwägbar. **II** *s pl* Imponderabilien *pl*, Unwägbarkeiten *pl*.

im·port I *v/t u. v/i* [ɪm'pɔːt] **1.** importieren, einführen: ***~ing country*** Einfuhrland *n*; ***~ing firm*** Importfirma *f*. **II** *s* ['ɪmpɔːt] **2.** Import *m*, Einfuhr *f*. **3.** *pl* (Gesamt)Import *m*, (-)Einfuhr *f*; Importgüter *pl*, Einfuhrware *f*. **III** *adj* ['ɪmpɔːt] **4.** Import..., Einfuhr...: ***~ trade*** Importgeschäft *n*, Einfuhrhandel *m*.

im·por·tance [ɪm'pɔːtns] *s* Bedeutung *f*: a) Wichtigkeit *f*: ***attach ~ to*** Bedeutung beimessen (*dat*); ***be of no ~*** unwichtig *od.* belanglos sein (***to*** für), b) Ansehen *n*, Gewicht *n*: ***a person of ~*** e-e gewichtige Persönlichkeit. **im'por·tant** *adj* □ bedeutend: a) wichtig, von Belang (***to*** für), b) angesehen, gewichtig.

im·port·er [ɪm'pɔːtə] *s* Importeur *m*.

im·por·tu·nate [ɪm'pɔːtjʊnət] *adj* □ lästig, zu-, aufdringlich. **im'por·tune** [~tjuːn] *v/t* belästigen, dauernd (*bsd.* mit Bitten) behelligen.

im·pose [ɪm'pəʊz] **I** *v/t* **1.** (***on***) *et.* auferlegen, -bürden (*dat*); *Strafe* verhängen (gegen). **2.** (***on***) a) *et.* aufdrängen, -zwingen (*dat*): ***~ o.s.*** (*od.* ***one's presence***) ***on s.o.*** sich j-m aufdrängen; ***~ one's will on s.o.*** j-m s-n Willen aufzwingen, b) *et.* (*mit Gewalt*) einführen *od.* durchsetzen (bei). **II** *v/i* **3.** ausnutzen, *b.s. a.* mißbrauchen (***on*** *acc*). **4.** (***on*** *dat*) sich aufdrängen; zur Last fallen. **im'pos·ing** *adj* □ imponierend, imposant. **im·po·si·tion** [ˌɪmpə'zɪʃn] *s*

1. Auferlegung *f*, -bürdung *f*; Verhängung *f*. 2. Auflage *f*, Pflicht *f*. 3. Abgabe *f*, Steuer *f*. 4. Ausnutzung *f*, *b.s. a.* Mißbrauch *m* (**on** *gen*).

im·pos·si·bil·i·ty [ɪmˌpɒsəˈbɪlətɪ] *s* Unmöglichkeit *f*. **imˈpos·si·ble** *adj* unmöglich (*a.* F *unglaublich, unerträglich etc*): ***it is ~ for me to come*** ich kann unmöglich kommen. **imˈpos·si·bly** *adv* unglaublich.

im·post·er, im·post·or [ɪmˈpɒstə] *s* Betrüger(in), *bsd.* Hochstapler(in).

im·po·tence [ˈɪmpətəns] *s* 1. Unvermögen *n*, Unfähigkeit *f*; Hilflosigkeit *f*, Ohnmacht *f*. 2. ⚕ Impotenz *f*. **ˈim·po·tent** *adj* □ 1. unfähig (***in doing, to do*** zu tun); hilflos, ohnmächtig. 2. ⚕ impotent.

im·pov·er·ish [ɪmˈpɒvərɪʃ] *v/t* arm machen: ***be ~ed*** verarmen; verarmt sein.

im·prac·ti·ca·ble [ɪmˈpræktɪkəbl] *adj* □ 1. undurchführbar. 2. unpassierbar (*Straße etc*).

im·prac·ti·cal [ɪmˈpræktɪkl] *adj* □ 1. unpraktisch (*Person*). 2. undurchführbar.

im·preg·nate [ˈɪmpregneɪt] *v/t* 1. *biol.* schwängern; befruchten (*a. fig.*). 2. ⚗, ⚙ imprägnieren, tränken. 3. *fig.* durchdringen, erfüllen (***with*** mit).

im·pre·sa·ri·o [ˌɪmprɪˈsɑːrɪəʊ] *pl* **-os** *s* Impresario *m*, Theater-, Konzertagent *m*.

im·press I *v/t* [ɪmˈpres] 1. beeindrucken, Eindruck machen auf (*acc*), imponieren (*dat*). 2. (auf)drücken (**on** auf *acc*), (ein)drucken (***in, into*** in *acc*). **II** *s* [ˈɪmpres] 3. Ab-, Eindruck *m*. **imˈpres·sion** [~ʃn] *s* 1. Eindruck *m* (**of** von): ***give s.o. a wrong ~*** bei j-m e-n falschen Eindruck erwecken; ***make a good*** (***bad***) ~ e-n guten (schlechten) Eindruck machen. 2. Eindruck *m*, Vermutung *f*: ***I have an*** (*od.* ***the***) ~ (*od.* ***I am under the ~***) ***that*** ich habe den Eindruck, daß; ***under the ~ that*** in der Annahme, daß. 3. Abdruck *m* (*a.* ⚕). 4. *typ.* (*bsd.* unveränderte) Auflage, Nachdruck *m*. **imˈpres·sion·a·ble** *adj* leicht zu beeinflussen(d). **imˈpres·sion·ism** *s* Impressionismus *m*. **imˈpres·sion·ist I** *s* Impressionist(in). **II** *adj* impressionistisch. **imˌpres·sionˈis·tic** [~ʃəˈn~] *adj* (***~ally***) impressionistisch. **imˈpres·sive** [~sɪv] *adj* □ eindrucksvoll.

im·print I *s* [ˈɪmprɪnt] 1. Ab-, Eindruck *m*. 2. *fig.* Stempel *m*, Gepräge *n*. 3. *typ.* Impressum *n*. **II** *v/t* [ɪmˈprɪnt] 4. (auf-) drücken (**on** auf *acc*). 5. ***~ s.th. on*** (*od.* ***in***) ***s.o.'s memory*** j-m et. ins Gedächtnis einprägen.

im·pris·on [ɪmˈprɪzn] *v/t* ⚖ inhaftieren, *a. weitS.* einsperren. **imˈpris·on·ment** *s* a) Freiheitsstrafe *f*, Gefängnis(strafe *f*) *n*, Haft *f*: ***he was given 10 years ~*** er wurde zu e-r zehnjährigen Freiheitsstrafe verurteilt, b) Inhaftierung *f*.

im·prob·a·bil·i·ty [ɪmˌprɒbəˈbɪlətɪ] *s* Unwahrscheinlichkeit *f*. **imˈprob·a·ble** *adj* □ unwahrscheinlich.

im·promp·tu [ɪmˈprɒmptjuː] **I** *s* ♪ Impromptu *n*. **II** *adj u. adv* aus dem Stegreif, Stegreif...

im·prop·er [ɪmˈprɒpə] *adj* □ 1. ungeeignet, unpassend. 2. unanständig, unschicklich. 3. unrichtig. 4. 𝔄 unecht (*Bruch*). **im·pro·pri·e·ty** [ˌɪmprəˈpraɪətɪ] *s* 1. Unschicklichkeit *f*. 2. Unrichtigkeit *f*.

im·prove [ɪmˈpruːv] **I** *v/t* 1. verbessern. 2. *Wert etc* erhöhen, steigern. **II** *v/i* 3. sich (ver)bessern, besser werden, Fortschritte machen (*a. Patient*), sich erholen (*gesundheitlich od.* ✝ *Preise etc*): ***he is improving*** (***in health***) es geht ihm besser; ***~ in strength*** kräftiger werden. **imˈprove·ment** *s* 1. (Ver)Besserung *f* (***in*** *gen*; **on** gegenüber, im Vergleich zu): ***~ in the weather*** Wetterbesserung. 2. Erhöhung *f*, Steigerung *f*.

im·prov·i·dent [ɪmˈprɒvɪdənt] *adj* □ 1. sorglos: ***be ~ of*** nicht vorsorgen für. 2. verschwenderisch.

im·pro·vi·sa·tion [ˌɪmprəvaɪˈzeɪʃn] *s* Improvisation *f*. **im·pro·vise** [ˈ~vaɪz] *v/t u. v/i* improvisieren.

im·pru·dence [ɪmˈpruːdəns] *s* 1. Unklugheit *f*. 2. Unvorsichtigkeit *f*. **imˈpru·dent** *adj* □ 1. unklug. 2. unvorsichtig.

im·pu·dence [ˈɪmpjʊdəns] *s* Unverschämtheit *f*. **ˈim·pu·dent** *adj* □ unverschämt.

im·pugn [ɪmˈpjuːn] *v/t* bestreiten; anfechten.

im·pulse [ˈɪmpʌls] *s* 1. *phys.*, ⚕, ⚡ *etc* Impuls *m*. 2. *fig.* Impuls *m*: a) Anstoß *m*, Anreiz *m*, b) plötzliche Regung *od.* Eingebung: ***act on ~*** impulsiv *od.* spontan handeln; ***on the ~ of the moment, on ~*** e-r plötzlichen Eingebung folgend. **im'pul·sion** *s* **1.** Triebkraft *f* (*a. fig.*). **2.** *psych.* Zwang *m.* **im'pul·sive** *adj* □ *fig.* impulsiv.

im·pu·ni·ty [ɪm'pjuːnətɪ] *s* Straflosigkeit *f*: ***with ~*** straflos.

im·pure [ɪm'pjʊə] *adj* □ **1.** unrein (*a. eccl.*), unsauber. **2.** *fig.* schlecht, unmoralisch. **im'pur·i·ty** *s* **1.** Unreinheit *f.* **2.** *fig.* Schlechtheit *f.*

im·pu·ta·tion [ˌɪmpjuː'teɪʃn] *s* Bezichtigung *f.* **im'pute** *v/t* zuschreiben (***to*** *dat*): a) beimessen, b) anlasten: ***~ s.th. to s.o.*** j-n e-r Sache bezichtigen.

in [ɪn] **I** *prp* **1.** *räumlich*: a) (*wo?*) in (*dat*), an (*dat*), auf (*dat*): ***~ London*** in London; → ***country*** 3, ***field*** 1, ***sky, street,*** *etc*, b) (*wohin?*) in (*acc*): ***put it ~ your pocket*** steck es in die Tasche. **2.** *zeitlich*: in (*dat*), an (*dat*): ***~ 1988*** 1988; ***~ two hours*** in zwei Stunden; → ***April, beginning*** 1, ***evening,*** *etc.* **3.** *Zustand, Beschaffenheit, Art u. Weise*: in (*dat*), auf (*acc*), mit: → ***brief*** 4, ***cash*** 2, ***English*** 3, *etc.* **4.** *Tätigkeit, Beschäftigung*: in (*dat*), bei, auf (*dat*): ***~ crossing the river*** beim Überqueren des Flusses; → ***accident*** 2, ***search*** 4. **5.** bei (*Schriftstellern*): ***~ Shakespeare.*** **6.** *Richtung*: in (*acc, dat*), auf (*acc*), zu: → ***confidence*** 1, *etc.* **7.** *Zweck*: in (*dat*), zu, als: → ***answer*** 1, ***defence,*** *etc.* **8.** *Grund*: in (*dat*), aus, zu: → ***honour*** 5, ***sport*** 3, *etc.* **9.** *Hinsicht, Beziehung*: in (*dat*), an (*dat*): ***the latest thing ~*** das Neueste auf dem Gebiet (*gen*); → ***equal*** 1, ***number*** 3, *etc.* **10.** nach, gemäß: → ***opinion*** 1, ***probability,*** *etc.* **11.** *Material*: in (*dat*), aus, mit: → ***black*** 3, ***oil*** 3, *etc.* **12.** *Zahl, Betrag*: in (*dat*), von, aus, zu: ***five ~ all*** insgesamt *od.* im ganzen fünf; ***one ~ ten Americans*** einer von zehn Amerikanern; → ***all*** 4, ***two,*** *etc.* **II** *adv* **13.** (dr)innen: ***be ~ for s.th.*** et. zu erwarten haben; ***be ~ on*** eingeweiht sein in (*acc*); beteiligt sein an (*dat*); ***know ~ and out*** in- u. auswendig kennen. **14.** hinein; herein: → ***come in*** 1, *etc.* **15.** da, (an)gekommen. **16.** da, zu Hause. **17.** *pol.* an der Macht, an der Regierung. **III** *adj* **18.** ***~ party*** *pol.* Regierungspartei *f.* **19.** ***~ restaurant*** Restaurant, das gerade in ist. **IV** *s* **20.** ***know the ~s and outs of*** in- u. auswendig kennen.

in·a·bil·i·ty [ˌɪnə'bɪlətɪ] *s* Unfähigkeit *f*, Unvermögen *n*: ***~ to pay*** ⚕ Zahlungsunfähigkeit.

in·ac·ces·si·ble [ˌɪnæk'sesəbl] *adj* □ unzugänglich (***to*** für *od. dat*) (*a. fig.*).

in·ac·cu·ra·cy [ɪn'ækjʊrəsɪ] *s* Ungenauigkeit *f.* **in'ac·cu·rate** [~rət] *adj* □ ungenau: ***be ~*** falsch gehen (*Uhr*).

in·ac·tion [ɪn'ækʃn] *s* **1.** Untätigkeit *f.* **2.** Trägheit *f*, Faulheit *f.*

in·ac·tive [ɪn'æktɪv] *adj* □ **1.** untätig. **2.** träge (*a. phys.*), faul. **3.** ⚕ lustlos, flau. **ˌin·ac'tiv·i·ty** *s* **1.** → ***inaction.*** **2.** ⚕ Lustlosigkeit *f*, Flauheit *f.*

in·ad·e·quate [ɪn'ædɪkwət] *adj* □ **1.** unzulänglich, ungenügend: ***be ~ for*** nicht reichen für. **2.** unangemessen (***to*** *dat*): ***feel ~ to the occasion*** sich der Situation nicht gewachsen fühlen.

in·ad·mis·si·ble [ˌɪnəd'mɪsəbl] *adj* □ unzulässig, unstatthaft.

in·ad·vert·ent [ˌɪnəd'vɜːtənt] *adj* □ unabsichtlich, versehentlich: ***~ly*** *a.* aus Versehen.

in·ad·vis·a·ble [ˌɪnəd'vaɪzəbl] *adj* nicht ratsam *od.* empfehlenswert.

in·al·ien·a·ble [ɪn'eɪljənəbl] *adj* □ unveräußerlich.

in·ane [ɪ'neɪn] *adj* □ geistlos, albern.

in·an·i·mate [ɪn'ænɪmət] *adj* □ **1.** leblos, unbelebt. **2.** *fig.* schwunglos, langweilig.

in·ap·pli·ca·ble [ɪn'æplɪkəbl] *adj* □ nicht anwendbar *od.* zutreffend (***to*** auf *acc*): → ***delete*** II.

in·ap·pre·ci·a·ble [ˌɪnə'priːʃəbl] *adj* □ unmerklich.

in·ap·pro·pri·ate [ˌɪnə'prəʊprɪət] *adj* □ unpassend, ungeeignet (***to, for*** für).

in·apt [ɪn'æpt] *adj* □ **1.** unpassend, ungeeignet. **2.** ungeschickt. **3.** unfähig, außerstande (***to do*** zu tun). **in'apt·i·tude** [~tɪtjuːd] *s* **1.** Ungeschicktheit *f.* **2.** Unfähigkeit *f.*

in·ar·tic·u·late [ˌɪnɑː'tɪkjʊlət] *adj* □ **1.** undeutlich (ausgesprochen), unverständlich. **2.** unfähig(, deutlich) zu sprechen. **3.** unfähig, sich klar auszudrücken. **4.** sprachlos (***with*** vor *dat*).

in·as·much as [ˌɪnəz'mʌtʃ] *cj* da (ja), weil.

in·at·ten·tion [ˌɪnə'tenʃn] *s* Unaufmerksamkeit *f*. ˌ**in·at'ten·tive** [~tɪv] *adj* □ unaufmerksam (**to** gegen).

in·au·di·ble [ɪn'ɔːdəbl] *adj* □ unhörbar.

in·au·gu·ral [ɪ'nɔːgjʊrəl] **I** *adj* Einweihungs..., Eröffnungs...: **~ speech** → II. **II** *s* Antrittsrede *f*. **in'au·gu·rate** [~reɪt] *v/t* **1.** *j-n* (feierlich) (in sein Amt) einführen *od.* einsetzen. **2.** einweihen, eröffnen. **3.** *Ära etc* einleiten. **inˌau·gu'ra·tion** *s* **1.** (feierliche) Amtseinsetzung *od.* -einführung: **≈ Day** *pol. Am.* Tag *m* des Amtsantritts des Präsidenten (*20. Januar*). **2.** Einweihung *f*, Eröffnung *f*. **3.** Beginn *m*.

in·aus·pi·cious [ˌɪnɔː'spɪʃəs] *adj* □ ungünstig: **be ~** unter e-m ungünstigen Stern stehen.

in·board ['ɪnbɔːd] ⚓ **I** *adj* **1.** Innenbord...: **~ motor.** **II** *adv* **2.** binnenbords. **III** *s* **3.** Innenbordmotor *m*. **4.** Innenborder *m* (*Boot*).

in·born [ˌɪn'bɔːn] *adj* angeboren.

in·bred [ˌɪn'bred] *adj* **1.** angeboren. **2.** durch Inzucht erzeugt. **in·breed·ing** ['ɪnˌbriːdɪŋ] *s* Inzucht *f* (*a. fig.*).

in·cal·cul·a·ble [ɪn'kælkjʊləbl] *adj* □ **1.** unberechenbar (*a. Person etc*). **2.** unermeßlich.

in·can·des·cent [ˌɪnkæn'desnt] *adj* □ **1.** (weiß)glühend: **~ lamp** Glühlampe *f*. **2.** *fig.* leuchtend, strahlend.

in·can·ta·tion [ˌɪnkæn'teɪʃn] *s* **1.** Beschwörung *f*. **2.** Zauberformel *f*, -spruch *m*.

in·ca·pa·bil·i·ty [ɪnˌkeɪpə'bɪlətɪ] *s* Unfähigkeit *f*. **in'ca·pa·ble** *adj* □ **1.** unfähig (**of** zu *od. gen*; **of doing** zu tun), nicht imstande (**of doing** zu tun). **2.** nicht zulassend (**of** *acc*): **a problem ~ of solution** ein unlösbares Problem; **~ of being misunderstood** unmißverständlich.

in·ca·pac·i·tate [ˌɪnkə'pæsɪteɪt] *v/t* **1.** unfähig *od.* untauglich machen (**for s.th.** für et.; **for** [*od.* **from**] **doing** zu tun). **2.** ⚖ für rechts- *od.* geschäftsunfähig erklären. ˌ**in·ca'pac·i·tat·ed** *adj* **1.** *a.* **~ for work** arbeits- *od.* erwerbsunfähig. **2.** *körperlich, geistig* behindert. **3.** *a.* **legally ~** rechts-, geschäftsunfähig. ˌ**in·ca'pac·i·ty** [~ətɪ] *s* **1.** Unfähigkeit *f*, Untauglichkeit *f*: **~ for work** Arbeits- *od.* Erwerbsunfähigkeit *f*. **2.** *a.* **legal ~** Rechts-, Geschäftsunfähigkeit *f*.

in·car·cer·ate [ɪn'kɑːsəreɪt] *v/t* einkerkern.

in·car·nate [ɪn'kɑːneɪt] *adj* a) leibhaftig, *ein Teufel etc* in Menschengestalt, b) personifiziert, *die Unschuld etc* in Person. ˌ**in·car'na·tion** *s* Verkörperung *f*, Inbegriff *m*.

in·cen·di·ar·y [ɪn'sendjərɪ] **I** *adj* **1.** Brand...: **~ bomb.** **2.** *fig.* aufwiegelnd: **~ speech** Hetzrede *f*. **II** *s* **3.** Brandstifter(in). **4.** *fig.* Aufwiegler(in).

in·cense[1] ['ɪnsens] **I** *s* Weihrauch *m*. **II** *v/t* beweihräuchern.

in·cense[2] [ɪn'sens] *v/t* erzürnen, erbosen: **~d** zornig (**at** über *acc*).

in·cen·tive [ɪn'sentɪv] *s* Ansporn *m*, Anreiz *m* (**to** zu): **~ to buy** Kaufanreiz.

in·cer·ti·tude [ɪn'sɜːtɪtjuːd] *s* Unsicherheit *f*, Ungewißheit *f*.

in·ces·sant [ɪn'sesnt] *adj* □ unaufhörlich, unablässig.

in·cest ['ɪnsest] *s* Blutschande *f*, Inzest *m*.

inch [ɪntʃ] **I** *s* Inch *m*, Zoll *m* (*a. fig.*): **by ~es, ~ by ~** Zentimeter um Zentimeter; *fig.* allmählich, ganz langsam; **every ~** *fig.* jeder Zoll, *ein Gentleman etc* vom Scheitel bis zur Sohle; **come within an ~ of death** beinahe *od.* um Haaresbreite sterben. **II** *v/t u. v/i* (sich) zentimeterweise *od.* sehr langsam bewegen.

in·ci·dence ['ɪnsɪdəns] *s* Auftreten *n*, Vorkommen *n*, Häufigkeit *f*: **have a high ~** häufig vorkommen. '**in·ci·dent** **I** *adj* verbunden (**to** mit). **II** *s* Vorfall *m*, Ereignis *n*, *a. pol.* Zwischenfall *m*: **full of ~s** ereignisreich. **in·ci·den·tal** [ˌ~'dentl] **I** *adj* □ **1.** nebensächlich, Neben...: **~ earnings** *pl* Nebenverdienst *m*. **2.** beiläufig. **3.** gelegentlich. **4.** zufällig. **II** *s* **5.** Nebensächlichkeit *f*. **6.** *pl* ✝ Nebenausgaben *pl*. ˌ**in·ci'den·tal·ly** [~tlɪ] *adv* nebenbei bemerkt, übrigens.

in·cin·er·ate [ɪn'sɪnəreɪt] *v/t u. v/i* verbrennen. **in'cin·er·a·tor** *s* Verbrennungsofen *m od.* -anlage *f*.

in·cise [ɪn'saɪz] *v/t* **1.** ein-, aufschneiden (*a.* ⚕). **2.** *Muster etc* einritzen, -schnitzen, -kerben (**on** in *acc*): **~ s.th. with a pattern** ein Muster in et. einritzen *od.* -schnitzen *od.* -kerben. **in·ci·sion** [~'sɪʒn] *s* (Ein)Schnitt *m* (*a.* ⚕). **in·ci·sive**

[~'saɪsɪv] *adj* □ **1.** (ein)schneidend. **2.** *fig.* scharf (*Verstand, Ton etc*). **3.** *fig.* prägnant, treffend. **in·ci·sor** [ɪn'saɪzə] *s anat.* Schneidezahn *m.*

in·cite [ɪn'saɪt] *v/t* **1.** aufwiegeln, -hetzen, ⚖ anstiften (*to* zu). **2.** *Zorn etc* erregen. **in'cite·ment** *s* Aufwieg(e)lung *f*, -hetzung *f*, ⚖ Anstiftung *f.*

in·ci·vil·i·ty [ˌɪnsɪ'vɪlətɪ] *s* Unhöflichkeit *f* (*a. Bemerkung etc*).

in·clem·ent [ɪn'klemənt] *adj* □ **1.** rauh, unfreundlich (*Klima*). **2.** hart, unerbittlich.

in·cli·na·tion [ˌɪnklɪ'neɪʃn] *s* **1.** Neigung *f*, *fig. a.* Hang *m.* **2.** *fig.* Zuneigung *f* (*for* zu). **3.** Gefälle *n.* **in·cline** [~'klaɪn] **I** *v/i* **1.** sich neigen (*to, toward*[*s*] nach). **2.** *fig.* neigen (*to, toward*[*s*] zu): *~ to do s.th.* dazu neigen, et. zu tun. **II** *v/t* **3.** *Kopf etc* neigen. **4.** *fig.* veranlassen, bewegen (*to* zu; *to do* zu tun). **III** *s* **5.** Gefälle *n.* **6.** (Ab)Hang *m.* **in'clined** *adj* geneigt (*a. fig.*): *be ~ to do s.th.* dazu neigen, et. zu tun; *~ plane* ⩘, *phys.* schiefe Ebene.

in·close, in·clo·sure → *enclose, enclosure.*

in·clude [ɪn'klu:d] *v/t* **1.** einschließen, -beziehen, -rechnen (*in* in *acc*): *tax ~d* einschließlich *od.* inklusive Steuer. **2.** erfassen, aufnehmen: *be ~d on the list* auf der Liste stehen. **in'clud·ing** *prp* einschließlich.

in·clu·sion [ɪn'klu:ʒn] *s* Einschluß *m*, Einbeziehung *f* (*in* in *acc*). **in'clu·sive** [~sɪv] *adj* □ **1.** einschließlich, inklusive (*of gen*): *be ~ of* einschließen (*acc*). **2.** Pauschal...: *~ price.*

in·cog·ni·to [ˌɪnkɒg'ni:təʊ] **I** *adv* inkognito. **II** *pl* **-tos** *s* Inkognito *n*: *preserve* (*disclose, reveal*) *one's ~* sein Inkognito wahren (lüften).

in·co·her·ent [ˌɪnkəʊ'hɪərənt] *adj* □ (logisch) unzusammenhängend.

in·come ['ɪŋkʌm] *s* Einkommen *n* (*from* aus): *live within* (*beyond*) *one's ~* s-n Verhältnissen entsprechend (über s-e Verhältnisse) leben. *~* **brack·et,** *~* **group** *s* Einkommensgruppe *f.* *~* **tax** *s* Einkommensteuer *f.*

in·com·ing ['ɪnˌkʌmɪŋ] *adj* **1.** hereinkommend. **2.** ankommend (*Telefongespräch etc*), nachfolgend, neu (*Mieter, Regierung etc*). **3.** ⚕ eingehend, -laufend: *~ orders pl* Auftragseingänge *pl*; *~ mail* Posteingang *m.*

in·com·men·su·ra·ble [ˌɪnkə'menʃərəbl] *adj* □ **1.** nicht vergleichbar (*with* mit). **2.** unangemessen, unverhältnismäßig. **ˌin·com'men·su·rate** [~rət] *adj* □ **1.** unangemessen, nicht entsprechend (*with, to dat*). **2.** → *incommensurable.*

in·com·mu·ni·ca·tive [ˌɪnkə'mju:nɪkətɪv] *adj* □ nicht mitteilsam, verschlossen.

in·com·pa·ra·ble [ɪn'kɒmpərəbl] *adj* □ **1.** unvergleichlich. **2.** unvergleichbar (*with, to* mit).

in·com·pat·i·ble [ˌɪnkəm'pætəbl] *adj* □ **1.** unvereinbar. **2.** unverträglich, ⚕ *a.* inkompatibel: *be ~* (*with*) sich nicht vertragen (mit), nicht zs.-passen (mit).

in·com·pe·tence, in·com·pe·ten·cy [ɪn'kɒmpɪtəns(ɪ)] *s* **1.** Unfähigkeit *f.* **2.** ⚖, *a. weitS.* Nichtzuständigkeit *f*, Inkompetenz *f.* **in'com·pe·tent** *adj* □ **1.** unfähig (*to do* zu tun). **2.** ⚖, *a. weitS.* unzuständig, inkompetent.

in·com·plete [ˌɪnkəm'pli:t] *adj* □ **1.** unvollständig. **2.** unvollzählig. **3.** unvollendet.

in·com·pre·hen·si·ble [ɪnˌkɒmprɪ'hensəbl] *adj* unbegreiflich, unfaßbar, unverständlich. **inˌcom·pre'hen·si·bly** *adv* unverständlicherweise. **inˌcom·pre'hen·sion** *s* Unverständnis *n* (*of* für).

in·con·ceiv·a·ble [ˌɪnkən'si:vəbl] *adj* □ **1.** unbegreiflich, unfaßbar. **2.** undenkbar, unvorstellbar (*to* für): *it is ~ to me that* ich kann mir nicht vorstellen, daß.

in·con·clu·sive [ˌɪnkən'klu:sɪv] *adj* □ **1.** nicht überzeugend *od.* schlüssig. **2.** ergebnis-, erfolglos.

in·con·gru·i·ty [ˌɪnkɒŋ'gru:ətɪ] *s* **1.** Nichtübereinstimmung *f.* **2.** Unvereinbarkeit *f.* **in'con·gru·ous** [~grʊəs] *adj* □ **1.** nicht übereinstimmend (*to, with* mit). **2.** unvereinbar (*to, with* mit).

in·con·se·quent [ɪn'kɒnsɪkwənt] *adj* □ **1.** inkonsequent, unlogisch. **2.** belanglos.

in·con·sid·er·a·ble [ˌɪnkən'sɪdərəbl] *adj* □ **1.** gering(fügig). **2.** unbedeutend, unwichtig (*a. Person*).

in·con·sid·er·ate [ˌɪnkən'sɪdərət] *adj* □ **1.** rücksichtslos (*to, toward*[*s*] gegen).

2. unbesonnen, (*Handlung a.*) unüberlegt.

in·con·sist·ent [ˌɪnkənˈsɪstənt] *adj* □ **1.** inkonsequent. **2.** unvereinbar (***with*** mit). **3.** widersprüchlich.

in·con·sol·a·ble [ˌɪnkənˈsəʊləbl] *adj* □ untröstlich.

in·con·spic·u·ous [ˌɪnkənˈspɪkjʊəs] *adj* □ unauffällig.

in·con·stant [ɪnˈkɒnstənt] *adj* □ **1.** unbeständig. **2.** wankelmütig.

in·con·test·a·ble [ˌɪnkənˈtestəbl] *adj* □ unanfechtbar.

in·con·ti·nent [ɪnˈkɒntɪnənt] *adj* □ **1.** (*bsd. sexuell*) unmäßig, zügellos. **2.** unaufhörlich.

in·con·tro·vert·i·ble [ˌɪnkɒntrəˈvɜːtəbl] *adj* □ **1.** unbestreitbar, unstreitig. **2.** unanfechtbar.

in·con·ven·ience [ˌɪnkənˈviːnjəns] **I** *s* **1.** Unbequemlichkeit *f*. **2.** Ungelegenheit *f*; Unannehmlichkeit *f*: ***put to*** ~ → 4. **II** *v/t* **3.** *j-m* lästig sein *od.* zur Last fallen. **4.** *j-m* Ungelegenheiten bereiten *od.* Umstände machen. **ˌin·conˈven·ient** *adj* □ **1.** unbequem (***to*** für). **2.** ungelegen, lästig (***to*** für): ***at an ~ time*** ungelegen.

in·con·vin·ci·ble [ˌɪnkənˈvɪnsəbl] *adj* nicht zu überzeugen(d).

in·cor·po·rate [ɪnˈkɔːpəreɪt] **I** *v/t* **1.** vereinigen, zs.-schließen. **2.** *Staatsgebiet* eingliedern; *Ort* eingemeinden. **3.** ✝, ⚖ als (*Am.* Aktien)Gesellschaft eintragen (lassen): ***~d company*** *Am.* Aktiengesellschaft *f*; ***~d society*** eingetragener Verein. **4.** in sich schließen, enthalten. **II** *v/i* **5.** sich zs.-schließen (***with*** mit). **inˌcor·poˈra·tion** *s* **1.** Vereinigung *f*, Zs.-schluß *m*. **2.** Eingliederung *f*; Eingemeindung *f*. **3.** ✝, ⚖ Eintragung *f* als (*Am.* Aktien)Gesellschaft: → ***article*** 4.

in·cor·rect [ˌɪnkəˈrekt] *adj* □ inkorrekt: a) unrichtig, b) ungehörig.

in·cor·ri·gi·ble [ɪnˈkɒrɪdʒəbl] *adj* □ unverbesserlich.

in·cor·rupt·i·ble [ˌɪnkəˈrʌptəbl] *adj* □ **1.** unbestechlich. **2.** unverderblich (*Speisen*).

in·crease [ɪnˈkriːs] **I** *v/i* zunehmen, (an)wachsen, (*Preise*) steigen, anziehen: ***~ in price*** (***value***) teurer (wertvoller) werden; → ***threefold*** II, ***fourfold*** II, *etc.* **II** *v/t* vergrößern, -mehren, erhöhen: → ***threefold*** II, ***fourfold*** II, *etc.* **III** *s* [ˈɪnkriːs] Vergrößerung *f*, -mehrung *f*, Erhöhung *f*, Zunahme *f*, (An)Wachsen *n*: ***be on the ~*** zunehmen; ***~ in population*** Bevölkerungszunahme, -zuwachs *m*; ***~ in value*** Wertsteigerung *f*, -zuwachs *m*. **inˈcreas·ing·ly** *adv* immer mehr: ***~ clear*** immer klarer.

in·cred·i·ble [ɪnˈkredəbl] *adj* □ **1.** unglaublich (*a.* F *unerhört etc*). **2.** unglaubwürdig.

in·cred·u·lous [ɪnˈkredjʊləs] *adj* □ ungläubig: ***be ~ of s.th.*** e-r Sache skeptisch gegenüberstehen.

in·cre·ment [ˈɪnkrɪmənt] *s* (✝ Gewinn)Zuwachs *m*, Zunahme *f*.

in·crim·i·nate [ɪnˈkrɪmɪneɪt] *v/t* belasten. **inˈcrim·i·nat·ing, inˈcrim·i·na·to·ry** [~nətərɪ] *adj* belastend, Belastungs...

in·crust [ɪnˈkrʌst] *v/i* **1.** sich ver- *od.* überkrusten. **2.** e-e Kruste bilden.

in·cu·ba·tor [ˈɪnkjʊbeɪtə] *s* ⚕ Brutkasten *m*.

in·cul·cate [ˈɪnkʌlkeɪt] *v/t*: ***~ s.th. in***(***to***) (*od.* ***on***) ***s.o.***, ***~ s.o. with s.th.*** j-m et. einschärfen.

in·cur [ɪnˈkɜː] *v/t* sich *et.* zuziehen, auf sich laden: ***~ debts*** Schulden machen; ***~ losses*** Verluste erleiden.

in·cur·a·ble [ɪnˈkjʊərəbl] *adj* □ ⚕ unheilbar, *fig. a.* unverbesserlich.

in·cur·sion [ɪnˈkɜːʃn] *s* **1.** (feindlicher) Einfall: ***make an ~ on*** einfallen in (*acc, dat*). **2.** Eindringen *n* (***into*** in *acc*) (*a. fig.*).

in·debt·ed [ɪnˈdetɪd] *adj* **1.** verschuldet (***to*** bei): ***be ~ to s.o.*** *a.* bei j-m Schulden haben, j-m Geld schulden. **2.** (zu Dank) verpflichtet (***to s.o.*** j-m): ***I am greatly ~ to you for*** ich bin Ihnen zu großem Dank verpflichtet für, ich stehe tief in Ihrer Schuld wegen. **inˈdebt·ed·ness** *s* **1.** Verschuldung *f*. **2.** Dankesschuld *f* (***to*** gegenüber).

in·de·cen·cy [ɪnˈdiːsnsɪ] *s* **1.** Unanständigkeit *f*, Anstößigkeit *f*, ⚖ Unzucht *f* (***with children*** mit Kindern). **2.** Zote *f*. **3.** Unschicklichkeit *f*. **inˈde·cent** *adj* □ **1.** unanständig, anstößig, ⚖ unzüchtig: → ***assault*** 3. **2.** unschicklich, ungehörig. **3.** ungebührlich: ***~ haste*** unziemliche Hast.

in·de·ci·pher·a·ble [ˌɪndɪˈsaɪfərəbl] *adj*

☐ nicht zu entziffern(d), unentzifferbar.

in·de·ci·sion [ˌɪndɪ'sɪʒn] *s* Unentschlossenheit *f*, Unschlüssigkeit *f*. **in·de·ci·sive** [ˌ~'saɪsɪv] *adj* ☐ **1.** nicht entscheidend; noch nicht entschieden, unentschieden. **2.** unentschlossen, unschlüssig. **3.** unbestimmt, ungewiß.

in·dec·o·rous [ɪn'dekərəs] *adj* ☐ unschicklich, ungehörig.

in·deed [ɪn'diːd] **I** *adv* **1.** in der Tat, tatsächlich, wirklich: ***thank you very much ~*** vielen herzlichen Dank. **2.** *fragend*: wirklich?, tatsächlich?: *I saw him yesterday*. ***did you ~?*** tatsächlich? **3.** allerdings, freilich; zwar. **II** *int* **4.** ach wirklich?, was Sie nicht sagen!

in·de·fat·i·ga·ble [ˌɪndɪ'fætɪgəbl] *adj* ☐ unermüdlich.

in·de·fen·si·ble [ˌɪndɪ'fensəbl] *adj* ☐ **1.** ⚔ unhaltbar (*a. fig.*). **2.** nicht zu rechtfertigen(d), unentschuldbar.

in·de·fin·a·ble [ˌɪndɪ'faɪnəbl] *adj* ☐ unbestimmbar, undefinierbar.

in·def·i·nite [ɪn'defɪnət] *adj* ☐ **1.** unbestimmt (*a. ling.*): ***~ article; ~ pronoun*** Indefinitivpronomen *n*, unbestimmtes Fürwort. **2.** unbegrenzt, unbeschränkt: ***~ly*** *a.* auf unbestimmte Zeit.

in·del·i·ble [ɪn'deləbl] *adj* ☐ unauslöschlich (*a. fig.*): ***~ ink*** Zeichen-, Kopiertinte *f*; ***~ pencil*** Tintenstift *m*.

in·del·i·cate [ɪn'delɪkət] *adj* ☐ **1.** taktlos. **2.** unanständig, anstößig. **3.** unfein, grob.

in·dem·ni·fy [ɪn'demnɪfaɪ] *v/t* **1.** entschädigen, *j-m* Schadenersatz leisten (***for*** für). **2.** absichern (***from, against*** gegen). **in'dem·ni·ty** *s* **1.** Entschädigung *f*. **2.** Absicherung *f*.

in·dent I *v/t* [ɪn'dent] **1.** (ein)kerben, auszacken. **2.** *Zeile* einrücken, -ziehen. **II** *s* ['ɪndent] **3.** Kerbe *f*, Auszackung *f*. **4.** Einrückung *f*, -zug *m*.

in·de·pend·ence [ˌɪndɪ'pendəns] *s* Unabhängigkeit *f* (***from, of*** von) (*a. pol.*), Selbständigkeit *f*: **♀ *Day*** *Am.* Unabhängigkeitstag *m* (*4. Juli*). **ˌin·de'pend·ent** *adj* ☐ **1.** unabhängig (***of*** von) (*a. pol.*), selbständig. **2.** finanziell unabhängig: ***be ~*** auf eigenen Füßen stehen. **3.** *parl.* partei-, fraktionslos.

ˌin-'depth *adj* tiefschürfend, gründlich.

in·de·scrib·a·ble [ˌɪndɪ'skraɪbəbl] *adj* ☐ unbeschreiblich.

in·de·struct·i·ble [ˌɪndɪ'strʌktəbl] *adj* ☐ unzerstörbar.

in·de·ter·mi·na·ble [ˌɪndɪ'tɜːmɪnəbl] *adj* ☐ unbestimmbar. **ˌin·de'ter·mi·nate** [~nət] *adj* ☐ **1.** unbestimmt (*a.* ℞). **2.** ungewiß, unsicher.

in·dex ['ɪndeks] **I** *pl* **'in·dex·es, in·di·ces** ['~dɪsiːz] *s* **1.** Index *m*, (Stichwort- *etc*)Verzeichnis *n*, (Sach)Register *n*. **2.** *a.* ***~ file*** Kartei *f*. **3.** ⚕ Index *m*. **4.** ℞ Exponent *m*; Index *m*, Kennziffer *f*. **5.** *fig.* (***of, to***) (An)Zeichen *n* (von *od.* für *od. gen*); Hinweis *m* (auf *acc*); Gradmesser *m* (für *od. gen*): ***be an ~ of*** (*od.* ***to***) *a. et.* aufzeigen, hinweisen *od.* -deuten auf (*acc*). **II** *v/t* **6.** in e-m Verzeichnis aufführen. **7.** karteimäßig erfassen. **~ card** *s* Karteikarte *f*. **~ fin·ger** *s* Zeigefinger *m*. **ˌ~-'linked** *adj* ⚕ indexgebunden, Index...

In·di·an ['ɪndjən] **I** *adj* **1.** indisch. **2.** indianisch, Indianer... **II** *s* **3.** Inder(in). **4.** Indianer(in). **~ club** *s Sport*: Keule *f*. **~ corn** *s* Mais *m*. **~ file I** *s*: ***in ~*** → II. **II** *adv* im Gänsemarsch. **~ sum·mer** *s* Altweiber-, Nachsommer *m*.

In·di·a rub·ber ['ɪndjə] *s* **1.** Kautschuk *m*, Gummi *n*, *m*. **2.** Radiergummi *m*.

in·di·cate ['ɪndɪkeɪt] *v/t* **1.** deuten *od.* zeigen auf (*acc*). **2.** *fig.* hinweisen *od.* -deuten auf (*acc*); zu erkennen *od.* verstehen geben: ***everything ~s that*** alles deutet darauf hin, daß. **3.** ***be ~d*** angebracht *od.* angezeigt sein. **4.** ⚙ anzeigen. **ˌin·di'ca·tion** *s* **1.** (***of***) (An)Zeichen *n* (für); Hinweis *m* (auf *acc*); Andeutung *f* (*gen*): ***there is every ~ that*** alles deutet darauf hin, daß. **2.** ⚕ Indikation *f*. **3.** ⚙ Anzeige *f*. **in·dic·a·tive** [ɪn'dɪkətɪv] **I** *adj* ☐ **1.** ***be ~ of*** → ***indicate*** 2. **2.** *ling.* indikativisch: ***~ mood*** → 3. **II** *s* **3.** *ling.* Indikativ *m*. **in·di·ca·tor** ['~keɪtə] *s* **1.** *Statistik etc*: Indikator *m*. **2.** ⚙ Anzeiger *m*. **3.** *mot.* Blinker *m*.

in·di·ces ['ɪndɪsiːz] *pl von* ***index.***

in·dict [ɪn'daɪt] *v/t* ⚖ anklagen (***for*** wegen). **in'dict·ment** *s* **1.** Anklage *f*. **2.** *a.* ***bill of ~*** Anklageschrift *f*.

in·dif·fer·ence [ɪn'dɪfrəns] *s* **1.** Gleichgültigkeit *f*, Indifferenz *f*. **2.** Mittelmäßigkeit *f*. **in'dif·fer·ent** *adj* ☐ **1.** gleichgültig, indifferent (***to*** gegen[über]): ***he***

is ~ to it es ist ihm gleichgültig. **2.** mittelmäßig.

in·dig·e·nous [ɪn'dɪdʒɪnəs] *adj* □ **1.** einheimisch (***to*** in *dat*) (*a.* ♃, *zo.*). **2.** *fig.* angeboren (***to*** *dat*).

in·di·gest·i·ble [ˌɪndɪ'dʒestəbl] *adj* □ un-, schwerverdaulich (*a. fig.*). **ˌin·di'ges·tion** *s* ⚕ Magenverstimmung *f*, verdorbener Magen.

in·dig·nant [ɪn'dɪgnənt] *adj* □ entrüstet, empört (***at*** *s.th.*, ***with*** *s.o.* über *acc*). **ˌin·dig'na·tion** *s* Entrüstung *f*, Empörung *f*: ***to my ~*** zu m-r Entrüstung.

in·di·rect [ˌɪndɪ'rekt] *adj* □ *allg.* indirekt: ***by ~ means*** *fig.* auf Umwegen; ***~ object*** *ling.* Dativobjekt *n*; ***~ speech*** (*bsd. Am.* ***discourse***) *ling.* indirekte Rede.

in·dis·cern·i·ble [ˌɪndɪ'sɜːnəbl] *adj* □ nicht wahrnehmbar, unmerklich.

in·dis·creet [ˌɪndɪ'skriːt] *adj* □ **1.** unbesonnen, unbedacht. **2.** indiskret. **in·dis·cre·tion** [ˌ~'skreʃn] *s* **1.** Unbesonnenheit *f*. **2.** Indiskretion *f*.

in·dis·crim·i·nate [ˌɪndɪ'skrɪmɪnət] *adj* □ **1.** nicht wählerisch; urteils-, kritiklos. **2.** wahl-, unterschiedslos; ungeordnet.

in·dis·pen·sa·ble [ˌɪndɪ'spensəbl] *adj* □ unentbehrlich (*a. Person*), unerläßlich (***to*** für).

in·dis·posed [ˌɪndɪ'spəʊzd] *adj* **1.** indisponiert, unpäßlich. **2.** abgeneigt (***for*** *dat*; ***to do*** zu tun): ***be ~ to do s.th.*** *a.* et. nicht tun wollen. **in·dis·po·si·tion** [ˌɪndɪspə'zɪʃn] *s* **1.** Unpäßlichkeit *f*. **2.** Abgeneigtheit *f* (***for*** gegenüber; ***to do*** zu tun).

in·dis·pu·ta·ble [ˌɪndɪ'spjuːtəbl] *adj* □ unstrittig, unstreitig.

in·dis·so·lu·ble [ˌɪndɪ'sɒljʊbl] *adj* □ **1.** unlöslich. **2.** *fig.* unauflösbar.

in·dis·tinct [ˌɪndɪ'stɪŋkt] *adj* □ **1.** undeutlich; unscharf. **2.** verschwommen (*Erinnerung etc*).

in·dis·tin·guish·a·ble [ˌɪndɪ'stɪŋgwɪʃəbl] *adj* □ nicht zu unterscheiden(d) (***from*** von).

in·di·vid·u·al [ˌɪndɪ'vɪdʒʊəl] **I** *adj* (□ → ***individually***) **1.** individuell, einzeln, Einzel...: ***~ case*** Einzelfall *m*; ***~ traffic*** Individualverkehr *m*. **2.** individuell, persönlich (*Stil etc*). **II** *s* **3.** Individuum *n* (*a. contp.*), Einzelne *m*, *f*. **ˌin·di'vid·u·al·ism** *s* Individualismus *m*. **ˌin·di'vid·u·a·list** **I** *s* Individualist(in). **II** *adj* individualistisch. **'in·diˌvid·u·al'is·tic** *adj* (***~ally***) individualistisch. **'in·diˌvid·u'al·i·ty** [~'ælətɪ] *s* Individualität *f*. **ˌin·di'vid·u·al·ize** [~əlaɪz] *v/t* **1.** individualisieren. **2.** individuell gestalten. **ˌin·di'vid·u·al·ly** *adv* **1.** individuell. **2.** einzeln, jede(r, -s) für sich.

in·di·vis·i·ble [ˌɪndɪ'vɪzəbl] *adj* □ unteilbar.

in·doc·tri·nate [ɪn'dɒktrɪneɪt] *v/t* **1.** *contp. bsd. pol.* indoktrinieren. **2.** unterweisen, schulen (***in*** in *dat*). **inˌdoc·tri'na·tion** *s* **1.** Indoktrination *f*. **2.** Unterweisung *f*, Schulung *f*.

in·do·lence ['ɪndələns] *s* Trägheit *f*. **'in·do·lent** *adj* □ träg; träg machend (*Hitze etc*).

in·dom·i·ta·ble [ɪn'dɒmɪtəbl] *adj* □ **1.** unbezähmbar, nicht unterzukriegen(d). **2.** unbeugsam.

in·door ['ɪndɔː] *adj* Haus..., Zimmer..., (*Sport*) Hallen...: ***~ aerial*** (*bsd. Am.* ***antenna***) Zimmerantenne *f*; ***~ dress*** Hauskleid *n*; ***~ plant*** Zimmerpflanze *f*; ***~ shot*** *phot.* Innenaufnahme *f*; ***~ swimming pool*** Hallenbad *n*. **ˌin'doors** *adv* **1.** im Haus, drinnen. **2.** ins Haus (hinein). **3.** *Sport*: in der Halle.

in·du·bi·ta·ble [ɪn'djuːbɪtəbl] *adj* □ unzweifelhaft, *adv a.* zweifel-, fraglos.

in·duce [ɪn'djuːs] *v/t* **1.** *j-n* veranlassen, bewegen (***to do*** zu tun). **2.** herbeiführen, verursachen, auslösen: ***~ labo(u)r*** ⚕ die Geburt einleiten. **3.** ⚡ *etc* induzieren: ***~d current*** Induktionsstrom *m*. **in'duce·ment** *s* Veranlassung *f*; Anreiz *m*: ***~ to buy*** Kaufanreiz.

in·duc·tion [ɪn'dʌkʃn] *s* **1.** Herbeiführung *f*, Auslösung *f*. **2.** ⚡ *etc* Induktion *f*.

in·dulge [ɪn'dʌldʒ] **I** *v/t* **1.** nachsichtig sein gegen: ***~ o.s. in s.th.*** → 4. **2.** *Kinder* verwöhnen. **3.** *e-r Neigung etc* nachgeben, frönen. **II** *v/i* **4.** ***~ in s.th.*** sich et. gönnen *od.* leisten. **5.** (***in***) schwelgen (in *dat*), frönen (*dat*). **in'dul·gence** *s* **1.** Nachsicht *f*. **2.** Verwöhnung *f*. **3.** Schwelgen *n* (***in*** in *dat*). **4.** Luxus *m*; Genuß *m*. **in'dul·gent** *adj* □ nachsichtig (***to*** gegen).

in·dus·tri·al [ɪn'dʌstrɪəl] *adj* □ **1.** industriell, Industrie...: ***~ action*** *Br.* Arbeitskampf *m*; ~ ***disease*** Berufskrankheit *f*; ~ ***espionage*** Industrie-, Werkspionage *f*. **2.** industrialisiert, Industrie... **3.** Betriebs...: ~ ***management*** Betriebsführung *f*. **4.** industriell erzeugt, Industrie...: ~ ***products*** *pl* gewerbliche Erzeugnisse *pl*. **in'dus·tri·al·ist** *s* Industrielle *m, f*. **in'dus·tri·al·ize** *v/t* industrialisieren.

in·dus·tri·ous [ɪn'dʌstrɪəs] *adj* □ fleißig.

in·dus·try ['ɪndəstrɪ] *s* **1.** Industrie *f*; Industrie(zweig *m*) *f*: ***steel*** ~ Stahlindustrie. **2.** Fleiß *m*.

in·ed·i·ble [ɪn'edəbl] *adj* ungenießbar.

in·ef·fa·ble [ɪn'efəbl] *adj* □ unbeschreiblich, unsagbar.

in·ef·face·a·ble [ˌɪnɪ'feɪsəbl] *adj* □ **1.** unlöschbar. **2.** *fig*. unauslöschlich.

in·ef·fec·tive [ˌɪnɪ'fektɪv], **in·ef·fec·tu·al** [ˌ~'fektʃʊəl] *adj* □ **1.** unwirksam, wirkungslos. **2.** unfähig, untauglich.

in·ef·fi·cient [ˌɪnɪ'fɪʃnt] *adj* □ ineffizient: a) untüchtig, b) unrationell, unwirtschaftlich.

in·el·e·gant [ɪn'elɪgənt] *adj* □ unelegant.

in·el·i·gi·ble [ɪn'elɪdʒəbl] *adj* □ (***for***) nicht in Frage kommend (für): a) ungeeignet, unannehmbar (für), b) nicht berechtigt *od*. befähigt (zu): ***be*** ~ ***for*** keinen Anspruch haben auf (*acc*), c) nicht teilnahmeberechtigt (an *dat*), (*Sport a.*) nicht start- *od*. spielberechtigt (für).

in·ept [ɪ'nept] *adj* □ **1.** unpassend. **2.** ungeschickt, unbeholfen; unfähig.

in·e·qual·i·ty [ˌɪnɪ'kwɒlətɪ] *s* Ungleichheit *f*, Verschiedenheit *f*.

in·eq·ui·ta·ble [ɪn'ekwɪtəbl] *adj* □ ungerecht. **in'eq·ui·ty** [~wətɪ] *s* Ungerechtigkeit *f*.

in·e·rad·i·ca·ble [ˌɪnɪ'rædɪkəbl] *adj* □ unausrottbar (*a. fig.*).

in·ert [ɪ'nɜːt] *adj* □ *phys*. träg (*a. fig.*). **in·er·tia** [ɪ'nɜːʃə] *s* Trägheit *f*.

in·es·cap·a·ble [ˌɪnɪ'skeɪpəbl] *adj* □ unvermeidlich: a) unabwendbar, b) unweigerlich.

in·es·sen·tial [ˌɪnɪ'senʃl] **I** *adj* unwesentlich. **II** *s et*. Unwesentliches, Nebensache *f*.

in·es·ti·ma·ble [ɪn'estɪməbl] *adj* □ unschätzbar.

in·ev·i·ta·ble [ɪn'evɪtəbl] **I** *adj* □ unvermeidlich. **II** *s das* Unvermeidliche.

in·ex·act [ˌɪnɪg'zækt] *adj* □ ungenau.

in·ex·cus·a·ble [ˌɪnɪk'skjuːzəbl] *adj* □ unverzeihlich, unentschuldbar.

in·ex·haust·i·ble [ˌɪnɪg'zɔːstəbl] *adj* □ unerschöpflich (*Thema etc*).

in·ex·o·ra·ble [ɪn'eksərəbl] *adj* □ unerbittlich.

in·ex·pe·di·ent [ˌɪnɪk'spiːdjənt] *adj* □ **1.** nicht ratsam, unangebracht. **2.** unzweckmäßig.

in·ex·pen·sive [ˌɪnɪk'spensɪv] *adj* □ billig, nicht teuer.

in·ex·pe·ri·ence [ˌɪnɪk'spɪərɪəns] *s* Unerfahrenheit *f*. **ˌin·ex'pe·ri·enced** *adj* unerfahren.

in·ex·pert [ɪn'ekspɜːt] *adj* □ **1.** unerfahren (***at, in*** in *dat*). **2.** unfachmännisch. **3.** ungeschickt, unbeholfen (***at, in*** in *dat*).

in·ex·pli·ca·ble [ˌɪnɪk'splɪkəbl] *adj* □ unerklärlich.

in·ex·press·i·ble [ˌɪnɪk'spresəbl] *adj* □ unaussprechlich, unsäglich.

in·ex·tin·guish·able [ˌɪnɪk'stɪŋgwɪʃəbl] *adj* □ **1.** unlöschbar. **2.** *fig*. unauslöschlich.

in·ex·tri·ca·ble [ɪn'ekstrɪkəbl] *adj* □ **1.** unentwirrbar (*a. fig.*). **2.** *fig*. ausweglos.

in·fal·li·bil·i·ty [ɪnˌfælə'bɪlətɪ] *s* Unfehlbarkeit *f* (*a. eccl.*). **in'fal·li·ble** *adj* unfehlbar. **in'fal·li·bly** *adv* **1.** unfehlbar. **2.** F todsicher, ganz bestimmt.

in·fa·mous ['ɪnfəməs] *adj* □ **1.** verrufen, berüchtigt (***for*** wegen). **2.** infam, niederträchtig. **'in·fa·my** *s* **1.** Verrufenheit *f*. **2.** Infamie *f*: a) Niedertracht *f*, b) niederträchtige Handlung.

in·fan·cy ['ɪnfənsɪ] *s* frühe Kindheit, *bsd*. Säuglingsalter *n*: ***be still in its*** ~ *fig*. noch in den Anfängen *od*. Kinderschuhen stecken. **'in·fant I** *s* Säugling *m*; kleines Kind. **II** *adj* Säuglings...: ~ ***mortality*** Säuglingssterblichkeit *f*; ~ ***prodigy*** Wunderkind *n*.

in·fan·ti·cide [ɪn'fæntɪsaɪd] *s* **1.** Kind(e)stötung *f*. **2.** Kind(e)s-, Kindermörder(in).

in·fan·tile ['ɪnfəntaɪl] *adj* **1.** infantil, kindisch. **2.** kindlich. **3.** Kinder..., Kindes...

in·fan·try ['ɪnfəntrɪ] *s* ⚔ Infanterie *f*. **~man** ['~mən] *s* (*irr* ***man***) Infanterist *m*.

in·farct [ɪn'fɑːkt] *s* ⚕ Infarkt *m*.

in·fat·u·at·ed [ɪn'fætjʊeɪtɪd] *adj* vernarrt (***with*** in *acc*).

in·fect [ɪn'fekt] *v/t* **1.** ⚕ infizieren, anstecken (***with*** mit; ***by*** durch): ***become ~ed*** sich anstecken. **2.** *Luft* verpesten; *fig. Atmosphäre* vergiften. **3.** *fig.* anstecken (***with*** mit). **in'fec·tion** *s* **1.** ⚕ Infektion *f*, Ansteckung *f*. **2.** Verpestung *f*; *fig.* Vergiftung *f*. **in'fec·tious** *adj* □ ⚕ ansteckend (*a. fig. Lachen etc*), infektiös: ***~ disease*** Infektionskrankheit *f*; ***be ~*** *fig.* anstecken.

in·fe·lic·i·tous [ˌɪnfɪ'lɪsɪtəs] *adj* □ unglücklich (*a. fig. Ausdruck etc*).

in·fer [ɪn'fɜː] *v/t* schließen, folgern (***from*** aus). **in·fer·ence** ['ɪnfərəns] *s* (Schluß-) Folgerung *f*, (Rück)Schluß *m*.

in·fe·ri·or [ɪn'fɪərɪə] **I** *adj* **1.** (***to***) untergeordnet (*dat*), niedriger (als): ***be ~ to s.o.*** j-m untergeordnet sein; j-m unterlegen sein. **2.** weniger wert (***to*** als). **3.** minderwertig, mittelmäßig. **II** *s* **4.** Untergebene *m*, *f*. **in̩fe·ri'or·i·ty** [~'ɒrətɪ] *s* **1.** Unterlegenheit *f*. **2.** Minderwertigkeit *f*, Mittelmäßigkeit *f*: ***~ complex*** *psych.* Minderwertigkeitskomplex *m*.

in·fer·nal [ɪn'fɜːnl] *adj* □ **1.** höllisch, Höllen..., infernalisch. **2.** teuflisch. **in'fer·no** [~nəʊ] *pl* **-nos** *s* Inferno *n*, Hölle *f*.

in·fer·tile [ɪn'fɜːtaɪl] *adj* unfruchtbar. **in·fer·til·i·ty** [ˌɪnfə'tɪlətɪ] *s* Unfruchtbarkeit *f*.

in·fest [ɪn'fest] *v/t* **1.** verseuchen, befallen (*Parasiten etc*): ***~ed with lice*** verlaust. **2.** *fig.* überschwemmen, -laufen: ***be ~ed with*** wimmeln von.

in·fi·del ['ɪnfɪdəl] *eccl.* **I** *s* Ungläubige *m*, *f*. **II** *adj* ungläubig. **in·fi·del·i·ty** [ˌ~'delətɪ] *s* **1.** *eccl.* Ungläubigkeit *f*. **2.** (*bsd. eheliche*) Untreue.

in·fight·ing ['ɪnˌfaɪtɪŋ] *s* **1.** *Boxen*: Infight *m*, Nahkampf *m*. **2.** (partei- *etc*)interne Kämpfe *pl od.* Streitereien *pl*.

in·fil·trate ['ɪnfɪltreɪt] **I** *v/t* **1.** einsickern in (*acc*). **2.** einschleusen, -schmuggeln (***into*** in *acc*). **3.** *pol.* unterwandern. **II** *v/i* **4.** einsickern (***into*** in *acc*). **ˌin·fil'tra·tion** *s* **1.** Einsickern *n*. **2.** *pol.* Unterwanderung *f*.

in·fi·nite ['ɪnfɪnət] *adj* □ **1.** unendlich (*a.* ⩘), grenzenlos (*beide a. fig.*). **2.** gewaltig, ungeheuer. **in·fin·i·tes·i·mal** [ˌ~nɪ'tesɪml] *adj* □ **1.** unendlich klein. **2.** ⩘ infinitesimal: ***~ calculus*** Infinitesimalrechnung *f*. **in'fin·i·tive** [~ətɪv] *s ling.* Infinitiv *m*. **in'fin·i·ty** *s* **1.** Unendlichkeit *f*, Grenzenlosigkeit *f* (*beide a. fig.*). **2.** unendliche Menge *od.* Größe (*a.* ⩘): ***an ~ of people*** unendlich viele Leute.

in·firm [ɪn'fɜːm] *adj* □ schwach, gebrechlich. **in'fir·ma·ry** *s* **1.** Krankenhaus *n*. **2.** Krankenzimmer *n*, -stube *f* (*in Internat etc*). **in'fir·mi·ty** *s* Schwäche *f*, Gebrechlichkeit *f*; Gebrechen *n*.

in·flame [ɪn'fleɪm] **I** *v/t* **1.** entzünden (*a.* ⚕): ***become ~d*** → 3. **2.** *fig. Gefühle etc* entfachen, -flammen; *j-n* entflammen, erregen: ***~d with rage*** wutentbrannt. **II** *v/i* **3.** sich entzünden (*a.* ⚕). **4.** *fig.* entbrennen (***with*** vor *dat*); in Wut geraten.

in·flam·ma·ble [ɪn'flæməbl] *adj* □ **1.** brennbar, leichtentzündlich; feuergefährlich. **2.** *fig.* reizbar, leichterregbar. **in·flam·ma·tion** [ˌɪnflə'meɪʃn] *s* ⚕ Entzündung *f*. **in·flam·ma·to·ry** [ɪn'flæmətərɪ] *adj* **1.** ⚕ entzündlich, Entzündungs... **2.** *fig.* aufrührerisch, Hetz...

in·flate [ɪn'fleɪt] *v/t* aufblasen, *Reifen etc* aufpumpen. **in'flat·ed** *adj* **1.** aufgeblasen: ***~ with pride*** *fig.* stolzgeschwellt. **2.** *fig.* schwülstig, bombastisch. **in'fla·tion** [~ʃn] *s* **1.** Aufblasen *n*, -pumpen *n*. **2.** ✝ Inflation *f*: → ***creeping, gallop*** I, ***runaway*** 3. **in'fla·tion·ar·y** *adj* ✝ Inflations..., inflationär.

in·flect [ɪn'flekt] *v/t* **1.** beugen. **2.** *ling.* flektieren, beugen. **in'flec·tion** *s* **1.** Beugung *f*. **2.** *ling.* Flexion *f*, Beugung *f*.

in·flex·i·ble [ɪn'fleksəbl] *adj* □ inflexibel: a) unbiegsam, b) *fig.* unbeweglich.

in·flex·ion *bsd. Br.* → ***inflection.***

in·flict [ɪn'flɪkt] *v/t* (***on***) **1.** *Leid, Schaden etc* zufügen (*dat*), *Niederlage, Wunde etc* beibringen (*dat*); *Strafe* auferlegen (*dat*), verhängen (über *acc*). **2.** aufbürden (*dat*): ***~ o.s. on s.o.*** sich j-m aufdrängen. **in'flic·tion** *s* **1.** Zufügung *f*; Auferlegung *f*. **2.** Plage *f*, Last *f*.

'in-flight *adj* ✈ **1.** Bord...: ***~ fare*** Bordverpflegung *f*. **2.** während des Flugs.

in·flow ['ɪnfləʊ] → ***influx.***

in·flu·ence ['ɪnflʊəns] **I** *s* Einfluß *m* (***on, over*** auf *acc*; ***with*** bei): ***be under s.o.'s ~*** unter j-s Einfluß stehen; ***under the ~***

of drink (*od.* ***alcohol***) unter Alkoholeinfluß; ***under the ~*** F alkoholisiert. **II** *v/t* beeinflussen. **in·flu·en·tial** [ˌ~'enʃl] *adj* □ einflußreich.

in·flu·en·za [ˌɪnflʊ'enzə] *s* ⚕ Grippe *f.*

in·flux ['ɪnflʌks] *s* Zustrom *m* (*a. fig.*), (✝ *Kapital- etc*)Zufluß *m*: ***~ of visitors*** Besucherstrom *m.*

in·fo ['ɪnfəʊ] F → ***information.***

in·form [ɪn'fɔːm] **I** *v/t* (***of, about***) benachrichtigen, unterrichten (von), informieren (über *acc*): ***keep s.o. ~ed*** j-n auf dem laufenden halten; ***~ s.o. that*** j-n davon in Kenntnis setzen, daß. **II** *v/i*: ***~ against*** (*od.* ***on***) ***s.o.*** j-n anzeigen; *b.s.* j-n denunzieren.

in·for·mal [ɪn'fɔːml] *adj* □ **1.** formlos, ⚖ *a.* formfrei. **2.** zwanglos, ungezwungen. **3.** inoffiziell.

in·form·ant [ɪn'fɔːmənt] *s* **1.** Informant *m*, Gewährsmann *m.* **2.** → ***informer.***

in·for·mat·ics [ˌɪnfə'mætɪks] *s pl* (*sg konstruiert*) Informatik *f.*

in·for·ma·tion [ˌɪnfə'meɪʃn] *s* **1.** Benachrichtigung *f*, Unterrichtung *f*; Nachricht *f*, Mitteilung *f*, Bescheid *m.* **2.** Auskünfte *pl*, Auskunft *f*, Information *f*: ***for your ~*** zu Ihrer Information *od.* Kenntnisnahme. **3.** *coll.* Nachrichten *pl*, Informationen *pl*: ***bit*** (*od.* ***piece***) ***of ~*** Nachricht *f*, Information *f*. **4.** *coll.* Erkundigungen *pl*: ***gather ~*** Erkundigungen einziehen. **in·form·a·tive** [ɪn'fɔːmətɪv] *adj* □ informativ, aufschlußreich. **in'form·er** *s* **1.** Denunziant(in). **2.** Spitzel *m.*

in·fra| dig [ˌɪnfrə'dɪg] *adj*: ***it is ~ for him*** F es ist unter s-r Würde (***to do*** zu tun). **ˌ~'red** *adj phys.* infrarot. **'~ˌstruc·ture** *s* Infrastruktur *f.*

in·fre·quent [ɪn'friːkwənt] *adj* □ **1.** selten. **2.** spärlich.

in·fringe [ɪn'frɪndʒ] *v/t u. v/i* (***~ on***) *Gesetz, Vertrag etc* brechen, verletzen, verstoßen gegen. **in'fringe·ment** *s* Verletzung *f*; Verstoß *m* (***of*** gegen).

in·fu·ri·ate [ɪn'fjʊərɪeɪt] *v/t* wütend machen.

in·fuse [ɪn'fjuːz] *v/t* **1.** *Tee etc* aufgießen; ziehen lassen. **2.** *fig. Mut etc* einflößen (***into*** *dat*); *j-n* erfüllen (***with*** mit). **in'fu·sion** [~ʒn] *s* **1.** ⚕ Infusion *f.* **2.** Aufguß *m.* **3.** *fig.* Einflößung *f.*

in·gen·ious [ɪn'dʒiːnjəs] *adj* □ genial: a) erfinderisch, einfallsreich, b) sinnreich, raffiniert. **in·ge·nu·i·ty** [ˌɪndʒɪ'njuːətɪ] *s* Genialität *f*, Einfallsreichtum *m.*

in·gen·u·ous [ɪn'dʒenjʊəs] *adj* □ **1.** offen(herzig), aufrichtig. **2.** naiv, kindlich-unbefangen.

in·gle·nook ['ɪŋglnʊk] *s Br.* Kaminecke *f.*

in·glo·ri·ous [ɪn'glɔːrɪəs] *adj* □ unrühmlich, schmählich.

in·go·ing ['ɪnˌgəʊɪŋ] *adj* **1.** nachfolgend, neu (*Mieter etc*). **2.** ***~ mail*** Posteingang *m.*

in·got ['ɪŋgət] *s* (*Gold- etc*)Barren *m*: ***~ of gold.***

in·gra·ti·ate [ɪn'greɪʃɪeɪt] *v/t*: ***~ o.s. with s.o.*** sich bei j-m einschmeicheln.

in·grat·i·tude [ɪn'grætɪtjuːd] *s* Undank (-barkeit *f*) *m.*

in·gre·di·ent [ɪn'griːdjənt] *s* **1.** Bestandteil *m* (*a. fig.*). **2.** *gastr.* Zutat *f.*

in·hab·it [ɪn'hæbɪt] *v/t* bewohnen. **in'hab·it·a·ble** *adj* bewohnbar. **in'hab·it·ant** *s* Einwohner(in) (*e-s Orts, Landes*), Bewohner(in) (*bsd. e-s Hauses*).

in·hale [ɪn'heɪl] **I** *v/t* **1.** einatmen, ⚕ *a.* inhalieren. **II** *v/i* **2.** einatmen. **3.** inhalieren, Lungenzüge machen.

in·har·mo·ni·ous [ˌɪnhɑː'məʊnjəs] *adj* □ unharmonisch.

in·here [ɪn'hɪə] *v/i* innewohnen (***in*** *dat*). **in'her·ent** *adj* innewohnend.

in·her·it [ɪn'herɪt] *v/t* erben (***from*** von) (*a. fig.*). **in'her·i·tance** *s* Erbe *n* (*a. fig.*).

in·hib·it [ɪn'hɪbɪt] *v/t* **1.** hemmen (*a. psych.*), (ver)hindern. **2.** *j-n* hindern (***from*** an *dat*): ***~ s.o. from doing s.th.*** j-n daran hindern, et. zu tun. **in·hi·bi·tion** [ˌɪnhɪ'bɪʃn] *s psych.* Hemmung *f.*

in·hos·pi·ta·ble [ˌɪnhɒ'spɪtəbl] *adj* □ wenig gastfreundlich; ungastlich.

in·hu·man [ɪn'hjuːmən], **in·hu·mane** [ˌ~'meɪn] *adj* □ inhuman, unmenschlich. **in·hu·man·i·ty** [ˌ~'mænətɪ] *s* Unmenschlichkeit *f.*

in·im·i·cal [ɪ'nɪmɪkl] *adj* □ **1.** feindselig (***to*** gegen). **2.** (***to***) nachteilig (für), abträglich (*dat*).

in·im·i·ta·ble [ɪ'nɪmɪtəbl] *adj* □ unnachahmlich.

in·iq·ui·tous [ɪ'nɪkwɪtəs] *adj* □ **1.** ungerecht. **2.** schändlich. **in'iq·ui·ty** *s* **1.** Ungerechtigkeit *f.* **2.** Schändlichkeit *f*; Schandtat *f.*

in·i·tial [ɪ'nɪʃl] **I** *adj* anfänglich, Anfangs... **II** *s* Initiale *f*, (großer) Anfangsbuchstabe. **III** *v/t pret u. pp* **-tialed,** *bsd. Br.* **-tialled** abzeichnen, *pol.* paraphieren. **in'i·tial·ly** [~ʃəlɪ] *adv* anfänglich, am Anfang. **in·i·ti·ate I** *v/t* [ɪ'nɪʃɪeɪt] **1.** einleiten, ins Leben rufen. **2.** *j-n* einführen (***into*** in *acc*): a) einweihen, b) aufnehmen, c) einarbeiten. **II** *s* [~ʃɪət] **3.** Eingeweihte *m, f.* **in,i·ti'a·tion** *s* **1.** Einleitung *f.* **2.** Einführung *f*: a) Einweihung *f*, b) Aufnahme *f*, c) Einarbeitung *f.* **in'i·ti·a·tive** [~ətɪv] *s* Initiative *f*: ***take the ~*** die Initiative ergreifen; ***on one's own ~*** aus eigenem Antrieb. **in'i·ti·a·tor** [~eɪtə] *s* Initiator *m*, Urheber *m.*

in·ject [ɪn'dʒekt] *v/t* ⚕ injizieren, einpritzen (*a.* ⚙): ***~ s.th. into s.o., ~ s.o. with s.th.*** j-m et. spritzen; *fig.* j-m et. einflößen. **in'jec·tion** *s* ⚕ Injektion *f*: a) Einspritzung *f* (*a.* ⚙), Spritze *f*, b) eingespritztes Medikament.

in·ju·di·cious [,ɪndʒuː'dɪʃəs] *adj* ☐ unklug, unvernünftig.

in·junc·tion [ɪn'dʒʌŋkʃn] *s* **1.** ⚖ gerichtliches Verbot: (***interim***) ~ einstweilige Verfügung. **2.** ausdrücklicher Befehl.

in·jure ['ɪndʒə] *v/t* **1.** verletzen: ***~ one's leg*** sich am Bein verletzen. **2.** *fig.* kränken, verletzen. **3.** *fig.* schaden (*dat*), schädigen. **in·ju·ri·ous** [ɪn'dʒʊərɪəs] *adj* ☐ (***to***) schädlich (für), abträglich (*dat*): ***be ~*** (***to***) *a.* schaden (*dat*). **in·ju·ry** ['ɪndʒərɪ] *s* **1.** ⚕ Verletzung *f* (***to*** an *dat*): ***~ to the head*** Kopfverletzung, -wunde *f.* **2.** *fig.* Kränkung *f*, Verletzung *f* (***to*** *gen*).

in·jus·tice [ɪn'dʒʌstɪs] *s* Unrecht *n*, Ungerechtigkeit *f*: ***do s.o. an ~*** j-m unrecht tun; ***suffer an ~*** ungerecht behandelt werden.

ink [ɪŋk] *s* **1.** Tinte *f.* **2.** Tusche *f.* **3.** *typ.* (*Drucker*)Schwärze *f.*

ink·ling ['ɪŋklɪŋ] *s* **1.** Andeutung *f*, Wink *m.* **2.** dunkle Ahnung: ***give s.o. an ~ of*** (*od.* ***as to***) j-m e-e ungefähre Vorstellung geben von.

'ink|·pad *s* Stempelkissen *n.* **~ stain** *s* Tintenklecks *m*, -fleck *m.*

ink·y ['ɪŋkɪ] *adj* **1.** tinten-, pechschwarz. **2.** tintig, voller Tinte.

in·land I *adj* ['ɪnlənd] **1.** binnenländisch, Binnen... **2.** inländisch, einheimisch: ♀ ***Revenue*** *Br.* F Finanzamt *n.* **II** *adv* [ɪn'lænd] **3.** landeinwärts.

in-laws ['ɪnlɔːz] *s pl* angeheiratete Verwandte *pl*, *engS.* Schwiegereltern *pl.*

in·lay I *v/t* (*irr* ***lay***) [,ɪn'leɪ] **1.** einlegen (***with*** mit): ***inlaid work*** → 3. **2.** parkettieren: ***inlaid floor*** Parkett(fußboden *m*) *n.* **II** *s* ['ɪnleɪ] **3.** Einlegearbeit *f.*

in·let ['ɪnlet] *s* **1.** Eingang *m.* **2.** Einlaß *m* (*a.* ⚙). **3.** schmale Bucht; Meeresarm *m.*

in·mate ['ɪnmeɪt] *s* Insasse *m*, Insassin *f* (*e-r Anstalt, e-s Gefängnisses etc*).

in·most ['ɪnməʊst] *adj* innerst, *fig. a.* tiefst, geheimst.

inn [ɪn] *s* **1.** Gasthaus *n*, -hof *m.* **2.** Wirtshaus *n.*

in·nards ['ɪnədz] *s pl* F Eingeweide *pl*: ***his ~ were rumbling*** es rumorte in s-m Bauch.

in·nate [,ɪ'neɪt] *adj* angeboren (***in*** *dat*).

in·ner ['ɪnə] *adj* **1.** inner, Innen...: ***~ door*** Innentür *f*; ***~ life*** Innen-, Seelenleben *n*; ***~ man*** Seele *f*; Geist *m*; *humor.* Magen *m.* **2.** *fig.* tiefer, verborgen (*Sinn etc*). **in·ner·most** ['~məʊst] → ***inmost.***

'inn,keep·er *s* (Gast)Wirt(in).

in·no·cence ['ɪnəsəns] *s* Unschuld *f*: a) Schuldlosigkeit *f*, b) Unberührtheit *f*: ***lose one's ~*** s-e Unschuld verlieren, c) Harmlosigkeit *f*, d) Arglosigkeit *f*, Naivität *f.* **in·no·cent** ['~snt] *adj* ☐ unschuldig: a) schuldlos (***of*** an *dat*), b) sittlich rein, (*Mädchen a.*) unberührt: (***as***) ***~ as a newborn babe*** so unschuldig wie ein neugeborenes Kind, c) harmlos: ***~ air*** Unschuldsmiene *f*, d) arglos, naiv.

in·noc·u·ous [ɪ'nɒkjʊəs] *adj* ☐ unschädlich, harmlos.

in·no·vate ['ɪnəʊveɪt] *v/i* Neuerungen einführen (***on, in*** bei, in *dat*). **,in·no'va·tion** *s* Neuerung *f.*

in·nu·en·do [,ɪnjuː'endəʊ] *pl* **-do(e)s** *s* (***about, at***) versteckte Andeutung (über *acc*) *od.* Anspielung (auf *acc*).

in·nu·mer·a·ble [ɪ'njuːmərəbl] *adj* ☐ unzählig, zahllos.

in·oc·u·late [ɪ'nɒkjʊleɪt] *v/t* ⚕ impfen (***against*** gegen): ***~ s.o. with s.th.*** *fig.* j-m et. einimpfen. **in,oc·u'la·tion** *s* ⚕ Impfung *f.*

in·o·dor·ous [ɪn'əʊdərəs] *adj* geruchlos.

in·of·fen·sive [ˌɪnəˈfensɪv] *adj* □ harmlos.

in·op·er·a·ble [ɪnˈɒpərəbl] *adj* **1.** undurchführbar. **2.** ⚕ inoperabel.

in·op·er·a·tive [ɪnˈɒpərətɪv] *adj* unwirksam: a) wirkungslos, b) ⚖ ungültig.

in·op·por·tune [ɪnˈɒpətjuːn] *adj* □ ungünstig, unpassend.

in·or·di·nate [ɪnˈɔːdɪnət] *adj* □ un-, übermäßig, (*Forderung etc a.*) überzogen.

in·or·gan·ic [ˌɪnɔːˈgænɪk] *adj* (**~ally**) **1.** unorganisch. **2.** ⚗ anorganisch.

in·pa·tient [ˈɪnˌpeɪʃnt] *s* stationärer Patient: **~ treatment** stationäre Behandlung.

in·put [ˈɪnpʊt] *s* Input *m*: a) ✝ eingesetzte Produktionsmittel *pl*, b) ⚡ Eingangsleistung *f*, c) ⚙ eingespeiste Menge, d) *Computer*: (Daten)Eingabe *f*.

in·quest [ˈɪnkwest] *s* ⚖ gerichtliche Untersuchung: → **coroner.**

in·qui·e·tude [ɪnˈkwaɪətjuːd] *s* Unruhe *f*, Besorgnis *f*.

in·quire [ɪnˈkwaɪə] **I** *v/t* **1. ~ s.th.** (**of s.o.**) sich (bei j-m) nach et. erkundigen. **II** *v/i* **2.** (nach)fragen, sich erkundigen (**of s.o.** bei j-m; **after, for** nach; **about** wegen): **~ within** Näheres im Hause (zu erfragen). **3. ~ into** *et.* untersuchen, prüfen. **in'quir·y** *s* **1.** Erkundigung *f*, (An-, Nach)Frage *f*: **on ~** auf An- *od.* Nachfrage; **make inquiries** Erkundigungen einziehen (**of s.o.** bei j-m; **about, after** über *acc*, wegen). **2.** Untersuchung *f*, Prüfung *f* (**of, into** *gen*), Nachforschung *f*, Ermittlung *f*, Recherche *f*. **3.** *pl* 🚂 *etc* Auskunft *f* (*Büro, Schalter*).

in·qui·si·tion [ˌɪnkwɪˈzɪʃn] *s* **1.** (*a.* gerichtliche *od.* amtliche) Untersuchung (**into** *gen*). **2.** ♀ *eccl. hist.* Inquisition *f*.

in·quis·i·tive [ɪnˈkwɪzətɪv] *adj* □ **1.** wißbegierig. **2.** neugierig.

in·quo·rate [ɪnˈkwɔːrət] *adj* beschlußunfähig.

in·road [ˈɪnrəʊd] *s bsd. pl* **1.** *bsd.* ⚔ Einfall *m* (**in, into, on** in *acc*). **2.** *fig.* (**in, into, on**) Eingriff *m* in (*acc*), Übergriff *m* (auf *acc*). **3.** *a.* **heavy ~** *fig.* übermäßige Inanspruchnahme (**in, into, on** *gen*): **make ~s on s.o.'s free time** j-s Freizeit stark einschränken; **make ~s into s.o.'s savings** ein großes Loch in j-s Ersparnisse reißen.

in·rush [ˈɪnrʌʃ] *s* **1.** (Her)Einströmen *n*. **2.** *fig.* Flut *f*, (Zu)Strom *m*: **~ of tourists** Touristenstrom.

in·sa·lu·bri·ous [ˌɪnsəˈluːbrɪəs] *adj* □ ungesund.

in·sane [ɪnˈseɪn] *adj* □ wahn-, irrsinnig, ⚕ *a.* geisteskrank.

in·san·i·tar·y [ɪnˈsænɪtərɪ] *adj* unhygienisch, gesundheitsschädlich.

in·san·i·ty [ɪnˈsænətɪ] *s* Wahn-, Irrsinn *m*, ⚕ *a.* Geisteskrankheit *f*.

in·sa·ti·a·ble [ɪnˈseɪʃəbl] *adj* □ unersättlich (*Person*), unstillbar (*Durst etc*) (*beide a. fig.*).

in·scrip·tion [ɪnˈskrɪpʃn] *s* **1.** In- *od.* Aufschrift *f*. **2.** (persönliche) Widmung.

in·scru·ta·ble [ɪnˈskruːtəbl] *adj* □ unerforschlich, unergründlich.

in·sect [ˈɪnsekt] *s zo.* Insekt *n*: **~ spray** Insektenspray *n*. **in'sec·ti·cide** [~tɪsaɪd] *s* Insektizid *n*, Insektenvernichtungsmittel *n*.

in·se·cure [ˌɪnsɪˈkjʊə] *adj* □ **1.** ungesichert, nicht fest. **2.** *fig.* unsicher. **ˌin·se'cu·ri·ty** [~rətɪ] *s* Unsicherheit *f*.

in·sem·i·nate [ɪnˈsemɪneɪt] *v/t biol.* befruchten, *zo. a.* besamen. **inˌsem·i'na·tion** *s* Befruchtung *f*, Besamung *f*.

in·sen·si·ble [ɪnˈsensəbl] *adj* □ **1.** unempfindlich (**to** gegen): **~ to pain** schmerzunempfindlich. **2.** bewußtlos. **3.** *fig.* (**of, to**) unempfänglich (für), gleichgültig (gegen). **4.** unmerklich.

in·sen·si·tive [ɪnˈsensətɪv] *adj* □ **1.** *a. phys.*, ⚙ unempfindlich (**to** gegen): **~ to light** lichtunempfindlich. **2.** → **insensible** 1, 3.

in·sep·a·ra·ble [ɪnˈsepərəbl] *adj* □ **1.** untrennbar (*a. ling.*). **2.** unzertrennlich (**from** von).

in·sert I *v/t* [ɪnˈsɜːt] **1.** einfügen, -setzen, -schieben, *Instrument etc* einführen, *Schlüssel etc* (hinein)stecken, *Münze etc* einwerfen (**in, into** in *acc*). **2. ~ an advertisement in(to) a newspaper** e-e Anzeige in e-e Zeitung setzen, in e-r Zeitung inserieren. **II** *s* [ˈɪnsɜːt] **3.** → **insertion** 2-4. **in'ser·tion** *s* **1.** Einsetzen *n*, Einführung *f*, Einwurf *m*. **2.** Einsatz(stück *n*) *m*. **3.** Anzeige *f*, Inserat *n*. **4.** (Zeitungs)Beilage *f*, (Buch)Einlage *f*.

in·shore [ˌɪnˈʃɔː] *adj* an *od.* nahe der

Küste: *~ **fishing*** Küstenfischerei *f.*

in·side I *s* [ˌɪn'saɪd] **1.** Innenseite *f; das* Innere: ***on the ~*** innen; ***from the ~*** von innen; ***turn ~ out*** umdrehen, umstülpen; *fig.* (völlig) umkrempeln; ***know ~ out*** in- u. auswendig kennen. **II** *adj* ['ɪnsaɪd] **2.** inner, Innen...: ***~ lane*** (*Sport*) Innenbahn *f; mot. Br.* äußere Fahrspur; ***overtake s.o. on the ~ lane*** (*in GB etc*) j-n links überholen, (*in Deutschland etc*) j-n rechts überholen. **3.** ***~ information*** (F ***stuff***) Insiderinformationen *pl*, interne *od.* vertrauliche Informationen *pl.* **III** *adv* [ˌɪn'saɪd] **4.** im Inner(e)n, (dr)innen. **5.** hinein, herein. **6.** ***~ of*** a) *zeitlich*: innerhalb (*gen*), b) *Am.* → 7. **IV** *prp* [ˌɪn'saɪd] **7.** innerhalb, im Inner(e)n (*gen*): ***~ the house*** im Hause. ˌ**in'sid·er** *s* Insider(in), Eingeweihte *m, f.*

in·sid·i·ous [ɪn'sɪdɪəs] *adj* □ hinterhältig, heimtückisch.

in·sight ['ɪnsaɪt] *s* **1.** (***into***) Einblick *m* (in *acc*); Verständnis *n* (für). **2.** Einsicht *f.*

in·sig·ni·a [ɪn'sɪgnɪə] *pl* **-a(s)** *s* **1.** Insignie *f*, Amts-, Ehrenzeichen *n.* **2.** ⚔ Abzeichen *n.*

in·sig·nif·i·cant [ˌɪnsɪg'nɪfɪkənt] *adj* □ **1.** bedeutungslos. **2.** geringfügig, unerheblich (*Betrag*). **3.** unbedeutend (*Person*).

in·sin·cere [ˌɪnsɪn'sɪə] *adj* □ unaufrichtig, falsch.

in·sin·u·ate [ɪn'sɪnjʊeɪt] *v/t* andeuten, anspielen auf (*acc*): ***are you insinuating that ...?*** wollen Sie damit sagen, daß ...? **inˌsin·u'a·tion** *s* (***about***) Anspielung *f* (auf *acc*), Andeutung *f* (über *acc*): ***by ~*** andeutungsweise.

in·sip·id [ɪn'sɪpɪd] *adj* □ fad (*a. fig.*).

in·sist [ɪn'sɪst] **I** *v/i* **1.** darauf bestehen: ***~ on*** bestehen auf (*dat*), verlangen (*acc*); ***~ on doing s.th.*** darauf bestehen, et. zu tun; et. unbedingt tun wollen. **2.** (***on***) beharren (auf *dat*), bleiben bei. **3.** (***on***) Gewicht legen (auf *acc*), (nachdrücklich) betonen (*acc*). **II** *v/t* **4.** darauf bestehen (***that*** daß). **5.** darauf beharren, dabei bleiben (***that*** daß). **in'sist·ence** *s* **1.** Bestehen *n*, Beharren *n* (***on*** auf *dat*). **2.** Betonung *f* (***on*** *gen*): ***with great ~*** mit großem Nachdruck. **3.** Beharrlichkeit *f*, Hartnäckigkeit *f.* **in'sist·ent** *adj* □ **1.** beharrlich, hartnäckig: ***be ~*** (***on***) → ***insist*** I; ***be ~ that*** darauf bestehen, daß. **2.** eindringlich, nachdrücklich.

ˌ**in·so'far** *adv*: ***~ as*** soweit.

in·sole ['ɪnsəʊl] *s* **1.** Brandsohle *f.* **2.** Einlegesohle *f.*

in·so·lence ['ɪnsələns] *s* Unverschämtheit *f*, Frechheit *f.* '**in·so·lent** *adj* □ unverschämt, frech.

in·sol·u·ble [ɪn'sɒljʊbl] *adj* □ **1.** ⚗ un(auf)löslich. **2.** *fig.* unlösbar.

in·sol·ven·cy [ɪn'sɒlvənsɪ] *s* ⚕ Zahlungsunfähigkeit *f*, Insolvenz *f.* **in'sol·vent** *adj* zahlungsunfähig, insolvent.

in·som·ni·a [ɪn'sɒmnɪə] *s* Schlaflosigkeit *f.*

ˌ**in·so'much** *adv*: ***~ that*** dermaßen *od.* so sehr, daß.

in·spect [ɪn'spekt] *v/t* **1.** untersuchen, prüfen (***for*** auf *acc*). **2.** besichtigen, inspizieren. **in'spec·tion** *s* **1.** Untersuchung *f*, Prüfung *f*: ***on ~*** bei näherer Prüfung; ***for ~*** ⚕ zur Ansicht. **2.** Besichtigung *f*, Inspektion *f.* **in'spec·tor** *s* **1.** Inspektor *m*, Aufsichtsbeamte *m*, Kontrolleur *m* (*a.* 🚂 *etc*). **2.** ***police ~*** *Br.* Polizeiinspektor *m*, -kommissar *m.*

in·spi·ra·tion [ˌɪnspə'reɪʃn] *s* Inspiration *f*: a) (*eccl.* göttliche) Eingebung, (plötzlicher) Einfall, b) Anregung *f*: ***be s.o.'s ~, be an ~ to*** (*od.* ***for***) ***s.o.*** j-n inspirieren. **in·spire** [ɪn'spaɪə] *v/t* **1.** inspirieren, anregen (***to*** zu; ***to do*** zu tun). **2.** *Gefühl etc* erwecken, auslösen (***in*** in *dat*). **3.** erfüllen (***with*** mit).

in·sta·bil·i·ty [ˌɪnstə'bɪlətɪ] *s* **1.** mangelnde Festigkeit *od.* Stabilität. **2.** *bsd.* ⚗, ⚙ Instabilität *f.* **3.** *fig.* Unbeständigkeit *f.* **4.** (***emotional***) ~ *fig.* Labilität *f.*

in·stall [ɪn'stɔːl] *v/t* **1.** ⚙ installieren: a) *Bad etc* einbauen, b) *Leitung etc* legen, c) *Telefon etc* anschließen. **2.** *j-n* einsetzen (***interim president***) als Interimspräsidenten). **in·stal·la·tion** [ˌɪnstə'leɪʃn] *s* **1.** ⚙ Installation *f*, Einbau *m*, Anschluß *m.* **2.** ⚙ Anlage *f*, Einrichtung *f.* **3.** (Amts)Einsetzung *f.*

in·stall·ment, *bsd. Br.* **in·stal·ment** [ɪn'stɔːlmənt] *s* **1.** ⚕ Rate *f*: ***by*** (*od.* ***in***) ***~s*** in Raten, ratenweise; ***first ~*** Anzahlung *f* (***toward***[***s***] auf *acc*); ***monthly ~*** Monatsrate; ***buy on*** (*od.* ***by***) ***the ~ plan*** *Am.* auf Raten kaufen. **2.** (Teil)Lieferung *f* (*e-s Buchs etc*). **3.** a) Fortsetzung *f*: ***novel by*** (*od.* ***in***) ***~s*** Fortsetzungsroman *m*, b) *Rundfunk*, *TV*: Folge *f*.

in·stance ['ɪnstəns] *s* **1.** (*einzelner*) Fall: ***in this*** ~ in diesem (besonderen) Fall. **2.** Beispiel *n*: ***for*** ~ zum Beispiel; ***as an*** ~ ***of*** als Beispiel für. **3.** ***at s.o.'s*** ~ auf j-s Veranlassung (hin), auf j-s Betreiben *od.* Drängen. **4.** ⚖ Instanz *f*: ***in the last*** ~ in letzter Instanz; *fig.* letztlich; ***in the first*** ~ *fig.* in erster Linie; zuerst.

in·stant ['ɪnstənt] **I** *s* **1.** Moment *n*, Augenblick *m*: ***in an*** ~, ***on the*** ~ sofort, augenblicklich; ***at this*** ~ in diesem Augenblick. **II** *adj* (□ → ***instantly***) **2.** sofortig, augenblicklich: ~ ***camera*** *phot.* Sofortbildkamera *f*; ~ ***coffee*** Pulverkaffee *m*; ~ ***meal*** Fertig-, Schnellgericht *n*. **3.** ***the 10th*** ~ ☨ der 10. dieses Monats. **4.** dringend: ***be in*** ~ ***need of*** *et.* dringend brauchen.

in·stan·ta·ne·ous [ˌɪnstən'teɪnjəs] *adj* sofortig, augenblicklich: ***his death was*** ~ er war auf der Stelle tot. **ˌin·stan'ta·ne·ous·ly** *adv* sofort, auf der Stelle.

in·stant·ly ['ɪnstəntlɪ] *adv* sofort, augenblicklich.

in·stead [ɪn'sted] *adv* **1.** ~ ***of*** an Stelle von (*od. gen*), (an)statt (*gen*): ~ ***of me*** an m-r Stelle; ~ ***of going*** (an)statt zu gehen. **2.** statt dessen, dafür.

in·step ['ɪnstep] *s anat.* Rist *m*, Spann *m*.

in·sti·gate ['ɪnstɪgeɪt] *v/t* **1.** *j-n* aufhetzen, *a.* ⚖ anstiften (***to*** zu; ***to do*** zu tun). **2.** *et. Böses* anstiften, anzetteln; *et.* in Gang setzen, in die Wege leiten. **ˌin·sti'ga·tion** *s* **1.** Aufhetzung *f*, Anstiftung *f*. **2.** ***at s.o.'s*** ~ → ***instance*** 3.

in·stil(l) [ɪn'stɪl] *v/t* **1.** einträufeln (***into*** *dat*). **2.** *fig.* einflößen (***into*** *dat*).

in·stinct ['ɪnstɪŋkt] *s* Instinkt *m*: ***by*** (*od.* ***from***) ~ instinktiv; ~ ***for self-preservation*** Selbsterhaltungstrieb *m*. **in'stinc·tive** *adj* □ instinktiv.

in·sti·tute ['ɪnstɪtjuːt] **I** *v/t* **1.** gründen, ins Leben rufen. **2.** in Gang setzen, in die Wege leiten. **II** *s* **3.** Institut *n*. **ˌin·sti'tu·tion** *s* **1.** Institution *f*, Einrichtung *f* (*beide a. sociol.*); Institut *n*; Anstalt *f*. **2.** Sitte *f*, Brauch *m*. **3.** Gründung *f*. **ˌin·sti'tu·tion·al** [~ʃənl] *adj* **1.** Instituts...; Anstalts... **2.** *bsd. contp.* Einheits... **ˌin·sti'tu·tion·al·ize** *v/t* **1.** institutionalisieren. **2.** in e-e Anstalt einweisen.

in·struct [ɪn'strʌkt] *v/t* **1.** (***in*** in *dat*) unterrichten; ausbilden, schulen. **2.** informieren, unterrichten. **3.** instruieren, anweisen, beauftragen (***to do*** zu tun). **in'struc·tion** *s* **1.** Unterricht *m*; Ausbildung *f*, Schulung *f*. **2.** Informierung *f*, Unterrichtung *f*. **3.** Instruktion *f*, Anweisung *f*, (*Computer*) Befehl *m*: ***according to*** ~***s*** auftragsgemäß; vorschriftsmäßig; ~***s*** *pl* ***for use*** Gebrauchsanweisung, -anleitung *f*. **in'struc·tive** *adj* □ instruktiv, lehrreich. **in'struc·tor** *s* Lehrer *m*; Ausbilder *m*. **in'struc·tress** *s* Lehrerin *f*.

in·stru·ment ['ɪnstrʊmənt] **I** *s* **1.** ⚙ Instrument *n* (*a.* ⚕): a) Werkzeug *n*: ~ ***of torture*** Foltergerät *n*, -instrument, -werkzeug, b) (*bsd.* Meß)Gerät *n*. **2.** ♪ Instrument *n*. **3.** ☨, ⚖ Dokument *n*, Urkunde *f*. **4.** *fig.* Werkzeug *n*: a) (Hilfs)Mittel *n*, Instrument *n*, b) Handlanger(in). **II** *v/t* **5.** ♪ instrumentieren. **in·stru·men·tal** [ˌ~'mentl] *adj* □ **1.** ⚙ Instrumenten... **2.** ♪ Instrumental...: ~ ***music***. **3.** behilflich, förderlich: ***be*** ~ ***in*** beitragen zu.

in·sub·or·di·nate [ˌɪnsə'bɔːdnət] *adj* □ aufsässig.

in·sub·stan·tial [ˌɪnsəb'stænʃl] *adj* □ **1.** unkörperlich. **2.** unwirklich. **3.** wenig *od.* nicht gehaltvoll (*Essen etc*). **4.** nicht *od.* wenig stichhaltig (*Argument etc*); gegenstandslos (*Befürchtung etc*).

in·suf·fer·a·ble [ɪn'sʌfərəbl] *adj* □ unerträglich, unausstehlich.

in·suf·fi·cien·cy [ˌɪnsə'fɪʃnsɪ] *s* **1.** Unzulänglichkeit *f*. **2.** Untauglich-, Unfähigkeit *f*. **3.** ⚕ Insuffizienz *f*. **ˌin·suf'fi·cient** *adj* □ **1.** unzulänglich, ungenügend. **2.** untauglich, unfähig (***to do*** zu tun).

in·su·lar ['ɪnsjʊlə] *adj* □ **1.** Insel... **2.** *fig.* engstirnig.

in·su·late ['ɪnsjʊleɪt] *v/t* ⚡, ⚙ isolieren (*a. fig.* ***from*** von): ***insulating tape*** *Br.* Isolierband *n*. **ˌin·su'la·tion** *s* Isolierung *f*.

in·su·lin ['ɪnsjʊlɪn] *s* ⚕ Insulin *n*.

in·sult **I** *v/t* [ɪn'sʌlt] beleidigen. **II** *s* ['ɪnsʌlt] Beleidigung *f* (***to*** für *od. gen*).

in·su·per·a·ble [ɪn'suːpərəbl] *adj* □ unüberwindlich (*a. fig.*).

in·sup·port·a·ble [ˌɪnsə'pɔːtəbl] *adj* □ unerträglich, unausstehlich.

in·sur·ance [ɪn'ʃɔːrəns] *s* **1.** ☨ Versicherung *f*: ~ ***agent*** Versicherungsvertreter *m*; ~ ***company*** Versicherung(sgesellschaft *f*); ~ ***policy*** Versicherungspolice *f*, -schein *m*. **2.** ⚕ Versicherungssumme *f*; -prämie *f*. **3.** *fig*. (Ab)Sicherung *f* (***against*** gegen). **in'sure** *v/t* ⚕ versichern (***against*** gegen; ***for*** mit *e-r Summe*). **in'sured** *s* Versicherte *m, f*, Versicherungsnehmer(in). **in'sur·er** *s* Versicherer *m*, Versicherungsträger *m*: ~***s*** *pl* Versicherung(sgesellschaft) *f*.

in·sur·mount·a·ble [ˌɪnsə'maʊntəbl] *adj* □ *fig*. unüberwindlich.

in·sur·rec·tion [ˌɪnsə'rekʃn] *s* Aufstand *m*, Revolte *f*.

in·sus·cep·ti·ble [ˌɪnsə'septəbl] *adj* □ **1.** unempfindlich (***to*** gegen): ~ ***to pain*** schmerzunempfindlich. **2.** unempfänglich (***to*** für).

in·tact [ɪn'tækt] *adj* intakt: a) unversehrt, unbeschädigt, b) ganz, vollständig.

in·take ['ɪnteɪk] *s* **1.** ⚙ Einlaß(öffnung *f*) *m*. **2.** (*Nahrungs- etc*)Aufnahme *f*. **3.** aufgenommene Menge, Zufuhr *f*; (Neu)Aufnahme(n *pl*) *f*, (Neu)Zugänge *pl*.

in·tan·gi·ble [ɪn'tændʒəbl] *adj* □ **1.** nicht greifbar. **2.** *fig*. unbestimmt, vage.

in·te·ger ['ɪntɪdʒə] *s* Å ganze Zahl.

in·te·gral ['ɪntɪgrəl] *adj* □ **1.** integral (*Bestandteil etc*). **2.** ganz, vollständig. **3.** Å Integral...: ~ ***calculus*** Integralrechnung *f*.

in·te·grate ['ɪntɪgreɪt] **I** *v/t* integrieren: a) zs.-schließen (***into*** zu): ~***d circuit*** ⚡ integrierter Schaltkreis, b) eingliedern (***into*** in *acc*), c) einbeziehen, einbauen (***into, with*** in *acc*). **II** *v/i* sich integrieren (→ Ia, b); sich einbeziehen *od*. einbauen lassen. ˌ**in·te'gra·tion** *s* Integration *f*, Integrierung *f*.

in·teg·ri·ty [ɪn'tegrətɪ] *s* **1.** Integrität *f*. **2.** Vollständigkeit *f*; Einheit *f*.

in·tel·lect ['ɪntəlekt] *s* Intellekt *m*, Verstand *m*. ˌ**in·tel'lec·tu·al** [~tjʊəl] **I** *adj* □ intellektuell: a) geistig, Geistes...: → ***property*** 1, b) verstandesbetont. **II** *s* Intellektuelle *m, f*.

in·tel·li·gence [ɪn'telɪdʒəns] *s* **1.** Intelligenz *f*: ~ ***quotient*** Intelligenzquotient *m*; ~ ***test*** Intelligenztest *m*. **2.** nachrichtendienstliche Informationen *pl*. **3.** *a*. ~ ***service*** Nachrichten-, Geheimdienst *m*. **in'tel·li·gent** *adj* □ **1.** intelligent. **2.** vernünftig. **in**ˌ**tel·li'gent·si·a** [~'dʒentsɪə] *s* (*pl konstruiert*) *coll*. *die* Intelligenz, *die* Intellektuellen *pl*.

in·tel·li·gi·ble [ɪn'telɪdʒəbl] *adj* □ verständlich (***to*** für *od*. *dat*).

in·tem·per·ate [ɪn'tempərət] *adj* □ unmäßig.

in·tend [ɪn'tend] *v/t* **1.** beabsichtigen, vorhaben (***s.th.*** et.; ***doing, to do*** zu tun): ***was this ~ed?*** war das Absicht? **2.** bestimmen (***for*** für, zu): ***it was ~ed for you*** es war für dich (bestimmt *od*. gedacht). **3.** sagen wollen, meinen (***by*** mit). **4.** bedeuten, sein wollen: ***it was ~ed for*** (*od*. ***as, to be***) ***a compliment*** es sollte ein Kompliment sein. **in'tend·ed** **I** *adj* **1.** beabsichtigt. **2.** absichtlich. **3.** ***her ~ husband*** F ihr Zukünftiger. **II** *s* **4.** F Zukünftige *m, f*.

in·tense [ɪn'tens] *adj* □ intensiv: a) stark, heftig: ~ ***heat*** starke Hitze, b) hell, grell (*Licht*), c) satt (*Farben*), d) durchdringend (*Geräusch, Geruch*), e) angestrengt, f) sehnlich, dringend. **in'tense·ness** *s* Intensität *f*.

in·ten·si·fi·ca·tion [ɪnˌtensɪfɪ'keɪʃn] *s* Verstärkung *f*, Intensivierung *f*. **in'ten·si·fy** [~ faɪ] *v/t* (*a*. *v/i* sich) verstärken, intensivieren.

in·ten·sive [ɪn'tensɪv] *adj* □ intensiv: a) → ***intense*** a, b) gründlich, erschöpfend: ~ ***course*** Intensivkurs *m*; ***be in*** (*od*. ***at***) ***the ~ care unit*** ⚕ auf der Intensivstation liegen.

in·tent [ɪn'tent] **I** *s* **1.** Absicht *f*, Vorsatz *m* (*a*. ⚖): ***with*** ~ absichtlich, mit Absicht, *bsd*. ⚖ vorsätzlich. **II** *adj* □ **2.** ***be ~ on doing s.th.*** fest entschlossen sein, et. zu tun; et. unbedingt tun wollen. **3.** aufmerksam, gespannt (*Blick etc*). **in'ten·tion** *s* Absicht *f*, Vorsatz *m* (***of doing, to do*** zu tun): ***with the best*** (***of***) ***~s*** in bester Absicht; ***good ~s*** *pl* gute Vorsätze *pl*. **in'ten·tion·al** [~ʃənl] *adj* absichtlich, *bsd*. ⚖ vorsätzlich: ~***ly*** *a*. mit Absicht.

in·ter... ['ɪntə] Zwischen...; Wechsel...

ˌ**in·ter'act** *v/i* aufeinander (ein)wirken. ˌ**in·ter'ac·tion** *s* Wechselwirkung *f*.

ˌ**in·ter'breed** *v/t u. v/i* (*irr* ***breed***) *biol*. (sich) kreuzen.

in·ter·ca·lar·y [ɪn'tɜːkələrɪ] *adj* Schalt...: ~ ***day***; ~ ***year***.

in·ter·cede [ˌɪntə'siːd] *v/i* sich verwenden *od.* einsetzen (***with*** bei; ***for, on behalf of*** für).

in·ter·cept [ˌɪntəˈsept] *v/t Brief, Boten, Funkspruch etc* abfangen. **ˌin·terˈcep·tion** *s* Abfangen *n*. **ˌin·terˈcep·tor** *s a.* ~ ***plane*** ✈, ⚔ Abfangjäger *m*.

in·ter·ces·sion [ˌɪntəˈseʃn] *s* Fürsprache *f*.

in·ter·change I *v/t* [ˌ~ˈtʃ~] **1.** gegen- *od.* untereinander austauschen, auswechseln. **2.** *Geschenke, Meinungen etc* austauschen, *Briefe* wechseln (***with*** mit). **II** *s* [ˈ~tʃ~] **3.** Austausch *m*: ~ ***of ideas*** Gedankenaustausch. **4.** *mot.* Autobahnkreuz *n*. **5.** *a.* ~ ***station*** Umsteig(e)bahnhof *m*, -station *f*.

ˌin·ter-ˈcit·y *s* 🚂 *Br.* Intercity *m*: ~ ***train*** Intercityzug *m*.

in·ter·com [ˈɪntəkɒm] *s* (Gegen-, Haus-, ⚓, ✈ Bord)Sprechanlage *f*.

ˌin·ter·comˈmu·ni·cate *v/i* **1.** miteinander in Verbindung stehen. **2.** miteinander (durch e-e Tür *etc*) verbunden sein.

ˈin·terˌcon·tiˈnen·tal *adj* interkontinental, Interkontinental...: ~ ***ballistic missile*** ⚔ Interkontinentalrakete *f*.

ˈin·ter·course *s* **1.** Verkehr *m*, Umgang *m* (***with*** mit): ***commercial*** ~ Geschäfts-, Handelsverkehr. **2.** (Geschlechts)Verkehr *m*.

ˈin·ter·deˌnom·iˈna·tion·al *adj* interkonfessionell, konfessionsübergreifend.

ˌin·ter·deˈpend·ence *s* gegenseitige Abhängigkeit. **ˌin·ter·deˈpen·dent** *adj* voneinander abhängig.

in·ter·dict I *s* [ˈɪntədɪkt] (amtliches) Verbot. **II** *v/t* [ˌɪntəˈdɪkt] (amtlich) verbieten.

in·ter·est [ˈɪntrəst] **I** *s* **1.** Interesse *n* (***in*** an *dat*, für): ***take*** (*od.* ***have***) ***an*** ~ ***in*** sich interessieren für. **2.** Reiz *m*, Interesse *n*: ***be of*** ~ (***to***) reizvoll sein (für), interessieren (*acc*). **3.** Wichtigkeit *f*, Bedeutung *f*: ***of great*** (***little***) ~ von großer Wichtigkeit (von geringer Bedeutung). **4.** *bsd.* ⚕ Beteiligung *f*, Anteil *m* (***in*** an *dat*): ***have an*** ~ ***in s.th.*** an *od.* bei et. beteiligt sein. **5.** Interesse *n*, Vorteil *m*, Nutzen *m*: ***be in*** (*od.* ***to***) ***s.o.'s*** ~ in j-s Interesse liegen; ***in your*** (***own***) ~ zu Ihrem (eigenen) Vorteil. **6.** ⚕ Zins(en *pl*) *m*: ***bear*** (*od.* ***carry***) ~ Zinsen tragen, sich verzinsen (***at 4%*** mit 4%); ~ ***rate, rate of*** ~ Zinssatz *m*. **II** *v/t* **7.** interessieren (***in*** für). **ˈin·ter·est·ed** *adj* interessiert (***in*** an *dat*): ***be*** ~ ***in*** sich interessieren für. **ˈin·ter·est·ing** *adj* □ interessant.

ˈin·ter·face *s* ⚡ Schnittstelle *f*, (*Computer a.*) Nahtstelle *f*.

in·ter·fere [ˌɪntəˈfɪə] *v/i* **1.** (***in*** in *acc*) eingreifen; sich einmischen. **2.** ~ ***with*** *j-n, et.* stören, behindern; sich zu schaffen machen an (*dat*). **ˌin·terˈfer·ence** *s* **1.** Eingriff *m*; Einmischung *f*. **2.** Störung *f*, Behinderung *f* (***with*** *gen*).

in·ter·im [ˈɪntərɪm] **I** *s*: ***in the*** ~ in der Zwischenzeit, inzwischen. **II** *adj* Interims..., Zwischen...: ~ ***aid*** Überbrückungshilfe *f*; ~ ***government*** Interims-, Übergangsregierung *f*; ~ ***report*** Zwischenbericht *m*.

in·te·ri·or [ɪnˈtɪərɪə] **I** *adj* **1.** inner..., Innen...: ~ ***decorator*** a) Innenausstatter(in), b) *a.* ~ ***designer*** Innenarchitekt(in). **2.** binnenländisch, Binnen...; inländisch, Inlands... **II** *s* **3.** *oft pl das* Innere. **4.** Innenraum *m*, -seite *f*. **5.** *phot.* Innenaufnahme *f*, (*Film*, *TV a.*) Studioaufnahme *f*. **6.** Binnenland *n*, *das* Innere. **7.** *pol.* innere Angelegenheiten *pl*: → ***department*** 3.

in·ter·ject [ˌɪntəˈdʒekt] *v/t Bemerkung etc* dazwischen-, einwerfen. **ˌin·terˈjec·tion** *s ling.* Interjektion *f*.

ˌin·terˈlace I *v/t* **1.** verflechten, -schlingen, *a. fig.* verweben. **2.** durchflechten (***with*** mit) (*a. fig.*). **II** *v/i* **3.** sich verflechten.

in·ter·loc·u·tor [ˌɪntəˈlɒkjʊtə] *s* Gesprächspartner *m*.

in·ter·lop·er [ˈɪntələʊpə] *s* Eindringling *m*.

in·ter·lude [ˈɪntəluːd] *s* **1.** (*kurze*) Zeit, Periode *f*. **2.** Unterbrechung *f* (***in*** *gen*). **3.** *thea.*, ♪ Zwischenspiel *n*, Intermezzo *n* (*beide a. fig.*).

ˌin·terˈmar·riage *s* **1.** Mischehe *f*. **2.** Heirat *f* innerhalb der Familie *od.* zwischen Blutsverwandten. **ˌin·terˈmar·ry** *v/i* **1.** e-e Mischehe eingehen; untereinander heiraten. **2.** innerhalb der Familie heiraten.

in·ter·me·di·ar·y [ˌɪntəˈmiːdjərɪ] **I** *adj* **1.** → ***intermediate***. **2.** vermittelnd. **II** *s* **3.** Vermittler(in), Mittelsmann *m*. **4.** ⚕ Zwischenhändler *m*. **ˌin·terˈme·di·ate** [~djət] *adj* □ **1.** Zwischen... **2.**

ped. für fortgeschrittene Anfänger.

in·ter·mez·zo [ˌɪntəˈmetsəʊ] *pl* **-zi** [ˌtsiː], **-zos** *s* ♪ Intermezzo *n*, Zwischenspiel *n*.

in·ter·mi·na·ble [ɪnˈtɜːmɪnəbl] *adj* □ endlos.

ˌin·terˈmin·gle *v/t u. v/i* (sich) vermischen.

ˌin·terˈmis·sion *s* Pause *f* (*a. thea. etc*), Unterbrechung *f*: ***without ~*** pausenlos.

in·ter·mit·tent [ˌɪntəˈmɪtənt] *adj* □ mit Unterbrechungen, periodisch (auftretend), ⚕ *etc* intermittierend: ***~ fever*** ⚕ Wechselfieber *n*.

in·tern [ɪnˈtɜːn] *v/t* internieren.

in·ter·nal [ɪnˈtɜːnl] *adj* □ **1.** inner, Innen...: ***~ injury*** (***medicine***) innere Verletzung (Medizin); ***he was bleeding ~ly*** er hatte innere Blutungen. **2.** ⚕, *pharm.* innerlich anzuwenden(d). **3.** einheimisch, Inlands...: ***~ trade*** Binnenhandel *m*. **4.** *pol.* innenpolitisch, Innen...: ***~ affairs*** *pl* innere Angelegenheiten *pl*. **5.** (✝ *a.* betriebs)intern.

inˌter·nal-comˈbus·tion en·gine *s* ⚙ Verbrennungsmotor *m*.

in·ter·nal·ize [ɪnˈtɜːnəlaɪz] *v/t* verinnerlichen.

ˌin·terˈna·tion·al I *adj* □ **1.** international: ***~ law*** Völkerrecht *n*; ***♀ Monetary Fund*** Internationaler Währungsfonds; ***~ reply coupon*** ✉ internationaler Antwortschein. **2.** Auslands...: ***~ call*** *teleph.* Auslandsgespräch *n*; ***~ flight*** Auslandsflug *m*. **II** *s* **3.** *Sport*: Internationale *m, f*, Nationalspieler(in); Länderkampf *m*, -spiel *n*. **ˌin·terˈna·tion·al·ize** *v/t* internationalisieren.

in·tern·ee [ˌɪntɜːˈniː] *s* Internierte *m, f*.

in·ter·nist [ɪnˈtɜːnɪst] *s* ⚕ Internist(in).

in·tern·ment [ɪnˈtɜːnmənt] *s* Internierung *f*: ***~ camp*** Internierungslager *n*.

ˈin·ter·phone → ***intercom.***

ˌin·terˈplan·e·ta·ry *adj* interplanetar(isch).

ˈin·ter·play *s* Wechselspiel *n*.

in·ter·pret [ɪnˈtɜːprɪt] **I** *v/t* **1.** auslegen, interpretieren (***as*** als). **2.** dolmetschen. **3.** *Daten etc* auswerten. **II** *v/i* **4.** dolmetschen (***for s.o.*** j-m). **inˌter·preˈta·tion** *s* **1.** Auslegung *f*, Interpretation *f*. **2.** Dolmetschen *n*. **3.** Auswertung *f*. **inˈter·pret·er** *s* Dolmetscher(in).

ˌin·ter·reˈlat·ed *adj* in Wechselbeziehung stehend, zs.-hängend. **ˌin·ter·reˈla·tion** *s* Wechselbeziehung *f*.

in·ter·ro·gate [ɪnˈterəʊgeɪt] *v/t* verhören, -nehmen. **inˌter·roˈga·tion** *s* **1.** Verhör *n*, Vernehmung *f*. **2.** Frage *f* (*a. ling.*): ***~ mark*** (*od.* ***point***) Fragezeichen *n*. **in·ter·rog·a·tive** [ˌɪntəˈrɒgətɪv] *adj* □ **1.** fragend. **2.** *ling.* Interrogativ..., Frage...: ***~ pronoun*** Interrogativpronomen *n*, Fragefürwort *n*. **ˌin·terˈrog·a·to·ry** [ˌtərɪ] *adj* fragend.

in·ter·rupt [ˌɪntəˈrʌpt] **I** *v/t* unterbrechen (*a.* ⚡), *j-m* ins Wort fallen. **II** *v/i*: ***don't ~!*** unterbrich mich *etc* nicht! **ˌin·terˈrupt·ed·ly** *adv* mit Unterbrechungen. **ˌin·terˈrupt·er** *s* ⚡ Unterbrecher *m*. **ˌin·terˈrup·tion** *s* Unterbrechung *f*: ***without ~*** ununterbrochen.

in·ter·sect [ˌɪntəˈsekt] **I** *v/t* (durch-) schneiden, (-)kreuzen. **II** *v/i* sich schneiden *od.* kreuzen. **ˌin·terˈsec·tion** *s* **1.** ⩓ Schnitt *m*: (***point of***) ***~*** Schnittpunkt *m*. **2.** (Straßen)Kreuzung *f*.

in·ter·sperse [ˌɪntəˈspɜːs] *v/t* **1.** einstreuen. **2.** durchsetzen (***with*** mit).

ˈin·ter·state *adj Am.* zwischenstaatlich: ***~ highway*** (*zwei od. mehrere Bundesstaaten verbindende*) Autobahn.

in·ter·stice [ɪnˈtɜːstɪs] *s* **1.** Zwischenraum *m*. **2.** Lücke *f*, Spalt *m*.

ˌin·terˈtwine, ˌin·terˈtwist *v/t u. v/i* (sich) verflechten *od.* verschlingen.

ˌin·terˈur·ban *adj* zwischen mehreren Städten (bestehend *od.* verkehrend): ***~ traffic*** Überlandverkehr *m*.

in·ter·val [ˈɪntəvl] *s* **1.** (*zeitlicher od. räumlicher*) Abstand, (*zeitlich a.*) Intervall *n*: ***at regular ~s*** in regelmäßigen Abständen. **2.** *Br.* Pause *f* (*a. thea. etc*), Unterbrechung *f*: ***~ signal*** (*Rundfunk, TV*) Pausenzeichen *n*. **3.** ♪, ⩓ Intervall *n*.

in·ter·vene [ˌɪntəˈviːn] *v/i* **1.** eingreifen, -schreiten, *bsd.* ⚔, *pol.* intervenieren. **2.** (*zeitlich*) dazwischenliegen. **3.** sich inzwischen ereignen; dazwischenkommen: ***if nothing ~s*** wenn nichts dazwischenkommt. **in·ter·ven·tion** [ˌ~ˈvenʃn] *s* Eingreifen *n*, -schreiten *n*, Intervention *f*.

in·ter·view [ˈɪntəvjuː] **I** *s* **1.** Interview *n*: ***give s.o. an ~.*** **2.** Einstellungsgespräch *n*. **II** *v/t* **3.** interviewen. **4.** ein Einstellungsgespräch führen mit. **in·ter·view-**

ee [ˌ~'iː] *s* Interviewte *m*, *f*. **'in·ter·ˌview·er** *s* Interviewer(in).

ˌin·ter'weave *v/t* (*irr* ***weave***) **1.** (miteinander) verweben *od.* verflechten (*a. fig.*). **2.** vermengen, -mischen (***with*** mit) (*beide a. fig.*).

in·tes·tate [ɪn'testeɪt] *adj*: ***die ~*** ⚖ ohne Hinterlassung e-s Testaments sterben.

in·tes·tine [ɪn'testɪn] *s anat*. Darm *m*: ***~s*** *pl* Gedärme *pl*; ***large ~*** Dickdarm; ***small ~*** Dünndarm.

in·ti·ma·cy ['ɪntɪməsɪ] *s* Intimität *f*: a) Vertrautheit *f*, b) (*a. contp. plumpe*) Vertraulichkeit, c) intime (*sexuelle*) Beziehungen *pl*, d) Gemütlichkeit *f*.

in·ti·mate[1] ['ɪntɪmət] *adj* □ intim: a) vertraut, eng (*Freund etc*), b) vertraulich (*Mitteilung etc*), *contp. a.* plump-vertraulich, c) in sexuellen Beziehungen stehend (***with*** mit), d) anheimelnd, gemütlich (*Atmosphäre etc*), e) innerst (*Wünsche etc*), f) gründlich, genau (*Kenntnisse etc*): ***be on ~ terms*** (***with***) auf vertrautem Fuße stehen (mit); intime Beziehungen haben (zu).

in·ti·mate[2] ['ɪntɪmeɪt] *v/t* **1.** andeuten: ***~ to s.o. that*** j-m zu verstehen geben, daß. **2.** ankündigen; mitteilen. **ˌin·ti'ma·tion** *s* **1.** Andeutung *f*. **2.** Ankündigung *f*; Mitteilung *f*.

in·tim·i·date [ɪn'tɪmɪdeɪt] *v/t* einschüchtern: ***~ s.o. into doing s.th.*** j-n nötigen, et. zu tun. **inˌtim·i'da·tion** *s* Einschüchterung *f*.

in·to ['ɪntʊ] *prp* **1.** in (*acc*), in (*acc*) ... hinein. **2.** gegen: → ***crash*** 6, *etc*. **3.** *Zustandsänderung*: zu: ***make water ~ ice***. **4.** 𝔄 in (*acc*): → ***divide*** 4. **5.** ***be ~*** F stehen auf (*acc*).

in·tol·er·a·ble [ɪn'tɒlərəbl] *adj* □ unerträglich. **in'tol·er·ance** *s* Intoleranz *f*. **in'tol·er·ant** *adj* □ intolerant (***of*** gegenüber): ***be ~ of s.th.*** et. nicht dulden *od.* tolerieren.

in·to·na·tion [ˌɪntəʊ'neɪʃn] *s* **1.** *ling*. Intonation *f*, Satzmelodie *f*. **2.** Tonfall *m*. **3.** ♪ Intonation *f*. **in'tone** *v/t* ♪ intonieren: a) *Lied etc* anstimmen, b) *Ton* angeben.

in·tox·i·cant [ɪn'tɒksɪkənt] **I** *adj* berauschend (*a. fig.*). **II** *s* Rauschmittel *n*, *bsd.* berauschendes Getränk. **in'tox·i·cate** [~keɪt] *v/t* berauschen (*a. fig.*). **inˌtox·i'ca·tion** *s* Rausch *m* (*a. fig.*).

in·trac·ta·ble [ɪn'træktəbl] *adj* □ **1.** eigensinnig. **2.** hartnäckig (*Krankheit, Problem etc*).

in·tran·si·gent [ɪn'trænsɪdʒənt] *adj* □ unnachgiebig.

in·tran·si·tive [ɪn'trænsətɪv] *adj* □ *ling*. intransitiv.

in·tra·ve·nous [ˌɪntrə'viːnəs] *adj* □ *anat*., ⚕ intravenös.

in·tre·pid [ɪn'trepɪd] *adj* □ unerschrokken.

in·tri·ca·cy ['ɪntrɪkəsɪ] *s* **1.** Kompliziertheit *f*. **2.** Verworrenheit *f*. **in·tri·cate** ['~kət] *adj* □ **1.** verwickelt, kompliziert. **2.** verworren.

in·trigue [ɪn'triːg] **I** *v/t* faszinieren; interessieren; neugierig machen. **II** *v/i* intrigieren (***against*** gegen). **III** *s* Intrige *f*. **in'tri·guer** *s* Intrigant(in). **in'tri·guing** *adj* □ **1.** faszinierend; interessant. **2.** intrigant.

in·trin·sic [ɪn'trɪnsɪk] *adj* **1.** inner. **2.** wesentlich.

in·tro·duce [ˌɪntrə'djuːs] *v/t* **1.** *neue Methode etc* einführen. **2.** (***to***) *j-n* bekannt machen (mit), vorstellen (*dat*). **3.** (***to***) *j-n* einführen (in *ein Fach etc*), bekannt machen (mit). **4.** *Redner*, *Programm etc* ankündigen. **5.** *Gedanken*, *Gesetzesvorlage etc* einbringen (***into*** in *acc*). **6.** (***into*** in *acc*) einfügen; (hinein)stekken, einführen. **in·tro·duc·tion** [ˌ~'dʌkʃn] *s* **1.** Einführung *f*. **2.** Vorstellung *f*. **3.** Einleitung *f*, Vorwort *n*. **4.** Leitfaden *m* (***to*** *gen*). **5.** Einbringung *f*. **ˌin·tro'duc·to·ry** [~tərɪ] *adj* **1.** Einführungs...: ***~ price***. **2.** einleitend, Einleitungs...

in·tro·spec·tion [ˌɪntrəʊ'spekʃn] *s* Selbstbeobachtung *f*. **ˌin·tro'spec·tive** [~tɪv] *adj* □ introspektiv.

in·tro·vert ['ɪntrəʊvɜːt] *adj psych*. introvertiert.

in·trude [ɪn'truːd] **I** *v/t* **1.** ***~ o.s.*** → 3. **2.** aufdrängen (***s.th. on s.o.*** j-m et.; ***o.s. on s.o.*** sich j-m). **II** *v/i* **3.** sich eindrängen (***into*** in *acc*) (*a. fig.*). **4.** sich aufdrängen (***on*** *dat*). **5.** stören (***on s.o.*** j-n). **in'trud·er** *s* **1.** Eindringling *m*. **2.** Störenfried *m*.

in·tru·sion [ɪn'truːʒn] *s* Störung *f* (***on*** *gen*). **in'tru·sive** [~sɪv] *adj* □ aufdringlich.

in·tu·i·tion [ˌɪntjuː'ɪʃn] *s* Intuition *f*. **in'tu·i·tive** [~tɪv] *adj* □ intuitiv.

in·un·date ['ɪnʌndeɪt] *v/t* überschwemmen, -fluten (*beide a. fig.*). ˌ**in·un'da·tion** *s* Überschwemmung *f*, -flutung *f*.
in·ure [ɪ'njʊə] *v/t* (*to*) abhärten (gegen), *fig. a.* gewöhnen (an *acc*).
in·vade [ɪn'veɪd] *v/t* **1.** einfallen *od.* eindringen in (*acc*), ⚔ *a.* einmarschieren in (*acc*). **2.** sich ausbreiten über (*acc*) *od.* in (*dat*), erfüllen. **3.** *fig.* überlaufen, -schwemmen. **4.** *j-s Privatsphäre etc* verletzen, in *j-s Rechte* eingreifen. **in'vad·er** *s* **1.** Eindringling *m.* **2.** *pl* ⚔ Invasoren *pl.*
in·va·lid[1] ['ɪnvəlɪd] **I** *adj* **1.** krank, gebrechlich; invalid, arbeits-, erwerbsunfähig; kriegsbeschädigt. **2.** Kranken... **II** *s* **3.** Kranke *m, f*, Gebrechliche *m, f*; Invalide *m*, Arbeits-, Erwerbsunfähige *m, f*; Pflegefall *m.* **III** *v/t* ['ɪnvəliːd] **4.** zum Invaliden machen.
in·val·id[2] [ɪn'vælɪd] *adj* □ (rechts)ungültig, unwirksam. **in'val·i·date** [~deɪt] *v/t* für ungültig erklären. **in**ˌ**val·i'da·tion** *s* Ungültigkeitserklärung *f*.
in·va·lid·i·ty[1] [ˌɪnvə'lɪdətɪ] *s* Invalidität *f*, Arbeits-, Erwerbsunfähigkeit *f*.
in·va·lid·i·ty[2] [~] *s* (Rechts)Ungültigkeit *f*.
in·val·u·a·ble [ɪn'væljʊəbl] *adj* □ unschätzbar, von unschätzbarem Wert (*beide a. fig.*): ***be ~ to s.o.*** für j-n von unschätzbarem Wert sein.
in·var·i·a·ble [ɪn'veərɪəbl] *adj* □ unveränderlich, gleichbleibend.
in·va·sion [ɪn'veɪʒn] *s* **1.** (***of***) Einfall *m* (in *acc*), Eindringen *n* (in *acc*), ⚔ *a.* Invasion *f* (*gen*), Einmarsch *m* (in *acc*): ***~ of tourists*** Touristeninvasion. **2.** *fig.* (***of***) Verletzung *f* (*gen*), Eingriff *m* (in *acc*).
in·vec·tive [ɪn'vektɪv] *s* Beschimpfung(en *pl*) *f*, Schmähung(en *pl*) *f*.
in·veigh [ɪn'veɪ] *v/i* (***against***) schimpfen (über *od.* auf *acc*), herziehen (über *acc*).
in·vei·gle [ɪn'veɪgl] *v/t* verleiten, -führen (***into*** zu; ***into doing s.th.*** dazu, et. zu tun).
in·vent [ɪn'vent] *v/t* erfinden, *et. Unwahres a.* erdichten. **in'ven·tion** *s* Erfindung *f*. **in'ven·tive** [~tɪv] *adj* □ **1.** erfinderisch. **2.** einfallsreich. **in'ven·tor** *s* Erfinder(in).
in·ven·to·ry ['ɪnvəntrɪ] ✝ **I** *s* **1.** Inventar *n*: a) Bestandsliste *f*: ***make*** (*od.* ***take***) ***an ~ of*** → 3, b) (Waren-, Lager)Bestand *m.* **2.** Inventur *f*. **II** *v/t* **3.** e-e Bestandsliste machen von.
in·verse [ˌɪn'vɜːs] *adj* □ umgekehrt: ***in ~ order*** in umgekehrter Reihenfolge. **in'ver·sion** *s* **1.** Umkehrung *f*. **2.** ⚗, *ling. etc* Inversion *f*.
in·vert [ɪn'vɜːt] *v/t* **1.** umkehren: ***~ed commas*** *pl bsd. Br.* Anführungszeichen *pl.* **2.** umwenden, umstülpen: ***~ s.th. over*** et. stülpen über (*acc*).
in·ver·te·brate [ɪn'vɜːtɪbreɪt] *zo.* **I** *adj* wirbellos. **II** *s* wirbelloses Tier.
in·vest [ɪn'vest] **I** *v/t* **1.** ✝ (***in***) investieren (in *acc od. dat*), anlegen (in *dat*). **2.** ***~ s.o. with*** j-m *et.* verleihen; j-n mit *Befugnissen etc* ausstatten. **II** *v/i* **3.** ***~ in*** a) ✝ investieren in (*acc od. dat*), sein Geld anlegen in (*dat*), b) F sich *et.* kaufen *od.* zulegen.
in·ves·ti·gate [ɪn'vestɪgeɪt] **I** *v/t Verbrechen etc* untersuchen, Ermittlungen *od.* Nachforschungen anstellen über (*acc*), *Fall* recherchieren, *j-n, Anspruch etc* überprüfen, *e-r Beschwerde etc* nachgehen, *Gebiet etc* (*wissenschaftlich*) erforschen. **II** *v/i* ermitteln, recherchieren, Ermittlungen *od.* Nachforschungen anstellen (***into*** über *acc*): ***investigating committee*** Untersuchungsausschuß *m.* **in**ˌ**ves·ti'ga·tion** *s* Untersuchung *f* (***into, of*** *gen*), Nachforschung *f*, Recherche *f*, Überprüfung *f*: ***be under ~*** untersucht werden.
in·vest·ment [ɪn'vestmənt] *s* ✝ Investition *f*, (Kapital)Anlage *f*; Anlagekapital *n*: ***~ adviser*** (*od.* ***consultant***) Anlageberater(in); ***~ trust*** Kapitalanlagegesellschaft *f*. **in'vest·or** *s* Investor *m*, Kapitalanleger *m.*
in·vet·er·ate [ɪn'vetərət] *adj* □ **1.** eingewurzelt, unausrottbar. **2.** ⚕ hartnäckig; chronisch. **3.** eingefleischt, unverbesserlich.
in·vid·i·ous [ɪn'vɪdɪəs] *adj* □ gehässig, boshaft.
in·vig·or·ate [ɪn'vɪgəreɪt] *v/t* stärken, kräftigen; beleben, anregen; er-, aufmuntern.
in·vin·ci·ble [ɪn'vɪnsəbl] *adj* □ **1.** ⚔, *Sport*: unbesiegbar. **2.** *fig.* unüberwindlich.
in·vis·i·ble [ɪn'vɪzəbl] *adj* □ unsichtbar (***to*** für).
in·vi·ta·tion [ˌɪnvɪ'teɪʃn] *s* **1.** Einladung *f*

(*to* an *acc*; zu): ***at the ~ of*** auf Einladung von (*od. gen*). **2.** (höfliche) Aufforderung, Ersuchen *n*. **3.** Herausforderung *f*: ***be an ~ for → invite*** 4. **in'vite** *v/t* **1.** einladen (***to dinner*** zum Essen). **2.** (höflich) auffordern, ersuchen (***to do*** zu tun). **3.** bitten *od.* ersuchen um, erbitten. **4.** herausfordern (zu), einladen zu.

in·vo·ca·tion [ˌɪnvəʊ'keɪʃn] *s* **1.** Anrufung *f* (***to*** *gen*). **2.** Beschwörung *f*.

in·voice ['ɪnvɔɪs] ✝ **I** *s* (Waren)Rechnung *f*, Faktura *f*. **II** *v/t* fakturieren, in Rechnung stellen.

in·voke [ɪn'vəʊk] *v/t* **1.** flehen um, erflehen. **2.** *Gott etc* anrufen. **3.** *Geist* beschwören.

in·vol·un·tar·y [ɪn'vɒləntərɪ] *adj* □ **1.** unfreiwillig. **2.** unabsichtlich. **3.** unwillkürlich.

in·volve [ɪn'vɒlv] *v/t* **1.** a) *j-n* verwickeln, hineinziehen (***in*** in *acc*): ***~d in an accident*** in e-n Unfall verwickelt, b) *j-n, et.* angehen, betreffen: ***the persons ~d*** die Betroffenen. **2.** ***be ~d*** zu tun haben (***with*** mit). **3.** zur Folge haben, nach sich ziehen; verbunden sein mit; erfordern, nötig machen. **in'volved** *adj* kompliziert; verworren.

in·vul·ner·a·ble [ɪn'vʌlnərəbl] *adj* □ **1.** unverwundbar (*a. fig.*). **2.** *fig.* unanfechtbar, hieb- u. stichfest.

in·ward ['ɪnwəd] **I** *adv* **1.** einwärts, nach innen. **2.** → ***inwardly*** 1, 2. **II** *adj* **3.** innerlich, inner (*beide a. fig.*), Innen... **'in·ward·ly** *adv* **1.** innerlich, im Inner(e)n (*beide a. fig.*). **2.** *fig.* im stillen, insgeheim. **3.** → ***inward*** 1. **in·wards** ['~z] → ***inward*** I.

i·o·dine ['aɪəʊdiːn] *s* ⚗ Jod *n*.

i·on ['aɪən] *s* ⚗, *phys.* Ion *n*. **i·on·ic** [aɪ'ɒnɪk] *adj* Ionen...

i·o·ta [aɪ'əʊtə] *s fig.* Jota *n*: ***not an ~ of truth*** kein Körnchen Wahrheit.

IOU [ˌaɪəʊ'juː] *s* Schuldschein *m* (= ***I owe you***).

i·ras·ci·ble [ɪ'ræsəbl] *adj* □ jähzornig, reizbar.

i·rate [aɪ'reɪt] *adj* zornig, wütend.

ir·i·des ['aɪrɪdiːz] *pl von* ***iris.***

ir·i·des·cent [ˌɪrɪ'desnt] *adj* □ (*in den Regenbogenfarben*) schillernd.

i·ris ['aɪərɪs] *pl* **'i·ris·es, ir·i·des** ['aɪrɪdiːz] *s* **1.** *anat.* Iris *f*, Regenbogenhaut *f*. **2.** ⚘ Iris *f*, Schwertlilie *f*.

I·rish ['aɪərɪʃ] **I** *adj* **1.** irisch: ***~ coffee*** Irish Coffee *m*. **II** *s* **2.** ***the ~*** *pl* die Iren *pl*. **3.** *ling.* Irisch *n*. **~·man** ['~mən] *s* (*irr* ***man***) Ire *m*. '**~ˌwom·an** *s* (*irr* ***woman***) Irin *f*.

irk [ɜːk] *v/t* **1.** ärgern, verdrießen. **2.** ermüden, langweilen. **irk·some** ['ɜːksəm] *adj* □ **1.** ärgerlich, verdrießlich. **2.** ermüdend, langweilig.

i·ron ['aɪən] **I** *s* **1.** Eisen *n*: ***have several ~s in the fire*** *fig.* mehrere Eisen im Feuer haben; ***strike while the ~ is hot*** *fig.* das Eisen schmieden, solange es heiß ist; ***will of ~*** eiserner Wille. **2.** Bügeleisen *n*. **II** *adj* **3.** eisern (*a. fig.*), Eisen...: ***℞ Curtain*** *pol.* Eiserner Vorhang; ***~ lung*** ⚕ eiserne Lunge; ***~ ore*** *min.* Eisenerz *n*. **III** *v/t* **4.** bügeln: ***~ out*** ausbügeln; *fig. Meinungsverschiedenheiten etc* aus der Welt schaffen, beseitigen.

i·ron·ic, i·ron·i·cal [aɪ'rɒnɪk(l)] *adj* □ ironisch.

i·ron·ing board ['aɪənɪŋ] *s* Bügelbrett *n*.

'i·ron·work *s* **1.** Eisenbeschläge *pl*. **2.** *pl* (*oft sg konstruiert*) Eisenhütte *f*.

i·ro·ny ['aɪərənɪ] *s* Ironie *f*: ***~ of fate*** Ironie des Schicksals.

ir·ra·tion·al [ɪ'ræʃənl] *adj* □ **1.** irrational, unvernünftig. **2.** ⩚ irrational.

ir·rec·og·niz·a·ble [ɪ'rekəgnaɪzəbl] *adj* □ nicht zu erkennen(d) *od.* wiederzuerkennen(d), unkenntlich.

ir·rec·on·cil·a·ble [ɪ'rekənsaɪləbl] *adj* □ **1.** unvereinbar (***with*** mit). **2.** unversöhnlich.

ir·re·cov·er·a·ble [ˌɪrɪ'kʌvərəbl] *adj* □ nicht wiedergutzumachen(d), unersetzlich, -bar (*Verlust etc*).

ir·re·deem·a·ble [ˌɪrɪ'diːməbl] *adj* □ **1.** ✝ unkündbar (*Obligation etc*). **2.** nicht wiedergutzumachen(d) (*Verlust etc*).

ir·ref·u·ta·ble [ɪ'refjʊtəbl] *adj* □ unwiderlegbar.

ir·reg·u·lar [ɪ'regjʊlə] *adj* □ **1.** unregelmäßig (*a. ling.*). **2.** regel- *od.* vorschriftswidrig. **irˌreg·u'lar·i·ty** [~'lærətɪ] *s* **1.** Unregelmäßigkeit *f*. **2.** Regel- *od.* Vorschriftswidrigkeit *f*.

ir·rel·e·vance, ir·rel·e·van·cy [ɪ'reləvəns(ɪ)] *s* Irrelevanz *f*, Unerheblichkeit *f*, Belanglosigkeit *f*. **ir'rel·e·vant** *adj* □ irrelevant, unerheblich, belanglos (***to*** für).

ir·re·me·di·a·ble [ˌɪrɪ'miːdjəbl] *adj* □ nicht behebbar *od.* abstellbar.
ir·re·mis·si·ble [ˌɪrɪ'mɪsəbl] *adj* □ unverzeihlich.
ir·re·mov·a·ble [ˌɪrɪ'muːvəbl] *adj* □ unabsetzbar.
ir·rep·a·ra·ble [ɪ'repərəbl] *adj* □ irreparabel, nicht wieder gutzumachen(d).
ir·re·place·a·ble [ˌɪrɪ'pleɪsəbl] *adj* □ unersetzlich, -bar.
ir·re·press·i·ble [ˌɪrɪ'presəbl] *adj* □ un(be)zähmbar.
ir·re·proach·a·ble [ˌɪrɪ'prəʊtʃəbl] *adj* □ untadelig, tadellos.
ir·re·sist·i·ble [ˌɪrɪ'zɪstəbl] *adj* □ unwiderstehlich.
ir·res·o·lute [ɪ'rezəluːt] *adj* □ unentschlossen, unschlüssig.
ir·re·spec·tive [ˌɪrɪ'spektɪv] *adj* □: **~ of** ohne Rücksicht auf (*acc*).
ir·re·spon·si·ble [ˌɪrɪ'spɒnsəbl] *adj* □ **1.** verantwortungslos: a) unzuverlässig, b) unverantwortlich. **2.** ⚖ unzurechnungsfähig; nicht haftbar (**for** für).
ir·re·triev·a·ble [ˌɪrɪ'triːvəbl] *adj* □ unersetzlich, -bar.
ir·rev·er·ence [ɪ'revərəns] *s* Respektlosigkeit *f*. **ir'rev·er·ent** *adj* □ respektlos.
ir·re·vers·i·ble [ˌɪrɪ'vɜːsəbl] → ***irrevocable.***
ir·rev·o·ca·ble [ɪ'revəkəbl] *adj* □ unwiderruflich, unumstößlich.
ir·ri·gate ['ɪrɪgeɪt] *v/t* **1.** ⚒ bewässern. **2.** ⚕ *Wunde etc* ausspülen. ˌ**ir·ri'ga·tion** *s* **1.** ⚒ Bewässerung *f*: **~ *ditch*** Bewässerungsgraben *m*. **2.** ⚕ Ausspülung *f*.
ir·ri·ta·ble ['ɪrɪtəbl] *adj* □ reizbar. **ir·ri·tate** ['~teɪt] *v/t* reizen, (ver)ärgern: ***~d at*** (***by, with***) verärgert *od.* ärgerlich über (*acc*). '**ir·ri·tat·ing** *adj* □ ärgerlich. ˌ**ir·ri'ta·tion** *s* Verärgerung *f*; Ärger *m* (**at** über *acc*).
is [ɪz] *er, sie, es* ist.
Is·lam ['ɪzlɑːm] *s* Islam *m*. **Is·lam·ic** [ɪz'læmɪk] *adj* islamisch.
is·land ['aɪlənd] *s* **1.** Insel *f*. **2.** Verkehrsinsel *f*. '**is·land·er** *s* Inselbewohner(in).
isn't ['ɪznt] F *für* ***is not.***
i·so·late ['aɪsəleɪt] *v/t* **1.** *a.* ⚕ isolieren, absondern (**from** von). **2.** ⚗ *etc* isolieren. **3.** *fig.* a) isoliert *od.* einzeln betrachten, b) trennen (**from** von). '**i·so·lat·ed** *adj* **1.** isoliert, abgesondert. **2.** einzeln, vereinzelt: **~ *case*** Einzelfall *m*. **3.** abgeschieden. ˌ**i·so'la·tion** *s* **1.** Isolierung *f*, Absonderung *f*: **~ *ward*** ⚕ Isolierstation *f*. **2.** ***consider in ~*** → ***isolate*** 3a. **3.** Abgeschiedenheit *f*: ***live in ~*** zurückgezogen leben.
i·so·met·rics [ˌaɪsəʊ'metrɪks] *s pl* (*a. sg konstruiert*) Isometrik *f*.
i·sos·ce·les [aɪ'sɒsɪliːz] *adj* ⩓ gleichschenk(e)lig (*Dreieck*).
i·so·tope ['aɪsəʊtəʊp] *s phys.* Isotop *n*.
Is·rae·li [ɪz'reɪlɪ] **I** *adj* israelisch. **II** *s* Israeli *m, f*.
is·sue ['ɪʃuː] **I** *s* **1.** Ausgabe *f*, Erlaß *m*. **2.** ✝ Ausgabe *f*, Emission *f*, Begebung *f*, Auflegung *f*, Ausstellung *f*. **3.** Ausgabe *f* (*e-r Zeitung etc*). **4.** Streitfrage *f*, -punkt *m*: ***be at ~*** zur Debatte stehen; ***point at ~*** strittige Frage. **5.** Ausgang *m*, Ergebnis *n*: ***bring to an ~*** zur Entscheidung bringen; ***force an ~*** e-e Entscheidung erzwingen. **6.** ⚖ Nachkommen(schaft *f*) *pl*: ***die without ~*** kinderlos sterben. **II** *v/t* **7.** *Befehle etc* ausgeben, *a.* ⚖ *Haftbefehl* erlassen. **8.** ✝ *Banknoten, Wertpapiere etc* ausgeben, *Anleihe* begeben, auflegen, *Dokument, Wechsel etc* ausstellen. **9.** *Zeitung etc* herausgeben. **10.** *bsd.* ⚔ *Munition etc* ausgeben. **III** *v/i* **11.** heraus-, hervorkommen. **12.** herausfließen, -strömen. **13.** herrühren (**from** von).
isth·mus ['ɪsməs] *pl* **-mus·es, -mi** ['~maɪ] *s* Landenge *f*, Isthmus *m*.
it [ɪt] *pron* **1.** es (*nom od. acc*). **2.** *auf schon Genanntes bezogen*: es, er, ihn, sie. **3.** *unpersönliches od. grammatisches Subjekt*: es: ***~ is raining; oh, ~ was you*** oh, Sie waren es *od.* das. **4.** *unbestimmtes Objekt* (*oft unübersetzt*) es: → ***foot*** 4, *etc.* **5.** *verstärkend*: ***~ is to him that you should turn*** an ihn solltest du dich wenden.
I·tal·ian [ɪ'tæljən] **I** *adj* **1.** italienisch. **II** *s* **2.** Italiener(in). **3.** *ling.* Italienisch *n*.
i·tal·ic [ɪ'tælɪk] *typ.* **I** *adj* kursiv. **II** *s oft pl* Kursivschrift *f*: ***in ~s*** kursiv. **i'tal·i·cize** [~saɪz] *v/t* kursiv drucken.
itch [ɪtʃ] **I** *s* **1.** Jucken *n*, Juckreiz *m*. **2.** ⚕ Krätze *f*. **3.** *fig.* Verlangen *n* (**for** nach): ***have*** (*od.* ***feel***) ***an ~ to do s.th.*** große Lust haben *od.* darauf brennen, et. zu tun. **II** *v/i* **4.** jucken, (*Pullover etc a.*) kratzen. **5.** *fig.* F ***be ~ing for s.th.*** et.

unbedingt (haben) wollen; ***he's ~ing to try it*** es reizt *od.* juckt ihn, es zu versuchen. **III** *v/t* **6.** *j-n* jucken, kratzen. **'itch·y** *adj* juckend; kratzend: → ***palm***[1] 1.

i·tem ['aɪtəm] *s* **1.** Punkt *m* (*der Tagesordnung etc*), (*Bilanz- etc*)Posten *m.* **2.** (Waren)Artikel *m*; *weitS.* Gegenstand *m*, Ding *m.* **3.** (*Presse-, Zeitungs*)Notiz *f*, (*a. Rundfunk, TV*) Nachricht *f*, Meldung *f.* **i·tem·ize** ['~maɪz] *v/t Rechnungsposten* einzeln aufführen, *a. Rechnung* spezifizieren, *Kosten etc* aufgliedern.

i·tin·er·ant [ɪ'tɪnərənt] *adj* □ (*beruflich*) reisend, Reise..., Wander... **i·tin·er·ar·y** [aɪ'tɪnərərɪ] *s* **1.** Reiseweg *m*, -route *f*; Reiseplan *m.* **2.** Reiseführer *m* (*Buch*). **i·tin·er·ate** [ɪ'tɪnəreɪt] *v/i* (herum)reisen.

it'll ['ɪtl] F *für* ***it will.***

its [ɪts] *pron* sein, s-e, ihr, ihre.

it's [ɪts] F *für* ***it is; it has.***

it·self [ɪt'self] *pron* **1.** *reflex* sich. **2.** sich selbst. **3.** *verstärkend*: selbst: ***by ~*** (für sich) allein; von allein *od.* selbst.

it·sy-bit·sy [ˌɪtsɪ'bɪtsɪ] *adj* F klitzeklein, winzig.

I've [aɪv] F *für* ***I have.***

i·vo·ry ['aɪvərɪ] **I** *s* **1.** Elfenbein *n.* **2.** *pl sl.* (*bsd.* Klavier)Tasten *pl*: ***tickle the ivories*** (auf dem Klavier) klimpern. **II** *adj* **3.** elfenbeinern, Elfenbein...: ***live in an ~ tower*** *fig.* in e-m Elfenbeinturm leben *od.* sitzen.

i·vy ['aɪvɪ] *s* ♀ Efeu *m*: ***Ⓡ League*** *Eliteuniversitäten im Osten der USA.*

J

jab [dʒæb] **I** *v/t* **1.** (hinein)stechen, (-)stoßen (***into*** in *acc*). **II** *v/i* **2.** stechen, stoßen (***at*** nach; ***with*** mit). **III** *s* **3.** Stich *m*, Stoß *m.* **4.** *Boxen*: Jab *m.* **5.** ⚕ F Spritze *f.*

jab·ber ['dʒæbə] **I** *v/t a.* ***~ out*** (daher)plappern, *Gebet etc* herunterrasseln. **II** *v/i a.* ***~ away*** plappern, schwatzen. **III** *s* Geplapper *n*, Geschwätz *n.*

jack [dʒæk] **I** *s* **1.** Ⓡ F *für* ***John: before you could say Ⓡ Robinson*** im Nu, im Handumdrehen; ***every man ~*** jeder, alle. **2.** *Kartenspiel*: Bube *m*: ***~ of hearts*** Herzbube *m.* **3.** ⚙ Hebevorrichtung *f*: (***car***) ~ Wagenheber *m.* **II** *v/t* **4.** hochheben, *Auto* aufbocken.

jack·al ['dʒækɔːl] *s zo.* Schakal *m.*

'jack|·ass *s* **1.** (männlicher) Esel. **2.** *fig.* Esel *m*, Dummkopf *m.* **'~·boot** *s* **1.** Stulp(en)stiefel *m.* **2.** Wasserstiefel *m.* **~·daw** ['~dɔː] *s orn.* Dohle *f.*

jack·et ['dʒækɪt] *s* **1.** Jacke *f*, Jackett *n.* **2.** ⚙ Mantel *m.* **3.** (Schutz)Umschlag *m*, (*Buch-, Am. a. Schallplatten*)Hülle *f.* **4.** Schale *f*: ***potatoes*** *pl* (***boiled***) ***in their ~s, ~ potatoes*** *pl* Pellkartoffeln *pl.* **~ crown** *s* ⚕ Jacketkrone *f.*

'jack|ˌham·mer *s* ⚙ Preßlufthammer *m.* **'~-in-the-box** *pl* **'~-in-the-ˌbox·es, '~s-in-the-box** *s* Schachtelmännchen *n*, -teufel *m.* **'~·knife** *s* (*irr* ***knife***) Klappmesser *n.* **ˌ~-of-'all-trades** *s a. contp.* Hansdampf *m* in allen Gassen. **'~·pot** *s Poker etc*: Jackpot *m*: ***hit the ~*** F den Jackpot gewinnen; *fig.* das große Los ziehen (***with*** mit).

jade [dʒeɪd] *s min.* Jade *m, f.*

jad·ed ['dʒeɪdɪd] *adj* **1.** erschöpft, ermattet. **2.** abgestumpft, übersättigt. **3.** schal, reizlos geworden.

jag [dʒæg] **I** *s* **1.** Zacke *f.* **2.** Loch *n*, Riß *m.* **II** *v/t* **3.** auszacken. **4.** ein Loch reißen in (*acc*). **jag·ged** ['~gɪd], **'jag·gy** *adj* □ **1.** (aus)gezackt, zackig. **2.** zerklüftet (*Steilküste etc*).

jag·uar ['dʒægjʊə] *s zo.* Jaguar *m.*

jail [dʒeɪl] **I** *s* Gefängnis *n*: ***in ~*** im Gefängnis; ***put in ~*** → II. **II** *v/t* einsperren. **'~·bird** *s* F Knastbruder *m*, Knacki *m.* **'~·break** *s* Ausbruch *m* (aus dem Gefängnis). **'~ˌbreak·er** *s* Ausbrecher *m.*

jail·er ['dʒeɪlə] *s* Gefängniswärter *m*, -aufseher *m*.
ja·lop·(p)y [dʒə'lɒpɪ] *s* F alte Kiste *od.* Mühle (*Auto, Flugzeug*).
jam[1] [dʒæm] *s* Marmelade *f*.
jam[2] [~] **I** *v/t* **1.** (hinein)pressen, (-)quetschen, (-)zwängen, *Menschen a.* (-)pferchen (***into*** in *acc*): ~ ***in*** hineinpressen *etc.* **2.** (ein)klemmen, (-)quetschen: ***he ~med his finger*** (*od.* ***got his finger ~med***) ***in the door*** er quetschte sich den Finger in der Tür; ***be ~med in*** eingekeilt sein (***between*** zwischen *dat*). **3.** *a.* ~ ***up*** blockieren, verstopfen. **4.** *a.* ~ ***up*** (*Funk etc*) *Empfang* (*durch Störsender*) stören. **5.** ~ ***on the brakes*** *mot.* voll auf die Bremse treten. **II** *v/i* **6.** sich (hinein)drängen *od.* (-)quetschen *od.* (-)zwängen (***into*** in *acc*): ~ ***in*** sich hineindrängen *etc.* **7.** ⚙ sich verklemmen, (*Bremsen*) blockieren; Ladehemmung haben (*Pistole etc*). **III** *s* **8.** Gedränge *n*. **9.** Verstopfung *f*: → ***traffic jam.*** **10.** ⚙ Verklemmung *f*, Blockierung *f*; Ladehemmung *f*. **11.** F Klemme *f*: ***be in a ~*** in der Klemme sein *od.* sitzen *od.* stekken.
Ja·mai·ca (rum) [dʒə'meɪkə] *s* Jamaikarum *m*.
jamb [dʒæm] *s* (Tür-, Fenster)Pfosten *m*.
jam·bo·ree [ˌdʒæmbə'riː] *s* **1.** Jamboree *n*, (internationales) Pfadfindertreffen. **2.** große (Partei- *etc*)Veranstaltung. **3.** F ausgelassene Feier.
jam·my ['dʒæmɪ] *adj Br. sl.* **1.** (kinder)leicht. **2.** Glücks...: ~ ***fellow*** Glückspilz *m*.
ˌjam-'packed *adj* F vollgestopft (***with*** mit), (*Stadion etc*) bis auf den letzten Platz besetzt.
jan·gle ['dʒæŋgl] **I** *v/i* klimpern (*Münzen etc*), klirren, rasseln (*Ketten etc*). **II** *v/t* klimpern *od.* klirren mit. **III** *s* Klimpern *n*, Klirren *n*.
jan·i·tor ['dʒænɪtə] *s* **1.** Pförtner *m*. **2.** *bsd. Am.* Hausmeister *m*.
Jan·u·ar·y ['dʒænjʊərɪ] *s* Januar *m*: ***in ~*** im Januar.
Jap [dʒæp] *s* F Japs *m* (*Japaner*).
Jap·a·nese [ˌdʒæpə'niːz] **I** *s* **1.** *pl* **-nese** Japaner(in). **2.** *ling.* Japanisch *n*. **II** *adj* **3.** japanisch.
jar[1] [dʒɑː] *s* **1.** (*irdenes od. gläsernes*) Gefäß, Krug *m*. **2.** (*Marmelade-, Einmach*)Glas *n*. **3.** *Br.* F Glas *n* Bier.
jar[2] [~] **I** *v/i* **1.** kratzen, kreischen, quietschen (***on*** auf *dat*). **2.** sich beißen (*Farben*); sich widersprechen (*Meinungen etc*); ♪ dissonieren: ***~ring tone*** Mißton *m* (*a. fig.*). **3.** ~ ***on*** weh tun (*dat*) (*Farbe, Geräusch etc*), *Auge etc* beleidigen. **4.** wackeln: ~ ***loose*** sich lockern. **II** *v/t* **5.** kratzen *od.* quietschen mit. **6.** erschüttern, *fig. a.* er-, aufregen. **7.** → 3. **III** *s* **8.** Kratzen *n etc* (→ 1). **9.** Erschütterung *f* (*a. fig.*); Stoß *m*. **10.** ♪ Mißklang *m*, Dissonanz *f* (*beide a. fig.*).
jar·gon ['dʒɑːgən] *s* Jargon *m*.
jas·min(e) ['dʒæsmɪn] *s* ⚘ Jasmin *m*.
jas·per ['dʒæspə] *s min.* Jaspis *m*.
jaun·dice ['dʒɔːndɪs] *s* **1.** ⚕ Gelbsucht *f*. **2.** *fig.* Neid *m*, Eifersucht *f*. **'jaun·diced** *adj* **1.** ⚕ gelbsüchtig. **2.** *fig.* neidisch, eifersüchtig.
jaunt [dʒɔːnt] **I** *v/i* e-n Ausflug *od.* e-e Spritztour machen. **II** *s* Ausflug *m*, *mot.* Spritztour *f*: ***go for*** (*od.* ***on***) ***a ~*** → I.
jaun·ty ['dʒɔːntɪ] *adj* □ **1.** fesch, flott (*Hut etc*). **2.** unbeschwert, unbekümmert (*Einstellung, Person*). **3.** flott, schwungvoll (*Melodie*).
jave·lin ['dʒævlɪn] *s Leichtathletik*: Speer *m*: ~ ***throw*** Speerwerfen *n*; ~ ***thrower*** Speerwerfer(in).
jaw [dʒɔː] **I** *s* **1.** *anat.* Kiefer *m*: ***lower ~*** Unterkiefer; ***upper ~*** Oberkiefer. **2.** *mst pl* Mund *m*; *zo.* Rachen *m* (*a. fig.*), Maul *n*. **3.** ⚙ (Klemm)Backe *f*; Klaue *f*. **4.** F Geschwätz *n*. **II** *v/i* **5.** F schwatzen. **'~·bone** *s anat.* Kieferknochen *m*. **'~-ˌbreak·er** *s* F Zungenbrecher *m*.
jay [dʒeɪ] *s orn.* Eichelhäher *m*. **'~-ˌwalk·er** *s* unachtsamer Fußgänger.
jazz [dʒæz] **I** *s* **1.** ♪ Jazz *m*. **2. *and all that ~*** F u. so ein Zeug(s). **II** *adj* **3.** ♪ Jazz... **III** *v/t* **4.** *oft* ~ ***up*** ♪ verjazzen. **5.** *mst* ~ ***up*** F Schmiß *od.* Schwung bringen in (*acc*); *j-n, et.* aufmöbeln. **'jaz·zy** *adj* □ **1.** jazzartig. **2.** F knallig (*Farben*), (*a. Kleidung etc*) poppig.
jeal·ous ['dʒeləs] *adj* □ **1.** eifersüchtig (***of*** auf *acc*). **2.** neidisch (***of*** auf *acc*): ***be ~ of s.o.'s success*** j-m s-n Erfolg mißgönnen. **3.** eifersüchtig besorgt (***of*** um). **'jeal·ous·y** *s* **1.** Eifersucht *f*; *pl* Eifersüchteleien *pl*. **2.** Neid *m*.
jeans [dʒiːnz] *s pl* Jeans *pl*.
jeep [dʒiːp] *s mot.* Jeep *m*.

jeer [dʒɪə] **I** *v/i* (**at**) höhnische Bemerkungen machen (über *acc*); höhnisch lachen (über *acc*): ~ **at** → *a*. II. **II** *v/t* verhöhnen. **III** *s* höhnische Bemerkung; Hohngelächter *n*. '**jeer·ing** *adj* □ höhnisch: ~ ***laughter*** Hohngelächter *n*.

Je·ho·va's Wit·ness [dʒɪ'həʊvəz] *s eccl*. Zeuge *m* Jehovas.

jell [dʒel] **I** *v/i* **1.** gelieren. **2.** *fig*. Gestalt annehmen. **II** *v/t* **3.** gelieren lassen, zum Gelieren bringen.

jel·lied ['dʒelɪd] *adj* in Aspik *od*. Sülze.

jel·ly ['dʒelɪ] **I** *s* Gallert(e *f*) *n*; Gelee *n*; Aspik *n*, Sülze *f*; Götterspeise *f*. **II** *v/i* → ***jell*** I. **III** *v/t* → ***jell*** II. ~ **ba·by** *s Br*. Gummibärchen *n*. '~**·fish** *s* **1.** *zo*. Qualle *f*. **2.** *fig*. F Waschlappen *m*.

jem·my ['dʒemɪ] *Br*. **I** *s* Brech-, Stemmeisen *n*. **II** *v/t a*. ~ ***open*** aufbrechen, -stemmen.

jeop·ard·ize ['dʒepədaɪz] *v/t j-n, et*. gefährden, in Gefahr bringen, *et*. in Frage stellen. '**jeop·ard·y** *s* Gefahr *f*: ***put*** (*od*. ***place***) ***in*** ~ → ***jeopardize***.

jerk [dʒɜːk] **I** *s* **1.** Ruck *m*; Sprung *m*, Satz *m*: ***by*** ~***s*** sprung-, ruckweise; ***give a*** ~ rucken, e-n Satz machen (*Auto etc*), zs.-zucken (*Person*). **2.** ⚕ Zuckung *f*; (*bsd*. Knie)Reflex *m*. **3.** *Am. sl*. Trottel *m*. **II** *v/t* **4.** ruckartig ziehen an (*dat*): ~ ***o.s. free*** sich losreißen. **III** *v/i* **5.** sich ruckartig *od*. ruckweise bewegen: ~ ***to a stop*** ruckweise *od*. mit e-m Ruck stehenbleiben. **6.** (zs.-)zucken. '**jerk·y** *adj* □ **1.** ruckartig, (*Bewegungen*) fahrig; stoß-, ruckweise. **2.** *Am. sl*. blöd.

jer·ry ['dʒerɪ] *s Br*. F Pott *m* (*Nachttopf*). '~**-built** *adj* schlampig gebaut: ~ ***house*** Bruchbude *f*.

jer·sey ['dʒɜːzɪ] *s* **1.** Pullover *m*. **2.** *Sport*: Trikot *n*. **3.** Jersey *m* (*Stoff*).

jest [dʒest] **I** *s* Spaß *m*: ***in*** ~ im *od*. zum Scherz. **II** *v/i* spaßen: ~ ***with*** (s-n) Spaß treiben mit. '**jest·er** *s* **1.** Spaßvogel *m*. **2.** *hist*. (Hof)Narr *m*. '**jest·ing** *adj* spaßend; spaßhaft. '**jest·ing·ly** *adv* im *od*. zum Scherz.

Jes·u·it ['dʒezjʊɪt] *s eccl*. Jesuit *m*. ˌ**Jes·u'it·ic**, ˌ**Jes·u'it·i·cal** *adj* □ jesuitisch, Jesuiten...

jet [dʒet] **I** *s* **1.** (*Feuer-, Wasser- etc*)Strahl *m*. **2.** ⚙ Düse *f*. **3.** ✈ Jet *m*. **II** *v/i* **4.** (heraus-, hervor)schießen (***from*** aus). **5.** ✈ jetten. ~ **age** *s* Düsenzeitalter *n*. ~ **en·gine** *s* Strahlmotor *m*, -triebwerk *n*. ~ **fight·er** *s* ✈, ⚔ Düsenjäger *m*. ~ **lag** *s Störung des gewohnten Alltagsrhythmus durch die Zeitverschiebung bei Langstreckenflügen*. '~ˌ**lin·er** *s* Jetliner *m*, Düsenverkehrsflugzeug *n*. ~ **plane** *s* Düsenflugzeug *n*. '~**-pro**ˌ**pelled** *adj bsd*. ✈ mit Düsen- *od*. Strahlantrieb. ~ **pro·pul·sion** *s bsd*. ✈ Düsen-, Strahlantrieb *m*.

jet·sam ['dʒetsəm] *s* ⚓ **1.** Seewurfgut *n*. **2.** Strandgut *n*: → ***flotsam***.

jet| set *s* Jet-set *m*. '~ˌ**set·ter** *s* Angehörige *m*, *f* des Jet-set.

jet·ti·son ['dʒetɪsn] *v/t* **1.** ⚓ über Bord werfen (*a. fig*.). **2.** ✈ (im Notwurf) abwerfen, *Treibstoff* ablassen. **3.** *ausgebrannte Raketenstufe* absprengen.

jet·ty ['dʒetɪ] *s* ⚓ **1.** Hafendamm *m*, Mole *f*. **2.** Strombrecher *m* (*an Brükken*).

Jew [dʒuː] *s* Jude *m*, Jüdin *f*.

jew·el ['dʒuːəl] **I** *s* **1.** Juwel *n* (*a. fig*.), Edelstein *m*: ~ **box** Schmuckkassette *f*. **2.** ⚙ Stein *m* (*e-r Uhr*). **II** *v/t pret u. pp* **-eled**, *bsd. Br*. **-elled 3.** mit Juwelen schmücken *od*. besetzen. '**jew·el·(l)er** *s* Juwelier *m*. '**jew·el·ry**, *bsd. Br*. **jew·el·le·ry** ['~əlrɪ] *s* Juwelen *pl*, *weitS*. Schmuck *m*: ***piece of*** ~ Schmuckstück *n*.

Jew·ish ['dʒuːɪʃ] *adj* jüdisch, Juden...

jib[1] [dʒɪb] *s* **1.** ⚓ Klüver *m*. **2.** ⚙ Ausleger *m* (*e-s Krans*).

jib[2] [~] *v/i* **1.** scheuen, bocken (***at*** vor *dat*). **2.** *fig*. störrisch *od*. bockig sein: ~ ***at*** sich sträuben gegen; streiken bei.

jif·fy ['dʒɪfɪ] *s* F Augenblick *m*: ***in a*** ~ im Nu, im Handumdrehen.

jig·gered ['dʒɪgəd] *adj* F **1.** ***I'm*** ~ ***if*** der Teufel soll mich holen, wenn. **2.** ***be*** ~ *Br*. baff *od*. platt sein: ***well, I'm*** ~***!*** da bin ich aber baff!

jig·gle ['dʒɪgl] **I** *v/t* wackeln mit; schütteln; rütteln an (*dat*). **II** *v/i* wackeln.

jig·saw (**puz·zle**) ['dʒɪgsɔː] *s* Puzzle(-spiel) *n*.

jilt [dʒɪlt] *v/t Mädchen* sitzenlassen (***for*** wegen *e-s anderen Mädchens*); *e-m Liebhaber, e-m Mädchen* den Laufpaß geben.

jim·jams ['dʒɪmdʒæmz] *s pl* F **1.** Säuferwahn *m*. **2.** → ***jitter*** I.

jim·my ['dʒɪmɪ] *Am.* → ***jemmy.***

jin·gle ['dʒɪŋgl] **I** *v/i* klimpern (*Münzen etc*), bimmeln (*Glöckchen etc*). **II** *v/t* klimpern mit, bimmeln lassen. **III** *s* Klimpern *n*, Bimmeln *n*.

jin·go ['dʒɪŋgəʊ] *pl* **-goes** *s* Chauvinist(in). '**jin·go·ism** *s* Chauvinismus *m*. ˌ**jin·go'is·tic** *adj* (**~ally**) chauvinistisch.

jinks [dʒɪŋks] *s pl*: ***high ~*** Ausgelassenheit *f*; ***they were having high ~*** bei ihnen ging es hoch her.

jinx [dʒɪŋks] F **I** *s* **1.** Unglücksbringer *m*. **2.** Unglück *n*: ***put a ~ on*** → 3. **II** *v/t* **3.** Unglück bringen (*dat*); verhexen.

jit·ter ['dʒɪtə] F **I** *s*: ***the ~s*** *pl* Bammel *m*, e-e Heidenangst (***about*** vor *dat*): ***have the ~s*** → II. **II** *v/i* Bammel *od.* e-e Heidenangst haben; furchtbar nervös sein. '**jit·ter·y** *adj* F furchtbar nervös.

jiu·jit·su [dʒjuː'dʒɪtsuː] → ***jujitsu.***

job[1] [dʒɒb] **I** *s* **1.** (einzelne) Arbeit: ***make a good*** (***bad***) ***~ of s.th.*** et. gut (schlecht) machen; → ***odd*** 5. **2.** *a.* ***~ work*** Akkordarbeit *f*: ***by the ~*** im Akkord. **3.** Stellung *f*, Tätigkeit *f*, Arbeit *f*, Job *m*; Arbeitsplatz *m*: ***~ creation*** Arbeits(platz)beschaffung *f*; ***~ description*** Arbeits(platz)beschreibung *f*; ***computers are ~ killers*** Computer vernichten Arbeitsplätze; ***know one's ~*** s-e Sache verstehen. **4.** Sache *f*: a) Aufgabe *f*, Pflicht *f*, b) Geschmack *m*: ***this is not everybody's ~*** das ist nicht jedermanns Sache, das liegt nicht jedem. **5.** F Sache *f*, Angelegenheit *f*: ***make the best of a bad ~*** gute Miene zum bösen Spiel machen; das Beste daraus machen. **6.** F Ding *n*, krumme Sache: ***pull a ~*** ein Ding drehen. **II** *v/i* **7.** Gelegenheitsarbeiten machen, jobben. **8.** (im) Akkord arbeiten. **III** *v/t* **9.** *a.* ***~ out*** *Arbeit* in Auftrag geben; im Akkord vergeben.

Job[2] [dʒəʊb] *npr Bibl.* Hiob *m*: ***have the patience of ~, be*** (***as***) ***patient as ~*** e-e Engelsgeduld haben; ***~'s comforter*** *j-d, der durch s-n Trost alles nur noch schlimmer macht.*

job·ber ['dʒɒbə] *s* **1.** Gelegenheitsarbeiter *m*, Jobber *m*. **2.** Akkordarbeiter *m*. **3.** *Börse*: *Br.* Jobber *m*.

'**job·hunt** *v/i* auf Arbeitssuche sein: ***go ~ing*** auf Arbeitssuche gehen.

jock·ey ['dʒɒkɪ] **I** *s* **1.** *Pferderennsport*: Jockey *m*. **II** *v/t* **2.** *Pferd* (*als Jockey*) reiten. **3.** manövrieren (*a. fig.*): ***~ out of*** *j-n* hinausbugsieren aus (*e-r Stellung etc*); *j-n* betrügen um. **III** *v/i* **4.** ***~ for*** rangeln um (*a. fig.*): ***~ for position*** (*Sport etc, a. fig.*) sich e-e günstige (Ausgangs)Position zu verschaffen suchen.

jo·cose [dʒəʊ'kəʊs], **joc·u·lar** ['dʒɒkjʊlə] *adj* □ **1.** ausgelassen (*Person*). **2.** witzig, spaßig (*Bemerkung etc*).

jog [dʒɒg] **I** *v/t* **1.** stoßen an (*acc*) *od.* gegen, *j-n* anstoßen, stupsen: ***~ s.o.'s memory*** *fig.* j-s Gedächtnis nachhelfen. **II** *v/i* **2.** trotten (*Person, Tier*), zukkeln (*Bus etc*); (*Sport*) joggen. **III** *s* **3.** Stoß *m*, Stups *m*. **4.** Trott *m*; (*Sport*) Trimmtrab *m*. '**jog·ger** *s Sport*: Jogger(in). '**jog·ging** *s Sport*: Joggen *n*, Jogging *n*.

jog·gle ['dʒɒgl] *v/t* (leicht) schütteln, rütteln an (*dat*).

jog| trot *s* gemächlicher Trab, Trott *m* (*a. fig.*). '**~-trot** *v/i* gemächlich traben (*bsd. Pferd*), trotten (*Person, Tier*).

john [dʒɒn] *s Am.* F Klo *n*: ***in the ~*** auf dem *od.* im Klo. **♀ Bull** *s* England *n*, die Engländer *pl*; ein typischer Engländer. **♀ Han·cock** ['hænkɒk] *s Am.* F Friedrich Wilhelm *m* (*Unterschrift*).

join [dʒɔɪn] **I** *v/t* **1.** *et.* verbinden, -einigen, zs.-fügen (***to*** mit): ***~ hands*** die Hände falten; sich die Hand *od.* die Hände reichen; *fig.* sich zs.-tun (***with*** mit). **2.** *Personen* vereinigen, zs.-bringen (***with, to*** mit). **3.** sich anschließen (*dat od.* an *acc*), stoßen *od.* sich gesellen zu: ***I'll ~ you later*** ich komme später nach. **4.** eintreten in (*e-e Firma, e-n Verein etc*). **5.** teilnehmen *od.* sich beteiligen an (*dat*), mitmachen bei. **6.** einmünden in (*acc*) (*Fluß, Straße*). **II** *v/i* **7.** sich vereinigen *od.* verbinden (***with*** mit). **8.** ***~ in*** a) teilnehmen, sich beteiligen, mitmachen, b) → 5. **9.** zs.-kommen (*Straßen*), (*Flüsse a.*) zs.-fließen. '**join·er** *s* Tischler *m*, Schreiner *m*: ***~'s bench*** Hobelbank *f*. '**join·er·y** *s* **1.** Tischler-, Schreinerhandwerk *n*. **2.** Tischler-, Schreinerarbeit *f*.

joint [dʒɔɪnt] **I** *s* **1.** Verbindung(sstelle) *f*, *bsd.* a) (Löt)Naht *f*, Nahtstelle *f*, b) *anat.*, ⚙ Gelenk *n*: ***out of ~*** ausgerenkt, *fig.* aus den Fugen; ***put out of ~*** sich *et.* ausrenken; → ***nose*** 1. **2.** *gastr.*

Braten(stück *n*) *m*. **3.** *sl.* Laden *m*, Bude *f* (*Lokal, Firma etc*): → **clip joint. 4.** *sl.* Joint *m* (*Haschisch- od. Marihuanazigarette*). **II** *adj* □ **5.** gemeinsam, gemeinschaftlich: ***take ~ action*** gemeinsam vorgehen; ***~ venture*** ⚕ Gemeinschaftsunternehmen *n*. **ˌ~-'stock com·pa·ny** *s* **1.** *Br.* Kapital- *od.* Aktiengesellschaft *f*. **2.** *Am.* Offene Handelsgesellschaft auf Aktien.

joist [dʒɔɪst] *s* ⚠ **1.** Deckenträger *m*, -balken *m*. **2.** I-Träger *m*.

joke [dʒəʊk] **I** *s* **1.** Witz *m*: ***crack ~s*** Witze reißen. **2.** a) Scherz *m*, Spaß *m*: ***in*** (*od.* ***for a***) ~ im *od.* zum Spaß; ***that's going beyond a ~*** das ist kein Spaß mehr, das ist nicht mehr lustig; ***he can't take a ~*** er versteht keinen Spaß, b) *mst* ***practical ~*** Streich *m*: ***play a ~ on s.o.*** j-m e-n Streich spielen. **II** *v/i* **3.** scherzen, Witze *od.* Spaß machen: ***I'm not joking*** ich meine das ernst; ***you must be joking, are you joking?*** das ist doch nicht dein Ernst! **'jok·er** *s* **1.** Spaßvogel *m*, Witzbold *m*. **2.** Joker *m* (*Spielkarte*). **3.** *sl.* Typ *m*, Kerl *m*. **'jok·ing I** *adj* □ scherzhaft, spaßend: ***~ly*** *a.* im Spaß. **II** *s* Witze *pl*: ***~ apart*** Scherz *od.* Spaß beiseite.

jol·li·fi·ca·tion [ˌdʒɒlɪfɪ'keɪʃn] *s* F (feucht)fröhliches Fest, Festivität *f*.

jol·ly¹ ['dʒɒlɪ] **I** *adj* □ **1.** lustig, fröhlich, vergnügt. **2.** F angeheitert: ***be ~*** e-n Schwips haben. **II** *adv* **3.** *Br.* F ganz schön, ziemlich: ***a ~ good fellow*** ein prima Kerl.

jol·ly² [~], **~ boat** *s* ⚓ Jolle *f*.

Jol·ly Rog·er [ˌdʒɒlɪ'rɒdʒə] *s* Totenkopf-, Piratenflagge *f*.

jolt [dʒəʊlt] **I** *v/t* **1.** e-n Ruck *od.* Stoß geben (*dat*); *Passagiere* durchrütteln, -schütteln. **2.** *fig. j-m* e-n Schock versetzen; *j-n* auf- *od.* wachrütteln: ***~ s.o. out of*** *a.* j-n reißen aus. **II** *v/i* **3.** e-n Ruck machen; rütteln, holpern (*Fahrzeug*). **III** *s* **4.** Ruck *m*, Stoß *m*. **5.** *fig.* Schock *m*: ***give s.o. a ~*** j-m e-n Schock versetzen.

josh [dʒɒʃ] *v/t Am.* F *j-n* aufziehen, veräppeln.

joss stick [dʒɒs] *s* Räucherstäbchen *n*.

jos·tle ['dʒɒsl] **I** *v/t* **1.** anrempeln. **2.** dränge(l)n: ***~ one's way through*** sich (durch)drängen durch. **II** *v/i* **3.** ***~ against*** rempeln gegen, anrempeln (*acc*). **4.** (sich) dränge(l)n.

jot [dʒɒt] **I** *s fig.* Spur *f*: ***not a ~ of truth*** kein Funke *od.* Körnchen Wahrheit. **II** *v/t mst* ***~ down*** sich *et.* notieren. **'jot·ter** *s* Notizbuch *n*, -block *m*. **'jot·ting** *s mst pl* Notiz *f*.

joule [dʒuːl] *s phys.* Joule *n*.

jour·nal ['dʒɜːnl] *s* **1.** Journal *n*, Zeitschrift *f*. **2.** Tagebuch *n*. **3.** *Buchhaltung*: Journal *n*: ***cash ~*** Kassenbuch *n*. **4.** ⚓ Logbuch *n*. **jour·nal·ese** [ˌ~nə'liːz] *s* Zeitungsstil *m*. **'jour·nal·ism** *s* Journalismus *m*. **'jour·nal·ist** *s* Journalist(in). **ˌjour·nal'is·tic** *adj* (***~ally***) journalistisch.

jour·ney ['dʒɜːnɪ] *s* **1.** Reise *f*: ***go on a ~*** verreisen. **2.** Reise *f*, Entfernung *f*: ***a two days' ~*** zwei Tagesreisen (***to*** nach). **~·man** ['~mən] *s* (*irr* ***man***) Geselle *m*: ***~ tailor*** Schneidergeselle.

jo·vi·al ['dʒəʊvjəl] *adj* □ lustig, fröhlich, vergnügt. **jo·vi·al·i·ty** [ˌ~vɪ'ælətɪ] *s* Lustigkeit *f*, Fröhlichkeit *f*.

jowl [dʒaʊl] *s* **1.** (Unter)Kiefer *m*. **2.** Wange *f*, Backe *f*; Hängebacke *f*: → ***cheek*** 1.

joy [dʒɔɪ] *s* **1.** Freude *f* (***at*** über *acc*; ***in*** an *dat*): ***for ~*** vor Freude *weinen etc*; ***tears pl of ~*** Freudentränen *pl*; ***to s.o.'s ~*** zu j-s Freude. **2.** *Br.* F Erfolg *m*: ***I didn't have any ~*** ich hatte kein Glück. **joy·ful** ['~fʊl] *adj* □ **1.** freudig, erfreut: ***be ~*** sich freuen, froh sein. **2.** erfreulich, freudig (*Ereignis etc*). **'joy·less** *adj* □ **1.** freudlos. **2.** unerfreulich. **'joy·ous** → ***joyful.***

joy| ride *s* F Spritztour *f* (*bsd. in e-m gestohlenen Wagen*): ***go on a ~*** e-e Spritztour machen. **~ stick** *s* F **1.** ✈ Steuerknüppel *m*. **2.** *Computer*: Joystick *m*.

ju·bi·lant ['dʒuːbɪlənt] *adj* □ **1.** überglücklich. **2.** jubelnd: ***~ shout*** Jubelschrei *m*. **ju·bi·late** ['~leɪt] *v/i* jubilieren, jubeln. **ˌju·bi'la·tion** *s* Jubel *m*. **ju·bi·lee** ['~liː] *s* Jubiläum *n*.

judge [dʒʌdʒ] **I** *s* **1.** ⚖ Richter *m*: → ***sober*** I. **2.** Schiedsrichter *m*; Preisrichter *m*; (*Sport a.*) Kampfrichter *m*, (*Boxen*) Punktrichter *m*. **3.** Kenner *m*: ***a*** (***good***) ***~ of wine*** ein Weinkenner. **II** *v/t* **4.** ⚖ *Fall* verhandeln; die Verhandlung führen gegen. **5.** *Wettbewerbsteil-*

nehmer, *Leistungen etc* beurteilen (**on** nach); als Schiedsrichter (*etc*, → 2) fungieren bei. **6.** entscheiden (**s.th.** et; **that** daß). **7.** beurteilen, einschätzen (**by** nach). **III** *v/i* **8.** als Schiedsrichter (*etc*, → 2) fungieren (**at** bei). **9.** urteilen (**of** über *acc*): ***judging by his words*** s-n Worten nach zu urteilen.

judg(e)·ment ['dʒʌdʒmənt] *s* **1.** ⚖ Urteil *n*. **2.** Urteilsvermögen *n*: ***against (one's) better ~*** wider bessere Einsicht. **3.** Meinung *f*, Ansicht *f*, Urteil *n* (**on** über *acc*): ***in my ~*** m-s Erachtens; ***form a (final) ~ on*** sich ein (abschließendes *od.* endgültiges) Urteil bilden über. **4.** göttliches (Straf)Gericht: ***the Last*** ♀ das Jüngste Gericht; ***Day of*** ♀, ♀ ***Day*** Jüngster Tag.

ju·di·ca·ture ['dʒuːdɪkətʃə] *s* ⚖ **1.** Rechtsprechung *f*, Rechtspflege *f*. **2.** Gerichtswesen *n*. **3.** → ***judiciary*** 3.

ju·di·cial [dʒuː'dɪʃl] *adj* □ **1.** ⚖ gerichtlich, Gerichts...: ***~ error*** Justizirrtum *m*; ***~ murder*** Justizmord *m*. **2.** ⚖ richterlich. **3.** kritisch.

ju·di·ci·a·ry [dʒuː'dɪʃərɪ] ⚖ **I** *adj* **1.** → ***judicial*** 1, 2. **II** *s* **2.** → ***judicature*** 2. **3.** *coll.* Richter(schaft *f*) *pl*.

ju·di·cious [dʒuː'dɪʃəs] *adj* □ **1.** vernünftig, umsichtig. **2.** wohlüberlegt.

ju·do ['dʒuːdəʊ] *s Sport*: Judo *n*. **ju·do·ka** ['~kɑː] *s* Judoka *m*.

jug [dʒʌg] **I** *s* **1.** Krug *m*; *bsd. Br.* Kanne *f*; Kännchen *n*. **2.** *sl.* Knast *m* (*Gefängnis*). **II** *v/t* **3.** *sl.* einlochen.

jug·ger·naut ['dʒʌgənɔːt] *s* **1.** *mot. Br.* Schwerlastzug *m*. **2.** *fig.* Moloch *m*.

jug·gins ['dʒʌgɪnz] *s bsd. Br.* F Trottel *m*.

jug·gle ['dʒʌgl] **I** *v/t* **1.** jonglieren (mit). **2.** *fig.* jonglieren mit (*Fakten*, *Worten etc*); *Fakten*, *Worte etc* verdrehen; *Konten etc* fälschen, frisieren. **II** *v/i* **3.** jonglieren. **4.** ***~ with*** → 2. '**jug·gler** *s* **1.** Jongleur *m*. **2.** ***~ of words*** Wortverdreher *m*. **3.** Schwindler *m*.

Ju·go·slav → ***Yugoslav.***

juice [dʒuːs] **I** *s* **1.** Saft *m*: ***let s.o. stew in his own ~*** F j-n im eigenen Saft schmoren lassen. **2.** *sl.* ⚡ Saft *m*; *mot.* Sprit *m*. **II** *v/t* **3.** entsaften. '**juic·y** *adj* □ **1.** saftig. **2.** F knackig (*Mädchen*); saftig (*Gewinn etc*); lukrativ (*Vertrag etc*); pikant (*Einzelheiten etc*).

ju·jit·su [dʒuː'dʒɪtsuː] *s Sport*: Jiu-Jitsu *n*.

juke·box ['dʒuːkbɒks] *s* Jukebox *f*, Musikautomat *m*.

Ju·ly [dʒuː'laɪ] *s* Juli *m*: ***in ~*** im Juli.

jum·ble ['dʒʌmbl] **I** *v/t a.* ***~ together*** (*od.* ***up***) *Sachen* durcheinanderwerfen; *Fakten etc* durcheinanderbringen. **II** *s* Durcheinander *n*. **~ sale** *s Br.* Wohltätigkeitsbasar *m*.

jum·bo ['dʒʌmbəʊ] **I** *pl* **-bos** *s* **1.** Koloß *m* (*Sache*, *Person*). **2.** ✈ Jumbo *m*. **II** *adj* **3.** riesig, Riesen...: ***~ jet*** ✈ Jumbo-Jet *m*. '**~-sized** → ***jumbo*** 3.

jump [dʒʌmp] **I** *s* **1.** Sprung *m*: ***make*** (*od.* ***take***) ***a ~*** e-n Sprung machen; ***have the ~ on s.o.*** F j-m voraussein. **2.** *Sport*: (*Hoch-*, *Ski- etc*)Sprung *m*. **3.** ***give a ~*** → 6; ***it gives me the ~s*** F es macht mich ganz nervös *od.* unruhig; ***have the ~s*** F ganz nervös *od.* aufgeregt sein. **II** *v/i* **4.** springen: ***~ at*** *fig.* sich stürzen auf (*acc*); ***~ off*** abspringen (von); ***~ out of one's skin*** *fig.* aus der Haut fahren; ***~ to one's feet*** aufspringen; → ***conclusion*** 3. **5.** hüpfen, springen: ***~ for joy*** Freudensprünge machen. **6.** zs.-zukken, auf-, zs.-fahren (**at** bei). **7.** *fig.* abrupt übergehen, überspringen, -wechseln (**to** zu). **III** *v/t* **8.** springen über (*acc*). **9.** *fig.* überspringen, auslassen: ***~ the gun*** (*Sport*) e-n Fehlstart verursachen; *fig.* voreilig sein *od.* handeln; ***~ the line*** (*bsd. Br.* ***queue***) sich vordränge(l)n (*beim Schlangestehen u. fig.*); *mot.* aus e-r Kolonne ausscheren u. überholen; → ***light***[1] 3. **10.** (heraus)springen aus: → ***rail***[1] 3, ***track*** 3.

jump·er[1] ['dʒʌmpə] *s Sport*: (*Hoch-etc*)Springer(in).

jump·er[2] [~] *s* **1.** *bsd. Br.* Pullover *m*. **2.** *Am.* Trägerrock *m*, -kleid *n*.

jump·er ca·bles *s pl Am.* → ***jump leads.***

jump| leads [liːdz] *s pl Br. mot.* Starthilfekabel *n*. **~ rope** *s Am.* Spring-, Sprungseil *n*. **~ seat** *s* Klapp-, Notsitz *m*. **~ suit** *s* Overall *m*.

jump·y ['dʒʌmpɪ] *adj* □ nervös; schreckhaft.

junc·tion ['dʒʌŋkʃn] *s* **1.** Verbindung *f*, -einigung *f*. **2.** 🚂 Knotenpunkt *m*. **3.** (Straßen)Kreuzung *f*, (-)Einmündung *f*.

junc·ture ['dʒʌŋktʃə] *s*: ***at this ~*** in diesem Augenblick, zu diesem Zeitpunkt.

June [dʒuːn] *s* Juni *m*: ***in ~*** im Juni.

jun·gle [ˈdʒʌŋgl] *s* Dschungel *m* (*a. fig.*).

jun·ior [ˈdʒuːnjə] **I** *adj* **1.** junior. **2.** (***to***) jünger (als); untergeordnet (*dat*): ***~ partner*** ✝ Junior(partner) *m*; → ***management*** 2. **3.** *ped.* ***~ high*** (***school***) *Am.* *die unteren Klassen der High-School*; ***~ school*** *Br.* Grundschule *f* (*für Kinder von 7-11*). **4.** *Sport*: Junioren... **II** *s* **5.** Jüngere *m, f*: ***he is my ~ by two years, he is two years my ~*** er ist 2 Jahre jünger als ich. **6.** *Sport*: Junior(in).

ju·ni·per [ˈdʒuːnɪpə] *s* ⚘ Wacholder *m*.

junk[1] [dʒʌŋk] *s* ⚓ Dschunke *f*.

junk[2] [~] **I** *s* **1.** Trödel *m*; Altmaterial *n*; Schrott *m*. **2.** Gerümpel *n*, Abfall *m*. **3.** *contp.* Schund *m*, Mist *m*. **4.** *sl.* Stoff *m*, *bsd.* Heroin *n*. **II** *v/t* **5.** *et. unbrauchbar Gewordenes* ausrangieren, *Auto etc* verschrotten.

jun·ket [ˈdʒʌŋkɪt] *s* (Sahne)Quark *m*; Dickmilch *f*.

junk food *s* Junk-food *m* (*kalorienreiche Nahrung von geringem Nährwert*).

junk·ie [ˈdʒʌŋkɪ] *s sl.* Junkie *m* (*Rauschgiftsüchtiger*), *bsd.* H-Fixer *m*.

ˈ**junk·yard** *s* Schuttabladeplatz *m*; Schrottplatz *m*.

jun·ta [ˈdʒʌntə] *s pol.* Junta *f*.

ju·rid·i·cal [ˌdʒʊəˈrɪdɪkl] *adj* □ **1.** gerichtlich, Gerichts... **2.** juristisch, Rechts...

ju·ris·dic·tion [ˌdʒʊərɪsˈdɪkʃn] *s* Gerichtsbarkeit *f*; (*örtliche u. sachliche*) Zuständigkeit (***of, over*** für): ***come*** (*od.* ***fall***) ***under*** (*od.* ***within***) ***the ~ of*** unter die Zuständigkeit fallen von (*od. gen*); ***have ~ over*** zuständig sein für.

ju·ris·pru·dence [ˌdʒʊərɪsˈpruːdəns] *s* Rechtswissenschaft *f*.

ju·rist [ˈdʒʊərɪst] *s* **1.** Jurist *m*, Rechtsgelehrte *m*. **2.** *Br.* Rechtsstudent *m*. **3.** *Am.* Rechtsanwalt *m*.

ju·ror [ˈdʒʊərə] *s* **1.** ⚖ Geschworene *m, f*. **2.** Preisrichter(in).

ju·ry [ˈdʒʊərɪ] *s* **1.** ⚖ *die* Geschworenen *pl*: → ***trial*** 1. **2.** Jury *f*, Preis-, (*Sport a.*) Kampfgericht *n*. ***~ box*** *s* ⚖ Geschworenenbank *f*. ***~·man*** [ˈ~mən] *s* (*irr* ***man***) ⚖ Geschworene *m*. ˈ***~ˌwom·an*** *s* (*irr* ***woman***) Geschworene *f*.

just [dʒʌst] **I** *adj* (□ → ***justly***) **1.** gerecht (***to*** gegen). **2.** gerecht, angemessen: ***it was only ~*** es war nur recht u. billig. **3.** rechtmäßig (*Anspruch etc*); berechtigt, gerechtfertigt (*Zorn etc*). **II** *adv* **4.** gerade, (so)eben: → ***now*** 3. **5.** gerade, genau, eben: ***~ as*** gerade als; ***that is ~ like you*** das sieht dir ähnlich; → ***well***[1] 1. **6.** gerade (noch), ganz knapp. **7.** nur, lediglich, bloß: → ***moment*** 1, *etc* **8.** ***~ about*** ungefähr, etwa; gerade noch.

jus·tice [ˈdʒʌstɪs] *s* **1.** Gerechtigkeit *f* (***to*** gegen): ***do ~ to*** gerecht werden (*dat*); *et.* richtig würdigen. **2.** ⚖ Gerechtigkeit *f*, Recht *n*: ***do ~*** der Gerechtigkeit Genüge tun; ***bring to ~*** vor den Richter bringen; → ***administer*** 2. **3.** ⚖ Richter *m*: ***~ of the peace*** Friedensrichter.

jus·ti·fi·a·ble [ˈdʒʌstɪfaɪəbl] *adj* zu rechtfertigen(d), berechtigt, vertretbar. ˈ**jus·ti·fi·a·bly** *adv* berechtigterweise, mit gutem Grund, mit Recht.

jus·ti·fi·ca·tion [ˌdʒʌstɪfɪˈkeɪʃn] *s* Rechtfertigung *f*: ***in ~ of*** zur Rechtfertigung von (*od. gen*).

jus·ti·fy [ˈdʒʌstɪfaɪ] *v/t* rechtfertigen (***before, to*** vor *dat*, gegenüber): ***be justified in doing s.th.*** et. mit gutem Recht tun; berechtigt sein, et. zu tun.

just·ly [ˈdʒʌstlɪ] *adv* mit *od.* zu Recht.

jut [dʒʌt] *v/i a.* ***~ out*** vorspringen; herausragen.

jute [dʒuːt] *s* Jute(faser) *f*.

ju·ven·ile [ˈdʒuːvənaɪl] **I** *adj* jugendlich; Jugend...: ***~ court*** Jugendgericht *n*; ***~ delinquency*** Jugendkriminalität *f*; ***~ delinquent*** (*od.* ***offender***) straffälliger Jugendlicher. **II** *s* Jugendliche *m, f*.

jux·ta·pose [ˌdʒʌkstəˈpəʊz] *v/t* nebeneinanderstellen (*a. fig.*). **jux·ta·po·si·tion** [ˌ~pəˈzɪʃn] *s* **1.** Nebeneinanderstellung *f*. **2.** Nebeneinanderstehen *n*: ***be in ~*** nebeneinanderstehen.

K

kale [keɪl] *s* **1.** ⚘ Grün-, Braunkohl *m.* **2.** *Am. sl.* Kies *m* (*Geld*).

ka·lei·do·scope [kəˈlaɪdəskəʊp] *s* Kaleidoskop *n* (*a. fig.*).

kan·ga·roo [ˌkæŋgəˈruː] *s zo.* Känguruh *n.*

ka·put [kæˈpʊt] *adj pred* F kaputt.

kar·at *bsd. Am.* → ***carat.***

ka·ra·te [kəˈrɑːtɪ] *s* Karate *n*: ~ ***chop*** Karateschlag *m.*

kar·ma [ˈkɑːmə] *s Buddhismus, Hinduismus*: Karma(n) *n.*

ka·yak [ˈkaɪæk] *s* Kajak *m, n* (*a. Sport*).

keck [kek] *v/i bsd. Am.* **1.** würgen (*beim Erbrechen*). **2.** *fig.* sich ekeln (***at*** vor *dat*).

keel [kiːl] ⚓ **I** *s* Kiel *m*: ***on an even*** ~ *fig.* gleichmäßig, ruhig. **II** *v/i mst* ~ ***over*** (*od.* ***up***) umschlagen, kentern.

keen [kiːn] *adj* □ **1.** scharf (geschliffen). **2.** schneidend (*Kälte*), scharf (*Wind*). **3.** scharf (*Sinne, Verstand etc*). **4.** ✝ scharf (*Wettbewerb*); lebhaft, stark (*Nachfrage*). **5.** heftig, stark (*Gefühl*): ~ ***interest*** starkes *od.* lebhaftes Interesse. **6.** begeistert, leidenschaftlich (*Schwimmer etc*). **7.** versessen, scharf (***on, about*** auf *acc*): ***be*** ~ ***on*** *a.* begeistert sein von; ***be*** ~ ***on doing*** (*od.* ***to do***) ***s.th.*** et. unbedingt tun wollen.

keep [kiːp] **I** *s* **1.** (Lebens)Unterhalt *m.* **2.** ***for*** ~***s*** F für *od.* auf immer, endgültig: ***it's yours for*** ~***s*** du kannst *od.* darfst es behalten. **II** *v/t* (*irr*) **3.** (be)halten. **4.** *j-n, et.* lassen, (*in e-m bestimmten Zustand*) (er)halten: ~ ***closed*** *Tür etc* geschlossen halten; ~ ***s.th. a secret*** et. geheimhalten (***from*** vor *dat*); → ***wait*** 1, *etc.* **5.** (*im Besitz*) behalten: ~ ***the change*** der Rest (*des Geldes*) ist für Sie; ~ ***your seat, please*** bitte behalten Sie Platz. **6.** *j-n* aufhalten: ***don't let me*** ~ ***you*** laß dich nicht aufhalten. **7.** aufheben, -bewahren: ***can you*** ~ ***a secret?*** kannst du schweigen? **8.** *Beziehungen etc* unterhalten (***with*** zu). **9.** *Ware* führen. **10.** *Laden etc* haben, betreiben. **11.** *Versprechen, Wort* halten. **12.** *Bett, Haus, Zimmer* hüten. **13.** ernähren, er-, unterhalten: ***have a family to*** ~ e-e Familie ernähren müssen. **14.** *Tiere* halten; sich *ein Auto etc* halten. **III** *v/i* (*irr*) **15.** bleiben: ~ ***in sight*** in Sicht(weite) bleiben; ~ ***still*** stillhalten. **16.** sich halten, (*in e-m bestimmten Zustand*) bleiben: ~ ***friends*** (weiterhin) Freunde bleiben. **17.** *mit ger* weiter...: ~ ***smiling!*** immer nur lächeln!; ~ (***on***) ***trying*** es weiterversuchen, es immer wieder versuchen.

Verbindungen mit Präpositionen:

keep| at *v/i* **1.** weitermachen mit. **2.** *j-m* zusetzen (***to do*** zu tun). ~ **from I** *v/t* **1.** abhalten von: ***keep s.o. from doing s.th.*** j-n davon abhalten, et. zu tun. **2.** bewahren vor (*dat*). **3.** *j-m et.* vorenthalten, verschweigen. **II** *v/i* **4.** vermeiden (*acc*): ~ ***doing s.th.*** es vermeiden *od.* sich davor hüten, et. zu tun; ***I could hardly*** ~ ***laughing*** ich konnte mir kaum das Lachen verkneifen. ~ **off** *v/t u. v/i* (sich) fernhalten von: ***keep your hands off it!*** Hände weg (davon)!; → ***grass*** 2. ~ **on** *v/i* leben *od.* sich ernähren von. ~ **to I** *v/i* **1.** bleiben in (*dat*): → ***left***[2] 3, ***right*** 9. **2.** *fig.* festhalten an (*dat*), bleiben bei. **II** *v/t* **3.** ***keep s.th. to a*** (*od.* ***the***) ***minimum*** et. auf ein Minimum beschränken. **4.** ***keep s.th. to o.s.*** et. für sich behalten.

Verbindungen mit Adverbien:

keep| a·way *v/t u. v/i* (sich) fernhalten (***from*** von). ~ **back** *v/t* **1.** zurückhalten: ***keep s.o. back from doing s.th.*** j-n davon abhalten *od.* daran hindern, et. zu tun. **2.** *fig.* zurückhalten: a) *Lohn etc* einbehalten, b) *Tränen etc* unterdrükken, c) *et.* verschweigen. ~ **down I** *v/t* **1.** *Kopf etc* unten behalten. **2.** *Kosten etc* niedrig halten. **3.** unter Kontrolle halten, *Volk, Gefühle etc a.* unterdrücken. **4.** *Nahrung etc* bei sich behalten. **II** *v/i* **5.** unten bleiben; sich geduckt halten. ~ **in I** *v/t* **1.** nicht heraus- *od.* hinauslassen; *ped.* nachsitzen lassen. **2.** *Atem* anhalten. **3.** *Gefühle* zurückhalten, unterdrücken. **II** *v/i* **4.** drin bleiben, nicht herauskommen. **5.** ~ ***with*** sich mit *j-m* gut stellen. ~ **off** *v/t u. v/i* (sich) fernhalten: ***keep your hands off!*** Hände weg!; ~***!*** Berühren verboten!; Betreten verboten! ~ **on I** *v/t* **1.** *Kleidungsstück* anbehalten, anlassen, *Hut* aufbehalten: → ***shirt*. 2.** *Licht* brennen lassen, anlassen. **II** *v/i* **3.** a) weitermachen, b) nicht lockerlassen, c) → ***keep*** 17. **4.** ~ ***at*** → ***keep at*** 2. ~ **out I** *v/t* **1.** (***of***) nicht hinein- *od.* hereinlassen (in *acc*), fern-, abhalten (von). **2.** *fig.* heraushalten (***of*** aus). **II** *v/i* **3.** draußen bleiben: ~! Zutritt verboten! **4.** *fig.* sich heraushalten (***of*** aus): ~ ***of sight*** sich nicht blicken lassen. ~ **to·geth·er I** *v/t Dinge, fig. Mannschaft etc* zs.-halten. **II** *v/i* zs.-bleiben (*a. fig. Mannschaft etc*), zs.-halten (*a. fig. Freunde etc*). ~ **up I** *v/t* **1.** oben halten, hochhalten: → ***chin*** I. **2.** *fig.* aufrechterhalten, *Brauch etc a.* weiterpflegen, *Tempo* halten, *Preise etc* (hoch)halten, *Mut* nicht sinken lassen: → ***appearance*** 3. **3.** in gutem Zustand *od.* in Ordnung halten. **II** *v/i* **4.** oben bleiben. **5.** *fig.* sich halten, (*Preise etc a.*) sich behaupten; andauern, nicht nachlassen. **6.** ~ ***with*** a) Schritt halten mit (*a. fig.*): ~ ***with the Joneses*** es den Nachbarn gleichtun (wollen); → ***time*** 1, b) sich auf dem laufenden halten über (*acc*), c) in Kontakt bleiben mit.

keep·er ['ki:pə] *s* **1.** Wächter *m*, Aufseher *m*. **2.** *mst in Zssgn* Inhaber *m*, Besitzer *m*; Halter *m*, Züchter *m*. **3.** Betreuer *m*, Verwalter *m*.

ˌ**keep-'fresh bag** *s* Frischhaltebeutel *m*.

keep·ing ['ki:pɪŋ] *s* **1.** Verwahrung *f*: ***put in s.o.'s*** ~ *j-n* in j-s Obhut geben; j-m *et.* zur Aufbewahrung geben. **2.** ***be in*** (***out of***) ~ ***with*** (nicht) übereinstimmen mit; (nicht) passen zu; (nicht) entsprechen (*dat*).

keep·sake ['ki:pseɪk] *s* (*Geschenk zum*) Andenken *n*: ***as*** (*od.* ***for***) ***a*** ~ als *od.* zum Andenken.

keg [keg] *s* Fäßchen *n*.

ken [ken] *s*: ***this is beyond*** (*od.* ***outside***) ***my*** ~ das entzieht sich m-r Kenntnis; das ist mir zu hoch.

ken·nel ['kenl] *s* **1.** Hundehütte *f*. **2.** *oft pl* (*sg konstruiert*) Hundezwinger *m*; Hundeheim *n*.

kept [kept] *pret u. pp von* ***keep***.

kerb [kɜ:b], '~**·stone** *s Br.* Bord-, Randstein *m*.

ker·chief ['kɜ:tʃɪf] *s* Hals-, Kopftuch *n*.

ker·nel ['kɜ:nl] *s* **1.** Kern *m* (*a. fig.*). **2.** (*Hafer-, Mais- etc*)Korn *n*.

ker·o·sene ['kerəsi:n] *s* ⚗ Kerosin *n*.

ketch·up ['ketʃəp] *s* Ketchup *m, n*.

ket·tle ['ketl] *s* Kessel *m*: ***a pretty*** (*od.* ***fine***) ~ ***of fish*** *iro.* e-e schöne Bescherung; ***that's a different*** ~ ***of fish*** das ist et. ganz anderes; ***keep the*** ~ ***boiling*** sich über Wasser halten; die Sache in Schwung halten.

key [ki:] **I** *s* **1.** Schlüssel *m* (*a. fig.* ***to*** zu). **2.** Taste *f* (*e-s Klaviers, e-r Schreibmaschine etc*). **3.** ♪ Tonart *f*: ***major*** (***minor***) ~ Dur *n* (Moll *n*); ***off*** (*od.* ***out of***) ~ falsch *singen etc*. **II** *adj* **4.** Schlüssel... (*a. fig.*). **III** *v/t* **5.** ♪ stimmen. **6.** ~ ***in*** (*Computer*) *Daten* eintasten, -tippen. **7.** ~ (***up***) ***to***, ~ ***in with*** *fig.* abstimmen auf (*acc*). **8.** ~ ***up*** *j-n* in nervöse Spannung versetzen: ~***ed up*** nervös, aufgeregt (***about*** wegen). '~**·board** *s* **1.** Tastatur *f* (*e-s Klaviers, e-r Schreibmaschine etc*): ~ ***instrument*** Tasteninstrument *n*. **2.** Schlüsselbrett *n*. '~**·hole** *s* Schlüsselloch *n*. '~**·man** *s* (*irr* ***man***) **1.** Schlüsselfigur *f*. **2.** Mann *m* in e-r Schlüsselstellung. '~**·note** *s* **1.** ♪ Grundton *m*. **2.** *fig.* Grund-, Leitgedanke *m*: ~ ***address*** (*od.* ***speech***) *pol.* programmatische Rede. '~**·phone** *s Br.* Tastentelefon *n*. ~ **sig·na·ture** *s* ♪ Vorzeichen *n u. pl* '~**·stone** *s* **1.** ⚠ Schlußstein *m*. **2.** *fig.* Grundpfeiler *m*.

khak·i ['kɑ:kɪ] **I** *s* **1.** Khaki *n* (*Farbe*). **2.** Khaki *m* (*Stoff*); *mst pl* Khakiuniform *f*. **II** *adj* **3.** Khaki...: a) khakifarben, b) aus Khaki.

kib·itz·er ['kɪbɪtsə] *s* F **1.** Kiebitz *m*. **2.** *fig.* Besserwisser *m*.

kick [kɪk] **I** *s* **1.** (Fuß)Tritt *m*, Stoß *m*: ***give s.o. a*** ~ j-m e-n Tritt geben *od.* versetzen; ***get the*** ~ F (raus)fliegen (*entlassen werden*). **2.** *Fußball*: Schuß *m*. **3.** *Schwimmen*: Beinschlag *m*. **4.** F Schwung *m*: ***give s.th. a*** ~ et. in Schwung bringen. **5.** F ***for*** ~***s*** zum Spaß; ***he gets a*** ~ ***out of it*** es macht ihm e-n Riesenspaß. **II** *v/t* **6.** (mit dem Fuß) stoßen, treten, e-n Tritt geben *od.* versetzen (*dat*): ***I could have*** ~***ed myself*** ich hätte mich ohrfeigen *od.* mir in den Hintern beißen können; → ***bucket*** I. **7.** loskommen von (*e-r Droge, Gewohnheit etc*). **III** *v/i* **8.** (mit dem Fuß) stoßen, treten (***at*** nach); strampeln; ausschlagen (*Pferd etc*): → ***trace***[2]. **9.** ~ ***about*** (*od.* ***around***) F sich herumtreiben in (*dat*). **10.** F meutern, rebellieren (***against, at*** gegen).

Verbindungen mit Adverbien:

kick| a·bout, ~ a·round F **I** *v/t* **1.** *j-n* herumkommandieren. **2.** *j-n, et.* herumstoßen, -schubsen. **II** *v/i* **3.** sich herumtreiben. **~ back** *v/i* **1.** zurücktreten. **2.** *fig.* unangenehme Folgen haben (***at*** für); zurückschlagen. **~ in** *v/t* **1.** *Tür* eintreten. **2.** *Am.* F *et.* beisteuern (***for*** zu). **~ off I** *v/i* **1.** *Fußball*: anstoßen. **2.** F anfangen. **II** *v/t* **3.** *et.* wegtreten, *Schuhe* wegschleudern. **~ out I** *v/i* um sich treten; ausschlagen (*Pferd etc*). **II** *v/t* F *j-n* rausschmeißen (***of*** aus) (*a. fig.*). **~ o·ver** *v/t* mit dem Fuß umstoßen. **~ up** *v/t* mit dem Fuß hochschleudern, *Staub* aufwirbeln: → ***din*** I, ***dust*** 1, ***row***[3] I, *etc.*

'kick|·back *s* unangenehme Folge(n *pl*). **'~·off** *s Fußball*: Anstoß *m*. **'~·out** *s* F Rausschmiß *m* (*a. fig.*). **~ start·er** *s* Kickstarter *m* (*e-s Motorrads*).

kid[1] [kɪd] *s* **1.** Zicklein *n*, Kitz *n*. **2.** *a.* ~ ***leather*** Ziegen-, Glacéleder *n*. **3.** F a) Kind *n*: ***my ~ brother*** mein kleiner Bruder, b) *bsd. Am.* Jugendliche *m, f*.

kid[2] [~] F **I** *v/t j-n* auf den Arm nehmen. **II** *v/i* albern; Spaß machen; schwindeln: ***he was only ~ding*** er hat nur Spaß gemacht, er hat es nicht ernst gemeint; ***no ~ding?*** im Ernst?, ehrlich?

kid glove *s* Glacéhandschuh *m*: ***handle s.o. with ~s*** *fig.* j-n mit Samt- *od.* Glacéhandschuhen anfassen.

kid·nap ['kɪdnæp] *v/t pret u. pp* **-naped,** *bsd. Br.* **-napped** kidnappen, entführen. **'kid·nap·(p)er** *s* Kidnapper *m*, Entführer *m*. **'kid·nap·(p)ing** *s* Kidnapping *n*, Entführung *f*.

kid·ney ['kɪdnɪ] *s* **1.** *anat.* Niere *f*. **2.** *fig.* Art *f*, Schlag *m*. **~ bean** *s* ⚘ Weiße Bohne. **~ ma·chine** *s* ⚕ künstliche Niere: ***put on a ~*** *j-n* an e-e künstliche Niere anschließen. **~ stone** *s* ⚕ Nierenstein *m*. **~ trans·plant** *s* ⚕ Nierenverpflanzung *f*.

kill [kɪl] **I** *v/t* **1.** töten, umbringen, ermorden: ~ ***two birds with one stone*** *fig.* zwei Fliegen mit 'einer Klappe schlagen; ***be ~ed*** *a.* ums Leben kommen, umkommen; → ***accident*** 2, ***action*** 6. **2.** *Tier* schlachten. **3.** (fast) umbringen: ***my feet are ~ing me*** m-e Füße bringen mich (noch) um. **4.** *a.* ~ ***off*** *Knospen, Rost etc* vernichten. **5.** *Gefühle* (ab)töten, ersticken; *Schmerzen* stillen. **6.** *Zeit* totschlagen. **7.** F *Flasche etc* vernichten, austrinken. **II** *v/i* **8.** töten. **9.** ***dressed to*** ~ F todschick gekleidet, *contp.* aufgedonnert. **'kill·er I** *s* **1.** Mörder *m*, (*kaltblütiger, professioneller*) Killer *m*. **2.** *bsd. in Zssgn* Vertilgungs- *od.* Vernichtungsmittel *n*. **II** *adj* **3.** tödlich: **~ *whale*** *zo.* Schwert-, Mordwal *m*. **'kill·ing** *adj* □ **1.** tödlich. **2.** vernichtend (*a. fig. Blick*), mörderisch (*a. fig. Tempo etc*). **3.** F umwerfend, hinreißend.

'kill·joy *s* Spielverderber(in), Miesmacher(in).

kiln [kɪln] *s* Brenn- *od.* Trockenofen *m*.

ki·lo ['kiːləʊ] *pl* **-los** *s* Kilo *n*.

ki·lo|·gram(me) ['kɪləʊgræm] *s* Kilogramm *n*. **'~ˌme·ter,** *bsd. Br.* **'~ˌme·tre** *s* Kilometer *m*. **'~·watt** *s* ⚡ Kilowatt *n*.

kilt [kɪlt] *s* Kilt *m*, Schottenrock *m*.

ki·mo·no [kɪ'məʊnəʊ] *pl* **-nos** *s* Kimono *m*.

kin [kɪn] *s coll.* (*pl konstruiert*) Blutsverwandtschaft *f*, Verwandte *pl*: ***be of no ~ to*** nicht verwandt sein mit; → ***next*** 5.

kind[1] [kaɪnd] *s* **1.** Art *f*, Sorte *f*: ***all ~s of*** alle möglichen, allerlei; ***nothing of the ~*** nichts dergleichen. **2.** Art *f*, Wesen *n*: ***different in ~*** der Art *od.* dem Wesen nach verschieden. **3. ~ *of*** F ein bißchen, irgendwie: ***I've ~ of promised it*** ich habe es halb u. halb versprochen. **4.** ***in ~*** in Naturalien *zahlen*.

kind[2] [~] *adj* (□ → ***kindly*** II) **1.** freundlich, liebenswürdig, nett (***to*** zu): ~ ***to animals*** tierlieb; ***would you be so ~ as to do this for me?*** sei so gut *od.* freundlich u. erledige das für mich, erledige das doch bitte für mich; → ***enough*** III. **2.** herzlich: → ***regard*** 4.

kin·der·gar·ten ['kɪndəˌgɑːtn] *s* Kindergarten *m*: **~ *teacher*** Kindergärtnerin *f*.

ˌkind'heart·ed *adj* □ gütig, gutherzig.

kin·dle ['kɪndl] **I** *v/t* **1.** an-, entzünden. **2.** *Haß etc* entfachen, -flammen, *Interesse etc* wecken. **II** *v/i* **3.** sich entzünden, Feuer fangen. **4.** *fig.* entbrennen, -flammen.

kin·dling ['kɪndlɪŋ] *s* Anzündmaterial *n*.

kind·ly ['kaındlı] I *adj* **1.** freundlich, liebenswürdig. II *adv* **2.** → ***kind²*** 1. **3.** freundlicher-, liebenswürdiger-, netterweise: ***~ tell me*** sagen Sie mir bitte. **4.** ***take ~ to*** sich mit *et.* an- *od.* befreunden.

kind·ness]'kaındnıs] *s* **1.** Freundlichkeit *f*, Liebenswürdigkeit *f.* **2.** Gefälligkeit *f*: ***do s.o. a ~*** j-m e-e Gefälligkeit erweisen.

kin·dred ['kındrıd] I *s* **1.** (Bluts)Verwandtschaft *f.* **2.** *coll.* (*pl konstruiert*) Verwandte *pl*, Verwandtschaft *f.* II *adj* **3.** (bluts)verwandt. **4.** *fig.* verwandt, ähnlich.

ki·net·ic [kı'netık] *phys.* I *adj* (***~ally***) kinetisch. II *s pl* (*sg konstruiert*) Kinetik *f*.

king [kıŋ] *s* **1.** König *m* (*a. Schach u. Kartenspiel*): ***~ of hearts*** Herzkönig; → ***English*** 3, ***evidence*** 2. **2.** *Damespiel*: Dame *f.* '**king·dom** *s* **1.** Königreich *n.* **2.** *a.* ♀ *eccl.* Reich *n* (Gottes). **3.** *fig.* Reich *n*: ***animal*** (***mineral, vegetable*** *od.* ***plant***) ***~*** Tier-(Mineral-, Pflanzen)reich. '**king·ly** *adj* königlich.

'**king|·pin** *s* F wichtigster Mann; Dreh- u. Angelpunkt *m.* '**~-size**(**d**) *adj* Riesen...: ***~ cigarettes*** *pl* King-size-Zigaretten *pl.*

kink [kıŋk] *s* **1.** Knick *m* (*in Draht etc*). **2.** *fig.* Spleen *m*, Tick *m.* **3.** ***have a ~ in one's back*** (***neck***) e-n steifen Rücken (Hals) haben. '**kink·y** *adj* **1.** kraus (*Haar*). **2.** *fig.* spleenig. **3.** F abartig, pervers.

kins·folk ['kınzfəʊk] *s pl* Verwandtschaft *f*, (Bluts)Verwandte *pl.*

kin·ship ['kınʃıp] *s* (Bluts)Verwandtschaft *f.*

kins·man ['kınzmən] *s* (*irr* ***man***) (Bluts)Verwandte *m.* '**kins**ˌ**wom·an** *s* (*irr* ***woman***) (Bluts)Verwandte *f.*

ki·osk ['ki:ɒsk] *s* **1.** Kiosk *m.* **2.** *Br.* Telefonzelle *f.*

kip [kıp] *sl.* I *s* **1.** Schlaf *m*: ***have a ~*** pennen. **2.** Schlafstelle *f.* II *v/i* **3.** pennen. **4.** ***~ down*** sich hinhauen.

kip·per ['kıpə] *s* Kipper *m* (*Räucherhering*).

kiss [kıs] I *s* **1.** Kuß *m*: ***~ of life*** *Br.* Mund-zu-Mund-Beatmung *f.* II *v/t* **2.** küssen: ***~ s.o. good night*** j-m e-n Gutenachtkuß geben; ***~ the dust*** F ins Gras beißen. **3.** leicht berühren. III *v/i* **4.** sich küssen. **5.** sich leicht berühren. '**kiss·er** *s sl.* Schnauze *f*, Fresse *f*; Visage *f.*

'**kiss·proof** *adj* kußecht.

kit [kıt] I *s* **1.** (*Reise-, Reit- etc*)Ausrüstung *f*, (-)Sachen *pl.* **2.** ⚔ Montur *f*; Gepäck *n.* **3.** Arbeitsgerät *n*, Werkzeug(e *pl*) *n*; Werkzeugtasche *f*, -kasten *m.* **4.** Baukasten *m*; Bastelsatz *m.* **5.** *a.* ***press ~*** Pressemappe *f.* II *v/t* **6.** *oft* ***~ out*** (*od.* ***up***) ausstatten (***with*** mit). **~ bag** *s* **1.** ⚔ Kleider-, Seesack *m.* **2.** Reisetasche *f.*

kitch·en ['kıtʃın] I *s* Küche *f.* II *adj* Küchen...: ***~ knife*** (***table***, *etc*); ***~ garden*** (Obst- u.) Gemüsegarten *m*; ***~ help*** Küchenhilfe *f*; ***~ sink*** Ausguß *m*, Spüle *f*; ***with everything but the ~ sink*** *humor.* mit Sack u. Pack. **kitch·en·et(te)** [ˌ~'net] *s* Kochnische *f.*

kite [kaıt] *s* Drachen *m*: ***fly a ~*** e-n Drachen *od. fig.* e-n Versuchsballon steigen lassen.

kith [kıθ] *s*: ***with ~ and kin*** mit Kind u. Kegel.

kit·ten ['kıtn] *s* Kätzchen *n*: ***have ~s*** *Br.* F Zustände kriegen. '**kit·ten·ish** *adj* **1.** (kindlich) verspielt *od.* ausgelassen. **2.** kokett.

kit·ty ['kıtı] *s* Kätzchen *n.*

ki·wi ['ki:wi:] I *s* **1.** *orn.* Kiwi *m.* **2.** ♃ Kiwi *f.* **3.** *mst* ♀ F Neuseeländer(in). II *adj* **4.** *mst* ♀ F neuseeländisch.

klax·on ['klæksn] *s mot.* Hupe *f.*

klep·to·ma·ni·a [ˌkleptəʊ'meınjə] *s psych.* Kleptomanie *f.* ˌ**klep·to**'**ma·ni·ac** [~nıæk] *s* Kleptomane *m*, -manin *f.*

knack [næk] *s* **1.** Kniff *m*, Trick *m*: ***get the ~ of doing s.th.*** dahinterkommen *od.* herausbekommen, wie man et. tut; ***have the ~ of s.th.*** den Dreh von *od.* bei et. heraushaben. **2.** Geschick *n*: ***have the*** (*od.* ***a***) ***~ of doing s.th.*** Geschick *od.* das Talent haben, et. zu tun.

knack·er ['nækə] *s Br.* **1.** Abdecker *m*: ***~'s yard*** Abdeckerei *f.* **2.** Abbruchunternehmer *m.* '**knack·ered** *adj Br.* F geschlaucht, kaputt. '**knack·er·y** *s Br.* Abdeckerei *f.*

knag [næg] *s* Knorren *m.*

knap·sack ['næpsæk] *s* **1.** ⚔ Tornister *m.* **2.** Rucksack *m.*

knave [neıv] *s* **1.** *obs.* Schurke *m.* **2.** *Kar-*

tenspiel: Bube *m*: ~ ***of hearts*** Herzbube *m*.

knead [ni:d] *v/t Teig etc* (durch)kneten, *Muskeln a.* massieren.

knee [ni:] *s* **1.** Knie *n*: ***on one's ~s*** kniefällig, auf Knien; ***bring s.o. to his ~s*** j-n auf *od.* in die Knie zwingen; ***go*** (***down***) (*od.* ***fall***) ***on one's ~s to*** niederknien vor (*dat*), *fig. a.* in die Knie gehen vor (*dat*). **2.** ⚙ Knie(stück) *n*; (Rohr)Krümmer *m*. ~**bend** *s* Kniebeuge *f*. '~**cap** *s anat.* Kniescheibe *f*. ˌ~-'**deep**, ˌ~-'**high** *adj* knietief, -hoch. ~**joint** *s anat.*, ⚙ Kniegelenk *n*.

kneel [ni:l] *v/i* (*mst irr*) **1.** *a.* ~ ***down*** (sich) hinknien, niederknien (***to*** vor *dat*). **2.** knien, auf den Knien liegen (***before*** vor *dat*).

'**knee|·pad** *s* Knieschützer *m*. '~**·pan** → ***kneecap***. '~**·room** *s* ✈, *mot.* Kniefreiheit *f*.

knelt [nelt] *pret u. pp von* ***kneel.***

knew [nju:] *pret von* ***know.***

knick·er·bock·ers ['nɪkəbɒkəz] *s pl*, *a.* ***pair of*** ~ Knickerbocker *pl*.

knick·ers ['nɪkəz] *s pl*, *a.* ***pair of*** ~ **1.** → ***knickerbockers.*** **2.** *bsd. Br.* (Damen)Schlüpfer *m*: ***get one's ~ in a twist*** F, *oft humor.* sich ins Hemd machen.

knick·knack ['nɪknæk] *s* **1.** Nippsache *f*. **2.** billiges Schmuckstück. **3.** Spielerei *f*, Schnickschnack *m*.

knife [naɪf] **I** *pl* **knives** [naɪvz] *s* Messer *n*: ***before you can say*** ~ *bsd. Br.* F im Nu, im Handumdrehen; ***to the*** ~ bis aufs Messer, bis zum Äußersten; ***have one's ~ into s.o.*** j-n auf dem Kieker haben; ***go under the*** ~ ⚕ unters Messer kommen. **II** *v/t* mit e-m Messer stechen *od.* verletzen: ~ (***to death***) erstechen. ~ **blade** *s* Messerklinge *f*. ~ **edge** *s* Messerschneide *f*: ***be balanced on a*** ~ *fig.* auf des Messers Schneide stehen. ~ **point** *s* Messerspitze *f*: ***at*** ~ mit vorgehaltenem Messer.

knight [naɪt] **I** *s* **1.** *hist.* Ritter *m* (*Br. a. Adelsstufe*). **2.** *Schach*: Springer *m*, Pferd *n*. **II** *v/t* **3.** zum Ritter schlagen. '**knight·ly** *adj u. adv* ritterlich.

knit [nɪt] (*a. irr*) **I** *v/t* **1.** stricken. **2.** *a.* ~ ***together*** zs.-fügen, verbinden (*a. fig.*). **3.** *fig.* verknüpfen. **4.** *Stirn* runzeln; *Augenbrauen* zs.-ziehen. **II** *v/i* **5.** stricken. '**knit·ting I** *s* **1.** Stricken *n*. **2.** Strickarbeit *f*, -zeug *n*. **II** *adj* **3.** Strick...: ~ ***needle.***

'**knit·wear** *s* Strickwaren *pl*.

knives [naɪvz] *pl von* ***knife.***

knob [nɒb] *s* **1.** (*runder*) Kniff, Knauf *m*. **2.** Beule *f*, Höcker *m*. **3.** *bsd. Br.* Stück(chen) *n* (*Zucker etc*).

knock [nɒk] **I** *s* **1.** Schlag *m*, Stoß *m*. **2.** Klopfen *n* (*a. mot.*): ***there is a*** ~ (***at*** [*Am.* ***on***] ***the door***) es klopft. **II** *v/t* **3.** schlagen, stoßen: ~ ***one's head against*** sich den Kopf anschlagen an (*dat*); ~ ***one's head against a brick wall*** *fig.* mit dem Kopf gegen die Wand rennen. **III** *v/i* **4.** schlagen, klopfen: ~ ***at*** (*Am.* ***on***) ***the door*** an die Tür klopfen. **5.** schlagen, prallen, stoßen (***against, into*** gegen; ***on*** auf *acc*). **6.** ⚙ klopfen (*Motor, Brennstoff*). **7.** ~ ***about*** (*od.* ***around***) F sich herumtreiben in (*dat*); herumliegen in (*dat*) (*Gegenstand*).

Verbindungen mit Adverbien:

knock| a·bout, ~ **a·round I** *v/t* **1.** herumstoßen. **II** *v/i* **2.** F sich herumtreiben: ~ ***with*** *a.* gehen mit (*e-m Mädchen etc*). **3.** F herumliegen (*Gegenstand*). ~ **back** *v/t* **1.** *Stuhl* zurückstoßen. **2.** *bsd. Br.* F *Getränk* runterkippen. ~ **down** *v/t* **1.** a) umstoßen, umwerfen, b) niederschlagen, c) an-, umfahren; überfahren, d) F umhauen, sprachlos machen. **2.** *Gebäude etc* abreißen, abbrechen. **3.** (***to*** auf *acc*; ***£2*** um 2 Pfund) *j-n, Preis* herunterhandeln; mit *dem Preis* heruntergehen. **4.** ***knock s.th. down to s.o.*** (*Auktion*) j-m et. zuschlagen (***at, for*** für). ~ **in** *v/t Nagel* einschlagen. ~ **off I** *v/t* **1.** herunter-, abschlagen. **2.** F aufhören mit: ***knock it off!*** hör auf (damit)!; ~ ***work***(***ing***) → 6b. **3.** F *Arbeit* erledigen. **4.** F *j-n* umlegen. **5.** F *Essen* wegputzen. **II** *v/i* **6.** F a) *allg.* aufhören, b) Feierabend *od.* Schluß machen. ~ **out** *v/t* **1.** herausschlagen, -klopfen (***of*** aus), *Pfeife* ausklopfen: → ***bottom*** 3. **2.** a) bewußtlos schlagen, b) *Boxen*: k.o. schlagen, ausknocken, c) betäuben (*Droge etc*), d) F umhauen (*sprachlos machen, hinreißen*). ~ **to·geth·er** *v/t* **1.** (*a. v/i*) aneinanderstoßen, -schlagen. **2.** F *et.* schnell zs.-zimmern, *Essen etc* (her)zaubern. ~ **o·ver** *v/t* **1.** umwerfen, umstoßen. **2.** überfahren. ~ **up I** *v/t* **1.** hochschlagen, in die Höhe schlagen. **2.**

Br. F herausklopfen, (*durch Klopfen*) wecken. **3.** *Br.* F *Geld* verdienen. **4.** *sl. Mädchen* anbumsen. **II** *v/i* **5.** *Tennis etc*: sich einschlagen *od.* einspielen.

'knock|·a·bout *adj* **1.** strapazierfähig (*Kleidung etc*). **2.** *thea. etc* Klamauk...: **~ *comedy*** Klamaukstück *n.* **'~·down I** *adj* **1.** niederschmetternd (*a. fig.*). **2. ~ *price*** Schleuderpreis *m*: ***at a ~*** spottbillig. **II** *s* **3.** *Boxen*: Niederschlag *m.*

knock·er ['nɒkə] *s* **1.** (Tür)Klopfer *m.* **2.** *pl sl.* Titten *pl.*

ˌknock|-'kneed *adj* X-beinig: ***be ~*** X-Beine haben. **ˌ~-'knees** *s pl* X-Beine *pl.* **'~·out I** *s* **1.** *Boxen*: K.o. *m*: ***win by a ~*** durch K.o. gewinnen. **2.** F tolle Person *od.* Sache; Attraktion *f*; Bombenerfolg *m.* **II** *adj* **3.** *Boxen*: K.-o.-...: **~ *system*** (*Sport*) K.-o.-System *n.* **'~·up** *s Tennis etc*: Einschlagen *n*, -spielen *n.*

knoll [nəʊl] *s* Hügel *m.*

knot [nɒt] **I** *s* **1.** Knoten *m*: ***make*** (*od.* ***tie***) ***a ~*** e-n Knoten machen; ***tie s.o.*** (***up***) ***in ~s*** F j-n völlig durcheinanderbringen. **2.** Astknoten *m*, Knorren *m.* **3.** ⚓ Knoten *m*, Seemeile *f.* **4.** *fig.* Knoten *m*, Schwierigkeit *f*: ***cut the ~*** den Knoten durchhauen. **II** *v/t* **5.** (e-n) Knoten machen in (*acc*). **6.** (ver)knoten, (-)knüpfen. **III** *v/i* **7.** sich verknoten. **'knot·ty** *adj* **1.** knotig. **2.** knorrig (*Holz*). **3.** *fig.* verwickelt, kompliziert.

know [nəʊ] **I** *v/t* (*irr*) **1.** *allg.* wissen. **2.** können: **~ *how to do s.th.*** et. tun können. **3.** kennen: a) sich auskennen in (*dat*), b) vertraut sein mit, c) bekannt sein mit. **4.** erfahren, erleben: ***he has ~n better days*** er hat schon bessere Tage gesehen. **5.** (wieder)erkennen (***by*** an *dat*); unterscheiden (können) (***from*** von): **~ *apart*** auseinanderhalten. **II** *v/i* (*irr*) **6.** wissen (***of*** von, um), Bescheid wissen (***about*** über *acc*): ***you never ~*** man kann nie wissen; **~ *better than to do s.th.*** sich davor hüten, et. zu tun. **III** *s* **7. *be in the ~*** Bescheid wissen. **'~-all** *s* Besserwisser *m.* **'~-how** *s* Know-how *n* (*a.* ⚕): ***industrial ~*** praktische Betriebserfahrung.

know·ing ['nəʊɪŋ] *adj* **1.** klug, gescheit. **2.** schlau, durchtrieben. **3.** verständnisvoll, wissend (*Blick*). **'know·ing·ly** *adv* **1.** → ***knowing.*** **2.** wissentlich, bewußt, absichtlich.

knowl·edge ['nɒlɪdʒ] *s* **1.** Kenntnis *f*: ***bring s.th. to s.o.'s ~*** j-n von et. in Kenntnis setzen; ***it has come to my ~*** ich habe erfahren (***that*** daß); (***not***) ***to my ~*** m-s Wissens (nicht); ***without my ~*** ohne mein Wissen. **2.** Wissen *n*, Kenntnisse *pl*: ***have a good ~ of*** viel verstehen von, sich gut auskennen in (*dat*).

known [nəʊn] **I** *pp von* ***know.*** **II** *adj* bekannt (***as*** als; ***for*** für; ***to s.o.*** j-m): **~ *to the police*** polizeibekannt; ***make ~*** bekanntmachen; ***make o.s. ~ to s.o.*** sich j-m vorstellen.

knuck·le ['nʌkl] **I** *s* **1.** *anat.* (Finger)Knöchel *m*: → ***rap***[1] 1, 3. **2.** (*Kalbs-, Schweins*)Haxe *f*, (-)Hachse *f*: ***near the ~*** F reichlich gewagt (*Witz etc*). **II** *v/i* **3. ~ *down*** sich anstrengen *od.* dahinterklemmen: **~ *down to work*** sich an die Arbeit machen, sich hinter die Arbeit klemmen. **4. ~ *under*** sich unterwerfen *od.* beugen (***to*** *dat*), klein beigeben. **'~-ˌdust·er** *s* Schlagring *m.*

kook [ku:k] *s Am.* F Spinner *m.*

Ko·ran [kɒ'rɑ:n] *s eccl.* Koran *m.*

kraut [kraʊt] *s sl. contp.* Deutsche *m, f.*

Krem·lin ['kremlɪn] *npr* Kreml *m.*

L

lab [læb] *s* F Labor *n.*

la·bel ['leɪbl] **I** *s* **1.** Etikett *n*, (Klebe-, Anhänge)Zettel *m*, (-)Schild(chen) *n.* **II** *v/t pret u. pp* **-beled,** *bsd. Br.* **-belled** **2.** etikettieren, beschriften. **3.** als ... bezeichnen, zu ... stempeln: ***be ~(l)ed a criminal*** zum Verbrecher gestempelt werden.

la·bi·al ['leɪbjəl] *s ling.* Lippen-, Labiallaut *m.*

la·bor ['leɪbə] *Am.* **I** → ***labour,*** *etc.* **II** *adj* **1.** Gewerkschafts... **2.** ~ ***union*** Gewerkschaft *f.*

la·bor·a·to·ry [lə'bɒrətərɪ] *s* Labor(atorium) *n*: ~ ***assistant*** Laborant(in).

la·bo·ri·ous [lə'bɔːrɪəs] *adj* □ **1.** mühsam. **2.** schwerfällig (*Stil*). **3.** arbeitsam, fleißig.

la·bour ['leɪbə] *bsd. Br.* **I** *s* **1.** (schwere) Arbeit. **2.** Mühe *f*, Plage *f*: ***lost*** ~ vergebliche Mühe. **3.** ✝ Arbeiterschaft *f*; Arbeiter *pl*, Arbeitskräfte *pl.* **4.** ♀ *pol.* die Labour Party (*Großbritanniens etc*). **5.** ⚕ Wehen *pl*: ***be in*** ~ in den Wehen liegen. **II** *v/i* **6.** (schwer) arbeiten (***at*** an *dat*), sich bemühen (***for*** um), sich anstrengen *od.* abmühen (***to do*** zu tun). **7.** *a.* ~ ***along*** sich mühsam fortbewegen: ~ ***through*** sich kämpfen durch (*Schlamm, Buch etc*). **8.** (***under***) zu leiden haben (unter *dat*), zu kämpfen haben (mit); befangen sein (in *dat*). **9.** ⚕ in den Wehen liegen. **III** *v/t* **10.** ausführlich *od.* umständlich behandeln, breitwalzen. **IV** *adj* **11.** Arbeits...; Arbeiter... **12.** ♀ *pol.* Labour...: ~ ***Party*** Labour Party *f.* '**la·bour·er** *s bsd. Br.* (*bsd.* Hilfs)Arbeiter *m.*

'**la·bour|-in,ten·sive** *adj* □ *bsd. Br.* arbeitsintensiv. '**~-,sav·ing** *adj bsd. Br.* arbeitssparend.

lab·y·rinth ['læbərɪnθ] *s* Labyrinth *n*, *fig. a.* Gewirr *n.*

lace [leɪs] **I** *s* **1.** *Textilwesen*: Spitze *f.* **2.** Litze *f*, Tresse *f*, Borte *f.* **3.** Schnürband *n*, -senkel *m.* **4.** Schuß *m* Alkohol (*in Getränken*): ***with a*** ~ ***of rum*** mit e-m Schuß Rum. **II** *v/t* **5.** *a.* ~ ***up*** (zu-, zs.-)schnüren. **6.** mit Spitzen *od.* Litzen besetzen. **7.** ~ ***one's tea with rum*** sich e-n Schuß Rum in den Tee geben; ~ ***s.o.'s beer with vodka*** j-m heimlich Wodka ins Bier schütten; ***tea ~d with rum*** Tee *m* mit e-m Schuß Rum. **III** *v/i* **8.** ~ ***into s.o.*** F über j-n herfallen (*a. mit Worten*).

lac·er·ate ['læsəreɪt] *v/t Gesicht etc* aufreißen; zerschneiden; zerkratzen. ,**lac·er'a·tion** *s* Riß-; Schnitt-, Kratzwunde *f.*

lach·ry·mal ['lækrɪml] *adj* **1.** Tränen...: ~ ***gland*** *anat.* Tränendrüse *f.* **2.** → ***lachrymose*** 1, 2. **lach·ry·mose** ['~məʊs] *adj* □ **1.** tränenreich. **2.** weinerlich. **3.** traurig, ergreifend.

lack [læk] **I** *s* **1.** Mangel *m* (***of*** an *dat*): ~ ***of sleep*** fehlender Schlaf; ***for*** (*od.* ***through***) ~ ***of time*** aus Zeitmangel. **II** *v/t* **2.** nicht haben, Mangel haben *od.* leiden an (*dat*): ***we*** ~ ***coal*** es fehlt uns an Kohle. **3.** es fehlen lassen an (*dat*). **III** *v/i* **4.** a) ***be ~ing*** fehlen, b) ~ ***in*** Mangel haben *od.* leiden an (*dat*): ***he is ~ing in courage*** ihm fehlt der Mut. **5.** ~ ***for nothing*** von allem genug haben: ***he ~s for nothing*** es fehlt ihm an nichts.

lack·a·dai·si·cal [,lækə'deɪzɪkl] *adj* □ **1.** lustlos. **2.** nachlässig (***about*** in *dat*).

lack·ey ['lækɪ] *s* Lakai *m* (*a. fig. contp.*).

lack·ing ['lækɪŋ] *adj* **1.** ***be found*** ~ sich nicht bewähren. **2.** *Br.* F beschränkt, dumm.

'**lack|,lus·ter** *adj Am.*, '**~,lus·tre** *adj bsd. Br.* glanzlos, matt.

la·con·ic [lə'kɒnɪk] *adj* (***~ally***) **1.** lakonisch. **2.** wortkarg.

lac·quer ['lækə] **I** *s* **1.** (Farb)Lack *m.* **2.** (*Haar*)Festiger *m.* **II** *v/t* **3.** lackieren.

la·crosse [lə'krɒs] *s Sport*: Lacrosse *n* (*Ballspiel*).

lad [læd] *s* **1.** junger Kerl *od.* Bursche. **2.** ***a bit of a*** ~ *Br.* F ein ziemlicher Draufgänger.

lad·der ['lædə] **I** *s* **1.** Leiter *f* (*a. fig.*). **2.** *bsd. Br.* Laufmasche *f.* **II** *v/i* **3.** *bsd. Br.* Laufmaschen bekommen. '**~·proof** *adj* maschenfest.

lad·en ['leɪdn] *adj* **1.** (schwer) beladen (***with*** mit). **2.** *fig.* bedrückt (***with*** von): ~ ***with guilt*** schuldbeladen.

la-di-da [,lɑːdɪ'dɑː] *adj* F affektiert, affig.

la·dies'| choice *s* Damenwahl *f.* ~ **man** *s* (*irr* ***man***) Frauenheld *m.* ~ **room** *s* Damentoilette *f.*

la·dle ['leɪdl] **I** *s* **1.** Schöpflöffel *m*, -kelle *f.* **2.** ⚙ Schaufel *f* (*e-s Baggers etc*). **II** *v/t* **3.** *a.* ~ ***out*** (aus)schöpfen. **4.** *a.* ~ ***out*** austeilen (*a. fig.*).

la·dy ['leɪdɪ] **I** *s* **1.** Dame *f*: ***ladies and gentlemen*** m-e Damen u. Herren. **2.** ♀ Lady *f* (*Titel*). **3.** ***Our*** ♀ *eccl.* Unsere Liebe Frau, die Mutter Gottes. **4.** ***Ladies*** *pl* (*sg konstruiert*) Damentoilette *f.* **II** *adj* **5.** weiblich: ~ ***doctor*** Ärztin *f.* '**~·bird,** *Am. a.* '**~·bug** *s zo.* Marienkäfer *m.* ,**~-in-'wait·ing** *pl* ,**la·dies-in-**

-'**wait·ing** *s* Hofdame *f.* '**~-ˌkill·er** *s* F Ladykiller *m*, Herzensbrecher *m.* '**~-like** *adj* damenhaft.

la·dy's man → ***ladies' man.***

lag¹ [læg] **I** *v/i* **1.** *mst* **~ *behind*** zurückbleiben, nicht mitkommen (*beide a. fig.*): **~ *behind* s.o.** hinter j-m zurückbleiben. **2.** *mst* **~ *behind*** sich verzögern. **II** *s* **3.** → ***time lag.***

lag² [~] *v/t* ⚙ verschalen; isolieren, ummanteln.

la·ger ['lɑːgə] *s* Lagerbier *n.*

la·goon [lə'guːn] *s* Lagune *f.*

laid [leɪd] *pret u. pp von* ***lay¹.***

lain [leɪn] *pp von* ***lie².***

lair [leə] *s* **1.** *zo.* Lager *n*; Bau *m*; Höhle *f.* **2.** Versteck *n.*

la·i·ty ['leɪətɪ] *s* Laien *pl.*

lake [leɪk] *s* See *m.* **~ dwell·ings** *s pl* Pfahlbauten *pl.*

lam [læm] *sl.* **I** *v/t* verdreschen, -möbeln. **II** *v/i*: **~ *into* s.o.** auf j-n eindreschen; über j-n herfallen (*a. mit Worten*).

la·ma ['lɑːmə] *s eccl.* Lama *m.*

lamb [læm] **I** *s* **1.** Lamm *n*: (***as***) ***gentle*** (*od.* ***meek***) ***as a* ~** lammfromm. **2.** Lamm *n*: a) *gastr.* Lammfleisch *n*: **~ *chop*** Lammkotelett *n*, b) → ***lambskin.*** **II** *v/i* **3.** lammen.

lam·baste [læm'beɪst] *v/t sl.* **1.** → ***lam*** I. **2.** *fig.* herunterputzen, zs.-stauchen.

'**lamb|·like** *adj* lammfromm. '**~·skin** *s* **1.** Lammfell *n.* **2.** Schafleder *n.*

lamb's wool *s* Lambswool *f*, Lammwolle *f.*

lame [leɪm] **I** *adj* □ **1.** a) lahm: ***walk* ~*ly*** hinken, (*Tier a.*) lahmen, b) gelähmt. **2.** *fig.* lahm: a) faul (*Ausrede*), b) schwach (*Argument*), c) matt, schwach (*Anstrengungen*). **II** *v/t* **3.** lähmen (*a. fig.*). **~ duck** *s* F **1.** Niete *f*, Versager *m* (*a. Sache*). **2.** *pol. Am. nicht wiedergewähltes Kongreßmitglied bis zum Ablauf s-r Amtszeit.*

la·mel·la [lə'melə] *pl* **-lae** [~liː], **-las** *s* Lamelle *f.*

lame·ness ['leɪmnɪs] *s* Lahmheit *f* (*a. fig.*).

la·ment [lə'ment] **I** *v/i* **1.** jammern, (weh)klagen, *contp.* lamentieren (***for, over*** um). **2.** trauern (***for, over*** um). **II** *v/t* **3.** beklagen: a) bejammern, bedauern, b) betrauern. **III** *s* **4.** Jammer *m*, (Weh)Klage *f.* **5.** Klagelied *n.*

lam·en·ta·ble ['læməntəbl] *adj* □ **1.** beklagenswert, bedauerlich. **2.** *contp.* erbärmlich, kläglich. **lam·en·ta·tion** [ˌ~men'teɪʃn] *s* **1.** (Weh)Klage *f.* **2.** *contp.* Lamento *n*, Lamentieren *n.*

lam·i·nat·ed ['læmɪneɪtɪd] *adj* ⚙ laminiert, geschichtet: **~ *glass*** Verbundglas *n.*

lamp [læmp] *s* Lampe *f*, (*Straßen*)Laterne *f.*

lam·poon [læm'puːn] **I** *s* Spott-, Schmähschrift *f.* **II** *v/t* (*schriftlich*) verspotten.

'**lamp·post** *s* Laternenpfahl *m*: → ***between*** 2.

'**lamp·shade** *s* Lampenschirm *m.*

lance [lɑːns] **I** *s* Lanze *f.* **II** *v/t* ⚕ *Geschwür etc* (mit e-r Lanzette) öffnen.

lan·cet ['lɑːnsɪt] *s* **1.** ⚕ Lanzette *f.* **2.** △ a) *a.* **~ *arch*** Spitzbogen *m*, b) *a.* **~ *window*** Spitzbogenfenster *n.*

land [lænd] **I** *s* **1.** Land *n* (*Ggs. Wasser, Luft*): ***by* ~** auf dem Landweg; ***by* ~ *and sea*** zu Wasser u. zu Lande; ***see*** (*od.* ***find out***) ***how the* ~ *lies*** *fig.* die Lage peilen; sich e-n Überblick verschaffen. **2.** Land *n*, Boden *m*: ***ploughed* ~** Akkerland. **3.** Land *n*, Staat *m.* **4.** *fig.* Land *n*, Reich *n*: → ***milk*** I. **II** *v/i* **5.** ✈ landen, ⚓ *a.* anlegen. **6.** *oft* **~ *up*** landen, (an)kommen: **~ *up in prison*** im Gefängnis landen. **III** *v/t* **7.** *Personen, Güter, Flugzeug* landen, *Güter* ausladen, ⚓ *a.* löschen. **8.** *j-n* bringen: **~ o.s.** (*od.* ***be* ~*ed***) ***in trouble*** in Schwierigkeiten geraten *od.* kommen. **9.** F *Schlag, Treffer* landen, anbringen: ***he* ~*ed him one*** er knallte ihm eine. **10.** F *j-n, et.* kriegen, erwischen, *Preis* ergattern. **11.** **~ *s.o. s.th.*** F j-m et. einbringen.

land·ed ['lændɪd] *adj* Land..., Grund...: **~ *property*** Land-, Grundbesitz *m.*

land forc·es *s pl* ⚔ Landstreitkräfte *pl.*

land·ing ['lændɪŋ] *s* **1.** ✈ Landung *f*, Landen *n*, ⚓ *a.* Anlegen *n.* **2.** (Treppen)Absatz *m.* **~ ap·proach** *s* ✈ Landeanflug *m.* **~ field** *s* ✈ Landeplatz *m.* **~ gear** *s* ✈ Fahrgestell *n*, -werk *n.* **~ per·mit** *s* ✈ Landeerlaubnis *f.*

land|·la·dy ['lænˌleɪdɪ] *s* (Haus-, Gast-, Pensions)Wirtin *f.* **~·lord** ['læn~] *s* **1.** Grundeigentümer *m*, -besitzer *m.* **2.** (Haus-, Gast-, Pensions)Wirt *m.* **~·lub·ber** ['lændˌ~] *s* ⚓ Landratte *f.* '**~·mark** *s*

1. Grenzstein *m*, -zeichen *n*. **2.** ⚓ Landmarke *f*, Seezeichen *n*. **3.** Wahrzeichen *n* (*e-r Stadt etc*). **4.** *fig*. Mark-, Meilenstein *m*. **~ of·fice** *s Am*. Grundbuchamt *n*. **'~ˌown·er** *s* Grundbesitzer(in), -eigentümer(in). **~ reg·is·ter** *s Br*. Grundbuch *n*. **~ reg·is·try** *s Br*. Grundbuchamt *n*. **~·scape** ['lænskeɪp] *s* Landschaft *f* (*a. paint.*): ***~ architect*** Landschaftsarchitekt *m*; ***~ gardener*** Landschaftsgärtner *m*; ***~ painter*** Landschaftsmaler *m*. **'~·slide** *s* **1.** Erdrutsch *m*. **2.** *a*. ***~ victory*** (*od*. ***win***) *pol*. überwältigender Wahlsieg.

land·ward(s) ['lændwəd(z)] *adv* land(ein)wärts.

lane [leɪn] *s* **1.** (Feld)Weg *m*. **2.** Gasse *f*: a) Sträßchen *n*, b) Durchgang *m* (*zwischen Menschenreihen etc*): ***form a ~*** Spalier stehen, e-e Gasse bilden. **3.** Schneise *f*. **4.** ⚓ Fahrrinne *f*. **5.** ✈ Flugschneise *f*. **6.** *mot*. (Fahr)Spur *f*: ***change ~s*** die Spur wechseln; ***get in ~*** sich einordnen. **7.** *Sport*: (*einzelne*) Bahn.

lan·guage ['læŋgwɪdʒ] *s* **1.** Sprache *f*. **2.** Sprache *f*, Ausdrucks-, Redeweise *f*: → ***bad*** 3, ***strong*** 7. **3.** (Fach)Sprache *f*. **~ course** *s* Sprachkurs *m*. **~ la·bor·a·to·ry** *s* Sprachlabor *n*. **~ school** *s* Sprachenschule *f*.

lan·guid ['læŋgwɪd] *adj* □ **1.** schwach, matt. **2.** *fig*. lau, interesselos.

lan·guish ['læŋgwɪʃ] *v/i* **1.** ermatten, erschlaffen. **2.** erlahmen (*Interesse etc*). **3.** sich sehnen, schmachten (***for*** nach). **'lan·guish·ing** *adj* □ sehnsüchtig, schmachtend (*Blick etc*).

lan·guor ['læŋgə] *s* **1.** Schwachheit *f*, Mattigkeit *f*. **2.** *fig*. Lauheit *f*, Interesselosigkeit *f*. **3.** einschläfernde Schwüle. **'lan·guor·ous** *adj* □ **1.** → ***languid***. **2.** einschläfernd schwül.

lank [læŋk] *adj* □ **1.** hager, mager. **2.** glatt (*Haar*). **'lank·y** *adj* □ schlaksig.

lan·tern ['læntən] *s* Laterne *f*.

lap[1] [læp] *s* Schoß *m* (*a. fig.*): ***drop*** (*od*. ***fall***) ***into s.o.'s ~*** j-m in den Schoß fallen.

lap[2] [~] **I** *s* **1.** wickeln ([***a***]***round*** um). **2.** einschlagen, -wickeln (***in*** in *acc*). **3.** hinausragen über (*acc*). **4.** *Sport*: überrunden. **II** *v/i* **5.** überstehen, hinausragen (***over*** über *acc*). **6.** sich überlappen. **III** *s* **7.** *Sport*: Runde *f*: ***~ of hono(u)r*** Ehrenrunde.

lap[3] [~] **I** *v/t* **1.** (sch)lecken: ***~ up*** a) auf(sch)lecken, b) *fig*. F fressen, schlucken (*kritiklos glauben*), c) *fig*. F *Komplimente etc* gierig aufnehmen. **II** *v/i* **2.** plätschern (***against*** gegen, an *acc*). **III** *s* **3.** (Sch)Lecken *n*: ***take a ~ at*** (sch)lecken an (*dat*). **4.** Plätschern *n*.

lap belt *s* ✈, *mot*. Beckengurt *m*.

la·pel [lə'pel] *s* Aufschlag *m*, Revers *n*, *m*.

lapse [læps] **I** *s* **1.** Versehen *n*, (kleiner) Fehler *od*. Irrtum. **2.** Vergehen *n*, Entgleisung *f*. **3.** Zeitspanne *f*. **4.** ⚖ Verfall *m*, Erlöschen *n*. **II** *v/i* **5.** vergehen, -streichen (*Zeit*); ablaufen (*Frist*). **6.** verfallen, -sinken (***into*** in *acc*). **7.** ⚖ verfallen, erlöschen (*Anspruch etc*).

lar·ce·ny ['lɑːsənɪ] *s* ⚖ Diebstahl *m*: ***grand*** (***petty***) ***~*** schwerer (einfacher) Diebstahl.

larch [lɑːtʃ] *s* ♀ Lärche *f*.

lard [lɑːd] **I** *s* **1.** Schweinefett *n*, -schmalz *n*. **II** *v/t* **2.** einfetten. **3.** *Fleisch* spicken: ***~ing needle*** (*od*. ***pin***) Spicknadel *f*. **4.** *fig*. spicken, (aus)schmücken (***with*** mit).

lard·er ['lɑːdə] *s* **1.** Speisekammer *f*. **2.** Speiseschrank *m*.

large [lɑːdʒ] **I** *adj* (□ → ***largely***) **1.** *allg*. groß: (***as***) ***~ as life*** in voller Lebensgröße; ***~r than life*** überlebensgroß. **2.** groß (*Familie etc*), (*Einkommen etc a.*) beträchtlich, (*Mahlzeit*) ausgiebig, reichlich. **3.** umfassend, weitgehend (*Vollmachten etc*). **4.** Groß...: ***~ consumer*** Großverbraucher *m*. **5.** F großspurig. **II** *adv* **6.** ***talk ~*** F große Töne spucken. **III** *s* **7.** ***at ~*** a) in Freiheit, auf freiem Fuß: ***set at ~*** auf freien Fuß setzen, b) (sehr) ausführlich, c) in der Gesamtheit: ***the nation at ~*** die ganze Nation.

'large·ly *adv* **1.** großen-, größtenteils. **2.** allgemein.

ˌlarge-'mind·ed *adj* □ aufgeschlossen, tolerant.

large·ness ['lɑːdʒnɪs] *s* **1.** Größe *f*. **2.** F Großspurigkeit *f*.

'large-scale *adj* groß(angelegt), Groß...: ***~ experiment*** Großversuch *m*.

lar·gess(e) [lɑː'dʒes] *s* Freigebigkeit *f*, Großzügigkeit *f*.

lar·go ['lɑːgəʊ] *pl* **-gos** *s* ♪ Largo *n*.

lar·i·at ['lærɪət] *s bsd. Am.* Lasso *n, m.*
lark[1] [lɑːk] *s orn.* Lerche *f.*
lark[2] [~] F **I** *s* Jux *m,* Ulk *m*: ***for a ~*** zum Spaß, aus Jux. **II** *v/i mst* ***~ about*** (*od.* ***around***) Blödsinn machen, herumalbern.
lark·spur ['lɑːkspɜː] *s* ⚘ Rittersporn *m.*
lar·va ['lɑːvə] *pl* **-vae** ['~viː] *s zo.* Larve *f.*
lar·yn·gi·tis [ˌlærɪn'dʒaɪtɪs] *s* ⚕ Kehlkopfentzündung *f.* **lar·ynx** ['lærɪŋks] *pl* **la·ryn·ges** [lə'rɪndʒiːz], **'lar·ynx·es** *s anat.* Kehlkopf *m.*
las·civ·ious [lə'sɪvɪəs] *adj* □ **1.** geil, lüstern. **2.** lasziv, schlüpfrig.
la·ser ['leɪzə] *s phys.* Laser *m.* **~ beam** *s* Laserstrahl *m.*
lash[1] [læʃ] **I** *s* **1.** Peitschenschnur *f.* **2.** Peitschenhieb *m.* **3.** *fig.* (Peitschen-)Hieb *m* (**at** gegen). **4.** Peitschen *n* (*a. fig.*). **5.** (Augen)Wimper *f.* **II** *v/t* **6.** (aus)peitschen. **7.** *fig.* a) peitschen, b) peitschen an (*acc*) *od.* gegen. **8.** peitschen mit: ***~ its tail*** mit dem Schwanz um sich schlagen. **9.** *fig.* aufpeitschen (***into*** zu): ***~ o.s. into a fury*** sich in Wut hineinsteigern. **10.** *fig.* geißeln, vom Leder ziehen gegen. **III** *v/i* **11.** ***~ against*** → 7b; ***~ down*** niederprasseln (*Regen*). **12.** schlagen (**at** nach): ***~ about*** (*od.* ***around***) (wild) um sich schlagen; ***~ into*** a) einschlagen auf (*acc*), b) *fig. j-n* zs.-stauchen; ***~ out*** (wild) um sich schlagen; ausschlagen (*Pferd*); ***~ out at*** a) einschlagen auf (*acc*), b) *a.* ***~ out against*** → 10.
lash[2] [~] *v/t* **1.** *a.* ***~ down*** (fest)binden (***to, on*** an *dat*). **2.** ⚓ (fest)zurren.
lash·ing ['læʃɪŋ] *s* **1.** Auspeitschung *f.* **2.** *pl bsd. Br.* F e-e Unmenge (**of** von, an *dat*): ***~s of*** (*od.* **to**) ***drink*** jede Menge zu trinken.
lass [læs], **las·sie** ['læsɪ] *s* **1.** Mädchen *n.* **2.** Freundin *f,* Schatz *m.*
las·si·tude ['læsɪtjuːd] *s* Mattigkeit *f,* Abgespanntheit *f.*
las·so [læ'suː] **I** *pl* **-so(e)s** *s* Lasso *n, m.* **II** *v/t* mit e-m Lasso (ein)fangen.
last[1] [lɑːst] **I** *adj* (□ → ***lastly***) **1.** letzt: ***~ but one*** vorletzt; ***~ but two*** drittletzt. **2.** letzt, vorig: ***~ Monday*** (am) letzten *od.* vorigen Montag; ***~ night*** gestern abend; letzte Nacht. **3.** letzt (*allein übrigbleibend*): ***my ~ hope.*** **4.** letzt (*am wenigsten erwartet od. geeignet*): ***the ~ thing I would do*** das letzte, was ich tun würde. **II** *adv* **5.** zuletzt, an letzter Stelle: ***he came ~*** er kam als letzter; ***~ but not least*** nicht zuletzt, nicht zu vergessen. **6.** zuletzt, zum letzten Mal. **7.** *in Zssgn*: ***~-mentioned*** letztgenannt, -erwähnt. **III** *s* **8.** ***at ~*** endlich, schließlich, zuletzt. **9.** *der, die, das* Letzte: ***the ~ to arrive*** der letzte, der ankam; ***to the ~*** bis zum äußersten; bis zum Ende *od.* Schluß.
last[2] **I** *v/i* **1.** (an-, fort)dauern. **2.** *a.* ***~ out*** durch-, aushalten. **3.** (sich) halten. **4.** *a.* ***~ out*** (aus)reichen (*Geld etc*). **II** *v/t* **5.** *j-m* reichen (*Geld etc*). **6.** *mst* ***~ out*** überdauern, -leben.
last[3] [~] *s* Leisten *m*: ***stick to one's ~*** *fig.* bei s-m Leisten bleiben.
'last-ditch *adj* allerletzt: ***~ attempt*** *a.* letzter verzweifelter Versuch.
last·ing ['lɑːstɪŋ] *adj* □ **1.** dauerhaft: a) andauernd, beständig: ***~ peace*** dauerhafter Friede; ***~ effect*** anhaltende Wirkung; ***~ memories*** *pl* bleibende Erinnerungen *pl,* b) haltbar. **2.** nachhaltig (*Eindruck etc*).
last·ly ['lɑːstlɪ] *adv* zuletzt, zum Schluß.
latch [lætʃ] **I** *s* **1.** Schnappriegel *m.* **2.** Schnappschloß *n.* **II** *v/t* **3.** ein-, zuklinken. **III** *v/i* **4.** einschnappen. **5.** ***~ on*** F kapieren: ***~ on to*** (*od.* ***onto***) ***s.th.*** et. kapieren. **'~·key** *s* Haus-, Wohnungsschlüssel *m*: ***~ child*** (F ***kid***) Schlüsselkind *n.*
late [leɪt] **I** *adj* (□ → ***lately***) **1.** spät: ***at a ~ hour*** spät (*a. fig.*), zu später Stunde; ***~ shift*** ⚒ Spätschicht *f*; ***it's getting ~*** es ist schon spät. **2.** vorgerückt, Spät...: ***~ summer*** Spätsommer *m.* **3.** verspätet: ***be ~*** zu spät kommen (***for dinner*** zum Essen), sich verspäten; Verspätung haben (*Zug etc*). **4.** ***the latest fashion*** die neueste Mode. **5.** letzt, früher, ehemalig; verstorben. **II** *adv* **6.** spät: ***as ~ as last year*** erst *od.* noch letztes Jahr; ***see you ~r*** auf bald, bis später; ***~r on*** später; → ***sleep*** II. **7.** zu spät: ***the train came ~*** der Zug hatte Verspätung. **'~ˌcom·er** *s* Zuspätkommende *m, f*; Zuspätgekommene *m, f.*
late·ly ['leɪtlɪ] *adv* **1.** vor kurzem, kürzlich. **2.** in letzter Zeit, neuerdings. **'late·ness** *s* **1.** späte Zeit: ***the ~ of his arrival***

s-e späte Ankunft. **2.** Verspätung *f*, Zuspätkommen *n*.

la·tent ['leɪtənt] *adj* □ latent (*a.* ⚕ *etc*), verborgen.

lat·er·al ['lætərəl] *adj* seitlich, Seiten... **'lat·er·al·ly** *adv* **1.** seitlich, seitwärts. **2.** von der Seite.

la·test ['leɪtɪst] **I** *adj u. adv sup von* **late. II** *s* ***at the ~*** spätestens.

lath [lɑːθ] *s* **1.** Latte *f*, Leiste *f*: (**as**) ***thin as a ~*** spindeldürr. **2.** *coll.* Latten *pl*, Leisten *pl*.

lathe [leɪð] *s* ⚙ Drehbank *f*.

lath·er ['lɑːðə] **I** *s* **1.** (Seifen)Schaum *m*. **2.** ***get in a ~, work o.s. up into a ~*** F außer sich geraten (***over*** wegen). **II** *v/t* **3.** einseifen. **4.** F verprügeln. **III** *v/i* **5.** schäumen.

Lat·in ['lætɪn] *ling*. **I** *adj* lateinisch. **II** *s* Latein(isch) *n*. **~ A·mer·i·can I** *adj* lateinamerikanisch. **II** *s* Lateinamerikaner(in).

Lat·in·ism ['lætɪnɪzəm] *s ling*. Latinismus *m*.

lat·i·tude ['lætɪtjuːd] *s* **1.** *geogr*. Breite *f*: ***in these ~s*** in diesen Breiten *od*. Gegenden; → ***degree*** 2, ***parallel*** 3. **2.** *fig*. Spielraum *m*, (Bewegungs)Freiheit *f*.

la·trine [lə'triːn] *s* Latrine *f*.

lat·ter ['lætə] *adj* **1.** letzterwähnt, -genannt (*von zweien*): → ***former*** 2. **2.** letzt, später: ***the ~ half of June*** die zweite Junihälfte.

lat·tice ['lætɪs] **I** *s* Gitter(werk) *n*. **II** *v/t* vergittern.

laud·a·ble ['lɔːdəbl] *adj* □ löblich, lobenswert. **laud·a·to·ry** ['~dətərɪ] *s* lobend: ***~ speech*** Lobrede *f*, Laudatio *f*.

laugh [lɑːf] **I** *s* Lachen *n*, Gelächter *n*: ***with a ~*** lachend; ***have a good ~*** herzlich lachen; ***have the last ~*** am Ende recht haben. **II** *v/i* lachen (***at*** über *acc*): ***~ at s.o.*** *a.* j-n auslachen; ***~ to o.s.*** in sich hineinlachen; ***~ out*** auf- *od*. herauslachen; → ***beard, sleeve*** 1. **III** *v/t*: ***~ away*** (*od*. ***off***) *et*. lachend *od*. mit e-m Scherz abtun. **'laugh·a·ble** *adj* □ lächerlich, lachhaft. **'laugh·er** *s* Lacher(in).

laugh·ing ['lɑːfɪŋ] **I** *s* **1.** Lachen *n*, Gelächter *n*. **II** *adj* □ **2.** lachend. **3.** lustig: ***it is no ~ matter*** es ist nicht(s) zum Lachen. **~ gas** *s* ⚗ Lachgas *n*. **'~·stock** *s* Zielscheibe *f* des Spotts: ***make s.o. the ~ of*** j-n zum Gespött (*gen*) machen.

laugh·ter ['lɑːftə] *s* Lachen *n*, Gelächter *n*.

launch¹ [lɔːntʃ] **I** *v/t* **1.** *Boot* zu Wasser lassen; *Schiff* vom Stapel lassen: ***be ~ed*** vom Stapel laufen. **2.** *Geschoß*, *Torpedo* abschießen, *Rakete*, *Raumfahrzeug a.* starten. **3.** *Rede*, *Kritik etc* vom Stapel lassen; *Drohungen etc* ausstoßen. **4.** *Projekt etc* in Gang setzen, starten. **5.** ***~ o.s. on a task*** (***into work***) sich auf e-e Aufgabe (in die Arbeit) stürzen. **II** *v/i* **6.** ***~ out*** *fig*. sich stürzen (***into*** in *acc*). **III** *s* **7.** ⚓ Stapellauf *m*. **8.** Abschuß *m*, Start *m*.

launch² [~] *s* ⚓ Barkasse *f*.

launch·ing ['lɔːntʃɪŋ] → ***launch*** III. **~ pad** *s* Abschußrampe *f*. **~ site** *s* Abschußbasis *f*.

laun·der ['lɔːndə] **I** *v/t* *Wäsche* waschen (u. bügeln). **II** *v/i* sich waschen (lassen). **laun·der·ette** [ˌ~'ret] *s* Waschsalon *m*.

laun·dro·mat ['lɔːndrəmæt] *s bsd. Am.* Waschsalon *m*.

laun·dry ['lɔːndrɪ] *s* **1.** Wäscherei *f*. **2.** Wäsche *f*. **~ bas·ket** *s* Wäschekorb *m*.

lau·rel ['lɒrəl] *s* **1.** ⚘ Lorbeer(baum) *m*. **2.** Lorbeerkranz *m*. **3.** ***rest on one's ~s*** *fig*. (sich) auf s-n Lorbeeren ausruhen.

lav [læv] *s* F Klo *n*: ***in the ~*** auf dem *od*. im Klo.

la·va ['lɑːvə] *s* Lava *f*.

lav·a·to·ry ['lævətərɪ] *s* **1.** Waschraum *m*. **2.** Toilette *f*, Klosett *n*: ***in the ~*** in *od*. auf der Toilette. **~ at·tend·ant** *s* Toilettenfrau *f*. **~ pa·per** *s Br.* Toiletten-, Klosettpapier *n*.

lav·en·der ['lævəndə] *s* ⚘ Lavendel *m*.

lav·ish ['lævɪʃ] **I** *adj* □ **1.** sehr freigebig, verschwenderisch (***of*** mit; ***in*** in *dat*): ***be ~ of*** *a.* verschwenderisch umgehen mit. **2.** überschwenglich (*Lob etc*), großzügig (*Geschenk etc*), luxuriös, aufwendig (*Einrichtung etc*). **II** *v/t* **3.** verschwenden: ***~ s.th. on s.o.*** j-n mit et. überhäufen.

law [lɔː] *s* **1.** (*objektives*) Recht, Gesetz(e *pl*) *n*: ***contrary to ~, against the ~*** gesetz-, rechtswidrig; ***under German ~*** nach deutschem Recht; ***~ and order*** Recht *od*. Ruhe u. Ordnung. **2.** (*einzelnes*) Gesetz. **3.** Recht *n*: a) Rechtssystem *n*, b) (*einzelnes*) Rechtsgebiet: → ***international*** 1. **4.** Rechtswissenschaft *f*, Jura *pl*: ***read*** (*od.* ***study***) ~ Jura studieren. **5.** Gericht *n*, Rechtsweg *m*: ***at*** ~ vor Gericht; ***go to*** ~ vor Gericht gehen, prozessieren; ***go to*** ~ ***with*** *j-n* verklagen, belangen. **6.** F Bullen *pl* (*Polizei*); Bulle *m* (*Polizist*). **7.** *allg.* Gesetz *n*, Vorschrift *f*. **8.** a) *a.* ~ ***of nature, natural*** ~ Naturgesetz *n*, b) (wissenschaftliches) Gesetz, c) (Lehr)Satz *m*. **'~-a,bid·ing** *adj* gesetzestreu. **'~-,break·er** *s* Gesetzesübertreter(in), Rechtsbrecher(in). ~ **court** *s* Gerichtshof *m*.

law·ful ['lɔːfʊl] *adj* □ **1.** gesetzlich, legal. **2.** rechtmäßig, legitim. **3.** gesetzlich anerkannt, rechtsgültig. **'law·less** *adj* □ **1.** gesetzlos. **2.** rechts-, gesetzwidrig. **3.** zügellos.

lawn [lɔːn] *s* Rasen *m*. ~ **chair** *s Am.* Liegestuhl *m*. ~ **mow·er** *s* Rasenmäher *m*.

'law·suit *s* ⚖ (Zivil)Prozeß *m*, Verfahren *n*.

law·yer ['lɔːjə] *s* **1.** (Rechts)Anwalt *m*. **2.** Jurist *m*.

lax [læks] *adj* □ **1.** schlaff, lose, locker. **2.** *fig.* lax, lasch (*Einstellung etc*), locker (*Sitten etc*). **3.** *fig.* unklar, verschwommen (*Vorstellung etc*). **lax·a·tive** ['~ətɪv] *s pharm.* mildes Abführmittel. **'lax·i·ty, 'lax·ness** *s* **1.** Schlaffheit *f*. **2.** Laxheit *f*, Laschheit *f*.

lay¹ [leɪ] (*irr*) **I** *v/t* **1.** legen, *Teppich* verlegen. **2.** *Eier* legen. **3.** *fig. Hinterhalt etc* legen, *Hoffnungen etc* setzen (***on*** auf *acc*). **4.** (her)richten, *Tisch* decken. **5.** be-, auslegen (***with*** mit). **6.** (***before***) vorlegen (*dat*), bringen (vor *dat*). **7.** *Anspruch etc* geltend machen. **8.** *Schuld etc* zuschreiben, zur Last legen (***to*** *dat*). **II** *v/i* **9.** (Eier) legen. **10.** ~ ***about one*** → ***lay about***; ~ ***into s.o.*** über j-n herfallen (*a. mit Worten*). **11.** ~ ***off*** F *j-n, et.* in Ruhe lassen; aufhören mit: ~ ***off it!*** hör auf (damit)!

Verbindungen mit Adverbien:

lay| a·bout *v/i* (wild) um sich schlagen (***with*** mit). ~ **a·side** *v/t* **1.** beiseite legen, weglegen. **2.** *Angewohnheit etc* ablegen, aufgeben. **3.** (*für die Zukunft*) beiseite *od.* auf die Seite legen, zurücklegen. ~ **a·way** *v/t* **1.** → ***lay aside*** 3. **2.** *angezahlte Ware* zurücklegen. ~ **down** *v/t* **1.** hinlegen. **2.** *Amt, Waffen etc* niederlegen. **3.** *sein Leben* hingeben, opfern. **4.** planen, entwerfen; *Straße etc* anlegen. **5.** *Grundsatz etc* aufstellen, *Regeln etc* festlegen, -setzen, *Bedingungen* (*in e-m Vertrag*) niederlegen, verankern. ~ **in** *v/t* sich eindecken mit; einlagern. ~ **off I** *v/t* **1.** *Arbeiter* (*bsd.* vorübergehend) entlassen. **2.** *Arbeit* einstellen. **3.** F aufhören mit: ~ ***smoking*** *a.* das Rauchen aufgeben. **II** *v/i* **4.** F Feierabend machen; Ferien machen, ausspannen; aufhören; e-e Pause machen. ~ **on** *v/t* **1.** *Farbe etc* auftragen: ***lay it on*** F dick auftragen; → ***thick*** 6,***trowel***. **2.** *Br. Gas etc* installieren. **3.** *Br. Busse etc* einsetzen. ~ **o·pen** *v/t* **1.** bloß-, freilegen. **2.** *fig.* offen darlegen; aufdecken, enthüllen. ~ **out** *v/t* **1.** ausbreiten, -legen. **2.** ausstellen. **3.** *Toten* aufbahren. **4.** planen, entwerfen. **5.** *typ.* aufmachen, das Layout (*gen*) machen. **6.** ***lay o.s. out*** F sich mächtig anstrengen. ~ **o·ver** *Am.* **I** *v/i* Zwischenstation machen. **II** *v/t* verschieben, -tagen (***until*** auf *acc*, bis). ~ **to** *v/i* ⚓ beidrehen. ~ **up** *v/t* **1.** anhäufen, (an)sammeln: ~ ***trouble for o.s.*** sich Schwierigkeiten einbrocken *od.* einhandeln. **2.** ***be laid up*** das Bett hüten müssen, bettlägerig sein: ***be laid up with influenza*** mit Grippe im Bett liegen.

lay² [~] *pret von* **lie²**.

lay³ [~] *adj* Laien...: a) *eccl.* weltlich: ~ ***preacher*** Laienprediger *m*, b) laienhaft, nicht fachmännisch.

'lay|·a,bout *s bsd. Br.* F Faulenzer *m*, Tagedieb *m*. **'~·a,way** *s* angezahlte u. zurückgelegte Ware. **'~-by** *s mot. Br.* Park-, Rastplatz *m* (*Autobahn*), Parkbucht *f* (*Landstraße*).

lay·er ['leɪə] **I** *s* **1.** Schicht *f* (*a. geol.*), Lage *f*: ***in*** **~s** schicht-, lagenweise. **2.** *in Zssgn* ...leger *m*. **3.** ✓, ⚘ Ableger *m*. **II** *v/t* **4.** schicht- *od.* lagenweise anordnen, schichten.

lay·ette [leɪ'et] *s* Babyausstattung *f*.

lay|·man ['leɪmən] *s* (*irr* ***man***) Laie *m*. **'~·off** *s* **1.** (*bsd.* vorübergehende) Entlassung. **2.** F Pause *f*. **'~·out** *s* **1.** Grundriß *m*, Lageplan *m*. **2.** *typ.* Layout *n*. **'~,o·ver** *s Am.* Zwischenstation *f*.

laze [leɪz] **I** *v/i* faulenzen. **II** *v/t mst* ~ ***away*** *Zeit* vertrödeln. **'la·zi·ness** *s* Faulheit *f*; Trägheit *f*.

la·zy ['leɪzɪ] *adj* □ **1.** faul; träg. **2.** träg, langsam. **'~,bones** *s pl* (*sg konstruiert*) F Faulpelz *m*.

lead¹ [led] **I** *s* **1.** ⚗ Blei *n*. **2.** ⚓ Senkblei *n*, Lot *n*. **3.** (Bleistift)Mine *f*. **4.** Blei *n*, Kugeln *pl*. **II** *v/t* **5.** verbleien: **~ed** verbleit, (*Benzin a.*) bleihaltig. **6.** mit Blei beschweren.

lead² [li:d] **I** *s* **1.** Führung *f*: a) Leitung *f*: ***under s.o.'s ~***, b) führende Stelle, Spitze *f*: ***be in the ~*** an der Spitze stehen, führend sein, (*Sport etc*) in Führung liegen, führen; ***take the ~*** die Führung übernehmen, sich an die Spitze setzen (***from*** vor *dat*) (*beide a. Sport*). **2.** Vorsprung *m* (***over*** vor *dat*) (*a. Sport*). **3.** Vorbild *n*, Beispiel *n*: ***follow s.o.'s ~*** j-s Beispiel folgen; ***give s.o. a ~*** j-m ein gutes Beispiel geben. **4.** Hinweis *m*, Wink *m*; Anhaltspunkt *m*. **5.** *thea. etc* Hauptrolle *f*; Hauptdarsteller(in). **6.** (Hunde)Leine *f*: ***keep on the ~*** an der Leine führen *od.* halten. **II** *adj* **7.** Leit..., Führungs...: ***~ guitarist*** ♪ Leadgitarrist *m*. **III** *v/t* (*irr*) **8.** führen: ***~ the way*** vorangehen; → ***garden*** 3, ***nose*** 1. **9.** führen, bringen (*a. Straße etc*). **10.** dazu bringen, veranlassen (***to do*** zu tun). **11.** (an)führen, leiten. **12.** *Leben* führen. **IV** *v/i* (*irr*) **13.** führen: a) vorangehen, b) die erste Stelle einnehmen, c) (*Sport*) an der Spitze *od.* in Führung liegen. **14.** führen (*Straße etc*): ***~ to*** *fig.* führen zu.

Verbindungen mit Adverbien:

lead| a·stray *v/t fig.* irreführen; verführen. **~ a·way** *v/t* **1.** wegführen, *Verhafteten etc* abführen. **2.** *fig.* abbringen (***from*** von). **~ off I** *v/t* **1.** → ***lead away.*** **2.** einleiten, beginnen (***with*** mit). **II** *v/i* **3.** anfangen, beginnen. **~ on** *v/t j-m* et. vor- *od.* weismachen: ***lead s.o. on to think that*** j-n glauben machen, daß. **~ up** *v/i fig.* (***to***) (allmählich) führen (zu); hinauswollen (auf *acc*).

lead·en ['ledn] *adj* □ bleiern: a) Blei..., b) bleigrau, c) *fig.* schwer: ***~ limbs*** *pl* bleischwere Glieder *pl*; ***~ sleep*** bleierner Schlaf.

lead·er ['li:də] *s* **1.** Führer(in). **2.** (An)Führer *m*, (*Delegations-, Oppositions- etc*)Führer *m*. **3.** ♪ a) *bsd. Am.* Leiter *m*, Dirigent *m*, b) *bsd. Br.* Konzertmeister *m*, c) (*Band*)Leader *m*. **4.** *bsd. Br.* Leitartikel *m*. **5.** *Sport etc*: Spitzenreiter *m*. **6.** ✝ Zug-, Lockartikel *m*. **'lead·er·ship** *s* **1.** Führung *f*, Leitung *f*. **2.** *a.* ***~ qualities*** *pl* Führungsqualitäten *pl*.

lead-free ['led~] *adj* bleifrei (*Benzin*).

lead·ing ['li:dɪŋ] *adj* **1.** führend: a) Leit..., leitend, b) Haupt..., erst. **2.** erst. **~ ar·ti·cle** → ***leader*** 4. **~ la·dy** *s thea. etc* Hauptdarstellerin *f*. **~ light** *s* führende *od.* wichtige Persönlichkeit. **~ man** *s* (*irr* ***man***) *thea. etc* Hauptdarsteller *m*. **~ ques·tion** *s* Suggestivfrage *f*. **~ strings** *s pl Am.* Gängelband *n* (*a. fig.*): ***keep s.o. in ~*** j-n am Gängelband führen *od.* haben *od.* halten.

leaf [li:f] **I** *pl* **leaves** [li:vz] *s* **1.** ⚘ Blatt *n*: ***come into ~*** ausschlagen. **2.** Blatt *n* (*Buch*): ***take a ~ out of s.o.'s book*** *fig.* sich an j-m ein Beispiel nehmen; ***turn over a new ~*** *fig.* ein neues Leben beginnen. **3.** (*Fenster-, Tür*)Flügel *m*; (*Tisch*)Klappe *f*; Ausziehplatte *f* (*e-s Tischs*): ***pull out the leaves*** den Tisch ausziehen. **II** *v/t* **4.** *Am.* durchblättern. **III** *v/i* **5.** ***~ through*** durchblättern.

leaf·let ['~lɪt] *s* Flugblatt *n*, Hand-, Reklamezettel *m*; Prospekt *m*.

league [li:g] *s* **1.** Liga *f*, Bund *m*. **2.** Bündnis *n*, Bund *m*: ***be in ~ with*** gemeinsame Sache machen mit. **3.** *Sport*: Liga *f*: ***~ game*** Punktspiel *n*.

leak [li:k] **I** *s* **1.** a) ⚓ Leck *n* (*a. in Tank etc*): ***spring a ~*** ein Leck bekommen, b) undichte Stelle (*a. fig.*). **2.** Auslaufen *n*; *fig.* Durchsickern *n*. **II** *v/i* **3.** lecken, leck sein. **4.** tropfen (*Wasserhahn*). **5.** ***~ out*** auslaufen, -treten; *fig.* durchsickern. **III** *v/t* **6.** *fig.* durchsickern lassen. **'leak·age** *s* **1.** → ***leak*** 2. **2.** ✝ Leckage *f*. **'leak·y** *adj* leck, undicht (*a. fig.*).

lean¹ [li:n] **I** *adj* □ mager (*a.* ⚙ *u. fig.*). **II** *s das* Magere (*des Fleisches*).

lean² [~] **I** *v/i* (*bsd. Br. a. irr*) **1.** sich neigen, schief sein *od.* stehen. **2.** sich beugen (***over*** über *acc*): ***~ back*** sich zurücklehnen; ***~ forward*** sich vorbeugen; ***~ over backward(s)*** F sich fast umbringen (***to do*** zu tun). **3.** (***against***) sich lehnen (an *acc*, gegen); lehnen (an *dat*). **4.** (***on***) sich stützen (auf *acc*); *fig.* sich verlassen (auf *acc*). **5.** ***~ to(ward[s])*** *fig.* (hin)neigen *od.* tendieren zu. **II** *v/t* (*bsd. Br. a. irr*) **6.** lehnen (***against*** an *acc*, gegen). **III** *s* **7.** Neigung *f*. '**lean·ing I** *adj* schräg, schief. **II** *s fig*. Neigung *f*, Tendenz *f* (***to, toward***[***s***] zu).

leant [lent] *bsd. Br. pret u. pp von* ***lean²***.

leap [li:p] **I** *v/i* (*a. irr*) springen: ***~ at*** *fig*. sich stürzen auf (*ein Angebot etc*); ***~ for joy*** Freudensprünge machen; ***~*** (***in***)***to fame*** schlagartig berühmt werden; ***~ out*** ins Auge springen (***to s.o.*** j-m); ***~ up*** aufspringen; *fig*. sprunghaft anwachsen; → ***conclusion*** 3. **II** *v/t* (*a. irr*) überspringen (*a. fig.*), springen über (*acc*). **III** *s* Sprung *m* (*a. fig.*): ***take a ~*** e-n Sprung machen; ***by*** (*od.* ***in***) ***~s and bounds*** *fig*. sprunghaft. **IV** *adj* Schalt...: ***~ year***. '***~·frog*** **I** *s* Bockspringen. **II** *v/i* bockspringen.

leapt [lept] *pret u. pp von* ***leap***.

learn [lɜːn] (*a. irr*) **I** *v/t* **1.** (er)lernen: ***~*** (***how***) ***to swim*** schwimmen lernen. **2.** (***from***) erfahren, hören (von); ersehen, entnehmen (aus *e-m Brief etc*). **II** *v/i* **3.** lernen. **4.** hören, erfahren (***about, of*** von). **learn·ed** ['~nɪd] *adj* gelehrt (*Mensch*), (*Abhandlung etc a.*) wissenschaftlich. '**learn·er** *s* **1.** Anfänger(in). **2.** Lernende *m, f*: ***be a fast*** (***slow***) ***~*** schnell (langsam) lernen. **learnt** [lɜːnt] *pret u. pp von* ***learn***.

lease [liːs] **I** *s* **1.** Pacht-, Mietvertrag *m*. **2.** Verpachtung *f*, Vermietung *f* (***to*** an *acc*); Pacht *f*, Miete *f*: ***put out to*** (*od.* ***let out on***) ***~*** → 4; ***take on ~*** → 5. **3.** Pacht-, Mietzeit *f*. **II** *v/t* **4.** ***~ out*** verpachten, -mieten (***to*** an *acc*). **5.** pachten,mieten; leasen.

leash [liːʃ] *s* (Hunde)Leine *f*: ***keep on the ~*** an der Leine halten *od.* führen; ***keep*** (*od.* ***hold***) ***in ~*** *fig*. im Zaum halten; → ***strain*** 5.

least [liːst] **I** *adj* (*sup von* ***little***) **1.** geringst, mindest, wenigst: → ***resistance*** 1. **2.** geringst, unbedeutendst: ***at the ~ thing*** bei der geringsten Kleinigkeit. **II** *s* **3.** *das* Mindeste, *das* Wenigste: ***at ~*** wenigstens, zumindest; ***at*** (***the***) ***~*** mindestens; ***not in the ~*** nicht im geringsten *od.* mindesten; ***to say the ~*** (***of it***) gelinde gesagt. **III** *adv* **4.** am wenigsten: ***~ of all*** am allerwenigsten.

leath·er ['leðə] **I** *s* Leder *n* (*a. humor. Haut*; *a. Sport*: *Ball*): → ***tough*** 1. **II** *v/t* F versohlen. '***~·neck*** *s* ⚔ *Am. sl.* Ledernacken *m*.

leath·er·y ['leðərɪ] *adj* lederartig, zäh.

leave¹ [liːv] (*irr*) **I** *v/t* **1.** verlassen: a) von *j-m, e-m Ort etc* fort-, weggehen, b) abreisen, abfahren *etc* von, c) von *der Schule* abgehen, d) *j-n, et.* im Stich lassen, *et.* aufgeben: ***she left him for another man*** sie verließ ihn wegen e-s anderen Mannes. **2.** lassen: ***~ alone*** allein lassen; *j-n, et.* in Ruhe lassen; ***~ it at that*** es dabei belassen *od.* (bewenden) lassen; ***~ s.o. to himself*** j-n sich selbst überlassen; → ***cold*** 4, ***lurch²***. **3.** übriglassen: ***be left*** übrigbleiben *od.* übrig sein. **4.** *Narbe etc* zurücklassen, *Nachricht, Spur etc* hinterlassen. **5.** hängen-, liegen-, stehenlassen, vergessen. **6.** überlassen, anheimstellen (***to s.o.*** j-m). **7.** vermachen, -erben. **II** *v/i* **8.** (fort-, weg)gehen, abreisen, abfahren (***for*** nach). **9.** gehen (*die Stellung aufgeben*).

Verbindungen mit Adverbien:

leave| be·hind *v/t* **1.** zurücklassen. **2.** → ***leave¹*** 4, 5. **3.** *Gegner etc* hinter sich lassen (*a. fig.*). **~ on** *v/t Radio etc* anlassen, *Kleidungsstück a.* anbehalten. **~ out** *v/t* **1.** draußen lassen. **2.** aus-, weglassen (***of*** von, bei). **~ o·ver** *v/t Br.* **1.** → ***leave¹*** 3. **2.** verschieben (***until*** auf *acc*, bis).

leave² [~] *s* **1.** Erlaubnis *f*, Genehmigung *f*: ***ask ~ of s.o., ask s.o.'s ~*** j-n um Erlaubnis bitten. **2.** Urlaub *m*: ***on ~*** auf Urlaub. **3.** Abschied *m*: ***take*** (***one's***) ***~*** Abschied nehmen (***of*** von).

leav·en ['levn] **I** *s* **1.** Sauerteig *m*; Treibmittel *n*. **II** *v/t* **2.** *Teig* säuern; (auf)gehen lassen. **3.** *fig*. auflockern (***with*** mit, durch).

leaves [liːvz] *pl von* ***leaf***.

leav·ing ['liːvɪŋ] *s* **1.** *mst pl* Überbleibsel *n*, Rest *m*. **2.** *pl* Abfall *m*.

lech·er ['letʃə] *s* Lüstling *m*. '**lech·er·ous** *adj* □ geil, lüstern. '**lech·er·y** *s* Geilheit *f*, Lüsternheit *f*.

lec·ture ['lektʃə] **I** *s* **1.** (***on*** über *acc*; ***to*** vor *dat*) Vortrag *m*; *univ*. Vorlesung *f*: ***~ hall*** (*od.* ***theater,*** *bsd. Br.* ***theatre***) Hörsaal *m*. **2.** Strafpredigt *f*: ***give*** (*od.* ***read***) *s.o.* ***a ~*** → 4. **II** *v/i* **3.** (***on*** über *acc*; ***to*** vor *dat*) e-n Vortrag *od.* Vorträge halten; *univ*. e-e Vorlesung *od.* Vorlesungen halten. **III** *v/t* **4.** *j-m* e-e Strafpredigt halten. **'lec·tur·er** *s* **1.** Vortragende *m, f.* **2.** *univ.* Dozent(in).

led [led] *pret u. pp von* **lead²**.

ledge [ledʒ] *s* Leiste *f*, Sims *m, n.*

ledg·er ['ledʒə] *s* ✝ Hauptbuch *n.*

lee [liː] *s* ⚓ Lee(seite) *f.*

leech [liːtʃ] *s* **1.** *zo.* Blutegel *m.* **2.** *fig.* Klette *f*; Blutsauger *m.*

leek [liːk] *s* ♀ Lauch *m*, Porree *m.*

leer [lɪə] **I** *s* höhnisches *od.* boshaftes *od.* anzügliches Grinsen; lüsterner Seitenblick. **II** *v/i* höhnisch *od.* boshaft *od.* anzüglich grinsen; lüstern schielen (**at** nach).

lees [liːz] *s pl* Bodensatz *m.*

lee·ward ['liːwəd] *adv* ⚓ leewärts.

'lee·way *s* **1.** ✈, ⚓ Abtrift *f.* **2.** *fig.* Rückstand *m*, Zeitverlust *m*: ***make up*** **~** (den Rückstand *od.* Zeitverlust) aufholen. **3.** *fig.* Spielraum *m.*

left¹ [left] *pret u. pp von* **leave¹**.

left² [~] **I** *adj* **1.** link, Links... **II** *s* **2.** *die* Linke, linke Seite: ***on*** (*od.* ***at, to***) ***the*** **~** (***of***) links (von), linker Hand (von); ***on our*** **~** zu unserer Linken; ***the second turning to*** (*od.* ***on***) ***the*** **~** die zweite Querstraße links; ***keep to the*** **~** sich links halten; *mot.* links fahren. **3.** ***the*** **~** *pol.* die Linke. **III** *adv* **4.** links (**of** von): ***turn*** **~** (sich) nach links wenden; *mot.* links abbiegen. **'~-hand** *adj* **1.** link: **~** ***bend*** Linkskurve *f.* **2.** ⚙ linksgängig, -läufig: **~** ***drive*** Linkssteuerung *f.* **ˌ~-'hand·ed** *adj* ☐ **1.** linkshändig: ***be*** **~** Linkshänder(in) sein. **2.** linkisch, ungeschickt. **3.** zweifelhaft, fragwürdig (*Kompliment etc*). **ˌ~-'hand·er** *s* Linkshänder(in).

left·ist ['leftɪst] *adj pol.* linksgerichtet, -stehend.

ˌleft|-'lug·gage lock·er *s* 🚂 *Br.* (Gepäck)Schließfach *n.* **ˌ~-'lug·gage of·fice** *s* 🚂 *Br.* Gepäckaufbewahrung(sstelle) *f.* **'~ˌo·ver** *s mst pl* Überbleibsel *n*, Rest *m.*

'left-wing *adj pol.* dem linken Flügel angehörend, links...

leg [leg] **I** *s* **1.** (*a. Hosen-, Stuhl- etc*)Bein *n*: ***be on one's last*** **~** auf dem letzten Loch pfeifen; ***give s.o. a*** **~** ***up*** j-m (hin)aufhelfen; *fig.* j-m unter die Arme greifen; ***pull s.o.'s*** **~** F j-n auf den Arm nehmen; ***stretch one's*** **~*s*** sich die Beine vertreten; → ***shake*** 7. **2.** (*Hammel- etc*)Keule *f*: **~** ***of mutton.*** **3.** ⩓ Kathete *f*, Schenkel *m* (*e-s Dreiecks*). **4.** Etappe *f*, Abschnitt *m* (*e-r Reise etc*). **II** *v/i* **5.** *mst* **~** ***it*** F zu Fuß gehen.

leg·a·cy ['legəsɪ] *s* ⚖ Vermächtnis *n*, *fig. a.* Erbe *n.*

le·gal ['liːgl] *adj* ☐ **1.** gesetzlich, rechtlich: **~** ***holiday*** *Am.* gesetzlicher Feiertag; → ***tender²*** 4. **2.** legal, gesetzmäßig, rechtsgültig. **3.** Rechts..., juristisch: **~** ***adviser*** Rechtsberater *m*; **~** ***aid*** Prozeßkostenhilfe *f.* **4.** gerichtlich: ***take*** **~** ***action*** (*od.* ***steps***) ***against s.o.*** gerichtlich gegen j-n vorgehen. **le·gal·i·ty** [liː'gælətɪ] *s* Legalität *f.* **le·gal·i·za·tion** [ˌliːgəlaɪ'zeɪʃn] *s* Legalisierung *f.* **'le·gal·ize** *v/t* legalisieren.

le·ga·tion [lɪ'geɪʃn] *s* Gesandtschaft *f.*

leg·end ['ledʒənd] *s* **1.** Legende *f* (*a. fig.*), Sage *f.* **2.** Legende *f*: a) erläuternder Text, Bildunterschrift *f*, b) Zeichenerklärung *f* (*auf Karten etc*), c) Inschrift *f* (*auf Münzen etc*).

leg·er·de·main [ˌledʒədə'meɪn] *s* **1.** Taschenspielerei *f* (*a. fig.*). **2.** Schwindel *m.*

leg·gy ['legɪ] *adj* langbeinig.

leg·i·ble ['ledʒəbl] *adj* ☐ leserlich, lesbar.

le·gion ['liːdʒən] *s* Legion *f.* **'le·gion·ar·y** *s* Legionär *m.*

leg·is·late ['ledʒɪsleɪt] *v/i* Gesetze erlassen. **ˌleg·is'la·tion** *s* Gesetzgebung *f.*

leg·is·la·tive ['~lətɪv] **I** *adj* ☐ **1.** gesetzgebend, legislativ: **~** ***assembly*** gesetzgebende Versammlung; **~** ***body*** → 3b; **~** ***power*** → 3a. **2.** gesetzgeberisch, Legislatur...: **~** ***period*** Legislaturperiode *f.* **II** *s* **3.** Legislative *f*: a) gesetzgebende Gewalt, b) gesetzgebende Körperschaft.

leg·is·la·tor ['~leɪtə] *s* Gesetzgeber *m.*

leg·is·la·ture ['~leɪtʃə] → ***legislative*** 3b.

le·git·i·ma·cy [lɪ'dʒɪtɪməsɪ] *s* Legitimität *f*: a) Gesetzmäßigkeit *f*, Gesetzlichkeit *f*, b) Rechtmäßigkeit *f*, Berechtigung *f*, c) Ehelichkeit *f.* **le'git·i·mate** [~mət] *adj* ☐ legitim: a) gesetzmäßig, gesetzlich, b) rechtmäßig, berechtigt, c) ehelich. **le'git·i·mize** *v/t* legitimieren.

leg·room ['legrʊm] *s* ✈, *mot.* Beinfreiheit *f.*

leg·ume ['legjuːm] *s* ♀ Hülsenfrucht *f.*

lei·sure ['leʒə] **I** *s* freie Zeit: ***at ~*** mit Muße, in (aller) Ruhe; frei, unbeschäftigt; ***at your ~*** wenn es Ihnen (gerade) paßt, bei Gelegenheit. **II** *adj* Freizeit...: ***~ activities*** *pl* Freizeitgestaltung *f*; ***~ facilities*** *pl* Freizeiteinrichtungen *pl*; ***~ hours*** *pl* Mußestunden *pl*; ***~ occupation*** Freizeitbeschäftigung *f*; ***~ time*** Freizeit *f*; ***~ wear*** Freizeitkleidung *f*. **'lei·sure·ly** *adj u. adv* gemächlich, gemütlich.

lem·on ['lemən] **I** *s* **1.** Zitrone *f*. **2.** *sl*. Niete *f* (*Sache*, *Person*). **II** *adj* **3.** Zitronen...: ***~ juice***; ***~ soda*** *Am*. Zitronenlimonade *f*; ***~ squash*** *Br. Getränk aus Zitronenkonzentrat u. Wasser*; ***~ squeezer*** Zitronenpresse *f*. **4.** zitronengelb.

lend [lend] *v/t* (*irr*) **1.** (ver-, aus)leihen. **2.** *fig. Nachdruck*, *Würde etc* verleihen (***to*** *dat*). **3.** *fig*. leihen, gewähren: ***~ o.s. to s.th.*** sich zu et. hergeben; ***~ itself to s.th.*** sich für *od.* zu et. eignen; → ***hand*** 1. **'lend·er** *s* Aus-, Verleiher(in). **'lend·ing** *adj*: ***~ library*** Leihbücherei *f*.

length [leŋθ] *s* **1.** Länge *f*: a) *Dimension*: ***two feet in ~*** 2 Fuß lang; ***what ~ is it?*** wie lang ist es?, b) Strecke *f*: ***go to great ~s*** sich sehr bemühen, c) Umfang *m* (*e-s Buchs etc*), d) Dauer *f*: ***at ~*** ausführlich; ***at full ~*** in allen Einzelheiten. **2.** Bahn *f* (*Stoff etc*). **3.** *Sport*: Länge *f* (Vorsprung). **'length·en I** *v/t* verlängern, länger machen, *Kleidungsstück a.* auslassen. **II** *v/i* sich verlängern, länger werden. **'length·ways, length·wise** ['~waɪz] *adv* der Länge nach, längs. **'length·y** *adj* □ ermüdend lang, langatmig.

le·ni·ence, le·ni·en·cy ['liːnjəns(ɪ)] *s* Milde *f*, Nachsicht *f*. **'le·ni·ent** *adj* □ mild, nachsichtig (***to, toward***[***s***] gegenüber).

lens [lenz] *s* **1.** *anat.*, *phot.*, *phys.* Linse *f*: ***~ aperture*** *phot.* Blende *f*. **2.** *phot.*, *phys.* Objektiv *n*. **3.** (*einzelnes*) Glas (*e-r Brille*).

lent[1] [lent] *pret u. pp von* ***lend.***

Lent[2] [~] *s* Fastenzeit *f*.

len·til ['lentɪl] *s* ♀ Linse *f*.

Leo ['liːəʊ] *s ast.* Löwe *m*.

leop·ard ['lepəd] *s zo.* Leopard *m*.

le·o·tard ['liːəʊtɑːd] *s* **1.** Trikot *n*. **2.** Gymnastikanzug *m*.

les·bi·an ['lezbɪən] **I** *adj* lesbisch. **II** *s* Lesbierin *f*.

lese maj·es·ty [ˌliːz'mædʒɪstɪ] *s* **1.** Majestätsbeleidigung *f* (*a. fig.*). **2.** Hochverrat *m*.

le·sion ['liːʒn] *s* Verletzung *f*, Wunde *f*.

less [les] **I** *adv* (*comp von* ***little***) weniger: ***~ and ~*** immer weniger; ***the ~ so as*** (dies) um so weniger, als. **II** *adj* (*comp von* ***little***) geringer, kleiner, weniger: ***in ~ time*** in kürzerer Zeit; ***no ~ a man than*** kein geringerer als. **III** *s* weniger, e-e kleinere Menge *od.* Zahl: ***little ~ than*** so gut wie, schon fast; ***no ~ than*** nicht weniger als. **IV** *prp* weniger, minus, abzüglich.

less·en ['lesn] **I** *v/i* **1.** sich vermindern *od.* verringern, abnehmen. **II** *v/t* **2.** vermindern, verringern. **3.** *fig.* herabsetzen, schmälern; bagatellisieren.

less·er ['lesə] *adj* kleiner, geringer: → ***evil*** 2.

les·son ['lesn] *s* **1.** Lektion *f* (*a. fig.*): → ***teach*** 2. **2.** (Lehr-, Unterrichts)Stunde *f*; *pl* Unterricht *m*, Stunden *pl*: ***give ~s*** Unterricht erteilen, unterrichten; ***take ~s from*** Stunden *od.* Unterricht nehmen bei. **3.** *fig.* Lehre *f*: ***this was a ~ to me*** das war mir e-e Lehre.

lest [lest] *cj* **1.** (*mst mit folgendem* ***should***) daß *od.* damit nicht: ***he ran away ~ he should be seen*** er lief weg, um nicht gesehen zu werden. **2.** (*nach Ausdrücken des Befürchtens*) daß.

let[1] [let] (*irr*) **I** *v/t* **1.** lassen: ***~ alone*** *et.* seinlassen; *j-n*, *et.* in Ruhe lassen; geschweige denn, ganz zu schweigen von; ***~ s.th. go*** et. loslassen; ***~ o.s. go*** sich gehenlassen; aus sich herausgehen; ***~ it go at that*** laß es dabei bewenden; ***~'s go*** gehen wir!; ***~ s.o. know*** j-n wissen lassen, j-m Bescheid geben; ***~ into*** (her-, hin)einlassen in (*acc*); *j-n* einweihen in (*ein Geheimnis*). **2.** *bsd. Br.* vermieten, -pachten (***to*** an *acc*; ***for*** auf *ein Jahr etc*): ***"to ~"*** „zu vermieten". **II** *v/i* **3.** ***~ go*** loslassen (***of s.th.*** et.). **4.** ***~ into*** über *j-n* herfallen.

Verbindungen mit Adverbien:

let| by *v/t* vorbeilassen. **~ down** *v/t* **1.** hinunter-, herunterlassen: → ***hair.*** **2.** im Stich lassen; enttäuschen. **~ in** *v/t* **1.** (her-, hin)einlassen. **2.** *Stück etc* einlassen, -setzen. **3.** *j-n* einweihen (***on*** in *ein*

Geheimnis). **4.** ***let o.s. in for s.th.*** sich et. einbrocken, sich auf et. einlassen. **~ off** *v/t* **1.** *Feuerwerk* abbrennen, *Gewehr etc* abfeuern. **2.** *Gas etc* ablassen: → ***steam*** 1. **~ on** F **I** *v/i* **1.** sich et. anmerken lassen (***about*** von). **II** *v/t* **2.** zugeben (***that*** daß). **3.** vorgeben. **~ out I** *v/t* **1.** heraus-, hinauslassen (***of*** aus): ***let the air out of*** die Luft lassen aus. **2.** *Kleidungsstück* auslassen. **3.** *Schrei etc* ausstoßen. **4.** *Geheimnis* ausplaudern, verraten. **5.** → ***let***[1] 2. **II** *v/i* **6.** herfallen (***at*** über *acc*) (*a. mit Worten*). **~ through** *v/t* durchlassen. **~ up** *v/i* F nachlassen; aufhören.

let[2] [~] *s Tennis*: Netzaufschlag *m*: ***~!*** Netz!

'let·down *s* Enttäuschung *f*.

le·thal ['li:θl] *adj* □ tödlich; Todes...

le·thar·gic [lə'θɑ:dʒɪk] *adj* (***~ally***) lethargisch, teilnahmslos. **leth·ar·gy** ['leθədʒɪ] *s* Lethargie *f*, Teilnahmslosigkeit *f*.

let's [lets] F *für* ***let us.***

let·ter ['letə] **I** *s* **1.** Buchstabe *m*: ***to the ~*** wortwörtlich, buchstäblich; *fig*. peinlich genau. **2.** Brief *m*, Schreiben *n* (***to*** an *acc*): ***by ~*** brieflich; ***~ of application*** Bewerbungsschreiben; ***~ of complaint*** Beschwerdebrief; ***~ to the editor*** Leserbrief. **3.** *typ*. Letter *f*, Type *f*. **4.** *pl* (*a. sg konstruiert*) (schöne) Literatur; Bildung *f*. **II** *v/t* **5.** beschriften. **~ bomb** *s* Briefbombe *f*. **~ box** *s bsd. Br*. Briefkasten *m*. **~ file** *s* Briefordner *m*. **'~·head** *s* (gedruckter) Briefkopf *m*. **~ o·pen·er** *s* Brieföffner *m*. **~ pa·per** *s* Briefpapier *n*. **~ scales** *s pl* Briefwaage *f*. **'~·weight** *s* Briefbeschwerer *m*.

let·tuce ['letɪs] *s* ♀ (*bsd*. Kopf)Salat *m*.

'let·up *s* F Nachlassen *n*; Aufhören *n*.

leu·co·cyte ['lu:kəʊsaɪt] *s* ⚕ Leukozyt *m*, weißes Blutkörperchen.

leu·k(a)e·mi·a [lu:'ki:mɪə] *s* ⚕ Leukämie *f*.

lev·el ['levl] **I** *s* **1.** ⚙ Libelle *f*, Wasserwaage *f*. **2.** Ebene *f* (*a. fig.*), ebene Fläche: ***at government ~*** auf Regierungsebene. **3.** Höhe *f* (*a. geogr.*), (*Wasser- etc*)Spiegel *m*, (-)Stand *m*, (-)Pegel *m*; *fig*. (*a. geistiges*) Niveau, Stand *m*, Stufe *f*: ***~ of sound*** Geräuschpegel, Tonstärke *f*; ***be on a ~ with*** auf gleicher Höhe sein mit; genauso hoch sein wie; *fig*. auf dem gleichen Niveau *od*. auf der gleichen Stufe stehen wie. **II** *adj* □ **4.** eben (*Straße etc*): ***a ~ teaspoon*** ein gestrichener Teelöffel(voll). **5.** gleich (*a. fig.*): ***~ crossing*** *Br*. schienengleicher (Bahn)Übergang; ***be ~ on points*** (*Sport*) punktgleich sein; ***be ~ with*** auf gleicher Höhe sein mit; genauso hoch sein wie; *fig*. auf dem gleichen Niveau *od*. auf der gleichen Stufe stehen wie; ***draw ~*** (*Sport*) ausgleichen; ***draw ~ with*** *j-n* einholen; ***make ~ with the ground*** → 9b. **6.** a) gleichmäßig: ***~ stress*** *ling*. schwebende Betonung, b) ausgeglichen (*Rennen etc*). **7.** ***do one's ~ best*** sein möglichstes tun. **8.** ***have*** (***keep***) ***a ~ head*** e-n kühlen Kopf haben (bewahren), sich nicht aus der Ruhe bringen lassen; ***give s.o. a ~ look*** j-n ruhig *od*. fest anschauen. **III** *v/t pret u. pp* **-eled**, *bsd. Br*. **-elled 9.** a) (ein)ebnen, planieren, b) *a*. ***~ to*** (*od*. ***with***) ***the ground*** dem Erdboden gleichmachen. **10.** *fig*. gleichmachen, nivellieren; *Unterschiede* beseitigen, ausgleichen.

Verbindungen mit Adverbien:

lev·el| down *v/t Preise, Löhne etc* drücken, herabsetzen. **~ off I** *v/t* **1.** → ***level*** 9a, 10. **2.** *Flugzeug* abfangen. **II** *v/i* **3.** flach werden *od*. auslaufen (*Gelände etc*). **4.** *fig*. sich stabilisieren *od*. einpendeln (***at*** bei). **~ out I** *v/t* **1.** → ***level*** 10. **2.** → ***level off*** 2. **II** *v/i* **3.** → ***level off*** II. **~ up** *v/t Preise, Löhne etc* hinaufschrauben.

ˌlev·el-'head·ed *adj* □ vernünftig.

le·ver ['li:və] **I** *s* **1.** *phys*., ⚙ Hebel *m*. **2.** Brechstange *f*. **3.** Anker *m* (*e-r Uhr*). **4.** *fig*. Druckmittel *n*. **II** *v/t* **5.** ***~ out*** (***of***) herausstemmen (aus); *fig*. *j-n* verdrängen (aus).

lev·i·ty ['levətɪ] *s* Leichtfertigkeit *f*.

lev·y ['levɪ] **I** *s* **1.** ☨ Erhebung *f*. **2.** ☨ Steuer *f*, Abgabe *f*. **3.** ⚔ Aushebung *f*. **II** *v/t* **4.** *Steuern etc* a) erheben, b) (***on***) legen (auf *acc*), auferlegen (*dat*). **5.** ⚔ *Truppen* ausheben.

lewd [lju:d] *adj* □ **1.** geil, lüstern. **2.** unanständig, obszön. **'lewd·ness** *s* **1.** Geilheit *f*, Lüsternheit *f*. **2.** Unanständigkeit *f*, Obszönität *f*.

lex·i·cog·ra·pher [ˌleksɪ'kɒgrəfə] *s* Lexikograph(in). **lex·i·co·graph·ic** [ˌ~kəʊ'græfɪk] *adj* (***~ally***) lexikographisch.

lex·i·cog·ra·phy [ˌ~'kɒɡrəfɪ] *s* Lexikographie *f*.

li·a·bil·i·ty [ˌlaɪə'bɪlətɪ] *s* **1.** ✝, ⚖ Verpflichtung *f*, Verbindlichkeit *f*; Haftung *f*, Haftpflicht *f*: ~ ***insurance*** Haftpflichtversicherung *f*; → ***limit*** 4. **2.** *pl* ✝ Passiva *pl*. **3.** *allg*. Verantwortung *f*, Verantwortlichkeit *f*. **4.** ~ ***to penalty*** Strafbarkeit *f*; ~ ***to taxation*** Steuerpflicht *f*. **5.** (***to***) Hang *m*, Neigung *f* (zu), Anfälligkeit *f* (für).

li·a·ble ['laɪəbl] *adj* **1.** ✝, ⚖ haftbar, -pflichtig (***for*** für): ***be*** ~ ***for*** *a*. haften für. **2.** unterworfen (***to s.th.*** e-r Sache): ***be*** ~ ***to s.th.*** *a*. e-r Sache unterliegen; ~ ***to penalty*** strafbar; ~ ***to taxation*** steuerpflichtig. **3.** ***be*** ~ ***to*** neigen zu, anfällig sein für. **4.** ***be*** ~ ***to do s.th.*** et. gern *od*. leicht tun; et. wahrscheinlich tun: ***he is*** ~ ***to come*** er kommt wahrscheinlich; ***that is*** ~ ***to happen*** das kann durchaus *od*. leicht passieren.

li·aise [lɪ'eɪz] *v/i* **1.** Verbindung aufnehmen (***with*** mit). **2.** sich verbünden (***with*** mit). **3.** zs.-arbeiten (***with*** mit). **li·ai·son** [lɪ'eɪzən] *s* **1.** Verbindung *f*: ~ ***man*** Verbindungsmann *m*. **2.** Bündnis *n*. **3.** Zs.-arbeit *f*. **4.** Liaison *f*, (Liebes)Verhältnis *n*.

li·ar ['laɪə] *s* Lügner(in).

li·bel ['laɪbl] ⚖ **I** *s* (*schriftliche*) Verleumdung *od*. Beleidigung (***of, on*** *gen*). **II** *v/t pret u. pp* **-beled,** *bsd. Br*. **-belled** (*schriftlich*) verleumden *od*. beleidigen. **'li·bel·(l)ous** *adj* □ verleumderisch.

lib·er·al ['lɪbərəl] **I** *adj* □ **1.** liberal, aufgeschlossen. **2.** *mst* ♀ *pol*. liberal. **3.** großzügig: a) freigebig (***of*** mit), b) reichlich (bemessen): ~ ***gift*** großzügiges Geschenk. **4.** ~ ***arts*** *pl* Geisteswissenschaften *pl*. **II** *s* **5.** *mst* ♀ *pol*. Liberale *m*, *f*. **'lib·er·al·ism** *s* Liberalismus *m*. **lib·er·al·i·ty** [ˌ~'rælətɪ] *s* **1.** Liberalität *f*. **2.** Großzügigkeit *f*. **lib·er·al·ize** ['lɪbərəlaɪz] *v/t* liberalisieren.

lib·er·ate ['lɪbəreɪt] *v/t* **1.** befreien (***from*** von, aus) (*a. fig*.); *Sklaven etc* freilassen. **2.** *Gase etc*, *fig*. *Kräfte etc* freisetzen: ***be*** ~***d*** *a*. frei werden. **ˌlib·er'a·tion** *s* **1.** Befreiung *f*; Freilassung *f*. **2.** Freisetzung *f*.

lib·er·tine ['lɪbətiːn] *s* Wüstling *m*.

lib·er·ty ['lɪbətɪ] *s* **1.** Freiheit *f*: a) persönliche *etc* Freiheit *f*: ***religious*** ~ Religionsfreiheit; ~ ***of the press*** Pressefreiheit; ~ ***of speech*** Redefreiheit; ***at*** ~ frei, in Freiheit, auf freiem Fuß, b) freie Wahl, Erlaubnis *f*: ***be at*** ~ ***to do s.th.*** et. tun dürfen, c) *mst pl* Privileg *n*, Vorrecht *n*. **2.** Dreistigkeit *f*, (plumpe) Vertraulichkeit *f*: ***take liberties with*** sich Freiheiten gegen *j-n* herausnehmen; willkürlich mit *et*. umgehen.

li·bid·i·nous [lɪ'bɪdɪnəs] *adj* □ libidinös, triebhaft. **li·bi·do** [lɪ'biːdəʊ] *s* Libido *f*, Geschlechtstrieb *m*.

Li·bra ['laɪbrə] *s ast*. Waage *f*.

li·brar·i·an [laɪ'breərɪən] *s* Bibliothekar(in). **li·brar·y** ['~brərɪ] *s* **1.** Bibliothek *f*: a) *öffentliche* Bücherei: ~ ***ticket*** Leserausweis *m*, b) *private* Büchersammlung, c) Bibliothekszimmer *n*. **2.** (*Bild-*, *Zeitungs*)Archiv *n*: ~ ***picture*** Archivbild *n*.

li·bret·tist [lɪ'bretɪst] *s* Librettist *m*, Textdichter *m*. **li'bret·to** [~təʊ] *pl* **-tos, -ti** [~tɪ] *s* Libretto *n*: a) Textbuch *n*, b) (*Opern- etc*)Text *m*.

lice [laɪs] *pl von* **louse** 1.

li·cence ['laɪsəns] **I** *s* **1.** Lizenz *f*, Konzession *f*, *behördliche* Genehmigung; (*Führer-*, *Jagd-*, *Waffen- etc*)Schein *m*: ~ ***number*** *mot*. Kennzeichen *n*. **2.** *dichterische* Freiheit. **3.** Zügellosigkeit *f*. **II** *v/t* **4.** *Am*. → ***license*** I.

li·cense ['laɪsəns] **I** *v/t* **1.** lizensieren, konzessionieren, *behördlich* genehmigen: ***fully*** ~***d*** mit voller Schankkonzession. **2.** *j-m* e-e Lizenz *od*. Konzession erteilen; (es) *j-m* (*offiziell*) erlauben (***to do*** zu tun). **II** *s* **3.** *Am*. → ***licence*** I: ~ ***plate*** *mot*. Nummern-, Kennzeichenschild *n*.

li·cen·tious [laɪ'senʃəs] *adj* □ ausschweifend, zügellos.

li·chen ['laɪkən] *s* **1.** ♣ Flechte *f*. **2.** ⚕ Knötchenflechte *f*.

lick [lɪk] **I** *v/t* **1.** (ab)lecken: ~ ***up*** (***out***) auf-(aus)lecken; ~ ***s.o.'s boots*** *fig*. vor j-m kriechen; ~ ***one's lips*** sich die Lippen lecken (*a. fig*.). **2.** F verprügeln, -dreschen; übertreffen: ***this*** ~***s me*** das geht über m-n Horizont. **II** *v/i* **3.** lecken (***at*** an *dat*). **III** *s* **4.** Lecken *n*: ***give s.th. a*** ~ an etwas lecken. **5.** F Tempo *n*: ***at full*** ~ mit voller Geschwindigkeit. **'lick·ing** *s* F Prügel *pl*, Dresche *f*.

lic·o·rice ['lɪkərɪs] *s* ♣ Lakritze *f*.

lid [lɪd] *s* **1.** Deckel *m*: ***put the ~ on*** *Br.* F *e-r Sache* die Krone aufsetzen; *e-r Sache* ein Ende machen. **2.** (*Augen-*) Lid *n.*

li·do ['li:dəʊ] *pl* **-dos** *s Br.* Frei- *od.* Strandbad *n.*

lie[1] [laɪ] **I** *s* Lüge *f*: ***tell ~s*** (*od.* ***a ~***) lügen; ***give the ~ to*** *et., j-n* Lügen strafen; → ***white lie.*** **II** *v/i* lügen: ***~ to s.o.*** j-n be- *od.* anlügen.

lie[2] [~] **I** *s* **1.** Lage *f* (*a. fig.*): ***the ~ of the land*** *fig. Br.* die Lage (der Dinge). **II** *v/i* (*irr*) **2.** liegen: a) *allg. im Bett, im Hinterhalt etc* liegen; *ausgebreitet, tot etc* daliegen, b) begraben sein, ruhen, c) gelegen sein, sich befinden: ***the town ~s on a river*** die Stadt liegt an e-m Fluß; ***~ second*** (*Sport etc*) an zweiter Stelle liegen, d) begründet liegen (***in*** in *dat*). **3.** a) ***~ heavy on s.o.'s stomach*** j-m schwer im Magen liegen, b) *fig.* lasten (***on*** auf *der Seele etc*). **4.** *fig.* stecken (***behind*** hinter *dat*).
Verbindungen mit Adverbien:
lie| a·bout *v/i* herumliegen. **~ a·head** *v/i*: ***what lies ahead of us*** was vor uns liegt, was uns bevorsteht. **~ a·round** → ***lie about.*** **~ back** *v/i* sich zurücklegen *od.* -lehnen; *fig.* sich ausruhen. **~ down** *v/i* **1.** sich hin- *od.* niederlegen: ***~ on*** sich legen auf (*acc*). **2.** ***take lying down*** *Beleidigung etc* widerspruchslos hinnehmen, sich *e-e Beleidigung etc* gefallen lassen. **~ in** *v/i Br.* (*morgens*) lang im Bett bleiben. **~ low** *v/i* sich verstecken *od.* versteckt halten; sich ruhig verhalten. **~ o·ver** *v/i* liegenbleiben, unerledigt bleiben; aufgeschoben *od.* zurückgestellt werden. **~ up** *v/i* **1.** das Bett *od.* das Zimmer hüten (müssen). **2.** nicht benutzt werden, (*Maschine etc*) außer Betrieb sein.

'lie-a·bed *s* Langschläfer(in).

lie de·tec·tor *s* Lügendetektor *m.*

'lie|-down *s* F Schläfchen *n*: ***have a ~*** ein Schläfchen machen; sich (kurz) hinlegen. **'~-in** *s*: ***have*** (*od.* ***take***) ***a ~*** F → ***lie in.***

lieu [lju:] *s*: ***in ~*** statt dessen; ***in ~ of*** an Stelle von (*od. gen*), (an)statt (*gen*); → ***oath*** 1.

lieu·ten·ant [lef'tenənt] *s* ⚔ a) Leutnant *m*, b) *Br.* (*Am.* ***first ~***) Oberleutnant *m.*

life [laɪf] *pl* **lives** [laɪvz] *s* **1.** Leben *n*: a) organisches Leben, b) Lebenskraft *f*, c) Lebewesen *pl*, d) Menschenleben *n*: ***they lost their lives*** sie kamen ums Leben; ***a matter of ~ and death*** e-e lebenswichtige Angelegenheit; ***early in ~*** in jungen Jahren; ***late in ~*** in vorgerücktem Alter, e) Lebenszeit *f*, -dauer *f*: ***all his ~*** sein ganzes Leben lang; ***for ~*** fürs (ganze) Leben, für den Rest s-s Lebens; *bsd.* ⚖, *pol.* lebenslänglich, auf Lebenszeit, f) menschliches Tun u. Treiben, g) Lebensweise *f*, -wandel *m*, h) Schwung *m*: ***full of ~*** voller Leben. **2.** ⚖ Laufzeit *f* (*e-s Wechsels, Vertrags etc*); ✝ Haltbarkeit *f*, Lagerfähigkeit *f*. **3.** ⚖ F lebenslängliche Freiheitsstrafe: ***he is doing ~*** er sitzt lebenslänglich; ***he got ~*** er bekam lebenslänglich. **~ an·nu·i·ty** *s* Leibrente *f*. **~ as·sur·ance** *s bsd. Br.* Lebensversicherung *f*. **'~-boat** *s* ⚓ Rettungsboot *n*. **~ buoy** *s* ⚓ Rettungsring *m*. **~ ex·pect·an·cy** *s* Lebenserwartung *f*. **'~·guard** *s* Rettungsschwimmer *m*; Bademeister *m*. **~ im·pris·on·ment** *s* ⚖ lebenslängliche Freiheitsstrafe. **~ in·sur·ance** *s* Lebensversicherung *f*. **~ jack·et** *s* ⚓ Rettungs-, Schwimmweste *f*.

life·less ['laɪflɪs] *adj* ☐ **1.** leblos: a) tot, b) unbelebt. **2.** *fig.* matt, schwunglos.

'life|·like *adj* lebensecht, naturgetreu. **'~·line** *s* **1.** ⚓ Rettungsleine *f*. **2.** *fig.* Rettungsanker *m*. **3.** Lebenslinie *f* (*in der Hand*). **'~·long** *adj* lebenslang. **~ mem·ber** *s* Mitglied *n* auf Lebenszeit. **~ peer** *s* Peer *m* auf Lebenszeit. **~ pre·serv·er** *s* **1.** ⚓ *Am.* Rettungs-, Schwimmweste *f*; Rettungsgürtel *m*. **2.** *bsd. Br.* Totschläger *m* (*Waffe*).

lif·er ['laɪfə] *s* ⚖ F Lebenslängliche *m, f.*

life| raft *s* ⚓ Rettungsfloß *n*. **'~,sav·er** *s* **1.** Lebensretter *m*. **2.** → ***lifeguard.*** **3.** F rettender Engel; Rettung *f*. **'~,sav·ing** *adj* lebensrettend. **~ sen·tence** *s* ⚖ lebenslängliche Freiheitsstrafe. **'~-size(d)** *adj* lebensgroß, in Lebensgröße. **'~·time** **I** *s* Lebenszeit *f*: ***once in a ~*** sehr selten, einmal im Leben; ***during*** (*od.* ***in***) ***s.o.'s ~*** zu j-s Lebzeiten *od.* Zeit; in j-s Leben. **II** *adj* auf Lebenszeit, lebenslang: ***~ post*** Lebensstellung *f*. **'~·work** *s* Lebenswerk *n.*

lift [lɪft] **I** *s* **1.** (Hoch-, Auf)Heben *n*. **2.** ⚙ Hub(höhe *f*) *m*. **3.** Luftbrücke *f*. **4.** ✈, *phys.* Auftrieb *m*, *fig. a.* Aufschwung *m*: ***give s.o. a ~*** → 10. **5.** ***give s.o. a ~*** j-n (im Auto) mitnehmen; ***get a ~ from s.o.*** von j-m mitgenommen werden; → ***thumb*** II. **6.** *bsd. Br.* Lift *m*, Aufzug *m*, Fahrstuhl *m*. **7.** (*Ski- etc*)Lift *m*. **8.** ⚕ Lift *m*, *n*, Lifting *n*: ***have a ~*** sich liften lassen. **II** *v/t* **9.** *a.* ***~ up*** (hoch-, auf)heben; *Stimme etc* erheben: ***~ one's eyes*** aufschauen, -blicken; → ***finger*** I, ***hand*** 1. **10.** *a.* ***~ up*** *j-n* aufmuntern, *j-m* Auftrieb *od.* Aufschwung geben. **11.** F klauen (*a. plagiieren*). **12.** *Gesicht etc* liften, straffen. **13.** *Embargo*, *Verbot etc* aufheben. **III** *v/i* **14.** sich heben, steigen (*a. Nebel*): ***~ off*** starten (*Rakete*); abheben (*Flugzeug*). **15.** sich (hoch)heben lassen. **'~·boy** *s bsd. Br.* Liftboy *m*. **'~·man** *s* (*irr* ***man***) *bsd. Br.* Fahrstuhlführer *m*. **'~·off** *s* Start *m* (*e-r Rakete*); Abheben *n* (*e-s Flugzeugs*).

lig·a·ment ['lɪgəmənt] *s anat.* Band *n*.

lig·a·ture ['lɪgətʃə] *s typ.*, ♪ Ligatur *f*.

light¹ [laɪt] **I** *s* **1.** Licht *n*: a) Helligkeit *f*: ***stand*** (*od.* ***be***) ***in s.o.'s ~*** j-m im Licht (*fig.* im Weg) stehen, b) Beleuchtung *f*: ***in subdued ~*** bei gedämpftem Licht, c) Schein *m*: ***by the ~ of a candle*** bei Kerzenschein, d) Lichtquelle *f*: ***hide one's ~ under a bushel*** sein Licht unter den Scheffel stellen, e) Sonnen-, Tageslicht *n*: ***bring*** (***come***) ***to ~*** *fig.* ans Licht bringen (kommen); ***see the ~*** (***of day***) das Licht der Welt erblicken; *fig.* herauskommen, auf den Markt kommen; *fig.* bekannt *od.* veröffentlicht werden, f) *fig.* Aspekt *m*: ***in the ~ of*** unter dem Aspekt *od.* in Anbetracht (*gen*), g) *fig.* Erleuchtung *f*: ***cast*** (*od.* ***shed, throw***) ***~ on*** Licht auf *e-e Sache* werfen; zur Lösung *od.* Aufklärung *e-r Sache* beitragen; ***I see the ~*** mir geht ein Licht auf. **2.** *mot.* Scheinwerfer *m*. **3.** *Br. mst pl* (Verkehrs)Ampel *f*: ***jump*** (*od.* ***shoot***) ***the ~s*** bei Rot über die Kreuzung fahren; → ***amber*** 2, 5, ***green*** 1, 3, ***red*** 1, 3, ***yellow*** 3. **4.** Feuer *n* (*zum Anzünden*), *bsd.* Streichholz *n*: ***have you got a ~?*** haben Sie Feuer? **5.** *a.* ***shining ~*** *fig.* Leuchte *f*, großes Licht (*Person*): → ***leading light.*** **II** *adj* **6.** hell, licht: ***~ red*** Hellrot *n*. **III** *v/t* (*a. irr*) **7.** *a.* ***~ up*** anzünden: ***~ a cigarette*** sich e-e Zigarette anzünden. **8.** be-, erleuchten, erhellen: ***~ up*** hell beleuchten. **9.** *j-m* leuchten. **IV** *v/i* (*a. irr*) **10.** *a.* ***~ up*** sich entzünden. **11.** *mst* ***~ up*** *fig.* aufleuchten (*Augen etc*). **12.** ***~ up*** Licht machen; *mot.* die Scheinwerfer einschalten; F sich e-e (*Zigarette etc*) anzünden.

light² [~] **I** *adj* (☐ → ***lightly***) **1.** *allg.* leicht (*z. B. Last*; *Kleidung*; *Mahlzeit*, *Wein*; *Schlaf*; *Fehler*, *Strafe*): (***as***) ***~ as air*** (*od.* ***a feather***) federleicht; ***~ current*** ⚡ Schwachstrom *m*; ***no ~ matter*** keine Kleinigkeit; ***~ metal*** Leichtmetall *n*; ***~ reading*** Unterhaltungslektüre *f*; ***make ~ of*** auf die leichte Schulter nehmen; verharmlosen, bagatellisieren. **2.** lokker (*Erde*, *Schnee*), locker gebacken (*Brot etc*). **3.** *Sport*: Halb...: ***~ heavyweight*** Halb-, Leichtschwergewicht(ler *m*) *n*. **II** *adv* **4.** ***travel ~*** mit leichtem Gepäck reisen.

light| bar·ri·er *s* ⚡ Lichtschranke *f*. **~ bulb** *s* ⚡ Glühbirne *f*.

light·en¹ ['laɪtn] **I** *v/i* **1.** sich aufhellen, hell(er) werden. **2.** *impers* blitzen. **II** *v/t* **3.** (*a.* blitzartig) erhellen.

light·en² [~] **I** *v/t* **1.** leichter machen, erleichtern (*beide a. fig.*): ***~ s.o.'s heart*** j-m das Herz leichter machen. **2.** *j-n* aufheitern. **II** *v/i* **3.** leichter werden: ***her heart ~ed*** *fig.* ihr wurde leichter ums Herz.

light·er ['laɪtə] *s* **1.** Anzünder *m* (*a. Gerät*). **2.** Feuerzeug *n*.

'light|-ˌfin·gered *adj* **1.** fingerfertig, geschickt. **2.** langfing(e)rig, diebisch. **'~-ˌfoot·ed** *adj* ☐ leichtfüßig. **'~-ˌhead·ed** *adj* ☐ **1.** leichtsinnig, -fertig. **2.** ***feel ~*** (leicht) benommen sein; wie auf Wolken schweben. **'~-ˌheart·ed** *adj* ☐ unbeschwert. **'~·house** *s* Leuchtturm *m*.

light·ing ['laɪtɪŋ] *s* Beleuchtung *f*.

light·ly ['laɪtlɪ] *adv* **1.** leicht. **2.** wenig: ***eat ~.*** **3.** leichthin. **4.** geringschätzig.

ˌlight-'mind·ed *adj* ☐ leichtfertig, -sinnig; unbeständig, flatterhaft.

light·ness¹ ['laɪtnɪs] *s* Helligkeit *f*.

light·ness² [~] *s* **1.** Leichtheit *f*, Leichtigkeit *f* (*a. fig.*). **2.** Lockerheit *f*.

light·ning ['laɪtnɪŋ] **I** *s* Blitz *m*: (***as***) ***quick as ~*** blitzschnell; ***struck by ~*** vom Blitz getroffen; ***like ~*** wie der Blitz; → ***flash*** 1, ***grease*** 3, ***streak*** 1, ***stroke*** 2. **II** *adj* blitzschnell, Blitz...: ***with ~ speed*** mit

Blitzesschnelle. ~ **con·duc·tor,** ~ **rod** *s* ⚡ Blitzableiter *m.*

light| pen *s Computer*: Lichtstift *m.* **'~·proof** *adj* lichtundurchlässig.

lights [laɪts] *s pl zo.* Lunge *f.*

'light|·ship *s* ⚓ Feuer-, Leuchtschiff *n.* **'~·weight I** *adj* leicht(gewichtig). **II** *s Sport*: Leichtgewicht(ler *m*) *n.* ~ **year** *s ast.* Lichtjahr *n.*

lig·ne·ous ['lɪgnɪəs] *adj* holzig, holzartig, Holz...

lik·a·ble ['laɪkəbl] *adj* liebenswert, -würdig, sympathisch.

like[1] [laɪk] **I** *adj u. prp* **1.** gleich (*dat*), wie (*a. adv*): ***a man ~ you*** ein Mann wie du; ***what is he ~?*** wie ist er?; ***what does it look ~?*** wie sieht es aus?; → ***feel*** 6. **2.** ähnlich (*dat*), bezeichnend für: ***that is just ~ him!*** das sieht ihm ähnlich. **3.** gleich (*Menge etc*): ***in ~ manner*** auf gleiche Weise; gleichermaßen. **4.** ähnlich: ***they are (as) ~ as two eggs*** sie gleichen sich wie ein Ei dem anderen. **5.** ähnlich, gleich-, derartig. **II** *s* **6.** *der, die, das* gleiche: ***his ~*** seinesgleichen; ***the ~*** dergleichen; ***the ~s*** *pl* ***of me*** F meinesgleichen, Leute *pl* wie ich.

like[2] [~] **I** *v/t* gern haben, mögen: ***I ~ it*** es gefällt mir; ***I ~ him*** ich kann ihn gut leiden; ***how do you ~ it?*** wie gefällt es dir?, wie findest du es?; ***what do you ~ better?*** was hast du lieber?, was gefällt dir besser?; ***~ doing*** (*bsd. Am. a.* ***to do***) ***s.th.*** et. gern tun; ***I should*** (*od.* ***would***) ***~ to know*** ich möchte gern wissen. **II** *v/i* wollen: (***just***) ***as you ~*** (ganz) wie du willst; ***do as you ~*** mach, was du willst; ***if you ~*** wenn du willst. **III** *s* Neigung *f*, Vorliebe *f*: ***~s*** *pl* ***and dislikes*** *pl* Neigungen *pl* u. Abneigungen *pl.*

like·a·ble → ***likable.***

like·li·hood ['laɪklɪhʊd] *s* Wahrscheinlichkeit *f*: ***in all ~*** aller Wahrscheinlichkeit nach, höchstwahrscheinlich. **'like·ly I** *adj* **1.** wahrscheinlich, voraussichtlich: ***he is (not) ~ to come*** er kommt wahrscheinlich (es ist unwahrscheinlich, daß er kommt). **2.** glaubhaft: ***a ~ story!*** *iro.* das soll glauben, wer mag! **3.** in Frage kommend, geeignet. **II** *adv* **4.** wahrscheinlich: ***most ~*** höchstwahrscheinlich; (***as***) ***~ as not*** (sehr) wahrscheinlich; ***not ~!*** F wohl kaum!

,like-'mind·ed *adj* □ gleichgesinnt.

lik·en ['laɪkən] *v/t* vergleichen (***to*** mit).

like·ness ['laɪknɪs] *s* **1.** Ähnlichkeit *f* (***between*** zwischen *dat*; ***to*** mit). **2.** Abbild *n* (***of*** *gen*).

like·wise ['laɪkwaɪz] *adv* desgleichen, ebenso.

lik·ing ['laɪkɪŋ] *s* Vorliebe *f* (***for*** für): ***this is not (to) my ~*** das ist nicht nach m-m Geschmack.

li·lac ['laɪlək] **I** *s* ⚘ Flieder *m.* **II** *adj* lila(farben).

Lil·li·pu·tian [ˌlɪlɪ'pjuːʃn] **I** *adj* winzig, zwergenhaft; Liliput..., Klein(st)... **II** *s* Liliputaner(in).

li·lo ['laɪləʊ] *pl* **-los** *s Br.* F Luftmatratze *f.*

lilt [lɪlt] *s* flotter Rhythmus; flotte *od.* schwungvolle Melodie.

lil·y ['lɪlɪ] *s* ⚘ Lilie *f*: ***~ of the valley*** Maiglöckchen *n.* **,~-'liv·ered** *adj* feig.

limb [lɪm] *s* **1.** (*Körper*)Glied *n*, *pl a.* Gliedmaßen *pl.* **2.** Hauptast *m* (*e-s Baums*): ***be out on a ~*** F in e-r gefährlichen Lage sein; *Br.* allein (da)stehen.

lim·ber ['lɪmbə] **I** *adj* **1.** biegsam, geschmeidig. **2.** beweglich, gelenkig. **II** *v/t* **3.** *mst* ***~ up*** biegsam *od.* geschmeidig machen, *Muskeln a.* auflockern: ***~ o.s. up*** → 4. **III** *v/i* **4.** *mst* ***~ up*** sich auflockern, Lockerungsübungen machen.

lime[1] [laɪm] **I** *s* ⚗ Kalk *m.* **II** *v/t* kalken.

lime[2] [~] *s* ⚘ Linde *f.*

lime[3] [~] *s* ⚘ Limonelle *f* (*Baum*); Limone *f*, Limonelle *f* (*Frucht*).

lime·light *s*: ***be in the ~*** im Rampenlicht *od.* im Licht der Öffentlichkeit stehen.

lim·er·ick ['lɪmərɪk] *s* Limerick *m.*

'lime|·stone *s geol.* Kalkstein *m.* **'~·wash I** *v/t* kalken, weißen, tünchen. **II** *s* (Kalk)Tünche *f.*

lim·it ['lɪmɪt] **I** *s* **1.** *fig.* Grenze *f*, Beschränkung *f*, (*Zeit- etc*)Limit *n*: ***to the ~*** bis zum Äußersten *od.* Letzten; ***within ~s*** in (gewissen) Grenzen; ***there is a ~ to everything*** alles hat s-e Grenzen; ***off ~s*** Zutritt verboten (***to*** für); ***that's the ~!*** F das ist (doch) die Höhe! **2.** 𝔄, ⚙ Grenzwert *m.* **3.** ⚕ Limit *n*, Preisgrenze *f.* **II** *v/t* **4.** beschränken, begrenzen (***to*** auf *acc*); *Auflage, Preise etc* limitieren: ***~ed in time*** befristet; ***~ed (liability) company*** ⚕ *Br.* Aktiengesellschaft *f.* **,lim·i'ta·tion** *s* **1.** *fig.* Grenze *f*: ***know one's (own) ~s*** s-e Grenzen kennen. **2.** Begrenzung *f*, Beschränkung *f*: ~ ***of liability*** ⚖ Haftungsbeschränkung. **3.** ⚖ Verjährung *f*: ~ (***period***) Verjährungsfrist *f*.

lim·ou·sine [ˈlɪməziːn] *s mot.* **1.** *Br.* Luxuslimousine *f*. **2.** *Am.* Kleinbus *m*.

limp¹ [lɪmp] **I** *v/i* hinken (*a. fig. Vers etc*), humpeln. **II** *s* Hinken *n*: ***walk with a*** ~ hinken, humpeln.

limp² [~] *adj* schlaff, schlapp: ***go*** ~ erschlaffen.

lim·pet [ˈlɪmpɪt] *s zo.* Napfschnecke *f*: ***hold on*** (*od.* ***hang on, cling***) ***to s.o. like a*** ~ *fig.* wie e-e Klette an j-m hängen.

lim·pid [ˈlɪmpɪd] *adj* □ klar (*a. fig. Stil etc*), durchsichtig.

lim·y [ˈlaɪmɪ] *adj* kalkig, Kalk...

lin·age [ˈlaɪnɪdʒ] *s* **1.** Zeilenzahl *f*. **2.** Zeilenhonorar *n*.

linch·pin [ˈlɪntʃpɪn] *s* **1.** ⚙ Achsnagel *m*. **2.** *fig.* Stütze *f*.

lin·den [ˈlɪndən] *s* ♣ Linde *f*.

line¹ [laɪn] **I** *s* **1.** Linie *f* (*a. Sport*), Strich *m*: → ***toe*** II. **2.** a) (*Hand- etc*)Linie *f*, b) Falte *f*, Runzel *f*: ~***s*** *pl* ***of worry*** Sorgenfalten *pl*, c) Zug *m* (*im Gesicht*). **3.** Zeile *f* (*a. TV*): ***read between the*** ~***s*** *fig.* zwischen den Zeilen lesen; → ***drop*** 15. **4.** *pl thea. etc* Rolle *f*, Text *m*. **5.** *pl* (*mst sg konstruiert*) *bsd. Br.* F Trauschein *m*. **6.** Linie *f*, Richtung *f*: ~ ***of sight*** Blickrichtung. **7.** *pl* Grundsätze *pl*, Richtlinien *pl*: ***along these*** ~***s*** nach diesen Grundsätzen; folgendermaßen. **8.** Art *f* u. Weise *f*, Methode *f*: ~ ***of thought*** Auffassung *f*; Gedankengang *m*; ***take a strong*** ~ energisch auftreten *od.* werden (***with s.o.*** gegenüber j-m). **9.** Grenze *f* (*a. fig.*), Grenzlinie *f*: ***draw the*** ~ die Grenze ziehen, haltmachen (***at*** bei). **10.** Reihe *f*, Kette *f*; *bsd. Am.* (Menschen-, *a.* Auto)Schlange *f*: ***stand in*** ~ anstehen, Schlange stehen (***for*** um, nach); ***drive in*** ~ *mot.* Kolonne fahren. **11.** Reihe *f*, Linie *f*: ***be in*** (***out of***) ~ *fig.* (nicht) übereinstimmen (***with*** mit); ***bring*** (*od.* ***get***) ***into*** ~ *fig.* in Einklang bringen (***with*** mit); auf Vordermann bringen; ***fall into*** ~ sich einordnen; *fig.* sich anschließen (***with*** *dat*); ***keep s.o. in*** ~ *fig.* j-n bei der Stange halten. **12.** (Abstammungs)Linie *f*: ***in the direct*** ~ in direkter Linie. **13.** Fach *n*, Gebiet *n*: ~ (***of business***) Branche *f*; ***that's not in my*** ~ das schlägt nicht in mein Fach; das liegt mir nicht. **14.** (*Verkehrs-, Eisenbahn- etc*)Linie *f*, Strecke *f*, Route *f*, *engS.* 🚂 Gleis *n*: ***the end of the*** ~ *fig.* das (bittere) Ende. **15.** (*Flug- etc*)Gesellschaft *f*. **16.** *bsd. teleph.* Leitung *f*: ***the*** ~ ***is busy*** (*Br.* ***engaged***) die Leitung ist besetzt; ***hold the*** ~ bleiben Sie am Apparat; → ***hot line.*** **17.** ⚙ (Rohr)Leitung *f*. **18.** ⚔ a) Linie: ***behind the enemy*** ~***s*** hinter den feindlichen Linien, b) Front *f*: ***all along the*** ~, ***down the*** ~ *fig.* auf der ganzen Linie. **19.** *geogr.* Längen- *od.* Breitenkreis *m*: ***the*** ♀ der Äquator. **20.** Leine *f*; Schnur *f*; Seil *n*. **II** *v/i* **21.** → ***line up*** I. **III** *v/t* **22.** lini(i)eren. **23.** zeichnen; skizzieren. **24.** *Gesicht* (zer)furchen. **25.** *Straße etc* säumen.

Verbindungen mit Adverbien:

line| off *v/t* abgrenzen. ~ **up I** *v/i* **1.** sich in e-r Reihe *od.* Linie aufstellen, (*Sport*) sich aufstellen. **2.** *bsd. Am.* sich anstellen (***for*** um, nach). **II** *v/t* **3.** in e-r Reihe *od.* Linie aufstellen. **4.** F auf die Beine stellen, organisieren.

line² [~] *v/t* **1.** *Kleid etc* füttern. **2.** *bsd.* ⚙ auskleiden, -schlagen (***with*** mit), *Bremsen, Kupplung* belegen. **3.** (an)füllen: ~ ***one's pocket***(***s***) (*od.* ***purse***) sich bereichern.

lin·e·age¹ [ˈlɪnɪɪdʒ] *s* **1.** geradlinige Abstammung. **2.** Stammbaum *m*. **3.** Geschlecht *n*.

line·age² → ***linage.***

lin·e·al [ˈlɪnɪəl] *adj* □ geradlinig, direkt (*Nachkomme etc*).

lin·e·a·ment [ˈlɪnɪəmənt] *s mst pl* (Gesichts)Zug *m*.

lin·e·ar [ˈlɪnɪə] *adj* □ **1.** A, ⚙ *etc* linear. **2.** Längen...

lin·en [ˈlɪnɪn] **I** *s* **1.** Leinen *n*. **2.** (*Bett-, Unter- etc*)Wäsche *f*: ***wash one's dirty*** ~ ***in public*** *fig.* s-e schmutzige Wäsche in der Öffentlichkeit waschen. **II** *adj* **3.** Leinen... ~ **bas·ket** *s bsd. Br.* Wäschekorb *m*.

lin·er [ˈlaɪnə] *s* **1.** ⚓ Linienschiff *n*. **2.** ✈ Verkehrsflugzeug *n*. **3.** → ***eye liner.***

lines|·man [ˈlaɪnzmən] *s* (*irr* ***man***) *Sport*: Linienrichter *m*. ˈ~ˌ**wom·an** *s* (*irr* ***woman***) Linienrichterin *f*.

ˈ**line-up** *s* **1.** *Sport*: Aufstellung *f*. **2.** *bsd. Am.* (Menschen)Schlange *f*.

lin·ger ['lɪŋgə] *v/i* **1.** verweilen, sich aufhalten (*beide a. fig.* ***over, on*** bei *e-m Thema etc*): **~ *on*** noch dableiben; nachklingen (*Ton*); *fig.* fortleben, -bestehen (*Tradition etc*). **2.** *fig.* (zurück)bleiben (*Verdacht etc*). **3.** trödeln: **~ *about*** (*od.* ***around***) herumtrödeln. **'lin·ger·ing** *adj* □ **1.** nachklingend. **2.** schleichend (*Krankheit*).

lin·go ['lɪŋgəʊ] *pl* **-goes** *s* F **1.** Kauderwelsch *n.* **2.** (Fach)Jargon *m.*

lin·gual ['lɪŋgwəl] *adj* Zungen...

lin·guist ['lɪŋgwɪst] *s* **1.** Linguist(in), Sprachwissenschaftler(in). **2.** Sprachkundige *m, f*: ***be a good*** **~** (sehr) sprachbegabt sein. **lin'guist·ic I** *adj* (**~*ally***) **1.** linguistisch, sprachwissenschaftlich. **2.** Sprach(en)... **II** *s pl* (*mst sg konstruiert*) **3.** Linguistik *f*, Sprachwissenschaft *f.*

lin·i·ment ['lɪnɪmənt] *s* ⚕ Einreibemittel *n.*

lin·ing ['laɪnɪŋ] *s* **1.** Futter(stoff *m*) *n.* **2.** *bsd.* ⚙ Auskleidung *f*, (*Brems-, Kupplungs*)Belag *m.*

link [lɪŋk] **I** *s* **1.** (Ketten)Glied *n*; *fig.* Glied *n* (*in e-r Kette von Ereignissen etc*); Bindeglied *n*; Verbindung *f*, Zs.-hang *m.* **2.** Manschettenknopf *m.* **II** *v/t* **3.** *a.* **~ *up*** verketten, -binden (***to, with*** mit): **~ *arms*** sich unter- *od.* einhaken (***with*** bei). **4.** *a.* **~ *up*** *fig.* in Verbindung *od.* Zs.-hang bringen (***with*** mit), e-n Zs.-hang herstellen zwischen (*dat*). **III** *v/i* **5.** *a.* **~ *up*** sich verketten *od.* verbinden (***to, with*** mit). **6.** *a.* **~ *up*** *fig.* sich zs.-fügen.

links [lɪŋks] → ***golf links.***

'link-up *s* Verbindung *f*, Zs.-hang *m.*

li·no·le·um [lɪ'nəʊljəm] *s* Linoleum *n.*

lin·seed ['lɪnsiːd] *s* ♀ Leinsamen *m.* **~ oil** *s* Leinöl *n.*

lin·tel ['lɪntl] *s* △ Oberschwelle *f*, (Tür-, Fenster)Sturz *m.*

li·on ['laɪən] *s* **1.** *zo.* Löwe *m* (*a. ast.* ♌): ***go into the*** **~*'s den*** *fig.* sich in die Höhle des Löwen wagen; ***the*** **~*'s share*** der Löwenanteil; → ***beard*** II. **2.** *fig.* Größe *f*, Berühmtheit *f* (*Person*). **li·on·ess** ['~es] *s* Löwin *f.*

lip [lɪp] *s* **1.** *anat.* Lippe *f*: ***lower*** (***upper***) **~** Unter-(Ober)lippe; ***keep a stiff upper*** **~** *fig.* Haltung bewahren; sich nichts anmerken lassen; ***bite one's*** **~** *fig.* sich auf die Lippen beißen; → ***smack***[2] 2. **2.** F Unverschämtheit *f*: ***none of your*** **~*!*** sei nicht so unverschämt *od.* frech! **3.** Rand *m* (*e-r Wunde, e-s Kraters etc*). **'~-read** *v/t u. v/i* (*irr* ***read***) von den Lippen ablesen. **~ ser·vice** *s* Lippenbekenntnis *n.* **'~·stick** *s* Lippenstift *m*: ***put on*** **~** sich die Lippen schminken.

liq·ue·fy ['lɪkwɪfaɪ] *v/t u. v/i* **1.** (sich) verflüssigen. **2.** schmelzen.

li·queur [lɪ'kjʊə] *s* Likör *m.*

liq·uid ['lɪkwɪd] **I** *adj* □ **1.** flüssig. **2.** Flüssigkeits...: **~ *measure*** Flüssigkeitsmaß *n.* **3.** ⚚ liquid, flüssig. **II** *s* **4.** Flüssigkeit *f.*

liq·ui·date ['lɪkwɪdeɪt] *v/t* **1.** ⚚ liquidieren: a) *Gesellschaft* auflösen, b) *Sachwerte etc* realisieren, zu Geld machen, c) *Schulden etc* tilgen. **2.** *fig.* *j-n* liquidieren, beseitigen. **ˌliq·ui'da·tion** *s* **1.** ⚚ Liquidation *f*: a) Auflösung *f*, b) Realisierung *f*, c) Tilgung *f.* **2.** *fig.* Liquidierung *f*, Beseitigung.

li·quid·i·ty [lɪ'kwɪdətɪ] *s* **1.** flüssiger Zustand. **2.** ⚚ Liquidität *f*, Flüssigkeit *f.*

liq·ui·dize ['lɪkwɪdaɪz] *v/t* **1.** (*v/i* sich) verflüssigen. **2.** (im Mixer) zerkleinern *od.* pürieren. **'liq·ui·diz·er** *s* Mixer *m*, Mixgerät *n.*

liq·uor ['lɪkə] *s* a) *Br.* alkoholische Getränke *pl*, Alkohol *m*: ***hard*** **~** → b, b) *Am.* Schnaps *m*, Spirituosen *pl*: **~ *cabinet*** Hausbar *f.*

liq·uo·rice → ***licorice.***

li·ra ['lɪərə] *pl* **-re** ['~rɪ], **-ras** *s* Lira *f.*

lisp [lɪsp] **I** *v/i* lispeln (*a. v/t*), mit der Zunge anstoßen. **II** *s* Lispeln *n*: ***speak with a*** **~** → I.

list[1] [lɪst] **I** *s* **1.** Liste *f*, Verzeichnis *n*: ***be on the*** **~** auf der Liste stehen; **~ *price*** Listenpreis *m.* **II** *v/t* **2.** (in e-r Liste) verzeichnen, erfassen, registrieren: **~*ed building*** *Br.* Gebäude *n* unter Denkmalschutz. **3.** in e-e Liste eintragen.

list[2] [~] ⚓ **I** *s* Schlagseite *f.* **II** *v/i* Schlagseite haben *od.* bekommen.

list·en ['lɪsn] *v/i* **1.** hören, horchen (***to*** auf *acc*): **~ *to*** a) *j-m* zuhören, *j-n* anhören: **~*!*** hör mal!, b) auf *j-n, j-s Rat* hören, c) *e-m Rat etc* folgen; → ***reason*** 3. **2.** **~ *in*** Radio hören: **~ *in to a concert*** sich ein Konzert im Radio anhören. **'lis·ten·er** *s* **1.** Horcher(in). **2.** Zuhörer(in): ***be a***

good ~ (gut) zuhören können. **3.** *Radio*: Hörer(in).

list·less ['lɪstlɪs] *adj* □ lust-, teilnahmslos.

lit [lɪt] *pret u. pp von* ***light***[1].

lit·a·ny ['lɪtənɪ] *s eccl.* Litanei *f* (*a. fig.*).

li·ter *Am.* → ***litre.***

lit·er·a·cy ['lɪtərəsɪ] *s* **1.** Fähigkeit *f* zu lesen u. zu schreiben. **2.** (literarische) Bildung, Belesenheit.

lit·er·al ['lɪtərəl] *adj* □ **1.** wörtlich (*Übersetzung etc*): ***take s.th. ~ly*** et. wörtlich nehmen. **2.** genau, wahrheitsgetreu. **3.** nüchtern, trocken, prosaisch. **4.** wörtlich, eigentlich (*Bedeutung e-s Worts etc*). **5.** buchstäblich: ***he did ~ly nothing.***

lit·er·ar·y ['lɪtərərɪ] *adj* □ **1.** literarisch, Literatur...: ***~ critic*** Literaturkritiker(in); ***~ history*** Literaturgeschichte *f.* **2.** gewählt, hochgestochen (*Ausdruck etc*).

lit·er·ate ['lɪtərət] *adj* □ **1.** ***be ~*** lesen u. schreiben können. **2.** (literarisch) gebildet, belesen. **lit·er·a·ture** ['~ətʃə] *s* **1.** Literatur *f.* **2.** F Informationsmaterial *n.*

lith·o·graph ['lɪθəʊgrɑːf] *s* Lithographie *f*, Steindruck *m.*

lit·i·gant ['lɪtɪgənt] ⚖ **I** *adj* streitend, prozeßführend. **II** *s* Prozeßführende *m, f*, streitende Partei. **lit·i·gate** ['~geɪt] *v/i* (*u. v/t*) prozessieren *od.* streiten (um). ˌ**lit·i'ga·tion** *s* Rechtsstreit *m*, Prozeß *m.*

li·to·tes ['laɪtəʊtiːz] *s rhet.* Litotes *f.*

li·tre ['liːtə] *s bsd. Br.* Liter *m, a. n.*

lit·ter ['lɪtə] **I** *s* **1.** (herumliegender) Abfall. **2.** Streu *f* (*für Tiere*), (*a. für Pflanzen*) Stroh *n.* **3.** *zo.* Wurf *m.* **4.** Trage *f*; Sänfte *f.* **II** *v/t* **5.** Abfall herumliegen lassen in (*dat*) *od.* auf (*dat*); *Park etc* verschandeln (***with*** mit). **6.** *mst **~ down*** Streu legen für; *Stall* einstreuen. **7.** *Pflanzen* mit Stroh abdecken. **8.** *zo. Junge* werfen. **III** *v/i* **9.** *zo.* (Junge) werfen. **~ bas·ket,** '**~·bin** *s* Abfallkorb *m.* '**~·bug** *s bsd. Am.* F, **~ lout** *s bsd. Br.* F *j-d, der Straßen etc mit Abfall verschandelt.*

lit·tle ['lɪtl] **I** *adj* **1.** klein (*Kind etc*): ***the ~ ones*** *pl* die Kleinen *pl*; → ***finger*** I. **2.** kurz (*Strecke od. Zeit*). **3.** wenig (*Hoffnung etc*): ***a ~ jam*** ein wenig *od.* ein bißchen Marmelade. **4.** klein, gering(-fügig). **II** *adv* **5.** wenig, kaum: ***think ~ of*** wenig halten von; ***for as ~ as £10*** für nur 10 Pfund. **6.** wenig, selten: ***I see him very ~.*** **III** *s* **7.** Kleinigkeit *f*, *das* wenige, *das* bißchen: ***a ~*** ein wenig, ein bißchen; ***~ by ~*** (ganz) allmählich, nach u. nach. **8.** ***in ~*** im kleinen, in kleinem Maßstab.

lit·ur·gy ['lɪtədʒɪ] *s eccl.* Liturgie *f.*

liv·a·ble ['lɪvəbl] *adj* **1.** wohnlich, bewohnbar. **2.** lebenswert (*Leben*). **3.** *a. **~ with*** erträglich (*Schmerzen etc*): ***not ~*** (***with***) unerträglich. **4.** ***~ with*** umgänglich (*Person*).

live[1] [lɪv] **I** *v/i* leben: a) am Leben sein, b) am Leben bleiben: ***~ through the night*** die Nacht überleben; ***you ~ and learn*** man lernt nie aus; ***~ on*** *bsd. fig.* weiter-, fortleben, c) sich ernähren (***on*** von): ***he ~s on his wife*** er lebt auf Kosten *od.* von (den Einkünften) s-r Frau, d) ein *ehrliches etc* Leben führen: ***~ honestly; ~ up to*** *s-n Grundsätzen etc* gemäß leben, *s-m Ruf etc* gerecht werden, *den Erwartungen etc* entsprechen, e) wohnen (***with*** bei): ***~ with*** zs.-leben mit; ***~ together*** zs.-leben, f) das Leben genießen: ***~ and let ~*** leben u. leben lassen. **II** *v/t ein bestimmtes Leben* führen.

live[2] [laɪv] **I** *adj* **1.** lebend, lebendig: ***~ weight*** Lebendgewicht *n*; ***a real ~ lord*** F ein richtiger *od.* echter Lord. **2.** aktuell (*Frage etc*). **3.** scharf (*Munition etc*). **4.** ⚡ stromführend: ***~ wire*** F Energiebündel *n.* **5.** *Rundfunk, TV*: Direkt..., Original..., Live-... **II** *adv* **6.** direkt, original, live.

live·a·ble → ***livable.***

live·li·hood ['laɪvlɪhʊd] *s* Lebensunterhalt *m*: ***earn*** (*od.* ***gain, make***) ***a*** (*od.* ***one's***) ***~*** s-n Lebensunterhalt verdienen.

live·li·ness ['laɪvlɪnɪs] *s* **1.** Lebhaftigkeit *f.* **2.** Lebendigkeit *f.* '**live·ly** *adj* □ **1.** lebhaft (*Interesse, Person, Phantasie etc*). **2.** lebendig (*Schilderung etc*). **3.** aufregend (*Zeiten*): ***make it*** (*od.* ***things***) ***~ for s.o., give s.o. a ~ time*** j-m (kräftig) einheizen. **4.** schnell, flott (*Tempo etc*).

liv·en ['laɪvn] *mst **~ up*** **I** *v/t* beleben, Leben bringen in (*acc*). **II** *v/i* in Schwung kommen.

liv·er[1] ['lɪvə] *s anat.* Leber *f* (*a. gastr.*).
liv·er[2] [~] *s*: ***be a fast*** ~ ein flottes Leben führen; ***loose*** ~ liederlicher Mensch.
liv·er·ied ['lɪvərɪd] *adj* livriert.
liv·er·ish ['lɪvərɪʃ] *adj* **1.** ***be*** ~ F es mit der Leber haben. **2.** mürrisch.
liv·er| sau·sage *s* Leberwurst *f.* ~ **spot** *s* Leberfleck *m.* **~·wurst** ['~wɜːst] *s bsd. Am.* Leberwurst *f.*
liv·er·y ['lɪvərɪ] *s* Livree *f*: ***in*** ~ in Livree.
lives [laɪvz] *pl von* ***life.***
live·stock ['laɪvstɒk] *s* Vieh(bestand *m*) *n.*
liv·id ['lɪvɪd] *adj* □ **1.** blau, bläulich (verfärbt). **2.** bleifarben, graublau. **3.** fahl, aschgrau, bleich (***with*** vor *dat*). **4.** F fuchsteufelswild.
liv·ing ['lɪvɪŋ] **I** *adj* **1.** lebend (*a. Sprache*): ***while*** ~ bei *od.* zu Lebzeiten; ***within*** ~ ***memory*** seit Menschengedenken; → ***daylight.*** **2.** Lebens...: ~ ***conditions*** *pl* Lebensbedingungen *pl.* **II** *s* **3.** ***the*** ~ *pl* die Lebenden *pl.* **4.** das Leben: → ***cost*** 1. **5.** Leben(sweise *f*) *n*: ***loose*** ~ lockerer Lebenswandel; → ***clean*** 5. **6.** Lebensunterhalt *m*: ***earn*** (*od.* ***gain, get, make***) ***a*** ~ s-n Lebensunterhalt verdienen (***as*** als; ***out of*** durch, mit). ~ **room** *s* Wohnzimmer *n.* ~ **space** *s* Wohnfläche *f*, -raum *m.*
liz·ard ['lɪzəd] *s zo.* Eidechse *f.*
lla·ma ['lɑːmə] *s zo.* Lama *n.*
load [ləʊd] **I** *s* **1.** Last *f*, *fig. a.* Bürde *f*: ***his decision took a*** ~ ***off my mind*** bei s-r Entscheidung fiel mir ein Stein vom Herzen. **2.** Ladung *f* (*a. e-r Schußwaffe*): ***get a*** ~ ***of*** F sich *et.* ansehen *od.* anhören; *et.* zu sehen *od.* zu hören bekommen; ***get a*** ~ ***of this!*** F hör *od.* schau dir das mal an! **3.** *pl* F (***of***) Massen *pl* (von *Geld etc*), e-e Unmasse (*Leute etc*): ***there were*** ~***s to eat*** es gab massenhaft zu essen. **4.** ⚡, ⚙ Belastung *f.* **II** *v/t* **5.** *a.* ~ ***up*** *Fahrzeug etc* beladen (***with*** mit). **6.** *Gegenstand etc* laden (***into*** in *acc*; ***onto*** auf *acc*), *Güter* verladen. **7.** *Schußwaffe* laden: ~ ***the camera*** e-n Film (in die Kamera) einlegen. **8.** *j-n* überhäufen (***with*** mit *Arbeit*, *Vorwürfen etc*). **9.** beschweren, schwerer machen, *engS. Würfel* einseitig beschweren, präparieren. **III** *v/i* **10.** *mst* ~ ***up*** (auf-, ein)laden. **11.** (das Gewehr *etc*) laden, *phot.* e-n Film einlegen.
'**load·ed** *adj* **1.** be-, geladen *etc*, → ***load*** II. **2.** ~ ***question*** Fang- *od.* Suggestivfrage *f*; ~ ***word*** emotionsgeladenes Wort; vorbelastetes Wort; Reizwort *n.* **3.** F stinkreich: ***be*** ~ *a.* Geld wie Heu haben.
loaf[1] [ləʊf] *pl* **loaves** [ləʊvz] *s* **1.** Laib *m* (Brot); *weitS.* Brot *n.* **2.** *a.* ***meat*** ~ *gastr.* Hackbraten *m.* **3.** ***use one's*** ~ *Br. sl.* sein Hirn anstrengen, (nach)denken.
loaf[2] [~] F **I** *v/i* **1.** *a.* ~ ***about*** (*od.* ***around***) herumlungern: ~ ***about*** (*od.* ***around***) ***the streets*** auf den Straßen herumlungern. **2.** faulenzen. **II** *v/t* **3.** ~ ***away*** *Zeit* verbummeln. '**loaf·er** *s* F **1.** Müßiggänger(in). **2.** Faulenzer(in). **3.** *bsd. Am.* leichter Slipper.
loam [ləʊm] *s* Lehm *m.* '**loam·y** *adj* lehmig, Lehm...
loan [ləʊn] **I** *s* **1.** (Ver)Leihen *n*: ***on*** ~ leihweise; ***a book on*** ~ ein geliehenes Buch; ***may I have the*** ~ ***of ...?*** darf ich (mir) ... (aus)leihen? **2.** ⚚ Anleihe *f* (*a. fig.*): ***take up a*** ~ e-e Anleihe aufnehmen (***on*** auf *acc*). **3.** ⚚ Darlehen *n*, Kredit *m.* **4.** Leihgabe *f* (*für e-e Ausstellung*). **II** *v/t* **5.** *bsd. Am.* (***to***) (aus)leihen (*dat*), ver-, ausleihen (an *acc*). ~ **shark** *s* F Kredithai *m.* '**~·word** *s ling.* Lehnwort *n.*
loath [ləʊθ] *adj*: ***be*** ~ ***to do s.th.*** et. nur (sehr) ungern *od.* widerwillig tun.
loathe [ləʊð] *v/t* verabscheuen, hassen: ~ ***doing s.th.*** es hassen, et. zu tun. '**loathing** *s* Abscheu *m.* **loath·some** ['~səm] *adj* □ widerlich, abscheulich.
loaves [ləʊvz] *pl von* ***loaf***[1].
lob [lɒb] (*bsd. Tennis*) **I** *s* Lob *m.* **II** *v/t* a) ~ ***a ball*** → III, b) *Gegner* überlobben. **III** *v/i* lobben, e-n Lob spielen *od.* schlagen.
lob·by ['lɒbɪ] **I** *s* **1.** Vor-, Eingangshalle *f*; Wandelhalle *f*; *thea.* Foyer *n.* **2.** *pol.* Lobby *f*, Interessengruppe *f*, -verband *m.* **II** *v/t* **3.** *a.* ~ ***through*** *Gesetzesvorlage* mit Hilfe e-r Lobby durchbringen. **4.** *Abgeordnete* beeinflussen. '**lob·by·ist** *s* Lobbyist *m.*
lobe [ləʊb] *s* ♀, *anat.* Lappen *m*: ~ (***of the ear***) Ohrläppchen *n.*
lob·ster ['lɒbstə] *s zo.* Hummer *m*: (***as***) ***red as a*** ~ krebsrot.
lo·cal ['ləʊkl] **I** *adj* □ **1.** lokal, örtlich: ~ ***call*** *teleph.* Ortsgespräch *n*; ~ ***derby***

(*Sport*) Lokalderby *n*; ~ ***elections*** *pl* Kommunalwahlen *pl*; ~ ***hero*** (*bsd. Sport*) Lokalmatador *m*; ~ ***news*** Lokalnachrichten *pl*; ~ ***time*** Ortszeit *f*; ~ ***traffic*** Lokal-, Orts-, Nahverkehr *m*; → ***colour*** 1. **2.** Orts..., ansässig, hiesig. **3.** lokal, örtlich (beschränkt): ~ ***an(a)esthesia*** örtliche Betäubung; ~ ***custom*** ortsüblicher Brauch. **II** *s* **4.** *mst pl* Ortsansässige *m, f*, Einheimische *m, f*. **5.** *Br.* F (nächstgelegene) Kneipe, *bsd.* Stammkneipe *f*.

lo·cale [ləʊ'kɑːl] *s* Schauplatz *m*, Szene *f*.

lo·cal·i·ty [ləʊ'kælətɪ] *s* **1.** a) Örtlichkeit *f*, Ort *m*: ***sense of*** ~ Ortssinn *m*, b) Gegend *f*. **2.** (*örtliche*) Lage.

lo·cal·ize ['ləʊkəlaɪz] *v/t* lokalisieren (***to*** auf *acc*).

lo·cate [ləʊ'keɪt] **I** *v/t* **1.** ausfindig machen, aufspüren; ⚓ *etc* orten; ⚔ *Ziel* ausmachen. **2.** *Büro etc* errichten. **3.** (*an e-m bestimmten Ort*) an- *od.* unterbringen; (*an e-n Ort*) verlegen: ***be ~d*** gelegen sein, liegen, sich befinden. **II** *v/i* **4.** *Am.* sich niederlassen. **lo'ca·tion** *s* **1.** Ausfindigmachen *n*; ⚓ *etc* Ortung *f*; ⚔ Ausmachen *n*. **2.** Stelle *f*, Platz *m*; Lage *f*, Standort *m*. **3.** *Film, TV*: Gelände *n* für Außenaufnahmen: ~ ***shooting, shooting on*** ~ Außenaufnahmen *pl*.

loch [lɒx] *s schott.* **1.** See *m*. **2.** Bucht *f*.

lock¹ [lɒk] **I** *s* **1.** (*Tür-, Gewehr- etc-*) Schloß *n*: ***under*** ~ ***and key*** hinter Schloß u. Riegel; unter Verschluß; ~, ***stock and barrel*** *fig.* mit allem Drum u. Dran; mit Stumpf u. Stiel; mit Sack u. Pack. **2.** Verschluß *m*; Sperrvorrichtung *f*. **3.** Schleuse(nkammer) *f*. **II** *v/t* **4.** *a.* ~ ***up*** zu-, verschließen, zu-, versperren. **5.** *a.* ~ ***up*** einschließen, (ein)sperren (***in, into*** in *acc*): ~ ***away*** wegschließen; ~ ***out*** ausschließen (*a.* ✝). **6.** umschlingen, umfassen, *in die Arme* schließen. **7.** ⚙ sperren. **III** *v/i* **8.** schließen: ~ ***up*** abschließen. **9.** ab- *od.* verschließbar sein. **10.** *mot. etc* blockieren (*Räder*).

lock² [~] *s* (Haar)Locke *f*, (-)Strähne *f*.

lock·er ['lɒkə] *s* **1.** Schließfach *n*. **2.** Spind *m, n*.

lock·et ['lɒkɪt] *s* Medaillon *n*.

'**lock|·jaw** *s* ⚕ **1.** Kiefersperre *f*. **2.** Wundstarrkrampf *m*. ~ **keep·er** *s* Schleusenwärter *m*. '**~·out** *s* ✝ Aussperrung *f*. '**~·up** *s* **1.** Arrestzelle *f*; F Kittchen *n*. **2.** *bsd. Br.* (Einzel)Garage *f*.

lo·co ['ləʊkəʊ] *bes. Am. sl.* verrückt (*a. Ideen etc*).

lo·co·mo·tion [ˌləʊkə'məʊʃn] *s* Fortbewegungs... '**lo·coˌmo·tive** [~tɪv] **I** *adj* Fortbewegungs... **II** *s* 🚂 Lokomotive *f*.

lo·cust ['ləʊkəst] *s zo.* Heuschrecke *f*.

lo·cu·tion [ləʊ'kjuːʃn] *s* **1.** Ausdrucks-, Redeweise *f*. **2.** Redewendung *f*, Ausdruck *m*.

lodge [lɒdʒ] **I** *s* **1.** Sommer-, Gartenhaus *n*; (*Jagd- etc*)Hütte *f*; Gärtner-, Pförtnerhaus *n*. **2.** Portier-, Pförtnerloge *f*. **II** *v/i* **3.** logieren, (*bsd.* vorübergehend *od.* in Untermiete) wohnen. **4.** übernachten. **5.** stecken(bleiben) (*Kugel, Bissen etc*). **III** *v/t* **6.** aufnehmen, beherbergen, (für die Nacht) unterbringen. **7.** *Antrag, Beschwerde etc* einreichen, *Anzeige* erstatten, *Berufung, Protest* einlegen (***with*** bei). '**lodg·er** *s* Untermieter(in): ***take ~s*** Zimmer vermieten. '**lodg·ing** *s* **1.** Wohnen *n*. **2.** *a. pl* Unterkunft *f*: ***night's*** ~, ~ ***for the night*** Nachtquartier *n*; ~ ***house*** Fremdenheim *n*, Pension *f*; → ***board*** 4. **3.** *pl* möbliertes Zimmer: ***live in ~s*** möbliert wohnen.

loft [lɒft] *s* **1.** Dachboden *m*; Speicher *m*. **2.** ⛪ Empore *f*, (*Orgel*)Chor *m*. '**loft·y** *adj* □ **1.** hoch(ragend). **2.** hochfliegend (*Pläne etc*), hochgesteckt (*Ziele etc*), erhaben (*Gedanken, Stil etc*). **3.** stolz, hochmütig.

log [lɒg] **I** *s* **1.** (Holz)Klotz *m*; (*gefällter*) Baumstamm; (*großes*) (Holz)Scheit: → ***sleep*** II. **2.** → ***logbook*. II** *v/t* **3.** *a.* ~ ***up*** in das Logbuch *etc* eintragen; *allg. Ereignisse etc* aufzeichnen, festhalten.

log·a·rithm ['lɒgərɪðəm] *s* ⅌ Logarithmus *m*.

'**log|·book** *s* **1.** ⚓ Logbuch *n*. **2.** ✈ Flugbuch *n*. **3.** *mot.* Bord-, Fahrtenbuch *n*. **4.** *mot. Br.* Kraftfahrzeugbrief *m*. ~ **cab·in** *s* Blockhaus *n*, -hütte *f*.

log·ger·heads ['lɒgəhedz] *s pl*: ***be at*** ~ Streit haben (***with*** mit), sich in den Haaren liegen.

log·ic ['lɒdʒɪk] *s phls. u. allg.* Logik *f*. '**log·i·cal** *adj* □ logisch.

lo·gis·tics [ləʊ'dʒɪstɪks] *s pl* (*oft sg konstruiert*) ⚔, ✝ Logistik *f*.

loin [lɔɪn] *s* **1.** *mst pl anat.* Lende *f*. **2.**

gastr. Lende(nstück *n*) *f.* '**~cloth** *s* Lendenschurz *m.*

loi·ter ['lɔɪtə] **I** *v/i* **1.** bummeln: a) schlendern, b) trödeln. **2.** *a.* ***~ about*** (*od.* ***around***) herumlungern. **II** *v/t* **3.** ***~ away*** *Zeit* vertrödeln. '**loi·ter·er** *s* Bummler(in).

loll [lɒl] **I** *v/i* **1.** sich rekeln *od.* räkeln: ***~ about*** (*od.* ***around***) herumlümmeln. **2.** ***~ out*** heraushängen (*Zunge*). **II** *v/t* **3.** ***~ out*** *Zunge* heraushängen lassen.

lol·li·pop ['lɒlɪpɒp] *s* **1.** Lutscher *m.* **2.** *Br.* Eis *n* am Stiel. **~ man** *s* (*irr* ***man***) *Br.* F (*etwa*) Schülerlotse *m.* **~ wom·an** *s* (*irr* ***woman***) *Br.* F (*etwa*) Schülerlotsin *f.*

lol·lop ['lɒləp] *v/i* hoppeln (*Hase, Fahrzeug*), latschen (*Person*).

lol·ly ['lɒlɪ] *s* **1.** F → ***lollipop*** 1. **2.** → ***lollipop*** 2. **3.** *Br. sl.* Kies *n* (*Geld*).

Lon·don·er ['lʌndənə] *s* Londoner(in).

lone [ləʊn] *adj* **1.** einzeln: ***play a ~ hand*** *fig.* e-n Alleingang machen; → ***wolf*** 1. **2.** alleinstehend, einzeln (*Haus etc*). **lone·li·ness** ['~lɪnɪs] *s* Einsamkeit *f.* '**lone·ly** *adj* einsam. '**lon·er** *s* Einzelgänger *m* (*a. zo.*). **lone·some** ['~səm] *adj* □ *bsd. Am.* einsam.

long[1] [lɒŋ] **I** *adj* **1.** *allg.* lang (*a. fig.*): → ***run*** 1. **2.** weit, lang (*Weg*), weit (*Entfernung*). **3.** zu lang: ***the coat is ~ on him*** der Mantel ist ihm zu lang. **4.** weitreichend (*Gedanken*), gut (*Gedächtnis*). **5.** ✝ langfristig. **6.** ***be ~ on*** F e-e Menge ... haben. **II** *adv* **7.** lang(e): ***~ dead*** schon lange tot; ***as*** (*od.* ***so***) ***~ as*** solange wie; vorausgesetzt, daß; falls; ***~ after*** lange danach; ***as ~ ago as 1900*** schon 1900; ***so ~!*** F bis dann!; → ***ago, all*** 1. **III** *s* **8.** (e-e) lange Zeit: ***at*** (***the***) ***~est*** längstens; ***for ~*** lange (Zeit); ***take ~*** (***to do s.th.***) lange brauchen(, um et. zu tun); → ***before*** 5.

long[2] [~] *v/i* sich sehnen (***for*** nach): ***~ to do s.th.*** sich danach sehnen, et. zu tun.

ˌ**long|-'dis·tance** *adj* **1.** Fern...: ***~ call*** *teleph.* Ferngespräch *n*; ***~ driver*** Fernfahrer *m.* **2.** ✈, *Sport*: Langstrecken... **~ drink** *s* Longdrink *m.* ˌ**~'haired** *adj* langhaarig.

long·ing ['lɒŋɪŋ] **I** *adj* □ sehnsüchtig. **II** *s* Sehnsucht *f* (***for*** nach).

long·ish ['lɒŋɪʃ] *adj* **1.** ziemlich lang. **2.** länglich.

lon·gi·tude ['lɒndʒɪtjuːd] *s geogr.* Länge *f*: → ***degree*** 2.

long| johns *s pl* F lange Unterhose. **~ jump** *s Leichtathletik*: *bsd. Br.* Weitsprung *m.* **~ jump·er** *s Leichtathletik*: *bsd. Br.* Weitspringer(in). ˌ**~'lived** *adj* **1.** langlebig. **2.** dauerhaft. '**~ˌplay·ing rec·ord** *s* Langspielplatte *f.* ˌ**~'range** *adj* **1.** ✕, ✈ Fern...; Langstrecken... **2.** langfristig. **~·shore·man** ['~mən] *s* (*irr* ***man***) *bsd. Am.* Dock-, Hafenarbeiter *m.* **~ shot** *s* **1.** *Sport*: Weitschuß *m.* **2.** *fig.* riskante Angelegenheit. **3.** ***not by a ~*** *fig.* bei weitem nicht, nicht im entferntesten. ˌ**~'sight·ed** *adj* □ ⚕ weitsichtig, *fig. a.* weitblickend. ˌ**~'stand·ing** *adj* seit langer Zeit bestehend, alt. '**~term** *adj* langfristig: ***~ memory*** Langzeitgedächtnis *n.* '**~time** → ***long-standing.*** **~ wave** *s* ⚡, *phys.* Langwelle *f.* '**~wave** *adj* ⚡, *phys.* Langwellen... **~·wind·ed** [ˌ~'wɪndɪd] *adj* □ **1.** ausdauernd (*Person*). **2.** langatmig, weitschweifig (*Erzählung etc*), (*a. Person*) umständlich.

loo [luː] *s bsd. Br.* F Klo *n*: ***in the ~*** auf dem *od.* im Klo; ***~ attendant*** Klofrau *f*; ***~ paper*** Klopapier *n.*

look [lʊk] **I** *s* **1.** Blick *m* (***at*** auf *acc*): ***cast*** (*od.* ***throw***) ***a ~ at*** e-n Blick werfen auf; ***give s.o. an angry ~*** j-m e-n wütenden Blick zuwerfen, j-n wütend ansehen; ***have a ~ at s.th.*** (sich) et. ansehen; ***have a ~ round*** sich umschauen in (*dat*). **2.** Miene *f*, (Gesichts)Ausdruck *m*: ***the ~ on his face*** sein Gesichtsausdruck. **3.** *oft pl* Aussehen *n*: ***have the ~ of*** aussehen wie. **II** *v/i* **4.** schauen: ***don't ~!*** nicht hersehen!; ***~ who is coming!*** schau (mal), wer da kommt. **5.** (nach-) schauen, nachsehen. **6.** ausschauen, -sehen (*beide a. fig.*): ***~ well on s.o.*** j-m stehen (*Hut etc*); ***it ~s like snow***(***ing***) es sieht nach Schnee aus. **7.** liegen *od.* (hinaus)gehen nach: ***my room ~s north.*** **III** *v/t* **8.** *j-m* (*in die Augen etc*) sehen *od.* schauen *od.* blicken: ***~ s.o. in the eyes.*** **9.** aussehen wie: ***she does not ~ her age*** man sieht ihr ihr Alter nicht an; ***~ an idiot*** *fig.* wie ein Idiot dastehen. **10.** durch Blicke ausdrücken: ***~ one's surprise*** überrascht blicken *od.* dreinschauen; → ***dagger.***

Verbindungen mit Präpositionen:
look| a·bout → ***look around***. **~ af·ter** *v/i* **1.** nachblicken, -schauen, -sehen (*dat*). **2.** aufpassen auf (*acc*), sich kümmern um. **~ a·round** *v/i* **1.** sich umschauen *od.* umsehen in (*dat*). **2. ~ *one*** sich umsehen *od.* umblicken. **~ at** *v/i* **1.** ansehen, anschauen, betrachten: **~ *one's watch*** auf die Uhr schauen; ***to* ~ *him*** wenn man ihn (so) ansieht. **2.** sich *et.* anschauen, *et.* prüfen. **~ for** *v/i* suchen (nach). **~ in·to** *v/i* **1.** (hinein-) schauen *od.* (-)sehen in (*acc*): **~ *the mirror*** in den Spiegel schauen; **~ *s.o.'s eyes*** j-m in die Augen schauen. **2.** untersuchen, prüfen. **~ on** *v/i* ansehen, betrachten (***as*** als). **~ on·to** *v/i* (hinaus)gehen auf (*acc*) *od.* nach: ***my room looks onto the garden***. **~ o·ver** *v/i* **1.** schauen *od.* blicken über (*acc*). **2.** (sich) *et.* (flüchtig) ansehen *od.* anschauen, *et.* (flüchtig) überprüfen. **~ round** → ***look around***. **~ through** *v/i* **1.** blicken durch. **2.** (hin)durchsehen *od.* (-)durchschauen durch. **3.** *fig. j-n, et.* durchschauen. **4.** *et.* (flüchtig) durchsehen *od.* -schauen. **~ to** *v/i* **1.** achten *od.* achtgeben auf (*acc*): **~ *it that*** achte darauf, daß; sieh zu, daß. **2. ~ *s.o. to do s.th.*** von j-m erwarten, daß er et. tut: ***I* ~ *you to help me*** (*od.* ***for help***) ich erwarte Hilfe von dir. **~ to·ward(s)** → ***look*** 7.
Verbindungen mit Adverbien:
look| a·bout → ***look around***. **~ a·head** *v/i* **1.** nach vorne sehen *od.* blicken *od.* schauen. **2.** *fig.* vorausschauen (***two years*** um zwei Jahre). **~ a·round** *v/i* sich umblicken *od.* -sehen *od.* -schauen (***for*** nach). **~ a·way** *v/i* wegblicken, -sehen, -schauen. **~ back** *v/i* **1.** sich umsehen. **2.** *a. fig.* zurückblicken, -schauen (***on, to*** auf *acc*). **~ down** *v/i* **1.** hinunterblicken, -sehen, -schauen, herunterblicken, -sehen, -schauen (***on*** auf *acc*): **~ *on*** *fig.* a) herabschauen auf (*acc*), b) → ***look onto***. **2.** zu Boden blicken. **~ for·ward** *v/i* sich freuen (***to*** auf *acc*): **~ *to doing s.th.*** sich darauf freuen, et. zu tun. **~ in** *v/i* **1.** hineinsehen, -schauen, hereinsehen, -schauen. **2.** e-n kurzen Besuch machen, vorbeischauen (***on*** bei). **~ on** *v/i* zusehen, zuschauen. **~ out I** *v/i* **1.** hinausblicken, -sehen, -schauen, herausblicken, -sehen, -schauen (***of*** zu): **~ *of the window*** aus dem Fenster blicken. **2.** (***for***) aufpassen (auf *acc*), auf der Hut sein (vor *dat*): **~*!*** paß auf!, Vorsicht! **3.** Ausschau halten (***for*** nach). **4. ~ *on*** (*od.* ***over***) → ***look onto***. **II** *v/t* **5.** *bsd. Br. et.* heraussuchen; sich *et.* aussuchen: ***look s.th. out for s.o.*** j-m et. aussuchen. **~ o·ver** *v/t* (sich) *et.* (flüchtig) ansehen *od.* anschauen, *et.* (flüchtig) (über)prüfen. **~ round** → ***look around***. **~ through** *v/t et.* (flüchtig) durchsehen *od.* -schauen. **~ up I** *v/i* **1.** hinaufblicken, -sehen, -schauen, heraufblicken, -sehen, -schauen. **2.** aufblicken, -sehen, -schauen (***from*** von; *fig.* ***to*** zu). **II** *v/t* **3.** *Wort etc* nachschlagen (***in*** in *dat*). **4.** ***look s.o. up and down*** j-n von oben bis unten mustern.

'look·a,like *s* **1.** Doppelgänger(in). **2.** (genaues) Gegenstück.

look·er ['lʊkə] *s*: ***she's a real* ~** F sie sieht einfach klasse aus. **,~-'on** *pl* **,look·ers-'on** *s* Zuschauer(in).

'look-in *s* **1.** kurzer Besuch. **2.** F (Erfolgs- *etc*)Chance *f*: ***I don't get a* ~** ich hab' keine Chance.

look·ing glass ['lʊkɪŋ] *s* Spiegel *m*.

'look|·out *s* **1.** ***be on the* ~** (***for***) → ***look out*** 3. **2.** Wache *f*, Beobachtungsposten *m*: ***act as* ~** Schmiere stehen. **3.** a) *bsd.* ⚔ Beobachtungsstand *m*: **~ *tower*** Wachturm *m*, b) ⚓ Krähennest *n*. **4.** F Angelegenheit *f*, Sache *f*. **'~-,o·ver** *s*: ***give s.th. a* ~** → ***look over*** (*adv*). **'~-through** *s*: ***give s.th. a* ~** → ***look through*** (*adv*).

loom¹ [luːm] *s* Webstuhl *m*.

loom² [~] *v/i* **1.** *a.* **~ *up*** undeutlich *od.* drohend sichtbar werden; *fig.* bedrohlich näherrücken. **2.** *a.* **~ *up*** (drohend) aufragen: **~ *large*** *fig.* sich auftürmen (*Schwierigkeiten etc*); e-e große Rolle spielen.

loon·y ['luːnɪ] *sl.* **I** *adj* bekloppt, verrückt. **II** *s* Verrückte *m, f*. **~ bin** *s sl.* Klapsmühle *f*.

loop [luːp] **I** *s* **1.** Schlinge *f*, Schleife *f*. **2.** Schleife *f*, Windung *f* (*e-s Flusses etc*). **3.** Schlaufe *f*; Öse *f*. **4.** ✈ Looping *m*, *a. n.* **II** *v/t* **5.** *Schnur etc* schlingen (**[*a*]*round*** um). **6. ~ *the* ~ ✈** loopen, e-n Looping fliegen *od.* ausführen. **III** *v/i* **7.** sich schlingen (**[*a*]*round*** um). **8.** → 6. **'~·hole** *s* **1.** ⚔ Schießscharte *f*. **2.** *fig.*

Schlupfloch *n*, Hintertürchen *n*: **~ in the law, legal ~** Gesetzeslücke *f*.

loose [luːs] **I** *adj* □ **1.** los(e), locker; frei, nicht angebunden *od.* eingesperrt: **break ~** sich losreißen (**from** von); **come** (*od.* **get**) **~** abgehen (*Knopf etc*), sich lockern (*Schraube etc*), sich ablösen, abblättern (*Farbe etc*); **let ~** *Hund* von der Leine lassen, *a. Flüche etc* loslassen, *s-m Ärger etc* Luft machen, freien Lauf lassen; **~ connection** ⚡ Wackelkontakt *m*; → **screw** 1. **2.** a) lose (*Haar, Geldscheine etc*): **~ money** Kleingeld *n*, Münzen *pl*, b) offen, lose, unverpackt (*Ware*). **3.** lose sitzend, weit (*Kleidungsstück*). **4.** *fig.* lose (*Abmachung, Zs.-hang etc*); frei, ungenau (*Übersetzung etc*); unkonzentriert, nachlässig (*Spielweise etc*); unkontrolliert: **have a ~ tongue** den Mund nicht halten können. **5.** locker (*Moral, Lebenswandel etc*): → **liver²**, **living** 5. **II** *s* **6. be on the ~** a) auf freiem Fuß sein, b) *a.* **go on the ~** F auf den Putz hauen. **'~-ˌfit·ting** → **loose** 3. **'~-leaf** *adj* Loseblatt...: **~ binder** Schnellhefter *m*.

'loos·en I *v/t* **1.** *Knoten, Fesseln etc, a.* ⚕ *Husten, fig. Zunge* lösen: **~ s.o.'s tongue** j-m die Zunge lösen. **2.** *Schraube, Griff etc, a. fig. Disziplin etc* lokkern: **~ one's hold of** *et.* loslassen. **3.** *a.* **~ up** *Muskeln etc, a. fig. j-n* auflockern. **II** *v/i* **4.** sich lösen *od.* lockern. **5. ~ up** (*bsd. Sport*) sich auflockern.

loot [luːt] **I** *s* (Kriegs-, Diebes)Beute *f*. **II** *v/t u. v/i* plündern.

lop [lɒp] *v/t* **1.** *Baum etc* beschneiden, (zu)stutzen. **2.** *oft* **~ off** abhauen, abhacken. **ˌ~'sid·ed** *adj* **1.** schief, nach 'einer Seite hängend, ⚓ mit Schlagseite. **2.** *fig.* einseitig.

lo·qua·cious [ləʊ'kweɪʃəs] *adj* □ geschwätzig, redselig.

lord [lɔːd] **I** *s* **1.** Herr *m*, Gebieter *m* (**of** über *acc*). **2.** *fig.* Magnat *m*. **3. the** ♀ a) *a.* ♀ **God** Gott *m* (der Herr): ♀ (**only**) **knows where ...** Gott *od.* der Himmel weiß, wo ..., b) *a.* **our** ♀ (Christus *m*) der Herr: ♀**'s Prayer** Vaterunser *m*; ♀**'s Supper** (heiliges) Abendmahl. **4.** *Br.* Lord *m*: **the** ♀**s** das Oberhaus; → **drunk** 1. **II** *v/t* **5. ~ it** den Herren spielen (**over s.o.** j-m gegenüber). ♀ **Chan·cel·lor** *s Br.* Lordkanzler *m*. ♀ **May·or** *s Br.* Oberbürgermeister *m*.

lor·ry ['lɒrɪ] *s Br.* Last(kraft)wagen *m*, Lastauto *m*.

lose [luːz] (*irr*) **I** *v/t* **1.** *Sache, Interesse etc* verlieren, *Geld, Stellung etc a.* einbüßen: **~ o.s.** sich verirren; **~ 10 pounds** 10 Pfund abnehmen; → **life** 1d, **sight** 2, *etc.* **2.** *Spiel, Prozeß etc* verlieren. **3.** *Zug etc, fig. Chance etc* versäumen, -passen. **4.** *Gelerntes* vergessen. **5.** *5 Minuten etc* nachgehen (*Uhr*). **6.** *Gewohnheit, Krankheit etc* loswerden, *Verfolger a.* abschütteln. **7. ~ s.o. s.th.** j-n et. kosten, j-n um et. bringen. **II** *v/i* **8.** *a.* **~ out** (**to**) verlieren (gegen), unterliegen (*dat*). **9.** *a.* **~ out** verlieren, draufzahlen (**on** bei). **10.** nachgehen (*Uhr*). **'los·er** *s* Verlierer(in): **good** (**bad**) **~**; **be a bad ~** *a.* nicht verlieren können; **be a born ~** der geborene Verlierer sein. **'los·ing** *adj* **1.** verlustbringend, Verlust... **2.** verloren, aussichtslos: **fight a ~ battle** *fig.* auf verlorenem Posten stehen.

loss [lɒs] *s* **1.** Verlust *m*: a) Einbuße *f*: **~ of blood** (**memory, time**) Blut-(Gedächtnis-, Zeit)verlust; **dead ~** Totalverlust; *fig.* hoffnungsloser Fall (*Person*); **sell s.th. at a ~** et. mit Verlust verkaufen; **work at a ~** mit Verlust arbeiten; → **identity**, b) Schaden *m*, c) *verlorene Sache od. Person*, d) Abnahme *f*, Schwund *m*: **~ in weight** Gewichtsverlust, -abnahme. **2.** *pl* ⚔ Verluste *pl*, Ausfälle *pl*. **3. be at a ~** in Verlegenheit sein (**for** um): **be at a ~ for words** keine Worte finden.

lost [lɒst] **I** *pret u. pp von* **lose. II** *adj* **1.** verloren: **~ cause** *fig.* aussichtslose Sache; **be a ~ cause** *a.* aussichtslos sein. **2.** verloren(gegangen): **be ~** verlorengehen (*a. fig. Arbeitsplätze etc*); **give up for** (*od.* **as**) **~** verloren geben; → **property** 1. **3.** verirrt: **be ~** sich verirrt haben, sich nicht mehr zurechtfinden (*a. fig.*); **get ~** sich verirren; **get ~!** F hau ab! **4. be ~ on s.o.** keinen Eindruck auf j-n machen, j-n kaltlassen. **5. ~ in** vertieft *od.* versunken in (*acc*): **~ in thought** in Gedanken versunken, *bsd. adv a.* gedankenversunken, -verloren. **ˌ~-and-'found** (**of·fice**) *s Am.* Fundbüro *n*.

lot [lɒt] *s* **1.** Los *n*: ***cast*** (*od.* ***draw***) **~s** losen (***for*** um); ***the ~ fell on*** (*od.* ***to***) ***me*** das Los fiel auf mich. **2.** Los *n*, Schicksal *n*. **3.** Anteil *m*. **4.** Parzelle *f*; Grundstück *n*. **5.** ✝ Partie *f*, Posten *m*. **6.** Gruppe *f*, Gesellschaft *f*: ***the whole ~*** a) die ganze Gesellschaft, b) → 7. **7.** ***the~*** alles, das Ganze. **8.** F Menge *f*, Haufen *m*: ***a ~ of, ~s of*** viel, e-e Menge; ***a ~*** (*od.* **~s**) ***better*** (sehr) viel besser. **9.** ***a bad ~*** F ein mieser Typ; ein mieses Pack.

loth → ***loath***.

lo·tion ['ləʊʃn] *s* Lotion *f*, (*Haut-*, *Rasier*)Wasser *n*.

lot·ter·y ['lɒtərɪ] *s* **1.** Lotterie *f*: ***~ ticket*** Lotterielos *n*. **2.** *fig*. Glückssache *f*, Lotteriespiel *n*.

lo·tus ['ləʊtəs] *s* ⚘ Lotos(blume *f*) *m*.

loud [laʊd] *adj* □ **1.** (*a. adv*) laut. **2.** *fig*. grell, schreiend (*Farben*), auffallend (*Kleidung*, *Benehmen*). **'~·mouth** *s* F Großmaul *n*. **ˌ~'speak·er** *s* Lautsprecher *m*.

lounge [laʊndʒ] **I** *s* **1.** Wohnzimmer *n*. **2.** Gesellschaftsraum *m*, Salon *m* (*e-s Hotels*, *Schiffs*). **3.** Foyer *n* (*e-s Theaters*). **4.** Wartehalle *f* (*e-s Flughafens*). **5.** *Br*. *vornehmerer u. teurerer Teil e-s Lokals*. **II** *v/i* **6.** → ***loll*** 1. **III** *v/t* **7.** *mst* ***~ away*** *Zeit* vertrödeln, -bummeln. **~ bar** → ***lounge*** 5. **~ chair** *s* Klubsessel *m*. **~ suit** *s bsd. Br*. Straßenanzug *m*.

lour, lour·ing → ***lower***[1], ***lowering***.

louse I *s* [laʊs] **1.** *pl* **lice** [laɪs] *zo*. Laus *f*. **2.** *pl* **'lous·es** *sl*. Scheißkerl *m*. **II** *v/t* [laʊz] **3.** ***~ up*** *sl*. versauen, -murksen. **lous·y** ['laʊzɪ] *adj* □ **1.** verlaust. **2.** *sl*. fies, hundsgemein; lausig, mies. **3.** ***be ~ with*** *sl*. wimmeln von; strotzen vor (*dat*) *od*. von: ***be ~ with money*** vor Geld stinken.

lout [laʊt] *s* Flegel *m*, Rüpel *m*. **'lout·ish** *adj* □ flegel-, rüpelhaft.

lov·a·ble ['lʌvəbl] *adj* □ liebenswert, reizend.

love [lʌv] **I** *s* **1.** Liebe *f* (***of, for, to toward***[**s**] zu): ~ herzliche Grüße (*Briefschluß*); ***be in ~*** verliebt sein (***with*** in *acc*); ***fall in ~*** sich verlieben (***with*** in *acc*); ***not for ~ or money*** nicht für Geld u. gute Worte; um nichts in der Welt; ***make ~*** sich (*körperlich*) lieben; ***make ~ to s.o.*** j-n (*körperlich*) lieben; ***there is no ~ lost between them*** sie können sich nicht leiden; ***~ of adventure*** Abenteuerlust *f*; ***~ of one's country*** Vaterlandsliebe; → ***give*** 10. **2.** F a) (*Anrede*, *oft unübersetzt*) Schatz, b) Schatz *m*: ***he's a real ~*** er ist ein richtiger Schatz; ***a ~ of a car*** ein süßer Wagen. **3.** *bsd. Tennis*: null. **II** *v/t* **4.** *j-n* (*a. körperlich*) lieben, liebhaben. **5.** *et*. lieben, gerne mögen: ***~ doing*** (*bsd. Am. a.* ***to do***) ***s.th.*** et. sehr gern tun.

love·a·ble → ***lovable***.

love| af·fair *s* (Liebes)Affäre *f*, (-)Verhältnis *n*. **~ bite** *s* F Knutschfleck *m*. **~ du·et** *s* ♪ Liebesduett *n*. **ˌ~-'hate (re·la·tion·ship)** *s* Haßliebe *f*.

love·less ['lʌvlɪs] *adj* □ **1.** lieblos. **2.** ungeliebt.

love| let·ter *s* Liebesbrief *m*. **~ life** *s* (*irr* ***life***) Liebesleben *n*.

love·ly ['lʌvlɪ] *adj* □ **1.** (wunder)schön. **2.** nett, reizend. **3.** F prima, großartig.

'love|ˌmak·ing *s* **1.** (*körperliche*) Liebe. **2.** Liebeskunst *f*. **~ match** *s* Liebesheirat *f*. **~ po·em** *s* Liebesgedicht *n*.

lov·er ['lʌvə] *s* **1.** Liebhaber *m*, Geliebte *m*; Geliebte *f*. **2.** *pl* Liebende *pl*, Liebespaar *n*: ***they are ~s*** sie lieben sich. **3.** (*Musik- etc*)Liebhaber(in), (-)Freund (-in): ***~ of music, music ~***.

love| scene *s thea. etc* Liebesszene *f*. **'~·sick** *adj* liebeskrank: ***be ~*** Liebeskummer haben. **~ song** *s* Liebeslied *n*. **~ sto·ry** *s* Liebesgeschichte *f*, (*bsd. rührselige a.*) Love-Story *f*.

lov·ing ['lʌvɪŋ] *adj* □ liebevoll, zärtlich: ***your ~ father*** Dein Dich liebender Vater (*Briefschluß*).

low[1] [ləʊ] **I** *adj u. adv* **1.** *allg*. niedrig (*a. fig*. *Löhne etc*): ***~ in fat*** fettarm; → ***lie low, profile*** 1. **2.** tief (*a. fig*.): ***a ~ bow*** e-e tiefe Verbeugung; ***~ shot*** (*Sport*) Flachschuß *m*; ***the sun is ~*** die Sonne steht tief; ***sunk thus ~*** *fig*. so tief gesunken. **3.** tiefgelegen. **4.** knapp (*Vorrat etc*): ***get*** (*od.* ***run***) ***~*** knapp werden, zur Neige gehen; ***we are getting*** (*od.* ***running***) ***~ on money*** uns geht allmählich das Geld aus; ***~ on funds*** knapp bei Kasse. **5.** schwach (*a. Puls*); niedergeschlagen, deprimiert: ***feel ~*** in gedrückter Stimmung sein; sich elend fühlen; → ***spirit*** 4. **6.** gering(schätzig): → ***opinion*** 2. **7.** ordinär, vulgär (*Ausdruck etc*); gemein, niederträchtig (*Trick etc*):

feel ~ sich gemein vorkommen. **8.** tief (*Ton etc*); leise (*Ton, Stimme etc*): ***in a ~ voice*** leise. **II** *s* **9.** *meteor.* Tief *n.* **10.** *fig.* Tief(punkt *m*, -stand *m*) *n*: ***be at a new ~*** e-n neuen Tiefpunkt erreicht haben.

low² [~] **I** *v/i* brüllen, muhen (*Rind*). **II** *s* Brüllen *n*, Muhen *n*.

ˌlow|ˈbred *adj* ungebildet, gewöhnlich. **ˈ~·brow I** *s* geistig Anspruchslose *m, f*, Unbedarfte *m, f*. **II** *adj* geistig anspruchslos, unbedarft. **ˌ~-ˈcal·o·rie** *adj* kalorienarm. **~ com·e·dy** *s* Posse *f*, (derber) Schwank. **ˈ~-cost** *adj* kostengünstig. **ˈ~-down** *adj* F fies, hundsgemein. **ˈ~·down** *s* F: ***give s.o. the ~*** j-n aufklären (***on*** über *acc*); ***get the ~*** aufgeklärt werden (***on*** über *acc*).

low·er¹ [ˈlaʊə] *v/i* **1.** finster *od.* drohend blicken: ***~ at s.o.*** j-n finster *od.* drohend ansehen. **2.** sich auftürmen (*Wolken*); sich mit schwarzen Wolken überziehen (*Himmel*).

low·er² [ˈləʊə] **I** *v/t* **1.** niedriger machen. **2.** *Augen, Preis, Stimme etc* senken. **3.** *fig.* erniedrigen: ***~ o.s.*** sich herablassen. **4.** herunter-, herablassen, *Fahne, Segel* niederholen, streichen. **II** *v/i* **5.** niedriger werden. **6.** *fig.* sinken, fallen.

low·er³ [ˈləʊə] **I** *comp. von* ***low¹***. **II** *adj* **1.** niedriger (*a. fig.*). **2.** unter, Unter...: ***the ~ class(es*** *pl*) *sociol.* die Unterschicht; ***~ court*** ⚖ untergeordnetes Gericht; ***~ deck*** ⚓ Unterdeck *n*; → ***jaw*** 1, ***lip*** 1.

low·est [ˈləʊɪst] **I** *sup von* ***low¹***. **II** *adj* **1.** niedrigst (*a. fig.*): ***~ bid*** ✝ Mindestgebot *n*. **2.** unterst. **III** *s* **3.** ***at the ~*** wenigstens, mindestens.

ˈlow|-fat *adj* fettarm. **ˌ~-ˈin·come** *adj* einkommensschwach. **ˌ~-ˈkey(ed)** *adj* **1.** gedämpft (*Farbe*), (*Ton a.*) leise. **2.** zurückhaltend (*Empfang etc*). **~·land** [ˈ~lənd] *s* Tief-, Flachland *n*. **♀ Mass** *s eccl.* Stille Messe. **ˌ~-ˈnecked** *adj* tief ausgeschnitten, mit tiefem Ausschnitt (*Kleid*). **ˌ~-ˈnoise** *adj* rauscharm (*Tonband etc*). **ˌ~-ˈpres·sure** *adj*: ***~ area*** Tiefdruckgebiet *n*. **ˈ~·rise** *s* Flachbau *m*. **~ sea·son** *s* Vor- *od.* Nachsaison *f*. **~ shoe** *s* Halbschuh *m*. **ˌ~-ˈspir·it·ed** *adj* □ niedergeschlagen, deprimiert.

loy·al [ˈlɔɪəl] *adj* □ **1.** loyal (***to*** gegenüber). **2.** (ge)treu (***to*** *dat*). **ˈloy·al·ty** *s* Loyalität *f* (***to*** zu).

loz·enge [ˈlɒzɪndʒ] *s* **1.** ⛬ Raute *f*, Rhombus *m*. **2.** *pharm.* Pastille *f*, Tablette *f*.

lub·ber [ˈlʌbə] *s* Flegel *m*, Rüpel *m*; Trottel *m*; Tolpatsch *m*.

lu·bri·cant [ˈluːbrɪkənt] *s* ⚙ Schmiermittel *n*. **lu·bri·cate** [ˈ~keɪt] *v/t* schmieren. **ˌlu·briˈca·tion** *s* Schmieren *n*.

lu·cid [ˈluːsɪd] *adj* □ klar (*Auskunft, Gedanke, Verstand etc*); hell, (*geistig*) klar: ***~ interval*** (*od.* ***moment***) *bsd. psych.* heller *od.* lichter Augenblick.

luck [lʌk] *s* **1.** Schicksal *n*, Zufall *m*: ***as ~ would have it*** wie es der Zufall wollte, (un)glücklicherweise; ***bad*** (*od.* ***hard, ill***) ***~*** Pech *n* (***on*** für), Unglück *n*; ***good ~*** Glück *n*; ***good ~!*** viel Glück! **2.** Glück *n*: ***for ~*** als Glücksbringer; ***be in*** (***out of***) ***~*** (kein) Glück haben; ***try one's ~*** sein Glück versuchen. **ˈluck·i·ly** *adv* zum Glück, glücklicherweise: ***~ for me*** zu m-m Glück. **ˈluck·less** *adj* □ glück-, erfolglos. **ˈluck·y** *adj* (□ → ***luckily***) **1.** Glücks..., glücklich: ***be*** (***very***) ***~*** (großes) Glück haben; ***~ day*** Glückstag *m*; ***~ fellow*** Glückspilz *m*. **2.** glückbringend, Glücks...: ***be ~*** Glück bringen; ***~ penny*** Glückspfennig *m*; → ***star*** 1.

lu·cra·tive [ˈluːkrətɪv] *adj* □ einträglich, lukrativ.

lu·cre [ˈluːkə] *s*: ***filthy ~*** *oft humor.* schnöder Mammon.

lu·di·crous [ˈluːdɪkrəs] *adj* □ lächerlich, absurd.

lu·do [ˈluːdəʊ] *s Br.* Mensch, ärgere dich nicht *n* (*Spiel*).

lug [lʌg] *v/t* zerren, schleifen; schleppen.

lug·gage [ˈlʌgɪdʒ] *s* (Reise)Gepäck *n*. **~ al·low·ance** *s* ✈ Freigepäck *n*. **~ com·part·ment** *s mot. Br.* Kofferraum *m*. **~ in·sur·ance** *s* Reisegepäckversicherung *f*. **~ lock·er** *s* Gepäckschließfach *n*. **~ re·claim** *s* ✈ Gepäckausgabe *f*.

luke·warm [ˌluːkˈwɔːm] *adj* □ lau(-warm) (*a. fig. Zustimmung etc*), (*Unterstützung etc a.*) halbherzig, (*Applaus etc*) lau, mäßig.

lull [lʌl] **I** *v/t* **1.** *mst* ***~ to sleep*** einlullen. **2.** *fig. j-n* beruhigen, beschwichtigen, *j-s Argwohn* zerstreuen: ***~ s.o. into*** (***a false sense of***) ***security*** j-n in Sicherheit wiegen. **II** *v/i* **3.** sich legen, nachlassen (*Sturm*). **III** *s* **4.** (Ruhe)Pause *f* (***in*** in *dat*): ***~*** (***in the wind***) Flaute *f*; ***the ~***

before the storm die Stille vor dem Sturm (*a. fig.*).

lull·a·by ['lʌləbaɪ] *s* Wiegenlied *n.*

lum·ba·go [lʌm'beɪgəʊ] *s* ⚕ Hexenschuß *m.*

lum·ber[1] ['lʌmbə] **I** *s* **1.** *bsd. Am.* Bau-, Nutzholz *n.* **2.** Gerümpel *n.* **II** *v/t* **3.** *a.* ~ ***up*** *Zimmer etc* vollstopfen, *a. Erzählung etc* überladen (***with*** mit). **4.** ~ ***s.o. with s.th.*** *Br.* F j-m et. aufhängen *od.* aufhalsen.

lum·ber[2] [~] *v/i* sich (dahin)schleppen, schwerfällig gehen; (dahin)rumpeln (*Wagen*).

'**lum·ber|·jack** *s bsd. Am.* Holzfäller *m,* -arbeiter *m.* ~ **mill** *s bsd. Am.* Sägewerk *n.* ~ **room** *s* Rumpelkammer *f.*

lu·mi·nar·y ['lu:mɪnərɪ] *s fig.* Leuchte *f.*

lu·mi·nos·i·ty [ˌ~'nɒsətɪ] *s* **1.** Leuchtkraft *f*; *ast., phys.* Lichtstärke *f,* Helligkeit *f.* **2.** *fig.* Brillanz *f.* '**lu·mi·nous** *adj* ☐ **1.** leuchtend: ~ ***paint*** Leuchtfarbe *f.* **2.** *fig.* intelligent, brillant; klar, einleuchtend.

lump[1] [lʌmp] **I** *s* **1.** Klumpen *m*: ***have a*** ~ ***in one's*** (*od.* ***the***) ***throat*** *fig.* e-n Kloß im Hals haben. **2.** Schwellung *f,* Beule *f*; ⚕ Geschwulst *f,* (*in der Brust*) Knoten *m.* **3.** Stück *n Zucker etc.* **4.** *fig.* Gesamtheit *f,* Masse *f*: ***in the*** ~ in Bausch u. Bogen, pauschal; im großen u. ganzen. **5.** F Klotz *m* (*ungeschlachter, dummer Mensch*). **II** *adj* **6.** Stück...: ~ ***sugar*** Würfelzucker *m.* **7.** Pauschal... **III** *v/t* **8.** *oft* ~ ***together*** zs.-ballen; *fig.* zs.-werfen, in 'einen Topf werfen (***with*** mit). **IV** *v/i* **9.** Klumpen bilden, klumpen.

lump[2] [~] *v/t*: ~ ***it*** F sich damit abfinden.

lu·na·cy ['lu:nəsɪ] *s* ⚕ Wahnsinn *m* (*a. fig.*).

lu·nar ['lu:nə] *adj* Mond...: ~ ***eclipse*** *ast.* Mondfinsternis *f*; ~ ***landing*** Mondlandung *f*; ~ ***module*** Mond(lande)fähre *f.*

lu·na·tic ['lu:nətɪk] **I** *adj* a) ⚕ wahnsinnig, geistesgestört: ~ ***asylum*** *contp.* Irrenanstalt *f,* b) *fig.* verrückt. **II** *s* a) ⚕ Wahnsinnige *m,f,* Geistesgestörte *m,f,* b) *fig.* Verrückte *m, f.*

lunch [lʌntʃ] **I** *s* Mittagessen *n*: ***have*** ~ → II; ~ ***hour*** a) *a.* ~ ***break*** Mittagspause *f,* b) → ***lunchtime.*** **II** *v/i* (zu) Mittag essen: ~ ***out*** auswärts *od.* im Restaurant zu Mittag essen.

lunch·eon| **meat** ['lʌntʃən] *s* Frühstücksfleisch *n.* ~ **vouch·er** *s* Essen(s)-bon *m.*

'**lunch·time** *s* Mittagszeit *f*: ***at*** ~ zur Mittagszeit; ~ ***train*** Mittagszug *m.*

lung [lʌŋ] *s anat.* Lungenflügel *m*: ~***s*** *pl* Lunge *f.*

lunge [lʌndʒ] **I** *s* a) *bsd. fenc.* Ausfall *m,* b) Sprung *m* vorwärts, Satz *m*: ***make a*** ~ → II. **II** *v/i* a) *a.* ~ ***out*** *bsd. fenc.* e-n Ausfall machen, b) *a.* ~ ***out*** e-n Sprung vorwärts *od.* e-n Satz machen, c) sich stürzen (***at*** auf *acc*).

lurch[1] [lɜ:tʃ] **I** *s* **1.** Taumeln *n,* Torkeln *n.* **2.** ⚓ Schlingern *n.* **3.** Ruck *m*: ***give a*** ~ → 6. **II** *v/i* **4.** taumeln, torkeln. **5.** ⚓ schlingern. **6.** rucken, e-n Ruck machen.

lurch[2] [~] *s*: ***leave in the*** ~ im Stich lassen.

lure [lʊə] **I** *s* **1.** Köder *m* (***to*** für) (*a. fig.*). **2.** *fig.* Lockung *f,* Reiz *m.* **II** *v/t* **3.** (an)locken, ködern (*beide a. fig.*): ~ ***away*** weglocken; ~ ***into*** locken in (*acc*); verlocken *od.* -führen zu.

lu·rid ['lʊərɪd] *adj* ☐ **1.** fahl, gespenstisch (*Beleuchtung etc*). **2.** grell (*Farben*). **3.** gräßlich, schauerlich.

lurk [lɜ:k] *v/i* **1.** lauern (*a. fig.*): ~ ***for s.o.*** j-m auflauern. **2.** schleichen: ~ ***about*** (*od.* ***around***) herumschleichen.

lus·cious ['lʌʃəs] *adj* ☐ **1.** köstlich, lekker; süß (u. saftig). **2.** sinnlich (*Lippen etc*), üppig (*Figur, Frau etc*), knackig (*Mädchen*).

lush [lʌʃ] *adj* ☐ saftig (*Gras etc*), üppig (*Vegetation*).

lust [lʌst] **I** *s* **1.** sinnliche Begierde. **2.** Gier *f* (***of, for*** nach): ~ ***for power*** Machtgier. **II** *v/i* **3.** gieren (***for, after*** nach).

lus·ter *Am.* → ***lustre.***

lust·ful ['lʌstfʊl] *adj* ☐ lüstern.

lus·tre ['lʌstə] *s bsd. Br.* **1.** Glanz *m* (*a. fig.*). **2.** Lüster *m,* Kronleuchter *m.*

lus·trous ['lʌstrəs] *adj* ☐ **1.** glänzend (*a. fig.*). **2.** *fig.* illuster.

lust·y ['lʌstɪ] *adj* ☐ **1.** kräftig, robust. **2.** tatkräftig.

lute[1] [lu:t] *s* ♪ Laute *f.*

lute[2] [~] **I** *s* Kitt *m.* **II** *v/t* (ver)kitten.

lux·ate ['lʌkseɪt] *v/t* ⚕ sich *die Schulter etc* aus- *od.* verrenken: ***he*** ~***d his left***

***shoulder*.** **lux'a·tion** *s* Luxation *f*, Aus-, Verrenkung *f*.

lux·u·ri·ant [lʌg'ʒʊərɪənt] *adj* □ **1.** üppig (*Vegetation*) (*a. fig.*). **2.** *fig.* (über)reich, verschwenderisch, (*Phantasie*) blühend. **lux'u·ri·ate** [~eɪt] *v/i* schwelgen (***in*** in *dat*). **lux'u·ri·ous** *adj* □ **1.** luxuriös, Luxus... **2.** verschwenderisch, genußsüchtig. **lux·u·ry** ['lʌkʃərɪ] **I** *s* **1.** *allg.* Luxus *m*. **2.** Luxusartikel *m*. **II** *adj* **3.** Luxus..., der Luxusklasse.

lye [laɪ] *s* ⚗ Lauge *f*.

ly·ing ['laɪɪŋ] **I** *pres p von **lie**[1]*. **II** *adj* lügnerisch, verlogen.

lymph [lɪmf] *s physiol.* Lymphe *f*. ~ **gland,** ~ **node** *s anat.* Lymphknoten *m*.

lynch [lɪntʃ] *v/t* lynchen. ~ **law** *s* Lynchjustiz *f*.

lynx [lɪŋks] *s zo.* Luchs *m*. **'~-eyed** *adj fig.* mit Augen wie ein Luchs.

lyr·ic ['lɪrɪk] **I** *adj* (***~ally***) **1.** lyrisch (*a. fig. gefühlvoll*). **II** *s* **2.** lyrisches Gedicht: **~s** *pl* Lyrik *f*. **3.** *pl* (Lied)Text *m*. **lyr·i·cal** *adj* □ **1.** → ***lyric*** 1. **2.** schwärmerisch: ***get*** ~ ins Schwärmen geraten. **lyr·i·cist** ['~sɪst] *s* **1.** Lyriker(in). **2.** Texter(in), Textdichter(in).

M

ma [mɑː] *s* F Mama *f*, Mutti *f*.

ma'am [mæm] F → ***madam.***

mac [mæk] F → ***mackintosh.***

ma·ca·bre [mə'kɑːbrə] *adj* □ makaber.

mac·(c)a·ro·ni [ˌmækə'rəʊnɪ] *s pl* (*sg konstruiert*) Makkaroni *pl*.

mace[1] [meɪs] *s* Amtsstab *m*.

mace[2] [~] *s* Muskatblüte *f*.

Mach [mæk] *s*: ***fly at ~ two*** ✈, *phys.* mit e-r Geschwindigkeit von zwei Mach fliegen.

ma·che·te [mə'tʃetɪ] *s* Machete *f*, Buschmesser *n*.

ma·chine [mə'ʃiːn] **I** *s* **1.** Maschine *f* (F *a. Flugzeug, Motorrad etc*). **2.** Apparat *m*; Automat *m*. **3.** *pol.* (*Partei- etc*)Apparat *m*. **II** *v/t* **4.** maschinell herstellen. ~ **gun** *s* Maschinengewehr *n*.

ma'chine|-made *adj* maschinell hergestellt. **~ˌread·a·ble** *adj* maschinell lesbar, maschinenlesbar.

ma·chin·er·y [mə'ʃiːnərɪ] *s* **1.** Maschinen *pl*; Maschinerie *f*. **2.** *fig.* a) Maschinerie *f*, Räderwerk *n*, b) → ***machine*** 3.

ma·chine| tool *s* ⚙ Werkzeugmaschine *f*. ~ **trans·la·tion** *s* maschinelle Übersetzung.

ma·chin·ist [mə'ʃiːnɪst] *s* **1.** Maschinenschlosser *m*. **2.** Maschinist *m*.

ma·chis·mo [mə'tʃɪzməʊ] *s* Machismo *m*, Männlichkeitswahn *m*. **ma·cho** ['mætʃəʊ] *pl* **-chos** *s* Macho *m*.

mack·er·el ['mækrəl] *pl* **-el** *s ichth.* Makrele *f*.

mack·in·tosh ['mækɪntɒʃ] *s bsd. Br.* Regenmantel *m*.

mac·ro·cosm ['mækrəʊkɒzəm] *s* Makrokosmos *m*, Weltall *n*.

mad [mæd] *adj* (□ → ***madly***) **1.** wahnsinnig, verrückt (*beide a. fig.*): ***go*** ~ verrückt werden; ***drive s.o.*** ~ j-n verrückt machen; ***like*** ~ wie verrückt. **2.** (***after, about, for on***) wild, versessen (auf *acc*), verrückt (nach), vernarrt (in *acc*): ~ ***about soccer*** fußballverrückt. **3.** F außer sich, verrückt (***with*** vor *dat*). **4.** *bsd. Am.* F wütend (***at, about*** über *acc*, auf *acc*). **5.** wild (geworden) (*Stier etc*). **6.** *vet.* tollwütig.

mad·am ['mædəm] *s* gnädige Frau (*Anrede, oft unübersetzt*).

'mad·cap I *s* verrückter Kerl. **II** *adj* verrückt.

mad·den ['mædn] *v/t* verrückt machen (*a. fig.*). **'mad·den·ing** *adj* □ unerträglich: ***it is*** ~ es ist zum Verrücktwerden.

made [meɪd] **I** *pret u. pp von **make.*** **II** *adj*: ***a ~ man*** ein gemachter Mann. **ˌ~-to-'meas·ure** *adj* **1.** nach Maß angefertigt, Maß...: ~ ***suit*** maßgeschneiderter Anzug, Maßanzug *m*. **ˌ~-to-'or·der** *adj* **1.** → ***made-to-measure.*** **2.** *fig.*

maßgeschneidert, nach Maß. '**~-up** *adj* **1.** (frei) erfunden. **2.** geschminkt.

'**mad·house** *s* Irrenhaus *n*, *fig. a.* Tollhaus *n*.

mad·ly ['mædlɪ] *adv* **1.** wie verrückt. **2.** F wahnsinnig, schrecklich.

mad·man ['mædmən] *s* (*irr* ***man***) Verrückte *m*.

mad·ness ['mædnɪs] *s* **1.** Wahnsinn *m* (*a. fig.*): ***sheer ~*** heller *od.* blanker Wahnsinn. **2.** *bsd. Am.* F Wut *f*.

'**mad,wom·an** *s* (*irr* ***woman***) Verrückte *f*.

mael·strom ['meɪlstrɒm] *s* Strudel *m*, Sog *m* (*beide a. fig.*).

Ma·fi·a ['mæfɪə] *s* Mafia *f* (*a. fig.*). **ma·fi·o·so** [ˌ~'əʊsəʊ] *pl* **-sos, -si** [~sɪ] *s* Mafioso *m* (*a. fig.*).

mag [mæg] F → ***magazine*** 3.

mag·a·zine [ˌmægə'ziːn] *s* **1.** Magazin *n* (*e-r Feuerwaffe, e-s Fotoapparats*). **2.** Magazin *n*, Lagerhaus *n*. **3.** Magazin *n*, Zeitschrift *f*. **~ rack** *s* Zeitungsständer *m*.

mag·got ['mægət] *s zo.* Made *f*. '**mag·got·y** *adj* madig.

Ma·gi ['meɪdʒaɪ] *s pl*: ***the*** (***three***) ***~*** die (drei) Weisen aus dem Morgenland, die Heiligen Drei Könige.

mag·ic ['mædʒɪk] **I** *s* **1.** Magie *f*, Zauberei *f*: ***as if by ~, like ~*** wie durch Zauberei. **2.** Zauber(kraft *f*) *m*, magische Kraft (*a. fig.*). **II** *adj* (***~ally***) **3.** magisch, Zauber...: ***~ carpet*** fliegender Teppich; ***~ eye*** ⚡ magisches Auge; ***~ trick*** Zaubertrick *m*, -kunststück *n*; ***~ wand*** Zauberstab *m*. **4.** zauberhaft. **ma·gi·cian** [mə'dʒɪʃn] *s* **1.** Magier *m*, Zauberer *m*. **2.** Zauberkünstler *m*.

mag·is·trate ['mædʒɪstreɪt] *s* ⚖ Richter *m* (*an e-m* ***magistrates' court***): ***~s' court*** *Br.*, ***~'s court*** *Am. erstinstanzliches Gericht für Straf- u. Zivilsachen niederer Ordnung.*

mag·na·nim·i·ty [ˌmægnə'nɪmətɪ] *s* Großmut *f*. **mag·nan·i·mous** [~'nænɪməs] *adj* □ großmütig.

mag·nate ['mægneɪt] *s* Magnat *m*.

mag·ne·sia [mæg'niːʃə] *s* ⚗ Magnesia *f*. **mag·ne·si·um** [~'niːzɪəm] *s* ⚗ Magnesium *n*.

mag·net ['mægnɪt] *s* Magnet *m* (*a. fig.*). **mag·net·ic** [~'netɪk] *adj* (***~ally***) **1.** magnetisch, Magnet...: ***~ field*** *phys.* Magnetfeld *n*; ***~ pole*** *phys.* magnetischer Pol, Magnetpol *m*. **2.** *fig.* magnetisch, faszinierend. **mag·net·ism** ['~nɪtɪzəm] *s* **1.** *phys.* Magnetismus *m*. **2.** *fig.* Anziehungskraft *f*. '**mag·ne·tize** *v/t* **1.** magnetisieren. **2.** *fig.* anziehen, fesseln.

mag·nif·i·cence [mæg'nɪfɪsns] *s* Großartigkeit *f*, Herrlichkeit *f*. **mag'nif·i·cent** *adj* □ großartig, prächtig, herrlich (*alle a. fig.* F).

mag·ni·fy ['mægnɪfaɪ] *v/t* **1.** (*a. v/i*) vergrößern: ***~ing glass*** Vergrößerungsglas *n*, Lupe *f*. **2.** *fig.* aufbauschen.

mag·ni·tude ['mægnɪtjuːd] *s* Größe(nordnung) *f*, *fig. a.* Ausmaß *n*, Schwere *f*: ***of the first ~*** von äußerster Wichtigkeit.

mag·no·lia [mæg'nəʊljə] *s* ♀ Magnolie *f*.

mag·pie ['mægpaɪ] *s* **1.** *orn.* Elster *f*. **2.** *fig.* Schwätzer(in). **3.** *Br. fig.* sammelwütiger Mensch.

ma·hog·a·ny [mə'hɒgənɪ] *s* Mahagoni(holz) *n*.

maid [meɪd] *s* **1.** ***old ~*** alte Jungfer; ***~ of hono(u)r*** Hofdame *f*; *Am.* (erste) Brautjungfer. **2.** (Dienst)Mädchen *n*, Hausangestellte *f*: ***~ of all work*** *bsd. fig.* Mädchen für alles.

maid·en ['meɪdn] *adj* **1.** ***~ name*** Mädchenname *m* (*e-r Frau*). **2.** unverheiratet. **3.** Jungfern...: ***~ flight*** ✈ Jungfernflug *m*; ***~ speech*** *parl.* Jungfernrede *f*; ***~ voyage*** ⚓ Jungfernfahrt *f*.

mail [meɪl] **I** *s* Post(sendung) *f*: ***by ~*** *bsd. Am.* mit der Post; → ***incoming*** 3, ***outgoing*** 2. **II** *v/t bsd. Am.* aufgeben, *Brief* einwerfen; (zu)schicken (***to*** *dat*). '**~·box** *s bsd. Am.* Briefkasten *m*. **~ car·ri·er** *s bsd. Am.*, '**~·man** *s* (*irr* ***man***) *bsd. Am.* Postbote *m*, Briefträger *m*. '**~-,or·der** *adj*: ***~ catalog(ue)*** Versandhauskatalog *m*; ***~ firm*** (*od.* ***house***) Versandhaus *n*.

maim [meɪm] *v/t* verstümmeln (*a. fig. Text*).

main [meɪn] **I** *adj* (□ → ***mainly***) **1.** Haupt..., wichtigst: ***~ clause*** *ling.* Hauptsatz *m*; ***~ office*** Hauptbüro *n*, Zentrale *f*; ***~ reason*** Hauptgrund *m*; ***~ thing*** Hauptsache *f*. **II** *s* **2.** *mst pl* Haupt(gas-, -wasser)leitung *f*; (Strom-)Netz *n*: ***~s cable*** Netzkabel *n*. **3.** ***in*** (*Am. a.* ***for***) ***the ~*** hauptsächlich, in der Hauptsache. **~·land** ['~lənd] *s* Festland *n*.

main·ly ['meɪnlɪ] *adv* hauptsächlich, vorwiegend.

'main|·spring *s fig.* (Haupt)Triebfeder *f.* **'~·stay** *s fig.* Hauptstütze *f.*

main·tain [meɪn'teɪn] *v/t* **1.** *Zustand* (aufrecht)erhalten, beibehalten, (be-)wahren; ✝ *Preis* halten. **2.** instand halten, pflegen, ⚙ *a.* warten. **3.** (*in e-m bestimmten Zustand*) lassen. **4.** *Familie etc* unterhalten, versorgen. **5.** behaupten (***that*** daß; ***to*** *inf* zu *inf*). **6.** *Meinung, Recht etc* verfechten; auf *e-r Forderung* bestehen: ***~ one's ground*** *bsd. fig.* sich behaupten.

main·te·nance ['meɪntənəns] *s* **1.** (Aufrecht)Erhaltung *f*, Beibehaltung *f.* **2.** Instandhaltung *f*, Pflege *f*, ⚙ *a.* Wartung *f*: ***~-free*** wartungsfrei. **3.** Unterhalt *m*: ***~ grant*** Unterhaltszuschuß *m.*

mai·son·(n)ette [ˌmeɪzə'net] *s* **1.** Maison(n)ette *f.* **2.** Einliegerwohnung *f.*

maize [meɪz] *s* ❦ *bsd. Br.* Mais *m.*

ma·jes·tic [mə'dʒestɪk] *adj* (***~ally***) majestätisch. **maj·es·ty** ['mædʒəstɪ] *s* Majestät *f* (*a. fig.*): ***His*** (***Her***) ♀ Seine (Ihre) Majestät.

ma·jor ['meɪdʒə] **I** *s* **1.** ⚔ Major *m.* **2.** *univ. Am.* Hauptfach *n.* **3.** ⚖ Volljährige *m, f*: ***become a ~*** volljährig werden. **4.** ♪ Dur *n.* **II** *adj* **5.** größer, *fig. a.* bedeutend, wichtig. **6.** ⚖ volljährig. **III** *v/i* **7.** ***~ in*** *univ. Am.* als *od.* im Hauptfach studieren. **ma·jor·i·ty** [mə'dʒɒrətɪ] *s* **1.** Mehrheit *f*: ***by a large ~*** mit großer Mehrheit; ***in the ~ of cases*** in der Mehrzahl der Fälle; ***~ of votes*** Stimmenmehrheit; ***be in the*** (*od.* ***a***) ***~*** in der Mehrzahl sein; ***~ decision*** Mehrheitsbeschluß *m.* **2.** ⚖ Volljährigkeit *f*: ***reach one's ~*** volljährig werden.

make [meɪk] **I** *s* **1.** Machart *f*, Ausführung *f*; Erzeugnis *n*, Fabrikat *n*, Produkt *n.* **II** *v/t* (*irr*) **2.** *allg. z.B. Reise, Versuch* machen: ***~ a speech*** e-e Rede halten. **3.** machen: a) anfertigen, herstellen, erzeugen (***from, of, out of*** von, aus), b) verarbeiten, formen (***to, into*** in *acc*, zu), c) *Tee etc* zubereiten. **4.** (er)schaffen: ***he is made for this job*** er ist für diese Arbeit wie geschaffen. **5.** ergeben, bilden. **6.** verursachen: a) *Geräusch, Schwierigkeiten etc* machen, b) bewirken, (mit sich) bringen. **7.** machen *od.* ernennen zu: ***~ s.o.*** (***a***) ***general*** j-n zum General ernennen. **8.** *mit adj, pp etc*: machen: ***~ angry*** zornig machen, erzürnen. **9.** sich erweisen als (*Person*): ***he would ~ a good teacher*** er würde e-n guten Lehrer abgeben. **10.** *mit inf*: *j-n* lassen, veranlassen *od.* bringen zu: ***~ s.o. wait*** j-n warten lassen; ***~ s.o. talk*** j-n zum Sprechen bringen; ***~ s.th. do, ~ do with s.th.*** mit et. auskommen, sich mit et. behelfen. **11.** ***~ much of*** viel Wesens machen um; viel halten von. **12.** sich e-e Vorstellung machen von, halten für: ***what do you ~ of it?*** was halten Sie davon? **13.** schätzen auf (*acc*). **14.** sich *Vermögen etc* erwerben, *Geld, Profit* machen, *Gewinn* erzielen. **15.** schaffen: a) *Strecke* zurücklegen, b) *Geschwindigkeit* erreichen, machen. **16.** F *Zug* erwischen: ***~ it*** es schaffen. **17.** sich belaufen auf (*acc*), ergeben: ***two and two ~ four*** 2 u. 2 macht *od.* ist 4. **III** *v/i* (*irr*) **18.** ***~ as if*** (*od.* ***as though***) so tun als ob *od.* als wenn: ***~ believe*** (***that; to do***) vorgeben (daß; zu tun).

Verbindungen mit Präpositionen:

make| at *v/i* losgehen *od.* sich stürzen auf (*acc*). **~ for** *v/i* **1.** zugehen *od.* lossteuern auf (*acc*); sich aufmachen nach; sich stürzen auf (*acc*). **2.** förderlich sein, dienen (*dat*), beitragen zu.

Verbindungen mit Adverbien:

make| a·way *v/i* sich davonmachen (***with*** mit). **~ off** → ***make away.*** **~ out I** *v/t* **1.** *Scheck etc* ausstellen; *Urkunde etc* ausfertigen; *Liste etc* aufstellen. **2.** ausmachen, erkennen. **3.** aus *j-m, e-r Sache* klug werden. **4.** ***make s.o. out to be bad*** (***a liar***) j-n als schlecht (als Lügner) hinstellen. **II** *v/i* **5.** *bsd. Am.* auskommen (***with*** mit *j-m*). **6.** *bsd. Am.* F *gut etc* zurechtkommen. **~ o·ver** *v/t* **1.** *Eigentum* übertragen, vermachen (***to*** *dat*). **2.** umarbeiten; umbauen (***into*** zu). **~ up I** *v/t* **1.** bilden: ***be made up of*** bestehen *od.* sich zs.-setzen aus. **2.** *Schriftstück etc* abfassen, aufsetzen, *Liste etc* anfertigen, *Tabelle* aufstellen, *Arznei, Bericht etc* zs.-stellen. **3.** sich *e-e Geschichte etc* ausdenken, *a. b.s.* erfinden. **4.** *Paket etc* (ver)packen, (-)schnüren. **5.** → ***mind*** 5. **6.** *Versäumtes* nachholen, wettmachen. **7.** ***make it up*** sich versöhnen *od.* wieder vertragen (***with*** mit). **II** *v/i* **8.** sich schminken. **9.** ***~***

for wiedergutmachen, wettmachen. **10.** → 7. **11. ~ *to s.o.*** F j-m schöntun; sich an j-n heranmachen.

'make-beˌlieve *adj* Phantasie..., Schein...: **~ *world.***

mak·er ['meɪkə] *s* **1.** ✝ Hersteller *m*, Erzeuger *m*. **2. *the*** ♀ *eccl.* der Schöpfer.

'make|·shift I *s* Notbehelf *m*. **II** *adj* behelfsmäßig, provisorisch, Behelfs... **'~-up** *s* **1.** Make-up *n*: ***without ~*** *a.* ungeschminkt. **2.** Aufmachung *f*, (Ver)Kleidung *f*. **3.** *Film etc*: Maske *f*. **4.** Zs.-setzung *f*.

mak·ing ['meɪkɪŋ] *s* **1.** Erzeugung *f*, Herstellung *f*, Fabrikation *f*: ***be in the ~*** im Werden *od.* Kommen sein; noch in Arbeit sein. **2. *have the ~s of*** das Zeug haben zu.

mal·ad·just·ed [ˌmælə'dʒʌstɪd] *adj psych.* nicht angepaßt, milieugestört.

mal·ad·min·is·tra·tion ['mæləd,mɪnɪ'streɪʃn] *s* schlechte Verwaltung.

mal·a·droit [ˌmælə'drɔɪt] *adj* □ **1.** ungeschickt. **2.** taktlos.

ma·laise [mæ'leɪz] *s* **1.** Unpäßlichkeit *f*, Unwohlsein *n*. **2.** *fig.* Unbehagen *n*.

ma·lar·i·a [mə'leərɪə] *s* ⚕ Malaria *f*.

mal·con·tent ['mælkənˌtent] **I** *adj* unzufrieden. **II** *s* Unzufriedene *m, f*.

male [meɪl] **I** *adj* männlich: **~ *choir*** Männerchor *m*; **~ *cousin*** Vetter *m*; **~ *model*** Dressman *m*; **~ *nurse*** (Kranken)Pfleger *m*; **~ *prostitute*** Strichjunge *m*; → ***chauvinism, chauvinist.*** **II** *s* Mann *m*; *zo.* Männchen *n*.

mal·e·dic·tion [ˌmælɪ'dɪkʃn] *s* Fluch *m*, Verwünschung *f*.

ma·lev·o·lence [mə'levələns] *s* Böswilligkeit *f*. **ma'lev·o·lent** *adj* □ übelwollend (***to*** *dat*), böswillig.

mal·for·ma·tion [ˌmælfɔː'meɪʃn] *s bsd.* ⚕ Mißbildung *f*.

mal·func·tion [ˌmæl'fʌŋkʃn] **I** *s* **1.** ⚕ Funktionsstörung *f*. **2.** ⚙ schlechtes Funktionieren *od.* Arbeiten; Versagen *n*. **II** *v/i* **3.** ⚙ schlecht funktionieren *od.* arbeiten; versagen.

mal·ice ['mælɪs] *s* **1.** Böswilligkeit *f*. **2.** Groll *m*: ***bear s.o. ~*** e-n Groll auf j-n haben *od.* gegen j-n hegen, j-m grollen. **3.** ⚖ böse Absicht, Vorsatz *m*: ***with ~*** (***aforethought***) vorsätzlich.

ma·li·cious [mə'lɪʃəs] *adj* □ **1.** böswillig, ⚖ *a.* vorsätzlich. **2.** arglistig.

ma·lig·nant [mə'lɪgnənt] *adj* □ **1.** bösartig (*a.* ⚕), böswillig. **2.** arglistig.

ma·lin·ger [mə'lɪŋgə] *v/i* sich krank stellen, simulieren. **ma'lin·ger·er** *s* Simulant(in).

mall [mɔːl] *s* **1.** Allee *f*. **2.** *Am.* Einkaufszentrum *n*.

mal·le·a·ble ['mælɪəbl] *adj* **1.** ⚙ verformbar. **2.** *fig.* formbar.

mal·let ['mælɪt] *s* Holzhammer *m*, Schlegel *m*.

mal·low ['mæləʊ] *s* ⚘ Malve *f*.

mal·nu·tri·tion [ˌmælnjuː'trɪʃn] *s* **1.** Unterernährung *f*. **2.** Fehlernährung *f*.

mal·o·dor·ous [mæl'əʊdərəs] *adj* □ übelriechend.

mal·prac·tice [ˌmæl'præktɪs] *s* Vernachlässigung *f* der beruflichen Sorgfalt; (ärztlicher) Kunstfehler.

malt [mɔːlt] **I** *s* Malz *n*. **II** *v/t* mälzen.

Mal·tese [ˌmɔːl'tiːz] **I** *s* Malteser(in): ***the ~ pl*** die Malteser *pl*. **II** *adj* maltesisch: **~ *cross*** Malteserkreuz *n*.

mal·treat [ˌmæl'triːt] *v/t* **1.** schlecht behandeln. **2.** mißhandeln. **ˌmal'treat·ment** *s* **1.** schlechte Behandlung. **2.** Mißhandlung *f*.

mam·mal ['mæml] *s zo.* Säugetier *f*.

mam·mon ['mæmən] *s* Mammon *m*.

mam·moth ['mæməθ] **I** *s zo.* Mammut *n*. **II** *adj* Mammut..., Riesen...

man [mæn] **I** *pl* **men** [men] *s* **1.** Mensch *m*. **2.** *oft* ♀ *coll.* der Mensch, die Menschen *pl*. **3.** Mann *m*: ***the ~ in*** (*Am. a.* ***on***) ***the street*** der Mann auf der Straße; **~ *of straw*** *fig.* Strohmann; ***be one's own ~*** sein eigener Herr sein. **4.** *weitS.* Mann *m*, Person *f*; jemand; man: ***every ~*** jeder(mann); ***no ~*** niemand; **~ *by ~*** Mann für Mann; ***to a ~*** bis auf den letzten Mann; → ***jack*** 1. **5.** (*Dame*)Stein *m*, (*Schach*)Figur *f*. **II** *v/t* **6.** (*Raum*)*Schiff etc* bemannen.

man·age ['mænɪdʒ] **I** *v/t* **1.** *Betrieb etc* leiten, führen. **2.** *Künstler, Sportler etc* managen. **3.** *et.* zustande bringen, bewerkstelligen; es fertigbringen (***to do*** zu tun). **4.** umgehen (können) mit (*Werkzeug, Tieren etc*); mit *j-m, et.* fertig werden, *j-n* zu nehmen wissen. **5.** F *Arbeit, Essen etc* bewältigen, schaffen. **II** *v/i* **6.** auskommen (***with*** mit; ***without*** ohne). **7.** F es schaffen, zurechtkommen; es einrichten *od.* ermöglichen. **'man·age-**

a·ble *adj* □ **1.** lenk-, fügsam. **2.** handlich. **'man·age·ment** *s* **1.** (*Haus- etc-*) Verwaltung *f.* **2.** ✝ Management *n*, Unternehmensführung *f*: ***junior*** (***middle, top***) ~ untere (mittlere, obere) Führungskräfte *pl*; ~ ***consultant*** Betriebs-, Unternehmensberater *m.* **3.** ✝ Geschäftsleitung *f*, Direktion *f*: ***under new*** ~ unter neuer Leitung, (*Geschäft etc*) neu eröffnet. **'man·ag·er** *s* **1.** (*Haus- etc*)Verwalter *m.* **2.** ✝ Manager *m*; Führungskraft *f*; Geschäftsführer *m*, Leiter *m*, Direktor *m.* **3.** Manager *m* (*e-s Schauspielers etc*). **4.** ***be a good*** ~ gut *od.* sparsam wirtschaften können. **5.** *Fußball*: (Chef)Trainer *m.* **man·ag·er·ess** [ˌ~'res] *s* **1.** (*Haus- etc*)Verwalterin *f.* **2.** ✝ Managerin *f*; Geschäftsführerin *f*, Leiterin *f*, Direktorin *f.* **3.** Managerin *f* (*e-s Schauspielers etc*). **man·a·ger·i·al** [ˌ~ə'dʒɪərɪəl] *adj* ✝ geschäftsführend, leitend: ~ ***position*** leitende Stellung; ~ ***staff*** leitende Angestellte *pl.* **man·ag·ing** ['~ɪdʒɪŋ] *adj* ✝ geschäftsführend, leitend: ~ ***director*** Generaldirektor *m*, leitender Direktor.

man·da·rin(e) ['mændərɪn] *s* ♧ Mandarine *f.*

man·date ['mændeɪt] *s* **1.** ⚖ Mandat *n*, (Prozeß)Vollmacht *f.* **2.** *parl.* Mandat *n*, Auftrag *m.* **man·da·to·ry** ['~dətərɪ] *adj* □ obligatorisch, zwingend, verbindlich.

man·di·ble ['mændɪbl] *s anat.* Unterkiefer(knochen) *m.*

man·do·lin ['mændəlɪn], **man·do·line** [ˌ~'liːn] *s* ♪ Mandoline *f.*

mane [meɪn] *s* Mähne *f* (*a. fig. e-s Menschen*).

'man-ˌeat·er *s* **1.** Menschenfresser *m.* **2.** menschenfressendes Tier. **3.** F männermordendes Wesen (*Frau*).

ma·neu·ver, *etc Am.* → ***manoeuvre,*** *etc.*

man·ga·nese ['mæŋgəniːz] *s* ⚗ Mangan *n.*

mange [meɪndʒ] *s vet.* Räude *f.*

man·ger ['meɪndʒə] *s* Krippe *f*, Futtertrog *m*: → ***dog*** 1.

man·gle[1] ['mæŋgl] **I** *s* (Wäsche)Mangel *f.* **II** *v/t* mangeln.

man·gle[2] [~] *v/t* **1.** zerfleischen, -reißen, -fetzen. **2.** *fig. Text* verstümmeln.

man·go ['mæŋgəʊ] *pl* **-go(e)s** *s* ♧ **1.** Mango(frucht, -pflaume) *f.* **2.** Mangobaum *m.*

man·gy ['meɪndʒɪ] *adj* □ **1.** *vet.* räudig. **2.** *fig.* schmutzig, eklig. **3.** *fig.* schäbig, heruntergekommen.

'man|ˌhan·dle *v/t* **1.** mißhandeln. **2.** mit Menschenkraft bewegen. **'~·hole** *s* Kanal-, Einsteigeschacht *m*: ~ ***cover*** Schachtdeckel *m.*

man·hood ['mænhʊd] *s* **1.** Mannesalter *n*: ***reach*** ~ ins Mannesalter kommen. **2.** *euphem.* Manneskraft *f.*

'man|-hour *s* Arbeitsstunde *f.* **'~·hunt** *s* (Groß)Fahndung *f.*

ma·ni·a ['meɪnjə] *s* **1.** ⚕ Manie *f*, Wahn(sinn) *m*: → ***persecution*** 1. **2.** *fig.* (***for***) Sucht *f* (nach), Leidenschaft *f* (für), Manie *f*, Fimmel *m*: ***collector's*** ~ Sammelwut *f*, -leidenschaft; ~ ***for cleanliness*** Sauberkeitsfimmel *m*; ***have a*** ~ ***for*** verrückt sein nach. **ma·ni·ac** ['~nɪæk] **I** *s* **1.** ⚕ Wahnsinnige *m, f*, Verrückte *m, f.* **2.** *fig.* (*Sport- etc*)Fanatiker(in): ***car*** ~ Autonarr *m.* **II** *adj* (~***ally***) **3.** ⚕ wahnsinnig, verrückt.

man·ic-de·pres·sive [ˌmænɪkdɪ'presɪv] *psych.* **I** *adj* manisch-depressiv. **II** *s* Manisch-Depressive *m, f*: ***be a*** ~ manisch-depressiv sein.

man·i·cure ['mænɪˌkjʊə] **I** *s* Maniküre *f.* **II** *v/t* maniküren.

man·i·fest ['mænɪfest] **I** *adj* □ offenkundig, augenscheinlich. **II** *v/t* offenbaren, manifestieren. **III** *s* ✈ *bsd. Am.* Passagierliste *f.* **ˌman·i·fes'ta·tion** *s* **1.** Offenbarung *f*, Manifestation *f.* **2.** Anzeichen *n*, Symptom *n.* **ˌman·i'fes·to** [~təʊ] *pl* **-to(e)s** *s* Manifest *n.*

man·i·fold ['mænɪfəʊld] **I** *adj* □ **1.** mannigfaltig, vielfältig. **2.** ⚙ Mehr-, Vielfach...; Kombinations... **II** *s* **3.** ⚙ Verteiler *m.* **III** *v/t* **4.** vervielfältigen.

ma·nip·u·late [mə'nɪpjʊleɪt] *v/t* **1.** *j-n, Preise etc* manipulieren. **2.** ⚙ bedienen, betätigen. **3.** *Konten etc* frisieren. **maˌnip·u'la·tion** *s* **1.** Manipulation *f.* **2.** ⚙ Bedienung *f*, Betätigung *f.* **3.** Frisieren *n.* **ma'nip·u·la·tor** *s* Manipulator *m* (*a. Zauberkünstler*).

man·kind [mæn'kaɪnd] *s* die Menschheit, die Menschen *pl.* **'man·ly** *adj* männlich; Männer...

'man-made *adj* vom Menschen geschaffen *od.* verursacht; künstlich: ~ ***fibers***

(*bsd. Br.* ***fibres***) *pl* Kunst-, Chemiefasern *pl.*

man·ne·quin ['mænɪkɪn] *s* **1.** Mannequin *n.* **2.** Kleider- *od.* Schaufensterpuppe *f.*

man·ner ['mænə] *s* **1.** Art *f* (u. Weise *f*): ***in this ~*** auf diese Art *od.* Weise, so; ***in such a ~*** (***that***) so *od.* derart (daß); ***adverb of ~*** Umstandswort *n* der Art u. Weise, Modaladverb *n*; ***in a ~ of speaking*** sozusagen. **2.** Betragen *n*, Auftreten *n*: ***it's just his ~*** das ist so s-e Art. **3.** *pl* Benehmen *n*, Umgangsformen *pl*, Manieren *pl*: ***it is bad ~s*** es gehört *od.* schickt sich nicht (***to do*** zu tun). **4.** *pl* Sitten *pl* (u. Gebräuche *pl*). **'man·ner·ism** *s* **1.** *paint. etc* Manierismus *m.* **2.** Manieriertheit *f.* **3.** manierierte Wendung (*in Rede etc*).

ma·noeu·vra·ble [mə'nu:vrəbl] *adj bsd. Br.* manövrierfähig; lenk-, steuerbar; *weitS.* wendig (*Fahrzeug*). **ma'noeu·vre** [~və] **I** *s* **1.** *a. pl* ⚓, ⚔ Manöver *n*: ***be on ~s*** im Manöver sein; ***room for ~*** *fig.* Handlungsspielraum *m.* **2** *fig.* Manöver *n*, Schachzug *m*, List *f.* **II** *v/i* **3.** ⚓, ⚔ manövrieren (*a. fig.*). **III** *v/t* **4.** manövrieren (*a. fig.*): ***~ s.o. into s.th.*** j-n in et. hineinmanövrieren.

man·or ['mænə] *s Br.* (Land)Gut *n*: ~ (***house***) Herrenhaus *n.*

'man,pow·er *s* **1.** menschliche Arbeitskraft *od.* -leistung. **2.** (verfügbare) Arbeitskräfte *pl*: ***~ shortage*** Arbeitskräftemangel *m.*

'man,ser·vant *pl* **'men,ser·vants** *s* Diener *m.*

man·sion ['mænʃn] *s* **1.** herrschaftliches Wohnhaus. **2.** *pl bsd. Br.* (großes) Mietshaus.

'man,slaugh·ter *s* ⚖ Totschlag *m.*

man·tel|·piece ['mæntl~] *s*, **'~·shelf** *s* (*irr* ***shelf***) Kaminsims *m.*

,man|-to-'man *adj* von Mann zu Mann. **'~·trap** *s* Fußangel *f.*

man·u·al ['mænjʊəl] **I** *adj* □ **1.** Hand..., manuell: ***~ work*** körperliche Arbeit; ***~ worker*** (Hand)Arbeiter(in). **2.** handschriftlich. **II** *s* **3.** Handbuch *n*, Leitfaden *m.*

man·u·fac·ture [,mænjʊ'fæktʃə] **I** *s* **1.** Fertigung *f*, Erzeugung *f*, Herstellung *f*: ***year of ~*** Herstellungs-, Baujahr *n.* **2.** Erzeugnis *n*, Fabrikat *n.* **II** *v/t* **3.** erzeugen, herstellen. **4.** verarbeiten (***into*** zu). **5.** *fig. Ausrede etc* erfinden. **,man·u'fac·tur·er** *s* Hersteller *m*, Erzeuger *m.* **,man·u'fac·tur·ing** *adj* Herstellungs...: ***~ cost*** Herstellungskosten *pl.*

ma·nure [mə'njʊə] **I** *s* (*bsd. natürlicher*) Dünger. **II** *v/t* düngen.

man·u·script ['mænjʊskrɪpt] *s* Manuskript *n.*

man·y ['menɪ] **I** *adj* **1.** viel(e): ***~ times*** oft; ***as ~ as forty*** nicht weniger als vierzig; ***we had one chair too ~*** wir hatten e-n Stuhl zuviel. **2.** ***~ a*** manch (ein): ***~ a time*** so manches Mal. **II** *s* **3.** viele: ***~ of us*** viele von uns; ***a good ~*** ziemlich viel(e); ***a great ~*** sehr viele. **,~-'sid·ed** *adj* **1.** vielseitig (*a. fig.*). **2.** *fig.* vielschichtig (*Problem etc*).

map [mæp] **I** *s* **1.** (Land- *etc*)Karte *f*; (*Stadt- etc*)Plan *m*: ***be off the ~*** F hinter dem Mond liegen; ***put on the ~*** F *Stadt etc* bekannt machen. **II** *v/t* **2.** e-e Karte machen von, *Gebiet* kartographisch erfassen; in e-e Karte eintragen. **3.** *mst* ***~ out*** *fig.* (bis in die Einzelheiten) (voraus)planen.

ma·ple ['meɪpl] *s* ♧ Ahorn *m.*

mar [mɑ:] *v/t* **1.** beschädigen; verunstalten. **2.** *fig. Pläne etc* stören, beeinträchtigen; *Spaß etc* verderben.

mar·a·thon ['mærəθn] (*Leichtathletik*) **I** *s a.* ***~ race*** Marathonlauf *m.* **II** *adj* Marathon..., *fig. a.* Dauer...

ma·raud [mə'rɔ:d] **I** *v/i* plündern. **II** *v/t* (aus)plündern. **ma'raud·er** *s* Plünderer *m.*

mar·ble ['mɑ:bl] **I** *s* **1.** Marmor *m.* **2.** a) Murmel *f*, b) *pl* (*sg konstruiert*) Murmelspiel *n*: ***play ~s*** (mit) Murmeln spielen. **II** *adj* **3.** marmorn (*a. fig.*).

March[1] [mɑ:tʃ] *s* März *m*: ***in ~*** im März.

march[2] [~] **I** *v/i* **1.** ⚔ *etc* marschieren: ***~ off*** abrücken; ***~ past*** (***s.o.***) (an j-m) vorbeiziehen *od.* -marschieren; ***time is ~ing on*** es ist schon spät; → ***time*** 1. **II** *v/t* **2.** *Strecke* marschieren, zurücklegen. **3.** ***~ s.o. off*** j-n abführen. **III** *s* **4.** ⚔ Marsch *m* (*a.* ♪); *allg.* (Fuß)Marsch *m.* **5.** Marsch(strecke *f*) *m*: ***a day's ~*** ein Tage(s)marsch; ***steal a ~ on s.o.*** *fig.* j-m zuvorkommen. **6.** *fig.* (Ab)Lauf *m*, (Fort)Gang *m.*

march·ing or·ders ['mɑ:tʃɪŋ] *s pl* ⚔ Marschbefehl *m*: ***get one's ~*** *fig.* F den

Laufpaß bekommen (*von Firma od. Freundin*); (*Sport*) vom Platz fliegen.

mare [meə] *s zo.* Stute *f*: **~'s nest** *fig.* Windei *n*, *a.* (Zeitungs)Ente *f*.

mar·ga·rine [ˌmɑːdʒəˈriːn] *s*, **marge** [mɑːdʒ] *s Br.* F Margarine *f*.

mar·gin [ˈmɑːdʒɪn] *s* **1.** Rand *m* (*a. fig.*). **2.** (Seiten)Rand *m*: **in the ~** am Rand. **3.** Grenze *f* (*a. fig.*): **~ of income** Einkommensgrenze. **4.** *fig.* Spielraum *m*: **allow** (*od.* **leave**) **a ~ for** Spielraum lassen für. **5.** ♆ (*Gewinn-, Verdienst-*) Spanne *f*. **6.** *Sport*: Abstand *m*, (*a.* Punkt)Vorsprung *m*: **by a wide ~** mit großem Vorsprung. **mar·gin·al** [ˈ~nl] *adj* **1.** Rand...: **~ note** Randbemerkung *f*. **2.** Grenz... (*a. fig.*). **3.** *fig.* geringfügig. **mar·gin·al·ly** [ˈ~əlɪ] *adv fig.* **1.** geringfügig. **2.** (nur) am Rand.

mar·gue·rite [ˌmɑːgəˈriːt] *s* ⚘ **1.** Gänseblümchen *n*. **2.** Margerite *f*.

mar·i·hua·na, mar·i·jua·na [ˌmær-juːˈɑːnə] *s* Marihuana *n*.

ma·ri·nade [ˌmærɪˈneɪd] *s* Marinade *f*. **mar·i·nate** [ˈ~neɪt] *v/t* marinieren.

ma·rine [məˈriːn] **I** *adj* **1.** a) See...: **~ chart** Seekarte *f*, b) Meeres...: **~ animal.** **II** *s* **2.** Marine *f*. **3.** ⚔ Marineinfanterist *m*: **tell that to the ~s!** F das kannst du deiner Großmutter erzählen!

mar·i·o·nette [ˌmærɪəˈnet] *s* Marionette *f*: **~ play** Puppenspiel *n*.

mar·i·tal [ˈmærɪtl] *adj* □ ehelich, Ehe...: **~ duties** *pl* (**rights** *pl*) eheliche Pflichten *pl* (Rechte *pl*); **~ status** Familienstand *m*.

mar·i·time [ˈmærɪtaɪm] *adj* **1.** See...: **~ blockade** Seeblockade *f*. **2.** seefahrend. **3.** Küsten...

mar·jo·ram [ˈmɑːdʒərəm] *s* ⚘ Majoran *m*.

mark[1] [mɑːk] *s* (deutsche) Mark.

mark[2] [~] **I** *s* **1.** Markierung *f*, *bsd.* ⚙ Marke *f*. **2.** *fig.* Zeichen *n*: **~ of confidence** Vertrauensbeweis *m*; **~ of respect** Zeichen der Hochachtung. **3.** (Kenn)Zeichen *n*, Merkmal *n*: **distinctive ~** Kennzeichen. **4.** Narbe *f* (*a.* ⚙); Kerbe *f*, Einschnitt *m*. **5.** Ziel *n* (*a. fig.*): **hit the ~** (das Ziel) treffen; *fig.* ins Schwarze treffen; **miss the ~** das Ziel verfehlen, danebenschießen (*a. fig.*); **be off** (**wide of**) **the ~** (weit) danebenschießen; *fig.* sich (gewaltig) irren; (weit) danebenliegen (*Schätzung etc*). **6.** *fig.* Norm *f*: **be up to the ~** den Anforderungen gewachsen sein (*Person*) *od.* genügen (*Leistungen etc*); *gesundheitlich* auf der Höhe sein. **7.** a) (*Fuß-, Brems-etc*)Spur *f* (*a. fig.*): **leave one's ~ on** s-n Stempel aufdrücken (*dat*); bei *j-m* s-e Spuren hinterlassen, b) Fleck *m*. **8.** ♆ (*Fabrik-, Waren*)Zeichen *n*, (*Schutz-, Handels*)Marke *f*. **9.** *ped.* Note *f* (*a. Sport*), Zensur *f*: **get** (*od.* **obtain**) **full ~s** die beste Note bekommen, die höchste Punktzahl erreichen. **10.** a) *Fußball*: Elfmeterpunkt *m*, b) *Laufsport*: Startlinie *f*: **on your ~s!** auf die Plätze!; **be quick** (**slow**) **off the ~** e-n guten (schlechten) Start haben; *fig.* schnell (langsam) schalten *od.* reagieren. **II** *v/t* **11.** markieren, anzeichnen, *a. fig.* kennzeichnen; *Wäsche* zeichnen; *Waren* auszeichnen; *Preis* festsetzen; *Temperatur etc* anzeigen; *fig.* ein Zeichen sein für: **to ~ the occasion** zur Feier des Tages, aus diesem Anlaß; **~ time** ⚔ auf der Stelle treten (*a. fig.*); *fig.* abwarten. **12.** Spuren hinterlassen auf (*dat*); *fig. j-n* zeichnen (*Krankheit etc*). **13.** bestimmen (**for** für). **14.** *ped.* benoten, zensieren, (*Sport*) bewerten. **15.** *Sport*: *Gegenspieler* decken, markieren. **III** *v/i* **16.** **~ easily** leicht schmutzen.

Verbindungen mit Adverbien:

mark| down *v/t* **1.** ♆ (*im Preis*) herunter-, herabsetzen. **2.** bestimmen, vormerken (**for** für). **~ off** *v/t* **1.** abgrenzen, abstecken. **2.** (*auf e-r Liste*) abhaken. **~ out** *v/t* **1.** → **mark**[2] 13. **2.** abgrenzen, markieren. **~ up** *v/t* ♆ (*im Preis*) hinauf-, heraufsetzen.

ˈ**mark·down** *s* ♆ Preissenkung *f* (**of** um).

marked [mɑːkt] *adj* deutlich, merklich, ausgeprägt. **mark·ed·ly** [ˈ~kɪdlɪ] *adv* deutlich, ausgesprochen.

mark·er [ˈmɑːkə] *s* **1.** Markierstift *m*. **2.** Lesezeichen *n*. **3.** *Sport*: Bewacher(in).

mar·ket [ˈmɑːkɪt] ♆ **I** *s* **1.** Markt *m*: a) *Handel*: **be on the ~** auf dem Markt *od.* im Handel sein; **put** (*od.* **place**) **on the ~** auf den Markt *od.* in den Handel bringen; zum Verkauf anbieten, b) *Handelszweig*, c) Marktplatz *m*: **in the ~** auf dem Markt, d) Wochen-, Jahrmarkt *m*, e) *Absatzgebiet*: **hold the ~** den Markt beherrschen, f) Absatz *m*, Verkauf *m*:

meet with a ready ~ schnellen Absatz finden; ***there is no ~ for*** ... lassen sich nicht absetzen. **2.** *Am.* (Lebensmittel)Geschäft *n*, Laden *m*. **II** *v/t* **3.** auf den Markt *od.* in den Handel bringen. **4.** vertreiben. **III** *adj* **5.** Markt... **~ a•nal•y•sis** *s* (*irr* ***analysis***) Marktanalyse *f*. **~ e•con•o•my** *s*: ***free*** (***social***) **~** freie (soziale) Marktwirtschaft.

mar•ket•ing ['mɑːkɪtɪŋ] *s* ✝ Marketing *n*: ***~ research*** Absatzforschung *f*.

mar•ket| place *s* Marktplatz *m*. **~ re•search** *s* Marktforschung *f*.

mark•ing ['mɑːkɪŋ] *s* **1.** Markierung *f*, *a. fig.* Kennzeichnung *f*. **2.** *zo.* Musterung *f*, Zeichnung *f*. **3.** *ped.* Benotung *f*, Zensierung *f*, (*Sport*) Bewertung *f*. **4.** *Sport*: Deckung *f*.

marks•man ['mɑːksmən] *s* (*irr* ***man***) guter Schütze.

'mark•up *s* ✝ Preiserhöhung *f* (***of*** um).

mar•ma•lade ['mɑːməleɪd] *s* (*bsd.* Orangen)Marmelade *f*.

mar•mot ['mɑːmət] *s zo.* Murmeltier *n*.

ma•roon [mə'ruːn] *adj* kastanienbraun.

mar•quee [mɑː'kiː] *s* großes Zelt.

mar•riage ['mærɪdʒ] *s* **1.** Heirat *f*, Vermählung *f*, Hochzeit *f* (***to*** mit). **2.** Ehe *f*: ***by ~*** angeheiratet; ***related by ~*** verschwägert. **~ bu•reau** *s* (*a. irr* ***bureau***) Heiratsinstitut *n*. **~ cer•tif•i•cate** *s* Trauschein *m*. **~ guid•ance cen•ter** (*bsd. Br.* **cen•tre**) *s* Eheberatungsstelle *f*. **~ lines** *s pl* (*mst sg konstruiert*) *bsd. Br.* Trauschein *m*.

mar•ried ['mærɪd] *adj* verheiratet, ehelich, Ehe...: ***~ couple*** Ehepaar *n*; ***~ life*** Eheleben *n*.

mar•row ['mærəʊ] *s* **1.** *anat.* (Knochen)Mark *n*: ***be frozen to the ~*** völlig durchgefroren sein. **2.** *fig.* Mark *n*, Kern *m*, *das* Innerste.

mar•ry ['mærɪ] **I** *v/t* **1.** heiraten: ***be married*** verheiratet sein (***to*** mit); heiraten. **2.** *a.* ***~ off*** *Tochter etc* verheiraten (***to*** an *acc*, mit). **3.** *Paar* trauen. **II** *v/i* **4.** heiraten: ***~ into*** einheiraten in (*acc*).

Mars [mɑːz] *s ast.* Mars *m*.

marsh [mɑːʃ] *s* Sumpf(land *n*) *m*, Marsch *f*.

mar•shal ['mɑːʃl] **I** *s* **1.** ⚔ Marschall *m*. **2.** *Am.* Bezirkspolizeichef *m*. **II** *v/t pret u. pp* **-shaled,** *bsd. Br.* **-shalled 3.** (an)ordnen, arrangieren.

marsh•y ['mɑːʃɪ] *adj* sumpfig, Sumpf...

mar•ten ['mɑːtɪn] *s zo.* Marder *m*.

mar•tial ['mɑːʃl] *adj* □ **1.** kriegerisch. **2.** Kriegs..., Militär...: ***~ law*** Kriegsrecht *n*. **3.** ***~ arts*** *pl* asiatische Kampfsportarten *pl*.

Mar•tian ['mɑːʃn] *s* Marsmensch *m*, -bewohner(in).

mar•ti•ni [mɑː'tiːnɪ] *s* Martini *m* (*Cocktail*).

Mar•tin•mas ['mɑːtɪnməs] *s* Martinstag *m* (*11. November*).

mar•tyr ['mɑːtə] **I** *s* **1.** Märtyrer(in): ***make a ~ of o.s.*** sich (auf)opfern; *iro.* den Märtyrer spielen. **II** *v/t* **2.** zum Märtyrer machen. **3.** zu Tode martern. **'mar•tyr•dom** *s* Martyrium *n* (*a. fig.*).

mar•vel ['mɑːvl] **I** *s* Wunder *n* (***of*** an *dat*): ***work*** (*od.* ***do***) ***~s*** Wunder wirken. **II** *v/i pret u. pp* **-veled,** *bsd. Br.* **-velled** sich wundern, staunen (***at*** über *acc*).

mar•vel•(l)ous ['mɑːvələs] *adj* □ **1.** erstaunlich, wunderbar. **2.** F fabelhaft, phantastisch.

Marx•ism ['mɑːksɪzəm] *s* Marxismus *m*. **'Marx•ist I** *s* Marxist(in). **II** *adj* marxistisch.

mar•zi•pan [ˌmɑːzɪ'pæn] *s* Marzipan *n*, *m*.

mas•ca•ra [mæ'skɑːrə] *s* Wimperntusche *f*.

mas•cot ['mæskət] *s* Maskottchen *n*: a) Glücksbringer(in), b) Talisman *m*.

mas•cu•line ['mæskjʊlɪn] *adj* □ **1.** männlich (*a. ling.*), Männer... **2.** unfraulich, maskulin.

mash [mæʃ] **I** *s* **1.** breiige Masse, Brei *m*. **2.** *Br.* F Kartoffelbrei *m*. **II** *v/t* **3.** zerdrücken, -quetschen: ***~ed potatoes*** *pl* Kartoffelbrei *m*.

mask [mɑːsk] **I** *s* **1.** *allg.* Maske *f* (*a. fig.*): ***throw off the ~*** die Maske fallen lassen, sein wahres Gesicht zeigen. **II** *v/t* **2.** maskieren: ***~ed ball*** Maskenball *m*. **3.** *fig.* verschleiern: ***~ed advertising*** ✝ Schleichwerbung *f*.

mas•o•chism ['mæsəʊkɪzəm] *s psych.* Masochismus *m*. **'mas•o•chist** *s* Masochist(in). **ˌmas•o'chis•tic** *adj* (***~ally***) masochistisch.

ma•son ['meɪsn] *s* **1.** Steinmetz *m*. **2.** *oft* ♀ Freimaurer *m*.

mas•quer•ade [ˌmæskə'reɪd] *s* Maskerade *f* (*a. fig.*).

mass[1] [mæs] *s eccl.* Messe *f*: ***go to ~*** zur Messe gehen.

mass[2] [~] **I** *s* **1.** *allg.* Masse *f* (*a. phys.*): ***a ~ of errors*** e-e (Un)Menge Fehler; ***~es*** *pl* ***of ice*** Eismassen *pl*; ***the ~es*** *pl* die (breite) Masse. **2.** Mehrzahl *f*, überwiegender Teil. **II** *v/t u. v/i* **3.** (sich) (an)sammeln *od.* (an)häufen. **III** *adj* **4.** Massen...: ***~ demonstration***, *etc.*

mas·sa·cre ['mæsəkə] **I** *s* Massaker *n*. **II** *v/t* niedermetzeln.

mas·sage ['mæsɑːʒ] **I** *s* Massage *f*. **II** *v/t* massieren.

mas·seur [mæ'sɜː] *s* Masseur *m*. **mas·seuse** [~'sɜːz] *s* Masseurin *f*, Masseuse *f*.

mas·sive ['mæsɪv] *adj* □ *allg.* massiv (*a. fig.*): ***on a ~ scale*** in ganz großem Rahmen.

mass| me·di·a *s pl* (*a. sg konstruiert*) Massenmedien *pl*. **'~-pro,duce** *v/t* serienmäßig herstellen. **~ pro·duc·tion** *s* Massen-, Serienproduktion *f*.

mast[1] [mɑːst] *s* ⚓ (*a. Antennen- etc-*) Mast *m*.

mast[2] [~] *s* Mast(futter *n*) *f*.

mas·ter ['mɑːstə] **I** *s* **1.** Meister *m*, Herr *m*: ***be ~ of s.th.*** et. (*a. e-e Sprache etc*) beherrschen; ***be ~ of the situation*** Herr der Lage sein; ***be one's own ~*** sein eigener Herr sein; ***find one's ~*** s-n Meister finden (***in s.o.*** in j-m). **2.** ✝ Lehrherr *m*, Meister *m*; (Handwerks)Meister *m*: ***~ tailor*** Schneidermeister. **3.** *bsd. Br.* Lehrer *m*. **4.** *paint. etc* Meister *m*: ***an old ~*** ein alter Meister. **5.** *univ.* Magister *m*: **♀ *of Arts*** Magister Artium *od.* der Geisteswissenschaften; **♀ *of Science*** Magister der Naturwissenschaften. **6.** → ***ceremony*** 1. **II** *v/t* **7.** Herr sein über (*acc*), *a. Sprache etc* beherrschen. **8.** *Aufgabe, Schwierigkeit etc* meistern, *Temperament etc* zügeln. **III** *adj* **9.** meisterhaft, -lich, Meister... **10.** Haupt... **~ cop·y** *s* Originalkopie *f* (*a. e-s Films etc*).

mas·ter·ful ['mɑːstəfʊl] *adj* □ **1.** herrisch, gebieterisch. **2.** → ***master*** 9.

mas·ter| fuse *s* ⚡ Hauptsicherung *f*. **~ key** *s* Hauptschlüssel *m*.

mas·ter·ly ['mɑːstəlɪ] → ***master*** 9.

'mas·ter|·mind I *s* **1.** überragender Geist, Genie *n*. **2.** (führender) Kopf: ***be the ~ behind*** stecken hinter (*dat*). **II** *v/t* **3.** der Kopf (*gen*) sein, stecken hinter (*dat*). **'~·piece** *s* **1.** Haupt-, Meisterwerk *n*. **2.** Meisterstück *n*. **~ plan** *s* Gesamtplan *m*. **'~·stroke** *s* Meisterstück *n*, -leistung *f*.

mas·ter·y ['mɑːstərɪ] *s* **1.** Herrschaft *f*, Gewalt *f* (***of, over*** über *acc*): ***gain the ~ over*** die Oberhand gewinnen über. **2.** Beherrschung *f* (*e-r Sprache etc*).

mas·ti·cate ['mæstɪkeɪt] *v/t* (zer)kauen. **,mas·ti'ca·tion** *s* (Zer)Kauen *n*.

mas·tiff ['mæstɪf] *s zo.* Bulldogge *f*.

mas·tur·bate ['mæstəbeɪt] *v/i* masturbieren, onanieren. **,mas·tur'ba·tion** *s* Masturbation *f*, Onanie *f*.

mat[1] [mæt] **I** *s* **1.** Matte *f* (*a. Ringen etc*). **2.** Untersetzer *m*, -satz *m*. **3.** Vorleger *m*, Abtreter *m*. **4.** verfilzte Masse. **II** *v/i* **5.** sich verfilzen.

mat[2] [~] **I** *adj* matt (*a. phot.*), mattiert. **II** *v/t* mattieren.

match[1] [mætʃ] *s* Streich-, Zündholz *n*.

match[2] [~] **I** *s* **1.** *der, die, das* gleiche *od.* Ebenbürtige: ***his ~*** seinesgleichen; sein Ebenbild; j-d, der es mit ihm aufnehmen kann; ***be a*** (***no***) ***~ for s.o.*** j-m (nicht) gewachsen sein; ***find*** (*od.* ***meet***) ***one's ~*** s-n Meister finden (***in s.o.*** in j-m). **2.** (dazu) passende Sache *od.* Person, Gegenstück *n*. **3.** (zs.-passendes) Paar, Gespann *n* (*a. fig.*): ***they are an excellent ~*** sie passen ausgezeichnet zueinander. **4.** (*Fußball- etc*)Spiel *n*, (*Box- etc*)Kampf *m*. **5.** Heirat *f*; *gute etc* Partie (*Person*). **II** *v/t* **6.** *j-m, e-r Sache* ebenbürtig *od.* gewachsen sein, gleichkommen: ***no one can ~ her in cooking*** niemand kann so gut kochen wie sie; ***... cannot be ~ed*** ... ist unerreicht *od.* nicht zu überbieten. **7.** *j-m, e-r Sache* (*a. farblich etc*) entsprechen, passen zu. **8.** *j-n, et.* vergleichen (***with*** mit): ***~ one's strength against s.o.('s)*** s-e Kräfte mit j-m messen. **III** *v/i* **9.** zs.-passen, übereinstimmen (***with*** mit), entsprechen (***to*** *dat*).

'match·box *s* Streich-, Zündholzschachtel *f*.

match·ing ['mætʃɪŋ] *adj* (dazu) passend. **'match·less** *adj* □ unvergleichlich, einzigartig.

'match|,mak·er *s* **1.** Ehestifter(in). **2.** *b.s.* Kuppler(in). **~ point** *s Tennis etc*: Matchball *m*.

mate[1] [meɪt] → ***checkmate.***

mate[2] [~] **I** *s* **1.** (Arbeits)Kamerad *m*, (-)Kollege *m*; (*Anrede*) Kamerad!, Kumpel! **2.** *zo.*, *bsd. orn.* Männchen *n od.* Weibchen *n*. **3.** ⚓ Maat *m*. **II** *v/t* **4.** *Tiere* paaren. **III** *v/i* **5.** *zo.* sich paaren.

ma·te·ri·al [mə'tɪərɪəl] **I** *adj* ☐ **1.** materiell, physisch; Material...: ***~ damage*** Sachschaden *m*; ***~ defect*** Materialfehler *m*. **2.** materiell: a) leiblich (*Wohlergehen*), b) wirtschaftlich: ***~ wealth*** materieller Wohlstand. **3.** wesentlich, ausschlaggebend (***to*** für); ⚖ erheblich, relevant. **II** *s* **4.** Material *n*, Stoff *m* (*beide a. fig.* ***for*** zu *e-m Buch etc*). **ma'te·ri·al·ism** *s* Materialismus *m*. **ma'te·ri·al·ist** *s* Materialist(in). **ma,te·ri·al'is·tic** *adj* (***~ally***) materialistisch. **ma'te·ri·al·ize I** *v/t* **1.** *et.* verwirklichen. **II** *v/i* **2.** sich verwirklichen. **3.** erscheinen, sich materialisieren (*Geist*).

ma·ter·nal [mə'tɜ:nl] *adj* ☐ **1.** mütterlich, Mutter... **2.** *Großvater etc* mütterlicherseits.

ma·ter·ni·ty [mə'tɜ:nətɪ] **I** *s* Mutterschaft *f*. **II** *adj*: ***~ allowance*** (*od.* ***benefit***) Mutterschaftsbeihilfe *f*; ***~ dress*** Umstandskleid *n*; ***~ leave*** Mutterschaftsurlaub *m*; ***~ ward*** Entbindungsstation *f*.

mat·ey ['meɪtɪ] *adj* kameradschaftlich: ***be ~ with s.o.*** mit j-m auf du u. du stehen.

math [mæθ] *s Am.* F Mathe *f*.

math·e·mat·i·cal [,mæθə'mætɪkl] *adj* ☐ mathematisch; Mathematik... **math·e·ma·ti·cian** [,~mə'tɪʃn] *s* Mathematiker(in). **math·e·mat·ics** [,~'mætɪks] *s pl* (*mst sg konstruiert*) Mathematik *f*.

maths [mæθs] *s pl* (*mst sg konstruiert*) *Br.* F Mathe *f*.

mat·i·née ['mætɪneɪ] *s thea.* Nachmittagsvorstellung *f*.

mat·ing ['meɪtɪŋ] *s zo.* Paarung *f*: ***~ season*** Paarungszeit *f*.

ma·tri·arch·y ['meɪtrɪɑ:kɪ] *s sociol.* Matriarchat *n*.

ma·tri·ces ['meɪtrɪsi:z] *pl von* ***matrix.***

ma·tric·u·late I *v/t u. v/i* [mə'trɪkjʊleɪt] (sich) immatrikulieren. **II** *s* [~lət] Immatrikulierte *m, f*. **ma,tric·u'la·tion** *s* Immatrikulation *f*.

mat·ri·mo·ni·al [,mætrɪ'məʊnjəl] *adj* ☐ ehelich, Ehe...: ***~ agency*** Heiratsinstitut *n*. **mat·ri·mo·ny** ['~mənɪ] *s* Ehe(-stand *m*) *f*.

ma·trix ['meɪtrɪks] *pl* **ma·tri·ces** ['~trɪsi:z], **'ma·trix·es** *s* **1.** ⚙ Matrize *f*. **2.** ℞ Matrix *f*.

ma·tron ['meɪtrən] *s* **1.** Matrone *f*. **2.** *Br.* Oberschwester *f*, Oberin *f*. **'ma·tron·ly** *adj* matronenhaft.

mat·ter ['mætə] **I** *s* **1.** Materie *f* (*a. phys.*), Substanz *f*, Stoff *m*. **2.** ⚕ Eiter *m*. **3.** Sache *f*, Angelegenheit *f*: ***this is an entirely different ~*** das ist et. ganz anderes; ***a ~of course*** e-e Selbstverständlichkeit; ***as a ~ of course*** selbstverständlich, natürlich; ***a ~ of fact*** e-e Tatsache; ***as a ~ of fact*** tatsächlich, eigentlich; ***a ~ of form*** e-e Formsache; ***as a ~ of form*** der Form halber; ***a ~ of taste*** (e-e) Geschmackssache; ***a ~ of time*** e-e Frage der Zeit; ***it is a ~ of life and death*** es geht um Leben u. Tod; → ***laughing*** 3. **4.** *pl* die Sache, die Dinge *pl*: ***to make ~s worse*** was die Sache noch schlimmer macht; ***as ~s stand*** wie die Dinge liegen. **5.** ***what's the ~*** (***with him***)***?*** was ist los (mit ihm)?; ***it's no ~ whether*** es spielt keine Rolle, ob; ***no ~ what he says*** ganz gleich, was er sagt; ***no ~ who*** gleichgültig, wer. **II** *v/i* **6.** von Bedeutung sein (***to*** für): ***it doesn't ~*** es macht nichts; ***it hardly ~s to me*** es macht mir nicht viel aus; ***it little ~s*** es spielt kaum e-e Rolle. **7.** ⚕ eitern. **,~-of-'course** *adj* selbstverständlich, natürlich. **,~-of--'fact** *adj* sachlich, nüchtern.

mat·tress ['mætrɪs] *s* Matratze *f*.

ma·ture [mə'tjʊə] **I** *adj* ☐ **1.** *allg.* reif (*a. fig.*). **2.** *fig.* ausgereift (*Pläne etc*): ***after ~ reflection*** nach reiflicher Überlegung. **3.** ✝ fällig (*Wechsel*). **II** *v/t* **4.** reifen lassen (*a. fig.*). **III** *v/i* **5.** (heran)reifen (***into*** zu), reif werden (*beide a. fig.*). **6.** ✝ fällig werden. **ma'tur·i·ty** *s* **1.** Reife *f* (*a. fig.*). **2.** ✝ Fälligkeit *f*.

maud·lin ['mɔ:dlɪn] *adj* **1.** weinerlich (*Stimme*). **2.** rührselig.

maul [mɔ:l] *v/t* **1.** *j-n, et.* übel zurichten. **2.** *fig.* herunter-, verreißen (*Kritiker*).

Maun·dy Thurs·day ['mɔ:ndɪ] *s* Gründonnerstag *m*.

mau·so·le·um [,mɔ:sə'lɪəm] *pl* **-le·ums, -le·a** [,~'lɪə] *s* Mausoleum *n*.

mauve [məʊv] *adj* malvenfarbig, mauve.

mav·er·ick ['mævərɪk] *s pol.* (abtrünni-

ger) Einzelgänger; *allg.* Außenseiter *m.*
mawk·ish ['mɔːkɪʃ] *adj* □ **1.** (unangenehm) süßlich. **2.** *fig.* rührselig, süßlich.
max·im ['mæksɪm] *s* Maxime *f*, Grundsatz *m.*
max·i·ma ['mæksɪmə] *pl von* ***maximum.*** **max·i·mal** ['~ml] *adj* □ → ***maximum*** II. '**max·i·mize** *v/t* ✝, ⚙ maximieren. **max·i·mum** ['~məm] **I** *pl* **-ma** ['~mə], **-mums** *s* Maximum *n.* **II** *adj* maximal, Maximal..., Höchst...: ***~ (permissible) speed*** (zulässige) Höchstgeschwindigkeit.
May[1] [meɪ] *s* Mai *m*: ***in ~*** im Mai.
may[2] [~] *v/aux* (*irr*) **1.** *Möglichkeit, Gelegenheit*: *ich* kann, *du* kannst *etc*, *ich* mag, *du* magst *etc*: ***it ~ happen any time*** es kann jederzeit geschehen; ***it might happen*** es könnte geschehen; ***you ~ be right*** du magst recht haben, vielleicht hast du recht. **2.** *Erlaubnis*: *ich* kann, *du* kannst *etc*, *ich* darf, *du* darfst *etc*. **3.** ***you ~ well say so*** du hast gut reden; ***we might as well go*** da könnten wir (auch) ebensogut gehen. **4.** *ungewisse Frage*: ***how old ~ she be?*** wie alt mag sie wohl sein? **5.** *Aufforderung*: ***you might help me*** du könntest mir (eigentlich) helfen.
may·be ['meɪbiː] *adv* vielleicht.
May| bee·tle, ~ bug *s zo.* Maikäfer *m.* **~ Day** *s* der 1. Mai. '**2·day** *int* ✈, ⚓ Mayday! (*internationaler Funknotruf*).
may·hem ['meɪhem] *s* **1.** ⚖ *bsd. Am.* schwere Körperverletzung. **2.** *fig.* Chaos *n*: ***cause*** (*od.* ***create***) ~ ein Chaos auslösen.
may·on·naise [ˌmeɪə'neɪz] *s* Mayonnaise *f.*
may·or [meə] *s* Bürgermeister *m.*
'**may·pole** *s* Maibaum *m.*
maze [meɪz] *s* Irrgarten *m*, Labyrinth *n* (*a. fig.*): ***~ of streets*** Straßengewirr *n*; ***be in a ~*** verwirrt sein.
me [miː] **I** *personal pron* **1.** mich (*acc von* ***I***): ***he knows ~.*** **2.** mir (*dat von* ***I***): ***he gave ~ the book.*** **3.** F ich (*nom*): ***he's younger than ~***; ***it's ~*** ich bin's. **II** *reflex pron* **4.** mich: ***I looked about ~*** ich sah mich um.
mead·ow ['medəʊ] *s* Wiese *f*, Weide *f*: ***in the ~*** auf der Wiese *od.* Weide.
mea·ger *Am.*, **mea·gre** *bsd. Br.* ['miːgə] *adj* □ **1.** mager, dürr, (*Gesicht*) hager. **2.** *fig.* dürftig, kärglich: ***~ attendance*** spärlicher Besuch.
meal[1] [miːl] *s* Mahl(zeit *f*) *n*, Essen *n*: ***~s pl on wheels*** Essen auf Rädern.
meal[2] [~] *s* Schrotmehl *n.*
'**meal·time** *s* Essenszeit *f.*
meal·y ['miːlɪ] *adj* mehlig. **~·mouthed** ['~maʊðd] *adj* schönfärberisch, heuchlerisch (*Person*), (*Äußerung etc a.*) verschlüsselt.
mean[1] [miːn] *adj* □ **1.** gemein, niederträchtig. **2.** schäbig, geizig. **3.** F (*charakterlich*) schäbig: ***feel ~*** sich schäbig *od.* gemein vorkommen (***about*** wegen).
mean[2] [~] **I** *adj* **1.** mittler, Mittel..., durchschnittlich, Durchschnitts... **II** *s* **2.** Mitte *f*, Mittel(weg *m*) *n*, Durchschnitt *m*. **3.** *pl* (*a. sg konstruiert*) Mittel *n od. pl*, Weg *m*: ***by all ~s*** auf alle Fälle, unbedingt; ***by no ~s*** keineswegs, auf keinen Fall; ***by ~s of*** mittels, durch, mit; ***find the ~s*** Mittel u. Wege finden; ***a ~s of communication*** ein Kommunikationsmittel; → ***end*** 10. **4.** *pl* Mittel *pl*, Vermögen *n*: ***live within*** (***beyond***) ***one's ~s*** s-n Verhältnissen entsprechend (über s-e Verhältnisse) leben.
mean[3] [~] (*irr*) **I** *v/t* **1.** beabsichtigen, vorhaben: ***~ to do s.th.*** et. tun wollen; ***I ~ it*** es ist mir Ernst damit; ***~ business*** es ernst meinen; ***~ no harm*** es nicht böse meinen; ***no harm ~t!*** nichts für ungut! **2.** ***be ~t for*** bestimmt sein für, (*Bemerkung etc*) gemünzt sein auf (*acc*). **3.** meinen, sagen wollen: ***what do you ~ by this?*** was wollen Sie damit sagen?; was verstehen Sie darunter? **4.** *e-e Menge Arbeit etc* bedeuten. **5.** bedeuten, heißen (*Wort etc*): ***does this ~ anything to you?*** ist Ihnen das ein Begriff?, sagt Ihnen das et.? **II** *v/i* **6.** ***~ well*** (***ill***) ***by*** (*od.* ***to***) ***s.o.*** j-m wohlgesinnt (übel gesinnt) sein. **7.** ***~ everything*** (***little***) ***to s.o.*** j-m alles (wenig) bedeuten.
me·an·der [mɪ'ændə] *v/i* sich winden *od.* schlängeln.
mean·ing ['miːnɪŋ] **I** *s* **1.** Sinn *m*, Bedeutung *f*: ***full of ~*** → 3; ***do you get*** (*od.* ***take***) ***my ~?*** verstehst du, was ich meine? **2.** Sinn *m*, Inhalt *m*: ***give one's life a new ~*** s-m Leben e-n neuen Sinn geben. **II** *adj* □ **3.** bedeutungsvoll, bedeutsam (*Blick etc*). **mean·ing·ful**

['~ful] *adj* □ **1.** bedeutungsvoll (*Blick, Ereignis etc*). **2.** sinnvoll (*Arbeit etc*). **'mean·ing·less** *adj* □ sinnlos.

mean·ness ['mi:nnɪs] *s* **1.** Gemeinheit *f*, Niederträchtigkeit *f*. **2.** Schäbigkeit *f*, Geiz *m*.

meant [ment] *pret u. pp von* **mean³**.

ˌmean|'time I *adv* inzwischen, unterdessen, in der Zwischenzeit. **II** *s*: ***in the ~*** → I. **ˌ~'while** → ***meantime*** I.

mea·sles ['mi:zlz] *s pl* (*mst sg konstruiert*) ⚕ Masern *pl*: → ***German*** 1.

meas·ur·a·ble ['meʒərəbl] *adj* □ **1.** meßbar. **2.** merklich.

meas·ure ['meʒə] **I** *s* **1.** Maß(einheit *f*) *n*: ***~ of capacity*** Hohlmaß; ***~ of length*** Längenmaß. **2.** *fig*. (richtiges *od*. vernünftiges) Maß, Ausmaß *n*: ***set ~s to*** Grenzen setzen (*dat*); ***know no ~*** kein Maß kennen; ***beyond*** (***all***) ***~*** über alle Maßen, grenzenlos; ***in a great*** (*od*. ***large***) ***~*** in großem Maße; großenteils; ***in some ~, in a*** (***certain***) ***~*** bis zu e-m gewissen Grade. **3.** Maß *n*, Meßgerät *n*: ***weigh with two ~s*** *fig*. mit zweierlei Maß messen. **4.** ♪ Takt *m*. **5.** *Metrik*: Versmaß *n*. **6.** Maßnahme *f*: ***take ~s*** Maßnahmen treffen *od*. ergreifen. **II** *v/t* **7.** (ver)messen, ab-, ausmessen: ***~ s.o.*** j-m Maß nehmen (***for*** für); ***~ one's length*** *fig*. der Länge nach hinfallen. **8.** *fig*. messen (***by*** an *dat*). **9.** *fig*. vergleichen, messen (***against, with*** mit): ***~ one's strength with*** s-e Kräfte messen mit. **III** *v/i* **10.** messen, groß sein: ***it ~s 7 inches*** es mißt 7 Zoll, es ist 7 Zoll lang. **'meas·ure·ment** *s* **1.** (Ver)Messung *f*. **2.** Maß *n*; *pl a*. Abmessungen *pl*: ***take s.o.'s ~s*** j-m Maß nehmen (***for*** für). **'meas·ur·ing** *adj* Meß...: ***~ instrument*** Meßgerät *n*.

meat [mi:t] *s* **1.** Fleisch *n*: ***cold ~*** kalter Braten. **2.** *fig*. Substanz *f*, Gehalt *m*. **'~·ball** *s* Fleischklößchen *n*.

me·chan·ic [mɪ'kænɪk] *s* Mechaniker *m*. **me'chan·i·cal** *adj* □ mechanisch (*a. fig*.): ***~ engineering*** Maschinenbau *m*; ***~ pencil*** *Am*. Drehbleistift *m*.

mech·a·nism ['mekənɪzəm] *s* Mechanismus *m* (*a. fig*.). **'mech·a·nize** *v/t* mechanisieren.

med·al ['medl] *s* **1.** Medaille *f*. **2.** Orden *m*. **med·al·ist** *Am*. → ***medallist***. **me·dal·lion** [mɪ'dæljən] *s* Medaillon *n*.

med·al·list ['medlɪst] *s bsd. Br*. Medaillengewinner(in).

med·dle ['medl] *v/i* sich einmischen (***with, in*** in *acc*). **med·dle·some** ['~səm] *adj* aufdringlich.

me·di·a ['mi:djə] **I** *pl von* **medium. II** *s pl* (*a. sg konstruiert*) Medien *pl*: ***~ event*** Medienereignis *s*; ***~-shy*** medienscheu.

me·di·ae·val → ***medieval.***

me·di·ate ['mi:dɪeɪt] **I** *v/i* vermitteln (***between*** zwischen *dat*). **II** *v/t* (durch Vermittlung) zustande bringen *od*. beilegen. **ˌme·di'a·tion** *s* Vermittlung *f*. **'me·di·a·tor** *s* Vermittler *m*.

med·ic ['medɪk] → ***medico.***

med·i·cal ['medɪkl] **I** *adj* □ **1.** medizinisch, ärztlich, Kranken...: ***~ certificate*** ärztliches Attest; ***~ examination*** ärztliche Untersuchung; ***on ~ grounds*** aus gesundheitlichen Gründen; ***~ student*** Medizinstudent(in). **2.** internistisch: ***~ ward*** innere Abteilung (*e-r Klinik*). **II** *s* **3.** F ärztliche Untersuchung.

me·dic·a·ment [mə'dɪkəmənt] *s* Medikament *n*.

med·i·cate ['medɪkeɪt] *v/t* medizinisch *od*. medikamentös behandeln. **ˌmed·i'ca·tion** *s* medizinische *od*. medikamentöse Behandlung.

me·dic·i·nal [mə'dɪsɪnl] *adj* □ heilkräftig, Heil...: ***~ herbs*** *pl* Heilkräuter *pl*.

med·i·cine ['medsɪn] *s* **1.** Medizin *f*, Arznei *f*: ***give s.o. a dose*** (*od*. ***taste***) ***of his own ~*** *fig*. es j-m in *od*. mit gleicher Münze heimzahlen. **2.** Medizin *f*, Heilkunde *f*; innere Medizin. **~ ball** *s Sport*: Medizinball *m*. **~ chest** *s* Hausapotheke *f*. **~ man** *s* (*irr* ***man***) Medizinmann *m*.

med·i·co ['medɪkəʊ] *pl* **-cos** *s* F Mediziner *m* (*Arzt u. Student*).

me·di·e·val [ˌmedɪ'i:vl] *adj* □ mittelalterlich.

me·di·o·cre [ˌmi:dɪ'əʊkə] *adj* mittelmäßig. **me·di·oc·ri·ty** [ˌ~'ɒkrətɪ] *s* Mittelmäßigkeit *f*.

med·i·tate ['medɪteɪt] **I** *v/i* (***on***) nachdenken (über *acc*), grübeln (über *acc*, *dat*), *a. engS*. meditieren (über *acc*). **II** *v/t* erwägen: ***~ revenge*** auf Rache sinnen. **ˌmed·i'ta·tion** *s* Nachdenken *n*, Grübeln *n*; *engS*. Meditation *f*.

me·di·um ['mi:djəm] **I** *pl* **-di·a** ['~djə],

-di·ums *s* **1.** *fig.* Mitte *f*, Mittelweg *m.* **2.** *biol. etc* Medium *n*, Träger *m.* **3.** ✝ (*a. künstlerisches etc*) Medium *n*, Mittel *n*: → ***advertising*** II. **4.** *Hypnose, Parapsychologie*: Medium *n.* **II** *adj* **5.** mittler, Mittel..., *a.* mittelmäßig. **6.** *gastr.* englisch (*Steak*). **'~-priced** *adj* der mittleren Preislage. **'~-range** *adj*: ***~ missile*** ⚔ Mittelstreckenrakete *f.* **'~-size(d)** *adj* mittelgroß: ***~ car*** *mot.* Mittelklassewagen *m.* **'~-term** *adj* mittelfristig (*Planung etc*). **~ wave** *s* ⚡ Mittelwelle *f*: ***on ~*** auf Mittelwelle.

med·ley ['medlı] *s* **1.** Gemisch *n*, *contp.* Mischmasch *m*, Durcheinander *n.* **2.** ♪ Medley *n*, Potpourri *n.*

meek [mi:k] *adj* □ **1.** sanft(mütig). **2.** bescheiden; *contp.* unterwürfig: ***be ~ and mild*** sich alles gefallen lassen. **'meek·ness** *s* **1.** Sanftmut *f.* **2.** Bescheidenheit *f*; *contp.* Unterwürfigkeit *f.*

meet [mi:t] (*irr*) **I** *v/t* **1.** begegnen (*dat*); treffen, sich treffen mit. **2.** *j-n* kennenlernen: ***when I first met him*** als ich s-e Bekanntschaft machte; ***pleased to ~ you*** F sehr erfreut(, Sie kennenzulernen). **3.** *j-n* abholen (***at the station*** von der Bahn). **4.** → ***halfway*** 3. **5.** (*feindlich*) zs.-treffen mit, (*Sport a.*) treffen auf (*acc*): → ***fate*** 1. **6.** *fig.* entgegentreten (*dat*). **7.** münden in (*acc*) (*Straße acc*); stoßen *od.* treffen auf (*acc*): ***there is more to it than ~s the eye*** da steckt mehr dahinter. **8.** *j-s Wünschen* entgegenkommen, entsprechen, *e-r Forderung, Verpflichtung* nachkommen, *Unkosten* bestreiten, decken. **II** *v/i* **9.** zs.-kommen, -treten. **10.** sich begegnen, sich (*a. verabredungsgemäß*) treffen: ***~ again*** sich wiedersehen; ***our eyes met*** unsere Blicke trafen sich. **11.** (*feindlich*) zs.-stoßen, (*Sport*) aufeinandertreffen. **12.** sich kennenlernen: ***we have met before*** wir kennen uns schon. **13.** sich vereinigen (*Straßen etc*); sich berühren (*a. Interessen etc*). **14.** genau zs.-passen, sich decken: → ***end*** 6. **15.** ***~ with*** zs.-treffen mit; sich treffen mit; erleben, erleiden: ***~ with an accident*** e-n Unfall erleiden, verunglücken; ***~ with a refusal*** auf Ablehnung stoßen; → ***approval*** 2.

meet·ing ['mi:tıŋ] *s* **1.** Begegnung *f*, Zs.-treffen *n*, -kunft *f.* **2.** Versammlung *f*, Konferenz *f*, Tagung *f*: ***at a ~*** auf e-r Versammlung; ***~ of members*** Mitgliederversammlung. **3.** *Sport*: Veranstaltung *f.* **~ place** *s* **1.** Tagungs-, Versammlungsort *m.* **2.** Treffpunkt *m.*

meg·a·lo·ma·ni·a [ˌmegələʊ'meınjə] *s* Größenwahn *m.* **ˌmeg·a·lo'ma·ni·ac** [~nıæk] *adj* größenwahnsinnig.

meg·a·phone ['megəfəʊn] *s* Megaphon *f.*

mel·an·chol·y ['melənkəlı] **I** *s* **1.** Melancholie *f*, Schwermut *f.* **II** *adj* **2.** melancholisch, schwermütig. **3.** traurig, schmerzlich (*Pflicht etc*).

mel·low ['meləʊ] **I** *adj* □ **1.** reif, weich (*Obst*). **2.** ausgereift, lieblich (*Wein*). **3.** sanft, mild (*Licht*), zart (*Farbton*). **4.** *fig.* gereift, abgeklärt (*Person*). **5.** angeheitert, beschwipst. **II** *v/t* **6.** reifen lassen (*a. fig.*). **III** *v/i* **7.** reifen (*a. fig.*).

me·lo·di·ous [mı'ləʊdjəs] *adj* □ melodisch, melodiös.

mel·o·dra·ma ['meləʊˌdrɑ:mə] *s* Melodram(a) *n* (*a. fig.*). **mel·o·dra·mat·ic** [ˌ~drə'mætık] *adj* (***~ally***) melodramatisch.

mel·o·dy ['melədı] *s* Melodie *f.*

melt [melt] (*a. irr*) **I** *v/i* **1.** (zer)schmelzen, sich auflösen: ***~ in the mouth*** auf der Zunge zergehen; ***~ away*** *fig.* sich auflösen (*Menge*); dahinschmelzen (*Geld*); ***~ into tears*** *fig.* in Tränen zerfließen; → ***butter*** 1. **2.** verschmelzen (*Farben, Ränder etc*): ***~ into*** übergehen in (*acc*). **II** *v/t* **3.** schmelzen, *Butter* zerlassen: ***~ down*** einschmelzen. **4.** *fig. j-s Herz* erweichen.

melt·ing ['meltıŋ] *adj* weich, angenehm (*Stimme*). **~ fur·nace** *s* ⚙ Schmelzofen *m.* **~ point** *s phys.* Schmelzpunkt *m.* **~ pot** *s* Schmelztiegel *m* (*a. fig.*).

mem·ber ['membə] *s* **1.** Mitglied *n*, Angehörige *m, f*: ***~ of the family*** Familienmitglied; ***℞ of Parliament*** *Br.* Unterhausabgeordnete *m, f*; ***℞ of Congress*** *Am.* Mitglied des Repräsentantenhauses; ***~s only*** (Zutritt) nur für Mitglieder; ***~ country*** Mitgliedsland *n.* **2.** *anat.* Glied(maße *f*) *n*; (männliches) Glied. **'mem·ber·ship** *s* **1.** (***of***) Mitgliedschaft *f* (bei), Zugehörigkeit *f* (zu): ***~ card*** Mitgliedsausweis *m*; ***~ fee*** Mitgliedsbeitrag *m.* **2.** Mitgliederzahl *f*: ***have***

a ~ of 200 200 Mitglieder haben.

mem·brane ['membreɪn] *s* Membran(e) *f.*

mem·o ['meməʊ] *pl* **-os** *s* F Memo *n* (→ ***memorandum*** 1).

mem·oirs ['memwɑːz] *s pl* Memoiren *pl.*

mem·o·ra·ble ['memərəbl] *adj* □ **1.** denkwürdig. **2.** einprägsam. **3.** unvergeßlich.

mem·o·ran·dum [ˌmemə'rændəm] *pl* **-da** [~də], **-dums** *s* **1.** (*a.* Akten)Vermerk *m*, (-)Notiz *f*; (*geschäftliche*) Kurzmitteilung. **2.** *pol.* Memorandum *n*, Denkschrift *f.*

me·mo·ri·al [mə'mɔːrɪəl] **I** *adj* **1.** Gedenk..., Gedächtnis...: ♀ ***Day*** *Am.* Gedenktag *m* für die Gefallenen (*30. Mai*); ***~ service*** Gedenkgottesdienst *m.* **II** *s* **2.** Denk-, Ehrenmal *n*, Gedenkstätte *f* (***to*** für). **3.** Gedenkfeier *f* (***to*** für).

mem·o·rize ['meməraɪz] *v/t* auswendig lernen, sich *et.* einprägen.

mem·o·ry ['memərɪ] *s* **1.** Gedächtnis *n*: ***from*** (*od.* ***by***) ~ aus dem Gedächtnis, auswendig; ***~ for names*** Namensgedächtnis; ***to the best of my ~*** soweit ich mich erinnern kann; ***call to ~*** sich *et.* ins Gedächtnis zurückrufen; → ***sieve*** I. **2.** Andenken *n*, Erinnerung *f* (***of*** an *acc*): ***in ~ of*** zum Andenken an. **3.** *mst pl* Erinnerung *f*: ***childhood memories*** Kindheitserinnerungen. **4.** *Computer*: Speicher *m.*

men [men] *pl von* ***man***: ***~'s magazine*** Herrenmagazin *n*; ***~'s room*** *Am.* Herrentoilette *f.*

men·ace ['menəs] **I** *v/t* bedrohen. **II** *s* Drohung *f*; Bedrohung *f* (***to*** *gen*).

mend [mend] **I** *v/t* **1.** ausbessern, reparieren, flicken, *Strümpfe etc* flicken; *fig. Freundschaft etc* kitten. **2.** (ver)bessern: ***~ one's ways*** sich bessern. **II** *v/i* **3.** sich bessern (*a. Person*). **4.** ***be ~ing*** auf dem Weg der Besserung sein. **III** *s* **5.** Besserung *f*: ***be on the ~*** → 4. **6.** ausgebesserte Stelle.

men·da·cious [men'deɪʃəs] *adj* □ lügnerisch, verlogen. **men·dac·i·ty** [~'dæsətɪ] *s* Verlogenheit *f.*

me·ni·al ['miːnjəl] *adj* □ untergeordnet, niedrig (*Arbeit*).

men·in·gi·tis [ˌmenɪn'dʒaɪtɪs] *s* ⚕ Hirnhautentzündung *f.*

men·o·pause ['menəʊpɔːz] *s physiol.* Wechseljahre *pl*: ***go through the ~*** in den Wechseljahren sein.

men·stru·ate ['menstrʊeɪt] *v/i physiol.* menstruieren. ˌ**men·stru'a·tion** *s* Menstruation *f.*

men·tal ['mentl] *adj* (□ → ***mentally***) **1.** geistig, Geistes...: ***~ arithmetic*** Kopfrechnen *n*; ***~ deficiency*** (*od.* ***derangement***) Geistesstörung *f*; ***~ disease*** (*od.* ***illness***) Geisteskrankheit *f*; ***~ handicap*** geistige Behinderung; ***~ hospital*** psychiatrische Klinik, Nervenheilanstalt *f*; ***make a ~ note of s.th.*** sich et. (vor)merken; ***~ state*** Geisteszustand *m.* **2.** seelisch, psychisch: ***~ cruelty*** ⚖ seelische Grausamkeit. **men·tal·i·ty** [~'tælətɪ] *s* Mentalität *f.* **men·tal·ly** ['~təlɪ] *adv* **1.** geistig, geistes...: ***~ deficient*** (*od.* ***deranged***) geistesgestört; ***~ handicapped*** geistig behindert; ***~ ill*** geisteskrank. **2.** im Geist, in Gedanken.

men·thol ['menθɒl] *s* ⚗ Menthol *n.*

men·tion ['menʃn] **I** *s* Erwähnung *f*: ***get*** (*od.* ***be given***) ***a ~*** erwähnt werden. **II** *v/t* erwähnen (***to*** gegenüber); ***don't ~ it!*** bitte (sehr)!, gern geschehen!; ***not to ~*** ganz abgesehen *od.* zu schweigen von; nicht zu vergessen; → ***worth*** I.

men·u ['menjuː] *s* Speise(n)karte *f.*

mer·can·tile ['mɜːkəntaɪl] *adj* Handels...: ***~ law*** Handelsrecht *n.*

mer·ce·nar·y ['mɜːsɪnərɪ] *s* ⚔ Söldner *m.*

mer·chan·dise ['mɜːtʃəndaɪz] *s* Ware(n *pl*) *f.*

mer·chant ['mɜːtʃənt] **I** *s* (Groß)Händler *m*, (Groß)Kaufmann *m.* **II** *adj* Handels...: ***~ ship.***

mer·ci·ful ['mɜːsɪfʊl] *adj* □ (***to***) barmherzig (gegen), gnädig (*dat*). **'mer·ci·less** *adj* □ unbarmherzig, erbarmungslos.

mer·cu·ri·al [mɜː'kjʊərɪəl] *adj* □ **1.** Quecksilber... **2.** *fig.* quecksilb(e)rig, quicklebendig; sprunghaft.

mer·cu·ry ['mɜːkjʊrɪ] *s* **1.** ♀ *ast.*, *myth.* Merkur *m.* **2.** ⚗ Quecksilber *n.*

mer·cy ['mɜːsɪ] *s* **1.** Barmherzigkeit *f*, Erbarmen *n*, Gnade *f*: ***without ~*** → ***merciless***; ***be at s.o.'s ~*** j-m (auf Gedeih u. Verderb) ausgeliefert sein; ***have ~ on*** Mitleid *od.* Erbarmen haben mit. **2.** (wahres) Glück, (wahrer) Segen. **~ kill·ing** *s* Sterbehilfe *f.*

mere [mɪə] *adj* bloß, nichts als: ***a ~ ex-***

cuse nur e-e Ausrede; ~ ***imagination*** bloße *od.* reine Einbildung. **'mere·ly** *adv* bloß, nur, lediglich.

merge [mɜːdʒ] **I** *v/i* **1.** (***in, into***) verschmelzen (mit), aufgehen (in *dat*). **2.** zs.-laufen (*Straßen etc*). **3.** ⚕ fusionieren. **II** *v/t* **4.** verschmelzen (***in, into*** mit). **5.** ⚕ fusionieren. **'merg·er** *s* ⚕ Fusion *f*.

me·rid·i·an [mə'rɪdɪən] *s* **1.** *geogr.* Meridian *m*, Längenkreis *m*. **2.** *ast.* Kulminationspunkt *m*; *fig.* Gipfel *m*, Zenit *m*, Höhepunkt *m*.

mer·it ['merɪt] **I** *s* **1.** Verdienst *n*: ***a man of*** ~ ein verdienter *od.* verdienstvoller Mann. **2.** Wert *m*; Vorzug *m*: ***work of*** ~ bedeutendes Werk; ***of artistic*** ~ von künstlerischem Wert. **II** *v/t* **3.** *Lohn, Strafe etc* verdienen. **mer·i·toc·ra·cy** [ˌ~'tɒkrəsɪ] *s* Leistungsgesellschaft *f*.

mer·maid ['mɜːmeɪd] *s* Meerjungfrau *f*, Nixe *f*.

mer·ri·ment ['merɪmənt] *s* **1.** Fröhlichkeit *f*, Lustigkeit *f*, Ausgelassenheit *f*. **2.** Gelächter *n*, Heiterkeit *f*.

mer·ry ['merɪ] *adj* □ **1.** lustig (*a. Streich etc*), fröhlich, ausgelassen: ~ ***Christmas!*** fröhliche *od.* frohe Weihnachten! **2.** F beschwipst, angeheitert: ***get*** ~ sich e-n andudeln.

mesh [meʃ] **I** *s* **1.** Masche *f*. **2.** *mst pl fig.* Netz *n*, Schlingen *pl*: ~ ***of lies*** Lügennetz, -gespinst *n*; ***be caught in the*** ~***es of the law*** sich in den Schlingen des Gesetzes verfangen (haben). **II** *v/t* **3.** in e-m Netz fangen. **III** *v/i* **4.** ineinandergreifen (*Zahnräder*; *a. fig.*). **5.** *fig.* passen (***with*** zu), zs.-passen.

mess [mes] **I** *s* **1.** Unordnung *f*, *a. fig.* Durcheinander *n*; Schmutz *m*; *fig.* Patsche *f*, Klemme *f*: ***in a*** ~ in Unordnung; schmutzig; ***be in a nice*** ~ ganz schön in der Klemme sein *od.* sitzen *od.* stecken; ***make a*** ~ ***of*** → 3. **2.** ⚔ Messe *f*: ***officers'*** ~ Offiziersmesse, -kasino *n*. **II** *v/t* **3.** *a.* ~ ***up*** in Unordnung bringen, *a. fig.* durcheinanderbringen; schmutzig machen; *fig.* verpfuschen, *Pläne etc* über den Haufen werfen. **III** *v/i* **4.** ~ ***about*** (*od.* ***around***) herumspielen, *b.s. a.* herumbasteln (***with*** an *dat*).

mes·sage ['mesɪdʒ] *s* **1.** Mitteilung *f*, Nachricht *f*: ***can I give him a*** ~**?** kann ich ihm et. ausrichten?; ***leave a*** ~ (***for s.o.***) (j-m) e-e Nachricht hinterlassen; ***can I take a*** ~**?** kann ich et. ausrichten?; ***get the*** ~ F kapieren. **2.** *fig.* Anliegen *n* (*e-s Künstlers etc*); Aussage *f* (*e-s Romans etc*).

mes·sen·ger ['mesɪndʒə] *s* **1.** Bote *m*: ***by*** ~ durch Boten. **2.** *fig.* (Vor)Bote *m*. ~ **boy** *s* Laufbursche *m*, Botenjunge *m*.

Mes·si·ah [mɪ'saɪə] *s eccl.* der Messias.

'mess-up *s* Durcheinander *n* (*a. fig.*).

mess·y ['mesɪ] *adj* □ **1.** schmutzig (*a. fig.*). **2.** *fig.* verfahren.

met [met] *pret u. pp von* ***meet.***

met·a·bol·ic [ˌmetə'bɒlɪk] *adj physiol.* Stoffwechsel... **me·tab·o·lism** [me'tæbəlɪzəm] *s* Stoffwechsel *m*.

met·al ['metl] **I** *s* Metall *n*. **II** *adj* → ***metallic*** 1. **me·tal·lic** [mɪ'tælɪk] *adj* (~***ally***) **1.** metallen, Metall... **2.** metallisch (glänzend *od.* klingend). **met·al·lur·gy** [me'tælədʒɪ] *s* Metallurgie *f*, Hüttenkunde *f*.

'met·al-ˌpro·cess·ing *adj* metallverarbeitend.

met·a·mor·pho·sis [ˌmetə'mɔːfəsɪs] *pl* **-ses** [~siːz] *s* Metamorphose *f*, Verwandlung *f*.

met·a·phor ['metəfə] *s* Metapher *f*. **met·a·phor·i·cal** [ˌ~'fɒrɪkl] *adj* □ metaphorisch, bildlich.

met·a·phys·i·cal [ˌmetə'fɪzɪkl] *adj* □ **1.** *phls.* metaphysisch. **2.** übersinnlich. **ˌmet·a'phys·ics** *s pl* (*sg konstruiert*) *phls.* Metaphysik *f*.

me·tas·ta·sis [mə'tæstəsɪs] *pl* **-ses** [~siːz] *s* ⚕ Metastase *f*; Metastasenbildung *f*.

me·te·or ['miːtɪɔː] *s ast.* Meteor *m*. **me·te·or·ic** [ˌmiːtɪ'ɒrɪk] *adj* (~***ally***) **1.** *ast.* meteorisch, Meteor... **2.** *fig.* kometenhaft (*Aufstieg etc*). **me·te·or·ite** ['miːtjəraɪt] *s ast.* Meteorit *m*.

me·te·or·o·log·i·cal [ˌmiːtjərə'lɒdʒɪkl] *adj* □ meteorologisch, Wetter..., Witterungs...: ~ ***office*** Wetteramt *n*. **me·te·or·ol·o·gist** [ˌ~'rɒlədʒɪst] *s* Meteorologe *m*. **ˌme·te·or'ol·o·gy** [~dʒɪ] *s* Meteorologie *f*.

me·ter[1] ['miːtə] *Am.* → ***metre.***

me·ter[2] [~] *s* ⚙ Meßgerät *n*, Zähler *m*: ~ ***maid*** *bsd. Am.* F Politesse *f*; ~ ***reader*** Gas- *od.* Stromableser *m*.

meth·od ['meθəd] *s* **1.** Methode *f*, Verfahren *n*: ***the*** ~ ***of doing s.th.*** die Art u. Weise, et. zu tun. **2.** Methode *f*, System *n*, Planmäßigkeit *f*: ***work with ~*** methodisch arbeiten. **me·thod·i·cal** [mɪ'θɒdɪkl] *adj* □ methodisch, systematisch, planmäßig.

meth·yl ['meθɪl] *s* ⚗ Methyl *n*: ***~ alcohol*** Methylalkohol *m*.

me·tic·u·lous [mɪ'tɪkjʊləs] *adj* □ peinlich genau, akribisch.

me·tre ['miːtə] *s bsd. Br.* **1.** Meter *m, n*. **2.** Versmaß *n*.

met·ric ['metrɪk] **I** *adj* (***~ally***) metrisch: ***~ system*** metrisches (Maß- u. Gewichts)System. **II** *s pl* (*sg konstruiert*) Metrik *f*, Verslehre *f*.

me·trop·o·lis [mɪ'trɒpəlɪs] *s* Metropole *f*, Hauptstadt *f*. **met·ro·pol·i·tan** [ˌmetrə'pɒlɪtən] **I** *adj* ... der Hauptstadt. **II** *s* Bewohner(in) der Hauptstadt.

met·tle ['metl] *s* Mut *m*; Eifer *m*, Feuer *n*: ***put s.o. on his ~*** j-n zur Aufbietung all s-r Kräfte zwingen. **met·tle·some** ['~səm] *adj* mutig; eifrig, feurig.

mew [mjuː] *v/i* miauen.

Mex·i·can ['meksɪkən] **I** *adj* mexikanisch. **II** *s* Mexikaner(in).

mez·za·nine ['metsəniːn] *s* ⚠ Zwischen-, Halbgeschoß *n*.

mi·aow [miː'aʊ] *v/i* miauen.

mice [maɪs] *pl von* ***mouse.***

mick·ey ['mɪkɪ] *s*: ***take the ~ out of s.o.*** *bsd. Br.* F j-n auf den Arm nehmen.

mi·cro... ['maɪkrəʊ] *in Zssgn* Mikro..., (sehr) klein.

mi·crobe ['maɪkrəʊb] *s biol.* Mikrobe *f*.

'mi·cro|·chip *s* ⚡ Mikrochip *m*. **'~·comˌput·er** *s* Mikrocomputer *m*. **~·fiche** ['~fiːʃ] *s* Mikrofiche *m*. **'~·film I** *s* Mikrofilm *m*. **II** *v/t* auf Mikrofilm aufnehmen. **ˌ~'or·gan·ism** *s biol.* Mikroorganismus *m*.

mi·cro·phone ['maɪkrəfəʊn] *s* Mikrophon *f*: ***at the ~*** am Mikrophon.

mi·cro·scope ['maɪkrəskəʊp] **I** *s* Mikroskop *n*. **II** *v/t* mikroskopisch untersuchen. **mi·cro·scop·ic** [ˌ~'skɒpɪk] *adj* (***~ally***) **1.** mikroskopisch. **2.** mikroskopisch klein.

mi·cro·wave ['maɪkrəweɪv] *s* ⚡ Mikrowelle *f*: ***~ oven*** Mikrowellenherd *m*.

mid [mɪd] *adj attr. od. in Zssgn* mittler..., Mittel...: ***in ~-April*** Mitte April; ***be in one's ~-forties*** Mitte vierzig sein. **ˌ~'air** *s*: ***in ~*** in der Luft; ***~ collision*** Zs.-stoß *m* in der Luft. **'~·day I** *s* Mittag *m*. **II** *adj* mittägig, Mittag(s)...

mid·dle ['mɪdl] **I** *adj* **1.** mittler, Mittel...: ***~ classes*** *pl* Mittelstand *m*; ***~ ear*** *anat.* Mittelohr *n*; ***~ finger*** Mittelfinger *m*; ***~ name*** zweiter Vorname; → ***management*** 2. **II** *s* **2.** Mitte *f*: ***in the ~*** in der Mitte; ***in the ~ of*** in der Mitte (*gen*), mitten in (*dat*); ***in the ~ of July*** Mitte Juli; ***in the ~ of the street*** mitten auf der Straße. **3.** Taille *f*. **4.** mittlerer Teil, Mittelstück *n*. **~ age** *s* mittleres Alter: ***be in ~*** mittleren Alters sein. **ˌ~-'aged** *adj* mittleren Alters. **♀ Ag·es** *s pl das* Mittelalter *n*. **ˌ~-'dis·tance** *adj Sport*: Mittelstrecken... **♀ East** *s geogr. der* Nahe Osten. **'~·man** *s* (*irr* ***man***) *s* **1.** Mittelsmann *m*. **2.** ⚜ Zwischenhändler *m*. **ˌ~-of-the-'road** *adj bsd. pol.* gemäßigt. **'~·weight** *s Sport*: Mittelgewicht(ler *m*) *n*.

mid·dling ['mɪdlɪŋ] **I** *adj* von mittlerer Größe *od.* Güte, mittelmäßig (*a. contp.*): *how are you?* ***fair to ~*** so einigermaßen, mittelprächtig. **II** *adv* F leidlich, einigermaßen.

ˌmid'field *s bsd. Fußball*: Mittelfeld *n*: ***in ~*** im Mittelfeld; ***~ man*** (*od.* ***player***) Mittelfeldspieler *m*.

midge [mɪdʒ] *s zo.* Mücke *f*.

midg·et ['mɪdʒɪt] **I** *s* Zwerg *m*, Knirps *m*. **II** *adj* Zwerg..., Miniatur..., Kleinst...

mid|·land ['mɪdlənd] *s*: ***the ♀s*** *pl* Mittelengland *n*. **'~·life cri·sis** *s* (*irr* ***crisis***) *psych.* Midlife-crisis *f*. **'~·night I** *s* Mitternacht *f*: ***at ~*** um Mitternacht. **II** *adj* Mitternachts...: ***~ sun***; ***burn the ~ oil*** bis spät in die Nacht arbeiten *od.* aufbleiben. **'~·point** *s*: ***be at ~*** die Hälfte hinter sich haben. **'~ˌsum·mer I** *s* **1.** Hochsommer *m*. **2.** *ast.* Sommersonnenwende *f*. **II** *adj* **3.** hochsommerlich, Hochsommer... **ˌ~'way** *adj a. fig.* auf halbem Weg (***between*** zwischen *dat*). **'~·wife** *s* (*irr* ***wife***) Hebamme *f*. **ˌ~-'win·ter** *s* **1.** Mitte *f* des Winters. **2.** *ast.* Wintersonnenwende *f*.

might¹ [maɪt] *s*: ***with ~ and main*** mit aller Kraft *od.* Gewalt.

might² [~] *pret von* ***may²***.

might·y ['maɪtɪ] **I** *adj* □ mächtig, gewaltig (*beide a. fig.*). **II** *adv* F ungeheuer: ***~ easy*** kinderleicht; ***~ fine*** prima.

mi·graine ['miːgreɪn] *s* ⚕ Migräne *f*.

mi·grant ['maɪgrənt] → ***migratory.***

mi·grate [maɪˈgreɪt] *v/i* (ab-, aus)wandern, (*a. orn.* fort)ziehen. **miˈgra·tion** *s* **1.** Wanderung *f* (*a.* ⚗, *zo.*). **2.** Abwandern *n*, Fortziehen *n*. **mi·gra·to·ry** [ˈ~grətərɪ] *adj* Wander..., Zug...: *~ bird* Zugvogel *m*; *~ worker* Wanderarbeiter *m*.

mike [maɪk] *s* F Mikro *n* (*Mikrophon*).

mild [maɪld] *adj* □ mild (*Strafe, Wein, Wetter etc*), (*Licht etc a.*) sanft, (*Fieber, Zigarre etc a.*) leicht: *to put it ~ly* gelinde gesagt; *that's putting it ~ly* das ist gar kein Ausdruck.

mil·dew [ˈmɪldjuː] **I** *s* **1.** ♣ Mehltau *m*. **2.** Schimmel *m*, Moder *m*. **II** *v/i* **3.** schimm(e)lig *od.* mod(e)rig werden.

mild·ness [ˈmaɪldnɪs] *s* Milde *f*.

mile [maɪl] *s* Meile *f*: *~s apart* meilenweit auseinander; *fig.* himmelweit (voneinander) entfernt; *~s better* F wesentlich besser; *for ~s* meilenweit; *it sticks out a ~* F das sieht ja ein Blinder; *talk a ~ a minute* F wie ein Maschinengewehr *od.* Wasserfall reden.

mile·age [ˈmaɪlɪdʒ] *s* **1.** zurückgelegte Meilenzahl *od.* Fahrtstrecke, Meilenstand *m*: *~ indicator* (*od.* *recorder*) *mot.* Meilenzähler *m*. **2.** *a. ~ allowance* Meilengeld *n*.

mile·om·e·ter [maɪˈlɒmɪtə] *s mot.* Meilenzähler *m*.

ˈmile·stone *s* Meilenstein *m* (*a. fig.*).

mil·i·tant [ˈmɪlɪtənt] **I** *adj* □ **1.** kriegführend. **2.** militant. **II** *s* **3.** militante Person, militantes Mitglied. **mil·i·ta·rism** [ˈ~tərɪzəm] *s* Militarismus *m*. **ˈmil·i·ta·rist** *s* Militarist *m*. **ˌmil·i·taˈris·tic** *adj* (*~ally*) militaristisch. **ˈmil·i·tar·y** **I** *adj* □ militärisch, Militär...: *~ academy* Militärakademie *f*; *of ~ age* in wehrpflichtigem Alter; *~ cemetery* Soldatenfriedhof *m*; *~ dictatorship* Militärdiktatur *f*; *~ government* Militärregierung *f*; *~ police* Militärpolizei *f*; *do one's ~ service* s-n Militärdienst ableisten. **II** *s* (*pl konstruiert*): *the ~* das Militär.

mi·li·tia [mɪˈlɪʃə] *s* Miliz *f*, Bürgerwehr *f*. **miˈli·tia·man** [~mən] *s* (*irr* ***man***) Milizsoldat *m*.

milk [mɪlk] **I** *s* Milch *f* (*a.* ♣, ⚗): *land of ~ and honey fig.* Schlaraffenland *n*; *it's no use crying over spilt ~* geschehen ist geschehen. **II** *v/t* melken (*a. fig.*). **III** *v/i* Milch geben. *~* ***bar*** *s* Milchbar *f*. *~* ***choc·o·late*** *s* Vollmilchschokolade *f*. *~* ***float*** *s Br.* Milchwagen *m*. *~* ***glass*** *s* Milchglas *n*. **~·man** [ˈ~mən] *s* (*irr* ***man***) Milchmann *m*. *~* ***pow·der*** *s* Milchpulver *n*, Trockenmilch *f*. *~* ***shake*** *s* Milchshake *m*. **ˈ~·sop** *s* Weichling *m*, Muttersöhnchen *n*. *~* ***tooth*** *s* (*irr* ***tooth***) Milchzahn *m*.

milk·y [ˈmɪlkɪ] *adj* □ **1.** milchig. **2.** mit (viel) Milch (*Kaffee etc*). ♀ **Way** *s ast.* Milchstraße *f*.

mill [mɪl] **I** *s* **1.** *allg.* Mühle *f*: *go through the ~ fig.* e-e harte Schule durchmachen; *put s.o. through the ~ fig.* j-n hart rannehmen. **2.** Fabrik *f*, Werk *n*: → *rolling mill, spinning mill.* **II** *v/t* **3.** *Korn etc* mahlen. **4.** ⚙ *allg.* verarbeiten. **III** *v/i* **5.** *a. ~ about* (*od.* *around*) herumlaufen: *~ing crowd* wogende Menge, (Menschen)Gewühl *n*.

mil·len·ni·um [mɪˈlenɪəm] *pl* **-ums, -a** [~ə] *s* Jahrtausend *n*.

mil·le·pede [ˈmɪlɪpiːd] *s zo.* Tausendfüßer *m*.

mill·er [ˈmɪlə] *s* Müller *m*.

mil·li·gram(me) [ˈmɪlɪgræm] *s* Milligramm *n*.

mil·li·me·ter *Am.*, **mil·li·me·tre** *bsd. Br.* [ˈmɪlɪˌmiːtə] *s* Millimeter *m, n*.

mil·lion [ˈmɪljən] *s* Million *f*: *feel like a ~ dollars* F sich ganz prächtig fühlen. **mil·lion·aire** [ˌ~ˈneə] *s* Millionär(in).

ˈmill|·pond *s* Mühlteich *m*: (*as*) *smooth as a ~* spiegelglatt (*Meer etc*). **ˈ~·stone** *s* Mühlstein *m*: *be a ~ round s.o.'s neck fig.* j-m ein Klotz am Bein sein.

mime [maɪm] **I** *s* **1.** Pantomime *f*. **2.** Pantomime *m*. **II** *v/t* **3.** (panto)mimisch darstellen. **4.** mimen, nachahmen. **III** *v/i* **5.** *TV etc* Playback singen *od.* spielen. **ˈmim·ic·ry** *s* **1.** Nachahmung *f*. **2.** *zo.* Mimikry *f*.

mim·ing [ˈmaɪmɪŋ] *s TV etc* Playback *n*.

mim·ic [ˈmɪmɪk] **I** *adj* **1.** mimisch. **2.** nachgeahmt, Schein... **II** *s* **3.** Nachahmer *m*, Imitator *m*. **III** *v/t pret u. pp* **-icked** **4.** nachahmen (*a. biol.*).

mi·mo·sa [mɪˈməʊzə] *s* ♣ Mimose *f*.

min·a·ret [ˈmɪnəret] *s* ⚠ Minarett *n*.

mince [mɪns] **I** *v/t* zerhacken, (zer-) schneiden: *~ meat* Fleisch durchdrehen, Hackfleisch machen; *~d meat* Hackfleisch *n*; *not to ~ matters* (*od.*

one's words) *fig.* kein Blatt vor den Mund nehmen. **II** *v/i* geziert *od.* affektiert sprechen; tänzeln, trippeln. **III** *s bsd. Br.* Hackfleisch *n.* **'~·meat** *s* **1.** Hackfleisch *n*: ***make ~ of*** *fig.* aus *j-m* Hackfleisch machen; *Argument etc* (in der Luft) zerreißen. **2.** Pastetenfüllung *f.* **~ pie** *s* gefüllte Pastete.

minc·er ['mınsə] *s* Fleischwolf *m.*

'minc·ing *adj* □ **1. ~ *machine*** Fleischwolf *m.* **2.** geziert, affektiert; tänzelnd, trippelnd.

mind [maınd] **I** *s* **1.** Sinn *m*, Gemüt *n*, Herz *n*: ***have s.th. on one's ~*** et. auf dem Herzen haben. **2.** Verstand *m*, Geist *m*: ***before one's ~'s eye*** vor s-m geistigen Auge; ***be out of one's ~*** nicht (recht) bei Sinnen sein; ***enter s.o.'s ~*** j-m in den Sinn kommen; ***lose one's ~*** den Verstand verlieren; ***put s.th. out of one's ~*** sich et. aus dem Kopf schlagen; ***read s.o.'s ~*** j-s Gedanken lesen; → ***presence.*** **3.** Kopf *m*, Geist *m* (*Person*). **4.** Ansicht *f*, Meinung *f*: ***to my ~*** m-r Ansicht nach, m-s Erachtens; ***change one's ~*** es sich anders überlegen, s-e Meinung ändern; ***give s.o. a piece of one's ~*** j-m gründlich die Meinung sagen; ***speak one's ~*** (***to s.o.***) (j-m) s-e Meinung sagen. **5.** Neigung *f*, Lust *f*, Absicht *f*: ***have s.th. in ~*** et. im Sinn haben; ***have a good*** (***half a***) ***~ to do s.th.*** gute (nicht übel) Lust haben, et. zu tun; ***make up one's ~*** sich entschließen, e-n Entschluß fassen; zu der Überzeugung kommen (***that*** daß), sich klarwerden (***about*** über *acc*). **6.** Erinnerung *f*, Gedächtnis *n*: ***bear*** (*od.* ***keep***) ***in ~*** (immer) denken an (*acc*), *et.* nicht vergessen; → ***stick***[2] 7. **II** *v/t* **7.** achtgeben auf (*acc*): ***~ the step!*** Vorsicht, Stufe!; ***~ your head!*** stoß dir den Kopf nicht an! **8.** sehen nach, aufpassen auf (*acc*): ***~ your own business!*** kümmere dich um deine eigenen Dinge! **9.** et. haben gegen: ***do you ~ my smoking*** (*od.* ***if I smoke***)? haben Sie et. dagegen *od.* stört es Sie, wenn ich rauche?; ***would you ~ coming?*** würden Sie so freundlich sein zu kommen? **III** *v/i* **10.** aufpassen: ***~*** (***you***) wohlgemerkt; allerdings; ***never ~!*** macht nichts!, ist schon gut! **11.** et. dagegen haben: ***I don't ~*** meinetwegen, von mir aus (gern). **'~-ˌbend·ing** *adj* F (nahezu) unfaßbar *od.* unverständlich. **'~-ˌblow·ing, '~-ˌbog·gling** *adj* F irr(e).

mind·ed ['maındıd] *adj in Zssgn* ...gesinnt; *religiös, technisch etc* veranlagt; ...begeistert. **'mind·er** *s* Aufseher *m*; Aufpasser *m.*

'mind-exˌpand·ing *adj* bewußtseinserweiternd.

mind·ful ['maındfʊl] *adj* □ **1.** aufmerksam, achtsam: ***be ~ of*** achten auf (*acc*). **2.** eingedenk (***of*** *gen*): ***be ~ of*** denken an (*acc*), bedenken. **'mind·less** *adj* □ **1.** (***of***) unbekümmert (um), ohne Rücksicht (auf *acc*). **2.** gedankenlos, blind.

mind read·er *s* Gedankenleser(in).

mine[1] [maın] *possessive pron*: ***it is ~*** es gehört mir; ***a friend of ~*** ein Freund von mir; ***his mother and ~*** s-e u. m-e Mutter.

mine[2] [~] **I** *v/i* **1.** schürfen, graben (***for*** nach). **II** *v/t* **2.** *Erz, Kohle* abbauen, gewinnen. **3.** ⚓, ⚔ verminen. **4.** *fig.* untergraben, -minieren. **III** *s* **5.** Bergwerk *n*, Zeche *f*, Grube *f.* **6.** ⚓, ⚔ Mine *f.* **7.** *fig.* Fundgrube *f* (***of*** an *dat*): ***he is a ~ of information*** er ist e-e gute *od.* reiche Informationsquelle. **~ de·tec·tor** *s* ⚔ Minensuchgerät *n.*

min·er ['maınə] *s* Bergmann *m*, Kumpel *m.*

min·er·al ['mınərəl] **I** *s* **1.** Mineral *n.* **2.** *mst pl Br.* Mineralwasser *n.* **II** *adj* **3.** Mineral...: ***~ oil; ~ water; ~ coal*** Steinkohle *f*; ***~ resources*** *pl* Bodenschätze *pl.*

min·er·al·og·i·cal [ˌmınərə'lɒdʒıkl] *adj* □ mineralogisch. **min·er·al·o·gist** [ˌ~'rælədʒıst] *s* Mineraloge *m.* **ˌmin·er'al·o·gy** [~dʒı] *s* Mineralogie *f.*

min·gle ['mıŋgl] **I** *v/i* **1.** sich (ver)mischen (***with*** mit). **2.** sich (ein)mischen (***in*** in *acc*); sich mischen (***among, with*** unter *acc*). **II** *v/t* **3.** (ver)mischen (***with*** mit).

min·i... ['mını] *in Zssgn* Mini...

min·i·a·ture ['mınətʃə] **I** *s* **1.** Miniatur(gemälde *n*) *f.* **2.** *fig.* Miniaturausgabe *f*: ***in ~*** en miniature, im kleinen. **II** *adj* **3.** Miniatur...

'min·i|·bus *s* Kleinbus *m.* **'~·dress** *s* Minikleid *n.*

min·im ['mınım] *s* ♪ halbe Note.

min·i·ma ['mınımə] *pl von* ***minimum.***

min·i·mal ['~ml] *adj* □ **1.** minimal. **2.** → ***minimum*** II. '**min·i·mize** *v/t* **1.** auf ein Minimum herabsetzen, möglichst gering halten. **2.** bagatellisieren, herunterspielen. **min·i·mum** ['~məm] **I** *pl* **-ma** ['~mə] *s* Minimum *n*: ***with a ~ of*** mit e-m Minimum an (*dat*); → ***keep to*** 3. **II** *adj* Minimal..., Mindest...

min·ing ['maɪnɪŋ] **I** *s* Bergbau *m*. **II** *adj* Bergwerks..., Berg(bau)...: ***~ disaster*** Grubenunglück *n*.

'**min·i·skirt** *s* Minirock *m*.

min·is·ter ['mɪnɪstə] **I** *s* **1.** *eccl.* Geistliche *m*, Pfarrer *m*. **2.** *pol. bsd. Br.* Minister *m*: ♀ ***of Defence*** Verteidigungsminister. **II** *v/i* **3.** ***~ to s.o.*** sich um j-n kümmern, für j-n sorgen. **min·is·te·ri·al** [ˌ~'stɪərɪəl] *adj* □ **1.** *eccl.* geistlich. **2.** *pol. bsd. Br.* ministeriell, Minister...

min·is·tra·tion [ˌmɪnɪ'streɪʃn] *s mst pl* Dienst *m* (***to*** an *dat*).

min·is·try ['mɪnɪstrɪ] *s* **1.** *eccl.* geistliches Amt. **2.** *pol. bsd. Br.* Ministerium *n*: ♀ ***of Defence*** Verteidigungsministerium.

mink [mɪŋk] *s zo.* Nerz *m*.

mi·nor ['maɪnə] **I** *s* **1.** *univ. Am.* Nebenfach *n*. **2.** ⚖ Minderjährige *m, f*. **3.** ♪ Moll *n*. **II** *adj* **4.** kleiner, *fig. a.* unbedeutend, unwichtig. **5.** ⚖ minderjährig. **III** *v/i* **6.** ***~ in*** *univ. Am.* als *od.* im Nebenfach studieren. **mi·nor·i·ty** [maɪ'nɒrətɪ] *s* **1.** Minderheit *f*: ***be in the*** (*od.* ***a***) ***~*** in der Minderheit sein; ***~ government*** *pol.* Minderheitsregierung *f*. **2.** ⚖ Minderjährigkeit *f*.

mint¹ [mɪnt] *s* **1.** ♀ Minze *f*: ***~ sauce*** Minzsoße *f*. **2.** Pfefferminz *n* (*Bonbon*).

mint² [~] **I** *s* **1.** Münze *f*, Münzanstalt *f*. **2.** ***a ~*** (***of money***) F ein Heidengeld. **II** *adj* **3.** ungebraucht (*Münze*), postfrisch (*Briefmarke*); ***in ~ condition*** in einwandfreiem *od.* tadellosem Zustand. **III** *v/t* **4.** *Geld, a. fig. Wort etc* prägen.

min·u·et [ˌmɪnjʊ'et] *s* ♪ Menuett *n*.

mi·nus ['maɪnəs] **I** *prp* **1.** & minus, weniger. **2.** F ohne. **II** *adj* **3.** Minus...: ***~ amount*** → 5a; ***~ sign*** → 4. **III** *s* **4.** Minus(zeichen) *n*. **5.** Minus *n*: a) Fehlbetrag *m*, b) Nachteil *m*, c) Mangel *m* (***of*** an *dat*).

min·ute¹ ['mɪnɪt] **I** *s* **1.** Minute *f*: ***to the ~*** auf die Minute (genau); ***I won't be a ~*** ich bin gleich wieder da; ich bin gleich fertig; ***ten-~*** zehnminütig; → ***silence*** I. **2.** Augenblick *m*: ***at the last ~*** in letzter Minute; ***in a ~*** sofort; ***just a ~!*** Moment mal! **3.** *pl* (Sitzungs)Protokoll *n*: ***keep the ~s*** das Protokoll führen. **II** *v/t* **4.** protokollieren.

mi·nute² [maɪ'nju:t] *adj* □ **1.** winzig. **2.** peinlich genau, minuziös.

min·ute| hand *s* Minutenzeiger *m* (*e-r Uhr*). **~ steak** *s gastr.* Minutensteak *n*.

minx [mɪŋks] *s* (kleines) Biest.

mir·a·cle ['mɪrəkl] *s* Wunder *n* (*a. fig.* ***of*** an *dat*): ***as if by*** (***a***) ***~*** wie durch ein Wunder; ***work*** (***perform***) ***~s*** Wunder tun (vollbringen). **mi·rac·u·lous** [mɪ'rækjʊləs] *adj* wunderbar (*a. fig.*), Wunder... **mi'rac·u·lous·ly** *adv* wie durch ein Wunder.

mi·rage ['mɪrɑ:ʒ] *s* **1.** *phys.* Luftspieg(e)lung *f*, Fata Morgana *f* (*a. fig.*). **2.** *fig.* Illusion *f*.

mire ['maɪə] *s* Schlamm *m*: ***drag through the ~*** *fig.* in den Schmutz ziehen.

mir·ror ['mɪrə] **I** *s* **1.** Spiegel *m*: ***hold up the ~ to s.o.*** *fig.* j-m den Spiegel vorhalten. **2.** *fig.* Spiegel(bild *n*) *m*. **II** *v/t* **3.** (wider)spiegeln (*a. fig.*): ***be ~ed*** sich spiegeln (***in*** in *dat*). **~ im·age** *s* Spiegelbild *n*. '**~-inˌvert·ed** *adj* seitenverkehrt. **~ writ·ing** *s* Spiegelschrift *f*.

mirth [mɜ:θ] *s* Fröhlichkeit *f*, Heiterkeit *f*, Freude *f*. **mirth·ful** ['~fʊl] *adj* □ fröhlich, heiter, lustig. '**mirth·less** *adj* □ freudlos.

mis... [mɪs] *in Zssgn* miß..., falsch.

ˌ**mis·ad'ven·ture** *s* **1.** Unfall *m*, Unglück(sfall *m*) *n*. **2.** Mißgeschick *n*: ***he's had a ~*** ihm ist ein Mißgeschick passiert.

mis·an·thrope ['mɪsənθrəʊp] *s* Menschenfeind(in), -hasser(in). **mis·an·throp·ic** [ˌ~'θrɒpɪk] *adj* (***~ally***) menschenfeindlich. **mis·an·thro·py** [mɪ'sænθrəpɪ] *s* Menschenfeindlichkeit *f*, -haß *m*.

ˌ**mis·ap'ply** *v/t* **1.** falsch verwenden. **2.** → ***misappropriate*** 1.

'**misˌap·pre'hend** *v/t* mißverstehen. '**misˌap·pre'hen·sion** *s* Mißverständnis *n*: ***be*** (*od.* ***labo***[***u***]***r***) ***under a ~*** sich in e-m Irrtum befinden.

ˌ**mis·ap'pro·pri·ate** *v/t* **1.** unterschlagen, veruntreuen. **2.** zweckentfremden. '**mis·apˌpro·pri'a·tion** *s* **1.** Unterschlagung *f*, Veruntreuung *f*. **2.** Zweckentfremdung *f*.

ˌmis·beˈhave *v/i* sich schlecht benehmen, sich danebenbenehmen, (*Kind*) ungezogen sein. **ˌmis·beˈhav·io(u)r** *s* schlechtes Benehmen, Ungezogenheit *f*.

ˌmisˈcal·cu·late I *v/t* falsch berechnen, sich verrechnen in (*dat*). **II** *v/i* sich verrechnen *od.* verkalkulieren. **ˈmisˌcal·cuˈla·tion** *s* Rechenfehler *m*, Fehlkalkulation *f*.

ˌmisˈcar·riage *s* **1.** Fehlschlag(en *n*) *m*, Mißlingen *n*: **~ *of justice*** ⚖ Fehlurteil *n*, Justizirrtum *m*. **2.** ⚕ Fehlgeburt *f*. **ˌmisˈcar·ry** *v/i* **1.** fehlschlagen, mißlingen. **2.** ⚕ e-e Fehlgeburt haben.

mis·cel·la·ne·ous [ˌmɪsəˈleɪnjəs] *adj* □ ge-, vermischt; verschiedenartig. **mis·cel·la·ny** [mɪˈselənɪ] *s* **1.** Gemisch *n*. **2.** Sammlung *f*, Sammelband *m*.

ˌmisˈchance *s*: ***by*** **~** durch e-n unglücklichen Zufall.

mis·chief [ˈmɪstʃɪf] *s* **1.** Unheil *n*, Schaden *m*: ***do*** **~** Unheil *od.* Schaden anrichten; ***make*** **~** Unfrieden stiften (***between*** zwischen *dat*); ***mean*** **~** Böses im Schilde führen. **2.** Unfug *m*, Dummheiten *pl*: ***be up to*** **~** et. aushecken. **3.** Übermut *m*, Ausgelassenheit *f*: ***be full of*** **~** immer zu Dummheiten aufgelegt sein. **ˈ~-ˌmak·er** *s* Unruhestifter(in).

mis·chie·vous [ˈmɪstʃɪvəs] *adj* □ **1.** boshaft, mutwillig. **2.** schelmisch.

ˌmis·conˈceive *v/t* falsch auffassen, mißverstehen. **ˌmis·conˈcep·tion** *s* Mißverständnis *n*.

mis·con·duct I *v/t* [ˌmɪskənˈdʌkt] **1.** schlecht führen. **2.** **~ *o.s.*** sich schlecht benehmen. **II** *s* [ˌmɪsˈkɒndʌkt] **3.** schlechte Führung. **4.** schlechtes Benehmen. **5.** Verfehlung *f*.

ˌmis·conˈstruc·tion *s* Mißdeutung *f*, falsche Auslegung. **ˌmis·conˈstrue** *v/t* mißdeuten, falsch auslegen.

ˌmisˈcount I *v/t* falsch (aus)zählen. **II** *v/i* sich verzählen.

ˌmisˈdeal *v/t u. v/i* (*irr* ***deal***): **~** (***the cards***) (*Kartenspiel*) sich vergeben.

ˌmisˈdeed *s* Missetat *f*.

mis·de·mean·o(u)r [ˌmɪsdɪˈmiːnə] *s* ⚖ Vergehen *n*.

ˌmis·diˈrect *v/t* **1.** *j-n*, *et.* fehl-, irreleiten (*a. fig.*), *j-m* den falschen Weg zeigen. **2.** *Brief etc* falsch adressieren.

mi·ser [ˈmaɪzə] *s* Geizhals *m*.

mis·er·a·ble [ˈmɪzərəbl] *adj* □ **1.** jämmerlich, erbärmlich, kläglich, *contp. a.* miserabel. **2.** traurig, unglücklich.

mi·ser·ly [ˈmaɪzəlɪ] *adj* geizig.

mis·er·y [ˈmɪzərɪ] *s* **1.** Elend *n*, Not *f*. **2.** Trübsal *f*, Jammer *m*.

ˌmisˈfire I *v/i* **1.** versagen (*Schußwaffe*). **2.** *mot.* fehlzünden, aussetzen. **3.** *fig.* danebengehen (*Witz etc*), fehlschlagen (*Plan etc*). **II** *s* **4.** *mot.* Fehlzündung *f*.

ˈmis·fit *s* **1.** schlechtsitzendes Kleidungsstück. **2.** Außenseiter(in).

misˈfor·tune *s* **1.** schweres Schicksal, Unglück *n*. **2.** Unglücksfall *m*; Mißgeschick *n*.

misˈgiv·ing *s* Befürchtung *f*, Zweifel *m*.

ˌmisˈgov·ern *v/t* schlecht regieren *od.* verwalten.

ˌmisˈguid·ed *adj* irrig (*Entscheidung etc*), unangebracht (*Optimismus etc*).

ˌmisˈhan·dle *v/t* **1.** *et.* falsch behandeln *od.* handhaben. **2.** *fig.* falsch anpacken.

mis·hap [ˈmɪshæp] *s* Unglück(sfall *m*) *n*; Mißgeschick *n*: ***he's had a*** **~** ihm ist ein Mißgeschick passiert; ***without*** **~** ohne Zwischenfälle.

ˌmisˈhear (*irr* ***hear***) **I** *v/t* falsch hören. **II** *v/i* sich verhören.

mish·mash [ˈmɪʃmæʃ] *s* Mischmasch *m*.

ˌmis·inˈform *v/t* *j-n* falsch informieren (***about*** über *acc*). **ˌmis·in·forˈma·tion** *s* Fehlinformation *f*.

ˌmis·inˈter·pret *v/t* mißdeuten, falsch auffassen *od.* auslegen. **ˈmis·inˌter·preˈta·tion** *s* Mißdeutung *f*, falsche Auslegung.

ˌmisˈjudge *v/t* **1.** falsch beurteilen, verkennen. **2.** falsch einschätzen.

ˌmisˈlay *v/t* (*irr* ***lay***) *et.* verlegen.

ˌmisˈlead *v/t* (*irr* ***lead***) **1.** irreführen, täuschen: ***be misled*** sich täuschen lassen. **2.** verführen, -leiten (***into doing*** zu tun).

ˌmisˈman·age *v/t* schlecht verwalten *od.* führen. **ˌmisˈman·age·ment** *s* Mißwirtschaft *f*.

mis·no·mer [ˌmɪsˈnəʊmə] *s* falsche Benennung *od.* Bezeichnung.

mi·sog·a·mist [mɪˈsɒgəmɪst] *s* Ehefeind *m*.

mi·sog·y·nist [mɪˈsɒdʒɪnɪst] *s* Frauenfeind *m*.

ˌ**misˈplace** *v/t* **1.** *et.* verlegen. **2.** *et.* an e-e falsche Stelle legen *od.* setzen: **~d** *fig.* unangebracht, deplaziert.

mis·print I *v/t* [ˌmɪsˈprɪnt] verdrucken. **II** *s* [ˈmɪsprɪnt] Druckfehler *m.*

ˌ**mis·proˈnounce** *v/t* falsch aussprechen. ˈ**mis·proˌnun·ciˈa·tion** *s* falsche Aussprache.

ˌ**mis·quoˈta·tion** *s* falsches Zitat. ˌ**misˈquote** *v/t* falsch zitieren.

ˌ**misˈread** *v/t* (*irr* ***read***) **1.** falsch lesen. **2.** mißdeuten.

ˈ**misˌrep·reˈsent** *v/t* **1.** falsch darstellen. **2.** entstellen, verdrehen. ˈ**misˌrep·re·senˈta·tion** *s* **1.** falsche Darstellung. **2.** Entstellung *f*, Verdrehung *f.*

miss[1] [mɪs] *s* **1.** ♀ (*mit folgendem Namen*) Fräulein *n*: ♀ ***Smith***; ♀ ***America*** Miß *f* Amerika. **2.** (*ohne folgenden Namen*) Fräulein *n* (*Anrede für Lehrerinnen, Kellnerinnen etc*).

miss[2] [~] **I** *v/t* **1.** *Chance, Zug etc* verpassen, *Beruf, Ziel etc* verfehlen, sich *et.* entgehen lassen: ***~ the boat*** (*od.* ***bus***) F den Anschluß *od.* s-e Chance verpassen; ***~ doing s.th.*** versäumen, et. zu tun. **2.** *a.* ***~ out*** auslassen, übergehen, -springen. **3.** überhören; übersehen, nicht bemerken; nicht verstehen *od.* begreifen. **4.** vermissen: ***we ~ her very much*** sie fehlt uns sehr. **II** *v/i* **5.** nicht treffen: a) danebenschlagen *etc*, b) danebengehen (*Schuß etc*). **6.** mißglücken, -lingen. **7.** ***~ out on*** *et.* verpassen; *et.* weglassen *od.* nicht berücksichtigen. **III** *s* **8.** Fehlschuß *m*, -wurf *m etc.* **9.** Verpassen *n*, Verfehlen *n*: → ***near*** 9.

ˌ**misˈshap·en** *adj* mißgebildet, ungestalt.

mis·sile [ˈmɪsaɪl] *s* **1.** (Wurf)Geschoß *n.* **2.** ⚔ Rakete *f*: ***~ base*** (*od.* ***site***) Raketen(abschuß)basis *f.*

miss·ing [ˈmɪsɪŋ] *adj* **1.** fehlend: ***be ~*** fehlen; verschwunden *od.* weg sein. **2.** (⚔ *a.* ***~ in action***) vermißt: ***be ~*** vermißt sein *od.* werden.

mis·sion [ˈmɪʃn] *s* **1.** (*Militär- etc*)Mission *f.* **2.** *bsd. pol.* Auftrag *m*, Mission *f.* **3.** *eccl.* Mission *f.* **4.** (innere) Berufung: ***~ in life*** Lebensaufgabe *f*; ***sense of ~*** Sendungsbewußtsein *n.* **5.** ✈, ⚔ Einsatz *m.*

ˌ**misˈspell** *v/t* (*a. irr* ***spell***) falsch schreiben. ˌ**misˈspell·ing** *s* Rechtschreibfehler *m.*

ˌ**misˈstate** *v/t* falsch angeben. ˌ**misˈstate·ment** *s* falsche Angabe.

mist [mɪst] **I** *s* **1.** (feiner) Nebel. **2.** *fig.* Nebel *m*, Schleier *m*: ***see things through a ~*** alles wie durch e-n Schleier sehen; ***through a ~ of tears*** durch e-n Tränenschleier. **3.** Beschlag *m* (*auf Glas*). **II** *v/i* **4.** *a.* ***~ up*** (*od.* ***over***) (sich) beschlagen (*Glas*).

mis·tak·a·ble [mɪˈsteɪkəbl] *adj* **1.** leicht zu verwechseln(d). **2.** mißverständlich.

misˈtake I *v/t* (*irr* ***take***) **1.** verwechseln (***for*** mit); verkennen, sich irren in (*dat*). **2.** falsch verstehen, mißverstehen. **II** *s* **3.** Irrtum *m*, Versehen *n*, Fehler *m*: ***by ~*** irrtümlich, aus Versehen; ***make a ~*** einen Fehler machen; sich irren. **4.** (*Rechen- etc*)Fehler *m.* **misˈtak·en I** *pp von* ***mistake.*** **II** *adj* **1.** ***be ~*** sich irren: ***be ~ in s.o.*** sich in j-m täuschen; ***unless I am very much ~*** wenn mich nicht alles täuscht. **2.** irrig, falsch (*Meinung etc*), unangebracht (*Freundlichkeit etc*): ***a case of ~ identity*** e-e (Personen)Verwechslung.

ˌ**misˈtime** *v/t* e-n schlechten Zeitpunkt wählen für.

mis·tle·toe [ˈmɪsltəʊ] *s* ♣ **1.** Mistel *f.* **2.** Mistelzweig *m.*

ˌ**mis·transˈlate** *v/t* falsch übersetzen. ˌ**mis·transˈla·tion** *s* Übersetzungsfehler *m.*

mis·tress [ˈmɪstrɪs] *s* **1.** Herrin *f* (*a. fig.*). **2.** *bsd. Br.* Lehrerin *f.* **3.** Mätresse *f*, Geliebte *f.*

ˌ**misˈtrust I** *s* Mißtrauen *n* (***of*** gegen). **II** *v/t* mißtrauen (*dat*). **misˈtrust·ful** [~fʊl] *adj* □ mißtrauisch (***of*** gegen).

mist·y [ˈmɪstɪ] *adj* □ **1.** (leicht) neb(e)lig. **2.** *fig.* unklar, verschwommen (*Vorstellung etc*): ***have only ~ memories of s.th.*** sich nur schwach *od.* undeutlich an et. erinnern können. **3.** beschlagen (*Glas*).

ˌ**mis·un·derˈstand** *v/t* (*irr* ***stand***) **1.** mißverstehen: ***don't ~ me*** versteh mich nicht falsch. **2.** *j-n* nicht verstehen: ***his wife ~s him.*** ˌ**mis·un·derˈstand·ing** *s* Mißverständnis *n*, *weitS. a.* Meinungsverschiedenheit *f*, Differenz *f.*

mis·use I *s* [ˌmɪsˈjuːs] **1.** Mißbrauch *m*: ***~ of power*** Machtmißbrauch. **2.** falscher

Gebrauch. **II** *v/t* [ˌ~'juːz] **3.** mißbrauchen. **4.** falsch *od.* zu unrechten Zwekken gebrauchen.

mite[1] [maɪt] *s zo.* Milbe *f.*

mite[2] [~] *s* **1** kleines Ding, Würmchen *n.* **2.** ***a*** ~ F ein bißchen.

mit·i·gate ['mɪtɪgeɪt] *v/t Schmerzen etc* lindern, *Strafe etc* mildern, *Zorn etc* besänftigen: ***mitigating circumstances*** *pl* ⚖ mildernde Umstände *pl.* ˌ**mit·i'ga·tion** *s* Linderung *f*, Milderung *f*, Besänftigung *f.*

mitt [mɪt] *s* **1.** Halbhandschuh *m.* **2.** *Baseball*: Fanghandschuh *m.* **3.** → ***mitten*** 1. **4.** *sl.* Flosse *f*, Pfote *f* (*Hand*). **5.** *sl.* Boxhandschuh *m.*

mit·ten ['mɪtn] *s* **1.** Fausthandschuh *m*, Fäustling *m.* **2.** → ***mitt*** 5.

mix [mɪks] **I** *v/t* **1.** (ver)mischen, vermengen (***with*** mit), *Cocktail etc* mixen, *Teig* anrühren: ~ ***into*** mischen in (*acc*), beimischen (*dat*): ~ ***up*** zs.-, durcheinandermischen; gründlich mischen; (völlig) durcheinanderbringen; verwechseln (***with*** mit); ***be*** ~***ed up*** verwickelt sein *od.* werden (***in*** in *acc*); (*geistig*) ganz durcheinander sein. **2.** *fig.* verbinden: ~ ***business with pleasure*** das Angenehme mit dem Nützlichen verbinden. **II** *v/i* **3.** sich (ver)mischen. **4.** sich mischen lassen. **5.** ~ ***well*** kontaktfreudig sein: ~ ***well with s.o.*** gut mit j-m auskommen. **6.** verkehren (***with*** mit; ***in*** in *dat*). **III** *s* **7.** (*a. Back- etc*)Mischung *f.* **8.** F Durcheinander *n.* **mixed** [mɪkst] *adj* gemischt (*a. fig. Gefühle etc*); vermischt, Misch...: ~ ***blessing*** zweifelhaftes Vergnügen; ~ ***double***(***s*** *pl*) (*Tennis etc*) gemischtes Doppel, Mixed *n*; ***a*** ~ ***doubles match*** ein gemischtes Doppel; ~ ***grill*** Mixed grill *m*; ~ ***pickles*** *pl* Mixed Pickles *pl*, Mixpickles *pl.* '**mix·er** *s* **1.** Mixer *m* (*a. Küchengerät*). **2.** ⚙ Mischmaschine *f.* **3.** *TV etc* Mischpult *n.* **4.** ***be a good*** (***bad***) ~ F kontaktfreudig (kontaktarm) sein. **mix·ture** ['~tʃə] *s* Mischung *f*, *a.* ⚗ Gemisch *n* (***of ... and*** aus ... u.): ~ ***of teas*** Teemischung.

'**mix-up** *s* F **1.** Durcheinander *n.* **2.** Verwechslung *f.* **3.** Handgemenge *n.*

mne·mon·ic [niː'mɒnɪk] *s* Gedächtnishilfe *f*, -stütze *f.*

mo [məʊ] *pl* **mos** *s* F Moment *m*, Augenblick *m.*

moan [məʊn] **I** *v/i* stöhnen, ächzen. **II** *s* Stöhnen *n*, Ächzen *n.*

moat [məʊt] *s* (Burg-, Stadt)Graben *m.*

mob [mɒb] **I** *s* **1.** Mob *m.* **2.** Pöbel *m*, Gesindel *n.* **3.** *sl.* (Verbrecher)Bande *f.* **II** *v/t* **4.** herfallen über (*acc*); *Filmstar etc* bedrängen, belagern.

mo·bile ['məʊbaɪl] *adj allg.* beweglich, ⚙ *a.* fahrbar, ⚔ *a.* motorisiert: ~ ***home*** Wohnwagen *m*; ~ ***library*** Wander-, Autobücherei *f.* **mo·bil·i·ty** [~'bɪlətɪ] *s* Beweglichkeit *f.* **mo·bi·li·za·tion** [ˌ~bɪlaɪ'zeɪʃn] *s* Mobilisierung *f*, ⚔ *a.* Mobilmachung *f.* '**mo·bi·lize I** *v/t* mobilisieren, ⚔ *a.* mobil machen. **II** *v/i* ⚔ mobil machen.

moc·ca·sin ['mɒkəsɪn] *s* Mokassin *m.*

mo·cha ['mɒkə] *s* Mokka *m.*

mock [mɒk] **I** *v/t* **1.** verspotten, lächerlich machen. **2.** nachäffen. **II** *v/i* **3.** sich lustig machen, spotten (***at*** über *acc*). **III** *adj* **4.** nachgemacht, Schein... '**mock·er** *s* **1.** Spötter(in). **2.** Nachäffer(in). '**mock·er·y** *s* **1.** Spott *m*, Hohn *m*: ***hold up to*** ~ *j-n* lächerlich machen; *et.* ins Lächerliche ziehen. **2.** *fig.* Hohn *m* (***of*** auf *acc*). **3.** Gespött *n*: ***make a*** ~ ***of*** zum Gespött (der Leute) machen; ad absurdum führen. '**mock·ing** *adj* ☐ spöttisch.

'**mock-up** *s* Modell *n* (in natürlicher Größe), Attrappe *f.*

mod·al ['məʊdl] **I** *adj* ☐ *ling. etc* modal: ~ ***auxiliary*** modales Hilfsverb. **II** *s ling.* F modales Hilfsverb. **mo·dal·i·ty** [~'dælətɪ] *s* Modalität *f.*

mode [məʊd] *s* **1.** (Art *f* u.) Weise *f*: ~ ***of address*** Anrede *f*; ~ ***of life*** Lebensweise. **2.** *ling.* Modus *m*, Aussageweise *f.*

mod·el ['mɒdl] **I** *s* **1.** Muster *n*, Vorbild *n* (***for*** für): ***after*** (*od.* ***on***) ***the*** ~ ***of*** nach dem Muster von (*od. gen*); ***he is a*** ~ ***of self-control*** er ist ein Muster an Selbstbeherrschung. **2.** (*fig.* Denk)Modell *n.* **3.** Muster *n*, Vorlage *f.* **4.** *paint. etc* Modell *n.* **5.** *Mode*: Mannequin *n.* **6.** ⚙ Modell *n*, Typ(e *f*) *m.* **II** *adj* **7.** vorbildlich, musterhaft: ~ ***husband*** Mustergatte *m.* **8.** Modell...: ~ ***builder*** Modellbauer *m.* **III** *v/t pret u. pp* **-eled,** *bsd. Br.* **-elled 9.** modellieren. **10.** *fig.* formen (***after, on*** nach [dem Vorbild *gen*]): ~ ***o.s. on*** sich *j-n* zum Vorbild nehmen. **11.** *Kleider etc* vorführen. **IV** *v/i* **12.** Modell stehen *od.* sitzen (***for*** *dat*). **13.** als Mannequin *od.* Dressman arbeiten.

mod·er·ate ['mɒdərət] **I** *adj* □ **1.** mäßig: a) gemäßigt (*a. pol.*), maßvoll, b) mittelmäßig, c) gering: ***~ly successful*** mäßig erfolgreich, d) vernünftig, angemessen: ~ ***demands*** *pl* maßvolle Forderungen *pl.* **2.** mild (*Strafe, Winter etc*). **II** *s* **3.** *bsd. pol.* Gemäßigte *m, f.* **III** *v/t* ['~reɪt] **4.** mäßigen: ~ ***one's language*** sich mäßigen. **mod·er·a·tion** [ˌ~'reɪʃn] *s* Mäßigung *f*: ***in*** ~ in *od.* mit Maßen, maßvoll.

mod·ern ['mɒdən] *adj* □ modern. **'mod·ern·ize** *v/t* modernisieren.

mod·est ['mɒdɪst] *adj* □ bescheiden: a) zurückhaltend, b) anspruchslos, c) maßvoll, vernünftig. **'mod·es·ty** *s* Bescheidenheit *f*: a) Zurückhaltung *f*: ***in all*** ~ bei aller Bescheidenheit, b) Anspruchslosigkeit *f.*

mod·i·cum ['mɒdɪkəm] *s* kleine Menge: ***a*** ~ ***of sense*** ein Funke Verstand.

mod·i·fi·a·ble ['mɒdɪfaɪəbl] *adj* modifizierbar. **mod·i·fi·ca·tion** [ˌ~fɪ'keɪʃn] *s* Modifikation *f*, (Ab-, Ver)Änderung *f.* **mod·i·fy** ['~faɪ] *v/t* **1.** (ab-, ver)ändern, modifizieren. **2.** *ling.* näher bestimmen.

mod·u·lar ['mɒdjʊlə] *adj* ⚙ Modul...

mod·u·late ['mɒdjʊleɪt] *v/t u. v/i* ♪ *etc* modulieren. **ˌmod·u'la·tion** *s* Modulation *f.*

mod·ule ['mɒdju:l] *s* **1.** ⚙ Modul *n*, ⚡ *a.* Baustein *m.* **2.** *Raumfahrt*: (*Kommando- etc*)Kapsel *f.*

mo·hair ['məʊheə] *s* Mohair *m.*

Mo·ham·med·an [məʊ'hæmɪdən] **I** *adj* mohammedanisch. **II** *s* Mohammedaner(in).

moist [mɔɪst] *adj* □ feucht (***with*** von): ~ ***with tears*** tränenfeucht. **mois·ten** ['mɔɪsn] **I** *v/t* an-, befeuchten. **II** *v/i* feucht werden. **mois·ture** ['~tʃə] *s* Feuchtigkeit *f.* **mois·tur·iz·er** ['~tʃəraɪzə] *s* ⚙ Luftbefeuchter *m.*

mo·lar ['məʊlə] **I** *adj*: ~ ***tooth*** → II. **II** *s* Backenzahn *m.*

mo·las·ses [məʊ'læsɪz] *s pl Am.* Sirup *m.*

mold, *etc Am.* → ***mould,*** *etc.*

mole[1] [məʊl] *s zo.* Maulwurf *m* (F *a. Spionage*).

mole[2] [~] *s* Muttermal *n*, Leberfleck *m.*

mole[3] [~] *s* Mole *f*, Hafendamm *m.*

mo·lec·u·lar [məʊ'lekjʊlə] *s* ⚗, *phys.* Molekular... **mol·e·cule** ['mɒlɪkju:l] *s* Molekül *n.*

'mole·hill *s* Maulwurfshügel *m*: → ***mountain*** I.

mo·lest [məʊ'lest] *v/t* (*a. unsittlich*) belästigen. **mo·les·ta·tion** [ˌ~le'steɪʃn] *s* Belästigung *f.*

moll [mɒl] *s sl.* **1.** Gangsterbraut *f.* **2.** Nutte *f.*

mol·li·fy ['mɒlɪfaɪ] *v/t* besänftigen, beschwichtigen.

mol·lusc, mol·lusk ['mɒləsk] *s zo.* Molluske *f*, Weichtier *n.*

mol·ly·cod·dle ['mɒlɪˌkɒdl] **I** *s* Weichling *m.* **II** *v/t* verhätscheln.

Mol·o·tov cock·tail ['mɒlətɒf] *s* Molotowcocktail *m.*

mol·ten ['məʊltən] *pp von* ***melt.***

mom [mɒm] *s bsd. Am.* F Mami *f*, Mutti *f.* **ˌ~-and-'pop store** *s Am.* F Tante-Emma-Laden *m.*

mo·ment ['məʊmənt] *s* **1.** Moment *m*, Augenblick *m*: ***at the*** ~ im Augenblick; ***at the last*** ~ im letzten Augenblick; (***not***) ***for a*** ~ (k)einen Augenblick (lang); ***just a ~!*** a) *a.* ***wait a ~!*** Moment mal!, b) Augenblick!; ***the*** ~ ***of truth*** die Stunde der Wahrheit. **2.** Bedeutung *f*, Belang *m* (***to*** für): ***of great*** (***little***) ~ von großer (geringer) Bedeutung; ***of no*** ~ bedeutungs-, belanglos. **3.** *phys.* Moment *n*: ~ ***of inertia*** Trägheitsmoment. **mo·men·tar·i·ly** ['~tərəlɪ] *adv* **1.** momentan, e-n Augenblick (lang). **2.** jeden Augenblick. **'mo·men·tar·y** *adj* momentan. **mo·men·tous** [~'mentəs] *adj* □ bedeutsam, folgenschwer. **mo'men·tum** [~təm] *s* **1.** *phys.* Moment *n*, Impuls *m.* **2.** Wucht *f*, Schwung *m*: ***gather*** (*od.* ***gain***) ~ in Fahrt kommen; *fig. a.* an Boden gewinnen (*Bewegung etc*); ***lose*** ~ an Schwung verlieren (*a. fig.*).

mon·arch ['mɒnək] *s* Monarch(in), Herrscher(in). **mo·nar·chic** [mɒ'nɑ:kɪk] *adj* (***~ally***) **1.** monarchisch. **2.** monarchistisch. **mon·arch·ism** ['mɒnəkɪzəm] *s* Monarchismus *m.* **'mon·arch·ist I** *s* Monarchist(in). **II** *adj* monarchistisch. **'mon·arch·y** *s* Monarchie *f*: ***constitutional ~*** konstitutionelle Monarchie.

mon·as·ter·y ['mɒnəstərɪ] *s* (Mönchs-) Kloster *n*. **mo·nas·tic** [mə'næstɪk] *adj* (***~ally***) **1.** klösterlich, Kloster... **2.** mönchisch, Mönchs...

Mon·day ['mʌndɪ] *s* Montag *m*: ***on ~*** (am) Montag; ***on ~s*** montags.

mon·e·tar·y ['mʌnɪtərɪ] *adj* □ **1.** Währungs...: ***~ reform***. **2.** Geld..., finanziell.

mon·ey ['mʌnɪ] *s* Geld *n*: ***be out of ~*** kein Geld (mehr) haben; ***be in the ~*** F reich *od.* vermögend sein; ***be short of ~*** knapp bei Kasse sein; ***I'll bet you any~ that*** F ich wette mit dir um jeden Betrag, daß; ***get one's money's worth*** et. für sein Geld bekommen; ***have ~ to burn*** F Geld wie Heu haben; ***for ~ reasons*** aus finanziellen Gründen; → ***roll*** 7. **'~·bags** *s pl* (*sg konstruiert*) F Geldsack *m* (*reiche Person*). **~ box** *s* Sparbüchse *f*. **'~ˌchang·er** *s* **1.** (Geld-) Wechsler *m*. **2.** *bsd. Am.* Wechselautomat *m*.

mon·eyed ['mʌnɪd] *adj* wohlhabend, vermögend.

'mon·ey|ˌlend·er *s* Geldverleiher *m*. **'~ˌmak·er** *s* **1.** guter Geschäftsmann. **2.** gutes Geschäft, einträgliche Sache. **~ or·der** *s* Post- *od.* Zahlungsanweisung *f*. **~ spin·ner** F *bsd. Br.* → ***moneymaker*** 2.

mon·ger ['mʌŋgə] *s in Zssgn* **1.** ...händler *m*. **2.** *fig. contp.* → ***scandalmonger***, ***scaremonger***, *etc.*

mon·go·li·an [mɒŋ'gəʊljən] *adj* ⚕ mongoloid.

mon·gol·ism ['mɒŋgəlɪzəm] *s* ⚕ Mongolismus *m*. **'mon·gol·oid** *adj* ⚕ mongoloid.

mon·grel ['mʌŋgrəl] *s biol.* Bastard *m*, *bsd.* Promenadenmischung *f*.

mon·i·tor ['mɒnɪtə] **I** *s* **1.** Monitor *m*: a) Abhörgerät *n*, b) Kontrollgerät *n*, -schirm *m*. **II** *v/t* **2.** abhören. **3.** überwachen.

monk [mʌŋk] *s* Mönch *m*.

mon·key ['mʌŋkɪ] **I** *s* **1.** *zo.* Affe *m*: ***make a ~ (out) of s.o.*** F j-n zum Deppen machen. **2.** (kleiner) Schlingel. **II** *v/i* **3.** ***~ about*** (*od.* ***around***) herumalbern. **4.** *a.* ***~ about*** (*od.* ***around***) (***with***) F herumspielen (mit), herumpfuschen an (*dat*). **~ busi·ness** *s* F **1.** krumme Tour. **2.** Blödsinn *m*, Unfug *m*. **~ wrench** *s* ⚙ Engländer *m*: ***throw a ~ into s.th.*** *Am.* F et. behindern *od.* beeinträchtigen.

mon·o ['mɒnəʊ] **I** *pl* **-os** *s* **1.** Mono *n*. **2.** F Monogerät *n od.* -schallplatte *f*. **II** *adj* **3.** Mono...

mon·o... [~] *in Zssgn* ein..., mono...

mon·o·cle ['mɒnəkl] *s* Monokel *n*.

mo·nog·a·mous [mɒ'nɒgəməs] *adj* □ monogam(isch). **mo'nog·a·my** *s* Monogamie *f*, Einehe *f*.

mon·o·gram ['mɒnəgræm] *s* Monogramm *n*.

mon·o·lith ['mɒnəʊlɪθ] *s* Monolith *m*. **ˌmon·o'lith·ic** *adj* (***~ally***) **1.** monolithisch (*a. fig.*). **2.** *fig.* gigantisch.

mon·o·logue ['mɒnəlɒg] *s* Monolog *m*, Selbstgespräch *n*.

mo·nop·o·lize [mə'nɒpəlaɪz] *v/t* **1.** ✝ monopolisieren. **2.** *fig.* a) an sich reißen, *Unterhaltung a.* ganz allein bestreiten, b) *j-n, et.* mit Beschlag belegen. **mo'nop·o·ly** *s* ✝ Monopol *n* (***of*** auf *acc*) (*a. fig.*).

ˌmon·o·syl'lab·ic *adj* (***~ally***) *ling.* einsilbig (*a. fig. Antworten etc*).

mo·not·o·nous [mə'nɒtnəs] *adj* □ monoton, eintönig, *fig. a.* einförmig. **mo'not·o·ny** [~tnɪ] *s* Monotonie *f*, Eintönigkeit *f*, *fig. a.* Einförmigkeit *f*, (ewiges) Einerlei.

mon·ox·ide [mɒ'nɒksaɪd] *s* ⚗ Monoxyd *n*.

mon·soon [ˌmɒn'suːn] *s* Monsun *m*.

mon·ster ['mɒnstə] **I** *s* **1.** Monster *n*, Ungeheuer *n* (*beide a. fig.*). **2.** Monstrum *n* (*a. fig.*). **II** *adj* **3.** Riesen..., Monster...: ***~ film*** Monsterfilm *m*.

mon·strance ['mɒnstrəns] *s eccl.* Monstranz *f*.

mon·stros·i·ty [mɒn'strɒsətɪ] *s* **1.** Ungeheuerlichkeit *f*. **2.** → ***monster*** 2. **mon·strous** ['~strəs] *adj* □ monströs: a) ungeheuer, riesig, b) unförmig, ungestalt, c) *fig.* ungeheuerlich, scheußlich.

month [mʌnθ] *s* Monat *m*: ***we haven't seen each other in a ~ of Sundays*** F wir haben uns schon seit einer Ewigkeit nicht mehr gesehen. **'month·ly I** *adj* **1.** (*a. adv*) monatlich. **2.** Monats...: ***~ season ticket*** Monatskarte *f*. **II** *s* **3.** Monatsschrift *f*.

mon·u·ment ['mɒnjʊmənt] *s a. fig.* Monument *n*, Denkmal *n* (**to** für *od. gen*). **mon·u·men·tal** [ˌ~'mentl] *adj* □ **1.** monumental (*a. fig.*). **2.** F kolossal: ~ ***stupidity*** Riesendummheit *f*.

moo [mu:] **I** *v/i* muhen. **II** *s* Muhen *n*.

mood¹ [mu:d] *s ling*. Modus *m*.

mood² [~] *s* **1.** Stimmung *f*, Laune *f*: ***be in a good*** (***bad***) ~ gute (schlechte) Laune haben, gut (schlecht) aufgelegt sein; ***be in the*** (***in no***) ~ ***to do*** (nicht) dazu aufgelegt sein zu tun, (keine) Lust haben zu tun; ***be in the*** ~ ***for*** aufgelegt sein zu; ***I am in no laughing*** ~ (*od.* ~ ***for laughing***) mir ist nicht nach *od.* zum Lachen zumute. **2.** ***be in a*** ~ schlechte Laune haben, schlecht aufgelegt sein; ***he is in one of his*** ~***s again*** er hat wieder einmal schlechte Laune.

mood·y ['mu:dɪ] *adj* □ **1.** launisch, launenhaft. **2.** schlechtgelaunt.

moon [mu:n] **I** *s* Mond *m*: ***there is a*** (***no***) ~ der Mond scheint (nicht); ***be over the*** ~ F überglücklich sein (***about, at*** über *acc*); ***cry for the*** ~ nach et. Unmöglichem verlangen; ***promise s.o. the*** ~ j-m das Blaue vom Himmel (herunter)versprechen; ***once in a blue*** ~ F alle Jubeljahre (einmal). **II** *v/i*: ~ ***about*** (*od.* ***around***) herumtrödeln; ziellos herumstreichen. **III** *v/t*: ~ ***away*** *Zeit* vertrödeln, -träumen. **'~·beam** *s* Mondstrahl *m*. **'~·light I** *s* Mondlicht *n*, -schein *m*: ~ ***walk*** Mondscheinspaziergang *m*. **II** *v/i* F schwarzarbeiten. **'~ˌlight·er** *s* F Schwarzarbeiter(in). **'~·lit** *adj* mondhell: ~ ***night*** Mondnacht *f*. **'~·shine** *s* **1.** Mondschein *m*. **2.** F Unsinn *m*, Quatsch *m*.

moon·y ['mu:nɪ] *adj* □ F verträumt.

moor¹ [mɔ:] *s* (Hoch)Moor *n*.

moor² [~] *v/t* ⚓ vertäuen, festmachen.

moo·rings ['mɔ:rɪŋz] *s pl* ⚓ **1.** Vertäuung *f*. **2.** Liegeplatz *m*.

moose [mu:s] *pl* **moose** *s zo*. Elch *m*.

moot [mu:t] *adj* strittig (*Punkt*): ~ ***question*** Streitfrage *f*.

mop [mɒp] **I** *s* **1.** Mop *m*. **2.** (Haar)Wust *m*. **II** *v/t* **3.** wischen: ~ ***up*** aufwischen; ~ ***one's face*** sich das Gesicht (ab)wischen. **4.** *Blut etc* abtupfen (***from*** von).

mope [məʊp] *v/i* den Kopf hängen lassen: ~ ***about*** (*od.* ***around***) mit e-r Leichenbittermiene herumlaufen.

mo·ped ['məʊped] *s Br*. Moped *n*.

mo·raine [mɒ'reɪn] *s geol*. Moräne *f*.

mor·al ['mɒrəl] **I** *adj* □ **1.** moralisch: a) sittlich, b) geistig, innerlich: ~ ***obligation*** moralische Verpflichtung; ~ ***support*** moralische Unterstützung; ~ ***victory*** moralischer Sieg, c) sittenstreng, tugendhaft. **2.** Moral..., Sitten...: ~ ***theology*** Moraltheologie *f*. **II** *s* **3.** Moral *f* (*e-r Geschichte etc*): ***draw the*** ~ ***from*** die Lehre ziehen aus. **4.** *pl* Moral *f*, Sitten *pl*: ***code of*** ~***s*** Sittenkodex *m*. **mo·rale** [mɒ'rɑ:l] *s* Moral *f*, Stimmung *f*: ***raise*** (***lower***) ***the*** ~ die Moral heben (senken). **mor·al·ist** ['mɒrəlɪst] *s* Moralist(in). **mo·ral·i·ty** [mə'rælətɪ] *s* **1.** Moral *f*, Tugend(haftigkeit) *f*. **2.** Ethik *f*, Moral *f*. **mor·al·ize** ['mɒrəlaɪz] *v/i* moralisieren (***about, on*** über *acc*).

mor·a·to·ri·um [ˌmɒrə'tɔ:rɪəm] *pl* **-ri·a** [~rɪə], **-ri·ums** *s* ✝, ⚔, *pol*. Moratorium *n*.

mor·bid ['mɔ:bɪd] *adj* □ **1.** morbid, krankhaft (*beide a. fig.*). **2.** gräßlich, grauenerregend. **3.** trübsinnig; pessimistisch. **mor'bid·i·ty** *s* **1.** Morbidität *f*, Krankhaftigkeit *f* (*beide a. fig.*). **2.** Trübsinn *m*; Pessimismus *m*.

mor·dant ['mɔ:dənt] *adj* □ *fig*. ätzend, beißend.

more [mɔ:] **I** *adj* **1.** mehr: ***they are*** ~ ***than we are*** sie sind zahlreicher als wir. **2.** mehr, noch (mehr): ***some*** ~ ***tea*** noch et. Tee; ***two*** ~ ***miles*** noch zwei Meilen. **II** *adv* **3.** mehr: ~ ***and*** ~ immer mehr; ~ ***and*** ~ ***difficult*** immer schwieriger; ~ ***or less*** mehr *od.* weniger; ungefähr; ***the*** ~ ***so because*** um so mehr, da. **4.** *zur Bildung des comp*: ~ ***important*** wichtiger; ~ ***often*** öfter. **5.** noch: ***once*** ~ noch einmal. **III** *s* **6.** Mehr *n* (***of*** an *dat*). **7.** ***some*** ~ noch et. (mehr); ***a little*** ~ et. mehr; ***what*** ~ ***do you want?*** was willst du denn noch?

mo·rel [mɒ'rel] *s* ⚘ Morchel *f*.

mo·rel·lo [mə'reləʊ] *pl* **-los** *s a.* ~ ***cherry*** ⚘ Morelle *f*.

more·o·ver [mɔ:'rəʊvə] *adv* außerdem, überdies, weiter, ferner.

morgue [mɔ:g] *s* **1.** Leichenschauhaus *n*. **2.** F Archiv *n* (*e-s Zeitungsverlags etc*).

Mor·mon ['mɔ:mən] **I** *s* Mormone *m*, Mormonin *f*. **II** *adj* mormonisch.

morn·ing ['mɔ:nɪŋ] **I** *s* Morgen *m*; Vormittag *m*: ***in the ~*** morgens, am Morgen; vormittags, am Vormittag; ***early in the ~*** frühmorgens, früh am Morgen; ***this ~*** heute morgen *od.* vormittag; ***tomorrow ~*** morgen früh *od.* vormittag. **II** *adj* Morgen...; Vormittags...; Früh... **~ coat** *s* Cut(away) *m*. **~ pa·per** *s* Morgenzeitung *f*. **~ star** *s ast.* Morgenstern *m*.

mo·rose [mə'rəʊs] *adj* □ mürrisch, verdrießlich.

mor·pheme ['mɔːfiːm] *s ling.* Morphem *n*.

mor·phi·a ['mɔːfjə], **mor·phine** ['mɔːfiːn] *s* Morphium *n*.

mor·pho·log·i·cal [ˌmɔːfə'lɒdʒɪkl] *adj* □ *biol., ling.* morphologisch. **mor·phol·o·gy** [~'fɒlədʒɪ] *s* Morphologie *f*.

Morse code [mɔːs] *s* Morsealphabet *n*.

mor·sel ['mɔːsl] *s* **1.** Bissen *m*, Happen *m*. **2. *a ~ of*** ein bißchen: ***a ~ of sense*** ein Funke Verstand.

mor·tal ['mɔːtl] **I** *adj* □ **1.** sterblich. **2.** tödlich (***to*** für). **3.** Tod(es)...: ***~ fear*** Todesangst *f*; ***~ hour*** Todesstunde *f*; ***~ sin*** Todsünde *f*. **4.** auf Leben u. Tod: ***~ enemy*** Todfeind *m*; ***~ hatred*** tödlicher Haß. **5.** F ***of no ~ use*** absolut zwecklos; ***every ~ thing*** alles menschenmögliche; ***I'm in a ~ hurry*** ich hab's furchtbar eilig. **6.** F ewig (lang): ***three ~ hours*** *pl* drei endlose Stunden *pl*. **II** *s* **7.** Sterbliche *m, f*: ***an ordinary ~*** ein gewöhnlicher Sterblicher. **mor·tal·i·ty** [~'tælətɪ] *s* **1.** Sterblichkeit *f*. **2.** *a.* ***~ rate*** Sterblichkeit(sziffer) *f*.

mor·tar[1] ['mɔːtə] *s* **1.** Mörser *m*. **2.** ⚔ Granatwerfer *m*.

mor·tar[2] [~] *s* Mörtel *m*.

mort·gage ['mɔːgɪdʒ] **I** *s* Hypothek *f*: ***raise a ~*** e-e Hypothek aufnehmen (***on*** auf *acc*). **II** *v/t* mit e-r Hypothek belasten, e-e Hypothek aufnehmen auf (*acc*).

mor·ti·cian [mɔː'tɪʃən] *s Am.* Leichenbestatter *m*.

mor·ti·fi·ca·tion [ˌmɔːtɪfɪ'keɪʃn] *s* **1.** Demütigung *f*, Kränkung *f*. **2.** Ärger *m*, Verdruß *m*: ***to one's ~*** zu s-m Verdruß. **3.** Kasteiung *f*. **4.** Abtötung *f*. **5.** ⚕ Absterben *n*. **mor·ti·fy** ['~faɪ] **I** *v/t* **1.** demütigen, kränken. **2.** ärgern, verdrießen. **3.** *Fleisch etc* kasteien. **4.** *Leidenschaften* abtöten. **II** *v/i* **5.** ⚕ absterben (*Gewebe*).

mor·tu·ar·y ['mɔːtʃʊərɪ] **I** *s* Leichenhalle *f*. **II** *adj* Begräbnis..., Leichen...

mo·sa·ic [məʊ'zeɪɪk] *s* Mosaik *n*.

Mos·lem ['mɒzləm] **I** *s* Moslem *m*. **II** *adj* moslemisch.

mosque [mɒsk] *s* Moschee *f*.

mos·qui·to [mə'skiːtəʊ] *pl* **-to(e)s** *s zo.* Moskito *m*; *allg.* Stechmücke *f*. **~ net** *s* Moskitonetz *n*.

moss [mɒs] *s* Moos *n*. **'moss·y** *adj* moosig, bemoost.

most [məʊst] **I** *adj* **1.** meist, größt: ***for the ~ part*** größten-, meistenteils. **2.** (*vor e-m s im pl, mst ohne Artikel*) die meisten: ***~ people*** die meisten Leute. **II** *s* **3.** *das* meiste, *das* Höchste: ***at*** (***the***) ***~*** höchstens, bestenfalls; ***make the ~ of*** *et.* nach Kräften ausnützen, das Beste herausholen aus. **4.** das meiste, der größte Teil: ***he spent ~ of his time there*** er verbrachte die meiste Zeit dort. **5.** die meisten *pl*: ***better than ~*** besser als die meisten; ***~ of my friends*** die meisten m-r Freunde. **III** *adv* **6.** am meisten: ***~ of all*** am allermeisten. **7.** *zur Bildung des sup*: ***the ~ important point*** der wichtigste Punkt. **8.** (*vor adj*) höchst, äußerst: ***~ agreeable*** äußerst angenehm; ***he is ~ likely to come*** er kommt höchstwahrscheinlich. **'most·ly** *adv* **1.** größtenteils. **2.** meist(ens).

MOT [ˌeməʊ'tiː] *s Br.* a) *a.* ***~ test*** (*etwa*) TÜV-Prüfung *f*: ***my car has failed*** (*od.* ***hasn't got through***) ***its*** (*od.* ***the***) ***~*** mein Wagen ist nicht durch den TÜV gekommen, b) *a.* ***~ certificate*** (*etwa*) TÜV-Bescheinigung *f*.

mo·tel [məʊ'tel] *s* Motel *n*.

moth [mɒθ] *s zo.* **1.** Nachtfalter *m*. **2.** Motte *f*. **'~·ball** *s* Mottenkugel *f*: ***put in ~s*** einmotten (*a. fig.*). **'~-ˌeat·en** *adj* **1.** mottenzerfressen. **2.** *fig.* veraltet.

moth·er ['mʌðə] **I** *s* Mutter *f* (*a. fig.*): ***♀'s Day*** Muttertag *m*; ***~'s milk*** Muttermilch *f*; ***a ~ of four*** e-e Mutter von vier Kindern. **II** *adj* Mutter...: ***~ ship***. **III** *v/t* bemuttern. **~ coun·try** *s* **1.** Mutterland *n*. **2.** Vater-, Heimatland *n*.

moth·er·hood ['mʌðəhʊd] *s* Mutterschaft *f*.

'moth·er|-in-law *pl* **'moth·ers-in-law** *s* Schwiegermutter *f*: ***~ joke*** Schwieger-

mutterwitz *m.* **'~·land** → ***mother country.***
moth·er·less ['mʌðəlɪs] *adj* mutterlos. **'moth·er·ly** *adj* mütterlich.
ˌmoth·er|-of-'pearl *s* Perlmutter *f, n,* Perlmutt *n.* **ˌ~-to-'be** *pl* **ˌmoth·ers-to-'be** *s* werdende Mutter. **~ tongue** *s* Muttersprache *f.* **~ wit** *s* Mutterwitz *m.*
mo·tif [məʊ'tiːf] *s Kunst:* Motiv *n.*
mo·tion ['məʊʃn] **I** *s* **1.** Bewegung *f* (*a. phys. etc*): ***be in ~*** in Gang sein (*a. fig.*), in Bewegung sein; ***put*** (*od.* ***set***) ***in ~*** in Gang bringen (*a. fig.*), in Bewegung setzen; ***go through the ~s of doing s.th.*** *fig.* et. mechanisch *od.* pro forma tun. **2.** Bewegung *f,* Geste *f,* Wink *m:* ***~ of the head*** Kopfbewegung; ***make a ~ with one's hand*** e-e Handbewegung machen. **3.** *parl. etc* Antrag *m:* ***on the ~ of*** auf Antrag von (*od. gen*). **II** *v/i* **4.** winken (***with*** mit; ***to, at*** *dat*). **III** *v/t* **5.** *j-n* durch e-n Wink auffordern, *j-m* ein Zeichen geben (***to do*** zu tun): ***~ s.o. into the room*** j-n ins Zimmer winken. **'mo·tion·less** *adj* □ bewegungs-, regungslos.
mo·tion| pic·ture *s Am.* Film *m.* **~ ther·a·py** *s* ⚕ Bewegungstherapie *f.*
mo·ti·vate ['məʊtɪveɪt] *v/t* motivieren, anspornen. **ˌmo·ti'va·tion** *s* Motivation *f,* Ansporn *m,* Antrieb *m.*
mo·tive ['məʊtɪv] **I** *s* Motiv *n,* Beweggrund *m* (***for*** zu). **II** *adj* treibend (*a. fig.*): ***~ power*** Antriebskraft *f, bsd. fig.* Triebkraft *f.*
mot·ley ['mɒtlɪ] *adj* (kunter)bunt (*a. fig.*).
mo·tor ['məʊtə] **I** *s* **1.** ⚙ Motor *m, fig. a.* treibende Kraft. **II** *adj* **2.** Motor... **3.** *physiol.* motorisch, Bewegungs...: ***~ nerve.*** **'~·bike** *s* F Motorrad *n.* **'~·boat** *s* Motorboot *n.* **~·cade** ['~keɪd] *s* Auto-, Wagenkolonne *f.* **'~·car** *s* Kraftfahrzeug *n.* **~ car·a·van** *s Br.* Wohnmobil *n.* **'~ˌcy·cle** *s* Motorrad *n.* **'~ˌcy·clist** *s* Motorradfahrer(in).
mo·tor·ing ['məʊtərɪŋ] **I** *s* Autofahren *n:* ***school of ~*** Fahrschule *f.* **II** *adj* Verkehrs..., Auto... **'mo·tor·ist** *s* Autofahrer(in).
mo·tor·i·za·tion [ˌməʊtəraɪ'zeɪʃn] *s* Motorisierung *f.* **'mo·tor·ize** *v/t* motorisieren.
mo·tor| scoot·er *s* Motorroller *m.* **'~·way** *s Br.* Autobahn *f.*
mot·tled ['mɒtld] *adj* gesprenkelt.
mot·to ['mɒtəʊ] *pl* **-to(e)s** *s* Motto *n.*
mould¹ [məʊld] *bsd. Br.* **I** *s* **1.** ⚙ (Gieß-, Guß-, Press)Form *f:* ***be cast*** (*od.* ***made***) ***in the same*** (***a different***) ***~*** *fig.* aus demselben (e-m anderen) Holz geschnitzt sein. **II** *v/t* **2.** ⚙ gießen. **3.** formen (*a. fig. Charakter etc*), bilden (***out of*** aus), gestalten (***on*** nach dem Muster *gen*); formen (***into*** zu).
mould² [~] *s bsd. Br.* Schimmel *m;* Moder *m.*
mould·er ['məʊldə] *v/i a.* ***~ away*** *bsd. Br.* vermodern; zerfallen.
mould·y ['məʊldɪ] *adj bsd. Br.* **1.** a) verschimmelt, schimm(e)lig: ***get*** (*od.* ***go***) ***~*** (ver)schimmeln, b) mod(e)rig: ***~ smell*** Modergeruch *m.* **2.** *sl.* schäbig (*Person, Summe etc*).
mound [maʊnd] *s* Erdwall *m,* -hügel *m:* ***~ of work*** *fig.* Berg *m* Arbeit.
mount¹ [maʊnt] **I** *v/t* **1.** *Pferd etc, fig. Thron* besteigen; *Treppen* hinaufgehen: ***~ one's bicycle*** auf sein Fahrrad steigen. **2.** *Kind etc* setzen (***on*** auf *ein Pferd etc*). **3.** errichten, *a. Maschine* aufstellen. **4.** anbringen, befestigen; *Bild etc* aufkleben; *Edelstein* fassen. **II** *v/i* **5.** aufsitzen (*Reiter*). **6.** steigen, *fig. a.* (an)wachsen. **7.** *oft* ***~ up*** *fig.* sich belaufen (***to*** auf *acc*). **III** *s* **8.** Gestell *n;* Fassung *f.* **9.** Reittier *n.*
Mount² [~] *s in Eigennamen:* a) Berg *m:* ***~ Sinai,*** b) Mount *m:* ***~ Everest.***
moun·tain ['maʊntɪn] **I** *s* Berg *m* (*a. fig.*), *pl a.* Gebirge *n:* ***in the ~s*** im Gebirge; ***make a ~ out of a molehill*** aus e-r Mücke e-n Elefanten machen. **II** *adj* Berg..., Gebirgs... **~ chain** *s* Berg-, Gebirgskette *f.* **~ crys·tal** *s min.* Bergkristall *m.*
moun·tain·eer [ˌmaʊntɪ'nɪə] *s* Bergsteiger(in). **ˌmoun·tain'eer·ing** *s* Bergsteigen *n.* **'moun·tain·ous** *adj* □ **1.** bergig, gebirgig. **2.** *fig.* riesig, (*Wellen a.*) haushoch.
moun·tain range *s* Gebirgszug *m.*
mount·ed ['maʊntɪd] *adj* beritten: ***~ police.***
mourn [mɔːn] **I** *v/i* **1.** trauern (***at, over*** über *acc;* ***for, over*** um). **2.** Trauer(kleidung) tragen. **II** *v/t* **3.** betrauern, trau-

ern um. **'mourn·er** *s* Trauernde *m, f.* **mourn·ful** ['~fʊl] *adj* □ traurig. **'mourn·ing** *s* **1.** Trauer *f*: **~ *band*** Trauerband *n*, -flor *m.* **2.** Trauer(kleidung) *f*: ***go into* ~** Trauerkleidung anlegen.

mouse [maʊs] *pl* **mice** [maɪs] *s* **1.** *zo.* Maus *f.* **2.** *fig.* schüchterne *od.* ängstliche Person. **'~·hole** *s* Mauseloch *n.* **'~·trap** *s* Mausefalle *f.*

mous·tache [məˈstɑːʃ] *s* Schnurrbart *m.*

mous·y [ˈmaʊsɪ] *adj* □ **1.** mausgrau. **2.** schüchtern; ängstlich.

mouth I *s* [maʊθ] *pl* **mouths** [maʊðz] **1.** Mund *m*: ***down in the* ~** F deprimiert; ***keep one's* ~ *shut*** F den Mund halten; ***take the words out of s.o.'s* ~** j-m das Wort aus dem Mund nehmen; → ***stop*** 12, ***word*** 1. **2.** *zo.* Maul *n*, Schnauze *f*: → ***horse.*** **3.** Mündung *f* (*e-s Flusses etc*); Öffnung *f* (*e-r Flasche etc*), Ein-, Ausfahrt *f* (*e-s Hafens etc*). **II** *v/t* [maʊð] **4.** *Worte* (*unhörbar*) mit den Lippen formen. **mouth·ful** ['~fʊl] *s* **1.** *ein* Mundvoll *m*, Bissen *m.* **2.** *fig.* Bandwurm *m*, ellenlanges Wort; Zungenbrecher *m.*

mouth| or·gan *s* ♪ Mundharmonika *f.* **'~·piece** *s* **1.** Mundstück *n* (*e-s Blasinstruments, e-r Pfeife etc*). **2.** *fig.* Sprachrohr *n* (*a. Person*). **ˌ~-to-'~ res·pi·ra·tion** *s* ⚕ Mund-zu-Mund-Beatmung *f.* **'~wash** *s* ⚕ Mundwasser *n.* **'~ˌwa·ter·ing** *adj* appetitlich, lecker.

mov·a·ble [ˈmuːvəbl] **I** *adj* □ beweglich (*a. eccl.*, ⚖); transportierbar. **II** *s pl* ⚖ Mobilien *pl*, bewegliches Vermögen.

move [muːv] **I** *v/t* **1.** (von der Stelle) bewegen, rücken; transportieren; *Körperteil* bewegen, rühren: **~ *one's car*** s-n Wagen wegfahren; → ***heaven*** 1. **2.** a) *Wohnsitz etc* verlegen (***to*** nach): **~ *house*** umziehen, b) *Angestellten etc* versetzen (***to*** nach). **3.** **~ *on*** vorwärtstreiben; *j-n* auffordern weiterzugehen. **4.** *fig.* bewegen, rühren: ***be* ~*d to tears*** zu Tränen gerührt sein. **5.** bewegen, veranlassen (***to*** zu): ***feel* ~*d to say s.th.*** sich veranlaßt fühlen, et. zu sagen. **6.** *Schach etc*: ziehen *od.* e-n Zug machen mit. **7.** *parl. etc* beantragen (*a.* ***that*** daß). **II** *v/i* **8.** sich bewegen *od.* rühren; *fig.* sich ändern (*Ansichten etc*): ***begin to* ~, ~ *off*** sich in Bewegung setzen; **~ *on*** weitergehen; → ***time*** 1. **9.** umziehen: **~ *to*** *a.* ziehen nach; **~ *in*** (***out, away***) ein- (aus-, weg)ziehen. **10.** handeln, et. unternehmen. **11.** (***in*** in *guter Gesellschaft etc*) verkehren (*a.* ***with*** mit), sich bewegen. **12.** *Schach etc*: e-n Zug machen, ziehen. **III** *s* **13.** Bewegung *f*: ***on the* ~** in Bewegung; auf den Beinen; ***get a* ~ *on!*** F Tempo!, mach(t) schon! **14.** Umzug *m.* **15.** a) *Schach etc*: Zug *m*: ***it is your* ~** Sie sind am Zug, b) *fig.* Schritt *m*: ***a clever* ~** ein kluger Schachzug; ***make the first* ~** den ersten Schritt tun. **16.** *Sport*: Kombination *f*; Spielzug *m.* **'move·ment** *s* **1.** Bewegung *f* (*a. fig.*): ***without* ~** bewegungslos. **2.** ♪ Satz *m.*

mov·ie [ˈmuːvɪ] *bsd. Am.* F **I** *s* **1.** Film *m.* **2.** Kino *n.* **3.** ***go to the* ~*s*** ins Kino gehen. **II** *adj* **4.** Film..., Kino...: **~ *camera*** Filmkamera *f*; **~ *star*** Filmstar *m.*

mov·ing [ˈmuːvɪŋ] *adj* □ **1.** beweglich, sich bewegend, (*Verkehr*) fließend: **~ *staircase*** Rolltreppe *f.* **2.** *fig.* bewegend, rührend.

mow [məʊ] *v/t u. v/i* (*a. irr*) mähen: **~ *down*** niedermähen (*a. fig.*). **'mow·er** *s* a) Mähmaschine *f*, b) Rasenmäher *m.*

mown *pp von* ***mow.***

much [mʌtʃ] **I** *adj* **1.** viel: ***as* ~ *again*** noch einmal soviel. **II** *adv* **2.** sehr: **~ *to my regret*** sehr zu m-m Bedauern; **~ *to my surprise*** zu m-r großen Überraschung; ***I thought as* ~** das habe ich mir gedacht. **3.** (*in Zssgn*) viel...: **~*-admired*** vielbewundert. **4.** (*vor comp*) viel: **~ *better.*** **5.** fast, mehr od. weniger: **~ *the same.*** **III** *s* **6.** große Sache: ***nothing* ~** nichts Besonderes; ***think* ~ *of*** viel halten von; ***he is not* ~ *of a dancer*** er ist kein großer *od.* berühmter Tänzer; → ***make*** 11.

muck [mʌk] **I** *s* **1.** Mist *m*, Dung *m.* **2.** Kot *m*, Dreck *m*, Schmutz *m.* **3.** ***make a* ~ *of*** → 6b. **II** *v/t* **4.** düngen. **5.** *a.* **~ *out*** ausmisten. **6.** *oft* **~ *up*** a) schmutzig machen, b) *bsd. Br.* F verpfuschen, -masseln. **III** *v/i* **7.** *mst* **~ *about*** (*od.* ***around***) *bsd. Br.* F a) herumgammeln, b) herumpfuschen (***with*** an *dat*), c) herumalbern. **'~·heap, '~·hill** *s* Misthaufen *m.* **'~·rake** *v/i* Skandale aufdecken; im Schmutz wühlen.

muck·y [ˈmʌkɪ] *adj* □ schmutzig, dreckig.

mu·cous [ˈmjuːkəs] *adj* schleimig: **~**

membrane *anat.* Schleimhaut *f.* **mu·cus** ['~kəs] *s* Schleim *m.*
mud [mʌd] *s* **1.** Schlamm *m*, Matsch *m.* **2.** Schmutz *m* (*a. fig.*): ***drag through the ~*** *fig.* in den Schmutz ziehen *od.* zerren; ***sling*** (*od.* ***throw***) ***~ at s.o.*** *fig.* j-n mit Schmutz bewerfen.
mud·dle ['mʌdl] **I** *s* Durcheinander *n*, Unordnung *f*; Verwirrung *f*: ***be in a ~*** durcheinander sein (*Dinge*), (*Person a.*) konfus sein; ***get in(to) a ~*** durcheinandergeraten (*Dinge*); konfus werden (*Person*); ***make a ~ of*** → IIa. **II** *v/t* durcheinanderbringen: a) in Unordnung bringen, b) konfus machen, c) verwechseln (***with*** mit). **III** *v/i*: ***~ through*** sich durchwursteln. **'~ˌhead·ed** *adj* wirr(köpfig), konfus.
mud·dy ['mʌdɪ] *adj* □ **1.** schlammig, trüb. **2.** schmutzig. **3.** *fig.* wirr; unklar, verschwommen.
'mud|·guard *s mot.* Kotflügel *m*; Schutzblech *n* (*e-s Fahrrads*). **~ pack** *s* ⚕ Fango-, Schlammpackung *f.* **'~ˌsling·er** *s* Verleumder(in). **'~ˌsling·ing** *s* Verleumdung *f.*
muf·fin ['mʌfɪn] *s* Muffin *n*: a) *Br.* Hefeteigsemmel *f*, b) *Am. kleine süße Semmel.*
muf·fle ['mʌfl] *v/t* **1.** *oft* ***~ up*** einhüllen, -wickeln. **2.** *Ton etc* dämpfen: ***~d voices*** *pl* gedämpfte Stimmen *pl.* **'muf·fler** *s* **1.** dicker Schal. **2.** *mot. Am.* Auspufftopf *m.*
muf·ti ['mʌftɪ] *s*: ***in ~*** in Zivil.
mug [mʌg] **I** *s* **1.** Krug *m*; Becher *m*; große Tasse. **2.** *sl.* Visage *f* (*Gesicht*); Fresse *f* (*Mund*). **II** *v/t* F **3.** (*bsd. auf der Straße*) überfallen u. ausrauben. **4.** *a.* ***~ up*** *Br. et.* büffeln. **III** *v/i* **5.** *Br.* F büffeln. **'mug·ger** *s* F (*bsd.* Straßen)Räuber *m.* **'mug·ging** *s* F Raubüberfall *m*, *bsd.* Straßenraub *m.*
mug·gy ['mʌgɪ] *adj* □ schwül.
mule[1] [mju:l] *s zo.* Maultier *n*; Maulesel *m*: (***as***) ***stubborn*** (*od.* ***obstinate***) ***as a ~*** (so) störrisch wie ein Maulesel.
mule[2] [~] *s* Pantoffel *m.*
mul·ish ['mju:lɪʃ] *adj* □ störrisch, stur.
mull[1] [mʌl] *s* (⚕ Verband[s])Mull *m.*
mull[2] [~] *v/i u. v/t*: ***~ over*** *s.th.*, ***~*** *s.th.* ***over*** nachdenken *od.* -grübeln über (*acc*).
mulled [mʌld] *adj*: ***~ wine*** Glühwein *m.*
mul·ti... ['mʌltɪ] *in Zssgn* viel..., mehr..., Mehrfach..., Multi...
mul·ti·far·i·ous [ˌmʌltɪ'feərɪəs] *adj* □ mannigfaltig, vielfältig.
ˌmul·ti'lat·er·al *adj* □ **1.** vielseitig. **2.** *pol.* multilateral, mehrseitig. **ˌmul·ti'lin·gual** *adj* mehrsprachig. **ˌmul·ti·mil·lion'aire** *s* Multimillionär *m.* **ˌmul·ti'na·tion·al** ✝ **I** *adj* multinational (*Konzern*). **II** *s* F Multi *m.*
mul·ti·ple ['mʌltɪpl] **I** *adj* □ **1.** viel-, mehrfach: ***~ sclerosis*** ⚕ multiple Sklerose. **2.** mannigfaltig, vielfältig. **3.** ⚡, ⚙ Mehr(fach)..., Vielfach... **II** *s* **4.** *das* Vielfache (*a.* ⩲).
mul·ti·pli·ca·tion [ˌmʌltɪplɪ'keɪʃn] *s* **1.** Vermehrung *f* (*a. biol.*). **2.** ⩲ Multiplikation *f*: ***~ sign*** Mal-, Multiplikationszeichen *n*; ***~ table*** Einmaleins *n.* **mul·ti·plic·i·ty** [ˌ~'plɪsətɪ] *s* **1.** Vielfalt *f.* **2.** Vielzahl *f.* **mul·ti·pli·er** ['~plaɪə] *s* ⩲ Multiplikator *m.* **mul·ti·ply** ['~plaɪ] **I** *v/t* **1.** vermehren, -vielfachen. **2.** ⩲ multiplizieren, malnehmen (***by*** mit): ***6 multiplied by 5 is 30*** 6 mal 5 ist 30. **II** *v/i* **3.** sich vermehren (*a. biol.*), sich vervielfachen.
ˌmul·ti'pur·pose *adj* Mehrzweck... **ˌmul·ti'sto·r(e)y** *adj* vielstöckig: ***~ car park*** Park(hoch)haus *n.*
mul·ti·tude ['mʌltɪtju:d] *s* **1.** große Zahl, Vielzahl *f*: ***for a ~ of reasons*** aus vielerlei Gründen. **2.** ***the ~(s*** *pl*) die Masse. **mul·ti·tu·di·nous** [ˌ~'tju:dɪnəs] *adj* □ zahlreich.
mum[1] [mʌm] **I** *int*: ***~'s the word*** Mund halten!, kein Wort darüber! **II** *adj*: ***keep ~*** nichts verraten (***about, on*** von), den Mund halten.
mum[2] [~] *s bsd. Br.* F Mami *f*, Mutti *f.*
mum·ble ['mʌmbl] *v/t u. v/i* (vor sich hin) murmeln.
mum·bo jum·bo [ˌmʌmbəʊ'dʒʌmbəʊ] *s* **1.** Hokuspokus *m*, fauler Zauber. **2.** Kauderwelsch *n.*
mum·mi·fi·ca·tion [ˌmʌmɪfɪ'keɪʃn] *s* Mumifizierung *f.* **mum·mi·fy** ['~faɪ] **I** *v/t* mumifizieren. **II** *v/i* vertrocknen.
mum·my[1] ['mʌmɪ] *s* Mumie *f.*
mum·my[2] [~] → ***mum.***
mumps [mʌmps] *s pl* (*sg konstruiert*) ⚕ Mumps *m*, Ziegenpeter *m.*
munch [mʌntʃ] *v/t u. v/i* mampfen: ***~ away at*** *et.* mampfen.

mun·dane [ˌmʌnˈdeɪn] *adj* □ **1.** weltlich. **2.** alltäglich, profan; prosaisch, sachlich-nüchtern.

mu·nic·i·pal [mjuːˈnɪsɪpl] *adj* □ städtisch, Stadt..., kommunal, Gemeinde...: ~ ***council*** Stadt-, Gemeinderat *m*; ~ ***elections*** *pl* Kommunalwahlen *pl*. **muˌnic·iˈpal·i·ty** [~ˈpælətɪ] *s* **1.** Gemeinde *f*. **2.** Kommunalbehörde *f*, -verwaltung *f*.

mu·ral [ˈmjʊərəl] **I** *adj* Mauer..., Wand...: ~ ***painting*** → II. **II** *s* Wandgemälde *n*.

mur·der [ˈmɜːdə] **I** *s* **1.** (***of***) Mord *m* (an *dat*), Ermordung *f* (*gen*): ***cry*** (*od.* ***scream***) ***blue*** ~ F zetermordio schreien; ***get away with*** ~ F sich alles erlauben können. **II** *adj* **2.** Mord...: ~ ***trial*** Mordprozeß *m*; ~ ***victim*** Mordopfer *n*; ~ ***weapon*** Mordwaffe *f*. **III** *v/t* **3.** ermorden. **4.** *fig.* verschandeln, verhunzen. **ˈmur·der·er** *s* Mörder *m*. **ˈmur·der·ess** *s* Mörderin *f*. **ˈmur·der·ous** *adj* □ mörderisch (*a. fig.*).

murk·y [ˈmɜːkɪ] *adj* □ dunkel, finster (*beide a. fig.*).

mur·mur [ˈmɜːmə] **I** *s* **1.** Murmeln *n*. **2.** Murren *n*: ***without a*** ~ ohne zu murren. **II** *v/i* **3.** murmeln. **4.** murren (***at, against*** gegen). **III** *v/t* **5.** *et.* murmeln.

mus·cle [ˈmʌsl] **I** *s anat.* Muskel *m*: ***not to move a*** ~ *fig.* nicht mit der Wimper zucken. **II** *v/i*: ~ ***in on*** *fig.* F sich eindrängen in (*acc*). **ˈ~·man** *s* (*irr* ***man***) Muskelmann *m*, -paket *n*.

mus·cu·lar [ˈmʌskjʊlə] *adj* □ **1.** Muskel...: ~ ***atrophy*** ⚕ Muskelschwund *m*. **2.** muskulös.

muse [mjuːz] *v/i* (nach)sinnen, (-)grübeln (***on, over*** über *acc*).

mu·se·um [mjuːˈzɪəm] *s* Museum *n*.

mush [mʌʃ] *s* **1.** Brei *m*, Mus *n*. **2.** *Am.* Maisbrei *m*.

mush·room [ˈmʌʃrʊm] **I** *s* **1.** ♀ (eßbarer) Pilz, *engS.* Champignon *m*. **II** *adj* **2.** Pilz...; pilzförmig: ~ ***cloud*** Atompilz *m*. **III** *v/i* **3.** Pilze sammeln: ***go*** ~***ing*** in die Pilze gehen. **4.** *oft* ~ ***up*** *fig.* wie Pilze aus dem Boden schießen.

mush·y [ˈmʌʃɪ] *adj* □ **1.** breiig, weich. **2.** F rührselig.

mu·sic [ˈmjuːzɪk] *s* **1.** Musik *f*: ***that's*** ~ ***to my ears*** das ist Musik in m-n Ohren; ***face the*** ~ F dafür geradestehen; ***put*** (*od.* ***set***) ***to*** ~ vertonen. **2.** Noten *pl*. **ˈmu·si·cal I** *adj* □ **1.** Musik...: ~ ***instrument***. **2.** musikalisch. **II** *s* **3.** Musical *n*.

mu·sic| book *s* Notenheft *n*, -buch *n*. ~ **cen·tre** (*Am.* **cen·ter**) *s* Kompaktanlage *f*. ~ **hall** *s bsd. Br.* Varieté(theater) *n*.

mu·si·cian [mjuːˈzɪʃn] *s* Musiker(in).

mu·sic| pa·per *s* Notenpapier *n*. ~ **stand** *s* Notenständer *m*. ~ **stool** *s* Klavierstuhl *m*.

muss [mʌs] *Am.* F **I** *s* Durcheinander *n*, Verhau *m*. **II** *v/t oft* ~ ***up*** durcheinanderbringen, *Haar* zerwühlen.

mus·sel [ˈmʌsl] *s* (Mies)Muschel *f*.

must[1] [mʌst] **I** *v/aux ich* muß, *du* mußt *etc*: ***you*** ~ ***not smoke here*** du darfst hier nicht rauchen. **II** *s* Muß *n*: ***this book is a***(***n absolute***) ~ dieses Buch muß man (unbedingt) gelesen haben.

must[2] [~] *s* Most *m*.

mus·tache *Am.* → ***moustache.***

mus·tang [ˈmʌstæŋ] *s zo.* Mustang *m*.

mus·tard [ˈmʌstəd] *s* Senf *m*.

mus·ter [ˈmʌstə] **I** *v/t* **1.** ⚔ (zum Appell) antreten lassen; *allg.* zs.-rufen, versammeln. **2.** *j-n*, *et.* auftreiben. **3.** *a.* ~ ***up*** *fig.* *s-e Kraft etc* aufbieten: → ***courage.*** **II** *v/i* **4.** ⚔ (zum Appell) antreten; *allg.* sich versammeln. **III** *s* **5.** ⚔ (Antreten *n* zum) Appell: ***pass*** ~ *fig.* durchgehen (***with*** bei); ganz passabel sein, den Anforderungen genügen.

mustn't [ˈmʌsnt] F *für* ***must not.***

mus·ty [ˈmʌstɪ] *adj* □ **1.** muffig. **2.** mod(e)rig.

mu·ta·tion [mjuːˈteɪʃn] *s* **1.** (Ver)Änderung *f*. **2.** Umwandlung *f*. **3.** *biol.* Mutation *f*.

mute [mjuːt] **I** *adj* □ **1.** stumm (*a. ling.*), *weitS. a.* sprachlos. **II** *s* **2.** Stumme *m, f*. **3.** ♪ Dämpfer *m*. **II** *v/t* **4.** ♪ dämpfen.

mu·ti·late [ˈmjuːtɪleɪt] *v/t* verstümmeln (*a. fig.*). **ˌmu·tiˈla·tion** *s* Verstümm(e)lung *f*.

mu·ti·neer [ˌmjuːtɪˈnɪə] **I** *s* Meuterer *m*. **II** *v/i* meutern. **ˈmu·ti·nous** *adj* □ **1.** meuternd. **2.** meuterisch. **ˈmu·ti·ny I** *s* Meuterei *f*. **II** *v/i* meutern.

mut·ter [ˈmʌtə] **I** *v/i* **1.** murmeln: ~ (***away***) ***to o.s.*** vor sich hin murmeln. **2.** murren (***about*** über *acc*). **II** *v/t* **3.** murmeln. **III** *s* **4.** Murmeln *n*. **5.** Murren *n*.

mut·ton [ˈmʌtn] *s* Hammelfleisch *n*: (***as***)

dead as ~ F mausetot. **~ chop** *s* Hammelkotelett *n.* **ˌ~'chops** *s pl* Koteletten *pl.*

mu·tu·al ['mjuːtʃʊəl] *adj* □ **1.** gegen-, wechselseitig: ***be ~*** auf Gegenseitigkeit beruhen; ***by ~ consent*** (*od.* ***agreement***) in gegenseitigem Einvernehmen. **2.** gemeinsam.

muz·zle ['mʌzl] **I** *s* **1.** *zo.* Maul *n*, Schnauze *f.* **2.** Maulkorb *m* (*a. fig.*). **3.** Mündung *f* (*e-r Feuerwaffe*). **II** *v/t* **4.** e-n Maulkorb anlegen (*dat*), *fig. a.* mundtot machen.

my [maɪ] *possessive pron* mein(e).

my·o·pi·a [maɪ'əʊpjə] *s* ⚕ Kurzsichtigkeit *f* (*a. fig.*). **my·op·ic** [~'ɒpɪk] *adj* (***~ally***) ⚕ kurzsichtig (*a. fig.*).

myr·i·ad ['mɪrɪəd] **I** *s* Myriade *f*, *fig. a.* Unzahl *f*: ***a ~ of*** → II. **II** *adj*: ***a ~*** unzählige, zahllose.

myrrh [mɜː] *s* ♀ Myrrhe *f.*

myr·tle ['mɜːtl] *s* ♀ Myrte *f.*

my·self [maɪ'self] *pron* **1.** *verstärkend*: ich, mich *od.* mir selbst: ***I did it ~, I ~ did it*** ich habe es selbst getan. **2.** *reflex* mich: ***I cut ~.*** **3.** mich (selbst): ***I want it for ~.***

mys·te·ri·ous [mɪ'stɪərɪəs] *adj* mysteriös: a) geheimnisvoll: ***be very ~ about*** ein großes Geheimnis machen aus, b) rätsel-, schleierhaft, unerklärlich. **mys'te·ri·ous·ly** *adv* auf mysteriöse Weise, unter mysteriösen Umständen.

mys·ter·y ['mɪstərɪ] *s* **1.** Geheimnis *n*, Rätsel *n* (***to*** für *od. dat*): ***it is a*** (***complete***) ***~ to me*** es ist mir (völlig) schleierhaft; ***make a ~ of*** ein Geheimnis machen aus; ***wrapped in ~*** in geheimnisvolles Dunkel gehüllt. **2.** *eccl.* Mysterium *n.*

mys·tic ['mɪstɪk] **I** *adj* (***~ally***) mystisch. **II** *s* Mystiker(in). **'mys·ti·cal** → ***mystic*** I.

mys·ti·cism ['~sɪzəm] *s* Mystizismus *m*; Mystik *f.*

mys·ti·fy ['mɪstɪfaɪ] *v/t* verwirren, vor ein Rätsel stellen: ***be mystified*** vor e-m Rätsel stehen.

myth [mɪθ] *s* Mythos *m*, Mythus *m*, *fig. a.* Märchen *n.* **myth·i·cal** ['mɪθɪkl] *adj* □ mythisch, sagenhaft, *fig. a.* erdichtet.

myth·o·log·i·cal [ˌmɪθə'lɒdʒɪkl] *adj* □ mythologisch. **my·thol·o·gy** [mɪ'θɒlədʒɪ] *s* Mythologie *f.*

N

nab [næb] *v/t* F **1.** schnappen, erwischen. **2.** sich *et.* schnappen.

na·bob ['neɪbɒb] *s* Nabob *m*, Krösus *m.*

na·dir ['neɪˌdɪə] *s* **1.** *ast.* Nadir *m*, Fußpunkt *m.* **2.** *fig.* Tief-, Nullpunkt *m*: ***reach its ~*** den Nullpunkt erreichen.

nag [næg] **I** *v/t* **1.** herumnörgeln an (*dat*). **2.** ***~ s.o. for s.th.*** j-m wegen et. in den Ohren liegen; ***~ s.o. into doing s.th.*** j-m so lange zusetzen, bis er et. tut; ***~ s.o. to do s.th.*** j-m zusetzen, damit er et. tut. **II** *v/i* **3.** nörgeln: ***~ at*** → 1. **III** *s* **4.** Nörgler(in). **'nag·ger** *s* Nörgler(in). **'nag·ging I** *s* **1.** Nörgelei *f.* **II** *adj* □ **2.** nörgelnd. **3.** *fig.* nagend, bohrend (*Schmerzen etc*).

nail [neɪl] **I** *s* **1.** (*Finger-*, *Zehen*)Nagel *m.* **2.** ⚙ Nagel *m*: (***as***) ***hard as ~s*** a) *a.* (***as***) ***tough as ~s*** von eiserner Gesundheit, b) eisern, unerbittlich; → ***hit*** 7. **II** *v/t* **3.** (an)nageln (***on*** auf *acc*; ***to*** an *acc*): ***~ed to the spot*** *fig.* wie angenagelt; ***~ down*** ver-, zunageln; *fig. j-n* festnageln (***to*** auf *acc*). **~ bed** *s anat.* Nagelbett *n.* **~ brush** *s* Nagelbürste *f.* **~ file** *s* Nagelfeile *f.* **~ pol·ish** *s* Nagellack *m.* **~ scis·sors** *s pl*, *a.* ***pair of ~*** Nagelschere *f.* **~ var·nish** *s bsd. Br.* Nagellack *m.*

na·ive, na·ïve [naɪ'iːv] *adj* □ naiv (*a. Kunst*). **na'ive·ty** *s* Naivität *f.*

na·ked ['neɪkɪd] *adj* □ *allg.* nackt (*a. fig. Wahrheit etc*), (*Wand etc a.*) kahl: ***with the ~ eye*** mit bloßem Auge. **'na·ked·ness** *s* Nacktheit *f.*

nam·by-pam·by [ˌnæmbɪ'pæmbɪ] **I** *adj* **1.** sentimental. **2.** verweichlicht. **II**

s **3.** Mutterkind *n*, -söhnchen *n*.

name [neɪm] **I** *v/t* **1.** (be)nennen (***after***, *Am. a.* ***for*** nach): **~*d*** genannt, namens. **2.** beim Namen nennen. **3.** nennen, erwähnen. **4.** ernennen zu; nominieren, vorschlagen (***for*** für); wählen zu; benennen, bekanntgeben. **5.** *Datum etc* festsetzen, bestimmen. **II** *s* **6.** Name *m*: ***what is your ~?*** wie heißen Sie?; ***by ~*** mit Namen, namentlich; dem Namen nach; ***in the ~ of*** im Namen *des Gesetzes etc*; auf *j-s* Namen *bestellen etc*; ***put one's ~ down for*** kandidieren für; sich anmelden für; sich vormerken lassen für. **7.** Name *m*, Bezeichnung *f*. **8.** Schimpfname *m*: ***call s.o. ~s*** j-n beschimpfen *od.* verspotten. **9.** Name *m*, Ruf *m*: ***get a bad ~*** in Verruf kommen; ***have a bad ~*** in schlechtem Ruf stehen. **10.** (berühmter) Name, (guter) Ruf: ***a man of ~*** ein Mann von Ruf; ***have a ~ for being ...*** im Rufe stehen, ... zu sein; ***make a ~ for o.s.*** sich e-n Namen machen (***as*** als). **~ day** *s* Namenstag *m*. **'~-ˌdrop·per** *s* F *j-d, der dadurch Eindruck schindet, daß er ständig (angebliche) prominente Bekannte erwähnt.*

name·less ['neɪmlɪs] *adj* □ **1.** namenlos, unbekannt. **2.** ungenannt, unerwähnt. **3.** *fig.* namenlos, unbeschreiblich; unaussprechlich.

name·ly ['neɪmlɪ] *adv* nämlich.

name| plate *s* Namensschild *n*. **'~·sake** *s* Namensvetter *m*, -schwester *f*. **~ tag** *s* (*am Revers etc getragenes*) Namensschild.

nan·ny ['nænɪ] *s bsd. Br.* **1.** Kindermädchen *n*. **2.** Oma *f*, Omi *f*. **~ goat** *s* Geiß *f*, Ziege *f*.

nap [næp] **I** *v/i* ein Schläfchen *od.* Nickerchen machen: ***catch s.o. ~ping*** j-n überrumpeln *od.* -raschen. **II** *s* Schläfchen *n*, Nickerchen *n*: ***have*** (*od.* ***take***) ***a ~*** → I.

na·palm ['neɪpɑːm] *s* Napalm *n*: ***~ bomb*** ⚔ Napalmbombe *f*.

nape [neɪp] *s mst* ***~ of the neck*** Genick *n*.

nap·kin ['næpkɪn] *s* **1.** Serviette *f*: ***~ ring*** Serviettenring *m*. **2.** *bsd. Br.* Windel *f*.

nap·py ['næpɪ] *s bsd. Br.* F Windel *f*.

nar·cis·si [nɑː'sɪsaɪ] *pl von* ***narcissus.***

nar·cis·sism ['nɑːsɪsɪzəm] *s psych.* Narzißmus *m*. **'nar·cis·sist** *s* Narzißt(in). **ˌnar·cis'sis·tic** *adj* (**~*ally***) narzißtisch.

nar·cis·sus [nɑː'sɪsəs] *pl* **-'cis·sus·es, -'cis·si** [~saɪ] *s* ⚘ Narzisse *f*.

nar·co·sis [nɑː'kəʊsɪs] *pl* **-ses** [~siːz] *s* ⚕ Narkose *f*.

nar·cot·ic [nɑː'kɒtɪk] **I** *adj* (**~*ally***) **1.** narkotisch, betäubend, einschläfernd (*a. fig.*). **2.** Rauschgift...: ***~ addiction*** Rauschgiftsucht *f*. **II** *s* **3.** Narkotikum *n*, Betäubungsmittel *n*. **4.** *oft pl* Rauschgift *n*.

nark [nɑːk] *Br. sl.* **I** *s* (Polizei)Spitzel *m*. **II** *v/t* ärgern.

nar·rate [nə'reɪt] *v/t* **1.** erzählen. **2.** berichten, schildern. **nar'ra·tion** *s* Erzählung *f*. **nar·ra·tive** ['nærətɪv] **I** *s* **1.** Erzählung *f*. **2.** Bericht *m*, Schilderung *f*. **II** *adj* **3.** erzählend: ***~ perspective*** Erzählperspektive *f*. **4.** Erzählungs...

nar·row ['nærəʊ] **I** *adj* (□ → *a.* ***narrowly***) **1.** eng, schmal. **2.** eng (*a. fig.*), (*räumlich*) beschränkt: ***in the ~est sense*** im engsten Sinne. **3.** zs.-gekniffen (*Augen*). **4.** *fig.* eingeschränkt, beschränkt. **5.** *fig.* knapp, dürftig (*Einkommen etc*). **6.** *fig.* knapp (*Mehrheit, Sieg etc*): ***by a ~ margin*** knapp, mit knappem Vorsprung; ***win by a ~ majority*** knapp gewinnen; → ***escape*** 8, ***squeak*** 6. **7.** *fig.* gründlich, eingehend (*Untersuchung etc*). **II** *v/i* **8.** enger *od.* schmäler werden, sich verengen ([***in***]***to*** zu): ***his eyes ~ed to slits*** s-e Augen wurden zu Schlitzen. **9.** *fig.* knapp(er) werden, zs.-schrumpfen (***to*** auf *acc*). **10.** *fig.* sich annähern (*Standpunkte etc*). **III** *v/t* **11.** enger *od.* schmäler machen, verenge(r)n, *Augen* zs.-kneifen. **12.** *a.* ***~ down*** *fig.* be-, einschränken (***to*** auf *acc*); eingrenzen. **'nar·row·ly** *adv* mit knapper Not: ***he ~ escaped death*** er ist gerade noch mit dem Leben davongekommen; ***he ~ escaped drowning*** er wäre beinahe *od.* um ein Haar ertrunken.

na·sal ['neɪzl] **I** *adj* □ **1.** *anat.* Nasen...: ***~ bone*** Nasenbein *n*. **2.** a) näselnd (*Stimme*): → ***twang,*** b) *ling.* nasal, Nasal... **II** *s* **3.** *ling.* Nasal(laut) *m*.

nas·ty ['nɑːstɪ] **I** *adj* □ **1.** ekelhaft, eklig, widerlich (*Geschmack etc*); abscheulich (*Verbrechen, Wetter etc*). **2.** schmutzig, zotig (*Buch etc*). **3.** bös, schlimm (*Unfall etc*). **4.** a) häßlich (*Charakter, Benehmen etc*), b) gemein, fies (*Person,*

Trick etc), c) übelgelaunt: ***turn ~*** unangenehm werden. **II** *s* **5.** *Br.* F *pornographische od. gewaltverherrlichende Videokassette.*

na·tal ['neɪtl] *adj* Geburts...

na·tion ['neɪʃn] *s* Nation *f*: a) Volk *n*, b) Staat *m*.

na·tion·al ['næʃənl] **I** *adj* □ **1.** national, National..., Landes..., Volks...: ***~ anthem*** Nationalhymne *f*; ***~ championship*** (*Sport*) Landesmeisterschaft *f*; ***~ currency*** ✝ Landeswährung *f*; ***2 Guard*** *Am.* Nationalgarde *f*; ***~ language*** Landessprache *f*; ***~ park*** Nationalpark *m*; ***~ team*** (*Sport*) Nationalmannschaft *f*. **2.** staatlich, öffentlich, Staats...: ***2 Health Service*** *Br.* Staatlicher Gesundheitsdienst. **3.** landesweit (*Streik etc*), überregional (*Sender, Zeitung etc*); inländisch: ***~ call*** *teleph.* Inlandsgespräch *n*. **II** *s* **4.** Staatsangehörige *m, f*. **na·tion·al·ism** ['næʃnəlɪzəm] *s* Nationalismus *m*. **'na·tion·al·ist I** *s* Nationalist(in). **II** *adj* nationalistisch. **ˌna·tion·al'is·tic** *adj* (***~ally***) nationalistisch. **na·tion·al·i·ty** [ˌnæʃə'nælətɪ] *s* Nationalität *f*, Staatsangehörigkeit *f*: ***have French ~*** die französische Staatsangehörigkeit besitzen *od.* haben. **na·tion·al·i·za·tion** [ˌnæʃnəlaɪ'zeɪʃn] *s* ✝ Verstaatlichung *f*. **'na·tion·al·ize** *v/t* ✝ verstaatlichen.

'na·tion-wide *adj u. adv* landesweit.

na·tive ['neɪtɪv] **I** *adj* □ **1.** eingeboren, Eingeborenen... **2.** einheimisch, inländisch, Landes... **3.** heimatlich, Heimat...: ***~ country*** Heimat *f*, Vaterland *n*; ***~ language*** Muttersprache *f*; ***~ speaker*** Muttersprachler(in); ***~ speaker of English*** englischer Muttersprachler; ***~ town*** Heimat-, Vaterstadt *f*. **II** *s* **4.** Eingeborene *m, f*. **5.** Einheimische *m, f*: ***a ~ of London*** ein gebürtiger Londoner; ***are you a ~ here?*** sind Sie von hier?

Na·tiv·i·ty [nə'tɪvətɪ] *s die* Geburt Christi (*a. Kunst*): ***~ play*** Krippenspiel *n*.

nat·ter ['nætə] *bsd. Br.* F **I** *v/i a.* ***~ away*** schwatzen, plaudern. **II** *s* Schwatz *m*, Plausch *m*: ***have a ~*** e-n Schwatz *od.* Plausch halten.

nat·u·ral ['nætʃrəl] **I** *adj* (□ → ***naturally***) **1.** natürlich, Natur...: ***~ blonde*** echte Blondine; ***die a ~ death*** e-s natürlichen Todes sterben; ***~ disaster*** Naturkatastrophe *f*; ***~ gas*** Erdgas *n*; ***~ resources*** *pl* Naturschätze *pl*; ***~ science*** Naturwissenschaft *f*; ***~ scientist*** Naturwissenschaftler(in). **2.** naturgemäß, -bedingt. **3.** angeboren, eigen (***to*** *dat*): ***~ talent*** natürliche Begabung. **4.** natürlich, selbstverständlich. **5.** natürlich, ungekünstelt (*Benehmen etc*). **6.** naturgetreu, natürlich wirkend. **7.** Natur..., Roh..., (*Lebensmittel*) naturbelassen. **8.** leiblich (*Eltern etc*). **II** *s* **9.** ♪ Auflösungszeichen *n*. **10.** F Naturtalent *n* (*Person*). **'nat·u·ral·ism** *s* Naturalismus *m*. **'nat·u·ral·ist I** *s* Naturalist(in). **II** *adj* naturalistisch. **ˌnat·u·ral'is·tic** *adj* (***~ally***) naturalistisch. **nat·u·ral·i·za·tion** [ˌ~laɪ'zeɪʃn] *s* Naturalisierung *f*, Einbürgerung *f*. **'nat·u·ral·ize** *v/t* **1.** naturalisieren, einbürgern: ***become ~d*** *fig.* sich einbürgern (*Wort etc*). **2.** ♣, *zo.* heimisch machen: ***become ~d*** heimisch werden. **'nat·u·ral·ly** *adv* **1.** *a. int* natürlich. **2.** von Natur (aus). **3.** instinktiv, spontan: ***learning comes ~ to him*** das Lernen fällt ihm leicht. **4.** auf natürlichem Wege.

na·ture ['neɪtʃə] *s* **1.** *allg.* Natur *f*: ***back to ~*** zurück zur Natur. **2.** Natur *f*, Wesen *n*, Veranlagung *f*: ***by ~*** von Natur (aus); ***it is (in) her ~*** es liegt in ihrem Wesen; → ***alien*** 3, ***second***[1] 1. **3.** Art *f*, Sorte *f*: ***of a grave ~*** ernster Natur. **4.** (natürliche) Beschaffenheit.

naught·y ['nɔːtɪ] *adj* □ **1.** ungezogen, unartig. **2.** unanständig (*Witz etc*).

nau·se·a ['nɔːsjə] *s* Übelkeit *f*, Brechreiz *m*. **nau·se·ate** ['~sɪeɪt] *v/t* Übelkeit erregen in (*dat*); *fig.* anwidern.

nau·ti·cal ['nɔːtɪkl] *adj* □ nautisch, See(-fahrts)...: ***~ mile*** Seemeile *f*.

na·val ['neɪvl] *adj* **1.** Flotten..., Marine...: ***~ base*** Flottenstützpunkt *m*; ***~ officer*** Marineoffizier *m*; ***~ power*** Seemacht *f*; ***~ review*** Flottenparade *f*. **2.** See..., Schiffs...: ***~ battle*** Seeschlacht *f*.

nave [neɪv] *s* △ Mittel-, Hauptschiff *n*.

na·vel ['neɪvl] *s anat.* Nabel *m*, *fig. a.* Mittelpunkt *m*. **~ or·ange** *s* Navelorange *f*.

nav·i·ga·ble ['nævɪgəbl] *adj* ⚓ schiffbar. **nav·i·gate** ['~geɪt] *v/t* **1.** ⚓ befahren; durchfahren. **2.** ✈, ⚓ steuern, lenken. **ˌnav·i'ga·tion** *s* **1.** Schiffahrt *f*, Seefahrt *f.* **2.** ✈, ⚓ Navigation *f.* '**nav·i·ga·tor** *s* ✈, ⚓ Navigator *m.*

nav·vy ['nævɪ] *s* Erd- *od.* Bauarbeiter *m.*

na·vy ['neɪvɪ] *s* **1.** (Kriegs)Marine *f.* **2.** Kriegsflotte *f.* **~ blue** *s* Marineblau *n.*

nay [neɪ] *s parl.* Gegen-, Neinstimme *f*: ***the ~s have it*** die Mehrheit ist dagegen.

near [nɪə] **I** *adv* **1.** *a.* ***~ at hand*** nahe, (ganz) in der Nähe. **2.** *a.* ***~ at hand*** nahe (bevorstehend) (*Zeitpunkt etc*). **3.** nahezu, beinahe, fast: ***~ impossible; she came ~ to tears*** sie war den Tränen nahe; → ***nowhere*** 1. **II** *adj* (□ → ***nearly***) **4.** nahe(gelegen): ♀ ***East*** *geogr. der* Nahe Osten. **5.** kurz, nahe (*Weg*). **6.** nahe (*Zukunft etc*). **7.** nahe (verwandt): ***the ~est relations*** *pl* die nächsten Verwandten *pl.* **8.** eng (befreundet): ***a ~ friend*** ein guter *od.* enger Freund. **9.** knapp: ***~ miss*** ✈ Beinahezusammenstoß *m*; ***be a ~ miss*** knapp scheitern; ***that was a ~ thing*** F das hätte ins Auge gehen können, das ist gerade noch einmal gutgegangen. **10.** genau, wörtlich (*Übersetzung etc*). **III** *prp* **11.** nahe (*dat*), in der Nähe von (*od. gen*): ***~ here*** nicht weit von hier; hier in der Nähe. **IV** *v/t u. v/i* **12.** sich nähern, näherkommen (*dat*): ***be ~ing completion*** der Vollendung entgegengehen. **~·by I** *adv* [ˌnɪə'baɪ] in der Nähe. **II** *adj* ['nɪəbaɪ] nahe(gelegen).

near·ly ['nɪəlɪ] *adv* **1.** beinahe, fast. **2.** annähernd: ***not ~*** bei weitem nicht, nicht annähernd.

ˌ**near**|'**sight·ed** *adj* □ ⚕ kurzsichtig. ˌ**~'sight·ed·ness** *s* Kurzsichtigkeit *f.*

neat [ni:t] *adj* □ **1.** sauber: a) ordentlich, reinlich: ***keep ~*** *et.* sauberhalten, b) übersichtlich, c) geschickt: ***a ~ solution*** e-e saubere *od.* elegante Lösung. **2.** pur: ***drink one's whisky ~; two ~ whiskies*** zwei Whisky pur.

neb·u·lous ['nebjʊləs] *adj* □ *fig.* verschwommen, nebelhaft.

nec·es·sar·i·ly ['nesəsərəlɪ] *adv* **1.** notwendigerweise. **2.** ***not ~*** nicht unbedingt. '**nec·es·sar·y I** *adj* **1.** notwendig, nötig, erforderlich (***to, for*** für): ***it is ~ for me to do it*** ich muß es tun; ***a ~ evil*** ein notwendiges Übel; ***if ~*** nötigenfalls. **2.** unvermeidlich, zwangsläufig, notwendig (*Konsequenz etc*). **II** *s* **3.** ***necessaries*** *pl* ***of life*** Lebensbedürfnisse *pl.*

ne·ces·si·tate [nɪ'sesɪteɪt] *v/t et.* notwendig *od.* erforderlich machen, erfordern: ***~ doing s.th.*** es notwendig machen, et. zu tun. **ne'ces·si·ty** *s* **1.** Notwendigkeit *f*: ***of*** (*od.* ***by***) ***~*** notgedrungen; ***be under the ~ of doing s.th.*** gezwungen sein, et. zu tun. **2.** (dringendes) Bedürfnis: ***necessities*** *pl* ***of life*** lebensnotwendiger Bedarf; ***be a ~ of life*** lebensnotwendig sein. **3.** Not *f*: ***~ is the mother of invention*** Not macht erfinderisch; ***in case of ~*** im Notfall; → ***virtue*** 2.

neck [nek] **I** *s* **1.** Hals *m* (*a. e-r Flasche etc*): ***be ~ and ~*** Kopf an Kopf liegen (*a. fig.*); ***be up to one's ~ in debt*** bis an den Hals in Schulden stecken; ***it is ~ or nothing*** es geht um alles od. nichts; ***risk one's ~*** Kopf u. Kragen riskieren; ***save one's ~*** den Kopf aus der Schlinge ziehen; ***stick out one's ~*** einiges riskieren. **2.** Genick *n*: ***break one's ~*** sich das Genick brechen; ***get it in the ~*** F eins aufs Dach bekommen. **3.** → ***neckline.*** **4.** *gastr.* Halsstück *n* (***of lamb*** vom Lamm). **II** *v/i* **5.** F knutschen, schmusen. ˌ**~-and-'~** *adj*: ***~ race*** Kopf-an-Kopf-Rennen *n* (*a. fig.*).

neck·lace ['neklɪs] *s* Halskette *f.*

neck·let ['~lɪt] *s* Halskettchen *n.*

'**neck**|**·line** *s* Ausschnitt *m* (*e-s Kleids etc*): ***with a low*** (*od.* ***plunging***) ***~*** tief ausgeschnitten. '**~·tie** *s Am.* Krawatte *f*, Schlips *m.*

nec·tar ['nektə] *s* ⚘ Nektar *m.*

née, nee [neɪ] *adj bei Frauennamen*: geborene.

need [ni:d] **I** *s* **1.** (***of, for***) (dringendes) Bedürfnis (nach), Bedarf *m* (an *dat*): ***in ~ of help*** hilfs-, hilfebedürftig; ***in ~ of repair*** reparaturbedürftig; ***be in ~ of s.th.*** et. dringend brauchen. **2.** Mangel *m* (***of, for*** an *dat*). **3.** dringende Notwendigkeit: ***there is no ~ for you to come*** du brauchst nicht zu kommen. **4.** Not(lage) *f*: ***if ~ be*** nötigen-, notfalls. **5.** Armut *f*, Not *f*: ***in ~*** in Not. **6.** *pl* Bedürfnisse *pl*, Erfordernisse *pl.* **II** *v/t* **7.** benötigen, brauchen: ***your hair ~s cutting*** du mußt dir wieder einmal die Haare schneiden lassen. **8.** erfordern. **III** *v/aux* **9.** brauchen, müssen: ***she ~ not do it*** sie braucht es nicht zu tun; ***you ~ not have come*** du hättest nicht zu kommen brauchen.

nee·dle ['ni:dl] **I** *s* **1.** *allg.* Nadel *f*, ⚙ *a.* Zeiger *m*: ***a ~ in a haystack*** *fig.* e-e Stecknadel im Heuhaufen. **II** *v/t* **2.** F *j-n* aufziehen, hänseln (***about*** wegen). **3.** ***~ one's way through*** sich (durch-) schlängeln durch.

need·less ['ni:dlɪs] *adj* unnötig, überflüssig: ***~ to say*** selbstverständlich, natürlich. '**need·less·ly** *adv* unnötig(erweise).

'**nee·dle·work** *s* Hand-, Nadelarbeit *f*: ***do ~*** handarbeiten; ***~ magazine*** Handarbeitsheft *n*.

neg [neg] *s phot.* F Negativ *n*.

ne·gate [nɪ'geɪt] *v/t* **1.** verneinen. **2.** *Wirkung etc* neutralisieren, aufheben. **ne'ga·tion** *s* **1.** Verneinung *f*. **2.** Neutralisierung *f*, Aufhebung *f*.

neg·a·tive ['negətɪv] **I** *adj* □ **1.** negativ (*a.* ⚡, ℞, ⚕ *etc*): a) verneinend: ***he was ~*** ⚕ sein Befund war negativ; ***~ pole*** ⚡ Minuspol *m*; ***~ sign*** Minuszeichen *n*, negatives Vorzeichen, b) abschlägig, ablehnend. **II** *s* **2.** Verneinung *f* (*a. ling.*): ***answer in the ~*** verneinen; ***his answer was in the ~*** s-e Antwort fiel negativ aus. **3.** abschlägige Antwort. **4.** negative Eigenschaft. **5.** *phot.* Negativ *n*.

ne·glect [nɪ'glekt] **I** *v/t* **1.** vernachlässigen: ***~ed*** ungepflegt (*Erscheinung etc*), verwahrlost (*Kind etc*). **2.** es versäumen *od.* unterlassen (***doing, to do*** zu tun). **II** *s* **3.** Vernachlässigung *f*: ***be in a state of ~*** vernachlässigt *od.* verwahrlost sein. **4.** Versäumnis *n*, Unterlassung *f*: ***~ of duty*** Pflichtversäumnis. **ne'glect·ful** [~fʊl] → ***negligent*** 1.

neg·li·gee, neg·li·gé(e) ['neglɪʒeɪ] *s* Negligé *n*.

neg·li·gence ['neglɪdʒəns] *s* **1.** Nachlässigkeit *f*, Unachtsamkeit *f*: ***dress with ~*** sich nachlässig kleiden. **2.** ⚖ Fahrlässigkeit *f*. '**neg·li·gent** *adj* □ **1.** nachlässig, unachtsam: ***be ~ of*** *j-n, et.* vernachlässigen, *et.* außer acht lassen. **2.** ⚖ fahrlässig. **3.** lässig, salopp.

neg·li·gi·ble ['neglɪdʒəbl] *adj* □ **1.** nebensächlich, unwesentlich. **2.** geringfügig, unbedeutend, nicht der Rede wert.

ne·go·ti·a·ble [nɪ'gəʊʃjəbl] *adj* □ **1.** ⚚ verkäuflich; übertragbar, begebbar. **2.** passier-, befahrbar (*Straße etc*).

ne·go·ti·ate [nɪ'gəʊʃɪeɪt] **I** *v/i* **1.** verhandeln (***with*** mit; ***for, about, on*** über *acc*): ***negotiating skills*** *pl* Verhandlungsgeschick *n*; ***negotiating table*** Verhandlungstisch *m*. **II** *v/t* **2.** *Vertrag etc* aushandeln (***with*** mit). **3.** verhandeln über (*acc*). **4.** ⚚ verkaufen; *Wechsel* begeben. **5.** *Straße etc* passieren, *Hindernis etc* überwinden, *Steigung etc* schaffen; *Musikstück etc* meistern. **ne,go·ti'a·tion** *s* **1.** Verhandlung *f*: ***by way of ~*** auf dem Verhandlungsweg; ***it is still under ~*** darüber wird noch verhandelt. **2.** Aushandeln *n*. **3.** ⚚ Verkauf *m*; Begebung *f*. **4.** Passieren *n*, Überwindung *f*.

Ne·gress ['ni:grɪs] *s* Negerin *f*. **Ne·gro** ['~grəʊ] *pl* **-groes** *s* Neger *m*.

neigh [neɪ] **I** *v/i* wiehern. **II** *s* Wiehern *n*.

neigh·bo(u)r ['neɪbə] **I** *s* Nachbar(in): ***~ at table*** Tischnachbar(in). **II** *v/t* (*a. v/i **~ on***) (an)grenzen an (*acc*). **neigh·bo(u)r·hood** ['~hʊd] *s* **1.** Nachbarschaft *f*, *coll. a.* Nachbarn *pl*: ***in the ~ of*** in der Umgebung *od.* Gegend von (*od. gen*); *fig.* um (... herum). **2.** Gegend *f*, Viertel *n*. '**neigh·bo(u)r·ing** *adj* benachbart, angrenzend; Nachbar... '**neigh·bo(u)r·ly** *adj* **1.** (gut)nachbarlich. **2.** Nachbarschafts...: ***~ help.***

nei·ther ['naɪðə] **I** *adj u. pron* **1.** kein (von beiden): ***~ of you*** keiner von euch (beiden). **II** *cj* **2.** ***~ ... nor*** weder ... noch. **3.** auch nicht: ***he does not know, ~ do I*** er weiß es nicht, u. ich auch nicht.

ne·ol·o·gism [ni:'ɒlədʒɪzəm] *s ling.* Neologismus *m*, Neuwort *n*.

ne·on ['ni:ən] *s* ⚗ Neon *n*: ***~ lamp*** Neonlampe *f*; ***~ sign*** Neon-, Leuchtreklame *f*.

neph·ew ['nevju:] *s* Neffe *m*.

ne·phri·tis [nɪ'fraɪtɪs] *s* ⚕ Nierenentzündung *f*.

nep·o·tism ['nepətɪzəm] *s* Vetternwirtschaft *f*.

nerve [nɜ:v] **I** *s* **1.** Nerv *m*: ***get on s.o.'s ~s*** j-m auf die Nerven gehen *od.* fallen; ***get ~s*** F Nerven bekommen; ***have ~s of iron*** (***steel***) eiserne Nerven (Nerven aus Stahl) haben; ***hit*** (*od.* ***touch***) ***a ~*** e-n wunden Punkt treffen; ***bag*** (*od.* ***bundle***) ***of ~s*** F Nervenbündel *n*. **2.** *fig.* Stärke *f*, Energie *f*; Mut *m*; Selbstbeherrschung *f*; F Frechheit *f*: ***have the ~ to do s.th.*** den Nerv haben, et. zu tun; ***lose one's ~*** den Mut *od.* die Nerven verlieren. **II** *v/t* **3.** ~ ***o.s.*** sich moralisch *od.* seelisch vorbereiten (***for*** auf *acc*). ~ **cell** *s* Nervenzelle *f.* ~ **cen·tre** (*Am.* **cen·ter**) *s* **1.** Nervenzentrum *n.* **2.** *fig.* Schaltzentrale *f.*

nerve·less ['nɜːvlɪs] *adj* ☐ **1.** kraft-, energielos; mutlos. **2.** ohne Nerven, kaltblütig. **'nerve-ˌrack·ing** *adj* nervenaufreibend.

nerv·ous ['nɜːvəs] *adj* ☐ **1.** Nerven..., nervös: ~ ***system*** Nervensystem *n*; → ***breakdown*** 1, ***collapse*** 10. **2.** nervös: ***make s.o.*** ~ j-n nervös machen (***with*** mit). **'nerv·ous·ness** *s* Nervosität *f.*

nerv·y ['nɜːvɪ] *adj* ☐ F **1.** *Br.* nervös, ängstlich. **2.** *Am.* frech, unverfroren.

nest [nest] **I** *s* **1.** *orn., zo.* Nest *n*: → ***feather*** II, ***foul*** 9. **2.** *fig.* Brutstätte *f.* **3.** Serie *f*, Satz *m* (*ineinanderpassender Dinge*). **II** *v/i* **4.** nisten. ~ **egg** *s* **1.** Nestei *n.* **2.** *fig.* Spar-, Notgroschen *m.*

nes·tle ['nesl] **I** *v/i* **1.** *a.* ~ ***down*** sich behaglich niederlassen, es sich bequem machen (***in*** in *dat*). **2.** sich schmiegen *od.* kuscheln (***against, to*** an *acc*). **II** *v/t* **3.** schmiegen, kuscheln (***against, to*** an *acc*).

net¹ [net] **I** *s* **1.** Netz *n* (*a. fig.*): ~ ***curtain*** Store *m.* **II** *v/t* **2.** mit e-m Netz fangen. **3.** *fig.* einfangen. **4.** mit e-m Netz abdecken.

net² [~] ✝ **I** *adj* **1.** netto, Netto..., Rein... **II** *v/t* **2.** netto einbringen. **3.** netto verdienen *od.* einnehmen.

net·ting ['netɪŋ] *s* Netz(werk) *n*, Geflecht *n.*

net·tle ['netl] **I** *s* ⚘ Nessel *f*: ***grasp the*** ~ *fig.* den Stier bei den Hörnern packen. **II** *v/t* ärgern, reizen (***with*** mit). ~ **rash** *s* ⚕ Nesselausschlag *m.*

'net·work *s* **1.** Netz(werk) *n*, Geflecht *n.* **2.** *fig.* (*Händler-, Straßen- etc*)Netz *n*: ***social*** ~ soziales Netz. **3.** *Rundfunk, TV*: Sendernetz *n.*

neu·ral·gia [ˌnjʊə'rældʒə] *s* ⚕ Neuralgie *f.* **ˌneu'ral·gic** *adj* (~***ally***) neuralgisch.

neu·ri·tis [ˌnjʊə'raɪtɪs] *s* ⚕ Nervenentzündung *f.*

neu·ro·log·i·cal [ˌnjʊərə'lɒdʒɪkl] *adj* ⚕ neurologisch. **neu·rol·o·gist** [ˌ~'rɒlədʒɪst] *s* Neurologe *m*, Nervenarzt *m.* **ˌneu'rol·o·gy** *s* Neurologie *f.*

neu·ro·sis [ˌnjʊə'rəʊsɪs] *pl* **-ses** [~siːz] *s* ⚕ Neurose *f.* **neu·rot·ic** [ˌ~'rɒtɪk] **I** *adj* (~***ally***) neurotisch (*a. contp.*). **II** *s* Neurotiker(in).

neu·ter ['njuːtə] **I** *adj* **1.** *ling.* neutral, sächlich. **2.** *biol.* geschlechtslos, ungeschlechtlich. **II** *s* **3.** *ling.* Neutrum *n.* **III** *v/t* **4.** *zo.* kastrieren.

neu·tral ['njuːtrəl] **I** *adj* ☐ **1.** *allg.* neutral. **II** *s* **2.** Neutrale *m,f.* **3.** *mot.* Leerlaufstellung *f*: ***the car is in*** ~ es ist kein Gang eingelegt; ***put the car in*** ~ den Gang herausnehmen. **neu·tral·i·ty** [~'trælətɪ] *s* Neutralität *f.* **neu·tral·i·za·tion** [ˌ~trəlaɪ'zeɪʃn] *s* Neutralisierung *f*, *a.* ⚗ Neutralisation *f.* **'neu·tral·ize** *v/t* neutralisieren: ~ ***each other*** sich gegenseitig aufheben.

neu·tron ['njuːtrɒn] *s phys.* Neutron *n*: ~ ***bomb*** ⚔ Neutronenbombe *f.*

nev·er ['nevə] *adv* **1.** nie(mals): → ***die¹*** 1. **2.** durchaus nicht, ganz u. gar nicht: → ***mind*** 10. **'~-ˌend·ing** *adj* endlos, nicht enden wollend. **ˌ~-'nev·er** *s*: ***buy s.th. on the*** ~ *Br.* F et. auf Pump *od.* Stottern kaufen.

ˌnev·er·the'less *adv* nichtsdestoweniger, dennoch, trotzdem.

new [njuː] *adj* (☐ → ***newly***) *allg.* neu: ***nothing*** ~ nichts Neues; ***this is not*** ~ ***to me*** das ist mir nichts Neues; ***be*** ~ ***to s.o.*** j-m neu *od.* ungewohnt sein; ***be*** ~ ***to s.th.*** (noch) nicht vertraut sein mit et.; ***feel a*** ~ ***man*** sich wie neugeboren fühlen; ~ ***moon*** Neumond *m*; ~ ***publications*** *pl* Neuerscheinungen *pl*; ~ ***snow*** Neuschnee *m*; **2** ***Testament*** *das* Neue Testament; **2** ***World*** *die* Neue Welt; → ***broom, leaf*** 2. **'~·born** *adj* neugeboren. **'~ˌcom·er** *s* **1.** Neuankömmling *m.* **2.** Neuling *m* (***to*** auf *e-m Gebiet*). **~·fan·gled** ['~ˌfæŋgld] *adj contp.* neumodisch.

new·ly ['njuːlɪ] *adv* **1.** kürzlich, jüngst: ~ ***married*** jungverheiratet, -vermählt. **2.** neu: ~ ***arranged furniture*** umgestellte Möbel *pl*; ~ ***raised hope*** neuerweckte Hoffnung. **'~·weds** *s pl die* Jungverheirateten *pl od.* -vermählten *pl.*

news [njuːz] *s pl* (*sg konstruiert*) Neuigkeit(en *pl*) *f*, Nachricht(en *pl*) *f*: ***a bit*** (*od.* ***piece***) ***of*** ~ e-e Neuigkeit *od.* Nachricht; ***at this*** ~ bei dieser Nachricht; ***what's the*** ~***?*** was gibt es Neues?; ***this is*** ~ ***to me*** das ist mir (ganz) neu; ***have*** ~ ***from s.o.*** Nachricht von j-m haben; ***I***

haven't had any ~ from her for two months ich habe schon seit zwei Monaten nichts mehr von ihr gehört; ***I heard it on the ~*** ich hörte es in den Nachrichten. ~ **a·gen·cy** *s* Nachrichtenagentur *f.* '~ˌ**a·gent** *s* Zeitungshändler(in). ~ **black·out** *s* Nachrichtensperre *f*: ***order a ~ on*** e-e Nachrichtensperre verhängen über (*acc*). '~**·boy** *s* Zeitungsjunge *m.* '~**·cast** *s Rundfunk, TV*: Nachrichtensendung *f.* '~ˌ**cast·er** *s Rundfunk, TV*: Nachrichtensprecher(in). ~ **con·fer·ence** → ***press conference.*** ~ **deal·er** *s Am.* Zeitungshändler(in). ~ **flash** *s Rundfunk, TV*: Kurzmeldung *f.* '~ˌ**let·ter** *s* Rundschreiben *n*, Mitteilungsblatt *n.* ~ **mag·a·zine** *s* Nachrichtenmagazin *n.* ~**·pa·per** ['njuːsˌpeɪpə] *s* Zeitung *f*: ~ ***publisher*** Zeitungsverleger(in); ~ ***rack*** Zeitungsständer *m.* '~ˌ**read·er** *Br.* → ***newscaster.*** '~**·stand** *s* Zeitungskiosk *m*, -stand *m.* ~ **ven·dor** *s* Zeitungsverkäufer(in).

new| year *s oft* ***New Year das*** neue Jahr: ***happy New Year!*** gutes neues Jahr!, Prosit Neujahr! ≗ **Year's Day** *s* Neujahr(stag *m*) *n.* ≗ **Year's Eve** *s* Silvester(abend *m*) *m, n.*

next [nekst] **I** *adj* **1.** *allg.* nächst: (***the***) ~ ***day*** am nächsten Tag; ~ ***door*** nebenan, im nächsten Raum *od.* Haus; ***be ~ door to*** *fig.* grenzen an (*acc*); ~ ***month*** nächsten Monat; ~ ***time*** das nächste Mal; ~ ***but one*** übernächst; ~ ***to*** gleich neben (*dat od. acc*); gleich nach (*Rang, Reihenfolge*); beinahe, fast *unmöglich etc*, so gut wie *nichts etc*, praktisch *zwecklos etc.* **II** *adv* **2.** als nächste(r, -s): ***you will be ~*** du wirst der nächste sein. **3.** demnächst, das nächste Mal. **4.** dann, darauf. **III** *s* **5.** *der, die, das* nächste: ***the next*** *pl* ***of kin*** die nächsten Angehörigen *pl od.* Verwandten *pl.* ˌ~-'**door** *adj* (von) nebenan: ***we are ~ neighbo(u)rs*** wir wohnen Tür an Tür.

NHS [ˌeneɪtʃ'es] *Br.* **I** *s* Staatlicher Gesundheitsdienst: ***get s.th. on the ~*** et. auf Krankenschein *od.* Rezept bekommen. **II** *adj* a) Kassen...: ~ ***glasses,*** b) *Behandlung etc* auf Krankenschein: ~ ***treatment.***

nib·ble ['nɪbl] **I** *v/t* **1.** knabbern an (*dat*). **2.** *Loch etc* knabbern, nagen (***in*** in *acc*). **II** *v/i* **3.** knabbern (***at*** an *dat*): ~ ***at one's food*** im Essen herumstochern. **III** *s* **4.** Knabbern *n.*

nice [naɪs] *adj* **1.** fein (*Unterschied etc*). **2.** fein, lecker (*Speise etc*). **3.** nett, freundlich (***to*** zu *j-m*). **4.** nett, hübsch, schön: ~ ***and warm*** schön warm; → ***mess*** 1. '**nice·ly** *adv* **1.** gut, fein: ***that will do ~*** das genügt vollauf; das paßt ausgezeichnet; ***she is doing ~*** es geht ihr gut *od.* besser, sie macht gute Fortschritte. **2.** genau, sorgfältig. **ni·ce·ty** ['~sətɪ] *s* **1.** Feinheit *f.* **2.** peinliche Genauigkeit: ***to a ~*** peinlich *od.* äußerst genau. **3.** *pl* feine Unterschiede *pl*, Feinheiten *pl.*

niche [nɪtʃ] *s* **1.** Nische *f.* **2.** *fig.* Platz *m*, wo man hingehört: ***he has finally found his ~ in life*** er hat endlich s-n Platz im Leben gefunden.

nick [nɪk] **I** *s* **1.** Kerbe *f*, Einkerbung *f.* **2.** ***in the ~ of time*** gerade noch rechtzeitig, im letzten Moment. **3.** *Br.* F Kittchen *n*: ***in the ~*** im Kittchen. **4.** ***be in good ~*** *Br.* F gut in Schuß sein. **II** *v/t* **5.** a) (ein)kerben: ~ ***o.s. while shaving*** sich beim Rasieren schneiden, b) *j-n* streifen (*Kugel*). **6.** *Br.* F klauen. **7.** *Br.* F *j-n* schnappen. **8.** ~ ***s.o.*** (***for***) ***$100*** *Am.* F j-m 100 Dollar abknöpfen.

nick·el ['nɪkl] **I** *s* **1.** ⚗, *min.* Nickel *n.* **2.** *Am.* Fünfcentstück *n.* **II** *v/t pret u. pp* **-eled,** *bsd. Br.* **-elled 3.** vernickeln. '~**-plate** *v/t* vernickeln.

nick·name ['nɪkneɪm] **I** *s* Spitzname *m.* **II** *v/t j-m* den Spitznamen ... geben.

nic·o·tine ['nɪkətiːn] *s* Nikotin *n.*

niece [niːs] *s* Nichte *f.*

niff [nɪf] *s Br.* F Gestank *m.* '**niff·y** *adj Br.* F stinkend: ***be ~*** stinken.

nif·ty ['nɪftɪ] *adj* □ F **1.** flott, fesch (*Kleidung, Person*). **2.** praktisch (*Gerät*).

nig·gard ['nɪgəd] *s* Knicker(in), Geizhals *m.* '**nig·gard·ly** *adj* **1.** geizig, knick(e)rig. **2.** schäbig, kümmerlich.

nig·gle ['nɪgl] *v/i* **1.** herumnörgeln (***about, over*** an *dat*). **2.** ~ ***at*** *fig.* nagen an (*dat*), plagen, quälen.

night [naɪt] *s* **1.** Nacht *f*: ***at*** (*od.* ***by, in the***) ~ in der *od.* bei Nacht, nachts; ~ ***and day*** Tag u. Nacht; ***have a good*** (***bad***) ~ gut (schlecht) schlafen; ***make a ~ of it*** bis zum Morgen feiern, durchmachen; ***stay the ~*** übernachten (***at*** in *dat*; ***at s.o.'s*** bei j-m). **2.** Abend *m*: ***last ~*** gestern abend; ***the ~ before last*** vorgestern nacht; ***on the ~ of May 5th*** am Abend des 5. Mai. **3.** Nacht *f*, Dunkelheit *f*. **~ bird** *s* **1.** *orn.* Nachtvogel *m*. **2.** *fig.* Nachtmensch *m*; Nachtschwärmer *m*. **'~-blind** *adj* ⚕ nachtblind. **~ blindness** *s* ⚕ Nachtblindheit *f*. **'~·cap** *s* Schlummertrunk *m*. **'~·club** *s* Nachtklub *m*, -lokal *n*. **'~·dress** *s* Nachthemd *n*. **'~·fall** *s*: ***at ~*** bei Einbruch der Dunkelheit. **~ flight** *s* Nachtflug *m*. **'~·gown** *s* Nachthemd *n*.

night·ie ['naɪtɪ] *s* F Nachthemd *n*.

night·in·gale ['naɪtɪŋgeɪl] *s orn.* Nachtigall *f*.

night life *s* Nachtleben *n*.

night·ly ['naɪtlɪ] **I** *adj* (all)nächtlich; (all)abendlich. **II** *adv* jede Nacht; jeden Abend.

night·mare ['naɪtmeə] *s* Alptraum *m* (*a. fig.*).

night| nurse *s* Nachtschwester *f*. **~ owl** *s* F Nachteule *f*, -mensch *m*; Nachtschwärmer *m*. **~ por·ter** *s* Nachtportier *m*. **~ school** *s* Abendschule *f*. **~ shift** *s* Nachtschicht *f*: ***be*** (*od.* ***work***) ***on ~*** Nachtschicht haben. **'~·shirt** *s* Nachthemd *n*. **'~·spot** F → ***nightclub.*** **'~·stick** *s Am.* Gummiknüppel *m*, Schlagstock *m* (*der Polizei*). **'~·time** *s*: ***in the*** (*od.* ***at***) **~** zur Nachtzeit, nachts. **~ watch** *s* Nachtwache *f*. **~ watch·man** *s* (*irr* ***man***) Nachtwächter *m*.

ni·hil·ism ['naɪɪlɪzəm] *s* Nihilismus *m*. **'ni·hil·ist I** *s* Nihilist(in). **II** *adj* nihilistisch. **ˌni·hil'is·tic** *adj* (***~ally***) nihilistisch.

nil [nɪl] *s*: ***our team won three to ~*** (*od.* ***by three goals to ~***) (***3-0***) unsere Mannschaft gewann drei zu null (3 : 0).

nim·bi ['nɪmbaɪ] *pl von* ***nimbus.***

nim·ble ['nɪmbl] *adj* □ **1.** flink, gewandt. **2.** *fig.* geistig beweglich: **~ *mind*** beweglicher Geist.

nim·bus ['nɪmbəs] *pl* **-bi** ['~baɪ], **-bus·es** *s* Nimbus *m*, Heiligenschein *m*.

nin·com·poop ['nɪnkəmpu:p] *s* Einfaltspinsel *m*, Trottel *m*.

nine [naɪn] **I** *adj* neun: ***~ times out of ten*** in neun von zehn Fällen, fast immer; → ***wonder*** 5. **II** *s* Neun *f*: ***~ of hearts*** Herzneun; ***be dressed*** (***up***) ***to the ~s*** F in Schale sein. **nine·fold** ['~fəʊld] **I** *adj* neunfach. **II** *adv* neunfach, um das Neunfache: ***increase ~*** (sich) verneunfachen. **nine·teen** [ˌ~'ti:n] *adj* neunzehn: → ***dozen.*** **ˌnine'teenth** [~θ] *adj* neunzehnt. **nine·ti·eth** ['~tɪəθ] *adj* neunzigst. **'nine-time** *adj* neunmalig. **nine·ty** ['naɪntɪ] **I** *adj* neunzig. **II** *s* Neunzig *f*: ***be in one's nineties*** in den Neunzigern sein; ***in the nineties*** in den neunziger Jahren (*e-s Jahrhunderts*).

nin·ny ['nɪnɪ] *s* F Dussel *m*, Dummkopf *m*.

ninth [naɪnθ] **I** *adj* **1.** neunt. **II** *s* **2.** *der*, *die*, *das* Neunte: ***the ~ of May*** der 9. Mai. **3.** Neuntel *n*. **'ninth·ly** *adv* neuntens.

nip[1] [nɪp] **I** *v/t* **1.** kneifen, zwicken: ***~ off*** abzwicken; ***~ one's finger in the door*** sich den Finger in der Tür einzwicken. **2.** *Pflanzen* schädigen (*Frost etc*): → ***bud*** I. **II** *v/i* **3.** *bsd. Br.* F sausen, flitzen: ***~ in*** *mot.* einscheren. **III** *s* **4.** ***there's a ~ in the air today*** heute ist es ganz schön kalt. **5.** Kniff *m*.

nip[2] [~] *s* Schlückchen *n* (*Whisky etc*).

nip·pers ['nɪpəz] *s pl*, *a.* ***pair of ~*** (Kneif)Zange *f*.

nip·ple ['nɪpl] *s* **1.** *anat.* Brustwarze *f*. **2.** (Gummi)Sauger *m* (*e-r Saugflasche*). **3.** ⚙ (*Schmier*)Nippel *m*.

nip·py ['nɪpɪ] *adj* **1.** frisch, kühl, kalt. **2.** ***be ~*** *bsd. Br.* F sich beeilen.

nit [nɪt] *s zo.* Nisse *f*, Niß *f*.

ni·ter *Am.* → ***nitre.***

'nit|ˌpick·er *s* F pingeliger *od.* kleinlicher Mensch. **'~ˌpick·ing** *adj* F pingelig, kleinlich.

ni·trate ['naɪtreɪt] *s* ⚗ Nitrat *n*.

ni·tre ['naɪtə] *s bsd. Br.* ⚗ Salpeter *m*.

ni·tric ac·id ['naɪtrɪk] *s* ⚗ Salpetersäure *f*.

ni·tro·gen ['naɪtrədʒən] *s* ⚗ Stickstoff *m*. **ni·trog·e·nous** [~'trɒdʒɪnɪs] *adj* stickstoffhaltig.

ni·tro·glyc·er·in(e) [ˌnaɪtrəʊ'glɪsəri:n] *s* ⚗ Nitroglyzerin *n*.

nit·ty-grit·ty [ˌnɪtɪ'grɪtɪ] *s*: ***go down*** (*od.* ***come***) ***to the ~*** *sl.* zur Sache kommen.

nit·wit ['nɪtwɪt] *s* Schwachkopf *m*.

no [nəʊ] **I** *adv* **1.** nein: ***say ~ to*** nein sagen zu. **2.** *beim comp*: um nichts, nicht: ***they ~ longer live here*** sie wohnen nicht mehr hier; ***~ longer ago than yesterday*** erst gestern. **II** *adj* **3.** kein: ***~ one*** keiner, niemand; ***in ~ time*** im Nu *od.* Handumdrehen. **4.** *vor ger*: → ***deny*** 1,

please 4. **III** *pl* **noes** *s* **5.** Nein *n*: ***a clear ~*** ein klares Nein (***to*** auf *acc*). **6.** *parl.* Gegen-, Neinstimme *f*: ***the ~es have it*** der Antrag ist abgelehnt.

No·bel prize [nəʊ'bel] *s* Nobelpreis *m*: ***Nobel peace prize*** Friedensnobelpreis; ***~ winner*** Nobelpreisträger(in).

no·bil·i·ty [nəʊ'bɪlətɪ] *s* **1.** (Hoch)Adel *m*. **2.** *fig*. Adel *m*.

no·ble ['nəʊbl] *adj* □ **1.** adlig, von Adel. **2.** *fig*. edel, nobel. **3.** prächtig, stattlich (*Gebäude etc*). **4.** Edel...: ***~ metal.*** **~·man** ['~mən] *s* (*irr* ***man***) (hoher) Adliger. **'~ˌwom·an** *s* (*irr* ***woman***) (hohe) Adlige.

no·bod·y ['nəʊbədɪ] **I** *pron* keiner, niemand. **II** *s fig*. Niemand *m*, Null *f*.

noc·tur·nal [nɒk'tɜːnl] *adj* □ nächtlich, Nacht...

nod [nɒd] **I** *v/i* **1.** nicken: ***~ at*** (*od.* ***to***) ***s.o.*** j-m zunicken; ***have a ~ding acquaintance with s.o.*** j-n flüchtig kennen. **2.** ***~ off*** einnicken. **II** *v/t* **3.** ***~ one's head*** mit dem Kopf nicken. **III** *s* **4.** Nicken *n*: ***give a ~*** nicken; ***give s.o. a ~*** j-m zunikken.

node [nəʊd] *s* Knoten *m* (*a.* ⚕).

nod·ule ['nɒdjuːl] *s* ⚘, ⚕ Knötchen *n*.

noise [nɔɪz] **I** *s* **1.** Krach *m*, Lärm *m*: ***not to make any ~*** keinen Krach machen; ***make a lot of ~ about s.th.*** *fig*. viel Tamtam um et. machen. **2.** Geräusch *n*: ***what's that ~?*** was ist das für ein Geräusch? **3.** *Radio etc*: Rauschen *n*. **II** *v/t* **4.** ***~ about*** (*od.* ***abroad, around***) *Gerücht etc* verbreiten: ***it is being ~d about that*** man erzählt sich, daß. **'noise·less** *adj* □ geräuschlos.

nois·y ['nɔɪzɪ] *adj* □ laut.

no·mad ['nəʊmæd] *s* Nomade *m*, Nomadin *f*. **no'mad·ic** *adj* (***~ally***) nomadisch, Nomaden...

'no-man's-land *s* Niemandsland *n* (*a. fig.*).

no·men·cla·ture [nəʊ'menklətʃə] *s* **1.** Nomenklatur *f*. **2.** (Fach)Terminologie *f*.

nom·i·nal ['nɒmɪnl] *adj* □ **1.** nominal, nominell (*beide a.* ✝): ***~ income*** Nominaleinkommen *n*; ***~ value*** Nominalwert *m*. **2.** *ling*. nominal, Nominal...

nom·i·nate ['nɒmɪneɪt] *v/t* **1.** (***to***) ernennen (zu), einsetzen (in *acc*): ***be ~d*** (***as*** *od.* ***to be***) ***...*** als ... eingesetzt werden. **2.** (***for***) nominieren (für), vorschlagen (als), als Kandidaten aufstellen (für). **ˌnom·i'na·tion** *s* **1.** Ernennung *f*, Einsetzung *f*. **2.** Nominierung *f*: ***place s.o.'s name in ~*** j-n vorschlagen.

nom·i·na·tive ['nɒmɪnətɪv] *s a.* ***~ case*** *ling*. Nominativ *m*, erster Fall.

non... [nɒn] nicht..., Nicht..., un...

ˌnon·ac'cept·ance *s* Annahmeverweigerung *f*, Nichtannahme *f*.

ˌnon·ag'gres·sion pact *s pol*. Nichtangriffspakt *m*.

ˌnon·al·co'hol·ic *adj* alkoholfrei.

ˌnon·a'ligned *adj pol*. blockfrei.

ˌnon·ap'pear·ance *s* Nichterscheinen *n* (*vor Gericht etc*).

ˌnon·at'tend·ance *s* Nichtteilnahme *f*.

nonce word [nɒns] *s ling*. Ad-hoc-Bildung *f*.

non·cha·lance ['nɒnʃələns] *s* Nonchalance *f*, Lässigkeit *f*, Unbekümmertheit *f*. **'non·cha·lant** *adj* □ nonchalant, lässig, unbekümmert.

ˌnon·com'mis·sioned *adj*: ***~ officer*** ⚔ Unteroffizier *m*.

ˌnon·com'mit·tal [~tl] *adj* □ zurückhaltend, (*Antwort etc*) unverbindlich: ***be ~*** sich nicht festlegen wollen.

ˌnon·com'pli·ance *s* (***with***) Zuwiderhandlung *f* (gegen), Nichtbefolgung *f* (*gen*).

non com·pos men·tis [ˌnɒn'kɒmpəs'mentɪs] *adj* ⚖ unzurechnungsfähig.

ˌnon·con'form·ist **I** *s* Nonkonformist (-in). **II** *adj* nonkonformistisch. **ˌnon·con'form·i·ty** *s* mangelnde Übereinstimmung (***with*** mit).

non·de·script ['nɒndɪskrɪpt] *adj* unbestimmbar; unauffällig.

none [nʌn] **I** *pron u. s* (*mst pl konstruiert*) kein, niemand: ***~ of them are*** (*od.* ***is***) ***here*** keiner von ihnen ist hier; ***~ of your tricks!*** laß deine Späße!; ***~ but*** niemand *od.* nichts außer, nur; → ***business*** 6. **II** *adv* in keiner Weise, nicht im geringsten: ***~ too high*** keineswegs zu hoch; ***~ too soon*** kein bißchen zu früh.

non·en·ti·ty [nɒ'nentətɪ] *s contp*. Null *f* (*Person*).

ˌnon·es'sen·tial *adj* unwesentlich (***to*** für).

ˌnone·the'less *adv* nichtsdestoweniger, dennoch, trotzdem.

ˌnon·e'vent *s* F Reinfall *m*, Pleite *f*.

ˌ**non·ex'ist·ence** *s* Nichtvorhandensein *n*, Fehlen *n*. ˌ**non·ex'ist·ent** *adj* nicht existierend.

ˌ**non'fic·tion** *s* Sachbücher *pl*.

ˌ**non·ful'fil(l)·ment** *s* Nichterfüllung *f*.

'**nonˌin·ter'fer·ence,** '**nonˌin·ter'ven·tion** *s pol*. Nichteinmischung *f*.

ˌ**non'i·ron** *adj* bügelfrei.

'**nonˌmem·ber** *s* Nichtmitglied *n*.

ˌ**non·ob'serv·ance** *s* Nichtbefolgung *f*, -beachtung *f*.

ˌ**no-'non·sense** *adj* nüchtern, sachlich, (*Warnung*) unmißverständlich.

ˌ**non·par·ti'san** *adj* **1.** *pol*. überparteilich. **2.** unparteiisch.

ˌ**non'pay·ment** *s bsd*. ✝ Nicht(be)zahlung *f*.

ˌ**non'plus** *v/t pret u. pp* -'**plused,** *bsd. Br.* -'**plussed** verblüffen.

ˌ**non·pol'lut·ing** *adj* umweltfreundlich.

ˌ**non'prof·it** *adj Am*., ˌ**non-'prof·it-ˌmak·ing** *adj* gemeinnützig.

'**non·proˌlif·er'a·tion** *s pol*. Nichtweitergabe *f* von Atomwaffen. **~ *treaty*** Atomsperrvertrag *m*.

ˌ**non'res·i·dent I** *adj* **1.** nicht (orts)ansässig. **2.** nicht im Hause wohnend. **II** *s* **3.** Nichtansässige *m,f*. **4.** nicht im Hause Wohnende *m, f*.

ˌ**non·re'turn·a·ble** *adj* Einweg...: **~ *bottle*.**

non·sense ['nɒnsəns] *s* Unsinn *m*, dummes Zeug: ***make*** (***a***) **~ *of*** ad absurdum führen; illusorisch machen; ***stand no* ~** sich nichts gefallen lassen, nicht mit sich spaßen lassen. **non·sen·si·cal** [~'sensɪkl] *adj* □ unsinnig.

ˌ**non'smok·er** *s* **1.** Nichtraucher(in). **2.** 🚂 *Br*. Nichtraucherwagen *m*. ˌ**non-'smok·ing** *adj*: **~ *compartment*** 🚂 Nichtraucher(abteil *n*) *m*.

ˌ**non'stan·dard** *adj ling*. nicht hochsprachlich.

ˌ**non'start·er** *s*: ***be a* ~** keine *od*. kaum e-e Chance haben (*Person, Sache*).

ˌ**non'stick** *adj* mit Antihaftbeschichtung (*Pfanne etc*).

ˌ**non'stop I** *adj* durchgehend (*Zug etc*), ohne Unterbrechung (*Reise etc*), ohne Zwischenlandung (*Flug*): **~ *flight*** *a*. Nonstopflug *m*. **II** *adv* nonstop, ohne Unterbrechung *od*. Zwischenlandung: ***talk* ~** ununterbrochen reden.

ˌ**non'un·ion** *adj* ✝ nicht organisiert.

ˌ**non'vi·o·lence** *s* Gewaltlosigkeit *f*. ˌ**non'vi·o·lent** *adj* □ gewaltlos.

noo·dle ['nu:dl] *s* Nudel *f*: **~ *soup*** Nudelsuppe *f*.

nook [nʊk] *s* Winkel *m*, Ecke *f*: ***search for s.th. in every* ~ *and cranny*** nach et. in jedem Winkel *od*. in allen Ecken suchen.

noon [nu:n] **I** *s* Mittag(szeit *f*) *m*: ***at* ~** am *od*. zu Mittag, *engS*. um 12 Uhr (mittags). **II** *adj* mittägig, Mittags...

noose [nu:s] *s* Schlinge *f*: ***put one's head in*** (***to***) ***the* ~** *fig*. den Kopf in die Schlinge stecken.

nope [nəʊp] *adv* F nein.

nor [nɔ:] *cj* **1.** → ***neither*** 2. **2.** auch nicht: ***he does not know,* ~ *do I*** er weiß es nicht, u. ich auch nicht.

norm [nɔ:m] *s* Norm *f*. **nor·mal** ['~ml] **I** *adj* (□ → ***normally***) normal, Normal... **II** *s* Normalzustand *m*: ***be back to* ~** sich normalisiert haben, wieder normal sein; ***go back*** (*od*. ***return***) ***to* ~** sich normalisieren; ***be above*** (***below***) **~** über (unter) dem Durchschnitt *od*. Normalwert liegen. **nor·mal·ize** ['~məlaɪz] **I** *v/t* **1.** normalisieren. **2.** normen, vereinheitlichen. **II** *v/i* **3.** sich normalisieren. **nor·mal·ly** ['~məlɪ] *adv* normalerweise, (für) gewöhnlich.

Nor·man ['nɔ:mən] **I** *s hist*. Normanne *m*, Normannin *f*. **II** *adj* normannisch.

nor·ma·tive ['nɔ:mətɪv] *adj* □ normativ.

north [nɔ:θ] **I** *s* **1.** Norden *m*: ***in the* ~ *of*** im Norden von (*od. gen*); ***to the* ~ *of*** → 5. **2.** *a*. **♀** Norden *m*, nördlicher Landesteil: ***the* ♀** *Br*. Nordengland *n*; *Am*. die Nordstaaten *pl*. **II** *adj* **3.** Nord..., nördlich: **♀ *Pole*** Nordpol *m*; **♀ *Star*** *ast*. Polarstern *m*. **III** *adv* **4.** nordwärts, nach Norden. **5. ~ *of*** nördlich von (*od*. *gen*). '**~·bound** *adj* nach Norden gehend *od*. fahrend. ˌ**~'east I** *s* Nordosten *m*. **II** *adj* nordöstlich, Nordost... **III** *adv* nordöstlich, nach Nordosten.

north·er·ly ['nɔ:ðəlɪ] **I** *adj* nördlich, Nord... **II** *adv* von *od*. nach Norden.

north·ern ['~ðn] *adj* nördlich, Nord...

north·ern·er ['~ðənə] *s* **1.** Bewohner(in) des Nordens (*e-s Landes*). **2.** ♀ *Am*. Nordstaatler(in). **north·ern·most** ['~ðnməʊst] *adj* nördlichst. **north·ward** ['~wəd] *adj u. adv* nördlich, nordwärts, nach Norden: ***in a* ~ *direction*** in

nördlicher Richtung, Richtung Norden. '**north·wards** *adv* → ***northward.***
ˌ**north'west I** *s* Nordwesten *m.* **II** *adj* nordwestlich, Nordwest...: **III** *adv* nordwestlich, nach Nordwesten.
Nor·we·gian [nɔː'wiːdʒən] **I** *adj* **1.** norwegisch. **II** *s* **2.** Norweger(in). **3.** *ling.* Norwegisch *n.*
nose [nəʊz] **I** *s* **1.** Nase *f*: ***bite*** (*od.* ***snap***) ***s.o.'s ~ off*** j-n anschnauzen; ***cut off one's ~ to spite one's face*** sich ins eigene Fleisch schneiden; ***follow one's ~*** immer der Nase nach gehen; s-m Instinkt folgen; ***lead s.o. by the ~*** j-n unter s-r Fuchtel haben; ***look down one's ~ at*** die Nase rümpfen über (*acc*), auf *j-n, et.* herabblicken; ***poke*** (*od.* ***put, stick, thrust***) ***one's ~ into*** s-e Nase stekken in (*acc*); ***put s.o.'s ~ out of joint*** j-n ausstechen; j-n vor den Kopf stoßen; ***under s.o.'s*** (***very***) ***~*** direkt vor j-s Nase; vor j-s Augen; → ***grindstone, pick*** 7, ***rub*** 3. **2.** *fig.* Nase *f*, Riecher *m* (***for*** für). **3.** *bsd.* ⚙ Nase *f*, Vorsprung *m*; ⚓ Bug *m*; ✈ Nase *f.* **II** *v/t* **4.** *Auto etc* vorsichtig fahren. **5.** ***~ out*** *fig.* ausschnüffeln. **III** *v/i* **6.** *a.* ***~ about*** (*od.* ***around***) *fig.* herumschnüffeln (in *dat*) (***for*** nach). '**~·bleed** *s* Nasenbluten *n*: ***have a ~*** Nasenbluten haben. **~ dive** *s* ✈ Sturzflug *m.* '**~-dive** *v/i* **1.** ✈ e-n Sturzflug machen. **2.** F purzeln (*Preise etc*). **~ drops** *s pl* ⚕ Nasentropfen *pl.* '**~·gay** *s* Sträußchen *n.* '**~-ˌpick·ing** *s* Nasenbohren *n.*
nosh [nɒʃ] *sl.* **I** *s* **1.** *bsd. Br.* Essen *n*: ***have a ~*** (et.) essen; ***have a quick ~*** schnell et. essen. **2.** *Am.* Bissen *m*, Happen *m*: ***have a ~*** e-n Happen essen. **II** *v/i* **3.** *bsd. Br.* essen. **4.** *Am.* e-n Bissen *od.* Happen essen.
nos·tal·gia [nɒ'stældʒə] *s* Nostalgie *f*; *weitS.* Sehnsucht *f* (***for*** nach). **nos'tal·gic** [~dʒɪk] *adj* (**~*ally***) nostalgisch.
nos·tril ['nɒstrəl] *s* Nasenloch *n*, *bsd. zo.* Nüster *f.*
nos·trum ['nɒstrəm] *s* Allheilmittel *n*, Patentrezept *n.*
nos·y ['nəʊzɪ] *adj* □ F neugierig: ***~ parker*** *bsd. Br.* neugierige Person, Schnüffler(in).
not [nɒt] *adv* **1.** nicht: ***~ that*** nicht, daß; ***it is wrong, is it ~*** (F ***isn't it***)***?*** es ist falsch, nicht wahr?; → ***yet*** 2. **2.** ***~ a*** kein(e).
no·ta·ble ['nəʊtəbl] **I** *adj* **1.** beachtenswert, bemerkenswert. **2.** beträchtlich (*Unterschied etc*). **3.** angesehen, bedeutend. **II** *s* **4.** bedeutende *od.* prominente Persönlichkeit. '**no·ta·bly** *adv* besonders, vor allem.
no·ta·ry ['nəʊtərɪ] *s mst* ***~ public*** Notar *m.*
no·ta·tion [nəʊ'teɪʃn] *s* ♪ Notenschrift *f.*
notch [nɒtʃ] **I** *s* **1.** Kerbe *f.* **2.** *Am.* Engpaß *m.* **3.** *fig.* Grad *m*: ***be a ~ above*** e-e Klasse besser sein als. **II** *v/t* **4.** (ein)kerben. **5.** *oft* ***~ up*** F *Sieg, Einnahmen etc* erzielen: ***~ s.o. s.th.*** j-m et. einbringen.
note [nəʊt] **I** *s* **1.** Bedeutung *f*: ***man of ~*** bedeutender Mann. **2.** ***take ~ of s.th.*** von et. Notiz *od.* et. zur Kenntnis nehmen; et. beachten. **3** *mst pl* Notiz *f*, Aufzeichnung *f*: ***make a ~ of s.th.*** sich et. notieren *od.* vormerken; ***take ~s*** (***of***) sich Notizen machen (über *acc*); ***speak without ~s*** frei sprechen; → ***mental*** 1. **4.** (diplomatische) Note. **5.** Briefchen *n*, Zettel *m.* **6.** Anmerkung *f*; Vermerk *m*, Notiz *f.* **7.** Banknote *f*, Geldschein *m.* **8.** ♪ Note *f.* **9.** *fig.* Ton(art *f*) *m*: ***strike the right*** (***a false***) ***~*** den richtigen Ton treffen (sich im Ton vergreifen). **II** *v/t* **10.** (besonders) beachten *od.* achten auf (*acc*). **11.** bemerken. **12.** *oft* ***~ down*** (sich) *et.* aufschreiben *od.* notieren. '**~·book** *s* Notizbuch *n.*
not·ed ['nəʊtɪd] *adj* bekannt, berühmt (***for*** wegen).
'**note|ˌpa·per** *s* Briefpapier *n.* '**~ˌwor·thy** *adj* □ bemerkenswert.
noth·ing ['nʌθɪŋ] **I** *pron* nichts (***of*** von): ***as if ~ had happened*** als ob nichts passiert sei; ***~ doing*** F das kommt nicht in Frage; nichts zu machen; ***~ much*** nicht (sehr) viel, nichts Bedeutendes; ***that's ~ to*** das ist nichts gegen *od.* im Vergleich zu; ***that's ~ to me*** das bedeutet mir nichts; ***there is ~ like*** es geht nichts über (*acc*); ***there is ~ to*** (*od.* ***in***) ***it*** da ist nichts dabei; an der Sache ist nichts dran; ***I can make ~ of*** ich kann nichts anfangen mit, ich werde nicht schlau aus; ***to say ~ of*** ganz zu schweigen von; ***think ~ of*** nichts halten von; sich nichts machen aus; → ***but*** 4. **II** *s* Nichts *n*: ***for ~*** umsonst; ***end in ~*** sich in nichts auflösen. **III** *adv* durchaus nicht, keineswegs: ***~ like complete*** alles an-

dere als *od.* längst nicht vollständig.

no·tice ['nəʊtɪs] **I** *s* **1.** Beachtung *f*, Wahrnehmung *f*: ***bring s.th. to s.o.'s ~*** j-m et. zur Kenntnis bringen; ***escape ~*** unbemerkt bleiben; ***escape s.o.'s ~*** j-m *od.* j-s Aufmerksamkeit entgehen; ***take*** (***no***) ***~ of*** (keine) Notiz nehmen von, (nicht) beachten. **2.** Ankündigung *f*, Bekanntgabe *f*, Mitteilung *f*: ***give s.o. ~ of s.th.*** j-n von et. benachrichtigen. **3.** Kündigung(sfrist) *f*: ***give s.o.*** (***his***) ***~*** (***for Easter***) j-m (zu Ostern) kündigen; ***give the company one's ~*** kündigen; ***at short ~*** kurzfristig; ***till*** (*od.* ***until***) ***further ~*** bis auf weiteres; ***without ~*** fristlos. **II** *v/t* **4.** bemerken: **~ *s.o. do*(*ing*) *s.th.*** bemerken, daß j-d et. tut. **5.** (besonders) beachten *od.* achten auf (*acc*). **III** *v/i* **6.** es bemerken. **'no·tice·a·ble** *adj* □ **1.** erkennbar, wahrnehmbar. **2.** bemerkenswert, beachtlich.

no·tice board *s bsd. Br.* Anschlagtafel *f*, Schwarzes Brett.

no·ti·fi·a·ble ['nəʊtɪfaɪəbl] *adj* meldepflichtig (*bsd. Krankheit*). **no·ti·fi·ca·tion** [ˌ~fɪ'keɪʃn] *s* Meldung *f*, Mitteilung *f*, Benachrichtigung *f*. **no·ti·fy** ['~faɪ] *v/t* **1.** melden, mitteilen (***s.th. to s.o.*** j-m et.). **2.** *j-n* benachrichtigen (***of*** von, ***that*** daß).

no·tion ['nəʊʃn] *s* **1.** Begriff *m* (*a.* ⚖, *phls.*), Vorstellung *f*: ***not to have the faintest*** (*od.* ***vaguest***) ***~ of*** nicht die leiseste Ahnung haben von. **2.** Idee *f*: ***take*** (***have***) ***a ~ to do s.th.*** Lust bekommen (haben), et. zu tun. **no·tion·al** ['~ʃənl] *adj* □ fiktiv, angenommen.

no·to·ri·e·ty [ˌnəʊtə'raɪətɪ] *s* traurige Berühmtheit. **no·to·ri·ous** [~'tɔːrɪəs] *adj* □ berüchtigt (***for*** für).

not·with·stand·ing [ˌnɒtwɪθ'stændɪŋ] **I** *prp* ungeachtet, trotz. **II** *adv* nichtsdestoweniger, dennoch.

nou·gat ['nuːgɑː] *s* (*etwa*) Türkischer Honig.

nought [nɔːt] *s*: ***bring*** (***come***) ***to ~*** zunichte machen (werden).

noun [naʊn] *s ling.* Substantiv *n*, Hauptwort *n*.

nour·ish ['nʌrɪʃ] *v/t* **1.** (er)nähren (***on*** von). **2.** *Gefühl* nähren, hegen. **'nour·ish·ing** *adj* □ nahrhaft. **'nour·ish·ment** *s* **1.** Ernährung *f*. **2.** Nahrung *f*: ***take ~*** Nahrung zu sich nehmen.

nov·el ['nɒvl] **I** *adj* (ganz) neu(artig). **II** *s* Roman *m*. **nov·el·ette** [ˌnɒvə'let] *s* Kurzroman *m*; *contp. bsd. Br.* Groschenroman *m*. **'nov·el·ist** *s* Romanschriftsteller(in). **no·vel·la** [nəʊ'velə] *pl* **-las, -le** [~liː] *s* Novelle *f*. **nov·el·ty** ['nɒvltɪ] *s* **1.** Neuheit *f*: a) *das* Neue, *weitS. der* Reiz des Neuen, b) *et.* Neues. **2.** *pl* (billige) Neuheiten *pl*.

No·vem·ber [nəʊ'vembə] *s* November *m*: ***in ~*** im November.

nov·ice ['nɒvɪs] *s* **1.** *eccl.* Novize *m*, Novizin *f*. **2.** Anfänger(in), Neuling *m* (***at*** auf *e-m Gebiet*).

now [naʊ] **I** *adv* **1.** nun, jetzt: ***~ and again,*** (***every***) ***~ and then*** von Zeit zu Zeit, dann u. wann; ***by ~*** mittlerweile, inzwischen; ***from ~*** (***on***) von jetzt an; ***up to ~*** bis jetzt. **2.** sofort. **3.** ***just ~*** gerade eben. **II** *cj* **4.** *a.* ***~ that*** nun da, jetzt wo.

now·a·days ['naʊədeɪz] *adv* heutzutage.

no·where ['nəʊweə] *adv* **1.** nirgends, nirgendwo: ***have ~ to live*** kein Zuhause haben; ***~ near*** bei weitem nicht, auch nicht annähernd. **2.** nirgendwohin: ***get ~*** (***fast***) überhaupt nicht weiterkommen, überhaupt keine Fortschritte machen; ***this will get us ~*** damit *od.* so kommen wir auch nicht weiter, das bringt uns auch nicht weiter.

nox·ious ['nɒkʃəs] *adj* □ schädlich (***to*** für): ***~ substance*** Schadstoff *m*.

noz·zle ['nɒzl] *s* ⚙ Schnauze *f*; Stutzen *m*; Düse *f*; Zapfpistole *f*.

nu·ance ['njuːɑːns] *s* Nuance *f*.

nub [nʌb] *s* springender Punkt.

nu·cle·ar ['njuːklɪə] *adj* **1.** *biol. etc* Kern... **2.** *phys.* Kern..., Atom...: ***~ energy*** Atom-, Kernenergie *f*; ***~ fission*** Kernspaltung *f*; ***~-free*** atomwaffenfrei; ***~ fusion*** Kernfusion *f*, -verschmelzung *f*; ***~ physics*** *pl* (*sg konstruiert*) Kernphysik *f*; ***~ power*** Atom-, Kernkraft *f*; *pol.* Atommacht *f*; ***~ power plant*** Atom-, Kernkraftwerk *n*; ***~ reactor*** Atom-, Kernreaktor *m*; ***~ scientist*** Atomwissenschaftler *m*; ***~ test*** Atomtest *m*; ***~ war*(*fare*)** Atomkrieg(führung *f*) *m*; ***~ warhead*** Atomsprengkopf *m*; ***~ weapons*** *pl* Atom-, Kernwaffen *pl*. **3.** *a.* ***~-powered*** atomgetrieben: ***~ submarine*** Atom-U-Boot *n*. **nu·cle·us** ['~klɪəs] *pl* **-cle·i** [~aɪ] *s* **1.** (*Atom-*,

Zell- etc)Kern *m.* **2.** *fig.* Kern *m.*

nude [nju:d] **I** *adj* **1.** nackt: **~ *beach*** Nacktbadestrand *m*, FKK-Strand *m*; **~ *model*** Aktmodell *n*; **~ *photograph*** Aktaufnahme *f*; **~ *swimming*** Nacktbaden *n.* **II** *s* **2.** *Kunst*: Akt *m.* **3. *in the* ~** nackt.

nudge [nʌdʒ] **I** *v/t j-n* anstoßen, stupsen. **II** *s* Stups *m.*

nud·ism ['nju:dɪzəm] *s* Nudismus *m*, Freikörper-, Nacktkultur *f.* **'nud·ist** *s* Nudist(in), Anhänger(in) der Freikörperkultur, FKK-Anhänger(in): **~ *beach*** Nacktbadestrand *m*, FKK-Strand *m.*

nug·get ['nʌgɪt] *s* Nugget *n*: **~*s pl of information*** *fig.* bruchstückhafte Information(en *pl*).

nui·sance ['nju:sns] *s* **1.** Plage *f*, Belästigung *f*, Mißstand *m*: ***what a ~!*** wie ärgerlich!; ***public* ~** ⚖ öffentliches Ärgernis (*a. fig.*). **2.** Landplage *f*, Nervensäge *f*, Quälgeist *m*: ***be a ~ to s.o.*** j-m lästig fallen, j-n nerven; ***make a ~ of o.s*** den Leuten auf die Nerven gehen *od.* fallen.

nukes [nju:ks] *s pl bsd. Am.* F Atom-, Kernwaffen *pl.*

null [nʌl] *adj*: **~ *and void*** *bsd.* ⚖ null u. nichtig. **nul·li·fy** ['nʌlɪfaɪ] *v/t* **1.** *bsd.* ⚖ für null u. nichtig erklären. **2.** aufheben.

numb [nʌm] **I** *adj* ☐ **1.** starr (***with*** vor *Kälte etc*), taub (*empfindungslos*). **2.** *fig.* wie betäubt (***with*** vor *Schmerz etc*). **II** *v/t* **3.** starr *od.* taub machen. **4.** *fig.* betäuben.

num·ber ['nʌmbə] **I** *s* **1.** Zahl *f*; Ziffer *f*: ***be good at* ~*s*** gut rechnen können. **2.** (*Haus-, Telefon- etc*)Nummer *f*: ***be* ~ *one*** *fig.* die Nummer Eins sein; ***look after*** (*od.* ***take care of***) **~ *one*** F (vor allem) an sich selbst denken; ***have s.o.'s* ~** F j-n durchschaut haben; ***his* ~ *is*** (*od.* ***has come***) ***up*** F jetzt ist er dran. **3.** (An)Zahl *f*: ***a*** (***great***) **~ *of people*** mehrere (sehr viele) Leute; ***five in* ~** fünf an der Zahl; **~*s of times*** zu wiederholten Malen; ***in large* ~*s*** in großen Mengen, in großer Zahl. **4.** Nummer *f*, Ausgabe *f* (*e-r Zeitschrift etc*): → ***back number*. 5.** *thea. etc* (Programm)Nummer *f*; ♪ Nummer *f*, Stück *n.* **II** *v/t* **6.** ***his days are* ~*ed*** s-e Tage sind gezählt. **7.** numerieren. **8.** **~ *s.o. among*** (*od.* ***with***) *fig.* j-n zählen *od.* rechnen zu. **9.** sich belaufen auf (*acc*). **III** *v/i* **10.** **~ *in*** sich belaufen auf (*acc*). **11.** **~ *among*** (*od.* ***with***) *fig.* zählen zu. **'num·ber·ing** *s* Numerierung *f.* **'num·ber·less** *adj* unzählig, zahllos.

'num·ber·plate *s mot. Br.* Nummern-, Kennzeichenschild *n.*

numb·ness ['nʌmnɪs] *s* **1.** Starr-, Taubheit *f.* **2.** *fig.* Betäubung *f.*

nu·mer·al ['nju:mərəl] *s* **1.** Ziffer *f.* **2.** *ling.* Zahlwort *n.*

nu·mer·i·cal [nju:'merɪkl] *adj* ☐ numerisch: a) Zahlen..., b) zahlenmäßig.

nu·mer·ous ['nju:mərəs] *adj* ☐ zahlreich.

nu·mis·mat·ics [ˌnju:mɪz'mætɪks] *s pl* (*sg konstruiert*) Numismatik *f*, Münzkunde *f.*

num·skull ['nʌmskʌl] *s* F Dummkopf *m.*

nun [nʌn] *s eccl.* Nonne *f.*

nun·ci·o ['nʌnsɪəʊ] *pl* **-os** *s eccl.* Nuntius *m.*

nun·ner·y ['nʌnərɪ] *s* Nonnenkloster *n.*

nup·tial ['nʌpʃl] **I** *adj* Hochzeits... **II** *s pl* Trauung *f.*

nurse [nɜ:s] **I** *s* **1.** (Kranken)Schwester *f*: → ***male*** I. **2.** Kindermädchen *n.* **II** *v/t* **3.** *Baby* säugen, stillen, *e-m Baby* die Brust geben. **4.** *Kranke* pflegen: **~ *s.o. back to health*** j-n gesund pflegen. **5.** *Krankheit* auskurieren. **6.** *Stimme etc* schonen. **7.** *fig. Gefühl* hegen, nähren. **III** *v/i* **8.** stillen (*Mutter*). **9.** die Brust nehmen, trinken (*Baby*). **10.** als Krankenschwester *od.* als Krankenpfleger arbeiten. **'~·maid** → ***nurse*** 2.

nurs·er·y ['nɜ:sərɪ] *s* **1.** Tagesheim *n*, -stätte *f.* **2.** Pflanz-, Baumschule *f.* **3.** Kinderzimmer *n.* **~ rhyme** *s* Kinderreim *m*, -vers *m.* **~ school** *s* Kindergarten *m*: **~ *teacher*** Kindergärtnerin *f.*

nurs·ing ['nɜ:sɪŋ] *s* **1.** Stillen *n.* **2.** Krankenpflege *f.* **~ bot·tle** *s bsd. Am.* Saugflasche *f.* **~ home** *s* **1.** Pflegeheim *n.* **2.** *bsd. Br.* Privatklinik *f.*

nut [nʌt] *s* **1.** ❦ Nuß *f*: ***a hard*** (*od.* ***tough***) **~ *to crack*** *fig.* e-e harte Nuß. **2.** ⚙ (Schrauben)Mutter *f.* **3.** F Birne *f* (*Kopf*): ***be*** (***go***) ***off one's* ~** (anfangen zu) spinnen. **4.** *pl* V Eier *pl* (*Hoden*). **'~ˌcrack·er** *s a. pl* Nußknacker *m*: ***a*** (***pair of***) **~(s)** ein Nußknacker. **'~-**

house *s bsd. Br. sl.* Klapsmühle *f.*
nut·meg ['nʌtmeg] *s* ♣ Muskatnuß *f.*
nu·tri·ent ['njuːtrɪənt] **I** *adj* nahrhaft. **II** *s* Nährstoff *m.*
nu·tri·tion [njuː'trɪʃn] *s* Ernährung *f.* **nu'tri·tious** *adj* □ nahrhaft.
nuts [nʌts] *adj* F: ***be ~*** spinnen; ***be ~ about*** (*od.* ***on***) verrückt sein nach, wild *od.* scharf sein auf (*acc*).
'nut·shell *s* ♣ Nußschale *f*: (***to put it***) ***in a ~*** *fig.* kurz gesagt, mit 'einem Wort.
nut·ty ['nʌtɪ] *adj* **1.** Nuß... **2.** F verrückt (*a. Idee etc*): ***be ~*** spinnen; ***be ~ about*** (*od.* ***on***) verrückt sein nach, wild *od.* scharf sein auf (*acc*).
ny·lon ['naɪlɒn] *s* Nylon *n.*
nymph [nɪmf] *s* Nymphe *f.*
nym·pho·ma·ni·ac [ˌnɪmfəʊ'meɪnɪæk] **I** *adj* nymphoman, mannstoll. **II** *s* Nymphomanin *f.*

O

O [əʊ] *pl* **O's, Os** *s* Null *f* (*Ziffer, a. teleph.*).
oaf [əʊf] *s* Lümmel *m*, Flegel *m*. **'oaf·ish** *adj* □ lümmel-, flegelhaft.
oak [əʊk] *s* ♣ Eiche *f.* **oak·en** ['~ən] *adj* eichen, Eichen...
oar [ɔː] *s* Ruder *n*, Riemen *m*: ***put*** (*od.* ***shove, stick***) ***one's ~s in*** F sich einmischen, s-n Senf dazugeben; ***rest on one's ~s*** *fig.* ausspannen.
oars|·man ['ɔːzmən] *s* (*irr* ***man***) *Sport*: Ruderer *m.* **'~ˌwom·an** *s* (*irr* ***woman***) *Sport*: Ruderin *f.*
o·a·sis [əʊ'eɪsɪs] *pl* **-ses** [~siːz] *s* Oase *f* (*a. fig.*).
oath [əʊθ] *pl* **oaths** [əʊðz] *s* **1.** Eid *m*, Schwur *m*: ***~ of office*** Amts-, Diensteid; ***on*** (*od.* ***under***) ~ unter Eid, eidlich; ***be on*** (*od.* ***under***) ~ unter Eid stehen; ***swear*** (*od.* ***take***) ***an ~*** e-n Eid leisten *od.* ablegen, schwören (***on, to*** auf *acc*); ***in lieu of an ~*** an Eides Statt. **2.** Fluch *m.*
oat·meal ['əʊtmiːl] *s* Hafermehl *n*, -grütze *f.*
oats [əʊts] *s pl* ♣ Hafer *m*: ***he feels his ~*** F ihn sticht der Hafer; ***be off one's ~*** F keinen Appetit haben; ***he's gone off his ~*** F ihm ist der Appetit vergangen; ***sow one's wild ~*** sich die Hörner abstoßen.
ob·du·ra·cy ['ɒbdjʊrəsɪ] *s* Starrsinn *m*, Verstocktheit *f.* **ob·du·rate** ['~rət] *adj* □ starrsinnig, verstockt.
o·be·di·ence [ə'biːdjəns] *s* Gehorsam *m* (***to*** gegen[über]), Folgsamkeit *f.* **o'be·di·ent** *adj* □ gehorsam (***to*** *dat*), folgsam: ***be ~ to s.o.*** *a.* j-m folgen.
ob·e·lisk ['ɒbəlɪsk] *s* Obelisk *m.*
o·bese [əʊ'biːs] *adj* fettleibig. **o'bes·i·ty** *s* Fettleibigkeit *f.*
o·bey [ə'beɪ] **I** *v/t* **1.** *j-m* gehorchen, folgen. **2.** *Befehl etc* befolgen. **II** *v/i* **3.** gehorchen, folgen.
ob·fus·cate ['ɒbfʌskeɪt] *v/t fig.* **1.** verwirren. **2.** vernebeln.
o·bit·u·ar·y [ə'bɪtʃʊərɪ] *s* **1.** Nachruf *m.* **2.** *a.* ***~ notice*** Todesanzeige *f.*
ob·ject[1] [əb'dʒekt] **I** *v/t* **1.** einwenden (***that*** daß). **II** *v/i* **2.** Einspruch erheben (***to*** gegen). **3.** et. dagegen haben: ***if you don't ~*** wenn du nichts dagegen hast; ***~ to s.th.*** et. beanstanden; ***do you ~ to my smoking?*** haben Sie et. dagegen, wenn ich rauche?
ob·ject[2] ['ɒbdʒɪkt] *s* **1.** Objekt *n*, Gegenstand *m* (*a. fig. des Mitleids etc*): ***money*** (***is***) ***no ~*** Geld *od.* der Preis spielt keine Rolle. **2.** Ziel *n*, Zweck *m*, Absicht *f*: ***with the ~ of doing s.th.*** mit der Absicht, et. zu tun. **3.** *ling.* Objekt *n.*
ob·jec·tion [əb'dʒekʃn] *s* Einspruch *m* (*a.* ⚖), Einwand *m* (***to*** gegen); Abneigung *f* (***to*** gegen): ***if you have no ~s*** wenn du nichts dagegen hast; ***I have no ~ to him*** ich habe nichts an ihm auszusetzen; ***raise an ~ to s.th.*** gegen et. e-n Einwand erheben. **ob'jec·tion·a·ble** *adj* □ **1.** unangenehm. **2.** anstößig.
ob·jec·tive [əb'dʒektɪv] **I** *adj* □ **1.** objek-

tiv, sachlich. **2.** objektiv, tatsächlich. **II** *s* **3.** *opt.* Objektiv *n.* **4.** Ziel *n.* **ob·jec·tiv·i·ty** [ˌɒbdʒekˈtɪvətɪ] *s* Objektivität *f.*

ˈob·ject les·son *s* **1.** *ped.* Anschauungsunterricht *m.* **2.** *fig.* Parade-, Schulbeispiel *n* (***in*** für).

ob·jec·tor [əbˈdʒektə] *s* Gegner(in) (***to*** *gen*): → ***conscientious*** 2.

ob·li·gate [ˈɒblɪgeɪt] *v/t*: ***feel ~d to do s.th.*** sich verpflichtet fühlen, et. zu tun. **ˌob·liˈga·tion** *s* Verpflichtung *f*: ***~ to buy*** Kaufzwang *m*; ***without ~*** unverbindlich; ***be under an ~ to do s.th.*** verpflichtet sein, et. zu tun. **ob·lig·a·to·ry** [əˈblɪgətərɪ] *adj* □ verpflichtend, verbindlich, obligatorisch (***on*** für): ***attendance is ~*** Anwesenheit ist Pflicht.

o·blige [əˈblaɪdʒ] *v/t* **1.** nötigen, zwingen: ***be ~d to do s.th.*** *a.* et. tun müssen. **2.** *fig.* (*a.* zu Dank) verpflichten: ***feel ~d to do s.th.*** sich verpflichtet fühlen, et. zu tun; (***I am***) ***much ~d*** (***to you***) ich bin Ihnen sehr zu Dank verpflichtet, besten Dank; ***would you ~ me by*** (*ger*)? wären Sie so freundlich, zu (*inf*)? **3.** *j-m* gefällig sein, *j-m* e-n Gefallen tun. **oˈblig·ing** *adj* □ entgegenkommend, gefällig.

ob·lique [əˈbliːk] *adj* □ **1.** *bsd.* ⩚ schief, schiefwink(e)lig, schräg: ***at an ~ angle to*** im spitzen Winkel zu. **2.** *fig.* indirekt.

ob·lit·er·ate [əˈblɪtəreɪt] *v/t* **1.** unkenntlich *od.* unleserlich machen. **2.** vernichten, völlig zerstören. **3.** *Sonne etc* verdecken. **obˌlit·erˈa·tion** *s* **1.** Unkenntlichmachung *f.* **2.** Vernichtung *f.*

o·bliv·i·on [əˈblɪvɪən] *s*: ***fall*** (*od.* ***sink***) ***into ~*** in Vergessenheit geraten. **oˈbliv·i·ous** *adj*: ***be ~ to*** (*od.* ***of***) ***s.th.*** sich e-r Sache nicht bewußt sein; et. nicht bemerken *od.* wahrnehmen.

ob·long [ˈɒblɒŋ] **I** *adj* rechteckig. **II** *s* Rechteck *n.*

ob·nox·ious [əbˈnɒkʃəs] *adj* □ widerwärtig, widerlich.

o·boe [ˈəʊbəʊ] *s* ♪ Oboe *f.* **ˈo·bo·ist** *s* Oboist(in).

ob·scene [əbˈsiːn] *adj* □ obszön, unanständig, unzüchtig. **ob·scen·i·ty** [əbˈsenətɪ] *s* Obszönität *f* (*a. Wort etc*), Unanständigkeit *f*, Unzüchtigkeit *f.*

ob·scure [əbˈskjʊə] **I** *adj* □ **1.** a) dunkel, unklar, (*Motive etc a.*) undurchsichtig: ***for some ~ reason*** aus e-m unerfindlichen Grund, b) unbestimmt, undeutlich (*Gefühl*). **2.** obskur, unbekannt, unbedeutend. **II** *v/t* **3.** *Sonne etc* verdecken. **4.** nicht klarmachen. **obˈscu·ri·ty** *s* **1.** Unklarheit *f.* **2.** Unbekanntheit *f.*

ob·se·quies [ˈɒbsɪkwɪz] *s* Trauerfeierlichkeit(en *pl*) *f.*

ob·se·qui·ous [əbˈsiːkwɪəs] *adj* □ unterwürfig. **obˈse·qui·ous·ness** *s* Unterwürfigkeit *f.*

ob·serv·a·ble [əbˈzɜːvəbl] *adj* □ wahrnehmbar, merklich. **obˈser·vance** *s* Beachtung *f*, Befolgung *f*, Einhaltung *f.* **obˈser·vant** *adj* □ aufmerksam, achtsam. **ob·ser·va·tion** [ˌɒbsəˈveɪʃn] *s* **1.** Beobachtung *f*, Überwachung *f*: ***keep s.o. under ~*** j-n beobachten (lassen). **2.** Bemerkung *f* (***on*** über *acc*). **ob·ser·va·to·ry** [əbˈzɜːvətrɪ] *s* Observatorium *n.* **obˈserve** *v/t* **1.** beobachten: a) überwachen, b) studieren, c) bemerken: ***he was ~d entering the house*** er wurde beim Betreten des Hauses beobachtet. **2.** *Vorschrift etc* beachten, befolgen, einhalten; *Fest* feiern, begehen. **3.** bemerken, äußern (***that*** daß). **obˈserv·er** *s* Beobachter(in). **obˈserv·ing** → ***observant.***

ob·sess [əbˈses] *v/t*: ***be ~ed by*** (*od.* ***with***) besessen sein von. **ob·ses·sion** [əbˈseʃn] *s* **1.** Besessenheit *f*: ***have an ~ with*** → ***obsess.*** **2.** fixe Idee, *psych.* Zwangsvorstellung *f.* **obˈses·sion·al** [~ʃnl] *adj* □ *psych.* zwanghaft: ***~ neurosis*** Zwangsneurose *f.*

ob·so·les·cent [ˌɒbsəʊˈlesnt] *adj* □ veraltend: ***be ~*** veralten. **ob·so·lete** [ˈɒbsəliːt] *adj* □ veraltet.

ob·sta·cle [ˈɒbstəkl] *s* Hindernis *n* (***to*** für) (*a. fig.*): ***be an ~ to s.th.*** et. behindern, e-r Sache im Weg stehen; ***put ~s in s.o.'s way*** j-m Steine in den Weg legen. **~ race** *s Sport*: Hindernisrennen *n.*

ob·ste·tri·cian [ˌɒbstəˈtrɪʃn] *s* ⚕ Geburtshelfer(in). **ob·stet·rics** [ɒbˈstetrɪks] *s pl* (*mst sg konstruiert*) Geburtshilfe *f.*

ob·sti·na·cy [ˈɒbstɪnəsɪ] *s* Hartnäckigkeit *f* (*a. fig.*), Halsstarrigkeit *f.* **ob·sti·nate** [ˈɒbstənət] *adj* □ hartnäckig (*a. fig.*), halsstarrig.

ob·strep·er·ous [əb'strepərəs] *adj* □ **1.** lärmend. **2.** aufsässig.

ob·struct [əb'strʌkt] *v/t* **1.** *Straße etc* blockieren, versperren, *a. Röhre, Arterie etc* verstopfen. **2.** *Aussicht etc* versperren, die Sicht versperren auf (*acc*): *~ s.o.'s view* j-m die Sicht nehmen. **3.** *Straßenverkehr, fig. Fortschritt etc* behindern, aufhalten, *Gesetzesvorlage etc* blockieren, sich *e-m Plan etc* in den Weg stellen. **ob'struc·tion** *s* **1.** Blockierung *f*, Versperrung *f*, Verstopfung *f*. **2.** Behinderung *f*. **3.** *pol.* Obstruktion *f*. **ob'struc·tion·ism** [~ʃənɪzəm] *s pol.* Obstruktionspolitik *f*. **ob'struc·tive** [~tɪv] *adj* □ hinderlich (*to* für): *be ~ to s.th. a.* et. behindern.

ob·tain [əb'teɪn] **I** *v/t* erhalten, bekommen, sich *et.* verschaffen: *~ by flattery* sich *et.* erschmeicheln; *~ s.th. for s.o.* j-m et. beschaffen *od.* besorgen. **II** *v/i* bestehen; Geltung haben. **ob'tain·a·ble** *adj* erhältlich: *no longer ~* nicht mehr lieferbar, vergriffen.

ob·trude [əb'tru:d] **I** *v/t* aufdrängen (*on dat*): *~ o.s.* → II. **II** *v/i* sich aufdrängen (*on dat*). **ob'tru·sive** [~sɪv] *adj* □ aufdringlich.

ob·tuse [əb'tju:s] *adj* □ **1.** & stumpf (*Winkel*). **2.** *fig.* begriffsstutzig, beschränkt.

ob·vi·ous ['ɒbvɪəs] *adj* □ offensichtlich, klar, einleuchtend: *it is (very) ~ that* es liegt (klar) auf der Hand, daß.

oc·ca·sion [ə'keɪʒn] **I** *s* **1.** (günstige) Gelegenheit, richtiger Zeitpunkt (*for* für): *take the ~ to do s.th.* die Gelegenheit ergreifen, et. zu tun. **2.** (besondere) Gelegenheit, Anlaß *m*: *on this ~* bei dieser Gelegenheit; *on the ~ of* anläßlich (*gen*); *for the ~* eigens zu diesem Zweck *od.* Anlaß. **3.** (*bsd.* festliches) Ereignis: *to celebrate the ~* zur Feier des Tages; *rise to the ~* sich der Lage gewachsen zeigen; → *mark²* 11. **4.** Anlaß *m*, Anstoß *m*: *give ~ to* Anlaß *od.* den Anstoß geben zu. **5.** Grund *m*, Veranlassung *f* (*for* zu). **II** *v/t* **6.** veranlassen, verursachen. **oc'ca·sion·al** [~ʒənl] *adj* gelegentlich, Gelegenheits...; vereinzelt: *smoke an ~ cigarette* gelegentlich *od.* hin u. wieder e-e Zigarette rauchen. **oc'ca·sion·al·ly** [~ʒnəlɪ] *adv* gelegentlich, hin u. wieder.

Oc·ci·dent ['ɒksɪdənt] *s der* Westen, *poet. das* Abendland. **oc·ci·den·tal** [ˌ~'dentl] *adj* □ abendländisch, westlich.

oc·cult [ɒ'kʌlt] **I** *adj* □ okkult: a) geheimnisvoll, verborgen, b) übersinnlich, c) geheim, Geheim... **II** *s*: *the ~* das Okkulte. **oc·cult·ism** ['ɒkəltɪzəm] *s* Okkultismus *m*.

oc·cu·pant ['ɒkjʊpənt] *s* **1.** Bewohner(in): *the ~s pl of the house* die Hausbewohner *pl.* **2.** Insasse *m*, Insassin *f*: *the ~s pl of the car* die Autoinsassen *pl.* **ˌoc·cu'pa·tion** *s* **1.** Besitznahme *f*, -ergreifung *f*. **2.** ⚔, *pol.* Besetzung *f*: *~ troops pl* Besatzungstruppen *pl.* **3.** Beschäftigung *f*. **4.** Beruf *m*: *by ~* von Beruf. **ˌoc·cu'pa·tion·al** [~ʃənl] *adj* **1.** Berufs...: *~ accident* Arbeitsunfall *m*; *~ disease* Berufskrankheit *f*; *~ hazard* Berufsrisiko *n*. **2.** Beschäftigungs...: *~ therapy*. **oc·cu·pi·er** ['~paɪə] → *occupant* 1. **oc·cu·py** ['~paɪ] *v/t* **1.** in Besitz nehmen, Besitz ergreifen von; ⚔, *pol.* besetzen. **2.** *be occupied* bewohnt sein; besetzt sein (*Platz*). **3.** *Amt* bekleiden, innehaben. **4.** *Raum* einnehmen; *Zeit* in Anspruch nehmen. **5.** *j-n* beschäftigen: *~ o.s. with (od. in) s.th.* sich mit et. beschäftigen.

oc·cur [ə'kɜ:] *v/i* **1.** sich ereignen, vorkommen. **2.** vorkommen (*in* bei *Shakespeare etc*). **3.** zustoßen (*to dat*). **4.** einfallen, in den Sinn kommen (*to dat*): *it ~red to me that* es fiel mir ein *od.* mir kam der Gedanke, daß. **oc·cur·rence** [ə'kʌrəns] *s* **1.** Vorkommen *n*. **2.** Ereignis *n*, Vorfall *m*, Vorkommnis *n*: *be an everyday ~* et. (ganz) Alltägliches sein.

o·cean ['əʊʃn] *s* **1.** Ozean *m*, Meer *n*: *~ climate* Meeres-, Seeklima *n*; *~ liner* Ozeandampfer *m*. **2.** *~s pl of* F e-e Unmenge von. **'~ˌgo·ing** *adj* hochseetüchtig, Hochsee...

o·cher *Am.*, **o·chre** *bsd. Br.* ['əʊkə] **I** *s min.* Ocker *m, n*. **II** *adj* ockerfarben, -gelb.

o'clock [ə'klɒk] *adv* ... Uhr: *five ~*.

oc·ta·gon ['ɒktəgən] *s* Achteck *n*. **oc·tag·o·nal** [ɒk'tægənl] *adj* □ achteckig.

oc·tane ['ɒkteɪn] *s* ⚗ Oktan *n*: *~ number (od. rating)* Oktanzahl *f*.

oc·tave ['ɒktɪv] *s* ♪ Oktave *f*.

Oc·to·ber [ɒk'təʊbə] *s* Oktober *m*: ***in ~*** im Oktober.
oc·to·pus ['ɒktəpəs] *pl* **-pus·es, -pi** [~paɪ] *s zo.* Krake *m*.
oc·u·lar ['ɒkjʊlə] *adj* Augen... **'oc·u·list** *s* Augenarzt *m*.
odd [ɒd] *adj* (□ → ***oddly***) **1.** sonderbar, seltsam, merkwürdig. **2.** *nach Zahlen*: ***50 ~*** (et.) über 50, einige 50. **3.** ungerade (*Zahl*). **4.** Einzel..., einzeln (*Schuh etc*). **5.** gelegentlich, Gelegenheits...: ***~ jobs*** *pl* Gelegenheitsarbeiten *pl*. **'~·ball** *s bsd. Am.* F komischer Kauz.
odd·i·ty ['ɒdɪtɪ] *s* **1.** Merkwürdigkeit *f*. **2.** komische Person *od.* Sache.
ˌ**odd-'job man** *s* (*irr* ***man***) Mädchen *n* für alles.
odd·ly ['ɒdlɪ] *adv* **1.** → ***odd*** 1. **2.** *a.* ***~ enough*** seltsamer-, merkwürdigerweise.
odds [ɒdz] *s pl* **1.** (Gewinn)Chancen *pl*: ***the ~ are 10 to 1*** die Chancen stehen 10 zu 1; ***the ~ are that he will come*** er kommt wahrscheinlich; ***the ~ are in our favo(u)r*** (*od.* ***on us***) (***against us***) unsere Chancen stehen gut (schlecht); ***against all ~*** wider Erwarten, entgegen allen Erwartungen; → ***stock*** 6. **2. *be at ~*** uneins sein (***with*** mit): ***be at ~ with*** *a.* im Widerspruch stehen zu. **3.** ***it makes no ~*** *Br.* es spielt keine Rolle, es macht keinen Unterschied. **4.** ***~ and ends*** Krimskrams *m*. ˌ**~-'on** *adj* aussichtsreichst (*Kandidat etc*), hoch, klar (*Favorit*): ***it's ~ that he will come*** er kommt höchstwahrscheinlich.
o·di·ous ['əʊdjəs] *adj* □ **1.** abscheulich. **2.** widerlich, ekelhaft.
o·dom·e·ter [əʊ'dɒmɪtə] *s mot. Am.* Meilenzähler *m*.
o·dor, *etc Am.* → ***odour,*** *etc*.
o·dor·if·er·ous [ˌəʊdə'rɪfərəs] *adj* □ duftend.
o·dour ['əʊdə] *s bsd. Br.* **1.** Geruch *m*, *bsd.* Duft *m*. **2.** ***be in bad ~ with*** *fig.* schlecht angeschrieben sein bei. **'o·dour·less** *adj bsd. Br.* geruchlos.
od·ys·sey ['ɒdɪsɪ] *s* Odyssee *f*.
oec·u·men·i·cal → ***ecumenical.***
oe·de·ma [iː'diːmə] *pl* **-ma·ta** [~mətə] *s* ⚕ Ödem *n*.
Oe·di·pus com·plex ['iːdɪpəs] *s psych.* Ödipuskomplex *m*.
oe·soph·a·gus [ɪ'sɒfəgəs] *pl* **-gi** [~gaɪ], **-gus·es** *s anat. bsd. Br.* Speiseröhre *f*.
oes·tro·gen ['iːstrəʊdʒən] *s biol. bsd. Br.* Östrogen *n*.
of [ɒv] *prp* **1.** *allg.* von. **2.** *zur Bezeichnung des Genitivs*: ***the tail ~ the dog*** der Schwanz des Hundes. **3.** *Ort*: bei: ***the Battle ~ Hastings*** die Schlacht bei Hastings. **4.** *Entfernung, Trennung, Befreiung*: a) von: ***south ~ London*** südlich von London; → ***cure*** 4, *etc*, b) *gen*: → ***rob,*** *etc*, c) um: → ***cheat*** 3, *etc*. **5.** *Herkunft*: von, aus: ***Mr X ~ London*** Mr X aus London; → ***family*** I, *etc*. **6.** *Eigenschaft*: von, mit: ***a man ~ courage*** ein mutiger Mann, ein Mann mit Mut; → ***importance,*** *etc*. **7.** *Stoff*: aus, von: ***a dress ~ silk*** ein Kleid aus Seide, ein Seidenkleid; (***made***) ***~ steel*** aus Stahl (hergestellt). **8.** *Urheberschaft, Art u. Weise*: von: ***the works ~ Shakespeare; it was clever ~ him.*** **9.** *Ursache, Grund*: a) an (*dat*): → ***die*** 1, *etc*, b) auf (*acc*): → ***proud*** 1, *etc*, c) vor (*dat*): → ***afraid,*** *etc*, d) nach: → ***smell*** 2, *etc*. **10.** *Thema*: an (*acc*): → ***think*** 6, *etc*. **11.** *Apposition, unübersetzt*: a) ***the city ~ London*** die Stadt London; ***the month ~ April*** der Monat April, b) *Maß*: ***a glass ~ wine*** ein Glas Wein; ***a piece ~ meat*** ein Stück Fleisch. **12.** *Zeit*: a) von: ***your letter ~ March 3rd*** Ihr Schreiben vom 3. März, b) *Am.* vor: ***ten*** (***minutes***) ***~ three.***
off [ɒf] **I** *adv* **1.** fort(...), weg(...): ***be ~*** (*Sport*) gestartet sein; ***I must be ~*** ich muß gehen *od.* weg; ***~ with you!*** fort mit dir!; → ***go off*** 1, *etc*. **2.** ab(...): → ***cut off, hat,*** *etc*. **3.** weg, entfernt: ***three miles ~.*** **4.** ***~ and on*** ab u. zu, hin u. wieder. **5.** ***5% ~*** ✝ 5% Nachlaß; → ***take off*** 5. **6.** aus(...), aus-, abgeschaltet: → ***switch*** 5, 6, *etc*. **7. *be ~*** ausfallen, nicht stattfinden: ***their engagement is ~*** sie haben ihre Verlobung gelöst. **8.** aus(gegangen), alle. **9.** ***she is ~ today*** sie hat heute ihren freien Tag; ***give s.o. the afternoon ~*** j-m den Nachmittag freigeben; ***take a day ~*** sich e-n Tag frei nehmen. **10.** nicht mehr frisch, verdorben (*Nahrungsmittel*): → ***go off*** 6. **11.** ***well*** (***badly***) ***~*** gut (schlecht) d(a)ran *od.* gestellt *od.* situiert: ***how are you ~ for ...?*** wie sieht es bei dir mit ... aus? **II** *prp* **12.** weg von, von (... weg *od.* ab *od.*

herunter): ***jump ~ the bus*** vom Bus abspringen; → ***get off, grass*** 2, *etc*. **13.** abseits von (*od. gen*), von ... weg: ***a street ~ Piccadilly*** e-e Seitenstraße von Piccadilly. **14.** ***be ~ duty*** nicht im Dienst sein, dienstfrei haben. **15.** ***be ~ s.th.*** et. nicht mehr mögen; von et. kuriert sein: → ***drug*** 2. **16.** ⚓ vor *der Küste etc*. **III** *adj* **17.** (arbeits-, dienst)frei. **18.** schlecht (*Tag etc*): ***this is an ~ day for me*** heute geht mir alles schief, das ist heute nicht mein Tag; ***an ~ year for fruit*** ein schlechtes Obstjahr. **19.** ***on the ~ chance*** auf gut Glück; in der Hoffnung (***of getting*** zu bekommen); ***~ season*** Nebensaison *f*.

of•fal ['ɒfl] *s gastr*. Innereien *pl*.

'off|•beat *adj* F ausgefallen, unkonventionell. **ˌ~-'col•o(u)r** *adj* **1.** ***be*** (*od.* ***feel***) ***~*** sich nicht wohl fühlen. **2.** gewagt (*Witz etc*).

of•fence [ə'fens] *s* **1.** *allg*. Vergehen *n*, Verstoß *m* (***against*** gegen). **2.** ⚖ Straftat *f*; Vergehen *n*. **3.** Beleidigung *f*, Kränkung *f*: ***give*** (*od.* ***cause***) ***~*** Anstoß *od.* Ärgernis erregen (***to*** bei); ***take ~*** Anstoß nehmen (***at*** an *dat*); ***be quick*** (*od.* ***swift***) ***to take ~*** schnell beleidigt sein; ***no ~*** (***meant*** *od.* ***intended***) nichts für ungut!; ***no ~*** (***taken***) (es) ist schon gut! **4.** Angriff *m*.

of•fend [ə'fend] **I** *v/t* beleidigen, kränken: ***be ~ed at*** (*od.* ***by***) sich beleidigt fühlen durch. **II** *v/i* verstoßen (***against*** gegen). **of'fend•er** *s* (Übel-, Misse)Täter(in): ***first ~*** ⚖ nicht Vorbestrafte *m, f*, Ersttäter(in).

of•fense *Am*. → ***offence.***

of•fen•sive [ə'fensɪv] **I** *adj* □ **1.** beleidigend, anstößig: ***get ~*** ausfallend werden. **2.** widerlich (*Geruch etc*). **3.** ⚔, *Sport*: Angriffs..., Offensiv... **II** *s* **4.** *allg*. Offensive *f*: ***take the ~*** die Offensive ergreifen.

of•fer ['ɒfə] **I** *v/t* **1.** anbieten: → ***resistance*** 1. **2.** a) ✝ *Ware* anbieten (***for sale*** zum Verkauf), offerieren, b) ✝ *Preis, Summe* bieten, c) *Preis, Belohnung* aussetzen. **3.** *Entschuldigung etc* vorbringen, *Vorschlag* machen. **4.** sich bereit erklären (***to do*** zu tun): ***~ to help*** s-e Hilfe anbieten. **II** *v/i* **5.** es *od.* sich anbieten. **III** *s* **6.** Angebot *n*: ***make s.o. an ~ of s.th.*** j-m et. anbieten; ***his ~ of help*** sein Angebot zu helfen, s-e angebotene Hilfe. **7.** ✝ (An)Gebot *n*, Offerte *f* (***of*** über *acc*): ***on ~*** zu verkaufen; im Angebot; ***or near ~*** Verhandlungsbasis.

ˌoff'hand I *adv* **1.** auf Anhieb, so ohne weiteres. **II** *adj* **2.** improvisiert, Stegreif... **3.** lässig (*Art etc*), hingeworfen (*Bemerkung*).

of•fice ['ɒfɪs] *s* **1.** Büro *n*, (*e-r Institution*) Geschäftsstelle *f*, (*Anwalts*)Kanzlei *f*: ***at the ~*** im Büro. **2.** *mst* ♀ *bsd. Br.* Ministerium *n*: → ***foreign*** 1, ***Home Office.*** **3.** (*bsd.* öffentliches) Amt, Posten *m*: ***be in*** (***out of***) ***~*** (nicht mehr) im Amt sein; (nicht mehr) an der Macht sein. ***~ block*** *s* Bürogebäude *n*. ***~ boy*** *s* Bürogehilfe *m*. ***~ cli•mate*** *s* Betriebsklima *n*. ***~ girl*** *s* Bürogehilfin *f*. **'~ˌhold•er** *s* Amtsinhaber(in). ***~ hours*** *s pl* Dienstzeit *f*; Geschäfts-, Öffnungszeiten *pl*.

of•fi•cer ['ɒfɪsə] *s* **1.** ⚔ Offizier *m*. **2.** (*Polizei- etc*)Beamte *m*.

of•fi•cial [ə'fɪʃl] **I** *adj* □ **1.** offiziell, amtlich, dienstlich: ***~ duties*** *pl* Amtspflichten *pl*; ***~ language*** Amtssprache *f*; ***~ secret*** Amts-, Dienstgeheimnis *n*; ***~ trip*** Dienstreise *f*; → ***channel, residence*** 1. **II** *s* **2.** Beamte *m*, Beamtin *f*. **3.** (*Gewerkschafts- etc*)Funktionär (-in). **of'fi•cial•dom** *s* Beamtentum *n*, *die* Beamten *pl*. **ofˌfi•cial'ese** [~ʃə'liːz] *s* Amtsenglisch *n*, Behördensprache *f*.

of•fi•cious [ə'fɪʃəs] *adj* □ übereifrig, übertrieben diensteifrig.

off•ing ['ɒfɪŋ] *s*: ***be in the ~*** sich abzeichnen, in Sicht sein.

'off|-ˌli•cence *s Br.* Wein- u. Spirituosenhandlung *f*. **'~-peak** *adj*: ***~ electricity*** Nachtstrom *m*; ***~ hours*** *pl* verkehrsschwache Stunden *pl*. **'~-ˌput•ting** *adj Br.* F unangenehm, störend; unsympathisch (*Person, Wesen*). **~•set I** *s* ['ɒfset] **1.** Ausgleich *m*: ***as an ~*** als Ausgleich (***to*** für). **2.** *typ*. Offsetdruck *m*. **II** *v/t* [ɒf'set] (*irr* ***set***) **3.** ausgleichen. **'~•shoot** *s* ♀ Ableger *m* (*a. fig.*), Sprößling *m*. **ˌ~'shore I** *adv* vor der Küste. **II** *adj* küstennah: ***~ boring*** Off-shore-Bohrung *f*; ***~ fishing*** Küstenfischerei *f*. **ˌ~'side** *adj u. adv Sport*: abseits: ***be ~*** abseits *od.* im Abseits stehen; ***~ position*** Abseitsposition *f*, -stellung *f*; ***~ trap*** Abseitsfalle *f*. **'~•spring** *s* **1.** Nachkommen(schaft *f*) *pl*. **2.** *pl* ***offspring***

Abkömmling *m*, Nachkomme *m*. **,~-the-'rec·ord** *adj u. adv* nicht für die Öffentlichkeit bestimmt, inoffiziell.

of·ten ['ɒfn] *adv* oft(mals), häufig: ***more ~*** öfters; ***as ~ as*** jedesmal wenn; ***as ~ as*** (*od.* ***more ~ than***) ***not*** sehr oft; ***ever so ~*** öfters, von Zeit zu Zeit.

o·gle ['əʊgl] *v/t* (*a. v/i*: ***~ at***) *j-m* (schöne) Augen machen; *contp.* begaffen.

oh [əʊ] *int.* oh!: → ***dear*** 5, ***yes*** I.

ohm [əʊm] *s* ⚡ Ohm *n*.

oil [ɔɪl] **I** *s* **1.** Öl *n*: ***pour ~ on troubled waters*** *fig.* Öl auf die Wogen gießen; → ***midnight*** II. **2.** (Erd)Öl *n*: ***strike ~*** auf Öl stoßen; *fig.* Glück *od.* Erfolg haben, *a.* fündig werden. **3.** *mst pl* Ölfarbe *f*: ***paint in ~s*** in Öl malen. **II** *v/t* **4.** (ein)ölen, schmieren: ***~ the wheels*** *fig.* für e-n reibungslosen Ablauf sorgen; → ***palm***[1] 1. ***~ change*** *s mot.* Ölwechsel *m*: ***do an ~*** e-n Ölwechsel machen. ***~ col·o(u)r*** *s* Ölfarbe *f*. ***~ cri·sis*** *s* (*irr* ***crisis***) Ölkrise *f*. ***~ dip·stick*** *s mot.* Ölmeßstab *m*. **'~·field** *s* Ölfeld *n*. **'~,fired** *adj*: ***~ central heating*** Ölzentralheizung *f*. ***~ lamp*** *s* Öl-, Petroleumlampe *f*. ***~ lev·el*** *s mot.* Ölstand *m*. ***~ paint*** *s* Ölfarbe *f*. ***~ paint·ing*** *s* **1.** Ölmalerei *f*. **2.** Ölgemälde *n*: ***she's no ~*** F sie ist keine strahlende Schönheit. **'~-pro,duc·ing coun·try** *s* Ölförderland *n*. ***~ rig*** *s* (Öl)Bohrinsel *f*. ***~ sheik(h)*** *s* Ölscheich *m*. ***~ slick*** *s* Ölteppich *m*. ***~ tank·er*** *s* (Öl)Tanker *m*. ***~ well*** *s* Ölquelle *f*.

oil·y ['ɔɪlɪ] *adj* **1.** ölig. **2.** *fig.* schleimig.

oint·ment ['ɔɪntmənt] *s* Salbe *f*.

OK, o·kay [,əʊ'keɪ] F **I** *adj u. int* okay(!), o.k.(!), in Ordnung(!). **II** *v/t* genehmigen, *e-r Sache* zustimmen. **III** *s* Okay *n*, O.K. *n*, Genehmigung *f*, Zustimmung *f*.

old [əʊld] **I** *adj* **1.** *allg.* alt: ***grow ~*** alt werden, altern; ***I'm getting ~!*** ich werde alt!; ***ten years ~*** zehn Jahre alt; ***a ten-year-~ boy*** ein zehnjähriger Junge; ***~ boy*** *Br.* ehemaliger Schüler, Ehemalige *m*; ***~ girl*** *Br.* ehemalige Schülerin, Ehemalige *f*; ***be ~ hat*** F ein alter Hut sein; ***the*** (*od.* ***his***) ***~ lady*** (*od.* ***woman***) F s-e Alte; s-e alte Dame; ***the*** (*od.* ***her***) ***~ man*** F ihr Alter; ihr alter Herr; ***~ people's home*** Alten-, Altersheim *n*; ***of the ~ school*** *Gentleman etc* der alten Schule; ♀ ***Testament*** *das* Alte Testament; ***~ wives' tale*** Ammenmärchen *n*; ♀ ***World*** *die* Alte Welt; → ***flame*** 1, ***hand*** 6, ***maid*** 1. **2.** *sl.* (*verstärkend*) ***have a fine ~ time*** sich köstlich amüsieren; ***I can use any ~ thing*** ich hab' für alles Verwendung; ***come any ~ time*** komm, wann es dir gerade paßt. **II** *s* **3.** ***the ~*** *pl* die Alten *pl*. ***~ age*** *s* (hohes) Alter: ***in one's ~*** im Alter; ***die of*** (*od.* ***from***) ***~*** an Altersschwäche sterben. **'~-age** *adj* Alters...: ***~ pension*** Rente *f*, Pension *f*; ***~ pensioner*** Rentner(in), Pensionär(in). **,~-es'tab·lished** *adj* alteingesessen (*Firma etc*), alt (*Brauch etc*). **,~-'fash·ioned** *adj* **1.** altmodisch. **2.** *Br.* F mißbilligend (*Blick etc*). **,~-'maid·ish** *adj* □ altjüngferlich.

old·ster ['əʊldstə] *s* F ältere Person.

,old-'tim·er *s* F **1.** alter Hase. **2.** *bsd. Am.* → ***oldster***.

o·le·an·der [,əʊlɪ'ændə] *s* ♣ Oleander *m*.

ol·fac·to·ry [ɒl'fæktərɪ] *adj* Geruchs...

ol·i·garch·y ['ɒlɪgɑːkɪ] *s* Oligarchie *f*.

ol·ive ['ɒlɪv] **I** *s* **1.** *a.* ***~ tree*** Oliven-, Ölbaum *m*. **2.** Olive *f*: ***~ oil*** Olivenöl *n*. **II** *adj* **3.** olivgrün.

O·lym·pi·ad [əʊ'lɪmpɪæd] *s* Olympiade *f*. **O'lym·pic I** *adj* olympisch: ***~ champion*** Olympiasieger(in); ***~ Games*** → II; ***Summer*** (***Winter***) ***~ Games*** *pl* Olympische Sommer-(Winter)spiele *pl*. **II** *s pl* Olympische Spiele *pl*.

om·buds·man ['ɒmbʊdzmən] *s* (*irr* ***man***) *s pol.* Ombudsmann *m*.

om·e·lett *s Am.*, **om·e·lette** *s bsd. Br.* ['ɒmlɪt] Omelett *n*.

o·men ['əʊmen] *s* Omen *n*, Vorzeichen *n*.

om·i·nous ['ɒmɪnəs] *adj* □ ominös, unheilvoll: ***that's ~*** das läßt nichts Gutes ahnen.

o·mis·sion [ə'mɪʃn] *s* **1.** Aus-, Weglassung *f*. **2.** Unterlassung *f*, Versäumnis *n*: ***sin of ~*** Unterlassungssünde *f*.

o·mit [ə'mɪt] *v/t* **1.** aus-, weglassen (***from*** aus). **2.** ***~ doing*** (*od.* ***to do***) ***s.th.*** versäumen *od.* es unterlassen, et. zu tun.

om·ni·bus ['ɒmnɪbəs] *s* Sammelband *m*.

om·nis·ci·ent [ɒm'nɪsɪənt] *adj* □ allwissend.

on [ɒn] **I** *prp* **1.** auf (*acc od. dat*). **2.** *getragen von*: auf (*dat*), an (*dat*), in (*dat*): ***find s.th. ~ s.o.*** et. bei j-m finden; ***have you got some money ~ you?*** hast du Geld bei dir?; → ***foot*** 1, *etc.* **3.** *fest-*

gemacht od. sehr nahe: an (*dat*): ***the dog is ~ the chain; ~ the Thames.*** **4.** *Richtung, Ziel*: auf (*acc*) ... (hin), an (*acc*): ***drop s.th. ~ the floor*** et. zu Boden fallen lassen; ***hang s.th. ~ a peg*** et. an e-n Haken hängen; → ***board*** 6, *etc.* **5.** *fig. auf der Grundlage von*: auf (*acc*) ... (hin): ***~ this theory*** nach dieser Theorie; → ***condition*** 1, *etc.* **6.** *aufeinanderfolgend*: auf (*acc*), über (*acc*): ***loss ~ loss*** Verlust auf *od.* über Verlust; ***be ~ one's second glass*** beim zweiten Glas sein. **7.** (*gehörig*) zu, (*beschäftigt*) bei: ***be ~ a committee*** zu e-m Ausschuß gehören. **8.** *Zustand*: in (*dat*), auf (*dat*): ***be ~*** *Medikament etc* ständig nehmen; *b.s.* ...abhängig *od.* ...süchtig sein; → ***duty*** 2, *etc.* **9.** *gerichtet*: auf (*acc*): ***a joke ~ s.o.*** ein Spaß auf j-s Kosten; ***the next round is ~ me*** F die nächste Runde geht auf m-e Rechnung. **10.** *Thema*: über (*acc*): ***talk ~ a subject.*** **11.** *Zeitpunkt*: an (*dat*): ***~ June 3rd*** am 3. Juni; ***~ the morning of July 1st*** am Morgen des 1. Juli. **II** *adv* **12.** an..., auf...: → ***put on*** 1, ***keep on*** 1, *etc.* **13.** weiter(...): ***and so ~*** u. so weiter; ***~ and ~*** immer weiter; ***~ and off*** ab u. zu, hin u. wieder; ***from that day ~*** von dem Tage an. **III** *adj* **14.** ***be ~*** a) vor sich gehen: ***what's ~?*** was ist los?, b) an sein (*Licht, Radio etc*), c) *thea.* gegeben werden (*Stück*), laufen (*Film*), (*Rundfunk, TV*) gesendet werden. **15.** ***be always ~ at s.o.*** F j-m dauernd in den Ohren liegen (***about*** wegen).

once [wʌns] **I** *adv* **1.** einmal: ***~ again*** (*od.* ***more***) noch einmal; ***~ or twice*** ein paarmal; ***~ in a while*** ab u. zu, hin u. wieder; ***~ and for all*** ein für allemal; ***not ~*** kein einziges Mal; → ***lifetime*** I, ***moon*** I. **2.** einmal, einst: ***~ upon a time there was*** es war einmal. **II** *s* **3.** ***the ~*** einmal, ein einziges Mal; ***this ~*** dieses 'eine Mal. **4.** ***at ~*** a) auf einmal, gleichzeitig, b) sofort: ***all at ~*** mit 'einem Mal. **III** *cj* **5.** sobald *od.* wenn (einmal). **'~-ˌo·ver** *s*: ***give s.th. the*** (*od.* ***a***) ***~*** F et. kurz mustern.

on·com·ing ['ɒnˌkʌmɪŋ] *adj* entgegenkommend: ***~ traffic*** Gegenverkehr *m.*

one [wʌn] **I** *adj* **1.** ein(e): → ***hundred*** 1, ***thousand*** 1. **2.** *betont*: einzig: ***they were all of ~ mind*** sie waren alle 'einer Meinung; ***his ~ thought*** sein einziger Gedanke; ***my ~ and only hope*** m-e einzige Hoffnung; ***the ~ and only ...*** der einzigartige *od.* unvergleichliche ... **3.** ein gewisser, e-e gewisse, ein gewisses: ***~ day*** e-s Tages; ***~ John Smith*** ein gewisser John Smith. **II** *s* **4.** Eins *f*, eins: ***at ~*** um eins; ***be ~ up on s.o.*** j-m voraus sein; → ***number*** 2. **5.** *der, die, das* einzelne: ***~ by ~, ~ after the other*** e-r nach dem andern; ***I for ~*** ich zum Beispiel; → ***another*** 1. **III** *pron* **6.** ein(e): ***the ~ who*** der(jenige), welcher; ***~ another*** sich (gegenseitig), einander. **7.** *Stützwort, mst unübersetzt*: ***the little ~s*** die Kleinen; ***a red pencil and a blue ~*** ein roter Bleistift u. ein blauer. **8.** man. **9.** ***~'s*** sein: ***break ~ leg*** sich das Bein brechen. **ˌ~-'armed** *adj*: ***~ bandit*** F einarmiger Bandit. **ˌ~-'eyed** *adj* einäugig. **ˌ~-'hand·ed** *adj u. adv* einhändig. **ˌ~-'horse** *adj* einspännig: ***~ town*** F Nest *n*, Kaff *n.* **ˌ~-'legged** *adj* einbeinig. **'~-man** *adj* Einmann...: ***~ band*** Einmannkapelle *f*; ***~ play*** *thea.* Einpersonenstück *n*; ***~ show*** One-man-Show *f.* **'~-night** *adj*: ***~ stand*** *thea. etc* einmaliges Gastspiel. **'~-piece** *adj* einteilig.

on·er·ous ['ɒnərəs] *adj* □ lästig, beschwerlich (***to*** für).

one'self *pron* **1.** *reflex* sich (selbst *od.* selber): (***all***) ***by ~*** ganz allein; ***cut ~*** sich schneiden. **2.** sich selbst *od.* selber. **3.** man selbst *od.* selber: ***be ~*** sich normal *od.* natürlich benehmen *od.* geben; ***not to be ~*** nicht auf der Höhe sein; nicht ganz bei Verstand sein; ***be ~ again*** wieder ganz der alte sein.

ˌone|-'sid·ed *adj* □ einseitig (*a. fig.*). **'~-time** *adj* ehemalig, früher. **'~-track** *adj* 🚂 eingleisig: ***have a ~ mind*** *fig.* immer nur dasselbe im Kopf haben. **'~-way** *adj* **1.** Einbahn...: ***~ street.*** **2.** ***~ ticket*** *Am.* einfache Fahrkarte, ✈ einfaches Ticket. **3.** *fig.* einseitig.

'onˌgo·ing *adj* laufend (*Verhandlungen etc*).

on·ion ['ʌnjən] *s* 🌿 Zwiebel *f*: ***know one's ~s*** F sein Geschäft verstehen.

'onˌlook·er *s* Zuschauer(in).

on·ly ['əʊnlɪ] **I** *adj* **1.** einzig: ***~ child*** Einzelkind *n*; → ***one*** 2. **II** *adv* **2.** nur, bloß: ***if ~ he would leave!*** wenn er doch nur endlich ginge!; → ***but*** 2. **3.** erst: ***~ yes-***

terday; ~ just eben erst, gerade. **III** *cj* **4.** nur, bloß.

'on|·rush *s* Ansturm *m*. **'~·set** *s* Einbruch *m*, Beginn *m* (*des Winters*); Ausbruch *m* (*e-r Krankheit*). **~·slaught** ['~slɔːt] *s* (heftiger) Angriff (*a. fig.*). **,~-the-'job** *adj* praktisch (*Ausbildung*).

on·to ['ɒntʊ] *prp* **1.** auf (*acc*). **2.** ***be ~ s.o.*** F j-m auf die Schliche gekommen sein.

on·ward(s) ['ɒnwəd(z)] *adv* vorwärts, weiter: ***from today ~*** von heute an.

oo·dles ['uːdlz] *s pl* F: ***~ of money*** Geld wie Heu; ***~ of time*** jede Menge *od.* massenhaft Zeit.

ooze [uːz] **I** *v/i* (*ein-, durch*)sickern, (-)dringen (*a. Licht, Geräusch etc*): ***~ away*** versickern; *fig.* schwinden (*Mut etc*); ***~ out*** aussickern; entweichen (*Luft, Gas*); *fig.* durchsickern (*Geheimnis etc*). **II** *v/t* absondern; *fig.* *Charme* ausstrahlen, *Optimismus, gute Laune etc a.* verströmen; von *Sarkasmus etc* triefen.

o·pal ['əʊpl] *s min.* Opal *m*.

o·paque [əʊ'peɪk] *adj* □ **1.** undurchsichtig. **2.** *fig.* unverständlich.

o·pen ['əʊpən] **I** *adj* □ **1.** *allg.* offen (*Buch, Fenster, Flasche etc*): ***the door is ~*** die Tür ist *od.* steht offen; ***hold the door ~ for s.o.*** j-m die Tür aufhalten; ***keep one's eyes ~*** *fig.* die Augen offenhalten; → ***arm***[1] 1, ***book*** 1. **2.** offen (*Gelände, Meer*), frei (*Feld*): → ***air***[1] 1. **3.** geöffnet, offen (*Laden etc*). **4.** *fig.* offen (***to*** für), öffentlich: ***~ letter*** offener Brief; ***~ tournament*** → 13. **5.** *fig.* zugänglich, aufgeschlossen (***to*** für *od.* *dat*). **6.** *fig.* ausgesetzt, unterworfen (***to*** *dat*): ***~ to question*** anfechtbar; ***that is ~ to argument*** darüber läßt sich streiten. **7.** *fig.* offen, unentschieden (*Frage etc*). **8.** *fig.* a) offen, freimütig: ***be ~ with s.o.*** offen mit j-m reden, b) offen(kundig), unverhüllt: ***~ secret*** offenes Geheimnis. **9.** ***~ cheque*** ⚜ *Br.* Barscheck *m*. **10.** ***~ season*** Jagdzeit *f*. **11.** *ling.* offen (*Vokal*). **II** *s* **12.** ***in the ~*** im Freien: ***bring into the ~*** *fig.* an die Öffentlichkeit bringen; ***come into the ~*** Farbe bekennen; an die Öffentlichkeit treten (***with*** mit). **13.** *Golf, Tennis*: offenes Turnier. **III** *v/t* **14.** *allg.* öffnen, aufmachen, *Buch etc a.* aufschlagen. **15.** *Debatte, Feuer, Konto etc* eröffnen, *neuen Markt etc* erschließen: ***~ to traffic*** *Straße etc* dem Verkehr übergeben. **16.** *fig.* *Gefühle, Gedanken* enthüllen: ***~ o.s. to s.o.*** sich j-m mitteilen. **IV** *v/i* **17.** sich öffnen, aufgehen. **18.** öffnen, aufmachen (*Laden etc*). **19.** führen, gehen (***onto*** auf *acc* [... hinaus]) (*Tür, Fenster*). **20.** anfangen, beginnen; anlaufen (*Film*).

Verbindungen mit Adverbien:

o·pen| out I *v/t* ausbreiten, *Stadtplan etc* auseinanderfalten. **II** *v/i* auftauen, mitteilsam werden. **~ up I** *v/t* **1.** aufmachen, -schließen. **2.** *neuen Markt etc* erschließen, *Möglichkeiten etc* eröffnen. **II** *v/i* **3.** aufmachen, -schließen. **4.** *fig.* a) loslegen (***with*** mit), b) → ***open out*** II.

,o·pen|-'air *adj* im Freien: ***~ festival*** Open-air-Festival *n*; ***~ swimming pool*** Freibad *n*; ***~ theater*** (*bsd. Br.* ***theatre***) Freilichttheater *n*. **,~-'end·ed** *adj* zeitlich unbegrenzt: ***~ discussion*** Open-end-Diskussion *f*.

o·pen·er ['əʊpnə] *s* **1.** (*Dosen-, Flaschen*)Öffner *m*. **2.** *Am.* Eröffnungsnummer *f* (*e-r Show etc*).

,o·pen|-'eyed *adj* mit großen Augen, staunend. **,~-'hand·ed** *adj* □ freigebig.

o·pen·ing ['əʊpnɪŋ] **I** *s* **1.** Öffnung *f*. **2.** ⚜ freie Stelle. **3.** Eröffnung *f* (*e-r Debatte, des Feuers, e-s Kontos etc*), Erschließung *f* (*e-s neuen Markts etc*). **II** *adj* **4.** Eröffnungs...: ***~ ceremony; ~ night*** *thea.* Eröffnungsvorstellung *f*. **5.** Öffnungs...: ***~ time; ~ time is at ...*** das Geschäft *etc* ist ab ... geöffnet.

,o·pen|-'mind·ed *adj* □ aufgeschlossen. **,~-'mouthed** *adj* mit offenem Mund. **,~-'plan** *adj*: ***~ office*** Großraumbüro *n*. ***~ shop*** *s* ⚜ *Betrieb, der auch Nichtgewerkschaftsmitglieder beschäftigt.* **♀ U·ni·ver·si·ty** *s Br.* Fern(seh)universität *f* (*deren Kurse a. ohne entsprechenden Schulabschluß belegt werden können*).

op·er·a[1] ['ɒpərə] *s* ♪ Oper *f*: ***go to the ~*** in die Oper gehen.

op·er·a[2] [~] *pl von* ***opus***.

op·e·ra·ble ['ɒpərəbl] *adj* □ **1.** durchführbar. **2.** ⚙ betriebsfähig. **3.** ⚕ operabel, operierbar.

op·er·a| glass·es *s pl, a.* ***pair of ~***

Opernglas *n.* ~ **house** *s* Opernhaus *n*, Oper *f*.

op·er·ate ['ɒpəreɪt] **I** *v/i* **1.** *bsd.* ⚙ arbeiten, in Betrieb sein, laufen (*Maschine etc*). **2.** wirksam sein *od.* werden; sich auswirken (***against*** gegen; ***in s.o.'s favo[u]r*** zu j-s Gunsten). **3.** ⚕ operieren (**on s.o.** j-n): ~ ***on s.o. for appendicitis*** j-n am Blinddarm operieren. **4.** ⚚ tätig sein. **5.** ⚔ operieren. **II** *v/t* **6.** ⚙ *Maschine* bedienen, *Schalter*, *Bremse etc* betätigen. **7.** *Unternehmen*, *Geschäft* betreiben, führen.

op·er·at·ic [ˌɒpə'rætɪk] *adj* ♪ Opern...

op·er·at·ing ['ɒpəreɪtɪŋ] *adj* **1.** *bsd.* ⚙ Betriebs..., Arbeits...: ~ ***instructions*** *pl* Bedienungs-, Betriebsanleitung *f*. **2.** ⚚ betrieblich, Betriebs...: ~ ***costs*** (*od.* ***expenses***) *pl* Betriebskosten *pl*. **3.** ⚕ Operations...: ~ ***room*** *Am.*, ~ ***theatre*** *Br.* Operationssaal *m*; ~ ***table*** Operationstisch *m*. ˌ**op·er'a·tion** *s* **1.** *bsd.* ⚖ Wirksamkeit *f*, Geltung *f*: ***be in*** ~ in Kraft sein; ***come into*** ~ in Kraft treten. **2.** *bsd.* ⚙ Betrieb *m*, Lauf *m* (*e-r Maschine etc*): ***in*** ~ in Betrieb; ***put*** (*od.* ***set***) ***in*** (***out of***) ~ in (außer) Betrieb setzen. **3.** ⚙ Bedienung *f*, Betätigung *f*. **4.** ⚙ *etc* Wirkungs-, Arbeitsweise *f*; Arbeitsgang *m*. **5.** ⚚ Geschäft *n*, (*Börse*) Transaktion *f*. **6.** ⚕ Operation *f*: ~ ***for appendicitis*** Blinddarmoperation *f*; ***have an*** ~ ***on one's arm*** am Arm operiert werden. **7.** ⚔ Operation *f*, Unternehmen *n*. ˌ**op·er'a·tion·al** [~ʃənl] *adj* **1.** *bsd.* ⚙ Betriebs..., Arbeits...; ⚙ betriebsbereit. **2.** ⚚ betrieblich, Betriebs... **3.** ⚔ Operations..., Einsatz...

op·er·a·tive ['ɒpərətɪv] *adj* **1.** wirksam: ***become*** ~ *bsd.* ⚖ in Kraft treten: ***the*** ~ ***word*** genau das richtige Wort. **2.** ⚕ operativ. **op·er·a·tor** ['~reɪtə] *s* **1.** (Maschinen)Arbeiter(in), (*Kran- etc-*) Führer(in); (*Computer*) Operator *m*. **2.** *teleph.* Vermittlung *f*, Fräulein *n* (vom Amt). **3.** (*Reise*)Veranstalter(in). **4.** ***a clever*** (*od.* ***smooth***) ~ F ein raffinierter Kerl.

op·er·et·ta [ˌɒpə'retə] *s* ♪ Operette *f*.

oph·thal·mic [ɒf'θælmɪk] *adj* Augen...

o·pi·ate ['əʊpɪət] *s pharm.* **1.** Opiat *n*, Opiumpräparat *n*. **2.** Schlaf- *od.* Beruhigungsmittel *n*.

o·pin·ion [ə'pɪnjən] *s* **1.** Meinung *f*, Ansicht *f*: ***in my*** ~ m-s Erachtens, m-r Meinung *od.* Ansicht nach; ***be of the*** ~ ***that*** der Meinung *od.* Ansicht sein, daß; ***be of s.o.'s*** ~ j-s Meinung *od.* Ansicht sein; ***that is a matter of*** ~ das ist Ansichtssache; ***public*** ~ die öffentliche Meinung. **2.** Meinung *f*: ***form an*** ~ ***of*** sich e-e Meinung bilden von; ***have a good*** (*od.* ***high***) (***bad, low***) ~ ***of*** e-e (keine) hohe Meinung haben von. **3.** Gutachten *n* (**on** über *acc*). **o'pin·ion·at·ed** [~eɪtɪd] *adj* □ starr-, eigensinnig.

o·pin·ion| poll *s* Meinungsumfrage *f*. ~ **re·search** *s* Meinungsforschung *f*.

o·pi·um ['əʊpjəm] *s* Opium *n*.

o·pos·sum [ə'pɒsəm] *s zo.* Opossum *n*, Beutelratte *f*.

op·po·nent [ə'pəʊnənt] *s* Gegner(in), Gegenspieler(in) (*beide a. Sport*).

op·por·tune ['ɒpətjuːn] *adj* □ **1.** günstig, passend. **2.** rechtzeitig. **'op·por·tun·ism** *s* Opportunismus *m*. **'op·por·tun·ist I** *s* Opportunist(in). **II** *adj* opportunistisch. ˌ**op·por'tu·ni·ty** *s* Gelegenheit *f*, Möglichkeit *f*, Chance *f* (***of doing, to do*** zu tun; ***for s.th.*** für *od.* zu et.): ***at the first*** (*od.* ***earliest***) ~ bei der erstbesten Gelegenheit; → ***equal*** 1, ***equality***.

op·pose [ə'pəʊz] *v/t* sich widersetzen (*dat*), angehen gegen. **op'posed** *adj* **1.** entgegengesetzt: ***as*** ~ ***to*** im Gegensatz zu. **2. *be*** ~ ***to*** ablehnend gegenüberstehen (*dat*), sein gegen. **op'pos·ing** *adj Sport*: gegnerisch (*Mannschaft*). **op·po·site** ['ɒpəzɪt] **I** *adj* □ **1.** gegenüberliegend. **2.** entgegengesetzt (*Richtung*). **3.** gegensätzlich, entgegengesetzt: → **sex** 1. **4.** gegnerisch, Gegen...: ~ ***number*** (Amts)Kollege *m*. **II** *s* **5.** Gegenteil *n*, -satz *m*: ***be completely*** (*od.* ***just***) ***the*** ~ genau das Gegenteil sein. **III** *adv* **6.** gegenüber (**to** *dat*). **IV** *prp* **7.** gegenüber (*dat*). ˌ**op·po'si·tion** *s* **1.** Widerstand *m*, Opposition *f* (**to** gegen). **2.** Gegensatz *m*: ***be in*** ~ ***to*** im Gegensatz stehen zu. **3.** *oft* ♀ *parl.* Opposition *f*: ***be in*** ~ in der Opposition sein; ~ ***politician*** Oppositionspolitiker(in).

op·press [ə'pres] *v/t* **1.** bedrücken, (*a. Hitze etc*) lasten auf (*dat*). **2.** unterdrücken, tyrannisieren. **op·pres·sion** [ə'preʃn] *s* **1.** Bedrücktheit *f*. **2.** Unterdrückung *f*, Tyrannisierung *f*. **op'pres·sive** [~sɪv] *adj* □ **1.** bedrückend. **2.**

drückend (*Hitze, Steuern etc*). **3.** tyrannisch. **op'pres·sor** *s* Unterdrücker *m*, Tyrann *m*.

opt [ɒpt] *v/i* sich entscheiden (***for*** für; ***against*** gegen; ***to do*** zu tun): **~ *out*** sich dagegen entscheiden; abspringen, zurücktreten (***of*** von).

op·tic ['ɒptɪk] **I** *adj* (**~*ally***) Augen..., Seh...: **~ *nerve*** Sehnerv *m*. **II** *s pl* (*sg konstruiert*) Optik *f*. **'op·ti·cal** *adj* □ optisch: **~ *illusion*** optische Täuschung. **op'ti·cian** [~ʃn] *s* Optiker(in).

op·ti·ma ['ɒptɪmə] *pl von* ***optimum***. **op·ti·mal** ['~ml] *adj* □ → ***optimum*** II.

op·ti·mism ['ɒptɪmɪzəm] *s* Optimismus *m*. **'op·ti·mist** *s* Optimist(in). **ˌop·ti'mis·tic** *adj* (**~*ally***) optimistisch. **'op·ti·mize** *v/t* optimieren.

op·ti·mum ['ɒptɪməm] **I** *pl* **-ma** [~mə], **-mums** *s* Optimum *n*. **II** *adj* optimal, bestmöglich: ***in* ~ *condition*** in Bestzustand.

op·tion ['ɒpʃn] *s* **1.** Wahl *f*: ***I had no* ~ *but to*** ich hatte keine andere Wahl als zu, mir blieb nichts anderes übrig als zu; ***leave one's* ~*s open*** sich alle Möglichkeiten offenlassen. **2.** Option *f*, Vorkaufsrecht *n* (***on*** auf *acc*). **3.** *bsd. mot.* Extra *n*, *pl a.* Sonderausstattung *f*. **op·tion·al** ['~ʃənl] *adj* □ freiwillig, fakultativ: ***be an* ~ *extra*** *bsd. mot.* gegen Aufpreis erhältlich sein; **~ *subject*** *ped.* Wahlfach *n*.

op·u·lence ['ɒpjʊləns] *s* Reichtum *m*: ***live in* ~** im Überfluß leben. **'op·u·lent** *adj* □ **1.** wohlhabend, reich. **2.** üppig, (*Mahlzeit a.*) opulent.

o·pus ['əʊpəs] *pl* **op·er·a** ['ɒpərə] *s bsd.* ♪ Opus *n*, Werk *n*.

or [ɔː] *cj* **1.** oder: ***in a day* ~ *two*** in ein bis zwei Tagen; **~ *so I believe*** glaube ich zumindest; → ***either*** 5, 6, ***else*** 3, ***so*** 3. **2.** *nach neg*: noch, u. auch nicht.

or·a·cle ['ɒrəkl] *s* Orakel *n*. **o·rac·u·lar** [ɒ'rækjʊlə] *adj* □ orakelhaft.

o·ral ['ɔːrəl] **I** *adj* □ **1.** mündlich. **2.** Mund...: **~ *cavity*** *anat.* Mundhöhle *f*. **II** *s* **3.** *ped.* mündliche Prüfung, *das* Mündliche.

or·ange ['ɒrɪndʒ] **I** *s* ⚘ Orange *f*, Apfelsine *f*: **~ *squash*** *Br. Getränk aus Orangenkonzentrat u. Wasser*. **II** *adj* orange, orange(n)farben. **or·ange·ade** [ˌ~'eɪd] *s* Orangeade *f*, (*mit Kohlensäure a.*) Orangenlimonade *f*.

o·rang·u·tan [ɔːˌræŋuː'tæn] *s zo.* Orang-Utan *m*.

o·ra·tion [ɔː'reɪʃn] *s* Rede *f*, Ansprache *f*. **or·a·tor** ['ɒrətə] *s* Redner(in). **or·a·tor·i·cal** [ˌ~'tɒrɪkl] *adj* □ rednerisch.

or·a·to·ri·o [ˌɒrə'tɔːrɪəʊ] *pl* **-os** *s* ♪ Oratorium *n*.

or·bit ['ɔːbɪt] **I** *s* **1.** *ast.* Kreis-, Umlaufbahn *f*: ***put into* ~** → 4. **2.** *fig.* (Macht-) Bereich *m*, Einflußsphäre *f*. **II** *v/t* **3.** *Erde etc* umkreisen. **4.** *Satelliten etc* in e-e Umlaufbahn bringen.

or·chard ['ɔːtʃəd] *s* Obstgarten *m*; Obstplantage *f*.

or·ches·tra ['ɔːkɪstrə] *s* ♪ Orchester *n*: **~ *pit*** *thea.* Orchestergraben *m*. **or·ches·tral** [ɔː'kestrəl] *adj* Orchester... **or·ches·trate** ['ɔːkɪstreɪt] *v/t* orchestrieren.

or·chid ['ɔːkɪd] *s* ⚘ Orchidee *f*.

or·dain [ɔː'deɪn] *v/t*: **~ *s.o.* (*priest*)** *eccl.* j-n ordinieren *od.* zum Priester weihen.

or·deal [ɔː'diːl] *s* **1.** *hist.* Gottesurteil *n*. **2.** *fig.* Martyrium *n*, Tortur *f*.

or·der ['ɔːdə] **I** *s* **1.** Ordnung *f*: ***in* ~** in Ordnung (*a. fig.*); ***put in* ~** in Ordnung bringen. **2.** (öffentliche) Ordnung: → ***law*** 1. **3.** Ordnung *f*, System *n*. **4.** (An)Ordnung *f*, Reihenfolge *f*: ***in* ~ *of importance*** nach Wichtigkeit; → ***alphabetic***. **5.** Ordnung *f*, Aufstellung *f*. **6.** *parl. etc* (Geschäfts)Ordnung *f*: ***be the* ~ *of the day*** auf der Tagesordnung stehen (*a. fig.*). **7.** Befehl *m*, Anordnung *f*: ***by* ~ *of*** auf Befehl von; ***be under*** (*od.* ***have***) **~*s to do s.th.*** Befehl haben, et. zu tun; → ***marching orders***. **8.** ✝ Bestellung *f* (*a. im Restaurant*), Auftrag *m* (***for*** für): ***make to* ~** auf Bestellung *od.* nach Maß anfertigen; ***last* ~*s, please*** Polizeistunde!; **~ *book*** Auftragsbuch *n*; **~ *form*** Bestellschein *m*. **9.** ***in* ~ *to*** um zu. **10.** ***out of* ~** nicht in Ordnung, defekt. **11.** (Größen)Ordnung *f*: ***of*** (*od.* ***in***) (*Am.* ***on***) ***the* ~ *of*** in der Größenordnung von. **12.** *eccl. etc* Orden *m*. **II** *v/t* **13.** *j-m* befehlen (***to do*** zu tun), *et.* befehlen, anordnen: **~ *about*** (*od.* ***around***) *j-n* herumkommandieren. **14.** *j-n* schicken, beordern (***to*** nach): **~ *back*** zurückbeordern; **~ *in*** hinein- *od.* hereinkommen lassen; **~ *off***

(*Sport*) vom Platz stellen; **~ *out*** hinausweisen. **15.** ⚕ *j-m et.* verordnen: **~ *s.o. to* (*stay in*) *bed*** j-m Bettruhe verordnen. **16.** ♆ bestellen (*a. im Restaurant*). **17.** *fig.* ordnen, in Ordnung bringen: **~*ed life*** geordnetes Leben. **III** *v/i* **18.** bestellen (*im Restaurant*): ***are you ready to ~?*** haben Sie schon gewählt?
'or·der·ly I *adj* **1.** ordentlich, geordnet. **2.** *fig.* gesittet, friedlich (*Menge etc*). **II** *s* **3.** ⚕ Hilfspfleger *m.* **4.** ⚔ (Offiziers)Bursche *m.*
or·di·nal (num·ber) ['ɔ:dınl] *s* ⅍ Ordnungszahl *f.*
or·di·nar·i·ly ['ɔ:dnrəlı] *adv* **1.** normalerweise, gewöhnlich. **2.** wie gewöhnlich *od.* üblich, normal.
or·di·nar·y ['ɔ:dnrı] **I** *adj* **1.** üblich, gewöhnlich, normal: ***in the ~ way → ordinarily*** 1. **2.** alltäglich, mittelmäßig, Durchschnitts... **3.** ordentlich (*Gericht, Mitglied*). **II** *s* **4.** ***out of the ~*** ungewöhnlich, unüblich: ***nothing out of the ~*** nichts Ungewöhnliches.
ore [ɔ:] *s min.* Erz *n.*
or·gan ['ɔ:gən] *s* **1.** *anat.* Organ *n*: **~*s*** *pl* ***of speech*** Sprechwerkzeuge *pl.* **2.** *fig.* Organ *n*: a) Werkzeug *n*, Instrument *n*, b) Sprachrohr *n*: ***party ~*** Parteiorgan. **3.** ♪ Orgel *f.* **~ grind·er** *s* Leierkastenmann *m.*
or·gan·ic [ɔ:'gænık] *adj* (**~*ally***) organisch (*a. fig.*): **~ *chemistry*** organische Chemie. **or·gan·ism** ['ɔ:gənızəm] *s biol.* Organismus *m* (*a. fig.*).
or·gan·ist ['ɔ:gənıst] *s* ♪ Organist(in).
or·gan·i·za·tion [ˌɔ:gənaı'zeıʃn] *s allg.* Organisation *f.* **ˌor·gan·i'za·tion·al** *adj* □ organisatorisch, Organisations-... **'or·gan·ize I** *v/t allg.* organisieren: **~*d crime*** das organisierte Verbrechen; **~*d tour*** Gesellschaftsreise *f.* **II** *v/i* sich (gewerkschaftlich) organisieren. **'or·gan·iz·er** *s* Organisator(in).
or·gasm ['ɔ:gæzəm] *s physiol.* Orgasmus *m.*
or·gy ['ɔ:dʒı] *s* Orgie *f* (*a. fig.*).
o·ri·ent I *s* ['ɔ:rıənt] ♀ *der* Orient, *poet. das* Morgenland. **II** *v/t* ['~ent] *fig. et.* ausrichten (***toward*[*s*]** auf *acc*): **~ *o.s.*** sich orientieren (***by*** an *dat*, nach) (*a. fig.*); **~ *o.s. to a new situation*** sich auf e-e neue Situation einstellen. **o·ri·en·tal** [ˌ~'entl] **I** *adj* □ orientalisch, *poet.* morgenländisch: **~ *carpet*** (*od.* ***rug***) Orientteppich *m.* **II** *s* Orientale *m*, Orientalin *f.* **o·ri·en·tate** ['~enteıt] → ***orient*** II. **ˌo·ri·en'ta·tion** *s* Orientierung *f*, *fig. a.* Ausrichtung *f.*
or·i·fice ['ɒrıfıs] *s bsd. anat.* Öffnung *f.*
or·i·gin ['ɒrıdʒın] *s* Ursprung *m*, Abstammung *f*, Herkunft *f*: ***country of ~*** Ursprungsland *n*; ***have its ~ in*** zurückgehen auf (*acc*); (her)stammen von *od.* aus.
o·rig·i·nal [ə'rıdʒənl] **I** *adj* (□ → ***originally***) **1.** Original..., Ur...: **~ *text*** Ur- *od.* Originaltext *m.* **2.** originell. **II** *s* **3.** Original *n*: ***in the ~*** im Original *od.* Urtext. **4.** Original *n* (*Person*). **oˌrig·i'nal·i·ty** [~'nælətı] *s* Originalität *f.* **o'rig·i·nal·ly** [~nəlı] *adv* **1.** ursprünglich. **2.** originell.
o·rig·i·nate [ə'rıdʒəneıt] **I** *v/i* **1.** (***from***) zurückgehen (auf *acc*), (her)stammen (von *od.* aus). **2.** ausgehen (***from, with*** von *j-m*). **II** *v/t* **3.** schaffen, ins Leben rufen. **o'rig·i·na·tor** *s* Urheber(in).
or·na·ment I *s* ['ɔ:nəmənt] **1.** Ornament(e *pl*) *n*, Verzierung(en *pl*) *f*, Schmuck *m.* **2.** *fig.* Zier(de) *f* (***to*** für *od. gen*). **II** *v/t* ['~ment] **3.** verzieren, schmücken (***with*** mit). **or·na·men·tal** [ˌ~'mentl] *adj* □ dekorativ, schmükkend, Zier...: **~ *plant*** Zierpflanze *f.* **ˌor·na·men'ta·tion** [ˌ~men~] *s* Ausschmückung *f*, Verzierung *f.*
or·nate [ɔ:'neıt] *adj* □ **1.** reichverziert *od.* -geschmückt. **2.** *fig.* überladen (*Stil etc*).
or·ni·thol·o·gist [ˌɔ:nı'θɒlədʒıst] *s* Ornithologe *m*, Ornithologin *f.* **ˌor·ni'thol·o·gy** *s* Ornithologie *f*, Vogelkunde *f.*
or·phan ['ɔ:fn] **I** *s* Waise(nkind *n*) *f.* **II** *adj* Waisen... **III** *v/t*: ***be ~ed*** verwaisen, Waise werden. **or·phan·age** ['ɔ:fənıdʒ] *s* Waisenhaus *n.*
or·tho·dox ['ɔ:θədɒks] *adj* □ *eccl. u. allg.* orthodox: ♀ ***Church*** griechisch-orthodoxe Kirche.
or·tho·graph·ic, or·tho·graph·i·cal [ˌɔ:θəʊ'græfık(l)] *adj* □ orthographisch. **or·thog·ra·phy** [ɔ:'θɒgrəfı] *s* Orthographie *f*, Rechtschreibung *f.*
or·tho·pae·dic *bsd. Br.*, **or·tho·pe·dic** *Am.* [ˌɔ:θəʊ'pi:dık] ⚕ **I** *adj* (**~*ally***) orthopädisch. **II** *s pl* (*oft sg konstruiert*)

Orthopädie *f.* ˌ**or·tho'p(a)e·dist** *s* Orthopäde *m*, Orthopädin *f.*

Os·car ['ɒskə] *s* Oscar *m* (*amerikanischer Filmpreis*).

os·cil·late ['ɒsɪleɪt] *v/i* **1.** *bsd. phys.* oszillieren, schwingen. **2.** *fig.* schwanken (***between*** zwischen *dat*). ˌ**os·cil'la·tion** *s* **1.** *bsd. phys.* Oszillation *f*, Schwingung *f.* **2.** *fig.* Schwanken *n.*

os·si·fy ['ɒsɪfaɪ] *v/i* verknöchern (*a. fig.*).

os·ten·si·ble [ɒ'stensəbl] *adj* □ **1.** scheinbar. **2.** an-, vorgeblich.

os·ten·ta·tion [ˌɒsten'teɪʃn] *s* **1.** (protzige) Zurschaustellung. **2.** Protzerei *f*, Prahlerei *f.* ˌ**os·ten'ta·tious** *adj* □ **1.** protzend, prahlerisch: ***be ~ about s.th.*** mit et. protzen *od.* prahlen. **2.** ostentativ, demonstrativ.

os·tra·cism ['ɒstrəsɪzəm] *s* Ächtung *f.* **os·tra·cize** ['~saɪz] *v/t* ächten.

os·trich ['ɒstrɪtʃ] *s orn.* Strauß *m.*

oth·er ['ʌðə] **I** *adj* **1.** ander. **2.** *vor s im pl*: andere, übrige: ***the ~ guests.*** **3.** ander, weiter, sonstig: ***the ~ two*** die anderen beiden, die beiden anderen; ***any ~ questions?*** sonst noch Fragen? **4.** zweit (*nur in*): ***every ~*** jeder (jede, jedes) zweite; ***every ~ day*** jeden zweiten Tag, alle zwei Tage. **5.** ***the ~ day*** neulich, kürzlich; ***the ~ night*** neulich abend. **II** *pron* **6.** ander: ***the ~*** der (die, das) andere; ***the two ~s*** die anderen beiden, die beiden anderen; → ***each*** II. **III** *adv* **7.** anders (***than*** als). **oth·er·wise** ['~waɪz] *adv* **1.** *a. cj* sonst, andernfalls. **2.** sonst, im übrigen. **3.** anderweitig: ***be ~ engaged*** anderweitig beschäftigt sein; ***unless you are ~ engaged*** wenn Sie nichts anderes vorhaben. **4.** anders (***than*** als): ***think ~*** anderer Meinung sein; ***X, ~ (called) Y*** X, a. Y genannt; ***or ~*** od. sonst irgendwie; od. nicht.

ot·ter ['ɒtə] *s zo.* Otter *m.*

ought [ɔːt] *v/aux ich* sollte, *du* solltest *etc*: ***he ~ to do it*** er sollte es (eigentlich) tun.

ounce [aʊns] *s* **1.** Unze *f.* **2.** *fig.* Körnchen *n* (*Wahrheit*), Funke *m* (*Verstand*).

our ['aʊə] *possessive pron* unser: ♀ ***Father*** *eccl.* Vaterunser *n.* **ours** ['aʊəz] *possessive pron*: ***it is ~*** es gehört uns; ***a friend of ~*** ein Freund von uns; ***their children and ~*** ihre Kinder u. unsere. **our·selves** [ˌ~'selvz] *pron* **1.** *verstärkend*: wir *od.* uns selbst: ***we did it ~, we ~ did it*** wir haben es selbst getan. **2.** *reflex* uns: ***we cut ~.*** **3.** uns (selbst): ***we want it for ~.***

oust [aʊst] *v/t fig.* verdrängen (***from*** aus).

out [aʊt] **I** *adv* **1.** hinaus(...), heraus(...); aus(...): ***way ~*** Ausgang *m*; ***on the way ~*** beim Hinausgehen; ***have a tooth ~*** e-n Zahn gezogen bekommen. **2.** außen, draußen. **3.** nicht zu Hause, ausgegangen. **4.** ***be ~*** ✟ streiken; → ***come out*** 2, ***go out*** 4. **5.** ins Freie; draußen, im Freien. **6.** (*aus dem Gefängnis etc*) entlassen. **7.** heraus: a) erschienen (*Buch etc*), b) enthüllt (*Geheimnis*): ***~ with it!*** F heraus damit!, heraus mit der Sprache! **8.** *pol.* nicht (mehr) im Amt *od.* an der Macht. **9.** aus der Mode, out. **10.** weit u. breit: ***~ and away*** bei weitem. **11.** aus, vorbei, vorüber: ***before the week is ~*** vor Ende der Woche. **12.** aus, erloschen: → ***go out*** 3. **13.** aus(verkauft). **14.** ***be ~ for*** aussein auf (*acc*): ***be ~ to do s.th.*** darauf aussein, et. zu tun. **15.** ***~ of*** a) aus (... heraus); zu ... hinaus, b) aus, von: ***two ~ of three Americans*** zwei von drei Amerikanern, c) außer *Reichweite etc*, d) außer *Atem, Übung etc*: ***be ~ of*** kein ... mehr haben; ***we are ~ of oil*** uns ist das Öl ausgegangen, e) aus *der Mode etc*, f) außerhalb von (*od. gen*), g) um *et. betrügen*, h) aus *Bosheit, Mitleid etc.* **II** *prp* **16.** → 15a. ˌ**~-and-'out** *adj* absolut, ausgesprochen: ***an ~ lie*** e-e faustdicke Lüge. ˌ**~'bal·ance** *v/t* überwiegen. ˌ**~'bid** *v/t* (*irr bid*) überbieten. '**~·board** ⚓ **I** *adj* **1.** Außenbord...: ***~ motor.*** **II** *adv* **2.** außenbords. **III** *s* **3.** Außenbordmotor *m.* **4.** Außenborder *m* (*Boot*). '**~·break** *s* Ausbruch *m*: ***~ of anger*** Zornausbruch; ***at the ~ of war*** bei Kriegsausbruch. '**~ˌbuild·ing** *s* Nebengebäude *n.* '**~·burst** *s* (*Zorn- etc*)Ausbruch *m.* '**~·cast I** *adj* ausgestoßen, verstoßen. **II** *s* Ausgestoßene *m, f*, Verstoßene *m, f.* ˌ**~'class** *v/t* weit überlegen sein (*dat*), (*Sport a.*) deklassieren. '**~·come** *s* Ergebnis *n*, Resultat *n*: ***what was the ~ of the talks?*** was ist bei den Gesprächen herausgekommen? '**~·cry** *s fig.* Aufschrei *m*, Schrei *m* der Entrüstung. ˌ~'**dat·ed** *adj* überholt, veraltet. ˌ~'**dis·tance** *v/t* hinter sich lassen. ˌ~'**do** *v/t* (*irr* **do**) **1.** (**in**) übertreffen (an *od.* in *dat*), ausstechen (in *dat*). **2.** schlagen, besiegen (**in** in *dat*). '~·**door** *adj*: ~ ***games*** *pl* Spiele *pl* für draußen; ~ ***season*** (*Sport*) Freiluftsaison *f*; ~ ***shoes*** *pl* Straßenschuhe *pl*; ~ ***shot*** *phot.* Außenaufnahme *f*. ˌ~'**doors** *adv* draußen, im Freien; hinaus, ins Freie.

out·er ['aʊtə] *adj* äußer, Außen...: ~ ***garments*** *pl* Oberbekleidung *f*; ~ ***space*** Weltraum *m*; ~ ***wall*** Außenwand *f*. ~·**most** ['~məʊst] *adj* äußerst.

'**out**|·**fit** *s* **1.** Ausrüstung *f*, Ausstattung *f*, ⚙ *a.* Gerät(e *pl*) *n*, Werkzeug(e *pl*) *n*. **2.** F Verein *m*, Laden *m*. '~ˌ**fit·ter** *s* Ausrüster *m*: (**men's**) ~ Herrenausstatter *m*. '~·**flow** *s* Ausfluß *m*, *bsd.* ⚕ Abfluß *m*. ˌ~'**fox** *v/t* überlisten. '~ˌ**go·ing I** *adj* **1.** scheidend, aus dem Amt scheidend. **2.** ~ ***mail*** Postausgang *m*. **II** *s pl* **3.** Ausgaben *pl*. ˌ~'**grow** *v/t* (*irr* **grow**) **1.** *j-m* über den Kopf wachsen. **2.** herauswachsen aus (*e-m Kleidungsstück*); *e-r Angewohnheit etc* entwachsen. '~·**house** *s* Nebengebäude *n*.

out·ing ['aʊtɪŋ] *s* Ausflug *m*: ***go for an*** ~ e-n Ausflug machen.

out|'**land·ish** *adj* □ befremdend, befremdlich. ˌ~'**last** *v/t* überdauern, -leben. '~·**law I** *s* **1.** *hist.* Geächtete *m*. **2.** Bandit *m*. **II** *v/t* **3.** *hist.* ächten, für vogelfrei erklären. **4.** für ungesetzlich erklären, verbieten. '~·**lay** *s* Auslagen *pl*, Ausgaben *pl* (**on, for** für). '~·**let** *s* **1.** Abfluß(öffnung *f*) *m*, Abzug(söffnung *f*) *m*. **2.** ⚕ Verkaufsstelle *f*. **3.** ***seek an*** ~ ***for*** *fig.* ein Ventil suchen für. '~·**line I** *s* **1.** Umriß *m*, Kontur *f*, *pl a.* Silhouette *f*. **2.** *fig.* Ab-, Grundriß *m*. **II** *v/t* **3.** umreißen, *fig. a.* in Umrissen darlegen. ˌ~'**live** *v/t* überleben: ***have*** **~*d its usefulness*** ausgedient haben (*Maschine etc*). '~·**look** *s* **1.** (Aus)Blick *m*, (Aus-)Sicht *f* (**from** von; **onto** auf *acc*). **2.** *fig.* (Zukunfts)Aussichten *pl* (**for** für). **3.** *fig.* Einstellung *f* (**on** zu): ~ ***on life*** Lebensauffassung *f*. '~ˌ**ly·ing** *adj* abgelegen, entlegen. ˌ~·**ma'neu·ver** *Am.*, ˌ~·**ma'noeu·vre** *bsd. Br.* *v/t* ⚔ ausmanövrieren (*a. fig.*). ~·**mod·ed** [ˌ~'məʊdɪd] *adj* veraltet, überholt. ~·**most** ['~məʊst] *adj* äußerst. ˌ~'**num·ber** *v/t* *j-m* zahlenmäßig überlegen sein: ***be*** **~*ed by s.o.*** j-m zahlenmäßig unterlegen sein. ˌ~-**of-'date** *adj* veraltet, überholt. ˌ~-**of-the-'way** *adj* **1.** abgelegen, entlegen. **2.** *fig.* ungewöhnlich, ausgefallen; wenig bekannt. '~ˌ**pa·tient** *s* ambulanter Patient: **~*s' department*** Ambulanz *f*; ~ ***treatment*** ambulante Behandlung. ˌ~'**play** *v/t* *Sport*: *j-m* spielerisch überlegen sein. '~·**post** *s* ⚔ Vorposten *m* (*a. fig.*). '~ˌ**pour·ing** *s* (Gefühls)Erguß *m*. '~·**put** *s* Output *m*: a) ⚕, ⚙ Arbeitsertrag *m*, -leistung *f*, b) ⚕ Ausstoß *m*, Ertrag *m*, Produktion *f*, c) ⚡ Ausgangsleistung *f*, d) *Computer*: (Daten)Ausgabe *f*.

out·rage ['aʊtreɪdʒ] **I** *s* **1.** Greueltat *f*: ***an*** ~ ***against*** ein Verbrechen an (*dat*) *od.* gegen; *fig.* e-e grobe Verletzung (*gen*). **2.** *a.* ***sense of*** ~ Empörung *f*, Entrüstung *f* (**at** über *acc*). **II** *v/t* **3.** *Gefühle, Anstand etc* grob verletzen, mit Füßen treten. **4.** *j-n* empören, schockieren. **out'ra·geous** *adj* □ **1.** abscheulich, verbrecherisch. **2.** empörend, unerhört.

'**out**|ˌ**rig·ger** *s* ⚓ Ausleger *m*; Auslegerboot *n*. ~·**right I** *adj* ['~raɪt] **1.** völlig, gänzlich, total, (*Lüge etc*) glatt. **II** *adv* [~'raɪt] **2.** ohne Umschweife, unumwunden. **3.** auf der Stelle, sofort. ˌ~'**ri·val** *v/t* übertreffen, -bieten (**in** an *od.* in *dat*), ausstechen. ˌ~'**run** *v/t* (*irr* **run**) **1.** schneller laufen als; *j-m* davonlaufen. **2.** *fig.* übersteigen. '~·**set** *s* Anfang *m*, Beginn *m*: ***at the*** ~ am Anfang; ***from the*** ~ (gleich) von Anfang an. ˌ~'**shine** *v/t* (*irr* **shine**) überstrahlen, *fig. a.* in den Schatten stellen. ˌ~'**side I** *s* **1.** Außenseite *f*: ***from the*** ~ von außen; ***on the*** ~ auf der Außenseite, außen. **2.** ***at the*** (***very***) ~ (aller)höchstens, äußerstenfalls. **3.** *Sport*: Außenstürmer(in): ~ ***right*** Rechtsaußen *m*. **II** *adj* **4.** äußer, Außen...: ~ ***broadcast*** (*Rundfunk, TV*) Außenübertragung *f*; ~ ***lane*** (*Sport*) Außenbahn *f*; *mot. Br.* innere Fahrspur. **5.** ~ ***chance*** kleine *od.* geringe Chance; (*Sport*) Außenseiterchance *f*. **III** *adv* **6.** draußen. **7.** heraus, hinaus. **8.** ~ ***of*** a) → 9, b) *Am.* F außer. **IV** *prp* **9.** außerhalb (*a. fig.*). ˌ~'**sid·er** *s allg.* Außenseiter(in). '~·**size I** *s* Übergröße *f*. **II** *adj* übergroß. '~·**skirts** *s pl* Stadtrand *m*, Peripherie *f*: ***on the ~ of London*** am Stadtrand von London. **ˌ~'smart** F → ***outwit.*** **ˌ~'spo·ken** *adj* □ **1.** offen(herzig), freimütig: ***be ~*** kein Blatt vor den Mund nehmen. **2.** unverblümt. **ˌ~'spread** *v/t* (*irr* ***spread***) ausbreiten, *Arme a.* ausstrecken: ***with arms ~*** mit ausgestreckten Armen. **ˌ~'stand·ing** *adj* □ **1.** hervorragend. **2.** *bsd.* ✝ unerledigt, rückständig, (*Forderungen etc*) ausstehend. **ˌ~'stay** *v/t* länger bleiben als: → ***welcome*** 6. **ˌ~'stretched** *adj* ausgestreckt. **ˌ~'strip** *v/t* **1.** überholen. **2.** *fig.* übertreffen (***in*** an *dat*). **ˌ~'vote** *v/t* überstimmen: ***be ~d*** e-e Abstimmungsniederlage erleiden.

out·ward ['aʊtwəd] **I** *adj* **1.** äußerlich, äußer (*beide a. fig.*), Außen...: ***his ~ cheerfulness*** s-e zur Schau getragene Fröhlichkeit. **II** *adv* **2.** auswärts, nach außen. **3.** → ***outwardly.*** **'out·ward·ly** *adv* äußerlich (*a. fig.*).

out·wards ['~z] → ***outward*** II.

ˌout|'weigh *v/t* überwiegen, (ge)wichtiger sein als. **ˌ~'wit** *v/t* überlisten, reinlegen. **'~·work** *s* ✝ Heimarbeit *f*. **'~ˌwork·er** *s* ✝ Heimarbeiter(in). **'~worn** *adj* veraltet, überholt.

o·va ['əʊvə] *pl von* ***ovum.***

o·val ['əʊvl] **I** *adj* □ oval. **II** *s* Oval *n*.

o·va·ry ['əʊvərɪ] *s* **1.** *anat.* Eierstock *m*. **2.** ⚘ Fruchtknoten *m*.

o·va·tion [əʊ'veɪʃn] *s* Ovation *f*: ***give s.o. a standing ~*** j-m stehend e-e Ovation bereiten.

ov·en ['ʌvn] *s* Backofen *m*, Bratofen *m*, -röhre *f*. **~ cloth** *s* Topflappen *m*. **~ glove, ~ mitt** *s* Topfhandschuh *m*. **'~-ˌread·y** *adj* bratfertig.

o·ver ['əʊvə] **I** *prp* **1.** *Lage*: über (*dat*): ***the lamp ~ his head.*** **2.** *Richtung, Bewegung*: über (*acc*), über (*acc*) ... (hin)weg: ***he jumped ~ the fence;*** → ***get over,*** *etc.* **3.** über (*dat*), auf der anderen Seite von (*od. gen*): ***~ the street*** auf der anderen (Straßen)Seite. **4.** über *s-r Arbeit einschlafen etc*, bei *e-m Glas Wein etc.* **5.** *Herrschaft, Rang*: über (*acc od. dat*): ***be ~ s.o.*** über j-m stehen. **6.** über (*acc*), mehr als: ***~ a mile; ~ 10 dollars; ~ a week*** über *od.* länger als e-e Woche. **7.** *zeitlich*: über (*acc*), während: ***~ many years*** viele Jahre hindurch. **II** *adv* **8.** hinüber, herüber (***to*** zu). **9.** drüben: ***~ there*** da drüben. **10.** *allg.* über...: → ***hand over*** 1, ***think*** 2, *etc.* **11.** um...: → ***fall over, turn over,*** *etc.* **12.** (***all***) ***~ again*** noch einmal; ***~ and ~*** immer wieder. **13.** darüber, mehr: ***children of 10 years and ~*** Kinder von 10 Jahren u. darüber; ***5 ounces and ~*** 5 Unzen u. mehr; ***~ and above*** obendrein, überdies. **14.** zu Ende, vorüber, vorbei: ***get s.th. ~*** (***with***) F et. hinter sich bringen. **ˌ~'act** *thea. etc* **I** *v/t Rolle* überziehen. **II** *v/i* übertreiben (*a. weitS.*). **ˌ~'age** *adj* zu alt. **~·all I** *adj* ['~rɔːl] **1.** gesamt, Gesamt...: ***~ length*** Gesamtlänge *f*. **II** *adv* [ˌ~r'ɔːl] **2.** allgemein. **3.** insgesamt. **III** *s* ['~rɔːl] **4.** *Br.* Arbeitsmantel *m*, Kittel *m*. **5.** *Am.* Overall *m*. **6.** *pl* a) *Br.* Overall *m*, b) *Am.* → ***dungarees.*** **ˌ~'bal·ance I** *v/t* umstoßen, umkippen. **II** *v/i* Übergewicht bekommen, das Gleichgewicht verlieren, umkippen. **ˌ~'bear·ing** *adj* □ anmaßend. **ˌ~'bid** *v/t* (*irr* ***bid***) überbieten. **'~·board** *adv* ⚓ über Bord: ***fall ~*** über Bord gehen; ***throw ~*** über Bord werfen (*a. fig.*). **ˌ~'book** *v/t Flug, Hotel etc* überbuchen. **'~·cast** *adj* bewölkt, bedeckt. **ˌ~'charge I** *v/t* **1.** *j-m* zuviel berechnen *od.* abverlangen: ***~ s.o.*** (***by***) ***£10*** j-m 10 Pfund zuviel berechnen. **2.** *Betrag* zuviel verlangen. **3.** überlasten, ⚡ *a.* überladen (*a. fig.*). **II** *v/i* **4.** zuviel berechnen *od.* verlangen (***for*** für). **'~·coat** *s* Mantel *m*. **ˌ~'come** (*irr* ***come***) **I** *v/t* überwältigen, -winden (*beide a. fig.*), *Gefahren* bestehen: ***be ~ with emotion*** von s-n Gefühlen übermannt werden. **II** *v/i* siegen. **ˌ~'crowd·ed** *adj* überfüllt; überlaufen (*a. Beruf*). **ˌ~'do** *v/t* (*irr* ***do***) **1.** übertreiben: ***~ it*** (*od.* ***things***) zu weit gehen, des Guten zuviel tun. **2.** zu lange braten *od.* kochen: ***overdone*** *a.* übergar. **'~·dose** *s* Überdosis *f*. **'~·draft** *s* ✝ (Konto)Überziehung *f*: ***have an ~ of £100*** sein Konto um 100 Pfund überzogen haben. **ˌ~'draw** *v/t* (*irr* ***draw***) ✝ *Konto* überziehen (***by*** um): ***be ~n*** sein Konto überzogen haben. **ˌ~'dress** *v/t u. v/i* (sich) zu vornehm anziehen: ***~ed*** *a.* overdressed. **'~·drive** *s mot.* Overdrive *m*, Schongang *m*. **ˌ~'due** *adj* überfällig: ***she is ~*** sie müßte (schon) längst hier sein. **ˌ~'es·ti·mate** *v/t* **1.** zu hoch schätzen *od.* veranschlagen. **2.** *fig.* überschätzen, überbewerten. **ˌ~·ex'pose** *v/t phot.* überbelichten. **ˌ~'flow I** *v/i* **1.** überlaufen, -fließen, (*Fluß etc*) über die Ufer treten: ***full to ~ing*** zum Überlaufen voll; (*Raum*) überfüllt. **2.** überquellen (***with*** von) (*a. fig.*). **II** *v/t* **3.** ***~ its banks*** über die Ufer treten. **III** *s* ['~fləʊ] **4.** Überlaufen *n*, -fließen *n*. **5.** ⚙ Überlauf *m*: ***~ valve*** Überlaufventil *n*. **6.** Überschuß *m* (***of*** an *dat*): ***~ of population*** Bevölkerungsüberschuß. **ˌ~'grown** *adj* **1.** überwachsen, -wuchert (***with*** von). **2.** übergroß, (*Junge etc*) hoch aufgeschossen. **~·haul I** *v/t* [ˌ~'hɔːl] **1.** ⚙ überholen: ***~ completely*** generalüberholen. **2.** *fig. Pläne etc* überprüfen. **3.** *j-n, Fahrzeug etc* überholen. **II** *s* ['~hɔːl] **4.** ⚙ Überholung *f*: ***complete ~*** Generalüberholung. **5.** *fig.* Überprüfung *f*. **'~·head I** *adj* **1.** oberirdisch, Frei..., Hoch...: ***~ line*** ⚡ Oberleitung *f*; ***~ projector*** Overhead-, Tageslichtprojektor *m*. **2.** allgemein: ***~ costs*** (*od.* ***expenses***) *pl* → 4. **3.** *Sport*: Überkopf...: ***~ kick*** (*Fußball*) (Fall)Rückzieher *m*; ***~ stroke*** → 5. **II** *s* **4.** ~(**s** *pl Br.*) *Am.* ✝ laufende (Geschäfts)Kosten *pl*. **5.** *Tennis*: Überkopfball *m*. **III** *adv* [ˌ~'hed] **6.** (dr)oben; über uns. **ˌ~'hear** *v/t* (*irr* ***hear***) zufällig hören. **ˌ~'heat I** *v/t Motor* überhitzen, *Raum* überheizen. **II** *v/i* ⚙ heißlaufen. **ˌ~·in'dulge I** *v/t* **1.** zu nachsichtig behandeln, *j-m* zuviel durchgehen lassen. **2.** *e-r Leidenschaft etc* übermäßig frönen. **II** *v/i* **3.** ***~ in television*** zuviel fernsehen. **~·joyed** [ˌ~'dʒɔɪd] *adj* überglücklich. **'~·kill** *s* ⚔ Overkill *n*. **~·land I** *adv* [ˌ~'lænd] über Land, auf dem Landweg. **II** *adj* ['~lænd] (Über-)Land... **ˌ~'lap** *v/i* **1.** (sich) überlappen. **2.** *fig.* sich überschneiden. **ˌ~'leaf** *adv* umseitig, umstehend. **ˌ~'load** *v/t* überlasten (*a.* ⚡), -laden.

o·ver·ly ['əʊvəlɪ] *adv* übermäßig, allzu: ***he wasn't ~ enthusiastic*** s-e Begeisterung hielt sich in Grenzen.

ˌo·ver|'manned *adj* (personell) überbesetzt. **ˌ~'much I** *adj* (all)zuviel. **II** *adv* übermäßig: ***I don't like him ~*** ich mag ihn nicht besonders. **ˌ~'night I** *adv* über Nacht (*a. fig.*): ***stay ~*** über Nacht bleiben; ***stay ~ with s.o.*** (*od.* ***at s.o.'s place***) bei j-m übernachten. **II** *adj* Nacht...: ***~ bag*** Reisetasche *f*; ***~ stay*** (*od.* ***stop***) Übernachtung *f*. **'~·pass** *s bsd. Am.* (Straßen-, Eisenbahn)Überführung *f*. **ˌ~'pay** *v/t* (*irr* ***pay***) **1.** zu teuer bezahlen, zuviel bezahlen für. **2.** *j-m* zuviel zahlen, *j-n* überbezahlen. **ˌ~'play** *v/t* **1.** a) → ***overact*** I, b) hochspielen. **2.** ***~ one's hand*** sich überreizen *od.* übernehmen. **ˌ~'pop·u·lat·ed** *adj* übervölkert. **'~ˌpop·u'la·tion** *s* **1.** Übervölkerung *f*. **2.** Überbevölkerung *f*. **ˌ~'pow·er** *v/t* überwältigen, -mannen (*beide a. fig.*): ***~ing*** *fig.* überwältigend, (*Geruch*) aufdringlich, penetrant. **ˌ~'rate** *v/t* überbewerten (*a. Sport*), -schätzen. **ˌ~'reach** *v/t*: ***~ o.s.*** sich übernehmen. **ˌ~·re'act** *v/i* überreagieren, überzogen reagieren (***to*** auf *acc*). **ˌ~·re'ac·tion** *s* Überreaktion *f*, überzogene Reaktion. **ˌ~'ride** *v/t* (*irr* ***ride***) sich hinwegsetzen über (*acc*). **ˌ~'rid·ing** *adj* vordringlich, -rangig: ***his ~ concern was*** es ging ihm vor allem darum (***to do*** zu tun). **ˌ~'rule** *v/t Entscheidung etc* aufheben, *Einspruch etc* abweisen. **ˌ~'run** (*irr* ***run***) **I** *v/t* **1.** ***be ~ with*** überlaufen sein von. **2.** 🚗 *Signal* überfahren. **II** *v/i* **3.** länger dauern als vorgesehen. **ˌ~'seas I** *adv* nach *od.* in Übersee. **II** *adj* überseeisch, Übersee..., aus Übersee. **ˌ~'see** *v/t* (*irr* ***see***) beaufsichtigen, überwachen. **~·se·er** ['~ˌsɪə] *s* Aufseher(in). **ˌ~'shad·ow** *v/t fig.* **1.** in den Schatten stellen. **2.** überschatten, e-n Schatten werfen auf (*acc*). **ˌ~'shoot** *v/t* (*irr* ***shoot***) hinausschießen über (*ein Ziel*) (*a. fig.*). **'~·sight** *s* Versehen *n*: ***by*** (*od.* ***through an***) ***~*** aus Versehen. **ˌ~'sim·pli·fy** *v/t* (zu) grob vereinfachen, vergröbern. **ˌ~'size(d)** *adj* übergroß, mit Übergröße. **ˌ~'sleep** *v/i* (*irr* ***sleep***) verschlafen. **ˌ~'staffed** *adj* (personell) überbesetzt. **ˌ~'state** *v/t* übertreiben, übertrieben darstellen. **ˌ~'state·ment** *s* Übertreibung *f*. **ˌ~'stay** *v/t* länger bleiben als: → ***welcome*** 6. **ˌ~'step** *v/t fig.* überschreiten. **ˌ~'take** *v/t* (*irr* ***take***) **1.** einholen (*a. fig.*). **2.** (*a. v/i*) *bsd. Br.* überholen. **3.** *fig.* überraschen. **ˌ~'tax** *v/t* **1.** zu hoch besteuern. **2.** überbeanspruchen, *Geduld etc* strapazieren: ***~ one's strength*** (*od.* ***o.s.***) sich übernehmen. **~·throw I** *v/t* [ˌ~'θrəʊ] (*irr* ***throw***) **1.** *Regierung etc* stürzen. **2.** besiegen. **II**

s ['~θrəʊ] **3.** Sturz *m.* **4.** Niederlage *f.* '**~·time I** *s* **1.** ✝ a) Überstunden *pl*: ***be on*** (*od.* ***do***) **~** Überstunden machen, b) *a.* **~ *pay*** Überstundenlohn *m.* **2.** *Sport*: *Am.* Verlängerung *f*: ***after* ~** nach Verlängerung; ***the game went into* ~** das Spiel ging in die Verlängerung. **II** *adv* **3.** ***work* ~** ✝ Überstunden machen.

o·ver·ture ['əʊvəˌtjʊə] *s* ♪ Ouvertüre *f* (***to*** zu).

ˌ**o·ver**|'**turn I** *v/t* **1.** umwerfen, -stoßen, -kippen. **2.** *fig.* *Regierung etc* stürzen. **II** *v/i* **3.** umkippen, ⚓ kentern. '**~·view** *s fig.* Überblick *m* (***of*** über *acc*). **~·weight I** *s* ['~weɪt] Übergewicht *n* (*a. fig.*). **II** *adj* [ˌ~'weɪt] übergewichtig (*Person*), zu schwer (***by*** um) (*Gegenstand*): ***be* ~ *by five kilos, be five kilos* ~** fünf Kilo Übergewicht haben. **~·whelm** [ˌ~'welm] *v/t* **1.** überwältigen (*a. fig.*). **2.** *fig.* überhäufen, -schütten (***with*** mit). ˌ**~'whelm·ing** *adj* überwältigend: **~*ly*** mit überwältigender Mehrheit. ˌ**~'work I** *v/t* überstrapazieren (*a. fig.*), überanstrengen: **~*ed*** *a.* gestreßt; **~ *o.s.*** → II. **II** *v/i* sich überarbeiten.

o·vi·duct ['əʊvɪdʌkt] *s anat.* Eileiter *m.*

o·vip·a·rous [əʊ'vɪpərəs] *adj* □ *zo.* eierlegend.

o·vu·la·tion [ˌɒvjʊ'leɪʃn] *s biol.* Eisprung *m.*

o·vum ['əʊvəm] *pl* **o·va** ['əʊvə] *s biol.* Ei(zelle *f*) *n.*

owe [əʊ] *v/t* **1.** *j-m et.* schulden, schuldig sein (***for*** für). **2.** bei *j-m* Schulden haben, *j-m* Geld schulden. **3.** *et.* verdanken, zu verdanken haben.

ow·ing ['əʊɪŋ] *adj* **1.** unbezahlt: ***how much is still* ~ *to you?*** wieviel bekommst du noch?; ***there is still £1,000* ~** es stehen noch 1000 Pfund aus. **2. ~ *to*** infolge, wegen.

owl [aʊl] *s orn.* Eule *f.* '**owl·ish** *adj* □ eulenhaft (*Aussehen etc*).

own [əʊn] **I** *v/t* **1.** besitzen: ***who* ~*s this car?*** wem gehört dieser Wagen? **2.** zugeben, (ein)gestehen (***that*** daß). **II** *v/i* **3. ~ *up*** es zugeben: **~** (***up***) ***to s.th.*** et. zugeben *od.* (ein)gestehen; **~** (***up***) ***to doing s.th.*** zugeben *od.* (ein)gestehen, et. getan zu haben. **III** *adj* **4.** eigen: **~ *goal*** (*Sport*) Eigentor *n* (*a. fig.*). **IV** *s* **5. *my* ~** mein Eigentum: ***a car of one's* ~** ein eigenes Auto; ***on one's* ~** allein; ***come into one's* ~** zur Geltung kommen; → ***get back*** 1, ***hold*** 10.

own·er ['əʊnə] *s* Eigentümer(in), Besitzer(in). ˌ**~-'oc·cu·pied** *adj* eigengenutzt (*Haus, Wohnung*).

own·er·ship ['əʊnəʃɪp] *s* Besitz *m.*

ox [ɒks] *pl* **ox·en** ['~n] *s zo.* Ochse *m.*

Ox·bridge ['ɒksbrɪdʒ] *s* (die Universitäten) Oxford u. Cambridge *pl.*

ox·en ['ɒksn] *pl von* **ox.**

ox·ide ['ɒksaɪd] *s* ⚗ Oxyd *n.* **ox·i·dize** ['ɒksɪdaɪz] *v/t u. v/i* oxydieren.

'**ox·tail** *s* Ochsenschwanz *m*: **~ *soup.***

ox·y·gen ['ɒksɪdʒən] *s* ⚗ Sauerstoff *m.* **~ mask** *s* ⚕ Sauerstoffmaske *f.* **~ tent** *s* ⚕ Sauerstoffzelt *n.*

oys·ter ['ɔɪstə] *s zo.* Auster *f.* **~ bed** *s* Austernbank *f.*

o·zone ['əʊzəʊn] *s* ⚗ Ozon *n.* **~ lay·er, ~ shield** *s* Ozonschicht *f* (*der Atmosphäre*).

P

P [piː] *s*: ***mind one's p's and q's*** F sich anständig aufführen.

pace [peɪs] **I** *s* **1.** Tempo *n* (*a. fig.*), Geschwindigkeit *f*: ***at a*** (***very***) ***slow* ~** (ganz) langsam; ***keep* ~ *with*** Schritt halten *od.* mitkommen mit (*a. fig.*); ***keep* ~ *with the times*** mit der Zeit gehen; ***set the* ~** das Tempo angeben (*a. fig.*), (*Sport*) das Tempo machen. **2.** Schritt *m.* **3.** Gangart *f* (*e-s Pferdes*): ***put s.o. through his* ~*s*** *fig.* j-n auf Herz u. Nieren prüfen; ***show one's* ~*s*** *fig.* zeigen, was man kann. **II** *v/t* **4.** *Sport*: *j-m* Schrittmacherdienste leisten. **5.** *a.* **~**

out (*od.* ***off***) ab-, ausschreiten. **6.** *Zimmer etc* durchschreiten. **III** *v/i* **7.** ***~ about*** (*od.* ***around***) hin u. her laufen; ***~ up and down*** auf u. ab gehen. **'~ˌmak·er** *s* **1.** *Sport*: Schrittmacher(in) (*a. fig.*). **2.** ⚕ (*Herz*)Schrittmacher *m.* **'~ˌset·ter** → ***pacemaker*** 1.

pach·y·derm ['pækɪdɜːm] *s zo.* Dickhäuter *m.*

pa·cif·ic [pə'sɪfɪk] *adj* (***~ally***) friedlich, friedfertig, friedliebend.

pac·i·fi·er ['pæsɪfaɪə] *s* **1.** Friedensstifter(in). **2.** *Am.* Schnuller *m.*

pac·i·fism ['pæsɪfɪzəm] *s* Pazifismus *m.* **'pac·i·fist I** *s* Pazifist(in). **II** *adj* pazifistisch.

pac·i·fy ['pæsɪfaɪ] *v/t* **1.** *Land* befrieden. **2.** besänftigen, beschwichtigen.

pack [pæk] **I** *s* **1.** Pack(en) *m*, Bündel *n.* **2.** Paket *n* (*Waschpulver etc*), *bsd. Am.* Packung *f*, Schachtel *f* (*Zigaretten*). **3.** Rudel *n* (*Wölfe etc*); *hunt.* Meute *f.* **4.** *contp.* Pack *n*, Bande *f*: ***~ of thieves*** Diebesbande; ***a ~ of lies*** ein Sack voll Lügen. **5.** (Karten)Spiel *n.* **6.** ⚕, *Kosmetik*: Packung *f.* **II** *v/t* **7.** *oft* ***~ up*** ein-, zs.-, ab-, verpacken: ***~ s.o. s.th.*** j-m et. einpacken. **8.** *a.* ***~ together*** zs.-pferchen: → ***sardine*.** **9.** vollstopfen: ***~ed***, *Br.* F ***~ed out*** bis auf den letzten Platz gefüllt, brechend voll. **10.** *Koffer etc* packen: ***be ~ed*** gepackt haben. **11.** *mst* ***~ off*** F fort-, wegschicken. **12.** *mst* ***~ up*** (*od.* ***in***) F aufhören *od.* Schluß machen mit: ***~ it in!*** hör endlich auf (damit)! **III** *v/i* **13.** packen: ***~ up*** zs.-packen. **14.** (sich) drängen (***into*** in *acc*). **15.** *mst* ***~ off*** F sich packen *od.* davonmachen: ***send s.o. ~ing*** j-n fort- *od.* wegjagen. **16.** fest werden. **17.** F a) *mst* ***~ up*** (*od.* ***in***) aufhören, Feierabend machen, b) ***~ up*** absterben (***on s.o.*** j-m) (*Motor*), s-n Geist aufgeben (*Waschmaschine etc*).

pack·age ['pækɪdʒ] **I** *s* **1.** Paket *n* (*a. fig.*). **2.** Packung *f* (*Spaghetti etc*). **II** *v/t* **3.** verpacken; zu e-m Paket abpacken. **~ deal** *s* Pauschalarrangement *n.* **~ tour** *s* Pauschalreise *f.*

pack an·i·mal *s* Pack-, Last-, Tragtier *n.*

pack·er ['pækə] *s* Packer(in).

pack·et ['pækɪt] *s* **1.** Päckchen *n*: ***a ~ of cigarettes*** e-e Packung *od.* Schachtel Zigaretten. **2.** *Br. sl.* ***cost a ~*** ein Heidengeld kosten; ***make a ~*** ein Schweinegeld verdienen. **3.** ***catch*** (*od.* ***cop, get, stop***) ***a ~*** *Br. sl.* in Schwulitäten kommen; eins aufs Dach kriegen (***from*** von).

pack ice *s* Packeis *n.*

pack·ing ['pækɪŋ] *s* **1.** Packen *n*: ***do one's ~*** packen. **2.** Verpackung *f.*

pact [pækt] *s* Pakt *m*: ***make a ~ with s.o.*** mit j-m e-n Pakt schließen.

pad[1] [pæd] *v/i* trotten.

pad[2] [~] **I** *s* **1.** Polster *n.* **2.** *Sport*: (*Knie- etc*)Schützer *m.* **3.** (*Schreib- etc*)Block *m.* **4.** (*Stempel*)Kissen *n.* **5.** *zo.* Ballen *m.* **6.** (*Abschuß*)Rampe *f.* **7.** *sl.* Bude *f* (*Wohnung, Zimmer*). **II** *v/t* **8.** *a.* ***~ out*** (aus)polstern: ***~ded cell*** Gummizelle *f.* **9.** *oft* ***~ out*** *Rede etc* aufblähen (***with*** mit). **'pad·ding** *s* **1.** Polsterung *f.* **2.** *fig.* Füllsel *pl.*

pad·dle[1] ['pædl] **I** *s* **1.** Paddel *n.* **2.** ⚓ Schaufel *f*; Schaufelrad *n.* **II** *v/i* **3.** paddeln (*a. schwimmen*). **III** *v/t* **4.** paddeln: → ***canoe*** I.

pad·dle[2] [~] *v/i* (herum)planschen (***in*** in *dat*).

pad·dle steam·er *s* Raddampfer *m.*

pad·dling pool ['pædlɪŋ] *s* Planschbekken *n.*

pad·dock ['pædək] *s* **1.** (Pferde)Koppel *f*; (*Pferderennsport*) Sattelplatz *m.* **2.** *Motorsport*: Fahrerlager *n.*

pad·dy[1] ['pædɪ] *s a.* ***~ field*** Reisfeld *n.*

pad·dy[2] [~] *s Br.* F Koller *m*: ***be in a ~*** e-n Koller haben.

Pad·dy[3] [~] *s* F Paddy *m*, Ire *m.*

pad·dy wag·on ['pædɪ] *s Am.* F grüne Minna.

pad·lock ['pædlɒk] **I** *s* Vorhängeschloß *n.* **II** *v/t* mit e-m Vorhängeschloß verschließen.

pae·di·a·tri·cian [ˌpiːdɪə'trɪʃn] *s bsd. Br.* Kinderarzt *m*, -ärztin *f.* **pae·di·at·rics** [ˌ~'ætrɪks] *s pl* (*sg konstruiert*) Kinderheilkunde *f.*

pa·gan ['peɪgən] **I** *s* Heide *m*, Heidin *f.* **II** *adj* heidnisch. **'pa·gan·ism** *s* Heidentum *n.*

page[1] [peɪdʒ] **I** *s* **1.** Page *m*, *hist. a.* Edelknabe *m.* **II** *v/t* **2.** *j-n* ausrufen (lassen): ***paging Mr X*** Herr X, bitte! **3.** mit *j-m* über Funkrufempfänger Kontakt aufnehmen, *j-n* anpiepsen.

page[2] [~] **I** *s* Seite *f* (*e-s Buchs etc*): ***be on***

~ 10 auf Seite 10 stehen; **four-~** vierseitig. **II** *v/t* paginieren.

'page·boy *s* Page *m*.

pag·er ['peɪdʒə] *s* Funkrufempfänger *m*, Piepser *m*.

pag·i·nate ['pædʒɪneɪt] *v/t* paginieren. **ˌpag·i'na·tion** *s* Paginierung *f*.

pa·go·da [pə'gəʊdə] *s* Pagode *f*.

paid [peɪd] **I** *pret u. pp von* **pay. II** *adj*: **put ~ to** *bsd. Br.* F ein Ende machen (*dat*), *Hoffnungen etc* zunichte machen.

pail [peɪl] *s* Eimer *m*, Kübel *m*.

pain [peɪn] **I** *s* **1.** Schmerz(en *pl*) *m*: **be in ~** Schmerzen haben; **I have a ~ in my back** mir tut der Rücken weh; **be a ~ (in the neck)** F e-m auf den Wecker gehen. **2.** Schmerz *m*, Kummer *m*: **cause** (*od.* **give**) **s.o. ~** j-m Kummer machen. **3.** *pl* Mühe *f*, Bemühungen *pl*: **be at (great) ~s to do s.th.** sich (große) Mühe geben, et. zu tun; **spare no ~s** keine Mühe scheuen; **take ~s** sich Mühe geben (**over, with** mit; **to do** zu tun). **II** *v/t* **4.** *bsd. fig.* schmerzen. **pain·ful** ['~fʊl] *adj* □ **1.** schmerzend, schmerzhaft. **2.** *fig.* schmerzlich; unangenehm; peinlich.

'painˌkill·er *s* Schmerzmittel *n*.

pain·less ['peɪnlɪs] *adj* □ **1.** schmerzlos. **2.** F leicht, einfach.

pain thresh·old *s* Schmerzschwelle *f*.

'painsˌtak·ing *adj* □ sorgfältig, gewissenhaft.

paint [peɪnt] **I** *v/t* **1.** *Bild, j-n* malen: **~ a gloomy (vivid) picture of s.th.** *fig.* et. in düsteren (glühenden) Farben malen *od.* schildern; → **black** 1. **2.** anmalen, bemalen; (an)streichen, *Auto etc* lackieren: **~ out** (*od.* **over**) übermalen; **~ one's face** *contp.* sich anmalen; **~ the town red** F e-n draufmachen. **3.** ⚕ (aus)pinseln (**with** mit). **II** *v/i* **4.** malen. **III** *s* **5.** Farbe *f*; Lack *m*; *contp.* Schminke *f*: **wet ~** frisch gestrichen! **'~·box** *s* Malkasten *m*. **'~·brush** *s* Pinsel *m*.

paint·er ['peɪntə] *s* **1.** (*a.* Kunst)Maler(in), Anstreicher(in). **2.** (*Auto- etc-*) Lackierer(in). **'paint·ing** *s* **1.** Malerei *f*. **2.** Gemälde *n*, Bild *n*.

'paint·work *s* Lack *m* (*e-s Autos etc*).

pair [peə] **I** *s* **1.** Paar *n* (*Stiefel etc*): **in ~s** paarweise. **2.** *et. Zweiteiliges, mst unübersetzt*: **a ~ of trousers** e-e Hose. **3.** Paar *n*, Pärchen *n* (*Mann u. Frau, zo. Männchen u. Weibchen*): **~ skating** (*Eis-, Rollkunstlauf*) Paarlauf(en *n*) *m*. **4. where is the ~ to this shoe?** wo ist der andere *od.* zweite Schuh? **5.** *Rudern*: Zweier *m*. **II** *v/t* **6.** *a.* **~ off** (*od.* **up**) paarweise anordnen, in Zweiergruppen einteilen: **~ off** *zwei (junge) Leute* zs.-bringen, verkuppeln. **III** *v/i* **7.** *zo.* sich paaren. **8.** *a.* **~ off** (*od.* **up**) Paare bilden.

pa·ja·mas *Am.* → **pyjamas.**

Pa·ki·stan·i [ˌpɑːkɪ'stɑːnɪ] **I** *s* Pakistani *m*, Pakistaner(in). **II** *adj* pakistanisch.

pal [pæl] F **I** *s* Kumpel *m*: **listen, ~, ...** *bsd. Am.* hör mal, Freundchen, ... **II** *v/i mst* **~ up** sich anfreunden (**with** mit).

pal·ace ['pælɪs] *s* Palast *m* (*a. weitS.*).

pal·at·a·ble ['pælətəbl] *adj* □ schmackhaft (*a. fig.*): **make s.th. ~ to s.o.**

pal·a·tal ['pælətl] *s ling.* Gaumenlaut *m*.

pal·ate ['pælət] *s* **1.** *anat.* Gaumen *m*. **2.** *fig.* **for s.o.'s ~** für j-s Geschmack; **have no ~ for** keinen Sinn haben für.

pa·la·tial [pə'leɪʃl] *adj* □ palastartig.

pa·lav·er [pə'lɑːvə] *s* F **1.** Palaver *n*, endloses Gerede. **2.** Theater *n*.

pale[1] [peɪl] **I** *adj* □ **1.** blaß, bleich: **turn ~** → 3. **2.** hell, blaß (*Farbe*). **II** *v/i* **3.** blaß *od.* bleich werden. **4.** *fig.* verblassen (**before, beside** neben *dat*).

pale[2] [~] *s* Pfahl *m*: **go beyond the ~** *fig.* die Grenzen des Anstandes überschreiten.

pale·ness ['peɪlnɪs] *s* Blässe *f*.

Pal·es·tin·i·an [ˌpælə'stɪnɪən] **I** *s* Palästinenser(in). **II** *adj* palästinensisch.

pall[1] [pɔːl] *s* **1.** Sargtuch *n*; Sarg *m* (*bsd. während der Beerdigung*). **2.** *fig.* (*Dunst-etc*)Glocke *f*.

pall[2] [~] *v/i* s-n Reiz verlieren (**on** für): **~ on s.o.** *a.* j-n langweilen.

'pallˌbear·er *s* Sargträger *m*; *j-d, der neben dem Sarg geht.*

pal·let ['pælɪt] *s* ⚙ Palette *f*. **~ truck** *s* Gabelstapler *m*.

pal·li·ate ['pælɪeɪt] *v/t* **1.** ⚕ lindern. **2.** *fig.* bemänteln, beschönigen. **pal·li·a·tive** ['~ətɪv] **I** *adj* □ **1.** ⚕ lindernd. **2.** *fig.* beschönigend. **II** *s* **3.** ⚕ Linderungsmittel *n*.

pal·lid ['pælɪd] *adj* □ blaß (*a. fig.*), bleich. **pal·lor** ['pælə] *s* Blässe *f*.

pal·ly ['pælɪ] *adj* F befreundet (**with** mit): **they are very ~** sie sind dicke Freunde.

palm[1] [pɑːm] **I** *s* **1.** Handfläche *f*, -teller

m: ***grease*** (*od.* ***oil***) ***s.o.'s* ~** F j-n schmieren (***with*** mit); ***have an itching*** (*od.* ***itchy***) **~** F e-e offene Hand haben (*bestechlich sein*); ***have*** (*od.* ***hold***) ***s.o. in the ~ of one's hand*** j-n völlig in der Hand *od.* in s-r Gewalt haben. **II** *v/t* **2.** *et.* in der Hand verschwinden lassen (*Zauberkünstler*). **3.** F ***~ s.th. off as*** et. an den Mann bringen als; ***~ s.th. off on*(*to*) *s.o.*** j-m et. andrehen; ***~ s.o. off with s.th.*** j-m et. andrehen; j-n mit et. abspeisen.

palm² [~] *s* ♣ Palme *f.*

palm·ist ['pɑːmɪst] *s* Handleser(in). **'palm·is·try** *s* Handlesekunst *f.*

Palm| Sun·day *s eccl.* Palmsonntag *m.* **♀ tree** *s* ♣ Palme *f.*

pal·pa·ble ['pælpəbl] *adj* □ **1.** fühl-, greif-, tastbar. **2.** *fig.* augenfällig, deutlich; offensichtlich.

pal·pi·tate ['pælpɪteɪt] *v/i* **1.** klopfen, pochen (*Herz*). **2.** zittern (***with*** vor *dat*). **ˌpal·piˈta·tion** *s a. pl* Herzklopfen *n.*

pal·sy ['pɔːlzɪ] *s* ⚕ Lähmung *f.*

pal·try ['pɔːltrɪ] *adj* □ armselig, schäbig: ***a ~ £10*** lumpige 10 Pfund.

pam·per ['pæmpə] *v/t* verwöhnen, *Kind a.* verhätscheln.

pam·phlet ['pæmflɪt] *s* **1.** Broschüre *f*, Druckschrift *f.* **2.** Flugblatt *n*, -schrift *f.*

pan¹ [pæn] **I** *s* **1.** Pfanne *f*; Topf *m.* **2.** (Waag)Schale *f.* **3.** *bsd. Br.* (Klosett)Schüssel *f.* **II** *v/t* **4.** F *Theaterstück etc* verreißen. **III** *v/i* **5. *~ out*** F klappen: ***~ out well*** hinhauen.

pan² [~] **I** *s* (Kamera)Schwenk *m.* **II** *v/t Filmkamera* schwenken. **III** *v/i* schwenken.

pan·a·ce·a [ˌpænəˈsɪə] *s* Allheilmittel *n*, *fig. a.* Patentrezept *n.*

ˌPan-Aˈmer·i·can *adj* panamerikanisch.

'pan·cake *s* Pfannkuchen *m.*

pan·cre·as ['pæŋkrɪəs] *s anat.* Bauchspeicheldrüse *f.*

pan·da ['pændə] *s zo.* Panda *m.* **♀ car** *s Br.* (Funk)Streifenwagen *m.*

pan·de·mo·ni·um [ˌpændɪˈməʊnjəm] *s* Chaos *n*, Tumult *m.*

pan·der ['pændə] *v/i*: ***~ to*** *e-m Laster etc* Vorschub leisten, *j-s Bedürfnisse etc* befriedigen.

pane [peɪn] *s* (*Fenster*)Scheibe *f.*

pan·el ['pænl] **I** *s* **1.** Tafel *f*, Platte *f*; (vertieftes) Feld. **2.** ⚡, ⚙ (*Schalt-, Kontroll- etc*)Tafel *f.* **3.** ⚖ Liste *f* der Geschworenen. **4.** Diskussionsteilnehmer *pl*, -runde *f*; Rateteam *n.* **II** *v/t pret u. pp* **-eled,** *bsd. Br.* **-elled 5.** täfeln. **~ dis·cus·sion** *s* Podiumsdiskussion *f.* **~ game** *s Rundfunk, TV*: Ratespiel *n.*

pan·el·(l)ing ['pænlɪŋ] *s* Täfelung *f.*

pan·el·(l)ist ['~əlɪst] *s* Diskussionsteilnehmer(in).

pang [pæŋ] *s* stechender Schmerz: ***~s pl of hunger*** nagender Hunger; ***feel a ~ of conscience*** Gewissensbisse haben.

pan·ic ['pænɪk] **I** *adj* **1.** panisch: ***~ buying*** Angstkäufe *pl*; ***be at ~ stations*** rotieren; ***push the ~ button*** F panisch reagieren. **II** *s* **2.** Panik *f*: ***be in a ~*** in Panik sein; ***get into a ~*** → 5; ***throw into a ~*** → 4. **3.** ***be a ~*** *Am.* F zum Totlachen sein. **III** *v/t pret u. pp* **-icked 4.** in Panik versetzen, e-e Panik auslösen unter (*dat*). **IV** *v/i* **5.** in Panik geraten: ***don't ~!*** nur keine Panik! **'pan·ick·y** *adj* F **1.** überängstlich. **2.** ***get ~*** → ***panic*** 5.

'pan·ic-ˌstrick·en *adj* von panischem Schrecken erfaßt *od.* ergriffen.

pan·o·ra·ma [ˌpænəˈrɑːmə] *s* **1.** Panorama *n.* **2.** *fig.* (allgemeiner) Überblick (***of*** über *acc*). **pan·o·ram·ic** [ˌpænəˈræmɪk] *adj* (***~ally***) panoramisch, Panorama...: ***~ view*** a) Rundblick *m* (***of*** über *acc*), b) → ***panorama*** 2.

pan·sy ['pænzɪ] *s* **1.** ♣ Stiefmütterchen *n.* **2.** F Weichling *m.*

pant [pænt] **I** *v/i* **1.** keuchen: ***~ for breath*** nach Luft schnappen. **2.** ***be ~ing*** *fig.* lechzen (***after, for*** nach; ***to do s.th.*** danach, et. zu tun). **II** *v/t* **3.** ***~ out*** *Worte* (hervor)keuchen. **III** *s* **4.** Atemstoß *m.*

pan·the·ism ['pænθiːɪzəm] *s* Pantheismus *m.* **'pan·the·ist I** *s* Pantheist(in). **II** *adj* pantheistisch. **ˌpan·theˈis·tic** *adj* (***~ally***) pantheistisch.

pan·ther ['pænθə] *s zo.* Panther *m.*

pant·ies ['pæntɪz] *s pl, a.* ***pair of ~*** Höschen *n* (*für Kinder*), (*für Damen a.*) Schlüpfer *m*, Slip *m.*

pan·to·mime ['pæntəmaɪm] *s* **1.** *Br.* Weihnachtsspiel *n* (*für Kinder*). **2.** *thea.* Pantomime *f.*

pan·try ['pæntrɪ] *s* Speise-, Vorratskammer *f.*

pants [pænts] *s pl, a.* ***pair of ~*** **1.** *Br.* Unterhose *f.* **2.** *bsd. Am.* Hose *f*: ***catch s.o. with his ~ down*** F j-n überrumpeln; ***talk the ~ off s.o.*** F j-m ein Loch *od.* Löcher in den Bauch reden; → ***wear*** 3.

pant·suit ['pæntsu:t] *s bsd. Am.* Hosenanzug *m.*

pan·ty hose ['pæntı] *s bsd. Am.* Strumpfhose *f.*

pap [pæp] *s* Brei *m.*

pa·pal ['peıpl] *adj* □ päpstlich.

pa·per ['peıpə] **I** *s* **1.** Papier *n*: ***on ~*** *fig.* auf dem Papier. **2.** Tapete *f.* **3.** Zeitung *f*: ***be in the ~s*** in der Zeitung stehen. **4.** *pl* (*Ausweis*)Papiere *pl*; Akten *pl*, Unterlagen *pl.* **5.** *ped.* Arbeit *f*, *univ.* Klausur(arbeit) *f.* **6.** Referat *n*: ***give*** (*od.* ***read***) ***a ~*** ein Referat halten, referieren (***to*** vor *dat*; ***on*** über *acc*). **II** *v/t* **7.** tapezieren. **8.** ***~ over*** (*od.* ***up***) *fig. Differenzen etc* (notdürftig) übertünchen. **'~·back** *s* Paperback *n*, Taschenbuch *n*: ***in ~*** als Taschenbuch. **~ bag** *s* (Papier-) Tüte *f.* **'~·boy** *s* Zeitungsjunge *m.* **~ chase** *s* Schnitzeljagd *f.* **~ clip** *s* Büro-, Heftklammer *f.* **~ cup** *s* Pappbecher *m.* **~ hand·ker·chief** *s* Papiertaschentuch *n.* **'~ˌhang·er** *s* Tapezierer(in). **~ knife** *s* (*irr* ***knife***) Brieföffner *m.* **~ mon·ey** *s* Papiergeld *n.* **~ plate** *s* Pappteller *m.* **'~-thin** *adj* hauchdünn (*a. fig.*), papierdünn. **~ ti·ger** *s fig.* Papiertiger *m*, (*Person a.*) Gummilöwe *m.* **'~·weight** *s* **1.** Briefbeschwerer *m.* **2.** *Sport*: Papiergewicht(ler *m*) *n.* **'~·work** *s* Schreibarbeit *f.*

pa·pier-mâ·ché [ˌpæpjeı'mæʃeı] *s* Pappmaché *n.*

pap·ri·ka ['pæprıkə] *s* Paprika *m.*

pa·py·rus [pə'paıərəs] *pl* **-ri** [~raı], **-rus·es** *s* **1.** ⚘ Papyrus(staude *f*) *m.* **2.** *antiq.* Papyrus(rolle *f*) *m.*

par [pɑ:] **I** *s* **1.** ✝ Nennwert *m*: ***at ~*** zum Nennwert, al pari. **2.** ***be on a ~*** auf gleicher Stufe stehen (***with*** wie): ***be on a ~ with*** *a. j-m* ebenbürtig sein; ***I'm feeling below*** (*od.* ***under***) ***~ today*** F ich bin heute nicht (ganz) auf dem Posten. **3.** *Golf*: Par *n*: ***that's ~ for the course*** F das ist ganz normal (***for*** für). **II** *adj* **4.** ***~ value*** ✝ Nennwert *m.*

par·a·ble ['pærəbl] *s* Parabel *f*, Gleichnis *n.*

pa·rab·o·la [pə'ræbələ] *s* ⟁ Parabel *f.* **par·a·bol·ic** [ˌpærə'bɒlık] *adj* (***~ally***) **1.** ⟁ parabolisch, Parabel... **2.** ***~ mirror*** ⚙ Parabolspiegel *m.*

par·a·chute ['pærəʃu:t] **I** *s* Fallschirm *m*: ***~ jump*** Fallschirmabsprung *m.* **II** *v/t* mit dem Fallschirm absetzen *od.* abwerfen. **III** *v/i* (mit dem Fallschirm) abspringen. **'par·a·chut·ist** *s* Fallschirmspringer(in); ⚔ Fallschirmjäger *m.*

pa·rade [pə'reıd] **I** *s* **1.** Umzug *m*, *bsd.* ⚔ Parade *f*: ***be on ~*** e-e Parade abhalten. **2.** *fig.* Zurschaustellung *f*: ***make a ~ of*** → 4. **II** *v/t* **3.** stolzieren durch. **4.** *fig.* zur Schau stellen. **III** *v/i* **5.** ziehen (***through*** durch), *bsd.* ⚔ paradieren. **6.** stolzieren (***through*** durch). **~ ground** *s* ⚔ Exerzierplatz *m.*

par·a·digm ['pærədaım] *s* **1.** Musterbeispiel *n* (***of*** für). **2.** *ling.* Paradigma *n.*

par·a·dise, *eccl. mst* ♀ ['pærədaıs] *s* Paradies *n* (*a. fig.*).

par·a·dox ['pærədɒks] *s* Paradox(on) *n.* **ˌpar·a'dox·i·cal** *adj* □ paradox: ***~ly*** (***enough***) paradoxerweise.

par·af·fin ['pærəfın] *s* **1.** *Br.* Petroleum *n.* **2.** *a.* ***~ wax*** Paraffin *n.*

par·a·gon ['pærəgən] *s* Muster *n* (***of*** an *dat*): ***~ of virtue*** *bsd. iro.* Ausbund *m* an Tugend.

par·a·graph ['pærəgrɑ:f] *s* **1.** Absatz *m*, Abschnitt *m.* **2.** (Zeitungs)Notiz *f.*

par·a·keet ['pærəki:t] *s orn.* Sittich *m.*

par·al·lel ['pærəlel] **I** *adj* **1.** parallel (***to, with*** zu) (*a. fig.*): ***~ bars*** *pl* (*Turnen*) Barren *m*; ***~ case*** Parallelfall *m.* **II** *s* **2.** ⟁ Parallele *f* (***to, with*** zu) (*a. fig.*): ***without ~*** ohne Parallele, ohnegleichen; ***draw a ~ between*** e-e Parallele ziehen zwischen (*dat*); ***have close ~s*** e-e starke Ähnlichkeit haben (***with*** mit). **3.** *a.* ***~ of latitude*** *geogr.* Breitenkreis *m.* **III** *v/t pret u. pp* **-leled,** *Br. a.* **-lelled 4.** gleichkommen (*dat*), entsprechen (*dat*). **'par·al·lel·ism** *s* **1.** ⟁ Parallelität *f* (*a. fig.*). **2.** *ling.* Parallelismus *m.* **ˌpar·al'lel·o·gram** [~əʊgræm] *s* ⟁ Parallelogramm *n.*

par·a·lyse ['pærəlaız] *v/t bsd. Br.* ⚕ lähmen, *fig. a.* lahmlegen, zum Erliegen bringen: ***~d with*** *fig.* starr *od.* wie gelähmt vor (*dat*). **pa·ral·y·sis** [pə'rælısıs] *pl* **-ses** [~si:z] *s* ⚕ Lähmung *f*, *fig. a.* Lahmlegung *f.* **par·a·lyt·ic** [ˌpærə'lıtık] **I** *adj* (***~ally***) **1.** ⚕ Lähmungs...; gelähmt. **2.** *Br.* F sternhagelvoll. **II** *s* **3.** ⚕ Gelähmte *m, f.* **par·a·lyze** *Am.* → ***paralyse.***

pa·ram·e·ter [pəˈræmɪtə] *s* **1.** ⩓ Parameter *m.* **2.** *mst pl fig.* Rahmen *m*: ***within the ~s of*** im Rahmen (*gen*).

par·a·mil·i·tar·y [ˌpærəˈmɪlɪtərɪ] *adj* paramilitärisch.

par·a·mount [ˈpærəmaʊnt] *adj*: ***of ~ importance*** von (aller)größter Bedeutung.

par·a·noi·a [ˌpærəˈnɔɪə] *s* ⚕ Paranoia *f.* ˌ**par·aˈnoi·ac** [~æk] **I** *adj* (**~*ally***) paranoisch. **II** *s* Paranoiker(in). ˈ**par·a·noid** *adj* paranoid: ***be ~ about*** ständig Angst haben vor (*dat*).

par·a·pet [ˈpærəpɪt] *s* Brüstung *f.*

par·a·pher·na·li·a [ˌpærəfəˈneɪljə] *s pl* (*a. sg konstruiert*) **1.** (persönliche) Sachen *pl.* **2.** F *bsd. Br.* Scherereien *pl.*

par·a·phrase [ˈpærəfreɪz] **I** *s* Paraphrase *f*, Umschreibung *f.* **II** *v/t* paraphrasieren, umschreiben.

par·a·ple·gi·a [ˌpærəˈpliːdʒə] *s* ⚕ Querschnitt(s)lähmung *f.* ˌ**par·aˈple·gic I** *adj* querschnitt(s)gelähmt. **II** *s* Querschnitt(s)gelähmte *m, f.*

par·a·psy·chol·o·gy [ˌpærəsaɪˈkɒlədʒɪ] *s* Parapsychologie *f.*

par·a·site [ˈpærəsaɪt] *s biol.* Schmarotzer *m*, Parasit *m* (*beide a. fig.*). **par·a·sit·ic** [ˌ~ˈsɪtɪk] *adj* (**~*ally***) *biol.* parasitär, parasitisch, *fig. a.* schmarotzerhaft: ***be ~ on*** schmarotzen von.

par·a·troop·er [ˈpærəˌtruːpə] *s* ⚔ Fallschirmjäger *m.* ˈ**par·a·troops** *s pl* Fallschirmjägertruppe *f.*

par·a·ty·phoid (fe·ver) [ˌpærəˈtaɪfɔɪd] *s* ⚕ Paratyphus *m.*

par·boil [ˈpɑːbɔɪl] *v/t* halbgar kochen, ankochen.

par·cel [ˈpɑːsl] **I** *s* **1.** Paket *n.* **2.** Parzelle *f.* **II** *v/t pret u. pp* **-celed,** *bsd. Br.* **-celled 3.** *mst* **~ *up*** (als Paket) verpakken. **4.** *mst* **~ *out*** aufteilen, *Land* parzellieren.

parch [pɑːtʃ] *v/t u. v/i* ausdörren, -trocknen, *v/i a.* verdörren, -trocknen.

parch·ment [ˈpɑːtʃmənt] *s* Pergament *n.*

par·don [ˈpɑːdn] **I** *v/t* **1.** *et.* verzeihen: **~ *s.o.* (*for*) *s.th.*** j-m et. vergeben *od.* verzeihen; **~ *me*** a) → 3a, c, b) *Am.* → 3b; **~ *me for interrupting you*** verzeihen *od.* entschuldigen Sie, wenn ich Sie unterbreche; ***if you'll ~ the expression*** wenn ich so sagen darf. **2.** ⚖ begnadigen. **II** *s* **3.** ***I beg your ~*** a) Entschuldigung!, Verzeihung!, b) *a.* F **~?** (wie) bitte?, c) erlauben Sie mal!, ich muß doch sehr bitten! **4.** ⚖ Begnadigung *f.* ˈ**par·don·a·ble** *adj* □ entschuldbar, verzeihlich.

pare [peə] *v/t* **1.** sich *die Nägel* schneiden: **~ *down*** *fig.* einschränken. **2.** *Apfel etc* schälen: **~ *away*** (*od.* ***off***) abschälen.

par·ent [ˈpeərənt] **I** *s* Elternteil *n*: **~*s*** *pl* Eltern *pl.* **II** *adj*: **~ *company*** ✝ Muttergesellschaft *f.* ˈ**par·ent·age** *s* Abstammung *f*, Herkunft *f.* **pa·ren·tal** [pəˈrentl] *adj* □ elterlich, Eltern...

pa·ren·the·sis [pəˈrenθɪsɪs] *pl* **-ses** [~siːz] *s* **1.** *ling.* Parenthese *f*, Einschaltung *f.* **2.** *mst pl* (runde) Klammer: ***put in parentheses*** einklammern.

par·ent·hood [ˈpeərənthʊd] *s* Elternschaft *f.* ˈ**par·ent·less** *adj* elternlos.

ˈ**par·ents-in-law** *s pl* Schwiegereltern *pl.*

par·ings [ˈpeərɪŋz] *s pl* Schalen *pl.*

par·ish [ˈpærɪʃ] *s* **1.** *eccl.* Pfarrbezirk *m*, *a. coll.* Gemeinde *f*: **~ *church*** Pfarrkirche *f*; **~ *register*** Kirchenbuch *n*, -register *n.* **2.** *a.* ***civil*** **~** *pol. Br.* Gemeinde *f*: **~ *council*** Gemeinderat *m.* **pa·rish·ion·er** [pəˈrɪʃənə] *s eccl.* Gemeinde(mit-)glied *n.*

par·i·ty [ˈpærətɪ] *s* Gleichheit *f* (***with*** mit).

park [pɑːk] **I** *s* **1.** Park *m.* **II** *v/t* **2.** *mot.* parken, abstellen: ***a ~ed car*** ein parkender Wagen; ***he's ~ed over there*** er parkt dort drüben; **~ *o.s.*** F sich hinhocken *od.* pflanzen. **3.** F abstellen, lassen. **III** *v/i* **4.** parken: ***a place to ~*** ein Parkplatz. **5.** einparken.

par·ka [ˈpɑːkə] *s* Parka *m, f.*

park·ing [ˈpɑːkɪŋ] *s* **1.** Parken *n*: ***"no ~"*** „Parken verboten". **2.** Einparken *n.* **3.** Parkplätze *pl*, -fläche *f.* **~ disc** *s* Parkscheibe *f.* **~ fee** *s* Parkgebühr *f.* **~ ga·rage** *s bsd. Am.* Park(hoch)haus *n.* **~ lot** *s Am.* Parkplatz *m.* **~ me·ter** *s* Parkuhr *f.* **~ place** *s* Parkplatz *m*, -lücke *f.* **~ space** *s* **1.** → ***parking place.*** **2.** Abstellfläche *f.* **~ tick·et** *s* Strafzettel *m* (*wegen Falschparkens*).

Par·kin·son's dis·ease [ˈpɑːkɪnsnz] *s* ⚕ Parkinsonsche Krankheit, Schüttellähmung *f.*

ˈ**parkˌkeep·er** *s* Parkwächter *m.*

par·ky ['pɑːkɪ] *adj Br.* F kühl, frisch (*Luft etc*).

par·lance ['pɑːləns] *s*: ***in common ~*** einfach *od.* verständlich ausgedrückt; ***in legal ~*** in der Rechtssprache.

par·lia·ment ['pɑːləmənt] *s* Parlament *n.* **par·lia·men·tar·i·an** [ˌ~men'teərɪən] *s* (erfahrener) Parlamentarier. **par·lia·men·ta·ry** [ˌ~'mentərɪ] *adj* parlamentarisch.

par·lor *Am.*, **par·lour** *bsd. Br.* ['pɑːlə] *s mst in Zssgn* Salon *m.* **~ game** *s* Gesellschaftsspiel *n.*

pa·ro·chi·al [pə'rəʊkjəl] *adj* □ **1.** Pfarr..., Gemeinde... **2.** *fig.* beschränkt, engstirnig.

par·o·dist ['pærədɪst] *s* Parodist(in). **'par·o·dy I** *s* **1.** Parodie *f* (***of, on*** auf *acc*). **2.** *fig.* Abklatsch *m* (***of, on*** *gen*). **II** *v/t* **3.** parodieren.

pa·role [pə'rəʊl] ⚖ **I** *s* bedingte (Haft)Entlassung; Hafturlaub *m*: ***put s.o. on ~*** → II. **II** *v/t j-n* bedingt entlassen; *j-m* Hafturlaub gewähren.

par·quet ['pɑːkeɪ] *s* **1.** Parkett *n.* **2.** *thea. Am.* Parkett *n.* **~ floor** *s* Parkett(fuß)boden *m.*

par·rot ['pærət] **I** *s orn.* Papagei *m* (*a. fig.*). **II** *v/t et.* (wie ein Papagei) nachplappern. **'~-ˌfash·ion** *adv*: ***learn ~*** *et.* stur *od.* mechanisch lernen; ***repeat ~*** → ***parrot*** II.

par·ry ['pærɪ] **I** *v/t Frage* parieren, *Schlag, Stoß a.* abwehren. **II** *s fenc.* Parade *f.*

par·si·mo·ni·ous [ˌpɑːsɪ'məʊnjəs] *adj* □ geizig. **par·si·mo·ny** ['~mənɪ] *s* Geiz *m.*

pars·ley ['pɑːslɪ] *s* ⚘ Petersilie *f.*

pars·nip ['pɑːsnɪp] *s* ⚘ Pastinake *f*, Pastinak *m.*

par·son ['pɑːsn] *s* Pastor *m*, Pfarrer *m*: ***~'s nose*** F Bürzel *m.* **'par·son·age** *s* Pfarrhaus *n.*

part [pɑːt] **I** *s* **1.** *allg.* Teil *m*: (***a***) ***~ of his money*** ein Teil s-s Geldes; ***it is good in ~(s), ~s of it are good, ~ of it is good*** es ist zum Teil *od.* teilweise gut; ***for the most ~*** größtenteils; meistens; ***be ~ of s.th.*** zu et. gehören; ***be ~ and parcel of*** e-n wesentlichen Bestandteil bilden von (*od. gen*); ***~ of the body*** Körperteil; ***~ of speech*** *ling.* Wortart *f*; ***three-~*** dreiteilig. **2.** ⚙ (Bau-, Ersatz)Teil *n.* **3.** Teil *m*, Folge *f*, Fortsetzung *f* (*e-s Romans, e-r Fernsehserie etc*); Lieferung *f* (*e-s Buchs etc*). **4.** Anteil *m*: ***take ~*** teilnehmen, sich beteiligen (***in*** an *dat*). **5.** *fig.* Teil *m*, Seite *f*: ***on the ~ of*** von seiten, seitens (*gen*); ***on my ~*** von m-r Seite, von mir; ***take s.th. in good ~*** et. nicht übelnehmen. **6.** *fig.* Seite *f*, Partei *f*: ***take s.o.'s ~, take ~ with s.o.*** für j-n *od.* j-s Partei ergreifen. **7.** *thea. etc* Rolle *f* (*a. fig.*): ***act*** (*od.* ***play***) ***the ~ of*** die Rolle (*gen*) spielen; ***play a ~ in*** e-e Rolle spielen bei *od.* in (*dat*). **8.** ♪ (Sing- *od.* Instrumental)Stimme *f*, Partie *f*: ***for*** (*od.* ***in***) ***several ~s*** mehrstimmig. **9.** Gegend *f*, Teil *m* (*e-s Landes etc*): ***in these ~s*** hier(zulande). **10.** *Am.* (Haar)Scheitel *m.* **II** *v/t* **11.** trennen (***from***); *Streitende* trennen; *Vorhang* aufziehen; *Haar* scheiteln: → ***company*** 1. **III** *v/i* **12.** sich trennen (***from*** von): ***~ (as) friends*** in Freundschaft auseinandergehen; ***~ with*** *et.* aufgeben, sich von *j-m, et.* trennen. **13.** sich zerteilen, aufreißen (*Wolken*). **IV** *adj* **14.** Teil...: ***give s.th. in ~ exchange*** et. in Zahlung geben; ***~ owner*** Miteigentümer(in); ***give s.o. £100 in ~ payment*** j-m 100 Pfund als Abschlagszahlung geben. **V** *adv* **15.** ***~ ..., ~*** teils ..., teils.

par·tial ['pɑːʃl] *adj* (□ → ***partially***) **1.** teilweise, Teil...: ***~ success*** Teilerfolg *m.* **2.** parteiisch, voreingenommen: ***be ~ to s.th.*** F e-e Schwäche *od.* besondere Vorliebe für et. haben. **par·ti·al·i·ty** [ˌ~ʃɪ'ælətɪ] *s* **1.** Parteilichkeit *f*, Voreingenommenheit *f.* **2.** F Schwäche *f*, besondere Vorliebe (***for*** für). **par·tial·ly** ['~ʃəlɪ] *adv* teilweise, zum Teil: ***be ~ to blame for*** mitschuld sein an (*dat*).

par·tic·i·pant [pɑː'tɪsɪpənt] *s* Teilnehmer(in). **par'tic·i·pate** [~peɪt] *v/i* teilnehmen, sich beteiligen (***in*** an *dat*). **parˌtic·i'pa·tion** *s* Teilnahme *f*, Beteiligung *f.*

par·ti·ci·ple ['pɑːtɪsɪpl] *s ling.* Partizip *n*, Mittelwort *n*: → ***past*** 2, ***present*** 3.

par·ti·cle ['pɑːtɪkl] *s* **1.** Teilchen *n*, *phys. a.* Partikel *f*: ***there is not a ~ of truth in it*** *fig.* daran ist nicht ein einziges Wort wahr. **2.** *ling.* Partikel *f.*

par·tic·u·lar [pə'tɪkjʊlə] **I** *adj* (□ → ***particularly***) **1.** besonder, speziell: ***this ~ case*** dieser spezielle Fall; ***be of no ~ importance*** nicht besonders wichtig sein; ***for no ~ reason*** aus keinem besonderen Grund. **2.** ***be very ~ about*** (*od.* ***over***) es sehr genau nehmen mit, großen Wert legen auf (*acc*); sehr heikel *od.* wählerisch sein in (*dat*). **II** *s* **3.** Einzelheit *f*: ***~s*** *pl* nähere Umstände *pl od.* Angaben *pl*; ***in ~*** insbesondere; ***in every ~, in all ~s*** in allen Einzelheiten; ***enter*** (*od.* ***go***) ***into ~s*** ins einzelne gehen; ***further ~s from*** Näheres bei. **4.** *pl* Personalien *pl.* **par'tic·u·lar·ize** *v/t* spezifizieren, einzeln aufführen. **par'tic·u·lar·ly** *adv* besonders: ***not ~*** *a.* nicht sonderlich.

part·ing ['pɑːtɪŋ] **I** *adj* **1.** Abschieds...: ***~ kiss.*** **II** *s* **2.** Abschied *m.* **3.** *bsd. Br.* (Haar)Scheitel *m.*

par·ti·san [ˌpɑːtɪ'zæn] **I** *s* **1.** Parteigänger(in). **2.** ⚔ Partisan(in). **II** *adj* **3.** parteiisch. **4.** ⚔ Partisanen...

par·ti·tion [pɑː'tɪʃn] **I** *s* **1.** Teilung *f.* **2.** *a.* ***~ wall*** Trennwand *f.* **II** *v/t* **3.** *Land etc* teilen: ***~ off*** abteilen, abtrennen.

part·ly ['pɑːtlɪ] → ***partially.***

part·ner ['pɑːtnə] **I** *s* **1.** *allg.* Partner(in). **2.** ⚕ Gesellschafter(in), Partner(in), Teilhaber(in). **II** *v/t* **3.** *j-n* zum Partner haben, *j-s* Partner sein. **4.** *oft* ***~ up*** (als Partner) zs.-bringen (***with*** mit). **III** *v/i* **5.** *oft* ***~ up*** sich (als Partner) zs.-tun (***with*** mit). **'part·ner·ship** *s* **1.** Partnerschaft *f*: ***go into ~*** sich (als Partner) zs.-tun (***with*** mit). **2.** ⚕ Personen-, Personalgesellschaft *f*: (***general*** *od.* ***ordinary***) ***~*** offene Handelsgesellschaft; ***limited*** (*Am.* ***special***) ***~*** Kommanditgesellschaft *f.*

par·tridge ['pɑːtrɪdʒ] *s orn.* Rebhuhn *n.*

ˌpart-'time I *adj* Teilzeit..., Halbtags...: ***~ worker*** Teilzeitbeschäftigte *m, f*, Halbtagskraft *f.* **II** *adv* halbtags.

par·ty ['pɑːtɪ] *s* **1.** *pol.* Partei *f*: ***within the ~*** innerparteilich, parteiintern. **2.** Gesellschaft, Gruppe *f*: ***we were a ~ of three*** wir waren zu dritt. **3.** (*Rettungs-etc*)Mannschaft *f*; ⚔ Kommando *n*, Trupp *m.* **4.** Gesellschaft *f*, Party *f*: ***give a ~.*** **5.** ⚖ (*Prozeß-, Vertrags*)Partei *f*: ***a third ~*** ein Dritter. **6.** Teilnehmer(in), Beteiligte *m, f*: ***be a ~ to*** beteiligt sein an (*dat*), *et.* mitmachen. **7.** F Person *f*, Kerl *m.* **~ line** *s* **1.** *teleph.* Gemeinschaftsanschluß *m.* **2.** *pol.* Parteilinie *f*: ***follow the ~*** linientreu sein.

par·ve·nu ['pɑːvənjuː] *s* Emporkömmling *m*, Parvenu *m.*

pass [pɑːs] **I** *s* **1.** (*Gebirgs*)Paß *m.* **2.** Passierschein *m*: ***free ~*** (Dauer)Freikarte *f*, 🚌 *etc* (Dauer)Freifahrkarte *f*, -schein *m.* **3.** ***get a ~ in physics*** *ped.* die Physikprüfung bestehen. **4.** ***things have come to such a ~ that*** die Dinge haben sich derart zugespitzt, daß. **5.** *Sport*: Paß *m*, Zuspiel *n.* **6.** ***make a ~ at*** F Annäherungsversuche machen bei. **II** *v/t* **7.** vorbeigehen, -fahren an (*dat*). **8.** überholen. **9.** *Prüfung* bestehen; *Prüfling* durchkommen lassen. **10.** *fig.* hinausgehen über (*acc*), übersteigen, -treffen: ***~ s.o.'s comprehension*** (*od.* ***understanding***) über j-s Verstand *od.* Horizont gehen. **11.** ***~ one's hand over*** (sich) mit der Hand fahren über (*acc*). **12.** *j-m et.* reichen, geben, *et.* weitergeben: → ***buck*** 2. **13.** *Sport*: *Ball* abspielen, passen (***to*** zu). **14.** *Gesetz* verabschieden. **15.** *Zeit* ver-, zubringen: ***~ the time reading*** sich die Zeit mit Lesen vertreiben. **16.** *Urteil* abgeben, fällen, ⚖ *a.* sprechen (***on*** über *acc*). **III** *v/i* **17.** vorbeigehen, -fahren (***by*** an *dat*): ***let s.o. ~*** j-n vorbeilassen. **18.** (***to***) übergehen (auf *acc*), fallen (an *acc*). **19.** vergehen (*Schmerz etc*), (*Zeit a.*) verstreichen. **20.** durchkommen, (die Prüfung) bestehen. **21.** (***as, for***) gelten (als), gehalten *od.* angesehen werden (für). **22.** durchgehen, unbeanstandet bleiben: ***let s.th. ~*** et. durchgehen lassen. **23.** *Sport*: (den Ball) abspielen *od.* passen (***to*** zu). **24.** *Kartenspiel*: passen (*a. fig.*): ***I ~ on that*** da muß ich passen. **25.** ***~ over s.th.*** et. übergehen *od.* ignorieren (***in silence*** stillschweigend).

Verbindungen mit Adverbien:

pass| a·way I *v/t* **1.** → ***pass*** 15. **II** *v/i* **2.** → ***pass*** 19. **3.** verscheiden, sterben. **~ by I** *v/i* **1.** vorbeigehen, -fahren. **2.** → ***pass*** 19. **II** *v/t* **3.** *et., j-n* übergehen. **~ down** *v/t* (***to***) *Tradition etc* weitergeben (*dat od.* an *acc*), *Bräuche etc* überliefern (*dat*). **~ off I** *v/t* **1.** *j-n, et.* ausgeben (***as*** als). **II** *v/i* **2.** *gut etc* vorübergehen, verlaufen. **3.** vergehen (*Schmerz etc*). **~ on I** *v/t* **1.** weitergeben (***to*** *dat od.* an *acc*) (*a. fig.*); *Krankheit* übertragen. **II** *v/i* **2.** übergehen (***to*** zu *e-m anderen Thema etc*). **3.** → ***pass away*** 3. **~ o·ver** →

pass by 3. ~ **round** I *v/t* herumreichen, *Gerücht etc* in Umlauf setzen: ***be passed round*** *a.* die Runde machen. II *v/i* herumgereicht werden, *a. fig.* die Runde machen, *fig.* in Umlauf sein. ~ **up** *v/t* sich *e-e Chance etc* entgehen lassen.

pass·a·ble ['pɑːsəbl] *adj* □ **1.** passierbar, befahrbar. **2.** *fig.* passabel.

pas·sage ['pæsɪdʒ] *s* **1.** Durchfahrt *f*, -reise *f*: → ***bird*** 1. **2.** Passage *f*, (Durch-, Verbindungs)Gang *m*. **3.** (See-, Flug-) Reise *f*: → ***rough*** 2. **4.** ***with the ~ of time*** mit der Zeit. **5.** Verabschiedung *f* (*e-s Gesetzes*). **6.** Passage *f*, Stelle *f* (*e-s Texts*). '**~·way** → ***passage*** 2.

pas·sen·ger ['pæsɪndʒə] *s* Passagier *m*, Fahr-, Fluggast *m*, (*Auto- etc*)Insasse *m*. ~ **train** *s* Personenzug *m*.

ˌ**pass·er-'by** *pl* ˌ**pass·ers-'by** *s* Passant(in).

pass·ing ['pɑːsɪŋ] I *s* **1.** ***with the ~ of time*** mit der Zeit. **2.** → ***passage*** 5. **3.** ***in ~*** beiläufig, nebenbei. II *adj* **4.** flüchtig (*Blick, Gedanke etc*).

pas·sion ['pæʃn] *s* **1.** Leidenschaft *f*, *weitS. a.* Passion *f*: ***be a ~ with s.o.*** e-e Leidenschaft bei j-m sein, j-s Leidenschaft sein; ***have a ~ for s.th.*** e-e Leidenschaft für et. haben; ***~s ran high*** die Erregung schlug hohe Wellen; → ***heat*** 2. **2.** ***fly into a ~*** e-n Wutanfall bekommen. **3.** ♀ *eccl.* Passion *f*: ♀ ***play*** Passionsspiel *n*. **pas·sion·ate** ['~ʃənət] *adj* □ leidenschaftlich.

pas·sive ['pæsɪv] I *adj* □ **1.** passiv: ~ ***resistance*** passiver Widerstand; ~ ***smoking*** passives Rauchen, Passivrauchen *n*; ~ ***vocabulary*** passiver Wortschatz. **2.** *ling.* passivisch: ~ ***voice*** → 3. II *s* **3.** *ling.* Passiv *n*, Leideform *f*. **pas'siv·i·ty** *s* Passivität *f*.

'**pass·key** *s* Hauptschlüssel *m*.

Pass·o·ver ['pɑːsˌəʊvə] *s eccl.* Passah *n*.

pass·port ['pɑːspɔːt] *s* **1.** (Reise)Paß *m*: ***hold a British ~*** e-n britischen Paß haben; ***~ picture*** Paßbild *n*. **2.** *fig.* Schlüssel *m* (**to** zu).

'**pass·word** *s* Kennwort *n*, Parole *f*.

past [pɑːst] I *adj* **1.** vergangen: ***be ~*** vorüber *od.* vorbei sein; ***for some time ~*** seit einiger Zeit; ***learn from ~ mistakes*** aus Fehlern in der Vergangenheit lernen. **2.** *ling.* ***~ participle*** Partizip *n* Perfekt, Mittelwort *n* der Vergangenheit; ~ ***perfect*** Plusquamperfekt *n*, Vorvergangenheit *f*; ~ ***tense*** Vergangenheit *f*, Präteritum *n*. **3.** früher, ehemalig. II *s* **4.** Vergangenheit *f* (*a. ling.*): ***in the ~*** in der Vergangenheit, früher. III *adv* **5.** vorbei, vorüber: ***run ~*** vorbeilaufen. IV *prp* **6.** *Zeit*: nach, über (*acc*): ***half ~ seven*** halb acht; ***she is ~ forty*** sie ist über vierzig. **7.** an ... (*dat*) vorbei *od.* vorüber. **8.** über ... (*acc*) hinaus: ***I'm ~ caring*** das kümmert mich nicht mehr; ***be ~ it*** F es nicht mehr bringen; ***I wouldn't put it ~ him*** F das traue ich ihm glatt *od.* ohne weiteres zu; → ***cure*** 2, ***hope*** I, *etc.*

pas·ta ['pæstə] *s* Teigwaren *pl*.

paste [peɪst] I *s* **1.** (*Fisch-, Zahn- etc*)Paste *f*. **2.** Kleister *m*. **3.** *Am.* → ***pastry***. II *v/t* **4.** kleben (***to, on*** an *acc*): ***~ up*** ankleben. '**~·board** *s* Karton *m*, Pappe *f*.

pas·tel I *s* [pæ'stel] **1.** Pastellstift *m*. **2.** Pastell(zeichnung *f*) *n*. **3.** Pastellfarbe *f*, -ton *m*. II *adj* ['pæstl] **4.** Pastell... **5.** pastellfarben.

pas·teur·ize ['pɑːstʃəraɪz] *v/t* pasteurisieren, keimfrei machen.

pas·time ['pɑːstaɪm] *s* Zeitvertreib *m*, Freizeitbeschäftigung *f*: ***as a ~*** zum Zeitvertreib.

pas·tor ['pɑːstə] *s* Pastor *m*, Pfarrer *m*.

'**pas·to·ral** I *adj* □ **1.** pastoral, ländlich, idyllisch. **2.** pastoral, seelsorgerisch: ***~ letter*** → 4. II *s* **3.** ♪ Pastorale *n*, *f*. **4.** *eccl.* Hirtenbrief *m*.

pas·try ['peɪstrɪ] *s* **1.** (*Blätter-, Mürbe- etc*)Teig *m*. **2.** *Br. oft pl* (Fein)Gebäck *n*.

pas·ture ['pɑːstʃə] I *s* Weide(land *n*) *f*. II *v/t* weiden (lassen). III *v/i* grasen, weiden.

past·y[1] ['peɪstɪ] *adj* blaß, käsig.

past·y[2] ['pæstɪ] *s bsd. Br.* (Fleisch)Pastete *f*.

pat[1] [pæt] I *s* **1.** Klaps *m*: ***give s.o.*** (***o.s.***) ***a ~ on the back*** *fig.* F j-m (sich selbst) auf die Schulter klopfen. **2.** Portion *f* (*bsd. Butter*). **3.** (*Kuh*)Fladen *m*. **4.** Trappeln *n*. II *v/t* **5.** tätscheln; abtupfen (**with** mit): ~ ***s.o. on the head*** (***shoulder***) j-m den Kopf tätscheln (auf die Schulter klopfen); ~ ***s.o.*** (***o.s.***) ***on the back*** *fig.* F j-m (sich selbst) auf die Schulter klopfen; ***~ down*** *Haar etc* an-, festdrücken, *Erde etc* festklopfen. **III** *v/i* **6.** trappeln.

pat² [~] **I** *adv* **1.** ***have*** (*od.* ***know***) ***s.th.*** (***off***) ~ et. aus dem Effeff *od.* wie am Schnürchen können. **2.** wie aus der Pistole geschossen: ***answer ~; the answer came ~.*** **II** *adj* **3.** glatt (*Antwort etc*).

patch [pætʃ] **I** *s* **1.** Fleck *m*; Flicken *m*: ***~es*** *pl* ***of mist*** Nebelschwaden *pl*; ***in ~es*** *fig.* stellenweise; ***not to be a ~ on*** *Br.* F nichts sein gegen. **2.** Beet *n.* **3.** ***go through a bad*** (***difficult***) ~ e-e Pechsträhne haben (e-e schwierige Zeit durchmachen). **II** *v/t* **4.** flicken: ~ ***up*** zs.-flicken (*a. fig.*); *fig. Streit* beilegen; ~ ***things up*** sich zs.-raufen. ~ **pock·et** *s* aufgesetzte Tasche. **'~·work** *s* Patchwork *n*: ~ ***blanket*** Flickendecke *f.*

patch·y ['pætʃɪ] *adj* □ **1.** fleckig. **2.** *fig.* lückenhaft; unterschiedlich.

pat·ent ['peɪtənt] **I** *adj* □ **1.** offenkundig, -sichtlich. **2.** patentiert; Patent...: ~ ***office*** Patentamt *n.* **3.** *Br.* F patent (*Methode etc*). **II** *s* **4.** Patent *n*: ***protected by ~*** patentrechtlich geschützt; ***take out a ~ on*** → 5. **III** *v/t* **5.** *et.* patentieren lassen. ~ **leath·er** *s* Lackleder *n.*

pa·ter·nal [pəˈtɜːnl] *adj* □ **1.** väterlich, Vater... **2.** *Großvater etc* väterlicherseits.

pa·ter·ni·ty [pəˈtɜːnətɪ] *s* Vaterschaft *f*: ~ ***suit*** ⚖ Vaterschaftsprozeß *m.*

path [pɑːθ] *pl* **paths** [pɑːðz] *s* **1.** Weg *m* (*a. fig.* ***to*** zu), Pfad *m*: ***stand in s.o.'s ~*** j-m im Weg stehen; → ***cross*** 9. **2.** *phys.*, ⚙ Bahn *f.*

pa·thet·ic [pəˈθetɪk] *adj* (***~ally***) **1.** mitleiderregend: ~ ***sight*** Bild *n* des Jammers. **2.** *Br.* kläglich (*Versuch etc*), erbärmlich, miserabel (*Leistung etc*).

path·o·log·i·cal [ˌpæθəˈlɒdʒɪkl] *adj* □ pathologisch, krankhaft. **pa·thol·o·gist** [pəˈθɒlədʒɪst] *s* Pathologe *m.* **paˈthol·o·gy** *s* Pathologie *f.*

pa·thos [ˈpeɪθɒs] *s das* Mitleiderregende.

ˈpath·way → ***path*** 1.

pa·tience [ˈpeɪʃns] *s* **1.** Geduld *f*: ***lose one's ~*** die Geduld verlieren (***with*** mit); → ***saint*** 1. **2.** *bsd. Br.* Patience *f* (*Kartenspiel*): ***play ~*** Patiencen *od.* e-e Patience legen. **ˈpa·tient I** *adj* □ geduldig (***with*** mit). **II** *s* Patient(in).

pat·i·na [ˈpætɪnə] *s* Patina *f.*

pa·ti·o [ˈpætɪəʊ] *pl* **-os** *s* **1.** Patio *m*, Innenhof *m.* **2.** Veranda *f*, Terrasse *f.*

pa·tri·arch [ˈpeɪtrɪɑːk] *s* Patriarch *m.* **ˌpa·triˈar·chal** [~kl] *adj* □ patriarchalisch. **pa·tri·arch·ate** [ˈ~kɪt] *s* Patriarchat *n.*

pa·tri·ot [ˈpætrɪət] *s* Patriot(in). **pa·tri·ot·ic** [ˌ~ˈɒtɪk] *adj* (***~ally***) patriotisch. **pa·tri·ot·ism** [ˈ~ətɪzəm] *s* Patriotismus *m.*

pa·trol [pəˈtrəʊl] **I** *s* **1.** ⚔ Patrouille *f*, (*Polizei*)Streife *f.* **2.** Patrouille *f*, Streife *f*, Runde *f*: ***on ~*** auf Patrouille *od.* Streife; ~ ***car*** (Funk)Streifenwagen *m*; ~ ***wagon*** *Am.* (Polizei)Gefangenenwagen *m.* **II** *v/t* **3.** abpatrouillieren (*Soldaten*), auf Streife sein in (*dat*) (*Polizist*), s-e Runde machen in (*dat*) (*Wachmann*). **paˈtrol·man** *s* (*irr* ***man***) **1.** *Am.* Streifenpolizist *m.* **2.** *Br.* motorisierter Pannenhelfer.

pa·tron [ˈpeɪtrən] *s* **1.** Schirmherr *m.* **2.** Gönner *m*, Förderer *m.* **3.** (Stamm-) Kunde *m*; Stammgast *m.* **pa·tron·age** [ˈpætrənɪdʒ] *s* **1.** Schirmherrschaft *f*: ***under the ~ of*** unter der Schirmherrschaft von (*od. gen*). **2.** Förderung *f.* **pa·tron·ess** [ˈpeɪtrənɪs] *s* **1.** Schirmherrin *f.* **2.** Gönnerin *f*, Förderin *f.* **pa·tron·ize** [ˈpætrənaɪz] *v/t* **1.** fördern. **2.** (Stamm)Kunde *od.* Stammgast sein in (*dat*). **3.** gönnerhaft *od.* herablassend behandeln. **ˈpa·tron·iz·ing** *adj* □ gönnerhaft, herablassend.

pa·tron saint *s* Schutzheilige *m, f.*

pat·ter¹ [ˈpætə] **I** *v/i* **1.** prasseln (*Regen etc*). **2.** trappeln. **II** *s* **3.** Prasseln *n.* **4.** Trappeln *n.*

pat·ter² [~] *s* **1.** Sprüche *pl* (*e-s Vertreters etc*). **2.** Jargon *m*: ***thieves' ~*** Gaunersprache *f.*

pat·tern [ˈpætən] **I** *s* **1.** (*a. Schnitt-, Strick-*)Muster *n*; *fig.* Muster *n*, Vorbild *n.* **2.** ✝ Muster *n*, (Waren)Probe *f.* **3.** (*Stoff- etc*)Muster *n.* **4.** *fig.* Muster *n*, Schema *n*: ***follow its usual ~*** nach dem üblichen Schema *od.* wie üblich verlaufen. **II** *v/t* **5.** mustern. **6.** bilden, gestalten (***after, on*** nach): ~ ***o.s. on s.o.*** sich j-n zum Vorbild nehmen.

paunch [pɔːntʃ] (dicker) Bauch, Wanst *m.* **ˈpaunch·y** *adj* dickbäuchig.

pau·per [ˈpɔːpə] *s* Arme *m, f.*

pause [pɔːz] **I** *s* Pause *f*: ***without a ~*** ohne Pause. **II** *v/i* innehalten.

pave [peɪv] *v/t* pflastern: ***~ the way for*** *fig*. den Weg ebnen (*dat*). **'pave•ment** *s* **1.** (Straßen)Pflaster *n*. **2.** *Br*. Bürger-, Gehsteig *m*: ***~ artist*** Pflastermaler(in); ***~ café*** Straßencafé *n*. **3.** *Am*. Fahrbahn *f*.

pa•vil•ion [pə'vɪljən] *s* Pavillon *m*.

pav•ing stone ['peɪvɪŋ] *s* Pflasterstein *m*.

paw [pɔː] **I** *s* **1.** Pfote *f* (*a*. F *Hand*), Tatze *f*. **II** *v/t* **2.** *Boden* scharren, scharren an (*der Tür etc*). **3.** F betatschen. **III** *v/i* **4.** scharren (***at*** an *dat*).

pawn¹ [pɔːn] *s* **1.** *Schach*: Bauer *m*. **2.** *fig*. Schachfigur *f*.

pawn² [~] **I** *s*: ***be in ~*** verpfändet *od*. versetzt sein. **II** *v/t* verpfänden, versetzen. **'~ˌbrok•er** *s* Pfandleiher *m*. **'~shop** *s* Leih-, Pfandhaus *n*. **~ tick•et** *s* Pfandschein *m*.

pay [peɪ] **I** *s* **1.** Bezahlung *f*, Gehalt *n*, Lohn *m*. **II** *v/t* (*irr*) **2.** *Betrag* zahlen, entrichten, *Rechnung* (be)zahlen, begleichen: ***~ into*** einzahlen auf (*ein Konto*). **3.** *j-n* bezahlen. **4.** *fig*. *Aufmerksamkeit* schenken, *Besuch* abstatten, *Kompliment* machen: → ***attention*** 1, *etc*. **III** *v/i* (*irr*) **5.** zahlen: ***~ for*** *et*. bezahlen (*a*. *fig*.); ***he had to ~ dearly for it*** *fig*. es kam ihn teuer zu stehen, er mußte teuer dafür bezahlen. **6.** *fig*. sich lohnen, sich bezahlt machen.

Verbindungen mit Adverbien:

pay| back → ***repay***: → ***coin*** I. **~ in** *v/t* einzahlen. **~ off I** *v/t* **1.** *j-n* auszahlen. **2.** *et*. ab(be)zahlen, tilgen. **II** *v/i* **3.** → ***pay*** 6. **~ out** *v/t* ausgeben, bezahlen (***for*** für). **~ up I** *v/t j-n*, *et*. voll *od*. sofort bezahlen. **II** *v/i* zahlen.

pay•a•ble ['peɪəbl] *adj* zahlbar, fällig: ***be ~ to*** ausgestellt sein auf (*acc*).

pay| bed *s Br*. Privatbett *n* (*in Klinik*). **'~•day** *s* Zahltag *m*. **~ en•ve•lope** *s Am*. Lohntüte *f*.

pay•ing ['peɪɪŋ] *adj* **1.** ***~ guest*** zahlender Gast. **2.** lohnend, rentabel. **ˌ~-'in slip** *s* Einzahlungsschein *m*.

pay•ment ['peɪmənt] *s* (Be)Zahlung *f*: ***in ~ of*** als Bezahlung für; ***on ~ of*** gegen Zahlung von (*od*. *gen*).

'pay|•off *s* F Pointe *f*. **~ pack•et** *s Br*. Lohntüte *f*. **~ phone** *s* Münzfernsprecher *m*. **~ rise** *s* Lohn-, Gehaltserhöhung *f*. **'~•roll** *s* Lohnliste *f*: ***be on s.o.'s ~*** bei j-m beschäftigt sein. **~ slip** *s* Lohn-, Gehaltsstreifen *m*. **~ sta•tion** *s Am*. Münzfernsprecher *m*.

pea [piː] *s* ⚘ Erbse *f*: ***they are*** (***as***) ***like as two ~s*** (***in a pod***) sie gleichen sich wie ein Ei dem anderen.

peace [piːs] **I** *s* **1.** Friede(n) *m*: ***the two countries are at ~*** zwischen den beiden Ländern herrscht Frieden; ***make one's ~ with*** sich aus- *od*. versöhnen mit. **2.** ⚖ öffentliche Ruhe u. Ordnung: ***keep the ~*** die öffentliche Ordnung aufrechterhalten; → ***breach*** 1. **3.** Ruhe *f*: ***~ of mind*** Seelenfrieden *m*; ***in ~ and quiet*** in Ruhe u. Frieden. **II** *adj* **4.** Friedens...: ***~ conference*** Friedenskonferenz *f*; ***~ movement*** Friedensbewegung *f*; ***~ pipe*** Friedenspfeife *f*; ***~ treaty*** Friedensvertrag *m*. **'peace•a•ble** *adj* □ friedlich (*Diskussion etc*), (*Person a*.) friedfertig. **peace•ful** ['~fʊl] *adj* □ friedlich.

'peace|-ˌlov•ing *adj* friedliebend. **'~time I** *s* Friedenszeiten *pl*. **II** *adj* in Friedenszeiten.

peach [piːtʃ] *s* **1.** ⚘ Pfirsich *m*; Pfirsichbaum *m*. **2.** F prima *od*. klasse Person *od*. Sache: ***a ~ of a girl*** ein süßes Mädchen; ***a ~ of a hat*** ein Gedicht von e-m Hut.

pea•cock ['piːkɒk] *s orn*. Pfau *m*: (***as***) ***proud as a ~*** stolz wie ein Pfau.

peak [piːk] **I** *s* **1.** Spitze *f*, (*e-s Bergs a*.) Gipfel *m*. **2.** Schirm *m* (*e-r Mütze*). **3.** *fig*. Höhepunkt *m*, Höchststand *m*: ***be at its ~*** am höchsten sein. **II** *v/i* **4.** e-n Höchststand erreichen. **III** *adj* **5.** Höchst..., Spitzen...: ***~ hours*** *pl* Hauptverkehrs-, Stoßzeit *f*; ⚡ Hauptbelastungszeit *f*. **peaked** [piːkt] *adj*: ***~ cap*** Schirmmütze *f*. **'peak•y** *adj* F blaß, kränklich.

peal [piːl] **I** *s* **1.** (*Glocken*)Läuten *n*. **2.** (*Donner*)Schlag *m*: ***~s*** *pl* ***of laughter*** schallendes *od*. dröhnendes Gelächter. **II** *v/i a*. ***~ out*** **3.** läuten. **4.** krachen (*Donner*).

'pea•nut *s* ⚘ Erdnuß *f*: ***~s*** *pl* F lächerliche Summe. **~ but•ter** *s* Erdnußbutter *f*.

pear [peə] *s* ⚘ a) Birne *f*, b) *a*. ***~ tree*** Birnbaum *m*.

pearl [pɜːl] **I** *s* **1.** Perle *f*. **2.** Perlmutter *f*, *n*, Perlmutt *n*. **II** *adj* **3.** Perlen... **4.** Perlmutt(er)...

peas•ant ['peznt] *s* **1.** Kleinbauer *m*. **2.** *fig*. F Bauer *m*.

pea•soup•er [ˌpiː'suːpə] *s* F Waschküche *f* (*dicker, gelber Nebel*).

peat [piːt] *s* Torf *m*: ***cut*** (*od.* ***dig***) ~ Torf stechen.

peb•ble ['pebl] *s* Kiesel(stein) *m*: ***you are not the only ~ on the beach*** F ich *etc* kann auch ohne dich auskommen. **'peb•bly** *adj* Kiesel...: ***~ beach.***

pec•ca•dil•lo [ˌpekə'dɪləʊ] *pl* **-lo(e)s** *s* **1.** kleine Sünde. **2.** Kavaliersdelikt *n*.

peck [pek] **I** *v/t* **1.** picken. **2.** F *j-m* e-n flüchtigen Kuß geben (***on*** auf *acc*). **II** *v/i* **3.** picken, hacken (***at*** nach): ***~ at one's food*** im Essen herumstochern. **III** *s* **4.** F flüchtiger Kuß. **'peck•er** *s* **1.** *Am. sl.* Schwanz *m* (*Penis*). **2.** ***keep one's ~ up*** F die Ohren steifhalten. **'peck•ing** *adj*: ***~ order*** *orn.* Hackordnung *f* (*a. fig.*).

pec•to•ral ['pektərəl] *adj* Brust...

pe•cul•iar [pɪ'kjuːljə] *adj* (□ → ***peculiarly***) **1.** eigen(tümlich) (***to*** *dat*): ***be ~ to*** *a.* typisch sein für. **2.** eigenartig, seltsam. **peˌcu•li'ar•i•ty** [~lɪ'ærətɪ] *s* **1.** Eigenheit *f*, Eigentümlichkeit *f*: ***be a ~ of*** *a.* typisch sein für. **2.** Eigenartigkeit *f*, Seltsamkeit *f*. **pe'cul•iar•ly** *adv* **1.** → ***peculiar*** 2. **2.** besonders.

pe•cu•ni•ar•y [pɪ'kjuːnjərɪ] *adj* geldlich, Geld...: ***~ difficulties*** *pl* finanzielle Schwierigkeiten *pl*.

ped•a•gog•ic, ped•a•gog•i•cal [ˌpedə'gɒdʒɪk(l)] *adj* □ pädagogisch. **ped•a•gogue** ['~gɒg] *s contp.* Schulmeister(-in), Pedant(in). **ped•a•go•gy** ['~gɒdʒɪ] *s* Pädagogik *f*.

ped•al ['pedl] **I** *s* **1.** Pedal *n*. **II** *v/i pret u. pp* **-aled,** *bsd. Br.* **-alled 2.** das Pedal treten. **3.** (mit dem Rad) fahren, strampeln. **~ bin** *s* Treteimer *m*. **~ boat** *s* Tretboot *n*.

ped•ant ['pedənt] *s* Pedant(in). **pe•dan•tic** [pɪ'dæntɪk] *adj* (***~ally***) pedantisch (***about*** wenn es um ... geht). **ped•ant•ry** ['pedəntrɪ] *s* Pedanterie *f*.

ped•dle ['pedl] *v/t* hausieren (gehen) mit (*a. fig.*): ***~ drugs*** mit Drogen handeln. **'ped•dler** *s* **1.** Drogenhändler(in). **2.** *Am.* → ***pedlar.***

ped•es•tal ['pedɪstl] *s* Sockel *m*: ***place*** (*od.* ***put, set***) ***s.o. on a ~*** *fig.* j-n aufs Podest erheben; ***knock s.o. off his ~*** *fig.* j-n von s-m Sockel stoßen.

pe•des•tri•an [pɪ'destrɪən] **I** *adj* **1.** Fußgänger...: ***~ crossing*** *Br.* Fußgängerüberweg *m*; ***~ precinct*** (*od.* ***zone***) Fußgängerzone *f*. **2.** *fig.* prosaisch, trokken; phantasielos. **II** *s* **3.** Fußgänger(in).

pe•di•a•tri•cian, pe•di•at•rics *Am.* → ***paediatrician, paediatrics.***

ped•i•cure ['pedɪˌkjʊə] *s* Pediküre *f*.

ped•i•gree ['pedɪgriː] **I** *s* **1.** Stammbaum *m*. **2.** Ab-, Herkunft *f*. **II** *adj* **3.** *zo.* reinrassig.

ped•lar ['pedlə] *s* Hausierer(in).

pee [piː] F **I** *v/i* pinkeln. **II** *s*: ***have*** (***go for***) ***a ~*** pinkeln (gehen).

peek [piːk] **I** *v/i* kurz *od.* verstohlen gukken (***at*** auf *acc*). **II** *s*: ***have*** (*od.* ***take***) ***a ~ at*** e-n kurzen *od.* verstohlenen Blick werfen auf (*acc*).

peel [piːl] **I** *v/t Kartoffeln etc* schälen: ***~*** (***off***) *Tapete etc* abziehen, ablösen; *Kleider* abstreifen; ***keep one's eyes ~ed*** F die Augen offenhalten. **II** *v/i a.* ***~ off*** sich lösen (*Tapete etc*), abblättern (*Farbe etc*), sich schälen (*Haut*). **III** *s* Schale *f*. **'peel•er** *s* (*Kartoffel- etc*)Schäler *m*. **'peel•ings** *s pl* (*Kartoffel- etc*)Schalen *pl*.

peep[1] [piːp] **I** *v/i* **1.** piep(s)en. **II** *s* **2.** Piep(s)en *n*. **3.** F Piepser *m* (*Ton*).

peep[2] [~] **I** *v/i* **1.** → ***peek*** I. **2.** *mst* ***~ out*** vorschauen (***from under*** unter *dat*). **II** *s* **3.** → ***peek*** II. **'peep•er** *s mst pl* F Gucker *m* (*Auge*).

'peep•hole *s* Guckloch *n*, (*in Tür*) Spion *m*.

Peep•ing Tom ['piːpɪŋ] *s* Spanner *m*, Voyeur *m*.

peep show *s* Peep-Show *f*.

peer[1] [pɪə] *v/i* angestrengt schauen, spähen: ***~ at s.o.*** j-n anstarren.

peer[2] [~] *s* **1.** *Br.* Peer *m*. **2.** Gleichgestellte *m, f*, Ebenbürtige *m, f*, Altersgenosse *m*, -genossin *f*: ***one's ~s*** *pl* seinesgleichen. **'peer•age** *s Br.* Peerage *f*: ***raise to the ~*** in den Adelsstand erheben. **'peer•ess** *s Br.* Peereß *f*. **'peer•less** *adj* □ unvergleichlich, einzigartig.

peeved [piːvd] *adj* F sauer (***about, at*** über *acc*).

pee•vish ['piːvɪʃ] *adj* □ gereizt; reizbar.

peg [peg] **I** *s* **1.** Pflock *m*; (*Holz*)Nagel *m*, (-)Stift *m*; (*Zelt*)Hering *m*: ***be a square ~ in a round hole*** *fig.* am falschen Platz sein; ***take s.o. down a ~*** (***or two***) F j-m e-n Dämpfer aufsetzen. **2.** (Kleider-) Haken *m*: ***off the ~*** von der Stange (*Anzug*). **3.** *Br.* (*Wäsche*)Klammer *f.* **II** *v/t* **4.** anpflocken. **5.** *a.* ***~ out*** (*od.* ***up***) *Br. Wäsche* (an der Leine) anklammern. **6.** ✝ *Preise etc* stützen, halten. **III** *v/i* **7.** ***~ away at*** F dranbleiben an (*e-r Arbeit*). **8.** ***~ out*** *bsd. Br.* F den Löffel weglegen (*sterben*).

pe·jo·ra·tive [pɪ'dʒɒrətɪv] *adj* □ pejorativ, abschätzig, herabsetzend.

Pe·kin·ese [ˌpiːkɪ'niːz] *pl* **-ese** *s zo.* Pekinese *m*.

pel·i·can ['pelɪkən] *s orn.* Pelikan *m*. **~ cross·ing** *s Br.* Ampelübergang *m*.

pel·let ['pelɪt] *s* **1.** Kügelchen *n*. **2.** Schrotkorn *n*.

pelt[1] [pelt] *s* Fell *n*, Pelz *m*.

pelt[2] [~] **I** *v/t* **1.** bewerfen, *a. fig.* bombardieren (***with*** mit). **II** *v/i* **2.** ***it is ~ing*** (***down***), ***it is ~ing with rain*** es gießt in Strömen. **3.** stürmen, stürzen. **III** *s* **4.** (***at***) ***full ~*** mit voller Geschwindigkeit.

pel·vic ['pelvɪk] *adj anat.*, ⚕ Becken...: **~ *fin*** *ichth.* Bauchflosse *f*.

pel·vis ['pelvɪs] *pl* **-ves** ['~viːz] *s anat.* Becken *n*.

pen[1] [pen] *s* (*Schreib*)Feder *f*; Füller *m*; Kugelschreiber *m*.

pen[2] [~] **I** *s* **1.** Pferch *m*, (*Schaf*)Hürde *f*. **2.** (*Lauf*)Gitter *n*, (-)Stall *m*. **II** *v/t* (*a. irr*) *a.* ***~ in*** (*od.* ***up***) **3.** *Tiere* einpferchen. **4.** *Personen* zs.-pferchen.

pe·nal ['piːnl] *adj* □ **1.** Straf...: ***~ code*** Strafgesetzbuch *n*; ***~ colony*** Strafkolonie *f*; ***~ law*** Strafrecht *n*; ***~ reform*** Strafrechtsreform *f*. **2.** strafbar: ***~ act*** strafbare Handlung. **pe·nal·ize** ['piːnəlaɪz] *v/t* **1.** bestrafen, *weitS. a.* benachteiligen. **2.** *et.* unter Strafe stellen. **pen·al·ty** ['penltɪ] *s* **1.** Strafe *f*: ***pay the ~ for s.th.*** et. bezahlen *od.* büßen (***with*** mit). **2.** Nachteil *m*. **3.** *Fußball*: Elfmeter *m*: ***~ area*** (*od.* ***box***) Strafraum *m*; ***~ kick*** Strafstoß *m*.

pen·ance ['penəns] *s eccl.* Buße *f*: ***do ~*** Buße tun (***for*** für).

ˌpen-and-'ink draw·ing *s* Federzeichnung *f*.

pence [pens] *pl von* ***penny.***

pen·chant ['pɑ̃ːŋʃɑ̃ːŋ] *s* (***for***) Neigung *f*, Hang *m* (zu), Vorliebe *f* (für).

pen·cil ['pensl] **I** *s* **1.** Bleistift *m*. **2.** ⚕, *phys.* (*Strahlen- etc*)Bündel *n*. **II** *v/t pret u. pp* **-ciled,** *bsd. Br.* **-cilled 3.** mit Bleistift markieren *od.* schreiben *od.* zeichnen. **4.** *Augenbrauen etc* nachziehen. **~ case** *s* Federmäppchen *n*. **~ sharp·en·er** *s* (Bleistift)Spitzer *m*.

pen·dant ['pendənt] *s* Anhänger *m* (*Schmuckstück*).

pen·dent ['pendənt] *adj* **1.** Hänge...: ***~ lamp.*** **2.** überhängend (*Felsen etc*).

pend·ing ['pendɪŋ] **I** *adj* **1.** *bsd.* ⚖ schwebend, anhängig. **2.** bevorstehend. **II** *prp* **3.** bis zu.

pen·du·lum ['pendjʊləm] *s* Pendel *n* (*a. fig.*).

pen·e·trate ['penɪtreɪt] **I** *v/t* eindringen in (*acc*) (*a. fig.*); durchdringen, dringen durch. **II** *v/i* eindringen (***into*** in *acc*) (*a. fig.*); durchdringen: ***~ through*** *a.* dringen durch. **'pen·e·trat·ing** *adj* □ **1.** durchdringend; (*Verstand*) scharf. **2.** scharfsinnig. **ˌpen·e'tra·tion** *s* **1.** Ein-, Durchdringen *n*. **2.** Scharfsinn *m*.

pen friend *s* Brieffreund(in).

pen·guin ['peŋgwɪn] *s orn.* Pinguin *m*.

pen·i·cil·lin [ˌpenɪ'sɪlɪn] *s* ⚕ Penicillin *n*.

pen·in·su·la [pə'nɪnsjʊlə] *s* Halbinsel *f*. **pen'in·su·lar** *adj* Halbinsel...; halbinselförmig.

pe·nis ['piːnɪs] *pl* **-nis·es, -nes** ['~niːz] *s anat.* Penis *m*.

pen·i·tence ['penɪtəns] *s* Buße *f*: a) *eccl.* Bußfertigkeit *f*, b) Reue *f*. **'pen·i·tent, pen·i·ten·tial** [ˌ~'tenʃl] *adj* □ a) *eccl.* bußfertig, b) reuig. **pen·i·ten·tia·ry** [ˌ~'tenʃərɪ] *s Am.* (Staats)Gefängnis *n*.

'pen|·knife *s* (*irr* ***knife***) Taschenmesser *n*. **~ name** *s* Schriftstellername *m*.

pen·nant ['penənt] *s* Wimpel *m*.

pen·ni·less ['penɪlɪs] *adj* □ (völlig) mittellos: ***be ~*** *a.* keinen Pfennig Geld haben.

pen·ny ['penɪ] *pl* **-nies,** *coll.* **pence** [pens] *s Br.* Penny *m*: ***in for a ~, in for a pound*** wer A sagt, muß auch B sagen; ***a pretty ~*** F ein hübsches Sümmchen; ***count*** (***the***) ***pennies*** jeden Pfennig umdrehen; ***the ~('s) dropped*** F der Groschen ist gefallen; ***spend a ~*** F mal verschwinden. **~ dread·ful** *pl* **-fuls** *s Br.* F Groschenroman *m*. **~ pinch·er** *s* F

Pfennigfuchser(in). **'~-ˌpinch·ing** *adj* F knick(e)rig.

pen pal F → ***pen friend.***

pen·sion ['penʃn] **I** *s* Rente *f*, Pension *f*: ***~ scheme*** Rentenversicherung *f*. **II** *v/t*: ***~ off*** *j-n* pensionieren, in den Ruhestand versetzen; *fig*. F *Maschine etc* ausrangieren. **'pen·sion·a·ble** *adj*: ***of ~ age*** im Renten- *od*. Pensionsalter. **pen·sion·er** ['~ʃənə] *s* Rentner(in), Pensionär(in).

pen·sive ['pensɪv] *adj* □ **1.** nachdenklich. **2.** trübsinnig.

pent [pent] *pret u. pp von* ***pen²***.

pen·ta·gon ['pentəgən] *s* Fünfeck *n*: ***the*** ♀ das Pentagon. **pen·tag·o·nal** [~'tægənl] *adj* □ fünfeckig.

pen·tath·lete [pen'tæθliːt] *s Sport*: Fünfkämpfer(in). **pen'tath·lon** [~lɒn] *s* Fünfkampf *m*.

Pen·te·cost ['pentɪkɒst] *s eccl*. Pfingsten *n*, *a. pl*.

pent·house ['penthaʊs] *s* Penthouse *n*, -haus *n*.

ˌpent-'up *adj* an-, aufgestaut (*Gefühle*).

pe·nul·ti·mate [pe'nʌltɪmət] *adj* vorletzt.

pe·o·ny ['pɪənɪ] *s* ⚘ Pfingstrose *f*.

peo·ple ['piːpl] **I** *s* **1.** (*pl konstruiert*) die Menschen *pl*, die Leute *pl*; Leute *pl*, Personen *pl*: ***my ~*** F m-e Angehörigen *pl od*. Leute. **2.** (*pl konstruiert*) man: ***~ say that*** man sagt, daß. **3.** (*pl konstruiert*) ***the ~*** a) das (*gemeine*) Volk: ***a man of the (common) ~*** ein Mann des Volks, b) die Bürger *pl od*. Wähler *pl*, die Bevölkerung: ***~'s front*** Volksfront *f*; ***~'s republic*** Volksrepublik *f*. **4.** Volk *n*, Nation *f*. **II** *v/t* **5.** besiedeln, bevölkern (***with*** mit).

pep [pep] F **I** *s* Pep *m*, Schwung *m*. **II** *v/t*: ***~ up*** *j-n* aufmöbeln: ***~ things up*** Schwung in den Laden bringen.

pep·per ['pepə] **I** *s* Pfeffer *m*; Paprikaschote *f*. **II** *v/t* pfeffern, *fig. a.* spicken (***with*** mit). **'~·box** *Am*. → ***pepper pot***. **'~·corn** *s* Pfefferkorn *n*. **~ mill** *s* Pfeffermühle *f*. **'~·mint I** *s* **1.** ⚘ Pfefferminze *f*. **2.** Pfefferminz *n* (*Bonbon*). **II** *adj* **3.** Pfefferminz... **~ pot** *s* Pfefferstreuer *m*.

pep·per·y ['pepərɪ] *adj* □ **1.** pfeff(e)rig. **2.** *fig*. hitzig (*Person*).

pep| pill *s* F Aufputschpille *f*. **~ talk** *s* F aufmunternde Worte *pl*: ***give s.o. a ~*** j-m ein paar aufmunternde Worte sagen.

pep·tic ['peptɪk] *adj*: ***~ ulcer*** ⚕ Magengeschwür *n*.

per [pɜː] *prp* **1.** per, durch. **2.** pro, je. **3.** *mst* ***as ~*** laut, gemäß.

per·am·bu·la·tor [pə'ræmbjʊleɪtə] *s bsd. Br.* Kinderwagen *m*.

per cap·i·ta [pə'kæpɪtə] **I** *adj* Pro-Kopf-... **II** *adv* pro Kopf.

per·ceive [pə'siːv] *v/t* **1.** wahrnehmen. **2.** begreifen, erkennen.

per cent *Br*., **per·cent** *bsd. Am*. [pə'sent] **I** *adj u. adv* ...prozentig. **II** *s* Prozent *n*. **per'cent·age** *s* **1.** Prozentsatz *m*; Teil *m*: ***what ~ of ...?*** wieviel Prozent von ...?; ***in ~ terms*** prozentual (ausgedrückt). **2.** ***there's no ~ in doing s.th.*** F es bringt nichts, et. zu tun.

per·cep·ti·ble [pə'septəbl] *adj* □ wahrnehmbar, merklich. **per'cep·tion** *s* **1.** Wahrnehmung *f*. **2.** Auffassung(sgabe) *f*. **per'cep·tive** *adj* □ scharfsinnig.

perch¹ [pɜːtʃ] *s ichth*. Flußbarsch *m*.

perch² [~] **I** *s* **1.** (Sitz)Stange *f* (*für Vögel*): ***knock s.o. off his ~*** F j-n von s-m Sockel stoßen. **2.** F hochgelegener Platz *od*. Standort. **II** *v/i* **3.** (***on***) sich niederlassen (auf *acc*, *dat*), sich setzen (auf *acc*) (*Vogel*). **4.** F hocken (***on*** auf *dat*). **III** *v/t* **5.** ***~ o.s.*** F sich hocken (***on*** auf *acc*).

per·co·late ['pɜːkəleɪt] **I** *v/t Kaffee* filtern, *weitS*. kochen, machen. **II** *v/i* durchsickern (*a. fig.*), (*Kaffee*) durchlaufen **'per·co·la·tor** *s* Kaffeemaschine *f*.

per·cus·sion [pə'kʌʃn] **I** *s* **1.** Schlag *m*, Stoß *m*; Erschütterung *f*. **2.** ♪ Schlagzeug *n*. **II** *adj* **3.** ***~ instrument*** Schlaginstrument *n*; ***~ section*** → 2. **per'cus·sion·ist** *s* Schlagzeuger *m*.

per·emp·to·ry [pə'remptərɪ] *adj* □ **1.** gebieterisch, herrisch. **2.** kategorisch (*Befehl etc*).

per·en·ni·al [pə'renjəl] *adj* □ **1.** ewig, immerwährend. **2.** ⚘ mehrjährig.

per·fect ['pɜːfɪkt] **I** *adj* □ **1.** perfekt: a) vollkommen, vollendet: ***~ crime*** perfektes Verbrechen, b) fehler-, makellos. **2.** gänzlich, vollständig: ***~ fool*** ausgemachter Narr; ***~ nonsense*** kompletter Unsinn; ***~ strangers*** *pl* wildfremde Leute *pl*. **3.** ***~ tense*** → 4. **II** *s* **4.** *ling*.

Perfekt *n*: → ***future*** 4, ***past*** 2, ***present*** 3. **III** *v/t* [pəˈfekt] **5.** vervollkommnen, perfektionieren. **per·fec·tion** [pəˈfekʃn] *s* **1.** Vervollkommnung *f*, Vollendung *f*. **2.** Vollkommenheit *f*, Perfektion *f*: ***bring to ~*** vervollkommnen; ***to ~*** vollkommen, perfekt. **perˈfec·tion·ism** *s* Perfektionismus *m*. **perˈfec·tion·ist I** Perfektionist(in). **II** *adj* perfektionistisch.

per·fid·i·ous [pəˈfɪdɪəs] *adj* □ treulos, verräterisch. **per·fi·dy** [ˈpɜːfɪdɪ] *s* Treulosigkeit *f*.

per·fo·rate [ˈpɜːfəreɪt] *v/t* **1.** durchbohren, -löchern. **2.** perforieren, lochen. **ˌper·foˈra·tion** *s* **1.** Durchbohrung *f*, -löcherung *f*. **2.** Perforation *f*.

per·form [pəˈfɔːm] **I** *v/t* **1.** *Arbeit*, *Dienst etc* verrichten, *Pflicht*, *a. Vertrag* erfüllen, ⚕ *Operation* durchführen. **2.** *Theaterstück etc* aufführen, spielen, *a. Konzert* geben, *Musikstück*, *Lied etc* vortragen, *Kunststück etc* vorführen, *Rolle* spielen. **II** *v/i* **3.** ***~ well*** (*bsd. Sport*) e-e gute Leistung zeigen; *ped.* gut abschneiden. **4.** ⚙ funktionieren, arbeiten (*Maschine etc*). **5.** *thea. etc* e-e Vorstellung geben, auftreten, spielen. **perˈform·ance** *s* **1.** Verrichtung *f*, Erfüllung *f*, Durchführung *f*. **2.** ♪, *thea.* Aufführung *f*, Vorstellung *f*, Vortrag *m*. **3.** Leistung *f* (*a.* ⚙): ***~ principle*** *sociol.* Leistungsprinzip *n*. **perˈform·er** *s* Darsteller(in), Künstler(in). **perˈform·ing** *adj* dressiert (*Tier*).

per·fume I *s* [ˈpɜːfjuːm] **1.** Duft *m*. **2.** Parfüm *n*. **II** *v/t* [pəˈfjuːm] **3.** parfümieren.

per·func·to·ry [pəˈfʌŋktərɪ] *adj* □ flüchtig (*Blick etc*), (*a. Person*) oberflächlich.

per·haps [pəˈhæps] *adv* vielleicht.

per·il [ˈperəl] *s* Gefahr *f*: ***be in ~ of one's life*** sich in Lebensgefahr befinden; ***at one's ~*** auf eigene Gefahr. **ˈper·il·ous** *adj* □ gefährlich.

pe·ri·od [ˈpɪərɪəd] **I** *s* **1.** Periode *f*, Zeit (-dauer *f*, -raum *m*, -spanne *f*) *f*, Frist *f*: ***for a ~ of*** für die Dauer von. **2.** Zeit(alter *n*) *f*, Epoche *f*. **3.** *physiol.* Periode *f*. **4.** *ped.* (Unterrichts)Stunde *f*. **5.** *ling. bsd. Am.* Punkt *m*. **II** *adj* **6.** zeitgenössisch, historisch; Stil...: ***~ furniture*** Stilmöbel *pl*. **pe·ri·od·ic** [ˌ~ˈɒdɪk] *adj* (***~ally***) periodisch, regelmäßig wiederkehrend. **ˌpe·riˈod·i·cal I** *adj* → ***periodic***. **II** *s* Zeitschrift *f*.

pe·riph·er·y [pəˈrɪfərɪ] *s* Peripherie *f*, *a. fig.* Rand *m*: ***on the ~ of the town*** am Stadtrand.

per·i·scope [ˈperɪskəʊp] *s* Periskop *n*, Sehrohr *n*.

per·ish [ˈperɪʃ] **I** *v/i* **1.** umkommen: ***be ~ing (with cold)*** F vor Kälte umkommen. **2.** brüchig werden, verschleißen (*Material*), schlecht werden, verderben (*Lebensmittel*). **II** *v/t* **3.** ***be ~ed (with cold)*** F ganz durchgefroren sein. **ˈper·ish·a·ble** *adj* leichtverderblich. **ˈper·ish·ing** *bsd. Br.* F **I** *adj* saukalt. **II** *adv*: ***~ly cold*** → I.

per·i·to·ni·tis [ˌperɪtəʊˈnaɪtɪs] *s* ⚕ Bauchfellentzündung *f*.

per·jure [ˈpɜːdʒə] *v/t*: ***~ o.s.*** e-n Meineid leisten. **ˈper·ju·ry** *s* Meineid *m*: ***commit ~*** → ***perjure***.

perk[1] [pɜːk] F **I** *v/t* → ***percolate*** I. **II** *v/i* durchlaufen (*Kaffee*).

perk[2] [~] F **I** *v/t*: ***~ up*** *j-n* aufmöbeln. **II** *v/i*: ***~ up*** aufleben, neuen Schwung bekommen.

perk[3] [~] F → ***perquisite***.

perk·y [ˈpɜːkɪ] *adj* □ F **1.** munter, lebhaft. **2.** keck, selbstbewußt.

perm [pɜːm] F **I** *s* Dauerwelle *f*: ***give s.o. a ~*** → II. **II** *v/t*: ***~ s.o.'s hair*** j-m e-e Dauerwelle machen.

per·ma·nence [ˈpɜːmənəns], **ˈper·ma·nen·cy** *s* Beständigkeit *f*, Dauerhaftigkeit *f*. **ˈper·ma·nent I** *adj* □ beständig, dauerhaft, Dauer...: ***~ address*** ständiger Wohnsitz; ***~ wave*** Dauerwelle *f*. **II** *s Am.* Dauerwelle *f*.

per·me·a·ble [ˈpɜːmjəbl] *adj* □ durchlässig (***to*** für). **per·me·ate** [ˈ~mɪeɪt] **I** *v/t* durchdringen (*a. fig.*). **II** *v/i* dringen (***into*** in *acc*; ***through*** durch).

per·mis·si·ble [pəˈmɪsəbl] *adj* □ zulässig, statthaft, erlaubt. **per·mis·sion** [pəˈmɪʃn] *s* Erlaubnis *f*: ***by ~ of*** mit Genehmigung (*gen*); ***without ~*** unerlaubt, unbefugt; ***ask s.o.'s ~, ask s.o. for ~*** j-n um Erlaubnis bitten; ***give s.o. ~ to do s.th.*** j-m die Erlaubnis geben *od.* j-m erlauben, et. zu tun. **perˈmis·sive** [~sɪv] *adj* □ liberal; (sexuell) freizügig: ***~ society*** tabufreie Gesellschaft.

per·mit [pəˈmɪt] **I** *v/t* **1.** *et.* erlauben, gestatten: ***not ~ted*** *a.* verboten; ***~ s.o. to do s.th.*** j-m erlauben, et. zu tun. **II** *v/i* **2.** es erlauben *od.* gestatten: ***weather ~ting*** wenn es das Wetter erlaubt. **3.** ***~ of*** *et.* zulassen. **III** *s* ['pɜːmɪt] **4.** Genehmigung *f.*

per·ni·cious [pə'nɪʃəs] *adj* □ schädlich, verderblich.

per·nick·et·y [pə'nɪkətɪ] *adj* F **1.** pingelig, pedantisch. **2.** kitz(e)lig (*Angelegenheit etc*).

per·pen·dic·u·lar [ˌpɜːpən'dɪkjʊlə] **I** *adj* □ senkrecht, rechtwink(e)lig (***to*** zu). **II** *s* Senkrechte *f.*

per·pe·trate ['pɜːpɪtreɪt] *v/t Verbrechen etc* begehen, verüben; *humor. Buch etc* verbrechen. **'per·pe·tra·tor** *s* Täter(in).

per·pet·u·al [pə'petʃʊəl] *adj* □ fortwährend, ständig, ewig. **per'pet·u·ate** [~eɪt] *v/t* verewigen. **per·pe·tu·i·ty** [ˌpɜːpɪ'tjuːətɪ] *s*: ***in ~*** auf ewig, für immer.

per·plex [pə'pleks] *v/t* verwirren, verblüffen: ***~ed*** *a.* perplex. **per'plex·i·ty** *s* Verwirrung *f*, Verblüffung *f.*

per·qui·site ['pɜːkwɪzɪt] *s mst pl* Vergünstigung *f.*

per·se·cute ['pɜːsɪkjuːt] *v/t* **1.** *bsd. pol., eccl.* verfolgen. **2.** belästigen. **ˌper·se'cu·tion** *s* **1.** Verfolgung *f*: ***~ complex*** (*od.* ***mania***) *psych.* Verfolgungswahn *m.* **2.** Belästigung *f.*

per·se·ver·ance [ˌpɜːsɪ'vɪərəns] *s* Ausdauer *f*, Beharrlichkeit *f.* **per·se·vere** [ˌ~'vɪə] *v/i* beharrlich weitermachen (***at, in, with*** mit). **ˌper·se'ver·ing** *adj* □ ausdauernd, beharrlich.

Per·sian ['pɜːʃn] **I** *adj* **1.** persisch: ***~ carpet*** Perser(teppich) *m.* **II** *s* **2.** Perser(in). **3.** *ling.* Persisch *n.*

per·sist [pə'sɪst] *v/i* **1.** ***~ in doing s.th.*** et. unbedingt tun wollen; darauf bestehen, et. zu tun; et. auch *od.* noch weiterhin tun. **2.** ***~ with*** hartnäckig *od.* unbeirrt fortfahren mit. **3.** anhalten, fortdauern. **per'sist·ence** *s* **1.** Hartnäckigkeit *f*, Unbeirrtheit *f.* **2.** Fortdauer *f.* **per'sist·ent** *adj* □ **1.** unbeirrt (*Person*), (*a. Gerücht etc*) hartnäckig. **2.** anhaltend, fortdauernd.

per·snick·e·ty [pə'snɪkətɪ] *Am.* → ***pernickety.***

per·son ['pɜːsn] *s* Person *f* (*a. ling.*), Mensch *m*: ***in ~*** persönlich. **'per·son·a·ble** *adj* von sympathischem *od.* angenehmem Äußeren. **'per·son·age** *s* (bedeutende *od.* prominente) Persönlichkeit. **'per·son·al** *adj* □ **1.** persönlich, Personal...: ***~ column*** (*Zeitung*) Persönliches *n*; ***~ computer*** Personal Computer *m*, Personalcomputer *m*; ***~ file*** Personalakte *f*; ***~ pronoun*** *ling.* Personalpronomen *n*, persönliches Fürwort. **2.** persönlich, privat (*Angelegenheit etc*). **3.** äußer, körperlich: ***~ hygiene*** Körperpflege *f.* **4.** persönlich, anzüglich (*Bemerkung etc*): ***get ~*** persönlich werden. **per·son·al·i·ty** [ˌpɜːsə'nælətɪ] *s* **1.** Persönlichkeit *f* (*a. e-s Menschen*): ***~ cult*** Personenkult *m.* **2.** *pl* persönliche *od.* anzügliche Bemerkungen *pl*, Persönliches *n.* **per·son·i·fi·ca·tion** [pəˌsɒnɪfɪ'keɪʃn] *s* Personifizierung *f*: ***be the ~ of avarice*** die Habgier in Person sein. **per'son·i·fy** [~faɪ] *v/t* personifizieren: ***be avarice personified*** die Habgier in Person sein. **per·son·nel** [ˌpɜːsə'nel] *s* **1.** Personal *n*, Belegschaft *f*: ***~ manager*** Personalchef *m.* **2.** die Personalabteilung.

per·spec·tive [pə'spektɪv] *s* Perspektive *f* (*a. fig.*): ***in ~*** perspektivisch richtig; *fig.* in *od.* aus der richtigen Perspektive; ***the houses are out of ~*** bei den Häusern stimmt die Perspektive nicht.

per·spex ['pɜːspeks] (*TM*) *s Br.* Plexiglas *n.*

per·spi·ra·tion [ˌpɜːspə'reɪʃn] *s* **1.** Transpirieren *n*, Schwitzen *n.* **2.** Schweiß *m.*

per·spire [pə'spaɪə] *v/i* transpirieren, schwitzen.

per·suade [pə'sweɪd] *v/t* **1.** *j-n* überreden (***into doing, to do*** zu tun): ***~ s.o. out of s.th.*** j-m et. ausreden. **2.** *j-n* überzeugen (***of*** von; ***that*** [davon,] daß).

per·sua·sion [pə'sweɪʒn] *s* **1.** Überredung *f.* **2.** *a.* ***powers*** *pl* ***of ~*** Überredungskunst *f.* **3.** Überzeugung *f*: ***be of the ~ that*** der Überzeugung sein, daß. **per'sua·sive** [~sɪv] *adj* □ überzeugend.

pert [pɜːt] *adj* □ keck (*a. Hut etc*), keß.

per·tain [pə'teɪn] *v/i*: ***~ to s.th.*** et. betreffen; zu et. gehören.

per·ti·na·cious [ˌpɜːtɪ'neɪʃəs] *adj* □ **1.** hartnäckig, zäh. **2.** beharrlich.

per·ti·nent ['pɜːtɪnənt] *adj* □ relevant (***to*** für); sachdienlich.

pert·ness ['pɜːtnɪs] *s* Keckheit *f*, Keßheit *f*.

per·turb [pə'tɜːb] *v/t* beunruhigen.

pe·ruse [pə'ruːz] *v/t* sorgfältig durchlesen.

per·vade [pə'veɪd] *v/t* durchdringen, erfüllen. **per'va·sive** [~sɪv] *adj* □ weitverbreitet.

per·verse [pə'vɜːs] *adj* □ **1.** eigensinnig, querköpfig. **2.** pervers, widernatürlich. **per'ver·sion** *s* **1.** Pervertierung *f*; Verdrehung *f*, Entstellung *f*. **2.** Perversion *f*. **per'ver·si·ty** *s* **1.** Eigensinn *m*, Querköpfigkeit *f*. **2.** Perversität *f*.

per·vert I *v/t* [pə'vɜːt] pervertieren; verdrehen, entstellen: **~ *the course of justice*** das Recht beugen. **II** *s* ['pɜːvɜːt] perverser Mensch.

pes·ky ['peskɪ] *adj* □ *bsd. Am.* F lästig.

pes·sa·ry ['pesərɪ] *s* ⚕ Pessar *n*.

pes·si·mism ['pesɪmɪzəm] *s* Pessimismus *m*. **'pes·si·mist** *s* Pessimist(in). **ˌpes·si'mis·tic** *adj* (**~*ally***) pessimistisch.

pest [pest] *s* **1.** Schädling *m*: **~ *control*** Schädlingsbekämpfung *f*. **2.** F Nervensäge *f*; Plage *f*. **'pes·ter** *v/t* F *j-n* belästigen (***with*** mit), *j-m* keine Ruhe lassen (***for*** wegen), *j-n* drängeln (***to do*** zu tun): **~ *s.o. into doing s.th.*** j-n so lange quälen, bis er et. tut.

pest·i·cide ['pestɪsaɪd] *s* Schädlingsbekämpfungsmittel *n*.

pet [pet] **I** *s* **1.** Heimtier *n*. **2.** a) *oft contp.* Liebling *m*, b) Schatz *m*. **II** *adj* **3.** Lieblings...: **~ *name*** Kosename *m*; → ***hate*** 5. **4.** Tier...: **~ *food*** Tiernahrung *f*; **~ *shop*** Tierhandlung *f*, Zoogeschäft *n*, -handlung *f*. **III** *v/t* **5.** streicheln. **IV** *v/i* **6.** F Petting machen.

pet·al ['petl] *s* ⚘ Blütenblatt *n*.

pe·ter ['piːtə] *v/i*: **~ *out*** versickern (*Bach etc*), allmählich zu Ende gehen (*Vorräte etc*), versanden (*Unterhaltung etc*), sich verlieren (*Erinnerung etc*), sich totlaufen (*Verhandlungen*).

pe·tite [pə'tiːt] *adj* zierlich (*Frau*).

pe·ti·tion [pə'tɪʃn] **I** *s* Eingabe *f*, Gesuch *n*, (schriftlicher) Antrag: **~ *for divorce*** ⚖ Scheidungsklage *f*. **II** *v/t* ersuchen (***for*** um; ***to do*** zu tun). **III** *v/i* einkommen, nachsuchen (***for*** um): **~ *for divorce*** ⚖ die Scheidung einreichen. **pe'ti·tion·er** *s* Antragsteller(in), ⚖ Kläger(in) (*im Scheidungsprozeß*).

pet·ri·fy ['petrɪfaɪ] **I** *v/t*: ***petrified with horror*** vor Entsetzen wie versteinert, starr *od.* wie gelähmt vor Entsetzen; ***be petrified of*** panische Angst haben vor (*dat*). **II** *v/i* versteinern, *fig. a.* sich versteinern.

pet·rol ['petrəl] *Br.* **I** *s* Benzin *n*. **II** *adj* Benzin...: **~ *bomb*** Molotowcocktail *m*; **~ *coupon*** Benzingutschein *m*; **~ *pump*** Benzinpumpe *f*; Tank-, Zapfsäule *f*; **~ *station*** Tankstelle *f*.

pe·tro·le·um [pə'trəʊljəm] *s* Erdöl *n*.

pet·ti·coat ['petɪkəʊt] *s* Unterrock *m*.

pet·ti·fog·ging ['petɪfɒgɪŋ] *adj* **1.** kleinlich, pedantisch. **2.** belanglos, unwichtig.

pet·ting ['petɪŋ] *s* F Petting *f*.

pet·tish ['petɪʃ] *adj* □: ***be*** **~** sich wegen jeder Kleinigkeit aufregen; ***don't be so*** **~*!*** sei doch nicht so kindisch.

pet·ty ['petɪ] *adj* □ **1.** belanglos, unbedeutend, (*Vergehen*) geringfügig: **~ *cash*** Portokasse *f*. **2.** engstirnig.

pet·u·lant ['petjʊlənt] → ***pettish.***

pew [pjuː] *s* **1.** (Kirchen)Bank *f*. **2.** *Br.* F (Sitz)Platz *m*: ***take a*** **~** sich setzen.

pew·ter ['pjuːtə] *s* **1.** Zinn *n*. **2.** *a.* **~ *ware*** *coll.* Zinn(geschirr) *n*.

pha·lanx ['fælæŋks] *pl* **-lanx·es, -lan·ges** [fæ'lændʒiːz] *s* **1.** Phalanx *f*. **2.** *anat.* Finger- *od.* Zehenglied *n*.

phal·li ['fælaɪ] *pl von* ***phallus.***

phal·lic ['fælɪk] *adj* phallisch: **~ *symbol*** Phallussymbol *n*.

phal·lus ['fæləs] *pl* **-li** ['~laɪ] *s* Phallus *m*.

phan·tom ['fæntəm] **I** *s* **1.** Phantom *n*, Trugbild *n*. **2.** Geist *m* (*e-s Verstorbenen*). **II** *adj* **3.** **~ (*limb*) *pain*** Phantomschmerz *m*; **~ *pregnancy*** Scheinschwangerschaft *f*.

phar·i·sa·ic [ˌfærɪ'seɪɪk] *adj* (**~*ally***) pharisäerhaft, pharisäisch. **phar·i·see** ['~siː] *s* Pharisäer(in).

phar·ma·ceu·ti·cal [ˌfɑːmə'sjuːtɪkl] *adj* □ pharmazeutisch. **ˌphar·ma'ceu·tics** *s pl* (*sg konstruiert*) → ***pharmacy*** 1.

phar·ma·cist ['~sɪst] *s* **1.** Pharmazeut(in). **2.** Apotheker(in). **'phar·ma·cy** *s* **1.** Pharmazeutik *f*, Pharmazie *f*. **2.** Apotheke *f*.

pha·ryn·ges [fə'rɪndʒiːz] *pl von* ***pharynx.***

phar·yn·gi·tis [ˌfærɪn'dʒaɪtɪs] *s* ⚕ Rachenkatarrh *m*.

phar·ynx ['færɪŋks] *pl* '**phar·ynx·es, pha·ryn·ges** [fə'rɪndʒiːz] *s anat.* Rachen *m.*

phase [feɪz] **I** *s* **1.** *allg.* Phase *f*: **~s** *pl* **of the moon** Mondphasen *pl.* **II** *v/t* **2.** schritt- *od.* stufenweise planen *od.* durchführen: **~d** schritt-, stufenweise; **~ in** schritt- *od.* stufenweise einführen; **~ out** auslaufen lassen.

pheas·ant ['feznt] *s orn.* Fasan *m.*

phe·nom·e·na [fə'nɒmɪnə] *pl von* **phenomenon. phe'nom·e·nal** [~nl] *adj* □ phänomenal. **phe'nom·e·non** [~nən] *pl* **-na** [~nə] *s allg.* Phänomen *n.*

phew [fjuː] *int* puh!

phi·al ['faɪəl] *s* (*bsd.* Arznei)Fläschen *n.*

phil·an·throp·ic [ˌfɪlən'θrɒpɪk] *adj* (**~ally**) philanthropisch, menschenfreundlich. **phi·lan·thro·pist** [fɪ'lænθrəpɪst] *s* Philanthrop(in), Menschenfreund(in). **phi'lan·thro·py** *s* Philanthropie *f*, Menschenfreundlichkeit *f.*

phil·a·tel·ic [ˌfɪlə'telɪk] *adj* (**~ally**) philatelistisch. **phi·lat·e·list** [fɪ'lætəlɪst] *s* Philatelist(in). **phi'lat·e·ly** *s* Philatelie *f.*

phil·har·mon·ic [ˌfɪlɑː'mɒnɪk] *adj* philharmonisch.

phi·lis·tine ['fɪlɪstaɪn] *s* Spießer *m*, Banause *m.*

phil·o·log·i·cal [ˌfɪlə'lɒdʒɪkl] *adj* □ philologisch. **phi·lol·o·gist** [fɪ'lɒlədʒɪst] *s* Philologe *m*, -login *f.* **phi'lol·o·gy** *s* Philologie *f.*

phi·los·o·pher [fɪ'lɒsəfə] *s* Philosoph (-in). **phil·o·soph·i·cal** [ˌfɪlə'sɒfɪkl] *adj* □ philosophisch, *fig. a.* abgeklärt, gelassen. **phi·los·o·phize** [fɪ'lɒsəfaɪz] *v/i* philosophieren (**about, on** über *acc*). **phi'los·o·phy** *s* Philosophie *f*, *fig. a.* (Welt)Anschauung *f.*

phle·bi·tis [flɪ'baɪtɪs] *s* ⚕ Venenentzündung *f.*

phlegm [flem] *s* **1.** *physiol.* Schleim *m.* **2.** *fig.* Phlegma *n.* **phleg·mat·ic** [fleg'mætɪk] *adj* (**~ally**) phlegmatisch.

pho·bi·a ['fəʊbjə] *s psych.* Phobie *f*, krankhafte Angst (**about** vor *dat*).

phone [fəʊn] **I** *s* **1.** Telefon *n*: **by ~** telefonisch; **be on the ~** Telefon(anschluß) haben; am Telefon sein. **2.** Hörer *m.* **II** *v/i* **3.** telefonieren, anrufen: **~ back** zurückrufen. **III** *v/t* **4.** *a.* **~ up** anrufen: **~ back** zurückrufen; **~ s.th. to s.o.** j-m et. telefonisch durchgeben. **IV** *adj* **5.** Telefon...: **~ book** Telefonbuch *n*; **~ booth** (*Br.* **box**) Telefonzelle *f*; **~ call** Anruf *m*, Gespräch *n*; **~ number** Telefonnummer *f.* '**~-in** *s Rundfunk, TV*: *Br.* Sendung *f* mit telefonischer Zuhörer- *od.* Zuschauerbeteiligung.

pho·neme ['fəʊniːm] *s ling.* Phonem *n.*

pho·net·ic [fəʊ'netɪk] **I** *adj* (**~ally**) phonetisch: **~ character** (*od.* **symbol**) Lautzeichen *n*; **~ transcription** Lautschrift *f.* **II** *s pl* (*mst sg konstruiert*) Phonetik *f.*

pho·n(e)y ['fəʊnɪ] F **I** *adj* □ **1.** falsch: a) gefälscht (*Geld, Paß etc*), b) unecht (*Schmuck, Gefühle etc*), c) erfunden (*Geschichte etc*), faul (*Sache, Entschuldigung etc*), Schein..., Schwindel...(*-firma etc*), d) verlogen (*Moral etc*). **II** *s* **2.** Fälschung *f.* **3.** Schwindler(in).

phos·phate ['fɒsfeɪt] *s* ⚗ Phosphat *n.*

phos·pho·res·cent [ˌfɒsfə'resnt] *adj* □ phosphoreszierend.

phos·pho·rus ['fɒsfərəs] *s* ⚗ Phosphor *m.*

pho·to ['fəʊtəʊ] *pl* **-tos** *s* F Foto *n*, Bild *n*: **in the ~** auf dem Foto; **take a ~** ein Foto machen (**of** von); **~ album** Fotoalbum *n*; **~ safari** Fotosafari *f.* '**~·cell** *s* ⚡ Photozelle *f.* '**~ˌcop·i·er** *s* Fotokopierer *m*, -kopiergerät *n.* '**~ˌcop·y I** *s* Fotokopie *f*: **make** (*od.* **take**) **a ~ of** e-e Fotokopie machen von. **II** *v/t* fotokopieren. **~ fin·ish** *s Sport*: Fotofinish *n.*

pho·to·gen·ic [ˌfəʊtəʊ'dʒenɪk] *adj* (**~ally**) fotogen.

pho·to·graph ['fəʊtəgrɑːf] **I** *s* Fotografie *f*, Aufnahme *f*: **in the ~** auf der Fotografie; **take a ~** e-e Aufnahme machen (**of** von). **II** *v/t* fotografieren. **III** *v/i* sich *gut etc* fotografieren (lassen). **pho·tog·ra·pher** [fə'tɒgrəfə] *s* Fotograf(in). **pho·to·graph·ic** [ˌfəʊtə'græfɪk] *adj* (**~ally**) fotografisch: **~ memory** fotografisches Gedächtnis; **~ studio** Fotostudio *n.* **pho·tog·ra·phy** [fə'tɒgrəfɪ] *s* Fotografie *f* (*Verfahren etc*).

ˌpho·to|'sen·si·tive *adj* lichtempfindlich. **ˌ~'syn·the·sis** *s biol.* Photosynthese *f.*

phras·al ['freɪzl] *adj*: **~ verb** *ling. Verb in Verbindung mit e-m Adverb u./od. e-r Präposition.*

phrase [freɪz] **I** *s* **1.** *ling.* Phrase *f*, Satzteil *m.* **2.** (Rede)Wendung *f*, Redensart *f.* **3.** *contp.* Phrase *f*: ***empty ~s*** *pl* leere Phrasen *pl.* **II** *v/t* **4.** ausdrücken, formulieren. '**~book** *s* Sprachführer *m.*

phra·se·ol·o·gy [ˌfreɪzɪ'ɒlədʒɪ] *s* Ausdrucksweise *f*, Sprache *f*; Jargon *m.*

phut [fʌt] *adv*: ***go ~*** F kaputtgehen (*a. fig. Ehe etc*); *fig.* platzen (*Pläne etc*).

phys·i·cal ['fɪzɪkl] **I** *adj* (□ → ***physically***) **1.** physisch, körperlich: ***~ education*** (*od.* ***training***) *ped.* Leibeserziehung *f*, Sport *m*; ***~ examination*** → 3; ***~ handicap*** Körperbehinderung *f*; ***~ jerks*** *pl Br.* F Gymnastik *f*; ***~ strength*** Körperkraft *f.* **2.** physikalisch. **II** *s* **3.** ärztliche Untersuchung. **phys·i·cal·ly** ['~kəlɪ] *adv* → ***physical***: ***~ handicapped*** körperbehindert; ***~ impossible*** F völlig unmöglich. **phy·si·cian** [fɪ'zɪʃn] *s* Arzt *m*, Ärztin *f.* **phys·i·cist** ['~sɪst] *s* Physiker(in). **phys·ics** ['fɪzɪks] *s pl* (*mst sg konstruiert*) Physik *f.*

phys·i·og·no·my [ˌfɪzɪ'ɒnəmɪ] *s* Physiognomie *f*, Gesichtsausdruck *m.*

phys·i·o·log·i·cal [ˌfɪzɪə'lɒdʒɪkl] *adj* □ physiologisch. **phys·i·ol·o·gy** [ˌ~'ɒlədʒɪ] *s* Physiologie *f.*

phys·i·o·ther·a·py [ˌfɪzɪəʊ'θerəpɪ] *s* Physiotherapie *f.*

phy·sique [fɪ'ziːk] *s* Körperbau *m*, Statur *f.*

pi·an·ist ['pɪənɪst] *s* Pianist(in).

pi·an·o [pɪ'ænəʊ] *pl* **-os** *s* ♪ Klavier *n.*

pick [pɪk] **I** *s* **1.** (Spitz)Hacke *f*, Pickel *m.* **2.** (*Zahn*)Stocher *m.* **3.** (Aus)Wahl *f*: ***have one's ~ of*** auswählen können aus; ***take one's ~*** sich et. aussuchen; ***the ~ of the bunch*** das (Aller)Beste, das Beste vom Besten. **II** *v/t* **4.** (auf)hakken, (-)picken: → ***hole*** 1. **5.** *Körner* aufpicken; auflesen, (auf)sammeln; *Blumen, Obst* pflücken. **6.** *Knochen* abnagen; *Am. Hühner etc* rupfen: → ***bone*** 1. **7.** ***~ one's nose*** in der Nase bohren, popeln; ***~ one's teeth*** in den Zähnen (herum)stochern. **8.** *Schloß* mit e-m Dietrich *etc* öffnen, knacken. **9.** *Streit* vom Zaun brechen (***with*** mit). **10.** (aus)wählen, aussuchen: ***~ one's way*** (*od.* ***steps***) sich s-n Weg suchen, mit vorsichtigen Schritten gehen (***through*** durch); ***~ a winner*** *fig.* das Große Los ziehen; ***~ one's words*** s-e Worte genau wählen. **11.** zerpflücken, -reißen: → ***piece*** 1. **III** *v/i* **12.** ***~ and choose*** wählerisch sein; sich bei der Auswahl Zeit lassen.

Verbindungen mit Präpositionen:

pick| at *v/i* **1.** ***~ one's food*** im Essen herumstochern. **2.** herumnörgeln an (*dat*); herumhacken auf (*dat*). **~ on** *v/i* **1.** → ***pick at*** 2. **2.** *j-n* (*für et. Unangenehmes*) aussuchen.

Verbindungen mit Adverbien:

pick| out *v/t* **1.** (sich) *et.* auswählen. **2.** ausmachen, erkennen. **~ up I** *v/t* **1.** aufheben, -lesen: ***pick o.s. up*** sich aufrappeln (*a. fig.*); → ***gauntlet***[1], ***thread*** 1. **2.** F *Passagiere* aufnehmen; *j-n* abholen. **3.** F *Mädchen* aufgabeln, -lesen; *Anhalter* mitnehmen; sich *e-e Krankheit* holen *od.* einfangen. **4.** *Funkspruch etc* auffangen. **5.** *Kenntnisse, Informationen etc* aufschnappen. **6.** zunehmen an (*dat*): ***~ speed*** schneller werden. **II** *v/i* **7.** sich (wieder) erholen (*a.* ✝). **8.** stärker werden (*Wind etc*).

pick·a·back ['pɪkəbæk] **I** *adv* huckepack: ***carry s.o. ~*** → II. **II** *s*: ***give s.o. a ~*** j-n huckepack tragen.

'**pick·ax(e)** → ***pick*** 1.

pick·er ['pɪkə] *s* Pflücker(in).

pick·et ['pɪkɪt] **I** *s* **1.** Pfahl *m.* **2.** Streikposten *m*: ***~ line*** Streikpostenkette *f.* **II** *v/t* **3.** Streikposten aufstellen vor (*dat*), durch Streikposten blockieren. **III** *v/i* **4.** Streikposten stehen.

pick·ings ['pɪkɪŋz] *s pl* Ausbeute *f*: ***there are easy ~ in this job*** bei diesem Job kann man leicht ein paar Mark (dazu)verdienen.

pick·le ['pɪkl] **I** *s* **1.** Salzlake *f*; Essigsoße *f.* **2.** a) *Am.* Essig-, Gewürzgurke *f*, b) *mst pl* Pickles *pl*: → ***mixed.*** **3.** ***be in a*** (***pretty***) ***~*** F (ganz schön) in der Patsche sein *od.* stecken. **II** *v/t* **4.** *gastr.* einlegen. '**pick·led** *adj* **1.** eingelegt. **2.** F blau (*betrunken*).

'**pick|·lock** *s* **1.** Einbrecher *m.* **2.** Dietrich *m.* '**~-me-up** *s* F Muntermacher *m*, Anregungsmittel *n.* '**~ˌpock·et** *s* Taschendieb(in). '**~·up** *s* **1.** Tonabnehmer *m*, Pick-up *m* (*am Plattenspieler*): ***~ arm*** Tonarm *m.* **2.** *a.* ***~ truck*** kleiner Lieferwagen, Kleintransporter *m.* **3.** F (Zufalls)Bekanntschaft *f.* **4.** *mot.* F Beschleunigung(svermögen *n*) *f*: ***have good ~*** gut beschleunigen.

pick·y ['pɪkɪ] *adj* □ F heikel, wählerisch: ***be a very ~ eater*** im Essen sehr heikel sein.

pic·nic ['pɪknɪk] **I** *s* Picknick *n*: ***go on*** (*od.* ***for***) ***a ~ in the country*** zum Picknick aufs Land fahren; ***have a ~*** Picknick machen; ***it's no ~*** F es ist kein Honiglecken (***doing*** zu tun). **II** *v/i pret u. pp* **-nicked** picknicken.

pic·to·ri·al [pɪk'tɔːrɪəl] **I** *adj* □ **1.** bebildert, illustriert: ***~ report*** Bildbericht *m.* **2.** bildhaft (*Sprache etc*). **II** *s* **3.** Illustrierte *f.*

pic·ture ['pɪktʃə] **I** *s* **1.** Bild *n* (*a. TV*): a) Abbildung *f*, Illustration *f*: ***in the ~*** auf dem Bild, b) Gemälde *n*: (***as***) ***pretty as a ~*** sehr hübsch; ***be a ~*** e-e Pracht *od.* ein Gedicht sein; ***be the ~ of health*** aussehen wie das blühende Leben; ***his face was a ~*** du hättest sein Gesicht sehen sollen; → ***paint*** 1, c) *phot.* Aufnahme *f*: ***take a ~*** e-e Aufnahme machen (***of*** von), d) *fig.* Vorstellung *f*: ***be in*** (***out of***) ***the ~*** (nicht) im Bild sein; ***put in the ~*** ins Bild setzen; ***get the ~?*** F kapiert? **2.** a) Film *m*, b) *pl bsd. Br.* Kino *n*: ***go to the ~s*** ins Kino gehen. **II** *v/t* **3.** darstellen, malen. **4.** *fig.* sich *j-n*, *et.* vorstellen (***as*** als). **~ book** *s* Bilderbuch *n.* **~ card** *s Kartenspiel*: Bild(karte *f*) *n.* **~ de·fi·ni·tion** *s phot., TV* Bildschärfe *f.* **~ frame** *s* Bilderrahmen *m.* **~ gal·ler·y** *s* Gemäldegalerie *f.* **~ post·card** *s* Ansichtskarte *f.* **~ tube** *s TV* Bildröhre *f.*

pic·tur·esque [ˌpɪktʃə'resk] *adj* □ malerisch.

pid·dle ['pɪdl] F **I** *v/i* pinkeln, (*Kind*) Pipi machen. **II** *v/t*: ***~ away*** *Zeit* vertrödeln. **'pid·dling** *adj* F unwichtig.

pidg·in Eng·lish ['pɪdʒɪn] *s* Pidgin-Englis(c)h *n.*

pie [paɪ] *s gastr.* Pie *f*: a) (*Fleisch- etc*)Pastete *f*, b) (*mst* gedeckter) (*Apfel- etc*)Kuchen: (***as***) ***easy as ~*** F kinderleicht; → ***finger*** I, ***humble*** I.

piece [piːs] **I** *s* **1.** Stück *n*: ***~ of cake*** Stück Kuchen; *fig.* F Kinderspiel *n*; ***a ~*** das Stück; ***~ by ~*** Stück für Stück; ***by the ~*** stückweise; ***in ~s*** entzwei, kaputt; (***all***) ***in one ~*** F ganz, unbeschädigt; heil, unverletzt; ***break*** (*od.* ***fall***) ***to ~s*** zerbrechen, entzweigehen; ***go to ~s*** F zs.-brechen (*Person*); ***pull*** (*od.* ***pick, tear***) ***to ~s*** in Stücke reißen; *fig. Äußerung etc* zerpflücken; → ***advice*** 1, ***furniture, mind*** 4, ***news.*** **2.** Teil *n* (*e-r Maschine etc*): ***take to ~s*** auseinandernehmen, zerlegen. **3.** Teil *m* (*e-s Services etc*): ***a 30-~ service*** ein 30teiliges Service. **4.** (Geld)Stück *n*, Münze *f.* **5.** (*Schach*) Figur *f*; (*Dame etc*) Stein *m.* **6.** (Zeitungs)Artikel *m.* **II** *v/t* **7.** ***~ together*** zs.-stücke(l)n; *fig.* zs.-fügen. **'~·meal I** *adv* **1.** schrittweise. **II** *adj* **2.** schrittweise. **3.** unsystematisch. **'~·work** *s* Akkordarbeit *f*: ***be on*** (*od.* ***do***) ***~*** im Akkord arbeiten.

ˌpie-'eyed *adj* F blau (*betrunken*).

pier [pɪə] *s* **1.** Pier *m*, ⚓ *a. f*, Landungsbrücke *f*, -steg *m.* **2.** (*Brücken- etc*)Pfeiler *m.*

pierce [pɪəs] *v/t* **1.** durchbohren, -stoßen: ***~ s.o.'s ears*** j-m die Ohren durchstechen. **2.** *fig.* durchdringen: ***a cry ~d the silence*** ein Schrei zerriß die Stille. **'pierc·ing** *adj* □ durchdringend, (*Kälte etc a.*) schneidend, (*Blick, Schmerz etc a.*) stechend, (*Schrei a.*) gellend.

pi·e·ty ['paɪətɪ] *s* Frömmigkeit *f.*

pif·fle ['pɪfl] *s* F Quatsch *m.* **'pif·fling** *adj* F albern.

pig [pɪg] *s* **1.** Schwein *n*: ***buy a ~ in a poke*** *fig.* die Katze im Sack kaufen; ***make a ~'s ear of s.th.*** *Br. sl.* et. vermasseln. **2.** F *contp.* Schwein *n*; Freßsack *m.* **3.** *sl.* Bulle *m* (*Polizist*).

pi·geon ['pɪdʒɪn] *s orn.* Taube *f*: ***that's not my ~*** *fig.* F das ist nicht mein Bier. **'~·hole I** *s* **1.** (Ablege)Fach *n*: ***put in ~s*** → 3. **II** *v/t* **2.** (in Fächern) ablegen. **3.** *fig.* einordnen, klassifizieren. **4.** *fig.* zurückstellen. **'~-toed** *adv*: ***walk ~*** über den großen Onkel gehen.

pig·gish ['pɪgɪʃ] *adj* □ schweinisch; gefräßig.

pig·gy ['pɪgɪ] **I** *s* **1.** *Kindersprache*: Schweinchen *n.* **II** *adj* **2.** Schweins...: ***~ eyes.*** **3.** gefräßig (*bsd. Kind*). **'~·back** → ***pickaback.*** **~ bank** *s* Sparschwein *n.*

ˌpig|'head·ed *adj* □ dickköpfig, stur. **~ i·ron** *s* Roheisen *n.*

pig·let ['pɪglɪt] *s* Ferkel *n*, Schweinchen *n.*

pig·ment ['pɪgmənt] *s* Pigment *n.*

pig·my → ***pygmy.***

'pig|·pen *bsd. Am.* → ***pigsty.*** **'~·skin** *s* Schweinsleder *n.* **'~·sty** *s* Schweinestall *m, fig. a.* Saustall *m.* '**~·tail** *s* Zopf *m.*

pike[1] [paɪk] *pl* **pikes,** *bsd. coll.* **pike** *s ichth.* Hecht *m.*

pike[2] [~] *s* ⚔ *hist.* Pike *f*, Spieß *m.*

pike[3] [~] → ***turnpike.***

'**pike·staff** *s*: (***as***) ***plain as a*** ~ deutlich sichtbar; *fig.* sonnenklar.

pile[1] [paɪl] **I** *s* **1.** Stapel *m*, Stoß *m.* **2.** Scheiterhaufen *m.* **3.** Gebäude(komplex *m*) *n.* **4.** (*Atom*)Reaktor *m.* **5.** ~***s*** (*od.* ***a*** ~) ***of ...*** F ein Haufen ..., e-e *od.* jede Menge ... **6.** ***a*** ~ (***of money***) F e-e Menge Geld: ***make a*** (*od.* ***one's***) ~ (***from***) e-e Menge Geld machen (bei), sich gesundstoßen (an *dat*, mit). **II** *v/t* **7.** *a.* ~ ***up*** (an-, auf)häufen, (auf)stapeln: ~ ***it on*** F dick auftragen. **8.** laden, aufhäufen (***on, onto*** auf *acc*); überhäufen, -laden (***with*** mit). **III** *v/i* **9.** *mst* ~ ***up*** sich (auf *od.* an)häufen, sich ansammeln (*beide a. fig.*). **10.** F (sich) drängen (***into*** in *acc*): ~ ***in*** (sich) hinein- *od.* hereindrängen. **11.** ~ ***up*** *mot.* F aufeinander auffahren.

pile[2] [~] *s* Pfahl *m.*

piles [paɪlz] *s pl* ⚕ Hämorrhoiden *pl.*

'**pile-up** *s mot.* F Massenkarambolage *f.*

pil·fer ['pɪlfə] *v/t u. v/i* stehlen, klauen. '**pil·fer·er** *s* Dieb(in).

pil·grim ['pɪlgrɪm] *s* Pilger(in), Wallfahrer(in): ***the*** ♀ ***Fathers*** *pl hist.* die Pilgerväter *pl.* '**pil·grim·age I** *s* Pilger-, Wallfahrt *f*: ***go on*** (*od.* ***make***) ***a*** ~ e-e Pilger- *od.* Wallfahrt machen. **II** *v/i* pilgern, wallfahr(t)en.

pill [pɪl] *s* **1.** Pille *f*, Tablette *f*: ***a bitter*** ~ (***for s.o.***) ***to swallow*** *fig.* e-e bittere Pille (für j-n); ***gild*** (*od.* ***sugar, sweeten***) ***the*** ~ *fig.* die bittere Pille versüßen. **2.** ***the*** ~ F die (*Antibaby*)Pille: ***be on the*** ~ die Pille nehmen.

pil·lage ['pɪlɪdʒ] **I** *v/t u. v/i* plündern. **II** *s* Plünderung *f.*

pil·lar ['pɪlə] *s* Pfeiler *m*; Säule *f* (*a. fig.*): ***from*** ~ ***to post*** *fig.* von Pontius zu Pilatus. ~ **box** *s Br.* Briefkasten *m.*

pil·lion ['pɪljən] **I** *s mot.* Sozius(sitz) *m.* **II** *adv*: ***ride*** ~ auf dem Sozius(sitz) (mit-) fahren. ~ **pas·sen·ger** *s* Soziusfahrer(in).

pil·lo·ry ['pɪlərɪ] **I** *s hist.* Pranger *m*: ***be in the*** ~ am Pranger stehen. **II** *v/t hist.* an den Pranger stellen; *fig.* anprangern.

pil·low ['pɪləʊ] **I** *s* (Kopf)Kissen *n.* **II** *v/t bsd. Kopf* betten (***on*** auf *acc*). '**~·case** *s* (Kopf)Kissenbezug *m.* ~ **fight** *s* Kissenschlacht *f.* ~ **slip** → ***pillowcase.*** ~ **talk** *s* Bettgeflüster *n.*

pi·lot ['paɪlət] **I** *s* **1.** ✈ Pilot(in): ~***'s licence*** (*Am.* ***license***) Flug-, Pilotenschein *m.* **2.** ⚓ Lotse *m*, Lotsin *f.* **II** *v/t* **3.** ✈ steuern, fliegen. **4.** ⚓ lotsen, *fig. a.* führen, leiten. **III** *adj* **5.** Versuchs..., Probe...: ~ ***film*** *TV* Pilotfilm *m*; ~ ***scheme*** Versuchs-, Pilotprojekt *n*; ~ ***study*** Pilot-, Leitstudie *f.* **6.** ~ ***lamp*** Kontrollampe *f.*

pimp [pɪmp] **I** *s* Zuhälter *m.* **II** *v/i* von Zuhälterei leben: ~ ***for s.o.*** j-s Zuhälter sein.

pim·ple ['pɪmpl] *s* Pickel *m*, Pustel *f.* '**pim·pled** *adj* pick(e)lig.

pin [pɪn] **I** *s* **1.** (Steck)Nadel *f.* **2.** (*Haar-, Krawatten- etc*)Nadel *f.* **3.** *bsd. Am.* Brosche *f*; (Ansteck)Nadel *f.* **4.** ⚙ Bolzen *m*, Stift *m*; ⚕ Nagel *m.* **5.** (*Reiß*)Nagel *m*, (-)Zwecke *f.* **6.** *Am.* (*Wäsche*)Klammer *f.* **7.** *pl* F Gestell *n* (*Beine*). **8.** *Bowling*: Kegel *m.* **II** *v/t* **9.** *a.* ~ ***up*** (***to, on***) heften, stecken (an *acc*), festmachen, befestigen (an *dat*): ~ ***s.th. on s.o.*** *fig.* j-m et. in die Schuhe schieben; j-m et. anhängen; ~ ***one's hopes on*** s-e Hoffnung setzen auf (*acc*). **10.** ~ ***down*** zu Boden drücken; *fig. j-n* festlegen, -nageln (***to*** auf *acc*).

pin·a·fore ['pɪnəfɔː] *s* **1.** Schürze *f.* **2.** *a.* ~ ***dress*** Trägerkleid *n*, Kleiderrock *m.*

'**pin·ball** *s* Flippern *n*: ***play*** ~ flippern. ~ **ma·chine** *s* Flipper *m.*

pin·cers ['pɪnsəz] *s pl*, *a.* ***pair of*** ~ Kneifzange *f.*

pinch [pɪntʃ] **I** *v/t* **1.** kneifen, zwicken: ~ ***s.o.'s*** (*od.* ***s.o. on the***) ***arm*** j-n in den Arm zwicken; ~ ***one's fingers in the door*** sich die Finger in der Tür (ein)klemmen. **2.** ***be*** ~***ed for money*** (***time***) knapp bei Kasse sein (wenig Zeit haben). **3.** F klauen. **4.** F *j-n* hopsnehmen (***for*** wegen). **II** *v/i* **5.** drücken (*Schuh*): → ***shoe*** 1. **6.** ~ ***and scrape*** (*od.* ***save***) *fig.* sich sehr einschränken, sich nichts gönnen. **III** *s* **7.** Kneifen *n*, Zwicken *n*: ***give s.o. a*** ~ j-n kneifen *od.* zwicken. **8.** Prise *f* (*Salz etc*): → ***salt*** 1. **9.** *fig.* Not(lage) *f*: ***at*** (*Am.* ***in***) ***a*** ~ zur Not, notfalls; ***feel the*** ~ die schlechte Lage zu spüren bekommen.

'pin,cush·ion *s* Nadelkissen *n.*

pine¹ [paɪn] *s* ♣ Kiefer *f.*

pine² [~] *v/i* **1.** sich sehnen (***for*** nach). **2.** *mst* ~ ***away*** vor Gram vergehen.

'pine|,ap·ple *s* ♣ Ananas *f.* ~ **tree** → ***pine¹.***

ping-pong ['pɪŋpɒŋ] *s* F Pingpong *n* (*Tischtennis*).

'pin·head *s* **1.** Stecknadelkopf *m.* **2.** F Dummkopf *m.*

pin·ion ['pɪnjən] *s* ⚙ Ritzel *n.*

pink [pɪŋk] **I** *s* **1.** ♣ Nelke *f.* **2.** Rosa *n.* **3.** ***be in the*** ~ vor Gesundheit strotzen. **II** *adj* **4.** rosa: ***see*** ~ ***elephants*** weiße Mäuse sehen; → ***tickle*** I. **5.** *pol.* rot angehaucht.

'pin|·point I *s* **1.** Nadelspitze *f.* **2.** (winziger) Punkt: ~ ***of light*** Lichtpunkt. **II** *v/t* **3.** genau zeigen. **4.** *fig.* genau festlegen *od.* bestimmen. **III** *adj* **5.** (haar)genau. **'~·prick** *s* **1.** Nadelstich *m.* **2.** *fig.* Stichelei *f.* **'~·stripe(d)** *adj*: ~ ***suit*** Nadelstreifenanzug *m.*

pint [paɪnt] *s* **1.** Pint *n.* **2.** *Br.* F Halbe *f* (Bier): ***meet for a*** ~ sich auf ein Bier treffen.

pin| ta·ble *s* Flipper *m.* **'~·up** *s* **1.** *a.* ~ ***girl*** Pin-up-Girl *n.* **2.** Pin-up-Foto *n.*

pi·o·neer [,paɪə'nɪə] **I** *s* Pionier *m, fig. a.* Bahnbrecher *m*, Wegbereiter *m.* **II** *v/i u. v/t fig.* den Weg bahnen (für), Pionierarbeit leisten (für).

pi·ous ['paɪəs] *adj* □ fromm: ~ ***hope*** frommer Wunsch.

pip¹ [pɪp] *s*: ***give s.o. the*** ~ *Br.* F j-m auf die Nerven gehen, j-n nerven.

pip² [~] *s* **1.** (*Apfel- etc*)Kern *m.* **2.** Auge *n* (*auf Spielkarten*), Punkt *m* (*auf Würfeln etc*). **3.** ⚔ *bsd. Br.* F Stern *m* (*Rangabzeichen*). **4.** Ton *m* (*e-s Zeitzeichens etc*).

pip³ [~] *v/t Br.* F knapp besiegen *od.* schlagen: ~ ***s.o. at the post*** (*Sport*) j-n im Ziel abfangen; *fig.* j-m um Haaresbreite zuvorkommen.

pipe [paɪp] **I** *s* **1.** ⚙ Rohr *n*, Röhre *f.* **2.** (*Tabaks*)Pfeife *f.* **3.** (*Orgel*)Pfeife *f.* **4.** *pl* Dudelsack *m.* **II** *v/t* **5.** (durch Rohre *od.* Kabel) leiten: ~***d music*** *contp.* Musikberies(e)lung *f*; ~***d water*** Leitungswasser *n.* **6.** *Torte etc* spritzen. **III** *v/i* **7.** F ~ ***down*** die Luft anhalten, den Mund halten; ~ ***up*** loslegen (*Sänger, Band etc*); den Mund aufmachen, losreden. ~ **clean·er** *s* Pfeifenreiniger *m.* ~ **dream** *s* Hirngespinst *n*, Luftschloß *n.* **'~·line** *s* Rohrleitung *f*, (*für Erdöl, Erdgas*) Pipeline *f*: ***in the*** ~ *fig.* in Vorbereitung (*Pläne etc*), im Kommen (*Entwicklung etc*), im Anrollen (*Aktion etc*).

pip·er ['paɪpə] *s* Dudelsackpfeifer *m*: ***pay the*** ~ *fig.* für die Kosten aufkommen.

pipe smok·er *s* Pfeifenraucher *m.*

pip·ing ['paɪpɪŋ] **I** *s* **1.** Rohrleitung *f*, -netz *n.* **2.** *gastr.* Spritzguß *m.* **II** *adv* **3.** ~ ***hot*** kochendheiß.

'pip·squeak *s* F *contp.* Würstchen *n* (*Person*).

pi·quant ['pi:kənt] *adj* □ pikant (*a. fig.*).

pique [pi:k] **I** *v/t* kränken, verletzen: ***be*** ~***d*** pikiert sein (***at*** über *acc*). **II** *s*: ***in a fit of*** ~ gekränkt, verletzt, pikiert.

pi·ra·cy ['paɪərəsɪ] *s* **1.** Seeräuberei *f*, Piraterie *f.* **2.** Raubdruck *m*; Raubpressung *f.* **pi·rate** ['~rət] **I** *s* **1.** Pirat *m*, Seeräuber *m.* **II** *adj* **2.** Piraten..., Seeräuber...: ~ ***ship.*** **3.** ~ ***copy*** Raubkopie *f*; ~ ***edition*** Raubdruck *m*; ~ ***record*** Raubpressung *f*; ~ (***radio***) ***station*** Piraten-, Schwarzsender *m.* **III** *v/t* **4.** unerlaubt kopieren *od.* nachdrucken *od.* nachpressen: ~***d copy*** (***edition, record***) → 3.

pir·ou·ette [,pɪrʊ'et] *s* Pirouette *f*: ***do a*** ~ e-e Pirouette drehen.

Pis·ces ['paɪsi:z] *s pl* (*sg konstruiert*) *ast.* Fische *pl*: ***be a*** ~ Fisch sein.

piss [pɪs] V **I** *v/i* **1.** pissen: ***it is*** ~***ing down*** *bsd. Br.* es schifft. **2.** ~ ***off!*** verpiß dich! **II** *v/t* **3.** anpissen, pissen in (*acc*). **4.** ~ ***off*** ankotzen: ***be*** ~***ed off with*** die Schnauze voll haben von. **III** *s* **5.** Pisse *f*: ***take the*** ~ ***out of s.o.*** j-n verarschen. **6.** Pissen *n*: ***have*** (***go for***) ***a*** ~ pissen (gehen). **pissed** *adj* V **1.** *Br.* blau (*betrunken*). **2.** *Am.* (stock)sauer (***at*** auf *acc*).

pis·ta·chi·o [pɪ'stɑ:ʃɪəʊ] *pl* **-os** *s* ♣ Pistazie *f.*

pis·til ['pɪstɪl] *s* ♣ Stempel *m.*

pis·tol ['pɪstl] *s* Pistole *f.*

pis·ton ['pɪstən] *s* ⚙ Kolben *m.* ~ **ring** *s* Kolbenring *m.* ~ **rod** *s* Kolbenstange *f.* ~ **stroke** *s* Kolbenhub *m.*

pit¹ [pɪt] **I** *s* **1.** Grube *f*: ~ ***of the stomach*** *anat.* Magengrube. **2.** Grube *f*, Zeche *f*: ~ ***closure*** Zechenstillegung *f*; ~ ***disaster*** Grubenunglück *n.* **3.** *thea.* a) *bsd.*

Br. Parkett *n*, b) (*Orchester*)Graben *m.* **4.** *mst pl Motorsport*: Box *f*: **~ stop** Boxenstopp *m.* **5.** (*bsd. Pocken*)Narbe *f.* **II** *v/t* **6. ~ted with smallpox** pockennarbig. **7. ~ one's wits (strength) against** sich (geistig) (s-e Kräfte) messen an (*dat*).

pit² [~] *Am.* → **stone** 2, 6.

pitch¹ [pɪtʃ] *s* Pech *n*: **(as) black as ~** → **pitch-black.**

pitch² [~] **I** *v/t* **1.** *Lager, Zelt etc* aufschlagen. **2.** werfen, schleudern. **II** *v/i* **3.** stürzen, fallen. **4.** ⚓ stampfen. **5.** sich neigen (*Dach etc*). **6. ~ in** F sich ins Zeug legen; kräftig zulangen (*beim Essen*); zu Hilfe kommen, aushelfen (**with** mit). **III** *s* **7.** *Sport*: *Br.* (Spiel)Feld *n.* **8.** ♪ Tonhöhe *f.* **9.** *fig.* Grad *m*, Stufe *f.* **10.** *bsd. Br.* (Verkaufs)Stand *m*: **queer s.o.'s ~** *fig.* F j-m die Tour vermasseln, j-m e-n Strich durch die Rechnung machen. **11.** ⚓ Stampfen *n.* **12.** Neigung *f* (*e-s Dachs etc*). **13.** → **sales pitch.**

ˌpitch|-'black, ˌ~-'dark *adj* pechschwarz; stockdunkel.

pitch·er¹ ['pɪtʃə] *s Baseball*: Werfer *m.*

pitch·er² [~] *s* Krug *m.*

'pitch·fork I *s* **1.** Heugabel *f.* **II** *v/t* **2.** *Heu* gabeln. **3.** *fig. j-n* (*unversehens od. gegen s-n Willen*) (hinein)drängen (**into** in *acc*).

'pit·fall *s fig.* Falle *f*, Fallstrick *m.*

pith [pɪθ] *s* **1.** ♀ Mark *n.* **2.** weiße Haut (*e-r Orange etc*). **3.** *fig.* Kern *m.* **~ hel·met** *s* Tropenhelm *m.*

pith·y ['pɪθɪ] *adj* □ markig, prägnant.

pit·i·a·ble ['pɪtɪəbl] → **pitiful. pit·i·ful** ['~fʊl] *adj* □ **1.** mitleiderregend (*Anblick etc*), bemitleidenswert (*Person, Zustand etc*). **2.** erbärmlich, jämmerlich, kläglich. **'pit·i·less** *adj* □ unbarmherzig, mitleid(s)los.

pit·man ['pɪtmən] *s* (*irr* **man**) Bergmann *m.*

pit·tance ['pɪtəns] *s* Hungerlohn *m.*

pi·tu·i·tar·y (gland) [pɪ'tjʊɪtərɪ] *s anat.* Hirnanhang(drüse *f*) *m.*

pit·y ['pɪtɪ] **I** *s* **1.** Mitleid *n*: **out of ~** aus Mitleid; **feel ~ for, have ~ on** Mitleid haben mit; **take ~ on** Mitleid bekommen mit. **2. it is a (great) ~** es ist (sehr) schade; **it is a thousand pities** es ist jammerschade; **what a ~!** wie schade! **II** *v/t* **3.** bemitleiden, bedauern: **I ~ him** er tut mir leid. **'pit·y·ing** *adj* □ mitleid(s)voll, mitleidig.

piv·ot ['pɪvət] **I** *s* **1.** ⚙ Drehzapfen *m.* **2.** *fig.* Dreh- u. Angelpunkt *m.* **II** *v/i* **3.** sich drehen: **~ on** *fig.* abhängen von. **piv·ot·al** ['~tl] *adj fig.* zentral: **~ position** Schlüsselstellung *f.*

pix·ie, pix·y ['pɪksɪ] *s* Elf(e *f*) *m*; Kobold *m.*

piz·za ['piːtsə] *s* Pizza *f.* **piz·ze·ri·a** [ˌpiːtsə'riːə] *s* Pizzeria *f.*

pla·card ['plækɑːd] **I** *s* **1.** Plakat *n*; Transparent *n.* **II** *v/t* **2.** mit Plakaten bekleben. **3.** Plakatwerbung machen für.

pla·cate [plə'keɪt] *v/t* beschwichtigen, besänftigen.

place [pleɪs] **I** *s* **1.** Ort *f*, Stelle *f*, Platz *m*: **from ~ to ~** von Ort zu Ort; **in ~s** stellenweise; **in ~ of** an Stelle von (*od. gen*); **in ~** an s-m (richtigen) Platz; **out of ~** nicht an s-m (richtigen) Platz; fehl am Platz; unangebracht; **if I were in your ~ I would ...** an Ihrer Stelle würde ich ...; **put o.s. in s.o.'s ~** sich in j-s Lage versetzen; **put s.o. back in his ~** j-n in die *od.* s-e Schranken verweisen; **take ~** stattfinden; **take s.o.'s ~** j-s Stelle einnehmen. **2.** Ort *m*, Stätte *f*: **~ of birth** Geburtsort; **~ of work** Arbeitsstätte. **3.** Haus *n*, Wohnung *f*: **at his ~** bei ihm (zu Hause). **4.** Wohnort *m*, Ort(schaft *f*) *m*: **in this ~** hier. **5.** Stelle *f* (*in e-m Buch etc*): **lose one's ~** die Stelle verblättern; die Zeile verlieren. **6.** *Reihenfolge*: Platz *m*, Stelle *f*: **in the first ~** erstens; in erster Linie; überhaupt (erst). **7.** *Sport*: Platz *m*: **in third ~** auf dem dritten Platz. **8.** (*Arbeits-, Lehr-*) Stelle *f*; Platz *m* (*in e-m Heim etc*); (*Studien- etc*)Platz *m.* **II** *v/t* **9.** stellen, setzen, legen: **~ in** in *e-e Lage etc* versetzen. **10. (with)** *Auftrag* erteilen (*dat*), vergeben (an *acc*), *Bestellung* aufgeben (bei). **11. I can't ~ him** ich weiß nicht, wo ich ihn unterbringen *od.* wohin ich ihn tun soll (*woher ich ihn kenne*). **12. be ~d** (*Sport*) sich placieren (**third** an dritter Stelle), placiert sein.

pla·ce·bo [plə'siːbəʊ] *pl* **-bo(e)s** *s* ⚕ Placebo *n.*

place| card *s* Tischkarte *f.* **~ mat** *s* Set *n*, *m*, Platzdeckchen *n.* **~ name** *s* Ortsname *m.* **~ set·ting** *s* Gedeck *n.*

plac·id ['plæsɪd] *adj* □ **1.** ruhig, gelassen. **2.** ruhig, friedlich.

pla·gia·rism ['pleɪdʒjərɪzəm] *s* Plagiat *n.* '**pla·gia·rist** *s* Plagiator(in). '**pla·gia·rize** *v/t u. v/i* plagiieren (***from*** von).

plague [pleɪg] **I** *s* **1.** ⚕ Seuche *f*; Pest *f.* **2.** (*Insekten- etc*)Plage *f*: **~ *of insects.*** **II** *v/t* **3.** plagen (***with*** mit): ***be* ~*d by*** geplagt werden von.

plaice [pleɪs] *pl* **plaice** *s ichth.* Scholle *f.*

plaid [plæd] *s* Plaid *n.*

plain [pleɪn] **I** *adj* □ **1.** einfach, schlicht: **~ *clothes*** *pl* Zivil(kleidung *f*) *n*; ***in* ~ *clothes*** in Zivil; **~ *chocolate*** zartbittere Schokolade; **~ *cooking*** gutbürgerliche Küche. **2.** unscheinbar, reizlos. **3.** klar (u. deutlich), unmißverständlich: ***the* ~ *truth*** die nackte Wahrheit; ***make s.th.* ~** et. klarstellen; ***make s.th.* ~ *to s.o.*** j-m et. klarmachen. **4.** offen (u. ehrlich): ***be* ~ *with s.o.*** j-m gegenüber offen sein. **5.** ausgesprochen, rein, völlig: **~ *nonsense*** barer Unsinn. **II** *adv* **6.** F (ganz) einfach. **III** *s* **7.** Ebene *f*, Flachland *n.* '**~-clothes** *adj* in Zivil.

plain·ness ['pleɪnnɪs] *s* **1.** Einfachheit *f*, Schlichtheit *f.* **2.** Unscheinbarkeit *f.* **3.** Klarheit *f.* **4.** Offenheit *f.*

ˌ**plain-'spo·ken** *adj* offen, freimütig: ***be* ~** *a.* sagen, was man denkt.

plain·tiff ['pleɪntɪf] *s* ⚖ Kläger(in).

plain·tive ['~tɪv] *adj* □ klagend, kläglich; (*Lied etc*) schwermütig.

plait [plæt] **I** *s* Zopf *m.* **II** *v/t* flechten.

plan [plæn] **I** *s* **1.** (*Arbeits- etc*)Plan *m*: ***according to* ~** planmäßig, -gemäß; ***make* ~*s*** (***for the future***) (Zukunfts)Pläne machen. **2.** Plan *m*, Absicht *f*: ***change one's* ~*s*** umdisponieren. **3.** (*Stadt-, Sitz- etc*)Plan *m.* **4.** ⚙ Grundriß *m.* **II** *v/t* **5.** planen: **~*ned economy*** Planwirtschaft *f.* **6.** planen, beabsichtigen (***to do*** zu tun). **III** *v/i* **7.** planen: **~ *ahead*** vorausplanen; **~ *for*** (*od.* ***on***) einplanen, rechnen mit. **8.** **~ *on doing s.th.*** planen *od.* beabsichtigen, et. zu tun.

plane¹ [pleɪn] **I** *adj* **1.** eben (*a.* ⩚); ⚙ plan, Plan... **II** *s* **2.** ⩚ Ebene *f*: → ***inclined.*** **3.** *fig.* Ebene *f*, Stufe *f*: ***on the same* ~ *as*** auf dem gleichen Niveau wie. **4.** Hobel *m.* **III** *v/t* **5.** hobeln: **~ *down*** abhobeln.

plane² [~] *s* Flugzeug *n*: ***by* ~** mit dem Flugzeug; ***go by* ~** fliegen.

plan·et ['plænɪt] *s ast.* Planet *m.*

plan·e·tar·i·um [ˌplænɪ'teərɪəm] *pl* **-i·ums, -i·a** [~ɪə] *s* Planetarium. **plan·e·tar·y** ['~tərɪ] *adj* planetarisch, Planeten...

plank [plæŋk] *s* **1.** Planke *f*, Bohle *f*, Brett *n*: (***as***) ***thick as two*** (***short***) **~*s*** *Br.* F strohdumm. **2.** *pol.* Schwerpunkt *m* (*e-s Parteiprogramms*). '**plank·ing** *s* Planken *pl.*

plank·ton ['plæŋtən] *s zo.* Plankton *n.*

plant [plɑːnt] **I** *s* **1.** Pflanze *f*: **~ *louse*** *zo.* Blattlaus *f.* **2.** Werk *n*, Betrieb *m.* **II** *v/t* **3.** (an-, ein)pflanzen; *Land* bepflanzen (***with*** mit). **4.** *Garten etc* anlegen. **5.** *Polizisten etc* aufstellen, postieren; *Bombe* legen. **6.** *Fuß etc* setzen (***on*** auf *acc*); *Messer etc* stoßen (***into*** in *acc*): **~ *a kiss on s.o.'s lips*** j-m e-n Kuß auf die Lippen drücken. **7.** **~ *s.th. on s.o.*** F j-m et. (*Belastendes*) unterschieben *od.* -jubeln. **plan·ta·tion** [plæn'teɪʃn] *s* **1.** Plantage *f*, Pflanzung *f.* **2.** Schonung *f.*

plant·er ['plɑːntə] *s* **1.** Plantagenbesitzer(in), Pflanzer(in). **2.** Pflanzmaschine *f.* **3.** Übertopf *m.*

plaque [plɑːk] *s* **1.** Gedenktafel *f.* **2.** ⚕ (*Zahn*)Belag *m.*

plas·ma ['plæzmə] *s* Plasma *n.*

plas·ter ['plɑːstə] **I** *s* **1.** ⚕ Pflaster *n.* **2.** (Ver)Putz *m.* **3.** *a.* **~ *of Paris*** Gips *m*: ***have one's arm in* ~** ⚕ den Arm in Gips haben; ***put in* ~** ⚕ eingipsen; **~ *cast*** Gipsabguß *m*, -modell *n*; ⚕ Gipsverband *m.* **II** *v/t* **4.** verputzen; (ver-) gipsen: **~ *over*** *fig.* übertünchen. **5.** bekleben (***with*** mit); *Plakate etc* kleben (***on*** an *od.* auf *acc*). '**plas·tered** *adj sl.* blau (*betrunken*): ***get* ~** sich vollaufen lassen.

plas·tic ['plæstɪk] **I** *adj* (**~*ally***) **1.** plastisch: **~ *surgery*** ⚕ plastische Chirurgie. **2.** plastisch, formbar: **~ *bomb*** Plastikbombe *f.* **3.** Plastik..., Kunststoff...: **~ *bag*** Plastikbeutel *m*, -tüte *f*; **~ *bullet*** Plastikgeschoß *n*; **~ *film*** Kunststofffolie *f*; **~ *money*** → 5. **II** *s* **4.** Plastik *n*, Kunststoff *m.* **5.** Kreditkarten *pl*, Plastikgeld *n.* '**plas·tics I** *s pl* Kunststoffe *pl.* **II** *adj* Plastik..., Kunststoff...: **~ *film*** Kunststoffolie *f*; **~ *industry*** Kunststoffindustrie *f.*

plate [pleɪt] **I** *s* **1.** Teller *m*: ***hand s.o. s.th. on a ~*** F j-m et. auf dem Tablett servieren; ***have a lot on one's ~*** viel am Hals haben. **2.** Platte *f*. **3.** (*Namens-, Tür- etc*)Schild *n*. **4.** (Bild)Tafel *f* (*in e-m Buch etc*). **5.** Gegenstände *pl* aus Edelmetall. **6.** Doublé *n*, Dublee *n*. **II** *v/t* **7.** panzern. **8.** d(o)ublieren, plattieren: ***~d with gold*** vergoldet.

pla·teau ['plætəʊ] *pl* **-teaux, -teaus** ['~təʊz] *s* Plateau *n*, Hochebene *f*.

plate·ful ['pleɪtfʊl] *pl* **-fuls** *s ein* Teller(voll) *m*.

plate rack *s* Geschirrständer *m*.

plat·form ['plætfɔːm] *s* **1.** Plattform *f*; Podium *n*, Tribüne *f*. **2.** 🚂 Bahnsteig *m*. **3.** *pol.* Plattform *f*.

plat·i·num ['plætɪnəm] *s chem.* Platin *n*.

plat·i·tude ['plætɪtjuːd] *s* Platitüde *f*, Plattheit *f*.

pla·ton·ic [plə'tɒnɪk] *adj* (***~ally***) platonisch: ***~ love***.

pla·toon [plə'tuːn] *s* ⚔ Zug *m*.

plat·ter ['plætə] *s* Servierplatte *f*.

plau·si·ble ['plɔːzəbl] *adj* □ **1.** plausibel, glaubhaft. **2.** geschickt (*Lügner*).

play [pleɪ] **I** *s* **1.** Spiel *n*: ***at ~*** beim Spiel(en), spielend (*Kinder etc*); ***be at ~*** spielen; ***in*** (***out of***) ***~*** im Spiel (im Aus) (*Ball*). **2.** Spiel(weise *f*) *n*: ***fair ~*** (*Sport*) Fair play *n*, Fairneß *f* (*beide a. fig.*). **3.** *fig.* Spiel *n*: ***bring into ~*** ins Spiel bringen, *Routine etc* aufbieten; ***come into ~*** ins Spiel kommen. **4.** *fig.* Spiel(erei *f*) *n*: ***~ on words*** Wortspiel; ***in ~*** im Scherz. **5.** *thea.* Schauspiel *n*, (Theater)Stück *n*. **6.** ⚙ Spiel *n*; *fig.* Spielraum *m*: ***allow*** (*od.* ***give***) ***full*** (*od.* ***free***) ***~ to*** freien Lauf lassen (*dat*). **II** *v/i* **7.** spielen (*a. Sport, thea. etc*): ***~ at*** *Karten, Indianer etc* spielen; *fig.* sich nur so nebenbei beschäftigen mit; ***~ for money*** um Geld spielen; ***~ for time*** Zeit zu gewinnen suchen; (*Sport*) auf Zeit spielen; ***~ with*** spielen mit (*a. fig.*); ***~ safe*** F auf Nummer Sicher gehen. **III** *v/t* **8.** *Karten, Rolle, Stück etc* spielen, (*Sport*) *Spiel* austragen: ***~*** (***s.th. on***) ***the piano*** (et. auf dem) Klavier spielen; ***~ it safe*** F auf Nummer Sicher gehen; → ***trick*** 2, *etc.* **9.** *Sport*: spielen gegen: ***~ s.o. at chess*** gegen j-n Schach spielen. **10.** *Karte* ausspielen: → ***trump***[1] I. **11.** *thea. etc* spielen *od.* Vorstellungen geben in (*dat*).

Verbindungen mit Adverbien:

play| back *v/t Tonband etc* abspielen: ***play s.th. back to s.o.*** j-m et. vorspielen. ***~ down*** *v/t* herunterspielen, bagatellisieren. ***~ off*** **I** *v/t j-n* ausspielen (***against*** gegen). **II** *v/i Sport*: ein Entscheidungsspiel austragen (***for*** um). ***~ up*** **I** *v/i* **1.** *Br.* F verrückt spielen, Schwierigkeiten machen (*Auto, Bein etc*). **2.** ***~ to*** *j-m* schöntun. **II** *v/t* **3.** hochspielen, aufbauschen. **4.** *Br.* F *j-n* auf die Palme bringen; *j-m* Schwierigkeiten machen (*Bein etc*).

play·a·ble ['pleɪəbl] *adj Sport*: bespielbar (*Platz*).

'play|·act *v/i contp.* schauspielern. **'~·back** *s* Wiedergabe *f*, Abspielen *n*. **'~·boy** *s* Playboy *m*.

play·er ['pleɪə] *s* **1.** ♪, *Sport*: Spieler(in). **2.** (*Platten*)Spieler *m*.

'play,fel·low → ***playmate***.

play·ful ['pleɪfʊl] *adj* □ **1.** verspielt. **2.** schelmisch, neckisch.

'play|,go·er *s* Theaterbesucher(in). **'~·ground** *s* **1.** Schulhof *m*. **2.** Spielplatz *m*. **3.** *fig.* Tummelplatz *m*. **~ group** *s bsd. Br.* Spielgruppe *f*. **'~·house** *s* **1.** Schauspielhaus *n*. **2.** Spielhaus *n*.

play·ing| card ['pleɪɪŋ] *s* Spielkarte *f*. **~ field** *s* Sportplatz *m*.

'play|,mak·er *s Sport*: Spielmacher(in). **'~·mate** *s* Spielkamerad(in). **'~·off** *s Sport*: Entscheidungsspiel *n*. **'~·pen** *s* Laufgitter *n*, -stall *m*. **~·room** ['~rʊm] *s* Spielzimmer *n*. **'~·school** → ***play group***. **'~·thing** *s* Spielzeug *n* (*a. fig.*): ***~s*** *pl* Spielsachen *pl*, -zeug *n*. **'~·time** *s ped.* große Pause. **~·wright** ['~raɪt] *s* Dramatiker(in).

plea [pliː] *s* **1.** (dringende) Bitte, Gesuch *n* (***for*** um): ***make a ~ for mercy*** um Gnade bitten. **2.** ⚖ ***enter a ~ of*** (***not***) ***guilty*** sich schuldig bekennen (s-e Unschuld erklären); ***make a ~ of s.th.*** et. geltend machen.

plead [pliːd] (*bsd. schott. u. Am. irr*) **I** *v/i* **1.** (dringend) bitten (***for*** um): ***~ with s.o.*** j-n bitten (***to do*** zu tun). **2.** ⚖ ***~ guilty*** sich schuldig bekennen (***to doing s.th.*** et. getan zu haben); ***~ not guilty*** s-e Unschuld erklären. **II** *v/t* **3.** ⚖ *u. allg.* zu s-r Verteidigung *od.* Entschuldigung anführen, geltend machen. **4.** ***~ s.o.'s***

case ⚖ j-n vertreten; *allg.* sich für j-n einsetzen.

pleas·ant ['pleznt] *adj* □ **1.** angenehm, (*Nachricht etc a.*) erfreulich: → ***dream*** 1. **2.** freundlich.

please [pli:z] **I** *v/i* **1.** gefallen. **2.** ***as you*** ~ wie Sie wünschen; ***if you*** ~ wenn ich bitten darf, *iro. a.* gefälligst. **II** *v/t* **3.** *j-m* gefallen *od.* zusagen, *j-n* erfreuen: ***be*** ~***d about*** (*od.* ***at***) sich freuen über (*acc*); ***I am*** ~***d with it*** es gefällt mir; ***I am*** ~***d to hear*** es freut mich zu hören. **4.** zufriedenstellen: (***only***) ***to*** ~ ***you*** (nur) dir zuliebe; ***there is no pleasing him, you can't*** ~ ***him*** man kann es ihm nicht recht machen; ~ ***o.s.*** tun, was man will; ~ ***yourself!*** mach, was du willst!; ***be*** ~***d with*** zufrieden sein mit; → ***hard*** 2. **III** *int* **5.** bitte. '**pleas·ing** *adj* □ angenehm.

pleas·ur·a·ble ['pleʒərəbl] *adj* □ angenehm.

pleas·ure ['pleʒə] *s* **1.** Vergnügen *n*: ***for*** ~ zum Vergnügen; ***with*** ~ mit Vergnügen; ***give s.o.*** ~ j-m Vergnügen *od.* Freude *od.* Spaß machen; ***have the*** ~ ***of doing s.th.*** das Vergnügen haben, et. zu tun; ***take*** ~ ***in*** Vergnügen *od.* Freude finden an (*dat*); ***he takes no*** ~ ***in it*** es macht ihm keinen Spaß. **2.** ***at*** (***one's***) ~ nach Belieben.

pleat [pli:t] *s* Falte *f.* '**pleat·ed** *adj*: ~ ***skirt*** Faltenrock *m.*

pleb [pleb] *s* F *contp.* Prolet(in).

ple·be·ian [plɪ'bi:ən] *contp.* **I** *adj* proletenhaft. **II** *s* Prolet(in).

pleb·i·scite ['plebɪsɪt] *s* Volksabstimmung *f*, -entscheid *m.*

pled [pled] *bsd. schott. u. Am. pret u. pp von* ***plead.***

pledge [pledʒ] **I** *s* **1.** Pfand *n*: ***as a*** ~ als Pfand. **2.** *fig.* Unterpfand *n*: ***as a*** ~ ***of*** zum Zeichen (*gen*). **3.** Versprechen *n*, Zusicherung *f*: ***make a*** (***firm***) ~ (fest) versprechen *od.* zusichern (***to do*** zu tun). **II** *v/t* **4.** verpfänden: ~ ***one's word*** *fig.* sein (Ehren)Wort geben. **5.** versprechen, zusichern (***to do*** zu tun, ***that*** daß). **6.** ~ ***s.o. to s.th.*** j-n zu et. verpflichten, j-m et. auferlegen; ~ ***o.s.*** sich verpflichten (***to do*** zu tun).

ple·na·ry ['pli:nərɪ] *adj* **1.** ~ ***session*** Plenarsitzung *f*, Vollversammlung *f.* **2.** ~ ***powers*** *pl* unbeschränkte Vollmacht.

plen·i·po·ten·ti·ar·y [ˌplenɪpəʊ'tenʃərɪ] **I** *s* **1.** (General)Bevollmächtigte *m, f.* **II** *adj* **2.** (general)bevollmächtigt. **3.** ~ ***powers*** *pl* Generalvollmacht *f.*

plen·ti·ful ['plentɪfʊl] *adj* □ reichlich.

plen·ty ['plentɪ] **I** *s* **1.** Überfluß *m*: ***live in*** ~ im Überfluß leben; ***... in*** ~ ...im Überfluß, ... in Hülle u. Fülle; → ***horn*** 3. **2.** e-e Menge: ***that is*** ~ das ist reichlich; ***there are*** ~ ***more*** es gibt noch viel mehr; ~ ***of ...*** e-e Menge ..., viel(e) ... **II** *adv* **3.** F ganz schön.

ple·o·nasm ['plɪəʊnæzəm] *s ling.* Pleonasmus *m.* **ple·o·nas·tic** [ˌ~'næstɪk] *adj* (~***ally***) pleonastisch.

pleu·ri·sy ['plʊərəsɪ] *s* ⚕ Brustfell-, Rippenfellentzündung *f.*

pli·a·ble ['plaɪəbl], **pli·ant** ['~ənt] *adj* □ **1.** biegsam. **2.** *fig.* flexibel. **3.** *fig.* leicht beeinflußbar.

pli·ers ['plaɪəz] *s pl, a.* ***pair of*** ~ Beißzange *f.*

plight [plaɪt] *s* Not(lage) *f.*

plim·soll ['plɪmsəl] *s Br.* Turnschuh *m.*

plod [plɒd] *v/i* **1.** trotten. **2.** *mst* ~ ***away*** *fig.* sich abmühen *od.* abplagen (***at*** mit), schuften. '**plod·der** *s fig.* Arbeitstier *n.*

plonk [plɒŋk] *v/t* F schmeißen, knallen: ~ ***down*** hinschmeißen.

plop [plɒp] F **I** *v/i* plumpsen, (*ins Wasser*) platschen: ~ ***into a chair*** sich in e-n Sessel plumpsen lassen. **II** *s* Plumps *m*, Platsch *m.*

plot [plɒt] **I** *s* **1.** Grundstück *n*; Parzelle *f*; Beet *n.* **2.** ⚠ *bsd. Am.* Grundriß *m.* **3.** Handlung *f* (*e-s Films etc*). **4.** Komplott *n*, Verschwörung *f.* **II** *v/i* **5.** sich verschwören (***against*** gegen). **III** *v/t* **6.** aushecken, planen. **7.** (*in e-e Karte etc*) einzeichnen. '**plot·ter** *s* Verschwörer(in).

plough [plaʊ] **I** *s* Pflug *m.* **II** *v/t a.* ~ ***up*** (um)pflügen: ~ ***back*** *Gewinne* reinvestieren (***into*** in *acc*). **III** *v/i* pflügen: ~ ***through*** sich e-n Weg bahnen durch; ⚓ sich pflügen durch; ~ ***through a book*** F ein Buch durchackern.

plow *Am.* → ***plough.***

ploy [plɔɪ] *s* Masche *f*, Tour *f.*

pluck [plʌk] **I** *s* **1.** Ruck *m.* **2.** Innereien *pl.* **3.** *fig.* Mut *m.* **II** *v/t* **4.** *Geflügel* rupfen. **5.** *mst* ~ ***out*** ausreißen, -rupfen, -zupfen: → ***courage.*** **III** *v/i* **6.** zupfen (***at*** an *dat*): ~ ***at s.o.'s sleeve*** j-n am

Ärmel zupfen. '**pluck·y** *adj* □ mutig.

plug [plʌg] I *s* 1. Stöpsel *m*. 2. ⚡ Stecker *m*; Steckdose *f*. 3. *mot*. (*Zünd*)Kerze *f*. II *v/t* 4. *a*. **~ up** zustöpseln; zu-, verstopfen. 5. **~ in** ⚡ anschließen, einstecken. III *v/i* 6. **~ away at** F sich abschuften mit. '**~·hole** *s* Abfluß(loch *n*) *m*.

plum [plʌm] *s* 1. Pflaume *f*; Zwetsch(g)e *f*. 2. *fig*. F a) Rosine *f*, b) *a*. **~ job** Bombenjob *m*.

plum·age ['plu:mɪdʒ] *s* Gefieder *n*.

plumb [plʌm] I *s* 1. (Blei)Lot *n*, Senklot *n*: **out of ~** aus dem Lot, nicht senkrecht. II *adj* 2. lot-, senkrecht. III *adv* F 3. (haar)genau. 4. *bsd*. *Am*. komplett, total. IV *v/t* 5. ⚓ ausloten, *fig*. *a*. ergründen. 6. **~ in** *bsd*. *Br*. *Waschmaschine etc* anschließen. '**plumb·er** *s* Installateur *m*. '**plumb·ing** *s* 1. Installateurarbeit *f*. 2. Rohre *pl*, Rohrleitungen *pl*.

plumb| line *s* 1. ⚓ Lotschnur *f*, -leine *f*. 2. → **plumb rule**. **~ rule** *s* △ Setzlatte *f*, Richtscheit *n*.

plume [plu:m] I *s* 1. (Schmuck)Feder *f*; Federbusch *m*. 2. (*Rauch*)Fahne *f*. II *v/t* 3. **~ its feathers** sich *od*. sein Gefieder putzen.

plum·my ['plʌmɪ] *adj* 1. affektiert (*Stimme*). 2. F prima, toll: **~ job** Bombenjob *m*.

plump[1] [plʌmp] I *adj* drall, mollig, rund(lich). II *v/t*: **~ up** *Kissen* aufschütteln.

plump[2] [~] I *v/i* 1. *mst* **~ down** fallen, plumpsen (**on** auf *acc*): **~ down into a chair** sich in e-n Sessel fallen lassen. 2. **~ for** *bsd*. *Br*. sich entscheiden für. II *v/t* 3. fallen *od*. plumpsen lassen (**on** auf *acc*).

plum pud·ding *s* Plumpudding *m*.

plun·der ['plʌndə] I *v/t* 1. (aus)plündern. 2. *et*. rauben. II *v/i* 3. plündern. III *s* 4. Plünderung *f*. 5. Beute *f*. '**plun·der·er** *s* Plünderer *m*.

plunge [plʌndʒ] I *v/t* 1. **~ a knife into s.o.'s back** j-m ein Messer in den Rükken stoßen. 2. **~ into** in *Schulden*, *e-n Krieg etc* stürzen: **be ~d into darkness** in Dunkel gehüllt sein. II *v/i* 3. **~ into** ins *Zimmer etc* stürzen; sich ins *Wasser*, in *e-e Tätigkeit*, in *Schulden etc* stürzen. 4. stürzen (*Preise*, *Kurse*). 5. ⚓ stampfen. III *s* 6. (Kopf)Sprung *m*: **take the ~** *fig*. den Sprung *od*. den entscheidenden Schritt wagen. '**plung·ing** *adj* tief (*Ausschnitt*): **with a ~ neckline** tief ausgeschnitten.

plu·per·fect [ˌplu:'pɜ:fɪkt] *s a*. **~ tense** *ling*. Plusquamperfekt *n*, Vorvergangenheit *f*.

plu·ral ['plʊərəl] *ling*. I *adj* Plural..., Mehrzahl... II *s* Plural *m*, Mehrzahl *f*. '**plu·ral·ism** *s sociol*. Pluralismus *m*. ˌ**plu·ral'is·tic** *adj* (**~ally**) pluralistisch.

plus [plʌs] I *prp* 1. ⚹ plus, und, *bsd*. ✝ zuzüglich. II *adj* 2. Plus...: **~ sign** → 3. III *s* 3. Plus(zeichen) *n*. 4. *fig*. Plus *n*, Vorteil *m*.

plush [plʌʃ] I *s* 1. Plüsch *m*. II *adj* 2. Plüsch... 3. F feudal: **~ restaurant** Nobelrestaurant *n*.

plu·to·ni·um [plu:'təʊnɪəm] *s* ⚗ Plutonium *n*.

ply[1] [plaɪ] I *v/i* 1. verkehren (**between** zwischen *dat*). II *v/t* 2. verkehren auf (*dat*), befahren. 3. *fig*. *j-n* überhäufen (**with** mit *Fragen*).

ply[2] [~] *s* Lage *f*, Schicht *f*. '**~·wood** *s* Sperrholz *n*.

pneu·mat·ic [nju:'mætɪk] *adj* (**~ally**) pneumatisch, Luft...; ⚙ Druck-, Preßluft...: **~ brake** Druckluftbremse *f*; **~ drill** Preßluftbohrer *m*; **~ hammer** Preßlufthammer *m*.

pneu·mo·ni·a [nju:'məʊnjə] *s* ⚕ Lungenentzündung *f*.

poach[1] [pəʊtʃ] I *v/t* 1. wildern. 2. *Arbeitskräfte* abwerben (**from** *dat*). II *v/i* 3. wildern.

poach[2] [~] *v/t Eier* pochieren: **~ed eggs** *pl a*. verlorene Eier *pl*.

poach·er ['pəʊtʃə] *s* Wilderer *m*.

PO Box [ˌpi:'əʊ] *s* Postfach *n*.

pock [pɒk] *s* ⚕ 1. Pocke *f*, Blatter *f*. 2. → **pockmark**. **pocked** → **pockmarked**.

pock·et ['pɒkɪt] I *s* 1. (*Hosen- etc*)Tasche *f*: **with nothing in one's ~ except** mit nichts in der Tasche als; **have in one's ~** *fig*. *j-n*, *et*. in der Tasche haben. 2. *fig*. Geldbeutel *m*: **pay for s.th. out of one's own ~** et. aus eigener Tasche bezahlen; **to suit every ~** für jeden Geldbeutel. 3. (*Nebel*)Bank *f*; (*Widerstands- etc*)Nest *n*. 4. *Billard*: Loch *n*; ✈ (*Luft*)Loch *n*. II *adj* 5. Taschen...: **~ calculator** Taschenrechner *m*; **~ edition** Taschenausgabe *f*; **~ money** Taschengeld *n*. III *v/t* 6. einstecken, in die Tasche stecken; *fig*. in die eigene Tasche stecken. 7.

Billard: einlochen. '**~·book** *s* **1.** Notizbuch *n*. **2.** *Am.* Brieftasche *f*. '**~·knife** *s* (*irr* ***knife***) Taschenmesser *n*.

'**pock|·mark** *s* Pockennarbe *f*. '**~-marked** *adj* pockennarbig; *fig*. übersät (***with*** mit).

pod [pɒd] **I** *s* ♀ Hülse *f*, Schote *f*. **II** *v/t* aus-, enthülsen.

po·di·um ['pəʊdɪəm] *pl* **-di·ums, -di·a** ['~dɪə] *s* Podium *n*, Podest *n*.

po·em ['pəʊɪm] *s* Gedicht *n*.

po·et ['pəʊɪt] *s* Dichter *m*. '**po·et·ess** *s* Dichterin *f*. **po·et·ic** [~'etɪk] *adj* (***~ally***) dichterisch: ***~ justice*** *fig*. ausgleichende Gerechtigkeit; ***~ licence*** (*Am.* ***license***) dichterische Freiheit. **po'et·i·cal** → ***poetic***. **po·et·ry** ['pəʊɪtrɪ] *s* Dichtung *f*; Gedichte *pl*.

poign·ant ['pɔɪnjənt] *adj* □ **1.** schmerzlich (*Erinnerungen etc*). **2.** scharf (*Verstand*).

point [pɔɪnt] **I** *s* **1.** (*Messer-*, *Nadel- etc-*) Spitze *f*. **2.** *geogr*. Landspitze *f*. **3.** *ling*. *Am.* Punkt *m*. **4.** ***four ~ three*** (***4.3***) 4,3. **5.** Punkt *m* (*a.* ♞); Grad *m* (*e-r Skala*): ***~ of contact*** Berührungspunkt (*a. fig*.); ***~ of intersection*** Schnittpunkt; → ***freezing*** 1, *etc*. **6.** Punkt *m*, Stelle *f*, Ort *m*: ***up to a ~*** *fig*. bis zu e-m gewissen Punkt *od*. Grad; ***~ of view*** *fig*. Gesichts-, Standpunkt. **7.** ⚡ *Br.* Steckdose *f*. **8.** *Sport etc*: Punkt *m*: ***win on ~s*** nach Punkten gewinnen; ***winner on ~s*** Punktsieger *m*. **9.** *a.* ***~ of time*** Zeitpunkt *m*, Augenblick *m*: ***be on the ~ of doing s.th.*** im Begriff sein, et. zu tun. **10.** Punkt *m* (*e-r Tagesordnung etc*), (Einzel-, Teil)Frage *f*: ***~ of interest*** interessante Einzelheit. **11.** Kernpunkt *m*, -frage *f*, springender Punkt: ***be to*** (***beside***) ***the ~*** (nicht) zur Sache gehören; ***come to the ~*** zur Sache kommen; ***keep*** (*od.* ***stick***) ***to the ~*** bei der Sache bleiben; ***make a ~ of doing s.th.*** Wert darauf legen, et. zu tun; ***get*** (*od.* ***see, take***) ***s.o.'s ~*** verstehen, was j-d meint; ***miss the ~*** nicht verstehen, worum es geht; ***that's not the ~*** darum geht es nicht; ***that's the*** (***whole***) ***~!*** genau (das ist es)! **12.** Ziel *n*, Absicht *f*: ***carry*** (*od.* ***gain***) ***one's ~*** sich *od*. s-e Absicht durchsetzen. **13.** Sinn *m*, Zweck *m*: ***what's the ~?*** wozu?; ***what's the ~ of*** (*od.* ***in***) ***waiting?*** was hat es für e-n Sinn zu warten?; ***there's no ~ in that*** das hat keinen Zweck. **14.** (hervorstechende) Eigenschaft, (Vor)Zug *m*: ***strong*** (***weak***) ***~***starke (schwache) Seite; ***it has its ~s*** es hat s-e Vorzüge. **II** *v/t* **15.** (an-, zu)spitzen. **16.** *Waffe etc* richten (***at*** auf *acc*): ***~ one's finger at s.o.*** (mit dem Finger) auf j-n deuten *od*. zeigen. **17.** zeigen: ***~ the way*** den Weg weisen (*a. fig*.); ***~ out*** zeigen; *fig*. hinweisen *od*. aufmerksam machen auf (*acc*); ***~ out to s.o. that*** j-n darauf aufmerksam machen, daß. **III** *v/i* **18.** (mit dem Finger) deuten *od*. zeigen (***at, to*** auf *acc*): ***~ to*** nach *e-r Richtung* weisen *od*. liegen (*Haus etc*); *fig*. hinweisen *od*. -deuten auf (*acc*). **ˌ~-'blank** *adj u. adv* **1.** *a.* ***at ~ range*** aus kürzester Entfernung. **2.** *fig*. unverblümt.

point·ed ['pɔɪntɪd] *adj* □ **1.** spitz: ***~ arch*** △ Spitzbogen *m*. **2.** *fig*. scharf (*Bemerkung etc*). **3.** *fig*. ostentativ. '**pointer** *s* **1.** Zeiger *m* (*e-s Meßgeräts*). **2.** Zeigestock *m*. **3.** F Fingerzeig *m*, Tip *m*. '**point·less** *adj* □ sinn-, zwecklos.

poise [pɔɪz] **I** *s* **1.** (Körper)Haltung *f*. **2.** *fig*. Gelassenheit *f*; (Selbst)Sicherheit *f*. **II** *v/t* **3.** balancieren: ***be ~d*** *fig*. schweben (***between*** zwischen *dat*). **poised** *adj* gelassen; (selbst)sicher.

poi·son ['pɔɪzn] **I** *s* Gift *n* (***to*** für) (*a. fig*.): ***hate like ~*** wie die Pest hassen; ***what's your ~?*** F was willst du trinken? **II** *v/t* vergiften (*a. fig*.). **III** *adj* Gift...: ***~ gas***; ***~ fang*** *zo*. Giftzahn *m*. '**poi·son·ing** *s* Vergiftung *f*. '**poi·son·ous** *adj* □ giftig (*a. fig*.), Gift...

poke [pəʊk] **I** *v/t* **1.** *j-n* (an)stoßen: ***~ s.o. in the ribs*** j-m e-n Rippenstoß geben. **2.** *a.* ***~ up*** *Feuer* schüren. **3.** *et*. stecken, *Kopf etc a*. strecken: → ***nose*** 1. **4.** ***~ fun at*** sich lustig machen über (*acc*). **II** *v/i* **5.** ***~ about*** (*od.* ***around***) (herum)stöbern, (-)wühlen (***in*** in *dat*). **III** *s* **6.** Stoß *m*: ***~ in the ribs*** Rippenstoß.

pok·er[1] ['pəʊkə] *s* Feuerhaken *m*.

po·ker[2] [~] *s* Poker(spiel) *n*. ***~*** **face** *s* Pokergesicht *n*, Pokerface *n*.

pok·y ['pəʊkɪ] *adj* winzig (*Zimmer etc*).

po·lar ['pəʊlə] *adj* □ polar (*a. fig*.), Polar...: ***~ bear*** *zo*. Eisbär *m*; ***~ circle*** *geogr*. Polarkreis *m*. '**po·lar·ize** *v/t* ⚡, *phys*. polarisieren (*a. fig*.).

Pole[1] [pəʊl] *s* Pole *m*, Polin *f*.

pole² [~] *s geogr.*, ⚡, *etc* Pol *m*: ***they are ~s apart*** *fig.* zwischen ihnen liegen Welten.

pole³ [~] *s* Pfosten *m*; (*Fahnen-, Leitungs*)Mast *m*; (*Bohnen- etc*)Stange *f*; (*Leichtathletik*) (Sprung)Stab *m*. **'~·cat** *s zo.* Iltis *m*.

po·lem·ic [pə'lemɪk] **I** *adj* (**~*ally***) **1.** polemisch. **II** *s* **2.** *a. pl* (*sg konstruiert*) Polemik *f*. **3.** polemische Äußerung. **po'lem·i·cal** → ***polemic*** 1.

pole star *s ast.* Polarstern *m*.

pole vault *s Leichtathletik*: Stabhochsprung *m*. **~ vault·er** *s* Stabhochspringer *m*.

po·lice [pə'liːs] **I** *s* (*pl konstruiert*) Polizei *f*. **II** *v/t* (polizeilich) überwachen. **III** *adj* polizeilich, Polizei...: ***~ constable*** → ***constable***; ***~ force*** Polizei *f*; ***~ officer*** Polizeibeamte *m*; ***~ protection*** Polizeischutz *m*; ***~ record*** Strafregister *n*; ***have a ~ record*** vorbestraft sein; ***~ state*** Polizeistaat *m*; ***~ station*** Polizeirevier *n*, -wache *f*. **po'lice·man** [~mən] *s* (*irr* ***man***) Polizist *m*. **po'lice,wom·an** *s* (*irr* ***woman***) Polizistin *f*.

pol·i·cy¹ ['pɒləsɪ] *s* **1.** Verfahren(sweise *f*) *n*, Taktik *f*, Politik *f*: ***it is our ~*** es ist unser Grundsatz (***to do*** zu tun). **2.** (*Außen-, Wirtschafts- etc*)Politik *f*. **3.** Klugheit *f*: ***be good*** (***bad***) ***~*** (un)klug *od.* (un)vernünftig sein.

pol·i·cy² [~] *s* (*Versicherungs*)Police *f*: ***take out a ~*** e-e Versicherung abschließen.

po·li·o ['pəʊlɪəʊ] *s* ⚕ F Polio *f*. **po·li·o·my·e·li·tis** [ˌ~maɪə'laɪtɪs] *s* ⚕ (spinale) Kinderlähmung.

Pol·ish¹ ['pəʊlɪʃ] **I** *adj* polnisch. **II** *s ling.* Polnisch *n*.

pol·ish² ['pɒlɪʃ] **I** *v/t* **1.** polieren, ⚙ *etc a.* (ab)schleifen, *Fußboden* bohnern: ***~ off*** F *Arbeit* wegschaffen; *Essen* wegputzen; ***~ up*** aufpolieren (*a. fig.*). **II** *s* **2.** Politur *f*, Glanz *m*. **3.** (*Möbel*)Politur *f*; (*Schuh*)Creme *f*; Bohnerwachs *n*; (*Nagel*)Lack *m*. **4.** *fig.* Schliff *m*. **'pol·ished** *adj* **1.** poliert, glänzend. **2.** *fig.* geschliffen; brillant.

po·lite [pə'laɪt] *adj* □ höflich: ***to be ~*** aus Höflichkeit. **po'lite·ness** *s* Höflichkeit *f*.

po·lit·i·cal [pə'lɪtɪkl] *adj* □ politisch: ***~ economy*** Volkswirtschaft *f*; ***~ science*** Politologie *f*; ***~ scientist*** Politologe *m*, -login *f*. **pol·i·ti·cian** [ˌpɒlɪ'tɪʃn] *s* Politiker(in). **po·lit·i·cize** [pə'lɪtɪsaɪz] *v/t* politisieren. **pol·i·tics** ['pɒlətɪks] *s pl* (*mst sg konstruiert*) Politik *f*: ***what are his ~?*** wo steht er politisch?; ***go into ~*** in die Politik gehen; ***talk ~*** über Politik reden, politisieren.

pol·ka ['pɒlkə] *s* ♪ Polka *f*. **'~-dot** *adj* gepunktet, getupft (*Kleid etc*).

poll [pəʊl] **I** *s* **1.** (*Meinungs*)Umfrage *f*. **2.** *a. pl* Stimmabgabe *f*, Wahl *f*: ***be defeated at the ~s*** e-e Wahlniederlage erleiden; ***go to the ~s*** zur Wahl gehen. **3.** Wahlbeteiligung *f*. **II** *v/t* **4.** befragen: ***65 % of those ~ed*** 65 % der Befragten. **5.** *Stimmen* erhalten, auf sich vereinigen.

pol·len ['pɒlən] *s* ♀ Pollen *m*, Blütenstaub *m*.

poll·ing ['pəʊlɪŋ] **I** *s* → ***poll*** 2, 3. **II** *adj* Wahl...: ***~ booth*** Wahlkabine *f*, -zelle *f*; ***~ day*** Wahltag *m*; ***~ place*** *Am.*, ***~ station*** *bsd. Br.* Wahllokal *n*.

poll·ster ['pəʊlstə] *s* Meinungsforscher (-in).

pol·lut·ant [pə'luːtənt] *s* Schadstoff *m*.

pol·lute [pə'luːt] *v/t* **1.** *Umwelt* verschmutzen, *Flüsse etc a.* verunreinigen. **2.** (*moralisch*) verderben. **pol'lut·er** *s* (*Umwelt*)Verschmutzer(in). **pol'lu·tion** *s* (*Umwelt*)Verschmutzung *f*, Verunreinigung *f*.

po·lo ['pəʊləʊ] *s Sport*: Polo *n*. **~ neck** *s* Rollkragen(pullover) *m*. **'~-neck** *adj* Rollkragen... **~ shirt** *s* Polohemd *n*.

po·lyg·a·mist [pə'lɪgəmɪst] *s* Polygamist *m*. **po'lyg·a·mous** *adj* □ polygam (*a.* ♀, *zo.*). **po'lyg·a·my** *s* Polygamie *f* (*a.* ♀, *zo.*).

pol·y·glot ['pɒlɪglɒt] *adj* polyglott, viel-, mehrsprachig.

pol·y·gon ['pɒlɪgən] *s* ⟁ Vieleck *n*.

pol·yp ['pɒlɪp] *s* ⚕, *zo.* Polyp *m*.

pol·y·syl·lab·ic [ˌpɒlɪsɪ'læbɪk] *adj* (**~*ally***) *ling.* viel-, mehrsilbig. **pol·y·syl·la·ble** ['~ˌsɪləbl] *s* vielsilbiges Wort.

pol·y·tech·nic [ˌpɒlɪ'teknɪk] *s* (*etwa*) Technische Hochschule.

pol·y·va·lent [ˌpɒlɪ'veɪlənt] *adj* ⚗ mehrwertig.

po·made [pə'meɪd] *s* Pomade *f*.

pome·gran·ate ['pɒmɪˌgrænɪt] *s* ♀ Granatapfel *m*.

pom·mel ['pʌml] *s* **1.** (*Sattel- etc*)Knopf *m*. **2.** *Turnen*: (*Pferd*)Pausche *f*: ***~ horse*** Seitpferd *n*.
pomp [pɒmp] *s* Pomp *m*. '**pomp·ous** *adj* □ **1.** aufgeblasen, wichtigtuerisch. **2.** bombastisch, schwülstig (*Sprache*).
ponce [pɒns] *s Br. sl.* **1.** Zuhälter *m*. **2.** Tunte *f*.
pond [pɒnd] *s* Teich *m*, Weiher *m*.
pon·der ['pɒndə] **I** *v/i* nachdenken (***on, over*** über *acc*). **II** *v/t* überlegen, nachdenken über (*acc*): ***~ doing s.th.*** erwägen, et. zu tun. '**pon·der·ous** *adj* □ **1.** massig, schwer. **2.** *fig*. schwerfällig.
pong [pɒŋ] *Br*. F **I** *s* Gestank *m*. **II** *v/i* stinken. '**pong·y** *adj Br*. F stinkend, stinkig.
pon·toon [pɒn'tu:n] *s* Ponton *m*. ***~ bridge*** *s* Ponton-, Schiffsbrücke *f*.
po·ny ['pəʊnɪ] *s zo*. Pony *n*. '**~·tail** *s* Pferdeschwanz *m* (*Frisur*).
poo·dle ['pu:dl] *s zo*. Pudel *m*.
poof [pu:f] *s Br. sl.* Schwule *m*.
pooh [pu:] *int* pah! ˌ**pooh-'pooh** *v/t* geringschätzig abtun.
pool¹ [pu:l] *s* **1.** Teich *m*, Tümpel *m*. **2.** Pfütze *f*, (*Blut- etc*)Lache *f*. **3.** (*Schwimm*)Becken *n*, (*Swimming-*)Pool *m*.
pool² [~] **I** *s* **1.** (gemeinsame) Kasse, (*Kartenspiel a.*) Pot *m*. **2.** *pl Br*. (*Fußball*)Toto *n*, *m*: ***win*** (***on***) ***the ~s*** im Toto gewinnen; ***win on the ~s*** Totogewinn *m*. **3.** *Am*. Poolbillard *n*: ***shoot ~*** Poolbillard spielen. **4.** ✝ *bsd. Am*. Pool *m*, Kartell *n*. **5.** (*Arbeits-*, *Fahr*)Gemeinschaft *f*; (*Mitarbeiter- etc*)Stab *m*; (*Fuhr*)Park *m*; (*Schreib*)Pool *m*. **II** *v/t* **6.** *Geld etc* zs.-legen; *fig*. *Kräfte etc* vereinen.
poop [pu:p] *s* ⚓ **1.** Heck *n*. **2.** *a*. ***~ deck*** (erhöhtes) Achter- *od*. Hinterdeck.
pooped (**out**) [pu:pt] *adj Am*. F erledigt, kaputt.
poor [pɔ:] **I** *adj* (□ → ***poorly*** II) **1.** arm, mittellos. **2.** arm, bedauernswert. **3.** *fig*. arm (***in*** an *dat*); dürftig, mangelhaft, schwach: ***~ consolation*** ein schwacher Trost; → ***health*** 2. **II** *s* **4.** ***the ~*** *pl* die Armen *pl*. '**poor·ly I** *adj* **1.** F unpäßlich, kränklich. **II** *adv* **2.** ärmlich: ***he is ~ off*** es geht ihm schlecht. **3.** *fig*. dürftig, mangelhaft, schwach: ***~ gifted*** schwachbegabt; ***~ paid*** schlechtbezahlt; ***be ~ off for*** knapp sein an (*dat*); ***do ~ in*** schlecht abschneiden bei; ***think ~ of*** nicht viel halten von. '**poor·ness** *s* **1.** Armut *f*. **2.** *fig*. Dürftigkeit *f*, Mangelhaftigkeit *f*.
pop¹ [pɒp] **I** *v/i* **1.** knallen. **2.** (zer)platzen: ***~ open*** aufplatzen, -springen. **3.** F ballern, schießen (***at*** auf *acc*). **4.** F sausen: ***~ in*** auf e-n Sprung vorbeikommen; ***~ off*** den Löffel weglegen (*sterben*); ***~ up*** (plötzlich) auftauchen (*a. fig*.). **II** *v/t* **5.** zerknallen. **6.** F (schnell) stecken: ***~ on*** *Hut* aufstülpen. **7.** ***he's ~ped the question*** F er hat ihr e-n (Heirats)Antrag gemacht. **III** *s* **8.** Knall *m*. **9.** F Limo *f*.
pop² [~] **I** *s* Pop *m*. **II** *adj* a) Schlager...: ***~ singer***; ***~ song*** Schlager *m*, b) Pop...: ***~ concert*** (***group, singer***, *etc*).
pop³ [~] *s bsd. Am*. Papa *m*, Vati *m*.
'**pop·corn** *s* Popcorn *n*, Puffmais *m*.
pope [pəʊp] *s eccl*. Papst *m*: ***~'s nose*** *Am*. F Bürzel *m*.
'**pop|-eyed** *adj* F glotzäugig. '**~·gun** *s* Spielzeuggewehr *n*, -pistole *f*.
pop·lar ['pɒplə] *s* ♧ Pappel *f*.
pop·lin ['pɒplɪn] *s* Popelin *m*.
pop·per ['pɒpə] *s bsd. Br*. F Druckknopf *m*.
pop·py ['pɒpɪ] *s* ♧ Mohn *m*. '**~·cock** *s* F Quatsch *m*.
pop·u·lar ['pɒpjʊlə] *adj* (□ → ***popularly***) **1.** populär, beliebt: ***make o.s. ~ with*** sich bei *j-m* beliebt machen. **2.** weitverbreitet. **3.** populär, volkstümlich; allgemein- *od*. leichtverständlich: ***~ etymology*** *ling*. Volksetymologie *f*; ***~ music*** volkstümliche Musik; ***~ press*** Boulevardpresse *f*. **4.** volkstümlich (*Preise*): ***~ edition*** Volksausgabe *f*. **5.** *bsd. pol*. Volks...: ***~ front*** Volksfront *f*. **pop·u·lar·i·ty** [ˌ~'lærətɪ] *s* Popularität *f*: a) Beliebtheit *f*, b) Volkstümlichkeit *f*.
pop·u·lar·ize ['~ləraɪz] *v/t* **1.** populär machen. **2.** allgemeinverständlich darstellen. '**pop·u·lar·ly** *adv* allgemein.
pop·u·late ['pɒpjʊleɪt] *v/t* bevölkern, besiedeln. ˌ**pop·u'la·tion** *s* **1.** Bevölkerung *f*; Einwohnerschaft *f*: ***~ density*** Bevölkerungsdichte *f*; ***~ explosion*** Bevölkerungsexplosion *f*. **2.** (Gesamt)Bestand *m* (*an Tieren etc*).
pop·u·lous ['pɒpjʊləs] *adj* □ dichtbesie-

delt, -bevölkert, (*Stadt*) einwohnerstark.

por·ce·lain ['pɔːsəlɪn] *s* Porzellan *n*.

porch [pɔːtʃ] *s* **1.** überdachter Vorbau, Vordach *n*, (*e-r Kirche etc*) Portal *n*. **2.** *Am*. Veranda *f*.

por·cu·pine ['pɔːkjʊpaɪn] *s zo*. Stachelschwein *n*.

pore[1] [pɔː] *s* Pore *f*.

pore[2] [~] *v/i*: **~ over** vertieft sein in (*acc*), über *s-n Büchern etc* hocken.

pork [pɔːk] *s* Schweinefleisch *n*. **~ chop** *s* Schweinekotelett *n*. **~ cut·let** *s* Schweineschnitzel *n*.

pork·y ['pɔːkɪ] *adj* F fett, dick.

porn [pɔːn] → ***porno***.

por·no ['pɔːnəʊ] **I** *pl* **-nos** *s* **1.** Porno *m*. **2.** Porno(film) *m*. **II** *adj* **3.** Porno...

por·no·graph·ic [ˌpɔːnəʊ'græfɪk] *adj* (**~*ally***) pornographisch. **por·nog·ra·phy** [~'nɒgrəfɪ] *s* Pornographie *f*.

po·rous ['pɔːrəs] *adj* □ porös.

por·poise ['pɔːpəs] *s zo*. Tümmler *m*.

por·ridge ['pɒrɪdʒ] *s* Porridge *n*, *m*, Haferbrei *m*.

port[1] [pɔːt] *s* **1.** Hafen *m*: ***come into ~*** einlaufen; ***leave ~*** auslaufen; ***any ~ in a storm*** *fig*. in der Not frißt der Teufel Fliegen; ***~ of call*** Anlaufhafen. **2.** *a*. ***~ city*** Hafenstadt *f*.

port[2] [~] *s* ✈, ⚓ Backbord *n*.

port[3] [~] *s* Portwein *m*.

port·a·ble ['pɔːtəbl] **I** *adj* tragbar: ***~ radio*** (***set***) → IIa; ***~ television set*** → IIb; ***~ typewriter*** → IIc. **II** *s* a) Kofferradio *n*, b) Portable *n*, tragbares Fernsehgerät, c) Koffer-, Reiseschreibmaschine *f*.

por·tal ['pɔːtl] *s* Portal *n*.

por·tend [pɔː'tend] *v/t* bedeuten, ankündigen.

por·ter[1] ['pɔːtə] *s* a) Pförtner *m*: ***~'s lodge*** Pförtnerloge *f*, b) *bsd. Br*. Portier *m*.

por·ter[2] [~] *s* **1.** (Gepäck)Träger *m*. **2.** 🚂 *Am*. Schlafwagenschaffner(in).

'por·ter·house (**steak**) *s* Porterhousesteak *n*.

port·fo·li·o [ˌpɔːt'fəʊljəʊ] *pl* **-os** *s* **1.** (Akten-, Dokumenten)Mappe *f*. **2.** *pol*. Portefeuille *n*, Geschäftsbereich *m*.

'port·hole *s* ⚓ Bullauge *n*.

por·ti·co ['pɔːtɪkəʊ] *pl* **-co**(**e**)**s** *s* Säulenhalle *f*.

por·tion ['pɔːʃn] **I** *s* **1.** Teil *m*. **2.** Anteil *m* (***of*** an *dat*). **3.** Portion *f* (*Essen*). **II** *v/t* **4.** ***~ out*** auf-, verteilen (***among, between*** unter *acc*).

port·ly ['pɔːtlɪ] *adj* beleibt,korpulent.

port·man·teau word [ˌpɔːt'mæntəʊ] *s ling*. Kurzwort *n*.

por·trait ['pɔːtreɪt] *s paint*. Porträt *n*, *phot. a*. Porträtaufnahme *f*: ***~ painter*** Porträtmaler(in). **'por·trait·ist** *s* Porträtist(in), Porträtmaler(in) *od*. -fotograf(in). **por·trai·ture** ['~trɪtʃə] *s* Porträtmalerei *f od*. -fotografie *f*.

por·tray [pɔː'treɪ] *v/t* **1.** porträtieren. **2.** *fig*. schildern, darstellen (***as*** als). **3.** *thea. etc* darstellen, verkörpern. **por'tray·al** *s* **1.** Schilderung *f*, Darstellung *f*. **2.** *thea. etc* Verkörperung *f*.

Por·tu·guese [ˌpɔːtʃʊ'giːz] **I** *adj* **1.** portugiesisch. **II** *s* **2.** Portugiese *m*, Portugiesin *f*: ***the ~*** *pl* die Portugiesen *pl*. **3.** *ling*. Portugiesisch *n*.

pose [pəʊz] **I** *s* **1.** Pose *f* (*a. fig*.), Positur *f*. **II** *v/t* **2.** aufstellen, in Positur stellen *od*. setzen. **3.** *fig*. *Problem*, *Frage* aufwerfen, *Bedrohung*, *Gefahr etc* darstellen (***for, to*** für). **III** *v/i* **4.** sich aufstellen, sich in Positur stellen *od*. setzen. **5.** *paint*. Modell stehen *od*. sitzen (***for*** *dat*); als (Maler- *od*. Foto)Modell arbeiten. **6.** sich ausgeben (***as*** als). **posed** *adj* gestellt (*Aufnahme*). **'pos·er** *s* **1.** F harte Nuß. **2.** Wichtigtuer(in).

posh [pɒʃ] *adj* F piekfein, feudal: ***~ hotel*** Nobelhotel *n*.

po·si·tion [pə'zɪʃn] **I** *s* **1.** Position *f*, Lage *f*, Standort *m*: ***~ of the sun*** *ast*. Sonnenstand *m*; ***in*** (***out of***) ***~*** an der richtigen (falschen) Stelle. **2.** (*Körper*)Stellung *f*, Position *f*. **3.** Stelle *f*, Stellung *f* (***with, in*** bei). **4.** a) Position *f* (*in e-m Beruf*, *Wettbewerb etc*), (Rang)Stellung *f*: ***be in third ~*** in dritter Position *od*. auf dem dritten Platz liegen, b) (gesellschaftliche *od*. soziale) Stellung: ***people*** *pl* ***of ~*** Leute *pl* von Rang. **5.** *fig*. Lage *f*, Situation *f*: ***be in a ~ to do s.th.*** in der Lage sein, et. zu tun. **6.** *fig*. (Sach)Lage *f*, Stand *m* (der Dinge): ***legal ~*** Rechtslage. **7.** *fig*. Einstellung *f* (***on*** zu): ***what is your ~ on ...?*** wie stehen Sie zu ...?; ***take the ~ that*** den Standpunkt vertreten, daß. **II** *v/t* **8.** (auf)stellen; *Polizisten etc* postieren.

pos·i·tive ['pɒzətɪv] **I** *adj* □ **1.** *allg*. positiv: ***he was ~*** ⚕ sein Befund war positiv; **~ pole** ⚡ Pluspol *m*. **2.** ausdrücklich (*Befehl etc*), definitiv, fest (*Versprechen etc*). **3.** sicher, eindeutig (*Beweis etc*). **4.** greifbar, konkret; konstruktiv. **5.** ***be ~*** sicher sein (***that*** daß); ***be ~ about*** sich sicher sein (*gen*). **6.** F ausgesprochen, absolut. **II** *s* **7.** *phot*. Positiv *n*. **8.** *ling*. Positiv *m*.

pos·sess [pəˈzes] *v/t* **1.** besitzen (*a. fig*.). **2.** *fig*. beherrschen (*Gedanke, Gefühl etc*): ***~ed with*** (*od*. ***by***) beherrscht *od*. erfüllt von; besessen von; ***like a man ~ed*** wie ein Besessener. **pos·ses·sion** [pəˈzeʃn] *s* **1.** Besitz *m*: ***be in s.o.'s ~*** in j-s Besitz sein; ***be in*** (*od*. ***have***) ***~ of*** im Besitz sein von (*od*. *gen*); ***come*** (*od*. ***get***) ***into ~ of*** in den Besitz gelangen von (*od*. *gen*); ***take ~ of*** Besitz ergreifen von, in Besitz nehmen. **2.** Besitz(tum *n*) *m*. **3.** *fig*. Besessenheit *f*. **pos'ses·sive** [~sɪv] *adj* □ **1.** besitzgierig; (*Mutter etc*) besitzergreifend. **2.** *ling*. ***~ case*** Genitiv *m*, zweiter Fall; ***~ adjective*** attributives Possessivpronomen (*z.B.* ***my*** *car*); ***~ pronoun*** substantivisches Possessivpronomen (*z.B. it is* ***mine***). **pos'ses·sor** *s* Besitzer(in).

pos·si·bil·i·ty [ˌpɒsəˈbɪlətɪ] *s* Möglichkeit *f* (***of doing*** zu tun). **'pos·si·ble** *adj* möglich: ***do everything ~*** alles tun, was e-m möglich ist; ***make s.th. ~ for s.o.*** j-m et. möglich machen *od*. ermöglichen; ***if ~*** falls möglich. **'pos·si·bly** *adv* **1.** möglicherweise, vielleicht. **2.** ***when I ~ can*** wenn ich irgend kann; ***I can't ~ do this*** ich kann das unmöglich tun; ***how can I ~ do it?*** wie kann ich es nur *od*. bloß machen?

pos·sum [ˈpɒsəm] F → ***opossum***: ***play ~*** sich tot- *od*. schlafend *od*. dumm stellen.

post¹ [pəʊst] **I** *s* **1.** (*Tür-, Tor-, Ziel- etc*)Pfosten *m*, (*Laternen*)Pfahl *m*, (*Telegrafen- etc*)Mast *m*: → ***pip³***. **II** *v/t* **2.** *a*. ***~ up*** *Plakat etc* anschlagen, ankleben. **3.** *et*. durch Aushang bekanntgeben: ***~*** (***as***) ***missing*** ✈, ⚓ als vermißt melden.

post² [~] **I** *s* **1.** ⚔ Posten *m*; Standort *m*, Garnison *f*. **2.** Posten *m*, Platz *m*: ***at one's ~*** auf s-m Posten. **3.** Posten *m*, Stelle *f*. **II** *v/t* **4.** *Polizisten etc* aufstellen, postieren. **5.** *bsd. Br*. versetzen, ⚔ abkommandieren (***to*** nach).

post³ [~] **I** *s* **1.** *bsd. Br*. Post *f*: ***by ~*** mit der *od*. per Post; ***has the ~ been yet?*** ist die Post schon da? **II** *v/t* **2.** *bsd. Br*. aufgeben; einwerfen; mit der Post (zu)senden. **3.** ***keep s.o. ~ed*** j-n auf dem laufenden halten.

post·age [ˈpəʊstɪdʒ] *s* Porto *n*: ***what is the ~ for a letter to ...?*** wieviel kostet ein Brief nach ...? ***~ stamp*** *s* Postwertzeichen *n*, Briefmarke *f*.

post·al [ˈpəʊstəl] **I** *adj* postalisch, Post...: ***~ card*** *Am*. Postkarte *f*; ***~ charges*** *pl* Postgebühren *pl*. **II** *s Am*. F Postkarte *f*.

'post|·box *s bsd. Br*. Briefkasten *m*. **'~card** *s* Postkarte *f*. **'~·code** *s Br*. Postleitzahl *f*.

post·er [ˈpəʊstə] *s* Plakat *n*; Poster *m, n*.

poste res·tante [ˌpəʊstˈrestɑːnt] *bsd. Br*. **I** *s* Abteilung *f* für postlagernde Sendungen. **II** *adv* postlagernd.

pos·te·ri·or [pɒˈstɪərɪə] *s humor*. Allerwerteste *m*.

pos·ter·i·ty [pɒˈsterətɪ] *s* die Nachwelt.

ˌpost|-'free *adj u. adv bsd. Br*. portofrei. **~ horn** *s hist*. Posthorn *n*.

post·hu·mous [ˈpɒstjʊməs] *adj* □ post(h)um.

pos·til·(l)ion [pəˈstɪljən] *s hist*. Postillion *m*.

post|·man [ˈpəʊstmən] *s* (*irr* ***man***) *bsd. Br*. Briefträger *m*, Postbote *m*. **'~·mark** **I** *s* Poststempel *m*. **II** *v/t* (ab)stempeln: ***be ~ed London*** in London abgestempelt sein. **'~ˌmas·ter** *s* Postamtsvorsteher *m*: ***ℒ General*** Postminister *m*.

post| me·rid·i·em [ˌpəʊstməˈrɪdɪəm] *adv* nachmittags (*abbr*. ***p.m.***): ***3 p.m.*** 15 Uhr. **~-mor·tem** [ˌ~ˈmɔːtem] *s a*. ***~ examination*** Autopsie *f*, Obduktion *f*.

post| of·fice *s* Post(amt *n*) *f*: ***~ box*** Postfach *n*. **ˌ~'paid** → ***post-free.***

post·pone [ˌpəʊstˈpəʊn] *v/t* verschieben (***to*** auf *acc*), aufschieben (***to*** auf *acc*; ***till, until*** bis): ***he ~ed seeing his doctor*** er verschob s-n Arztbesuch. **ˌpost'pone·ment** *s* Verschiebung *f*, Aufschub *m*.

post·script [ˈpəʊsskrɪpt] *s* **1.** Postskript(um) *n*, Nachschrift *f*. **2.** Nachbemerkung *f* (*zu e-r Rede etc*).

pos·tu·late I *v/t* [ˈpɒstjʊleɪt]postulieren, (als gegeben) voraussetzen. **II** *s* [ˈ~lət] Postulat *n*, Voraussetzung *f*.

pos·ture [ˈpɒstʃə] **I** *s* **1.** (Körper)Haltung *f*; Positur *f*, Stellung *f*. **2.** *fig.* Haltung *f* (***on*** in *dat*, zu). **II** *v/i* **3.** sich in Positur stellen *od.* setzen. **4.** *fig.* sich aufspielen.

post·war [ˌpəʊst'wɔː] *adj* Nachkriegs...

pot [pɒt] **I** *s* **1.** (*Blumen-*, *Koch- etc*)Topf *m*: ***big ~*** F großes *od.* hohes Tier; ***a ~ of money*** F e-e Menge Geld; ***he's got ~s of money*** F er hat Geld wie Heu; ***go to ~*** F auf den Hund kommen (*Person etc*); immer schlechter werden (*Sprachkenntnisse etc*); ins Wasser fallen (*Pläne etc*); ***keep the ~ boiling*** *fig.* sich über Wasser halten; die Sache in Schwung halten. **2.** (*Kaffee-*, *Tee*)Kanne *f*; Kännchen *n*, Portion *f* (*Tee etc*). **3.** *Sport*: F Pokal *m*. **4.** *Poker*: Pot *m*, Kasse *f*. **5.** F → ***potbelly***. **6.** *sl.* Pot *n* (*Marihuana*). **II** *v/t* **7.** *Pflanze* eintopfen: ***~ted plant*** Topfpflanze *f*. **8.** *Fleisch* einmachen, *Fisch* einlegen. **9.** *Billard*: *Br.* einlochen. **10.** F *Kind* aufs Töpfchen setzen.

po·ta·ble ['pəʊtəbl] *adj* trinkbar, Trink...

po·tas·si·um [pə'tæsɪəm] *s* ⚗ Kalium *n*. **~ cy·a·nide** *s* Zyankali *n*.

po·ta·to [pə'teɪtəʊ] *pl* **-toes** *s* Kartoffel *f*: ***hot ~*** F heißes Eisen. **~ bee·tle,** *bsd. Am.* **~ bug** *s zo.* Kartoffelkäfer *m*. **~ chips** *s pl Am.*, **~ crisps** *s pl Br.* Kartoffelchips *pl*. **~ sal·ad** *s* Kartoffelsalat *m*.

'pot|ˌbel·ly *s* Schmerbauch *m*. **'~ˌboil·er** *s contp.* rein kommerzielle Arbeit (*Buch etc*).

po·ten·cy ['pəʊtənsɪ] *s* **1.** Stärke *f*; Wirksamkeit *f*, Wirkung *f*. **2.** *physiol.* Potenz *f*. **'po·tent** *adj* □ **1.** stark (*Medikament etc*). **2.** *fig.* überzeugend, zwingend (*Argument etc*). **3.** *physiol.* potent. **po·ten·tate** ['~teɪt] *s* Potentat *m*. **po·ten·tial** [~'tenʃl] **I** *adj* **1.** potentiell, möglich. **II** *s* **2.** Potential *n*, Leistungsfähigkeit *f*: ***have the ~ to be a top manager*** das Zeug zu e-m Spitzenmanager haben. **3.** ⚡ Spannung *f*. **po·ten·tial·ly** [~'tenʃəlɪ] *adv* potentiell, möglicherweise.

'pot|·hole *s mot.* Schlagloch *n*. **'~·holed** *adj* voller Schlaglöcher.

po·tion ['pəʊʃn] *s* Trank *m*.

ˌpot|'luck *s*: ***take ~*** mit dem vorliebnehmen, was es gerade (*zu essen*) gibt; *fig.* es probieren. **~ plant** *s* Topfpflanze *f*.

pot·pour·ri [ˌpəʊ'pʊərɪ] *s* ♪ Potpourri *n*, *fig. a.* Allerlei *n*, Kunterbunt *n*.

pot·ter[1] ['pɒtə] *v/i* **1.** schlendern. **2.** *a.* ***~ about*** (*od.* ***around***) herumwerkeln, -hantieren.

pot·ter[2] [~] *s* Töpfer(in): ***~'s wheel*** Töpferscheibe *f*. **'pot·ter·y** *s* **1.** Töpferei *f*. **2.** Töpferware(n *pl*) *f*.

pot·ty[1] ['pɒtɪ] *adj bsd. Br.* F verrückt (***about*** nach).

pot·ty[2] [~] *s* Töpfchen *n*. **'~-trained** *adj* sauber.

pouch [paʊtʃ] *s* Beutel *m* (*a. zo.*); *anat.* (*Tränen*)Sack *m*; *zo.* (*Backen*)Tasche *f*.

poul·tice ['pəʊltɪs] *s* ⚕ (warmer) (*Senf- etc*)Umschlag *od.* (-)Wickel.

poul·try ['pəʊltrɪ] *s* Geflügel *n*.

pounce [paʊns] **I** *v/i* sich stürzen (***on*** auf *acc*) (*a. fig.*). **II** *s* Sprung *m*, Satz *m*.

pound[1] [paʊnd] *s* Pfund *n* (*Gewichts- u. Währungseinheit*): ***by the ~*** pfundweise; ***five-~ note*** Fünfpfundschein *m*.

pound[2] [~] *s* **1.** Tierheim *n*. **2.** Abstellplatz *m* für (polizeilich) abgeschleppte Fahrzeuge.

pound[3] [~] **I** *v/t* **1.** zerstoßen, -stampfen (***to*** zu). **2.** trommeln *od.* hämmern auf (*acc*) *od.* an (*acc*) *od.* gegen. **II** *v/i* **3.** hämmern (***with*** vor *dat*) (*Herz*): ***~ at*** (*od.* ***on***) → 2. **4.** stampfen.

pour [pɔː] **I** *v/t* **1.** gießen, schütten: ***~ s.th. on o.s.*** sich mit et. übergießen; ***~ s.o. a cup of tea*** j-m e-e Tasse Tee eingießen; ***~ out*** ausgießen-, -schütten; *Getränke* eingießen, -schenken; *fig. Sorgen etc* ausbreiten (***to*** vor *dat*), *Herz* ausschütten (***to*** *dat*). **II** *v/i* **2.** strömen (*a. fig.*). **3.** ***it is ~ing down*** (*od.* ***~ing with rain***) es gießt in Strömen; ***in the ~ing rain*** im strömenden Regen.

pout [paʊt] **I** *v/i* e-n Schmollmund machen *od.* ziehen; schmollen. **II** *v/t Lippen* schürzen. **III** *s* Schmollmund *m*; Schmollen *n*: ***with a ~*** schmollend; ***be in a ~, have the ~s*** schmollen.

pov·er·ty ['pɒvətɪ] *s* Armut *f* (*a. fig.* ***of*** an *dat*): ***~ of ideas*** Ideenarmut. **~ line** *s* Armutsgrenze *f*. **'~-ˌstrick·en** *adj* arm, notleidend.

pow·der ['paʊdə] **I** *s* **1.** (*Back-*, *Schieß- etc*)Pulver *n*. **2.** (*Gesichts- etc*)Puder *m*. **II** *v/t* **3.** pulverisieren: ***~ed milk*** Milchpulver *n*, Trockenmilch *f*; ***~ed sugar*** *Am.* Puderzucker *m*. **4.** *Baby etc* (ein-)

pudern, sich *die Nase etc* pudern: ~ ***one's nose*** *a. euphem.* mal verschwinden. ~ **keg** *s fig.* Pulverfaß *n.* ~ **puff** *s* Puderquaste *f.* ~ **room** *s* Damentoilette *f.*

pow·der·y ['paʊdərɪ] *adj* **1.** pulv(e)rig: ~ ***snow*** Pulverschnee *m.* **2.** (ein)gepudert.

pow·er ['paʊə] **I** *s* **1.** Kraft *f*, Macht *f*, Vermögen *n*: ***do all in one's*** ~ alles tun, was in s-r Macht steht; ***it was out of*** (*od.* ***not*** [***with***]***in, beyond***) ***his*** ~ es stand nicht in s-r Macht (***to do*** zu tun). **2.** Kraft *f*, Energie *f*; *weitS.* Wucht *f*, Gewalt *f.* **3.** *mst pl hypnotische etc* Kräfte *pl*, *geistige etc* Fähigkeiten *pl*, (*Denk-*, *Konzentrations- etc*)Vermögen *n.* **4.** Macht *f*, Gewalt *f* (***over*** über *acc*): ***be in*** ~ *pol.* an der Macht sein; ***be in s.o.'s*** ~ in j-s Gewalt sein; ***come into*** ~ *pol.* an die Macht kommen. **5.** *pol.* Gewalt *f* (*als Staatsfunktion*): → ***separation*** 2. **6.** *pol.*, ⚖ *etc* (Amts)Gewalt *f*; Befugnis *f*: ***give*** (***have***) ***full*** **~*s*** Vollmacht geben (haben); → ***attorney*** 2. **7.** *mst pl pol.* Macht *f* (*Staat*). **8.** Macht(faktor *m*) *f*, einflußreiche Stelle *od.* Person: ***the*** **~*s*** *pl* ***that be*** F die *pl* da oben. **9.** ⟋ Potenz *f*: ***raise to the third*** ~ in die dritte Potenz erheben. **10.** ⚡ Strom *m.* **II** *v/t* **11.** ⚙ antreiben. **'~-as͵sist·ed** *adj mot.* Servo... **'~·boat** *s* Rennboot *n.* ~ **brake** *s mot.* Servobremse *f.*

pow·er·ful ['paʊəfʊl] *adj* □ **1.** stark (*a. fig.*), kräftig. **2.** mächtig, einflußreich.

'pow·er·less *adj* □ **1.** kraftlos. **2.** machtlos: ***be*** ~ ***to do s.th.*** nicht in der Lage sein, et. zu tun; ***be*** ~ ***to prevent s.th.*** nichts tun können, um et. zu verhindern.

pow·er| pack *s* ⚡ Netzteil *n.* ~ **plant** → ***power station.*** ~ **point** *s* ⚡ *Br.* Steckdose *f.* ~ **sta·tion** *s* Kraft-, Elektrizitätswerk *n.* ~ **steer·ing** *s mot.* Servolenkung *f.*

pow·wow ['paʊwaʊ] *s* F Besprechung *f.*

pox [pɒks] *s* ⚕ F Syph *f* (*Syphilis*).

prac·ti·ca·ble ['præktɪkəbl] *adj* □ **1.** durchführbar. **2.** passierbar (*Straße etc*).

prac·ti·cal ['præktɪkl] *adj* **1.** *allg.* praktisch: → ***purpose*** 1. **2.** praktisch denkend *od.* veranlagt. **3.** ~ ***joke*** Streich *m*: ***play a*** ~ ***joke on s.o.*** j-m e-n Streich spielen. **prac·ti·cal·ly** ['~klɪ] *adv* praktisch, so gut wie.

prac·tice ['præktɪs] **I** *s* **1.** Praxis *f*: ***in*** ~ in der Praxis; ***put in***(***to***) ~ in die Praxis umsetzen. **2.** Übung *f*: ***in*** (***out of***) ~ in (aus) der Übung; ***keep in*** ~ in der Übung bleiben; ~ ***makes perfect*** Übung macht den Meister. **3.** (*Arzt- etc*)Praxis *f.* **4.** Brauch *m*, Gewohnheit *f*: **~*s*** *pl contp.* Praktiken *pl*; ***it is common*** ~ es ist allgemein üblich; ***make it a*** ~ es sich zur Gewohnheit machen (***to do*** zu tun). **II** *adj* **5.** Übungs..., Probe... **III** *v/t u. v/i* **6.** *Am.* → ***practise.***

prac·tise ['præktɪs] *bsd. Br.* **I** *v/t* **1.** *als Beruf* ausüben: ~ ***law*** (***medicine***) als Anwalt (Arzt) praktizieren. **2.** (ein-)üben. **3.** *Grundsätze etc* praktizieren, *Geduld etc* üben. **II** *v/i* **4.** (*als Anwalt od. Arzt*) praktizieren: ***practising Catholic*** praktizierender Katholik. **5.** üben.

'prac·tised *adj* **1.** geübt (***at, in*** in *dat*): ***be*** ~ ***at doing s.th.*** darin geübt sein, et. zu tun. **2.** eingeübt, *contp. a.* gekünstelt.

prac·ti·tion·er [præk'tɪʃnə] *s*: ***medical*** ~ → ***general practitioner.***

prag·mat·ic [præg'mætɪk] *adj* (**~*ally***) pragmatisch. **prag·ma·tist** ['~mətɪst] *s* Pragmatiker(in).

prai·rie ['preərɪ] *s* Prärie *f.* ~ **schoon·er** *s hist. Am.* Planwagen *m.*

praise [preɪz] **I** *v/t* loben (***for*** wegen): → ***sky.*** **II** *s* Lob *n.* **'~͵wor·thy** *adj* □ lobenswert, löblich.

pram [præm] *s bsd. Br.* F Kinderwagen *m.*

prance [prɑːns] *v/i* **1.** tänzeln (*Pferd, Person*). **2.** stolzieren.

prank [præŋk] *s* Streich *m*: ***play a*** ~ ***on s.o.*** j-m e-n Streich spielen.

prate [preɪt] *v/i* schwafeln (***about, on*** von).

prat·tle ['prætl] *v/i a.* ~ ***on*** plappern (***about*** von).

prawn [prɔːn] *s zo.* Garnele *f.*

pray [preɪ] *v/i* beten (***to*** zu; ***for*** für, um).

prayer [preə] *s* **1.** Gebet *n*: ~ ***book*** Gebetbuch *n*; ~ ***mat*** (*od.* ***rug***) Gebetteppich *m.* **2.** *oft pl* Andacht *f.*

preach [priːtʃ] **I** *v/i* predigen (***to*** zu, vor *dat*): ~ ***to the converted*** *fig.* offene Türen einrennen; ~ ***at*** (*od.* ***to***) ***s.o.*** *fig.* j-m e-e Predigt halten (***about*** wegen). **II** *v/t* predigen (*a. fig.*); *Predigt* halten. **'preach·er** *s* Prediger(in).

pre·am·ble [priː'æmbl] *s* Einleitung *f*, ⚖ Präambel *f* (**to** zu).

pre·ar·range [ˌpriːə'reɪndʒ] *v/t* vorher abmachen *od.* vereinbaren.

pre·car·i·ous [prɪ'keərɪəs] *adj* □ prekär, unsicher.

pre·cau·tion [prɪ'kɔːʃn] *s* Vorkehrung *f*, Vorsichtsmaßnahme *f* (***against*** gegen): ***as a ~*** zur Vorsicht, vorsichtshalber. **pre'cau·tion·ar·y** *adj* vorbeugend, Vorsichts...

pre·cede [ˌpriː'siːd] *v/t* **1.** voraus-, vorangehen (*dat*). **2.** (den) Vorrang haben vor (*dat*). **3.** ***~ s.th. with*** (*od.* ***by***) ***s.th.*** et. mit et. einleiten, et. e-r Sache vorausschicken. **prec·e·dence** ['presɪdəns] *s* Vorrang *m*: ***have*** (*od.* ***take***) ***~ over*** → ***precede*** 2; ***give ~ to*** (den) Vorrang geben (*dat*). **prec·e·dent** ['presɪdənt] *s* ⚖ Präzedenzfall *m* (*a. fig.*): ***without ~*** ohne Beispiel, noch nie dagewesen; ***set a ~*** e-n Präzedenzfall schaffen.

pre·cept ['priːsept] *s* Regel *f*, Richtlinie *f*.

pre·cinct ['priːsɪŋkt] *s* **1.** *pl* Gelände *n*; Umgebung *f*. **2.** (*Fußgänger*)Zone *f*, (*Einkaufs*)Viertel *n*. **3.** *Am.* (*Polizei*)Revier *n*; (*Wahl*)Bezirk *m*.

pre·cious ['preʃəs] **I** *adj* □ **1.** kostbar, wertvoll (*beide a. fig.*). **2.** Edel...: ***~ stone***; ***~ metals***. **II** *adv* **3.** ***~ little*** F herzlich wenig.

prec·i·pice ['presɪpɪs] *s* Abgrund *m* (*a. fig.*).

pre·cip·i·tate [prɪ'sɪpɪteɪt] **I** *v/t* **1.** (hinunter-, herunter)schleudern; *fig.* stürzen (***into*** in *acc*). **2.** *fig. Ereignis* beschleunigen. **3.** ⚗ ausfällen. **II** *v/i* **4.** ⚗ ausfallen. **III** *adj* [~tət] **5.** überstürzt. **IV** *s* **6.** ⚗ Niederschlag *m*. **preˌcip·i'ta·tion** *s* **1.** Überstürzung *f*. **2.** *meteor.* Niederschlag *m*. **3.** ⚗ Ausfällung *f*. **pre'cip·i·tous** *adj* □ **1.** steil (abfallend). **2.** *fig.* überstürzt.

pré·cis ['preɪsiː] **I** *pl* **-cis** ['~siːz] *s* Zs.-fassung *f*. **II** *v/t* zs.-fassen.

pre·cise [prɪ'saɪs] *adj* **1.** genau, präzis: ***to be ~*** genau gesagt. **2.** gewissenhaft. **pre'cise·ly** *adv* **1.** → ***precise***. **2.** ***~!*** genau! **pre·ci·sion** [~'sɪʒn] **I** *s* Genauigkeit *f*, *a.* ⚙ Präzision *f*. **II** *adj* ⚙ Präzisions..., Fein...: ***~ instrument*** Präzisionsinstrument *n*.

pre·clude [prɪ'kluːd] *v/t* **1.** *et.* ausschließen. **2.** ***~ s.o. from doing s.th.*** j-n (daran) hindern, et. zu tun.

pre·co·cious [prɪ'kəʊʃəs] *adj* □ frühreif. **pre'co·cious·ness, pre·coc·i·ty** [~'kɒsətɪ] *s* Frühreife *f*.

pre·con·ceived [ˌpriːkən'siːvd] *adj* vorgefaßt. **pre·con·cep·tion** [ˌ~'sepʃn] *s* vorgefaßte Meinung (***about*** über *acc*).

pre·con·di·tion [ˌpriːkən'dɪʃn] *s* Vorausbedingung *f*, Voraussetzung *f*.

pre·cook [ˌpriː'kʊk] *v/t* vorkochen.

pre·cur·sor [ˌpriː'kɜːsə] *s* (***of, to*** *gen*) **1.** Vorläufer *m*. **2.** Vorbote *m*.

pre·date [priː'deɪt] *v/t Brief etc* zurückdatieren.

pred·a·to·ry ['predətərɪ] *adj* räuberisch: ***~ animal*** Raubtier *n*.

pre·de·ces·sor ['priːdɪsesə] *s* Vorgänger(in): ***~ in office*** Amtsvorgänger(in).

pre·des·ti·na·tion [priːˌdestɪ'neɪʃn] *s eccl. u. weitS.* Prädestination *f*, Vorherbestimmung *f*. **ˌpre'des·tined** *adj* prädestiniert, vorherbestimmt (**to** für, zu): ***be ~ to failure*** (*od.* ***fail***) (von vornherein) zum Scheitern verurteilt sein; ***he was ~ to do s.th.*** es war ihm vorherbestimmt, et. zu tun.

pre·de·ter·mine [ˌpriːdɪ'tɜːmɪn] *v/t* **1.** vorherbestimmen. **2.** → ***prearrange***.

pre·dic·a·ment [prɪ'dɪkəmənt] *s* mißliche Lage, Zwangslage *f*.

pred·i·cate ['predɪkət] *s ling.* Prädikat *n*, Satzaussage *f*. **pre·dic·a·tive** [prɪ'dɪkətɪv] *adj* □ prädikativ.

pre·dict [prɪ'dɪkt] *v/t* vorher-, voraussagen. **pre'dic·tion** *s* Vorher-, Voraussage *f*: ***against all ~s*** entgegen allen Voraussagen.

pre·di·lec·tion [ˌpriːdɪ'lekʃn] *s* Vorliebe *f* (***for*** für).

pre·dis·pose [ˌpriːdɪ'spəʊz] *v/t* **1.** geneigt machen, einnehmen (***in favo[u]r of*** für). **2.** *bsd.* ⚕ anfällig machen (***to*** für). **'preˌdis·po'si·tion** [~pə'zɪʃn] *s* (***to***) Neigung *f* (zu), *bsd.* ⚕ *a.* Anfälligkeit *f* (für).

pre·dom·i·nant [prɪ'dɒmɪnənt] *adj* □ (vor)herrschend, überwiegend. **pre'dom·i·nate** [~neɪt] *v/i* **1.** vorherrschen, -wiegen, überwiegen. **2.** überlegen sein;

die Oberhand *od.* das Übergewicht haben (***over*** über *acc*).

pre·em·i·nent [ˌpriːˈemɪnənt] *adj* □ hervor-, überragend.

pre·emp·tive [ˌpriːˈemptɪv] *adj* **1.** ~ ***right*** Vorkaufsrecht *n.* **2.** ~ ***strike*** ⚔ Präventivschlag *m.*

preen [priːn] *v/t sich, das Gefieder* putzen (*Vogel*): ~ ***o.s.*** sich herrichten (*Person*).

pre·fab [ˈpriːfæb] *s* F Fertighaus *n.* ˌ**pre·ˈfab·ri·cate** [~rɪkeɪt] *v/t* vorfabrizieren, -fertigen: ~***d house*** Fertighaus *n.*

pref·ace [ˈprefɪs] **I** *s* Vorwort *n* (***to*** zu). **II** *v/t Rede, Buch etc* einleiten (***with*** mit).

pre·fer [prɪˈfɜː] *v/t* vorziehen (***to*** *dat*), lieber mögen (***to*** als), bevorzugen: ***I ~ meat to fish*** Fleisch ist mir lieber als Fisch; ~ ***listening to talking*** lieber zuhören als reden; ***I'd ~ to stay at home*** ich bliebe lieber zu Hause; ***I'd ~ you not to go*** es wäre mir lieber, wenn du nicht gingst. **pref·er·a·ble** [ˈprefərəbl] *adj*: ***be*** ~ (***to***) vorzuziehen sein (*dat*), besser sein (als). ˈ**pref·er·a·bly** *adv* vorzugsweise, lieber, am liebsten. ˈ**pref·er·ence** *s* **1.** Bevorzugung *f*, Vorzug *m*: ***give s.o.*** ~ (***over***) j-m den Vorzug geben (gegenüber); ***what is your ~?*** was möchtest du lieber? **2.** Vorliebe *f* (***for*** für). **pref·er·en·tial** [ˌ~ˈrenʃl] *adj* □ bevorzugt, Vorzugs...

pre·fix I *s* [ˈpriːfɪks] **1.** *ling.* Präfix *n*, Vorsilbe *f.* **II** *v/t* [ˌpriːˈfɪks] **2.** *ling. e-m Wort* e-e Vorsilbe voranstellen. **3.** *Bemerkung etc* voranstellen (***to*** *dat*).

preg·nan·cy [ˈpregnənsɪ] *s* Schwangerschaft *f*; *zo.* Trächtigkeit *f*: ~ ***test*** Schwangerschaftstest *m.* ˈ**preg·nant** *adj* □ schwanger; *zo.* trächtig: ***she's four months*** ~ sie ist im vierten Monat schwanger; ~ ***with meaning*** *fig.* bedeutungsschwer, -voll.

pre·heat [ˌpriːˈhiːt] *v/t Bratröhre* vorheizen.

pre·his·tor·ic [ˌpriːhɪˈstɒrɪk] *adj* (~***ally***) prähistorisch, vorgeschichtlich.

pre·judge [ˌpriːˈdʒʌdʒ] *v/t j-n* vorverurteilen: ~ ***the issue*** sich vorschnell e-e Meinung bilden.

prej·u·dice [ˈpredʒʊdɪs] **I** *s* **1.** Vorurteil *n*, Voreingenommenheit *f*, *bsd.* ⚖ Befangenheit *f*: ***have a ~ against*** Vorurteile haben *od.* voreingenommen sein gegen. **2.** ***to the ~ of*** zum Nachteil *od.* Schaden (*gen*); ***without ~ to*** *bsd.* ⚖ unbeschadet. **II** *v/t* **3.** einnehmen (***in favo[u]r of*** für; ***against*** gegen): ~***d*** (vor)eingenommen, *bsd.* ⚖ befangen. **4.** schaden (*dat*), beeinträchtigen. **prej·u·di·cial** [ˌ~ˈdɪʃl] *adj* □ (***to***) abträglich (*dat*), schädlich (für): ***be ~ to*** → ***prejudice*** 4; ~ ***to health*** gesundheitsschädlich.

pre·lim·i·nar·y [prɪˈlɪmɪnərɪ] **I** *adj* Vor...: ~ ***discussion*** Vorbesprechung *f*; ~ ***measures*** *pl* vorbereitende Maßnahmen *pl*; ~ ***round*** (*Sport*) Vorrunde *f.* **II** *s pl* Vorbereitungen *pl*, vorbereitende Maßnahmen *pl.*

prel·ude [ˈpreljuːd] *s* ♪ Vorspiel *n* (***to*** zu) (*a. fig.*); Präludium *n.*

pre·mar·i·tal [ˌpriːˈmærɪtl] *adj* □ vorehelich.

pre·ma·ture [ˈpreməˌtjʊə] *adj* □ **1.** vorzeitig, verfrüht: ***be four weeks*** ~ vier Wochen zu früh auf die Welt kommen; ~ ***baby*** Frühgeburt *f.* **2.** *fig.* voreilig.

pre·med·i·tat·ed [ˌpriːˈmedɪteɪtɪd] *adj* vorsätzlich. **preˌmed·iˈta·tion** *s* Vorsatz *m*: ***with*** ~ vorsätzlich.

pre·mi·er [ˈpremjə] *s* Premier(minister) *m.*

prem·i·ere, prem·i·ère [ˈpremɪeə] **I** *s* Premiere *f*, Ur-, Erstaufführung *f.* **II** *v/t* ur-, erstaufführen.

prem·is·es [ˈpremɪsɪz] *s pl* Gelände *n*, Grundstück *n*; Räumlichkeiten *pl*, (*Geschäfts*)Räume *pl*: ***on the*** ~ an Ort u. Stelle, im Haus *od.* Lokal.

pre·mi·um [ˈpriːmjəm] *s* **1.** Prämie *f*, Bonus *m*: ***be at a*** ~ *fig.* hoch im Kurs stehen; ***put a ~ on*** *fig.* sehr viel Wert legen auf (*acc*); fördern. **2.** *mot. Am.* F Super *n.* ~ **gas·o·line** *s mot. Am.* Superbenzin *n.*

pre·mo·ni·tion [ˌpreməˈnɪʃn] *s* (böse) Vorahnung.

pre·na·tal [ˌpriːˈneɪtl] → ***antenatal.***

pre·oc·cu·pa·tion [priːˌɒkjʊˈpeɪʃn] *s* Beschäftigung *f* (***with*** mit): ***he's got so many ~s that*** er hat so viele Dinge im Kopf, daß. ˌ**preˈoc·cu·pied** [~paɪd] *adj* gedankenverloren, geistesabwesend. ˌ**preˈoc·cu·py** [~paɪ] *v/t* (stark) beschäftigen.

pre·or·dain [ˌpriːɔːˈdeɪn] *v/t* vorherbestimmen: ***his success was ~ed, he***

was ~ed to succeed sein Erfolg war ihm vorherbestimmt.

prep [prep] *s Br.* F Hausaufgabe(n *pl*) *f*: ***do one's ~*** s-e Hausaufgaben machen.

pre·paid [ˌpriːˈpeɪd] *adj* ✉ frankiert, freigemacht: ***~ envelope*** Freiumschlag *m*.

prep·a·ra·tion [ˌprepəˈreɪʃn] *s* **1.** Vorbereitung *f* (***for*** auf *acc*, für): ***be in ~*** in Vorbereitung sein; ***make ~s*** Vorbereitungen treffen. **2.** Zubereitung *f*. **3.** ⚗, ⚕ Präparat *n*.

pre·par·a·to·ry [prɪˈpærətərɪ] *adj* □ **1.** vorbereitend, Vor(bereitungs)... **2.** ***~to*** vor (*dat*): ***~ to doing s.th.*** bevor *od.* ehe man et. tut. ***~ school*** *s Br. private Vorbereitungsschule auf das College*; *Am. private Vorbereitungsschule auf die High-School.*

pre·pare [prɪˈpeə] **I** *v/t* **1.** *Fest, Rede etc* vorbereiten; *j-n* (*a. seelich*) vorbereiten (***for*** auf *acc*): ***~ o.s. for*** sich gefaßt machen auf. **2.** anfertigen; *Speise etc* zubereiten. **II** *v/i* **3.** ***~for*** sich vorbereiten auf (*acc*); Vorbereitungen treffen für; sich gefaßt machen auf (*acc*). **preˈpared** *adj* **1.** vorbereitet (*Erklärung etc*). **2.** bereit, gewillt (***to do*** zu tun). **3.** gefaßt, vorbereitet (***for*** auf *acc*; ***to do*** darauf, zu tun). **preˈpared·ness** *s* Bereitschaft *f*.

pre·pon·der·ance [prɪˈpɒndərəns] *s fig.* Übergewicht *n*. **preˈpon·der·ant** *adj* □ überwiegend: ***be ~ → preponderate.*** **preˈpon·der·ate** [~reɪt] *v/i* überwiegen; überlegen sein (***over*** *dat*).

prep·o·si·tion [ˌprepəˈzɪʃn] *s ling.* Präposition *f*, Verhältniswort *n*.

pre·pos·sess [ˌpriːpəˈzes] *v/t*: ***be ~ed by*** eingenommen sein von. **ˌpre·posˈsess·ing** *adj* □ einnehmend.

pre·pos·ter·ous [prɪˈpɒstərəs] *adj* □ **1.** absurd. **2.** lächerlich, lachhaft.

prep school F → ***preparatory school.***

pre·puce [ˈpriːpjuːs] *s anat.* Vorhaut *f*.

pre·re·cord·ed [ˌpriːrɪˈkɔːdɪd] *adj* bespielt (*Musik-, Videokassette*).

pre·req·ui·site [ˌpriːˈrekwɪzɪt] *s* Vorbedingung *f*, Voraussetzung *f* (***for, of, to*** für).

pre·rog·a·tive [prɪˈrɒgətɪv] *s* Vorrecht *n*.

Pres·by·te·ri·an [ˌprezbɪˈtɪərɪən] **I** *adj* presbyterianisch. **II** *s* Presbyterianer (-in).

pre·school [ˌpriːˈskuːl] *adj* vorschulisch: ***of ~ age*** im Vorschulalter; ***~ child*** Vorschulkind *n*.

pre·scribe [prɪˈskraɪb] *v/t* **1.** *et.* vorschreiben. **2.** ⚕ *j-m et.* verschreiben, -ordnen (***for*** gegen).

pre·scrip·tion [prɪˈskrɪpʃn] *s* **1.** Vorschrift *f*. **2.** ⚕ verordnete Medizin; Rezept *n*: ***available only on ~*** rezeptpflichtig. ***~ charge*** *s* Rezeptgebühr *f*.

pres·ence [ˈprezns] *s* Gegenwart *f*, Anwesenheit *f*: ***in the ~ of*** in Gegenwart *od.* in Anwesenheit *od.* im Beisein von (*od. gen*), vor *Zeugen*; ***make one's ~ felt*** *fig.* sich bemerkbar *od.* auf sich aufmerksam machen; ***~ of mind*** Geistesgegenwart *f*.

pres·ent¹ [ˈpreznt] **I** *adj* (□ → ***presently***) **1.** anwesend (***at*** bei); vorhanden: → ***company*** 2. **2.** gegenwärtig, jetzig, derzeitig: ***at the ~ moment*** zum gegenwärtigen Zeitpunkt; ***in the ~ case*** im vorliegenden Fall. **3.** *ling.* ***~ participle*** Partizip *n* Präsens, Mittelwort *n* der Gegenwart; ***~ perfect*** Perfekt *n*, zweite Vergangenheit; ***~ tense*** Präsens *n*, Gegenwart *f*. **II** *s* **4.** Gegenwart *f*, *ling. a.* Präsens *n*: ***at ~*** gegenwärtig, zur Zeit; ***for the ~*** vorerst, -läufig, einstweilen.

pre·sent² [prɪˈzent] *v/t* **1.** präsentieren (***to*** *dat*): a) (über)reichen, (-)bringen, (-)geben: ***~ s.th. to s.o., ~ s.o. with s.th.*** *a.* j-m et. schenken, b) vorbringen, -legen, unterbreiten, c) zeigen, vorführen, *thea. etc* aufführen, d) schildern, darstellen, e) *j-n, Produkt etc* vorstellen, f) *Programm etc* moderieren. **2.** *Sicht, Ziel, Möglichkeit etc* bieten, *Schwierigkeit etc* darstellen, bieten: ***if the chance ~s itself*** wenn sich die Chance bietet; ***this ~s no problem*** (***to him***) das ist kein Problem (für ihn). **3.** ***~ o.s.*** sich einfinden (*Person*); ***~ itself*** sich einstellen (*Gedanke etc*).

pres·ent³ [ˈpreznt] *s* Geschenk *n*: ***make s.o. a ~ of s.th.*** j-m et. schenken (*a. fig.*).

pre·sent·a·ble [prɪˈzentəbl] *adj* □ vorzeigbar (*Person*): ***be ~*** sich sehen lassen können (*a. Sache*); ***make o.s. ~*** sich zurechtmachen.

pres·en·ta·tion [ˌprezənˈteɪʃn] *s* Präsentation *f*: a) Überreichung *f*, -gabe *f*, b) Unterbreitung *f*, c) Vorführung *f*, *thea. etc* Aufführung *f*, d) Schilderung *f*,

Darstellung *f*, e) Vorstellung *f*, f) *Rundfunk*, *TV*: Moderation *f*.

ˌ**pres·ent-'day** *adj* heutig, gegenwärtig.

pre·sent·er [prɪ'zentə] *s Rundfunk*, *TV*: *Br*. Moderator(in).

pre·sen·ti·ment [prɪ'zentɪmənt] *s* (böse) Vorahnung.

pres·ent·ly ['prezntlɪ] *adv* **1.** in Kürze, bald. **2.** *bsd. Am.* gegenwärtig, derzeit.

pres·er·va·tion [ˌprezə'veɪʃn] *s* **1.** Bewahrung *f*; Erhaltung *f*: ***in a good state of*** ~ gut erhalten; ***there is a ~ order on this building*** *bsd. Br.* dieses Gebäude steht unter Denkmalschutz. **2.** Konservierung *f*. **pre·serv·a·tive** [prɪ'zɜːvətɪv] *s* Konservierungsmittel *n*.

pre·serve [prɪ'zɜːv] **I** *v/t* **1.** bewahren, (be)schützen (***from*** vor *dat*). **2.** bewahren, erhalten. **3.** konservieren, *Obst etc* einmachen, -kochen. **II** *s* **4.** *mst pl* Eingemachte *n*: ***strawberry ~s*** eingemachte Erdbeeren *pl*. **5.** (*Jagd*)Revier *n*. **6.** *fig*. Revier *n*, Ressort *n*.

pre·side [prɪ'zaɪd] *v/i* den Vorsitz führen *od.* haben (***at, over*** bei): ***~ at a meeting*** *a.* e-e Versammlung leiten.

pres·i·den·cy ['prezɪdənsɪ] *s pol.* Präsidentschaft *f*; Amtszeit *f* (*e-s Präsidenten*). '**pres·i·dent** *s* **1.** Präsident(in) (*a. pol.*). **2.** Vorsitzende *m*, *f*. **3.** *univ. bsd. Am.* Rektor(in). **pres·i·den·tial** [ˌ~'denʃl] *adj pol.* Präsidenten..., Präsidentschafts...

press [pres] **I** *v/t* **1.** drücken, pressen: ***~ s.o.'s hand*** j-m die Hand drücken. **2.** drücken auf (*e-n Knopf etc*), *Pedal etc* niederdrücken. **3.** *Frucht* (aus)pressen. **4.** *Schallplatte* pressen. **5.** bügeln; *Blumen* pressen. **6.** (*zurück- etc*)drängen: ***~ back***. **7.** *j-n* (be)drängen (***to do*** zu tun): ***be ~ed for time*** unter Zeitdruck stehen, in Zeitnot sein. **8.** ***~ s.th. on s.o.*** j-m et. aufdrängen *od.* -nötigen. **9.** bestehen auf (*dat*): ***~ the point*** darauf bestehen; ***~ home*** *Forderung etc* durchsetzen; *Vorteil* ausnützen. **II** *v/i* **10.** drücken. **11.** drängen (*Zeit etc*): ***~ for*** drängen auf (*acc*). **12.** (sich) (*vorwärts- etc*)drängen: ***~ forward; ~ on*** (*od.* ***ahead***) *fig.* weitermachen (***with*** mit). **III** *s* **13.** (*Frucht- etc*)Presse *f*; Spanner *m* (*für Tennisschläger etc*). **14.** (*Drucker*)Presse *f*: ***be in*** (***the***) ~ in Druck sein; ***go to ~*** in Druck gehen. **15.** ***give s.th. a ~*** et. drücken. **16.** Presse *f*: ***have a good*** (***bad***) ~ e-e gute (schlechte) Presse haben. ~ **a·gen·cy** *s* Presseagentur *f*. ~ **box** *s* Pressetribüne *f*: ***in the ~*** auf der Pressetribüne. ~ **card** *s* Presseausweis *m*. ~ **clip·ping** *s bsd. Am.* Zeitungsausschnitt *m*. ~ **con·fer·ence** *s* Pressekonferenz *f*: ***at a ~*** auf e-r Pressekonferenz. ~ **cut·ting** *s bsd. Br.* Zeitungsausschnitt *m*. ~ **gal·ler·y** *s parl.* Pressetribüne *f*: ***in the ~*** auf der Pressetribüne.

press·ing ['presɪŋ] *adj* □ **1.** dringend. **2.** eindringlich.

press| pho·tog·ra·pher *s* Pressefotograf(in). ~ **stud** *s bsd. Br.* Druckknopf *m*. '**~-up** *s* Liegestütz *m*: ***do a ~*** e-n Liegestütz machen.

pres·sure ['preʃə] **I** *s phys.*, ⚙, *etc* Druck *m*: ***under ~*** *fig.* unter Druck; ***bring ~ to bear on, put ~ on*** *fig.* Druck ausüben auf (*acc*); ***work at high ~*** *fig.* mit Hochdruck arbeiten. **II** *v/t bsd. Am.* → ***pressurize*** 2. ~ **cab·in** *s* ✈ Druck(ausgleichs)kabine *f*. ~ **cook·er** *s* Schnellkochtopf *m*. ~ **group** *s pol.* Interessengruppe *f*. '**~-ˌsen·si·tive** *adj* □ ⚕ *etc* druckempfindlich.

pres·sur·ize ['preʃəraɪz] *v/t* **1.** ***~d cabin*** → ***pressure cabin***. **2.** *fig. bsd. Br. j-n* unter Druck setzen (***to do s.th.*** damit er et. tut): ***~ s.o. into doing s.th.*** j-n so lange unter Druck setzen, bis er et. tut.

pres·tige [pre'stiːʒ] *s* Prestige *n*, Ansehen *n*. **pres·tig·ious** [pre'stɪdʒəs] *adj* □ renommiert.

pres·to ['prestəʊ] *adv*: ***hey ~*** Hokuspokus (Fidibus).

pre·sum·a·ble [prɪ'zjuːməbl] *adj* □ vermutlich. **pre'sume I** *v/t* **1.** annehmen, vermuten. **2.** sich erdreisten *od.* anmaßen (***to do*** zu tun). **II** *v/i* **3.** → 1. **4.** anmaßend *od.* aufdringlich sein: ***~ on*** *et.* ausnützen *od.* mißbrauchen. **pre'sum·ing** *adj* □ anmaßend.

pre·sump·tion [prɪ'zʌmpʃn] *s* **1.** Annahme *f*, Vermutung *f*. **2.** Anmaßung *f*. **pre'sump·tu·ous** [~tʃʊəs] *adj* □ anmaßend.

pre·sup·pose [ˌpriːsə'pəʊz] *v/t* voraussetzen (***that*** daß). **pre·sup·po·si·tion** [ˌ~sʌpə'zɪʃn] *s* Voraussetzung *f*.

pre·tence [prɪ'tens] *s* **1.** Heuchelei *f*, Verstellung *f*: ***his friendliness is only ~*** s-e Freundlichkeit ist nur gespielt;

make a ~of doing s.th. so tun, als tue man et. **2.** ***under false ~s*** unter falschen Voraussetzungen. **3.** Anspruch *m* (***to*** auf *acc*): ***make no ~ to*** keinen Anspruch erheben auf.

pre·tend [prɪ'tend] **I** *v/t* **1.** vorgeben, -schützen, -täuschen: ***~ sleep*** (*od.* ***to be asleep***) sich schlafend stellen. **2.** behaupten (***to do*** zu tun). **II** *v/i* **3.** sich verstellen: ***he's only ~ing*** er tut nur so. **4.** Anspruch erheben (***to*** auf *acc*). **pre'tend·ed** *adj* vorgetäuscht, gespielt.

pre·tense *Am.* → ***pretence.***

pre·ten·sion [prɪ'tenʃn] *s* **1.** *oft pl* Anspruch *m* (***to*** auf *acc*): ***make no ~s to*** keinen Anspruch erheben auf. **2.** Anmaßung *f.*

pre·ten·tious [prɪ'tenʃəs] *adj* □ anmaßend. **pre'ten·tious·ness** *s* Anmaßung *f.*

pret·er·ite ['pretərət] *s ling.* Präteritum *n*, (erste) Vergangenheit.

pre·text ['priːtekst] *s* Vorwand *m*: ***on*** (*od.* ***under***) ***the ~*** unter dem Vorwand (***of doing*** zu tun).

pret·ty ['prɪtɪ] **I** *adj* □ hübsch, *iro. a.* schön: → ***penny.*** **II** *adv* F ziemlich, ganz schön: ***~ cold; ~ good*** recht *od.* ganz gut; ***~ much the same thing*** so ziemlich dasselbe; ***be sitting ~*** F (*finanziell etc*) gut dastehen.

pre·vail [prɪ'veɪl] *v/i* **1.** vorherrschen, weit verbreitet sein. **2.** (***over, against***) siegen (über *acc*), sich durchsetzen (gegen). **3.** ***~ on s.o. to do s.th.*** j-n dazu bewegen, et. zu tun. **pre'vail·ing** *adj* (vor)herrschend.

prev·a·lence ['prevələns] *s* Vorherrschen *n*, weite Verbreitung. **'prev·a·lent** *adj* □ vorherrschend, weitverbreitet.

pre·var·i·cate [prɪ'værɪkeɪt] *v/i* Ausflüchte machen. **pre,var·i'ca·tion** *s* Ausflucht *f.*

pre·vent [prɪ'vent] *v/t* **1.** verhindern, -hüten, *e-r Sache* vorbeugen. **2.** (***from***) *j-n* hindern (an *dat*), abhalten (von): ***~ s.o.*** (***from***) ***doing s.th.*** j-n (daran) hindern *od.* davon abhalten, et. zu tun. **pre'ven·tion** *s* (***of***) Verhinderung *f*, -hütung *f* (von), Vorbeugung *f* (gegen): ***~ of accidents*** Unfallverhütung; ***~ is better than cure*** Vorbeugen ist besser als Heilen. **pre'ven·tive** *adj* vorbeugend.

pre·view ['priːvjuː] *s* **1.** *Film, TV*: Voraufführung *f*; Vorbesichtigung *f* (*e-r Ausstellung etc*), *paint.* Vernissage *f.* **2.** *Film, TV, a. allg.* Vorschau *f* (***of*** auf *acc*).

pre·vi·ous ['priːvjəs] *adj* **1.** vorher-, vorausgehend, vorherig: ***~ conviction*** ⚖ Vorstrafe *f*; ***have a ~ conviction*** vorbestraft sein; ***on the ~ day*** am Tag davor, am Vortag; ***on a ~ occasion*** bei e-r früheren Gelegenheit; ***~ owner*** Vorbesitzer(in). **2.** ***~ to*** vor (*dat*): ***~ to doing s.th.*** bevor man et. tut. **'pre·vi·ous·ly** *adv* früher, vorher.

pre·war [ˌpriː'wɔː] *adj* Vorkriegs...

prey [preɪ] **I** *s* Beute *f*, Opfer *n* (*e-s Raubtiers; a. fig.*): ***be easy ~ for*** (*od.* ***to***) e-e leichte Beute sein für; → ***beast*** 1, ***bird*** 1. **II** *v/i*: ***~ on*** a) *zo.* Jagd machen auf (*acc*), b) *fig.* nagen an (*dat*): ***~ on s.o.'s mind*** j-m keine Ruhe lassen, c) *fig. j-n* ausnehmen.

price [praɪs] **I** *s* **1.** Preis *m* (*a. fig.*), (*Börse*) Kurs *m*: ***what is the ~ of ...?*** was *od.* wieviel kostet ...?; ***at the ~ of*** zum Preis von; ***at a ... price*** zu e-m *günstigen etc* Preis; ***at a ~*** für entsprechendes Geld; (***not***) ***at any ~*** *bsd. fig.* um jeden (keinen) Preis; ***be above*** (*od.* ***beyond, without***) ***~*** *fig.* unbezahlbar sein; ***pay a high ~ for*** *fig.* e-n hohen Preis bezahlen für; ***put a ~ on s.o.'s head*** e-n Preis auf j-s Kopf aussetzen. **2.** *Wetten*: Quote *f.* **II** *v/t* **3.** den Preis festsetzen für; auszeichnen (***at*** mit). **4.** F nach dem Preis (*gen*) fragen. **'~-ˌcon·scious** *adj* □ preisbewußt. **'~-conˌtrolled** *adj* preisgebunden. **~ cut** *s* Preissenkung *f.* **~ freeze** *s* Preisstopp *m.*

price·less ['praɪslɪs] *adj* unbezahlbar (*a. fig.*).

price| list *s* Preisliste *f.* **~ range** *s* Preisklasse *f*, -kategorie *f.* **~ tag, ~ tick·et** *s* Preisschild *n.*

price·y ['praɪsɪ] *adj* F teuer.

prick [prɪk] **I** *s* **1.** (*Insekten-, Nadel- etc-*) Stich *m*; Einstich *m.* **2.** stechender Schmerz, Stich *m*: ***~s pl of conscience*** *fig.* Gewissensbisse *pl.* **3.** V Schwanz *m* (*Penis*). **4.** *fig.* V Arschloch *n.* **II** *v/t* **5.** (an-, auf-, durch)stechen, stechen in (*acc*): ***~ one's finger*** sich in den Finger stechen (***on*** an *dat*; ***with*** mit); ***his conscience ~ed him*** *fig*. er hatte Gewissensbisse. **6.** prickeln auf *od*. in (*dat*). **7.** ***~ up one's ears*** die Ohren spitzen (*a. fig.*). **III** *v/i* **8.** stechen (*a. schmerzen*).

prick·le ['prɪkl] **I** *s* **1.** Stachel *m*, ⚘ *a.* Dorn *m*. **2.** Prickeln *n*, Kribbeln *n*. **II** *v/i* **3.** prickeln, kribbeln. '**prick·ly** *adj* **1.** stach(e)lig, ⚘ *a.* dornig. **2.** prickelnd, kribbelnd. **3.** *fig*. unangenehm.

'**pric·y** → ***pricey.***

pride [praɪd] **I** *s* Stolz *m* (*a. Gegenstand des Stolzes*); *b.s.* Hochmut *m*: ***take*** (***a***) ***~ in*** → II. **II** *v/t*: ***~ o.s. on*** stolz sein auf (*acc*).

priest ['priːst] *s eccl.* Priester *m*. **priest·hood** ['~hʊd] *s* **1.** Priesteramt *n*, -würde *f*. **2.** *coll.* Priesterschaft *f*. '**priest·ly** *adj* priesterlich.

prig [prɪg] *s* Tugendbold *m*. '**prig·gish** *adj* □ tugendhaft.

prim [prɪm] *adj* □ *a.* ***~ and proper*** etepetete; prüde.

pri·ma·cy ['praɪməsɪ] *s* Vorrang *m* (***over*** vor *dat*); Vorrangstellung *f*.

pri·mae·val *bsd. Br.* → ***primeval.***

pri·mal ['praɪml] *adj* **1.** ursprünglich, Ur... **2.** → ***primary*** 1.

pri·ma·ri·ly ['praɪmərəlɪ] *adv* in erster Linie, vor allem. '**pri·ma·ry I** *adj* **1.** wichtigst, Haupt...: ***~ accent*** (*od.* ***stress***) *ling*. Hauptakzent *m*; ***of ~ importance*** von höchster Wichtigkeit. **2.** Anfangs..., Ur... **3.** grundlegend, elementar, Grund...: ***~ colo***(***u***)***r*** Grundfarbe *f*. **II** *s* **4.** *pol. Am.* Vorwahl *f*.

prime [praɪm] **I** *adj* □ **1.** wichtigst, Haupt...: ***of ~ importance*** von höchster Wichtigkeit; ***~ minister*** Premierminister(in), Ministerpräsident(in); ***~ mover*** ⚙ Kraft-, Antriebsmaschine *f*; *fig.* treibende Kraft; ***~ suspect*** Hauptverdächtige *m, f*; ***~ time*** *TV* Haupteinschaltzeit *f*. **2.** erstklassig: ***in ~ condition*** in Bestzustand. **3.** ***~ number*** → 5. **II** *s* **4.** ***in the ~ of life*** in der Blüte s-r Jahre; ***be past one's ~*** s-e besten Jahre hinter sich haben; (*Künstler etc*) den Zenit überschritten haben. **5.** ⩓ Primzahl *f*. **III** *v/t* **6.** grundieren. **7.** *j-n* instruieren, vorbereiten.

prim·er[1] ['praɪmə] *s* **1.** Grundierfarbe *f*, -lack *m*. **2.** ⚔ *etc* Zünder *m*.

prim·er[2] [~] *s* Fibel *f*.

pri·me·val [praɪ'miːvl] *adj* □ urzeitlich, Ur...: ***~ forest*** Urwald *m*.

prim·i·tive ['prɪmɪtɪv] *adj* □ primitiv (*a. contp.*).

pri·mor·di·al [praɪ'mɔːdjəl] *adj* □ uranfänglich, ursprünglich.

prim·rose *s* ⚘ Primel *f*, *bsd.* Schlüsselblume *f*.

prim·u·la ['prɪmjʊlə] *s* ⚘ Primel *f*.

prince [prɪns] *s* **1.** Fürst *m*. **2.** Prinz *m*: ***2 Charming*** *fig*. Märchenprinz; → ***consort.*** '**prince·ly** *adj* fürstlich (*a. fig.*).

prin·cess [~'ses, *vor npr* '~ses] *s* **1.** Fürstin *f*. **2.** Prinzessin *f*.

prin·ci·pal ['prɪnsəpl] **I** *adj* (□ → ***principally***) **1.** wichtigst, hauptsächlich, Haupt...: ***~ character*** Hauptfigur *f*, -person *f* (*e-s Romans etc*); ***~ parts*** *pl ling.* Stammformen *pl* (*e-s Verbs*). **II** *s* **2.** *ped.* Rektor(in). **3.** *thea.* Hauptdarsteller(in); ♪ Solist(in).

prin·ci·pal·i·ty [ˌprɪnsɪ'pælətɪ] *s* Fürstentum *n*.

prin·ci·pal·ly ['prɪnsəplɪ] *adv* in erster Linie, hauptsächlich.

prin·ci·ple ['prɪnsəpl] *s* **1.** Prinzip *n*, Grundsatz *m*: ***man of ~s*** Mann *m* mit Grundsätzen; ***in ~*** im Prinzip, an sich; ***on ~*** prinzipiell, grundsätzlich; ***~ of efficiency*** Leistungsprinzip. **2.** *phys. etc* Prinzip *n*, (Natur)Gesetz *n*.

print [prɪnt] **I** *v/t* **1.** *typ.* drucken: ***~ed matter*** ✉ Drucksache *f*. **2.** *Rede etc* abdrucken. **3.** *Stoff etc* bedrucken. **4.** in Druckbuchstaben schreiben: ***~ed characters*** *pl* Druckbuchstaben *pl*. **5.** *a.* ***~ off*** *phot.* abziehen; ***~ out*** ausdrukken (*Computer*). **II** *v/i* **6.** *typ.* drucken. **7.** ***be ~ing*** im Druck sein. **III** *s* **8.** (*Finger- etc*)Abdruck *m*. **9.** *typ.* Druck *m*: ***out of ~*** vergriffen; ***in ~*** gedruckt; ***~ run*** Auflage *f*. **10.** Gedruckte *n*: → ***small*** I. **11.** *Kunst*: Druck *m*; *phot.* Abzug *m*. '**print·a·ble** *adj* druckfähig, -reif. '**print·er** *s* Drucker *m* (*a. Gerät*): ***~'s error*** Druckfehler *m*; ***~'s ink*** Druckerschwärze *f*. '**print·ing** *s* **1.** *typ.* Drucken *n*: ***~ ink*** Druckerschwärze *f*; ***~ press*** Druck(er)presse *f*; ***~ works*** *pl* (*oft sg konstruiert*) Druckerei *f*. **2.** Auflage *f*.

'**print·out** *s Computer*: Ausdruck *m*.

pri·or ['praɪə] *adj* **1.** vorherig, früher. **2.** vorrangig. **3.** ***~ to*** vor (*dat*). **pri·or·i·tize** [~'prɒtaɪz] *v/t* den Vorrang geben (*dat*), vorrangig behandeln. **pri'or·i·ty** *s* **1.** Priorität *f*, Vorrang *m*: ***give ~ to*** → ***prioritize; have*** (*od.* ***take***) **~** den Vorrang haben (***over*** vor *dat*), vorgehen. **2.** vordringliche *od.* vorrangige Sache: ***a top ~*** e-e Angelegenheit von äußerster Dringlichkeit. **3.** *mot.* Vorfahrt *f*: ***have ~.***

prise *bsd. Br.* → ***prize².***

prism ['prɪzəm] *s* ⩚, *phys. etc* Prisma *n*. **pris·mat·ic** [~'mætɪk] *adj* (***~ally***) prismatisch, Prismen...

pris·on ['prɪzn] *s* Gefängnis *n*: ***be in ~*** im Gefängnis sein *od.* sitzen, einsitzen; ***~ cell*** Gefängniszelle *f*; ***~ sentence*** Gefängnis-, Freiheitsstrafe *f*. **'pris·on·er** *s* Gefangene *m, f*, Häftling *m*: ***hold*** (*od.* ***keep***) **~** gefangenhalten; ***take ~*** gefangennehmen; ***~ of war*** Kriegsgefangene; → ***bar*** 8.

pris·sy ['prɪsɪ] *adj* □ F etepetete, zimperlich.

pri·va·cy ['prɪvəsɪ] *s* **1.** Ungestörtheit *f*: ***there is no ~ here*** hier ist man nie ungestört. **2.** Geheimhaltung *f*: ***in strict ~*** streng vertraulich.

pri·vate ['praɪvɪt] **I** *adj* □ **1.** privat, Privat...: ***~*** (***limited***) ***company*** ⚕ *Br.* Gesellschaft *f* mit beschränkter Haftung; ***~ detective*** Privatdetektiv(in); ***~ lessons*** *pl* Privatunterricht *m*; ***~ life*** Privatleben *n*; ***~ matter*** Privatangelegenheit *f*; ***~ patient*** *Br.* Privatpatient(in); ***~ school*** Privatschule *f*; ***~ly owned*** in Privatbesitz. **2.** ungestört (*Ort*): ***be a very ~ person*** sehr zurückgezogen leben. **3.** geheim; vertraulich: ***keep s.th. ~*** et. geheimhalten *od.* vertraulich behandeln. **4.** ***~ soldier*** → 6. **II** *s* **5.** ***in ~*** privat; unter vier Augen. **6.** ⚔ Gefreite *m*.

pri·va·tion [praɪ'veɪʃn] *s* Entbehrung *f*.

pri·vat·ize ['praɪvɪtaɪz] *v/t staatlichen Betrieb etc* privatisieren.

priv·i·lege ['prɪvɪlɪdʒ] **I** *s* Privileg *n*, Vorrecht *n*; (besondere) Ehre. **II** *v/t* privilegieren, bevorrechtigen: ***be ~d*** den Vorzug genießen (***to do*** zu tun).

priv·y ['prɪvɪ] *adj*: ***be ~ to*** eingeweiht sein in (*acc*).

prize¹ [praɪz] **I** *s* **1.** (Sieger-, Sieges)Preis *m*; (*Lotterie- etc*)Gewinn *m*. **II** *adj* **2.** preisgekrönt. **3.** F *contp.* Riesen...: ***~ idiot*** Vollidiot *m*. **III** *v/t* **4.** (hoch)schätzen.

prize² [~] *v/t*: ***~ open*** aufbrechen, -stemmen.

'prize|ˌwin·ner *s* Preisträger(in); Gewinner(in). **'~ˌwin·ning** *adj* preisgekrönt: ***~ ticket*** Gewinnlos *n*.

pro¹ [prəʊ] *pl* **pros** *s* **1.** Ja-Stimme *f*. **2.** ***the ~s and cons*** *pl* das Für u. Wider, das Pro u. Kontra.

pro² [~] F **I** *pl* **pros** *s* Profi *m*. **II** *adj* Profi...

prob·a·bil·i·ty [ˌprɒbə'bɪlətɪ] *s* Wahrscheinlichkeit *f*: ***in all ~*** aller Wahrscheinlichkeit nach, höchstwahrscheinlich. **'prob·a·ble** *adj* □ wahrscheinlich.

pro·ba·tion [prə'beɪʃn] *s* Probe(zeit) *f*; ⚖ Bewährung(sfrist) *f*: ***he's still on ~*** er ist noch in der Probezeit; ***put s.o. on ~*** (***for two years***) j-s (Rest)Strafe (auf zwei Jahre) zur Bewährung aussetzen; ***~ officer*** Bewährungshelfer(in). **pro'ba·tion·ar·y** *adj*: ***~ period*** Probezeit *f*; ⚖ Bewährungsfrist *f*. **pro'ba·tion·er** *s* **1.** Lernschwester *f*. **2.** ⚖ *j-d, dessen (Rest)Strafe zur Bewährung ausgesetzt wurde.*

probe [prəʊb] **I** *s* **1.** ⚕, ⚙ Sonde *f*. **2.** *fig.* Untersuchung *f* (***into*** *gen*). **II** *v/t* **3.** ⚕ sondieren. **4.** *fig.* erforschen, (gründlich) untersuchen. **III** *v/i* **5.** ***~ into*** → II.

prob·lem ['prɒbləm] *s* **1.** Problem *n*: ***without any ~*** (völlig) problemlos; ***~ child*** Problemkind *n*; ***~ drinker*** *euphem.* Alkoholiker(in). **2.** ⩚ *etc* Aufgabe *f*: ***do a ~*** e-e Aufgabe lösen. **prob·lem·at·ic** [ˌ~blə'mætɪk] *adj* (***~ally***) problematisch.

pro·ce·dur·al [prə'siːdʒərəl] *adj* □ Verfahrens..., verfahrenstechnisch; ⚖ verfahrensrechtlich. **pro'ce·dure** *s* Verfahren(sweise *f*) *n*, Vorgehen *n*.

pro·ceed [prə'siːd] *v/i* **1.** (weiter)gehen, (-)fahren; sich begeben (***to*** nach, zu). **2.** *fig.* weitergehen (*Handlung etc*). **3.** *fig.* fortfahren (***with*** mit): ***~ with one's work*** s-e Arbeit fortsetzen. **4.** *fig.* vorgehen, verfahren: ***~ with*** *et.* durchführen; ***~ to do s.th.*** sich anschicken *od.* daranmachen, et. zu tun. **5.** ***~ from*** herrühren *od.* kommen von. **6.** ***~ against*** ⚖ (gerichtlich) vorgehen gegen. **pro'ceed·ing** *s* **1.** → ***procedure.*** **2.** *pl* Vor-

gänge *pl*, Geschehnisse *pl*. **3.** ***start*** (*od.* ***take***) ***~s against*** → ***proceed*** 6.
pro·ceeds ['prəʊsiːdz] *s pl* Erlös *m*, Ertrag *m*, Einnahmen *pl*.
pro·cess ['prəʊses] **I** *s* Prozeß *m*: a) Verfahren *n*, b) Vorgang *m*: ***in the ~*** dabei; ***be in ~*** im Gange sein; ***be in the ~ of doing s.th.*** (gerade) dabei sein, et. zu tun; ***~ of thinking*** Denkprozeß. **II** *v/t* ⚙, *a. Anträge etc* bearbeiten; *Daten* verarbeiten; (*chemisch etc*) behandeln; *Film* entwickeln; *Lebensmittel* haltbar machen, *Milch etc* sterilisieren: ***~ into*** verarbeiten zu. **'pro·cess·ing** *s* Be-, Verarbeitung *f*: ***~ industry*** verarbeitende Industrie.
pro·ces·sion [prə'seʃn] *s* Prozession *f*; (Um)Zug *m*.
pro·ces·sor ['prəʊsesə] *s Computer*: Prozessor *m*; (*Wort-*, *Text*)Verarbeitungsgerät *n*.
pro·claim [prə'kleɪm] *v/t* proklamieren, verkünd(ig)en: ***~ s.o. king*** j-n zum König ausrufen. **proc·la·ma·tion** [ˌprɒklə'meɪʃn] *s* Proklamation *f*, Verkünd(ig)ung *f*.
pro·cliv·i·ty [prə'klɪvətɪ] *s* Neigung *f*, Hang *m* (***to, toward***[***s***] zu).
pro·cras·ti·nate [prəʊ'kræstɪneɪt] *v/i* zaudern, zögern.
pro·cre·ate ['prəʊkrɪeɪt] *biol.* **I** *v/t* zeugen. **II** *v/i* sich fortpflanzen. **ˌpro·cre·'a·tion** *s* Zeugung *f*; Fortpflanzung *f*.
pro·cure [prə'kjʊə] *v/t* **1.** (sich) *et.* beschaffen *od.* besorgen: ***~ s.o. s.th.*** j-m et. beschaffen. **2.** verkuppeln (***for*** *dat*). **pro'cure·ment** *s* **1.** Beschaffung *f*, Besorgung *f*. **2.** Verkupplung *f*. **pro'cur·er** *s* Kuppler *m*. **pro'cur·ess** *s* Kupplerin *f*.
prod [prɒd] **I** *v/t* **1.** stoßen: ***~ s.o. in the ribs*** j-m e-n Rippenstoß geben. **2.** *fig.* anspornen, anstacheln (***into*** zu). **II** *v/i* **3.** stoßen (***at*** nach). **III** *s* **4.** Stoß *m*: ***~ in the ribs*** Rippenstoß.
prod·i·gal ['prɒdɪgl] **I** *adj* □ verschwenderisch: ***be ~ of*** verschwenderisch umgehen mit. **II** *s* Verschwender(in).
pro·di·gious [prə'dɪdʒəs] *adj* □ erstaunlich, großartig, wunderbar. **prod·i·gy** ['prɒdɪdʒɪ] *s* Wunder *n*: → ***child prodigy, infant*** II.
pro·duce¹ [prə'djuːs] **I** *v/t* **1.** *allg.* erzeugen; ⚚ *Waren* produzieren, herstellen, erzeugen; *Theaterstück etc* inszenieren; *Film* produzieren. **2.** ⚚ *Gewinn etc* (ein)bringen, abwerfen. **3.** *fig.* erzeugen, bewirken, hervorrufen, *Wirkung* erzielen. **4.** hervorziehen, -holen (***from*** aus *der Tasche etc*); *Ausweis etc* (vor)zeigen, vorlegen; *Beweise*, *Zeugen etc* beibringen. **II** *v/i* **5.** produzieren: ***begin to ~*** die Produktion aufnehmen.
prod·uce² ['prɒdjuːs] *s* (*bsd. Agrar*)Produkt(e *pl*) *n*, (-)Erzeugnis(se *pl*) *n*.
pro·duc·er [prə'djuːsə] *s* **1.** Produzent (-in), Hersteller(in). **2.** *thea.* Regisseur (-in); (*Film*) Produzent(in).
prod·uct ['prɒdʌkt] *s* Produkt *n* (*a.* ⚗, ℞, *fig.*), Erzeugnis *n*. **pro·duc·tion** [prə'dʌkʃn] *s* **1.** *allg.* Erzeugung *f*; ⚚ Produktion *f*, Herstellung *f*, Erzeugung *f*; *thea.* Inszenierung *f*; (*Film*) Produktion *f*: ***go into ~*** ⚚ die Produktion aufnehmen; in Produktion gehen; ***~ line*** Fertigungsstraße *f*, Fließband *n*. **2.** *fig.* Erzeugung *f*, Bewirkung *f*. **3.** Vorzeigen, -legen *n* (*e-s Ausweises etc*); Beibringung *f* (*von Beweisen*, *Zeugen etc*).
pro'duc·tive *adj* □ produktiv (*a. fig.*), ergiebig, rentabel; *fig.* schöpferisch. **pro·duc·tiv·i·ty** [ˌprɒdʌk'tɪvətɪ] *s* Produktivität *f* (*a. fig.*), Ergiebigkeit *f*, Rentabilität *f*.
prof [prɒf] *s* F Prof *m* (*Professor*).
prof·a·na·tion [ˌprɒfə'neɪʃn] *s* Entweihung *f*. **pro·fane** [prə'feɪn] **I** *adj* □ **1.** weltlich, profan, Profan... **2.** (gottes)lästerlich. **II** *v/t* **3.** entweihen.
pro·fess [prə'fes] *v/t* **1.** vorgeben, -täuschen; behaupten (***to be*** zu sein). **2.** erklären, bekunden: ***~ o.s.*** (***to be***) ***satisfied*** s-e Zufriedenheit bekunden. **pro'fessed** *adj* **1.** erklärt (*Gegner etc*). **2.** angeblich. **pro'fess·ed·ly** [~sɪdlɪ] *adv* **1.** erklärtermaßen. **2.** angeblich.
pro·fes·sion [prə'feʃn] *s* **1.** (*bsd. akademischer*) Beruf: ***by ~*** von Beruf. **2.** Berufsstand *m*: ***the medical ~*** die Ärzteschaft, die Mediziner *pl*. **pro'fes·sion·al** [~ʃənl] **I** *adj* □ **1.** Berufs..., beruflich. **2.** Fach..., fachlich. **3.** professionell, Berufs... (*beide a. Sport*): ***turn ~*** ins Profilager überwechseln. **4.** fachmännisch, gekonnt. **II** *s* **5.** Berufssportler(in), -spieler(in), Profi *m*. **6.** Fachmann *m*, Profi *m*. **pro'fes·sion·al·ism**

[~ʃnəlɪzəm] *s Sport*: Professionalismus *m* (*a. allg.*), Profitum *n*.

pro·fes·sor [prəˈfesə] *s* Professor(in). **proˈfes·sor·ship** *s* Professur *f*.

prof·fer [ˈprɒfə] *v/t*: **~ s.o. s.th.** j-m et. anbieten.

pro·fi·cien·cy [prəˈfɪʃnsɪ] *s* Können *n*, Tüchtigkeit *f*. **proˈfi·cient** *adj* □ tüchtig (**at, in** in *dat*).

pro·file [ˈprəʊfaɪl] **I** *s* **1.** *allg*. Profil *n*: **in ~** im Profil; **keep a low ~** *fig*. Zurückhaltung üben. **2.** *fig*. Porträt *n*. **II** *v/t* **3.** im Profil darstellen. **4.** *fig*. porträtieren.

prof·it [ˈprɒfɪt] **I** *s* **1.** Gewinn *m*, Profit *m*: **sell at a ~** mit Gewinn verkaufen; **~ margin** Gewinnspanne *f*; **~ sharing** Gewinnbeteiligung *f*. **2.** *fig*. Nutzen *m*, Vorteil *m*: **turn s.th. to ~** aus et. Nutzen ziehen. **II** *v/i* **3.** (**by, from**) Nutzen *od*. Gewinn ziehen (aus), profitieren (von). **ˈprof·it·a·ble** *adj* □ **1.** gewinnbringend, einträglich, rentabel. **2.** *fig*. vorteilhaft, nützlich. **prof·it·eer** [ˌ~ˈtɪə] *s* Profitmacher(in), (*Kriegs*)Gewinnler (-in). **ˌprof·itˈeer·ing** *s* Wuchergeschäfte *pl*.

prof·li·gate [ˈprɒflɪgət] *adj* □ **1.** lasterhaft, verworfen. **2.** verschwenderisch.

pro·found [prəˈfaʊnd] *adj* □ **1.** *fig*. tief (*Eindruck, Schweigen etc*). **2.** tiefgründig, -sinnig. **3.** völlig (*Blindheit etc*).

pro·fuse [prəˈfjuːs] *adj* □ **1.** üppig, (*Blutung*) stark. **2.** (*oft* allzu) freigebig, verschwenderisch (**in, of** mit). **pro·fu·sion** [~ˈfjuːʒn] *s* Überfülle *f* (**of** an *dat*): **in ~** in Hülle u. Fülle.

prog·no·sis [prɒgˈnəʊsɪs] *pl* **-ses** [~siːz] *s* ⚕, *a. allg*. Prognose *f*.

prog·nos·ti·cate [prɒgˈnɒstɪkeɪt] *v/t* voraus-, vorhersagen, *bsd*. ⚕ prognostizieren.

pro·gram [ˈprəʊgræm] **I** *s* **1.** *Computer*: Programm *n*. **2.** *Am*. → **programme** 1. **II** *pret u. pp* **-grammed,** *Am. a.* **-gramed 3.** *Computer* programmieren. **4.** *Am*. → **programme** 3.

pro·gram·er, pro·gram·ing *Am*. → **programmer, programming.**

pro·gramme [ˈprəʊgræm] **I** *s* **1.** *allg*. Programm *n*, (*Rundfunk, TV a.*) Sendung *f*: **be on the ~** auf dem Programm stehen. **2.** *Br*. → **program** 1. **II** *v/t* **3.** ein Programm aufstellen für. **4.** *Br*. → **program** 3.

pro·gram·mer [ˈprəʊgræmə] *s Computer*: Programmierer(in). **ˈpro·gram·ming** *adj*: **~ language** Programmiersprache *f*.

pro·gress I *s* [ˈprəʊgres] **1. make slow ~** (nur) langsam vorankommen. **2.** *fig*. Fortschritt(e *pl*) *m*: **make ~** → 6. **3. be in ~** im Gange sein. **II** *v/i* [prəʊˈgres] **4.** sich vorwärts bewegen. **5.** *fig*. fortschreiten: **as the day ~ed** im Laufe des Tages. **6.** *fig*. Fortschritte machen.

pro·gres·sion [prəʊˈgreʃn] *s Steuer*: Progression *f*, ♭ *a.* Reihe *f*. **proˈgres·sive** [~sɪv] *adj* □ **1.** progressiv, fortschrittlich. **2.** fortschreitend, ⚕ *a.* progressiv. **3.** *ling*. progressiv (*a. Steuern*): **~ form** Verlaufsform *f*.

pro·hib·it [prəˈhɪbɪt] *v/t* **1.** *et*. verbieten, untersagen: **~ s.o. from doing s.th.** j-m verbieten *od*. untersagen, et. zu tun. **2.** *et*. verhindern: **~ s.o. from doing s.th.** j-n daran hindern, et. zu tun.

pro·hi·bi·tion [ˌprəʊɪˈbɪʃn] *s* Verbot *n*: **~ of smoking** Rauchverbot; **the** ♀ *hist. Am.* die Prohibition. **pro·hib·i·tive** [prəˈhɪbətɪv] *adj* □ unerschwinglich (*Preis*).

proj·ect¹ [ˈprɒdʒekt] *s* Projekt *n*, Vorhaben *n*.

pro·ject² [prəˈdʒekt] **I** *v/t* **1.** werfen, schleudern: **~ into space** in den Weltraum schießen. **2.** planen, in Aussicht nehmen. **3.** *Bild etc* projizieren, werfen (**onto** auf *acc*). **II** *v/i* **4.** vorspringen, -stehen, (*Ohren*) abstehen.

pro·jec·tile [prəʊˈdʒektaɪl] *s* Projektil *n*, Geschoß *n*.

pro·jec·tion [prəˈdʒekʃn] *s* **1.** Vorsprung *m*, vorspringender Teil. **2.** Werfen *n*, Schleudern *n*. **3.** Planung *f*. **4.** Projektion *f*. **proˈjec·tion·ist** *s* Filmvorführer(in). **proˈjec·tor** *s* Projektor *m*.

pro·le·tar·i·an [ˌprəʊlɪˈteərɪən] **I** *adj* proletarisch, Proletarier... **II** *s* Proletarier(in). **pro·leˈtar·i·at** [~rɪət] *s* Proletariat *n*.

pro·lif·e·rate [prəʊˈlɪfəreɪt] *v/i* sich stark *od*. schnell vermehren. **proˌlif·erˈa·tion** *s* starke *od*. schnelle Vermehrung.

pro·lif·ic [prəʊˈlɪfɪk] *adj* (**~ally**) *biol*. fruchtbar, (*Schriftsteller etc a.*) (sehr) produktiv.

pro·lix [ˈprəʊlɪks] *adj* □ weitschweifig.

pro·log *Am*. → **prologue.**

pro·logue ['prəʊlɒg] *s* Prolog *m*; *fig.* Auftakt *m* (***to*** zu).

pro·long [prəʊ'lɒŋ] *v/t Aufenthalt etc* verlängern (***by*** um), *Diskussion etc* in die Länge ziehen, ⚕ *Wechsel* prolongieren. **pro'longed** *adj* anhaltend (*Applaus etc*), länger (*Abwesenheit etc*). **pro·lon·ga·tion** [ˌ~'geɪʃn] *s* Verlängerung *f*, ⚕ Prolongierung *f*.

prom [prɒm] *bsd. Br.* F → ***promenade*** I, ***promenade concert.***

prom·e·nade [ˌprɒmə'nɑːd] **I** *s* (Strand-) Promenade *f*. **II** *v/i u. v/t* promenieren (auf *dat*). ~ **con·cert** *s Konzert in ungezwungener Atmosphäre.* ~ **deck** *s* ⚓ Promenadendeck *n*.

prom·i·nence ['prɒmɪnəns] *s* **1.** Vorsprung *m*, vorstehender Teil. **2.** *fig.* Prominenz *f*, Bekannt-, Berühmtheit *f*: ***come into*** (*od.* ***rise to***) ~ bekannt *od.* berühmt werden. **'prom·i·nent** *adj* □ **1.** vorspringend, (*a. Zähne etc*) vorstehend. **2.** *fig.* prominent, bekannt, berühmt.

prom·is·cu·i·ty [ˌprɒmɪ'skjuːətɪ] *s* häufiger Partnerwechsel. **pro·mis·cu·ous** [prə'mɪskjʊəs] *adj* □ (sexuell) ausschweifend (*Leben*): ~ ***girl*** Mädchen, das häufig den Partner wechselt; ***be*** ~ häufig den Partner wechseln.

prom·ise ['prɒmɪs] **I** *s* **1.** Versprechen *n*: ***a ~ is a ~*** versprochen ist versprochen; ***make a*** ~ ein Versprechen geben; ***breach of*** ~ Wortbruch *m*. **2.** *fig.* Hoffnung *f*, Aussicht *f* (***of*** auf *acc*): ***show great*** ~ zu den besten Hoffnungen berechtigen. **II** *v/t* **3.** versprechen (*a. fig.*): ***I ~ you*** ich warne dich; → ***moon*** I. **III** *v/i* **4.** es versprechen. **'prom·is·ing** *adj* □ vielversprechend.

prom·on·to·ry ['prɒməntrɪ] *s* Vorgebirge *n*.

pro·mote [prə'məʊt] *v/t* **1.** *j-n* befördern, *ped.* versetzen: ***be ~d*** (*Sport*) aufsteigen (***to*** in *acc*); ***be ~d to*** (***the rank of***) ***general, be ~d general*** zum General befördert werden. **2.** *Boxkampf, Konzert etc* veranstalten. **3.** ⚕ werben für. **4.** *et.* fördern: ~ ***health*** gesundheitsförderlich sein. **pro'mot·er** *s* **1.** Promoter(in), Veranstalter(in). **2.** → ***sales promoter.*** **pro'mo·tion** *s* **1.** Beförderung *f*, *ped.* Versetzung *f*, (*Sport*) Aufstieg *m*: ***get*** ~ befördert werden; ***chances*** *pl* ***of*** ~, ~ ***prospects*** *pl* Aufstiegschancen *pl*. **2.** Veranstaltung *f*. **3.** ⚕ Werbung *f*: → ***sales promotion.***

prompt [prɒmpt] **I** *adj* □ **1.** prompt, unverzüglich, umgehend: ***be ~ to do*** (*od.* ***in doing***) ***s.th.*** et. schnell tun. **2.** pünktlich: ***~ly at two o'clock*** pünktlich um *od.* Punkt zwei Uhr. **II** *adv* **3.** ***at two o'clock*** ~ F pünktlich um *od.* Punkt zwei Uhr. **III** *v/t* **4.** führen zu, *Gefühle etc* wecken. **5.** *j-n* veranlassen (***to do*** zu tun). **6.** *j-m* ein-, vorsagen; *thea. j-m* soufflieren. **IV** *s* **7.** *thea.* Soufflieren *n*: ~ ***box*** Souffleurkasten *m*. **'prompt·er** *s thea.* Souffleur *m*, Souffleuse *f*. **promp·ti·tude** ['~tɪtjuːd], **'prompt·ness** *s* **1.** Promptheit *f*. **2.** Pünktlichkeit *f*.

pro·mul·gate ['prɒmlgeɪt] *v/t* **1.** *Gesetz etc* verkünd(ig)en. **2.** *Lehre etc* verbreiten. **ˌpro·mul'ga·tion** *s* **1.** Verkünd(ig)ung *f*. **2.** Verbreitung *f*.

prone [prəʊn] *adj* □ **1.** auf dem Bauch *od.* mit dem Gesicht nach unten liegend: ~ ***position*** Bauchlage *f*. **2.** ***be ~ to*** *fig.* neigen zu, anfällig sein für: ***be ~ to colds*** erkältungsanfällig sein; ***be ~ to do s.th.*** dazu neigen, et. zu tun. **'prone·ness** *s* (***to***) Neigung *f* (zu), Anfälligkeit *f* (für).

prong [prɒŋ] *s* Zacke *f*, Zinke *f* (*e-r Gabel*); (*Geweih*)Sprosse *f*.

pro·noun ['prəʊnaʊn] *s ling.* Pronomen *n*, Fürwort *n*.

pro·nounce [prə'naʊns] **I** *v/t* **1.** aussprechen. **2.** erklären für *od.* zu. **3.** *Urteil* verkünden. **II** *v/i* **4.** Stellung nehmen (***on*** zu): ~ ***in favo***(***u***)***r of*** (*od.* ***for***) (***against***) ***s.th.*** sich für (gegen) et. aussprechen. **pro'nounced** *adj* **1.** bestimmt, entschieden (*Ansicht etc*). **2.** ausgesprochen, -geprägt, deutlich. **pro'nounce·ment** *s* **1.** Erklärung *f*. **2.** (*Urteils*)Verkündung *f*.

pron·to ['prɒntəʊ] *adv* F fix, schnell.

pro·nun·ci·a·tion [prəˌnʌnsɪ'eɪʃn] *s* Aussprache *f*.

proof [pruːf] **I** *s* **1.** Beweis(e *pl*) *m*, Nachweis *m*: ***as*** (*od.* ***in***) ~ ***of*** als *od.* zum Beweis für (*od. gen*); ***give ~ of*** *et.* be- *od.* nachweisen; ~ ***of age*** Altersnachweis; → ***contrary*** 6. **2.** Probe *f* (*a.* ℞), Prüfung *f*: ***put to the*** ~ auf die Probe stellen. **II** *adj* **3.** (***against***) geschützt (vor *dat*), undurchlässig (für); *fig.* unempfindlich (gegen), unempfänglich (für): → ***heatproof, waterproof*** I, *etc.* **III** *v/t* **4.** imprägnieren. **'~,read·er** *s* Korrektor(in).

prop¹ [prɒp] **I** *s* Stütze *f* (*a. fig.*): ***be a ~ to s.o.*** j-m e-e Stütze *od.* ein Halt sein. **II** *v/t a.* ***~ up*** (ab)stützen: ***~ up*** *fig.* stützen; ***~ against*** lehnen gegen *od.* an (*acc*).

prop² [~] *s thea. etc* Requisit *n.*

prop·a·gan·da [ˌprɒpəˈgændə] *s* Propaganda *f.* **ˌprop·aˈgan·dist** *s* Propagandist(in).

prop·a·gate [ˈprɒpəgeɪt] **I** *v/i biol.* sich fortpflanzen *od.* vermehren. **II** *v/t* verbreiten, propagieren. **ˌprop·aˈga·tion** *s* **1.** Fortpflanzung *f*, Vermehrung *f.* **2.** Verbreitung *f*, Propagierung *f.*

pro·pane [ˈprəʊpeɪn] *s* ⚗ Propan(gas) *n.*

pro·pel [prəˈpel] *v/t* (an)treiben. **proˈpel·lant, proˈpel·lent** *s* Treibstoff *m*; Treibgas *n.* **proˈpel·ler** *s* ✈ Propeller *m*, ⚓ *a.* Schraube *f.* **proˈpel·ling** *adj*: ***~ pencil*** *Br.* Drehbleistift *m.*

pro·pen·si·ty [prəˈpensətɪ] *s* Hang *m*, Neigung *f* (***for, to*** zu): ***have a ~ for doing*** (*od.* ***to do***) ***s.th.*** dazu neigen, et. zu tun.

prop·er [ˈprɒpə] *adj* **1.** richtig, passend, geeignet: ***in ~ form*** in gebührender *od.* angemessener Form; ***in the ~ place*** am rechten Platz; ***in ~ time*** rechtzeitig. **2.** echt, wirklich, richtig: ***~ fraction*** ⩚ echter Bruch. **3.** anständig, schicklich (*Benehmen etc*). **4.** *oft nachgestellt*: eigentlich. **5.** eigen(tümlich) (***to*** *dat*). **6.** ***~ noun*** (*od.* ***name***) *ling.* Eigenname *m.* **7.** F richtig (*Feigling etc*), anständig, gehörig (*Tracht Prügel etc*). **ˈprop·er·ly** *adv* richtig (*etc*, → ***proper***): ***~ speaking*** eigentlich, genau-, strenggenommen.

prop·er·ty [ˈprɒpətɪ] *s* **1.** Eigentum *n*, Besitz *m*: ***be s.o.'s ~*** j-m gehören; ***intellectual ~*** geistiges Eigentum; ***lost ~*** Fundsachen *pl*; ***lost ~ office*** *Br.* Fundbüro *n.* **2.** Land-, Grundbesitz *m*; Grundstück *n.* **3.** *phys. etc* Eigenschaft *f.* **4.** *thea. etc* Requisit *n.*

proph·e·cy [ˈprɒfɪsɪ] *s* Prophezeiung *f.*

proph·e·sy [ˈ~saɪ] *v/t* prophezeien.

proph·et [ˈprɒfɪt] *s* Prophet *m*: ***~ of doom*** Schwarzseher *m.* **ˈproph·et·ess** *s* Prophetin *f.* **pro·phet·ic** [prəˈfetɪk] *adj* (***~ally***) prophetisch.

pro·phy·lac·tic [ˌprɒfɪˈlæktɪk] **I** *adj* (***~ally***) **1.** *bsd.* ⚕ prophylaktisch, vorbeugend. **II** *s* **2.** ⚕ Prophylaktikum *n*, vorbeugendes Mittel. **3.** Präservativ *n.* **ˌpro·phyˈlax·is** [~ksɪs] *s* Prophylaxe *f.*

pro·pi·ti·ate [prəˈpɪʃɪeɪt] *v/t* versöhnen, besänftigen.

pro·pi·tious [prəˈpɪʃəs] *adj* □ günstig, vorteilhaft (***for, to*** für).

pro·po·nent [prəˈpəʊnənt] *s* Befürworter(in).

pro·por·tion [prəˈpɔːʃn] **I** *s* **1.** Verhältnis *n* (***of ... to*** von ... zu); *pl* Größenverhältnisse *pl*, Proportionen *pl*: ***in ~ to*** im Verhältnis zu; ***out of all ~*** unverhältnismäßig; ***be out of all ~ to*** in keinem Verhältnis stehen zu; ***the painting is out of ~*** die Proportionen des Bildes stimmen nicht. **2.** (An)Teil *m*: ***in ~*** anteilig. **II** *v/t* **3.** (***to***) in das richtige Verhältnis bringen (mit, zu), anpassen (*dat*). **4.** anteilmäßig verteilen. **proˈpor·tion·al** [~ʃənl] **I** *adj* □ **1.** → ***proportionate.*** **2.** proportional, verhältnismäßig. **3.** anteilmäßig: ***~ representation*** *pol.* Verhältniswahl(system *n*) *f.* **II** *s* **4.** ⩚ Proportionale *f.* **proˈpor·tion·ate** [~ʃnət] *adj* □ (***to***) im richtigen Verhältnis (stehend) (zu), entsprechend (*dat*).

pro·pos·al [prəˈpəʊzl] *s* **1.** Vorschlag *m*: ***make s.o. a ~*** j-m e-n Vorschlag machen. **2.** (Heirats)Antrag *m*: ***she had a ~*** sie bekam e-n Heiratsantrag; ***make s.o. a ~*** j-m e-n Antrag machen. ***~ form*** *s* Antrag(sformular *n*) *m.*

pro·pose [prəˈpəʊz] **I** *v/t* **1.** vorschlagen (***s.th. to s.o.*** j-m et; ***s.o. for*** j-n für *od.* als; ***that*** daß; ***doing*** zu tun): ***~ marriage to*** → 4. **2.** beabsichtigen, vorhaben (***to do*** zu tun). **3.** *Toast* ausbringen (***to*** auf *acc*): → ***health*** 3. **II** *v/i* **4.** ***~ to*** *j-m* e-n (Heirats)Antrag machen. **prop·o·si·tion** [ˌprɒpəˈzɪʃn] *s* **1.** Behauptung *f.* **2.** Vorschlag *m*: ***make s.o. a ~*** j-m e-n Vorschlag machen; j-m ein eindeutiges Angebot machen. **3.** ⩚ (Lehr)Satz *m.* **4.** F Sache *f*: ***an easy ~*** e-e Kleinigkeit.

pro·pound [prəˈpaʊnd] *v/t Theorie etc* vertreten; *Problem etc* zur Debatte stellen.

pro·pri·e·tar·y [prəˈpraɪətərɪ] *adj* **1.** gesetzlich *od.* patentrechtlich geschützt: ~

article Markenartikel *m.* **2.** *fig.* besitzergreifend. **pro'pri·e·tor** *s* Eigentümer *m*, Besitzer *m.* **pro'pri·e·tress** [~trıs] *s* Eigentümerin *f*, Besitzerin *f.*

pro·pri·e·ty [prə'praıətı] *s* **1.** Anstand *m.* **2.** *pl* Anstandsformen *pl*, -regeln *pl.* **3.** Richtigkeit *f.*

pro·pul·sion [prə'pʌlʃn] *s* ⚙ Antrieb *m.*

pro·ro·ga·tion [ˌprəʊrə'geıʃn] *s parl.* Vertagung *f.* **pro·rogue** [prə'rəʊg] *v/t u. v/i* (sich) vertagen.

pro·sa·ic [prəʊ'zeıık] *adj* (**~*ally***) prosaisch, nüchtern, sachlich.

pro·scribe [prəʊ'skraıb] *v/t* **1.** *bsd.* ⚖ verbieten. **2.** *hist.* ächten.

pro·scrip·tion [prəʊ'skrıpʃn] *s* **1.** *bsd.* ⚖ Verbot *m.* **2.** *hist.* Ächtung *f.*

prose [prəʊz] *s* **1.** Prosa *f.* **2.** *ped. bsd. Br.* Übersetzung *f* in e-e Fremdsprache, Hinübersetzung: ***an Italian ~*** e-e Übersetzung ins Italienische; ***do a ~*** e-e Hinübersetzung machen.

pros·e·cute ['prɒsıkjuːt] **I** *v/t* **1.** ⚖ strafrechtlich verfolgen, (gerichtlich) belangen (***for*** wegen). **2.** *Untersuchung etc* durchführen. **II** *v/i* **3.** ⚖ die Anklage vertreten: ***Mr X, prosecuting, ...*** Mr X, der Vertreter der Anklage, ... **ˌpros·e'cu·tion** *s* **1.** ⚖ strafrechtliche Verfolgung, Strafverfolgung *f.* **2.** ***the ~*** ⚖ die Staatsanwaltschaft, die Anklage(behörde) *f*: → ***witness*** 1. **3.** Durchführung *f.* **'pros·e·cu·tor** *s a.* ***public ~*** Staatsanwalt *m*, -anwältin *f.*

pros·pect I *s* ['prɒspekt] **1.** (Aus)Sicht *f*, (-)Blick *m* (***of*** auf *acc*; ***over*** über *acc*). **2.** *fig.* Aussicht *f* (***of*** auf *acc*): ***have s.th. in ~*** et. in Aussicht haben. **3.** Interessent *m*, ⚕ möglicher Kunde, potentieller Käufer. **II** *v/t* [prə'spekt] **4.** *Gebiet* untersuchen (***for*** nach *Gold etc*). **III** *v/i* [prə'spekt] **5.** suchen, bohren (***for*** nach). **pro'spec·tive** *adj* □ voraussichtlich: ***~ buyer*** Kaufinteressent *m*, potentieller Käufer. **pro'spec·tus** [~təs] *s* Prospekt *m.*

pros·per ['prɒspə] *v/i* gedeihen; ⚕ blühen, florieren. **pros·per·i·ty** [~'sperətı] *s* Wohlstand *m.* **pros·per·ous** ['~pərəs] *adj* □ **1.** gedeihend; ⚕ blühend, florierend. **2.** wohlhabend.

pros·tate ['prɒsteıt] *s a.* ***~ gland*** *anat.* Prostata *f*, Vorsteherdrüse *f.*

pros·the·sis ['prɒsθısıs] *pl* **-ses** ['~siːz] *s* ⚕ Prothese *f.*

pros·ti·tute ['prɒstıtjuːt] **I** *s* Prostituierte *f*, Dirne *f*: → ***male*** I. **II** *v/t*: ***~ o.s.*** sich prostituieren (*a. fig.*). **ˌpros·ti'tu·tion** *s* Prostitution *f.*

pros·trate I *adj* ['prɒstreıt] *adj* **1.** hingestreckt. **2.** *fig.* am Boden liegend; erschöpft: ***~ with grief*** gramgebeugt. **II** *v/t* [prɒ'streıt] **3.** niederwerfen. **4.** *fig.* erschöpfen. **pros'tra·tion** *s* **1.** Fußfall *m.* **2.** *fig.* Erschöpfung *f.*

pros·y ['prəʊzı] *adj* □ **1.** → ***prosaic.*** **2.** langweilig; weitschweifig.

pro·tag·o·nist [prəʊ'tægənıst] *s* **1.** *thea. etc* Hauptfigur *f*, Held(in). **2.** *fig.* Vorkämpfer(in).

pro·tect [prə'tekt] *v/t* (be)schützen (***from*** vor *dat*; ***against*** gegen), *Interessen etc* wahren: **pro'tec·tion** *s* **1.** Schutz *m.* **2.** *a.* ***~ money*** Schutzgeld *n.* **pro'tec·tion·ism** [~ʃənızəm] *s* ⚕ Protektionismus *m.* **pro'tec·tive** *adj* □ **1.** Schutz...: ***~ clothing*** Schutzkleidung *f*; ***~ custody*** ⚖ Schutzhaft *f*; ***take into ~ custody*** in Schutzhaft nehmen; ***~ duty*** (*od.* ***tariff***) ⚕ Schutzzoll *m.* **2.** fürsorglich (***toward***[***s***] gegenüber). **pro'tec·tor** *s* **1.** Beschützer *m.* **2.** Schutz *m*, (*Knie- etc*)Schützer *m*, (-)Schoner *m.* **pro'tec·to·rate** [~rət] *s pol.* Protektorat *n.*

pro·test I *s* ['prəʊtest] **1.** Protest *m*: ***in*** (*od.* ***as a***) ***~*** aus Protest (***against*** gegen); ***under ~*** unter Protest; ***without ~*** ohne Protest, widerspruchslos; ***make a ~*** Protest einlegen *od.* erheben (***to*** bei); ***~ march*** Protestmarsch *m.* **II** *v/i* [prə'test] **2.** protestieren (***against, about*** gegen; ***to*** bei). **III** *v/t* [prə'test] **3.** *Am.* protestieren gegen. **4.** beteuern.

Prot·es·tant ['prɒtıstənt] **I** *s* Protestant (-in). **II** *adj* protestantisch, evangelisch. **'Prot·es·tant·ism** *s* Protestantismus *m.*

prot·es·ta·tion [ˌprɒte'steıʃn] *s* **1.** Beteuerung *f*: ***~s*** *pl* ***of innocence*** Unschuldsbeteuerungen *pl.* **2.** Protest *m* (***against*** gegen).

pro·to·col ['prəʊtəkɒl] *s* Protokoll *n*: ***~ demands that*** das Protokoll verlangt, daß.

pro·ton ['prəʊtɒn] *s phys.* Proton *n.*

pro·to·plasm ['prəʊtəʊplæzəm] *s biol.* Protoplasma *n.*

pro·to·type ['prəʊtəʊtaıp] *s* Prototyp *m.*

pro·tract [prəˈtrækt] *v/t* in die Länge ziehen, hinausziehen. **proˈtract·ed** *adj* länger, langwierig. **proˈtrac·tion** *s* Hinausziehen *n*. **proˈtrac·tor** *s* ⚒ Winkelmesser *m*.

pro·trude [prəˈtruːd] *v/i* herausragen, vorstehen (***from*** aus). **proˈtrud·ing** *adj* vorstehend (*a. Zähne etc*), vorspringend (*Kinn*). **proˈtru·sion** [~ʒn] *s* **1.** Herausragen *n*, Vorstehen *n*. **2.** Vorsprung *m*, vorstehender Teil.

pro·tu·ber·ance [prəˈtjuːbərəns] *s* Vorsprung *m*; Schwellung *f*. **proˈtu·ber·ant** *adj* □ vorstehend, -tretend.

proud [praʊd] **I** *adj* □ **1.** *allg*. stolz (***of*** auf *acc*): ***be too ~ to do s.th.*** zu stolz sein, um et. zu tun. **2.** hochmütig. **II** *adv* **3.** ***do s.o. ~*** j-n fürstlich bewirten.

prov·a·ble [ˈpruːvəbl] *adj* □ be-, nachweisbar. **prove** [pruːv] (*a. irr*) **I** *v/t* be-, nachweisen; unter Beweis stellen: ***~ o.s.*** (***to be***) → II. **II** *v/i*: ***~*** (***to be***) sich erweisen *od*. herausstellen als. **prov·en** [ˈ~vn] **I** *pp von* ***prove***. **II** *adj* bewährt.

prov·e·nance [ˈprɒvənəns] *s* Herkunft *f*.

pro·verb [ˈprɒvɜːb] *s* Sprichwort *n*. **pro·ver·bi·al** [prəˈvɜːbjəl] *adj* □ sprichwörtlich (*a. fig*.).

pro·vide [prəˈvaɪd] **I** *v/t* **1.** versehen, -sorgen, beliefern (***with*** mit). **2.** zur Verfügung stellen, bereitstellen (***for s.o.*** j-m). **3.** vorsehen, -schreiben (***that*** daß) (*Gesetz etc*). **II** *v/i* **4.** ***~ against*** a) Vorkehrungen *od*. Vorsorge treffen gegen, b) verbieten (*Gesetz etc*); ***~ for*** a) sorgen für: ***she has two children to ~ for*** sie hat zwei Kinder zu versorgen, b) vorsorgen für, c) *et*. vorsehen (*Gesetz etc*). **proˈvid·ed** *cj a*. ***~ that*** vorausgesetzt(, daß).

prov·i·dence [ˈprɒvɪdəns] *s* Vorsehung *f*: → ***tempt*** 2. **ˈprov·i·dent** *adj* □ vorausblickend, vorsorglich. **prov·i·den·tial** [ˌ~ˈdenʃl] *adj* glücklich (*Geschick etc*). **ˌprov·iˈden·tial·ly** [~ʃəlɪ] *adv* glücklicherweise.

pro·vid·er [prəˈvaɪdə] *s* Ernährer(in).

prov·ince [ˈprɒvɪns] *s* **1.** Provinz *f* (*Verwaltungseinheit*). **2.** ***the ~s*** *pl* die Provinz (*Ggs. Stadt*). **3.** *fig*. (Aufgaben-, Wissens)Bereich *m*, (-)Gebiet *n*: ***this is outside*** (*od*. ***not within***) ***my ~*** dafür bin ich nicht zuständig.

pro·vin·cial [prəˈvɪnʃl] **I** *adj* □ **1.** Provinz... **2.** *contp*. provinziell, provinzlerisch. **II** *s* **3.** Provinzbewohner(in). **4.** *contp*. Provinzler(in).

pro·vi·sion [prəˈvɪʒn] **I** *s* **1.** Vorkehrung *f*: ***make ~s*** Vorkehrungen *od*. Vorsorge treffen (***against*** gegen; ***for*** für). **2.** Bestimmung *f*, Vorschrift *f*: ***with the ~ that*** unter der Bedingung, daß. **3.** Bereitstellung *f*. **4.** *pl* Proviant *m*, Verpflegung *f*. **II** *v/t* **5.** verproviantieren (***for*** für). **proˈvi·sion·al** [~ʒənl] *adj* □ provisorisch, vorläufig.

pro·vi·so [prəˈvaɪzəʊ] *pl* **-sos** *s* Vorbehalt *m*, Bedingung *f*: ***with the ~ that*** unter der Bedingung, daß.

prov·o·ca·tion [ˌprɒvəˈkeɪʃn] *s* Provokation *f*: ***at the slightest ~*** beim geringsten Anlaß. **pro·voc·a·tive** [prəˈvɒkətɪv] *adj* □ provozierend, (*sexuell a*.) aufreizend.

pro·voke [prəˈvəʊk] *v/t j-n, et*. provozieren, *j-n, Tier* reizen: ***~ s.o. into doing*** (*od*. ***to do***) ***s.th.*** j-n so provozieren, daß er et. tut. **proˈvok·ing** → ***provocative.***

prov·ost [ˈprɒvəst] *s schott*. Bürgermeister(in).

prowl [praʊl] **I** *v/i a*. ***~ about*** (*od*. ***around***) herumschleichen, -streifen. **II** *v/t* durchstreifen. **III** *s* Herumstreifen *n*: ***be on the ~*** → I; ***~ car*** *Am*. (Funk)Streifenwagen *m*. **ˈprowl·er** *s* Herumtreiber(in).

prox·im·i·ty [prɒkˈsɪmətɪ] *s* Nähe *f*: ***in the ~ of*** in der Nähe von (*od. gen*).

prox·y [ˈprɒksɪ] *s* **1.** (Handlungs)Vollmacht *f*. **2.** (Stell)Vertreter(in), Bevollmächtigte *m, f*: ***by ~*** durch e-n Bevollmächtigten.

prude [pruːd] *s* prüder Mensch: ***be a ~*** prüde sein.

pru·dence [ˈpruːdns] *s* **1.** Klugheit *f*, Vernunft *f*. **2.** Umsicht *f*, Besonnenheit *f*. **ˈpru·dent** *adj* □ **1.** klug, vernünftig. **2.** umsichtig, besonnen.

prud·er·y [ˈpruːdərɪ] *s* Prüderie *f*. **ˈprud·ish** *adj* □ prüde.

prune[1] [pruːn] *s* Backpflaume *f*.

prune[2] [~] *v/t* **1.** *a*. ***~ back*** *Hecke etc* (be)schneiden. **2.** *a*. ***~ away*** *Äste etc* wegschneiden. **3.** *a*. ***~ down*** *fig*. *Text etc* zs.-streichen.

pru·ri·ence [ˈprʊərɪəns] *s* Lüsternheit *f*. **ˈpru·ri·ent** *adj* □ lüstern.

prus·sic ac·id [ˈprʌsɪk] *s* ⚗ Blausäure *f*.

pry[1] [praɪ] *bsd. Am.* → ***prize***[2].

pry[2] [~] *v/i* neugierig sein: ~ ***into*** s-e Nase stecken in (*acc*). **'pry·ing** *adj* □ neugierig.

psalm [sɑːm] *s* Psalm *m*.

pseu·do·nym ['sjuːdənɪm] *s* Pseudonym *n*: ***under the*** ~ ***of XY*** unter dem Pseudonym XY.

psych [saɪk] *v/t* F **1.** ~ ***out*** *j-n, et.* durchschauen; *j-n* psychologisch fertigmachen. **2.** ~ ***up*** auf-, hochputschen.

psy·che[1] ['saɪkɪ] *s* Psyche *f*, Seele *f*.

psy·chi·at·ric [ˌsaɪkɪ'ætrɪk] *adj* (~***ally***) psychiatrisch (*Behandlung etc*); psychisch (*Störung etc*). **psy·chi·a·trist** [~'kaɪətrɪst] *s* Psychiater(in). **psy'chi·a·try** *s* Psychiatrie *f*.

psy·chic ['saɪkɪk] **I** *adj* (~***ally***) **1.** psychisch, seelisch. **2.** übersinnlich. **3.** ~ ***research*** Parapsychologie *f*. **4.** medial (begabt *od.* veranlagt). **II** *s* **5.** medial veranlagte Person, Medium *n*. **'psy·chi·cal** → ***psychic*** I.

psy·cho·a·nal·y·sis [ˌsaɪkəʊə'næləsɪs] *s* Psychoanalyse *f*. **psy·cho·an·a·lyst** [ˌ~'ænəlɪst] *s* Psychoanalytiker(in).

psy·cho·log·i·cal [ˌsaɪkə'lɒdʒɪkl] *adj* □ psychologisch: ~ ***moment*** (psychologisch) richtiger Augenblick; ~ ***terror*** Psychoterror *m*; ~ ***warfare*** psychologische Kriegführung. **psy·chol·o·gist** [~'kɒlədʒɪst] *s* Psychologe *m*, Psychologin *f*. **psy'chol·o·gy** *s* **1.** Psychologie *f*. **2.** psychologisches Geschick *od.* Gespür.

psy·cho·path ['saɪkəʊpæθ] *s* Psychopath(in). **ˌpsy·cho'path·ic** *adj* (~***ally***) psychopathisch.

psy·cho·sis [saɪ'kəʊsɪs] *pl* **-ses** [~siːz] *s* ⚕ Psychose *f*.

psy·cho·so·mat·ic [ˌsaɪkəʊsəʊ'mætɪk] *adj* (~***ally***) psychosomatisch.

psy·cho·ther·a·pist [ˌsaɪkəʊ'θerəpɪst] *s* Psychotherapeut(in). **ˌpsy·cho'ther·a·py** *s* Psychotherapie *f*.

pub [pʌb] *s bsd. Br.* Pub *n*, Kneipe *f*. ~ **crawl** *s bsd. Br.* F Kneipenbummel *m*: ***go on a*** ~ e-n Kneipenbummel machen.

pu·ber·ty ['pjuːbətɪ] *s* Pubertät *f*: ***be going through*** ~ in der Pubertät sein.

pu·bic ['pjuːbɪk] *adj anat.* Scham...

pub·lic ['pʌblɪk] **I** *adj* □ **1.** öffentlich (*Versammlung etc*). **2.** öffentlich, allgemein bekannt: ~ ***figure*** Persönlichkeit *f* des öffentlichen Lebens; ***go*** ~ sich an die Öffentlichkeit wenden; ***make*** ~ bekanntmachen, publik machen. **3.** a) öffentlich (*Einrichtung, Sicherheit, Verkehrsmittel etc*): ~ ***bar*** *Br.* Ausschank *m*, Schenke *f*; ~ (***limited***) ***company*** ✝ *Br.* Aktiengesellschaft *f*; ~ ***convenience*** *Br.* öffentliche Bedürfnisanstalt; ~ ***house*** *bsd. Br.* Gaststätte *f*; ~ ***relations*** *pl* Public Relations *pl*, Öffentlichkeitsarbeit *f*; ~ ***school*** *Br.* Public School *f*; *Am.* staatliche Schule; ~ ***utility*** öffentlicher Versorgungsbetrieb; → ***nuisance*** 1, b) Staats..., staatlich: ~ ***holiday*** gesetzlicher Feiertag; → ***prosecutor***, c) Volks...: ~ ***library*** Volksbücherei *f*. **II** *s* **4.** Öffentlichkeit *f*: ***in*** ~ in der Öffentlichkeit, öffentlich. **5.** Publikum *n*, Öffentlichkeit *f*: ***exclude the*** ~ ⚖ die Öffentlichkeit ausschließen. **ˌ~-ad'dress sys·tem** *s* Lautsprecheranlage *f*.

pub·li·can ['pʌblɪkən] *s bsd. Br.* (Gast-) Wirt(in).

pub·li·ca·tion [ˌpʌblɪ'keɪʃn] *s* **1.** Bekanntgabe *f*, -machung *f*. **2.** Publikation *f*, Veröffentlichung *f* (*beide a. Werk*).

pub·li·cist ['pʌblɪsɪst] *s* **1.** Publizist(in). **2.** Werbeagent(in). **pub·lic·i·ty** [~'lɪsətɪ] *s* **1.** Publicity *f*, Bekanntheit *f*. **2.** Publicity *f*, Reklame *f*, Werbung *f*: ~ ***agent*** Werbeagent(in); ~ ***campaign*** Werbefeldzug *m*; ~ ***stunt*** Werbegag *m*. **pub·li·cize** ['~saɪz] *v/t* **1.** bekanntmachen, publik machen. **2.** Publicity *od.* Reklame machen für.

pub·lish ['pʌblɪʃ] *v/t* **1.** bekanntgeben, -machen. **2.** publizieren, veröffentlichen, *Leserbrief a.* abdrucken. **3.** *Buch etc* verlegen, herausbringen: ~***ed weekly*** erscheint wöchentlich. **'pub·lish·er** *s* **1.** Verleger(in), Herausgeber(in). **2.** *pl* Verlag(shaus *n*) *m*.

puck [pʌk] *s Eishockey*: Puck *m*, Scheibe *f*.

puck·er ['pʌkə] **I** *v/t* **1.** *a.* ~ ***up*** *Gesicht, Mund* verziehen, *Stirn* runzeln. **II** *v/i a.* ~ ***up*** **2.** sich verziehen, sich runzeln. **3.** Falten werfen. **III** *s* **4.** Falte *f*.

pud [pʊd] *Br.* F → ***pudding***.

pud·ding ['pʊdɪŋ] *s* a) *Br.* Nachspeise *f*, -tisch *m*, b) (*Reis- etc*)Auflauf *m*, c) Pudding *m* (*im Wasserbad gekochte Mehlspeise*), d) (*Blut*)Wurst *f*.

pud·dle ['pʌdl] *s* Pfütze *f.*

pu·er·ile ['pjʊəraɪl] *adj* □ infantil, kindisch.

puff [pʌf] **I** *s* **1.** *Rauchen*: Zug *m*: ***take a ~ at*** ziehen an (*dat*). **2.** (*Luft-, Wind-*) Hauch *m*, (-)Stoß *m*: ***~ of air.*** **3.** *gastr.* (*Wind*)Beutel *m.* **4.** F Puste *f*: ***out of ~*** aus der *od.* außer Puste. **5.** (*Puder*)Quaste *f.* **6.** F Anpreisung *f*: ***give s.th. a ~*** et. hochjubeln. **II** *v/t* **7.** *Rauch* blasen (***in s.o.'s face*** j-m ins Gesicht): ***~ out*** *Kerze etc* ausblasen; *Rauch etc* ausstoßen; *Brust* herausdrücken; *Gefieder* aufplustern; ***be ~ed up (with pride)*** aufgeblasen sein. **III** *v/i* **8.** schnaufen (*a. Lokomotive etc*), keuchen. **9.** *a.* ***~ away*** paffen (***at*** an *e-r Zigarette etc*). **10.** ***~ up*** (an)schwellen. **puffed** *adj* F aus der *od.* außer Puste.

puff| paste *s Am.*, **~pas·try** *s* Blätterteig *m.* **~ sleeve** *s* Puffärmel *m.*

puff·y ['pʌfɪ] *adj* (an)geschwollen, verschwollen.

pug [pʌg] *s zo.* Mops *m.*

pug·na·cious [pʌg'neɪʃəs] *adj* □ kampf(es)lustig; streitsüchtig. **pug·nac·i·ty** [~'næsətɪ] *s* Kampf(es)lust *f*; Streitsucht *f.*

puke [pju:k] *sl.* **I** *v/i* kotzen. **II** *v/t* auskotzen. **III** *s* Kotze *f.*

pull [pʊl] **I** *s* **1.** Ziehen *n*; Zug *m*, Ruck *m*: ***give the rope a (good) ~*** (kräftig) am Seil ziehen. **2.** Anziehungskraft *f* (*a. fig.*). **3.** Anstieg *m*, Steigung *f.* **4.** Zug(griff *m*, -leine *f*) *m.* **5.** F Beziehungen *pl* (***with*** zu). **II** *v/t* **6.** ziehen: → ***string*** 1. **7.** ziehen an (*dat*): ***~ s.o.'s hair*** j-n an den Haaren ziehen; ***~ a muscle*** sich e-e Muskelzerrung zuziehen, sich et. zerren; → ***face*** 2, ***leg*** 1, *etc.* **8.** reißen: → ***piece*** 1. **9.** a) *Zahn* ziehen, *Pflanze* ausreißen, b) *Messer*, *Pistole* ziehen: ***~ a gun on s.o.*** j-n mit der Pistole bedrohen, c) *bsd. Br. Bier* zapfen. **10.** *fig.* anziehen. **11.** ***~ one's punches*** (*Boxen*) verhalten schlagen; *fig.* sich zurückhalten; ***not to ~ one's punches, ~ no punches*** kein Blatt vor den Mund nehmen. **12.** F *Banküberfall etc* machen: ***~ a big one*** ein großes Ding drehen; → ***job***[1] 6. **III** *v/i* **13.** ziehen (***at, on*** an *dat*).

Verbindungen mit Adverbien:

pull| a·head *v/i* vorbeiziehen (***of*** an *dat*) (*Auto etc*) (*a. fig.*). **~ a·way** *v/i* **1.** anfahren (*Bus etc*). **2.** sich absetzen (***from*** von), (*Sport a.*) sich freimachen. **~ down** *v/t* **1.** *Gebäude* abreißen. **2.** *j-n* mitnehmen, schwächen. **~ in I** *v/t* **1.** *Bauch etc* einziehen. **2.** → ***pull*** 10. **3.** *bsd. Br.* F *j-n* einkassieren. **4.** F kassieren: ***he's pulling in quite a bit*** er verdient ganz schön. **II** *v/i* **5.** einfahren (*Zug*). **6.** anhalten. **~ off** *v/t* **1.** *Schuhe etc* ausziehen; sich *die Kleider* vom Leib reißen. **2.** F *et.* schaffen, schaukeln. **~ on** *v/t Kleid etc* anziehen, (sich) überziehen. **~ out I** *v/t* **1.** a) herausziehen (***of*** aus): → ***chestnut*** 1, ***stop*** 4, b) → ***pull*** 9a, c) *Tisch* ausziehen. **II** *v/i* **2.** abfahren (*Zug*). **3.** ausscheren (*Fahrzeug*). **4.** *fig.* sich zurückziehen, (*a. Sport*) aussteigen (***of*** aus). **~ through I** *v/t* **1.** durchziehen. **2.** *fig. Kranken, Kandidaten etc* durchbringen. **II** *v/i* **3.** *fig.* durchkommen. **~ to·geth·er I** *v/t* **1.** ***pull o.s. together*** sich zs.-reißen. **2.** *Partei etc* zs.-schweißen. **II** *v/i* **3.** an 'einem Strang ziehen. **~ up I** *v/t* **1.** hochziehen. **2.** *Fahrzeug* anhalten. **3.** *j-n* korrigieren; zurechtweisen (***for*** wegen). **II** *v/i* **4.** (an)halten. **5.** ***~ to*** (*od.* ***with***) (*Sport*) *j-n* einholen.

pul·ley ['pʊlɪ] *s* ⚙ Flaschenzug *m.*

'pull|-in *s Br.* Rasthaus *n*, -stätte *f.* **'~-out** *adj* ausziehbar: ***~ table*** Ausziehtisch *m.* **'~ˌo·ver** *s* Pullover *m.* **'~-up** *s* Klimmzug *m*: ***do a ~*** e-n Klimmzug machen.

pul·mo·nar·y ['pʌlmənərɪ] *adj anat.*, ⚕ Lungen...

pulp [pʌlp] **I** *s* **1.** Fruchtfleisch *n.* **2.** Brei *m*, breiige Masse: ***beat to a ~*** *fig. j-n* zu Brei schlagen. **II** *adj* **3.** Schund...: ***~ novel*** Schundroman *m.* **III** *v/t* **4.** *Bücher etc* einstampfen.

pul·pit ['pʊlpɪt] *s* Kanzel *f*: ***in the ~*** auf der Kanzel.

pulp·y ['pʌlpɪ] *adj* □ breiig.

pul·sate [pʌl'seɪt] *v/i* pulsieren, *a. fig.* vibrieren (***with*** vor *dat*).

pulse[1] [pʌls] **I** *s* **1.** Puls(schlag) *m*: ***feel*** (*od.* ***take***) ***s.o.'s ~*** j-m den Puls fühlen. **2.** ⚡, *phys.* Impuls *m.* **II** *v/i* **3.** pulsieren (***through*** durch) (*a. fig.*).

pulse[2] [~] *mst pl s* Hülsenfrüchte *pl.*

pul·ver·ize ['pʌlvəraɪz] *v/t* **1.** pulverisieren. **2.** *fig.* F *j-n* auseinandernehmen.

pu·ma ['pju:mə] *s zo.* Puma *m.*

pum·ice ['pʌmɪs] *s a.* ~ ***stone*** Bimsstein *m.*

pum·mel ['pʌml] *v/t pret u. pp* **-meled,** *bsd. Br.* **-melled** eintrommeln auf (*acc*).

pump [pʌmp] **I** *s* **1.** Pumpe *f*; (*Zapf*)Säule. **II** *v/t* **2.** pumpen: ~ ***up*** aufpumpen; ~ ***s.o.'s stomach*** ⚕ j-m den Magen auspumpen; ~ ***money into*** *fig.* Geld hineinpumpen in (*acc*). **3.** F *j-n* ausholen (***for*** über *acc*). **III** *v/i* **4.** pumpen (*a. Herz*). **5.** herausschießen (***from*** aus) (*Blut etc*). ~ **at·tend·ant** *s* Tankwart *m.*

pump·kin ['pʌmpkɪn] *s* ♣ Kürbis *m.*

pun [pʌn] **I** *s* Wortspiel *n.* **II** *v/i* Wortspiele *od.* ein Wortspiel machen.

Punch[1] [pʌntʃ] *s* Kasper *m*, Kasperle *n*, *m*: ***be*** (***as***) ***pleased as*** ~ F sich freuen wie ein Schneekönig.

punch[2] [~] **I** *s* **1.** (Faust)Schlag *m*: ***give s.o. a*** ~ j-m e-n Schlag versetzen; → ***pull*** 11. **2.** *fig.* Schwung *m.* **II** *v/t* **3.** (mit der Faust) schlagen.

punch[3] [~] ⚙ **I** *s* Locher *m*; Lochzange *f*; Locheisen *n.* **II** *v/t* lochen; *Loch* stanzen (***in*** in *acc*): ~***ed card*** Lochkarte *f*; ~***ed tape*** Lochstreifen *m.*

punch[4] [~] *s* Punsch *m.*

ˌPunch-and-'Ju·dy show ['dʒuːdɪ] *s* Kasperletheater *n.*

punch| card *s* Lochkarte *f.* ~ **line** *s* Pointe *f.* **'~-up** *s Br.* F Schlägerei *f.*

punc·til·i·ous [pʌŋk'tɪlɪəs] *adj* □ peinlich genau.

punc·tu·al ['pʌŋktʃʊəl] *adj* □ pünktlich: ***be*** ~ pünktlich kommen (***for*** zu). **punc·tu·al·i·ty** [ˌ~'ælətɪ] *s* Pünktlichkeit *f.*

punc·tu·ate ['pʌŋktʃʊeɪt] *v/t* **1.** interpunktieren. **2.** *fig.* (***with***) unterbrechen (durch, mit); durchsetzen (mit). **3.** *fig.* unterstreichen, betonen. **ˌpunc·tu'a·tion** *s* **1.** Interpunktion *f*: ~ ***mark*** Satzzeichen *n.* **2.** *fig.* Unterbrechung *f*; Durchsetzung *f.* **3.** *fig.* Unterstreichung *f*, Betonung *f.*

punc·ture ['pʌŋktʃə] **I** *v/t* **1.** durchstechen, -bohren. **2.** ⚕ punktieren. **II** *v/i* **3.** ein Loch bekommen, platzen. **III** *s* **4.** (Ein)Stich *m*; Loch *n.* **5.** *mot.* Reifenpanne *f.* **6.** ⚕ Punktion *f.*

pun·dit ['pʌndɪt] *s oft humor.* Weise *m*, *f.*

pun·gen·cy ['pʌndʒənsɪ] *s* Schärfe *f* (*a. fig.*). **'pun·gent** *adj* □ scharf (*Geschmack, Geruch*), (*Bemerkung etc a.*) bissig.

pun·ish ['pʌnɪʃ] *v/t* **1.** *j-n* (be)strafen (***for*** für, wegen). **2.** *et.* bestrafen. **'pun·ish·a·ble** *adj* □ strafbar: ~ ***act*** (*od.* ***offence,*** *Am.* ***offense***) strafbare Handlung; ***murder is*** ~ ***by death*** auf Mord steht die Todesstrafe. **'pun·ish·ing** *adj* □ vernichtend (*Kritik etc*), mörderisch, zermürbend (*Rennen etc*). **'pun·ish·ment** *s* **1.** Bestrafung *f.* **2.** Strafe *f*: ***as a*** ~ als *od.* zur Strafe (***for*** für).

pu·ni·tive ['pjuːnətɪv] *adj* □ **1.** Straf... **2.** extrem hoch (*Steuern etc*).

punk [pʌŋk] *s* **1.** Punk *m* (*Bewegung u. Anhänger*). **2.** ♪ Punk *m*; Punker *m.* ~ **rock** *s* ♪ Punkrock *m.* ~ **rock·er** *s* ♪ Punkrocker *m.*

punt [pʌnt] **I** *s* Stechkahn *m.* **II** *v/t u. v/i* staken.

pu·ny ['pjuːnɪ] *adj* □ schwächlich.

pup [pʌp] → ***puppy.***

pu·pa ['pjuːpə] *pl* **-pae** ['~piː], **-pas** *s zo.* Puppe *f.*

pu·pil[1] ['pjuːpl] *s* Schüler(in).

pu·pil[2] [~] *s anat.* Pupille *f.*

pup·pet ['pʌpɪt] *s* Puppe *f*: a) Handpuppe *f*, b) Marionette *f* (*a. fig.*): ~ ***government*** *fig.* Marionettenregierung *f*; ~ ***show*** Marionettentheater *n*, Puppenspiel *n.* **pup·pet·eer** [ˌ~'tɪə] *s* Puppenspieler(in).

pup·py ['pʌpɪ] *s* Welpe *m*, junger Hund. ~ **fat** *s Br.* F Babyspeck *m.* ~ **love** *s* F jugendliche Schwärmerei.

pur·chas·a·ble ['pɜːtʃəsəbl] *adj* käuflich. **'pur·chase I** *v/t* **1.** kaufen, erstehen. **2.** *fig.* erkaufen (***at the expense of*** auf Kosten *gen*). **II** *s* **3.** Kauf *m.* **4.** *pl* Einkäufe *pl*: ***make*** ~***s*** Einkäufe machen. **'pur·chas·er** *s* Käufer(in). **'pur·chas·ing** *adj*: ~ ***power*** ✝ Kaufkraft *f.*

pure [pjʊə] *adj* □ **1.** rein: a) pur, unvermischt, b) sauber, c) akzentfrei, fehlerlos, d) pur, völlig (*Unsinn etc*): ***by*** ~ ***accident*** rein zufällig. **2.** ehrlich (*Absicht*). **'~·bred I** *adj* reinrassig, rasserein. **II** *s* reinrassiges Tier.

pu·ree ['pjʊəreɪ] **I** *s* Püree *n.* **II** *v/t* pürieren.

pur·ga·tive ['pɜːgətɪv] ⚕ **I** *adj* □ abführend. **II** *s* Abführmittel *n.*

pur·ga·to·ry ['pɜːgətərɪ] *s eccl.* Fegefeuer

n: ***it is ~ having to do s.th.*** es ist die Hölle, et. tun zu müssen.

purge [pɜːdʒ] **I** *v/t Partei etc* säubern (***of*** von). **II** *s pol.* Säuberung(saktion) *f*.

pu·ri·fi·ca·tion [ˌpjʊərɪfɪˈkeɪʃn] *s* Reinigung *f*. **pu·ri·fi·er** [ˈ~faɪə] *s* ⚙ Reiniger *m*. **pu·ri·fy** [ˈ~faɪ] *v/t* reinigen.

pur·ism [ˈpjʊərɪzəm] *s* Purismus *m*. ˈ**pur·ist** *s* Purist(in).

Pu·ri·tan [ˈpjʊərɪtən] *hist., fig. mst* ♀ **I** *s* Puritaner(in). **II** *adj* puritanisch. **pu·ri·tan·i·cal** [ˌ~ˈtænɪkl] *adj* □ *fig.* puritanisch. **Pu·ri·tan·ism** [ˈ~tənɪzəm] *s hist., fig. mst* ♀ Puritanismus *m*.

pu·ri·ty [ˈpjʊərətɪ] *s* **1.** Reinheit *f*. **2.** Ehrlichkeit *f*.

pur·loin [pɜːˈlɔɪn] *v/t oft humor.* entwenden.

pur·ple [ˈpɜːpl] *adj* purpurn, pupurrot: ***his face turned ~*** sein Gesicht verfärbte sich blau; ***~ heart*** *bsd. Br.* F Amphetamintablette *f*; ♀ ***Heart*** ⚔ *Am.* Verwundetenabzeichen *n*.

pur·port [ˈpɜːpət] **I** *s* Tenor *m*. **II** *v/t*: ***~ to be s.th.*** vorgeben, et. zu sein; et. sein sollen.

pur·pose [ˈpɜːpəs] **I** *s* **1.** Zweck *m*, Ziel *n*; Absicht *f*, Vorsatz *m*: ***for all practical ~s*** praktisch; ***on ~*** absichtlich; mit der Absicht (***to do*** zu tun); ***answer*** (*od.* ***serve***) ***the same ~*** denselben Zweck erfüllen; ***put to a good ~*** gut anwenden *od.* nützen. **2.** ***to no ~*** vergeblich, umsonst. **3.** Entschlossenheit *f*, Zielstrebigkeit *f*. **II** *v/t* **4.** beabsichtigen, vorhaben (***doing, to do*** zu tun). **pur·pose·ful** [ˈ~fʊl] *adj* □ entschlossen, zielstrebig. ˈ**pur·pose·less** *adj* □ **1.** zwecklos. **2.** ziel-, planlos. ˈ**pur·pose·ly** *adv* absichtlich.

purr [pɜː] **I** *v/i* schnurren (*Katze*); surren (*Motor etc*). **II** *s* Schnurren *n*; Surren *n*.

purse [pɜːs] **I** *s* **1.** a) Geldbeutel *m*, Portemonnaie *n*: ***be beyond s.o.'s ~*** *fig.* j-s Finanzen übersteigen; ***hold the ~ strings*** *fig.* die Finanzen verwalten, b) *Am.* Handtasche *f*. **2.** *Sport*: Siegprämie *f*; (*Boxen*) Börse *f*. **II** *v/t* **3.** *a.* ***~ up*** *Lippen* schürzen. ˈ**purs·er** *s* **1.** ⚓ Proviant- *od.* Zahlmeister *m*. **2.** ✈ Purser *m* (*leitender Steward*).

pur·su·ance [pəˈsjʊəns] *s*: ***in*** (***the***) ***~ of one's duty*** in Ausübung s-r Pflicht.

pur·sue [pəˈsjuː] *v/t* **1.** verfolgen: ***be ~d by bad luck*** vom Pech verfolgt werden. **2.** *fig.* *s-m Studium etc* nachgehen; *Absicht, Politik etc* verfolgen; *Angelegenheit etc* weiterführen. **purˈsu·er** *s* Verfolger(in). **pur·suit** [pəˈsjuːt] *s* **1.** Verfolgung *f*: ***be in ~ of s.o.*** j-n verfolgen. **2.** *fig.* Verfolgung *f*; Weiterführung *f*: ***in*** (***the***) ***~ of*** im *od.* in Verfolg (*gen*). **3.** Beschäftigung *f*.

pu·ru·lent [ˈpjʊərʊlənt] *adj* □ eiternd, eit(e)rig.

pus [pʌs] *s* ⚕ Eiter *m*.

push [pʊʃ] **I** *s* **1.** Stoß *m*: ***give s.o. a ~*** j-m e-n Stoß versetzen; ***give s.o. the ~*** *Br.* F j-n rausschmeißen (*entlassen*); ***get the ~*** *Br.* F fliegen; ***at a ~*** F im Notfall, notfalls; ***if*** (*od.* ***when***) ***it comes to the ~*** F wenn es darauf ankommt. **2.** (*Werbe*)Kampagne *f*. **3.** F Draufgängertum *n*. **II** *v/t* **4.** stoßen, schubsen; schieben; *Taste etc* drücken: ***~ one's way*** sich drängen (***through*** durch); ***he's ~ing 70*** er geht auf die 70 zu. **5.** *fig. j-n* drängen (***to do*** zu tun): ***be ~ed*** (***for time***) F es eilig haben; in Zeitnot sein; ***be ~ed for money*** F knapp bei Kasse sein. **6.** *fig.* Reklame machen *od.* die Trommel rühren für. **7.** F *Heroin etc* pushen. **III** *v/i* **8.** stoßen, schubsen; schieben, drükken: ***~ past s.o.*** sich an j-m vorbeidrängen. **9.** ***~ for*** *fig.* drängen auf (*acc*).

Verbindungen mit Adverbien:

push| a·bout → ***push around.*** ***~ a·head*** *v/i*: ***~ with*** *Plan etc* vorantreiben. ***~ a·long*** *v/i* F sich auf die Socken machen. ***~ a·round*** *v/t* herumschubsen (*a. fig.* F). ***~ for·ward*** **I** *v/t*: ***push o.s. forward*** *fig.* sich in den Vordergrund drängen *od.* schieben. **II** *v/i* → ***push ahead.*** ***~ in*** *v/i* F sich vordrängeln. ***~ off*** *v/i* **1.** sich abstoßen (***from*** von). **2.** *mst imp* abhauen, Leine ziehen. ***~ on*** → ***push ahead.*** ***~ out*** *v/t fig. j-n* hinausdrängen. ***~ up*** *v/t* **1.** → ***daisy.*** **2.** *Preise etc* hochtreiben.

ˈ**push|·bike** *s Br.* F Fahrrad *n*. ***~ but·ton*** *s* Druckknopf *m*, -taste *f*. ˈ**~-ˌbut·ton** *adj* Druckknopf...: ***~ telephone*** Tastentelefon *n*. ˈ**~·cart** *s* **1.** (Hand)Karren *m*. **2.** *Am.* Einkaufswagen *m*. ˈ**~·chair** *s Br.* Sportwagen *m* (*für Kinder*).

push·er [ˈpʊʃə] *s* F **1.** Draufgänger *m*. **2.**

Pusher *m* (*Rauschgifthändler*). '**pushing** → ***pushy.***

'**push|ˌo·ver** *s* F **1.** *fig.* Kinderspiel *n.* **2.** ***be a ~ for*** nicht widerstehen können (*dat*); immer wieder hereinfallen auf (*acc*). '**~-up** *s Am.* Liegestütz *m*: ***do a~*** e-n Liegestütz machen.

push·y ['pʊʃɪ] *adj* □ draufgängerisch.

pu·sil·lan·i·mous [ˌpju:sɪ'lænɪməs] *adj* □ kleinmütig, verzagt.

puss [pʊs] *s* F Mieze *f.*

puss·y ['pʊsɪ] *s Kindersprache*: Miezekatze *f.* '**~·cat** → ***pussy.*** '**~·foot** *v/i a.* ***~ about*** (*od.* ***around***) F um den (heißen) Brei herumreden; sich nicht festlegen wollen.

pus·tule ['pʌstju:l] *s* ⚕ Pustel *f.*

put [pʊt] **I** *adj* **1.** ***stay ~*** sich nicht (vom Fleck) rühren. **II** *v/t* (*irr*) **2.** legen, setzen, stellen, tun: ***~ s.th. before s.o.*** *fig.* j-m et. vorlegen; ***~ a tax on s.th.*** et. besteuern. **3.** *Hand etc, fig. Geld, Zeit* stecken (***in***[***to***]) in *acc*). **4.** *j-n in e-e unangenehme Lage etc, et. auf den Markt, in Ordnung etc* bringen. **5.** *et. in Kraft, in Umlauf etc* setzen. **6.** unterwerfen, -ziehen (***to*** *dat*). **7.** übersetzen (***into French*** ins Französische). **8.** *et.* ausdrücken, *in Worte* fassen: → ***mild.*** **9.** schätzen (***at*** auf *acc*). **10.** *Geld* setzen (***on*** auf *acc*). **11.** *Schuld* geben (***on*** *dat*). **III** *v/i* (*irr*) **12.** ***~ to sea*** ⚓ in See stechen. **13.** ***~ upon s.o.*** *bsd. Br.* j-m Ungelegenheiten bereiten.

Verbindungen mit Adverbien:

put| a·bout I *v/t Gerücht* verbreiten, in Umlauf setzen. **II** *v/i* ⚓ den Kurs ändern. **~ a·cross** *v/t et.* verständlich machen (***to*** *dat*). **~ a·head** *v/t Sport*: in Führung bringen. **~ a·side** *v/t* **1.** beiseite legen. **2.** *Ware* zurücklegen. **3.** *fig.* beiseite schieben. **4.** → ***put away*** 3. **~ a·way** *v/t* **1.** weglegen, -stecken, -tun. **2.** auf-, wegräumen. **3.** → ***put by.*** **4.** F *Speisen* verdrücken, *Getränke* schlucken. **~ back** *v/t* **1.** zurücklegen, -stellen, -tun. **2.** *Uhr* zurückstellen (***by*** um): → ***clock*** 1. **3.** *fig.* verschieben (***two days*** um zwei Tage; ***to*** auf *acc*). **~ by** *v/t Geld* zurücklegen, auf die hohe Kante legen. **~ down I** *v/t* **1.** hin-, niederlegen, -stellen, -setzen. **2.** *Aufstand etc* niederwerfen. **3.** *Fahrgast* absetzen. **4.** *et.* aufschreiben: ***put s.o.***(***'s name***) ***down for*** j-n anmelden *od.* eintragen für. **5.** *Betrag* anzahlen. **6.** *Flugzeug* landen. **7.** *j-n* halten (***as*** für). **8.** *et.* zuschreiben (***to*** *dat*). **II** *v/i* **9.** ✈ landen. **~ for·ward** *v/t* **1.** *Plan etc* vorlegen: ***put s.o.***(***'s name***) ***forward as*** j-n vorschlagen als. **2.** *Uhr* vorstellen (***by*** um). **3.** *fig.* vorverlegen (***two days*** um zwei Tage; ***to*** auf *acc*). **~ in I** *v/t* **1.** herein-, hineinlegen, -stecken, -stellen, *Kassette etc* einlegen. **2.** *Gesuch etc* einreichen, *Forderung etc a.* geltend machen. **3.** *Arbeit, Zeit* verbringen (***on*** mit). **4.** *Bemerkung* einwerfen; *ein gutes Wort* einlegen (***for*** für). **II** *v/i* **5.** ⚓ einlaufen (***at*** in *acc*): ***~ at*** *a.* anlaufen (*acc*). **6.** sich bewerben (***for*** um). **~ off** *v/t* **1.** *et.* verschieben (***till, until*** auf *acc*); *j-m* absagen. **2.** *j-n* hinhalten (***with*** mit). **3.** *j-n* aus dem Konzept bringen; *j-m* den Appetit *od.* die Lust *od.* die Laune verderben. **4.** → ***put down*** 3. **~ on** *v/t* **1.** *Mantel etc* anziehen, *Hut, Brille* aufsetzen; *Rouge etc* auflegen: → ***lipstick.*** **2.** *Licht, Radio etc* anmachen, einschalten. **3.** *einige Pfund* zunehmen: → ***weight*** 1. **4.** *Sonderzug etc* einsetzen. **5.** *thea. Stück etc* herausbringen. **6.** *Bremse* anziehen. **7.** *Essen, Topf etc* aufsetzen. **8.** *Schallplatte etc* auflegen, *Kassette etc* einlegen. **9.** vortäuschen, heucheln: ***put it on*** so tun als ob. **10.** F *j-n* auf den Arm nehmen. **~ out I** *v/t* **1.** heraus-, hinauslegen, -stellen. **2.** *Hand etc* ausstrecken: → ***feeler, tongue*** 1. **3.** *Feuer* löschen; *Licht, Radio, Zigarette etc* ausmachen, abschalten. **4.** veröffentlichen, herausgeben; (*Rundfunk, TV*) bringen, senden. **5.** aus der Fassung bringen; verstimmen, -ärgern; *j-m* Ungelegenheiten bereiten. **6.** ⚕ sich *den Arm etc* ver- *od.* ausrenken. **II** *v/i* **7.** ⚓ auslaufen: ***~ to sea*** in See stechen. **~ o·ver** → ***put across.*** **~ through** *v/t* **1.** *teleph. j-n* verbinden (***to*** mit). **2.** durch-, ausführen. **~ to·geth·er** *v/t* **1.** zs.-setzen, *Gerät etc* zs.-bauen; *Mannschaft, Rede etc* zs.-stellen. **2.** ***he is cleverer than all his friends ~*** er ist cleverer als alle s-e Freunde zusammen. **~ up I** *v/t* **1.** herauf-, hinauflegen, -stellen. **2.** *Hand* (hoch)heben. **3.** *Bild etc* aufhängen; *Plakat, Bekanntmachung etc* anschlagen. **4.** *Schirm* aufspannen. **5.** *Zelt etc* aufstellen, *Gebäude* errichten. **6.** *j-n* unterbringen. **7.** *Widerstand* leisten: → ***fight*** 1. **8.** *Preis etc* erhöhen. **9.** *j-n* anstiften (***to*** zu). **II** *v/i* **10.** absteigen (***at*** in *dat*). **11.** ~ ***with*** sich abfinden mit; sich gefallen lassen.

pu·ta·tive ['pjuːtətɪv] *adj* □ mutmaßlich.

'put|·off *s bsd. Am.* F (faule) Ausrede. **'~-on** *s Am.* F Bluff *m*, Schwindel *m*.

pu·tre·fy ['pjuːtrɪfaɪ] *v/i* (ver)faulen, verwesen.

pu·trid ['pjuːtrɪd] *adj* □ **1.** verfault, -west; (*Geruch*) faulig. **2.** F miserabel, saumäßig.

putsch [pʊtʃ] *s pol.* Putsch *m*.

putt [pʌt] *v/t u. v/i Golf*: putten.

putt·er ['pʌtə] *Am.* → ***potter***[1].

put·ty ['pʌtɪ] **I** *s* Kitt *m*: ***he was*** (***like***) ~ ***in her hands*** *fig.* er war Wachs in ihren Händen. **II** *v/t* kitten.

'put-up job *s* F abgekartetes Spiel.

puz·zle ['pʌzl] **I** *s* **1.** Rätsel *n* (*a. fig.*); Geduld(s)spiel *n*: ***it is a*** ~ ***to me*** es ist mir ein Rätsel *od.* rätselhaft; → ***jigsaw*** (***puzzle***). **II** *v/t* **2.** vor ein Rätsel stellen; verdutzen, -blüffen: ***be ~d*** vor e-m Rätsel stehen. **3.** ~ ***out*** *et.* ausknobeln, herausbringen. **III** *v/i* **4.** sich den Kopf zerbrechen (***about, over*** über *dat*). **'puz·zler** *s* F harte Nuß.

pyg·my ['pɪgmɪ] **I** *s* **1.** ♀ Pygmäe *m*, Pygmäin *f*. **2.** Zwerg(in) (*a. fig. contp.*). **II** *adj* **3.** *bsd. zo.* Zwerg...

py·ja·mas [pə'dʒɑːməz] *s pl*, *a.* ***pair of*** ~ Schlafanzug *m*, Pyjama *m*.

py·lon ['paɪlən] *s* Hochspannungsmast *m*.

pyr·a·mid ['pɪrəmɪd] *s* Pyramide *f*.

pyre ['paɪə] *s* Scheiterhaufen *m*.

py·ro·ma·ni·a [ˌpaɪrəʊ'meɪnɪə] *s* Pyromanie *f*. **ˌpy·ro'ma·ni·ac** [~æk] *s* Pyromane *m*, -manin *f*.

Pyr·rhic vic·to·ry ['pɪrɪk] *s* Pyrrhussieg *m*.

py·thon ['paɪθn] *s zo.* Python(schlange) *f*.

pyx [pɪks] *s eccl.* Pyxis *f*, Hostienbehälter *m*.

Q

quack[1] [kwæk] **I** *v/i* quaken (*Ente*). **II** *s* Quaken *n*.

quack[2] [~] *s a.* ~ ***doctor*** Quacksalber *m*, Kurpfuscher *m*. **quack·er·y** ['~ərɪ] *s* Quacksalberei *f*, Kurpfuscherei *f*.

quad [kwɒd] *s* F Vierling *m*.

quad·ran·gle ['kwɒdræŋgl] *s* Viereck *n*. **quad'ran·gu·lar** [~gjʊlə] *adj* □ viereckig.

quad·ra·phon·ic [ˌkwɒdrə'fɒnɪk] *adj* (***~ally***) ♪, *phys.* quadrophon(isch).

quad·ri·lat·er·al [ˌkwɒdrɪ'lætərəl] **I** *adj* vierseitig. **II** *s* Viereck *n*.

quad·ro·phon·ic → ***quadraphonic***.

quad·ru·ped ['kwɒdrʊped] *s zo.* Vierfüß(l)er *m*.

quad·ru·ple ['kwɒdrʊpl] **I** *adj* □ vierfach. **II** *v/t u. v/i* (sich) vervierfachen. **quad·ru·plet** ['~plɪt] *s* Vierling *m*.

quag·mire ['kwægmaɪə] *s* Morast *m*, Sumpf *m*.

quail [kweɪl] *pl* **quails,** *bsd. coll.* **quail** *s orn.* Wachtel *f*.

quaint [kweɪnt] *adj* □ idyllisch, malerisch.

quake [kweɪk] **I** *v/i* zittern, beben (***with*** vor *dat*; ***at*** bei *e-m Gedanken*). **II** *s* F Erdbeben *n*.

Quak·er ['kweɪkə] *s eccl.* Quäker(in).

qual·i·fi·ca·tion [ˌkwɒlɪfɪ'keɪʃn] *s* **1.** Qualifikation *f*, Befähigung *f*, Eignung *f* (***for*** für, zu). **2.** Vorbedingung *f*, Voraussetzung *f* (***of, for*** für). **3.** Abschluß(zeugnis *n*) *m*. **4.** Einschränkung *f*, Vorbehalt *m*. **5.** *ling.* nähere Bestimmung. **qual·i·fied** ['~faɪd] *adj* **1.** qualifiziert, geeignet, befähigt (***for*** für). **2.** berechtigt: ~ ***to vote*** wahlberechtigt. **3.** bedingt, eingeschränkt. **qual·i·fy** ['~faɪ] **I** *v/t* **1.** qualifizieren, befähigen (***for*** für, zu). **2.** berechtigen (***to do*** zu tun). **3.** *ling.* näher bestimmen. **II** *v/i* **4.** sich qualifizieren *od.* eignen, die Bedingungen erfüllen (***for*** für; ***as*** als). **5.** *Sport*: sich qualifizieren (***for*** für). **6.** s-e Ausbildung abschließen (***as*** als).

qual·i·ta·tive ['kwɒlɪtətɪv] *adj* □ qualitativ. **qual·i·ty** ['~ətɪ] *s* **1.** Qualität *f*, ✝ *a.* Güteklasse *f*: ***~ of life*** Lebensqualität; ***~ of sound*** *TV etc* Tonqualität; ***~ goods*** *pl* Qualitätswaren *pl*; ***~ newspaper*** seriöse Zeitung. **2.** Eigenschaft *f*: → ***leadership*** 2.

qualms [kwɑːmz] *s pl* Bedenken *pl*, Skrupel *pl*: ***have no ~ about doing s.th.*** keine Bedenken haben, et. zu tun.

quan·da·ry ['kwɒndərɪ] *s* Dilemma *n*, Verlegenheit *f*: ***be in a ~ about what to do*** nicht wissen, was man tun soll.

quan·ta ['kwɒntə] *pl von* ***quantum.***

quan·ti·ta·tive ['kwɒntɪtətɪv] *adj* □ quantitativ. **quan·ti·ty** ['~tətɪ] *s* **1.** Quantität *f*; Menge *f*: ***in small quantities*** in kleinen Mengen; ***~ discount*** (*od.* ***allowance***) ✝ Mengenrabatt *m.* **2.** ♃ Größe *f*: → ***unknown.***

quan·tum ['kwɒntəm] *phys.* **I** *pl* **-ta** ['~tə] *s* Quant *n.* **II** *adj* Quanten...

quar·an·tine ['kwɒrəntiːn] **I** *s* Quarantäne *f*: ***put in ~*** → II. **II** *v/t* unter Quarantäne stellen.

quar·rel ['kwɒrəl] **I** *s* **1.** Streit *m*, Auseinandersetzung *f* (***with*** mit). **2.** ***have no ~ with*** nichts auszusetzen haben an (*dat*). **II** *v/i pret u. pp* **-reled**, *bsd. Br.* **-relled 3.** (sich) streiten (***with*** mit; ***about, over*** über *acc*). **4.** ***~ with*** et. auszusetzen haben an (*dat*). **quar·relsome** ['~səm] *adj* □ streitsüchtig.

quar·ry[1] ['kwɒrɪ] *s* Steinbruch *m.*

quar·ry[2] [~] *s hunt.* Beute *f*, *a. fig.* Opfer *n.*

quart [kwɔːt] *s* Quart *n* (*Hohlmaß*): ***you can't put a ~ into a pint pot*** F das geht einfach nicht.

quar·ter ['kwɔːtə] **I** *s* **1.** Viertel *n*: ***a ~ of an hour*** e-e Viertelstunde. **2.** ***it's*** (***a***) ***~ to*** (*Am. a.* ***of***) ***six*** es ist Viertel vor sechs *od.* drei Viertel sechs; ***at*** (***a***) ***~ past*** (*Am. a.* ***after***) ***six*** um Viertel nach sechs *od.* Viertel sieben. **3.** Quartal *n*, Vierteljahr *n*: ***by the ~*** vierteljährlich. **4.** *Am.* Vierteldollar *m.* **5.** (Himmels)Richtung *f*; Gegend *f*, Teil *m* (*e-s Landes etc*): ***from all ~s*** von überall(her). **6.** (Stadt)Viertel *n.* **7.** *pl* Quartier *n*, Unterkunft *f* (*beide a.* ⚔). **8.** *fig.* Seite *f*, Stelle *f*: ***in the highest ~s*** an höchster Stelle; ***from official ~s*** von amtlicher Seite. **II** *v/t* **9.** vierteln. **10.** *bsd.* ⚔ einquartieren (***on*** bei). '**~deck** *s* ⚓ Achterdeck *n.* ˌ**~'finals** *s pl Sport*: Viertelfinale *n.*

quar·ter·ly ['kwɔːtəlɪ] *adj u. adv* vierteljährlich.

quar·ter note *s* ♪ *bsd. Am.* Viertelnote *f.*

quar·tet(te) [kwɔː'tet] *s* ♪ Quartett *n.*

quartz [kwɔːts] *s min.* Quarz *m.* **~ clock, ~ watch** *s* Quarzuhr *f.*

quash [kwɒʃ] *v/t* **1.** ⚖ *Urteil etc* annullieren, aufheben. **2.** *Aufstand etc* niederschlagen, unterdrücken.

qua·ver ['kweɪvə] **I** *v/i* **1.** zittern (*Stimme*). **2.** ♪ tremolieren. **II** *v/t* **3.** *et.* mit zitternder Stimme sagen. **III** *s* **4.** Zittern *n.* **5.** ♪ Tremolo *n.* **6.** ♪ *Br.* Achtelnote *f.*

quay [kiː] *s* ⚓ Kai *m.*

quea·sy ['kwiːzɪ] *adj*: ***I feel ~*** mir ist übel.

queen [kwiːn] **I** *s* **1.** (*a. Schönheits- etc*)Königin *f*: ***~ bee*** *zo.* Bienenkönigin; ***~ mother*** Königinmutter *f*; → ***English*** 3, ***evidence*** 2. **2.** *Kartenspiel, Schach*: Dame *f*: ***~ of hearts*** Herzdame. **3.** F Schwule *m.* **II** *v/t* **4.** *Schach*: *Bauern* in e-e Dame verwandeln. **5.** ***~ it*** F die große Dame spielen. '**queen·ly** *adj* königlich.

queer [kwɪə] **I** *adj* □ **1.** komisch, seltsam: ***~ customer*** F komischer Kauz; ***be a bit ~ in the head*** F sie nicht alle haben. **2.** F schwul. **II** *s* **3.** F Schwule *m.* **III** *v/t* **4.** → ***pitch***[2] 10.

quell [kwel] *v/t Aufstand etc* niederschlagen, unterdrücken; *Zweifel etc* beseitigen.

quench [kwentʃ] *v/t Durst* löschen, stillen.

quer·u·lous ['kwerʊləs] *adj* □ nörglerisch.

que·ry ['kwɪərɪ] **I** *s* Frage *f.* **II** *v/t* in Frage stellen, in Zweifel ziehen.

quest [kwest] **I** *s* Suche *f* (***for*** nach): ***in ~ of*** auf der Suche nach. **II** *v/i* suchen (***after, for*** nach).

ques·tion ['kwestʃən] **I** *s* **1.** Frage *f*: ***~ mark*** Fragezeichen *n*; ***~ master*** *Br.* Quizmaster *n*; → ***ask*** 1, ***pop***[1] 7. **2.** Frage *f*, Problem *n*: ***this is not the point in ~*** darum geht es nicht. **3.** Frage *f*, Sache *f*: ***only a ~ of time*** nur e-e Frage der Zeit. **4.** Frage *f*, Zweifel *m*: ***there is no ~ that, it is beyond ~ that*** es steht außer Frage, daß; ***there is no ~ about this*** daran besteht kein Zweifel; ***be out of the ~*** nicht in Frage kommen; ***call into ~*** → 6. **II** *v/t* **5.** (***about***) befragen (über *acc*), ⚖ verhören, -nehmen (zu). **6.** bezweifeln, in Zweifel ziehen, in Frage stellen. **'ques·tion·a·ble** *adj* □ **1.** fraglich, zweifelhaft. **2.** fragwürdig. **'ques·tion·er** *s* Fragesteller(in). **'ques·tion·-ing I** *adj* □ fragend (*Blick etc*). **II** *s* Befragung *f*, ⚖ Verhör *n*, Vernehmung *f*. **ques·tion·naire** [ˌkwestʃə'neə] *s* Fragebogen *m*.

queue [kjuː] *bsd. Br.* **I** *s* Schlange *f*: ***stand in a ~*** → IIa; → ***jump*** 9. **II** *v/i mst ~* ***up*** (***for*** nach, um) a) Schlange stehen, anstehen, b) sich anstellen. **'~-ˌjump·er** *s j-d, der sich vordräng(el)t*; *mot.* Kolonnenspringer(in).

quib·ble ['kwɪbl] **I** *v/i* sich herumstreiten (***with*** mit; ***about, over*** wegen). **II** *s* kleinliche Beschwerde, Kleinigkeit *f*.

quick [kwɪk] **I** *adj* □ **1.** schnell, rasch: ***be ~!*** mach schnell!, beeil dich!; ***be ~ to learn*** (*od.* ***at learning***) schnell lernen; ***a ~ one*** F ein Gläschen auf die Schnelle; → ***offence*** 3, ***uptake.*** **2.** kurz (*Reise etc*). **3.** aufbrausend, hitzig (*Temperament*). **II** *adv* **4.** schnell, rasch. **III** *s* **5.** ***cut s.o. to the ~*** *fig.* j-n tief treffen (***with*** mit). **'~-ˌact·ing** *adj* schnell wirkend (*Medikament*). **'~-change** *adj*: ***~ artist*** *thea.* Verwandlungskünstler(in).

quick·en ['kwɪkən] *v/t u. v/i* (sich) beschleunigen, *v/i a.* schneller werden.

quick·ie ['kwɪkɪ] *s* F *et. Schnelles od. Kurzes, z. B.* Gläschen *n* auf die Schnelle, kurze Frage.

'quick|·sand *s* Treibsand *m*. **ˌ~-'tem·pered** *adj* aufbrausend, hitzig. **ˌ~-'wit·ted** *adj* □ aufgeweckt; schlagfertig; geistesgegenwärtig.

quid [kwɪd] *pl* **quid** *s Br.* F Pfund *n* (*Währung*).

qui·et ['kwaɪət] **I** *adj* □ **1.** ruhig, still: ***~, please*** Ruhe, bitte. **2.** ruhig (*Leben etc*). **3.** geheim, heimlich: ***keep s.th. ~*** et. für sich behalten. **II** *s* **4.** Ruhe *f*, Stille *f*: → ***peace*** 3. **5.** ***on the ~*** F heimlich. **III** *v/t u. v/i* **6.** → ***quieten.*** **'qui·et·en I** *v/t* **1.** *a.* ***~ down*** *j-n* beruhigen. **2.** *Befürchtungen etc* zerstreuen. **II** *v/i* **3.** *a.* ***~ down*** sich beruhigen.

quill [kwɪl] *s* **1.** *orn.* (Schwanz-, Schwung)Feder *f*. **2.** *a.* ***~ pen*** *hist.* Federkiel *m*. **3.** *zo.* Stachel *m*.

quilt [kwɪlt] *s* Steppdecke *f*. **'quilt·ed** *adj* Stepp...

quin [kwɪn] *s Br.* F Fünfling *m*.

quince [kwɪns] *s* ⚘ Quitte *f*.

qui·nine [kwɪ'niːn] *s pharm.* Chinin *n*.

quint [kwɪnt] *s Am.* F Fünfling *m*.

quint·es·sence [kwɪn'tesns] *s* **1.** Quintessenz *f*. **2.** Inbegriff *m*.

quin·tet(te) [kwɪn'tet] *s* ♪ Quintett *n*.

quin·tu·plet ['kwɪntjʊplɪt] *s* Fünfling *m*.

quip [kwɪp] **I** *s* geistreiche *od.* witzige Bemerkung. **II** *v/i* witzeln.

quirk [kwɜːk] *s* **1.** Eigenart *f*, Schrulle *f*. **2.** ***by some ~ of fate*** durch e-n verrückten Zufall.

quit [kwɪt] (*mst irr*) F **I** *v/t* **1.** aufhören mit: ***~ doing s.th.*** aufhören, et. zu tun; ***~ one's job*** kündigen; ***~ smoking*** das Rauchen aufgeben. **II** *v/i* **2.** aufhören. **3.** kündigen.

quite [kwaɪt] *adv* **1.** ganz, völlig: ***be ~ right*** völlig recht haben; ***~*** (***so***) *bsd. Br.* genau, ganz recht. **2.** ziemlich: ***~ a disappointment*** e-e ziemliche Enttäuschung; ***~ a few*** ziemlich viele; ***~ good*** ganz *od.* recht gut. **3.** ***it was ~ a*** (*od.* ***some***) ***sight*** das war vielleicht ein Anblick; ***she's ~ a girl*** sie ist ein tolles Mädchen.

quits [kwɪts] *adj* quitt (***with*** mit): ***call it ~*** F es gut sein lassen.

quit·ter ['kwɪtə] *s*: ***he's a*** (***no***) ***~*** F er gibt (nicht so) schnell auf.

quiv·er¹ ['kwɪvə] **I** *v/i* zittern (***with*** vor *dat*; ***at*** bei *e-m Gedanken etc*). **II** *s* Zittern *n*.

quiv·er² [~] *s* Köcher *m*.

quix·ot·ic [kwɪk'sɒtɪk] *adj* (***~ally***) weltfremd-idealistisch.

quiz [kwɪz] **I** *pl* **'quiz·zes** *s* Quiz *n*. **II** *v/t* ausfragen (***about*** über *acc*). **'~ˌmas·ter** *s* Quizmaster *m*.

quiz·zi·cal ['kwɪzɪkl] *adj* □ wissend (*Blick etc*).

quoit [kɔɪt] *s* **1.** Wurfring *m*. **2.** *pl* (*sg konstruiert*) Wurfringspiel *n*.

quo·rate ['kwɔːreɪt] *adj* beschlußfähig.

quo·rum ['kwɔːrəm] *s zur Beschlußfähigkeit erforderliche Teilnehmerzahl.*

quo·ta ['kwəʊtə] *s* Kontingent *n*, Quote *f*, ⚕ *a.* Soll *n*.

quo·ta·tion [kwəʊ'teɪʃn] *s* **1.** Zitat *n* (***from*** aus): ~ ***from the Bible*** Bibelzitat *n*. **2.** ⚕ Notierung *f*. **3.** ⚕ (*verbindlicher*) Kosten(vor)anschlag: ***get a*** ~ e-n Kostenvoranschlag einholen. ~ **marks** *s pl* Anführungszeichen *pl*: ***put*** (*od.* ***place***) ***in*** ~ in Anführungszeichen setzen.

quote [kwəʊt] **I** *v/t* **1.** zitieren (***from*** aus); *Beispiel etc* anführen: ***he was ~d as saying that*** er soll gesagt haben, daß. **2.** ***be ~d at*** ⚕ notieren mit. **II** *v/i* **3.** ~ ***from*** zitieren. **III** *s* F **4.** → ***quotation*** 1, 2. **5.** *pl* Gänsefüßchen *pl*: ***put*** (*od.* ***place***) ***in ~s*** in Gänsefüßchen setzen. **IV** *adv* **6.** ~ ... ***unquote*** Zitat ... Zitat Ende.

quo·tient ['kwəʊʃnt] *s* ⅍ Quotient *m*.

R

r [ɑː]: ***the three R's*** (= ***reading, writing, arithmetic***) Lesen *n*, Schreiben *n* u. Rechnen *n*.

rab·bi ['ræbaɪ] *s eccl.* Rabbiner *m*.

rab·bit ['ræbɪt] *s* Kaninchen *n*. ~ **punch** *s* Genickschlag *m*.

rab·ble ['ræbl] *s* **1.** Pöbel *m*, Mob *m*. **2.** *sociol. contp.* Pöbel *m*. '~-ˌ**rous·ing** *adj* aufwieglerisch, Hetz...

rab·id ['ræbɪd] *adj* □ **1.** *vet.* tollwütig. **2.** fanatisch.

ra·bies ['reɪbiːz] *s vet.* Tollwut *f*.

rac·coon → ***racoon.***

race[1] [reɪs] *s* **1.** Rasse *f*. **2.** Rasse(nzugehörigkeit) *f*. **3.** (*Menschen*)Geschlecht *n*.

race[2] [~] **I** *s* **1.** *Sport*: Rennen *n* (*a. fig.* ***for*** um), Lauf *m*: ~ ***against time*** *fig.* Wettlauf mit der Zeit. **II** *v/i* **2.** an (e-m) Rennen teilnehmen; um die Wette laufen *od.* fahren (***against, with*** mit). **3.** rasen, rennen. **4.** durchdrehen (*Motor*). **III** *v/t* **5.** um die Wette laufen *od.* fahren mit. **6.** rasen mit: ~ ***s.o. to hospital*** mit j-m ins Krankenhaus rasen.

'**race**|**·course** *s Pferdesport*: Rennbahn *f*. '~**·horse** *s* Rennpferd *n*. ~ **meet·ing** *s Pferdesport*: Rennveranstaltung *f*.

rac·er ['reɪsə] *s* **1.** Rennpferd *n*. **2.** Rennrad *n*, -wagen *m*.

'**race·track** *s* **1.** *Automobilsport etc*: Rennstrecke *f*. **2.** *bsd. Am.* → ***racecourse.***

ra·cial ['reɪʃl] *adj* □ rassisch, Rassen...: ~ ***discrimination*** Rassendiskriminierung *f*; ~ ***segregation*** Rassentrennung *f*. **ra·cial·ism** ['reɪʃəlɪzəm], '**ra·cial·ist** → ***racism, racist.***

rac·ing ['reɪsɪŋ] *adj* Renn...: ~ ***bicycle*** Rennrad *n*; ~ ***car*** Rennwagen *m*; ~ ***cyclist*** Radrennfahrer(in); ~ ***driver*** Rennfahrer(in).

ra·cism ['reɪsɪzəm] *s* Rassismus *m*. '**racist I** *s* Rassist(in). **II** *adj* rassistisch.

rack[1] [ræk] **I** *s* **1.** Gestell *n*, (*Geschirr-, Zeitungs- etc*)Ständer, 🚂 (*Gepäck*)Netz *n*, *mot.* (*Dach*)Gepäckständer *m*. **2.** *hist.* Folter(bank) *f*: ***put s.o. on the*** ~ j-n auf die Folter spannen (*a. fig.*). **II** *v/t* **3.** ***be ~ed by*** (*od.* ***with***) geplagt *od.* gequält werden von. **4.** → ***brain*** 2.

rack[2] [~] *s*: ***go to*** ~ ***and ruin*** verfallen (*Gebäude, Person*), dem Ruin entgegentreiben (*Land, Wirtschaft*).

rack·et[1] ['rækɪt] *s Tennis etc*: Schläger *m*.

rack·et[2] [~] *s* F **1.** Krach *m*, Lärm *m*: ***make a*** ~ Krach machen. **2.** Schwindel *m*, Gaunerei *f*; (*Drogen- etc*)Geschäft *n*; organisierte Erpressung; Beruf *m*, Branche *f*: ***what's his ~?*** was macht er beruflich? **rack·et·eer** [ˌrækə'tɪə] *s* F Gauner *m*; Erpresser *m*.

ra·coon [rə'kuːn] *s zo.* Waschbär *m*.

rac·y ['reɪsɪ] *adj* □ **1.** spritzig (*Geschichte etc*). **2.** gewagt.

ra·dar ['reɪdɑː] **I** *s* Radar *m*, *n*. **II** *adj* Radar...: ~ ***screen*** Radarschirm *m*; ~ (***speed***) ***trap*** Radarkontrolle *f*; ~ ***station*** Radarstation *f*.

ra·di·al ['reɪdjəl] **I** *adj* □ radial, Radial..., strahlenförmig: **~ *tire*** (*bsd. Br.* ***tyre***) → II. **II** *s mot.* Gürtelreifen *m.*

ra·di·ant ['reɪdjənt] *adj* □ strahlend (*a. fig.* ***with*** vor *dat*): ***be ~ with joy*** vor Freude strahlen.

ra·di·ate ['reɪdɪeɪt] **I** *v/t Licht, Wärme etc* ausstrahlen, *Optimismus etc a.* verströmen. **II** *v/i* strahlenförmig ausgehen (***from*** von). ˌ**ra·di'a·tion** *s* **1.** Ausstrahlung *f, fig. a.* Verströmen *n.* **2.** *phys.* (*engS.* radioaktive) Strahlung: ***~ sickness*** ⚕ Strahlenkrankheit *f.* **ra·di·a·tor** ['~eɪtə] *s* **1.** Heizkörper *m.* **2.** *mot.* Kühler *m*: ***~ grill*** Kühlergrill *m.*

rad·i·cal ['rædɪkl] **I** *adj* □ **1.** radikal (*a. pol.*). **2.** ⚘ Wurzel...: ***~ sign*** Wurzelzeichen *n.* **II** *s* **3.** *pol.* Radikale *m, f.* **4.** ⚘, *ling.* Wurzel *f.* **rad·i·cal·ism** ['~kəlɪzəm] *s bsd. pol.* Radikalismus *m.* '**rad·i·cal·ize** *v/t bsd. pol.* radikalisieren.

ra·di·i ['reɪdɪaɪ] *pl von* ***radius.***

ra·di·o ['reɪdɪəʊ] **I** *pl* **-os** *s* **1.** Radio *n*, Rundfunkgerät *n*; Funkgerät *n.* **2.** Radio *n*, Rundfunk *m*: ***on the ~*** im Radio; ***be in ~*** beim Rundfunk sein. **3.** Funk *m*: ***by ~*** per *od.* über Funk. **II** *v/t* **4.** *Nachricht etc* funken, durchgeben. **5.** *j-n, Ort* anfunken. **III** *v/i* **6.** ***~ for help*** per *od.* über Funk um Hilfe bitten. ˌ**~'ac·tive** *adj* □ radioaktiv: ***~ waste*** Atommüll *m*, radioaktiver Abfall. ˌ**~ac'tiv·i·ty** *s* Radioaktivität *f.* **~ a·larm** *s* Radiowecker *m.* **~ car** *s Am.* Funk(streifen)wagen *m.* **~ con·tact** *s* Funkkontakt *m*, -verbindung *f*: ***be in ~ with*** in Funkkontakt stehen mit. ˌ**~-con'trolled** *adj* funkgesteuert.

ra·di·o·gram ['reɪdɪəʊgræm] *s* **1.** Funkspruch *m.* **2.** → ***radiograph.*** **ra·di·o·graph** ['~grɑːf] *s* ⚕ Röntgenbild *n.*

ra·di·o| ham → ***ham*** 3. **~ mes·sage** *s* Funkspruch *m.* **~ op·er·a·tor** *s* Funker *m.* **~ set** → ***radio*** 1. **~ sig·nal** *s* Funksignal *n.* **~ sta·tion** *s* Rundfunksender *m*, -station *f.* ˌ**~'ther·a·py** *s* ⚕ Strahlen-, Röntgentherapie *f.* **~ traf·fic** *s* Funkverkehr *m.*

rad·ish ['rædɪʃ] *s* ⚘ **1.** Rettich *m.* **2.** Radieschen *n.*

ra·di·um ['reɪdɪəm] *s* ⚗ Radium *n.*

ra·di·us ['reɪdɪəs] *pl* **-di·i** ['~dɪaɪ] *s* **1.** ⚘ Radius *m*, Halbmesser *m.* **2.** ***within a three-mile ~*** im Umkreis von drei Meilen (***of*** um). **3.** *anat.* Speiche *f.*

raf·fle ['ræfl] **I** *s* Tombola *f.* **II** *v/t oft* ***~ off*** verlosen.

raft [rɑːft] *s* Floß *n.*

raft·er ['rɑːftə] *s* (Dach)Sparren *m.*

rag [ræg] *s* **1.** Fetzen *m*, Lumpen *m*; Lappen *m*: ***in ~s*** in Fetzen (*Stoff etc*); zerlumpt (*Person*); ***be (like) a red ~ to a bull to s.o.*** *Br.* F wie ein rotes Tuch für j-n sein *od.* auf j-n wirken; ***feel like a wet ~*** F total k. o. sein. **2.** F *contp.* Käseblatt *n.* '**~·bag** *s* Sammelsurium *n* (***of*** von).

rage [reɪdʒ] **I** *s* **1.** Wut *f*, Zorn *m*: ***be in a ~*** wütend sein; ***fly into a ~*** wütend werden. **2.** F ***the latest ~*** der letzte Schrei; ***be all the ~*** große Mode sein. **II** *v/i* **3.** wettern (***against, at*** gegen); *fig.* wüten (*Krankheit, Sturm*), toben (*Meer, Sturm*): ***a raging headache*** rasende Kopfschmerzen *pl.*

rag·ged ['rægɪd] *adj* □ **1.** zerlumpt (*Kleidung, Person*). **2.** struppig, zottig (*Bart etc*). **3.** *fig.* dilettantisch, stümperhaft.

ra·gout ['rægu:] *s gastr.* Ragout *n.*

raid [reɪd] **I** *s* **1.** (***on***) Überfall *m* (auf *acc*), ⚔ *a.* Angriff *m* (gegen). **2.** Razzia *f* (***on*** in *dat*): ***make a ~ on*** → 4. **II** *v/t* **3.** überfallen, ⚔ *a.* angreifen. **4.** e-e Razzia machen in (*dat*).

rail[1] [reɪl] **I** *s* **1.** Geländer *n.* **2.** (*Handtuch*)Halter *m.* **3.** 🚂 Schiene *f, pl a.* Gleis *n*: ***go off the ~s*** a) *a.* ***jump the ~s*** entgleisen, b) *fig.* auf die schiefe Bahn geraten. **4.** (Eisen)Bahn *f*: ***by ~*** mit der Bahn. **II** *v/t* **5.** ***~ in*** einzäunen; ***~ off*** abzäunen.

rail[2] [~] *v/i* schimpfen (***against, at*** über *acc*).

rail·ing ['reɪlɪŋ] *s oft pl* (Gitter)Zaun *m.*

rail·road ['reɪlrəʊd] **I** *s* **1.** *Am.* → ***railway.*** **II** *v/t* F **2.** *Gesetzesvorlage etc* durchpeitschen (***through*** in *dat*). **3.** ***~ s.o. into doing s.th.*** j-n rücksichtslos drängen, et. zu tun.

rail·way ['reɪlweɪ] *s bsd. Br.* Eisenbahn *f*: ***~ station*** Bahnhof *m.*

rain [reɪn] **I** *s* **1.** Regen *m*: ***in the ~*** im Regen; ***the ~s*** *pl* die Regenzeit (*in den Tropen*); → ***pour*** 3. **2.** *fig.* (*Schlag- etc*)Hagel *m*, (*Funken*)Regen *m.* **II** *v/i* **3.** *impers* regnen: ***it is ~ing.*** **4.** ***~ down on*** *fig.* niederprasseln auf (*acc*) (*Schläge* *etc*). **III** *v/t* **5.** → ***cat*** 1. **6.** *fig.* ***~ blows on s.o.*** j-n mit Schlägen eindecken; ***~ abuse on s.o.*** j-n mit Beschimpfungen überschütten. **7.** ***be ~ed off*** (*Am.* ***out***) wegen Regens abgesagt *od.* abgebrochen werden. **'~·bow** *s* Regenbogen *m.* **'~·coat** *s* Regenmantel *m.* **'~·drop** *s* Regentropfen *m.* **'~·fall** *s* Niederschlag(smenge *f*) *m.* **~ for·est** *s* Regenwald *m.* **'~·proof** *adj* regen-, wasserdicht. **'~·storm** *s* heftiger Regenguß. **'~ˌwa·ter** *s* Regenwasser *n.*

rain·y ['reɪnɪ] *adj* regnerisch, verregnet, Regen...: ***the ~ season*** die Regenzeit (*in den Tropen*); ***put away*** (*od.* ***save***) ***s.th. for a ~ day*** et. für schlechte Zeiten zurücklegen, et. auf die hohe Kante legen.

raise [reɪz] **I** *v/t* **1.** *Arm, gesunkenes Schiff etc* heben; *Vorhang etc* hochziehen: ***~ one's hat*** den Hut ziehen (***to s.o.*** vor j-m; *a. fig.*) *od.* lüften; → ***eyebrow.*** **2.** *Denkmal etc* errichten. **3.** a) *Protest etc* hervorrufen: ***~ a laugh*** Gelächter ernten, b) *Erwartungen* (er)wecken: ***~ s.o.'s hopes*** in j-m Hoffnung erwekken; ***~ a suspicion*** Verdacht erregen, c) *Gerücht etc* aufkommen lassen, d) *Schwierigkeiten* machen. **4.** *Staub etc* aufwirbeln: → ***dust*** 1. **5.** *Frage* aufwerfen, *et.* zur Sprache bringen. **6.** *Anspruch* geltend machen, *Forderung* stellen. **7.** *Kinder* auf-, großziehen; *Tiere* züchten; *Getreide etc* anbauen. **8.** *Moral, Stimmung* heben. **9.** *Gehalt etc* erhöhen, *Geschwindigkeit etc a.* steigern: → ***power*** 9. **10.** *Hypothek etc* aufnehmen (***on*** auf *acc*); *Geld* zs.-bringen, beschaffen. **11.** *Blockade etc*, *a. Verbot* aufheben. **II** *s* **12.** *bsd. Am.* Lohn- *od.* Gehaltserhöhung *f.*

rai·sin ['reɪzn] *s* Rosine *f.*

rake [reɪk] **I** *s* **1.** Rechen *m*, Harke *f.* **II** *v/t* **2.** rechen, harken: ***~ in*** F *Geld* kassieren; ***~ it in*** F das Geld nur so scheffeln; ***~ out*** F *et.* herausfinden; ***~ up*** *Laub etc* zs.-rechen, -harken; F *Leute* auftreiben, *Geld a.* zs.-kratzen; F *alte Geschichten etc* aufwärmen. **3.** *Gelände etc* absuchen (***with*** mit *Fernglas etc*). **III** *v/i* **4.** *a.* ***~ about*** (*od.* ***around***) herumstöbern (***in*** in *dat*). **'~-off** *s* F (Gewinn)Anteil *m*, Prozente *pl.*

rak·ish ['reɪkɪʃ] *adj* □ flott, verwegen.

ral·ly ['rælɪ] **I** *s* **1.** Kundgebung *f*, (Massen)Versammlung *f.* **2.** *Motorsport*: Rallye *f.* **3.** *Tennis etc*: Ballwechsel *m.* **II** *v/t* **4.** *Truppen etc* (wieder) sammeln. **III** *v/i* **5.** sich (wieder) sammeln: ***~ round*** *fig.* sich zs.-tun; ***~ round s.o.*** *fig.* sich um j-n scharen. **6.** sich erholen (***from*** von) (*a.* ✝).

ram [ræm] **I** *s* **1.** *zo.* Widder *m*, Schafbock *m.* **2.** ⚙ Ramme *f.* **II** *v/t* **3.** *Fahrzeug etc* rammen. **4.** *Pfosten etc* rammen (***into*** in *acc*): ***~ down*** *Erde etc* feststampfen, -treten; → ***throat.***

ram·ble ['ræmbl] **I** *v/i* **1.** wandern. **2.** *a.* ***~ on*** *contp.* faseln (***about*** von, über *acc*). **II** *s* **3.** Wanderung *f*: ***go for*** (*od.* ***on***) ***a ~*** e-e Wanderung machen. **'ram·bling** *adj* □ **1.** ♀ Kletter...: ***~ rose.*** **2.** *fig.* weitschweifig, unzusammenhängend. **3.** weitläufig (*Gebäude*).

ram·i·fi·ca·tion [ˌræmɪfɪ'keɪʃn] *s* Verzweigung *f*, -ästelung *f* (*beide a. fig.*). **ram·i·fy** ['~faɪ] *v/i* sich verzweigen (*a. fig.*).

ramp [ræmp] *s* Rampe *f.*

ram·page [ræm'peɪdʒ] **I** *v/i*: ***~ through*** a) (wild *od.* aufgeregt) trampeln durch (*Elefant etc*), b) randalierend ziehen durch. **II** *s*: ***go on the ~*** randalieren; ***go on the ~ through*** → Ib.

ramp·ant ['ræmpənt] *adj* □ **1.** wuchernd (*Pflanze*): ***be ~*** wuchern. **2.** *fig.* grassierend: ***be ~ in*** grassieren in (*dat*).

ram·shack·le ['ræmʃækl] *adj* baufällig; klapp(e)rig (*Fahrzeug*).

ran [ræn] *pret von* ***run.***

ranch [rɑːntʃ] *s* **1.** Ranch *f.* **2.** (*Geflügel- etc*)Farm *f.* **'ranch·er** *s* **1.** Rancher *m.* **2.** (*Geflügel- etc*)Züchter *m.* **3.** Rancharbeiter *m.*

ran·cid ['rænsɪd] *adj* □ ranzig: ***go ~*** ranzig werden.

ran·cor *Am.* → ***rancour.***

ran·cor·ous ['ræŋkərəs] *adj* □ voller Groll (***toward***[***s***] gegen).

ran·cour ['ræŋkə] *s bsd. Br.* Groll *m*, Erbitterung *f.*

ran·dom ['rændəm] **I** *adj* aufs Geratewohl, zufällig, Zufalls...: ***~ sample*** Stichprobe *f*; ***take ~ samples*** Stichproben machen. **II** *s*: ***at ~*** aufs Geratewohl.

rand·y ['rændɪ] *adj* F scharf, geil.

rang [ræŋ] *pret von* ***ring***[2].

range [reɪndʒ] **I** *s* **1.** (*Berg*)Kette *f.* **2.** (*Koch-*, *Küchen*)Herd *m.* **3.** (*Schieß-*) Stand *m*, (-)Platz *m.* **4.** Entfernung *f*: ***at close*** (*od.* ***short***) ~ aus kurzer *od.* kürzester Entfernung, aus nächster Nähe. **5.** Reich-, Schuß-, Tragweite *f.* **6.** *fig.* Bereich *m*, Spielraum *m*, Grenzen *pl.* **7.** ✝ Kollektion *f*, Sortiment *n.* **8.** *fig.* Bereich *m*, Gebiet *n.* **II** *v/i* **9.** schwanken, sich bewegen (***from ... to, between ... and*** zwischen ... u.). **III** *v/t* **10.** aufstellen, anordnen. ~ **find·er** *s phot. etc* Entfernungsmesser *m.*

rang·er ['reɪndʒə] *s* **1.** Förster *m.* **2.** *Am.* Ranger *m.*

rank¹ [ræŋk] **I** *s* **1.** Reihe *f*; ⚔ Glied *n*: ***close the ~s*** die Reihen schließen; *fig.* sich zs.-schließen. **2.** *bsd.* ⚔ Rang *m*: ***in ~*** im Rang, rangmäßig; ***he is above me in ~*** er ist ranghöher als ich; ***of the first*** (*od.* ***front, top***) ~ *fig.* erstklassig; ***the ~s*** *pl* (Unteroffiziere *pl* u.) Mannschaften *pl*; *fig.* das Heer, die Masse (*der Arbeitslosen etc*); ***the ~ and file*** der Mannschaftsstand; *fig.* die Basis (*e-r Partei etc*); ***pull ~*** F den Vorgesetzten herauskehren (***on*** gegenüber); ***rise from the ~s*** vom Mannschaftsrang zum Offizier aufsteigen; *fig.* sich hocharbeiten. **3.** Rang *m*, (soziale) Stellung. **II** *v/t* **4.** rechnen, zählen (***among*** zu); stellen (***above*** über *acc*): ***be ~ed 2nd in the world*** an 2. Stelle der Weltrangliste stehen. **5.** ⚔ *Am.* ranghöher sein als. **III** *v/i* **6.** zählen, gehören (***among*** zu); gelten (***as*** als); rangieren (***above*** über *dat*).

rank² [~] *adj* □ **1.** (üppig) wuchernd. **2.** übel(riechend od. -schmeckend). **3.** *fig.* kraß (*Außenseiter*), blutig (*Anfänger*), blühend (*Unsinn*).

rank·ing ['ræŋkɪŋ] *adj* **1.** ⚔ *Am.* ranghöchst (*Offizier*). **2.** ~ ***list*** (*Sport*) Rangliste *f.*

ran·kle ['ræŋkl] *v/i fig.* (***on***) nagen (an *dat*), weh tun (*dat*).

ran·sack ['rænsæk] *v/t* **1.** durchwühlen. **2.** plündern.

ran·som ['rænsəm] **I** *s* Lösegeld *n*: ***hold s.o. to ~*** j-n bis zur Zahlung e-s Lösegelds gefangenhalten; *fig.* j-n erpressen; ~ ***demand*** Lösegeldforderung *f.* **II** *v/t* auslösen, freikaufen.

rant [rænt] *v/i a.* ~ ***on***, ~ ***and rave*** (***about***) eifern (gegen), sich in Tiraden ergehen (über *acc*).

rap¹ [ræp] **I** *s* **1.** Klopfen *n*; Klaps *m*: ***give s.o. a ~ over the knuckles*** j-m auf die Finger klopfen (*a. fig.*). **2.** ***take the ~*** F den Kopf hinhalten (***for*** für). **II** *v/t* **3.** klopfen an (*acc*) *od.* auf (*acc*): ~ ***s.o. over the knuckles*** j-m auf die Finger klopfen (*a. fig.*). **4.** *mst* ~ ***out*** *Befehl etc* bellen, *Fluch etc* ausstoßen. **III** *v/i* **5.** klopfen (***at*** an *acc*; ***on*** auf *acc*).

rap² [~] *s*: ***I don't care a ~*** (***for it***) das ist mir völlig egal.

ra·pa·cious [rə'peɪʃəs] *adj* □ **1.** habgierig. **2.** räuberisch. **3.** *orn.*, *zo.* Raub...

ra·pac·i·ty [rə'pæsətɪ] *s* Habgier *f.*

rape¹ [reɪp] **I** *s* Vergewaltigung *f*, ⚖ Notzucht *f.* **II** *v/t* vergewaltigen.

rape² [~] *s* ⚘ Raps *m*: ~ ***oil*** Rapsöl *n.*

rap·id ['ræpɪd] **I** *adj* □ schnell, rasch. **II** *s pl* Stromschnellen *pl.* **'~-fire** *adj* **1.** ⚔ Schnellfeuer... **2.** *fig.* schnell (aufeinanderfolgend).

ra·pid·i·ty [rə'pɪdətɪ] *s* Schnelligkeit *f.*

rap·ist ['reɪpɪst] *s* Vergewaltiger *m.*

rap·port [ræ'pɔː] *s* harmonisches Verhältnis (***between*** zwischen *dat*; ***with*** zu).

rap·proche·ment [ræ'prɒʃmɑ̃ːŋ] *s bsd. pol.* (Wieder)Annäherung *f* (***between*** zwischen *dat*).

rapt [ræpt] *adj*: ***with ~ attention*** mit gespannter Aufmerksamkeit.

rap·ture ['ræptʃə] *s*, *a. pl* Entzücken *n*, Verzückung *f*: ***be in ~s*** entzückt *od.* hingerissen sein (***about, at, over*** von); ***go into ~s*** in Verzückung geraten (***about, at, over*** über *acc*). **'rap·tur·ous** *adj* □ **1.** entzückt, hingerissen. **2.** stürmisch (*Applaus etc*).

rare¹ [reə] *adj* □ **1.** selten, rar. **2.** dünn (*Luft*). **3.** F Mords...: ***give s.o. a ~ fright*** j-m e-n Mordsschreck(en) einjagen.

rare² [~] *adj* blutig (*Steak*).

rar·e·fied ['reərɪfaɪd] *adj* **1.** dünn (*Luft*). **2.** *fig.* exklusiv.

rar·ing ['reərɪŋ] *adj*: ***be ~ to do s.th.*** F es kaum mehr erwarten können *od.* ganz wild darauf sein, et. zu tun.

rar·i·ty ['reərətɪ] *s* Seltenheit *f*, (*Briefmarke etc a.*) Rarität *f.*

ras·cal ['rɑːskəl] *s* **1.** Gauner *m.* **2.** *humor.* Schlingel *m.*

rash¹ [ræʃ] *adj* □ voreilig, -schnell.
rash² [~] *s* **1.** ⚕ (Haut)Ausschlag *m*: → ***come out*** 5. **2.** *fig*. Flut *f*.
rash·er ['ræʃə] *s* dünne Scheibe (*Frühstücksspeck etc*).
rasp [rɑːsp] **I** *s* **1.** Raspel *f*. **2.** Kratzen *n*. **II** *v/t* **3.** raspeln: ~ ***off*** abraspeln.
rasp·ber·ry ['rɑːzbərɪ] *s* ♀ Himbeere *f*.
rasp·ing ['rɑːspɪŋ] *adj* □ kratzend (*Geräusch*); krächzend (*Stimme*).
rat [ræt] **I** *s zo*. Ratte *f* (*a*. F *contp*.): ***smell a ~*** *fig*. Lunte *od*. den Braten riechen; ***~s!*** F Mist! **II** *v/i*: ~ ***on*** F *j-n* im Stich lassen; *j-n* verpfeifen; aussteigen aus (*e-m Projekt etc*).
rate [reɪt] **I** *s* **1.** Quote *f*, (*Inflations- etc*)Rate *f*, (*Geburten-*, *Sterbe*)Ziffer *f*. **2.** (*Steuer-*, *Zins- etc*)Satz *m*, (*Wechsel*)Kurs *m*; ***at any ~*** *fig*. auf jeden Fall. **3.** *mst pl Br*. Gemeinde-, Kommunalsteuer *f*. **4.** Geschwindigkeit *f*, Tempo *n*. **II** *v/t* **5.** einschätzen (***highly*** hoch), halten (***as*** für): ***be ~d as*** gelten als. **6.** *Lob etc* verdienen.
rath·er ['rɑːðə] **I** *adv* **1.** ziemlich: ***~ a success*** ein ziemlicher Erfolg; ***~ a cold night, a ~ cold night*** e-e ziemlich kalte Nacht. **2.** ***I would*** (*od*. ***had***) ***~ stay at home*** ich möchte lieber zu Hause bleiben. **3.** ***or ~*** (od.) vielmehr. **II** *int* **4.** *bsd. Br*. F freilich!, und ob!
rat·i·fi·ca·tion [ˌrætɪfɪ'keɪʃn] *s pol*. Ratifizierung *f*. **rat·i·fy** ['~faɪ] *v/t* ratifizieren.
rat·ing ['reɪtɪŋ] *s* **1.** Einschätzung *f*. **2.** *Rundfunk*, *TV*: Einschaltquote *f*.
ra·ti·o ['reɪʃɪəʊ] *pl* **-os** *s* 𝔄 *etc* Verhältnis *n* (***of ... to*** von ... zu).
ra·tion ['ræʃn] **I** *s* **1.** Ration *f*. **II** *v/t* **2.** *et*. rationieren. **3.** ~ ***out*** zuteilen (***to*** *dat*).
ra·tion·al ['ræʃənl] *adj* □ rational: a) vernunftbegabt, b) vernünftig. **ra·tion·al·ism** ['ræʃnəlɪzəm] *s* Rationalismus *m*. **'ra·tion·al·ist I** *s* Rationalist(in). **II** *adj* rationalistisch. **ˌra·tion·al'is·tic** *adj* (***~ally***) rationalistisch. **ˌra·tion·al·i'za·tion** *s* ⚚ Rationalisierung *f*. **'ra·tion·al·ize** *v/t* **1.** rational erklären. **2.** ⚚ rationalisieren.
rat| poi·son *s* Rattengift *n*. ~ **race** *s* F endloser Konkurrenzkampf.
rat·tle ['rætl] **I** *v/i* **1.** klappern (*Fenster etc*); rasseln, klirren (*Ketten*); klimpern (*Münzen etc*); prasseln (***on*** auf *acc*) (*Regen etc*); knattern (*Fahrzeug*): ~ ***at*** rütteln an (*dat*); ~ ***on*** F quasseln (***about*** über *acc*); ~ ***through*** *Rede etc* herunterrasseln; *Arbeit* in Windeseile erledigen. **II** *v/t* **2.** rasseln *od*. klimpern mit; rütteln an (*dat*): ~ ***off*** *Gedicht etc* herunterrasseln. **3.** F *j-n* verunsichern. **III** *s* **4.** Klappern *n* (*etc*, → 1). **5.** Rassel *f*, Klapper *f* (*Spielzeug*), Knarre *f*, Schnarre *f* (*Lärminstrument*). **'~·snake** *s zo*. Klapperschlange *f*. **'~·trap** *s* F Klapperkasten *m* (*Auto*).
'rat·trap *s Am*. F Bruchbude *f*, Hundehütte *f*.
rat·ty ['rætɪ] *adj* F **1.** *Am*. schäbig (*Kleidungsstück*). **2.** gereizt: ***there's no need to be ~*** sei doch nicht gleich so gereizt.
rau·cous ['rɔːkəs] *adj* □ heiser, rauh.
rav·age ['rævɪdʒ] **I** *v/t* verwüsten. **II** *s pl* Verwüstungen *pl*, *a*. *fig*. verheerende Auswirkungen *pl*.
rave [reɪv] *v/i* **1.** phantasieren, irrereden. **2.** toben; wettern (***against, at*** gegen). **3.** schwärmen (***about*** von).
rav·el ['rævl] *pret u. pp* **-eled,** *bsd. Br*. **-elled I** *v/t* **1.** *a*. ~ ***up*** verwickeln, -wirren. **2.** *oft* ~ ***out*** ausfransen; auftrennen; *a*. *fig*. entwirren. **II** *v/i* **3.** *a*. ~ ***up*** sich verwickeln *od*. -wirren. **4.** *oft* ~ ***out*** ausfransen; auftrennen.
ra·ven ['reɪvn] *s orn*. Rabe *m*.
rav·en·ous ['rævənəs] *adj* □ **1.** ausgehungert, heißhungrig. **2.** ~ ***hunger*** Bären-, Wolfshunger *m*.
ra·vine [rə'viːn] *s* Schlucht *f*, Klamm *f*.
rav·ing ['reɪvɪŋ] **I** *adj* □ **1.** tobend. **2.** phantasierend. **3.** F toll (*Erfolg*), hinreißend (*Schönheit*). **II** *adv* **4.** ~ ***mad*** F völlig *od*. total übergeschnappt. **III** *s pl* **5.** Phantasien *pl*, irres Gerede.
rav·i·o·li [ˌrævɪ'əʊlɪ] *s pl* (*sg konstruiert*) Ravioli *pl*.
rav·ish ['rævɪʃ] *v/t* hinreißen. **'rav·ish·ing** *adj* □ hinreißend.
raw [rɔː] **I** *adj* □ **1.** roh (*Gemüse etc*). **2.** ⚚, ⚙ roh, Roh...: ~ ***material*** Rohstoff *m*. **3.** unerfahren, grün. **4.** wund (*Haut*). **5.** naßkalt (*Wetter*, *Tag etc*). **6.** ***get a ~ deal*** F benachteiligt *od*. ungerecht behandelt werden. **II** *s* **7.** ***in the ~*** im Natur- *od*. Urzustand; F nackt. **ˌ~'boned** *adj* hager, knochig.
ray¹ [reɪ] *s* Strahl *m*: ***sun's ~s*** *pl* Sonnen-

strahlen *pl*; **~ *of light*** Lichtstrahl; **~ *of hope*** Hoffnungsstrahl, -schimmer *m*.

ray² [~] *s ichth.* Rochen *m*.

ray·on ['reɪɒn] *s* Kunstseide *f*.

raze [reɪz] *v/t*: **~ *to the ground*** dem Erdboden gleichmachen.

ra·zor ['reɪzə] *s* Rasiermesser *n*; -apparat *m*: ***be on a ~'s edge*** → ***razor edge***. **~ blade** *s* Rasierklinge *f*. **~ edge** *s*: ***be on a ~*** *fig.* auf des Messers Schneide stehen. **ˌ~-'sharp** *adj* messerscharf (*a. fig. Verstand*).

raz·zle ['ræzl] *s*: ***go on the ~*** F auf den Putz hauen.

re [riː] *prp*: ***~ your letter of ...*** ✝ Betr.: Ihr Schreiben vom ...

reach [riːtʃ] **I** *v/t* **1.** *j-n, et., Ort, Alter etc* erreichen. **2. ~ *out*** *Arm etc* ausstrecken. **3. ~ *down*** herunter-, hinunterreichen (***from*** von). **4.** reichen *od.* gehen bis an (*acc*) *od.* zu. **II** *v/i* **5.** *a.* **~ *out*** greifen, langen (***for*** nach) (*beide a. fig.*). **6. ~ *out*** die Hand ausstrecken. **7.** reichen, gehen, sich erstrecken (***as far as, to*** bis an *acc od.* zu): ***as far as the eye can ~*** soweit das Auge reicht. **III** *s* **8.** Reichweite *f* (*a. Boxen*): ***within*** (***out of***) ***s.o.'s ~*** in (außer) j-s Reichweite; ***be within easy ~*** leicht zu erreichen sein (*Instrument etc*); ***she lives within easy ~ of the shops*** (*bsd. Am.* ***stores***) von ihrer Wohnung aus sind die Geschäfte leicht zu erreichen.

re·act [rɪ'ækt] *v/i* **1.** reagieren (***to*** auf *acc*): **~ *against*** sich wehren gegen. **2.** ⚗ reagieren (***with*** mit).

re·ac·tion [rɪ'ækʃn] *s* Reaktion *f* (*a.* ⚗, *pol. etc*). **re'ac·tion·ar·y** *pol.* **I** *adj* reaktionär. **II** *s* Reaktionär(in).

re·ac·ti·vate [rɪ'æktɪveɪt] *v/t* reaktivieren (*a.* ⚗).

re·ac·tive [rɪ'æktɪv] *adj* ⚗ reaktiv, reaktionsfähig. **re'ac·tor** *s phys.* Reaktor *m*.

read¹ [riːd] **I** *v/t* (*irr*) **1.** lesen: **~ *in*** (*Computer*) einlesen; **~ *s.th. into*** et. hineinlesen in (*acc*); **~ *out*** verlesen; **~ *s.th. to s.o.***, **~ *s.o. s.th.*** j-m et. vorlesen; ***read over*** (*od.* ***through***) (sich) *et.* durchlesen; **~ *up*** nachlesen; ***we can take it as ~ that*** wir können davon ausgehen, daß. **2.** *Zähler etc* ablesen. **3.** (an)zeigen, stehen auf (*dat*) (*Thermometer etc*). **4.** *univ.* studieren. **5.** deuten, verstehen (***as*** als). **II** *v/i* (*irr*) **6.** lesen: ***I've ~ about it*** ich habe darüber *od.* davon gelesen; **~ *to s.o.*** j-m (et.) vorlesen (***from*** aus); → ***line*¹** 3. **7. ~ *as follows*** folgendermaßen lauten. **8.** sich *gut etc* lesen. **9.** sich vorbereiten (***for*** auf *e-e Prüfung*): **~ *up on*** *et.* nachlesen; → ***bar*** 9. **III** *s* **10. *be a good ~*** *bsd. Br.* sich gut lesen.

read² [red] *pret u. pp von* ***read*¹**.

read·a·ble ['riːdəbl] *adj* □ lesbar: a) lesenswert, b) leserlich.

re·ad·dress [ˌriːə'dres] *v/t Brief etc* umadressieren.

read·er ['riːdə] *s* **1.** Leser(in). **2.** Lektor(in). **3.** *ped.* Lesebuch *n*. **'read·er·ship** *s* Leser(kreis *m*, -schaft *f*) *pl*.

read·i·ly ['redɪlɪ] *adv* **1.** bereitwillig. **2.** leicht, ohne weiteres. **'read·i·ness** *s* **1.** Bereitschaft *f*: **~ *to help*** Hilfsbereitschaft. **2.** Gewandtheit *f*.

read·ing ['riːdɪŋ] **I** *s* **1.** Lesen *n*. **2.** Lesung *f* (*a. parl.*). **3. *be*** (*od.* ***make***) ***good ~*** sich gut lesen. **4.** Deutung *f*, Auslegung *f*. **5.** ⚙ Anzeige *f*, (*Barometer- etc*)Stand *m*. **II** *adj* **6.** Lese...: **~ *glasses*** *pl* Lesebrille *f*; **~ *lamp*** Leselampe *f*; **~ *matter*** Lesestoff *m*, Lektüre *f*; **~ *room*** Lesezimmer *n*, -saal *m*.

re·ad·just [ˌriːə'dʒʌst] **I** *v/t* ⚙ nachstellen, korrigieren: **~ *o.s.*** → II. **II** *v/i* (***to***) sich wiederanpassen (*dat od.* an *acc*), sich wiedereinstellen (auf *acc*). **ˌre·ad'just·ment** *s* **1.** Nachstellung *f*, Korrektur *f*. **2.** (***to***) Wiederanpassung *f* (an *acc*), Wiedereinstellung *f* (auf *acc*).

read·y ['redɪ] **I** *adj* (□ → ***readily***) **1.** bereit, fertig (***for s.th.*** für et.; ***to do*** zu tun): **~ *for takeoff*** ✈ startbereit, -klar; ***get*** (*od.* ***make***) **~** (sich) bereit- *od.* fertigmachen; ***get ~ for an examination*** sich auf e-e Prüfung vorbereiten. **2. *be ~ to do s.th.*** bereit *od.* willens sein, et. zu tun; schnell bei der Hand sein, et. zu tun: **~ *to help*** hilfsbereit, -willig. **3.** schnell, schlagfertig: **~ *wit*** Schlagfertigkeit *f*. **4.** im Begriff, nahe daran (***to do*** zu tun): → ***drop*** 10. **5. ~ *money*** (*od.* ***cash***) Bargeld *n*. **II** *s* **6. *the ~*** F Bargeld *n*: ***be a bit short of the ~*** knapp bei Kasse sein. **'~-made** *adj* **1.** Konfektions...: **~ *suit*** Konfektionsanzug *m*. **2.** *fig.* passend, geeignet (*Entschuldigung etc*): **~ *solution*** Patentlösung *f*. **ˌ~-to-'wear** → ***ready-made*** 1.

re·af·firm [ˌriːəˈfɜːm] *v/t* nochmals versichern *od.* bestätigen.
re·af·for·est [ˌriːəˈfɒrɪst] *v/t* wieder aufforsten. **ˈre·afˌfor·esˈta·tion** *s* Wiederaufforstung *f.*
re·a·gent [riːˈeɪdʒənt] *s* ⚗ Reagens *n.*
re·al [rɪəl] **I** *adj* (□ → **really**) **1.** echt (*Gold, Gefühl etc*). **2.** real, tatsächlich, wirklich: ***taken from ~ life*** aus dem Leben gegriffen; ***his ~ name*** sein richtiger Name; ***the ~ reason*** der wahre Grund. **3.** ***~ estate*** Grundeigentum *n*, Immobilien *pl*; ***~ estate agent*** *Am.* → ***estate agent.*** **II** *adv* **4.** *bsd. Am.* F sehr: ***I'm ~ sorry*** tut mir echt leid. **III** *s* **5.** ***for ~*** F echt, im Ernst: ***be for ~*** ernst gemeint sein.
re·al·ism [ˈrɪəlɪzəm] *s* Realismus *m.* **ˈre·al·ist** *s* Realist(in). **ˌre·alˈis·tic** *adj* (***~ally***) realistisch.
re·al·i·ty [rɪˈælətɪ] *s* Realität *f*, Wirklichkeit *f*: ***in ~*** in Wirklichkeit; ***become*** (***a***) ***~*** wahr werden.
re·al·i·za·tion [ˌrɪəlaɪˈzeɪʃn] *s* **1.** Erkenntnis *f.* **2.** Realisation *f* (*a.* ✝), Realisierung *f*, Verwirklichung *f.* **ˈre·al·ize** *v/t* **1.** erkennen, begreifen, einsehen: ***he ~d that*** *a.* ihm wurde klar, daß. **2.** realisieren, verwirklichen. **3.** ✝ realisieren, zu Geld machen.
re·al·ly [ˈrɪəlɪ] *adv* **1.** wirklich, tatsächlich: ***~?*** *a.* im Ernst? **2.** eigentlich: ***not ~*** eigentlich nicht. **3.** ***well, ~!*** ich muß schon sagen! **4.** ***you ~ must come*** du mußt unbedingt kommen.
realm [relm] *s*, *a. pl fig.* Reich *n*: ***be within the ~s of possibility*** im Bereich des Möglichen liegen.
re·an·i·mate [ˌriːˈænɪmeɪt] *v/t* **1.** ⚕ wiederbeleben. **2.** *fig.* neu beleben. **ˌre·anˈiˈma·tion** *s* **1.** ⚕ Wiederbelebung *f.* **2.** *fig.* Neubelebung *f.*
reap [riːp] *v/t Getreide etc* schneiden, ernten; *Feld* abernten: ***~ the benefit(s) of*** *fig.* die Früchte (*gen*) ernten.
re·ap·pear [ˌriːəˈpɪə] *v/i* wiedererscheinen *od.* -auftauchen.
re·ap·prais·al [ˌriːəˈpreɪzl] *s* Neubewertung *f*, -beurteilung *f.* **ˌre·apˈpraise** *v/t* neu bewerten *od.* beurteilen.
rear¹ [rɪə] **I** *v/t* **1.** *Kind, Tier* auf-, großziehen. **2.** *Kopf* heben, aufwerfen. **II** *v/i* **3.** sich aufbäumen (*Pferd*).
rear² [~] **I** *s* **1.** Hinter-, Rückseite *f*, *mot.* Heck *n*: ***at*** (*Am.* ***in***) ***the ~ of*** hinter (*dat*); ***in the ~*** hinten, im Heck. **2.** F Hintern *m.* **3.** ***bring up the ~*** die Nachhut bilden. **II** *adj* **4.** hinter, Hinter..., Rück..., *mot. a.* Heck...: ***~ axle*** Hinterachse *f*; ***~ exit*** Hinterausgang *m*; ***~ window*** Heckscheibe *f*; ***~ wiper*** Heckscheibenwischer *m.* **ˈ~·guard** *s* ⚔ Nachhut *f.*
re·arm [ˌriːˈɑːm] *v/i* ⚔ wieder aufrüsten. **re·ar·ma·ment** [rɪˈɑːməmənt] *s* Wiederaufrüstung *f.*
rear·most [ˈrɪəməʊst] *adj* hinterst.
re·ar·range [ˌriːəˈreɪndʒ] *v/t Pläne etc* ändern; *Möbel etc* umstellen; die Möbel umstellen in (*dat*).
ˈrear-view mir·ror *s mot.* Innen-, Rückspiegel *m.*
rear·ward [ˈrɪəwəd] **I** *adj* hinter, rückwärtig. **II** *adv* rückwärts.
ˈrear·wards → ***rearward*** II.
rea·son [ˈriːzn] **I** *s* **1.** Grund *m* (***for*** für): ***by ~ of*** wegen; ***for ~s of health*** aus Gesundheitsgründen; ***with ~*** zu Recht; ***without any ~, for no ~*** ohne Grund, grundlos; ***there is every ~ to believe that*** alles spricht dafür, daß; ***have every ~*** guten Grund haben (***to do*** zu tun). **2.** Verstand *m.* **3.** Vernunft *f*: ***listen to ~*** Vernunft annehmen. **II** *v/i* **4.** logisch denken. **5.** vernünftig reden (***with*** mit). **III** *v/t* **6.** folgern (***that*** daß). **7.** ***~ s.o. into*** (***out of***) ***s.th.*** j-m et. ein- (aus)reden. **ˈrea·son·a·ble** *adj* **1.** vernünftig. **2.** ganz gut, nicht schlecht. **3.** F billig, günstig. **ˈrea·son·a·bly** *adv* **1.** vernünftig. **2.** ziemlich, einigermaßen. **ˈrea·son·ing** *s* **1.** logisches Denken. **2.** Gedankengang *m*; Argumentation *f.*
re·as·semble [ˌriːəˈsembl] *v/t* ⚙ wieder zs.-bauen.
re·as·sur·ance [ˌriːəˈʃɔːrəns] *s* Beruhigung *f.* **ˌre·asˈsure** *v/t* beruhigen.
re·bate [ˈriːbeɪt] *s* **1.** Rabatt *m*, (Preis-)Nachlaß *m.* **2.** Rückzahlung *f*, -vergütung *f.*
reb·el¹ [ˈrebl] **I** *s* Rebell(in). **II** *adj* a) → ***rebellious,*** b) Rebellen...
re·bel² [rɪˈbel] *v/i* rebellieren, sich auflehnen (***against*** gegen). **reˈbel·lion** [~jən] *s* Rebellion *f*, Aufstand *m.* **reˈbel·lious** [~jəs] *adj* □ rebellisch (*a. Jugendlicher etc*), aufständisch.
re·birth [ˌriːˈbɜːθ] *s* Wiedergeburt *f* (*a. fig.*).

re·bound I *v/i* [rɪ'baʊnd] **1.** ab-, zurückprallen (***from*** von). **2.** *fig.* zurückfallen (***on*** auf *acc*). **II** *s* ['riːbaʊnd] **3.** *Sport*: Abpraller *m*, (*Basketball*) Rebound *m*.

re·buff [rɪ'bʌf] **I** *v/t* schroff abweisen. **II** *s* schroffe Abweisung: ***meet with a ~*** schroff abgewiesen werden.

re·build [ˌriː'bɪld] *v/t* (*irr* ***build***) **1.** wieder aufbauen. **2.** umbauen. **3.** *fig.* wiederaufbauen.

re·buke [rɪ'bjuːk] **I** *v/t* rügen, tadeln (***for*** wegen). **II** *s* Rüge *f*, Tadel *m*.

re·bus ['riːbəs] *s* Rebus *m*, *n*, Bilderrätsel *n*.

re·cal·ci·trant [rɪ'kælsɪtrənt] *adj* □ aufsässig.

re·call [rɪ'kɔːl] **I** *v/t* **1.** *j-n* zurückrufen, *Botschafter etc a.* abberufen; *defekte Autos etc* (in die Werkstatt) zurückrufen. **2.** a) sich erinnern an (*acc*): ***I can't ~ seeing her*** ich kann mich nicht daran erinnern, sie gesehen zu haben, b) erinnern an (*acc*). **II** *s* **3.** Zurückrufung *f*, Abberufung *f*; Rückruf(aktion *f*) *m*. **4.** Gedächtnis *n*: ***have total ~*** das absolute Gedächtnis haben. **5.** ***be beyond*** (*od.* ***past***) ~ für immer vorbei sein; ***be lost beyond*** (*od.* ***past***) ~ unwiederbringlich verloren sein.

re·cap[1] ['riːkæp] F → ***recapitulate, recapitulation.***

re·cap[2] [ˌriː'kæp] *v/t Am. Reifen* runderneuern.

re·ca·pit·u·late [ˌriːkə'pɪtjʊleɪt] *v/t u. v/i* rekapitulieren, (kurz) zs.-fassen. **'re·caˌpit·u'la·tion** *s* Rekapitulation *f*, (kurze) Zs.-fassung.

re·cap·ture [ˌriː'kæptʃə] **I** *v/t* **1.** *Tier* wieder einfangen, *ausgebrochenen Häftling a.* wieder fassen. **2.** ⚔ zurückerobern. **II** *s* **3.** Wiedereinfangen *n*, Wiederergreifung *f*. **4.** ⚔ Zurückeroberung *f*.

re·cast [ˌriː'kɑːst] *v/t* (*irr* ***cast***) **1.** umformen (*a. fig.*); ⚙ umgießen. **2.** *thea. etc* neu besetzen, umbesetzen.

re·cede [rɪ'siːd] *v/i* schwinden (*Hoffnung etc*). **re'ced·ing** *adj* fliehend (*Kinn, Stirn*).

re·ceipt [rɪ'siːt] *s* **1.** *bsd.* ✝ Empfang *m*, Erhalt *m*, (*a. von Waren*) Eingang *m*: ***on ~ of*** nach Empfang (*gen*). **2.** *bsd.* ✝ Empfangsbescheinigung *f*, -bestätigung *f*, Quittung *f*. **3.** *pl* ✝ Einnahmen *pl*.

re·ceive [rɪ'siːv] *v/t* **1.** bekommen, empfangen, erhalten; *Aufmerksamkeit* finden. **2.** *j-n* empfangen; *Vorschlag etc* aufnehmen. **3.** *j-n* aufnehmen (***into*** in *acc*). **4.** *Funkverkehr*, *Rundfunk*, *TV*: empfangen: ***are you receiving me?*** hören Sie mich? **re'ceiv·er** *s* **1.** Empfänger(in). **2.** *teleph.* Hörer *m*. **3.** *a.* ***official ~*** ⚖ *Br.* Konkursverwalter(in). **4.** Hehler(in). **re'ceiv·ing I** *s* Hehlerei *f*. **II** *adj*: ***be on the ~ end of*** F derjenige sein, der *et.* ausbaden muß; *et.* abkriegen.

re·cent ['riːsnt] *adj* jüngst (*Ereignisse etc*); neuer (*Foto etc*). **'re·cent·ly** *adv* kürzlich, vor kurzem; in letzter Zeit.

re·cep·ta·cle [rɪ'septəkl] *s* Behälter *m*.

re·cep·tion [rɪ'sepʃn] *s* **1.** (*a. offizieller*) Empfang: ***give*** (*od.* ***hold***) ***a ~*** e-n Empfang geben; ***give s.o. an enthusiastic ~*** j-m e-n begeisterten Empfang bereiten. **2.** *Hotel*: Rezeption *f*: a) *a.* ***~ desk*** Empfang *m*: ***at ~*** am *od.* beim Empfang, b) Empfangshalle *f*: ***in ~*** in der Empfangshalle. **3.** Aufnahme *f* (***into*** in *acc*). **4.** *Funkverkehr*, *Rundfunk*, *TV*: Empfang *m*. **re'cep·tion·ist** [~ʃənɪst] *s* **1.** Empfangsdame *f*, -chef *m*. **2.** ⚕ Sprechstundenhilfe *f*.

re·cep·tive [rɪ'septɪv] *adj* □ aufnahmefähig; empfänglich (***to*** für).

re·cess [rɪ'ses] **I** *s* **1.** Pause *f* (*Am. a. ped.*), Unterbrechung *f*, *parl.* Ferien *pl*. **2.** Nische *f*. **II** *v/t* **3.** in e-e Nische stellen. **4.** einbauen: ***~ed*** Einbau...

re·ces·sion [rɪ'seʃn] *s* ✝ Rezession *f*.

re·cid·i·vist [rɪ'sɪdɪvɪst] *s* Rückfalltäter(in).

rec·ipe ['resɪpɪ] *s gastr.* Rezept *n* (***for*** für) (*a. fig.*). **~ book** *s* Kochbuch *n*.

re·cip·i·ent [rɪ'sɪpɪənt] *s* Empfänger(in).

re·cip·ro·cal [rɪ'sɪprəkl] *adj* □ wechsel-, gegenseitig; *ling.*, ⚗ reziprok. **re'cip·ro·cate** [~keɪt] **I** *v/t Einladung*, *Gefühle etc* erwidern. **II** *v/i* sich revanchieren (***for*** für). **reˌcip·ro'ca·tion** *s* Erwiderung *f*.

re·cit·al [rɪ'saɪtl] *s* **1.** Vortrag *m*, (*Klavier- etc*)Konzert *n*, (*Lieder*)Abend *m*. **2.** Schilderung *f*. **rec·i·ta·tion** [ˌresɪ'teɪʃn] *s* **1.** Auf-, Hersagen *n*. **2.** Rezitation *f*, Vortrag *m*. **rec·i·ta·tive** [ˌ~tə-

'ti:v] *s* ♪ Rezitativ *n.* **re·cite** [rɪ'saɪt] *v/t* **1.** auf-, hersagen. **2.** rezitieren, vortragen. **3.** aufzählen.

reck·less ['reklɪs] *adj* □ rücksichtslos. **'reck·less·ness** *s* Rücksichtslosigkeit *f.*

reck·on ['rekən] **I** *v/t* **1.** aus-, berechnen: **~ *in*** ein-, mitrechnen; **~ *up*** zs.-rechnen. **2. ~ *s.o.* (*to be*) *clever*** j-n für clever halten: ***he is ~ed* (*to be*) *clever*** er gilt als clever. **3.** rechnen, zählen (***among*** zu). **4.** glauben, schätzen (***that*** daß). **II** *v/i* **5. ~ *on*** rechnen auf (*acc*) *od.* mit; **~ *with*** rechnen mit; ***he's a man to be ~ed with*** mit ihm muß man rechnen; ***you'll have me to ~ with*** du wirst es mit mir zu tun bekommen; **~ *without*** nicht rechnen mit. **'reck·on·ing** *s* Berechnung *f*: ***by my ~*** nach m-r (Be)Rechnung; ***be out in one's ~*** sich verrechnet haben.

re·claim [rɪ'kleɪm] *v/t* **1.** zurückfordern, -verlangen (***from*** von); *Gepäck etc* abholen. **2. ~ *land from the sea*** dem Meer Land abgewinnen. **3.** ⚙, ⚗ wiedergewinnen (***from*** aus).

rec·la·ma·tion [ˌreklə'meɪʃn] *s* **1.** Rückforderung *f.* **2.** ⚙, ⚗ Wiedergewinnung *f.*

re·cline [rɪ'klaɪn] *v/i* sich zurücklehnen: ***~ing seat*** *mot. etc* Ruhesitz *m.*

re·cluse [rɪ'klu:s] *s* Einsiedler(in).

rec·og·ni·tion [ˌrekəg'nɪʃn] *s* **1.** (Wieder)Erkennen *n*: ***be burnt beyond* (*od. out of all*) ~** bis zur Unkenntlichkeit verbrennen; ***the town has changed beyond ~*** die Stadt ist nicht wiederzuerkennen. **2.** Anerkennung *f*: ***in* (*od. as a*) ~ *of*** als Anerkennung für, in Anerkennung (*gen*); ***gain* (*od. get, win*) ~** Anerkennung finden. **rec·og·niz·a·ble** ['~naɪzəbl] *adj* □ (wieder)erkennbar: ***be hardly ~*** kaum zu erkennen sein. **re·cog·nize** ['~naɪz] *v/t* **1.** (wieder)erkennen (***by*** an *dat*). **2.** anerkennen (*a. pol.*). **3.** eingestehen, zugeben (***that*** daß).

re·coil I *v/i* [rɪ'kɔɪl] **1.** zurückschrecken (***from*** vor *dat*) (*a. fig.*): **~ *from doing s.th.*** davor zurückschrecken, et. zu tun. **2.** zurückstoßen (*Gewehr etc*). **3. ~ *on*** *fig.* zurückfallen auf (*acc*). **II** *s* ['ri:kɔɪl] **4.** Rückstoß *m.*

rec·ol·lect [ˌrekə'lekt] **I** *v/t* sich erinnern an (*acc*): **~ *doing s.th.*** sich daran erinnern, et. getan zu haben. **II** *v/i*: ***as far as I* (*can*) ~** soweit ich mich erinnere. **ˌrec·ol'lec·tion** *s* Erinnerung *f* (***of*** an *acc*): ***to the best of my ~*** soweit ich mich erinnere.

rec·om·mend [ˌrekə'mend] *v/t* **1.** empfehlen (***as*** als; ***for*** für): **~ *doing s.th.*** empfehlen *od.* raten, et. zu tun. **2.** sprechen für: ***he has little to ~ him*** es spricht wenig für ihn. **ˌrec·om'mend·a·ble** *adj* empfehlenswert; ratsam. **rec·om·men·da·tion** [ˌ~men'deɪʃn] *s* Empfehlung *f*: ***on s.o.'s ~*** auf j-s Empfehlung.

rec·om·pense ['rekəmpens] **I** *v/t* entschädigen (***for*** für). **II** *s* Entschädigung *f*: ***as a* (*od. in*) ~** als Entschädigung (***for*** für).

rec·on·cile ['rekənsaɪl] *v/t* **1.** ver-, aussöhnen (***with*** mit): ***they are ~d again*** sie haben sich wieder versöhnt; ***become ~d to s.th.*** *fig.* sich mit et. abfinden. **2.** in Einklang bringen (***with*** mit). **rec·on·cil·i·a·tion** [ˌ~sɪlɪ'eɪʃn] *s* **1.** Ver-, Aussöhnung *f* (***between*** zwischen *dat*; ***with*** mit). **2.** Einklang *m.*

rec·on·dite ['rekəndaɪt] *adj* □ abstrus, schwerverständlich.

re·con·di·tion [ˌri:kən'dɪʃn] *v/t* ⚙ (general)überholen: ***~ed engine*** Austauschmotor *m.*

re·con·nais·sance [rɪ'kɒnɪsəns] *s* ⚔ Aufklärung *f*, Erkundung *f.* **~ flight** *s* Aufklärungsflug *m.* **~ plane** *s* Aufklärungsflugzeug *n*, Aufklärer *m.*

rec·on·noi·ter *Am.*, *bsd. Br.* **rec·on·noi·tre** [ˌrekə'nɔɪtə] *v/t* ⚔ erkunden, auskundschaften.

re·con·quer [ˌri:'kɒŋkə] *v/t* zurückerobern. **ˌre'con·quest** [~kwest] *s* Zurückeroberung *f.*

re·con·sid·er [ˌri:kən'sɪdə] *v/t* noch einmal überdenken. **'re·conˌsid·er'a·tion** *s* nochmaliges Überdenken.

re·con·struct [ˌri:kən'strʌkt] *v/t* **1.** wieder aufbauen; *fig.* wiederaufbauen. **2.** *fig. Fall etc* rekonstruieren. **ˌre·con'struc·tion** *s* **1.** Wiederaufbau *m.* **2.** *fig.* Rekonstruktion *f.*

rec·ord¹ ['rekɔ:d] **I** *s* **1.** Aufzeichnung *f*, Niederschrift *f*; ⚖ Protokoll *n*: ***off the ~*** inoffiziell; ***on ~*** aktenkundig; geschichtlich verzeichnet, schriftlich belegt; *fig.* aller Zeiten; ***he is*** (*od.* ***went***) ***on ~ as having said that*** er hat sich offiziell dahingehend geäußert, daß; ***keep a ~ of*** Buch führen über (*acc*); ***to set the ~ straight*** um das klarzustellen. **2.** Vergangenheit *f*; *gute etc* Leistungen *pl* (*in der Vergangenheit*): ***have a criminal ~*** vorbestraft sein. **3.** (Schall)Platte *f*: ***make a ~*** e-e Platte aufnehmen. **4.** *Sport etc*: Rekord *m.* **II** *adj* **5.** (Schall)Platten...: ***~ player*** Plattenspieler *m.* **6.** *Sport etc*: Rekord...: ***~ holder*** Rekordhalter(in), -inhaber(in); ***in ~ time*** in Rekordzeit.

re·cord² [rɪˈkɔːd] *v/t* **1.** schriftlich niederlegen, aufzeichnen, -schreiben; ⚖ protokollieren, zu Protokoll *od.* zu den Akten nehmen. **2.** (*auf Tonband etc*) aufnehmen, *Programm a.* aufzeichnen, mitschneiden: ***~ed broadcast*** (*Rundfunk*, *TV*) Aufzeichnung *f.* **3.** *Meßwerte* registrieren.

ˈrec·ord-ˌbreak·ing *adj Sport etc*: Rekord...

re·cord·er [rɪˈkɔːdə] *s* **1.** (*Kassetten*)Recorder *m*, (*Tonband*)Gerät *n.* **2.** ♪ Blockflöte *f.* **reˈcord·ing** *s* Aufnahme *f*, Aufzeichnung *f*, Mitschnitt *m*: ***~ studio*** Aufnahme-, Tonstudio *n.*

re·count¹ [rɪˈkaʊnt] *v/t* erzählen.

re·count² **I** *v/t* [ˌriːˈkaʊnt] nachzählen. **II** *s* [ˈriːkaʊnt] Nachzählung *f.*

re·coup [rɪˈkuːp] *v/t* **1.** *Verlust etc* wiedereinbringen, sich *Ausgaben etc* zurückholen (***from*** von). **2.** *j-n* entschädigen (***for*** für).

re·course [rɪˈkɔːs] *s*: ***have ~ to*** greifen *od.* Zuflucht nehmen zu.

re·cov·er [rɪˈkʌvə] **I** *v/t et. Verlorenes* wiederfinden; *Bewußtsein etc* wiedererlangen; *Kosten etc* wiedereinbringen; *Fahrzeug*, *Verunglückten etc* bergen: ***~ one's composure*** sich wieder fangen *od.* fassen; ***~ consciousness*** *a.* wieder zu sich kommen. **II** *v/i* sich erholen (***from*** von) (*a. fig.*): ***he has fully ~ed*** er ist wieder ganz gesund. **reˈcov·er·y** *s* **1.** Wiederfinden *n*; Wiedererlangen *n*; Wiedereinbringung *f*; Bergung *f.* **2.** Erholung *f* (*a. fig.*): ***make a complete ~*** völlig gesund werden; ***make a quick*** (*od.* ***speedy***) ***~*** sich schnell erholen; ***wish s.o. a speedy ~*** j-m gute Besserung wünschen.

rec·re·a·tion [ˌrekrɪˈeɪʃn] *s* Entspannung *f*, Erholung *f*; Unterhaltung *f*, Freizeitbeschäftigung *f*: ***~ ground*** Spielplatz *m.* **ˌrec·reˈa·tion·al** [~ʃənl] *adj* Erholungs...; Freizeit...: ***~ activities*** *pl* Freizeitgestaltung *f*; ***~ value*** Freizeitwert *m.*

re·crim·i·nate [rɪˈkrɪmɪneɪt] *v/i* Gegenbeschuldigungen vorbringen (***against*** gegen). **reˌcrim·iˈna·tion** *s* Gegenbeschuldigung *f*: ***their ~*****(*****s*** *pl*) ihre gegenseitigen Beschuldigungen *pl.*

re·cruit [rɪˈkruːt] **I** *s* **1.** ⚔ Rekrut *m.* **2.** (***to***) Neue *m, f* (in *dat*); neues Mitglied (*gen od.* in *dat*). **II** *v/t* **3.** ⚔ rekrutieren; *Personal* einstellen; *Mitglieder* werben. **reˈcruit·ment** *s* ⚔ Rekrutierung *f*; Einstellung *f*; Werbung *f.*

rec·ta [ˈrektə] *pl von* ***rectum.***

rec·tan·gle [ˈrekˌtæŋgl] *s* ⩓ Rechteck *n.* **recˈtan·gu·lar** [~gjʊlə] *adj* □ rechteckig; rechtwink(e)lig.

rec·ti·fi·ca·tion [ˌrektɪfɪˈkeɪʃn] *s* **1.** Berichtigung *f*, Korrektur *f.* **2.** ⚗ Rektifikation *f.* **3.** ⚡ Gleichrichtung *f.* **rec·ti·fy** [ˈ~faɪ] *v/t* **1.** berichtigen, korrigieren. **2.** ⚗ rektifizieren. **3.** ⚡ gleichrichten.

rec·ti·lin·e·ar [ˌrektɪˈlɪnɪə] *adj* □ geradlinig.

rec·ti·tude [ˈrektɪtjuːd] *s* Redlichkeit *f*, Rechtschaffenheit *f.*

rec·tor [ˈrektə] *s* Pfarrer *m.* **ˈrec·to·ry** *s* Pfarrhaus *n.*

rec·tum [ˈrektəm] *pl* **-tums, -ta** [ˈ~tə] *s anat.* Mastdarm *m.*

re·cu·per·ate [rɪˈkuːpəreɪt] **I** *v/i* sich erholen (***from*** von) (*a. fig.*). **II** *v/t Verluste etc* wettmachen. **reˌcu·perˈa·tion** *s* **1.** Erholung *f* (*a. fig.*). **2.** Wettmachen *n.*

re·cur [rɪˈkɜː] *v/i* wiederkehren, wiederauftreten (*Problem*, *Symptom etc*), (*Schmerz a.*) wiedereinsetzen: ***~ to s.o.*** j-m wiederkommen (*Erinnerung etc*). **re·cur·rence** [rɪˈkʌrəns] *s* Wiederkehr *f*, Wiederauftreten *n*, Wiedereinsetzen *n.* **reˈcur·rent** *adj* □ wiederkehrend, wiederauftretend, wiedereinsetzend.

re·cy·cle [ˌriːˈsaɪkl] *v/t* wiederverwerten. **ˌreˈcy·cling** *s* Recycling *n*, Wiederverwertung *f.*

red [red] **I** *adj* **1.** rot: ***the lights are ~*** die Ampel steht auf Rot; ***go*** (*od.* ***turn***) ***~*** rot werden; → ***flag¹*** 1, ***paint*** 2, ***rag*** 1. **2.** *oft* ♀ *pol.* rot. **II** *s* **3.** Rot *n*: ***at ~*** bei Rot; ***the***

lights are at ~ die Ampel steht auf Rot; ***dressed in*** ~ rot *od.* in Rot gekleidet; ***see*** ~ *fig.* rotsehen; ***be in the*** ~ ✝ in den roten Zahlen sein, rote Zahlen schreiben. **4.** *oft* ♀ *pol.* Rote *m, f.* ~ **car·pet** *s* roter Teppich. ˌ~-'**car·pet** *adj*: ***give s.o. the*** ~ ***treatment*** j-n mit großem Bahnhof empfangen. ♀ **Cross** *s* Rotes Kreuz.

red·den ['redn] **I** *v/t* röten, rot färben. **II** *v/i* rot werden (***with*** vor *dat*). '**red·dish** *adj* □ rötlich.

re·dec·o·rate [ˌriː'dekəreɪt] *v/t Zimmer etc* neu streichen *od.* tapezieren.

re·deem [rɪ'diːm] *v/t* **1.** *Pfand, Versprechen etc* einlösen. **2.** *Ruf etc* wiederherstellen: ~ ***o.s.*** sich rehabilitieren. **3.** *Gefangene etc* los-, freikaufen. **4.** *Hypothek, Schulden* abzahlen, tilgen. **5.** *schlechte Eigenschaft etc* ausgleichen, wettmachen. **6.** *bsd. eccl.* erlösen (***from*** von). **Re'deem·er** *s eccl.* Erlöser *m*, Heiland *m.*

re·demp·tion [rɪ'dempʃn] *s* **1.** Einlösung *f.* **2.** Wiederherstellung *f.* **3.** Los-, Freikauf *m.* **4.** Abzahlung *f*, Tilgung *f.* **5.** Ausgleich *m.* **6.** *bsd. eccl.* Erlösung *f* (***from*** von). **7.** ***beyond*** (*od.* ***past***) ~ hoffnungslos.

re·de·vel·op [ˌriːdɪ'veləp] *v/t Gebäude, Stadtteil* sanieren. ˌ**re·de'vel·op·ment** *s* Sanierung *f.*

ˌ**red|-'hand·ed** *adj*: ***catch s.o.*** ~ j-n auf frischer Tat ertappen. ˌ~-'**head·ed** *adj* rothaarig. ~ **her·ring** *s* **1.** Bückling *m.* **2.** *fig.* Ablenkungsmanöver *n*; falsche Fährte *od.* Spur. ˌ~-'**hot** *adj* **1.** rotglühend (*Metall*); glühendheiß. **2.** *fig.* glühend, überschwenglich (*Begeisterung*). **3.** *fig.* brandaktuell (*Nachricht etc*). ♀ **In·di·an** *s* Indianer(in).

re·di·rect [ˌriːdɪ'rekt] *v/t Brief etc* nachschicken, -senden (***to s.o.*** j-m; ***to a new address*** an e-e neue Adresse).

re·dis·cov·er [ˌriːdɪ'skʌvə] *v/t* wiederentdecken. ˌ**re·dis'cov·er·y** *s* Wiederentdeckung *f.*

re·dis·trib·ute [ˌriːdɪ'strɪbjuːt] *v/t* neu verteilen, umverteilen. '**reˌdis·tri'bu·tion** [~'bjuːʃn] *s* Neu-, Umverteilung *f.*

ˌ**red|-'let·ter day** *s* Freuden-, Glückstag *m* (***for*** für). ~ **light** *s* **1.** rotes Licht (*Warnsignal etc*): ***see the*** ~ *fig.* die Gefahr erkennen. **2.** Rotlicht *n*: ***go through the*** ~***s*** bei Rot über die Kreuzung fahren. ˌ~-'**light dis·trict** *s* Rotlichtbezirk *m*, Bordellviertel *n.*

red·ness ['rednɪs] *s* Röte *f.*

re·do [ˌriː'duː] *v/t* (*irr* ***do***) **1.** nochmals tun *od.* machen: ~ ***one's hair*** sich die Haare in Ordnung bringen. **2.** → ***redecorate.***

re·dou·ble [ˌriː'dʌbl] *v/t bsd. Anstrengungen* verdoppeln.

re·dress [rɪ'dres] **I** *v/t Unrecht* wiedergutmachen; *Mißstand etc* abstellen, beseitigen; *Gleichgewicht* wiederherstellen. **II** *s* Wiedergutmachung *f*; Abstellung *f*, Beseitigung *f*: ***seek*** ~ ***for*** Wiedergutmachung verlangen für.

red tape *s* Amtsschimmel *m*, Bürokratismus *m.*

re·duce [rɪ'djuːs] *v/t* **1.** *Foto etc* verkleinern. **2.** *Steuern etc* senken, *Geschwindigkeit, Risiko etc* verringern, *Preis, Waren* herabsetzen, reduzieren (***from ... to*** von ... auf *acc*), *Gehalt etc* kürzen. **3.** (***to***) verwandeln (in *acc*), machen (zu): ~ ***to a nervous wreck*** aus *j-m* ein Nervenbündel machen. **4.** ~ ***s.o. to silence*** (***tears***) j-n zum Schweigen (Weinen) bringen. **5.** reduzieren, zurückführen (***to*** auf *acc*). **6.** ⚗ reduzieren. **7.** → ***denominator.*** **re·duc·tion** [rɪ'dʌkʃn] *s* **1.** Verkleinerung *f.* **2.** Senkung *f*, Verringerung *f*, Herabsetzung *f*, Reduzierung *f*, Kürzung *f.* **3.** ⚗ Reduktion *f.*

re·dun·dan·cy [rɪ'dʌndənsɪ] *s* **1.** ✝ Freistellung *f*, -setzung *f.* **2.** *ling.* Redundanz *f.* **re'dun·dant** *adj* □ **1.** ✝ freigestellt, -gesetzt: ***be made*** ~ freigestellt *od.* -gesetzt werden. **2.** *ling.* redundant.

re·du·pli·cate [rɪ'djuːplɪkeɪt] *v/t* wiederholen. **reˌdu·pli'ca·tion** *s* Wiederholung *f.*

red wine *s* Rotwein *m.*

re·ech·o [riː'ekəʊ] *v/i* widerhallen (***with*** von).

reed [riːd] *s* Schilf(rohr) *n*, Ried *n*; (*einzelnes*) Schilfrohr.

re·ed·u·cate [ˌriː'edʒʊkeɪt] *v/t* umerziehen. '**re-ˌed·u'ca·tion** *s* Umerziehung *f.*

reed·y ['riːdɪ] *adj* □ **1.** schilfig. **2.** piepsig (*Stimme*).

reef[1] [riːf] *s* (Felsen)Riff *n.*

reef[2] [~] *v/t* ⚓ *Segel* reffen. ~ **knot** *s* Kreuz-, Weberknoten *m.*

reek [riːk] **I** *s* Gestank *m*: ***there was a ~ of garlic*** es stank nach Knoblauch. **II** *v/i* stinken (***of*** nach).

reel¹ [riːl] **I** *s* (*Kabel-, Schlauch- etc*)Rolle *f*, (*Film-, Garn- etc*)Spule *f*. **II** *v/t*: ***~ off*** abrollen, abspulen; *fig.* herunterrasseln; ***~ up*** aufrollen, -spulen.

reel² [~] *v/i* **1.** sich drehen: ***my head ~ed*** mir drehte sich alles, mir wurde schwindlig; ***the room ~ed before my eyes*** das Zimmer drehte sich vor m-n Augen. **2.** wanken, taumeln, (*Betrunkener a.*) torkeln.

re-e·lect [ˌriːɪˈlekt] *v/t* wiederwählen. **ˌre-eˈlec·tion** *s* Wiederwahl *f*: ***seek ~*** sich erneut zur Wahl stellen.

re-en·ter [ˌriːˈentə] *v/t* wieder eintreten in (*acc*) (*a. Raumfahrt*), wieder betreten. **re-ˈen·try** *s* Wiedereintreten *n*, -eintritt *m* (***into*** in *acc*).

ref [ref] *s Sport*: F Schiri *m*; (*Boxen*) Ringrichter *m*.

re·fec·to·ry [rɪˈfektərɪ] *s univ.* Mensa *f*.

re·fer [rɪˈfɜː] **I** *v/t* **1.** *j-n* ver-, hinweisen (***to*** auf *acc*). **2.** *j-n* (*um Auskunft etc*) verweisen (***to*** an *acc*). **3.** (***to***) *et.* übergeben (*dat*), *a. Patienten* überweisen (an *acc*): ***~ back*** zurückverweisen. **II** *v/i* **4.** ver-, hinweisen (***to*** auf *acc*). **5.** (***to***) sich berufen *od.* beziehen (auf *acc*); anspielen (auf *acc*); erwähnen (*acc*). **6.** (***to***) nachschlagen (in *dat*), konsultieren (*acc*). **ref·er·ee** [ˌrefəˈriː] **I** *s* **1.** ⚖, *Sport*: Schiedsrichter *m*, (*Boxen*) Ringrichter *m*. **2.** *Br.* → ***reference*** 5b. **II** *v/i* **3.** ⚖, *Sport*: als Schiedsrichter fungieren, (*Sport a.*) pfeifen, (*Boxen*) als Ringrichter fungieren. **III** *v/t* **4.** ⚖, *Sport*: als Schiedsrichter fungieren bei, (*Sport a.*) *Spiel* pfeifen, (*Boxen*) *Kampf* leiten. **ref·er·ence** [ˈrefrəns] *s* **1.** Verweis *m*, Hinweis *m* (***to*** auf *acc*): (***list of***) ***~s*** *pl* Quellenangabe *f*. **2.** Verweisstelle *f*; Beleg *m*, Unterlage *f*: ***~ number*** Aktenzeichen *n*. **3.** (***to***) Bezugnahme *f* (auf *acc*); Anspielung *f* (auf *acc*); Erwähnung *f* (*gen*): ***make*** (***a***) ***~*** (***to***) → ***refer*** 5. **4.** (***to***) Nachschlagen *n* (in *dat*), Konsultieren *n* (*gen*): ***~ book*** Nachschlagewerk *n*; ***~ library*** Handbibliothek *f*. **5.** Referenz *f*: a) Empfehlung *f*, b) Auskunftgeber *m*: ***act as a ~ for s.o.*** j-m als Referenz dienen.

ref·er·en·dum [ˌrefəˈrendəm] *pl* **-dums, -da** [~də] *s pol.* Referendum *n*, Volksabstimmung *f*, -entscheid *m*.

re·fill I *v/t* [ˌriːˈfɪl] **1.** wieder füllen, nach-, auffüllen. **II** *s* [ˈriːfɪl] **2.** (*Füller*)Patrone *f*, (*Kugelschreiber- etc*)Mine *f*. **3.** ***would you like a ~?*** F darf ich nachschenken?

re·fine [rɪˈfaɪn] **I** *v/t* **1.** *Öl, Zucker* raffinieren. **2.** *fig.* verfeinern, kultivieren. **II** *v/i* **3.** ***~ on*** *fig.* verbessern, -feinern. **reˈfined** *adj* **1.** raffiniert: ***~ sugar*** Raffinade *f*. **2.** *fig.* kultiviert, vornehm. **reˈfine·ment** *s* **1.** Raffination *f*, Raffinierung *f*. **2.** Verbesserung *f*, -feinerung *f*. **3.** *fig.* Kultiviertheit *f*, Vornehmheit *f*. **reˈfin·er·y** *s* Raffinerie *f*.

re·flect [rɪˈflekt] **I** *v/t* **1.** *Strahlen etc* reflektieren, zurückwerfen, -strahlen, *Bild etc* reflektieren, (wider)spiegeln (*a. acc*): ***be ~ed in*** sich (wider)spiegeln in (*dat*) (*a. fig.*); ***~ (dis)credit on*** *fig.* ein gutes (schlechtes) Licht werfen auf (*acc*); ***~ing telescope*** Spiegelteleskop *n*. **II** *v/i fig.* **2.** nachdenken (***on*** über *acc*). **3.** ***~ (badly) on*** sich nachteilig auswirken auf (*acc*); ein schlechtes Licht werfen auf (*acc*). **reˈflec·tion** *s* **1.** Reflexion *f*, Zurückwerfung *f*, -strahlung *f*, (Wider)Spieg(e)lung *f* (*a. fig.*). **2.** Spiegelbild *n*. **3.** *fig.* Überlegung *f*: ***on ~*** nach einigem Nachdenken; wenn ich *etc* es mir recht überlege. **4.** *mst pl fig.* Betrachtung *f* (***on*** über *acc*). **reˈflec·tive** *adj* ☐ **1.** reflektierend, (wider)spiegelnd. **2.** *fig.* nachdenklich. **reˈflec·tor** *s* **1.** Reflektor *m*. **2.** Rückstrahler *m*.

re·flex [ˈriːfleks] *s a.* ***~ action*** Reflex *m*. **~ cam·er·a** *s phot.* Spiegelreflexkamera *f*.

re·flex·ive [rɪˈfleksɪv] *adj* ☐ *ling.* reflexiv, rückbezüglich: ***~ pronoun*** Reflexivpronomen *n*, rückbezügliches Fürwort; ***~ verb*** reflexives Verb, rückbezügliches Zeitwort.

re·for·est [ˌriːˈfɒrɪst], **reˌfor·esˈta·tion** → ***reafforest, reafforestation.***

re·form [rɪˈfɔːm] **I** *s* **1.** *pol. etc* Reform *f*. **2.** Besserung *f*. **II** *v/t* **3.** *j-n* bessern. **ref·or·ma·tion** [ˌrefəˈmeɪʃn] *s* **1.** Reformierung *f*: ***the*** ♀ *eccl.* die Reformation. **2.** Besserung *f*. **re·form·a·to·ry** [rɪˈfɔːmətərɪ] *adj* Reform... **reˈform·er** *s*

1. *pol. etc* Reformer *m.* **2.** *eccl.* Reformator *m.*

re·fract [rɪ'frækt] *v/t phys. Strahlen, Wellen* brechen. **re'frac·tion** *s* Refraktion *f*, Brechung *f.*

re·frac·to·ry [rɪ'fræktərɪ] *adj* □ **1.** eigensinnig, störrisch. **2.** ⚕ hartnäckig.

re·frain[1] [rɪ'freɪn] *v/i* (**from**) absehen (von), sich enthalten (*gen*), unterlassen (*acc*): ~ **from doing s.th.** es unterlassen, et. zu tun.

re·frain[2] [~] *s* Kehrreim *m*, Refrain *m.*

re·fresh [rɪ'freʃ] *v/t* (**o.s.** sich) erfrischen; *fig. Gedächtnis* auffrischen. **re'fresh·er** *s* **1.** Erfrischung *f* (*Getränk etc*). **2.** ~ **course** Auffrischungskurs *m.* **re'fresh·ing** *adj* □ erfrischend (*a. fig.*). **re'fresh·ment** *s* Erfrischung *f* (*a. Getränk etc*).

re·frig·er·ate [rɪ'frɪdʒəreɪt] *v/t* ⚙ kühlen. **re͵frig·er'a·tion** *s* Kühlung *f.* **re'frig·er·a·tor** *s* Kühlschrank *m*: ~**-freezer** Kühl- u. Gefrierkombination *f.*

re·fu·el [͵riː'fjʊəl] *v/t u. v/i pret u. pp* **-eled,** *bsd. Br.* **-elled** ✈, *mot.* auftanken.

ref·uge ['refjuːdʒ] *s* Zuflucht *f* (**from** vor *dat*) (*a. fig.*): **place of** ~ Zufluchtsort *m*; **seek** ~ Zuflucht suchen; **take** ~ **in** Zuflucht nehmen zu, sich flüchten in (*acc*). **ref·u·gee** [͵~jʊ'dʒiː] *s* Flüchtling *m*: ~ **camp** Flüchtlingslager *n.*

re·fund I *v/t* [riː'fʌnd] *Geld* zurückzahlen, -erstatten, *Auslagen* ersetzen: ~ **s.o. his money** j-m sein Geld zurückzahlen. **II** *s* ['riːfʌnd] Rückzahlung *f*, -erstattung *f.*

re·fur·bish [͵riː'fɜːbɪʃ] *v/t* **1.** aufpolieren (*a. fig.*). **2.** renovieren.

re·fus·al [rɪ'fjuːzl] *s* **1.** Ablehnung *f*; Verweigerung *f*: → **meet** 15. **2.** Weigerung *f* (**to do** zu tun).

re·fuse[1] [rɪ'fjuːz] **I** *v/t* **1.** *Kandidaten etc* ablehnen, *Angebot a.* ausschlagen: ~ **s.o. s.th.** j-m et. ausschlagen *od.* verweigern. **2.** sich weigern, es ablehnen (**to do** zu tun). **II** *v/i* **3.** ablehnen. **4.** sich weigern.

ref·use[2] ['refjuːs] *s* Abfall *m*, Abfälle *pl*, Müll *m.* ~ **dump** *s* Müllabladeplatz *m*, -deponie *f.*

ref·u·ta·ble ['refjʊtəbl] *adj* □ widerlegbar. **ref·u·ta·tion** [͵~juː'teɪʃn] *s* Widerlegung *f.* **re·fute** [rɪ'fjuːt] *v/t* widerlegen.

re·gain [rɪ'geɪn] *v/t* wieder-, zurückgewinnen: ~ **one's health** (**strength**) wieder gesund werden (wieder zu Kräften kommen).

re·gal ['riːgl] *adj* □ **1.** königlich. **2.** *fig.* hoheits-, würdevoll.

re·gale [rɪ'geɪl] *v/t* **1.** fürstlich bewirten (**with** mit). **2.** erfreuen, ergötzen (**with** mit).

re·ga·li·a [rɪ'geɪljə] *s pl* Insignien *pl.*

re·gard [rɪ'gɑːd] **I** *s* **1.** Achtung *f*: **hold s.o. in high** (**low**) ~ j-n hochachten (geringachten). **2.** Rücksicht *f*: **without** ~ **to** (*od.* **for**) ohne Rücksicht auf (*acc*); **have no** ~ **for, pay no** ~ **to** keine Rücksicht nehmen auf (*acc*). **3.** **in this** ~ in dieser Hinsicht; **with** ~ **to** im Hinblick auf (*acc*). **4.** **give him my** (**best**) ~**s** grüße ihn (herzlich) von mir; **with kind** ~**s** mit freundlichen Grüßen. **II** *v/t* **5.** betrachten, ansehen. **6.** *fig.* betrachten (**with** mit): ~ **as** betrachten als, halten für; **be** ~**ed as** gelten als. **7.** **as** ~**s ...** was ... betrifft. **re'gard·ing** *prp* bezüglich, hinsichtlich. **re'gard·less I** *adj*: ~ **of** ohne Rücksicht auf (*acc*). **II** *adv* F trotzdem.

re·gat·ta [rɪ'gætə] *s Sport*: Regatta *f.*

re·gen·cy ['riːdʒənsɪ] *s* Regentschaft *f.*

re·gen·er·ate [rɪ'dʒenəreɪt] *v/t u. v/i* (sich) regenerieren *od.* erneuern. **re͵gen·er'a·tion** *s* Regenerierung *f*, Erneuerung *f.*

re·gent ['riːdʒənt] *s* Regent(in).

re·gime [reɪ'ʒiːm] *s* **1.** *pol.* Regime *n.* **2.** → **regimen.**

reg·i·men ['redʒɪmen] *s* Lebensweise *f*; *engS.* Diät *f.*

reg·i·ment I *s* ['redʒɪmənt] **1.** ⚔ Regiment *n.* **2.** *fig.* Schar *f.* **II** *v/t* ['~ment] **3.** reglementieren, gängeln, bevormunden. **reg·i·men·tal** [͵~'mentl] *adj* ⚔ Regiments... **͵reg·i·men'ta·tion** *s* Reglementierung *f*, Gängelung *f*, Bevormundung *f.*

re·gion ['riːdʒən] *s* Gebiet *n*, Gegend *f*, Region *f*: **in the** ~ **of the heart** in der Herzgegend; **in the** ~ **of £50** um die *od.* ungefähr 50 Pfund. **re·gion·al** ['~dʒənl] *adj* □ regional.

reg·is·ter ['redʒɪstə] **I** *s* **1.** Register *n*, Verzeichnis *n*, (*Wähler- etc*)Liste *f*:

keep a ~ of Buch führen über (*acc*). **2.** ⚙ Registriergerät *n*. **3.** Sprach-, Stilebene *f*. **II** *v/t* **4.** registrieren, eintragen (lassen): ***~ed trademark*** eingetragenes Warenzeichen. **5.** *Meßwerte* registrieren, anzeigen; *fig*. *Empfindung* zeigen. **6.** 📯 *Brief etc* einschreiben lassen: ***~ed letter*** Einschreib(e)brief *m*, Einschreiben *n*; ***send s.th. by ~ed mail*** (*bsd. Br.* ***post***) et. eingeschrieben schicken. **III** *v/i* **7.** sich eintragen (lassen). **8.** *he told me who he was* ***but it didn't ~*** F aber ich habe es nicht registriert *od*. zur Kenntnis genommen. **~ of·fice** *s bsd. Br*. Standesamt *n*.

reg·is·trar [ˌredʒɪˈstrɑː] *s bsd. Br*. Standesbeamter *m*, -beamtin *f*. **reg·is·tra·tion** [ˌ~ˈstreɪʃn] *s* Registrierung *f*, Eintragung *f*: ***~ document*** *mot. Br*. (*etwa*) Kraftfahrzeugbrief *m*; ***~ number*** *mot*. (polizeiliches) Kennzeichen. **ˈreg·is·try** *s* Registratur *f*: ***~ office*** *bsd. Br*. Standesamt *n*.

re·gress [rɪˈgres] *v/i* **1.** sich rückläufig entwickeln (*Gesellschaft*). **2.** *biol*., *psych*. sich zurückentwickeln. **re·gres·sion** [rɪˈgreʃn] *s* **1.** rückläufige Entwicklung. **2.** *biol*., *psych*. Regression *f*, Rückentwicklung *f*. **reˈgres·sive** [~sɪv] *adj* □ regressiv, rückläufig.

re·gret [rɪˈgret] **I** *v/t* **1.** bedauern; bereuen: ***~ doing s.th.*** es bedauern *od*. bereuen, et. getan zu haben; ***we ~ to inform you that*** wir müssen Ihnen leider mitteilen, daß. **2.** *j-m*, *e-r Sache* nachtrauern. **II** *s* **3.** Bedauern *n* (***at*** über *acc*); Reue *f*: ***with great ~*** mit großem Bedauern; ***have no ~s*** nichts bereuen; ***have no ~s about doing s.th.*** es nicht bedauern *od*. bereuen, et. getan zu haben. **reˈgret·ful** [~fʊl] *adj* bedauernd: ***~ly*** *a*. mit Bedauern. **reˈgret·ta·ble** *adj* bedauerlich. **reˈgret·ta·bly** *adv* bedauerlicherweise.

re·group [ˌriːˈgruːp] *v/t u. v/i* (sich) umgruppieren.

reg·u·lar [ˈregjʊlə] **I** *adj* □ **1.** (*zeitlich*) regelmäßig: ***~ customer*** Stammkunde *m*, -kundin *f*; Stammgast *m*; ***at ~ intervals*** in regelmäßigen Abständen (*a. örtlich*). **2.** regelmäßig (*in Form od. Anordnung*). **3.** regelmäßig (*Atmen etc*): ***at ~ speed*** mit gleichbleibender Geschwindigkeit. **4.** geregelt, geordnet (*Leben etc*): ***be in ~ employment*** fest angestellt sein. **5.** *ling*. regelmäßig. **6.** *Sport*: Stamm...: ***~ player*. 7. *~ gasoline*** *mot. Am*. Normalbenzin *n*. **II** *s* F **8.** Stammkunde *m*, -kundin *f*; Stammgast *m*. **9.** *Sport*: Stammspieler(in). **10.** *mot. Am*. Normal *n*. **reg·u·lar·i·ty** [ˌ~ˈlærətɪ] *s* Regelmäßigkeit *f*. **reg·u·lar·ize** [ˈ~ləraɪz] *v/t* regulieren.

reg·u·late [ˈregjʊleɪt] *v/t* **1.** regeln, regulieren. **2.** ⚙ einstellen, regulieren. **ˌreg·uˈla·tion** *s* **1.** Reg(e)lung *f*, Regulierung *f*. **2.** ⚙ Einstellung *f*. **3.** Vorschrift *f*. **ˈreg·u·la·tor** *s* ⚙ Regler *m*.

re·ha·bil·i·tate [ˌriːəˈbɪlɪteɪt] *v/t* **1.** *Schwerbehinderte* rehabilitieren. **2.** *Strafentlassene* resozialisieren. **3.** *j-s Ruf etc* wiederherstellen: ***be ~d*** rehabilitiert werden (*Person*). **ˈre·haˌbil·iˈta·tion** *s* **1.** Rehabilitation *f*: ***~ center*** (*bsd. Br.* ***centre***) Rehabilitationszentrum *n*. **2.** Resozialisierung *f*. **3.** Wiederherstellung *f*.

re·hash I *v/t* [ˌriːˈhæʃ] *alte Fakten etc* neu auftischen. **II** *s* [ˈriːhæʃ] Neuauftischung *f*.

re·hears·al [rɪˈhɜːsl] *s* ♪, *thea*. Probe *f*. **reˈhearse** *v/t u. v/i* proben.

reign [reɪn] **I** *s* Herrschaft *f* (*a. fig.*): ***~ of terror*** Schreckensherrschaft. **II** *v/i* herrschen (***over*** über *acc*) (*a. fig.*): ***silence ~ed*** es herrschte Schweigen; ***the ~ing world champion*** (*Sport etc*) der amtierende Weltmeister.

re·im·burse [ˌriːɪmˈbɜːs] *v/t Auslagen* erstatten, vergüten: ***~ s.o.*** (***for***) ***s.th.*** j-m et. erstatten. **ˌre·imˈburse·ment** *s* Erstattung *f*, Vergütung *f*.

rein [reɪn] **I** *s* Zügel *m*: ***give free ~ to one's imagination*** s-r Phantasie freien Lauf *od*. die Zügel schießen lassen; ***keep a tight ~ on*** *fig*. *j-n*, *et*. streng kontrollieren; ***take the ~s*** *fig*. die Zügel *od*. das Heft in die Hand nehmen. **II** *v/t*: ***~ in*** *Pferd etc* zügeln; *fig*. bremsen.

re·in·car·nate [riːˈɪnkɑːneɪt] *v/t*: ***be ~ed*** wiedergeboren werden (***as*** als). **ˌre·in·carˈna·tion** *s* Reinkarnation *f*, Wiedergeburt *f*.

rein·deer [ˈreɪnˌdɪə] *pl* **-deers,** *bsd. coll.* **-deer** *s zo*. Ren(tier) *n*.

re·in·force [ˌriːɪnˈfɔːs] *v/t allg*. verstärken, *fig. a*. untermauern: ***~d concrete*** ⚙ Stahlbeton *m*. **ˌre·inˈforce·ment** *s*

Verstärkung *f*, *fig*. *a*. Untermauerung *f*: **~s** *pl* ⚔ Verstärkung *f*.

re·in·state [ˌriːɪnˈsteɪt] *v/t j-n* wiedereinstellen (**as** als; **in** in *dat*). **ˌre·inˈstate·ment** *s* Wiedereinstellung *f*.

re·in·sur·ance [ˌriːɪnˈʃɔːrəns] *s* ✝ Rückversicherung *f*. **ˌre·inˈsure** *v/t* rückversichern.

re·is·sue [ˌriːˈɪʃuː] **I** *v/t* **1.** *Buch* neu auflegen. **2.** *Briefmarken etc* neu herausgeben. **II** *s* **3.** Neuauflage *f*. **4.** Neuausgabe *f*.

re·it·er·ate [riːˈɪtəreɪt] *v/t* (ständig) wiederholen. **reˌit·erˈa·tion** *s* (ständige) Wiederholung.

re·ject [rɪˈdʒekt] *v/t* **1.** *j-n*, *et*. ablehnen, *Angebot a*. ausschlagen, *Bitte* abschlagen, *Plan etc* verwerfen. **2.** *verpflanztes Organ etc* abstoßen. **reˈjec·tion** *s* **1.** Ablehnung *f*, Ausschlagung *f*, Abschlagen *n*, Verwerfung *f*. **2.** ⚕ Abstoßung *f*.

re·joice [rɪˈdʒɔɪs] *v/i* (hoch) erfreut sein; jubeln (**at, over** über *acc*). **reˈjoic·ing** *s*, *a. pl* Jubel *m*.

re·join[1] [ˌriːˈdʒɔɪn] *v/t* sich wieder anschließen (*dat*) *od*. an (*acc*), wieder eintreten in (*acc*).

re·join[2] [rɪˈdʒɔɪn] *v/t* erwidern. **reˈjoin·der** *s* Erwiderung *f*.

re·ju·ve·nate [rɪˈdʒuːvəneɪt] *v/t* verjüngen. **reˌju·veˈna·tion** *s* Verjüngung *f*.

re·kin·dle [ˌriːˈkɪndl] *v/t* **1.** wieder anzünden. **2.** *fig*. wieder entfachen.

re·lapse [rɪˈlæps] **I** *v/i* **1.** zurückfallen, wieder verfallen (**into** in *acc*). **2.** a) rückfällig werden, b) ⚕ e-n Rückfall bekommen *od*. erleiden. **II** *s* **3.** Rückfall *m*: **have a ~** → 2b.

re·late [rɪˈleɪt] **I** *v/t* **1.** erzählen, berichten (**to s.o.** j-m): **strange to ~** so seltsam es klingt. **2.** in Verbindung *od*. Zs.-hang bringen (**to** mit). **II** *v/i* **3.** sich beziehen (**to** auf *acc*). **4.** zs.-hängen (**to** mit). **reˈlat·ed** *adj* **1.** verwandt (**to** mit): → **marriage** 2. **2.** *fig*. verwandt: **be ~ to** zs.-hängen mit.

re·la·tion [rɪˈleɪʃn] *s* **1.** Verwandte *m*, *f*. **2.** Beziehung *f* (**between** zwischen *dat*; **to** zu): **bear no ~ to** in keiner Beziehung stehen zu; **in** (*od*. **with**) **~ to** in bezug auf (*acc*). **3.** *pl diplomatische*, *geschäftliche etc* Beziehungen *pl* (**between** zwischen *dat*; **with** zu). **4.** Erzählung *f*, Bericht *m*.

reˈla·tion·ship *s* **1.** Verwandtschaft *f*: **there is no ~ between them** sie sind nicht miteinander verwandt. **2.** Beziehung *f*, Verhältnis *n* (**between** zwischen *dat*; **to** zu): **have a ~ with s.o.** ein Verhältnis mit j-m haben.

rel·a·tive [ˈrelətɪv] **I** *adj* **1.** relativ: **~ly** *a*. verhältnismäßig. **2. ~ to** bezüglich, hinsichtlich. **3.** *ling*. relativ, Relativ...: **~ clause** Relativsatz *m*; **~ pronoun** Relativpronomen *n*, bezügliches Fürwort. **II** *s* **4.** Verwandte *m*, *f*. **ˌrel·aˈtiv·i·ty** *s* Relativität *f*: **theory of ~** *phys*. Relativitätstheorie *f*.

re·lax [rɪˈlæks] **I** *v/t* **1.** *j-n*, *Muskeln etc* entspannen. **2.** *Griff*, *Bestimmungen etc* lockern. **3.** *fig*. nachlassen in (*dat*). **II** *v/i* **4.** sich entspannen, *fig. a*. ausspannen. **5.** sich lockern. **ˌre·laxˈa·tion** [ˌriː~] *s* **1.** Entspannung *f*. **2.** Lockerung *f*. **reˈlaxed** *adj* entspannt, (*Atmosphäre a.*) zwanglos.

re·lay I *s* [ˈriːleɪ] **1.** [*a*. ˌriːˈleɪ] ⚡ Relais *n*. **2.** Ablösung *f* (*Arbeiter etc*): **work in ~s** in Schichten arbeiten. **3.** *a*. **~ race** (*Sport*) Staffel(lauf *m*) *f*: **~** (**team**) Staffel *f*. **4.** *Rundfunk*, *TV*: Übertragung *f*. **II** *v/t* [riːˈleɪ] **5.** (**to**) *Nachricht* ausrichten (*dat*), weitergeben (an *acc*). **6.** *Rundfunk*, *TV*: übertragen.

re-lay [ˌriːˈleɪ] *v/t* (*irr* **lay**) *Kabel*, *Teppich* neu verlegen.

re·lease [rɪˈliːs] **I** *v/t* **1.** entlassen (**from** aus), freilassen: **~** (**one's hold on**) *j-n*, *et*. loslassen. **2.** *fig*. (**from**) befreien, erlösen (von); entbinden (von): **~ s.o. from a contract** j-n aus e-m Vertrag entlassen. **3.** *Film*, *Leiche etc* freigeben; *Schallplatte* herausbringen; *Statistik etc* veröffentlichen. **4.** *mot*. *Handbremse* lösen. **II** *s* **5.** Entlassung *f*, Freilassung *f*. **6.** Befreiung *f*, Erlösung *f*; Entbindung *f*. **7.** Freigabe *f*; Veröffentlichung *f*: **be on general ~** überall zu sehen sein (*Film*).

rel·e·gate [ˈrelɪgeɪt] *v/t et*. verbannen (**to** in *acc*): **be ~d** (*Sport*) absteigen (**to** in *acc*). **ˌrel·eˈga·tion** *s* Verbannung *f*; (*Sport*) Abstieg *m*.

re·lent [rɪˈlent] *v/i* **1.** nachgeben (*Person*). **2.** nachlassen (*Schmerz*, *Wind etc*). **reˈlent·less** *adj* □ **1.** unnachgiebig. **2.** anhaltend (*Wind*, *Schmerz etc*).

rel·e·vant [ˈreləvənt] *adj* □ **1.** relevant,

bedeutsam, wichtig (***to*** für). **2.** sachbezogen, sach-, zweckdienlich.

re·li·a·bil·i·ty [rɪˌlaɪəˈbɪlətɪ] *s* Zuverlässigkeit *f*, Verläßlichkeit *f*; Vertrauenswürdigkeit *f*. **reˈli·a·ble** *adj* ☐ zuverlässig, verläßlich; vertrauenswürdig.

re·li·ance [rɪˈlaɪəns] *s* **1.** Vertrauen *n*: ***place complete ~ on*** volles Vertrauen setzen in (*acc*). **2.** Abhängigkeit (***on*** von). **reˈli·ant** *adj*: ***be ~ on*** abhängig sein von, angewiesen sein auf (*acc*).

rel·ic [ˈrelɪk] *s* **1.** Relikt *n*, Überbleibsel *n*. **2.** *eccl.* Reliquie *f*.

re·lief [rɪˈliːf] *s* **1.** Erleichterung *f* (*a.* ⚕): ***give*** (*od.* ***bring***) ***s.o. some ~*** ⚕ j-m Erleichterung verschaffen; ***~ of pain*** Schmerzlinderung *f*; ***to my great ~*** zu m-r großen Erleichterung; ***in*** (*od.* ***with***) ***~*** erleichtert; → ***sigh*** I, II. **2.** Unterstützung *f*, Hilfe *f*; *Am.* Sozialhilfe *f*: ***be on ~*** Sozialhilfe beziehen. **3.** *Br.* (*Steuer*)Erleichterung *f*. **4.** Ablösung *f* (*Person*[*en*]). **5.** Entlastung *f*. **6.** Relief *n*: ***stand out in bold*** (*od.* ***sharp***) ***~ against*** sich deutlich abheben gegen. **~ bus** *s* Einsatzbus *m*. **~ fund** *s* Hilfsfonds *m*. **~ map** *s* Reliefkarte *f*. **~ road** *s* Entlastungsstraße *f*.

re·lieve [rɪˈliːv] *v/t* **1.** *Schmerzen, Not* lindern, *j-n, Gewissen* erleichtern: ***~ one's feelings*** s-n Gefühlen Luft machen; ***she was ~d to hear that*** sie war erleichtert, als sie hörte, daß; ***~ o.s.*** *euphem.* sich erleichtern. **2.** ***~ s.o. of*** j-m *ein schweres Gepäckstück, e-e Arbeit etc* abnehmen; *humor.* j-n um *s-e Brieftasche etc* erleichtern. **3.** *j-n* ablösen.

re·li·gion [rɪˈlɪdʒən] *s* Religion *f*: ***soccer is a ~ with him, he makes a ~ of soccer*** für ihn gibt es nur Fußball, Fußball ist sein ein u. alles.

re·li·gious [rɪˈlɪdʒəs] *adj* ☐ **1.** religiös, Religions...: ***~ instruction*** *ped.* Religion(sunterricht *m*) *f*; ***~ liberty*** Religionsfreiheit *f*. **2.** religiös, fromm. **3.** *fig.* gewissenhaft: ***with ~ care*** mit peinlicher Sorgfalt.

re·lin·quish [rɪˈlɪŋkwɪʃ] *v/t* **1.** aufgeben, verzichten auf (*acc*). **2.** (***to***) *Besitz, Recht* abtreten (*dat od.* an *acc*), überlassen (*dat*).

rel·ish [ˈrelɪʃ] **I** *v/t* **1.** genießen, sich *et.* schmecken lassen. **2.** *fig.* Gefallen *od.* Geschmack finden an (*dat*): ***not to ~ the idea*** nicht begeistert sein von der Aussicht (***of doing*** zu tun); ***not to ~ having to do s.th.*** nicht davon begeistert sein, et. tun zu müssen. **II** *s* **3.** ***with ~*** mit Genuß. **4.** *fig.* Gefallen *m*, Geschmack *m* (***for*** an *dat*). **5.** *gastr.* Würze *f*; Soße *f*.

re·lo·cate [ˌriːləʊˈkeɪt] *v/t* umsiedeln (*a. v/i*), verlegen. **ˌre·loˈca·tion** *s* Umsiedlung *f*, Verlegung *f*.

re·luc·tance [rɪˈlʌktəns] *s* Widerwillen *m*: ***with ~*** widerwillig, ungern. **reˈluc·tant** *adj* widerwillig: ***~ly*** *a.* ungern; ***be ~ to do s.th.*** et. nur ungern tun.

re·ly [rɪˈlaɪ] *v/i*: ***~ on*** sich verlassen auf (*acc*); ***~ on s.o. to do s.th.*** sich darauf verlassen, daß j-d et. tut; ***have to ~ on*** abhängig sein von, angewiesen sein auf (*acc*).

re·main [rɪˈmeɪn] **I** *v/i* **1.** *allg.* bleiben. **2.** (übrig)bleiben: ***a lot ~s to be done*** es bleibt noch viel zu tun; ***it ~s to be seen whether*** es bleibt abzuwarten, ob. **II** *s pl* **3.** (Über)Reste *pl*. **reˈmain·der** [~də] *s* Rest *m* (*a.* ⚹). **reˈmain·ing** *adj* übrig, restlich.

re·make I *v/t* (*irr* ***make***) [ˌriːˈmeɪk] wieder *od.* neu machen. **II** *s* [ˈriːmeɪk] Remake *n*, Neuverfilmung *f*.

re·mand [rɪˈmɑːnd] ⚖ **I** *v/t*: ***be ~ed in custody*** in Untersuchungshaft bleiben. **II** *s*: ***be on ~*** in Untersuchungshaft sein; ***prisoner on ~, ~ prisoner*** Untersuchungsgefangene *m, f*, -häftling *m*.

re·mark [rɪˈmɑːk] **I** *v/t* **1.** bemerken, äußern (***that*** daß). **II** *v/i* **2.** ***~ on*** sich äußern über *j-n, et. od.* zu *et.* **III** *s* **3.** Bemerkung *f* (***about, on*** über *acc*): ***make a ~*** e-e Bemerkung machen. **4.** ***worthy of ~*** bemerkenswert. **reˈmark·a·ble** *adj* ☐ bemerkenswert, beachtlich.

re·mar·riage [ˌriːˈmærɪdʒ] *s* Wiederverheiratung *f*, -heirat *f*. **ˌreˈmar·ry** *v/i* wieder heiraten.

re·me·di·a·ble [rɪˈmiːdjəbl] *adj* ☐ behebbar, abstellbar. **reˈme·di·al** *adj*: ***~ exercises*** *pl* Heilgymnastik *f*.

rem·e·dy [ˈremədɪ] **I** *s* **1.** ⚕ (Heil)Mittel *n* (***for, against*** gegen). **2.** *fig.* (Gegen)Mittel *n* (***for, against*** gegen): ***be beyond*** (*od.* ***past***) ***~*** hoffnungslos *od.* nicht mehr zu beheben sein. **II** *v/t* **3.** *Mangel, Schaden* beheben; *Situation* bereinigen; *Mißstand* abstellen.

re·mem·ber [rɪ'membə] **I** *v/t* **1.** sich erinnern an (*acc*): **~ *doing s.th.*** sich daran erinnern, et. getan zu haben; ***suddenly he ~ed that*** plötzlich fiel ihm ein, daß. **2.** denken an (*acc*): **~ *to do s.th.*** daran denken, et. zu tun; ***I must ~ this*** das muß ich mir merken. **3. ~ *s.o. in one's will*** j-n in s-m Testament bedenken. **4.** ***please ~ me to your wife*** grüßen Sie bitte Ihre Frau von mir; ***he asked to be ~ed to you*** er läßt Sie grüßen. **II** *v/i* **5.** ***I can't ~*** ich kann mich nicht erinnern; ***if I ~ right(ly)*** wenn ich mich recht erinnere *od.* entsinne. **re'mem·brance** *s* Erinnerung *f* (***of*** an *acc*): ***in ~ of*** zur Erinnerung an; **♀ *Day*** (*od.* ***Sunday***) *Br.* Volkstrauertag *m.*

re·mind [rɪ'maɪnd] *v/t j-n* erinnern (***of*** an *acc*; ***that*** daran, daß): **~ *s.o. to do s.th.*** j-n daran erinnern, daß er et. tut. **re'mind·er** *s* Mahnung *f.*

rem·i·nisce [ˌremɪ'nɪs] *v/i* in Erinnerungen schwelgen, sich in Erinnerungen ergehen (***about, on*** an *acc*). **rem·i·nis·cence** [ˌ~'nɪsns] *s mst pl* Erinnerung *f* (***of*** an *acc*). ˌ**rem·i'nis·cent** *adj*: ***be ~ of*** erinnern an (*acc*).

re·miss [rɪ'mɪs] *adj* nachlässig: ***be ~ in one's duties*** s-e Pflichten vernachlässigen.

re·mis·sion [rɪ'mɪʃn] *s* **1.** (⚖ *a.* Straf-) Erlaß *m*: ***he was given three months' ~*** ihm wurden drei Monate (von s-r Strafe) erlassen (***for*** wegen). **2.** Vergebung *f* (*der Sünden*). **3.** ⚕ vorübergehende Besserung.

re·mit [rɪ'mɪt] *v/t* **1.** *Schulden, Strafe* erlassen; *Sünden* vergeben. **2.** *Geld* überweisen (***to*** *dat od.* an *acc*). **3.** *bsd.* ⚖ zurückverweisen (***to*** an *acc*). **re'mit·tance** *s* Überweisung *f* (***to*** an *acc*).

rem·nant ['remnənt] *s* **1.** (Über)Rest *m* (*a. fig.*). **2.** ✝ (Stoff)Rest *m*: **~ *sale*** Resteverkauf *m.*

re·mod·el [ˌriː'mɒdl] *v/t pret u. pp* **-eled,** *bsd. Br.* **-elled** umgestalten.

re·mold *Am.* → ***remould.***

re·mon·strance [rɪ'mɒnstrəns] *s* Protest *m*, Beschwerde *f.* **re·mon·strate** ['remənstreɪt] *v/i* protestieren (***with*** bei; ***against*** gegen), sich beschweren (***with*** bei; ***about*** über *acc*).

re·morse [rɪ'mɔːs] *s* Gewissensbisse *pl*, Reue *f*: ***feel ~*** Gewissensbisse haben. **re'morse·ful** [~fʊl] *adj* □ reumütig, reuig. **re'morse·less** *adj* □ unbarmherzig (*a. fig.*).

re·mote [rɪ'məʊt] *adj* **1.** *räumlich*: fern, (weit) entfernt; abgelegen, entlegen. **2.** *zeitlich*: fern: ***in the ~ future*** in ferner Zukunft. **3.** *fig.* entfernt (*Zs.-hang*), (*Verwandte a.*) weitläufig. **4.** *fig.* entfernt (*Möglichkeit*), gering (*Chance*): ***I haven't got the ~st idea*** ich habe keine blasse *od.* nicht die geringste Ahnung. **5.** *fig.* distanziert, unnahbar. **~ con·trol** *s* ⚙ **1.** Fernlenkung *f*, -steuerung *f.* **2.** Fernbedienung *f.* **reˌmote-con'trolled** *adj* **1.** ferngelenkt, -gesteuert. **2.** mit Fernbedienung.

re·mould *bsd. Br.* **I** *v/t* [ˌriː'məʊld] *Reifen* runderneuern. **II** *s* ['riːməʊld] runderneuerter Reifen.

re·mount [ˌriː'maʊnt] **I** *v/t Pferd etc* wieder besteigen; *Treppen* wieder hinaufgehen: **~ *one's bicycle*** wieder auf sein Fahrrad steigen. **II** *v/i* wieder aufsitzen.

re·mov·a·ble [rɪ'muːvəbl] *adj* abnehmbar. **re'mov·al** [~vl] *s* **1.** Entfernung *f*; Abnahme *f.* **2.** Umzug *m*: **~ *van*** Möbelwagen *m.* **re'move I** *v/t* **1.** entfernen (***from*** von); *Deckel, Hut etc* abnehmen; *Kleidung* ablegen. **2.** *fig. Schwierigkeiten etc* beseitigen, *Hindernisse* aus dem Weg räumen; *Zweifel etc* zerstreuen. **II** *v/i* **3.** (um)ziehen (***from*** von; ***to*** nach). **III** *s* **4.** *fig.* ***be*** (***at***) ***only one ~ from*** nicht weit entfernt sein von; ***be several ~s from*** weit entfernt sein von. **re'mov·er** *s* (*Flecken- etc*)Entferner *m.*

re·mu·ner·ate [rɪ'mjuːnəreɪt] *v/t* **1.** *j-n* entlohnen (***for*** für). **2.** *j-n* entschädigen (***for*** für). **reˌmu·ner'a·tion** *s* **1.** Entlohnung *f.* **2.** Entschädigung *f.* **re'mu·ner·a·tive** [~rətɪv] *adj* □ einträglich, lohnend.

Ren·ais·sance [rə'neɪsəns] *s hist.* Renaissance *f.*

re·nal ['riːnl] *adj anat.* Nieren...: **~ *failure*** ⚕ Nierenversagen *n.*

re·name [ˌriː'neɪm] *v/t* umbenennen (in *acc*).

ren·der ['rendə] *v/t* **1.** *berühmt etc* machen: **~ *s.o. unable to do s.th.*** es j-m unmöglich machen, et. zu tun. **2.** *Hilfe* leisten, *Dienst a.* erweisen. **3.** *Gedicht etc* vortragen. **4.** übersetzen, -tragen (***into*** in *acc*). **5.** *mst* **~ *down*** *Fett* auslassen. **'ren·der·ing** *s* **1.** Vortrag *m.* **2.** Übersetzung *f*, -tragung *f.*

ren·dez·vous ['rɒndɪvu:] **I** *pl* **-vous** ['~vu:z] *s* **1.** Rendezvous *n*, Verabredung *f*; Treffen *n*, Zs.-kunft *f.* **2.** Treffpunkt *m.* **II** *v/i pret u. pp* **-voused** ['~vu:d] **3.** sich treffen (***with*** mit).

ren·di·tion [ren'dɪʃn] *bsd. Am.* → ***rendering.***

re·new [rɪ'nju:] *v/t* erneuern: ***~ one's efforts*** erneute Anstrengungen machen; ***~ one's visa*** sein Visum erneuern lassen; ***give s.o. ~ed hope*** j-m neue Hoffnung geben; ***with ~ed strength*** mit neuen Kräften. **re'new·a·ble** *adj*: ***be ~*** erneuert werden können *od.* müssen. **re'new·al** *s* Erneuerung *f.*

re·nounce [rɪ'naʊns] *v/t* **1.** verzichten auf (*acc*). **2.** *s-m Glauben etc* abschwören.

ren·o·vate ['renəʊveɪt] *v/t* renovieren. **ˌren·o'va·tion** *s* Renovierung *f.*

re·nown [rɪ'naʊn] *s* Berühmtheit *f*, Ruhm *m*: ***win ~*** berühmt werden. **re'nowned** *adj* berühmt (***for*** wegen, für).

rent[1] [rent] **I** *s* **1.** Miete *f*; Pacht *f*: ***for ~*** *bsd. Am.* zu vermieten *od.* verpachten. **2.** *bsd. Am.* Leihgebühr *f*: ***for ~*** zu vermieten *od.* verleihen. **II** *v/t* **3.** mieten; pachten (***from*** von). **4.** *a.* ***~ out*** *bsd. Am.* vermieten; verpachten (***to*** an *acc*). **5.** *bsd. Am. Auto etc* mieten: ***~ed car*** Leih-, Mietwagen *m.*

rent[2] [~] *s* Riß *m* (*a. fig.*).

'rent-a-ˌcar (ser·vice) *s bsd. Am.* Autoverleih *m.*

rent·al ['rentl] *s* **1.** Miete *f*; Pacht *f.* **2.** *bsd. Am.* Leihgebühr *f.*

rent·er ['rentə] *s* **1.** Mieter(in); Pächter(in). **2.** *bsd. Am.* Vermieter(in); Verpächter(in).

ˌrent-'free *adj* miet- *od.* pachtfrei.

re·nun·ci·a·tion [rɪˌnʌnsɪ'eɪʃn] *s* **1.** Verzicht *m* (***of*** auf *acc*). **2.** Abschwören *n.*

re·o·pen [ˌri:'əʊpən] **I** *v/t* **1.** *Geschäft etc* wiedereröffnen. **2.** *Verhandlungen etc* wiederaufnehmen; *Fall* wiederaufrollen. **II** *v/i* **3.** wiedereröffnen. **4.** wiederaufgenommen *od.* wiederaufgerollt werden.

re·or·ga·ni·za·tion ['ri:ˌɔ:gənaɪ'zeɪʃn] *s* Umorganisation *f*; Umstellung *f.* **ˌre'or·gan·ize** *v/t* umorganisieren; *Möbel* umstellen, die Möbel umstellen in (*dat*).

re·pair [rɪ'peə] **I** *v/t* **1.** reparieren; ausbessern. **2.** *fig.* wiedergutmachen. **II** *s* **3.** Reparatur *f*; Ausbesserung *f*: ***beyond ~*** nicht mehr zu reparieren; ***be under ~*** in Reparatur sein. **4.** ***be in good*** (***bad***) ***~*** in gutem (schlechtem) Zustand sein. **5.** *fig.* Wiedergutmachung *f.*

rep·a·ra·ble ['repərəbl] *adj* □ reparabel, wiedergutzumachen(d). **ˌrep·a'ra·tion** *s* **1.** Wiedergutmachung *f*: ***make ~ for*** *et.* wiedergutmachen. **2.** *pl pol.* Reparationen *pl.*

rep·ar·tee [ˌrepɑ:'ti:] *s* Schlagfertigkeit *f*; schlagfertige Antwort(en *pl*): ***be good at ~*** schlagfertig sein.

re·pa·tri·ate [ri:'pætrɪeɪt] *v/t* repatriieren, in den Heimatstaat zurückführen. **ˌre·pa·tri'a·tion** *s* Repatriierung *f.*

re·pay [ri:'peɪ] *v/t* (*irr.* ***pay***) **1.** *Geld etc* zurückzahlen: ***~ s.o.'s expenses*** j-m s-e Auslagen erstatten; ***I'll ~ you some time*** ich gebe dir das Geld irgendwann einmal zurück; *fig.* ich werde mich irgendwann einmal erkenntlich zeigen; das zahle ich dir schon noch heim. **2.** *Besuch etc* erwidern. **3.** a) (*positiv*) sich für *et.* erkenntlich zeigen: ***~ s.o. for his help*** j-n für s-e Hilfe belohnen *od.* entschädigen, b) (*negativ*) *et.* vergelten, lohnen (***with*** mit): ***~ s.o.'s meanness, ~ s.o. for his meanness*** j-m s-e Gemeinheit heimzahlen. **re'pay·a·ble** *adj* rückzahlbar: ***be ~*** zurückgezahlt werden können *od.* müssen (***over two years*** in e-m Zeitraum von zwei Jahren). **re'pay·ment** *s* **1.** Rückzahlung *f.* **2.** Erwiderung *f.* **3.** Vergeltung *f.*

re·peal [rɪ'pi:l] **I** *v/t Gesetz etc* aufheben. **II** *s* Aufhebung *f.*

re·peat [rɪ'pi:t] **I** *v/t* **1.** wiederholen: ***~ o.s.*** sich wiederholen; ***~ s.th. after s.o.*** j-m et. nachsprechen; ***his answer doesn't bear ~ing*** s-e Antwort läßt sich nicht wiederholen. **2.** *et.* weitererzählen, -sagen. **II** *v/i* **3.** aufstoßen (***on s.o.*** j-m) (*Speise*). **III** *s* **4.** *Rundfunk*, *TV*: Wiederholung *f.* **5.** ♪ Wiederholungszeichen *n.* **re'peat·ed** *adj* □ wiederholt.

re·pel [rɪ'pel] *v/t* **1.** *Angriff*, *Feind* zurückschlagen. **2.** *Wasser etc*, *fig. j-n* abstoßen. **re'pel·lent** *adj* □ *fig.* abstoßend: ***be ~ to*** abstoßend wirken auf (*acc*).

re·pent [rɪ'pent] *v/t* bereuen: ***~ having done s.th.*** es bereuen, et. getan zu haben.

re·per·cus·sion [ˌriːpə'kʌʃn] *s mst pl* Auswirkung *f* (***on*** auf *acc*).

rep·er·toire ['repətwɑː] *s thea. etc* Repertoire *n*: ***have a large ~ of jokes*** viele Witze auf Lager haben.

rep·e·ti·tion [ˌrepɪ'tɪʃn] *s* Wiederholung *f*: ***his answer doesn't bear ~*** s-e Antwort läßt sich nicht wiederholen.

re·place [rɪ'pleɪs] *v/t* **1.** zurücklegen, -stellen: ***~ the receiver*** *teleph.* (den Hörer) auflegen. **2.** *j-n, et.* ersetzen (***with, by*** durch); *j-n* vertreten. **3.** ⚙ austauschen, ersetzen. **re'place·ment** *s* **1.** Ersatz *m*; Vertretung *f*. **2.** ⚙ Austausch *m*.

re·plant [ˌriː'plɑːnt] *v/t* **1.** umpflanzen. **2.** neu bepflanzen.

re·play (*Sport*) **I** *s* ['riːpleɪ] **1.** Wiederholungsspiel *n*. **2.** → ***action replay.*** **II** *v/t* [ˌriː'pleɪ] **3.** *Spiel* wiederholen.

re·plen·ish [rɪ'plenɪʃ] *v/t* (wieder) auffüllen.

re·plete [rɪ'pliːt] *adj* **1.** gesättigt, satt. **2.** angefüllt (***with*** mit).

rep·li·ca ['replɪkə] *s* **1.** *Kunst*: Replik *f*, Originalkopie *f*. **2.** Kopie *f*, Nachbildung *f*.

re·ply [rɪ'plaɪ] **I** *v/t* antworten, erwidern (***that*** daß). **II** *v/i* antworten (***to*** auf *e-n Brief etc*; ***to s.o.*** j-m): ***~ to a letter*** *a.* e-n Brief beantworten. **III** *s* Antwort *f*, Erwiderung *f* (***to*** auf *acc*): ***in ~ to*** (als Antwort) auf; ***give no ~*** keine Antwort geben, nicht antworten.

re·port [rɪ'pɔːt] **I** *s* **1.** *allg.* Bericht *m* (***on*** über *acc*). **2.** Gerücht *n*: ***~ has it that*** es geht das Gerücht, daß. **3.** *ped. Br.* Zeugnis *n*. **4.** Knall *m*. **II** *v/t* **5.** berichten (***to s.o.*** j-m); berichten über (*acc*): ***it is ~ed that*** es heißt, daß; ***he is ~ed to have said*** er soll gesagt haben; ***~ed speech*** *ling.* indirekte Rede. **6.** *j-n, Unfall, Verbrechen etc* melden (***to s.o.*** j-m): ***~ s.o.*** (***to the police***) j-n anzeigen (***for*** wegen); ***the car is ~ed stolen*** der Wagen ist als gestohlen gemeldet. **III** *v/i* **7.** berichten, Bericht erstatten (***on*** über *acc*). **8.** sich melden (***to*** bei): ***~ sick*** sich krank melden; ***~ for work*** sich zur Arbeit melden. **~ card** *Am.* → ***report*** 3.

re·port·er [rɪ'pɔːtə] *s* Reporter(in), Berichterstatter(in).

re·pose [rɪ'pəʊz] *s* **1.** Ruhe *f*. **2.** *fig.* Gelassenheit *f*.

rep·re·hen·si·ble [ˌreprɪ'hensəbl] *adj* □ tadelnswert, verwerflich.

rep·re·sent [ˌreprɪ'zent] *v/t* **1.** *j-n, Br. a. Wahlbezirk* vertreten. **2.** darstellen (*a. fig.*). **3.** dar-, hinstellen (***as, to be*** als): ***~ o.s. as*** (*od.* ***to be***) sich ausgeben für. **4.** *Beschwerden etc* vorbringen (***to*** bei). **ˌrep·re·sen'ta·tion** *s* **1.** Vertretung *f*. **2.** Darstellung *f*: ***be a ~ of s.th.*** et. darstellen. **3.** ***make ~s to*** vorstellig werden bei (***about*** wegen). **ˌrep·re·sen'ta·tion·al** [~ʃənl] *adj* gegenständlich (*Kunst*). **ˌrep·re'sent·a·tive** [~tətɪv] **I** *s* **1.** (Stell)Vertreter(in); (Handels)Vertreter(in). **2.** *parl.* Abgeordnete *m, f*: → ***House of Representatives.*** **II** *adj* □ **3.** repräsentativ (***of*** für). **4.** *pol.* repräsentativ: ***~ government*** Repräsentativsystem *n*.

re·press [rɪ'pres] *v/t* **1.** *Volk, Gefühle etc* unterdrücken. **2.** *psych.* verdrängen. **re'pres·sion** [~ʃn] *s* **1.** Unterdrückung *f*. **2.** *psych.* Verdrängung *f*. **re'pres·sive** *adj* □ repressiv.

re·prieve [rɪ'priːv] ⚖ **I** *s* Begnadigung *f*; Vollstreckungsaufschub *m*. **II** *v/t*: ***he was ~d*** er wurde begnadigt; s-e Urteilsvollstreckung wurde ausgesetzt.

rep·ri·mand ['reprɪmɑːnd] **I** *v/t* rügen, tadeln (***for*** wegen). **II** *s* Rüge *f*, Tadel *m*.

re·print **I** *v/t* [ˌriː'prɪnt] neu auflegen, nachdrucken. **II** *s* ['riːprɪnt] Neuauflage *f*, Nachdruck *m*.

re·pris·al [rɪ'praɪzl] *s bsd.* ⚔, *pol.* Repressalie *f*, Vergeltungsmaßnahme *f*: ***in*** (*od.* ***as a***) ***~ for*** als Vergeltung für; ***take ~s*** Repressalien ergreifen (***against*** gegen).

re·proach [rɪ'prəʊtʃ] **I** *s* **1.** Vorwurf *m*: ***above*** (*od.* ***beyond***) ***~*** über jeden Tadel erhaben; ***look of ~*** vorwurfsvoller Blick. **2.** *fig.* Schande *f* (***to*** für). **II** *v/t* **3.** *j-m* Vorwürfe machen (***for*** wegen).

rep·ro·bate ['reprəʊbeɪt] *s* verkommenes Subjekt.

re·pro·cess [ˌriː'prəʊses] *v/t Kernbrennstoffe* wiederaufbereiten. **ˌre'pro·cess-**

ing plant *s* Wiederaufbereitungsanlage *f.*

re·pro·duce [ˌriːprəˈdjuːs] **I** *v/t* **1.** ~ ***o.s.*** → 4. **2.** *Bild etc* reproduzieren. **3.** *Ton etc* wiedergeben. **II** *v/i* **4.** *biol.* sich fortpflanzen *od.* vermehren. **re·pro·duc·tion** [ˌ~ˈdʌkʃn] *s* **1.** *biol.* Fortpflanzung *f.* **2.** Reproduktion *f.* **3.** Wiedergabe *f.* **ˌre·proˈduc·tive** *adj biol.* Fortpflanzungs...

re·proof [rɪˈpruːf] *s* Rüge *f,* Tadel *m.*

re·prove [rɪˈpruːv] *v/t* rügen, tadeln (***for*** wegen).

rep·tile [ˈreptaɪl] *s zo.* Reptil *n,* Kriechtier *n.*

re·pub·lic [rɪˈpʌblɪk] *s pol.* Republik *f.* **reˈpub·li·can,** *pol. Am.* ♀ **I** *adj* republikanisch. **II** *s* Republikaner(in).

re·pu·di·ate [rɪˈpjuːdɪeɪt] *v/t* **1.** *Angebot, Behauptung etc* zurückweisen. **2.** *Schuld etc* nicht anerkennen. **reˌpu·diˈa·tion** *s* **1.** Zurückweisung *f.* **2.** Nichtanerkennung *f.*

re·pug·nance [rɪˈpʌgnəns] *s*: ***in*** (*od.* ***with***) ~ angewidert. **reˈpug·nant** *adj* □ widerlich, widerwärtig.

re·pulse [rɪˈpʌls] **I** *v/t* **1.** *Angriff, Feind* zurückschlagen. **2.** *j-n, Angebot etc* ab-, zurückweisen. **II** *s* **3.** Zurückschlagen *n.* **4.** Ab-, Zurückweisung *f.* **reˈpul·sion** *s* **1.** Abscheu *m, f*: ***with*** ~ voller Abscheu. **2.** *phys.* Abstoßung *f.* **reˈpul·sive** *adj* □ *phys.* abstoßend, *fig. a.* widerlich, widerwärtig.

re·pur·chase [ˌriːˈpɜːtʃəs] **I** *v/t* zurückkaufen. **II** *s* Rückkauf *m.*

rep·u·ta·ble [ˈrepjʊtəbl] *adj* □ angesehen. **ˌrep·uˈta·tion** *s* (*engS.* guter) Ruf: ***have the*** (*od.* ***a***) ~ ***of being*** im Ruf stehen, *et.* zu sein; ***make o.s. a*** ~ ***as*** sich e-n Namen machen als. **re·pute** [rɪˈpjuːt] **I** *s* (*engS.* guter) Ruf: ***of*** ~ angesehen; ***be held in high*** ~ hohes Ansehen genießen. **II** *v/t*: ***be*** **~*d to be*** gelten als. **reˈput·ed·ly** *adv* angeblich, dem Vernehmen nach.

re·quest [rɪˈkwest] **I** *s* **1.** (***for***) Bitte *f* (um), Wunsch *m* (nach): ***at s.o.'s*** ~ auf j-s Bitte hin; ***on*** ~ auf Wunsch; ***make a*** ~ ***for s.th.*** um et. bitten. **II** *v/t* **2.** bitten *od.* ersuchen um. **3.** *j-n* bitten, ersuchen (***to do*** zu tun). ~ **stop** *s Br.* Bedarfshaltestelle *f.*

re·qui·em [ˈrekwɪəm] *s* Requiem *n.*

re·quire [rɪˈkwaɪə] *v/t* **1.** erfordern: ***be*** **~*d*** erforderlich sein; ***if*** **~*d*** wenn nötig. **2.** benötigen, brauchen. **3.** verlangen (***that*** daß; ***s.th. of s.o.*** et. von j-m): ~ ***s.o. to do s.th.*** von j-m verlangen, daß er et. tut; ***be*** **~*d to do s.th.*** et. tun müssen. **reˈquired** *adj* erforderlich, notwendig: ~ ***reading*** *ped., univ.* Pflichtlektüre *f.* **reˈquire·ment** *s* **1.** Anforderung *f*: ***meet the*** **~*s*** den Anforderungen entsprechen. **2.** Erfordernis *n,* Bedürfnis *n.*

req·ui·site [ˈrekwɪzɪt] **I** *adj* erforderlich, notwendig (***for*** für). **II** *s mst pl* Artikel *m*: ***camping*** **~*s*** *pl* Campingzubehör *n.* **ˌreq·uiˈsi·tion I** *s* **1.** Anforderung *f*: ***make a*** ~ ***for*** *et.* anfordern. **2.** ⚔ Requisition *f,* Beschlagnahme *f.* **II** *v/t* **3.** anfordern. **4.** ⚔ requirieren, beschlagnahmen.

re·quit·al [rɪˈkwaɪtl] *s* Vergeltung *f.* **re·quite** [rɪˈkwaɪt] *v/t et.* vergelten (***with*** mit).

re·run I *v/t* (*irr* ***run***) [ˌriːˈrʌn] **1.** *TV* wiederholen. **2.** ***be*** ~ (*Sport*) wiederholt werden (*Lauf*). **II** *s* [ˈriːrʌn] **3.** *TV* Wiederholung *f* (*a. allg.*).

re·scind [rɪˈsɪnd] *v/t* ⚖ *Gesetz, Urteil etc* aufheben. **re·scis·sion** [rɪˈsɪʒn] *s* Aufhebung *f.*

res·cue [ˈreskjuː] **I** *v/t* retten (***from*** aus, vor *dat*). **II** *s* Rettung *f*: ***come to s.o.'s*** ~ j-m zu Hilfe kommen; ~ ***operations*** *pl* Rettungsarbeiten *pl*; ~ ***party*** (*od.* ***squad, team***) Rettungsmannschaft *f.* **res·cu·er** [ˈ~kjʊə] *s* Retter(in).

re·search [rɪˈsɜːtʃ] **I** *s* Forschung *f* (***on*** auf dem Gebiet *gen*): ***carry out*** (*od.* ***do***) ~ ***into*** *et.* erforschen. **II** *v/i* forschen (***on*** auf dem Gebiet *gen*): ~ ***into*** *et.* erforschen. **III** *v/t et.* erforschen. **IV** *adj* Forschungs...: ~ ***team*** Forscherteam *n*; ~ ***worker*** Forscher(in). **reˈsearch·er** *s* Forscher(in).

re·sem·blance [rɪˈzembləns] *s* Ähnlichkeit *f* (***to*** mit; ***between*** zwischen *dat*): ***there is a strong*** ~ ***between them*** sie sind sich sehr ähnlich; ***bear a strong*** ~ ***to*** starke Ähnlichkeit haben mit. **reˈsem·ble** [~bl] *v/t* ähnlich sein, ähneln (*dat*).

re·sent [rɪˈzent] *v/t* übelnehmen, sich ärgern über (*acc*). **reˈsent·ful** [~fʊl] *adj* □

ärgerlich. **re'sent·ment** *s* Ärger *m* (***against, at*** über *acc*).

res·er·va·tion [ˌrezəˈveɪʃn] *s* **1.** *bsd. Am.* (*Wild*)Reservat *n*; *Am.* (*Indianer*)Reservat *n*, (-)Reservation *f*. **2.** Reservierung *f*, Vorbestellung *f*: ***make a ~*** ein Zimmer *etc* bestellen. **3.** Vorbehalt *m*: ***with ~(s)*** unter Vorbehalt; ***without ~*** vorbehaltlos.

re·serve [rɪˈzɜːv] **I** *s* **1.** Reserve *f* (***of*** an *dat*): ***keep s.th. in ~*** et. in Reserve halten. **2.** *a. pl* ⚔ Reserve *f*. **3.** *Sport*: Reservespieler(in). **4.** (*Naturschutz-, Wild*)Reservat *n*. **5.** Reserviertheit *f*, Zurückhaltung *f*. **6.** ***without ~*** vorbehaltlos. **II** *v/t* **7.** (sich) *et.* aufsparen (***for*** für). **8.** ***~ the right to do s.th.*** sich (das Recht) vorbehalten, et. zu tun. **9.** reservieren (lassen), vorbestellen. **re'served** *adj* reserviert, zurückhaltend.

re·serv·ist [rɪˈzɜːvɪst] *s* ⚔ Reservist *m*.

res·er·voir [ˈrezəvwɑː] *s* Reservoir *n* (*a. fig.* ***of*** an *dat*).

re·set [ˌriːˈset] *v/t* (*irr* ***set***) **1.** *Edelstein* neu fassen. **2.** *Uhr* umstellen; *Zeiger etc* zurückstellen (***to*** auf *acc*).

re·set·tle [ˌriːˈsetl] *v/t* umsiedeln. **ˌre'set·tle·ment** *s* Umsiedlung *f*.

re·shuf·fle I *v/t* [ˌriːˈʃʌfl] **1.** *Karten* neu mischen. **2.** *Kabinett etc* umbilden. **II** *s* [ˈriːʃʌfl] **3.** Umbildung *f*.

re·side [rɪˈzaɪd] *v/i* **1.** wohnen, s-n Wohnsitz haben; residieren. **2.** ***~ in*** *fig.* liegen *od.* ruhen bei *j-m*. **res·i·dence** [ˈrezɪdəns] *s* **1.** Wohnsitz *m*; Residenz *f*: ***official ~*** Amtssitz *m*; ***take up ~*** sich niederlassen. **2.** Aufenthalt *m*: ***~ permit*** Aufenthaltsgenehmigung *f*, -erlaubnis *f*. **'res·i·dent I** *adj* ansässig, wohnhaft: ***be ~ abroad*** *a.* im Ausland wohnen. **II** *s* Bewohner(in) (*e-s Hauses*), (*e-r Stadt etc a.*) Einwohner(in), *mot.* Anlieger(in); (Hotel)Gast *m*. **res·i·den·tial** [ˌ~ˈdenʃl] *adj* Wohn...

re·sid·u·al [rɪˈzɪdjʊəl] *adj* übrig(geblieben), restlich, Rest... **res·i·due** [ˈrezɪdjuː] *s bsd.* ⚗ Rest *m*, Rückstand *m*.

re·sign [rɪˈzaɪn] **I** *v/t* **1.** aufgeben; verzichten auf (*acc*). **2.** *Amt etc* niederlegen. **3.** ***~ o.s. to*** sich fügen in (*acc*), sich abfinden mit; ***be ~ed to*** sich abgefunden haben mit. **II** *v/i* **4.** zurücktreten (***from*** von), sein Amt niederlegen. **res·ig·na·tion** [ˌrezɪgˈneɪʃn] *s* **1.** Rücktritt *m*, Amtsniederlegung *f*: ***hand in*** (*od.* ***send in, submit, tender***) ***one's ~*** s-n Rücktritt einreichen. **2.** Ergebenheit *f*; Resignation *f*.

re·sil·i·ence [rɪˈzɪlɪəns] *s* **1.** Elastizität *f*; Strapazierfähigkeit *f*. **2.** *fig.* Zähigkeit *f*. **re'sil·i·ent** *adj* □ **1.** elastisch; strapazierfähig. **2.** *fig.* zäh: ***be ~*** nicht unterzukriegen sein.

res·in [ˈrezɪn] *s* Harz *n*. **'res·in·ous** *adj* □ harzig; Harz...

re·sist [rɪˈzɪst] **I** *v/t* **1.** *j-m, e-r Sache* widerstehen: ***I could not ~ doing it*** ich mußte es einfach tun. **2.** Widerstand leisten (*dat od.* gegen), sich widersetzen (*dat*). **II** *v/i* **3.** Widerstand leisten, sich widersetzen. **re'sist·ance** *s* **1.** Widerstand *m* (***to*** gegen): ***offer*** (*od.* ***put up***) (***a***) ***stubborn ~*** hartnäckig(en) Widerstand leisten (***to*** *dat*); ***without offering ~*** widerstandslos; ***take the line of least ~*** den Weg des geringsten Widerstandes gehen. **2.** *a.* ***power of ~*** Widerstandskraft *f* (***to*** gegen) (*a.* ⚕). **3.** (*Hitze- etc*)Beständigkeit *f*, (*Stoß- etc*)Festigkeit *f*. **4.** ⚡ Widerstand *m* (*a. Bauteil*). **re'sist·ant** *adj* □ (*hitze- etc*)beständig, (*stoß- etc*)fest. **re'sis·tor** *s* ⚡ Widerstand *m* (*Bauteil*).

re·sit *ped., univ. Br.* **I** *v/t* (*irr* ***sit***) [ˌriːˈsɪt] *Prüfung* wiederholen. **II** *s* [ˈriːsɪt] Wiederholungsprüfung *f*.

re·sole [ˌriːˈsəʊl] *v/t* neu besohlen.

res·o·lute [ˈrezəluːt] *adj* □ resolut, entschlossen. **'res·o·lute·ness** → ***resolution*** 3.

res·o·lu·tion [ˌrezəˈluːʃn] *s* **1.** Beschluß *m*, *parl. etc a.* Resolution *f*. **2.** Vorsatz *m*: ***make good ~s*** gute Vorsätze fassen. **3.** Resolutheit *f*, Entschlossenheit *f*. **4.** Lösung *f*, Überwindung *f*. **5.** ⚗ *etc* Auflösung *f*, Zerlegung *f* (***into*** in *acc*).

re·solve [rɪˈzɒlv] **I** *v/t* **1.** beschließen (***that*** daß; ***to do*** zu tun). **2.** *Problem etc* lösen, *Schwierigkeit etc* überwinden. **3.** ⚗ *etc* auflösen, zerlegen (***into*** in *acc*). **II** *v/i* **4.** (***into*** in *acc*) ⚗ *etc* sich auflösen; *fig.* zerfallen. **III** *s* **5.** → ***resolution*** 2, 3.

res·o·nance [ˈrezənəns] *s* **1.** *phys.* Resonanz *f*. **2.** voller Klang. **'res·o·nant** *adj* □ **1.** *phys.* Resonanz... **2.** voll (*Klang*), volltönend, sonor (*Stimme*). **3.** ***be ~ with*** widerhallen von.

re·sort [rɪ'zɔːt] **I** *s* **1.** Urlaubsort *m*: → ***health*** 1, ***seaside.*** **2.** ***have ~ to*** → 3; ***as a last ~*** notfalls, wenn alle Stricke reißen; ***as a last ~ he went ...*** als er nicht mehr weiterwußte, ging er ... **II** *v/i* **3.** ***~ to*** greifen *od.* Zuflucht nehmen zu.

re·sound [rɪ'zaʊnd] *v/i* widerhallen (***with*** von).

re·source [rɪ'sɔːs] *s* **1.** *pl* (Geld)Mittel *pl*; (*Boden-*, *Natur*)Schätze *pl.* **2.** Mittel *n*, Zuflucht *f*; Ausweg *m*: ***leave s.o. to his own ~s*** j-n sich selbst überlassen. **3.** Einfallsreichtum *m*, Findigkeit *f.* **re'source·ful** [~fʊl] *adj* □ einfallsreich, findig.

re·spect [rɪ'spekt] **I** *s* **1.** Achtung *f*, Respekt *f* (***for*** vor *dat*): ***have ~ for*** Respekt haben vor. **2.** Rücksicht *f* (***for*** auf *acc*): ***out of ~ for*** aus Rücksicht auf; ***have no ~ for*** keine Rücksicht nehmen auf; ***without ~ to*** ohne Rücksicht auf (*acc*); ungeachtet (*gen*). **3.** Beziehung *f*, Hinsicht *f*: ***in many ~s*** in vieler Hinsicht; ***in some ~*** in gewisser Hinsicht; ***with ~ to*** was ... anbelangt *od.* betrifft. **4.** *pl* Empfehlungen *pl*: ***give my ~s to your wife*** e-e Empfehlung an Ihre Gemahlin. **5.** ***pay one's ~s to*** *j-m* s-e Aufwartung machen; ***pay one's last ~s to*** *j-m* die letzte Ehre erweisen. **II** *v/t* **6.** respektieren, achten. **7.** respektieren, berücksichtigen. **re'spect·a·ble** *adj* □ **1.** ehrbar, geachtet. **2.** gesellschaftsfähig (*Person*), (*Kleidung*, *Benehmen a.*) korrekt: ***it is not ~*** es gehört sich nicht (***to do*** zu tun). **3.** respektabel, beachtlich. **re'spect·ful** [~fʊl] *adj* □ respektvoll. **re'spect·ing** *prp* bezüglich (*gen*). **re'spec·tive** *adj* jeweilig: ***they went to their ~ places*** jeder von ihnen ging zu s-m Platz. **re'spec·tive·ly** *adv* beziehungsweise.

res·pi·ra·tion [ˌrespə'reɪʃn] *s* Atmung *f.*

res·pi·ra·tor ['respəreɪtə] *s* Atemschutzgerät *n.* **re·spir·a·to·ry** [rɪ'spaɪərətərɪ] *adj* Atem..., Atmungs...: ***~ arrest*** ⚕ Atemstillstand *m*; ***~ disease*** ⚕ Erkrankung *f* der Atemwege; ***~ passages*** *pl* (*od.* ***tract***) *anat.* Atemwege *pl*; ***~ system*** Atmungsorgane *pl.*

res·pite ['respaɪt] *s* **1.** Aufschub *m.* **2.** Pause *f*: ***without ~*** ohne Pause *od.* Unterbrechung.

re·splend·ent [rɪ'splendənt] *adj* □ glänzend, strahlend.

re·spond [rɪ'spɒnd] **I** *v/i* **1.** antworten (***to*** auf *acc*): ***~ to a letter*** *a.* e-n Brief beantworten. **2.** *fig.* reagieren (***to*** auf *acc*; ***with*** mit), ⚕ *etc a.* ansprechen (***to*** auf *acc*). **II** *v/t* **3.** antworten (***that*** daß). **re'spond·ent** *s* ⚖ Beklagte *m*, *f* (*in e-m Scheidungsprozeß*).

re·sponse [rɪ'spɒns] *s* **1.** Antwort *f* (***to*** auf *acc*): ***give no ~*** keine Antwort geben, nicht antworten. **2.** *fig.* Reaktion *f* (***to*** auf *acc*).

re·spon·si·bil·i·ty [rɪˌspɒnsə'bɪlətɪ] *s* **1.** Verantwortung *f*: ***a position of great ~*** e-e verantwortungsvolle Position; ***on one's own ~*** auf eigene Verantwortung; ***claim ~ for*** die Verantwortung übernehmen für (*e-n Terroranschlag etc*); ***have ~ for*** die Verantwortung haben für; ***take*** (***full***) ***~ for*** die (volle) Verantwortung übernehmen für; ***take no ~ for*** nicht haften für. **2.** *oft pl* Verpflichtung *f*, Pflicht *f.* **re'spon·si·ble** *adj* □ **1.** verantwortlich (***for*** für): ***be ~ to s.o. for s.th.*** j-m (gegenüber) für et. verantwortlich sein; ***not to be ~ for*** nicht haften für. **2.** (***for***) verantwortlich (für), schuld (an *dat*): ***hold s.o. ~ for*** j-n verantwortlich machen für. **3.** verantwortungsbewußt. **4.** verantwortungsvoll (*Position*). **re'spon·sive** *adj* □ **1.** leichtgängig (*Kupplung etc*), elastisch (*Motor*): ***be ~ to*** reagieren auf (*acc*), ⚕ *etc a.* ansprechen auf (*acc*); empfänglich sein für. **2.** mitteilsam: ***he wasn't very ~*** *a.* aus ihm war nicht viel herauszuholen.

rest[1] [rest] **I** *s* **1.** Ruhe(pause) *f*; Erholung *f*: ***have*** (*od.* ***take***) ***a ~*** sich ausruhen; ***have a good night's ~*** gut schlafen; ***lay to ~*** zur letzten Ruhe betten; *fig.* ad acta legen; ***set s.o.'s mind at ~*** j-n beruhigen. **2.** ⚙ Auflage *f*, Stütze *f*; *teleph.* Gabel *f.* **II** *v/i* **3.** (sich aus)ruhen: ***let s.th. ~*** *fig.* et. auf sich beruhen lassen; ***he will not ~ until*** *fig.* er wird nicht eher ruhen, bis; → ***laurel*** 3. **4.** lehnen (***against, on*** an *dat*): ***~ on*** *bsd.* ⚙ ruhen auf (*dat*) (*a. fig. Blick*); *fig.* beruhen auf (*dat*), sich stützen auf (*acc*); ***~ with*** *fig.* bei *j-m* liegen. **III** *v/t* **5.** ausruhen (lassen). **6.** lehnen (***against*** gegen; ***on*** an *acc*).

rest² [~] *s* Rest *m*: ***the ~ of us*** wir übrigen; ***all the ~ of them*** alle übrigen; ***for the ~*** im übrigen.

res·tau·rant ['restərɔ̃:ŋ] *s* Restaurant *n*, Gaststätte *f*. **~ car** *s* 🚂 *Br*. Speisewagen *m*.

rest·ful ['restfʊl] *adj* □ **1.** ruhig, friedlich. **2.** erholsam.

rest home *s* Alten-, Alters- *od*. Pflegeheim *n*.

rest·ing place ['restɪŋ] *s*: (***last***) **~** (letzte) Ruhestätte.

res·ti·tu·tion [ˌrestɪ'tju:ʃn] *s* Rückgabe *f*, (*von Geld a.*) Rückerstattung *f* (***to*** an *acc*): ***make ~ of s.th. to s.o.*** j-m et. zurückgeben *od*. -erstatten.

res·tive ['restɪv] *adj* □ unruhig, nervös. **'res·tive·ness** *s* Unruhe *f*, Nervosität *f*.

rest·less ['restlɪs] *adj* □ **1.** ruhe-, rastlos. **2.** unruhig (*Person, Nacht*): ***I had a ~ night*** ich habe nicht gut geschlafen.

re·stock [ˌri:'stɒk] *v/t Regal etc* wieder auffüllen.

res·to·ra·tion [ˌrestə'reɪʃn] *s* **1.** Wiederherstellung *f*. **2.** Restaurierung *f*. **3.** Rückgabe *f*, Rückerstattung *f* (***to*** an *acc*).

re·store [rɪ'stɔ:] *v/t* **1.** *Ordnung etc* wiederherstellen: ***be ~d*** (***to health***) wiederhergestellt *od*. wieder gesund sein. **2.** *Gemälde etc* restaurieren. **3.** zurückgeben, *Geld a.* zurückerstatten (***to*** *dat*). **re'stor·er** *s* **1.** Restaurator(in). **2.** → ***hair restorer***.

re·strain [rɪ'streɪn] *v/t* (***from***) zurückhalten (von), hindern an (*dat*): ***~ s.o. from doing s.th.*** j-n davon zurückhalten *od*. daran hindern, et. zu tun; ***I had to ~ myself*** ich mußte mich beherrschen (***from doing s.th.*** um nicht et. zu tun). **re'strained** *adj* **1.** beherrscht. **2.** dezent (*Farbe etc*). **re·straint** [rɪ'streɪnt] *s* **1.** Beherrschung *f*. **2.** Be-, Einschränkung *f* (***on*** *gen*).

re·strict [rɪ'strɪkt] *v/t* beschränken (***to*** auf *acc*), einschränken. **re'stric·tion** *s* Be-, Einschränkung *f*: ***without ~s*** uneingeschränkt. **re'stric·tive** *adj* □ be-, einschränkend.

rest room *s Am*. Toilette *f* (*in Restaurant etc*).

re·struc·ture [ˌri:'strʌktʃə] *v/t* umstrukturieren.

re·sult [rɪ'zʌlt] **I** *s* **1.** Ergebnis *n*, Resultat *n*: ***without ~*** ergebnislos. **2.** Erfolg *m*. **3.** Folge *f*: ***as a ~ of*** als Folge von (*od*. *gen*). **II** *v/i* **4.** resultieren, sich ergeben (***from*** aus): ***~ in*** zur Folge haben (*acc*), führen zu; ***~ing*** → ***resultant***. **re'sult·ant** *adj* daraus resultierend.

ré·su·mé ['rezju:meɪ] *s* **1.** Resümee *n*, Zs.-fassung *f*. **2.** *Am*. (*bsd.* tabellarischer) Lebenslauf.

re·sume [rɪ'zju:m] **I** *v/t* **1.** *Arbeit* wiederaufnehmen, *Diskussion, Reise etc* fortsetzen. **2.** *Platz* wieder einnehmen; *Mädchennamen etc* wieder annehmen. **II** *v/i* **3.** weitermachen, fortfahren.

re·sump·tion [rɪ'zʌmpʃn] *s* Wiederaufnahme *f*, Fortsetzung *f*.

re·sur·face [ˌri:'sɜ:fɪs] **I** *v/t* **1.** *Straße* neu belegen. **II** *v/i* **2.** wieder auftauchen (*U-Boot*). **3.** *fig*. wiederaufleben.

re·sur·gence [rɪ'sɜ:dʒəns] *s* Wiederaufleben *n*. **re'sur·gent** *adj* wiederauflebend.

res·ur·rect [ˌrezə'rekt] *v/t Brauch etc* wiederaufleben lassen, *Gesetz etc* wieder einführen. **ˌres·ur'rec·tion** *s* **1.** Wiedereinführung *f*. **2.** ♀ *eccl*. Auferstehung *f*.

re·sus·ci·tate [rɪ'sʌsɪteɪt] *v/t* ⚕ wiederbeleben. **reˌsus·ci'ta·tion** *s* Wiederbelebung *f*.

re·tail ['ri:teɪl] **I** *s* **1.** Einzelhandel *m*: ***by*** (*Am*. ***at***) **~** → III. **II** *adj* **2.** Einzelhandels...: ***~ price***; ***~ dealer*** → ***retailer***. **III** *adv* **3.** im Einzelhandel, einzeln. **IV** *v/t* [ri:'teɪl] **4.** im Einzelhandel verkaufen (***at, for*** für). **5.** *fig*. *Gerücht etc* verbreiten. **V** *v/i* [ri:'teɪl] **6.** im Einzelhandel verkauft werden (***at, for*** für): ***it ~s at £2*** *a*. es kostet im Einzelhandel zwei Pfund. **re'tail·er** *s* Einzelhändler(in).

re·tain [rɪ'teɪn] *v/t* **1.** *Gleichgewicht* halten; *Eigenschaft, Fassung etc* behalten, bewahren. **2.** *Wasser* stauen (*Damm*), speichern (*Boden*); *Wärme* speichern. **re'tain·er, re'tain·ing fee** *s* (Honorar)Vorschuß *m* (*für Anwalt*).

re·take [ˌri:'teɪk] *v/t* (*irr* ***take***) **1.** ⚔ zurückerobern. **2.** *Film, TV*: *Szene etc* nochmals drehen.

re·tal·i·ate [rɪ'tælɪeɪt] *v/i* **1.** Vergeltung üben, sich revanchieren (***against*** an *dat*); *engS*. zurückschlagen, -treten. **2.** *Sport, a. in Diskussion etc*: kontern (***with*** mit). **re,tal·i'a·tion** *s* Vergeltung(smaßnahmen *pl*) *f*, Revanche *f*: ***in ~ for*** als Vergeltung für. **re'tal·i·a·to·ry** [~ətərɪ] *adj* Vergeltungs..., Revanche...

re·tard [rɪ'tɑːd] *v/t* verzögern, hemmen. **re'tard·ed** *adj*: (***mentally***) ~ (geistig) zurückgeblieben. **re·tar·da·tion** [ˌriːtɑː'deɪʃn] *s* Verzögerung *f*.

retch [retʃ] *v/i* würgen.

re·ten·tion [rɪ'tenʃn] *s* **1.** Bewahrung *f*. **2.** Stauung *f*; Speicherung *f*. **re'ten·tive** *adj* gut (*Gedächtnis*).

re·think [ˌriː'θɪŋk] *v/t* (*irr* ***think***) noch einmal überdenken.

ret·i·cence ['retɪsəns] *s* Schweigsamkeit *f*. **'ret·i·cent** *adj* □ schweigsam: ***he was very ~ about it*** von ihm war nur sehr wenig darüber zu erfahren.

ret·i·na ['retɪnə] *pl* **-nas, -nae** ['~niː] *s anat*. Netzhaut *f*.

ret·i·nue ['retɪnjuː] *s* Gefolge *n*.

re·tire [rɪ'taɪə] **I** *v/i* **1.** *allg*. sich zurückziehen (*a. fig*. ***from business*** aus dem Geschäftsleben; ***from competition*** vom aktiven Sport): ***~ from business*** *a*. sich zur Ruhe setzen. **2.** in Rente *od*. Pension gehen, sich pensionieren lassen. **3.** *Sport*: aufgeben. **II** *v/t* **4.** in den Ruhestand versetzen, pensionieren. **re'tired** *adj* pensioniert, im Ruhestand (lebend): ***be ~*** *a*. in Pension *od*. Rente sein; ***~ general*** General *m* außer Dienst. **re'tire·ment** *s* **1.** Rückzug *m*. **2.** Pensionierung *f*; Ruhestand *m*: ***~ age*** Pensions-, Rentenalter *n*. **3.** *Sport*: Aufgabe *f*. **re'tir·ing** *adj* □ zurückhaltend.

re·tort[1] [rɪ'tɔːt] **I** *s* (scharfe) Entgegnung. **II** *v/t* (scharf) entgegnen.

re·tort[2] [~] *s* ⚗ Retorte *f*.

re·touch [ˌriː'tʌtʃ] *v/t phot*. retuschieren.

re·trace [rɪ'treɪs] *v/t Tathergang etc* rekonstruieren: ***~ one's steps*** denselben Weg zurückgehen.

re·tract [rɪ'trækt] *v/t* **1.** *Krallen etc*, ✈ *Fahrgestell* einziehen. **2.** *Angebot etc* zurückziehen, *Behauptung etc* zurücknehmen, *Geständnis etc* widerrufen. **re'tract·a·ble** *adj* einziehbar. **re'trac·tion** *s* **1.** Einziehen *n*. **2.** Zurücknahme *f*, Widerruf *m*.

re·train [ˌriː'treɪn] **I** *v/t* umschulen. **II** *v/i* umschulen, sich umschulen lassen. **ˌre'train·ing** *s* Umschulung *f*.

re·tread I *v/t* [ˌriː'tred] *Reifen* runderneuern. **II** *s* ['riːtred] runderneuerter Reifen.

re·treat [rɪ'triːt] **I** *s* **1.** ⚔ Rückzug *m*: ***beat a*** (***hasty***) ***~*** *fig*. abhauen. **2.** Zufluchtsort *m*. **II** *v/i* **3.** ⚔ sich zurückziehen. **4.** zurückweichen (***from*** vor *dat*).

re·trench·ment [rɪ'trentʃmənt] *s*: ***policy of ~*** Sparpolitik *f*.

re·tri·al [ˌriː'traɪəl] *s* ⚖ Wiederaufnahmeverfahren *n*.

ret·ri·bu·tion [ˌretrɪ'bjuːʃn] *s* Vergeltung *f*. **re·trib·u·tive** [rɪ'trɪbjʊtɪv] *adj* Vergeltungs...

re·triev·al [rɪ'triːvl] *s* **1.** Zurückholen *n*. **2.** Wiedergutmachen *n*, Wettmachen *n*; Rettung *f*: ***beyond*** (*od*. ***past***) ***~*** hoffnungslos (*Situation*). **3.** *hunt*. Apportieren *n*.

re·trieve [rɪ'triːv] *v/t* **1.** zurückholen. **2.** *Fehler* wiedergutmachen, *Verlust a*. wettmachen; *Situation* retten. **3.** (*a. v/i*) *hunt*. apportieren.

ret·ro·ac·tive [ˌretrəʊ'æktɪv] *adj* □ rückwirkend.

ret·ro·grade ['retrəʊgreɪd] *adj* rückschrittlich: ***~ step*** Rückschritt *m*.

ret·ro·gres·sive [ˌretrəʊ'gresɪv] *adj* □ rückschrittlich.

ret·ro·spect ['retrəʊspekt] *s*: ***in ~*** rückschauend, im Rückblick. **ˌret·ro'spec·tion** *s* Rückblick *m*, -schau *f*. **ˌret·ro'spec·tive** *adj* □ **1.** rückblickend, -schauend. **2.** rückwirkend.

re·trous·sé [rə'truːseɪ] *adj*: ***~ nose*** Stupsnase *f*.

re·try [ˌriː'traɪ] *v/t* ⚖ **1.** *Fall* erneut verhandeln. **2.** neu verhandeln gegen *j-n*.

re·turn [rɪ'tɜːn] **I** *v/i* **1.** zurückkehren, -kommen; zurückgehen; *fig*. wiederauftreten: ***~ to*** *fig*. auf *ein Thema*, *Vorhaben* zurückkommen; in *e-e Gewohnheit etc* zurückfallen; in *e-n Zustand* zurückkehren; → ***normal*** II. **2.** ***~ to sender*** ✉ zurück an Absender. **II** *v/t* **3.** (***to***) zurückgeben (*dat*); zurückbringen (*dat*); zurückschicken, -senden (*dat od*. an *acc*). **4.** zurücklegen, -stellen. **5.** *Besuch*, *Kompliment etc* erwidern. **6.** *Gewinn*, *Zinsen* abwerfen. **7.** ***be ~ed*** (***to Parliament***) *Br*. gewählt werden. **8.** → ***verdict*** 1. **III** *s* **9.** Rückkehr *f*; *fig*. Wiederauftreten *n*: ***on one's ~*** bei s-r Rückkehr; ***by ~*** (***of post***) *Br*. postwendend, umgehend; ***many happy ~s*** (***of the day***) herzlichen Glückwunsch zum Geburtstag. **10.** Rückgabe *f*; Zurückbringen *n*; Zurückschicken *n*, -senden *n*. **11.** Zurücklegen *n*, -stellen *n*. **12.** Erwiderung *f*. **13.** *a. pl* ✝ Gewinn *m*. **14.** ***in ~*** als Gegenleistung (***for*** für): ***expect nothing in ~*** keine Gegenleistung erwarten. **15.** (*Steuer*)Erklärung *f*. **16.** *Tennis etc*: Return *m*, Rückschlag *m*. **IV** *adj* **17.** Rück...: ***~ game*** (*Sport*) Rückspiel *n*; ***~ journey*** Rückreise *f*; ***by ~ mail*** *Am.* postwendend, umgehend; ***~ ticket*** *Br.* Rückfahrkarte *f*; Rückflugticket *n*. **V** *adv* **18.** ***the price is £10 ~*** *Br.* der Preis beträgt 10 Pfund hin u. zurück. **re'turn·a·ble** *adj* **1.** ***~ bottle*** Pfandflasche *f*. **2.** ***be ~*** zurückgegeben *od.* zurückgeschickt werden müssen.

re·un·ion [ˌriːˈjuːnjən] *s* **1.** Treffen *n*, Wiedersehensfeier *f*. **2.** Wiedervereinigung *f*. **re·u·nite** [ˌriːjuːˈnaɪt] *v/t Land* wiedervereinigen, *Familie etc* wieder vereinigen.

rev [rev] *mot.* F **I** *s* Umdrehung *f*: ***number of ~s*** Drehzahl *f*; ***~ counter*** Drehzahlmesser *m*. **II** *v/t a.* ***~ up*** *Motor* aufheulen lassen. **III** *v/i a.* ***~ up*** aufheulen (*Motor*).

re·val·u·a·tion [ˈriːˌvæljʊˈeɪʃn] *s* Aufwertung *f*. ˌ**re'val·ue** [~juː] *v/t Dollar etc* aufwerten.

re·vamp [riːˈvæmp] *v/t* F *Haus etc* aufmöbeln, *Theaterstück etc* aufpolieren, *Firma etc* auf Vordermann bringen.

re·veal [rɪˈviːl] *v/t* **1.** den Blick freigeben auf (*acc*); zeigen. **2.** *Geheimnis etc* enthüllen, aufdecken. **re'veal·ing** *adj* □ **1.** offenherzig (*Kleid etc*). **2.** *fig.* aufschlußreich.

rev·el [ˈrevl] *v/i pret u. pp* **-eled,** *bsd. Br.* **-elled 1.** (lärmend *od.* ausgelassen) feiern. **2.** (***in***) schwelgen (in *dat*); *b. s.* sich weiden (an *dat*).

rev·e·la·tion [ˌrevəˈleɪʃn] *s* **1.** Enthüllung *f*, Aufdeckung *f*. **2.** *eccl.* Offenbarung *f*.

rev·el·(l)er [ˈrevlə] *s* Feiernde *m, f*. **'rev·el·ry** *s* (lärmendes *od.* ausgelassenes) Feiern.

re·venge [rɪˈvendʒ] **I** *s* **1.** Rache *f*: ***in ~*** aus Rache (***for*** für); ***take*** (***one's***) ***~ on s.o.*** (***for s.th.***) → 4; → ***sweet*** 1. **2.** *Spiel, Sport*: Revanche *f*: ***give s.o. a chance to get his ~*** j-m Revanche geben. **II** *v/t* **3.** *et.* rächen. **4.** ***~ o.s. on s.o.*** (***for s.th.***) sich an j-m (für et.) rächen. **re'venge·ful** [~fʊl] *adj* □ rachsüchtig.

rev·e·nue [ˈrevənjuː] *s a. pl* Staatseinnahmen *pl*, -einkünfte *pl*: → ***inland*** 2.

re·ver·ber·ate [rɪˈvɜːbəreɪt] **I** *v/i* nach-, widerhallen. **II** *v/t Schall* zurückwerfen. **reˌver·ber'a·tion** *s* **1.** Nach-, Widerhall *m*. **2.** Zurückwerfen *n*.

re·vere [rɪˈvɪə] *v/t* verehren; *Andenken* hochhalten. **rev·er·ence** [ˈrevərəns] *s* Verehrung *f*; Ehrfurcht *f* (***for*** vor *dat*): ***with ~*** ehrfürchtig; ***hold in ~*** verehren. **'Rev·er·end** *s eccl.* Hochwürden *m*.

rev·er·ent [ˈrevərənt], **rev·er·en·tial** [ˌ~ˈrenʃl] *adj* □ ehrfürchtig, ehrfurchtsvoll.

rev·er·ie [ˈrevərɪ] *s* (Tag)Träumerei *f*: ***fall into a ~*** ins Träumen kommen.

re·ver·sal [rɪˈvɜːsl] *s* **1.** Umstoßung *f*; ⚖ Aufhebung *f*. **2.** Rückschlag *m*.

re'verse I *s* **1.** Gegenteil *n*: ***quite the ~*** ganz im Gegenteil. **2.** Rückschlag *m*. **3.** Kehr-, Rückseite *f* (*e-r Münze*). **4.** *mot.* Rückwärtsgang *m*: ***put the car into ~*** den Rückwärtsgang einlegen. **II** *adj* □ **5.** umgekehrt; (*Richtung*) entgegengesetzt: ***~ gear*** → 4; ***in ~ order*** in umgekehrter Reihenfolge; ***~ side*** linke (*Stoff*)Seite. **III** *v/t* **6.** *Wagen* im Rückwärtsgang *od.* rückwärts fahren: ***~ one's car out of the garage*** *a.* rückwärts aus der Garage fahren. **7.** *Reihenfolge etc* umkehren: ***~ the charges*** *teleph. Br.* ein R-Gespräch führen. **8.** *Entscheidung etc* umstoßen; ⚖ *Urteil* aufheben. **9.** *Blatt etc* umdrehen; *Mantel etc* wenden. **IV** *v/i* **10.** *mot.* im Rückwärtsgang *od.* rückwärts fahren.

re·vert [rɪˈvɜːt] *v/i*: ***~ to*** auf *ein Thema* zurückkommen; in *e-e Gewohnheit etc* zurückfallen; in *e-n Zustand* zurückkehren.

re·view [rɪˈvjuː] **I** *s* **1.** Überprüfung *f*: ***be under ~*** überprüft werden. **2.** Besprechung *f*, Kritik *f*, Rezension *f*: ***~ copy*** Rezensionsexemplar *n*. **3.** ⚔ Parade *f*. **4.** → ***revue***. **5.** *ped. Am.* (Stoff)Wiederholung *f* (***for*** für *e-e Prüfung*). **II** *v/t* **6.** überprüfen. **7.** besprechen, rezensieren. **8.** ⚔ besichtigen, inspizieren. **9.** *ped. Am. Stoff* wiederholen (***for*** für *e-e Prüfung*). **re'view·er** *s* Kritiker(in), Rezensent(in).

re·vile [rɪ'vaɪl] *v/t* schmähen, verunglimpfen.

re·vise [rɪ'vaɪz] *v/t* **1.** revidieren: a) *Ansicht* ändern, b) *Buch etc* überarbeiten. **2.** *Br.* → ***review*** 9.

re·vi·sion [rɪ'vɪʒn] *s* **1.** Revidierung *f*, Änderung *f*; Revision *f*, Überarbeitung *f*. **2.** überarbeitete Ausgabe. **3.** *Br.* → ***review*** 5.

re·vi·tal·ize [ˌriː'vaɪtəlaɪz] *v/t* neu beleben.

re·viv·al [rɪ'vaɪvl] *s* **1.** Wiederbelebung *f* (*a. fig.*). **2.** *thea.* Wiederaufnahme *f*. **3.** Wiederaufleben *n* (*a. fig.*). **re'vive I** *v/t* **1.** *j-n* wiederbeleben; beleben. **2.** *Brauch etc* wiederbeleben, wiederaufleben lassen; *Erinnerungen* wachrufen. **3.** *thea. Stück* wiederaufnehmen. **II** *v/i* **4.** wieder zu sich kommen; wieder aufleben. **5.** wiederaufleben (*Brauch etc*).

rev·o·ca·tion [ˌrevə'keɪʃn] *s* Aufhebung *f*, Rückgängigmachung *f*, Widerruf *m*.

re·voke [rɪ'vəʊk] *v/t Gesetz etc* aufheben, *Entscheidung*, *Erlaubnis etc* rückgängig machen, widerrufen.

re·volt [rɪ'vəʊlt] **I** *s* **1.** Revolte *f*, Aufstand *m*: ***be in ~*** (***against***) → 3. **2.** → ***revulsion.*** **II** *v/i* **3.** revoltieren (***against*** gegen). **4.** *fig.* Abscheu empfinden, empört sein (***against, at, from*** über *acc*). **III** *v/t* **5.** mit Abscheu erfüllen, abstoßen. **re'volt·ing** *adj* □ abscheulich, abstoßend.

rev·o·lu·tion [ˌrevə'luːʃn] *s* **1.** Umdrehung *f*: ***number of ~s*** *mot.* Drehzahl *f*; ***~ counter*** *mot.* Drehzahlmesser *m*. **2.** *ast.* Umlauf *m* (***round*** um). **3.** *pol.* Revolution *f*, *fig. a.* Umwälzung *f*. **ˌrev·o'lu·tion·ar·y I** *adj* □ *pol.* revolutionär, *fig. a.* umwälzend. **II** *s pol.* Revolutionär(in) (*a. fig.*). **ˌrev·o'lu·tion·ize** *v/t fig.* revolutionieren.

re·volve [rɪ'vɒlv] *v/i* sich drehen (***on an axis*** um e-e Achse; ***round the Earth*** um die Erde): ***~ around*** *fig.* sich drehen um; ***he thinks the whole world ~s around him*** er glaubt, alles dreht sich nur um ihn. **re'volv·er** *s* Revolver *m*. **re'volv·ing** *adj* Dreh...: ***~ door***(***s*** *pl*) Drehtür *f*; ***~ stage*** *thea.* Drehbühne *f*.

re·vue [rɪ'vjuː] *s thea.* Revue *f*; Kabarett *n*.

re·vul·sion [rɪ'vʌlʃn] *s* Abscheu *f*: ***in ~*** angewidert.

re·ward [rɪ'wɔːd] **I** *s* (*a. ausgesetzte*) Belohnung: ***as a ~*** (***for***) als Belohnung (für); → ***finder.*** **II** *v/t* belohnen. **re'ward·ing** *adj* lohnend, (*Aufgabe etc a.*) dankbar.

re·word [ˌriː'wɜːd] *v/t* umformulieren.

re·write [ˌriː'raɪt] *v/t* (*irr* ***write***) umschreiben.

rhap·so·dize ['ræpsədaɪz] *v/i* schwärmen (***about, over*** von). **'rhap·so·dy** *s* **1.** ♪ Rhapsodie *f*. **2.** *fig.* Schwärmerei *f*: ***go into rhapsodies*** ins Schwärmen geraten (***about, over*** von).

Rhe·sus fac·tor ['riːsəs] *s* ⚕ Rhesusfaktor *m*.

rhet·o·ric ['retərɪk] *s* **1.** Rhetorik *f*. **2.** *contp.* Phrasendrescherei *f*. **rhe·tor·i·cal** [rɪ'tɒrɪkl] *adj* □ rhetorisch: ***~ question*** rhetorische Frage.

rheu·mat·ic [ruː'mætɪk] ⚕ **I** *adj* (***~ally***) **1.** rheumatisch: ***~ fever*** rheumatisches Fieber. **II** *s* **2.** Rheumatiker(in). **3.** *pl* (*sg konstruiert*) *bsd. Br.* F Rheuma *n*.

rheu·ma·tism ['ruːmətɪzəm] *s* Rheuma(tismus *m*) *n*.

rhi·no ['raɪnəʊ] *pl* **-nos** *s zo.* F, **rhi·noc·er·os** [~'nɒsərəs] *s zo.* Rhinozeros *n*, Nashorn *n*.

rho·do·den·dron [ˌrəʊdə'dendrən] *s* ⚘ Rhododendron *m, n*.

rhom·bus ['rɒmbəs] *pl* **-bus·es, -bi** ['~baɪ] *s* ⩓ Rhombus *m*, Raute *f*.

rhu·barb ['ruːbɑːb] *s* **1.** ⚘ Rhabarber *m*. **2.** *bsd. Am.* F Krach *m*, Streit *m*.

rhyme [raɪm] **I** *s* **1.** Reim *m* (***for*** auf *acc*): ***do s.th. without ~ or reason*** et. aus unerklärlichen Gründen tun. **2.** Reim *m*, Vers *m*. **II** *v/i* **3.** sich reimen (***with*** auf *acc*). **III** *v/t* **4.** reimen (***with*** auf *acc*, mit).

rhythm ['rɪðəm] *s* Rhythmus *m*: ***break s.o.'s ~*** j-n aus dem Rhythmus bringen. **rhyth·mic, rhyth·mi·cal** ['rɪðmɪk(l)] *adj* □ rhythmisch, (*Atmen etc*) gleichmäßig.

rib [rɪb] **I** *s* **1.** *anat.* Rippe *f* (*a.* ⚘ *etc*): → ***dig*** 1, 5, ***poke*** 1, 6. **2.** Speiche *f* (*e-s Regenschirms*). **II** *v/t* **3.** F aufziehen, hänseln (***for*** wegen).

rib·bon ['rɪbən] *s* **1.** (*a.* Farb-, Ordens-) Band *n*. **2.** Streifen *m*; Fetzen *m*: ***tear to ~s*** zerfetzen.

rib cage *s anat.* Brustkorb *m*.

rice [raɪs] *s* ⚘ Reis *m*. **~ pad·dy** *s* Reisfeld

n. ~ **pud·ding** *s* Milchreis *m.* ~ **wine** *s* Reiswein *m.*

rich [rɪtʃ] **I** *adj* □ **1.** reich (*a. fig.*): ***~ in*** reich an (*dat*); ***~ in contrasts*** kontrastreich. **2.** prächtig, kostbar (*Schmuck etc*). **3.** schwer (*Speise*). **4.** ertragreich, fett (*Boden*). **5.** voll (*Töne*), (*Farben a.*) satt. **6.** ***that's ~!*** F *iro.* na prima! **II** *s* **7.** ***the ~*** *pl* die Reichen *pl.* **rich·es** ['~ɪz] *s pl* Reichtümer *pl.* **'rich·ness** *s* **1.** Reichtum *m* (*a. fig.*). **2.** Prächtigkeit *f*, Kostbarkeit *f.* **3.** Schwere *f.* **4.** Fettheit *f.* **5.** Fülle *f*, Sattheit *f.*

rick·ets ['rɪkɪts] *s pl* (*sg konstruiert*) ⚕ Rachitis *f.* **rick·et·y** ['~ətɪ] *adj* **1.** ⚕ rachitisch. **2.** schwach (auf den Beinen); gebrechlich. **3.** wack(e)lig (*Möbelstück etc*).

rick·shaw ['rɪkʃɔː] *s* Rikscha *f.*

ric·o·chet ['rɪkəʃeɪ] **I** *s* Querschläger *m.* **II** *v/i* abprallen (***off*** von).

rid [rɪd] *v/t* (*mst irr*) befreien (***of*** von): ***get ~ of*** loswerden. **'rid·dance** *s*: ***good ~*** (***to him***)***!*** F den sind wir Gott sei Dank los!; ***get out and good ~*** auf Nimmerwiedersehen.

rid·den ['rɪdn] **I** *pp von* **ride. II** *adj in Zssgn* geplagt *od.* heimgesucht von.

rid·dle[1] ['rɪdl] *s* Rätsel *n* (*a. fig.*): ***speak*** (*od.* ***talk***) ***in ~s*** in Rätseln sprechen.

rid·dle[2] [~] **I** *s* **1.** (Schüttel)Sieb *n.* **II** *v/t* **2.** sieben. **3.** ***~ with bullets*** mit Kugeln durchlöchern *od.* -sieben; ***~d with holes*** (***mistakes***) voller Löcher (Fehler).

ride [raɪd] **I** *s* **1.** Ritt *m*: ***give s.o. a ~ on one's shoulders*** j-n auf s-n Schultern reiten lassen. **2.** Fahrt *f*: ***give s.o. a ~*** j-n (*im Auto etc*) mitnehmen; ***go for a ~ in the car*** e-e Autofahrt machen; ***take s.o. for a ~*** F j-n reinlegen *od.* übers Ohr hauen. **II** *v/i* (*irr*) **3.** reiten (*a. rittlings sitzen*) (***on*** auf *dat*): → ***roughshot.*** **4.** fahren (***on*** auf *e-m Fahrrad etc*, in *e-m Bus etc*). **5.** ***~ up*** hochrutschen (*Rock etc*). **III** *v/t* **6.** reiten (auf *dat*). **7.** *Fahr-, Motorrad* fahren, fahren auf (*dat*): ***can you ~ a bicycle?*** kannst du radfahren? **'rid·er** *s* **1.** Reiter(in). **2.** (*Motorrad-, Rad*)Fahrer(in).

ridge [rɪdʒ] *s* **1.** (*Gebirgs*)Kamm *m*, (-)Grat *m.* **2.** (*Dach*)First *m.*

rid·i·cule ['rɪdɪkjuːl] **I** *s* Spott *m*: ***for fear of ~*** aus Angst, sich lächerlich zu machen; ***hold up to ~*** → II. **II** *v/t* lächerlich machen, spotten über (*acc*). **ri'dic·u·lous** [~jʊləs] *adj* □ lächerlich: ***don't be ~*** mach dich nicht lächerlich.

rid·ing ['raɪdɪŋ] *adj* Reit...: ***~ school; ~ breeches*** Reithose *f.*

rife [raɪf] *adj*: ***~ with*** voll von, voller.

rif·fle ['rɪfl] *v/i*: ***~ through s.th.*** et. durchblättern.

riff·raff ['rɪfræf] *s* Gesindel *n*, Pack *n.*

ri·fle[1] ['raɪfl] *v/t* durchwühlen.

ri·fle[2] [~] *s* Gewehr *n.* ~ **range** *s* Schießstand *m.*

rift [rɪft] *s* **1.** Spalt(e *f*) *m.* **2.** *fig.* Riß *m.*

rig[1] [rɪg] *v/t Wahl etc* manipulieren.

rig[2] [~] **I** *s* **1.** ⚓ Takelage *f*, Takelung *f.* **2.** Bohrinsel *f.* **3.** F Aufmachung *f*: ***in full ~*** in voller Montur. **4.** *Am.* F Sattelschlepper *m.* **II** *v/t* **5.** *Schiff* auftakeln. **6.** ***~ out*** F *j-n* ausstaffieren (***as*** als); auftakeln. **7.** ***~ up*** F provisorisch zs.-bauen (***from*** aus).

right [raɪt] **I** *adj* (□ → ***rightly***) **1.** richtig, recht: ***the ~ thing*** das Richtige; → ***all*** 3. **2.** richtig: a) korrekt, b) wahr: ***is your watch ~?*** geht deine Uhr richtig?; ***be ~*** recht haben. **3.** richtig, geeignet: ***the ~ man in the ~ place*** der rechte Mann am rechten Platz. **4.** richtig, in Ordnung: ***put*** (*od.* ***set***) ***~*** in Ordnung bringen; *j-n* aufklären (***on*** über *acc*); *Irrtum* richtigstellen. **5.** recht, Rechts... **6.** ***~ angle*** ⩓ rechter Winkel. **II** *s* **7.** Recht *n*: ***know ~ from wrong*** Recht von Unrecht unterscheiden können. **8.** Recht *n*; Anrecht *n* (***to*** auf *acc*): ***by ~s*** von Rechts wegen; ***it is my ~ of way*** *mot.* ich habe Vorfahrt; ***know one's ~s*** s-e Rechte kennen. **9.** *die* Rechte, rechte Seite: ***on*** (*od.* ***at, to***) ***the ~*** (***of***) rechts (von), rechter Hand (von); ***on our ~*** zu unserer Rechten; ***the second turning to*** (*od.* ***on***) ***the ~*** die zweite Querstraße rechts; ***keep to the ~*** sich rechts halten; *mot.* rechts fahren. **10.** ***the ~*** *pol.* die Rechte. **III** *adv* **11.** richtig, recht: ***if I get you ~*** wenn ich Sie richtig verstehe; ***guess ~*** richtig (er)raten; → ***serve*** 8. **12.** genau, direkt. **13.** ***~ away*** (*od.* ***off***) sofort; ***~ now*** im Moment; sofort. **14.** ganz, völlig. **15.** rechts (***of*** von): ***turn ~*** (sich) nach rechts wenden; *mot.* rechts abbiegen; ***~ and left; ~, left and center*** (*bsd. Br.* ***centre***) *fig.* F überall; in jeder Hinsicht. **IV** *v/t*

16. aufrichten. **17.** *Unrecht* wiedergutmachen. **'~-ˌan·gled** *adj* ⩕ rechtwink(e)lig.

right·eous ['raɪtʃəs] *adj* gerecht (*Zorn etc*).

right|·ful ['raɪtfʊl] *adj* □ rechtmäßig. **'~-hand** *adj* **1.** recht: **~ *bend*** Rechtskurve *f*; **~ *man*** *fig. j-s* rechte Hand. **2.** ⚙ rechtsgängig, -läufig: **~ *drive*** Rechtssteuerung *f*. **ˌ~-'hand·ed** *adj* □ rechtshändig: ***be* ~** Rechtshänder(in) sein. **ˌ~-'hand·er** *s* Rechtshänder(in).

right·ist ['raɪtɪst] *adj pol.* rechtsgerichtet, -stehend. **'right·ly** *adv* **1.** richtig. **2.** mit Recht: **~ *or wrongly*** zu Recht od. Unrecht. **3.** F ***I don't* ~ *know*** ich weiß nicht sicher; ***I can't* ~ *say*** ich kann nicht mit Sicherheit sagen.

'right-wing *adj pol.* dem rechten Flügel angehörend, Rechts...

rig·id ['rɪdʒɪd] *adj* □ **1.** starr (*a. Person*: ***with*** vor *dat*), steif. **2.** *fig.* streng (*Disziplin etc*); starr (*Prinzipien etc*); genau, strikt (*Kontrolle etc*). **ri'gid·i·ty** *s* **1.** Starre *f*, Starrheit *f*, Steifheit *f*. **2.** *fig.* Strenge *f*; Genauigkeit *f*, Striktheit *f*.

rig·ma·role ['rɪgmərəʊl] *s* F **1.** Geschwätz *n*. **2.** Theater *n*, Zirkus *m*.

rig·or *Am.* → ***rigour.***

ri·gor mor·tis [ˌraɪgɔː'mɔːtɪs] *s* ⚕ Leichenstarre *f*.

rig·or·ous ['rɪgərəs] *adj* □ **1.** streng (*Kontrolle etc*). **2.** (peinlich) genau, gründlich.

rig·our ['rɪgə] *s bsd. Br.* **1.** Strenge *f*: ***the full* ~ *of the law*** die volle Härte des Gesetzes. **2.** *pl* Unbilden *pl*.

'rig-out *s Br.* F Aufmachung *f*.

rile [raɪl] *v/t* F ärgern, reizen.

rim [rɪm] *s* **1.** Rand *m* (*e-r Tasse etc*), (*e-s Huts a.*) Krempe *f*. **2.** ⚙ Felge *f*.

rind [raɪnd] *s* (*Zitronen- etc*)Schale *f*; (*Käse*)Rinde *f*; (*Speck- etc*)Schwarte *f*.

ring¹ [rɪŋ] **I** *s* **1.** *allg.* Ring *m*: ***at the* ~*s*** (*Turnen*) an den Ringen; ***form a* ~** e-n Kreis bilden; ***he's got* ~*s round his eyes*** er hat Ringe unter den Augen; ***make*** (*od.* ***run***) **~*s round s.o.*** *fig.* j-n in die Tasche stecken. **2.** (*Zirkus*) Manege *f*; (*Boxen*) Ring *m*. **3.** ⚜ Ring *m*, Kartell *n*; (*Spionage- etc*)Ring *m*. **II** *v/t* **4.** *Vogel etc* beringen. **5.** umringen, (*Polizei etc*) umstellen; *Stelle in e-m Buch etc* einkreisen.

ring² [~] **I** *s* **1.** Läuten *n*; Klingeln *n*. **2.** *fig.* ***that has a familiar* ~ *to me*** das kommt mir (irgendwie) bekannt vor; ***have a hollow* ~** hohl klingen (*Versprechen etc*), unglaubwürdig klingen (*Protest etc*). **3.** *teleph. bsd. Br.* Anruf *m*: ***give s.o. a* ~** j-n anrufen. **II** *v/i* (*irr*) **4.** läuten; klingeln: ***the bell is* ~*ing*** es läutet *od.* klingelt; **~ *for*** nach *j-m, et.* läuten. **5.** *teleph. bsd. Br.* anrufen: **~ *for*** *Arzt etc* rufen. **6.** klingen (*a. fig.*): **~ *in s.o.'s ears*** j-m im Ohr klingen; **~ *hollow*** hohl klingen (*Versprechen etc*), unglaubwürdig klingen (*Protest etc*). **III** *v/t* (*irr*) **7.** läuten: → ***bell*** 1, ***doorbell.*** **8.** *teleph. bsd. Br. j-n* anrufen.

Verbindungen mit Adverbien:

ring| back *v/t u. v/i teleph. bsd. Br.* zurückrufen. **~ in** *v/i* **1.** *bsd. Br.* sich telefonisch melden (***to*** bei). **2.** *Am.* (*bei Arbeitsbeginn*) einstempeln. **~ off** *v/i teleph. bsd. Br.* (den Hörer) auflegen, Schluß machen. **~ out** *v/i* **1.** erklingen, ertönen. **2.** *Am.* (*bei Arbeitsende*) ausstempeln. **~ round** *v/i bsd. Br.* herumtelefonieren. **~ up** *v/t* **1.** → ***ring²*** 8. **2.** *Preis, Ware* (*in die Kasse*) eintippen.

ring| bind·er *s* Ringbuch *n*. **~ fin·ger** *s* Ringfinger *m*. **'~ˌlead·er** *s* Rädelsführer(in). **'~ˌmas·ter** *s* Zirkusdirektor *m*. **~ road** *s bsd. Br.* Umgehungsstraße *f*. **'~·side** *s*: ***at the* ~** (*Boxen*) am Ring; **~ *seat*** (*Boxen*) Ringplatz *m*; (*Zirkus*) Manegenplatz *m*.

rink [rɪŋk] *s* (Kunst)Eisbahn *f*; Rollschuhbahn *f*.

rinse [rɪns] **I** *v/t* **1.** *a.* **~ *out*** (aus)spülen, *Wäsche* spülen: **~ *one's mouth out*** sich den Mund ausspülen (***with*** mit); **~ *the soap out of one's hair*** sich die Seife aus dem Haar spülen. **2.** sich *das Haar* tönen. **II** *s* **3.** Spülung *f*: ***give*** *s.th.* ***a* ~** → 1. **4.** Tönung(smittel *n*) *f*.

ri·ot ['raɪət] **I** *s* **1.** Aufruhr *m*; Krawall *m*, Tumult *m*: ***run* ~** randalieren, randalierend ziehen (***through*** durch); ***his imagination ran* ~** s-e Phantasie ging mit ihm durch; ***read s.o. the* ~ *act*** *oft humor.* j-m die Leviten lesen; **~ *police*** Bereitschaftspolizei *f*; **~ *squad*** Überfallkommando *n*; **~ *shield*** Schutzschild *m*. **2.** **~ *of colo*(*u*)*r*** Sinfonie *f* von *od.* Orgie *f* in Farben. **3.** ***be a* ~** F zum Schreien (komisch) sein. **II** *v/i* **4.** an e-m

Aufruhr teilnehmen; randalieren. **'ri·ot·er** *s* Aufrührer *m*; Randalierer *m*. **'ri·ot·ous** *adj* □ **1.** aufrührerisch; randalierend. **2.** ausgelassen, wild.

rip [rɪp] **I** *v/t* **1.** *a.* **~ *up*** zerreißen: **~ *s.th.*** sich et. zerreißen (***on*** an *dat*); **~ *s.th. from s.o.'s hand*** j-m et. aus der Hand reißen; **~ *off one's shirt*** sich das Hemd herunter- *od.* vom Leib reißen; **~ *open*** aufreißen. **2.** **~ *off*** F neppen; mitgehen lassen, klauen. **II** *v/i* **3.** (zer)reißen. **4.** ***let her ~!*** *mot.* F volle Pulle! **III** *s* **5.** Riß *m*.

'rip·cord *s* Reißleine *f* (*am Fallschirm*).

ripe [raɪp] *adj* □ reif (*a. fig.*): ***live to a ~ old age*** ein hohes Alter erreichen; ***the time is ~ for*** die Zeit ist reif für; **~ *for development*** baureif. **rip·en** ['~ən] **I** *v/i* reifen. **II** *v/t* reifen lassen.

'rip-off *s* F Nepp *m*; Diebstahl *m*.

ri·poste [rɪ'pɒst] **I** *s* **1.** *fenc.* Riposte *f.* **2.** (schlagfertige *od.* scharfe) Entgegnung. **II** *v/t* **3.** (schlagfertig *od.* scharf) entgegnen.

rip·ple ['rɪpl] **I** *s* **1.** kleine Welle. **2.** Plätschern *n*. **II** *v/t* **3.** *Wasser* kräuseln. **III** *v/i* **4.** sich kräuseln. **5.** plätschern.

'rip-ˌroar·ing *adj* F **1.** ausgelassen (*Party etc*). **2.** toll (*Erfolg etc*).

rise [raɪz] **I** *v/i* (*irr*) **1.** aufstehen (*a. am Morgen*), sich erheben. **2.** aufsteigen (*Rauch etc*); sich heben (*Vorhang*): ***his spirits rose*** s-e Stimmung hob sich. **3.** ansteigen (*Straße*, *Wasser etc*), anschwellen (*Fluß etc*). **4.** (an)steigen (***by*** um) (*Temperatur etc*), (*Preise etc a.*) anziehen. **5.** aufgehen (*Sonne*, *Teig etc*). **6.** entspringen (*Fluß etc*); *fig.* entstehen (***from, out of*** aus). **7.** *a.* **~ *up*** sich erheben (***against*** gegen). **8.** (***above***) erhaben sein (über *acc*), stehen (über *dat*): → ***occasion*** 3. **9.** (*beruflich od. gesellschaftlich*) aufsteigen: → ***rank***[1] 2. **II** *s* **10.** Steigung *f*; Anhöhe *f.* **11.** *ast.* Aufgang *m*. **12.** *fig.* Anstieg *m* (***in*** *gen*): **~ *in population*** Bevölkerungszunahme *f*; ***the ~ and fall*** das Auf u. Ab. **13.** *fig.* Aufstieg *m* (***to*** zu): ***the ~ and fall*** der Aufstieg u. Fall. **14.** *bsd. Br.* Lohn- *od.* Gehaltserhöhung *f.* **15.** ***give ~ to*** verursachen, führen zu; Anlaß geben zu. **ris·en** ['rɪzn] *pp von* **rise.** **'ris·er** *s*: ***early ~*** Frühaufsteher(in); ***late ~*** Langschläfer(in). **'ris·ing I** *s* **1.** Aufstand *m*, Erhebung *f.* **II** *adj* **2.** heranwachsend, kommend (*Generation*). **3.** aufstrebend (*Politiker etc*). **III** *prp* **4.** ***be ~ ten*** *bsd. Br.* fast zehn sein.

risk [rɪsk] **I** *s* Gefahr *f*, Risiko *n*: ***at one's own ~*** auf eigene Gefahr, auf eigenes Risiko; ***at the ~ of*** (*ger*) auf die Gefahr hin zu (*inf*); ***be at ~*** gefährdet sein; ***put at ~*** gefährden; ***run*** (*od.* ***take***) ***a ~*** ein Risiko eingehen; ***run the ~ of doing s.th.*** Gefahr laufen, et. zu tun; **~ *group*** Risikogruppe *f.* **II** *v/t* riskieren: a) *sein Leben etc* aufs Spiel setzen, b) *Sprung etc* wagen, c) es ankommen lassen auf *e-e Verletzung etc*; **~ *doing s.th.*** es wagen *od.* riskieren, et. zu tun; → ***neck*** 1. **'risk·y** *adj* □ riskant.

ri·sot·to [rɪ'zɒtəʊ] *pl* **-tos** *s gastr.* Risotto *m*.

ris·qué ['riːskeɪ] *adj* gewagt (*Witz etc*).

rite [raɪt] *s* Ritus *m*: ***perform the last ~s over*** *eccl. j-m* die Sterbesakramente spenden.

rit·u·al ['rɪtʃʊəl] **I** *s* **1.** Ritual *n*. **II** *adj* □ **2.** Ritual...: **~ *murder*** Ritualmord *m*. **3.** rituell.

ritz·y ['rɪtsɪ] *adj* F stinkvornehm, feudal.

ri·val ['raɪvl] **I** *s* **1.** Rivale *m*, Rivalin *f*, Konkurrent(in): **~** (***in love***) Nebenbuhler(in). **II** *adj* **2.** rivalisierend, konkurrierend: **~ *firm*** Konkurrenzfirma *f.* **III** *v/t pret u. pp* **-valed,** *bsd. Br.* **-valled 3.** rivalisieren *od.* konkurrieren mit. **4.** es aufnehmen mit (***for*** an *dat*). **'ri·val·ry** *s* Rivalität *f*; Konkurrenz(kampf *m*) *f.*

riv·er ['rɪvə] *s* Fluß *m*; Strom *m*: ***down the ~*** flußabwärts; ***up the ~*** flußaufwärts; ***sell s.o. down the ~*** F j-n verraten u. verkaufen; ***~s** pl **of blood*** Blutströme *pl.* **~ ba·sin** *s* Flußbecken *n*. **'~·bed** *s* Flußbett *n*. **'~·side** *s* Flußufer *n*: ***by the ~*** am Fluß.

riv·et ['rɪvɪt] **I** *s* **1.** ⚙ Niet *m*. **II** *v/t* **2.** ⚙ (ver)nieten: ***stand ~ed to the spot*** *fig.* wie festgenagelt stehen(bleiben). **3.** *fig. Aufmerksamkeit* richten, *Augen*, *Blick a.* heften (***on*** auf *acc*); *j-s Aufmerksamkeit* fesseln.

road [rəʊd] *s* (Land)Straße *f*: ***on the ~*** auf der Straße; ***be on the ~*** mit dem Auto unterwegs sein; *thea. etc* auf Tournee sein; ***be on the right ~*** *fig.* auf dem richtigen Weg sein; ***hit the ~*** F sich auf den Weg machen, aufbrechen; ***one***

for the ~ F e-n (*Schnaps etc*) zum Abschied *od.* für unterwegs; → ***Rome.*** ~ **ac·ci·dent** *s* Verkehrsunfall *m.* '~-**block** *s* Straßensperre *f.* ~ **hog** *s* F Verkehrsrowdy *m.* '~ˌ**hold·ing** *s mot.* Straßenlage *f.* '~**·house** *s* Rasthaus *n.* ~**man** ['~mən] *s* (*irr* ***man***) Straßenarbeiter *m.* ~ **roll·er** *s* ⚙ Straßenwalze *f.* ~ **safe·ty** *s* Verkehrssicherheit *f.* '~**·side** *s* Straßenrand *m*: ***at*** (*od.* ***by***) ***the ~*** am Straßenrand. ~ **test** *s mot.* Probefahrt *f*: ***do a ~*** e-e Probefahrt machen. '~**-test** *v/t Auto* probefahren, e-e Probefahrt machen mit. ~ **us·er** *s* Verkehrsteilnehmer(in). '~**·way** *s* Fahrbahn *f.* ~ **works** *s pl* Straßenbauarbeiten *pl.* '~ˌ**wor·thy** *adj* verkehrssicher.

roam [rəʊm] **I** *v/i* wandern. **II** *v/t* wandern durch.

roar [rɔː] **I** *v/i* **1.** brüllen (***with*** vor *dat*): ~ (***with laughter***) vor Lachen brüllen; ~ ***at s.o.*** j-n anbrüllen. **2.** donnern (*Fahrzeug, Geschütz*). **II** *v/t* **3.** *a.* ~ ***out*** *et.* brüllen. **III** *s* **4.** Brüllen *n*, Gebrüll *n*: ~***s*** *pl* ***of laughter*** brüllendes Gelächter. **5.** Donnern *n.* '**roar·ing I** *adj* ☐ **1.** brüllend. **2.** donnernd. **3.** ~ ***success*** F Bombenerfolg *m.* **II** *adv* **4.** ~ ***drunk*** F sternhagelvoll. **III** *s* **5.** → ***roar*** 4, 5.

roast [rəʊst] **I** *v/t Fleisch* braten; *Kaffee etc* rösten. **II** *v/i* braten: ***I'm ~ing*** ich komme vor Hitze fast um. **III** *s* Braten *m.* **IV** *adj* gebraten: ~ ***beef*** Rinder-, Rindsbraten *m*; ~ ***chicken*** Brathuhn *n*, -hühnchen *n*; ~ ***pork*** Schweine-, Schweinsbraten *m*; ~ ***veal*** Kalbsbraten *m.* '**roast·ing** F **I** *adj* glühend-, knallheiß (*Tag etc*). **II** *adv*: ~ ***hot*** → I. **III** *s*: ***give s.o. a*** (***real***) ~ j-n zs.-stauchen (***for*** wegen).

rob [rɒb] *v/t Bank etc* überfallen; *j-n* berauben: ~ ***s.o. of s.th.*** j-m et. rauben. '**rob·ber** *s* Räuber *m.* '**rob·ber·y** *s* Raub(überfall) *m*, (*Bank*)Raub *m*, (-)Überfall *m.*

robe [rəʊb] *s a. pl* Robe *f*, Talar *m.*

rob·in ['rɒbɪn] *s orn.* Rotkehlchen *n.*

ro·bot ['rəʊbɒt] *s* ⚙ Roboter *m* (*a. fig.*).

ro·bust [rəʊ'bʌst] *adj* ☐ **1.** robust (*Person, Gesundheit, Material etc*); *fig.* gesund (*Firma etc*). **2.** *fig.* nachdrücklich.

rock[1] [rɒk] *s* **1.** Fels(en) *m*; *coll.* Felsen *pl*; *geol.* Gestein *n.* **2.** Felsbrocken *m*; *Am.* Stein *m.* **3.** *pl* Klippen *pl*: ***on the ~s*** on the rocks, mit Eis (*bsd. Whisky*); in ernsten Schwierigkeiten (*Firma etc*); ***their marriage is on the ~s*** in ihrer Ehe kriselt es gewaltig.

rock[2] [~] **I** *v/t* **1.** wiegen, schaukeln: ~ ***a child to sleep*** ein Kind in den Schlaf wiegen. **2.** erschüttern (*a. fig.*): ~ ***the boat*** *fig.* alles kaputtmachen. **II** *v/i* **3.** schaukeln. **4.** schwanken: ~ ***with laughter*** F sich vor Lachen biegen. **5.** ♪ rocken. **III** *s* **6.** → ***rock 'n' roll.*** **7.** *a.* ~ ***music*** Rock(musik *f*) *m*: ~ ***group*** Rockgruppe *f*; ~ ***singer*** Rocksänger (-in).

rock| and roll *s* ♪ Rock and Roll *m.* ~ **bot·tom** *s*: ***fall to*** (*od.* ***hit, reach***) ~ e-n *od.* s-n Tiefpunkt erreichen. ˌ~-'**bot·tom** *adj* allerniedrigst, äußerst (*Preise*). ~ **crys·tal** *s min.* Bergkristall *m.*

rock·er ['rɒkə] *s* **1.** Kufe *f* (*e-s Schaukelstuhls etc*): ***off one's*** ~ F übergeschnappt. **2.** *Am.* Schaukelstuhl *m.* **3.** *Br.* Rocker *m.*

rock·er·y ['rɒkərɪ] *s* Steingarten *m.*

rock·et ['rɒkɪt] **I** *s* **1.** Rakete *f.* **2.** ***give s.o. a ~*** *bsd. Br.* F j-m e-e Zigarre verpassen. **II** *v/i* **3.** *a.* ~ ***up*** hochschnellen, in die Höhe schießen (*Preise*). **4.** rasen, schießen.

'**rock|·fall** *s* Steinschlag *m.* ~ **gar·den** *s* Steingarten *m.*

rock·ing| chair ['rɒkɪŋ] *s* Schaukelstuhl *m.* ~ **horse** *s* Schaukelpferd *n.*

rock 'n' roll [ˌrɒkən'rəʊl] *s* ♪ Rock 'n' Roll *m.*

rock·y[1] ['rɒkɪ] *adj* ☐ **1.** felsig. **2.** steinhart.

rock·y[2] [~] *adj* ☐ F wack(e)lig.

ro·co·co [rəʊ'kəʊkəʊ] *s* Rokoko *n.*

rod [rɒd] *s* **1.** (*a. Angel*)Rute *f.* **2.** ⚙ Stab *m*, Stange *f.* **3.** ***rule with a ~ of iron*** mit eiserner Faust regieren. **4.** *Am. sl.* Schießeisen *n*, Kanone *f.*

rode [rəʊd] *pret von* ***ride.***

ro·dent ['rəʊdənt] *s* Nagetier *n.*

ro·de·o [rəʊ'deɪəʊ] *pl* **-os** *s* Rodeo *m, n.*

roe[1] [rəʊ] *s a.* ***hard ~*** *ichth.* Rogen *m*; ***soft ~*** Milch *f.*

roe[2] [~] *s zo.* Reh *n.* '~**·buck** *s* Rehbock *m.* ~ **deer** *s* Reh *n.*

rog·er ['rɒdʒə] *int Funkverkehr*: roger!, verstanden!

rogue [rəʊg] *s* **1.** Gauner *m*: ~***s' gallery*** Verbrecheralbum *n.* **2.** *oft humor.*

Schlingel *m*, Spitzbube *m*. **'ro·guer·y** *s* **1.** Gaunerei *f*. **2.** Spitzbüberei *f*. **'ro·guish** *adj* □ schelmisch.

role [rəʊl] *s thea. etc* Rolle *f* (*a. fig.*).

roll [rəʊl] **I** *s* **1.** Rolle *f*; (*Fett*)Wulst *f*. **2.** Anwesenheits-, Namenliste *f*: ***call the ~*** die Anwesenheitsliste verlesen. **3.** Brötchen *n*, Semmel *f*. **4.** *Würfeln*: Wurf *m*. **5.** ⚓ Schlingern *n*. **6.** (G)Rollen *n* (*des Donners*); (*Trommel*)Wirbel *m*. **II** *v/i* **7.** rollen; sich wälzen: ***tears were ~ing down her cheeks*** Tränen rollten ihr über die Wangen; ***heads will ~*** *fig*. es werden einige Köpfe rollen; ***be ~ing in money*** (*od.* ***it***) F im Geld schwimmen; → ***ball***[1] 1. **8.** rollen, fahren. **9.** würfeln. **10.** (sch)wanken (*Person*); ⚓ schlingern. **11.** (g)rollen (*Donner*). **III** *v/t* **12.** *et.* rollen: ***~ the dice*** würfeln; ***~ one's eyes*** die Augen rollen *od.* verdrehen. **13.** auf-, zs.-rollen: ***~ itself into*** sich zs.-rollen zu (*Tier*); ***~ a cigarette*** sich e-e Zigarette drehen; ***~ed into one*** *fig*. in einem. **14.** *Rasen etc* walzen; *Teig* ausrollen.

Verbindungen mit Adverbien:

roll| down *v/t* **1.** *Ärmel* herunterkrempeln. **2.** *mot. Fenster* herunterkurbeln. **~ in** *v/i* hereinströmen (*Angebote etc*). **~ on** *v/i*: ***~, Saturday!*** *Br.* wenn es doch nur schon Samstag wäre! **~ out** *v/t Teig, Teppich* ausrollen. **~ up I** *v/t* **1.** auf-, zs.-rollen. **2.** *Ärmel* hoch-, aufkrempeln (*a. fig.*). **3.** *mot. Fenster* hochkurbeln. **II** *v/i* **4.** sich zs.-rollen (***into*** zu) (*Tier*). **5.** F antanzen. **6.** ***~!*** (*Rummelplatz etc*) hereinspaziert!

roll| bar *s mot.* Überrollbügel *m*. **~ call** *s* Namensaufruf *m*: ***have a ~*** die Namen aufrufen.

roll·er ['rəʊlə] *s* **1.** ⚙ Rolle *f*; Walze *f*. **2.** Lockenwickler *m*. **~ blind** *s* Rolladen *m*, Rollo *n*. **~ coast·er** *s* Achterbahn *f*. **~ skate** *s* Rollschuh *m*. **'~-skate** *v/i* Rollschuh laufen. **~ skat·er** *s* Rollschuhläufer(in). **~ skat·ing** *s* Rollschuhlaufen *n*. **~ tow·el** *s* Rollhandtuch *n*.

roll·ing| mill ['rəʊlɪŋ] *s* ⚙ Walzwerk *n*. **~ pin** *s* Nudelholz *n*, -rolle *f*, Teigrolle *f*.

'roll-on *s* Deoroller *m*.

ro·ly-po·ly [ˌrəʊlɪ'pəʊlɪ] F **I** *s* Dickerchen *n*. **II** *adj* dick u. rund.

Ro·man ['rəʊmən] **I** *adj* römisch: ***~ numeral*** römische Ziffer. **II** *s* Römer(in). **~ Cath·o·lic I** *adj* (römisch-)katholisch. **II** *s* Katholik(in).

ro·mance[1] [rəʊ'mæns] *s* **1.** Liebes- *od.* Abenteuerroman *m*. **2.** Romanze *f*, Liebesverhältnis *n*. **3.** Romantik *f*.

Ro·mance[2] [~] *adj* romanisch (*Sprache*).

Ro·man·esque [ˌrəʊmə'nesk] *adj* romanisch (*Baustil*).

ro·man·tic [rəʊ'mæntɪk] **I** *adj* (***~ally***) (*Kunst etc oft* ♀) romantisch. **II** *s* (*Kunst etc oft* ♀) Romantiker(in). **ro'man·ti·cism** [~sɪzəm] *s* **1.** *oft* ♀ *Kunst etc*: Romantik *f*. **2.** romantische Vorstellungen *pl*. **ro'man·ti·cist** → ***romantic*** II. **ro'man·ti·cize** *v/t* romantisieren.

Ro·ma·ny ['rɒmənɪ] *s* **1.** Zigeuner(in). **2.** Romani *n*, Zigeunersprache *f*.

Rome [rəʊm] *npr* Rom *n*: ***~ was not built in a day*** Rom ist nicht an *od.* in 'einem Tag erbaut worden; ***all roads lead to ~*** alle Wege führen nach Rom.

romp [rɒmp] *v/i* **1.** *a.* ***~ about*** (*od.* ***around***) herumtollen. **2.** ***~ through*** F *et.* spielend schaffen.

ron·do ['rɒndəʊ] *pl* **-dos** *s* ♪ Rondo *n*.

roof [ru:f] **I** *s* Dach *n*; *mot.* Verdeck *n*: ***go through the ~*** F an die Decke gehen (*Person*); ins Unermeßliche steigen (*Kosten etc*); ***have no ~ over one's head*** kein Dach über dem Kopf haben; ***live under the same ~*** unter 'einem Dach leben *od.* wohnen (**as** mit). **II** *v/t* bedachen: ***~ in*** (*od.* ***over***) überdachen. **~ gar·den** *s* Dachgarten *m*. **~ rack** *s mot.* Dachgepäckträger *m*. **'~·top** *s*: ***scream*** (*od.* ***shout***) ***s.th. from the ~s*** *fig*. et. ausposaunen *od.* an die große Glocke hängen.

rook[1] [rʊk] *v/t* F *j-n* betrügen (***of*** um).

rook[2] [~] *s Schach*: Turm *m*.

room [ru:m] **I** *s* **1.** Raum *m*, Zimmer *n*. **2.** Raum *m*, Platz *m*: ***make ~ for s.o.*** j-m Platz machen. **3.** *fig*. Spielraum *m*: ***there is ~ for improvement*** es ließe sich noch manches besser machen; ***leave little ~ for doubt as to*** kaum e-n Zweifel übriglassen an (*dat*). **II** *v/i* **4.** *Am.* → ***lodge*** 3. **'room·er** *Am.* → ***lodger***. **'room·ing** *adj*: ***~ house*** *Am.* Fremdenheim *n*, Pension *f*.

'room|·mate *s* Zimmergenosse *m*, -genossin *f*. **~ ser·vice** *s* Zimmerservice *m*:

ring for ~ nach dem Zimmerkellner klingeln.

room·y ['ruːmɪ] *adj* □ geräumig.

roost [ruːst] **I** *s* (Hühner)Stange *f*: ***come home to ~*** *fig.* sich rächen (*Fehler etc*); → ***rule*** 5. **II** *v/i* auf der Stange sitzen *od.* schlafen. **'roost·er** *s bsd. Am.* Hahn *m.*

root[1] [ruːt] **I** *s anat.*, ⚘, ⩘ Wurzel *f* (*a. fig.*): ***~ and branch*** *fig.* mit Stumpf u. Stiel; ***get to the ~ of*** *fig. e-r Sache* auf den Grund gehen; ***have its ~s in*** *fig.* wurzeln in (*dat*), s-n Ursprung haben in (*dat*); ***pull out by the ~*** mit der Wurzel ausreißen *od.* (*fig.*) ausrotten; ***put down*** (***new***) ***~s*** *fig.* Fuß fassen; ***take ~*** Wurzeln schlagen (*a. fig.*). **II** *v/i* Wurzeln schlagen (*a. fig.*). **III** *v/t*: ***~ up*** mit der Wurzel ausreißen; ***~ out*** *fig.* (mit der Wurzel) ausrotten.

root[2] [~] **I** *v/i a.* ***~ about*** (*od.* ***around***) herumwühlen (***among*** in *dat*). **II** *v/t*: ***~ out*** aufstöbern.

root[3] [~] *v/i*: ***~ for*** *bsd. Am.* F a) *Sport*: *j-n* anfeuern, b) *fig. j-m* den Daumen drükken *od.* halten; *j-n* (tatkräftig) unterstützen.

root beer *s Am. Limonade aus Wurzelextrakten.*

root·ed ['ruːtɪd] *adj*: ***be ~ in*** *fig.* wurzeln in (*dat*), s-n Ursprung haben in (*dat*); ***stand ~ to the spot*** wie angewurzelt dastehen.

rope [rəʊp] **I** *s* **1.** Seil *n*, ⚓ Tau *n*; Strick *m*: ***give s.o. plenty of ~*** *fig.* j-m viel Freiheit *od.* Spielraum lassen; ***know the ~s*** F sich auskennen; ***jump ~*** *Am.* seilhüpfen, -springen; ***show s.o. the ~s*** F j-n anlernen *od.* einarbeiten *od.* einweihen. **2.** (*Perlen- etc*)Schnur *f.* **II** *v/t* **3.** festbinden (***to*** an *dat*, *a. acc*). **4.** ***~ off*** (durch ein Seil) abgrenzen *od.* absperren. **~ lad·der** *s* Strickleiter *f.*

rop·(e)y ['rəʊpɪ] *adj* □ F miserabel.

ro·sa·ry ['rəʊzərɪ] *s* (*Gebete oft* ♀) *eccl.* Rosenkranz *m.*

rose[1] [rəʊz] **I** *s* **1.** ⚘ Rose *f*: ***life is not all ~s*** das Leben hat nicht nur angenehme Seiten. **2.** Brause *f* (*e-r Gießkanne etc*). **II** *adj* **3.** rosa-, rosenrot.

rose[2] [~] *pret von* ***rise.***

ro·sé ['rəʊzeɪ] *s* Rosé *m* (*Wein*).

'rose|·bush *s* ⚘ Rosenstock *m*, -strauch *m.* **'~,col·o(u)red** *adj* rosa-, rosenrot: ***see things through ~ glasses*** (*od.* ***spectacles***) *fig.* die Dinge durch e-e rosa(rote) Brille sehen. **'~·hip** *s* ⚘ Hagebutte *f.*

rose·mar·y ['rəʊzmərɪ] *s* ⚘ Rosmarin *m.*

ro·sette [rəʊ'zet] *s* Rosette *f* (*a.* △).

ros·in ['rɒzɪn] **I** *s* Kolophonium *n*, Geigenharz *n.* **II** *v/t* mit Kolophonium einreiben.

ros·ter ['rɒstə] *s* Dienstplan *m.*

ros·trum ['rɒstrəm] *pl* **-tra** ['~trə], **-trums** *s* Redner-, Dirigentenpult *n.*

ros·y ['rəʊzɪ] *adj* □ rosig (*a. fig.*).

rot [rɒt] **I** *v/i a.* ***~ away*** (ver)faulen, (*bsd. Holz a.*) verrotten, morsch werden. **II** *v/t* (ver)faulen *od.* verrotten lassen, morsch machen. **III** *s* Fäulnis(prozeß *m*) *f.*

ro·ta ['rəʊtə] *s bsd. Br.* Dienstplan *m.*

ro·ta·ry ['rəʊtərɪ] **I** *adj* rotierend, Rotations..., Dreh... **II** *s Am.* Kreisverkehr *m.* **ro·tate** [~'teɪt] **I** *v/i* **1.** rotieren, sich drehen. **2.** turnusmäßig wechseln. **II** *v/t* **3.** rotieren lassen, drehen. **4.** *Personal* turnusmäßig auswechseln. **ro'ta·tion** *s* **1.** Rotation *f*, Drehung *f.* **2.** ***in ~*** der Reihe nach, nacheinander.

rote [rəʊt] *s*: ***learn s.th. by ~*** et. (mechanisch) auswendig lernen.

ro·tor ['rəʊtə] *s* ⚙, ⚡ Rotor *m.*

rot·ten ['rɒtn] *adj* □ **1.** verfault, faul, (*bsd. Holz a.*) verrottet, morsch. **2.** F miserabel: ***feel ~*** sich mies fühlen (*a. fig.*).

ro·tund [rəʊ'tʌnd] *adj* □ rund u. dick.

rouge [ruːʒ] *s* Rouge *n.*

rough [rʌf] **I** *adj* (□ → ***roughly***) **1.** uneben (*Straße etc*), rauh (*Haut etc*, *a. Stimme*). **2.** stürmisch (*Meer*, *Überfahrt*, *Wetter*): ***he had a ~ passage*** *fig.* ihm ist es (e-e Zeitlang) nicht gutgegangen. **3.** a) grob (*Person*, *Behandlung etc*): ***be ~ with*** grob umgehen mit, b) *Sport*: hart (*Spielweise etc*). **4.** roh, Roh...: ***~ diamond*** Rohdiamant *m*; ***be a ~ diamond*** *fig.* e-e rauhe Schale haben; ***~ draft*** Rohfassung *f*; → ***copy*** 1. **5.** *fig.* grob, ungefähr: ***at a ~ guess*** grob geschätzt; ***I have a ~ idea where it is*** ich kann mir ungefähr vorstellen, wo es ist; → ***estimate*** 5. **6.** ***feel ~*** *Br.* F sich mies fühlen. **II** *s* **7.** *Golf*: Rough *n.* **8.** Rowdy *m.* **9.** ***take the ~ with the smooth*** die Dinge nehmen, wie sie kommen. **III** *adv* **10.** ***sleep ~*** im Freien übernachten. **11.** ***play*** (***it***) ~ (*Sport*) hart spielen. **IV** *v/t* **12.** ~ ***it*** F primitiv leben. **13.** ~ ***out*** entwerfen, skizzieren. **14.** ~ ***up*** F *j-n* zs.-schlagen. **'rough·age** *s biol.* Ballaststoffe *pl.*

ˌrough|-and-'tum·ble *s* Balgerei *f*: ***have a*** ~ sich balgen. **'~·cast** *s* ⚠ Rauhputz *m.*

rough·en ['rʌfn] **I** *v/t Haut etc* rauh machen. **II** *v/i* rauh werden. **'rough·ly** *adv* **1.** grob (*a. fig.*). **2.** *fig.* ungefähr: ~ ***speaking*** grob geschätzt, über den Daumen gepeilt.

'rough·neck *s bsd. Am.* F Grobian *m*; Schläger *m.*

rough·ness ['rʌfnɪs] *s* **1.** Unebenheit *f*, Rauheit *f*. **2.** Grobheit *f*.

'rough·shod *adv*: ***ride*** ~ ***over*** sich rücksichtslos hinwegsetzen über (*acc*).

rou·lette [ruː'let] *s* Roulett(e) *n.*

round [raʊnd] **I** *adj* (□ → ***roundly***) **1.** *allg.* rund. **2.** rund(lich), dick(lich) (*Körperteil*). **3.** rund: a) voll, ganz: ***a*** ~ ***dozen*** ein rundes Dutzend, b) ab- *od.* aufgerundet: ***the house cost £100,000 in*** ~ ***figures*** das Haus kostete rund(e) 100 000 Pfund. **II** *adv* (→ *Verben, z. B.* ***turn round***) **4.** → ***all*** 3. **5.** ***all*** (***the***) ***year*** ~ das ganze Jahr lang *od.* hindurch *od.* über. **6.** ~ ***about*** F ungefähr. **7.** ***be three yards*** ~ e-n Umfang von drei Yards haben. **III** *prp* **8.** (rund) um, um (... herum): ***trip*** ~ ***the world*** Weltreise *f*; ***do you live*** ~ ***here?*** wohnen Sie hier in der Gegend?; → ***bend*** 1, ***clock*** 1, ***look*** 1. **9.** ungefähr. **IV** *s* **10.** Runde *f*, Rundgang *m*: ***do*** (*od.* ***be out on***) ***one's*** ~***s*** s-e Runde machen, (*Arzt*) Hausbesuche machen; ***go the*** ~***s*** *fig.* umgehen (*Gerücht etc*), (*Krankheit a.*) grassieren (***of*** in *dat*); ***the daily*** ~ *fig.* der tägliche Trott. **11.** Lage *f*, Runde *f* (*Bier etc*): ***it's my*** ~ die Runde geht auf mich. **12.** *Boxen, Turnier, Verhandlungen etc*: Runde *f*. **13.** ⚔ *etc* Schuß *m.* **14.** ♪ Kanon *m.* **V** *v/t* **15.** rund machen, (ab)runden, *Lippen* spitzen. **16.** umfahren, fahren um, *Kurve* nehmen.

Verbindungen mit Adverbien:

round| down *v/t Preis etc* abrunden (***to*** auf *acc*). ~ **off** *v/t* **1.** *Mahlzeit etc* abrunden, beschließen (***with*** mit). **2.** *Preis etc* auf- *od.* abrunden (***to*** auf *acc*). ~ **out I** *v/t Ausbildung etc* abrunden (***with*** mit, durch). **II** *v/i* rundlich werden (*Person*). ~ **up** *v/t* **1.** *Vieh* zs.-treiben. **2.** F *Verbrecher* hochnehmen; *Leute* zs.-trommeln, *a. et.* auftreiben. **3.** *Preis etc* aufrunden (***to*** auf *acc*).

'round·a·bout I *s* **1.** *Br.* Kreisverkehr *m.* **2.** *Br.* Karussell *n*: ***go on the*** ~ Karussell fahren. **II** *adj* **3.** ***take a*** ~ ***route*** e-n Umweg machen; ***in a*** ~ ***way*** *fig.* auf Umwegen.

round·ly ['raʊndlɪ] *adv* **1.** gründlich, gehörig. **2.** rundweg, -heraus.

round rob·in *s* **1.** Petition *f*, Denkschrift *f* (*bsd. e-e mit im Kreis herum geschriebenen Unterschriften*). **2.** *Sport*: *Am. Turnier, in dem jeder gegen jeden antritt.*

rounds·man ['raʊndzmən] *s* (*irr* ***man***) *Br.* Ausfahrer *m*, Austräger *m.*

'round|-ˌta·ble *adj*: ~ ***conference*** Round-table-Konferenz *f*, Konferenz *f* am runden Tisch. **'~-the-clock** *adj* 24stündig, rund um die Uhr. ~ **trip** *s* Hin- u. Rückfahrt *f*, ✈ Hin- u. Rückflug *m.* **'~-trip** *adj*: ~ ***ticket*** *Am.* Rückfahrkarte *f*, ✈ Rückflugticket *n.*

rouse [raʊz] *v/t* **1.** *j-n* wecken (***from, out of*** aus). **2.** *fig. j-n* auf-, wachrütteln (***from, out of*** aus): ~ ***s.o. to action*** j-n so weit bringen, daß er (endlich) et. tut *od.* unternimmt. **3.** *a.* ~ ***to anger*** *j-n* erzürnen, reizen. **'rous·ing** *adj* □ mitreißend, zündend (*Rede etc*).

rout [raʊt] **I** *s*: ***put to*** ~ → II. **II** *v/t* ⚔ in die Flucht schlagen.

route [ruːt] *s* Route *f*, Strecke *f*, Weg *m*, (*Bus*)Linie *f*.

rou·tine [ruː'tiːn] **I** *s* Routine *f* (*a. Computer*). **II** *adj* Routine..., routinemäßig.

roux [ruː] *pl* **roux** [ruːz] *s gastr.* Mehlschwitze *f*, Einbrenne *f*.

row[1] [rəʊ] *s* Reihe *f*: ***four times in a*** ~ viermal nach- *od.* hintereinander; ~ ***house*** *Am.* Reihenhaus *n.*

row[2] [~] **I** *v/i u. v/t* rudern. **II** *s* Kahnfahrt *f*: ***go for a*** ~ rudern gehen.

row[3] [raʊ] F **I** *s* Krach *m*: a) Krawall *m*: ***kick up*** (*od.* ***make***) ***a*** ~ Krach schlagen, b) Streit *m*: ***have a*** ~ ***with*** Krach haben mit. **II** *v/i* (sich) streiten (***with*** mit; ***about*** über *acc*).

row·boat ['rəʊbəʊt] *s Am.* Ruderboot *n.*

row·dy ['raʊdɪ] *adj* □ **1.** rowdyhaft. **2.** ausgelassen, laut (*Party*).

row·er ['rəʊə] *s* Ruderer *m*, Ruderin *f*. '**row·ing** *adj* Ruder...: ~ ***boat*** *bsd. Br.* Ruderboot *n*.

roy·al ['rɔɪəl] **I** *adj* □ **1.** königlich, Königs...: ***Her* ♀ *Highness*** Ihre Königliche Hoheit; ~ ***road*** *fig.* bequemer *od.* leichter Weg (***to*** zu). **2.** *fig.* großartig, prächtig. **II** *s* **3.** F Mitglied *n* des Königshauses. '**roy·al·ist I** *adj* royalistisch. **II** *s* Royalist(in). '**roy·al·ty** *s* **1.** die königliche Familie. **2.** *mst pl* Tantieme *f* (***on*** auf *acc*).

rub [rʌb] **I** *s* **1.** ***give s.th. a*** ~ et. abreiben *od.* polieren. **2.** ***there's the*** ~ F da liegt der Hase im Pfeffer. **II** *v/t* **3.** reiben: ~ ***dry*** trockenreiben; ~ ***s.th. into*** et. einreiben in (*acc*); ~ ***one's hands*** (***together***) sich die Hände reiben (***with*** vor *dat*); ~ ***s.o.'s nose in s.th.*** F j-m et. unter die Nase reiben; ~ ***salt into s.o.'s wound***(***s***) *fig.* j-m Salz auf *od.* in die Wunde streuen; ~ ***shoulders with*** F verkehren mit (*Prominenten etc*). **4.** abreiben; polieren. **III** *v/i* **5.** reiben, scheuern (***against, on*** an *dat*): ~ ***against s.th.*** *a.* et. streifen.

Verbindungen mit Adverbien:

rub| a·long *v/i Br.* F **1.** sich durchschlagen. **2.** *a.* ~ ***together*** recht gut miteinander auskommen: ~ ***with*** recht gut auskommen mit. ~ **down** *v/t* **1.** ab-, trockenreiben. **2.** abschmirgeln, abschleifen. ~ **in** *v/t* abreiben: ***rub*** (***it***) ***in that*** F darauf herumreiten, daß. ~ **off I** *v/t* abreiben. **II** *v/i* abgehen (*Farbe, Schmutz etc*): ~ **on**(**to**) *fig.* abfärben auf (*acc*). ~ **out** *v/t* **1.** *Br.* ausradieren. **2.** *Am. sl.* umlegen (*töten*). ~ **up** *v/t*: ***rub s.o. up the wrong way*** F j-n verschnupfen.

rub·ber ['rʌbə] *s* **1.** Gummi *n, m*; Kautschuk *m*. **2.** *Br.* Radiergummi *m*. **3.** Wischtuch *n*. **4.** F Gummi *m* (*Kondom*). ~ **band** *s* Gummiband *n*, -ring *m*, (Dichtungs)Gummi *m*. ~ **din·ghy** *s* Schlauchboot *n*. '~**·neck** *bsd. Am.* F **I** *s* Gaffer(in), Schaulustige *m, f*. **II** *v/i* neugierig gaffen, sich den Hals verrenken. ~ **plant** *s* ♈ Gummibaum *m*. ~ **stamp** *s* Stempel *m*. ˌ~-'**stamp** *v/t* **1.** (ab)stempeln. **2.** F (automatisch) genehmigen.

rub·bing al·co·hol ['rʌbɪŋ] *s Am.* Wundbenzin *n*.

rub·bish ['rʌbɪʃ] *s* **1.** Abfall *m*, Abfälle *pl*, Müll *m*: ~ ***bin*** → ***dustbin***. **2.** *fig.* Blödsinn *m*, Quatsch *m*. '**rub·bish·y** *adj* F blödsinnig.

rub·ble ['rʌbl] *s* Schutt *m*; Trümmer *pl*.

ru·bel·la [rʊ'belə] *s* ⚕ Röteln *pl*.

ru·by ['ru:bɪ] **I** *s min.* Rubin *m*. **II** *adj* rubinrot.

ruck[1] [rʌk] *s*: ***get out of the*** (***common***) ~ sich über den Durchschnitt erheben.

ruck[2] [~] *v/i*: ~ ***up*** Falten werfen.

ruck·sack ['rʌksæk] *s* Rucksack *m*.

ruc·tion ['rʌkʃn] *s oft pl* F Krach *m*, Stunk *m*.

rud·der ['rʌdə] *s* ✈, ⚓ Ruder *n*.

rud·dy ['rʌdɪ] **I** *adj* □ **1.** frisch, gesund (*Gesichtsfarbe*), rot (*Backen*). **2.** *Br. sl.* verdammt. **II** *adv* **3.** → 2.

rude [ru:d] *adj* □ **1.** unhöflich; grob (***to*** zu). **2.** unanständig (*Witz etc*). **3.** bös (*Schock etc*): → ***awakening***. **4.** ***be in*** ~ ***health*** vor Gesundheit strotzen.

ru·di·men·ta·ry [ˌru:dɪ'mentərɪ] *adj* □ **1.** elementar, Anfangs... **2.** primitiv. **3.** rudimentär (*a. biol.*). **ru·di·ments** ['~mənts] *s pl* Anfangsgründe *pl*, Grundlagen *pl*: ***learn the*** ~ ***of*** sich Grundkenntnisse aneignen in (*dat*).

rue [ru:] *v/t*: ~ ***the day ...*** den Tag verwünschen, an dem ... **rue·ful** ['~fʊl] *adj* □ reuevoll, reumütig.

ruff [rʌf] *s* Halskrause *f* (*a. orn.*).

ruf·fle ['rʌfl] **I** *s* **1.** Rüsche *f*. **II** *v/t* **2.** *Wasser* kräuseln; *Haar* zerzausen: ~ (***up***) ***its feathers*** *orn.* sich aufplustern. **3.** *Seiten* (rasch) durchblättern. **4.** *j-n* verärgern: ~ ***s.o.'s composure*** j-n aus der Fassung bringen.

rug [rʌg] *s* **1.** Brücke *f*, (*Bett*)Vorleger *m*: ***pull the*** ~ (***out***) ***from under s.o.*** *fig.* j-m den Boden unter den Füßen wegziehen; ***sweep under the*** ~ *Am. fig. et.* unter den Teppich kehren. **2.** *bsd. Br.* dicke Wolldecke.

rug·by ['rʌgbɪ] *s a.* ~ ***football*** (*Sport*) Rugby *n*.

rug·ged ['rʌgɪd] *adj* □ **1.** zerklüftet (*Felsen*), felsig (*Landschaft*). **2.** zerfurcht (*Gesicht*). **3.** robust, stabil (*Gerät etc*). **4.** *fig.* rauh (*Sitten etc*).

ru·in ['rʊɪn] **I** *s* **1.** Ruine *f*: ~***s*** *pl* Ruinen *pl*, Trümmer *pl*; ***a castle in*** ~***s*** e-e Burgruine; ***be*** (*od.* ***lie***) ***in*** ~***s*** in Trümmern liegen; *fig.* zerstört *od.* ruiniert sein. **2.**

Verfall *m*: ***fall into ~*** verfallen. **3.** Ruin *m*; Ende *n* (*von Hoffnungen etc*). **II** *v/t* **4.** *Gebäude*, *Gesundheit*, *Hoffnungen*, *Leben etc* zerstören, *j-n*, *Kleidung*, *Gesundheit*, *Ruf etc* ruinieren: ***~ one's eyes*** sich die Augen verderben. **ru·in·'a·tion** *s*: ***be the ~ of s.o.*** j-s Ruin sein. **'ru·in·ous** *adj* ruinös. **'ru·in·ous·ly** *adv*: ***~ expensive*** extrem *od.* sündhaft teuer.

rule [ru:l] **I** *s* **1.** Regel *f*, Normalfall *m*: ***as a ~*** in der Regel; ***make it a ~*** es sich zur Regel machen *od.* gemacht haben (***to do*** zu tun); → ***exception*** 1. **2.** Regel *f*; Bestimmung *f*, Vorschrift *f*: ***against the ~s*** regelwidrig; verboten; ***as a ~ of thumb*** als Faustregel; ***do s.th. by ~ of thumb*** et. nach Gefühl tun; ***bend*** (*od.* ***stretch***) ***the ~s*** es (mit den Vorschriften) nicht so genau nehmen; ***work to ~*** Dienst nach Vorschrift tun. **3.** Herrschaft *f*. **4.** → ***ruler*** 2. **II** *v/t* **5.** herrschen über (*acc*): ***~ the roost*** *fig.* das Regiment führen; ***be ~d by*** *fig.* sich leiten lassen von; beherrscht werden von. **6.** *bsd.* ⚖ entscheiden (***that*** daß). **7.** ***~ out*** *et.* ausschließen; *et.* unmöglich machen. **8.** *Papier* lin(i)ieren; *Linie* ziehen. **III** *v/i* **9.** herrschen (***over*** über *acc*). **10.** *bsd.* ⚖ entscheiden (***against*** gegen; ***in favo[u]r of*** für; ***on*** in *dat*). **'rul·er** *s* **1.** Herrscher(in). **2.** Lineal *n*; Maßstab *m*. **'rul·ing I** *adj* herrschend; *fig.* vorherrschend. **II** *s bsd.* ⚖ Entscheidung *f*; Verfügung *f*: ***give a ~ that*** entscheiden, daß.

rum [rʌm] *s* Rum *m*.

Ru·ma·nian [ru:'meɪnjən] **I** *adj* **1.** rumänisch. **II** *s* **2.** Rumäne *m*, Rumänin *f*. **3.** *ling.* Rumänisch *n*.

rum·ble ['rʌmbl] **I** *v/i* **1.** (g)rollen (*Donner*); rumpeln (*Fahrzeug*); knurren (*Magen*). **II** *v/t* **2.** F *j-n*, *et.* durchschauen. **III** *s* **3.** (G)Rollen *n*; Rumpeln *n*; Knurren *n*. **4.** *Am. sl.* Straßenschlacht *f*.

rum·bus·tious [rʌm'bʌstɪəs] *adj* □ F wild, ausgelassen.

ru·mi·nant ['ru:mɪnənt] *s zo.* Wiederkäuer *m*. **ru·mi·nate** ['~neɪt] *v/i* **1.** *zo.* wiederkäuen. **2.** *fig.* grübeln (***on, over*** über *acc*, *dat*). **ru·mi·na·tive** ['~nətɪv] *adj* □ grüblerisch.

rum·mage ['rʌmɪdʒ] **I** *v/i a.* ***~ about*** (*od.* ***around***) herumstöbern, -wühlen (***among, in, through*** in *dat*). **II** *s* Ramsch *m*. ***~ sale*** *s Am.* Wohltätigkeitsbasar *m*.

rum·my ['rʌmɪ] *s* Rommé *n* (*Kartenspiel*).

ru·mo(u)r ['ru:mə] **I** *s* Gerücht(e *pl*) *n*: ***~ has it that*** es geht das Gerücht, daß. **II** *v/t*: ***it is ~ed that*** es geht das Gerücht, daß; ***he is ~ed to be*** man munkelt, er sei. **'~ˌmon·ger** *s* Gerüchtemacher(in).

rump [rʌmp] *s* **1.** *zo.* Hinterbacken *pl*; *orn.* Bürzel *m*. **2.** *humor.* Hinterteil *n*. **3.** *fig.* (kümmerlicher) Rest.

rum·ple ['rʌmpl] *v/t* zerknittern, -knüllen; *Haar* zerzausen.

rump steak *s gastr.* Rumpsteak *n*.

rum·pus ['rʌmpəs] → ***row***[3] I. ***~ room*** *s Am.* F Hobby- *od.* Partyraum *m*.

run [rʌn] **I** *s* **1.** Lauf *m* (*a. Sport*): ***at a ~*** im Laufschritt; ***in the long ~*** *fig.* auf (die) Dauer; auf lange *od.* weite Sicht, langfristig; ***in the short ~*** *fig.* zunächst; auf kurze Sicht, kurzfristig; ***on the ~*** auf der Flucht (***from the police*** vor der Polizei); ***~ of good*** (***bad***) ***luck*** Glückssträhne *f* (Pechsträhne *f*). **2.** Fahrt *f*: ***go for a ~ in the car*** e-e Spazierfahrt machen. **3.** *thea. etc* Laufzeit *f*: ***the play had a ~ of six months*** das Stück lief ein halbes Jahr lang. **4.** Ansturm *m*, ⚕ *a.* Run *m* (***on*** auf *acc*). **5.** ***have the ~ of*** *et.* benutzen dürfen. **6.** *Am.* Laufmasche *f*. **7.** Auflage *f* (*e-r Zeitung etc*). **8.** ***have the ~s*** *bsd. Br.* F den flotten Otto haben. **II** *v/i* (*irr*) **9.** laufen (*a. Sport*), rennen. **10.** fahren (*Fahrzeug*); fahren, verkehren (*Bus etc*). **11.** laufen, fließen: ***tears were ~ning down her face*** Tränen liefen ihr übers Gesicht; ***his nose was ~ning*** ihm lief die Nase; ***it ~s in the family*** *fig.* das liegt bei ihm *etc* in der Familie; → ***cold*** 1. **12.** zerfließen, -laufen (*Butter*, *Farbe etc*). **13.** ⚙ laufen (*a. fig.*): ***with the engine ~ning*** mit laufendem Motor. **14.** (ver)laufen (*Straße etc*). **15.** *bsd.* ⚖ gelten, laufen (***for two years*** zwei Jahre). **16.** *thea. etc* laufen (***for six months*** ein halbes Jahr lang). **17.** *mit Adjektiven*: → ***low***[1] 4. **18.** *pol. bsd. Am.* kandidieren. **19.** gehen, lauten (*Vers etc*). **III** *v/t* (*irr*) **20.** *Strecke*, *Rennen* laufen: → ***course*** 3, ***errand***, ***temperature***. **21.** *j-n*, *et.* fahren, bringen. **22.** *Wasser etc* laufen lassen: ***~ s.o. a bath*** j-m ein Bad einlaufen lassen. **23.** *Geschäft* führen, *Hotel etc a.* leiten. **24.** ⚙ *Maschine etc* laufen lassen. **25.** abdrucken, bringen (*Zeitung etc*). **26.** schmuggeln.

Verbindungen mit Präpositionen:

run| a·cross *v/i* **1.** *j-n* zufällig treffen. **2.** stoßen auf (*acc*). **~ af·ter** *v/i* nachlaufen (*dat*) (*a. fig.*). **~ a·gainst** *v/i pol. bsd. Am.* kandidieren gegen. **~ for** *v/i* **1.** ***~ it!*** lauf, was du kannst!; ***~ one's life*** um sein Leben laufen. **2.** *pol. bsd. Am.* kandidieren für. **~ in·to I** *v/i* **1.** laufen *od.* fahren gegen. **2.** *j-n* zufällig treffen. **3.** *fig.* geraten in (*acc*). **4.** *fig.* sich belaufen auf (*acc*), gehen in (*acc*). **II** *v/t* **5.** ***run a knife into s.o.'s back*** j-m ein Messer in den Rücken stoßen *od.* rennen. **~ off** *v/i*: ***~ the road*** von der Straße abkommen (*Wagen etc*). **~ on** *v/i* ⚙ fahren mit: ***~ electricity*** elektrisch betrieben werden. **~ o·ver** → ***run through*** 1. **~ through** *v/i* **1.** *Szene etc* durchspielen. **2.** *Notizen etc* durchgehen. **3.** *Vermögen etc* durchbringen. **4.** *j-n* durchlaufen (*Schauder etc*): ***~ s.o.'s mind*** j-m durch den Kopf gehen. **~ to** *v/i bsd. Br.* (aus)reichen für.

Verbindungen mit Adverbien:

run| a·bout → ***run around.*** **~ a·long** *v/i*: ***~!*** ab mit dir! **~ a·round** *v/i* sich herumtreiben (***with*** mit). **~ a·way** *v/i* davonlaufen (***from*** vor *dat*) (*a. fig.*): ***~ from home*** von zu Hause ausreißen; ***~ with*** durchbrennen mit; *fig.* durchgehen mit (*Phantasie etc*); ***don't ~ with the idea that*** glaube bloß nicht, daß. **~ back** *v/t Band, Film* zurückspulen. **~ down I** *v/t* **1.** *mot.* an-, umfahren. **2.** schlechtmachen. **3.** ausfindig machen. **II** *v/i* **4.** ablaufen (*Uhr*), leer werden (*Batterie*). **~ in** *v/t* **1.** *Wagen etc* einfahren. **2.** F *Verbrecher etc* schnappen. **~ on** *v/i* **1.** weitergehen, sich hinziehen (***until*** bis). **2.** unaufhörlich reden (***about*** über *acc*, von). **~ out** *v/i* ablaufen (*Vertrag, Zeit etc*), ausgehen, zu Ende gehen (*Vorräte etc*): ***I've ~ of money*** mir ist das Geld ausgegangen; → ***steam*** 1. **~ o·ver I** *v/t mot.* überfahren. **II** *v/i* überlaufen. **~ up I** *v/t* **1.** *Flagge etc* aufziehen, hissen. **2.** *hohe Rechnung, Schulden* machen. **II** *v/i* **3.** ***~ against*** stoßen auf (*starken Widerstand etc*).

'run|·a·bout *s mot.* Stadtwagen *m.* **'~-a·round** *s*: ***give s.o. the ~*** F j-n hinhalten; j-n an der Nase herumführen. **'~·a·way I** *s* **1.** Ausreißer(in). **II** *adj* **2.** ausgerissen: ***~ child*** (kleiner) Ausreißer. **3.** außer Kontrolle geraten: ***~ inflation*** ✝ galoppierende Inflation. **'~-down I** *adj* **1.** abgespannt. **2.** baufällig; heruntergekommen. **3.** abgelaufen (*Uhr*), leer (*Batterie*). **II** *s* **4.** F (genauer) Bericht (**on** über *acc*).

rung[1] [rʌŋ] *pp von* ***ring***[2].

rung[2] *s* Sprosse *f* (*e-r Leiter*): ***start on the bottom*** (*od.* ***first***) ***~ of the ladder*** *fig.* ganz unten *od.* klein anfangen.

'run-in *s*: ***have a ~ with*** F in Konflikt kommen mit (*dem Gesetz etc*).

run·ner ['rʌnə] *s* **1.** *Sport*: Läufer(in); Rennpferd *n.* **2.** *mst in Zssgn* Schmuggler(in). **3.** (*Schlitten- etc*)Kufe *f.* **~ bean** *s* ♀ *Br.* grüne Bohne. **,~-'up** *pl* **,~s-'up** *s* Zweite *m, f,* (*Sport a.*) Vizemeister(in) (**to** hinter *dat*).

run·ning ['rʌnɪŋ] **I** *s* **1.** Laufen *n*, Rennen *n*: ***be still in the ~*** *fig.* noch gut im Rennen liegen (***for*** um); ***be out of the ~*** *fig.* aus dem Rennen sein (***for*** um); ***make the ~*** (*Sport*) das Rennen machen (*a. fig.*). **2.** Führung *f*, Leitung *f.* **II** *adj* **3.** *Sport*: Lauf...: ***~ shoes***; ***~ track*** Laufbahn *f.* **4.** fließend (*Wasser*); ⚕ eiternd (*Wunde*). **5.** ***four times*** (***for three days***) ***~*** viermal (drei Tage) hinter- *od.* nacheinander. **6.** ***~ costs*** *pl* Betriebskosten *pl*, laufende Kosten *pl.* **7.** ***~ mate*** *pol. Am.* Kandidat(in) für die Vizepräsidentschaft.

run·ny ['rʌnɪ] *adj* **1.** flüssig. **2.** laufend (*Nase*), tränend (*Augen*).

,run|-of-the-'mill *adj mst contp.* durchschnittlich, mittelmäßig. **'~-up** *s* **1.** *Sport*: Anlauf *m.* **2.** ***in the ~ to*** *fig.* im Vorfeld (*gen*). **'~·way** *s* ✈ Start- und Landebahn *f*, Rollbahn *f*, Piste *f.*

rup·ture ['rʌptʃə] **I** *s* Bruch *m* (*a.* ⚕ *u. fig.*), Riß *m.* **II** *v/i* zerspringen, (-)reißen, platzen. **III** *v/t* zersprengen, -reißen: ***~ o.s.*** ⚕ sich e-n Bruch heben *od.* zuziehen.

ru·ral ['rʊərəl] *adj* □ ländlich: ***~ population*** Landbevölkerung *f*; → ***exodus.***

ruse [ruːz] *s* List *f.*

rush[1] [rʌʃ] *s* ⚘ Binse *f*: **~ *mat*** Binsenmatte *f*.

rush[2] [~] **I** *v/i* **1.** hasten, hetzen, stürmen, (*a. Fahrzeug*) rasen: **~ *at*** losstürzen *od.* sich stürzen auf (*acc*); **~ *into*** *fig.* sich stürzen in (*acc*); *et.* überstürzen; ***the blood ~ed to his face*** das Blut schoß ihm ins Gesicht; → ***conclusion*** 3. **II** *v/t* **2.** antreiben, drängen, hetzen: ***be ~ed*** (***off one's feet***) auf Trab sein. **3.** auf dem schnellsten Weg *wohin* bringen *od.* schaffen. **4.** schnell erledigen; *Essen* hinunterschlingen: ***don't ~ it*** laß dir Zeit dabei; **~ *a bill*** (***through***) e-e Gesetzesvorlage durchpeitschen. **5.** losstürmen auf (*acc*). **III** *s* **6.** Ansturm *m* (***for*** auf *acc*, nach): ***there was a ~ for the door*** alles drängte zur Tür. **7.** Hast *f*, Hetze *f*: ***what's all the ~?*** wozu diese Hast? **~ hour** *s* Rush-hour *f*, Hauptverkehrs-, Stoßzeit *f*. **'~-hour** *adj*: **~ *traffic*** Stoßverkehr *m*.

rusk [rʌsk] *s* Zwieback *m*.

Rus·sian ['rʌʃn] **I** *s* **1.** Russe *m*, Russin *f*. **2.** *ling.* Russisch *n*. **II** *adj* **3.** russisch: **~ *roulette*** russisches Roulett(e).

rust [rʌst] **I** *s* Rost *m*. **II** *v/i* (ein-, ver)rosten.

rus·tic ['rʌstɪk] *adj* (**~*ally***) **1.** ländlich, bäuerlich. **2.** rustikal (*Möbel*): **~ *furniture*** *a.* Bauernmöbel *pl*.

rus·tle ['rʌsl] **I** *v/i* **1.** rascheln (*Papier etc*), (*a. Seide*) knistern. **II** *v/t* **2.** rascheln mit. **3.** **~ up** F *Geld*, *Hilfe etc* organisieren, auftreiben; *Essen* zaubern.

'rust·proof *adj* rostfrei, nichtrostend.

rust·y ['rʌstɪ] *adj* □ **1.** rostig. **2.** *fig.* eingerostet (*Kenntnisse*): ***I'm very ~*** ich bin ganz aus der Übung.

rut[1] [rʌt] *zo.* **I** *s* Brunft *f*. **II** *v/i* brunften.

rut[2] [~] **I** *s* **1.** (Rad)Spur *f*, Furche *f*. **2.** *fig.* (alter) Trott: ***get into a ~*** in e-n Trott verfallen. **II** *v/t* **3.** furchen: ***~ted*** ausgefahren.

ruth·less ['ru:θlɪs] *adj* □ unbarmherzig; rücksichtslos; hart.

rye [raɪ] *s* ⚘ Roggen *m*. **~ bread** *s* Roggenbrot *n*. **~ whis·ky** *s* Roggenwhisky *m*.

S

Sab·bath ['sæbəθ] *s eccl.* Sabbat *m*.

sa·ber *Am.* → ***sabre.***

sa·ble ['seɪbl] *s* **1.** *zo.* Zobel *m*. **2.** Zobelpelz *m*.

sab·o·tage ['sæbətɑ:ʒ] **I** *s* Sabotage *f*: ***act of ~*** Sabotageakt *m*. **II** *v/t* e-n Sabotageakt verüben gegen; sabotieren. **sab·o·teur** [ˌ~'tɜ:] *s* Saboteur(in).

sa·bre ['seɪbə] *s bsd. Br.* Säbel *m* (*a. fenc.*). **~ rat·tling** *s fig.* Säbelrasseln *n*.

sac·cha·rin ['sækərɪn] *s* ⚗ Saccharin *n*. **sac·cha·rine** ['~raɪn] *adj* **1.** unangenehm süß. **2.** *fig.* honig-, zuckersüß.

sack[1] [sæk] **I** *s* **1.** Sack *m*. **2.** F ***get the ~*** rausgeschmissen (*entlassen*) werden; ***give** s.o.* ***the ~*** → 5. **3.** ***hit the ~*** F sich in die Falle *od.* Klappe hauen. **II** *v/t* **4.** einsacken, in Säcke abfüllen. **5.** F *j-n* rausschmeißen (*entlassen*).

sack[2] [~] **I** *v/t* plündern. **II** *s* Plünderung *f*.

'sack·cloth *s* Sackleinen *n*: ***in*** (*od.* ***wearing***) **~ *and ashes*** *fig.* in Sack u. Asche.

sack·ing ['sækɪŋ] *s* Sackleinen *n*.

sack rac·ing *s* Sackhüpfen *n*.

sac·ra·ment ['sækrəmənt] *s eccl.* Sakrament *n*.

sa·cred ['seɪkrɪd] *adj* □ **1.** geistlich (*Musik etc*). **2.** heilig (***to*** *dat*) (*a. fig.*): **~ *cow*** heilige Kuh (*a. fig.*).

sac·ri·fice ['sækrɪfaɪs] **I** *s* Opfer *n* (*a. fig.*): ***make a ~ of*** *j-n*, *et.* opfern; ***make great ~s*** große Opfer bringen. **II** *v/t* opfern (***to*** *dat*) (*a. fig.*). **sac·ri·fi·cial** [ˌ~'fɪʃl] *adj* Opfer...

sac·ri·lege ['sækrɪlɪdʒ] *s* Sakrileg *n*; *allg.* Frevel *m*. **sac·ri·le·gious** [ˌ~'lɪdʒəs] *adj* □ sakrilegisch; *allg.* frevlerisch.

sac·ris·ty ['sækrɪstɪ] *s eccl.* Sakristei *f*.

sac·ro·sanct ['sækrəʊsæŋkt] *adj* sakrosankt.

sad [sæd] *adj* (□ → **sadly**) *allg.* traurig; schmerzlich (*Verlust*); bedauerlich (*Irrtum etc*): **~ to say** bedauerlicherweise, leider; **be ~der but wiser** um e-e schmerzliche Erfahrung reicher sein. **sad·den** ['~dn] *v/t* traurig machen *od.* stimmen, betrüben.

sad·dle ['sædl] **I** *s* (*Reit-, Fahrrad-etc*)Sattel *m*: **be in the ~** im Sattel sitzen; *fig.* im Amt *od.* an der Macht sein. **II** *v/t* satteln: **~ up** aufsatteln; **~ s.o. with s.th.** *fig.* j-m et. aufhalsen *od.* -bürden; **be ~d with s.th.** *fig.* et. am Hals haben. **III** *v/i*: **~ up** aufsatteln. '**~·bag** *s* Satteltasche *f.*

sad·ism ['seɪdɪzəm] *s* Sadismus *m.* '**sad·ist** *s* Sadist(in). **sa·dis·tic** [sə'dɪstɪk] *adj* (**~ally**) sadistisch.

sad·ly ['sædlɪ] *adv* **1.** traurig; schmerzlich: **be ~ mistaken** e-m bedauerlichen Irrtum unterliegen. **2.** bedauerlicherweise, leider. '**sad·ness** *s* Traurigkeit *f.*

sa·fa·ri [sə'fɑːrɪ] *s* Safari *f.* **~ park** *s* Safaripark *m.*

safe [seɪf] **I** *adj* □ *allg.* sicher (**from** vor *dat*): **be ~** in Sicherheit sein; **be ~ with s.o.** sicher bei j-m aufgehoben sein; **be in ~ hands** in sicheren Händen sein; **to be on the ~ side, just to be ~** um ganz sicher zu gehen; **it is ~ to say** man kann mit Sicherheit sagen; **keep s.th. in a ~ place** et. an e-m sicheren Ort aufbewahren; **he has ~ly arrived** er ist gut angekommen; → **play** 7, 8. **II** *s* Safe *m*, Tresor *m*, Geld-, Panzerschrank *m.* '**~ˌblow·er,** '**~ˌbreak·er,** '**~ˌcrack·er** *s* Geldschrankknacker *m.* ˌ**~-de'pos·it box** *s* Bankschließfach *n*, (*a. in Hotel etc*) Tresorfach *n.* '**~·guard I** *s* Schutz *m* (**against** gegen, vor *dat*). **II** *v/t* schützen (**against, from** gegen, vor *dat*); *Interessen* wahren. ˌ**~'keep·ing** *s* sichere Verwahrung: **give s.o. s.th. for ~** j-m et. zur Verwahrung geben.

safe·ty ['seɪftɪ] *s allg.* Sicherheit *f*: **jump** (**swim**) **to ~** sich durch e-n Sprung (schwimmend) in Sicherheit bringen. **~ belt** → **seat belt.** **~ cur·tain** *s thea.* eiserner Vorhang. **~ glass** *s* Sicherheitsglas *n.* **~ is·land** *s Am.* Verkehrsinsel *f.* **~ lock** *s* Sicherheitsschloß *n.* **~ meas·ure** *s* Sicherheitsmaßnahme *f.* **~ net** *s Zirkus etc*: Fangnetz *n.* **~ pin** *s* Sicherheitsnadel *f.* **~ pre·cau·tion** *s* Sicherheitsvorkehrung *f.* **~ ra·zor** *s* Rasierapparat *m.* **~ valve** *s* **1.** ⚙ Sicherheitsventil *n.* **2.** *fig.* Ventil *n* (**for** für).

saf·fron ['sæfrən] **I** *s* Safran *m.* **II** *adj* safrangelb.

sag [sæg] **I** *v/i* **1.** sich senken, absacken; durchhängen (*Leitung etc*). **2.** (herab)hängen. **3.** *fig.* sinken, nachlassen (*Interesse etc*); abfallen (*Roman etc*); ☤ nachgeben (*Preise etc*). **II** *s* **4.** Durchhängen *n*: **there is a ~ in the ceiling** die Decke hängt durch. **5.** ☤ Nachgeben *n* (**in** *gen*).

sa·ga ['sɑːgə] *s* **1.** Saga *f.* **2.** *a.* **family ~** Familienroman *m.* **3.** *contp.* Geschichte *f.*

sa·ga·cious [sə'geɪʃəs] *adj* □ scharfsinnig, klug. **sa·gac·i·ty** [sə'gæsətɪ] *s* Scharfsinn *m*, Klugheit *f.*

sage [seɪdʒ] *s* ⚘ Salbei *m.*

Sa·git·tar·i·us [ˌsædʒɪ'teərɪəs] *s ast.* Schütze *m*: **be** (**a**) **~** Schütze sein.

said [sed] *pret u. pp von* **say.**

sail [seɪl] **I** *s* **1.** Segel *n*: **set ~** auslaufen (**for** nach). **2.** Segelfahrt *f*, -partie *f*: **go for a ~** segeln gehen. **II** *v/i* **3.** ⚓ fahren; segeln (*a. fig.*): **go ~ing** segeln gehen. **4.** ⚓ auslaufen (**for** nach). **5.** gleiten: **she ~ed into the room** sie schwebte ins Zimmer; **~ through an examination** e-e Prüfung spielend schaffen. **6. ~ into s.o.** F über j-n herfallen (*a. mit Worten*). **III** *v/t* **7.** *Boot* segeln, *Schiff* steuern. **8.** durchsegeln; befahren. '**~·boat** *s Am.* Segelboot *n.*

sail·ing ['seɪlɪŋ] *s* **1.** Segeln *n*; Segelsport *m*: **everything was plain ~** *fig.* es ging alles glatt. **2. when is the next ~ to ...?** wann fährt das nächste Schiff nach ...? **~ boat** *s bsd. Br.* Segelboot *n.* **~ ship** *s* Segelschiff *n.*

sail·or ['seɪlə] *s* **1.** Seemann *m*; Matrose *m.* **2.** Segler(in). **3. be a good** (**bad**) **~** seefest sein (leicht seekrank werden). **~ suit** *s* Matrosenanzug *m.*

'**sail·plane** *s* Segelflugzeug *n.*

saint [seɪnt] *s* **1.** Heilige *m, f*: **you need the patience of a ~** man braucht e-e Engelsgeduld. **2.** *vor Eigennamen* ♀, *abbr.* **St** [snt]: **St Andrew** der heilige Andreas. '**saint·ly** *adj* heiligmäßig.

sake [seɪk] *s*: **for the ~ of** um ... willen,

j-m, e-r Sache zuliebe; ***for your* ~** dir zuliebe, deinetwegen; ***for God's* (*goodness, heaven's*) ~** F um Gottes willen; Herrgott noch mal; ***for the ~ of peace*** um des lieben Friedens willen; ***for the ~ of simplicity*** der Einfachheit halber.

sal·a·ble *bsd. Am.* → ***saleable.***

sa·la·cious [sə'leɪʃəs] *adj* □ schlüpfrig, anstößig.

sal·ad ['sæləd] *s* Salat *m.* **~ dress·ing** *s* Dressing *n*, Salatsoße *f.*

sal·a·man·der ['sælə͵mændə] *s zo.* Salamander *m.*

sa·la·mi [sə'lɑːmɪ] *s* Salami *f.*

sal·a·ried ['sælərɪd] *adj*: ***~ employee*** Gehaltsempfänger(in), Angestellte *m, f.* **'sal·a·ry** *s* Gehalt *n.*

sale [seɪl] *s* **1.** Verkauf *m*: ***for ~*** zu verkaufen; ***not for ~*** unverkäuflich; ***be on ~*** verkauft werden, erhältlich sein; *bsd. Am.* im Angebot sein; ***be up for ~*** zum Verkauf stehen. **2.** *a. pl* ⚕ Umsatz *m*: ***large ~*** großer Umsatz. **3.** ⚕ Schlußverkauf *m.* **4.** Auktion *f*, Versteigerung *f.* **'sale·a·ble** *adj bsd. Br.* **1.** verkäuflich. **2.** ⚕ absatzfähig.

'sales|·clerk *s Am.* (Laden)Verkäufer (-in). **'~·girl** *s* (Laden)Verkäuferin *f.* **~·man** ['~mən] *s* (*irr* ***man***) **1.** Verkäufer *m.* **2.** (Handels)Vertreter *m.* **'~·man·ship** *s* **1.** ⚕ Verkaufstechnik *f*; Verkaufsgeschick *n.* **2.** *fig.* Überzeugungskunst *f.* **~ pitch** *s* ⚕ F Verkaufsmasche *f.* **~ pro·mot·er** *s* ⚕ Sales-promoter *m*, Verkaufsförderer *m.* **~ pro·mo·tion** *s* ⚕ Sales-promotion *f*, Verkaufsförderung *f.* **~ slip** *s Am.* Kassenbeleg *m*, -zettel *m.* **~ talk** *s* ⚕ Verkaufsgespräch *n.* **'~͵wom·an** *s* (*irr* ***woman***) **1.** Verkäuferin *f.* **2.** (Handels)Vertreterin *f.*

sa·li·ent ['seɪljənt] *adj* □ *fig.* hervorstechend, wichtigst.

sa·line ['seɪlaɪn] *adj* salzig, Salz...: ***~ solution*** Salzlösung *f.*

sa·li·va [sə'laɪvə] *s physiol.* Speichel *m.* **sal·i·var·y** ['sælɪvərɪ] *adj* Speichel...: ***~ gland*** Speicheldrüse *f.*

sal·low ['sæləʊ] *adj* □ (ungesund) gelblich (*Gesichtsfarbe etc*).

salm·on ['sæmən] **I** *pl* **-ons,** *bsd. coll.* **-on** *s ichth.* Lachs *m.* **II** *adj* lachsfarben.

sal·on ['sælɔ̃ːŋ] *s* (*Friseur-, Schönheitsetc*)Salon *m.*

sa·loon [sə'luːn] *s* **1.** *mot. Br.* Limousine *f.* **2.** → ***saloon bar.*** **3.** *hist. Am.* Saloon *m.* **4.** ⚓ Salon *m.* **~ bar** *s Br. vornehmerer u. teurerer Teil e-s Pubs.* **~ car** → ***saloon*** 1.

salt [sɔːlt] **I** *s* **1.** Salz *n*: ***take s.th. with a grain*** (*od.* ***pinch***) ***of ~*** *fig.* et. nicht ganz für bare Münze nehmen; ***no composer worth his ~*** kein Komponist, der et. taugt *od.* der diesen Namen verdient; → ***rub*** 3. **II** *v/t* **2.** salzen. **3.** *a.* ***~ down*** (ein)pökeln, einsalzen. **4.** *Straße etc* (mit Salz) streuen. **5.** ***~ away*** F *Geld* auf die hohe Kante legen, *b.s.* auf die Seite schaffen. **III** *adj* **6.** gepökelt, Salz... **'~͵cel·lar** *s Br.* Salzstreuer *m.* **'~-free** *adj* salzlos. **~ lake** *s* Salzsee *m.* **~·pe·ter** *s Am.*, **~·pe·tre** *s bsd. Br.* [͵~'piːtə] *s* ⚗ Salpeter *m.* **~ shak·er** *Am.* → ***saltcellar.*** **~ wa·ter** *s* Salzwasser *n.* **'~͵wa·ter** *adj* Salzwasser..., Meeres...

salt·y ['sɔːltɪ] *adj* salzig.

sa·lu·bri·ous [sə'luːbrɪəs] *adj* □ **1.** gesund (*Klima etc*). **2.** vornehm (*Wohngegend etc*).

sal·u·tar·y ['sæljʊtərɪ] *adj* gesund; *fig.* heilsam, lehrreich.

sal·u·ta·tion [͵sæljuː'teɪʃn] *s* **1.** Begrüßung *f*, Gruß *m*: ***in ~*** zum Gruß. **2.** Anrede *f* (*im Brief*).

sa·lute [sə'luːt] **I** *v/t* **1.** ⚔ salutieren vor (*dat*). **2.** (be)grüßen. **II** *v/i* **3.** ⚔ salutieren. **III** *s* **4.** ⚔ a) Ehrenbezeigung *f*: ***give a smart ~*** zackig salutieren; ***take the ~*** die Parade abnehmen, b) Salut *m*: ***a 21-gun ~*** 21 Salutschüsse.

sal·vage ['sælvɪdʒ] **I** *v/t* **1.** bergen (***from*** aus). **II** *s* **2.** Bergung *f.* **3.** Bergungsgut *n.*

sal·va·tion [sæl'veɪʃn] *s* **1.** Rettung *f.* **2.** *eccl.* (Seelen)Heil *n*; Erlösung *f*: ***♀ Army*** Heilsarmee *f.* **Sal'va·tion·ist** *s* Mitglied *n* der Heilsarmee.

salve [sælv] **I** *s* (Heil)Salbe *f.* **II** *v/t fig. Gewissen* beruhigen.

sal·ver ['sælvə] *s* Tablett *n*, Präsentierteller *m.*

sal·vo ['sælvəʊ] *pl* **-vo(e)s** *s* ⚔ Salve *f* (*a. fig.*): ***~ of applause*** Beifallssturm *m.*

Sa·mar·i·tan [sə'mærɪtən] *s* Samariter (-in): ***good ~*** *Bibl.* barmherziger Samariter (*a. fig.*).

same [seɪm] **I** *adj*: ***the ~*** der-, die-, dasselbe, der *od.* die *od.* das gleiche: ***the film with the ~ name*** der gleichnamige

Film; ***amount*** (*od.* ***come***) ***to the ~ thing*** auf dasselbe hinauslaufen; → ***story*** 1, ***time*** 1. **II** *pron*: ***the ~*** der-, die-, dasselbe, der *od.* die *od.* das gleiche: ***it is all the ~ to me*** es ist mir ganz egal; (***the***) ***~ again*** noch mal das gleiche; ***~ to you*** (danke) gleichfalls!; ***all*** (*od.* ***just***) ***the ~*** dennoch, trotzdem. **III** *adv*: ***the ~*** gleich; ***~ as*** F genauso wie. **'same·y** *adj Br.* F eintönig.

sam·ple ['sɑːmpl] **I** *s* **1.** ⚕ Muster *n*, (*a. Blut- etc*)Probe *f*: ***~ bottle*** Probe-, Probierfläschchen *n*. **2.** (***of***) Kostprobe *f* (*gen*), *fig. a.* (typisches) Beispiel (für). **II** *v/t* **3.** kosten (*a. fig.*), probieren.

san·a·to·ri·um [ˌsænəˈtɔːrɪəm] *pl* **-ri·ums, -ri·a** [~rɪə] *s* Sanatorium *n*.

sanc·ti·fy ['sæŋktɪfaɪ] *v/t* **1.** heiligen. **2.** *fig.* sanktionieren: → ***end*** 10.

sanc·ti·mo·ni·ous [ˌsæŋktɪ'məʊnjəs] *adj* □ frömmelnd, frömmlerisch.

sanc·tion ['sæŋkʃn] **I** *s* **1.** Billigung *f*, Zustimmung *f*. **2.** *mst pl* Sanktion *f*: ***take ~s against, impose ~s on*** Sanktionen verhängen über (*acc*). **II** *v/t* **3.** sanktionieren.

sanc·ti·ty ['sæŋktətɪ] *s* Heiligkeit *f*.

sanc·tu·ar·y ['sæŋktʃʊərɪ] *s* **1.** (*Vogel- etc*)Schutzgebiet *n*. **2.** Zuflucht *f*: ***seek ~ with*** Zuflucht suchen bei.

sand [sænd] **I** *s* **1.** Sand *m*. **2.** *pl* Sand(fläche *f*) *m*. **II** *v/t* **3.** *Weg etc* sanden, mit Sand streuen. **4.** schmirgeln: ***~ down*** abschmirgeln.

san·dal ['sændl] *s* Sandale *f*.

'sand|·bag I *s* Sandsack *m*. **II** *v/t* mit Sandsäcken befestigen *od.* schützen. **'~·bank** *s* Sandbank *f*. **'~·blast** *v/t* ⚙ sandstrahlen. **'~·box** *s Am.* Sandkasten *m*. **'~ˌcas·tle** *s* Sandburg *f*. **~ dune** *s* Sanddüne *f*. **'~·man** *s* (*irr* ***man***) Sandmännchen *n*. **'~ˌpa·per I** *s* Sand-, Schmirgelpapier *n*. **II** *v/t* (ab)schmirgeln. **'~·pit** *s* **1.** *bsd. Br.* Sandkasten *m*. **2.** Sandgrube *f*. **'~·stone** *s geol.* Sandstein *m*. **'~·storm** *s* Sandsturm *m*.

sand·wich ['sænwɪdʒ] **I** *s* Sandwich *n*. **II** *v/t*: ***be ~ed between*** eingekeilt sein zwischen (*dat*); ***~ s.th. in between*** *fig.* et. einschieben zwischen (*acc, a. dat*). **~ course** *s ped. etc Kurs, bei dem sich theoretische u. praktische Ausbildung abwechseln.* **~ man** *s* (*irr* ***man***) Sandwichman *m*.

sand·y ['sændɪ] *adj* **1.** sandig, *pred a.* voller Sand: ***~ beach*** Sandstrand *m*. **2.** rotblond (*Haar*).

sane [seɪn] *adj* □ **1.** geistig gesund, normal, ⚖ zurechnungsfähig. **2.** vernünftig.

sang [sæŋ] *pret von* ***sing***.

san·guine ['sæŋgwɪn] *adj* □ zuversichtlich, optimistisch.

san·i·tar·i·um [ˌsænɪ'teərɪəm] *Am.* → ***sanatorium***. **san·i·tar·y** ['~tərɪ] *adj* □ **1.** hygienisch, Gesundheits...: ***~ facilities*** *pl* sanitäre Einrichtungen *pl*. ***~ napkin*** *Am.*, ***~ towel*** *Br.* (Damen)Binde *f*. **2.** hygienisch (einwandfrei), gesund.

san·i·tor·i·um [ˌsænɪ'tɔːrɪəm] *Am.* → ***sanatorium***.

san·i·ty ['sænətɪ] *s* geistige Gesundheit, ⚖ Zurechnungsfähigkeit *f*.

sank [sæŋk] *pret von* ***sink***.

San·ta Claus ['sæntəklɔːz] *s* der Weihnachtsmann, der Nikolaus.

sap[1] [sæp] *s* **1.** ♣ Saft *m*. **2.** F Einfaltspinsel *m*, Trottel *m*.

sap[2] [~] *v/t* schwächen.

sap·phire ['sæfaɪə] *s min.* Saphir *m*.

sap·py ['sæpɪ] *adj* □ **1.** ♣ saftig. **2.** F einfältig, trottelig.

sar·casm ['sɑːkæzəm] *s* Sarkasmus *m*.

sar'cas·tic *adj* (***~ally***) sarkastisch.

sar·coph·a·gus [sɑː'kɒfəgəs] *pl* **-gi** [~gaɪ], **-gus·es** *s* Sarkophag *m*.

sar·dine [sɑː'diːn] *s ichth.* Sardine *f*: ***be packed like ~s*** wie die Heringe sitzen *od.* stehen.

sar·don·ic [sɑː'dɒnɪk] *adj* (***~ally***) boshaft, höhnisch (*Lachen etc*).

sark·y ['sɑːkɪ] *Br.* F → ***sarcastic***.

sar·nie ['sɑːnɪ] *s Br.* F Sandwich *n*.

sash[1] [sæʃ] *s* Fensterrahmen *m* (*e-s Schiebefensters*).

sash[2] [~] *s* Schärpe *f*.

sash win·dow *s* Schiebefenster *n*.

sass [sæs], **'sass·y** *Am.* F → ***sauce*** 2, ***saucy***.

sat [sæt] *pret u. pp von* ***sit***.

Sa·tan ['seɪtən] *s* der Satan. **sa·tan·ic** [sə'tænɪk] *adj* (***~ally***) satanisch. **'Sa·tan·ism** *s* Satanismus *m*, Satanskult *m*.

satch·el ['sætʃəl] *s* (Schul)Ranzen *m*.

sat·el·lite ['sætəlaɪt] *s* **1.** *ast.* (*a. künstlicher*) Satellit: ***~ picture*** Satellitenbild *n*; ***~ transmission*** *TV* Satellitenübertragung *f.* **2.** a) *a.* ~ ***nation*** (*od.* ***state***) Satellit(enstaat) *m*, b) *a.* ~ ***town*** Satellitenstadt *f.*

sa·ti·ate ['seɪʃɪeɪt] *v/t* (über)sättigen.

sat·in ['sætɪn] *s* Satin *m.*

sat·ire ['sætaɪə] *s* Satire *f* (***on*** auf *acc*). **sa·tir·i·cal** [sə'tɪrəkl] *adj* □ satirisch. **sat·i·rist** ['sætərɪst] *s* Satiriker(in). **'sat·i·rize** *v/t* satirisch darstellen.

sat·is·fac·tion [ˌsætɪs'fækʃn] *s* **1.** Befriedigung *f*, Zufriedenstellung *f.* **2.** (***at, with***) Zufriedenheit *f* (mit), Genugtuung *f* (über *acc*): ***to s.o.'s*** ~ zu j-s Zufriedenheit.

sat·is·fac·to·ry [ˌsætɪs'fæktərɪ] *adj* □ befriedigend, zufriedenstellend.

sat·is·fy ['sætɪsfaɪ] *v/t* **1.** *j-n* befriedigen, zufriedenstellen: ***be satisfied with*** zufrieden sein mit; ***a satisfied smile*** ein zufriedenes Lächeln. **2.** *Bedürfnis, Neugier etc* befriedigen; *Bedingungen etc* erfüllen. **3.** *j-n* überzeugen (***of*** von): ***be satisfied that*** davon überzeugt sein, daß.

sat·u·rate ['sætʃəreɪt] *v/t* **1.** (durch)tränken (***with*** mit): ~***d with*** (*od.* ***in***) ***blood*** blutgetränkt. **2.** ⚗ sättigen (*a. fig.*). **ˌsat·u'ra·tion** *s* Sättigung *f*: ~ ***point*** ⚗ Sättigungspunkt *m*; ***reach*** ~ ***point*** *fig.* s-n Sättigungsgrad erreichen.

Sat·ur·day ['sætədɪ] *s* Sonnabend *m*, Samstag *m*: ***on*** ~ (am) Samstag; ***on*** ~***s*** samstags.

Sat·urn ['sætən] *s ast.* Saturn *m.*

sauce [sɔːs] *s* **1.** Soße *f.* **2.** F Frechheit *f*: ***none of your*** ~***!*** werd bloß nicht frech! **'**~**·pan** *s* Kochtopf *m.*

sauc·er ['sɔːsə] *s* Untertasse *f.*

sau·ci·ness ['sɔːsɪnɪs] *s* F Frechheit *f.* **'sau·cy** *adj* □ F frech.

sau·er·kraut ['saʊəkraʊt] *s* Sauerkraut *n.*

sau·na ['sɔːnə] *s* Sauna *f*: ***have a*** ~ in die Sauna gehen.

saun·ter ['sɔːntə] **I** *v/i* bummeln, schlendern. **II** *s* Bummel *m*: ***have*** (*od.* ***take***) ***a*** ~ e-n Bummel machen.

sau·sage ['sɒsɪdʒ] *s* Wurst *f.*

sav·age ['sævɪdʒ] **I** *adj* □ wild: a) unzivilisiert, b) gefährlich (*Tier*), c) brutal, d) schonungslos. **II** *s* Wilde *m, f.* **III** *v/t* anfallen (*Tier*).

sa·van·na(h) [sə'vænə] *s geogr.* Savanne *f.*

save [seɪv] **I** *v/t* **1.** retten (***from*** vor *dat*): ~ ***s.o.'s life*** j-m das Leben retten; → ***bacon, face*** 4, ***neck*** 1, ***skin*** 1. **2.** *Geld, Zeit etc* (ein)sparen; *et.* aufheben, -sparen (***for*** für): ~ ***s.th. for s.o.*** j-m et. aufheben; ~ ***one's strength*** s-e Kräfte schonen. **3.** *j-m et.* ersparen: ***you can*** ~ ***your excuses*** du kannst dir d-e Ausreden sparen; ~ ***s.o. doing s.th.*** es j-m ersparen, et. zu tun. **4.** *Sport*: *Schuß* halten, parieren, *a. Matchball etc* abwehren; *Tor* verhindern. **II** *v/i* **5.** *a.* ~ ***up*** sparen (***for*** für, auf *acc*). **6.** ~ ***on*** *et.* (ein)sparen. **III** *s* **7.** *Sport*: Parade *f.* **'sav·er** *s* **1.** Retter(in). **2.** Sparer(in). **3.** *in Zssgn*: ***be a real time*** ~ e-e Menge Zeit sparen.

'sav·ing **I** *s* **1.** Ersparnis *f* (***on*** gegenüber). **2.** *pl* Ersparnisse *pl*: ~***s account*** *Am.* Sparkonto *n*; ~***s and loan association*** *Am.* Bausparkasse *f*; ~***s bank*** Sparkasse *f.* **II** *adj* **3.** ***his*** (***only***) ~ ***grace*** das einzig Gute an ihm. **sav·io(u)r** ['~jə] *s* Retter(in): ***the*** ♀ *eccl.* der Heiland *od.* Erlöser.

sa·vo(u)r ['seɪvə] **I** *s* **1.** (***of***) Geruch *m* (nach, von), Geschmack *m* (nach): ~ ***of garlic*** Knoblauchgeruch. **2.** *fig.* Reiz *m.* **II** *v/t* **3.** mit Genuß essen *od.* trinken. **III** *v/i* **4.** ~ ***of*** *fig.* e-n Beigeschmack haben von. **'sa·vo(u)r·y** *adj* □ schmackhaft.

sa·voy [sə'vɔɪ] *s* ♣ Wirsing(kohl) *m.*

sav·vy ['sævɪ] *s sl.* Grips *m*, Köpfchen *n.*

saw¹ [sɔː] *pret von* **see.**

saw² [~] **I** *s* Säge *f.* **II** *v/t* (*mst irr*) sägen: ~ ***off*** absägen; ~ ***up*** zersägen. **'**~**·dust** *s* Sägespäne *pl.* **'**~**·mill** *s* Sägewerk *n.*

sawn [sɔːn] *pp von* **saw².**

Sax·on ['sæksn] *hist.* **I** *s* (Angel)Sachse *m*, (-)Sächsin *f.* **II** *adj* (angel)sächsisch.

sax·o·phone ['sæksəfəʊn] *s* ♪ Saxophon *n.* **sax·o·phon·ist** [~'sɒfənɪst] *s* Saxophonist(in).

say [seɪ] **I** *v/t* (*irr*) **1.** sagen (***to*** zu): ***they*** ~ ***he is rich, he is said to be*** ~ man sagt, er sei reich; er soll reich sein; ***what does your watch*** ~***?*** wie spät ist es auf deiner Uhr?; ***you can*** ~ ***that again!*** das kannst du laut sagen!; ~***, haven't I ...?*** *Am.* F sag mal, habe ich nicht ...?; → ***easy*** 8, ***jack*** 1, ***knife*** I, ***nothing*** I, ***when*** 5. **2.** *Gebet* sprechen, *Vaterunser etc* beten: → ***grace*** 6. **3.** annehmen: (***let's***) ~ ***this happens*** angenommen *od.* nehmen wir einmal an, das geschieht; ***a sum of, ~, £500*** e-e Summe von sagen wir 500 Pfund. **4.** (be)sagen, bedeuten: ***that is to ~*** das heißt. **II** *v/i* (*irr*) **5.** es sagen: ***I can't ~*** das kann ich nicht sagen; ***you don't ~*** (***so***)! was du nicht sagst!; ***it goes without ~ing*** es versteht sich von selbst (***that*** daß). **III** *s* **6.** Mitspracherecht *n* (***in*** bei). **7.** ***have one's ~*** s-e Meinung äußern, zu Wort kommen: ***he always has to have his ~*** er muß immer mitreden. **'say·ing** *s* Sprichwort *n*, Redensart *f*: ***as the ~ goes*** wie man (so) sagt.

'say-so *s* F **1.** ***just on his ~*** auf s-e bloße Behauptung hin, nur weil er es sagt. **2.** ***on his ~*** mit s-r Erlaubnis.

scab [skæb] *s* **1.** ⚕ Grind *m*, Schorf *m*. **2.** *vet.* Räude *f*. **3.** *sl.* Streikbrecher(in). **'scab·by** *adj* **1.** grindig, schorfig. **2.** ⚕ krätzig; *vet.* räudig.

sca·bi·es ['skeɪbiːz] *s* ⚕ Krätze *f*.

scaf·fold ['skæfəʊld] *s* **1.** (Bau)Gerüst *n*. **2.** Schafott *n*. **scaf·fold·ing** ['~fəldɪŋ] → ***scaffold*** 1.

scal·a·wag ['skæləwæg] *bsd. Am.* → ***scallywag.***

scald [skɔːld] **I** *v/t* **1.** sich *die Finger etc* verbrühen (***on, with*** mit): ***be ~ed to death*** tödliche Verbrühungen erleiden (***by*** durch). **2.** *bsd. Milch* abkochen. **II** *s* **3.** Verbrühung *f*. **'scald·ing** *adj u. adv*: ~ (***hot***) kochendheiß.

scale¹ [skeɪl] **I** *s* **1.** *zo.* (*a. Haut*)Schuppe *f*: ***the ~s fell from my eyes*** *fig.* es fiel mir wie Schuppen von den Augen. **2.** Kesselstein *m*. **II** *v/t* **3.** *Fisch* (ab)schuppen.

scale² [~] *s* **1.** Waagschale *f*. **2.** *mst pl*, *a.* ***pair of ~s*** Waage *f*: ***tip the ~s*** *fig.* den Ausschlag geben (***in favo[u]r of*** für). **3.** ♎***s*** *pl* (*sg konstruiert*) *ast.* Waage *f*.

scale³ [~] **I** *s* **1.** Skala *f* (*a. fig.*), Grad- *od.* Maßeinteilung *f*. **2.** ⚒, ⚙ Maßstab *m*: ***to ~*** maßstab(s)gerecht, -getreu; ***~ model*** maßstab(s)gerechtes *od.* -getreues Modell. **3.** ♪ Skala *f*, Tonleiter *f*. **4.** *fig.* Ausmaß *n*, Maßstab *m*, Umfang *m*: ***on a large ~*** in großem Umfang. **II** *v/t* **5.** erklettern. **6.** ***~ down*** (***up***) *fig.* verringern (erhöhen).

scal·lop ['skɒləp] *s zo.* Kammuschel *f*.

scal·ly·wag ['skælɪwæg] *s bsd. Br.* Schlingel *m*, (kleiner) Strolch.

scalp [skælp] **I** *s* **1.** *anat.* Kopfhaut *f*. **2.** Skalp *m*: ***be out for s.o.'s ~*** *fig.* auf j-s Skalp aussein. **II** *v/t* **3.** skalpieren.

scal·pel ['skælpəl] *s* ⚕ Skalpell *n*.

scal·per ['skælpə] *s Am.* Kartenschwarzhändler(in).

scamp [skæmp] *s* Schlingel *m*, (kleiner) Strolch.

scam·per ['skæmpə] *v/i* trippeln (*Kind etc*); huschen (*Maus etc*).

scan [skæn] **I** *v/t* **1.** *et.* absuchen (***for*** nach). **2.** *Zeitung etc* überfliegen. **3.** *Metrik*: skandieren. **4.** *Computer*, *Radar*, *TV*: abtasten. **II** *s* **5.** ⚕ *etc* Scanning *n*.

scan·dal ['skændl] *s* **1.** Skandal *m*. **2.** Skandalgeschichten *pl*, Klatsch(geschichten *pl*) *m*. **scan·dal·ize** ['~dəlaɪz] *v/t*: ***he was ~d*** er war empört *od.* entrüstet (***by, at*** über *acc*; ***to hear*** als er hörte).

'scan·dal,mon·ger *s* Klatschmaul *n*.

scan·dal·ous ['skændələs] *adj* □ **1.** skandalös: ***be ~*** *a.* ein Skandal sein (***that*** daß). **2.** Skandal...

Scan·di·na·vi·an [ˌskændɪ'neɪvjən] **I** *s* Skandinavier(in). **II** *adj* skandinavisch.

scant [skænt] *adj* □ dürftig, gering.

scant·y ['skæntɪ] *adj* □ dürftig, kärglich (*Mahlzeit*); knapp (*Bikini etc*).

scape·goat ['skeɪpgəʊt] *s* Sündenbock *m*.

scar [skɑː] **I** *s* Narbe *f*; Schramme *f*, Kratzer *m*. **II** *v/t* Narben *od.* e-e Narbe hinterlassen auf (*dat*); *fig.* *j-n* zeichnen.

scarce [skeəs] *adj* **1.** knapp (*Ware*): ***make o.s. ~*** F sich dünnmachen. **2.** selten. **'scarce·ly** *adv* **1.** kaum. **2.** kaum, schwerlich. **'scarce·ness, 'scar·ci·ty** *s* **1.** Knappheit *f*, Mangel *m* (***of*** an *dat*). **2.** Seltenheit *f*.

scare [skeə] **I** *v/t* **1.** erschrecken, *j-m* e-n Schreck(en) einjagen: ***be ~d*** Angst haben (***of*** vor *dat*). **2.** ***~ away*** (*od.* ***off***) verjagen, -scheuchen; *fig.* *j-n* ab-, verschrecken. **II** *v/i* **3.** ***~ easily*** schreckhaft sein. **III** *s* **4.** Schreck(en) *m*: ***give*** *s.o.* ***a ~*** → 1. **5.** Panik *f*. **'~·crow** *s* Vogelscheuche *f* (*a. fig.*). **'~-ˌmon·ger** *s* Panikmacher(in).

scarf [skɑːf] *pl* **scarfs, scarves** [skɑːvz] *s* Schal *m*; Hals-, Kopf-, Schultertuch *n*.

scar·let ['skɑːlət] *adj* scharlachrot: **~ fever** ⚕ Scharlach *m*.
scar·per ['skɑːpə] *v/i Br. sl.* abhauen, verduften.
scarred [skɑːd] *adj* narbig.
scarves [skɑːvz] *pl von* **scarf.**
scar·y ['skeərɪ] *adj* F **1.** unheimlich (*Gegend etc*); grus(e)lig (*Geschichte etc*): **~ film** Gruselfilm *m*. **2.** furchtsam; schreckhaft.
scath·ing ['skeɪðɪŋ] *adj* □ ätzend, vernichtend (*Kritik etc*).
scat·ter ['skætə] **I** *v/t* **1.** *a.* **~ about** (*od.* **around**) ver-, ausstreuen: **be ~ed all over the place** überall herumliegen; **~ money about** *fig.* mit dem Geld um sich werfen. **2.** *Menge etc* zerstreuen, *Vögel etc* auseinanderscheuchen. **II** *v/i* **3.** sich zerstreuen (*Menge etc*), auseinanderstieben (*Vögel etc*), sich zerteilen (*Nebel etc*). '**~·brain** *s* F Schussel *m*. '**~·brained** *adj* F schusselig, schußlig.
scat·tered ['skætəd] *adj* **1.** ver- *od.* zerstreut (liegend) (*Häuser etc*). **2.** vereinzelt (*Schauer etc*).
scav·enge ['skævɪndʒ] **I** *v/i* **1. ~ on** *zo.* leben von (*Abfällen, Aas*). **2.** *a.* **~ for food** (nach) Nahrung suchen: **~ in** herumwühlen in (*dat*). **II** *v/t* **3.** → 1. **4.** *et.* ergattern. '**scav·en·ger** *s zo.* Aasfresser *m*.
sce·nar·i·o [sɪ'nɑːrɪəʊ] *pl* **-os** *s Film, thea., TV*: Szenario *n* (*a. fig.*), Szenarium *n*.
scene [siːn] *s* **1.** *thea. etc* a) Szene *f*: **change of ~** Szenenwechsel *m*; *fig.* Tapetenwechsel *m*, b) Bühnenbild *n*, Kulissen *pl*: **behind the ~s** hinter den Kulissen (*a. fig.*), c) Ort *m* der Handlung, Schauplatz *m* (*a. e-s Romans etc*). **2.** Schauplatz *m*: **~ of accident** (**crime, crash**) Unfallort *m* (Tatort *m*, Absturzstelle *f*); **be on the ~** zur Stelle sein; **come on**(**to**) **the ~** auf der Bildfläche erscheinen, auftauchen. **3.** Szene *f*, Anblick *m*: **~ of destruction** Bild *n* der Zerstörung. **4.** Szene *f*, (heftiger) Auftritt: **make a ~** (j-m) e-e Szene machen. **5.** F (*Drogen-, Pop- etc*)Szene *f*. **6. ... is not my ~** F ... ist nicht mein Fall.
scen·er·y ['~ərɪ] *s* **1.** Landschaft *f*, Gegend *f*. **2.** *thea.* Bühnenbild *n*, Kulissen *pl*.
sce·nic ['siːnɪk] *adj* (**~ally**) **1.** landschaftlich, Landschafts... **2.** landschaftlich schön, malerisch: **~ road** landschaftlich schöne Strecke. **3.** *thea.* Bühnen...
scent [sent] **I** *s* **1.** Duft *m*, Geruch *m*. **2.** *bsd. Br.* Parfüm *n*. **3.** *hunt.* Witterung *f*: **be on the ~ of** *fig. e-r Sache* auf der Spur sein; **follow a wrong ~** *fig.* e-e falsche Spur verfolgen. **II** *v/t* **4.** wittern (*a. fig.*). **5. be ~ed with** vom Duft (*gen*) erfüllt sein. **6.** *bsd. Br.* parfümieren. '**scent·less** *adj* geruchlos.
scep·ter *Am.* → **sceptre.**
scep·tic ['skeptɪk] *s Br.* Skeptiker(in). '**scep·ti·cal** *adj* □ skeptisch: **be ~ about** (*od.* **of**) **s.th.** e-r Sache skeptisch gegenüberstehen. **scep·ti·cism** ['~sɪzəm] *s* Skepsis *f*.
scep·tre ['septə] *s bsd. Br.* Zepter *n*.
sched·ule ['ʃedjuːl] **I** *s* **1.** Aufstellung *f*, Verzeichnis *n*. **2.** (*Arbeits-, Stunden-, Zeit- etc*)Plan *m*; Programm *n*; Fahr-, Flugplan *m*: **three months ahead of ~** drei Monate früher als vorgesehen; **be behind ~** Verspätung haben, *weitS.* im Verzug *od.* Rückstand sein; **on ~** (fahr)planmäßig, pünktlich. **II** *v/t* **3.** *et.* ansetzen (**for** auf *acc*, für); **it is ~d to take place tomorrow** es soll morgen stattfinden; **~d departure** (fahr-)planmäßige Abfahrt; **~d flight** Linienflug *m*.
sche·mat·ic [skɪ'mætɪk] *adj* (**~ally**) schematisch.
scheme [skiːm] **I** *s* **1.** Schema *n*, System *n*. **2.** *bsd. Br.* Programm *n*, Projekt *n*. **3.** Intrige *f*, *pl a.* Machenschaften *pl*. **II** *v/i* **4.** intrigieren (**against** gegen): **~ for** hinarbeiten auf (*acc*). '**schem·er** *s* Intrigant(in). '**schem·ing** *adj* □ intrigant.
schist [ʃɪst] *s geol.* Schiefer *m*.
schiz·o·phre·ni·a [ˌskɪtsəʊ'friːnjə] *s psych.* Schizophrenie *f*. **schiz·o·phren·ic** [ˌ~'frenɪk] **I** *adj* (**~ally**) schizophren. **II** *s* Schizophrene *m, f*.
schmal(t)z [ʃmɒlts] *s bsd.* ♪ F Schmalz *m*. '**schmal(t)z·y** *adj* F schmalzig.
schnit·zel ['ʃnɪtsl] *s gastr.* Wiener Schnitzel *n*.
schol·ar ['skɒlə] *s* **1.** Gelehrte *m, f*, *bsd.* Geisteswissenschaftler(in). **2.** *univ.* Stipendiat(in). '**schol·ar·ly** *adj* **1.** gelehrt. **2.** wissenschaftlich. '**schol·ar·ship** *s* **1.** Gelehrsamkeit *f*. **2.** *univ.* Stipendium *n*: **~ holder** → **scholar** 2.

school[1] [skuːl] *s* Schule *f*, Schwarm *m* (*Delphine*, *Heringe etc*).

school[2] [~] **I** *s* **1.** *allg*. Schule *f* (*a*. *fig*.): ***at*** (*Am*. ***in***) **~** auf *od*. in der Schule; ***go to ~*** in die *od*. zur Schule gehen; ***there is no ~ today*** heute ist schulfrei *od*. kein Unterricht; → ***old*** 1. **2.** *Am*. Hochschule *f*. **3.** *univ*. Fakultät *f*; Fachbereich *m*. **II** *v/t* **4.** *j-n* schulen, unterrichten (***in*** in *dat*); *Tier* dressieren: **~ *o.s. to do s.th.*** es sich angewöhnen, et. zu tun. **~ age** *s* schulpflichtiges Alter: ***be of ~*** schulpflichtig *od*. im schulpflichtigen Alter sein. **'~-age** *adj* schulpflichtig, im schulpflichtigen Alter. **'~·boy** *s* Schuljunge *m*, Schüler *m*. **~ bus** *s* Schulbus *m*. **'~·child** *s* (*irr* ***child***) Schulkind *n*. **~ days** *s pl* Schulzeit *f*. **'~ˌfel·low** → ***schoolmate***.

school·ing ['skuːlɪŋ] *s* (Schul)Ausbildung *f*.

school| leav·er *s bsd*. *Br*. Schulabgänger(in). **'~·mate** *s* Schulkamerad(in), Mitschüler(in). **~ ship** *s* Schulschiff *n*. **'~ˌteach·er** *s* (Schul)Lehrer(in).

schoon·er ['skuːnə] *s* **1.** ⚓ Schoner *m*. **2.** *Br*. großes Sherryglas; *Am*. großes Bierglas.

sci·at·ic [saɪ'ætɪk] *adj* ⚕ Ischias...: ***~ nerve***. **sci'at·i·ca** [~kə] *s* ⚕ Ischias *m*, *n*, *f*.

sci·ence ['saɪəns] *s* **1.** Wissenschaft *f*. **2.** *a*. ***natural ~*** Naturwissenschaft(en *pl*) *f*. **3.** *fig*. Kunst *f*, Lehre *f*. **~ fic·tion** *s* Science-fiction *f*.

sci·en·tif·ic [ˌsaɪən'tɪfɪk] *adj* (***~ally***) **1.** (*engS*. natur)wissenschaftlich. **2.** *fig*. systematisch. **'sci·en·tist** *s* (*engS*. Natur)Wissenschaftler(in).

sci-fi [ˌsaɪ'faɪ] *s* F Science-fiction *f*.

scin·til·lat·ing ['sɪntɪleɪtɪŋ] *adj* sprühend (*Geist*, *Witz*), geistsprühend (*Unterhaltung etc*).

scis·sors ['sɪzəz] *s pl*, *a*. ***pair of ~*** Schere *f*.

scle·ro·sis [ˌsklɪə'rəʊsɪs] *s* ⚕ Sklerose *f*.

scoff[1] [skɒf] **I** *v/i* spotten (***at*** über *acc*). **II** *s* spöttische Bemerkung.

scoff[2] [~] *v/t* F *Kuchen etc* verdrücken, wegputzen.

scoff·er ['skɒfə] *s* Spötter(in).

scold [skəʊld] *v/t* ausschelten, -schimpfen, schimpfen mit (***for*** wegen). **'scold·ing** *s* Schelte *f*: ***give s.o. a ~*** → ***scold***.

scol·lop ['skɒləp] → ***scallop***.

sconce [skɒns] *s* Wandleuchte *f*.

scone [skɒn] *s kleiner runder Kuchen, mit Butter serviert*.

scoop [skuːp] **I** *s* **1.** Schöpfkelle *f*, Schöpfer *m*; (*Mehl- etc*)Schaufel *f*; (*Eis*)Portionierer *m*. **2.** Kugel *f* (*Eis*). **3.** *Presse*, *Rundfunk*, *TV*: (sensationelle) Erstmeldung. **II** *v/t* **4.** schöpfen; schaufeln.

scoot [skuːt] *v/i* F abhauen; rennen.

scoot·er ['skuːtə] *s* **1.** (Kinder)Roller *m*. **2.** (*Motor*)Roller *m*.

scope [skəʊp] *s* **1.** Bereich *m*: ***be within*** (***beyond***) ***the ~ of*** sich im Rahmen (*gen*) halten (den Rahmen [*gen*] sprengen). **2.** (Spiel)Raum *m*, (Entfaltungs)Möglichkeit(en *pl*) *f* (***for*** für).

scorch [skɔːtʃ] **I** *v/t* **1.** an-, versengen, verbrennen. **2.** ausdörren. **II** *v/i* **3.** *mot*. F rasen. **III** *s* **4.** *a*. ***~ mark*** angesengte Stelle, Brandfleck *m*. **'scorch·er** *s* F glühendheißer Tag. **'scorch·ing** *adj* F glühendheiß (*Tag etc*), sengend (*Hitze*).

score [skɔː] **I** *s* **1.** (Spiel)Stand *m*; (Spiel-) Ergebnis *n*: ***what is the ~?*** wie steht es *od*. das Spiel?; ***the ~ stood at*** (*od*. ***was***) ***2–1*** das Spiel stand 2:1; ***keep*** (***the***) ***~*** anschreiben. **2.** *Sport*: Torerfolg *m*. **3.** ♪ Partitur *f*; Musik *f* (*zu e-m Film etc*). **4.** ***on that ~*** deshalb, in dieser Hinsicht. **5.** ***have a ~ to settle with s.o.*** e-e alte Rechnung mit j-m zu begleichen haben. **6.** ***~s pl of*** e-e Menge. **7.** *a*. ***~ mark*** Kerbe *f*, Rille *f*. **II** *v/t* **8.** *Sport*: *Treffer etc* erzielen, *Tor a*. schießen; *a*. *allg*. *Erfolg*, *Sieg* erringen. **9.** *Sport*: *j-m Punkte*, *Note* geben. **10.** ♪ in Partitur setzen; instrumentieren, setzen (***for*** für); die Musik schreiben zu *od*. für. **11.** einkerben. **12.** ***~ out*** (*od*. ***through***) aus-, durchstreichen. **III** *v/i* **13.** *Sport*: e-n Treffer *etc* erzielen, ein Tor schießen: ***he ~d twice*** er war zweimal erfolgreich. **14.** erfolgreich sein, Erfolg haben (***with*** mit): ***~ off s.o.*** j-n als dumm hinstellen *od*. lächerlich machen; ***~ with a girl*** *sl*. ein Mädchen ins Bett kriegen. **'~·board** *s Sport*: Anzeigetafel *f*.

scor·er ['skɔːrə] *s* (*Sport*) **1.** Torschütze *m*, -schützin *f*. **2.** Anschreiber(in).

scorn [skɔːn] *s* Verachtung *f* (***for*** für, gegen): ***pour ~ on*** *et*. verächtlich abtun.

scorn·ful ['~fʊl] *adj* □ verächtlich.

Scor·pi·o ['skɔːpɪəʊ] *s ast.* Skorpion *m*: ***be*** (***a***) **~** Skorpion sein.

scor·pi·on ['skɔːpjən] *s zo.* Skorpion *m*.

Scot [skɒt] *s* Schotte *m*, Schottin *f*.

Scotch [skɒtʃ] **I** *adj* schottisch (*Whisky etc*). **II** *s* Scotch *m* (*schottischer Whisky*).

scot-free [ˌskɒt'friː] *adj*: ***get off*** **~** ungeschoren davonkommen.

Scots [skɒts] *adj* schottisch. **~·man** ['~mən] *s* (*irr* ***man***) Schotte *m*. '**~-ˌwom·an** *s* (*irr* ***woman***) Schottin *f*.

Scot·tish ['skɒtɪʃ] *adj* schottisch.

scoun·drel ['skaʊndrəl] *s* Schurke *m*, Schuft *m*.

scour[1] ['skaʊə] *v/t Topf etc* scheuern, *Fußboden etc a.* schrubben.

scour[2] *v/t Gegend etc* absuchen, abkämmen (***for*** nach).

scourge [skɜːdʒ] **I** *s* Geißel *f* (*a. fig.*). **II** *v/t* geißeln, *fig. a.* heimsuchen.

scout [skaʊt] **I** *s* **1.** *oft* ♀ Pfadfinder *m*; *Am.* Pfadfinderin *f*. **2.** ⚔ Kundschafter *m*, Späher *m*. **3.** *Br.* motorisierter Pannenhelfer (*e-s Automobilklubs*). **4.** *bsd. Sport*: Talentsucher(in). **II** *v/i* **5.** **~** ***about*** (*od.* ***around***) sich umsehen (***for*** nach). **III** *v/t* **6.** *a.* **~** ***out*** ⚔ auskundschaften, erkunden.

scowl [skaʊl] **I** *v/i* ein böses Gesicht machen: **~** ***at*** *j-n* bös anschauen. **II** *s* böses Gesicht.

scrab·ble ['skræbl] *v/i mst* **~** ***about*** (*od.* ***around***) herumsuchen, -wühlen (***for*** nach).

scrag·gy ['skrægɪ] *adj* □ dürr, knochig.

scram [skræm] *v/i* F *oft imp* abhauen, Leine ziehen.

scram·ble ['skræmbl] **I** *v/i* **1.** klettern; krabbeln. **2.** sich raufen (*a. fig.*), (*bsd. Kinder*) sich balgen (***for*** um); sich drängeln (***for*** zu). **II** *v/t* **3.** *Ei* verrühren: **~*d eggs*** *pl* Rührei(er *pl*) *n*. **4.** *Funkspruch etc* zerhacken. **III** *s* **5.** Kletterei *f*. **6.** Rauferei *f*, Balgerei *f*; Drängelei *f*. '**scram·bler** *s* ⚙ Zerhacker *m*.

scrap[1] [skræp] **I** *s* **1.** Stückchen *n*; Fetzen *m*: ***there is not a*** **~** ***of evidence*** es gibt nicht den geringsten Beweis; ***there is not a*** **~** ***of truth in it*** daran ist kein Wort wahr. **2.** *pl* (Speise)Reste *pl*. **3.** Altmaterial *n*; Altmetall *n*, Schrott *m*: ***sell s.th. for*** **~** et. als Schrott verkaufen. **II** *v/t* **4.** *unbrauchbar Gewordenes* ausrangieren; *Plan etc* aufgeben, fallenlassen, *Methode etc a.* zum alten Eisen werfen. **5.** verschrotten.

scrap[2] [~] F **I** *v/i* sich streiten; sich balgen. **II** *s* Streiterei *f*; Balgerei *f*.

'**scrap·book** *s* Sammelalbum *n*.

scrape [skreɪp] **I** *v/t* **1.** (ab)kratzen, (ab)schaben (***from*** von); *Schuhe etc* abkratzen; *Karotten etc* schaben: **~** ***off*** abkratzen *od.* abschaben (von); **~** ***together*** (*od.* ***up***) *Geld* zs.-kratzen; **~** ***a living*** *fig.* sich gerade so über Wasser halten. **2.** sich *die Knie etc* ab- *od.* aufschürfen (***on*** auf *dat*); *Wagen etc* ankratzen. **II** *v/i* **3.** scheuern (***against*** an *dat*): **~** ***along the ground*** am Boden schleifen. **4.** *fig.* **~** ***along*** (*od.* ***by***) über die Runden kommen (***on*** mit); **~** ***through an examination*** mit Ach u. Krach durch e-e Prüfung kommen. **III** *s* **5.** Kratzen *n*. **6.** Aufschürfung *f*, Schürfwunde *f*. **7.** ***be in a*** **~** F in Schwulitäten sein. '**scrap·er** *s* ⚙ Kratzer *m*, Schaber *m*.

scrap| heap *s* Schrotthaufen *m*: ***be on the*** **~** *fig.* zum alten Eisen gehören. **~ met·al** *s* Altmetall *n*, Schrott *m*. **~ pa·per** *s bsd. Br.* Schmierpapier *n*.

scrap·py ['skræpɪ] *adj* zs.-gestoppelt.

scrap| val·ue *s* Schrottwert *m*. '**~·yard** *s* Schrottplatz *m*.

scratch [skrætʃ] **I** *v/t* **1.** (zer)kratzen, *Wagen etc* ankratzen: **~** ***one's arm on a nail*** sich den Arm an e-m Nagel aufreißen. **2.** a) (ab)kratzen (***from*** von): **~** ***off*** abkratzen (von), b) *s-n Namen etc* einkratzen (***on*** in *acc*). **3.** *j-n*, *sich* kratzen: **~** ***one's nose*** sich an der Nase kratzen; **~** ***one's head*** sich den Kopf kratzen (*vor Verlegenheit etc*). **II** *v/i* **4.** kratzen (***at*** an *dat*). **5.** sich kratzen. **III** *s* **6.** Kratzer *m*. **7.** *fig.* ***start from*** **~** ganz von vorn anfangen; ***be*** (*od.* ***come***) ***up to*** **~** den Anforderungen *od.* Erwartungen entsprechen. **IV** *adj* **8.** (bunt) zs.-gewürfelt (*Mannschaft etc*). '**~·pad** *s bsd. Am.* Schmierblock *m*. **~ pa·per** *s Am.* Schmierpapier *n*.

scratch·y ['skrætʃɪ] *adj* □ **1.** kratzend (*Geräusch*). **2.** zerkratzt (*Schallplatte*). **3.** kratzig (*Pullover etc*).

scrawl [skrɔːl] **I** *v/t* **1.** (hin)kritzeln.

II *s* **2.** Gekritzel *n.* **3.** Klaue *f.*
scraw·ny ['skrɔːnɪ] *adj* □ dürr.
scream [skriːm] **I** *v/i* **1.** schreien (***with*** vor *dat*): ***~ with laughter*** vor Lachen brüllen. **II** *v/t* **2.** *a.* ***~ out*** schreien: ***~ o.s. hoarse*** sich heiser schreien; ***~ the place down*** F zetermordio schreien; → ***rooftop.*** **III** *s* **3.** Schrei *m*: ***~s*** *pl* ***of laughter*** brüllendes Gelächter. **4.** ***be a ~*** F zum Schreien (komisch) sein.
scree [skriː] *s* Geröll *n.*
screech [skriːtʃ] **I** *v/i u. v/t* kreischen (*a. Bremsen etc*), (gellend) schreien. **II** *s* Kreischen *n*; (gellender) Schrei.
screed [skriːd] *s* langatmige Rede *etc*, Roman *m.*
screen [skriːn] **I** *s* **1.** Wandschirm *m.* **2.** *Film*: Leinwand *f*: ***adapt for the ~*** für den Film bearbeiten. **3.** *Radar, TV etc*: (Bild)Schirm *m.* **4.** *fig.* Tarnung *f.* **II** *v/t* **5.** abschirmen. **6.** ***~ off*** abtrennen. **7.** *Film* zeigen, *Fernsehprogramm a.* senden. **8.** *fig. j-n* überprüfen. **'~·play** *s Film*: Drehbuch *n.* **~ test** *s Film*: Probeaufnahmen *pl.*
screw [skruː] **I** *s* **1.** ⚙ Schraube *f*: ***he has a ~ loose*** F bei ihm ist e-e Schraube locker; ***put the ~s on s.o.*** *fig.* j-m (die) Daumenschrauben anlegen *od.* ansetzen. **II** *v/t* **2.** (an)schrauben (***to*** an *acc*): ***~ together*** zs.-, verschrauben. **3.** *a.* ***~ up*** *Papier etc* zs.-, zerknüllen. **4.** ***~ up*** a) *Augen* zs.-kneifen, *Gesicht* verziehen, b) F *Plan etc* vermasseln. **5.** ***~ s.th. out of s.o.*** et. aus j-m herauspressen. **6.** (*a. v/i*) V bumsen, vögeln. **'~·ball** *s bsd. Am.* F Spinner(in). **'~ˌdriv·er** *s* ⚙ Schraubenzieher *m.* **~ top** *s* Schraubverschluß *m.*
screw·y ['skruːɪ] *adj* F verrückt.
scrib·ble ['skrɪbl] **I** *v/t* (hin)kritzeln. **II** *s* Gekritzel *n.* **'scrib·bler** *s humor. od. contp.* Schreiberling *m.*
scrim·mage ['skrɪmɪdʒ] *s* Handgemenge *n.*
scrimp [skrɪmp] *v/i* den Gürtel enger schnallen: ***~ and scrape*** jeden Pfennig zweimal umdrehen.
script [skrɪpt] *s* **1.** Manuskript *n* (*e-r Rede etc*); (*Film, TV*) Drehbuch *n*, Skript *n*; *thea.* Text(buch *n*) *m.* **2.** Schrift(zeichen *pl*) *f.* **3.** Schreibschrift *f.* **4.** *ped. univ. Br.* (schriftliche) Prüfungsarbeit.
Scrip·ture ['skrɪptʃə] *s*, *a.* ***the ~s*** *pl* die (Heilige) Schrift.
'scriptˌwrit·er *s Film, TV*: Drehbuchautor(in).
scroll [skrəʊl] *s* Schriftrolle *f.*
scrooge [skruːdʒ] *s* Geizhals *m.*
scro·tum ['skrəʊtəm] *pl* **-tums, -ta** ['~tə] *s anat.* Hodensack *m.*
scrounge [skraʊndʒ] F **I** *v/i* schnorren (***off*** bei). **II** *v/t et.* schnorren (***off*** von, bei). **'scroung·er** *s* F Schnorrer(in).
scrub[1] [skrʌb] *s* Gebüsch *n*, Gestrüpp *n.*
scrub[2] [~] **I** *v/t* **1.** *et.* schrubben, scheuern. **2.** F streichen, ausfallen lassen. **II** *s* **3.** Schrubben *n*, Scheuern *n*: ***give*** *s.th.* ***a ~*** → 1.
scrub·bing brush ['skrʌbɪŋ] *s*, *Am. a.* **scrub brush** *s* Scheuerbürste *f.*
scrub·by ['skrʌbɪ] *adj* gestrüppreich.
scruff [skrʌf] *s*: ***~ of the neck*** Genick *n.*
scruff·y ['skrʌfɪ] *adj* □ F schmudd(e)lig.
scrump·tious ['skrʌmpʃəs] *adj* □ F fabelhaft, lecker (*Speise*).
scrunch [skrʌntʃ] **I** *v/t a.* ***~ up*** *Papier etc* zs.-knüllen. **II** *v/i* knirschen.
scrup·le ['skruːpl] **I** *s* Skrupel *m*: ***have no ~s about doing s.th.*** → II; ***without ~*** skrupellos. **II** *v/i*: ***not to ~ to do s.th.*** keine Skrupel haben, et. zu tun. **scru·pu·lous** ['~pjʊləs] *adj* □ gewissenhaft.
scru·ti·nize ['skruːtɪnaɪz] *v/t* **1.** genau prüfen. **2.** mustern. **'scru·ti·ny** *s* **1.** genaue Prüfung. **2.** musternder *od.* prüfender Blick.
scu·ba ['skuːbə] *s* Tauchgerät *n*: ***~ diving*** (Sport)Tauchen *n.*
scuff [skʌf] *v/t* **1.** ***~ one's feet*** schlurfen. **2.** abwetzen.
scuf·fle ['skʌfl] **I** *v/i* (sich) raufen (***for*** um). **II** *s* Rauferei *f*, Handgemenge *n.*
scull [skʌl] (*Rudersport*) **I** *s* **1.** Skull *n.* **2.** Skullboot *n*, Skuller *m.* **II** *v/t u. v/i* **3.** skullen. **'scull·er** *s* Skuller(in).
sculp·tor ['skʌlptə] *s* Bildhauer *m.*
sculp·ture ['skʌlptʃə] **I** *s* Skulptur *f*, Plastik *f*, (*Kunst a.*) Bildhauerei *f.* **II** *v/t Figur etc* hauen (***in*** in *dat*, aus).
scum [skʌm] *s* **1.** Schaum *m.* **2.** *fig.* Abschaum *m*: ***the ~ of the earth*** der Abschaum der Menschheit.
scurf [skɜːf] *s* (Kopf)Schuppen *pl.* **'scurf·y** *adj* schuppig.
scur·ril·ous ['skʌrələs] *adj* □ **1.** beleidi-

gend; verleumderisch. **2.** derb (*Witz etc*).

scur·ry ['skʌrɪ] **I** *v/i* **1.** huschen. **2.** trippeln. **II** *s* **3.** Getrippel *n*.

scut·tle ['skʌtl] → ***scurry*** I.

scythe [saɪð] **I** *s* Sense *f*. **II** *v/t a.* ~ ***down*** *Wiese etc* mähen.

sea [siː] *s* Meer *n* (*a. fig.*), See *f*: ***at*** ~ auf See; ***be all at*** ~ *fig.* völlig ratlos sein; ***by*** ~ auf dem Seeweg; ***by the*** ~ am Meer; ***go to*** ~ zur See gehen; → ***put*** 12. ~ **an·i·mal** *s* Meerestier *n*. '~**·bed** *s* Meeresboden *m*, -grund *m*. '~**·board** *s* Küste *f*. '~**·food** *s* Meeresfrüchte *pl*. '~-ˌ**go·ing** *adj* hochseetüchtig, Hochsee... '~**·gull** *s orn.* Seemöwe *f*.

seal[1] [siːl] *pl* ~**s**, *bsd. coll.* ~ *s zo.* Seehund *m*, Robbe *f*.

seal[2] [~] **I** *s* **1.** Siegel *n*. **2.** Siegel *n*, Versieg(e)lung *f*; Plombe *f*. **3.** ⚙ Dichtung *f*. **4.** ✉ Aufkleber *m*. **II** *v/t* **5.** siegeln. **6.** versiegeln; plombieren; *Briefumschlag etc* zukleben: ~***ed envelope*** verschlossener Briefumschlag *m*. **7.** ⚙ abdichten. **8.** ~ ***off*** *Gegend etc* abriegeln. **9.** *fig.* besiegeln: ~ ***s.o.'s fate*** j-s Schicksal besiegeln.

sea lev·el *s*: ***above*** (***below***) ~ über (unter) dem Meeresspiegel, über (unter) Meereshöhe.

seal·ing wax ['siːlɪŋ] *s* Siegelwachs *n*.

sea li·on *s zo.* Seelöwe *m*.

'**seal·skin** *s* Seal(skin) *m*, *n*, Seehundfell *n*.

seam [siːm] *s* **1.** Saum *m*: ***burst at the*** ~***s*** *bsd. fig.* aus allen Nähten platzen. **2.** Fuge *f*. **3.** *geol.* Flöz *n*.

sea|·man ['siːmən] *s* (*irr* ***man***) Seemann *m*. ~ **mile** *s* Seemeile *f*.

seam·stress ['semstrɪs] *s* Näherin *f*.

seam·y ['siːmɪ] *adj*: ~ ***side*** *fig.* Schattenseite(n *pl*) *f*.

'**sea|·plane** *s* See-, Wasserflugzeug *n*. '~**·port** *s* Seehafen *m*, Hafenstadt *f*. ~ **pow·er** *s* Seemacht *f*.

sear [sɪə] *v/t* **1.** *Fleisch* rasch anbraten. **2.** brennen in (*dat*) (*Geruch etc*). **3.** *Pflanzen* vertrocknen lassen.

search [sɜːtʃ] **I** *v/i* **1.** suchen (***for*** nach): ~ ***through*** durchsuchen; → ***high*** 7. **II** *v/t* **2.** *j-n*, *et.* durchsuchen (***for*** nach): ~ ***me!*** F keine Ahnung! **3.** ~ ***out*** *j-n* ausfindig machen; *et.* herausfinden. **III** *s* **4.** Suche *f* (***for*** nach): ***in*** ~ ***of*** auf der Suche nach. **5.** Durchsuchung *f*. '**search·ing** *adj* □ forschend, prüfend (*Blick*); bohrend (*Frage*).

'**search|·light** *s* (Such)Scheinwerfer *m*. ~ **par·ty** *s* Suchmannschaft *f*, -trupp *m*. ~ **war·rant** *s* ⚖ Haussuchungs-, Durchsuchungsbefehl *m*.

sear·ing ['sɪərɪŋ] *adj* stechend (*Schmerz*).

'**sea|·sick** *adj* seekrank. '~ˌ**sick·ness** *s* Seekrankheit *f*. '~**·side** *s*: ***at*** (*od.* ***by***) ***the*** ~ am Meer; ***go to the*** ~ ans Meer fahren; ~ ***resort*** Seebad *n*.

sea·son ['siːzn] **I** *s* **1.** Jahreszeit *f*: → ***rainy***. **2.** *allg.* Saison *f*, *thea. a.* Spielzeit *f*, (*Jagd-*, *Urlaubs- etc*)Zeit *f*: ***in*** (***out of***) ~ in (außerhalb der) (Hoch)Saison; ♀***'s Greetings!*** Frohe Weihnachten!; → ***close season***, ***compliment*** 2, ***high*** 4, ***low season***, ***open*** 10, ***silly*** I. **3.** F → ***season ticket***. **II** *v/t* **4.** *Speise* würzen. **5.** *Holz* ablagern. '**sea·son·a·ble** *adj* □ der Jahreszeit entsprechend. **sea·son·al** ['~zənl] *adj* □ saisonbedingt; Saison... '**sea·soned** *adj* erfahren, routiniert. '**sea·son·ing** *s* Gewürz *n*.

sea·son tick·et *s* **1.** 🚆 *etc* Dauer-, Zeitkarte *f*. **2.** *thea.* Abonnement *n*.

seat [siːt] **I** *s* **1.** Sitz(gelegenheit *f*) *m*; (Sitz)Platz *m*: ***take a*** ~ Platz nehmen; ***take one's*** ~ s-n Platz einnehmen. **2.** Sitz(fläche *f*) *m* (*e-s Stuhls etc*); Hosenboden *m*; Hinterteil *n*: ***do s.th. by the*** ~ ***of one's pants*** F et. nach Gefühl u. Wellenschlag tun. **3.** (*Geschäfts-*, *Regierungs- etc*)Sitz *m*. **II** *v/t* **4.** *j-n* setzen: ***be*** ~***ed*** sitzen; ***please be*** ~***ed*** bitte nehmen Sie Platz; ***remain*** ~***ed*** sitzen bleiben. **5.** Sitzplätze bieten für, Platz bieten (*dat*): ~ ***500 persons*** *a.* 500 Sitzplätze haben. ~ **belt** *s* ✈, *mot.* Sicherheitsgurt *m*: ***fasten one's*** ~ sich anschnallen; ***wear a*** ~ angegurtet *od.* angeschnallt sein.

seat·er ['siːtə] *s* ✈, *mot.* ...sitzer *m*.

'**seat·ing** **I** *s* Sitzgelegenheit(en *pl*) *f*. **II** *adj*: ***a*** ~ ***capacity of 200*** 200 Sitzplätze.

sea| ur·chin ['ɜːtʃɪn] *s zo.* Seeigel *m*. '~**·weed** *s* ♣ (See)Tang *m*. '~ˌ**worth·y** *adj* seetüchtig.

sec [sek] F → ***second***[2] 2.

sec·a·teurs [ˌsekə'tɜːz] *s pl*, *a.* ***pair of*** ~ *Br.* Gartenschere *f*.

se·cede [sɪ'siːd] *v/i pol. etc* sich abspalten (***from*** von).

se·ces·sion [sɪ'seʃn] *s pol. etc* Abspaltung *f* (***from*** von).

se·clud·ed [sɪ'kluːdɪd] *adj* abgelegen, abgeschieden (*Haus etc*); zurückgezogen (*Leben*). **se'clu·sion** [~ʒn] *s* Abgelegenheit *f*, Abgeschiedenheit *f*; Zurückgezogenheit *f*.

sec·ond[1] ['sekənd] **I** *adj* (□ → ***secondly***) **1.** zweit: ***he is going through his ~ childhood*** er fühlt sich wieder wie ein (richtiges) Kind; ***at ~ hand*** aus zweiter Hand; ***it has become ~ nature for*** (*od.* ***to***) ***him*** es ist ihm in Fleisch u. Blut übergegangen; ***a ~ Shakespeare*** ein zweiter Shakespeare; ***a ~ time*** noch einmal; ***every ~ day*** jeden zweiten Tag, alle zwei Tage; ***be ~ to none*** unerreicht *od.* unübertroffen sein (**as** als); → ***fiddle*** 1, ***thought***[2] 2, ***wind***[1] 2. **II** *s* **2.** *der, die, das* Zweite: ***the ~ of May*** der 2. Mai. **3.** *mot.* zweiter Gang. **4.** *Boxen, Duell*: Sekundant *m*: ***~s out*** Ring frei. **5.** *pl* ⚕ Waren *pl* zweiter Wahl. **6.** *pl* F Nachschlag *m* (*zweite Portion*). **III** *adv* **7.** als zweit(er, e, es). **IV** *v/t* **8.** *Antrag etc* unterstützen.

sec·ond[2] [~] *s* **1.** Sekunde *f* (*a.* ⩘, ♪). **2.** *fig.* Augenblick *m*, Sekunde *f*: ***just a ~*** Augenblick(, bitte)!; ***I won't be a ~*** ich komme gleich (wieder); ***have you got a ~?*** hast du e-n Moment Zeit (für mich)?

se·cond[3] [sɪ'kɒnd] *v/t Br. j-n* (*bsd.* vorübergehend) versetzen (***to*** in *acc*).

sec·ond·ar·y ['sekəndərɪ] *adj* □ **1.** sekundär, zweitrangig, nebensächlich. **2.** ⚡ *etc* sekundär, Sekundär... **3.** *ped.* höher (*Schule etc*).

ˌ**sec·ond-'best I** *adj* zweitbest. **II** *adv*: ***come off ~*** den kürzeren ziehen. ˌ**~-'class I** *adj* **1.** zweitklassig, -rangig. **2.** 🚂 *etc* zweiter Klasse. **II** *adv* **3.** 🚂 *etc* zweite(r) Klasse. ˌ**~-de'gree** *adj Verbrennungen* zweiten Grades. **~ hand** *s* Sekundenzeiger *m*. ˌ**~-'hand** *adj* **1.** (*a. adv*) aus zweiter Hand. **2.** gebraucht, Gebraucht..., (*Kleidung a.*) getragen, (*Bücher*) antiquarisch: ***~ bookshop*** Antiquariat *n*.

sec·ond·ly ['sekəndlɪ] *adv* zweitens.

ˌ**sec·ond-'rate** → ***second-class*** 1.

se·cre·cy ['siːkrəsɪ] *s* **1.** Geheimhaltung *f*: ***in*** (*od.* ***amid***) ***great ~*** unter großer Geheimhaltung. **2.** Verschwiegenheit *f*.

se·cret ['siːkrɪt] **I** *adj* (□ → ***secretly***) **1.** geheim, Geheim...: ***keep s.th. ~*** et. geheimhalten (***from*** vor *dat*); ***~ agent*** Geheimagent(in); ***~ service*** Geheimdienst *m*. **2.** heimlich (*Bewunderer etc*). **3.** verschwiegen. **II** *s* **4.** Geheimnis *n*: ***in ~*** a) im Vertrauen, b) → ***secretly; have no ~s from s.o.*** keine Geheimnisse vor j-m haben; ***make no ~ of*** kein Geheimnis *od.* Hehl machen aus; → ***keep*** 4, 7.

sec·re·tar·y ['sekrətrɪ] *s* **1.** Sekretär(in) (***to*** *gen*). **2.** *pol.* Minister(in): ***♀ of State*** *Br.* Minister(in); *Am.* Außenminister (-in). ˌ**~-'gen·er·al** *pl* ˌ**sec·re·tar·ies-'gen·er·al** *s* Generalsekretär *m*.

se·crete [sɪ'kriːt] *v/t physiol.* absondern. **se'cre·tion** *s* Absonderung *f*; Sekret *n*.

se·cre·tive ['siːkrətɪv] *adj* □ heimlichtuerisch: ***be ~ about s.th.*** mit et. geheimtun.

sect [sekt] *s* Sekte *f*. **sec·tar·i·an** [~'teərɪən] *adj* konfessionsbedingt, Konfessions...

sec·tion ['sekʃn] **I** *s* **1.** Teil *m*. **2.** Abschnitt *m* (*e-s Buchs etc*); ⚖ Paragraph *m*. **3.** Abteilung *f*. **4.** ⩘, ⚙ Schnitt *m*: ***in ~*** im Schnitt. **II** *v/t* **5.** teilen. **sec·tion·al** ['~ʃənl] *adj* ⩘, ⚙ Schnitt...

sec·tor ['sektə] *s allg.* Sektor *m*.

sec·u·lar ['sekjʊlə] *adj* □ weltlich, profan. '**sec·u·lar·ize** *v/t* säkularisieren, verweltlichen.

se·cure [sɪ'kjʊə] **I** *adj* □ **1.** *allg.* sicher (***against, from*** vor *dat*): ***feel ~*** sich sicher fühlen; ***financially ~*** finanziell abgesichert. **II** *v/t* **2.** *Tür etc* fest verschließen; sichern. **3.** sichern (***against, from*** vor *dat*). **4.** sich *et.* sichern *od.* beschaffen; *et.* erreichen.

se·cu·ri·ty [sɪ'kjʊərətɪ] *s* **1.** *allg.* Sicherheit *f*: ***♀ Council*** Sicherheitsrat *m* (*der UNO*); ***for ~ reasons*** aus Sicherheitsgründen; ***~ risk*** Sicherheitsrisiko *n*. **2.** *pl* ⚕ Effekten *pl*, Wertpapiere *pl*.

se·dan [sɪ'dæn] *s mot. Am.* Limousine *f*.

se·date [sɪ'deɪt] **I** *adj* □ ruhig, gelassen; (*Tempo*) gemütlich. **II** *v/t j-m* ein Beruhigungsmittel geben. **se'da·tion** *s*: ***be under ~*** unter dem Einfluß von Beruhigungsmitteln stehen; ***put under ~*** → ***sedate*** II. **sed·a·tive** ['sedətɪv] **I** *adj* beruhigend: ~ ***shot*** Beruhigungsspritze *f*. **II** *s* Beruhigungsmittel *n*.

sed·en·tar·y ['sedntərɪ] *adj* □ **1.** sitzend (*Beschäftigung etc*). **2.** seßhaft.

sed·i·ment ['sedɪmənt] *s* (Boden)Satz *m*.

se·duce [sɪ'dju:s] *v/t* verführen, *weitS. a.* verleiten (***into*** zu; ***into doing s.th.*** dazu, et. zu tun). **se'duc·er** *s* Verführer(in). **se·duc·tion** [sɪ'dʌkʃn] *s* **1.** Verführung *f*. **2.** *mst pl* Verlockung *f*. **se'duc·tive** *adj* □ verführerisch, *weitS. a.* verlokkend.

see[1] [si:] (*irr*) **I** *v/t* **1.** sehen: ***I saw him come*** (*od.* ***coming***) ich sah ihn kommen. **2.** (ab)sehen, erkennen. **3.** ersehen, entnehmen (***from*** aus *der Zeitung etc*). **4.** (ein)sehen, verstehen: ***as I ~ it*** wie ich es sehe, in m-n Augen. **5.** sich *et.* ansehen, besuchen. **6.** a) *j-n* besuchen: ***go*** (***come***) ***to ~ s.o.*** j-n besuchen (gehen *od.* kommen), b) *Anwalt etc* aufsuchen, c) zum *Arzt* gehen, d) *j-n* sprechen (***on business*** geschäftlich). **7.** *j-n* empfangen. **8.** *j-n* begleiten, bringen (***to the station*** zum Bahnhof). **II** *v/i* **9.** sehen: ***you'll ~*** du wirst schon sehen. **10.** verstehen: ***I ~*** (ich) verstehe!, aha!, ach so!; ***you ~*** weißt du. **11.** nachsehen. **12.** ***let me ~*** warte mal!, laß mich überlegen!; ***we'll ~*** mal sehen.

Verbindungen mit Präpositionen:

see| a·bout *v/i* sehen nach, sich kümmern um: ***I'll ~ it*** ich werde mich darum kümmern; ich will mal sehen; ***we'll*** (***soon***) ***~ that!*** F das wollen wir mal sehen! ~ **o·ver,** ~ **round** *v/i* sich *ein Haus etc* ansehen. ~ **through I** *v/i j-n, et.* durchschauen. **II** *v/t j-m* hinweghelfen über (*acc*). ~ **to** *v/i*: ~ ***it that*** dafür sorgen, daß.

Verbindungen mit Adverbien:

see| off *v/t* **1.** *j-n* verabschieden (***at*** am *Bahnhof etc*). **2.** verjagen, -scheuchen. ~ **out** *v/t* **1.** *j-n* hinausbringen, -begleiten. **2.** bis zum Ende (*gen*) reichen (*Vorräte*).

see[2] [~] *s* **1.** Bistum *n*, Diözese *f*. **2.** ***Holy*** ♀ *der* Heilige Stuhl.

seed [si:d] **I** *s* **1.** ♀ Same(n) *m*; ✓ Saat(gut *n*) *f*: ***go*** (*od.* ***run***) ***to ~*** schießen; *fig.* herunterkommen (*Person*); → ***sow*** 1. **2.** (*Orangen- etc*)Kern *m*. **3.** *Sport*: gesetzter Spieler. **II** *v/t* **4.** besäen. **5.** *Sport*: *Spieler* setzen. **III** *v/i* **6.** ♀ schießen. '~**·bed** *s* **1.** Saatbeet *n*. **2.** *fig.* Brutstätte *f*.

seed·less ['si:dlɪs] *adj* kernlos (*Orangen etc*).

'**seed·y** *adj* □ vergammelt.

see·ing ['si:ɪŋ] *cj a.* ~ ***that*** da.

seek [si:k] (*irr*) **I** *v/t* **1.** *Schutz, Zuflucht, Wahrheit etc* suchen: ~ ***s.o.'s advice,*** ~ ***advice from s.o.*** j-n um Rat bitten, Rat bei j-m suchen. **2.** streben nach. **3.** (ver)suchen (***to do*** zu tun). **II** *v/i* **4.** ~ ***after*** (*od.* ***for***) suchen (nach).

seem [si:m] *v/i* **1.** scheinen: ***it ~s impossible to me*** das (er)scheint mir unmöglich. **2.** *impers* ***it ~s that*** es scheint, daß; anscheinend; ***it ~s as if*** (*od.* ***though***) es sieht so aus *od.* scheint so, als ob. '**seem·ing** *adj* scheinbar. '**seem·ing·ly** *adv* **1.** scheinbar. **2.** anscheinend.

seen [si:n] *pp von* **see**[1].

seep [si:p] *v/i* sickern.

see·saw ['si:sɔ:] *s* Wippe *f*, Wippschaukel *f*.

seethe [si:ð] *v/i fig.* kochen: ***he was seething with rage*** er kochte *od.* schäumte vor Wut.

'**see-through** *adj* durchsichtig (*Bluse etc*).

seg·ment I *s* ['segmənt] Teil *m, n*; Stück *n*; *biol.*, ✂ *etc* Segment *n*. **II** *v/t* [seg'ment] zerlegen, -teilen.

seg·re·gate ['segrɪgeɪt] *v/t* (*a. nach Rassen, Geschlechtern*) trennen. ˌ**seg·re'ga·tion** *s* Trennung *f*: → ***racial.***

seis·mic ['saɪzmɪk] *adj* seismisch, Erdbeben...

seis·mo·graph ['saɪzməgrɑ:f] *s* Seismograph *m*, Erdbebenmesser *m*. **seis·mol·o·gist** [~'mɒlədʒɪst] *s* Seismologe *m*, Seismologin *f*. **seis'mol·o·gy** *s* Seismologie *f*, Seismik *f*, Erdbebenkunde *f*.

seize [si:z] **I** *v/t* **1.** *j-n, et.* packen (***by*** an *dat*); *Gelegenheit* ergreifen; *Macht etc* an sich reißen. **2.** *j-n* festnehmen; *et.* beschlagnahmen. **II** *v/i* **3.** ~ ***up*** ⚙ sich festfressen; (*Verkehr*) zum Erliegen kommen. **sei·zure** ['~ʒə] *s* **1.** Festnahme *f*; Beschlagnahme *f*. **2.** ⚕ Anfall *m*.

sel·dom ['seldəm] *adv* selten: ~, ***if ever*** (nur) äußerst selten, kaum jemals.

se·lect [sɪ'lekt] **I** *v/t* **1.** (aus)wählen (***from*** aus). **II** *adj* **2.** ausgewählt. **3.** exklusiv. **se'lec·tion** *s* **1.** (Aus)Wahl *f*. **2.** ♆ *etc*

Auswahl *f* (***of*** an *dat*). **se'lec·tive** *adj* □ wählerisch (***in*** in *dat*).

self [self] *pl* **selves** [selvz] *s* Ich *n*, Selbst *n*: ***my humble ~*** m-e Wenigkeit; ***one's true ~*** sein wahres Wesen; ***he is back to his old ~*** er ist wieder (ganz) der alte. **ˌ~-ab'sorbed** *adj* mit sich selbst beschäftigt. **ˌ~-ad'dressed** *adj*: ***~ envelope*** Rückumschlag *m*. **ˌ~-as'sured** *adj* selbstbewußt. **ˌ~-'ca·ter·ing** *adj* für Selbstversorger, mit Selbstverpflegung. **ˌ~-'cen·tered** *adj Am*., **ˌ~-'cen·tred** *adj bsd. Br*. ichbezogen, egozentrisch. **ˌ~-'con·fi·dence** *s* Selbstbewußtsein *n*, -vertrauen *n*. **ˌ~-'con·fi·dent** *adj* □ selbstbewußt. **ˌ~-'con·scious** *adj* □ befangen, gehemmt. **ˌ~-con'tained** abgeschlossen (*Wohnung, Folge e-r Fernsehserie etc*). **ˌ~-con'trol** *s* Selbstbeherrschung *f*. **ˌ~-con'trolled** *adj* selbstbeherrscht. **ˌ~-'crit·i·cal** *adj* □ selbstkritisch. **ˌ~-'crit·i·cism** *s* Selbstkritik *f*. **ˌ~-de'fence** *s Br*., **ˌ~-'de·fense** *s Am*. Selbstverteidigung *f*; ⚖ Notwehr *f*: ***in ~*** in *od.* aus Notwehr. **'~-deˌter·mi'na·tion** *s pol*. Selbstbestimmung *f*. **ˌ~-'ed·u·cat·ed** *adj*: ***~ person*** Autodidakt(in). **ˌ~-ef'fac·ing** *adj* □ zurückhaltend. **ˌ~-em'ployed** *adj* (*beruflich*) selbständig. **ˌ~-es'teem** *s* Selbstachtung *f*. **ˌ~-'ev·i·dent** *adj* □ **1.** selbstverständlich: ***be ~*** sich von selbst verstehen. **2.** offensichtlich. **ˌ~-'gov·ern·ment** *s pol*. Selbstverwaltung *f*. **ˌ~-'help** *s* Selbsthilfe *f*: ***~ group*** Selbsthilfegruppe *f*. **ˌ~-im'por·tance** *s* Eigendünkel *m*, Überheblichkeit *f*. **ˌ~-im'por·tant** *adj* □ dünkelhaft, überheblich. **ˌ~-in'vit·ed** *adj* ungebeten (*Gast*).

self·ish ['selfɪʃ] *adj* □ selbstsüchtig, egoistisch. **'self·ish·ness** *s* Selbstsucht *f*, Egoismus *m*.

self·less ['selflɪs] *adj* □ selbstlos. **'self·less·ness** *s* Selbstlosigkeit *f*.

ˌself|-'made *adj*: ***~ man*** Selfmademan *m*. **ˌ~-'pit·y** *s* Selbstmitleid *n*. **ˌ~-pos'sessed** *adj* □ selbstbeherrscht. **ˌ~-pos'ses·sion** *s* Selbstbeherrschung *f*. **ˌ~-'praise** *s* Eigenlob *n*. **'~-ˌpres·er'va·tion** *s* Selbsterhaltung *f*: → ***instinct***. **ˌ~-re'li·ant** *adj* □ selbständig. **ˌ~-re'spect** *s* Selbstachtung *f*. **ˌ~-re'spect·ing** *adj*: ***no ~ businessman*** kein Geschäftsmann, der et. auf sich hält. **ˌ~-'right·eous** *adj* □ selbstgerecht. **ˌ~-'sat·is·fied** *adj* selbstzufrieden. **ˌ~-'seal·ing** *adj* selbstklebend (*Briefumschlag*). **ˌ~-'ser·vice I** *s* Selbstbedienung *f*. **II** *adj* Selbstbedienungs..., mit Selbstbedienung. **ˌ~-suf'fi·cient** *adj* □ ✝ autark. **ˌ~-sup'port·ing** *adj* **1.** finanziell unabhängig: ***be ~*** *a.* sich selbst tragen. **2.** ⚙ freitragend (*Mast*); selbsttragend (*Mauer*). **ˌ~-'willed** *adj* eigensinnig, -willig.

sell [sel] (*irr*) **I** *v/t* **1.** verkaufen (***to*** an *acc*; ***for*** für), ✝ *a.* a) absetzen, b) führen, vertreiben: ***~ o.s.*** sich verkaufen (*a. contp.*); → ***river***. **2.** verkaufen, e-n guten Absatz sichern (*dat*). **3.** F *et.* schmackhaft machen (***to s.o.*** j-m); *j-n* begeistern, erwärmen (***on s.th.*** für et.): ***be sold on*** begeistert sein von. **II** *v/i* **4.** verkaufen: ***~ by ...*** mindestens haltbar bis ... **5.** verkauft werden (***at, for*** für): ***~ at £5*** *a.* 5 Pfund kosten. **6.** sich *gut etc* verkaufen (lassen), gehen: → ***cake*** 1.

Verbindungen mit Adverbien:

sell| off *v/t* (*bsd.* billig) abstoßen. **~ out I** *v/t* **1.** ausverkaufen: ***be sold out*** ausverkauft sein (*a. Stadion etc*); ***we are sold out of umbrellas*** Schirme sind ausverkauft. **II** *v/i* **2.** ***the umbrellas sold out in two days*** die Schirme waren in zwei Tagen ausverkauft. **3.** F *contp.* sich verkaufen (***to*** an *acc*). **~ up** *Br*. **I** *v/t sein Geschäft etc* verkaufen. **II** *v/i* sein Geschäft *etc* verkaufen.

'sell-by date *s* Mindesthaltbarkeitsdatum *n*.

sell·er ['selə] *s* **1.** Verkäufer(in). **2.** ***be a good ~*** sich gut verkaufen, gut gehen.

'sell-out *s* ausverkaufte Veranstaltung.

selves [selvz] *pl von* ***self***.

se·man·tic [sɪ'mæntɪk] *ling*. **I** *adj* (***~ally***) semantisch. **II** *s pl* (*mst sg konstruiert*) Semantik *f*.

sem·blance ['sembləns] *s* Anschein *m* (***of*** von).

se·men ['siːmen] *s physiol*. Samen(flüssigkeit *f*) *m*, Sperma *n*.

se·mes·ter [sɪ'mestə] *s univ*. Semester *n*.

sem·i... ['semɪ] halb..., Halb...

sem·i ['semɪ] *s* F **1.** *Br*. → ***semidetached*** II. **2.** *Am*. → ***semitrailer***.

semi|·breve ['semɪbriːv] *s* ♪ *Br*. ganze Note. **'~ˌcir·cle** *s* Halbkreis *m*. **ˌ~'cir-**

cu·lar *adj* □ halbkreisförmig. **ˌ~'colon** *s ling.* Semikolon *n*, Strichpunkt *m*. **ˌ~·con'duc·tor** *s* ⚡ Halbleiter *m*. **ˌ~·de'tached I** *adj*: ~ ***house*** → II. **II** *s* Doppelhaushälfte *f*. **ˌ~'fi·nals** *s pl Sport*: Semi-, Halbfinale *n*.

sem·i·nar ['semɪnɑː] *s univ.* Seminar *n*.

sem·i·nar·y ['semɪnərɪ] *s* Priesterseminar *n*.

ˌsem·i|·of'fi·cial *adj* □ halbamtlich, offiziös. **'~ˌpre·cious** *adj*: ~ ***stone*** Halbedelstein *m*. **ˌ~'skilled** *adj* angelernt (*Arbeiter*).

Sem·ite ['siːmaɪt] *s* Semit(in). **Se·mit·ic** [sɪ'mɪtɪk] *adj* semitisch.

'sem·iˌtrail·er *s mot. Am.* Sattelschlepper *m*.

sem·o·li·na [ˌsemə'liːnə] *s* Grieß *m*.

sen·ate ['senɪt] *s* Senat *m*. **sen·a·tor** ['senətə] *s* Senator *m*.

send [send] (*irr*) **I** *v/t* **1.** *j-n* schicken (***to bed*** ins Bett; ***to prison*** ins Gefängnis): ~ ***s.o. after s.o.*** j-n j-m nachschicken. **2.** (***to***) *et., a. Grüße, Hilfe etc* senden, schicken (*dat od.* an *acc*), *Ware etc* versenden, -schicken (an *acc*). **3.** *mit adj od. pres p*: machen: ~ ***s.o. mad*** j-n wahnsinnig machen; → ***pack*** 15. **II** *v/i* **4.** ~ ***for*** a) nach *j-m* schicken, *j-n* kommen lassen, b) sich *et.* kommen lassen, *et.* anfordern.

Verbindungen mit Adverbien:

send| a·way I *v/t* **1.** fort-, wegschicken. **2.** *Brief etc* absenden, abschicken. **II** *v/i* **3.** ~ ***for*** → ***send*** 4b. ~ **back** *v/t j-n, et.* zurückschicken, *Speise a.* zurückgehen lassen. ~ **down** *v/t* **1.** hinunter-, herunterschicken. **2.** *univ. Br.* relegieren. **3.** *fig. Preise, Temperatur etc* fallen lassen. ~ **in** *v/t* einsenden, einschicken, einreichen: → ***resignation*** 1. ~ **off I** *v/t* **1.** → ***send away*** I. **2.** *j-n* verabschieden. **3.** *Sport*: vom Platz stellen. **II** *v/i* **4.** → ***send away*** II. ~ **on** *v/t* **1.** *Gepäck etc* vorausschicken. **2.** *Brief etc* nachschicken, -senden (***to*** an *e-e Adresse*). ~ **out I** *v/t* **1.** hinausschicken. **2.** *Wärme etc* ausstrahlen. **3.** *Einladungen, Prospekte etc* verschicken. **II** *v/i* **4.** ~ ***for s.th.*** et. holen lassen. ~ **up** *v/t* **1.** hinauf-, heraufschicken. **2.** *fig. Preise, Temperatur etc* steigen lassen. **3.** *Br.* F parodieren, verulken.

send·er ['sendə] *s* Absender(in): → ***re-turn*** 2.

'send|-off *s* F Verabschiedung *f*. **'~-up** *s Br.* F (***of***) Parodie *f* (auf *acc*), Verulkung *f* (*gen*): ***do a ~ of*** → ***send up*** 3.

se·nile ['siːnaɪl] *adj* senil. **se·nil·i·ty** [sɪ'nɪlətɪ] *s* Senilität *f*.

sen·ior ['siːnjə] **I** *adj* **1.** senior. **2.** älter (***to*** als): ~ ***citizens*** *pl* Senioren *pl*. **3.** dienstälter; ranghöher (***to*** als): ~ ***partner*** ✝ Senior(partner) *m*. **4.** ~ ***high*** (***school***) *Am. die oberen Klassen der High-School*. **II** *s* **5.** Ältere *m, f*: ***he is my ~ by two years, he is two years my ~*** er ist zwei Jahre älter als ich. **6.** *Am.* Student(in) im letzten Jahr. **sen·ior·i·ty** [ˌsiːnɪ'ɒrətɪ] *s* **1.** (höheres) Alter. **2.** (höheres) Dienstalter; (höherer) Rang.

sen·sa·tion [sen'seɪʃn] *s* **1.** Empfindung *f*; Gefühl *n*: ~ ***of thirst*** Durstgefühl. **2.** Sensation *f*: ***cause*** (*od.* ***create***) ***a ~*** großes Aufsehen erregen, für e-e Sensation sorgen. **sen'sa·tion·al** [~ʃənl] *adj* □ **1.** sensationell, Sensations... **2.** F phantastisch, sagenhaft. **sen'sa·tion·al·ism** [~ʃnəlɪzəm] *s* **1.** Sensationsgier *f*. **2.** Sensationsmache *f*.

sense [sens] **I** *s* **1.** *physiol.* Sinn *m*: ~ ***of hearing*** (***sight, smell, taste, touch***) Gehör-(Gesichts-, Geruchs-, Geschmacks-, Tast)sinn; → ***sixth*** 1. **2.** *pl* (klarer) Verstand: ***bring s.o. to his ~s*** j-n zur Besinnung *od.* Vernunft bringen; ***come to one's ~s*** zur Besinnung *od.* Vernunft kommen. **3.** Vernunft *f*, Verstand *m*: ***have the ~ to do s.th.*** so klug sein, et. zu tun; → ***common sense, horse sense***. **4.** Gefühl *n*, Empfindung *f*: ~ ***of security*** Gefühl der Sicherheit. **5.** Sinn *m*, Gefühl *n* (***of*** für): ~ ***of duty*** Pflichtgefühl; → ***humour*** 1. **6.** Sinn *m*, Bedeutung *f*: ***in a ~*** in gewisser Hinsicht. **7.** Sinn *m* (*et. Vernünftiges*): ***make ~*** e-n Sinn ergeben; vernünftig sein; ***I could make no ~ of it*** ich konnte mir darauf keinen Reim machen. **II** *v/t* **8.** fühlen, spüren. **'sense·less** *adj* □ **1.** besinnungs-, bewußtlos. **2.** sinnlos, unsinnig.

sense or·gan *s* Sinnesorgan *n*, -werkzeug *n*.

sen·si·bil·i·ty [ˌsensɪ'bɪlətɪ] *s* **1.** Empfindlichkeit *f*: ~ ***to pain*** Schmerzempfindlichkeit. **2.** *a. pl* Fein-, Zartgefühl *n*.

sen·si·ble ['~səbl] *adj* □ **1.** vernünftig. **2.** spürbar, merklich. **3.** praktisch (*Kleidungsstück*).

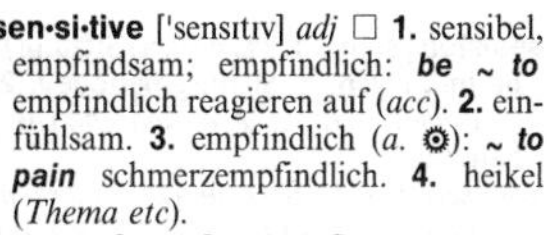

sen·si·tive ['sensɪtɪv] *adj* □ **1.** sensibel, empfindsam; empfindlich: ***be ~ to*** empfindlich reagieren auf (*acc*). **2.** einfühlsam. **3.** empfindlich (*a.* ⚙): ***~ to pain*** schmerzempfindlich. **4.** heikel (*Thema etc*).
sen·sor ['sensə] *s* ⚡, ⚙ Sensor *m*.
sen·so·ry ['sensərɪ] *adj* sensorisch, Sinnes...
sen·su·al ['sensjʊəl] *adj* □ sinnlich. **'sen·su·al·ist** *s* sinnlicher Mensch. **sen·su·al·i·ty** [ˌ~'ælətɪ] *s* Sinnlichkeit *f*.
sen·su·ous ['sensjʊəs] *adj* □ sinnlich.
sent [sent] *pret u. pp von* ***send.***
sen·tence ['sentəns] **I** *s* **1.** *ling*. Satz *m*. **2.** ⚖ Strafe *f*; Urteil *n*: ***pass ~*** das Urteil fällen (***on*** über *acc*). **II** *v/t* **3.** ⚖ verurteilen (***to*** zu).
sen·ten·tious [sen'tenʃəs] *adj* □ moralisierend.
sen·tient ['senʃnt] *adj* □ empfindungsfähig.
sen·ti·ment ['sentɪmənt] *s* **1.** Gefühle *pl*; Sentimentalität *f*. **2.** *a. pl* Ansicht *f*, Meinung *f*. **sen·ti·men·tal** [ˌ~'mentl] *adj* □ gefühlvoll, gefühlsbetont; sentimental: ***for ~ reasons*** aus Sentimentalität; ***~ value*** Erinnerungswert *m*. **sen·ti·men·tal·i·ty** [ˌ~men'tælətɪ] *s* Sentimentalität *f*.
sen·try ['sentrɪ] *s* ⚔ Wache *f*, (Wach[t]-)Posten *m*. **~ box** *s* Wachhäuschen *n*.
sep·a·ra·ble ['sepərəbl] *adj* □ trennbar. **sep·a·rate I** *v/t* ['sepəreɪt] **1.** *allg*. trennen (***from*** von): ***be ~d*** getrennt leben (***from*** von). **2.** (auf-, ein-, zer)teilen (***into*** in *acc*). **II** *v/i* ['sepəreɪt] **3.** sich trennen (*a. Ehepaar*). **III** *adj* □ ['seprət] **4.** getrennt, separat. **5.** einzeln, gesondert, Einzel...: ***charge s.th. ~ly*** et. extra berechnen. **6.** verschieden. **sep·a·ra·tion** [ˌsepə'reɪʃn] *s* **1.** Trennung *f*. **2.** (Auf-, Ein-, Zer)Teilung *f*: ***~ of powers*** *pol*. Gewaltenteilung *f*. **sep·a·ra·tism** ['~rətɪzəm] *s pol*. Separatismus *m*. **'sep·a·ra·tist** *pol*. **I** *s* Separatist(in). **II** *adj* separatistisch.
Sep·tem·ber [sep'tembə] *s* September *m*: ***in ~*** im September.
se·quel ['siːkwəl] *s* **1.** Nachfolgefilm *m*, -roman *m*. **2.** *fig*. Folge *f* (***to*** von *od. gen*); Nachspiel *n*.
se·quence ['siːkwəns] *s* **1.** (Aufeinander)Folge *f*: ***the ~ of events*** der Ablauf der Ereignisse; ***~ of tenses*** Zeitenfolge. **2.** (Reihen)Folge *f*: ***in ~*** der Reihe nach. **3.** Folge *f*, Reihe *f*, Serie *f*: ***~ of wins*** Siegesserie. **4.** *Film, TV*: Sequenz *f*, Take *m, n*.
se·quoi·a [sɪ'kwɔɪə] *s* ♣ Mammutbaum *m*.
se·ra ['sɪərə] *pl von* ***serum.***
ser·e·nade [ˌserə'neɪd] ♪ **I** *s* Serenade *f*; Ständchen *n*. **II** *v/t j-m* ein Ständchen bringen.
se·rene [sɪ'riːn] *adj* □ **1.** heiter, klar (*Himmel, Wetter etc*). **2.** heiter, gelassen (*Person, Gemüt etc*). **3.** ***His ♀ Highness*** S-e Durchlaucht. **se·ren·i·ty** [sɪ'renətɪ] *s* Heiterkeit *f*; Gelassenheit *f*.
serf [sɜːf] *s hist*. Leibeigene *m, f*.
ser·geant ['sɑːdʒənt] *s* **1.** ⚔ Feldwebel *m*. **2.** Wachtmeister *m*.
se·ri·al ['sɪərɪəl] **I** *s* **1.** (*Rundfunk-, Fernseh*)Serie *f*; Fortsetzungsroman *m*. **II** *adj* □ **2.** Serien...: ***~ novel*** Fortsetzungsroman *m*. **3.** serienmäßig, Serien...: ***~ number*** Seriennummer *f*; ✝ Fabrikationsnummer *f*. **'se·ri·al·ize** *v/t* in Fortsetzungen veröffentlichen *od.* senden.
se·ries ['sɪəriːz] *pl* **-ries** *s* **1.** Serie *f*, Reihe *f*, Folge *f*. **2.** (*Rundfunk-, Fernseh- etc*)Serie *f*, (*Buch-, Vortrags- etc-*) Reihe *f*.
se·ri·ous ['sɪərɪəs] *adj* **1.** ernst. **2.** ernsthaft, (*Angebot etc a.*) seriös; (*Ratschlag etc*) ernstgemeint: ***are you ~?*** ist das dein Ernst?; meinst du das im Ernst?; ***be ~ about doing s.th.*** et. wirklich tun wollen. **3.** ernsthaft, ernstlich (*Schwierigkeiten*), schwer (*Krankheit, Schaden, Verbrechen etc*), schwer, ernstlich (*Bedenken*); ernstzunehmend (*Rivale etc*). **'se·ri·ous·ly** *adv* ernst(haft, -lich); im Ernst: ***~ ill*** ernstlich *od.* schwer krank; ***take ~*** *j-n, et.* ernst nehmen. **'se·ri·ous·ness** *s* **1.** Ernst *m*. **2.** Ernsthaftigkeit *f*, Seriosität *f*. **3.** Schwere *f*.
ser·mon ['sɜːmən] *s* **1.** *eccl*. Predigt *f*. **2.** (Moral-, Straf)Predigt *f*. **'ser·mon·ize** *v/i* Moralpredigten halten.
ser·rat·ed [sɪ'reɪtɪd] *adj* gezackt.
se·rum ['sɪərəm] *pl* **-rums, -ra** ['~rə] *s* Serum *n*.
ser·vant ['sɜːvənt] *s* Diener(in) (*a. fig.*); Dienstbote *m*, -mädchen *n*: → ***civil servant.***

serve [sɜːv] **I** *v/t* **1.** *j-m, s-m Land etc* dienen. **2.** *j-n, et.* versorgen (***with*** mit). **3.** *a.* **~ *up*** *Essen* servieren; *Alkohol* ausschenken: **~ *s.o.* (*with*) *s.th.*** j-m et. servieren. **4.** *j-n (im Laden)* bedienen: ***are you being ~d?*** werden Sie schon bedient? **5.** *Amtszeit etc* durchlaufen; ⚖ *Strafe* verbüßen. **6.** *e-m Zweck* dienen, *Zweck* erfüllen. **7.** ⚖ *Vorladung etc* zustellen (***on s.o.*** j-m). **8. ~ *s.o. right*** F j-m (ganz) recht geschehen. **II** *v/i* **9.** *bsd.* ⚔ dienen (***under*** unter *dat*): **~ *on a committee*** e-m Ausschuß angehören. **10.** servieren. **11.** dienen (***as, for*** als): **~ *to do s.th.*** dazu dienen, et. zu tun. **12.** *Tennis etc*: aufschlagen: ***XY to ~*** Aufschlag XY. **III** *s* **13.** *Tennis etc*: Aufschlag *m*. **'serv·er** *s* **1.** Servierlöffel *m*: **(*pair of*) *salad ~s*** *pl* Salatbesteck *n*. **2.** *eccl.* Meßdiener *m*, Ministrant *m*. **3.** *Tennis etc*: Aufschläger(in).

ser·vice ['sɜːvɪs] **I** *s* **1.** a) Dienst *m* (***to*** an *dat*): ***can I be of any ~ to you?*** kann ich Ihnen irgendwie helfen?; ***do s.o. a ~*** j-m e-n Dienst erweisen; ***give good ~*** gute Dienste leisten, b) Dienstleistung *f* (*a.* ✝). **2.** Service *m*; Bedienung *f*. **3.** (*Post-, Staats-, Telefon- etc*)Dienst *m*: → ***civil service, secret*** 1. **4.** *pl* ⚔ Streitkräfte *pl*. **5.** Betrieb *m*: ***be out of ~*** außer Betrieb sein. **6.** *eccl.* Gottesdienst *m*. **7.** (*Kaffee- etc*)Service *n*. **8.** ⚙ Wartung *f*, *mot.* Inspektion *f*: ***put one's car in for a ~*** s-n Wagen zur Inspektion bringen. **9.** ⚖ Zustellung *f* (*e-r Vorladung etc*). **10.** *Tennis etc*: Aufschlag *m*. **II** *v/t* **11.** ⚙ warten: ***my car is being ~d*** mein Wagen ist bei der Inspektion. **'ser·vice·a·ble** *adj* □ **1.** brauchbar. **2.** strapazierfähig.

ser·vice| a·re·a *s Br.* (Autobahn)Raststätte *f*. **~ charge** *s* Bedienung(szuschlag *m*) *f*. **~·man** ['~mən] *s* (*irr* ***man***) **1.** Militärangehörige *m*. **2.** Wartungstechniker *m*. **~ sta·tion** *s* **1.** (Reparatur)Werkstatt *f*. **2.** Tankstelle *f*.

ser·vi·ette [ˌsɜːvɪ'et] *s bsd. Br.* Serviette *f*.

ser·vile ['sɜːvaɪl] *adj* □ servil, unterwürfig; (*Gehorsam*) sklavisch. **ser·vil·i·ty** [~'vɪlətɪ] *s* Servilität *f*, Unterwürfigkeit *f*.

serv·ing ['sɜːvɪŋ] *s* Portion *f*.

ser·vi·tude ['sɜːvɪtjuːd] *s* Knechtschaft *f*.

ses·a·me ['sesəmɪ] *s* ⚘ Sesam *m*.

ses·sion ['seʃn] *s* **1.** ⚖, *parl.* a) Sitzung *f*: ***be in ~*** tagen, b) Sitzungsperiode *f*. **2.** (*einzelne*) Sitzung, ⚕ *a.* (*einzelne*) Behandlung.

set [set] **I** *s* **1.** Satz *m* (*Briefmarken, Werkzeuge etc*), (*Möbel- etc*)Garnitur *f*, (*Tee- etc*)Service *n*. **2.** (*Fernseh-, Rundfunk*)Apparat *m*, (-)Gerät *n*. **3.** *thea.* Bühnenbild *n*: **~ *designer*** Bühnenbildner(in). **4.** *Tennis etc*: Satz *m*: **~ *point*** Satzball *m*. **5.** (Personen)Kreis *m*. **6.** (*Kopf- etc*)Haltung *f*. **II** *adj* **7.** festgesetzt, -gelegt: **~ *books*** *pl* (*od.* ***reading***) *ped.* Pflichtlektüre *f*; **~ *lunch*** (*od.* ***meal***) *Br.* Menü *n*. **8. *be ~ on doing s.th.*** (fest) entschlossen sein, et. zu tun; ***be dead ~ against s.th.*** strikt gegen et. sein. **9.** bereit, fertig: ***be all ~*** startklar sein; ***be all ~ for the journey*** reisefertig sein. **10.** starr (*Ansichten, Lächeln etc*). **III** *v/t* (*irr*) **11.** stellen, setzen, legen: → ***fire*** 1, ***music*** 1, ***trap*** 1. **12. *the novel is ~ in*** der Roman spielt in (*dat*). **13.** *in e-n Zustand* versetzen: **~ *s.o. free*** j-n auf freien Fuß setzen, j-n freilassen; → ***right*** 4, *etc.* **14.** veranlassen (***doing*** zu tun): **~ *going*** in Gang setzen; **~ *s.o. thinking*** j-m zu denken geben; j-m e-n Denkanstoß *od.* Denkanstöße geben; → ***ball***[1] 1. **15.** ⚙ einstellen, *Uhr* stellen (***by*** nach), *Wecker* stellen (***for*** auf *acc*). **16.** *Tisch* decken. **17.** *Preis, Termin etc* festsetzen, -legen; *Rekord* aufstellen; *Präzedenzfall* schaffen: → ***example*** 1. **18.** *Edelstein* fassen (***in*** in *dat*); *Ring etc* besetzen (***with*** mit). **19.** ⚕ *Knochen* einrichten. **20.** *Aufgabe, Frage* stellen. **IV** *v/i* (*irr*) **21.** untergehen (*Sonne etc*). **22.** fest werden (*Flüssiges*), (*Zement etc a.*) erstarren.

Verbindungen mit Präpositionen:

set| a·bout *v/i* **1.** sich machen an (*acc*), *et.* in Angriff nehmen: **~ *doing s.th.*** sich daranmachen, et. zu tun. **2.** F herfallen über (*acc*). **~ a·gainst** *v/t* **1. *set one's face*** (*od.* ***o.s.***) ***against s.th.*** sich e-r Sache widersetzen. **2.** *j-n* aufhetzen gegen. **3.** *fig. et.* gegenüberstellen (*dat*): **~** im Vergleich zu. **~ on** *v/t Hund, Polizei* hetzen auf (*acc*).

Verbindungen mit Adverbien:

set| a·part *v/t j-n* unterscheiden, abheben (***from*** von). **~ a·side** *v/t* **1.** *Geld* beiseite legen; *Zeit* reservieren, einplanen. **2.** *Plan etc* fallenlassen. **3.** ⚖ *Urteil etc* aufheben. **~ back** *v/t* **1.** verzögern; *j-n, et.* zurückwerfen (***by two months*** um zwei Monate). **2.** ***the car set me back £500*** F der Wagen hat mich 500 Pfund gekostet *od.* um 500 Pfund ärmer gemacht. **~ by** → ***set aside*** 1. **~ down** *v/t* **1.** *Last* absetzen, abstellen, *Fahrgast* absetzen, aussteigen lassen. **2.** (schriftlich) niederlegen. **~ in** *v/i* einsetzen (*Winter etc*). **~ off I** *v/t* **1.** hervorheben, betonen, besser zur Geltung bringen. **2.** *Alarm, Lawine, Streik etc* auslösen. **3.** *Sprengladung* zur Explosion bringen; *Feuerwerk* abbrennen. **II** *v/i* **4.** → ***set out*** 3. **~ out I** *v/t* **1.** arrangieren, herrichten, *a. Schachfiguren etc* aufstellen. **2.** (schriftlich) darstellen. **II** *v/i* **3.** aufbrechen, sich aufmachen. **4. ~ *to do s.th.*** sich daranmachen, et. zu tun. **~ up I** *v/t* **1.** *Denkmal, Straßensperren etc* errichten; *Gerät etc* aufbauen. **2.** *Firma etc* gründen: → ***shop*** 1. **3.** *et.* auslösen, verursachen. **4.** *j-n* versorgen (***with*** mit): ***be well ~ with*** (*od.* ***for***) ***reading*** mit Lektüre eingedeckt sein. **5.** *Rekord* aufstellen. **6.** F in e-e Falle locken, reinlegen. **7.** ***set o.s. up*** → 9. **8.** ***set o.s. up as*** sich ausgeben für *od.* als; sich aufspielen als. **II** *v/i* **9.** sich niederlassen (***as*** als).

'set|·back *s* Rückschlag *m* (***to*** für). **~ square** *s* Winkel *m*, Zeichendreieck *n*.

set·tee [se'tiː] *s* Sofa *n*.

set·ting ['setɪŋ] *s* **1.** (*Gold- etc*)Fassung *f*. **2.** Untergang *m* (*der Sonne etc*). **3.** Umgebung *f*; Schauplatz *m* (*e-s Films etc*): ***the novel has its ~ in*** → ***set*** 12.

set·tle ['setl] **I** *v/i* **1.** (***on***) sich niederlassen (auf *acc, dat*) *od.* setzen (auf *acc*). **2.** sich beruhigen (*Person, Magen etc*), sich legen (*Aufregung etc*): → ***dust*** 1. **3.** sich niederlassen (***in*** in *e-r Stadt etc*). **4.** sich einigen. **5.** sich setzen (*Kaffee etc*); sich senken (*Boden etc*). **6. ~ *for*** sich zufriedengeben *od.* begnügen mit. **7. ~ *into*** sich eingewöhnen in (*dat*). **8. ~ *on*** sich einigen auf (*acc*). **II** *v/t* **9. ~ *o.s.*** → 1. **10.** *j-n, Nerven etc* beruhigen. **11.** vereinbaren; *Frage etc* klären, entscheiden: ***that ~s it*** damit ist der Fall erledigt. **12.** *Streit etc* beilegen. **13.** *Land* besiedeln; *Leute* ansiedeln. **14.** *Rechnung* begleichen, bezahlen; *Konto* ausgleichen; *Schaden* regulieren: → ***account*** 5. **15.** *s-e Angelegenheiten* in Ordnung bringen.

Verbindungen mit Adverbien:

set·tle| back *v/i* sich (gemütlich) zurücklehnen. **~ down I** *v/i* **1.** → ***settle*** 1, 2. **2.** seßhaft werden. **3. ~ *in*** → ***settle*** 7. **II** *v/t* **4.** → ***settle*** 10. **5.** ***settle o.s. down*** → ***settle*** 1. **~ in** *v/i* sich eingewöhnen; sich einleben. **~ up** *v/i* **1.** (be)zahlen. **2.** abrechnen (***with*** mit) (*a. fig.*).

set·tled ['setld] *adj* **1.** beständig (*Wetter*). **2.** fest (*Ansichten etc*).

set·tle·ment ['setlmənt] *s* **1.** Vereinbarung *f*; Klärung *f*. **2.** Beilegung *f*. **3.** Einigung *f*: ***reach a ~*** sich einigen (***with*** mit). **4.** Siedlung *f*; Besiedlung *f*. **5.** Begleichung *f*, Bezahlung *f*; Ausgleich *m*; Regulierung *f*.

set·tler ['setlə] *s* Siedler(in).

'set-up *s* **1.** Aufbau *m*, Organisation *f*. **2.** Zustände *pl*. **3.** F abgekartete Sache; Falle *f*.

sev·en ['sevn] **I** *adj* sieben. **II** *s* Sieben *f*: ***~ of hearts*** Herzsieben. **sev·en·fold** ['~fəʊld] **I** *adj* siebenfach. **II** *adv* siebenfach, um das Siebenfache: ***increase ~*** (sich) versiebenfachen. **sev·en·teen** [,~'tiːn] *adj* siebzehn. **,sev·en'teenth** [~θ] *adj* siebzehnt. **sev·enth** ['sevnθ] **I** *adj* **1.** siebente(r, -s), siebte(r, -s). **II** *s* **2.** *der, die, das* Sieb(en)te: ***the ~ of May*** der 7. Mai. **3.** Sieb(en)tel *n*. **'sev·enth·ly** *adv* sieb(en)tens. **sev·en·ti·eth** ['~tɪəθ] *adj* siebzigst.

'sev·en-time *adj* siebenfach.

sev·en·ty ['sevntɪ] **I** *adj* siebzig. **II** *s* Siebzig *f*: ***be in one's seventies*** in den Siebzigern sein; ***in the seventies*** in den siebziger Jahren (*e-s Jahrhunderts*).

sev·er ['sevə] **I** *v/t* **1.** durchtrennen; abtrennen (***from*** von). **2.** *Beziehungen etc* abbrechen. **II** *v/i* **3.** (zer)reißen.

sev·er·al ['sevrəl] **I** *adj* mehrere. **II** *s* mehrere *pl*: ***~ of you.***

sev·er·ance ['sevərəns] *s* **1.** Durch-, Abtrennung *f*. **2.** *fig.* Abbruch *m*. **~ pay** *s* ⚕ Abfindung *f*.

se·vere [sɪ'vɪə] *adj* □ **1.** schwer (*Verletzung, Rückschlag etc*), stark (*Schmerzen*), hart, streng (*Winter*). **2.** streng (*Person, Disziplin etc*). **3.** scharf (*Kritik*): ***his ~st critic*** *a.* sein ärgster Kritiker. **se·ver·i·ty** [sɪ'verətɪ] *s* **1.** Schwere *f*, Stärke *f*, Härte *f*, Strenge *f*. **2.** Schärfe *f*.

sew [səʊ] (*mst irr*) **I** *v/t* nähen: ~ ***on*** annähen; ~ ***up*** ver-, zunähen; F *Handel etc* perfekt machen. **II** *v/i* nähen.

sew·age ['su:ɪdʒ] *s* Abwasser *m*.

sew·er [sʊə] *s* Abwasserkanal *m*, Kloake *f*. **'sew·er·age** *s* Kanalisation *f*.

sew·ing ['səʊɪŋ] **I** *s* **1.** Nähen *n*. **2.** Näharbeit *f*, Näherei *f*. **II** *adj* **3.** Näh...: ~ ***machine.***

sewn [səʊn] *pp von* **sew.**

sex [seks] **I** *s* **1.** Geschlecht *n*: ***of both ~es*** beiderlei Geschlechts; ***the fair*** (***gentle*** *od.* ***weaker, opposite, stronger***) ~ das schöne (schwache *od.* zarte, andere, starke) Geschlecht. **2.** Sex *m*: a) Sexualität *f*, b) Sex-Appeal *m*, c) Geschlechtsverkehr *m*: ***have ~ with*** schlafen mit. **II** *adj* **3.** a) Sexual...: ~ ***crime*** (***life,*** *etc*); ~ ***object*** Sexual-, Lustobjekt *n*, b) Geschlechts...: ~ ***organ,*** *etc*, c) Sex...: ~ ***bomb*** (***film,*** *etc*); ~ ***appeal*** Sex-Appeal *m*.

sex·ism ['seksɪzəm] *s* Sexismus *m*. **'sex·ist I** *s* Sexist(in). **II** *adj* sexistisch.

sex·tet(te) [seks'tet] *s* ♪ Sextett *n*.

sex·ton ['sekstən] *s eccl.* Küster *m* (u. Totengräber *m*).

sex·u·al ['sekʃʊəl] *adj* □ sexuell, Sexual..., geschlechtlich, Geschlechts...: ~ ***intercourse*** Geschlechtsverkehr *m*.

sex·u·al·i·ty [ˌ~'ælətɪ] *s* Sexualität *f*.

sex·y ['seksɪ] *adj* □ F sexy, (*a. Gang etc*) aufreizend.

shab·by ['ʃæbɪ] *adj* □ *allg.* schäbig.

shack [ʃæk] **I** *s* Hütte *f*, Baracke *f*. **II** *v/i*: ~ ***up*** F zs.-leben (***with*** mit).

shack·les ['ʃæklz] *s pl* Fesseln *pl*, Ketten *pl* (*beide a. fig.*).

shade [ʃeɪd] **I** *s* **1.** Schatten *m*: ***put in***(***to***) ***the*** ~ *fig.* in den Schatten stellen. **2.** (*Lampen*)Schirm *m*. **3.** *pl*, *a.* ***pair of ~s*** F Sonnenbrille *f*. **4.** (Farb)Ton *m*. **5.** *fig.* Nuance *f*: ~ ***of meaning*** Bedeutungsnuance *f*. **6.** ***a*** ~ *fig.* ein kleines bißchen: ***a*** ~ (***too***) ***loud*** e-e Spur zu laut. **II** *v/t* **7.** abschirmen (***from*** gegen *Licht etc*). **III** *v/i* **8.** *a.* ~ ***off*** (allmählich) übergehen (***into*** in *acc*).

shad·ow ['ʃædəʊ] **I** *s* **1.** Schatten *m*: ***be in s.o.'s*** ~ *fig.* in j-s Schatten stehen; ***be only a ~ of one's former self*** *fig.* nur noch ein Schatten s-r selbst sein; ***cast a ~ over*** (*od.* ***on***) *fig.* e-n Schatten werfen auf (*acc*). **2.** *fig.* Schatten *m* (*Person*). **3.** ***there's not a*** (*od.* ***the***) ~ ***of doubt about it*** *fig.* daran besteht nicht der geringste Zweifel. **II** *v/t* **4.** *j-n* beschatten. ~ **cab·i·net** *s pol.* Schattenkabinett *n*.

shad·ow·y ['ʃædəʊɪ] *adj* **1.** schattig, dunkel. **2.** *fig.* geheimnisvoll, -umwittert.

shad·y ['ʃeɪdɪ] *adj* **1.** schattig; schattenspendend. **2.** F zwielichtig (*Person*), zweifelhaft (*Geschäft etc*).

shaft [ʃɑ:ft] *s* **1.** (*Pfeil- etc*)Schaft *m*. **2.** (*Hammer- etc*)Stiel *m*. **3.** (*Aufzugs-, Bergwerks- etc*)Schacht *m*.

shag·gy ['ʃægɪ] *adj* □ zottig, zott(e)lig.

shake [ʃeɪk] **I** *s* **1.** Schütteln *n*: ***with a ~ of one's head*** mit e-m Kopfschütteln; ***give s.th. a good*** ~ et. gut durchschütteln; ***in two ~s, in half a*** ~ F sofort. **2.** Shake *m*, Mixgetränk *n*. **3.** ***he's got the ~s*** F er hat den *od.* e-n Tatterich. **4.** ***be no great ~s*** F nicht gerade umwerfend sein (***at*** in *dat*; ***as*** als). **II** *v/i* (*irr*) **5.** wackeln; zittern (***with*** vor *dat*): ~ ***with laughter*** sich vor Lachen schütteln. **6.** ***let's ~ on it*** F Hand drauf! **III** *v/t* (*irr*) **7.** schütteln: ~ ***one's head*** den Kopf schütteln; ~ ***one's fist at s.o.*** j-m mit der Faust drohen; ~ ***a leg*** F Dampf *od.* Tempo machen; → ***hand*** 1. **8.** *fig.* a) *j-n* erschüttern: ***he was badly ~n by the accident*** der Unfall hat ihn arg mitgenommen, b) *j-s Glauben etc* erschüttern.

Verbindungen mit Adverbien:

shake| down F **I** *v/i* **1.** sich eingewöhnen *od.* einleben. **2.** kampieren (***on the floor*** auf dem Fußboden). **II** *v/t* **3.** *bsd. Am. j-n* ausnehmen *od.* erpressen. **4.** *Am. j-n* filzen, durchsuchen (***for*** nach). ~ **off** *v/t Staub, Verfolger etc* abschütteln, *Besucher, Erkältung etc* loswerden. ~ **out** *v/t* ausschütteln. ~ **up** *v/t* **1.** *Kissen etc* aufschütteln. **2.** *Flasche etc* durchschütteln. **3.** → ***shake*** 8a.

'shake·down *s* F **1.** (Not)Lager *n*. **2.** *bsd. Am.* Gaunerei *f*; Erpressung *f*. **3.** *Am.* Filzung *f*, Durchsuchung *f*.

shak·en ['ʃeɪkən] *pp von* **shake. 'shak·er** *s* Shaker *m*, Mixbecher *m*; *Am.* (*Salz-*)Streuer *m*.

'shake-up *s*: ***there's been a big ~ in our firm*** F in unserer Firma ist kräftig aufgeräumt worden.

shak·y ['ʃeɪkɪ] *adj* □ wack(e)lig (*Person, Stuhl etc*).

shale [ʃeɪl] *s geol.* Schiefer *m*.

shall [ʃæl] *v/aux* (*irr*) **1.** *Futur*: *ich* werde, *wir* werden. **2.** *in* (*Entscheidungs*)*Fragen*: soll *ich* ...?, sollen *wir* ...?: **~ we go?** gehen wir?

shal·low ['ʃæləʊ] **I** *adj* □ seicht, flach (*beide a. fig.*). **II** *s, oft pl* seichte *od.* flache Stelle, Untiefe *f*.

sham [ʃæm] **I** *s* **1.** Farce *f*. **2.** Heuchelei *f*. **II** *adj* **3.** unecht, falsch (*Juwelen etc*), vorgetäuscht, geheuchelt (*Mitgefühl etc*). **III** *v/t* **4.** *Mitgefühl etc* vortäuschen, heucheln, *Krankheit etc* simulieren. **IV** *v/i* **5.** sich verstellen, heucheln: ***he's only ~ming*** er tut nur so.

sham·bles ['ʃæmblz] *s pl* (*mst sg konstruiert*): ***the room was*** (***in***) ***a ~*** F das Zimmer war das reinste Schlachtfeld.

shame [ʃeɪm] **I** *s* **1.** Scham(gefühl *n*) *f*: ***have you got no ~?*** schämst du dich vor gar nichts? **2.** Schande *f*: ***~!*** pfui!; ***~ on you!*** schäm dich!; pfui!; ***put to ~*** → 4, 5. **3.** ***what a ~!*** (wie) schade!; ***it's a ~*** (es ist) schade; → ***crying*** 1. **II** *v/t* **4.** Schande machen (*dat*). **5.** beschämen. ˌ**~'faced** *adj* □ betreten, verlegen.

shame·ful ['ʃeɪmfʊl] *adj* □ **1.** beschämend. **2.** schändlich. '**shame·less** *adj* □ **1.** schamlos. **2.** unverschämt.

sham·poo [ʃæm'puː] **I** *s* Shampoo(n) *n*, Schampon *n*, Schampun *n* (*alle a. für Teppiche etc*), Haarwaschmittel *n*. **II** *v/t Teppich etc* shampoonieren, schamponieren, schampunieren: ***~ one's hair*** sich den Kopf *od.* die Haare waschen.

sham·rock ['ʃæmrɒk] *s* Shamrock *m*, Kleeblatt *n* (*Wahrzeichen Irlands*).

shan·dy ['ʃændɪ] *s* Bier *n* mit Zitronenlimonade.

shang·hai [ˌʃæŋ'haɪ] *v/t*: ***~ s.o. into doing s.th.*** F j-n zwingen *od.* mit e-m Trick dazu bringen, et. zu tun.

shank [ʃæŋk] *s* **1.** ⚙ Schaft *m* (*e-s Bohrers etc*). **2.** Hachse *f* (*beim Schlachttier*).

shan't [ʃɑːnt] F *für* ***shall not.***

shan·ty[1] ['ʃæntɪ] *s* Hütte *f*, Baracke *f*.

shan·ty[2] [~] *s* Shanty *n*, Seemannslied *n*.

'**shan·ty·town** *s* Bidonville *n* (*Slumviertel*).

shape [ʃeɪp] **I** *s* **1.** Form *f*: ***in the ~ of*** in Form (*gen*) (*a. fig.*); ***triangular in ~*** dreieckig; ***take ~*** *fig.* Gestalt annehmen. **2.** Gestalt *f* (*Person*). **3.** ***be in good*** (***bad***) ***~*** (*körperlich, geistig*) in guter (schlechter) Verfassung sein; in gutem (schlechtem) Zustand sein (*Gebäude etc*). **II** *v/t* **3.** *Ton etc* formen (***into*** zu); *et.* formen (***from*** aus); *fig. j-n, j-s Charakter etc* formen, prägen: ***~d like a ...*** ...förmig. **III** *v/i* **4.** *mst* ***~ up*** F sich *gut etc* machen (*Person*): ***things are shaping up nicely*** es sieht nicht schlecht aus. **shaped** *adj* geformt, ...förmig. '**shape·less** *adj* □ **1.** weit; ausgebeult (*Kleidungsstück*). **2.** unförmig (*Person, Gegenstand*). '**shape·ly** *adj* wohlgeformt (*Beine etc*), wohlproportioniert (*Figur*).

shard [ʃɑːd] *s* Scherbe *f*.

share [ʃeə] **I** *s* **1.** Anteil *m* (***in, of*** an *dat*): ***go ~s*** F teilen; ***have a*** (***no***) ***~ in*** (nicht) beteiligt sein an (*dat*). **2.** ⚕ *bsd. Br.* Aktie *f*. **II** *v/t* **3.** *et.* teilen (*a. fig.*), sich *et.* teilen (***with*** mit): ***we ~ an apartment*** (*bsd. Br.* ***a flat***) wir leben in e-r Wohngemeinschaft; ***they ~d second place*** sie kamen gemeinsam auf den zweiten Platz. **4.** *mst* ***~ out*** verteilen (***among, between*** an *acc*, unter *acc*). **III** *v/i* **5.** teilen: ***~ in*** sich teilen in (*acc*). **shared** *adj* gemeinsam, Gemeinschafts...

'**share**|ˌ**hold·er** *s* ⚕ *bsd. Br.* Aktionär(in). '**~-out** *s* Verteilung *f*.

shark [ʃɑːk] *s* **1.** *ichth.* Hai(fisch) *m*. **2.** F (*Kredit- etc*)Hai *m*.

sharp [ʃɑːp] **I** *adj* □ **1.** scharf (*Messer etc, a. Gesichtszüge, Kurve etc*); spitz (*Nadel, Nase etc*). **2.** *fig.* scharf: a) deutlich (*Gegensatz, Umrisse etc*), b) herb (*Geschmack*), c) schneidend (*Befehl, Stimme*), d) heftig (*Schmerz etc*), (*a. Frost, Wind*) schneidend, e) spitz (*Bemerkung, Zunge*), f) schnell (*Tempo etc*), g) jäh, plötzlich: ***brake ~ly*** scharf bremsen. **3.** *fig.* scharf (*Augen, Verstand etc*); scharfsinnig, gescheit (*Person*). **4.** ***~ practice*** unsaubere Geschäfte *pl*. **II** *adv* **5.** ***at three o'clock ~*** Punkt 3 (Uhr). **6.** ♪ zu hoch: ***sing ~***. **7.** ***look ~*** F sich beeilen: ***look ~!*** Tempo!

sharp·en ['~ən] *v/t* **1.** *Messer etc* schärfen, schleifen. **2.** *Bleistift etc* spitzen. '**sharp·en·er** *s* (*Bleistift*)Spitzer *m*. '**sharp·ness** *s* **1.** Schärfe *f* (*a. fig.*). **2.** *fig.* Scharfsinn *m*.

'sharp,shoot·er *s* Scharfschütze *m.*
shat [ʃæt] *pret u. pp von* ***shit.***
shat·ter ['ʃætə] **I** *v/t* **1.** zerschmettern, -schlagen, -trümmern. **2.** *fig. Hoffnungen, Träume etc* zerstören. **3.** F *j-n* schocken. **4.** F *j-n* schlauchen. **II** *v/i* **5.** zerspringen, (*Glas a.*) zersplittern. **'~·proof** *adj* splitterfrei, -sicher.
shave [ʃeɪv] **I** *v/i* **1.** sich rasieren. **II** *v/t* **2.** *j-n* rasieren. **3.** sich *die Beine etc* rasieren: ***~ off*** sich *den Bart* abrasieren; *Holz* abhobeln. **4.** *j-n, et.* streifen. **III** *s* **5.** Rasur *f*: ***have a ~*** → 1; ***that was a close ~*** das war knapp, das hätte ins Auge gehen können. **'shav·en** *adj* kahlgeschoren. **'shav·er** *s* (*bsd.* elektrischer) Rasierapparat. **'shav·ing I** *s* **1.** Rasieren *n.* **2.** *pl* Späne *pl.* **II** *adj* **3.** Rasier...: ***~ brush*** Rasierpinsel *m*; ***~ cream*** Rasiercreme *f*; ***~ foam*** Rasierschaum *m*; ***~ soap*** Rasierseife *f.*
shawl [ʃɔːl] *s* **1.** Umhängetuch *n.* **2.** Kopftuch *n.*
she [ʃiː] **I** *pron* sie. **II** *s* Sie *f*: a) Mädchen *n*, Frau *f*, b) *zo.* Weibchen *n.* **III** *adj in Zssgn zo.* ...weibchen *n*: ***~-bear*** Bärin *f.*
sheaf [ʃiːf] *pl* **sheaves** [ʃiːvz] *s* **1.** ⚒ Garbe *f.* **2.** (*Papier- etc*)Bündel *n.*
shear [ʃɪə] **I** *v/t* (*mst irr*) *Schaf* scheren. **II** *s pl, a.* ***pair of ~s*** (große) Schere.
sheath [ʃiːθ] *pl* **sheaths** [ʃiːðz] *s* **1.** (*Schwert- etc*)Scheide *f.* **2.** Kondom *n, m.* **3.** → ***sheathing.*** **sheathe** [ʃiːð] *v/t* **1.** *Schwert etc* in die Scheide stekken. **2.** ⚙ umhüllen, verkleiden, *Kabel, Rohr* ummanteln. **'sheath·ing** *s* ⚙ Umhüllung *f*, Verkleidung *f*, Mantel *m.*
sheath knife *s* (*irr* **knife**) Fahrtenmesser *n.*
sheaves [ʃiːvz] *pl von* ***sheaf.***
she·bang [ʃɪ'bæŋ] *s*: ***the whole ~*** *bsd. Am.* F der ganze Laden; die ganze Chose.
shed[1] [ʃed] *v/t* (*irr*) **1.** *Blut, Tränen etc* vergießen. **2.** → ***light***[1] 1. **3.** *biol. Blätter etc* verlieren, *a. Geweih* abwerfen: ***~ its skin*** sich häuten; ***~ a few pounds*** ein paar Pfund abnehmen. **4.** *fig. Gewohnheit, Hemmungen etc* ablegen.
shed[2] [~] *s* (*Geräte etc*)Schuppen *m*; (*Kuh- etc*)Stall *m.*
she'd [ʃiːd] F *für* ***she had***; ***she would.***
sheen [ʃiːn] *s* Glanz *m.*
sheep [ʃiːp] *pl* **sheep** *s zo.* Schaf *n* (*a. fig. Person*): ***make ~'s eyes at s.o.*** j-n anschmachten. **'~·dog** *s* Schäferhund *m.*
sheep·ish ['ʃiːpɪʃ] *adj* □ verlegen.
'sheep·skin *s* Schaffell *n.*
sheer [ʃɪə] **I** *adj* **1.** bloß, rein: ***by ~ coincidence*** rein zufällig. **2.** steil, (fast) senkrecht. **3.** hauchdünn (*Stoff*). **II** *adv* **4.** → 2.
sheet [ʃiːt] *s* **1.** Bettuch *n*, (Bett)Laken *n*, Leintuch *n*: (***as***) ***white as a ~*** kreidebleich. **2.** Bogen *m*, Blatt *n* (*Papier*). **3.** (*Glas*)Scheibe *f.* **4.** ***the rain was coming down in ~s*** es regnete in Strömen. **5.** weite (*Eis- etc*)Fläche. **~ light·ning** *s* Wetterleuchten *n.* **~ mu·sic** *s* Notenblätter *pl.*
sheik(h) [ʃeɪk] *s* Scheich *m.* **'sheik(h)·dom** *s* Scheichtum *n.*
shelf [ʃelf] *pl* **shelves** [ʃelvz] *s* (*Bücher- etc*)Brett *n*, (-)Bord *n*: ***shelves*** *pl* Regal *n*; ***she has been left on the ~*** *fig.* F sie ist sitzengeblieben. **~ life** *s* ✝ Haltbarkeit *f.*
shell [ʃel] **I** *s* **1.** (*Austern-, Eier- etc*)Schale *f*, (*Erbsen- etc*)Hülse *f*, Muschel(-schale) *f*, (*Schnecken*)Haus *n*, (*Schildkröten- etc*)Panzer *m*: ***come out of one's ~*** *fig.* aus sich herausgehen. **2.** ⚔ Granate *f.* **3.** ✈, ⚓ Rumpf *m.* **4.** Rohbau *m*; Gemäuer *n*, Außenmauern *pl.* **II** *v/t* **5.** schälen, enthülsen. **6.** ⚔ mit Granaten beschießen. **7.** (*a. v/i*) ***~ out*** F blechen.
she'll [ʃiːl] F *für* ***she will.***
'shell·fish *pl* **-fish** *s zo.* Schal(en)tier *n.*
shel·ter ['ʃeltə] **I** *s* **1.** Unterstand *m*; ⚔ Bunker *m*; Wartehäuschen *n* (*an Bushaltestelle etc*); (*Obdachlosen- etc*)Unterkunft *f*: → ***air-raid.*** **2.** Schutz *m*; Unterkunft *f*: ***provide ~ for*** Obdach bieten *od.* gewähren (*dat*); ***run for ~*** Schutz suchen; ***take ~*** sich unterstellen (***under*** unter *dat*). **II** *v/t* **3.** schützen (***from*** vor *dat*): ***a ~ed life*** ein behütetes Leben. **III** *v/i* **4.** sich unterstellen.
shelve [ʃelv] *v/t* **1.** *Bücher* (in ein Regal) einstellen. **2.** *fig. Plan etc* aufschieben, zurückstellen.
shelves [ʃelvz] *pl von* ***shelf.***
shelv·ing ['ʃelvɪŋ] *s* Regale *pl.*
she·nan·i·gans [ʃɪ'nænɪgənz] *s pl* F Blödsinn *m*, Unfug *m.*

shep·herd ['ʃepəd] **I** *s* Schäfer *m.* **II** *v/t j-n* führen.

sher·bet ['ʃɜːbət] *s* **1.** Brausepulver *n.* **2.** *bsd. Am.* → **sorbet** 1.

sher·iff ['ʃerɪf] *s* Sheriff *m.*

sher·ry ['ʃerɪ] *s* Sherry *m.*

shield [ʃiːld] **I** *s* Schild *m.* **II** *v/t j-n* schützen (**from** vor *dat*); *b.s. j-n* decken.

shift [ʃɪft] **I** *v/i* **1.** sich bewegen: **~ on one's chair** (*ungeduldig etc*) auf s-m Stuhl hin u. her rutschen. **2.** umspringen (*Wind*). **3.** *fig.* sich verlagern *od.* verschieben *od.* wandeln. **4.** F rasen. **5.** → **gear** 1. **II** *v/t* **6.** *et.* bewegen, schieben, *Möbelstück a.* (ver)rücken. **7.** *Schuld, Verantwortung* (ab)schieben, abwälzen (**onto** auf *acc*). **8.** *Fleck etc* entfernen; *et.* loswerden. **9.** → **gear** 1. **III** *s* **10.** *fig.* Verlagerung *f*, Verschiebung *f*, Wandel *m.* **11.** ⚒ Schicht *f* (*Zeit u. Arbeiter*). **~ key** *s* Umschalttaste *f* (*e-r Schreibmaschine*). **~ work·er** *s* Schichtarbeiter(in).

shift·y ['ʃɪftɪ] *adj* □ verschlagen (*Blick etc*); zwielichtig (*Charakter*).

shil·ling ['ʃɪlɪŋ] *s Br. hist.* Schilling *m.*

shil·ly-shal·ly ['ʃɪlɪˌʃælɪ] *v/i* F sich nicht entscheiden können.

shim·mer ['ʃɪmə] **I** *v/i* schimmern; (*Luft*) flimmern. **II** *s* Schimmer *m*; Flimmern *n.*

shin [ʃɪn] **I** *s anat.* Schienbein *n.* **II** *v/i*: **~ up** (**down**) *Baum etc* hinauf-(herunter)klettern. '**~·bone** → **shin** I.

shine [ʃaɪn] **I** *v/i* (*irr*) **1.** scheinen (*Sonne etc*), leuchten (*Lampe etc*). **2.** glänzen (**with** vor *dat*; *fig.* **at** in *dat*). **II** *v/t* (*irr*) **3.** *pret u. pp* **shined** *Schuhe etc* polieren. **4. ~ a torch** (*bsd. Am.* **flashlight**) **into** mit e-r Taschenlampe leuchten in (*acc*). **III** *s* **5.** Glanz *m*: **give one's shoes a ~** s-e Schuhe polieren; **take a ~ to s.o.** F j-n sofort mögen.

shin·gle[1] ['ʃɪŋgl] **I** *s* (Dach)Schindel *f.* **II** *v/t* mit Schindeln decken.

shin·gle[2] [~] *s* grobe Kieselsteine: **~ beach** Kieselstrand *m.*

shin·gles ['ʃɪŋglz] *s pl* (*sg konstruiert*) ⚕ Gürtelrose *f.*

shin·gly ['ʃɪŋglɪ] *adj* kieselig: **~ beach** Kieselstrand *m.*

shin·y ['ʃaɪnɪ] *adj* glänzend, (*Ärmel etc a.*) abgewetzt, blank.

ship [ʃɪp] **I** *s* (*a. Raum*)Schiff *n*: **when my ~ comes home** (*od.* **in**) *fig.* wenn ich das große Los ziehe. **II** *v/t* verschiffen; *allg.* verfrachten, -senden. '**~·board** *s*: **on ~** an Bord. '**~ˌbuild·er** *s* Schiff(s)bauer *m.*

ship·ment *s* **1.** Ladung *f.* **2.** Verschiffung *f*; *allg.* Verfrachtung *f*, Versand *m.*

'**shipˌown·er** *s* Reeder *m*, (*bsd. Binnenschiffahrt a.*) Schiffseigner *m.*

ship·per ['ʃɪpə] *s* Spediteur *m.* '**ship·ping** *s* **1.** → **shipment** 2. **2.** a) Schiffahrt *f*: **~ forecast** Seewetterbericht *m*, b) *coll.* Schiffsbestand *m* (*e-s Landes*).

'**ship|·shape** *adj* tadellos in Ordnung. '**~·wreck I** *s* a) Schiffbruch *m*: **in a ~** bei e-m Schiffbruch; **suffer ~** Schiffbruch erleiden (*a. fig.*), b) Wrack *n.* **II** *v/t*: **be ~ed** Schiffbruch erleiden; **~ed** schiffbrüchig. '**~·yard** *s* (Schiffs)Werft *f.*

shirk [ʃɜːk] *v/i u. v/t* sich drücken (vor *dat*). '**shirk·er** *s* Drückeberger(in).

shirt [ʃɜːt] *s* Hemd *n*: **keep one's ~ on** F sich nicht aufregen; → **bet** 4. '**~·sleeve I** *adj* hemdsärmelig. **II** *s pl*: **in one's ~s** in Hemdsärmeln, hemdsärmelig.

shirt·y ['ʃɜːtɪ] *adj* F: **get ~ with s.o.** j-n anschnauzen; **there's no need to get ~** du mußt mich nicht gleich anschnauzen.

shit [ʃɪt] **I** *s* **1.** V Scheiße *f*: **be in the ~** *fig.* in der Scheiße sitzen. **2. have** (**go for**) **a ~** V scheißen (gehen). **3. he's got the ~s** V er hat Dünnschiß *od.* die Scheißerei. **4.** *fig.* V Scheiß *m*: **talk ~** Scheiß reden. **5.** *fig.* V Arschloch *n.* **6.** *sl.* Shit *n* (*Haschisch*). **II** *v/i* (*mst irr*) **7.** V scheißen. **III** *v/t* (*mst irr*) **8.** V vollscheißen, scheißen in (*acc*): **~ o.s.** sich vollscheißen; *fig.* sich vor Angst fast in die Hosen scheißen.

shiv·er ['ʃɪvə] **I** *v/i* zittern (**with** vor *dat*). **II** *s* Schauer *m*: **the sight sent ~s** (**up and**) **down my spine** bei dem Anblick überlief es mich eiskalt; **he's got the ~s** er hat Schüttelfrost; **spiders give me the ~s** F ich hab' e-n Horror vor Spinnen.

shoal[1] [ʃəʊl] *s* Schwarm *m* (*Fische*): **~s** *pl* **of** Schwärme *pl* von (*Touristen etc*).

shoal[2] [~] *s* Untiefe *f*; Sandbank *f.*

shock[1] [ʃɒk] **I** *s* **1.** Wucht *f* (*e-r Explosion, e-s Schlags etc*). **2.** Schock *m* (*a.* ⚕): **be in a state of** (*od.* **suffer from**) **~** unter Schock stehen; **come as** (*od.* **be**) **a ~ to**

s.o. ein Schock für j-n sein. **3.** ⚡ Schlag *m*, (*a.* ⚕ Elektro)Schock *m*. **II** *v/t* **4.** schockieren, empören. **5.** *j-m* e-n Schock versetzen: ***be ~ed at*** (*od.* ***by***) erschüttert sein über (*acc*).

shock² [~] *s* (***~ of hair*** Haar)Schopf *m*.

shock ab·sorb·er *s mot.* Stoßdämpfer *m*.

shock·er ['ʃɒkə] *s* F Schocker *m* (*Film*, *Person etc*). **'shock·ing** *adj* □ **1.** schokkierend, anstößig. **2.** erschütternd. **3.** F scheußlich.

'shock|·proof *adj* stoßfest, -sicher. **~ ther·a·py, ~ treat·ment** *s* ⚕ Schocktherapie *f*. -behandlung *f*. **~ wave** *s* Druckwelle *f*: ***send ~s through*** *fig*. erschüttern.

shod [ʃɒd] *pret u. pp von* ***shoe***.

shod·dy ['ʃɒdɪ] *adj* □ **1.** minderwertig (*Ware*), schlampig (*Arbeit*). **2.** gemein, schäbig (*Trick etc*).

shoe [ʃuː] **I** *s* **1.** Schuh *m*: ***be in s.o.'s ~s*** *fig*. in j-s Haut stecken; ***know where the ~ pinches*** *fig*. wissen, wo der Schuh drückt; ***step into*** (*od.* ***fill***) ***s.o.'s ~s*** *fig*. j-s Stelle einnehmen. **2.** (Huf)Eisen *n*. **II** *v/t* (*mst irr*) **3.** *Pferd* beschlagen. **'~·black** *s* Schuhputzer *m*. **'~·box** *s* Schuhkarton *m*, -schachtel *f*. **'~·horn** *s* Schuhlöffel *m*. **'~·lace** *s* Schnürsenkel *m*. **'~ˌmak·er** *s* Schuhmacher *m*, Schuster *m*. **'~·string** *s* Schnürsenkel *m*: ***start on a ~*** *fig*. praktisch mit nichts anfangen. **'~·tree** *s* Schuhspanner *m*.

shone [ʃɒn] *pret u. pp von* ***shine***.

shoo [ʃuː] *v/t j-n*, *Vögel etc* (ver)scheuchen.

shook [ʃʊk] *pret von* ***shake***.

shoot [ʃuːt] **I** *s* **1.** ♣ Trieb *m*. **2.** Jagd *f*; Jagd(revier *n*) *f*. **II** *v/t* (*irr*) **3.** schießen mit (*e-m Gewehr etc*). **4.** *Pfeil etc* abfeuern, abschießen (***at*** auf *acc*): ***shoot a glance at*** e-n schnellen Blick werfen auf (*acc*); ***~ questions at s.o.*** j-n mit Fragen bombardieren; → ***bolt¹*** 1. **5.** a) *hunt*. schießen, erlegen: ***~ the bull*** *Am*. F plaudern, plauschen, b) anschießen, c) niederschießen, d) *a.* ***~ dead*** erschießen: ***~ o.s.*** sich erschießen. **6.** *Riegel* vorschieben. **7.** *Film etc* drehen, *a. phot*. *j-n* aufnehmen. **8.** → ***light¹*** 3. **III** *v/i* (*irr*) **9.** schießen (***at*** auf *acc*): ***~ at goal*** (*Sport*) aufs Tor schießen. **10.** ***go*** *somewhere* ***to ~*** *wohin* auf die Jagd gehen. **11.** schießen, rasen. **12.** drehen, filmen. **13.** ♣ treiben.

Verbindungen mit Adverbien:

shoot| down *v/t* **1.** *j-n* niederschießen. **2.** *j-n*, *Flugzeug etc* abschießen. **3.** F *Antrag etc* abschmettern, *j-n a.* abfahren lassen. **~ off** *v/t Waffe* abfeuern, -schießen: ***~ one's mouth*** F quatschen (*Geheimnisse verraten*); blöd daherreden. **~ out** *v/t*: ***shoot it out*** sich e-e Schießerei liefern (***with*** mit). **~ up** *v/i* in die Höhe schießen (*Flammen*, *Kind etc*), in die Höhe schnellen (*Preise*).

shoot·er ['ʃuːtə] *s bsd. Br. sl.* Schießeisen *n*.

shoot·ing ['ʃuːtɪŋ] **I** *s* **1.** Schießen *n*; Schießerei *f*. **2.** Erschießung *f*; Anschlag *m*. **3.** *Film*, *TV*: Dreharbeiten *pl*, Aufnahmen *pl*. **II** *adj* **4.** stechend (*Schmerz*). **~ gal·ler·y** *s* Schießbude *f*. **~ match** *s*: ***the whole ~*** F die ganze Chose. **~ range** *s* Schießstand *m*. **~ star** *s ast*. Sternschnuppe *f*.

shop [ʃɒp] **I** *s* **1.** Laden *m*, Geschäft *n*: ***set up ~ as*** F sich niederlassen als; ***shut up ~*** F (den Laden) dichtmachen. **2.** Werkstatt *f*. **3.** Betrieb *m*, Werk *n*: ***talk ~*** fachsimpeln; → ***closed*** (***open***) ***shop***. **II** *v/i* **4.** ***go ~ping*** einkaufen gehen; ***~ around*** sich informieren, die Preise vergleichen; ***~ for*** sich umsehen nach. **III** *v/t* **5.** *bsd. Br. sl. j-n* verpfeifen. **~ as·sist·ant** *s Br*. Verkäufer(in). **~ floor** *s* Arbeiter *pl* (*Ggs. Management*). **'~ˌkeep·er** *s* Ladenbesitzer(in), -inhaber(in). **'~ˌlift·er** *s* Ladendieb(in). **'~ˌlift·ing** *s* Ladendiebstahl *m*.

shop·per ['ʃɒpə] *s* Käufer(in). **'shop·ping I** *s* **1.** Einkaufen *n*: ***do one's ~*** einkaufen, (s-e) Einkäufe machen. **2.** Einkäufe *pl* (*Sachen*). **II** *adj* **3.** Einkaufs...: ***~ bag*** Einkaufsbeutel *m*, -tasche *f*; ***~ center*** (*bsd. Br.* ***centre***) Einkaufszentrum *n*; ***~ list*** Einkaufsliste *f*, -zettel *m*; ***~ mall*** *Am*. Einkaufszentrum *n*; ***~ street*** Geschäfts-, Ladenstraße *f*; → ***spree***.

ˌshop|-'soiled *adj bsd. Br. Ware*: angestaubt (*a. fig. Ansichten etc*); angestoßen. **~ stew·ard** *s* ✝ gewerkschaftlicher Vertrauensmann. **'~·talk** *s* Fachsimpelei *f*. **~ win·dow** *s* Schaufenster *n*, Auslage *f*. **'~·worn** *Am*. → ***shop-soiled***.

shore[1] [ʃɔː] *s* Küste *f*; (*See*)Ufer *n*: ***on ~*** ⚓ an Land; ***~ leave*** ⚓ Landurlaub *m*.

shore[2] [~] **I** *s* Stützbalken *m*, Strebe(balken *m*) *f*. **II** *v/t mst **~ up*** (ab)stützen; *fig. Währung etc* stützen.

shorn [ʃɔːn] *pp von* ***shear.***

short [ʃɔːt] **I** *adj* (□ → ***shortly***) **1.** *räumlich, zeitlich*: kurz: ***a ~ time ago*** vor kurzer Zeit, vor kurzem; ***~ and sweet*** F kurz u. bündig; ***~ holiday*** (*bsd. Am.* ***vacation***) Kurzurlaub *m*; ***~ story*** Short story *f*, Kurzgeschichte *f*; Novelle *f*; ***be ~ for*** die Kurzform sein von; ***cut ~*** *Urlaub etc* abbrechen; → ***notice*** 3, ***run*** 1, ***shrift, story*** 1, ***work*** 1. **2.** klein (*Person*). **3. *be ~ of*** nicht genügend ... haben; ***be in ~ supply*** ⚕ knapp sein; → ***cash*** 2, ***money.*** **4.** barsch (***with*** zu), kurz angebunden. **II** *adv* **5.** plötzlich, abrupt: ***be caught*** (*od.* ***taken***) ***~*** *bsd. Br.* F dringend mal (verschwinden) müssen; ***stop ~ of*** (*od.* ***at***) zurückschrecken vor (*dat*); ***stop ~ of doing s.th.*** davor zurückschrecken, et. zu tun. **6. *fall ~ of*** *et.* nicht erreichen, *den Anforderungen etc* nicht entsprechen; ***run ~*** knapp werden, zur Neige gehen; ***we are running ~ of bread*** uns geht das Brot aus. ***sell ~*** *j-n, et.* unterschätzen. **7. *~ of*** a) *räumlich* vor (*dat*): ***three miles ~ of London,*** b) *fig.* außer. **III** *s* **8. *he is called Bill for ~*** er wird kurz Bill genannt; ***in ~*** kurz(um). **9.** *pl*, *a.* ***pair of ~s*** Shorts *pl*; *bsd. Am.* (Herren)Unterhose *f*. **10.** *Br.* F Kurze *m*, Schnaps *m*. **11.** ⚡ F Kurze *m*. **12.** F Kurzfilm *m*. **IV** *v/t* **13.** ⚡ F e-n Kurzen verursachen in (*dat*); kurzschließen. **V** *v/i* **14.** ⚡ F e-n Kurzen haben. **'short·age** *s* Knappheit *f*, Mangel *m* (***of*** an *dat*).

ˌshort|-'change *v/t* **1.** *j-m* zuwenig (Wechselgeld) herausgeben. **2.** F *j-n* übers Ohr hauen. ***~ cir·cuit*** *s* ⚡ Kurzschluß *m*. **ˌ~-'cir·cuit I** *v/t* **1.** ⚡ e-n Kurzschluß verursachen in (*dat*); kurzschließen. **2.** *fig. et.* umgehen. **II** *v/i* **3.** ⚡ e-n Kurzschluß haben. **ˌ~'com·ings** *s pl* Unzulänglichkeiten *pl*, Mängel *pl*, (*a. e-r Person*) Fehler *pl*. **~ cut** *s* **1.** Abkürzung(sweg *m*) *f*: ***take a ~*** abkürzen. **2.** *fig.* abgekürztes Verfahren.

short·en ['ʃɔːtn] **I** *v/t* kürzen, *Kleidungsstück a.* kürzer machen, *Text a.* zs.-streichen, *Leben etc* verkürzen. **II** *v/i* kürzer werden.

'short|·fall *s* Defizit *n*. **ˌ~'haired** *adj* kurzhaarig. **'~·hand** *s* Kurzschrift *f*, Stenographie *f*: ***do ~*** stenographieren; ***take down in ~*** *et.* (mit)stenographieren; ***~ typist*** Stenotypistin *f*. **ˌ~'hand·ed** *adj* knapp an Personal *od.* Arbeitskräften.

short·ie ['ʃɔːtɪ] *s* Kleine *m*, *f*, *contp.* Zwerg *m*.

short| list *s*: ***be on the ~*** *Br.* in der engeren Wahl sein. **'~-list** *v/t Br.* in die engere Wahl ziehen. **ˌ~-'lived** *adj* kurzlebig, *fig. a.* von kurzer Dauer.

short·ly ['ʃɔːtlɪ] *adv* **1.** bald: ***~ after*** kurz danach. **2.** in kurzen Worten. **3.** barsch. **'short·ness** *s* **1.** Kürze *f*. **2.** Barschheit *f*. **3.** → ***shortage.***

ˌshort|-'range *adj* **1.** ⚔, ✈ Nah..., Kurzstrecken... **2.** kurzfristig. **ˌ~-'sight·ed** *adj* □ ⚕ kurzsichtig (*a. fig.*). **ˌ~-'sleeved** *adj* kurzärm(e)lig. **ˌ~-'staffed** → ***shorthanded.*** **ˌ~-'tem·pered** *adj* aufbrausend, hitzig. **'~-term** *adj* kurzfristig, -zeitig: ***~ memory*** Kurzzeitgedächtnis *n*. **~ time** *s* ⚕ Kurzarbeit *f*: ***be on*** (*od.* ***work***) ***~*** kurzarbeiten. **~ wave** *s* ⚡, *phys.* Kurzwelle *f*. **'~-wave** *adj* Kurzwellen... **~-wind·ed** [ˌ~'wɪndɪd] *adj* □ kurzatmig.

short·y → ***shortie.***

shot[1] [ʃɒt] **I** *pret u. pp von* ***shoot.*** **II** *adj*: ***be*** (*od.* ***get***) ***~ of*** F *j-n, et.* los sein (loswerden).

shot[2] [~] *s* **1.** Schuß *m*: ***like a ~*** blitzschnell; sofort; ***~ across the bows*** Schuß vor den Bug (*a. fig.*); ***~ in the dark*** *fig.* Schuß ins Blaue; ***~ in the leg*** Beinschuß; ***call the ~s*** F das Sagen haben. **2.** (*Fußball etc*) Schuß *m*, (*Basketball etc*) Wurf *m*, (*Tennis etc*) Schlag *m*. **3.** *guter etc* Schütze: ***big ~*** F hohes Tier. **4.** Schrot *m*, *n*. **5.** *Kugelstoßen*: Kugel *f*. **6.** F Versuch *m*: ***at the first ~*** beim ersten Versuch; ***I'll have a ~ at it*** ich probier's mal. **7.** a) *Film, TV*: Aufnahme *f*; Einstellung *f*, b) *phot.* F Schnappschuß *m*, Aufnahme *f*. **8.** ⚕ F Spritze *f*. **'~·gun** *s* Schrotflinte *f*: ***~ wedding*** F Mußheirat *f*. **~ put** *s Leichtathletik*: Kugelstoßen *n*. **'~-ˌput·ter** *s* Kugelstoßer(in).

should [ʃʊd] **1.** *pret von* ***shall,*** *a. allg. ich* sollte, *du* solltest *etc*: ***he ~ be home by then*** er müßte bis dahin wieder zu Hause sein. **2.** *konditional*: *ich* würde, *wir* würden: ***I ~ go if ...***; → ***like***² 1.

shoul·der ['ʃəʊldə] **I** *s* **1.** Schulter *f*: ***~ to ~*** Schulter an Schulter (*a. fig.*); ***a ~ to cry on*** e-e Schulter zum Ausweinen; ***give s.o. the cold ~*** j-m die kalte Schulter zeigen; ***put one's ~ to the wheel*** *fig.* sich mächtig ins Zeug legen; → ***chip*** 1, ***rub*** 3. **II** *v/t* **2.** schultern; *fig. Kosten, Verantwortung etc* übernehmen. **3.** (mit der Schulter) stoßen: ***~ one's way through*** sich e-n Weg bahnen durch. **~ bag** *s* Schulter-, Umhängetasche *f*. **~ blade** *s anat.* Schulterblatt *n*. **~ strap** *s* Träger *m* (*e-s Kleids etc*); Tragriemen *m*.

shouldn't ['ʃʊdnt] F *für* ***should not.***

shout [ʃaʊt] **I** *v/i* rufen, schreien (***for*** nach; ***for help*** um Hilfe): ***~ at s.o.*** j-n anschreien. **II** *v/t* rufen, schreien: ***~ down*** *j-n* niederbrüllen; ***~ o.s. hoarse*** sich heiser schreien; → ***rooftop.*** **III** *s* Ruf *m*, Schrei *m*: ***~s*** *pl* ***of joy*** Freudengeschrei *n*; ***it's my ~*** *Br.* F das ist m-e Runde, ich bin dran. **'shout·ing** *s* Schreien *n*, Geschrei *n*: ***it's all over bar the ~*** *Br.* F die Sache ist so gut wie gelaufen.

shove [ʃʌv] **I** *v/t* **1.** stoßen, schubsen: ***~ about*** (*od.* ***around***) *j-n* herumschubsen (*a. fig.*). **2.** *et.* schieben, stopfen (***into*** in *acc*). **II** *v/i* **3.** stoßen, schubsen: ***~ off*** (vom Ufer) abstoßen; ***~ off!*** F schieb ab!; ***~ over*** *bsd. Br.* F rutschen. **III** *s* **4.** Stoß *m*, Schubs *m*.

shov·el ['ʃʌvl] **I** *s* Schaufel *f*. **II** *v/t pret u. pp* **-eled,** *bsd. Br.* **-elled** schaufeln: ***~ food into one's mouth*** Essen in sich hineinschaufeln.

show [ʃəʊ] **I** *s* **1.** *thea. etc* Vorstellung *f*; Show *f*; (*Rundfunk, TV*) Sendung *f*: ***steal the ~ from s.o.*** *fig.* j-m die Schau stehlen. **2.** Ausstellung *f*: ***be on ~*** ausgestellt *od.* zu besichtigen sein. **3.** Zurschaustellung *f*, Demonstration *f*. **4.** ***by ~ of hands*** durch Handzeichen. **5.** Schau *f*: ***make a ~ of*** *Anteilnahme etc* heucheln; ***make a ~ of interest*** *a.* sich interessiert geben. **6.** F *gute etc* Leistung: ***put up a poor ~*** e-e schwache Leistung zeigen. **7.** F Laden *m*: ***run the ~*** den Laden schmeißen. **II** *adj* **8.** Muster...: ***~ house.*** **III** *v/t* (*mst irr*) **9.** *a. fig. Gefühle etc* zeigen, *Fahrkarte etc a.* vorzeigen, *Zeit etc* anzeigen (*Uhr etc*): ***~ s.o. how to do s.th.*** j-m zeigen, wie man et. macht; ***~ o.s.*** sich erweisen als; → ***door*** 1, *etc.* **10.** *j-n* bringen, führen (***to*** zu): ***~ s.o.*** (***a***)***round*** (*od.* ***over***) ***the house*** j-n durchs Haus führen, j-m das Haus zeigen. **11.** ausstellen, zeigen. **12.** zeigen: a) *thea. etc* vorführen, b) *TV* bringen. **IV** *v/i* (*mst irr*) **13.** zu sehen sein: ***it ~s*** man sieht es. **14.** ***be ~ing*** gezeigt werden, laufen.

Verbindungen mit Adverbien:

show| a·round *v/t* herumführen. **~ in** *v/t* herein-, hineinführen, -bringen. **~ off I** *v/t* **1.** angeben *od.* protzen mit (***to*** vor *dat*). **2.** *Figur etc* vorteilhaft zur Geltung bringen. **II** *v/i* **3.** angeben, protzen. **~ out** *v/t* heraus-, hinausführen, -bringen. **~ round** → ***show around.*** **~ up I** *v/t* **1.** herauf-, hinaufführen, -bringen. **2.** sichtbar machen. **3.** *j-n* entlarven; *et.* aufdecken. **4.** *bsd. Br. j-n* in Verlegenheit bringen. **II** *v/i* **5.** zu sehen sein. **6.** F kommen; aufkreuzen, -tauchen.

show| biz *s* F, **~ busi·ness** *s* Showbusineß *n*, -geschäft *n*. **'~·case** *s* Schaukasten *m*, Vitrine *f*. **'~·down** *s* Kraft-, Machtprobe *f*.

show·er ['ʃaʊə] **I** *s* **1.** (*Regen- etc*)Schauer *m*; (*Funken-, Kugel- etc*)Regen *m*; (*Geschoß-, Stein*)Hagel *m*; (*Wasser-, Wort- etc*)Schwall *m*. **2.** Dusche *f*: ***have*** (*od.* ***take***) ***a ~*** duschen. **II** *v/i* **3.** duschen. **III** *v/t* **4.** ***~ s.o. with s.th., ~ s.th. on s.o.*** j-n mit et. überschütten, *fig. a.* j-n mit et. überhäufen. **~ cab·i·net** *s* Duschkabine *f*. **~ cur·tain** *s* Duschvorhang *m*.

'show|·girl *s* Revuegirl *n*. **~ jump·er** *s Sport*: Springreiter(in). **~ jump·ing** *s* Springreiten *n*. **~·man** ['~mən] *s* (*irr* ***man***) **1.** *thea. etc* Produzent *m*. **2.** Schausteller *m*. **3.** *fig.* Showman *m*.

shown [ʃəʊn] *pp von* ***show.***

'show|-off *s* F Angeber(in). **'~·piece** *s* **1.** Ausstellungsstück *n*. **2.** Parade-, Prunkstück *n*. **~·room** ['~rʊm] *s* Ausstellungsraum *m*.

show·y ['ʃəʊɪ] *adj* ☐ auffallend (*Person*), (*Farben, Kleidung etc a.*) auffällig.

shrank [ʃræŋk] *pret von* ***shrink.***

shred [ʃred] **I** *s* **1.** Fetzen *m*: ***be in ~s*** zerfetzt sein; *fig.* ruiniert sein (*Ruf etc*); ***tear to ~s*** zerfetzen; *fig. Argument etc* zerpflücken, -reißen; *Stück etc* verreißen. **2.** Schnitzel *n, m*, Stückchen *n*. **3.** *fig.* ***not a ~ of doubt*** nicht der geringste Zweifel; ***there is not a ~ of truth in this story*** an dieser Geschichte ist kein Wort wahr. **II** *v/t* (*a. irr*) **4.** zerfetzen; in den Papier- *od.* Reißwolf geben. **5.** in (schmale) Streifen schneiden, *Gemüse a.* schnitzeln, *Fleisch a.* schnetzeln. '**shred·der** *s* **1.** Papier-, Reißwolf *m*. **2.** Schnitzelmaschine *f*; Schnitzelwerk *n*.

shrewd [ʃru:d] *adj* □ scharfsinnig, klug, (*Beobachter*) scharf: ***that was a ~ guess*** das war gut geraten.

shriek [ʃri:k] **I** *s* (schriller) Schrei: ***~ of terror*** Entsetzensschrei; ***~s** pl **of laughter*** kreischendes Gelächter. **II** *v/i* (gellend) aufschreien (***with*** vor *dat*): ***~ with laughter*** vor Lachen kreischen.

shrift [ʃrɪft] *s*: ***give s.o. short ~*** kurzen Prozeß mit j-m machen.

shrill [ʃrɪl] *adj* □ **1.** schrill. **2** *fig.* heftig, scharf (*Kritik etc*).

shrimp [ʃrɪmp] *s* **1.** *zo.* Garnele *f*. **2.** *fig. contp.* Knirps *m*.

shrine [ʃraɪn] *s* (Reliquien)Schrein *m*.

shrink [ʃrɪŋk] **I** *v/i* (*irr*) **1.** (zs.-, ein-) schrumpfen (*a. fig.*), (*Stoff etc a.*) einlaufen, -gehen. **2.** *fig.* abnehmen. **3.** *fig.* zurückschrecken (***from*** vor *dat*): ***~ from doing s.th.*** davor zurückschrecken, et. zu tun. **II** *v/t* (*irr*) **4.** (zs.-, ein)schrumpfen lassen, *Stoff etc a.* einlaufen *od.* -gehen lassen. **III** *s* **5.** F Klapsdoktor *m*. '**shrink·age** *s* **1.** Schrumpfung *f* (*a. fig.*), Einlaufen *n*, -gehen *n*. **2.** *fig.* Abnahme *f*. '**shrink·ing** *adj*: ***~ violet*** F schüchternes Pflänzchen.

shriv·el ['ʃrɪvl] *v/i u. v/t pret u. pp* **-eled,** *bsd. Br.* **-elled** runz(e)lig werden (lassen): ***~(l)ed*** runz(e)lig.

shroud [ʃraʊd] **I** *s* **1.** Leichentuch *n*. **2.** *fig.* Schleier *m* (***of secrecy*** des Geheimnisses). **II** *v/t* **3.** ***be ~ed in*** in *Nebel etc* gehüllt sein: ***be ~ed in mystery*** geheimnisumwittert sein.

Shrove Tues·day [ʃrəʊv] *s* Faschings-, Fastnachtsdienstag *m*.

shrub [ʃrʌb] *s* Busch *m*, Strauch *m*. '**shrub·ber·y** *s* Busch-, Strauchwerk *n*.

shrug [ʃrʌg] **I** *v/t* **1.** ***~ one's shoulders*** → 3. **2.** ***~ off*** *fig. et.* mit e-m Achsel- *od.* Schulterzucken abtun, achselzuckend hinweggehen über (*acc*). **II** *v/i* **3.** mit den Achseln *od.* Schultern zucken. **III** *s* **4.** *a.* ***~ of one's shoulders*** Achsel-, Schulterzucken *n*: ***give a ~*** → 3.

shrunk [ʃrʌŋk] *pret u. pp von* **shrink.**

shuck [ʃʌk] *bsd. Am.* **I** *s* Hülse *f*, Schote *f*; Schale *f*. **II** *v/t* enthülsen; schälen. **III** *s*: ***~s!*** F Quatsch!; Mist!

shud·der ['ʃʌdə] **I** *v/i* schaudern (***at*** bei): ***~ to think of*** mit Schaudern denken an (*acc*). **II** *s* Schauder *m*.

shuf·fle ['ʃʌfl] **I** *v/t* **1.** ***~ one's feet*** → 3. **2.** *Karten* mischen. **II** *v/i* **3.** schlurfen. **4.** *Kartenspiel*: mischen. **III** *s* **5.** Schlurfen *n*, schlurfender Gang. **6.** Mischen *n*. '**~·board** *s* Schuffleboard *n* (*Spiel*).

shun [ʃʌn] *v/t j-n, et.* meiden.

shunt [ʃʌnt] *v/t* **1.** *Zug etc* rangieren, verschieben. **2.** ***~ off*** F *j-n* abschieben (***to*** in *acc*, nach).

shut [ʃʌt] (*irr*) **I** *v/t* **1.** *Fenster, Tür etc* zumachen, *a. Fabrik etc* schließen: → ***mouth*** 1, ***trap*** 2. **2.** *j-n* einschließen (***in*** in *acc, dat*): ***~ one's finger in the door*** sich den Finger in der Tür einklemmen. **II** *v/i* **3.** schließen (*a. Laden etc*), zugehen.

Verbindungen mit Adverbien:

shut| a·way *v/t* **1.** *et.* wegschließen. **2.** ***shut o.s. away*** sich einigeln (***in*** in *dat*). **~ down I** *v/t Fabrik etc* schließen, (*für immer a.*) stillegen. **II** *v/i* schließen (*Fabrik etc*). **~ off I** *v/t* **1.** *Gas, Maschine etc* abstellen. **2.** abtrennen; fernhalten (***from*** von). **II** *v/i* **3.** (sich) abschalten. **~ out** *v/t Gedanken, Schmerz etc* verdrängen. **~ up I** *v/t* **1.** *Geschäft* schließen: → ***shop*** 1. **2.** *j-n* einsperren (***in*** in *acc, dat*). **3.** F *j-m* den Mund stopfen. **II** *v/i* **4.** ***~!*** F halt die Klappe!

'**shut|·down** *s* Schließung *f*, (*für immer a.*) Stillegung *f*. '**~-eye** *s* F Schlaf *m*: ***get some ~*** ein paar Stunden schlafen.

shut·ter ['ʃʌtə] *s* **1.** Fensterladen *m*. **2.** *phot.* Verschluß *m*: ***~ speed*** Belichtung(szeit) *f*. '**shut·tered** *adj*: ***~ windows** pl* Fenster *pl* mit Fensterläden; geschlossene Fensterläden; ***~ room*** Zimmer *n* mit geschlossenen Fensterläden.

shut·tle ['ʃʌtl] **I** *s* **1.** → ***shuttle bus*** (***service, train***). **2.** (*Raum*)Fähre *f*,

(-)Transporter *m*. **3.** → ***shuttlecock***. **II** *v/t* **4.** hin- u. herbefördern. **~ bus** *s* im Pendelverkehr eingesetzter Bus. **'~cock** *s* Federball *m*. **~ ser•vice** *s* Pendelverkehr *m*. **~ train** *s* Pendelzug *m*.

shy [ʃaɪ] **I** *adj* □ **1.** scheu (*Tier*), (*Lächeln*, *Mensch a.*) schüchtern (**of** gegenüber): ***fight ~ of*** *e-r Sache* aus dem Weg gehen; ***fight ~ of doing s.th.*** sich hüten, et. zu tun. **II** *v/i* **2.** scheuen (**at** vor *dat*) (*Pferd etc*). **3. ~ *away*** *fig*. zurückschrecken (***from*** vor *dat*): ***~ away from doing s.th.*** davor zurückschrecken, et. zu tun. **'shy•ness** *s* Scheu *f*, Schüchternheit *f*.

shy•ster ['ʃaɪstə] *s Am*. F Winkeladvokat *m*.

Si•a•mese twins [ˌsaɪə'mi:z] *s pl* siamesische Zwillinge *pl*.

sick [sɪk] **I** *adj* **1.** krank: ***be off ~*** krank (geschrieben) sein; ***report ~*** sich krank melden. **2. *be ~*** *bsd. Br*. sich übergeben; ***he was*** (*od*. ***felt***) **~** ihm war schlecht; ***be ~ of s.th.*** F et. satt haben; ***be ~*** (***and tired***) ***of doing s.th.*** F es (gründlich) satt haben, et. zu tun; ***it makes me ~*** mir wird schlecht davon, *a. fig*. es ekelt *od*. widert mich an. **3.** makaber (*Witz etc*), abartig (*Person etc*). **II** *s* **4. *the ~*** *pl* die Kranken *pl*. **5.** *Br*. F Kotze *f*. **~ bag** *s* ✈ Spucktüte *f*. **~ bay** *s* Krankenzimmer *n* (*e-r Schule etc*), ⚓ (Schiffs)Lazarett *n*. **'~•bed** *s* Krankenbett *n*.

sick•en ['sɪkən] **I** *v/t j-n* anekeln, anwidern (*beide a. fig*.). **II** *v/i* krank werden: ***be ~ing for s.th.*** et. ausbrüten.

sick•le ['sɪkl] *s* Sichel *f*.

sick leave *s*: ***be on ~*** krank (geschrieben) sein.

sick•ly ['sɪklɪ] *adj* **1.** kränklich. **2.** matt (*Lächeln*). **3.** widerwärtig (*Geruch etc*). **'sick•ness** *s* **1.** Krankheit *f*. **2.** Übelkeit *f*.

sick•room ['~rʊm] *s* Krankenzimmer *n*.

side [saɪd] **I** *s* **1.** *allg*. Seite *f* (*a. fig*.): ***at the ~ of the road*** am Straßenrand; ***at*** (*od*. ***by***) ***s.o.'s ~*** an j-s Seite; ***~ by ~*** nebeneinander; ***on the ~*** nebenbei *verdienen etc*; ***his ~ of the story*** s-e Version der Geschichte; ***be on s.o.'s ~*** auf j-s Seite sein *od*. stehen; ***be on the right*** (***wrong***) ***~ of 50*** noch nicht (über) 50 sein; ***have s.th. on one's ~*** et. auf s-r Seite haben; ***put to one ~*** *Geld* auf die Seite legen; ***take ~s*** → 4; ***take to one ~*** *j-n* beiseite nehmen; → ***safe*** I, ***seamy***, ***split*** 1, ***sunny***. **2.** *Sport*: Mannschaft *f*. **II** *adj* **3.** Seiten...: ***~ door*** (***road***, *etc*). **III** *v/i* **4.** Partei ergreifen (***with*** für; ***against*** gegen). **'~•board** *s* **1.** Sideboard *n*. **2.** *pl Br*. Koteletten *pl*. **'~•burns** *Am*. → ***sideboard*** 2. **'~•car** *s* Bei-, Seitenwagen *m*. **~ dish** *s* Beilage *f*. **~ ef•fect** *s* Nebenwirkung *f*. **~ is•sue** *s* Randproblem *n*. **'~•line** *s* **1.** Nebenbeschäftigung *f*. **2.** *Sport*: Seitenlinie *f*. **'~•long** *adj u. adv*: ***~ glance*** Seitenblick *m*; ***look at s.o. ~*** j-n von der Seite anschauen. **'~ˌsad•dle I** *s* Damensattel *m*. **II** *adv* im Damensitz. **'~ˌsplit•ting** *adj* zwerchfellerschütternd. **~ step** *s* Seitenschritt *m*, (*Boxen*) Seitschritt *m*, Sidestep *m*. **'~•step I** *v/t* **1.** *e-m Schlag* (durch e-n Seit[en]schritt) ausweichen. **2.** *fig*. *e-r Frage etc* ausweichen. **II** *v/i* **3.** e-n Seit(en)schritt machen. **'~•swipe I** *s*: ***take a ~ at*** F *j-m* e-n Seitenhieb versetzen. **II** *v/t mot. Am. geparktes Fahrzeug etc* streifen. **'~•track** *v/t j-n* ablenken; *et*. abbiegen. **'~•walk** *bsd. Am*. → ***pavement*** 2.

side•ward ['saɪdwəd] **I** *adj* seitlich: ***~ jump*** Sprung *m* zur Seite. **II** *adv* seitwärts, nach der *od*. zur Seite. **sidewards** ['~dz] → ***sideward*** II. **'~•ways** → ***sideward***.

si•dle ['saɪdl] *v/i* (sich) schleichen (***out of*** aus): ***~ up to s.o.*** sich an j-n heranschleichen.

siege [si:dʒ] *s* ⚔ Belagerung *f*: ***lay ~ to*** belagern (*a. fig*.).

si•er•ra [sɪ'erə] *s* Sierra *f*.

si•es•ta [sɪ'estə] *s* Siesta *f*: ***have*** (*od*. ***take***) ***a ~*** Siesta halten.

sieve [sɪv] **I** *s* Sieb *n*: ***put through a ~*** (durch)sieben; ***he's got a memory like a ~*** F er hat ein Gedächtnis wie ein Sieb. **II** *v/t* (durch)sieben: ***~ out*** aussieben (***from*** aus).

sift [sɪft] **I** *v/t* **1.** (durch)sieben: ***~ out*** *fig*. herausfinden (***from*** aus). **2.** *fig*. *Material etc* sichten, durchsehen. **II** *v/i* **3. *~ through*** → 2.

sigh [saɪ] **I** *v/i* (auf)seufzen: ***~ with relief*** erleichtert aufatmen. **II** *s* Seufzer *m*: ***~ of relief*** Seufzer der Erleichterung; ***breathe*** (*od*. ***heave***) ***a ~ of relief*** erleichtert aufatmen.

sight [saɪt] **I** *s* **1.** Sehvermögen *n*: ***have good*** ~ gute Augen haben, gut sehen; ***lose one's*** ~ das Augenlicht verlieren. **2.** (An)Blick *m*: ***at the*** ~ ***of*** beim Anblick von (*od. gen*); ***at first*** ~ auf den ersten Blick; ***a*** ~ ***for sore eyes*** F e-e Augenweide; ***you're a*** ~ ***for sore eyes*** F schön, dich zu sehen; ***be*** (*od.* ***look***) ***a*** ~ F verboten *od.* zum Abschießen aussehen; ***buy*** ~ ***unseen*** *et.* unbesehen kaufen; ***catch*** ~ ***of*** erblicken; ***know by*** ~ *j-n* vom Sehen kennen; ***lose*** ~ ***of*** aus den Augen verlieren. **3.** Sicht(weite) *f*: ***be*** (***with***)***in*** ~ in Sicht sein (*a. fig.*); ***come into*** ~ in Sicht kommen; ***keep out of*** ~***!*** paß auf, daß dich niemand sieht!; ***let out of one's*** ~ *j-n, et.* aus den Augen lassen. **4.** *mst pl* Sehenswürdigkeit *f*. **5.** *oft pl* Visier *n*: ***set one's*** ~***s on*** *fig. et.* ins Auge fassen. **6.** ***a*** ~ F um einiges, viel *besser etc.* **II** *v/t* **7.** sichten. **'sight·ed** *adj* sehend.

'sight|-read *v/t u. v/i* (*irr* ***read***) ♪ vom Blatt singen *od.* spielen. **'**~**-see** *v/i*: ***go*** ~***ing*** sich die Sehenswürdigkeiten anschauen. **'**~**,see·ing** *s* Sightseeing *n*, Besichtigung *f* von Sehenswürdigkeiten: ~ ***bus*** Sightseeing-Bus *m*; ~ ***tour*** Sightseeing-Tour *f*, (Stadt)Rundfahrt *f*.

sign [saɪn] **I** *s* **1.** *allg.* Zeichen *n*, ⚕, ♪ *a.* Vorzeichen *n*, *fig. a.* Anzeichen *n*: ~***s*** *pl* ***of fatigue*** Ermüdungserscheinungen *pl*; ***all the*** ~***s are that*** alles deutet darauf hin, daß; ***there was no*** ~ ***of him*** von ihm war keine Spur zu sehen; ***show*** ~***s of*** Anzeichen zeigen von (*od. gen*); ***show only faint*** ~***s of life*** nur schwache Lebenszeichen von sich geben. **2.** (*Hinweis-, Warn- etc*)Schild *n*. **3.** (*Stern-, Tierkreis*)Zeichen *n*. **II** *v/t* **4.** unterschreiben, -zeichnen, *Bild, Buch* signieren; *Scheck* ausstellen; sich eintragen in (*acc*): → ***autograph*** I. **5.** *Sport*: *Spieler* verpflichten, unter Vertrag nehmen. **III** *v/i* **6.** unterschreiben, -zeichnen: ~ ***for*** den Empfang (*gen*) (*durch s-e Unterschrift*) bestätigen; → ***dot*** 2. **7.** *Sport*: (e-n Vertrag) unterschreiben (***for, with*** bei).

Verbindungen mit Adverbien:

sign| a·way *v/t* (schriftlich) verzichten auf (*acc*). ~ **in** *v/i* sich (in e-e Anwesenheitsliste *etc*) eintragen. ~ **off** *v/i* **1.** *Rundfunk, TV*: sein Programm beenden. **2.** Schluß machen (*im Brief, a. allg.*). ~ **on I** *v/t* **1.** a) → ***sign*** 5, b) *j-n* an-, einstellen, ⚓ anheuern. **II** *v/i* **2.** a) → ***sign*** 7, b) (e-n Arbeitsvertrag) unterschreiben, ⚓ anheuern. **3.** *Rundfunk, TV*: sein Programm beginnen. ~ **out** *v/i* sich (aus e-r Anwesenheitsliste *etc*) austragen. ~ **o·ver** *v/t et.* überschreiben (***to*** *dat*). ~ **up** → ***sign on*** 1, 2.

sig·nal ['sɪgnl] **I** *s* **1.** Signal *n*, Zeichen *n* (*beide a. fig.*): → ***busy*** 6. **II** *adj* □ **2.** beachtlich, un-, außergewöhnlich. **III** *v/t pret u. pp* **-naled,** *bsd. Br.* **-nalled 3.** ~ ***s.o. to do s.th.*** j-m (ein) Zeichen geben, et. zu tun. **4.** *fig. Bereitschaft etc* signalisieren. **IV** *v/i* **5.** ~ ***for a taxi*** e-m Taxi winken. ~ **box** *s* 🚂 *Br.*, ~ **tow·er** *s* 🚂 *Am.* Stellwerk *n*.

sig·na·ture ['sɪgnətʃə] *s* Unterschrift *f*, (*e-s Bildes, Buchs*) Signatur *f*. ~ **tune** *s* *Rundfunk, TV*: Erkennungs-, Kennmelodie *f*.

'sign·board *s* (Aushänge)Schild *n*.

sign·er ['saɪnə] *s* Unterzeichnete *m, f*.

sig·net ring ['sɪgnɪt] *s* Siegelring *m*.

sig·nif·i·cance [sɪg'nɪfɪkəns] *s* Bedeutung *f*, Wichtigkeit *f*: ***be of great*** ~ ***to*** von großer Bedeutung sein für. **sig'nif·i·cant** *adj* □ **1.** bedeutend, bedeutsam, wichtig. **2.** vielsagend; bezeichnend.

sig·ni·fy ['sɪgnɪfaɪ] *v/t* **1.** bedeuten. **2.** *Meinung etc* kundtun.

sign| lan·guage *s* Zeichensprache *f*. **'**~**·post** *s* Wegweiser *m*.

si·lence ['saɪləns] **I** *s* Stille *f*; Schweigen *n*: ~***!*** Ruhe!; ***in*** ~ schweigend; ***a one-minute*** ~ e-e Schweigeminute. **II** *v/t* zum Schweigen bringen (*a. fig.*). **'si·lenc·er** *s* **1.** Schalldämpfer *m*. **2.** *mot. Br.* Auspufftopf *m*.

si·lent ['saɪlənt] *adj* □ still, (*Gebet, a. ling. Buchstabe*) stumm; ruhig; schweigsam: ~ ***film*** Stummfilm *m*; ***the*** ~ ***majority*** die schweigende Mehrheit; ~ ***partner*** ✝ *Am.* stiller Teilhaber; ***be*** ~ ***on*** sich ausschweigen über (*acc*); ***remain*** ~ schweigen.

sil·hou·ette [ˌsɪluː'et] **I** *s* Silhouette *f*. **II** *v/t*: ***be*** ~***d against*** sich (als Silhouette) abheben gegen.

sil·i·con ['sɪlɪkən] *s* ⚗ Silizium *n*. **sil·i·-cone** ['~kəʊn] *s* ⚗ Silikon *n*.

sil·i·co·sis [ˌsɪlɪ'kəʊsɪs] *s* ⚕ Staublunge *f*.

silk [sɪlk] **I** *s* Seide *f*. **II** *adj* Seiden... **'~·worm** *s zo*. Seidenraupe *f*.

silk·y ['sɪlkɪ] *adj* □ seidig (*Fell, Haare etc*), samtig (*Stimme*).

sill [sɪl] *s* (*Fenster*)Bank *f*, (-)Brett *n*.

sil·li·ness ['sɪlɪnɪs] *s* Albernheit *f*, Dummheit *f*.

sil·ly ['sɪlɪ] **I** *adj* albern, dumm: ***don't be ~!*** red doch keinen Unsinn!; ***~ billy*** → II; ***~ season*** (*Journalismus*) Sauregurkenzeit *f*. **II** *s* F Dummkopf *m*, Dummerchen *n*.

si·lo ['saɪləʊ] *pl* **-los** *s* **1.** Silo *m*, *n*. **2.** ⚔ Startsilo *m*, *n*.

sil·ver ['sɪlvə] **I** *s* **1.** ⚗ Silber *n* (*a. Besteck, Geschirr*). **2.** Silber(geld *n*, -münzen *pl*) *n*: ***three pounds in ~*** drei Pfund in Silber. **II** *adj* **3.** silbern, Silber... **III** *v/t* **4.** versilbern. **'~·fish** *s zo*. Silberfischchen *n*. **~ foil** *s* Silber-, Alu(minium)folie *f*; Silberpapier *n*. **'~-haired** *adj* silberhaarig. **~ ju·bi·lee** *s* 25jähriges Jubiläum. **~ med·al** *s* Silbermedaille *f*. **~ med·al·(l)ist** *s* Silbermedaillengewinner(in). **~ mine** *s* Silberbergwerk *n*, -mine *f*. **~ pa·per** *s* Silberpapier *n*. **,~-'plat·ed** *adj* versilbert. **'~·smith** *s* Silberschmied(in). **'~·ware** *s* Silber(besteck, -geschirr) *n*. **~ wed·ding** *s* silberne Hochzeit.

sil·ver·y ['sɪlvərɪ] *adj* silb(e)rig, (*Lachen*) silberhell.

sim·i·lar ['sɪmɪlə] *adj* ähnlich (**to** *dat*). **sim·i·lar·i·ty** [,~'lærətɪ] *s* Ähnlichkeit *f* (**to** mit). **'sim·i·lar·ly** *adv* **1.** ähnlich. **2.** entsprechend.

sim·i·le ['sɪmɪlɪ] *s* Simile *n*, Vergleich *m*.

sim·mer ['sɪmə] **I** *v/i* **1.** köcheln, leicht kochen: ***~ with*** *fig*. kochen vor (*Zorn etc*), fiebern vor (*Aufregung etc*); ***~ down*** F sich abregen. **2.** *fig*. gären, schwelen. **II** *s* **3.** Köcheln *n*: ***bring to a ~*** zum Köcheln bringen.

sim·per ['sɪmpə] **I** *v/i* albern *od*. affektiert lächeln. **II** *s* albernes *od*. affektiertes Lächeln.

sim·ple ['sɪmpl] *adj* (□ → ***simply***) **1.** *allg*. einfach, (*Aufgabe etc a.*) simpel, leicht, (*Lebensweise, Person, Stil etc a.*) schlicht, (⚕ *Bruch a.*) glatt: ***for the ~ reason that*** aus dem einfachen Grund, weil. **2.** einfältig; naiv, leichtgläubig. **,~-'mind·ed** *adj* □ → ***simple*** 2.

sim·plic·i·ty [sɪm'plɪsətɪ] *s* **1.** Einfachheit *f*, Schlichtheit *f*: ***be ~ itself*** die einfachste Sache der Welt sein. **2.** Einfältigkeit *f*; Naivität *f*, Leichtgläubigkeit *f*.

sim·pli·fi·ca·tion [,sɪmplɪfɪ'keɪʃn] *s* Vereinfachung *f*. **sim·pli·fy** ['~faɪ] *v/t* vereinfachen.

sim·plis·tic [sɪm'plɪstɪk] *adj* (***~ally***) stark vereinfachend.

sim·ply ['sɪmplɪ] *adv* **1.** einfach (*etc*, → ***simple*** 1): ***to put it ~*** in einfachen Worten. **2.** bloß, nur. **3.** F einfach *großartig etc*.

sim·u·late ['sɪmjʊleɪt] *v/t* **1.** vortäuschen, heucheln, *bsd. Krankheit* simulieren. **2.** ⚙ *etc* simulieren. **,sim·u'la·tion** *s* **1.** Vortäuschung *f*, Simulieren *n*; Heuchelei *f*. **2.** ⚙ *etc* Simulierung *f*. **'sim·u·la·tor** *s* **1.** Heuchler(in), Simulant(in). **2.** ⚙ Simulator *m*.

si·mul·ta·ne·ous [,sɪməl'teɪnjəs] *adj* □ simultan, gleichzeitig: ***~ interpreter*** Simultandolmetscher(in).

sin [sɪn] **I** *s* Sünde *f*: ***live in ~*** *humor*. in Sünde leben; (**as**) ***ugly as ~*** häßlich wie die Nacht; → ***deadly*** 1, ***mortal*** 3. **II** *v/i* sündigen: ***~ against*** *fig*. sündigen gegen, sich versündigen an (*dat*); verstoßen gegen.

since [sɪns] **I** *adv* **1.** *a*. ***ever ~*** seitdem, -her. **2.** inzwischen. **II** *prp* **3.** seit. **III** *cj* **4.** seit(dem). **5.** da.

sin·cere [sɪn'sɪə] *adj* □ aufrichtig: ***Yours ~ly*** Mit freundlichen Grüßen (*Briefschluß*). **sin·cer·i·ty** [~'serətɪ] *s* Aufrichtigkeit *f*: ***in all ~*** in aller Offenheit.

sine [saɪn] *s* ✗ Sinus *m*.

sin·ew ['sɪnjuː] *s anat*. Sehne *f*. **'sin·ew·y** *adj* sehnig, (*Fleisch a.*) flechsig.

sin·ful ['sɪnfʊl] *adj* □ sündig, sündhaft.

sing [sɪŋ] (*irr*) **I** *v/i* **1.** singen. **2.** pfeifen (*Kugel, Wind etc*). **II** *v/t* **3.** *et*. singen: ***~ s.o. s.th.*** j-m et. (vor)singen; ***~ a baby to sleep*** ein Baby in den Schlaf singen.

singe [sɪndʒ] **I** *v/t* (sich *et*.) an- *od*. versengen. **II** *s* ange- *od*. versengte Stelle.

sing·er ['sɪŋə] *s* Sänger(in). **'sing·ing I** *s* Singen *n*, Gesang *m*. **II** *adj*: ***~ lesson*** Sing-, Gesangsstunde *f*; ***~ voice*** Singstimme *f*.

sin·gle ['sɪŋgl] **I** *adj* □ **1.** einzig: ***not a ~ one*** kein einziger. **2.** einfach; einzeln, Einzel...: ***~ room*** Einzelzimmer *n*; ***~ ticket*** → 6. **3.** alleinstehend, unverheiratet: ~ ***mother*** alleinerziehende Mutter. **II** *s* **4.** Single *f* (*Schallplatte*). **5.** Single *m* (*Person*). **6.** *Br.* einfache Fahrkarte, ✈ einfaches Ticket. **7.** *mst pl Tennis etc*: Einzel *n*: ***a ~s match*** ein Einzel; ***men's ~s*** Herreneinzel. **III** *v/t* **8.** ~ ***out*** sich *j-n* herausgreifen. ˌ~-'**breast·ed** *adj* einreihig (*Anzug*). ~ **file** *s u. adv*: (***in***) ~ im Gänsemarsch. ˌ~-'**hand·ed** *adj u. adv* eigenhändig, (ganz) allein. ˌ~-'**mind·ed** *adj* □ zielstrebig, -bewußt.

sin·glet ['sɪŋglɪt] *s bsd. Br.* ärmelloses Unterhemd, (*Sport*) ärmelloses Trikot.

'**sing·song** *s* Singsang *m*.

sin·gu·lar ['sɪŋgjʊlə] **I** *adj* □ **1.** *ling.* Singular..., Einzahl... **2.** *fig.* einzigartig, einmalig. **II** *s* **3.** *ling.* Singular *m*, Einzahl *f*.

sin·is·ter ['sɪnɪstə] *adj* □ finster, unheimlich.

sink [sɪŋk] **I** *v/i* (*irr*) **1.** sinken, untergehen: ***leave s.o. to ~ or swim*** j-n sich selbst überlassen. **2.** sich senken (*Gebäude etc*); sinken, zurückgehen (*Hochwasser etc, fig. Zahl etc*): → ***heart*** 1, ***spirit*** 4. **3.** sinken (***into a chair*** in e-n Sessel; ***to the ground*** zu Boden; ***to the knees*** auf die Knie; ***into a deep sleep*** in e-n tiefen Schlaf): → ***oblivion***. **4.** ~ ***in*** eindringen (*Flüssigkeit, a. fig. Nachricht etc*). **II** *v/t* (*irr*) **5.** *Schiff etc* versenken. **6.** *Graben etc* ausheben, *Brunnen etc* bohren. **7.** *Zähne etc* vergraben, -senken (***into*** in *acc*). **8.** *Pläne etc* zunichte machen. **9.** *Streit etc* beilegen, begraben. **10.** *Geld, Arbeit etc* investieren (***in, into*** in *acc*). **III** *s* **11.** Spülbekken *n*, Spüle *f*; *bsd. Am.* Waschbecken *n*. '**sink·er** *s* Grundgewicht *n* (*e-s Fischnetzes*). '**sink·ing** *adj*: ***I got that ~ feeling when*** F mir wurde ganz anders, als.

sin·ner ['sɪnə] *s* Sünder(in).

si·nus ['saɪnəs] *s anat.* (Nasen)Nebenhöhle *f*. **si·nus·i·tis** [ˌ~'saɪtɪs] *s* ⚕ (Nasen)Nebenhöhlenentzündung *f*.

Sioux [suː] *pl* **Sioux** [suːz] *s* Sioux *m, f*.

sip [sɪp] **I** *s* Schlückchen *n*: ***take a ~ of*** → IIa. **II** *v/t* a) nippen an (*dat*) *od.* von, b) schlückchenweise trinken. **III** *v/i*: ~ ***at*** → IIa.

si·phon ['saɪfn] **I** *s* **1.** Siphon(flasche *f*) *m*. **2.** ⚗ Saugheber *m*. **II** *v/t* **3.** *a.* ~ ***off*** absaugen, *Benzin* abzapfen; *fig. Geld, Personal etc* abziehen.

sir [sɜː] *s* **1.** mein Herr (*Anrede, oft unübersetzt*): ***Dear*** **℞*s*** Sehr geehrte Herren (*Anrede in Briefen*). **2.** ℞ *Br.* (*Adelstitel*): ℞ ***Winston*** (***Churchill***).

si·ren ['saɪərən] *s* Sirene *f*.

sir·loin steak ['sɜːlɔɪn] *s* Lendensteak *n*.

sis·sy ['sɪsɪ] *s* F Weichling *m*.

sis·ter ['sɪstə] **I** *s* **1.** Schwester *f*. **2.** *eccl.* (Ordens)Schwester *f*: ℞ ***Mary*** Schwester Mary. **3.** ⚕ *Br.* Oberschwester *f*. **4.** ✝ Schwester(gesellschaft) *f*. **II** *adj* **5.** Schwester...: ~ ***ship***, *etc.* ~**·hood** ['~hʊd] *s eccl.* Schwesternschaft *f*.

'**sis·ter-in-law** *pl* '**sis·ters-in-law** *s* Schwägerin *f*.

sis·ter·ly ['sɪstəlɪ] *adj* schwesterlich.

sit [sɪt] (*irr*) **I** *v/i* **1.** sitzen: → ***fence*** 1, ***pretty*** II, ***tight*** 8. **2.** sich setzen. **3.** babysitten. **4.** tagen. **II** *v/t* **5.** *j-n* setzen. **6.** *Br.* → ***sit for*** 1.

Verbindungen mit Präpositionen:

sit| for *v/i* **1.** *Prüfung* ablegen, machen. **2.** *j-m* (*Modell*) sitzen: ~ ***one's portrait*** sich porträtieren lassen. ~ **on** *v/i* **1.** ~ ***a committee*** e-m Ausschuß angehören. **2.** *fig.* sitzen auf (*dat*). **3.** F *j-n* unterbuttern.

Verbindungen mit Adverbien:

sit| a·bout, ~ **a·round** *v/i* herumsitzen. ~ **back** *v/i* sich zurücklehnen, *fig. a.* die Hände in den Schoß legen. ~ **down I** *v/i* sich setzen; sitzen: ***sitting down*** im Sitzen. **II** *v/t j-n* absetzen. ~ **in** *v/i* **1.** ~ ***for*** *j-n* vertreten. **2.** ~ ***on*** als Zuhörer teilnehmen an (*dat*). **3.** ein Sit-in veranstalten; an e-m Sit-in teilnehmen. ~ **out** *v/t* **1.** *Tanz* auslassen. **2.** bis zum Ende *e-r Veranstaltung etc* bleiben. **3.** das Ende (*gen*) abwarten; *Krise etc* aussitzen. ~ **up I** *v/i* **1.** sich aufrichten *od.* -setzen; aufrecht sitzen: ***make s.o. ~*** (***and take notice***) F j-n aufhorchen lassen. **2.** aufbleiben. **3.** ~ (***at*** *od.* ***to table*** bei Tisch) Platz nehmen. **II** *v/t* **4.** *j-n* aufrichten *od.* -setzen.

sit|·com ['sɪtkɒm] F → ***situation comedy***. '~**-down** *s* **1.** *a.* ~ ***strike*** → ***sit-in***. **2.** *a.* ~ ***demonstration*** Sitzblockade *f*. **3.** F Verschnaufpause *f*: ***have a ~*** e-e Verschnaufpause einlegen.

site [saɪt] **I** *s* **1.** Platz *m*, Ort *m*, Stelle *f*; *engS.* Standort *m*; (*Ausgrabungs*)Stätte *f.* **2.** Baustelle *f.* **II** *v/t* **3.** placieren, ⚔ *Raketen etc* stationieren: ***be ~d*** gelegen sein, liegen.

'sit-in *s* Sit-in *n*, Sitzstreik *m*: ***stage a ~ in*** *Gebäude etc* besetzen.

sit·ter ['sɪtə] *s* **1.** *paint. etc* Modell *n.* **2.** Babysitter(in). **'sit·ting I** *s* **1.** Sitzung *f* (*a. paint. etc*). **2.** ***read s.th. at one*** (*od.* ***a single***) **~** et. in 'einem Zug durchlesen. **II** *adj* **3. ~ *duck*** *fig.* leichte Beute; **~ *room*** Wohnzimmer *n.*

sit·u·at·ed ['sɪtjʊeɪtɪd] *adj* **1.** ***be ~*** gelegen sein, liegen. **2.** *fig.* ***be badly ~*** in e-r schwierigen Lage sein; ***be well ~*** gut situiert sein; ohne weiteres in der Lage sein (***to do*** zu tun).

sit·u·a·tion [ˌsɪtjʊ'eɪʃn] *s* **1.** *fig.* Lage *f*, Situation *f.* **2.** Lage *f* (*e-s Hauses etc*). **3. *~s pl vacant*** (***wanted***) Stellenangebote *pl* (Stellengesuche *pl*). **~ com·e·dy** *s Rundfunk*, *TV*: humorvolle Serie.

six [sɪks] **I** *adj* sechs. **II** *s* Sechs *f*: **~ *of hearts*** Herzsechs; ***be all at ~es and sevens*** F nicht mehr wissen, wo e-m der Kopf steht. **six·fold** ['~fəʊld] **I** *adj* sechsfach. **II** *adv* sechsfach, um das Sechsfache: ***increase ~*** (sich) versechsfachen.

'six-pack *s* Sechserpackung *f.*

six·teen [ˌsɪks'tiːn] *adj* sechzehn. **ˌsix'teenth** [~θ] *adj* sechzehnt. **sixth** [~θ] **I** *adj* **1.** sechste(r, -s): **~ *sense*** *fig.* sechster Sinn. **II** *s* **2.** *der*, *die*, *das* Sechste: ***the ~ of May*** der 6. Mai. **3.** Sechstel *n.* **'sixth·ly** *adv* sechstens. **six·ti·eth** ['~tɪəθ] *adj* sechzigst.

'six-time *adj* sechsmalig.

six·ty ['sɪkstɪ] **I** *adj* sechzig. **II** *s* Sechzig *f*: ***be in one's sixties*** in den Sechzigern sein; ***in the sixties*** in den sechziger Jahren (*e-s Jahrhunderts*).

size [saɪz] **I** *s* **1.** Größe *f*, *fig. a.* Ausmaß *n*, Umfang *m*: ***what is the ~ of ...?*** wie groß ist ...? **2.** (*Kleider-*, *Schuh- etc-*) Größe *f*, Nummer *f*: ***what ~ do you take?*** welche Größe tragen Sie?; ***I'll cut him down to ~*** F dem werd' ich's zeigen. **II** *v/t* **3.** *mst* **~ *up*** *j-n*, *et.* abschätzen.

size·a·ble ['saɪzəbl] *adj* beträchtlich (*Summe etc*).

siz·zle ['sɪzl] **I** *v/i* brutzeln. **II** *s* Brutzeln *n.* **'siz·zler** *s* F glühendheißer Tag.

skate [skeɪt] **I** *s* Schlittschuh *m*; Rollschuh *m.* **II** *v/i* Schlittschuh laufen, eislaufen; Rollschuh laufen: **~ *over*** (*od.* ***round***) *s.th.* *fig.* hinweggehen über (*acc*); → ***ice*** 1. **'~·board** *s* Skateboard *n.*

skat·er ['skeɪtə] *s* Eis-, Schlittschuhläufer(in); Rollschuhläufer(in). **'skat·ing** *adj*: **~ *rink*** (Kunst)Eisbahn *f*; Rollschuhbahn *f.*

ske·dad·dle [skɪ'dædl] *v/i* F türmen, abhauen.

skel·e·ton ['skelɪtn] **I** *s* **1.** Skelett *n*, Gerippe *n* (*beide a. fig. Person etc*): **~ *in the cupboard*** (*Am.* ***closet***) *fig.* dunkler Punkt (*in j-s Vergangenheit etc*); ***have a ~ in the cupboard*** e-e Leiche im Keller haben. **2.** ⚠, ✈, ⚓ Skelett *n.* **3.** *fig.* Entwurf *m*; Rahmen *m.* **II** *adj* **4.** Rahmen...: **~ *plan,*** *etc.* **5.** Not...: **~ *service*** Notdienst *m.* **6. ~ *key*** Hauptschlüssel *m.*

skep·tic, *etc bsd. Am.* → ***sceptic,*** *etc.*

sketch [sketʃ] **I** *s* **1.** *Kunst etc*: Skizze *f.* **2.** *thea. etc* Sketch *m.* **II** *v/t* **3.** skizzieren. **4.** *oft* **~ *in*** (*od.* ***out***) *fig.* skizzieren, umreißen. **'sketch·y** *adj* □ flüchtig, oberflächlich, (*Erinnerung etc*) bruchstückhaft.

skew [skjuː] **I** *s*: ***on the ~*** schief; schräg. **II** *v/t fig.* verzerren.

skew·er [skjʊə] **I** *s* (Fleisch)Spieß *m.* **II** *v/t Fleisch* aufspießen.

ski [skiː] **I** *s* Ski *m.* **II** *adj* Ski...: **~ *lift,*** *etc.* **III** *v/i* Ski fahren *od.* laufen.

skid [skɪd] **I** *v/i* **1.** *mot.* schleudern. **II** *s* **2.** ***go into a ~*** *mot.* ins Schleudern kommen. **3.** ⚙ Rolle *f*: ***he's on the ~s*** F mit ihm geht es abwärts.

ski·er ['skiːə] *s* Skifahrer(in), -läufer(in).

skiff [skɪf] *s* ⚓ Skiff *n*, (*Rudersport a.*) Einer *m.*

ski·ing ['skiːɪŋ] *s* Skifahren *n*, -laufen *n*, -sport *m.*

skil·ful ['skɪlfʊl] *adj* □ geschickt.

skill [skɪl] *s* **1.** Geschick *n*: ***game of ~*** Geschicklichkeitsspiel *n.* **2.** Fertigkeit *f.* **skilled** [~ld] *adj* **1.** geschickt (***at, in*** in *dat*). **2. ~ *worker*** Facharbeiter(in).

skil·let ['skɪlɪt] *s bsd. Am.* Bratpfanne *f.*

skill·ful *Am.* → ***skilful.***

skim [skɪm] **I** *v/t* **1.** *a.* **~ *off*** *Fett etc* abschöpfen (***from*** von). **2.** *Milch* entrahmen: ***~med milk*** Magermilch *f.* **3.** *Bericht etc* überfliegen. **II** *v/i* **4. ~ *over***

(*od.* ***through***) → 3. **~ milk** *s* Magermilch *f*.

skimp [skɪmp] **I** *v/t* sparen an (*dat*). **II** *v/i*: ***~ on*** → I. **'skimp·y** *adj* dürftig (*Mahlzeit, Beweise etc*); knapp (*Kleidungsstück*).

skin [skɪn] **I** *s* **1.** Haut *f* (*a. e-r Wurst, auf Milch etc*): ***by the ~ of one's teeth*** F mit Ach u. Krach, gerade noch; ***be all ~ and bone(s)*** nur noch Haut u. Knochen sein; ***that's no ~ off my nose*** F das juckt mich nicht; ***be drenched*** (*od.* ***soaked***) ***to the ~*** bis auf die Haut durchnäßt *od.* naß sein; ***get under s.o.'s ~*** F j-m unter die Haut gehen; j-m auf den Wecker fallen; ***save one's ~*** F s-e Haut retten. **2.** Haut *f*; Fell *n*. **3.** (*Bananen-, Zwiebel- etc*)Schale *f*. **II** *v/t* **4.** *Tier* abhäuten: ***~ s.o. alive*** F j-n zur Schnecke machen. **5.** *Zwiebel etc* schälen: ***keep one's eyes ~ned*** *Br.* F die Augen offenhalten. **6.** sich *das Knie etc* aufschürfen. **ˌ~-'deep** *adj fig.* oberflächlich. **~ div·ing** *s* Schnorcheln *n*, Schnorcheltauchen *n*. **~ flick** *s* F Sexfilm *m*. **'~·flint** *s* Geizhals *m*.

skin·ful ['skɪnfʊl] *s*: ***he's had a ~*** F er hat schwer geladen (*ist betrunken*).

skin| graft *s* Hauttransplantation *f*, -verpflanzung *f*. **'~·head** *s bsd. Br.* Skinhead *m*.

skin·ny ['skɪnɪ] *adj* dürr.

skint [skɪnt] *adj Br.* F blank, pleite.

ˌskin-'tight *adj* hauteng.

skip [skɪp] **I** *v/i* **1.** hüpfen. **2.** *Br.* seilhüpfen, -springen. **3.** *fig.* springen (***from one subject to another*** von 'einem Thema zum andern): ***~ over*** *et.* überspringen, auslassen. **4.** *a.* ***~ off*** F abhauen, türmen. **II** *v/t* **5.** *et.* überspringen, auslassen; *Vorlesung etc* schwänzen; *Mahlzeit* ausfallen lassen. **III** *s* **6.** Hüpfer *m*.

skip·per ['skɪpə] *s* **1.** ⚓ Kapitän *m*. **2.** *Sport*: Mannschaftsführer(in).

skip·ping rope ['skɪpɪŋ] *s Br.* Spring-, Sprungseil *n*.

skir·mish ['skɜːmɪʃ] *s* ⚔ Geplänkel *n* (*a. fig.*).

skirt [skɜːt] **I** *s* Rock *m*. **II** *v/t* → III. **III** *v/i*: ***~ (a)round*** *fig. Problem etc* umgehen. **'skirt·ing** *adj*: ***~ board*** *Br.* Fuß(boden)-, Scheuerleiste *f*.

skit [skɪt] *s* Parodie *f* (***on*** auf *acc*): ***do a ~ on*** *j-n, et.* parodieren.

skive [skaɪv] *v/i Br.* F blaumachen.

skul·dug·ger·y [skʌl'dʌgərɪ] *s* F fauler Zauber.

skulk [skʌlk] *v/i* sich herumdrücken, herumschleichen.

skull [skʌl] *s anat.* Schädel *m*: ***~ and crossbones*** Totenkopf *m* (*Symbol*); ***can't you get it into that thick ~ of yours that ...?*** F will es denn nicht in deinen Schädel, daß ...?

skunk [skʌŋk] *s* **1.** *zo.* Skunk *m*, Stinktier *n*. **2.** F Saukerl *m*.

sky [skaɪ] *s, a. pl* Himmel *m*: ***in the ~*** am Himmel; ***the ~'s the limit*** F nach oben sind keine Grenzen gesetzt; ***extol*** (*od.* ***praise***) ***to the skies*** *j-n, et.* in den Himmel heben. **ˌ~-'blue** *adj* himmelblau. **'~ˌdiv·er** *s Sport*: Fallschirmspringer(in). **'~ˌdiv·ing** *s* Fallschirmspringen *n*. **ˌ~-'high** *adj u. adv* himmelhoch: ***blow ~*** in die Luft jagen; *fig. Theorie etc* über den Haufen werfen, *Argument etc* widerlegen, *Mythos* zerstören. **'~·jack** → ***hijack*** 1, 3. **'~ˌjack·er** → ***hijacker*** 1. **'~ˌjack·ing** → ***hijack*** 3. **'~·light** *s* Dachfenster *n*. **'~·line** *s* Skyline *f*, Silhouette *f* (*e-r Stadt*). **'~ˌrock·et** → ***rocket*** 3. **'~ˌscrap·er** *s* Wolkenkratzer *m*.

slab [slæb] *s* **1.** (*Stein- etc*)Platte *f*. **2.** dickes Stück (*Kuchen etc*).

slack [slæk] **I** *adj* □ **1.** locker (*Seil etc*). **2.** *fig.* lax (*Disziplin etc*). **3.** *fig.* lasch, nachlässig. **4.** ✝ flau. **II** *v/i* **5.** bummeln. **6.** ***~ off*** (*od.* ***up***) → ***slacken*** 4. **'slack·en I** *v/t* **1.** lockern. **2.** *fig.* verringern: ***~ speed*** langsamer werden. **II** *v/i* **3.** locker werden. **4.** *a.* ***~ off*** *fig.* nachlassen, (*Person a.*) abbauen.

slag [slæg] *s* **1.** Schlacke *f*. **2.** *Br. sl.* Schlampe *f*.

slain [sleɪn] *pp von* ***slay***.

slake [sleɪk] *v/t Kalk* löschen: ***~d lime*** Löschkalk *m*.

sla·lom ['slɑːləm] *s Sport*: Slalom *m*.

slam [slæm] **I** *v/t* **1.** *a.* ***~ shut*** *Tür etc* zuknallen, zuschlagen. **2.** *a.* ***~ down*** F *et.* knallen (***on*** auf *acc*): ***~ the brakes on*** *mot.* auf die Bremse steigen. **3.** *fig.* scharf kritisieren. **II** *v/i* **4.** *a.* ***~ shut*** zuknallen, zuschlagen.

slan·der ['slɑːndə] **I** *s* Verleumdung *f*. **II**

v/t verleumden. **'slan·der·er** *s* Verleumder(in). **'slan·der·ous** *adj* □ verleumderisch.

slang [slæŋ] **I** *s* Slang *m*; Jargon *m*. **II** *v/t bsd. Br.* F *j-n* wüst beschimpfen. **'slang·ing** *adj*: ***they had a ~ match*** *bsd. Br.* F sie beschimpften sich wüst.

slant [slɑ:nt] **I** *v/t* **1.** ***be ~ed toward(s)*** (*od.* ***in favo[u]r of***) *fig.* (einseitig) ausgerichtet sein auf (*acc*). **II** *s* **2.** ***at*** (*od.* ***on***) ***a ~*** schräg. **3.** *fig.* Einstellung *f* (***on*** zu); Ausrichtung *f*. **'slant·ing** *adj* schräg.

slap [slæp] **I** *s* **1.** Schlag *m*, Klaps *m*: ***a ~ in the face*** e-e Ohrfeige, *bsd. fig.* ein Schlag ins Gesicht (***for*** für). **II** *v/t* **2.** schlagen: ***~ s.o.'s face*** j-n ohrfeigen, j-m e-e runterhauen. **3.** *a.* ***~ down*** *et.* klatschen (***on*** auf *acc*). **III** *v/i* **4.** klatschen (***against*** gegen) (*Wellen etc*). **IV** *adv* **5.** F direkt, genau. **,~-'bang** → ***slap*** 5. **'~·dash** *adj* schlampig, schlud(e)rig. **'~·stick** *s thea. etc* Slapstick *m*, Klamauk *m*: ***~ comedy*** Slapstickkomödie *f*. **'~-up** *adj Br.* F toll (*Essen*).

slash [slæʃ] **I** *v/t* **1.** auf-, zerschlitzen: ***~ one's wrists*** sich die Pulsadern aufschneiden. **2.** *fig. Preise* drastisch herabsetzen; *Ausgaben etc* drastisch kürzen. **II** *v/i* **3.** ***~ at*** schlagen nach. **4.** peitschen (***against*** an *acc*, gegen) (*Regen*). **III** *s* **5.** Hieb *m*. **6.** Schlitz *m* (*in Kleid etc*). **7.** *a.* ***~ mark*** Schrägstrich *m*. **8.** ***have*** (***go for***) ***a ~*** *Br. sl.* schiffen (gehen).

slate¹ [sleɪt] **I** *s* **1.** *geol.* Schiefer *m*. **2.** Schieferplatte *f*. **3.** Schiefertafel *f*: ***put on the ~*** *fig. et.* anschreiben; ***wipe the ~ clean*** *fig.* reinen Tisch machen. **4.** *pol. Am.* Kandidatenliste *f*. **II** *v/t* **5.** *Dach* mit Schiefer decken. **6.** *Am. j-n* vorschlagen (***for, to be*** als). **7.** *Am. et.* ansetzen, planen (***for*** für).

slate² [~] *v/t bsd. Br.* F *Theaterstück etc* verreißen.

slaugh·ter ['slɔ:tə] **I** *s* **1.** Schlachten *n*: ***ready for ~*** schlachtreif. **2.** Gemetzel *n*. **II** *v/t* **3.** *Tier* schlachten. **4.** *Menschen* niedermetzeln. **'~·house** *s* Schlachthaus *n*, -hof *m*.

slave [sleɪv] **I** *s* Sklave *m*, Sklavin *f* (*beide a. fig.* ***of, to*** *gen*). **II** *v/i a.* ***~ away*** sich abplagen. **~ driv·er** *s* F Sklaventreiber *m*, Leuteschinder *m*. **~ la·bo(u)r** *s* Sklavenarbeit *f* (*a. fig.*).

slav·er ['slævə] *v/i* geifern.

slav·er·y ['sleɪvərɪ] *s* Sklaverei *f*.

slave| trade, ~ traf·fic *s* Sklavenhandel *m*.

slav·ish ['sleɪvɪʃ] *adj* □ sklavisch.

slaw [slɔ:] *s bsd. Am.* Krautsalat *m*.

slay [sleɪ] *v/t Am.* ermorden, umbringen. **'slay·er** *s* Mörder(in).

slea·zy ['sli:zɪ] *adj* □ schäbig, heruntergekommen; anrüchig.

sled [sled] → ***sledge***.

sledge [sledʒ] **I** *s* (*a.* Rodel)Schlitten *m*. **II** *v/i* Schlitten fahren, rodeln.

'slegde,ham·mer *s* ⚙ Vorschlaghammer *m*.

sleek [sli:k] *adj* □ **1.** geschmeidig (*Haar etc*). **2.** schnittig (*Auto*).

sleep [sli:p] **I** *s* Schlaf *m*: ***in one's ~*** im Schlaf; ***I couldn't get to ~*** ich konnte nicht einschlafen; ***go to ~*** einschlafen (F *a. Bein etc*); ***put to ~*** *Tier* einschläfern (F *a. j-n narkotisieren*). **II** *v/i* (*irr*) schlafen: ***~ late*** lang *od.* länger schlafen; ***~ like a log*** (*od.* ***top***) F wie ein Murmeltier schlafen; ***~ on*** *Problem etc* überschlafen; ***~ through*** *Gewitter etc* verschlafen; ***~ with s.o.*** mit j-m schlafen. **III** *v/t* (*irr*) Schlafgelegenheit bieten für: ***this tent ~s four people*** in diesem Zelt können vier Leute schlafen.

Verbindungen mit Adverbien:

sleep| a·round *v/i* F rumbumsen. **~ in** *v/i* lang *od.* länger schlafen. **~ off** *v/t*: ***sleep it off*** F s-n Rausch ausschlafen. **~ to·geth·er** *v/i* miteinander schlafen.

sleep·er ['sli:pə] *s* **1.** Schlafende *m, f*, Schläfer(in): ***be a light*** (***heavy*** *od.* ***sound***) ***~*** e-n leichten (festen) Schlaf haben. **2.** 🚂 *Br.* Schwelle *f*. **3.** 🚂 Schlafwagen *m*; Schlafwagenplatz *m*.

sleep·ing| bag ['sli:pɪŋ] *s* Schlafsack *m*. **~ car** *s* 🚂 Schlafwagen *m*. **~ part·ner** *s* ⚜ *Br.* stiller Teilhaber. **~ pill** *s* Schlaftablette *f*. **~ po·lice·man** *s* (*irr* ***man***) *mot. Br.* Rüttelschwelle *f*. **~ sick·ness** *s* ⚕ Schlafkrankheit *f*. **~ tab·let** *s* Schlaftablette *f*.

sleep·less ['sli:plɪs] *adj* □ schlaflos (*Nacht etc*).

'sleep|·walk *v/i* schlaf-, nachtwandeln. **'~,walk·er** *s* Schlaf-, Nachtwandler(in).

sleep·y ['sli:pɪ] *adj* □ **1.** schläfrig, müde.

2. *fig.* verschlafen, verträumt (*Städtchen etc*). **'~·head** *s* F Schlafmütze *f*.

sleet [sliːt] *s* Schneeregen *m*.

sleeve [sliːv] *s* **1.** Ärmel *m*: ***have*** (*od.* ***keep***) ***s.th. up one's ~*** *fig.* et. auf Lager *od.* in petto haben; ***laugh up one's ~*** *fig.* sich ins Fäustchen lachen. **2.** ⚙ Manschette *f*, Muffe *f*. **3.** *bsd. Br.* (*Platten*)Hülle *f*. **'sleeve·less** *adj* ärmellos.

sleigh [sleɪ] *s* (*bsd.* Pferde)Schlitten *m*.

sleight of hand [slaɪt] *s* **1.** Fingerfertigkeit *f*. **2.** *fig.* Taschenspielertrick *m*.

slen·der ['slendə] *adj* □ **1.** schlank. **2.** *fig.* mager (*Aussichten, Einkommen etc*).

slept [slept] *pret u. pp von* ***sleep.***

sleuth [sluːθ] *s* F Spürhund *m*, Detektiv *m*.

slew [sluː] *pret von* ***slay.***

slice [slaɪs] **I** *s* **1.** Scheibe *f* (*Brot etc*), Stück (*Kuchen etc*); *fig.* Anteil *m* (**of** an *dat*). **2.** *Br.* (*Braten*)Wender *m*. **3.** *Golf, Tennis*: Slice *m*. **II** *v/t* **4.** *a.* ***~ up*** in Scheiben *od.* Stücke schneiden: ***~ off*** *Stück* abschneiden (***from*** von). **5.** *Golf, Tennis*: *Ball* slicen.

slick [slɪk] **I** *adj* □ **1.** gekonnt (*Vorstellung etc*). **2.** geschickt, raffiniert. **3.** glatt (*Straße etc*). **II** *s* **4.** (*Öl*)Teppich *m*. **5.** *Motorsport*: Slick *m* (*Trockenreifen*). **6.** *Am.* F Hochglanzmagazin *n*. **'slick·er** *s Am.* Regenmantel *m*.

slid [slɪd] *pret u. pp von* ***slide.***

slide [slaɪd] **I** *v/i* (*irr*) **1.** gleiten; rutschen: ***let things ~*** *fig.* die Dinge schleifen lassen. **2.** schleichen. **II** *v/t* (*irr*) **3.** schieben; gleiten lassen. **III** *s* **4.** Rutsche *f*, Rutschbahn *f*. **5.** (*Erd- etc*)Rutsch *m*. **6.** *Br.* (*Haar*)Spange *f*. **7.** Dia *n*. **~ lec·ture** *s* Lichtbildervortrag *m*. **~ pro·jec·tor** *s* Diaprojektor *m*. **~ rule** *s* Rechenschieber *m*, -stab *m*.

slid·ing door ['slaɪdɪŋ] *s* Schiebetür *f*.

slight [slaɪt] **I** *adj* □ leicht (*Schmerz etc*), geringfügig (*Änderung etc*): ***I haven't got the ~est idea*** ich habe nicht die geringste Ahnung; ***not in the ~est*** nicht im geringsten. **II** *v/t j-n* beleidigen, kränken. **III** *s* Beleidigung *f* (***on, to*** *gen*).

slim [slɪm] **I** *adj* □ **1.** schlank. **2.** *fig.* gering (*Chance, Hoffnung etc*). **II** *v/i* **3.** e-e Schlankheitskur machen. **III** *v/t* **4.** *a.* ***~ down*** *fig.* verringern.

slime [slaɪm] *s* Schleim *m*.

slim·ming ['slɪmɪŋ] **I** *s* Abnehmen *n*. **II** *adj* Schlankheits...: ***be on a ~ diet*** → ***slim*** 3.

slim·y ['slaɪmɪ] *adj* □ schleimig (*a. fig.*).

sling[1] [slɪŋ] **I** *s* **1.** ⚕ Schlinge *f*: ***have one's arm in a ~*** den Arm in der Schlinge tragen. **2.** Trag(e)riemen *m* (*für Gewehr*); Trag(e)tuch *n* (*für Baby*). **II** *v/t* (*irr*) **3.** aufhängen.

sling[2] [~] *v/t* (*irr*) schleudern: → ***mud*** 2.

slink [slɪŋk] *v/i* (*irr*) (sich) schleichen.

slip[1] [slɪp] **I** *s* **1.** Versehen *n*: ***~ of the tongue*** Versprecher *m*. **2.** Unterkleid *n*, -rock *m*. **3.** (*Kissen*)Bezug *m*. **4.** ***give s.o. the ~*** F j-m entwischen. **II** *v/i* **5.** rutschen, (*auf Eis a.*) schlittern: ***~ out of s.o.'s hand*** j-m aus der Hand rutschen; ***he let ~ that*** *fig.* ihm ist herausgerutscht, daß; ***let an opportunity ~*** (***through one's fingers***) sich e-e Gelegenheit entgehen lassen. **6.** ausrutschen. **7.** *allg.* schlüpfen. **8.** sich vertun. **9.** *fig.* nachlassen, (*Gewinne etc*) zurückgehen. **III** *v/t* **10.** ***~ s.th. into s.o.'s hand*** j-m et. in die Hand schieben; ***~ s.o. s.th.*** j-m et. zuschieben. **11.** sich losreißen von. **12.** ***~ s.o.'s attention*** j-m *od.* j-s Aufmerksamkeit entgehen; ***~ s.o.'s memory*** (*od.* ***mind***) j-m entfallen. **13.** ***he has ~ped a disc, he has a ~ped disc*** ⚕ er hat e-n Bandscheibenvorfall.

Verbindungen mit Adverbien:

slip| by *v/i* verstreichen (*Zeit*). **~ off** *v/t* schlüpfen aus (*e-m Kleidungsstück*). **~ on** *v/t Kleidungsstück* überstreifen, schlüpfen in (*acc*). **~ out** *v/i*: ***it just slipped out*** es ist mir *etc* so herausgerutscht. **~ past** → ***slip by.*** **~ up** → ***slip*** 8.

slip[2] [~] *s a.* ***~ of paper*** Zettel *m*.

'slip|·case *s* Schuber *m*. **'~ˌcov·er** *s Am.* Schonbezug *m*. **'~-on I** *adj*: ***~ shoe*** → II. **II** *s* Slipper *m*.

slip·per ['slɪpə] *s* Hausschuh *m*, Pantoffel *m*.

slip·per·y ['slɪpərɪ] *adj* **1.** glatt, rutschig, (*a. Fisch, Seife etc*) glitschig. **2.** *fig.* zwielichtig.

slip·py *adj*: ***look ~!*** *Br.* F mach fix!

slip| road *s Br. Autobahn*: Abfahrt *f*; Zubringer(straße *f*) *m*. **'~·shod** *adj* schlampig, schlud(e)rig. **'~·stream**

(*Sport*) **I** *s* Windschatten *m*. **II** *v/i* im Windschatten fahren. '**~-up** → **slip**[1] 1.

slit [slɪt] **I** *s* Schlitz *m* (*a. im Rock etc*). **II** *v/t* (*irr*) *Rock etc* schlitzen: **~ (open)** aufschlitzen.

sliv·er ['slɪvə] *s* (*Glas- etc*)Splitter *m*: **~ of glass.**

slob·ber ['slɒbə] *v/i* sabbern.

slog [slɒg] F **I** *v/i* **1.** **~ away at** sich abschuften mit. **2.** sich schleppen (**through** durch). **II** *s* **3.** Schufterei *f*.

slo·gan ['sləʊgən] *s* Slogan *m*.

slop [slɒp] **I** *v/t* **1.** verschütten: **~ s.th. over one's trousers** sich et. über die Hose schütten. **II** *v/i* **2.** überschwappen; schwappen (**over** über *acc*). **3.** **~ about** (*od.* **around**) F herumhängen (*Person*). **III** *s* **4.** *a. pl contp.* schlabb(e)riges Zeug.

slope [sləʊp] **I** *s* **1.** (Ab)Hang *m*. **2.** Neigung *f*, Gefälle *n*. **II** *v/i* **3.** sich neigen, abfallen. **4.** **~ off** *Br.* F abhauen.

slop·py ['slɒpɪ] *adj* □ **1.** schlampig, schlud(e)rig. **2.** F vergammelt (*Kleidungsstück*). **3.** F schmalzig.

slosh [slɒʃ] F **I** *v/i* **1.** **~ about** (*od.* **around**) herumschwappen. **2.** **~ about** (*od.* **around**) (herum)planschen (**in** in *dat*). **II** *v/t* **3.** *Wasser etc* verspritzen. **sloshed** [~ʃt] *adj* F blau (*betrunken*).

slot [slɒt] *s* Schlitz *m*, (*e-s Automaten etc a.*) Einwurf *m*. **~ ma·chine** *s* (Waren-, Spiel)Automat *m*.

slouch [slaʊtʃ] **I** *s* **1.** krumme Haltung; latschiger Gang. **2.** F **be no ~ at** nicht schlecht sein in (*dat*); **be no ~ at doing s.th.** et. nicht ungern tun. **II** *v/i* **3.** krumm dasitzen *od.* dastehen; latschen. **~ hat** *s* Schlapphut *m*.

slough [slʌf] *v/t Haut* abstreifen (*Schlange*).

slov·en·ly ['slʌvnlɪ] *adj* schlampig, schlud(e)rig.

slow [sləʊ] **I** *adj* □ **1.** *allg.* langsam, (*Person a.*) begriffsstutzig: **be ~ to do s.th.** sich mit et. Zeit lassen; **be (five minutes) ~** (fünf Minuten) nachgehen (*Uhr*); **~ lane** *mot.* Kriechspur *f*; **in ~ motion** in Zeitlupe; **~ poison** langsam wirkendes Gift; **~ly but surely** langsam, aber sicher; → **uptake. 2.** ✝ schleppend. **II** *v/t* **3.** *oft* **~ down** (*od.* **up**) *Geschwindigkeit* verringern; *Projekt etc* verzögern: **~ the car down** langsamer fahren. **III** *v/i* **4.** *oft* **~ down** (*od.* **up**) langsamer fahren *od.* gehen *od.* werden. '**~·coach** *s* F Langweiler(in). '**~·down** *s* ✝ *Am.* Bummelstreik *m*. '**~-ˌmov·ing** *adj* kriechend (*Verkehr*).

slow·ness ['sləʊnɪs] *s* Langsamkeit *f*, (*e-r Person a.*) Begriffsstutzigkeit *f*.

'**slow|·poke** *Am.* → **slowcoach.** '**~·worm** *s zo.* Blindschleiche *f*.

sludge [slʌdʒ] *s* Schlamm *m*.

slug[1] [slʌg] *s bsd. Am.* F **1.** ⚔ *etc* Kugel *f*. **2.** Schluck *m* (*Whisky etc*).

slug[2] [~] *s zo.* Nacktschnecke *f*.

slug[3] [~] *bsd. Am.* **I** *v/t j-m* e-n Faustschlag versetzen. **II** *s* Faustschlag *m*.

slug·gish ['slʌgɪʃ] *adj* □ **1.** träge (*Person*), träge fließend (*Fluß etc*). **2.** ✝ schleppend.

sluice [slu:s] **I** *s* Schleuse *f*. **II** *v/t*: **~ down** abspritzen; **~ out** ausspritzen. **III** *v/i*: **~ out** herausschießen (*Wasser*). **~ gate** *s* Schleusentor *n*.

slum [slʌm] *s, mst pl* Slums *pl*, Elendsviertel *n*. **~ dwell·er** *s* Slumbewohner(in).

slump [slʌmp] **I** *v/i* **1.** **~ into a chair** sich in e-n Sessel plumpsen lassen; **sit ~ed over** zs.-gesunken sitzen über (*dat*). **2.** ✝ stürzen (*Preise*), stark zurückgehen (*Umsatz etc*). **II** *s* **3.** ✝ starker Konjunkturrückgang: **~ in prices** Preissturz *m*.

slung [slʌŋ] *pret u. pp von* **sling**[1] *u.* [2].

slunk [slʌŋk] *pret u. pp von* **slink.**

slur[1] [slɜ:] *s*: **~ on s.o.'s reputation** Rufschädigung *f*.

slur[2] [~] *v/t* **1.** **~ one's speech** undeutlich sprechen, (*Betrunkener a.*) lallen. **2.** ♪ *Töne* binden.

slurp [slɜ:p] *v/t u. v/i* F schlürfen.

slush [slʌʃ] *s* **1.** Schneematsch *m*. **2.** F rührseliges Zeug. '**slush·y** *adj* □ **1.** matschig (*Schnee*). **2.** F rührselig.

slut [slʌt] *s* Schlampe *f*.

sly [slaɪ] **I** *adj* □ **1.** gerissen, schlau: **you're a ~ one!** du bist mir vielleicht einer! **2.** verschmitzt (*Lächeln etc*). **II** *s* **3.** **on the ~** heimlich.

smack[1] [smæk] *v/i*: **~ of** *fig.* schmecken *od.* riechen nach.

smack[2] [~] **I** *v/t* **1.** *j-m* e-n Klaps geben: **~ s.o.'s bottom, ~ s.o. on the bottom** j-m eins hinten draufgeben; **~ s.o.'s face** F j-m e-e runterhauen. **2.** **~ one's lips** sich die Lippen lecken. **3.** ~ ***down*** *et.* hinklatschen. **II** *s* **4.** Klaps *m*: ***give s.o. a ~ in the face*** F j-m e-e runterhauen. **5.** klatschendes Geräusch. **6.** F Schmatz *m.* **7.** ***have a ~ at*** F es mit *et.* versuchen. **III** *adv* **8.** F genau, direkt.

smack·er ['smækə] *s* F **1.** Schmatz *m.* **2.** *Br.* Pfund *n*, *Am.* Dollar *m.* **'smack·ing** *s* F Tracht *f* Prügel.

small [smɔːl] **I** *adj allg.* klein: ~ ***ad*** *Br.* Kleinanzeige *f*; ~ ***arms*** *pl* Handfeuerwaffen *pl*; ~ ***beer*** F ein kleiner Fisch, kleine Fische *pl*; ~ ***change*** Kleingeld *n*; ***that's ~ change to him*** *fig.* das ist ein Taschengeld für ihn; ~ ***eater*** schlechter Esser; ***in the ~ hours*** in den frühen Morgenstunden; ~ ***print*** *das* Kleingedruckte (*e-s Vertrags etc*); ~ ***talk*** Small talk *m, n*, Geplauder *n*; ***make ~ talk*** plaudern; ~ ***town*** Kleinstadt *f*; ***feel ~*** sich klein (u. häßlich) vorkommen; → ***wonder*** 5. **II** *adv* klein. **III** *s*: ~ ***of the back*** *anat.* Kreuz *n.* **ˌ~-'mind·ed** *adj* □ **1.** engstirnig. **2.** kleinlich. **'~·pox** *s* ⚕ Pocken *pl.* **ˌ~-'time** *adj fig.* klein, Klein...

smarm·y ['smɑːmɪ] *adj* F schmierig, schmeichlerisch.

smart [smɑːt] **I** *adj* □ **1.** smart (*Person*), (*a. Auto, Kleidung etc*) schick. **2.** smart, schlau, clever. **3.** vornehm (*Restaurant, Wohngegend etc*). **II** *v/i* **4.** weh tun; brennen. **III** *s* **5.** (brennender) Schmerz. ~ **al·eck** ['ælɪk] *s* F Besserwisser(in). ~ **ass** *s Am.* V Klugscheißer(in).

smart·en ['smɑːtn] **I** *v/t mst* ~ ***up*** *et.* verschönern: ~ ***o.s. up*** → II. **II** *v/i mst* ~ ***up*** sich schick machen; sich et. Anständiges anziehen. **'smart·ness** *s* **1.** Schick *m.* **2.** Schlauheit *f*, Cleverneß *f.*

smash [smæʃ] **I** *v/t* **1.** *a.* ~ ***up*** zerschlagen; *Wagen* zu Schrott fahren; → ***smithereens.*** **2.** schmettern (*a. Tennis etc*): ~ ***one's fist down on the table*** mit der Faust auf den Tisch hauen. **3.** *fig. Aufstand etc* niederschlagen, *Spionagering etc* zerschlagen. **II** *v/i* **4.** zerspringen: → ***smithereens.*** **5.** ~ ***into*** prallen an (*acc*) *od.* gegen, krachen gegen. **III** *s* **6.** Schlag *m*; (*Tennis etc*) Schmetterball *m.* **7.** → ***smash-up.*** **8.** Hit *m* (*Buch, Theaterstück etc*). **ˌ~-and-'grab (raid)** *s bsd. Br.* Schaufenstereinbruch *m.*

smashed [smæʃt] *adj* F blau (*betrunken*): ***get ~ on*** sich vollaufen lassen mit. **'smash·er** *s* F Klassefrau *f*, toller Typ; tolles Ding.

smash hit → ***smash*** 8.

smash·ing ['smæʃɪŋ] *adj* F toll.

'smash-up *s mot.* schwerer Unfall.

smat·ter·ing ['smætərɪŋ] *s*: ***a ~ of English*** ein paar Brocken Englisch.

smear [smɪə] **I** *s* **1.** Fleck *m.* **2.** ⚕ (*entnommener*) Abstrich. **3.** Verleumdung *f.* **II** *v/t* **4.** *Farbe etc* verschmieren, *Schrift a.* verwischen. **5.** *Creme etc* schmieren (***on, over*** auf *acc*); *Haut etc* einschmieren (***with*** mit). **6.** *Glas etc* be-, verschmieren (***with*** mit): ***~ed with blood*** blutbeschmiert, -verschmiert. **7.** verleumden. **III** *v/i* **8.** schmieren (*Farbe etc*), sich verwischen (*Schrift*). ~ **campaign** *s* Verleumdungskampagne *f.* ~ **test** *s* ⚕ Abstrich *m.*

smell [smel] **I** *v/i* (*mst irr*) **1.** riechen (***at*** an *dat*). **2.** riechen, *b.s.* stinken (***of*** nach) (*beide a. fig.*): ***his breath ~s*** er riecht aus dem Mund. **II** *v/t* (*mst irr*) **3.** *et.* riechen; *fig.* wittern: ~ ***out*** *hunt.* aufspüren (*a. fig.*); *Zimmer etc* verpesten. **4.** riechen an (*dat*). **III** *s* **5.** Geruch *m*, *b.s.* Gestank *m*: ~ ***of gas*** Gasgeruch; ***there's a ~ of garlic in here*** hier stinkt es nach Knoblauch. **6.** ***have*** (*od.* ***take***) ***a ~ at*** riechen an (*dat*). **'smell·ing** *adj*: ~ ***salts*** *pl* Riechsalz *n.* **'smell·y** *adj* stinkend: ~ ***feet*** *pl* Schweißfüße *pl.*

smelt[1] [smelt] *pret u. pp von* ***smell.***

smelt[2] [~] *v/t Erz* schmelzen.

smile [smaɪl] **I** *v/i* lächeln (***about*** über *acc*): ~ ***at*** *j-n* anlächeln, *j-m* zulächeln; *j-n, et.* belächeln, lächeln über (*acc*); → ***keep*** 17. **II** *v/t*: ~ ***one's approval*** beifällig *od.* zustimmend lächeln. **III** *s* Lächeln *n*: ***with a ~*** lächelnd; ***be all ~s*** (übers ganze Gesicht) strahlen; ***give a ~*** lächeln; ***give s.o. a ~*** j-n anlächeln, j-m zulächeln.

smirk [smɜːk] *v/i* (selbstgefällig *od.* schadenfroh) grinsen.

smite [smaɪt] *v/t* (*irr*): ***be smitten by*** (*od.* ***with***) *fig.* gepackt werden von.

smith [smɪθ] *s* Schmied *m.*

smith·er·eens [ˌsmɪðə'riːnz] *s pl*: ***smash to ~*** in tausend Stücke schlagen *od.* zerspringen.

smith·y ['smɪðɪ] *s* Schmiede *f.*

smit·ten ['smɪtn] *pp von* ***smite.***

smock [smɒk] *s* Kittel *m*.
smog [smɒg] *s* Smog *m*.
smoke [sməʊk] **I** *v/i* **1.** rauchen. **II** *v/t* **2.** rauchen. **3.** *Fisch, Fleisch etc* räuchern: **~ *out*** ausräuchern. **III** *s* **4.** Rauch *m*: ***there's no ~ without fire*** *fig*. kein Rauch ohne Flamme; → ***go up*** 3. **5.** ***have a ~*** eine rauchen. **6.** F Glimmstengel *m*, Zigarette *f*. **~ bomb** *s* Rauchbombe *f*.
smoked [sməʊkt] *adj* **1.** geräuchert, Räucher... **2.** **~ *glass*** Rauchglas *n*. **'smok·er** *s* **1.** Raucher(in): ***~'s cough*** Raucherhusten *m*. **2.** 🚃 Raucherwagen *m*.
'smoke·stack *s* Schornstein *m*.
smok·ing ['sməʊkɪŋ] **I** *s* Rauchen *n*: ***no ~*** Rauchen verboten. **II** *adj*: ***~ compartment*** Raucher(abteil *n*) *m*. **'smok·y** *adj* **1.** rauchig, verräuchert. **2.** rauchig (*Geschmack etc*). **3.** rauchfarben, -farbig.
smol·der *Am*. → ***smoulder.***
smooch [smu:tʃ] *v/i* F knutschen, schmusen (***with*** mit).
smooth [smu:ð] **I** *adj* □ **1.** glatt (*Fläche, Haut etc*). **2.** ruhig (*Flug etc*). **3.** *fig*. glatt, reibungslos. **4.** *fig*. (aal)glatt. **II** *v/t* **5.** *a*. **~ *out*** glätten, *Tischtuch etc a*. glattstreichen: **~ *away*** *Falten etc* glätten; *fig*. *Schwierigkeiten etc* aus dem Weg räumen; **~ *over*** *fig*. *Spannungen etc* ausgleichen. **III** *s* **6.** → ***rough*** 9.
smote [sməʊt] *pret von* **smite.**
smoth·er ['smʌðə] *v/t* **1.** *j-n, Aufstand, Feuer etc* ersticken. **2.** *Gähnen etc* unterdrücken. **3.** *fig*. *j-n* überschütten (***with*** mit *Zuneigung etc*).
smoul·der ['sməʊldə] *v/i bsd. Br*. glimmen, schwelen (*beide a. fig*.).
smudge [smʌdʒ] **I** *s* **1.** Fleck *m*. **II** *v/t* **2.** *Farbe etc* verschmieren, *Schrift a*. verwischen. **3.** *Glas etc* be-, verschmieren (***with*** mit). **III** *v/i* **4.** schmieren (*Farbe etc*), sich verwischen (*Schrift*). **'smudg·y** *adj* verschmiert, -wischt.
smug [smʌg] *adj* □ selbstgefällig.
smug·gle ['smʌgl] **I** *v/t* schmuggeln (***into*** nach *Deutschland etc*; in *acc*): **~ *in*** (***out***) ein-(heraus)schmuggeln. **II** *v/i* schmuggeln. **'smug·gler** *s* Schmuggler(in). **'smug·gling** *s* Schmuggel *m*.
smut [smʌt] *s* **1.** Rußflocke *f*. **2.** *fig*. Schmutz *m*. **'smut·ty** *adj fig*. schmutzig.
snack [snæk] *s* Snack *m*, Imbiß *m*: ***have a ~*** e-e Kleinigkeit essen. **~ bar** *s* Snackbar *f*, Imbißstube *f*.
snaf·fle ['snæfl] *v/t bsd. Br. et*. mitgehen lassen.
snag [snæg] **I** *s fig*. Haken *m*. **II** *v/t* mit *et*. hängenbleiben (***on*** an *dat*).
snail [sneɪl] *s zo*. Schnecke *f*: ***at a ~'s pace*** im Schneckentempo. **~ shell** *s* Schneckenhaus *n*.
snake [sneɪk] **I** *s zo*. Schlange *f*: ***~ in the grass*** *fig*. falsche Schlange (*Frau*); hinterlistiger Kerl (*Mann*). **II** *v/t u. v/i*: **~ (*one's way*) *through*** sich schlängeln durch. **'~·bite** *s* Schlangenbiß *m*. **~ charm·er** *s* Schlangenbeschwörer *m*. **'~·skin** *s* Schlangenhaut *f*; -leder *n*.
snak·y ['sneɪkɪ] *adj* gewunden (*Straße etc*).
snap [snæp] **I** *v/i* **1.** (zer)brechen, (-)reißen: ***my patience ~ped*** mir riß die Geduld *od*. der Geduldsfaden. **2.** *a*. **~ *shut*** zuschnappen. **3.** **~ *at*** schnappen nach (*a. fig*.); *j-n* anfahren. **4.** F **~ *out of it!*** Kopf hoch!; **~ *to it!*** mach fix! **II** *v/t* **5.** zerbrechen: **~ *off*** abbrechen; **~ *s.o.'s head off*** F j-m ins Gesicht springen. **6.** mit *den Fingern* schnalzen: **~ *one's fingers at*** *fig*. keinen Respekt haben vor (*dat*), sich hinwegsetzen über (*acc*). **7.** *phot*. F knipsen. **8.** **~ *up*** *et*. schnell entschlossen kaufen; *fig*. *Gelegenheit* beim Schopf ergreifen: **~ *it up!*** *Am*. F mach fix! **III** *s* **9.** *phot*. F Schnappschuß *m*. **10.** *Am*. Druckknopf *m*. **11.** (*Kälte-*)Einbruch *m*. **12.** F Schwung *m*: ***come on, put some ~ in it!*** häng dich mal ein bißchen rein! **IV** *adj* **13.** spontan. **'~ˌdrag·on** *s* ⚘ Löwenmaul *n*. **~ fas·ten·er** *s Am*. Druckknopf *m*.
snap·pish ['snæpɪʃ] *adj* □ *fig*. bissig. **'snap·py** *adj* □ F **1.** modisch, schick. **2.** ***make it ~!***, *Br. a*. ***look ~!*** F mach fix!
'snap·shot *s phot*. Schnappschuß *m*.
snare [sneə] **I** *s* **1.** Falle *f*, Schlinge *f*, *fig. a*. Fallstrick *m*. **II** *v/t* **2.** in der Schlinge fangen. **3.** F *et*. ergattern.
snarl[1] [snɑ:l] **I** *v/i* knurren (*Hund, a. Person*): **~ *at s.o.*** j-n anknurren. **II** *v/t et*. knurren. **III** *s* Knurren *n*.
snarl[2] [~] *v/t*: ***the traffic was ~ed*** (***up***) es entstand ein Verkehrschaos. **'~-up** *s* Verkehrschaos *n*.
snatch [snætʃ] **I** *v/t* **1.** *et*. packen: **~ *s.o.'s***

handbag j-m die Handtasche entreißen; **~ *s.th. from s.o.'s hand*** j-m et. aus der Hand reißen. **2.** *fig. Gelegenheit* ergreifen; *ein paar Stunden Schlaf etc* ergattern. **II** *v/i* **3.** **~ *at*** greifen nach; *fig. Gelegenheit* ergreifen. **III** *s* **4.** ***make a ~ at*** greifen nach. **5.** (*Gesprächs*)Fetzen *m*: **~ *of conversation.***

snaz·zy ['snæzɪ] *adj* □ F schick; *contp.* protzig.

sneak [sni:k] **I** *v/i* **1.** (sich) schleichen, sich stehlen: **~ *up on s.o.*** (sich) an j-n heranschleichen. **2.** *Br.* F petzen: **~ *on s.o.*** j-n verpetzen. **II** *v/t* **3.** F stibitzen: **~ *a look at*** heimlich e-n Blick werfen auf (*acc*). **III** *s* **4.** *Br.* F Petzer(in), Petze *f.* **'sneak·er** *s Am.* Turn- *od.* Wanderschuh *m.* **'sneak·ing** *adj* heimlich, (*Verdacht a.*) leise. **'sneak·y** *adj* □ **1.** heimlich. **2.** gerissen.

sneer [snɪə] **I** *v/i* **1.** höhnisch *od.* spöttisch grinsen (***at*** über *acc*). **2.** spotten (***at*** über *acc*). **II** *s* **3.** höhnisches *od.* spöttisches Grinsen. **4.** höhnische *od.* spöttische Bemerkung.

sneeze [sni:z] **I** *v/i* niesen: ***not to be ~d at*** F nicht zu verachten. **II** *s* Niesen *n*; Nieser *m.*

snick·er ['snɪkə] *bsd. Am.* → ***snigger.***

snide [snaɪd] *adj* □ abfällig.

sniff [snɪf] **I** *v/i* **1.** schniefen, die Nase hochziehen. **2.** schnüffeln (***at*** an *dat*). **3.** **~ *at*** *fig.* die Nase rümpfen über (*acc*): ***not to be ~ed at*** nicht zu verachten. **II** *v/t* **4.** durch die Nase einziehen; *Klebstoff etc* schnüffeln, *Kokain etc* schnupfen. **5.** **~ *out*** aufspüren (*a. fig.*). **III** *s* **6.** Schniefen *n.*

snif·fle ['snɪfl] **I** *v/i* → ***sniff*** 1. **II** *s* Schniefen *n*: ***he's got the ~s*** F ihm läuft dauernd die Nase.

snif·ter ['snɪftə] *s Am.* Kognakschwenker *m.*

snig·ger ['snɪgə] *bsd. Br.* **I** *v/i* kichern (***at*** über *acc*). **II** *s* Kichern *n.*

snip [snɪp] **I** *v/t* **1.** durchschnippeln: **~ *off*** abschnippeln. **II** *s* **2.** Schnitt *m.* **3.** *Br.* F Gelegenheitskauf *m.*

snipe [snaɪp] **I** *pl* **snipes,** *bsd. coll.* **snipe** *s orn.* Schnepfe *f.* **II** *v/i*: **~ *at*** aus dem Hinterhalt schießen auf (*acc*); *fig.* aus dem Hinterhalt angreifen (*acc*). **'snip·er** *s* Heckenschütze *m.*

snip·pet ['snɪpɪt] *s*: **~ *of conversation*** Gesprächsfetzen *m*; **~*s*** *pl* ***of information*** bruchstückhafte Informationen *pl.*

snitch [snɪtʃ] *v/i*: **~ *on s.o.*** F j-n verpetzen *od.* verpfeifen.

sniv·el ['snɪvl] *v/i pret u. pp* **-eled,** *bsd. Br.* **-elled** greinen, jammern.

snob [snɒb] *s* Snob *m.* **'snob·ber·y** *s* Snobismus *m.* **'snob·bish** *adj* □ snobistisch, versnobt.

snog [snɒg] *v/i Br.* F knutschen, schmusen (***with*** mit).

snook [snu:k] *s*: ***cock a ~ at*** *Br.* F *j-m* zeigen, was man von ihm hält.

snook·er ['snu:kə] **I** *s Billard*: Snooker Pool. **II** *v/t*: ***be ~ed*** F völlig machtlos sein.

snoop [snu:p] *v/i*: **~ *about*** (*od.* ***around***) F herumschnüffeln (***in*** in *dat*). **'snoop·er** *s* F Schnüffler(in).

snoot·y ['snu:tɪ] *adj* □ F hochnäsig.

snooze [snu:z] F **I** *v/i* ein Nickerchen machen. **II** *s* Nickerchen *n*: ***have a ~*** → I.

snore [snɔ:] **I** *v/i* schnarchen. **II** *s* Schnarchen *n.* **'snor·er** *s* Schnarcher(in).

snor·kel ['snɔ:kl] **I** *s* Schnorchel *m.* **II** *v/i* schnorcheln.

snort [snɔ:t] **I** *v/i* (*a.* verächtlich *od.* wütend) schnauben. **II** *v/t* schnauben. **III** *s* Schnauben *n*: ***give a ~ of derision*** verächtlich schnauben.

snot [snɒt] *s* F Rotz *m.* **'snot·ty** *adj* F **1.** Rotz...: **~ *nose.*** **2.** *fig.* aufgeblasen.

snout [snaʊt] *s zo.* Schnauze *f*, (*e-s Schweins etc a.*) Rüssel *m.*

snow [snəʊ] **I** *s* **1.** Schnee *m* (*a. sl. Kokain, Heroin*): (***as***) ***white as ~*** schneeweiß. **2.** Schneefall *m.* **II** *v/impers* **3.** schneien. **III** *v/t* **4.** ***be ~ed in*** (*od.* ***up***) eingeschneit sein; ***be ~ed under with work*** mit Arbeit überhäuft sein. **'~·ball** *s* Schneeball *m*: **~ *fight*** Schneeballschlacht *f.* **'~-blind** *adj* schneeblind. **'~-capped** *adj* schneebedeckt (*Berggipfel*). **'~·drift** *s* Schneewehe *f.* **'~·drop** *s* ♀ Schneeglöckchen *n.* **'~·fall** *s* Schneefall *m.* **'~·flake** *s* Schneeflocke *f.* **'~·line** *s* Schneegrenze *f.* **'~·man** *s* (*irr* ***man***) Schneemann *m*: → ***abominable.*** **'~-plough** *s*, **'~·plow** *s Am.* Schneepflug *m* (*a. beim Skifahren*). **'~·storm** *s* Schneesturm *m.* **ˌ~-'white** *adj* schneeweiß.

snow·y ['snəʊɪ] *adj* schneereich (*Tag etc*), (*Gegend a.*) verschneit.
snub[1] [snʌb] *v/t j-n* brüskieren, *j-m* über den Mund fahren.
snub[2] [~] *adj* Stups...: **~ nose. '~-nosed** *adj* stupsnasig.
snuff[1] [snʌf] *s* Schnupftabak *m.*
snuff[2] [~] *v/t Kerze* ausdrücken: **~ out** *fig. Leben* auslöschen; **~ it** *Br.* F den Löffel weglegen (*sterben*).
snuf·fle ['snʌfl] → **sniffle.**
snug [snʌg] **I** *adj* ☐ **1.** behaglich, gemütlich. **2.** gutsitzend (*Kleidungsstück*): **be a ~ fit** gut passen. **II** *s* **3.** *Br.* kleines Nebenzimmer (*e-s Pubs*).
snug·gle ['snʌgl] *v/i*: **~ up to s.o.** sich an j-n kuscheln; **~ down in bed** sich ins Bett kuscheln.
so [səʊ] **I** *adv* **1.** so, dermaßen: **he is ~ stupid (that) he ...** er ist so dumm, daß er ... **2.** (ja) so: **I am ~ glad. 3.** so, in dieser Weise: **is that ~?** wirklich?; **~ as to** so daß, um zu; **a mile or ~** etwa e-e Meile; → **forth** 1, **if** 1, **on** 13. **4.** *verkürzend*: *He is tired.* ♀ **am I** Ich auch; → **hope** II, **think** 6, *etc.* **II** *cj* **5.** deshalb. **6. ~ what?** F na und?
soak [səʊk] **I** *v/t* **1.** *et.* einweichen (**in** in *dat*). **2. ~ up** *Flüssigkeit* aufsaugen; *fig. Neuigkeiten etc* in sich aufsaugen. **3.** durchnässen: → **skin** 1. **4.** F *j-n* ausnehmen, neppen. **II** *v/i* **5.** sickern. **'soak·ing** *adj u. adv*: **~ (wet)** tropfnaß.
'so-and-so *pl* **-sos** *s* F **1.** Herr *od.* Frau *od.* Frl. Soundso *od.* Sowieso: **a Mr ~** ein Herr Soundso. **2.** *euphem.* blöder Hund.
soap [səʊp] **I** *s* **1.** Seife *f.* **2.** F → **soap opera. II** *v/t* **3.** (sich) *et.* einseifen. **~ bub·ble** *s* Seifenblase *f.* **~ dish** *s* Seifenschale *f.* **~ op·er·a** *s Rundfunk, TV*: Seifenoper *f.* **'~·suds** *s pl* Seifenschaum *m.*
soap·y ['səʊpɪ] *adj* ☐ **1.** Seifen...: **~ water. 2.** seifig. **3.** F schmeichlerisch.
soar [sɔː] *v/i* **1.** aufsteigen: **~ into the sky** zum Himmel emporsteigen. **2.** hochragen. **3.** *fig.* in die Höhe schnellen (*Preise etc*).
sob [sɒb] **I** *v/i* schluchzen. **II** *v/t* schluchzen: **~ out** schluchzend erzählen. **III** *s* Schluchzen *n*; Schluchzer *m.*
so·ber ['səʊbə] **I** *adj* ☐ nüchtern (*a. fig.*): **(as) ~ as a judge** stocknüchtern. **II** *v/t mst* **~ up** ausnüchtern, wieder nüchtern machen. **III** *v/i mst* **~ up** (sich) ausnüchtern, wieder nüchtern werden: **have a ~ing effect on s.o.** *fig.* auf j-n ernüchternd wirken.
sob sto·ry *s* F rührselige Geschichte.
ˌso-'called *adj* sogenannt.
soc·cer ['sɒkə] *s* Fußball *m* (*Spiel*).
so·cia·ble ['səʊʃəbl] *adj* ☐ gesellig (*Person, a. Abend etc*); zutraulich (*Tier*).
so·cial ['səʊʃl] *adj* ☐ **1.** gesellschaftlich, Gesellschafts..., sozial, Sozial...: **have a busy ~ life** oft ausgehen *od.* Besuch haben; **~ science** Sozialwissenschaft *f.* **2.** sozial, Sozial...: **~ insurance** Sozialversicherung *f*; **~ security** *Br.* Sozialhilfe *f*; **be on ~ security** Sozialhilfe beziehen; **~ worker** Sozialarbeiter(in). **3.** *pol.* Sozial...: **~ democrat** Sozialdemokrat(in). **4.** *biol.* gesellig (*Wesen*). **5.** F gesellig (*Person*).
so·cial·ism ['səʊʃəlɪzəm] *s* Sozialismus *m.* **'so·cial·ist I** *s* Sozialist(in). **II** *adj* sozialistisch.
so·cial·ize ['səʊʃəlaɪz] *v/i*: **I don't ~ much** ich gehe nicht oft aus; **~ with** (gesellschaftlich) verkehren mit.
so·ci·e·ty [sə'saɪətɪ] *s allg.* Gesellschaft *f.*
so·ci·o·log·i·cal [ˌsəʊsjə'lɒdʒɪkl] *adj* ☐ soziologisch. **so·ci·ol·o·gist** [ˌ~sɪ'ɒlədʒɪst] *s* Soziologe *m*, Soziologin *f.* **ˌso·ci'ol·o·gy** *s* Soziologie *f.*
sock[1] [sɒk] *s* Socke(n *m*) *f*: **pull one's ~s up** *Br.* F sich am Riemen reißen; **put a ~ in it!** *Br.* F hör doch auf, Mensch!
sock[2] [~] F **I** *v/t*: **~ s.o. on the jaw** j-m e-n Kinnhaken verpassen. **II** *s* (*Faust-*) Schlag *m*: **give s.o. a ~ on the jaw** → I.
sock·et ['sɒkɪt] *s* **1.** *anat.* (*Augen*)Höhle *f.* **2.** ⚡ Steckdose *f*; Fassung *f* (*e-r Glühbirne*); (*Kopfhörer- etc*)Anschluß *m.*
sod [sɒd] *bsd. Br. sl.* **I** *s* blöder Hund: **poor ~** armes Schwein. **II** *v/t*: **~ it!** Scheiße! **III** *v/i*: **~ off!** verpiß dich!
so·da ['səʊdə] *s* **1.** Soda *n*: **two whisky and ~s** zwei Whisky mit Soda. **2.** *bsd. Am.* (*Orangen- etc*)Limonade *f.*
sod·den ['sɒdn] *adj* durchnäßt, (*Boden*) aufgeweicht.
so·di·um ['səʊdɪəm] *s* ⚗ Natrium *n.*
so·fa ['səʊfə] *s* Sofa *n.*
soft [sɒft] *adj* ☐ **1.** *allg.* weich: **be ~ in the head** F e-e weiche Birne haben; → **spot** 4. **2.** leise (*Stimme, Musik*

etc); gedämpft, dezent (*Beleuchtung*, *Farbe*, *Musik*). **3.** sanft (*Berührung*, *Brise etc*). **4.** gutmütig; nachsichtig (***with*** gegen *j-n*). **5.** F ruhig (*Job etc*). **6.** verweichlicht: ***get ~*** verweichlichen. **7.** weich (*Droge*): ***~ drink*** Soft Drink *m*, alkoholfreies Getränk. **ˌ~-'boiled** *adj* weich(gekocht) (*Ei*).

soft·en ['sɒfn] **I** *v/t* **1.** weich machen; *Wasser* enthärten. **2.** *Ton*, *Licht etc* dämpfen. **3.** ***~ up*** F *j-n* weichmachen. **II** *v/i* **4.** weich werden. **'soft·en·er** *s* (*Wasser*)Enthärter *m*.

ˌsoft'heart·ed *adj* □ weichherzig.

soft·ie → ***softy.***

ˌsoft|-'ped·al *v/t* F *et.* herunterspielen. **'~-soap** *v/t* F *j-m* um den Bart gehen. **'~·ware** *s Computer*: Software *f*.

soft·y ['sɒftɪ] *s* F Softie *m*, Softy *m*, Weichling *m*.

sog·gy ['sɒgɪ] *adj* □ aufgeweicht (*Boden etc*), (*a. Gemüse etc*) matschig, (*Brot etc*) teigig, glitschig.

soil[1] [sɔɪl] *s* Boden *m*, Erde *f*.

soil[2] [~] *v/t* beschmutzen, schmutzig machen.

sol·ace ['sɒləs] *s* Trost *m*: ***be a ~ to s.o.*** j-m ein Trost sein; ***find ~ in*** Trost finden in (*dat*).

so·lar ['səʊlə] *adj* Sonnen...: ***~ eclipse*** *ast.* Sonnenfinsternis *f*; ***~ energy*** Sonnen-, Solarenergie *f*; ***~ system*** Sonnensystem *n*.

so·lar·i·um [səʊ'leərɪəm] *pl* **-i·a** [~ɪə], **-i·ums** *s* Solarium *n*.

so·lar plex·us ['pleksəs] *s anat.* Solarplexus *m*; Magengrube *f*.

sold [səʊld] *pret u. pp von* ***sell.***

sol·der ['sɒldə] *v/t* (ver)löten. **'sol·der·ing** *adj*: ***~ iron*** Lötkolben *m*.

sol·dier ['səʊldʒə] **I** *s* Soldat *m*. **II** *v/i*: ***~ on*** *bsd. Br.* (unermüdlich) weitermachen.

sole[1] [səʊl] *adj* (□ → ***solely***) einzig; alleinig, Allein...

sole[2] [~] **I** *s* (*Fuß-*, *Schuh*)Sohle *f*. **II** *v/t* *Schuh* besohlen.

sole[3] [~] *s ichth.* Seezunge *f*.

sole·ly ['səʊllɪ] *adv* (einzig u.) allein, ausschließlich.

sol·emn ['sɒləm] *adj* □ **1.** feierlich: ***give s.o. one's ~ pledge*** (*od.* ***word***) ***that*** *a.* j-m hoch u. heilig versprechen, daß. **2.** ernst.

so·lic·it [sə'lɪsɪt] **I** *v/t et.* erbitten, bitten um: ***~ s.o.'s help*** j-n um Hilfe bitten. **II** *v/i* Männer ansprechen (*Prostituierte*).

so·lic·i·tor [sə'lɪsɪtə] *s* ⚖ *Br.* Solicitor *m*.

so·lic·it·ous [sə'lɪsɪtəs] *adj* □ **1.** dienstbeflissen. **2.** besorgt (***about, for*** um).

sol·id ['sɒlɪd] **I** *adj* □ **1.** *allg.* fest. **2.** stabil, massiv. **3.** massiv: ***a ~ gold watch*** e-e Uhr aus massivem Gold. **4.** *fig.* einmütig, geschlossen (***for*** für; ***against*** gegen). **5.** *fig.* gewichtig, triftig (*Grund etc*), stichhaltig (*Argument etc*). **6.** ***I waited for a ~ hour*** F ich wartete e-e geschlagene Stunde. **II** *s* **7.** ⚕ Körper *m*. **8.** *pl* feste Nahrung.

sol·i·dar·i·ty [ˌsɒlɪ'dærətɪ] *s* Solidarität *f*: ***in ~ with*** aus Solidarität mit; ***declare one's ~ with*** sich solidarisch erklären mit.

so·lid·i·fy [sə'lɪdɪfaɪ] **I** *v/t* **1.** fest werden lassen. **2.** *fig.* festigen. **II** *v/i* **3.** fest werden. **4.** *fig.* sich festigen.

ˌsol·id-'state *adj* volltransistor(is)iert.

so·lil·o·quy [sə'lɪləkwɪ] *s* **1.** *thea.* Monolog *m*. **2.** Selbstgespräch *n*.

sol·i·taire [ˌsɒlɪ'teə] *s* **1.** Solitär *m*. **2.** *bsd. Am.* → ***patience*** 2.

sol·i·tar·y ['sɒlɪtərɪ] **I** *adj* □ **1.** einsam, (*Leben a.*) zurückgezogen, (*Ort etc a.*) abgelegen: → ***confinement*** 2. **2.** einzig. **II** *s* **3.** F Einzelhaft *f*.

so·lo ['səʊləʊ] **I** *pl* **-los** *s* ♪ Solo *n*. **II** *adj* ♪ Solo...: ***~ flight*** ✈ Alleinflug *m*. **III** *adv* ♪ solo: ***fly ~*** ✈ e-n Alleinflug machen. **'so·lo·ist** *s* ♪ Solist(in).

sol·stice ['sɒlstɪs] *s ast.* Sonnenwende *f*.

sol·u·ble ['sɒljʊbl] *adj* **1.** ⚗ löslich: ***~ in water*** wasserlöslich. **2.** *fig.* lösbar.

so·lu·tion [sə'luːʃn] *s* **1.** *fig.* Lösung *f* (***to*** *gen*). **2.** ⚗ Lösung *f*; Auflösung *f*.

solv·a·ble ['sɒlvəbl] *adj fig.* lösbar.

solve [sɒlv] *v/t Fall*, *Rätsel etc* lösen.

sol·ven·cy ['sɒlvənsɪ] *s* ✝ Solvenz *f*, Zahlungsfähigkeit *f*. **'sol·vent I** *adj* □ ✝ solvent, zahlungsfähig. **II** *s* ⚗ Lösungsmittel *n*.

som·ber *Am.* → ***sombre.***

som·bre ['sɒmbə] *adj* □ düster (*Farben*, *Raum etc*, *fig. Miene etc*).

som·bre·ro [sɒm'breərəʊ] *pl* **-ros** *s* Sombrero *m*.

some [sʌm] **I** *adj* **1.** (irgend)ein: ***~ day*** eines Tages; ***~ day*** (***or other***) irgendwann (einmal). **2.** *vor pl*: einige, ein paar: → ***few*** 1. **3.** manche. **4.** gewiß: → ***extent*** 2. **5.** etwas, ein wenig *od.* bißchen: ***take ~ more*** nimm noch et.; ***would you like ~ more cake?*** möchtest du noch ein Stück Kuchen? **6.** ungefähr: ***~ 30 people.*** **II** *pron* **7.** (irgend)ein. **8.** etwas. **9.** einige, ein paar. **~·bod·y** ['~bədɪ] **I** *pron* jemand. **II** *s*: ***be ~*** et. vorstellen, j-d sein. '**~·day** *adv* eines Tages. '**~·how** *adv* irgendwie. '**~·one** → ***somebody.*** '**~·place** *Am.* → ***somewhere*** 1.

som·er·sault ['sʌməsɔːlt] *s* Salto *m*; Purzelbaum *m*: ***do*** (*od.* ***turn***) ***a ~*** e-n Salto machen; e-n Purzelbaum schlagen.

'**some|·thing I** *pron* **1.** etwas: ***or ~*** F od. so. **II** *adv* **2.** ***~ like*** F ungefähr; ***look ~ like*** so ähnlich aussehen wie; ***~ over £200*** et. mehr als 200 Pfund. **3.** ***be ~ of a pianist*** so et. wie ein Pianist sein. **III** *s* **4.** ***a little ~*** e-e Kleinigkeit (*Geschenk*); ***a certain ~*** ein gewisses Etwas. '**~·time** *adv* irgendwann. '**~·times** *adv* manchmal. '**~·way** *adv Am.* irgendwie. '**~·what** *adv* ein bißchen *od.* wenig: ***~ of a shock*** ein ziemlicher Schock. '**~·where** *adv* **1.** irgendwo; irgendwohin. **2.** *fig.* ***~ between 30 and 40 people*** so zwischen 30 u. 40 Leute; ***~ in the region of £100*** um 100 Pfund herum.

som·nam·bu·list [sɒm'næmbjʊlɪst] *s* Nacht-, Schlafwandler(in).

som·no·lent ['sɒmnələnt] *adj* □ **1.** schläfrig. **2.** einschläfernd.

son [sʌn] *s* **1.** Sohn *m*: ***~ of a bitch*** *bsd. Am. sl.* Scheißkerl *m.* **2.** *Anrede*: F junger Mann.

so·na·ta [sə'nɑːtə] *s* ♪ Sonate *f.*

song [sɒŋ] *s* **1.** Lied *n*: ***buy s.th. for a ~*** F et. für ein Butterbrot kaufen; ***make a ~ and dance about*** F ein furchtbares Theater machen wegen. **2.** Gesang *m* (*a. von Vögeln*): ***burst into ~*** zu singen anfangen. '**~·bird** *s* Singvogel *m.* '**~·book** *s* Liederbuch *n.*

son·ic ['sɒnɪk] *adj phys.* Schall...: ***~ bang*** (*od.* ***boom***) ✈ Überschallknall *m.*

'**son-in-law** *pl* '**sons-in-law** *s* Schwiegersohn *m.*

son·net ['sɒnɪt] *s* Sonett *n.*

so·no·rous ['sɒnərəs] *adj* □ sonor, klangvoll, volltönend.

soon [suːn] *adv* bald: ***as ~ as*** sobald; ***as ~ as possible*** so bald wie möglich; ***at the ~est*** frühestens; ***I don't want to speak too ~*** ich will es nicht berufen. '**soon·er** *adv* **1.** eher, früher: ***the ~ the better*** je früher, desto besser *od.* lieber; ***~ or later*** früher od. später; ***no ~ said than done*** gesagt, getan. **2.** ***I would ~ ... than*** ich würde lieber ... als.

soot [sʊt] *s* Ruß *m.*

soothe [suːð] *v/t* **1.** *a.* ***~ down*** *j-n* beschwichtigen, *a. j-s Nerven* beruhigen. **2.** *Schmerzen* lindern, mildern.

soot·y ['sʊtɪ] *adj* rußig, Ruß...

sop [sɒp] **I** *s* Beschwichtigungsmittel *n* (***to*** für). **II** *v/t*: ***~ up*** aufsaugen.

soph·ism ['sɒfɪzəm] *s* Sophismus *m*, Scheinbeweis *m*, Trugschluß *m.*

so·phis·ti·cat·ed [sə'fɪstɪkeɪtɪd] *adj* □ **1.** kultiviert. **2.** ⚙ hochentwickelt. **3.** *contp.* intellektuell.

soph·o·more ['sɒfəmɔː] *s Am.* Student(in) im zweiten Jahr.

so·po·rif·ic [ˌsɒpə'rɪfɪk] **I** *adj* (***~ally***) einschläfernd: ***~ drug*** → II. **II** *s* Schlafmittel *n.*

sop·ping ['sɒpɪŋ] *adj u. adv*: ***~*** (***wet***) F patschnaß. '**sop·py** *adj* □ *Br.* F schmalzig, rührselig.

so·pra·no [sə'prɑːnəʊ] *pl* **-nos** *s* Sopran *m* (*Tonlage, Stimme*), (*Sängerin a.*) Sopranistin *f.*

sor·bet ['sɔːbeɪ] *s bsd. Br.* Fruchteis *n.*

sor·cer·er ['sɔːsərə] *s* Zauberer *m*, Hexenmeister *m*, Hexer *m.* '**sor·cer·ess** *s* Zauberin *f*, Hexe *f.* '**sor·cer·y** *s* Zauberei *f*, Hexerei *f.*

sor·did ['sɔːdɪd] *adj* □ schmutzig (*a. fig.*).

sore [sɔː] **I** *adj* **1.** weh, wund; entzündet: ***he is ~ all over*** ihm tut alles weh; ***my legs are ~*** mir tun die Beine weh; ***~ throat*** Angina *f*, Halsentzündung *f*; ***have a ~ throat*** *a.* Halsschmerzen haben; → ***sight*** 2, ***thumb*** I. **2.** *fig.* wund (*Punkt*). **3.** *bsd. Am.* F sauer (***about*** wegen). **II** *s* **4.** wunde Stelle, Wunde *f.* '**sore·ly** *adv*: ***~ missed*** schmerzlich vermißt; ***~ needed*** dringend gebraucht.

so·ror·i·ty [sə'rɒrətɪ] *s Am.* Studentinnenverbindung *f.*

sor·rel ['sɒrəl] *s* ♀ Sauerampfer *m.*

sor·row ['sɒrəʊ] *s* **1.** (***at, over***) Kummer *m* (über *acc*, um), Trauer *f* (um); Traurigkeit *f.* **2.** Sorge *f.*: → ***drown*** 2. **sor·row·ful** ['~fʊl] *adj* □ traurig, kummervoll.

sor·ry ['sɒrɪ] **I** *adj* **1.** ***be*** (*od.* ***feel***) ***~ for s.o.*** j-n bedauern *od.* bemitleiden: ***I'm ~ for him*** er tut mir leid; ***I'm ~*** → 3; ***I am ~ to say*** ich muß leider sagen. **2.** traurig, jämmerlich. **II** *int* **3.** a) (es) tut mir leid, b) Entschuldigung!, Verzeihung!: ***say ~*** sich entschuldigen (***to s.o.*** bei j-m; ***for s.th.*** für et.). **4.** *bsd. Br.* wie bitte?

sort [sɔːt] **I** *s* **1.** Sorte *f*, Art *f*, ☤ *a.* Marke *f*: ***all ~s of things*** alles mögliche. **2.** Art *f*: ***nothing of the ~*** nichts dergleichen; ***what ~ of (a) man is he?*** wie ist er?; ***I had a ~ of (a) feeling that*** ich hatte das unbestimmte Gefühl, daß; ***I ~ of expected it*** F ich habe es irgendwie *od.* beinahe erwartet. **3.** ***of a ~, of ~s*** *contp.* so et. Ähnliches wie. **4.** ***be out of ~s*** F nicht auf der Höhe *od.* auf dem Damm sein. **5.** F *guter etc* Kerl. **II** *v/t* **6.** sortieren: ***~ out*** aussortieren; *Problem etc* lösen, *Frage etc* klären; *Br.* F *j-n* zur Schnecke machen. **III** *v/i* **7.** ***~ through*** *et.* durchsehen.

sor·tie ['sɔːtiː] *s* **1.** ⚔ Ausfall *m*; ✈ Einsatz *m.* **2.** *fig.* Ausflug *m* (***into*** in *acc*).

SOS [ˌesəʊ'es] *s* ⚓ SOS *n*: ***~ message*** SOS-Ruf *m.*

'so·so *adj u. adv* F so lala.

souf·flé ['suːfleɪ] *s gastr.* Soufflé *n*, Auflauf *m.*

sought [sɔːt] *pret u. pp von* **seek.** **'~-ˌaf·ter** *adj* begehrt (*Person*), (*Sache a.*) gesucht.

soul [səʊl] *s* **1.** Seele *f* (*a. fig.*). **2.** Gefühl *n*; (künstlerischer) Ausdruck. **3.** ***be the ~ of generosity*** die Großzügigkeit selbst *od.* in Person sein. **4.** ♪ Soul *m.* **'~-deˌstroy·ing** *adj* geisttötend (*Arbeit etc*).

soul·ful ['səʊlfʊl] *adj* □ gefühlvoll (*Musik etc*), seelenvoll (*Blick*).

soul| mu·sic *s* Soulmusik *f.* **'~-ˌsearch·ing** *s* Gewissensprüfung *f.*

sound[1] [saʊnd] **I** *s* **1.** Geräusch *n*; *phys.* Schall *m*; (*Radio, TV etc*) Ton *m*; ♪ Klang *m*, (*Rockmusik etc a.*) Sound *m*; *ling.* Laut *m*: ***I don't like the ~ of it*** *fig.* die Sache gefällt mir nicht. **II** *v/i* **2.** erklingen, ertönen: ***the bell ~ed for lunch*** es klingelte zum Mittagessen. **3.** *fig.* klingen. **4.** ***~ off*** F tönen (***about, on*** von). **III** *v/t* **5.** ***~ one's horn*** *mot.* hupen; → ***alarm*** 1. **6.** *ling.* (aus)sprechen.

sound[2] [~] **I** *adj* □ **1.** gesund; intakt, in Ordnung. **2.** *fig.* klug, vernünftig (*Person, Rat etc*). **3.** *fig.* gründlich (*Ausbildung etc*). **4.** *fig.* gehörig (*Tracht Prügel*); vernichtend (*Niederlage*). **5.** *fig.* fest, tief (*Schlaf*): → ***sleeper*** 1. **II** *adv* **6.** ***be ~ asleep*** fest *od.* tief schlafen.

sound[3] [~] *v/t* **1.** ⚓ (aus)loten. **2.** ***~ out*** *j-n* ausholen (***about, on*** über *acc*); *j-s Ansichten etc* herausfinden.

sound| bar·ri·er *s phys.* Schallmauer *f*, -grenze *f.* **~ film** *s* Tonfilm *m.*

sound·less ['saʊndlɪs] *adj* □ lautlos.

'sound·ness *s* **1.** Gesundheit *f*; Intaktheit *f.* **2.** *fig.* Klugheit *f*, Vernünftigkeit *f.* **3.** *fig.* Gründlichkeit *f.*

'sound|·proof I *adj* schalldicht. **II** *v/t* schalldicht machen. **~ track** *s* **1.** *Film*: Tonspur *f.* **2.** Filmmusik *f.* **~ wave** *s phys.* Schallwelle *f.*

soup [suːp] **I** *s* Suppe *f*: ***be in the ~*** F in der Patsche *od.* Tinte sitzen. **II** *v/t*: ***~ up*** F *Auto, Motor* frisieren. **~ plate** *s* Suppenteller *m.* **~ spoon** *s* Suppenlöffel *m.*

sour ['saʊə] **I** *adj* □ **1.** sauer: ***~ cream*** Sauerrahm *m*, saure Sahne; ***go ~*** sauer werden. **2.** *fig.* mürrisch. **II** *v/i* **3.** sauer werden. **III** *v/t* **4.** sauer werden lassen; säuern: ***~ed cream*** *Br.* Sauerrahm *m*, saure Sahne.

source [sɔːs] *s* Quelle *f*, *fig. a.* Ursache *f*, Ursprung *m*: ***from a reliable ~*** aus zuverlässiger Quelle. **~ lan·guage** *s ling.* Ausgangssprache *f.*

sour·puss ['saʊəpʊs] *s* F Miesepeter *m.*

soused [saʊst] *adj* F blau (*betrunken*).

sou·tane [suː'tɑːn] *s eccl.* Soutane *f.*

south [saʊθ] **I** *s* **1.** Süden *m*: ***in the ~ of*** im Süden von (*od. gen*); ***to the ~ of*** → 5. **2.** *a.* ♀ Süden *m*, südlicher Landesteil: ***the*** ♀ *Br.* Südengland *n*; *Am.* die Südstaaten *pl.* **II** *adj* **3.** Süd..., südlich: ♀ ***Pole*** Südpol *m.* **III** *adv* **4.** südwärts, nach Süden. **5.** ***~ of*** südlich von (*od. gen*). ♀ **A·mer·i·can I** *adj* südamerikanisch. **II** *s* Südamerikaner(in). **'~·bound** *adj* nach Süden gehend *od.* fahrend. **ˌ~'east I** *s* Südosten *m.* **II** *adj* südöstlich, Südost... **III** *adv* südöstlich, nach Südosten.

south·er·ly ['sʌðəlɪ] **I** *adj* südlich, Süd... **II** *adv* von *od.* nach Süden. **south·ern**

['~ən] *adj* südlich, Süd... '**south·ern·er** *s* **1.** Bewohner(in) des Südens (*e-s Landes*). **2.** ♀ *Am.* Südstaatler(in). **south·ern·most** ['~məʊst] *adj* südlichst.

'**south·paw** *s Boxen*: Rechtsausleger *m.*

south·ward ['saʊθwəd] *adj u. adv* südlich, südwärts, nach Süden: ***in a ~ direction*** in südlicher Richtung, Richtung Süden. '**south·wards** *adv* → ***southward.***

ˌ**south'west I** *s* Südwesten *m.* **II** *adj* südwestlich, Südwest... **III** *adv* südwestlich, nach Südwesten.

sou·ve·nir [ˌsuːvə'nɪə] *s* Andenken *n* (***of*** an *acc*), Souvenir *n.*

sov·er·eign ['sɒvrɪn] **I** *s* Landesherr(in), Monarch(in). **II** *adj* souverän (*Staat*). **sov·er·eign·ty** ['~rəntɪ] *s* Souveränität *f.*

So·vi·et ['səʊvɪət] **I** *s*: ***the ~s*** *pl* die Sowjets *pl.* **II** *adj* sowjetisch, Sowjet...

sow¹ [saʊ] *s zo.* Sau *f.*

sow² [səʊ] *v/t* (*mst irr*) **1.** *Getreide etc* säen, *Samen* aussäen: ***~ the seeds of discord*** *fig.* Zwietracht säen; → ***oats.*** **2.** *Feld etc* besäen (***with*** mit).

so·ya bean ['sɔɪə] *s* ⚘ Sojabohne *f.*

soz·zled ['sɒzld] *adj Br.* F blau (*betrunken*).

spa [spɑː] *s* (Heil)Bad *n.*

space [speɪs] **I** *s* **1.** Raum *m*: ***stare into ~*** ins Leere starren. **2.** Platz *m*, Raum *m.* **3.** (Welt)Raum *m.* **4.** Lücke *f*, Platz *m*, Stelle *f.* **5.** Zwischenraum *m.* **6.** Zeitraum *m.* **II** *v/t* **7.** *a.* ***~ out*** in Abständen anordnen: ***~ the chairs two feet apart*** die Stühle im Abstand von zwei Fuß aufstellen. ***~ bar*** *s* Leertaste *f* (*e-r Schreibmaschine*). '**~·craft** *s* (*irr* ***craft***) (Welt)Raumfahrzeug *n.* **~ flight** *s* (Welt)Raumflug *m.* **~ heat·er** *s* Heizapparat *m*, -gerät *n.* '**~·lab** *s* Raumlabor *n.* '**~·man** *s* (*irr* ***man***) **1.** Raumfahrer *m.* **2.** Außerirdische *m.* '**~·ship** *s* Raumschiff *n.* **~ shut·tle** *s* Raumfähre *f*, -transporter *m.* **~ sta·tion** *s* (Welt-)Raumstation *f.* **~ suit** *s* Raumanzug *m.* **~ trav·el** *s* (Welt)Raumfahrt *f.* '**~-ˌwom·an** *s* (*irr* ***woman***) **1.** Raumfahrerin *f.* **2.** Außerirdische *f.*

spac·ing ['speɪsɪŋ] *s*: ***type s.th. in*** (*od.* ***with***) ***single*** (***double***) ***~*** et. mit einzeiligem (zweizeiligem) Abstand tippen.

spa·cious ['speɪʃəs] *adj* □ geräumig (*Zimmer etc*), weiträumig angelegt, weitläufig (*Garten etc*).

spade¹ [speɪd] *s* Spaten *m*: ***call a ~ a ~*** *fig.* das Kind beim Namen nennen.

spade² [~] *s Kartenspiel*: a) *pl* Pik *n* (*Farbe*), b) Pik(karte *f*) *n.*

'**spade·work** *s fig.* (mühevolle) Vorarbeit.

spa·ghet·ti [spə'getɪ] *s pl* (*sg konstruiert*) Spaghetti *pl.*

span [spæn] **I** *s* **1.** ✈, *orn.* (*Flügel-*)Spannweite *f.* **2.** Zeitspanne *f.* **3.** (*Lebens*)Spanne *f*, (*Gedächtnis*)Umfang *m.* **II** *v/t* **4.** *Fluß etc* überspannen (*Brücke*). **5.** *fig.* sich erstrecken über (*acc*).

span·gle ['spæŋgl] **I** *s* Paillette *f.* **II** *v/t* mit Pailletten besetzen; *fig.* übersäen (***with*** mit).

Span·iard ['spænjəd] *s* Spanier(in).

span·iel ['spænjəl] *s zo.* Spaniel *m.*

Span·ish ['spænɪʃ] **I** *adj* **1.** spanisch. **II** *s* **2.** ***the ~*** *pl* die Spanier *pl.* **3.** *ling.* Spanisch *n.*

spank [spæŋk] *v/t j-m* den Hintern versohlen. '**spank·ing I** *adj* flott, scharf (*Tempo*). **II** *adv* F: ***~ clean*** blitzsauber; ***~ new*** funkelnagelneu. **III** *s*: ***give s.o. a ~*** → ***spank.***

span·ner ['spænə] *s* ⚙ *bsd. Br.* Schraubenschlüssel *m*: ***put*** (*od.* ***throw***) ***a ~ in the works*** F j-m in die Quere kommen.

spar [spɑː] *v/i* **1.** *Boxen*: sparren (***with*** mit). **2.** sich ein Wortgefecht liefern (***with*** mit).

spare [speə] **I** *v/t* **1.** *j-n, et.* entbehren. **2.** *Geld, Zeit etc* übrig haben: ***can you ~ me a cigarette*** (***10 minutes***)***?*** hast du e-e Zigarette (10 Minuten Zeit) für mich (übrig)? **3.** *keine Kosten, Mühen etc* scheuen. **4.** ***~ s.o. s.th.*** j-m et. ersparen, j-n mit et. verschonen. **II** *adj* **5.** Ersatz...: ***~ part*** ⚙ Ersatzteil *n, m*; ***~ tire*** (*bsd. Br.* ***tyre***) *mot.* Ersatz-, Reservereifen *m*; *Br. fig. humor.* Rettungsring *m.* **6.** überschüssig: ***~ bedroom*** Gästezimmer *n*; ***~ time*** Freizeit *f*; ***have you got 10 ~ minutes?*** hast du 10 Minuten Zeit (übrig)? **III** *s* **7.** *mot.* Ersatz-, Reservereifen *m.* **8.** ⚙ *bsd. Br.* Ersatzteil *n, m.* '**~·ribs** *s pl gastr.* Spareribs *pl* (*gegrillte Rippenstücke vom Schwein*).

spar·ing ['speərɪŋ] *adj* □ sparsam: ***be ~ with s.th., use s.th. ~ly*** sparsam mit et. umgehen.

spark [spɑːk] **I** *s* Funke(n) *m* (*a. fig.*): ***whenever they meet the ~s fly*** immer, wenn sie zs.-kommen, fliegen die Fetzen. **II** *v/i* Funken sprühen: ***~ing plug*** *mot. Br.* Zündkerze *f.* **III** *v/t* a) *a.* ***~ off*** *Krawalle etc* auslösen, b) *bsd. Am. j-s Interesse etc* wecken.

spar·kle ['spɑːkl] **I** *v/i* funkeln, (*Augen a.*) blitzen (***with*** vor *dat*). **II** *s* Funkeln *n*, Blitzen *n*. **spar·kling** ['~klɪŋ] *adj* **1.** funkelnd, blitzend. **2.** ***~ wine*** Perl- *od.* Schaumwein *m*; Sekt *m*. **3.** *fig.* sprühend (*Witz*); geistsprühend (*Dialog etc*); schwungvoll (*Vortrag etc*).

spark plug *s mot.* Zündkerze *f.*

spar·ring ['spɑːrɪŋ] *adj*: ***~ partner*** (*Boxen*) Sparringspartner *m*.

spar·row ['spærəʊ] *s orn.* Spatz *m*, Sperling *m*.

sparse [spɑːs] *adj* □ spärlich: ***~ly populated*** dünnbesiedelt, -bevölkert.

spar·tan ['spɑːtən] *adj* spartanisch (*Lebensweise etc*).

spasm ['spæzəm] *s* **1.** ⚕ Krampf *m*. **2.** (*Husten-*, *Lach- etc*)Anfall *m*. **spas·mod·ic** [~'mɒdɪk] *adj* (***~ally***) **1.** ⚕ krampfartig. **2.** *fig.* sporadisch, unregelmäßig.

spas·tic ['spæstɪk] ⚕ **I** *adj* (***~ally***) spastisch. **II** *s* Spastiker(in).

spat [spæt] *pret u. pp von* ***spit²***.

spate [speɪt] *s* **1.** ***be*** (*od.* ***run***) ***in ~*** Hochwasser führen. **2.** *fig.* Flut *f*, (*von Unfällen etc*) Serie *f*.

spa·tial ['speɪʃl] *adj* □ räumlich: ***~ ability*** räumliches Vorstellungsvermögen.

spat·ter ['spætə] **I** *v/t* **1.** *j-n*, *et.* bespritzen (***with*** mit). **2.** *et.* spritzen (***in s.o.'s face*** j-m ins Gesicht; ***over*** über *acc*). **II** *v/i* **3.** spritzen. **III** *s* **4.** Spritzer *m*. **5.** ***a ~ of applause*** kurzer Beifall; ***there was a ~ of rain*** es spritzte, es regnete ein paar Tropfen.

spat·u·la ['spætjʊlə] *s* Spachtel *m*, *f*, *bsd.* ⚕ Spatel *m*, *f*.

spawn [spɔːn] **I** *s zo.* Laich *m*. **II** *v/i zo.* laichen. **III** *v/t fig.* hervorbringen, produzieren.

spay [speɪ] *v/t weibliches Tier* sterilisieren.

speak [spiːk] (*irr*) **I** *v/i* **1.** sprechen, reden (***to, with*** mit; ***about*** über *acc*): ***~ing!*** *teleph.* am Apparat!; ***~ for*** sprechen für; ***this ~s for itself*** das spricht für sich selbst; ***~ of*** *fig.* hindeuten auf (*acc*); zeugen von; ***we don't ~*** (***to each other***) wir sprechen *od.* reden nicht miteinander; ***so to ~*** sozusagen; → ***devil*** 1, ***generally***, ***ill*** 3, ***roughly*** 2, ***soon***, ***strict***. **2.** sprechen (***to*** vor *dat*; ***about, on*** über *acc*). **3.** sich aussprechen (***in favo[u]r of*** für; ***against*** gegen). **II** *v/t* **4.** sprechen, sagen: → ***mind*** 4, ***volume*** 1. **5.** *Sprache* sprechen.

Verbindungen mit Adverbien:

speak| out *v/i*: ***~ against*** sich klar u. deutlich aussprechen gegen. **~ up** *v/i* **1.** lauter sprechen. **2.** ***~ for*** sich klar u. deutlich aussprechen für.

speak·er ['spiːkə] *s* **1.** Sprecher(in), Redner(in). **2.** ♀ *parl.* Speaker *m*, Präsident *m*. **3.** ***a ~ of English*** j-d, der Englisch spricht. **4.** ⚡ Lautsprecher *m*. **'speak·ing I** *s*: → ***manner*** 1. **II** *adj*: ***~ clock*** *teleph. Br.* Zeitansage *f*; ***we are not on ~ terms*** wir sprechen *od.* reden nicht miteinander.

spear [spɪə] **I** *s* Speer *m*. **II** *v/t* aufspießen; durchbohren. **'~·head I** *s* **1.** Speerspitze *f*. **2.** ⚔ Angriffsspitze *f*; (*Sport*) (Sturm-, Angriffs)Spitze *f*. **3.** *fig.* Anführer(in). **II** *v/t* **4.** *fig.* anführen. **'~·mint** *s* ♀ Grüne Minze.

spec [spek] *s*: ***on ~*** *Br.* F auf gut Glück.

spe·cial ['speʃl] **I** *adj* (□ → ***specially***) **1.** speziell, besonder. **2.** speziell, Spezial...: ***~ knowledge*** Fachkenntnisse *pl*, -wissen *n*. **3.** Sonder...: ***~ school*** (***train***, *etc*). **4.** speziell, bestimmt. **II** *s* **5.** Sonderbus *m od.* -zug *m*; (*Rundfunk*, *TV*) Sondersendung *f*; ✝ Sonderangebot *n*: ***be on ~*** *Am.* im Angebot sein. **spe·cial·ist** ['~ʃəlɪst] **I** *s* Spezialist(in), ⚕ *a.* Facharzt *m*, -ärztin *f* (***in*** für). **II** *adj* Fach... **spe·ci·al·i·ty** [ˌ~ʃɪ'ælətɪ] *s* **1.** Spezialität *f*: ***~ of the house*** Spezialität des Hauses. **2.** Spezialgebiet *f*. **spe·cial·i·za·tion** [ˌ~ʃəlaɪ'zeɪʃn] *s* Spezialisierung *f*. **'spe·cial·ize** *v/i* sich spezialisieren (***in*** auf *acc*). **'spe·cial·ly** *adv* **1.** besonders. **2.** speziell, extra. **spe·cial·ty** ['~ʃltɪ] *Am.* → ***speciality***.

spe·cies ['spiːʃiːz] *pl* **-cies** *s biol.* Spezies *f*, Art *f* (*beide a. allg.*).

spe·cif·ic [spə'sɪfɪk] **I** *adj* **1.** spezifisch (*a. phys.*), speziell, besonder: ***~ gravity*** spezifisches Gewicht. **2.** konkret, präzis. **3.** eigen (***to*** *dat*). **II** *s pl* **4.** Einzelheiten *pl.* **spe'cif·i·cal·ly** *adv* **1.** speziell, besonders. **2.** ausdrücklich.

spec·i·fi·ca·tion [ˌspesɪfɪ'keɪʃn] *s* genaue Angabe *od.* Beschreibung. **spec·i·fy** ['~faɪ] *v/t* genau beschreiben *od.* festlegen.

spec·i·men ['spesɪmən] *s* **1.** Exemplar *n.* **2.** Muster *n*; Probe *f.* **3.** F *contp.* Typ *m* (*Person*).

spe·cious ['spiːʃəs] *adj* □ trügerisch: **~ *argument*** Scheinargument *n.*

speck [spek] *s* kleiner Fleck, (*Staub-*) Korn *n*; Punkt *m* (***on the horizon*** am Horizont).

speck·led ['spekld] *adj* gesprenkelt.

specs [speks] → ***spectacle*** 3.

spec·ta·cle ['spektəkl] *s* **1.** Schauspiel *n* (*a. fig.*): ***make a ~ of o.s.*** sich lächerlich machen. **2.** Anblick *m.* **3.** *pl*, *a.* ***pair of ~s*** Brille *f.*

spec·tac·u·lar [spek'tækjʊlə] **I** *adj* □ spektakulär. **II** *s* Show *f* der Superlative.

spec·ta·tor [spek'teɪtə] *s* Zuschauer(in).

spec·ter *Am.* → ***spectre.***

spec·tra ['spektrə] *pl von* ***spectrum.***

spec·tral ['spektrəl] *adj* □ **1.** geisterhaft, gespenstisch. **2.** *phys.* Spektral...

spec·tre ['spektə] *s bsd. Br.* (*fig. a.* Schreck)Gespenst *n.*

spec·trum ['spektrəm] *pl* **-tra** ['~trə] *s phys.* Spektrum *n* (*a. fig.*): ***a wide ~ of opinion(s)*** ein breites Meinungsspektrum.

spec·u·late ['spekjʊleɪt] *v/i* **1.** spekulieren, Vermutungen anstellen (***about, on*** über *acc*): **~ *that*** vermuten, daß. **2.** ✝ spekulieren (***in*** mit). **ˌspec·u'la·tion** *s* Spekulation *f* (*a.* ✝), Vermutung *f.* **spec·u·la·tive** ['~lətɪv] *adj* □ spekulativ, ✝ *a.* Spekulations... **spec·u·la·tor** ['~leɪtə] *s* ✝ Spekulant(in).

sped [sped] *pret u. pp von* ***speed.***

speech [spiːtʃ] *s* **1.** Sprache *f* (*Sprechvermögen, Ausdrucksweise*): **~ *defect*** (*od.* ***impediment***) Sprachfehler *m.* **2.** Rede *f*, Ansprache *f* (***to*** vor *dat*), ⚖ Plädoyer *n.* **speech·i·fy** ['~ɪfaɪ] *v/i contp.* Reden *od.* e-e Rede schwingen. **'speech·less** *adj* □ sprachlos (***with*** vor *dat*).

speed [spiːd] **I** *s* **1.** Geschwindigkeit *f*, Schnelligkeit *f*, Tempo *n*: ***at a ~ of*** mit e-r Geschwindigkeit von; ***at full*** (*od.* ***top***) ***speed*** mit Höchstgeschwindigkeit. **2.** *mot. etc* Gang *m*: ***five-~ gearbox*** Fünfganggetriebe *f.* **3.** *phot.* Lichtempfindlichkeit *f.* **II** *v/t* (*irr*) **4.** rasch bringen *od.* befördern. **5.** **~ *up*** (*pret u. pp* ***-ed***) beschleunigen. **III** *v/i* **6.** rasen: **~ *by*** wie im Flug vergehen (*Zeit*); ***be ~ing*** *mot.* zu schnell fahren, die Geschwindigkeitsbegrenzung überschreiten. **7.** **~ *up*** (*pret u. pp* ***-ed***) beschleunigen (*Fahrer etc*), (*a. Wachstum etc*) schneller werden. **~ bump** *s mot.* Rüttelschwelle *f.*

speed·ing ['spiːdɪŋ] *s mot.* zu schnelles Fahren, Geschwindigkeitsüberschreitung *f.*

speed lim·it *s mot.* Geschwindigkeitsbegrenzung *f*, Tempolimit *n.*

speed·o ['spiːdəʊ] *pl* **-os** *s mot.* F Tacho *m.*

speed·om·e·ter [spɪ'dɒmɪtə] *s mot.* Tachometer *m, n.*

speed·y ['spiːdɪ] *adj* □ schnell, (*Antwort etc a.*) prompt: → ***recovery*** 2.

spell[1] [spel] (*mst irr*) **I** *v/t* **1.** a) *a.* **~ *out*** buchstabieren: **~ *out*** klarmachen (***for s.o.*** j-m), b) (*orthographisch richtig*) schreiben. **2.** *Unglück etc* bedeuten. **II** *v/i* **3.** (richtig) schreiben.

spell[2] [~] *s* **1.** Weile *f*: ***for a ~*** e-e Zeitlang; ***cold ~*** *meteor.* Kälteperiode *f.* **2.** (*Husten- etc*)Anfall *m.*

spell[3] [~] *s* **1.** Zauber(spruch) *m.* **2.** Zauber *m* (*a. fig.*): ***be under s.o.'s ~*** in j-s Bann stehen; ***cast a ~ over s.o.*** j-n verzaubern, *fig. a.* j-n in s-n Bann ziehen.

'spell|ˌbind·ing *adj* fesselnd. **'~·bound** *adj u. adv* wie gebannt: ***hold s.o. ~*** j-n fesseln.

spell·er ['spelə] *s* **1.** ***be a good*** (***bad***) **~** gut (schlecht) in Rechtschreibung sein. **2.** *Computer*: Speller *m*, Rechtschreibsystem *n.* **'spell·ing** *s* **1.** Rechtschreibung *f*: **~ *mistake*** (Recht)Schreibfehler *m.* **2.** Schreibung *f*, Schreibweise *f.*

spelt [spelt] *pret u. pp von* ***spell***[1]**.**

spend [spend] *v/t* (*irr*) **1.** *Geld* ausgeben (***on*** für): → ***penny.*** **2.** *Urlaub, Zeit* verbringen: **~ *an hour doing s.th.*** e-e Stunde damit verbringen, et. zu tun. **'spend·er** *s*: ***he's a big ~*** ihm sitzt das Geld locker. **'spend·ing I** *s* Ausgaben *pl.* **II** *adj*: **~ *money*** Taschengeld *n*; → ***spree.***

spend·thrift ['spendθrɪft] **I** *s* Verschwender(in). **II** *adj* verschwenderisch.

spent [spent] **I** *pret u. pp von* **spend. II** *adj* verbraucht.

sperm [spɜːm] *s biol.* Sperma *n*, Samen(flüssigkeit *f*) *m.*

spew [spjuː] **I** *v/t* **1.** *a.* ~ ***out*** *Rauch etc* ausstoßen, *Lava etc* spucken. **2.** *a.* ~ ***up*** *sl.* auskotzen. **II** *v/i* **3.** *a.* ~ ***out*** hervorquellen (***from*** aus). **4.** *sl.* kotzen.

sphere [sfɪə] *s* **1.** Kugel *f.* **2.** *fig.* (*Einflußetc*)Sphäre *f*, (-)Bereich *m*: ***in the ~ of*** auf dem Gebiet (*gen*). **spher·i·cal** ['sferɪkl] *adj* □ **1.** kugelförmig. **2.** ⩘ Kugel..., sphärisch.

sphinc·ter ['sfɪŋktə] *s anat.* Schließmuskel *m.*

spice [spaɪs] **I** *s* **1.** Gewürz *n.* **2.** *fig.* Würze *f.* **II** *v/t* **3.** würzen (***with*** mit) (*a. fig.*). ~ **rack** *s* Gewürzständer *m.*

spick-and-span [ˌspɪkən'spæn] *adj* blitzsauber.

spic·y ['spaɪsɪ] *adj* □ **1.** gutgewürzt, würzig. **2.** *fig.* pikant.

spi·der ['spaɪdə] *s zo.* Spinne *f.* ~ **web** *s Am.* Spinnwebe *f*, Spinnennetz *n.*

spiel [ʃpiːl] *s* F *mst contp.* Masche *f.*

spike [spaɪk] **I** *s* **1.** Spitze *f*; Dorn *m*; Stachel *m*: ~ ***heel*** Pfennigabsatz *m.* **2.** *Sport*: a) Spike *m*, Dorn *m*, b) *pl* Spikes *pl*, Rennschuhe *pl.* **II** *v/t* **3.** aufspießen. **4.** → ***lace*** 7. **'spik·y** *adj* □ **1.** spitz(ig); stach(e)lig. **2.** *Br.* F leicht eingeschnappt.

spill [spɪl] **I** *v/t* (*mst irr*) *a.* ~ ***out*** aus-, verschütten: ***I've spilt my coffee over my trousers*** ich habe mir m-n Kaffee über die Hose geschüttet; → ***bean*** 1, ***milk*** I. **II** *v/i* (*mst irr*) verschüttet werden; sich ergießen (***over*** über *acc*); strömen (***out of*** aus) (*Menschen*): ~ ***over*** überlaufen; *fig.* übergreifen (***into*** auf *acc*). **III** *s bsd. Sport*: F Sturz *m* (*vom Pferd*, [*Motor*]*Rad*): ***have a ~*** stürzen.

spilt [spɪlt] *pret u. pp von* ***spill.***

spin [spɪn] **I** *v/t* (*irr*) **1.** drehen; *Wäsche* schleudern; *Münze* hochwerfen. **2.** *Fäden, Wolle etc* spinnen: → ***yarn*** 2. **3.** ~ ***out*** *Arbeit etc* in die Länge ziehen, *Geld etc* strecken. **II** *v/i* (*irr*) **4.** sich drehen: ~ ***round*** herumwirbeln; ***my head was ~ning*** mir drehte sich alles. **5.** *mst* ~ ***along*** *mot.* F (dahin)rasen. **III** *s* **6.** *Sport*: Effet *m*: ***put ~ on a ball*** e-m Ball Effet geben. **7.** *mot.* F Spritztour *f*: ***go for a ~*** e-e Spritztour machen. **8.** *bsd. Br.* F ***be in a*** (***flat***) ~ am Rotieren sein; ***send*** (*od.* ***throw***) ***s.o. in a*** (***flat***) ~ j-n zum Rotieren bringen.

spin·ach ['spɪnɪdʒ] *s* ♀ Spinat *m.*

spi·nal ['spaɪnl] *adj*: ~ ***column*** Rückgrat *n*, Wirbelsäule *f*; ~ ***cord*** Rückenmark *n.*

spin·dle ['spɪndl] *s* ⚙ Spindel *f.* **'spin·dly** *adj* spindeldürr.

ˌspin|-'dri·er *s* (Wäsche)Schleuder *f.* **ˌ~-'dry** *v/t Wäsche* schleudern. **ˌ~-'dry·er** → ***spin-drier.***

spine [spaɪn] *s* **1.** *anat.* Rückgrat *n*, Wirbelsäule *f.* **2.** *zo.* Stachel *m*, ♀ *a.* Dorn *m.* **3.** (*Buch*)Rücken *m.* **'spine·less** *adj* □ *fig.* rückgratlos.

spin·na·ker ['spɪnəkə] *s* ⚓ Spinnaker *m.*

spin·ney ['spɪnɪ] *s Br.* Dickicht *n.*

spin·ning| mill ['spɪnɪŋ] *s* Spinnerei *f.* ~ **wheel** *s* Spinnrad *n.*

'spin-off *s* **1.** Neben-, Abfallprodukt *n.* **2.** *fig.* (positiver) Nebeneffekt.

spin·ster ['spɪnstə] *s* ältere unverheiratete Frau, *contp.* alte Jungfer, spätes Mädchen. **'spin·ster·ish** *adj* altjüngferlich.

spin·y ['spaɪnɪ] *adj zo.* stach(e)lig, ♀ *a.* dornig.

spi·ral ['spaɪərəl] **I** *adj* □ spiralenförmig, spiralig, Spiral...: ~ ***staircase*** Wendeltreppe *f.* **II** *s* (*a.* ✝ *Preis- etc*)Spirale *f.*

spire ['spaɪə] *s* (*Kirch*)Turmspitze *f.*

spir·it ['spɪrɪt] *s* **1.** *allg.* Geist *m*: ***in ~*** im Geiste; ~ ***of the age*** (*od.* ***times***) Zeitgeist. **2.** Stimmung *f*, Einstellung *f.* **3.** Schwung *m*, Elan *m.* **4.** *pl* Laune *f*, Stimmung *f*: ***be in high ~s*** in Hochstimmung sein; ausgelassen *od.* übermütig sein; ***be in low ~s*** niedergeschlagen sein; ***lift*** (*od.* ***raise***) ***s.o.'s ~s*** j-s Stimmung heben; ***my ~s sank*** ich wurde deprimiert. **5.** *mst pl* Spirituose *f.* **6.** ⚗ Spiritus *m.* **'spir·it·ed** *adj* □ beherzt (*Versuch etc*); erregt (*Auseinandersetzung*).

spir·it lev·el *s* ⚙ Wasserwaage *f.*

spir·it·u·al ['spɪrɪtʃʊəl] **I** *adj* □ **1.** geistig. **2.** geistlich. **II** *s* **3.** ♪ Spiritual *n.* **'spir·it·u·al·ism** *s* Spiritismus *m.* **'spir·it·u·al·ist** *s* Spiritist(in). **ˌspir·it·u·al'is·tic** *adj* (~***ally***) spiritistisch.

spit[1] [spɪt] **I** *v/i* (*irr*) **1.** a) spucken: ~ ***at***

s.o. j-n anspucken, b) ausspucken. **2.** ***it is ~ting*** (***with rain***) es sprüht. **3.** knistern (*Feuer*), brutzeln (*Fleisch etc*). **II** *v/t* (*irr*) **4.** *Blut etc* spucken: **~ *out*** ausspucken; **~ *it out!*** *fig.* F spuck's aus! **5.** *a.* **~ *out*** *et.* fauchen. **III** *s* **6.** Spucke *f.*

spit² [~] *s* **1.** (Brat)Spieß *m.* **2.** *geogr.* Landzunge *f.*

spite [spaɪt] **I** *s* **1.** Boshaftigkeit *f*, Gehässigkeit *f*: ***out of*** (*od.* ***from***) ***pure ~*** aus reiner Bosheit. **2.** ***in ~ of*** trotz. **II** *v/t* **3.** ärgern. **spite·ful** ['~fʊl] *adj* □ boshaft, gehässig.

spit·ting ['spɪtɪŋ] *adj*: ***the bus stop is within ~ distance*** F bis zur Bushaltestelle ist es nur ein Katzensprung; ***she is the ~ image of her mother*** sie ist ganz die Mutter, sie ist ihrer Mutter wie aus dem Gesicht geschnitten.

spit·tle ['spɪtl] *s* Spucke *f.*

splash [splæʃ] **I** *v/i* **1.** spritzen; (*Regen*) klatschen (***against*** gegen). **2.** a) planschen (***in*** in *dat*), b) platschen (***through*** durch): **~ *down*** wassern (*Raumkapsel*). **3.** **~ *out on*** *bsd. Br.* F tief in die Tasche greifen für. **II** *v/t* **4.** bespritzen (***with*** mit): **~ *one's face with cold water*** sich kaltes Wasser ins Gesicht schütten. **5.** *Wasser etc* spritzen (***on*** auf *acc*; ***over*** über *acc*): **~ *one's money about*** *bsd. Br.* F mit Geld um sich werfen. **6.** F in großer Aufmachung bringen (*Zeitung etc*). **III** *s* **7.** Spritzer *m*, Spritzfleck *m*: **~ *of paint*** Farbspritzer. **8.** *bsd. Br.* Spritzer *m*, Schuß *m* (*Soda etc*). **9.** ***make*** (***quite***) ***a ~*** F Furore machen. **'~·down** *s* Wasserung *f.*

splat [splæt] *v/i* F klatschen (***against*** gegen).

splat·ter ['splætə] → ***spatter*** 1–3.

splay [spleɪ] *v/t a.* **~ *out*** *Finger*, *Zehen* spreizen.

spleen [spliːn] *s anat.* Milz *f.*

splen·did ['splendɪd] *adj* □ großartig, herrlich, prächtig. **'splen·do(u)r** *s* Pracht *f.*

splice [splaɪs] *v/t* miteinander verbinden, *Film*, *Tonband etc* (zs-)kleben: ***get ~d*** F heiraten.

splint [splɪnt] ⚕ **I** *s* Schiene *f.* **II** *v/t* schienen.

splin·ter ['splɪntə] **I** *s* Splitter *m.* **II** *v/t* zersplittern. **III** *v/i* (zer)splittern: **~ *off*** absplittern; *fig.* sich absplittern *od.* abspalten (***from*** von). **~ *group*** *s* Splittergruppe *f.*

split [splɪt] **I** *v/t* (*irr*) **1.** (zer)spalten; zerreißen: **~ *one's sides*** F sich vor Lachen biegen; ***be ~*** *fig.* gespalten sein (***on an issue*** in e-r Frage); **~ *personality*** *psych.* gespaltene Persönlichkeit; **~ *second*** Bruchteil *m* e-r Sekunde; → ***hair.*** **2.** *a.* **~ *up*** aufteilen (***between*** unter *acc*; ***into*** in *acc*); sich *et.* teilen: **~ *three ways*** dritteln; **~ *the difference*** *fig.* sich auf halbem Wege einigen. **II** *v/i* (*irr*) **3.** sich spalten; zerreißen. **4.** sich teilen (***into*** in *acc*). **5.** *a.* **~ *up*** (***with***) Schluß machen (mit), sich trennen (von). **III** *s* **6.** Riß *m*; Spalt *m.* **7.** *fig.* Bruch *m*; Spaltung *f.* **8.** Aufteilung *f.* **9.** *pl* Spagat *m*: ***do the ~s*** (e-n) Spagat machen. **10.** (*Bananen*)Split *m.* **'split·ting** *adj* rasend (*Kopfschmerzen*).

splodge [splɒdʒ] *s bsd. Br.*, **splotch** [splɒtʃ] *s bsd. Am.* Fleck *m*, Klecks *m*: **~ *of paint*** Farbklecks.

splurge [splɜːdʒ] F **I** *v/i*: **~ *on*** tief in die Tasche greifen für. **II** *v/t Geld* verschwenden (***on*** für). **III** *s*: ***have a ~*** tief in die Tasche greifen.

splut·ter ['splʌtə] **I** *v/i* **1.** stottern (*a. mot.*). **2.** zischen (*Feuer etc*). **3.** prusten. **II** *v/t* **4.** stottern.

spoil [spɔɪl] **I** *v/t* (*a. irr*) **1.** verderben. **2.** *j-n* verwöhnen, *Kind a.* verziehen: ***be ~t for choice*** die Qual der Wahl haben. **II** *v/i* (*a. irr*) **3.** verderben, schlecht werden (*Nahrungsmittel*). **4.** ***be ~ing for a fight*** Streit suchen. **III** *s* **5.** *mst pl* Beute *f.*

'spoil·er *s mot.* Spoiler *m.*

'spoil·sport *s* Spielverderber(in).

spoilt [spɔɪlt] *pret u. pp von* ***spoil.***

spoke¹ [spəʊk] *pret von* ***speak.***

spoke² [~] *s* Speiche *f*: ***put a ~ in s.o.'s wheel*** *fig.* j-m (e-n) Knüppel zwischen die Beine werfen.

spo·ken ['spəʊkən] *pp von* ***speak.***

spokes|·man ['spəʊksmən] *s* (*irr* ***man***) Sprecher *m.* **'~ˌwom·an** *s* (*irr* ***woman***) Sprecherin *f.*

sponge [spʌndʒ] **I** *s* **1.** Schwamm *m*: ***throw in the ~*** *fig.* das Handtuch werfen. **2.** → ***sponge cake.*** **3.** *fig.* Schnorrer(in). **II** *v/t* **4.** *a.* **~ *down*** (mit e-m Schwamm) abwaschen; **~** (***up***) aufwischen (***from*** von). **5.** *fig.* schnorren (***from, off, on*** von, bei). **III** *v/i* **6.** *fig.* schnorren (***from, off, on*** bei): ~ ***off s.o.*** *a.* j-m auf der Tasche liegen. ~ **bag** *s Br.* Kulturbeutel *m,* Toilettentasche *f.* ~ **cake** *s* Biskuitkuchen *m.*

spong·er ['spʌndʒə] → ***sponge*** 3.

'spong·y *adj* □ **1.** schwammartig. **2.** weich, *b.s.* teigig (*Brot etc*). **3.** nachgiebig (*Boden etc*).

spon·sor ['spɒnsə] **I** *s* **1.** Sponsor(in) (*a. Rundfunk, TV*), Geldgeber(in). **2.** Spender(in). **3.** Bürge *m,* Bürgin *f.* **II** *v/t* **4.** sponsern. **5.** bürgen für.

spon·ta·ne·ous [spɒn'teɪnjəs] *adj* □ spontan.

spoof [spu:f] *s* F Parodie *f* (***of, on*** auf *acc*).

spook [spu:k] F **I** *s* Gespenst *n.* **II** *v/t Am. j-m* e-n Schrecken einjagen. **'spook·y** *adj* □ F unheimlich.

spool [spu:l] *s* Spule *f.*

spoon [spu:n] *s* Löffel *m.* **'~-feed** *v/t* (*irr* ***feed***) **1.** *Kind etc* füttern. **2.** *fig. j-m* alles vorkauen: ~ ***s.o. with s.th.,*** ~ ***s.th. to s.o.*** j-m et. vorkauen.

spoon·ful ['spu:nfʊl] *s ein* Löffel(voll) *m.*

spo·rad·ic [spə'rædɪk] *adj* (**~*ally***) sporadisch, gelegentlich.

spore [spɔ:] *s biol.* Spore *f.*

spor·ran ['spɒrən] *s Schottentracht*: Felltasche *f.*

sport [spɔ:t] **I** *s* **1.** a) Sport(art *f*) *m,* b) *oft pl allg.* Sport *m.* **2.** *a.* ***good*** ~ F feiner *od.* anständiger Kerl: ***be a*** ~ sei kein Spielverderber. **3.** ***in*** ~ zum Scherz, im Spaß. **II** *adj* **4.** *Am.* Sport... **III** *v/t* **5.** protzen mit; mit *e-m blauen Auge* herumlaufen. **'sport·ing** *adj* □ **1.** Sport... **2.** fair (*a. Chance*), anständig, sportlich.

sports [spɔ:ts] *adj* Sport...: ~ ***car*** Sportwagen *m;* ~ ***jacket*** Sakko *m, n.* **~·man** ['~mən] *s* (*irr* ***man***) **1.** Sportler *m.* **2.** feiner *od.* anständiger Kerl. **'~·man·like** *adj* sportlich, fair, anständig. **'~·man·ship** *s* Sportlichkeit *f,* Fairneß *f,* Anständigkeit *f.* **'~ˌwom·an** *s* (*irr* ***woman***) Sportlerin *f.*

sport·y ['spɔ:tɪ] *adj* □ F **1.** sportlich; sportbegeistert. **2.** flott (*Kleidungsstück*).

spot [spɒt] **I** *s* **1.** Punkt *m,* Tupfen *m;* Fleck *m.* **2.** ⚕ Pickel *m.* **3.** Ort *m,* Platz *m,* Stelle *f*: ***on the*** ~ zur Stelle; an Ort u. Stelle, vor Ort; auf der Stelle, sofort; ***put on the*** ~ *j-n* in die Enge treiben; *j-n* in Verlegenheit bringen; ***be in a*** ~ F in Schwulitäten sein; → ***rooted.*** **4.** *fig.* ***soft*** ~ Schwäche *f* (***for*** für); ***tender*** ~ empfindliche Stelle; ***weak*** ~ schwacher Punkt; Schwäche *f.* **5.** ***a*** ~ ***of*** *Br.* F ein bißchen. **6.** *Rundfunk, TV*: (Werbe)Spot *m.* **7.** F Spot *m* (*Spotlight*). **II** *v/t* **8.** entdecken, sehen. **III** *v/i* **9.** ***it is ~ting*** (***with rain***) *Br.* es tröpfelt. ~ **check** *s* Stichprobe *f.* **ˌ~-'check** *v/t* stichprobenweise überprüfen (***for*** auf *acc*).

spot·less ['spɒtlɪs] *adj* □ **1.** tadellos sauber. **2.** *fig.* untad(e)lig.

'spot|·light **I** *s* Spotlight *n,* Scheinwerfer(licht *n*) *m*: ***be in the*** (***political***) ~ im Brennpunkt des (politischen) Interesses stehen. **II** *v/t* (*a. irr* ***light***) anstrahlen; *fig.* aufmerksam machen auf (*acc*). **ˌ~-'on** *adj u. adv Br.* F genau richtig.

spot·ted ['spɒtɪd] *adj* getüpfelt; fleckig.

'spot·ty *adj* □ **1.** pick(e)lig. **2.** *fig.* uneinheitlich, unterschiedlich.

spouse [spaʊz] *s* Gatte *m,* Gattin *f,* Gemahl(in).

spout [spaʊt] **I** *v/t* **1.** *Wasser etc* (her-aus)spritzen. **II** *v/i* **2.** spritzen (***from*** aus). **III** *s* **3.** (*Wasser- etc*)Strahl *m.* **4.** Schnauze *f,* Tülle *f.* **5.** ***be up the*** ~ F im Eimer sein (*Wagen etc*); in Schwulitäten sein (*Person*): ***she's up the*** ~ bei ihr ist was unterwegs.

sprain [spreɪn] ⚕ **I** *v/t* sich *den Knöchel etc* verstauchen: ~ ***one's ankle.*** **II** *s* Verstauchung *f.*

sprang [spræŋ] *pret von* ***spring.***

sprat [spræt] *s ichth.* Sprotte *f.*

sprawl [sprɔ:l] **I** *v/i* **1.** *a.* ~ ***out*** ausgestreckt liegen *od.* sitzen. **2.** *b.s.* sich ausbreiten (*Stadt etc*). **II** *v/t* **3.** ***be ~ed*** (***out***) → 1.

spray [spreɪ] **I** *v/i* **1.** sprühen, spritzen. **II** *v/t* **2.** besprühen, spritzen (***with*** mit); sich *die Haare* sprayen; *et.* sprühen, spritzen (***on*** auf *acc*); *Parfüm etc* versprühen, zerstäuben. **III** *s* **3.** Sprühnebel *m;* Gischt *f.* **4.** Spray *m, n.* **5.** Sprüh-, Spraydose *f;* Zerstäuber *m.* **'spray·er** → ***spray*** 5.

spray gun *s* ⚙ Spritzpistole *f.*

spread [spred] **I** *v/t* (*irr*) **1.** *a.* ~ ***out*** ausbreiten, *Arme a.* ausstrecken; *Finger etc* spreizen. **2.** *Butter etc* streichen (***on***

auf *acc*); *Brot etc* (be)streichen (***with*** mit). **3.** *Furcht, Krankheit, Nachricht etc* verbreiten, *Gerücht a.* ausstreuen. **II** *v/i* (*irr*) **4.** *a.* ~ ***out*** sich ausbreiten. **5.** sich (*räumlich od. zeitlich*) erstrecken (***over*** über *acc*). **6.** sich streichen lassen (*Butter etc*). **7.** sich verbreiten (*Furcht, Krankheit, Nachricht etc*), übergreifen (***to*** auf *acc*) (*Feuer, Epidemie etc*): → ***wildfire.*** **III** *s* **8.** ✈, *orn.* Spannweite *f.* **9.** (Brot)Aufstrich *m*, Paste *f.* **10.** Verbreitung *f*, Ausstreuung *f.* **11.** *fig.* Spektrum *n.* **12.** F Festessen *n.*

spree [spriː] *s* F: ***go*** (***out***) ***on a*** ~ e-n draufmachen; e-e Sauftour machen; ***go on a buying*** (*od.* ***shopping, spending***) ~ wie verrückt einkaufen.

sprig [sprɪɡ] *s* Zweig *m.*

spright·ly [ˈspraɪtlɪ] *adj* rüstig (*alter Mensch*).

spring [sprɪŋ] **I** *v/i* (*irr*) **1.** springen: ~ ***at*** sich stürzen auf (*acc*); ~ ***to one's feet*** aufspringen. **2.** springen, schnellen: ~ ***back*** zurückschnellen; ~ ***open*** aufspringen (*Deckel etc*). **3.** ~ ***up*** aufkommen (*Wind*); aus dem Boden schießen (*Gebäude etc*). **4.** ~ ***from*** herrühren von. **II** *v/t* (*irr*) **5.** ~ ***s.th. on s.o.*** j-n mit et. überraschen. **6.** → ***leak*** 1a. **III** *s* **7.** Frühling *m*, Frühjahr *n*: ***in*** (***the***) ~ im Frühling. **8.** Quelle *f.* **9.** Sprung *m*: ***make a*** ~ ***at*** sich stürzen auf (*acc*). **10.** ⚙ Feder *f.* **11.** Elastizität *f*; Federung *f.* **IV** *adj* **12.** Frühlings...: ~ ***flowers.*** ˈ**~·board** *s* Sprungbrett *n* (*a. fig.* ***for, to*** für). ~ **chick·en** *s*: ***he's no*** ~ F er ist nicht mehr der jüngste. ˌ**~-ˈclean** *v/t u. v/i* gründlich putzen, *engS.* Frühjahrsputz machen (in *dat*). ~ **fe·ver** *s* Frühjahrsmüdigkeit *f*; Frühlingsgefühle *pl.* ~ **tide** *s* Springflut *f*, -tide *f.* ˈ**~·time** *s* Frühling(szeit *f*) *m*, Frühjahr *n.*

spring·y [ˈsprɪŋɪ] *adj* □ elastisch, federnd.

sprin·kle [ˈsprɪŋkl] **I** *v/t* **1.** *Wasser etc* sprengen (***on*** auf *acc*); *Salz etc* streuen (***on*** auf *acc*); *et.* (be)sprengen *od.* bestreuen (***with*** mit). **II** *v/i* **2.** ***it is sprinkling*** es sprüht (*regnet fein*). **III** *s* **3.** (Be)Sprengen *n*; (Be)Streuen *n.* **4.** Sprühregen *m.* ˈ**sprin·kler** *s* **1.** (*Rasen*)Sprenger *m*; Sprinkler *m*, Berieselungsanlage *f.* **2.** *eccl.* Weihwasserwedel *m.* ˈ**sprin·kling** *s*: ***a*** ~ ***of*** ein bißchen, ein paar.

sprint [sprɪnt] (*Sport*) **I** *v/i* **1.** sprinten; *a. allg.* sprinten, spurten. **II** *s* **2.** *a.* ~ ***race*** Sprint *m.* **3.** Sprint *m*, Spurt *m* (*beide a. allg.*): ***make*** (*od.* ***put on***) ***a*** ~ e-n Spurt hinlegen. ˈ**sprint·er** *s Sport*: Sprinter(in).

sprite [spraɪt] *s* Geist *m*, Kobold *m.*

sprout [spraʊt] **I** *v/i* **1.** sprießen (*Knospen etc*), keimen (*Kartoffeln, Saat etc*). **II** *v/t* **2.** ~ ***a beard*** sich e-n Bart wachsen lassen. **III** *s* **3.** Sproß *m*; Trieb *m*; Keim *m.* **4.** *pl* Rosenkohl *m.*

spruce[1] [spruːs] **I** *adj* □ adrett. **II** *v/t u. v/i*: ~ (***o.s.***) ***up*** F sich feinmachen, sich in Schale werfen.

spruce[2] [~] *s* ♀ Fichte *f.*

sprung [sprʌŋ] *pp u. Am. pret von* ***spring.***

spry [spraɪ] *adj* □ rüstig (*ältere Person*).

spud [spʌd] *s* F Kartoffel *f.*

spun [spʌn] *pret u. pp von* ***spin.***

spunk [spʌŋk] *s* F Mumm *m.* ˈ**spunk·y** *adj* □ F mutig.

spur [spɜː] **I** *s* **1.** Sporn *m* (*a. zo.*). **2.** *fig.* Ansporn *m* (***to*** zu): ***on the*** ~ ***of the moment*** spontan. **II** *v/t* **3.** *e-m Pferd* die Sporen geben. **4.** *oft* ~ ***on*** *fig.* anspornen (***to*** zu).

spu·ri·ous [ˈspjʊərɪəs] *adj* □ **1.** Pseudo..., Schein... **2.** geheuchelt, unecht.

ˌ**spur-of-the-ˈmo·ment** *adj* spontan.

spurt[1] [spɜːt] **I** *s* **1.** *Sport*: Spurt *m*, Sprint *m* (*beide a. allg.*): ***put on a*** ~ e-n Spurt hinlegen. **2.** (*Arbeits*)Anfall *m*, (*Gefühls*)Aufwallung *f.* **II** *v/i* **3.** *Sport*: spurten, sprinten (*beide a. allg.*).

spurt[2] [~] **I** *v/i* spritzen (***from*** aus). **II** *s* (*Wasser- etc*)Strahl *m.*

sput·ter [ˈspʌtə] **I** *v/i* **1.** stottern (*a. mot.*). **2.** zischen (*Feuer etc*). **II** *v/t* **3.** stottern.

spy [spaɪ] **I** *v/i* spionieren, Spionage treiben (***for*** für): ~ ***into*** *fig.* herumspionieren in (*dat*); ~ ***on*** *j-m* nachspionieren. **II** *v/t*: ~ ***out*** ausspionieren; ausfindig machen: ~ ***out the land*** *fig.* die Lage peilen. **III** *s* Spion(in). ~ **ring** *s* Spionagering *m.*

squab·ble [ˈskwɒbl] **I** *v/i* (sich) streiten (***about, over*** um, wegen). **II** *s* Streit *m.*

squad [skwɒd] *s* **1.** Mannschaft *f*, Trupp *m.* **2.** (*Überfall- etc*)Kommando *n* (*der Polizei*); Dezernat *n.* **3.** *Sport*: Kader *m.* ~ **car** *s bsd. Am.* (Funk)Streifenwagen *m.*

squad·ron ['skwɒdrən] *s* ⚔, ✈ Staffel *f*; ⚓ Geschwader *n.*

squal·id ['skwɒlɪd] *adj* □ **1.** verwahrlost (*Gebäude etc*); erbärmlich (*Verhältnisse etc*). **2.** *fig.* schmutzig (*Geschichte etc*).

squall[1] [skwɔːl] **I** *v/i* schreien. **II** *s* Schrei *m.*

squall[2] [~] *s* Bö *f.* '**squall·y** *adj* böig.

squal·or ['skwɒlə] *s* Verwahrlosung *f*: ***live in*** ~ in erbärmlichen Verhältnissen leben.

squan·der ['skwɒndə] *v/t Geld, Zeit etc* verschwenden (***on*** an *acc*, auf *acc*, für, mit), *Chance* vertun.

square [skweə] **I** *s* **1.** Quadrat *n.* **2.** Feld *n* (*e-s Brettspiels*): ***be back to ~ one*** *fig.* wieder ganz am Anfang stehen. **3.** (*öffentlicher*) Platz. **4.** ♈ Quadrat(zahl *f*) *n.* **5.** ⚙ Winkel(maß *n*) *m.* **II** *adj* **6.** quadratisch; Quadrat...: ***three yards ~*** drei Yards im Quadrat; ***~ root*** ♈ Quadratwurzel *f*; → ***peg*** 1. **7.** rechtwink(e)lig; eckig (*Schultern etc*). **8.** fair, gerecht. **9.** ***be*** (***all***) ~ quitt sein. **10.** F anständig, ordentlich (*Mahlzeit*). **III** *adv* **11.** → ***squarely.*** **IV** *v/t* **12.** *a.* ***~ off*** (*od.* ***up***) quadratisch *od.* rechtwink(e)lig machen. **13.** *a.* ***~ off*** in Quadrate einteilen: ***~d paper*** kariertes Papier. **14.** ♈ *Zahl* quadrieren, ins Quadrat erheben: ***4 ~d equals 16*** 4 hoch 2 ist 16. **15.** *Konto* ausgleichen; *Schulden* begleichen: → ***account*** 5. **16.** ***~ s.th. with one's conscience*** et. mit s-m Gewissen vereinbaren *od.* in Einklang bringen. **V** *v/i* **17.** übereinstimmen, in Einklang stehen (***with*** mit). **18.** ***~ up*** abrechnen. **19.** ***~ up to*** sich *j-m*, *e-m Problem etc* stellen. '**square·ly** *adv* **1.** → ***square*** 6–8. **2.** direkt, genau.

squash [skwɒʃ] **I** *v/t* **1.** zerdrücken, -quetschen: ***~ flat*** flachdrücken. **2.** quetschen, zwängen (***into*** in *acc*). **3.** *j-n* zum Schweigen bringen (***with*** mit); *Gerücht etc* ersticken. **II** *v/i* **4.** sich quetschen *od.* zwängen (***into*** in *acc*). **III** *s* **5.** Gedränge *n.* **6.** → ***lemon*** 3, ***orange*** I. **7.** *Sport*: Squash *n.* '**squash·y** *adj* □ **1.** weich (*Frucht*). **2.** aufgeweicht (*Boden*).

squat [skwɒt] **I** *v/i* **1.** hocken, kauern: ***~ down*** sich (hin)hocken *od.* (-)kauern. **2.** ***~ in a house*** ein Haus besetzt haben. **II** *adj* **3.** gedrungen, untersetzt. **III** *s* **4.** Hocke *f.* **5.** besetztes Haus. '**squat·ter** *s* Hausbesetzer(in).

squaw [skwɔː] *s contp.* (Indianer)Weib *n.*

squawk [skwɔːk] *v/i* F lautstark protestieren (***about*** gegen).

squeak [skwiːk] **I** *v/i* **1.** piep(s)en (*Maus etc*). **2.** quietschen (*Tür etc*). **3.** ***~ through*** F es gerade noch schaffen. **II** *s* **4.** Piep(s)en *n*; Piep(s) *m*, Piepser *m*; *fig.* F Piep *m.* **5.** Quietschen *n.* **6.** ***that was a narrow ~*** F das war knapp, das hätte ins Auge gehen können. '**squeak·y** *adj* □ **1.** piepsig: ***~ voice*** *a.* Piepsstimme *f.* **2.** quietschend.

squeal [skwiːl] *v/i* **1.** kreischen (***with*** vor *dat*). **2.** *fig.* F singen: ***~ on s.o.*** j-n verpfeifen.

squeam·ish ['skwiːmɪʃ] *adj* □ empfindlich, zartbesaitet.

squeeze [skwiːz] **I** *v/t* **1.** drücken; *Orangen etc* auspressen, -quetschen: ***~ out*** *Schwamm etc* ausdrücken; *Saft etc* auspressen (***of*** aus). **2.** quetschen, zwängen (***into*** in *acc*). **II** *v/i* **3.** sich quetschen *od.* zwängen (***into*** in *acc*). **III** *s* **4.** ***give s.th. a ~*** et. drücken; ***put the ~ on s.o.*** F j-n unter Druck setzen. **5.** Gedränge *n.* '**squeez·er** *s* Presse *f.*

squelch [skweltʃ] *v/i* p(l)atschen.

squib [skwɪb] *s* Knallfrosch *m*: → ***damp*** 1.

squint [skwɪnt] **I** *v/i* **1.** schielen. **2.** blinzeln. **II** *s* **3.** Schielen *n*: ***have a ~*** schielen.

squirm [skwɜːm] *v/i* sich winden (***with*** vor *dat*) (*a. fig.*).

squir·rel ['skwɪrəl] *s zo.* Eichhörnchen *n.*

squirt [skwɜːt] **I** *v/i* spritzen (***from*** aus). **II** *v/t* bespritzen (***with*** mit). **III** *s* Strahl *m.*

stab [stæb] **I** *v/t* **1.** *j-m* e-n Stich versetzen; *j-n* niederstechen: ~ (***to death***) erstechen; ***he was ~bed in the stomach*** er bekam e-n Stich in den Magen; ***~ s.o. in the back*** *fig.* j-m in den Rücken fallen. **2.** ***~ one's finger at*** mit dem Finger stoßen nach (*od.* auf *acc*). **II** *v/i* **3.** stechen (***at*** nach; ***with*** mit). **III** *s* **4.** Stich *m*: ~ (***wound***) Stichverletzung *f*, -wunde *f*; ***~ in the back*** *fig.* Dolchstoß *m.* **5.** ***feel a ~ of pain*** (***remorse***) e-n stechenden Schmerz verspüren (Gewissensbisse fühlen). **6. *have*** (*od.* ***make***) ***a ~ at s.th.*** F et. probieren. **'stab·bing** *adj* stechend (*Schmerz*).

sta·bil·i·ty [stə'bɪlətɪ] *s* **1.** Stabilität *f* (*a. fig.*). **2.** *fig.* Dauerhaftigkeit *f.* **3.** *fig.* Ausgeglichenheit *f.*

sta·bi·li·za·tion [ˌsteɪbəlaɪ'zeɪʃn] *s* Stabilisierung *f* (*a. fig.*).

sta·bi·lize ['steɪbəlaɪz] *v/t u. v/i* (sich) stabilisieren (*a. fig.*). **'sta·bi·liz·er** *s* ⚙ Stabilisator *m.*

sta·ble¹ ['steɪbl] *adj* □ **1.** stabil (*a. fig.*). **2.** *fig.* dauerhaft (*Beziehung etc*). **3.** *fig.* ausgeglichen (*Person*).

sta·ble² [~] *s* Stall *m* (*a. fig.*).

stack [stæk] **I** *s* **1.** Stapel *m*, Stoß *m.* **2. *~s*** (*od.* ***a ~***) ***of*** F jede Menge *Zeit etc.* **3.** → ***blow¹*** 11. **II** *v/t* **4.** stapeln: ***~ up*** aufstapeln. **5.** vollstapeln (***with*** mit). **6. *the cards*** (*od.* ***odds***) ***are ~ed against us*** unsere Chancen sind gleich Null. **III** *v/i* **7. *~ up against*** *bsd. Am.* F sich halten gegen.

sta·di·um ['steɪdjəm] *s Sport*: Stadion *n.*

staff [stɑːf] **I** *s* **1.** Mitarbeiter(stab *m*) *pl*; Personal *n*, Belegschaft *f*; Lehrkörper *m*, Kollegium *n*; ⚔ Stab *m*: ***editorial ~*** Redaktion *f*; ***be on the ~*** zur Belegschaft gehören. **2.** (*Amts*)Stab *m*; (*Fahnen*)Stange *f.* **II** *v/t* **3.** besetzen (***with*** mit). **~ man·a·ger** *s* Personalchef *m.* **~ of·fi·cer** *s* ⚔ Stabsoffizier *m.* **~ room** *s* Lehrerzimmer *n.*

stag [stæg] *s zo.* Hirsch *m.*

stage [steɪdʒ] **I** *s* **1.** *thea.* Bühne *f* (*a. fig.*): ***go on the ~*** zum Theater gehen; ***set the ~ for*** die Voraussetzungen schaffen für. **2.** Etappe *f* (*a. Radsport u. fig.*), (Reise)Abschnitt *m*: ***by*** (***easy***) ***~s*** etappenweise, *fig. a.* Schritt für Schritt. **3.** Stadium *n*, Stufe *f*, Phase *f.* **4.** ⚙ Stufe *f* (*e-r Rakete*). **II** *v/t* **5.** *thea.* auf die Bühne bringen. **6.** *Ausstellung*, *Demonstration etc* veranstalten: → ***comeback.*** **'~·coach** *s hist.* Postkutsche *f.* **~ di·rec·tion** *s* Bühnen-, Regieanweisung *f.* **~ door** *s* Bühneneingang *m.* **~ fright** *s* Lampenfieber *n.* **~ name** *s* Künstlername *m.*

stage·y → ***stagy.***

stag·ger ['stægə] **I** *v/i* **1.** (sch)wanken, taumeln, (*Betrunkener a.*) torkeln. **II** *v/t* **2.** *j-n* sprachlos machen, umwerfen. **3.** *Arbeitszeit etc* staffeln. **'stag·ger·ing** *adj* □ umwerfend (*Nachricht etc*), schwindelerregend (*Preis etc*).

stag·nant ['stægnənt] *adj* □ **1.** stehend (*Gewässer*). **2.** *bsd.* ✝ stagnierend. **stag·nate** [~'neɪt] *v/i bsd.* ✝ stagnieren. **stag'na·tion** *s* Stagnation *f.*

stag par·ty *s* F (*mst feuchtfröhlicher*) Herrenabend.

stag·y ['steɪdʒɪ] *adj* □ theatralisch.

staid [steɪd] *adj* □ **1.** gesetzt, seriös, *contp.* verknöchert (*Person*). **2.** altbacken (*Ansichten*).

stain [steɪn] **I** *s* **1.** Fleck *m.* **2.** *fig.* Makel *m.* **3.** ⚙ Färbemittel *n*; (*Holz*)Beize *f.* **II** *v/t* **4.** beflecken. **5.** (ein)färben; *Holz* beizen: ***~ed glass*** Farbglass *n.* **III** *v/i* **6.** flecken. **'stain·less** *adj* nichtrostend, rostfrei (*Stahl*).

stair [steə] *s* **1.** (Treppen)Stufe *f.* **2.** *pl* Treppe *f*: → ***flight¹*** 3. **~ car·pet** *s* Treppenläufer *m.* **'~·case** *s*, **'~·way** *s* Treppe *f*; Treppenhaus *n.*

stake¹ [steɪk] **I** *s* **1.** Pfahl *m*, Pfosten *m.* **2.** *hist.* Marterpfahl *m*; Scheiterhaufen *m.* **II** *v/t* **3.** *oft* ***~ off*** (*od.* ***out***) abstecken: ***~*** (***out***) ***a*** (*od.* ***one's***) ***claim*** *fig.* Ansprüche anmelden (***to*** auf *acc*). **4.** *mst* ***~ out*** *bsd. Am.* F überwachen (*Polizei*).

stake² [~] **I** *s* **1.** Einsatz *m*: ***be at ~*** *fig.* auf dem Spiel stehen; ***play for high ~s*** hoch *od.* um hohe Einsätze spielen. **2.** Anteil *m*, Beteiligung *f* (***in*** an *dat*) (*beide a.* ✝): ***have a ~ in*** beteiligt sein an (*dat*). **II** *v/t* **3.** *Geld*, *Hoffnung* setzen (***on*** auf *acc*); *Ruf etc* riskieren, aufs Spiel setzen.

'stake·out *s bsd. Am.* F (polizeiliche) Überwachung.

stal·ac·tite ['stæləktaɪt] *s geol.* Stalaktit *m.* **stal·ag·mite** ['stæləgmaɪt] *s geol.* Stalagmit *m.*

stale [steɪl] *adj* □ alt(backen) (*Brot etc*); abgestanden (*Luft etc*), (*Bier etc a.*) schal; *fig.* abgedroschen (*Witz etc*).

stale·mate ['steɪlmeɪt] **I** *s* **1.** *Schach*: Patt *n.* **2.** *fig.* Patt(situation *f*) *n*, Sackgasse *f*: ***end in*** (***a***) ***~*** in e-r Sackgasse enden. **II** *v/t* **3.** *Schach*: patt setzen. **4.** *fig.* in e-e Sackgasse führen.

stalk¹ [stɔːk] *s* Stengel *m*, Stiel *m*; Halm *m.*

stalk² [~] *v/i* stolzieren; staksen, steif(beinig) gehen.

stall¹ [stɔːl] **I** *s* **1.** (*Obst- etc*)Stand *m.* **2.** *pl thea. Br.* Parkett *n.* **3.** *pl eccl.* Chorgestühl *n.* **4.** Box *f* (*im Stall*). **II** *v/t* **5.** *Motor* abwürgen. **III** *v/i* **6.** absterben (*Motor*).

stall² [~] **I** *v/i* Ausflüchte machen; Zeit schinden. **II** *v/t j-n* hinhalten; *et.* hinauszögern.

stal·lion ['stæljən] *s* (Zucht)Hengst *m.*

stal·wart ['stɔːlwət] **I** *adj* □ **1.** kräftig, robust. **2.** *bsd. pol.* treu (*Anhänger*). **II** *s* **3.** *bsd. pol.* treuer Anhänger.

stam·i·na ['stæmɪnə] *s* Stehvermögen *n*, (*physisch a.*) Kondition *f.*

stam·mer ['stæmə] **I** *v/i* ⚕ stottern. **II** *v/t a.* **~ out** stottern, stammeln. **III** *s* ⚕ Stottern *n*: ***have*** (*od.* ***speak with***) ***a ~*** stottern. **'stam·mer·er** *s* ⚕ Stotterer *m*, Stottrerin *f.*

stamp [stæmp] **I** *v/t* **1. *~ one's foot*** aufstampfen; **~ *out*** *Feuer* austreten; *Übel* ausrotten. **2.** *Paß etc* (ab)stempeln; *Datum etc* aufstempeln (**on** auf *acc*): **~ *s.o. as*** *fig.* j-n abstempeln als *od.* zu. **3.** *Brief etc* frankieren: ***~ed envelope*** Freiumschlag *m.* **4. *~ out*** ⚙ ausstanzen. **II** *v/i* **5.** sta(m)pfen, trampeln. **III** *s* **6.** (Brief)Marke *f*; (*Rabatt-, Steuer- etc-*) Marke *f.* **7.** Stempel *m* (*a. Abdruck*). **~ al·bum** *s* (Brief)Markenalbum *n.* **~ col·lec·tion** *s* (Brief)Markensammlung *f.* **~ col·lec·tor** *s* (Brief)Markensammler(in).

stam·pede [stæm'piːd] **I** *s* **1.** wilde Flucht (*von Tieren*); wilder Ansturm (**for** auf *acc*): ***there was a ~ for the door*** alles stürzte zur Tür. **2.** *fig.* (Massen-) Ansturm *m* (**for** auf *acc*). **II** *v/t* **3.** in wilde Flucht jagen. **4. *~ s.o. into doing s.th.*** j-n so überrumpeln, daß er et. tut. **III** *v/i* **5.** durchgehen.

stamp·ing ground ['stæmpɪŋ] *s fig.* F Tummelplatz *m*; Jagdrevier *n.*

stance [stæns] *s* **1.** *bsd. Sport*: Stellung *f.* **2.** *fig.* Einstellung *f*, Haltung *f* (**on** zu).

stand [stænd] **I** *s* **1.** (*Obst-, Messe- etc-*) Stand *m.* **2.** (*Kleider-, Noten- etc*)Ständer *m.* **3.** *Sport etc*: Tribüne *f*: ***in the ~*** auf der Tribüne. **4.** ⚖ *Am.* Zeugenstand *m*: ***take the ~*** in den Zeugenstand treten. **5.** (*Taxi*)Stand(platz) *m.* **6.** *fig.* Einstellung *f* (**on** zu): ***take a ~*** Position beziehen (**on** zu). **II** *v/i* (*irr*) **7.** *allg.* stehen: **~ *still*** stillstehen; ***as matters*** (*od.* ***things***) **~** nach Lage der Dinge, so wie die Dinge stehen; ***my offer still ~s*** mein Angebot steht *od.* gilt noch; **~ *or fall by*** *fig.* stehen u. fallen mit; → ***awe*** I, ***correct*** 1, ***clear*** 14, ***firm¹*** II. **8.** aufstehen. **III** *v/t* (*irr*) **9.** stellen (**on** auf *acc*): **~ *s.th. on its head*** *fig.* et. auf den Kopf stellen. **10.** *Beanspruchung, Hitze etc* aushalten, ertragen; *e-r Prüfung etc* standhalten. **11. *I can't ~ him*** (***it***) ich kann ihn (das) nicht ausstehen *od.* leiden. **12. *~ s.o. a drink*** F j-m e-n Drink spendieren. **13.** *Chance* haben. **14.** → ***trial*** 1. **15.** → ***bail¹*** 2, ***surety.***

Verbindungen mit Präpositionen:

stand| by *v/i* **1.** zu *j-m* halten. **2.** zu *s-m Wort etc* stehen, *s-n Prinzipien etc* treu bleiben. **~ for** *v/i* **1.** stehen für, bedeuten. **2.** eintreten für, vertreten. **3.** sich *et.* gefallen lassen, dulden. **4.** *bsd. Br.* kandidieren für: **~ *election*** kandidieren, sich zur Wahl stellen. **~ on** *v/i* **1.** stehen auf (*dat*): **~ *one's hands*** (***head***) e-n Handstand (Kopfstand) machen; ***standing on one's head*** F mit links. **2. *~ ceremony*** förmlich sein. **~ o·ver** *v/i* überwachen, aufpassen auf (*acc*).

Verbindungen mit Adverbien:

stand| a·bout, ~ a·round *v/i* herumstehen. **~ back** *v/i* zurücktreten. **~ by** *v/i* **1.** danebenstehen: ***stand idly by*** tatenlos zusehen (*a. fig.*). **~ down** *v/i* **1.** ⚖ den Zeugenstand verlassen. **2.** verzichten; zurücktreten (***in favo[u]r of*** zugunsten). **~ in** *v/i* einspringen (**for** für): **~ *for s.o.*** *a.* j-n vertreten. **~ out** *v/i* **1.** hervorstechen: **~ *against*** (*od.* ***from***) sich abheben von. **2.** sich hartnäckig wehren (***against*** gegen). **~ to·geth·er** *v/i* zs.-halten, -stehen. **~ up I** *v/i* **1.** aufstehen; stehen: ***standing up*** im Stehen. **2. *~ for*** eintreten *od.* sich einsetzen für. **3. *~ to*** *Beanspruchung etc* aushalten; *j-m* die Stirn bieten. **II** *v/t* **4.** F *j-n* versetzen.

stand·ard¹ ['stændəd] **I** *s* **1.** Norm *f*; Maßstab *m*: ***set high ~s*** (***for***) viel verlangen (von), hohe Anforderungen stellen (an *acc*); ***be up to*** (***below***) **~** den Anforderungen (nicht) genügen *od.* entsprechen; ***by present-day ~s*** nach heutigen Begriffen. **2.** Standard *m*, Niveau *n*: **~ *of living*** Lebensstandard. **II** *adj* **3.** normal, Normal...; durchschnittlich, Durchschnitts...; Standard..., ⚙ *a.* Serien..., serienmäßig. **4.** maßgebend,

Standard...: ~ ***English*** korrektes Englisch.

stand·ard² [~] **I** *s* Standarte *f*, (*an Wagen*) Stander *m*; ⚔ *hist.* Banner *n.* **II** *adj*: ~ ***lamp*** *Br.* Stehlampe *f.*

stand·ard·i·za·tion [ˌstændədaɪ'zeɪʃn] *s* Standardisierung *f*, Normung *f*, Vereinheitlichung *f.* **'stand·ard·ize** *v/t bsd.* ⚙ standardisieren, normen, *a. allg.* vereinheitlichen.

'stand|-by I *pl* **-bys** *s* **1.** Reserve *f.* **2.** ***be on*** ~ in Bereitschaft stehen. **II** *adj* **3.** Reserve..., Not... **4.** ✈ Stand-by-... **'~-in** *s* **1.** *Film*, *TV*: Double *n.* **2.** Ersatzmann *m*; Vertreter(in).

stand·ing ['stændɪŋ] **I** *adj* **1.** stehend: ~ ***room only*** nur (noch) Stehplätze; → ***ovation.*** **2.** *fig.* ständig: ~ ***order*** ⚜ Dauerauftrag *m.* **II** *s* **3.** Rang *m*, Stellung *f*; Ansehen *n*, Ruf *m*: ***of high*** ~ hochangesehen, von hohem Ansehen. **4.** Dauer *f*: ***of long*** ~ seit langem bestehend, alt.

stand|·off·ish [ˌstænd'ɒfɪʃ] *adj* □ F hochnäsig. **'~·point** *s fig.* Standpunkt *m*: ***from my*** ~ von m-m Standpunkt aus. **'~·still** *s* Stillstand *m* (*a. fig.*): ***be at a*** ~ stehen (*Auto etc*); ruhen (*Produktion etc*); ***bring to a*** ~ *Auto etc* zum Stehen bringen; *Produktion etc* zum Erliegen bringen. **'~-up** *adj* **1.** a) Steh...: ~ ***collar*** Stehkragen *m*, b) im Stehen (eingenommen) (*Mahlzeit*). **2.** ~ ***fight*** wüste Schlägerei.

stank [stæŋk] *pret von* ***stink.***

stan·za ['stænzə] *s* Strophe *f.*

sta·ple¹ ['steɪpl] **I** *s* Heftklammer *f*; Krampe *f.* **II** *v/t* heften: ~ ***together*** zs.-heften.

sta·ple² [~] **I** *s* **1.** ⚜ Haupterzeugnis *n* (*e-s Landes etc*). **2.** Hauptnahrungsmittel *n.* **II** *adj* **3.** Haupt... **4.** üblich.

sta·pler ['steɪplə] *s* (Draht)Hefter *m.*

star [stɑː] **I** *s* **1.** Stern *m*: ***2s and Stripes*** *pl* (*sg konstruiert*) *das* Sternenbanner (*Staatsflagge der USA*); ***see*** **~*s*** Sterne sehen; ***you can thank your lucky*** **~*s*** ***that*** du kannst vom Glück reden *od.* sagen, daß. **2.** *typ.* Sternchen *n.* **3.** Star *m* (*Person*). **II** *adj* **4.** Haupt...; Star... **III** *v/t* **5.** *Wort etc* mit e-m Sternchen kennzeichnen. **6.** ***a film*** **~*ring ...*** ein Film mit ... in der Hauptrolle *od.* den Hauptrollen; **~*ring ...*** in der Hauptrolle *od.* den Hauptrollen ... **IV** *v/i* **7.** die *od.* e-e Hauptrolle spielen (***in*** in *dat*). **~·board** ['~bəd] *s* ✈, ⚓ Steuerbord *n.*

starch [stɑːtʃ] **I** *s* **1.** (*Kartoffel-*, *Wäsche- etc*)Stärke *f.* **2.** *pl* stärkereiche Nahrungsmittel *pl*; *engS.* Kohle(n)hydrate *pl.* **II** *v/t* **3.** *Wäsche* stärken. **'starch·y** *adj* □ **1.** stärkehaltig, -reich. **2.** *fig.* F steif.

star·dom ['stɑːdəm] *s* (Star)Ruhm *m.*

stare [steə] **I** *v/i* starren; große Augen machen: ~ ***after*** *j-m* nachstarren; ~ ***at*** *j-n* anstarren; → ***space*** 1. **II** *v/t*: ~ ***s.o. out*** (*od.* ***down***) j-n so lange anstarren, bis er verlegen wird; ~ ***s.o. in the face*** j-m ins Gesicht starren; vor j-s Augen liegen; *fig.* klar auf der Hand liegen. **III** *s* (starrer) Blick, Starren *n.*

'star·fish *s zo.* Seestern *m.*

stark [stɑːk] **I** *adj* nackt (*Tatsachen etc*): ***be in*** ~ ***contrast to*** in krassem Gegensatz stehen zu. **II** *adv* F: ~ ***naked*** splitternackt; ~ ***staring*** (*od.* ***raving***) ***mad*** total verrückt.

stark·ers ['stɑːkəz] *adj Br.* F splitternackt.

star·let ['stɑːlɪt] *s* Starlet *n*, Filmsternchen *n.*

'star·light *s* Sternenlicht *n.*

star·ling ['stɑːlɪŋ] *s orn.* Star *m.*

'star·lit *adj* stern(en)klar.

star·ry ['stɑːrɪ] *adj* Stern(en)... **ˌ~-'eyed** *adj* blauäugig, naiv.

'Star-ˌSpan·gled Ban·ner *s* **1.** *die* Nationalhymne (*der USA*). **2.** *das* Sternenbanner (*Staatsflagge der USA*).

start [stɑːt] **I** *v/i* **1.** *a.* ~ ***off*** anfangen, beginnen: ~ ***doing*** (*od.* ***to do***) ***s.th.*** anfangen, et. zu tun; ~ (***in***) ***on doing s.th.*** damit anfangen, et. zu tun; ***to*** ~ ***with*** anfangs, zunächst; erstens; → ***scratch*** 7. **2.** *a.* ~ ***off*** (*od.* ***out***) aufbrechen (***for*** nach): ~ ***back for home*** sich auf den Heimweg machen. **3.** abfahren (*Bus*, *Zug*), ablegen (*Boot*), ✈ abfliegen, starten; (*Sport*) starten: **~*ing from Monday*** ab Montag. **4.** *a.* ~ ***up*** anspringen (*Motor etc*). **5.** zs.-fahren, -zucken (***at*** bei). **II** *v/t* **6.** *a.* ~ ***off*** anfangen, beginnen. **7.** *a.* ~ ***up*** *Aktion* starten, *Geschäft*, *Familie etc* gründen, *Gerücht* in Umlauf setzen. **8.** *Motor etc* anlassen, starten. **III** *s* **9.** Anfang *m*, Beginn *m*, (*bsd. Sport*) Start *m*: ***at the*** ~ am

Anfang; (*Sport*) am Start; ***for a ~*** erstens; ***from ~ to finish*** von Anfang bis Ende; (*Sport*) vom Start bis zum Ziel; ***make a fresh ~*** (***in life***) e-n neuen Anfang machen, noch einmal von vorn anfangen; ***make a ~ on s.th.*** mit et. anfangen. **10.** Aufbruch *m*. **11.** ***give a ~*** → 5; ***wake up with a ~*** aus dem Schlaf aufschrecken. **12.** Vorsprung *m* (***on, over*** vor *dat*). **'start·er** *s* **1.** *Sport*: Starter(in) (*Kampfrichter[in] u. Wettkampfteilnehmer[in]*). **2.** *mot.* Starter *m*, Anlasser *m*. **3.** F Vorspeise *f*: ***as a ~*** als Vorspeise. **4.** ***for ~s*** F zunächst einmal: ***that's just for ~s*** das ist nur der Anfang. **'start·ing** *adj bsd. Sport*: Start...: ***~ point*** Ausgangspunkt *m* (*a. fig.*).

star·tle ['stɑːtl] *v/t* **1.** erschrecken. **2.** *fig.* überraschen, bestürzen.

star·va·tion [stɑː'veɪʃn] *s* Hungern *n*: ***die of ~*** verhungern; ***~ diet*** F Fasten-, Hungerkur *f*; ***~ wages*** *pl* Hungerlohn *m*, -löhne *pl*.

starve [stɑːv] **I** *v/i* **1.** hungern: ***~*** (***to death***) verhungern; ***I'm starving*** F ich komme fast um vor Hunger. **II** *v/t* **2.** hungern lassen: ***~*** (***to death***) verhungern lassen; ***~*** (***out***) aushungern. **3.** ***be ~d of*** knapp sein an (*dat*).

star wars *s pl* ⚔ F Krieg *m* der Sterne.

state [steɪt] **I** *s* **1.** *oft* ♀ *pol.* Staat *m*. **2.** *pol. Am.* (Bundes-, Einzel)Staat *m*: ***the ♀s*** *pl* F die (*Vereinigten*) Staaten *pl*; → ***evidence*** 2. **3.** Zustand *m*: ***~ of mind*** (Geistes-, Gemüts)Verfassung *f*, (-)Zustand *m*; ***be in a ~ of war with*** sich im Kriegszustand befinden mit; ***get in***(***to***) ***a ~*** *bsd. Br.* F sich aufregen; nervös werden; → ***emergency, health*** 2. **4.** Stand *m*, Lage *f*. **II** *adj* **5.** staatlich, Staats...: ♀ ***Department*** *pol. Am.* Außenministerium *n*. **III** *v/t* **6.** angeben, nennen. **7.** erklären, ⚖ aussagen (***that*** daß). **8.** festlegen, -setzen: ***on the ~d date*** zum festgesetzten Termin. **'state·less** *adj pol.* staatenlos. **'state·ly** *adj* **1.** gemessen (*Tempo etc*). **2.** prächtig. **'state·ment** *s* **1.** Statement *n*, Erklärung *f*; Angabe *f*; ⚖ Aussage *f*: ***make a ~*** e-e Erklärung abgeben (***to*** vor *dat*). **2.** ☤ (*Bank-, Konto*)Auszug *m*.

,state-of-the-'art *adj* neuest, auf dem neuesten Stand der Technik stehend.

states·man ['steɪtsmən] *s* (*irr* ***man***) Staatsmann *m*. **'states·man·like** *adj* staatsmännisch.

stat·ic ['stætɪk] **I** *adj* (***~ally***) **1.** *phys.* statisch (*a. fig.*). **2.** *fig.* gleichbleibend, konstant. **II** *s* **3.** *Radio, TV*: atmosphärische Störungen *pl*. **4.** *pl* (*sg konstruiert*) *phys.* Statik *f*.

sta·tion ['steɪʃn] **I** *s* **1.** (*a. Bus-, U-*)Bahnhof *m*, Station *f*. **2.** (*Forschungs-, Unfall- etc*)Station *f*, Tankstelle *f*, (*Feuer-*)Wache *f*, (*Polizei*)Revier *n*, (-)Wache *f*, (*Wahl*)Lokal *n*. **3.** *Rundfunk, TV*: Station *f*, Sender *m*. **II** *v/t* **4.** aufstellen, postieren; ⚔ stationieren.

sta·tion·ar·y ['steɪʃnərɪ] *adj* stehend (*Fahrzeug etc*): ***be ~*** stehen.

sta·tion·er ['steɪʃnə] *s* Schreibwarenhändler(in). **'sta·tion·er·y** *s* Schreibwaren *pl*; Briefpapier *n*.

sta·tion| house *s Am.* (Polizei)Revier *n*, (-)Wache *f*. **'~,mas·ter** *s* Bahnhofsvorsteher *m*. **~ wag·on** *s mot. Am.* Kombiwagen *m*.

sta·tis·ti·cal [stə'tɪstɪkl] *adj* □ statistisch. **sta'tis·tics** *s pl* **1.** Statistik(en *pl*) *f*: → ***vital*** 2. **2.** (*sg konstruiert*) Statistik *f* (*Wissenschaft, Methode*).

stat·ue ['stætʃuː] *s* Statue *f*, Standbild *n*.

stat·ure ['stætʃə] *s* **1.** Statur *f*, Wuchs *m*. **2.** *fig.* Format *n*.

sta·tus ['steɪtəs] *s* **1.** Status *m*, Rechtsstellung *f*. **2.** → ***marital***. **3.** Status *m*, Stellung *f*; Prestige *n*. **~ quo** [kwəʊ] *s* Status *m* quo. **~ sym·bol** *s* Statussymbol *n*.

stat·ute ['stætjuːt] *s* **1.** Gesetz *n*: ***by ~*** gesetzlich. **2.** Statut *n*, *pl a.* Satzung *f*. **~ book** *s* Gesetzbuch *n*. **~ law** *s* Gesetzesrecht *n*.

stat·u·to·ry ['stætjʊtərɪ] *adj* □ **1.** gesetzlich (garantiert *od.* vorgeschrieben). **2.** satzungsgemäß.

staunch[1] [stɔːntʃ] *v/t Blut* stillen.

staunch[2] [~] *adj* □ **1.** treu, zuverlässig. **2.** standhaft, fest.

stay [steɪ] **I** *s* **1.** Aufenthalt *m*: ***~ in hospital*** Krankenhausaufenthalt. **2.** ⚖ Aussetzung *f*, Aufschub *m*: ***he was given*** (*od.* ***granted***) (***a***) ***~ of execution*** s-e Hinrichtung wurde aufgeschoben. **II** *v/i* **3.** bleiben (***for*** *od.* ***to lunch*** zum Mittagessen). **4.** wohnen (***with friends*** bei Freunden): ***~ the night at a hotel*** im Hotel übernachten. **III** *v/t* **5.** ***~ the***

course (*Sport*) durchhalten (*a. fig.*).
Verbindungen mit Adverbien:
stay| a·way *v/i* wegbleiben, sich fernhalten (***from*** von). ~ **down** *v/i* unten bleiben (*a. fig.*). ~ **in** *v/i* zu Hause *od.* drinnen bleiben. ~ **on** *v/i*: ~ ***as chairman*** (weiterhin) Vorsitzender bleiben; ~ ***at school*** (mit der Schule) weitermachen. ~ **out** *v/i* draußen bleiben: ~ (***on strike***) streiken. ~ **up** *v/i* aufbleiben.
'**stay-at-home** *s* Stubenhocker(in).
stay·ing pow·er ['steɪɪŋ] *s* Stehvermögen *n*, Ausdauer *f*.
stead [sted] *s*: ***in s.o.'s*** ~ an j-s Stelle.
stead·fast ['stedfɑːst] *adj* □ **1.** treu, zuverlässig. **2.** fest, unverwandt (*Blick*).
stead·y ['stedɪ] **I** *adj* □ **1.** (stand)fest, stabil. **2.** ruhig (*Auge*, *Hand*), gut (*Nerven*). **3.** gleichmäßig. **4.** fest (*Arbeitsplatz*, *Freundin etc*). **II** *v/t* **5.** *j-n*, *Nerven* beruhigen. **III** *v/i* **6.** sich beruhigen. **IV** *int* **7.** *a.* ~ ***on!*** *Br.* F Vorsicht!
steak [steɪk] *s* Steak *n*; (*Fisch*)Filet *n*.
steal [stiːl] (*irr*) **I** *v/t* **1.** stehlen (*a. fig.*), *Gemälde etc* rauben: ~ ***s.o.'s girlfriend*** j-m die Freundin ausspannen; ~ ***a glance at*** e-n verstohlenen Blick werfen auf (*acc*); → ***march***[2] 5, ***show*** 1, ***thunder*** I. **II** *v/i* **2.** stehlen. **3.** sich stehlen, (sich) schleichen (***out of*** aus).
stealth [stelθ] *s*: ***by*** ~ → ***stealthy***.
'**stealth·y** *adj* □ heimlich, verstohlen.
steam [stiːm] **I** *s* **1.** Dampf *m*: ***full ~ ahead!*** ⚓ volle Kraft *od.* Volldampf voraus!; ***under one's own*** ~ *fig.* auf eigene Faust; ***let off*** ~ Dampf ablassen, *fig. a.* sich Luft machen; ***run out of*** ~ *fig.* s-n Schwung verlieren; ***he ran out of*** ~ *a.* ihm ging die Puste aus. **2.** Dampf *m*, Dunst *m*. **II** *v/i* **3.** dampfen (*a.* ⚓, 🚂): ~***ing hot*** dampfend heiß. **4.** ~ ***up*** beschlagen. **III** *v/t* **5.** *gastr.* dämpfen, dünsten. **6.** ~ ***open*** *Brief* über Dampf öffnen. **7.** ***get*** ~***ed up*** beschlagen; *fig.* F sich aufregen (***about*** über *acc*). '~**·boat** *s* Dampfboot *n*, Dampfer *m*.
steam·er ['stiːmə] *s* **1.** Dampfer *m*, Dampfschiff *n*. **2.** Dampf(koch)-, Schnellkochtopf *m*.
steam| i·ron *s* Dampfbügeleisen *n*. '~,**roll·er** *s* Dampfwalze *f*. '~**·ship** → ***steamer*** 1.
steel [stiːl] **I** *s* Stahl *m*: → ***nerve*** 1. **II** *v/t*: ~ ***o.s. for*** sich wappnen gegen, sich gefaßt machen auf (*acc*). ~ **wool** *s* Stahlwolle *f*. '~,**work·er** *s* Stahlarbeiter *m*. '~**·works** *s pl* (*oft sg konstruiert*) Stahlwerk *n*.
steel·y ['stiːlɪ] *adj* **1.** ~ ***blue*** stahlblau. **2.** *fig.* hart (*Blick*); eisern (*Entschlossenheit*).
steep[1] [stiːp] *adj* □ **1.** steil. **2.** *fig.* stark (*Preisanstieg etc*). **3.** F happig (*Forderung*), (*Preis a.*) gepfeffert, gesalzen.
steep[2] [~] **I** *v/t* eintauchen (***in*** in *acc*); *Wäsche* einweichen: ~***ed in history*** geschichtsträchtig. **II** *v/i* weichen.
steep·en ['stiːpən] *v/i* steiler werden.
stee·ple ['stiːpl] *s* Kirchturm *m*. '~**·chase** *s Pferdesport*: Hindernis-, Jagdrennen *n*; *Leichtathletik*: Hindernislauf *m*.
steer[1] [stɪə] *s* (junger) Ochse.
steer[2] [~] **I** *v/t* **1.** steuern, lenken. **2.** *Kurs* steuern (*a. fig.*). **3.** *j-n* lotsen, bugsieren. **II** *v/i* **4.** ~ ***for*** ⚓ ansteuern, Kurs nehmen auf (*acc*); *fig.* zusteuern auf (*acc*); → ***clear*** 13. '**steer·ing I** *s* Steuerung *f*, Lenkung *f*. **II** *adj*: ~ ***column*** *mot.* Lenksäule *f*; ~ ***wheel*** *mot.* Lenk-, *a.* ⚓ Steuerrad *n*.
stein [staɪn] *s* Maßkrug *m*.
stel·lar ['stelə] *adj* Stern(en)...
stem[1] [stem] **I** *s* **1.** ⚘ Stiel *m* (*a. e-s Sektglases etc*), Stengel *m*. **2.** *ling.* Stamm *m*. **II** *v/i* **3.** ~ ***from*** stammen *od.* herrühren von.
stem[2] [~] *v/t Blutung* stillen; *fig.* eindämmen, stoppen.
stench [stentʃ] *s* Gestank *m*.
sten·cil ['stensl] *s* Schablone *f*; *typ.* Matrize *f*.
ste·nog·ra·pher [stə'nɒgrəfə] *s Am.* Stenotypistin *f*.
step [step] **I** *s* **1.** Schritt *m* (*a. Geräusch*): ~ ***by*** ~ Schritt für Schritt (*a. fig.*); ***take a*** ~ e-n Schritt machen; ***it's just a*** ~ (*od.* ***a few*** ~***s***) ***to the shop*** es sind nur ein paar Schritte bis zum Laden; → ***watch*** 4. **2.** Stufe *f*; Sprosse *f*: (***pair of***) ~***s*** *pl* → ***stepladder***; → ***mind*** 7. **3.** ***be in*** (***out of***) ~ *bsd.* ⚔ im Gleichschritt *od.* Tritt (aus dem Tritt) sein; (*beim Tanzen*) im (aus dem) Takt sein; ***be out of*** ~ ***with*** *fig.* nachhinken (*dat*), zurück sein hinter (*dat*); ***keep*** (***in***) ~ ***with*** *fig.* sich richten nach. **4.** *fig.* Schritt *m*: ***take*** ~***s*** Schritte *od.* et. unternehmen; ***a*** ~ ***in the right***

direction ein Schritt in die richtige Richtung; → ***legal*** 4. **5.** *fig.* Schritt *m*, Stufe *f*: ***three-~ plan*** Dreistufenplan *m*. **II** *v/i* **6.** gehen; treten (***in*** in *acc*; ***on*** auf *acc*): ***~ on it*** *mot.* F Gas geben, auf die Tube drücken (*beide a. fig.*); → ***gas*** 2b.
Verbindungen mit Adverbien:
step| a·side *v/i* **1.** zur Seite treten. **2.** *fig.* Platz machen (***in favo[u]r of*** für), zurücktreten (***as*** als; ***in favo[u]r of*** zugunsten). **~ back** *v/i* zurücktreten. **~ down** *v/i* **1.** herunter-, hinuntersteigen. **2.** → ***step aside*** 2. **~ for·ward** *v/i* **1.** vortreten, nach vorne treten. **2.** *fig.* sich melden (*Zeugen etc*). **~ in** *v/i* **1.** eintreten. **2.** *fig.* einschreiten; sich einmischen. **~ out** *v/i* **1.** heraus-, hinaustreten; *bsd. Am.* weggehen. **2. ~ on** *Am.* F *Ehepartner* betrügen. **~ up I** *v/i* herauf-, hinaufsteigen. **II** *v/t* *Produktion etc* steigern.
step... ['step] Stief...: ***~father, ~mother,*** *etc.*
ˌstep|-by-'step *adj fig.* schrittweise. **'~-ˌlad·der** *s* Tritt- *od.* Stufenleiter *f*.
steppe [step] *s*, *oft pl geogr.* Steppe *f*.
step·ping stone ['stepɪŋ] *s* Trittstein *m*; *fig.* Sprungbrett *n* (***to*** für).
ster·e·o ['sterɪəʊ] **I** *s* **1.** Stereo *n*: ***in ~*. 2.** Stereogerät *n*, -anlage *f*. **II** *adj* **3.** Stereo...: ***~ unit*** Stereoanlage *f*.
ster·e·o·type ['stɪrɪətaɪp] *s* Klischee(vorstellung *f*) *n*. **'ster·e·o·typed** *adj* klischeehaft; stereotyp.
ster·ile ['steraɪl] *adj* **1.** ⚕ steril, keimfrei. **2.** *biol.* steril, (*a. Boden*) unfruchtbar. **3.** *fig.* steril, unoriginell. **ste·ril·i·ty** [stə'rɪlətɪ] *s* Sterilität *f* (*a. fig.*); Unfruchtbarkeit *f*.
ster·i·li·za·tion [ˌsterəlaɪ'zeɪʃn] *s* ⚕ Sterilisation *f*, Sterilisierung *f*. **'ster·i·lize** *v/t* sterilisieren.
ster·ling ['stɜːlɪŋ] **I** *s* das Pfund Sterling. **II** *adj*: ***~ silver*** Sterlingsilber *n*.
stern[1] [stɜːn] *adj* □ streng (*Person, Blick, Disziplin etc*).
stern[2] [~] *s* ⚓ Heck *n*.
ster·num ['stɜːnəm] *pl* **-na** ['~nə], **-nums** *s anat.* Brustbein *n*.
steth·o·scope ['steθəskəʊp] *s* ⚕ Stethoskop *n*.
stet·son ['stetsn] *s* Stetson *m*, Cowboyhut *m*.
ste·ve·dore ['stiːvədɔː] *s* ⚓ *bsd. Am.* Schauermann *m*, Stauer *m*.
stew [stjuː] **I** *v/t* *Fleisch, Gemüse* schmoren, *Obst* dünsten: ***~ed apples*** *pl* Apfelkompott *n*. **II** *v/i* schmoren, dünsten: → ***juice*** 1. **III** *s* Eintopf *m*.
stew·ard [stjʊəd] *s* **1.** ✈, ⚓ Steward *m*. **2.** Ordner *m*. **'stew·ard·ess** *s* ✈, ⚓ Stewardeß *f*.
stewed [stjuːd] *adj* F blau (*betrunken*).
stick[1] [stɪk] *s* **1.** Stock *m*, ([*Eis*]*Hockey a.*) Schläger *m*; (*Besen- etc*)Stiel *m*; (*a.* ✈ *Steuer*)Knüppel *m*: ***walk with a ~*** am Stock gehen; ***get (hold of) the wrong end of the ~*** F die Sache in den falschen *od.* verkehrten Hals bekommen; → ***cleft stick*. 2.** (trockener) Zweig, *pl a.* Brennholz *n*. **3.** Stück *n* (*Kreide etc*), Stange *f* (*Dynamit, Sellerie etc*), (*Lippen*)Stift *m*, (*Räucher*)Stäbchen *n*, Streifen *m* (*Kaugummi*). **4.** *a.* ***~ of furniture*** F Möbelstück *n*. **5.** ***live out in the ~s*** F in der finstersten Provinz leben.
stick[2] [~] (*irr*) **I** *v/t* **1.** mit *e-r Nadel etc* stechen (***into*** in *acc*). **2.** *et.* kleben (***on*** auf *acc*, an *acc*); an-, festkleben (***with*** mit). **3.** stecken: → ***nose*** 1. **4.** F tun, stellen, setzen, legen. **5.** *bsd. Br.* F → ***stand*** 11. **II** *v/i* **6.** kleben, halten; klebenbleiben (***to*** an *dat*). **7.** steckenbleiben: ***~ in s.o.'s mind*** *fig.* j-m im Gedächtnis bleiben. **8.** ***~ at nothing*** vor nichts zurückschrecken. **9.** ***~ to*** (F ***by***) bei *s-r Ansicht etc* bleiben, zu *s-m Wort etc* stehen; ***~ to*** (F ***by, with***) zu *j-m* halten; → ***gun*** 1, ***point*** 11.
Verbindungen mit Adverbien:
stick| out I *v/i* **1.** vorstehen, (*Ohren etc*) abstehen. **2.** *fig.* auffallen: → ***mile, thumb*** I. **3.** ***~ for*** bestehen auf (*dat*). **II** *v/t* **4.** aus-, vorstrecken: ***stick one's tongue out at s.o.*** j-m die Zunge herausstrecken; → ***neck*** 1. **5.** durchhalten, -stehen. **~ to·geth·er** *v/i* **1.** (*a. v/t*) zs.-kleben. **2.** *fig.* zs.-halten. **~ up I** *v/t* **1.** F *j-n, Bank etc* überfallen. **2.** ***stick 'em up!*** F Hände hoch! **II** *v/i* **3.** ***~ for*** *j-n* verteidigen (*a. mit Worten*).
stick·er ['stɪkə] *s* Aufkleber *m*. **'stick·ing** *adj*: ***~ plaster*** Heftpflaster *n*; ***~ point*** *fig.* unüberwindliches Hindernis (*bei Verhandlungen etc*).
'stick-in-the-mud *s* F Rückschrittler(in).

stick·ler ['stɪklə] *s*: ***be a ~ for*** es ganz genau nehmen mit, großen Wert legen auf (*acc*).

'**stick|-on** *adj*: ***~ label*** (Auf)Klebeetikett *n*. '**~·pin** *s Am*. Krawattennadel *f*. '**~-up** *s* F (Raub)Überfall *m*.

stick·y ['stɪkɪ] *adj* ☐ **1.** a) klebrig (***with*** von), b) → ***stick-on***. **2.** schwül, drükkend (*Wetter*). **3.** F heikel, unangenehm (*Lage*): ***he'll come to*** (*od*. ***meet***) ***a ~ end*** mit ihm wird es ein böses Ende nehmen. **4.** ***be ~ about doing s.th.*** F et. nur ungern tun.

stiff [stɪf] **I** *adj* ☐ **1.** *allg*. steif: ***beat until ~*** steif schlagen; → ***bore²***, ***lip*** 1. **2.** *fig*. stark (*alkoholisches Getränk*, *Medizin*). **3.** *fig*. schwer, schwierig (*Aufgabe*); hart (*Strafe*); scharf (*Konkurrenz*); hartnäckig (*Widerstand*). **4.** F happig, gepfeffert, gesalzen (*Preis*). **II** *s* **5.** *sl*. Leiche *f*. '**stiff·en I** *v/t* **1.** *Wäsche* stärken, steifen. **2.** *fig*. verschärfen. **II** *v/i* **3.** steif werden. **4.** *fig*. sich verschärfen.

sti·fle ['staɪfl] **I** *v/t* ersticken, *fig*. *a*. unterdrücken. **II** *v/i* ersticken.

stig·ma ['stɪgmə] *s* **1.** *fig*. Stigma *n*. **2.** *pl* **-ta** ['~tə] *eccl*. Stigma *n*, Wundmal *n*. '**stig·ma·tize** *v/t fig*. brandmarken (***as*** als).

sti·let·to [stɪ'letəʊ] *pl* **-tos** *s* Stilett *n*. **~ heel** *s* Bleistift-, Pfennigabsatz *m*.

still¹ [stɪl] **I** *adj* **1.** *allg*. still: → ***keep*** 15, ***stand*** 7, ***water*** 2. **2.** ohne Kohlensäure (*Getränk*). **II** *s* **3.** *Film*, *TV*: Standfoto *n*.

still² [~] **I** *adv* **1.** (immer) noch, noch immer. **2.** *beim comp*: noch. **II** *cj* **3.** dennoch, trotzdem.

still³ [~] *s* ⚗ Destillationsapparat *m*; Destillierkolben *m*.

'**still|·birth** *s* Totgeburt *f*. '**~·born** *adj* totgeboren. **~ life** *pl* **lifes** *s paint*. Stilleben *n*.

stilt [stɪlt] *s* **1.** Stelze *f*. **2.** ⚠ Pfahl *m*. '**stilt·ed** *adj* ☐ gestelzt, gespreizt, geschraubt.

stim·u·lant ['stɪmjʊlənt] *s* ⚕ Stimulans *n*, Anregungsmittel *n*; *fig*. Anreiz *m*, Ansporn *m* (***to*** für). **stim·u·late** ['~leɪt] *v/t* **1.** ⚕ *j-n*, *Kreislauf etc* stimulieren, anregen, *fig*. *a*. *j-n* anspornen (***to do*** zu tun); *physiol*. reizen. **2.** *Produktion etc* ankurbeln. **stim·u·lus** ['~ləs] *pl* **-li** ['~laɪ] *s* **1.** *physiol*. Reiz *m*. **2.** *fig*. Anreiz *m*, Ansporn *m* (***to*** für).

sting [stɪŋ] **I** *v/t* (*irr*) **1.** *j-n* stechen (*Biene etc*). **2.** brennen auf (*dat*) *od*. in (*dat*): ***~ s.o. into action*** *fig*. j-n aktiv werden lassen. **3.** F *j-n* neppen (***for*** um). **II** *v/i* **4.** stechen (*Bienen etc*). **5.** brennen (***from*** von) (*Augen etc*). **III** *s* **6.** Stachel *m*. **7.** Stich *m*. **8.** Brennen *n*, brennender Schmerz: ***take the ~ out of s.th.*** *fig*. e-r Sache den Stachel nehmen. '**sting·ing** *adj*: ***~ nettle*** ⚘ Brennessel *f*.

stin·gy ['stɪndʒɪ] *adj* ☐ F knick(e)rig (*Person*), mick(e)rig (*Mahlzeit etc*): ***be ~ with*** knickern mit.

stink [stɪŋk] **I** *v/i* (*irr*) **1.** stinken (***of*** nach): ***~ to high heaven*** wie die Pest stinken; *fig*. zum Himmel stinken. **2.** F hundsmiserabel sein. **II** *v/t* **3.** ***~ out*** F *Zimmer etc* verstänkern. **III** *s* **4.** Gestank *m*: ***there's a ~ of garlic in here*** hier stinkt es nach Knoblauch. **5.** ***cause*** (*od*. ***kick up, raise***) ***a ~*** F Stunk machen (***about*** wegen). **~ bomb** *s* Stinkbombe *f*.

stink·ing ['stɪŋkɪŋ] **I** *adj* **1.** stinkend. **2.** F scheußlich; blöd. **II** *adv* **3.** ***~ rich*** F stinkreich.

stint [stɪnt] *s* a) Pensum *n*, b) Zeit *f*: ***he did a three-year ~ in the army*** er war drei Jahre lang beim Militär.

stip·u·late ['stɪpjʊleɪt] *v/t* **1.** zur Auflage *od*. Bedingung machen. **2.** festsetzen, vereinbaren. ˌ**stip·u'la·tion** *s* **1.** Auflage *f*, Bedingung *f*. **2.** Festsetzung *f*, Vereinbarung *f*.

stir [stɜː] **I** *v/t* **1.** (um)rühren: ***~ up*** *Staub* aufwirbeln, *Schlamm* aufwühlen. **2.** *Glied etc* bewegen, rühren: ***~ o.s.*** sich beeilen; → ***finger*** I, ***stump*** 1. **3.** *Blätter etc* leicht bewegen, *Wasser* kräuseln (*Wind*). **4.** *fig*. *j-n* aufwühlen, bewegen. **5.** ***~ up*** *fig*. *Unruhe* stiften, *Streit* entfachen; *Erinnerungen* wachrufen. **II** *v/i* **6.** sich rühren: ***~ from*** sich fort- *od*. wegrühren von. **7.** *fig*. sich rühren, wach werden. **III** *s* **8.** ***give s.th. a ~*** et. (um-) rühren. **9.** ***cause*** (*od*. ***create***) ***a ~*** *fig*. für Aufsehen sorgen. '**stir·ring** *adj* ☐ aufwühlend, bewegend.

stir·rup ['stɪrəp] *s* Steigbügel *m*.

stitch [stɪtʃ] **I** *s* **1.** *Nähen etc*: Stich *m*: ***the wound needed eight ~es*** die Wunde mußte mit acht Stichen genäht werden;

he had his ~es out yesterday ihm wurden gestern die Fäden gezogen. **2.** *Stricken etc*: Masche *f*: ***drop a ~*** e-e Masche fallen lassen. **3.** ***have a*** (*od.* ***the***) **~** Seitenstechen haben; ***be in ~es*** F sich kaputtlachen. **4.** ***he hadn't got a ~ on*** F er war splitterfasernackt. **II** *v/t* **5.** *a.* **~ *up*** zunähen, *Wunde* nähen: **~ *on*** (***to***) *Knopf etc* annähen (an *acc*). **6.** *Buch* broschieren, heften.

stock [stɒk] **I** *s* **1.** Vorrat *m* (***of*** an *dat*): ***have s.th. in ~*** et. vorrätig *od.* auf Lager haben; ***take ~*** ⚕ Inventur machen; ***take ~ of*** *fig.* sich klarwerden über (*acc*). **2.** ⚕ a) *bsd. Am.* Aktie(n *pl*) *f*, b) *pl* Aktien *pl*, c) *pl* Wertpapiere *pl.* **3.** *gastr.* Brühe *f.* **4.** Viehbestand *m.* **5.** (*Gewehr*)Schaft *m.* **6.** *fig.* Abstammung *f*, Herkunft *f.* **II** *v/t* **7.** ⚕ *Ware* vorrätig haben, führen. **8.** ***be well ~ed*** (***up***) ***with*** gut versorgt sein mit. **III** *v/i* **9.** **~ *up*** sich eindecken (***on, with*** mit). **IV** *adj* **10.** ⚕ **~ *model*** Serienmodell *n*; **~ *size*** Standardgröße *f.* **11.** *contp.* Standard..., stereotyp (*Ausrede etc*). **'~ˌbreed·er** *s* Viehzüchter *m.* **'~ˌbreed·ing** *s* Viehzucht *f.* **'~ˌbrok·er** *s* ⚕ Börsenmakler *m.* **~ cor·po·ra·tion** *s* ⚕ *Am.* Kapital- *od.* Aktiengesellschaft *f.* **~ cube** *s* Brühwürfel *m.* **~ ex·change** *s* ⚕ Börse *f.* **'~ˌhold·er** *s* ⚕ *bsd. Am.* Aktionär(in).

stock·ing ['stɒkɪŋ] *s* Strumpf *m.* **~ mask** *s* Strumpfmaske *f.*

ˌstock|-in-'trade *s*: ***be part of s.o.'s ~*** *fig.* zu j-s Rüstzeug gehören. **~ mar·ket** *s* ⚕ Börse *f.* **'~·pile I** *s* Vorrat *m* (***of*** an *dat*). **II** *v/t* e-n Vorrat anlegen an (*dat*); *Lebensmittel etc* hamstern, horten. **'~·room** *s* Lager(raum *m*) *n.* **ˌ~-'still** *adv* regungslos. **'~ˌtak·ing** *s* ⚕ Inventur *f*; *fig.* Bestandsaufnahme *f.*

stock·y ['stɒkɪ] *adj* □ stämmig, untersetzt.

sto·i·cal ['stəʊɪkl] *adj* □ stoisch, gelassen. **sto·i·cism** ['~sɪzəm] *s* Gelassenheit *f.*

stoke [stəʊk] **I** *v/t a.* **~ *up*** *Feuer*, *Haß etc* schüren. **II** *v/i*: **~ *up*** F sich vollstopfen (***on, with*** mit). **'stok·er** *s* Heizer *m.*

stole[1] [stəʊl] *pret von* ***steal.***

stole[2] [~] *s* Stola *f.*

sto·len ['stəʊlən] *pp von* ***steal.***

stol·id ['stɒlɪd] *adj* □ phlegmatisch.

stom·ach ['stʌmək] **I** *s* **1.** Magen *m*: ***on an empty ~*** auf leeren *od.* nüchternen Magen *rauchen etc*, mit leerem *od.* nüchternem Magen *schwimmen gehen etc*; ***on a full ~*** mit vollem Magen; ***turn s.o.'s ~*** j-m den Magen umdrehen. **2.** Bauch *m.* **3.** (***for***) Appetit *m* (auf *acc*); *fig.* Lust *f* (auf *acc*, zu). **II** *v/t* **4.** vertragen (*a. fig.*). **~·ache** ['~eɪk] *s* **1.** Magenschmerzen *pl.* **2.** Bauchschmerzen *pl*, -weh *n.* **~ up·set** *s* Magenverstimmung *f.*

stomp [stɒmp] *v/i* sta(m)pfen, trampeln.

stone [stəʊn] **I** *s* **1.** (*a. Edel-*, ⚕ *Gallen-etc*)Stein *m*: ***it's only a ~'s throw*** (***away***) ***from*** es ist nur e-n Katzensprung entfernt von; ***have a heart of ~*** ein Herz aus Stein haben; ***leave no ~ unturned*** *fig.* nichts unversucht lassen. **2.** ⚘ Kern *m*, Stein *m.* **3.** (*Hagel*)Korn *n.* **4.** *pl* **stone**(**s**) *Br. Gewichtseinheit* (*= 6,35 kg*). **II** *v/t* **5.** mit Steinen bewerfen: **~** (***to death***) steinigen. **6.** entkernen, -steinen. **♀ Age** *s* Steinzeit *f.* **ˌ~-'broke** *Am.* → ***stony-broke.*** **ˌ~-'cold I** *adj* eiskalt. **II** *adv*: **~ *sober*** F stocknüchtern.

stoned [stəʊnd] *adj sl.* **1.** stinkbesoffen. **2.** stoned (*unter Drogeneinwirkung*).

ˌstone|-'dead *adj* mausetot. **ˌ~-'deaf** *adj* stocktaub. **~ fruit** *s* Steinfrucht *f*, *coll.* Steinobst *n.* **'~ˌma·son** *s* Steinmetz *m.* **'~·ware** *s* Steingut *n.*

ston·y ['stəʊnɪ] *adj* □ **1.** steinig. **2.** *fig.* steinern (*Gesicht, Herz etc*), eisig (*Schweigen*). **ˌ~-'broke** *adj bsd. Br.* F total abgebrannt *od.* pleite.

stood [stʊd] *pret u. pp von* ***stand.***

stooge [stuːdʒ] *s* F *contp.* Handlanger *m.*

stool [stuːl] *s* **1.** (*Bar-, Klavier- etc*)Hokker *m*, (*Klavier- etc*)Stuhl *m*, (-)Schemel *m*: ***fall between two ~s*** *fig.* sich zwischen zwei Stühle setzen. **2.** *physiol.* Stuhl *m.* **'~ˌpi·geon** *s* F (Polizei)Spitzel *m.*

stoop [stuːp] **I** *v/i* **1.** *a.* **~ *down*** sich bükken. **2.** gebeugt gehen. **3.** **~ *to*** *fig.* sich herablassen *od.* hergeben zu: **~ *to doing s.th.*** sich dazu herablassen *od.* hergeben, et. zu tun. **II** *s* **4.** gebeugte Haltung: ***walk with a ~*** → 2.

stop [stɒp] **I** *s* **1.** Halt *m*: ***come to a ~*** anhalten, stoppen, *weitS.* aufhören; ***put a ~ to*** *e-r Sache* ein Ende machen *od.* setzen. **2.** (*Bus*)Haltestelle *f.* **3.** *ling.*

bsd. Br. Punkt *m.* **4.** ***pull out all the ~s*** *fig.* alle Register ziehen. **II** *v/i* **5.** stehenbleiben (*a. Uhr etc*), (an)halten, stoppen: ***~ by s.o.'s place*** bei j-m vorbeischauen; → ***dead*** 14, ***thief.*** **6.** aufhören: ***~ at nothing*** vor nichts zurückschrecken (***to get s.th.*** um et. zu bekommen); → ***short*** 5. **7.** *bsd. Br.* bleiben (***for supper*** zum Abendessen). **III** *v/t* **8.** anhalten, stoppen; *Maschine etc* abstellen. **9.** aufhören mit: ***~ doing s.th.*** aufhören, et. zu tun. **10.** ein Ende machen *od.* setzen (*dat*); *Blutung* stillen; *Arbeiten, Verkehr etc* zum Erliegen bringen; (*Boxen*) *Kampf* abbrechen. **11.** *et.* verhindern; *j-n* abhalten (***from*** von), hindern (***from*** an *dat*): ***~ s.o.*** (***from***) ***doing s.th.*** j-n davon abhalten *od.* daran hindern, et. zu tun. **12.** *Rohr etc* verstopfen; *Zahn* füllen, plombieren: ***~ s.o.'s mouth*** F j-m den Mund stopfen. **13.** *Scheck* sperren (lassen).

Verbindungen mit Adverbien:

stop| by *v/i* vorbeischauen. **~ in** *v/i* **1.** vorbeischauen (***at*** bei). **2.** *bsd. Br.* zu Hause bleiben. **~ off** *v/i* F, **~ o•ver** *v/i* Zwischenstation machen (***in*** in *dat*). **~ round** *v/i bsd. Am.* F vorbeischauen. **~ up I** *v/t Leitung etc* verstopfen. **II** *v/i bsd. Br.* aufbleiben.

'stop|•cock *s* ⚙ Absperrhahn *m.* **'~•gap I** *s* Notbehelf *m*, Übergangslösung *f*; (*Person*) Aushilfe *f*, *contp.* Lückenbüßer *m.* **II** *adj*: ***~ measure*** Überbrückungsmaßnahme *f*; ***~ secretary*** Aushilfssekretärin *f.* **'~ˌo•ver** *s* Zwischenstation *f*; ✈ Zwischenlandung *f.*

stop•page ['stɒpɪdʒ] *s* **1.** Arbeitseinstellung *f.* **2.** ⚙ Verstopfung *f* (*a.* ⚕). **3.** *bsd. Br.* (Gehalts-, Lohn)Abzug *m.*

'stop•per I *s* Stöpsel *m.* **II** *v/t a.* ***~ up*** ver-, zustöpseln.

stop| press *s bsd. Br.* letzte Meldungen *pl* (*in e-r Zeitung*). **'~•watch** *s* Stoppuhr *f.*

stor•age ['stɔːrɪdʒ] *s* **1.** (Ein)Lagerung *f.* **2.** Lager(raum *m*) *n*: ***be in ~*** eingelagert sein. **3.** Lagergeld *n.*

store [stɔː] **I** *s* **1.** Vorrat *m*, *pl a.* Bestände *pl* (***of*** an *dat*): ***there's a shock in ~ for you*** auf dich wartet e-e unangenehme Überraschung; ***have s.th. in ~*** et. vorrätig *od.* auf Lager haben; ***have a surprise in ~ for s.o.*** e-e Überraschung für j-n haben. **2.** *bsd. Am.* Laden *m*, Geschäft *n*; *bsd. Br.* Kauf-, Warenhaus *n.* **3.** Lager(halle *f*, -haus *n*) *n*: ***be in ~*** *Br.* eingelagert sein. **4.** ***set great*** (***little***) ***~ by*** *fig.* großen (wenig) Wert legen auf (*acc*). **II** *v/t* **5.** *a.* ***~ up*** sich e-n Vorrat anlegen an (*dat*). **6.** *Kohle etc* lagern; *Möbel etc* einlagern; *Daten, Energie etc* speichern. **~ de•tec•tive** *s* Kaufhausdetektiv *m.* **'~•house** *s* **1.** Lagerhaus *n.* **2.** *fig.* Fundgrube *f* (***of*** von): ***be a ~ of good ideas*** voller guter Ideen stecken. **'~ˌkeep•er** *s bsd. Am.* Ladenbesitzer(in), -inhaber(in). **~•room** ['~rʊm] *s* Lagerraum *m.*

sto•rey ['stɔːrɪ] *s bsd. Br.* Stock(werk *n*) *m*, Etage *f*: ***a six-~ building*** → ***storeyed.*** **'sto•reyed** *adj bsd. Br.*, **'sto•ried** *adj Am.*: ***a six-~ building*** ein sechsstöckiges Gebäude.

stork [stɔːk] *s orn.* Storch *m.*

storm [stɔːm] **I** *s* **1.** Unwetter *n*; (*a. fig. Protest- etc*)Sturm *m*: ***a ~ in a teacup*** *Br. fig.* ein Sturm im Wasserglas. **2.** ***take by ~*** ⚔ im Sturm nehmen *od.* (*a. fig.*) erobern. **II** *v/t* **3.** ⚔ *etc* stürmen. **III** *v/i* **4.** stürmen, stürzen. **~ cloud** *s* Gewitterwolke *f*: ***the ~s are gathering*** *fig.* es braut sich et. zusammen.

storm•y ['stɔːmɪ] *adj* □ stürmisch (*a. fig.*).

sto•ry[1] ['stɔːrɪ] *s* **1.** Geschichte *f*; Märchen *n* (*a. fig.* F): ***his side of the ~*** s-e Version; ***it's the same old ~*** es ist das alte Lied; ***to cut a long ~ short*** um es kurz zu machen, kurz u. gut; → ***go*** 18. **2.** Story *f*, (Lebens-, Entwicklungs)Geschichte *f.* **3.** Story *f*, Handlung *f.* **4.** *Journalismus*: Story *f*, Bericht *m* (***on*** über *acc*).

sto•ry[2] [~] *Am.* → ***storey.***

'sto•ry|•book *adj* ... wie im Märchen. **~ line** → ***story***[1] 3.

stoup [stuːp] *s eccl.* Weihwasserbecken *n.*

stout [staʊt] **I** *adj* □ **1.** korpulent, (*Frau a.*) vollschlank. **2.** *fig.* hartnäckig. **II** *s* **3.** Stout *m* (*dunkles Bier mit starkem Hopfengeschmack*).

stove [stəʊv] *s* Ofen *m*, (*zum Kochen a.*) Herd *m.*

stow [stəʊ] *v/t a.* ***~ away*** verstauen. **'stow•a•way** *s* ✈, ⚓ blinder Passagier.

strad•dle ['strædl] *v/t* breitbeinig *od.* mit

gespreizten Beinen stehen über (*dat*); rittlings sitzen auf (*dat*).

strag·gle ['strægl] *v/i*: ~ **in** einzeln eintrudeln. '**strag·gler** *s* Nachzügler(in). '**strag·gly** *adj* struppig (*Haar*).

straight [streɪt] **I** *adj* **1.** gerade, (*Haar*) glatt: ~ **line** gerade Linie, ⩓ Gerade *f*; **keep one's face** ~ ernst bleiben. **2. get** (*od.* **put**) **s.th.** ~ et. in Ordnung bringen, *Zimmer etc a.* aufräumen; **set s.o.** ~ **about s.th.** *fig.* j-m et. klarmachen. **3.** offen, ehrlich (**with** zu). **4.** ohne Unterbrechung: **in** ~ **sets** (*Tennis etc*) ohne Satzverlust; **his third** ~ **win** (*Sport*) sein dritter Sieg hintereinander *od.* in Folge. **5.** pur: **drink one's whisky** ~; **two** ~ **whiskies** zwei Whisky pur. **6.** *sl.* a) hetero (*heterosexuell*), b) clean, sauber (*nicht mehr drogenabhängig*): **I'm** ~ ich nehm' grundsätzlich keine Drogen. **II** *adv* **7.** gerade: ~ **ahead** geradeaus. **8.** genau, direkt. **9.** *a.* ~ **off** sofort. **10.** klar *sehen, denken.* **11.** F *a.* ~ **out** offen, ehrlich. **12.** ~ **up?** *Br.* F ehrlich? **III** *s* **13.** *Sport*: (*Gegen-, Ziel*)Gerade *f.* ˌ~**·a'way** *adv* sofort.

straight·en ['streɪtn] **I** *v/t* **1.** *a.* ~ **up** geradehängen, -legen *etc, Krawatte etc* geraderücken. **2.** ~ **out** *fig. Angelegenheit etc* in Ordnung bringen, *Mißverständnis* klären; F *j-m* (wieder) auf die Beine helfen; *j-n* (wieder) auf die richtige Bahn bringen. **3.** ~ **up** in Ordnung bringen, aufräumen. **II** *v/i* **4.** *a.* ~ **out** gerade werden (*Straße etc*). **5.** ~ **up** sich aufrichten.

ˌ**straight|'for·ward** *adj* □ **1.** aufrichtig. **2.** einfach, unkompliziert. **3.** glatt (*Absage etc*). ˌ~**-'out** *adj bsd. Am.* F offen, ehrlich.

strain [streɪn] **I** *v/t* **1.** *Seil etc* (an)spannen: ~ **one's ears** (**eyes**) die Ohren spitzen (genau hinschauen). **2.** *sich, Augen etc* überanstrengen; sich *e-n Muskel etc* zerren: ~ **a muscle** *a.* sich e-e Muskelzerrung zuziehen. **3.** *Gemüse, Tee etc* abgießen. **II** *v/i* **4.** sich anstrengen. **5.** ~ **at** zerren *od.* ziehen an (*dat*): ~ **at the leash** an der Leine zerren (*Hund*); *fig.* es nicht mehr erwarten können. **III** *s* **6.** Spannung *f* (*a.* ⚙ *u. pol. etc*). **7.** *fig.* Belastung *f* (**on** für): **put a great** ~ **on s.o.** j-n stark belasten. **strained** *adj* **1.** gezerrt: ~ **muscle** *a.* Muskelzerrung *f.* **2.** gezwungen (*Lächeln etc*). **3.** gespannt (*Beziehungen*). **4. look** ~ abgespannt aussehen. '**strain·er** *s* Sieb *n.*

strait [streɪt] *s a. pl* Meerenge *f*, Straße *f*: **be in desperate** (*od.* **dire**) ~**s** *fig.* in e-r ernsten Notlage sein. '**strait·ened** *adj*: **live in** ~ **circumstances** in beschränkten Verhältnissen leben.

'**strait|ˌjack·et** *s* Zwangsjacke *f*: **put in a** ~ *j-n* in e-e Zwangsjacke stecken. ˌ~**-'laced** *adj* prüde.

strand [strænd] *s* (*Haar*)Strähne *f*; (*Woll- etc*)Faden *m*, (*Kabel*)Draht *m*; *fig.* Faden *m* (*e-r Handlung etc*).

strand·ed ['strændɪd] *adj*: **be** ~ ⚓ gestrandet sein; **be** (**left**) ~ *fig.* festsitzen (**in** in *dat*) (*Person*).

strange [streɪndʒ] *adj* □ **1.** merkwürdig, seltsam, sonderbar: ~ **to say** so merkwürdig es auch klingen mag; ~**ly** (**enough**) merkwürdiger-, seltsamer-, sonderbarerweise. **2.** fremd (**to s.o.** j-m). **3. be** ~ **to** nicht vertraut sein mit. '**stran·ger** *s* **1.** Fremde *m, f*: **I'm a** ~ **here** ich bin hier fremd; → **perfect** 2. **2. be a** ~ **to** → **strange** 3.

stran·gle ['stræŋgl] *v/t* erwürgen, erdrosseln; *fig.* abwürgen, ersticken. '~**·hold** *s* Würgegriff *m*: **have a** ~ **on** *fig. j-n, et.* vollkommen beherrschen.

stran·gu·late ['stræŋgjʊleɪt] *v/t* ⚕ abschnüren, abbinden. ˌ**stran·gu'la·tion** *s* **1.** Erwürgung *f*, Erdrosselung *f.* **2.** ⚕ Abschnürung *f*, Abbindung *f.*

strap [stræp] **I** *s* **1.** Riemen *m*, Gurt *m*; Haltegriff *m*, Schlaufe *f* (*in Bus etc*); Träger *m* (*an Kleid etc*); (*Uhr*)(Arm-) Band *n.* **II** *v/t* **2.** festschnallen (**to** an *dat*): **be** ~**ped in** ✈, *mot.* angeschnallt sein. **3.** *a.* ~ **up** *Br. Bein etc* bandagieren. **4. be** ~**ped** (**for cash**) F knapp bei Kasse sein; abgebrannt *od.* pleite sein. '~ˌ**hang·er** *s* F **1.** Stehplatzinhaber(in) (*in Bus etc*). **2.** Pendler(in).

strap·less ['stræplɪs] *adj* schulterfrei (*Kleid*), (*a. Badeanzug*) trägerlos.

stra·ta ['strɑːtə] *pl von* **stratum.**

strat·a·gem ['strætədʒəm] *s* (⚔ Kriegs)List *f.*

stra·te·gic [strə'tiːdʒɪk] *adj* (~**ally**) strategisch; strategisch wichtig. **strat·e·gist** ['strætɪdʒɪst] *s* Stratege *m.* **strat·e·gy** ['~dʒɪ] *s* Strategie *f.*

strat·i·fied ['strætɪfaɪd] *adj* vielschichtig (*Gesellschaft*).

strat·o·sphere ['strætəʊˌsfɪə] *s meteor.* Stratosphäre *f.*

stra·tum ['strɑːtəm] *pl* **-ta** ['~tə] *s geol., sociol.* Schicht *f.*

straw [strɔː] *s* **1.** Stroh *n*: → ***man*** 3. **2.** Stroh-, *a.* Trinkhalm *m*: ***the ~ that breaks the camel's back, the last ~*** *fig.* der Tropfen, der das Faß zum Überlaufen bringt; ***clutch at ~s*** *fig.* sich an e-n Strohhalm klammern. **~·ber·ry** ['~bərɪ] *s* ⚘ Erdbeere *f.* **~ hat** *s* Strohhut *m.* **~ man** *s* (*irr* ***man***) Strohmann *m.* **~ poll, ~ vote** *s pol.* Probeabstimmung *f.*

stray [streɪ] **I** *v/i* **1.** sich verirren. **2.** *fig.* abschweifen (***from*** von) (*Gedanken etc*). **II** *adj* **3.** verirrt (*Kugel, Tier*); streunend (*Tier*). **4.** vereinzelt. **III** *s* **5.** verirrtes *od.* streunendes Tier.

streak [striːk] *s* **1.** Streifen *m*; Strähne *f* (*im Haar*): ***a ~ of lightning*** ein Blitz *m*; ***like a ~ of lightning*** wie der Blitz. **2.** *fig.* (Charakter)Zug *m.* **3.** *fig.* (***un***)***lucky ~*** Glückssträhne (Pechsträhne) *f*; ***winning*** (***losing***) ***~*** (*a. Sport*) Siegesserie (Niederlagenserie) *f*; ***be on a lucky ~*** e-e Glückssträhne haben. '**streak·y** *adj* streifig; durchwachsen (*Frühstücksspeck*).

stream [striːm] **I** *s* **1.** Bach *m.* **2.** Strömung *f*: ***go against the ~*** *fig.* gegen den Strom schwimmen. **3.** (*Besucher-, Blut-, Verkehrs- etc*)Strom *m*; *fig.* Flut *f*, Schwall *m* (*von Verwünschungen etc*). **4.** *ped. Br.* Leistungsgruppe *f.* **II** *v/i* **5.** strömen (*Besucher, Blut, Licht etc*): ***tears were ~ing down her face*** Tränen liefen ihr übers Gesicht; ***his face was ~ing with sweat*** sein Gesicht war schweißüberströmt. **6.** wehen, flattern (***in the wind*** im Wind). **III** *v/t* **7.** *ped. Br. Klasse* in Leistungsgruppen einteilen. '**stream·er** *s* Luft-, Papierschlange *f.* '**stream·ing** *adj*: ***he's got a ~ cold*** er hat e-n fürchterlichen Schnupfen.

'**stream|·line** *v/t* rationalisieren. '**~-lined** *adj* stromlinienförmig, windschnittig, -schlüpf(r)ig.

street [striːt] *s* Straße *f*: ***in*** (*bsd. Am.* ***on***) ***the ~*** auf der Straße; ***be*** (***right***) ***up s.o.'s ~*** *fig.* j-m zusagen; ***he's not in the same ~ as me, I'm ~s ahead of him*** F ich bin ihm haushoch überlegen; ***walk the ~s*** durch die Straßen laufen; auf den Strich gehen; → ***man*** 3. **~ bat·tle** *s* Straßenschlacht *f.* **~ lamp, ~ light** *s* Straßenlaterne *f.* **~ map** *s* Stadtplan *m.* **~ par·ty** *s* Straßenfest *n.* **~ val·ue** *s* (Straßen)Verkaufswert *m* (*von Drogen*). **~ vend·er, ~ vend·or** *s* Straßenhändler(in). '**~ˌwalk·er** *s* Straßen-, Strichmädchen *n.*

strength [streŋθ] *s* **1.** Stärke *f* (*a. fig.*), Kraft *f*, Kräfte *pl*: ***~ of character*** Charakterfestigkeit *f*, -stärke; ***~ of will*** Willenskraft, -stärke; ***on the ~ of*** auf *j-s Rat etc* hin; ***he hasn't got enough ~*** er ist nicht kräftig genug; ***go from ~ to ~*** von Erfolg zu Erfolg eilen. **2.** Macht *f.* **3.** (An)Zahl *f*: ***in ~*** in großer Zahl, zahlreich; ***at full ~*** vollzählig; ***below*** (*od.* ***under***) ***~*** nicht vollzählig; unterbesetzt; ***be on the ~*** F zur Belegschaft gehören. '**strength·en I** *v/t* **1.** verstärken. **2.** *fig.* stärken: ***~ s.o.'s resolve*** j-n in s-m Vorsatz bestärken. **II** *v/i* **3.** stärker werden, sich verstärken (*Wind etc*).

stren·u·ous ['strenjʊəs] *adj* □ **1.** anstrengend. **2.** unermüdlich.

stress [stres] **I** *s* **1.** *fig.* Streß *m*: ***~ of examinations*** Prüfungsstreß; ***be under ~*** unter Streß stehen, im Streß sein; ***~ disease*** Streß-, Managerkrankheit *f.* **2.** *ling.* Betonung *f*: ***lay ~ on*** *fig.* → 5; ***~ mark*** Akzent *m*, Betonungszeichen *n.* **3.** *phys.*, ⚙ Beanspruchung *f*, Belastung *f*; (mechanische) Spannung. **II** *v/t* **4.** ***be ~ed*** gestreßt sein. **5.** *ling.* betonen, *fig. a.* Wert legen auf (*acc*). **stress·ful** ['~fʊl] *adj* stressig, aufreibend.

stretch [stretʃ] **I** *v/t* **1.** ***~ out*** *Arm etc* ausstrecken; → ***leg*** 1. **2.** *Seil etc* spannen: ***be fully ~ed*** *fig.* richtig gefordert werden. **3.** *Schuhe etc* (aus)weiten. **4.** *fig.* es nicht so genau nehmen mit: ***~ a point*** ein Auge zudrücken. **II** *v/i* **5.** sich dehnen, *a.* länger *od.* weiter werden. **6.** sich dehnen *od.* strecken: ***~ out*** sich ausstrecken. **7.** sich (*räumlich*) erstrekken (***to*** bis zu), sich hinziehen (*räumlich*: ***to*** bis zu; *zeitlich*: ***into*** bis in *acc*); *fig.* reichen (***to*** für) (*Vorräte etc*). **III** *s* **8.** ***have a ~*** → 6; ***be at full ~*** *fig.* sich sehr viel Mühe geben müssen; ***not by any ~ of the imagination*** nie u. nimmer. **9.** Dehnbarkeit *f*, Elastizität *f*. **10.**

Strecke *f* (*e-r Straße*); (*Sport*) (*Gegen-*, *Ziel*)Gerade *f*. **11.** Zeit(raum *m*, -spanne *f*) *f*: ***at a ~*** hintereinander; ***do a three-year ~*** F drei Jahre absitzen. **IV** *adj* **12.** → ***stretchy.*** **'stretch·er** *s* Trage *f*. **'stretch·y** *adj* dehnbar, elastisch.

stri·at·ed [straɪ'eɪtɪd] *adj* gestreift.

strick·en ['strɪkən] *adj* **1.** leidgeprüft (*Person*), schwerbetroffen (*Gegend etc*). **2.** ***~ with*** befallen *od.* ergriffen von: → ***panic-stricken.***

strict [strɪkt] *adj* □ streng (*Person*, *Disziplin*, *Gesetze etc*), (*Anweisungen etc a.*) strikt: ***be ~ with*** streng sein mit *od.* zu *od.* gegen; ***in ~ confidence*** streng vertraulich; ***~ly*** (***speaking***) streng-, genaugenommen.

strid·den ['strɪdn] *pp von* ***stride.***

stride [straɪd] **I** *v/i* (*irr*) **1.** schreiten, mit großen Schritten gehen. **II** *s* **2.** (großer) Schritt: ***get into one's ~*** *fig.* (richtig) in Fahrt *od.* Schwung kommen; ***take s.th. in one's ~*** *fig.* et. mühelos verkraften. **3.** *fig.* Fortschritt *m*: ***make great ~s*** große Fortschritte machen.

stri·dent ['straɪdnt] *adj* □ schrill (*Stimme etc*).

strife [straɪf] *s* Streit *m*.

strike [straɪk] **I** *s* **1.** ✝ Streik *m*: ***be*** (***out***) ***on ~*** streiken, im Streik stehen; ***go*** (***out***) ***on ~*** streiken, in den Streik treten. **2.** (*Öl- etc*)Fund *m*. **3.** ⚔ Angriff *m*. **II** *v/i* (*irr*) **4.** ***~ at s.o.*** → ***strike out*** 2. **5.** einschlagen (*Blitz*). **6.** schlagen (*Uhr*): ***two o'clock has just struck*** es hat gerade zwei Uhr geschlagen. **7.** ✝ streiken (***for*** für). **8.** ***~ on*** *fig.* kommen auf *e-n Plan etc.* **III** *v/t* (*irr*) **9.** schlagen: ***~ s.o. a blow*** j-m e-n Schlag versetzen; → ***dumb*** 1. **10.** treffen; einschlagen in (*acc*) (*Blitz*): → ***lightning*** I. **11.** *Streichholz* anzünden. **12.** ⚓ auflaufen auf (*acc*). **13.** streichen (***from, off*** aus *e-m Verzeichnis etc*, von *e-r Liste etc*). **14.** *fig.* stoßen auf (*Öl*, *e-e Straße*, *Schwierigkeiten etc*): → ***oil*** 2. **15.** → ***balance*** 1, ***bargain*** 1. **16.** ***be struck by*** beeindruckt sein von; ***how does the house ~ you?*** wie findest du das Haus?; ***it struck me as rather strange that*** es kam mir ziemlich seltsam vor, daß. **17.** *j-m* einfallen, in den Sinn kommen. **18.** *Münze etc* prägen. **19.** *Saite etc* anschlagen: → ***chord***[1], ***note*** 9. **20.** *Lager*, *Zelt* abbrechen.

Verbindungen mit Adverbien:

strike| back *v/i* zurückschlagen (*a. fig.*). **~ down** *v/t* **1.** niederschlagen. **2.** *fig.* niederwerfen (*Krankheit*); dahinraffen. **~ off** *v/t* **1.** abschlagen. **2.** *Br. Solicitor* von der Anwaltsliste streichen, *e-m Arzt* die Approbation entziehen. **~ out I** *v/t* **1.** (aus)streichen. **II** *v/i* **2.** ***~ at s.o.*** auf j-n einschlagen. **3.** ***~ on one's own*** *fig.* s-e eigenen Wege gehen, ✝ sich selbständig machen. **~ through** *v/t* durchstreichen. **~ up I** *v/t* **1.** *Lied etc* anstimmen. **2.** *Bekanntschaft*, *Freundschaft* schließen, *Gespräch* anknüpfen (***with*** mit). **II** *v/i* **3.** ♪ einsetzen.

strike| bal·lot *s* ✝ Urabstimmung *f*. **'~·bound** *adj* bestreikt; vom Streik lahmgelegt. **'~ˌbreak·er** *s* ✝ Streikbrecher(in). **~ call** *s* ✝ Streikaufruf *m*. **~ pay** *s* ✝ Streikgeld(er *pl*) *n*.

'strik·er *s* **1.** ✝ Streikende *m, f*. **2.** *Fußball*: Stürmer(in). **'strik·ing** *adj* □ **1.** auffallend, (*Ähnlichkeit*, *Vorschlag etc*) verblüffend. **2.** ***be within ~ distance of*** *fig.* kurz vor *e-m Erfolg etc* stehen.

string [strɪŋ] **I** *s* **1.** Schnur *f*, Bindfaden *m*; (*Schürzen-*, *Schuh- etc*)Band *n*; (*Puppenspiel*) Faden *m*, Draht *m*: ***with no ~s attached*** *fig.* ohne Bedingungen; ***have s.o. on a ~*** *fig.* j-n am Gängelband führen *od.* haben; ***pull the ~s*** *fig.* die Fäden ziehen; ***pull a few ~s*** *fig.* ein paar Beziehungen spielen lassen. **2.** (*Perlen- etc*)Schnur *f*. **3.** a) Saite *f* (*e-r Gitarre*, *e-s Tennisschlägers etc*); (*Bogen*)Sehne *f*: ***have two ~s*** (*od.* ***a second ~, another ~***) ***to one's bow*** *fig.* zwei *od.* mehrere Eisen im Feuer haben, b) ***the ~s*** *pl* ♪ die Streichinstrumente *pl*; die Streicher *pl*. **4.** *fig.* Reihe *f*, Serie *f*. **II** *adj* **5.** ♪ Streich... **III** *v/t* **6.** *Perlen etc* aufreihen. **7.** *Gitarre etc* besaiten, *Tennisschläger etc* bespannen.

Verbindungen mit Adverbien:

string| a·long F **I** *v/t j-n* hinhalten. **II** *v/i* sich anschließen (***with s.o.*** j-m). **~ up** *v/t* **1.** aufhängen. **2.** F *j-n* aufknüpfen.

string bean *s* ⚘ *bsd. Am.* grüne Bohne.

stringed in·stru·ment [strɪŋd] *s* Saiten-, Streichinstrument *n*.

strin·gent ['strɪndʒənt] *adj* □ streng (*Kontrolle*, *Regeln etc*).

string·y ['strɪŋɪ] *adj* **1.** fas(e)rig (*Bohnen, Fleisch etc*). **2.** sehnig (*Arm etc*).

strip [strɪp] **I** *v/i* **1.** *a.* **~ off** sich ausziehen (**to** bis auf *acc*), (*beim Arzt*) sich freimachen; strippen: **~ to the waist** den Oberkörper freimachen. **II** *v/t* **2.** *Farbe etc* abkratzen, *Tapete etc* abreißen (**from, off** von). **3. ~ s.o. of s.th.** j-m et. rauben *od.* wegnehmen: **he was ~ped of his title** ihm wurde sein Titel aberkannt. **4.** a) *a.* **~ down** *Motor etc* auseinandernehmen, zerlegen, b) *Wagen etc* ausschlachten. **III** *s* **5.** (*Land-, Papier- etc*)Streifen. **6.** Strip *m*: **do a ~** strippen. **7.** *Fußball*: *Br.* Dreß *m.* **~ car·toons** *s pl Br.* Comics *pl.*

stripe [straɪp] *s* **1.** Streifen *m.* **2.** ⚔ (Ärmel)Streifen *m*, Winkel *m.* **striped** *adj* gestreift: **~ pattern** Streifenmuster *n.*

strip light·ing *s* Neonbeleuchtung *f*, -licht *n.*

'strip·tease *s* Striptease *m, n*: **do a ~** e-n Striptease vorführen.

strip·y ['straɪpɪ] → **striped.**

strive [straɪv] *v/i* (*irr*) **1.** sich bemühen (**to do** zu tun). **2.** streben (**for, after** nach). **3.** (an)kämpfen (**against** gegen).

striv·en ['strɪvn] *pp von* **strive.**

strode [strəʊd] *pret von* **stride.**

stroke [strəʊk] **I** *v/t* **1.** streicheln: **~ s.o.'s hair** j-m übers Haar streichen. **II** *s* **2.** Schlag *m* (*a. Tennis, e-r Uhr etc*), Hieb *m*: **a ~ of lightning** ein Blitz *m*; **a ~ of genius** *fig.* ein glänzender Einfall; **a ~ of luck** *fig.* ein glücklicher Zufall; **at a ~** *fig.* auf 'einen Schlag; **on the ~ of ten** Punkt *od.* Schlag zehn (Uhr). **3. give s.o. a ~** j-n streicheln. **4.** ⚕ Schlag(anfall) *m.* **5.** (*Pinsel*)Strich *m*: **with a ~ of the pen** mit e-m Federstrich (*a. fig.*); **he hasn't done a ~** (**of work**) **yet** *fig.* er hat noch keinen Strich getan. **6.** *Schwimmen*: Zug *m*; Stil(art *f*) *m*: → **backstroke, breaststroke. 7.** ⚙ (*Kolben*)Hub *m*; Takt *m*: **four-~ engine** Viertaktmotor *m.* **8.** *Rudern*: Schlagmann *m*, -frau *f.*

stroll [strəʊl] **I** *v/i* bummeln, spazieren. **II** *s* Bummel *m*, Spaziergang *m*: **go for a ~** e-n Bummel *od.* Spaziergang machen. **'stroll·er** *s* **1.** Bummler(in), Spaziergänger(in). **2.** *bsd. Am.* Sportwagen *m* (*für Kinder*).

strong [strɒŋ] **I** *adj* □ (→ *a.* **strongly**) **1.** stark, kräftig (*Person, Arme etc*); *fig.* mächtig (*Land etc*), stark (*Persönlichkeit etc*): → **sex** 1. **2.** stabil (*Möbel etc*), (*Schuhe etc a.*) fest; robust (*Person, Gesundheit*), (*Konstitution a.*) kräftig, (*Herz, Nerven*) stark; *fig.* unerschütterlich (*Beweise*), stark (*Verdacht*): → **point** 14. **3.** stark (*Strömung*), (*Wind etc a.*) kräftig. **4.** kräftig (*Geruch, Geschmack*), (*a. Eindruck, Ähnlichkeit etc*) stark. **5.** überzeugt (*Anhänger etc*). **6.** stark (*Getränk, Medikament etc*). **7. ~ language** Kraftausdrücke *pl.* **8.** groß, hoch (*Chance etc*), aussichtsreich (*Kandidat etc*). **9. a nine-~ team** ein neun Mann starkes Team; **an 8,000-~ community** e-e 8000-Seelen-Gemeinde; **our club is 500 ~** unser Club hat 500 Mitglieder. **II** *adv* **10. be still going ~** noch gut in Schuß sein (*alte Person, altes Gerät etc*). **'~·arm** *adj*: **~ methods** (*od.* **tactics**) *pl* Gewaltmethoden *pl.* **'~·box** *s* (Geld-, Stahl)Kassette *f.* **'~·hold** *s* **1.** ⚔ Festung *f*; Stützpunkt *m.* **2.** *fig.* Hochburg *f.*

strong·ly ['strɒŋlɪ] *adv*: **I ~ advised him against it** ich riet ihm dringend davon ab.

ˌstrong|-'mind·ed *adj* □ willensstark. **~ room** *s* Tresor(raum) *m*, Stahlkammer *f.*

strove [strəʊv] *pret von* **strive.**

struck [strʌk] *pret u. pp von* **strike.**

struc·tur·al ['strʌktʃərəl] *adj* □ **1.** strukturell (bedingt), Struktur... **2.** ⚙ Bau..., Konstruktions... **'struc·ture I** *s* **1.** Struktur *f*; (Auf)Bau *m*, Gliederung *f.* **2.** Bau *m*, Konstruktion *f.* **II** *v/t* **3.** strukturieren; *Aufsatz etc* aufbauen, gliedern.

strug·gle ['strʌgl] **I** *v/i* **1.** kämpfen (**with** mit; **for** um), *fig. a.* sich abmühen (**with** mit; **to do** zu tun): **~ for words** um Worte ringen. **2.** zappeln; um sich schlagen *od.* treten. **3.** sich quälen: **~ to one's feet** mühsam aufstehen, sich aufrappeln. **II** *s* **4.** Kampf *m* (*a. fig.*), Handgemenge *n*: **~ for survival** Überlebenskampf, Kampf ums Überleben.

strum [strʌm] **I** *v/t* a) klimpern auf *e-r Gitarre etc*, b) *Melodie* klimpern. **II** *v/i*: **~ on** → Ia.

strung [strʌŋ] *pret u. pp von* **string.**

strut¹ [strʌt] *v/i* stolzieren.

strut² [~] ⚙ **I** *s* Strebe *f*; Stütze *f*. **II** *v/t* verstreben; (ab)stützen.

strych·nine ['strɪkni:n] *s* ⚗, *pharm*. Strychnin *n*.

stub [stʌb] **I** *s* **1.** (*Bleistift-, Zigaretten- etc*)Stummel *m*. **2.** Kontrollabschnitt *m* (*e-r Eintrittskarte etc*). **II** *v/t* **3.** sich *die Zehe* anstoßen (***against, on*** an *dat*). **4.** ***~ out*** *Zigarette* ausdrücken.

stub·ble ['stʌbl] *s* Stoppeln *pl*. **'stub·bly** *adj* stopp(e)lig, Stoppel...

stub·born ['stʌbən] *adj* □ **1.** eigensinnig, stur. **2.** hartnäckig (*Fleck, Widerstand etc*).

stub·by ['stʌbɪ] *adj*: ***~ fingers*** *pl* Wurstfinger *pl*.

stuc·co ['stʌkəʊ] *s* ⚠ Stuck *m*. **'stuc·coed** *adj* Stuck...

stuck [stʌk] **I** *pret u. pp von* ***stick²***. **II** *adj* **1.** ***be ~*** klemmen; *fig*. F hängen, nicht weiterkommen: ***be ~ with*** F *j-n, et.* am Hals haben. **2.** ***be ~ on*** F verknallt sein in (*acc*). **3.** *Br*. F ***get ~ in*** reinhauen (*beim Essen*); ***get ~ into*** sich stürzen auf (*ein Essen*) *od*. in (*e-e Arbeit*). **,~-'up** *adj* F hochnäsig.

stud¹ [stʌd] **I** *s* **1.** Beschlag- *od*. Ziernagel *m*. **2.** (*Kragen-, Manschetten*)Knopf *m*. **3.** Stollen *m* (*e-s Fußballschuhs etc*). **II** *v/t* **4.** ***be ~ded with*** besetzt sein mit; übersät sein mit.

stud² [~] *s* Gestüt *n* (*Pferde*).

stu·dent ['stju:dnt] *s* Student(in), *ped. bsd. Am. u. allg.* Schüler(in).

stud farm *s* Gestüt *n*.

stud·ied ['stʌdɪd] *adj* □ wohlüberlegt, *b.s.* wohlberechnet (*Antwort etc*).

stu·di·o ['stju:dɪəʊ] *pl* **-os** *s* **1.** *allg*. Studio *n*, (*e-s Künstlers etc a.*) Atelier *n*. **2.** Studio *n*, Einzimmerappartement *n*. **~ a·part·ment** *bsd. Am.* → ***studio*** 2. **~ couch** *s* Schlafcouch *f*. **~ flat** *bsd. Br.* → ***studio*** 2.

stu·di·ous ['stju:djəs] *adj* □ fleißig.

stud·y ['stʌdɪ] **I** *s* **1.** *a. pl* Studium *n*: ***be in a brown ~*** in Gedanken versunken *od*. geistesabwesend sein. **2.** Studie *f*, Untersuchung *f* (***of*** über *acc*): ***make a ~ of*** *et.* untersuchen. **3.** *bsd. paint.* Studie *f* (***of*** zu). **4.** ♪ Etüde *f*. **5.** Arbeitszimmer *n*. **II** *v/t* **6.** *Medizin etc, weitS. Landkarte, j-s Gesicht etc* studieren. **III** *v/i* **7.** studieren (***under s.o.*** bei j-m), *weitS.* lernen (***for*** für *e-e Prüfung*): ***~ to be a doctor*** Medizin studieren.

stuff [stʌf] **I** *s* **1.** F *allg*. Zeug *n*: ***be good ~*** et. Gutes sein; ***that's the ~!*** so ist's richtig!; genau!; ***do one's ~*** zeigen, was man kann; ***know one's ~*** sich gut auskennen. **II** *v/t* **2.** (***with*** mit) *Hohlraum, Tier* ausstopfen; *Kissen etc* stopfen, füllen; sich *die Taschen* vollstopfen: ***~ed full of*** gestopft voll von; ***~ o.s.*** F sich vollstopfen. **3.** *et.* stopfen (***into*** in *acc*). **4.** *gastr. Ente etc* füllen: ***get ~ed!*** *Br. sl.* du kannst mich mal! **5.** ***~ up*** *Loch etc* ver-, zustopfen (***with*** mit): ***my nose is ~ed up*** m-e Nase ist verstopft *od*. zu. **stuffed** *adj*: ***~ shirt*** F Fatzke *m*. **'stuff·ing** *s* Füllung *f* (*a. gastr.*): ***knock the ~ out of s.o.*** F j-n schaffen. **'stuff·y** *adj* □ **1.** stickig. **2.** *fig*. prüde; spießig.

stum·ble ['stʌmbl] *v/i* stolpern (***on, over,*** *fig.* ***at, over*** über *acc*): ***~ across*** (*od.* ***on***) *fig*. stoßen auf (*acc*); ***~ through*** *Rede etc* herunterstottern. **'stum·bling** *adj*: ***~ block*** *fig*. Hindernis *n* (***to*** für).

stump [stʌmp] **I** *s* **1.** (*Baum-, Bein-, Kerzen- etc*)Stumpf *m*, (*Bleistift-, Kerzen-, Zahn-, Zigarren- etc*)Stummel *m*: ***stir one's ~s*** F Tempo machen. **II** *v/t* **2.** ***I'm ~ed, you've got me ~ed there*** F da bin ich überfragt. **3.** ***~ up*** F *Geld* herausrükken. **III** *v/i* **4.** sta(m)pfen. **'stump·y** *adj* □ kurz u. dick (*Arme etc*).

stun [stʌn] *v/t* betäuben; *fig*. sprachlos machen: ***he was ~ned by the news*** die Nachricht hat ihm die Sprache verschlagen.

stung [stʌŋ] *pret u. pp von* ***sting***.

stunk [stʌŋk] *pret u. pp von* ***stink***.

stun·ner ['stʌnə] *s*: ***she's a real ~*** F sie ist e-e klasse Frau. **'stun·ning** *adj* □ **1.** phantastisch. **2.** unglaublich (*Nachricht*).

stunt¹ [stʌnt] *s* **1.** (*gefährliches*) Kunststück; (*Film*) Stunt *m* (*gefährliche Szene, in der ein Stuntman die Rolle des Darstellers übernimmt*): ***do a ~*** ein Kunststück vorführen *od*. zeigen; e-n Stunt ausführen. **2.** (*Werbe*)Gag *m*.

stunt² [~] *v/t* *Wachstum* hemmen; das Wachstum (*gen*) hemmen: ***~ed*** verkümmert.

stunt| fly·ing *s* Kunstflug *m*. **~ man** *s* (*irr* ***man***) *Film*:Stuntman *m*, Double *n*. **~ wom·an** *s* (*irr* ***woman***) *Film*: Stuntwoman *n*, Double *n*.

stu·pen·dous [stjuːˈpendəs] *adj* □ phantastisch.

stu·pid [ˈstjuːpɪd] *adj* □ **1.** dumm. **2.** *fig.* F blöd. **stu'pid·i·ty** *s* Dummheit *f* (*a. Handlung etc*).

stu·por [ˈstjuːpə] *s*: ***in a drunken ~*** im Vollrausch.

stur·dy [ˈstɜːdɪ] *adj* □ **1.** stämmig (*Beine etc*). **2.** *fig.* hartnäckig (*Widerstand etc*).

stur·geon [ˈstɜːdʒən] *s ichth.* Stör *m.*

stut·ter [ˈstʌtə] **I** *v/i* ⚕ stottern (*a. Motor*). **II** *v/t* → ***stammer*** II. **III** *s* → ***stammer*** III. **'stut·ter·er** → ***stammerer.***

sty[1] [staɪ] → ***pigsty.***

sty[2] [~] *s* ⚕ Gerstenkorn *n.*

style [staɪl] **I** *s* **1.** *allg.* Stil *m*: ***~ of leadership*** Führungsstil; ***in ~*** in großem Stil; ***that's not my ~*** F das ist nicht m-e Art. **2.** Ausführung *f*, Modell *n.* **II** *v/t* **3.** entwerfen; gestalten.

sty·li [ˈstaɪlaɪ] *pl von* ***stylus.***

styl·ish [ˈstaɪlɪʃ] *adj* □ **1.** stilvoll. **2.** modisch, elegant.

styl·ist [ˈstaɪlɪst] *s* **1.** Stilist(in). **2.** a) Modeschöpfer(in), b) → ***hair stylist.*** **sty'lis·tic** *adj* (***~ally***) stilistisch, Stil...

styl·ize [ˈstaɪlaɪz] *v/t* stilisieren.

sty·lus [ˈstaɪləs] *pl* **-li** [ˈ~laɪ], **-lus·es** *s* Nadel *f* (*e-s Plattenspielers*).

sty·mie [ˈstaɪmɪ] *v/t* F *Gegner* matt setzen; *Plan etc* vereiteln.

styp·tic [ˈstɪptɪk] ⚕ **I** *adj* blutstillend. **II** *s* blutstillendes Mittel.

suave [swɑːv] *adj* □ verbindlich, *contp.* aalglatt.

sub [sʌb] F **I** *s* **1.** → ***subeditor, submarine*** I, ***subscription*** 1. **2.** *Sport*: Auswechselspieler(in). **3.** *Br.* Vorschuß *m.* **II** *v/i* **4.** → ***substitute*** IV. **III** *v/t* **5.** → ***subedit.*** **6.** *Br. j-m* e-n Vorschuß geben.

'sub·com͵mit·tee *s* Unterausschuß *m.*

͵sub'con·scious I *adj* unterbewußt: ***~ly*** im Unterbewußtsein; F unbewußt. **II** *s* Unterbewußtsein *n*: ***in one's ~*** im Unterbewußtsein.

͵sub'con·ti·nent *s* Subkontinent *m.*

'sub͵cul·ture *s sociol.* Subkultur *f.*

sub·cu·ta·ne·ous [͵sʌbkjuːˈteɪnjəs] *adj* □ subkutan, unter der *od.* die Haut.

͵sub·di'vide *v/t* unterteilen. **'sub·di͵vi·sion** *s* **1.** Unterteilung *f.* **2.** Unterabteilung *f.*

sub·due [səbˈdjuː] *v/t Land etc* unterwerfen; *Ärger etc* unterdrücken. **sub'dued** *adj* **1.** gedämpft (*Stimme*), (*Farben, Licht a.*) dezent. **2.** (merkwürdig) ruhig *od.* still (*Person*).

͵sub'ed·it *v/t* redigieren. **͵sub'ed·i·tor** *s* Redakteur(in).

'sub͵head·ing *s* Untertitel *m.*

͵sub'hu·man *adj* unmenschlich.

sub·ject [ˈsʌbdʒɪkt] **I** *s* **1.** Thema *n*: ***on the ~ of*** über (*acc*); ***be the ~ of much criticism*** von verschiedenen Seiten kritisiert werden; ***change the ~*** das Thema wechseln, von et. anderem reden. **2.** *ped., univ.* Fach *n.* **3.** *ling.* Subjekt *n*, Satzgegenstand *m.* **4.** ***be the ~ of, be a ~ for*** Anlaß *od.* Grund geben zu. **5.** Untertan(in); Staatsangehörige *m, f*, -bürger(in). **6.** Versuchsperson *f*, -tier *n.* **II** *adj* **7.** ***~ to*** anfällig für: ***be ~ to*** *a.* neigen zu. **8.** ***be ~ to*** unterliegen (*dat*); abhängen von: ***be ~ to the approval of*** (erst noch) genehmigt werden müssen von; ***prices ~ to change*** Preisänderungen vorbehalten. **III** *v/t* [səbˈdʒekt] **9.** *Land etc* unterwerfen. **10.** ***~ to*** *e-m Test etc* unterziehen; *der Kritik etc* aussetzen. **sub·jec·tion** [səbˈdʒekʃn] *s* **1.** Unterwerfung *f.* **2.** Abhängigkeit *f* (***to*** von). **sub'jec·tive** *adj* □ subjektiv.

sub·ject mat·ter *s* Stoff *m*; Inhalt *m.*

sub·ju·gate [ˈsʌbdʒʊgeɪt] *v/t* unterjochen, -werfen.

sub·junc·tive (mood) [səbˈdʒʌŋktɪv] *s ling.* Konjunktiv *m.*

͵sub'lease *v/t* unter-, weitervermieten, unter-, weiterverpachten (***to*** an *dat*).

͵sub'let *v/t* (*irr* ***let***) unter-, weitervermieten (***to*** an *dat*).

sub·li·mate ⚗ **I** *v/t* [ˈsʌblɪmeɪt] sublimieren. **II** *s* [ˈ~mət] Sublimat *n.*

sub·lime [səˈblaɪm] *adj* □ **1.** großartig. **2.** *iro.* großzügig (*Mißachtung*), allumfassend (*Unkenntnis*).

sub·lim·i·nal [͵sʌbˈlɪmɪnl] *adj* □ *psych.* unterschwellig.

͵sub·ma'chine gun *s* Maschinenpistole *f.*

͵sub·ma'rine I *s* Unterseeboot *n*, U-Boot *n.* **II** *adj* untermeerisch, -seeisch.

sub·merge [səbˈmɜːdʒ] **I** *v/t* (ein)tauchen (***in*** in *acc*): ***be ~d in work*** bis über die Ohren in Arbeit stecken. **II** *v/i* tauchen (*U-Boot*).

sub·mis·sion [səb'mɪʃn] *s* **1.** Einreichung *f.* **2.** *Boxen etc*: Aufgabe *f.*

sub·mis·sive [səb'mɪsɪv] *adj* □ unterwürfig.

sub·mit [səb'mɪt] **I** *v/t* **1.** *Gesuch etc* einreichen (***to*** *dat od.* bei). **2.** ~ ***o.s.*** sich fügen (***to*** *dat od.* in *acc*). **II** *v/i* **3.** *Boxen etc*: aufgeben.

ˌsub'nor·mal *adj* □ **1.** unterdurchschnittlich. **2.** unterdurchschnittlich intelligent.

sub·or·di·nate [sə'bɔːdnət] **I** *adj* □ untergeordnet (***to*** *dat*): ***be ~ to*** *a.* zurückstehen hinter (*dat*); ~ ***clause*** *ling.* Nebensatz *m.* **II** *s* Untergebene *m,f.* **III** *v/t* [~dɪneɪt] (***to***) unterordnen (*dat*), zurückstellen (hinter *acc*).

'sub·plot *s* Nebenhandlung *f.*

sub·poe·na [səb'piːnə] ⚖ **I** *s* Vorladung *f.* **II** *v/t Zeugen* vorladen.

sub·scribe [səb'skraɪb] **I** *v/i* **1.** ~ ***to*** *Zeitschrift etc* abonnieren; abonniert haben. **2.** ~ ***to*** *karitative Organisation etc* regelmäßig unterstützen. **3.** ~ ***to*** *Ansicht etc* billigen. **II** *v/t* **4.** *Geld* geben, spenden (***to*** für). **sub'scrib·er** *s* Abonnent(in); (*Fernsprech*)Teilnehmer (-in).

sub·scrip·tion [səb'skrɪpʃn] *s* **1.** (Mitglieds)Beitrag *m.* **2.** Abonnement *n*: ***take out a ~ to*** *Zeitschrift etc* abonnieren.

'subˌsec·tion *s* Unterabteilung *f.*

sub·se·quent ['sʌbsɪkwənt] *adj* □ später.

sub·ser·vi·ent [səb'sɜːvjənt] *adj* □ **1.** unterwürfig. **2.** untergeordnet (***to*** *dat*): ***be ~ to*** *a.* zurückstehen hinter (*dat*).

sub·side [səb'saɪd] *v/i* **1.** sich senken (*Gebäude, Straße etc*): ~ ***into a chair*** in e-n Sessel sinken. **2.** zurückgehen (*Überschwemmung, Nachfrage etc*), sich legen (*Sturm, Zorn etc*).

sub·sid·i·ar·y [səb'sɪdjərɪ] **I** *adj* Neben...: ~ ***company*** → II; ~ ***question*** Zusatzfrage *f*; ~ ***subject*** *ped., univ.* Nebenfach *n.* **II** *s* ✝ Tochtergesellschaft *f.*

sub·si·dize ['sʌbsɪdaɪz] *v/t* subventionieren.

sub·si·dy ['~dɪ] *s* Subvention *f.*

sub·sist [səb'sɪst] *v/i* existieren, leben (***on*** von). **sub'sist·ence** *s* Existenz *f*: ***live at ~ level*** am Existenzminimum leben.

ˌsub'son·ic *adj* ✈, *phys.* Unterschall...: ***at ~ speed*** mit Unterschallgeschwindigkeit.

sub·stance ['sʌbstəns] *s* **1.** Substanz *f*, Stoff *m*, Masse *f.* **2.** *fig.* Substanz *f*: ***in ~*** im wesentlichen.

ˌsub'stand·ard *adj* minderwertig; *ling.* inkorrekt.

sub·stan·tial [səb'stænʃl] *adj* □ **1.** solid (*Schrank etc*). **2.** *fig.* beträchtlich (*Gehalt etc*), (*Änderungen etc a.*) wesentlich: ~***ly*** *a.* im wesentlichen. **3.** *fig.* kräftig (*Mahlzeit*).

sub·stan·ti·ate [səb'stænʃɪeɪt] *v/t* beweisen, erhärten.

sub·stan·tive ['sʌbstəntɪv] *s ling.* Substantiv *n*, Hauptwort *n.*

sub·sti·tute ['sʌbstɪtjuːt] **I** *s* Ersatz *m*; Ersatz(mann) *m*, Vertretung *f*, (*Sport*) Auswechselspieler(in). **II** *adj* Ersatz... **III** *v/t*: ~ ***A for B*** B durch A ersetzen, B gegen A austauschen *od.* auswechseln. **IV** *v/i*: ~ ***for*** einspringen für, *j-n* vertreten.

'subˌstruc·ture *s* ⚠ Fundament *n*, Unterbau *m* (*beide a. fig.*).

ˌsub'ten·ant *s* Untermieter(in).

sub·ter·fuge ['sʌbtəfjuːdʒ] *s* List *f.*

sub·ter·ra·ne·an [ˌsʌbtə'reɪnjən] *adj* □ unterirdisch.

'subˌti·tle *s* Untertitel *m.*

sub·tle ['sʌtl] *adj* □ **1.** fein (*Unterschied etc*), (*Aroma etc a.*) zart. **2.** raffiniert (*Plan etc*). **3.** scharf (*Verstand*), scharfsinnig (*Person*).

'subˌto·tal *s* Zwischen-, Teilsumme *f.*

sub·tract [səb'trækt] *v/t* ⩘ abziehen, subtrahieren (***from*** von). **sub'trac·tion** *s* Abziehen *n*, Subtraktion *f.*

ˌsub'trop·i·cal *adj* subtropisch.

sub·urb ['sʌbɜːb] *s* Vorort *m*: ***live in the ~s*** am Stadtrand wohnen. **sub·ur·ban** [sə'bɜːbən] *adj* Vorort..., vorstädtisch, Vorstadt... **sub'ur·ban·ite** *s* Vorstädter(in). **sub'ur·bi·a** [~bɪə] *s* **1.** Vorstadt *f*: ***live in ~*** am Stadtrand wohnen. **2.** Vorstadtleben *n.*

sub·ver·sion [səb'vɜːʃn] *s pol.* Subversion *f.* **sub'ver·sive** [~sɪv] **I** *adj* □ subversiv, umstürzlerisch. **II** *s* Umstürzler(in).

sub·vert [sʌb'vɜːt] *v/t Regierung* zu stürzen versuchen.

'sub·way *s* **1.** Unterführung *f.* **2.** *Am.* U-Bahn *f.*

suc·ceed [sək'si:d] I *v/i* **1.** Erfolg haben, erfolgreich sein (*Person*), (*Plan etc a.*) gelingen: ***he ~ed in doing it*** es gelang ihm, es zu tun. **2.** ~ ***to*** in *e-m Amt* nachfolgen: ~ ***to the throne*** auf dem Thron folgen. II *v/t* **3.** *j-m* nachfolgen, *j-m od.* auf *j-n* folgen: ~ ***s.o. as*** j-s Nachfolger werden als.

suc·cess [sək'ses] *s* Erfolg *m*: ***without ~*** ohne Erfolg, erfolglos. **suc'cess·ful** [~fʊl] *adj* □ erfolgreich: ***be ~*** → ***succeed*** 1; ***he was ~ in doing it*** es gelang ihm, es zu tun.

suc·ces·sion [sək'seʃn] *s* **1.** Folge *f*: ***three times in ~*** dreimal nach- *od.* hintereinander; ***in quick ~*** in rascher Folge. **2.** Nachfolge *f*: ~ ***to the throne*** Thronfolge. **suc'ces·sive** [~sɪv] *adj* □ aufeinanderfolgend: ***on three ~ days*** *a.* drei Tage nach- *od.* hintereinander. **suc'ces·sor** [~sə] *s* Nachfolger(in) (***to*** in *e-m Amt*): ~ ***in office*** Amtsnachfolger(in); ~ ***to the throne*** Thronfolger(in).

suc·cinct [sək'sɪŋkt] *adj* □ kurz (u. bündig), knapp.

suc·cu·lent ['sʌkjʊlənt] *adj* □ saftig (*Steak etc*).

suc·cumb [sə'kʌm] *v/i*: ~ ***to*** *e-r Krankheit, der Versuchung etc* erliegen.

such [sʌtʃ] I *adj* solch, derartig: ~ ***a man*** ein solcher *od.* so ein Mann; ***no ~ thing*** nichts dergleichen. II *adv* so, derart: ~ ***a nice day*** so ein schöner Tag; ~ ***a long time*** e-e so lange Zeit; ~ ***is life*** so ist das Leben. III *pron.* solch: ~ ***as*** wie (zum Beispiel); ***man as ~*** der Mensch als solcher. **'~·like** I *adj* solche. II *pron* dergleichen.

suck [sʌk] I *v/t* **1.** saugen. **2.** lutschen (an *dat*). **3.** ~ ***under*** hinunterziehen (*Strudel etc*). II *v/i* **4.** saugen (***at*** an *dat*). **5.** ~ ***away at*** *et.* lutschen. **6.** ~ ***up to s.o.*** *Br.* F sich bei j-m lieb Kind machen wollen. III *s* **7.** ***take a ~ at*** saugen *od.* ziehen an (*dat*); lutschen an (*dat*). **'suck·er** *s* **1.** *zo.* Saugnapf *m*, -organ *n*. **2.** ⚙ Saugfuß *m*. **3.** *Am.* Lutscher *m*. **4.** F Gimpel *m*, leichtgläubiger Kerl: ***be a ~ for*** immer wieder reinfallen auf (*acc*); verrückt sein nach. **'suck·ing** *adj*: ~ ***pig*** Spanferkel *n*.

suck·le ['sʌkl] *v/t* säugen (*a. zo.*), stillen.

suc·tion ['sʌkʃn] *s* Saugwirkung *f*. ~ **pump** *s* ⚙ Saugpumpe *f*.

sud·den ['sʌdn] I *adj* □ plötzlich: ***be very ~*** sehr plötzlich kommen. II *s*: ***all of a ~*** ganz plötzlich, auf einmal.

suds [sʌdz] *s pl* Seifenschaum *m*.

sue [su:] ⚖ I *v/t j-n* verklagen (***for*** auf *acc*, wegen). II *v/i* klagen (***for*** auf *acc*).

suede, suède [sweɪd] *s* Wildleder *n*; Velour(s)leder *n*.

su·et ['sʊɪt] *s* Nierenfett *n*, Talg *m*.

suf·fer ['sʌfə] I *v/i* **1.** leiden (***from*** an *dat*; *weitS.* unter *dat*). **2.** darunter leiden. II *v/t* **3.** *Niederlage, Rückschlag, Verlust etc* erleiden; *Folgen* tragen. **'suf·fer·er** *s*: ***a cancer ~*** ein Krebskranker; ***a headache ~*** j-d, der an Kopfschmerzen leidet. **'suf·fer·ing** *s* Leiden *n*; Leid *n*.

suf·fice [sə'faɪs] I *v/i* genügen, (aus)reichen (***for*** für). II *v/t j-m* genügen, reichen.

suf·fi·cient [sə'fɪʃnt] *adj* □ genügend, genug, ausreichend: ***be ~*** → ***suffice*** I.

suf·fix ['sʌfɪks] *s ling.* Suffix *n*, Nachsilbe *f*.

suf·fo·cate ['sʌfəkeɪt] *v/i u. v/t* ersticken.

suf·frage ['sʌfrɪdʒ] *s pol.* Wahl-, Stimmrecht *n*.

suf·fuse [sə'fju:z] *v/t*: ***be ~d with*** durchdrungen sein von.

sug·ar ['ʃʊgə] I *s* **1.** Zucker *m*. **2.** *bsd. Am.* F Schatz (*Anrede*). II *v/t* **3.** zuckern: → ***pill*** 1. ~ **beet** *s* ♣ Zuckerrübe *f*. ~ **bowl** *s* Zuckerdose *f*. ~ **cane** *s* ♣ Zuckerrohr *n*. ~ **dad·dy** *s* F *alter Knakker, der ein junges Mädchen aushält*.

sug·ar·y ['ʃʊgərɪ] *adj* **1.** zuck(e)rig, Zucker... **2.** *fig.* zuckersüß.

sug·gest [sə'dʒest] *v/t* **1.** *j-n* vorschlagen (***as*** als), *et. a.* anregen: ***I ~ going*** (*od.* ***that we go***) ***home*** ich schlage vor heimzugehen. **2.** hindeuten *od.* -weisen auf (*acc*), schließen lassen auf (*acc*): ~ ***that*** darauf hindeuten *od.* -weisen, daß; darauf schließen lassen, daß. **3.** andeuten: ***I am not ~ing that*** ich will damit nicht sagen, daß. **sug'gest·i·ble** *adj* beeinflußbar. **sug'ges·tion** *s* **1.** Vorschlag *m*, Anregung *f*: ***at s.o.'s ~*** auf j-s Vorschlag hin; ***make*** (*od.* ***offer***) ***a ~*** e-n Vorschlag machen. **2.** Anflug *m*, Spur *f*. **3.** Andeutung *f*. **4.** *psych.* Suggestion *f*. **sug'ges·tive** *adj* □ **1.** ***be ~ of*** → ***suggest*** 2. **2.** zweideutig (*Bemer-*

kung etc), vielsagend (*Blick etc*).
su·i·cid·al [sʊɪ'saɪdl] *adj* □ **1.** selbstmörderisch (*a. fig.*): **~ thoughts** *pl* Selbstmordgedanken *pl.* **2.** selbstmordgefährdet. **su·i·cide** ['~saɪd] *s* **1.** Selbstmord *m* (*a. fig.*): **commit ~** Selbstmord begehen; **he tried to commit ~** er unternahm e-n Selbstmordversuch; **~ attempt** Selbstmordversuch *m*; → **attempt** 1. **2.** Selbstmörder(in).
suit [suːt] **I** *s* **1.** Anzug *m*; Kostüm *n.* **2.** *Kartenspiel*: Farbe *f*: **follow ~** (Farbe) bedienen; *fig.* dasselbe tun, nachziehen. **3.** → **lawsuit. II** *v/t* **4.** *j-m* stehen (*Farbe etc*). **5.** *j-m* passen (*Termin etc*): **that ~s me fine** das paßt mir gut, das ist mir sehr recht; **~ s.o.'s book** F j-m ins Zeug passen. **6. ~ s.th., be ~ed to s.th.** geeignet sein *od.* sich eignen für: **they are well ~ed** (**to each other**) sie passen gut zusammen. **7. ~ yourself!** mach, was du willst! **8.** *et.* anpassen (**to** *dat*). **'suit·a·ble** *adj* □ passend, geeignet (**for, to** für).
'suit·case *s* Koffer *m.*
suite [swiːt] *s* **1.** (*Möbel*)Garnitur *f.* **2.** Suite *f*, Zimmerflucht *f.* **3.** ♪ Suite *f.*
sul·fa drug, sul·fate, sul·fide, sul·fon·a·mide, sul·fur *Am.* → **sulpha drug, sulphate, sulphide, sulphonamide, sulphur.**
sulk [sʌlk] **I** *v/i* schmollen. **II** *s*: **have the ~s** → I. **'sulk·y I** *adj* □ **1.** schmollend. **2.** schnell schmollend. **II** *s* **3.** *Trabrennen*: Sulky *n.*
sul·len ['sʌlən] *adj* □ mürrisch, verdrossen.
sul·pha drug ['sʌlfə] *s bsd. Br. pharm.* Sulfonamid *n.*
sul·phate ['sʌlfeɪt] *s* ⚗ *bsd. Br.* Sulfat *n.*
sul·phide ['sʌlfaɪd] *s* ⚗ *bsd. Br.* Sulfid *n.*
sul·phon·a·mide [sʌl'fɒnəmaɪd] → **sulpha drug.**
sul·phur ['sʌlfə] *s* ⚗, *min. bsd. Br.* Schwefel *m.* **sul·phu·ric** [~'fjʊərɪk] *adj*: **~ acid** Schwefelsäure *f.* **sul·phur·ous** ['~fərəs] *adj* schwef(e)lig, Schwefel...
sul·tan ['sʌltən] *s* Sultan *m.*
sul·try ['sʌltrɪ] *adj* □ **1.** schwül. **2.** aufreizend (*Blick etc*).
sum [sʌm] **I** *s* **1.** Summe *f* (*a.* ⚡), Betrag *m*: **in ~** *fig.* mit 'einem Wort. **2.** (einfache) Rechenaufgabe: **do ~s** rechnen. **II** *v/t* **3. ~ up** zs.-fassen. **4. ~ up** *j-n, et.* abschätzen. **III** *v/i* **5. ~ up** zs.-fassen: **to ~ up** zs.-fassend.
sum·ma·rize ['sʌməraɪz] *v/t u. v/i* zs.-fassen. **'sum·mar·y I** *s* Zs.-fassung *f.* **II** *adj* summarisch (*a.* ⚖); fristlos (*Entlassung*).
sum·mer ['sʌmə] **I** *s* Sommer *m*: **in** (**the**) **~** im Sommer. **II** *adj* Sommer... **'~house** *s* Gartenhaus *n.* **'~·time** *s* Sommer(szeit *f*) *m*: **in** (**the**) **~** im Sommer. **~ time** *s bsd. Br.* Sommerzeit *f* (*Uhrzeit*).
sum·mer·y ['sʌmərɪ] *adj* sommerlich, Sommer...
sum·mit ['sʌmɪt] **I** *s* Gipfel *m* (*a.* ⚕, *pol.*), *fig. a.* Höhepunkt *m.* **II** *adj bsd.* ⚕, *pol.* Gipfel...: **~ conference.**
sum·mon ['sʌmən] *v/t* **1.** *j-n* zitieren (**to** in *acc*); auffordern (**to do** zu tun). **2.** *Versammlung etc* einberufen. **3. ~ up** *Kraft*, *Mut etc* zs.-nehmen. **sum·mons** ['~z] ⚖ **I** *s* Vorladung *f.* **II** *v/t j-n* vorladen.
sump [sʌmp] *s mot.*, ⚙ *bsd. Br.* Ölwanne *f.*
sump·tu·ous ['sʌmptʃʊəs] *adj* □ luxuriös.
sun [sʌn] **I** *s* Sonne *f.* **II** *v/t*: **~ o.s.** sich sonnen. **'~·bathe** *v/i* sonnenbaden, sich sonnen. **'~·beam** *s* Sonnenstrahl *m.* **'~·burn** *s* Sonnenbrand *m.* **'~·burned, '~·burnt** *adj*: **be ~** e-n Sonnenbrand haben.
sun·dae ['sʌndeɪ] *s* Eisbecher *m.*
Sun·day ['sʌndɪ] *s* Sonntag *m*: **on ~** (am) Sonntag; **on ~s** sonntags. **~ best** *s* Sonntagsstaat *m.* **~ school** *s* Sonntagsschule *f.*
'sun|·di·al *s* Sonnenuhr *f.* **'~·down** → **sunset. '~ˌdown·er** *s bsd. Br.* F Dämmerschoppen *m.*
sun·dries ['sʌndrɪz] *s pl* Diverses *n*, Verschiedenes *n.* **sun·dry** ['~drɪ] *adj* diverse, verschiedene: **all and ~** jedermann, *contp.* Hinz u. Kunz.
'sunˌflow·er *s* ⚘ Sonnenblume *f.* **~ oil** *s* Sonnenblumenöl *n.*
sung [sʌŋ] *pp von* **sing.**
'sun|ˌglass·es *s pl*, *a.* **pair of ~** Sonnenbrille *f.* **~ god** *s* Sonnengott *m.* **~ hel·met** *s* Tropenhelm *m.*
sunk [sʌŋk] *pret u. pp von* **sink.**
sunk·en ['sʌŋkən] *adj* **1.** ge-, versunken;

versenkt. **2.** eingefallen (*Wangen*), (*a. Augen*) eingesunken.

sun| lamp *s* Höhensonne *f*, Quarzlampe *f*. **'~·light** *s* Sonnenlicht *n*. **'~·lit** *adj* sonnenbeschienen.

sun·ny ['sʌnɪ] *adj* □ sonnig (*a. fig. Wesen etc*), *fig*. fröhlich (*Lächeln etc*): **~ *side*** Sonnenseite *f* (*a. fig. des Lebens*); ***~-side up*** nur auf 'einer Seite gebraten (*Ei*).

'sun|·rise *s* Sonnenaufgang *m*: ***at ~*** bei Sonnenaufgang. **'~·roof** *s* **1.** *mot*. Schiebedach *n*. **2.** Dachterrasse *f*. **'~·set** *s* Sonnenuntergang *m*: ***at ~*** bei Sonnenuntergang. **'~·shade** *s* Sonnenschirm *m*. **'~·shine** *s* Sonnenschein *m*. **'~·stroke** *s* ⚕ Sonnenstich *m*. **'~·tan** *s* (Sonnen)Bräune *f*: **~ *lotion*** (*od.* ***oil***) Sonnenöl *n*. **'~·tanned** *adj* braungebrannt. **'~·up** → ***sunrise***. **~ vi·sor** *s mot*. Sonnenblende *f*.

su·per ['su:pə] *adj* F super, klasse.

su·per... ['su:pə] Über..., über...

ˌsu·per·a'bun·dant *adj* □ überreichlich.

su·per·an·nu·at·ed [ˌsu:pə'rænjʊeɪtɪd] *adj* **1.** pensioniert, im Ruhestand. **2.** *fig*. überholt, veraltet.

su·perb [su:'pɜ:b] *adj* □ ausgezeichnet.

su·per·cil·i·ous [ˌsu:pə'sɪlɪəs] *adj* □ hochnäsig.

su·per·fi·cial [ˌsu:pə'fɪʃl] *adj* □ oberflächlich (*a. fig.*). **su·per·fi·ci·al·i·ty** ['~ˌfɪʃɪ'ælətɪ] *s* Oberflächlichkeit *f*.

su·per·flu·ous [su:'pɜ:flʊəs] *adj* □ überflüssig.

ˌsu·per|'hu·man *adj* □ übermenschlich. **ˌ~·im'pose** *v/t Bild etc* einblenden (***on*** in *acc*).

su·per·in·tend·ent [ˌsu:pərɪn'tendənt] *s* **1.** Aufsicht(sbeamte *m*) *f*. **2.** *Br*. Kriminalrat *m*.

su·pe·ri·or [su:'pɪərɪə] **I** *adj* □ **1.** (***to***) überlegen (*dat*), besser (als): ***be ~ in number*(*s*) *to*** *j-m* zahlenmäßig überlegen sein. **2.** ranghöher (***to*** als): ***be ~ to*** *a*. höher stehen als. **3.** ausgezeichnet, hervorragend. **4.** *b.s*. überheblich, -legen. **II** *s* **5.** Vorgesetzte *m*, *f*. **suˌpe·ri'or·i·ty** [~'ɒrətɪ] *s* **1.** Überlegenheit *f* (***over*** gegenüber): ***~ in number*(*s*)** zahlenmäßige Überlegenheit. **2.** Überheblichkeit *f*.

su·per·la·tive [su:'pɜ:lətɪv] **I** *adj* □ **1.** unübertrefflich, überragend: ***~ly happy*** unsagbar glücklich. **2. *~ degree*** → 3. **II** *s* **3.** *ling*. Superlativ *m*.

'su·per|·man *s* (*irr* ***man***) Supermann *m*. **'~ˌmar·ket** *s* Supermarkt *m*. **ˌ~'nat·u·ral I** *adj* □ übernatürlich. **II** *s*: ***the ~*** das Übernatürliche.

su·per·nu·mer·ar·y [ˌsu:pə'nju:mərərɪ] *adj* überzählig.

'su·perˌpow·er *s pol*. Supermacht *f*.

su·per·sede [ˌsu:pə'si:d] *v/t et*. ablösen, ersetzen, an die Stelle treten von (*od. gen*).

ˌsu·per|'son·ic *adj* ✈, *phys*. Überschall...: ***at ~ speed*** mit Überschallgeschwindigkeit. **'~·star** *s Sport etc*: Superstar *m*.

su·per·sti·tion [ˌsu:pə'stɪʃn] *s* Aberglaube *m*, *pl* abergläubische Vorstellungen *pl*. **su·per·sti·tious** [ˌ~'stɪʃəs] *adj* □ abergläubisch.

'su·per|ˌstruc·ture *s* ⚠ Oberbau *m*, ⚓ (Deck)Aufbauten *pl*; *fig*. Überbau *m*. **'~ˌtank·er** *s* ⚓ Supertanker *m*.

su·per·vene [ˌsu:pə'vi:n] *v/i* dazwischenkommen.

su·per·vise ['su:pəvaɪz] *v/t* beaufsichtigen. **su·per·vi·sion** [ˌ~'vɪʒn] *s* Beaufsichtigung *f*: ***under s.o.'s ~*** unter j-s Aufsicht. **su·per·vi·sor** ['~vaɪzə] *s* Aufseher(in), Aufsicht *f*.

sup·per ['sʌpə] *s* Abendessen *n*: ***have ~*** zu Abend essen; → ***lord*** 3.

sup·plant [sə'plɑ:nt] *v/t j-n*, *et*. verdrängen.

sup·ple ['sʌpl] *adj* □ gelenkig (*Körper etc*), (*a. Material*) geschmeidig, (*Material*) biegsam, elastisch.

sup·ple·ment I *s* ['sʌplɪmənt] **1.** Ergänzung *f* (***to*** *gen od.* zu). **2.** Nachtrag *m*, Anhang *m* (***to*** zu *e-m Buch*); Ergänzungsband *m*. **3.** Beilage *f* (*zu e-r Zeitung*). **II** *v/t* ['~ment] **4.** ergänzen, *Einkommen* aufbessern (***with*** mit). **sup·ple·men·ta·ry** [ˌ~'mentərɪ] *adj* ergänzend, zusätzlich: **~ *benefit*** *Br*. Sozialhilfe *f*.

sup·pli·er [sə'plaɪə] *s* ☤ Lieferant(in), *a. pl* Lieferfirma *f*.

sup·ply [sə'plaɪ] **I** *v/t* **1.** liefern; stellen, sorgen für. **2.** *j-n*, *et*. versorgen, ☤ beliefern (***with*** mit). **3.** *e-m Bedürfnis etc* abhelfen. **II** *s* **4.** Lieferung *f* (***to*** an *acc*). **5.** Versorgung *f*. **6.** ☤ Angebot *n*: ***~ and demand*** Angebot u. Nachfrage; →

short 2. **7.** *mst pl* Vorrat *m* (**of** an *dat*), *pl a.* Proviant *m*, ⚔ Nachschub *m*. **8.** *pl* (*Büro- etc*)Bedarf *m*.

sup·port [sə'pɔːt] **I** *v/t* **1.** (ab)stützen; *Gewicht etc* tragen; *fig. Währung* stützen. **2.** *j-n* (*a. finanziell*), *Forderung etc* unterstützen, *Familie* unterhalten: ~ ***Tottenham*** ein Tottenham-Anhänger sein. **3.** *Hobby etc* finanzieren. **4.** *Theorie etc* beweisen, erhärten. **5.** *et.* aushalten, ertragen. **II** *s* **6.** Stütze *f*, ⚙ *a.* Stützbalken *m*, -pfeiler *m*. **7.** *fig.* Unterstützung *f*: ***in ~ of*** zur Unterstützung (*gen*); ***have s.o.'s full ~*** j-s volle Unterstützung haben. **sup'port·a·ble** *adj* □ erträglich. **sup'port·er** *s* Anhänger(in) (*a. Sport*), Befürworter(in). **sup'porting** *adj* **1.** ~ ***wall*** tragende Wand. **2.** *fig.* unterstützend: ~ ***materials*** *pl ped.* Begleitmaterial *n*; ~ ***part*** (*od.* ***role***) *thea. etc* Nebenrolle *f*; ~ ***program***(***me***) (*Film*) Beiprogramm *n*. **sup'port·ive** *adj*: ***he was very ~ when I ...*** er war mir e-e große Stütze, als ich ...

sup·pose [sə'pəʊz] **I** *v/t* **1.** annehmen, vermuten: ***I ~ I must have fallen asleep*** ich muß wohl eingeschlafen sein. **2.** ***he is ~d*** (***to be***) ***rich*** er soll reich sein; ***you are not ~d to smoke here*** du darfst hier nicht rauchen; ***aren't you ~d to be at work?*** solltest du nicht (eigentlich) in der Arbeit sein?; ***what is that ~d to mean?*** was soll denn das? **3.** *et.* voraussetzen. **II** *v/i* **4.** ***I ~ so*** ich nehme es an, wahrscheinlich, vermutlich. **III** *cj* **5.** angenommen. **6.** wie wäre es, wenn: ~ ***we went home?*** wie wäre es, wenn wir nach Hause gingen? **sup'posed** *adj* □ angeblich. **sup'pos·ing** *cj* **1.** → ***suppose*** 5, 6. **2.** vorausgesetzt.

sup·po·si·tion [ˌsʌpə'zɪʃn] *s* Annahme *f*, Vermutung *f*: ***act on the ~ that*** von der Annahme ausgehen, daß.

sup·pos·i·to·ry [sə'pɒzɪtərɪ] *s* ⚕ Zäpfchen *n*.

sup·pu·rate ['sʌpjʊəreɪt] *v/i* eitern.

su·pra·na·tion·al [ˌsuːprə'næʃənl] *adj* □ übernational.

su·prem·a·cy [sʊ'preməsɪ] *s* Vormachtstellung *f*.

su·preme [sʊ'priːm] *adj* **1.** höchst, oberst. **2.** höchst, größt. **su'preme·ly** *adv* höchst, absolut.

sur·charge I *s* ['sɜːtʃɑːdʒ] Auf-, Zuschlag *m* (**on** auf *acc*); ✉ Nach-, Strafporto *n* (**on** auf *acc*). **II** *v/t* [sɜː'tʃɑːdʒ] Nachporto *od.* e-n Zuschlag erheben auf (*acc*).

sure [ʃɔː] **I** *adj* (□ → ***surely***) **1.** *allg.* sicher: ~ ***of o.s.*** selbstsicher; ~ ***of victory*** (*od.* ***winning***) siegessicher; ***for ~*** ganz sicher *od.* bestimmt; ***~ thing!*** *bsd. Am.* F (aber) klar!; ***be*** (*od.* ***feel***) ~ sicher sein; ***you are ~ to like this play*** dir wird das Stück sicher *od.* bestimmt gefallen; ***be ~ to lock the door*** vergiß nicht abzuschließen; ***to be ~*** sicher(lich); ***make ~ that*** sich (davon) überzeugen, daß; dafür sorgen, daß; ***make ~ of s.th.*** sich von et. überzeugen; sich et. sichern. **II** *adv* **2.** F sicher, klar. **3.** ~ ***enough*** tatsächlich. **'~ˌfire** *adj* F (tod)sicher.

sure·ly ['ʃɔːlɪ] *adv* **1.** sicher: → ***slow*** 1. **2.** sicher(lich), bestimmt. **sure·ty** ['ʃɔːrətɪ] *s bsd.* ⚖ Bürgschaft *f*, Sicherheit *f*; Bürge *m*, Bürgin *f*: ***stand ~ for s.o.*** für j-n bürgen.

surf [sɜːf] **I** *s* Brandung *f*. **II** *v/i* surfen.

sur·face ['sɜːfɪs] **I** *s* **1.** Oberfläche *f* (*a. fig.*): ***on the ~*** äußerlich; vordergründig; oberflächlich betrachtet. **2.** (*Straßen*)Belag *m*, (-)Decke *f*. **II** *adj* **3.** Oberflächen...: ~ ***mail*** gewöhnliche Post (*Ggs. Luftpost*); ~ ***tension*** *phys.* Oberflächenspannung *f*. **4.** *fig.* oberflächlich. **III** *v/i* **5.** auftauchen (*a. fig.*). **IV** *v/t* **6.** *Straße* mit e-m Belag versehen.

'surf·board *s* Surfboard *n*, -brett *n*.

sur·feit ['sɜːfɪt] **I** *s* Überangebot *n* (**of** an *dat*). **II** *v/t*: ~ ***o.s. with*** sich übersättigen an (*dat*).

surf·er ['sɜːfə] *s* Surfer(in), Wellenreiter(in). **'surf·ing** *s* Surfen *n*, Wellenreiten *n*.

surge [sɜːdʒ] **I** *s* **1.** ***a ~ of people*** e-e wogende Menschenmenge; ***there was a sudden ~ forward*** plötzlich drängte alles nach vorn. **2.** *fig.* Welle *f*, Woge *f* (*der Begeisterung*); (*Gefühls*)Aufwallung *f*, Anwandlung *f*. **II** *v/i* **3.** drängen, strömen (*Menschenmenge*). **4.** *mst* ~ ***up*** *fig.* aufwallen (**in** in *dat*) (*Zorn etc*).

sur·geon ['sɜːdʒən] *s* Chirurg(in). **surger·y** ['sɜːdʒərɪ] *s* **1.** Chirurgie *f*. **2.** ***he needs ~*** er muß operiert werden; ***remove by ~*** operativ entfernen. **3.** *Br.* Sprechzimmer *n*; Sprechstunde *f*: ~ ***hours*** *pl* Sprechstunden *pl*. **sur·gi·cal**

['∼ɪkl] *adj* □ **1.** chirurgisch; operativ; Operations...: ∼ ***spirit*** *Br.* Wundbenzin *n.* **2.** ∼ ***stocking*** Stützstrumpf *m.*

sur·ly ['sɜːlɪ] *adj* □ griesgrämig, sauertöpfisch.

sur·mise I *s* ['sɜːmaɪz] Vermutung *f.* **II** *v/t* [sɜː'maɪz] vermuten.

sur·mount [sɜː'maʊnt] *v/t Schwierigkeit etc* überwinden. **sur'mount·a·ble** *adj* überwindbar.

sur·name ['sɜːneɪm] *s* Familien-, Nach-, Zuname *m*: ***what is his*** ∼**?** wie heißt er mit Familiennamen?

sur·pass [sə'pɑːs] *v/t Erwartungen etc* übertreffen.

sur·plus ['sɜːpləs] **I** *s* Überschuß *m* (***of*** an *dat*). **II** *adj* überschüssig: ***be*** ∼ ***to requirements*** zuviel sein.

sur·prise [sə'praɪz] **I** *s* Überraschung *f*: ***in*** ∼ überrascht; ***take by*** ∼ überraschen; → ***much*** 2. **II** *adj* überraschend, Überraschungs... **III** *v/t* überraschen: ***be*** ∼***d at*** (*od.* ***by***) überrascht sein über (*acc*); ***I wouldn't be*** ∼***d if*** es würde mich nicht wundern, wenn. **sur'pris·ing** *adj* □ überraschend: ∼***ly*** (***enough***) überraschenderweise.

sur·re·al·ism [sə'rɪəlɪzəm] *s Kunst*: Surrealismus *m.* **sur're·al·ist I** *s* Surrealist(in). **II** *adj* surrealistisch. **sur,re·al'is·tic** *adj* (∼***ally***) surrealistisch.

sur·ren·der [sə'rendə] **I** *v/i* **1.** (***to***) ⚔ sich ergeben (*dat*), kapitulieren (vor *dat*) (*beide a. fig.*): ∼ ***to the police*** sich der Polizei stellen. **II** *v/t* **2.** *et.* übergeben, ausliefern (***to*** *dat*): ∼ ***o.s. to the police*** sich der Polizei stellen. **3.** *Anspruch etc* aufgeben, verzichten auf (*acc*). **III** *s* **4.** ⚔ Kapitulation *f* (***to*** vor *dat*) (*a. fig.*). **5.** (***of***) Aufgabe *f* (*gen*), Verzicht *m* (auf *acc*).

sur·rep·ti·tious [ˌsʌrəp'tɪʃəs] *adj* □ heimlich, verstohlen.

sur·ro·gate ['sʌrəgeɪt] *adj*: ∼ ***mother*** Leihmutter *f.*

sur·round [sə'raʊnd] *v/t* **1.** umgeben. **2.** *Haus etc* umstellen. **sur'round·ing I** *adj* umliegend. **II** *s pl* Umgebung *f.*

sur·veil·lance [sɜː'veɪləns] *s* Überwachung *f*: ***be*** (***keep***) ***under*** ∼ überwacht werden (überwachen).

sur·vey I *v/t* [sə'veɪ] **1.** (sich) *et.* betrachten (*a. fig.*). **2.** *Land* vermessen. **3.** *Haus etc* begutachten. **II** *s* ['sɜːveɪ] **4.** Umfrage *f.* **5.** Überblick *m* (***of*** über *acc*). **6.** Vermessung *f.* **7.** Begutachtung *f.* **sur'vey·or** *s* **1.** Land(ver)messer(in). **2.** Gutachter(in).

sur·viv·al [sə'vaɪvl] *s* **1.** Überleben *n* (*a. fig.*): ∼ ***training*** Überlebenstraining *n.* **2.** Überbleibsel *n* (***from*** aus *e-r Zeit*).

sur'vive I *v/t* **1.** *j-n, et.* überleben; *Erdbeben etc* überstehen (*Haus etc*); *Jahrhundert etc* überdauern (*Brauch etc*). **II** *v/i* **2.** überleben (*a. fig.*), am Leben bleiben. **3.** erhalten bleiben *od.* sein. **sur'vi·vor** *s* Überlebende *m, f* (***from, of*** *gen*).

sus·cep·ti·ble [sə'septəbl] *adj* □ **1.** empfänglich (***to*** für). **2.** anfällig (***to*** für). **3.** leicht zu beeindruckend.

sus·pect I *v/t* [sə'spekt] **1.** *j-n* verdächtigen (***of*** *gen*): ∼ ***s.o. of doing s.th.*** j-n im *od.* in Verdacht haben, et. zu tun; ***be*** ∼***ed of doing s.th.*** im *od.* unter dem Verdacht stehen, et. zu tun. **2.** *et.* vermuten. **3.** *et.* an-, bezweifeln. **II** *s* ['sʌspekt] **4.** Verdächtige *m, f.* **III** *adj* ['sʌspekt] **5.** verdächtig, suspekt.

sus·pend [sə'spend] *v/t* **1.** aufhängen (***from*** an *dat*). **2.** *Verkauf, Zahlungen etc* (vorübergehend) einstellen; ⚖ *Strafe* zur Bewährung aussetzen: ***he was given a two-year*** ∼***ed sentence*** er bekam zwei Jahre mit Bewährung. **3.** *j-n* suspendieren (***from duty*** vom Dienst); vorübergehend ausschließen (***from*** aus); (*Sport*) sperren (***for two games*** für zwei Spiele). **sus'pend·er** *s* **1.** *Br.* Strumpfhalter *m*, Straps *m*: ∼ ***belt*** Strumpf(halter)-, Strapsgürtel *m.* **2.** *pl, a.* ***pair of*** ∼***s*** *Am.* Hosenträger *pl.*

sus·pense [sə'spens] *s* Spannung *f*: ***in*** ∼ gespannt, voller Spannung; ***full of*** ∼ spannend; ***keep s.o. in*** ∼ j-n auf die Folter spannen. **sus'pen·sion** *s* **1.** *mot. etc* Aufhängung *f*: ∼ ***bridge*** Hängebrücke *f.* **2.** (vorübergehende) Einstellung. **3.** Suspendierung *f*; vorübergehender Ausschluß; (*Sport*) Sperre *f*: ***he received a two-game*** ∼ er wurde für zwei Spiele gesperrt.

sus·pi·cion [sə'spɪʃn] *s* **1.** Verdacht *m* (***of*** gegen): ***be above*** (*od.* ***beyond***) ∼ über jeden Verdacht erhaben sein; ***be under*** ∼ ***of murder*** unter Mordverdacht stehen. **2.** *a. pl* Verdacht *m*, Argwohn *m*, Mißtrauen *n* (***of*** gegen): ***with*** ∼ argwöhnisch, mißtrauisch. **3.** Verdacht *m*, Vermutung *f.* **4.** *fig.* Hauch *m*, Spur *f.* **sus'pi·cious** *adj* □ **1.** verdächtig. **2.** argwöhnisch, mißtrauisch (**of** gegen): ***become ~*** *a.* Verdacht schöpfen.

sus·tain [sə'steɪn] *v/t* **1.** *j-n* (*a. moralisch*) stärken. **2.** *Interesse etc* aufrechterhalten. **3.** *Schaden*, *Verlust* erleiden. **4.** ♪ *Ton* (aus)halten. **5.** ⚖ *e-m Einspruch etc* stattgeben. **6.** *Gewicht* aushalten, tragen. **sus'tained** *adj* anhaltend.

su·ture ['suːtʃə] ⚕ **I** *s* Naht *f.* **II** *v/t Wunde* nähen.

svelte [svelt] *adj* gertenschlank (*Frau*).

swab [swɒb] ⚕ **I** *s* **1.** Tupfer *m.* **2.** Abstrich *m*: ***take a ~*** e-n Abstrich machen. **II** *v/t* **3.** *Wunde* abtupfen.

swad·dle ['swɒdl] *v/t Baby* wickeln.

swag·ger ['swægə] **I** *v/i* stolzieren. **II** *s*: ***walk with a ~*** → I.

swal·low¹ ['swɒləʊ] *s orn.* Schwalbe *f.*

swal·low² [~] **I** *v/t* **1.** schlucken (*a. fig.* F *glauben*, *hinnehmen*): ***~ one's words*** zugeben, daß man sich geirrt hat; ***~ up*** *Betrieb*, *Gewinn etc* schlucken, verschlingen; → ***bait*** 1. **2.** *Ärger*, *Tränen etc* hinunterschlucken, *s-n Stolz* vergessen. **II** *v/i* **3.** schlucken: ***~ hard*** *fig.* kräftig schlucken. **III** *s* **4.** Schluck *m.*

swam [swæm] *pret von* ***swim.***

swamp [swɒmp] **I** *s* Sumpf *m.* **II** *v/t* überschwemmen: ***be ~ed with*** *fig.* überschwemmt werden mit. **'swamp·y** *adj* sumpfig.

swan [swɒn] *s orn.* Schwan *m.*

swank [swæŋk] F **I** *v/i* **1.** angeben. **II** *s* **2.** Angeber(in). **3.** Angabe *f.* **'swank·y** *adj* □ F **1.** piekfein. **2.** angeberisch.

'swan·song *s fig.* Schwanengesang *m.*

swap [swɒp] F **I** *v/t* **1.** *et.* tauschen (**with** mit), (ein)tauschen (**for** für, gegen): ***~ places*** die Plätze tauschen. **II** *v/i* **2.** tauschen: ***~ over*** (*od.* ***round***) die Plätze tauschen. **III** *s* **3.** Tausch *m*: ***do a ~*** tauschen; ***do*** (*od.* ***get***) ***a good*** (***bad***) ***~*** e-n guten (schlechten) Tausch machen. **4.** Tauschobjekt *n.*

swarm [swɔːm] **I** *s* **1.** Schwarm *m* (*Bienen*, *Touristen etc*). **II** *v/i* **2.** schwärmen (*Bienen*), (*Menschen a.*) strömen. **3.** ***~ with*** wimmeln von: ***the square was ~ing with people*** auf dem Platz wimmelte es von Menschen.

swarth·y ['swɔːðɪ] *adj* dunkel (*Haut*), dunkelhäutig (*Person*).

swash·buck·ling ['swɒʃˌbʌklɪŋ] *adj* verwegen (*Person*), abenteuerlich (*Film etc*).

swas·ti·ka ['swɒstɪkə] *s* Hakenkreuz *n.*

swat [swɒt] **I** *v/t Fliege etc* totschlagen. **II** *s* → ***swatter.*** **'swat·ter** *s* Fliegenklappe *f*, -klatsche *f.*

sway [sweɪ] **I** *v/i* **1.** sich wiegen (***in the wind*** im Wind) (*Bäume etc*), schaukeln (*Schiff etc*): ***~ between*** *fig.* schwanken zwischen (*dat*). **II** *v/t* **2.** hin- u. herbewegen, *s-n Körper* wiegen, *Fahne etc* schwenken. **3.** *j-n* beeinflussen; umstimmen. **III** *s* **4.** Schaukeln *n.*

swear [sweə] (*irr*) **I** *v/i* **1.** schwören (***on the Bible*** auf die Bibel; ***to God*** bei Gott): ***~ by*** *fig.* F schwören auf (*acc*); ***I couldn't ~ to it*** ich kann es nicht beschwören. **2.** fluchen: ***~ at s.o.*** j-n wüst beschimpfen. **II** *v/t* **3.** schwören (***to do*** zu tun; ***that*** daß): ***~ s.th. to s.o.*** j-m et. schwören; → ***oath*** 1. **4.** ***~ in*** *Minister*, *Zeugen etc* vereidigen; ***I was sworn to secrecy*** ich mußte hoch u. heilig versprechen, kein Wort darüber zu sagen. **'~·word** *s* Fluch *m*; Kraftausdruck *m.*

sweat [swet] **I** *v/i* (*Am. a. irr*) **1.** schwitzen (**with** vor *dat*) (*a. fig.* F). **II** *v/t* (*Am. a. irr*) **2.** ***~ out*** *Krankheit* ausschwitzen: ***~ it out*** F durchhalten; ***~ blood*** F sich abrackern (**over** mit). **III** *s* **3.** Schweiß *m*: ***cold ~*** kalter Schweiß, Angstschweiß; ***no ~!*** F kein Problem!; ***get in***(***to***) ***a ~*** *fig.* F ins Schwitzen geraten *od.* kommen (***about*** wegen). **4.** F Schufterei *f.* **'~·band** *s Sport*: Schweißband *n.*

sweat·er ['swetə] *s* Pullover *m.*

sweat| gland *s anat.* Schweißdrüse *f.* **'~·shirt** *s* Sweatshirt *n* (*weiter Baumwollpullover*).

sweat·y ['swetɪ] *adj* □ **1.** schweißig, verschwitzt. **2.** nach Schweiß riechend, Schweiß... **3.** schweißtreibend.

Swede [swiːd] *s* Schwede *m*, Schwedin *f.* **Swed·ish** ['swiːdɪʃ] **I** *adj* **1.** schwedisch. **II** *s* **2.** *ling.* Schwedisch *n.* **3.** ***the ~*** *pl* die Schweden *pl.*

sweep [swiːp] **I** *s* **1.** ***give the floor a ~*** den Boden kehren *od.* fegen; ***make a clean ~*** *fig.* gründlich aufräumen; (*Sport etc*) gründlich abräumen. **2.** Hieb *m*, Schlag

m. **3.** Schornsteinfeger(in), Kaminkehrer(in). **II** *v/t* (*irr*) **4.** *Fußboden, Krümel etc* kehren, fegen: **~ *the board*** (*Sport etc*) gründlich abräumen; → ***carpet*** 1, ***rug*** 1. **5.** fegen über (*acc*) (*Sturm etc*); *fig. Land etc* überschwemmen (*Protestwelle etc*). **6.** **~ *along*** mitreißen; **~ *s.o. off his feet*** *fig.* j-s Herz im Sturm erobern. **7.** *Horizont etc* absuchen (***for*** nach). **III** *v/i* (*irr*) **8.** kehren, fegen: → ***broom.*** **9.** rauschen (*Person*): **~ *past s.o.*** an j-m vorbeirauschen.
Verbindungen mit Adverbien:
sweep| a·side *v/t Einwände etc* beiseite schieben. **~ a·way** *v/t* **1.** aufräumen mit. **2.** ***be swept away by*** *fig.* mitgerissen werden von. **~ up** *v/t* **1.** (*a. v/i*) zs.-kehren, -fegen. **2.** *j-n* hochreißen.

sweep·er ['swi:pə] *s* **1.** (*Straßen*)Kehrer(in). **2.** Kehrmaschine *f.* **3.** *Fußball*: Libero *m.* **'sweep·ing I** *adj* □ **1.** durchgreifend (*Änderung etc*). **2.** pauschal. **II** *s pl* **3.** Kehricht *m.*

sweet [swi:t] **I** *adj* □ **1.** süß (*a. fig.*): **~ *nothings*** *pl* Zärtlichkeiten *pl*; **~ *potato*** ⚘ Batate *f*, Süßkartoffel *f*; ***revenge is*~** Rache ist süß; **~ *talk*** F Schmeichelei(en *pl*) *f*; ***have a ~ tooth*** gern naschen. **2.** lieblich (*Musik etc*). **3.** lieb. **II** *s* **4.** *Br.* Bonbon *m, n,* Süßigkeit *f.* **5.** *Br.* Nachtisch *m*: ***for ~*** als *od.* zum Nachtisch. **ˌ~-and-'sour** *adj gastr.* süß-sauer.

sweet·en ['swi:tn] **I** *v/t* **1.** süßen. **2.** *fig.* besänftigen; freundlicher stimmen. **3.** *a.* **~ *up*** F *j-n* schmieren. **II** *v/i* **4.** süß(er) werden. **'sweet·en·er** *s* **1.** Süßstoff *m.* **2.** F Schmiergeld *n.*

'sweet·heart *s* Schatz *m* (*Anrede*).

sweet·ie ['swi:tɪ] *s* F **1.** *Br.* Bonbon *m, n.* **2.** ***be a ~*** *fig.* süß sein.

'sweet-talk *v/t* F *j-m* schmeicheln.

swell [swel] **I** *v/i* (*mst irr*) **1.** *a.* **~ *up*** ⚕ (an)schwellen. **2.** *a.* **~ *out*** ⚓ sich blähen (*Segel*). **3.** *fig.* anschwellen (***into*** zu) (*Geräusch*); anwachsen (*Zahl etc*). **II** *v/t* (*mst irr*) **4.** *a.* **~ *out*** *Segel* blähen (*Wind*). **5.** *fig. Zahl etc* anwachsen lassen. **III** *s* **6.** ⚓ Dünung *f.* **IV** *adj* **7.** *Am.* F klasse. **'swell·ing** *s* ⚕ Schwellung *f.*

swel·ter ['sweltə] *v/i* vor Hitze fast umkommen. **'swel·ter·ing** *adj* drückend, schwül.

swept [swept] *pret u. pp von* **sweep.**

swerve [swɜ:v] **I** *v/i* **1.** schwenken (***to the left*** nach links), e-n Schwenk machen. **2.** *fig.* abweichen (***from*** von). **II** *s* **3.** Schwenk(ung *f*) *m, mot. etc a.* Schlenker *m.*

swift [swɪft] *adj* □ schnell: ***be ~ to do s.th.*** et. schnell tun. **'swift·ness** *s* Schnelligkeit *f.*

swig [swɪg] F **I** *v/t Getränk* hinunterkippen. **II** *s*: ***take a ~ at the bottle*** e-n Zug aus der Flasche tun; ***take a ~ of beer*** e-n kräftigen Schluck Bier nehmen.

swill [swɪl] *v/t u. v/i contp.* saufen.

swim [swɪm] **I** *v/i* (*irr*) **1.** schwimmen: → ***tide*** 2. **2.** *fig.* verschwimmen (***before s.o.'s eyes*** vor j-s Augen); ***my head was ~ming*** mir drehte sich alles. **II** *v/t* (*irr*) **3.** *Strecke* schwimmen; *Gewässer* durchschwimmen. **III** *s* **4.** ***go for a ~*** schwimmen gehen. **'swim·mer** *s* Schwimmer(in). **'swim·ming I** *s* Schwimmen *n.* **II** *adj* Schwimm...: **~ *bath*(*s pl*)** *Br.* Schwimm-, *bsd.* Hallenbad *n*; **~ *cap*** Badekappe *f*, -mütze *f*; **~ *costume*** Badeanzug *m*; **~ *pool*** Swimmingpool *m*, Schwimmbecken *n*; (***pair of***) **~ *trunks*** *pl* Badehose *f.*

'swim·suit *s* Badeanzug *m.*

swin·dle ['swɪndl] **I** *v/t j-n* beschwindeln (***out of*** um): **~ *s.o. out of s.th.*** *a.* j-m et. abschwindeln. **II** *s* Schwindel *m.* **'swindler** *s* Schwindler(in).

swine [swaɪn] *s* **1.** *pl* **~** *zo.* Schwein *n.* **2.** *pl* **~(s)** *sl. contp.* Schwein *n.*

swing [swɪŋ] **I** *v/i* (*irr*) **1.** (hin- u. her)schwingen. **2.** sich schwingen; einbiegen, -schwenken (***into*** in *acc*): **~ *round*** sich ruckartig umdrehen; **~ *shut*** zuschlagen (*Tor etc*). **3.** ♪ schwungvoll spielen (*Band etc*); Schwung haben (*Musik*). **II** *v/t* **4.** *et., die Arme etc* schwingen. **III** *s* **5.** Schwingen *n.* **6.** Schaukel *f.* **7.** *Boxen*: Schwinger *m.* **8.** *fig.* Schwung *m*: ***be in full ~*** in vollem Gang sein. **9.** *fig.* Umschwung *m*: **~ *in opinion*** Meinungsumschwung. **~ door** *s* Pendeltür *f.*

swinge·ing ['swɪndʒɪŋ] *adj bsd. Br.* einschneidend (*Kürzungen etc*), extrem hoch (*Besteuerung etc*).

swing·ing ['swɪŋɪŋ] *adj* □ **1.** schwingend: **~ *door*** *bsd. Am.* Pendeltür *f.* **2.** *fig.* schwungvoll. **3.** *fig.* lebenslustig.

swin·ish ['swaɪnɪʃ] *adj* □ ekelhaft.

swipe [swaɪp] **I** *s* Schlag *m*: ***take a ~ at*** → II. **II** *v/i*: ***~ at*** schlagen nach. **III** *v/t* F klauen.

swirl [swɜːl] **I** *v/i* wirbeln. **II** *s* Wirbel *m*.

swish [swɪʃ] **I** *v/i* **1.** sausen, zischen. **2.** rascheln (*Seide etc*). **II** *v/t* **3.** mit *dem Schwanz* schlagen. **III** *s* **4.** Sausen *n*, Zischen *n*. **5.** Rascheln *n*. **IV** *adj* **6.** F feudal.

Swiss [swɪs] **I** *s* Schweizer(in): ***the ~*** *pl* die Schweizer *pl*. **II** *adj* schweizerisch, Schweizer(...)

switch [swɪtʃ] **I** *s* **1.** ⚡, ⚙ Schalter *m*. **2.** Gerte *f*, Rute *f*. **3.** 🚂 *Am*. Weiche *f*. **4.** *fig*. Umstellung *f*. **II** *v/t* **5.** *a*. ***~ over*** ⚡, ⚙ (um)schalten, *Produktion etc* umstellen (***to*** auf *acc*): ***~ off*** ab-, ausschalten; ***~ on*** an-, einschalten. **III** *v/i* **6.** *a*. ***~ over*** ⚡, ⚙ (um)schalten (***to*** auf *acc*), *fig*. überwechseln (***to*** zu): ***~ off*** abschalten (*a. fig*. F *Person*), ausschalten; ***~ on*** an-, einschalten; ***~ round*** umschlagen (*Wind*). **'~·back** *s* **1.** Gebirgs-, Serpentinenstraße *f*. **2.** Achterbahn *f*. **'~·blade** *s Am*. Schnappmesser *n*. **'~·board** *s* **1.** ⚡ Schalttafel *f*. **2.** (Telefon)Zentrale *f*: ***~ operator*** Telefonist(in).

swiv·el ['swɪvl] *v/i pret u. pp* **-eled,** *bsd. Br*. **-elled** sich drehen: ***~ round*** sich herumdrehen. **~ chair** *s* Drehstuhl *m*.

swol·len ['swəʊlən] *pp von* ***swell***. **ˌ~-'head·ed** *adj fig*. aufgeblasen.

swoop [swuːp] **I** *v/i* **1.** *a*. ***~ down*** herabstoßen (***on*** auf *acc*) (*Raubvogel*). **2.** *fig*. zuschlagen (*Polizei etc*): ***~ on*** herfallen über (*acc*); e-e Razzia machen in (*dat*). **II** *s* **3.** Razzia *f*.

swop → ***swap.***

sword [sɔːd] *s* Schwert *n*: ***cross ~s*** die Klingen kreuzen (***with*** mit) (*a. fig*.); → ***Damocles.***

swore [swɔː] *pret von* ***swear.***

sworn [swɔːn] **I** *pp von* ***swear.*** **II** *adj* **1.** ***~ enemies*** *pl* Todfeinde *pl*. **2.** ⚖ eidlich.

swot [swɒt] *Br*. F **I** *v/i* büffeln, pauken (***for*** für). **II** *v/t*: ***~ up*** → I. **III** *s* Büffler(in); Streber(in).

swum [swʌm] *pp von* ***swim.***

swung [swʌŋ] *pret u. pp von* ***swing.***

syl·la·bi ['sɪləbaɪ] *pl von* ***syllabus.***

syl·lab·ic [sɪ'læbɪk] *adj* Silben...; ...silbig. **syl·la·ble** ['sɪləbl] *s* Silbe *f*.

syl·la·bus ['sɪləbəs] *pl* **-bus·es, -bi** ['~baɪ] *s ped., univ*. Lehrplan *m*.

syl·lo·gism ['sɪlədʒɪzəm] *s* Syllogismus *m*.

sym·bi·o·sis [ˌsɪmbɪ'əʊsɪs] *s biol*. Symbiose *f*.

sym·bol ['sɪmbl] *s* Symbol *n* (*a*. ⚗). **sym·bol·ic** [~'bɒlɪk] *adj* (***~ally***) symbolisch: ***be ~ of*** *et*. symbolisieren. **sym·bol·ism** ['~bəlɪzəm] *s* Symbolik *f*. **sym·bol·ize** ['~bəlaɪz] *v/t* symbolisieren.

sym·met·ri·cal [sɪ'metrɪkl] *adj* □ symmetrisch. **sym·me·try** ['sɪmətrɪ] *s* Symmetrie *f*.

sym·pa·thet·ic [ˌsɪmpə'θetɪk] *adj* (***~ally***) **1.** mitfühlend: ***~ strike*** ⚚ Sympathiestreik *m*. **2.** verständnisvoll; wohlwollend: ***be ~ to*** (*od*. ***toward***[***s***]) wohlwollend gegenüberstehen (*dat*). **'sym·pa·thize** *v/i* **1.** mitfühlen (***with*** mit). **2.** (***with***) Verständnis haben (für); wohlwollend gegenüberstehen (*dat*); sympathisieren (mit). **'sym·pa·thiz·er** *s* Sympathisant(in). **'sym·pa·thy** *s* **1.** Mitgefühl *n*: ***in ~*** mitfühlend; ***letter of ~*** Beileidsschreiben *n*; ***~ strike*** ⚚ Sympathiestreik *m*. **2.** Verständnis *n*; Wohlwollen *n*: ***be in ~ with*** sympathisieren mit. **3.** *pl* Sympathien *pl*: ***my sympathies are*** (*od*. ***lie***) ***with*** m-e Sympathien gehören (*dat*). **4.** *pl* Beileid *n*, Teilnahme *f*.

sym·phon·ic [sɪm'fɒnɪk] *adj* (***~ally***) ♪ sinfonisch, symphonisch. **sym·pho·ny** ['~fənɪ] *s* Sinfonie *f*, Symphonie *f*: ***~ orchestra*** Sinfonieorchester *n*.

sym·po·si·um [sɪm'pəʊzjəm] *pl* **-si·ums, -si·a** [~zjə] *s* Symposium *n*, Symposion *n*.

symp·tom ['sɪmptəm] *s* ⚕ Symptom *n*, Anzeichen *n* (***of*** für, von) (*beide a. fig*.). **symp·to·mat·ic** [ˌ~'mætɪk] *adj* (***~ally***) symptomatisch (***of*** für).

syn·a·gogue ['sɪnəgɒg] *s eccl*. Synagoge *f*.

syn·chro·nize ['sɪŋkrənaɪz] **I** *v/t* aufeinander abstimmen; *Film, Uhren* synchronisieren. **II** *v/i* synchron sein (*Film*) *od*. gehen (*Uhren*).

syn·di·cate ['sɪndɪkət] *s* ⚚ Konsortium *n*.

syn·drome ['sɪndrəʊm] *s* ⚕ Syndrom *n*.

syn·od ['sɪnəd] *s eccl*. Synode *f*.

syn·o·nym ['sɪnənɪm] *s ling*. Synonym *n*. **syn·on·y·mous** [sɪ'nɒnɪməs] *adj* □ synonym: ***be ~ with*** *fig*. gleichbedeutend sein mit.

syn·op·sis [sɪ'nɒpsɪs] *pl* **-ses** [~si:z] *s* Zs.-fassung *f*.
syn·tac·tic [sɪn'tæktɪk] *adj* (**~ally**) *ling*. syntaktisch. **syn·tax** ['sɪntæks] *s* Syntax *f*, Satzlehre *f*.
syn·the·sis ['sɪnθəsɪs] *pl* **-ses** ['~si:z] *s* Synthese *f*. **syn·the·size** ['~saɪz] *v/t* ⚗ synthetisch *od*. künstlich herstellen. '**syn·the·siz·er** *s* Synthesizer *m* (*Gerät zur elektronischen Musik-, Sprach- u. Geräuscherzeugung*).
syn·thet·ic [sɪn'θetɪk] *adj* (**~ally**) ⚗ synthetisch, Kunst...
syph·i·lis ['sɪfɪlɪs] *s* ⚕ Syphilis.
sy·phon → ***siphon.***
syr·inge ['sɪrɪndʒ] *s* ⚕ Spritze *f*.
syr·up ['sɪrəp] *s* **1.** Sirup *m*. **2.** ⚕ (*Husten*)Sirup *m*, (-)Saft *m*. '**syr·up·y** *adj* **1.** sirupartig. **2.** *fig*. zuckersüß.
sys·tem ['sɪstəm] *s* **1.** *allg*. System *n*: ***~ of government*** Regierungssystem; ***~s analyst*** Systemanalytiker(in); → ***digestive*** 2, ***nervous*** 1, ***respiratory.*** **2.** (*Straßen- etc*)Netz *n*. **3.** Organismus *m*: ***get s.th. out of one's ~*** *fig*. sich et. von der Seele reden. **sys·tem·at·ic** [ˌ~tə'mætɪk] *adj* (**~ally**) systematisch. **sys·tem·a·tize** ['~tɪmətaɪz] *v/t* systematisieren.

T

T [ti:] *s*: F ***that's him to a T*** das ist er, wie er leibt u. lebt; ***fit to a T*** wie angegossen passen *od*. sitzen; ***suit s.o. to a T*** j-m ausgezeichnet passen.
tab [tæb] *s* **1.** Aufhänger *m*, Schlaufe *f*; Lasche *f*. **2.** Etikett *n*, Schildchen *n*. **3.** ***keep ~s*** (*od*. ***a ~***) ***on*** F *j-n* überwachen. **4.** F Rechnung *f*: ***pick up the ~*** (die Rechnung) bezahlen.
tab·er·nac·le ['tæbənækl] *s eccl*. Tabernakel *n, m*.
ta·ble ['teɪbl] **I** *s* **1.** Tisch *m*: ***at ~*** bei Tisch; ***at the ~*** am Tisch; ***under the ~*** *fig*. unter der Hand; ***drink s.o. under the ~*** j-n unter den Tisch trinken; ***put on the ~*** auf den Tisch legen (*a. fig*.); ***turn the ~s*** (***on s.o.***) *fig*. den Spieß umdrehen *od*. umkehren. **2.** Tisch *m*, (Tisch)Runde *f*. **3.** Tabelle *f*: → ***content***[1] 3. **4.** ⅍ Einmaleins *n*. **II** *v/t* **5.** *fig*. auf den Tisch legen. **6.** *Am. fig*. zurückstellen. '**~·cloth** *s* Tischdecke *f*, -tuch *n*.
ta·ble d'hôte [ˌtɑ:bl'dəʊt] *s* Menü *n*.
ta·ble| lamp *s* Tischlampe *f*. **~ man·ners** *s pl* Tischmanieren *pl*. '**~·spoon** *s* Eßlöffel *m*.
tab·let ['tæblɪt] *s* **1.** *pharm*. Tablette *f*. **2.** Stück *n* (*Seife*). **3.** (*Stein- etc*)Tafel *f*.
ta·ble| ten·nis *s Sport*: Tischtennis *n*. '**~·ware** *s* Geschirr *n* u. Besteck *n*. **~ wine** *s* Tafel-, Tischwein *m*.
tab·loid ['tæblɔɪd] *s* Boulevardblatt *n*, -zeitung *f*. **~ press** *s* Boulevardpresse *f*.
ta·boo, ta·bu [tə'bu:] **I** *s* Tabu *n*. **II** *adj* Tabu...: ***~ subject*** Tabu *n*; ***be ~*** tabu sein. **III** *v/t* tabuisieren, für tabu erklären.
tab·u·lar ['tæbjʊlə] *adj* □ tabellarisch: ***in ~ form*** tabellarisch. **tab·u·late** ['~leɪt] *v/t* tabellarisch (an)ordnen.
tach·o·graph ['tækəʊgrɑ:f] *s mot*. Fahrt(en)schreiber *m*.
ta·chom·e·ter [tæ'kɒmɪtə] *s mot*. Drehzahlmesser *m*.
tac·it ['tæsɪt] *adj* □ stillschweigend. **tac·i·turn** ['~tɜ:n] *adj* □ schweigsam, wortkarg.
tack [tæk] **I** *s* **1.** Stift *m*, Zwecke *f*. **2.** Heftstich *m*. **3.** ***change ~*** *fig*. umschwenken. **II** *v/t* **4.** heften (***to*** an *acc*). **5.** *Stoffteile* heften. **6.** ***~ on*** anfügen (***to*** *dat*).
tack·le ['tækl] **I** *s* **1.** ⚙ Flaschenzug *m*. **2.** (*Angel*)Gerät(e *pl*) *n*. **3.** *Fußball*: Angriff *m* (*auf e-n ballführenden Gegner*); Zweikampf *m*. **II** *v/t* **4.** *Problem etc* angehen. **5.** *j-n* zur Rede stellen (***about*** wegen). **6.** *Fußball*: *ballführenden Gegner* angreifen.

tack·y[1] ['tæki] *adj* □ klebrig.
tack·y[2] [~] *adj* □ *Am.* F schäbig; heruntergekommen.
tact [tækt] *s* Takt *m.* **tact·ful** ['~fʊl] *adj* □ taktvoll.
tac·tic ['tæktɪk] *s* **1.** *oft pl* Taktik *f*, taktischer Zug. **2.** *pl* (*a. sg konstruiert*) ⚔, *Sport*: Taktik *f.* **tac·ti·cal** ['~kl] *adj* □ taktisch. **tac·ti·cian** [~'tɪʃn] *s* Taktiker(in).
tact·less ['tæktlɪs] *adj* □ taktlos.
tad·pole ['tædpəʊl] *s zo.* Kaulquappe *f.*
taf·fe·ta ['tæfɪtə] *s* Taft *m.*
taf·fy ['tæfɪ] *Am.* → **toffee.**
tag[1] [tæg] **I** *s* **1.** Etikett *n*; (*Namens-, Preis*)Schild *n*. **2.** stehende Redensart. **3.** *ling.* Frageanhängsel *n.* **II** *v/t* **4.** etikettieren; *Waren* auszeichnen: **~ (as)** *fig.* bezeichnen als, *b.s. a.* abstempeln als. **5. ~ on** → **tack** 6. **III** *v/i* **6. ~ along** F mitgehen, -kommen; mittrotten: **~ along behind s.o.** hinter j-m hertrotten.
tag[2] [~] *s* Fangen *n* (*Kinderspiel*): **play ~.**
tail [teɪl] **I** *s* **1.** *zo.* Schwanz *m*: **with one's ~ between one's legs** *fig.* mit eingezogenem Schwanz. **2.** Schwanz *m* (*e-s Drachens, e-r Kolonne etc*), (*e-s Flugzeugs etc a.*) hinterer Teil, (*e-s Kometen*) Schweif *m.* **3.** *pl* Frack *m.* **4.** *pl* Rück-, Kehrseite *f* (*e-r Münze*): → **head** 14. **5.** F Schatten *m*, Beschatter(in): **put a ~ on** *j-n* beschatten lassen. **II** *v/t* **6.** F *j-n* beschatten. **III** *v/i* **7. ~ off** schwächer werden, abnehmen. **8. ~ back** *mot. bsd. Br.* sich stauen (**to** bis zu). **'~·back** *s mot. bsd. Br.* Rückstau *m.* **'~·board** *s mot. etc* Ladeklappe *f.* **~ coat** *s* Frack *m.* **~ end** *s* Ende *n*, Schluß *m.* **'~·gate I** *s* **1.** *mot.* Hecktür *f.* **2.** *bsd. Am.* → **tailboard. II** *v/i u. v/t* **3.** *mot. bsd. Am.* zu dicht auffahren (auf *acc*). **'~·light** *s mot.* Rücklicht *n.*
tai·lor ['teɪlə] **I** *s* Schneider *m.* **II** *v/t* schneidern; *fig.* zuschneiden (**to** auf *acc*). **'~-made** *adj* maßgeschneidert (*a. fig.*): **~ suit** (**costume**) Maßanzug *m* (Schneiderkostüm *n*); **be ~ for** *fig.* wie geschaffen sein für.
'tail|·piece *s* Anhang *m*, Zusatz *m.* **~ pipe** *s mot. Am.* Auspuffrohr *n.* **'~·wind** *s* Rückenwind *m.*
take [teɪk] **I** *s* **1.** *Film, TV*: Einstellung *f.* **2.** F Einnahmen *pl.* **II** *v/t* (*irr*) **3.** *allg.* nehmen: **~ s.o. by the arm** (**in one's arms**) j-n am Arm (in die Arme) nehmen; **be ~n** besetzt sein (*Platz*); → **care** 2, 3, **place** 1, **prisoner, seat** 1, *etc.* **4.** (weg)nehmen. **5.** mitnehmen. **6.** bringen. **7.** ⚔ *Stadt etc* einnehmen; (*Schach etc*) *Figur*, *Stein* schlagen; *Gefangene* machen. **8.** *Preis etc* erringen: → **lead** 1. **9.** *Scheck etc* (an)nehmen; *Rat* annehmen: → **advice** 1, **blame** 4, **tip**[3] 2. **10.** *Kritik etc* hinnehmen. **11.** fassen; Platz bieten für. **12.** *et.* aushalten, ertragen. **13.** dauern: **it took him two hours to do it** er brauchte zwei Stunden, um es zu tun. **14.** *Prüfung, Spaziergang etc* machen; *Schritte* unternehmen; *Risiko* eingehen: → **oath** 1, **risk** I, **step** 4, **trouble** 7, *etc.* **15.** *Medizin etc* (ein)nehmen. **16.** → **take down** 4. **17. be ~n by** (*od.* **with**) angetan sein von. **18. he's got what it ~s** F er bringt alle Voraussetzungen mit. **III** *v/i* (*irr*) **19.** ⚕ wirken, anschlagen.
Verbindungen mit Präpositionen:
take| af·ter *v/i j-m* nachschlagen; *j-m* ähneln. **~ for** *v/t*: **what do you take me for?** wofür hältst du mich eigentlich? **~ from** *v/t* **1. take s.th. from s.o.** j-m et. wegnehmen. **2.** ℞ abziehen von. **3.** *Single* auskoppeln aus (*e-m Album*). **4. you can take it from me that** du kannst mir glauben, daß. **~ to** *v/i* **1.** Gefallen finden an (*dat*). **2. ~ doing s.th.** anfangen, et. zu tun. **3.** sich flüchten *od.* zurückziehen in (*acc*): **~ one's bed** ins Bett gehen; → **heel**[2] 1.
Verbindungen mit Adverbien:
take| a·long *v/t* mitnehmen. **~ a·part** *v/t* auseinandernehmen (*a. fig.* F), zerlegen. **~ a·side** *v/t j-n* beiseite nehmen. **~ a·way I** *v/t* **1.** wegnehmen (**from s.o.** j-m). **2. ... to ~** *Br.* ... zum Mitnehmen (*Essen*). **II** *v/i* **3. ~ from s.th.** e-r Sache Abbruch tun, et. schmälern. **~ back** *v/t* **1.** ⚔ zurückerobern. **2.** zurückbringen. **3.** *Ware, et. Gesagtes* zurücknehmen. **4.** bei *j-m* Erinnerungen wachrufen; *j-n* zurückversetzen (**to** in *acc*). **~ down** *v/t* **1.** herunternehmen, *Plakat etc* abnehmen. **2.** *Hose* herunterlassen. **3.** auseinandernehmen, zerlegen. **4.** (sich) *et.* aufschreiben *od.* notieren, sich *Notizen* machen. **~ in** *v/t* **1.** *j-n* (bei sich) aufnehmen: → **lodger. 2.** *fig. et.* einschließen.

3. *Kleidungsstück* enger machen. **4.** *et.* begreifen. **5.** *j-n* hereinlegen: ***be taken in by*** hereinfallen auf (*acc*). **~ off I** *v/t* **1.** *Kleidungsstück* ablegen, ausziehen, *Hut etc* abnehmen. **2.** ⚕ abnehmen, amputieren. **3.** *Theaterstück etc* absetzen. **4.** → ***off*** 9. **5.** ⚚ *Rabatt etc* abziehen. **6.** F *j-n* nachahmen, -machen. **II** *v/i* **7.** ✈ abheben. **8.** *Sport*: abspringen. **9.** F sich aufmachen. **~ on** *v/t* **1.** *j-n* einstellen. **2.** *Arbeit etc* an-, übernehmen. **3.** *Ausdruck*, *Farbe etc* annehmen. **4.** sich anlegen mit. **~ out** *v/t* **1.** herausnehmen, *Zahn* ziehen: ***take s.o. out of himself*** j-n auf andere Gedanken bringen. **2.** *j-n* ausführen, ausgehen mit. **3.** *Versicherung* abschließen. **4.** *s-n Frust etc* auslassen (**on** an *dat*): ***take it out on s.o.*** sich an j-m abreagieren. **~ o•ver I** *v/t Amt*, *Macht*, *Verantwortung etc* übernehmen. **II** *v/i* die Macht übernehmen. **~ up I** *v/t* **1.** *Flüssigkeit* aufnehmen, -saugen. **2.** *Aufmerksamkeit*, *Zeit* in Anspruch nehmen, *Platz* einnehmen: ***be taken up with*** stark in Anspruch genommen sein von. **3.** *Vorschlag etc* aufgreifen. **4.** ***~ doing s.th.*** anfangen, sich mit et. zu beschäftigen. **5.** ***take s.o. up on his offer*** auf j-s Angebot zurückkommen. **6.** *Erzählung etc* aufnehmen, fortfahren mit. **II** *v/i* **7.** sich einlassen (***with*** mit).

ˈtake|-aˌway *s Br.* **1.** Essen *n* zum Mitnehmen. **2.** Restaurant *n* mit Straßenverkauf. **ˈ~-home** *adj*: ***~ pay*** Nettolohn *m*, -gehalt *n*.

tak•en [ˈteɪkən] *pp von* ***take.***

ˈtake|-off *s* **1.** ✈ Abheben *n*; Start *m*: → ***ready*** 1. **2.** *Sport*: Absprung *m*. **3.** F Nachahmung *f*: ***do a ~ of*** → ***take off*** 6. **ˈ~-out** *Am.* → ***takeaway.*** **ˈ~ˌo•ver** *s bsd.* ⚚ Übernahme *f*.

tak•er [ˈteɪkə] *s* Interessent(in). **ˈtak•ings** *s pl* Einnahmen *pl*.

talc [tælk] *s* **1.** *min.* Talk *m*. **2.** → ***talcum powder.***

tal•cum pow•der [ˈtælkəm] *s* Talkumpuder *m*; Körperpuder *m*.

tale [teɪl] *s* **1.** Erzählung *f*; Geschichte *f*: ***tell ~s*** petzen; ***tell ~s about*** *j-n* verpetzen; ***tell ~s out of school*** *fig.* aus der Schule plaudern; → ***fairy tale, old*** 1. **2.** Lüge(ngeschichte) *f*, Märchen *n*.

tal•ent [ˈtælənt] *s* Talent *n* (*a. Person*), Begabung *f*; *coll.* Talente *pl* (*Personen*): ***~ for acting*** schauspielerisches Talent; ***have great ~*** sehr begabt sein; ***have a great ~ for music*** musikalisch sehr begabt sein; ***~ scout*** (*bsd. Sport*) Talentsucher(in). **ˈtal•ent•ed** *adj* talentiert, begabt.

tal•is•man [ˈtælɪzmən] *s* Talisman *m*.

talk [tɔːk] **I** *s* **1.** Gespräch *n* (*a. pol. etc*), Unterhaltung *f* (***with*** mit; ***about*** über *acc*): ***have a long ~ with s.o.*** ein langes Gespräch mit j-m führen, sich lange mit j-m unterhalten. **2.** Sprache *f* (*Art zu reden*): → ***baby talk.*** **3.** Gerede *n*: ***there is a lot of ~ about*** es ist viel die Rede von; ***be the ~ of the town*** Stadtgespräch sein; → ***small*** I. **4.** Vortrag *m*: ***give a ~*** e-n Vortrag halten (***to*** vor *dat*; ***about, on*** über *acc*). **II** *v/i* **5.** reden, sprechen, sich unterhalten (***to, with*** mit; ***about*** über *acc*; ***of*** von): ***~ about s.th.*** *a.* et. besprechen; ***get o.s. ~ed about*** ins Gerede kommen; ***~ing of*** da wir gerade von ... sprechen; ***~ round s.th.*** um et. herumreden; ***you can ~!, look who's ~ing!, you're a fine one to ~!*** F das sagst ausgerechnet du!; → ***all*** 3, ***big*** 7, ***devil*** 1, ***hat.*** **III** *v/t* **6.** *Unsinn etc* reden. **7.** reden *od.* sprechen *od.* sich unterhalten über (*acc*): → ***shop*** 3. **8.** ***~ s.o. into s.th.*** j-n zu et. überreden; ***~ s.o. into doing s.th.*** j-n überreden, et. zu tun; ***~ s.o. out of s.th.*** j-m et. ausreden; ***~ s.o. out of doing s.th.*** es j-m ausreden, et. zu tun; ***~ one's way out of s.th.*** sich aus et. herausreden.

Verbindungen mit Adverbien:

talk| down I *v/t Flugzeug* heruntersprechen. **II** *v/i*: ***~ to s.o.*** herablassend mit j-m reden. **~ out** *v/t Problem etc* ausdiskutieren. **~ o•ver** *v/t Problem etc* besprechen (***with*** mit). **~ round** *v/t j-n* bekehren (***to*** zu), umstimmen.

talk•a•tive [ˈtɔːkətɪv] *adj* □ gesprächig, redselig. **ˈtalk•er** *s*: ***be a good ~*** gut reden können. **ˈtalk•ing I** *s* Sprechen *n*, Reden *n*: ***do all the ~*** allein das Wort führen. **II** *adj* sprechend: ***~ doll*** Sprechpuppe *f*; ***~ point*** Gesprächsthema *n*; Streitpunkt *m*. **ˈtalk•ing-to** *pl* **-tos** *s* F Standpauke *f*: ***give s.o. a ~*** j-m e-e Standpauke halten.

talk show *s TV bsd. Am.* Talk-Show *f*.

tall [tɔːl] *adj* **1.** groß (*Person*), hoch (*Ge-*

bäude etc). **2.** F unglaublich (*Geschichte*): ***that's a ~ order*** das ist ein bißchen viel verlangt.

tal·low ['tæləʊ] *s* Talg *m*.

tal·ly ['tælɪ] **I** *s Sport etc*: Stand *m*: ***keep a ~ of*** Buch führen über (*acc*). **II** *v/i* übereinstimmen (***with*** mit). **III** *v/t a.* ***~ up*** zs.-rechnen, -zählen.

tal·on ['tælən] *s orn.* Kralle *f*, Klaue *f*.

tam·bour ['tæmˌbʊə] *s* Stickrahmen *m*.

tam·bou·rine [ˌ~bə'riːn] *s* ♪ Tamburin *n*.

tame [teɪm] **I** *adj* □ **1.** *zo.* zahm. **2.** F fad, lahm. **II** *v/t* **3.** *Tier* zähmen; *Leidenschaft etc* (be)zähmen.

tam·per ['tæmpə] *v/i*: ***~ with*** sich zu schaffen machen an (*dat*).

tam·pon ['tæmpɒn] *s* ⚕ Tampon *m*.

tan [tæn] **I** *v/t* **1.** *j-n, Haut* bräunen. **2.** *Fell* gerben: → ***hide***[1] 1. **II** *v/i* **3.** bräunen, braun werden. **III** *s* **4.** Bräune *f*. **IV** *adj* **5.** gelbbraun.

tan·dem ['tændəm] *s* Tandem *n*: ***in ~*** *fig.* zusammen, gemeinsam (***with*** mit).

tang [tæŋ] *s* (scharfer) Geruch *od.* Geschmack.

tan·gent ['tændʒənt] *s* ⩓ Tangente *f*: ***fly*** (*od.* ***go***) ***off at a ~*** *fig.* plötzlich (vom Thema) abschweifen.

tan·ger·ine [ˌtændʒə'riːn] *s* ♣ Mandarine *f*.

tan·gi·ble ['tændʒəbl] *adj* greifbar, *fig. a.* handfest.

tan·gle ['tæŋgl] **I** *v/t* **1.** *a.* ***~ up*** verwirren, durcheinanderbringen (*beide a. fig.*), verheddern: ***get ~d*** → 2. **II** *v/i* **2.** sich verwirren, durcheinanderkommen, sich verheddern (*alle a. fig.*). **3.** ***~ with*** F aneinandergeraten mit. **III** *s* **4.** Gewirr *n*, *fig. a.* Wirrwarr *m*, Durcheinander *n*.

tan·go ['tæŋgəʊ] **I** *pl* **-gos** *s* ♪ Tango *m*. **II** *v/i* Tango tanzen: ***it takes two to ~*** *fig.* dazu gehören zwei.

tank [tæŋk] **I** *s* **1.** *mot. etc* Tank *m*. **2.** ⚔ Panzer *m*. **II** *v/t* **3.** ***~ed up*** *Br.* F voll (*betrunken*).

tank·ard ['tæŋkəd] *s* (Bier)Humpen *m*.

tank·er ['tæŋkə] *s* ⚓ Tanker *m*, Tankschiff *n*; *mot.* Tank-, 🚃 *a.* Kesselwagen *m*.

tan·ta·lize ['tæntəlaɪz] *v/t j-n* aufreizen; hinhalten (***with*** mit). **'tan·ta·liz·ing** *adj* □ verlockend.

tan·ta·mount ['tæntəmaʊnt] *adj*: ***be ~ to*** gleichbedeutend sein mit, hinauslaufen auf (*acc*).

tan·trum ['tæntrəm] *s* Koller *m*: ***fly into*** (*od.* ***throw***) ***a ~*** e-n Koller kriegen.

tap[1] [tæp] **I** *v/t* **1.** a) → 3: ***~ s.o. on the shoulder*** j-m auf die Schulter klopfen, b) antippen. **2.** mit *den Fingern, Füßen* klopfen (***on*** auf *acc*), mit *den Fingern* trommeln (***on*** auf *acc, dat*). **II** *v/i* **3.** ***~ on*** (leicht) klopfen an (*acc*) *od.* auf (*acc*) *od.* gegen. **III** *s* **4.** (leichtes) Klopfen; Klaps *m*.

tap[2] [~] **I** *s* **1.** ⚙ Hahn *m*: ***beer on ~*** Bier *n* vom Faß; ***have s.th. on ~*** *fig.* et. zur Hand *od.* auf Lager haben. **II** *v/t* **2.** *Faß* anzapfen, anstechen. **3.** *Telefon*(*leitung*) anzapfen, abhören. **4.** *Naturschätze etc* erschließen; *Vorräte etc* angreifen. **5.** ***~ for*** *Br.* F *j-n* anpumpen *od.* anzapfen um.

tape [teɪp] **I** *s* **1.** *allg.* Band *n*; (*Video- etc*)Kassette *f*. **2.** (Band)Aufnahme *f*; *TV* Aufzeichnung *f*. **3.** *Sport*: Zielband *n*: → ***breast*** II. **4.** → ***tape measure.*** **II** *v/t* **5.** *a.* ***~ up*** (mit Klebeband) zukleben. **6.** (auf Band) aufnehmen; *TV* aufzeichnen: ***~d music*** Musik *f* vom Band. **~deck** *s* Tapedeck *n* ([*in e-e Stereoanlage eingebauter*] *Kassettenrecorder ohne eigenen Verstärker u. Lautsprecher*). **~ meas·ure** *s* Maß-, Meßband *n*, Bandmaß *n*.

ta·per ['teɪpə] *v/i* **1.** *a.* ***~ off*** spitz zulaufen, sich verjüngen. **2.** *a.* ***~ off*** *fig.* langsam nachlassen.

'tape|-reˌcord → ***tape*** 6. **~ re·cord·er** *s* Tonbandgerät *n*.

ta·pes·try ['tæpɪstrɪ] *s* Gobelin *m*, Wandteppich *m*.

'tape·worm *s zo.* Bandwurm *m*.

tap wa·ter *s* Leitungswasser *n*.

tar [tɑː] **I** *s* Teer *m*. **II** *v/t* teeren: ***~ and feather*** *j-n* teeren u. federn; ***they are all ~red with the same brush*** *fig. contp.* sie sind alle gleich.

ta·ran·tu·la [tə'ræntjʊlə] *s zo.* Tarantel *f*.

tar·dy ['tɑːdɪ] *adj* □ spät, verspätet.

tare [teə] *s* ✝ Tara *f*.

tar·get ['tɑːgɪt] **I** *s* **1.** (Schieß-, Ziel-) Scheibe *f*; *fig.* Zielscheibe *f* (*des Spotts etc*). **2.** ⚔ Ziel *n* (*a. fig.*); ✝ *a.* Soll *n*: ***set o.s. a ~ of doing s.th.*** (es) sich zum Ziel setzen, et. zu tun. **II** *v/t* **3.** ***be ~ed at*** (*od.* ***on***) gerichtet sein auf (*acc*); *fig.* abzielen auf (*acc*). ~ **group** *s* Zielgruppe *f*. ~ **lan·guage** *s* Zielsprache *f*.

tar·iff ['tærɪf] *s* **1.** Zoll(tarif) *m*. **2.** *bsd. Br.* Preisverzeichnis *n* (*in Hotel etc*).

tar·mac ['tɑːmæk] *s* **1.** Asphalt *m*. **2.** ✈ Rollfeld *n*.

tar·nish ['tɑːnɪʃ] **I** *v/t Ansehen etc* beflekken. **II** *v/i* anlaufen (*Metall*).

tar·pau·lin [tɑː'pɔːlɪn] *s* Plane *f*; ⚓ Persenning *f*.

tar·ra·gon ['tærəgən] *s* ⚘ Estragon *m*.

tart¹ [tɑːt] *adj* □ **1.** herb; sauer. **2.** *fig.* scharf, beißend.

tart² [~] *s* **1.** Obstkuchen *m*; Obsttörtchen *n*. **2.** F Flittchen *n*; Nutte *f*.

tar·tan ['tɑːtən] *s* Schottenstoff *m*; Schottenmuster *n*.

tar·tar ['tɑːtə] *s* ⚗ Weinstein *m*; Zahnstein *m*.

task [tɑːsk] *s* Aufgabe *f*: ***take s.o. to*** ~ *fig.* j-n zurechtweisen (***for*** wegen). ~ **force** *s* ⚔ Sonder-, Spezialeinheit *f* (*a. der Polizei*).

tas·sel ['tæsl] *s* Troddel *f*, Quaste *f*.

taste [teɪst] **I** *s* **1.** Geschmack(ssinn) *m*: → ***sense*** 1. **2.** Geschmack *m*: ***have no*** ~ nach nichts schmecken; ***leave a bad*** ~ ***in s.o.'s mouth*** *fig.* e-n bitteren *od.* schlechten Nachgeschmack bei j-m hinterlassen. **3.** Kostprobe *f*: ***have a*** ~ ***of*** a) → 6, b) *fig.* e-n Vorgeschmack bekommen von. **4.** *fig.* Geschmack *m*: ***to s.o.'s*** ~ nach j-s Geschmack; ***be in bad*** (*od.* ***poor***) ~ geschmacklos sein; → ***account*** 3, ***matter*** 3. **5.** *fig.* Vorliebe *f* (***for*** für). **II** *v/t* **6.** kosten, probieren. **7.** schmecken. **8.** *fig.* kosten, erleben, kennenlernen. **III** *v/i* **9.** schmecken (***of*** nach). **taste·ful** ['~fʊl] *adj* □ *fig.* geschmackvoll. '**taste·less** *adj* □ geschmacklos (*a. fig.*). '**tast·y** *adj* □ schmackhaft.

tat [tæt] → ***tit¹***.

ta-ta [ˌtæ'tɑː] *int Br.* F tschüs!

tat·tered ['tætəd] *adj* zerlumpt (*Kleidung, Person*); *fig.* ruiniert, ramponiert (*Ruf etc*). '**tat·ters** *s pl* Fetzen *pl*, Lumpen *pl*: ***be in*** ~ zerlumpt sein (*Kleidung*); *fig.* ruiniert *od.* ramponiert sein (*Ruf etc*).

tat·tle ['tætl] F **I** *v/i* klatschen, tratschen. **II** *s* Klatsch *m*, Tratsch *m*.

tat·too¹ [tə'tuː] **I** *v/t* **1.** tätowieren. **2.** *Muster etc* eintätowieren (***on*** in *acc*). **II** *s* **3.** Tätowierung *f*.

tat·too² [~] *s* ⚔ Zapfenstreich *m*; (*mst* abendliche) Musikparade.

tat·ty ['tætɪ] *adj* □ *bsd. Br.* F schäbig (*Kleidung, Möbel etc*).

taught [tɔːt] *pret u. pp von* ***teach***.

taunt [tɔːnt] **I** *v/t* verhöhnen, -spotten (***for, with*** wegen). **II** *s* höhnische *od.* spöttische Bemerkung.

Tau·rus ['tɔːrəs] *s ast.* Stier *m*: ***be*** (***a***) ~ Stier sein.

taut [tɔːt] *adj* □ **1.** straff (*Seil etc*). **2.** *fig.* angespannt (*Gesichtsausdruck etc*). '**taut·en I** *v/t* spannen, straffen, straff anziehen. **II** *v/i* sich spannen *od.* straffen.

tau·tol·o·gy [tɔː'tɒlədʒɪ] *s rhet.* Tautologie *f*.

taw·dry ['tɔːdrɪ] *adj* □ (billig u.) geschmacklos.

taw·ny ['tɔːnɪ] *adj* gelbbraun.

tax [tæks] **I** *s* **1.** Steuer *f* (***on*** auf *acc*): ***before*** (***after***) ~ vor (nach) Abzug der Steuern, brutto (netto); → ***put*** 2. **II** *v/t* **2.** besteuern. **3.** *j-s Geduld etc* strapazieren. '**tax·a·ble** *adj* steuerpflichtig.

tax'a·tion *s* Besteuerung *f*.

tax| brack·et *s* Steuergruppe *f*, -klasse *f*. ˌ**~-de'duct·i·ble** *adj* (steuerlich) absetzbar. ~ **e·va·sion** *s* Steuerhinterziehung *f*. ˌ**~-'free** *adj u. adv* steuerfrei. ~ **ha·ven** *s* Steueroase *f*, -paradies *n*.

tax·i ['tæksɪ] **I** *s* Taxi *n*, Taxe *f*. **II** *v/i* ✈ rollen. '**~·cab** → ***taxi*** I. ~ **driv·er** *s* Taxifahrer(in). '**~ˌme·ter** *s* Taxameter *m, n*, Fahrpreisanzeiger *m*.

tax·ing ['tæksɪŋ] *adj* anstrengend.

tax·i| rank, ~ **stand** *s* Taxistand *m*.

'**tax|ˌpay·er** *s* Steuerzahler(in). ~ **rate** *s* Steuersatz *m*. ~ **rea·sons** *s pl* steuerliche Gründe *pl*. ~ **re·turn** *s* Steuererklärung *f*.

'**T-bone** (**steak**) *s* T-bone-Steak *n* (*Steak aus dem Rippenstück des Rinds*).

tea [tiː] *s* Tee *m*: ***not for all the*** ~ ***in China*** nicht um alles in der Welt; → ***cup*** 1, ***high tea***. ~ **bag** *s* Tee-, Aufgußbeutel *m*. ~ **break** *s* Teepause *f*. ~ **cad·dy** *s* Teebüchse *f*, -dose *f*.

teach [tiːtʃ] (*irr*) **I** *v/t* **1.** *Fach* lehren, unterrichten. **2.** *j-n, a. j-m et.* lehren, *j-n* unterrichten in (*dat*); *j-m et.* beibringen: ~ ***s.o. a lesson*** *fig.* j-m e-e Lektion erteilen. **II** *v/i* **3.** unterrichten (***at*** an *e-r Schule*). **'teach·er** *s* Lehrer(in). **'teach·ing** *s* **1.** Unterrichten *n*; Lehrberuf *m*. **2.** Lehre *f*.

tea| cloth → ***tea towel***. **~ co·sy** (*Am.* **co·zy**) *s* Teewärmer *m*. **'~·cup** *s* Teetasse *f*: → ***storm*** 1. **'~·house** *s* Teehaus *n*.

teak [tiːk] *s* Teak(holz) *n*.

'tea|ˌket·tle *s* Tee-, Wasserkessel *m*. **'~ˌleaf** *s* (*irr* ***leaf***) **1.** Teeblatt *n*. **2.** *Br. sl.* Langfinger *m*.

team [tiːm] **I** *s* **1.** *Sport*: Mannschaft *f*, Team *n*, *allg. a.* Gruppe *f*. **2.** Gespann *n*. **II** *v/i* **3. ~ *up*** sich zs.-tun (***with*** mit). **~ ef·fort** *s* Teamwork *n*: ***by a ~*** mit vereinten Kräften. **~ game** *s Sport*: Mannschaftsspiel *n*. **'~·mate** *s Sport*: Mannschaftskamerad(in). **~ spir·it** *s Sport*: Mannschaftsgeist *m*; *allg.* Gemeinschaftsgeist *m*.

team·ster ['tiːmstə] *s* LKW-Fahrer *m*.

'team·work *s Sport*: Mannschafts-, Zs.-spiel *n*; *allg.* Teamwork *n*.

tea| par·ty *s* Teegesellschaft *f*. **'~·pot** *s* Teekanne *f*: → ***tempest***.

tear¹ [tɪə] *s* Träne *f*: ***be almost in ~s*** den Tränen nahe sein, fast weinen; ***~s pl of joy*** Freudentränen *pl*; → ***burst*** 3, ***near*** 3, ***roll*** 7, ***run*** 11.

tear² [teə] **I** *s* **1.** Riß *m*. **II** *v/t* (*irr*) **2.** zerreißen; sich *et.* zerreißen (***on*** an *dat*); ***~ a muscle*** sich e-n Muskel reißen, sich e-n Muskelriß zuziehen; ***torn muscle*** Muskelriß *m*; → ***piece*** 1, ***shred*** 1. **3.** weg-, losreißen (***from*** von): ***~ s.th. from s.o.*** *a.* j-m et. entreißen; → ***hair***. **4.** ***be torn between ... and*** *fig.* hin- u. hergerissen sein zwischen (*dat*) ... u. **III** *v/i* (*irr*) **5.** (zer)reißen. **6.** F rasen, sausen. **7.** ***~ into s.o.*** F über j-n herfallen (*a. mit Worten*).

Verbindungen mit Adverbien:

tear| a·way *v/t* weg-, losreißen (***from*** von) (*a. fig.*). **~ down** *v/t* **1.** *Plakat etc* herunterreißen. **2.** *Haus etc* abreißen. **~ off** *v/t* **1.** abreißen; abtrennen. **2.** sich *Kleidung* vom Leib reißen. **3.** F *Aufsatz etc* hinhauen. **~ out** *v/t* (her)ausreißen (***of*** aus); *Baum* entwurzeln: → ***hair***. **~ up** *v/t* **1.** aufreißen. **2.** zerreißen.

tear·drop ['tɪədrɒp] *s* Träne *f*.

tear·ful ['tɪəfʊl] *adj* □ **1.** weinend. **2.** tränenreich (*Abschied etc*).

tear gas [tɪə] *s* Tränengas *n*.

tear·ing ['teərɪŋ] *adj*: ***be in a ~ hurry*** F es schrecklich eilig haben.

tear·jerk·er ['tɪəˌdʒɜːkə] *s* F Schmachtfetzen *m*.

tear·off ['teərɒf] *adj*: ***~ calendar*** Abreißkalender *m*.

tea·room ['~rʊm] *s* Teestube *f*.

tease [tiːz] **I** *v/t j-n, Tier* necken, *j-n* hänseln (***about*** wegen); *j-n, Tier* reizen. **II** *v/i*: ***he is only teasing*** er macht nur Spaß. **III** *s* Necker(in), Hänsler(in). **'teas·er** *s* **1.** → ***tease*** III. **2.** F harte Nuß.

tea| ser·vice, ~ set *s* Teeservice *n*. **'~·spoon** *s* Teelöffel *m*.

teat [tiːt] *s* **1.** *zo.* Zitze *f*. **2.** *Br.* (Gummi)Sauger *m* (*e-r Saugflasche*).

tea| tow·el *s bsd. Br.* Geschirrtuch *n*. **~ trol·ley** *s bsd. Br.*, **~ wag·on** *s bsd. Am.* Tee-, Servierwagen *m*.

tech·ni·cal ['teknɪkl] *adj* □ **1.** *allg.* technisch: ***~ knockout*** (*Boxen*) technischer K. o. **2.** fachlich, Fach...: ***~ term*** Fachausdruck *m*. **tech·ni·cal·i·ty** [ˌ~'kælətɪ] *s* technische Einzelheit. **tech'ni·cian** [~ʃn] *s* Techniker(in).

tech·nique [tek'niːk] *s* **1.** ⚙ Technik *f*, Verfahren *n*. **2.** ♪, *paint.*, *Sport etc*: Technik *f*.

tech·no·crat ['teknəʊkræt] *s* Technokrat(in).

tech·no·log·i·cal [ˌteknə'lɒdʒɪkl] *adj* □ technologisch; technisch. **tech·nol·o·gist** [~'nɒlədʒɪst] *s* Technologe *m*, Technologin *f*. **tech'nol·o·gy** *s* Technologie *f*; Technik *f*.

ted·dy (**bear**) ['tedɪ] *s* Teddy(bär) *m*.

te·di·ous ['tiːdjəs] *adj* □ langweilig. **te·di·um** ['~djəm] *s* Langweiligkeit *f*.

teem¹ [tiːm] *v/i* (***with***) wimmeln (von); strotzen (von, vor *dat*): ***the square was ~ing with people*** auf dem Platz wimmelte es von Menschen.

teem² [~] *v/i*: ***it is ~ing with rain*** es regnet in Strömen.

teen·age(**d**) ['tiːneɪdʒ(d)] *adj* **1.** im Teenageralter. **2.** Teenager..., für Teenager. **'teenˌag·er** *s* Teenager *m*.

teens [tiːnz] *s pl*: ***be in one's ~*** im Teenageralter sein.

tee·ny ['tiːnɪ], **tee·ny-wee·ny** [ˌ~'wiːnɪ] *adj* F klitzeklein, winzig.

tee shirt [tiː] *s* T-Shirt *n*.

tee·ter ['tiːtə] *v/i* (sch)wanken.

teeth [tiːθ] *pl von* ***tooth.***

teethe [tiːð] *v/i* zahnen. **'teeth·ing** *adj*: ***~ troubles*** *pl fig.* Kinderkrankheiten *pl.*

tee·to·tal·er *s Am.*, **tee·to·tal·ler** *s bsd. Br.* [tiː'təʊtlə] *s* Abstinenzler(in).

tel·e·cast ['telɪkɑːst] **I** *v/t* (*mst irr*) im Fernsehen übertragen *od.* bringen. **II** *s* Fernsehsendung *f.*

tel·e·com·mu·ni·ca·tions ['telɪkəˌmjuːnɪ'keɪʃnz] *s pl* Telekommunikation *f*, Fernmeldewesen *n.* **~ sat·el·lite** *s* Fernmelde-, Nachrichtensatellit *m.*

tel·e·gen·ic [ˌtelɪ'dʒenɪk] *adj* (***~ally***) *TV* telegen.

tel·e·gram ['telɪgræm] *s* Telegramm *n*: ***by ~*** telegrafisch.

tel·e·graph ['telɪgrɑːf] **I** *s*: ***by ~*** telegrafisch. **II** *v/t j-m et.* telegrafieren. **tel·e·graph·ese** [ˌ~grɑː'fiːz] *s* Telegrammstil *m.* **tel·e·graph·ic** [ˌ~'græfɪk] *adj* (***~ally***) telegrafisch. **te·leg·ra·phy** [tɪ'legrəfɪ] *s* Telegrafie *f.*

te·lep·a·thy [tɪ'lepəθɪ] *s* Telepathie *f*, Gedankenübertragung *f.*

tel·e·phone ['telɪfəʊn] **I** *s* **1.** Telefon *n*: ***by ~*** telefonisch; ***be on the ~*** Telefon(anschluß) haben; am Telefon sein. **2.** Hörer *m.* **II** *v/i* **3.** telefonieren, anrufen. **III** *v/t* **4.** anrufen: ***~ s.th. to s.o.*** j-m et. telefonisch durchgeben. **IV** *adj* **5.** Telefon...: ***~ booth*** (*Br.* ***box***) Telefon-, Fernsprechzelle *f*; ***~ call*** Telefonanruf *m*, -gespräch *n*; ***~ directory*** Telefon-, Fernsprechbuch *n*; ***~ exchange*** Fernsprechamt *n*; ***~ number*** Telefonnummer *f.* **te·leph·o·nist** [tɪ'lefənɪst] *s bsd. Br.* Telefonist(in).

tel·e·pho·to lens ['telɪˌfəʊtəʊ] *s phot.* Teleobjektiv *n.*

tel·e·print·er ['telɪˌprɪntə] *s* ⚙ Fernschreiber *m.*

tel·e·scope ['telɪskəʊp] **I** *s* **1.** Teleskop *n*, Fernrohr *n.* **II** *v/t* **2.** *a.* ***~ together*** zs.-, ineinanderschieben. **3.** *fig.* verkürzen, komprimieren (***into*** zu). **III** *v/i* **4.** sich zs.- *od.* ineinanderschieben (lassen). **tel·e·scop·ic** [ˌ~'skɒpɪk] *adj* (***~ally***) **1.** teleskopisch: ***~ sight*** Zielfernrohr *n.* **2.** ausziehbar: ***~ aerial*** (*bsd. Am.* ***antenna***) Teleskopantenne *f*; ***~ umbrella*** Taschenschirm *m.*

tel·e·text ['telɪtekst] *s* Bildschirmtext *m.*

tel·e·vise ['telɪvaɪz] → ***telecast*** I. **tel·e·vi·sion** ['~ˌvɪʒn] **I** *s* **1.** Fernsehen *n*: ***on (the) ~*** im Fernsehen; ***watch ~*** fernsehen; ***work in ~*** beim Fernsehen beschäftigt sein. **2.** Fernsehapparat *m*, -gerät *n.* **II** *adj* **3.** Fernseh...: ***~ set*** → 2.

tel·ex ['teleks] *s* **1.** Telex *n*, Fernschreiben *n.* **2.** ⚙ Fernschreiber *m.*

tell [tel] (*irr*) **I** *v/t* **1.** sagen, erzählen: ***I can't ~ you how ...*** ich kann dir gar nicht sagen, wie ...; ***you are ~ing me!*** F wem sagst du das!; → ***another*** 2. **2.** *Geschichte etc* erzählen: → ***tale*** 1. **3.** *s-n Namen etc* nennen; *Grund etc* angeben; *Zeit* anzeigen (*Uhr*). **4.** (mit Bestimmtheit) sagen; erkennen (***by*** an *dat*): ***I can't ~ one from the other, I can't ~ them apart*** ich kann sie nicht auseinanderhalten. **5.** *j-m* sagen, befehlen (***to do*** zu tun). **6.** ***~ off*** F *j-m* Bescheid stoßen (***for*** wegen). **II** *v/i* **7.** ***who can ~?*** wer weiß?; ***you can never*** (*od.* ***never can***)***~*** man kann nie wissen. **8.** ***~ on s.o.*** j-n verpetzen *od.* verraten. **9.** sich auswirken (***on*** bei, auf *acc*), sich bemerkbar machen: ***~ against*** sprechen gegen; von Nachteil sein für. **'tell·er** *s bsd. Am.* Kassierer(in) (*e-r Bank*).

tell·ing ['telɪŋ] *adj* ☐ **1.** aufschlußreich. **2.** schlagend (*Argument*). **ˌ~-'off** *s*: ***give s.o. a (good) ~*** F j-m (kräftig) Bescheid stoßen (***for*** wegen).

'tell·tale I *adj* verräterisch. **II** *s* F Zuträger(in), Petze *f.*

tel·ly ['telɪ] *s bsd. Br.* F **1.** → ***television*** 1. **2.** Fernseher *m* (*Gerät*).

te·mer·i·ty [tɪ'merətɪ] *s* Kühnheit *f*, Frechheit *f.*

temp [temp] *Br.* F **I** *s* (*von e-r Agentur vermittelte*) Zeitsekretärin. **II** *v/i* als Zeitsekretärin arbeiten.

tem·per ['tempə] **I** *s* **1.** Temperament *n*, Gemüt(sart *f*) *n*, Wesen(sart *f*) *n.* **2.** Laune *f*, Stimmung *f*: ***be in a bad ~*** schlecht gelaunt sein; ***keep one's ~*** ruhig bleiben; ***lose one's ~*** die Beherrschung verlieren. **3.** F ***be in a ~*** gereizt *od.* wütend sein; ***fly into a ~*** an die Decke gehen; → ***fit*** 1, ***work*** 8. **II** *v/t* **4.** ⚙ *Stahl* härten. **tem·per·a·ment** ['~rəmənt] *s* **1.** → ***temper*** 1. **2.** Temperament *n*, Lebhaftigkeit *f.* **tem·per·a·men·tal** [ˌ~rə'mentl] *adj* ☐ **1.** reizbar; launisch. **2.** veranlagungsmäßig, anlagebedingt: ***~ly*** *a.* von der Veranlagung her, von Natur aus.

tem·per·ate ['tempərət] *adj* gemäßigt (*Klima, Zone*).

tem·per·a·ture ['temprətʃə] *s* Temperatur *f*: ***have*** (*od.* ***be running***) ***a*** ~ erhöhte Temperatur *od.* Fieber haben; ***take s.o.'s*** ~ j-s Temperatur messen.

tem·pest ['tempɪst] *s* (heftiger) Sturm (*poet. außer in*): ~ ***in a teapot*** *Am. fig.* Sturm im Wasserglas. **tem·pes·tu·ous** [~'pestjʊəs] *adj* □ *poet. od. fig.* stürmisch.

tem·pi [tempiː] *pl von* ***tempo.***

tem·ple¹ [templ] *s* Tempel *m.*

tem·ple² [~] *s anat.* Schläfe *f.*

tem·po ['tempəʊ] *pl* **-pos, -pi** ['~piː] *s* ♪ Tempo *n* (*a. fig.*).

tem·po·ral¹ ['tempərəl] *adj* □ **1.** weltlich. **2.** *ling.* temporal, Zeit..., der Zeit.

tem·po·ral² [~] *adj anat.* Schläfen...: ~ ***bone*** Schläfenbein *n.*

tem·po·rar·y ['tempərərɪ] *adj* □ vorübergehend, zeitweilig. **'tem·po·rize** *v/i* Zeit zu gewinnen suchen.

tempt [tempt] *v/t* **1.** *j-n* in Versuchung führen (*a. eccl.*); *j-n* verführen (***to*** zu; ***to do*** [*od.* ***into doing***] ***s.th.*** dazu, et. zu tun): ***be*** ~***ed to do s.th.*** versucht *od.* geneigt sein, et. zu tun. **2.** ~ ***fate*** (*od.* ***providence***) das Schicksal herausfordern. **temp'ta·tion** *s* Versuchung *f* (*a. eccl.*), Verführung *f.* **'tempt·er** *s* Verführer *m.* **'tempt·ing** *adj* □ verführerisch. **'tempt·ress** *s* Verführerin *f.*

ten [ten] **I** *adj* **1.** zehn. **II** *s* **2.** Zehn *f*: ~ ***of hearts*** Herzzehn; ~***s*** *pl* ***of thousands*** Zehntausende *pl.* **3.** ₰ Zehner *m.*

ten·a·ble ['tenəbl] *adj* haltbar (*Theorie etc*).

te·na·cious [tɪ'neɪʃəs] *adj* □ hartnäckig, zäh. **te'na·cious·ness, te·nac·i·ty** [tɪ'næsətɪ] *s* Hartnäckigkeit *f*, Zähigkeit *f.*

ten·an·cy ['tenənsɪ] *s* Pacht-, Mietdauer *f.*

ten·ant ['tenənt] *s* Pächter(in), Mieter(in).

tend¹ [tend] *v/i* neigen, tendieren (***to, toward***[***s***] zu): ~ ***to do s.th.*** dazu neigen, et. zu tun; ~ ***upwards*** e-e steigende Tendenz haben (*Preise etc*).

tend² [~] **I** *v/t j-n* pflegen, *a. Wunde* versorgen. **II** *v/i*: ~ ***to*** → I.

tend·en·cy ['tendənsɪ] *s* Tendenz *f*; Neigung *f*: ***have a*** ~ ***to*** (*od.* ***toward***[***s***]) neigen *od.* tendieren zu; ***have a*** ~ ***to do s.th.*** dazu neigen, et. zu tun. **ten·den·tious** [~'denʃəs] *adj* □ tendenziös.

ten·der¹ ['tendə] *adj* □ **1.** empfindlich, *fig. a.* heikel: → ***spot*** 4. **2.** zart, weich (*Fleisch*). **3.** zärtlich.

ten·der² [~] **I** *v/i* **1.** ✝ ein Angebot machen (***for*** für). **II** *v/t* **2.** → ***resignation*** 1. **III** *s* **3.** ✝ Angebot *n.* **4.** ***legal*** ~ gesetzliches Zahlungsmittel.

ten·der³ [~] *s* ⚓, 🚂 Tender *m.*

'ten·der|·foot *s* (*a. irr* ***foot***) *Am.* F Anfänger *m*, Neuling *m.* **,~'heart·ed** *adj* □ weichherzig.

ten·der·ize ['tendəraɪz] *v/t Fleisch* zart *od.* weich machen.

'ten·der·loin *s* zartes Lendenstück.

ten·don ['tendən] *s anat.* Sehne *f.*

ten·dril ['tendrəl] *s* ⚘ Ranke *f.*

ten·e·ment ['tenəmənt] *s* Mietshaus *n*, *contp.* Mietskaserne *f.*

ten·et ['tenɪt] *s* Lehr-, *eccl.* Glaubenssatz *m.*

ten·ner ['tenə] *s* F Zehner *m* (*Br. Zehnpfundschein, Am. Zehndollarschein*).

ten·fold ['tenfəʊld] **I** *adj* zehnfach. **II** *adv* zehnfach, um das Zehnfache: ***increase*** ~ (sich) verzehnfachen.

ten·nis ['tenɪs] *s Sport*: Tennis *n.* ~ **ball** *s* Tennisball *m.* ~ **court** *s* Tennisplatz *m.* ~ **el·bow** *s* ⚕ Tennisarm *m.* ~ **play·er** *s* Tennisspieler(in). ~ **rack·et** *s* Tennisschläger *m.*

ten·or ['tenə] *s* **1.** ♪ Tenor *m.* **2.** Tenor *m*, Sinn *m.* **3.** Verlauf *m.*

'ten·pin *s* **1.** *Bowling*: Kegel *m*: ~ ***bowling*** *Br.* Bowling *n.* **2.** *pl* (*sg konstruiert*) *Am.* Bowling *n.*

tense¹ [tens] *s ling.* Zeit *f*, Tempus *n*: → ***future*** 4, ***past*** 3, ***present*** 3.

tense² [~] *adj* □ **1.** gespannt, straff (*Seil etc*), (an)gespannt (*Muskeln*). **2.** *fig.* (an)gespannt (*Lage etc*); (über)nervös (*Person*).

ten·sile ['tensaɪl] *adj* **1.** dehn-, spannbar. **2.** ~ ***strength*** Zug-, Zerreißfestigkeit *f.*

ten·sion ['tenʃn] *s* **1.** Spannung *f* (*a.* ⚡): → ***high tension.*** **2.** *fig.* Anspannung *f*; Spannung(en *pl*) *f.*

tent [tent] *s* Zelt *n.*

ten·ta·cle ['tentəkl] *s zo.* Tentakel *m, n*: a) Fühler *m*, b) Fangarm *m.*

ten·ta·tive ['tentətɪv] *adj* □ **1.** vorläufig;

versuchsweise: *~ly a.* mit Vorbehalt. **2.** vorsichtig, zögernd.

ten·ter·hooks ['tentəhʊks] *s pl*: **be on ~** wie auf glühenden Kohlen sitzen; **keep s.o. on ~** j-n auf die Folter spannen.

tenth [tenθ] **I** *adj* **1.** zehnt. **II** *s* **2.** *der, die, das* Zehnte: **the ~ of May** der 10. Mai. **3.** Zehntel *n*: **a ~ of a second** e-e Zehntelsekunde. **'tenth·ly** *adv* zehntens.

'ten-time *adj* zehnmalig.

tent| peg *s* Hering *m*, Zeltpflock *m*. **~ pole** *s* Zeltstange *f*.

ten·u·ous ['tenjʊəs] *adj* □ **1.** dünn (*Faden etc*). **2.** *fig.* lose (*Verbindung etc*); schwach (*Beweis etc*).

ten·ure ['teˌnjʊə] *s* **1.** Innehabung *f* (*e-s Amtes*), (*von Grundbesitz a.*) Besitz *m*. **2. ~ of office** Amtsdauer *f*, Dienstzeit *f*.

tep·id ['tepɪd] *adj* □ lau(warm) (*a. fig.*).

term [tɜːm] **I** *s* **1.** Zeit(raum *m*) *f*, Dauer *f*; Laufzeit *f* (*e-s Vertrags etc*): **~ of imprisonment** ⚖ Freiheitsstrafe *f*; **~ of office** Amtsdauer, -periode *f*, -zeit; **in the long** (**short**) **~** auf lange (kurze) Sicht. **2.** *ped., univ. bsd. Br.* Trimester *n*. **3.** Ausdruck *m*, Bezeichnung *f*: **~ of abuse** Schimpfwort *n*, Beleidigung *f*; **in ~s of** was ... betrifft; **in ~s of money** finanziell (gesehen); **in no uncertain ~s** unmißverständlich; → **technical** 2. **4.** *pl* Bedingungen *pl*: **~s of delivery** ✝ Liefer(ungs)bedingungen; **on one's own ~s** zu s-n Bedingungen; **come to ~s** sich einigen (**with** mit); **come to ~s with s.th.** sich mit et. abfinden; → **easy** 5. **5. be on friendly** (**good**) **~s with** auf freundschaftlichem Fuß stehen (gut auskommen) mit; → **speaking** II. **II** *v/t* **6.** nennen, bezeichnen als.

ter·mi·nal ['tɜːmɪnl] **I** *adj* □ **1.** ⚕ a) unheilbar; unheilbar krank, b) im Endstadium, c) Sterbe...: **~ clinic. II** *s* **2.** 🚂 *etc* Endstation *f*: → **air terminal. 3.** *Computer*: Terminal *n*. **4.** ⚡ (Anschluß)Klemme *f*; Pol *m* (*e-r Batterie*).

ter·mi·nate ['tɜːmɪneɪt] **I** *v/t* beenden; *Vertrag* kündigen, lösen; ⚕ *Schwangerschaft* unterbrechen. **II** *v/i* enden; ablaufen (*Vertrag*). **ˌter·mi'na·tion** *s* **1.** Beendigung *f*; Kündigung *f*, Lösung *f*; ⚕ (*Schwangerschafts*)Abbruch *m*. **2.** Ende *n*; Ablauf *m*.

ter·mi·ni ['tɜːmɪnaɪ] *pl von* **terminus.**

ter·mi·nol·o·gy [ˌtɜːmɪ'nɒlədʒɪ] *s* Terminologie *f*, Fachsprache *f*.

ter·mi·nus ['tɜːmɪnəs] *pl* **-ni** ['~naɪ], **-nus·es** *s* 🚂 *etc* Endstation *f*.

ter·mite ['tɜːmaɪt] *s zo.* Termite *f*.

ter·race ['terəs] *s* **1.** Terrasse *f*. **2.** *pl Sport*: *bsd. Br.* Ränge *pl*. **3.** Häuserreihe *f*, -zeile *f*. **'ter·raced** *adj*: **~ house** *Br.* Reihenhaus *n*.

ter·ra·cot·ta [ˌterə'kɒtə] *s* Terrakotta *f*.

ter·rain [te'reɪn] *s* Gelände *n*, Terrain *n*.

ter·res·tri·al [tə'restrɪəl] *adj* □ **1.** irdisch. **2.** Erd...: **~ globe** Erdball *m*. **3.** ⚘, *zo.* Land...

ter·ri·ble ['terəbl] *adj* □ schrecklich, furchtbar (*beide a. fig.* F).

ter·ri·er ['terɪə] *s zo.* Terrier *m*.

ter·rif·ic [tə'rɪfɪk] *adj* (**~ally**) F toll, phantastisch; wahnsinnig.

ter·ri·fy ['terɪfaɪ] *v/t j-m* schreckliche Angst einjagen: **spiders ~ me, I'm terrified of spiders** ich habe schreckliche Angst vor Spinnen.

ter·ri·to·ri·al [ˌterə'tɔːrɪəl] *adj* □ territorial, Gebiets...: **~ claims** *pl* Gebietsansprüche *pl*; **~ waters** *pl* Hoheitsgewässer *pl*. **ter·ri·to·ry** ['~tərɪ] *s* **1.** (*a.* Hoheits-, Staats)Gebiet *n*, Territorium *n*. **2.** *zo.* Revier *n*. **3.** *fig.* Gebiet *n*.

ter·ror ['terə] *s* **1.** Entsetzen *n*: **in ~** voller Entsetzen; in panischer Angst; **have a ~ of** panische Angst haben vor (*dat*). **2.** Terror *m*. **3.** Schrecken *m* (*Person, Sache*). **4.** F Landplage *f* (*bsd. Kind*). **'ter·ror·ism** *s* Terrorismus *m*. **'ter·ror·ist I** *s* Terrorist(in). **II** *adj* terroristisch, Terror... **'ter·ror·ize** *v/t* terrorisieren; einschüchtern.

ter·ry(·cloth) ['terɪ(klɒθ)] *s* Frottee *n, m*.

terse [tɜːs] *adj* □ knapp (*Antwort etc*).

tes·sel·at·ed ['tesəleɪtɪd] *adj* Mosaik...

test [test] **I** *s* **1.** *allg.* Test *m*: **put to the ~** auf die Probe stellen; **stand the ~ of time** die Zeit überdauern; → **driving test. 2.** → **test match. II** *v/t* **3.** testen, prüfen. **4.** *j-s Geduld etc* auf e-e harte Probe stellen.

tes·ta·ment ['testəmənt] *s* **1.** → **will¹** 2. **2.** ♀ *Bibl. Altes, Neues* Testament. **3.** *fig.* Zeugnis *n* (**to** *gen*). **tes·ta·men·ta·ry** [ˌ~'mentərɪ] *adj* ⚖ testamentarisch.

tes·ta·tor [te'steɪtə] *s* ⚖ Erblasser *m*.

tes·ta·trix [te'steɪtrɪks] *pl* **-tri·ces** [~trɪsiːz] *s* ⚖ Erblasserin *f*.

test| ban trea·ty *s pol*. Teststoppabkommen *n*. ~ **card** *s TV Br*. Testbild *n*. ~ **case** *s* ⚖ Musterprozeß *m*. ~ **drive** *s mot*. Probefahrt *f*: ***go for a*** ~ e-e Probefahrt machen. '**~-drive** *v/t* (*irr* ***drive***) *Auto* probefahren.

tes·ter ['testə] *s* **1.** Tester(in), Prüfer(in). **2.** ⚙ Test-, Prüfgerät *n*.

tes·ti·cle ['testɪkl] *s anat*. Hoden *m*.

tes·ti·fy ['testɪfaɪ] **I** *v/i* **1.** ⚖ aussagen (***for*** für; ***against*** gegen). **2.** ~ ***to*** ein deutliches Zeichen sein für. **II** *v/t* **3.** ~ ***that*** ⚖ aussagen *od*. bezeugen, daß; *fig*. ein deutliches Zeichen dafür sein, daß.

tes·ti·mo·ni·al [ˌtestɪ'məʊnjəl] *s* **1.** Referenz *f*. **2.** Anerkennungsgeschenk *n*.

tes·ti·mo·ny ['~mənɪ] *s* **1.** ⚖ Aussage *f*. **2.** ***be*** (***a***) ~ ***of*** (*od*. ***to***) → ***testify*** 2.

test·ing ['testɪŋ] *adj*: ~ ***times*** *pl* harte Zeiten *pl*.

test| lamp *s* ⚙ Prüflampe *f*. ~ **match** *s Kricket*: internationaler Vergleichskampf. ~ **pat·tern** *s TV Am*. Testbild *n*. ~ **pi·lot** *s* ✈ Testpilot *m*. ~ **tube** *s* ⚗ Reagenzglas *n*. '**~-tube ba·by** *s* Retortenbaby *n*.

tes·ty ['testɪ] *adj* □ gereizt (*Person, Antwort etc*).

tetch·y ['tetʃɪ] *adj* □ reizbar.

teth·er ['teðə] **I** *s* Strick *m*; Kette *f*: ***be at the end of one's*** ~ *fig*. mit s-n Nerven am Ende sein. **II** *v/t Tier* anbinden; anketten.

Teu·ton·ic [tjuː'tɒnɪk] *adj oft contp*. teutonisch, (typisch) deutsch.

text [tekst] *s* Text *m*. '**~·book I** *s* Lehrbuch *n*. **II** *adj* perfekt: ~ ***example*** Muster-, Paradebeispiel *n* (***of*** für).

tex·tile ['tekstaɪl] **I** *s* Stoff *m*: **~s** *pl* Textilien *pl*. **II** *adj* Textil...

tex·tu·al ['tekstjʊəl] *adj* □ textlich, Text...

tex·ture ['tekstʃə] *s* Textur *f*, Gewebe *n*; Beschaffenheit *f*.

tha·lid·o·mide [θə'lɪdəmaɪd] *s pharm*. Thalidomid *n*, Contergan *n*: ~ ***baby*** Contergankind *n*.

Thames [temz] *npr* Themse *f*: ***he won't set the*** ~ ***on fire*** *fig*. er hat das Pulver auch nicht (gerade) erfunden.

than [ðən] *cj* als.

thank [θæŋk] **I** *v/t j-m* danken, sich bei *j-m* bedanken (***for*** für): ~ ***you*** (***very much***) danke (vielen Dank); ***no***, ~ ***you*** nein, danke; ***say "*** 2 ***you"*** sich bedanken; ***he's only got himself to*** ~ ***that*** er hat es sich selbst zuzuschreiben, daß; → ***god*** 2, ***goodness*** 2, ***heaven*** 1, ***star*** 1. **II** *s pl* Dank *m*: ***with*** **~s** dankend, mit Dank; (***many***) **~s** danke (vielen Dank); ***no***, **~s** nein, danke; ***say "*** 2***s"*** sich bedanken; **~s *to*** dank (*gen*), wegen (*gen*).

thank·ful ['~fʊl] *adj* □ dankbar (***for*** für); froh (***that*** daß; ***to be*** zu sein): **~ly** *a*. zum Glück, Gott sei Dank. '**thank·less** *adj* undankbar (*Aufgabe etc*).

'**Thanksˌgiv·ing** (**Day**) *s Am*. Thanksgiving Day *m* (*Erntedankfest*; *4. Donnerstag im November*).

'**thank·you I** *s* Danke(schön) *n*. **II** *adj*: ~ ***letter*** Dank(es)brief *m*.

that[1] [ðæt] **I** *pron u. adj* **1.** das: ~ ***is*** (***to say***) das heißt; ***at*** ~ zudem, obendrein; ***let it go at*** ~ F lassen wir es dabei bewenden; ***and*** **~'s** ~ u. damit basta. **2.** jener, jene, jenes: ~ ***car over there*** das Auto dort drüben; ***those who*** diejenigen, welche. **II** *adv* **3.** F so, dermaßen: ***it's*** ~ ***simple*** so einfach ist das.

that[2] [~] *relative pron* der, die, das, welcher, welche, welches: ***everything*** ~ alles, was.

that[3] [~] *cj* daß.

thatch [θætʃ] **I** *s* **1.** (Dach)Stroh *n*, Reet *n*. **2.** Stroh-, Reetdach *n*. **II** *v/t* **3.** mit Stroh *od*. Reet decken: **~ed** stroh-, reetgedeckt.

thaw [θɔː] **I** *v/i* (auf)tauen, (*Tiefkühlkost, fig. Person*) auftauen: ***it is*** **~ing** es taut. **II** *v/t* auftauen. **III** *s* Tauwetter *n* (*a. fig. pol*.).

the[1] [ðə, *vor Vokalen* ðɪ] *bestimmter Artikel* **1.** der, die, das, *pl* die. **2.** *vor Maßangaben*: ***one dollar*** ~ ***pound*** ein Dollar das *od*. pro Pfund.

the[2] [~] *adv*: ~ ... ~ je ... desto: ~ ***sooner*** ~ ***better*** je eher, desto besser.

the·a·ter *s Am*., **the·a·tre** *s bsd. Br*. ['θɪətə] **1.** Theater *n*: ***be in the*** ~ beim Theater sein. **2.** (*Hör*)Saal *m*; ⚕ *Br*. Operationssaal *m*: ~ ***nurse*** Operationsschwester *f*. **3.** *fig*. Schauplatz *m*: ~ ***of war*** Kriegsschauplatz. '**~ˌgo·er** *s* Theaterbesucher(in). **the·at·ri·cal** [θɪ'ætrɪkl] *adj* □ **1.** Theater... **2.** *fig*. theatralisch.

theft [θeft] *s* Diebstahl *m.*

their [ðeə] *possessive pron* ihr: ***everyone took their seats*** alle nahmen Platz. **theirs** [~z] *possessive pron*: ***it is ~*** es gehört ihnen; ***a friend of ~*** ein Freund von ihnen; ***our children and ~*** unsere Kinder u. ihre.

them [ðəm] *pron* **1.** sie (*acc*); ihnen (*dat*): ***they looked behind ~*** sie blickten hinter sich. **2.** F sie (*nom*): ***we are younger than ~.***

theme [θi:m] *s* Thema *n* (*a.* ♪). **~ song** *s Film etc*: Titelsong *m.* **~ tune** *s Film etc*: Themamelodie *f.*

them·selves [ðəm'selvz] *pron* **1.** *verstärkend*: sie *od.* sich selbst: ***they did it ~, they ~ did it*** sie haben es selbst getan. **2.** *reflex* sich: ***they cut ~.*** **3.** sich (selbst): ***they want it for ~.***

then [ðen] **I** *adv* **1.** dann: → ***but*** 1. **2.** da; damals: ***by ~*** bis dahin; ***from ~ on*** von da an. **II** *adj* **3.** damalig.

the·o·lo·gi·an [θɪə'ləʊdʒən] *s* Theologe *m*, Theologin *f.* **the·o·log·i·cal** [~'lɒdʒɪkl] *adj* □ theologisch: ***~ college*** Priesterseminar *n.* **the·ol·o·gy** [θɪ'ɒlədʒɪ] *s* Theologie *f.*

the·o·rem ['θɪərəm] *s bsd.* ⩚ (Lehr-) Satz *m.*

the·o·ret·i·cal [θɪə'retɪkl] *adj* □ theoretisch. **'the·o·rist** *s* Theoretiker(in). **'the·o·rize** *v/i* theoretisieren (***about, on*** über *acc*). **'the·o·ry** *s* Theorie *f*: ***in ~*** in der Theorie, theoretisch.

ther·a·peu·tic [ˌθerə'pju:tɪk] *adj* (***~ally***) **1.** ⚕ therapeutisch. **2.** F wohltuend; gesund. **'ther·a·pist** *s* ⚕ Therapeut(in). **'ther·a·py** *s* ⚕ Therapie *f.*

there [ðeə] **I** *adv* **1.** da, dort: ***~ and then*** auf der Stelle; ***~ you are*** hier bitte; da hast du's!, na also!; ***~ you go!*** F so ist's halt!; ***~ you go again!*** F fängst du schon wieder an!; → ***over*** 9. **2.** (da-, dort)hin: ***~ and back*** hin u. zurück; ***get ~*** F es schaffen; ***go ~*** hingehen. **3.** ***~ is,*** *pl* ***~ are*** es gibt *od.* ist *od.* sind: ***~ are many cars in the street*** auf der Straße sind viele Autos; ***~'s a good boy!*** sei lieb *od.* brav!; das war lieb von dir! **II** *int* **4.** so; da hast du's!, na also: ***~, ~*** ist ja gut! **'~·a·bouts** *adv*: ***five pounds or ~*** ungefähr *od.* so etwa fünf Pfund. **ˌ~'af·ter** *adv* danach. **ˌ~'by** *adv* dadurch. **'~·fore** *adv* **1.** deshalb, daher. **2.** folglich, also. **ˌ~·up'on** *adv* darauf.

ther·mal ['θɜ:ml] **I** *adj* □ **1.** thermisch, Thermo..., Wärme... **2. *~ spring*** Thermalquelle *f.* **II** *s* **3.** Thermik *f.*

ther·mom·e·ter [θə'mɒmɪtə] *s* Thermometer *n.*

Ther·mos ['θɜ:mɒs] (*TM*) *s*, *Am. a.* ***~ bottle,*** *bsd. Br. a.* ***~ flask*** Thermosflasche *f.*

ther·mo·stat ['θɜ:məʊstæt] *s* Thermostat *m.*

the·sau·rus [θɪ'sɔ:rəs] *pl* **-ri** [~raɪ], **-ruses** *s* Thesaurus *m.*

these [ði:z] *pl von* ***this.***

the·sis ['θi:sɪs] *pl* **-ses** ['~si:z] *s* **1.** These *f.* **2.** *univ.* Dissertation *f*, Doktorarbeit *f.*

they [ðeɪ] *pron* **1.** sie *pl*: ***~ who*** diejenigen, welche. **2.** man.

they'd [ðeɪd] F *für* ***they had; they would.***

they'll [ðeɪl] F *für* ***they will.***

they're [ðeə] F *für* ***they are.***

they've [ðeɪv] F *für* ***they have.***

thick [θɪk] **I** *adj* □ **1.** *allg.* dick: ***the ~ end of £500*** F fast 500 Pfund; ***give s.o. a ~ ear*** F j-m eins *od.* ein paar hinter die Ohren geben. **2.** dick, dicht (*Nebel etc*): ***be ~ with*** wimmeln von; ***~ with smoke*** verräuchert; ***the furniture was ~ with dust*** auf den Möbeln lag dick der Staub; ***they are ~ on the ground*** F es gibt sie wie Sand am Meer. **3.** *bsd. Br.* F dumm. **4.** *bsd. Br.* F dick befreundet (***with*** mit). **5. *that's a bit ~!*** *bsd. Br.* F das ist ein starkes Stück! **II** *adv* **6.** dick, dicht: ***lay it on ~*** F dick auftragen. **III** *s* **7. *in the ~ of*** *fig.* mitten in (*dat*): ***in the ~ of the fight*** im dichtesten Kampfgetümmel; ***through ~ and thin*** durch dick u. dünn. **thick·en** ['~ən] **I** *v/t Soße etc* eindicken, binden. **II** *v/i* dicker werden, (*Nebel etc a.*) dichter werden. **thick·et** ['~ɪt] *s* Dickicht *n.*

ˌthick'head·ed *adj* F strohdumm.

thick·ness ['θɪknɪs] *s* **1.** Dicke *f.* **2.** Lage *f*, Schicht *f.* **3.** *bsd. Br.* F Dummheit *f.*

ˌthick|'set *adj* gedrungen, untersetzt. **ˌ~-'skinned** *adj fig.* dickfellig.

thief [θi:f] *pl* **thieves** [θi:vz] *s* Dieb(in): ***stop, ~!*** haltet den Dieb!; ***they are*** (***as***) ***thick as thieves*** F sie sind dicke Freunde.

thigh [θaɪ] *s anat.* (Ober)Schenkel *m.*

thim·ble ['θɪmbl] *s* Fingerhut *m.*

thin [θɪn] **I** *adj* □ **1.** dünn, (*Person*, *Arme*

etc a.) dürr, (*Haar a.*) schütter: ***disappear*** (*od.* ***vanish***) ***into ~ air*** *fig.* sich in Luft auflösen; ***produce out of ~ air*** *fig. et.* herzaubern; ***this is just the ~ end of the wedge*** *fig. b.s.* das ist erst der Anfang; ***be ~ on the ground*** F dünn gesät sein; ***he's getting ~ on top*** F bei ihm lichtet es sich oben schon. **2.** *fig.* schwach (*Rede etc*), (*Ausrede etc a.*) fadenscheinig. **II** *adv* **3.** dünn. **III** *v/t* **4.** *Soße etc* verdünnen, strecken. **IV** *v/i* **5.** dünner werden, (*Nebel, Haar a.*) sich lichten, (*Haar a.*) schütter werden.

thing [θɪŋ] *s* **1.** (*konkretes*) Ding: ***~s*** *pl* Sachen *pl* (*Getränke etc*), (*Gepäck, Kleidung etc a.*) Zeug *n*; ***what's this ~?*** was ist das?; ***I couldn't see a ~*** ich konnte überhaupt nichts sehen. **2.** *fig.* Ding *n*, Sache *f*, Angelegenheit *f*: ***a funny ~*** et. Komisches; ***another ~*** et. anderes; ***first ~ tomorrow*** gleich morgen früh; ***for one ~ ..., and for another*** zum e-n ..., u. zum anderen; ***make a ~ of*** F *et.* aufbauschen; ***know a ~ or two about*** et. verstehen von; ***this proves three ~s*** das beweist dreierlei; → ***done*** 1, ***last*** 4, ***near*** 9, ***old*** 2, ***right*** 1. **3.** *pl fig.* Dinge *pl*, Lage *f*, Umstände *pl*. **4.** Ding *n* (*Mädchen, Tier*), Kerl *m*.

think [θɪŋk] **I** *v/t* (*irr*) **1.** denken, glauben, meinen (***that*** daß): ***I thought he was a burglar*** ich hielt ihn für e-n Einbrecher. **2.** ***~ out*** (*od.* ***through***) *et.* durchdenken; ***~ over*** nachdenken über (*acc*), sich *et.* überlegen; ***~ up*** sich *et.* ausdenken. **3.** *j-n, et.* halten für: ***~ o.s. clever.*** **4.** ***I can't ~ why ...*** ich kann nicht verstehen, warum ... **5.** ***try to ~ where ...*** versuch dich zu erinnern, wo ... **II** *v/i* (*irr*) **6.** denken (***of*** an *acc*): ***I ~ so*** ich glaube *od.* denke schon; ***~ of doing s.th.*** sich mit dem Gedanken tragen *od.* daran denken, et. zu tun; ***I can't ~ of his name*** mir fällt sein Name nicht ein, ich kann mich nicht an s-n Namen erinnern; ***what do you ~ of*** (*od.* ***about***) ***...?*** was halten Sie von ...?; → ***better***[1] III, ***highly*** 2, ***little*** 5, ***much*** 2, ***nothing*** I. **7.** nachdenken (***about*** über *acc*): ***I'll ~ about it*** ich überlege es mir; → ***twice.*** **III** *s* **8.** F ***have a ~ about*** nachdenken über (*acc*); ***have another ~ coming*** schief gewickelt sein. **'think·er** *s* Denker(in). **'think·ing I** *adj* **1.** denkend. **2.** Denk...: ***put on one's ~ cap*** F scharf nachdenken. **II** *s* **3.** Denken *n*: ***do some ~*** nachdenken; ***to my way of ~*** m-r Meinung nach.

think tank *s* Planungs-, Sachverständigenstab *m*.

thin·ner ['θɪnə] *s* Verdünner *m*.

ˌthin-'skinned *adj fig.* dünnhäutig.

third [θɜːd] **I** *adj* (□ → ***thirdly***) **1.** dritt: ***~ party*** ✝, ⚖ Dritte *m*; ♀ ***World*** Dritte Welt. **II** *s* **2.** *der, die, das* Dritte: ***the ~ of May*** der 3. Mai. **3.** Drittel *n*. **4.** *mot.* dritter Gang. **III** *adv* **5.** als dritt(er, e, es). **ˌ~-'class I** *adj* **1.** drittklassig, -rangig. **2.** 🚂 *etc* dritter Klasse. **II** *adv* **3.** 🚂 *etc* dritte(r) Klasse. **ˌ~-de'gree** *adj Verbrennungen* dritten Grades.

third·ly ['θɜːdlɪ] *adv* drittens.

ˌthird|-'par·ty *adj*: ***~ insurance*** Haftpflichtversicherung *f*. **ˌ~-'rate** → ***third-class*** 1.

thirst [θɜːst] *s* Durst *m*: ***die of ~*** verdursten; ***~ for knowledge*** *fig.* Wissensdurst. **'~-ˌquench·ing** *adj* durstlöschend.

thirst·y ['θɜːstɪ] *adj* □ **1.** durstig: ***be*** (*od.* ***feel***) (***very***) ***~*** (sehr) durstig sein, (großen) Durst haben. **2.** ***gardening is ~ work*** Gartenarbeit macht durstig.

thir·teen [ˌθɜː'tiːn] *adj* dreizehn. **ˌthir'teenth** [~θ] *adj* dreizehnt. **thir·ti·eth** ['~tɪəθ] *adj* dreißigst. **'thir·ty I** *adj* dreißig. **II** *s* Dreißig *f*: ***be in one's thirties*** in den Dreißigern sein; ***in the thirties*** in den dreißiger Jahren (*e-s Jahrhunderts*).

this [ðɪs] **I** *pron* **1.** dieser, diese, dieses; dies, das: ***like ~*** so; ***~ is what I expected*** (genau) das habe ich erwartet; ***these are his children*** das sind s-e Kinder. **2.** ***after ~*** danach; ***before ~*** zuvor. **II** *adj* **3.** dieser, diese, dieses: → ***afternoon*** I, ***morning*** I, ***time*** 4, ***year.*** **III** *adv* **4.** F so, dermaßen.

this·tle ['θɪsl] *s* ♀ Distel *f*.

tho·rax ['θɔːræks] *pl* **-ra·ces** ['~rəsiːz], **-rax·es** ['~ræksɪz] *s anat.* Brustkorb *m*, -kasten *m*.

thorn [θɔːn] *s* ♀ Dorn *m*: ***be a ~ in s.o.'s flesh*** (*od.* ***side***) *fig.* j-m ein Dorn im Auge sein. **'thorn·y** *adj* **1.** dornig. **2.** *fig.* heikel.

thor·ough ['θʌrə] *adj* (□ → ***thoroughly***) **1.** gründlich (*Person, Kenntnisse*),

(*Prüfung etc a.*) eingehend, (*Reform etc a.*) durchgreifend. **2.** fürchterlich (*Durcheinander, Langweiler etc*). '**~bred** *s* Vollblüter *m.* '**~fare** *s* Hauptverkehrsstraße *f*: ***no ~*** Durchfahrt verboten! '**~ˌgo·ing** → ***thorough*** 1.

thor·ough·ly ['θʌrəlɪ] *adv* **1.** → ***thorough*** 1. **2.** völlig, total: ***I ~ enjoyed it*** es hat mir unwahrscheinlich gut gefallen.

those [ðəʊz] *pl von* ***that***[1].

though [ðəʊ] **I** *cj* **1.** obwohl: → ***even***[1] 1. **2.** (je)doch. **3.** ***as ~*** als ob, wie wenn. **II** *adv* **4.** dennoch, trotzdem.

thought[1] [θɔːt] *pret u. pp von* ***think.***

thought[2] [~] *s* **1.** Denken *n*: → ***lost*** 5. **2.** Gedanke *m* (***of*** an *acc*): ***that's a ~!*** gute Idee!; ***on second ~s*** (*Am.* ~) wenn ich es mir überlege; ***have no ~ of doing s.th.*** nicht daran denken *od.* nicht vorhaben, et. zu tun. **3.** ***with no ~ for*** ohne Rücksicht auf (*acc*), ohne an (*acc*) zu denken. **thought·ful** ['~fʊl] *adj* □ **1.** nachdenklich. **2.** rücksichtsvoll, aufmerksam. '**thought·less** *adj* □ **1.** gedankenlos. **2.** rücksichtslos.

thou·sand ['θaʊznd] **I** *adj* **1.** tausend: ***a*** (***one***) ~ (ein)tausend. **II** *s* **2.** Tausend *n*: ***~s of times*** tausendmal; → ***hundred*** 2. **3.** ♘ Tausender *m.* **thou·sandth** ['~tθ] **I** *adj* **1.** tausendst. **II** *s* **2.** *der, die, das* Tausendste. **3.** Tausendstel *n*: ***a ~ of a second*** e-e Tausendstelsekunde.

thrash [θræʃ] **I** *v/t* **1.** *j-n* verdreschen, -prügeln; (*Sport*) F *j-m* e-e Abfuhr erteilen. **2.** ***~ out*** *Problem etc* ausdiskutieren. **II** *v/i* **3.** ***~ about*** (*od.* ***around***) sich *im Bett* herumwerfen; um sich schlagen; zappeln (*Fisch*). '**thrash·ing** *s*: ***give s.o. a ~*** j-m e-e Tracht Prügel verpassen; (*Sport*) F j-m e-e Abfuhr erteilen.

thread [θred] **I** *s* **1.** Faden *m* (*a. fig.*): ***lose the ~*** (***of the conversation***) den (Gesprächs)Faden verlieren; ***pick up the ~*** den Faden wiederaufnehmen; → ***hang*** 8. **2.** ⚙ Gewinde *n.* **II** *v/t* **3.** *Nadel* einfädeln. **4.** *Perlen etc* auffädeln, -reihen (***on*** auf *acc*). **5.** ***~ one's way through*** sich schlängeln durch, sich durchschlängeln zwischen (*dat*). '**~bare** *adj* **1.** abgewetzt, (*Kleidung a.*) abgetragen. **2.** *fig.* abgedroschen.

threat [θret] *s* **1.** Drohung *f*: ***under ~ of*** unter Androhung von (*od. gen*). **2.** (***to***) Bedrohung *f* (*gen od.* für), Gefahr *f* (für). '**threat·en I** *v/t* **1.** *j-m* drohen, *j-n* bedrohen (***with*** mit): ***~ s.o. with s.th.*** *a.* j-m et. androhen. **2.** *et.* androhen, drohen mit. **3.** ***~ to do s.th.*** (damit) drohen, et. zu tun. **4.** *et.* bedrohen, gefährden: ***be ~ed with extinction*** *biol.* vom Aussterben bedroht sein. **II** *v/i* **5.** drohen (*Gefahr etc*). '**threat·en·ing** *adj* drohend: ***~ letter*** Drohbrief *m.*

three [θriː] **I** *adj* drei. **II** *s* Drei *f*: ***~ of hearts*** Herzdrei. '**~-act** *adj*: ***~ play*** *thea.* Dreiakter *m.* ˌ**~-'cor·nered** *adj* dreieckig. ˌ**~-di'men·sion·al** *adj* **1.** dreidimensional. **2.** *fig.* plastisch.

three·fold ['θriːfəʊld] **I** *adj* dreifach. **II** *adv* dreifach, um das Dreifache: ***increase ~*** (sich) verdreifachen.

'**three|-piece** *adj* dreiteilig. ˌ**~-'quar·ter** *adj* Dreiviertel... '**~-time** *adj* dreimalig.

thresh [θreʃ] *v/t u. v/i* dreschen. '**thresh·ing** *adj*: ***~ machine*** Dreschmaschine *f.*

thresh·old ['θreʃhəʊld] *s* Schwelle *f* (*a. fig.*): ***be on the ~ of*** an der Schwelle stehen zu (*od. gen*); ***~ of pain*** Schmerzschwelle.

threw [θruː] *pret von* ***throw.***

thrift [θrɪft] *s* Sparsamkeit *f.* '**thrift·y** *adj* □ sparsam.

thrill [θrɪl] **I** *s* **1.** prickelndes Gefühl; Nervenkitzel *m.* **2.** aufregendes Erlebnis. **II** *v/t* **3.** ***be ~ed*** (ganz) hingerissen sein (***at, about*** von): ***I was ~ed to hear that*** ich war von der Nachricht hingerissen, daß. '**thrill·er** *s* Thriller *m*, Reißer *m.* '**thrill·ing** *adj* fesselnd, packend.

thrive [θraɪv] *v/i* gedeihen (*Pflanze, Tier*), sich prächtig entwickeln (*Kind*); *fig.* blühen, florieren (*Geschäft etc*): ***~ on*** geradezu aufblühen bei.

throat [θrəʊt] *s* Kehle *f*, Gurgel *f*; Rachen *m*; Hals *m*: ***cut one's own ~*** *fig.* sich ins eigene Fleisch schneiden; ***force*** (*od.* ***ram, thrust***) ***s.th. down s.o.'s ~*** *fig.* j-m et. aufzwingen; → ***clear*** 17, ***sore*** 1. '**throat·y** *adj* □ rauh; heiser (*Stimme*); mit e-r rauhen *od.* heiseren Stimme: ***sound ~*** heiser klingen.

throb [θrɒb] **I** *v/i* hämmern (*Maschine*), (*Herz etc a.*) pochen, schlagen. **II** *s* Hämmern *n*, Pochen *n*, Schlagen *n.*

throes [θrəʊz] *s pl*: ***be in the ~ of*** (***doing***)

s.th. mitten in et. (*Unangenehmem*) stecken.

throm·bo·sis [θrɒm'bəʊsɪs] *pl* **-ses** [~si:z] *s* ⚕ Thrombose *f*.

throne [θrəʊn] *s* Thron *m* (*a. fig.*): ***come to the ~*** auf den Thron kommen.

throng [θrɒŋ] **I** *s* Schar *f* (***of*** von). **II** *v/i u. v/t* sich drängen (in *dat*).

throt·tle ['θrɒtl] **I** *v/t* erdrosseln. **II** *s mot.*, ⚙ Drosselklappe *f*: ***go at full ~*** (mit) Vollgas fahren.

through [θru:] **I** *prp* **1.** durch (*a. fig.*): → ***live***[1] Ib. **2.** *Am.* bis (einschließlich). **II** *adv* **3.** durch; durch...: ***~ and ~*** durch u. durch; ***wet ~*** völlig durchnäßt; → ***let through, read***[1] 1, *etc.* **III** *adj* **4.** durchgehend (*Zug etc*): ***~ traffic*** Durchgangsverkehr *m*. **5.** ***be ~*** F fertig sein (***with*** mit). **~'out I** *prp* **1.** ***~ the night*** die ganze Nacht hindurch. **2.** ***~ the country*** im ganzen Land. **II** *adv* **3.** ganz, überall. **4.** die ganze Zeit (hindurch). **'~·way** *s Am.* Schnellstraße *f*.

throw [θrəʊ] **I** *s* **1.** *Leichtathletik*: (*Diskus-, Speer*)Wurf *m*. **2.** Wurf *m*: → ***stone*** 1. **3.** *Fußball*: Einwurf *m*: ***take the ~*** einwerfen. **II** *v/t* (*irr*) **4.** *et.* werfen (***at*** nach): ***~ s.o. s.th.*** j-m et. hin- *od.* her- *od.* zuwerfen; ***~ s.o. a look*** j-m e-n Blick zuwerfen; ***~ a three*** e-e Drei werfen *od.* würfeln; ***~ open*** *Tür etc* aufreißen; *fig. Schloß etc* der Öffentlichkeit zugänglich machen; ***~ o.s. at s.o.*** sich auf j-n stürzen; *fig.* sich j-m an den Hals werfen; ***~ o.s. into*** sich stürzen in (*acc*) (*a. fig.*); → ***balance*** 1, ***confusion*** 2a, ***doubt*** 5, ***light***[1] 1, ***water*** 1. **5.** *zo.* werfen. **6.** *Hebel etc* betätigen. **7.** *Reiter* abwerfen. **8.** F *Party* schmeißen, geben. **9.** F *Wutanfall etc* kriegen: → ***tantrum.*** **III** *v/i* (*irr*) **10.** werfen; würfeln.

Verbindungen mit Adverbien:

throw| a·bout, ~ a·round *v/t*: ***throw one's money about*** mit Geld um sich werfen; → ***weight*** 3. **~ a·way** *v/t* **1.** *et.* wegwerfen. **2.** *Chance etc* vertun. **~ back** *v/t* **1.** zurückwerfen. **2.** ***be thrown back on*** *fig.* wieder angewiesen sein auf (*acc*). **~ in** *v/t* **1.** hineinwerfen: ***throw the ball in*** (*Fußball*) einwerfen; → ***sponge*** 1, ***towel*** I. **2.** *et.* (gratis) dazugeben: ***get s.th. thrown in*** et. (gratis) dazubekommen. **~ off** *v/t* **1.** *Kleidungsstück* abwerfen, *Nervosität etc* ablegen. **2.** *Verfolger* abschütteln. **3.** *Krankheit* loswerden. **~ on** *v/t* sich *Kleidungsstück* überwerfen. **~ out** *v/t* **1.** *j-n* hinauswerfen (*a. fig. entlassen*). **2.** *et.* wegwerfen. **3.** *Vorschlag etc* ablehnen, verwerfen. **4.** *Vorschlag etc* äußern. **5.** *j-n* aus dem Konzept *od.* aus der Fassung bringen. **~ o·ver** *v/t Freund etc* sitzenlassen (***for*** wegen). **~ to·geth·er** *v/t* **1.** zs.-werfen. **2.** *et.* fabrizieren, zurechtbasteln. **3.** *Leute* zs.-bringen. **~ up I** *v/t* **1.** in die Höhe werfen, hochwerfen. **2.** F *Job etc* hinschmeißen. **3.** F *et. Gegessenes* brechen. **II** *v/i* **4.** F brechen (*sich übergeben*).

'throw·a·way *adj* **1.** Wegwerf... **2.** hingeworfen (*Bemerkung*).

throw·er ['θrəʊə] *s* Werfer(in).

'throw-in → ***throw*** 3.

thrown [θrəʊn] *pp von* ***throw.***

thru [θru:] *Am.* F → ***through.***

thrush[1] [θrʌʃ] *s orn.* Drossel *f*.

thrush[2] [~] *s* ⚕ Soor *m*.

thrust [θrʌst] **I** *v/t* (*irr*) **1.** *j-n, et.* stoßen (***into*** in *acc*): → ***throat.*** **2.** *et.* stecken, schieben (***into*** in *acc*): → ***nose*** 1. **II** *v/i* (*irr*) **3.** ***~ at*** stoßen nach. **III** *s* **4.** Stoß *m*. **5.** ⚔ Vorstoß *m* (*a. fig.*). **6.** *phys.* Schub(kraft *f*) *m*.

'thru·way F → ***throughway.***

thud [θʌd] **I** *s* dumpfes Geräusch, Plumps *m*. **II** *v/i* plumpsen.

thug [θʌg] *s* Schläger *m*.

thumb [θʌm] **I** *s anat.* Daumen *m*: ***be all ~s*** F zwei linke Hände haben; ***be under s.o.'s ~*** F unter j-s Fuchtel stehen; ***give s.th. the ~s up*** (***down***) et. akzeptieren (ablehnen); ***stick out like a sore ~*** F auffallen wie ein Kuhfladen auf der Autobahn; → ***rule*** 2, ***twiddle.*** **II** *v/t*: ***~ a lift*** per Anhalter fahren, trampen (***to*** nach). **III** *v/i*: ***~ through a book*** ein Buch durchblättern. **~ in·dex** *s* (*a. irr* ***index***) Daumenregister *n*. **'~·nail I** *s* Daumennagel *m*. **II** *adj* kurz (*Beschreibung etc*). **'~·screw** *s* **1.** ⚙ Flügel- *od.* Rändelschraube *f*. **2.** *hist.* Daumenschraube *f*. **'~·tack** *s Am.* Reißzwecke *f*, -nagel *m*.

thump [θʌmp] **I** *v/t* **1.** *j-m* e-n Schlag versetzen; *j-n* verprügeln. **2.** ***~ out*** *Melodie* herunterhämmern (***on the piano*** auf dem Klavier). **II** *v/i* **3.** plumpsen. **4.** hämmern, pochen (*Herz*). **5.** trampeln.

III *s* **6.** dumpfes Geräusch, Plumps *m*. **7.** Schlag *m*. **'thump·ing I** *adj* **1.** hämmernd (*Kopfschmerzen*). **2.** F riesig, Mords... **II** *adv* **3.** ~ ***great*** → 2.

thun·der ['θʌndə] **I** *s* Donner *m*, (*von Geschützen a.*) Donnern *n*: ***steal s.o.'s*** ~ *fig*. j-m die Schau *od*. Show stehlen. **II** *v/i* donnern (*a. fig. Geschütze, Zug etc*). **III** *v/t a.* ~ ***out*** *et*. brüllen, donnern. **'~·bolt** *s* Blitz *m* u. Donnerschlag *m*: ***like a*** ~ wie der Blitz; ***be a real*** ~ *fig*. wie der Blitz einschlagen. **'~·clap** *s* Donner(schlag) *m*. **'~·cloud** *s* Gewitterwolke *f*.

thun·der·ous ['θʌndərəs] *adj* donnernd (*Applaus*).

'thun·der|·storm *s* Gewitter *n*, Unwetter *n*. **'~·struck** *adj* wie vom Donner gerührt.

thun·der·y ['θʌndərɪ] *adj* gewitt(e)rig.

Thurs·day ['θɜːzdɪ] *s* Donnerstag *m*: ***on*** ~ (am) Donnerstag; ***on*** **~*s*** donnerstags.

thus [ðʌs] *adv* **1.** so, auf diese Weise. **2.** folglich, somit. **3.** ~ ***far*** bisher.

thwack [θwæk] → ***whack.***

thwart [θwɔːt] *v/t Pläne etc* durchkreuzen, vereiteln; *j-m* e-n Strich durch die Rechnung machen.

thyme [taɪm] *s* ♀ Thymian *m*.

thy·roid (gland) ['θaɪrɔɪd] *s anat*. Schilddrüse *f*.

ti·ar·a [tɪ'ɑːrə] *s* **1.** Tiara *f*. **2.** Diadem *n*.

tic [tɪk] *s* ⚕ Tic(k) *m*, nervöses Zucken.

tick¹ [tɪk] *s zo*. Zecke *f*.

tick² [~] *s*: ***on*** ~ F auf Pump.

tick³ [~] **I** *s* **1.** Ticken *n*. **2.** Haken *m*, Häkchen *n* (*Vermerkzeichen*). **3.** *bsd. Br*. F Augenblick *m*: ***in a*** ~ sofort. **II** *v/i* **4.** ticken: ~ ***away*** vergehen, -rinnen. **III** *v/t* **5.** *a.* ~ ***off*** abhaken: ~ ***off*** F *j-n* anpfeifen, zs.-stauchen.

tick·er ['tɪkə] *s* F Pumpe *f* (*Herz*).

tick·et ['tɪkɪt] **I** *s* **1.** (*Eintritts-, Theater- etc*)Karte *f*; 🚃 *etc* Fahrkarte *f*, -schein *m*, ✈ Flugschein *m*, Ticket *n*; (*Gepäck- etc*)Schein *m*. **2.** Etikett *n*, (*Preis- etc-*) Schild *n*. **3.** Strafzettel *m*: → ***parking ticket.*** **4.** *pol. bsd. Am*. Wahl-, Kandidatenliste *f*. **II** *v/t* **5.** etikettieren. **6.** ***be*** **~*ed for*** *bsd. Am*. e-n Strafzettel bekommen wegen. **7.** bestimmen, vorsehen (**for** für). ~ **col·lec·tor** *s* (Bahnsteig-) Schaffner(in). ~ **in·spec·tor** *s* Fahrkartenkontrolleur(in). ~ **ma·chine** *s* Fahrkartenautomat *m*. ~ **tout** *s Br*. Kartenschwarzhändler(in).

ˌtick·ing-'off *s* F Anpfiff *m*: ***give s.o. a*** ~ j-n anpfeifen *od*. zs.-stauchen.

tick·le ['tɪkl] **I** *v/t u. v/i* kitzeln: ~ ***s.o.'s fancy*** *fig*. j-n anmachen *od*. anturnen; ***be*** **~*d pink*** (*od.* ***to death***) F sich wie ein Schneekönig freuen (***at, by, with*** über *acc*); → ***ivory*** 2. **II** *s* Kitzeln *n*. **'tick·lish** *adj* □ kitz(e)lig (*a. fig.*).

tid·al ['taɪdl] *adj* Tiden...: ~ ***wave*** Flutwelle *f*; *fig*. Welle *f*.

tid·bit ['tɪdbɪt] *Am*. → ***titbit.***

tid·dly·winks ['tɪdlɪwɪŋks] *s pl* (*sg konstruiert*) Flohhüpfen *n*, -spiel *n*.

tide [taɪd] **I** *s* **1.** Gezeiten *pl*; Flut *f*. **2.** *fig*. Strömung *f*, Trend *m*: ***go*** (*od.* ***swim***) ***with*** (***against***) ***the*** ~ mit dem (gegen den) Strom schwimmen. **II** *v/t* **3.** ~ ***over*** *fig. j-m* hinweghelfen über (*acc*); *j-n* über Wasser halten. **'~·mark** *s bsd. Br. humor*. schwarzer Rand (*in Badewanne*).

ti·di·ness ['taɪdɪnɪs] *s* Sauberkeit *f*, Ordentlichkeit *f*.

ti·dy ['taɪdɪ] **I** *adj* □ **1.** sauber, ordentlich, (*Zimmer a.*) aufgeräumt. **2.** F ordentlich, beträchtlich (*Gewinn etc*). **II** *v/t* **3.** *a.* ~ ***up*** in Ordnung bringen, *Zimmer a.* aufräumen: ~ ***away*** weg-, aufräumen.

tie [taɪ] **I** *s* **1.** Krawatte *f*, Schlips *m*. **2.** Band *n*; Schnur *f*. **3.** *pl fig*. Bande *pl*. **4.** Stimmengleichheit *f*; (*Sport*) Unentschieden *n*: ***end in a*** ~ unentschieden ausgehen. **5.** *Sport*: (*Pokal*)Spiel *n*, (-)Paarung *f*. **6.** 🚃 *Am*. Schwelle *f*. **II** *v/t* **7.** a) binden (**to** an *acc*); (sich) *Krawatte etc* binden: ***my hands are tied*** *fig*. mir sind die Hände gebunden, b) → ***tie up*** 1. **8.** ***be*** **~*d to*** *fig*. (eng) verbunden sein mit. **9.** ***the game was*** **~*d*** (*Sport*) das Spiel ging unentschieden aus. **III** *v/i* **10.** ***they*** **~*d for second place*** (*Sport etc*) sie belegten gemeinsam den zweiten Platz.

Verbindungen mit Adverbien:

tie| down *v/t j-n* festlegen (**to** auf *acc*). ~ **in** *v/i* (***with***) übereinstimmen (mit), passen (zu). ~ **up** *v/t* **1.** *Paket etc* verschnüren: → ***knot*** 1. **2.** ***be tied up*** ⚓ fest angelegt sein (***in*** in *dat*). **3.** *et*. in Verbindung bringen (***with*** mit). **4.** *Verkehr etc* lahmlegen.

'tie|·break, '~ˌbreak·er *s Tennis*: Tie-

Break *m, n.* **'~-in** → ***tie-up.*** **'~-on** *adj* Anhänge... **'~·pin** *s* Krawattennadel *f.*

tier [tɪə] *s* **1.** (Sitz)Reihe *f.* **2.** Lage *f,* Schicht *f.* **3.** *fig.* Stufe *f.*

'tie-up *s* (enge) Verbindung, (enger) Zs.-hang (***between*** zwischen *dat*).

tiff [tɪf] *s* kleine Meinungsverschiedenheit.

ti·ger ['taɪgə] *s zo.* Tiger *m.*

tight [taɪt] **I** *adj* □ **1.** fest(sitzend, -angezogen). **2.** straff (*Seil etc*). **3.** eng (*a. Kleidungsstück*): → ***corner*** 2, ***fit*** 5. **4.** knapp (*Rennen etc,* ✝ *Geld*). **5.** F knick(e)rig. **6.** F blau (*betrunken*). **7.** *in Zssgn* ...dicht: → ***airtight*** 1, *etc.* **II** *adv* **8.** fest: ***hold*** **~** festhalten; ***sit*** **~** sich nicht vom Fleck rühren; *fig.* sich nicht beirren lassen. **9.** F gut: ***sleep*** **~!** **III** *s* **10.** *pl, a.* ***pair of*** **~s** *bsd. Br.* Strumpfhose *f;* Trikot *n* (*von Artisten etc*). **'tight·en** **I** *v/t* **1.** *Schraube etc* anziehen: **~** ***one's belt*** *fig.* den Gürtel enger schnallen. **2.** *Seil etc* straffen: **~** ***up*** → 3. **II** *v/i* **3.** **~** ***up on*** *Gesetz etc* verschärfen.

ˌtight|'fist·ed → ***tight*** 5. **ˌ~-'lipped** *adj* **1.** mit zs.-gekniffenen Lippen. **2.** *fig.* verschlossen: ***be*** **~*about*** nicht reden wollen über (*acc*). **'~·rope** *s* (Draht)Seil *n*: ***walk a*** **~** *fig.* e-n Balanceakt ausführen; **~** ***walker*** Drahtseilkünstler(in), Seiltänzer(in).

ti·gress ['taɪgrɪs] *s zo.* Tigerin *f.*

tile [taɪl] **I** *s* **1.** (*Dach*)Ziegel *m*: ***be*** (***out***) ***on the*** **~s** F e-n draufmachen. **2.** Fliese *f,* Kachel *f.* **II** *v/t* **3.** (mit Ziegeln) dekken. **4.** fliesen, kacheln. **'til·er** *s* **1.** Dachdecker *m.* **2.** Fliesenleger *m.*

till[1] [tɪl] *s* (Laden)Kasse *f.*

till[2] [~] → ***until.***

tilt [tɪlt] **I** *v/t* **1.** kippen. **II** *v/i* **2.** kippen; sich neigen. **III** *s* **3.** ***at a*** **~** schief, schräg. **4.** (***at***) ***full*** **~** F mit Volldampf *arbeiten*; mit Karacho *fahren etc.*

tim·ber ['tɪmbə] *s* **1.** *Br.* Bau-, Nutzholz *n.* **2.** Balken *m.* **'~·line** *s* Baumgrenze *f.*

time [taɪm] **I** *s* **1.** *allg.* Zeit *f*: ***some*** **~** ***ago*** vor einiger Zeit; ***all the*** **~** die ganze Zeit; ***ahead of*** **~** vorzeitig; ***at the*** **~** damals; ***at*** **~*s*** manchmal; ***at the same*** **~** gleichzeitig; trotzdem; ***by the*** **~** wenn; als; ***for a*** **~** e-e Zeitlang; ***for the*** **~** ***being*** vorläufig, fürs erste; ***from*** **~** ***to*** **~** von Zeit zu Zeit; ***in*** **~** rechtzeitig; im Lauf der Zeit; ***in no*** **~** (***at all***) im Nu; ***in two years'*** **~** in zwei Jahren; ***on*** **~** pünktlich; ***be ahead*** (*od.* ***before***) ***one's*** **~** s-r Zeit voraus sein; ***be behind the*** **~s** rückständig sein; ***do*** **~** F sitzen (***for*** wegen); ***keep up*** (*od.* ***march, move***) ***with the*** **~s** mit der Zeit gehen; ***take one's*** **~** sich Zeit lassen; → ***bide, immemorial, mark***[2] 11, ***nick*** 2, ***play*** 7. **2.** (Uhr)Zeit *f*: ***what's the*** **~?** wie spät ist es?; ***what*** **~?** um wieviel Uhr?; ***this*** **~** ***tomorrow*** morgen um diese Zeit. **3.** ♪ Takt *m*: ***in*** **~** im Takt (*a. marschieren etc*); ***in*** **~** ***with the music*** im Takt zur Musik; ***beat*** **~** den Takt schlagen. **4.** Mal *n*: **~** ***and again,*** **~** ***after*** **~** immer wieder; ***every*** **~** ***I ...*** jedesmal, wenn ich ...; ***how many*** **~*s?*** wie oft?; ***next*** **~** (***I ...***) nächstes Mal(, wenn ich ...); ***this*** **~** diesmal; ***three*** **~s** dreimal; ***three*** **~s** ***four equals*** (*od.* ***is***) ***twelve*** drei mal vier ist zwölf; → ***nine*** I, ***second***[1] 1. **II** *v/t* **5.** *et.* timen; stoppen, wie lang *j-d* braucht: ***he was*** **~*d at 20 seconds*** für ihn wurden 20 Sekunden gestoppt. **6.** **~** ***well*** sich e-n günstigen Zeitpunkt aussuchen für; (*Sport*) *Flanke, Schlag etc* gut timen. **~ bomb** *s* Zeitbombe *f* (*a. fig.*). **'~·card** *s* Stechkarte *f.* **~ clock** *s* Stechuhr *f.* **'~-conˌsum·ing** *adj* zeitaufwendig, -raubend. **~ ex·po·sure** *s phot.* Zeitaufnahme *f.* **'~-ˌhon·o(u)red** *adj* althergebracht. **'~ˌkeep·er** *s* **1.** *Sport*: Zeitnehmer(in). **2.** ***be a good*** **~** genau gehen (*Uhr*). **~ lag** *s* Zeitdifferenz *f.* **'~-lapse** *adj Film*: Zeitraffer...

time·less ['taɪmlɪs] *adj* □ **1.** immerwährend, ewig. **2.** zeitlos.

time lim·it *s* Frist *f*: ***set s.o. a*** **~** ***of*** j-m e-e Frist setzen von.

time·ly ['taɪmlɪ] *adj* rechtzeitig.

ˌtime-'out *pl* **ˌtimes-'out** *s Sport*: Timeout *n,* Auszeit *f.*

tim·er ['taɪmə] *s* Timer *m,* Schaltuhr *f.*

'time|ˌsav·ing *adj* zeitsparend. **'~ˌserv·er** *s bsd. pol.* Opportunist(in). **~ sig·nal** *s Rundfunk*: Zeitzeichen *n.* **~ switch** *s* Zeitschalter *m.* **'~ˌta·ble** *s* **1.** Fahr-, Flugplan *m.* **2.** *ped. Br.* Stundenplan *m.* **3.** Zeitplan *m.* **'~·worn** *adj* **1.** abgenutzt. **2.** *fig.* abgedroschen. **~ zone** *s* Zeitzone *f.*

tim·id ['tɪmɪd] *adj* □ ängstlich, furchtsam.

tim·ing ['taımıŋ] *s* Timing *n* (*Wahl des günstigen Zeitpunkts*).

tin [tın] **I** *s* **1.** Zinn *n*. **2.** *Br*. (Blech-, Konserven)Dose *f*, (-)Büchse *f*. **II** *adj* **3.** zinnern, Zinn... **III** *v/t* **4.** verzinnen. **5.** *Br*. einmachen, -dosen: → ***tinned.***

tinc·ture ['tıŋktʃə] *s pharm*. Tinktur *f*: **~ *of iodine*** Jodtinktur.

tin·der ['tındə] *s* Zunder *m*: (***as***) ***dry as*** **~** → ***tinder-dry.*** **'~·box** *s fig*. Pulverfaß *n*. **ˌ~-'dry** *adj* so trocken wie Zunder.

tine [taın] *s* **1.** Zinke *f*, Zacke *f* (*e-r Gabel*). **2.** (*Geweih*)Sprosse *f*, Ende *n*.

'tin·foil *s* Stanniol(papier) *n*; Alufolie *f*.

ting [tıŋ] **I** *v/t*: **~ *a bell*** klingeln. **II** *v/i*: ***the bell*** **~*s*** es klingelt. **III** *s* Klingeln *n*.

tinge [tındʒ] **I** *v/t* **1.** tönen: ***be*** **~*d with*** *fig*. e-n Anflug haben von, et. von ... an sich haben. **II** *s* **2.** Tönung *f*: ***have a*** **~ *of red*** ins Rote spielen. **3.** *fig*. Anflug *m* (***of*** von).

tin·gle ['tıŋgl] **I** *v/i* prickeln, kribbeln (***with*** vor *dat*). **II** *s* Prickeln *n*, Kribbeln *n*.

tin| god *s* F Idol *n*. **~ hat** *s* ⚔ F (Stahl-) Helm *m*.

tink·er ['tıŋkə] **I** *s* Kesselflicker *m*. **II** *v/i a*. **~ *about*** herumbasteln (***with*** an *dat*): **~ *with*** herumpfuschen an (*dat*).

tin·kle ['tıŋkl] **I** *v/i* bimmeln; klirren. **II** *s* Bimmeln *n*; Klirren *n*: ***give s.o. a*** **~** *teleph*. *Br*. F j-n anklingeln.

tinned [tınd] *adj Br*. Dosen..., Büchsen...: **~ *fruit*** Obstkonserven *pl*; **~ *meat*** Büchsenfleisch *n*.

tin·ny ['tını] *adj* blechern (*Klang*).

tin o·pen·er *s Br*. Dosen-, Büchsenöffner *m*.

tin·sel ['tınsl] *s* **1.** Lametta *n*. **2.** *fig*. Flitter *m*.

tint [tınt] **I** *s* (Farb)Ton *m*, Tönung *f*: ***have a*** **~ *of red*** ins Rote spielen. **II** *v/t* tönen.

ti·ny ['taını] *adj* □ winzig.

tip[1] [tıp] *s* **1.** *allg*. Spitze *f*: ***it's on the*** **~ *of my tongue*** *fig*. es liegt mir auf der Zunge; → ***iceberg.*** **2.** Filter *m* (*e-r Zigarette*).

tip[2] [~] **I** *s* **1.** *Tisch etc* kippen: **~ *over*** umkippen; → ***scale***[2] 2. **2.** (aus)kippen, schütten. **II** *v/i* **3.** kippen: **~ *over*** umkippen. **III** *s* **4.** *bsd. Br*. (*Schutt- etc*)Abladeplatz *m*, (-)Halde *f*. **5.** *Br. fig*. F Saustall *m*.

tip[3] [~] **I** *s* **1.** Trinkgeld *n*. **2.** Tip *m*, Rat(schlag) *m*: ***take my*** **~ *and ...*** hör auf mich u. ... **II** *v/t* **3.** *j-m* ein Trinkgeld geben: **~ *s.o. 50p*** j-m 50 Pence Trinkgeld geben. **4.** tippen auf (*acc*) (***as*** als). **5.** **~ *off*** *j-m* e-n Tip *od*. Wink geben.

'tip-off *s* F Tip *m*, Wink *m*.

tip·ple ['tıpl] *s* F (*alkoholisches*) Getränk.

tip·sy ['tıpsı] *adj* □ angeheitert, beschwipst: ***be*** **~** *a*. e-n Schwips haben.

'tip|·toe I *v/i* auf Zehenspitzen gehen. **II** *s*: ***stand on*** **~** sich auf die Zehenspitzen stellen; ***walk on*** **~** → I. **ˌ~'top** *adj* F erstklassig: ***be in*** **~ *order*** tipptopp in Ordnung sein.

ti·rade [taı'reıd] *s* Schimpfkanonade *f* (***against*** gegen).

tire[1] ['taıə] *Am*. → ***tyre.***

tire[2] [~] **I** *v/t* ermüden, müde machen: **~ *out*** (völlig) erschöpfen. **II** *v/i* ermüden, müde werden: **~ *of*** *fig. j-n, et*. satt bekommen; **~ *of doing s.th.*** satt werden, et. zu tun.

tired ['taıəd] *adj* □ **1.** müde: **~ *out*** (völlig) erschöpft; ***be*** **~ *of*** *fig. j-n, et*. satt haben; ***be*** **~ *of doing s.th.*** es satt haben *od*. sein, et. zu tun. **2.** *fig*. abgegriffen. **'tired·ness** *s* Müdigkeit *f*.

tire·less ['taıəlıs] *adj* □ unermüdlich.

tire·some ['taıəsəm] *adj* □ **1.** ermüdend. **2.** *fig*. lästig.

ti·ro → ***tyro.***

tis·sue ['tıʃuː] *s* **1.** *biol*. Gewebe *n*. **2.** Papier(taschen)tuch *n*. **3.** *a*. **~ *paper*** Seidenpapier *n*.

tit[1] [tıt] *s*: **~ *for tat*** wie du mir, so ich dir.

tit[2] [~] *s sl*. **1.** *mst pl* Titte *f*: a) *weibliche Brust*, b) *Brustwarze*. **2.** *Br*. blöde Sau.

tit[3] [~] *s orn*. Meise *f*.

ti·tan·ic [taı'tænık] *adj* (**~*ally***) gigantisch.

tit·bit ['tıtbıt] *s bsd. Br*. Leckerbissen *m*.

tit·il·late ['tıtıleıt] *v/t j-n* (*sexuell*) anregen.

ti·tle ['taıtl] *s* **1.** *allg*. Titel *m*. **2.** ⚖ (Rechts)Anspruch *m* (***to*** auf *acc*). **~ deed** *s* ⚖ Eigentumsurkunde *f*. **~ fight** *s Boxen*: Titelkampf *m*. **'~ˌhold·er** *s Sport*: Titelhalter(in), -träger(in). **~ page** *s* Titelseite *f*. **~ role** *s thea. etc* Titelrolle *f*.

'tit·mouse *s* (*irr* ***mouse***) *orn*. Meise *f*.

tit·ter ['tıtə] **I** *v/i* kichern. **II** *s* Kichern *n*.

tit·tle-tat·tle ['tıtlˌtætl] F **I** *s* Geschwätz *n*; Klatsch *m*, Tratsch *m*. **II** *v/i* schwatzen; klatschen, tratschen.

tit·u·lar ['tɪtjʊlə] *adj* nominell.

to I *prp* [tuː; tʊ; tə] **1.** *Richtung u. Ziel, räumlich*: zu, nach, an (*acc*), in (*acc*): ***go ~ England*** nach England fahren; → ***bed*** 1, ***school*** 1, *etc.* **2.** in (*dat*): ***have you ever been ~ London?*** bist du schon einmal in London gewesen? **3.** *Richtung, Ziel, Zweck*: zu, auf (*acc*), für: → ***death*** 1, ***invite*** 1, *etc.* **4.** *Zugehörigkeit*: zu, für, in (*acc*): → ***key*** 1, ***secretary*** 1, *etc.* **5.** (im Verhältnis *od.* Vergleich) zu, gegen(über): → ***compare*** 1, ***nothing*** I, *etc.* **6.** *Ausmaß, Grenze, Grad*: bis, (bis) zu, (bis) an (*acc*). **7.** *zeitliche Ausdehnung od. Grenze*: bis, bis zu, bis gegen, vor (*dat*): ***from three ~ four*** von drei bis vier (Uhr); → ***quarter*** 2. **8.** *Begleitung*: zu, nach: → ***dance*** 1. **9.** *zur Bildung des (betonten) Dativs*: ***~ me*** mir. **II** *part* [tʊ] **10.** *zur Bezeichnung des Infinitivs*: ***~ go*** gehen; ***easy ~ understand*** leicht zu verstehen. **11.** *Zweck, Absicht*: um zu: ***he does it only ~ earn money*** er tut es nur, um Geld zu verdienen; → ***order*** 9. **12.** *zur Verkürzung e-s Nebensatzes*: ***he was the first ~ arrive*** er kam als erster; ***~ hear him talk*** wenn man ihn (so) reden hört. **III** *adv* [tuː] **13.** zu (*geschlossen*). **14.** → ***come to.*** **15.** ***~ and fro*** hin u. her; auf u. ab.

toad [təʊd] *s zo.* Kröte *f.* **'~·stool** *s* ♀ ungenießbarer Pilz; Giftpilz *m.*

toad·y ['təʊdɪ] **I** *s* Kriecher(in), Speichellecker(in). **II** *v/i*: ***~ to s.o.*** vor j-m kriechen.

toast¹ [təʊst] **I** *s* **1.** Toast *m.* **II** *v/t* **2.** toasten; rösten. **3.** F sich *die Füße etc* wärmen.

toast² [~] **I** *s* Toast *m*, Trinkspruch *m*: ***drink a ~ to*** → II. **II** *v/t* auf *j-n od. j-s* Wohl trinken.

toast·er ['təʊstə] *s* ⚙ Toaster *m.*

to·bac·co [tə'bækəʊ] *pl* **-cos** *s* Tabak *m.* **to'bac·co·nist** [~kənɪst] *s* Tabak(waren)händler(in).

to·bog·gan [tə'bɒgən] **I** *s* (Rodel)Schlitten *m.* **II** *v/i* Schlitten fahren, rodeln.

tod [tɒd] *s*: ***on one's ~*** *Br.* F ganz allein.

to·day [tə'deɪ] **I** *adv* **1.** heute: ***a week ~, ~ week*** heute in e-r Woche *od.* in acht Tagen. **2.** heutzutage. **II** *s* **3.** ***~'s paper*** die heutige Zeitung, die Zeitung von heute. **4.** ***of ~, ~'s*** von heute, heutig.

tod·dle ['tɒdl] *v/i* **1.** auf wack(e)ligen *od.* unsicheren Beinen gehen (*bsd. Kleinkind*). **2.** F gehen. **'tod·dler** *s* Kleinkind *n.*

tod·dy ['tɒdɪ] *s* Toddy *m* (*grogartiges Getränk*).

to-do [tə'duː] *s* F Theater *n* (***about*** um).

toe [təʊ] **I** *s anat.* Zehe *f*: ***be on one's ~s*** *fig.* gut drauf sein; ***keep s.o. on his ~s*** *fig.* j-n auf Zack halten; ***tread on s.o.'s ~s*** *fig.* j-m zu nahe treten. **II** *v/t*: ***~ the line*** *fig.* spuren. **'~·nail** *s* Zehennagel *m.*

tof·fee ['tɒfɪ] *s bsd. Br.* Toffee *n*, Karamelbonbon *n, m*: ***he can't play tennis for ~*** F er hat vom Tennisspielen keine Ahnung. **'~-nosed** *adj Br.* F eingebildet, hochnäsig.

tof·fy → ***toffee.***

tog [tɒg] F **I** *v/t*: ***~ o.s. out*** (*od.* ***up***) sich in Schale werfen. **II** *s pl* Klamotten *pl.*

to·geth·er [tə'geðə] **I** *adv* zusammen (***with*** mit); zusammen...: → ***keep together, live¹*** I, *etc.* **II** *adj* F ausgeglichen (*Person*). **to'geth·er·ness** *s* Zs.-gehörigkeit(sgefühl *n*) *f.*

toil [tɔɪl] **I** *s* mühselige Arbeit. **II** *v/i* sich abmühen *od.* plagen (***at*** mit); sich schleppen.

toi·let ['tɔɪlɪt] *s* Toilette *f*: ***go to the ~*** auf die *od.* in die *od.* zur Toilette gehen. **~ pa·per** *s* Toilettenpapier *n.* **~ roll** *s* Rolle *f* Toilettenpapier.

to·ken ['təʊkən] **I** *s* **1.** Zeichen *n*: ***as a*** (*od.* ***in***) ***~ of*** als *od.* zum Zeichen (*gen*); zum Andenken an (*acc*). **2.** Gutschein *m.* **3.** (*Spiel- etc*)Marke *f.* **II** *adj* **4.** symbolisch. **5.** Schein... **6.** Alibi...

told [təʊld] *pret u. pp von* ***tell.***

tol·er·a·ble ['tɒlərəbl] *adj* erträglich. **'tol·er·a·bly** *adv* leidlich, einigermaßen. **'tol·er·ance** *s* **1.** Toleranz *f* (***for, of, toward***[***s***] gegenüber). **2.** ⚕, ⚙ Toleranz *f.* **'tol·er·ant** *adj* □ tolerant (***of, toward***[***s***] gegenüber). **tol·er·ate** ['~reɪt] *v/t* **1.** tolerieren, dulden. **2.** *j-n, et.* ertragen.

toll¹ [təʊl] *s* **1.** Benutzungsgebühr *f*, Maut *f.* **2.** ***take its ~*** (***on***) *fig.* s-n Tribut fordern (von); s-e Spuren hinterlassen (bei).

toll² [~] *v/i* läuten (*bsd. Totenglocke*).

toll| bridge *s* gebührenpflichtige Brükke, Mautbrücke *f.* **ˌ~-'free** *adj u. adv*

teleph. Am. gebührenfrei. ~ **road** *s* gebührenpflichtige Straße, Mautstraße *f.*
tom [tɒm] *s zo.* Kater *m.*
tom·a·hawk ['tɒməhɔːk] *s hist.* Tomahawk *m,* Streitaxt *f.*
to·ma·to [tə'mɑːtəʊ] **I** *pl* **-toes** *s* ⚘ Tomate *f.* **II** *adj* Tomaten...
tomb [tuːm] *s* Grab(mal) *n;* Gruft *f.*
tom·bo·la [tɒm'bəʊlə] *s* Tombola *f.*
tom·boy ['tɒmbɔɪ] *s* Wildfang *m* (*Mädchen*).
'**tomb·stone** *s* Grabstein *m.*
'**tom·cat** *s zo.* Kater *m.*
tome [təʊm] *s humor.* Wälzer *m.*
tom·fool·er·y [ˌtɒm'fuːlərɪ] *s* Albernheit *f,* Unsinn *m.*
tom·my gun ['tɒmɪ] *s* F Maschinenpistole *f.*
to·mor·row [tə'mɒrəʊ] **I** *adv* **1.** morgen: ***a week ~, ~ week*** morgen in e-r Woche *od.* in acht Tagen; ~ ***morning*** morgen früh; ~ ***night*** morgen abend. **II** *s* **2.** ***~'s paper*** die morgige Zeitung, die Zeitung von morgen; ***the day after ~*** übermorgen. **3.** Zukunft *f:* ***of ~, ~'s*** von morgen.
ton [tʌn] *s* **1.** Tonne *f* (*Gewicht*). **2.** F ***~s pl of*** jede Menge; ***~s better*** viel *od.* wesentlich besser.
tone [təʊn] **I** *s* **1.** *allg.* Ton *m;* Klang *m.* **2.** ♪ *Am.* Note *f.* **3.** *fig.* Niveau *n.* **II** *v/t* **4.** ~ ***down*** *Kritik etc* abschwächen; ~ ***up*** *j-n, Muskeln* kräftigen. **III** *v/i* **5.** ~ ***in*** (***with***) harmonieren (mit), passen (zu).
tongs [tɒŋz] *s pl, a.* ***pair of ~*** Zange *f.*
tongue [tʌŋ] *s* **1.** *anat.* Zunge *f* (*a. fig.*): ***~ in cheek, with one's ~ in one's cheek*** scherzhaft; ***bite one's ~*** sich auf die Zunge beißen (*a. fig.*); ***hold one's ~*** den Mund halten; ***put out one's ~ at s.o.*** j-m die Zunge herausstrecken; → ***slip***[1] 1, ***tip***[1] 1, ***wag***[1] II. **2.** (*Mutter*)Sprache *f.* **3.** Zunge *f* (*e-s Schuhs etc*); (*Land*)Zunge *f:* ***~ of land.*** **4.** Klöppel *m* (*e-r Glokke*). ~ **twist·er** *s* Zungenbrecher *m.*
ton·ic ['tɒnɪk] *s* **1.** *pharm.* Tonikum *n,* Stärkungsmittel *n:* ***be a real ~*** *allg.* richtig guttun. **2.** Tonic *n* (→ ***tonic water***): ***a gin and ~*** ein Gin Tonic. ~ **wa·ter** *s* Tonic water *n* (*mit Kohlensäure u. Chinin versetztes Wasser*).
to·night [tə'naɪt] **I** *adv* heute abend; heute nacht. **II** *s:* ***~'s program(me)*** das Programm (von) heute abend.

ton·sil ['tɒnsl] *s anat.* Mandel *f.* **ton·sil·li·tis** [ˌ~sɪ'laɪtɪs] *s* ⚕ Mandelentzündung *f; weitS.* Angina *f.*
ton·sure ['tɒnʃə] *s* Tonsur *f.*
too [tuː] *adv* **1.** zu. **2.** zu, sehr. **3.** auch. **4.** auch noch, noch dazu.
took [tʊk] *pret von* ***take.***
tool [tuːl] *s* **1.** Werkzeug *n* (*a. fig. Person*), Gerät *n:* ***be the ~s of s.o.'s trade*** *fig.* j-s Rüstzeug sein; → ***down*** 15. **2.** V Schwanz *m* (*Penis*). ~ **bag** *s* Werkzeugtasche *f.* ~ **box** *s* Werkzeugkasten *m.* ~ **shed** *s* Geräteschuppen *m.*
toot [tuːt] *mot.* **I** *v/i* hupen. **II** *v/t:* ***~ one's horn*** → I. **III** *s:* ***give a ~ on one's horn*** → I.
tooth [tuːθ] *pl* ***teeth*** [tiːθ] *s anat.* Zahn *m* (*a. e-s Kamms, e-r Säge, e-s Zahnrads etc*): ***in the teeth of*** *fig.* gegen; trotz, ungeachtet; ***fight ~ and nail*** *fig.* erbittert *od.* verbissen kämpfen; ***get one's teeth into*** *fig.* sich reinknien in (*acc*); → ***armed, brush***[1] 5, ***cut*** 10, ***edge*** 4, ***skin*** 1, ***sweet*** 1. '**~·ache** *s* Zahnschmerzen *pl,* -weh *n.* '**~·brush** *s* Zahnbürste *f.*
tooth·less ['tuːθlɪs] *adj* zahnlos.
'**tooth|·paste** *s* Zahncreme *f,* -pasta *f.* '**~·pick** *s* Zahnstocher *m.*
tooth·some ['tuːθsəm] *adj* □ lecker, schmackhaft.
toot·sie, toot·sy ['tʊtsɪ] *s Kindersprache:* Füßchen *n.*
top[1] [tɒp] **I** *s* **1.** oberer Teil; Gipfel *m,* Spitze *f* (*e-s Bergs etc*); Krone *f,* Wipfel *m* (*e-s Baums*); Kopfende *n,* oberes Ende (*e-s Tischs etc*): ***at the ~ of the page*** oben auf der Seite; ***from ~ to toe*** von Kopf bis Fuß; ***on ~*** oben(auf); d(a)rauf; ***on ~ of*** (oben) auf (*dat od. acc*), über (*dat od. acc*); ***on ~ of each other*** auf-, übereinander; ***on ~ of it*** *fig.* obendrein; ***get on ~ of s.o.*** F j-m zuviel *od.* zu schwierig werden; → ***thin*** 1. **2.** *fig.* Spitze *f:* ***at the ~ of one's voice*** aus vollem Hals; ***be at the ~ of*** an der Spitze (*gen*) stehen; ***stay on ~*** an der Spitze bleiben. **3.** (*Bikini- etc*)Oberteil *n.* **4.** Oberfläche *f* (*e-s Tischs etc*). **5.** Deckel *m* (*e-s Glases*), (*a. e-r Tube etc*) Verschluß *m:* → ***blow***[1] 11. **6.** *mot.* Verdeck *n:* → ***hardtop.*** **7.** *mot.* höchster Gang. **II** *adj* **8.** oberst: ~ ***dog*** F der Überlegene; der Chef; ~ ***hat*** Zylinder *m.* **9.** *fig.* Höchst..., Spitzen...: ~ ***gear***

→ 7; ~ ***manager*** Top-, Spitzenmanager *m*; ***at ~ speed*** mit Höchstgeschwindigkeit; in Windeseile; → ***management*** 2. **III** *v/t* **10.** bedecken (***with*** mit). **11.** *fig.* übersteigen; übertreffen. **12.** ~ ***the bill*** der Star des Programms *od.* die Hauptattraktion sein.
Verbindungen mit Adverbien:
top| off *v/t bsd. Am.* abschließen, krönen (***with*** mit). ~ **out** *v/t* das Richtfest (*gen*) feiern. ~ **up** *v/t Tank etc* auffüllen; F *j-m* nachschenken.

top² [~] *s* Kreisel *m* (*Spielzeug*): → ***sleep*** I.

to·pee ['təʊpɪ] *s* Tropenhelm *m*.

'top|·flight *adj* F Spitzen... **ˌ~-'heav·y** *adj* kopflastig (*a. fig.*), oberlastig.

top·ic ['tɒpɪk] *s* Thema *n*: ~ ***of conversation*** Gesprächsthema. **'top·i·cal** *adj* □ aktuell.

'top·knot *s* Haarknoten *m*.

top·less ['tɒplɪs] *adj* oben ohne; Oben-ohne-...

ˌtop|-'lev·el *adj* auf höchster Ebene, Spitzen... **'~·most** *adj* oberst. **ˌ~-'notch** *adj* F erstklassig, Spitzen...

to·pog·ra·phy [tə'pɒgrəfɪ] *s* Topographie *f*.

top·per ['tɒpə] *s* F Zylinder *m*. **'top·ping** *s*: ***with a ~ of whipped cream*** mit Schlagsahne darauf.

top·ple ['tɒpl] **I** *v/i* **1.** *mst* ~ ***over*** umkippen. **II** *v/t* **2.** *mst* ~ ***over*** umkippen. **3.** *fig. Regierung etc* stürzen.

ˌtop|-'se·cret *adj* streng geheim. **'~·spin** *s Tennis etc*: Topspin *m* (*starker Aufwärtsdrall*).

top·sy-tur·vy [ˌtɒpsɪ'tɜːvɪ] *adj* F **1.** in e-r heillosen Unordnung. **2.** *fig.* konfus, wirr.

torch [tɔːtʃ] *s* **1.** *bsd. Br.* Taschenlampe *f*. **2.** Fackel *f*. **'~·light** *s*: ***by ~*** bei Fackelschein; ~ ***procession*** Fackelzug *m*.

tore [tɔː] *pret von* ***tear²***.

tor·ment I *v/t* [tɔː'ment] **1.** quälen, *fig. a.* plagen: ***be ~ed by*** (*od.* ***with***) gequält *od.* geplagt werden von. **II** *s* ['tɔːment] **2.** Qual *f*: ***be in ~, suffer ~(s)*** Qualen leiden. **3.** Quälgeist *m*.

torn [tɔːn] *pp von* ***tear²***.

tor·na·do [tɔː'neɪdəʊ] *pl* **-do(e)s** *s* Tornado *m*.

tor·pe·do [tɔː'piːdəʊ] **I** *pl* **-does** *s* ⚓, ⚔ Torpedo *m*. **II** *v/t* torpedieren (*a. fig.*). ~ **boat** *s* Torpedoboot *n*.

tor·pid ['tɔːpɪd] *adj* □ träg(e). **tor·por** ['~pə] *s* Trägheit *f*.

torque [tɔːk] *s phys.* Drehmoment *n*.

tor·rent ['tɒrənt] *s* **1.** reißender Strom: ~***s*** *pl* ***of rain*** sintflutartige Regenfälle *pl*; ***the rain fell in ~s*** es goß in Strömen. **2.** *fig.* Schwall *m*, Sturzbach *m* (***of*** von). **tor·ren·tial** [tə'renʃl] *adj* sintflutartig.

tor·rid ['tɒrɪd] *adj* □ sengend.

tor·sion ['tɔːʃn] *s phys.* Torsion *f*, Verdrillung *f*.

tor·so ['tɔːsəʊ] *pl* **-sos** *s* Rumpf *m*; (*Kunst*) Torso *m*.

tort [tɔːt] *s* ⚖ unerlaubte Handlung.

tor·toise ['tɔːtəs] *s zo.* Schildkröte *f*.

tor·tu·ous ['tɔːtʃʊəs] *adj* □ **1.** gewunden (*Pfad etc*). **2.** *fig.* umständlich.

tor·ture ['tɔːtʃə] **I** *v/t* **1.** foltern. **2.** *fig.* quälen: ***be ~d by*** (*od.* ***with***) gequält werden von. **II** *s* **3.** Folter(ung) *f*. **4.** *fig.* Qual *f*. ~ **cham·ber** *s* Folterkammer *f*.

To·ry ['tɔːrɪ] *pol. Br.* **I** *s* Tory *m*, Konservative *m*. **II** *adj* Tory..., torystisch, konservativ.

toss [tɒs] **I** *v/t* **1.** werfen: ~ ***s.o. s.th.*** j-m et. zuwerfen; ~ ***back*** *Kopf* zurückwerfen; ~ ***off*** *Arbeit* hinhauen; *Getränk* hinunterstürzen. **2.** *Münze* hochwerfen: ~ ***s.o. for s.th.*** mit j-m um et. losen. **II** *v/i* **3.** *a.* ~ ***about*** (*od.* ***around***), ~ ***and turn*** sich (*im Schlaf etc*) hin u. her werfen. **4.** *a.* ~ ***up*** e-e Münze hochwerfen: ~ ***for s.th.*** um et. losen, et. auslosen. **III** *s* **5.** Wurf *m*. **6.** Hochwerfen *n* (*e-r Münze*): ***win the ~*** (*Sport*) die Wahl gewinnen. **7.** ***I don't give a ~ about it*** *Br.* F das ist mir völlig egal. **'~-up** *s* **1.** → ***toss*** 6. **2.** ***it's a ~ whether*** F es ist völlig offen, ob.

tot¹ [tɒt] *s* **1.** *a.* ***tiny ~*** F Knirps *m*. **2.** Schluck *m* (*Alkohol*).

tot² [~] *v/t*: ~ ***up*** F zs.-rechnen, -zählen.

to·tal ['təʊtl] **I** *adj* □ **1.** völlig, total, Total...: → ***recall*** 4. **2.** ganz, gesamt, Gesamt... **II** *s* **3.** Gesamtmenge *f*; (End)Summe *f*: ***a ~ of 20 cases*** insgesamt 20 Kisten; ***in ~*** insgesamt. **III** *v/t pret u. pp* **-taled,** *bsd. Br.* **-talled 4.** sich belaufen auf (*acc*): ***... ~(l)ing £500*** ... von insgesamt 500 Pfund. **5.** *a.* ~ ***up*** zs.-rechnen, -zählen. **to·tal·i·tar·i·an** [ˌ~tælɪ'teərɪən] *adj pol.* totalitär. **to·tal-**

i·za·tor ['ˌtəlaɪzeɪtə] *s Pferdesport*: Totalisator *m*.

tote [təʊt] *s Pferdesport*: F Toto *n*, *m* (*Totalisator*).

tote bag [təʊt] *s bsd. Am.* Einkaufstasche *f*.

to·tem ['təʊtəm] *s* Totem *n*. ~ **pole** *s* Totempfahl *m*.

tot·ter ['tɒtə] *v/i* (sch)wanken. '**tot·ter·y** *adj* wack(e)lig.

touch [tʌtʃ] **I** *s* **1.** Tastempfindung *f*: ***be soft to the ~*** sich weich anfühlen; → ***sense*** 1. **2.** Berührung *f*, ♪ *etc* Anschlag *m*: ***at the ~ of a button*** auf Knopfdruck. **3.** ***be in ~ with s.o.*** mit j-m in Verbindung stehen; ***get in ~ with s.o.*** sich mit j-m in Verbindung setzen; ***keep in ~ with s.o.*** mit j-m in Verbindung bleiben; ***lose ~*** den Kontakt verlieren (***with s.o.*** zu j-m). **4.** (*Pinsel- etc*)Strich *m*: ***put the finishing ~es to*** letzte Hand legen an (*acc*). **5.** *fig*. Note *f*: ***a personal ~***. **6.** Spur *f* (*Salz etc*); *fig*. Anflug *m* (*von Ironie etc*): ***a ~ of flu*** e-e leichte Grippe. **7.** ***in*(*to*) ~** (*Fußball*) im (ins) Aus. **II** *v/t* **8.** berühren; anfassen: ***~ wood!*** toi, toi, toi!; → ***nerve*** 1. **9.** *Alkohol, Essen etc* anrühren. **10.** *fig*. herankommen an (*acc*). **11.** *fig*. rühren, bewegen. **12.** *fig*. berühren, betreffen. **13.** F *j-n* anpumpen (***for*** um). **III** *v/i* **14.** sich berühren. **15.** ***~ on*** *Thema etc* berühren, streifen.

Verbindungen mit Adverbien:

touch| down *v/i* ✈ aufsetzen. **~ off** *v/t Explosion, Krise etc* auslösen. **~ up** *v/t* **1.** ausbessern; *phot*. retuschieren. **2.** *Br*. F *j-n* befummeln, betatschen.

ˌ**touch|-and-'go** *adj* kritisch (*Situation etc*): ***it was ~ whether*** es stand auf des Messers Schneide, ob. '**~·down** *s* ✈ Aufsetzen *n*.

tou·ché ['tu:ʃeɪ] *int* eins zu null für dich!

touched [tʌtʃt] *adj* **1.** gerührt, bewegt. **2.** ***be ~*** F e-n Schlag haben. '**touch·ing** *adj* rührend, bewegend.

'**touch|·line** *s Fußball*: Seitenlinie *f*. '**~·stone** *s* Prüfstein *m* (***of*** für). '**~-type** *v/i* blindschreiben.

touch·y ['tʌtʃɪ] *adj* □ **1.** empfindlich, reizbar. **2.** heikel (*Thema*).

tough [tʌf] *adj* □ **1.** zäh (*Fleisch etc*): (***as***) ***~ as leather*** zäh wie Leder. **2.** widerstandsfähig (*Material etc*), (*Person a.*) zäh. **3.** *fig*. hart (*Haltung etc*): ***get ~ with*** hart vorgehen gegen. **4.** *fig*. hart (*Konkurrenz etc*), (*Problem, Verhandlungen etc a.*) schwierig. '**tough·en** **I** *v/t a.* ***~ up*** *j-n* hart *od*. zäh machen. **II** *v/i a.* ***~ up*** hart *od*. zäh werden.

tour [tʊə] **I** *s* **1.** Tour *f* (***of*** durch): a) (Rund)Reise *f*, (-)Fahrt *f*: ***~ operator*** Reiseveranstalter *m*, b) Ausflug *m*, Wanderung *f*. **2.** Rundgang *m* (***of*** durch): ***take s.o. on a ~ of*** j-n herumführen in (*dat*); → ***conduct*** 3, ***guided*** 1, ***sightseeing***. **3.** *thea. etc* Tournee *f* (*a. Sport*), Gastspielreise *f* (***of*** durch): ***be on ~*** auf Tournee sein (***in*** in *dat*). **II** *v/t* **4.** bereisen, reisen durch. **5.** *thea. etc* e-e Tournee (*a. Sport*) *od*. Gastspielreise machen durch: ***be ~ing Germany*** auf Deutschlandtournee sein. **III** *v/i* **6.** ***~ (a)round*** → 4. **7.** *thea. etc* e-e Tournee (*a. Sport*) *od*. Gastspielreise machen, auf Tournee sein. '**tour·ism** *s* Tourismus *m*, Fremdenverkehr *m*. '**tour·ist** **I** *s* Tourist(in). **II** *adj* Touristen...: ***~ class*** ✈, ⚓ Touristenklasse *f*; ***~ season*** Reisesaison *f*, -zeit *f*; ***~ trade*** Fremdenverkehrsgewerbe *n*.

tour·na·ment ['tɔ:nəmənt] *s* Turnier *n*.

tou·sled ['taʊzld] *adj* zerzaust (*Haar*).

tout [taʊt] **I** *v/t* **1.** (aufdringlich) Reklame machen für. **2.** anpreisen (***as*** als). **II** *v/i* **3.** ***~ for business*** Kunden werben. **III** *s* **4.** *Br*. (*Karten*)Schwarzhändler(in).

tow [təʊ] **I** *v/t Boot etc* schleppen, *Auto etc a.* abschleppen: ***~ away*** *falsch geparktes Fahrzeug* abschleppen. **II** *s*: ***give s.o. a ~*** j-n abschleppen; ***take in ~*** *Auto etc* abschleppen, *Boot etc* ins Schlepptau nehmen; ***with his children in ~*** F mit s-n Kindern im Schlepptau.

to·ward *bsd. Am.*, **to·wards** *bsd. Br.* [tə'wɔ:d(z)] *prp* **1.** *Richtung*: auf (*acc*) ... zu, (in) Richtung, zu: → ***face*** 13, *etc*. **2.** *zeitlich*: gegen: ***~ the end of*** gegen Ende (*gen*). **3.** *fig*. gegenüber: → ***attitude*** 2, *etc*. **4.** *fig*. auf (*acc*) ... hin: ***they gave me s.th. ~ it*** sie zahlten mir et. dazu.

tow·el ['taʊəl] **I** *s* Handtuch *n*, (*Badeetc*)Tuch *n*: ***throw in the ~*** (*Boxen*) das Handtuch werfen (*a. fig.*); → ***sanitary*** 1. **II** *v/t pret u. pp* **-eled,** *bsd. Br.* **-elled** *a.* ***~ down*** (mit e-m Handtuch) abtrocknen *od.* abreiben. **~ rail** *s* Handtuchhalter *m.*

tow·er ['taʊə] **I** *s* Turm *m*: **~ *block*** *Br.* Hochhaus *n.* **II** *v/i*: **~ *above*** (*od.* ***over***) überragen (*a. fig.*). **'tow·er·ing** *adj* **1.** turmhoch. **2.** *fig.* überragend. **3. *be in a ~ rage*** vor Wut rasen.

town [taʊn] *s* (Klein)Stadt *f*: ***go to*** (***the***) **~** in die Stadt fahren *od.* gehen; ***be*** (***out***) ***on the* ~** F e-n draufmachen; → ***paint*** 2. **~ cen·tre** *s Br.* Innenstadt *f*, City *f.* **~ fa·thers** *s pl* Stadtväter *pl.* **~ hall** *s* Rathaus *n.* **~ plan·ning** *s* Stadtplanung *f.*

towns·folk ['taʊnzfəʊk] → ***townspeople.***

town·ship ['taʊnʃɪp] *s Am.* (Stadt)Gemeinde *f*; (Kreis)Bezirk *m.*

towns·peo·ple ['taʊnz,pi:pl] *s pl* Städter *pl*, Stadtbevölkerung *f.*

'tow·rope *s mot.* Abschleppseil *n.*

tox·ic ['tɒksɪk] *adj* (**~*ally***) toxisch, giftig, Gift...

tox·in ['tɒksɪn] *s biol.* Toxin *n.*

toy [tɔɪ] **I** *s* **1.** Spielzeug *n*: **~*s*** *pl* Spielsachen *pl*, -zeug *n*, ✝ -waren *pl.* **II** *v/i* **2. ~ *with*** spielen mit (*a. fig.*). **III** *adj* **3.** Spielzeug... **4.** *zo.* Zwerg... (*Hund*). **~ shop** *s* Spielwarengeschäft *n*, -handlung *f.*

trace[1] [treɪs] **I** *s* **1.** Spur *f* (*a. fig.*): ***without*** (***a***) **~** spurlos; ***lose all* ~ *of s.o.*** j-n aus den Augen verlieren. **II** *v/t* **2.** *j-n, et.* ausfindig machen, aufspüren, *et.* finden: ***he was* ~*d to*** s-e Spur führte nach. **3.** *a.* **~ *back*** *et.* zurückverfolgen (***to*** bis zu): **~ *s.th. to*** et. zurückführen auf (*acc*), et. herleiten von. **4.** (durch)pausen.

trace[2] [~] *s* Zugleine *f*: ***kick over the* ~*s*** *fig.* über die Stränge schlagen.

trace el·e·ment *s* ⚗ Spurenelement *n.*

tra·che·a [trə'ki:ə] *pl* **-ae** [~i:] *s anat.* Luftröhre *f.*

trac·ing ['treɪsɪŋ] *s* Pause *f.* **~ pa·per** *s* Pauspapier *n.*

track [træk] **I** *s* **1.** Spur *f* (*a. e-s Tonbands etc u. fig.*), *hunt. a.* Fährte *f*: ***be*** (***hot***) ***on s.o.'s* ~** j-m (dicht) auf der Spur sein; ***be on the wrong* ~** auf der falschen Spur *od.* auf dem Holzweg sein; ***keep* ~ *of*** sich auf dem laufenden halten über (*acc*); ***lose* ~ *of*** den Überblick verlieren über (*acc*). **2.** Pfad *m*, Weg *m*. **3.** 🚂 Gleis *n*, Geleise *n*: ***jump the* ~*s*** aus den Schienen springen, entgleisen. **4.** *Sport*: (*Lauf-*, *Radrenn*)Bahn *f*, (*Renn*)Strecke *f*. **5.** ⚙ Raupe *f*, Gleis-, Raupenkette *f*. **6.** Nummer *f* (*auf e-r Langspielplatte etc*). **II** *v/t* **7.** verfolgen: **~ *down*** aufspüren; aufstöbern, -treiben. **,~-and-'field** *adj Am.* Leichtathletik...: **~ *sports*** *pl* Leichtathletik *f*.

tracked [trækt] *adj*: **~ *vehicle*** Gleisketten-, Raupenfahrzeug *n.*

track·er dog ['trækə] *s* Spür-, Suchhund *m.*

track e·vents *s pl Leichtathletik*: Laufdisziplinen *pl.*

track·ing sta·tion ['trækɪŋ] *s Raumfahrt*: Bodenstation *f.*

track| rec·ord *s* **1.** *Sport*: Bahnrekord *m.* **2. *have a good* ~** *fig.* einiges vorzuweisen haben. **'~·suit** *s* Trainingsanzug *m.*

tract[1] [trækt] *s* **1.** Fläche *f*, Gebiet *n.* **2.** *anat.* (*Verdauungs*)Trakt *m*, (*Atem-*)Wege *pl.*

tract[2] [~] *s* Traktat *m*, *n*, kurze Abhandlung.

trac·ta·ble ['træktəbl] *adj* □ folg-, fügsam.

trac·tion ['trækʃn] *s* **1.** Ziehen *n.* **2.** ⚙ Antrieb *m.* **3.** *mot.* Bodenhaftung *f.* **4.** ***his leg is in* ~** ⚕ sein Bein ist im Streckverband. **~ en·gine** *s* Zugmaschine *f.*

trac·tor ['træktə] *s* Traktor *m*, Trecker *m*, Zugmaschine *f.*

trade [treɪd] **I** *s* **1.** Handel *m* (***in*** mit *et.*). **2.** Branche *f*, Gewerbe *n*: ***be in the tourist* ~** im Fremdenverkehrsgewerbe (tätig) sein. **3. *do good* ~** gute Geschäfte machen. **4.** (*bsd.* Handwerks)Beruf *m*: ***by* ~** von Beruf. **II** *v/i* **5.** handeln (***in*** mit *et.*), Handel treiben: **~ *with s.o.*** *a.* mit j-m Geschäfte machen. **6. ~ *on*** *b.s.* ausnutzen, ausnützen. **III** *v/t* **7.** (ein-)tauschen (***for*** gegen). **8. ~ *in*** in Zahlung geben (***for*** für). **~ a·gree·ment** *s* Handelsabkommen *n.* **'~·mark** *s* **1.** ✝ Warenzeichen *n.* **2.** *fig.* Kennzeichen *n.* **~ name** *s* Markenname *m*, Handelsbezeichnung *f.* **~ price** *s* Großhandelspreis *m.*

trad·er ['treɪdə] *s* Händler(in).

trades·man ['treɪdzmən] *s* (*irr* ***man***) **1.** (Einzel)Händler *m*; Ladeninhaber *m.* **2.** Lieferant *m*: **~*'s entrance*** Lieferanteneingang *m.*

trade| un·ion *s* Gewerkschaft *f*. **~ un·ion·ist** *s* Gewerkschaftler(in).

trad·ing| part·ner *s* Handelspartner(in). **~ stamp** *s* Rabattmarke *f*.

tra·di·tion [trəˈdɪʃn] *s* Tradition *f*: ***by ~*** traditionell(erweise). **traˈdi·tion·al** [~ʃənl] *adj* □ traditionell: ***~ly*** *a.* traditionellerweise; ***it is ~ for them to*** (*inf*) es ist bei ihnen Brauch *od.* so üblich, daß sie.

traf·fic [ˈtræfɪk] **I** *s* **1.** Verkehr *m*. **2.** (*bsd.* illegaler) Handel (***in*** mit): ***~ in drugs*** Drogenhandel. **II** *v/i pret u. pp* **-ficked** **3.** (*bsd.* illegal) handeln (***in*** mit). **~ cha·os** *s* Verkehrschaos *n*. **~ cir·cle** *s Am.* Kreisverkehr *m*. **~ cone** *s* Pylon(e *f*) *m*, Leitkegel *m*. **~ is·land** *s* Verkehrsinsel *f*. **~ jam** *s* Verkehrsstauung *f*, -stockung *f*, Stau *m*.

traf·fick·er [ˈtræfɪkə] *s* (*bsd.* illegaler) Händler (***in*** mit): ***~ in drugs*** Drogenhändler.

traf·fic| light *s Br. mst pl* Verkehrsampel *f*. **~ of·fence** *s* Verkehrsdelikt *n*. **~ of·fend·er** *s* Verkehrssünder(in). **~ of·fense** *Am.* → ***traffic offence.*** **~ sign** *s* Verkehrszeichen *n*, -schild *n*. **~ sig·nal** → ***traffic light.*** **~ war·den** *s Br.* Parküberwacher *m*, Politesse *f*.

trag·e·dy [ˈtrædʒədɪ] *s thea.* Tragödie *f* (*a. fig.*), Trauerspiel *n*.

trag·ic [ˈtrædʒɪk] *adj* (***~ally***) *thea.* tragisch (*a. fig.*): ***~ally*** *a.* tragischerweise; unter tragischen Umständen.

trag·i·com·e·dy [ˌtrædʒɪˈkɒmədɪ] *s thea.* Tragikomödie *f* (*a. fig.*). **ˌtrag·iˈcom·ic** *adj* (***~ally***) tragikomisch.

trail [treɪl] **I** *v/t* **1.** *et.* nachschleifen lassen: ***~ one's feet*** schlurfen. **2.** verfolgen. **3.** *Sport*: zurückliegen hinter (*dat*) (***by*** um). **II** *v/i* **4.** ***~ (along) behind s.o.*** hinter j-m herschleifen. **5.** sich schleppen. **6.** *Sport*: zurückliegen ([***by***] ***2-0*** 0:2). **III** *s* **7.** Spur *f* (*a. fig.*), *hunt. a.* Fährte *f*: ***~ of blood*** Blutspur; ***~ of dust*** (***smoke***) Staubwolke *f* (Rauchfahne *f*); ***be*** (***hot***) ***on s.o.'s ~*** j-m (dicht) auf der Spur sein. **8.** Pfad *m*, Weg *m*. **ˈtrail·er** *s* **1.** *mot.* Anhänger *m*. **2.** *Am.* Caravan *m*, Wohnwagen *m*. **3.** *Film*, *TV*: Trailer *m*, Vorschau *f*.

train [treɪn] **I** *s* **1.** 🚂 Zug *m*: ***by ~*** mit der Bahn, mit dem Zug; ***on the ~*** im Zug; ***~ ferry*** Eisenbahnfähre *f*; ***~ set*** (Spielzeug)Eisenbahn *f*. **2.** Kolonne *f*. **3.** Schleppe *f*. **4.** *fig.* Folge *f*, Kette *f* (*von Ereignissen etc*): ***~ of thought*** Gedankengang *m*. **II** *v/t* **5.** *j-n* ausbilden (***as*** als, zum), *a. Auge*, *Verstand etc* schulen; (*Sport*) trainieren; *Tier* abrichten, dressieren (***to do*** zu tun). **6.** *Geschütz*, *Kamera etc* richten (***on*** auf *acc*). **III** *v/i* **7.** ausgebildet werden (***as*** als, zum). **8.** *Sport*: trainieren (***for*** für). **ˈtrain·er** *s* **1.** Ausbilder(in); Dresseur *m*, Abrichter(in), Dompteur *m*, Dompteuse *f*; (*Sport*) Trainer(in). **2.** *Br.* Turnschuh *m*. **ˈtrain·ing I** *s* **1.** Ausbildung *f*, Schulung *f*; Abrichten *n*, Dressur *f*. **2.** *Sport*: Training *f*: ***be in ~*** im Training stehen, trainieren; (gut) in Form sein; ***be out of ~*** nicht in Form sein. **II** *adj* **3.** Ausbildungs..., Schulungs... **4.** *Sport*: Trainings...

traipse [treɪps] *v/i* F latschen.

trait [treɪt] *s* (Charakter)Zug *m*, Eigenschaft *f*.

trai·tor [ˈtreɪtə] *s* Verräter *m* (***to*** an *dat*).

tra·jec·to·ry [trəˈdʒektərɪ] *s phys.* Flugbahn *f*.

tram [træm] *s Br.* a) Straßenbahn(wagen *m*) *f*: ***by ~*** mit der Straßenbahn; ***on the ~*** in der Straßenbahn, b) → ***tramway.*** **ˈ~·car** *s Br.* Straßenbahnwagen *m*.

tramp [træmp] **I** *v/i* **1.** sta(m)pfen; trampeln. **II** *v/t* **2.** sta(m)pfen *od.* trampeln durch. **III** *s* **3.** *bsd. Br.* Tramp *m*, Landstreicher(in). **4.** Wanderung *f*: ***go for a ~*** e-e Wanderung machen. **5.** *bsd. Am.* Flittchen *n*.

tram·ple [ˈtræmpl] **I** *v/i* trampeln: ***~ on*** herumtrampeln auf (*dat*); *fig. j-s Gefühle* mit Füßen treten. **II** *v/t* zertrampeln: ***~ down*** niedertrampeln; ***be ~d to death*** zu Tode getrampelt werden; → ***underfoot.***

tram·po·line [ˈtræmpəliːn] *s* Trampolin *n*.

ˈtram·way *s Br.* Straßenbahn(linie) *f*.

trance [trɑːns] *s* Trance *f*: ***go into a ~*** in Trance verfallen.

tran·quil [ˈtræŋkwɪl] *adj* □ **1.** ruhig, friedlich. **2.** sorgenfrei. **tranˈquil·i·ty** *s Am.*, **tranˈquil·li·ty** *s bsd. Br.* Ruhe *m*, Frieden *m*. **ˈtran·quil·ize** *v/t Am.*, **ˈtran·quil·lize** *v/t bsd. Br. j-n* beruhigen, *Tier a.* betäuben. **ˈtran·quil·(l)iz-**

er *s* Beruhigungs- *od.* Betäubungsmittel *n.*

trans·act [træn'zækt] *v/t Geschäft* abwickeln, *a. Handel* abschließen. **trans'ac·tion** *s* **1.** Abwicklung *f*, Abschluß *m.* **2.** Transaktion *f*, Geschäft *n.*

trans·at·lan·tic [ˌtrænzət'læntɪk] *adj* transatlantisch, Transatlantik...

tran·scen·den·tal [ˌtrænsen'dentl] *adj*: **~ *meditation*** transzendentale Meditation.

trans·con·ti·nen·tal ['trænzˌkɒntɪ'nentl] *adj* transkontinental.

tran·scribe [træn'skraɪb] *v/t* **1.** abschreiben, kopieren. **2.** *Stenogramm etc* übertragen (***into*** in *acc*). **3.** ♪ transkribieren, umschreiben (***for*** für). **4. *~ onto*** → ***transfer*** 3.

tran·script ['trænskrɪpt] *s* Abschrift *f*, Kopie *f*. **tran·scrip·tion** [~'skrɪpʃn] *s* **1.** Abschreiben *n*, Kopieren *n*. **2.** Übertragen *n.* **3.** ♪ Transkription *f*, Umschreibung *f*. **4.** → ***transcript.*** **5.** → ***phonetic*** I.

tran·sept ['trænsept] *s* ⚠ Querschiff *n.*

trans·fer I *v/t* [træns'fɜː] **1.** (***to***) *Betrieb etc* verlegen (nach); *j-n* versetzen (nach); (*Sport*) *Spieler* transferieren (zu), abgeben (an *acc*); *Geld* überweisen (an *j-n*, auf *ein Konto*). **2.** ⚖ *Eigentum*, *Recht* übertragen (***to*** auf *acc*). **3. *~ to*** *Bandaufnahme etc* überspielen auf (*acc*). **II** *v/i* [træns'fɜː] **4.** *Sport*: wechseln (***to*** zu) (*Spieler*). **5.** *Reise*: umsteigen (***from ... to*** von ... auf *acc*). **III** *s* ['trænsfɜː] **6.** Verlegung *f*; Versetzung *f*; (*Sport*) Transfer *m*, Wechsel *m*; Überweisung *f*: **~ *fee*** Transfersumme *f*, Ablöse(summe) *f*. **7.** ⚖ Übertragung *f*. **8.** Umsteigen *n*; *bsd. Am.* Umsteige(fahr)karte *f*. **9.** *bsd. Br.* Abziehbild *n.* **trans'fer·a·ble** *adj* übertragbar.

trans·fig·ure [træns'fɪgə] *v/t* verklären.

trans·fix [træns'fɪks] *v/t* **1.** durchstechen, -bohren (***with*** mit). **2. *stand ~ed to the spot*** wie angewurzelt dastehen.

trans·form [træns'fɔːm] *v/t et.* umwandeln, *a. j-n* verwandeln (***into*** in *acc*). **trans·for·ma·tion** [ˌ~fə'meɪʃn] *s* Um-, Verwandlung *f*. **trans·form·er** [~'fɔːmə] *s* ⚡ Transformator *m.*

trans·fu·sion [træns'fjuːʒn] *s* ⚕ Bluttransfusion *f*, -übertragung *f*.

trans·gress [træns'gres] **I** *v/t* verletzen, verstoßen gegen. **II** *v/i* sündigen (***against*** gegen). **trans'gres·sion** *s* (***of***) Verletzung *f* (*gen*), Verstoß *m* (gegen); Sünde *f*.

tran·si·ent ['trænzɪənt] *adj* □ flüchtig, vergänglich.

tran·sis·tor [træn'sɪstə] *s* ⚡ Transistor *m*: **~** (***radio***) Transistorradio *n.* **tran'sis·tor·ize** *v/t* transistor(is)ieren.

trans·it ['trænsɪt] *s* **1.** Durchfahrt *f*. **2.** ⚓ Transport *m*: ***in ~*** unterwegs, auf dem Transport. **~ *camp*** *s* Durchgangslager *n.*

tran·si·tion [træn'sɪʒn] *s* Übergang *m* (***from ... to*** von ... zu): ***period of ~*** Übergangsperiode *f*, -zeit *f*. **tran'si·tion·al** [~ʒənl] *adj* Übergangs...

tran·si·tive ['trænsətɪv] *adj* □ *ling.* transitiv.

tran·si·to·ry ['trænsɪtərɪ] → ***transient.***

trans·lat·a·ble [træns'leɪtəbl] *adj* übersetzbar. **trans'late I** *v/t* **1.** übersetzen (***from English into German*** aus dem Englischen ins Deutsche). **2. *~ into action*** *fig.* in die Tat umsetzen. **II** *v/i* **3.** sich *gut etc* übersetzen lassen. **trans'la·tion** *s* Übersetzung *f*. **trans'la·tor** *s* Übersetzer(in).

trans·lu·cent [trænz'luːsnt] *adj* □ lichtdurchlässig: **~ *glass*** Milchglas *n.*

trans·mi·gra·tion [ˌtrænzmaɪ'greɪʃn] *s* Seelenwanderung *f*.

trans·mis·sion [trænz'mɪʃn] *s* **1.** Übertragung *f* (*e-r Krankheit*). **2.** *Rundfunk*, *TV*: Sendung *f*, *pl a.* Programm *n.* **3.** *mot.* Getriebe *n.*

trans·mit [trænz'mɪt] **I** *v/t* **1.** *Krankheit* übertragen. **2.** *Signale* (aus)senden; (*Rundfunk*, *TV*) *Programm* senden. **3.** *phys. Wärme etc* leiten; *Licht etc* durchlassen. **II** *v/i* **4.** *Rundfunk*, *TV*: senden. **trans'mit·ter** *s* Sender *m.*

trans·mu·ta·tion [ˌtrænzmjuː'teɪʃn] *s* Um-, Verwandlung *f*. **trans·mute** [~'mjuːt] *v/t* um-, verwandeln (***into*** in *acc*).

trans·par·en·cy [træns'pærənsɪ] *s* **1.** Durchsichtigkeit *f* (*a. fig.*). **2.** *fig.* Durchschaubarkeit *f*. **3.** Dia(positiv) *n.* **trans'par·ent** *adj* □ **1.** durchsichtig. **2.** *fig.* durchsichtig, durchschaubar; offenkundig.

tran·spi·ra·tion [ˌtrænspə'reɪʃn] *s* Transpiration *f* (*a.* ♣), Schweißabsonderung *f*. **tran·spire** [~'spaɪə] *v/i* **1.** *physiol.* transpirieren (*a.* ♀), schwitzen. **2.** ***it ~d that*** es sickerte durch *od.* wurde bekannt, daß. **3.** F passieren.

trans·plant **I** *v/t* [træns'plɑːnt] **1.** ⚕ transplantieren, verpflanzen. **2.** *Pflanze* um-, verpflanzen. **3.** *j-n* umsiedeln, *Betrieb etc* verlegen (***to*** nach). **II** *s* ['trænsplɑːnt] **4.** ⚕ Transplantation *f*, Verpflanzung *f*. **5.** ⚕ Transplantat *n*. ˌ**trans·plan'ta·tion** *s* **1.** → ***transplant*** 4. **2.** Um-, Verpflanzung *f*.

trans·port **I** *v/t* [træn'spɔːt] **1.** *Waren, Truppen* transportieren, *a. Personen* befördern. **II** *s* ['trænspɔːt] **2.** Transport *m*, Beförderung *f*: ***~ café*** *Br.* Fernfahrerlokal *n*. **3.** Beförderungs-, Verkehrsmittel *n od. pl.* **4.** ✕ Transportflugzeug *n*, (*Truppen*)Transporter *m*. ˌ**trans·por'ta·tion** *bsd. Am.* → ***transport*** 2. **trans'port·er** *s mot.* (*Auto-etc*)Transporter *m*.

trans·verse ['trænzvɜːs] *adj* Quer... ˌ**trans'verse·ly** *adv* quer.

trans·ves·tite [trænz'vestaɪt] *s* Transvestit *m*.

trap [træp] **I** *s* **1.** Falle *f* (*a. fig.*): ***set a ~*** e-e Falle aufstellen; ***set a ~ for s.o.*** j-m e-e Falle stellen; ***fall into s.o.'s ~*** j-m in die Falle gehen. **2.** ***shut one's ~, keep one's ~ shut*** *sl.* die Schnauze halten. **II** *v/t* **3.** (in *od.* mit e-r Falle) fangen. **4.** ***be ~ped*** eingeschlossen sein (*Bergleute etc*). **5.** *fig.* in e-e Falle locken: ***~ s.o. into doing s.th.*** j-n dazu bringen, et. zu tun. **6.** *Sport*: *Ball* stoppen. '**~·door** *s* Falltür *f*.

tra·peze [trə'piːz] *s Artistik*: Trapez *n*: ***~ artist*** Trapezkünstler(in). **tra'pe·zi·um** [~zjəm] *pl* **-zi·ums, -zi·a** [~zjə] *s* ⩓ *bsd. Br.* Trapez *n*; *bsd. Am.* Trapezoid *n*.

trap·e·zoid ['træpɪzɔɪd] *s* ⩓ *bsd. Br.* Trapezoid *n*; *bsd. Am.* Trapez *n*.

trap·per ['træpə] *s* Trapper *m*, Fallensteller *m*.

trap·pings ['træpɪŋz] *s pl* **1.** Rangabzeichen *pl*. **2.** *fig.* Drum u. Dran *n*.

trash [træʃ] *s* **1.** *Am.* Abfall *m*, Müll *m*: ***~ can*** Abfall-, Mülleimer *m*; Abfall-, Mülltonne *f*. **2.** Schund *m*. **3.** Quatsch *m*, Unsinn *m*. **4.** *bsd. Am.* Gesindel *n*. '**trash·y** *adj* Schund...

trau·ma ['trɔːmə] *s psych.* Trauma *n*.

trau·mat·ic [~'mætɪk] *adj* (***~ally***) traumatisch.

trav·el ['trævl] **I** *v/i pret u. pp* **-eled,** *bsd. Br.* **-elled** **1.** reisen: → ***light***[2] 4. **2.** ✝ reisen (***in*** in *e-r Ware*). **3.** fahren; sich verbreiten (*Neuigkeit etc*); ⚙ *etc* sich bewegen; *phys.* sich fortpflanzen. **4.** ***be really ~(l)ing*** F e-n ganz schönen Zahn draufhaben. **II** *v/t* **5.** bereisen; *Strecke* zurücklegen, fahren. **III** *s* **6.** Reisen *n*. **7.** *pl* (*bsd.* Auslands)Reisen *pl*. **~ a·gen·cy** *s* Reisebüro *n*. **~ a·gent** *s* Reisebüroinhaber(in) *od.* -kaufmann *m*, -kauffrau *f*; *weitS., a.* **~'s** Reisebüro *n*. **~ bu·reau** *s* (*a. irr* ***bureau***) Reisebüro *n*.

trav·el·er *s Am.* → ***traveller***: ***~'s check*** Reise-, Travellerscheck *m*. **trav·el·ing** *Am.* → ***travelling***.

trav·el·ler ['trævlə] *s bsd. Br.* **1.** Reisende *m, f*: ***~'s cheque*** *Br.* Reise-, Travellerscheck *m*. **2.** ✝ (Handels)Vertreter *m* (***in*** für). '**trav·el·ling** *adj bsd. Br.* **1.** Reise...: **~ (*alarm*) *clock*** Reisewecker *m*; ***~ salesman*** → ***traveller*** 2. **2.** Wander...: **~ *circus***.

trav·e·log *s Am.*, **trav·e·logue** *s* ['trævəlɒg] Reisebericht *m* (*Vortrag*), -film *m*.

'**trav·el|-sick** *adj* reisekrank. **~ sick·ness** *s* Reisekrankheit *f*.

trav·erse ['trævəs] *v/t* durch-, überqueren.

trav·es·ty ['trævəstɪ] *s* Zerrbild *n*: ***a ~ of justice*** ein Hohn auf die Gerechtigkeit.

trav·o·la·tor ['trævəleɪtə] *s* Rollsteig *m*.

trawl·er ['trɔːlə] *s* ⚓ Trawler *m*.

tray [treɪ] *s* **1.** Tablett *n*. **2.** Ablagekorb *m*.

treach·er·ous ['tretʃərəs] *adj* □ **1.** verräterisch. **2.** *fig.* tückisch (*Strömung etc*). '**treach·er·y** *s* Verrat *m*.

trea·cle ['triːkl] *s bsd. Br.* Sirup *m*. '**trea·cly** *adj* **1.** sirupartig. **2.** *fig.* süßlich.

tread [tred] **I** *v/i* (*irr*) **1.** treten (***on*** auf *acc*; in *acc*): ***~ carefully*** vorsichtig auftreten; *fig.* vorsichtig vorgehen; → ***corn***[2], ***toe*** I. **II** *v/t* (*irr*) **2.** *Pfad, Wasser* treten: ***~ in(to)*** eintreten (in *acc*). **III** *s* **3.** Gang *m*; Schritt(e *pl*) *m*. **4.** *mot.* Profil *n* (*e-s Reifens*). '**~·mill** *s hist.* Tretmühle *f* (*a. fig.*).

trea·son ['triːzn] *s* Landesverrat *m*.

treas·ure ['treʒə] **I** *s* Schatz *m*, (*Person* F *a.*) Juwel *n*: **~ hunt** Schatzsuche *f*. **II** *v/t et.* zu schätzen wissen; *j-s Andenken* in Ehren halten. '**treas·ur·er** *s* Schatzmeister(in). '**Treas·ur·y** *s pol.* Finanzministerium *n*.

treat [tri:t] **I** *v/t* **1.** *j-n* behandeln (**like** wie); *et.* behandeln, umgehen mit: → **dirt. 2.** *et.* ansehen, betrachten (**as** als). **3.** ⚕ *j-n* behandeln (**for** gegen): **be ~ed for** in ärztlicher Behandlung stehen wegen. **4.** ⚗, ⚙ *et.* behandeln (**with** mit; **against** gegen). **5.** *j-n* einladen (**to** zu): **~ s.o. to s.th.** *a.* j-m et. spendieren; **~ o.s. to s.th.** sich et. leisten *od.* gönnen. **II** *v/i* **6. ~ of** handeln von, behandeln. **III** *s* **7.** (besondere) Freude, (besondere) Überraschung.

trea·tise ['~tɪz] *s* (wissenschaftliche) Abhandlung (**on** über *acc*). '**treat·ment** *s allg.* Behandlung *f*. '**trea·ty** *s pol.* Vertrag *m*: **by ~** vertraglich.

tre·ble ['trebl] **I** *adj* □ dreifach. **II** *v/t u. v/i* (sich) verdreifachen.

tree [tri:] *s* Baum *m*: **in a ~** auf e-m Baum; → **bark**² I. '**tree·less** *adj* baumlos.

'**tree|·line** *s* Baumgrenze *f*. **~ trunk** *s* Baumstamm *m*.

tre·foil ['trefɔɪl] *s* **1.** ♣ Klee *m*. **2.** ⚠ Dreipaß *m*.

trek [trek] **I** *v/i* marschieren. **II** *s* lange, gefährliche Fußreise.

trel·lis ['trelɪs] *s* Spalier *n* (*für Pflanzen etc*).

trem·ble ['trembl] **I** *v/i* zittern (**with** vor *dat*): **~ at the thought** (*od.* **to think**) bei dem Gedanken zittern; **~ for** zittern *od.* bangen um. **II** *s* Zittern *n*.

tre·men·dous [trɪ'mendəs] *adj* □ **1.** gewaltig. **2.** F klasse, toll.

trem·or ['tremə] *s* **1.** Zittern *n*: → **earth tremor. 2.** Schauder *m*.

trench [trentʃ] *s* Graben *m*, ⚔ Schützengraben *m*. **~ coat** *s* Trenchcoat *m*.

trend [trend] *s* **1.** Trend *m*, Tendenz *f* (**toward**[**s**] zu). **2.** Mode *f*. '**~,set·ter** *s* Trendsetter *m* (*j-d, der e-n neuen Trend in Gang setzt od. et. in Mode bringt*).

trend·y ['trendɪ] *adj* □ F modern, modisch: **be ~** als schick gelten, in sein; **~ disco** In-Disko *f*.

tres·pass ['trespəs] **I** *v/i*: **~ on** a) *Grundstück etc* unbefugt betreten: **no ~ing** Betreten verboten!, b) *j-s Zeit etc* über Gebühr in Anspruch nehmen. **II** *s* unbefugtes Betreten. '**tres·pass·er** *s*: **~s will be prosecuted** Betreten bei Strafe verboten!

tri·al ['traɪəl] *s* **1.** ⚖ Prozeß *m*, (Gerichts)Verhandlung *f*, (-)Verfahren *n*: **~ by jury** Schwurgerichtsverfahren; **be on** (*od.* **stand**) **~** vor Gericht stehen (**for** wegen). **2.** Erprobung *f*, Probe *f*, Prüfung *f*, Test *m*: **by ~ and error** durch Ausprobieren; **on ~** auf *od.* zur Probe; **be on ~** erprobt *od.* getestet werden; **he's still on ~** er ist noch in der Probezeit. **3. be a ~ to** *j-m* Ärger *od.* Sorgen machen. **~ mar·riage** *s* Ehe *f* auf Probe. **~ pe·ri·od** *s* Probezeit *f*. **~ run** *s* ⚙ Probelauf *m*; *mot.* Probefahrt *f*: **give a car a ~** e-n Wagen probefahren.

tri·an·gle ['traɪæŋgl] *s* **1.** ⚠ Dreieck *n*. **2.** ♪ Triangel *m*. **3.** *Am.* → **set square. tri·an·gu·lar** [~'æŋgʊlə] *adj* □ dreieckig.

trib·al ['traɪbl] *adj* Stammes... **tribe** [traɪb] *s* Stamm *m*.

tribes|·man ['traɪbzmən] *s* (*irr* **man**) Stammesangehörige *m*. '**~,wom·an** *s* (*irr* **woman**) Stammesangehörige *f*.

tri·bu·nal [traɪ'bju:nl] *s* ⚖ Gericht *n*.

trib·u·tar·y ['trɪbjʊtərɪ] *s* Nebenfluß *m*.

trib·ute ['trɪbju:t] *s*: **be a ~ to** *j-m* Ehre machen; **pay ~ to** *j-m* Anerkennung zollen.

trice [traɪs] *s*: **in a ~** F im Nu, im Handumdrehen.

tri·chi·na [trɪ'kaɪnə] *pl* **-nae** [~ni:] *s zo.* Trichine *f*.

trick [trɪk] **I** *s* **1.** Trick *m* (*a. b.s.*), (*Karten- etc*)Kunststück *n*: **by a ~** mit e-m Trick; **how's ~s?** F wie geht's?; **dirty ~** Gemeinheit *f*. **2.** Streich *m*: **play a ~ on s.o.** j-m e-n Streich spielen. **3. have a ~ of doing s.th.** die (merkwürdige) Angewohnheit *od.* die Eigenart haben, et. zu tun. **4.** *Kartenspiel*: Stich *m*: **take** (*od.* **win**) **a ~** e-n Stich machen. **II** *adj* **5.** Trick...: **~ question** Fangfrage *f*. **III** *v/t* **6.** *j-n* reinlegen: **~ s.o. into doing s.th.** j-n mit e-m Trick dazu bringen, et. zu tun. '**trick·er·y** *s* Tricks *pl*.

trick·le ['trɪkl] *v/i* tröpfeln; rieseln.

trick·ster ['trɪkstə] *s* Betrüger(in), Schwindler(in). '**trick·y** *adj* □ **1.**

schwierig, (*Problem etc a.*) heikel. **2.** durchtrieben, raffiniert.

tri·cy·cle ['traɪsɪkl] *s* Dreirad *n.*

tri·fle ['traɪfl] **I** *s* **1.** Kleinigkeit *f*; Lappalie *f*: ***a ~*** ein bißchen, etwas. **2.** a) *bsd. Br.* Trifle *n* (*Biskuitdessert*), b) *Am. Obstdessert mit Schlagsahne.* **II** *v/i* **3.** ***~ with*** *fig.* spielen mit: ***he is not to be ~d with*** er läßt nicht mit sich spaßen. **'tri·fling** *adj* unbedeutend, geringfügig.

trig·ger ['trɪgə] **I** *s* Abzug *m* (*am Gewehr etc*): ***pull the ~*** abdrücken. **II** *v/t a.* ***~ off*** *fig.* auslösen. **'~-,hap·py** *adj* schießwütig.

trig·o·nom·e·try [ˌtrɪgə'nɒmətrɪ] *s* ⩚ Trigonometrie *f.*

trike [traɪk] *s* F Dreirad *n.*

tril·o·gy ['trɪlədʒɪ] *s* Trilogie *f.*

trim [trɪm] **I** *v/t* **1.** *Hecke etc* stutzen, beschneiden, sich *den Bart etc* stutzen: ***~ off*** abschneiden. **2.** *Kleidungsstück* besetzen (***with*** mit): ***~med with fur*** pelzbesetzt, mit Pelzbesatz. **II** *s* **3.** ***give s.th. a ~*** → 1. **4.** ***be in good ~*** F gut in Schuß sein (*Auto etc*), (*Person a.*) gut in Form sein. **III** *adj* **5.** gepflegt. **'trim·ming** *s* **1.** *a. pl* Besatz *m.* **2.** *pl* Zubehör *n*; Extras *pl*: ***with all the ~s*** *gastr.* mit den üblichen Beilagen. **3.** *pl* Abfälle *pl.*

trin·ket ['trɪŋkɪt] *s* (*bsd.* billiges) Schmuckstück.

tri·o ['triːəʊ] *pl* **-os** *s* Trio *n*, ♪ *a.* Terzett *n.*

trip [trɪp] **I** *v/i* **1.** stolpern (***over*** über *acc*). **2.** sich vertun. **II** *v/t* **3.** *a.* ***~ up*** *j-m* ein Bein stellen (*a. fig.*). **III** *s* **4.** Reise *f*; Ausflug *m*, Trip *m*: ***go on a bus ~*** e-n Busausflug machen. **5.** *sl.* Trip *m* (*Drogenrausch*): ***be on a ~*** auf dem Trip sein.

tripe [traɪp] *s* **1.** *gastr.* Kaldaunen *pl*, Kutteln *pl.* **2.** F Quatsch *m*, Mist *m.*

tri·ple ['trɪpl] **I** *adj* ☐ dreifach: ***~ jump*** (*Leichtathletik*) Dreisprung *m*; ***~ jumper*** Dreispringer *m.* **II** *v/t u. v/i* (sich) verdreifachen.

tri·plet ['trɪplɪt] *s* Drilling *m.*

trip·li·cate ['trɪplɪkət] *s*: ***in ~*** in dreifacher Ausfertigung.

tri·pod ['traɪpɒd] *s phot.* Stativ *n.*

trip·per ['trɪpə] *s* (*bsd. Tages*)Ausflügler(in).

'trip,wire *s* Stolperdraht *m.*

trite [traɪt] *adj* ☐ abgedroschen; banal.

tri·umph ['traɪəmf] **I** *s* Triumph *m* (***over*** über *acc*): ***in ~*** im Triumph, triumphierend. **II** *v/i* triumphieren (***over*** über *acc*). **tri·um·phal** [~'ʌmfl] *adj* Triumph...: ***~ arch*** Triumphbogen *m*; ***~ procession*** Triumphzug *m.* **tri'um·phant** *adj* ☐ triumphierend.

triv·i·al ['trɪvɪəl] *adj* ☐ **1.** trivial, alltäglich, gewöhnlich. **2.** unbedeutend, belanglos. **triv·i·al·i·ty** [ˌ~'ælətɪ] *s* **1.** Trivialität *f.* **2.** Belanglosigkeit *f.*

trod [trɒd] *pret von* ***tread.*** **'trod·den** *pp von* ***tread.***

trol·ley ['trɒlɪ] *s Br.* Einkaufs-, Gepäckwagen *m*; Kofferkuli *m*; (*Tee- etc*)Wagen *m.*

trom·bone [trɒm'bəʊn] *s* ♪ Posaune *f.* **trom'bon·ist** *s* Posaunist *m.*

troop [truːp] **I** *s* **1.** Schar *f.* **2.** *pl* ⚔ Truppen *pl.* **II** *v/i* **3.** strömen. ***~ carrier*** *s* ✈, ⚓ Truppentransporter *m.*

troop·er ['truːpə] *s* **1.** ⚔ Kavallerist *m*; Panzerjäger *m*: ***swear like a ~*** wie ein Landsknecht fluchen. **2.** *Am.* Polizist *m* (*e-s Bundesstaats*).

troop trans·port → ***troop carrier.***

tro·phy ['trəʊfɪ] *s* Trophäe *f.*

trop·ic ['trɒpɪk] *s* **1.** *ast., geogr.* Wendekreis *m.* **2.** *pl* Tropen *pl.* **'trop·i·cal** *adj* ☐ tropisch, Tropen...

trot [trɒt] **I** *s* **1.** Trab *m*: ***on the ~*** F hintereinander; ***be on the ~*** F auf Trab sein; ***have the ~s*** F Dünnpfiff haben. **II** *v/i* **2.** traben: ***~ along*** (*od.* ***off***) F abloslziehen. **III** *v/t* **3.** *Pferd* traben lassen. **4.** ***~ out*** F auftischen, von sich geben. **'trot·ter** *s* Traber *m* (*Pferd*). **'trot·ting** *adj*: ***~ race*** Trabrennen *n.*

trou·ble ['trʌbl] **I** *v/t* **1.** *j-n* beunruhigen. **2.** *j-m* Mühe *od.* Umstände machen; *j-n* bemühen (***for*** um), bitten (***for*** um; ***to do*** zu tun). **3.** ***be ~d by*** geplagt werden von, leiden an (*dat*). **4.** ***fish in ~d waters*** *fig.* im trüben fischen. **II** *v/i* **5.** sich bemühen (***to do*** zu tun), sich Umstände machen (***about*** wegen). **III** *s* **6.** Schwierigkeit *f*, Problem *n*: ***be in ~*** in Schwierigkeiten sein; ***get into ~*** a) *a.* ***run into ~*** in Schwierigkeiten geraten, b) Schwierigkeiten *od.* Ärger bekommen (***with*** mit), c) *j-n* in Schwierigkeiten bringen; ***have ~ with*** Schwierigkeiten *od.* Ärger haben mit; ***have ~ doing s.th.*** Schwierigkeiten haben, et. zu tun. **7.** Mühe *f*:

put s.o. to ~ j-m Mühe *od.* Umstände machen; ***take the ~ to do s.th.*** sich die Mühe machen, et. zu tun. **8.** *a. pl pol.* Unruhen *pl.* **9.** ⚕ Leiden *n*, Beschwerden *pl.* **'~,mak·er** *s* Unruhestifter(in). **'~,shoot·er** *s* Friedensstifter(in).

trou·ble·some ['trʌblsəm] *adj* □ lästig.

trou·ble spot *s pol.* Unruheherd *m.*

trough [trɒf] *s* **1.** Trog *m.* **2.** Wellental *n.*

trounce [traʊns] *v/t Sport*: haushoch besiegen.

troupe [tru:p] *s thea. etc* Truppe *f.*

trou·ser ['traʊzə] **I** *s pl*, *a.* ***pair of ~s*** Hose *f*: → ***wear*** 3. **II** *adj* Hosen...: ***~ suit*** Hosenanzug *m.*

trous·seau ['tru:səʊ] *pl* **-seaux** ['~səʊz], **-seaus** *s* Aussteuer *f.*

trout [traʊt] *pl* **trouts,** *bsd. coll.* **trout** *s ichth.* Forelle *f.*

trow·el ['traʊəl] *s* (Maurer)Kelle *f*: ***lay it on with a ~*** F dick auftragen.

troy (weight) [trɔɪ] *s* Troygewicht *n* (*für Edelmetalle u. -steine*).

tru·ant ['tru:ənt] *s* (Schul)Schwänzer(in): ***play ~*** (die Schule) schwänzen.

truce [tru:s] *s* ⚔ Waffenstillstand *m* (*a. fig.*).

truck[1] [trʌk] **I** *s* **1.** *mot.* Lastwagen *m*; Fernlaster *m.* **2.** 🚂 *Br.* (offener) Güterwagen *m.* **II** *v/t* **3.** *bsd. Am.* auf *od.* mit Lastwagen transportieren.

truck[2] [~] *s*: ***have no ~ with*** nichts zu tun haben wollen mit.

truck driv·er *s* Lastwagenfahrer *m*; Fernfahrer *m.*

truck·er ['trʌkə] *Am.* → ***truck driver.***

truck|·man ['trʌkmən] *s* (*irr* ***man***) *Am.* → ***truck driver.*** **~ stop** *s Am.* Fernfahrerlokal *n.*

truc·u·lent ['trʌkjʊlənt] *adj* □ trotzig.

trudge [trʌdʒ] *v/i* stapfen (***through*** durch).

true [tru:] *adj* (□ → ***truly***) **1.** wahr: ***be ~*** *a.* stimmen; ***in the ~est sense of the word*** im wahrsten Sinne des Wortes; → ***come*** 10. **2.** wahr, echt, wirklich: ***~ love*** wahre Liebe. **3.** treu (***to*** *dat*): ***stay ~ to one's principles*** s-n Grundsätzen treu bleiben. **4.** getreu (***to*** *dat*): ***~ to form*** wie nicht anders zu erwarten; ***~ to life*** lebensecht.

truf·fle ['trʌfl] *s* ♧ Trüffel *f.*

tru·ism ['tru:ɪzəm] *s* Binsenwahrheit *f.*

tru·ly ['tru:lɪ] *adv* **1.** wahrheitsgemäß. **2.** wirklich, wahrhaft. **3.** aufrichtig: ***Yours ~*** *bsd. Am.* Hochachtungsvoll (*Briefschluß*).

trump[1] [trʌmp] **I** *s* a) *pl* Trumpf *m* (*Farbe*), b) *a.* ***~ card*** Trumpf(karte *f*) *m*: ***play one's ~ card*** *fig.* s-n Trumpf ausspielen. **II** *v/t Karte* mit e-m Trumpf stechen, mit e-m Trumpf *e-n Stich* machen.

trump[2] [~] *v/t*: ***~ up*** *b.s.* erfinden, erdichten.

trum·pet ['trʌmpɪt] **I** *s* ♪ Trompete *f.* **II** *v/i* trompeten (*Elefant*). **'trum·pet·er** *s* Trompeter(in).

trun·cate [trʌŋ'keɪt] *v/t* beschneiden, stutzen (*beide a. fig.*).

trun·cheon ['trʌntʃən] *s* (Gummi)Knüppel *m*, Schlagstock *m.*

trun·dle ['trʌndl] *v/t Karren etc* ziehen.

trunk [trʌŋk] *s* **1.** (*Baum*)Stamm *m.* **2.** *anat.* Rumpf *m.* **3.** Schrankkoffer *m.* **4.** *zo.* Rüssel *m* (*des Elefanten*). **5.** *mot. Am.* Kofferraum *m.* **6.** *pl*, *a.* ***pair of ~s*** (*Bade*)Hose *f*; (*Sport*) Shorts *pl.* **~ road** *s Br.* Fernstraße *f.*

truss [trʌs] **I** *v/t*, *a.* ***~ up*** **1.** *j-n* fesseln. **2.** *gastr. Geflügel etc* dressieren. **II** *s* **3.** ⚕ Bruchband *n.*

trust [trʌst] **I** *v/t* **1.** trauen (*dat*). **2.** sich verlassen auf (*acc*): ***~ s.o. to do s.th.*** sich darauf verlassen, daß j-d et. tut; ***~ him!*** das sieht ihm ähnlich! **3.** (zuversichtlich) hoffen. **II** *v/i* **4.** ***~ in*** vertrauen auf (*acc*). **5.** ***~ to*** sich verlassen auf (*acc*). **III** *s* **6.** Vertrauen *n* (***in*** zu): ***place*** (*od.* ***put***) ***one's ~ in*** Vertrauen setzen in (*acc*); ***take s.th. on ~*** et. einfach glauben; ***position of ~*** Vertrauensstellung *f.* **7.** ***hold s.th. in ~*** et. treuhänderisch verwalten (***for*** für); ***place s.th. in s.o.'s ~*** j-m et. anvertrauen. **8.** ✝ Trust *m*; *weitS.* Großkonzern *m.*

trus·tee [,trʌs'ti:] *s* ⚖ Treuhänder(in), Vermögensverwalter(in).

trust·ful ['trʌstfʊl], **'trust·ing** *adj* □ vertrauensvoll; vertrauensselig.

'trust,wor·thy *adj* □ vertrauenswürdig.

truth [tru:θ] *pl* **truths** [tru:ðz] *s* Wahrheit *f*: ***in ~*** in Wahrheit; ***there is some*** (***no***) ***~ in it*** daran ist et. (nichts) Wahres; ***to tell*** (***you***) ***the ~*** um die Wahrheit zu sagen; → ***home truth.*** **truth·ful** ['~fʊl] *adj* □ **1.** wahrheitsgemäß. **2.** wahrheitsliebend.

try [traɪ] **I** *s* **1.** Versuch *m*: ***have a ~*** es versuchen; → ***worth*** I. **II** *v/t* **2.** versuchen (***to do*** zu tun): ***when their car didn't start, they tried pushing it*** als ihr Wagen nicht ansprang, versuchten sie es mit Anschieben. **3.** *et.* ausprobieren. **4.** ⚖ (über) *e-e Sache* verhandeln; *j-m* den Prozeß machen (***for*** wegen). **5.** *j-n*, *j-s Geduld*, *Nerven etc* auf e-e harte Probe stellen. **III** *v/i* **6.** es versuchen: ***~ and come*** *bsd. Br.* F versuch zu kommen; → ***hard*** 12. **7.** ***~ for*** *Br.* sich bemühen um.

Verbindungen mit Adverbien:

try| on *v/t* **1.** *Kleidungsstück* anprobieren, *Hut etc* aufprobieren. **2.** ***try it on*** *Br.* F probieren, wie weit man gehen kann. **~ out I** *v/t* → ***try*** 3. **II** *v/i*: ***~ for*** *Am.* → ***try*** 7.

try·ing ['traɪɪŋ] *adj* □ anstrengend.

'try-out *s*: ***give s.th. a ~*** et. ausprobieren.

tsar [zɑː] *s hist.* Zar *m.*

'T-shirt *s* T-Shirt *n.*

tub [tʌb] *s* **1.** Bottich *m*; Tonne *f.* **2.** (*Margarine- etc*)Becher *m.* **3.** F (Bade-) Wanne *f.* **4.** ⚓ F Kahn *m.*

tu·ba ['tjuːbə] *s* ♪ Tuba *f.*

tube [tjuːb] *s* **1.** Röhre *f* (*a. anat.*), Rohr *n.* **2.** Schlauch *m.* **3.** Tube *f.* **4.** ≗ F U-Bahn *f* (*in London*): ***by*** ≗ mit der U-Bahn; ≗ ***station*** U-Bahnstation *f.* **'tube·less** *adj* schlauchlos (*Reifen*).

tu·ber ['tjuːbə] *s* ♀ Knolle *f.*

tu·ber·cu·lo·sis [tjuːˌbɜːkjʊ'ləʊsɪs] *s* ⚕ Tuberkulose *f.*

tu·bu·lar ['tjuːbjʊlə] *adj* rohrförmig, Röhren..., Rohr...: ***~ furniture*** Stahlrohrmöbel *pl.*

tuck [tʌk] **I** *s* Saum *m*; Biese *f.* **II** *v/t* stecken: ***~ s.th. under one's arm*** sich et. unter den Arm klemmen. **III** *v/i*: ***~ into*** *bsd. Br.* F sich *et.* schmecken lassen.

Verbindungen mit Adverbien:

tuck| a·way *v/t* **1.** wegstecken: ***be tucked away*** versteckt liegen (*Haus etc*). **2.** F *Essen* verdrücken, wegputzen. **~ in I** *v/t* → ***tuck up.*** **II** *v/i bsd. Br.* F reinhauen, zulangen. **~ up** *v/t a.* ***~ in bed*** *Kind* ins Bett packen.

Tues·day ['tjuːzdɪ] *s* Dienstag *m*: ***on ~*** (am) Dienstag; ***on ~s*** dienstags.

tuft [tʌft] *s* (*Gras-*, *Haar- etc*)Büschel *n.*

tug [tʌg] **I** *v/t* **1.** zerren, ziehen. **2.** zerren *od.* ziehen an (*dat*). **II** *v/i* **3.** ***~ at*** → 2. **III** *s* **4.** ***give s.th. a ~*** → 2; ***~ of war*** (*Sport*) Tauziehen *n* (*a. fig.*).

tu·i·tion [tjuː'ɪʃn] *s* **1.** Unterricht *m.* **2.** *bsd. Am.* Unterrichtsgebühr(en *pl*) *f.*

tu·lip ['tjuːlɪp] *s* ♀ Tulpe *f.*

tulle [tjuːl] *s* Tüll *m.*

tum·ble ['tʌmbl] **I** *v/i* **1.** fallen, stürzen; ⚜ purzeln (*Preise*). **2.** *a.* ***~ down*** einstürzen. **3.** ***~ to s.th.*** *bsd. Br.* F et. kapieren. **II** *s* **4.** Fall *m*, Sturz *m*: ***have*** (*od.* ***take***) ***a ~*** fallen, stürzen. **'~·down** *adj* baufällig. **~ dry·er** *s* Trockenautomat *m*, Wäschetrockner *m.*

tum·bler ['tʌmblə] *s* (Trink)Glas *n.*

tu·mid ['tjuːmɪd] *adj* ⚕ geschwollen.

tum·my ['tʌmɪ] *s* F Bauch *m*: ***he's got a sore ~*** er hat Bauchweh.

tu·mor *s Am.*, **tu·mour** *s bsd. Br.* ['tjuːmə] ⚕ Tumor *m*, Geschwulst *f.*

tu·mult ['tjuːmʌlt] *s* Tumult *m.* **tu'mul·tu·ous** *adj* □ tumultartig, (*Applaus*, *Empfang*) stürmisch.

tu·na ['tuːnə] *s ichth.* Thunfisch *m.*

tune [tjuːn] **I** *s* **1.** Melodie *f*: ***to the ~ of*** nach der Melodie von; *fig.* F in Höhe von *500 Pfund etc.* **2.** ***be out of ~*** ♪ verstimmt sein; ***be in*** (***out of***) ***~ with*** *fig.* (nicht) harmonieren *od.* übereinstimmen mit. **II** *v/t* **3.** *a.* ***~ up*** ♪ stimmen. **4.** *a.* ***~ up*** ⚙ *Motor* tunen. **5.** *mst* ***~ in*** *Radio etc* einstellen (***to*** auf *acc*): ***be ~d in to*** *Sender*, *Programm* eingeschaltet haben; *fig.* ein Gefühl haben für. **III** *v/i* **6.** ***~ up*** (die Instrumente) stimmen (*Orchester*). **7.** ***~ in*** (das Radio *etc*) einschalten: ***~ in to*** *Sender*, *Programm* einschalten. **tune·ful** ['~fʊl] *adj* □ melodiös. **'tune·less** *adj* □ unmelodiös. **'tun·er** *s* **1.** (*Klavier- etc*)Stimmer(in). **2.** *Radio*, *TV*: Tuner *m.* **'tun·ing** *adj*: ***~ fork*** Stimmgabel *f.*

tun·nel ['tʌnl] **I** *s* Tunnel *m*; Unterführung *f.* **II** *v/t pret u. pp* **-neled**, *bsd. Br.* **-nelled** a) *Berg* durchtunneln, b) *Fluß etc* untertunneln. **III** *v/i*: ***~ through*** → IIa; ***~ under*** → IIb.

tun·ny ['tʌnɪ] *s ichth.* Thunfisch *m.*

tur·ban ['tɜːbən] *s* Turban *m.*

tur·bid ['tɜːbɪd] *adj* □ **1.** trüb (*Flüssigkeit*); dick (*Rauch etc*). **2.** *fig.* verworren, wirr.

tur·bine ['tɜːbaɪn] *s* ⚙ Turbine *f.*

tur·bo ['tɜːbəʊ] *pl* **-bos** *s* F → ***turbo-***

charger. **ˌ~ˈcharg·er** *s mot.* Turbolader *m.*

tur·bot [ˈtɜːbət] *pl* **-bots,** *bsd. coll.* **-bot** *s ichth.* Steinbutt *m.*

tur·bu·lence [ˈtɜːbjʊləns] *s* Turbulenz *f* (*a. phys.*). **ˈtur·bu·lent** *adj* □ turbulent (*a. phys.*).

turd [tɜːd] *s* V **1.** Scheißhaufen *m,* Kaktus *m.* **2.** Scheißkerl *m.*

tu·reen [təˈriːn] *s* (Suppen)Terrine *f.*

turf [tɜːf] **I** *pl* **turfs, turves** [~vz] *s* **1.** Rasen *m.* **2.** Sode *f,* Rasenstück *n.* **3.** ***the*** ~ der Pferderennsport. **II** *v/t* **4.** ~ ***out*** *bsd. Br.* F *j-n* rausschmeißen: ***he was ~ed out of the club*** er flog aus dem Verein.

tur·gid [ˈtɜːdʒɪd] *adj* □ ⚕ geschwollen, *fig. a.* schwülstig.

Turk [tɜːk] *s* Türke *m,* Türkin *f.*

tur·key [ˈtɜːkɪ] *pl* **-keys,** *bsd. coll.* **-key** *s orn.* Truthahn *m,* -henne *f,* Pute(r *m*) *f*: → ***cold turkey.***

Turk·ish [ˈtɜːkɪʃ] **I** *adj* türkisch. **II** *s ling.* Türkisch *n.*

tur·moil [ˈtɜːmɔɪl] *s* Aufruhr *m*: ***be in a*** ~ in Aufruhr sein.

turn [tɜːn] **I** *s* **1.** (Um)Drehung *f*: ***give s.th. a*** ~ (***two ~s***) et. (zweimal) drehen. **2.** Biegung *f,* Kurve *f*: ***make a right*** ~ nach rechts abbiegen. **3.** ***in*** ~ der Reihe nach; abwechselnd; ***in*** (***his***) ~ seinerseits; ***it is my*** ~ ich bin dran *od.* an der Reihe; ***miss a*** ~ (*Brettspiele*) einmal aussetzen; ***take ~s*** sich abwechseln (***at*** bei); ***take ~s at doing s.th.*** et. abwechselnd tun; → ***wait*** 3. **4.** *fig.* Wende *f,* Wendung *f*: ***at the ~ of the century*** um die Jahrhundertwende; ***take a ~ for the better*** (***worse***) sich bessern (sich verschlimmern). **5.** ***do s.o. a good*** (***bad***) ~ j-m e-n guten (schlechten) Dienst erweisen. **II** *v/t* **6.** drehen, *Schlüssel a.* herumdrehen: → ***somersault.*** **7.** *Schallplatte etc* umdrehen, *Seite* umblättern, *Braten etc* wenden: → ***hair, inside*** 1, ***stomach*** 1, ***table*** 1, ***upside.*** **8.** → ***corner*** 1. **9.** *Schlauch etc* richten (***on*** auf *acc*), *Antenne* ausrichten (***toward***[***s***] auf *acc*), *Aufmerksamkeit* zuwenden (***to*** *dat*): → ***back*** 1, ***blind*** 1, ***ear***[1] 1. **10.** verwandeln (***into*** in *acc*). **11.** ~ ***against*** *j-n* aufbringen gegen. **III** *v/i* **12.** sich drehen: ~ ***on*** *fig.* abhängen von. **13.** abbiegen; einbiegen (***onto*** auf *acc*; ***into*** in *acc*): → ***left*** 4, ***right*** 15. **14.** sich umdrehen: ~ ***against*** *fig.* sich wenden gegen; ~ ***on*** losgehen auf (*acc*); ~ ***to s.o.*** sich j-m zuwenden; *fig.* sich an j-n wenden; → ***grave.*** **15.** *blaß, sauer etc* werden: → ***turtle.*** **16.** sich verwandeln, *fig. a.* umschlagen (***into, to*** in *acc*).

Verbindungen mit Adverbien:

turn| a·way I *v/t* **1.** *Gesicht etc* abwenden (***from*** von). **2.** *j-n* abweisen, wegschicken. **II** *v/i* **3.** sich abwenden (***from*** von). ~ **back I** *v/t* **1.** *Bettdecke* zurückschlagen. **2.** *j-n* zurückschicken. **3.** *Uhr* zurückstellen: → ***clock*** 1. **II** *v/i* **4.** umkehren. **5.** zurückblättern (***to*** auf *acc*). ~ **down** *v/t* **1.** *Kragen* umlegen. **2.** → ***turn back*** 1. **3.** *Radio etc* leiser stellen. **4.** *j-n, Angebot etc* ablehnen. ~ **in I** *v/t* **1.** zurückgeben. **2.** *Gewinn etc* erzielen, machen. **3.** ***turn o.s. in*** sich stellen. **II** *v/i* **4.** F sich aufs Ohr hauen *od.* legen. ~ **off I** *v/t* **1.** *Gas, Wasser etc* abdrehen, *Licht, Radio etc* ausmachen, -schalten, *Motor etc* abstellen. **2.** F *j-n* anwidern; *j-m* die Lust nehmen. **II** *v/i* **3.** abbiegen. ~ **on** *v/t* **1.** *Gas, Wasser etc* aufdrehen, *a. Gerät* anstellen, *Licht, Radio etc* anmachen, anschalten: → ***waterworks.*** **2.** F *j-n* anturnen, anmachen. ~ **out I** *v/t* **1.** *Licht* ausmachen, -schalten. **2.** *j-n* hinauswerfen. **3.** *Tasche etc* (aus)leeren. **4.** F *Waren* ausstoßen. **II** *v/i* **5.** kommen (***for*** zu). **6.** sich erweisen *od.* herausstellen (***a success*** als Erfolg; ***to be false*** als falsch), sich entpuppen (***to be a good swimmer*** als guter Schwimmer). ~ **o·ver I** *v/t* **1.** → ***turn*** 7: ***turn s.th. over in one's mind*** sich et. durch den Kopf gehen lassen; → ***leaf*** 2. **2.** *et.* umkippen. **3.** *j-n, et.* übergeben (***to*** *dat*). **4.** ✝ umsetzen. **II** *v/i* **5.** sich umdrehen: → ***grave.*** **6.** umkippen. **7.** umblättern: ***please*** ~ bitte wenden. ~ **round I** *v/t*: ***turn one's car round*** wenden. **II** *v/i* sich umdrehen.

ˈturn|·a·bout, ˈ~·a·round *s* Kehrtwendung *f* (*a. fig.* ***in, on*** in *dat*). **ˈ~·coat** *s* Abtrünnige *m, f,* Überläufer(in).

turn·ing [ˈtɜːnɪŋ] **I** *s* Abzweigung *f.* **II** *adj*: ~ ***circle*** *mot.* Wendekreis *m*; ~ ***point*** *fig.* Wendepunkt *m.*

tur·nip [ˈtɜːnɪp] *s* ♣ Rübe *f.*

ˈturn|-off *s* Abzweigung *f.* **ˈ~·out** *s* **1.** (*engS.* Wahl)Beteiligung *f.* **2.** F Aufmachung *f* (*e-r Person*). **'~,o·ver** *s* ✝ Umsatz *m*. **'~·pike** *s Am*. gebührenpflichtige Schnellstraße. **~·stile** ['~staıl] *s* Drehkreuz *n*. **'~,ta·ble** *s* Plattenteller *m*. **'~-up** *s Br*. (Hosen)Aufschlag *m*.

tur·pen·tine ['tɜːpəntaın] *s* ⚗ Terpentin *n*.

turps [tɜːps] *s pl* (*sg konstuiert*) *Br*. F → ***turpentine.***

tur·quoise ['tɜːkwɔız] *s min*. Türkis *m*.

tur·ret ['tʌrıt] *s* **1.** ⚠ Ecktürmchen *n*. **2.** ⚔ (Panzer)Turm *m*, ⚓ Gefechts-, Geschützturm *m*.

tur·tle ['tɜːtl] *s zo*. (Wasser)Schildkröte *f*: ***turn ~*** ⚓ kentern. **'~·neck** *s bsd. Am*. Rollkragen(pullover) *m*.

turves [tɜːvz] *pl von* ***turf.***

tusk [tʌsk] *s* Stoßzahn *m* (*e-s Elefanten*).

tus·sle ['tʌsl] *s bsd. fig*. (**over**) Gerangel *n* (um); Auseinandersetzung *f* (über *acc*).

tus·sock ['tʌsək] *s* Grasbüschel *n*.

tu·te·lage ['tjuːtılıdʒ] *s* ⚖ Vormundschaft *f*.

tu·tor ['tjuːtə] *s* **1.** Privat-, Hauslehrer(in). **2.** *univ. Br*. Studienleiter(in).

tux [tʌks] F → ***tuxedo.***

tux·e·do [tʌk'siːdəʊ] *pl* **-dos** *s Am*. Smoking *m*.

TV [,tiː'viː] **I** *s* **1.** Fernsehen *n*: ***on*** (***the***) ***~*** im Fernsehen; ***watch ~*** fernsehen. **2.** Fernseher *m* (*Gerät*). **II** *adj* **3.** Fernseh...: ***~ dinner*** Tiefkühlmahlzeit *f*.

twad·dle ['twɒdl] *s* F Quatsch *m*, Unsinn *m*.

twang [twæŋ] *s*: ***speak with a nasal ~*** näseln.

tweed [twiːd] *s* Tweed *m* (*Stoff*).

tweet [twiːt] **I** *v/i* piep(s)en (*Vogel*). **II** *s* Piep(s)en *n*.

tweez·ers ['twiːzəz] *s pl*, *a*. ***pair of ~*** Pinzette *f*.

twelfth [twelfθ] *adj* zwölft.

twelve [twelv] *adj* zwölf.

twen·ti·eth ['twentıəθ] *adj* zwanzigst.

twen·ty ['twentı] **I** *adj* zwanzig. **II** *s* Zwanzig *f*: ***be in one's twenties*** in den Zwanzigern sein; ***in the twenties*** in den zwanziger Jahren (*e-s Jahrhunderts*).

twerp [twɜːp] *s* F Blödmann *m*, Heini *m*.

twice [twaıs] *adv* zweimal: ***~ as much*** doppelt *od*. zweimal soviel; ***~ the sum*** die doppelte Summe; ***think ~*** es sich genau überlegen (***before*** bevor).

twid·dle ['twıdl] *v/t*: ***~ one's thumbs*** Däumchen drehen (*a. fig*.).

twig[1] [twıg] *s* Zweig *m*.

twig[2] [~] *v/t u. v/i Br*. F kapieren.

twi·light ['twaılaıt] *s* **1.** (*bsd*. Abend-) Dämmerung *f*: ***at ~*** in der Dämmerung. **2.** Zwie-, Dämmerlicht *n*.

twin [twın] **I** *s* Zwilling *m*. **II** *adj* Zwillings...: ***~ brother*** (***sister***); ***~ beds*** *pl* zwei Einzelbetten; ***~ town*** Partnerstadt *f*. **III** *v/t*: ***be ~ned with*** die Partnerstadt sein von. **,~-'bed·ded** *adj*: ***~ room*** Zweibettzimmer *n*.

twine [twaın] **I** *s* **1.** Bindfaden *m*, Schnur *f*. **II** *v/t* **2.** *a*. ***~ together*** zs.-drehen. **3.** ***~ one's arms round*** die Arme schlingen um. **III** *v/i* **4.** sich winden (***round*** um).

,twin-'en·gined *adj* ✈ zweimotorig.

twinge [twındʒ] *s* stechender Schmerz, Stechen *n*: ***a ~ of toothache*** stechende Zahnschmerzen *pl*; ***a ~ of conscience*** Gewissensbisse *pl*.

twin·kle ['twıŋkl] **I** *v/i* glitzern (*Sterne*), (*a. Augen*) funkeln (***with*** vor *dat*). **II** *s* Glitzern *n*, Funkeln *n*: ***with a ~ in one's eye*** augenzwinkernd. **'twin·kling** *s*: ***in the ~ of an eye,*** F ***in a ~*** im Handumdrehen, im Nu.

twirl [twɜːl] **I** *v/t* (herum)wirbeln. **II** *v/i* wirbeln (***round*** über *acc*). **III** *s* Wirbel *m*.

twirp → ***twerp.***

twist [twıst] **I** *v/t* **1.** drehen: ***~ off*** abdrehen, *Deckel* abschrauben; ***~ together*** zs.-drehen; ***his face was ~ed with pain*** sein Gesicht war schmerzverzerrt. **2.** wickeln (***round*** um): ***~ s.o. round one's little finger*** *fig*. j-n um den (kleinen) Finger wickeln. **3.** ***~ one's ankle*** (mit dem Fuß) umknicken, sich den Fuß vertreten. **4.** *fig*. entstellen, verdrehen. **II** *v/i* **5.** sich winden (*Person*), (*Fluß etc a.*) sich schlängeln. **III** *s* **6.** Drehung *f*. **7.** Biegung *f*: ***be round the ~*** *Br*. F spinnen. **8.** *fig*. (*überraschende*) Wendung. **9.** ♪ Twist *m*. **'twist·er** *s* F **1.** Gauner *m*. **2.** *Am*. Tornado *m*.

twit [twıt] *s bsd. Br*. F Blödmann *m*.

twitch [twıtʃ] **I** *v/t* **1.** zucken mit. **2.** zupfen an (*dat*). **II** *v/i* **3.** zucken. **III** *s* **4.** Zucken *n*; Zuckung *f*.

twit·ter ['twıtə] **I** *v/i* **1.** zwitschern. **2.** *a*. ***~ on*** F (aufgeregt) schnattern (***about*** über *acc*). **II** *s* **3.** Zwitschern *n*, Gezwitscher *n*. **4. *be all of a ~*** F ganz aufgeregt sein.

two [tuː] **I** *adj* **1.** zwei: ***in a day or ~*** in ein paar Tagen; ***break*** (***cut***) ***in ~*** in zwei Teile brechen (schneiden); ***the ~ cars*** die beiden Autos; → ***thing*** 2. **II** *s* **2.** Zwei *f*: ***~ of hearts*** Herzzwei. **3. *the ~ of us*** wir beide; ***in ~s*** zu zweit, paarweise; ***put ~ and ~ together*** zwei u. zwei zs.-zählen. **'~-act** *adj*: ***~ play*** *thea*. Zweiakter *m*. **'~-bit** *adj Am*. F klein, unbedeutend. **ˌ~-'edged** *adj* zweischneidig, *fig*. *a*. zweideutig. **ˌ~-'faced** *adj* falsch, heuchlerisch.

two·fold ['tuːfəʊld] **I** *adj* zweifach. **II** *adv* zweifach, um das Zweifache: ***increase ~*** (sich) verzweifachen.

ˌtwo|-'hand·ed *adj* □ **1.** zweihändig. **2.** beidhändig. **~·pence** ['tʌpəns] *s Br*. zwei Pence: ***I don't care*** (*od*. ***give***) ***~*** F das ist mir völlig egal. **~·pen·ny** ['tʌpnɪ] *adj Br*. **1.** für zwei Pence, Zweipenny... **2.** *fig*. billig. **'~-piece** *adj* zweiteilig. **ˌ~-'seat·er** *s* ✈, *mot*. Zweisitzer *m*. **~ star** *s mot*. *Br*. F Normal *n* (*Benzin*). **'~-star** *adj*: ***~ petrol*** *mot*. *Br*. Normalbenzin *n*. **'~-time I** *adj* zweimalig. **II** *v/t* F *Freundin etc* betrügen (***with*** mit). **'~-way** *adj*: ***~ mirror*** venezianischer Spiegel; ***~ traffic*** Gegenverkehr *m*.

ty·coon [taɪ'kuːn] *s* (*Industrie- etc*)Magnat *m*.

tym·pa·num ['tɪmpənəm] *pl* **-na** ['~nə], **-nums** *s anat*. Trommelfell *n*.

type [taɪp] **I** *s* **1.** Art *f*, Sorte *f*; Typ *m*: ***of this ~*** dieser Art; ***she's not my ~*** F sie ist nicht mein Typ. **II** *v/t* **2.** tippen, mit der Maschine schreiben. **3.** *Krankheit etc* bestimmen. **III** *v/i* **4.** maschineschreiben, tippen. **'~·cast** *v/t* (*irr* ***cast***) *Schauspieler* auf ein bestimmtes Rollenfach festlegen. **'~·script** *s* maschine(n)geschriebenes Manuskript. **'~ˌset·ter** *s* Schriftsetzer(in). **'~ˌwrit·er** *s* Schreibmaschine *f*. **'~ˌwrit·ten** *adj* maschine(n)geschrieben.

ty·phoid (**fe·ver**) ['taɪfɔɪd] *s* ⚕ Typhus *m*.

ty·phoon [taɪ'fuːn] *s* Taifun *m*.

ty·phus ['taɪfəs] *s* ⚕ Fleckfieber *n*, -typhus *m*.

typ·i·cal ['tɪpɪkl] *adj* □ typisch (***of*** für).

typ·i·fy ['~faɪ] *v/t* **1.** typisch sein für, kennzeichnen. **2.** ein typisches Beispiel sein für, verkörpern.

typ·ing ['taɪpɪŋ] *adj*: ***~ error*** Tippfehler *m*; ***~ pool*** Schreibzentrale *f*. **'typ·ist** *s* Schreibkraft *f*: → ***shorthand.***

ty·po·graph·ic [ˌtaɪpə'græfɪk] *adj* (***~ally***) typographisch: ***~ error*** Druckfehler *m*.

ty·pog·ra·phy [~'pɒgrəfɪ] *s* Typographie *f*.

ty·ran·ni·cal [tɪ'rænɪkl] *adj* □ tyrannisch. **tyr·an·nize** ['tɪrənaɪz] *v/t* tyrannisieren. **'tyr·an·ny** *s* Tyrannei *f*. **ty·rant** ['taɪərənt] *s* Tyrann *m*.

tyre ['taɪə] *s bsd*. *Br*. Reifen *m*.

tzar [zɑː] *s hist*. Zar *m*.

U

u·biq·ui·tous [juː'bɪkwɪtəs] *adj* □ allgegenwärtig.

U-boat ['juːbəʊt] *s* ⚓ (deutsches) U-Boot.

ud·der ['ʌdə] *s zo*. Euter *n*.

UFO ['juːfəʊ] *pl* **UFO's, UFOs** *s* Ufo *n*, UFO *n*.

ugh [ʌx] *int* igitt!

ug·li·ness ['ʌglɪnɪs] *s* Häßlichkeit *f*.

ug·ly ['ʌglɪ] *adj* □ **1.** häßlich (*a*. *fig*.). **2.** bös, schlimm (*Wunde etc*).

ul·cer ['ʌlsə] *s* ⚕ Geschwür *n*.

ul·na ['ʌlnə] *pl* **-nae** ['~niː], **-nas** *s anat*. Elle *f*.

ul·te·ri·or [ʌl'tɪərɪə] *adj*: ***~ motive*** Hintergedanke *m*.

ul·ti·ma·ta [ˌʌltɪ'meɪtə] *pl von* ***ultimatum.***

ul·ti·mate ['ʌltɪmət] **I** *adj* letzt, End...; höchst. **II** *s*: ***the ~ in*** das Höchste an (*dat*); *b.s.* der Gipfel an (*dat*). **'ul·ti·mate·ly** *adv* **1.** schließlich. **2.** letztlich, letzten Endes.

ul·ti·ma·tum [ˌʌltɪˈmeɪtəm] *pl* **-tums, -ta** [~tə] *s* Ultimatum *n*: ***give s.o. an ~*** j-m ein Ultimatum stellen; j-n ultimativ auffordern (***to do*** zu tun).

ul·tra|·high [ˌʌltrəˈhaɪ] *adj*: ***~ frequency*** ⚡ Ultrakurzwelle *f*. ˌ**~·maˈrine** *adj* ultramarin. ˌ**~ˈson·ic** *adj* Ultraschall... ˈ**~·sound** *s phys*. Ultraschall *m*. ˌ**~ˈvi·o·let** *adj* ultraviolett.

um·bil·i·cal [ˌʌmbɪˈlaɪkl] *adj*: ***~ cord*** *anat*. Nabelschnur *f*.

um·brage [ˈʌmbrɪdʒ] *s*: ***take ~ at*** Anstoß nehmen an (*dat*).

um·brel·la [ʌmˈbrelə] *s* **1.** (Regen-) Schirm *m*. **2.** *fig*. Schutz *m*: ***under the ~ of*** unter dem Schutz (*gen*). **~ or·gan·i·za·tion** *s* Dachorganisation *f*. **~ stand** *s* Schirmständer *m*.

um·pire [ˈʌmpaɪə] (*Sport*) **I** *s* Schiedsrichter(in). **II** *v/i u. v/t* als Schiedsrichter fungieren (bei).

ump·teen [ˌʌmpˈtiːn] *adj*: ***~ times*** F x-mal. ˌ**umpˈteenth** *adj*: ***for the ~ time*** F zum x-ten Mal.

un·a·bashed [ˌʌnəˈbæʃt] *adj* unverfroren.

un·a·ble [ʌnˈeɪbl] *adj*: ***be ~ to do s.th.*** unfähig *od*. außerstande sein, et. zu tun; et. nicht tun können.

un·a·bridged [ˌʌnəˈbrɪdʒd] *adj* ungekürzt.

un·ac·cept·a·ble [ˌʌnəkˈseptəbl] *adj* unannehmbar (***to*** für); unzumutbar: ***be ~ to s.o.*** j-m nicht zugemutet werden können.

un·ac·com·pa·nied [ˌʌnəˈkʌmpənɪd] *adj* ohne Begleitung (***by*** *gen*) (*a*. ♪).

un·ac·count·a·ble [ˌʌnəˈkaʊntəbl] *adj* unerklärlich. ˌ**un·acˈcount·a·bly** *adv* unerklärlicherweise.

un·ac·cus·tomed [ˌʌnəˈkʌstəmd] *adj* **1.** ungewohnt. **2.** ***be ~ to s.th.*** et. nicht gewohnt sein; ***be ~ to doing s.th.*** es nicht gewohnt sein, et. zu tun.

un·ac·quaint·ed [ˌʌnəˈkweɪntɪd] *adj*: ***be ~ with s.th.*** et. nicht kennen, mit e-r Sache nicht vertraut sein.

un·a·dul·ter·at·ed [ˌʌnəˈdʌltəreɪtɪd] *adj* **1.** unverfälscht. **2.** *fig*. völlig (*Unsinn etc*).

un·ad·vised [ˌʌnədˈvaɪzd] *adj* unbesonnen, unüberlegt.

un·af·fect·ed [ˌʌnəˈfektɪd] *adj* **1.** ***be ~ by*** nicht betroffen werden von. **2.** natürlich, ungekünstelt.

un·al·ter·a·ble [ʌnˈɔːltərəbl] *adj* unabänderlich (*Entschluß etc*).

un·am·big·u·ous [ˌʌnæmˈbɪgjʊəs] *adj* □ unzweideutig.

un-A·mer·i·can [ˌʌnəˈmerɪkən] *adj* **1.** unamerikanisch. **2.** antiamerikanisch.

u·nan·i·mous [juːˈnænɪməs] *adj* □ einmütig; einstimmig: ***be ~ in doing s.th.*** et. einmütig *od*. einstimmig tun; ***by a ~ decision*** einstimmig.

un·an·nounced [ˌʌnəˈnaʊnst] *adj u. adv* unangemeldet.

un·an·swer·a·ble [ˌʌnˈɑːnsərəbl] *adj* **1.** nicht zu beantworten(d). **2.** unwiderlegbar.

un·ap·proach·a·ble [ˌʌnəˈprəʊtʃəbl] *adj* □ unnahbar.

un·armed [ˌʌnˈɑːmd] *adj* unbewaffnet.

un·asked [ˌʌnˈɑːskt] *adj* **1.** ungestellt (*Frage*). **2.** unaufgefordert, ungebeten. **3.** uneingeladen, ungebeten.

un·as·sist·ed [ˌʌnəˈsɪstɪd] *adv* ohne (fremde) Hilfe, (ganz) allein.

un·as·sum·ing [ˌʌnəˈsjuːmɪŋ] *adj* □ bescheiden.

un·at·tached [ˌʌnəˈtætʃt] *adj* ungebunden (*Person*).

un·at·tend·ed [ˌʌnəˈtendɪd] *adj* unbeaufsichtigt: ***leave ~*** unbeaufsichtigt lassen.

un·at·trac·tive [ˌʌnəˈtræktɪv] *adj* □ unattraktiv.

un·au·thor·ized [ˌʌnˈɔːθəraɪzd] *adj* unbefugt, unberechtigt.

un·a·vail·a·ble [ˌʌnəˈveɪləbl] *adj* **1.** nicht erhältlich. **2.** nicht erreichbar.

un·a·void·a·ble [ˌʌnəˈvɔɪdəbl] *adj* □ unvermeidlich.

un·a·ware [ˌʌnəˈweə] *adj*: ***be ~ of s.th.*** sich e-r Sache nicht bewußt sein, et. nicht bemerken; ***be ~ that*** nicht bemerken, daß. ˌ**un·aˈwares** *adv*: ***catch*** (*od*. ***take***) ***s.o. ~*** j-n überraschen.

un·bal·ance [ˌʌnˈbæləns] *v/t j-n* aus dem (seelischen) Gleichgewicht bringen. ˌ**unˈbal·anced** *adj* labil (*Charakter, Person*).

un·bar [ˌʌnˈbɑː] *v/t* auf-, entriegeln.

un·bear·a·ble [ʌnˈbeərəbl] *adj* □ unerträglich.

un·beat·a·ble [ˌʌnˈbiːtəbl] *adj* unschlagbar (*a. Preise etc*).

un·beat·en [ˌʌn'biːtn] *adj* ungeschlagen, unbesiegt.

un·be·known [ˌʌnbɪ'nəʊn] *adv*: ~ ***to s.o.*** ohne j-s Wissen.

un·be·liev·a·ble [ˌʌnbɪ'liːvəbl] *adj* □ unglaublich.

un·bend [ˌʌn'bend] (*irr* ***bend***) **I** *v/t* geradebiegen. **II** *v/i fig.* auftauen, aus sich herausgehen. **ˌun'bend·ing** *adj* □ unbeugsam.

un·bi·as(s)ed [ˌʌn'baɪəst] *adj* □ unvoreingenommen, ⚖ unbefangen.

un·bind [ˌʌn'baɪnd] *v/t* (*irr* ***bind***) losbinden.

un·blem·ished [ˌʌn'blemɪʃt] *adj* makellos (*Ruf etc*).

un·bolt [ˌʌn'bəʊlt] → ***unbar.***

un·born [ˌʌn'bɔːn] *adj* ungeboren.

un·break·a·ble [ˌʌn'breɪkəbl] *adj* unzerbrechlich.

un·bri·dled [ˌʌn'braɪdld] *adj* ungezügelt, zügellos: ~ ***tongue*** lose Zunge.

un·bro·ken [ˌʌn'brəʊkən] *adj* **1.** heil, unbeschädigt. **2.** ununterbrochen.

un·buck·le [ˌʌn'bʌkl] *v/t* auf-, losschnallen.

un·bur·den [ˌʌn'bɜːdn] *v/t*: ~ ***o.s to s.o.*** j-m sein Herz ausschütten.

un·but·ton [ˌʌn'bʌtn] *v/t* aufknöpfen.

un·called-for [ˌʌn'kɔːldfɔː] *adj* **1.** ungerechtfertigt. **2.** unnötig. **3.** deplaciert, unpassend.

un·can·ny [ʌn'kænɪ] *adj* □ unheimlich.

un·ceas·ing [ʌn'siːsɪŋ] *adj* □ unaufhörlich.

un·cer·e·mo·ni·ous·ly ['ʌnˌserɪ'məʊnjəslɪ] *adv* ohne viel Federlesen(s).

un·cer·tain [ʌn'sɜːtn] *adj* □ **1.** unsicher, ungewiß, unbestimmt: ***be ~ of s.th.*** sich e-r Sache nicht sicher sein; ***be ~ how to do s.th.*** nicht sicher sein, wie man et. tut. **2.** unbeständig (*Wetter*). **3.** vage: → ***term*** 3. **un'cer·tain·ty** *s* Unsicherheit *f*, Ungewißheit *f*.

un·chain [ˌʌn'tʃeɪn] *v/t* losketten.

un·changed [ˌʌn'dʒeɪndʒd] *adj* unverändert. **ˌun'chang·ing** *adj* □ unveränderlich.

un·char·i·ta·ble [ˌʌn'tʃærɪtəbl] *adj* □ unfair: ***it was rather ~ of you*** es war nicht gerade nett von dir (***to do*** zu tun).

un·checked [ˌʌn'tʃekt] *adj* **1.** ungehindert. **2.** unkontrolliert, ungeprüft.

un·chris·tian [ˌʌn'krɪstʃən] *adj* □ unchristlich.

un·civ·il [ˌʌn'sɪvl] *adj* □ unhöflich. **ˌun'civ·i·lized** [~vlaɪzd] *adj* unzivilisiert.

un·cle ['ʌŋkl] *s* Onkel *m*: ***cry*** (*od.* ***say***) ~ *Am.* F aufgeben.

un·com·fort·a·ble [ʌn'kʌmfətəbl] *adj* □ **1.** unbequem. **2.** ***feel*** ~ sich unbehaglich fühlen.

un·com·mit·ted [ˌʌnkə'mɪtɪd] *adj* neutral: ***be ~ to*** nicht festgelegt sein auf (*acc*).

un·com·mon [ʌn'kɒmən] *adj* □ ungewöhnlich: ***not to be ~*** nichts Ungewöhnliches sein.

un·com·mu·ni·ca·tive [ˌʌnkə'mjuːnɪkətɪv] *adj* □ verschlossen, wortkarg.

un·com·plain·ing·ly [ˌʌnkəm'pleɪnɪŋlɪ] *adv* geduldig, ohne Murren.

un·com·pro·mis·ing [ʌn'kɒmprəmaɪzɪŋ] *adj* □ kompromißlos.

un·con·cerned [ˌʌnkən'sɜːnd] *adj* **1.** ***be ~ about*** sich keine Gedanken *od.* Sorgen machen über (*acc*). **2.** ***be ~ with*** uninteressiert sein an (*dat*).

un·con·di·tion·al [ˌʌnkən'dɪʃənl] *adj* □ bedingungslos.

un·con·firmed [ˌʌnkən'fɜːmd] *adj* unbestätigt.

un·con·scious [ʌn'kɒnʃəs] *adj* □ **1.** ⚕ bewußtlos. **2.** ***be ~ of s.th.*** sich e-r Sache nicht bewußt sein, et. nicht bemerken. **3.** unbewußt; unbeabsichtigt. **un'con·scious·ness** *s* ⚕ Bewußtlosigkeit *f*.

un·con·sid·ered [ˌʌnkən'sɪdəd] *adj* unbedacht, unüberlegt.

un·con·sti·tu·tion·al ['ʌnˌkɒnstɪ'tjuːʃənl] *adj* □ verfassungswidrig.

un·con·trol·la·ble [ˌʌnkən'trəʊləbl] *adj* □ unkontrollierbar; nicht zu bändigen(d) (*Kind*); unbändig (*Wut etc*). **ˌun·con'trolled** *adj* unkontrolliert, ungehindert.

un·con·ven·tion·al [ˌʌnkən'venʃənl] *adj* □ unkonventionell.

un·con·vinced [ˌʌnkən'vɪnst] *adj*: ***be ~*** nicht überzeugt sein (***about*** von). **ˌun·con'vinc·ing** *adj* □ nicht überzeugend.

un·cooked [ˌʌn'kʊkt] *adj* ungekocht, roh.

un·cork [ˌʌn'kɔːk] *v/t* entkorken.

un·count·a·ble [ˌʌn'kaʊntəbl] *adj* unzählbar (*a. ling.*). ˌ**un'count·ed** *adj* unzählig.

un·cou·ple [ˌʌn'kʌpl] *v/t Waggon etc* abkoppeln, abkuppeln.

un·couth [ʌn'ku:θ] *adj* □ ungehobelt (*Person, Benehmen*).

un·cov·er [ʌn'kʌvə] *v/t* aufdecken, *fig. a.* enthüllen.

un·crit·i·cal [ˌʌn'krɪtɪkl] *adj* □ unkritisch: ***be ~ of s.th.*** e-r Sache unkritisch gegenüberstehen.

un·crowned [ˌʌn'kraʊnd] *adj* ungekrönt (*a. fig.*).

un·crush·a·ble [ʌn'krʌʃəbl] *adj* knitterfest.

unc·tion ['ʌŋkʃn] *s eccl.* Salbung *f*: ***extreme ~*** Krankensalbung. **unc·tu·ous** ['~tjʊəs] *adj* □ salbungsvoll.

un·cut [ˌʌn'kʌt] *adj* **1.** ungeschnitten. **2.** ungekürzt (*Film, Roman etc*). **3.** ungeschliffen: ***~ diamond*** *a.* Rohdiamant *m.*

un·dam·aged [ˌʌn'dæmɪdʒd] *adj* unbeschädigt.

un·dat·ed [ˌʌn'deɪtɪd] *adj* undatiert, ohne Datum.

un·de·cid·ed [ˌʌndɪ'saɪdɪd] *adj* □ **1.** unentschieden, offen. **2.** unentschlossen: ***he is still ~ about what to do*** er ist sich noch nicht schlüssig, was er tun soll.

un·de·ni·a·ble [ˌʌndɪ'naɪəbl] *adj* □ unbestreitbar.

un·der ['ʌndə] **I** *prp allg.* unter (*Lage etc*: *dat*; *Richtung*: *acc*): ***it costs ~ £10*** *a.* es kostet weniger als 10 Pfund; ***have s.o. ~ one*** j-n unter sich haben; → ***discussion, impression*** 2, ***influence*** I, ***review*** 1, *etc.* **II** *adv* unten; darunter. ˌ**~·a'chieve** *v/i bsd. ped.* hinter den Erwartungen zurückbleiben. ˌ**~'act** *v/t u. v/i thea. etc* betont zurückhaltend spielen. ˌ**~'age** *adj* minderjährig. '**~·brush** *bsd. Am.* → ***undergrowth.*** '**~ˌcar·riage** *s* ✈ Fahrwerk *n*, -gestell *n*. ˌ**~'charge I** *v/t* **1.** *j-m* zuwenig berechnen: ***~ s.o.*** (***by***) ***£10*** j-m 10 Pfund zuwenig berechnen. **2.** *Betrag* zuwenig verlangen. **II** *v/i* **3.** zuwenig berechnen *od.* verlangen (***for*** für). '**~·clothes** *s pl* → ***underwear.*** '**~·coat** *s* Grundierung *f*. '**~ˌcov·er** *adj*: ***~ agent*** verdeckter Ermittler. '**~ˌcur·rent** *s* Unterströmung *f* (*a. fig.*). ˌ**~'cut** *v/t* (*irr* ***cut***) *j-n* (im Preis) unterbieten. ˌ**~·de'vel·oped** *adj* unterentwickelt: ***~ country*** Entwicklungsland *n*. '**~·dog** *s* Benachteiligte *m, f*, Unterdrückte *m, f*. ˌ**~'done** *adj* nicht durchgebraten. ˌ**~'dress** *v/t u. v/i* (sich) zu einfach anziehen. ˌ**~'es·ti·mate** *v/t* **1.** zu niedrig schätzen *od.* veranschlagen. **2.** *fig.* unterschätzen, -bewerten. ˌ**~·ex'pose** *v/t phot.* unterbelichten. ˌ**~'fed** *adj* unterernährt. ˌ**~'floor** *adj*: ***~ heating*** Fußbodenheizung *f*. ˌ**~'foot** *adv*: ***the grass was wet ~*** das Gras war naß; ***trample ~*** hinwegtrampeln über (*acc*). ˌ**~'go** *v/t* (*irr* ***go***) erleben, durchmachen; sich *e-r Operation etc* unterziehen. **~·grad** ['~græd] *s* F, ˌ**~'grad·u·ate** *s univ.* Student(in). '**~·ground I** *adj* **1.** unterirdisch: ***~ car park*** Tiefgarage *f*. **2.** *fig.* Untergrund... **II** *adv* [ˌ~'graʊnd] **3.** unterirdisch, unter der Erde: ***go ~*** *fig.* untertauchen; in den Untergrund gehen. **III** *s* **4.** *bsd. Br.* U-Bahn *f*: ***by ~*** mit der U-Bahn. **5.** *fig.* Untergrund *m*. '**~·growth** *s* Unterholz *n*, Gestrüpp *n*. ˌ**~'hand** *adj*, ˌ**~'hand·ed** *adj* □ hinterhältig. ˌ**~'lie** *v/t* (*irr* ***lie***) zugrunde liegen (*dat*). ˌ**~'line** *v/t* unterstreichen (*a. fig.*).

un·der·ling ['ʌndəlɪŋ] *s*: ***he's just an ~*** *contp.* er ist nur ein Rädchen im Getriebe.

ˌ**un·der|'ly·ing** *adj* zugrundeliegend. ˌ**~'manned** *adj* (personell) unterbesetzt. ˌ**~'men·tioned** *adj Br.* untenerwähnt. ˌ**~'mine** *v/t* **1.** unterspülen, -waschen. **2.** *fig.* untergraben, -minieren.

un·der·neath [ˌʌndə'ni:θ] **I** *prp* unter (*Lage*: *dat*; *Richtung*: *acc*). **II** *adv* darunter. **III** *s* F Unterseite *f*.

ˌ**un·der|'nour·ished** *adj* unterernährt. ˌ**~'nour·ish·ment** *s* Unterernährung *f*. '**~·pants** *s pl, a.* ***pair of ~*** Unterhose *f*. '**~·pass** *s* (Straßen-, Eisenbahn)Unterführung *f*. ˌ**~'pay** *v/t* (*irr* ***pay***) *j-m* zuwenig zahlen, *j-n* unterbezahlen. ˌ**~'play** *v/t* **1.** → ***underact.*** **2.** ***~ one's hand*** *fig.* nicht alle Trümpfe ausspielen. **3.** *fig. et.* herunterspielen. ˌ**un·der'priv·i·leged** *adj* unterprivilegiert. ˌ**~'rate** *v/t* unterbewerten (*a. Sport*), -schätzen. '**~ˌrep·re'sent·ed** *adj* unterrepräsentiert. ˌ**~'score** → ***underline.*** ˌ**~'sec·re·tar·y** *s pol.* Staatssekretär *m*. ˌ**~'sell** *v/t* (*irr* ***sell***) **1.** → ***undercut.*** **2.** *Ware* verschleudern, unter Wert verkaufen: ***~ o.s.*** *fig.* sich schlecht verkaufen. '**~-**

shirt *s Am.* Unterhemd *n.* **'~·shorts** *Am.* → **underpants. '~·side** *s* Unterseite *f.* **ˌ~'signed I** *adj* unterzeichnet. **II** *s*: ***the ~*** der *od.* die Unterzeichnete, die Unterzeichneten *pl.* **ˌ~'size(d)** *adj* zu klein. **ˌ~'staffed** → ***undermanned.*** **ˌ~'stand** (*irr* ***stand***) **I** *v/t* **1.** verstehen: ***make o.s. understood*** sich verständlich machen. **2.** erfahren *od.* gehört haben (***that*** daß): ***am I to ~ that*** soll das heißen, daß; ***give s.o. to ~ that*** j-m zu verstehen geben, daß. **II** *v/i* **3.** verstehen. **4.** ***not to ~ about*** nichts verstehen von. **ˌ~'stand·a·ble** *adj* verständlich (*a. fig.*): ***understandably*** *a.* verständlicherweise. **ˌ~'stand·ing I** *s* **1.** Verstand *m*: ***be*** (*od.* ***go***) ***beyond s.o.'s ~*** über j-s Verstand gehen. **2.** Verständnis *n* (***of*** für): ***with ~*** verständnisvoll. **3.** Abmachung *f*: ***come to an ~*** e-e Abmachung treffen (***with*** mit); ***on the ~ that*** unter der Voraussetzung, daß. **II** *adj* □ **4.** verständnisvoll. **ˌ~'state** *v/t* untertreiben, untertrieben darstellen. **ˌ~'state·ment** *s* Untertreibung *f.* **'~ˌstud·y** *thea.* **I** *s* zweite Besetzung. **II** *v/t* die zweite Besetzung sein für. **ˌ~'take** *v/t* (*irr* ***take***) **1.** *et.* übernehmen. **2.** sich verpflichten (***to do*** zu tun). **'~ˌtak·er** *s* (Leichen)Bestatter *m*; Bestattungs-, Beerdigungsinstitut *n.* **ˌ~-the-'count·er** *adj* F schwarz, illegal. **'~·tone** *s* **1.** ***in an ~*** mit gedämpfter Stimme. **2.** *fig.* Unterton *m.* **ˌ~'val·ue** *v/t* unterbewerten, -schätzen. **ˌ~'wa·ter I** *adj* Unterwasser... **II** *adv* unter Wasser. **'~·wear** *s* Unterwäsche *f.* **~·weight I** *s* ['~weɪt] Untergewicht *n.* **II** *adj* [ˌ~'weɪt] untergewichtig (*Person*), zu leicht (***by*** um) (*Gegenstand*): ***be ~ by five kilos, be five kilos ~*** fünf Kilo Untergewicht haben. **'~·world** *s* Unterwelt *f.* **'~·write** *v/t* (*irr* ***write***) **1.** *Projekt* unterstützen (***with*** mit). **2.** *et.* versichern.

un·de·served [ˌʌndɪ'zɜːvd] *adj* unverdient. **ˌun·de'serv·ed·ly** [~vɪdlɪ] *adv* unverdient(ermaßen).

un·de·sir·a·ble [ˌʌndɪ'saɪərəbl] *adj* **1.** nicht wünschenswert. **2.** unerwünscht.

un·dies ['ʌndɪz] *s pl* F (*bsd.* Damen)Unterwäsche *f.*

un·dis·ci·plined [ʌn'dɪsɪplɪnd] *adj* undiszipliniert, disziplinlos.

un·dis·cov·ered [ˌʌndɪ'skʌvəd] *adj* unentdeckt; unbemerkt.

un·dis·turbed [ˌʌndɪ'stɜːbd] *adj* ungestört.

un·di·vid·ed [ˌʌndɪ'vaɪdɪd] *adj* ungeteilt (*a. fig.*).

un·do [ˌʌn'duː] *v/t* **1.** aufmachen, öffnen. **2.** *fig.* zunichte machen. **ˌun'do·ing** *s*: ***be s.o.'s ~*** j-s Ruin *od.* Verderben sein.

un·done [ˌʌn'dʌn] *adj* **1.** unerledigt: ***leave nothing ~*** nichts unversucht lassen. **2.** offen: ***come ~*** aufgehen.

un·doubt·ed [ʌn'daʊtɪd] *adj* unbestritten. **un'doubt·ed·ly** *adv* zweifellos, ohne (jeden) Zweifel.

un·dreamed-of [ʌn'driːmdɒv], **un·dreamt-of** [ʌn'dremtɒv] *adj* ungeahnt.

un·dress [ˌʌn'dres] **I** *v/i* sich ausziehen, (*beim Arzt*) sich frei machen. **II** *v/t j-n* ausziehen: ***get ~ed*** → I.

un·due [ˌʌn'djuː] *adj* □ übermäßig.

un·du·lat·ing ['ʌndjʊleɪtɪŋ] *adj* sanft (*Hügel*).

un·dy·ing [ʌn'daɪɪŋ] *adj* ewig, unsterblich, unvergänglich.

un·earned [ˌʌn'ɜːnd] *adj fig.* unverdient.

un·earth [ˌʌn'ɜːθ] *v/t* **1.** ausgraben. **2.** *fig.* ausfindig machen. **un'earth·ly** *adj* **1.** überirdisch. **2.** unheimlich. **3.** ***at an ~ hour*** F zu e-r unchristlichen Zeit.

un·eas·i·ness [ʌn'iːzɪnɪs] *s* Unbehagen *n.* **un'eas·y** *adj* □ **1.** ***be ~*** sich unbehaglich fühlen; ***I'm ~ about*** mir ist nicht wohl bei. **2.** unruhig (*Nacht, Schlaf*).

un·eat·a·ble [ˌʌn'iːtəbl] *adj* ungenießbar.

un·e·co·nom·ic ['ʌnˌiːkə'nɒmɪk] *adj* (***~ally***) unwirtschaftlich.

un·ed·u·cat·ed [ˌʌn'edjʊkeɪtɪd] *adj* ungebildet.

un·e·mo·tion·al [ˌʌnɪ'məʊʃənl] *adj* □ leidenschaftslos, kühl, beherrscht.

un·em·ployed [ˌʌnɪm'plɔɪd] **I** *adj* arbeitslos. **II** *s*: ***the ~*** *pl* die Arbeitslosen *pl.* **ˌun·em'ploy·ment** *s* Arbeitslosigkeit *f*: ***~ benefit*** *Br.*, ***~ compensation*** *Am.* Arbeitslosengeld *n.*

un·end·ing [ʌn'endɪŋ] *adj* □ endlos.

un·en·dur·a·ble [ˌʌnɪn'djʊərəbl] *adj* □ unerträglich.

un-Eng·lish [ˌʌn'ɪŋglɪʃ] *adj* unenglisch.

un·en·vi·a·ble [ˌʌn'envɪəbl] *adj* □ wenig beneidenswert.

un·e·qual [ˌʌn'iːkwəl] *adj* □ **1.** ungleich, unterschiedlich. **2.** *fig.* ungleich, einseitig. **3.** ***be ~ to*** *e-r Aufgabe etc* nicht gewachsen sein. ˌ**un'e·qual(l)ed** *adj* unerreicht, unübertroffen.

un·e·quiv·o·cal [ˌʌnɪ'kwɪvəkl] *adj* □ unzweideutig, unmißverständlich.

un·err·ing [ˌʌn'ɜːrɪŋ] *adj* □ unfehlbar.

un·e·ven [ˌʌn'iːvn] *adj* □ **1.** uneben. **2.** ungleich(mäßig). **3.** unterschiedlich, schwankend. **4.** ungerade (*Zahl*). **5.** unregelmäßig (*Pulsschlag etc*).

un·e·vent·ful [ˌʌnɪ'ventfʊl] *adj* □ ereignislos.

un·ex·am·pled [ˌʌnɪg'zɑːmpld] *adj* beispiellos.

un·ex·pect·ed [ˌʌnɪk'spektɪd] *adj* □ unerwartet.

un·ex·plained [ˌʌnɪk'spleɪnd] *adj* ungeklärt.

un·ex·posed [ˌʌnɪk'spəʊzd] *adj phot*. unbelichtet.

un·ex·plored [ˌʌnɪk'splɔːd] *adj* unerforscht.

un·fail·ing [ʌn'feɪlɪŋ] *adj* □ unerschöpflich.

un·fair [ˌʌn'feə] *adj* □ unfair, (*Wettbewerb*) unlauter. ˌ**un'fair·ness** *s* Unfairneß *f*.

un·faith·ful [ˌʌn'feɪθfʊl] *adj* □ untreu (***to*** *dat*).

un·fal·ter·ing [ʌn'fɔːltərɪŋ] *adj* □ unerschütterlich.

un·fa·mil·iar [ˌʌnfə'mɪljə] *adj* □ **1.** nicht vertraut. **2.** ***be ~ with*** nicht vertraut sein mit, sich nicht auskennen in (*dat*).

un·fash·ion·a·ble [ˌʌn'fæʃnəbl] *adj* □ unmodern.

un·fas·ten [ˌʌn'fɑːsn] *v/t* aufmachen, öffnen; losbinden.

un·fa·vo(u)r·a·ble [ˌʌn'feɪvərəbl] *adj* □ ungünstig: a) unvorteilhaft (***to, for*** für), b) negativ, ablehnend (*Antwort etc*).

un·feel·ing [ʌn'fiːlɪŋ] *adj* □ gefühl-, herzlos.

un·fin·ished [ˌʌn'fɪnɪʃt] *adj* unfertig; unvollendet.

un·fit [ˌʌn'fɪt] *adj* □ **1.** unpassend, ungeeignet; unfähig, untauglich: ***~ for service*** *bsd.* ⚔ dienstunfähig, (-)untauglich; ***~ to drive*** fahruntüchtig; → ***consumption*** 2. **2.** nicht fit, nicht in Form.

un·flag·ging [ˌʌn'flægɪŋ] *adj* □ unermüdlich, unentwegt.

un·fold [ˌʌn'fəʊld] *v/t* auf-, auseinanderfalten.

un·fore·seen [ˌʌnfɔː'siːn] *adj* unvorhergesehen, unvorhersehbar.

un·for·get·ta·ble [ˌʌnfə'getəbl] *adj* □ unvergeßlich.

un·for·tu·nate [ʌn'fɔːtʃnət] *adj* **1.** unglücklich; unglückselig. **2.** bedauerlich. **un'for·tu·nate·ly** *adv* leider.

un·found·ed [ˌʌn'faʊndɪd] *adj* unbegründet.

un·fre·quent·ed [ˌʌnfrɪ'kwentɪd] *adj* wenig besucht.

un·friend·ly [ˌʌn'frendlɪ] *adj* unfreundlich (***to*** zu).

un·ful·filled [ˌʌnfʊl'fɪld] *adj* unerfüllt.

un·furl [ˌʌn'fɜːl] *v/t Fahne etc* auf-, entrollen, *Segel* losmachen.

un·fur·nished [ˌʌn'fɜːnɪʃt] *adj* unmöbliert.

un·gain·ly [ʌn'geɪnlɪ] *adj* linkisch.

un·gen·tle·man·like [ʌn'dʒentlmənlaɪk], **un'gen·tle·man·ly** *adj* wenig gentlemanlike.

un·god·ly [ˌʌn'gɒdlɪ] *adj*: ***at an ~ hour*** F zu e-r unchristlichen Zeit.

un·gov·ern·a·ble [ˌʌn'gʌvənəbl] *adj* □ unbeherrscht, ungezügelt (*Temperament*).

un·grate·ful [ʌn'greɪtfʊl] *adj* □ undankbar.

un·guard·ed [ˌʌn'gɑːdɪd] *adj* **1.** unbewacht. **2.** *fig*. unbedacht, unüberlegt.

un·hap·pi·ness [ʌn'hæpɪnɪs] *s* Traurigkeit *f*. **un'hap·py** *adj* unglücklich: ***unhappily*** *a.* unglücklicherweise, leider.

un·harmed [ˌʌn'hɑːmd] *adj* unversehrt.

un·health·y [ʌn'helθɪ] *adj* □ **1.** kränklich, nicht gesund. **2.** ungesund. **3.** *contp*. unnatürlich, krankhaft.

un·heard [ˌʌn'hɜːd] *adj*: ***go ~*** unbeachtet bleiben, keine Beachtung finden. ˌ**un'heard-of** [~ɒv] *adj* noch nie dagewesen, beispiellos.

un·hes·i·tat·ing [ʌn'hezɪteɪtɪŋ] *adj* **1.** prompt. **2.** bereitwillig: ***~ly*** *a.* anstandslos.

un·hinge [ˌʌn'hɪndʒ] *v/t* **1.** *Tür etc* aus den Angeln heben. **2.** ***~ s.o.('s mind)*** *fig*. j-n völlig aus dem Gleichgewicht bringen.

un·ho·ly [ˌʌn'həʊlɪ] *adj* F furchtbar, schrecklich.

un·hoped-for [ʌn'həʊptfɔː] *adj* unverhofft.

un·hurt [ˌʌn'hɜːt] *adj* unverletzt.

u·ni ['ju:nɪ] *s* F Uni *f* (*Universität*).
un·i·den·ti·fied [ˌʌnaɪ'dentɪfaɪd] *adj* unbekannt, nicht identifiziert: **~ *flying object*** unbekanntes Flugobjekt.
u·ni·fi·ca·tion [ˌju:nɪfɪ'keɪʃn] *s* Vereinigung *f*.
u·ni·form ['ju:nɪfɔ:m] **I** *adj* □ einheitlich. **II** *s* Uniform *f*: ***in ~*** in Uniform. **'u·ni·formed** *adj* uniformiert, in Uniform. **ˌu·ni'form·i·ty** *s* Einheitlichkeit *f*.
u·ni·fy ['ju:nɪfaɪ] *v/t* **1.** verein(ig)en. **2.** vereinheitlichen.
u·ni·lat·er·al [ˌju:nɪ'lætərəl] *adj* □ *fig.* einseitig.
un·im·ag·i·na·ble [ˌʌnɪ'mædʒɪnəbl] *adj* □ unvorstellbar. **ˌun·im'ag·i·na·tive** *adj* □ einfalls-, phantasielos.
un·im·por·tant [ˌʌnɪm'pɔ:tənt] *adj* □ unwichtig.
un·im·pressed [ˌʌnɪm'prest] *adj* unbeeindruckt (***by*** von).
un·in·flu·enced [ˌʌn'ɪnflʊənst] *adj* unbeeinflußt.
un·in·hab·it·a·ble [ˌʌnɪn'hæbɪtəbl] *adj* unbewohnbar. **ˌun·in'hab·it·ed** *adj* unbewohnt.
un·in·jured [ˌʌn'ɪndʒəd] *adj* unverletzt.
un·in·sured [ˌʌnɪn'ʃɔ:d] *adj* unversichert.
un·in·tel·li·gent [ˌʌnɪn'telɪdʒənt] *adj* □ unintelligent.
un·in·tel·li·gi·ble [ˌʌnɪn'telɪdʒəbl] *adj* □ unverständlich (***to*** für *od. dat*).
un·in·tend·ed [ˌʌnɪn'tendɪd], **un·in·ten·tion·al** [ˌ~'tenʃənl] *adj* □ unabsichtlich, unbeabsichtigt.
un·in·ter·est·ed [ˌʌn'ɪntrəstɪd] *adj* □ uninteressiert (***in*** an *dat*): ***be ~ in*** *a.* sich nicht interessieren für. **ˌun'in·ter·est·ing** *adj* □ uninteressant.
un·in·ter·rupt·ed ['ʌnˌɪntə'rʌptɪd] *adj* □ ununterbrochen.
un·in·vit·ed [ˌʌnɪn'vaɪtɪd] *adj* uneingeladen, ungebeten.
un·ion ['ju:njən] *s* **1.** Vereinigung *f*; Union *f*: ⌂ ***Jack*** (*od.* ***Flag***) Union Jack *m* (*britische Nationalflagge*). **2.** Gewerkschaft *f*. **'un·ion·ist** *s* Gewerkschaftler(in). **'un·ion·ize** *v/t u. v/i* (sich) gewerkschaftlich organisieren.
u·nique [ju:'ni:k] *adj* □ einzigartig; einmalig.
u·ni·son ['ju:nɪzn] *s*: ***in ~*** gemeinsam.
u·nit ['ju:nɪt] *s* **1.** *allg.* Einheit *f*; *ped.* Unit *f*, Lehreinheit *f*; ⚙ Element *n*, Teil *n*; (Anbau)Element *n*: **~ *furniture*** Anbaumöbel *pl.* **2.** Abteilung *f*. **3.** ⅌ Einer *m*.
u·nite [ju:'naɪt] **I** *v/t* verbinden, -einigen. **II** *v/i* sich vereinigen *od.* zs.-tun: ***~ in doing s.th.*** et. gemeinsam tun. **u'nit·ed** *adj* verein(ig)t: ⌂ ***Nations*** *pl* Vereinte Nationen *pl*; ***be ~ in*** sich einig sein in (*dat*).
u·ni·ty ['ju:nətɪ] *s* **1.** Einheit *f*. **2.** ⅌ Eins *f*.
u·ni·ver·sal [ˌju:nɪ'vɜ:sl] *adj* □ **1.** universal, universell: **~ *heir*** Universalerbe *m*. **2.** allgemein. **3.** Welt...: **~ *language*** (***time***, *etc*).
u·ni·verse ['ju:nɪvɜ:s] *s* Universum *n*, Weltall *n*.
u·ni·ver·si·ty [ˌju:nɪ'vɜ:sətɪ] **I** *s* Universität *f*, Hochschule *f*: ***go to ~*** die Universität besuchen. **II** *adj* Universitäts...: **~ *professor***; **~ *education*** akademische Bildung, Hochschulbildung *f*; Universitäts-, Hochschulausbildung *f*.
un·just [ˌʌn'dʒʌst] *adj* □ ungerecht (***to*** gegen).
un·kempt [ˌʌn'kempt] *adj* ungekämmt (*Haar*); ungepflegt (*Kleidung etc*).
un·kind [ʌn'kaɪnd] *adj* □ unfreundlich (***to*** zu). **un'kind·ness** *s* Unfreundlichkeit *f*.
un·knot [ˌʌn'nɒt] *v/t* auf-, entknoten.
un·known [ˌʌn'nəʊn] *adj* unbekannt (***to*** *dat*): **~ *quantity*** ⅌ unbekannte Größe (*a. fig.*), Unbekannte *f*.
un·la·dy·like [ˌʌn'leɪdɪlaɪk] *adj* wenig damenhaft.
un·law·ful [ˌʌn'lɔ:fʊl] *adj* □ ungesetzlich, gesetzwidrig.
un·lead·ed [ˌʌn'ledɪd] *adj* bleifrei (*Benzin*).
un·learn [ˌʌn'lɜ:n] *v/t* (*a. irr* ***learn***) *Ansichten etc* ablegen, aufgeben.
un·leash [ˌʌn'li:ʃ] *v/t* **1.** *Hund* loslassen, von der Leine lassen. **2.** *fig. s-m Zorn etc* freien Lauf lassen: ***all his anger was ~ed on her*** sein ganzer Zorn entlud sich auf sie.
un·leav·ened [ˌʌn'levnd] *adj* ungesäuert.
un·less [ən'les] *cj* wenn *od.* sofern ... nicht; es sei denn.
un·like [ˌʌn'laɪk] *prp* **1.** im Gegensatz zu. **2.** ***he is quite ~ his father*** er ist ganz anders als sein Vater; ***that is very ~ him*** das sieht ihm gar nicht ähnlich. **un'like·ly** *adj* **1.** ***he is ~ to come*** es ist

unwahrscheinlich, daß er kommt. **2.** unwahrscheinlich, unglaubwürdig.

un·lim·it·ed [ʌn'lɪmɪtɪd] *adj* unbegrenzt.

un·list·ed [ˌʌn'lɪstɪd] *adj teleph.*: ***be ~*** nicht im Telefonbuch stehen, geheim sein; ***~ number*** Geheimnummer *f*.

un·load [ˌʌn'ləʊd] *v/t Fahrzeug* entladen, *a. Gegenstände* ab-, ausladen, ⚓ *Ladung, Schiff* löschen.

un·lock [ˌʌn'lɒk] *v/t* aufschließen.

un·loved [ˌʌn'lʌvd] *adj* ungeliebt.

un·luck·i·ly [ʌn'lʌkɪlɪ] *adv* unglücklicherweise: ***~ for me*** zu m-m Pech. **un'luck·y** *adj* unglücklich: ***~ day*** Unglückstag *m*; ***be ~*** Pech haben; Unglück bringen.

un·made [ˌʌn'meɪd] *adj* ungemacht (*Bett*).

un·man·age·a·ble [ʌn'mænɪdʒəbl] *adj* □ **1.** widerspenstig. **2.** unhandlich.

un·man·ly [ˌʌn'mænlɪ] *adj* unmännlich.

un·manned [ˌʌn'mænd] *adj* unbemannt.

un·man·ner·ly [ʌn'mænəlɪ] *adj* ungesittet, unmanierlich.

un·marked [ˌʌn'mɑːkt] *adj* **1.** nicht gekennzeichnet. **2.** *Sport*: ungedeckt, frei.

un·mar·ried [ˌʌn'mærɪd] *adj* unverheiratet, ledig.

un·mask [ˌʌn'mɑːsk] *v/t fig.* entlarven.

un·matched [ˌʌn'mætʃt] *adj* unvergleichlich, unübertroffen.

un·men·tion·a·ble [ʌn'menʃnəbl] *adj* Tabu...: ***be ~*** tabu sein.

un·mer·ci·ful [ʌn'mɜːsɪfʊl] *adj* □ erbarmungslos, unbarmherzig.

un·me·thod·i·cal [ˌʌnmɪ'θɒdɪkl] *adj* □ unmethodisch.

un·mis·tak·a·ble [ˌʌnmɪ'steɪkəbl] *adj* □ unverkennbar, unverwechselbar.

un·mixed [ˌʌn'mɪkst] *adj* **1.** unvermischt. **2.** *fig.* rein, ungetrübt.

un·moved [ˌʌn'muːvd] *adj* ungerührt: ***he remained ~ by it*** es ließ ihn kalt.

un·mu·si·cal [ˌʌn'mjuːzɪkl] *adj* □ unmusikalisch.

un·named [ˌʌn'neɪmd] *adj* ungenannt.

un·nat·u·ral [ʌn'nætʃrəl] *adj* □ **1.** unnatürlich. **2.** widernatürlich.

un·nec·es·sar·y [ʌn'nesəsərɪ] *adj* unnötig: ***unnecessarily*** *a.* unnötigerweise.

un·nerve [ˌʌn'nɜːv] *v/t* **1.** entnerven. **2.** entmutigen.

un·no·ticed [ˌʌn'nəʊtɪst] *adj*: ***go*** (*od.* ***pass***) ***~*** unbemerkt bleiben.

un·num·bered [ˌʌn'nʌmbəd] *adj* unnumeriert.

un·ob·tru·sive [ˌʌnəb'truːsɪv] *adj* □ unauffällig.

un·oc·cu·pied [ˌʌn'ɒkjʊpaɪd] *adj* **1.** leer(stehend), unbewohnt: ***be ~*** leer stehen. **2.** unbeschäftigt. **3.** ⚔ unbesetzt.

un·of·fi·cial [ˌʌnə'fɪʃl] *adj* □ inoffiziell.

un·o·pened [ˌʌn'əʊpənd] *adj* ungeöffnet.

un·pack [ˌʌn'pæk] *v/t u. v/i* auspacken.

un·paid(-for) [ˌʌn'peɪd(fə)] *adj* unbezahlt.

un·par·al·leled [ʌn'pærəleld] *adj* beispiellos, einmalig.

un·par·don·a·ble [ʌn'pɑːdnəbl] *adj* □ unverzeihlich.

un·per·turbed [ˌʌnpə'tɜːbd] *adj* gelassen, ruhig.

un·pick [ˌʌn'pɪk] *v/t* auftrennen.

un·play·a·ble [ˌʌn'pleɪəbl] *adj Sport*: unbespielbar (*Platz*).

un·pleas·ant [ʌn'pleznt] *adj* □ **1.** unangenehm, (*Nachricht etc a.*) unerfreulich. **2.** unfreundlich.

un·plug [ˌʌn'plʌg] *v/t* den Stecker (*gen*) herausziehen.

un·po·lished [ˌʌn'pɒlɪʃt] *adj* **1.** unpoliert. **2.** *fig.* ungeschliffen, ungehobelt.

un·pop·u·lar [ˌʌn'pɒpjʊlə] *adj* □ unpopulär, unbeliebt: ***make o.s. ~ with*** sich bei *j-m* unbeliebt machen.

un·prac·ti·cal [ˌʌn'præktɪkl] *adj* □ unpraktisch.

un·prec·e·dent·ed [ʌn'presɪdentɪd] *adj* □ beispiellos, noch nie dagewesen.

un·pre·dict·a·ble [ˌʌnprɪ'dɪktəbl] *adj* **1.** unvorhersehbar. **2.** unberechenbar (*Person*).

un·prej·u·diced [ˌʌn'predʒʊdɪst] *adj* □ unvoreingenommen, ⚖ unbefangen.

un·pre·pared [ˌʌnprɪ'peəd] *adj* **1.** unvorbereitet. **2.** nicht gefaßt *od.* vorbereitet (***for*** auf *acc*).

un·pre·ten·tious [ˌʌnprɪ'tenʃəs] *adj* □ bescheiden, einfach.

un·prin·ci·pled [ʌn'prɪnsəpld] *adj* skrupellos.

un·print·a·ble [ˌʌn'prɪntəbl] *adj* nicht druckfähig *od.* druckreif.

un·pro·duc·tive [ˌʌnprə'dʌktɪv] *adj* □ unproduktiv (*a. fig.*), unergiebig, unrentabel.

un·pro·fes·sion·al [ˌʌnprə'feʃənl] *adj* □

1. standeswidrig. **2.** unfachmännisch.
un·prof·it·a·ble [ˌʌnˈprɒfɪtəbl] *adj* □ **1.** unrentabel. **2.** *fig.* nutz-, zwecklos.
un·prompt·ed [ˌʌnˈprɒmptɪd] *adj* spontan.
un·pro·nounce·a·ble [ˌʌnprəˈnaʊnsəbl] *adj* unaussprechbar.
un·pro·tect·ed [ˌʌnprəˈtektɪd] *adj* schutzlos; ungeschützt.
un·proved [ˌʌnˈpruːvd], **ˌunˈprov·en** [~vn] *adj* unbewiesen.
un·pro·voked [ˌʌnprəˈvəʊkt] *adj* grundlos.
un·pub·lished [ˌʌnˈpʌblɪʃt] *adj* unveröffentlicht.
un·punc·tu·al [ˌʌnˈpʌŋktʃʊəl] *adj* □ unpünktlich: ***be*** ~ unpünktlich kommen (***for*** zu). **ˈunˌpunc·tuˈal·i·ty** [~ˈælətɪ] *s* Unpünktlichkeit *f.*
un·pun·ished [ˌʌnˈpʌnɪʃt] *adj* unbestraft, ungestraft: ***go*** ~ straflos bleiben.
un·qual·i·fied [ˌʌnˈkwɒlɪfaɪd] *adj* **1.** unqualifiziert, ungeeignet (***for*** für). **2.** uneingeschränkt.
un·ques·tion·a·ble [ʌnˈkwestʃənəbl] *adj* □ unbestritten: ***be*** ~ *a.* außer Frage stehen. **unˈques·tion·ing** *adj* □ bedingungslos.
un·quote [ˌʌnˈkwəʊt] *adv* → ***quote*** 6.
un·rav·el [ʌnˈrævl] **I** *v/t* **1.** *Pullover etc* auftrennen, -ziehen. **2.** entwirren (*a. fig.*). **II** *v/i* **3.** sich auftrennen *od.* aufziehen.
un·read·a·ble [ˌʌnˈriːdəbl] *adj* □ unlesbar: a) nicht lesenswert, b) unleserlich.
un·re·al [ˌʌnˈrɪəl] *adj* □ unwirklich. **ˈunˌre·alˈis·tic** [~ˈlɪstɪk] *adj* (***~ally***) unrealistisch. **un·re·al·i·ty** [ˌ~ˈælətɪ] *s* Unwirklichkeit *f.*
un·rea·son·a·ble [ʌnˈriːznəbl] *adj* □ **1.** unvernünftig. **2.** übertrieben, unzumutbar.
un·rec·og·niz·a·ble [ˌʌnˈrekəgnaɪzəbl] *adj* □ nicht wiederzuerkennen(d).
un·re·lat·ed [ˌʌnrɪˈleɪtɪd] *adj* **1.** nicht verwandt (***to*** mit). **2.** ***be*** ~ in keinem Zs.-hang stehen (***to*** mit).
un·re·lent·ing [ˌʌnrɪˈlentɪŋ] *adj* □ unvermindert.
un·re·li·a·ble [ˌʌnrɪˈlaɪəbl] *adj* □ unzuverlässig.
un·re·lieved [ˌʌnrɪˈliːvd] *adj* ununterbrochen, ständig. **ˌun·reˈliev·ed·ly** [~ɪdlɪ] *adv* → ***unrelieved.***
un·re·mit·ting [ˌʌnrɪˈmɪtɪŋ] *adj* □ unablässig, unaufhörlich.
un·re·quit·ed [ˌʌnrɪˈkwaɪtɪd] *adj* unerwidert (*Liebe*).
un·re·served [ˌʌnrɪˈzɜːvd] *adj* **1.** uneingeschränkt. **2.** nicht reserviert. **ˌun·reˈserv·ed·ly** [~ɪdlɪ] *adv* uneingeschränkt.
un·rest [ˌʌnˈrest] *s pol. etc* Unruhen *pl.*
un·re·strained [ˌʌnrɪˈstreɪnd] *adj* hemmungslos, ungezügelt. **ˌun·reˈstrain·ed·ly** [~ɪdlɪ] *adv* → ***unrestrained.***
un·re·strict·ed [ˌʌnrɪˈstrɪktɪd] *adj* □ uneingeschränkt.
un·re·ward·ing [ˌʌnrɪˈwɔːdɪŋ] *adj* wenig lohnend, (*Aufgabe etc a.*) undankbar.
un·rig [ˌʌnˈrɪg] *v/t Schiff* abtakeln.
un·ripe [ˌʌnˈraɪp] *adj* unreif.
un·ri·val(l)ed [ʌnˈraɪvld] *adj* unerreicht, unübertroffen.
un·roll [ˌʌnˈrəʊl] *v/t* auf-, entrollen.
un·ruf·fled [ˌʌnˈrʌfld] *adj* gelassen, ruhig.
un·rul·y [ʌnˈruːlɪ] *adj* **1.** ungebärdig, wild. **2.** widerspenstig (*Haare*).
un·sad·dle [ˌʌnˈsædl] *v/t* **1.** *Pferd* absatteln. **2.** *Reiter* abwerfen.
un·safe [ˌʌnˈseɪf] *adj* □ unsicher, nicht sicher: ***feel*** ~ sich nicht sicher fühlen.
un·said [ˌʌnˈsed] *adj*: ***leave s.th.*** ~ et. nicht aussprechen; ***be left*** (*od.* ***go***) ~ unausgesprochen *od.* ungesagt bleiben.
un·sal(e)·a·ble [ˌʌnˈseɪləbl] *adj* unverkäuflich.
un·salt·ed [ˌʌnˈsɔːltɪd] *adj* ungesalzen.
un·san·i·tar·y [ˌʌnˈsænɪtərɪ] *adj* □ unhygienisch.
un·sat·is·fac·to·ry [ˈʌnˌsætɪsˈfæktərɪ] *adj* □ unbefriedigend. **ˌunˈsat·is·fied** [~faɪd] *adj* unzufrieden (***with*** mit). **ˌunˈsat·is·fy·ing** [~faɪɪŋ] → ***unsatisfactory.***
un·sa·vo(u)r·y [ˌʌnˈseɪvərɪ] *adj* □ **1.** fad. **2.** *fig.* unerfreulich (*Angelegenheit etc*); anrüchig (*Stadtteil*, *Vergangenheit etc*).
un·sci·en·tif·ic [ˈʌnˌsaɪənˈtɪfɪk] *adj* (***~ally***) unwissenschaftlich.
un·screw [ˌʌnˈskruː] *v/t* ab-, losschrauben.
un·script·ed [ˌʌnˈskrɪptɪd] *adj* improvisiert.
un·scru·pu·lous [ʌnˈskruːpjʊləs] *adj* □ skrupel-, gewissenlos.
un·seat [ˌʌnˈsiːt] *v/t* **1.** *Reiter* abwer-

fen. **2.** *fig. j-n* s-s Amtes entheben.

un·seed·ed [ˌʌn'siːdɪd] *adj Sport*: ungesetzt.

un·seem·ly [ʌn'siːmlɪ] *adj* ungebührlich, unziemlich.

un·seen [ˌʌn'siːn] **I** *adj* **1.** ungesehen, unbemerkt: → ***sight*** 2. **2.** unsichtbar. **II** *s* **3.** ***an*** (***English***) ~ *ped. bsd. Br.* e-e Herübersetzung (aus dem Englischen).

un·self·ish [ˌʌn'selfɪʃ] *adj* □ selbstlos, uneigennützig.

un·sen·ti·men·tal ['ʌnˌsentɪ'mentl] *adj* □ unsentimental.

un·set·tle [ˌʌn'setl] *v/t j-n* beunruhigen; durcheinanderbringen. **ˌun'set·tled** *adj* **1.** unbesiedelt. **2.** unbeglichen, unbezahlt (*Rechnung*). **3.** ungeklärt (*Frage etc*). **4.** unbeständig (*Wetter*). **5.** unsicher (*Lage etc*).

un·shak(e)·a·ble [ʌn'ʃeɪkəbl] *adj* □ unerschütterlich.

un·shav·en [ˌʌn'ʃeɪvn] *adj* unrasiert.

un·shrink·a·ble [ˌʌn'ʃrɪŋkəbl] *adj* nicht eingehend *od.* einlaufend (*Stoff*).

un·sight·ly [ʌn'saɪtlɪ] *adj* unansehnlich; häßlich.

un·signed [ˌʌn'saɪnd] *adj* unsigniert (*Gemälde*), nicht unterschrieben *od.* unterzeichnet (*Brief etc*).

un·skil(l)·ful [ˌʌn'skɪlfʊl] *adj* □ ungeschickt. **ˌun'skilled** *adj* **1.** ungeschickt (***at, in*** in *dat*). **2.** ~ ***worker*** ungelernter Arbeiter.

un·so·cia·ble [ʌn'səʊʃəbl] *adj* □ ungesellig.

un·so·cial [ˌʌn'səʊʃl] *adj*: ***work*** ~ ***hours*** *Br.* außerhalb der normalen Arbeitszeit arbeiten.

un·sold [ˌʌn'səʊld] *adj* unverkauft.

un·so·lic·it·ed [ˌʌnsə'lɪsɪtɪd] *adj* unverlangt eingesandt (*Manuskript etc*), unaufgefordert zugesandt, unbestellt (*Ware*).

un·solved [ˌʌn'sɒlvd] *adj* ungelöst (*Fall etc*).

un·so·phis·ti·cat·ed [ˌʌnsə'fɪstɪkeɪtɪd] *adj* □ **1.** unkultiviert. **2.** ⚙ unkompliziert.

un·sound [ˌʌn'saʊnd] *adj* □ **1.** nicht gesund; nicht intakt *od.* in Ordnung. **2.** *fig.* unklug, unvernünftig.

un·spar·ing [ʌn'speərɪŋ] *adj* □ verschwenderisch, freigebig (***in*** mit): ***be*** ~ ***in one's efforts*** keine Mühe scheuen (***to do*** zu tun).

un·speak·a·ble [ʌn'spiːkəbl] *adj* □ unbeschreiblich, unsäglich.

un·spoiled [ˌʌn'spɔɪld], **ˌun'spoilt** [~t] *adj* **1.** unverdorben. **2.** nicht verwöhnt, (*Kind a.*) nicht verzogen.

un·sport·ing [ˌʌn'spɔːtɪŋ] *adj* □, **un·sports·man·like** [ˌʌn'spɔːtsmənlaɪk] *adj* unsportlich, unfair.

un·sta·ble [ˌʌn'steɪbl] *adj* □ **1.** instabil (*a. fig.*). **2.** *fig.* labil (*Person*).

un·stead·y [ˌʌn'stedɪ] *adj* □ **1.** wack(e)lig; (*Hand*) unsicher. **2.** schwankend (*Preise etc*). **3.** ungleichmäßig.

un·stint·ing [ʌn'stɪntɪŋ] → ***unsparing.***

un·stop [ˌʌn'stɒp] *v/t* **1.** *Flasche* entstöpseln. **2.** *Abfluß etc* freimachen.

un·stressed [ˌʌn'strest] *adj ling.* unbetont.

un·stuck [ˌʌn'stʌk] *adj*: ***come*** ~ abgehen, sich lösen; *fig.* F auf den Bauch fallen (*Person*), schiefgehen (*Plan etc*).

un·stud·ied [ˌʌn'stʌdɪd] *adj* ungekünstelt.

un·suc·cess·ful [ˌʌnsək'sesfʊl] *adj* □ erfolglos; vergeblich: ***be*** ~ keinen Erfolg haben.

un·suit·a·ble [ˌʌn'suːtəbl] *adj* □ unpassend, ungeeignet (***for, to*** für).

un·sure [ˌʌn'ʃɔː] *adj allg.* unsicher: ~ ***of o.s.*** unsicher.

un·sur·passed [ˌʌnsə'pɑːst] *adj* unübertroffen.

un·sus·pect·ed [ˌʌnsə'spektɪd] *adj* □ **1.** unvermutet. **2.** unverdächtig. **ˌun·sus'pect·ing** *adj* □ nichtsahnend, ahnungslos.

un·sus·pi·cious [ˌʌnsə'spɪʃəs] *adj* □ **1.** arglos. **2.** unverdächtig, harmlos.

un·sweet·ened [ˌʌn'swiːtnd] *adj* ungesüßt.

un·swerv·ing [ʌn'swɜːvɪŋ] *adj* □ unbeirrbar, unerschütterlich.

un·tan·gle [ˌʌn'tæŋgl] *v/t* entwirren (*a. fig.*).

un·tapped [ˌʌn'tæpt] *adj* unerschlossen (*Naturschätze etc*).

un·teach·a·ble [ˌʌn'tiːtʃəbl] *adj* unbelehrbar.

un·ten·a·ble [ˌʌn'tenəbl] *adj* unhaltbar (*Theorie etc*).

un·think·a·ble [ʌn'θɪŋkəbl] *adj* □ undenkbar, unvorstellbar. ˌ**un'think·ing** *adj* □ gedankenlos.

un·ti·dy [ʌn'taɪdɪ] *adj* □ unordentlich.

un·tie [ˌʌn'taɪ] *v/t* aufknoten, *Knoten* lösen, *j-n etc* losbinden (***from*** von).

un·til [ən'tɪl] **I** *prp* **1.** bis. **2.** ***not ~*** erst: ***not ~ Monday*** erst (am) Montag; nicht vor Montag. **II** *cj* **3.** bis. **4.** ***not ~*** erst wenn, nicht bevor.

un·time·ly [ʌn'taɪmlɪ] *adj* **1.** vorzeitig, verfrüht. **2.** unpassend, ungelegen.

un·tir·ing [ʌn'taɪərɪŋ] *adj* □ unermüdlich.

un·told [ˌʌn'təʊld] *adj* unermeßlich (*Reichtum, Schaden etc*).

un·touched [ˌʌn'tʌtʃt] *adj* **1.** unberührt, unangetastet. **2.** unversehrt, heil.

un·trans·lat·a·ble [ˌʌntræns'leɪtəbl] *adj* unübersetzbar.

un·true [ˌʌn'truː] *adj* **1.** unwahr. **2.** untreu (***to*** *dat*).

un·truth [ˌʌn'truːθ] *s* Unwahrheit *f*.

un·used¹ [ˌʌn'juːzd] *adj* unbenutzt, ungebraucht.

un·used² [ˌʌn'juːst] *adj*: ***be ~ to s.th.*** an et. nicht gewöhnt sein, et. nicht gewohnt sein; ***be ~ to doing s.th.*** es nicht gewohnt sein, et. zu tun.

un·u·su·al [ʌn'juːʒl] *adj* □ ungewöhnlich.

un·ut·ter·a·ble [ʌn'ʌtərəbl] *adj* □ unbeschreiblich, unsäglich.

un·var·nished [ʌn'vɑːnɪʃt] *adj* ungeschminkt (*Wahrheit*).

un·var·y·ing [ʌn'veərɪɪŋ] *adj* □ unveränderlich, gleichbleibend.

un·veil [ˌʌn'veɪl] *v/t Denkmal etc* enthüllen.

un·versed [ˌʌn'vɜːst] *adj* unbewandert (***in*** in *dat*).

un·voiced [ˌʌn'vɔɪst] *adj* **1.** unausgesprochen. **2.** *ling*. stimmlos.

un·want·ed [ˌʌn'wɒntɪd] *adj* unerwünscht, (*Schwangerschaft a.*) ungewollt.

un·war·rant·ed [ʌn'wɒrəntɪd] *adj* ungerechtfertigt.

un·washed [ˌʌn'wɒʃt] *adj* ungewaschen.

un·wa·ver·ing [ʌn'weɪvərɪŋ] *adj* □ unerschütterlich.

un·wel·come [ʌn'welkəm] *adj* unwillkommen.

un·well [ˌʌn'wel] *adj*: ***be*** (*od.* ***feel***) ***~*** sich unwohl *od.* nicht wohl fühlen.

un·whole·some [ˌʌn'həʊlsəm] *adj* □ ungesund.

un·wield·y [ʌn'wiːldɪ] *adj* unhandlich, sperrig.

un·will·ing [ˌʌn'wɪlɪŋ] *adj* □ widerwillig: ***be ~ to do s.th.*** nicht bereit *od.* gewillt sein, et. zu tun; et. nicht tun wollen.

un·wind [ˌʌn'waɪnd] (*irr* ***wind***) **I** *v/t* **1.** abwickeln. **II** *v/i* **2.** sich abwickeln. **3.** F abschalten, sich entspannen.

un·wise [ˌʌn'waɪz] *adj* □ unklug.

un·wished-for [ʌn'wɪʃtfɔː] *adj* unerwünscht.

un·wit·ting [ʌn'wɪtɪŋ] *adj* □ **1.** unwissentlich. **2.** unbeabsichtigt.

un·wom·an·ly [ʌn'wʊmənlɪ] *adj* unfraulich, unweiblich.

un·wont·ed [ʌn'wəʊntɪd] *adj* □ ungewohnt.

un·wor·thy [ʌn'wɜːðɪ] *adj*: ***be ~ of s.th.*** e-r Sache nicht würdig sein, et. nicht verdienen.

un·wrap [ˌʌn'ræp] *v/t* auswickeln, -packen.

un·writ·ten [ˌʌn'rɪtn] *adj* ungeschrieben: ***~ law*** ungeschriebenes Recht; *fig*. ungeschriebenes Gesetz.

un·yield·ing [ʌn'jiːldɪŋ] *adj* □ unnachgiebig.

un·zip [ˌʌn'zɪp] *v/t* den Reißverschluß (*gen*) aufmachen.

up [ʌp] **I** *adv* **1.** oben; *1000 Meter etc* hoch, in e-r Höhe von: ***~ there*** dort oben; ***jump ~ and down*** hüpfen; ***walk ~ and down*** auf u. ab *od.* hin u. her gehen; → ***look up, take up,*** *etc*. **2.** ***~ to*** bis zu: ***~ to a moment ago*** bis vor e-m Augenblick; ***be ~ to s.th.*** F et. vorhaben, et. im Schilde führen; ***not to be ~ to s.th.*** e-r Sache nicht gewachsen sein; ***it's ~ to you*** das liegt bei Ihnen; → ***ear¹*** 1, ***eye*** 1, ***feel*** 6, ***scratch*** 6, *etc*. **II** *prp* **3.** oben auf (*dat*); her-, hinauf: ***~ the river*** flußaufwärts; ***~ yours!*** *Br*. V leck mich (doch) am Arsch!; → ***climb*** 3, *etc*. **III** *adj* **4.** nach oben (gerichtet), Aufwärts... **5.** ***the ~ train*** der Zug nach London. **6.** ***what's ~?*** F was ist los? **7.** ***be well ~ in*** (*od.* ***on***) F viel verstehen von. **8.** ***~ for*** → ***sale*** 1. **IV** *s* **9.** ***the ~s and downs*** *pl* die Höhen u. Tiefen *pl* (*des Lebens*). **V** *v/t* **10.** F *Angebot, Preis etc* erhöhen. **VI** *v/i* **11.** ***he ~ped and left her*** F er hat sie von heute auf morgen sitzenlassen. ˌ~-**and-'com·ing** *adj* vielversprechend. '~ˌ**bring·ing** *s* Erziehung *f*. '~ˌ**com·ing** *adj* bevorstehend. ~'**date** *v/t* auf den neuesten Stand bringen; aktualisieren. ~'**end** *v/t* hochkant stellen. ~'**grade** *v/t j-n* befördern. ~·**heav·al** [~'hi:vl] *s fig*. Umwälzung *f*. ˌ~'**hill I** *adv* **1.** aufwärts, bergan. **II** *adj* **2.** bergauf führend. **3.** *fig*. mühselig, hart. ~'**hold** *v/t* (*irr* ***hold***) **1.** *Rechte etc* schützen, wahren. **2.** ⚖ *Urteil* bestätigen. ~·**hol·ster** [~'həʊlstə] *v/t* polstern: ~***ed*** Polster... '~·**keep** *s* Unterhalt *m*; Unterhaltungskosten *pl*. ~·**lift I** *v/t* [~'lɪft] *j-n* aufrichten, *j-m* Auftrieb geben. **II** *s* ['~lɪft] Auftrieb *m*.

up·on [ə'pɒn] *prp* → ***on*** I.

up·per ['ʌpə] **I** *adj* ober: ~ ***arm*** Oberarm *m*; ~ ***class***(***es*** *pl*) *sociol*. Oberschicht *f*; ~ ***deck*** ⚓ Oberdeck *n* (*a. e-s Busses*); ***gain*** (*od*. ***get***) ***the*** ~ ***hand*** die Oberhand gewinnen (***of*** über *acc*); → ***jaw*** 1, ***lip*** 1. **II** *s* Obermaterial *n* (*e-s Schuhs*). '~·**cut** *s Boxen*: Aufwärtshaken *m*.

up·per·most ['ʌpəməʊst] **I** *adj* oberst: ***be*** ~ oben sein; *fig*. an erster Stelle stehen; ***be*** ~ ***in s.o.'s mind*** *fig*. für j-n an erster Stelle stehen. **II** *adv* nach oben.

up·pish ['ʌpɪʃ] *adj* □ F, **up·pi·ty** ['ʌpətɪ] *adj* F hochnäsig.

up·right ['ʌpraɪt] **I** *adj* □ **1.** [*a*. ˌʌp'raɪt] aufrecht, gerade; senkrecht. **2.** *fig*. aufrecht, rechtschaffen. **II** *adv* [*a*. ˌʌp'raɪt] **3.** → 1: ***sit*** ~ geradesitzen. **III** *s* **4.** Pfosten *m*.

up·ris·ing ['ʌpˌraɪzɪŋ] *s* Aufstand *m*.

up·roar ['ʌprɔ:] *s* Aufruhr *m*, Tumult *m*: ***be in an*** ~ in Aufruhr sein.

up·root [ʌp'ru:t] *v/t* **1.** *Pflanze* (mit den Wurzeln) ausreißen, *a. Baum etc*, *fig*. *Menschen* entwurzeln. **2.** *fig*. *j-n* herausreißen (***from*** aus).

up·set I *v/t* [ʌp'set] (*irr* ***set***) **1.** umkippen, umstoßen, umwerfen: → ***applecart***. **2.** *fig*. *Pläne etc* durcheinanderbringen, *Gleichgewicht* stören. **3.** *fig*. *j-n* aus der Fassung bringen; aufregen; kränken, verletzen. **4.** ***the fish has*** ~ ***me*** (*od*. ***my stomach***) ich habe mir durch den Fisch den Magen verdorben. **II** *s* ['ʌpset] **5.** (*Magen*)Verstimmung *f*. **6.** *bsd. Sport*: Überraschung *f*.

up·shot ['ʌpʃɒt] *s* Ergebnis *n*: ***what was the*** ~ ***of ...?*** was ist bei ... herausgekommen?

up·side ['ʌpsaɪd] *adv*: ~ ***down*** verkehrt herum; ***turn*** ~ ***down*** umdrehen, *a. fig*. auf den Kopf stellen.

up·stairs [ˌʌp'steəz] **I** *adv* **1.** die Treppe her- *od*. hinauf, nach oben. **2.** oben, in e-m oberen Stockwerk. **3.** e-e Treppe höher. **II** *adj* **4.** im oberen Stockwerk (gelegen), ober.

up·start ['ʌpstɑ:t] *s* Emporkömmling *m*.

up·stream [ˌʌp'stri:m] *adv* flußauf(-wärts).

up·surge ['ʌpsɜ:dʒ] *s* **1.** Anschwellen *n* (***in*** *gen*). **2.** Aufwallung *f*.

up·take ['ʌpteɪk] *s*: ***be quick*** (***slow***) ***on the*** ~ F schnell begreifen (schwer von Begriff sein).

up·tight ['ʌptaɪt] *adj* F **1.** nervös, reizbar. **2.** verklemmt.

up-to-date [ˌʌptə'deɪt] *adj* **1.** modern. **2.** aktuell, neu.

up-to-the-min·ute [ˌʌptəðə'mɪnɪt] *adj* **1.** hochmodern. **2.** allerneu(e)st.

up·town [ˌʌp'taʊn] *Am*. **I** *adv* in den Wohnvierteln, in die Wohnviertel. **II** *adj* in den Wohnvierteln (gelegen *od*. lebend): ***in*** ~ ***Los Angeles*** in den Außenbezirken von Los Angeles. **III** *s* Wohnviertel *pl*, Außenbezirke *pl*.

up·turn ['ʌptɜ:n] *s* Aufschwung *m* (***in*** *gen*). ˌ**up'turned** *adj* **1.** nach oben gerichtet *od*. gebogen: ~ ***nose*** Stupsnase *f*. **2.** umgedreht.

up·ward ['ʌpwəd] **I** *adv* **1.** nach oben: ***face*** ~ mit dem Gesicht nach oben. **2.** ***from £2*** ~ ab 2 Pfund; ~ ***of £2*** F mehr als *od*. über 2 Pfund. **3.** *fig*. aufwärts, bergan: ***he went*** ~ ***in life*** es ging aufwärts mit ihm. **II** *adj* **4.** Aufwärts... **up·wards** ['~z] → ***upward*** I.

u·ra·ni·um [jʊ'reɪnɪəm] *s* ⚗ Uran *n*.

ur·ban ['ɜ:bən] *adj* städtisch, Stadt...

ur·bane [ɜ:'beɪn] *adj* □ weltmännisch, -gewandt.

ur·chin ['ɜ:tʃɪn] *s* Gassenjunge *m*.

u·re·thra [ˌjʊə'ri:θrə] *pl* **-thrae** [~θri:], **-thras** *s anat*. Harnröhre *f*.

urge [ɜ:dʒ] **I** *v/t* **1.** *a*. ~ ***on*** antreiben, *fig*. *a*. anspornen (***to*** zu). **2.** *j-n* drängen (***to do*** zu tun). **3.** drängen auf (*acc*). **II** *s* **4.** Drang *m*, Verlangen *n*. **ur·gen·cy** ['ɜ:dʒənsɪ] *s* Dringlichkeit *f*. '**ur·gent** *adj* □ dringend: ***be*** ~ *a*. eilen; ***be in*** ~

need of s.th. et. dringend brauchen.

u·ric ['jʊərɪk] *adj* Urin...: ~ ***acid*** Harnsäure *f.*

u·ri·nal ['jʊərɪnl] *s* **1.** Urinal *n.* **2.** Pissoir *n.* '**u·ri·nar·y** *adj* Urin...: ~ ***bladder*** Harnblase *f.* **u·ri·nate** ['~neɪt] *v/i* urinieren. **u·rine** ['~rɪn] *s* Urin *m*: ~ ***sample*** Urinprobe *f.*

urn [ɜːn] *s* **1.** Urne *f.* **2.** Großkaffee-, Großteemaschine *f.*

u·rol·o·gist [ˌjʊə'rɒlədʒɪst] *s* ⚕ Urologe *m*, Urologin *f.*

us [ʌs] **I** *personal pron* **1.** uns (*acc od. dat von* ***we***): ***both of*** ~ wir beide; → ***all*** 4. **2.** F wir (*nom*): ***they are older than*** ~; ***it's*** ~ wir sind's. **II** *reflex pron* **3.** uns: ***we looked around*** ~ wir sahen uns um.

us·a·ble ['juːzəbl] *adj* brauch-, verwendbar.

us·age ['juːzɪdʒ] *s* **1.** Brauch *m*, Gepflogenheit *f.* **2.** (Sprach)Gebrauch *m.* **3.** Behandlung *f.*

use I *v/t* [juːz] **1.** benutzen, gebrauchen, verwenden, *Taktik etc a.* anwenden: ***I could*** ~ ***a drink*** F ich könnte et. zu trinken vertragen. **2.** *Benzin etc* (ver-) brauchen: ~ ***up*** auf-, verbrauchen. **3.** *j-n* benutzen (***for*** für). **II** *v/i* [juːs] **4.** ***I*** ~***d to live here*** ich habe früher hier gewohnt; ***he*** ~***d to be a chain smoker*** er war früher einmal Kettenraucher. **III** *s* [juːs] **5.** Benutzung *f*, Gebrauch *m*, Verwendung *f*: ***come into*** ~ in Gebrauch kommen; ***go out of*** ~ außer Gebrauch kommen; ***make*** ~ ***of*** Gebrauch machen von, benutzen. **6.** Verwendung(szweck *m*) *f*: ***with many*** ~***s*** vielseitig verwendbar. **7.** Nutzen *m*: ***be of*** ~ nützlich *od.* von Nutzen sein (***to*** für); ***it's no*** ~ ***complaining*** es ist nutz- *od.* zwecklos zu reklamieren, es hat keinen Zweck zu reklamieren; → ***milk*** I.

used[1] [juːzd] *adj* gebraucht: ~ ***car*** Gebrauchtwagen *m.*

used[2] [juːst] *adj*: ***be*** ~ ***to s.th.*** an et. gewöhnt sein, et. gewohnt sein; ***be*** ~ ***to doing s.th.*** es gewohnt sein, et. zu tun.

use·ful ['juːsfʊl] *adj* □ nützlich: ***make o.s.*** ~ sich nützlich machen. '**use·ful·ness** *s* Nützlichkeit *f.*

use·less ['juːslɪs] *adj* □ nutzlos: ***it is*** ~ *a.* es ist zwecklos (***to do*** zu tun); ***he's*** ~ F er ist zu nichts zu gebrauchen. '**use·less·ness** *s* Nutzlosigkeit *f.*

us·er ['juːzə] *s* **1.** Benutzer(in). **2.** Verbraucher(in). ˌ~-'**friend·ly** *adj* benutzer- *od.* verbraucherfreundlich.

ush·er ['ʌʃə] **I** *s* **1.** Platzanweiser *m.* **2.** ⚖ Gerichtsdiener *m.* **II** *v/t* **3.** *j-n* führen, geleiten (***into*** in *acc*; ***to*** zu *s-m Platz etc*). **ush·er·ette** [ˌ~'ret] *s* Platzanweiserin *f.*

u·su·al ['juːʒl] **I** *adj* üblich: ***as*** ~ wie gewöhnlich *od.* üblich; ***it's not*** ~ ***for him to be so late*** er kommt normalerweise nicht so spät; ***is it*** ~ ***for him to be so late?*** kommt er immer so spät? **II** *s das* Übliche: ***the*** ~ F (*in Pub etc*) wie immer. **u·su·al·ly** ['~ʒəlɪ] *adv* (für) gewöhnlich, normalerweise.

u·sur·er ['juːʒərə] *s* Wucherer *m.*

u·su·ri·ous [juː'zjʊərɪəs] *adj* □ wucherisch, Wucher...

u·surp [juː'zɜːp] *v/t Macht etc* an sich reißen, sich *des Throns* bemächtigen.

u·su·ry ['juːʒʊrɪ] *s* Wucher *m.*

u·ten·sil [juː'tensl] *s* Gerät *n*: ~***s*** *pl a.* Utensilien *pl.*

u·ter·us ['juːtərəs] *pl* **-i** ['~aɪ], **-us·es** *s anat.* Gebärmutter *f.*

u·til·i·tar·i·an [ˌjuːtɪlɪ'teərɪən] *adj* zweckmäßig, praktisch.

u·til·i·ty [juː'tɪlətɪ] *s* **1.** Nutzen *m*, Nützlichkeit *f.* **2.** → ***public*** 3a.

u·ti·lize ['juːtəlaɪz] *v/t* nutzen.

ut·most ['ʌtməʊst] **I** *adj* äußerst, höchst, größt. **II** *s das* Äußerste: ***do one's*** ~ sein möglichstes tun.

U·to·pi·an [juː'təʊpjən] *adj* utopisch (*Gesellschaft*).

ut·ter ['ʌtə] **I** *adj* □ total, völlig. **II** *v/t et.* äußern, *Seufzer etc* ausstoßen, *Wort* sagen. '**ut·ter·ance** *s* **1.** ***give*** ~ ***to*** *s-r Meinung etc* Ausdruck geben. **2.** Äußerung *f.*

U-turn ['juːtɜːn] *s* **1.** *mot.* Wende *f*: ***do a*** ~ wenden. **2.** *fig.* Kehrtwendung *f*: ***do a*** ~ e-e Kehrtwendung machen (***on*** in *dat*).

u·vu·la ['juːvjʊlə] *s anat.* (Gaumen-) Zäpfchen *n.*

V

vac [væk] *s univ. Br.* F Semesterferien *pl.*
va·can·cy ['veɪkənsɪ] *s* **1.** freie *od.* offene Stelle: ***"vacancies"*** „wir stellen ein". **2.** ***"vacancies"*** „Zimmer frei"; ***"no vacancies"*** „belegt". **'va·cant** *adj* □ **1.** leerstehend, unbewohnt: ***"~"*** „frei" (*Toilette*). **2.** frei, offen (*Stelle*): → ***situation*** 3. **3.** *fig.* leer (*Blick, Gesichtsausdruck*).
va·cate [və'keɪt] *v/t Hotelzimmer etc* räumen. **va'ca·tion I** *s* **1.** *bsd. Am.* Ferien *pl*, Urlaub *m*: ***be on ~*** im Urlaub sein, Urlaub machen. **2.** *bsd. Br. univ.* Semesterferien *pl*; ⚖ Gerichtsferien *pl.* **II** *v/i* **3.** *bsd. Am.* Urlaub machen, die Ferien verbringen. **va'ca·tion·er, va'ca·tion·ist** *s bsd. Am.* Urlauber(in).
vac·ci·nate ['væksɪneɪt] *v/t* impfen (***against*** gegen). **ˌvac·ci'na·tion** *s* Impfung *f.* **vac·cine** ['~siːn] *s* Impfstoff *m.*
vac·il·late ['væsəleɪt] *v/i fig.* schwanken (***between*** zwischen *dat*).
vac·u·um ['vækjʊəm] **I** *pl* **-u·ums, -u·a** ['~jʊə] *s phys.* Vakuum *n.* **II** *v/t Teppich, Zimmer etc* saugen. **~ clean·er** *s* Staubsauger *m.* **~ bot·tle** *s Am.*, **~ flask** *s Br.* Thermosflasche *f.* **'~-packed** *adj* vakuumverpackt.
vag·a·bond ['vægəbɒnd] *s* Vagabund *m*, Landstreicher(in).
va·gi·na [və'dʒaɪnə] *pl* **-nas, -nae** [~niː] *s anat.* Scheide *f.*
va·grant ['veɪgrənt] *s* Nichtseßhafte *m,f*, Landstreicher(in).
va·gue [veɪg] *adj* □ verschwommen, *fig. a.* vage: ***be ~*** sich nur vage äußern (***about*** über *acc*, zu); sich unklar ausdrücken; ***I haven't got the ~st idea*** ich habe nicht die leiseste Ahnung.
vain [veɪn] *adj* □ **1.** eingebildet, eitel. **2.** vergeblich: ***in ~*** *a.* vergebens. **3.** ***take s.o.'s name in ~*** über j-n lästern.
va·lence ['veɪləns] *s bsd. Am.*, **'va·len·cy** *s bsd. Br.* ⚗ Valenz *f* (*a. ling.*), Wertigkeit *f.*
val·en·tine ['væləntaɪn] *s* **1.** Valentinskarte *f.* **2.** *Person, der man am Valentinstag e-n Gruß schickt.*
va·le·ri·an [və'lɪərɪən] *s* ⚘, *pharm.* Baldrian *m.*
val·et ['vælɪt] *s* (Kammer)Diener *m.* **~ ser·vice** *s* Reinigungsdienst *m* (*im Hotel*).
val·id ['vælɪd] *adj* □ **1.** a) gültig (***for two weeks*** zwei Wochen): ***be ~*** *a.* gelten, b) ⚖ rechtsgültig, -kräftig. **2.** stichhaltig, triftig. **va·lid·i·ty** [və'lɪdətɪ] *s* **1.** Gültigkeit *f*; ⚖ Rechtsgültigkeit *f*, -kraft *f.* **2.** Stichhaltigkeit *f*, Triftigkeit *f.*
va·lise [və'liːz] *s* Reisetasche *f.*
val·ley ['vælɪ] *s* Tal *n.*
val·u·a·ble ['væljʊəbl] **I** *adj* □ wertvoll. **II** *s pl* Wertgegenstände *pl*, -sachen *pl.*
val·u·a·tion [ˌvæljʊ'eɪʃn] *s* **1.** Schätzung *f*: ***make a ~ of*** *et.* schätzen. **2.** Schätzwert *m* (***of, on*** *gen*).
val·ue ['væljuː] **I** *s* **1.** *allg.* Wert *m*: ***be of ~*** wertvoll sein (***to*** für); ***be good ~, be ~ for money*** preisgünstig *od.* -wert sein; ***put*** (*od.* ***place***) ***a high ~ on*** großen Wert legen auf (*acc*). **2.** *pl sittliche etc* Werte *pl.* **II** *v/t* **3.** *Haus etc* schätzen (***at*** auf *acc*). **4.** *j-n, j-s Rat etc* schätzen. **'~-ˌadd·ed tax** *s* ⚕ *Br.* Mehrwertsteuer *f.* **~ judg(e)·ment** *s* Werturteil *n.*
val·ue·less ['væljʊlɪs] *adj* wertlos. **'val·u·er** *s* Schätzer(in).
valve [vælv] *s* **1.** ⚙, ♪ Ventil *n.* **2.** *anat.* Klappe *f.* **3.** ⚡ *Br. bsd. hist.* Röhre *f.*
vamp [væmp] *s* Vamp *m* (*Frau*).
vam·pire ['væmpaɪə] *s* Vampir *m.*
van [væn] *s* **1.** Lieferwagen *m*, Transporter *m.* **2.** 🚃 *Br.* (geschlossener) Güterwagen.
van·dal ['vændl] *s* Vandale *m*, Wandale *m.* **van·dal·ism** ['~dəlɪzəm] *s* Vandalismus *m*, Wandalismus *m.* **van·dal·ize** ['~dəlaɪz] *v/t* mutwillig beschädigen *od.* zerstören.
vane [veɪn] *s* **1.** (*Propeller- etc*)Flügel *m.* **2.** (*Wetter*)Fahne *f.*
van·guard ['vængɑːd] *s* ⚔ Vorhut *f*: ***be in the ~ of*** *fig.* an der Spitze (*gen*) stehen.
va·nil·la [və'nɪlə] *s* ⚘ Vanille *f.*
van·ish ['vænɪʃ] *v/i* verschwinden; (*Angst, Hoffnung etc*) schwinden: → ***thin*** 1.
van·i·ty ['vænətɪ] *s* Eitelkeit *f.*
van·tage point ['vɑːntɪdʒ] *s* Aussichts-

punkt *m*: ***from my** ~ fig.* aus m-r Sicht.
va·por *Am.* → ***vapour.***
va·por·ize ['veɪpəraɪz] *v/i* verdampfen, -dunsten.
va·por·ous ['veɪpərəs] *adj* □ dunstig, Dunst...
va·pour ['veɪpə] *s bsd. Br.* Dampf *m*, Dunst *m*. ~ **trail** *s* ✈ Kondensstreifen *m*.
var·i·a·ble ['veərɪəbl] **I** *adj* □ **1.** variabel, veränderlich (*beide a.* ⚗, *phys. etc*). **2.** schwankend, unbeständig, wechselhaft. **3.** einstell-, regulierbar. **II** *s* **4.** ⚗, *phys.* Variable *f*, veränderliche Größe (*beide a. fig.*). **'var·i·ance** *s*: ***be at ~ with*** im Gegensatz *od.* Widerspruch stehen zu. **'var·i·ant I** *adj* abweichend, verschieden. **II** *s* Variante *f*. **ˌvar·i·'a·tion** *s* **1.** Abweichung *f*; Schwankung *f*. **2.** ♪ Variation *f* (***on*** über *acc*).
var·i·cose ['værɪkəʊs] *adj*: ~ ***vein*** ⚕ Krampfader *f*.
var·ied ['veərɪd] *adj* □ **1.** unterschiedlich. **2.** abwechslungsreich, bewegt.
va·ri·e·ty [və'raɪətɪ] *s* **1.** Abwechslung *f*. **2.** Vielfalt *f*; ✝ Auswahl *f*, Sortiment *n* (***of*** an *dat*): ***for a ~ of reasons*** aus den verschiedensten Gründen. **3.** ⚘, *zo.* Art *f*. **4.** Varieté *n*.
var·i·ous ['veərɪəs] *adj* **1.** verschieden. **2.** mehrere, verschiedene.
var·nish ['vɑːnɪʃ] **I** *s* Lack *m*. **II** *v/t* lakkieren.
var·y ['veərɪ] **I** *v/i* variieren, (*Meinungen*) auseinandergehen (***on*** über *acc*): ~ ***in size*** verschieden groß sein. **II** *v/t* (ver)ändern; variieren.
vas·cu·lar ['væskjʊlə] *adj anat.*, ⚘ Gefäß...
vase [vɑːz] *s* Vase *f*.
vast [vɑːst] *adj* gewaltig, riesig, (*Fläche a.*) ausgedehnt, weit. **'vast·ly** *adv* gewaltig, weitaus.
vat [væt] *s* (großes) Faß.
vaude·ville ['vɔːdəvɪl] *s Am.* Varieté *n*.
vault[1] [vɔːlt] *s* **1.** ⚠ Gewölbe *n*. **2.** *a. pl* (Keller)Gewölbe *n*; Stahlkammer *f*, Tresorraum *m*; Gruft *f*.
vault[2] [~] **I** *v/i*: ~ ***over*** springen über (*acc*). **II** *v/t* → I. **III** *s* Sprung *m*.
vault·ed ['vɔːltɪd] *adj* **1.** ⚠ gewölbt. **2.** überwölbt.
vault·ing ['vɔːltɪŋ] *adj*: ~ ***horse*** (*Turnen*) Sprungpferd *n*.
veal [viːl] *s* Kalbfleisch *n*. ~ **cut·let** *s* Kalbsschnitzel *n*.
veer [vɪə] *v/i*: ~ ***to the left*** *mot.* den Wagen nach links reißen.
veg [vedʒ] *pl* **veg** *s gastr. bsd. Br.* F Gemüse *n*: ***and two ~*** u. zweierlei Gemüse.
ve·gan ['viːgən] *s* Veganer(in).
veg·e·ta·ble ['vedʒtəbl] **I** *s* **1.** *mst pl* Gemüse *n*: ***and two ~s*** u. zweierlei Gemüse; ***be just a ~*** nur noch dahinvegetieren. **II** *adj* **2.** Gemüse... **3.** Pflanzen... **veg·e·tar·i·an** [ˌvedʒɪ'teərɪən] **I** *s* Vegetarier(in): ***he's a ~*** er ist Vegetarier, er lebt vegetarisch. **II** *adj* vegetarisch.
veg·e·tate ['vedʒɪteɪt] *v/i* dahinvegetieren. **ˌveg·e'ta·tion** *s* Vegetation *f*.
ve·he·mence ['viːəməns] *s* Vehemenz *f*, Heftigkeit *f*. **'ve·he·ment** *adj* □ vehement, heftig.
ve·hi·cle ['vɪəkl] *s* **1.** Fahrzeug *n*. **2.** *fig.* Medium *n*. **ve·hic·u·lar** [vɪ'hɪkjʊlə] *adj* Fahrzeug...
veil [veɪl] **I** *s* Schleier *m*: ~ ***of mist*** Nebelschleier; ***draw a ~ over*** *fig.* den Schleier des Vergessens breiten über (*acc*). **II** *v/t* verschleiern (*a. fig.*).
vein [veɪn] *s anat.* Vene *f*, *weitS.* Ader *f* (*a.* ⚘, *geol.*).
ve·loc·i·ty [vɪ'lɒsətɪ] *s phys.*, ⚙ Geschwindigkeit *f*.
ve·lour(s) [və'lʊə] *s* Velours *m*.
vel·vet ['velvɪt] *s* Samt *m*: (**as**) ***smooth as ~*** samtweich. **'vel·vet·y** *adj* samtig (*a. fig. Wein*).
vend·er → ***vendor.***
ven·det·ta [ven'detə] *s* **1.** Blutrache *f*. **2.** Fehde *f*.
vend·ing ['vendɪŋ] *adj*: ~ ***machine*** (Verkaufs-, Waren)Automat *m*. **'vend·or** *s* (*Straßen*)Händler(in), (*Zeitungs- etc-*) Verkäufer(in).
ve·neer [və'nɪə] **I** *s* **1.** Furnier *n*. **2.** *fig.* Fassade *f*. **II** *v/t* **3.** furnieren (***in, with*** mit).
ven·er·a·ble ['venərəbl] *adj* □ ehrwürdig. **ven·er·ate** ['~reɪt] *v/t* verehren. **ˌven·er'a·tion** *s* Verehrung *f*.
ve·ne·re·al [və'nɪərɪəl] *adj*: ~ ***disease*** Geschlechtskrankheit *f*.
Ve·ne·tian [və'niːʃn] *adj*: ~ ***blind*** Jalousie *f*.
venge·ance ['vendʒəns] *s* Rache *f*: ***take***

~ on sich rächen an (*dat*); *with a ~* F gewaltig, u. wie.

ve·ni·al ['vi:njəl] *adj* entschuldbar, verzeihlich, *eccl.* läßlich (*Sünde*).

ven·i·son ['venizn] *s* Wildbret *n*.

ven·om ['venəm] *s* **1.** *zo.* Gift *n*. **2.** *fig.* Gift *n*, Gehässigkeit *f*. **'ven·om·ous** *adj* □ **1.** giftig: *~ snake* Giftschlange *f*. **2.** *fig.* giftig, gehässig.

ve·nous ['vi:nəs] *adj anat.* venös.

vent [vent] **I** *v/t* **1.** *s-e Wut etc* abreagieren (*on* an *dat*). **II** *s* **2.** (Abzugs)Öffnung *f*. **3.** Schlitz *m* (*in Kleid etc*). **4.** *give ~ to s-m Ärger etc* Luft machen.

ven·ti·late ['ventileit] *v/t* (be)lüften. **ˌven·ti'la·tion** *s* Ventilation *f*, (Be)Lüftung *f*. **'ven·ti·la·tor** *s* Ventilator *m*, Lüfter *m*.

ven·tral ['ventrəl] *adj* Bauch...: *~ fin* Bauchflosse *f*.

ven·tri·cle ['ventrikl] *s anat.* Herzkammer *f*.

ven·tril·o·quist [ven'triləkwist] *s* Bauchredner(in).

ven·ture ['ventʃə] **I** *s* **1.** *bsd.* ⚕ Unternehmen *n*: → *joint* 5. **II** *v/t* **2.** *Ruf etc* riskieren, aufs Spiel setzen (*on* bei). **3.** (zu äußern) wagen: *~ to do s.th.* es wagen, et. zu tun. **III** *v/i* **4.** sich *wohin* wagen. **5.** *~ on* sich wagen an (*acc*).

ven·ue ['venju:] *s* Schauplatz *m*, (*Sport*) Austragungsort *m*.

Ve·nus ['vi:nəs] *s ast.* die Venus.

ve·ran·da(h) [və'rændə] *s* Veranda *f*.

verb [vɜ:b] *s ling.* Verb *n*, Zeitwort *n*. **ver·bal** ['~l] *adj* □ **1.** mündlich. **2.** Wort...: *he's got ~ diarrh(o)ea* F der bringt den Mund nicht zu. **3.** *~ noun ling.* Verbalsubstantiv *n*. **ver·bal·ize** ['~bəlaiz] *v/t* ausdrücken, in Worte fassen. **ver·ba·tim** [~'beitim] *adj* (wort-) wörtlich, *adv a.* Wort für Wort. **ver·bi·age** ['~biidʒ] *s* (leeres) Wortgeklingel. **ver·bose** [~'bəʊs] *adj* □ wortreich, langatmig.

ver·dict ['vɜ:dikt] *s* **1.** ⚖ Spruch *m* (*der Geschworenen*): *~ of (not) guilty* Schuldspruch (Freispruch) *m*; *bring in* (*od. return*) *a ~ of (not) guilty* auf (nicht) schuldig erkennen. **2.** Meinung *f*, Urteil *n* (*on* über *acc*).

ver·di·gris ['vɜ:digris] *s* Grünspan *m*.

verge [vɜ:dʒ] **I** *s* Rand *m* (*a. fig.*): *be on the ~ of* kurz vor (*dat*) stehen; *be on the ~ of tears* den Tränen nahe sein; *she was on the ~ of falling* sie wäre beinahe gestürzt. **II** *v/i*: *~ on fig.* grenzen an (*acc*).

ver·ger ['vɜ:dʒə] *s* Kirchendiener *m*, Küster *m*.

ver·i·fi·a·ble ['verifaiəbl] *adj* nachweisbar. **ver·i·fy** ['~fai] *v/t* **1.** bestätigen. **2.** (über)prüfen. **3.** nachweisen.

ver·i·ta·ble ['veritəbl] *adj* wahr (*Triumph etc*).

ver·mil·ion [və'miljən] *adj* zinnoberrot.

ver·min ['vɜ:min] *s* (*pl konstruiert*) **1.** Schädlinge *pl*; Ungeziefer *n*. **2.** *fig.* Gesindel *n*, Pack *n*. **'ver·min·ous** *adj* voller Ungeziefer.

ver·mouth ['vɜ:məθ] *s* Wermut *m*.

ver·nac·u·lar [və'nækjʊlə] *s* Dialekt *m*, Mundart *f*.

ver·nis·sage [ˌvɜ:ni'sɑ:ʒ] *s* Vernissage *f*.

ver·sa·tile ['vɜ:sətail] *adj* □ **1.** vielseitig. **2.** vielseitig verwendbar.

verse [vɜ:s] *s* **1.** Poesie *f*, Versdichtung *f*. **2.** Vers *m*. **3.** Strophe *f*.

versed [vɜ:st] *adj*: *be (well) ~ in* beschlagen *od.* bewandert sein in (*dat*).

ver·sion ['vɜ:ʃn] *s* Version *f*: a) Darstellung *f* (*e-s Ereignisses*), b) Fassung *f* (*e-s Textes*), c) Übersetzung *f*, d) Ausführung *f* (*e-s Geräts etc*).

ver·sus ['vɜ:səs] *prp* ⚖, *Sport*: gegen.

ver·te·bra ['vɜ:tibrə] *pl* **-brae** ['~bri:], **-bras** *s anat.* Wirbel *m*. **'ver·te·bral** *adj*: *~ column anat.* Rückgrat *n*, Wirbelsäule *f*. **ver·te·brate** ['~breit] *s zo.* Wirbeltier *n*.

ver·tex ['vɜ:teks] *pl* **-ti·ces** ['~tisi:z], **-tex·es** *s* Scheitel(punkt) *m*.

ver·ti·cal ['vɜ:tikl] **I** *adj* □ senkrecht, vertikal: *~ takeoff aircraft* Senkrechtstarter *m*. **II** *s* ⩘ Senkrechte *f*, Vertikale *f*.

ver·ti·go ['vɜ:tigəʊ] *s* ⚕ Schwindel *m*: *suffer from ~* an *od.* unter Schwindel leiden.

verve [vɜ:v] *s* Elan *m*, Schwung *m*.

ver·y ['veri] **I** *adv* **1.** sehr: *~ much older* sehr viel älter; *I ~ much hope that* ich hoffe sehr, daß; *~ high frequency* ⚡ Ultrakurzwelle *f*; → *well*[1] 1. **2.** aller...: *the ~ last drop* der allerletzte Tropfen; *for the ~ last time* zum allerletzten Mal; *at the ~ least* zum allermindesten, allermindest. **II** *adj* **3.** *the ~* genau der *od.* die *od.* das: ***the ~ opposite*** genau das Gegenteil; ***be the ~ thing*** genau das richtige sein (***for doing*** um zu tun); → ***act*** 1. **4.** ***the ~ thought of*** schon der *od.* der bloße Gedanke an (*dat*); ***the ~ idea!*** um Himmels willen!

ves·i·cle ['vesɪkl] *s* Bläschen *n.*

ves·pers ['vespəz] *s pl eccl.* Vesper *f.*

ves·sel ['vesl] *s* **1.** Schiff *n.* **2.** Gefäß *n* (*a. anat.*, ♣).

vest [vest] **I** *s* **1.** *Br.* Unterhemd *n.* **2.** *kugelsichere* Weste. **3.** *Am.* Weste *f.* **II** *v/t* **4.** ***~ s.th. in s.o.***, ***~ s.o. with s.th.*** j-m et. übertragen *od.* verleihen: ***have a ~ed interest in*** ein persönliches Interesse haben an (*dat*); ***~ed interests*** *pl* Interessengruppen *pl.* **III** *v/i* **5.** ***~ in*** zustehen (*dat*), liegen bei.

ves·ti·bule ['vestɪbju:l] *s* (Vor)Halle *f.*

ves·tige ['vestɪdʒ] *s* Spur *f*: ***there is not a ~ of truth in this story*** an dieser Geschichte ist kein Wort wahr.

ves·try ['vestrɪ] *s eccl.* Sakristei *f.*

vet[1] [vet] F **I** *s* Tierarzt *m*, -ärztin *f.* **II** *v/t bsd. Br.* überprüfen.

vet[2] [~] *s* ⚔ *Am.* F Veteran *m.*

vetch [vetʃ] *s* ♣ Wicke *f.*

vet·er·an ['vetərən] **I** *s* **1.** ⚔ Veteran *m* (*a. fig.*). **II** *adj* **2.** altgedient; erfahren. **3.** ***~ car*** *mot. Br.* Oldtimer *m* (*Baujahr bis 1905*).

vet·er·i·nar·i·an [ˌvetərə'nerɪən] *s Am.* Tierarzt *m*, -ärztin *f.*

vet·er·i·nar·y ['vetərɪnərɪ] *adj* tierärztlich: ***~ medicine*** Tier-, Veterinärmedizin *f*; ***~ surgeon*** *bsd. Br.* Tierarzt *m*, -ärztin *f.*

ve·to ['vi:təʊ] **I** *pl* **-toes** *s* **1.** Veto *n.* **II** *v/t* **2.** sein Veto einlegen gegen. **3.** untersagen.

vexed ['vekst] *adj*: ***~ question*** leidige Frage.

vi·a ['vaɪə] *prp* über (*acc*), (*bei Städtenamen a.*) via.

vi·a·ble ['vaɪəbl] *adj* □ **1.** lebensfähig (*a. fig.*). **2.** *fig.* durchführbar, realisierbar.

vi·a·duct ['vaɪədʌkt] *s* Viadukt *m*, *n.*

vi·al ['vaɪəl] *s* (*bsd.* Arznei)Fläschchen *n.*

vibes [vaɪbz] *s pl* F **1.** (*mst sg konstruiert*) ♪ Vibraphon *n.* **2.** Atmosphäre *f* (*e-s Orts etc*): ***I was getting positive ~ from her*** ich spürte, wie der Funke von ihr auf mich übersprang.

vi·brant ['vaɪbrənt] *adj* □ **1.** kräftig (*Farben, Stimme etc*). **2.** pulsierend (*Leben*). **3.** dynamisch (*Person*).

vi·bra·phone ['vaɪbrəfəʊn] *s* ♪ Vibraphon *n.*

vi·brate [vaɪ'breɪt] **I** *v/i* **1.** vibrieren, zittern. **2.** flimmern (***with heat*** vor Hitze) (*Luft*). **3.** ***the city ~s with life*** in der Stadt pulsiert das Leben. **II** *v/t* **4.** in Schwingungen versetzen. **vi'bra·tion** *s* **1.** Vibrieren *n*, Zittern *n.* **2.** *pl* F → ***vibes*** 2. **vi'bra·tor** *s* Vibrator *m.*

vic·ar ['vɪkə] *s* Pfarrer *m.* **'vic·ar·age** *s* Pfarrhaus *n.*

vice[1] [vaɪs] *s* Laster *n.*

vice[2] [~] *s* ⚙ *bsd. Br.* Schraubstock *m.*

vice...[3] [~] Vize..., stellvertretend.

vice·like ['vaɪslaɪk] *adj*: ***hold s.th. in a ~ grip*** *bsd. Br.* et. fest umklammert halten.

vice squad *s* Sittendezernat *n*, -polizei *f.*

vi·ce ver·sa [ˌvaɪsɪ'vɜ:sə] *adv*: ***and ~*** u. umgekehrt.

vi·cin·i·ty [vɪ'sɪnətɪ] *s*: ***in the ~ of*** in der Nähe von (*od. gen*); ***in this ~*** hier in der Nähe; ***in the ~ of 40*** *fig.* um die 40 herum.

vi·cious ['vɪʃəs] *adj* □ brutal. ***~ cir·cle*** *s* Circulus *m* vitiosus, Teufelskreis *m.*

vi·cis·si·tudes [vɪ'sɪsɪtju:dz] *s pl das* Auf u. Ab, (*des Lebens a.*) *die* Wechselfälle *pl.*

vic·tim ['vɪktɪm] *s* Opfer *n*: ***fall ~ to*** betroffen werden von; erkranken an (*dat*). **'vic·tim·ize** *v/t j-n* (immer wieder) zum Sündenbock machen.

vic·tor ['vɪktə] *s* Sieger(in). **vic·to·ri·ous** [~'tɔ:rɪəs] *adj* □ siegreich. **vic·to·ry** ['~tərɪ] *s* Sieg *m*: ***~ ceremony*** Siegerehrung *f.*

vi·de ['vaɪdi:] *imp* siehe!

vi·de·li·cet [vɪ'di:lɪset] *adv* nämlich.

vid·e·o ['vɪdɪəʊ] **I** *pl* **-os** *s* **1.** Video(kassette *f*) *n*: ***on ~*** auf Video. **2.** → ***video recorder.*** **II** *v/t* **3.** auf Video aufnehmen, aufzeichnen. ***~ cam·er·a*** *s* Videokamera *f.* ***~ cas·sette*** *s* Videokassette *f.* ***~ cas·sette re·cord·er*** → ***video recorder.*** ***~ nas·ty*** → ***nasty*** 5. ***~ re·cord·er*** *s* Videorecorder *m.* ***~ re·cord·ing*** *s* Videoaufnahme *f.* ***~ tape*** → ***video cassette.*** **'~-tape** → ***video*** 3.

vie [vaɪ] *v/i* wetteifern (***with*** mit; ***for*** um).

view [vju:] **I** *s* **1.** Sicht *f* (***of*** auf *acc*): ***at first ~*** auf den ersten Blick; ***in full ~ of***

direkt vor *j-s* Augen; ***in ~ of*** *fig.* angesichts (*gen*); ***with a ~ to*** *fig.* mit Blick auf (*acc*); ***with a ~ to doing s.th.*** in *od.* mit der Absicht, et. zu tun; ***be on ~*** ausgestellt *od.* zu besichtigen sein; ***be hidden from ~*** nicht zu sehen sein; ***come into ~*** in Sicht kommen; ***have in ~*** *et.* in Aussicht haben; ***keep in ~*** *et.* im Auge behalten. **2.** Aussicht *f*, Blick *m* (**of** auf *acc*): ***a room with a ~*** ein Zimmer mit schöner Aussicht; ***there is a grand ~ of the mountains from here*** von hier hat man e-n herrlichen Blick auf die Berge. **3.** *phot. etc* Ansicht *f*. **4.** Ansicht *f*, Meinung *f* (**about, on** über *acc*): ***in my ~*** m-r Ansicht nach; ***take a dim*** (*od.* **poor**) ***~ of*** *et.* negativ beurteilen. **5.** *fig.* Überblick *m* (**of** über *acc*). **II** *v/t* **6.** *Haus etc* besichtigen. **7.** *fig.* betrachten (**as** als; **with** mit). **III** *v/i* **8.** fernsehen. **'view·er 1.** (Fernseh)Zuschauer(in), Fernseher(in). **2.** (*Dia*)Betrachter *m*.

'view|ˌfind·er *s phot.* Sucher *m*. **'~·point** *s* Gesichts-, Standpunkt *m*.

vig·il ['vɪdʒɪl] *s* (Nacht)Wache *f*: ***keep ~*** wachen (***over*** bei). **'vig·i·lance** *s* Wachsamkeit *f*. **'vig·i·lant** *adj* □ wachsam.

vig·or ['vɪgə] *Am.* → ***vigour***. **'vig·or·ous** *adj* □ energisch. **'vig·our** *s bsd. Br.* Energie *f*.

vile [vaɪl] *adj* □ **1.** gemein, niederträchtig. **2.** F scheußlich.

vil·la ['vɪlə] *s* Villa *f*.

vil·lage ['vɪlɪdʒ] *s* Dorf *n*. **'vil·lag·er** *s* Dorfbewohner(in).

vil·lain ['vɪlən] *s* **1.** Bösewicht *m*, Schurke *m* (*in Film etc*). **2.** *Br.* F Ganove *m*. **3.** F Bengel *m*.

vin·di·cate ['vɪndɪkeɪt] *v/t* **1.** *et.* rechtfertigen; bestätigen. **2.** *j-n* rehabilitieren. **ˌvin·di'ca·tion** *s* **1.** Rechtfertigung *f*; Bestätigung *f*. **2.** Rehabilitation *f*.

vin·dic·tive [vɪn'dɪktɪv] *adj* □ rachsüchtig.

vine [vaɪn] *s* ⚘ **1.** (Wein)Rebe *f*. **2.** Kletterpflanze *f*.

vin·e·gar ['vɪnɪgə] *s* Essig *m*.

'vine|ˌgrow·er *s* Winzer *m*. **~·yard** ['vɪnjəd] *s* Weinberg *m*.

vi·no ['viːnəʊ] *pl* **-nos** *s* F Wein *m*.

vin·tage ['vɪntɪdʒ] **I** *s* **1.** Jahrgang *m* (*e-s Weins*). **2.** Weinernte *f*, -lese *f*. **II** *adj* **3.** Jahrgangs...: ***~ wine***. **4.** glänzend, hervorragend. **5. *~ car*** *mot. bsd. Br.* Oldtimer *m* (*Baujahr 1919-30*).

vint·ner ['vɪntnə] *s* **1.** Weinhändler *m*. **2.** *Am.* Winzer *m*.

vi·o·la [vɪ'əʊlə] *s* ♪ Bratsche *f*.

vi·o·late ['vaɪəleɪt] *v/t* **1.** *Vertrag etc* verletzen, *a. Versprechen* brechen, *Gesetz etc* übertreten. **2.** *Frieden, Ruhe etc* stören. **3.** *Grab etc* schänden. **4.** *Frau* schänden, vergewaltigen. **ˌvi·o'la·tion** *s* **1.** Verletzung *f*, Bruch *m*, Übertretung *f*. **2.** Störung *f*. **3.** Schändung *f*. **4.** Vergewaltigung *f*.

vi·o·lence ['vaɪələns] *s* **1.** Gewalt *f*. **2.** Gewalttätigkeit *f*. **3.** Heftigkeit *f*. **'vi·o·lent** *adj* □ **1.** gewalttätig. **2.** gewaltsam: ***~ crime*** Gewaltverbrechen *n*; ***die a ~ death*** e-s gewaltsamen Todes sterben. **3.** heftig (*Auseinandersetzung, Sturm etc*): ***be in a ~ temper*** geladen sein.

vi·o·let ['vaɪələt] **I** *s* ⚘ Veilchen *n*: → ***shrinking***. **II** *adj* violett.

vi·o·lin [ˌvaɪə'lɪn] *s* ♪ Geige *f*, Violine *f*: ***~ case*** Geigenkasten *m*. **ˌvi·o'lin·ist** *s* Geiger(in), Violinist(in).

vi·o·lon·cel·lo [ˌvaɪələn'tʃeləʊ] *pl* **-los** *s* ♪ Violoncello *n*.

VIP [ˌviːaɪ'piː] *s* VIP *f* (*prominente Persönlichkeit*).

vi·per ['vaɪpə] *s zo.* Viper *f*.

vi·ral ['vaɪərəl] *adj* ⚕ Virus...

vir·gin ['vɜːdʒɪn] **I** *s* Jungfrau *f*: ***she's still a ~*** sie ist noch Jungfrau. **II** *adj* jungfräulich, unberührt (*beide a. fig.*).

Vir·go ['vɜːgəʊ] *s ast.* Jungfrau *f*: ***be*** (***a***) ***~*** Jungfrau sein.

vir·ile ['vɪraɪl] *adj* **1.** männlich. **2.** potent. **vi·ril·i·ty** [vɪ'rɪlətɪ] *s* **1.** Männlichkeit *f*. **2.** Potenz *f*.

vir·tu·al ['vɜːtʃʊəl] *adj*: ***he's a ~ alcoholic*** er ist praktisch schon Alkoholiker; ***it's a ~ certainty that*** es steht praktisch *od.* so gut wie fest, daß. **'vir·tu·al·ly** *adv* praktisch, so gut wie.

vir·tue ['vɜːtʃuː] *s* **1.** Tugend(haftigkeit) *f*. **2.** Tugend *f*: ***make a ~ of necessity*** aus der Not e-e Tugend machen. **3.** Vorzug *m*, Vorteil *m*. **4. by** (*od.* **in**) ***~ of*** kraft (*gen*), aufgrund (*gen*).

vir·tu·o·so [ˌvɜːtjʊ'əʊzəʊ] *bsd.* ♪ **I** *pl* **-sos, -si** [~ziː] *s* Virtuose *m*, Virtuosin *f*. **II** *adj* virtuos.

vir·tu·ous ['vɜːtʃʊəs] *adj* □ tugendhaft.
vir·u·lent ['vɪrʊlənt] *adj* □ **1.** (akut u.) bösartig (*Krankheit*); schnellwirkend (*Gift*). **2.** *fig.* bösartig, gehässig.
vi·rus ['vaɪərəs] *s* ⚕ Virus *n, a. m.* **~ in·fec·tion** *s* ⚕ Virusinfektion *f.*
vi·sa ['viːzə] **I** *s* Visum *n*, (*im Paß eingetragenes a.*) Sichtvermerk *m.* **II** *v/t* ein Visum eintragen in (*acc*).
vis-à-vis [ˌviːzɑː'viː] *prp* in Anbetracht (*gen*).
vis·cer·a ['vɪsərə] *s pl anat.* Eingeweide *pl.*
vis·count ['vaɪkaʊnt] *s* Viscount *m* (*englischer Adelstitel*). **'vis·count·ess** *s* Viscountess *f.*
vis·cous ['vɪskəs] *adj* □ dick-, zähflüssig, ⚗ *a.* viskos.
vise, vise·like *Am.* → ***vice²*, *vicelike.***
vis·i·bil·i·ty [ˌvɪzə'bɪlətɪ] *s* Sicht(verhältnisse *pl*, -weite *f*) *f.* **'vis·i·ble** *adj* □ **1.** sichtbar. **2.** *fig.* (er)sichtlich.
vi·sion ['vɪʒn] *s* **1.** Sehkraft *f.* **2.** *fig.* Weitblick *m.* **3.** Vision *f*: ***~ of the future*** Zukunftsvision; ***have ~s of doing s.th.*** sich schon et. tun sehen. **vi·sion·ar·y** ['~rɪ] **I** *adj* **1.** weitblickend. **2.** eingebildet, unwirklich. **II** *s* **3.** Seher(in). **4.** Phantast(in), Träumer(in).
vis·it ['vɪzɪt] **I** *v/t* **1.** *j-n* besuchen, *Museum etc a.* besichtigen. **2.** *et.* inspizieren. **II** *v/i* **3.** ***be ~ing*** auf Besuch sein (*Am.*: ***in*** in *dat*; ***with*** bei). **4.** ***~ with*** *Am.* plaudern mit. **III** *s* **5.** Besuch *m*, Besichtigung *f* (***to*** *gen*): ***for*** (*od.* ***on***) ***a ~*** auf Besuch; ***have a ~ from*** Besuch haben von; ***pay a ~ to*** *j-m* e-n Besuch abstatten; *Arzt* aufsuchen; ***I've got to pay a ~*** *Br.* F ich muß mal verschwinden. **6.** *Am.* Plauderei *f* (***with*** mit). **ˌvis·i'ta·tion** *s* **1.** Inspektion *f.* **2.** *fig.* Heimsuchung *f.* **3.** F *humor.* überlanger Besuch (***from*** *gen*). **'vis·it·ing** *adj* Besuchs...: ***~ card*** Visitenkarte *f*; ***~ hours*** *pl* Besuchszeit *f.* **'vis·i·tor** *s* Besucher(in) (***to*** *gen*; ***from*** aus): ***~s*** *pl* ***to England*** Englandbesucher *pl*; ***have ~s*** Besuch haben; ***~s' book*** Gästebuch *n.*
vi·sor ['vaɪzə] *s* **1.** Visier *n* (*a.* ⚔ *hist.*). **2.** Schirm *m* (*e-r Mütze*). **3.** *mot.* (*Sonnen*)Blende *f.*
vis·ta ['vɪstə] *s* Aussicht *f*, Blick *m* (***of*** auf *acc*).
vis·u·al ['vɪʃʊəl] *adj* □ **1.** Seh... **2.** visuell: ***~ aids*** *pl ped.* Anschauungsmaterial *n*, Lehrmittel *pl.* **3.** optisch. **'vis·u·al·ize** *v/t* sich *et.* vorstellen.
vi·tal ['vaɪtl] *adj* (□ → ***vitally***) **1.** lebenswichtig (*Organ etc*). **2.** Lebens...: ***~ statistics*** *pl* Bevölkerungsstatistik *f*; F *humor.* Maße *pl* (*e-r Frau*). **3.** unbedingt notwendig (***to, for*** für): ***of ~ importance*** von größter Wichtigkeit. **4.** vital. **vi·tal·i·ty** [~'tælətɪ] *s* Vitalität *f.* **vi·tal·ly** ['~təlɪ] *adv* **1.** vital. **2.** sehr viel: ***~ important*** äußerst wichtig.
vi·ta·min ['vɪtəmɪn] *s* Vitamin *n.* **~ pill** *s* Vitamintablette *f.*
vit·re·ous ['vɪtrɪəs] *adj* Glas...
vi·va ['vaɪvə] *Br.* F → ***viva voce.***
vi·va·cious [vɪ'veɪʃəs] *adj* □ lebhaft, temperamentvoll.
vi·va vo·ce ['vəʊsɪ] *s univ.* mündliche Prüfung.
viv·id ['vɪvɪd] *adj* □ **1.** hell (*Licht*); kräftig, leuchtend (*Farben*). **2.** anschaulich (*Schilderung etc*), lebhaft (*Phantasie*).
viv·i·sec·tion [ˌvɪvɪ'sekʃn] *s* Vivisektion *f.*
V neck [viː] *s* V-Ausschnitt *m.* **'V--necked** *adj* mit V-Ausschnitt.
vo·cab ['vəʊkæb] F → ***vocabulary*** 2.
vo·cab·u·lar·y [vəʊ'kæbjʊlərɪ] *s* **1.** Vokabular *n*, Wortschatz *m.* **2.** Vokabular *n*, Wortregister *n*, Wörterverzeichnis *n.*
vo·cal ['vəʊkl] **I** *adj* □ **1.** Stimm...: ***~ cords*** *pl anat.* Stimmbänder *pl.* **2.** ***~ music*** Vokalmusik *f.* **3.** F lautstark. **II** *s pl* **4.** ***~s: XY*** Gesang: XY.
vo·ca·tion [vəʊ'keɪʃn] *s* **1.** Begabung *f* (***for*** für). **2.** Berufung *f.* **vo'ca·tion·al** [~ʃənl] *adj* Berufs...: ***~ training*** Berufsausbildung *f.*
vo·cif·er·ous [vəʊ'sɪfərəs] *adj* □ lautstark (*Protest etc*).
vogue [vəʊg] *s* Mode *f*: ***be in ~*** Mode sein; ***be all the ~*** große Mode sein. **~ word** *s* Modewort *n.*
voice [vɔɪs] **I** *s* **1.** Stimme *f* (*a. fig.*): ***give ~ to*** → 4. **2.** ***have a ~ in*** ein Mitspracherecht haben bei. **3.** → ***active*** 2, ***passive*** 2. **II** *v/t* **4.** zum Ausdruck bringen. **5.** *ling.* stimmhaft aussprechen. **~ box** *s anat.* Kehlkopf *m.*
voiced [vɔɪst] *adj ling.* stimmhaft. **'voice·less** *adj ling.* stimmlos.
void [vɔɪd] **I** *adj* **1.** leer: ***~ of*** ohne. **2.** ⚖ nichtig, ungültig: → ***null.*** **II** *v/t* **3.** ⚖

nichtig *od.* ungültig machen. **III** *s* **4.** *fig.* (Gefühl *n* der) Leere.

vol·a·tile ['vɒlətaɪl] *adj* **1.** cholerisch (*Person, Temperament*); explosiv (*Lage etc*). **2.** ⚗ flüchtig, (*Öl*) ätherisch.

vol·can·ic [vɒl'kænɪk] *adj* (**~ally**) vulkanisch, Vulkan... **vol·ca·no** [~'keɪnəʊ] *pl* **-no(e)s** *s* Vulkan *m.*

vo·li·tion [vəʊ'lɪʃn] *s*: ***of one's own ~*** aus freien Stücken.

vol·ley ['vɒlɪ] **I** *s* **1.** Salve *f*; (*Schlag- etc*)Hagel *m*: ***a ~ of curses*** ein Hagel von Verwünschungen. **2.** *Tennis*: Volley *m*, Flugball *m*; (*Fußball*) Volleyschuß *m*: ***take on the ~*** *Ball* volley nehmen. **II** *v/t* **3.** *Ball* volley schießen (***into the net*** ins Netz). '**~·ball** *s Sport*: Volleyball *m.*

volt [vəʊlt] *s* ⚡ Volt *n.* '**volt·age** *s* ⚡ Spannung *f.*

vol·u·ble ['vɒljʊbl] *adj* □ **1.** redselig. **2.** wortreich.

vol·ume ['vɒljuːm] *s* **1.** Band *m*: ***a two-~ novel*** ein zweibändiger Roman; ***speak ~s*** *fig.* Bände sprechen. **2.** ⚗, *phys.* Volumen *n*, Rauminhalt *m.* **3.** (*Handels- etc*)Volumen *n*, (*Verkehrs*)Aufkommen *n.* **4.** Lautstärke *f*: ***at full ~*** in voller Lautstärke; ***turn to full ~*** *Radio etc* auf volle Lautstärke stellen, voll aufdrehen; ***turn the ~ up*** (***down***) lauter (leiser) drehen; ***~ control*** Lautstärkeregler *m.* **vo·lu·mi·nous** [və'luːmɪnəs] *adj* □ **1.** bauschig (*Kleidungsstück*). **2.** geräumig. **3.** umfangreich (*Bericht etc*).

vol·un·tar·y ['vɒləntərɪ] *adj* □ **1.** freiwillig. **2.** unbezahlt.

vol·un·teer [ˌvɒlən'tɪə] **I** *v/i* **1.** sich freiwillig melden (***for*** zu) (*a.* ⚔). **II** *v/t* **2.** *Hilfe etc* anbieten: ***~ to do s.th.*** sich anbieten, et. zu tun. **3.** *et.* von sich aus sagen. **III** *s* **4.** Freiwillige *m* (*a.* ⚔); freiwilliger Helfer.

vo·lup·tu·ous [və'lʌptʃʊəs] *adj* □ **1.** sinnlich (*Lippen, Mund*); üppig (*Formen*); aufreizend (*Bewegungen*). **2.** kurvenreich (*Frau*).

vom·it ['vɒmɪt] **I** *v/t* erbrechen, *Blut* spucken; *Feuer, Lava* speien, *Rauchwolken etc* ausstoßen. **II** *v/i* (sich er)brechen, sich übergeben.

vo·ra·cious [və'reɪʃəs] *adj* □ unersättlich (*Appetit*): ***he's a ~ reader of comics*** er verschlingt die Comics geradezu.

vor·tex ['vɔːteks] *pl* **-tex·es, -ti·ces** ['~tɪsiːz] *s* Strudel *m* (*a. fig.*), Wirbel *m.*

vote [vəʊt] **I** *s* **1.** Abstimmung *f* (***about, on*** über *acc*): ***put to the ~*** abstimmen lassen über (*acc*); ***take a ~ on*** abstimmen über; → ***censure*** 1. **2.** Stimme *f*; Stimmzettel *m*, Stimme *f*: ***cast one's ~ for, give one's ~ to*** stimmen für, *j-m* s-e Stimme geben. **3.** *a. pl* Wahlrecht *n*: ***get the ~*** wahlberechtigt werden. **II** *v/i* **4.** wählen: ***~ for*** (***against***) stimmen für (gegen). **5.** ***~ on*** abstimmen über (*acc*). **III** *v/t* **6.** wählen: ***~ out of office*** abwählen. **7.** ***~ s.o. s.th.*** j-m et. bewilligen. **8.** ***~ that*** F vorschlagen, daß. '**vot·er** *s* Wähler(in).

vouch [vaʊtʃ] *v/i*: ***~ for*** sich verbürgen für; bürgen für. '**vouch·er** *s* Gutschein *m.*

vow [vaʊ] **I** *s* Gelöbnis *n*: ***make*** (*od.* ***take***) ***a ~*** ein Gelöbnis ablegen. **II** *v/t* geloben, schwören (***to do*** zu tun).

vow·el ['vaʊəl] *s ling.* Vokal *m*, Selbstlaut *m.*

voy·age ['vɔɪɪdʒ] *s* (See)Reise *f.*

vul·can·ize ['vʌlkənaɪz] *v/t* vulkanisieren.

vul·gar ['vʌlgə] *adj* □ **1.** vulgär, ordinär. **2.** geschmacklos.

vul·ner·a·ble ['vʌlnərəbl] *adj* □ **1.** *fig.* verletz-, verwundbar; schutzbedürftig. **2.** anfällig (***to*** für).

vul·ture ['vʌltʃə] *s orn.* Geier *m.*

W

wack·y ['wækɪ] *adj* □ *bsd. Am.* F verrückt.

wad [wɒd] *s* **1.** (*Papier- etc*)Knäuel *m*; (*Watte- etc*)Bausch *m*. **2.** Bündel *n* (*Banknoten etc*).

wad·dle ['wɒdl] *v/i* watscheln.

wade [weɪd] **I** *v/t* durchwaten. **II** *v/i* waten: *~ **across*** → I; *~ **in*** hineinwaten; F sich einmischen; *~ **into*** waten in (*acc*); F losgehen auf *j-n*; sich reinknien in *e-e Arbeit*; *~ **through*** waten durch; F sich durchkämpfen durch, *Fachliteratur etc a.* durchackern. '**wad·ing** *adj*: *~ **pool*** *Am.* Planschbecken *n*.

wa·fer ['weɪfə] *s* **1.** (*bsd.* Eis)Waffel *f*. **2.** *eccl.* Hostie *f*.

waf·fle[1] ['wɒfl] *s* Waffel *f*.

waf·fle[2] [~] *v/i bsd. Br.* F schwafeln.

waft [wɑːft] **I** *v/i* ziehen (*Duft etc*). **II** *v/t* wehen.

wag[1] [wæg] **I** *v/t*: *~ **one's finger at** j-m* mit dem Finger drohen; *~ **its tail*** mit dem Schwanz wedeln. **II** *v/i* wedeln (*Schwanz*): ***tongues will ~*** das wird Gerede geben; ***set tongues ~ging*** für Gerede sorgen. **III** *s*: ***with a ~ of its tail*** schwanzwedelnd.

wag[2] [~] *s* F unterhaltsamer Mensch.

wage[1] [weɪdʒ] *s mst pl* Lohn *m*; Gehalt *n*.

wage[2] [~] *v/t*: *~ (**a**) **war against*** (*od.* ***on***) ⚔ Krieg führen gegen; *fig.* e-n Feldzug führen gegen.

wage| de·mand *s* Lohn- *od.* Gehaltsforderung *f*. *~* **earn·er** *s* Verdiener(in): ***be a ~*** berufstätig sein; ***be a big ~*** viel verdienen. *~* **freeze** *s* Lohnstopp *m*. *~* **pack·et** *s* Lohn- *od.* Gehaltstüte *f*. *~* **rise** *s* Lohn- *od.* Gehaltserhöhung *f*.

wa·ger ['weɪdʒə] **I** *s* Wette *f*: ***have*** (*od.* ***place***) ***a ~ on*** e-e Wette abschließen *od.* eingehen auf (*acc*). **II** *v/t*: ***I'll ~ that*** ich wette, daß.

wag·gle ['wægl] *v/i u. v/t* F wackeln (mit).

wag·gon *Br.* → ***wagon***.

wag·on ['wægən] *s* **1.** Fuhrwerk *n*, Wagen *m*: ***be on the ~*** F keinen Alkohol (mehr) trinken. **2.** 🚂 *Br.* (offener) Güterwagen. **3.** *Am.* (*Tee- etc*)Wagen *m*.

wag·on-lit [ˌvægɔ̃ːn'liː] *pl* **wa·gons-lits** [ˌ~'liːz] *s* 🚂 Schlafwagen *m*.

wail [weɪl] **I** *v/i* jammern (*Person*); heulen (*Sirene, Wind*). **II** *v/t* jammern. **III** *s* Jammern *n*; Heulen *n*.

wain·scot ['weɪnskət] *s* **1.** Fuß(boden)-, Scheuerleiste *f*. **2.** (Wand)Täfelung *f*.

waist [weɪst] *s* Taille *f*: → ***strip*** 1. *~***·coat** ['weɪskəʊt] *s bsd. Br.* Weste *f*. '*~***·line** *s* Taille *f*: ***I'm watching my ~*** ich muß auf m-e Linie achten.

wait [weɪt] **I** *v/i* **1.** warten (***for, on*** auf *acc*; [***for***] ***10 minutes*** 10 Minuten): *~ **for s.o.*** *a.* j-n erwarten; *~ **for s.o. to do s.th.*** darauf warten, daß j-d et. tut; warten, bis j-d et. tut; ***this can ~*** das kann warten, das hat Zeit (***until*** bis); ***keep s.o. waiting*** j-n warten lassen; ***I can't ~ to see him*** ich kann es kaum erwarten, ihn zu sehen; *~ **and see!*** warte es ab!; ***I'll have to ~ and see how ...*** ich muß abwarten, wie ...; *~ **up*** F aufbleiben (***for*** wegen). **2.** *~ **on s.o.*** j-n (*bsd. im Restaurant*) bedienen; *~ **at*** (*Am.* ***on***) ***table*** bedienen. **II** *v/t* **3.** *~ **one's chance*** auf e-e günstige Gelegenheit warten (***to do*** zu tun); *~ **one's turn*** warten, bis man an der Reihe ist. **4.** *~ **breakfast for s.o.*** *bsd. Am.* F mit dem Frühstück auf j-n warten. **III** *s* **5.** Wartezeit *f*: ***have a long ~*** lange warten müssen. **6.** ***lie in ~ for s.o.*** j-m auflauern. '**wait·er** *s* Kellner *m*, Ober *m*, (*Anrede*) (Herr) Ober. '**wait·ing I** *s* Warten *n*: ***"no ~"*** „Halt(e)verbot". **II** *adj*: ***play a ~ game*** (***with s.o.***) j-n hinhalten; *~ **list*** Warteliste *f*; *~ **room*** 🚂 Wartesaal *m*; ⚕ *etc* Wartezimmer *n*. **wait·ress** ['~rɪs] *s* Kellnerin *f*, Bedienung *f*, (*Anrede*) Fräulein.

waive [weɪv] *v/t* verzichten auf (*acc*). '**waiv·er** *s* Verzicht *m* (***of*** auf *acc*); Verzichtserklärung *f*.

wake[1] [weɪk] *s* ⚓ Kielwasser *n*: ***follow in the ~ of*** *fig.* folgen auf (*acc*); ***leave s.th. in one's ~*** *fig.* et. zurücklassen.

wake[2] [~] (*irr*) **I** *v/t a.* *~ **up*** (auf)wecken; *fig.* wecken, wachrufen: *~ **s.o. to s.th.*** *fig.* j-m et. bewußt machen. **II** *v/i a.* *~ **up*** aufwachen, wach werden: *~ **to s.th.***

fig. sich e-r Sache bewußt werden. **wake·ful** ['~fʊl] *adj* □ schlaflos. **wak·en** ['~ən] **I** *v/t a.* ~ ***up*** (auf)wecken. **II** *v/i a.* ~ ***up*** aufwachen, wach werden. **'wak·ing** *adj*: ***he spends all his ~ hours studying*** er lernt von früh bis spät.

walk [wɔ:k] **I** *s* **1.** Spaziergang *m*; Wanderung *f*: ***go for*** (*od.* ***have, take***) ***a ~*** e-n Spaziergang machen, spazierengehen; ***the church is just a five-minute ~ from here*** zu Fuß sind es nur fünf Minuten bis zur Kirche. **2.** Spazier-, Wanderweg *m*. **3.** Gang *m*. **4.** ***from all ~s*** (*od.* ***every ~***) ***of life*** *Leute* aus allen Berufen (*od.* Schichten). **II** *v/i* **5.** (zu Fuß) gehen, laufen; spazierengehen; wandern: ~ ***into*** hineingehen in (*acc*), hereinkommen in (*acc*); *fig.* in *e-e Falle* gehen; ~ ***over*** F *j-n* unterbuttern; (*Sport*) *j-n* in die Tasche stecken. **III** *v/t* **6.** *Strecke* gehen, laufen: → ***street.*** **7.** *j-n* bringen (***to*** zu; ***home*** nach Hause); *Hund* ausführen.

Verbindungen mit Adverbien:

walk| a·way *v/i* **1.** → ***walk off.*** **2.** ~ ***from*** bei *e-m Unfall* (fast) unverletzt bleiben. ~ **in** *v/i* hineingehen, hereinkommen. ~ **off** *v/i* **1.** fort-, weggehen. **2.** ~ ***with*** F abhauen mit; *Preis etc* locker gewinnen. ~ **out** *v/i* **1.** hinausgehen; (unter Protest) den Saal verlassen, (*Delegation etc a.*) ausziehen: ~ ***out of a meeting*** e-e Versammlung (unter Protest) verlassen; ~ ***on s.o.*** F j-n verlassen; j-n sitzenlassen. **2.** in (den) Streik treten. ~ **up** *v/i* **1.** hinaufgehen, heraufkommen. **2.** ~ ***to s.o.*** auf j-n zugehen; ~***!*** treten Sie näher!

'walk·aˌbout *s bsd. Br.* F Bad *n* in der Menge: ***do*** (*od.* ***go on***) ***a ~*** ein Bad in der Menge nehmen.

walk·er ['wɔ:kə] *s* **1.** Spaziergänger(in); Wand(e)rer *m*, Wand(r)erin *f*: ***be a fast ~*** schnell gehen. **2.** *Sport*: Geher *m*. **walk·ies** ['~ɪz] *s pl*: ***go ~*** *Br.* F Gassi gehen.

walk·ie-talk·ie [ˌwɔ:kɪ'tɔ:kɪ] *s* Walkie-talkie *n*, tragbares Funksprechgerät.

'walk-in *adj* begehbar (*Schrank*).

walk·ing ['wɔ:kɪŋ] **I** *s* Laufen *n* (*a. Sport*), Gehen *n*; Spazierengehen *n*; Wandern *n*. **II** *adj*: ***a ~ dictionary*** F ein wandelndes Wörterbuch; ***get one's ~ papers*** *Am.* F den Laufpaß bekommen (*von Firma od. Freundin*); ~ ***shoes*** *pl* Wanderschuhe *pl*; ~ ***stick*** Spazierstock *m*; ~ ***tour*** Wanderung *f*.

Walk·man ['wɔ:kmən] *pl* **-mans** *s* (*TM*) Walkman *m*.

'walk|-on *thea.* **I** *adj* **1.** ~ ***part*** → 2. **II** *s* **2.** Statistenrolle *f*. **3.** Statist(in). **'~-out** *s* **1.** Auszug *m* (***by, of*** *e-r Delegation etc*). **2.** Ausstand *m*, Streik *m*. **'~ˌo·ver** *s* F lockerer Sieg.

wall [wɔ:l] **I** *s* **1.** Wand *f* (*a. fig.*): ~ ***of fire*** Feuerwand; ***~s have ears*** die Wände haben Ohren; ***drive up the ~*** F *j-n* wahnsinnig machen; ***go to the ~*** kaputtgehen (*Firma etc*). **2.** Mauer *f* (*a. fig.*): ~ ***of silence*** Mauer des Schweigens. **II** *v/t* **3.** mit e-r Mauer umgeben: ***~ed*** von Mauern umgeben; ~ ***in*** einmauern; ~ ***off*** durch e-e Mauer abtrennen (***from*** von); ~ ***up*** zu- *od.* einmauern. **'~·chart** *s* Wandkarte *f*.

wal·let ['wɒlɪt] *s* Brieftasche *f*.

'wallˌflow·er *s fig.* F Mauerblümchen *n*.

wal·lop ['wɒləp] F **I** *s* **1.** Ding *n* (*harter Schlag*): ***give s.o. a ~*** → 2. **II** *v/t* **2.** *j-m* ein Ding verpassen. **3.** *Sport*: *j-n* in die Pfanne hauen (***at*** in *dat*). **'wal·lop·ing** *adj u. adv*: ~ (***great***) F riesig, Mords...

wal·low ['wɒləʊ] *v/i*: ~ ***in*** sich wälzen in (*dat*), (*Tier a.*) sich suhlen in (*dat*): ~ ***in luxury*** im Luxus schwelgen; ~ ***in self-pity*** sich in Selbstmitleid ergehen.

wall| paint·ing *s* Wandgemälde *n*. **'~ˌpa·per I** *s* Tapete *f*. **II** *v/t* tapezieren. **ˌ~-to-'~** *adj*: ~ ***carpeting*** Spannteppich *m*, Teppichboden *m*.

wal·ly ['wɒlɪ] *s Br.* F Trottel *m*.

wal·nut ['wɔ:lnʌt] *s* ⚘ Walnuß(baum *m*) *f*. ~ **cake** *s* Nußkuchen *m*.

wal·rus ['wɔ:lrəs] *pl* **-rus·es,** *bsd. coll.* **-rus** *s zo.* Walroß *n*. ~ **m(o)us·tache** *s* Seehundsbart *m*.

waltz [wɔ:ls] **I** *s* ♪ Walzer *m*. **II** *v/i* Walzer tanzen; walzen.

wand [wɒnd] *s* (*Zauber*)Stab *m*.

wan·der ['wɒndə] *v/i* **1.** wandern; bummeln, schlendern: ~ ***about*** (*od.* ***around***) herumirren; ~ ***off*** verschwinden. **2.** ~ ***from*** (*od.* ***off***) ***the topic*** vom Thema abschweifen. **3.** ***his mind ~s*** er kann sich schlecht konzentrieren. **'wan·der·ings** *s pl* **1.** Reisen *pl*. **2.** ***he's off on his***

~ again er ist wieder mal verschwunden.

wane [weɪn] **I** *v/i* abnehmen (*Mond*); *fig.* schwinden (*Einfluß etc*). **II** *s*: **be on the ~** im Schwinden begriffen sein.

wan·gle ['wæŋgl] *v/t* F **1.** *Eintrittskarten etc* organisieren: **~ s.th. out of s.o.** j-m et. abluchsen. **2. ~ one's way out of** sich herauswinden aus. **3. I'll ~ it** ich werde das Kind schon schaukeln.

wank [wæŋk] *v/i Br.* V wichsen (*masturbieren*). **'wank·er** *s Br. fig.* V Wichser *m.*

wan·na ['wɒnə] F *für* **want to; want a.**

want [wɒnt] **I** *v/t* **1.** *et.* wollen: **he knows what he ~s** er weiß, was er will; **~ to do s.th.** et. tun wollen; **~ s.o. to do s.th.** wollen, daß j-d et. tut; **~ s.th. done** wollen, daß et. getan wird; **it ~s doing at once** F es muß sofort erledigt werden. **2.** *j-n* brauchen; *j-n* sprechen wollen: **you are ~ed on the phone** du wirst am Telefon verlangt. **3. be ~ed** (*polizeilich*) gesucht werden (**for** wegen). **4.** F *et.* brauchen, nötig haben. **5.** F **you ~ to see a doctor** du solltest zum Arzt gehen; **he doesn't ~ to smoke that much** er sollte nicht so viel rauchen. **II** *v/i* **6.** wollen: **I don't ~ to** ich will nicht; **~ in** (**out**) F rein-(raus)wollen. **7. he does not ~ for anything** es fehlt ihm an nichts. **III** *s* **8.** Mangel *m* (**of** an *dat*): **for ~ of** mangels (*gen*), in Ermang(e)lung (*gen*); **be in ~ of** *et.* benötigen, brauchen. **9.** Bedürfnis *n*, Wunsch *m.* **10. live in ~** Not leiden, in Armut leben. **~ ad** *s* Kleinanzeige *f.*

want·ed ['wɒntɪd] *adj*: **he's a ~ man** er wird (*polizeilich*) gesucht; er ist ein vielgefragter Mann. **'want·ing** *adj*: **they are ~ in** es fehlt *od.* mangelt ihnen an (*dat*); **be found ~** den Ansprüchen nicht genügen.

wan·ton ['wɒntən] *adj* □ **1.** mutwillig. **2.** liederlich (*Frau, Leben*). **3.** lüstern (*Blick etc*).

war [wɔː] *s* Krieg *m* (*a. fig.*); *fig.* Kampf *m* (**against** gegen): **be at ~ with** sich im Krieg(szustand) befinden mit; *fig.* auf (dem) Kriegsfuß stehen mit; **declare ~ on** *j-m* den Krieg erklären, *fig. a. j-m* den Kampf ansagen; → **wage²**.

war·ble [wɔːbl] *v/i* trillern (*Vogel*).

war| cem·e·ter·y *s* Soldatenfriedhof *m.* **~ crime** *s* Kriegsverbrechen *n.* **~ crim·i·nal** *s* Kriegsverbrecher *m.* **~ cry** *s* **1.** ⚔ *hist.* Schlachtruf *m.* **2.** *fig.* Parole *f.*

ward [wɔːd] **I** *s* **1.** Station *f* (*e-s Krankenhauses*). **2.** *pol. Br.* Stadtbezirk *m.* **3.** ⚖ Mündel *n.* **II** *v/t* **4. ~ off** *Schlag etc* abwehren, *Gefahr etc* abwenden. **'ward·en** *s* **1.** Aufseher(in): → **traffic warden. 2.** Haus-, Herbergsvater *m*, -mutter *f*; Heimleiter(in). **3.** *Am.* (Gefängnis)Direktor(in). **'ward·er** *s Br.* Aufsichtsbeamte *m*, -beamtin *f* (*in Gefängnis*).

ward·robe ['wɔːdrəʊb] *s* **1.** (Kleider-) Schrank *m.* **2.** Garderobe *f* (*Kleiderbestand*).

ware [weə] *s in Zssgn* (*Glas- etc*)Waren *pl*: → **tableware. '~·house** *s* Lager(-haus) *n.*

war·fare ['wɔːfeə] *s* Krieg(führung *f*) *m.*

war| game *s* Kriegsspiel *n* (*a. für Kinder etc*), Planübung *f.* **~ grave** *s* Kriegs-, Soldatengrab *n.* **'~·head** *s* ⚔ Spreng-, Gefechtskopf *m.* **'~·like** *adj* **1.** kriegerisch. **2.** Kriegs...

warm [wɔːm] **I** *adj* □ **1.** warm (*a. fig. Farben, Stimme*): **I am** (*od.* **feel**) **~** mir ist warm; **dress ~ly** sich warm anziehen. **2.** *fig.* warm, herzlich (*Empfang*). **II** *s* **3. come into the ~** *bsd. Br.* F komm ins Warme! **III** *v/t* **4.** *a.* **~ up** wärmen, sich *die Hände etc* wärmen. **IV** *v/i* **5.** *a.* **~ up** warm *od.* wärmer werden, sich erwärmen: **~ to** *fig.* sich für *j-n, et.* erwärmen.

Verbindungen mit Adverbien:

warm| o·ver *v/t* **1.** *Am.* → **warm up** 2. **2.** *bsd. Am. fig. alte Geschichten etc* aufwärmen. **~ up I** *v/t* **1.** → **warm** 4. **2.** *Br. Speise* aufwärmen. **3.** *Motor* warmlaufen lassen. **4.** F Schwung bringen in (*acc*). **II** *v/i* **5.** → **warm** 5. **6.** *Sport*: sich aufwärmen. **7.** F in Schwung kommen.

ˌwarm|-'blood·ed *adj zo.* warmblütig: **~ animal** Warmblüter *m.* **ˌ~-'heart·ed** *adj* □ **1.** warmherzig. **2.** → **warm** 2.

'warˌmon·ger *s* Kriegshetzer *m.*

warmth ['wɔːmθ] *s* Wärme *f*, *fig. a.* Herzlichkeit *f.*

'warm-up *s Sport*: Aufwärmen *n*: **have a ~** sich aufwärmen.

warn [wɔːn] **I** *v/t* **1.** *j-n* warnen (**against, of** vor *dat*): **~ s.o. not to do** (*od.* **against doing**) **s.th.** j-n davor warnen, et. zu tun; ~ ***off*** verscheuchen (von, aus). **2.** *j-n* verständigen (***of*** von; ***that*** davon, daß). **II** *v/i* **3.** warnen (***against, of*** vor *dat*). **'warn·ing I** *s* **1.** Warnung *f* (***of*** vor *dat*): ***without*** ~ ohne Vorwarnung; ***let this be a ~ to you*** laß dir das e-e Warnung sein!, das soll dir e-e Warnung sein! **2.** Verwarnung *f*: ***he was given a written ~*** *a.* er wurde schriftlich verwarnt. **II** *adj* **3.** Warn...: ~ ***signal*** Warnsignal *n* (*a. fig.*).

warp [wɔːp] *v/i* sich verziehen *od.* werfen (*Holz*): ***he must have a ~ed mind*** *fig.* er muß abartig veranlagt sein.

war| paint *s* Kriegsbemalung *f* (*a. humor. Make-up*). **'~·path** *s*: ***be on the ~*** auf dem Kriegspfad sein; ***he's on the ~*** F um ihn macht man heute am besten e-n großen Bogen.

war·rant ['wɒrənt] **I** *v/t* **1.** *et.* rechtfertigen. **II** *s* **2.** ⚖ ~ ***of arrest*** Haftbefehl *m*; ***issue a ~ for s.o.'s arrest*** Haftbefehl gegen j-n erlassen; → ***death warrant, search warrant.*** **3.** Rechtfertigung *f*. **'war·ran·ty** *s* Garantie(erklärung) *f*: ***the watch is still under ~*** auf der Uhr ist noch Garantie.

war·ri·or ['wɒrɪə] *s* Krieger *m*.

'war·ship *s* Kriegsschiff *n*.

wart [wɔːt] *s* Warze *f*: ***~s and all*** F ohne jede Beschönigung.

'war·time I *s*: ***in ~*** in Kriegszeiten. **II** *adj* Kriegs...: ***in ~ Germany*** in Deutschland während des Kriegs.

war·y ['weərɪ] *adj* □ vorsichtig: ***be ~ of*** (*od.* ***about***) sich in acht nehmen vor (*dat*); ***be ~ of doing s.th.*** Bedenken haben, et. zu tun.

was [wɒz] **1.** *ich, er, sie, es* war. **2.** *Passiv*: *ich, er, sie, es* wurde.

wash [wɒʃ] **I** *s* **1.** Wäsche *f*: ***be in the ~*** in der Wäsche sein; ***come out in the ~*** *fig.* F rauskommen; gut werden; ***give s.th. a ~*** et. waschen; ***have a ~*** sich waschen. **2.** Waschanlage *f*, -straße *f*. **3.** ⚕ (*Mund*)Wasser *n*. **II** *v/t* **4.** waschen, sich *die Hände etc* waschen: ***get ~ed*** sich waschen; → ***linen*** 2. **III** *v/i* **5.** sich waschen. **6.** sich *gut etc* waschen (lassen). **7.** ***that won't ~*** F das glaubt kein Mensch.

Verbindungen mit Adverbien:

wash| a·way *v/t* wegschwemmen, -spülen. ~ **down** *v/t* **1.** *Wagen etc* waschen, abspritzen. **2.** *Essen etc* hinunterspülen (***with*** mit). ~ **out** *v/t* **1.** auswaschen. **2.** ***be ~ed out*** (*Sport etc*) wegen Regens abgesagt *od.* abgebrochen werden. ~ **up I** *v/i* **1.** *Br.* abwaschen, (das) Geschirr spülen. **2.** *Am.* → ***wash*** 5. **II** *v/t* **3.** anschwemmen, anspülen.

wash·a·ble ['wɒʃəbl] *adj* waschbar, -echt, (*Tapete*) abwaschbar.

'wash|ˌba·sin *s*, **'~·bowl** *s Am.* Waschbecken *n*. **'~·cloth** *s Am.* Waschlappen *m*. **'~·day** *s* Waschtag *m*.

washed-out [ˌwɒʃt'aʊt] *adj* **1.** verwaschen. **2.** F schlapp, erschöpft. **'wash·er** *s* **1.** (*Geschirr*)Spülmaschine *f*, (-)Spüler *m*; *Am.* Waschmaschine *f*. **2.** → ***dishwasher*** 1. **3.** ⚙ Unterlegscheibe *f*.

wash·ing ['wɒʃɪŋ] **I** *s* Wäsche *f* (*a. Textilien*). **II** *adj* Wasch...: ~ ***day*** Waschtag *m*; ~ ***machine*** Waschmaschine *f*. **ˌ~-'up** *s Br.* Abwasch *m* (*a. Geschirr*): ***do the ~*** den Abwasch machen.

'wash|·out *s* F Pleite *f*. **'~·room** *s Am.* Toilette *f*.

was·n't ['wɒznt] F *für* ***was not.***

wasp ['wɒsp] *s zo.* Wespe *f*. **'wasp·ish** *adj* □ giftig.

waste [weɪst] **I** *v/t* **1.** *Geld, Zeit etc* verschwenden, -geuden (***on*** an *acc*, für); *Chance etc* vergeben: ~ ***one's time doing s.th.*** s-e Zeit damit verschwenden, et. zu tun; → ***breath*** 1. **2.** *j-n* auszehren. **II** *v/i* **3.** ~ ***away*** immer schwächer werden (*Person*). **III** *adj* **4.** ungenutzt, überschüssig; Abfall... **5.** brachliegend (*Land*). **IV** *s* **6.** Verschwendung *f*: ~ ***of time*** Zeitverschwendung. **7.** Abfall *m*; Müll *m*. **'~ˌbas·ket** *s* Papierkorb *m*. ~ **dis·pos·al** *s* Abfall-, Müllbeseitigung *f*.

waste·ful ['weɪstfʊl] *adj* □ verschwenderisch: ***it is ~*** *a.* es ist Verschwendung (***to do*** zu tun).

ˌwaste|'pa·per bas·ket *s* Papierkorb *m*. ~ **pipe** *s* Abflußrohr *n*. ~ **prod·uct** *s* Abfallprodukt *n*.

wast·er ['weɪstə] *s* Verschwender(in): ***be a real time ~*** reine Zeitverschwendung sein.

watch [wɒtʃ] **I** *s* **1.** (*Armband-, Taschen*)Uhr *f*. **2.** Wache *f*: ***be on the ~ for*** Ausschau halten nach; auf der Hut sein vor (*dat*); ***keep*** (***a***) ***careful*** (*od.* ***close***) ~

on *et*. genau beobachten, scharf im Auge behalten. **II** *v/t* **3.** beobachten; zuschauen bei, sich *et*. ansehen: **~ s.o. do(ing) s.th.** beobachten, wie j-d et. tut; ***~ the clock*** F ständig auf die Uhr schauen; → ***television*** 1, ***TV*** 1. **4.** aufpassen auf (*acc*); achten auf (*acc*): ***~ you don't spill the coffee*** paß auf, daß du den Kaffee nicht verschüttest; ***~ it!*** F paß auf!, Vorsicht!; ***~ one's step*** *fig*. aufpassen. **III** *v/i* **5.** zuschauen: ***~ for*** a) *a*. ***~ out for*** Ausschau halten nach, b) warten auf (*acc*). **6.** ***~ out!*** paß auf!, Vorsicht!; ***~ out for*** sich in acht nehmen vor (*dat*); ***~ over*** wachen über (*acc*). **'~·dog** *s* Wachhund *m*.

watch·ful ['wɒtʃfʊl] *adj* □ wachsam: ***be ~ for*** achten auf (*acc*).

'watch|,mak·er *s* Uhrmacher(in). **~·man** ['~mən] *s* (*irr* ***man***) Wachmann *m*, Wächter *m*. **'~·strap** *s* Uhr(arm)band *n*. **'~,tow·er** *s* Wachturm *m*.

wa·ter ['wɔːtə] **I** *s* **1.** Wasser *n*: ***be under ~*** unter Wasser stehen; ***that's all ~ under the bridge*** *fig*. das ist Schnee von gestern; ***have ~ on the knee*** ⚕ Wasser im Knie haben; ***throw cold ~ on*** *fig. e-r Sache* e-n Dämpfer aufsetzen; → ***deep*** 1, ***head*** 8, ***high water, hot*** 1. **2.** *pl* Gewässer *pl*; Wasser *pl* (*e-s Flusses etc*): ***still ~s run deep*** *fig*. stille Wasser sind tief; → ***trouble*** 4. **II** *v/t* **3.** *Blumen* gießen, *Rasen etc* sprengen. **4.** *Vieh* tränken. **5.** ***~ down*** verdünnen, -wässern; *fig*. abschwächen. **III** *v/i* **6.** tränen (*Augen*): ***the sight made my mouth ~*** bei dem Anblick lief mir das Wasser im Mund zusammen. **'~·bed** *s* Wasserbett *n*. **~ bird** *s* Wasservogel *m*. **~ blis·ter** *s* ⚕ Wasserblase *f*. **~ buf·fa·lo** *s zo*. Wasserbüffel *m*. **~ butt** *s* Regentonne *f*. **~ can·non** *s* (*a. irr* ***cannon***) Wasserwerfer *m*. **'~,col·o(u)r** *s* **1.** Wasser-, Aquarellfarbe *f*. **2.** Aquarellmalerei *f*. **3.** Aquarell *n*. **'~·course** *s* Wasserlauf *m*. **'~·cress** *s* ⚘ Brunnenkresse *f*. **'~·fall** *s* Wasserfall *m*. **'~·front** *s* Hafenviertel *n*. **'~·hole** *s* Wasserloch *n*. **~ ice** *s bsd. Br*. Fruchteis *n*.

wa·ter·ing ['wɔːtərɪŋ] *adj*: ***~ can*** (*Am. a.* ***pot***) Gießkanne *f*.

wa·ter| jump *s Sport*: Wassergraben *m*. **~ lev·el** *s* Wasserstand *m*. **~ lil·y** *s* ⚘ Seerose *f*.

Wa·ter·loo [,wɔːtə'luː] *s*: ***meet one's ~*** sein Waterloo erleben.

'wa·ter|·mark *s* Wasserzeichen *n*. **'~,mel·on** *s* ⚘ Wassermelone *f*. **~ pipe** *s* **1.** Wasserrohr *n*. **2.** Wasserpfeife *f*. **~ po·lo** *s Sport*: Wasserball(spiel *n*) *m*. **'~,pow·er** *s* Wasserkraft *f*. **'~·proof I** *adj* wasserdicht. **II** *s bsd. Br*. Regenmantel *m*. **III** *v/t* wasserdicht machen, imprägnieren. **'~·side** *s* Ufer *n*. **~ ski** *s* Wasserski *m*. **'~-ski** *v/i* Wasserski laufen. **~ ski·ing** *s* Wasserskilaufen *n*. **~ sup·ply** *s* Wasserversorgung *f*. **'~·tight** *adj* wasserdicht, *fig. a*. hieb- u. stichfest. **~ va·po(u)r** *s* Wasserdampf *m*. **'~·way** *s* Wasserstraße *f*. **'~·wheel** *s* Wasserrad *n*. **'~·wings** *s pl* Schwimmflügel *pl*. **'~·works** *s pl* (*oft sg konstruiert*) Wasserwerk *n*: ***turn on the ~*** F zu heulen anfangen.

wa·ter·y ['wɔːtərɪ] *adj* wässerig, wäßrig.

watt [wɒt] *s* ⚡ Watt *n*.

wave [weɪv] **I** *v/t* **1.** schwenken; winken mit: ***~ one's hand*** winken; ***~ s.o. goodbye*** j-m nachwinken, j-m zum Abschied zuwinken; ***you can ~ goodbye to that*** *fig*. das kannst du dir aus dem Kopf schlagen. **2.** ***~ aside*** *j-n* beiseite winken; *fig. j-n, et*. abweisen; ***~ away*** *j-n* mit e-r Handbewegung verscheuchen; ***~ on*** *j-n, Verkehr* weiterwinken. **3.** *Haar* wellen, in Wellen legen. **II** *v/i* **4.** winken: ***~ at*** (*od.* ***to***) **s.o.** j-m zuwinken. **5.** wehen (*Fahne etc*). **6.** sich wellen (*Haar*). **III** *s* **7.** *allg*. Welle *f* (*a. fig*.). **8.** ***give a friendly ~*** freundlich winken; ***give s.o. a ~*** j-m zuwinken. **'~·length** *s* ⚡, *phys*. Wellenlänge *f*: ***we are on different ~s*** *fig*. wir haben nicht die gleiche Wellenlänge.

wa·ver ['weɪvə] *v/i* **1.** flackern (*Licht, Augen*), zittern (*Stimme*). **2.** *fig*. schwanken (***between*** zwischen *dat*).

wav·y ['weɪvɪ] *adj* wellig, gewellt: ***~ line*** Wellenlinie *f*.

wax¹ [wæks] **I** *s* **1.** Wachs *n*. **2.** *physiol*. (*Ohren*)Schmalz *n*. **II** *v/t* **3.** wachsen, *Fußboden a*. bohnern.

wax² [~] *v/i* zunehmen (*Mond*).

wax·en ['wæksən] *adj fig*. wächsern.

'wax·work *s* **1.** Wachsfigur *f*. **2.** *pl* (*mst sg konstruiert*) Wachsfigurenkabinett *n*.

wax·y ['wæksɪ] *adj* wächsern (*a. fig*.).

way [weɪ] **I** *s* **1.** Weg *m*: **~ *back*** Rückweg; **~ *home*** Heimweg; **~ *in*** Eingang *m*; **~ *out*** Ausgang *m*; **~*s and means*** *pl fig.* Mittel u. Wege *pl*; ***by ~ of*** über (*acc*), via; statt; ***by the ~*** *fig.* übrigens; ***be on the*** (*od.* ***one's***) **~ *to*** unterwegs sein nach; ***give ~*** nachgeben; ***go out of one's ~*** sich besondere Mühe geben (***to do*** zu tun); ***lose one's ~*** sich verlaufen *od.* verirren; ***make ~*** Platz machen (***for*** für); → ***talk*** 8, *etc.* **2.** Richtung *f*, Seite *f*: ***this ~*** hierher; hier entlang. **3.** Weg *m*, Entfernung *f*, Strecke *f*: ***be a long ~ from*** weit entfernt sein von; ***Easter is still a long ~ off*** bis Ostern ist es noch lang. **4.** Art *f*, Weise *f*: ***in a ~*** (*od.* ***some ~s***) in gewisser Hinsicht; ***in no ~*** in keiner Weise; ***no ~!*** F kommt überhaupt nicht in Frage!; **~ *of life*** Lebensart, -weise; ***in my ~ of thinking*** m-r Ansicht nach; ***if I had my ~*** wenn es nach mir ginge; ***you can't have it both ~s*** du kannst nicht beides haben. **5.** *mst pl* Brauch *m*, Sitte *f*; Gewohnheit *f*: → ***mend*** 2. **II** *adv* **6.** weit: ***they are friends from ~ back*** sie sind alte Freunde. **'~-bill** *s* Frachtbrief *m*. **ˌ~'lay** *v/t* (*irr* ***lay***) **1.** *j-m* auflauern. **2.** *j-n* abfangen, abpassen.

way·ward ['weɪwəd] *adj* □ eigensinnig.

we [wiː] *pron* wir *pl.*

weak [wiːk] *adj* □ *allg.* schwach (***at, in*** in *dat*), (*Kaffee etc a.*) dünn: ***be*** (*od.* ***feel***) **~ *at the knees*** F schwach auf den Beinen sein; weiche Knie haben; → ***point*** 14, ***sex*** 1, ***spot*** 4. **'weak·en I** *v/t* **1.** schwächen (*a. fig.*). **II** *v/i* **2.** schwächer werden (*a. fig.*). **3.** *fig.* nachgeben.

ˌweak-'kneed *adj* F feig.

weak·ling ['wiːklɪŋ] *s* Schwächling *m*. **'weak·ness** *s allg.* Schwäche *f*: ***have a ~ for*** e-e Schwäche haben für.

weal [wiːl] *s* Striemen *m.*

wealth [welθ] *s* **1.** Reichtum *m*. **2.** *fig.* Fülle *f* (***of*** von).

wean [wiːn] *v/t Kind* entwöhnen: **~ (*away*) *from s.th.*, ~ *off s.th.*** *j-n* abbringen von et., *j-m* et. abgewöhnen.

weap·on ['wepən] *s* Waffe *f* (*a. fig.*): **~ *system*** ⚔ Waffensystem *n.*

weap·on·ry ['~rɪ] *s* Waffen *pl.*

wear [weə] **I** *s* **1.** *a.* **~ *and tear*** Abnutzung *f*, Verschleiß *m*: ***the worse for ~*** F abgenutzt (*Couch etc*); kaputt (*Person*). **2.** *oft in Zssgn* Kleidung *f*. **II** *v/t* (*irr*) **3.** *Bart*, *Brille*, *Schmuck* tragen, *Mantel etc a.* anhaben, *Hut etc a.* aufhaben: **~ *the trousers*** (*bsd. Am.* ***pants***) F die Hosen anhaben; → ***seat belt.*** **4. ~ *an angry expression*** verärgert dreinschauen; **~ *a happy smile*** glücklich lächeln. **III** *v/i* (*irr*) **5. *s.th. to ~*** et. zum Anziehen. **6.** sich abnutzen. **7. *he has worn well*** er hat sich (*für sein Alter*) gut gehalten.

Verbindungen mit Adverbien:

wear| down I *v/t* **1.** *Stufen* abtreten, *Absätze* ablaufen, *Reifen* abfahren. **2.** *fig. j-n*, *Widerstand etc* zermürben. **II** *v/i* **3.** sich abtreten *od.* ablaufen *od.* abfahren. **~ off** *v/i* nachlassen (*Schmerz etc*). **~ on** *v/i* sich hinziehen (***all day*** über den ganzen Tag). **~ out I** *v/t* **1.** *Kleidung* abnutzen, abtragen. **2.** *fig. j-n* erschöpfen. **II** *v/i* **3.** sich abnutzen *od.* abtragen.

wear·ing ['weərɪŋ] *adj* ermüdend.

wea·ri·some ['wɪərɪsəm] *adj* □ **1.** ermüdend. **2.** langweilig. **3.** lästig.

wea·ry ['wɪərɪ] *adj* □ **1.** erschöpft. **2. *be ~ of s.th.*** et. satt haben.

wea·sel ['wiːzl] **I** *s zo.* Wiesel *n*. **II** *v/i*: **~ *out of*** *bsd. Am.* F sich lavieren aus (*e-r Verantwortung etc*).

weath·er ['weðə] **I** *s* Wetter *n*; Witterung *f*: ***in all ~s*** bei jedem Wetter; ***be under the ~*** F sich nicht wohl fühlen; ***make heavy ~ of s.th.*** *fig.* sich et. unnötig schwermachen; → ***permit*** 2. **II** *v/t Krise etc* überstehen. **III** *v/i geol.* verwittern. **'~-ˌbeat·en** *adj* verwittert (*bsd. Gesicht*). **'~-bound** *adj*: ***the planes*** (***ships***) ***were ~*** die Flugzeuge (Schiffe) konnten wegen des schlechten Wetters nicht starten (auslaufen). **~ chart** *s* Wetterkarte *f*. **'~-cock** *s* Wetterhahn *m*. **~ eye** *s*: ***keep one's*** (*od.* ***a***) **~ *open*** aufpassen (***for*** auf *acc*). **~ fore·cast** *s* Wettervorhersage *f*. **'~-man** *s* (*irr* ***man***) *Rundfunk*, *TV*: Wetteransager *m*. **'~-proof I** *adj* wetterfest. **II** *v/t* wetterfest machen. **~ sat·el·lite** *s* Wettersatellit *m*. **~ sta·tion** *s* Wetterwarte *f*. **~ vane** *s* Wetterfahne *f*.

weave [wiːv] **I** *v/t* (*irr*) **1.** weben; *Netz* spinnen. **2.** flechten. **3.** *pret u. pp* ***weaved***: **~ *one's way through*** sich schlängeln durch. **II** *v/i* (*irr*) **4.** weben.

5. *pret u. pp* **weaved: ~ *through*** → 3. **III** *s* **6.** Webart *f.* **'weav·er** *s* Weber(in).

web [web] *s* **1.** Netz *n* (*a. fig.*): **~ *of lies*** Lügengespinst *n*, -gewebe *n*, -netz. **2.** *orn.* Schwimmhaut *f.*

wed [wed] *v/t* (*a. irr*) heiraten: ***they were ~ last week*** sie haben letzte Woche geheiratet.

we'd [wi:d] F *für* ***we had; we would.***

wed·ding ['wedɪŋ] **I** *s* Hochzeit *f.* **II** *adj* Hochzeits...: **~ *anniversary*** Hochzeitstag *m* (*Jahrestag*); **~ *dress*** Braut-, Hochzeitskleid *n*; **~ *ring*** Ehe-, Trauring *m.*

wedge [wedʒ] **I** *s* **1.** Keil *m*: ***drive a ~ between*** *fig.* e-n Keil treiben zwischen (*acc*); → ***thin*** 1. **2.** Stück *n* (*Kuchen etc*), Ecke *f* (*Käse*). **II** *v/t* **3.** verkeilen, mit e-m Keil festklemmen. **4. ~ *in*** einkeilen, -zwängen. **'~-shaped** *adj* keilförmig.

Wednes·day ['wenzdɪ] *s* Mittwoch *m*: ***on ~*** (am) Mittwoch; ***on ~s*** mittwochs.

wee[1] [wi:] *adj* F klein: ***a ~ bit*** ein (kleines) bißchen; ***the ~ (small) hours*** *pl* die frühen Morgenstunden *pl.*

wee[2] [~] F **I** *v/i* Pipi machen. **II** *s*: ***do*** (*od.* ***have***) ***a ~*** → I.

weed [wi:d] **I** *s* **1.** Unkraut *n.* **2.** F Schwächling *m*, Waschlappen *m.* **II** *v/t* **3.** jäten: **~ *out*** *fig.* aussieben, -sondern (***from*** aus). **III** *v/i* **4.** (Unkraut) jäten. **'weed·y** *adj* **1.** voll Unkraut. **2.** F rückgratlos.

week [wi:k] *s* Woche *f*: **~ *after ~; ~ in, ~ out*** Woche für Woche; ***after ~s of waiting*** nach wochenlangem Warten; ***for ~s*** wochenlang; → ***today*** 1. **'~·day** *s* Wochen-, Werktag *m*: ***on ~s*** werktags. **,~'end I** *s* Wochenende *n*: ***at the ~*** am Wochenende. **II** *adj* ['~end] Wochenend... **III** *v/i* das Wochenende verbringen.

week·ly ['wi:klɪ] **I** *adj* Wochen...; wöchentlich. **II** *adv* wöchentlich. **III** *s* Wochen(zeit)schrift *f*, -zeitung *f.*

wee·ny ['wi:nɪ] *adj* F klitzeklein, winzig.

weep [wi:p] (*irr*) **I** *v/i* **1.** weinen (***for, with*** vor *Freude etc*; ***for*** um *j-n*; ***over*** über *acc*). **2.** nässen (*Wunde*). **II** *v/t* **3.** *Tränen* weinen. **'weep·ing** *adj*: **~ *willow*** ♀ Trauerweide *f.* **'weep·y** *adj* F **1.** weinerlich. **2.** rührselig.

'wee-wee → ***wee***[2]**.**

weigh [weɪ] **I** *v/t* **1.** (ab)wiegen. **2.** *fig.* abwägen (***against*** gegen). **3. ~ *anchor*** ⚓ den Anker lichten. **II** *v/i* **4.** *10 Kilo etc* wiegen. **5. ~ *on*** *fig.* lasten auf (*dat*). **6. ~ *with*** *fig.* Gewicht haben bei.

Verbindungen mit Adverbien:

weigh| down *v/t* niederdrücken (*a. fig.*): ***be ~ed down with*** überladen sein mit; *fig.* niedergedrückt werden von. **~ in** *v/i* **1. ~ *at*** (*Sport*) *100 Kilo etc* auf die Waage bringen. **2.** F sich einschalten (***with*** mit). **~ out** *v/t* ab-, auswiegen. **~ up** *v/t et.* abwägen; *j-n* einschätzen.

weight [weɪt] **I** *s* **1.** *allg.* Gewicht *n*: ***~s and measures*** *pl* Maße u. Gewichte *pl*; ***it's five kilos in ~*** es wiegt fünf Kilo; ***what's your ~?*** wieviel wiegst du?, wie schwer bist du?; ***gain*** (*od.* ***put on***) ***~*** zunehmen; ***lose ~*** abnehmen. **2.** Last *f* (*a. fig.*): ***I can't lift ~s*** ich kann nicht schwer heben; ***be a ~ on s.o.'s mind*** j-n belasten; ***his decision took a ~ off my mind*** bei s-r Entscheidung fiel mir ein Stein vom Herzen. **3.** *fig.* Bedeutung *f*: ***not to attach any ~ to s.th.*** e-r Sache keine Bedeutung *od.* kein Gewicht beimessen; ***throw one's ~ about*** (*od.* ***around***) F sich aufspielen *od.* wichtig machen; → ***carry*** 5. **II** *v/t* **4.** beschweren: **~ *down*** → ***weigh down; be ~ed in favo(u)r of*** (***against***) bevorteilen (benachteiligen). **~ cat·e·go·ry** *s Sport*: Gewichtsklasse *f.*

weight·less ['weɪtlɪs] *adj* □ schwerelos.

weight| lift·er *s Sport*: Gewichtheber *m.* **~ lift·ing** *s Sport*: Gewichtheben *n.* **~ train·ing** *s Sport*: Gewichttraining *n.*

weight·y ['weɪtɪ] *adj* □ **1.** schwer. **2.** *fig.* gewichtig; schwerwiegend.

weir [wɪə] *s* Wehr *n.*

weird [wɪəd] *adj* □ **1.** unheimlich. **2.** F sonderbar, verrückt.

weird·o ['wɪədəʊ] *pl* **-os** *s* F irrer Typ.

welch → ***welsh***[2]**.**

wel·come ['welkəm] **I** *int* **1. ~ *back*** (*od.* ***home***)***!*** willkommen zu Hause!; **~ *to England!*** willkommen in England! **II** *adj* **2.** willkommen: ***you are ~ to do it*** Sie können es gerne tun; ***you're ~*** nichts zu danken!, keine Ursache!, bitte sehr! **3.** angenehm. **III** *v/t* **4.** begrüßen (*a. fig.*). **IV** *s* **5.** Empfang *m*: ***give s.o. a warm ~*** j-m e-n herzlichen Empfang bereiten. **6. *outstay*** (*od.* ***overstay***)

one's ~ j-s Gastfreundschaft überstrapazieren *od.* zu lange in Anspruch nehmen.

weld [weld] **I** *v/t* schweißen: ***~ together*** zs.-, verschweißen. **II** *s* Schweißnaht *f*, -stelle *f*. **'weld·er** *s* Schweißer *m*.

wel·fare ['welfeə] *s* **1.** Wohl *n*, (*e-r Person a.*) Wohlergehen *n*. **2.** *Am.* Sozialhilfe *f*: ***be on ~*** Sozialhilfe beziehen. **~ state** *s* Wohlfahrtsstaat *m*.

well[1] [wel] **I** *adv* **1.** gut: (***all***) ***~ and good*** schön u. gut; ***as ~*** ebenso, auch; ***as ~ as*** sowohl ... als auch; nicht nur ..., sondern auch; (***just***) ***as ~*** ebenso(gut), genauso(gut); ***just as ~*** das macht nichts; ***very ~*** also gut, na gut; ***I couldn't very ~ say no*** ich konnte schlecht nein sagen; ***be ~ in with s.o.*** auf gutem Fuß mit j-m stehen; ***do ~*** gut daran tun (***to do*** zu tun); ***~ done!*** bravo!; → ***off*** 11. **2.** gut, gründlich: ***be ~ aware of s.th.*** sich e-r Sache voll u. ganz bewußt sein; ***shake ~*** kräftig schütteln. **3.** weit: ***~ in advance*** schon lange vorher. **II** *int* **4.** nun, also (*oft unübersetzt*). **5. *~, ~!*** na so was! **III** *adj* **6.** gesund: ***not to feel ~*** sich nicht wohl fühlen. **7. *all's ~ that ends ~*** Ende gut, alles gut; ***it's all very ~ for you to criticize*** (***laugh***) du kannst leicht kritisieren (du hast gut lachen).

well[2] [~] **I** *s* **1.** Brunnen *m*: ***~ water*** Brunnenwasser *n*. **2.** (*Öl*)Quelle *f*. **3.** ⚠ (*Aufzugs- etc*)Schacht *m*. **II** *v/i* **4.** *a.* ***~ out*** quellen (***from*** aus): ***tears ~ed*** (***up***) ***in her eyes*** die Tränen stiegen ihr in die Augen.

we'll [wi:l] F *für* ***we will.***

ˌwell|-ad'vised *adj* klug (*Plan etc*). **ˌ~-ap'point·ed** *adj* gutausgestattet. **ˌ~-'bal·anced** *adj* **1.** ausgeglichen (*Person*). **2.** ausgewogen (*Ernährung etc*). **ˌ~'be·ing** *s* Wohl(ergehen) *n*: ***give s.o. a sense of ~*** j-n mit Wohlbehagen erfüllen. **ˌ~-'cho·sen** *adj* gutgewählt: ***with a few ~ words*** mit einigen wohlgesetzten Worten. **ˌ~-'done** *adj* durchgebraten (*Steak*). **ˌ~-'earned** *adj* wohlverdient. **ˌ~-'found·ed** *adj* (wohl)begründet. **ˌ~-'groomed** *adj* gepflegt. **ˌ~-'heeled** *adj* F betucht. **ˌ~-in'formed** *adj* **1.** gutunterrichtet. **2.** (vielseitig) gebildet. **ˌ~-in'ten·tioned** → ***well-meaning.*** **ˌ~-'kept** *adj* **1.** gepflegt. **2.** streng gehütet (*Geheimnis*). **ˌ~-'known** *adj* (wohl)bekannt. **ˌ~-'lined** *adj* F **1.** voller Geld, (*Brieftasche*) dick. **2.** voll (*Magen*). **ˌ~-'mean·ing** *adj* wohlmeinend (*Person*), (*Rat etc a.*) gut-, wohlgemeint. **ˌ~-'meant** *adj* gut-, wohlgemeint. **~-nigh** ['~naɪ] *adv* beinahe, nahezu. **ˌ~-'off I** *adj* begütert, reich. **II** *s*: ***the ~*** *pl* die Reichen *pl*. **ˌ~-pro'por·tioned** *adj* wohlproportioniert. **~-read** [ˌ~'red] *adj* belesen. **ˌ~-'thought-of** *adj* angesehen, geachtet. **ˌ~-to-'do** F → ***well-off.*** **ˌ~-'worn** *adj* **1.** abgenutzt, abgetragen. **2.** *fig.* abgedroschen.

Welsh[1] [welʃ] **I** *adj* **1.** walisisch. **II** *s* **2.** ***the ~*** *pl* die Waliser *pl*. **3.** *ling.* Walisisch *n*.

welsh[2] [~] *v/i*: ***~ on*** F *Schulden* nicht bezahlen; *Versprechen* nicht halten.

Welsh|·man ['welʃmən] *s* (*irr* ***man***) Waliser *m*. **'~ˌwom·an** *s* (*irr* ***woman***) Waliserin *f*.

welt [welt] *s* Striemen *m*.

wel·ter·weight ['weltəweɪt] (*Sport*) **I** *s* Weltergewicht(ler *m*) *n*. **II** *adj* Weltergewichts...

went [went] *pret von* ***go.***

wept [wept] *pret u. pp von* ***weep.***

were [wɜ:] *du* warst, *Sie* waren, *wir*, *sie* waren, *ihr* wart.

we're [wɪə] F *für* ***we are.***

weren't [wɜ:nt] F *für* ***were not.***

were·wolf ['wɪəwʊlf] *s* (*irr* ***wolf***) Werwolf *m*.

west [west] **I** *s* **1.** Westen *m*: ***in the ~ of*** im Westen von (*od. gen*); ***to the ~ of*** → 5. **2.** ***the*** ♀ *Br.* Westengland *n*; *Am.* die Weststaaten *pl*; *pol.* der Westen: → ***wild*** 1. **II** *adj* **3.** West..., westlich. **III** *adv* **4.** westwärts, nach Westen: ***go ~*** F draufgehen (*sterben, kaputtgehen*). **5. *~ of*** westlich von (*od. gen*). **'~·bound** *adj* nach Westen gehend *od.* fahrend.

west·er·ly ['westəlɪ] **I** *adj* westlich, West... **II** *adv* von *od.* nach Westen.

west·ern ['~tən] **I** *adj* westlich, West... **II** *s* Western *m*. **'west·ern·er** *s* **1.** Bewohner(in) des Westens (*e-s Landes*). **2.** ♀ Weststaatler(in). **west·ern·most** ['~məʊst] *adj* westlichst.

west·ward ['westwəd] *adj u. adv* westlich, westwärts, nach Westen. **'west·wards** *adv* → ***westward.***

wet [wet] **I** *adj* ☐ **1.** naß, (*Farbe etc a.*) feucht: ***be*** (***still***) ***~ behind the ears*** F noch grün *od.* feucht *od.* noch nicht trocken hinter den Ohren sein; **~ *blanket*** F Spiel-, Spaßverderber(in); → ***paint*** 5, ***through*** 3. **2.** regnerisch. **3.** *Br.* F weichlich: ***don't be so ~!*** sei nicht so ein Waschlappen! **II** *s* **4.** Nässe *f.* **III** *v/t* (*mst irr*) **5.** naß machen, anfeuchten: **~ *one's bed*** ins Bett machen; **~ *o.s.*** in die Hose machen; **~ *one's whistle*** F e-n zur Brust nehmen.

weth·er ['weðə] *s zo.* Hammel *m.*

we've [wi:v] F *für* ***we have.***

whack [wæk] *s* F **1.** (knallender) Schlag. **2.** (An)Teil *m.* **3.** Versuch *m*: ***have a ~ at s.th.*** et. probieren. **whacked** *adj*: ***be ~*** (***out***) F geschlaucht *od.* kaputt sein. **'whack·ing** F **I** *adj u. adv*: **~** (***great***) Mords..., riesig. **II** *s*: ***give s.o. a ~*** j-m e-e Tracht Prügel verpassen.

whale [weɪl] *s zo.* Wal *m*: ***have a ~ of a time*** F sich prächtig amüsieren.

wharf [wɔ:f] *pl* **wharfs, wharves** [wɔ:vz] *s* Kai *m.*

what [wɒt] **I** *interrogative pron* **1.** was: ***~'s for lunch?*** was gibt's zum Mittagessen?; **~ *for?*** wozu?; **~ *about ...?*** wie wär's mit ...?; **~ *if ...?*** was ist, wenn ...?; → ***age*** 1, ***like***[1] 1, ***so*** 6, *etc.* **II** *relative pron* **2.** was: ***he told me ~ to do*** er sagte mir, was ich tun sollte; ***know ~'s ~*** F wissen, was Sache ist; ***tell s.o. ~'s ~*** F j-m Bescheid stoßen. **III** *adj* **3.** was für ein(e), welch(er, e, es): **~ *luck!*** so ein Glück!; → ***age*** 1, ***colour*** 1, ***pity*** 2, *etc.* **4.** alle, die; alles, was: ***I gave him ~ money I had*** ich gab ihm, was ich an Geld hatte. **~'ev·er I** *pron* **1.** was (auch immer); alles, was. **2.** egal, was. **II** *adj* **3.** welch(er, e, es) ... auch (immer). **4.** ***no ... ~*** überhaupt kein(e). **~ for** *s*: ***I'll give him ~!*** *bsd. Br.* F dem werd' ich's zeigen!

whats·it ['wɒtsɪt] *s* F Dingsbums *n.*

ˌwhat·so'ev·er → ***whatever*** 1, 2, 4.

wheat [wi:t] *s* ♀ Weizen *m*: ***separate the ~ from the chaff*** *fig.* die Spreu vom Weizen trennen. **~ germ** *s* Weizenkern *m.*

whee·dle ['wi:dl] *v/t*: **~ *s.o. into doing s.th.*** j-m so lange schöntun, bis er et. tut; **~ *s.th. out of s.o.*** j-m et. abschmeicheln.

wheel [wi:l] **I** *s* **1.** Rad *n*: → ***fifth*** 1, ***meal***[1], ***oil*** 4, ***shoulder*** 1, ***spoke***[2]. **2.** F a) *pl* fahrbarer Untersatz, Wagen *m*, b) (Fahr)Rad *n.* **3.** ⚓, *mot.* Steuer *n*: ***be at the ~*** *mot.* am Steuer sitzen (⚓ stehen); ***take the ~*** das Steuer übernehmen. **II** *v/t* **4.** *Fahrrad, Patienten im Rollstuhl etc* schieben, *Servierwagen etc a.* rollen. **III** *v/i* **5.** **~ *about*** (*od.* [***a***]***round***) herumfahren, -wirbeln. **6.** kreisen (*Vogel*). **7.** **~ *and deal*** F *contp.* Geschäfte machen. **'~ˌbar·row** *s* Schubkarre(n *m*) *f.* **'~base** *s mot.* Radstand *m.* **ˌ~'chair** *s* ⚕ Rollstuhl *m.* **~ clamp** *s Br.* Radkralle *f*, Parkriegel *m.*

wheeled [wi:ld] *adj* **1.** **~ *vehicle*** Räderfahrzeug *n.* **2.** *in Zssgn* ...räd(e)rig.

ˌwheel·er-'deal·er *s* F *contp.* Geschäftemacher *m.*

wheeze [wi:z] *v/i* keuchen, pfeifend atmen.

when [wen] **I** *adv* **1.** *fragend*: wann. **2.** *relativ*: ***the day ~*** der Tag, an dem *od.* als; ***the time ~ it happened*** die Zeit, in *od.* zu der es geschah. **II** *cj* **3.** wann. **4.** als: ***he broke a leg ~ skiing*** er brach sich beim Skifahren ein Bein. **5.** wenn: ***say ~!*** F sag halt!, sag, wenn du genug hast! **III** *pron* **6.** ***since ~?*** seit wann? **~'ev·er** *cj* wann auch (immer); jedesmal, wenn.

where [weə] **I** *adv* (*fragend u. relativ*) wo: **~ ...** (***from***)***?*** woher?; **~ ...** (***to***)***?*** wohin? **II** *cj* wo; wohin. **'~·a·bouts** *s pl* (*a. sg konstruiert*) Verbleib *m* (*e-r Sache*), (*e-r Person a.*) Aufenthalt(sort) *m.* **~'as** *cj* während, wohingegen. **~'by** *adv* **1.** wodurch, womit. **2.** wonach. **ˌ~·up'on** *cj* worauf(hin).

wher·ev·er [weər'evə] *adv* wo(hin) auch (immer); ganz gleich, wo(hin).

whet [wet] *v/t* **1.** *Messer etc* schärfen. **2.** *fig. Appetit* anregen.

wheth·er ['weðə] *cj* ob.

whey [weɪ] *s* Molke *f.*

which [wɪtʃ] **I** *interrogative pron* **1.** welch(er, e, es): **~ *of you?*** wer von euch? **II** *relative pron* **2.** welch(er, e, es); der, die, das. **3.** *auf den vorhergehenden Satz bezüglich*: was. **III** *adj* **4.** *fragend u. relativ*: welch(er, e, es). **~'ev·er** *pron u. adj* welch(er, e, es) auch (immer); ganz gleich, welch(er, e, es).

whiff [wɪf] *s* **1.** Luftzug *m*, Hauch *m.* **2.** Duft(wolke *f*) *m.* **3.** *fig.* Anflug *m*, Hauch *m* (**of** von).

while [waɪl] **I** *s* **1.** Weile *f*: ***a little ~ ago***

vor kurzem; ***for a ~*** e-e Zeitlang; e-n Augenblick; → ***once*** 1. **II** *cj* **2.** während. **3.** obwohl. **III** *v/t* **4.** ***~ away*** sich *die Zeit* vertreiben (***by doing s.th.*** mit et.).

whilst [waɪlst] → ***while*** II.

whim [wɪm] *s* Laune *f*: ***as the ~ takes one, at ~*** nach Lust u. Laune.

whim·per ['wɪmpə] **I** *v/i* winseln (*Hund*); wimmern (*Person*). **II** *v/t* wimmern. **III** *s* Winseln *n*; Wimmern *n*.

whim·si·cal ['wɪmzɪkl] *adj* □ **1.** wunderlich. **2.** launenhaft.

whim·sy ['wɪmzɪ] *s* **1.** Wunderlichkeit *f*. **2.** Spleen *m*.

whine [waɪn] **I** *v/i* **1.** jaulen (*Hund*). **2.** jammern (***about*** über *acc*). **II** *s* **3.** Jaulen *n*. **4.** Gejammer *n*. '**whin·er** *s* Jammerer *m*.

whin·ny ['wɪnɪ] **I** *v/i* wiehern. **II** *s* Wiehern *n*.

whip [wɪp] **I** *s* **1.** Peitsche *f*. **2.** *parl. Br.* Einpeitscher *m*. **3.** *gastr.* Creme *f*. **II** *v/t* **4.** (aus)peitschen: ***~ into shape*** F *j-n, et.* auf Zack bringen. **5.** *Sahne etc* schlagen. **6.** *bsd. Sport*: F überfahren (*hoch schlagen*). **7.** *Br.* F klauen. **III** *v/i* **8.** sausen, flitzen, (*Wind*) fegen.

Verbindungen mit Adverbien:

whip| back *v/i* zurückschnellen (*Ast etc*). **~ off** *v/t* sich *ein Kleidungsstück* herunterreißen. **~ out** *v/t Revolver etc* zücken. **~ up** *v/t* **1.** → ***whip*** 5. **2.** *Interesse etc* entfachen. **3.** *Essen etc* herzaubern.

'**whip|·cord** *s* Peitschenschnur *f*. '**·lash** *s* **1.** Peitschenschnur *f*. **2.** Peitschenhieb *m*: ***~ (injury)*** ⚕ Schleudertrauma *n*.

whipped [wɪpt] *adj*: ***~ cream*** Schlagsahne *f*, -rahm *m*.

whip·ping ['wɪpɪŋ] *adj*: ***~ boy*** Prügelknabe *m*; ***~ cream*** Schlagsahne *f*, -rahm *m*.

'**whip·py** *adj* biegsam, elastisch.

'**whip-round** *s Br.* F Sammlung *f* (*im Büro etc*): ***have a ~*** sammeln (***for*** für).

whir *bsd. Am.* → ***whirr.***

whirl [wɜːl] **I** *v/i* **1.** wirbeln: ***my head is ~ing*** mir schwirrt der Kopf. **II** *v/t* **2.** wirbeln. **3.** ***the car ~ed us off to*** der Wagen brachte uns auf schnellstem Weg zu *od.* nach. **III** *s* **4.** Wirbeln *n*; Wirbel *m*: ***my head's in a ~*** mir schwirrt der Kopf; ***give s.th. a ~*** F et. ausprobieren. **5.** *fig.* Trubel *m*, Wirbel *m*.

whirl·i·gig ['wɜːlɪgɪg] *s* **1.** Kreisel *m*. **2** Karussell *n*.

'**whirl|·pool** *s* **1.** Strudel *m* (*a. fig.*). **2** Whirlpool *m* (*Unterwassermassagebekken*). '**~·wind** *s* Wirbelwind *m*.

whirr [wɜː] **I** *v/i* surren. **II** *s* Surren *n*.

whisk [wɪsk] **I** *s* **1.** Wedel *m*. **2.** *gastr.* Schneebesen *m*. **II** *v/t* **3.** ***~ its tail*** mit dem Schwanz schlagen; ***~ away*** *Fliegen etc* ver-, wegscheuchen. **4.** *Eiweiß* schlagen.

whisk·er ['wɪskə] *s* **1.** Schnurrhaar *n*: ***by a ~*** F ganz knapp. **2.** *pl* Backenbart *m*.

whis·key ['wɪskɪ] *s* (*amerikanischer od. irischer*) Whisky.

whis·ky ['wɪskɪ] *s* (*bsd. schottischer*) Whisky: ***~ and soda*** Whisky Soda; ***two whiskies*** zwei Whisky.

whis·per ['wɪspə] **I** *v/i* **1.** flüstern, leise sprechen (***to*** mit). **II** *v/t* **2.** flüstern, leise sagen: ***~ s.th. to s.o.*** j-m et. zuflüstern. **3.** ***it is ~ed that*** man munkelt, daß. **III** *s* **4.** Flüstern *n*: ***say s.th. in a ~*** et. im Flüsterton sagen. **5.** Gerücht *n*: ***I've heard a ~ that*** ich habe munkeln hören, daß. '**whis·per·ing** *adj*: ***~ campaign*** Verleumdungskampagne *f*.

whist [wɪst] *s* Whist *n* (*Kartenspiel*).

whis·tle [wɪsl] **I** *v/i* **1.** pfeifen: ***~ at*** *j-m* nachpfeifen; ***~ for*** (nach) *j-m, e-m Taxi etc* pfeifen; ***he can ~ for it*** F darauf kann er lange warten. **II** *v/t* **2.** pfeifen. **III** *s* **3.** Pfeife *f*: ***blow one's ~*** pfeifen. **4.** Pfiff *m*: ***give a ~ of surprise*** e-n überraschten Pfiff ausstoßen. **5.** → ***wet*** 5.

white [waɪt] **I** *adj* **1.** *allg.* weiß: ***~ bread*** Weißbrot *n*; ***~ coffee*** *Br.* Milchkaffee *m*, Kaffee *m* mit Milch; ***~ hope*** große Hoffnung (*Person*); ***~ lie*** Notlüge *f*; ***~ man*** Weiße *m*; ***~ paper*** *pol.* Weißbuch *n*; ***~ wedding*** Hochzeit *f* in Weiß; ***~ wine*** Weißwein *m*. **II** *s* **2.** Weiß *n*: ***dressed in ~*** weiß *od.* in Weiß gekleidet. **3.** *oft* ♀ Weiße *m, f*. **4.** Eiweiß *n*; *das* Weiße (*im Auge*). ˌ**~-'col·lar** *adj* Büro...: ***~ crime*** White-collar-Kriminalität *f*; ***~ worker*** Büroangestellte *m, f*.

whit·en ['waɪtn] **I** *v/t* weiß machen. **II** *v/i* weiß werden.

'**white·wash** **I** *v/t* **1.** tünchen, anstreichen; weißen. **2.** F *et.* übertünchen, beschönigen; *j-n* e-r Mohrenwäsche un-

terziehen. **II** *s* **3.** Tünche *f.* **4.** F Tünche *f*, Beschönigung *f*; Mohrenwäsche *f.*
whit·ish ['waɪtɪʃ] *adj* weißlich.
Whit·sun ['wɪtsn] *s* **1.** Pfingstsonntag *m.* **2.** Pfingsten *n od. pl.* **Whit Sun·day** [wɪt] → ***Whitsun*** 1.
whit·tle ['wɪtl] *v/t* **1.** (zurecht)schnitzen. **2.** *fig.* **~ *away*** *Gewinn etc* allmählich aufzehren; **~ *down*** *et.* reduzieren (***to*** auf *acc*).
whiz(z) [wɪz] **I** *v/i*: **~ *by*** (*od.* ***past***) vorbeizischen. **II** *s* F As *n*, Kanone *f* (***at*** in *dat*). **~ kid** *s* F Senkrechtstarter(in).
who [hu:] **I** *interrogative pron* **1.** wer; wen; wem: **~ *do you think you are?*** für wen hältst du dich eigentlich? **II** *relative pron.* **2.** *unverbunden*: wer; wen; wem. **3.** *verbunden*: welch(er, e, es); der, die, das.
who'd [hu:d] F *für* ***who had; who would.***
who·dun·(n)it [ˌhu:'dʌnɪt] *s* F Krimi *m.*
who'ev·er I *relative pron* wer auch (immer); wen auch (immer); wem auch (immer); egal, wer *od.* wen *od.* wem. **II** *interrogative pron*: **~ *can that be?*** wer kann denn das nur sein?
whole [həʊl] **I** *adj* (□ → ***wholly***) ganz: → ***hog*** 1. **II** *s das* Ganze: ***the ~ of the town*** die ganze Stadt; ***as a ~*** als Ganzes; ***on the ~*** im großen (u.) ganzen; alles in allem. **ˌ~-'heart·ed** *adj* ungeteilt (*Aufmerksamkeit*), ernsthaft (*Versuch etc*). **ˌ~-'heart·ed·ly** *adv* uneingeschränkt, voll u. ganz. **'~·meal** *adj* Vollkorn...
'whole·sale I *s* **1.** Großhandel *m.* **II** *adj* **2.** Großhandels... **3.** *b.s.* Massen... **III** *adv* **4.** en gros. **'wholeˌsal·er** *s* Großhändler *m.*
whole·some ['həʊlsəm] *adj* □ **1.** gesund. **2.** *fig.* gut, nützlich.
who'll [hu:l] F *für* ***who will.***
whol·ly ['həʊllɪ] *adv* gänzlich, völlig.
whom [hu:m] **I** *interrogative pron* wen; wem. **II** *relative pron* welch(en, e, es), den (die, das); welch(em, er), dem (der): ***the children, most of ~ were tired, ...*** die Kinder, von denen die meisten müde waren, ...
whoop [hu:p] **I** *v/i* schreien, *bsd.* jauchzen. **II** *v/t*: **~ *it up*** F auf den Putz hauen. **III** *s* (*bsd.* Freuden)Schrei *m*: **~*s pl of victory*** Siegesgeschrei *n.* **'whoop·ing** *adj*: **~ *cough*** ⚕ Keuchhusten *m.*
whoosh [wʊʃ] *v/i*: **~ *by*** (*od.* ***past***) F vorbeirauschen.
whop·per ['wɒpə] *s* F **1.** Mordsding *n.* **2.** faustdicke Lüge. **'whop·ping** *adj u. adv* F Mords..., riesig: **~ (*big*) *lie*** → ***whopper*** 2.
whore [hɔ:] *s* Hure *f.*
who're ['hu:ə] F *für* ***who are.***
'whore·house *s* Bordell *n*, Freudenhaus *n.*
whor·tle·ber·ry ['wɜ:tlˌberɪ] *s* ♣ Blau-, Heidelbeere *f.*
who's [hu:z] F *für* ***who is; who has.***
whose [hu:z] **I** *interrogative pron* wessen: **~ *coat is this?*, ~ *is this coat?*** wem gehört dieser Mantel? **II** *relative pron* dessen, deren.
why [waɪ] *adv* warum, weshalb: **~ *not go by bus?*** warum nimmst du nicht den Bus?
wick [wɪk] *s* Docht *m*: ***get on s.o.'s ~*** *Br.* F j-m auf den Wecker fallen *od.* gehen.
wick·ed ['wɪkɪd] *adj* □ **1.** gemein, niederträchtig. **2.** *fig.* unerhört.
wick·er ['wɪkə] *adj* Korb...: **~ *basket*** Weidenkorb *m.*
wide [waɪd] **I** *adj* (□ → ***widely***) **1.** breit. **2.** weit offen, aufgerissen (*Augen*). **3.** *fig.* umfangreich (*Wissen etc*), vielfältig (*Interessen etc*). **4.** → ***mark***[2] 5. **II** *adv* **5.** weit. **6.** ***go ~*** (*Sport*) danebengehen. **ˌ~-'an·gle** *adj*: **~ *lens*** *phot.* Weitwinkelobjektiv *n.* **ˌ~-a'wake** *adj* **1.** hellwach. **2.** *fig.* aufgeweckt, wach. **ˌ~-'eyed** *adj* **1.** mit großen *od.* aufgerissenen Augen. **2.** *fig.* naiv.
wide·ly ['waɪdlɪ] *adv* **1.** weit (*a. fig.*): ***it is ~ known that*** es ist weithin bekannt, daß; **~ *travel(l)ed*** weitgereist. **2.** **~ *different*** völlig verschieden. **'wid·en I** *v/t* verbreitern. **II** *v/i* breiter werden.
ˌwide|-'o·pen → ***wide*** 2. **'~·spread** *adj* weitverbreitet.
wid·ow ['wɪdəʊ] *s* Witwe *f.* **'wid·owed** *adj* verwitwet: ***be ~*** verwitwet sein; Witwe(r) werden.
width [wɪdθ] *s* **1.** Breite *f*: ***six feet in ~*** sechs Fuß breit; ***what is the ~ of ...?*** wie breit ist ...? **2.** Bahn *f* (*Stoff etc*).
wield [wi:ld] *v/t* *Einfluß, Macht* ausüben.
wife [waɪf] *pl* **wives** [waɪvz] *s* (Ehe)Frau *f*, Gattin *f.* **~ swap·ping** *s* F Partnertausch *m.*
wig [wɪg] *s* Perücke *f.*

wig·ging ['wɪgɪŋ] *s*: ***give s.o. a ~*** *Br.* F j-m e-e Standpauke halten.

wig·gle ['wɪgl] *v/t u. v/i* wackeln (mit).

wig·wam ['wɪgwæm] *s* Wigwam *m.*

wild [waɪld] **I** *adj* □ **1.** *allg.* wild: ***the* ♀ *West*** der Wilde Westen; → ***oats.*** **2.** stürmisch (*Wind, Applaus etc*). **3.** außer sich (***with*** vor *dat*). **4.** verrückt (*Idee etc*). **5.** ***it was just a ~ guess*** ich hab' einfach drauflosgeraten. **II** *adv* **6.** F ***go ~*** ausflippen; ***run ~*** Amok laufen; ***let one's children run ~*** s-e Kinder machen lassen, was sie wollen. **III** *s* **7.** ***in the ~*** in freier Wildbahn. **'~·cat I** *s* Wildkatze *f.* **II** *adj*: ***~ strike*** wilder Streik. **'~ˌfire** *s*: ***spread like ~*** sich wie ein Lauffeuer verbreiten. **ˌ~-'goose** *adj*: ***be a ~ chase*** vergebliche Mühe *od.* ein Metzgergang sein. **'~·life** *s* Tier- u. Pflanzenwelt *f.*

wil·ful ['wɪlfʊl] *adj* □ **1.** eigensinnig. **2.** absichtlich, *bsd.* ⚖ vorsätzlich.

will¹ [wɪl] *s* **1.** Wille *m*: ***~ to live*** Lebenswille; ***against one's ~*** gegen s-n Willen; ***at ~*** nach Belieben; ***of one's own free ~*** aus freien Stücken; ***I can't do that with the best ~ in the world*** ich kann das (auch) beim besten Willen nicht tun; ***take the ~ for the deed*** den guten Willen für die Tat nehmen. **2.** *a.* ***last ~ and testament*** Letzter Wille, Testament *n*: ***make one's ~*** sein Testament machen; → ***remember*** 3.

will² [~] *v/aux* **1.** *Futur*: ***I'll be back in 10 minutes*** ich bin in 10 Minuten zurück. **2.** *Bereitschaft, Entschluß*: ***I won't go there again*** ich gehe da nicht mehr hin; ***the door won't shut*** die Tür schließt nicht; ***~ you have some coffee?*** möchtest du e-e Tasse Kaffee? **3.** *Bitte*: ***shut the window, ~ you?*** mach bitte das Fenster zu. **4.** *Wiederholung*: ***accidents ~ happen*** Unfälle wird es immer geben; ***boys ~ be boys*** Jungen sind nun einmal so. **5.** *Vermutung*: ***that ~ be my sister*** das wird *od.* dürfte m-e Schwester sein.

will·ful *Am.* → ***wilful.***

wil·lies ['wɪlɪz] *s pl*: ***give s.o. the ~*** F j-m unheimlich sein.

will·ing ['wɪlɪŋ] *adj* □ **1.** bereit (***to do*** zu tun): ***~ to compromise*** kompromißbereit; ***God ~*** so Gott will. **2.** (bereit)willig. **'will·ing·ness** *s* **1.** Bereitschaft *f*: ***~ to compromise*** Kompromißbereitschaft. **2.** (Bereit)Willigkeit *f.*

wil·low ['wɪləʊ] *s* ♀ Weide *f.* **'wil·low·y** *adj* gertenschlank.

'willˌpow·er *s* Willenskraft *f.*

wil·ly-nil·ly [ˌwɪlɪ'nɪlɪ] *adv* wohl od. übel.

wilt [wɪlt] *v/i* **1.** verwelken, welk werden. **2.** schlaff werden.

wil·y ['waɪlɪ] *adj* gerissen, raffiniert.

win [wɪn] **I** *s* **1.** *bsd. Sport*: Sieg *m*: ***have a ~*** e-n Sieg erzielen; e-n Gewinn machen. **II** *v/t* (*irr*) **2.** gewinnen: → ***day*** 2. **3.** *j-m et.* einbringen. **III** *v/i* (*irr*) **4.** gewinnen, siegen: ***OK, you ~*** okay, du hast gewonnen.

Verbindungen mit Adverbien:

win| back *v/t* zurückgewinnen. **~ out** → ***win through.*** **~ o·ver, ~ round** *v/t j-n* für sich gewinnen: ***win s.o. over to*** j-n gewinnen für. **~ through** *v/i* sich durchsetzen.

wince [wɪns] *v/i* zs.-zucken (***at*** bei).

winch [wɪntʃ] ⚙ **I** *s* Winde *f.* **II** *v/t* winden.

wind¹ [wɪnd] **I** *s* **1.** Wind *m*: ***a load of ~*** F leeres Geschwätz; ***there's s.th. in the ~*** *fig.* es liegt et. in der Luft; ***find out*** (*od.* ***see***) ***which way the ~ blows*** *fig.* sehen, woher der Wind weht; ***get ~ of s.th.*** *fig.* Wind von et. bekommen; ***get the ~ up*** F Angst kriegen; ***put the ~ up s.o.*** F j-m Angst einjagen; ***sail close to the ~*** ⚓ hart am Wind segeln; *fig.* sich hart an der Grenze des Erlaubten bewegen; ***take the ~ out of s.o.'s sails*** *fig.* j-m den Wind aus den Segeln nehmen. **2.** Atem *m*: ***get one's ~*** wieder zu Atem kommen; ***get one's second ~*** (*bsd. Sport*) die zweite Luft bekommen. **3.** ⚕ Blähungen *pl*: ***it gives me ~*** davon bekomme ich Blähungen. **4.** ***the ~*** ♪ die Blasinstrumente *pl*; die Bläser *pl.* **II** *v/t* **5.** *j-m* den Atem nehmen *od.* verschlagen. **6.** *hunt.* wittern.

wind² [waɪnd] **I** *s* **1.** Umdrehung *f.* **II** *v/t* (*irr*) **2.** drehen (an *dat*); *Uhr etc* aufziehen. **3.** wickeln (***round*** um). **III** *v/i* (*irr*) **4.** sich winden *od.* schlängeln (*Pfad etc*).

Verbindungen mit Adverbien:

wind| back *v/t Film etc* zurückspulen. **~ down I** *v/t* **1.** *Autofenster etc* herunterdrehen, -kurbeln. **2.** *Produktion etc* reduzieren. **II** *v/i* **3.** F sich entspannen. **~ for·ward** *v/t Film etc* weiterspulen. **~**

up I *v/t* **1.** *Autofenster etc* hochdrehen, -kurbeln. **2.** *Uhr etc* aufziehen. **3.** *Versammlung etc* beschließen (**with** mit). **4.** *Unternehmen* auflösen. **II** *v/i* **5.** F landen (**in** in *dat*): **~ doing s.th.** am Ende et. tun; **you'll ~ with a heart attack** du kriegst noch mal e-n Herzinfarkt.

wind|·bag ['wɪndbæg] *s* F Schwätzer(in). '**~·break** *s* Windschutz *m.* '**~·fall** *s* **1.** *pl* Fallobst *n.* **2.** unverhofftes Geschenk, unverhoffter Gewinn.

wind·ing ['waɪndɪŋ] *adj* gewunden (*Pfad etc*): **~ stairs** *pl* Wendeltreppe *f.*

wind| in·stru·ment [wɪnd] *s* ♪ Blasinstrument *n.* **~·jam·mer** ['~ˌdʒæmə] *s* ⚓ Windjammer *m.*

wind·lass ['wɪndləs] *s* ⚙ Winde *f.*

wind·less ['wɪndlɪs] *adj* windstill.

wind·mill ['wɪnmɪl] *s* Windmühle *f.*

win·dow ['wɪndəʊ] *s* **1.** Fenster *n.* **2.** Schaufenster *n.* **3.** Schalter *m* (*in Bank etc*). **~ box** *s* Blumenkasten *m.* **~ clean·er** *s* Fensterputzer *m.* **~ dress·er** *s* Schaufensterdekorateur(in). **~ dress·ing** *s* **1.** Schaufensterdekoration *f.* **2.** *fig.* Mache *f.* '**~·pane** *s* Fensterscheibe *f.* **~ seat** *s* Fensterplatz *m.* **~ shade** *s Am.* Rouleau *n.* '**~-shop** *v/i*: **go ~ping** e-n Schaufensterbummel machen. '**~-sill** *s* Fensterbank *f*, -brett *n.*

wind|·pipe ['wɪndpaɪp] *s anat.* Luftröhre *f.* '**~·screen** *s mot. bsd. Br.* Windschutzscheibe *f*: **~ wiper** Scheibenwischer *m.* '**~·shield** *Am.* → **windscreen.** '**~·sock** *s* Windsack *m.* '**~ˌsurf·er** *s* Windsurfer(in). '**~ˌsurf·ing** *s* Windsurfing *n.* '**~·swept** *adj* (vom Wind) zerzaust. **~ tun·nel** *s* Windkanal *m.*

wind·ward ['wɪndwəd] ⚓ **I** *adv* luvwärts. **II** *s* Luv(seite) *f.*

wind·y ['wɪndɪ] *adj* □ **1.** windig. **2.** ⚕ blähend.

wine [waɪn] *s* Wein *m.* **~ bar** *s* Weinlokal *n.* **~ bot·tle** *s* Weinflasche *f.* **~ glass** *s* Weinglas *n.* **~ list** *s* Weinkarte *f.*

wing [wɪŋ] *s* **1.** *allg.* Flügel *m*: **take s.o. under one's ~** *fig.* j-n unter s-e Fittiche nehmen. **2.** ✈ Tragfläche *f.* **3.** *mot. Br.* Kotflügel *m.* '**wing·er** *s Sport*: Flügelstürmer(in).

wing| nut *s* ⚙ Flügelmutter *f.* '**~·span,** '**~·spread** *s* ✈, *orn.* Flügelspannweite *f.*

wink [wɪŋk] **I** *v/i* zwinkern: **~ at** *j-m* zuzwinkern; *et.* geflissentlich übersehen. **II** *v/t*: **~ one's lights** *mot. Br.* blinken. **III** *s* Zwinkern *n*: **with a ~ of the eye** augenzwinkernd; **give s.o. a ~** j-m zuzwinkern; **I didn't get a ~ of sleep** (*od.* **I didn't sleep a ~**) **last night** ich habe letzte Nacht kein Auge zugetan; → **forty** I. '**wink·er** *s mot. Br.* F Blinker *m.*

win·kle ['wɪŋkl] *v/t*: **~ out** *bsd. Br.* F *Wahrheit etc* herausholen (**of** aus).

win·ner ['wɪnə] *s* **1.** Gewinner(in), (*bsd. Sport*) Sieger(in). **2. be a real winner** F ein Riesenerfolg sein. '**win·ning I** *adj* **1.** siegreich, Sieger..., Sieges...: **~ post** Zielpfosten *m.* **2.** *fig.* gewinnend (*Lächeln etc*). **II** *s pl* **3.** Gewinn *m.*

win·ter ['wɪntə] **I** *s* Winter *m*: **in** (**the**) **~** im Winter. **II** *adj* Winter...: **~ sports** *pl* Wintersport *m.* **III** *v/i* überwintern; den Winter verbringen. '**win·ter·ize** *v/t Am. Auto etc* winterfest machen. '**win·ter·y** → **wintry.**

'**win·ter·time** *s* Winter(zeit *f*) *m*: **in** (**the**) **~** im Winter.

win·try ['wɪntrɪ] *adj* **1.** winterlich, Winter...: **~ clouds** *pl* Schneewolken *pl.* **2.** *fig.* frostig (*Lächeln*).

wipe [waɪp] **I** *s*: **give s.th. a ~** et. abwischen. **II** *v/t Tisch etc* (ab)wischen; *Krümel etc* wischen (**off** von): **~ one's feet** (**shoes**) sich die Füße (Schuhe) abputzen (**on** auf *dat*); **~ one's nose** sich die Nase putzen; **~ clean** *Tafel etc* abwischen; **that'll ~ the smile off his face** *fig.* da wird ihm das Lachen vergehen; **~ the floor with s.o.** F j-n fertigmachen.

Verbindungen mit Adverbien:

wipe| a·way *v/t* wegwischen, sich *die Tränen* ab- *od.* wegwischen. **~ off** *v/t* ab-, wegwischen. **~ out** *v/t* **1.** auswischen. **2.** *Menschen* auslöschen, *Rasse* ausrotten. **3.** *Gewinn etc* zunichte machen. **4.** F *j-n* schlauchen. **~ up** *v/t* aufwischen.

wip·er ['waɪpə] *s mot.* (*Scheiben*)Wischer *m.*

wire ['waɪə] **I** *s* **1.** Draht *m.* **2.** ⚡ Leitung *f.* **3.** *Am.* Telegramm *n.* **II** *v/t* **4.** *a.* **~ up** Leitungen verlegen in (*dat*). **5.** *Am. j-m* ein Telegramm schicken; *j-m et.* telegrafieren. **~ net·ting** *s* Maschendraht *m.* '**~-tap** *v/t j-n, j-s Telefon* abhören. **~ wool** *s* Stahlwolle *f.*

wir·y ['waɪərɪ] *adj* drahtig (*Figur etc*).

wis·dom ['wɪzdəm] *s* Weisheit *f*, Klugheit *f*. **~ tooth** *s* (*irr* **tooth**) Weisheitszahn *m*.

wise [waɪz] **I** *adj* (□ → ***wisely***) weise, klug: ***you were ~ to do that*** es war klug von dir, das zu tun; ***it's easy to be ~ after the event*** hinterher kann man leicht klüger sein; ***be none the ~r*** F nicht klüger sein als vorher; ***get ~ to s.th.*** F et. spitzkriegen; ***~ guy*** F Klugschwätzer *m*. **II** *v/t*: ***~ up*** *bsd. Am.* F *j-n* aufklären (***to*** über *acc*). **III** *v/i*: ***~ up to*** *bsd. Am.* F *et*. spitzkriegen. **'~·crack** F **I** *v/i* witzeln (***about*** über *acc*). **II** *s* Witzelei *f*: ***you and your ~s*** *contp*. du u. deine dummen Sprüche.

wise·ly ['waɪzlɪ] *adv* **1.** weise, klug. **2.** klugerweise.

wish [wɪʃ] **I** *v/t* **1.** ***I ~ he were here*** ich wünschte *od.* wollte, er wäre hier. **2.** wollen: ***I ~ to make a complaint*** ich möchte mich beschweren. **3.** *j-m et.* wünschen: ***~ s.o. well*** j-m alles Gute wünschen; ***I wouldn't ~ that on my worst enemy*** das würde ich nicht einmal m-m ärgsten Feind wünschen. **II** *v/i* **4.** ***if you ~*** (***to***) wenn du willst. **5.** ***~ for s.th.*** sich et. wünschen. **III** *s* **6.** Wunsch *m* (***for*** nach): ***make a ~*** sich et. wünschen; (***with***) ***best ~es*** Herzliche Grüße (*Briefschluß*); ***best ~es on passing your exam*** herzlichen Glückwunsch zur bestandenen Prüfung; ***send one's best ~es for s.o.'s birthday*** j-m e-n Glückwunsch zum Geburtstag schikken. **'~·bone** *s* Gabelbein *n*, -knochen *m*.

wish·ful ['wɪʃfʊl] *adj*: ***~ thinking*** Wunschdenken *n*.

wish·y-wash·y ['wɪʃɪˌwɒʃɪ] *adj* F **1.** labb(e)rig. **2.** *fig*. lasch (*Person*); verschwommen (*Vorstellung etc*).

wisp [wɪsp] *s* (*Gras-*, *Haar*)Büschel *n*.

wist·ful ['wɪstfʊl] *adj* □ wehmütig.

wit [wɪt] *s* **1.** Geist *m*, Witz *m*. **2.** geistreicher Mensch. **3.** *a. pl* Verstand *m*: ***be at one's ~s' end*** mit s-r Weisheit am Ende sein; ***frighten s.o. out of his ~s*** j-n zu Tode erschrecken; ***keep one's ~s about one*** e-n klaren Kopf behalten.

witch [wɪtʃ] *s* Hexe *f*. **'~·craft** *s* Hexerei *f*. **~ doc·tor** *s* Medizinmann *m*. **~ hunt** *s pol.* Hexenjagd *f* (***for, against*** auf *acc*).

with [wɪð] *prp* **1.** *allg*. mit: ***are you still ~ me?*** kannst du mir folgen? **2.** bei: ***she's staying ~ a friend*** sie wohnt bei e-r Freundin; → ***will***[1] 1, *etc*. **3.** vor (*dat*): → ***tremble*** I, *etc*. **4.** von: → ***part*** 12, *etc*. **5.** für: ***are you ~ me or against me?*** bist du für od. gegen mich?

with'draw (*irr* ***draw***) **I** *v/t* **1.** *Geld* abheben (***from*** von). **2.** *Angebot etc* zurückziehen, *Anschuldigung etc* zurücknehmen: ***~ from the market*** vom Markt nehmen. **3.** ⚔ *Truppen* zurück-, abziehen. **II** *v/i* **4.** sich zurückziehen. **5.** zurücktreten (***from*** von). **with'draw·al I** *s* **1.** ***make a ~*** Geld abheben (***from*** von). **2.** Rücknahme *f*. **3.** ⚔ Ab-, Rückzug *m*. **4.** Rücktritt *m* (***from*** von). **II** *adj* **5.** ***~ symptoms*** *pl* ⚕ Entziehungs-, Entzugserscheinungen *pl*.

with·er ['wɪðə] *v/i* eingehen, verdorren. **'with·er·ing** *adj* □ vernichtend (*Blick etc*).

with|'hold *v/t* (*irr* ***hold***) *Informationen*, *Zahlung etc* zurückhalten: ***~ s.th. from s.o.*** j-m et. vorenthalten. **~'in** *prp* innerhalb (*gen*): → ***income, sight*** 3, *etc*. **~'out** *prp* ohne (*acc*). **~'stand** *v/t* (*irr* ***stand***) **1.** *e-m Angriff etc* standhalten. **2.** *Beanspruchung etc* aushalten.

wit·less ['wɪtlɪs] *adj* □ geistlos.

wit·ness ['wɪtnɪs] **I** *s* **1.** *allg*. Zeuge *m*, Zeugin *f*: ***~ for the defence*** (*Am.* ***defense***) ⚖ Entlastungszeuge; ***~ for the prosecution*** ⚖ Belastungszeuge. **II** *v/t* **2.** Zeuge sein (*gen*); *Veränderungen etc* erleben: ***did anybody ~ the accident?*** hat j-d den Unfall gesehen? **3.** *et*. bezeugen, *Unterschrift* beglaubigen. **4.** ***~*** denken Sie nur an (*acc*). **III** *v/i* **5.** ***~ to*** *et*. bezeugen. **~ box** *s bsd. Br.*, **~ stand** *s Am.* Zeugenstand *m*.

wit·ti·cism ['wɪtɪsɪzəm] *s* geistreiche *od.* witzige Bemerkung.

wit·ty ['wɪtɪ] *adj* □ geistreich, witzig.

wives [waɪvz] *pl von* ***wife***.

wiz·ard ['wɪzəd] *s* **1.** Zauberer *m*, Hexenmeister *m*. **2.** *fig*. Genie *n* (***at*** in *dat*): ***financial ~*** Finanzgenie.

wiz·ened ['wɪznd] *adj* verhutzelt.

wob·ble ['wɒbl] **I** *v/i* wackeln (*Tisch etc*), zittern (*Stimme etc*), schwabbeln (*Pudding etc*), *mot*. flattern (*Reifen*). **II** *v/t* wackeln an (*dat*).

woe [wəʊ] *s* Kummer *m*, Leid *n*: ***~ betide***

you if wehe, wenn du; ***tale of ~*** Leidensgeschichte *f*. **woe·ful** ['~fʊl] *adj* □ bedauerlich, beklagenswert.

woke [wəʊk] *pret von* ***wake***[2]. '**wok·en** *pp von* ***wake***[2].

wolf [wʊlf] **I** *pl* **wolves** [wʊlvz] *s* **1.** *zo.* Wolf *m*: ***a ~ in sheep's clothing*** *fig.* ein Wolf im Schafspelz; ***lone ~*** *fig.* Einzelgänger *m*; ***cry ~*** *fig.* blinden Alarm schlagen. **2.** F Schürzenjäger *m*. **II** *v/t* **3.** *a.* ***~ down*** F *Essen* hinunterschlingen. **~ whis·tle** *s* F bewundernder Pfiff: ***give s.o. a ~*** j-m nachpfeifen.

wolves [wʊlvz] *pl von* ***wolf.***

wom·an ['wʊmən] **I** *pl* **wom·en** ['wɪmɪn] *s* Frau *f*. **II** *adj*: ***~ doctor*** Ärztin *f*; ***~ driver*** Frau *f* am Steuer; ***~ teacher*** Lehrerin *f*. **~ hat·er** *s* Frauenhasser *m*.

wom·an·ish ['wʊmənɪʃ] *adj* □ *contp.* weibisch.

wom·an·ize ['wʊmənaɪz] *v/i* hinter den Frauen hersein. '**wom·an·iz·er** *s* Schürzenjäger *m*.

wom·an·kind [ˌwʊmən'kaɪnd] *s* das weibliche Geschlecht. '**wom·an·ly** *adj* fraulich (*Figur etc*); weiblich (*Tugend etc*).

womb [wu:m] *s anat.* Gebärmutter *f*, Mutterleib *m*.

wom·en ['wɪmɪn] *pl von* ***woman***: ***~'s movement*** Frauenbewegung *f*; ***~'s team*** (*Sport*) Damenmannschaft *f*.

won [wʌn] *pret u. pp von* ***win.***

won·der ['wʌndə] **I** *v/t* **1.** neugierig *od.* gespannt sein, gern wissen mögen (***if, whether*** ob; ***what*** was); sich fragen, überlegen: ***I ~ if you could help me*** vielleicht können Sie mir helfen. **II** *v/i* **2.** sich wundern, erstaunt sein (***about*** über *acc*). **3.** neugierig *od.* gespannt sein: ***well, I ~*** na, ich weiß nicht (recht). **III** *s* **4.** Staunen *n*, Verwunderung *f*: ***in ~*** erstaunt, verwundert. **5.** Wunder *n*: ***nine days' ~*** Eintagsfliege *f*; ***it's a ~*** (***that***) es ist ein Wunder, daß; (***it's***) ***no*** (*od.* ***small, little***) ***~*** (***that***) kein Wunder, daß; ***~s will never cease!*** *humor.* es geschehen noch Zeichen u. Wunder!; ***do*** (*od.* ***work***) ***~s*** wahre Wunder vollbringen, Wunder wirken (***for*** bei). **IV** *adj* **6.** Wunder... **won·der·ful** ['~fʊl] *adj* □ wunderbar.

'**won·der·land** *s* **1.** Wunderland *n*. **2.** Paradies *n*.

won·ky ['wɒŋkɪ] *adj Br.* F **1.** wack(e)lig. **2.** schwach (*Herz*).

wont [wəʊnt] *adj*: ***be ~ to do s.th.*** et. zu tun pflegen.

won't [wəʊnt] F *für* ***will not.***

woo [wu:] *v/t j-n* umwerben.

wood [wʊd] *s* **1.** Holz *n*: → ***touch*** 8. **2.** *a. pl* Wald *m*: ***be out of the ~*** (*Am.* ***~s***) *fig.* über den Berg sein; ***he can't see the ~ for trees*** *fig.* er sieht den Wald vor lauter Bäumen nicht. '**~·cut** *s* Holzschnitt *m*.

wood·ed ['wʊdɪd] *adj* bewaldet.

wood·en ['wʊdn] *adj* hölzern (*a. fig.*), Holz... '**~ˌhead·ed** *adj* F dämlich.

wood|·land ['wʊdlənd] *s* Waldland *n*, Waldung *f*. '**~ˌpeck·er** *s orn.* Specht *m*. '**~·pile** *s* Holzhaufen *m*, -stoß *m*. '**~·shed** *s* Holzschuppen *m*. **~·wind** ['~wɪnd] ♪ **I** *s*: ***the ~*** die Holzblasinstrumente *pl*; die Holzbläser *pl*. **II** *adj*: ***~ instrument*** Holzblasinstrument *n*. '**~·worm** *s zo.* Holzwurm *m*.

wood·y ['wʊdɪ] *adj* **1.** waldig. **2.** holzig.

wool [wʊl] *s* Wolle *f*: ***pull the ~ over s.o.'s eyes*** *fig.* j-m Sand in die Augen streuen. **wool·en** ['~ən] *Am.*, **wool·len** ['~ən] *bsd. Br.* **I** *adj* wollen, Woll... **II** *s pl* Wollsachen *pl*, -kleidung *f*. '**wool·ly,** *Am. a.* '**wool·y** *adj* **1.** → ***woolen*** 1. **2.** wollig. **3.** *fig.* wirr.

Worces·ter sauce ['wʊstə] *s* Worcestersoße *f*.

word [wɜ:d] **I** *s* **1.** *allg.* Wort *n*: ***beyond ~s*** unbeschreiblich; ***by ~ of mouth*** mündlich; ***~ for ~*** Wort für Wort; wortwörtlich; ***in a ~*** in 'einem Wort; ***in other ~s*** mit anderen Worten; ***in one's own ~s*** in eigenen Worten; ***in ~ and in deed*** in Worten u. in Taten; ***angry isn't the ~ for ...*** ärgerlich ist gar kein Ausdruck für ...; ***he's a man of few ~s*** er macht nicht viele Worte; ***be as good as one's ~*** halten, was man verspricht; ***break one's ~*** sein Wort brechen; ***get*** (*od.* ***have***) ***the final*** (*od.* ***last***) ***~*** das letzte Wort haben (***on*** in (*dat*)); ***give s.o. one's ~*** (***of hono[u]r***) j-m sein (Ehren)Wort geben; ***he always has to have the last ~*** er muß immer das letzte Wort haben; ***can I have a ~*** (*od.* ***a few ~s***) ***with you?*** kann ich Sie mal kurz sprechen?; ***have ~s*** e-e Auseinandersetzung haben (***with*** mit); ***keep one's ~***

Wort halten (***to*** gegenüber); ***put into ~s*** *et.* ausdrücken, in Worte fassen; ***take s.o. at his ~*** j-n beim Wort nehmen; → ***eat*** 2, ***edgeways, fail*** 5, ***mum***¹ I, ***play*** 4. **2.** *pl* Text *m* (*e-s Lieds etc*). **3.** Nachricht *f*: ***there's been no ~ from her for months*** wir haben schon seit Monaten nichts mehr von ihr gehört; ***send ~ that*** Nachricht geben, daß. **II** *v/t* **4.** *et.* ausdrücken, *Text* abfassen, formulieren. **'word·ing** *s* Wortlaut *m*. **'word·less** *adj* □ wortlos, stumm.

word| or·der *s ling*. Wortstellung *f*. **'~·play** *s* Wortspielereien *pl*. **~ pro·cess·or** *s Computer*: Wort-, Textverarbeitungsgerät *n*.

word·y ['wɜ:dɪ] *adj* □ wortreich, langatmig.

wore [wɔ:] *pret von* ***wear***.

work [wɜ:k] **I** *s* **1.** *allg*. Arbeit *f*: ***at ~*** am Arbeitsplatz; ***be out of ~*** arbeitslos sein; ***make short ~ of*** kurzen Prozeß machen mit. **2.** Werk *n* (*a. Tat*): → ***art*** 1. **3.** *pl* (*oft sg konstruiert*) Werk *n*, Fabrik *f*. **4.** *pl* ⚙ Werk *n*, Getriebe *n*: → ***spanner***. **5.** ***the whole ~s*** *pl* F der ganze Krempel. **II** *v/i* **6.** arbeiten (***at, on*** an *dat*): → ***rule*** 2. **7.** funktionieren (*a. fig.*). **III** *v/t* **8.** *j-n* arbeiten lassen: ***~ o.s. into a temper*** F sich in e-n Wutausbruch hineinsteigern. **9.** *Maschine etc* bedienen. **10.** bewirken: ***how did you ~ it?*** F wie hast du das geschafft?; → ***miracle, wonder*** 5. **11.** ***~ s.th. into*** *fig.* et. einbauen in (*acc*).

Verbindungen mit Adverbien:

work| in *v/t Zitate etc* einbauen. **~ off** *v/t* **1.** *Schulden* abarbeiten. **2.** *Zorn etc* abreagieren (***on*** an *dat*). **~ out I** *v/t* **1.** ausrechnen; *fig.* sich *et.* zs.-reimen. **2.** *Plan etc* ausarbeiten. **II** *v/i* **3.** klappen: ***it'll never ~*** daraus kann nichts werden. **4.** aufgehen (*Rechnung etc*): ***it didn't ~*** *fig.* die Rechnung ist nicht aufgegangen. **5.** F trainieren. **~ o·ver** *v/t* F *j-n* zs.-schlagen. **~ up** *v/t* **1.** *Zuhörer etc* aufpeitschen, -wühlen: ***be worked up*** aufgeregt *od.* nervös sein (***about*** wegen). **2.** sich *Appetit etc* holen; *Begeisterung etc* aufbringen. **3.** *et.* ausarbeiten (***into*** zu).

work·a·ble ['wɜ:kəbl] *adj* **1.** formbar. **2.** *fig.* durchführbar.

'work·a·day *adj* Alltags...

work·a·hol·ic [ˌwɜ:kə'hɒlɪk] *s* F Arbeitssüchtige *m, f*.

'work|·bench *s* ⚙ Werkbank *f*. **'~·book** *s ped.* Arbeitsheft *n*. **~ camp** *s* Arbeitslager *n*. **~ coat** *s Am.* Arbeitsmantel *m*, Kittel *m*. **'~·day** *s* **1.** Arbeitstag *m*. **2.** Werktag *m*.

work·er ['wɜ:kə] *s* **1.** Arbeiter(in), Angestellte *m, f*. **2.** ***be a real ~*** hart arbeiten.

work force *s* **1.** Belegschaft *f*. **2.** Arbeitskräftepotential *n*.

work·ing ['wɜ:kɪŋ] **I** *adj* **1.** Arbeits...: ***~ breakfast*** Arbeitsfrühstück *n*; ***~ capital*** ✝ Betriebskapital *n*; ***~ day*** → ***workday***; ***~ hours*** *pl* Arbeitszeit *f*; ***~ hypothesis*** Arbeitshypothese *f*; ***a ~ knowledge of French*** französische Grundkenntnisse *pl*; ***have a ~ knowledge of*** ein bißchen was verstehen von; ***in ~ order*** in betriebsfähigem Zustand. **2.** arbeitend, berufstätig: ***~ class(es*** *pl*) Arbeiterklasse *f*. **II** *s pl* **3.** ⚙ Arbeits-, Funktionsweise *f*.

'work|·load *s* Arbeitspensum *n*. **~·man** ['~mən] *s* (*irr* ***man***) Handwerker *m*. **'~·out** *s* F Training *n*. **~ per·mit** *s* Arbeitserlaubnis *f*, -genehmigung *f*. **'~·place** *s* Arbeitsplatz *m*: ***at the ~*** am Arbeitsplatz. **'~·shop** *s* **1.** Werkstatt *f*. **2.** Workshop *m* (*Seminar*). **'~·shy** *adj* arbeitsscheu. **~ stud·y** *s* Arbeitsstudie *f*. **'~·top** *s* Arbeitsplatte *f*. **ˌ~-to-'rule** *s* ✝ *Br.* Dienst *m* nach Vorschrift.

world [wɜ:ld] **I** *s allg.* Welt *f*: ***in the ~*** auf der Welt; ***what in the ~ ...?*** was um alles in der Welt ...?; ***a man of the ~*** ein Mann von Welt; ***all over the ~*** in der ganzen Welt; ***they are ~s apart*** zwischen ihnen liegen Welten; ***bring into the ~*** auf die Welt bringen; ***do s.o. a*** (*od.* ***the***) ***~ of good*** j-m unwahrscheinlich gut tun; ***mean all the ~ to s.o.*** j-m alles bedeuten. **II** *adj* Welt...: ***~ champion*** Weltmeister(in); ***~ championship*** Weltmeisterschaft *f*; ***≈ Cup*** (*Sport*) Weltcup *m*, -pokal *m*; Fußballweltmeisterschaft *f*; ***~ language*** Weltsprache *f*; ***~ power*** *pol.* Weltmacht *f*; ***~ record*** Weltrekord *m*; ***~ record holder*** Weltrekordler(in); ***~ war*** Weltkrieg *m*. **'~-ˌbeat·er** *s*: ***be a ~*** unschlagbar sein. **'~-ˌfa·mous** *adj* weltberühmt.

world·ly ['wɜ:ldlɪ] *adj* **1.** weltlich, irdisch.

2. weltlich (gesinnt). ˌ**~-'wise** *adj* weltklug.

'world·wide *adj* weltweit, *adv a.* auf der ganzen Welt.

worm [wɜːm] **I** *s* **1.** *zo.* Wurm *m.* **II** *v/t* **2.** *Hund etc* entwurmen. **3.** ***~ one's way through*** sich schlängeln *od.* zwängen durch; ***~ o.s. into s.o.'s confidence*** sich in j-s Vertrauen einschleichen. **4.** ***~ s.th. out of s.o.*** *fig.* j-m et. entlocken. **'~-ˌeat·en** *adj* wurmstichig. **'~·hole** *s* Wurmloch *n.* **'~·wood** *s* ♀ Wermut *m.*

worm·y ['wɜːmɪ] *adj* **1.** wurmig. **2.** wurmstichig.

worn [wɔːn] *pp von* **wear.** ˌ**~-'out** *adj* **1.** abgenutzt, abgetragen (*Kleidung*). **2.** *fig.* erschöpft (*Person*).

wor·ried ['wʌrɪd] *adj* besorgt, beunruhigt: ***be ~*** sich sorgen, sich Sorgen machen (***about*** über *acc*, um, wegen). **wor·ri·some** ['~səm] *adj* besorgniserregend, beunruhigend. **'wor·ry I** *v/t j-n* beunruhigen, *j-m* Sorgen machen. **II** *v/i* sich sorgen, sich Sorgen machen (***about, over*** über *acc*, um, wegen): ***not to ~*** mach dir keine Gedanken; ***~ at*** sich abmühen mit. **III** *s* Sorge *f.* **'wor·ry·ing** → ***worrisome.***

worse [wɜːs] **I** *adj u. adv* schlechter, schlimmer: ***~ still*** was noch schlimmer ist; ***to make matters ~*** zu allem Übel; ***he's getting steadily ~*** sein Zustand verschlechtert sich immer mehr; → ***wear*** 1. **II** *s* Schlechteres *n*, Schlimmeres *n*: → ***bad*** 7, ***turn*** 4. **'wors·en I** *v/t* schlechter machen, verschlechtern. **II** *v/i* schlechter werden, sich verschlechtern.

wor·ship ['wɜːʃɪp] **I** *v/t pret u. pp* **-shiped,** *bsd. Br.* **-shipped 1.** *Gott* anbeten, *a. Ahnen, Helden* verehren; *weitS. j-n* anbeten, vergöttern: ***~ God*** *a.* zu Gott beten. **II** *s* **2.** Anbetung *f*, Verehrung *f.* **3.** Gottesdienst *m.* **'wor·ship·(p)er** *s* **1.** Anbeter(in), Verehrer(in). **2.** Kirchgänger(in).

worst [wɜːst] **I** *adj* schlechtest, schlimmst: ***of the ~ kind*** der übelsten Sorte. **II** *adv* am schlechtesten *od.* schlimmsten: ***come off ~*** den kürzeren ziehen (***in*** bei). **III** *s der, die, das* Schlechteste *od.* Schlimmste: ***at (the) ~*** schlimmstenfalls; ***if the ~ comes to the ~*** wenn alle Stricke reißen; ***the ~ of it is that*** das Schlimmste daran ist, daß; ***get the ~*** den kürzeren ziehen (***of*** bei).

wor·sted ['wʊstɪd] *s* Kammgarn *n.*

worth [wɜːθ] **I** *adj* wert: ***it's ~ £10*** es ist 10 Pfund wert; ***a skirt ~ £20*** ein Rock im Wert von 20 Pfund; ***it's ~ a try*** es ist e-n Versuch wert; ***it isn't ~ it*** es lohnt sich nicht; ***it might be ~ your while*** es könnte sich für dich lohnen (***to do*** zu tun); ***~ mentioning*** erwähnenswert; ***not ~ mentioning*** nicht der Rede wert; ***it isn't ~ waiting any longer*** es lohnt sich nicht, noch länger zu warten; → ***candle, salt*** 1. **II** *s* Wert *m.* **'worth·less** *adj* □ wertlos. ˌ**worth'while** *adj* lohnend: ***be ~*** sich lohnen. **wor·thy** ['wɜːðɪ] *adj* □ würdig: ***~ of admiration*** bewunderns-, bewunderungswürdig.

would [wʊd] *v/aux* **1.** *konditional*: ***he said he ~ come*** er sagte, er werde kommen; ***he ~ have come if*** er wäre gekommen, wenn; ***what ~ you do if ...?*** was würdest du tun, wenn ...?; ***how ~ you know?*** woher willst du denn das wissen?; ***you ~n't understand*** das verstehst du sowieso nicht; ***you ~, ~n't you?*** F das sieht dir ähnlich! **2.** *Bereitschaft, Entschluß*: ***he ~n't tell us what had happened*** er wollte uns nicht sagen, was passiert war; ***the door ~n't shut*** die Tür schloß nicht; ***I ~ rather not say what I think*** ich sage lieber nicht, was ich denke. **3.** *höfliche Bitte*: ***shut the window, ~ you?*** mach doch bitte das Fenster zu. **4.** *Wiederholung*: ***he ~ often take a walk after supper*** er machte nach dem Abendessen oft e-n Spaziergang. **'~-be** *adj contp.* Möchtegern...

wouldn't ['wʊdnt] F *für* ***would not.***

wound[1] [wuːnd] **I** *s* Wunde *f*, Verletzung *f*: ***open old ~s*** *fig.* alte Wunden aufreißen; → ***rub*** 3. **II** *v/t j-n* verwunden, verletzen; *fig. j-s Stolz etc* verletzen.

wound[2] [waʊnd] *pret u. pp von* ***wind***[2].

wove [wəʊv] *pret von* **weave.** **'wov·en** *pp von* **weave.**

wow [waʊ] *int* F wow!, Mann!, Mensch!

wran·gle ['ræŋgl] **I** *v/i* (sich) streiten (***with*** mit; ***over*** um). **II** *s* Streit *m.*

wrap [ræp] **I** *v/t* **1.** *a.* ***~ up*** einpacken, -wickeln (***in*** in *acc*). **2.** *et.* wickeln (***[a]round*** um). **3.** ***~ up*** F *Handel etc* unter Dach u. Fach bringen. **II** *v/i* **4.** ~

up sich warm anziehen. **5. ~ *up!*** F Schnauze! **III** *s* **6.** *bsd. Am.* Umhang *m.* **7.** F ***be still under ~s*** noch geheim sein; ***keep under ~s*** *et.* geheimhalten. **'wrap·per** *s Br.* (Schutz)Umschlag *m.* **'wrap·ping I** *s* Verpackung *f.* **II** *adj*: **~ *paper*** Einwickel-, Packpapier *n.*

wrath [rɒθ] *s* Zorn *m.*

wreath [riːθ] *pl* **wreaths** [riːðz] *s* Kranz *m.*

wreck [rek] **I** *s* **1.** ⚓ Wrack *n* (*a. fig. Person*). **II** *v/t* **2. *be ~ed*** ⚓ zerschellen; Schiffbruch erleiden. **3.** *Hoffnungen etc* zunichte machen. **'wreck·age** *s* Trümmer *pl* (*a. fig.*), ⚓ *a.* Wrackteile *pl.* **'wreck·er** *s mot. Am.* Abschleppwagen *m.*

wren [ren] *s orn.* Zaunkönig *m.*

wrench [rentʃ] **I** *v/t* **1. ~ *s.th. from*** (*od.* ***out of***) ***s.o.'s hand*** j-m et. aus der Hand winden; **~ *off*** *Verschluß etc* mit e-m Ruck aufschrauben. **2.** ⚕ sich *das Knie etc* verrenken. **II** *s* **3.** ⚕ Verrenkung *f.* **4.** ⚙ *Br.* Franzose *m*; *Am.* Schraubenschlüssel *m.*

wrest [rest] *v/t*: **~ *s.th. from*** (*od.* ***out of***) ***s.o.'s hand*** j-m et. aus der Hand reißen.

wres·tle ['resl] **I** *v/i* **1.** ringen (***with*** mit). **2.** *fig.* ringen, kämpfen (***with*** mit; ***for*** um). **II** *v/t* **3.** *Sport*: ringen gegen. **'wres·tler** *s Sport*: Ringer *m.* **'wres·tling** (*Sport*) **I** *s* Ringen *n.* **II** *adj* Ring...: **~ *match*** Ringkampf *m.*

wretch [retʃ] *s* **1.** *a.* ***poor ~*** armer Teufel. **2.** *oft humor.* Wicht *m.* **wretch·ed** ['~ɪd] *adj* □ **1.** elend; (tod)unglücklich. **2.** scheußlich (*Kopfschmerzen, Wetter etc*). **3.** verflixt.

wrig·gle ['rɪgl] **I** *v/i* sich winden; zappeln: **~ *out of*** *fig.* sich herauswinden aus; sich drücken vor (*dat*). **II** *v/t* mit *den Zehen* wackeln.

wring [rɪŋ] *v/t* (*irr*) **1.** *j-m die Hand* drükken; *die Hände* ringen. **2.** *oft* **~ *out*** *Wäsche etc* auswringen: **~ *the truth out of s.o.*** die Wahrheit aus j-m herausholen. **'wring·ing** *adv*: **~ *wet*** klatschnaß.

wrin·kle[1] ['rɪŋkl] **I** *s* Falte *f*, Runzel *f.* **II** *v/t a.* **~ *up*** *Stirn* runzeln, *Nase* rümpfen. **III** *v/i* faltig *od.* runz(e)lig werden.

wrin·kle[2] [~] *s* F Kniff *m*, Trick *m.*

wrist [rɪst] *s* Handgelenk *n.* **'~·band** *s* Armband *n.*

wrist·let ['rɪstlɪt] *s* Armband *n.*

'wrist·watch *s* Armbanduhr *f.*

writ [rɪt] *s* ⚖ Befehl *m*, Verfügung *f.*

write [raɪt] (*irr*) **I** *v/t* **1.** *Buch etc, j-m e-n Brief etc* schreiben: ***it was written on*** (*od.* ***all over***) ***his face*** *fig.* es stand ihm im Gesicht geschrieben. **2.** *bsd. Am. j-m* schreiben. **II** *v/i* **3.** schreiben: **~ *to s.o.*** j-m schreiben; → ***home*** 8.

Verbindungen mit Adverbien:

write| back *v/i* zurückschreiben. **~ down** *v/t* aufschreiben, niederschreiben. **~ in** *v/i* schreiben (***to*** an *acc*): **~ *for*** *et.* anfordern. **~ off** *v/t* **1.** *j-n*, ✝ *et.* abschreiben. **2.** *bsd. Br. Wagen* zu Schrott fahren. **~ out** *v/t* **1.** *Namen etc* ausschreiben. **2.** *Bericht etc* ausarbeiten. **3.** *j-m e-e Quittung etc* ausstellen. **4.** *Rundfunk, TV*: *j-n* herausschreiben (***of*** aus *e-r Serie*). **~ up** *v/t* **1.** *Notizen etc* ausarbeiten. **2.** berichten über (*acc*); *et.* besprechen.

'write-off *s* **1.** ✝ Abschreibung *f.* **2.** *bsd. Br.* Totalschaden *m.*

writ·er ['raɪtə] *s* **1.** Schreiber(in), Verfasser(in), Autor(in). **2.** Schriftsteller(in).

'write-up *s* (Presse)Bericht *m*; Besprechung *f*, Kritik *f.*

writhe [raɪð] *v/i* sich krümmen *od.* winden (***in, with*** vor *dat*).

writ·ing ['raɪtɪŋ] **I** *s* **1.** Schreiben *n* (*Tätigkeit*). **2.** (Hand)Schrift *f.* **3.** *pl* Werke *pl.* **4. *in ~*** schriftlich. **II** *adj* **5.** Schreib...: **~ *desk*** Schreibtisch *m*; **~ *paper*** Schreibpapier *n.*

writ·ten ['rɪtn] **I** *pp von* ***write***. **II** *adj* schriftlich: **~ *language*** Schriftsprache *f.*

wrong [rɒŋ] **I** *adj* (□ → ***wrongly***) **1.** falsch: ***be ~*** falsch sein, nicht stimmen; unrecht haben; falsch gehen (*Uhr*). **2.** unrecht: ***you were ~ to say that*** es war nicht recht *od.* richtig von dir, das zu sagen. **3. *is anything ~?*** ist et. nicht in Ordnung? ***what's ~ with you?*** was ist los mit dir?, was hast du? **II** *adv* **4.** falsch: ***get ~*** *j-n, et.* falsch verstehen; ***go ~*** e-n Fehler machen; kaputtgehen; *fig.* schiefgehen. **III** *s* **5.** Unrecht *n*: ***be in the ~*** im Unrecht sein. **IV** *v/t* **6.** *j-m* Unrecht tun. **ˌ~'do·er** *s* Misse-, Übeltäter(in). **ˌ~'do·ing** *s* **1.** Missetat(en *pl*) *f.* **2.** Vergehen *n od. pl.*

wrong·ful ['rɒŋfʊl] *adj* □ **1.** ungerechtfertigt. **2.** gesetzwidrig: ~ ***imprisonment*** Freiheitsberaubung *f.*

ˌwrong'head·ed *adj* □ **1.** querköpfig, verbohrt (*Person*). **2.** verschroben (*Ideen etc*).

wrong·ly ['rɒŋlɪ] *adv* zu Unrecht; fälschlicherweise.

wrote [rəʊt] *pret von* ***write.***

wrought [rɔːt] *adj*: ~ ***iron*** Schmiedeeisen *n.* **ˌ~-'i·ron** *adj* schmiedeeisern. **ˌ~-'up** *adj* aufgeregt, nervös.

wrung [rʌŋ] *pret u. pp von* ***wring.***

wry [raɪ] *adj* süßsauer (*Lächeln*); sarkastisch (*Humor*).

X

Xmas ['eksməs, 'krɪsməs] F → ***Christmas.***

X-ray ['eksreɪ] **I** *v/t* **1.** röntgen. **II** *s* **2.** Röntgenaufnahme *f*, -bild *n.* **3.** Röntgenuntersuchung *f.*

xy·lo·phone ['zaɪləfəʊn] *s* ♪ Xylophon *n.*

Y

yacht [jɒt] **I** *s* Jacht *f*; (*Sport*) (Segel)Boot *n.* **II** *v/i* segeln: ***go ~ing*** segeln gehen. **'yacht·ing** *s* Segeln *n.*

yachts·man ['jɒtsmən] *s* (*irr* ***man***) *Sport*: Segler *m.* **'yachtsˌwom·an** *s* (*irr* ***woman***) *Sport*: Seglerin *f.*

yank [jæŋk] F **I** *v/t* reißen an (*dat*): ~ ***out*** (her)ausreißen, *Zahn* ziehen. **II** *v/i*: ~ ***on*** reißen an (*dat*). **III** *s* Ruck *m.*

Yan·kee ['jæŋkɪ] *s* F Yankee *m*, Ami *m.*

yap [jæp] **I** *v/i* **1.** kläffen. **2.** F quasseln. **II** *s* **3.** Kläffen *n.* **4.** Gequassel *n.*

yard[1] [jɑːd] *s* Yard *n.*

yard[2] [~] *s* Hof *m.*

'yard·stick *s fig.* Maßstab *m.*

yarn [jɑːn] *s* **1.** Garn *n.* **2.** F ***spin a ~*** Garn spinnen: ***spin s.o. a ~ about*** j-m e-e Lügengeschichte erzählen von.

yawn [jɔːn] **I** *v/i* gähnen (*a. fig.*). **II** Gähner *m*; Gähnen *n*: ***be a big ~*** F zum Gähnen (langweilig) sein.

yeah [jeə] *adv* F ja.

year [jɪə] *s* Jahr *n*: ***~ after ~*** Jahr für Jahr; ***~ in, ~ out*** jahraus, jahrein; ***all the ~ round*** das ganze Jahr hindurch; ***since the ~ dot*** F seit e-r Ewigkeit; ***this ~*** dieses Jahr, heuer. **'~·book** *s* Jahrbuch *n.*

year·ly ['jɪəlɪ] *adj u. adv* jährlich.

yearn [jɜːn] *v/i* sich sehnen (***for*** nach; ***to do*** danach, zu tun). **'yearn·ing I** *s* Sehnsucht *f.* **II** *adj* □ sehnsüchtig.

yeast [jiːst] *s* Hefe *f.*

yell [jel] **I** *v/i* schreien, brüllen (***with*** vor *dat*): ***~ at s.o.*** j-n anschreien *od.* anbrüllen. **II** *v/t a.* ***~ out*** *et.* schreien, brüllen. **III** *s* Schrei *m.*

yel·low ['jeləʊ] **I** *adj* **1.** gelb: ***~ fever*** ⚕ Gelbfieber *n*; ***~ pages*** *pl teleph.* gelbe Seiten *pl*, Branchenverzeichnis *n*; ***~ press*** Sensationspresse *f.* **2.** F feig. **II** *s* **3.** Gelb *n*: ***at ~*** *Am.* bei Gelb; ***the lights were at ~*** *Am.* die Ampel stand auf Gelb. **III** *v/i* **4.** gelb werden, sich gelb färben (*Blätter etc*), vergilben (*Papier*).

yelp [jelp] **I** *v/i* aufschreien, (*Hund etc*) (auf)jaulen. **II** *s* Aufschrei *m*, (Auf)Jaulen *n.*

yep [jep] *adv* F ja.

yes [jes] **I** *adv* ja: ***~ and no*** ja u. nein; ***oh ~***

o doch, o ja. **II** *s* Ja *n*. **~ man** *s* (*irr* **man**) *contp*. Jasager *m*.

yes·ter·day ['jestədɪ] **I** *adv* gestern: **~ *morning*** gestern morgen; ***the day before* ~** vorgestern; ***I wasn't born* ~** ich bin (doch) nicht von gestern. **II** *s*: **~'s *paper*** die gestrige Zeitung.

yet [jet] **I** *adv* **1.** *fragend*: schon. **2.** noch: ***not* ~** noch nicht; ***as* ~** bis jetzt, bisher. **3.** (doch) noch. **4.** doch, aber. **II** *cj* **5.** aber, doch.

ye·ti ['jetɪ] *s* Yeti *m*, Schneemensch *m*.

yew [ju:] *s* ⚘ Eibe *f*.

Yid·dish ['jɪdɪʃ] *s ling*. Jiddisch *n*.

yield [ji:ld] **I** *v/t* **1.** *Früchte* tragen, *Gewinn* abwerfen, *Resultat etc* ergeben, liefern. **2.** *a*. **~ up** ⚔ *Stellung etc* überlassen (***to*** *dat*). **II** *v/i* **3.** nachgeben (*Boden etc*). **4.** nachgeben; ⚔ sich ergeben (***to*** *dat*): **~ *to*** *mot. Am. j-m* Vorfahrt gewähren. **III** *s* **5.** Ertrag *m*.

yo·ga ['jəʊgə] *s* Joga *m*, *n*, Yoga *m*, *n*.

yog·h(o)urt, yog·urt ['jɒgət] *s* Joghurt *m*, *n*.

yo·gi ['jəʊgɪ] *s* Jogi *m*, Yogi *m*.

yoke [jəʊk] *s* Joch *n* (*a. fig*.).

yolk [jəʊk] *s* (Ei)Dotter *m*, *n*, Eigelb *n*.

you [ju:] *pron* **1.** (*nom*) du, Sie, ihr; (*dat*) dir, Ihnen, euch; (*acc*) dich, Sie, euch. **2.** man.

you'd [ju:d] F *für* ***you had***; ***you would***.

you'll [ju:l] F *für* ***you will***.

young [jʌŋ] **I** *adj* **1.** jung. **II** *s* **2. *the* ~** die jungen Leute *pl*, die Jugend. **3.** *zo*. Junge *pl*: ***with* ~** trächtig. **young·ster** ['~stə] *s* Junge *m*.

your [jɔ:] *possessive pron* dein(e); *pl* euer, eure; Ihr(e) (*a. pl*).

you're [jʊə] F *für* ***you are***.

yours [jɔ:z] *pron* dein(er, e, es); *pl* euer, eure(s); Ihr(er, e, es) (*a. pl*): ***a friend of* ~** ein Freund von dir.

your·self [jɔ:'self] *pl* **-selves** [~'selvz] *pron*. **1.** *verstärkend*: selbst: ***you* ~ *told me, you told me* ~** du hast es mir selbst erzählt. **2.** *reflex* dir, dich, sich: ***did you hurt* ~?** hast du dich verletzt?

youth [ju:θ] **I** *s* **1.** Jugend *f*: ***in my* ~** in meiner Jugend. **2.** Jugendliche *m*. **3.** *coll*. Jugend *f*. **II** *adj* **4.** Jugend...: **~ *hostel*** Jugendherberge *f*. **youth·ful** ['~fʊl] *adj* □ jugendlich.

you've [ju:v] F *für* ***you have***.

Yu·go·slav [ˌju:gəʊ'slɑ:v] **I** *s* Jugoslawe *m*, -slawin *f*. **II** *adj* jugoslawisch.

Z

zeal [zi:l] *s* Eifer *m*. **zeal·ot** ['zelət] *s* Fanatiker(in), *eccl*. *a*. Eiferer *m*, Eiferin *f*. **zeal·ous** ['zeləs] *adj* □ eifrig: ***be* ~** eifrig bemüht sein (***for*** um; ***to do*** darum, zu tun).

ze·bra ['zebrə, 'zi:brə] *s zo*. Zebra *n*. **~ cross·ing** *s Br*. Zebrastreifen *m*.

ze·nith ['zenɪθ] *s ast*. Zenit *m* (*a. fig*.).

ze·ro ['zɪərəʊ] **I** *pl* **-ro(e)s** *s* Null *f* (*Am. a. teleph*.), (*e-r Skala a*.) Nullpunkt *m*: ***10 degrees below* ~** 10 Grad unter Null. **II** *adj* Null... **~ *growth*** Nullwachstum *n*; **~ *hour*** *bsd*. ⚔ die Stunde X; **~ *option*** ⚔, *pol*. Nullösung *f*. **III** *v/i*: **~ *in on*** ⚔ sich einschießen auf (*acc*) (*a. fig*.); *fig*. sich konzentrieren auf (*acc*).

zest [zest] *s* **1.** *fig*. Würze *f*. **2.** Begeisterung *f*: **~ *for life*** Lebensfreude *f*.

zig·zag ['zɪgzæg] **I** *s* Zickzack *m*. **II** *adj* zickzackförmig, Zickzack... **III** *v/i* im Zickzack laufen, fahren *etc*, zickzackförmig verlaufen (*Weg etc*).

zinc [zɪŋk] *s* ⚗ Zink *n*.

zip [zɪp] **I** *s* **1.** Reißverschluß *m*. **2.** Zischen *n*, Schwirren *n*. **3.** F Schmiß *m*, Schwung *m*. **II** *v/t* **4. ~ *the bag open*** (***shut*** *od*. ***up***) den Reißverschluß der Tasche aufmachen (zumachen); **~ *s.o. up*** j-m den Reißverschluß zumachen. **III** *v/i* **5.** zischen, schwirren (*Kugeln etc*). **6.** F flitzen: **~ *by*** (*od*. ***past***) vorbeiflitzen. **~ code** *s Am*. Postleitzahl *f*. **~ fas·ten·er** *bsd. Br*. → **zip** 1.

zip·per ['zɪpə] *bsd. Am.* → **zip** 1.
zo·di·ac ['zəʊdɪæk] *s ast.* Tierkreis *m*: ***signs*** *pl* ***of the*** ~ Tierkreiszeichen *pl.*
zom·bie ['zɒmbɪ] *s* Zombie *m.*
zone [zəʊn] **I** *s* Zone *f.* **II** *v/t* in Zonen einteilen.
zoo [zuː] *s* Zoo *m.*
zo·o·log·i·cal [ˌzəʊə'lɒdʒɪkl] *adj* □ zoologisch: ~ ***gardens*** *pl* Tierpark *m.*
zo·ol·o·gist [~'ɒlədʒɪst] *s* Zoologe *m*, Zoologin *f.* **zo'ol·o·gy** *s* Zoologie *f.*
zoom [zuːm] **I** *v/i* **1.** ~ ***in on*** *phot. et.* heranholen. **2.** F sausen: ~ ***by*** (*od.* ***past***) vorbeisausen. **3.** F in die Höhe schnellen (*Preise*). **II** *s* **4.** *a.* ~ ***lens*** *phot.* Zoom(objektiv) *n.*

Wichtige Eigennamen mit Aussprache und Erläuterungen

(Ableitungen der Eigennamen siehe alphabetisches Wörterverzeichnis)

A

Ab·er·deen [ˌæbəˈdiːn] *Stadt in Schottland.*

Ab·er·yst·wyth [ˌæbəˈrɪstwɪθ] *Stadt in Wales.*

A·bra·ham [ˈeɪbrəhæm] Abraham *m.*

A·chil·les [əˈkɪliːz] Achilles *m.*

Ad·am [ˈædəm] Adam *m.*

Ad·di·son [ˈædɪsn] *englischer Autor.*

Ad·e·laide [ˈædəleɪd] *Stadt in Australien*; Adelheid *f.*

A·dri·an [ˈeɪdrɪən] Adrian *m*, Adriane *f.*

A·dri·at·ic Sea [ˌeɪdrɪˈætɪk ˈsiː] *das* Adriatische Meer, *die* Adria.

Ae·ge·an Sea [iːˌdʒiːən ˈsiː] *das* Ägäische Meer, *die* Ägäis.

Aes·chy·lus [ˈiːskɪləs] Äschylus *m.*

Af·ghan·i·stan [æfˈgænɪstæn] Afghanistan *n.*

Af·ri·ca [ˈæfrɪkə] Afrika *n.*

Ag·a·tha [ˈægəθə] Agathe *f.*

Aix-la-Cha·pelle [ˌeɪkslɑːʃæˈpel] Aachen *n.*

Al·a·bama [ˌæləˈbæmə] *Staat der USA.*

A·las·ka [əˈlæskə] *Staat der USA.*

Al·ba·nia [ælˈbeɪnjə] Albanien *n.*

Al·ba·ny [ˈɔːlbənɪ] *Hauptstadt des Staates New York* (*USA*).

Al·bert [ˈælbət] Albert *m.*

Al·ber·ta [ælˈbɜːtə] *Provinz in Kanada.*

Al·bu·quer·que [ˈælbəkɜːkɪ] *Stadt in New Mexiko* (*USA*).

Al·der·ney [ˈɔːldənɪ] *britische Kanalinsel.*

A·leu·tian Is·lands [əˌluːʃjənˈaɪləndz] *pl die* Aleˈuten *pl.*

Al·ex·an·der [ˌælɪgˈzɑːndə] Alexander *m.*

Al·ex·an·dra [ˌælɪgˈzɑːndrə] Alexandra *f.*

Al·fred [ˈælfrɪd] Alfred *m.*

Al·ge·ria [ælˈdʒɪərɪə] Algerien *n.*

Al·giers [ælˈdʒɪəz] Algier *n.*

Al·ice [ˈælɪs] Alice *f*, Else *f.*

Al·i·son [ˈælɪsn] *f.*

Al·lan, Al·len [ˈælən] *m.*

Al·sace [ælˈsæs], **Al·sa·tia** [ælˈseɪʃə] das Elsaß.

A·me·lia [əˈmiːljə] Amalie *f.*

A·mer·i·ca [əˈmerɪkə] Amerika *n.*

An·chor·age [ˈæŋkərɪdʒ] *Stadt in Alaska* (*USA*).

An·des [ˈændiːz] *pl die* Anden *pl.*

An·drew [ˈændruː] Andreas *m.*

Ann [æn], **An·na** [ˈænə] Anna *f*, Anne *f.*

An·na·bel(le) [ˈænəbel] Annabella *f.*

Anne [æn] Anna *f*, Anne *f.*

Ant·arc·ti·ca [æntˈɑːktɪkə] die Antarktis.

An·tho·ny [ˈæntənɪ, ˈænθənɪ] Anton *m.*

An·til·les [ænˈtɪliːz] *pl die* Antillen *pl.*

An·to·ny [ˈæntənɪ] Anton *m.*

Ap·pa·la·chians [ˌæpəˈleɪtʃjənz] *pl die* Appalachen *pl.*

A·ra·bia [əˈreɪbjə] Arabien *n.*

Ar·chi·bald [ˈɑːtʃɪbɔːld] Archibald *m.*

Arc·tic [ˈɑːktɪk] *die* Arktis.

Ar·gen·ti·na [ˌɑːdʒənˈtiːnə] Argentinien *n.*

Ar·gen·tine [ˈɑːdʒəntaɪn]: ***the*** ~ Argentinien *n.*

Ar·is·tot·le [ˈærɪstɒtl] Aristoteles *m.*

Ar·i·zo·na [ˌærɪˈzəʊnə] *Staat der USA.*

Ar·kan·sas [ˈɑːkənsɔː] *Fluß in USA*; *Staat der USA.*

Ar·thur [ˈɑːθə] Art(h)ur *m*: ***King*** ~ König Artus.

A·sia [ˈeɪʃə] Asien *n*: ~ ***Minor*** Kleinasien *n.*

Ath·ens [ˈæθɪnz] Athen *n.*

At·lan·tic [ətˈlæntɪk] *der* Atlantik.

Auck·land [ˈɔːklənd] *Hafenstadt in Neuseeland.*

Au·gus·tus [ɔːˈgʌstəs] August *m.*

Aus·ten [ˈɒstɪn] *Familienname.*

Aus·tin [ˈɒstɪn] *Hauptstadt von Texas* (*USA*).

Aus·tra·lia [ɒˈstreɪljə] Australien *n.*

Aus·tria [ˈɒstrɪə] Österreich *n.*

A·von [ˈeɪvən] *Fluß in Mittelengland*; *englische Grafschaft.*

A·zores [əˈzɔːz] *pl die* Azoren *pl.*

B

Ba·con [ˈbeɪkən] *englischer Philosoph.*

Ba·den-Pow·ell [ˌbeɪdnˈpəʊəl] *Gründer der Boy Scouts.*

Ba·ha·mas [bəˈhɑːməz] *pl die* Bahamas *pl.*

Bal·dwin [ˈbɔːldwɪn] Balduin *m*; *amerikanischer Autor.*

Bal·kans [ˈbɔːlkənz] *pl der* Balkan.

Bal·tic Sea [ˌbɔːltɪkˈsiː] *die* Ostsee.

Bal·ti·more [ˈbɔːltɪmɔː] *Hafenstadt in Maryland* (*USA*).

Ban·gla·desh [ˌbæŋgləˈdeʃ] Bangladesch *n.*

Bar·ba·dos [bɑːˈbeɪdɒs] Barbados *n.*

Bar·thol·o·mew [bɑːˈθɒləmjuː] Bartholomäus *m.*

Basle [bɑːl] Basel *n.*

Bath [bɑːθ] *Badeort in Südengland.*

Bat·on Rouge [ˌbætnˈruːʒ] *Hauptstadt von Louisiana* (*USA*).

Ba·var·ia [bəˈveərɪə] Bayern *n.*

Beards·ley [ˈbɪədzlɪ] *englischer Zeichner u. Illustrator.*

Be·a·trice [ˈbɪətrɪs] Beatrice *f.*

Beck·ett [ˈbekɪt] *irischer Dichter u. Dramatiker.*

Bed·ford [ˈbedfəd] *Stadt in Mittelengland*; *a.* **Bed·ford·shire** [ˈ~ʃə] *englische Grafschaft.*

Bel·fast [ˌbelˈfɑːst; ˈbelfɑːst] Belfast *n.*

Bel·gium [ˈbeldʒəm] Belgien *n.*

Bel·grade [ˌbelˈgreɪd] Belgrad *n.*

Bel·gra·via [belˈgreɪvjə] *Stadtteil von London.*

Ben·gal [ˌbeŋˈgɔːl] Bengalen *n.*

Ben·ja·min [ˈbendʒəmɪn] Benjamin *m.*

Ben Nev·is [ˌbenˈnevɪs] *höchster Berg Schottlands u. Großbritanniens.*

Berke·ley [ˈbɜːklɪ] *Stadt in Kalifornien*; [ˈbɑːklɪ] *irischer Bischof u. Philosoph.*

Berk·shire [ˈbɑːkʃə] *englische Grafschaft.*

Ber·lin [bɜːˈlɪn] Berlin *n.*

Ber·mu·das [bəˈmjuːdəz] *pl die* Bermudas *pl*, *die* Bermudainseln *pl.*

Ber·nard [ˈbɜːnəd] Bernhard *m.*

Bern(**e**) [bɜːn] Bern *n.*

Bern·stein [ˈbɜːnstaɪn; ˈ~stiːn] *amerikanischer Dirigent u. Komponist.*

Ber·tha [ˈbɜːθə] Berta *f.*

Ber·tram [ˈbɜːtrəm], **Ber·trand** [ˈbɜːtrənd] Bertram *m.*

Bill, Bil·ly [ˈbɪl(ɪ)] Willi *m.*

Bir·ming·ham [ˈbɜːmɪŋəm] *Industriestadt in Mittelengland*; *Stadt in Alabama* (*USA*).

Bis·cay [ˈbɪskeɪ; ˈ~kɪ]: ***Bay of ~*** *der* Golf von Biscaya.

Blooms·bur·y [ˈbluːmzbərɪ] *Stadtteil von London.*

Bob [bɒb] *abbr. für* **Robert.**

Bo·he·mia [bəʊˈhiːmjə] Böhmen *n.*

Bol·eyn [ˈbʊlɪn]: ***Anne ~*** *zweite Frau Heinrichs VIII. von England.*

Bo·liv·ia [bəˈlɪvɪə] Bolivien *n.*

Bom·bay [ˌbɒmˈbeɪ] *Hafenstadt in Indien.*

Booth [buːð] *Gründer der Heilsarmee.*

Bor·ders [ˈbɔːdəz] *Verwaltungsregion in Schottland.*

Bos·ton [ˈbɒstən] *Hauptstadt von Massachusetts* (*USA*).

Bourne·mouth [ˈbɔːnməθ] *Seebad in Südengland.*

Bra·zil [brəˈzɪl] Brasilien *n.*

Bridg·et [ˈbrɪdʒɪt] Brigitte *f.*

Brigh·ton [ˈbraɪtn] *Seebad in Südengland.*

Bris·bane [ˈbrɪzbən] *Hauptstadt von Queensland* (*Australien*).

Bris·tol [ˈbrɪstl] *Hafenstadt in Südengland.*

Bri·tain [ˈbrɪtn] Britannien *n.*

Bri·tan·nia [brɪˈtænjə] *poet.* Britannien *n.*

Brit·ten [ˈbrɪtn] *englischer Komponist.*

Broad·way [ˈbrɔːdweɪ] *Straße in Manhattan, New York* (*USA*).

Bron·të [ˈbrɒntɪ] *Name dreier englischer Autorinnen.*

Bronx [brɒŋks] *Stadtbezirk von New York* (*USA*).

Brook·lyn [ˈbrʊklɪn] *Stadtbezirk von New York* (*USA*).

Bruns·wick [ˈbrʌnzwɪk] Braunschweig *n.*

Brus·sels [ˈbrʌslz] Brüssel *n.*

Bu·cha·rest [ˌbjuːkəˈrest] Bukarest *n.*

Buck·ing·ham·shire [ˈbʌkɪŋəmʃə] *englische Grafschaft.*

Bu·da·pest [ˌbjuːdəˈpest] Budapest *n.*

Bud·dha [ˈbʊdə] Buddha *m.*

Bul·gar·ia [bʌlˈgeərɪə] Bulgarien *n.*

Bur·gun·dy [ˈbɜːgəndɪ] Burgund *n.*

Bur·ki·na Fas·o [bʊəˌkiːnəˈfæsəʊ] Burkina Faso *n* (*Staat in Westafrika, frühere Bezeichnung: Obervolta*).

Bur·ma [ˈbɜːmə] Birma *n.*

Burns [bɜːnz] *schottischer Dichter.*

By·ron [ˈbaɪərən] *englischer Dichter.*

C

Cae·sar ['si:zə] Cäsar *m.*
Cai·ro ['kaɪərəʊ] Kairo *n.*
Ca·lais ['kæleɪ] Calais *n.*
Cal·cut·ta [kæl'kʌtə] Kalkutta *n.*
Cal·e·do·nia [ˌkælɪ'dəʊnjə] Kaledonien *n* (*poet. für Schottland*).
Cal·ga·ry ['kælgərɪ] *Stadt in Alberta* (*Kanada*).
Cal·i·for·nia [ˌkælɪ'fɔ:njə] Kalifornien *n* (*Staat der USA*).
Cam·bridge ['keɪmbrɪdʒ] *englische Universitätsstadt*; *Stadt in Massachusetts* (*USA*), *Sitz der Harvard University.* **Cam·bridge·shire** ['~ʃə] *englische Grafschaft.*
Cam·er·oon [ˌkæmə'ru:n] Kamerun *n.*
Camp·bell ['kæmbl] *Familienname.*
Can·a·da ['kænədə] Kanada *n.*
Can·ber·ra ['kænbərə] *Hauptstadt von Australien.*
Can·ter·bury ['kæntəbərɪ] *Stadt in Südengland.*
Cape Town ['keɪptaʊn] Kapstadt *n.*
Car·diff ['kɑ:dɪf] *Hauptstadt von Wales.*
Ca·rin·thia [kə'rɪnθɪə] Kärnten *n.*
Car·lisle [kɑ:'laɪl] *Stadt in Nordwestengland.*
Car·lyle [kɑ:'laɪl] *englischer Autor.*
Car·ol(e) ['kærəl] Karola *f.*
Car·o·line ['kærəlaɪn], **Car·o·lyn** ['kærəlɪn] Karoline *f.*
Cath·er·ine ['kæθrɪn] Katharina *f*, Kat(h)rin *f.*
Cath·y ['kæθɪ] *abbr. für* **Catherine.**
Ce·cil ['sesl, 'sɪsl] *m.*
Ce·cile ['sesɪl; *Am.* sɪ'si:l], **Ce·cil·ia** [sɪ'sɪljə; sɪ'si:ljə], **Cec·i·ly** ['sɪsɪlɪ; 'sesɪlɪ] Cäcilie *f.*
Cen·tral ['sentrəl] *Verwaltungsregion in Schottland.*
Cey·lon [sɪ'lɒn] Ceylon *n.*
Chad [tʃæd] *der* Tschad.
Cham·ber·lain ['tʃeɪmbəlɪn] *Name mehrerer britischer Staatsmänner.*
Charles [tʃɑ:lz] Karl *m.*
Char·lotte ['ʃɑ:lət] Charlotte *f.*
Chau·cer ['tʃɔ:sə] *englischer Dichter.*
Chel·sea ['tʃelsɪ] *Stadtteil von London.*
Chel·ten·ham ['tʃeltnəm] *Stadt in Südengland.*
Chesh·ire ['tʃeʃə] *englische Grafschaft.*
Chev·i·ot Hills [ˌtʃevɪət'hɪlz] *pl Grenzgebirge zwischen England u. Schottland.*
Chi·ca·go [ʃɪ'kɑ:gəʊ; *bsd. Am.* ʃɪ'kɔ:gəʊ] *Industriestadt in USA.*
Chil·e ['tʃɪlɪ] Chile *n.*
Chi·na ['tʃaɪnə] China *n*: ***Republic of ~*** *die* Republik China; ***People's Republic of ~*** *die* Volksrepublik China.
Chip·pen·dale ['tʃɪpndeɪl] *englischer Kunsttischler.*
Chris·ti·na [krɪ'sti:nə], **Chris·tine** ['krɪsti:n, krɪ'sti:n] Christine *f.*
Chris·to·pher ['krɪstəfə] Christoph(er) *m.*
Chrys·ler ['kraɪzlə] *amerikanischer Industrieller.*
Church·ill ['tʃɜ:tʃɪl] *britischer Staatsmann.*
Cin·cin·nati [ˌsɪnsɪ'nætɪ] *Stadt in Ohio* (*USA*).
Clar·a ['kleərə], **Clare** [kleə] Klara *f.*
Clar·en·don ['klærəndən] *Name mehrerer englischer Staatsmänner.*
Cle·o·pat·ra [klɪə'pætrə] Kleopatra *f.*
Cleve·land ['kli:vlənd] *englische Grafschaft*; *Industriestadt in Ohio* (*USA*).
Clif·ford ['klɪfəd] *m.*
Clwyd ['klu:ɪd] *walisische Grafschaft.*
Clyde [klaɪd] *Fluß in Schottland.*
Cole·ridge ['kəʊlərɪdʒ] *englischer Dichter.*
Col·in ['kɒlɪn] *m.*
Co·logne [kə'ləʊn] Köln *n.*
Co·lom·bia [kə'lɒmbɪə] Kolumbien *n.*
Col·o·ra·do [ˌkɒlə'rɑ:dəʊ] *Staat der USA*; *Name zweier Flüsse in USA.*
Co·lum·bia [kə'lʌmbɪə] *Fluß in USA*; *Hauptstadt von South Carolina* (*USA*): ***District of ~*** (**DC**) *Bundesdistrikt der USA* (= *Gebiet der Hauptstadt Washington*).
Co·lum·bus [kə'lʌmbəs] *Entdecker Amerikas*; *Hauptstadt von Ohio* (*USA*).
Con·fu·cius [kən'fju:ʃəs] Konfuzius *m.*
Con·nacht ['kɒnət], *früher* **Con·naught** ['kɒnɔ:t] *Provinz in Irland.*
Con·nect·i·cut [kə'netɪkət] *Staat der USA.*
Con·stance ['kɒnstəns] Konstanze *f*: ***Lake ~*** der Bodensee.
Coo·per ['ku:pə] *amerikanischer Autor.*
Co·pen·ha·gen [ˌkəʊpn'heɪgən] Kopenhagen *n.*
Corn·wall ['kɔ:nwəl] *englische Grafschaft.*

Cov·ent Gar·den [ˌkɒvənt'gɑːdn] *die Londoner Oper* (*Royal Opera House*).
Cov·en·try ['kɒvəntrɪ] *Industriestadt in Mittelengland.*
Craig [kreɪg] *m.*
Crete [kriːt] Kreta *n.*
Cri·mea [kraɪ'mɪə] die Krim.
Crom·well ['krɒmwəl] *englischer Staatsmann.*
Cru·soe ['kruːsəʊ]: ***Robinson*** ~ *Romanheld.*
Cu·ba ['kjuːbə] Kuba *n.*
Cum·bria ['kʌmbrɪə] *englische Grafschaft.*
Cyn·thia ['sɪnθɪə] *f.*
Cy·prus ['saɪprəs] Zypern *n.*
Czech·o·slo·va·kia [ˌtʃekəʊsləʊ'vækɪə] *hist.* die Tschechoslowakei.

D

Dan·iel ['dænjəl] Daniel *m.*
Dan·ube ['dænjuːb] *die* Donau.
Dar·jee·ling [dɑː'dʒiːlɪŋ] *Stadt in Indien.*
Dart·moor ['dɑːtmɔː] *Landstrich in Südwestengland.*
Dart·mouth ['dɑːtməθ] *Stadt in Devon* (*England*).
Dar·win ['dɑːwɪn] *englischer Naturforscher.*
Da·vid ['deɪvɪd] David *m.*
Deb·o·rah ['debərə] *f.*
De·foe [dɪ'fəʊ] *englischer Autor.*
Del·a·ware ['deləweə] *Staat der USA.*
Den·is ['denɪs] *m.*
De·nise [də'niːz] *f.*
Den·mark ['denmɑːk] Dänemark *n.*
Den·ver ['denvə] *Hauptstadt von Colorado* (*USA*).
Der·by·shire ['dɑːbɪʃə] *englische Grafschaft.*
Des Moines [dɪ'mɔɪn] *Hauptstadt von Iowa* (*USA*).
De·troit [də'trɔɪt] *Industriestadt in Michigan* (*USA*).
Dev·on(**·shire**) ['devn(ʃə)] *englische Grafschaft.*
Di·ana [daɪ'ænə] Diana *f.*
Dick·ens ['dɪkɪnz] *englischer Autor.*
Dis·rae·li [dɪz'reɪlɪ] *britischer Staatsmann.*
Don·ald ['dɒnld] *m.*
Don·cas·ter ['dɒŋkəstə] *Stadt in South Yorkshire* (*England*).
Don Juan [ˌdɒn'dʒuːən] Don Juan *m.*
Don Quix·ote [ˌdɒn'kwɪksət] Don Quichotte *m.*
Dor·o·thy ['dɒrəθɪ] Dorothea *f.*
Dor·set ['dɔːsɪt] *englische Grafschaft.*
Dos Pas·sos [ˌdɒs'pæsɒs] *amerikanischer Autor.*
Doug·las ['dʌgləs] *Vorname m; schottische Adelsfamilie.*
Do·ver ['dəʊvə] *Hafenstadt in Südengland; Hauptstadt von Delaware* (*USA*).
Down·ing Street ['daʊnɪŋstriːt] *Straße in London mit der Amtswohnung des Premierministers.*
Drei·ser ['draɪsə; '~zə] *amerikanischer Autor.*
Dry·den ['draɪdn] *englischer Dichter.*
Dub·lin ['dʌblɪn] *Hauptstadt von Irland.*
Du·luth [djuː'luːθ; *Am.* də'luːθ] *Stadt in Minnesota* (*USA*).
Dum·fries and Gal·lo·way [dʌmˌfriːsən'gæləweɪ] *Verwaltungsregion in Schottland.*
Dun·kirk [dʌn'kɜːk] Dünkirchen *n.*
Dur·ham ['dʌrəm] *englische Grafschaft.*
Dyf·ed ['dʌvɪd] *walisische Grafschaft.*

E

East Sus·sex [ˌiːst'sʌsɪks] *englische Grafschaft.*
Ec·ua·dor ['ekwədɔː] Ecuador *n.*
Ed·in·burgh ['edɪnbərə] Edinburg *n.*
Ed·i·son ['edɪsn] *amerikanischer Erfinder.*
E·dith ['iːdɪθ] Edith *f.*
E·gypt ['iːdʒɪpt] Ägypten *n.*
Ei·leen ['aɪliːn; *Am.* aɪ'liːn] *f.*
Ei·re ['eərə] *Name der Republik Irland.*
El·ea·nor ['elɪnə] Eleonore *f.*
E·li·jah [ɪ'laɪdʒə] Elias *m.*
El·i·nor ['elɪnə] Eleonore *f.*
El·i·ot ['eljət] *englischer Dichter.*
E·li·za [ɪ'laɪzə] *abbr. für* ***Elizabeth.***
E·liz·a·beth [ɪ'lɪzəbəθ] Elisabeth *f.*
El Sal·va·dor [el'sælvədɔː] El Salvador *n.*
Em·er·son ['eməsn] *amerikanischer Dichter u. Philosoph.*
Em·i·ly ['emɪlɪ] Emilie *f.*
Eng·land ['ɪŋglənd] England *n.*
E·rie ['ɪərɪ] *Hafenstadt in Pennsylvania* (*USA*): ***Lake*** ~ der Eriesee (*in Nordamerika*).
Er·nest ['ɜːnɪst] Ernst *m.*

Es·sex ['esɪks] *englische Grafschaft.*
Es·t(h)o·nia [e'stəʊnjə] Estland *n.*
E·thi·o·pia [ˌiːθɪ'əʊpjə] Äthiopien *n.*
E·ton ['iːtn] *Stadt in Berkshire (England) mit berühmter Public School.*
Eu·gene ['juːdʒiːn] Eugen *m.*
Eu·ge·nia [juː'dʒiːnjə] Eugenie *f.*
Eu·nice ['juːnɪs] Eunice *f.*
Eu·rip·i·des [jʊə'rɪpɪdiːz] Euripides *m.*
Eu·rope ['jʊərəp] Europa *n.*
Ev·ans ['evənz] *Familienname.*
Eve [iːv] Eva *f.*
Ev·e·lyn ['iːvlɪn; 'evlɪn] *m, f.*
Ev·er·glades ['evəgleɪdz] *pl Sumpfgebiet in Florida (USA).*
Ex·e·ter ['eksɪtə] *Hauptstadt von Devonshire (England).*

F

Faer·oes ['feərəʊz] *pl die* Färöer *pl.*
Falk·land Is·lands [ˌfɔː(l)klənd'aɪləndz] *pl die* Falklandinseln *pl.*
Fal·staff ['fɔːlstɑːf] *Bühnenfigur bei Shakespeare.*
Far·oes ['feərəʊz] → ***Faeroes.***
Faulk·ner ['fɔːknə] *amerikanischer Autor.*
Fawkes [fɔːks] *Haupt der Pulververschwörung (1605).*
Fed·er·al Re·pub·lic of Ger·ma·ny [ˌfedərəlrɪˌpʌblɪkəv'dʒɜːmənɪ] *die* Bundesrepublik Deutschland.
Fe·lic·i·ty [fə'lɪsətɪ] Felizitas *f.*
Fe·lix ['fiːlɪks] Felix *m.*
Fe·lix·stowe ['fiːlɪkstəʊ] *Hafenstadt in Suffolk (England).*
Fife [faɪf] *Verwaltungsregion in Schottland.*
Fin·land ['fɪnlənd] Finnland *n.*
Fi·o·na [fɪ'əʊnə] *f.*
Fitz·ger·ald [fɪts'dʒerəld] *Familienname.*
Flor·ence ['flɒrəns] Florenz *n*; Florentine *f.*
Flor·i·da ['flɒrɪdə] *Staat der USA.*
Folke·stone ['fəʊkstən] *Seebad in Südengland.*
For·syth [fɔː'saɪθ] *Familienname.*
Fow·ler ['faʊlə] *Familienname.*
France [frɑːns] Frankreich *n.*
Fran·ces ['frɑːnsɪs] Franziska *f.*
Fran·cis ['frɑːnsɪs] Franz *m.*
Fred·er·ic(k) ['fredrɪk] Friedrich *m.*
Fris·co ['frɪskəʊ] *umgangssprachliche Bezeichnung für* **San Francisco.**
Ful·bright ['fʊlbraɪt] *amerikanischer Politiker.*

G

Gains·bor·ough ['geɪnzbərə] *englischer Maler.*
Gal·la·gher ['gæləhə] *Familienname.*
Gals·wor·thy ['gɔːlzwɜːðɪ] *englischer Autor.*
Gan·ges ['gændʒiːz] Ganges *m.*
Ge·ne·va [dʒɪ'niːvə] Genf *n.*
Gen·o·a ['dʒenəʊə] Genua *n.*
Geof·fr(e)y ['dʒefrɪ] Gottfried *m.*
George [dʒɔːdʒ] Georg *m.*
Geor·gia ['dʒɔːdʒjə; *Am.* '~dʒə] *Staat der USA.*
Ger·ald ['dʒerəld] Gerald *m*, Gerold *m.*
Ger·al·dine ['dʒerəldiːn] Geraldine *f.*
Ger·man Dem·o·crat·ic Re·pub·lic [ˌdʒɜːməndeməˌkrætɪkrɪ'pʌblɪk] *hist. die* Deutsche Demokratische Republik.
Ger·ma·ny ['dʒɜːmənɪ] Deutschland *n.*
Gersh·win ['gɜːʃwɪn] *amerikanischer Komponist.*
Ger·trude ['gɜːtruːd] Gertrud *f.*
Get·tys·burg ['getɪzbɜːg] *Stadt in Pennsylvania (USA).*
Gi·bral·tar [dʒɪ'brɔːltə] Gibraltar *n.*
Giel·gud ['giːlgʊd]: ***Sir John ~*** *berühmter englischer Schauspieler.*
Gil·bert ['gɪlbət] Gilbert *m.*
Giles [dʒaɪlz] Julius *m.*
Gil·li·an ['dʒɪlɪən; 'gɪlɪən] *f.*
Glad·stone ['glædstən] *britischer Staatsmann.*
Glas·gow ['glɑːzgəʊ; 'glæsgəʊ] *Stadt in Schottland.*
Glouces·ter ['glɒstə] *Stadt in Südwestengland.* **Glouces·ter·shire** ['~ʃə] *englische Grafschaft.*
Glynde·bourne ['glaɪndbɔːn] *Ort in Südengland (Opernfestspiele).*
Go·li·ath [gəʊ'laɪəθ] Goliath *m.*
Gra·ham ['greɪəm] *Familienname; Vorname m.*
Gram·pi·an ['græmpjən] *Verwaltungsregion in Schottland.*
Great Brit·ain [ˌgreɪt'brɪtn] Großbritannien *n.*
Great·er Lon·don [ˌgreɪtə'lʌndən] *Stadtgrafschaft, bestehend aus der City of London u. 32 Stadtbezirken.*
Great·er Man·ches·ter [ˌgreɪtə'mæntʃɪstə] *Stadtgrafschaft in Nordengland.*

Greece [gri:s] Griechenland *n.*
Greene [gri:n] *englischer Autor.*
Green·land ['gri:nlənd] Grönland *n.*
Green·wich ['grenɪdʒ; 'grɪnɪdʒ] *Stadtbezirk Groß-Londons:* ~ ***Village*** *Stadtteil von New York (USA).*
Greg·o·ry ['gregərɪ] Gregor *m.*
Gri·sons ['gri:zɔ̃:ŋ] Graubünden *n.*
Gros·ve·nor ['grəʊvnə] *Platz u. Straße in London.*
Gua·te·ma·la [ˌgwɑ:tə'mɑ:lə] Guatemala *n.*
Guern·sey ['gɜ:nzɪ] *britische Kanalinsel.*
Guin·ea ['gɪnɪ] Guinea *n.*
Guin·ness ['gɪnɪs (*a. Bierbrauerei*); gɪ'nes] *Familienname.*
Guy·ana [gaɪ'ænə] Guyana *n.*
Gwen·do·len, Gwen·do·line, Gwen·do·lyn ['gwendəlɪn] *f.*
Gwent [gwent] *walisische Grafschaft.*
Gwy·nedd ['gwɪnəð, -eð] *walisische Grafschaft.*

H

Hague [heɪg]: ***the*** ~ Den Haag.
Hai·ti ['heɪtɪ] Haiti *n.*
Hal·ley ['hælɪ] *englischer Astronom.*
Ham·il·ton ['hæmltən] *Familienname.*
Ham·let ['hæmlɪt] *Bühnenfigur bei Shakespeare.*
Hamp·shire ['hæmpʃə] *englische Grafschaft.*
Han·o·ver ['hænəʊvə] Hannover *n.*
Har·lem ['hɑ:ləm] *Stadtteil von New York (USA).*
Har·old ['hærəld] Harald *m.*
Har·ri·et, Har·ri·ot ['hærɪət] *f.*
Har·row ['hærəʊ] *Stadtbezirk Groß-Londons mit berühmter Public School.*
Har·vard U·ni·ver·si·ty ['hɑ:vədˌju:nɪ'vɜ:sətɪ] *Universität in Cambridge, Massachusetts (USA).*
Har·wich ['hærɪdʒ] *Hafenstadt in Südostengland.*
Has·tings ['heɪstɪŋz] *Hafenstadt in Südengland.*
Ha·waii [hə'waɪi:] *Staat der USA.*
Haw·thorne ['hɔ:θɔ:n] *amerikanischer Schriftsteller.*
Ha·zel ['heɪzl] *f.*
Heath·row ['hi:θrəʊ] *Großflughafen von London.*
Heb·ri·des ['hebrɪdi:z] *pl die* Hebriden *pl.*
Hel·en ['helɪn] Helene *f.*
Hel·i·go·land ['helɪgəʊlænd] Helgoland *n.*
Hel·sin·ki ['helsɪŋkɪ] Helsinki *n.*
Hem·ing·way ['hemɪŋweɪ] *amerikanischer Autor.*
Hen·ry ['henrɪ] Heinrich *m.*
Hep·burn ['hebɜ:n; 'hepbɜ:n] *amerikanische Filmschauspielerin.*
Her·e·ford and Worces·ter [ˌherɪfədn'wʊstə] *englische Grafschaft.*
Hert·ford·shire ['hɑ:fədʃə] *englische Grafschaft.*
Hesse ['hes(ɪ)] Hessen *n.*
High·land ['haɪlənd] *Verwaltungsregion in Schottland.*
Hil·a·ry ['hɪlərɪ] Hilaria *f*; Hilarius *m.*
Hi·ma·la·ya [ˌhɪmə'leɪə] *der* Himalaja.
Ho·garth ['həʊgɑ:θ] *englischer Maler.*
Hol·born ['həʊbən] *Stadtteil von London.*
Hol·land ['hɒlənd] Holland *n.*
Hol·ly·wood ['hɒlɪwʊd] *Filmstadt in Los Angeles, Kalifornien (USA).*
Holmes [həʊmz] *Familienname.*
Ho·mer ['həʊmə] Homer *m.*
Hon·du·ras [hɒn'djʊərəs] Honduras *n.*
Hong Kong [ˌhɒŋ'kɒŋ] Hongkong *n.*
Hor·ace ['hɒrəs] Horaz *m* (*römischer Dichter u. Satiriker*); *Vorname m.*
Hous·ton ['hju:stən; 'ju:stən] *Stadt in Texas (USA).*
How·ard ['haʊəd] *m.*
Hud·son ['hʌdsn] *Familienname; Fluß im Staat New York (USA).*
Hugh [hju:] Hugo *m.*
Hughes [hju:z] *Familienname.*
Hum·ber ['hʌmbə] *Fluß in England.* **Hum·ber·side** ['~saɪd] *englische Grafschaft.*
Hume [hju:m] *englischer Philosoph.*
Hum·phr(e)y ['hʌmfrɪ] *m.*
Hun·ga·ry ['hʌŋgərɪ] Ungarn *n.*
Hux·ley ['hʌkslɪ] *englischer Autor; englischer Biologe.*
Hyde Park [ˌhaɪd'pɑ:k] *Park in London.*

I

I·an [ɪən; 'i:ən] Jan *m.*
Ice·land ['aɪslənd] Island *n.*
I·da·ho ['aɪdəhəʊ] *Staat der USA.*
Il·li·nois [ˌɪlɪ'nɔɪ] *Staat der USA.*
In·dia ['ɪndjə] Indien *n.*
In·di·ana [ˌɪndɪ'ænə] *Staat der USA.*

In·di·an·ap·o·lis [ˌɪndɪəˈnæpəlɪs] *Hauptstadt von Indiana (USA).*
In·do·ne·sia [ˌɪndəʊˈniːzjə] Indonesien *n.*
In·ver·ness [ˌɪnvəˈnes] *Stadt in Schottland.*
I·o·wa [ˈaɪəʊə; ˈaɪəwə] *Staat der USA.*
I·ran [ɪˈrɑːn] Iran *m.*
I·raq [ɪˈrɑːk] Irak *m.*
Ire·land [ˈaɪələnd] Irland *n.*
I·rene [aɪˈriːnɪ; ˈaɪriːn] Irene *f.*
Ir·ving [ˈɜːvɪŋ] *amerikanischer Autor.*
I·saac [ˈaɪzək] Isaak *m.*
Is·a·bel [ˈɪzəbel] Isabella *f.*
Isle of Man [ˌaɪləvˈmæn] *Insel in der Irischen See, die unmittelbar der englischen Krone untersteht, aber nicht zum Vereinigten Königreich gehört.*
Isle of Wight [ˌaɪləvˈwaɪt] *englische Grafschaft, Insel im Ärmelkanal.*
Is·ra·el [ˈɪzreɪəl] Israel *n.*
Is·tan·bul [ˌɪstænˈbʊl] Istanbul *n.*
It·a·ly [ˈɪtəlɪ] Italien *n.*

J

Jack [dʒæk] Hans *m.*
Jac·que·line [ˈdʒækəlɪn; ˈ~kliːn] *f.*
Ja·mai·ca [dʒəˈmeɪkə] Jamaika *n.*
James [dʒeɪmz] Jakob *m.*
Jane [dʒeɪn] Johanna *f.*
Jan·et [ˈdʒænɪt] Johanna *f.*
Ja·pan [dʒəˈpæn] Japan *n.*
Jean [dʒiːn] Johanna *f.*
Jef·fer·son [ˈdʒefəsn] *3. Präsident der USA.*
Jef·frey [ˈdʒefrɪ] Gottfried *m.*
Jer·e·my [ˈdʒerɪmɪ] Jeremias *m.*
Je·rome [dʒəˈrəʊm] Hieronymus *m.*
Jer·sey [ˈdʒɜːzɪ] *britische Kanalinsel.*
Je·ru·sa·lem [dʒəˈruːsələm] Jerusalem *n.*
Je·sus [ˈdʒiːzəs] Jesus *m.*
Jim(·my) [ˈdʒɪm(ɪ)] *abbr. für* **James.**
Jo [dʒəʊ] *abbr. für* **Joanna, Joseph, Josephine.**
Joan [dʒəʊn], **Jo·an·na** [dʒəʊˈænə] Johanna *f.*
Joe [dʒəʊ] *abbr. für* **Joseph, Josephine.**
Jo·han·nes·burg [dʒəʊˈhænɪsbɜːg] *Stadt in Südafrika.*
John [dʒɒn] Johannes *m*, Johann *m.*
John·son [ˈdʒɒnsn] *Familienname.*
Jon·a·than [ˈdʒɒnəθən] Jonathan *m.*
Jon·son [ˈdʒɒnsn] *englischer Dichter.*
Jor·dan [ˈdʒɔːdn] Jordanien *n*; Jordan *m (Fluß).*
Jo·seph [ˈdʒəʊzɪf] Joseph *m.*
Jo·se·phine [ˈdʒəʊzɪfiːn] Josephine *f.*
Joule [dʒuːl] *englischer Physiker.*
Joyce [dʒɔɪs] *irischer Autor*; *Vorname f.*
Ju·dith [ˈdʒuːdɪθ] Judith *f.*
Ju·neau [ˈdʒuːnəʊ] *Hauptstadt von Alaska (USA).*

K

Kam·pu·chea [ˌkæmpʊˈtʃɪə] Kamputschea *n (bis 1976: Kambodscha).*
Kan·sas [ˈkænzəs] *Staat der USA.*
Ka·ra·chi [kəˈrɑːtʃɪ] Karatschi *n.*
Kash·mir [ˌkæʃˈmɪə] Kaschmir *n.*
Kath·a·rine, Kath·er·ine [ˈkæθərɪn] Katharina *f*, Kat(h)rin *f.*
Kath·leen [ˈkæθliːn] *f.*
Keats [kiːts] *englischer Dichter.*
Keith [kiːθ] *m.*
Kel·vin [ˈkelvɪn] *britischer Mathematiker u. Physiker.*
Ken·ne·dy [ˈkenɪdɪ] *35. Präsident der USA.*
Ken·sing·ton [ˈkenzɪŋtən] *Stadtteil von London.*
Kent [kent] *englische Grafschaft.*
Ken·tuck·y [kenˈtʌkɪ] *Staat der USA.*
Ken·ya [ˈkenjə] Kenia *n.*
Knox [nɒks] *schottischer Reformator.*
Ko·rea [kəˈrɪə] Korea *n.*
Krem·lin [ˈkremlɪn] *der* Kreml.
Ku·wait [kʊˈweɪt] Kuwait *n.*

L

Lab·ra·dor [ˈlæbrədɔː] *Halbinsel u. Provinz in Kanada.*
La Guar·dia [ləˈgwɑːdɪə, ləˈgɑːdɪə] *ehemaliger Bürgermeister von New York.*
Laing [læŋ; leɪŋ] *Familienname.*
Lake Hu·ron [ˌleɪkˈhjʊərən] der Huronsee *(in Nordamerika).*
Lake Su·pe·ri·or [ˌleɪksuːˈpɪərɪə] der Obere See *(in Nordamerika).*
Lan·ca·shire [ˈlæŋkəʃə] *englische Grafschaft.*
Lan·cas·ter [ˈlæŋkəstə] *Stadt in Nordwestengland; Stadt in USA.*
La·nier [ləˈnɪə] *amerikanischer Dichter.*
La·os [ˈlɑːɒs; laʊs] Laos *n.*
Lat·via [ˈlætvɪə] Lettland *n.*
Laugh·ton [ˈlɔːtn] *Familienname.*

Lau·rence ['lɒrəns] Lorenz *m.*

Law·rence ['lɒrəns] Lorenz *m*; *Familienname.*

Lear [lɪə] *Bühnenfigur bei Shakespeare.*

Leb·a·non ['lebənən] *der* Libanon.

Leeds [liːdz] *Industriestadt in Nordengland.*

Legge [leg] *Familienname.*

Leices·ter ['lestə] *Hauptstadt der englischen Grafschaft* **Leices·ter·shire** ['~ʃə].

Leigh [liː] *Familienname*; *Vorname m.*

Lein·ster ['lenstə] *Provinz in Irland.*

Leon·ard ['lenəd] Leonhard *m.*

Lew·is ['luːɪs] Ludwig *m*; *Familienname.*

Lib·ya ['lɪbɪə] Libyen *n.*

Lin·coln ['lɪŋkən] *16. Präsident der USA*; *Hauptstadt von Nebraska* (*USA*); *Stadt in der englischen Grafschaft* **Lin·coln·shire** ['~ʃə].

Li·o·nel ['laɪənl] *m.*

Li·sa ['liːzə; 'laɪzə] Lisa *f.*

Lis·bon ['lɪzbən] Lissabon *n.*

Lith·u·a·nia [ˌlɪθjuː'eɪnjə] Litauen *n.*

Liv·er·pool ['lɪvəpuːl] *Hafenstadt in Nordwestengland.*

Liv·ing·stone ['lɪvɪŋstən] *englischer Afrikaforscher.*

Li·za ['laɪzə] Lisa *f.*

Loch Lo·mond [ˌlɒk'ləʊmənd], **Loch Ness** [ˌlɒk'nes] *Seen in Schottland.*

Locke [lɒk] *englischer Philosoph.*

Lon·don ['lʌndən] London *n.*

Lor·raine [lɒ'reɪn] Lothringen *n.*

Los An·ge·les [lɒs'ændʒɪliːz; *Am.* -dʒələs] *Stadt in Kalifornien* (*USA*).

Lo·thi·an ['ləʊðjən] *Verwaltungsregion in Schottland.*

Lou·is ['luːɪ; 'lʊɪ; *bsd. Am.* 'luːɪs] Ludwig *m.*

Lou·ise [luː'iːz] Luise *f.*

Lou·i·si·a·na [luːˌiːzɪ'ænə] *Staat der USA.*

Low·ry ['laʊərɪ; 'laʊrɪ] *Familienname.*

Lu·cia ['luːsjə] Lucia *f*, Luzia *f.*

Luke [luːk] Lukas *m.*

Lux·em·bourg ['lʌksəmbɜːg] Luxemburg *n.*

Lyd·ia ['lɪdɪə] Lydia *f.*

Lynn [lɪn] *f.*

M

Ma·bel ['meɪbl] *f.*

Mac·beth [mək'beθ] *Bühnenfigur bei Shakespeare.*

Mac·Car·thy [mə'kɑːθɪ] *Familienname.*

Mac·Gee [mə'giː] *Familienname.*

Mac·ken·zie [mə'kenzɪ] *Strom in Nordwestkanada.*

Mac·leod [mə'klaʊd] *Familienname.*

Ma·dei·ra [mə'dɪərə] Madeira *n.*

Madge [mædʒ] *abbr. für* ***Margaret.***

Ma·drid [mə'drɪd] Madrid *n.*

Mag·da·len ['mægdəlɪn] Magdalena *f*, Magdalene *f*: **~ *College*** ['mɔːdlɪn] *College in Oxford.*

Mag·da·lene ['mægdəlɪn] Magdalena *f*, Magdalene *f*: **~ *College*** ['mɔːdlɪn] *College in Cambridge.*

Ma·ho·met [mə'hɒmɪt] Mohammed *m.*

Maine [meɪn] *Staat der USA.*

Ma·jor·ca [mə'dʒɔːkə] Mallorca *n* (*Baleareninsel*).

Mal·colm ['mælkəm] *m.*

Mal·ta ['mɔːltə] Malta *n.*

Man·ches·ter ['mæntʃɪstə] *Industriestadt in Nordwestengland.*

Man·hat·tan [mæn'hætn] *Stadtbezirk von New York* (*USA*).

Man·i·to·ba [ˌmænɪ'təʊbə] *Provinz in Kanada.*

Mar·ga·ret ['mɑːgərɪt] Margareta *f*, Margarete *f.*

Ma·ri·a [mə'raɪə; mə'rɪə] Maria *f.*

Mar·lowe ['mɑːləʊ] *englischer Dichter.*

Mar·tha ['mɑːθə] Mart(h)a *f.*

Mar·y ['meərɪ] Maria *f*, Marie *f.*

Mar·y·land ['meərɪlænd; *bsd. Am.* 'merɪlənd] *Staat der USA.*

Mar·y·le·bone ['mærələbən] *Stadtteil von London.*

Mas·sa·chu·setts [ˌmæsə'tʃuːsɪts] *Staat der USA.*

Ma(t)·thew ['mæθjuː] Matthäus *m.*

Maud [mɔːd] *abbr. für* ***Magdalen*(*e*).**

Maugham [mɔːm] *englischer Autor.*

Mau·rice ['mɒrɪs] Moritz *m.*

May·o ['meɪəʊ] *Name zweier amerikanischer Chirurgen.*

Med·i·ter·ra·ne·an (**Sea**) [ˌmedɪtə'reɪnjən('siː)] *das* Mittelmeer.

Mel·bourne ['melbən] *Stadt in Australien.*

Mel·ville ['melvɪl] *amerikanischer Autor.*

Mer·sey·side ['mɜːzɪsaɪd] *Stadtgrafschaft in Nordwestengland.*

Mex·i·co ['meksɪkəʊ] Mexiko *n.*

Mi·ami [maɪ'æmɪ] *Stadt in Florida* (*USA*).

Mi·chael ['maɪkl] Michael *m.*

Mich·i·gan ['mɪʃɪgən] *Staat der USA*: **Lake ~** der Michigansee (*in Nordamerika*).

Mid Gla·mor·gan [ˌmɪdglə'mɔːgən] *walisische Grafschaft.*

Mid·lands ['mɪdləndz] *pl die* Midlands *pl* (*die zentral gelegenen Grafschaften Mittelenglands*: *Warwickshire, Northamptonshire, Leicestershire, Nottinghamshire, Derbyshire, Staffordshire, West Midlands u. der Ostteil von Hereford and Worcester*).

Mid·west [ˌmɪd'west] *der* Mittlere Westen (*USA*).

Mi·lan [mɪ'læn] Mailand *n.*

Mil·ton ['mɪltən] *englischer Dichter.*

Mil·wau·kee [mɪl'wɔːkiː] *Industriestadt in Wisconsin* (*USA*).

Min·ne·ap·o·lis [ˌmɪnɪ'æpəlɪs] *Stadt in Minnesota* (*USA*).

Min·ne·so·ta [ˌmɪnɪ'səʊtə] *Staat der USA.*

Mis·sis·sip·pi [ˌmɪsɪ'sɪpɪ] *Staat der USA*; *Fluß in USA.*

Mis·sou·ri [mɪ'zʊərɪ] *Staat der USA*; *Fluß in USA.*

Mitch·ell ['mɪtʃl] *Familienname*; *Vorname m.*

Mo·na·co ['mɒnəkəʊ] Monaco *n.*

Mon·roe [mən'rəʊ] *5. Präsident der USA*; *amerikanische Filmschauspielerin.*

Mon·tana [mɒn'tænə] *Staat der USA.*

Mont·gom·er·y [mənt'gʌmərɪ] *britischer Feldmarschall*; *Hauptstadt von Alabama* (*USA*).

Mont·re·al [ˌmɒntrɪ'ɔːl] *Stadt in Kanada.*

Mo·roc·co [mə'rɒkəʊ] Marokko *n.*

Mos·cow ['mɒskəʊ] Moskau *n.*

Mo·selle [məʊ'zel] Mosel *f.*

Mo·zam·bique [ˌməʊzæm'biːk] Moçambique *n.*

Mu·nich ['mjuːnɪk] München *n.*

Mun·ster ['mʌnstə] *Provinz in Irland.*

Mu·ri·el ['mjʊərɪəl] *f.*

Mur·ray ['mʌrɪ] *Familienname*; *Fluß in Australien.*

N

Nab·o·kov [nə'bəʊkɒf] *amerikanischer Schriftsteller russischer Herkunft.*

Na·mib·ia [nə'mɪbɪə] Namibia *n.*

Na·ples ['neɪplz] Neapel *n.*

Nash·ville ['næʃvɪl] *Hauptstadt von Tennessee* (*USA*).

Naz·a·reth ['næzərəθ] Nazareth *n.*

Ne·bras·ka [nɪ'bræskə] *Staat der USA.*

Neil(l) [niːl] *Vorname m*; *Familienname.*

Nel·son ['nelsn] *britischer Admiral.*

Ne·pal [nɪ'pɔːl] Nepal *n.*

Neth·er·lands ['neðələndz] *pl die* Niederlande *pl.*

Ne·va·da [nə'vɑːdə] *Staat der USA.*

Nev·il, Nev·ille ['nevl] *m.*

New·ark ['njuːək; *Am.* 'nuːərk] *Stadt in New Jersey* (*USA*).

New Bruns·wick [ˌnjuː'brʌnzwɪk] *Provinz in Kanada.*

New·bury ['njuːbərɪ] *Stadt in Berkshire* (*England*).

New·cas·tle-up·on-Tyne ['njuːˌkɑːsləˌpɒn'taɪn] *Hauptstadt von Tyne and Wear* (*England*).

New Del·hi [ˌnjuː'delɪ] *Hauptstadt von Indien.*

New Eng·land [ˌnjuː'ɪŋglənd] Neuengland *n* (*USA*).

New·found·land ['njuːfəndlənd] Neufundland *n* (*Provinz in Kanada*).

New Hamp·shire [ˌnjuː'hæmpʃə] *Staat der USA.*

New Jer·sey [ˌnjuː'dʒɜːzɪ] *Staat der USA.*

New Mex·i·co [ˌnjuː'meksɪkəʊ] *Staat der USA.*

New Or·le·ans [ˌnjuː'ɔːlɪənz] *Hafenstadt in Louisiana* (*USA*).

New York [ˌnjuː'jɔːk; *Am.* ˌnuː'jɔːrk] *Staat der USA*; *größte Stadt der USA.*

New Zea·land [ˌnjuː'ziːlənd] Neuseeland *n.*

Ni·ag·a·ra [naɪ'ægərə] Niagara *m* (*Fluß*).

Nic·a·ra·gua [ˌnɪkə'rægjʊə] Nicaragua *n.*

Nich·o·las ['nɪkələs] Nikolaus *m.*

Ni·gel ['naɪdʒl] *m.*

Ni·ger ['naɪdʒə] Niger *m* (*Fluß in Westafrika*); [niː'ʒeə] Niger *n* (*Republik in Westafrika*).

Ni·ge·ria [naɪ'dʒɪərɪə] Nigeria *n.*

Nile [naɪl] Nil *m.*

Nor·folk ['nɔːfək] *englische Grafschaft*; *Hafenstadt in Virginia* (*USA*).

Nor·man·dy ['nɔːməndɪ] die Normandie.

North·amp·ton [nɔː'θæmptən] *Stadt in Mittelengland.* **North'amp·ton·shire** [~ʃə] *englische Grafschaft.*

North Car·o·li·na [ˌnɔːθkærə'laɪnə] *Staat der USA.*

North Da·ko·ta [ˌnɔːθdə'kəʊtə] *Staat der USA.*

North·ern Ire·land [ˌnɔːðnˈaɪələnd] Nordirland *n.*

North Sea [ˌnɔːθˈsiː] *die* Nordsee.

North·um·ber·land [nɔːˈθʌmbələnd] *englische Grafschaft.*

North York·shire [ˌnɔːθˈjɔːkʃə] *englische Grafschaft.*

Nor·way [ˈnɔːweɪ] Norwegen *n.*

Nor·wich [ˈnɒrɪdʒ] *Stadt in Ostengland.*

Not·ting·ham [ˈnɒtɪŋəm] *Industriestadt in Mittelengland.* **Not·ting·ham·shire** [ˈ~ʃə] *englische Grafschaft.*

No·va Sco·tia [ˌnəʊvəˈskəʊʃə] Neuschottland *n* (*Provinz in Kanada*).

Nu·rem·berg [ˈnjʊərəmbɜːg] Nürnberg *n.*

O

O'Ca·sey [əʊˈkeɪsɪ] *irischer Dramatiker.*

O·ce·an·ia [ˌəʊʃɪˈeɪnjə] Ozeanien *n.*

O·hi·o [əʊˈhaɪəʊ] *Staat der USA*; *Fluß in den USA.*

O·kla·ho·ma [ˌəʊkləˈhəʊmə] *Staat der USA.*

O·liv·i·er [əˈlɪvɪeɪ]: ***Sir Laurence*** ~ *berühmter englischer Schauspieler.*

O·ma·ha [ˈəʊməhɑː; *Am. a.* ˈ~hɔː] *Stadt in Nebraska* (*USA*).

O'Neill [əʊˈniːl] *amerikanischer Dramatiker.*

On·ta·ri·o [ɒnˈteərɪəʊ] *Provinz in Kanada*: **Lake** ~ der Ontariosee (*in Nordamerika*).

Or·e·gon [ˈɒrɪgən] *Staat der USA.*

Ork·ney [ˈɔːknɪ] *insulare Verwaltungsregion Schottlands.* ~ **Is·lands** [ˌɔːknɪˈaɪləndz] *pl die* Orkneyinseln *pl.*

Or·well [ˈɔːwəl] *englischer Autor.*

Os·borne [ˈɒzbən] *englischer Dramatiker.*

Ost·end [ɒˈstend] Ostˈende *n.*

Ot·ta·wa [ˈɒtəwə] *Hauptstadt von Kanada.*

Ouse [uːz] *englischer Flußname.*

Ow·en(s) [ˈəʊɪn(z)] *Familienname.*

Ox·ford [ˈɒksfəd] *englische Universitätsstadt.* **Ox·ford·shire** [ˈ~ʃə] *englische Grafschaft.*

P

Pa·cif·ic [pəˈsɪfɪk] *der* Pazifik.

Paine [peɪn] *amerikanischer Staatstheoretiker englischer Herkunft.*

Pak·i·stan [ˌpɑːkɪˈstɑːn] Pakistan *n.*

Pal·es·tine [ˈpæləstaɪn] Palästina *n.*

Pall Mall [ˌpælˈmæl] *Straße in London.*

Palm Beach [ˌpɑːmˈbiːtʃ] *Seebad in Florida* (*USA*).

Pam·e·la [ˈpæmələ] Pamela *f.*

Pan·a·ma [ˈpænəmɑː] Panama *n.*

Par·a·guay [ˈpærəgwaɪ] Paraguay *n.*

Par·is [ˈpærɪs] Paris *n.*

Pa·tri·cia [pəˈtrɪʃə] Patrizia *f.*

Pat·rick [ˈpætrɪk] Patrizius *m.*

Paul [pɔːl] Paul *m.*

Pau·line [pɔːˈliːn; ˈpɔːliːn] Pauline *f.*

Pearl Har·bor [ˌpɜːlˈhɑːbə] *Hafenstadt auf Hawaii* (*USA*).

Pe·king [ˌpiːˈkɪŋ] Peking *n.*

Penn·syl·va·nia [ˌpensɪlˈveɪnjə] *Staat der USA.*

Pen·zance [penˈzæns] *westlichste Stadt Englands, in Cornwall.*

Pepys [piːps] *Verfasser berühmter Tagebücher.*

Per·sia [ˈpɜːʃə; *Am.* ˈpɜːrʒə] Persien *n.*

Perth [pɜːθ] *Hauptstadt von Westaustralien*; *Stadt in Schottland.*

Pe·ru [pəˈruː] Peru *n.*

Pe·ter [ˈpiːtə] Peter *m*, Petrus *m.*

Pe·ter·bor·ough [ˈpiːtəbrə] *Stadt in Cambridgeshire* (*England*).

Phil·ip [ˈfɪlɪp] Philipp *m.*

Phil·ip·pines [ˈfɪlɪpiːnz] *pl die* Philippinen *pl.*

Phoe·nix [ˈfiːnɪks] *Hauptstadt von Arizona* (*USA*).

Pic·ca·dil·ly [ˌpɪkəˈdɪlɪ] *Straße in London.*

Pin·ter [ˈpɪntə] *englischer Dramatiker.*

Pitts·burgh [ˈpɪtsbɜːg] *Stadt in Pennsylvania* (*USA*).

Pla·to [ˈpleɪtəʊ] Plato(n) *m.*

Plym·outh [ˈplɪməθ] *Hafenstadt in Südengland.*

Poe [pəʊ] *amerikanischer Dichter u. Schriftsteller.*

Po·land [ˈpəʊlənd] Polen *n.*

Pom·er·a·nia [ˌpɒməˈreɪnjə] Pommern *n.*

Pope [pəʊp] *englischer Dichter.*

Ports·mouth [ˈpɔːtsməθ] *Hafenstadt in Südengland*; *Hafenstadt in Virginia* (*USA*).

Por·tu·gal [ˈpɔːtʃʊgl; ˈ~jʊgl] Portugal *n.*

Po·to·mac [pəˈtəʊmək] *Fluß in USA.*

Pow·ys [ˈpəʊɪs; ˈpaʊɪs] *walisische Grafschaft*; *Familienname.*

Prague [prɑːg] Prag *n.*

Pre·to·ria [prɪˈtɔːrɪə] *Hauptstadt von Südafrika.*

Prince·ton ['prɪnstən] *Universitätsstadt in New Jersey* (*USA*).
Prus·sia ['prʌʃə] Preußen *n*.
Pul·itz·er ['pʊlɪtsə; 'pju:~] *amerikanischer Journalist, Stifter des Pulitzerpreises*.
Pun·jab [ˌpʌn'dʒɑ:b] Pandschab *n*.
Pur·cell ['pɜ:sel] *englischer Komponist*.

Q

Que·bec [kwɪ'bek] *Provinz u. Stadt in Kanada*.
Queens [kwi:nz] *Stadtbezirk von New York* (*USA*).
Quin·c(e)y ['kwɪnsɪ] *Familienname*; *Vorname m, f*.

R

Ra·chel ['reɪtʃl] Ra(c)hel *f*.
Ra·leigh ['rɔ:lɪ; 'rɑ:lɪ] *englischer Seefahrer*; *Hauptstadt von North Carolina* (*USA*); ['rælɪ] *Fahrradmarke*.
Rat·is·bon ['rætɪzbɒn] Regensburg *n*.
Read·ing ['redɪŋ] *Stadt in Südengland*.
Rea·gan ['reɪgən] *40. Präsident der USA*.
Reg·i·nald ['redʒɪnld] Re(g)inald *m*.
Reyn·olds ['renldz] *englischer Maler*.
Rhine [raɪn] Rhein *m*.
Rhode Is·land [ˌrəʊd'aɪlənd] *Staat der USA*.
Rhodes [rəʊdz] Rhodos *n*.
Rich·ard ['rɪtʃəd] Richard *m*.
Rob·ert ['rɒbət] Robert *m*.
Rob·in Hood [ˌrɒbɪn'hʊd] *legendärer englischer Geächteter u. Bandenführer*.
Roch·es·ter ['rɒtʃɪstə] *Stadt im Staat New York* (*USA*); *Stadt in Kent* (*England*).
Rock·e·fel·ler ['rɒkəfelə] *amerikanischer Industrieller*.
Rock·y Moun·tains [ˌrɒkɪ'maʊntɪnz] *pl Gebirge in USA*.
Ro·ma·nia [ru:'meɪnjə; rʊ~; *Am*. rəʊ~] Rumänien *n*.
Rome [rəʊm] Rom *n*.
Ro·me·o ['rəʊmɪəʊ] *Bühnenfigur bei Shakespeare*.
Roo·se·velt ['rəʊzəvelt] *Name zweier Präsidenten der USA*.
Rug·by ['rʌgbɪ] *berühmte Public School*.
Rus·sel ['rʌsl] *englischer Philosoph*.
Rus·sia ['rʌʃə] Rußland *n*.
Ruth [ru:θ] Ruth *f*.

S

Sac·ra·men·to [ˌsækrə'mentəʊ] *Hauptstadt von Kalifornien* (*USA*).
Sa·lem ['seɪləm] *Hauptstadt von Oregon* (*USA*).
Salis·bu·ry ['sɔ:lzbərɪ] *Stadt in Südengland*.
Salt Lake Cit·y [ˌsɔ:ltleɪk'sɪtɪ] *Hauptstadt von Utah* (*USA*).
Sam·u·el ['sæmjʊəl] Samuel *m*.
San Di·e·go [ˌsændɪ'eɪgəʊ] *Hafenstadt u. Flottenstützpunkt in Kalifornien* (*USA*).
San Fran·cis·co [ˌsænfrən'sɪskəʊ] San Franzisko *n* (*USA*).
San·ta Fe [ˌsæntə'feɪ] *Hauptstadt von New Mexiko* (*USA*).
Sas·katch·e·wan [səs'kætʃɪwən] *Provinz in Kanada*.
Sau·di A·ra·bia [ˌsaʊdɪə'reɪbɪə] Saudi-Arabien *n*.
Saw·yer ['sɔ:jə] *Familienname*.
Sax·o·ny ['sæksnɪ] Sachsen *n*.
Scan·di·na·via [ˌskændɪ'neɪvjə] Skandinavien *n*.
Scot·land ['skɒtlənd] Schottland *n*.
Sean [ʃɔ:n] *siehe* **John.**
Se·at·tle [sɪ'ætl] *Hafenstadt im Staat Washington* (*USA*).
Sev·ern ['sevən] *Fluß in Wales u. Westengland*.
Shake·speare ['ʃeɪkˌspɪə] *englischer Dichter u. Dramatiker*.
Shaw [ʃɔ:] *irischer Dramatiker*.
Shef·field ['ʃefi:ld] *Industriestadt in Mittelengland*.
Shel·ley ['ʃelɪ] *englischer Dichter*.
Shet·land ['ʃetlənd] *insulare Verwaltungsregion Schottlands*. ~ **Is·lands** [ˌ~'aɪləndz] *pl die* Shetlandinseln *pl*.
Shir·ley ['ʃɜ:lɪ] *f*.
Shrop·shire ['ʃrɒpʃə] *englische Grafschaft*.
Si·be·ria [saɪ'bɪərɪə] Sibirien *n*.
Sib·yl ['sɪbɪl] Sibylle *f*.
Sic·i·ly ['sɪsɪlɪ] Sizilien *n*.
Sid·ney ['sɪdnɪ] *Familienname*; *Vorname m, f*.
Si·le·sia [saɪ'li:zjə] Schlesien *n*.
Si·mon ['saɪmən] Simon *m*.
Sin·clair ['sɪŋkleə] *amerikanischer Autor*; *Vorname m*.
Sin·ga·pore [ˌsɪŋə'pɔ:] Singapur *n*.

Snow·don ['snəʊdn] *Berg in Wales.*
Soc·ra·tes ['sɒkrəti:z] Sokrates *m.*
Sol·o·mon ['sɒləmən] Salomo(n) *m.*
So·ma·lia [səʊ'mɑ:lɪə] Somalia *n.*
Som·er·set ['sʌməsɪt] *englische Grafschaft.*
So·phi·a [səʊ'faɪə] Sophia *f*, Sofia *f.*
South·amp·ton [saʊθ'æmptən] *Hafenstadt in Südengland.*
South Car·o·li·na [ˌsaʊθkærə'laɪnə] *Staat der USA.*
South Da·ko·ta [ˌsaʊθdə'kəʊtə] *Staat der USA.*
South Gla·mor·gan [ˌsaʊθglə'mɔ:gən] *walisische Grafschaft.*
South·wark ['sʌðək; 'saʊθwək] *Stadtbezirk von Groß-London.*
South York·shire [ˌsaʊθ'jɔ:kʃə] *Stadtgrafschaft in Nordengland.*
So·viet Un·ion [ˌsəʊvɪət'ju:njən] *die* Sowjetunion.
Spain [speɪn] Spanien *n.*
Staf·ford·shire ['stæfədʃə] *englische Grafschaft.*
Ste·phen ['sti:vn] Stephan *m*, Stefan *m.*
Ste·ven·son ['sti:vnsn] *englischer Autor.*
Stew·art [stjʊət; 'stju:ət; *Am.* 'stu:ərt] *Familienname*; *Vorname m.*
St. Law·rence [snt'lɒrəns] *der* Sankt-Lorenz-Strom.
St. Louis [snt'lʊɪs; *Am.* ˌseɪnt'lu:ɪs] *Industriestadt in Missouri* (*USA*).
Stock·holm ['stɒkhəʊm] Stockholm *n.*
Strat·ford-on-A·von [ˌstrætfədɒn'eɪvn] *Stadt in Mittelengland.*
Strath·clyde [stræθ'klaɪd] *Verwaltungsregion in Schottland.*
Stu·art [stjʊət; 'stju:ət; *Am.* 'stu:ərt] *schottisch-englisches Herrschergeschlecht*; *Vorname m.*
Styr·ia ['stɪrɪə] die Steiermark.
Su·dan [su:'dɑ:n] *der* Sudan.
Sue [su:] *abbr. für* ***Susan.***
Suf·folk ['sʌfək] *englische Grafschaft.*
Sur·rey ['sʌrɪ] *englische Grafschaft.*
Su·san ['su:zn] Susanne *f.*
Sus·sex ['sʌsɪks] *englische Grafschaft.*
Suth·er·land ['sʌðələnd] *Familienname.*
Su·zanne [su:'zæn] Susanne *f.*
Swan·sea ['swɒnzɪ] *Hafenstadt in Wales.*
Swe·den ['swi:dn] Schweden *n.*
Swit·zer·land ['swɪtsələnd] die Schweiz.
Syd·ney ['sɪdnɪ] *größte Stadt Australiens.*
Synge [sɪŋ] *irischer Dramatiker.*
Syr·a·cuse ['sɪrəkju:s] *Stadt im Staat New York* (*USA*); [*Br.* 'saɪərəkju:z] Syrakus *n* (*Stadt auf Sizilien*).
Syr·ia ['sɪrɪə] Syrien *n.*

T

Tai·wan [ˌtaɪ'wɑ:n] Taiwan *n.*
Tal·la·has·see [ˌtælə'hæsɪ] *Hauptstadt von Florida* (*USA*).
Tan·za·nia [ˌtænzə'nɪə] Tansania *n.*
Tay·side ['teɪsaɪd] *Verwaltungsregion in Schottland.*
Ten·nes·see [ˌtenə'si:] *Staat der USA*; *Fluß in USA.*
Ten·ny·son ['tenɪsn] *englischer Dichter.*
Tex·as ['teksəs] *Staat der USA.*
Thack·er·ay ['θækərɪ] *englischer Romanschriftsteller.*
Thai·land ['taɪlænd] Thailand *n.*
Thames [temz] *die* Themse (*Fluß in Südengland*).
The·o·bald ['θɪəbɔ:ld] Theobald *m.*
The·o·dore ['θɪədɔ:] Theodor *m.*
The·re·sa [tɪ'ri:zə] Theresa *f*, Therese *f.*
Tho·mas ['tɒməs] Thomas *m.*
Tho·reau ['θɔ:rəʊ; *Am.* θə'rəʊ] *amerikanischer Schriftsteller u. Philosoph.*
Thu·rin·gia [θjʊə'rɪndʒɪə] Thüringen *n.*
Ti·bet [tɪ'bet] Tibet *n.*
Tim·o·thy ['tɪməθɪ] Timotheus *m.*
To·bi·as [tə'baɪəs] Tobias *m.*
To·kyo ['təʊkjəʊ] Tokio *n.*
Tol·kien ['tɒlki:n] *englischer Schriftsteller u. Philologe.*
To·pe·ka [təʊ'pi:kə] *Hauptstadt von Kansas* (*USA*).
Tor·bay [ˌtɔ:'beɪ] *Stadt in Devon* (*England*); *a.* ***Tor Bay*** *Bucht des Ärmelkanals an der Küste von Devon.*
To·ron·to [tə'rɒntəʊ] *Stadt in Kanada.*
Tor·quay [ˌtɔ:'ki:] *Teilstadt von* ***Torbay*** *in Devon* (*England*).
Tot·ten·ham ['tɒtnəm] *Stadtteil von Groß-London.*
Tra·fal·gar [trə'fælgə]: **Cape ~** Kap *n* Trafalgar (*an der Südwestküste Spaniens*); ***~ Square*** *Platz in London.*
Treves [tri:vz] Trier *n.*
Trev·or ['trevə] *m.*
Trol·lope ['trɒləp] *englischer Romanschriftsteller.*
Tru·man ['tru:mən] *33. Präsident der USA.*

Tuc·son [tuːˈsɒn; ˈtuːsɒn] *Stadt in Arizona (USA).*

Tu·dor [ˈtjuːdə] *englisches Herrschergeschlecht.*

Tu·ni·sia [tjuːˈnɪzɪə; *Am.* tuːˈniːʒə] Tunesien *n.*

Tur·key [ˈtɜːkɪ] die Türkei.

Tur·ner [ˈtɜːnə] *englischer Landschaftsmaler.*

Tus·ca·ny [ˈtʌskənɪ] die Toskana.

Twain [tweɪn] *amerikanischer Autor.*

Tyne and Wear [ˌtaɪnənˈwɪə] *Stadtgrafschaft in Nordengland.*

Ty·rol [ˈtɪrəl; tɪˈrəʊl] Tirol *n.*

U

U·kraine [juːˈkreɪn] *die* Ukraine.

Ul·ster [ˈʌlstə] *Provinz im Norden Irlands, seit 1921 zweigeteilt;* F Nordirland *n.*

U·lys·ses [juːˈlɪsiːz] *m.*

U·nit·ed King·dom [juːˌnaɪtɪdˈkɪŋdəm] *das* Vereinigte Königreich (*Großbritannien u. Nordirland*).

U·nit·ed States of A·mer·i·ca [juːˌnaɪtɪdˌsteɪtsəvəˈmerɪkə] *pl die* Vereinigten Staaten *pl* von Amerika.

Ur·su·la [ˈɜːsjʊlə] Ursula *f.*

U·tah [ˈjuːtɑː; ˈ~tɔː] *Staat der USA.*

V

Val·en·tine [ˈvæləntaɪn] Valentin(e *f*) *m.*

Van·cou·ver [vænˈkuːvə] *Hafenstadt in Kanada.*

Vat·i·can [ˈvætɪkən] *der* Vatikan.

Vaughan [vɔːn] *Familienname.*

Vaux [vɔːz; vɒks; vɔːks; vəʊks] *Familienname:* **de ~** [dɪˈvəʊ] *Familienname.*

Vaux·hall [ˌvɒksˈhɔːl] *Stadtteil von London.*

Ven·e·zu·e·la [ˌvenɪˈzweɪlə] Venezuela *n.*

Ven·ice [ˈvenɪs] Venedig *n.*

Ver·mont [vɜːˈmɒnt] *Staat der USA.*

Vi·en·na [vɪˈenə] Wien *n.*

Viet·nam [ˌvjetˈnæm] Vietnam *n.*

Vir·gil [ˈvɜːdʒɪl] Vergil *m.*

Vir·gin·ia [vəˈdʒɪnjə] *Staat der USA; Vorname f.*

W

Wales [weɪlz] Wales *n.*

Wal·lace [ˈwɒlɪs] *englischer Autor.*

War·saw [ˈwɔːsɔː] Warschau *n.*

War·wick·shire [ˈwɒrɪkʃə] *englische Grafschaft.*

Wash·ing·ton [ˈwɒʃɪŋtən] *1. Präsident der USA; Staat der USA; a.* **~ DC** *Bundeshauptstadt der USA.*

Wa·ter·loo [ˌwɔːtəˈluː] *Ort in Belgien.*

Watt [wɒt] *schottischer Erfinder.*

Wem·bley [ˈwemblɪ] *Stadtteil von Groß-London.*

West·ern Isles [ˌwestənˈaɪlz] *insulare Verwaltungsregion Schottlands.*

West Gla·mor·gan [ˌwestgləˈmɔːgən] *walisische Grafschaft.*

West Mid·lands [ˌwestˈmɪdləndz] *pl Stadtgrafschaft in Mittelengland.*

West·min·ster [ˈwestmɪnstə] *a.* **City of ~** *Stadtbezirk von Groß-London.*

West·pha·lia [westˈfeɪljə] Westfalen *n.*

West Vir·gin·ia [ˌwestvəˈdʒɪnjə] *Staat der USA.*

West York·shire [ˌwestˈjɔːkʃə] *Stadtgrafschaft in Nordengland.*

Whit·by [ˈwɪtbɪ] *Fischereihafen in North Yorkshire (England).*

Whit·man [ˈwɪtmən] *amerikanischer Dichter.*

Wilde [waɪld] *irischer Dramatiker.*

Wil·liam [ˈwɪljəm] Wilhelm *m.*

Wil·son [ˈwɪlsn] *Familienname.*

Wilt·shire [ˈwɪltʃə] *englische Grafschaft.*

Wim·ble·don [ˈwɪmbldən] *Stadtteil von Groß-London (Tennisturniere).*

Win·ches·ter [ˈwɪntʃɪstə] *Hauptstadt von Hampshire (England).*

Wis·con·sin [wɪsˈkɒnsɪn] *Staat der USA.*

Wolfe [wʊlf] *amerikanischer Autor.*

Wol·ver·hamp·ton [ˈwʊlvəˌhæmptən] *Industriestadt in Mittelengland.*

Woolf [wʊlf] *englische Autorin.*

Wor·ces·ter [ˈwʊstə] *Industriestadt in Mittelengland.*

Words·worth [ˈwɜːdzwəθ] *englischer Dichter.*

Wren [ren] *englischer Architekt.*

Wy·o·ming [waɪˈəʊmɪŋ] *Staat der USA.*

Y

Yale [jeɪl] *hoher britischer Kolonialbeamter u. Förderer der Yale University in New Haven, Connecticut (USA).*

Yeats [jeɪts] *irischer Dichter u. Dramatiker.*

Yel·low·stone [ˈjeləʊstəʊn] *Fluß u. Nationalpark im Nordwesten der USA.*

York [jɔːk] *Stadt in Nordostengland.* **York·shire** ['~ʃə]: ***North ~, South ~, West ~*** *Grafschaften in England.*

Yo·sem·i·te Na·tion·al Park [jəʊ'semɪtɪˌnæʃənl'pɑːk] *Nationalpark in Kalifornien (USA).*

Yu·go·sla·via [ˌjuːgəʊ'slɑːvjə] *hist.* Jugoslawien *n.*

Z

Zach·a·ri·ah [ˌzækə'raɪə], **Zach·a·ry** ['zækərɪ] Zacharias *m.*

Za·ire [zɑː'ɪə] Za'ire *n.*

Zim·ba·bwe [zɪm'bɑːbwɪ] Simbabwe *n.*

Zu·rich ['zjʊərɪk] Zürich *n.*

Britische und amerikanische Abkürzungen

A

a ***acre*** Acre *m (4046,8 m²).*

A ***answer*** Antw., Antwort *f*; ***ampere*** A, Ampere *n od. pl.*

AA ***Alcoholics Anonymous*** Anonyme Alkoholiker *pl*; ***antiaircraft*** Flugabwehr...; *Br.* ***Automobile Association*** *(Automobilclub).*

AAA [*häufig*: ˌtrɪpl'eɪ] *Br.* ***Amateur Athletic Association*** *(Leichtathletikverband)*; *Am.* ***American Automobile Association*** *(Automobilclub).*

AB ***able-bodied seaman*** Vollmatrose *m*; *Am.* → **BA** (**Bachelor of Arts**).

abbr. ***abbreviated*** abgekürzt; ***abbreviation*** Abk., Abkürzung *f.*

ABC ***American Broadcasting Company*** *(amerikanische Rundfunkgesellschaft).*

AC ***alternating current*** Wechselstrom *m.*

A/C, a/c ***account current*** Kontokorrent *n*; ***account*** Kto., Konto *n*; Rechnung *f.*

acc(t). ***account*** Kto., Konto *n*; Rechnung *f.*

AD ***Anno Domini*** im Jahr des Herrn, n. Chr., nach Christus.

adj. ***adjective*** Adj., Adjektiv *n.*

Adm. ***Admiral*** Admiral *m*; ***Admiralty*** Admiralität *f.*

adv. ***adverb*** Adv., Adverb *n.*

advt ***advertisement*** Inserat *n*, Annonce *f.*

AFC ***automatic frequency control*** automatische Frequenz(fein)abstimmung.

AFL-CIO ***American Federation of Labor & Congress of Industrial Organizations*** *(Gewerkschaftsverband).*

AFN ***American Forces Network*** *(Rundfunkanstalt der US-Streitkräfte).*

AGM *bsd. Br.* ***annual general meeting*** Jahreshauptversammlung *f.*

AK ***Alaska*** *(Staat der USA).*

AL, Ala. ***Alabama*** *(Staat der USA).*

Alas. ***Alaska*** *(Staat der USA).*

AM ***amplitude modulation*** *(Frequenzbereich der Kurz-, Mittel- u. Langwellen)*; *Am.* → **MA** (**Master of Arts**); *bsd. Am.* → **a.m.**

Am. ***America*** Amerika *n*; ***American*** amerikanisch.

a.m., am ***ante meridiem*** (= ***before noon***) morgens, vorm., vormittags.

anon. ***anonymous*** anonym.

a/o ***account of*** à Konto von, auf Rechnung von.

AP ***Associated Press*** *(amerikanische Nachrichtenagentur)*; ***American plan*** Vollpension *f.*

approx. ***approximate(ly)*** annähernd, etwa.

Apr. ***April*** April *m.*

APT *Br.* ***Advanced Passenger Train*** *(Hochgeschwindigkeitszug).*

apt *bsd. Am.* ***apartment*** Wohnung *f.*

AR ***Arkansas*** *(Staat der USA).*

ARC ***American Red Cross*** *das* Amerikanische Rote Kreuz.

Ariz. ***Arizona*** *(Staat der USA).*

Ark. ***Arkansas*** *(Staat der USA).*

arr. ***arrival*** Ank., Ankunft *f.*

A/S ***account sales*** Verkaufsabrechnung *f.*

ASCII ['æskiː] ***American Standard Code***

for Information Interchange (*standardisierter Code zur Darstellung alphanumerischer Zeichen*).

asst. ***assistant*** Asst., Assistent(in).

attn ***attention*** (***of***) zu Händen (von), für.

Aug. ***August*** Aug., August *m*.

av. ***average*** Durchschnitt *m*; Havarie *f*.

avdp ***avoirdupois*** (*Handelsgewicht*).

Ave ***Avenue*** Allee *f*, Straße *f*.

AWACS ['eɪwæks] ***Airborne Warning and Control System*** (*luftgestütztes Frühwarnsystem*).

AWOL ***absent without leave*** unerlaubt abwesend; ⚔ unerlaubt von der Truppe entfernt.

AZ ***Arizona*** (*Staat der USA*).

B

b. ***born*** geb., geboren.

BA ***Bachelor of Arts*** Bakkalaureus *m* der Philosophie; ***British Airways*** (*britische Luftverkehrsgesellschaft*).

B&B ***bed and breakfast*** Übernachtung *f* mit Frühstück.

B&W, b&w → ***B/W.***

BASIC ['beɪsɪk] ***beginners' all-purpose symbolic instruction code*** (*einfache Programmiersprache*).

BBC ***British Broadcasting Corporation*** BBC *f* (*britische Rundfunkgesellschaft*).

bbl. ***barrel*** Faß *n*.

BC ***before Christ*** v. Chr., vor Christus.

BD ***Bachelor of Divinity*** Bakkalaureus *m* der Theologie.

B/E ***bill of exchange*** ✝ Wechsel *m*.

Beds [bedz] ***Bedfordshire.***

BEng ***Bachelor of Engineering*** Bakkalaureus *m* der Ingenieurwissenschaft(en).

Berks [bɑːks] ***Berkshire.***

b/f ***brought forward*** Übertrag *m*.

BFBS ***British Forces Broadcasting Service*** (*Rundfunkanstalt der britischen Streitkräfte*).

bk ***book*** Buch *n*; ***bank*** Bank *f*.

BL ***Bachelor of Law*** Bakkalaureus *m* des Rechts.

B/L ***bill of lading*** (See)Frachtbrief *m*, Konnossement *n*.

bl. ***barrel*** Faß *n*; ***bale*** Ballen *m*.

BLit ***Bachelor of Literature*** Bakkalaureus *m* der Literatur(wissenschaft).

BLitt ***Bachelor of Letters*** Bakkalaureus *m* der Literaturwissenschaft.

bls. ***bales*** Ballen *pl*; ***barrels*** Fässer *pl*.

Blvd ***Boulevard*** Boulevard *m*.

BM ***Bachelor of Medicine*** Bakkalaureus *m* der Medizin.

BO, b.o. ***branch office*** Filiale *f*; F ***body odo(u)r*** Körpergeruch *m*.

BOT *Br.* ***Board of Trade*** Handelsministerium *n*.

BR ***British Rail*** (*Eisenbahn in Großbritannien*).

BRCS ***British Red Cross Society*** *das* Britische Rote Kreuz.

Br(it). ***Britain*** Großbritannien *n*; ***British*** britisch.

Bros. ***brothers*** Gebr., Gebrüder *pl* (*in Firmenbezeichnungen*).

BS *Am.* ***Bachelor of Science*** Bakkalaureus *m* der Naturwissenschaften; *Br.* ***Bachelor of Surgery*** Bakkalaureus *m* der Chirurgie; ***British Standard*** Britische Norm.

BSc *Br.* ***Bachelor of Science*** Bakkalaureus *m* der Naturwissenschaften.

BScEcon ***Bachelor of Economic Science*** Bakkalaureus *m* der Wirtschaftswissenschaft(en).

BSI ***British Standards Institution*** (*britische Normungsorganisation*).

BTA ***British Tourist Authority*** Britische Fremdenverkehrsbehörde.

bu. ***bushel*** Scheffel *m* (*Br. 36,36 l, Am. 35,24 l*).

Bucks [bʌks] ***Buckinghamshire.***

B/W ***black and white*** *phot.* s/w, schwarzweiß; Schwarzweißbild *n*.

C

C ***Celsius*** C, Celsius; ***centigrade*** hundertgradig (*Thermometereinteilung*).

c ***cent(s)*** Cent *m* (*od. pl*) (*amerikanische Münze*); ***century*** Jh., Jahrhundert *n*; ***circa*** ca., circa, ungefähr; ***cubic*** Kubik...

CA ***California*** Kalifornien *n* (*Staat der USA*); ***chartered accountant*** *Br.* konzessionierter Wirtschaftsprüfer *od.* Buchprüfer *od.* Steuerberater.

C/A ***current account*** Girokonto *n*.

CAD ***computer-aided design*** (*computergestütztes Entwurfszeichnen*).

Cal(if). ***California*** Kalifornien *n* (*Staat der USA*).

CAM ***computer-aided manufacture*** (*computergestützte Fertigung*).

Cambs [kæmz] ***Cambridgeshire.***

Can. ***Canada*** Kanada *n*; ***Canadian*** kanadisch.

C&W ***country and western*** (*Musik*).

Capt. ***Captain*** ⚓ Kapitän *m*; ⚔ Hauptmann *m*.

CB ***Citizens' Band*** CB-Funk *m* (*Wellenbereich für privaten Funkverkehr*); *Br.* ***Companion of*** (***the Order of***) ***the Bath*** Komtur *m* des Bath-Ordens.

CBE ***Commander of*** (***the Order of***) ***the British Empire*** Komtur *m* des Ordens des Britischen Weltreichs.

CBS ***Columbia Broadcasting System*** (*amerikanische Rundfunkgesellschaft*).

CC ***city council*** Stadtrat *m*; *Br.* ***county council*** Grafschaftsrat *m*.

cc *Br.* ***cubic centimetre***(**s**) cm^3, Kubikzentimeter *m* (*od. pl*); ***carbon copy*** Durchschlag *m*.

CD ***compact disc*** CD(-Platte) *f*; ***corps diplomatique*** CD *n*, diplomatisches Korps.

CE ***Church of England*** Anglikanische Kirche; ***civil engineer*** Bauingenieur *m*.

cert. ***certificate*** Bescheinigung *f*.

CET ***Central European Time*** MEZ, mitteleuropäische Zeit.

cf. ***confer*** vgl., vergleiche.

ch. ***chapter*** Kap., Kapitel *n*.

Ches ***Cheshire.***

CI ***Channel Islands*** *die* Kanalinseln *pl*.

CIA *Am.* ***Central Intelligence Agency*** (*US-Geheimdienst*).

CID *Br.* ***Criminal Investigation Department*** (*Kriminalpolizei*).

c.i.f., cif ***cost, insurance, freight*** Kosten, Versicherung und Fracht einbegriffen.

C.-in-C., C in C ***commander in chief*** Oberbefehlshaber *m*.

cl. ***class*** Kl., Klasse *f*.

CO ***Colorado*** (*Staat der USA*); ***commanding officer*** Kommandeur *m*.

Co. ***Company*** ⚕ Gesellschaft *f*; ***county*** *Br.* Grafschaft *f*; *Am.* Kreis *m* (*Verwaltungsbezirk*).

c/o ***care of*** (wohnhaft) bei.

COBOL ['kəʊbɒl] ***common business oriented language*** (*Programmiersprache*).

COD ***cash*** (*Am.* ***collect***) ***on delivery*** per Nachnahme.

C of E ***Church of England*** Anglikanische Kirche.

Col. ***colonel*** Oberst *m*; → **Colo.**

col. ***column*** Sp., Spalte *f* (*in Buch etc*).

Colo. ***Colorado*** (*Staat der USA*).

Conn. ***Connecticut*** (*Staat der USA*).

Cons. *Br. pol.* ***Conservative*** Konservative *m, f*; konservativ.

cont(d) ***continued*** Forts., Fortsetzung *f*; fortgesetzt.

Corn ***Cornwall.***

Corp. ***corporal*** Korporal *m*, Unteroffizier *m*.

CP ***Canadian Press*** (*Nachrichtenagentur*); ***Communist Party*** KP, Kommunistische Partei.

cp. ***compare*** vgl., vergleiche.

CPA *Am.* ***certified public accountant*** amtlich zugelassener Wirtschaftsprüfer.

CPU ***central processing unit*** *Computer*: Zentraleinheit *f*.

CT ***Connecticut*** (*Staat der USA*).

ct(s) ***cent***(**s**) Cent *m* (*od. pl*) (*amerikanische Münze*).

cu ***cubic*** Kubik...

CV, cv ***curriculum vitae*** Lebenslauf *m*.

c.w.o. ***cash with order*** Barzahlung *f* bei Bestellung.

cwt ***hundredweight*** (*etwa 1*) Zentner *m* (*Br. 50,8 kg, Am. 45,36 kg*).

D

d. ***depth*** T., Tiefe *f*; *Br. obs.* ***penny, pence*** (*bis 1971 verwendete Abkürzung*); ***died*** gest., gestorben.

DA ***deposit account*** Depositenkonto *n*; *Am.* ***District Attorney*** Staatsanwalt *m*.

DAT ***digital audio tape*** (*Tonbandcassette für Digitalaufnahmen mit DAT-Recordern*).

DC ***direct current*** Gleichstrom *m*; ***District of Columbia*** *Bundesdistrikt der USA* (= *Gebiet der amerikanischen Hauptstadt Washington*).

DCL ***Doctor of Civil Law*** Dr. jur., Doktor *m* des Zivilrechts.

DD ***Doctor of Divinity*** Dr. theol., Doktor *m* der Theologie.

DDT ***dichlorodiphenyltrichloroethane*** DDT, Dichlordiphenyltrichloräthan *n.*
DE ***Delaware*** (*Staat der USA*).
Dec. ***December*** Dez., Dezember *m.*
dec., decd ***deceased*** gest., gestorben.
Del. ***Delaware*** (*Staat der USA*).
dep. ***departure*** Abf., Abfahrt *f.*
dept ***department*** Abt., Abteilung *f.*
Derbys ***Derbyshire***.
dft ***draft*** ⚕ Tratte *f.*
Dip., dip. ***diploma*** Diplom *n.*
Dir., dir. ***director*** Dir., Direktor *m*, Leiter(in).
disc. ***discount*** ⚕ Diskont *m*; Rabatt *m*, Preisnachlaß *m.*
div. ***dividend*** Dividende *f*; ***divorced*** gesch., geschieden; ***division*** Abteilung *f* (*in Firma*); *Sport*: Liga *f.*
DJ ***disc jockey*** Diskjockey *m*; ***dinner jacket*** Smoking(jacke *f*) *m.*
DLit(t) ***Doctor of Letters, Doctor of Literature*** Doktor *m* der Literaturwissenschaft.
do. ***ditto*** do., dito, dgl., desgleichen.
doc. ***document*** Dokument *n*, Urkunde *f.*
dol. ***dollar*****(s)** Dollar *m* (*od. pl*).
Dors ***Dorset.***
doz. ***dozen*****(s)** Dtzd., Dutzend *n* (*od. pl*).
DPh(il) ***Doctor of Philosophy*** Dr. phil., Doktor *m* der Philosophie.
dpt ***department*** Abt., Abteilung *f.*
Dr ***Doctor*** Dr., Doktor *m*; *in Straßennamen*: ***Drive*** *etwa*: Fahrstraße *f*, Zufahrt *f.*
d.s., d/s ***days after sight*** Tage *pl* nach Sicht (*bei Wechseln*).
DSc ***Doctor of Science*** Dr. rer. nat., Doktor *m* der Naturwissenschaften.
Dur ***Durham.***
dz. ***dozen*****(s)** Dtzd., Dutzend *n* (*od. pl*).

E

E ***east*** O, Ost(en *m*); ***eastern*** ö, östlich; ***English*** englisch.
E. & O.E. ***errors and omissions excepted*** Irrtümer und Auslassungen vorbehalten.
EC ***European Community*** EG, Europäische Gemeinschaft; ***East Central*** (London) Mitte-Ost (*Postbezirk*).
ECOSOC ***Economic and Social Council*** Wirtschafts- und Sozialrat *m* (*der* ***UN***).
ECU ***European Currency Unit*****(s)** Europäische Währungseinheit(en *pl*) *f.*
Ed., ed. ***edited*** h(rs)g., herausgegeben; ***edition*** Aufl., Auflage *f*; ***editor*** H(rs)g., Herausgeber *m.*
EDP ***electronic data processing*** EDV, elektronische Datenverarbeitung.
E.E., e.e. ***errors excepted*** Irrtümer vorbehalten.
EEC ***European Economic Community*** EWG, Europäische Wirtschaftsgemeinschaft.
EFTA ['eftə] ***European Free Trade Association*** EFTA, Europäische Freihandelsgemeinschaft.
Eftpos ***electronic funds transfer at point of sale*** Zahlungsart *f* „ec-Kasse".
e.g. ***exempli gratia*** (= ***for instance***) z. B., zum Beispiel.
enc(l). ***enclosure*****(s)** Anl., Anlage(n *pl*) *f.*
Eng. ***England*** England *n*; ***English*** engl., englisch.
ESA ***European Space Agency*** Europäische Weltraumbehörde.
esp. ***especially*** bes., bsd., besonders.
Esq. ***Esquire*** (*in Briefadressen, nachgestellt*) Herrn.
Ess ***Essex.***
est. ***established*** gegr., gegründet; ***estimated*** gesch., geschätzt.
ETA ***estimated time of arrival*** voraussichtliche Ankunft(szeit).
etc., &c. ***et cetera, and the rest, and so on*** etc., usw., und so weiter.
ETD ***estimated time of departure*** voraussichtliche Abflugzeit *bzw.* Abfahrtszeit.
EURATOM [jʊər'ætəm] ***European Atomic Energy Community*** Euratom, Europäische Atomgemeinschaft.
excl. ***exclusive, excluding*** ausschl., ausschließlich, ohne.
ext. ***extension*** *teleph.* Apparat *m* (*Nebenanschluß*); ***external, exterior*** äußerlich, Außen...

F

f ***female, feminine*** weiblich; ***following*** folg., folgend; ***foot*** **(*****feet*****)** Fuß *m* (*od. pl*) (*30,48 cm*).

F ***Fahrenheit*** F, Fahrenheit (*Thermometereinteilung*).
FA *Br.* ***Football Association*** Fußballverband *m.*
FAO ***Food and Agriculture Organization*** Organisation *f* für Ernährung und Landwirtschaft (*der* ***UN***).
FBI *Am.* ***Federal Bureau of Investigation*** FBI *m, n* (*Bundeskriminalamt*).
Feb. ***February*** Febr., Februar *m.*
fed. ***federal*** *pol.* Bundes...
fig. ***figure*(s)** Abb., Abbildung(en *pl*) *f.*
FL ***Florida*** (*Staat der USA*).
fl. ***floor*** Stock(werk *n*) *m.*
Fla. ***Florida*** (*Staat der USA*).
FM ***frequency modulation*** UKW (*Frequenzbereich der Ultrakurzwellen*).
fm ***fathom*** Faden *m*, Klafter *m, n* (*1,83 m*).
f.o.b., fob ***free on board*** frei (*Schiff etc*).
foll. ***following*** folg., folgend.
FORTRAN ***formula translation*** (*Programmiersprache*).
Fr. ***France*** Frankreich *n*; ***French*** fr(an)z., französisch; *eccl.* ***Father*** Pater *m.*
fr. ***franc*(s)** Franc(s *pl*) *m*, Franken *m* (*od. pl*).
FRG ***Federal Republic of Germany*** BRD, Bundesrepublik *f* Deutschland.
Fri. ***Friday*** Fr., Freitag *m.*
ft ***foot*** **(*feet*)** Fuß *m* (*od. pl*) (*30,48 cm*).
fur. ***furlong*** Achtelmeile *f* (*201,17 m*).

G

G *Am. sl.* ***grand*** (*1000 Dollar*).
g ***gram*(s), *gramme*(s)** g, Gramm *n* (*od. pl*).
GA ***Georgia*** (*Staat der USA*); ***general agent*** Generalvertreter *m*; ***General Assembly*** Generalversammlung *f.*
Ga. ***Georgia*** (*Staat der USA*).
gal(l). ***gallon*(s)** Gallone(n *pl*) *f* (*Br. 4,546 l, Am. 3,785 l*).
GATT ***General Agreement on Tariffs and Trade*** Allgemeines Zoll- und Handelsabkommen.
GB ***Great Britain*** Großbritannien *n.*
GCE ***General Certificate of Education*** (*britische Schulabschlußprüfung*).
GCSE ***General Certificate of Secondary Education*** (*britische Schulabschlußprüfung*).
Gdns ***Gardens*** Park *m*, Garten(anlagen *pl*) *m.*
GDP ***gross domestic product*** BIP, Bruttoinlandsprodukt *n.*
GDR ***German Democratic Republic*** *hist.* DDR, Deutsche Demokratische Republik.
Gen. ***general*** General *m.*
gen. ***general*(*ly*)** allgemein.
GI ***government issue*** von der Regierung ausgegeben, Staatseigentum *n*; GI *m, der* amerikanische Soldat.
gi. ***gill*(s)** Viertelpint(s *pl*) *n* (*Br. 0,142 l, Am. 0,118 l*).
GLC ***Greater London Council*** *ehemaliger* Stadtrat von Groß-London.
Glos [glɒs] ***Gloucestershire.***
gm ***gram*(s), *gramme*(s)** Gramm *n* (*od. pl*).
GMT ***Greenwich Mean Time*** WEZ, westeuropäische Zeit.
GNP ***gross national product*** BSP, Bruttosozialprodukt *n.*
Gov. ***government*** Regierung *f*; ***governor*** Gouverneur *m.*
Govt, govt ***government*** Regierung *f.*
GP ***general practitioner*** praktischer Arzt.
GPO ***general post office*** Hauptpostamt *n.*
gr. ***grain*(s)** *Gewichtseinheit* (*0,0648 g*); ***gross*** Brutto...; Gros *n* (*od. pl*) (*12 Dutzend*).
gr.wt. ***gross weight*** Bruttogewicht *n.*
gtd, guar. ***guaranteed*** garantiert.

H

h. ***hour*(s)** Std., Stunde(n *pl*) *f*, Uhr (*bei Zeitangaben*); ***height*** H., Höhe *f.*
Hants [hænts] ***Hampshire.***
HBM ***His*** **(*Her*)** ***Britannic Majesty*** Seine (Ihre) Britannische Majestät.
hdbk ***handbook*** Handbuch *n.*
HE ***high explosive*** hochexplosiv; ***His*** **(*Her*)** ***Excellency*** Seine (Ihre) Exzellenz; ***His Eminence*** Seine Eminenz.
Heref & Worcs ***Hereford and Worcester.***
Herts [hɑːts] ***Hertfordshire.***
hf ***half*** halb.
HH ***His*** **(*Her*)** ***Highness*** Seine (Ihre) Hoheit; ***His Holiness*** Seine Heiligkeit.

HI ***Hawaii*** (*Staat der USA*).

HM ***His*** (***Her***) ***Majesty*** Seine (Ihre) Majestät.

HMS ***His*** (***Her***) ***Majesty's Ship*** Seiner (Ihrer) Majestät Schiff *n.*

HMSO *Br.* ***His*** (***Her***) ***Majesty's Stationery Office*** (*Staatsdruckerei*).

HO ***head office*** Hauptgeschäftsstelle *f*, Zentrale *f*; *Br.* ***Home Office*** Innenministerium *n.*

Hon. ***Honorary*** ehrenamtlich; ***Honourable*** *der od. die* Ehrenwerte (*Anrede und Titel*).

HP, hp ***horsepower*** PS, Pferdestärke *f*; ***high pressure*** Hochdruck *m*; ***hire purchase*** Ratenkauf *m.*

HQ, Hq. ***Headquarters*** Hauptquartier *n.*

hr ***hour*** Std., Stunde *f.*

HRH ***His*** (***Her***) ***Royal Highness*** Seine (Ihre) Königliche Hoheit.

hrs. ***hours*** Std(n)., Stunden *pl.*

ht ***height*** H., Höhe *f.*

I

I ***Island***(**s**), ***Isle***(**s**) Insel(n *pl*) *f.*

IA, Ia. ***Iowa*** (*Staat der USA*).

IATA [aɪˈɑːtə] ***International Air Transport Association*** Internationaler Luftverkehrsverband.

ib(id). ***ibidem*** (= ***in the same place***) ebd., ebenda.

IBRD ***International Bank for Reconstruction and Development*** Internationale Bank für Wiederaufbau und Entwicklung, Weltbank *f.*

IC ***integrated circuit*** integrierter Schaltkreis.

ICBM ***intercontinental ballistic missile*** Interkontinentalrakete *f.*

ICU ***intensive care unit*** Intensivstation *f.*

ID ***identification*** Identifizierung *f*; Ausweis *m*; ***identity*** Identität *f*; ***Idaho*** (*Staat der USA*).

id. ***idem*** (= ***the same author*** *od.* ***article***) id., idem, derselbe, dasselbe.

Id(a). ***Idaho*** (*Staat der USA*).

i.e., ie ***id est*** (= ***that is to say***) d. h., das heißt.

IL, Ill. ***Illinois*** (*Staat der USA*).

ill., illus(t). ***illustration*** Abb., Abbildung *f*; ***illustrated*** mit Bildern (versehen), illustriert.

IMF ***International Monetary Fund*** IWF, Internationaler Währungsfonds.

IN ***Indiana*** (*Staat der USA*).

in. ***inch***(**es**) Zoll *m* (*od. pl*) (*2,54 cm*).

Inc., inc. ***incorporated*** (amtlich) eingetragen.

incl. ***inclusive, including*** einschl., einschließlich.

Ind. ***Indiana*** (*Staat der USA*).

inst. ***instant*** d. M., dieses Monats.

IOC ***International Olympic Committee*** IOK, Internationales Olympisches Komitee.

IOM ***Isle of Man*** (*britische Insel*).

IOU ***I owe you*** Schuldschein *m.*

IOW ***Isle of Wight*** (*britische Insel*).

IQ ***intelligence quotient*** IQ, Intelligenzquotient *m.*

Ir. ***Ireland*** Irland *n*; ***Irish*** irisch.

IRA ***Irish Republican Army*** Irisch-Republikanische Armee.

IRBM ***intermediate-range ballistic missile*** Mittelstreckenrakete *f.*

IRC ***International Red Cross*** IRK, *das* Internationale Rote Kreuz.

Is ***Island***(**s**), ***Isle***(**s**) Insel(n *pl*) *f.*

ISBN ***international standard book number*** ISBN-Nummer *f.*

ISO ***International Organization for Standardization*** Internationale Organisation für Standardisierung, Internationale Normenorganisation.

ITV ***Independent Television*** (*unabhängige britische kommerzielle Fernsehanstalten*).

IUD ***intrauterine device*** Intrauterinpessar *n.*

IYHF ***International Youth Hostel Federation*** Internationaler Jugendherbergsverband.

J

J ***joule***(**s**) J, Joule *n* (*od. pl*).

J. ***Judge*** Richter *m*; ***Justice*** Justiz *f*; Richter *m.*

Jan. ***January*** Jan., Januar *m.*

JC ***Jesus Christ*** Jesus Christus *m.*

JCD ***juris civilis doctor*** (= ***Doctor of Civil Law***) Doktor *m* des Zivilrechts.

Jnr ***Junior*** jr., jun., junior, der Jüngere.

JP ***Justice of the Peace*** Friedensrichter *m.*

Jr → ***Jnr.***

JUD ***juris utriusque doctor*** (= ***Doctor of Canon and Civil Law***) Doktor *m* beider Rechte.
Jul. ***July*** Juli *m*.
Jun. ***June*** Juni *m*; ***Junior*** → ***Jnr.***
jun., junr ***junior*** jr., jun., junior.

K

Kan(s). ***Kansas*** (*Staat der USA*).
KC *Br.* ***Knight Commander*** *etwa*: Großoffizier *m* (*eines Ordens*); *Br.* ***King's Counsel*** Kronanwalt *m*.
Ken. ***Kentucky*** (*Staat der USA*).
kg ***kilogram(me)(s)*** kg, Kilogramm *n* (*od. pl*).
km ***kilometre(s)*** km, Kilometer *m* (*od. pl*).
kn ✈, ⚓ ***knot(s)*** kn, Knoten *m* (*od. pl*).
KO ***knockout*** K. o., Knockout *m*.
kph ***kilometres per hour*** km/h, Stundenkilometer *pl*.
KS ***Kansas*** (*Staat der USA*).
kV, kv ***kilovolt(s)*** kV, Kilovolt *n* (*od. pl*).
kW, kw ***kilowatt(s)*** kW, Kilowatt *n* (*od. pl*).
KY, Ky ***Kentucky*** (*Staat der USA*).

L

L *Br.* ***learner (driver)*** Fahrschüler(in) (*Plakette an Kraftfahrzeugen*); ***large (size)*** groß; ***Lake*** See *m*.
l. ***left*** l., links; ***line*** Z., Zeile *f*, ***litre(s)*** 1, Liter *m, n* (*od. pl*).
£ ***pound(s) sterling*** Pfund *n* (*od. pl*) Sterling.
LA ***Los Angeles*** (*Stadt in Kalifornien*); ***Louisiana*** (*Staat der USA*).
La. ***Louisiana*** (*Staat der USA*).
Lab. *Br. pol.* ***Labour*** (die) Labour Party.
Lancs [læŋks] ***Lancashire.***
lang. ***language*** Spr., Sprache *f*.
lat. ***latitude*** geographische Breite.
lb., lb ***pound(s)*** Pfund *n* (*od. pl*) (*Gewicht*).
lbs ***pounds*** Pfund *pl* (*Gewicht*).
L/C ***letter of credit*** Kreditbrief *m*.
LCD ***liquid crystal display*** Flüssigkristallanzeige *f*.
Ld *Br.* ***Lord*** Lord *m*.
LED ***light-emitting diode*** Leuchtdiode *f*.
Leics ***Leicestershire.***
Lib. *Br. pol.* ***Liberal*** Liberale *m, f*; liberal.
Lincs [lɪŋks] ***Lincolnshire.***
Litt D ***litterarum doctor*** (= ***Doctor of Letters***) Doktor *m* der Literaturwissenschaft (*über dem* ***PhD*** *stehender Doktortitel*).
ll. ***lines*** Z., Zeilen *pl*.
LL D ***legum doctor*** (= ***Doctor of Laws***) Dr. jur., Doktor *m* der Rechte.
loc. cit. ***loco citato*** (= ***at the place already cited***) a.a.O., am angeführten Ort.
long. ***longitude*** geographische Länge.
LP ***long-playing (record)*** LP, Langspielplatte *f*; *Br.* ***Labour Party*** (*Arbeiterpartei*).
l.p. ***low pressure*** Tiefdruck *m*.
LPO ***London Philharmonic Orchestra*** *das* Londoner Philharmonische Orchester.
LSD ***lysergic acid diethylamide*** LSD, Lysergsäurediäthylamid *n*.
LSO ***London Symphony Orchestra*** *das* Londoner Sinfonieorchester.
Lt. ***lieutenant*** Lt., Leutnant *m*.
Lt.-Col. ***lieutenant-colonel*** Oberstleutnant *m*.
Ltd, ltd ***limited*** mit beschränkter Haftung.
Lt.-Gen. ***lieutenant-general*** Generalleutnant *m*.
LW ***long wave*** LW, Langwelle *f* (*Rundfunk*).

M

M *Br.* ***motorway*** Autobahn *f*; ***medium (size)*** mittelgroß.
m ***metre(s)*** m, Meter *m, n* (*od. pl*); ***mile(s)*** Meile(n *pl*) *f*; ***married*** verh., verheiratet; ***male, masculine*** männlich; ***million(s)*** Mio., Mill., Million(en *pl*) *f*; ***minute(s)*** min., Min., Minute(n *pl*) *f*.
MA ***Master of Arts*** Magister *m* der Philosophie; ***Massachusetts*** (*Staat der USA*); ***military academy*** Militärakademie *f*.
Maj. ***major*** Major *m*.
Maj.-Gen. ***major-general*** Generalmajor *m*.
Mar. ***March*** März *m*.
masc. *ling.* ***masculine*** maskulin, männlich.
Mass. ***Massachusetts*** (*Staat der USA*).

MBA ***Master of Business Administration*** Magister *m* der Betriebswirtschaftslehre.

MBE ***Member*** **(*of the Order*)** ***of the British Empire*** Angehöriger *m* des Ordens des Britischen Weltreichs (*englischer Ehrentitel*).

MC *Br.* ***master of ceremonies*** Zeremonienmeister *m*; *bsd. Am.* Conférencier *m*; *Am. pol.* ***Member of Congress*** Mitglied *n* des Repräsentantenhauses.

MCP ***male chauvinist pig*** F *contp.* Chauvischwein *n*, *humor.* Chauvi *m*.

MD ***medicinae doctor*** (= ***Doctor of Medicine***) Dr. med., Doktor *m* der Medizin; ***Maryland*** (*Staat der USA*); ***managing director*** leitender Direktor.

Md. ***Maryland*** (*Staat der USA*).

ME, Me. ***Maine*** (*Staat der USA*).

med. ***medical*** medizinisch; ***medicine*** Medizin *f*; ***medium*** **(*size*)** mittelgroß; ***medieval*** mittelalterlich.

MEP ***Member of the European Parliament*** Mitglied *n* des Europaparlaments.

Messrs ['mesəz] ***Messieurs*** Herren *pl* (*in Briefadressen*).

mg ***milligram*****(*me*)(*s*)** mg, Milligramm *n* (*od. pl*).

MI ***Michigan*** (*Staat der USA*).

mi. *bsd. Am.* ***mile*****(*s*)** Meile(n *pl*) *f* (*1609,34 m*).

Mich. ***Michigan*** (*Staat der USA*).

min. ***minute*****(*s*)** Min., min, Minute(n *pl*) *f*; ***minimum*** Min., Minimum *n*.

Minn. ***Minnesota*** (*Staat der USA*).

Miss. ***Mississippi*** (*Staat der USA*).

ml ***mile*****(*s*)** Meile(n *pl*) *f* (*1609,34 m*).

mls ***miles*** Meilen *pl*.

mm ***millimetre*****(*s*)** mm, Millimeter *m*, *n* (*od. pl*).

MN ***Minnesota*** (*Staat der USA*).

MO ***Missouri*** (*Staat der USA*); ***money order*** Post- *od.* Zahlungsanweisung *f*; ***mail order*** → *Wörterverzeichnis*.

Mo. ***Missouri*** (*Staat der USA*).

mo. *Am.* ***month*** Monat *m*.

Mon. ***Monday*** Mo., Montag *m*.

Mont. ***Montana*** (*Staat der USA*).

mos. *Am.* ***months*** Monate *pl*.

MP ***Member of Parliament*** *Br.* Unterhausabgeordnete *m*, *f*; ***military police*** Militärpolizei *f*.

mph ***miles per hour*** Stundenmeilen *pl*.

Mr ['mɪstə] ***Mister*** Herr *m*.

Mrs ['mɪsɪz] *ursprünglich* ***Mistress*** Frau *f*.

Ms [mɪz] Frau *f* (*neutrale Anredeform für unverheiratete u. verheiratete Frauen*).

MS ***Mississippi*** (*Staat der USA*); ***manuscript*** Ms., Mskr., Manuskript *n*; ***motorship*** Motorschiff *n*.

MSc ***Master of Science*** Magister *m* der Naturwissenschaften.

MT ***Montana*** (*Staat der USA*).

Mt ***Mount*** Berg *m*.

mth(s) ***month*****(*s*)** Monat(e *pl*) *m*.

MW ***medium wave*** MW, Mittelwelle *f* (*Rundfunk*).

N

N ***north*** N, Nord(en *m*); ***north*****(*ern*)** n, nördlich.

n ***name*** Name *m*; ***noun*** Subst., Substantiv *n*; ***neuter*** Neutrum *n*; sächlich.

NASA ['næsə] *Am.* ***National Aeronautics and Space Administration*** NASA *f*, Nationale Luft- und Raumfahrtbehörde.

NATO ['neɪtəʊ] ***North Atlantic Treaty Organization*** NATO *f*, Nato *f*.

NB, n.b. ***nota bene*** (= ***note well***) NB, notabene.

NBC ***National Broadcasting Company*** (*amerikanische Rundfunkgesellschaft*).

NC, N.C. ***North Carolina*** (*Staat der USA*).

ND, N.D. ***North Dakota*** (*Staat der USA*).

n.d. ***no date*** ohne Datum.

N.Dak. ***North Dakota*** (*Staat der USA*).

NE ***Nebraska*** (*Staat der USA*); ***northeast*** NO, Nordost(en *m*); ***northeast*****(*ern*)** nö, nordöstlich.

Neb(r). ***Nebraska*** (*Staat der USA*).

neg. ***negative*** neg., negativ.

Nev. ***Nevada*** (*Staat der USA*).

NH, N.H. ***New Hampshire*** (*Staat der USA*).

NHS *Br.* ***National Health Service*** Staatlicher Gesundheitsdienst.

NJ, N.J. ***New Jersey*** (*Staat der USA*).

NM, N.M(ex). ***New Mexico*** (*Staat der USA*).

No. ***north*** N, Nord(en *m*); ***numero*** (= ***number***) Nr., Nummer *f*.

no. ***numero*** (= ***number***) Nr., Nummer *f*.

Northants [nɔː'θænts] ***Northamptonshire.***

Northd ***Northumberland.***

Nos, nos ***numbers*** Nummern *pl.*

Notts ***Nottinghamshire.***

Nov. ***November*** Nov., November *m.*

NSB *Br.* ***National Savings Bank*** *etwa:* Postsparkasse *f.*

NSPCC *Br.* ***National Society for the Prevention of Cruelty to Children*** (*Kinderschutzverein*).

NT ***New Testament*** NT, Neues Testament.

Nth ***North*** Nord-..., Nord...

nt.wt. ***net weight*** Nettogewicht *n.*

NV ***Nevada*** (*Staat der USA*).

NW ***northwest*** NW, Nordwest(en *m*); ***northwest*(*ern*)** nw, nordwestlich.

NY, N.Y. ***New York*** (*Staat der USA*).

NYC, N.Y.C. ***New York City*** (die Stadt) New York *n.*

NZ ***New Zealand*** Neuseeland *n.*

O

OAP *Br.* ***old-age pensioner*** (Alters-)Rentner(in), Pensionär(in).

OAS ***Organization of American States*** Organisation *f* amerikanischer Staaten.

ob. ***obiit*** (= ***died***) gest., gestorben.

Oct. ***October*** Okt., Oktober *m.*

OECD ***Organization for Economic Cooperation and Development*** Organisation *f* für wirtschaftliche Zusammenarbeit und Entwicklung.

OH ***Ohio*** (*Staat der USA*).

OHMS ***On His*** (***Her***) ***Majesty's Service*** im Dienst Seiner (Ihrer) Majestät; ✆ Dienstsache *f.*

OK, Okla. ***Oklahoma*** (*Staat der USA*).

OM *Br.* (***member of the***) ***Order of Merit*** (Inhaber[in] des) Verdienstorden(s) *m.*

o.n.o. ***or near*(*est*) *offer*** VB, Verhandlungsbasis *f.*

OPEC ['əʊpek] ***Organization of Petroleum Exporting Countries*** Organisation *f* der Erdöl exportierenden Länder.

opp. ***opposite*** gegenüber(liegend); entgegengesetzt.

OR, Ore(g). ***Oregon*** (*Staat der USA*).

OS ***ordinary seaman*** Leichtmatrose *m*; ***outsize*** übergroß (*auf Kleidungsstükken*).

OT ***Old Testament*** AT, Altes Testament.

Oxon ['ɒksn] ***Oxfordshire*** (*ursprünglich:* ***Oxonia***); ***Oxoniensis*** (= ***of Oxford University***) ... der Universität Oxford.

oz ***ounce*(*s*)** Unze(n *pl*) *f* (*28,35 g*).

P

p *Br.* ***penny, pence*** (*Währungseinheit*).

p. ***page*** S., Seite *f*; ***part*** T., Teil *m.*

PA, Pa. ***Pennsylvania*** (*Staat der USA*).

p.a. ***per annum*** (= ***per year***) pro Jahr, jährlich.

PAN AM [ˌpæn'æm] ***Pan American World Airways*** (*amerikanische Luftverkehrsgesellschaft*).

par. ***paragraph*** Abs., Absatz *m*; Abschn., Abschnitt *m.*

PAYE *Br.* ***pay as you earn*** (*Quellenabzugsverfahren. Arbeitgeber zieht Lohn- bzw. Einkommensteuer direkt vom Lohn bzw. Gehalt ab*).

PC *Br.* ***police constable*** Polizist *m*, Wachtmeister *m*; ***personal computer*** PC, Personalcomputer *m.*

p.c., pc, % ***per cent*** %, Prozent *n od. pl*; ***postcard*** Postkarte *f.*

PD *Am.* ***Police Department*** Polizeibehörde *f*; → ***p.d.***

pd ***paid*** bez., bezahlt; → ***p.d.***

p.d. ***per diem*** (= ***by the day***) pro Tag.

P.E.N., PEN [pen], *mst* **PEN Club** (***International Association of***) ***Poets, Playwrights, Editors, Essayists, and Novelists*** PEN-Club *m* (*internationaler Verband von Dichtern, Dramatikern, Redakteuren, Essayisten und Romanschriftstellern*).

Penn(a). ***Pennsylvania*** (*Staat der USA*).

per pro(c). ***per procurationem*** (= ***by proxy***) pp., ppa., per Prokura; (= ***on behalf of***) i. A., im Auftrag.

PhD ***philosophiae doctor*** (= ***Doctor of Philosophy***) Dr. phil., Doktor *m* der Philosophie.

PIN [pɪn] ***personal identification number*** (*Nummer auf Scheckkarten etc*).

Pk ***Park*** Park *m.*

Pl. ***Place*** Pl., Platz *m.*

pl ***plural*** Pl., pl., Plural *m.*

PLC, Plc, plc *Br.* ***public limited company*** AG, Aktiengesellschaft *f.*

PM *Br.* ***Prime Minister*** Premierminister(in); *Am.* → ***p.m.***

p.m., pm *Br.* ***post meridiem*** (= ***after noon***) nachm., nachmittags, abends.

PO ***postal order*** Postanweisung *f*; ***post office*** Postamt *n.*

POB ***post office box*** Postfach *n.*

POD ***pay on delivery*** per Nachnahme.
pop. ***population*** Einw., Einwohner(zahl *f*) *pl.*
POW ***prisoner of war*** Kriegsgefangene *m.*
pp. ***pages*** Seiten *pl.*
p.p. → ***per pro(c).***
PR ***public relations*** Öffentlichkeitsarbeit *f.*
Pres. ***president*** Präsident *m.*
Prof. ***Professor*** Prof., Professor *m.*
PS ***postscript*** PS, Postskript(um) *n.*
Pt ***part*** T., Teil *m*; ***Port*** (*in Ortsnamen, vorangestellt*).
pt ***part*** T., Teil *m*; ***payment*** Zahlung *f*; ***point*** → *Wörterverzeichnis*; ***pint*** Pint *n* (*Br. 0,57 l, Am. 0,47 l*).
PTA ***Parent-Teacher Association*** Eltern-Lehrer-Vereinigung *f.*
Pte *Br.* ***private*** Soldat *m* (*Dienstgrad*).
PTO, p.t.o. ***please turn over*** b.w., bitte wenden.
Pvt. *Am.* ***private*** Soldat *m* (*Dienstgrad*).
PX ***post exchange*** (*Verkaufsladen für Angehörige der US-Streitkräfte*).

Q

QC *Br.* ***Queen's Counsel*** Kronanwalt *m.*
qr ***quarter*** (*etwa 1*) Viertelzentner *m.*
qt ***quart*** Quart *n* (*Br. 1,14 l; Am. 0,95 l*).
quot. ⚕ ***quotation*** Kurs-, Preisnotierung *f.*

R

r. ***right*** r., rechts.
RAC *Br.* ***Royal Automobile Club*** *der* Königliche Automobilklub.
RAF ***Royal Air Force*** *die* Königlich-Britische Luftwaffe.
RAM [ræm] *Computer*: ***random access memory*** Speicher *m* mit wahlfreiem Zugriff, Direktzugriffsspeicher *m.*
RC ***Roman Catholic*** r.-k., römisch--katholisch.
Rd ***Road*** Str., Straße *f.*
recd ***received*** erhalten.
ref. (***in*** *od.* ***with***) ***reference*** (***to***) (mit) Bezug *m* (auf).
regd ⚕ ***registered*** eingetragen; ✉ eingeschrieben.
reg.tn ***register ton*** RT, Registertonne *f.*
res. ***research*** Forschung(s...) *f*; ***reserve*** Reserve(...) *f*; ***residence*** Wohnsitz *m.*
ret., retd ***retired*** i. R., im Ruhestand, a. D., außer Dienst.
Rev., Revd ***Reverend*** *eccl.* Hochwürden (*Titel u. Anrede*).
RI, R.I. ***Rhode Island*** (*Staat der USA*).
rm ***room*** Zi., Zimmer *n.*
RN ***Royal Navy*** *die* Königlich-Britische Marine.
ROM [rɒm] *Computer*: ***read only memory*** Nur-Lese-Speicher *m*, Fest(-wert)speicher *m.*
RP *Br.* ***received pronunciation*** Standardaussprache *f* (*des Englischen in Südengland*); ***reply paid*** Rückantwort bezahlt.
r.p.m. ***revolutions per minute*** U/min., Umdrehungen *pl* pro Minute.
RR *Am.* ***railroad*** Eisenbahn *f.*
RS *Br.* ***Royal Society*** Königliche Gesellschaft (*traditionsreicher naturwissenschaftlicher Verein*).
RSPCA ***Royal Society for the Prevention of Cruelty to Animals*** (*britischer Tierschutzverein*).
RSVP ***répondez s'il vous plaît*** (= ***please reply***) u. A. w. g., um Antwort wird gebeten.
rt ***right*** r., rechts.
Rt Hon. ***Right Honourable*** *der* Sehr Ehrenwerte (*Titel u. Anrede*).
Ry *Br.* ***Railway*** Eisenbahn *f.*

S

S ***south*** S, Süd(en *m*); ***south(ern)*** s, südlich; ***small (size)*** klein.
s ***second(s)*** Sek., sek., s, Sekunde(n *pl*) *f*; *hist. Br.* ***shilling(s)*** Schilling(e *pl*) *m.*
$ ***dollar(s)*** Dollar *m* (*od. pl*).
SA ***Salvation Army*** Heilsarmee *f*; ***South Africa*** Südafrika *n.*
s.a.e. ***stamped addressed envelope*** frankierter Rückumschlag.
Salop ['sæləp] ***Shropshire.***
SALT [sɔːlt] ***Strategic Arms Limitation Talks*** (*Verhandlungen zwischen der Sowjetunion u. den USA über Begrenzung u. Abbau strategischer Waffensysteme*).
Sat. ***Saturday*** Sa., Samstag *m*, Sonnabend *m.*
SC, S.C. ***South Carolina*** (*Staat der USA*).
SD, S.D(ak). ***South Dakota*** (*Staat der USA*).
SDP *Br.* ***Social Democratic Party*** Sozialdemokratische Partei.

SE ***southeast*** SO, Südost(en *m*); ***southeast(ern)*** sö, südöstlich; ***Stock Exchange*** Börse *f*.
Sec. ***Secretary*** Sekr., Sekretär(in); Minister(in).
sec. ***second(s)*** Sek., sek., s, Sekunde(n *pl*) *f*; ***secretary*** Sekr., Sekretär(in).
Sen., sen. ***Senior*** sen., der Ältere.
Sep(t). ***September*** Sept., September *m*.
S(er)gt ***sergeant*** Feldwebel *m*; Wachtmeister *m*.
Snr → ***Sen.***
Soc. ***society*** Gesellschaft *f*, Verein *m*.
Som ***Somerset.***
Sq. ***Square*** Pl., Platz *m*.
sq. ***square*** Quadrat...
Sr → ***Sen.***; ***Sister*** *eccl.* (Ordens)Schwester *f*.
SS ***steamship*** Dampfer *m*; ***Saints*** *die* Heiligen *pl*.
St ***Saint ...*** St. ..., Sankt ...; ***Street*** Str., Straße *f*.
st. *Br.* **stone** (*Gewichtseinheit von 6,35 kg*).
STA ***scheduled time of arrival*** planmäßige Ankunft(szeit).
Sta. ***Station*** B(h)f., Bahnhof *m*.
Staffs [stæfs] ***Staffordshire.***
STD ***scheduled time of departure*** planmäßige Abflugzeit *bzw.* Abfahrtszeit; *Br.* **subscriber trunk dialling** Selbstwählfernverkehr *m*.
stg ***sterling*** Sterling *m* (*britische Währungseinheit*).
Sth ***South*** Süd-..., Süd...
Stn ***Station*** B(h)f., Bahnhof *m*.
STOL [stɒl] ***short takeoff and landing (aircraft)*** STOL-, Kurzstart(-Flugzeug *n*) *m*.
Suff ***Suffolk.***
Sun. ***Sunday*** So., Sonntag *m*.
suppl. ***supplement*** Nachtrag *m*.
SW ***southwest*** SW, Südwest(en *m*); ***southwest(ern)*** sw, südwestlich; ***short wave*** KW, Kurzwelle *f* (*Rundfunk*).

T

t ***ton(s)*** Tonne(n *pl*) *f* (*Br. 1016 kg, Am. 907,18 kg*); ***tonne(s)*** (= ***metric ton[s]***) t, Tonne(n *pl*) *f* (*1000 kg*).
TB ***tuberculosis*** Tb, Tbc, Tuberkulose *f*.
tbsp(s) ***tablespoonful(s)*** *ein* Eßlöffelvoll (*od. pl*).
tel. ***telephone (number)*** Tel., Telefon(nummer *f*) *n*.
Tenn. ***Tennessee*** (*Staat der USA*).
Tex. ***Texas*** (*Staat der USA*).
TGWU *Br.* ***Transport and General Workers' Union*** Transportarbeitergewerkschaft *f*.
Thur(s). ***Thursday*** Do., Donnerstag *m*.
TM ☤ ***trademark*** Wz., Warenzeichen *n*.
TN ***Tennessee*** (*Staat der USA*).
tn *Am.* → **t.**
tsp(s) ***teaspoonful(s)*** *ein* Teelöffelvoll (*od. pl*).
TU ***trade(s) union*** Gewerkschaft *f*.
TUC *Br.* ***Trades Union Congress*** Gewerkschaftsverband *m*.
Tue(s). ***Tuesday*** Di(e)., Dienstag *m*.
TWA ***Trans World Airlines*** (*amerikanische Luftverkehrsgesellschaft*).
TX ***Texas*** (*Staat der USA*).

U

UEFA [juːˈeɪfə] ***Union of European Football Associations*** UEFA *f*.
UFO [ˈjuːfəʊ; ˌjuː ef ˈəʊ] ***unidentified flying object*** Ufo *n*.
UHF ***ultrahigh frequency*** UHF, Ultrahochfrequenz(bereich *m*) *f*, Dezimeterwellenbereich *m*.
UK ***United Kingdom*** Vereinigtes Königreich (*England, Schottland, Wales u. Nordirland*).
UN ***United Nations*** *die* UN *pl*, *die* Vereinten Nationen *pl*.
UNESCO [juːˈneskəʊ] ***United Nations Educational, Scientific, and Cultural Organization*** UNESCO *f*, Organisation *f* der Vereinten Nationen für Erziehung, Wissenschaft und Kultur.
UNICEF [ˈjuːnɪsef] ***United Nations Children's Fund*** UNICEF *f*, Kinderhilfswerk *n* der Vereinten Nationen.
UNO [ˈjuːnəʊ] ***United Nations Organization*** UNO *f*.
UPI ***United Press International*** (*amerikanische Nachrichtenagentur*).
US ***United States*** Vereinigte Staaten *pl*.
USA ***United States of America*** *die* USA *pl*, Vereinigte Staaten *pl* von Amerika; ***United States Army*** Heer *n* der Vereinigten Staaten.
USAF ***United States Air Force*** Luftwaffe *f* der Vereinigten Staaten.
USSR ***Union of Socialist Soviet Republics*** *hist.* UdSSR, Union *f* der Sozialistischen Sowjetrepubliken.

USW ***ultrashort wave*** UKW, Ultrakurzwelle *f* (*Rundfunk*).
UT, Ut. ***Utah*** (*Staat der USA*).

V

V ***volt*(s)** V, Volt *n* (*od. pl*).
v. ***verse*** V., Vers *m*; ***versus*** contra, gegen; ***very*** sehr; ***vide*** (= ***see***) s., siehe.
VA, Va. ***Virginia*** (*Staat der USA*).
VAT [ˌviː eɪ ˈtiː; væt] ***value-added tax*** MwSt., Mehrwertsteuer *f*.
VCR ***video cassette recorder*** Videorecorder *m*.
VD ***venereal disease*** Geschlechtskrankheit *f*.
VHF ***very high frequency*** VHF, UKW, Ultrakurzwelle(nbereich *m*) *f*.
VIP ***very important person*** VIP *f* (*prominente Persönlichkeit*).
Vis(c). ***Viscount*(ess)** Viscount(ess *f*) *m* (*englischer Adelstitel*).
viz [vɪz] ***videlicet*** (= ***namely***) nämlich.
vol. ***volume*** Bd., Band *m*.
vols ***volumes*** Bde., Bände *pl*.
vs. ***versus*** contra, gegen.
VS ***veterinary surgeon*** Tierarzt *m*.
VSOP ***very special*** (*od.* ***superior***) ***old pale*** (*Qualitätsbezeichnung für 20-25 Jahre alten Weinbrand, Portwein etc*).
VT, Vt. ***Vermont*** (*Staat der USA*).
VTOL [ˈviːtɒl] ***vertical takeoff and landing*** (***aircraft***) Senkrechtstart(er) *m*.
vv, v.v. ***vice versa*** v.v., umgekehrt.

W

W ***west*** W, West(en *m*); ***west*(ern)** w, westlich; ***watt*(s)** W, Watt *n* (*od. pl*).
w. ***with*** m., mit; ***width*** Br., Breite *f*.
WA ***Washington*** (*Staat der USA*).
War., Warks ***Warwickshire.***
Wash. ***Washington*** (*Staat der USA*).
WC ***West Central*** (London) Mitte-West (*Postbezirk*); ***water closet*** WC *n*, Toilette *f*.
Wed(s). ***Wednesday*** Mi., Mittwoch *m*.
WHO ***World Health Organization*** WGO, Weltgesundheitsorganisation *f*.
WI ***Wisconsin*** (*Staat der USA*).
Wilts ***Wiltshire.***
Wis(c). ***Wisconsin*** (*Staat der USA*).
wk **week** Wo., Woche *f*; ***work*** Arbeit *f*.
wkly ***weekly*** wöchentlich.
wks ***weeks*** Wo., Wochen *pl*.
w/o ***without*** o., ohne.
WP ***word processor*** Textverarbeitungssystem *n*, -gerät *n*; ***word processing*** Textverarbeitung *f*; ***weather permitting*** wenn es das Wetter erlaubt.
w.p.m., wpm ***words per minute*** Wörter *pl* pro Minute.
wt., wt ***weight*** Gew., Gewicht *n*.
WV, W Va. ***West Virginia*** (*Staat der USA*).
WW I (*od.* **II**) ***World War I*** (*od.* ***II***) der erste (*od.* zweite) Weltkrieg.
WY, Wyo. ***Wyoming*** (*Staat der USA*).

X

XL ***extra large*** (***size***) extragroß.
Xmas → *Wörterverzeichnis.*
Xroads [ˈeksrəʊds] ***crossroads*** Straßenkreuzung *f*.
XS ***extra small*** (***size***) extraklein.
Xt ***Christ*** Christus *m*.

Y

yd *pl a.* **yds** ***yard*(s)** Yard(s *pl*) *n* (*91,44 cm*).
YHA ***Youth Hostels Association*** Jugendherbergsverband *m*.
YMCA ***Young Men's Christian Association*** CVJM, Christlicher Verein junger Männer.
Yorks [jɔːks] ***Yorkshire.***
yr(s) ***year*(s)** Jahr(e *pl*) *n*.
YWCA ***Young Women's Christian Association*** Christlicher Verein junger Frauen und Mädchen.

Die Rechtschreibung im amerikanischen Englisch

Die amerikanische Rechtschreibung weicht von der britischen hauptsächlich in folgenden Punkten ab:

1. Für **...our** tritt **...or** ein, z. B. hon*or* = honour, lab*or* = labour.
2. **...re** wird zu **...er**, z. B. cent*er* = centre, theat*er* = theatre, meag*er* = meagre; ausgenommen sind die Wörter auf ...cre, z. B. massa*cre*.
3. Statt **...ce** steht **...se,** z. B. defen*se* = defence, licen*se* = licence.
4. Bei den meisten Ableitungen der Verben auf **...l** und einigen wenigen auf **...p** unterbleibt die Verdoppelung des Endkonsonanten, also travel – trave*l*ed – trave*l*ing – trave*l*er, worship – worshi*p*ed – worshi*p*ing – worshi*p*er. Auch in einigen anderen Wörtern wird der Doppelkonsonant durch einen einfachen ersetzt, z. B. woo*l*en = woollen.
5. Ein stummes **e** wird in gewissen Fällen weggelassen, z. B. ax = ax*e*, goodby = goodby*e*.
6. Der Schreibung **ae** und **oe** wird oft diejenige mit **e** vorgezogen, z. B. an*e*mia = anaemia, diarrh*e*a = diarrhoea.
7. Aus dem Französischen stammende stumme Endsilben werden meist weggelassen, z. B. catalog = catalog*ue*, program = program*me*, prolog = prolog*ue*.
8. Neben alth*ough*, thr*ough* etc finden sich die Formen alth*o*, thr*u* etc.
9. Einzelfälle sind: che*ck* = cheque, s*k*eptic(al) = sceptic(al), m*o*ld = mould, gr*a*y = grey, pl*ow* = plough, ski*ll*ful = skilful, t*i*re = tyre.

Zahlwörter

Grundzahlen

0 zero, nought [nɔːt]
1 one *eins*
2 two *zwei*
3 three *drei*
4 four *vier*
5 five *fünf*
6 six *sechs*
7 seven *sieben*
8 eight *acht*
9 nine *neun*
10 ten *zehn*
11 eleven *elf*
12 twelve *zwölf*
13 thirteen *dreizehn*
14 fourteen *vierzehn*
15 fifteen *fünfzehn*
16 sixteen *sechzehn*
17 seventeen *siebzehn*
18 eighteen *achtzehn*
19 nineteen *neunzehn*
20 twenty *zwanzig*
21 twenty-one *einundzwanzig*
22 twenty-two *zweiundzwanzig*
30 thirty *dreißig*
31 thirty-one *einunddreißig*
40 forty *vierzig*
41 forty-one *einundvierzig*
50 fifty *fünfzig*
51 fifty-one *einundfünfzig*
60 sixty *sechzig*
61 sixty-one *einundsechzig*
70 seventy *siebzig*
71 seventy-one *einundsiebzig*
80 eighty *achtzig*
81 eighty-one *einundachtzig*
90 ninety *neunzig*
91 ninety-one *einundneunzig*
100 a *od.* one hundred *(ein)hundert*
101 a hundred and one *hundert(und)-eins*
200 two hundred *zweihundert*
300 three hundred *dreihundert*
572 five hundred and seventy-two *fünfhundert(und)zweiundsiebzig*
1000 a *od.* one thousand *(ein)tausend*
1066 ten sixty-six *tausendsechsund-sechzig*
1998 nineteen (hundred and) ninety-eight *neunzehnhundertachtund-neunzig*
2000 two thousand *zweitausend*
5044 *teleph.* five 0 [əʊ], *Am. a.* zero, double four *fünfzig vierundvier-zig*
1,000,000 a *od.* one million *eine Mil-lion*
2,000,000 two million *zwei Millio-nen*
1,000,000,000 a *od.* one billion *eine Mil-liarde*

Ordnungszahlen

1st first *erste*
2nd second *zweite*
3rd third *dritte*
4th fourth *vierte*
5th fifth *fünfte*
6th sixth *sechste*
7th seventh *siebente*
8th eighth *achte*
9th ninth *neunte*
10th tenth *zehnte*
11th eleventh *elfte*
12th twelfth *zwölfte*
13th thirteenth *dreizehnte*
14th fourteenth *vierzehnte*
15th fifteenth *fünfzehnte*
16th sixteenth *sechzehnte*
17th seventeenth *siebzehnte*
18th eighteenth *achtzehnte*
19th nineteenth *neunzehnte*
20th twentieth *zwanzigste*
21st twenty-first *einundzwanzigste*
22nd twenty-second *zweiundzwanzig-ste*
23rd twenty-third *dreiundzwanzigste*

30th thirtieth *dreißigste*
31st thirty-first *einunddreißigste*
40th fortieth *vierzigste*
41st forty-first *einundvierzigste*
50th fiftieth *fünfzigste*
51st fifty-first *einundfünfzigste*
60th sixtieth *sechzigste*
61st sixty-first *einundsechzigste*
70th seventieth *siebzigste*
71st seventy-first *einundsiebzigste*
80th eightieth *achtzigste*
81st eighty-first *einundachtzigste*
90th ninetieth *neunzigste*
100th (one) hundredth *hundertste*
101st hundred and first *hundertunderste*
200th two hundredth *zweihundertste*
300th three hundredth *dreihundertste*
572nd five hundred and seventy-second *fünfhundertundzweiundsiebzigste*
1000th (one) thousandth *tausendste*
1950th nineteen hundred and fiftieth *neunzehnhundertfünfzigste*
2000th two thousandth *zweitausendste*
1,000,000th (one) millionth *millionste*
2,000,000th two millionth *zweimillionste*

Bruchzahlen und andere Zahlenwerte

$^1/_2$ one *od.* a half *ein halb*
$1\,^1/_2$ one and a half *anderthalb*
$2\,^1/_2$ two and a half *zweieinhalb*
$^1/_3$ one *od.* a third *ein Drittel*
$^2/_3$ two thirds *zwei Drittel*
$^1/_4$ one *od.* a quarter, one *od.* a fourth *ein Viertel*
$^3/_4$ three quarters, three fourths *drei Viertel*
$^1/_5$ one *od.* a fifth *ein Fünftel*
$3\,^4/_5$ three and four fifths *drei vier Fünftel*
$^5/_8$ five eighths *fünf Achtel*
$^{12}/_{20}$ twelve twentieths *zwölf Zwanzigstel*
$^{75}/_{100}$ seventy-five hundredths *fünfundsiebzig Hundertstel*
0.45 (nought [nɔːt]) point four five *null Komma vier fünf*
2.5 two point five *zwei Komma fünf*

once *einmal*
twice *zweimal*
three (four) times *drei-(vier)mal*
twice as much (many) *zweimal* od. *doppelt soviel* (*so viele*)
firstly (secondly, thirdly), in the first (second, third) place *erstens* (*zweitens*, *drittens*)
$7 + 8 = 15$ seven plus *od.* and eight is fifteen *sieben plus* od. *und acht ist fünfzehn*
$9 - 4 = 5$ nine minus *od.* less four is five *neun minus* od. *weniger vier ist fünf*
$2 \times 3 = 6$ twice three is six *zweimal drei ist sechs*
$20 \div 5 = 4$ twenty divided by five is four *zwanzig dividiert* od. *geteilt durch fünf ist vier*

Englische Währung

£1 = 100p

Münzen

1p (a penny)
2p (two pence)
5p (five pence)
10p (ten pence)
20p (twenty pence)
50p (fifty pence)
£1 (one pound)

Banknoten

£5 (five pounds)
£10 (ten pounds)
£20 (twenty pounds)
£50 (fifty pounds)
Alte Münzen im Wert von 1 Schilling (= 5p) und 2 Schilling (= 10p) sind noch im Umlauf.

Maße und Gewichte

1. Längenmaße

1 inch (in.)
= 2,54 cm

1 foot (ft)
= 12 inches = 30,48 cm

1 yard (yd)
= 3 feet = 91,44 cm

2. Wege- und Vermessungsmaße

1 link (li., l.)
= 7.92 inches = 20,12 cm

1 rod (rd), pole *od.* **perch (p.)**
= 25 links = 5,03 m

1 chain (ch.)
= 4 rods = 20,12 m

1 furlong (fur.)
= 10 chains = 201,17 m

1 (statute) mile (ml, *Am.* **mi.)**
= 8 furlongs = 1609,34 m

3. Nautische Maße

1 fathom (fm)
= 6 feet = 1,83 m

1 cable('s) length
= 100 fathoms = 183 m
⚓, ⚔ *Br.* = 608 feet
= 185,3 m
⚓, ⚔ *Am.* = 720 feet
= 219,5 m

1 nautical mile (n. m.)
international = 6076.1 feet
= 1,852 km
⚓ *Br.* = 10 cable('s) lengths
= 1,853 km

4. Flächenmaße

1 square inch (sq. in.)
= 6,45 cm^2

1 square foot (sq. ft)
= 144 square inches
= 929,03 cm^2

1 square yard (sq. yd)
= 9 square feet = 0,836 m^2

1 square rod (sq. rd)
= 30.25 square yards = 25,29 m^2

1 rood (ro.)
= 40 square rods = 10,12 a

1 acre (a.)
= 4 roods = 40,47 a

1 square mile (sq. ml, *Am.* **sq. mi.)**
= 640 acres = 2,59 km^2

5. Raummaße

1 cubic inch (cu. in.)
= 16,387 cm^3

1 cubic foot (cu. ft)
= 1728 cubic inches
= 0,028 m^3

1 cubic yard (cu. yd)
= 27 cubic feet = 0,765 m^3

1 register ton (reg. tn)
= 100 cubic feet = 2,832 m^3

6. Britische Hohlmaße

Trocken- und Flüssigkeitsmaße

1 imperial gill (gi., gl)
= 0,142 l

1 imperial pint (pt)
= 4 gills = 0,568 l

1 imperial quart (qt)
= 2 imperial pints = 1,136 l

1 imperial gallon (imp. gal.)
= 4 imperial quarts = 4,546 l

Trockenmaße

1 imperial peck (pk)
= 2 imperial gallons = 9,092 l

1 imperial bushel (bu., bsh.)
= 4 imperial pecks = 36,36 l

1 imperial quarter (qr)
= 8 imperial bushels = 290,94 l

Flüssigkeitsmaß

1 imperial barrel (bbl., bl.)
= 36 imperial gallons = 1,636 hl

1 U.S. barrel petroleum
= 42 gallons = 158,97 l
(*internationales Standardmaß für Erdöl*)

7. Hohlmaße der USA

Trockenmaße

1 U.S. dry pint
= 0,551 l

1 U.S. dry quart
= 2 dry pints = 1,1 l

1 U.S. peck
= 8 dry quarts = 8,81 l

1 U.S. bushel (*Getreidemaß*)
= 4 pecks = 35,24 l

Flüssigkeitsmaße

1 U.S. liquid gill
= 0,118 l

1 U.S. liquid pint
= 4 gills = 0,473 l

1 U.S. liquid quart
= 2 liquid pints = 0,946 l

1 U.S. gallon
= 4 liquid quarts = 3,785 l

1 U.S. barrel
= 31.5 gallons = 119,2 l

8. Handelsgewichte

1 grain (gr.)
= 0,0648 g

1 dram (dr. av.)
= 27.34 grains = 1,77 g

1 ounce (oz av.)
= 16 drams = 28,35 g

1 pound (lb. av.)
= 16 ounces = 0,453 kg

1 stone (st.)
14 pounds = 6,35 kg

1 quarter (qr)
Br. = 28 pounds = 12,7 kg
Am. = 25 pounds = 11,34 kg

1 hundredweight (cwt)
Br. = 112 pounds = 50,8 kg (*a.* long hundredweight: cwt. l.)
Am. = 100 pounds = 45,36 kg (*a.* short hundredweight: cwt. sh.)

1 ton (t, tn)
Br. = 2240 pounds (= 20 cwt. l.) = 1016 kg (*a.* long ton: tn. l.)
Am. = 2000 pounds (= 20 cwt. sh.) = 907,18 kg (*a.* short ton: tn. sh.)

Temperaturumrechnung

°Fahrenheit = $(\frac{9}{5}\,°C) + 32$

°Celsius = $(°F - 32) \cdot \frac{5}{9}$

Unregelmäßige Verben

Die an erster Stelle stehende Form bezeichnet das Präsens (present tense), nach dem ersten Gedankenstrich steht das Präteritum (past tense), nach dem zweiten das Partizip Perfekt (past participle).

alight – alighted, alit – alighted, alit
arise – arose – arisen
awake – awoke, awaked – awoke, awaked, awoken
be (am, is, are) – was (were) – been
bear – bore – borne *getragen*, born *geboren*
beat – beat – beaten, beat
become – became – become
beget – begot – begotten
begin – began – begun
bend – bent – bent
bereave – bereaved, bereft – bereaved, bereft
beseech – besought, beseeched – besought, beseeched
bet – bet, betted – bet, betted
bid – bade, bid – bidden, bid, *a.* bade
bide – bade, bided – bided
bind – bound – bound
bite – bit – bitten
bleed – bled – bled
bless – blessed, *a.* blest – blessed, *a.* blest
blow – blew – blown
break – broke – broken
breed – bred – bred
bring – brought – brought
broadcast – broadcast(ed) – broadcast(ed)
build – built – built
burn – burnt, burned – burnt, burned
burst – burst – burst
bust – bust(ed) – bust(ed)
buy – bought – bought
can – could
cast – cast – cast
catch – caught – caught
choose – chose – chosen
cleave – cleft, cleaved, clove – cleft, cleaved, cloven
cling – clung – clung
clothe – clothed, clad – clothed, clad
come – came – come
cost – cost –cost
creep – crept – crept
crow – crowed, crew – crowed
cut – cut – cut
deal – dealt – dealt
dig – dug – dug
do – did – done
draw – drew – drawn
dream – dreamt, dreamed – dreamt, dreamed
drink – drank – drunk
drive – drove – driven
dwell – dwelt, dwelled – dwelt, dwelled
eat – ate – eaten
fall – fell – fallen
feed – fed – fed
feel – felt – felt
fight – fought – fought
find – found – found
flee – fled – fled
fling – flung – flung
fly – flew – flown
forbid – forbad(e) – forbid(den)
forecast – forecast(ed) – forecast(ed)
forget – forgot – forgotten
forsake – forsook – forsaken
freeze – froze – frozen
geld – gelded, gelt – gelded, gelt
get – got – got, *Am. a.* gotten
gild – gilded, gilt – gilded, gilt
give – gave – given
gnaw – gnawed – gnawed, gnawn
go – went – gone
grind – ground – ground
grip – gripped, *Am. a.* gript – gripped, *Am. a.* gript
grow – grew – grown
hang – hung – hung
have (has) – had – had
hear – heard – heard
heave – heaved, *bsd.* ⚓ hove – heaved, *bsd.* ⚓ hove
hew – hewed – hewed, hewn
hide – hid – hidden, hid
hit – hit – hit
hold – held – held
hurt – hurt – hurt
keep – kept – kept
kneel – knelt, kneeled – knelt, kneeled
knit – knitted, knit – knitted, knit
know – knew – known
lay – laid – laid
lead – led – led

lean – leaned, *bsd. Br.* leant – leaned, *bsd. Br.* leant
leap – leaped, leapt – leaped, leapt
learn – learned, learnt – learned, learnt
leave – left – left
lend – lent – lent
let – let – let
lie – lay – lain
light – lighted, lit – lighted, lit
lose – lost – lost
make – made – made
may – might
mean – meant – meant
meet – met – met
melt – melted – melted, molten
mow – mowed – mowed, mown
pay – paid – paid
pen – penned, pent – penned, pent
plead – pleaded, *bsd. schott. u. Am.* pled – pleaded, *bsd. schott. u. Am.* pled
prove – proved – proved, *a.* proven
put – put – put
quit – quit(ted) – quit(ted)
read – read – read
rid – rid, *a.* ridded – rid, *a.* ridded
ride – rode – ridden
ring – rang – rung
rise – rose – risen
run – ran – run
saw – sawed – sawn, sawed
say – said – said
see – saw – seen
seek – sought – sought
sell – sold – sold
send – sent – sent
set – set – set
sew – sewed – sewed, sewn
shake – shook – shaken
shall – should
shear – sheared – sheared, shorn
shed – shed – shed
shine – shone – shone
shit – shit(ted), shat – shit(ted), shat
shoe – shod, *a.* shoed – shod, *a.* shoed
shoot – shot – shot
show – showed – shown, showed
shred – shredded, *a.* shred – shredded, *a.* shred
shrink – shrank, shrunk – shrunk
shut – shut – shut
sing – sang – sung
sink – sank, sunk – sunk
sit – sat – sat
slay – slew – slain
sleep – slept – slept
slide – slid – slid
sling – slung – slung
slink – slunk – slunk
slit – slit – slit
smell – smelt, smelled – smelt, smelled
smite – smote – smitten
sow – sowed – sown, sowed
speak – spoke – spoken
speed – sped, speeded – sped, speeded
spell – spelt, spelled – spelt, spelled
spend – spent – spent
spill – spilt, spilled – spilt, spilled
spin – spun – spun
spit – spat – spat
split – split – split
spoil – spoiled, spoilt – spoiled, spoilt
spread – spread – spread
spring – sprang, *Am. a.* sprung – sprung
stand – stood – stood
steal – stole – stolen
stick – stuck – stuck
sting – stung – stung
stink – stank, stunk – stunk
stride – strode – stridden
strike – struck – struck
string – strung – strung
strive – strove – striven
swear – swore – sworn
sweat – sweated, *Am. a.* sweat – sweated, *Am. a.* sweat
sweep – swept – swept
swell – swelled – swollen, swelled
swim – swam – swum
swing – swung – swung
take – took – taken
teach – taught – taught
tear – tore – torn
telecast – telecast(ed) – telecast(ed)
tell – told – told
think – thought – thought
throw – threw – thrown
thrust – thrust – thrust
tread – trod – trodden
wake – woke, waked – waked, woken
wear – wore – worn
weave – wove – woven
wed – wed(ded) – wed(ded)
weep – wept – wept
wet – wetted, wet – wetted, wet
win – won – won
wind – wound – wound
wring – wrung – wrung
write – wrote – written

Kennzeichnung der Kinofilme in Großbritannien

U	Universal. Suitable for all ages. *Für alle Altersstufen geeignet.*
PG	Parental Guidance. Some scenes may be unsuitable for young children. *Einige Szenen ungeeignet für Kinder. Erklärung und Orientierung durch Eltern sinnvoll.*
15	No person under 15 years admitted when a "15" film is in the programme. *Nicht freigegeben für Jugendliche unter 15 Jahren.*
18	No person under 18 years admitted when an "18" film is in the programme. *Nicht freigegeben für Jugendliche unter 18 Jahren.*

Kennzeichnung der Kinofilme in USA

G	All ages admitted. General audiences. *Für alle Altersstufen geeignet.*
PG	Parental guidance suggested. Some material may not be suitable for children. *Einige Szenen ungeeignet für Kinder. Erklärung und Orientierung durch Eltern sinnvoll.*
R	Restricted. Under 17 requires accompanying parent or adult guardian. *Für Jugendliche unter 17 Jahren nur in Begleitung eines Erziehungsberechtigten.*
X	No one under 17 admitted. *Nicht freigegeben für Jugendliche unter 17 Jahren.*